国家出版基金项目
NATIONAL PUBLICATION FOUNDATION

艺术卷

18

中国历代图书总目

李致忠 主编

北京国图书店有限责任公司
北京广臻文化艺术有限公司 编纂

文物出版社

第十八分册目录

音　乐

中国音乐作品

中国音乐作品综合集

J0146731
音乐作品 （5）中国音乐家协会上海分会,音乐作品编辑委员会编
上海　上海文艺出版社　1959 年　正谱本　48 页
26cm（16 开）统一书号：8078.1235
定价：CNY0.50
　　本书为中国现代歌曲选集。

J0146732
音乐作品 （6）中国音乐家协会上海分会,音乐作品编辑委员会编
上海　上海文艺出版社　1960 年　正谱本　32 页
26cm（16 开）统一书号：8078.1464
定价：CNY0.36
　　本书为中国现代歌曲选集。

J0146733
音乐作品 （7）中国音乐家协会上海分会,音乐作品编辑委员会编
上海　上海文艺出版社　1960 年　正谱本　47 页
26cm（16 开）统一书号：8078.1630
定价：CNY0.54
　　本书为中国现代歌曲选集。

J0146734
民族音乐研究所藏中国音乐书目
民族音乐研究所编
［北京］民族音乐研究所　1958 年　油印本
371 页　26cm（16 开）定价：CNY1.45

J0146735
山西省音乐会演会刊　山西省文化局编
太原　山西文化局　1958 年　122 页　有照片
21cm（32 开）

J0146736
中国音乐研究所藏唱片目录
中国音乐研究所编
北京　中国音乐研究所　1959 年　油印本　363 页
19×27cm

J0146737
中国音乐研究所藏唱片目录 （1959）
中国音乐研究所编
北京　中国音乐研究所　1960 年　油印本　2 册
26cm（16 开）
（参考资料 125 号）

J0146738
中国音乐研究所藏胶带录音目录
中国音乐研究所编
北京　中国音乐研究所　1959 年　油印本　361 页
18×26cm
（参考资料 107 号）

J0146739
中国音乐研究所藏胶带录音目录（1959）
中国音乐研究所编
北京　中国音乐研究所　1960 年　油印本　161 页
26cm（16 开）
（参考资料　126 号）

J0146740
近代音乐作品音响目录　　中国音乐研究所编
北京　中国音乐研究所　1960 年　油印本　94 页
26cm（16 开）

J0146741
中国近代音乐书目　（1840—1949）
中国音乐研究所编
北京　中国音乐研究所　1960 年　油印本　317 页
26cm（16 开）
（参考资料　123 号）

J0146742
中国近代音乐书目　（1949—1959　初稿）
中国音乐研究所编
北京　中国音乐研究所　1960 年　油印本
2 册（703 页）26cm（16 开）
（参考资料　124 号）

J0146743
内部资料介绍　（中国音乐专题目录　1）
中央音乐学院中国音乐研究所［编］
北京　中央音乐学院中国音乐研究所　1962 年
油印本　32 页　13×18cm
　　本书为中国音乐专题目录。

J0146744
中国唱片厂库存旧唱片模版目录
中国唱片社编辑
北京　中国唱片社　1964 年　282 页　26cm（16 开）

J0146745
西安市工农兵演出节目汇编
西安市演出代表队编辑
西安［西安市演出代表队］1972 年　油印本
69 页　26cm（16 开）

J0146746
中国中央乐团在日本访问演出　（编号 1401）
［北京］1974 年　3 幅　11×15cm　定价：CNY3.00

J0146747
河北省音乐调演独唱独奏节目选
石家庄　河北人民出版社　1975 年　87 页
19cm（32 开）统一书号：10086.359
定价：CNY0.20
（文艺宣传队丛书）

J0146748
音乐新作品选　（第一辑）《人民音乐》编辑部编
北京　人民音乐出版社　1979 年　30 页　26cm（16 开）
统一书号：8026.3640　定价：CNY0.32

J0146749
音乐新作品选　（第二辑）《人民音乐》编辑部编
北京　人民音乐出版社　1980 年　38 页　26cm（16 开）
统一书号：8026.3668　定价：CNY0.35

J0146750
余庆民歌资料　　余庆县文化馆搜编
1980 年　油印本　202 页　有乐谱　26cm（16 开）

J0146751
1908—1965 年中国音乐期刊目录
李文如，李彦编
北京　中国艺术研究院音乐研究所资料室
1982 年　150 页　21cm（32 开）定价：CNY1.00

J0146752
民族音乐史杂识二题　　秦序著
昆明　云南省民族音乐工作室　1982 年　油印本
54 页　27cm（大 16 开）

J0146753
飞翔的歌声　　宁夏人民出版社编
银川　宁夏人民出版社　1983 年　211 页
19cm（32 开）统一书号：8157.234
定价：CNY0.57
　　本书收入宁夏歌曲 111 首；器乐曲 7 首。

J0146754
秦咏诚音乐作品选　　秦咏诚作曲

沈阳 春风文艺出版社 1984 年 235 页 有肖像
20cm（32 开）统一书号：8158.1216
定价：CNY1.15
　　本书歌曲选入100余首，并附声乐协奏曲《海燕》及《欢乐的草原》等器乐曲主旋律谱，最后附有作者写的《我的创作生活》。

J0146755
中国音乐词典　中国艺术研究所音乐研究所《中国音乐词典》编辑部编
北京 人民音乐出版社 1984 年 524 页 有彩照
22cm（32 开）精装 统一书号：8026.4325
定价：CNY12.00
　　本词典所收条目包括中国音乐的乐律学，创作表演术语，历代的乐种、制度、职官、机构、书刊、人物、作品，以及歌曲、歌舞音乐、曲艺音乐、戏曲音乐、器乐、乐器等的有关名词术语，共3560 条。

J0146756
中国音乐词典　中国艺术研究院音乐研究所《中国音乐词典》编辑部编
北京 人民音乐出版社 1985 年 有彩照
19cm（32 开）精装 统一书号：8026.4326
定价：CNY6.90
　　本词典所收条目，包括中国音乐的乐律学、创作表演术语，历代的乐种、制度、职官、机构、书刊、人物、作品，以及歌曲、歌舞音乐、曲艺音乐、戏曲音乐、器乐、乐器等有关名词术语，共3560 条。

J0146757
中国音乐词典　（续编）缪天瑞等主编；中国艺术研究院音乐研究所，《中国音乐词典》编辑部编
北京 人民音乐出版社 1992 年 有彩照
22cm（32 开）精装 ISBN：7-103-00856-6
定价：CNY19.25
　　本书收录新中国成立以来（1949—1985 年）的音乐家、音乐作品、音乐书刊、音乐学校、音乐团体等。编者缪天瑞（1908—2009），音乐教育家、音乐学家。浙江瑞安人，毕业于上海艺术师范大学。历任中央音乐学院副院长、天津音乐学院院长，福建音乐专科学校教授、教务主任，中央音乐学院副院长，天津市文化局副局长，天津音

乐学院教授、院长，中国艺术研究院音乐研究所研究员，著有《律学》，主编《中国音乐词典》等。

J0146758
雷雨声音乐作品选　雷雨声作曲
沈阳 春风文艺出版社 1985 年 440 页 有照片
20cm（32 开）统一书号：8158.1217
定价：CNY2.75
　　本书内容包括独唱歌曲、齐唱、重唱、合唱歌曲、少年儿童歌曲、话剧、电影、电视插曲、歌剧选曲和器乐曲等。

J0146759
轻音乐　《轻音乐》编辑部编
长春《轻音乐》编辑部 1985 年 17cm（32 开）
定价：CNY1.20

J0146760
论郑律成　（郑律成音乐作品学术研讨会论文集）
中国音乐家协会理论委员会等编
延吉 延边人民出版社 1987 年 179 页 有照片
20cm（32 开）ISBN：7-80508-104-2
定价：CNY1.60
　　郑律成（1918—1976），作曲家。原籍朝鲜，生于朝鲜全罗南道光州（今属韩国）。原名郑富恩。在中国南京参加朝鲜革命组织义烈团，从事抗日工作，同时学习钢琴、小提琴和声乐。后定居中国并加入中国籍，致力于音乐创作。有《郑律成歌曲选》《兴安岭上雪花飘》《延水谣》《郑律成歌曲三十首》等。

J0146761
中国音乐年鉴　（1987）黄翔鹏主编；中国艺术研究院音乐研究所编
北京 文化艺术出版社 1987 年 560 页 有照片
20cm（32 开）精装 ISBN：7-5039-0054-7
定价：CNY7.20

J0146762
中国音乐年鉴　（1988）田青主编；中国艺术研究院音乐研究所编
北京 文化艺术出版社 1989 年 561 页 有照片
20cm（32 开）精装 ISBN：7-5039-0325-2
定价：CNY10.00
　　编者田青（1948—　　），音乐学家、非物质文

化遗产保护专家。出生于河北唐山，天津音乐学院毕业。曾任中国艺术研究院音乐研究所所长、宗教艺术研究中心主任、研究员、博士生导师，兼任中国昆剧古琴研究会会长。著有《中国宗教音乐》《净土天音》《捡起金叶》《佛教音乐的华化》等。

J0146763
中国音乐年鉴 （1989）田青主编；中国艺术研究院音乐研究所《中国音乐年鉴》编辑部编
北京　文化艺术出版社　1989 年　572 页
20cm（32 开）精装　ISBN：7-5039-0479-8
定价：CNY10.00

J0146764
中国音乐年鉴 （1990）中国艺术研究院音乐研究所《中国音乐年鉴》编辑部编
济南　山东教育出版社　1990 年　737 页　有照片
20cm（32 开）精装　ISBN：7-5328-1021-6
定价：CNY11.20
　　本书分综述、史鉴、专题报道、文选文摘、本年纪事、资料汇编 6 大部分，反映了 1989 年音乐界的概况和大事。正文前有照片 20 余幅。

J0146765
中国音乐年鉴 （1991）田青主编；
中国艺术研究院音乐研究所编
济南　山东教育出版社　1992 年　604 页
20cm（32 开）精装　ISBN：7-5328-1322-3
定价：CNY8.00

J0146766
中国音乐年鉴 （1992）乔建中主编；中国艺术研究院音乐研究所《中国音乐年鉴》编辑部编
济南　山东教育出版社　1993 年　839 页　有照片
20cm（32 开）精装　ISBN：7-5328-1322-3
定价：CNY15.15
　　本书设有综述、专栏、史鉴、专题报道、本年纪事、资料汇编等栏目。

J0146767
中国音乐年鉴 （1993）田青主编；中国艺术研究院音乐研究所《中国音乐年鉴》编辑部编
济南　山东友谊出版社　1994 年　835 页　有照片
20cm（32 开）精装　ISBN：7-80551-581-6

定价：CNY20.00

J0146768
中国音乐年鉴 （1994）田青主编；中国艺术研究院音乐研究所《中国音乐年鉴》编辑部编
济南　山东友谊出版社　1995 年　11+799 页　有照片
20cm（32 开）精装　ISBN：7-80551-721-5
定价：CNY26.00

J0146769
中国音乐年鉴 （1995）田青主编；中国艺术研究院音乐研究所《中国音乐年鉴》编辑部编
郑州　大象出版社　1997 年　657 页　有照片
20cm（32 开）精装　ISBN：7-5347-2026-5
定价：CNY28.00

J0146770
中国音乐年鉴 （1996）田青主编；中国艺术研究院音乐研究所《中国音乐年鉴》编辑部编
济南　山东文艺出版社　1997 年　752 页　有照片
20cm（32 开）精装　ISBN：7-5329-1493-3
定价：CNY30.00

J0146771
中国音乐年鉴 （1997）田青主编；中国艺术研究院音乐研究所《中国音乐年鉴》编辑部编
北京　文化艺术出版社　1999 年　498 页
20cm（32 开）精装　ISBN：7-5039-1906-X
定价：CNY29.80

J0146772
延安文艺丛书 （第十一卷　音乐卷）
李焕之，金紫光主编
长沙　湖南文艺出版社　1988 年　573 页
20cm（24 开）ISBN：7-5404-0166-4
定价：CNY4.95
　　编者李焕之（1919—2000），作曲家、指挥家、音乐理论家。出生于香港，原籍福建晋江市，毕业于延安鲁迅艺术学院。历任中央音乐学院音乐团团长、中央歌舞团艺术指导、中央民族乐团团长。代表作品有《民主建国进行曲》《新中国青年进行曲》《春节组曲》等。

J0146773
井冈红杜鹃 （艾南音乐作品选）金春木编选

南昌 江西人民出版社 1989 年 88 页 有照片
19cm（32 开）ISBN：7-210-00748-2
定价：CNY1.40

编者金春木（1942— ），原名金春林，江西
莲花县人。中国音乐家协会会员，中国心理学会
会员，香港当代华人诗学会会员，广东佛山市群
众艺术馆文学戏剧部主任兼期刊主编。出版《绿
色天国的乡音》《多情鸟》《歌与梦》等。

J0146774

冼星海全集 （第一卷）周巍峙主编；
《冼星海全集》编辑委员会编
广州 广东高等教育出版社 1989 年 401 页
有肖像 29cm（18 开）精装
ISBN：7-5361-0056-6 定价：CNY25.00

本卷收冼星海的著述、日记、书信和自传。
编者周巍峙（1916—2014），音乐家。原名良骥，
江苏东台人，曾任文化部代部长、中国文联主席。
代表作品有《黄河大合唱》《中国人民志愿军战
歌》《中国革命之歌》《九一八纪念歌》《十里长
街送总理》。冼星海（1905—1945），音乐家、作曲
家、钢琴家。曾用名黄训、孔宇。出生于澳门，
祖籍广州府番禺。代表作品《黄河大合唱》《在
太行山上》《到敌人后方去》等。

J0146775

冼星海全集 （第二卷）周巍峙主编；
《冼星海全集》编辑委员会编
广州 广东高等教育出版社 1990 年 388 页
有肖像 29cm（18 开）精装 ISBN：7-5361-0457-X
定价：CNY25.00，CNY30.00（珍藏）

本卷收辑冼星海作品 192 首，有《我们要抵
抗》《牧歌》《雨天的乡村》等。

J0146776

冼星海全集 （第三卷）周巍峙主编；
《冼星海全集》编辑委员会编
广州 广东高等教育出版社 1990 年 394 页
有肖像 29cm（18 开）精装 ISBN：7-5361-0500-2
定价：CNY25.00，CNY30.00（珍藏）

本卷收辑两部大合唱：《生产大合唱》和《黄
河大合唱》的稿本。

J0146777

冼星海全集 （第四卷）周巍峙主编；

《冼星海全集》编辑委员会编
广州 广东高等教育出版社 1990 年 366 页
有肖像 29cm（18 开）精装 ISBN：7-5361-0501-0
定价：CNY25.00，CNY30.00（珍藏）

本卷收辑冼星海的《九一八大合唱》《牺盟
大合唱》等。

J0146778

冼星海全集 （第五卷）周巍峙主编；
《冼星海全集》编辑委员会编
广州 广东高等教育出版社 1990 年 590 页
有肖像 29cm（18 开）精装 ISBN：7-5361-0618-1
定价：CNY25.00，CNY30.00（珍藏）

本卷收冼星海的小提琴独奏曲《卡兹尔·比
戴》、小提琴与钢琴曲《D 小调奏鸣曲》、管弦乐
《谐谑曲》等。

J0146779

冼星海全集 （第六卷）周巍峙主编；
《冼星海全集》编辑委员会编
广州 广东高等教育出版社 1990 年 561 页
有肖像 29cm（18 开）精装 ISBN：7-5361-0619-X
定价：CNY25.00，CNY30.00（珍藏）

本卷收冼星海的两部交响乐：《民族解放》
和《神圣之战》。

J0146780

冼星海全集 （第七卷）周巍峙主编；
《冼星海全集》编辑委员会编
广州 广东高等教育出版社 1991 年 146 页
有照片 29cm（16 开）精装 ISBN：7-5361-0801-X
定价：CNY25.00，CNY30.00（珍藏）

本卷是摄影集，收辑冼星海工作、生活与纪
念图片 135 幅。

J0146781

冼星海全集 （第八卷）周巍峙主编；
《冼星海全集》编辑委员会编
广州 广东高等教育出版社 1990 年 431 页
有肖像 29cm（18 开）精装 ISBN：7-5361-0953-9
定价：CNY25.00，CNY30.00（珍藏）

本卷收冼星海《黄河大合唱》的两种经过整
理的稿本。

J0146782

冼星海全集　（第九卷）周巍峙主编；
《冼星海全集》编辑委员会编
广州 广东高等教育出版社 1990年 407页
有肖像 29cm（18开）精装 ISBN：7-5361-0952-9
定价：CNY25.00，CNY30.00（珍藏）
　　本卷收辑冼星海《军民进行曲》和《后方》
《满江红》两部组曲的整理稿。

J0146783

冼星海全集　（第十卷）周巍峙主编；
《冼星海全集》编辑委员会编
广州 广东高等教育出版社 1990年 432页
有肖像 29cm（18开）精装 ISBN：7-5361-0953-9
定价：CNY25.00，CNY30.00（珍藏）
　　本卷收辑冼星海的《民族解放》和《神圣之
战》两部作品的整理稿。

J0146784

中国古典名曲　王朝相，余启新编选评介
郑州 中州古籍出版社 1990年 210页
19cm（32开）ISBN：7-5348-0240-7
定价：CNY3.00

J0146785

中国音乐期刊篇目汇录　（1906—1949）
中国艺术研究院音乐研究所资料室编
北京 文化艺术出版社 1990年 224页
26cm（16开）ISBN：7-5039-0326-0
定价：CNY5.80

J0146786

中国歌词作家作品选　夏亭，夏禹，王建明选编
石家庄 花山文艺出版社 1991年 18cm（32开）
ISBN：7-80505-580-7 定价：CNY14.00
　　本书收集中国当代181位歌词作家的代表
作品，除代表作品之外，每位作家有500字的小
传，从中可了解作家的基本情况及创作思想。补
白之处选编了部分作家在歌词创作上的独到
见解。

J0146787

江文也手稿作品集　张己任总编辑
台北 台北县立文化中心 1992年 13+856页
有图 29cm（16开）精装 ISBN：957-00-0923-3

定价：TWD1500.00

J0146788

萧淑娴复调作品集　萧淑娴曲
北京 人民音乐出版社 1992年 25页 26cm（16开）
ISBN：7-103-00848-5 定价：CNY1.85
　　本书选收了作者的复调音乐作品10首。作
者萧淑娴（1905—1991），女，教授、作曲家。广东
香山县（今中山市）人，毕业于北京女子师范大学
音乐科。任教于上海国立音乐学院、中央音乐学
院。代表作品《怀念祖国》等。

J0146789

萧淑娴作品集　［萧淑娴曲］
北京 中央音乐学院学报社 1992年 165页
有照片 30cm（10开）

J0146790

云翔音乐作品选集　肖畔青主编
1992年 315页 有照片 21cm（32开）
　　云翔即肖云翔，历任天津歌舞剧院院长、天
津音乐学院教务长等职。系中国音乐家协会会
员。创作的歌曲《祖国之歌》《运输工人歌》等在
群众中长期传唱。20世纪50年代，将民歌《夸女
婿》《采花》等改编搬上舞台。曾为多部歌剧谱曲，
其中与人合作的大型古装歌剧《宦娘》获得天津
首届鲁迅文艺奖励基金优秀剧目创作奖。

J0146791

南丹情韵　姚志虎等编著
桂林 漓江出版社 1993年 258页 20cm（32开）
ISBN：7-5407-1248-1 定价：CNY6.80
（新时期广西文艺创作丛书 南丹音乐舞蹈卷）

J0146792

中国名歌改编的通俗钢琴曲　许民主编
长春 长春出版社 1993年 128页 29cm（16开）
ISBN：7-80604-119-2 定价：CNY15.00

J0146793

中国新文艺大系　（1949—1966 音乐集）
周巍峙主编
北京 中国文联出版公司 1995年 618页
26cm（16开）精装 ISBN：7-5059-1308-5
定价：CNY68.00

中国现代音乐作品。编者周巍峙(1916—
2014),音乐家。原名良骥,江苏东台人,曾任文化
部代部长,中国文联主席。代表作品有《黄河大
合唱》《中国人民志愿军战歌》《中国革命之歌》
《九一八纪念歌》《十里长街送总理》。

J0146794
成人声乐考级作品集　何纪光主编
长沙　湖南文艺出版社　1999 年　2 册(446 页)
30cm(10 开) ISBN: 7-5404-2188-6
定价: CNY42.00

J0146795
贺绿汀全集　(第二卷　器乐作品·大合唱·戏剧
音乐) [贺绿汀著];《贺绿汀全集》编委会编
上海　上海音乐出版社　1999 年　10+382 页
26cm(16 开) 精装 ISBN: 7-80553-850-6
定价: CNY44.00
　　本卷收入作者1930年至1992年创作、改编
的独奏曲9首,管弦乐7首,大合唱3部,音乐戏
剧4部(包括选曲),另外还附有6首独奏曲、重
奏曲、电影或话剧的器乐插段,共29首(部)。

中国歌曲

J0146796
空军歌曲　(1)航空委员会政治部编
航空委员会政治部 [1900—1949 年]
19cm(32 开)
　　本书内收《神鹰剧团团歌》(贺绿汀曲)、《空
军歌》(王云阶曲)等4首歌曲,作者有简朴、甘
运衡等。

J0146797
中国名歌选集　尹光编
音乐研究社 [1900—1949 年] 99页 19cm(32 开)
　　本书收《洪波曲》《丈夫去当兵》《壮丁上前
线》《负伤战士歌》《赶豺狼》《日落西山》《向太
阳》《吕梁大合唱》《黄河大合唱》等17首歌曲。

J0146798
中国名歌选集　尹光编辑
[上海] 音乐研究社 [1940—1949 年] 79页

18cm(15 开)

J0146799
新中国唱歌集　(三编)金一编
上海　宏文馆　清光绪三十二年 [1906] 48 页
13×19cm(32 开) 定价: 洋二角

J0146800
寂寞的心
中华音乐研究会 [1910—1949 年] 76 页
25cm(12 开) 定价: 大洋一元
　　本书内收《天下为公》《锄头舞歌》《尽力中
华》《苏武牧羊》《满江红》等80首歌曲。

J0146801
学校唱歌　潘恩霖编著
上海　良友图书印刷公司 [1910—1949 年]
41 页 26cm(16 开) 定价: 大洋六角

J0146802
1946 年中国现代歌曲　(1)
[民国] 16 页 26cm(16 开)
　　本书内收《杭州姑娘》《恋之火》《义勇军
进行曲》《春》《夜来香》《海燕》《可爱的早晨》
等15首歌曲。外文书名: 1946 Chinese Modern
Songs.

J0146803
安琪儿　(时代名歌选)上海星光歌舞社编
上海　上海星光歌舞社 [民国] 15 页 26cm(16 开)
　　本书收有《安琪儿》《松花江》《夜深深》等
11 首歌曲。

J0146804
大中国青年军歌曲选　朱驹编
第三战区知识青年志愿从军集训总队部
[民国] 石印本　56 页 27cm(16 开) 环筒页装
　　本书收独唱、混声四部合唱曲22首歌曲。
五线谱、简谱对照。

J0146805
凤阳歌　(时代新歌)安娥等作
上海　上海星光歌舞社 [民国] 16 页 26cm(16 开)
　　本书内收《凤阳歌》《燕燕歌》《婚礼进行
曲》等16首歌曲。作者安娥(1905—1976),中国

近代著名剧作家、作词家、诗人、记者、翻译家，中共地下情报人员。出生在河北省获鹿县。致力于歌词写作，成绩斐然，歌曲词作品有《卖报歌》《打回老家去》；报告文学有《五月榴花照眼明》；诗集有《燕赵儿女》；戏曲剧本有《山河恋》《追鱼》《情探》。

J0146806
歌曲集　（1）冀鲁豫文联戏委会编
冀鲁豫书店［民国］40 页 13cm（60 开）
　　本书内收《保卫翻身恩人毛主席》《生产歌》《做军鞋》等 19 首歌曲。

J0146807
歌曲集　（一）冀鲁豫文联戏委会编
［菏泽］冀鲁豫书店［民国］38 页 13cm（60 开）

J0146808
歌曲集　晋绥边区第四届群英大会宣传部编
晋绥边区第四届群英大会宣传部编［民国］
油印本 7 叶 19cm（32 开）

J0146809
歌曲集
晋绥边区吕梁文化教育出版社［民国］石印本
6 页 21cm（横 32 开）
（"七七七"文艺奖金获奖作品）
　　本书收入《党在敌后方》《七月的太阳》《四季变工》《变工好》《妇女要生产》《儿童团歌》等6 首歌曲。

J0146810
歌曲集
［兴县］晋绥边区吕梁文化教育出版社
［1947 年］石印本 6 页 20cm（32 开）
　　本书系"七七七"文艺奖金获奖作品。

J0146811
皇后袖珍歌选
上海 皇后图书公司［民国］198 页 15cm（40 开）
　　本书内收 130 首歌曲，附外文歌曲 30 首。

J0146812
黄莺儿　（时代名歌选）上海星光歌舞社编
上海 上海星光歌舞社［民国］15 页 26cm（16 开）

本书内收《黄莺儿》《永别了我的弟弟》《农村情歌》《归乡》《打鱼的姑娘》《木兰辞》《清平词》《满江红》等 15 首歌曲。

J0146813
军歌三首　罗家伦词；唐学咏曲
［民国］石印本 8 页 19cm（32 开）

J0146814
军歌十曲
［杭州］浙江省学生集中训练总队训育委员会训育组（印）［民国］12 页 30cm（10 开）
　　本书内收《四维歌》《励志》《出征别母》《前线去》《战歌》《杀敌歌》等 10 首歌曲。

J0146815
青年之歌
上海 自力社［民国］99 页 15cm（40 开）
　　本书内收 86 首。

J0146816
士兵歌曲选　（第一集）军事委员会桂林行营政治部编
军事委员会桂林行营政治部［民国］72 页
17cm（32 开）定价：0.15
　　本书内收《新生活运动歌》《反侵略运动歌》《我们年青力壮》《我要当兵去》《新中华进行曲》《胜利的开始》《义勇军进行曲》《游击队歌》《游击队进行曲》《到敌人后方去》《九一八》《军民抗战歌》《最后的胜利是我们的》《胜利进行曲》等 59 首抗战歌曲。

J0146817
桃李劫　（毕业歌）上海星光歌舞社编
上海 上海星光歌舞社［民国］15 页 26cm（16 开）
　　本书内收《毕业歌》《三潭印月》《松花江》《打鱼的故事》《黎明之歌》《船夫曲》《最新催眠曲》等 15 首歌曲。

J0146818
特选歌集　教育厅编
上海 青浦县教育局（翻印）［民国］手写石印本
96 页 26cm（16 开）
　　本书内收《向前进攻》《凯旋》《请你听》《抗日救国歌》《对日作战歌》《奋斗》《热血歌》《上

前线去》《救国歌》《可爱的中华》等 34 首歌曲。

歌》《作战歌》等 17 首歌曲。

J0146819

体育皇后　（摩登名歌选）黄宝山等作
[民国] [16] 页 26cm（16 开）

　　本书内收《苏三不要哭》《渔光曲》《体育皇后》等 14 首歌曲。

J0146820

甜歌一打　黎锦晖等作；黎莉莉编
上海 大众书局 [民国] 28 页 26cm（16 开）

J0146821

新歌选集　第三战区政治部编
第三战区政治部 [民国] 手写石印本 56 页
20cm（32 开）

　　本书内收《九一八》《热血歌》《中国新军人》《战歌》《中国父母心》《军民联欢歌》《胜利进行曲》《我爱我们的河山》《向前反攻》《光明已在望》等 50 首歌曲。

J0146822

新上海之歌
[上海] 夜人出版社 [民国] 48 页 20cm（32 开）

J0146823

新生活歌曲　新生活运动促进总会编
新生活运动促进总会 [民国] 12 页 23cm（20 开）

　　本书内收《新生活运动歌》《新生活须知歌》《青年服务团团歌》3 首歌曲,五线谱、简谱对照。

J0146824

永别了我的弟弟　（时代新歌）
[民国] 48 页 [19cm]（32 开）

　　本书内收《永别了我的弟弟》《松花江》《好朋友来》《江南好》《蝴蝶》《小宝贝》等 11 首歌曲。

J0146825

浙江省会中等学校第二届音乐演奏会歌曲集
浙江省会中等学校第二届音乐演奏会编
[浙江] 浙江省会中等学校第二届音乐演奏会
[民国] 石印本 60 页 [19×26cm]

　　本书内收《军歌》《唤醒睡狮》《同胞们起来吧》《大中华》《我爱中华》《勇往直前》《抗敌

J0146826

学校唱歌全集　沈心工编
[1912 年] [247] 页 有图 横 19cm（横 32 开）
精装

　　本书收民国时期中国歌曲近百首。

J0146827

民国唱歌集　（第一编）沈庆鸿编纂
上海 商务印书馆 1913 年 再版 72 页
11×19cm 定价：大洋二角五分

　　本书为民国时期中国歌曲选集。

J0146828

民国唱歌集　（第二编）沈庆鸿编纂
上海 商务印书馆 1913 年 3 版 62 页
12×19cm 定价：大洋二角五分

　　本书为民国时期中国歌曲选集。

J0146829

民国唱歌集　（第三编）沈庆鸿编纂
上海 商务印书馆 1913 年 再版 62 页
12×19cm 定价：大洋二角五分

　　本书为民国时期中国歌曲选集。

J0146830

民国唱歌集　（第四编）沈庆鸿编纂
上海 商务印书馆 [1913—1920 年] 61 页
11×19cm

　　本书为民国时期中国歌曲选集。

J0146831

民国唱歌集　（第一编）沈庆鸿编纂
上海 商务印书馆 1924 年 7 版 72 页
13×19cm 定价：大洋二角五分

　　本书为民国时期中国歌曲选集。

J0146832

卿云歌　汪荣宝词；（法）Jean Hautstont 作曲
北京 教育部 [1917 年] 4 页 23cm（10 开）

　　本书附教育部采用汪荣宝拟歌的摘要。教育部附识写于 1917 年 11 月。

J0146833
孔子纪念歌 易韦斋拟调；萧友梅和声
教育部［1920—1949年］3页 36cm（6开）

J0146834
学校唱歌大全 （1-4 合订本）董弗危编
上海 世界书局 1922年 1册 13×19cm 精装

J0146835
学校唱歌大全 （1-4集 合订本）董弗危编
上海 世界书局 1922年 再版 1册
13×19cm 定价：大洋五角

J0146836
新歌初集 易韦斋作词；萧友梅作曲
上海 商务印书馆 1923年 影印本 56页
31cm（10开）定价：大洋一元五角
　　本书收《祝音乐教育中兴》《泰山》《古歌者赞》《晚歌》《晨歌》等25首歌曲。

J0146837
新歌初集 易韦斋作词；萧友梅作曲
上海 商务印书馆 1934年 国难后 1版 51页
30cm（10开）定价：大洋一元五角
　　本书收《祝音乐教育中兴》《泰山》《古歌者赞》《晚歌》《晨歌》等25首歌曲。

J0146838
一半儿 黄醒作
长沙 湖南印书馆(总发行) 1923年 45页
17×25cm 定价：大洋二角五分
（黄醒音乐集 1）
　　本书内收《打豆》《年老公公》《晚》《花树》等26首歌曲。

J0146839
雅声唱歌集 张觉民编
上海 世界书局 1924年 3版 171页
13×19cm 定价：大洋五角
　　本书为民国时期中国歌曲选集。

J0146840
中文名歌五十曲 裘梦痕,丰子恺编
上海 开明书店 1927年 石印本 62页
26cm（16开）定价：大洋一元

　　本书收《涉江》《送别》《春晓》《别情》《秋夕》《春景》《留别》《踏青》《西湖》《古从军行》《微笑,春神来到》《夜歌》《晚钟》等50首歌曲,五线谱,附钢琴伴奏曲。歌词主要为李叔同(弘一法师)所作或所配,有若干是古诗。

J0146841
中文名歌五十曲 丰子恺编
上海 开明书店 1947年 8版 63页
20cm（32开）定价：国币一元
　　本书内收《朝阳》《人与自然》《忆儿时》《月》《夜歌》《晚钟》等50首歌曲。编者丰子恺(1898—1975),画家、文学家、艺术教育家。原名丰润,又名仁、仍,字子觊,后改为子恺,笔名 TK,浙江嘉兴人。作品有《缘缘堂随笔》、画集《子恺漫画》等。

J0146842
名歌新集 （第一集）张秀山,柯政和编纂
北平 中华乐社 1928年 44页 26cm（16开）
精装 定价：大洋三角
　　本书系民国时期中国歌曲选集,教科适用。编者柯政和(1890—1973),音乐教育家。台湾嘉义人,原籍福建安溪。原名丁丑,字安士。留学日本东京音乐学校师范科、东京音乐学校研究科、上智大学文科。曾任北京师范大学教授。著有《音乐通论》《何利马里音阶练习书》《简易钢琴曲集》《音乐史》《拜耳钢琴教科书》等。

J0146843
名歌新集 （第二集）张秀山,柯政和编纂
北平 中华乐社 1928年 50页 26cm（16开）
精装 定价：大洋三角

J0146844
新诗歌集 赵元任编
上海 商务印书馆 1928年 66页 30cm（10开）
定价：大洋二元
　　本书收胡适、刘大白、刘半农、徐志摩等7人的新诗14首,由赵元任作曲,五线谱。

J0146845
新诗歌集 赵元任作曲
上海 商务印书馆 1933年 国难后 1版 ［82］页
28cm（16开）

本书收胡适、刘大白、刘半农、徐志摩等 7 人的新诗 14 首,由赵元任作曲,五线谱。

J0146846
革命歌曲集　（第 1 集）浙江省党务指导委员会宣传部编
杭州　浙江省党务指导委员会宣传部总务科 1929 年　50 页　19cm（32 开）
（中国国民党浙江省党务指导委员会宣传部丛书 15）
　　本书收民国时期中国歌曲 35 首,部分只收歌词。

J0146847
三民教育唱歌集　（第一集）
上海　上海三民图书公司 1929 年　23 页 26cm（16 开）定价:四角

J0146848
三民教育唱歌集　（第二集）
上海　上海三民图书公司 1929 年　24 页 26cm（16 开）定价:四角

J0146849
三民教育唱歌集　（第三集）
上海　上海三民图书公司 1929 年　22 页 26cm（16 开）定价:四角

J0146850
三民教育唱歌集　（第四集）
上海　上海三民图书公司 1929 年　22 页 26cm（16 开）定价:四角

J0146851
唱歌课本　（新时代民众学校）何元编; 叶绍钧校订
上海　商务印书馆 1930 年　33 页　有图 13×19cm　定价:大洋四分
　　本书收民国时期中国歌曲 16 首,每首歌后附有与歌意有关的插图。

J0146852
古今歌曲大观　儒仙室主编辑
沈阳　宝信山房 1930 年　4 版　18×26cm 定价:大洋一元

本书内收歌、曲、戏剧、昆曲、杂曲以及民间乐曲 212 首。

J0146853
毛毛雨　黎明晖著
上海　心弦会［1930 年］2 页　26cm（16 开）
定价:银二角
（家庭爱情歌曲 1）

J0146854
呐喊歌集　中央大学学生自治会出版股,音乐股编
中央大学学生自治会［1930—1939 年］50 页 18cm（15 开）定价:一角二分

J0146855
树化歌曲集　（1）李树化著
上海　三民公司 1930 年　石印本　30 页 27cm（16 开）定价:六角
　　本书收《摇篮曲》《温和的海》《流星》《表白你的心》《艺术运动》《湖上春梦》等 12 首歌曲,五线谱,附钢琴伴奏谱,歌词为中英文对照。

J0146856
杨花歌谱　易韦斋作词;萧友梅作曲
上海　商务印书馆 1930 年　4 页 31cm（15 开）
定价:大洋四角
（国立音乐专科学校丛书）
　　本书为民国时期中国歌曲选集,五线谱,附钢琴伴奏谱,国立音乐专科学校丛书之一。

J0146857
中小学唱歌比赛会用歌曲　北平市教育会主办
北平　中华乐社［1930—1949 年］5 页 26cm（16 开）
　　本书收《故乡》《无论你走到那里》《多罗堂奏过底箜篌》《去国》等 4 首歌曲。五线谱,附钢琴伴奏谱。

J0146858
大家唱　（第一集）
时代出版社［1931—1949 年］64 页 18cm（15 开）定价:国币三角

J0146859
大家唱 （第二集）
时代出版社［1931—1949 年］64 页
18cm（15 开）定价：国币三角

J0146860
大家起来　钱耕莘编选
杭州 浙江省立民众教育馆教导处 1931 年
28 页 19cm（32 开）
（反日救国小丛书）
　　本书为民国时期中国歌曲选集，收入的是通俗反日救国歌曲及唱词，附简谱。

J0146861
复兴军歌集　中央训练团编
中央训练团［1931—1937 年］40+76 页
19cm（32 开）
　　本书共两集：包括"纪念仪式歌曲""军歌""爱国歌曲""民歌"四部分。

J0146862
旗正飘飘　沉钟社编
沉钟社［1931—1949 年］16 页［13×19cm］
（抗战胜利歌选 1 辑）

J0146863
音境　华丽丝，青主著
上海 商务印书馆 1931 年 53 页 30cm（12 开）
定价：大洋一元五角
（国立音乐专科学校丛书）
　　本书为韦庄、曹植、李之仪、欧阳修、李白、辛弃疾等所作诗词重新谱曲成歌，包括《逍遥游》《红满枝》《夏夕》《并刀如水》《我住长江头》《桃花路》等 18 首歌曲，五线谱，附钢琴伴奏谱。

J0146864
中国纪念仪式歌集　罗级庵作歌；仇河清绘图；朱建侯述史
南京 南京书店 1931 年［58］页 有图 27cm（16 开）
　　本书内收《中华民国成立纪念》《总理逝世纪念》《五一节》《五四运动》《五卅惨案》等 26 首歌曲，五线谱，每首歌附史略。

J0146865
中国名歌选　钱君陶编

上海 开明书店 1931 年 3 版 62 页
26cm（16 开）定价：大洋六角
（春蜂乐会丛刊）
　　本书收《月夜》《卖花女》《野草》《踏青》等 42 首歌曲。作者钱君陶（1907—1998），书画家。浙江桐乡人。名玉堂、锦堂，字君匋，号豫堂、禹堂。毕业于上海艺术师范学校。曾任西泠印社副社长、上海文艺出版社编审、上海市政协委员等职。代表作品《长征印谱》《君长跋巨印选》《鲁迅印谱》《钱君陶印存》。

J0146866
中国名歌选　（五线谱）钱君陶编
上海 开明书店 1935 年 7 版 62 页
27cm（16 开）定价：大洋六角
（春蜂乐会丛刊）
　　本书为民国时期中国歌曲选集，中学以上学校教科适用，收《月夜》《卖花女》《野草》《踏青》等 42 首歌曲，五线谱。

J0146867
非非歌曲集　（上编）谢绍雄著
无锡 锡成公司出版部 1932 年 再版 46 页
27cm（16 开）定价：洋六角
　　本书内收 92 首歌曲。五线谱、简谱对照，附钢琴伴奏谱。

J0146868
非非歌曲集　（下编）谢绍雄著
无锡 锡成公司出版部 1933 年 58 页
26cm（16 开）定价：八角（洋）

J0146869
和乐歌　蓝美瑞等编辑
北京 公理会出版部 1932 年 3 版 126 页
25cm（15 开）定价：六角五分

J0146870
现代学生唱歌集　陈彭寿编；张亦庵校
上海 文华美术图书公司 1932 年 44 页
27cm（16 开）
　　本书内收《快乐之乡》《一年好景》《歌舞》《梦》《夜》《战士悲歌》《黄昏到了》《晓》等 40 首歌曲。五线谱，附钢琴伴奏谱。

J0146871

唱歌比赛会用歌曲 （北平市中小学二十二年春季）北平市中小学唱歌比赛会编

北平 中华乐社 1933 年 15 页 27cm（16 开）

定价：一角五分

　　本书内收《母与子》《奋起图强》《赴敌》《向前奋斗》《为国争光》等 5 首歌曲。五线谱，附钢琴伴奏谱。

J0146872

春思曲 黄自作曲

上海 商务印书馆 1933 年 17 页 30cm（16 开）

定价：大洋六角

（国立音乐专科学校丛书）

　　本书内收《春思曲》《思乡》（黄自作曲，韦瀚章词）、《玫瑰三愿》（黄自作曲，龙七词）3 首歌曲。作者黄自（1904—1938），作曲家、音乐教育家。字今吾，江苏川沙（今属上海市）人。毕业于美国欧柏林学院耶鲁大学音乐学校。主要作品有《怀旧》《长恨歌》《抗敌歌》《南乡子》《玫瑰三愿》等。

J0146873

革命纪念日唱歌集 瞿世镇编著

上海 三民公司 1933 年 ［28］页 26cm（16 开）

定价：国币三角

　　本书内收《北平民众革命纪念歌》《黄花岗烈士殉国纪念歌》《云南起义纪念歌》等 18 首歌曲，五线谱，简谱对照，附钢琴伴奏谱。

J0146874

前进 （看故事唱歌）胡敬熙著；蒋息岑校

上海 大东书局 1933 年 94 页 有图曲谱

19cm（32 开）定价：大洋二角

　　本书为故事、歌曲集。内附五线谱歌曲一首，共收故事 31 篇，歌曲 12 首。

J0146875

晓庄歌曲集 陆静山编

上海 儿童书局 1933 年 36 页 20cm（32 开）

（晓庄丛书）

　　本书内收陶行知作的歌曲 8 首，陆静山作的歌曲 1 首。前半部分为五线谱，后半部分为简谱。

J0146876

乐园的燕语 张静著

上海 同声书局 1934 年 29 页 26cm（16 开）

定价：洋五角

（同声歌曲 9）

　　本书收《琴调相思引》《渔家傲》《瑶阶草》《从今后》等 16 首歌曲。

J0146877

猛虎山歌 张弦著

上海 同声书局 1934 年 29 页 26cm（16 开）

定价：洋五角

（同声歌曲 10）

　　本书收《农村情歌》《农工解放歌》《又是想来》《提倡国货》等 15 首歌曲。

J0146878

清风曲集 徐来作曲；黎锦晖编校

上海 同声书局 1934 年 29 页 26cm（16 开）

定价：大洋五角

（同声歌曲 3）

　　本书内收《木兰花》《南歌子》《莲》《江城子》等 31 首歌曲。

J0146879

人生小曲 张簧著

上海 同声书局 1934 年 29 页 26cm（16 开）

定价：洋五角

（同声歌曲 8）

　　本书收《相隔一层纸》《森林之声》《流水》等 35 首歌曲。

J0146880

宋词新歌集 陈厚庵著

上海 商务印书馆 1934 年 46 页 30cm（15 开）

定价：大洋一元二角

　　本书内收陈厚庵为宋徽宗的《燕山亭》、柳永的《雨霖铃》、王安石的《桂枝香》、李清照的《凤凰台上忆吹箫》、苏轼的《水龙吟》等 12 首宋词谱的歌曲。五线谱，附钢琴伴奏谱。

J0146881

甜歌五打 黎莉莉作

上海 同声书局 1934 年 29 页 有照片

25cm（16 开）定价：洋五角

（同声歌曲 5）

本书收《我侬词》《手巾》《害自己》等 52 首歌曲。

J0146882

幽默之歌　黎锦晖著

上海　同声书局　1934 年　29 页　有照片
26cm（16 开）定价：洋五角

（同声歌曲 1）

本书内收《哈吧狗儿》《离我来了》《连环扣》等 20 首歌曲。作者黎锦晖（1891—1967），儿童歌舞音乐作家，中国流行音乐的奠基人。生于湖南湘潭，毕业于长沙高等师范学校。代表作品《麻雀与小孩》《葡萄仙子》《小小画家》等。

J0146883

中国名歌集　（第 1 集）柯政和选辑；

陈德义制伴奏

北平　中华乐社　1934 年　16 页　26cm（16 开）
定价：五角

本书收入《箫》《小桃红》《大国民》《忆王孙》《清平调》《悲秋》《西江月》等 7 首中国现代歌曲，五线谱，附钢琴伴奏谱。编者柯政和（1890—1973），音乐教育家。台湾嘉义人，原籍福建安溪。原名丁丑，字安士。留学日本东京音乐学校师范科、东京音乐学校研究科、上智大学文科。曾任北京师范大学教授。著有《音乐通论》《何利马里音阶练习书》《简易钢琴曲集》《音乐史》《拜耳钢琴教科书》等。

J0146884

创作歌集　应尚能编著

上海　商务印书馆　1935 年　17 页　30cm（16 开）
定价：大洋八角

（国立音乐专科学校丛书）

本书为民国时期中国歌曲选集，内收《怀疑之梦》《快活林》《赠别》《红树》等 8 首歌曲，五线谱，附钢琴伴奏谱。

J0146885

俭德歌集　黎锦晖编

上海　上海绸业银行储蓄部　1935 年　[52]页
27cm（16 开）

本书为民国时期中国歌曲选集，上编"歌词汇编"，分明俭、选粹、补意、摘句等；下编"歌曲简谱"，收歌曲 34 首。

J0146886

空谷兰　（时代新曲）

1935 年　14 页　27cm（16 开）

本书为民国时期中国歌曲选集，内收《空谷兰》《桃花江》《爱情大减价》《飞花歌》《桃李劫》《白兰花》《开路先锋》《燕双飞》等 14 首歌曲。

J0146887

美的歌曲　（第 5 集）黎锦晖著

上海　中华书局　1935 年　61 页　18cm（15 开）
定价：银一角五分

本书为民国时期中国歌曲选集，内收《花园里》《丁当铃儿》《拍手》等 19 首歌曲。

J0146888

新生活唱歌集　孙白玉编

上海　儿童书局　1935 年　3 版　100 页　有图
18cm（32 开）定价：大洋二角五分

本书为民国时期中国歌曲选集，内收《新生活运动歌》《人格》《行礼》《好习惯》等 100 首歌曲，五线谱、简谱对照。

J0146889

新生活唱歌集　孙白玉编

上海　儿童书局　1935 年　4 版　100 页　有图
19cm（32 开）定价：大洋二角五分

本书为民国时期中国歌曲选集，内收《新生活运动歌》《人格》《行礼》《好习惯》等 100 首歌曲，五线谱、简谱对照。

J0146890

新生活歌曲　宋寿昌编

上海　中华书局　1935 年　1 张　18cm（32 开）
定价：银一角五分

（初中学生文库）

本书为民国时期中国歌曲选集，内收《新生活》《好国民》《国民道德》《有礼貌》等 28 首歌曲，五线谱、简谱对照。书末附"新生活运动纲要""新生活须知"。

J0146891

新生活歌曲　宋寿昌编

上海　中华书局　1937年　再版　27+17页
18cm（32开）
（初中学生文库）

　　本书为民国时期中国歌曲选集，内收《新生活》《好国民》《国民道德》《有礼貌》等28首，五线谱、简谱对照。书末附"新生活运动纲要""新生活须知"。

J0146892
燕语　应尚能编著
上海　商务印书馆　1935年　19页　30cm（15开）
定价：国币八角
（国立音乐专科学校丛书）

　　本书为民国时期中国歌曲选集，内收《燕语》《风光正好》《一半儿》《蝉的歌》《雁》《秋江晚步》《寒夜听雨》《暮冬》等8首，五线谱，附钢琴伴奏谱。

J0146893
最新唱歌集　鲁荡平编
北平　鲁荡平［1935年］19页　13×19cm

　　本书内收《励志歌》《孔子歌》《收复失地歌》等9首歌曲。五线谱、简谱对照。

J0146894
最新唱歌集　（军乐谱）鲁荡平编
河南省政府教育厅　1937年　18页　26cm（16开）

　　本书为民国时期中国歌曲选集，内收《鸡既鸣夕歌》《孔子歌》《励志歌》等6首，五线谱。

J0146895
1935名歌选集
大同音乐社［1936年］48页　25cm（15开）
定价：旧币六角

　　本书内收《人间仙子》《银色的凄凉》《开路先锋》《大路歌》《小桃红》《飞花歌》等43首歌曲。

J0146896
叱咤风云集　吴涵真编
广州　儿童书报社　1936年　4版　80页
19cm（32开）定价：大洋五分

　　本书为民国时期中国歌曲选集，收歌曲63首，书前有前言《编选这本歌集的意义》。

J0146897
叱咤风云集　吴涵真编
广州　儿童书报社　1936年　3版　80页
19cm（32开）定价：大洋五分

　　本书分大众歌曲、军人歌曲、儿童歌曲3部分。收《救亡进行曲》《中国青年》《九一八》《反侵略战歌》《打回老家去》《民族魂》《士兵救国歌》《儿童先锋歌》《谁说我们年纪小》《同胞快醒》等歌曲。

J0146898
叱咤风云集　吴涵真选编
上海　生活书店　民国二十六年［1937］14版
98页　18cm（15开）定价：国币六分

　　本书内收大众歌曲、军人歌曲、儿童歌曲等三部分，收74首。书前有编者所写《选编这本歌集的动机》。

J0146899
叱咤风云集　吴涵真选编
上海　生活书店　1938年　18版　98页
18cm（15开）定价：国币一角

　　本书内收大众歌曲、军人歌曲、儿童歌曲等三部分，收74首歌曲。书前有《选编这本歌集的动机》。

J0146900
叱咤风云集　（新集）吴涵真选编
广州　新知书店　1938年　2版　52页　18cm（15开）

　　本书为民国时期中国歌曲选集，收《保卫中华》《救国歌》《全国总动员》《全面抗战》《抗敌先锋》《大刀杀敌》《救亡进行曲》《游击队进行》《少年前进歌》《九一八》《生活教育歌》《不做亡国奴》等48首歌曲。书前有《编者的话》，书末有《值得救亡同志仿效的两种精神》。

J0146901
国民革命军军歌集　训练总监部编
河北省教育厅　1936年　石印本［28]页
19×26cm

　　本书内收28首歌曲，五线谱、简谱对照。

J0146902
豪歌33曲　陈啸空编著
南京　正中书局　1936年　28页　27cm（16开）

定价: 国币二角

　　本书为民国时期中国歌曲选集, 内收《自强》《行军歌》《从军》《同胞们》等33首歌曲,五线谱。

J0146903

豪歌33曲　陈啸空编著

上海　正中书局　1947年　沪1版　28页

26cm (16开)定价: 国币一元二角

　　本书内收《自强》《行军歌》《从军》《同胞们》等33首歌曲。五线谱。

J0146904

军歌集　李树缮编

北平　中国教育音乐促进会　1936年　98页

13cm (60开)精装　定价: 大洋四角

　　本书收《卫护我中华》《战士进行曲》《奋起图强》等62首歌曲。五线谱、简谱标注。书前有商震所作序及作者弁言。

J0146905

牧童　陈伯吹作歌; 陈啸空作曲

上海　开明书店　1936年　23页　19cm (32开)

定价: 大洋二角

J0146906

青年军人歌集　罗海沙编著

南京　拔提书店　1936年　78页　有像　9×13cm

定价: 大洋一角

　　本书收录了《党歌》《国旗歌》《新生活运动歌》《劳动服务歌》《保国卫民歌》《从军歌》《革命军人歌》《到前线去》《我现在要出征》等45首歌曲。

J0146907

万国歌曲大全　周申编

上海　曼丽书局 [1936年] 112页　18cm (32开)

　　本书先收歌曲一首,后收歌词百余首,所收歌词均能填在歌曲中演唱。书中另收曲谱7首。

J0146908

乡农唱歌集　王梅生,李芙生编

邹平　乡村建设研究院出版股　1936年 [100]页

18cm (32开)定价: 二角

　　本书为民国时期中国歌曲选集,收《国旗歌》《新生活运动歌》《鲁西试验区歌》《鲁西少年》

《农夫歌》《劳动歌》《亡国恨》《教我怎样》《提倡国货》《上前线去》《向前进攻》《从军去》《国耻》《九一八》《胡阿毛》等77首歌曲。

J0146909

爱国歌集　(军歌)李惟宁著

上海　商务印书馆　1937年　9页　20cm (32开)

定价: 国币六角

(国立音乐专科学校丛书)

　　本书为民国时期中国歌曲选集,内收《玉门出塞歌》(罗家伦词)、《空军歌》(罗家伦词)、《家乡进行曲》(安娥)等3首四部合唱曲;五线谱,附钢琴伴奏谱。

J0146910

大众救亡歌集　俞树连编

上海　七七社　1937年　38页　19cm (32开)

定价: 国币一角

　　本书为民国时期中国歌曲选集,内收《救亡进行曲》《青年战歌》《松花江上》等36首。

J0146911

回忆集　陈田鹤作曲

上海　中华书局　1937年　22页　26cm (16开)

定价: 国币一角二分

　　本书为民国时期中国歌曲选集,内收《回忆》(廖辅叔诗)、《牧歌》(郭沫若诗)、《给》(陈庆之诗)、《山中》(徐志摩诗)、《心花》(廖辅叔诗)、《望月》(徐敬蘅诗)、《雁子》(陈梦家诗)、《秋天的梦》(戴望舒诗)等8首。五线谱,附钢琴伴奏谱。作者陈田鹤(1911—1955),作曲家。浙江温州人,就读于上海国立音乐专科学校、武昌艺术专科学校。曾在国立音乐院作曲系任教,北京人民艺术剧院、中央实验歌剧院专事音乐创作。代表作品有《采桑曲》《巷战歌》《燕子的歌》《和平友谊之歌》《秋天的梦》等。

J0146912

救亡歌曲集　许可经作曲

重庆　许可经[自刊]　1937年　26页 [13×19cm]

　　本书为民国时期中国歌曲选集,内收《抗战到底》《救亡进行曲》《淞沪战歌》《中华男儿血》《送出征勇士歌》《我们的老家》《中华民族决不亡》《前线去》等22首。

J0146913

救亡曲

牺牲救国同盟会(印) 1937年 28页 18cm(15开)

(牺牲救国丛书 5)

　　本书为民国时期中国歌曲选集,收《晋绥人民进行曲》(用《救亡军进行曲》谱)、《武装民众歌》(用《主张公道歌》谱)、《十二月》(用《绣花灯》谱)等12首歌曲。书后附有《工尺谱》。

J0146914

抗战新歌　　良友歌咏社编

上海 良友歌咏社 1937年 30页 19cm(32开)

定价:五分

　　本书为民国时期中国歌曲选集,内收《起来工商农学兵》(胡然词,刘雪厂曲)、《妇女抗敌歌》(郭沫若词,麦新曲)、《义勇军进行曲》(聂耳曲)、《大刀进行曲》(麦新曲)、《妇女进行曲》(麦新、星海曲)、《青年进行曲》(田汉词,星海曲)等30首。

J0146915

民族呼声集　　(最新歌选)何立山编选

济南 山东歌曲研究会 1937年 再版 176页 19cm(32开) 定价:二角

　　本书为民国时期中国歌曲选集,内分一般适用、工农适用、青年适用、军人适用、妇女适用、儿童适用等8部分,收《中华民族不会亡》《今年是收复失地年》《中国,你还不怒吼?》等120首。

J0146916

民族救亡歌声　　(第一部)孟晋编

武昌 蛇山书店 1937年 72页 17cm(40开)

定价:一角

　　本书为民国时期中国歌曲集,收《怒吼吧中国》《暴风雨前奏曲》《国难来了》《牺牲已到最后关头》《全民抗战》《打倒倭寇》《救中国》《救亡进行曲》《祖国进行曲》《抗敌进行曲》《抗战进行曲》《救亡之歌》《八一三纪念歌》《拥护抗日军》《到前线去》《追悼前方阵亡将士》《中华民族不会亡》《民族之光》《最后的胜利是我们的》等69首。

J0146917

名歌唱词汇编　　沈上达编

上海 国光书店 1937年 再版 235页 19cm(32开)

　　本书内收《劳动歌》《渔翁乐》《村魂歌》等607首歌词,无曲谱。

J0146918

现代军歌集　　汤驹著

枕戈书店 1937年 116页 [19cm](32开)

　　本书为民国时期中国歌曲选集。

J0146919

心工唱歌集　　沈心工著

上海 沈心工 1937年 68页 19cm(32开)

　　本书为民国时期中国歌曲选集,原名:学校唱歌集,收《美哉中华》《革命必先格人》《黄鹤楼》《地球歌》《友谊》《新村》《卖布》《花园》《新年》等82首。

J0146920

御侮救亡歌曲集　　(简谱)

广州 战时音乐教育研究社 1937年 再版 30页 19cm(32开) 定价:一角

(战时音乐丛书 第一辑)

　　本书为民国时期中国歌曲选集。

J0146921

战歌第一集　　马丝白辑

武昌 湖北省各级学校战时服务团总团部

1937年 52页 14×19cm

　　本书为民国时期中国歌曲选集,内收《奋起救国歌》《前进歌》《全面抗战歌》《保卫我们的祖国》《松花江上》《守土抗战歌》《救亡进行曲》《抗战先锋歌》《我们不怕流血》等41首。

J0146922

保卫祖国　　冼星海作曲

重庆 独立出版社 1938年 86页 20cm(32开)

(抗战文艺丛书)

　　本书为民国时期中国歌曲选集,内收《保卫祖国》《国防军歌》《战歌》《祖国的孩子们》等55首歌曲。作者冼星海(1905—1945),音乐家、作曲家、钢琴家。曾用名黄训、孔宇。出生于澳门,祖籍广州府番禺。代表作品《黄河大合唱》《在太行山上》《到敌人后方去》等。

J0146923

保卫祖国　　冼星海著;中国文艺社主编

1939 年　86 页　20cm（32 开）
　　本书为民国时期中国歌曲作品。

J0146924
保卫祖国　冼星海作曲
重庆　独立出版社　1941 年　再版　86 页
20cm（32 开）
（抗战文艺丛书）
　　本书为民国时期中国歌曲选集，内收《保卫祖国》《国防军歌》《战歌》《祖国的孩子们》等55 首歌曲。

J0146925
保卫祖国　冼星海著
上海　独立出版社　1941 年　再版　86 页
20cm（32 开）
（抗战文艺丛书）
　　本书为民国时期中国歌曲选集。

J0146926
保卫祖国　冼星海作曲
重庆　独立出版社　1939年　8 版　86页　20cm（32 开）
（抗战文艺丛书）
　　本书为民国时期中国歌曲选集，内收《保卫祖国》《国防军歌》《战歌》《祖国的孩子们》等55 首歌曲。

J0146927
大家唱　（第二集）曾昭正，李行夫编选
1938 年　5 版　96 页　20cm（32 开）
　　本书为民国时期中国歌曲选集，扉页有冼星海 1937 年 11 月写的序。

J0146928
大众吼声　救亡歌咏社编
上海　海燕出版社　1938 年　[69]页　20cm（32 开）
　　本书为民国时期中国歌曲选集，内收《抗战进行曲》《团结起来》《游击军》《中国空军歌》《大刀进行曲》《大地进行曲》《抗敌先锋队》《士兵之声》《救国军歌》《工人救国歌》等53 首歌曲。

J0146929
救亡歌集　于冰编
西安　少年先锋社　1938 年　再版　50 页

18cm（30 开）定价：一角五分
　　本书为民国时期中国歌曲集，内收《国旗歌》《把敌人赶出领土》《抗敌先锋歌》《全国总动员》《怒吼吧，中国！》《国难》《义勇军进行曲》《九一八》《一二八》等 45 首歌曲。

J0146930
救亡歌曲集
河北　平山县政府　1938 年　油印本　32 叶
19cm（32 开）
　　本书为民国时期中国歌曲选集，收入《救亡进行曲》《打回老家去》《大刀进行曲》等52 首革命歌曲。

J0146931
救亡歌曲集　（最近流行）吕绥之编
金华　雪花出版社　1938 年　52 页　20 开（32 开）
　　本书内收 50 余首民国时期中国抗战歌曲。

J0146932
救亡歌曲集　雷识律选编
自贡　自贡市抗敌歌咏团　1938 年　石印本　87 页
15cm（40 开）
　　本书内收《义勇军进行曲》《长城谣》《最后的胜利是我们的》等100 余首歌曲。

J0146933
救亡歌曲集　雷识律选编
自贡　自贡市抗敌歌咏团　1938 年　再版　石印本　87 页　15cm（40 开）
　　本书内收《义勇军进行曲》《长城谣》《最后的胜利是我们的》等100 余首歌曲。

J0146934
救亡歌曲集　雷识律选编
自贡　自贡市抗敌歌咏团　1938 年　3 版　石印本　87 页　15cm（40 开）
　　本书内收《义勇军进行曲》《长城谣》《最后的胜利是我们的》等100 余首歌曲。

J0146935
救亡新歌　青年歌声出版社编
青年歌声出版社　1938 年　60 页　[13×19cm]
　　本书为民国时期中国歌曲选集。

J0146936

军民抗战歌曲 （第二集）王文度编

救亡出版社 1938 年 56 页 17cm（40 开）

定价：一角

　　本书内收《中华民族不会亡》《青年进行曲》《救国进行曲》等 55 首歌曲。书前有《怎样发音》《怎样呼吸》两文。

J0146937

抗战小调　秦光锡著

重庆 新生命书局 1938 年 49 页 有像 18cm（15 开）定价：二角

　　本书内收《打游击战》（采红菱曲）、《和尚从军》（和尚采花曲）、《黄河水》（打车牌曲）、《手榴弹》（小九连环）、《王铭章腾县救国》（紫竹调）等 15 首歌曲。附《七七抗战纪念歌》《当兵歌》等 5 首歌曲。

J0146938

抗战与歌曲　仲子通著

长沙 商务印书馆 1938 年 4 版 62 页 19cm（32 开）定价：国币二角五分

（抗战小丛书）

　　本书分理论和歌曲两部分。理论部分收《抗战歌》（开卷语），以及《抗战与歌曲总论》《抗战与国家的歌曲》《抗战与教育的歌曲》《抗战与民众的歌曲》《抗战与军人的歌曲》6 篇文章；歌曲部分收《抗敌歌》《为国争光》《国军凯旋》《义勇军》《保卫大上海》《八一三战歌》《长城谣》《抗战》《抗战进行曲》《打倒汉奸》《出征别母》等 24 首歌曲，其中 6 首为五线谱歌曲。

J0146939

抗战与歌曲　仲子通著；中国文化建设协会主编

长沙 商务印书馆 1938 年 3 版 62 页 19cm（32 开）定价：国币二角五分

（抗战小丛书）

　　本书内分理论部分和歌曲部分。理论部分收《抗战歌》（开卷语）、《抗战与歌曲总论》、《抗战与国家的歌曲》等 6 篇文章；歌曲部分收《抗敌歌》《为国争光》《义勇军》等 24 首，其中 6 首为五线谱歌曲。

J0146940

抗战与歌曲　仲子通著；中国文化建设协会主编

长沙 商务印书馆 1938 年 5 版 62 页 19cm（32 开）定价：国币二角五分

（抗战小丛书）

　　本书内分理论部分和歌曲部分。理论部分收《抗战歌》（开卷语）、《抗战与歌曲总论》、《抗战与国家的歌曲》等 6 篇文章；歌曲部分收《抗敌歌》《为国争光》《义勇军》等 24 首，其中 6 首为五线谱歌曲。

J0146941

人人唱 （第 2 集）山宛中编选

汉口 救亡出版部 1938 年 76 页 18cm（32 开）

　　本书为民国时期中国歌曲选集，内收《胜利的开始》《洪波曲》《送出征勇士歌》《民众救国歌》《上前线》《团结歌》《冲锋号》《全面抗战》《把敌人赶出领土》《大家一条心》等 77 首歌曲。

J0146942

人人唱 （第 1 集）山宛中编选

万县 救亡出版部 1939 年 再版 76 页 18cm（15 开）定价：国币二角

　　本书为民国时期中国歌曲选集，收录《牺牲已到最后关头》《抗战到底》《抗战进行曲》《全国总动员》《拥护抗日军》《全民抗战歌》等 69 篇歌曲。书后有《特别符号说明》一文。

J0146943

守土抗战 （歌曲）山西阳城县立第一民族革命高校谱写

阳城 山西阳城县立第一民族革命高校 1938 年 1 张 42×29cm

J0146944

现代抗敌军歌

1938 年 手写石印本 76 页 19cm（32 开）

　　本书内收《大路歌》《义勇军进行曲》《九一八》《战歌》等 75 首歌曲。

J0146945

战地歌声　劫夫等著

汉口 生活书店 1938 年 39 页 有像［19cm］（32 开）

（西北战地服务团丛书 1）

　　本书为民国时期中国歌曲选集，内收 29 首歌曲。

J0146946

战地歌声 （第二集）劫夫等著

[桂林] 生活书店 1940 年 25 页 17cm（24 开）

定价：国币二角

（西北战地服务团丛书 6）

　　本书为民国时期中国歌曲选集，内收《五月进行曲》《放羊歌》《庆祝胜利歌》《五台山》《失地上的哀歌》《快搭起我们的舞台》《坚决抵抗》《民族解放在明天》《起来铁路工友们》等 23 首歌曲。书前有代序《我对于填小调的意见》（史轮）。

J0146947

二期抗战新歌 （初集）陈原等编著

桂林 新知书店 1939 年 再版增正本 236 页 19cm（32 开）

　　本书内容包括：《新音乐运动之史的发展》《音乐的基础知识》《唱歌指导法》等。书前有陈原的《从本书的编刊说到二期抗战中的音乐运动》《再版题记》；书末附代表歌曲 10 首，有《大路歌》《长城谣》等。附新音乐教程。

J0146948

复兴歌曲初集　　洪潘著

重庆 生活书店 1939 年 35 页 20cm（32 开）

J0146949

更生歌曲集　　本立等编

上海 自力出版社 1939 年 6 册（[120]页）有图 20cm（32 开）

　　本书为民国时期中国歌曲选集，收 120 余首歌曲。

J0146950

火线下之歌　　火线歌咏团编选

火线歌咏团 1939 年 86 页 19cm（32 开）

　　本书为民国时期中国歌曲集，收《中华民国国歌》《保卫大中国》《保卫中华民族》《保卫大武汉》《火线下之歌》《民族革命战争进行曲》《义勇军进行曲》《游击队》《游击军》《抗敌歌》《难民恨》《阵亡将士纪念碑奠基典礼颂》《纪念列宁歌》等 81 首歌曲。

J0146951

救亡歌曲集　　救亡歌曲社编选

西安 [大东书局] 1939 年 3 版 30 页 [13 × 19cm]

　　本书为民国时期中国歌曲选集，内收《义勇军进行曲》《救亡进行曲》《战歌》《救国军歌》《青年进行曲》《打回老家去》《中华民族不会亡》《牺牲已到最后关头》《自由神》《五月鲜花》等 30 首歌曲。

J0146952

救亡歌曲集 （续编）大公报西安分馆编

西安 大公报西安分馆 1939 年 再版 79 页 19cm（32 开）定价：三角

　　本书为民国时期中国歌曲选集，包括：一般歌曲、军人歌曲、妇女儿童歌曲、民谣小调、国际名歌 5 部分，收《军民合作》《保卫陕西》《步兵歌》《抗战莲花落》等 74 首歌曲。

J0146953

救亡歌曲集 （正编）大公报西安分馆编

西安 大公报西安分馆 1939 年 4 版 79 页 19cm（32 开）定价：三角

　　本书包括：一般歌曲、军人歌曲、妇女儿童歌曲、民谣小调 4 部分，收《新中华进行曲》《救国军歌》《不做亡国奴》等 69 首歌曲，末附《救亡歌曲集续编》目录。

J0146954

抗敌歌集　　军事委员会政治部编

[重庆] 军事委员会政治部 1939 年 38 页 18cm（15 开）

　　本书为民国时期中国歌曲选集，内收黄自的《抗敌歌》，星海的《战歌》，何安东的《奋斗》，张曙的《女兵歌》等 38 首。

J0146955

抗敌歌曲 （第 2 集）福建省抗敌后援会编

福州 福建省抗敌后援会 1939 年 110 页 18cm（15 开）定价：一角二分

　　本书为民国时期中国歌曲选集，内收《抗战建国歌》《大刀进行曲》《中国流行曲》《游击队进行曲》《保卫祖国》等 90 首歌曲。

J0146956

抗战活叶歌曲 （合订本 第一集）徐世謩编著

成都 大路书店 1939 年 120 页 19cm（32 开）

定价：二角五分

本歌曲集内收《长城月》《工友奋斗歌》《出征歌》《新中国》《儿童进行曲》等114首歌曲。

J0146957

老百姓抗战小调集　（1）王宇轮编

[西安] 西北印刷合作社（印）1939年 62页 19cm（32开）定价：三角

本书分4个部分：一般歌曲、妇女歌曲、儿童歌曲、表情歌曲。卷首有《编者的话》《简谱之认识》《工尺谱之认识》《中华民国国歌》《青天白日满地红》5篇文章。

J0146958

现代新歌　王人美编

上海 凤鸣书局 1939年 47页 20cm（32开）定价：国币四角五分

本书内收《人鱼公主》《新光明之路》《花开花落》《小放牛》等43首歌曲。

J0146959

项风抗战歌曲　项风著

黄岩（浙江）项风 1939年 20页 有图 18cm（32开）定价：国币三角五分

本书为民国时期中国抗战歌曲，包括正谱、简谱两部分。正谱包括：《二期抗战歌》《黄昏》《黑夜》《保卫中华》《实现大同》《满地通红》《战地秋月》7首歌；简谱包括：《二期抗战歌》《黄昏》《黑夜》《保卫中华》《实现大同》《满地通红》《战地秋月》《英勇先锋歌》《敌人你听》《流亡叫卖》等15首歌。书前有著者自序及《关于作曲的话》《关于歌咏的话》《歌曲说明》4篇文章，书末有《感谢和希望》一文。

J0146960

学校歌曲选　（第二集）宋翠华，张肖虎编

[天津] 世界图书局 1939年 48页 19cm（32开）定价：二角五分

本书为民国时期中国歌曲选集，收歌曲50首。

J0146961

战时人人唱歌曲　谢毓言编

中残院印刷合作社 1939年 50页 14cm（64开）

本书为民国时期中国歌曲选集。

J0146962

中国抗战歌曲　（第1、2集）

中国电影制片厂 1939年 再版 2册（26+25）页 [19cm]（32开）

本书内收《为祖国战争》《全民抗战》《长城谣》《松花江》《游击队歌》《巾帼英雄》《上前线》《歌八百壮士》《我们不流眼泪》《台湾义勇军歌》《可爱的家乡》等37首歌曲。

J0146963

二期抗战新歌初集　陈原等编著

桂林 新知书店 1940年 2版 订正本 236页 19cm（32开）定价：国币一元

本书包括：《打到敌人后方去》《政治重于军事》《抒情曲》《军歌》《对敌宣传歌》《少年儿童歌曲》等辑。附代表歌曲10首，有《大路歌》《长城谣》等。

J0146964

二期抗战新歌初集　陈原等编著

桂林 新知书店 1940年 4版 订正本 236页 18cm（15开）定价：国币一元二角

本书包括：《打到敌人后方去》《政治重于军事》《抒情曲》《对敌宣传歌》《少年儿童歌曲》5辑。附代表歌曲10首，有《大路歌》《长城谣》等。

J0146965

二期抗战新歌初集　陈原，余荻，黄迪文编著

桂林 新知书店 1941年 8版 订正本 236页 19cm（32开）定价：国币三元

J0146966

古歌七曲　蓝美瑞，陈哲文编

[1940年] 26cm（16开）

本书内收《浪淘沙》《悲秋》《忆王孙》《小桃红》《秋思》《清平调》《阳关曲》7首，作词者有：李煜、陈蝶生、秦观、王实甫、马致远、李白、王维等。外文书名：Seven Traditional Chinese Songs.

J0146967

国防音乐　王云阶著；江敉作画

桂林 时代书店 1940年 101页 有图 18cm（15开）

本书共分7部分：儿童表演歌曲，收《孩子军》；儿童一般歌曲，收《小英豪》等10首；妇女歌曲，收《好女儿》《民族女战士挽歌》等3首；

空军歌曲,收《空军战歌》《神鹰三部曲》《空军歌》等4首;合唱曲,收《上战场》《十三勇士》《民众自卫队》等4首;一般歌曲,收《东北我们的家乡》《中华军人》等8首;论文,收《国防音乐的长成及发展》《简易歌咏指挥法》《用歌咏把孩子们组织起来》3篇文章。序为诗《向阿波罗宣誓》;书后有"赘言"。

J0146968

江南歌声 （第一集）江南社编选
江南社 1940年 油印本 24页 20cm（32开）
定价：一角五分
　　本书为民国时期中国歌曲选集。

J0146969

江南歌声 （第二集）江南社编选
江南社 1940年 油印本 23页 20cm（32开）
　　本书为民国时期中国歌曲选集。

J0146970

救亡歌曲 二二五童子军书报用品社编
成都 二二五童子军书报用品社 1940年
增订版 61页 ［13×19cm］
　　本书内收《嘉陵江上》《满江红》《前进歌》《毕业歌》《大刀进行曲》《八百壮士》《游击队歌》《最后的胜利是我们的》等34首中国现代歌曲。

J0146971

快乐应战歌声集 彭致达［编］
1940年 3版 14页 19cm（32开）
　　本书为民国时期中国歌曲选集。

J0146972

流亡三部曲 江凌作词;雪厂制谱;雪厂等编剧
重庆 生活书店 1940年 再版 26页
19cm（32开）定价：国币一角
　　本书包括《流亡三部曲》《流亡曲》两部分,《流亡三部曲》为组歌,收《离家（松花江上）》《流亡》《战场（上前线）》3首歌;《流亡曲》为歌剧剧本。

J0146973

民族歌声 （初集）邹伯宗等编
丽水 会文图书社 1940年 115页 18cm（15开）

本书为民国时期中国歌曲选集,包括：一般歌声、军人歌声、劳动歌声、青年歌声、儿童歌声、通俗歌声、纪念歌声、国外歌声等十部分,收78首歌曲。作词、作曲者有：光未然、江定仙、冼星海、焕之、郑律成、塞克、肖三、田汉、老舍、贺绿汀、张曙、吕骥等人。

J0146974

前线歌选 朱宗敬编
上饶 战地图书出版社 1940年 150页
［13×19cm］
　　本书包括：民族的歌喉、越打越强、曙光在前面、前线进行曲、妇女进行曲、儿童进行曲、军民合作、纪念日之歌、抗战一期代表作等九部分,收95首歌曲。书前有编者的《写在前面》《音乐的基本知识》。

J0146975

三民主义歌咏 李万里编著
重庆 1940年 144+16页 19cm（32开）
定价：六角
　　全书内容为民国时期中国歌曲选集,共分三部,上部：三民主义之轮廓;中部：三民主义之本质;下部：三民主义的具体办法,对三民主义进行研究、评论,其中夹有歌词。附歌谱。

J0146976

三民主义歌咏 李万里编著;武隽达作曲
李万里 1941年 再版 196+［36］页 有图
19cm（32开）
　　本书为民国时期中国歌曲选集,共收329首歌曲,附歌谱。

J0146977

新歌初集 陈原等编著
桂林 新歌出版社 1940年 4版（［14］+236）页
19cm（32开）定价：一元二角
　　本书包括：《打到敌人后方去》《政治重于军事》《抒情曲》《对敌宣传歌》《少年儿童歌曲》5辑,收《到敌人后方去》《游击队歌》《军民合作歌》《募寒衣》《祖国进行曲》《抗战进行曲》《洪波曲》《炮兵歌》《少年进行曲》《打铁歌》等82首。另附音乐理论和乐理知识,有《中国新音乐运动之史的发展》《音乐的基础知识》《唱歌指导法》等。书前有陈原的《从本书的编刊说到二期抗战中的音乐运动》《再版题记》,书末附代表歌曲10首,有《大路歌》《长城谣》等。附新音乐教程。

J0146978

新歌初集　陈原等编著

桂林　新歌出版社　1941年　236页　17cm(32开)

定价:国币三元

　　本书为民国时期中国歌曲选集,分5部分:《打到敌人后方去》《政治重于军事》《抒情曲》《对敌宣传歌》《少年儿童歌曲》。收《打到敌人后方去》《北方行》《军民合作》等八十余首抗战歌曲。附录收代表作十首,包括《奋起救国》《大路歌》《义勇军进行曲》等。卷首有序《从本书的编刊说到二期抗战中的音乐运动》(陈原)。附新音乐教程。

J0146979

新歌选集　鲁艺编译部编

上海　辰光书店　1940年　再版　86页

18cm(32开)　定价:国币六角

(鲁艺丛书)

　　本书为民国时期中国歌曲选集,包括合唱之部、齐唱之部、小调之部3编。收录《保卫祖国》《边区青年进行曲》《新时代的歌手》《西北青年进行曲》《反侵略进行曲》《延安颂》《抗战一周年纪念歌》《大家要齐心》《参加自卫军》《抗日点将》《红缨枪》《别上当》等60首歌曲。书前有《编者的话》及《鲁迅艺术学院院歌》《鲁艺周年纪念歌》等。

J0146980

音教抗战曲集　江西省推行音乐教育委员会编

吉安　江西省推行音乐教育委员会　1940年

182页[19cm](32开)

　　本书收齐唱、独唱、轮唱、合唱歌曲,共110余首。

J0146981

友声集　教育部音乐教导员训练班编

教育部音乐教导员训练班[1940—1945年]

28页　26cm(16开)

　　本集收入张佩萱、雷识律、董兼济等人创作的独唱、合唱抗战歌曲12首。

J0146982

中国绝不会亡　张清泉词;冼群曲

丽水　会文图书社　1940年　18页　19cm(32开)

　　本书为民国时期中国歌曲选集。

J0146983

歌集　中国农民银行行员训练班编

中国农民银行行员训练班　1941年　13页

20cm(32开)

　　本书为民国时期中国歌曲选集,内收《金融战士歌》《新生活运动歌》《精神总动员歌》《上前线》《军训歌》《全国总动员》《骊歌》等12首。

J0146984

国防新歌　(第1集)高戈编

桂林　三户图书社　1941年　98页　20cm(32开)

　　本书为民国时期中国歌曲选集,内收《纪念五一节》《五五纪念歌》《五月的纪念》《保卫我们的土地》《战歌》《上前线》《再上前线》《打江山》《战地里的英雄》《望夫》等45首歌曲。词曲作者有冼星海、光未然、田汉、郭沫若等。

J0146985

江南谣　(创作曲集)姚牧编著

中国乐谱供应社　1941年　石印本　14页

26cm(16开)

　　本书为民国时期中国歌曲选集,内收《壮志》《黄河结冰不扬波》《深秋颂》《春眠不觉晓》《江南谣》《落红之歌》《摇篮曲》等7首。五线谱,附钢琴伴奏谱。

J0146986

民众学校音乐教材

华阳县　华阳县民众教育馆　1941年

手写石印本　14页　21cm(32开)

(辅导丛书)

　　本书为民国时期中国歌曲选集,内收《民众学校校歌》《千千千》《好男儿》《背着枪》《长城和运河》《糊涂老》《军民联欢歌》《新生活运动歌》等14首歌曲。

J0146987

新歌曲

赣州　定南县文建会　1941年　油印本　13页

13cm(64开)

　　本书为中国现代音乐作品。

J0146988
新民唱歌集　　新民会中央总会训练部编
［北平］新民会中央总会 1941 年 39 页
13×19cm
　　本书为民国时期中国歌曲选集，内收 19 首歌曲。

J0146989
创作新歌选集　　文英编
桂林 立体出版社 1942 年 再版 107 页
18cm（15 开）定价：国币七元
　　本书为民国时期中国歌曲选集，包括合唱歌曲、儿童歌曲、齐唱歌曲、抒情歌曲等四部分，收 74 首歌曲。

J0146990
晋察冀子弟兵军歌初审入选作品
晋察冀军区政治部编
晋察冀军区政治部 1942 年 油印本 6.5 叶
26cm（16 开）

J0146991
抗日先锋歌集　　（第 20 期）
一二九师政治部 1942 年 石印本 7 页
横 13cm（60 开）环筒页装
　　本书为民国时期中国歌曲选集，内收《八路军军歌》《青年反法西斯进行曲》《青年共产党进行曲》《希特拉必失败》等 5 首歌曲。

J0146992
抗战小曲　　羊驹编
重庆 国民图书出版社 1942 年 24 页
13cm（60 开）定价：国币一角
（国民常识通俗小丛书）

J0146993
名歌选集　　新新出版社编选
重庆 文信书局 1942 年 再版 78 页 21cm（32 开）
　　本书为民国时期中国歌曲选集，内收《最后的胜利是我们的》《思故乡》《战地服务歌》《自卫队歌》《抗战女工》《磨刀歌》《祖国进行曲》等 50 首作品。

J0146994
青年之歌　　贾君武等编；胡然等校订

成都 远东出版社 1942 年 73 页 24cm（18 开）
定价：国币六元
　　本书为民国时期中国歌曲选集，包括纪念歌曲、抗战歌曲、抒情歌曲、儿童歌曲、二部合唱、合唱六部分，共收 71 首歌曲。

J0146995
沙原之歌　　汤锦文，王建民编选
西安 建新出版社 民国三十一年［1942］156 页
18cm（15 开）定价：国币十二元

J0146996
胜利的呼声　　黄友棣作曲；何漂民校订
［广州］广东省立艺术院编纂委员会 1942 年
96+8 页 19cm（32 开）定价：一元八角
（广东省立艺术院丛书 三 音乐教育新歌集）
　　本书为民国时期中国歌曲选集，收录 26 首歌曲：《胜利的呼声》（任毕明）、《慈母颂》（黄谷柳）、《月光曲》（任毕明）、《杜鹃花》（芜军）、《补鞋匠》（荷子）、《新生》（任毕明）、《公余服务团歌》（梁寒操）等。作者黄友棣（1912—2010），中国著名音乐家、作曲家、音乐教育家。生于广东高要县（今广东省肇庆市高要区）。毕业于国立中山大学教育学系，后获英国皇家音乐学院小提琴教师与意大利满德艺术院作曲文凭。一生创作的乐曲超过二千首。主要有《孔子纪念歌》《伟大的中华》等声乐作品及艺术歌曲，还有有管弦乐《春灯舞》，钢琴《台湾民歌组曲》《小提琴独奏六首》等器乐作品。

J0146997
四五队歌选十一曲　　军委会政治部编
桂林 军事委员会政治部演剧宣传四队 1942 年
42 页 18cm（32 开）定价：国币三元
　　本书为民国时期中国歌曲选集，内收《要作自由人》《走私的人》《邕江水》《保边疆》《战斗在敌人后方》《从军别》《青年战斗员》《月亮照四方》《一条道儿长又长》《必须扫光》《五月礼赞》11 首抗战歌曲。书前有序《从烽火来的声音》（田汉），书后有《编者言》。本书与军事委员会政治部演剧宣传五队合作出版。

J0146998
新歌手册　　新光音乐研究社编
重庆 新光音乐研究社 1942 年 再版 114 页

18cm（32 开）定价：CNY8.00

本书为民国时期中国歌曲选集，收录新创歌曲，有《军队进行曲》《保卫黄河》《打到敌人后方去》《歌八百壮士》《孤岛天堂》等。

J0146999

新歌手册 新光音乐研究社编

桂林 新光音乐研究社 民国三十一年［1942］114 页 18cm（32 开）定价：二元八角

本书收录民国时期中国歌曲，有《军队进行曲》《保卫黄河》《打到敌人后方去》《歌八百壮士》《孤岛天堂》等。

J0147000

新歌选集 沈洪编

桂林 艺群出版社 1942 年 190 页 18cm（32 开）

本书为民国时期中国歌曲选集，包括：一般歌曲、抒情歌曲、纪念歌曲、民间歌谣等六部分，收《青春中国》《祖国颂》《奋起救国》等 113 首歌曲。书前有《编者小言》《怎样看简谱》，以及刘良模的《怎样教唱歌》等。

J0147001

中国军歌集 中央训练团编

中央训练团 1942 年 62 页 18cm（15 开）

本书为民国时期中国歌曲选集，1、2 集合编。内容包括纪念仪式歌曲、军歌、爱国歌曲、民歌等四部分，收《游击队歌》《凯旋歌》《到敌人后方去》《新中华进行曲》《牧羊女》《长城谣》等 62 首歌曲。

J0147002

中国名歌集 （第 1 集）李凌,赵沨编

桂林 文汇书店 1942 年 124 页 19cm（32 开）定价：七元

本书为民国时期中国歌曲选集，内收《义勇军进行曲》《大路歌》《聂耳歌》《春之消息》《江南三唱》《春天的阳光》《大丹河》《李大妈》《先有绿叶后有花》《准备反攻》等 51 首歌曲。作者赵沨(1916—2001)，音乐教育家。曾用名吴福田、赵天民等，出生于河南开封，原籍河南项城。历任国家教育部艺术教育委员会主任、中国音乐家协会顾问、《人民音乐》主编、原中央音乐学院党委书记、院长、名誉院长、国务院学位委员会艺术学科评议组召集人，译配苏联歌曲有《喀秋莎》

《人不犯我,我不犯人》《夜莺曲》《假如明天战争》等。

J0147003

大军进行曲 李纪元编著

求知书店 1943 年 124+22 页 19cm（32 开）定价：国币二十四元

本书为民国时期中国歌曲选集，收录《大军进行曲》《唱起来,青年们》《飞虎颂》《胜利合唱》《世界民主大联合》《漂流曲》《出征》《雄壮的军号》《新空军》《团结起来》等 30 首歌曲。书后附《音乐技术训练》(李纪元)。

J0147004

大口张开唱 （第 1 集）陆梦萍编

［湖南］［陆梦萍］［1943 年］38 页 20cm（32 开）

本书包括齐唱、独唱、合唱三部分,收 15 首歌曲。

J0147005

大中华进行曲 （项风歌曲 第 1 集）项风著

温岭 温岭县宣传委员会 1943 年 石印本［37］页 19cm（32 开）环筒页装

本书内收《大中华进行曲》《太平洋战歌》《战地之春》《运动会歌》《光明》等 10 首歌曲。

J0147006

二期抗战新歌续集 陈原,余荻编

实学书局(经售) 1943 年 236 页 19cm（32 开）

J0147007

二期抗战新歌续集 陈原,余荻编著

亚洲印书馆(印) 1943 年 236 页 附练习曲18cm（15 开）定价：国币一元

书前有《新版序》和《原序》,附篇《J.Concone 声乐基本练习曲》。

J0147008

和平歌集 （1）(伪)广东省宣传处编

(伪)广东省宣传处 1943 年 20 页 19cm（32 开）

本书为民国时期中国歌曲选集,内收 20 首歌曲。

J0147009

黄自全集 （第一册 长恨歌 清唱剧）

黄自先生遗作整理委员会编辑
重庆 黄自全集出版委员会 1943年 45页 有图
26cm（16开）环筒页装

　　本书内收《仙乐风飘处处闻》《七月七日长
生殿》《渔阳鼙鼓动地来》《六军不发无奈何》
《宛转峨眉马前死》等7首选曲。五线谱,附钢琴
伴奏谱。

J0147010
寄影集　邱望湘作曲
重庆 乐艺社 1943年 20页 26cm（16开）

　　本书收《寄影》《汴水流》《赠别》《满怀的
烦愁》等6首歌曲。五线谱,附钢琴伴奏谱。

J0147011
剑声集　陈田鹤作曲
重庆 大东书局 1943年 石印本 25页
25cm（小16开）定价:十元
（乐风集丛刊）

　　本书内收《满江红》《还我河山》《民族至
上》等8首歌曲。五线谱,附钢琴伴奏谱。

J0147012
卖花集　邱望湘作曲
重庆 乐艺社［1943年］20页 26cm（16开）

　　本书收《卖花》《慰劳将士》《爱国歌》等7
首歌曲。五线谱,附钢琴伴奏谱。

J0147013
时代之歌
成都 二二五童子军书报用品社 1943年
蓉初版 64页 18cm（32开）定价:国币十四元

　　本书为民国时期中国歌曲集,收《国歌》《国
父纪念歌》《天下为公》《为自由和平而战》《反
侵略进行曲》《在太行山上》《抗战的烈火——
火的洗礼主题歌》《最后胜利是我们的》《军民合
作》《保卫黄河——二部合唱》《中华儿女》《救
国军歌》等40首。

J0147014
送春集　邱望湘作曲
重庆 乐艺社 1943年［20］页 27cm（16开）
　　本书为民国时期中国歌曲选集。

J0147015
小歌曲集　林葱编著
乐清 乐清县立民众教育馆 1943年 油印本
31页 23cm（10开）环筒页装

　　本书辑入《儿童军军歌》《好男儿》《抗战的
歌声》《空军将士》等25首歌曲。

J0147016
心弦底歌　洪波作曲
桂林 黑白出版社 1943年 53页 22cm（20开）
（洪波歌曲 第一集）

　　本书内分抗战、抒情、其他三部分,收《骑兵
歌》(张天授词),《何处是我家》(老舍词),《忆江
南》(白居易词)等37首歌曲。

J0147017
心弦底歌　（洪波歌曲 第一集）洪波作曲
重庆 华一书局 1945年 渝1版 53页
24cm（16开）定价:国币八十元

　　本书分抗战篇、抒情篇、其他三部分。收录
了《歌颂领袖》《赴战曲》《胜利军进行曲》《走出
决斗的战场》《心弦的歌》《阵中乐》《伤兵之友
歌》等37首歌曲。书前有作者序。

J0147018
新歌丛　蕙子编
桂林 普及出版社 民国三十二年［1943］156页
19cm（32开）

　　本书包括合唱曲、抒情曲、政治曲、民谣曲、
儿童曲等部分,收50首,有合唱、齐唱、独唱、对
唱、歌舞剧等。

J0147019
新歌及其演唱　文行编著
桂林 大方书店 1943年 74页［19cm］（32开）
　　本书内收40首歌曲及《歌曲的研究与演唱》
一文。

J0147020
新时代歌集　赵白编著
北平 赵白[发行者]［1943年］［75］页
24cm（16开）定价:四千元

　　本书包括《美哉中华》《胜利之光》《胜利钟
声》等57首中国歌曲,《从军歌》《梦中情侣》《当
我们同在一起》等13首外国歌曲。

J0147021

新音乐歌集　孙慎等编辑
桂林　立体出版社 1943 年 58 页［19cm］（32 开）
　　本书为民国时期中国歌曲选集。

J0147022

姚牧新作演唱集　姚牧作曲
桂林　姚牧新作演唱会 1943 年 25 页 19cm（32 开）
　　本书内收《春潮》《阳光》《摇篮曲》《落红之歌》《寄给顿河上的向日葵》《大雷雨颂歌》《思乡》《杜鹃花红遍了天涯》等 16 首歌曲。作词者有：蹇先艾、袁水拍、姚牧等。

J0147023

晨光歌选　（第一集）阮伯英编选
重庆　晨光书局 1944 年 24 页 26cm（16 开）
　　本书为民国时期中国歌曲集。收录《抗战必胜》《我是童子军》《九一八》《国庆祝歌》《前进》《思乡曲》《平等颂》《远征轰炸歌》《凯旋曲》《热血歌》《励志》等 18 首。

J0147024

晨光歌选　（第三集）阮伯英编选
重庆　晨光书局 1944 年 24 页 26cm（16 开）
　　本书为民国时期中国歌曲集。收录《奋起图强》《最后的玫瑰》《空军进行曲》等 14 首。

J0147025

晨光歌选　（第五集）阮伯英编选
重庆　晨光书局 1944 年 28 页 26cm（16 开）
　　本书内收《振兴中华》《秋色近》《杯酒高歌》《我爱中华》等 7 首歌曲，五线谱，部分歌曲附钢琴伴奏谱。

J0147026

民主抗战进行曲　（舒模歌曲集）舒模著
重庆　教育书店 1944 年 79 页 19cm（32 开）
定价：三十五元
　　本书收《大家唱》《保边疆》《持久抗战》《爱枪歌》《军民合作》《慰劳将士歌》《青年战斗员》《反法西斯进行曲》等 26 首歌曲。卷首有《代序》，封面题名《民主抗战进行曲》又名《反法西斯进行曲》。

J0147027

唱游　陈韵兰编；教育部国民体育委员会主编
重庆　教育部国民体育委员会 1945 年 石印本
37 页 26cm（16 开）
　　本书为民国时期中国歌曲选集。

J0147028

创作之歌　文英编
重庆　现代书局 1945 年 72 页 19cm（32 开）
　　本书包括儿童歌曲、齐唱歌曲、独唱歌曲三部分，收 64 首歌曲。

J0147029

从军歌集　福建省智识青年志愿从军征集委员会宣传科编
福建　福建省党部宣传科 1945 年 68 页
14×18cm 定价：国币二十元
　　本书包括齐唱歌曲、合唱歌曲、独唱与重唱歌曲、儿童歌曲、军乐曲五部分，收《知识青年从军歌》《万里赋长征》《战士还乡曲》《胜利进行曲》等 32 首歌曲。

J0147030

从军去，中国的青年！　廖辅叔词；陈田鹤曲
国立礼乐馆 1945 年 油印本 4 页 28cm（大 16 开）
　　本书所收为民国时期中国歌曲。

J0147031

到战场上去高唱　林克辉著
梅县　东山中学 1945 年 22 页 21cm（32 开）
定价：六角
　　本书内收《到战场上去高唱》《流吧，珠江！》《寒衣曲》《中国不能亡》等 11 首歌曲，末有编后话《乐评》。

J0147032

复兴歌曲集　中央训练团编
中央训练团 1945 年 40 页 18cm（15 开）
　　本书内收《团歌》《骊歌》《复兴中华》《满江红》《义勇军进行曲》等 26 首歌曲。

J0147033

合唱名歌选　陈原,余荻编
成都　亚洲印书馆 1945 年 191 页 17cm（40 开）
　　本书内收《黄河大合唱》《生产大合唱》《新

年大合唱》等 3 首歌曲。

J0147034
鹤林歌集 （五线谱本）陈果夫编著
重庆 正中书局 1945 年 94 页 25cm（18 开）
定价：国币三元五角
　　本书内收《教师歌》《青年歌》《农民歌》《卫生歌》等 45 首歌曲。五线谱，附钢琴伴奏谱。

J0147035
鹤林歌集 陈果夫编著
上海 正中书局 1946 年 简谱本 46 页
26cm（16 开）定价：国币一元六角
　　本书收入词作者 1928 至 1943 年所作之配曲诗歌 44 首。包括：《教师歌》《青年歌》《农民歌》《卫生歌》等。

J0147036
鹤林歌集 陈果夫作词；萧友梅等作曲
重庆 正中书局 1946 年 简谱本 46 页
26cm（16 开）定价：国币一元六角
　　本书收入词作者 1928 至 1943 年所作之配曲诗歌 44 首。包括：《教师歌》《青年歌》《农民歌》《卫生歌》等。

J0147037
旧诗新曲 （第 1 集）王瑞娴制谱
上海 正中书局 1945 年 35 页 26cm（16 开）
定价：国币一元八角
　　本书内收《花影》（苏轼）、《夜思》（李白）、《贫交行》（杜甫）等 20 首歌曲。五线谱，附钢琴伴奏谱。

J0147038
凯歌选 （一）国立礼乐馆编
［重庆］国立礼乐馆 1945 年 油印本 8 页
21cm（32 开）
　　本书收录了民国时期中国歌曲 5 首：《凯旋歌》《胜利进行曲》《国际和平感谢歌》《胜利轮唱曲》《胜利进行曲》。

J0147039
凯歌选 （二）国立礼乐馆编
［重庆］国立礼乐馆 1945 年 8 页 21cm（32 开）
　　本书收录民国时期中国歌曲 7 首：《全民胜利歌》《民间胜仗曲》《民间胜利舞》《凯歌》《和平之花》《胜利歌》《欢迎战士凯旋》。

J0147040
凯歌选 （三）国立礼乐馆编
［重庆］国立礼乐馆 1945 年 再版 8 页
20cm（32 开）
　　本书收录民国时期中国歌曲《狂欢》《联合国凯歌》《胜利进行曲》《战士凯歌》等。

J0147041
凯歌选 （四）国立礼乐馆编
［重庆］国立礼乐馆 1945 年 再版 8 页
20cm（32 开）
　　本书收录民国时期中国歌曲 8 首：《哈啦！欢呼啊！》《凯歌四叠》《民间太平乐》《庆祝胜利进行曲》《顶好！顶好！原子弹》《游行的队伍》《举起胜利的光把》《民主胜利》。

J0147042
凯歌选 （五）国立礼乐馆编
［重庆］国立礼乐馆 1945 年 8 页 21cm（32 开）
　　本书收录民国时期中国歌曲 6 首：《抗战胜利了》《起来新中国的主人！》《祝捷》《胜利的火焰》《农家胜利歌》《复原歌》。

J0147043
凯歌选 （六）国立礼乐馆编
［重庆］国立礼乐馆 1945 年 再版 8 页
21cm（32 开）
　　本书收录民国时期中国歌曲 7 首：《祝捷》《胜利欢呼歌》《顶好的》《一朵自由解放的花》《中华万岁乐》《胜利谣》《笑呵呵》。

J0147044
凯歌选 （七）国立礼乐馆编
［重庆］国立礼乐馆 1945 年 油印本 8 页
21cm（32 开）
　　本书收录民国时期中国歌曲 4 首：《胜利之花》《先烈殉难纪念》《凯歌》《战士还京曲》。

J0147045
凯歌选 （八）国立礼乐馆编
［重庆］国立礼乐馆 1945 年 8 页 20cm（32 开）
　　本书收录民国时期中国歌曲《凯歌》《军营

凯歌》等 4 首。

J0147046

凯歌选 （九）国立礼乐馆编

[重庆] 国立礼乐馆 1945 年 8 页 20cm（32 开）

　　本书收录民国时期中国歌曲 5 首:《胜利佳音歌》《凯歌》《祝我中华》《胜利献歌》。

J0147047

凯歌选 王秋萍编

龙潭[四川] 王秋萍 1945 年 手写影印 49 页 20cm（32 开）

　　本书收入《渡过这冷的冬天》《大麦黄》《喀秋莎》《月光曲》等 31 首中外歌曲。

J0147048

凯旋歌 李大寰,燕南词;陈田鹤曲

[重庆] 国立礼乐馆 1945 年 油印本 4 页 27cm（16 开）

　　本书为民国时期中国歌曲选集。

J0147049

凯旋歌 王秋萍编选

1945 年 油印本 48 页 19cm（32 开）

　　本书为民国时期中国歌曲选集。

J0147050

青年军歌集 青年军人丛书编辑委员会编

军事委员会全国知识青年志愿从军编练总监部 1945 年 65 页 18cm（32 开）

（青年军人丛书 15）

　　本书收《国旗歌》《大中华》《美国国歌》《三民主义青年团团歌》《军事委员会干部训练团团歌》《青年远征军第二零一师师歌》《从军去中国青年》《新战士进行曲》《巾帼英雄》《长征》《建设新中国》《胜利中华》《欢呼歌》《凯歌》《国殇》《骊歌》等 40 首歌曲。

J0147051

岁寒曲 瞿白音,周钢鸣作诗;瞿白音等作词;舒模等作曲

重庆 进修出版教育社 1945 年 108 页 19cm（32 开）

　　本书包括朗诵之部、歌唱之部两部分。朗诵之部,收《大地回春》《向春天倾诉》《将军来了》

《疲兵再战》等 12 首朗诵诗;歌唱之部,收《大地回春》《屠场葬礼》《哀金城江》《炸桥》等 11 首合唱与独唱歌曲。朗诵与歌曲交替演出,组成一个整体。

J0147052

维德曲选 （第一集）林程维德著

北平 林程维德 1945 年 38 页 26cm（16 开）

　　本书内收《天池》《大漠情歌》《一往情深》等 6 首歌曲。

J0147053

我们的旗帜到处飘扬 刘大为词;黄河曲;冀热辽军区政治部尖兵剧社编

冀热辽军区政治部尖兵剧社 1945 年 1 张 19×15cm

　　本书所收为民国时期的中国歌曲。词作者刘大为,天津人。内蒙古包头市歌舞团创作员,中国音乐文学学会会员。编绘《新龙凤纹样集》。曲作者黄河(1954—　　),扬琴演奏家、教育家。毕业于中央音乐学院。中央音乐学院教授、硕士生导师,中国艺术教育大系总编委会委员,中国音乐家协会会员,中国扬琴学会副会长,中央音乐学院附中副校长。著名作曲曲目有《黄土情》《古道行》《川江韵》等。

J0147054

线谱活页凯歌选 国立礼乐馆编

国立礼乐馆 1945 年 手写石印本 [19]页 27cm（16 开）

　　本书内收《胜利进行曲》(江定仙作曲,杨荫浏填词)、《胜利之花》(梁定佳作曲,杨白华填词)、《破阵乐》(卢前词,杨荫浏曲)、《凯旋歌》(李大寰、燕南词,陈田鹤曲)、《战士还京曲》(杨荫浏编配,古琴诗吟曲)、《祖国向我们呼唤》(杨白华词,江定仙曲)等 6 首歌曲。五线谱、简谱对照,附钢琴伴奏谱。

J0147055

远征军歌 罗家伦词;孟文涛曲

国立礼乐馆 1945 年 油印本 3 页 27cm（16 开）

（从军曲选 7）

　　本书为民国时期中国歌曲选集,五线谱。附钢琴伴奏谱。

J0147056

祖国向我们呼唤 （从军曲选之一）

杨白华词；江定仙曲

重庆 国立礼乐馆 1945 年 石印本 8 页
［19×26cm］

　　本书为民国时期中国歌曲选集,四部合唱谱、五线谱,附钢琴伴奏谱。

J0147057

最佳名曲选 歌曲研究社编

重庆 上海杂志公司 1945 年 92 页［19cm］（32 开）

　　本书内收:《夜半歌声》(星海)、《长歌长短歌短》(薛良)、《青年进行曲》(田汉)、《囚徒之歌》(柳倩)、《自由的号声》(马思聪)、《伐木歌》(郑律成)、《少年先锋》(叶圣陶)等 62 首歌曲,其中有 5 首苏联歌曲。

J0147058

百代唱片

新大戏考出版社 1946年 胜利后1版 25cm(15开)

　　本书为民国时期中国歌曲选集。

J0147059

楚瑞中学音乐 楚瑞中学编

楚瑞中学刊 1946 年 手写石印 12 页 21cm(32 开)

　　本书内收《青年进行曲》《还乡曲》《花弄影》等 12 首歌曲。

J0147060

东北歌声 （第一集）隋刚作

沈阳 1946 年 简谱版 40 页 13×18cm

　　本书内收有《东北的歌声》《勿忘九一八》《和平的歌声》等 36 首歌曲。封面书名为:《新合唱歌曲集》(1)。

J0147061

怀远新歌选集 陈世鸿编

广州 怀远书局 1946 年 69 页 18cm（15 开）

　　本书内收《凯歌》《胜利之歌》《永恒的胜利》《建设新中国》《建国齐努力》《祷》等 49 首歌曲,书前有黄友棣的《展开歌咏运动》一文。

J0147062

庆祝党二十五周年 希侬词；黄河,周方曲

［1946 年］油印本 3 张 21×16cm

　　本书为合唱曲谱。

J0147063

三年歌选 李凌编

新知书店 1946 年 96 页 20cm（32 开）

　　本书收《我们的歌声》、《到底为的啥》(独唱、齐唱)、《哀金城江》、《秋春之花》(合唱)、《友情颂歌》、《渔夫曲》(译歌)、《可爱的玫瑰花》、《黄河水手谣》(民歌)等 35 首歌曲。附秧歌舞剧《兄妹开荒》。

J0147064

新年秧歌 郑新生词；黄河作曲

［热河］1946 年 油印本 1 张 22×16cm

　　本书为民国时期中国歌曲集。

J0147065

新声歌选

［涟东］涟东县教联会 1946 年 石印本［40］页［19cm］（32 开）

　　本书内收《军民一家》《儿童团》《蚂蚁歌》《金鸡叫》等 34 首歌曲。书前有《怎样读简谱》。

J0147066

中国名歌集 （音乐会名歌选集）陈曼鹤编

重庆 美乐图书出版公司 1946 年 142 页
20cm（32 开）

　　本书内收黄自、应尚能、赵元任、陈田鹤、萧友梅、黎青主、胡周淑安、贺绿汀、刘雪厂、胡然、邱望湘等 22 人的作品,有《思乡》《长恨歌》《花非花》《狂歌》《荆轲》《教我如何不想她》《忍耐》《我住长江头》《嘉陵江上》《红豆词》《中国父母心》《汴水流》《满江红》等 67 首歌曲。

J0147067

中国名歌集 （音乐会名歌选集）陈曼鹤编

重庆 美乐图书出版公司 1947 年 粤 2 版
142 页 20cm（32 开）

　　本书内收黄自、应尚能、赵元任、陈田鹤、萧友梅、黎青主、胡周淑安、贺绿汀、刘雪厂、胡然、邱望湘等 22 人的作品,有《思乡》《长恨歌》《花非花》《狂歌》《荆轲》《教我如何不想她》《忍耐》《我住长江头》《嘉陵江上》《红豆词》《中国父母心》《汴水流》《满江红》等 67

首歌曲。

J0147068

中国名歌集 （音乐会名歌选集）陈曼鹤编
重庆 美乐图书出版公司 1948年 沪4版
142页 20cm（32开）

　　本书内收黄自、应尚能、赵元任、陈田鹤、萧友梅、黎青主、胡周淑安、贺绿汀、刘雪厂、胡然、邱望湘等22人的作品，有《思乡》《长恨歌》《花非花》《狂歌》《荆轲》《教我如何不想她》《忍耐》《我住长江头》《嘉陵江上》《红豆词》《中国父母心》《汴水流》《满江红》等67首歌曲。

J0147069

中国名歌集 陈曼鹤编
上海 美乐图书出版公司 1949年 5版 142页
19cm（32开）定价：五元五角

J0147070

中国名歌集 （音乐会名歌选集）陈曼鹤编
重庆 美乐图书出版公司 1949年 沪5版
142页 20cm（32开）

　　本书内收黄自、应尚能、赵元任、陈田鹤、萧友梅、黎青主、胡周淑安、贺绿汀、刘雪厂、胡然、邱望湘等22人的作品，有《思乡》《长恨歌》《花非花》《狂歌》《荆轲》《教我如何不想她》《忍耐》《我住长江头》《嘉陵江上》《红豆词》《中国父母心》《汴水流》《满江红》等67首歌曲。

J0147071

中国新民主主义青年团团歌 （歌词征稿汇编第一集）中国新民主主义青年团中央委员会编
［1946—1953年］21页 20cm（32开）

J0147072

中央陆军军官学校军歌集
中央陆军军官学校编
中央陆军军官学校 1946年 石印本 71页
18cm（15开）

J0147073

动员剿匪歌集
［南京］中国国民党中央宣传部 1947年 6页
21cm（32开）

　　本书为第三次国内革命战争时期国民党宣传材料，辑入歌曲8首。

J0147074

歌乐会 （纪念黄自先生逝世九周年）
长沙青年会第二期歌咏班编
长沙 长沙青年会第二期歌咏班 1947年 20页
20cm（32开）

　　本书内收黄自作曲的《采莲谣》等歌曲20首。附大音乐家黄自先生略传。

J0147075

歌与剧 （第五期）冀中文协编辑
［河间］冀中新华书店 1947年 70页 18cm（15开）

　　本期收歌曲6首，小歌剧2部。

J0147076

歌与剧 歌与剧社编辑
山东 新四军兼山东军区政治部文工团 1947年
战时版4 63页 20cm（32开）

　　本书为民国时期中国歌剧剧本选集。

J0147077

故乡吟 胡人词
宁波 春风文艺社 1947年 ［14］页 19cm（32开）

　　本书内收《风台山》《巢潮颂》《怀念含山》《赣江水愁异乡人》《乡愁》《舜江！你偕我归去》《阳明颂》等7首歌曲。

J0147078

建国歌集 中央训练团编
中央训练团 1947年 51页 ［13×19cm］

　　本书内收《国歌》《陆军军官学校校歌》《空军进行曲》《新中国的主人》《胜利进行曲》《胜利的呼声》《平等颂》《爬山歌》《中美之歌》等37首歌曲。附美、英、苏、法等国国歌及联合国国歌。

J0147079

剿匪要诀歌集 军官训练团［编］
军官训练团 1947年 34页 12×18cm

　　本书为第三次国内革命战争时期，国民党宣传资料。

J0147080

警察歌集 于忠海编

1947 年 19 页 18cm（15 开）

　　本书内收《平等颂》《青年歌》《爬山歌》《火炬歌》等 19 首歌曲。

J0147081

九一八以来名歌选集 直友编

［沈阳］辽南群众书店 ［1947 年］［226］页

21cm（32 开）

　　本书包括九一八以来抗战爆发时期歌曲、抗战时期歌曲、八一五以来歌曲三部分，收 237 首。

J0147082

军歌集 晋察热辽军区政治部编

晋察热辽军区政治部 1947 年 油印本 16 页

18cm（15 开）环筒页装

J0147083

舒模歌曲选 舒模著

上海 教育书店 1947 年 订正版 90 页

［19cm］（32 开）

　　本书内收《你这个坏东西》《胜利果》《在那遥远的地方》等 35 首歌曲。

J0147084

孙敬修唱歌集 （第二集）孙敬修编

北平 小小书店 1947 年 40 页 有图 18cm（32 开）

　　本书内收《升旗歌》《朝会歌》《总理纪念歌》《爱国歌》等 85 首歌曲。

J0147085

孙敬修唱歌集 孙敬修编

北平 小小书店 1947 年 再版 38 页 有图

18cm（32 开）

（小小丛书 2）

　　本书内收《升旗歌》《朝会歌》《总理纪念歌》《爱国歌》等 85 首歌曲。

J0147086

问路 （歌表演集）晋察冀边区戏剧协会编

［阜平］晋察冀日报社 ［1947 年］26 页

20cm（32 开）

J0147087

悃歌 叶创蕖曲

贵阳 交通书局 1947 年 修正版 30 页

19cm（32 开）定价：国币一元六角

　　本书为民国时期中国歌曲选集，内收《春眠不觉晓》《云霞》《追寻》《卖花女》《怨日行》等 16 首歌曲。

J0147088

表演歌曲集 西南军区歌舞队辑

重庆 西南军区歌舞队 ［1948 年］37 页

26cm（16 开）

J0147089

部队歌曲 （第 1 集）中国人民解放军东北军区政治部宣传部出版部文艺社编

中国人民解放军东北军区政治部宣传部

1948 年 77 页 18cm（15 开）

J0147090

部队歌曲 （第 2 集）中国人民解放军东北军区政治部宣传部编

中国人民解放军东北军区政治部宣传部

1948 年 26 页 13cm（64 开）

（部队文艺丛书）

　　本书内收《英雄成千万》《尖刀连》《我为人民扛起枪》《看他往哪里钻》等 9 首歌曲。收于《部队文艺丛书》之四。

J0147091

春之歌选 （第 3 期 青春的歌颂）

青春音乐出版社 1948 年 石印本 19 页

26cm（16 开）

　　本书包括一般歌曲、团契歌曲、中国民歌等部分，收 33 首歌曲，有唱、四部、对唱、独唱等内容。

J0147092

建国歌曲集

［1948—1950 年］51 页 19cm（32 开）

　　本书内收《新中国的主人》《热血歌》《满江红》等 37 首。附美、英、苏、联合国国歌。

J0147093

戡建歌集 中央训练团编

中央训练团 1948 年 45 页〔13×19cm〕

　　本书包括仪式歌曲、军歌与爱国歌曲、抒情歌与民歌等三部分,收《军民联欢歌》《出征》《胜利进行曲》《怀古》《战歌》等 40 首歌曲。附美、英、苏、法等国国歌。

J0147094
空军歌曲集　濮望云编
南京　濮望云〔发行者〕1948 年
76 页　13×18cm

　　本书内收《空军军歌》《壮志凌霄》《空中勇士》等 49 首歌曲,依内容分为 9 类。书末附《空军子弟学校校歌》《空军军士学校校歌》《神鹰剧团团歌》等 3 首歌曲。

J0147095
青年歌集　陶棨,任策编
上海　青年协会书局 1948 年 140 页 20cm(32 开)
(娱乐教育丛书)

　　本书包括宗教歌、团契歌、民歌、一般歌等部分,共收 99 首歌曲。

J0147096
应征歌曲汇编　(第三辑)东北音乐工作团编
东北军区政治部 1948 年 51 页 19cm(32 开)

J0147097
中国名歌选　(第一辑)
哈尔滨　东北书店 1948 年 2 版 267 页
18cm(15 开)定价:旧币 5,000 元

　　本书包括抗战爆发时期歌曲、抗战时期歌曲两部分,共收 144 首歌曲。

J0147098
中国名歌选　(第一辑)
佳木斯　东北书店 1948 年 再版 167 页
20cm(32 开)

J0147099
唱新年　中国人民解放军广西军区兼第十三兵团政治部文艺工作团编选
柳州　华新出版社 1949 年 8 页 19×14cm

　　本书收入《唱新年》(刘炽曲,黄河词)、《翻身花鼓》《金匾绣咱毛主席》3 首歌曲。

J0147100
歌颂毛主席　旅大文艺工作团编
大连　新华书店 1949 年 26 页 21cm(大 32 开)
(旅大文协音乐丛书)

　　本书为中国现代歌曲选集,内收《国际歌》《歌颂中国共产党》《歌颂您》等 31 首歌曲。收于《旅大文协音乐丛书》之一中。

J0147101
歌选　(12)上海人民广播电台广播乐团编
上海　大众书店 1949 年 15 页 19cm(32 开)
定价:0.80

　　本书为中国歌曲选集。

J0147102
歌选　(第十二辑　二卷　一期)华东人民广播电台广播乐团编
上海　大众书店 1950 年 14 页 18cm(15 开)

　　本书内容为中国歌曲选集。

J0147103
歌选　华东人民广播电台广播乐团编
上海　大众书店〔1950—1959 年〕14 页
18cm(15 开)

J0147104
工人之歌　胶东文化协会辑
济南　山东新华书店胶东分店 1949 年 2 版
43 页　13×19cm

　　本书收入《国际歌》《开路先锋》《咱们工人有力量》《生产歌》《纺织工人歌》《工农合作》等 24 首歌曲。

J0147105
广播歌辑　(第一辑)齐齐哈尔人民广播电台辑
齐齐哈尔　齐齐哈尔广播电台 1949 年 20cm(32开)

　　本书系中国广播歌曲选集第一辑。

J0147106
广播歌辑　(第二辑)齐齐哈尔人民广播电台辑
齐齐哈尔　齐齐哈尔广播电台 1950 年 20cm(32开)

　　本书系中国广播歌曲选集。

J0147107
广播新歌　李士钊编

音乐教育社 1949年 64页 20cm（32开）

本书系中国广播歌曲选集。

J0147108

行知歌曲集　陶行知撰；生活教育社辑

上海　三联书店 1949年　沪再版 58页

18cm（15开）定价：三元五角

本书为中国歌曲选集。

J0147109

行知歌曲集　生活教育社编

上海　生活·读书·新知联合发行所 1949年

沪再版 58页 18cm（15开）定价：三元五角

本书内收陶行知作词或配词的歌曲以及纪念陶行知的歌曲，共29首。

J0147110

行知歌曲集　（陶行知先生遗著）生活教育社编

上海　生活·读书·新知联合发行所 1949年

沪初版 58页 18cm（15开）定价：三元八角

本书内收陶行知作词或配词的歌曲以及纪念陶行知的歌曲，共29首。

J0147111

青年之歌　胶东文化协会编

济南　山东新华书店胶东分店 1949年　再版

27页 13×19cm

本书为中国歌曲选集，内收《青年之歌》《民主青年进行曲》《新民主的青年》《红旗的歌》《新时代进行曲》等17首歌曲。

J0147112

新歌集　区显祖辑

扬州　苏北新华书店 1949年 85页 18cm（32开）

本书为中国歌曲选集。

J0147113

新音乐歌集　（第一集）新音乐社编辑

北平　新音乐社［1949年］32页 26cm（16开）

本书为民国时期中国歌曲选集。

J0147114

拥苏歌选　旅大文艺工作者协会辑

大连　新华书店 1949年 20页 21cm（32开）

（音乐丛书）

本书为庆祝十月革命32周年中国现代歌曲选集。

J0147115

长恨歌　韦瀚章词；黄自作曲

北平　兄弟美术誊写印社［1949年］45页

26cm（16开）

中国第一部清唱剧。作者黄自（1904—1938），作曲家、音乐教育家。字今吾，江苏川沙（今属上海市）人。毕业于美国欧柏林学院耶鲁大学音乐学校。主要作品有《怀旧》《长恨歌》《抗敌歌》《南乡子》《玫瑰三愿》等。

J0147116

长江歌声　（第一集）武汉市音乐工作者协会编

汉口　中南新华书店 1949年 75页 20cm（32开）

本书为中国歌曲选集。

J0147117

长江歌声　（第二集）武汉市音乐工作者协会编

汉口　中南新华书店 1950年 61页

20cm（32开）定价：CNY3.30

J0147118

长江歌声　（第三集）武汉市音乐工作者协会编

汉口　中南新华书店 1950年 50页

20cm（32开）定价：2.70

J0147119

长江歌声　（第四集）武汉市音乐工作者协会编

汉口　中南新华书店 1950年 62页

20cm（32开）定价：CNY3.60

J0147120

长江歌声　（第八集 抗美援朝专集）

武汉市音乐工作者协会编

汉口　中南出版社 1951年 52页 20cm（32开）

定价：旧币 2,800元

J0147121

八月十五　（歌表演）邢野撰词；劫夫作曲

张家口 察哈尔文教社 1950年 22页 9×13cm

定价：四角八分

（通俗文艺丛书 4）

本书是将北方说唱音乐、戏曲音乐的艺术手

法运用于歌曲创作之中。

J0147122
百花盛开高歌歌唱总路线　（歌集）
新野县人民文化馆编
新野县　新野县人民文化馆［1950—1959 年］
油印本　6 页　19cm（32 开）

J0147123
保卫世界和平歌选　绥远省中苏友好协会编
归绥　绥远省中苏友好协会　1950 年　10 页
19cm（32 开）
　　本书内容为中国歌曲选集。

J0147124
唱英雄　天津市音乐工作团辑
天津　天津大众书店　1950 年　40 页
18cm（15 开）定价：3.00
（新歌新舞　第一集）
　　本书为中国歌曲选集。

J0147125
创作歌集　（第一集　抗美援朝专号）
西安市文学艺术界联合会筹委会编
西安　西安市文学艺术界联合会筹委会　1950 年
20 页　19cm（32 开）
　　本书为中国抗美援朝歌曲选集。

J0147126
创作歌集　（第二集）西安市文学艺术界联合
会筹委会编
西安　西安市文学艺术界联合会筹委会
［1950—1959 年］18 页　19cm（32 开）
定价：CNY1.50

J0147127
创作歌集　（第六集　七一专号）
西安市文学艺术界联合会筹委会编
西安　西安市文学艺术界联合会筹委会
［1950—1955 年］20 页　18cm（15 开）
定价：旧币 1,500 元

J0147128
创作歌选　（第一集）中华全国音乐工作者协
会上海分会编

上海　新华书店华东总分店　1950 年　36 页
19cm（32 开）定价：CNY1.90
　　本书为中国歌曲创作选集。

J0147129
创作歌选　（第二集）中华全国音乐工作者协
会上海分会编
上海　新华书店华东总分店　1950 年　39 页
19cm（32 开）定价：CNY1.70
　　本书为中国歌曲创作选集。

J0147130
创作歌选　（第三集）中华全国音乐工作者协
会上海分会编
上海　新华书店华东总分店　1950 年　30 页
19cm（32 开）定价：CNY1.70
　　本书为中国歌曲创作选集。

J0147131
东北歌声　（第三集）东北文联音乐委员会编
［沈阳］东北新华书店［1950 年］45 页
26cm（16 开）定价：旧币 22,500 元

J0147132
妇女歌曲选集　唐荣枚编
上海　新华书店华东总分店　1950 年　44 页
18cm（15 开）定价：1.90
　　本书为中国妇女歌曲选集。

J0147133
歌唱太行山联唱　江萍词；王安国曲
［临猗］临猗艺术学校　1950—1959 年　油印本
26cm（16 开）

J0147134
歌曲　海军业余文艺演出队编
海军业余文艺演出队［1950—1959 年］油印本
26cm（16 开）

J0147135
歌曲　湘潭县韶山文化馆编
湘潭　湘潭县韶山文化馆［1950—1959 年］
油印本　19cm（32 开）

J0147136
歌选一百首　中华全国音乐工作者协会上海分会编
上海 新华书店华东总分店 1950 年 172 页 21cm（32 开）定价：9.30
　　本书内容为 1950 年上海市歌咏比赛歌曲选集。

J0147137
工人翻身联唱　晓星撰词；李尼作曲
上海 新华书店华东总分店 1950 年 39 页 21cm（32 开）定价：2.60

J0147138
工人姚玉卿歌曲创作选集　姚玉卿著
青岛 青岛文联［1950—1951 年］23 页 19cm（32 开）
　　本书系中国歌曲创作选集。

J0147139
广播歌曲集　（第二集）河北省人民政府文教厅文化处编辑
保定 河北人民出版社 1950 年 18 页 21cm（32 开）
　　本书系中国广播歌曲选集。

J0147140
广播歌曲集　河北省文联编
保定 河北省联合出版社 1950 年 21 页 21cm（32 开）
　　本书系中国广播歌曲选集。

J0147141
广播新歌　（1）广州人民广播电台编
广州 广州人民广播电台 1950 年 22 页 19cm（32 开）定价：旧币 1,000 元

J0147142
广播新歌　（2）广州人民广播电台编
广州 广州人民广播电台［1950—1959 年］19 页 19cm（32 开）定价：旧币 1,000 元

J0147143
航海之歌　华东军区海军政治部编
华东军区海军政治部 1950 年 16 页 18cm（15 开）（海洋歌声 第六期）

　　本书系中国歌曲选集。

J0147144
好地方　中华全国音乐工作者协会上海分会编
上海 新华书店华东总分店［1950—1959 年］3 页 27cm（16 开）定价：1.70

J0147145
红花开遍井冈山　朱驹作曲；吕之望等撰词
上海 新华书店华东总分店 1950 年 90 页 18cm（15 开）定价：4.00
　　本书系中国歌曲选集。

J0147146
红十月歌声　华南文工团音乐部创作研究组编
广州 青年出版社华南营业处 1950 年 21 页 19cm（32 开）定价：2.00
（华南文工团音乐部创作歌选 1）
　　本书为中国创作歌曲选集。

J0147147
活叶创作歌选　（1–2）河南人民出版社编辑
郑州 河南人民出版社 1950—1959 年 19cm（32 开）定价：CNY0.05

J0147148
活叶创作歌选　（2）河南人民出版社编
郑州 河南人民出版社 1958 年 定价：CNY0.02

J0147149
劳动锻炼联唱　于春雨编
北京 地图出版社［1950—1959 年］26cm（16 开）

J0147150
劳动歌声　（歌曲）周沛然编
北京 工人出版社 1950 年 82 页 19cm（32 开）定价：4.00

J0147151
劳动歌声　（第二集）上海总工会文工团编
上海 劳动出版社 1950 年 61 页 19cm（32 开）定价：3.00

J0147152
茂九中歌选　（1）茂九中文艺创作组编

茂九中文艺创作组编［1950—1959 年］7 页
19cm（32 开）

　　本书系中国歌曲选集专著。

J0147153
盘江曲　高梁等作
［北京］国防出版社 1950 年 39 页 21cm（32 开）

　　本书内容包含《盘江曲》《圭山谣》《北京颂》《我们战斗在云南》共 4 首歌曲。

J0147154
全世界人民心一条　招司词；瞿希贤曲
上海 万叶书店 1950 年［16cm］（26 开）
定价：CNY0.28

　　本书系中国歌曲选集。作者瞿希贤（1919—2008），女，作曲家。上海人，毕业于上海国立音专作曲系。曾就职于中央音乐学院音工团和中央乐团创作组。代表作品《听妈妈讲那过去的事情》《新的长征，新的战斗》《乌苏里船歌》。

J0147155
生产联唱　王凯撰词；广宗等作曲
济南 新华书店山东总分店 1950 年 17 页
13×18cm 定价：CNY1.00

J0147156
生产战线上打胜仗
中国人民解放军华北军区政治部编
中国人民解放军华北军区政治部刊 1950 年
20 页 17cm（32 开）
（部队歌集 一）

　　本书系中国部队歌曲选集。

J0147157
生产组曲　苇舟等撰；平原省文联编
新乡 平原省文联［1950—1959 年］30 页
13×19cm

J0147158
十月进行曲　（新歌二集）湖南省文学艺术界联合会筹委会，长沙市音乐工作者协会筹委会编
长沙 湖南省文学艺术界联合会筹委会
［1950—1959 年］12 页 19cm（32 开）

　　本书与长沙市音乐工作者协会筹委会合作出版。

J0147159
世界青年歌集　中国新民主主义青年团上海市工作委员会宣传部编
上海 中国新民主主义青年团上海市工作委员会宣传部 1950 年 24 页 19cm（32 开）
定价：2.00

J0147160
手车　中华全国音乐工作者协会上海分会编
上海 新华书店华东总分店［1950—1959 年］
4 页 26cm（16 开）定价：1.70

J0147161
我们工人有力量　李琪树编
北京 新华书店 1950 年 35 页 15cm（40 开）
定价：0.90

　　本书系中国现代工人歌曲选。

J0147162
新歌　（第一集）苏北文学艺术界联合会编辑
扬州 新华书店苏北分店 1950 年 21 页
19cm（32 开）

　　中国现代歌曲选集。

J0147163
新歌五十首　东北文艺工作团编辑
沈阳 新华书店东北总分店 1950 年
76 页 19cm（32 开）定价：185 元

　　中国现代歌曲选集。

J0147164
新歌选　山东新华书店编辑部辑
济南 山东新华书店 1950 年 51 页
16cm（25 开）定价：1.00

　　中国现代歌曲选集。

J0147165
新中国歌曲　中华全国学生联合会编
北京 中华全国学生联合会 1950 年 1 册
18cm（32 开）

J0147166
学校创作歌选　（第一辑）中国新民主主义青年团北京市委员会文化艺术部编辑
北京 中国新民主主义青年团北京市委员会文

化艺术部 1950 年 32 页 18cm（32 开）
定价：CNY3.80
（青年文艺丛书 1）

J0147167
在边境线上 （草稿）胥树人作词；丁鸣作曲；
东北鲁迅文艺学院抗美援朝文工团第一团编
沈阳 东北鲁迅文艺学院抗美援朝文工团第一团
1950 年 油印本［14 页］26cm（16 开）

J0147168
张寒晖同志遗作 （歌曲集）西北文学艺术工
作者代表大会筹备委员会辑
西安 新华书店西北总分店 1950 年 44 页
18cm（15 开）定价：1.70
　　本书系张寒晖歌曲选集。

J0147169
中苏名歌集　方素编辑
香港 合作出版社［1950—1959 年］90 页
19cm（32 开）定价：HKD1.50

J0147170
创作歌选 （第二集）中华全国音乐工作者协
会上海分会辑
上海 华东人民出版社 1952 年 14 页 18cm（15 开）
定价：旧币 1,000 元
　　本书系中国现代歌曲创作选集。

J0147171
创作歌选 （第五集 土地改革专集）
中华全国音乐工作者协会上海分会编
上海 华东人民出版社 1951 年 58 页
19cm（32 开）定价：旧币 2,800 元

J0147172
创作歌选 （第六集）中华全国音乐工作者协
会上海分会编
上海 华东人民出版社 1951 年 60 页
19cm（32 开）定价：旧币 2,800 元

J0147173
创作歌选 （第七集）
中华全国音乐工作者协会上海分会编
上海 华东人民出版社 1951 年 21 页

18cm（15 开）定价：旧币 1,300

J0147174
大家唱 （嘉岭江船夫曲）沙梅作曲
上海 教育书店 1951 年

J0147175
歌唱女战斗英雄郭俊卿 （大联唱曲）
中南部队艺术学院音工队集体创作，中南文学
艺术界联合会筹委会编
汉口 中南人民出版社 1951 年 17 页
26cm（16 开）定价：旧币 2,600 元
（中南音乐丛书）

J0147176
歌唱张万兴　方既,彭厚荣作词；郭朝杰等作曲
汉口 武汉市文学艺术界联合会 1951 年 18 页
18cm（15 开）定价：旧币 750 元
（工人文艺丛书）

J0147177
歌集 （2）察哈尔省文学艺术界联合会编辑
张家口 察哈尔省文学艺术界联合会 1951 年
11 页 19cm（32 开）

J0147178
歌集　察哈尔文学艺术界联合会编
张家口 察哈尔人民出版社 1952 年 8 页
19cm（小 32 开）定价：旧币 1,100 元

J0147179
歌曲选集　广东省人民政府文教厅文艺处编
广州 广东省人民政府文教厅文艺处［1951 年］
36 页 18cm（15 开）
　　本书收入 35 首歌曲,主要内容为抗美援朝,
拥护土改。

J0147180
歌选小集　旅大人民出版社编
大连 旅大人民出版社 1951 年 13 页 15cm（40 开）

J0147181
歌咏队　黎光编撰
上海 友联出版社 1951 年 35 页 19cm（32 开）
定价：旧币 1,500 元

（通俗百科小丛书）

J0147182
广播歌声 （3）广东、广州人民广播电台文艺组编
广州　广东人民广播电台文艺组　1951年　2版
42页　15cm（40开）定价：旧币 1,200 元
　　　本书与广州人民广播电台文艺组合作出版。

J0147183
广播歌声 （4）广东、广州人民广播电台文艺组编
广州　广东人民广播电台文艺组　1951年　34页
17cm（30开）

J0147184
广播歌选 （第二十三期）华东人民广播电台广播乐团，上海人民广播电台广播乐团编
上海　华东人民出版社　1951年　21页
19cm（32开）定价：旧币 800 元

J0147185
广播歌选 （第五期）重庆人民广播电台编
重庆　西南人民出版社　1951年　24页
19cm（32开）定价：旧币 1,400 元

J0147186
广播歌选 （第六期）重庆人民广播电台编
重庆　西南人民出版社　1951年　24页
19cm（32开）定价：旧币 1,400 元

J0147187
广播歌选 （第七期）重庆人民广播电台编
重庆　西南人民出版社 1951年 24页 19cm（32开）

J0147188
广播歌选 （第九期）重庆人民广播电台编
重庆　西南人民出版社　1951年　24页
19cm（32开）定价：旧币 1,400 元

J0147189
广播歌选 （第一期）中南人民广播电台等编
汉口　中南人民出版社［1951年］30页
19cm（32开）定价：旧币 1,500 元

J0147190
广播歌选 （第二期）中南人民广播电台等编
汉口　中南人民出版社［1951年］30页
19cm（32开）定价：旧币 1,500 元

J0147191
广播歌选 （第三期）中南人民广播电台等编
汉口　中南人民出版社　1951年　30页
19cm（32开）定价：旧币 1,500 元

J0147192
广播歌选 （1974.1）广东人民广播电台，广州电视台编
广州　广东人民广播电台　1974年　51页
19cm（32开）
　　　本书与广州电视台合作出版。

J0147193
国庆歌选　福建省文学艺术界联合会编
福州　福建省文学艺术界联合会　1951年　13页
19cm（32开）
　　　本书系现代歌曲选集。

J0147194
和平青年进行曲 （齐唱、合唱）李明辉作曲
上海　万叶书店　1951年　影印本　4页
31cm（15开）定价：旧币 2,000 元
（中央音乐学院研究部资料丛刊）

J0147195
吉林新歌集　吉林省文学艺术界联合会编
吉林　吉林省文学艺术界联合会
［1951—1958年］22页　19cm（32开）

J0147196
江南土改组曲
中华全国音乐工作者协会上海分会编
上海　华东人民出版社　1951年　60页
19cm（32开）定价：旧币 2,800 元
（音乐创作丛刊）

J0147197
解放军修建天宝路　文苑作词；兆江作曲
上海　教育书店　1951年　31页　18cm（15开）
定价：旧币 2,200 元

（新音乐创作丛刊 9）

J0147198
南京歌声 （第一卷 第四期）
南京文联音乐部，南京歌声编委会辑
南京 南京文联 1951 年 20 页 20cm（32 开）
定价：旧币 1,000 元

J0147199
庆祝国庆节唱的基本歌曲
济南 山东人民出版社 1951 年 7 页
19cm（32 开）定价：旧币 500 元

J0147200
人民新歌声 （5）刘振声选编
北京 宝文堂书店 1951 年 24 页 15cm（40 开）

J0147201
苏南创作歌选 （第一集）苏南文联筹委会编
无锡 苏南文联筹委会 1951 年 22 页
19cm（32 开）定价：旧币 1,400 元

J0147202
心中想起毛泽东 董源作曲
上海 教育书店 1951 年 36 页 19cm（32 开）
定价：二元四角
（新音乐创作丛刊 5）

J0147203
新歌选集 中央戏剧学院研究部音乐室创作
室编
北京 三联书店 1951 年 66 页 19cm（32 开）
定价：旧币 3,800 元

J0147204
新歌选集 平原省文联编
新华书店平原省分店 1951 年 13 页 18cm（32 开）

J0147205
摇篮曲 贺绿汀作
上海 上海音乐出版社 1951 年 定价：CNY0.20
　　作者贺绿汀（1903—1999），音乐家、教育家。
湖南邵东仙槎桥人，毕业于上海国立音乐专科学
校。历任武昌艺术专科学校教员、明星影片公司
音乐科科长、陕甘宁晋绥联防军政治部宣传队音

乐教员、延安中央管弦乐团团长、华北文工团团
长。代表作品《牧童短笛》《摇篮曲》《游击队歌》
等，著有《贺绿汀音乐论文选集》。

J0147206
摇篮曲 贺绿汀作
［北京］音乐出版社 1955 年 ［1］张
定价：CNY0.13

J0147207
英雄联唱 （联唱集）程云撰
上海 杂志公司 1951 年 82 页 19cm（32 开）
定价：旧币 5,200 元

J0147208
永远歌唱新中国 （反攻三部曲）时乐濛编
重庆 西南人民出版社 1951 年 56 页
26cm（16 开）定价：旧币 4,500 元
　　作者时乐濛（1915—2008），音乐家、作曲家、
指挥家。原名时广涵，生于河南伊川。曾在鲁迅
艺术学院音乐系学习。曾任中国人民解放军总
政治部歌舞团团长、解放军艺术学院副院长等
职。编写《保卫莫斯科》歌曲、大合唱《祖国万岁》，
主持音乐舞蹈史诗《东方红》及《中国革命之歌》
的音乐创作。

J0147209
雨后集 马思聪作曲；郭沫若作词
北京 开明书店 1951 年 影印本 22 页
26cm（16 开）定价：旧币 2,700 元
　　中国现代歌曲选集。曲作者马思聪（1912—
1987），作曲家、小提琴演奏家。广东海丰人。曾
任中央音乐学院首任院长，并兼任中国音乐家协
会副主席，《音乐创作》主编等职。代表作有小
提琴曲《内蒙组曲》《西藏音诗》《第一回旋曲》，
交响音乐《山林之歌》《第二交响曲》，大合唱《祖
国》《春天》，歌剧《热碧亚》等。词作者郭沫若
（1892—1978 年），文学家、历史学家。原名开贞，
字鼎堂，号尚武，乳名文豹，笔名沫若、麦克昂、
郭鼎堂，四川乐山人，毕业于日本九州帝国大学。
历任中国科学院首任院长、中国科学技术大学首
任校长、苏联科学院外籍院士。代表作《郭沫若
全集》《甲骨文字研究》《中国史稿》等。

J0147210
中学歌选　无锡市音乐者协会编
无锡　苏南人民出版社 1951 年　19 页
19cm（32 开）定价：旧币 1,000 元

J0147211
东北新歌选　（1952 年第 4 期）东北文联编辑
部编
沈阳　通俗文艺出版社 1952 年　21 页
15cm（40 开）定价：旧币 800 元

J0147212
东北新歌选　（1952 年第 5 期 国庆专号）
东北文联编辑部编
沈阳　通俗文艺出版社 1952 年　21 页
15cm（40 开）定价：旧币 800 元

J0147213
东北新歌选　（1952 年第 6 期）
东北文联编辑部编辑
沈阳　通俗文艺出版社 1952 年　21 页
15cm（40 开）定价：旧币 800 元

J0147214
广播歌曲选　（1–4）山东人民广播电台编
济南　山东人民出版社 1952 年　19cm（32 开）
　　中国现代广播歌曲选集。

J0147215
民校歌选　叶林编
［无锡］苏南人民出版社 1952 年
定价：CNY0.12

J0147216
青年之歌　沈震亚辑
上海　真理书店 1952 年　52 页　18cm（32 开）
定价：旧币 3,000 元

J0147217
青年之歌　沈震亚编
上海　真理书店 1953 年 4 版　52 页
18cm（32 开）定价：旧币 3,000 元
　　中国现代歌曲选集。

J0147218
山西人民歌选　中华全国音乐工作者协会山
西分会辑
太原　山西人民出版社 1952 年　15 页
18cm（32 开）定价：旧币 400 元

J0147219
速成识字歌曲　陈广德编
济南　山东人民出版社 1952 年　12 页
18cm（32 开）定价：旧币 500 元

J0147220
新歌选　（第一辑）山东人民出版社辑
济南　山东人民出版社 1952 年　35 页
18cm（32 开）定价：旧币 1,200 元

J0147221
新生歌选　（第一集）朱婴选辑
上海　自立书店 1952 年 2 版　200 页
15cm（40 开）定价：旧币 6,000 元

J0147222
新生歌选　（第二集）朱婴编选
上海　自立书店 1953 年　2 册　15cm（40 开）

J0147223
新生歌选　（第三集）朱婴编选
上海　自立书店 1952 年　100 页　15cm（40 开）
定价：CNY0.30

J0147224
新生歌选　（第四集）朱婴辑
上海　自立书店 1952 年　99 页　15cm（40 开）
定价：旧币 3,000 元

J0147225
新生歌选　（第五集）朱婴编选
上海　自立书店 1953 年　99 页　15cm（40 开）
定价：旧币 2,500 元

J0147226
新生歌选　（第一集至四集合订本）朱婴编选
上海　自立书店 1953 年 2 版　450 页
15cm（40 开）精装 定价：旧币 15,000

J0147227
新生歌选 （第一集至四集合订本）朱婴编选
上海 自立书店 1953 年 4 版 450 页
15cm（40 开）精装 定价：旧币 15,000

J0147228
新生歌选 （第一至四集合订本）朱婴编选
上海 自立书店 1953 年 450 页 15cm（40 开）
定价：旧币 13,000 元,旧币 17,000 元（精装）

J0147229
绣花劳军 王犁等编
［贵阳］贵州人民出版社 1952 年
定价：CNY0.10

J0147230
英雄的库里申科 （叙事歌）李群作曲；管桦
作词；中央音乐学院编辑
上海 万叶书店 1952 年 影印本 12 页
26cm（16 开）
（中央音乐学院创作丛刊）
　　本书为中国现代歌曲创作集。作者李群
（1925—2003）,女,作曲家。河北磁县人,毕业于
鲁迅艺术学院音乐系。历任中央歌舞团、中央民
族乐团创作员,人民音乐出版社副总编,《儿童音
乐》主编,中国音乐家协会理事,中国儿童音乐学
会会长。创作歌曲有《七月里,七月一》《别看我
们年纪小》《有一个人》等,出版有《李群儿童歌
曲选》。

J0147231
中苏友好歌集 中华全国音乐工作者协会重
庆分会辑
重庆 西南人民出版社 1952 年 19 页
18cm（15 开）定价：旧币 600 元

J0147232
不当英雄不下山 中央音乐学院编
上海 万叶书店 1953 年 33 页 19cm（32 开）
定价：旧币 2,400 元
（工农兵歌曲集 8）
　　中国现代革命歌曲选集。

J0147233
创作歌选 （一）山西省人民政府文化事业管
理局音乐工作室编
太原 山西人民出版社 1953 年 53 页
19cm（32 开）定价：旧币 2,000 元

J0147234
创作歌选 （二）山西省人民政府文化事业管
理局音乐工作室编
太原 山西人民出版社 1953 年 53 页
19cm（32 开）定价：旧币 2,000 元

J0147235
创作歌选 （三）山西省人民政府文化事业管
理局音乐工作室编
太原 山西人民出版社 1953 年 53 页
19cm（32 开）定价：旧币 2,000 元

J0147236
创作歌选 （四）山西省人民歌剧团附设山西
省音乐工作组编
太原 山西人民出版社 1954 年 30 页
19cm（32 开）定价：旧币 1,500 元

J0147237
创作歌选 （五）山西省人民歌剧团附设山西
省音乐工作组编
太原 山西人民出版社 1954 年 18 页
19cm（32 开）定价：旧币 1,000 元

J0147238
创作歌选 （六）山西省人民歌剧团附设山西
省音乐工作组编
太原 山西人民出版社 1955 年 21 页
19cm（32 开）定价：旧币 1,100 元

J0147239
创作歌选 （七）山西省文化局音乐工作组编辑
太原 山西人民出版社 1955 年 24 页
19cm（32 开）定价：CNY0.12

J0147240
创作新歌 （第一集）中华全国音乐工作协会
贵州省分会筹委会编
贵阳 贵州人民出版社 1953 年 9 页
18cm（15 开）定价：旧币 400 元

J0147241
大家来唱歌　孙孝祖辑
南昌　江西人民通俗出版社 1953 年 22 页
19cm（32 开）定价：旧币 1,300 元

J0147242
东北评选歌曲集 （1949—1952）东北行政委
员会文教委员会文化局选辑
沈阳　东北文艺出版社 1953 年 28 页
26cm（16 开）定价：旧币 3,000 元

J0147243
东北新歌选 （第十号）东北文艺出版社编辑
沈阳　东北文艺出版社 1953 年 22 页
17cm（40 开）定价：旧币 1,000 元

J0147244
东北新歌选 （第七号）东北文艺出版社编辑
沈阳　东北文艺出版社 1953 年 23 页
17cm（40 开）定价：旧币 1,000 元

J0147245
东北新歌选 （11）东北人民出版社编辑
沈阳　东北人民出版社 1953 年 18 页
18cm（15 开）定价：旧币 600 元

J0147246
东北新歌选 （13）东北人民出版社编辑
沈阳　东北人民出版社 1953 年 20 页
18cm（15 开）定价：旧币 800 元

J0147247
东北新歌选 （14）东北人民出版社编辑
沈阳　东北人民出版社 1953 年 22 页
18cm（15 开）定价：旧币 600 元

J0147248
东北新歌选 （15）东北人民出版社编辑
沈阳　东北人民出版社 1953 年 24 页
18cm（15 开）定价：旧币 900 元

J0147249
东北新歌选 （16）东北人民出版社编辑
沈阳　东北人民出版社 1954 年 ［20］页
18cm（15 开）

J0147250
东北新歌选 （17）东北人民出版社编辑
沈阳　东北人民出版社 1954 年 ［20］页
18cm（15 开）

J0147251
东北新歌选 （19）东北人民出版社编辑
沈阳　东北人民出版社 1954 年 28 页 18cm（15 开）

J0147252
东北新歌选 （22）东北人民出版社编辑
沈阳　东北人民出版社 1954 年 20 页 18cm（15 开）

J0147253
赣江新歌 （1）江西省人民政府文化事业管
理局音乐工作组,江西省文学艺术界联合音乐
工作组编
南昌　江西人民出版社 1953 年 14 页
19cm（32 开）定价：旧币 1,000 元

J0147254
赣江新歌 （2）江西省音乐工作组辑
南昌　江西人民出版社 1954 年 14 页
19cm（32 开）定价：旧币 1,100 元

J0147255
赣江新歌 （3）江西省音乐工作组辑
南昌　江西人民出版社 1954 年 18 页
19cm（32 开）定价：旧币 900 元

J0147256
赣江新歌 （4）江西省音乐工作组辑
南昌　江西人民出版社 1954 年 17 页
19cm（32 开）定价：旧币 1,200 元

J0147257
赣江新歌 （5）江西省音乐工作组辑
南昌　江西人民出版社 1954 年 16 页
19cm（32 开）定价：旧币 900 元

J0147258
赣江新歌 （6）江西省音乐工作组辑
南昌　江西人民出版社 1955 年 18 页
19cm（32 开）定价：CNY0.09

J0147259
歌唱吧，同志们！ （中苏歌集）庄枫编
上海 真理书店 1953 年 5 版 46 页
18cm（15 开）定价：旧币 2,800 元
　　本书内收中外歌曲 44 首。

J0147260
歌唱婚姻法 朱婴选辑
上海 自立书店 1953 年 50 页 15cm（40 开）
定价：旧币 1,500 元

J0147261
歌曲选集 （第一辑）贵州省音乐工作组编辑
贵阳 贵州省音乐工作组 1953 年 22 页
19cm（32 开）

J0147262
歌曲选集 （第二辑）贵州省音乐工作组编辑
贵阳 贵州省音乐工作组 1953 年 46 页
19cm（32 开）

J0147263
歌曲选集 （第三辑）贵州省音乐工作组编辑
贵阳 贵州省音乐工作组 1954 年 42 页
19cm（32 开）

J0147264
歌曲选集 （第四辑）贵州省人民政府文化事
业管理局音乐工作组编辑
贵阳 贵州省人民政府文化事业管理局音乐工
作组 1954 年 42 页 19cm（32 开）

J0147265
歌曲选集 （第五辑）贵州省文化局音乐工作
组编辑
贵阳 贵州省文化局音乐工作组 1955 年 22 页
19cm（32 开）

J0147266
广播歌选 （1）河南人民广播电台文艺组，开
封市音乐工作者协会辑
开封 河南人民出版社 1953 年 20 页
19cm（32 开）定价：旧币 900 元
　　本书系中国现代广播歌曲选集。

J0147267
广播歌选 （2）河南人民广播电台文艺组，开
封市音乐工作者协会辑
开封 河南人民出版社 1953 年 20 页
19cm（32 开）定价：旧币 900 元

J0147268
广播歌选 （3）河南人民广播电台文艺组，开
封市音乐工作者协会辑
开封 河南人民出版社 1953 年 17 页
19cm（32 开）定价：旧币 600 元

J0147269
广播歌选 （4）河南人民广播电台文艺组，开
封市音乐工作者协会辑
开封 河南人民出版社 1953 年 17 页
19cm（32 开）定价：旧币 600 元

J0147270
广播歌选 （5）河南人民广播电台文艺组，开
封市音乐工作者协会辑
开封 河南人民出版社 1954 年 19 页
19cm（32 开）定价：旧币 700 元
　　中国现代广播歌曲选集。

J0147271
广播歌选 （6）河南人民广播电台文艺组，开
封市音乐工作者协会辑
开封 河南人民出版社 1954 年 17 页
19cm（32 开）定价：旧币 600 元
　　中国现代广播歌曲选集。

J0147272
广播歌选 （7）河南人民广播电台文艺组，开
封市音乐工作者协会辑
开封 河南人民出版社 1954 年 17 页
19cm（32 开）定价：旧币 600 元
　　中国现代广播歌曲选集。

J0147273
广播歌选 （8）河南省文化局音乐工作组，河
南人民广播电台文艺组编选
开封 河南人民出版社 1954 年 17 页
19cm（32 开）定价：旧币 600 元
　　中国现代广播歌曲选集。

J0147274
广播歌选 （9）河南省文化局音乐工作组，河南人民广播电台文艺组编选
开封 河南人民出版社 1954 年 定价：CNY0.06

J0147275
广播歌选 （25）山东人民广播电台编辑
济南 山东人民出版社 1953 年 4 页
19cm（32 开）定价：旧币 100 元
　　中国现代歌曲选集。

J0147276
广播歌选 （1–12）山东人民广播电台编辑
济南 山东人民出版社 1957 年 19cm（32 开）
定价：CNY0.12

J0147277
广播歌选 （1、2、4）山东人民广播电台编辑
济南 山东人民出版社 1958 年 18cm（30 开）
定价：CNY0.03

J0147278
广播歌选 （6–11）山东人民广播电台编辑
济南 山东人民出版社 1959 年 19cm（32 开）

J0147279
广播歌选 （1）河南人民广播电台编
郑州 河南人民出版社 1958 年 20 页 19cm（32 开）
统一书号：T8105.95 定价：CNY0.06

J0147280
广播歌选 （2）河南人民广播电台编
郑州 河南人民出版社 1958 年 22 页 19cm（32 开）
统一书号：T8105.104 定价：CNY0.09

J0147281
广播歌选 （9）安徽人民广播电台文艺组编
合肥 安徽人民出版社 1953 年 12 页 19cm（32 开）

J0147282
广播歌选 安徽人民广播电台文艺部编
合肥 安徽人民出版社 1983 年 99 页 18cm（30 开）
统一书号：8102.1355 定价：CNY0.38

J0147283
广播歌选 安徽人民广播电台文艺部编
合肥 安徽人民出版社 1984 年 34 页 19cm（32 开）
统一书号：8102.1355 定价：CNY0.22
　　中国抒情歌曲选集。

J0147284
广东新歌选 （1）广东、广州人民广播电台，华南歌舞团附设广东省音乐工作组辑
广州 华南人民出版社 1953 年 27 页
19cm（32 开）定价：旧币 1,000 元
　　广东现代歌曲选集。

J0147285
黑龙江歌集 黑龙江省文学艺术界联合会辑
哈尔滨 黑龙江省文学艺术界联合会 1953 年
16 页 19cm（32 开）
　　中国现代歌曲选集。

J0147286
红旗歌声 （第二册）吴云晓辑
上海 汇文书店 1953 年 49 页 15cm（40 开）
　　中国现代歌曲选集。

J0147287
红旗歌声 （第三册）吴云晓选辑
上海 汇文书店 1953 年 49 页 15cm（40 开）
定价：旧币 1,500 元

J0147288
红旗歌声 （1–2 合订本）吴云晓辑
上海 汇文书店 1953 年 98 页 15cm（40 开）
定价：旧币 3,000 元

J0147289
婚姻法歌集 西安市文学艺术界联合会编辑
西安 西安市文学艺术界联合会 1953 年 16 页
18cm（15 开）

J0147290
婚姻法歌曲集 华东文化部艺术事业管理处辑
上海 万叶书店 1953 年 21 页 19cm（32 开）
定价：旧币 1,600 元

J0147291

婚姻法歌曲集　华东文化部艺术事业管理处辑
上海　万叶书店　1953 年　2 版　31 页
19cm（32 开）定价：旧币 1,600 元
　　　本书是宣传新中国第一部法律——《婚姻法》的歌曲集，曲谱 21 页。

J0147292

婚姻法歌曲集　中华全国音乐工作者协会重庆市分会辑
重庆　重庆市人民出版社　1953 年　12 页
18cm（15 开）定价：旧币 700 元

J0147293

婚姻法歌选　教育书店编辑部辑
上海　教育书店　1953 年　22 页　15cm（40 开）
定价：旧币 700 元

J0147294

活页歌选　福建省文联编
福州　福建省文联　1953 年　4+4 页　18cm（15 开）

J0147295

山西歌选　（婚姻法宣传特辑）中华全国音乐工作者协会山西分会辑
太原　山西人民出版社　1953 年　14 页
18cm（32 开）定价：旧币 600 元

J0147296

山西歌选　（一）山西省文化局音乐工作组编辑
太原　山西人民出版社　1955 年　28 页
19cm（32 开）定价：CNY0.10

J0147297

山西歌选　（二）山西省文化局音乐工作组编辑
太原　山西人民出版社　1956 年　18 页
19cm（32 开）定价：CNY0.08

J0147298

山西歌选　（三）山西省文化局音乐工作组编辑
太原　山西人民出版社　1956 年　24 页
19cm（32 开）定价：CNY0.09

J0147299

山西歌选　（四　新年专辑）山西省文化局音乐

工作组编辑
太原　山西人民出版社　1956 年　36 页　19cm（32 开）
统一书号：10088.34　定价：CNY0.12

J0147300

生活在毛泽东的时代　（中苏歌集）庄枫编
上海　真理书店　1953 年　6 版　45 页
18cm（32 开）定价：旧币 3,000 元
　　　本书收中苏歌曲 39 首。

J0147301

绥远歌声　绥远省音乐组，绥远省人民广播电台编
归绥　绥远人民出版社　1953 年　16 页
19cm（32 开）定价：旧币 1,200 元
（普通国庆专刊）

J0147302

新唱歌　（第一集）杨熙曾编
上海　北新书局　1953 年　97 页
10×15cm　定价：旧币 2,800 元

J0147303

新唱歌　（第二集）刘钟德，陆颖秋编撰
上海　北新书局　1953 年　115 页
10×15cm　定价：旧币 3,000 元

J0147304

新歌选　（2）广州人民广播电台文艺组，华南歌舞团附设广东省音乐工作组辑
广州　华南人民出版社　1953 年　24 页
19cm（32 开）定价：旧币 900 元

J0147305

新歌选　（3）广州人民广播电台文艺组，华南歌舞团附设广东省音乐工作组编
广州　华南人民出版社　1954 年　20 页
19cm（32 开）定价：旧币 700 元

J0147306

新歌选　（4）广州人民广播电台文艺组，华南歌舞团附设广东省音乐工作组编
广州　华南人民出版社　1954 年　18 页
19cm（32 开）定价：旧币 700 元

J0147307
新歌选 （6）广东省广州市音乐工作组,广东
人民广播电台文艺组编
广州 华南人民出版社 1955 年 26 页
18cm（32 开）定价：旧币 900 元

J0147308
新歌选 （7）广东省广州市音乐工作组,广东
人民广播电台文艺组编
广州 华南人民出版社 1955 年 24 页
18cm（32 开）定价：CNY0.09

J0147309
新歌选集 （2）北京市人民政府文化处音乐
工作组编
北京 北京市人民政府文化处音乐工作组
1953 年 13 页 19cm（32 开）

J0147310
新世界歌声 （第二期）
上海 倡明书局 1953 年 96 页 有图
14cm（64 开）定价：旧币 3,000 元

J0147311
新中华歌选 （第一辑 1–6 集）
上海 陆开记书店 1953 年 308 页 15cm（40 开）
定价：旧币 12,000 元

J0147312
新中华歌选 （第二辑 7–9 集）新中华歌选编
委会辑
上海 陆开记书店 1954 年 350 页 有图
15cm（40 开）定价：旧币 12,000 元

J0147313
新中华歌选 （第一集）萍心编辑
上海 陆开记书店 1953 年 2 版 53–100 页
14cm（64 开）定价：旧币 1,500 元

J0147314
新中华歌选 （第二集）萍心编辑
上海 陆开记书店 1953 年 2 版 100 页
14cm（64 开）定价：旧币 1,500 元

J0147315
新中华歌选 （第三集）萍心编辑
上海 陆开记书店 1953 年 2 版 103–150 页
14cm（64 开）定价：旧币 1,500 元

J0147316
新中华歌选 （第四集）江敏编选
上海 陆开记书店 1953 年 2 版 153–200 页
14cm（64 开）定价：旧币 1,500 元

J0147317
新中华歌选 （第五集）江敏编选
上海 陆开记书店 1953 年 203–250 页
14cm（64 开）定价：旧币 1,500 元

J0147318
新中华歌选 （第六集）江敏编选
上海 陆开记书店 1953 年 50 页 14cm（64 开）
定价：旧币 1,500 元

J0147319
新中华歌选 （第八集）江敏编选
上海 陆开记书店 1953 年 100 页 14cm（64 开）
定价：旧币 3,000 元

J0147320
新中华歌选 （第九集）江敏编选
上海 陆开记书店 1953 年 99 页 14cm（64 开）
定价：旧币 3,000 元

J0147321
志愿军英雄的驾驶员 苗晶等著
济南 山东人民出版社 1953 年 19 页
18cm（30 开）定价：旧币 1,100 元
　　作者苗晶(1925—),音乐研究所研究员。
原名宋学骞,生于江苏盐城,祖籍天津。毕业于
天津南开大学外国语言学系。曾任中国传统音
乐学会常务理事,国际音乐学会会员等。著有《论
汉族民歌近似色彩区的划分》《山东民间歌曲论
述》《黄河音乐万里寻根》等。

J0147322
治淮歌曲集 中央音乐学院编
上海 万叶书店 1953 年 29 页 19cm（32 开）
定价：旧币 2,000 元

（工农兵歌曲集　7）

J0147323
《五一》歌选　哈尔滨市文学艺术工作者联合
会辑
哈尔滨　哈尔滨市文学艺术工作者联合会
1954年　20页　19cm（32开）
（文艺宣传材料附册　2）

J0147324
创作歌曲选　上海乐团辑
上海　新音乐出版社　1954年　47页
19cm（32开）定价：旧币 2,800 元

J0147325
创作歌选　（第一集）江苏省歌舞队辑
南京　江苏人民出版社　1954年　11页
17cm（32开）定价：旧币 600 元

J0147326
创作歌选　（第二集）江苏省歌舞队辑
南京　江苏人民出版社　1954年　15页
17cm（32开）定价：旧币 700 元

J0147327
创作歌选　西南音乐工作者协会,四川省人民
政府文化事业管理局音乐工作组辑
成都　四川人民出版社　1954年　31页
18cm（30开）定价：旧币 900 元

J0147328
创作歌选　（第一辑）重庆市音乐工作组编辑
重庆　重庆人民出版社　1954年　29页
19cm（32开）定价：旧币 1,200 元

J0147329
创作歌选　（第三集）江苏省歌舞队辑
南京　江苏人民出版社　1955年　24页
19cm（32开）定价：CNY0.09

J0147330
创作歌选　（第二辑）重庆市音乐工作组编辑
重庆　重庆人民出版社　1955年　26页
19cm（32开）定价：CNY0.11

J0147331
创作歌选　（第三辑　少年儿童歌曲集）
重庆市音乐工作组编辑
重庆　重庆人民出版社　1955年　16页
19cm（32开）定价：CNY0.09

J0147332
创作歌选　（第四辑　农业合作化专辑）
重庆市群众艺术馆筹备处编辑
重庆　重庆人民出版社　1956年　17页
19cm（32开）统一书号：8114.1　定价：CNY0.08

J0147333
创作歌选　（第五辑）重庆市群众艺术馆编辑
重庆　重庆人民出版社　1956年　25页　19cm（32开）
统一书号：8114.9　定价：CNY0.10

J0147334
创作歌选　（第六辑　工人创作歌曲专辑）
重庆市群众艺术馆编
重庆　重庆人民出版社　1957年　18页　19cm（32开）
统一书号：8114.25　定价：CNY0.08

J0147335
创作歌选　（第七辑　学生创作歌曲专辑）
重庆市群众艺术馆编辑
重庆　重庆人民出版社　1957年　26页　19cm（32开）
统一书号：8114.37　定价：CNY0.10

J0147336
创作歌选　（第八辑）重庆市群众艺术馆编辑
重庆　重庆人民出版社　1957年　29页　19cm（32开）
统一书号：8114.55　定价：CNY0.14

J0147337
创作歌选　中国音乐家协会成都分会编辑
成都　四川人民出版社　1957年　20页　19cm（32开）
统一书号：8118.140　定价：CNY0.09

J0147338
歌曲　（第一集 1–9 期　合订本）中央人民政府
文化部艺术事业管理局,中国音乐家协会辑
北京　音乐出版社　1954年　260页　有图
19cm（32开）
定价：旧币 4,500 元,旧币 9,300 元（精装）

J0147339
歌曲 （第二集　10–15 期　合订本）中华人民共
和国文化部艺术事业管理局,中国音乐家协会辑
北京　音乐出版社　1955 年　156 页　有图
19cm（32 开）定价：CNY0.42

J0147340
歌曲 （第三集　16–21 期　合订本）中华人民共
和国文化部艺术事业管理局,中国音乐家协会辑
北京　音乐出版社　1955 年　154 页　有图
19cm（32 开）定价：CNY0.45

J0147341
歌曲 （第四集　22–27 期合订本）中华人民共
和国文化部艺术事业管理局,中国音乐家协会辑
北京　音乐出版社　1956 年　155 页　19cm（32 开）
统一书号：T8026.395　定价：CNY0.42

J0147342
歌曲 （第五集）中华人民共和国文化部艺术
事业管理局,中国音乐家协会辑
北京　音乐出版社　1956 年　144 页　19cm（32 开）
统一书号：T8026.571　定价：CNY0.42
　　本歌曲集为 1956 年 1 月号至 6 月号总第 28
期至 33 期合订本。

J0147343
歌曲 （第六集）中华人民共和国文化部艺术
事业管理局,中国音乐家协会辑
北京　音乐出版社　1957 年　150 页　19cm（32 开）
统一书号：8026.689　定价：CNY0.42
　　本歌曲集为 1956 年 7 月号至 12 月号,总第
34 期至 39 期合订本。

J0147344
歌曲 （第七集）中华人民共和国文化部艺术
事业管理局,中国音乐家协会辑
北京　音乐出版社　1957 年　146 页　19cm（32 开）
统一书号：8026.738　定价：CNY0.42
　　本歌曲集为 1957 年 1 月号至 6 月号,总第
40 期至 45 期合订本。

J0147345
歌曲集 （第一集）辽宁人民艺术剧院［编］
沈阳　辽宁人民艺术剧院　1954 年　油印本　9 叶

27cm（16 开）环筒页装

J0147346
歌曲集 （第二集）辽宁人民艺术剧院［编］
沈阳　辽宁人民艺术剧院　1954 年　油印本
27cm（16 开）环筒页装

J0147347
歌曲选集　哈尔滨市文学艺术工作者联合会编
哈尔滨　哈尔滨市文学艺术工作者联合会
1954 年　21 页　19cm（32 开）
（文艺宣传材料附册　4）

J0147348
歌曲选集 （六）福建省文化局音乐工作组编
［福州］福建省文化局音乐工作组　1954 年
定价：CNY0.05

J0147349
歌曲选集 （七）福建省文化局音乐工作组编
［福州］福建省文化局音乐工作组　1954 年
定价：CNY0.05

J0147350
歌曲选辑　哈尔滨市文学艺术工作者联合会辑
哈尔滨　哈尔滨市文学艺术工作者联合会
1954 年　14 页　19cm（32 开）
（文艺宣传材料附册　1）

J0147351
歌曲选辑　哈尔滨市文学艺术工作者联合会编
哈尔滨　哈尔滨市文学艺术工作者联合会
1955 年　24 页　19cm（32 开）
（文艺宣传材料附册　10）

J0147352
歌舞曲选集　广州归国华侨中等补习学校编
广州　广州归国华侨中等补习学校　1954 年
油印本　24 页　26cm（16 开）

J0147353
歌选 （1）鞍山市文化局编选
鞍山　鞍山市文化局　1954 年　36 页　19cm（32 开）

J0147354
歌选　（第一本）开封市中等学校音乐教研组辑
开封　河南人民出版社　1954 年　16 页
19cm（32 开）定价：旧币 600 元
　　　中学音乐课歌曲选集。

J0147355
歌选　（第二本）开封市中等学校音乐教研组辑
开封　河南人民出版社　1954 年　16 页
19cm（32 开）定价：旧币 600 元
　　　中学音乐课歌曲选集。

J0147356
歌选　（第三本）开封市中等学校音乐教研组
编选
开封　河南人民出版社　1954 年　16 页
19cm（32 开）定价：旧币 600 元
　　　中学音乐课歌曲选集。

J0147357
歌选　（1）浙江省文学艺术工作者联合会，浙
江省文化局音乐工作组编
杭州　浙江人民出版社　1954 年　11 页
17cm（40 开）定价：旧币 500 元

J0147358
歌选　（2）浙江省文联音乐研究组，浙江省文
化局音乐工作组编
杭州　浙江人民出版社　1954 年　16 页
18cm（15 开）定价：旧币 700 元

J0147359
歌选　开封市中等学校音乐教研组编选
郑州　河南人民出版社　1955 年　20 页
19cm（32 开）定价：旧币 800 元

J0147360
广播歌选　（56）华东上海人民广播电台编
上海　华东人民广播电台　1954 年　16 页
19cm（32 开）定价：旧币 500 元

J0147361
广播歌选　（第二辑）云南人民广播电台编辑
昆明　云南人民出版社　1954 年　16 页
19cm（32 开）定价：旧币 1,000 元

J0147362
广播歌选　（第六辑）云南人民广播电台编辑
昆明　云南人民出版社　1954 年　15 页
19cm（32 开）定价：旧币 800 元

J0147363
广播歌选　（36）武汉市文学艺术工作者联合
会，湖北武汉人民广播电台辑
汉口　中南人民文学艺术出版社　1954 年　17 页
19cm（32 开）定价：旧币 600 元

J0147364
广播歌选选集　（第一集）上海人民广播电台
编辑
上海　新知识出版社　1954 年　150 页
19cm（32 开）定价：旧币 5,300 元

J0147365
广播歌选选集　（第二集）上海人民广播电台辑
上海　新知识出版社　1954 年　164 页
19cm（32 开）定价：旧币 5,800 元

J0147366
广播歌选选集　（第二集）上海人民广播电台辑
上海　新知识出版社　1955 年　164 页
19cm（32 开）定价：旧币 5,800 元

J0147367
广播歌选选集　（第四集）上海人民广播电台编
上海　上海音乐出版社　1957 年　影印本
146 页　19cm（32 开）统一书号：8127.056
定价：CNY0.42

J0147368
广播歌选选集　（第五集）上海人民广播电台编
上海　上海音乐出版社　1957 年　影印本
161 页　19cm（32 开）统一书号：8127.097
定价：CNY0.48

J0147369
广播歌选选集　（第六集）上海人民广播电台编
上海　上海音乐出版社　1958 年　175 页
19cm（32 开）统一书号：8127.203
定价：CNY0.50

J0147370
广播歌选选集　（第七册）上海人民广播电台编
上海　上海文艺出版社　1960 年　205 页
19cm（32 开）统一书号：8078.1481
定价：CNY0.54
　　本书系 1958 年 1 月至 12 月的广播歌曲选集。

J0147371
和平与友谊　李焕之辑
上海　新音乐出版社　1954 年　49 页
18cm（30 开）定价：旧币 2,800 元
　　中国现代歌曲选集。作者李焕之（1919—
2000），作曲家、指挥家、音乐理论家。出生于香
港，原籍福建晋江市，毕业于延安鲁迅艺术学院。
历任中央音乐学院音乐团团长，中央歌舞团艺术
指导，中央民族乐团团长。代表作品有《民主建
国进行曲》《新中国青年进行曲》《春节组曲》等。

J0147372
活页歌选　（1954 年 1 月第 5 期）
鞍山市文工团音乐组编
鞍山　鞍山市文工团音乐组　1954 年　5 页
19cm（32 开）

J0147373
天津歌声　（1）天津市音乐工作室辑
天津　天津通俗出版社 1954 年 22 页 18cm（32 开）
定价：旧币 1,000 元

J0147374
天津歌声　（2）天津市音乐工作室辑
天津　天津通俗出版社 1954 年 22 页 18cm（30 开）
定价：旧币 1,000 元

J0147375
天津歌声　（3）天津市音乐工作室辑
天津　天津通俗出版社 1955 年 22 页 19cm（32 开）
定价：旧币 1,000 元

J0147376
天津歌声　（4）天津市音乐工作室辑
天津　天津通俗出版社 1955 年 22 页 18cm（32 开）
定价：旧币 1000 元

J0147377
天津歌声　（5）天津歌声编辑委员会编辑
天津　天津通俗出版社 1955 年 20 页 18cm（32 开）
定价：旧币 800 元

J0147378
天津歌声　（6）天津歌声编辑委员会编辑
天津　天津通俗出版社 1955 年 20 页　有图
18cm（32 开）定价：旧币 800 元

J0147379
天津歌声　（7）天津歌声编辑委员会编辑
天津　天津通俗出版社 1955 年 20 页
18cm（32 开）定价：旧币 800 元

J0147380
天津歌声　（8）天津歌声编辑委员会编辑
天津　天津人民出版社 1956 年 20 页
18cm（32 开）定价：旧币 800 元
　　本辑为歌唱农业合作化歌曲选集。

J0147381
文艺宣传材料　西安市文学艺术界联合会编
西安　西安市文学艺术界联合会 1954 年 2 页
26cm（16 开）
　　本书收入鲁毅词曲的《工农联盟力量大》和
高峰词、舍枝曲的《合作社小唱》两首歌曲。

J0147382
西南区歌曲创作选　（1950—1953）
西南音乐社辑
重庆　重庆市人民出版社 1954 年 99 页
18cm（32 开）定价：旧币 3,000 元

J0147383
冼星海选集　冼星海作，中国音乐家协会辑
北京　中国音乐家协会 1954 年　影印本　87 页
有图 26cm（16 开）定价：旧币 10,000 元

J0147384
新歌选　（第一辑）湖南省文化事业管理局音
乐工作组，湖南省文联音乐组合编
［长沙］湖南人民出版社 1954 年
定价：CNY0.07

J0147385
新歌选 （第二辑）湖南省人民政府文化事业管理局音乐工作组,湖南省文学艺术工作者联合音乐组辑
长沙 湖南人民出版社 1955 年 30 页
19cm（32 开）定价：旧币 900 元

J0147386
新歌选 （第三、四辑）湖南省文化局音乐工作组,湖南省文联音乐组辑
长沙 湖南人民出版社 1955 年 33 页
19cm（32 开）定价：CNY0.11

J0147387
新歌选集 山东省人民政府文化事业管理局辑
济南 山东人民出版社 1954 年 36 页
19cm（32 开）定价：旧币 1,500 元

J0147388
新中国歌唱手册 邵云辑
上海 倡明书局 1954 年 290 页 有图
14cm（64 开）定价：旧币 10,000 元

J0147389
一九五三年作品音乐会歌曲选
（第二辑）上海乐团辑
上海 新音乐出版社 1954 年 46 页
19cm（32 开）定价：旧币 1,000 元

J0147390
中南歌曲选 中南行政委员会文化局辑
汉口 中南人民文学艺术出版社 1954 年
56 页 19cm（32 开）定价：旧币 2,700 元

J0147391
北京市大中学生歌曲创作选 北京群众艺术馆筹备处,青年团北京市委宣传部编
［北京］中国青年出版社 1955 年
定价：CNY0.13

J0147392
创作歌选 （第一集）中国音乐家协会上海分会编
上海 新知识出版社 1955 年 24 页
19cm（32 开）定价：CNY0.10

J0147393
创作歌选 （第二集）中国音乐家协会上海分会编
上海 新知识出版社 1955 年 27 页
19cm（32 开）定价：CNY0.13

J0147394
村村办好合作社 （农业合作化歌集）甘肃省文化局音乐工作组,甘肃省文艺工作者联合会辑
兰州 甘肃省文化局音乐工作组 1955 年 16 页
19cm（32 开）
　　本书与甘肃省文艺工作者联合会合作出版。

J0147395
村村办好合作社 甘肃省文化局音乐工作组编辑
兰州 甘肃人民出版社 1956 年 14 页
19cm（32 开）定价：CNY0.07
（歌曲选集 一）
　　中国现代歌曲选集。

J0147396
丹江河之歌 周军著；王依群作曲
西安 陕西人民出版社 1955 年 15 页
19cm（32 开）定价：旧币 800 元

J0147397
歌唱志愿军英雄黄继光 周军,李萍作词；李振中,王思克作曲
西安 陕西人民出版社 1955 年 18 页
26cm（16 开）定价：CNY0.23
　　中国现代革命歌曲。

J0147398
歌唱祖国的春天 北京市文化处音乐工作组辑
北京 大众出版社 1955 年 134 页 19cm（32 开）
定价：CNY0.50
（歌曲选集 1）

J0147399
歌曲创作选集 中国人民解放军贵州军区政治部辑
贵阳 贵州人民出版社 1955 年 79 页
19cm（32 开）定价：CNY0.38

J0147400
歌曲创作选集　贵州军区政治部编
［贵阳］贵州人民出版社 1955 年
定价：CNY0.38

J0147401
歌选　黑龙江省哈尔滨市广播电台编
哈尔滨 黑龙江人民出版社 1955 年
定价：CNY0.20

J0147402
广播歌选　（1954 年合集）上海人民广播电台辑
上海 新知识出版社 1955 年 237 页
19cm（32 开）定价：CNY0.65

J0147403
广播新歌　（39）重庆市文化事业管理局音乐
工作组，重庆市人民广播电台文艺组编
重庆 重庆人民出版社 1955 年 4 页
19cm（32 开）定价：CNY0.01

J0147404
劳动竞赛大开展　（歌曲选集）四川省文化局
音乐工作组编辑
成都 四川人民出版社 1955 年 13 页
19cm（32 开）定价：CNY0.07

J0147405
山东歌声　（1）山东省音乐工作组编辑
济南 山东人民出版社 1955 年 15 页
19cm（32 开）定价：CNY0.08

J0147406
山东歌声　（2）山东省音乐工作组编辑
济南 山东人民出版社 1955 年 13 页
19cm（32 开）定价：CNY0.08

J0147407
山东歌声　（3）山东省音乐工作组编辑
济南 山东人民出版社 1956 年 26 页
19cm（32 开）定价：CNY0.11

J0147408
山东歌声　（4）山东省音乐工作组编辑
济南 山东人民出版社 1956 年 14 页
19cm（32 开）定价：CNY0.08

J0147409
山东歌声　（5）山东省音乐工作组编
济南 山东人民出版社 1956 年 13 页
19cm（32 开）统一书号：T8099.81
定价：CNY0.07

J0147410
山东歌声　（6）山东省音乐工作组编
济南 山东人民出版社 1956 年 20 页
19cm（32 开）统一书号：T8099.90
定价：CNY0.08

J0147411
四川歌声　（1）四川省文化局音乐工作组编辑
成都 四川人民出版社 1955 年 18 页
19cm（32 开）定价：CNY0.08

J0147412
四川歌声　（2）四川省文化局音乐工作组编辑
成都 四川人民出版社 1955 年 18 页
19cm（32 开）定价：CNY0.08

J0147413
四川歌声　（3）四川省文化局音乐工作组编辑
成都 四川人民出版社 1955 年 12 页
19cm（32 开）定价：CNY0.06

J0147414
四川歌声　（4）四川省文化局音乐工作组编辑
成都 四川人民出版社 1956 年 9 页
19cm（32 开）定价：CNY0.06

J0147415
四川歌声　（5）四川省文化局音乐工作组编辑
成都 四川人民出版社 1956 年 定价：CNY0.06

J0147416
四川歌声　（6 春节专号）
四川省文化局音乐工作组编辑
成都 四川人民出版社 1956 年 22 页 19cm（32 开）
统一书号：8118.112 定价：CNY0.09

J0147417
我的丈夫是英雄 （歌曲选集）
长江文艺编辑部辑
汉口 湖北人民出版社 1955年 53页 19cm（32开）
定价：旧币 1,800元

J0147418
夏天旅行之歌　管桦著；张文纲作曲
北京 音乐出版社 1955年 影印本 18页
31cm（15开）定价：CNY0.64

J0147419
冼星海选集　中国音乐家协会编选
北京 音乐出版社 1955年 122页 有图
26cm（16开）定价：CNY0.92

J0147420
新中国歌曲集　音乐出版社编辑部编
北京 音乐出版社 1955年 影印本 98页
26cm（16开）定价：CNY1.08

J0147421
新中国歌曲集　音乐出版社编辑部编
［北京］音乐出版社 1955年 19cm（32开）
定价：CNY0.33（报纸本），CNY0.60（道林纸本）

J0147422
新中国歌曲选　音乐出版社编辑部编
［北京］音乐出版社 1955年 19cm（小32开）
定价：CNY0.73（道林纸本）

J0147423
新中国歌曲选　音乐出版社编辑部编
［北京］音乐出版社 1955年 26cm（16开）
定价：CNY1.08（报纸本），CNY2.10（道林纸本）

J0147424
音乐创作 （第一集）中国音乐家协会音乐创
作编辑部编辑
北京 音乐出版社 1955年 60页 31cm（12开）
定价：CNY1.12
　　中国现代创作歌曲选集。

J0147425
音乐创作 （第二集）中国音乐家协会音乐创

作编辑部编辑
北京 音乐出版社 1955年 影印本 65页
31cm（12开）定价：CNY0.12
　　中国现代创作歌曲选集。

J0147426
音乐创作 （第三集）中国音乐家协会创作编
辑部编辑
北京 音乐出版社 1956年 影印本 50页
31cm（12开）定价：CNY0.96
　　中国现代创作歌曲选集。

J0147427
音乐创作 （第四集）中国音乐家协会创作编
辑部编辑
北京 音乐出版社 1956年 影印本 49页
31cm（12开）定价：CNY0.96，CNY2.00（精装）
　　中国现代创作歌曲选集。

J0147428
音乐创作 （第五集）中国音乐家协会创作编
辑部编辑
北京 音乐出版社 1956年 影印本 42页
31cm（12开）统一书号：8026.405
定价：CNY0.84（平装），CNY1.90（精装）
　　中国现代创作歌曲选集。

J0147429
音乐创作 （第六集）中国音乐家协会创作编
辑部编辑
北京 音乐出版社 1956年 65页 31cm（12开）
统一书号：8026.527
定价：CNY1.20，CNY2.40（精装）
　　中国现代创作歌曲选集。

J0147430
音乐创作 （1963 1–12册 合订本）
马思聪主编；音乐创作编辑部编辑
北京 音乐出版社 1963年 1册 26cm（16开）
定价：CNY1.12
　　中国现代创作歌曲选集。

J0147431
中国唱片歌曲选　中国唱片厂编
上海 新知识出版社 1955年 新1版 404页 有图

18×21cm 定价: CNY1.50, CNY1.75（精装）

J0147432
中国唱片歌曲选 （第二辑）中国唱片厂辑
上海 上海文化出版社 1956年 112页
18×19cm 定价: CNY0.40

J0147433
中国唱片歌曲选 （第三辑）中国唱片厂编
上海 上海音乐出版社 1957年 影印本 188页
19cm（32开）统一书号: 8127.114
定价: CNY0.55

J0147434
中国唱片歌曲选 （第一辑）中国唱片厂编
上海 上海音乐出版社 1958年 影印本 修订本
386页 有插图 19cm（32开）
统一书号: 8127.112 定价: CNY1.10

J0147435
中国唱片歌曲选 （第二辑）中国唱片厂编
上海 上海音乐出版社 1958年 影印本（修订本）
100页 19cm（32开）统一书号: 8127.113
定价: CNY0.32

J0147436
中国唱片歌曲选 （第一集）中国唱片厂编
上海 上海文艺出版社 1959年 新1版 修订本
386页 19cm（32开）统一书号: 8078.1150
定价: CNY1.10

J0147437
中国学生运动歌曲选 中国新民主主义青年
团北京市委员会辑
北京 音乐出版社 1955年 59页 19cm（32开）
定价: CNY0.20
　　本书包括《大路歌》《毕业歌》《延安颂》等
歌曲。

J0147438
中国学生运动歌曲选 中国新民主主义青年
团北京市委员会辑
北京 音乐出版社 1956年 59页
19cm（小32开）定价: CNY0.20
　　本书选收包括"一二·九""反饥饿反内战"

等历次学生运动中比较流行的部分歌曲和中华
人民共和国成立初期广大学生所喜爱的一部分
歌曲，如《义勇军进行曲》《大路歌》《毕业歌》
《游击队歌》《延安颂》《团结就是力量》等。

J0147439
中国学生运动歌曲选 中国共产主义青年团
北京市委员会, 北京市学生联合会编
北京 音乐出版社 1963年 2版 简谱本 58页
19cm（32开）统一书号: 8026.235
定价: CNY0.19
　　本书含"一二·九""一二·一""反饥饿、反内
战"等历次学生运动中比较流行的歌曲和中华人
民共和国成立初期广大学生喜爱的歌曲。

J0147440
边防军人的宣誓 （歌曲集）中国青年出版社辑
北京 中国青年出版社 1956年 55页
19cm（32开）定价: CNY0.22

J0147441
创作歌曲集 中国音乐家协会编辑部编
北京 音乐出版社 1956年 80页 19cm（32开）
统一书号: 8026.448 定价: CNY0.25

J0147442
创作歌选 （第一集）中国音乐家协会上海分
会编辑
上海 上海文化出版社 1956年 20页 有图
19cm（32开）定价: CNY0.09

J0147443
创作歌选 （第二集）中国音乐家协会上海分
会编辑
上海 上海文化出版社 1956年 43页 19cm（32开）
统一书号: T8077.36 定价: CNY0.15

J0147444
创作歌选 （第三集）中国音乐家协会上海分
会编辑
上海 上海文化出版社 1956年 44页
19cm（32开）定价: CNY0.15

J0147445
创作新歌 （《工农兵歌曲》三结合创作歌曲选）

上海人民出版社《工农兵歌曲》编辑小组编
上海 上海人民出版社 1975 年 43 页 19cm（32 开）
统一书号：8171.1097 定价：CNY0.11

J0147446
东北新歌选 （1 农业合作化运动专辑）
辽宁人民出版社辑
沈阳 辽宁人民出版社 1956 年 定价：CNY0.60

J0147447
东北新歌选 （2）辽宁人民出版社辑
沈阳 辽宁人民出版社 1956 年 17 页
19cm（32 开）定价：CNY0.06

J0147448
东北新歌选 （3）辽宁人民出版社辑
沈阳 辽宁人民出版社 1956 年 21 页
19cm（32 开）定价：CNY0.07

J0147449
东北新歌选 （4）辽宁人民出版社辑
沈阳 辽宁人民出版社 1956 年 25 页
19cm（32 开）定价：CNY0.07

J0147450
东北新歌选 （5）辽宁人民出版社辑
沈阳 辽宁人民出版社 1956 年 25 页
19cm（32 开）定价：CNY0.07

J0147451
东北新歌选 （6）辽宁人民出版社辑
沈阳 辽宁人民出版社 1956 年 21 页
19cm（32 开）定价：CNY0.07

J0147452
东北新歌选 （7）辽宁人民出版社辑
沈阳 辽宁人民出版社 1956 年 24 页
19cm（32 开）定价：CNY0.07

J0147453
东北新歌选 （8）辽宁人民出版社辑
沈阳 辽宁人民出版社 1956 年 25 页

J0147454
东北新歌选 （9）辽宁人民出版社辑
沈阳 辽宁人民出版社 1956 年 25 页
19cm（32 开）定价：CNY0.07

J0147455
东北新歌选 （10）辽宁人民出版社辑
沈阳 辽宁人民出版社 1956 年 17 页
19cm（32 开）定价：CNY0.07

J0147456
东北新歌选 （11）辽宁人民出版社辑
沈阳 辽宁人民出版社 1956 年 21 页 19cm（32 开）
统一书号：T8090.34 定价：CNY0.07

J0147457
东北新歌选 （12）辽宁人民出版社辑
沈阳 辽宁人民出版社 1956 年 29 页 19cm（32 开）
定价：CNY0.07

J0147458
东北新歌选 （16）辽宁人民出版社编辑
沈阳 辽宁人民出版社 1954 年 32 页
18cm（30 开）定价：旧币 1,000 元

J0147459
东北新歌选 （17）辽宁人民出版社编辑
沈阳 辽宁人民出版社 1954 年 25 页
18cm（30 开）定价：旧币 800 元

J0147460
东北新歌选 （18）辽宁人民出版社编辑
沈阳 辽宁人民出版社 1954 年 29 页
18cm（30 开）定价：旧币 900 元

J0147461
东北新歌选 （19）辽宁人民出版社编辑
沈阳 辽宁人民出版社 1954 年 28 页
18cm（30 开）定价：旧币 900 元

J0147462
东北新歌选 （20）辽宁人民出版社辑
沈阳 辽宁人民出版社 1955 年 [17]页
19cm（32 开）定价：CNY0.06

J0147463
东北新歌选 （21）辽宁人民出版社编辑
沈阳 辽宁人民出版社 1954 年 24 页
18cm（30 开）定价：旧币 800 元

J0147464
东北新歌选 （22）辽宁人民出版社编辑
沈阳 辽宁人民出版社 1954 年 20 页
有图 18cm（30 开）定价：旧币 700 元

J0147465
东北新歌选 （23）辽宁人民出版社编辑
沈阳 辽宁人民出版社 1954 年 20 页
18cm（30 开）定价：旧币 700 元

J0147466
东北新歌选 （24）辽宁人民出版社编辑
沈阳 辽宁人民出版社 1955 年 20 页
18cm（30 开）定价：旧币 700 元

J0147467
东北新歌选 （25）辽宁人民出版社编辑
沈阳 辽宁人民出版社 1955 年 21 页
17cm（40 开）定价：CNY0.07

J0147468
东北新歌选 （26）辽宁人民出版社编辑
沈阳 辽宁人民出版社 1955 年 17 页
18cm（30 开）定价：CNY0.06

J0147469
东北新歌选 （27）辽宁人民出版社编
沈阳 辽宁人民出版社 1955 年 39cm（8 开）
定价：CNY0.06

J0147470
东北新歌选 （28）辽宁人民出版社编辑
沈阳 辽宁人民出版社 1955 年 17 页 有图
18cm（30 开）定价：CNY0.06

J0147471
东北新歌选 （29）辽宁人民出版社编
沈阳 辽宁人民出版社 1955 年 39cm（8 开）
定价：CNY0.06

J0147472
东北新歌选 （30）辽宁人民出版社编
沈阳 辽宁人民出版社 1955 年 39cm（8 开）
定价：CNY0.06

J0147473
东北新歌选 （31）辽宁人民出版社编
沈阳 辽宁人民出版社 1955 年 39cm（8 开）
定价：CNY0.06

J0147474
东北新歌选 （32）辽宁人民出版社编
沈阳 辽宁人民出版社 1955 年 39cm（8 开）
定价：CNY0.06

J0147475
东北新歌选 （增刊）辽宁人民出版社辑
沈阳 辽宁人民出版社 1956 年 8 页
19cm（32 开）定价：CNY0.02

J0147476
东北音专创作歌曲选 （第一集）
东北音乐专科学校编辑
北京 音乐出版社 1956 年 54 页 26cm（16 开）
定价：CNY0.62
（东北音乐专科学校创作丛书）

J0147477
东北音专创作歌曲选 （第二集）
东北音乐专科学校编辑
北京 音乐出版社 1956 年 53 页 26cm（16 开）
定价：CNY0.62
（东北音乐专科学校创作丛书）

J0147478
东北音专创作歌曲选 （第三集 正谱）
东北音乐专科学校编辑
北京 音乐出版社 1957 年 42 页 26cm（16 开）
统一书号：8036.713 定价：CNY0.55
（东北音乐专科学校创作丛书）

J0147479
丰收 曹汀,潘芜作词；王卓作曲
北京 音乐出版社 1956 年 影印本 11 页
30cm（10 开）定价：CNY0.30

中国现代歌曲作品。

J0147480
甘肃歌曲创作选
甘肃省文化局音乐工作组编辑
兰州 甘肃人民出版社 1956年 34页 19cm（32开）
统一书号：T8096.4 定价：CNY0.16

J0147481
歌唱社会主义　中央音乐学院华东分院理论
作曲系辑
上海 上海文化出版社 1956年 69页 19cm（32开）
统一书号：T8077.33 定价：CNY0.22
　　中国现代歌曲选集。

J0147482
歌曲选集　（第一集）中央群众艺术馆编辑
北京 音乐出版社 1956年 56页 19cm（32开）
统一书号：T8026.582 定价：CNY0.21
　　本书系群众演唱材料。

J0147483
黑龙江歌声　（第一辑）黑龙江省群众艺术馆
编辑
哈尔滨 黑龙江人民出版社 1956年 28页
19cm（32开）统一书号：T8093.8
定价：CNY0.14

J0147484
黑龙江歌声　（2）黑龙江省群众艺术馆编辑
哈尔滨 黑龙江人民出版社 1956年 40页
19cm（32开）统一书号：T8093.18
定价：CNY0.17

J0147485
黄河歌选　黄河水利委员会编辑室编辑
郑州 河南人民出版社 1956年 73页
18cm（30开）定价：CNY0.31

J0147486
江苏新歌　（第一集）江苏省歌舞队辑
南京 江苏人民出版社 1956年 20页 19cm（32开）
统一书号：10100.283 定价：CNY0.09

J0147487
凉山牧歌　李振国等编辑
昆明 云南人民出版社 1956年 39页 19cm（32开）
统一书号：8116.46 定价：CNY0.16

J0147488
辽宁省获奖歌曲集　辽宁省文化局辑
沈阳 辽宁人民出版社 1956年 243页
19cm（32开）统一书号：8090.23
定价：CNY0.65

J0147489
祁连山啊，祁连山！
甘肃省文化局音乐工作组编辑
兰州 甘肃人民出版社 1956年 21页 19cm（32开）
统一书号：T8096.26 定价：CNY0.10
（歌曲选集 之三）
　　中国现代歌曲选集。

J0147490
青年创作歌曲集　中国音乐家协会编辑部编
北京 音乐出版社 1956年 70页 19cm（32开）
统一书号：T8026.529 定价：CNY0.22

J0147491
青年学生歌曲选集　辽宁人民出版社辑
沈阳 辽宁人民出版社 1956年 28页 19cm（32开）
统一书号：8090.24 定价：CNY0.11

J0147492
社会主义已来临　甘肃省文化局音乐工作组
编辑
兰州 甘肃人民出版社 1956年 16页 19cm（32开）
统一书号：T8096.2 定价：CNY0.08
（歌曲选集 之二）
　　中国现代歌曲选集。

J0147493
守卫在佤佤山上　云南军区文工团编辑
昆明 云南人民出版社 1956年 56页 19cm（32开）
统一书号：8116.3 定价：CNY0.19
　　中国现代歌曲选集。

J0147494
兴安岭上雪花飘　王群等作词；郑律成作曲

北京 音乐出版社 1956 年 43 页 26cm（16 开）
定价：CNY0.51
　　中国现代歌曲作品。作曲者郑律成（1918—
1976），作曲家。原籍朝鲜，生于朝鲜全罗南道光
州（今属韩国）。原名郑富恩。在中国南京参加
朝鲜革命组织义烈团，从事抗日工作，同时学习
钢琴、小提琴和声乐。后定居中国并加入中国籍，
致力于音乐创作。有《郑律成歌曲选》《兴安岭
上雪花飘》《延水谣》《郑律成歌曲三十首》等。

J0147495
学文化小唱　上海文化出版社辑
上海 上海文化出版社 1956 年 8 页
19cm（32 开）定价：CNY0.02

J0147496
阳关三叠　（合唱谱）王震亚编曲
北京 音乐出版社 1956 年 影印本 12 页
30cm（10 开）统一书号：8026.420
定价：CNY0.32
（中央音乐学院民族音乐研究所丛刊）

J0147497
阳关三叠　（女声领唱谱）王震亚编曲
北京 音乐出版社 1956 年 影印本 8 页
30cm（15 开）统一书号：8026.421
定价：CNY0.22
（中央音乐学院民族音乐研究所丛刊）

J0147498
长江歌声选集　（第一集）长江歌声编辑部编辑
汉口 长江文艺出版社 1956 年 172 页
19cm（32 开）统一书号：T8107.8
定价：CNY0.50

J0147499
长江歌声选集　（第二集 儿童歌曲专辑）
长江歌声编辑部辑
汉口 长江文艺出版社 1956 年 38 页 19cm（32 开）
统一书号：R8107.6 定价：CNY0.13

J0147500
长江歌声选集　（第三集）长江歌声编辑部编辑
武汉 长江文艺出版社 1958 年 56 页 19cm（32 开）
统一书号：8107.287 定价：CNY0.18

J0147501
**中央音乐学院第一次歌曲创作比赛获奖歌
曲集**　中央音乐学院编辑
北京 音乐出版社 1956 年 133 页 19cm（32 开）
统一书号：T8026.516 定价：CNY0.39

J0147502
祖国的青海真可爱　孙安进等作曲；孙君一，
程秀山作词
西宁 青海人民出版社 1956 年 17 页 26cm（16 开）
统一书号：8097.4 定价：CNY0.19
　　中国现代歌曲选集。

J0147503
啊！美丽的清水河　欧阳利宝作曲；益马作词
北京 音乐出版社 1957 年 影印本 3 页
26cm（16 开）统一书号：8026.661
定价：CNY0.10
　　中国现代歌曲作品。

J0147504
部队创作歌曲集　（2）中国人民解放军沈阳
部队文艺编辑组编辑
长春 吉林人民出版社 1957 年 70 页 19cm（32 开）
统一书号：8091.17 定价：CNY0.26

J0147505
唱片歌曲选　（第一辑）中国唱片厂编
上海 上海音乐出版社 1957 年 57 页 19cm（32 开）
统一书号：127.025 定价：CNY0.22

J0147506
唱片歌曲选　（第二辑）中国唱片厂编
上海 上海音乐出版社 1957 年 46 页 19cm（32 开）
统一书号：127.026 定价：CNY0.19

J0147507
唱片歌曲选　（第三辑）中国唱片厂编
上海 上海音乐出版社 1957 年 影印本 56 页
19cm（32 开）统一书号：8127.027
定价：CNY0.22

J0147508
唱片歌曲选　（第四辑）中国唱片厂编
上海 上海音乐出版社 1957 年 影印本 42 页

有插图 19cm（32开）统一书号：8127.038
定价：CNY0.18

J0147509
唱片歌曲选 （第五辑）中国唱片厂编
上海 上海音乐出版社 1957年 影印本 41页
19cm（32开）统一书号：8127.096
定价：CNY0.18

J0147510
唱片歌曲选 （第六辑）中国唱片厂编
上海 上海音乐出版社 1958年 影印本 46页
19cm（32开）统一书号：8127.104
定价：CNY0.18

J0147511
唱片歌曲选 （第七辑）中国唱片厂编
上海 上海音乐出版社 1958年 影印本 41页
19cm（32开）统一书号：8127.160
定价：CNY0.17

J0147512
唱片歌曲选 （第八辑）中国唱片厂编
上海 上海音乐出版社 1958年 影印本 46页
19cm（32开）统一书号：8127.167
定价：CNY0.18

J0147513
唱片歌曲选 （第九辑）中国唱片厂编
上海 上海音乐出版社 1958年 47页 19cm（32开）
统一书号：8127.181 定价：CNY0.18

J0147514
唱片歌曲选 （第十辑）中国唱片厂编
上海 上海音乐出版社 1958年 33页 19cm（32开）
统一书号：8127.182 定价：CNY0.15

J0147515
唱片歌曲选 （第十一辑）中国唱片厂编
上海 上海文艺出版社 1958年 35页 19cm（32开）
统一书号：8078.230 定价：CNY0.16

J0147516
唱片歌曲选 （第十二辑）中国唱片厂编
上海 上海文艺出版社 1958年 56页 19cm（32开）

统一书号：8078.317 定价：CNY0.19

J0147517
唱片歌曲选 （第十三辑）中国唱片厂编
上海 上海文艺出版社 1959年 87页 19cm（32开）
统一书号：8078.0987 定价：CNY0.26

J0147518
唱片歌曲选 （第十四辑）中国唱片厂编辑
上海 上海文艺出版社 1960年 48页 19cm（32开）
统一书号：8078.1457 定价：CNY0.17

J0147519
唱片歌曲选 上海文艺出版社编
上海 上海文艺出版社 1980年 94页 19cm（32开）
统一书号：8078.3168 定价：CNY0.28
　　本书为中国现代歌曲选集。

J0147520
创作歌曲选 （1954—1956）中国音乐家协会
上海分会编
上海 上海音乐出版社 1957年 影印本 138页
19cm（32开）统一书号：8127.055
定价：CNY0.40

J0147521
春风吹来树开花 （歌集）牛畅,朱正本等著
及整理；云南人民出版社编辑
昆明 云南人民出版社 1957年 33页 19cm（32开）
统一书号：8116.53 定价：CNY0.13

J0147522
春节歌曲选 山西群众艺术馆编
太原 山西人民出版社 1957年 28页 19cm（32开）
统一书号：10088.126 定价：CNY0.10

J0147523
春天之歌 （第八辑）重庆市群众艺术馆编
重庆 重庆人民出版社 1957年 29页 19cm（32开）
统一书号：8114.55 定价：CNY0.14
　　中国现代创作歌曲选集。

J0147524
大学生之歌 北京群众艺术馆,北京市学生联
合会编

北京 音乐出版社 1957 年 91 页 19cm（32 开）
统一书号：8026.742 定价：CNY0.26
　　本书系中国现代选集歌曲。

J0147525
到农村去，到山区去 （创作歌曲集）
中国音乐家协会上海分会编
上海 上海音乐出版社 1958 年 28 页 19cm（32 开）
统一书号：8127.151 定价：CNY0.10

J0147526
到农村去、到山区去
中国音乐家协会上海分会编
上海 上海音乐出版社 1957 年 定价：CNY0.10
　　中国现代歌曲选集。

J0147527
歌唱长江大桥 （创作歌曲集）中国音乐家协
会武汉分会编
武汉 长江文艺出版社 1957 年 24 页 19cm（32 开）
统一书号：T8107.173 定价：CNY0.09

J0147528
歌曲选集 （第一集）西南音乐专科学校编辑
重庆 西南音乐专科学校 1957 年 40 页
26cm（16 开）

J0147529
共青团林之歌 袁飞作词；陈洪作曲
北京 音乐出版社 1957 年 影印本 12 页
26cm（16 开）统一书号：8026.653
定价：CNY0.28

J0147530
贵州歌曲创作选 （一）贵州省群众艺术馆，
贵州省歌舞团编
贵阳 贵州人民出版社 1957 年 80 页 19cm（32 开）
统一书号：8115.99 定价：CNY0.24

J0147531
合作社对口唱 北京群众艺术馆编
北京 北京出版社 1957 年 37 页 19cm（32 开）
统一书号：8071.12 定价：CNY0.13

J0147532
贺绿汀歌曲集 贺绿汀作曲；郭沫若等作词
北京 音乐出版社 1957 年 简谱本 17 页
19cm（32 开）统一书号：8026.740
定价：CNY0.08
　　本书分简谱本和正谱本。选收贺绿汀的独
唱歌曲《清流》《神女》《思母》《天涯歌女》《怨
别离》《雷峰塔影》《秋水伊人》《嘉陵江上》等
13 首。歌曲附钢琴伴奏谱。均为作曲家1940 年
前创作的。作曲者贺绿汀（1903—1999），音乐家、
教育家。湖南邵东仙槎桥人，毕业于上海国立音
乐专科学校。历任武昌艺术专科学校教员、明星
影片公司音乐科科长、陕甘宁晋绥联防军政治部
宣传队音乐教员、延安中央管弦乐团团长、华北
文工团团长。代表作品《牧童短笛》《摇篮曲》《游
击队歌》等，著有《贺绿汀音乐论文选集》。作词
者郭沫若（1892—1978 年），文学家、历史学家。
原名开贞，字鼎堂，号尚武，乳名文豹，笔名沫若、
麦克昂、郭鼎堂，四川乐山人，毕业于日本九州帝
国大学。历任中国科学院首任院长、中国科学技
术大学首任校长、苏联科学院外籍院士。代表作
《郭沫若全集》《甲骨文字研究》《中国史稿》等。

J0147533
贺绿汀歌曲集 贺绿汀作曲；郭沫若等作词
北京 音乐出版社 1957 年 正谱本 28 页
30cm（10 开）统一书号：8026.530
定价：CNY0.60
　　本书分简谱本和正谱本。选收贺绿汀的独
唱歌曲《清流》《神女》《思母》《天涯歌女》《 怨
别离》《雷峰塔影》《秋水伊人》《嘉陵江上》等
13 首。歌曲附钢琴伴奏谱。均为作曲家 1940 年
前创作的。

J0147534
天津得奖歌曲集 （1953—1956）中国音乐家
协会天津分会编
天津 天津人民出版社 1957 年 74 页 19cm（32 开）
统一书号：8072.31 定价：CNY0.24

J0147535
为了花香果又甜 王云阶作曲；天然作词
北京 音乐出版社 1957 年 影印本 12 页
26cm（16 开）统一书号：8026.626
定价：CNY0.28

儿童故事片"青春的园地"主题歌。

J0147536
我站在光荣的岗位上 （创作歌曲选集）
中国人民解放军战士歌舞团编
武汉 长江文艺出版社 1957年 83页 19cm（32开）
统一书号：8107.172 定价：CNY0.26

J0147537
音乐作品 中国音乐家协会上海分会音乐作品编委员会编
上海 上海音乐出版社 1957年 定价：CNY1.20
（道林纸本），CNY0.60（报纸本）

J0147538
优秀歌曲选集 中央群众艺术馆
［北京］音乐出版社 1957年 定价：CNY0.14

J0147539
张寒晖歌曲集 （纪念音乐家张寒晖同志逝世十周年）河北群众艺术馆辑
保定 河北人民出版社 1957年 51页 有肖像
有照片 19cm（32开）统一书号：8086.7
定价：CNY0.27
　　本书征集、采录张寒晖创作的歌曲39首。收入了纪念文章、音乐家回忆录等数篇。张寒晖（1902—1946），作曲家。原名张蓝璞，字含晖。河北定县人(今河北省定州市)，就读于北平国立艺专戏剧系。曾任陕甘宁边区文协秘书长。创作歌曲有《松花江上》《国民大生产》《去当兵》等。

J0147540
长恨歌 韦瀚章词；黄自作曲
上海 上海音乐出版社 1957年 影印本 46页
26cm（16开）统一书号：127.013
定价：CNY0.50
　　中国第一部清唱剧。

J0147541
浙江歌选 （1-24）浙江歌选编辑组编辑
杭州 浙江人民出版社 1957年 19cm（32开）

J0147542
中国歌曲集 （汉英对照）音乐出版社编辑部编辑

北京 音乐出版社 1957年 56页 19cm（32开）
统一书号：8026.662
定价：CNY0.36（报纸本），CNY0.60（道林纸本）

J0147543
中国歌曲集 （三）中央音乐学院声乐系编
北京 中央音乐学院声乐系 1957年 油印本
82页 26cm（16开）
　　中央音乐学院声乐教材。

J0147544
"卫星"歌选 （1 迎接国庆十周年）
河北群众艺术馆编
石家庄 河北群众艺术馆出版社 1958年

J0147545
1958年创作歌选 （第一集）
中国音乐家协会上海分会编
上海 上海音乐出版社 1958年 16页 19cm（32开）
统一书号：8127.152 定价：CNY0.07

J0147546
1958年创作歌选 （第二集）中国音乐家协会上海分会编
上海 上海音乐出版社 1958年 21页 19cm（32开）
统一书号：8127.158 定价：CNY0.08

J0147547
1958年创作歌选 （第三集）
中国音乐家协会上海分会编
上海 上海音乐出版社 1958年 17页 19cm（32开）
统一书号：8127.159 定价：CNY0.07

J0147548
1958年创作歌选 （第四集）
中国音乐家协会上海分会编
上海 上海音乐出版社 1958年 21页 19cm（32开）
统一书号：8127.178 定价：CNY0.08

J0147549
1958年创作歌选 （第五集）中国音乐家协会上海分会编
上海 上海音乐出版社 1958年 21页 19cm（32开）
统一书号：8127.195 定价：CNY0.08

J0147550

1958 年创作歌选 （第六集）中国音乐家协会
上海分会编
上海　上海音乐出版社 1958年 21页 19cm（32开）
统一书号：8127.199 定价：CNY0.08

J0147551

1958 年创作歌选 （第七集）中国音乐家协会
上海分会编
上海　上海音乐出版社 1958年 定价：CNY0.08

J0147552

1958 年创作歌选 （第八集）中国音乐家协会
上海分会编
上海　上海音乐出版社 1958年 定价：CNY0.08

J0147553

1958 年创作歌选 （第九集）中国音乐家协会
上海分会编
上海　上海音乐出版社 1958年 定价：CNY0.08

J0147554

1958 年创作歌选 （第十集）中国音乐家协会
上海分会编
上海　上海文艺出版社 1958年 定价：CNY0.08

J0147555

1958 年创作歌选 （第十一集）中国音乐家协
会上海分会编
上海　上海文艺出版社 1958年 定价：CNY0.08

J0147556

1958 年创作歌选 （第十二集）中国音乐家协
会上海分会编
上海　上海文艺出版社 1958年 21cm（32开）
定价：CNY0.08

J0147557

1959 年元旦、春节推广歌曲　重庆人民出版
社辑
重庆　重庆人民出版社 1958年 6页 15cm（40开）
统一书号：8114.140 定价：CNY0.02

J0147558

阿拉伯人民站起来了

武汉　湖北人民出版社 1958年 定价：CNY0.05
（歌曲集）
　　中国现代歌曲选集。

J0147559

啊！多快活　张筠青作曲；张远逢等作词
北京　音乐出版社 1958年 11页 26cm（16开）
统一书号：8026.850 定价：CNY0.19
　　中国现代歌曲选集。

J0147560

把心交给党　文谟词；冯娴曲；秦在潼作画
沈阳　辽宁画报出版社 1958年 定价：CNY0.02
　　本书系中国现代歌曲。

J0147561

把战鼓擂得更响　（简谱歌曲集）
中央音乐学院编
北京　音乐出版社 1958年 26页 19cm（32开）
统一书号：8026.1008 定价：CNY0.10
（中央音乐学院创作丛刊）
　　中国现代歌曲选集。

J0147562

把总路线的红旗插遍全国
中共登封县委宣教办公室编
登封　中共登封县委宣教办公室 1958年 14页
19cm（32开）
　　中国现代歌曲选集。

J0147563

蚌埠歌曲　（蚌埠市参加安徽省第一届音乐周
节目选辑）蚌埠市文联辑
蚌埠　蚌埠市人民出版社 1958年 40页
19cm（32开）统一书号：T10000.4
定价：CNY0.10

J0147564

边防万里歌声高　寒辛等著
昆明　云南人民出版社 1958年 24页 19cm（32开）
统一书号：8116.324 定价：CNY0.10
（部队创作歌曲　第三辑）

J0147565

不准侵略阿拉伯　（歌曲）贵州人民出版社编

贵阳 贵州人民出版社 1958年 10页 19cm（32开）
统一书号：T10115.132 定价：CNY0.06

J0147566
部队歌曲 第三野战军代表团编印
第三野战军代表团 1958年 油印本 24页
23cm（10开）

J0147567
创作歌曲 （2）
安徽省歌剧团编
合肥 安徽省歌剧团 1958年 油印本 26cm（16开）

J0147568
创作歌曲 （3 抗旱庆丰收）安徽省歌剧团编
合肥 安徽省歌剧团 1958年 油印本 26cm（16开）

J0147569
创作歌曲 （4 反侵略）安徽省歌剧团编
合肥 安徽省歌剧团 1958年 油印本 9页
26cm（16开）

J0147570
创作歌曲 （5 大家来唱幸福歌）
安徽省歌剧团编
合肥 安徽省歌剧团 1958年 油印本 9页
26cm（16开）

J0147571
创作歌曲集 （第二集）中华全国总工会工人
歌舞团编
北京 中华全国总工会工人歌舞团 1958年
油印本 49页 26cm（16开）

J0147572
创作歌曲集 （第三集）中华全国总工会工人
歌舞团编
北京 中华全国总工会工人歌舞团 1959年
油印本 110页 26cm（16开）

J0147573
创作歌曲集 （第四集）中华全国总工会工人
歌舞团编
北京 中华全国总工会工人歌舞团 1959年
油印本 53页 26cm（16开）

J0147574
创作歌曲选 昌黎县文化馆编
昌黎 昌黎县文化馆 1958年 油印本

J0147575
创作歌曲选 音乐出版社编辑部编
北京 音乐出版社 1958年 64页 19cm（32开）
（音乐知识 第一辑）

J0147576
创作歌曲选 音乐出版社编辑部编
北京 音乐出版社 [1958年] 64页 19cm（32开）
（农村通俗文库 音乐知识 第一辑）

J0147577
创作歌选 （第一集 祖国到处传捷报）
山东省文联编
济南 山东人民出版社 1958年 30页 19cm（32开）
统一书号：8099.157 定价：CNY0.11

J0147578
创作歌选 （第二集 总路线就是红太阳）山东
省文联编
济南 山东人民出版社 1958年 48页 19cm（32开）
统一书号：T8099.195 定价：CNY0.16

J0147579
创作歌选 （第三集 阿拉伯兄弟我们支援你）
山东省文联编
济南 山东人民出版社 1958年 36页 19cm（32开）
统一书号：T8099.197 定价：CNY0.12

J0147580
创作歌选 （第四集 红旗竞赛遍地花）
山东省群众艺术馆编
济南 山东人民出版社 1959年 22页 19cm（32开）
统一书号：T8099.241 定价：CNY0.09

J0147581
创作歌选 （第一集）湛江市文联，文化馆编
湛江 湛江市文联 1958年 油印本 17cm（26开）
　　本书与湛江市文化馆合作出版。

J0147582
打起锣鼓唱农庄 （歌曲选）

河南人民出版社编辑
郑州 河南人民出版社 1958 年 28 页 10×19cm
统一书号：T8105.115 定价：CNY0.09

J0147583
大家歌唱总路线　中国音乐家协会辽宁分会编
沈阳 辽宁人民出版社 1958 年 定价：CNY0.02

J0147584
多快好省满堂红 （总路线宣传演唱材料）
南京无线电厂工会俱乐部编
南京 江苏文艺出版社 1958 年 定价：CNY0.05

J0147585
纺织红旗歌选 （第一集）京棉三厂党委宣传
部编
北京 京棉三厂工人出版社 1958 年 20 页
19cm（32 开）

J0147586
丰产红旗遍中原 （歌曲）河南人民出版社编辑
郑州 河南人民出版社 1958 年 18 页 19cm（32 开）
统一书号：T8105.117 定价：CNY0.08
（河南小麦大丰收文艺丛书）

J0147587
干！干！干！ （大学生歌曲创作选）共青团北
京市委员会，北京市学生联合会编
北京 北京出版社 1958 年 21 页 19cm（32 开）
统一书号：8071.64 定价：CNY0.09
　　本书系北京青年文艺创作选辑。

J0147588
高压工人歌声 （歌曲选集 第一辑）中共沈
阳高压开关厂党委宣传部编
沈阳 中共沈阳高压开关厂党委宣传部 1958 年
25 页 19cm（32 开）

J0147589
歌唱番禺 （歌曲集）番禺 "人民公社" 出版社编辑
广东 番禺 "人民公社" 出版社 1958 年 18 页
19cm（32 开）定价：CNY0.09

J0147590
歌唱天安门　北京市文联创作委员会编辑

北京 北京出版社 1958 年 44 页 19cm（32 开）
统一书号：8071.43 定价：CNY0.15

J0147591
歌唱总路线歌曲集　中国音乐家协会天津分
会等编
天津 百花文艺出版社 1958 年 11 页 17cm（40 开）
统一书号：8151.4 定价：CNY0.05

J0147592
歌唱总路线歌选 （第一辑）中国音乐家协会
西安分会编
西安 陕西人民出版社 1958 年 定价：CNY0.02

J0147593
歌唱总路线歌选 （第二辑）中国音乐家协会
西安分会编
西安 陕西人民出版社 1958 年 定价：CNY0.02

J0147594
歌唱总路线歌选 （第三辑）中国音乐家协会
西安分会编
西安 陕西人民出版社 1958 年 定价：CNY0.01

J0147595
歌唱总路线推荐歌曲　沈阳市社会主义群众
歌咏活动委员会编
沈阳 辽宁人民出版社 1958 年 定价：CNY0.02

J0147596
歌儿越唱煤越多　煤炭工业出版社编
北京 煤炭工业出版社 1958 年 定价：CNY0.10
（矿山歌曲集）

J0147597
歌片 （《一道红光照满天》等四首）
河南人民出版社编
郑州 河南人民出版社 1958 年 定价：CNY0.03
　　本歌集收入歌曲：《一道红光照满天》《和平
江山是铁打》《亿万人民高兴》《和平是大道》。

J0147598
歌片 （《把人民的旗帜插入高空》等两首）
南昌 江西人民出版社 1958 年 定价：CNY0.03

J0147599

歌片 （《和平的公报》等三首）

南昌 江西人民出版社 1958 年 定价：CNY0.02

本歌集收有歌曲：《和平的公报》《欢呼中苏两国人民大团结》《中苏人民亲如兄弟》。

J0147600

歌片 （《欢呼伊拉克人民胜利》等两首）

南昌 江西人民出版社 1958 年 定价：CNY0.03

J0147601

歌片 （《胜利永远属于人民》等三首）

南昌 江西人民出版社 1958 年 定价：CNY0.02

本歌集收有歌曲：《胜利永远属于人民》《反侵略的烈火到处燃烧》《中苏领袖会谈在北京》。

J0147602

歌片 （《世界人民团结在一起》等三首）

南昌 江西人民出版社 1958 年 定价：CNY0.02

本歌集收有歌曲：《世界人民团结在一起》《全世界人民齐欢笑》《警告帝国主义》。

J0147603

歌片 （《中东人民一定胜利》等三首）

南昌 江西人民出版社 1958 年 定价：CNY0.02

本歌集收有歌曲：《中东人民一定胜利》《热烈拥护中苏会谈公报》《站在保卫和平最前线》

J0147604

歌片 （2 李二嫂改嫁）

沈阳 辽宁人民出版社 1958 年 定价：CNY0.04

J0147605

歌片 （3 小看戏、瞧情郎）

沈阳 辽宁人民出版社 1958 年 定价：CNY0.04

本歌集收有歌曲：《小看戏》《瞧情郎》。

J0147606

歌片 （4《小路》等三首）

沈阳 辽宁人民出版社 1958 年 定价：CNY0.04

本歌集收有歌曲：《小路》《列宁山》《遥远的地方》。

J0147607

歌片 （5《情郎爱我我爱他》等三首）

沈阳 辽宁人民出版社 1958 年 定价：CNY0.04

本歌集收有歌曲：《情郎爱我我爱他》《桂花开放幸福来》《摇篮曲》。

J0147608

歌片 （6《绣荷包》等两首）

沈阳 辽宁人民出版社 1958 年 定价：CNY0.04

本歌集收有歌曲：《绣荷包》《歌剧"小二黑结婚"选曲》。

J0147609

歌片 （7《牧羊歌》等三首）

沈阳 辽宁人民出版社 1958 年 定价：CNY0.04

本歌集收有歌曲：《牧羊歌》《草原牧歌》《敖包相会》。

J0147610

歌片 （8《道情》等三首）

沈阳 辽宁人民出版社 1958 年 定价：CNY0.04

本歌集收有歌曲：《道情》《满江红》《苏武牧羊》。

J0147611

歌片 （9《赶马调》等四首）

沈阳 辽宁人民出版社 1958 年 定价：CNY0.04

本歌集收有歌曲：《赶马调》《小河淌水》《绣荷包》《猜调》。

J0147612

歌片 （10 花木兰、西厢记）

沈阳 辽宁人民出版社 1958 年 定价：CNY0.04

本歌集收有歌曲：《花木兰》《西厢记》。

J0147613

歌片 （11《小河呀静静流》等三首）

沈阳 辽宁人民出版社 1958 年 定价：CNY0.04

本歌集收有歌曲：《小河呀静静流》《我要做个好社员》《太阳出山》。

J0147614

歌片 （12 渔光曲、春天里）

沈阳 辽宁人民出版社 1958 年 定价：CNY0.04

J0147615

歌片 （13 采桑、回忆）

沈阳　辽宁人民出版社　1958年　定价：CNY0.04

J0147616

歌片　（14　二月里来、黄河颂）

沈阳　辽宁人民出版社　1958年　定价：CNY0.04

J0147617

歌片　（15《青年之歌》等三首）

沈阳　辽宁人民出版社　1958年　定价：CNY0.04

　　本歌集收入歌曲：《青年之歌》《社会主义
好》《老司机》。

J0147618

歌片　（16《母女分别》等三首）

沈阳　辽宁人民出版社　1958年　定价：CNY0.04

　　本歌集收入歌曲：《母女分别》《革命人永远
是年青》《我是个穷苦的小姑娘》

J0147619

歌片　（17《秋收》等三首）

沈阳　辽宁人民出版社　1958年　定价：CNY0.04

　　本歌集收有歌曲：《秋收》《北风吹》《红
头绳》

J0147620

歌片　（18《新疆好》等三首）

沈阳　辽宁人民出版社　1958年　定价：CNY0.04

　　本歌集收有歌曲：《新疆好》《我骑着马儿过
草原》《解放军同志你停一停》

J0147621

歌片　（19《小杜鹃》等三首）

沈阳　辽宁人民出版社　1958年　定价：CNY0.04

　　本歌集收有歌曲：《小杜鹃》《含苞欲放的
花》《纺织歌》。

J0147622

歌片　（20　塞外村女、开路先锋）

沈阳　辽宁人民出版社　1958年　定价：CNY0.03

　　本歌集收有歌曲：《塞外村女》《开路先锋》。

J0147623

歌片　（21《歌唱毛泽东》等三首）

沈阳　辽宁人民出版社　1958年　定价：CNY0.03

　　本歌集收有歌曲：《歌唱毛泽东》《高高太子

山》《一轮红日照草原》。

J0147624

歌片　（22《人民解放军进行曲》等三首）

沈阳　辽宁人民出版社　1958年　定价：CNY0.03

　　本歌集收有歌曲：《人民解放军进行曲》《我
是一个兵》《真是乐死人》。

J0147625

歌片　（23　你听祖国在召唤、把青春献给祖
国、我们要和时间赛跑）

沈阳　辽宁人民出版社　1958年　定价：CNY0.03

　　本歌集收有歌曲：《你听祖国在召唤》《把青
春献给祖国》《我们要和时间赛跑》。

J0147626

歌片　（24《歌唱农业纲要四十条》等三首）

沈阳　辽宁人民出版社　1958年　定价：CNY0.03

　　本歌集收有歌曲：《歌唱农业纲要四十条》
《合作化的道路宽又广》《农村青年突击队》。

J0147627

歌片　（25《青年友谊园舞曲》等三首）

沈阳　辽宁人民出版社　1958年　定价：CNY0.03

　　本歌集收有歌曲：《青年友谊园舞曲》《望一
眼都要心醉》《为啥这样快活》。

J0147628

歌片　（26《淮河两岸鲜花开》等两首）

沈阳　辽宁人民出版社　1958年　定价：CNY0.03

　　本歌集收有歌曲：《淮河两岸鲜花开》《欢乐
的新疆》。

J0147629

歌片　（27《绵桂花开十里香》等两首）

沈阳　辽宁人民出版社　1958年　定价：CNY0.03

　　本歌曲收有歌曲：《绵桂花开十里香》《自由
结婚小唱》。

J0147630

歌片　（28《我的丈夫是英雄》等两首）

沈阳　辽宁人民出版社　1958年　定价：CNY0.03

　　本歌集收有歌曲《我的丈夫是英雄》《手风
琴之歌》。

J0147631
歌片 （29 在村外小河旁、南泥湾）
沈阳 辽宁人民出版社 1958 年 定价：CNY0.03
　　本歌集收有歌曲：《在村外小河旁》《南泥湾》。

J0147632
歌片 （30《雄鸡高声叫》等三首）
沈阳 辽宁人民出版社 1958 年 定价：CNY0.03
　　本歌集收有歌曲：《雄鸡高声叫》《向劳动英雄们看齐》《开荒》。

J0147633
歌片 （31《歌唱二小放牛郎》等三首）
沈阳 辽宁人民出版社 1958 年 定价：CNY0.03
　　本歌集收有歌曲：《歌唱二小放牛郎》《王禾小唱》《日落西山》。

J0147634
歌片 （32《青年进行》等三首）
沈阳 辽宁人民出版社 1958 年 定价：CNY0.03
　　本歌集收有歌曲：《青年进行》《热血》《黄河之恋》。

J0147635
歌片 （33 大路歌、松花江上）
沈阳 辽宁人民出版社 1958 年 定价：CNY0.03
　　本歌集收有歌曲：《大路歌》《松花江上》。

J0147636
歌片 （34 欢春舞曲、拥护解放军、刮地风）
沈阳 辽宁人民出版社 1958 年 定价：CNY0.03
　　本歌集收有歌曲：《欢春舞曲》《拥护解放军》《刮地风》。

J0147637
歌片 （35 太阳出来喜洋洋、老汉进城）
沈阳 辽宁人民出版社 1958 年 定价：CNY0.03
　　本歌集收有歌曲：《太阳出来喜洋洋》《老汉进城》。

J0147638
歌片 （36 满工对唱、鸟入林）
沈阳 辽宁人民出版社 1958 年 定价：CNY0.03
　　本歌集收有歌曲：《满工对唱》《鸟入林》。

J0147639
歌片 （37 延水谣、延安颂）
沈阳 辽宁人民出版社 1958 年 定价：CNY0.03
　　本歌集收有歌曲：《延水谣》《延安颂》。

J0147640
歌片 （38《钢铁是怎样炼成的》等三首）
沈阳 辽宁人民出版社 1958 年 定价：CNY0.03
　　本歌集收有歌曲：《钢铁是怎样炼成的》《青年团员之歌》《太阳落山》。

J0147641
歌片 （39 藏胞歌唱解放军）
沈阳 辽宁人民出版社 1958 年 定价：CNY0.03

J0147642
歌片 （40《快乐的节日》等三首）
沈阳 辽宁人民出版社 1958 年 定价：CNY0.03
　　本歌集收有歌曲：《快乐的节日》《劳动最光荣》《我们的田野》。

J0147643
歌片 （41《东风压倒西风》等三首）
沈阳 辽宁人民出版社 1958 年 定价：CNY0.03
　　本歌集收有歌曲：《东风压倒西风》《革命人》《看谁的社会主义劲头大》。

J0147644
歌片 （42《青年工人进行曲》等三首）
沈阳 辽宁人民出版社 1958 年 定价：CNY0.03
　　本歌集收有歌曲：《青年工人进行曲》《祖国在胜利的大道上飞跑》《社会生义和时间赛跑》。

J0147645
歌片 （43）
沈阳 辽宁人民出版社 1958 年 定价：CNY0.03

J0147646
歌片 （44）
沈阳 辽宁人民出版社 1958 年 定价：CNY0.03

J0147647
歌片 （45《咱们这山区有奔头》等三首）
沈阳 辽宁人民出版社 1958 年 定价：CNY0.03
　　本歌集收有歌曲：《咱们这山区有奔头》《比

比哪个是英雄》《千村万村喜事来》。

J0147648

歌片（46 摘棉组、老社长提灯走来了）

沈阳 辽宁人民出版社 1958年 定价：CNY0.03

　　本歌集收有歌曲：《摘棉组》《老社长提灯走来了》。

J0147649

歌片（47 我们是民主青年、民主进行曲、节日的晚上）

沈阳 辽宁人民出版社 1958年 定价：CNY0.03

　　本歌集收有歌曲：《我们是民主青年》《民主进行曲》《节日的晚上》。

J0147650

歌片（48《叫我们怎么不歌唱》等两首）

沈阳 辽宁人民出版社 1958年 定价：CNY0.03

　　本歌集收有歌曲：《叫我们怎么不歌唱》《天已经亮了半天喽》。

J0147651

歌片（49《红领巾之歌》等三首）

沈阳 辽宁人民出版社 1958年 定价：CNY0.03

　　本歌集收有歌曲：《红领巾之歌》《快乐的少先队》《我们多么幸福》。

J0147652

歌片（50《牧童之歌》等三首）

沈阳 辽宁人民出版社 1958年 定价：CNY0.03

　　本歌集收有歌曲：《牧童之歌》《喂好我的大黄牛》《快乐的童年》。

J0147653

歌曲（1 国歌、我是一个兵）

南昌 江西人民出版社 1958年 定价：CNY0.03

J0147654

歌曲（2 草原上升起不落的太阳、东方红）

南昌 江西人民出版社 1958年 定价：CNY0.03

J0147655

歌曲（3 影片《铁道游击队》插曲、反浪费反保守）

南昌 江西人民出版社 1958年 定价：CNY0.03

J0147656

歌曲（4 我的祖国、盼红军）

南昌 江西人民出版社 1958年 定价：CNY0.03

J0147657

歌曲（5 九九艳阳天、贝加尔湖之歌）

南昌 江西人民出版社 1958年 定价：CNY0.03

J0147658

歌曲（6 含苞欲放的花、小燕子）

南昌 江西人民出版社 1958年 定价：CNY0.03

J0147659

歌曲（7 情郎爱我我爱他、椰林曲）

南昌 江西人民出版社 1958年 定价：CNY0.03

J0147660

歌曲（8 崖畔上开花、杨柳歌）

南昌 江西人民出版社 1958年 定价：CNY0.03

J0147661

歌曲（9 棉桂花开十里香）

南昌 江西人民出版社 1958年 定价：CNY0.03

J0147662

歌曲（10 让我们荡起双桨）

南昌 江西人民出版社 1958年 定价：CNY0.03

J0147663

歌曲（11 幸福之歌）

南昌 江西人民出版社 1958年 定价：CNY0.03

J0147664

歌曲（12 婚誓、怀念）

南昌 江西人民出版社 1958年 定价：CNY0.03

J0147665

歌曲（13 勤俭办社幸福来、一把镰刀）

南昌 江西人民出版社 1958年 定价：CNY0.03

J0147666

歌曲（14 真是乐死人、快投入战斗）

南昌 江西人民出版社 1958年 定价：CNY0.03

J0147667

歌曲 （15 友谊之舞、乘风破浪向前进）
南昌 江西人民出版社 1958 年 定价：CNY0.03

J0147668

歌曲 （16 斑鸠调）
南昌 江西人民出版社 1958 年 定价：CNY0.03

J0147669

歌曲 （3 前进！阿拉伯人民、阿拉伯人民要解放、支持伊拉克支持黎巴嫩、健忘者）中国音协天津分会编
天津 天津人民出版社 1958 年 定价：CNY0.01

J0147670

歌曲 新洲县文化馆编
新洲县 新洲县文化馆 1958 年 油印本
26cm（16 开）

J0147671

歌曲 （第八集 合订本）中华人民共和国文化部艺术事业管理局,中国音乐家协会辑
北京 音乐出版社 1958 年 144 页 19cm（32 开）
统一书号：8026.858 定价：CNY0.42
　　本歌曲集为 1957 年 7 月号至 12 月号,总第 46 期至 51 期。

J0147672

歌曲副刊 （第一集 总第 1 期至第 6 期 合订本）歌曲编辑部编辑
北京 音乐出版社 1958 年 122 页 20cm（32 开）
统一书号：8026.859 定价：CNY0.46

J0147673

歌曲副刊 （第二集 总第 7 期至第 12 期 合订本）歌曲编辑部编辑
北京 音乐出版社 1958 年 126 页 20cm（32 开）
统一书号：8026.860 定价：CNY0.46

J0147674

歌曲集 （群众创作）昌黎县文联,昌黎县作家协会编
昌黎 昌黎县文联 1958 年 油印本 2 册

J0147675

跟着共产党,贯彻总路线 中央人民广播电台音乐广播部编
北京 音乐出版社 1958 年 定价：CNY0.02
　　本书系中国现代歌曲。

J0147676

工农自编歌曲选 河北群众艺术馆编
保定 河北群众艺术馆 1958 年 油印本 37 页
26cm（16 开）

J0147677

广播歌选 （1）新疆维吾尔自治区人民广播电台文艺组编
乌鲁木齐 新疆青年出版社 1958 年
定价：CNY0.05

J0147678

广播歌选 （2）新疆维吾尔自治区人民广播电台编
[乌鲁木齐] 新疆青年出版社 1959 年
定价：CNY0.05

J0147679

广播歌选 （4 庆祝国庆十周年专辑）新疆维吾尔自治区人民广播电台编
[乌鲁木齐] 新疆青年出版社 1959 年
定价：CNY0.08

J0147680

闺女之歌 郑镇玉作曲
北京 音乐出版社 1958 年 影印本 7 页
26cm（16 开）统一书号：8026.849
定价：CNY0.17
　　中国现代歌曲作品。

J0147681

黑龙江歌片 （1）
哈尔滨 黑龙江人民出版社 1958 年
15cm（64 开）定价：CNY0.03

J0147682

黑龙江歌片 （2《八好社员歌》等三首）
哈尔滨 黑龙江人民出版社 1958 年
15cm（64 开）定价：CNY0.03

本歌集收有歌曲:《八好社员歌》《迎接机器
早下乡》《我爱我的农庄》。

J0147683
黑龙江歌片 （1 中国人民决不答应）
哈尔滨 黑龙江人民出版社 1958 年 8×11cm
定价: CNY0.025

J0147684
黑龙江歌片 （2）
哈尔滨 黑龙江人民出版社 1958 年 8×11cm
定价: CNY0.025

J0147685
黑龙江歌片 （3）
哈尔滨 黑龙江人民出版社 1958 年 8×11cm
定价: CNY0.025

J0147686
黑龙江歌片 （3《云雀在天上唱着歌》等三首）
哈尔滨 黑龙江人民出版社 1958 年
15cm（64 开）定价: CNY0.03
　　本歌集收有歌曲:《云雀在天上唱着歌》《么
姑姐逛新城》《有个姑娘才十八》。

J0147687
黑龙江歌片 （4《露营之歌》等三首）
哈尔滨 黑龙江人民出版社 1958 年
15cm（64 开）定价: CNY0.03
　　本歌集收有歌曲:《露营之歌》《凯旋歌》
《杀敌歌》。

J0150206
黑龙江歌片 （4）
哈尔滨 黑龙江人民出版社 1958 年 8×11cm
定价: CNY0.025

J0147688
黑龙江歌片 （5 看秧歌、丢戒指）
哈尔滨 黑龙江人民出版社 1958 年
15cm（64 开）定价: CNY0.03
　　本歌集收有歌曲:《看秧歌》《丢戒指》。

J0147689
黑龙江歌片 （5）

哈尔滨 黑龙江人民出版社 1958 年 8×11cm
定价: CNY0.025

J0147690
黑龙江歌片 （6）
哈尔滨 黑龙江人民出版社 1958 年 8×11cm
定价: CNY0.025

J0147691
黑龙江歌片 （7）
哈尔滨 黑龙江人民出版社 1958 年 8×11cm
定价: CNY0.025

J0147692
黑龙江歌片 （8）
哈尔滨 黑龙江人民出版社 1958 年 8×11cm
定价: CNY0.025

J0147693
黑龙江歌片 （9）
哈尔滨 黑龙江人民出版社 1958 年 8×11cm
定价: CNY0.025

J0147694
黑龙江歌片 （10）
哈尔滨 黑龙江人民出版社 1958 年 8×11cm
定价: CNY0.025

J0147695
红槐曲 （歌曲集）中国人民解放军前线歌舞
团编
上海 上海文艺出版社 1958 年 46 页 19cm（32 开）
统一书号: 8078.183 定价: CNY0.15
　　中国现代歌曲选集。

J0147696
红军团长方和明 （歌曲集）中国人民解放军
前线歌舞团编
上海 上海音乐出版社 1958 年 12 页 19cm（32 开）
统一书号: 8127.240 定价: CNY0.06
　　中国现代歌曲选集。

J0147697
红色歌声 （3）鹤壁市文化馆编
鹤壁 鹤壁市文化馆 1958 年 20cm（32 开）

J0147698
欢呼总路线　林肖词；李井文；林一曲
成都　四川人民出版社 1958 年　定价：CNY0.03
　　中国现代歌曲。

J0147699
欢庆小麦大丰收　中央人民广播电台音乐广
播部编
北京　音乐出版社 1958 年　定价：CNY0.02
　　中国现代歌曲。

J0147700
黄自歌曲选　音乐出版社编辑部编
北京　音乐出版社 1958 年 25 页 19cm（32 开）
统一书号：8026.965 定价：CNY0.10

J0147701
活页创作歌选　（1）中国音乐家协会南京分
会筹委会编
南京　江苏文艺出版社 1958 年　定价：CNY0.01

J0147702
活页歌曲　（1-1）音乐出版社编
北京　音乐出版社 1958 年　定价：CNY0.03
　　本歌集收有歌曲：《告别南洋》《慰劳歌》。

J0147703
活页歌曲　（1-2《码头工人》等三首）
音乐出版社编
北京　音乐出版社 1958 年 ［2］页
定价：CNY0.03
　　本歌集收有歌曲：《码头工人》《打椿歌》《前
进歌》。

J0147704
活页歌曲　（1-3 大路歌、开路先锋）
音乐出版社编
北京　音乐出版社 1958 年　定价：CNY0.03
　　本歌集收有歌曲：《大路歌》《开路先锋》。

J0147705
活页歌曲　（1-4《飞花歌》等两首）
音乐出版社编
北京　音乐出版社 1958 年　定价：CNY0.03
　　本歌集收有歌曲：《飞花歌》《铁蹄下的歌女》。

J0147706
活页歌曲　（2-1《二月里来》等两首）
音乐出版社编
北京　音乐出版社 1958 年　定价：CNY0.03
　　本歌集收有歌曲：《二月里来》《到敌人后
方去》。

J0147707
活页歌曲　（2-2 黄河颂、前进）音乐出版社编
北京　音乐出版社 1958 年　定价：CNY0.03
　　本歌集收有歌曲：《黄河颂》《前进》。

J0147708
活页歌曲　（2-3 黄水谣）音乐出版社编
北京　音乐出版社 1958 年　定价：CNY0.03

J0147709
活页歌曲　（2-4 黄河之恋、热血）
音乐出版社编
北京　音乐出版社 1958 年　定价：CNY0.03
　　本歌集收有歌曲：《黄河之恋》《热血》。

J0147710
活页歌曲　（2-5 在太行山上）音乐出版社编
北京　音乐出版社 1958 年　定价：CNY0.03

J0147711
活页歌曲　（3-1 楼台会）音乐出版社编
北京　音乐出版社 1958 年　定价：CNY0.03

J0147712
活页歌曲　（3-2《还家》等三首）音乐出版社编
北京　音乐出版社 1958 年　定价：CNY0.03
　　本歌集收有歌曲：《还家》《霞光万丈》《织绢》。

J0147713
活页歌曲　（3-3 贵妃醉酒之一段）
音乐出版社编
北京　音乐出版社 1958 年　定价：CNY0.03

J0147714
活页歌曲　（4-1《我的快骏马》等两首）
音乐出版社编
北京　音乐出版社 1958 年　定价：CNY0.03
　　本歌集收有歌曲：《我的快骏马》《你听祖国

在召唤》。

J0147715
活页歌曲 （4-2《上士的信》等两首）
音乐出版社编
北京 音乐出版社 1958年 定价：CNY0.03
　　本歌集收有歌曲：《上士的信》《可爱的王大保》。

J0147716
活页歌曲 （4-3 社会主义万家春）
音乐出版社编
北京 音乐出版社 1958年 定价：CNY0.03

J0147717
活页歌曲 （4-4《人人盼的是社会主义》等三首）音乐出版社编
北京 音乐出版社 1958年 定价：CNY0.03
　　本歌集收有歌曲：《人人盼的是社会主义》《挖渠劳动歌》《农业社就是家》。

J0147718
活页歌曲 （4-5《美丽的姑娘》等两首）
音乐出版社编
北京 音乐出版社 1958年 定价：CNY0.03
　　本歌集收有歌曲：《美丽的姑娘》《解放军同志你停一停》。

J0147719
活页歌曲 （4-6《白云飘飘过山岗》等三首）
音乐出版社编
北京 音乐出版社 1958年 定价：CNY0.03
　　本歌集收有歌曲：《白云飘飘过山岗》《杜鹃花》《老司机》。

J0147720
活页歌曲 （4-7 绣银燕）音乐出版社编
北京 音乐出版社 1958年 定价：CNY0.03

J0147721
活页歌曲 （4-8 打靶谣）音乐出版社编
北京 音乐出版社 1958年 定价：CNY0.03

J0147722
活页歌曲 （4-9 手风琴之歌、真是乐死人）
音乐出版社编
北京 音乐出版社 1958年 定价：CNY0.03
　　本歌集收有歌曲：《手风琴之歌》《真是乐死人》。

J0147723
活页歌曲 （4-10《走向生活》等两首）
音乐出版社编
北京 音乐出版社 1958年 定价：CNY0.03
　　本歌集收有歌曲：《走向生活》《劳动使我们锻炼成钢》。

J0147724
活页歌曲 （4-11《姑娘的心事》等两首）音乐出版社编
北京 音乐出版社 1958年 定价：CNY0.03
　　本歌集收有歌曲：《姑娘的心事你猜猜落看》《歌唱农业纲要四十条》。

J0147725
活页歌曲 （4-12 晚会园舞曲、青年工人之歌）音乐出版社编
北京 音乐出版社 1958年 定价：CNY0.03
　　本歌集收有歌曲：《晚会园舞曲》《青年工人之歌》。

J0147726
活页歌曲 （5-2《鸽子》等两首）音乐出版社编
北京 音乐出版社 1958年 定价：CNY0.03
　　本歌集收有歌曲：《鸽子》《深深的海洋》。

J0147727
活页歌曲 （5-3《爱挑剔的大姑娘》等三首）
音乐出版社编
北京 音乐出版社 1958年 定价：CNY0.03
　　本歌集收有歌曲：《爱挑剔的大姑娘》《纺织姑娘》《悲歌》。

J0147728
活页歌曲 （5-4《谁是西尔维亚》等三首）
音乐出版社编
北京 音乐出版社 1958年 定价：CNY0.03
　　本歌集收有歌曲：《谁是西尔维亚》《野玫瑰》《流浪》。

J0147729

活页歌曲 （5-5《母亲教我的歌》等四首）

音乐出版社编

北京 音乐出版社 1958年 定价: CNY0.03

　　本歌集收有歌曲:《母亲教我的歌》《你好像一朵鲜花》《铁匠》《慕春》。

J0147730

活页歌曲 （5-6 拖拉机手谢辽沙、百灵鸟）

音乐出版社编

北京 音乐出版社 1958年 定价: CNY0.03

　　本歌集收有歌曲:《拖拉机手谢辽沙》《百灵鸟》。

J0147731

活页歌曲 （5-8《小鸽子错了》等三首）

音乐出版社编

北京 音乐出版社 1958年 定价: CNY0.03

　　本歌集收有歌曲:《小鸽子错了》《你就是幸福》《小板凳》。

J0147732

活页歌曲 （6-1《小白船》等两首）

音乐出版社编

北京 音乐出版社 1958年 定价: CNY0.03

　　本歌集收有歌曲:《小白船》《订个小五年计划》。

J0147733

活页歌曲 （6-2《小苦恼之歌》等三首）

音乐出版社编

北京 音乐出版社 1958年 定价: CNY0.03

　　本歌集收有歌曲:《小苦恼之歌》《要把那麻雀消灭光》《快乐的晚会》。

J0147734

活页歌曲 （6-3《快乐的少先队》等两首）

音乐出版社编

北京 音乐出版社 1958年 定价: CNY0.03

　　本歌集收有歌曲:《快乐的少先队》《让我们荡起双桨》。

J0147735

活页歌曲 （6-4《绿色的祖国》等四首）

音乐出版社编

北京 音乐出版社 1958年 定价: CNY0.03

　　本歌集收有歌曲:《绿色的祖国》《欢迎歌》《绣手巾》《休夏》。

J0147736

活页歌曲 （7-1 爹妈呀为什么你还不回家）

音乐出版社编

北京 音乐出版社 1958年 定价: CNY0.03

J0147737

活页歌曲 （7-2 凤凰岭上祝红军、秋收）

音乐出版社编

北京 音乐出版社 1958年 定价: CNY0.03

　　本歌集收有歌曲:《凤凰岭上祝红军》《秋收》。

J0147738

活页歌曲 （7-3 一道道水来一道道山）

音乐出版社编

北京 音乐出版社 1958年 定价: CNY0.03

J0147739

活页歌曲 （7-4 数九那个寒天下大雪、兄妹开荒）音乐出版社编

北京 音乐出版社 1958年 定价: CNY0.03

　　本歌集收有歌曲:《数九那个寒天下大雪》《兄妹开荒》。

J0147740

活页歌曲 （8-1 铁道游击队、我的祖国）

音乐出版社编

北京 音乐出版社 1958年 定价: CNY0.03

　　本歌集收有歌曲:《铁道游击队》《我的祖国》。

J0147741

活页歌曲 （8-2《山间铃响马帮来》等三首）

音乐出版社编

北京 音乐出版社 1958年 定价: CNY0.03

　　本歌集收有歌曲:《山间铃响马帮来》《敖包相会》《青春闪光》

J0147742

活页歌曲 （8-3 绵桂花开十里香）

音乐出版社编

北京 音乐出版社 1958年 定价: CNY0.03

J0147743

活页歌曲 （9–1 耍山调、燕子）音乐出版社编
北京 音乐出版社 1958 年 定价：CNY0.03
　　本歌集收有歌曲：《耍山调》《燕子》。

J0147744

活页歌曲
北京 音乐出版社 1963 年 2 页 19cm（32 开）
统一书号：8026.1796 定价：CNY0.01
　　本书收录两首歌曲：《国际歌》《中华人民共
和国国歌》。

J0147745

活页歌选 （1）
黑龙江人民广播电台等编
哈尔滨 黑龙江人民广播电台 1958 年 ［9］页
19cm（32 开）统一书号：T1093.82
定价：CNY0.09（全 4 册）

J0147746

活页歌选 （2）
黑龙江人民广播电台等编
哈尔滨 黑龙江人民广播电台 1958 年 ［9］页
19cm（32 开）统一书号：T8093.39
定价：CNY0.09（全 4 册）

J0147747

活页歌选 （3）
黑龙江人民广播电台等编
哈尔滨 黑龙江人民广播电台 1958 年 ［9］页
19cm（32 开）统一书号：T8093.42
定价：CNY0.09（全 4 册）

J0147748

活页歌选 （4）
黑龙江人民广播电台等编
哈尔滨 黑龙江人民广播电台 1958 年 ［9］页
19cm（32 开）统一书号：T8093.43
定价：CNY0.09（全 4 册）

J0147749

活页歌选 （中苏公报红光万道）
辽宁人民出版社编
沈阳 辽宁人民出版社 1958 年 定价：CNY0.01

J0147750

活页歌选 （歌唱总路线）山西人民出版社编
太原 山西人民出版社 1958 年 定价：CNY0.05

J0147751

活页歌选 （庆祝中华人民共和国成立十五年）
中国音乐家协会山西分会编
太原 山西人民出版社 1964 年 简谱本 22 页
19cm（32 开）定价：CNY0.06

J0147752

技术大革命 林肖词；杜天文曲
成都 四川人民出版社 1958 年 定价：CNY0.03
　　中国现代歌曲。

J0147753

叫我们怎么不歌唱 （歌曲）杨星火等作词；
罗念一作曲
成都 四川人民出版社 1958 年 42 页 19cm（32 开）
统一书号：T8118.217 定价：CNY0.14

J0147754

开展社会主义歌咏活动第一批推荐歌曲
（城市适用）中国音乐家协会辽宁分会,中国共
产主义青年团辽宁省委员会宣传部编
沈阳 辽宁人民出版社 1958 年 40 页 19cm（32 开）
统一书号：T8090.45 定价：CNY0.10

J0147755

开展社会主义歌咏活动第一批推荐歌曲
（农村适用）中国音乐家协会辽宁分会,中国共
产主义青年团辽宁省委员会宣传部编
沈阳 辽宁人民出版社 1958 年 20 页 19cm（32 开）
统一书号：T8090.44 定价：CNY0.06

J0147756

开展社会主义歌咏活动第二批推荐歌曲
（城市适用）中国音乐家协会辽宁分会,中国共
产主义青年团辽宁省委员会宣传部编
沈阳 辽宁人民出版社 1958 年 25 页 19cm（32 开）
统一书号：T7090.58 定价：CNY0.07

J0147757

开展社会主义歌咏活动第二批推荐歌曲
（农村适用）中国音乐家协会辽宁分会,中国共

产主义青年团辽宁省委员会宣传部编
沈阳 辽宁人民出版社 1958 年 25 页 19cm（32 开）
定价：CNY0.05

J0147758
李叔同歌曲集　丰子恺编
北京 音乐出版社 1958 年 影印本 56 页
26cm（16 开）统一书号：8026.752
定价：CNY0.75
　　本歌集收录李叔同编配、创作的歌曲共 32
首。包括《送别》《西湖》《春景》《忆儿时》《春
游》《留别》《早秋》等,编者除搜集、编选歌曲
外,并为该歌集设计了封面,创作了 20 幅插图。

J0147759
岭南歌选　（1 红旗万岁、有了党的总路线、
一道金光射下来）"岭南音乐"编辑部编
广州 广东人民出版社 1958 年 定价：CNY0.02

J0147760
青年学生创作歌选　广州群众艺术馆编
广州 广州文化出版社 1958 年 30 页
19cm（32 开）定价：CNY0.11

J0147761
青年之歌　中国音乐家协会广州分会,共青团
广东省委员会宣传部编
广州 广东人民出版社 1958 年 27 页 19cm（32 开）
统一书号：8111.98 定价：CNY0.11

J0147762
青年之歌　（歌曲集）
江西省文学艺术工作者联合会编
南昌 江西人民出版社 1958 年 18 页 19cm（32 开）
统一书号：T8110.127 定价：CNY0.08

J0147763
庆祝建国九周年推荐歌曲集　哈尔滨市音协
筹委会,哈尔滨市群众艺术馆辑
哈尔滨 黑龙江人民出版社 1958 年 16 页
19cm（32 开）统一书号：T8093.41
定价：CNY0.06

J0147764
秋虫的音乐会　周宗汉作曲

北京 中国少年儿童出版社 1958 年 24 页
25cm（16 开）统一书号：R8056.37
定价：CNY0.18

J0147765
全民动手炼钢铁　"歌曲"编辑部编
北京 音乐出版社 1958 年 定价：CNY0.06
　　中国现代歌曲。

J0147766
全世界人民支援黎巴嫩!
音乐出版社编辑部编
北京 音乐出版社 1958 年 定价：CNY0.01
　　中国现代歌曲。

J0147767
扫除文盲歌曲选　山东省教育厅,山东省扫除
文盲协会编
济南 山东人民出版社 1958 年 20 页 19cm（32 开）
统一书号：T8099.125 定价：CNY0.08

J0147768
沙梅歌曲集　沙梅作曲;沙梅等作词
上海 上海音乐出版社 1958 年 52 页 19cm（32 开）
统一书号：8127.207 定价：CNY0.16
　　作者沙梅(1909—1993),作曲家。原名郑志,
又名郑导乐。四川广安人,毕业于北平大学音乐
系。历任上海艺专、国立女子师院、国立湖北师
院等校音乐教授及上海剧专歌剧系主任,上海戏
剧专科学校歌舞团名誉团长、上海歌剧院顾问。
创作歌曲有《打柴歌》《打回东北去》《五卅纪念
歌》《祖国之恋》《打起锣鼓遍街唱》《嘉陵江船
夫曲》《沙梅歌曲集》等,著有《论川剧高腔音乐》。

J0147769
山东省第一届音乐会演得奖歌曲集
山东省文化局,山东省文艺工作者联合会编
济南 山东人民出版社 1958 年 176 页
19cm（32 开）统一书号：T8099.123
定价：CNY0.50

J0147770
山东省"跃进"歌舞汇报演出大会歌曲资料
山东省文化局,山东省文联编
济南 山东省文化局 1958 年 25 页 19cm（32 开）

本书与山东省文联合作出版。

J0147771
上海歌声 （1 歌唱技术革命专辑）
上海文化出版社编辑
上海 上海文化出版社 1958年 25页 19cm（32开）
统一书号：8077.151 定价：CNY0.08

J0147772
上海歌声 （2 庆祝八一专辑）
上海文化出版社编辑
上海 上海文化出版社 1958年 32页 19cm（32开）
统一书号：8077.157 定价：CNY0.09

J0147773
上海歌声 （3）上海文化出版社编辑
上海 上海文化出版社 1958年 20页 19cm（32开）
统一书号：8077.162 定价：CNY0.05

J0147774
上海歌声 （4）上海文化出版社编辑
上海 上海文化出版社 1958年 32页 19cm（32开）
统一书号：8077.172 定价：CNY0.09

J0147775
上海歌声 （5 八面红旗大联唱）上海文化出
版社编辑
上海 上海文化出版社 1958年 18页 19cm（32开）
统一书号：8077.175 定价：CNY0.06

J0147776
上海歌声 （6 庆祝国庆专辑）上海文艺出版
社编辑
上海 上海文艺出版社 1958年 23页 19cm（32开）
统一书号：10078.0011 定价：CNY0.08

J0147777
上海歌声 （1979年第一期）《上海歌声》编辑
部编
上海 上海文艺出版社 1979年 31页 19cm（32开）
统一书号：8078.3154 定价：CNY0.10

J0147778
上海歌声 （1979年第二期）《上海歌声》编辑
部编

上海 上海文艺出版社 1979年 31页 19cm（32开）
统一书号：8078.3163 定价：CNY0.10

J0147779
上海工人创作歌曲选集　上海工人文化宫编
上海 上海文化出版社 1958年 35页 19cm（32开）
统一书号：8077.135 定价：CNY0.13

J0147780
**上海市1958年歌咏比赛宝山县创作评选
资料**　上海市歌咏比赛委员会编
上海 上海市歌咏比赛委员会 1958年 油印本
5页 26cm（16开）

J0147781
**上海市1958年歌咏比赛北郊区创作评选
资料**　上海市歌咏比赛委员会编
上海 上海市歌咏比赛委员会 1958年 油印本
27页 26cm（16开）

J0147782
**上海市1958年歌咏比赛东郊区创作评选
资料**　上海市歌咏比赛委员会编
上海 上海市歌咏比赛委员会 1958年 油印本
16页 26cm（16开）

J0147783
**上海市1958年歌咏比赛嘉定县创作评选
资料**　上海市歌咏比赛委员会编
上海 上海市歌咏比赛委员会 1958年 油印本
14页 26cm（16开）

J0147784
**上海市1958年歌咏比赛上海县创作评选
资料**　上海市歌咏比赛委员会编
上海 上海市歌咏比赛委员会 1958年 油印本
14页 26cm（16开）

J0147785
**上海市1958年歌咏比赛西郊区创作评选
资料**　上海市歌咏比赛委员会编
上海 上海市歌咏比赛委员会 1958年 油印本
11页 26cm（16开）

J0147786

韶山歌声　湘潭县韶山文化馆编

湘潭　湘潭县韶山文化馆　1958 年　油印本　16 页

19cm（32 开）

J0147787

社会主义歌咏运动必唱歌曲　（第二部分）

广西僮族自治区文化局编

南宁　广西僮族人民出版社　1958 年

定价：CNY0.02

J0147788

十三陵水库之歌　音乐出版社编辑部编

北京　音乐出版社　1958 年　67 页　15cm（40 开）

统一书号：8026.1017　定价：CNY0.15

J0147789

十月歌选　（第一辑　社会主义歌唱运动月）

激流之歌编辑部编

太原　山西人民出版社　1958 年　定价：CNY0.03

J0147790

十月歌选　（第二辑　社会主义歌唱运动月）

激流之歌编辑部编

太原　山西人民出版社　1958 年　定价：CNY0.03

J0147791

士兵是这样的人　战士文艺丛书编辑组编辑

广州　广东人民出版社　1958 年　72 页　19cm（32 开）

统一书号：T8111.57　定价：CNY0.22

（战士文艺丛书）

　　中国现代歌曲选集。

J0147792

四十条纲要到农村　（简谱歌曲集）方赫,寒

星作词;刘烈武,刘沛作曲

北京　音乐出版社　1958 年　36 页　19cm（32 开）

统一书号：8026.1006　定价：CNY0.13

（中央音乐学院创作丛刊）

J0147793

苏区歌曲　中共兴国县委宣传部编辑

兴国县　兴国县人民出版社　1958 年　44 页

19cm（32 开）定价：CNY0.22

J0147794

遂平歌声　（第一集）遂平县人民文化馆编

遂平　遂平县文化馆　1958 年　油印本　6 叶

20cm（32 开）环筒页装

J0147795

遂平歌声　（第二集）遂平县人民文化馆编

遂平　遂平县人民文化馆　1958 年　油印本　4 页

19cm（32 开）

J0147796

为钢铁而战　上海文艺出版社编

上海　上海文艺出版社　1958 年　定价：CNY0.04

（歌曲选集）

　　中国现代歌曲选集。

J0147797

下乡上山歌曲集　音乐出版社编辑部编

北京　音乐出版社　1958 年　18 页　19cm（32 开）

统一书号：8026.815　定价：CNY0.08

J0147798

向钢铁大进军　（大联唱）胡献阁,王辉作词;

刘守义作曲

沈阳　辽宁人民出版社　1958 年　28 页　19cm（32 开）

统一书号：T8090.66　定价：CNY0.10

J0147799

新安江之歌　中国音乐家协会上海分会编

上海　上海音乐出版社　1958 年　26 页　有图

19cm（32 开）统一书号：8127.274

定价：CNY0.10

J0147800

新歌　（第一集）音乐出版社编辑部编

北京　音乐出版社　1958 年　16 页　13cm（60 开）

统一书号：8026.885　定价：CNY0.06

J0147801

新歌　（第二集）音乐出版社编辑部编

北京　音乐出版社　1958 年　16 页　13cm（60 开）

统一书号：8026.938　定价：CNY0.06

J0147802

新歌　（第三集）音乐出版社编辑部编

北京 音乐出版社 1958 年 16 页 13cm（60 开）
统一书号：8026.989 定价：CNY0.05

J0147803
新歌 （第四集）音乐出版社编辑部编
北京 音乐出版社 1958 年 18 页 13cm（60 开）
统一书号：8026.1005 定价：CNY0.06

J0147804
新歌 （第五集）音乐出版社编辑部编
北京 音乐出版社 1958 年 17 页 13cm（60 开）
统一书号：8026.1087 定价：CNY0.06

J0147805
新歌 （创作歌曲选）人民音乐出版社编辑部编
北京 人民音乐出版社 1982 年 62 页 19cm（32 开）
统一书号：8026.3994 定价：CNY0.18
　　本书共收藏新歌 27 首。

J0147806
新歌 （创作歌曲选 二）
人民音乐出版社编辑部编
北京 人民音乐出版社 1983 年 60 页 19cm（32 开）
统一书号：8026.4140 定价：CNY0.19
　　本辑选收新歌 29 首。

J0147807
新歌介绍 （1）中国音乐家协会辽宁分会编
沈阳 辽宁人民出版社 1958 年 定价：CNY0.03

J0147808
新歌选 （第一集）中国音乐家协会上海分会编
上海 上海音乐出版社 1958 年 31 页 19cm（32 开）
统一书号：8127.179 定价：CNY0.11

J0147809
新歌选 （第二集）中国音乐家协会上海分会编
上海 上海音乐出版社 1958 年 39 页 19cm（32 开）
统一书号：8127.200 定价：CNY0.13

J0147810
新歌选 （第三集）中国音乐家协会上海分会编
上海 上海音乐出版社 1958 年 32 页 19cm（32 开）
统一书号：8127.244 定价：CNY0.11

J0147811
新民谣歌曲选 （一）辽宁人民出版社编
沈阳 辽宁人民出版社 1958 年 定价：CNY0.07

J0147812
幸福的农村 （大合唱）杨乃尊词；郑律成曲
北京 音乐出版社 1958 年 定价：CNY0.50

J0147813
一九五八年创作歌选 （第一集）
中国音乐家协会上海分会编
上海 上海音乐出版社 1958 年 21 页
19cm（32 开）定价：CNY0.08

J0147814
一九五八年创作歌选 （第二集）
中国音乐家协会上海分会编
上海 上海音乐出版社 1958 年 21 页
19cm（32 开）定价：CNY0.08

J0147815
一九五八年创作歌选 （第三集）
中国音乐家协会上海分会编
上海 上海音乐出版社 1958 年 21 页
19cm（32 开）定价：CNY0.08

J0147816
一九五八年创作歌选 （第四集）
中国音乐家协会上海分会编
上海 上海音乐出版社 1958 年 21 页
19cm（32 开）定价：CNY0.08

J0147817
一九五八年创作歌选 （第五集）
中国音乐家协会上海分会编
上海 上海音乐出版社 1958 年 21 页
19cm（32 开）定价：CNY0.08

J0147818
一九五八年创作歌选 （第六集）
中国音乐家协会上海分会编
上海 上海音乐出版社 1958 年 21 页
19cm（32 开）定价：CNY0.08

J0147819
一九五八年创作歌选 （第七集）
中国音乐家协会上海分会编
上海 上海音乐出版社 1958年 20页 19cm（32开）
统一书号：8127.228 定价：CNY0.08

J0147820
一九五八年创作歌选 （第八集）
中国音乐家协会上海分会编
上海 上海音乐出版社 1958年 21页 19cm（32开）
统一书号：8127.230 定价：CNY0.08

J0147821
一九五八年创作歌选 （第九集）
中国音乐家协会上海分会编
上海 上海音乐出版社 1958年 21页 19cm（32开）
统一书号：8127.287 定价：CNY0.08

J0147822
一九五八年创作歌选 （第十集）中国音乐家
协会上海分会编
上海 上海文艺出版社 1958年 21页 19cm（32开）
统一书号：8078.0108 定价：CNY0.08

J0147823
一九五八年创作歌选 （第十一集）
中国音乐家协会上海分会编
上海 上海文艺出版社 1958年 21页 19cm（32开）
统一书号：8078.220 定价：CNY0.08

J0147824
一九五八年创作歌选 （第十二集）中国音乐
家协会上海分会编
上海 上海音乐出版社 1958年 21页 19cm（32开）
定价：CNY0.08

J0147825
峄县是个好地方 （歌曲）山东省峄县教育局编
济南 山东省峄县教育局 1958年

J0147826
音乐习作 （2）北京市劳动人民文化宫编
北京 劳动人民文化宫 1958年 油印本 42页
26cm（16开）

J0147827
远方的客人请你留下来 麦丁编曲；范禹作词
北京 音乐出版社 1958年 影印本 8页
26cm（16开）统一书号：8026.847
定价：CNY0.20
　　中国现代歌曲。

J0147828
远方的客人请你留下来 （麦丁歌曲选）
麦丁曲
北京 人民音乐出版社 1983年 121页
19cm（32开）统一书号：8026.4026
定价：CNY0.41
　　本歌集选收麦丁创作的《远方的客人请你留
下来》《苍山对歌》《春蚕》等合唱、重唱、独唱
歌曲共 37 首。

J0147829
"跃进"歌选 河南省文化局等编
郑州 河南省文化局 1958年 16页 19cm（32开）

J0147830
"跃进"民歌十首 广西僮族自治区群众艺术
馆编
南宁 广西僮族人民出版社 1958年
定价：CNY0.03
（宣传建设社会主义总路线演唱材料 3）

J0147831
张曙歌曲集 音乐出版社编辑部编
北京 音乐出版社 1958年 67页 19cm（32开）
统一书号：8026.933 定价：CNY0.22

J0147832
长白山之歌 郑镇玉作曲；金哲作词
北京 音乐出版社 1958年 28页 26cm（16开）
统一书号：8026.848 定价：CNY0.36

J0147833
志愿军告别朝鲜组歌 陈宗凤,叶枫词；叶枫曲
北京 音乐出版社 1958年 28页 19cm（32开）
统一书号：8026.1044 定价：CNY0.11

J0147834
中州歌声 （1）河南省文联编

郑州 河南省文联出版社 1958 年 32 页
19cm（32 开）

J0147835
中州歌声 （2）河南省文联编
郑州 河南省文联出版社 1958 年 24 页
19cm（32 开）

J0147836
总路钱的鲜花遍地开　江苏扬州人民出版社编
［南京］扬州人民出版社 1958 年 定价：CNY0.07
　　中国现代歌曲。

J0147837
总路线的光辉到处照　中南音乐专科学校编
北京 音乐出版社 1958 年 40 页 19cm（32 开）
统一书号：8026.1055 定价：CNY0.15
（中南音乐专科学校创作丛刊）
　　中国现代歌曲。

J0147838
1958 年创作歌曲选　中国音乐家协会分会编
上海 上海文艺出版社 1959 年 78 页 19cm（32 开）
统一书号：8078.1081 定价：CNY0.22

J0147839
1959 年辽宁省文艺汇演歌曲选
中国音乐家协会辽宁分会编
沈阳 春风文艺出版社 1959 年 79 页 19cm（32 开）
统一书号：T8158.21 定价：CNY0.24

J0147840
安徽省第二届音乐舞蹈会演歌曲选集
安徽省群众艺术馆编
上海 上海文艺出版社 1959 年 51 页 19cm（32 开）
统一书号：8078.1130 定价：CNY0.16

J0147841
巴山歌曲　（创作歌曲选）达县专区文艺创作
办公室编
达县 达县专区文艺创作办公室 1959 年 53 页
19cm（32 开）定价：CNY0.16

J0147842
表演歌曲　福州部队业余文艺演出队编

福州 福州部队业余文艺演出队 1959 年
油印本 25cm（15 开）

J0147843
表演歌曲选　上海文艺出版社编
上海 上海文艺出版社 1959 年 103 页
15cm（40 开）统一书号：8078.0547
定价：CNY0.19

J0147844
部队创作歌曲选　沈阳部队政治部宣传部编
沈阳 春风文艺出版社 1959 年 40 页 19cm（32 开）
统一书号：8158.4 定价：CNY0.14

J0147845
部队歌曲　中国人民解放军战士歌舞团编
上海 上海文艺出版社 1959 年 46 页 19cm（32 开）
统一书号：8078.0356 定价：CNY0.14

J0147846
部队"跃进"歌曲选　中国人民解放军 0975
部队政治部编
西安 东风文艺出版社 1959 年 20 页 19cm（32 开）
统一书号：10147.95 定价：CNY0.10

J0147847
参加全军第二届文艺会演创作歌选
新疆部队文艺工作团编
乌鲁木齐 新疆部队文艺工作团 1959 年 32 页
19cm（32 开）

J0147848
唱片歌曲 （1 心里真舒坦、胡豆开花、不见
英雄花不开）上海文艺出版社编辑
上海 上海文艺出版社 1959 年 定价：CNY0.02

J0147849
唱片歌曲 （2 苗山啊换上了新装、满山葡萄
红艳艳）上海文艺出版社编辑
上海 上海文艺出版社 1959 年 定价：CNY0.02

J0147850
唱片歌曲 （3 司集乡"大跃进"、接着又唱丰
收歌）上海文艺出版社编辑
上海 上海文艺出版社 1959 年 定价：CNY0.02

J0147851

唱片歌曲 （4 咱们食堂好处多、食堂的好处说不完）上海文艺出版社编辑

上海 上海文艺出版社 1959 年 定价：CNY0.02

J0147852

唱片歌曲 （5 看我们小朋友生活是多么好、好阿姨）上海文艺出版社编辑

上海 上海文艺出版社 1959 年 定价：CNY0.02

J0147853

唱片歌曲 （6 夜歌、解放军同志请你停一停）上海文艺出版社编辑

上海 上海文艺出版社 1959 年 定价：CNY0.02

J0147854

创作歌曲选 铜仁专区人民出版社编

铜仁 铜仁专区人民出版社 1959 年 29 页

13×19cm 统一书号：10 黔 01.7 定价：CNY0.13

J0147855

创作歌曲选集 中国音乐家协会成都分会编

成都 四川人民出版社 1959 年 46 页 19cm（32 开）

J0147856

春风吹到了雅鲁藏布江 （西藏组歌）魏巍，彦克编词；彦克作曲

广州 广州文化出版社 1959 年 12 页

26cm（16 开）定价：CNY0.17

J0147857

朵朵鲜花处处开 昆明军区国防文工团歌舞剧队编

昆明 云南人民出版社 1959 年 35 页 19cm（32 开）

统一书号：8116.333 定价：CNY0.13

中国现代歌曲选集。

J0147858

歌唱光荣的八大党员 洪源词；晨耕曲

北京 音乐出版社 1959 年 定价：CNY0.02

J0147859

歌唱十月 （歌曲集）中国音乐家协会贵阳分会编

贵阳 贵州人民出版社 1959 年 52 页 19cm（32 开）

统一书号：T8115.172 定价：CNY0.20

J0147860

歌集 （一）中国人民解放军空军业余文艺代表队编

北京 中国人民解放军空军业余文艺代表队 1959 年 油印本 38 页 26cm（16 开）

J0147861

歌片 （《爱的是好劳动》等两首）

［合肥］安徽人民出版社 1959 年

定价：CNY0.03

本歌集收有歌曲：《爱的是好劳动》《唱的长江水倒流》。

J0147862

歌片 （《把青春献给农村》等三首）

［合肥］安徽人民出版社 1959 年

定价：CNY0.03

本歌集收有歌曲：《把青春献给农村》《叔叔，叔叔，辛苦啦！》《新社员之歌》。

J0147863

歌片 （《革命人》等三首）

［合肥］安徽人民出版社 1959 年

定价：CNY0.03

本歌集收有歌曲：《革命人》《青年工人进行曲》《同志们别浪费》。

J0147864

歌片 （《金全山里有一个金凤》等三首）

［合肥］安徽人民出版社 1959 年

定价：CNY0.03

本歌集收有歌曲：《金全山里有一个金凤》《黄莲树为什么那样苦》《山中凤凰为什么不飞翔》。

J0147865

歌片 （《开心田改土壤》等三首）

［合肥］安徽人民出版社 1959 年

定价：CNY0.03

本歌集收有歌曲：《开心田改土壤》《山南海北都照红》《这朵花开在幸福家》

J0147866
歌片　(《三唱新农村》等三首)
[合肥] 安徽人民出版社 1959年
定价: CNY0.03
　　本歌集收有歌曲:《三唱新农村》《郎栽果木妹栽桑》《酸杏子花儿开》。

J0147867
歌片　(《五更织绢》等三首)
[合肥] 安徽人民出版社 1959年
定价: CNY0.03
　　本歌集收有歌曲:《五更织绢》《满工对唱》《绣罗衫》。

J0147868
歌片　(《喜坏了刘大妈》等三首)
[合肥] 安徽人民出版社 1959年
定价: CNY0.03
　　本歌集收有歌曲:《喜坏了刘大妈》《县长下乡》《水车》。

J0147869
歌片　(《总路线之歌》等三首)
[合肥] 安徽人民出版社 1959年
定价: CNY0.03
　　本歌集收有歌曲:《总路线之歌》《歌唱总路线》《骑上快马再加鞭》。

J0147870
歌片　(茶歌联唱)
[合肥] 安徽人民出版社 1959年
定价: CNY0.03

J0147871
歌曲　(参加全军第二届文艺会演演出作品) 北京部队文艺代表队编
北京 北京部队文艺代表队 1959年 油印本
26cm(16开)

J0147872
歌曲　郭月恩等作
汾西矿务局 1959年 油印本 26cm(16开)

J0147873
歌曲　内蒙古军区政治部文工团编

[呼和浩特] 内蒙古军区政治部文工团 1959年
油印本 93页 26cm(16开)

J0147874
歌曲　沈阳部队前进歌舞团编
沈阳 沈阳部队前进歌舞团 1959年 油印本
21页 26cm(16开)

J0147875
歌曲　中国人民解放军成都部队庆祝建国十周年活动筹备分会文艺办公室编
成都 中国人民解放军成都部队庆祝建国十周年活动筹备分会文艺办公室 1959年 油印本
26cm(16开)

J0147876
歌曲　(中国人民解放军战旗文工团参加全军第二届文艺会演台本) 中国人民解放军成都部队庆祝建国十周年活动筹备分会文艺办公室编
成都 中国人民解放军成都部队庆祝建国十周年活动筹备分会文艺办公室 [1959年] 油印本
20页 26cm(16开)

J0147877
歌曲　中国人民解放军总政治部文艺工作团歌舞团编
北京 中国人民解放军总政治部文艺工作团歌舞团 1959年 油印本 53页 26cm(16开)

J0147878
歌曲部分　济南军区政治部文工团编
济南 济南军区政治部文工团 1959年 油印本
26cm(16开)

J0147879
歌曲集　湖北省群众艺术馆编
武汉 湖北人民出版社 1959年 32页 14cm(64开)
统一书号: T8106.336 定价: CNY0.06
　　本书系湖北省群众艺术巡回辅导演出团演出节目选集。

J0147880
歌曲集　中国人民解放军空军业余文艺代表队编
北京 中国人民解放军空军业余文艺代表队
1959年 41页 21cm(32开)

J0147881

歌曲选　中共晋北地委文艺"跃进"办公室编
[太原] 晋北人民出版社 1959 年
定价：CNY0.10
（晋北文艺"跃进"丛书）

J0147882

歌曲选　中共晋北地委文艺"跃进"办公室编
大同 中共晋北地委文艺"跃进"办公室
1959 年 24 页 19cm（32 开）定价：CNY0.10
（晋北文艺"跃进"丛书）

J0147883

歌曲选　（第二辑）中共灵丘县委文艺"跃进"
办公室选编
[灵丘县] 中共灵丘县委文艺"跃进"办公室
1959 年 30 页 19cm（32 开）

J0147884

歌曲选集　（1959 年黑龙江省文艺汇演优秀作品）中国音乐家协会黑龙江分会,黑龙江省群众艺术馆编
哈尔滨 北方文艺出版社 1959 年 简谱本 44 页
19cm（32 开）定价：CNY0.14

J0147885

歌曲演唱　中国人民解放军空军政治部文工团编
北京 中国人民解放军空军政治部文工团
1959 年 油印本 55 页 26cm（16 开）

J0147886

歌曲英雄麻俊坤　桓中权曲；曹佩如词
成都 四川人民出版社 1959 年 8 页 21cm（32 开）
统一书号：8118.273 定价：CNY0.07

J0147887

歌选　南充一中校创作
南充 南充一中校 1959 年 油印本 19cm（32 开）

J0147888

工人创作歌曲集　"歌曲"编辑部编
北京 音乐出版社 1959 年 32 页 19cm（32 开）
统一书号：8026.1090 定价：CNY0.10

J0147889

光荣的团队　（部队歌曲）贵州人民出版社编
贵阳 贵州人民出版社 1959 年 28 页 19cm（32 开）
统一书号：T8115.156 定价：CNY0.11

J0147890

国防战士之歌　（男声二部合唱）沙梅词曲
上海 上海文艺出版社 1959 年 2 页 26cm（16 开）
统一书号：8078.1228 定价：CNY0.08
（群众歌曲丛刊 16）

J0147891

欢唱国庆十周年　（歌曲）河北群众艺术馆编
天津 河北群众艺术馆 1959 年 44 页 17cm（40 开）
（群众文艺宣传材料 4）

J0147892

欢唱国庆十周年　无锡市文化局,无锡市文联编
无锡 无锡人民出版社 1959 年 4 页
18cm（15 开）定价：CNY0.01

J0147893

欢唱解放十周年　（歌曲集）中国音乐家协会
上海分会编
上海 上海文艺出版社 1959 年 14 页 19cm（32 开）
统一书号：8078.0747 定价：CNY0.06

J0147894

活页歌片　（2《新民歌专辑党的恩情长》等两首）云南省群众艺术馆编
[昆明] 云南人民出版社 1959 年
定价：CNY0.02

J0147895

活页歌片　（3 蝶恋花）云南省群众艺术馆编
[昆明] 云南人民出版社 1959 年
定价：CNY0.02

J0147896

活页歌片　（"五一"国际劳动节推荐歌曲 4
《钢粮棉煤大丰收而战》等三首）
云南省群众艺术馆编
[昆明] 云南人民出版社 1959 年
定价：CNY0.02
　　本歌集收有"五一"国际劳动节推荐歌曲：

《钢粮棉煤大丰收而战》《中国人民个个都是英雄汉》。

J0147897

活页歌片 （"五四"青年节推荐歌曲 5《共青团员进行曲》等三首）云南省群众艺术馆编

［昆明］云南人民出版社 1959 年

定价：CNY0.02

　　本歌集收有"五四"青年节推荐歌曲：《共青团员进行曲》《歌唱红少年》《飞翔吧红色的鹰》。

J0147898

活页歌片 （"六一"国际儿童节特辑 6《庆祝六一国际儿童节》等四首）云南省群众艺术馆编

［昆明］云南人民出版社 1959 年

定价：CNY0.02

　　本歌集为"六一"国际儿童节特辑，收有歌曲：《庆祝六一国际儿童节》《少年儿童尽情歌唱》《大蜻蜓》。

J0147899

活页歌片 （1 三大纪律八项注意 红军歌曲）

昆明 云南人民出版社 1974 年 13cm（64 开）

定价：CNY0.02

J0147900

活页歌片 （2）

昆明 云南人民出版社 1974 年 13cm（64 开）

定价：CNY0.02

J0147901

活页歌片 （3 春耕战歌 齐唱合唱）

昆明 云南人民出版社 1974 年 13cm（64 开）

定价：CNY0.02

J0147902

活页歌片 （4 数汽车 女声独唱）

昆明 云南人民出版社 1974 年 13cm（64 开）

定价：CNY0.02

J0147903

活页歌片 （5 沿着社会主义大道奔前方——影片《青松岭》插曲）

昆明 云南人民出版社 1974 年 13cm（64 开）

定价：CNY0.02

J0147904

活页歌片 （6 长春归来——影片《艳阳天》插曲）

昆明 云南人民出版社 1974 年 13cm（64 开）

定价：CNY0.02

J0147905

活页歌片 （7《毛主席率领我们反潮流》等四首）

昆明 云南人民出版社 1974 年 13cm（64 开）

定价：CNY0.03

　　本歌集收有歌曲《毛主席率领我们反潮流》等四首。

J0147906

活页歌片 （8 钢铁洪流永向前——影片《火红的年代》主题歌）

昆明 云南人民出版社 1974 年 13cm（64 开）

定价：CNY0.02

J0147907

活页歌片 （9《"五·七"路上向前跑》等三首）

昆明 云南人民出版社 1974 年 13cm（64 开）

定价：CNY0.03

　　本歌集收有歌曲：《"五·七"路上向前跑》等三首。

J0147908

活页歌片 （10 红星歌——故事片《闪闪的红星》主题歌）

昆明 云南人民出版社 1974 年 13cm（64 开）

定价：CNY0.03

J0147909

活页歌片 （1976）

昆明 云南人民出版社 1977 年 15cm（64 开）

定价：CNY0.02

J0147910

活页歌选 中国音乐家协会西安分会编

西安 东风文艺出版社 ［1959 年］13 页

19cm（32 开）统一书号：8151.26

定价：CNY0.05

J0147911

活页歌选 （一九六三年第二批推荐歌曲）

中国音乐家协会西安分会编
西安 东风文艺出版社 1963 年 3 页
19cm（32 开）定价：CNY0.01

J0147912
活页歌选 （3）无锡市教育局编
无锡 无锡人民出版社 1959 年 4 页 18cm（15 开）

J0147913
积肥小唱 （歌曲）中国音乐家协会成都分会编
成都 四川人民出版社 1959 年 8 页 19cm（32 开）
统一书号：T8118.269 定价：CNY0.05

J0147914
江苏音乐 （第一卷 合订本）江苏音乐编辑部编
南京 江苏文艺出版社 1959 年 251 页
19cm（32 开）统一书号：8100.627
定价：CNY0.70

J0147915
节日歌曲 上海文艺出版社编
上海 上海文艺出版社 1959 年 44 页 19cm（32 开）
统一书号：8078.403 定价：CNY0.11

J0147916
今天的时代不平常 （歌曲）四川省重庆市群
众文化积极分子代表大会暨群众文艺创作展览
会演大会编
重庆 重庆人民出版社 1959 年 30 页 19cm（32 开）
统一书号：8114.145 定价：CNY0.12
（群众文艺创作丛书）

J0147917
岭南新歌 （第一集 简谱版）中国音乐家协会
广州分会编
广州 广东人民出版社 1959 年 44 页 19cm（32 开）
统一书号：8111.290 定价：CNY0.14

J0147918
岭南新歌 （第二集 简谱版）中国音乐家协会
广州分会编
广州 广东人民出版社 1960 年 40 页 19cm（32 开）
统一书号：8111.354 定价：CNY0.13

J0147919
庐山会议开的好 （歌曲）山东音乐家协会山
东分会编
济南 山东人民出版社 1959 年 8 页 19cm（32 开）
统一书号：8099.308 定价：CNY0.02

J0147920
南流江大合歌 杨颂仁作词；潘承蛮等作曲
1959 年 13 页 26cm（16 开）

J0147921
庆祝国庆十周年推荐歌曲 中国音乐家协会
天津分会等编
天津 百花文艺出版社 1959 年 9 页 19cm（32 开）
定价：CNY0.02

J0147922
"三面红旗"万万岁 郭沫若等词；吕骥等曲
北京 音乐出版社 1959 年 定价：CNY0.01
　　中国现代歌曲作品。

J0147923
山绿人红歌声扬 江西省农林垦殖厅编
南昌 江西省农林垦殖厅 1959 年 36 页
19cm（32 开）
　　中国现代歌曲选集。

J0147924
山西十年创作歌曲选 中国音乐家协会山西
分会筹委会编
太原 山西人民出版社 1959 年 118 页
19cm（32 开）统一书号：10088.324
定价：CNY0.40

J0147925
十朵鲜花送北京 山东省群众艺术馆编
济南 山东人民出版社 1959 年 49 页 19cm（32 开）
统一书号：T8099.322 定价：CNY0.17
　　中国现代创作歌曲选集。

J0147926
十月的太阳当空照 （国庆节推荐歌曲）山东
省文化局,中国音乐家协会山东分会编
济南 山东人民出版社 1959 年 8 页 19cm（32 开）
统一书号：8099.307 定价：CNY0.02

J0147927
抒情曲集　刘炽著
昆明　云南人民出版社 1959年 40页 19cm（32开）
统一书号：8116.336 定价：CNY0.15

J0147928
四川省创作歌曲选集　（1958）中国音乐家
协会成都分会编
成都　四川人民出版社 1959年 47页 19cm（32开）
统一书号：8118.265 定价：CNY0.16

J0147929
苏区歌曲　宁冈"人民公社"党委宣传部整理
宁冈　宁冈"人民公社"党委宣传部 1959年 23页
19cm（32开）

J0147930
天津十年歌曲选　（1949—1959）中国音乐家
协会天津分会编
天津　百花文艺出版社 1959年 103页
21cm（32开）统一书号：8151.12
定价：CNY0.42

J0147931
万岁,亲爱的祖国！（歌曲集）中国音乐家协
会江苏分会筹委会编
南京　江苏文艺出版社 1959年 16页 18cm（32开）
统一书号：T8141.666 定价：CNY0.06

J0147932
无锡创作歌曲选　无锡市文联编
无锡　无锡人民出版社 1959年 26页 19cm（32开）
统一书号：8100.（锡）22 定价：CNY0.10

J0147933
西城歌声　（第一集 一九五九年）
北京市西城区文化馆编
北京　北京市西城区文化馆 1959年 油印本
1册 26cm（16开）

J0147934
戏唱火车通贵阳　贵州省群众艺术馆编
贵阳　贵州人民出版社 1959年 29页 19cm（32开）
统一书号：T8115.143 定价：CNY0.11
　　中国现代创作歌曲选集。

J0147935
新歌选　（第四集）中国音乐家协会上海分会编
上海　上海文艺出版社 1959年 33页 19cm（32开）
统一书号：8078.1091 定价：CNY0.11

J0147936
新歌选集　（滇东北苗文 苗汉）贵州民族出版
社翻译
贵阳　贵州民族出版社 1959年 16页 19cm（32开）
统一书号：M8142.2 定价：CNY0.03

J0147937
腰斩日月山　○○七五部三支队创作组编
西宁　青海人民出版社 1959年 11页 15cm（40开）
统一书号：10097.84 定价：CNY0.05
　　中国现代歌曲选集。

J0147938
摇篮曲集　音乐出版社编辑部编
北京　音乐出版社 1959年 48页 13cm（60开）
统一书号：8026.1103 定价：CNY0.11

J0147939
一颗红心献给党　（歌曲集）中国人民解放军
战士歌舞团编
广州　广东人民出版社 1959年 64页 19cm（32开）
统一书号：8111.337 定价：CNY0.18

J0147940
一心飞向天安门　（歌曲集）中国音乐家协会
江苏分会筹委会编
南京　江苏人民出版社 1959年 22页 18cm（32开）
统一书号：T8141.672 定价：CNY0.08

J0147941
英汉对照歌曲集　（第一册）音乐出版社编辑
部编
北京　音乐出版社 1959年 40页 19cm（32开）
统一书号：8026.1152 定价：CNY0.18

J0147942
英汉对照歌曲集　（第二册）音乐出版社编辑
部编
北京　音乐出版社 1961年 73页 19cm（32开）
统一书号：8026.1491 定价：CNY0.31

本书为中国歌曲的英汉对照读物。

J0147943

咱们工厂英雄多　重庆群众艺术馆编
重庆 重庆人民出版社 1959 年 22 页 19cm（32 开）
统一书号：8114.150 定价：CNY0.09
　　中国现代创作歌曲选集。

J0147944

咱们工人歌手多　中国音乐家协会辽宁分会，
沈阳群众艺术馆编
沈阳 春风文艺出版社 1959 年 35 页 19cm（32 开）
统一书号：T8158.2 定价：CNY0.13
　　中国现代歌曲选集。

J0147945

战斗在新安江上　（组曲）沈候新等著
新安江 新安江水力发电工程局 1959 年 油印本
26cm（16 开）

J0147946

张家口歌曲选　［张家口专员公署文教局］编
张家口 张家口专员公署文教局文 1959 年
18 页 19cm（32 开）

J0147947

郑律成歌曲三十首　郑律成著
昆明 云南人民出版社 1959 年 33 页 19cm（32 开）
统一书号：8116.319 定价：CNY0.12
　　本书有《体育进行曲》《绿色的祖国》《送郎
去当义务兵》等郑律成创作的歌曲 30 首。作者
郑律成（1918—1976），作曲家。原籍朝鲜，生于
朝鲜全罗道道光州（今属韩国）。原名郑富恩。在
中国南京参加朝鲜革命组织义烈团，从事抗日工
作，同时学习钢琴、小提琴和声乐。后定居中国
并加入中国籍，致力于音乐创作。有《郑律成歌
曲选》《兴安岭上雪花飘》《延水谣》《郑律成歌
曲三十首》等。

J0147948

中国人民解放军第二届文艺会演优秀歌曲集
解放军歌曲编辑部编
北京 音乐出版社 1959 年 82 页 19cm（32 开）
统一书号：8026.1273 定价：CNY0.25

J0147949

北大荒歌声　牡丹江农垦局政治部北大荒文
艺编辑室编
牡丹江 牡丹江农垦局政治部 1960 年 48 页
19cm（32 开）定价：CNY0.10
　　中国现代歌曲选集。

J0147950

表演歌曲　春风文艺出版社编辑
沈阳 春风文艺出版社 1960 年 76 页 19cm（32 开）
统一书号：T8158.20 定价：CNY0.24

J0147951

创作歌曲选　上海文艺出版社编
上海 上海文艺出版社 1960 年 53 页 18cm（30 开）
统一书号：8078.1392 定价：CNY0.11
（通俗文艺丛书）

J0147952

瓷都歌选　景德镇市文化馆，景德镇市工人文
化宫编
景德镇 景德镇人民出版社 1960 年 72 页
19cm（32 开）定价：CNY0.22

J0147953

风琴伴奏歌曲集　（第一册）
音乐出版社编辑部编
北京 音乐出版社 1960 年 28 页 26cm（16 开）
统一书号：8026.1261 定价：CNY0.27

J0147954

妇女歌曲　上海文艺出版社编
上海 上海文艺出版社 1960 年 54 页 19cm（32 开）
统一书号：8078.1431 定价：CNY0.17

J0147955

赶江南歌曲集　徐州师范学院艺术科编
徐州 江苏徐州人民出版社 1960 年 24 页
19cm（32 开）统一书号：10100（徐）16
定价：CNY0.12

J0147956

赶江南歌选　江苏省盐城师范学校编
盐城 盐城专区人民出版社 1960 年 简谱本 32 页
18cm（30 开）统一书号：8100（盐）2

定价: CNY0.09

J0147957

高举红旗跟党走 （歌曲集）贵州人民出版社编
贵阳 贵州人民出版社 1960 年 简谱本 37 页
19cm（32 开）统一书号: 8115.196
定价: CNY0.17

J0147958

歌唱人间新天堂 （歌曲）何永超选词
西安 长安书店 1960 年 52 页 13cm（60 开）
统一书号: T10095.775 定价: CNY0.08

J0147959

歌曲 济南部队业余文艺演出队［编］
济南 济南部队业余文艺演出队 1960—1969 年
油印本 25cm（15 开）

J0147960

歌曲集 中国音乐家协会贵阳分会筹备委员会
等编
贵阳 贵州人民出版社 1960 年 154 页
21cm（32 开）统一书号: 8115.180
定价: CNY0.70（平装），CNY1.20（精装）
（贵州十年文艺创作选）

J0147961

歌曲选 抚顺市群众艺术馆编
抚顺 抚顺人民出版社 1960 年 简谱本 16 页
19cm（32 开）定价: CNY0.10

J0147962

共产主义的凯歌 中国音乐家协会山西分会
筹委会编
太原 山西人民出版社 1960 年 简谱本 17 页
26cm（16 开）统一书号: 10088.394
定价: CNY0.17
　　本书系中国现代歌曲选集。

J0147963

红色五月更鲜红 （歌曲）中国音乐家协会江
苏分会编
南京 江苏人民出版社 1960 年 简谱本 23 页
18cm（30 开）统一书号: T10141.794
定价: CNY0.08

J0147964

湖南十年创作歌曲选 （1949—1959）
湖南省音乐工作协会编
长沙 湖南人民出版社 1960 年 121 页
21cm（32 开）精装 统一书号: 8109.457
定价: CNY0.90

J0147965

技术革命花儿开 （歌曲）中国音乐家协会江
西分会，江西人民出版社编
南昌 江西人民出版社 1960 年 简谱本 14 页
19cm（32 开）统一书号: 8110.282
定价: CNY0.07

J0147966

技术革命开红花 （创作歌曲选集）中国音乐
家协会上海分会编
上海 上海文艺出版社 1960 年 26 页 19cm（32 开）
统一书号: 8078.1568 定价: CNY0.10

J0147967

技术革新红旗飘 赵沨，江定仙主编；中央音
乐学院编
北京 音乐出版社 1960 年 定价: CNY0.01
（中央音乐学院创作丛刊）
　　中国现代歌曲。

J0147968

江西十年歌曲选 （1949—1959）中国音乐家
协会江西分会编
南昌 江西人民出版社 1960 年 164 页
21cm（32 开）统一书号: 8110.261
定价: CNY0.61

J0147969

金花银花遍地开 （黑龙江省职工文艺汇演歌
曲选）中国音乐家协会黑龙江分会编
哈尔滨 北方文艺出版社 1960 年 50 页
18cm（30 开）统一书号: 8.7 定价: CNY0.15

J0147970

劳动歌声响彻天 （歌曲集）
云南省群众艺术馆编
昆明 云南人民出版社 1960 年 32 页 13×19cm
统一书号: 8116.375 定价: CNY0.13

J0147971

粮钢高产歌 （歌曲简谱本）

中国音乐家协会江苏分会编

南京 江苏文艺出版社 1960年 39页 19cm（32开）

统一书号：T10141.1076 定价：CNY0.10

J0147972

辽宁十年歌曲选 （1949—1959）

中国音乐家协会辽宁分会编

沈阳 春风文艺出版社 1960年 274页 有曲谱

21cm（32开）统一书号：T8158.33

定价：CNY1.00，CNY1.50（精装）

J0147973

马口英雄颂 李桐树作词；中央音乐学院作曲

系干部班一，二年级集体作曲

北京 音乐出版社 1960年 18页 19cm（32开）

统一书号：8026.1409 定价：CNY0.08

（中央音乐学院创作丛刊）

　　本辑收入《抢救》《全国人民心连心》《日夜
守护病房》《英雄的时代英雄人》等歌曲。

J0147974

密云水库歌曲选

密云水库修建总指挥部政治部编

北京 北京出版社 1960年 定价：CNY0.10

J0147975

内蒙古创作歌曲选集 内蒙古群众艺术馆编

北京 音乐出版社 1960年 56页 19cm（32开）

统一书号：8026.1377 定价：CNY0.19

J0147976

内蒙古西部区民间歌曲选

内蒙古自治区文化局编

呼和浩特 内蒙古人民出版社 1960年 337页

19cm（32开）精装 统一书号：8089.28

定价：CNY1.70

J0147977

三呼万岁 （黑龙江省1959年优秀歌曲集）

中国音乐家协会黑龙江分会编

哈尔滨 北方文艺出版社 1960年 75页

19cm（32开）统一书号：10.71 定价：CNY0.22

J0147978

"三面红旗"万万岁 （歌曲集）北京市少年

宫编

北京 北京出版社 1960年 24页 19cm（32开）

统一书号：8071.106 定价：CNY0.10

J0147979

"三面红旗"万万岁 （歌曲集简谱本）

中国音乐家协会江苏分会筹委会编

南京 江苏人民出版社 1960年 29页 18cm（15开）

统一书号：T8141.761 定价：CNY0.09

J0147980

上海十年歌曲选 （1949—1959）

中国音乐家协会上海分会编

上海 上海文艺出版社 1960年 152页

21cm（32开）统一书号：8078.1525

定价：CNY0.56（平装），CNY1.05（精装）

J0147981

水利化之歌 （歌曲集）郑州市文联编

郑州 河南人民出版社 1960年 16页 19cm（32开）

统一书号：T8105.248 定价：CNY0.08

J0147982

太阳出来了 （创作歌曲集 简谱集）杨龙等著

昆明 云南人民出版社 1960年 40页 19cm（32开）

统一书号：8116.376 定价：CNY0.14

J0147983

我们为祖国纵情歌唱 （简谱歌曲集）

中央音乐学院编

北京 音乐出版社 1960年 61页 19cm（32开）

统一书号：8026.1366 定价：CNY0.19

（中央音乐学院创作丛刊）

J0147984

向前，永远向前 （创作歌曲集）

音乐出版社编辑部编

北京 音乐出版社 1960年 简谱本 47页

19cm（32开）统一书号：8026.1400

定价：CNY0.16

J0147985

新春欢唱"跃进"歌 上海合唱团编

上海　上海文艺出版社　1960 年　简谱本　34 页
19cm（32 开）统一书号：8078.1323
定价：CNY0.13

J0147986
"跃进"年唱"跃进"歌　北京市文联等编
北京　音乐出版社　1960 年　20 页　19cm（32 开）
统一书号：8026.1389　定价：CNY0.09

J0147987
云南歌曲创作选集　（1949—1959）
云南音乐舞蹈家协会筹委会编
昆明　云南人民出版社　1960 年　105 页
19cm（32 开）统一书号：8116.385
定价：CNY0.36

J0147988
赞三军　（歌曲集简谱本）
文艺界福建前线慰问团编
北京　音乐出版社　1960 年　80 页　19cm（32 开）
统一书号：8026.1272　定价：CNY0.25

J0147989
战斗吧，英勇的日本人民，我们支持你们！
音乐出版社编
北京　音乐出版社　1960 年　13cm（64 开）
定价：CNY0.01
　　　　中国现代歌曲。

J0147990
1960 年全国职工文艺会演歌曲选
音乐出版社编辑部编
北京　音乐出版社　1961 年　简谱本　209 页
19cm（32 开）统一书号：8026.1437
定价：CNY0.59

J0147991
春节歌曲选集　中国音乐家协会武汉分会编
武汉　中国音乐家协会武汉分会　1961 年　18 页
19cm（32 开）

J0147992
德汉对照歌曲集　（第 1 册）
音乐出版社编辑部编
北京　音乐出版社　1961 年　简谱本　81 页

19cm（32 开）统一书号：8026.1485
定价：CNY0.33

J0147993
宁夏歌集　（一）宁夏回族自治区文联筹委会编
银川　宁夏回族自治区人民出版社　1961 年
简谱本　16 页　19cm（32 开）
统一书号：8157.26　定价：CNY0.08

J0147994
宁夏歌集　（二 儿童歌曲辑专）潘振声作曲
银川　宁夏回族自治区人民出版社　1961 年
简谱本　25 页　19cm（32 开）
统一书号：8157.27　定价：CNY0.10

J0147995
全国业余歌曲创作比赛得奖歌曲集
中国音乐家协会编
北京　音乐出版社　1961 年　简谱本　182 页
21cm（32 开）统一书号：8026.1473
定价：CNY0.73

J0147996
全国业余歌曲创作比赛云南地区作品选集
云南音乐舞蹈家协会，云南省群众艺术馆编
昆明　云南人民出版社　1961 年　简谱本　22 页
19cm（32 开）统一书号：8116.411
定价：CNY0.12

J0147997
喜迎春　中国音乐家协会江苏分会编
南京　江苏人民出版社　1961 年　简谱本　43 页
18cm（32 开）统一书号：T10100.1112
定价：CNY0.10
　　　　中国现代创作歌曲简谱本。

J0147998
小篷船　中国音乐家协会浙江分会，浙江省群
众艺术馆编
杭州　浙江人民出版社　1961 年　20 页　有曲谱
18cm（32 开）统一书号：8103.77
定价：CNY0.07
　　　　中国创作歌曲 10 首。

J0147999
东方彩霞起 （歌曲·清音）刘克贵等作
成都 四川人民出版社 1962 17 页 有乐谱
14cm（64 开）统一书号：T10118.590
定价：CNY0.04
（文娱演唱材料）

J0148000
歌曲 中国音乐家协会山西分会筹委会编
太原 山西人民出版社 1962 年 19cm（小 32 开）
定价：CNY0.13

J0148001
歌曲 （1962 年上集 合订本）《歌曲》编辑部编
[北京] 音乐出版社 1962 年 19cm（小 32 开）
定价：CNY0.41

J0148002
歌曲 （1980 年 1–12 期 总第 200–211 期）
北京 人民音乐出版社 1981 年 19cm（32 开）
定价：CNY0.48

J0148003
歌曲 （合订本 1980 年 7–12 期 总第 206–211 期）
北京 人民音乐出版社 1981 年 19cm（32 开）
统一书号：8026.3904 定价：CNY0.48

J0148004
歌曲 （1981 年 1–6 期 总第 212–217 期
合订本）歌曲编辑部编
北京 人民音乐出版社 1982 年 19cm（32 开）
统一书号：8026.3970 定价：CNY0.75

J0148005
歌曲 （1981 年 7–12 期 总第 218–223 期
合订本）歌曲编辑部编
北京 人民音乐出版社 1982 年 19cm（32 开）
统一书号：8026.4042 定价：CNY0.75

J0148006
歌曲 （1982 年 1–12 期 总第 224–235 期
合订本）歌曲编辑部编
北京 人民音乐出版社 1983 年 19cm（32 开）
统一书号：8026.4159 定价：CNY1.75

J0148007
歌曲合订本 （1962 年 上集）歌曲编辑部编
北京 音乐出版社 1962 年 简谱本 145 页
19cm（32 开）统一书号：8026.1704
定价：CNY0.41
　　　本歌曲集为 1962 年 1 月号至 6 月号,总第
134 期至 139 期。

J0148008
歌曲合订本 （1962 年 下集）歌曲编辑部编
北京 音乐出版社 1963 年 简谱本 137 页
19cm（32 开）统一书号：8026.1814
定价：CNY0.39
　　　本歌曲集为 1962 年 7 月号至 12 月号,总第
140 期至 145 期。

J0148009
歌曲合订本 （1963 年 上册）歌曲编辑部编
北京 音乐出版社 1963 年 简谱本 154 页
19cm（32 开）统一书号：8026.1917
定价：CNY0.46
　　　本歌曲集为 1963 年 1 月号至 6 月号,总第
146 期至 151 期

J0148010
歌曲选 中国音乐家协会江西分会编
南昌 江西人民出版社 1962 年 简谱本 91 页
19cm（32 开）统一书号：T8110.248
定价：CNY0.33

J0148011
歌曲选 中国音乐家协会江西分会编
南昌 江西人民出版社 1962 年 19cm（小 32 开）
定价：CNY0.33

J0148012
空中哨兵之歌 （歌曲集）中国人民解放军空
军政治部文工团编辑
上海 上海文艺出版社 1962 年 48 页 19cm（32 开）
统一书号：8078.2021 定价：CNY0.15

J0148013
梅花开得好 中国音乐家协会辽宁分会编
沈阳 春风文艺出版社 1962 年 81 页 有曲谱
21cm（32 开）统一书号：T8158.43

定价：CNY0.34
（辽宁创作歌曲选　第二辑）
　　本书系辽宁创作歌曲选第二辑,中国现代歌曲创作选集专著。

J0148014
上海群众业余创作歌曲选 （1958—1960）
上海群众文艺编辑委员会编
上海　上海文艺出版社　1962 年　简谱本　22 页
21cm（32 开）统一书号：8078.1776
定价：CNY0.15

J0148015
万岁,红色的祖国 （创作歌曲选）
上海文艺出版社编
上海　上海文艺出版社　1962 年　简谱本　41 页
14cm（64 开）统一书号：8078.2113
定价：CNY0.09

J0148016
新疆歌曲选　中国音乐家协会新疆维吾尔自治区分会编
乌鲁木齐　新疆人民出版社　1962 年　简谱本
70 页　19cm（32 开）统一书号：T8098.3
定价：CNY0.50

J0148017
幸福泉 （创作歌曲）中国音乐家协会江苏分会编
南京　江苏人民出版社　1962 年　简谱本　74 页
18cm（32 开）统一书号：8100.993
定价：CNY0.21

J0148018
鱼水之歌 （歌表演）雷建军等编写
成都　四川人民出版社　1962 年　20 页　有乐谱
14cm（64 开）统一书号：10118.587
定价：CNY0.05
（文娱演唱材料）

J0148019
1963 年国庆节推荐歌曲　中国音乐家协会选辑
北京　音乐出版社　1963 年　15 页　19cm（32 开）
统一书号：8026.1918　定价：CNY0.04

J0148020
1963 年庆祝"五一"国际劳动节推荐歌曲
北京市总工会等选编
北京　北京出版社　1963 年　6 页　18cm（15 开）
统一书号：8071.156　定价：CNY0.02

J0148021
1963 五一国际劳动节推荐歌曲　中国音乐家协会天津分会,天津人民广播电台,天津群众艺术馆编
天津　百花文艺出版社　1963 年　7 页　19cm（32 开）
统一书号：8151.26　定价：CNY0.02

J0148022
啊！亲爱的伊犁河　田歌作曲
乌鲁木齐　新疆人民出版社　1963 年　85 页
19cm（32 开）统一书号：8098.1　定价：CNY0.30
　　本书系中国现代歌曲。

J0148023
布谷鸟　中国音乐家协会辽宁分会编
沈阳　春风文艺出版社　1963 年　简谱本　85 页
21cm（32 开）统一书号：T8158.48
定价：CNY0.36
（辽宁创作歌曲选　第三辑）

J0148024
创作歌曲 （第一册）中国音乐家协会江苏分会编
南京　江苏人民出版社　1963 年　30 页　18cm（15 开）
统一书号：8100.1113　定价：CNY0.14

J0148025
春节演唱歌曲选　中国音乐家协会上海分会编
上海　上海文艺出版社　1963 年　13 页
13cm（60 开）定价：CNY0.03

J0148026
大学生歌曲选 （第二集）中国共产主义青年团北京市委员会,北京市学生联合会编
北京　北京出版社　1963 年　简谱本　59 页
19cm（32 开）统一书号：8071.168
定价：CNY0.19

J0148027
大学生歌曲选　中国共产主义青年团北京市委员会,北京市学生联合会编
北京　音乐出版社　1963 年　简谱本　45 页
19cm（32 开）统一书号：8026.1795
定价：CNY0.16

J0148028
大学生歌曲选　（第一集）共青团北京市委员会,北京市学生联合会编
北京　北京出版社　1964 年　简谱本　51 页
19cm（32 开）统一书号：8071.174
定价：CNY0.17

J0148029
歌本　（第一辑）春风文艺出版社编辑
沈阳　春风文艺出版社　1963 年　简谱本　134 页
10×14cm　统一书号：T8158.39　定价：CNY0.26

J0148030
歌本　（第二辑）春风文艺出版社编辑
沈阳　春风文艺出版社　1963 年　简谱本　217 页
10×14cm　统一书号：T8158.53　定价：CNY0.36

J0148031
歌本　（第一辑）春风文艺出版社编辑
沈阳　春风文艺出版社　1964 年　修订本　199 页
10×14cm　统一书号：T8158.39　定价：CNY0.34

J0148032
歌本　（第三辑）春风文艺出版社编辑
沈阳　春风文艺出版社　1965 年　简谱本　56 页
10×14cm　统一书号：T8158.72　定价：CNY0.10

J0148033
歌本　（第四辑）春风文艺出版社编辑
沈阳　春风文艺出版社　1965 年　简谱本　52 页
10×14cm　统一书号：T8158.84　定价：CNY0.11

J0148034
歌曲选　（英汉对照　第一集）福建师范学院外语系编
福州　福建人民教育出版社　1963 年　49 页
18cm（15 开）统一书号：7159.336
定价：CNY0.25

J0148035
歌曲选　（1）中国音乐家协会广东分会编
广州　广东人民出版社　1963 年　6 页
19cm（32 开）定价：CNY0.02

J0148036
歌曲选　（5）中国音乐家协会广东分会编
广州　广东人民出版社　1963 年　6 页
19cm（32 开）定价：CNY0.02

J0148037
歌曲选　广东省文化馆编
广州　广东人民出版社　1973 年　38 页　19cm（32 开）
统一书号：8111.1214　定价：CNY0.10

J0148038
革命抒情歌曲二十首　冰河作曲
济南　山东人民出版社　1963 年　简谱本　42 页
19cm（32 开）统一书号：T8099.458
定价：CNY0.14

J0148039
河南十年歌曲选　（1949—1959）
河南省文化局,河南省文联编
郑州　河南人民出版社　1963 年　简谱本　96 页
20cm（32 开）统一书号：8105.347
定价：CNY0.36

J0148040
活页歌选　（4）云南音乐,舞蹈家协会,云南省群众艺术馆编
昆明　云南人民出版社　1963 年　[5]页　9×13cm
定价：CNY0.03

J0148041
活页歌选　（1977 第 1 期）
昆明　云南人民出版社　1977 年　4 页
19cm（小 32 开）定价：CNY0.01

J0148042
内蒙古得奖歌曲集　中国音乐家协会内蒙古分会编
呼和浩特　内蒙古人民出版社　1963 年　199 页
19cm（32 开）统一书号：10089.214
定价：CNY0.55

J0148043

青松翠柏迎朝阳　（创作歌曲）中国音乐家协会江苏分会编

南京　江苏人民出版社　1963 年　简谱本　59 页

17cm（32 开）统一书号：8100.1068

定价：CNY0.20

J0148044

一条大道在眼前　（歌曲）共青团北京市委宣传部等编

北京　北京出版社　1963 年　简谱本　33 页

19cm（32 开）统一书号：8071.157

定价：CNY0.13

（农村群众演唱丛刊）

J0148045

壮人永跟毛泽东　中国音乐家协会广西壮族自治区分会编

南宁　广西壮族自治区人民出版社　1963 年　196 页

21cm（32 开）统一书号：8113.116

定价：CNY0.17

本书系广西创作歌曲选。

J0148046

播种的歌　（日）壶井繁志诗；晓河曲；茅沅配伴奏

北京　音乐出版社　1964 年　[4] 页　26cm（16 开）

统一书号：8026.2271　定价：CNY0.08

本作品系根据日本诗歌编配的歌曲。

J0148047

队列歌曲　中国人民解放军总政治部文化部编

北京　音乐出版社　1964 年　简谱本　42 页

19cm（32 开）统一书号：8026.2118

定价：CNY0.15

（中国人民解放军第三届文艺会演获奖歌曲　第一集）

J0148048

歌曲选　新疆青年出版社编辑

[乌鲁木齐] 新疆青年出版社　1964 年

15cm（64 开）定价：CNY0.25

J0148049

歌曲选　新疆人民出版社编

乌鲁木齐　新疆人民出版社　1964 年　简谱本

117 页　10×14cm　统一书号：8124.69

定价：CNY0.25

J0148050

活页歌选　（第一号　1964 年 1 月）中国音乐家协会江苏分会编

南京　江苏人民出版社　1964 年　16 页

19cm（32 开）定价：CNY0.03

J0148051

劫夫歌曲选　李劫夫著

沈阳　春风文艺出版社　1964 年　简谱本　380 页

21cm（32 开）统一书号：T8158.50

定价：CNY1.50，CNY2.00（精装）

本书收入《蝶恋花·答李淑一》《沁园春·雪》《歌唱二小放牛娃》《忘不了》《坚决打他不留情》等歌曲。

J0148052

靠党靠社不靠天　（抗旱歌曲）中国音乐家协会广西壮族自治区分会编

南宁　广西壮族自治区人民出版社　1964 年

简谱本　28 页　17cm（40 开）

统一书号：8113.146　定价：CNY0.07

J0148053

毛主席像红太阳　（民歌）四川人民出版社编

成都　四川人民出版社　1960 年　1 册　13cm（64 开）

J0148054

社员都是向阳花　（歌曲三十首）云南人民出版社编辑

昆明　云南人民出版社　1964 年　96 页　15cm（40 开）

统一书号：8116.501　定价：CNY0.21

J0148055

手风琴伴奏歌曲 6 首

北京　音乐出版社　1964 年　11 页　26cm（16 开）

统一书号：8026.2132　定价：CNY0.12

J0148056

推荐歌曲　（一）北方文艺出版社编辑

哈尔滨　北方文艺出版社　1964 年　12 页

13cm（60 开）统一书号：8.14　定价：CNY0.07

J0148057
新歌选 （第一集）中国音乐家协会山西分会编
太原 山西人民出版社 1964 年 简谱本 36 页
19cm（32 开）统一书号：10088.487
定价：CNY0.13

J0148058
新歌选 （第二集）中国音乐家协会山西分会编
太原 山西人民出版社 1964 年 简谱本 45 页
19cm（32 开）统一书号：10088.488
定价：CNY0.15

J0148059
新歌选 （第三集）中国音乐家协会山西分会编
太原 山西人民出版社 1965 年 简谱本 23 页
19cm（32 开）统一书号：10088.550
定价：CNY0.07

J0148060
演唱材料 （革命歌曲 1964 7）
青海省群众艺术馆编
西宁 青海省群众艺术馆 1964 年 119 页
有乐谱 19cm（32 开）

J0148061
演唱材料 （1965）青海省群众艺术馆编
西宁 青海省群众艺术馆［1965 年］40 页
19cm（32 开）

J0148062
演唱材料 （1965 革命歌曲集）青海省群众艺术馆编
西宁 青海省群众艺术馆［1965 年］79 页
有乐谱 19cm（32 开）

J0148063
一轮红日出东海 中国音乐家协会辽宁分会编
沈阳 春风文艺出版社 1964年 61页 21cm（32 开）
统一书号：T8158.55 定价：CNY0.24
（辽宁创作歌曲选 第五辑）

J0148064
优秀歌曲选 江西人民出版社编
南昌 江西人民出版社 1964 年 简谱本 67 页
11×15cm 统一书号：8110.390 定价：CNY0.15

J0148065
《解放军歌曲》百期选 《解放军歌曲》编辑部编
北京 音乐出版社 1965 年 简谱本 329 页
19cm（32 开）统一书号：8026.2133
定价：CNY0.92

J0148066
第六届"上海之春"歌曲选 第六届"上海之春"办公室编
上海 上海文化出版社 1965年 71页 19cm（32开）
统一书号：8077.275 定价：CNY0.20

J0148067
第五届"上海之春"音乐会歌曲选
上海文化出版社编
上海 上海文化出版社 1965 年 简谱本 158 页
17cm（40 开）统一书号：8077.232
定价：CNY0.38

J0148068
歌选·歌唱贫农下中农 北方文艺出版社编
哈尔滨 北方文艺出版社 1965 年 12 页
19cm（32 开）定价：CNY0.03

J0148069
黑龙江1963年创作歌曲选 中国音乐家协会黑龙江分会编
哈尔滨 北方文艺出版社 1965 年 26 页
19cm（32 开）统一书号：T8.18 定价：CNY0.08

J0148070
欢呼吧,北京－地拉那 （齐唱）李伯钊作词；李焕之作曲
北京 音乐出版社 1965 年 3 页 26cm（16 开）
统一书号：8026.2420 定价：CNY0.08
　　中国现代歌曲。作者李焕之（1919—2000），作曲家、指挥家、音乐理论家。出生于香港，原籍福建晋江市，毕业于延安鲁迅艺术学院。历任中央音乐学院音乐团团长、中央歌舞团艺术指导、中央民族乐团团长。代表作品有《民主建国进行曲》《新中国青年进行曲》《春节组曲》等。

J0148071
前进吧！祖国 （合唱歌曲 混声合唱,男高音独唱）魏风作词；孟贵彬作曲

北京 音乐出版社 1965 年 17 页 26cm（16 开）
统一书号：8026.2218 定价：CNY0.20

J0148072
胜利的歌声 （新疆歌曲选）中国音乐家协会
新疆维吾尔自治区分会,新疆人民出版社编
乌鲁木齐 新疆人民出版社 1965 年 简谱本
86 页 21cm（32 开）统一书号：T8098.2
定价：CNY0.36

J0148073
冼星海歌曲选集　音乐出版社编辑部编
北京 音乐出版社 1965 年 简谱本 88 页
19cm（32 开）统一书号：8026.2403
定价：CNY0.25

J0148074
新歌集　北方文艺出版社编辑
哈尔滨 北方文艺出版社 1965 年 简谱本 243 页
9×13cm 统一书号：8.20
定价：CNY0.32

J0148075
学王杰 干革命　中国音乐家协会江苏分会编
南京 江苏人民出版社 1965 年 简谱本 36 页
13cm（60 开）统一书号：8100.1271
定价：CNY0.07
　　中国现代歌曲作品选集。

J0148076
援越抗美歌曲集　北方文艺出版社编辑
哈尔滨 北方文艺出版社 1965 年 简谱本 19 页
9×13cm 统一书号：8.17 定价：CNY0.04

J0148077
中国人民解放军业余文艺调演作品选辑
（一 歌曲、演唱）中国人民解放军总政治部文
化部［编］
［中国人民解放军总政治部文化部］1965 年
245 页 有照片 18cm（15 开）

J0148078
创作歌曲选　上海音乐学院编
上海 上海文化出版社 1966 年 44 页 19cm（32 开）
统一书号：8077.305 定价：CNY0.14

J0148079
创作歌曲选　中国音乐家协会上海分会编
上海 上海文化出版社 1966 年 简谱本 134 页
19cm（小 32 开）统一书号：8077.303
定价：CNY0.36

J0148080
焦裕禄赞歌 （歌唱焦裕禄歌曲集）
中国音乐家协会吉林人民分会编
长春 吉林人民出版社 1966 年 简谱本 32 页
13cm（60 开）统一书号：8091.244
定价：CNY0.04

J0148081
焦裕禄赞歌　中国音乐家协会江苏分会等编
南京 江苏人民出版社 1966 年 简谱本 61 页
13cm（60 开）统一书号：T8100.1275
定价：CNY0.08

J0148082
毛主席语录谱曲选 （第一辑）
辽宁人民出版社编辑
沈阳 辽宁人民出版社 1966 年 15 页 9×13cm
统一书号：8090.82 定价：CNY0.02

J0148083
毛主席语录谱曲选 （第二辑）
辽宁人民出版社编辑
沈阳 辽宁人民出版社 1966 年 22 页 9×13cm
统一书号：8090.83 定价：CNY0.03

J0148084
毛主席语录谱曲选 （第三辑）
辽宁人民出版社编辑
沈阳 辽宁人民出版社 1967 年 65 页 9×13cm
统一书号：8090.84 定价：CNY0.07

J0148085
听我们歌唱毛泽东 （独唱,重唱,表演唱,独
奏曲选）广州部队政治部文化部编
广州 广东人民出版社 1966 年 74 页 19cm（32 开）
统一书号：T10111.794 定价：CNY0.18
（广州部队海上文化工作队创作选 3）

J0148086

向焦裕禄同志学习 做毛主席的好学生
(《新歌》活页专刊) 音乐出版社编
北京 音乐出版社 1966 年 16 页 19cm(32 开)
统一书号: 8026.2532 定价: CNY0.04

J0148087

学习焦裕禄 (河北音乐丛刊) 中国音乐家协
会河北分会编
石家庄 河北人民出版社 1966 年 39 页
14cm(64 开) 统一书号: 8086.38
定价: CNY0.06
(河北音乐丛刊)

J0148088

学习焦裕禄 (歌曲专辑) 中国音乐家协会上
海分会编
上海 上海文化出版社 1966 年 29 页 14cm(64 开)
统一书号: 8077.308 定价: CNY0.03

J0148089

学习焦裕禄 歌唱焦裕禄 中国音乐家协会
四川分会编
[成都] 中国音乐家协会四川分会 1966 年 18 页
13cm(60 开)
现代歌曲选集。

J0148090

学习焦裕禄好榜样 (歌曲选)
湖北人民出版社编辑
武汉 湖北人民出版社 1966 年 22 页 13cm(60 开)
统一书号: T8106.769 定价: CNY0.05

J0148091

**一九六六年庆祝"五一"国际劳动节推荐歌
曲** 北京市总工会等推荐
北京 北京出版社 1966 年 15 页 20cm(32 开)
统一书号: 8071.206 定价: CNY0.30

J0148092

一九六五年"哈尔滨之夏"创作歌曲选
中国音乐家协会黑龙江分会编
哈尔滨 北方文艺出版社 1966 年 146 页
19cm(32 开) 统一书号: 8.21 定价: CNY0.39

J0148093

拥军爱民歌曲选 中国人民解放军陆海空三
军驻京部队无产阶级革命派文体战士联合演出
委员会编
北京 北京出版社 1967 年 146 页 19cm(32 开)
统一书号: 8071.239 定价: CNY0.03

J0148094

歌唱英雄陈波 (工农兵演唱)
南昌 江西省新华书店 1970 年 19cm(32 开)
定价: CNY0.11

J0148095

广播歌声 (1) 天津人民广播电台编
天津 天津人民出版社 1971 年 19cm(小 32 开)
定价: CNY0.05

J0148096

广播歌声 (2) 天津人民广播电台编
天津 天津人民出版社 1971 年 19cm(小 32 开)
定价: CNY0.04

J0148097

广播歌声 (第一期) 天津人民广播电台编
天津 天津人民出版社 1973 年 19cm(32 开)
定价: CNY0.05

J0148098

广播歌声 (第二期) 天津人民广播电台编
天津 天津人民出版社 1973 年 19cm(32 开)
定价: CNY0.04

J0148099

广播歌声 (第三期) 天津人民广播电台编
天津 天津人民出版社 1973 年 19cm(32 开)
定价: CNY0.034

J0148100

广播歌声 (第四期) 天津人民广播电台编
天津 天津人民出版社 1973 年 19cm(32 开)
定价: CNY0.03

J0148101

广播歌声 (第五期) 天津人民广播电台编
天津 天津人民出版社 1973 年 19cm(32 开)

定价: CNY0.03

J0148102
广播歌声 （第六期）天津人民广播电台编
天津　天津人民出版社　1973 年　19cm（32 开）
定价: CNY0.03

J0148103
广播歌声 （第七期）天津人民广播电台编
天津　天津人民出版社　1973 年　19cm（32 开）
定价: CNY0.05

J0148104
广播歌声 （第八期）天津人民广播电台编
天津　天津人民出版社　1973 年　19cm（32 开）
定价: CNY0.04

J0148105
广播歌声 （9《毛主席,草原人民热爱您》等
十首）天津人民广播电台编
天津　天津人民出版社　1974 年　19cm（小 32 开）
定价: CNY0.03

J0148106
广播歌声 （10《颂歌献给毛主席》等十一首）
天津人民广播电台编
天津　天津人民出版社　1974 年　19cm（小 32 开）
定价: CNY0.04

J0148107
广播歌声 （11）天津人民广播电台编
天津　天津人民出版社　1974 年　19cm（小 32 开）
定价: CNY0.04

J0148108
广播歌声 （12《秋收起义歌》等十一首）
天津人民广播电台编
天津　天津人民出版社　1974 年　19cm（小 32 开）
定价: CNY0.03

J0148109
活页歌片 （1）
［杭州］浙江人民出版社　1971 年
19cm（小 32 开）定价: CNY0.01

J0148110
活页歌片 （2）
［杭州］浙江人民出版社　1971 年
19cm（小 32 开）定价: CNY0.01

J0148111
活页歌片 （3）
［杭州］浙江人民出版社　1971 年
19cm（小 32 开）定价: CNY0.01

J0148112
活页歌选 （2 农村专辑）
上海　上海人民出版社　1971 年　13cm（64 开）
定价: CNY0.01

J0148113
活页歌选 （心中的歌儿献给党）
上海　上海人民出版社　1972 年　19cm（小 32 开）
定价: CNY0.02

J0148114
活页歌选 《工农兵歌曲》编辑小组编
上海　上海人民出版社　1974 年　19cm（小 32 开）
定价: CNY0.01

J0148115
活页歌选
上海　上海人民出版社　1974 年　19cm（小 32 开）
定价: CNY0.01

J0148116
活页歌选 （2 歌唱农业学大寨普及大寨县）
《工农兵歌曲》《"红小兵"歌曲》编辑小组编
上海　上海人民出版社　1975 年　15 页
19cm（32 开）定价: CNY0.03

J0148117
活页歌选 （1）上海人民出版社编辑
上海　上海人民出版社　1977 年　12 页
19cm（小 32 开）定价: CNY0.02

J0148118
活页歌选 （3）上海人民出版社编辑
上海　上海人民出版社　1977 年　16 页
19cm（小 32 开）定价: CNY0.02

J0148119
活页歌选 （永远怀念毛主席 英汉对照）
上海 上海译文出版社 1979 年 36 页
19cm（32 开）定价：CNY0.08

J0148120
创作歌曲选 （第一集）
［兰州］甘肃人民出版社 1972 年 19cm（32 开）
定价：CNY0.19
　　本歌曲选集为甘肃省纪念毛主席《在延安文
艺座谈会上的讲话》发表三十周年。

J0148121
创作歌曲选　山东省昌潍地区 "革命委员会"
政治部编
山东省昌潍地区 "革命委员会" 政治部 1972 年
43 页 21cm（32 开）

J0148122
创作歌曲选 （第二集）甘肃省工农兵革命歌
曲创作学习班编
兰州 甘肃人民出版社 1975 年 116 页
19cm（32 开）统一书号：8096.387
定价：CNY0.28

J0148123
创作歌曲选 （第三集）甘肃省群众文艺工作
室编
兰州 甘肃人民出版社 1976 年 116 页
19cm（32 开）统一书号：8096.465
定价：CNY0.23

J0148124
创作歌曲选 （第四集）甘肃省群众文艺工作
室编
兰州 甘肃人民出版社 1978 年 130 页
19cm（32 开）统一书号：8096.618
定价：CNY0.26

J0148125
**甘肃省纪念毛主席《在延安文艺座谈会上
的讲话》发表三十周年创作歌曲选** （1）
兰州 甘肃人民出版社 1972 年 74 页 19cm（32 开）
统一书号：8096.243 定价：CNY0.19

J0148126
工农兵歌曲创作选 （毛主席《在延安文艺座
谈会上的讲话》三十周年纪念）抚顺市文化局编
抚顺 抚顺市文化局 1972 年 19cm（32 开）

J0148127
广播歌选 （1）甘肃人民广播电台汇编
兰州 甘肃人民出版社 1972 年 187 页 9×13cm
统一书号：8096.241 定价：CNY0.22

J0148128
广播歌选 （2）甘肃人民广播电台汇编
兰州 甘肃人民出版社 1972 年 165 页 9×13cm
统一书号：8096.251 定价：CNY0.20

J0148129
广播歌选 （3）甘肃人民广播电台编
兰州 甘肃人民出版社 1972 年 180 页 9×13cm
统一书号：8096.252 定价：CNY0.21

J0148130
江城歌声 （2）四川省泸州市 "革委会" 政工
组宣传组编
泸州 四川省泸州市 "革委会" 政工组宣传组
1972 年 25 页 19cm（32 开）
　　中国现代歌曲选集。

J0148131
上海创作歌曲选　《工农兵歌曲》编辑小组编
上海 上海人民出版社 1972 年 71 页
14cm（64 开）定价：CNY0.10

J0148132
业余创作音乐会音乐作品选　株洲市 "革委
会" 政治部文化组编
株洲 株洲市 "革委会" 政治部文化组 1972 年
124 页 19cm（32 开）

J0148133
征文歌选　金华地区征文办公室编
金华 金华地区征文办公室 1972 年 66 页
19cm（32 开）

J0148134
征文选 （歌曲专辑）丹东市文化馆编辑

丹东 丹东市文化馆 1972 年 86 页 19cm（32 开）
　中国现代歌曲选集。

J0148135
创作歌曲选 黑龙江人民出版社编辑
哈尔滨 黑龙江人民出版社 1973 年 124 页
19cm（32 开）统一书号：8093.173
定价：CNY0.28

J0148136
创作歌曲选 湖南省衡阳地区工农兵文艺工
作室编辑
衡阳 湖南省衡阳地区工农兵文艺工作室
1973 年 125 页 19cm（32 开）

J0148137
创作歌曲选 （第一集）北京市文化局《工农
兵文艺演唱》编辑组编
北京 人民出版社 1973 年 49 页 14cm（64 开）
统一书号：8071.93 定价：CNY0.07

J0148138
创作歌曲选 （第二集）北京市文化局《工农
兵文艺演唱》编辑组编
北京 人民出版社 1973 年 63 页 14cm（64 开）
统一书号：8071.102 定价：CNY0.08

J0148139
创作歌曲选 大兴安岭地区纪念毛主席《在延
安文艺座谈会上的讲话》发表三十周年活动办
公室编
1973 年 53 页 26cm（16 开）

J0148140
创作歌曲选 （第三集）北京市文化局《工农
兵文艺演唱》编辑组编
北京 人民出版社 1974 年 83 页 14cm（64 开）
统一书号：8071.119 定价：CNY0.09

J0148141
创作歌曲选 （第四集）北京市文化局《工农
兵文艺演唱》编辑组编
北京 人民出版社 1974 年 57 页 14cm（64 开）
统一书号：8071.127 定价：CNY0.09

J0148142
创作歌曲选 （第五集）北京市文化局《工农
兵文艺演唱》编辑组编
北京 人民出版社 1975 年 43 页 19cm（32 开）
统一书号：8071.166 定价：CNY0.11

J0148143
创作歌曲选 （第六集）北京市文化局《工农
兵文艺演唱》编辑组编
北京 人民出版社 1976 年 40 页 19cm（32 开）
统一书号：8071.185 定价：CNY0.11

J0148144
创作歌曲选 （第七集）北京市文化局《工农
兵文艺演唱》编辑组编
北京 人民出版社 1978 年 68 页 19cm（32 开）
统一书号：8071.284 定价：CNY0.15

J0148145
高唱颂歌庆“十大” （歌曲选）
上海人民出版社编
上海 上海人民出版社 1973 年 21 页 19cm（32 开）
统一书号：8171.782 定价：CNY0.04

J0148146
歌曲创作集 贵州省群众艺术馆编
贵阳 贵州省群众艺术馆 1973 年 30 页
19cm（32 开）

J0148147
歌曲选编 （1942—1972）国务院文化组革命
歌曲征集小组编
北京 人民文学出版社 1973 年 12+485 页
19cm（32 开）
　本书内容为纪念毛主席《在延安文艺座谈会
上的讲话》发表 30 周年。

J0148148
工农兵文艺创作选 （歌曲）重庆市纪念毛主
席《在延安文艺座谈会上的讲话》发表三十周年
办公室编辑
重庆 重庆群众艺术馆［1973 年］165 页
19cm（32 开）

J0148149
龙泉战歌 （组歌）简阳县业余文艺创作组作词; 简阳县音乐创作学习班, 内江地区文工团作曲
简阳 四川省简阳县文化馆 1973 年 24 页
26cm（16 开）

J0148150
内蒙古歌曲 （1973 1）
呼和浩特 内蒙古人民出版社 1973 年
19cm（32 开）定价: CNY0.10

J0148151
内蒙古歌曲 （二）内蒙古人民出版社编辑
呼和浩特 内蒙古人民出版社 1973 年 38 页
19cm（32 开）统一书号: 10089.25
定价: CNY0.11

J0148152
内蒙古歌曲 （一）内蒙古自治区 "革委会" 文化局编
呼和浩特 内蒙古人民出版社 1974 年 51 页
18cm（15 开）统一书号: 8089.15
定价: CNY0.12

J0148153
内蒙古歌曲 （1973 2）
呼和浩特 内蒙古人民出版社 1974 年
19cm（32 开）定价: CNY0.11

J0148154
内蒙古歌曲 （1974 2）内蒙古人民出版社编辑
呼和浩特 内蒙古人民出版社 1975 年 35 页
19cm（32 开）统一书号: 8089.23
定价: CNY0.10

J0148155
千万颗红心献红党 （歌曲集）
广州 广东人民出版社 1973 年 19cm（32 开）
定价: CNY0.11

J0148156
群众创作歌曲选 徐州市文化站编
徐州 徐州市文化站 1973 年 55 页 19cm（32 开）

J0148157
热烈庆祝中国共产党第十次全国代表大会胜利召开 （革命歌曲专辑）
云南人民出版社编辑
昆明 云南人民出版社 1973 年 19cm（32 开）
定价: CNY0.06

J0148158
文艺作品选 （创作歌曲）河南省平顶山市 "革命委员会" 文化局编辑
平顶山 河南省平顶山市 "革命委员会" 文化局
1973 年 114 页 19cm（32 开）

J0148159
新歌集 （1）辽宁省群众艺术馆编
沈阳 辽宁省群众艺术馆 1973 年 54 页
19cm（32 开）

J0148160
新歌集 （2）辽宁省群众艺术馆编
沈阳 辽宁省群众艺术馆 1974 年 86 页
18cm（32 开）

J0148161
新歌集 （3）辽宁省群众艺术馆编
沈阳 辽宁省群众艺术馆 1975 年 75 页
19cm（32 开）

J0148162
一颗红心一笸歌 （歌曲选）
福建省福安县文化馆编
福安 福建省福安县文化馆 1973 年
76 页 19cm（32 开）

J0148163
战歌 四川省简阳县文化馆编
简阳 四川省简阳县文化馆 1973 年
26 页 26cm（16 开）
　　中国现代歌曲作品选集。

J0148164
广西歌曲五首 广西人民出版社编辑
南宁 广西人民出版社 1974 年 16 页 19cm（32 开）
统一书号: 8113.161 定价: CNY0.06

J0148165
活页歌曲
北京　人民文学出版社　1974 年　19cm（小 32 开）
定价：CNY0.02

J0148166
活页歌曲 （毛主席的军事路线永放光芒）
北京　人民音乐出版社　1974 年　19cm（小 32 开）
定价：CNY0.04

J0148167
活页歌曲 （1）延边人民出版社编
延吉　延边人民出版社　1974 年　19cm（小 32 开）
定价：CNY0.02

J0148168
活页歌曲 （2）延边人民出版社编
延吉　延边人民出版社　1974 年　19cm（小 32 开）
定价：CNY0.02

J0148169
活页歌选 （1《高举十大的光辉旗帜前进》等
四首）甘肃人民出版社编
兰州　甘肃人民出版社　1974 年　13cm（64 开）
定价：CNY0.02

J0148170
活页歌选 （2《"红小兵"向太阳》等六首）
甘肃人民出版社编
兰州　甘肃人民出版社　1974 年　13cm（64 开）
定价：CNY0.02

J0148171
活页歌选 （3 革命故事影片插曲选辑）
甘肃人民出版社编
兰州　甘肃人民出版社　1974 年　13cm（64 开）
定价：CNY0.02

J0148172
活页歌选 （4）
甘肃人民出版社编
兰州　甘肃人民出版社　1974 年　13cm（64 开）
定价：CNY0.02

J0148173
活页歌选 （5 故事片、木偶片、动画片的主
题歌和插曲）甘肃人民出版社编
兰州　甘肃人民出版社　1974 年　13cm（64 开）
定价：CNY0.02

J0148174
活页歌选 （7《我们的祖国在前进》等五首）
甘肃人民出版社编
兰州　甘肃人民出版社　1974 年　13cm（64 开）
定价：CNY0.02

J0148175
活页歌选
兰州　甘肃人民出版社　1974 年　19cm（小 32 开）
定价：CNY0.02

J0148176
活页歌选 （《加强党的领导》等两首）
广州　广东人民出版社　1974 年　19cm（小 32 开）
定价：CNY0.01
　　本歌集收有歌曲：《加强党的领导》《全心全
意依靠工人阶级》。

J0148177
活页歌选 （1《朝气蓬勃向前方》等四首）
湖北人民广播电台文艺部编
武汉　湖北人民出版社　1974 年　19cm（小 32 开）
定价：CNY0.01

J0148178
活页歌选 （2《战春耕》等三首）湖北人民广
播电台文艺部编
武汉　湖北人民出版社　1974 年　19cm（小 32 开）
定价：CNY0.01

J0148179
活页歌选 （3《祖国大地春光美》等三首）
湖北人民广播电台文艺部编
武汉　湖北人民出版社　1974 年　19cm（小 32 开）
定价：CNY0.01

J0148180
活页歌选 （4）湖北人民广播电台文艺部编
武汉　湖北人民出版社　1974 年　19cm（小 32 开）

定价：CNY0.01

J0148181
活页歌选 （5《钢铁洪流永向前》等三首）
湖北人民广播电台文艺部编
武汉　湖北人民出版社　1974 年　19cm（小 32 开）
定价：CNY0.01

J0148182
活页歌选 （6）
湖北人民广播电台文艺部编
武汉　湖北人民出版社　1974 年　19cm（小 32 开）
定价：CNY0.01

J0148183
活页歌选 （7《党领导我们胜利前进》等五首）
湖北人民广播电台文艺部编
武汉　湖北人民出版社　1974 年　19cm（小 32 开）
定价：CNY0.01

J0148184
活页歌选 （8《湖南花鼓戏〈沙家浜〉选段》等）
湖北人民广播电台文艺部编
武汉　湖北人民出版社　1974 年　19cm（小 32 开）
定价：CNY0.01

J0148185
活页歌选 （9《毛主席的革命路线指引咱永
向前》等三首）湖北人民广播电台文艺部编
武汉　湖北人民出版社　1974 年　19cm（小 32 开）
定价：CNY0.01

J0148186
活页歌选 （10《奔驰在千里草原》等两首）
湖北人民广播电台文艺部编
武汉　湖北人民出版社　1974 年　19cm（小 32 开）
定价：CNY0.01
　　本歌集收有歌曲：《奔驰在千里草原》《二胡
齐奏曲》。

J0148187
活页歌选 （11《社会主义祖国好》等五首）
湖北人民广播电台文艺部编
武汉　湖北人民出版社　1974 年　19cm（小 32 开）
定价：CNY0.01

J0148188
活页歌选 （12 地方戏移植革命样板戏选段）
湖北人民广播电台文艺部编
武汉　湖北人民出版社　1974 年　19cm（小 32 开）
定价：CNY0.01

J0148189
活页歌选 （1）
西宁　青海人民出版社　1974 年　19cm（小 32 开）
定价：CNY0.01

J0148190
活页歌选 （2《毛主席率领我们反潮流》等四首）
西宁　青海人民出版社　1974 年　19cm（小 32 开）
定价：CNY0.01

J0148191
活页歌选 （1）
西安　陕西人民出版社　1974 年　19cm（小 32 开）
定价：CNY0.01

J0148192
活页歌选 （2《毛主席率领我们反潮流》等四首）
西安　陕西人民出版社　1974 年　19cm（小 32 开）
定价：CNY0.01

J0148193
活页歌选 （3《我们的祖国在前进》等五首）
西安　陕西人民出版社　1974 年　19cm（小 32 开）
定价：CNY0.01

J0148194
活页歌选 （1《国际歌》等两首）
杭州　浙江人民出版社　1974 年　19cm（小 32 开）
定价：CNY0.01
　　本歌集收有歌曲：《国际歌》《三大纪律八项
注意》。

J0148195
活页歌选 （2）
杭州　浙江人民出版社　1974 年　19cm（小 32 开）
定价：CNY0.01

J0148196
活页歌选 （3《瑶家歌唱毛主席》等四首）

杭州　浙江人民出版社　1974 年　19cm（小 32 开）
定价：CNY0.01

J0148197
活页歌选　（4《毛主席，我们永远跟着您》等四首）
杭州　浙江人民出版社　1974 年　19cm（小 32 开）
定价：CNY0.01

J0148198
活页歌选　（5《我们是毛主席的"红小兵"》等五首）
杭州　浙江人民出版社　1974 年　19cm（小 32 开）
定价：CNY0.01

J0148199
活页歌选　（6《毛主席率领我们反潮流》等五首）
杭州　浙江人民出版社　1974 年　19cm（小 32 开）
定价：CNY0.01

J0148200
活页歌选　（7《韶峰红日照万山》等三首）
杭州　浙江人民出版社　1974 年　19cm（小 32 开）
定价：CNY0.01

J0148201
活页歌选　（8《向着太阳歌唱》等六首）
杭州　浙江人民出版社　1974 年　19cm（小 32 开）
定价：CNY0.01

J0148202
活页歌选　（9《秋收起义歌》等五首）
杭州　浙江人民出版社　1974 年　19cm（小 32 开）
定价：CNY0.02

J0148203
活页歌选　（10《跟着毛主席向前走》等四首）
杭州　浙江人民出版社　1974 年　19cm（32 开）
定价：CNY0.01

J0148204
活页歌选　（11《党旗，光荣的旗》等三首）
杭州　浙江人民出版社　1974 年　19cm（小 32 开）
定价：CNY0.01

J0148205
活页歌选　（12　故事影片《火红的年代》主题歌和插曲等）
杭州　浙江人民出版社　1974 年　19cm（小 32 开）
定价：CNY0.01

J0148206
活页歌选　（13　儿童歌曲《跟着毛主席向前进》等十首）
杭州　浙江人民出版社　1974 年　19cm（32 开）
定价：CNY0.01

J0148207
活页歌选　（14《我们的祖国在前进》等六首）
杭州　浙江人民出版社　1974 年　19cm（小 32 开）
定价：CNY0.01

J0148208
活页歌选　（15　故事影片《闪闪的红星》主题歌和插曲）
杭州　浙江人民出版社　1974 年　19cm（小 32 开）
定价：CNY0.01

J0148209
活页歌选　（1975.1）
兰州　甘肃人民出版社　1975 年 ［13］页
13cm（60 开）统一书号：8096.401
定价：CNY0.03

J0148210
活页歌选　（1975.2）甘肃人民出版社编辑
兰州　甘肃人民出版社　1975 年 ［10］页
13cm（60 开）统一书号：8096.438
定价：CNY0.02

J0148211
活页歌选　（1975.3）甘肃人民出版社编辑
兰州　甘肃人民出版社　1975 年 ［9］页 13cm（60 开）
统一书号：8096.441 定价：CNY0.03

J0148212
活页歌选　（1975.4）
兰州　甘肃人民出版社　1975 年 ［18］页
13cm（60 开）统一书号：8096.445
定价：CNY0.04

J0148213
活页歌选（1976.1）甘肃人民出版社编辑
兰州 甘肃人民出版社 1976 年 13cm（60 开）
统一书号：8096.493 定价：CNY0.03

J0148214
活页歌选（1976.2）甘肃人民出版社编辑
兰州 甘肃人民出版社 1976 年 ［19］页
13cm（60 开）统一书号：8096.493
定价：CNY0.03

J0148215
活页歌选（1976 第一辑）
［广州］广东人民出版社 1976 年
19cm（小 32 开）定价：CNY0.01

J0148216
活页歌选（1976 第二辑）
［广州］广东人民出版社 1976 年
19cm（小 32 开）定价：CNY0.03

J0148217
活页歌选（1976 第三辑）
［广州］广东人民出版社 1976 年
19cm（小 32 开）定价：CNY0.01

J0148218
活页歌选（1976 第四辑）
［广州］广东人民出版社 1976 年
19cm（小 32 开）定价：CNY0.03

J0148219
活页歌选（1976 第五辑）
［广州］广东人民出版社 1976 年
19cm（小 32 开）定价：CNY0.01

J0148220
活页歌选（1976 第六辑）
［广州］广东人民出版社 1976 年
19cm（小 32 开）定价：CNY0.01

J0148221
活页歌选（1976 第七辑）
［广州］广东人民出版社 1976 年
19cm（小 32 开）定价：CNY0.01

J0148222
活页歌选（1976 第八辑）
［广州］广东人民出版社 1976 年
19cm（小 32 开）定价：CNY0.01

J0148223
活页歌选（1976 第十辑）
［广州］广东人民出版社 1976 年
19cm（小 32 开）定价：CNY0.01

J0148224
活页歌选（一九七六年第一期）
［西安］陕西人民出版社 1976 年
19cm（小 32 开）定价：CNY0.01

J0148225
活页歌选（1976 年 第 1 期）
［杭州］浙江人民出版社 1976 年
19cm（小 32 开）定价：CNY0.01

J0148226
活页歌选（1976 年 第 2 期）
［杭州］浙江人民出版社 1976 年
19cm（小 32 开）定价：CNY0.01

J0148227
活页歌选（第 3 期）浙江省文化局革命歌曲
编辑小组编
［杭州］浙江人民出版社 1976 年
19cm（小 32 开）定价：CNY0.01

J0148228
活页歌选（第 4 期）浙江省文化局革命歌曲
编辑小组编
［杭州］浙江人民出版社 1976 年
19cm（小 32 开）定价：CNY0.01

J0148229
活页歌选（第 5 期 少儿歌曲专辑）浙江省文
化局革命歌曲编辑小组编
［杭州］浙江人民出版社 1976 年
19cm（小 32 开）定价：CNY0.01

J0148230
活页歌选（第 6 期）浙江省文化局革命歌曲

编辑小组编

［杭州］浙江人民出版社 1976 年

19cm（小 32 开）定价：CNY0.01

J0148231

活页歌选 （第 7 期）浙江省文化局革命歌曲
编辑小组编

［杭州］浙江人民出版社 1976 年

19cm（小 32 开）定价：CNY0.01

J0148232

活页歌选 （第 8 期）浙江省文化局革命歌曲
编辑小组编

［杭州］浙江人民出版社 1976 年

19cm（小 32 开）定价：CNY0.01

J0148233

活页歌选 （1977 第 1 期）

西安　陕西人民出版社 1977 年 26 页

19cm（小 32 开）定价：CNY0.05

J0148234

活页歌选 （1977 年 1）浙江省文化局革命歌
曲编辑小组编

杭州　浙江人民出版社 1977 年 12 页

19cm（小 32 开）定价：CNY0.02

J0148235

活页歌选 （1977 年 2）浙江省文化局革命歌
曲编辑小组编

杭州　浙江人民出版社 1977 年 8 页

19cm（小 32 开）定价：CNY0.01

J0148236

活页歌选 （1977 年 3）浙江省文化局革命歌
曲编辑小组编

杭州　浙江人民出版社 1977 年 8 页

19cm（小 32 开）定价：CNY0.01

J0148237

活页歌选 （1977 年 4）浙江省文化局革命歌
曲编辑小组编

杭州　浙江人民出版社 1977 年 8 页

19cm（小 32 开）定价：CNY0.01

J0148238

活页歌选 （1977 年 5）浙江省文化局革命歌
曲编辑小组编

杭州　浙江人民出版社 1977 年 8 页

19cm（小 32 开）定价：CNY0.01

J0148239

活页歌选 （1977 年 6）浙江省文化局革命歌
曲编辑小组编

杭州　浙江人民出版社 1977 年 8 页

19cm（小 32 开）定价：CNY0.01

J0148240

活页歌选 （1977 年 7）浙江省文化局革命歌
曲编辑小组编

杭州　浙江人民出版社 1977 年 8 页

19cm（小 32 开）定价：CNY0.01

J0148241

活页歌选 （1977 年 8）浙江省文化局革命歌
曲编辑小组编

杭州　浙江人民出版社 1977 年 8 页

19cm（小 32 开）定价：CNY0.01

J0148242

活页歌选 （1977 年 9）浙江省文化局革命歌
曲编辑小组编

杭州　浙江人民出版社 1977 年 8 页

19cm（小 32 开）定价：CNY0.01

J0148243

活页歌选 （1977 年 10）浙江省文化局革命
歌曲编辑小组编

杭州　浙江人民出版社 1977 年 8 页

19cm（小 32 开）定价：CNY0.01

J0148244

活页歌选 （1977 年 11）浙江省文化局革命
歌曲编辑小组编

杭州　浙江人民出版社 1977 年 8 页

19cm（小 32 开）定价：CNY0.01

J0148245

活页歌选 （一九七九年第一期）

兰州　甘肃人民出版社 1979 年 32 页

13cm（64开）定价：CNY0.04

J0148246
内蒙古歌曲选　内蒙古自治区"革委会"文化
局编
呼和浩特　内蒙古人民出版社　1974年　200页
19cm（32开）统一书号：8089.16
定价：CNY0.41

J0148247
内蒙古歌曲选　（1975）
呼和浩特　内蒙古人民出版社　1976年　43页
19cm（32开）统一书号：8089.31
定价：CNY0.11
　　本书汇集内蒙古自治区成立30年来的优秀
创作歌曲。有《敬祝毛主席万寿无疆》《草原上
升起不落的太阳》《党的光辉》《美丽富饶的内蒙
古》《故乡》《锡林河》《骑兵之歌》《雄鹰》等。

J0148248
前进在社会主义大道上　（歌曲专辑）
北京　人民音乐出版社　1974年　16页　18cm（15开）
统一书号：8026.3024　定价：CNY0.06

J0148249
青春献给伟大的党　（钢琴伴奏谱）秦安词；
屠冶九曲；田梅编
上海　上海人民出版社　1974年　3页　26cm（16开）
统一书号：8171.868　定价：CNY0.07

J0148250
山西新歌　山西省文化局音乐工作组编
太原　山西人民出版社　1974年　109页
19cm（32开）定价：CNY0.31

J0148251
山西新歌　（第二集）山西省文化局音乐工作
组编
太原　山西人民出版社　1975年　80页　19cm（32开）
统一书号：10088.495　定价：CNY0.17

J0148252
新的颂歌　（歌曲集）广东人民出版社编辑
广州　广东人民出版社　1974年　84页　19cm（32开）
统一书号：8111.1319　定价：CNY0.19

J0148253
知识青年战歌　（歌曲选集）
合肥　安徽人民出版社　1974年　45页　19cm（32开）
统一书号：8102.704　定价：CNY0.12

J0148254
独唱 重唱歌曲选　（国庆文艺汇演）
北京　人民音乐出版社　1975年　60页　19cm（32开）
统一书号：8026.3154　定价：CNY0.15

J0148255
歌本　（1）辽宁人民出版社编辑
沈阳　辽宁人民出版社　1975年　140页
13cm（60开）统一书号：8090.643
定价：CNY0.14

J0148256
歌本　（2）辽宁人民出版社编辑
沈阳　辽宁人民出版社　1975年　134页
14cm（64开）统一书号：8090.698
定价：CNY0.14

J0148257
歌曲、器乐曲　陕西省歌舞剧院［编］
西安　陕西省歌舞剧院　1975年　油印本　62页
26cm（16开）环筒页装
　　本书内容为全国部分省、自治区文艺调演在
陕西省歌舞晚会上演出的歌曲、器乐曲。

J0148258
广播歌曲选　（一 普及大寨县）河南人民广播
电台编
郑州　河南人民出版社　1975年　12页
19cm（32开）定价：CNY0.03

J0148259
欢呼柬埔寨人民的伟大胜利 欢呼越南人
民的伟大胜利　（歌曲专辑）
北京　人民音乐出版社　1975年　19页　19cm（32开）
统一书号：8026.3124　定价：CNY0.08

J0148260
起重工　（表演唱）上海锅炉厂文艺宣传队编
上海　上海人民出版社　1975年　41页　有照片
19cm（32开）统一书号：8171.1105

定价: CNY0.12

J0148261
庆祝中华人民共和国成立二十六周年推荐歌曲
天津　天津人民出版社　1975 年　14 页
19cm（32 开）定价: CNY0.03

J0148262
我们的祖国在前进 （歌曲集）
长春　吉林人民出版社　1975 年　48 页　19cm（32 开）
统一书号: 8091.699　定价: CNY0.12

J0148263
延边创作歌曲　延边朝鲜族自治州文化局编
延吉　延边人民出版社　1975 年　53 页　19cm（32 开）
统一书号: 8136.327　定价: CNY0.14

J0148264
延边创作歌曲　（第 2 集）延边人民出版社编辑
延吉　延边人民出版社　1976 年　99 页　19cm（32 开）
统一书号: 8136.373　定价: CNY0.21

J0148265
过磅　（表演唱）
上海市新海农场业余文艺宣传队创作
上海　上海人民出版社　1976 年　27 页　有剧照
19cm（32 开）统一书号: 8171.1678
定价: CNY0.10
　　本书系上海市新海农场业余文艺宣传队创作中国现代表演唱歌曲。

J0148266
活页歌选　（1）安徽省文艺创作研究室,安徽省群众艺术馆编
[合肥] 安徽人民出版社　1976 年
19cm（小 32 开）定价: CNY0.01

J0148267
活页歌选　（2）安徽省文艺创作研究室,安徽省群众艺术馆编
[合肥] 安徽人民出版社　1976 年
19cm（小 32 开）定价: CNY0.01

J0148268
活页歌选　（3）安徽省文艺创作研究室编
[合肥] 安徽人民出版社　1976 年
19cm（小 32 开）定价: CNY0.03

J0148269
活页歌选
[长春] 吉林人民出版社　1976 年　3 册
19cm（小 32 开）定价: CNY0.03（每册）

J0148270
活页歌选　（1）江西省文化工作室音乐组编
[南昌] 江西人民出版社　1976 年
19cm（小 32 开）定价: CNY0.02

J0148271
活页歌选
[拉萨] 西藏人民出版社　1976 年
19cm（小 32 开）定价: CNY0.04

J0148272
活页歌选　（4）安徽省文化艺术创作研究室编
合肥　安徽人民出版社　1977 年　20 页
19cm（小 32 开）定价: CNY0.03

J0148273
活页歌选　（2）
长春　吉林人民出版社　1977 年　16 页
19cm（小 32 开）定价: CNY0.03

J0148274
活页歌选　（3）
长春　吉林人民出版社　1977 年　16 页
19cm（小 32 开）定价: CNY0.03

J0148275
活页歌选　（4）
长春　吉林人民出版社　1977 年　16 页
19cm（小 32 开）定价: CNY0.03

J0148276
为毛主席词谱曲《水调歌头·重上井冈山》
《念奴娇·鸟儿问答》（歌曲两首）
毛泽东词; 中央乐团集体作曲
昆明　云南人民出版社　1976 年　14 页　19cm（32 开）

统一书号：10116.642 定价：CNY0.04

J0148277
为毛主席词谱曲二首 毛泽东词；广西人民
出版社编辑
南宁 广西人民出版社 1976年 12页 19cm（32开）
统一书号：8113.255 定价：CNY0.05

J0148278
延边歌曲选 延边朝鲜族自治州文化局歌曲
编选小组编
长春 吉林人民出版社 1976年 79页 19cm（32开）
统一书号：8091.814 定价：CNY0.18

J0148279
演出歌曲选编 （1 独唱 重唱）中国歌剧团编
北京 中国歌剧团 1976年 32页 19cm（32开）

J0148280
演出歌曲选编 （2 合唱 独唱 重唱）
中国歌剧团编
北京 中国歌剧团 1977年 84页 19cm（32开）

J0148281
演出歌曲选编 （3 马可作品选辑）
中国歌剧团编
北京 中国歌剧团 1977年 19cm（32开）

J0148282
演出歌曲选编 （4）中国歌剧团编
北京 中国歌剧团 1977年 38页 19cm（32开）

J0148283
演出歌曲选编 （5 歌剧《阿依古丽》选曲）
海啸编剧；石夫,乌斯满江作曲
北京 中国歌剧团 1978年 32页 19cm（32开）

J0148284
治淮新歌选
合肥 安徽人民出版社 1976年 59页 19cm（32开）
统一书号：8102.864 定价：CNY0.15

J0148285
除"四害"剥画皮 （演唱集）
辽宁人民出版社编辑

沈阳 辽宁人民出版社 1977年 37页 19cm（32开）
统一书号：10090.210 定价：CNY0.11
（工农兵演唱）

J0148286
大庆旗飘飘 （歌曲选）广东省文艺创作室编
广州 广东人民出版社 1977年 42页 19cm（32开）
统一书号：8111.177 定价：CNY0.12

J0148287
蝶恋花 （答李淑一 为毛主席词谱曲）
上海人民出版社编辑
上海 上海人民出版社 1977年 4页 19cm（32开）
定价：CNY0.01

J0148288
歌颂敬爱的领袖华主席 （湘江歌声）《湘江
歌声》编辑组编
长沙 湖南人民出版社 1977年 44页 19cm（32开）
统一书号：8109.1060 定价：CNY0.11

J0148289
革命歌曲选 （Ⅱ）殷义石等译配
上海 上海人民出版社 1977年 89页 19cm（32开）
统一书号：9171.111 定价：CNY0.20

J0148290
江西歌曲 （第一期）江西省文化工作站编
南昌 江西人民出版社 1977年 41页 19cm（32开）
统一书号：8110.199 定价：CNY0.11

J0148291
江西歌曲 （第三期）江西省文化工作室编
南昌 江西人民出版社 1978年 84页 19cm（32开）
统一书号：8110.261 定价：CNY0.18

J0148292
江西歌曲 （第四期）江西省文化工作室编
南昌 江西人民出版社 1978年 41页 19cm（32开）
统一书号：8110.281 定价：CNY0.11

J0148293
江西歌曲 （第五期）江西省文化工作室编
南昌 江西人民出版社 1979年 45页 19cm（32开）
统一书号：8110.293 定价：CNY0.14

江西省民歌演唱会歌曲专辑。

J0148294
江西歌曲 （第六期）江西省文化工作室编
南昌 江西人民出版社 1979 年 62 页 19cm（32 开）
统一书号：8110.314 定价：CNY0.15
　　江西现代歌曲选集。

J0148295
南宁战歌 南宁市文化馆编
南宁 南宁市文化馆 1977 年 164 页 19cm（32 开）

J0148296
青海创作歌曲 青海省"革命委员会"文化局
歌曲征集组编
西宁 青海人民出版社 1977 年 66 页 19cm（32 开）
统一书号：8097.397 定价：CNY0.14
　　青海现代歌曲创作选集。

J0148297
十月的颂歌 （海军创作歌曲选）
海军政治部文化部编
1977 年 272 页 18cm（32 开）

J0148298
颂歌献给周总理 （诗词歌曲选辑）
西北大学图书馆编
西安 西北大学图书馆 1977 年 472 页
19cm（32 开）

J0148299
台湾啊！祖国的宝岛 （歌曲集）
北京 人民音乐出版社 1977 年 60页 19cm（32 开）
统一书号：8026.3307 定价：CNY0.16

J0148300
喜迎春 （曲谱本演唱）辽宁人民出版社编辑
沈阳 辽宁人民出版社 1977 年 43页 19cm（32 开）
定价：CNY0.13

J0148301
战士热爱华主席 （创作歌曲选）中国人民解
放军广州部队政治部文化部编
南宁 广西人民出版社 1977 年 106 页
19cm（32 开）统一书号：8113.358

定价：CNY0.22

J0148302
春天的旋律 （歌曲合集）
广州 广东人民出版社 1978 年 300 页
20cm（32 开）统一书号：8111.1882
定价：CNY0.70

J0148303
歌曲选 （1）《人民音乐》编辑部编
北京 人民出版社 1978 年 94 页 19cm（32 开）
统一书号：8071.290 定价：CNY0.20

J0148304
红日照草原 （歌曲集）内蒙古人民出版社编辑
呼和浩特 内蒙古人民出版社 1978 年 202 页
19cm（32 开）统一书号：8089.45
定价：CNY0.42
　　本书系内蒙古人民出版社编辑现代内蒙古
歌曲选集。

J0148305
湖南人民歌唱华主席 （歌曲集）湖南省文学
艺术工作室编
长沙 湖南人民出版社 1978 年 130 页
19cm（32 开）统一书号：8109.1068
定价：CNY0.30

J0148306
抗日及解放战争时期作品选 华中师范学院
中文系现代文学教研室［编］
［武汉］1978 年 496 页 18cm（15 开）
　　本书系抗战歌曲及现代文学作品集。

J0148307
六盘山乡换新颜 （纪念宁夏回族自治区成立
二十周年创作歌曲选）宁夏回族自治区文教局，
宁夏人民出版社编
银川 宁夏人民出版社 1978 年 148 页
19cm（32 开）统一书号：8157.285
定价：CNY0.31

J0148308
马可歌曲选
北京 人民音乐出版社 1978 年 111 页

19cm（32 开）统一书号：8026.3402

定价：CNY0.24

　　本书收入《南泥湾》《咱们工人有力量》《夫妻识字》《小二黑结婚》《捡豆豆》《小苦恼之歌》等 47 首作者在各个历史时期中创作的有代表性的群众歌曲。

J0148309

前进战歌 （献给中国人民解放军建军五十周年歌曲集）沈阳部队政治部文化部编

沈阳　辽宁人民出版社 1978 年 192 页

19cm（32 开）统一书号：8090.1047

定价：CNY0.36

J0148310

全军第四届文艺会演歌曲选 （庆祝中国人民解放军建军五十周年）解放军文艺社编

北京　人民音乐出版社 1978 年 221 页

20cm（32 开）统一书号：8026.3521

定价：CNY0.53

J0148311

石油姑娘 （钢琴伴奏谱）瞿琮词；郑秋枫曲

上海　上海文艺出版社 1978 年 4 页 26cm（16 开）

统一书号：8078.3038 定价：CNY0.08

J0148312

守卫在祖国美丽的西沙 （钢琴伴奏谱）

陈克正，刘崇智作词；彦克曲；李延配伴奏

上海　上海文艺出版社 1978 年 7 页 26cm（16 开）

统一书号：8078.3052 定价：CNY0.19

J0148313

武夷歌声 （第一集）

福建省文化局音乐工作室编

福州　福建人民出版社 1978 年 100 页

19cm（32 开）统一书号：8173.227

定价：CNY0.22

J0148314

郑律成歌曲选　郑律成著

北京　人民音乐出版社 1978 年

106 页＋［1］叶图版 有图有肖像 19cm（32 开）

统一书号：8026.3354 定价：CNY0.23

　　本歌集编选了作者在各个历史时期创作的

有代表性的歌曲 45 首。有《延安颂》《八路军进行曲》（后改名为《中国人民解放军进行曲》）《我们多么幸福》《绿色祖国》等。作者郑律成（1918—1976），作曲家。原籍朝鲜，生于朝鲜全罗南道光州（今属韩国）。原名郑富恩。在中国南京参加朝鲜革命组织义烈团，从事抗日工作，同时学习钢琴、小提琴和声乐。后定居中国并加入中国籍，致力于音乐创作。有《郑律成歌曲选》《兴安岭上雪花飘》《延水谣》《郑律成歌曲三十首》等。

J0148315

郑律成歌曲选　郑律成作曲

沈阳　辽宁人民出版社 1984 年 425 页

26cm（16 开）统一书号：8090.1215

定价：CNY5.85

　　本书收入了作者所写的合唱曲、独唱曲、群众歌曲、儿童歌曲，还有歌剧选段等共 169 首。

J0148316

周总理，你在哪里 （钢琴伴奏谱）柯岩词；施光南曲

上海　上海文艺出版社 1978 年 9 页

26cm（16 开）统一书号：8078.3059

定价：CNY0.21

J0148317

祖国飘红旗 （歌曲集）

长春　吉林人民出版社 1978 年 51 页 19cm（32 开）

统一书号：8091.895 定价：CNY0.13

J0148318

边疆处处赛江南　田歌作曲；新疆人民出版社编辑

乌鲁木齐　新疆人民出版社 1979 年 148 页

19cm（32 开）统一书号：8098.113

定价：CNY0.32

　　中国现代歌曲选集。

J0148319

边疆的泉水清又纯 （钢琴伴奏谱）

凯传词；王酩曲

上海　上海文艺出版社 1979 年 4 页 26cm（16 开）

统一书号：8078.3101 定价：CNY0.12

　　本书系中国现代歌曲钢琴伴奏谱。

J0148320
唱吧！歌手
南宁 广西人民出版社 1979 年 93 页 19cm（32 开）
统一书号：8113.539 定价：CNY0.20
　　中国现代歌曲选集。

J0148321
创作歌曲选 （1949—1979 年）南昌市文联，
南昌市群众艺术馆编
1979 年 109 页 20cm（32 开）定价：CNY0.30

J0148322
创作歌曲选 鹤岗市文化局文联编
1979 年 103 页 20cm（32 开）定价：CNY0.30
（庆祝中华人民共和国成立 30 周年）

J0148323
春风歌片 （1）
沈阳 春风文艺出版社 1979 年 3 页 13cm（64 开）
定价：CNY0.04

J0148324
春风歌片 （2）
沈阳 春风文艺出版社 1979 年 3 页
13cm（64 开）定价：CNY0.04

J0148325
歌曲选 （1949—1979 建国三十周年辽宁省文
艺创作选）建国三十周年辽宁省文艺创作选编
委会编；丁鸣，鲁特主编
沈阳 春风文艺出版社 1979 年 300 页
20cm（32 开）统一书号：8158.101
定价：CNY0.82
　　本书系中国现代创作歌曲选集。主编鲁特
（1921— ），历任中国人民解放军第六纵队宣传
队副队长，辽宁省文工团团长，辽宁人民艺术剧
院歌舞团副团长，中国音乐家协会会员，中国聂
耳、冼星海学会会员。

J0148326
湖南创作歌曲选 （1949—1979）
中国音乐家协会湖南分会编
长沙 湖南人民出版社 1979 年 228 页
20cm（32 开）统一书号：10109.1138
定价：CNY0.60

J0148327
井冈笑迎阿里山 （歌曲集）
上海文艺出版社编辑
上海 上海文艺出版社 1979 年 74 页 19cm（32 开）
统一书号：8078.3068 定价：CNY0.20

J0148328
南飞的彩云 中国音乐家协会广西分会，广西
人民出版社编
南宁 广西人民出版社 1979 年 65 页 19cm（32 开）
统一书号：8113.507 定价：CNY0.16
　　本书内容为广西现代歌曲选集。

J0148329
人望幸福树望春 （歌曲集）
济南 山东人民出版社 1979 年 122 页
19cm（32 开）统一书号：8099.1830
定价：CNY0.25

J0148330
山东三十年歌曲选 （1949—1979）
中国音乐家协会山东分会编
济南 山东人民出版社 1979 年 472 页
20cm（32 开）统一书号：8099.1883
定价：CNY1.20
　　本书选收 1949—1979 年山东作家创作的歌
曲《毛主席永远和我们在一起》《周总理和水兵
在一起》《陈毅将军在山东》《石油工人一身胆》
《积肥忙》《书记挑担云中走》《我们从小爱科学》
等 200 首。

J0148331
山西歌曲选 （1949—1979）
山西省文学艺术界联合会编
太原 山西人民出版社 1979 年 401 页
19cm（32 开）统一书号：10088.619
定价：CNY1.03，CNY1.70（精装）

J0148332
山西歌曲选 （1979—1989）山西省文学艺术
界联合会编
太原 北岳文艺出版社 1991 年 379 页
19cm（32 开）ISBN：7-5378-0510-5
定价：CNY9.30
（山西文学艺术作品选 1979–1989）

J0148333

太阳花向阳开 （昆明部队政治部歌舞团创作
歌曲选）中国人民解放军昆明部队政治部歌舞
团编

昆明 云南人民出版社 1979 年 199 页
20cm（32 开）统一书号：8116.811
定价：CNY0.57

J0148334

现代歌曲选 （汉英对照）杨俊云编译
长沙 湖南人民出版社 1979 年 84 页 19cm（32 开）
统一书号：10109.1140 定价：CNY0.19

J0148335

优秀歌曲 100 首 广西人民出版社编辑
南宁 广西人民出版社 1979 年 293 页
19cm（32 开）统一书号：8113.506
定价：CNY0.54

J0148336

中州歌声 （第一集）
郑州 河南人民出版社 1979 年 73 页 19cm（32 开）
统一书号：10105.219 定价：CNY0.17

J0148337

中州歌声 （第二集）
郑州 河南人民出版社 1979 年 81 页 19cm（32 开）
统一书号：10105.229 定价：CNY0.20

J0148338

中州歌声 （第三集）
郑州 河南人民出版社 1979 年 77 页 19cm（32 开）
统一书号：10105.238 定价：CNY0.17

J0148339

中州歌声 （第四集）
郑州 河南人民出版社 1980 年 79 页 19cm（32 开）
统一书号：10105.265 定价：CNY0.17

J0148340

中州歌声 （第五集 流行电影歌曲专辑）
郑州 河南人民出版社 1980 年 128 页
19cm（32 开）统一书号：10105.284
定价：CNY0.27

J0148341

中州歌声 （第六集 中学生歌曲专辑）
郑州 河南人民出版社 1980 年 83 页 19cm（32 开）
统一书号：10105.307 定价：CNY0.25

J0148342

中州歌声 （第七集 中外著名抒情歌曲专辑）
郑州 河南人民出版社 1982 年 198 页
19cm（32 开）统一书号：10105.336
定价：CNY0.52

J0148343

祖国之歌 （刘炽歌曲选）刘炽作曲
北京 人民音乐出版社 1979 年 68 页 19cm（32 开）
统一书号：8026.3578 定价：CNY0.16
　　本集选收刘炽创作的《祖国之歌》《我的祖
国》《让我们荡起双桨》等歌曲共 27 首。

J0148344

大学生之歌 中华全国学生联合会歌曲编辑部编
北京 中国青年出版社 1980 年 46 页 19cm（32 开）
统一书号：8009.37 定价：CNY0.12

J0148345

福建省歌曲创作评选获奖歌曲集 中国音
乐家协会福建分会,福建省文化局音乐工作室编
福州 福建人民出版社 1980 年 65 页 19cm（32 开）
统一书号：8173.355 定价：CNY0.18

J0148346

甘肃歌曲选 （1949—1979）
甘肃人民出版社编辑
兰州 甘肃人民出版社 1980 年 143 页
21cm（32 开）统一书号：8096.710
定价：CNY0.47

J0148347

获奖歌曲集 （福建省歌曲创作评选）中国音
乐家协会福建分会,福建省文化局音乐工作室编
福州 福建人民出版社 1980 年 65 页
19cm（小 32 开）定价：CNY0.12

J0148348

获奖歌曲集
北京 人民音乐出版社 1980 年 56 页

19cm（32 开）定价：CNY0.21

J0148349
获奖歌曲集 （第二次全国少年儿童文艺创作评奖）
北京 人民音乐出版社 1980年 70页 19cm（32 开）
统一书号：8026.3734 定价：CNY0.25

J0148350
获奖歌曲十五首 甘肃人民出版社编
兰州 甘肃人民出版社 1980年 37页 19cm（32 开）
统一书号：8096.744 定价：CNY0.10

J0148351
建国以来广东省创作歌曲选
中国音乐家协会广东分会编
广州 广东人民出版社 1980年 177页
19cm（32 开）统一书号：8111.2268
定价：CNY0.45

J0148352
罗宗贤歌曲选 罗宗贤作曲
北京 人民音乐出版社 1980年 66页 有肖像
19cm（32 开）统一书号：8026.3644
定价：CNY0.19
　　本书选收作曲家罗宗贤创作的《桂花开放幸福来》《三峡之歌》《你的心连着我的心》《长湖水,清又亮》等独唱歌曲、歌剧选曲及电影插曲共 28 首。

J0148353
吕远歌曲选 吕远作词
石家庄 河北人民出版社 1980年 225页
21cm（32 开）统一书号：8086.1194
定价：CNY0.60
　　本书收有作者创作的《克拉玛依之歌》《走上这高高的兴安岭》《周总理永远和战士在一起》《甜蜜的事业》等歌曲以及一些电影插曲。作者吕远(1929—　)，著名作曲家。生于山东烟台，历任海政歌舞团艺术指导，中国文联全国委员，中国音乐家协会创作委员会、外事委员会顾问，北京国际人才交流协会常务理事,海军政治学院兼职教授等。代表作品有《克拉玛依之歌》《走上这高高的兴安岭》《俺的海岛好》等，出版有《吕远歌曲集》。

J0148354
评选歌曲 15 首
成都 四川人民出版社 1980年 28页 19cm（32 开）
统一书号：8118.736 定价：CNY0.10

J0148355
前进的歌声 （推荐歌曲38首）长江文艺出版社编辑
武汉 长江文艺出版社 1980年 36页 19cm（32 开）
统一书号：8107.340 定价：CNY0.11

J0148356
青春的旋律 （歌曲集）
合肥 安徽人民出版社 1980年 173页
13cm（60 开）统一书号：8102.1050
定价：CNY0.24

J0148357
青年,青年,早晨的太阳
（一九八〇年五月全国推荐歌曲十二首）
北京 人民音乐出版社 1980年 16页
18cm（32 开）定价：CNY0.08

J0148358
曲艺歌曲选 惠民地区艺术馆编
惠民 惠民地区艺术馆 1980—1989年 88页
19cm（32 开）

J0148359
山城的灯 重庆音乐家协会编辑
重庆 重庆音乐家协会 [1980年] 76页
19cm（32 开）

J0148360
沈亚威歌曲选 沈亚威曲；上海文艺出版社编
上海 上海文艺出版社 1980年 263页 有照片
19cm（32 开）统一书号：8078.3222
定价：CNY0.63

J0148361
台湾啊台湾 （歌曲集）中央人民广播对台湾广播部,人民音乐出版社编辑部编
北京 人民音乐出版社 1980年 44页 19cm（32 开）
统一书号：8026.3703 定价：CNY0.13

J0148362

唐诃生茂歌曲选　唐诃,生茂作曲
石家庄 河北人民出版社 1980 年 398 页
21cm（32 开）统一书号：8086.1129
定价：CNY1.13
　　本书包括《毛主席啊,战士永远歌唱您》《贫
下中农热爱毛主席》《毛主席啊,我们永远歌唱
您》《深切怀念周总理》《献给敬爱的周总理》
《雪白的哈达献给党》《学习雷锋好榜样》《野营
训练好》《天安门前留个影》等,共收歌曲 195 首。
作者唐诃（1922—2013）,作曲家。原名张化愚,
河北易县人。曾任中国音乐家协会常务理事,北
京军区战友文工团副团长等职。1940 年开始音
乐创作,所写《翻身不忘共产党》《边区好》等歌
曾广泛传唱。唐诃在中华人民共和国成立后在
战友文工团任专业作曲。共谱上千首歌曲,撰写
了上百篇音乐论文,出版了音乐文集《歌曲创作
漫谈》。生茂（1928.6.6-2007.11.24）作曲家。生
于河北省晋县（今河北省晋州市）农村。原名娄
盛茂。毕业于中央音乐学院。中国音乐家协会
理事,原北京军区政治部战友文工团艺术指导。
作品有《学习雷锋好榜样》《马儿啊,你慢些走》
《真是乐死人》等。他还参与创作了《老房东查铺》、
大型声乐套曲《长征组歌》等。

J0148363

推荐歌曲 12 首
兰州 甘肃人民出版社 1980 年 28 页 19cm（32 开）
统一书号：8096.751 定价：CNY0.10

J0148364

五月的鲜花　（五四以来歌曲选）
人民音乐出版社编辑部编
北京 人民音乐出版社 1980 年 159 页
19cm（32 开）统一书号：8026.3731
定价：CNY0.38
　　本书为纪念五四运动 60 周年而编,收录
1919 年"五四"至 1937 年抗日战争以前这个历
史时期的创作歌曲 99 首。包括《五四纪念爱国
歌曲》《卖布谣》《可怜的秋香》《抗敌歌》《义勇
军进行曲》《救亡进行曲》等。

J0148365

晓河歌曲选　晓河曲；上海文艺出版社编
上海 上海文艺出版社 1980 年 213 页

19cm（32 开）统一书号：8078.3236
定价：CNY0.53
　　作者晓河（1918—　　）,作曲家。原名何同
鉴,江西上饶人。有歌曲《罗炳辉射击手》《三杯
美酒敬亲人》《勘探队之歌》《伟大的国家伟大的
党》等。

J0148366

**一九七九年获选的群众喜爱的广播歌曲
十五首**
上海 上海文艺出版社 1980 年 29 页
20cm（32 开）定价：CNY0.08
（活页歌选）

J0148367

英雄伴我守边陲　（创作歌曲选）
中国人民解放军广州军区政治部文化部编
南宁 广西人民出版社 1980 年 71 页 19cm（32 开）
统一书号：8113.583 定价：CNY0.19

J0148368

英语歌曲选　（第三集 外国歌曲）贵阳师范学
院外语系,贵阳师范学院贵阳专科班英语科编
贵阳 贵阳师范学院外语系 1980 年 266 页
19cm（32 开）
　　本书与贵阳师范学院贵阳专科班英语科合
作出版。

J0148369

英语歌曲选　贵阳师范学院外语系,贵阳专科
班英语科编
贵阳 贵阳师范学院外语系 1980 年 3 册
19cm（32 开）定价：CNY0.90（3）
　　本书为英语歌曲课外读物。本书与贵阳专
科班英语科合作出版。

J0148370

英语歌曲选　姚以文,张运泰编
长春 吉林人民出版社 1980 年 65 页 19cm（32 开）
统一书号：8091.1046 定价：CNY0.20
　　本书为英文歌曲课外读物。

J0148371

中国歌曲选　（1）人民音乐出版社编辑部编
北京 人民音乐出版社 1980 年 19cm（32 开）

统一书号：8026.3736 定价：CNY0.72

　　本书是一本专门对外介绍我国创作歌曲的歌曲集，分两集。第一集29首，第二集21首。每首歌后面有英文译词。有线谱版。

J0148372

中国歌曲选 （2）人民音乐出版社编辑部编
北京 人民音乐出版社 1980年 73页 19cm（32开）
统一书号：8026.4059 定价：CNY0.60

　　本集收入21首作品，每首歌曲之后都附有英文译词。

J0148373

中国歌曲选 （五线谱）
人民音乐出版社编辑部编
北京 人民音乐出版社 1980年 线谱版 99页
19cm（小32开） 定价：CNY0.72

　　本书是一本专门对外介绍我国歌曲创作的歌曲集，每首歌曲之后，都附有英文译词。

J0148374

中国歌曲选 （少年儿童专集）
人民音乐出版社编辑部编；于成智译
北京 人民音乐出版社 1984年 正谱本 96页
19cm（32开） 统一书号：8026.4214
定价：CNY0.69

　　　外文书名：A Collection of Children's Songs.

J0148375

中国歌曲选 （英汉对照）
人民音乐出版社编辑部编
北京 人民音乐出版社 1984年 102页
19cm（32开） 统一书号：8026.4253
定价：CNY0.93

J0148376

中国歌曲选 （3）人民音乐出版社编辑部编
北京 人民音乐出版社 1987年 73页 19cm（32开）
统一书号：8026.4590 定价：CNY1.20

J0148377

百灵 新疆维吾尔自治区文化厅等编
乌鲁木齐 新疆人民出版社 1981年
13cm（折叠） ［64开（折叠）］ 定价：CNY0.10

J0148378

北京·新星音乐会歌曲选
成都 四川人民出版社 1981年 34页 19cm（32开）
统一书号：8118.1002 定价：CNY0.12

J0148379

晨歌 （创作歌曲选）人民音乐出版社编辑部著
北京 人民音乐出版社 1981年 91页 19cm（32开）
统一书号：8026.3914 定价：CNY0.28

J0148380

电视教唱英语歌曲 （星期日英语节目专辑）
中央电视台电教部编
北京 广播出版社 1981年 28页 25cm（15开）
统一书号：9236.002 定价：CNY0.30

J0148381

费克歌曲选 费克编曲
北京 人民音乐出版社 1981年 62页 19cm（32开）
统一书号：8026.3727 定价：CNY0.30

　　本歌集选收费克创作的《茶馆小调》《江北好》《拔根芦柴花》（改编）等歌曲共34首。

J0148382

风光歌曲 100 首
成都 四川人民出版社 1981年 216页
19cm（32开） 统一书号：8118.1025
定价：CNY0.55

J0148383

傅庚辰歌曲选 上海文艺出版社编
上海 上海文艺出版社 1981年 269页
19cm（32开） 统一书号：8078.3245
定价：CNY0.64

J0148384

歌曲 （1980年 1-6 合订本）《歌曲》编辑部编
济南 山东人民出版社 1981年 19cm（32开）
统一书号：8099.2102 定价：CNY0.48

J0148385

歌坛新星 漓江出版社编
南宁 漓江出版社 1981年 12张 13cm（64开）
定价：CNY0.40

J0148386
歌星演唱歌曲专辑
兰州 甘肃人民出版社 1981年 19cm（32开）
统一书号：8096.819 定价：CNY0.16

J0148387
广播歌曲选 安徽人民广播电台文艺组编
合肥 安徽人民出版社 1981年 59页 19cm（32开）
统一书号：8102.1193 定价：CNY0.20

J0148388
广播歌选
[福州] 福建人民出版社 1981年 1张
20cm（32开）定价：CNY0.05

J0148389
广播歌选 （2）福建人民广播电台文艺部编
福州 福建人民出版社 1981年 39cm（8开）
定价：CNY0.05

J0148390
广播歌选 （3）福建人民广播电台文艺部编
福州 福建人民出版社 1981年 39cm（8开）
定价：CNY0.05

J0148391
获奖歌曲31首
长沙 湖南人民出版社 1981年 54页 19cm（32开）
统一书号：8109.1187 定价：CNY0.17

J0148392
七月的歌 歌曲编辑部编
北京 文化艺术出版社 1981年 62页 19cm（32开）
统一书号：8228.001 定价：CNY0.24

J0148393
青春的旋律 （新声新秀音乐会歌曲选）
北京 人民音乐出版社 1981年 13cm（折叠）
[64开（折叠）] 定价：CNY0.10

J0148394
青春呵多么美 团中央文体部,中央台青少年
部编
北京 人民音乐出版社 1981年 13cm（折叠）
[64开（折叠）] 定价：CNY0.10

J0148395
青年歌选 （1）
南京 江苏人民出版社 1981年 39cm（8开）
定价：CNY0.05

J0148396
青年歌选 （2）
南京 江苏人民出版社 1981年 39cm（8开）
定价：CNY0.05

J0148397
青年歌选 （6）
南京 江苏人民出版社 1983年 38cm（6开）
定价：CNY0.05

J0148398
沈阳音乐周歌曲选 （1980）沈阳音乐办公室编
沈阳 春风文艺出版社 1981年 110页
19cm（32开）统一书号：8158.105
定价：CNY0.27

J0148399
台湾校园歌曲
长沙 湖南人民出版社 1981年 16页 19cm（32开）
统一书号：10109.1346 定价：CNY0.10

J0148400
台湾校园歌曲 浙江人民出版社编
杭州 浙江人民出版社 1981年 32页 19cm（32开）
统一书号：8103.513 定价：CNY0.10

J0148401
王酩歌曲选 王酩曲
石家庄 河北人民出版社 1981年 66页
19cm（32开）统一书号：8086.1361
定价：CNY0.25

J0148402
心中的百灵 中国音乐家协会延边分会编
延吉 延边人民出版社 1981年 84页 19cm（32开）
统一书号：8136.526 定价：CNY0.22
　　本书为中国歌曲集。

J0148403
新星音乐会歌曲选 湖南人民出版社编辑

长沙 湖南人民出版社 1981年 58页 19cm（32开）
统一书号：8109.1185 定价：CNY0.20

J0148404
英语流行歌曲 30 首　强贞信等编
福州 福建人民出版社 1981年 57页 17cm（40开）
统一书号：10173.304 定价：CNY0.13

J0148405
张寒晖歌曲选　张寒晖作词
北京 人民音乐出版社 1981年 35页 19cm（32开）
统一书号：8026.3780 定价：CNY0.21
　　本歌集选收由作者作词、作曲的歌曲作品
32首。包括《松花江上》《游击乐》《干吗要悲伤》
《去当兵》等。作者张寒晖(1902—1946),作曲家。
原名张蓝璞,字含晖。河北定县人(今河北省定
州市),就读于北平国立艺专戏剧系。曾任陕甘
宁边区文协秘书长。创作歌曲有《松花江上》《国
民大生产》《去当兵》等。

J0148406
赵元任歌曲选集　（附钢琴伴奏）赵元任作;
人民音乐出版社编辑部编
北京 人民音乐出版社 1981年 正谱本 49页
25cm（小16开）统一书号：8026.3806
定价：CNY0.65
　　本曲集收录赵元任在 1922 年至 1942 年创作
的歌曲 11 首。包括《卖布谣》《劳动歌》《教我
如何不想他》《听雨》《西洋镜歌》《老天爷》等。

J0148407
中学生歌声　长沙市中学音乐教研会选编
长沙 湖南人民出版社 1981年 33页 19cm（32开）
统一书号：8109.1315 定价：CNY0.10

J0148408
中学生歌声　湖南人民出版社编
长沙 湖南人民出版社 1981年 32页
19cm（小32开）定价：CNY0.10

J0148409
1981 年苗岭之声音乐节歌曲选集　贵州省
文化局,中国音乐家协会贵州分会编
贵阳 贵州人民出版社 1982年 229页
19cm（32开）统一书号：8115.833

定价：CNY0.54

J0148410
唱片磁带歌曲　（二）湖南人民出版社编
长沙 湖南人民出版社 1982年 106页
19cm（32开）统一书号：8109.1332
定价：CNY0.32

J0148411
唱片磁带歌曲　（三）湖南人民出版社编
长沙 湖南人民出版社 1985年 68页 20cm（32开）
统一书号：8109.1382 定价：CNY0.37

J0148412
唱片磁带歌曲　（4）银力康编
长沙 湖南文艺出版社 1989年 81页 19cm（32开）
ISBN：7-5404-0406-X 定价：CNY1.25

J0148413
唱片磁带歌曲选　（一）湖南人民出版社编
长沙 湖南人民出版社 1982年 108页
19cm（32开）统一书号：8109.1328
定价：CNY0.30

J0148414
创作歌曲选编　吉安地区行署文化处,吉安地
区文联编
吉安 吉安地区行署文化处 1982年 64页
19cm（32开）
　　本书与吉安地区文联合作出版。

J0148415
春到新疆　（歌曲集）刘一光词
乌鲁木齐 新疆青年出版社 1982年 220页
19cm（32开）统一书号：8124.1 定价：CNY0.68
　　本书共选编作者的歌词73首。作者刘一光,
江苏人,新疆电视台编辑、中国作家协会新疆分
会会员。创作歌词有《咱们新疆好地方》《伊犁
河啊,我心中的河》《我的琴声》等,出版有《刘一
光隶书作品选》。

J0148416
大同市创作歌曲选　大同市群众艺术馆编
大同 大同市群众艺术馆 1982年 83页
19cm（32开）

J0148417
淡水溪,浊水溪　（五线谱本）瞿琮词；延生,
刘庄曲
北京　人民音乐出版社　1982 年　3 页　26cm（16 开）
统一书号：8026.3967　定价：CNY0.10

J0148418
风筝　（五线谱本）金波词；延生,刘庄曲
北京　人民音乐出版社　1982 年　3 页　26cm（16 开）
统一书号：8026.3968　定价：CNY0.10

J0148419
歌唱家演唱歌曲集　（2）甘肃人民出版社编辑
兰州　甘肃人民出版社　1982 年　42 页　19cm（32 开）
统一书号：8096.845　定价：CNY0.14

J0148420
歌唱家演唱歌曲集　（3）甘肃人民出版社编辑
兰州　甘肃人民出版社　1982 年　50 页　19cm（32 开）
统一书号：8096.894　定价：CNY0.16

J0148421
歌唱家演唱歌曲集　（4）甘肃人民出版社编辑
兰州　甘肃人民出版社　1983 年　60 页　19cm（32 开）
统一书号：8096.758　定价：CNY0.18

J0148422
歌曲选　大同市群众艺术馆编
大同　大同市群众艺术馆　1982 年　35 页
19cm（32 开）
　　本书系庆祝党的“十二大”胜利召开编写的
歌曲集。

J0148423
歌曲选　文化部群众文化局,中国音乐家协会编
北京　新华出版社　1982 年　40 页　19cm（小 32 开）
（春节演唱材料 3）

J0148424
广播歌曲集　四川省广播电台文艺组编
成都　四川人民出版社　1982 年　213 页
19cm（32 开）统一书号：8118.1224
定价：CNY0.50
　　本书选编歌曲 95 首,其中有《在欢乐的节日
里》《幸福之光》《礼貌歌》《知识就是力量》《太

湖美》《马兰恋歌》等。

J0148425
梦回神州　（五线谱本）孔凡青词；
刘庄,延生同曲
北京　人民音乐出版社　1982 年　4 页　26cm（16 开）
统一书号：8026.4007　定价：CNY0.10
　　本书系中国现代歌曲选集专著。

J0148426
鸟翅　（五线谱本）常荣词；延生,刘庄曲
北京　人民音乐出版社　1982 年　5 页　26cm（16 开）
统一书号：8026.4006　定价：CNY0.14
　　本书为中国现代歌曲选集。

J0148427
清泉的歌　湖南人民出版社编
长沙　湖南人民出版社　1982 年　98 页　19cm（32 开）
统一书号：8109.1341　定价：CNY0.28
　　本书为中国现代歌曲选集。

J0148428
任光歌曲选　任光作曲
北京　人民音乐出版社　1982 年　74 页　19cm（32 开）
统一书号：8026.3991　定价：CNY0.27
　　本书选收任光作曲的 33 首歌曲,有独唱、合
唱、群众歌曲等。作者任光（1900—1941）,中国
现代作曲家。

J0148429
蓉城之秋歌曲集　（四川省首届音乐会）
成都　四川人民出版社　1982 年　137 页
19cm（32 开）统一书号：8118.1217
定价：CNY0.32
　　“蓉城之秋”是中华人民共和国成立以来四
川省举办的首届音乐会。这本歌曲集选收了音
乐会上演出的部分音乐作品,以及电台、电视台
播放的歌曲 52 曲。

J0148430
台湾校园歌曲　湖南人民出版社编
长沙　湖南人民出版社　1982 年　2 版　36 页
19cm（32 开）统一书号：8109.1332
定价：CNY0.16

J0148431

谭小麟歌曲选集 （钢琴伴奏　正谱本）谭小麟曲

北京　人民音乐出版社　1982年　19页　25cm（16开）

统一书号：8026.3984　定价：CNY0.36

本书选编八首歌曲，其中有《自君之出矣》《别离》《正气歌》。作者谭小麟（1911—1948），作曲家、琵琶演奏家。原籍广东开平，生于上海，毕业于耶鲁大学音乐学院。作品有《子夜吟》《湖上春光》等。

J0148432

冼星海专辑 （三）［冼星海作曲］

广州　广州音乐学院　1982年　230页　21cm（32开）

定价：CNY1.60

（中国近现代音乐史资料丛刊）

J0148433

献给时代的一束鲜花　施光南作曲

济南　山东人民出版社　1982年　368页

19cm（32开）　统一书号：8099.2243

定价：CNY1.00

本书为施光南、王酩、冰河、臧东升、程恺、姚玉卿抒情歌曲选，共收120首抒情歌曲。

J0148434

向隅歌曲选　向隅曲；人民音乐出版社编辑部编

北京　人民音乐出版社　1982年　85页　19cm（32开）

统一书号：8026.3937　定价：CNY0.32

本书收入向隅的代表作《红缨枪》《打到北京去》《反投降进行曲》以及其他歌曲共40首。

J0148435

遥远的祝福 （侨声曲）上海文艺出版社编

上海　上海文艺出版社　1982年　41页　19cm（32开）

统一书号：8078.3338　定价：CNY0.13

本歌曲系根据盒式磁带《遥远的祝福——侨声曲》中的十三首歌曲汇编而成。其中《遥远的祝福》《相逢在旧金山》《我爱故乡的泥土》《思乡》等九首组成为《侨声曲》，另有《流水与云彩》《百灵鸟》等四首，都以诗一般的语言，深情优美的旋律，表达了广大海外侨胞以及台湾同胞热爱祖国、思念亲人的真挚感情。

J0148436

郑秋枫歌曲选　郑秋枫作曲；上海文艺出版社编

上海　上海文艺出版社　1982年　237页

19cm（32开）　统一书号：8078.3127

定价：CNY0.57

本书精选作曲家的独唱、齐唱、重唱、合唱、表演唱、小组唱等各种形式作品82首。

J0148437

中学生英语歌曲　湖南教育出版社编

长沙　湖南教育出版社　1982年　39页　19cm（32开）

统一书号：9284.11　定价：CNY0.15

（英语有声读物丛书 2）

J0148438

祖国英雄颂 （时乐濛歌曲选）时乐濛曲

北京　人民音乐出版社　1982年　142页

19cm（32开）　统一书号：8026.3943

定价：CNY0.46

本书共选收作者1949年以来创作的合唱、独唱、群众歌曲和儿童歌曲等57首。作者时乐濛（1915—2008），音乐家、作曲家、指挥家。原名时广涵，生于河南伊川。曾在鲁迅艺术学院音乐系学习。曾任中国人民解放军总政治部歌舞团团长、解放军艺术学院副院长等职。编写《保卫莫斯科》歌曲、大合唱《祖国万岁》，主持音乐舞蹈史诗《东方红》及《中国革命之歌》的音乐创作。

J0148439

最新抒情歌曲　贵州人民出版社编辑

贵阳　贵州人民出版社　1982年　330页

19cm（32开）　统一书号：8115.836

定价：CNY0.88

J0148440

唱起来 （英语歌曲122首　英汉对照）陈枝英编

北京　外语教学与研究出版社　1983年　207页

25cm（15开）统一书号：9215.144

定价：CNY1.35

J0148441

唱起来 （英语歌曲122首　英汉对照）陈枝英编

北京　外语教学与研究出版社　1986年　207页

25cm（15开）统一书号：9215.144

定价：CNY3.80

J0148442

大海啊,故乡 （歌曲选）云山,石泉选编
北京 文化艺术出版社 1983年 13cm（48开）
折装 定价：CNY0.12

J0148443

纷纷飘坠的音符 （歌曲选）云山,石泉选编
北京 文化艺术出版社 1983年 17cm（40开）
定价：CNY0.12

J0148444

歌唱"美上加美"的地方 呼伦贝尔盟文联
音协编
呼伦贝尔盟文联音协 1983年 113页 19cm（32开）
　　本书系歌唱呼伦贝尔的歌曲集。

J0148445

广播歌选 （1983年第2期 总第18期）
中央人民广播电台文艺部编
北京 广播出版社 1983年 30页 18cm（15开）
统一书号：8236.083 定价：CNY0.13

J0148446

海迪之歌 （歌曲集）山东人民出版社编
济南 山东人民出版社 1983年 29页 26cm（16开）
统一书号：8099.2705 定价：CNY0.20
　　本书包括大型组歌《海迪之歌》和独唱、重
唱歌曲十余首。

J0148447

海峡之声歌曲选 中国音乐家协会福建分会编
北京 人民音乐出版社 1983年 86页 19cm（32开）
统一书号：8026.4143 定价：CNY0.30
　　本集选编海峡两岸人民盼望祖国统一的歌
曲共50余首。

J0148448

行知歌曲集 陶行知词
北京 人民音乐出版社 1983年 86页 19cm（32开）
统一书号：8026.4162 定价：CNY0.33
　　本书收有教育家陶行知先生从1927年至
1946年间作词的歌曲35首。歌曲之后附有说明。

J0148449

黄准歌曲选 黄准作曲；上海文艺出版社编

上海 上海文艺出版社 1983年 207页
19cm（32开）统一书号：8078.3377
定价：CNY0.52
　　本书收入作者所创作的电影歌曲、群众歌曲
和儿童歌曲共88首。

J0148450

老歌新唱 （1）刘清祥编著
［台北］乐谱出版社 1983年 136页
27cm（16开）定价：TWD140.00

J0148451

陆云歌曲选 陆云曲；云南人民出版社编
昆明 云南人民出版社 1983年 64页 19cm（32开）
统一书号：8116.1073 定价：CNY0.24

J0148452

洛宾歌曲集 王洛宾曲
兰州 甘肃人民出版社 1983年 220页
19cm（32开）统一书号：8096.969
定价：CNY0.56
　　本书收入了作者改编的民歌和创作的歌曲
共130首。

J0148453

美丽的桂林 （风光歌曲选）桂林市音协,文化
局编
桂林 桂林市音协［1983年］44页 25cm（小16开）
　　本书系中国现代风光歌曲选集专著。本书
与桂林市文化局合作出版。

J0148454

美丽的西藏,可爱的家乡 （罗念一歌曲选）
罗念一曲
北京 人民音乐出版社 1983年 82页 19cm（32开）
统一书号：8026.4065 定价：CNY0.29
　　本曲集选收作曲家罗念一创作的《美丽的西
藏,可爱的家乡》《叫我们怎么不歌唱》《洗衣歌》
等歌曲37首。

J0148455

年轻的朋友来相会 （谷建芬创作歌曲选）
谷建芬作曲
济南 山东人民出版社 1983年 279页 有照片
19cm（32开）统一书号：8099.2643

定价: CNY0.94

本书为中国现代歌曲选集。

J0148456
三峡美 (歌曲集)
重庆 重庆出版社 1983 年 42 页 19cm (32 开)
统一书号: 8114.70 定价: CNY0.15

J0148457
生命之光 (歌唱蒋筑英) 吉林省科学技术委
员会, 中国音乐家协会吉林分会编辑
长春 吉林省科学技术委员会 1983 年 36 页
19cm (32 开)
本书与中国音乐家协会吉林分会合作出版。

J0148458
台湾乡土歌曲全集 郝明义主编
台北 狮谷出版公司 1983 年 191 页 有照片
21cm (32 开)

J0148459
王莘歌曲选集 王莘曲; 百花文艺出版社编
天津 百花文艺出版社 1983 年 222 页
19cm (32 开) 统一书号: 8151.74
定价: CNY0.75
本歌曲集编选了作者 43 年 (1939—1981)
中创作的 102 首优秀歌曲。作者王莘 (1939—
1981), 作曲家。原名王莘耕, 江苏无锡荡口镇人。
历任天津音乐团团长、天津人民艺术剧院副院
长、天津歌舞剧院院长、中国音协常务理事、天
津市音协主席等职。代表作品《歌唱祖国》。

J0148460
雪花在静静地飘撒 (歌曲选) 云山, 石泉选编
北京 文化艺术出版社 1983 年
13cm (折叠) (64 开) 定价: CNY0.12

J0148461
彦克歌曲 100 首 彦克曲
石家庄 花山文艺出版社 1983 年 360 页
21cm (32 开) 统一书号: 8286.7 定价: CNY1.15

J0148462
一九八二年获奖优秀新歌十九首
长江文艺出版社

武汉 长江文艺出版社 1983 年 53 页 16cm (25 开)
统一书号: 8107.415 定价: CNY0.18

J0148463
一支难忘的歌 (歌曲选) 田庆, 常璧选编
北京 文化艺术出版社 1983 年
13cm (折叠) (64 开) 定价: CNY0.12

J0148464
友谊的长城 中国旅游出版社编
北京 中国旅游出版社 1983 年
18cm (折叠) (小 32 开) 定价: CNY0.15
(旅游歌曲 第三辑)

J0148465
愉快的旅行 中国旅游出版社编
北京 中国旅游出版社 1983 年 18cm (小 32 开)
定价: CNY0.15
(旅游歌曲 第四辑)

J0148466
在那桃花盛开的地方 (歌曲选)
田庆, 常璧选编
北京 文化艺术出版社 1983 年
13cm (折叠) (64 开) 定价: CNY0.12

J0148467
中国唱片盒带歌曲 (第一集) 中国唱片社编
长沙 湖南人民出版社 1983 年 112 页
19cm (32 开) 统一书号: 8109.1343
定价: CNY0.35

J0148468
中国唱片盒带歌曲 (第二集) 中国唱片社编
长沙 湖南人民出版社 1983 年 38 页 19cm (32 开)
统一书号: 8109.1348 定价: CNY0.22

J0148469
中国唱片盒带歌曲 (第三集) 中国唱片社编
长沙 湖南人民出版社 1983 年 55 页 19cm (32 开)
统一书号: 8109.1349 定价: CNY0.29

J0148470
中国唱片盒带歌曲 (第四集) 中国唱片社编
长沙 湖南人民出版社 1983 年 32 页 19cm (32 开)

统一书号：8109.1350　定价：CNY0.15

　　本歌曲集内容：女高音歌唱家李谷一演唱专辑。

J0148471

中国唱片盒带歌曲　（第五集）中国唱片社编

长沙　湖南人民出版社　1983年　48页　19cm（32开）

统一书号：8109.1353　定价：CNY0.19

J0148472

中国唱片盒带歌曲　（第六集）中国唱片社编

长沙　湖南人民出版社　1983年　54页　19cm（32开）

统一书号：8109.1354　定价：CNY0.20

J0148473

中国唱片盒带歌曲　（第七集）中国唱片社编

长沙　湖南人民出版社　1984年　89页　19cm（32开）

统一书号：8109.1356　定价：CNY0.33

J0148474

中国唱片盒带歌曲　（第八集）中国唱片社编

长沙　湖南人民出版社　1984年　66页　19cm（32开）

统一书号：8109.1358　定价：CNY0.27

J0148475

中国唱片盒带歌曲　（第九集）中国唱片社编

长沙　湖南人民出版社　1984年　112页

19cm（32开）统一书号：8109.1360

定价：CNY0.38

　　本歌曲集内容包括：男高音歌唱家李双江演唱专辑。

J0148476

中国唱片盒带歌曲　（第十集）中国唱片社编

长沙　湖南人民出版社　1984年　66页

19cm（32开）定价：CNY0.27

J0148477

中国唱片盒带歌曲　（第十一集）中国唱片社编

长沙　湖南人民出版社　1984年　70页　19cm（32开）

统一书号：8109.1364　定价：CNY0.31

J0148478

中国唱片盒带歌曲　（第十二集）中国唱片社编

长沙　湖南人民出版社　1984年　31页　19cm（32开）

统一书号：8109.1365　定价：CNY0.20

　　本书内容包括：中国革命历史歌曲，20世纪20年代工农运动中的歌曲，第二次国内革命战争时期歌曲。

J0148479

中国唱片盒带歌曲　（第十三集）中国唱片社编

长沙　湖南人民出版社　1984年　44页　19cm（32开）

定价：CNY0.22

　　本歌曲集内容包括：中国革命历史歌曲，抗日战争时期歌曲。

J0148480

中国唱片盒带歌曲　（第十四集）中国唱片社编

长沙　湖南人民出版社　1984年　39页　19cm（32开）

统一书号：8109.1367　定价：CNY0.21

　　本歌曲集内容包括：中国革命历史歌曲，抗日战争时期歌曲。

J0148481

中国唱片盒带歌曲　（第十五集）中国唱片社编

长沙　湖南人民出版社　1984年　39页

19cm（32开）定价：CNY0.21

　　本歌曲集内容包括：中国革命历史歌曲，解放战争时期歌曲。

J0148482

中国唱片盒带歌曲　（第十六集）中国唱片社编

长沙　湖南人民出版社　1984年　40页　19cm（32开）

统一书号：8109.1372　定价：CNY0.27

　　本歌曲集内容：中央电视台九州方圆电视歌会，中日青年友好联欢推荐歌曲专集。

J0148483

中国唱片盒带歌曲　（第十七集）中国唱片社编

长沙　湖南人民出版社　1985年　72页　19cm（32开）

统一书号：8109.1378　定价：CNY0.35

　　本歌曲集内容为：《祖国在前进》征歌获奖歌曲。

J0148484

中国唱片盒带歌曲　（第十八集　儿童歌曲）

中国唱片社编

长沙　湖南人民出版社　1985年　67页　19cm（32开）

统一书号：8109.1379　定价：CNY0.32

J0148485
中国唱片盒带歌曲 （第十九集）中国唱片社编
长沙 湖南人民出版社 1985年 89页 19cm（32开）
统一书号：8109.1380 定价：CNY0.40

J0148486
中国唱片盒带歌曲 （第二十集）中国唱片社编
长沙 湖南人民出版社 1985年 71页 19cm（32开）
统一书号：8109.1383 定价：CNY0.40

J0148487
中国唱片盒带歌曲 （第二十一集 女声二重唱）中国唱片社编
长沙 湖南文艺出版社 1986年 47页 19cm（32开）
统一书号：8456.8 定价：CNY0.35

J0148488
中国唱片盒带歌曲 （第二十二集）
中国唱片社编
长沙 湖南文艺出版社 1986年 99页 19cm（32开）
统一书号：8456.15 定价：CNY0.70

J0148489
歌海新声 （内蒙古创作歌曲选）内蒙古人民
出版社编
呼和浩特 内蒙古人民出版社 1984年 256页
19cm（32开）统一书号：8089.146
定价：CNY0.70

J0148490
歌曲集锦 （十位知名歌唱家演唱歌曲选）
章绳,远航编
桂林 漓江出版社 1984年 213页 19cm（32开）
统一书号：8256.169 定价：CNY0.76
　　本书收入十位知名歌唱家、演唱家的歌曲
100首,介绍了他们从事演唱活动的简历。

J0148491
歌坛集萃 （1）上海画报社编辑；夏文宇等摄影
上海 上海人民美术出版社 1984年 15张
13cm（60开）定价：CNY0.60

J0148492
歌坛集萃 （2）上海画报社编辑；夏文宇等摄影
上海 上海人民美术出版社 1984年 15张

13cm（60开）定价：CNY0.60

J0148493
各地期刊新歌选萃 （1）人民音乐出版社编
北京 人民音乐出版社 1984年 44页 19cm（32开）
统一书号：8026.4215 定价：CNY0.20

J0148494
各地期刊新歌选萃 （2）人民音乐出版社编
北京 人民音乐出版社 1984年 44页 19cm（32开）
定价：CNY0.27

J0148495
各地期刊新歌选萃 （3）人民音乐出版社编
辑部编
北京 人民音乐出版社 1986年 42页 19cm（32开）
统一书号：8026.4430 定价：CNY0.29

J0148496
各地期刊新歌选萃 （4）人民音乐出版社编
辑部编
北京 人民音乐出版社 1986年 50页 19cm（32开）
统一书号：8026.4430 定价：CNY0.34

J0148497
广播歌曲选 （二）俸丽编
成都 四川人民出版社 1984年 277页
19cm（32开）统一书号：8118.1764
定价：CNY0.95
　　本书系中国现代歌曲选。

J0148498
胡松华演唱歌曲集 叶俊英,董天庆编
桂林 漓江出版社 1984年 160页 有照片
19cm（32开）统一书号：8256.165
定价：CNY0.48

J0148499
会唱歌的星 （李幼容作词歌曲选）诗乐编
桂林 漓江出版社 1984年 191页 19cm（32开）
统一书号：8256.157 定价：CNY0.57
　　本书共分五辑：颂歌；兵歌；春歌；乡歌；
飞歌。

J0148500
火星歌曲选集　火星作词曲
天津　百花文艺出版社　1984 年　199 页
19cm（32 开）统一书号：8151.72
定价：CNY0.72
　　本书选编了作者 1943 年至 1982 年创作的
104 首优秀歌曲。

J0148501
九州方圆　（歌曲选）
北京　人民音乐出版社　1984 年
13cm（折叠）（60 开）定价：CNY0.18

J0148502
快到芙蓉国里来　（歌曲集）
湖南人民广播电台，《湘江歌声》编辑部编
长沙　湖南人民出版社　1984 年　87 页　19cm（32 开）
统一书号：8109.1357　定价：CNY0.28

J0148503
刘淑芳演唱歌曲选　叶俊英，黄爱民编
北京　文化艺术出版社　1984 年　119 页
19cm（32 开）统一书号：8228.073
定价：CNY0.48

J0148504
侨乡恋歌　（福建歌曲 100 首）赖蒙等编
福州　福建人民出版社　1984 年　140 页
19cm（32 开）统一书号：8173.848　定价：CNY0.45

J0148505
送你一束沙枣花　（歌曲集）新疆生产建设兵
团政治宣传部编
北京　人民音乐出版社　1984 年　176 页
19cm（32 开）统一书号：8026.4334
定价：CNY0.64
（绿州文艺丛书）

J0148506
童年的小摇车　（付林词作磁带歌曲选）莫索编
西安　陕西人民出版社　1984 年　86 页　有照片
19cm（32 开）统一书号：8094.705
定价：CNY0.43
　　本书介绍了付林的生平，创作特色。选辑词
作歌曲共 32 首，同时还选编了其他磁带、影视歌

曲 13 首。

J0148507
吐鲁番的葡萄熟了　（施光南歌曲选）
北京　人民音乐出版社　1984 年　44 页　26cm（16 开）
统一书号：8026.4230　定价：CNY0.58
　　本书选编施光南创作的《吐鲁番的葡萄熟
了》《祝酒歌》《马铃声声响》等代表性独唱艺术
歌曲 10 首。

J0148508
我爱你，中国　（歌曲集）长江文艺出版社编辑
武汉　长江文艺出版社　1984 年　107 页
19cm（32 开）定价：CNY0.51

J0148509
我的中国心　（歌曲集）湖南人民出版社编
长沙　湖南人民出版社　1984 年　56 页　19cm（32 开）
统一书号：8109.1361　定价：CNY0.20

J0148510
我为泉城添光华　（山东省第二届《泉城之秋》
音乐会创作歌曲选）山东省文化厅等主办
济南　山东文艺出版社　1984 年　310 页
19cm（32 开）统一书号：8331.1　定价：CNY1.05

J0148511
五人歌曲选　牛畅等曲
长沙　湖南人民出版社　1984 年　130 页
19cm（32 开）统一书号：8109.1359
定价：CNY0.36
　　本书选收牛畅、羊鸣、朱正本、丁家岐、姜
春阳等五位作曲家的作品 67 首。

J0148512
献给教师的歌　（歌曲选）刘达，袁善志编
北京　新华出版社　1984 年　51 页　19cm（32 开）
定价：CNY0.25
（文艺小丛书）

J0148513
献给教师的歌　刘达，袁善志编
武汉　湖北教育出版社　1985 年　47 页　19cm（32 开）
统一书号：7306.214　定价：CNY0.38
　　本书为献给首届教师节而编。共收幼儿歌

曲、少年儿童歌曲、中学生歌曲 28 首。

J0148514
萧友梅作品选　　萧友梅作
北京　人民音乐出版社 1984 年 95 页 25cm（16 开）
统一书号：8026.4221　定价：CNY1.25

J0148515
杨非歌曲选　　杨非曲；云南人民出版社编
昆明　云南人民出版社 1984 年 174 页 有肖像
18cm（32 开）统一书号：8116.1316
定价：CNY0.72

J0148516
一九八四年春节联欢晚会歌选
中央电视台主办；《中国广播电视》编辑部编
北京　广播出版社［1984 年］
13cm（折叠）（60 开）定价：CNY0.24

J0148517
在节日的花海里　　（歌曲集）郭吉成编
北京　文化艺术出版社 1984 年 152 页
19cm（32 开）统一书号：8228.084
定价：CNY0.58

J0148518
战友之歌　　（晨耕歌曲选）李树楷等词；晨耕曲
北京　人民音乐出版社 1984 年 118 页
19cm（32 开）统一书号：8026.4331
定价：CNY0.50
　　本书选收《新战士王二发》《有两个小伙一般高》《忆战友》《花蕾》等歌曲共 55 首。

J0148519
振兴中华青年歌曲选
上海市总工会宣传部编选
上海　上海文艺出版社 1984 年 396 页
19cm（32 开）统一书号：8078.3506
定价：CNY1.30，CNY1.45（软精装）

J0148520
中国名歌 222 首　　中国音乐编辑部编
北京　中国文联出版公司 1984 年 311 页
19cm（32 开）统一书号：8355.79
定价：CNY1.60

J0148521
中国名歌 222 首　　白燕等编
北京　中国文联出版公司 1993 年 2 版（修订本）
311 页 19cm（小 32 开）ISBN：7-5059-1811-7
定价：CNY6.00

J0148522
著名爱国歌曲选　　共青团中央宣传部编
郑州　河南人民出版社 1984 年 94 页 19cm（32 开）
统一书号：8105.1266　定价：CNY0.34
　　本书从电影、电视及唱片、广播歌曲中，选编了国内流行的著名爱国歌曲 45 首。

J0148523
祖国恋　　（风光歌曲选）
桂林　漓江出版社 1984 年 102 页 有照片
21cm（32 开）统一书号：8256.162
定价：CNY0.37

J0148524
祖国在前进　　（获奖歌曲三十首）
中央人民广播电台文艺部编
北京　人民音乐出版社 1984 年 90 页 有照片
19cm（32 开）统一书号：8026.4358
定价：CNY0.46

J0148525
阿拉腾奥勒歌曲选　　黄彦等词；阿拉腾奥勒曲
呼和浩特　内蒙古人民出版社 1985 年 288 页
有照片 20cm（32 开）统一书号：8089.180
定价：CNY1.65
　　本书系中国现代歌曲选集。作者阿拉腾奥勒（1942—2011），蒙古族。内蒙古自治区广播电视艺术团一级作曲家。生于内蒙古自治区哲里木盟科左后旗（今内蒙古通辽市科左后旗）。主要作品有《美丽的草原我的家》《敬祝毛主席万寿无疆》《乌力格尔主题随想曲》等。

J0148526
曹俊山歌曲选　　花城出版社编辑
广州　花城出版社 1985 年 215 页
19cm（小 32 开）定价：CNY1.35

J0148527
除夕夜晚多美好　　戈胜非选编

北京 昆仑出版社 1985 年 13cm（60 开）
定价：CNY0.24

中国现代歌曲选集。

J0148528
春之歌 （晨钟奖优秀歌曲选）歌曲编辑部编
北京 宝文堂书店 1985 年 13cm（60 开）折装
定价：CNY0.32

J0148529
当代青年喜爱的歌 （150 首）"当代青年喜爱的歌"评选活动办公室编
长沙 湖南文艺出版社 1985 年 276 页
19cm（32 开）统一书号：8456.1 定价：CNY1.30

本书选入歌曲 150 首，是参加文化部、解放军总政治部、中国音协、共青团中央联合举办的"当代青年喜爱的歌"评选活动的入选歌曲。

J0148530
当代青年喜爱的歌 （获奖歌曲三十首）
北京 中国广播电视出版社 1985 年 58 页
19cm（32 开）统一书号：8236.227
定价：CNY0.37

J0148531
江定仙歌曲选集 江定仙曲
北京 人民音乐出版社 1985 年 56 页 有肖像
26cm（16 开）统一书号：8026.4377
定价：CNY1.40

本集选收歌曲 13 首，其中独唱曲 7 首，合唱曲 6 首，如《前途》《岁月悠悠》《游泳》《新中华进行曲》等，配有钢琴伴奏谱。

J0148532
蔷薇，蔷薇，处处开 （流行抒情歌曲 100 首）
洪音编
北京 中国文联出版公司 1985 年 144 页
19cm（32 开）统一书号：8355.347
定价：CNY1.00

J0148533
蔷薇，蔷薇，处处开 （流行抒情歌曲 100 首）
洪音编
北京 中国文联出版公司 1988 年 重印本 144 页
19cm（32 开）统一书号：8355.347

ISBN：7-5059-0273-3 定价：CNY1.00

J0148534
山河的回音 （赵恕心创作歌曲）王岚编
南宁 广西人民出版社 1985 年 211 页
19cm（32 开）统一书号：8113.1059
定价：CNY1.10

J0148535
少女的歌 林小辰选编
上海 学林出版社 1985 年 13cm（60 开）
折装 定价：CNY0.16

J0148536
深巷中 （钱君匋作品选）钱君匋著
北京 人民音乐出版社 1985 年 14 页 26cm（16 开）
统一书号：8026.4347 定价：CNY0.42

中国现代歌唱歌曲集。作者钱君匋（1907—1998），书画家。浙江桐乡人。现通用名为钱君陶。名玉堂、锦堂，字君陶，号豫堂、禹堂。毕业于上海艺术师范学校。曾任西泠印社副社长、上海文艺出版社编审、上海市政协委员等职。代表作品《长征印谱》《君长跋巨卵选》《鲁迅印谱》《钱君陶印存》。

J0148537
十五的月亮 戈胜非选编
北京 昆仑出版社 1985 年 13cm（折叠）（60 开）
定价：CNY0.24

本书为现代中国歌曲集。

J0148538
心中的旗帜 （瞿维歌曲选）
北京 人民音乐出版社 1985 年 30 页 26cm（16 开）
统一书号：8026.4329 定价：CNY0.71

本书选收作品《工人阶级硬骨头》《青年进行曲》《大学生之歌》《焦裕禄赞歌》《心中的旗帜》等，共 10 首。

J0148539
中国磁带歌曲精选 （第一集）莫索编
西安 陕西人民出版社 1985 年 429 页 有照片
20cm（32 开）统一书号：8094.709
定价：CNY2.85

本书从已发行的唱片、音乐磁带中选取朱逢

博、谢莉斯、王洁实、朱明瑛、苏小明、成方圆、
沈小岑、李默、蒋大为、关贵敏和郁钧剑等 22 名
歌唱艺术家演唱的通俗歌曲 218 首。

J0148540
爱的花地 （张名河作词歌曲选）张名河著
沈阳 辽宁教育出版社 1986 年 197 页 有照片
19cm（32 开）统一书号：8371.9 定价：CNY1.35
　　作者张名河（1941— ），诗人、词作家。湖
南沅陵人。辽宁音乐文学学会副会长。

J0148541
八音盒歌曲选 ［中央人民广播电台编］
北京 宝文堂书店 1986 年 23 页 17cm（40 开）
统一书号：8070.259 定价：CNY0.60

J0148542
毕庶勤歌曲选 上海文艺出版社编
上海 上海文艺出版社 1986 年 263 页 有照片
19cm（32 开）统一书号：8078.3536
定价：CNY1.20

J0148543
冯玉祥军歌选 冯玉祥编写；谭胜功，黄砚如编
开封 河南大学出版社 1986 年 113 页 有肖像
19cm（32 开）统一书号：8435.002
定价：CNY1.10

J0148544
歌颂社会主义精神文明建设优秀歌曲十二首
北京 文化艺术出版社 1986 年 16 页 19cm（32 开）
统一书号：8228.137 定价：CNY0.20

J0148545
河北音乐之春获奖歌曲选 中国音乐家协会
河北分会编
石家庄 花山文艺出版社 1986 年 142 页
19cm（32 开）统一书号：8286.21
定价：CNY0.70

J0148546
绿叶 （绿叶奖获奖歌曲集）
中华人民共和国林业部宣传司编
北京 人民音乐出版社 1986 年 174 页
20cm（32 开）定价：CNY0.91

　　本书收入"绿叶奖"征歌评奖活动中获奖的
66 首优秀歌曲。

J0148547
美丽的白莲 （曾宪瑞作词歌曲选）曾宪瑞作
词；王俊杰等作曲；方竹编
南宁 广西人民出版社 1986 年 244 页 有肖像
19cm（32 开）统一书号：8113.357
定价：CNY1.25
　　作者曾宪瑞（1936— ），编辑，作家。江西
吉安人。任《南方文艺》杂志社主编、社长、编审。
歌诗集有《心中的歌》《美丽的白莲》《山水情》，
主编《2005 年中国歌词精选》。

J0148548
人民忘不了　祖国忘不了 （献给当代最可爱
的人歌曲集）献给当代最可爱的人歌曲征集办
公室编
北京 人民音乐出版社 1986 年 102 页
19cm（32 开）统一书号：8026.4506
定价：CNY0.61

J0148549
杉林青青 （雅文歌曲选）雅文曲
贵阳 贵州人民出版社 1986 年 169 页
10cm（64 开）统一书号：10115.596
定价：CNY1.75

J0148550
十五的月亮 （晨钟奖优秀歌曲选）
北京 宝文堂出版社 1986 年 13cm（64 开）
定价：CNY0.36

J0148551
十五的月亮 （歌曲选）新华出版社编辑部编
北京 新华出版社 1986 年 45 页 19cm（32 开）
统一书号：10203.184 定价：CNY0.36
（文艺小丛书）

J0148552
手风琴伴奏抒情歌曲集 （一）杨文涛,杨屹编
北京 人民音乐出版社 1986 年 49 页 26cm（16 开）
统一书号：8026.4477 定价：CNY0.76

J0148553

铁源歌曲 101 首　铁源作曲
沈阳　春风文艺出版社 1986 年　205 页
19cm（32 开）统一书号：8158.1233
定价：CNY1.50

J0148554

我把心留给了你　颜丕承作曲
乌鲁木齐　新疆人民出版社 1986 年　130 页
19cm（32 开）统一书号：8098.232
定价：CNY0.70
　　　中国现代歌曲选集。

J0148555

雪山情　（白登朗吉创作歌曲选）白登朗吉曲
成都　四川民族出版社 1986 年　137 页
19cm（32 开）统一书号：M8140.108
定价：CNY0.76

J0148556

延边青年喜爱的歌　（朝、汉文版）共青团延
边朝鲜族自治州委员会编
延吉　延边人民出版社 1986 年　56 页
20cm（32 开）定价：CNY0.30

J0148557

一九八四年国庆联欢晚会歌选
北京　中国广播电视出版社 1986 年 38cm（6 开）

J0148558

优秀歌曲十二首　（歌颂社会主义精神文明建设）
北京　文化艺术出版社 1986 年　16 页
26cm（16 开）定价：CNY0.20

J0148559

月亮女神　（黄田创作歌曲选）一丁编
南宁　广西人民出版社 1986 年　242 页
19cm（32 开）统一书号：8113.359
定价：CNY1.25

J0148560

在水一方　（琼瑶歌曲选）莱卡编选
武汉　群益堂 1986 年 40 页 19cm（32 开）
统一书号：8108.135 定价：CNY0.35

J0148561

战地歌声　（献给老山前线的英雄们）
田德芳等作词；田歌等作曲
西安　陕西人民出版社 1986 年 26 页 19cm（32 开）
统一书号：8094.749 定价：CNY0.30
　　　中国现代歌曲选集。

J0148562

中小学英语歌曲集　刘亚扬编译
北京　中国广播电视出版社 1986 年　49 页
20cm（32 开）定价：CNY0.34

J0148563

中学生喜爱的歌 123 首　上海教育出版社编
上海　上海教育出版社 1986 年　205 页
19cm（32 开）统一书号：7150.3649
定价：CNY1.10
（中学生文库）

J0148564

中学生英语歌曲选　北京东城区教育局中学
教研室编
北京　北京师范学院出版社 1986 年　77 页
20cm（32 开）定价：CNY0.55

J0148565

祖国，慈祥的母亲　（大学生歌曲选）
中国音乐家协会福建分会选编
福州　福建教育出版社 1986 年 15 页 19cm（32 开）
统一书号：7159.1121 定价：CNY0.10

J0148566

爱象青橄榄　（爱情歌曲精粹）张广生选编
武汉　群益堂 1987 年　121 页　19cm（32 开）
统一书号：8108.140 ISBN：7-80540-006-7
定价：CNY1.00
　　　中国现代抒情歌曲选集。

J0148567

初中优秀歌曲选　任侠，李杰选编
兰州　甘肃人民出版社 1987 年 83 页 19cm（32 开）
统一书号：7096.283 ISBN：7-226-00027-X
定价：CNY0.62

J0148568

大海啊,故乡 （王立平歌曲选）王立平曲
北京 人民音乐出版社 1987年 94页 26cm（16开）
统一书号：CN8026.4594 定价：CNY2.55

　　本书为作者创作歌曲专辑。有《大海啊,故乡》《牧羊曲》《西游记》和《红楼梦》的主题歌等。

J0148569

大学校园歌曲　邓东升选
太原 希望出版社 1987年 319页 14cm（64开）
统一书号：10398.30 定价：CNY1.35

J0148570

当代青年喜爱的歌　河南省中师音乐中心教研组编
郑州 黄河文艺出版社 1987年 60页 19cm（32开）
统一书号：8385.16 ISBN：7-5400-0018-X
定价：CNY0.50

J0148571

风和月亮 （陆华柏歌曲选）陆华柏曲
北京 人民音乐出版社 1987年 38页 26cm（16开）
统一书号：8026.4610 定价：CNY1.20

　　本书为中国作曲家歌曲专集中的一集。本集选收《风和月亮》《故乡》《游思集》（由5首微型歌曲组成）等抒情歌曲8首,均配有钢琴伴奏谱。作者陆华柏(1914—1994),作曲家、音乐教育家。出生于湖北荆门,祖籍江苏武进。主要作品有《故乡》《勇士骨》《汨罗江边》等。

J0148572

高中优秀歌曲选　任侠,李杰选编
兰州 甘肃人民出版社 1987年 103页
19cm（32开）统一书号：7096.284
ISBN：7-226-00028-8 定价：CNY0.73

J0148573

故乡情思 （易连海创作歌曲选）牡丹江市总工会,牡丹江市音乐工作者协会编
[牡丹江][牡丹江市总工会] 1987年 108页
19cm（32开）

　　本书与牡丹江市音乐工作者协会合作出版。

J0148574

胡俊成歌曲选　胡俊成曲

北京 昆仑出版社 1987年 272页 19cm（32开）
统一书号：8282.25 ISBN：7-80040-025-5
定价：CNY1.90

J0148575

黄河上的太阳 （晓光词作歌曲选）陈晓光作词
济南 山东文艺出版社 1987年 321页
19cm（32开）统一书号：8331.32
ISBN：7-5329-0025-8 定价：CNY1.65

J0148576

吉他弹唱歌曲集　王中国编
长春 时代文艺出版社 1987年 81页 19cm（32开）
统一书号：10389.125 ISBN：7-5387-0037-4
定价：CNY1.30

　　作者王中国(1954—　),青年作曲家。吉林省(社联)音乐舞蹈社会学研究会常务副秘书长,音乐编审部总编。

J0148577

李淦歌曲选　李淦作曲
北京 解放军文艺出版社 1987年 97页 有照片
19cm（32开）统一书号：8137.8
ISBN：7-5033-0007-8 定价：CNY0.80

J0148578

李伟歌曲选　李伟作
北京 解放军文艺出版社 1987年 266页 有照片
音乐论文 20cm（32开）统一书号：8137.5
ISBN：7-5033-0003-5 定价：CNY1.75

　　本书收录作者近50年各个历史时期代表作品90首；论文24篇,涉及声乐、器乐、歌剧、歌曲创作等诸问题。作者李伟(1914—2005),中国现代作曲家。

J0148579

吕骥歌曲选集　吕骥作曲
北京 人民音乐出版社 1987年 116页
19cm（32开）统一书号：8026.4459
定价：CNY0.81

　　本书收录作曲家1934年以来创作的歌曲69首。作者吕骥(1909—2002),音乐家、作曲家。出生于湖南湘潭,就读于上海音乐专科学校。历任中央音乐学院副院长、中国音协主席。创作的《抗日军政大学校歌》等歌曲广为传唱。出版有

《吕骥文选》。

J0148580
名歌荟萃　中国音乐家协会河北分会编
石家庄 花山文艺出版社 1987 年 572 页
20cm（32 开）统一书号：8286.27
定价：CNY3.70

J0148581
泉水叮咚响　（吕远歌曲选）吕远作曲
北京 人民音乐出版社 1987 年 50 页 26cm（16 开）
统一书号：8026.4433 定价：CNY1.35
　　本书收入作者的《克拉玛依之歌》《八月
十五月儿明》《九里里山屹塔十里里沟》《泉水
叮咚响》等艺术歌曲 10 首。均配有钢琴伴奏谱。
作者吕远（1929—　　），著名作曲家。生于山东烟
台，历任海政歌舞团艺术指导，中国文联全国委
员，中国音乐家协会创作委员会、外事委员会顾
问，北京国际人才交流协会常务理事，海军政治
学院兼职教授等。代表作品有《克拉玛依之歌》
《走上这高高的兴安岭》《俺的海岛好》等，出版
有《吕远歌曲集》。

J0148582
生茂歌曲选　河北省晋县本书编辑部，解放军
歌曲编辑部选编
北京 昆仑出版社 1987 年 387 页 有照片
19cm（32 开）统一书号：8282.21
ISBN：7-80040-006-9 定价：CNY2.40
　　本书收录作者 30 余年来不同历史时期歌曲
代表作 208 首。

J0148583
史宗毅歌曲选　史宗毅曲；佚莺编
福州 海峡文艺出版社 1987 年 211 页 有照片
19cm（32 开）统一书号：10368.285
ISBN：7-80534-024-2 定价：CNY1.30

J0148584
同心歌谣　杨少青，马效龙主编；同心县民间
文学集成办公室编
［宁夏］［同心县民间文学集成办公室］1987 年
10+461 页 有图地图照片 19cm（32 开）
（中国歌谣集成宁夏卷资料丛书）

J0148585
徐东蔚歌曲选　徐东蔚曲
广州 花城出版社 1987 年 220 页 19cm（32 开）
ISBN：7-5360-0026-X 定价：CNY1.60

J0148586
赵元任音乐作品全集　赵元任作曲；赵如兰编
上海 上海音乐出版社 1987 年 269 页 有肖像
26cm（16 开）统一书号：8127.3001
定价：CNY8.50
　　本书分创作歌曲、编配合唱、为民歌配伴
奏、器乐小品等 4 大部分，共 132 首曲。外文书名：
Complete Musical Works of Yuen Ren Zhao.

J0148587
中学生歌曲选　邢籁，宋太玉编
哈尔滨 黑龙江教育出版社 1987 年 93 页
定价：CNY0.58

J0148588
中学生歌曲选　南京市教育局教研室编
南京 江苏科学技术出版社 1987 年 42 页
19cm（32 开）统一书号：7196.069
ISBN：7-5345-0108-3 定价：CNY0.38

J0148589
中学校园歌曲　邓东升选
太原 希望出版社 1987 年 237 页 14cm（64 开）
统一书号：10398.31 定价：CNY1.10

J0148590
24 首歌曲集　张前，尚春生编
郑州 河南教育出版社 1988 年 41 页 18cm（15 开）
ISBN：7-5347-0461-8 定价：CNY0.46

J0148591
88 龙年金曲流行歌片　（1-4 辑）小樱选编
广州 新世纪出版社 1988 年 4 册 13cm（64 开）
折装 定价：CNY1.00

J0148592
唱好歌　文化部等编
长春 吉林人民出版社 1988 年 57 页 19cm（32 开）
ISBN：7-206-00366-4 定价：CNY0.65

J0148593

当代抒情歌曲　人民音乐出版社编辑部编
北京　人民音乐出版社　1988 年　291 页
19cm（32 开）ISBN：7-103-00136-7
定价：CNY1.75
　　本书选收当代不同题材、体裁、形式的优秀
抒情独唱歌曲 200 余首。包括《长城颂》《清晰
的回忆》《妈妈教我一支歌》《在那桃花盛开的地
方》《塔里木之恋》《在希望的田野上》等曲目。

J0148594

**第三届全国青年歌手电视大奖赛获奖演员
演唱歌曲选**　程太，琴声编
长沙　湖南文艺出版社　1988 年　92 页　19cm（32 开）
ISBN：7-5404-0375-6　定价：CNY1.40

J0148595

风靡·狂潮·新歌 100 首　石四选辑
哈尔滨　黑龙江教育出版社　1988 年　151 页
19cm（32 开）ISBN：7-5316-0550-3
定价：CNY1.70

J0148596

关不住的爱　（沈宝纲歌曲选）沈宝纲作曲；
云楚编
福州　海峡文艺出版社　1988 年　80 页　有照片
19cm（32 开）ISBN：7-80534-080-3
定价：CNY0.60
　　沈宝纲（1936—　），中国音乐家协会会员。

J0148597

绿色的梦　（黄淑子作词歌曲选）黄淑子词；
艾岚编
南宁　广西人民出版社　1988 年　284 页
19cm（32 开）ISBN：7-219-00620-9
定价：CNY1.90

J0148598

琴弦上的梦　（陈川创作歌曲选）陈川曲
成都　四川文艺出版社　1988 年　213 页　有照片
20cm（32 开）ISBN：7-5411-0269-9
定价：CNY2.40
　　作者陈川（1945—　），作曲家。毕业于中央
音乐学院。历任四川文艺出版社副社长、四川电
子音像出版社总编辑、四川通俗音乐协会会长、

中国音乐家协会会员。创作歌曲有《峨眉山》《九
寨沟·黄龙》《青城山·都江堰》《稻城亚丁·香格
里拉》等。音乐专著有《琴弦上的梦》《中国少数
民族乐器大观》《藏族人民庆丰收》等。

J0148599

日汉对照歌曲集　（第一集）人民音乐出版社
编辑部编
北京　人民音乐出版社　1988 年　216 页
19cm（32 开）ISBN：7-103-00233-9
定价：CNY1.90

J0148600

试验兵之歌　（纪念海军试验基地组建 30 周
年）张志海曲
北京　文津出版社　1988 年　85 页　19cm（32 开）
ISBN：7-80554-008-X　定价：CNY2.00

J0148601

台湾抒情歌曲　庄春江编
北京　中国文联出版公司　1988 年　294 页
13×10cm　ISBN：7-5059-0207-5
定价：CNY1.35

J0148602

天山红玫瑰　（《我爱祖国的新疆》征歌获奖歌
曲集）新疆电视台编
北京　人民音乐出版社　1988 年　166 页
19cm（32 开）ISBN：7-103-00194-4
定价：CNY0.94

J0148603

听众点播歌曲选　河南人民广播电台文艺处，
《群众文艺宫》节目组编
郑州　黄河文艺出版社　1988 年　114 页
19cm（32 开）定价：CNY1.10

J0148604

西部歌曲　方自健编
西安　陕西人民出版社　1988 年　106 页
19cm（32 开）ISBN：7-224-00595-9
定价：CNY0.99

J0148605

相聚在龙年　（中央电视台龙年春节晚会歌曲

精选）中国广播电视出版社编
北京　中国广播电视出版社［1988 年］
13cm（64 开）定价：CNY0.30

J0148606
战士喜爱的歌　顾天庆编
北京　解放军出版社 1988 年 245 页 19cm（32 开）
ISBN：7-5065-0290-9　定价：CNY1.95
（当代军人修养丛书）
　　本书收录歌曲 149 首。其中有传统歌曲，军事题材歌曲，优秀群众歌曲，电影、电视、歌剧选曲及外国歌曲；既有著名作曲家的作品，也有战士的作品。

J0148607
张鲁歌曲选集　张鲁词曲
石家庄　花山文艺出版社 1988 年 251 页 有肖像
20cm（32 开）ISBN：7-80505-067-8
定价：CNY2.50
　　本书编选 100 首歌曲，有歌剧《白毛女》选曲《北风吹》《扎红头绳》和歌曲《王大妈要和平》等。

J0148608
中国古代诗词歌曲集　陈应时，刘树秉编
南昌　江西人民出版社 1988 年 139 页
19cm（32 开）统一书号：8110.1560
ISBN：7-210-00075-5　定价：CNY1.20

J0148609
中学生点播歌曲　刘可编
南昌　江西教育出版社 1988 年 183 页
19cm（32 开）ISBN：7-5392-0238-6
定价：CNY1.40

J0148610
40 年金曲 100 首　（1949—1989　勾起您深深的回忆）阿利，陈素编
沈阳　白山出版社 1989 年 196 页 19cm（32 开）
ISBN：7-80566-028-X　定价：CNY2.75

J0148611
奔腾的珠江　（屈干臣作词歌曲选）屈干臣词
广州　花城出版社 1989 年 151 页 有照片
19cm（32 开）ISBN：7-5360-0491-5
定价：CNY2.70

　　作者屈干臣（1949—　），作家、诗人、教授、研究员。河南新密人。历任广东省企业歌曲艺术研究会会长、音乐协会理事。

J0148612
本地创作歌曲　黄信勇作
1989 年 33 页 25cm（15 开）

J0148613
草地摇滚　（陈小奇作词盒带歌曲 100 首）
陈小奇词
广州　广东旅游出版社 1989 年 262 页
19cm（32 开）ISBN：7-80521-059-4
定价：CNY2.90

J0148614
大家唱　（第一辑）北方文艺出版社编选
哈尔滨　北方文艺出版社 1989 年 58 页
19cm（32 开）ISBN：7-5317-0305-X
定价：CNY0.95

J0148615
公交歌声　（长春公交歌曲集 第 1 期 总第 44 期）
长春音乐家协会 1989 年 48 页 19cm（32 开）

J0148616
古诗词吟唱曲　黄慰平编
上海　百家出版社 1989 年 108 页 19cm（32 开）
ISBN：7-900000-54-2　定价：CNY1.60

J0148617
唤起我美好回忆的那些歌　北京青年文化咨询交流中心，中国音乐家协会编
北京　中国国际广播出版社 1989 年 504 页
19cm（32 开）ISBN：7-80035-372-9
定价：CNY6.50

J0148618
教师颂歌　丁明堂编
北京　华夏出版社 1989 年 181 页 19cm（32 开）
ISBN：7-80053-611-4　定价：CNY2.30

J0148619
金曲·金星　（新时期十年金曲 1988 年金星专集）人民日报文艺部编

北京　人民音乐出版社　1989 年　134 页
19cm（32 开）ISBN：7-103-00277-0
定价：CNY2.30

J0148620
金曲银歌一百首　李从陆编
石家庄　花山文艺出版社　1989 年　136 页
19cm（32 开）ISBN：7-80505-198-6
定价：CNY2.00

J0148621
狂歌精萃　牧江,姚建华选编
西安　陕西人民出版社　1989 年　107 页
19cm（32 开）ISBN：7-224-00610-6
定价：CNY1.25

J0148622
丽日南天　（屈干臣作词歌曲选）屈干臣词
广州　广东旅游出版社　1989 年　173 页
19cm（32 开）ISBN：7-80521-134-5
定价：CNY3.00
　　作者屈干臣(1949—　)，作家、诗人、教授、研究员。河南新密人。历任广东省企业歌曲艺术研究会会长、音乐协会理事。

J0148623
美的边陲美的歌　（保山地区创作歌曲选）
保山地区行署文化局《云岭歌声》编辑部编
昆明　保山地区行署文化局《云岭歌声》编辑部
1989 年　76 页　19cm（32 开）

J0148624
美丽的珠海　（歌曲集）珠海市文化局,珠海市音乐学会编
西安　华岳文艺出版社　1989 年　224 页
19cm（32 开）ISBN：7-80549-196-8
定价：CNY2.90

J0148625
蛇年欢歌　檀明山选编
北京　华艺出版社　1989 年　76 页　19cm（32 开）
ISBN：7-80039-042-X　定价：CNY1.00

J0148626
时代回旋曲　（建国以来抒情歌曲选）常元宁编

长春　吉林人民出版社　1989 年　214 页
19cm（32 开）ISBN：7-206-00561-6
定价：CNY2.85

J0148627
是你给我爱　（中央电视台 1989 年春节联欢晚会歌曲选）中国广播电视出版社编
北京　中国广播电视出版社　1989 年　32 页
19cm（32 开）ISBN：7-5043-0212-0
定价：CNY0.60

J0148628
蜀中企业之花歌曲选　李景铄,陈川主编
成都　四川人民出版社　1989 年　144 页
19cm（32 开）ISBN：7-220-00889-9
定价：CNY2.00
　　主编陈川(1945—　)，作曲家。毕业于中央音乐学院。历任四川文艺出版社副社长、四川电子音像出版社总编辑、四川通俗音乐协会会长、中国音乐家协会会员。创作歌曲有《峨眉山》《九寨沟·黄龙》《青城山·都江堰》《稻城亚丁·香格里拉》等。音乐专著有《琴弦上的梦》《中国少数民族乐器大观》《藏族人民庆丰收》等。

J0148629
跳起来　（1989 春节联欢晚会歌曲精选）双木编
武汉　荆楚书社　1989 年　44 页　19cm（32 开）
ISBN：7-80539-017-7　定价：CNY0.80

J0148630
王卓声乐作品选　王卓著；音乐生活月刊社编
沈阳　春风文艺出版社　1989 年　201 页
19cm（32 开）ISBN：7-5313-0337-X
定价：CNY3.00
　　作者王卓(1930—　)，中国音乐家协会理事。

J0148631
心恋　（港、台影视盒带歌曲选）许学勤编
西安　华岳文艺出版社　1989 年　89 页　19cm（32 开）
ISBN：7-80549-207-7　定价：CNY1.20

J0148632
新时期十年金曲大汇集　方舟,沈捷编
武汉　湖北人民出版社　1989 年　226 页
19cm（32 开）ISBN：7-216-00308-X

定价：CNY2.40

J0148633
杨招亮歌曲选　杨招亮曲
兰州 甘肃人民出版社 1989 年 175 页 有彩照
19cm（32 开）ISBN：7-226-00335-X
定价：CNY2.15

J0148634
应尚能歌曲选集　（钢琴伴奏谱）应尚能曲；
中国音乐学院编
北京 人民音乐出版社 1989 年 42 页 26cm（16 开）
ISBN：7-103-00262-2 定价：CNY1.15
　　本书为五线谱。中国作曲家歌曲专集。选
收歌曲共 16 首，如《吊吴松》《渔父》《带镣行》
等，均配有钢琴伴奏谱。

J0148635
优秀歌曲十首　中国音乐家协会陕西分会编
西安 华岳文艺出版社 1989 年 16 页 19cm（32 开）
ISBN：7-80549-275-1 定价：CNY0.40

J0148636
战士喜爱的歌　（第一集，225 首）蔡朝东主编
昆明 云南人民出版社 1989 年 310 页
19cm（32 开）ISBN：7-222-00488-2
定价：CNY3.40
　　作者蔡朝东（1951— ），中华教育艺术研究
会常务理事。

J0148637
战士喜爱的歌　（第二集，225 首）蔡朝东主编
昆明 云南人民出版社 1989 年 308 页
19cm（32 开）ISBN：7-222-00489-0
定价：CNY3.40

J0148638
战士喜爱的歌　（第三集 182 首）蔡朝东主编
昆明 云南人民出版社 1990 年 311 页
19cm（32 开）ISBN：7-222-00650-8
定价：CNY3.70
　　本书收入歌曲 182 首，内容为：传统歌曲，优
秀群众歌曲，外国歌曲等。

J0148639
战士喜爱的歌　（第四集 157 首）蔡朝东主编
昆明 云南人民出版社 1990 年 312 页
19cm（32 开）ISBN：7-222-00695-8
定价：CNY3.70

J0148640
中国百唱不厌歌曲　胡雪城编
成都 四川人民出版社 1989 年 576 页
19cm（32 开）ISBN：7-220-00783-3
定价：CNY5.85
　　本书为歌曲选集。由创作歌曲、影视剧歌曲、
港台歌曲、民族民间歌曲、少年儿童歌曲等部分
组成。

J0148641
中国百唱不厌歌曲　（第三集）胡雪城编
成都 四川人民出版社 1992 年 563 页
19cm（小 32 开）ISBN：7-220-01777-4
定价：CNY7.00
（百唱不厌歌曲系列）
　　本书包括创作歌曲，影、视、剧歌曲，港台歌
曲，民族民间歌曲等部分。

J0148642
中国百唱不厌歌曲　（续集）胡雪城编
成都 四川人民出版社 1992 年 528 页
19cm（小 32 开）ISBN：7-220-01525-9
定价：CNY6.70
（百唱不厌歌曲系列）
　　本书为中国歌曲选集。由创作歌曲、影视剧
歌曲、港台歌曲、民族民间歌曲、少年儿童歌曲
等部分组成。本册为第二集。

J0148643
中国百唱不厌歌曲　（第四集）胡雪城编
成都 四川人民出版社 1994 年 664 页 19cm（小
32 开）ISBN：7-220-02365-0 定价：CNY9.00
（百唱不厌歌曲系列）
　　本书为中国歌曲选集。由创作歌曲、影视剧
歌曲、港台歌曲、民族民间歌曲、少年儿童歌曲
等部分组成。共收歌曲近 300 首。

J0148644
中国百唱不厌歌曲　（1）胡雪城编

成都 四川人民出版社 1996 年 重印本 13+578 页
19cm（32 开）ISBN：7-220-03453-9
定价：CNY19.80
（百唱不厌歌曲系列）

　　本书为中国歌曲选集。由创作歌曲、影视剧
歌曲、港台歌曲、民族民间歌曲、少年儿童歌曲
等部分组成。

J0148645
中国百唱不厌歌曲 （2）胡雪城编
成都 四川人民出版社 1996 年 重印本 12+538 页
19cm（32 开）ISBN：7-220-03271-4
定价：CNY16.80
（百唱不厌歌曲系列）

J0148646
中国百唱不厌歌曲 （3）胡雪城编
成都 四川人民出版社 1996 年 重印本 13+565 页
19cm（32 开）ISBN：7-220-03272-2
定价：CNY17.80
（百唱不厌歌曲系列）

J0148647
中国百唱不厌歌曲 （4）胡雪城编
成都 四川人民出版社 1996 年 重印本 12+666 页
19cm（32 开）ISBN：7-220-03273-0
定价：CNY21.00
（百唱不厌歌曲系列）

J0148648
中国百唱不厌歌曲 陈川编
成都 四川文艺出版社 1996 年 5 册
19cm（小 32 开）ISBN：7-5411-1453-7
定价：CNY85.00（全套）

　　编者陈川（1945— ），作曲家。毕业于中央
音乐学院。历任四川文艺出版社副社长、四川电
子音像出版社总编辑、四川通俗音乐协会会长、
中国音乐家协会会员。创作歌曲有《峨眉山》《九
寨沟·黄龙》《青城山·都江堰》《稻城亚丁·香格
里拉》等。音乐专著有《琴弦上的梦》《中国少数
民族乐器大观》《藏族人民庆丰收》等。

J0148649
中小学校"五爱"教育歌曲百首 《中小学校
"五爱"教育歌曲百首》编委会编

济南 山东文艺出版社 1989 年 232 页
19cm（32 开）ISBN：7-5329-0310-9
定价：CNY2.80

J0148650
中学校园歌曲 高惠君编
沈阳 春风文艺出版社 1989 年 194 页
19cm（32 开）ISBN：7-5313-0297-7
定价：CNY2.30

J0148651
爱在心窝里 （何群茂歌曲选）何群茂曲
福州 海峡文艺出版社 1990 年 120 页 有照片
19cm（32 开）ISBN：7-80534-219-9
定价：CNY1.50

　　本书为中国现代歌曲选集。作者何群茂
（1937— ），钢琴教师。毕业于四川音乐学院。
福建人民广播电台党委委员、主任编辑。代表作
品《爱在心窝里》《畲歌越唱越开心》《读唐诗》
《台湾小阿霞》等。

J0148652
八闽新曲选 （1989）孔庆晋编
福州 海峡文艺出版社 1990 年 195 页
20cm（32 开）ISBN：7-80534-254-7
定价：CNY3.25

　　八闽为福建省的别称。本书为福建现代歌
曲选集。

J0148653
唱唱画画 朱康勤,杨东鸣词曲；杨柏玉绘
福州 福建美术出版社 1990 年 24 页
19cm（小 32 开）定价：CNY0.80

J0148654
春风·大海·热土 （企业之歌精粹）
房思钊等主编
北京 中国广播电视出版社 1990 年 182 页
19cm（小 32 开）定价：CNY3.50

J0148655
春光曲 （淄博市文明村 乡、镇村歌选）刘新
德等主编；淄博市精神文明建设委员会办公室,
淄博市群众艺术馆编
青岛 青岛出版社 1990 年 155 页 19cm（32 开）

ISBN：7-5436-0513-9　定价：CNY2.25

J0148656

大学校园歌曲　高惠君，李云柱编
沈阳　春风文艺出版社　1990年　234页
19cm（32开）ISBN：7-5313-0289-9
定价：CNY2.50

J0148657

当代青年喜爱的歌　（1985—1989）
共青团中央宣传部编
北京　劳动人事出版社　1990年　282页
19cm（32开）ISBN：7-5045-0499-8
定价：CNY3.50

J0148658

邓超荣歌曲选　邓超荣曲
广州　花城出版社　1990年　166页　有照片
19cm（32开）ISBN：7-5360-0578-4
定价：CNY2.90
　　作者邓超荣（1948—　　），编剧。广东电白县人。曾任湛江地区文化局创作员，粤剧团、歌舞团乐队指挥兼作曲，《深圳特区报》文艺记者，英国伦敦学会乐团客座指挥，中国音协会员，广东省音协理事等。出版长篇纪实文学《深圳歌舞厅实录》《都市浪漫曲》。

J0148659

歌迷之友丛书
北京　解放军文艺出版社　1990年　19cm（32开）

J0148660

好歌献给你　陈贵编
南宁　广西民族出版社　1990年　110页
19cm（32开）ISBN：7-5363-0715-2
定价：CNY1.20
　　本书系陈贵编中国现代歌曲选集。

J0148661

吉林省校园歌曲集　（小学部分）
马文铎，马翼健主编
长春　北方妇女儿童出版社　1990年　208页
19cm（32开）ISBN：7-5385-0660-8
定价：CNY1.95

J0148662

吉林省校园歌曲集　（中学部分）张冠军主编
长春　北方妇女儿童出版社　1990年　293页
19cm（32开）ISBN：7-5385-0661-6
定价：CNY2.95

J0148663

金唱片奖歌曲选　（1949—1989）何群茂，顾培幼选编
福州　海峡文艺出版社　1990年　78页　19cm（32开）
ISBN：7-80534-221-0　定价：CNY1.00
　　编者何群茂（1937—　　），钢琴教师。毕业于四川音乐学院。福建人民广播电台党委委员、主任编辑。代表作品《爱在心窝里》《畲歌越唱越开心》《读唐诗》《台湾小阿霞》等。

J0148664

跨越彩虹　（献给亚运会的歌）上海音乐出版社编
上海　上海音乐出版社　1990年　64页
19cm（小32开）定价：CNY1.00
（歌迷丛书　5）

J0148665

赖宁之歌　（文艺宣传资料特辑）全国少工委办公室宣教处，《多来咪》编辑部编
上海　上海音乐出版社　1990年　56页
19cm（小32开）定价：CNY0.75

J0148666

李德熙歌曲选　李德熙曲
昆明　云南民族出版社　1990年　199页　有肖像
19cm（32开）ISBN：7-5367-0342-2
定价：CNY3.50

J0148667

李叔同——弘一法师歌曲全集　企释，培安编
上海　上海音乐出版社　1990年　90页
39cm（8开）定价：CNY11.50
　　本书收李叔同的歌曲76首。贺绿汀作序，钱仁康作《李叔同——弘一法师歌曲考》一文。卷首有徐悲鸿作弘一法师的油画像。

J0148668

李学伦歌曲选集　李学伦曲

南宁　广西民族出版社　1990年　114页　有肖像
19cm（32开）ISBN：7-5363-0314-9
定价：CNY1.50

J0148669

刘正亮获奖歌曲集　广州军区后勤部政治
部,广西军区政治部合编
南宁　广西民族出版社　1990年　145页
19cm（32开）ISBN：7-5363-1059-5
定价：CNY2.50

J0148670

毛泽东诗词歌曲选　山峰编
成都　四川人民出版社　1990年　38页　19cm（32开）
ISBN：7-220-00936-4　定价：CNY0.85
　　本书系中国现代革命歌曲选集专著。

J0148671

梅和樱（肖民歌曲选　钢琴伴奏谱）肖民作
北京　人民音乐出版社　1990年　26页　26cm（16开）
ISBN：7-103-00495-1　定价：CNY1.50
　　本书为线谱。中国作曲家歌曲专集。选收《梅
和樱》等歌曲共8首,配有钢琴伴奏谱。

J0148672

嫩绿的蓓蕾（中学生获奖词曲集）共青团北
京市委中学部编
北京　中国少年儿童出版社　1990年　280页
有图　19cm（32开）ISBN：7-5007-1134-4
定价：CNY2.90
　　中国现代歌曲选集。

J0148673

青春的赞歌（学习雷锋歌曲集）张兴水等编选
石家庄　河北少年儿童出版社　1990年　83页
19cm（32开）ISBN：7-5376-0548-3
定价：CNY1.05

J0148674

青春圆舞曲（党永庵作词歌曲选）党永庵词
西安　陕西人民出版社　1990年　86页　19cm（32开）
ISBN：7-224-01167-3　定价：CNY0.95

J0148675

山水情（桂林风光歌曲选）曾宪瑞词
南宁　广西人民出版社　1990年　151页　有彩照
19cm（32开）ISBN：7-219-01445-7
定价：CNY2.40
　　作者曾宪瑞（1936—　），编辑,作家。江西
吉安人。任《南方文艺》杂志社主编、社长、编审。
歌诗集有《心中的歌》《美丽的白莲》《山水情》,
主编《2005年中国歌词精选》。

J0148676

沈传薪歌曲选　上海音乐出版社编
上海　上海音乐出版社　1990年　286页
21cm（32开）定价：CNY4.80

J0148677

生活多甜蜜歌曲集　王中国作
长春　时代文艺出版社　1990年　123页　有肖像
19cm（32开）ISBN：7-5387-0218-0
定价：CNY1.70
　　作者王中国（1954—　），青年作曲家,吉林
省（社联）音乐舞蹈社会学研究会常务副秘书长,
音乐编审部总编。

J0148678

诗词歌曲集　田雪夫词;刘玉书曲
哈尔滨　黑龙江出版社　1990年　120页
19cm（小32开）定价：CNY1.90

J0148679

时代的旋律（徐恒俊歌曲集）徐恒俊著
济南　山东文艺出版社　1990年　180页　有照片
19cm（32开）ISBN：7-5329-0466-0
定价：CNY2.55

J0148680

通信兵歌曲集　总参通信部编
北京　解放军文艺出版社　1990年　151页
19cm（32开）ISBN：7-5033-0216-X

J0148681

童安格歌曲集（创造九〇流行歌曲奇迹的
人）林蔡冰,舍予选编
北京　旅游教育出版社　1990年　117页
19cm（小32开）定价：CNY2.00

J0148682

万马奔腾新歌 100 首　云君,李静编
沈阳　春风文艺出版社 1990 年　224 页
19cm（32 开）ISBN：7-5313-0363-9
定价：CNY2.65

J0148683

王玉西歌曲选　王玉西曲
石家庄　花山文艺出版社 1990 年 273 页　有照片
20cm（32 开）ISBN：7-80505-306-5
定价：CNY4.00

　　本书选收作曲家王玉西的作品。其中有《社员都是向阳花》和《李双双小唱》。

J0148684

新潮金曲　拓颖编
西安　陕西人民出版社 1990 年　128 页
19cm（32 开）ISBN：7-224-01113-4
定价：CNY1.50

J0148685

学雷锋学赖宁歌曲专辑　卞雾编
杭州　浙江文艺出版社 1990 年　14 页
13cm（64 开）定价：CNY0.20

J0148686

亚运之声（第十一届亚运会歌曲集）
北京　奥林匹克出版社 1990 年 42 页 19cm（32 开）
ISBN：7-80067-039-2 定价：CNY0.65

J0148687

叶克勒曲选（蒙古文汉文对照）赵·道尔加拉,周吉编
乌鲁木齐　新疆人民出版社 1990 年

　　本书对阿尔泰山 7 个民间艺人进行了探访,并录回了他们弹奏的 36 首乐曲。

J0148688

以诚相待（赵志杰作词歌曲集）赵志杰作词
济南　山东文艺出版社 1990 年　149 页
19cm（32 开）ISBN：7-5329-0399-0
定价：CNY2.15

J0148689

永恒的草莓园（歌剧·艺术歌曲·民歌欣赏举

隅）陈黎,张芬龄著
台北　大吕出版社 1990 年　197 页 21cm（32 开）
ISBN：957-9358-01-X 定价：TWD150.00
（大吕音乐丛刊）

J0148690

优秀校园歌曲选　魏仁健作曲
济南　济南出版社 1990 年　131 页 19cm（32 开）
ISBN：7-80572-233-1 定价：CNY1.80

J0148691

悠悠故乡情（周胜利创作歌曲集）周胜利曲
武汉　长江文艺出版社 1990 年　167 页
19cm（32 开）ISBN：7-5354-0324-7
定价：CNY2.55

J0148692

咱们工人有力量（石油工人喜欢的歌）
孟辉主编
济南　山东文艺出版社 1990 年　332 页
19cm（32 开）ISBN：7-5329-0508-X
定价：CNY4.05

J0148693

张金云歌曲选　张金云著
中小学音乐报社 1990 年　70 页　有照片
18cm（15 开）定价：CNY1.40

　　作者张金云,回族,作曲家、音乐理论家。丽江师范高等专科学校教授委员会主任。中国音乐家协会会员、中国少数民族音乐学会会员、云南省音乐家协会会员、中国儿童音乐学会会员、丽江市音乐舞蹈家协会副主席。出版有《张金云歌曲选》《张金云优秀少年儿童歌曲选》等。

J0148694

这片热情的土地上　马东风主编
北京　中国广播电视出版社 1990 年　343 页
19cm（32 开）ISBN：7-5043-0837-4
定价：CNY3.95
（校歌、厂歌、新歌集粹 第一辑）

　　编者马东风（1958—　　）,音乐教育家。山东微山人。山东省曲阜师范大学音乐系教授、硕士生导师,中国音乐家协会师范基本乐科教育分会副会长兼秘书长。

J0148695
这片热情的土地上 （第二辑　校歌·厂歌·新歌集粹）马东风主编
北京　中国广播电视出版社　1991 年　412 页
19cm（小 32 开）ISBN：7-5043-1561-3
定价：CNY4.50

J0148696
这是我的校园曲 （当代青少年之歌）
海峡文艺出版社编
福州　海峡文艺出版社　1990 年　57 页　19cm（32 开）
ISBN：7-80534-241-5　定价：CNY0.85

J0148697
指挥家作曲家陈良作品选　陈良著
南宁　广西人民出版社　1990 年　132 页
19cm（32 开）ISBN：7-219-01738-3
定价：CNY2.30

J0148698
中国古代歌曲　孙玄龄,刘东升编
北京　人民音乐出版社　1990 年　171 页
26cm（16 开）ISBN：7-103-00488-9
定价：CNY8.40
　　本书为线谱。编选中国各个历史时期中在思想性、艺术性上均有一定价值的有代表性的古代歌曲共 138 首。所收歌曲全部是从历代正式刊印的曲谱中遴选出来的,由音乐专家将古代乐谱中难以辨识的文字谱、琴谱、工尺谱译成可供今人阅读和演唱的现代乐谱,歌曲按不同历史时期分类编排,包括雅乐歌曲、词曲、散曲、俗曲、琴歌、《魏氏乐谱》歌曲和吟诵调 7 个部分。

J0148699
中国优秀传统歌曲选　徐敏编
西安　陕西人民出版社　1990 年　90 页　19cm（32 开）
ISBN：7-224-01176-2　定价：CNY1.30
　　本书选收中国传统歌曲 40 余首。

J0148700
中学生歌曲选　钟立民,温弘之编
北京　北京教育出版社　1990 年　209 页
19cm（小 32 开）定价：CNY3.15

J0148701
中学语文新编配曲古诗词
（初中二年级）李景忠,徐景文编著
哈尔滨　黑龙江教育出版社　1990 年　77 页
19cm（小 32 开）定价：CNY1.05

J0148702
中学语文新编配曲古诗词 （初中三年级）
李景忠,徐景文编著
哈尔滨　黑龙江教育出版社　1990 年　48 页
19cm（小 32 开）定价：CNY0.75

J0148703
中学语文新编配曲古诗词 （初中一年级）
李景忠,徐景文编著
哈尔滨　黑龙江教育出版社　1990 年　72 页
19cm（小 32 开）定价：CNY0.95

J0148704
最后一朵红玫瑰　杨爱伦编
北京　解放军文艺出版社　1990 年　32 页
19cm（32 开）ISBN：7-5033-0162-7
定价：CNY0.60
（歌迷之友丛书 11）
　　中国现代歌曲选集。作者杨爱伦,主要编制的歌曲作品有《说句心里话》《十五的月亮十六圆》《我的未来不是梦》等。

J0148705
1991 年春节晚会新歌金曲　叶耘编
南宁　广西民族出版社　1991 年　120 页
19cm（小 32 开）ISBN：7-5363-1126-5
定价：CNY2.30

J0148706
藏族女声独唱歌曲选　中国音乐家协会青海分会编
西宁　青海人民出版社　1991 年　61 页　21cm（32 开）
ISBN：7-225-00324-0　定价：CNY0.85

J0148707
曹贤邦歌曲选　曹贤邦著
石家庄　花山文艺出版社　1991 年　280 页
有照片　20cm（32 开）ISBN：7-80505-586-6
定价：CNY4.50

（乐坛百花丛书）

作者曹贤邦（1947—　　），作曲家。历任《通俗歌曲》杂志社副主编、国家二级作曲、中国音乐家协会会员。创作歌曲《我们的希望小学》,出版有《曹贤邦歌曲选》。

J0148708

缠绵的毛毛雨　《歌迷》编辑部编

上海　上海音乐出版社　1991 年　64 页

19cm（小 32 开）ISBN：7-80553-273-7

定价：CNY1.00

（歌迷丛书 7）

J0148709

陈田鹤歌曲选集　（钢琴伴奏谱）

陈田鹤作曲；人民音乐出版社编

北京　人民音乐出版社　1991 年　43 页

26cm（16 开）ISBN：7-103-00734-9

定价：CNY2.10

本书收集了 20 世纪 30 年代作曲家陈田鹤的声乐作品 18 首。作者陈田鹤（1911—1955）,作曲家。浙江温州人,就读于上海国立音乐专科学校、武昌艺术专科学校。曾在国立音乐院作曲系任教,北京人民艺术剧院、中央实验歌剧院专事音乐创作。代表作品有《采桑曲》《巷战歌》《燕子的歌》《和平友谊之歌》《秋天的梦》等。

J0148710

大学生百唱不厌歌曲　易柯编

成都　四川人民出版社　1991 年　306 页

19cm（小 32 开）ISBN：7-220-01331-0

定价：CNY4.00

J0148711

党的礼赞　（歌曲卷）北方文艺出版社编

哈尔滨　北方文艺出版社　1991 年　340 页

21cm（32 开）ISBN：7-5317-0528-1

定价：CNY6.35

（党的礼赞丛书 1）

本书收入《山丹丹开花红艳艳》《绣金匾》《南泥湾》《东北好地方》等,也有不少是著名词曲作家的优秀作品,如：《祝酒歌》《党啊,亲爱的妈妈》《草原上升起不落的太阳》等歌曲。

J0148712

杜鹃之恋　（孙效祖歌曲作品选）孙效祖曲

南昌　百花洲文艺出版社　1991 年　296 页

有照片　19cm（小 32 开）ISBN：7-80579-129-5

定价：CNY3.90

本书收入 100 首作者创作歌曲。作者孙效祖（1931—　　）,辽宁大连人,中国音乐家协会理事、江西分会常务副主席。

J0148713

歌库　（中外歌曲汇典）延成编

北京　北京广播学院出版社　1991 年　247 页

20cm（32 开）ISBN：7-81004-394-3

定价：CNY5.50

J0148714

歌迷大世界　（系列之十）邵影主编

成都　四川民族出版社　1992 年　122 页

19cm（小 32 开）ISBN：7-5409-0806-8

定价：CNY2.30

J0148715

歌迷大世界　（总第 11 期）程明秀主编

成都　四川民族出版社　1992 年　152 页

19cm（小 32 开）ISBN：7-5409-0868-8

定价：CNY2.90

J0148716

歌迷大世界　（总第 12 期 卡拉 OK 抒情歌曲）

秦艺选编

成都　四川民族出版社　1992 年　168 页

19cm（小 32 开）ISBN：7-5409-0927-7

定价：CNY2.60

J0148717

歌迷大世界：系列之九　四川民族出版社编辑

成都　四川民族出版社　1991 年　159 页

19cm（小 32 开）定价：CNY1.90

J0148718

跟着卡拉 OK 学唱　毕利格编

北京　知识出版社　1991 年　230 页

19cm（小 32 开）定价：CNY3.80

J0148719

海峡情 （组歌）刘以光词；方妙英曲

厦门 厦门大学出版社 1991 年 37 页 26cm（16 开）

ISBN：7-5615-0370-9 定价：CNY3.00

　　作曲者方妙英（1930— ），教师。女，上海人，毕业于沈阳音乐学院。历任厦门大学教授、中国音乐家协会会员、中国高等学校音教会理事、福建省音教研究会副理事长等职。出版有《民族音乐概论》《大学生音乐修养》《门类艺术探索》等。

J0148720

花儿朵朵向太阳 江西省教委艺术教育委员会办公室编

南昌 二十一世纪出版社 1991 年 70 页

19cm（小 32 开） ISBN：7-5391-0498-8

定价：CNY0.65

J0148721

吉他伴奏卡拉 OK 歌曲集 庄少陵编著

北京 中国广播电视出版社 1991 年 250 页

26cm（16 开）ISBN：7-5043-1004-2

定价：CNY9.60

　　作者庄少陵（1934— ），吉他音乐家、演奏家。广东善宁人。中国音乐家协会吉他研究会副理事长，中国音乐家协会表演艺术委员会吉他研究会副理事长，天津大学吉他爱好者协会顾问。

J0148722

吉他伴奏卡拉 OK 歌曲集 （2）庄少陵编著

北京 中国国际广播出版社 1992 年 179 页

26cm（16 开）ISBN：7-5078-0200-0

定价：CNY8.00

（庄氏吉他系列丛书）

　　本书精选了近百首最新流行名曲，每首歌曲均附有吉他伴奏之完整和弦及指法。

J0148723

吉他伴奏卡拉 OK 歌曲集 （3）庄少陵编著

北京 中国国际广播出版社 1992 年 194 页

26cm（16 开）ISBN：7-5078-0396-1

定价：CNY8.60

（庄氏吉他系列丛书）

J0148724

家庭卡拉 OK 金曲精选 （献给和谐美满的家庭）魏羊编

沈阳 沈阳出版社 1991 年 152 页 19cm（小 32 开）

ISBN：7-80556-686-0 定价：CNY2.80

J0148725

江河源之歌 （魏崇歌曲选）魏崇曲

西宁 青海人民出版社 1991 年 138 页 有彩照

19cm（小 32 开） ISBN：7-225-00476-X

定价：CNY1.95

J0148726

江河源之歌 （魏崇歌曲选）魏崇作

西宁 青海人民出版社 1993 年 重印本 148 页

有彩照 19cm（32 开 ） ISBN：7-225-00476-X

定价：CNY2.30

J0148727

今夜星光如梦：张学友演唱专辑

中国广播电视出版社编

北京 中国广播电视出版社 1991 年 38 页

19cm（小 32 开） ISBN：7-5043-1091-3

定价：CNY0.95

（盒带歌曲系列）

J0148728

军营歌曲精选 解放军歌曲编辑部编

北京 解放军文艺出版社 1991 年 199 页

19cm（小 32 开） ISBN：7-5033-0546-0

定价：CNY5.00

　　本书内容以反映军事题材歌曲为主。

J0148729

卡拉 OK 歌曲精选 （一）刘佳编

长沙 湖南文艺出版社 1991 年 228 页

19cm（32 开） ISBN：7-5404-0665-8

定价：CNY2.60

J0148730

卡拉 OK 金曲 （普及版）刘婴选编

深圳 海天出版社 1991 年 185 页 19cm（小 32 开）

ISBN：7-80542-263-X 定价：CNY3.60

J0148731

卡拉 OK 金曲　伟纬编

广州　中山大学出版社　1991 年　277 页　有彩照

19cm（32 开）ISBN：7-306-00450-6

定价：CNY4.80

J0148732

卡拉 OK 金曲集　包乐峰编

武汉　中国地质大学出版社　1991 年　179 页

附吉他和弦伴奏　19cm（小 32 开）

ISBN：7-5625-0511-X　定价：CNY3.60

J0148733

李凤银歌曲选　李凤银曲

石家庄　花山文艺出版社　1991 年　278 页

有照片　20cm（32 开）ISBN：7-80505-587-4

定价：CNY5.00

（乐坛百花丛书）

　　本书收入作者四十年创作的歌曲及歌剧等

作品。作者李凤银（1934—　），学名李令，中国

音乐家协会会员，音协河北分会理事。

J0148734

鲁颂歌曲选　鲁颂作曲

长沙　湖南文艺出版社　1991 年　202 页

19cm（小 32 开）ISBN：7-5404-0696-8

定价：CNY3.00

　　作者鲁颂（1934—2012），作曲家。湖南南

县人，出版有《鲁颂歌曲选》《音乐教育与音乐创

作》《鲁颂校园歌曲选》等。

J0148735

美丽的松花湖　王加伦著

长春　时代文艺出版社　1991 年　41 页　有照片

19cm（32 开）ISBN：7-5387-0335-7

定价：CNY1.05

　　本书为现代中国歌曲集。作者王加伦，

（1933—　），吉林榆树县（今吉林省榆树市）人，

吉林市音乐舞蹈家协会主席。

J0148736

梦中的启明星　《歌迷》编辑组编辑

上海　上海音乐出版社　1991 年　64 页

19cm（小 32 开）ISBN：7-80553-330-X

定价：CNY1.00

（歌迷丛书 8）

J0148737

迷你卡拉 OK 新！新！新！（热门卡拉 OK 金

曲选）明智主编

成都　四川民族出版社　1991 年　159 页

19cm（小 32 开）ISBN：7-5409-0755-X

定价：CNY1.90

（歌迷大世界系列 9）

J0148738

你知道我在等你吗　长江文艺出版社编

武汉　长江文艺出版社　1991 年　76 页　19cm（32 开）

ISBN：7-5354-0398-0　定价：CNY1.30

　　本书为现代中国歌曲集。

J0148739

年轻的喝采　（台湾金曲龙虎榜精粹 65 首）

王勤选编

北京　旅游教育出版社　1991 年　133 页

19cm（小 32 开）ISBN：7-5637-0211-3

定价：CNY2.20

J0148740

群星灿烂　（屈干臣作词歌曲选）屈干臣著

广州　花城出版社　1991 年　178 页　19cm（小 32 开）

ISBN：7-5360-1149-0　定价：CNY3.50

　　作者屈干臣（1949—　），作家、诗人、教授、

研究员。河南新密人。历任广东省企业歌曲艺

术研究会会长、音乐协会理事。

J0148741

人民音乐家施光南歌曲 101 首　洪如丁编

北京　中国国际广播出版社　1991 年　314 页

有照片　20cm（32 开）ISBN：7-80035-944-1

定价：CNY6.50

　　本书分女高音独唱、女中音独唱、男高音独

唱、男中音男低音独唱、重唱对唱合唱、童声独

唱合唱 6 部分。包括作曲家在不同历史时期创

作的传世名曲如：《打起手鼓唱起歌》《祝酒歌》

《吐鲁番的葡萄熟了》《月光下的凤尾竹》《假如

你要认识我》《在希望的田野上》《第十一届亚洲

运动会会歌》《小贝壳》等。

J0148742
珊瑚颂 （胡士平歌曲选）胡士平著
北京 海潮出版社 1991 年 335 页 有照片
20cm（32 开）精装 ISBN：7-80054-233-5
定价：CNY15.00

J0148743
上海市中小学歌咏活动推荐演唱歌曲选
（纪念中国共产党诞生七十周年）上海市艺术教
育委员会秘书处编
上海 百家出版社 1991 年 28 页 19cm（小 32 开）
ISBN：7-80576-225-2 定价：CNY0.35

J0148744
颂歌献给亲爱的党 （庆祝建党七十周年歌曲
选）袁志忠，敏力选编
郑州 河南人民出版社 1991 年 225 页
19cm（小 32 开）ISBN：7-215-01366-9
定价：CNY3.20

J0148745
台湾金榜新歌名曲 香宾，望月编
长沙 湖南文艺出版社 1991 年 147 页
19cm（小 32 开）ISBN：7-5404-0815-4
定价：CNY2.20

J0148746
台湾最新百名歌星演唱歌曲选 香宾等编
北京 文化艺术出版社 1991 年 173 页
19cm（小 32 开）ISBN：7-5039-0905-6
定价：CNY2.95

J0148747
田耳作词歌曲选 田耳作词
石家庄 花山文艺出版社 1991 年 283 页 有照片
20cm（32 开）ISBN：7-80505-590-4
定价：CNY5.00
（乐坛百花丛书）
　　作者田耳（1935— ），音乐家。河北晋县（今
河北省晋州市）人，中国音乐家协会会员，中国音
乐文学学会会员，河北省歌词研究会副会长兼秘
书长，《通俗歌曲》杂志编辑。

J0148748
未来世界属于我 徐晓明曲

乌鲁木齐 新疆青少年出版社 1991 年 248 页
有照片 19cm（小 32 开）ISBN：7-5371-0946-X
定价：CNY4.00

J0148749
我向党来唱支歌 湖南文艺出版社编
长沙 湖南文艺出版社 1991 年 60 页
19cm（小 32 开）ISBN：7-5404-0628-3
定价：CNY0.80

J0148750
五指山之歌 （获奖作品集）钟龙宝主编
海口 三环出版社 1991 年 63 页 19cm（小 32 开）
ISBN：7-80564-377-6 定价：CNY1.20

J0148751
希望的田野 （新农村之歌集粹）房思钊主编
北京 中国广播电视出版社 1991 年 293 页
19cm（小 32 开）ISBN：7-5043-1293-2
定价：CNY3.60

J0148752
惜春禽·爱鸟诗词歌集 周本湘诗词；顾兆琳
谱曲
上海 华东师范大学出版社 1991 年 52 页
20cm（32 开）ISBN：7-5617-0459-3
定价：CNY1.85
　　本书选收作者咏鸟诗词十四首。并逐首
谱曲。

J0148753
献给党的赞歌 （庆祝建党周年河北省中小学
艺术节推荐歌曲）本书编选组编
石家庄 河北少年儿童出版社 1991 年 180 页
19cm（32 开）ISBN：7-5376-0673-0
定价：CNY1.70

J0148754
香满天下都是情 （王鼎南乡土歌曲选）
王鼎南曲
福州 海峡文艺出版社 1991 年 104 页
19cm（小 32 开）ISBN：7-80534-376-4
定价：CNY1.95
　　作者王鼎南（1929— ），音乐家。生于印尼，
祖籍福建南安。历任安溪县文化馆副研究馆员、

中国音乐家协会会员、泉州市音乐家协会名誉主席。创作歌曲《唱块咱厝的歌送给你》《正月点灯红》《爱拼才会赢》等。

J0148755

小萝卜头的歌　陈章文著

长春 吉林教育音像出版社 1991 年 32 页

19cm（小 32 开）定价：CNY1.20

J0148756

小民歌曲集　小民著

石家庄 花山文艺出版社 1991 年 252 页 有照片

20cm（32 开）精装 ISBN：7-80505-557-2

定价：CNY4.50

（乐坛百花丛书）

J0148757

心中的歌：中小学生歌咏活动推荐歌曲

（中学版）武汉市教学研究室编

武汉 武汉出版社 1991 年 32 页 27cm（大 16 开）

ISBN：7-5430-0481-X 定价：CNY0.78

J0148758

旋风 OK　（最新卡拉 OK 歌曲精选 100 首）

李玉刚等选编

天津 天津社会科学院出版社 1991 年 241 页

19cm（小 32 开）ISBN：7-80563-131-X

定价：CNY2.90

J0148759

沂山的旋律　（一）王克义主编

北京 中国广播电视出版社 1991 年 210 页

19cm（小 32 开）ISBN：7-5043-1700-4

定价：CNY3.60

J0148760

音乐小世界　崔启珊等编

上海 上海教育出版社 1991 年 10 册

19cm（小 32 开）ISBN：7-5320-2267-6

定价：CNY6.65

J0148761

优秀校园歌曲集　陈阳等编

沈阳 辽宁教育出版社 1991 年 214 页

19cm（小 32 开）ISBN：7-5382-1428-3

定价：CNY2.80

（当代中国大学生校园文化丛书）

J0148762

在五星红旗下　（黄政歌曲选）黄政作曲

北京 农村读物出版社 1991 年 220 页

19cm（小 32 开）ISBN：7-5048-1532-2

定价：CNY3.40

　　作者黄政（1934—　），浙江义乌市人，中国音乐家协会会员，中国社会音乐研究会理事。

J0148763

张保生歌曲选　张保生作曲

石家庄 花山文艺出版社 1991 年 286 页

有照片 20cm（32 开）ISBN：7-80505-589-0

定价：CNY4.50

（乐坛百花丛书）

　　作者张保生（1948-），河北香河县人。邯郸市群艺馆音舞部主任，中国音乐家协会会员，中国音乐文学学会会员。

J0148764

张文启歌曲选　张文启曲

石家庄 花山文艺出版社 1991 年 284 页

21cm（32 开）ISBN：7-80505-556-4

定价：CNY5.50

（乐坛百花丛书）

J0148765

郑新兰歌曲选　郑新兰作曲

石家庄 花山文艺出版社 1991 年 287 页

有照片 20cm（32 开）ISBN：7-80505-588-2

定价：CNY4.50

（乐坛百花丛书）

　　作者郑新兰（1942-），女，河北省歌舞剧院专职音乐创作，中国音乐家协会会员。

J0148766

中国的月亮　（歌曲 100 首）陈志东编

北京 中国广播电视出版社 1991 年 125 页

19cm（小 32 开）ISBN：7-5043-1436-6

定价：CNY1.90

J0148767

中国十年流行名曲荟萃　（1981—1991）

由甲, 齐放编
郑州 河南人民出版社 1991年 515页
19cm(小 32 开) ISBN: 7-215-01680-3
定价: CNY7.05

J0148768
中学生喜爱的歌　徐冰编
成都 四川少年儿童出版社 1991年 305页
13cm(64 开) ISBN: 7-5365-0748-8
定价: CNY2.32
(中学生文化快餐丛书)

J0148769
中学校歌集　陕西省教委中教处编
西安 未来出版社 1991年 162页 19cm(小 32 开)
ISBN: 7-5417-0449-0 定价: CNY1.95

J0148770
子夜四时歌　(古诗词歌曲三首) 金湘著
北京 人民音乐出版社 1991年 31页 26cm(16 开)
ISBN: 7-103-00786-1 定价: CNY1.90
　　本集收入古诗词歌曲三首。其中《子夜四时歌》尤为成功的声乐套曲。外文书名: Four Seasons Songs of Zi Yeh: Music of 3 Classic Poems. 作者金湘(1935—2015), 作曲家、指挥家、音乐评论家。生于浙江诸暨。曾任北京歌舞团交响乐队指挥兼作曲, 中国音乐学院作曲系副教授兼作曲系教研室主任。代表作品歌剧《原野》, 歌剧《楚霸王》, 音乐剧《Beautiful Warrior》等。

J0148771
最新卡拉 OK 大金曲　林怀编
深圳 海天出版社 1991年 195页 19cm(32 开)
ISBN: 7-80542-300-8 定价: CNY3.80

J0148772
最新名歌金曲精选　洪音编
北京 中国文联出版公司 1991年 203页
19cm(32 开) ISBN: 7-5059-1432-4
定价: CNY2.55

J0148773
最新影视歌曲 ' 91 春节文艺晚会歌曲
卡拉 OK 流行曲
北京 中国电影出版社 1991年 103页

有彩照 19cm(32 开) ISBN: 7-106-00554-1
定价: CNY2.00

J0148774
"卡拉" 怎样 "OK"?　洪音编
北京 中国文联出版公司 1992年 166页
19cm(小 32 开) ISBN: 7-5059-1743-9
定价: CNY3.25

J0148775
爱心天长地久　杨爱伦编
北京 解放军文艺出版社 1992年 32页
19cm(小 32 开) ISBN: 7-5033-0623-8
定价: CNY0.85
(歌迷之友 14)
　　本书收入《爱心天长地久》《今宵情》《父老乡亲》等20余首歌曲。编者杨爱伦, 主要编制的歌曲作品有《说句心里话》《十五的月亮十六圆》《我的未来不是梦》等。

J0148776
白金奖卡拉 OK 金曲　(第一辑) 蓝天编
海口 海南摄影美术出版社 1992年 183页
有照片 19cm(小 32 开) ISBN: 7-80571-317-0
定价: CNY3.80
　　外文书名: A Permanent Song Album for Collection.

J0148777
北京中学校歌集　兰宏生等编
北京 北京教育出版社 1992年 520页
19cm(小 32 开) ISBN: 7-5303-0306-6
定价: CNY11.00
(北京教育志丛书)
　　作者兰宏生(1939—　　), 研究员。历任北京市教育局政教处处长、北京市教科院特约研究员、北京家庭教育研究会会长、中国教育学会学术委员、中学德育研究会理事长等。主编有《中小学思想品德课和思想政治课教材》《学校管理体制改革》《寻觅哲学之路》《希望之星从这里升起》。

J0148778
飞图镭射卡拉 OK 流行榜　英明选编
南宁 广西民族出版社 1992年 223页

19cm（小32开）ISBN：7-5363-1672-0
定价：CNY4.80

　　本书分最新金曲、热门金曲、榜首金曲、情爱金曲及精选金曲5部分，共收100多首名曲。

J0148779

飞向太阳　（李成基创作歌曲集）李成基著
北京 蓝天出版社 1992年 250页 20cm（32开）
ISBN：7-80081-318-5 定价：CNY4.80
（连队图书室丛书）

　　作者李成基，作曲家。历任中国音乐家协会会员，中国音乐家协会四川分会理事，四川省文联委员。作品有《强军梦》等。

J0148780

歌曲五十首　李嘉评选编；史中民绘
济南 明天出版社 1992年 75页 13×13cm
ISBN：7-5332-1445-5 定价：CNY0.76
（妈妈教我学）

　　编者李嘉评（1939—　），国家一级作曲。历任青岛市北区政协副主席、青岛市文联副主席、青岛市音协副主席、省文联委员、中国儿童音乐学会理事等。作品有《海娃的歌》《野菊花》《山里的小姐姐》《我爱祖国大自然》《大海的故事》等。

J0148781

歌坛·歌曲·歌星　林慧文等编
北京 北京出版社 1992年 306页 有剧照
19cm（小32开）ISBN：7-200-01453-2
定价：CNY5.00

　　本书记述了1990年通俗歌坛的大事纪要，选编了有代表性的歌曲一百首；介绍了大陆和港台的著名歌星一百人的艺术经历、代表作和演唱特色，以及历年的金曲和金星等。

J0148782

歌王卡拉OK极品金曲　阿红选编
海口 海南摄影美术出版社 1992年 194页
19cm（小32开）ISBN：7-80571-384-7
定价：CNY3.80

J0148783

歌王卡拉OK极品金曲　（第二辑）阿红选编
海口 海南摄影美术出版社 1993年 194页

19cm（小32开）ISBN：7-80571-401-1
定价：CNY3.98

J0148784

海南赞歌　（陈裕仁创作歌曲选）陈裕仁作
海口 南海出版公司 1992年 75页 有照片
19cm（小32开）ISBN：7-80570-916-5
定价：CNY2.42

　　作者陈裕仁，海南琼山人，音乐教育家。

J0148785

好歌名曲大全　（流行歌曲、影视歌曲精选）
德明编
海口 海南摄影美术出版社 1992年 293页
19cm（小32开）ISBN：7-80571-266-2
定价：CNY4.80

J0148786

河州花儿研究　王沛著
兰州 兰州大学出版社 1992年 434页
20cm（32开）ISBN：7-311-00478-0
定价：CNY8.20

J0148787

红花映山河　（屈干臣作词歌曲选）屈干臣著
广州 花城出版社 1992年 202页 19cm（小32开）
ISBN：7-5360-1412-0 定价：CNY4.00

　　作者屈干臣（1949—　），作家、诗人、教授、研究员。河南新密人。历任广东省企业歌曲艺术研究会会长、音乐协会理事。

J0148788

胡昭俊歌曲选　胡昭俊编著
郑州 河南人民出版社 1992年 201页
20cm（32开）ISBN：7-215-02117-3
定价：CNY3.70

　　作者胡昭俊（1931—　），洛阳市音乐家协会主席，洛阳市群众艺术馆研究馆员，中国音乐家协会会员，河南省音乐家协会常务理事。

J0148789

获奖卡拉OK金曲　（精选本 第一辑）天天编
海口 海南摄影美术出版社 1992年 238页
19cm（32开）ISBN：7-80571-186-0
定价：CNY4.80

J0148790

获奖卡拉OK金曲 （精选本　第三辑）天天编

海口　海南摄影美术出版社　1992年　195页

有彩照　19cm（32开）ISBN：7-80571-272-7

定价：CNY4.80

　　本书共收歌曲近百首,介绍了郭富城、黎明、刘德华、张学友四名香港歌星。

J0148791

获奖卡拉OK金曲 （精选本　第十辑）

绮红选编

海口　海南摄影美术出版社　1994年　183页

19cm（32开）ISBN：7-80571-696-X

定价：CNY4.98

J0148792

吉祥之声歌曲集 孟宪志主编

沈阳　春风文艺出版社　1992年　462页

19cm（小32开）ISBN：7-5313-0775-8

定价：CNY7.40

　　这是一部反映保险事业、赞美保险工作者的作品集。

J0148793

骏马欢歌 （中山市玻璃工业集团公司职工歌曲选）黄英森编

广州　广东教育出版社　1992年　103页

19cm（小32开）ISBN：7-5406-1992-8

定价：CNY2.90

J0148794

卡拉OK （国语粤语金曲对照精华本）杨艳录编

北京　人民中国出版社　1992年　176页　有彩照

19cm（小32开）ISBN：7-80065-171-1

定价：CNY3.98

J0148795

卡拉OK金曲 晋英编

西安　陕西旅游出版社　1992年　153页

19cm（小32开）ISBN：7-5418-0558-0

定价：CNY2.85

J0148796

卡拉OK金曲 （一）晓娟编

武汉　长江文艺出版社　1992年　168页

19cm（小32开）ISBN：7-5354-0635-1

定价：CNY3.60

J0148797

卡拉OK金曲 （二）晓娟编

武汉　长江文艺出版社　1993年　169页

19cm（小32开）ISBN：7-5354-0634-3

定价：CNY3.60

J0148798

卡拉OK金曲大全 开弓选编

桂林　漓江出版社　1992年　278页

19cm（小32开）ISBN：7-5407-0976-6

定价：CNY4.80

J0148799

卡拉OK金曲大全 吴明编

北京　中国旅游出版社　1992年　302页

19cm（小32开）ISBN：7-5032-0727-2

定价：CNY5.80

J0148800

卡拉OK金曲集萃 张妮娜选编

南宁　广西民族出版社　1992年　251页

19cm（小32开）ISBN：7-5363-2053-1

定价：CNY4.20

J0148801

卡拉OK金曲精选 （'92元旦春节晚会金曲）

夏枫,春寒编

南宁　广西民族出版社　1992年　122页

19cm（小32开）ISBN：7-5363-1583-X

定价：CNY2.20

J0148802

卡拉OK金曲精选 沈刚,佘华编

贵阳　贵州民族出版社　1992年　154页　有彩照

19cm（小32开）ISBN：7-5412-0250-9

定价：CNY3.70

J0148803

卡拉OK劲歌金曲 （最新榜首金曲珍藏本）

蓝天选编

南宁　广西美术出版社　1992年　183页　有彩照

19cm（小32开）ISBN：7-80582-367-7

定价：CNY3.60

J0148804
卡拉 OK 精品荟萃　（珍藏本）殷雪编
武汉 长江文艺出版社 1992 年 186 页 有彩照
19cm（小 32 开）ISBN：7-5354-0636-X
定价：CNY3.80

J0148805
卡拉 OK 流行金曲　蓝天选编
南宁 广西美术出版社 1992 年 184 页 有彩照
19cm（小 32 开）ISBN：7-80582-368-5
定价：CNY3.60

J0148806
卡拉 OK 流行金曲珍藏本　（1）东成选编
太原 北岳文艺出版社 1992 年 197 页 有照片
19cm（32 开）ISBN：7-5378-0838-4
定价：CNY3.85

J0148807
卡拉 OK 流行金曲珍藏本　（2）
太原 北岳文艺出版社 1992 年 194 页 有彩照
19cm（32 开）ISBN：7-5378-0851-1
定价：CNY3.85
（盒带歌选）

J0148808
卡拉 OK 情歌集　陈展伟选编
深圳 海天出版社 1992 年 217 页 19cm（32 开）
ISBN：7-80542-426-8 定价：CNY3.95

J0148809
镭射新歌　（1）高亮选编
广州 花城出版社 1992 年 181 页 19cm（32 开）
ISBN：7-5360-1231-4 定价：CNY3.60

J0148810
镭射新歌　（2）高亮选编
广州 花城出版社 1992 年 181 页 19cm（32 开）
ISBN：7-5360-1231-4 定价：CNY3.60

J0148811
镭射新歌　（3）高亮选编
广州 花城出版社 1993 年 181 页 19cm（32 开）

ISBN：7-5360-1486-4 定价：CNY3.80

J0148812
镭射新歌　（4）高亮选编
广州 花城出版社 1993 年 165 页 19cm（32 开）
ISBN：7-5360-1662-X 定价：CNY3.95

J0148813
恋歌三十七曲　钱君匋编
上海 上海音乐出版社 1992 年 84 页 38cm（6 开）
ISBN：7-80553-294-X 定价：CNY10.00
（钱君匋 艺术院丛书 2）
　　作者钱君匋（1907—1998），书画家。浙江桐
乡人。现通用名为钱君陶。名玉堂、锦堂，字君陶，
号豫堂、禹堂。毕业于上海艺术师范学校。曾任
西泠印社副社长、上海文艺出版社编审、上海市
政协委员等职。代表作品《长征印谱》《君长跋
巨卯选》《鲁迅印谱》《钱君陶印存》。

J0148814
龙飞歌曲选　龙飞作
北京 中国广播电视出版社 1992 年 171 页
20cm（32 开）ISBN：7-5043-1776-4
定价：CNY4.50

J0148815
毛泽东诗词歌曲百首　舒广袖编
北京 人民音乐出版社 1992 年 337 页 有图
20cm（32 开）ISBN：7-103-00944-9
定价：CNY8.60
　　本书选入为毛主席 40 余首诗词谱曲的及在
全国广为传唱的优秀歌曲 100 余首。

J0148816
您最喜爱的歌　（流行歌曲、影视歌曲精选
200 首）德明编
海口 海南摄影美术出版社 1992 年 182 页
19cm（小 32 开）ISBN：7-80571-326-X
定价：CNY3.28

J0148817
青春的旋律　（高峻作词歌曲 100 首）高峻作词
济南 山东文艺出版社 1992 年 181 页
19cm（小 32 开）ISBN：7-5329-0098-3
定价：CNY2.70

作者高峻,解放军总政歌舞团编导室词作家,诗人。

J0148818
青春卡拉 OK （影视歌坛流行曲 60 首）
北京　中国电影出版社　1992 年　106 页
19cm（小 32 开）ISBN：7-106-00704-8
定价：CNY2.50

J0148819
秋阳的情愫　《歌迷》丛书编辑组编
上海　上海音乐出版社　1992 年　64 页
19cm（小 32 开）ISBN：7-80553-406-3
定价：CNY1.00
（歌迷丛书 15）

J0148820
说句心里话　杨爱伦编
北京　解放军文艺出版社　1992 年　32 页
19cm（小 32 开）ISBN：7-5033-0622-X
定价：CNY0.85
（歌迷之友丛书 13）

J0148821
送你一串南珠　（珠乡歌曲集）廖美材主编
南宁　广西民族出版社　1992 年　91 页
19cm（小 32 开）ISBN：7-5363-1988-6
定价：CNY2.00
（南珠音乐丛书）

J0148822
王冠群歌曲选　王冠群编著
郑州　河南人民出版社　1992 年　134 页
20cm（32 开）ISBN：7-215-02121-1
定价：CNY2.80
　　作者王冠群(1934—　),安阳师专艺术系副教授,中国音乐家协会会员。

J0148823
我爱呼伦贝尔　（王敏歌曲集）王敏作曲
北京　大众文艺出版社　1992 年　174 页
19cm（小 32 开）ISBN：7-80094-013-6
定价：CNY3.95
　　作者王敏(1934—　),音乐家。

J0148824
乡音　（王克义音乐作品选）王克义作
北京　中国广播电视出版社　1992 年　202 页
19cm（小 32 开）ISBN：7-5043-1699-7
定价：CNY3.60

J0148825
想飞就飞　（1992 歌词精选）统一企业青年 21
宣言工作小组编
台北　大众读物出版社　1992 年　271 页
17cm（40 开）ISBN：957-701-030-X
定价：TWD120.00
（豆文库 4）

J0148826
校园歌曲集锦　山东教育出版社编
济南　山东教育出版社　1992 年　93 页
14cm（64 开）ISBN：7-5328-1501-3
定价：CNY0.65

J0148827
校园歌曲三百首　铁树编
太原　北岳文艺出版社　1992 年　512 页
19cm（小 32 开）ISBN：7-5378-0967-4
定价：CNY8.00
（校园文学艺术丛书）

J0148828
雪域军歌　（歌曲集）西藏军区政治部编
拉萨　西藏人民出版社　1992 年　186 页　有彩照
19cm（小 32 开）ISBN：7-223-00471-1
定价：CNY3.50

J0148829
玉门'90 歌曲选　《疏勒河丛书》编委会编
北京　新华出版社　1992 年　124 页　19cm（小 32 开）
ISBN：7-5011-1584-2　定价：CNY3.00
（疏勒河丛书）

J0148830
中国的月亮：歌曲 100 首　（第二集）陈志东编
北京　中国广播电视出版社　1992 年　124 页
19cm（小 32 开）ISBN：7-5043-1823-X
定价：CNY1.90

J0148831

中国古代诗词名篇歌曲选 （初、高中语文课本部分）杨爱伦编

北京 解放军文艺出版社 1992 年 127 页

19cm（小 32 开）ISBN：7-5033-0610-6

定价：CNY3.30

　　本书选择初、高中课本中易于入曲、篇幅不太长的诗词 111 首,根据中学生的年龄特点,谱成歌曲。

J0148832

中国古代诗词名篇歌曲选

（小学语文课本部分）杨爱伦编

北京 解放军文艺出版社 1992 年 50 页

19cm（小 32 开）ISBN：7-5033-0611-4

定价：CNY1.80

　　本书将小学 1—6 年级语文课本中的诗词 40 首中的 39 首,根据小学生年龄特点,谱成歌曲。

J0148833

中国现代优秀歌曲 2000 首 （历史歌曲 1904-1978）刘烈恒主编;陈秉义编

沈阳 春风文艺出版社 1992 年 1211 页

20cm（32 开）ISBN：7-5313-0676-X

定价：CNY21.00

　　本书收 1904 年至 1978 年的歌曲 600 余首。

J0148834

中国现代优秀歌曲 2000 首 （抒情歌曲 1978-1990）刘烈恒主编;李雨辰编

沈阳 春风文艺出版社 1992 年 722 页

20cm（32 开）ISBN：7-5313-0677-8

定价：CNY16.00

　　本书收歌 450 余首。分颂党篇、祖国篇、青春篇、赞乡篇、军旅篇、情侣篇、生活篇、思乡篇、友谊篇和风光篇 10 部分。其中有《党啊,亲爱的妈妈》《祖国啊,我永远热爱你》《年轻的朋友来相会》《在希望的田野上》《再见吧! 妈妈》《彩云追月》《春之歌》《念故乡》《友谊的海港》《西湖美》等。

J0148835

中国现代优秀歌曲 2000 首 （通俗歌曲 1978-1990）刘烈恒主编;凌瑞兰编

沈阳 春风文艺出版社 1992 年 719 页

20cm（32 开）ISBN：7-5313-0679-4

定价：CNY16.00

　　本书收歌 450 余首。荟萃了自通俗歌曲诞生至今在群众中发生过重大影响的、为群众所喜闻乐唱的优秀通俗歌曲(包括港台通俗歌曲),如:《童年的小摇车》《弯弯的月亮》《乡间的小路》《校园的早晨》《热血颂》《小城的故事》《三月里的小雨》《大约在冬季》《送给你明天的太阳》等。

J0148836

中国现代优秀歌曲 2000 首 （影视歌曲 1978—1990）刘烈恒主编;王瑞江,李玉珍编

沈阳 春风文艺出版社 1992 年 864 页

20cm（32 开）ISBN：7-5313-0678-6

定价：CNY19.00

　　本书收歌 500 余首歌曲(包括港台影视歌曲)。以时间为序编排。其中有电影《小花》《少林寺》,电视剧《西游记》《红楼梦》《上海滩》和《渴望》等主题歌。

J0148837

中华大家唱 （卡拉 OK 金曲荟萃 一）

太原 北岳文艺出版社 1992 年 149 页

19cm（32 开）ISBN：7-5378-0994-1

定价：CNY2.80

J0148838

中华大家唱 （卡拉 OK 金曲荟萃 二）

太原 北岳文艺出版社 1993 年 149 页 有照片

19cm（32 开）ISBN：7-5378-0994-1

定价：CNY2.80

J0148839

中华大家唱 （卡拉 OK 金曲荟萃 三）

太原 北岳文艺出版社 1993 年 148 页

19cm（32 开）ISBN：7-5378-0994-1

定价：CNY2.80

J0148840

中华正气歌 99 首　华夏编

上海 上海远东出版社 1992 年 206 页

19cm（小 32 开）ISBN：7-80514-808-2

定价：CNY3.90

J0148841

中小学生普及歌曲选　山东省教委艺术教育
委员会编
济南　明天出版社　1992 年　311 页　19cm（小 32 开）
ISBN：7–5332–1516–8　定价：CNY3.35
（艺术教育丛书）

J0148842

仲夏之歌　雨中林整编
北京　中国广播电视出版社　1992 年　191 页
19cm（小 32 开）ISBN：7–5043–1962–7
定价：CNY3.80
　　本书荟萃了数十年国内最适合夏天演唱的
优秀歌曲百余首。

J0148843

祖国, 我的太阳　（徐东蔚歌曲选）徐东蔚等著
广州　广东教育出版社　1992 年　236 页
19cm（小 32 开）ISBN：7–5406–2059–5
定价：CNY3.80

J0148844

最新热门金曲　（多功能演唱、演奏集成）
谢坚强, 周红编配
长沙　湖南文艺出版社　1992 年　137 页
26cm（16 开）ISBN：7–5404–0989–4
定价：CNY5.40

J0148845

20 世纪中华金曲 100 首
（金曲歌词赏析）王浦安编著
海口　南海出版公司　1993 年　248 页
19cm（小 32 开）ISBN：7–80570–804–5
定价：CNY5.20
　　本书收录了 100 首歌曲, 并对歌词进行了赏
析, 其中有《渔光曲》《松花江上》《在那遥远的
地方》《我的祖国》《我想有个家》《大约在冬季》
《黄土高坡》等各种流派的歌曲。

J0148846

宝丽金　（至尊金曲国语、粤语卡拉 OK）黄毓编
武汉　长江文艺出版社　1993 年　190 页
19cm（小 32 开）ISBN：7–5354–0915–6
定价：CNY4.20

J0148847

超霸卡拉 OK 金曲　阿华编
广州　广东高等教育出版社　1993 年　201 页
19cm（小 32 开）ISBN：7–5361–1089–8
定价：CNY4.60

J0148848

纯情的梦　（王洛宾自选作品集）王洛宾作
北京　中国文联出版公司　1993 年　230 页　有彩照
20cm（32 开）ISBN：7–5059–0264–4
定价：CNY8.80

J0148849

当爱已成往事　（卡拉 OK 金曲）主音编
济南　山东文艺出版社　1993 年　192 页　12 × 12cm
ISBN：7–5329–1048–2　定价：CNY3.40

J0148850

当代大学生歌曲选　吕秀文, 朱天纬主编
太原　山西教育出版社　1993 年　260 页
19cm（小 32 开）ISBN：7–80578–943–6
定价：CNY4.65
（好歌名曲大家唱系列 3）
　　主编吕秀文, 人民音乐出版社编审。作者朱
天纬, 中国电影资料馆编目研究部副主任, 中国
电影音乐学会秘书长。

J0148851

当代教师优秀歌曲选　高占全, 音捷主编
郑州　河南人民出版社　1993 年　286 页
19cm（小 32 开）ISBN：7–215–02890–9
定价：CNY5.60

J0148852

当代中学生歌曲选　吕秀文, 朱天纬主编
太原　山西教育出版社　1993 年　217 页
19cm（小 32 开）ISBN：7–80578–942–8
定价：CNY4.00
（好歌名曲大家唱系列）

J0148853

飞图卡拉 OK 金曲　（特辑）方园选编
广州　华南理工大学出版社　1993 年　170 页
19cm（32 开）ISBN：7–5623–0561–7
定价：CNY3.98

J0148854
冯少佳歌曲选　冯少佳著
广州　广东高等教育出版社　1993年　274页
有照片　19cm(小32开)　ISBN：7-5361-0989-X
定价：CNY9.80
　　外文书名：The Selected Songs of Feng Shaojia. 作者冯少佳，二级作曲家。广东南海人，中国音乐家协会会员，广州音乐家协会理事，广州市文艺创作研究所《音乐研究与创作》主编。

J0148855
付林歌曲精选　付林著
北京　海潮出版社　1993年　256页　19cm(小32开)
ISBN：7-80054-424-9　定价：CNY6.80
　　作者付林(1946—　　)，艺术指导。生于黑龙江富锦，毕业于解放军艺术学院音乐系。曾任海政歌舞团演奏员、副团长、艺术指导等职，兼任中国音乐家协会理事、音协发展委员会副主任、中国轻音乐学会副主席等职。

J0148856
高守本歌曲选　高守本作
呼和浩特　内蒙古人民出版社　1993年　233页
有彩照　19cm(小32开)　ISBN：7-204-02393-5
定价：CNY5.20

J0148857
歌唱领袖毛泽东：推荐歌曲
河北省教育委员会普教处编
石家庄　河北少年儿童出版社　1993年　30页
19cm(小32开)　ISBN：7-5376-1125-4
定价：CNY0.60

J0148858
歌迷手册　(精选名歌100首)洪音编
北京　中国文联出版公司　1993年　133页
19cm(小32开)　ISBN：7-5059-1865-6
定价：CNY3.30

J0148859
歌友卡拉OK金曲　阿伟编
海口　海南摄影美术出版社　1993年　186页
19cm(小32开)　ISBN：7-80571-532-7
定价：CNY3.98
(好歌系列)

J0148860
歌友卡拉OK金曲大全　(全新版)阿伟编
海口　海南摄影美术出版社　1996年　305页
19cm(32开)　ISBN：7-80571-970-5
定价：CNY12.00

J0148861
歌友卡拉OK金曲大全　(珍藏版)阿伟编
海口　海南摄影美术出版社　1996年　10+305页
19cm(32开)　ISBN：7-80571-970-5
定价：CNY12.00

J0148862
歌友卡拉OK金曲大全　阿伟编
海口　海南摄影美术出版社　1997年　修订版
10+306页　19cm(小32开)
ISBN：7-80571-970-5　定价：CNY12.00

J0148863
古诗词歌曲选集　仲伟编
北京　人民音乐出版社　1993年　91页　26cm(16开)
ISBN：7-103-01097-8　定价：CNY5.00

J0148864
古诗词歌曲选集　(献给青少年朋友)
人民音乐出版社编辑部编
北京　人民音乐出版社　1999年　58页
19cm(小32开)　ISBN：7-103-02053-1
定价：CNY3.50

J0148865
何仿歌曲选集　何仿编著
北京　海潮出版社　1993年　132页　有彩照
20cm(32开)　ISBN：7-80054-423-0
定价：CNY4.50
　　作者何仿(1928—2013)，作曲家。原名何孝元，安徽天长人。历任中国音乐家协会江苏分会副主席、南京市文学艺术界联合会副主席、国家一级作曲，曾任解放军南京军区前线歌舞团团长。出版有《何仿歌曲选集》《何仿音乐作品选》《民兵之歌》等。

J0148866
弘一大师歌曲集　钱仁康编著
台北　东大图书公司　1993年　182页　26cm(16开)

ISBN：957-19-1491-6　定价：旧台币 5.33
（沧海丛刊）

　　弘一大师（1880—1942），音乐家、美术教育家、书法家、戏剧活动家。本名李叔同，法名演音，号弘一，晚号晚晴老人，后被人尊称为弘一法师。曾任浙江两级师范学校音乐、图画教师，南京高等师范学校音乐、图画教师。代表作品《送别》《南京大学校歌》《三宝歌》等。编者钱仁康（1914—2013），音乐学家、音乐理论家。生于江苏无锡，毕业于国立音乐专科学校理论作曲组。历任北平师范学院、苏州国立社教学院、江苏师范学院（苏州大学前身）、苏南文教学院、华东师范大学音乐系教授，上海音乐学院音乐学系系主任、博导。著有《外国音乐欣赏》等，并译有《莫扎特书信选》等。

J0148867
华纳飞图星光　（卡拉 OK 金曲库）人人选编
广州　广东高等教育出版社　1993 年　309 页
有照片　19cm（小 32 开）ISBN：7-5361-1131-2
定价：CNY6.90

J0148868
黄士超音乐作品选　黄士超著；东莞市文化局等编
广州　广东人民出版社　1993 年　110 页
20cm（32 开）ISBN：7-218-01084-9
定价：CNY2.50
　　作者黄士超（1932—　），广东省音协第三、第四届理事，惠阳地区及东莞音协第一任主席。

J0148869
节日歌曲精选 212 首　薛明编
成都　成都出版社　1993 年　310 页　19cm（小 32 开）
ISBN：7-80575-493-4　定价：CNY5.80

J0148870
劫夫歌曲百首　劫夫作
沈阳　辽宁大学出版社　1993 年　220 页　有照片
19cm（小 32 开）ISBN：7-5610-1901-6
定价：CNY4.50

J0148871
金曲大世界　（热门卡拉 OK 珍藏本）
李武剑选编

南宁　广西民族出版社　1993 年　182 页　有彩照
19cm（小 32 开）ISBN：7-5363-2264-X
定价：CNY3.80

J0148872
金曲龙虎榜　（宝丽金·飞图·华纳卡拉 OK 金曲大全）人人选编
广州　广东高等教育出版社　1993 年　310 页　有图
19cm（小 32 开）ISBN：7-5361-1152-5
定价：CNY6.90

J0148873
劲爆卡拉 OK 金曲　文明编
海口　海南摄影美术出版社　1993 年　212 页
19cm（小 32 开）ISBN：7-80571-641-2
定价：CNY4.98

J0148874
劲歌金曲卡拉 OK 精品　（第一辑）志辉选编
海口　海南摄影美术出版社　1993 年　91 页　有照片
19cm（小 32 开）ISBN：7-80571-437-1
定价：CNY2.10

J0148875
绝妙金曲　秋原编
成都　四川民族出版社　1993 年　273 页
19cm（小 32 开）ISBN：7-5409-1061-5
定价：CNY5.60

J0148876
军旗下的旋律　（济南军区部队歌曲选）
朱国华，马志良编
济南　黄河出版社　1993 年　176 页　19cm（小 32 开）
ISBN：7-80558-398-6　定价：CNY4.90

J0148877
卡拉 OK 歌舞厅榜首金曲　李宜华编
西安　陕西人民美术出版社　1993 年　230 页
有照片　19cm（小 32 开）ISBN：7-5368-0477-6
定价：CNY1.95

J0148878
卡拉 OK 国语粤语金曲精选　志华选编
广州　花城出版社　1993 年　150 页　有照片
19cm（32 开）ISBN：7-5360-1668-9

定价: CNY3.60

J0148879
卡拉 OK 金曲　郭建宁编
桂林　漓江出版社 1993 年 152 页 有照片
19cm（小 32 开）ISBN：7-5407-1308-1
定价: CNY3.90

J0148880
卡拉 OK 金曲精选　余欣编
广州　中山大学出版社 1993 年 238 页
有插照片 19cm（小 32 开）
ISBN：7-306-00787-4 定价: CNY4.96

J0148881
卡拉 OK 金曲精选　余欣编
广州　广东高等教育出版社 1994 年 341 页
有照片 19cm（小 32 开）ISBN：7-5361-1478-8
定价: CNY9.80

J0148882
卡拉 OK 金曲珍品跟我唱　山发编
北京　中国旅游出版社 1993 年 182 页 有彩照
19cm（小 32 开）ISBN：7-5032-0726-4
定价: CNY3.80

J0148883
卡拉 OK "巨星" 金曲集　云海选编
广州　花城出版社 1993 年 165 页 有彩照
19cm（32 开）ISBN：7-5360-1428-7
定价: CNY3.60

J0148884
卡拉 OK 通俗歌曲精典　梦歌编
北京 北京师范大学出版社 1993 年 140 页
26cm（16 开）ISBN：7-303-02747-5
定价: CNY5.80

J0148885
恋曲奉献　王燕编
北京　国际文化出版公司 1993 年 263 页
19cm（小 32 开）ISBN：7-80049-982-0
定价: CNY4.85

J0148886
毛泽东诗词歌曲集　林光旋编
北京 中国青年出版社 1993 年 299 页
19cm（小 32 开）ISBN：7-5006-1295-8
定价: CNY7.40

J0148887
闽台情歌　尤龙编
厦门 鹭江出版社 1993 年 57 页 19cm（小 32 开）
ISBN：7-80533-385-8 定价: CNY1.00

J0148888
名歌金曲 321 首　耀云, 禾松编
上海 上海教育出版社 1993 年 550 页
20cm（32 开）ISBN：7-5320-2904-2
定价: CNY12.30

J0148889
偶像卡拉 OK　追星主编
海口 海南摄影美术出版社 1993 年 180 页
有照片及图 19cm（小 32 开）
ISBN：7-80571-406-1 定价: CNY3.95

J0148890
亲爱的妈妈 伟大的中华
（王颖声乐作品选）王颖著
郑州 河南人民出版社 1993 年 161 页 有彩照
20cm（32 开）ISBN：7-215-02695-7
定价: CNY8.00
　　本书为歌曲集，共收有 45 首歌曲。作者王颖（1928—　），中国音乐家协会会员，中国音乐家协会河南分会常务理事。

J0148891
青春卡拉 OK 手册　（1）
成都 四川大学出版社 1993 年 89 页 有彩照
19cm（小 32 开）ISBN：7-5614-0754-8
定价: CNY3.20

J0148892
群星绝唱　（卡拉 OK 流行金曲精选）彭琳选编
贵阳 贵州民族出版社 1993 年 152 页
19cm（小 32 开）ISBN：7-5412-0388-2
定价: CNY3.80

J0148893
说句心里话（士心歌曲选）士心编
北京　人民音乐出版社　1993 年　271 页
20cm（32 开）ISBN：7-103-01096-X
定价：CNY7.60
　　作者士心（1955—1993），演员、作曲家。原
名刘志，天津人，毕业于中央音乐学院。总政歌
舞团作曲家，中国音乐家协会会员，中国音乐文
学学会会员。代表作品《说句心里话》《小白杨》
《我们是黄河泰山》等。

J0148894
颂歌百首（1893—1993 纪念毛泽东诞辰一百
周年）徐佑生等主编；中国人民解放军总参谋
部政治部，文化部编
北京　北京师范大学出版社　1993 年　311 页
20cm（32 开）ISBN：7-303-02516-2
定价：CNY7.40

J0148895
唐河歌曲精选　唐河著
济南　黄河出版社　1993 年　299 页　有照片
20cm（32 开）ISBN：7-80558-411-7
定价：CNY5.00
　　本书共收入 100 多首优秀歌曲，时间跨度从
20 世纪 40 年代到 90 年代。作者唐河（1922—　），
河北人，作曲家。

J0148896
陶行知诗歌歌曲集　陶行知著；杨久礼，王继
华编
哈尔滨　北方文艺出版社　1993 年　772 页
20cm（32 开）ISBN：7-5317-0747-0
定价：CNY15.00

J0148897
王杰歌曲选　王杰著
石家庄　花山文艺出版社　1993 年　252 页　有照片
20cm（32 开）ISBN：7-80505-836-9
定价：CNY4.50
　　作者王杰（1933—　），河北省群艺馆研究馆
员，中国音乐家协会会员，河北音协常务理事，中
国社会音乐研究会理事。

J0148898
王锡仁歌曲选　王锡仁编
北京　海潮出版社　1993 年　269 页　19cm（小 32 开）
ISBN：7-80054-473-7　定价：CNY5.20
　　作者王锡仁（1929—2010），作曲家。历任海
政歌舞团、歌剧团创作员，从事专职音乐创作。
代表作有《红珊瑚》《父老乡亲》《中国的月亮》
《太阳最红毛主席最亲》《白发亲娘》等。

J0148899
温馨歌曲精选 212 首　薛明编
成都　成都出版社　1993 年　240 页　19cm（小 32 开）
ISBN：7-80575-494-2　定价：CNY5.80

J0148900
我爱边疆山河美　吴伟锦作曲
乌鲁木齐　新疆人民出版社　1993 年　143 页
19cm（小 32 开）ISBN：7-228-02607-1
定价：CNY3.95
　　作者吴伟锦，新疆作曲家。

J0148901
我的爱永远年轻（刘剑锋歌曲选）刘剑锋作
广州　花城出版社　1993 年　191 页　有照片
19cm（小 32 开）ISBN：7-5360-1647-6
定价：CNY4.80

J0148902
武进勇歌曲选　武进勇著
石家庄　花山文艺出版社　1993 年　209 页　有照片
20cm（32 开）ISBN：7-80611-027-5
定价：CNY4.50
　　本书收有武进勇 20 余年创作的部分歌曲百
余首。作者武进勇（1949—　），河北邯郸人。峰
峰矿区文化馆馆长，河北省音乐家协会会员，邯
郸市音协副主席。专著有《武进勇歌曲选》。

J0148903
希望之歌（晓河歌曲选）晓河作曲
北京　北京工艺美术出版社　1993 年　145 页
有照片　19cm（小 32 开）ISBN：7-80526-117-2
定价：CNY6.00
　　本书主要收作者 1980 年以后的作品，有《伟
大的国家伟大的党》《精神文明之歌》《独立之
歌》等 75 首歌曲。作者晓河（1918—　），作曲家。

原名何同鉴,江西上饶人。有歌曲《罗炳辉射击手》《三杯美酒敬亲人》《勘探队之歌》《伟大的国家伟大的党》等。

J0148904

现代风劲歌金曲绝唱　（卡拉OK　最新流行金曲100首）王明英,杨勇选编

桂林　漓江出版社　1993年　184页　有彩照

19cm（小32开）ISBN：7-5407-1244-9

定价：CNY4.20

J0148905

香港四大"天王巨星"卡拉OK金曲　晓芳编

成都　四川大学出版社　1993年　170页　有彩照

19cm（小32开）ISBN：7-5614-0697-5

定价：CNY3.90

J0148906

校园歌曲百首　（王玉田歌曲集）王玉田作；董玉英编

北京　中国和平出版社　1993年　352页

20cm（32开）ISBN：7-80037-667-2

定价：CNY6.50

本书收入幼儿中小学生、成人歌曲186首,较全面地反映出王玉田同志的创作风格。

J0148907

心潮曲：夏宝森创作歌曲集　夏宝森编著

北京　中国金融出版社　1993年　214页

20cm（32开）ISBN：7-5049-0973-8

定价：CNY9.00

J0148908

新歌精选89首　（最新流行、影视歌曲精选）吉畅编

武汉　湖北美术出版社　1993年　68页

19cm（小32开）ISBN：7-5394-0466-3

定价：CNY1.80

J0148909

星光卡拉OK大全　虹虹选编

海口　海南摄影美术出版社　1993年　216页

19cm（32开）ISBN：7-80571-566-1

定价：CNY4.98

J0148910

雅卓卡拉OK金曲大全　虹儿选编

海口　海南摄影美术出版社　1993年　213页

19cm（小32开）ISBN：7-80571-452-5

定价：CNY4.98

J0148911

拥抱太阳　（曹行倬歌曲集）曹行倬编著

北京　文津出版社　1993年　233页　有照片

19cm（小32开）ISBN：7-80554-200-7

定价：CNY5.60

作者曹行倬（1936—　），北京铁路分局文化宫文艺干部。

J0148912

园丁心声　（全国教师优秀歌曲作品选）

张金云主编

昆明　云南民族出版社　1993年　232页

19cm（小32开）定价：CNY5.50

（星海文化丛书）

J0148913

战地百灵　（济南军区优秀创作歌曲选）

田爱习主编；范玉星等编辑

济南　黄河出版社　1993年　279页　19cm（小32开）

ISBN：7-80558-449-4　定价：CNY5.80

J0148914

张金云歌曲101首　张金云作

昆明　云南民族出版社　1993年　193页

19cm（小32开）ISBN：7-5367-0773-9

定价：CNY5.50

作者张金云,回族,作曲家、音乐理论家。丽江师范高等专科学校教授委员会主任。中国音乐家协会会员、中国少数民族音乐学会会员、云南省音乐家协会会员、中国儿童音乐学会会员、丽江市音乐舞蹈家协会副主席。出版有《张金云歌曲选》《张金云优秀少年儿童歌曲选》等。

J0148915

中学生歌曲108首　（青少年歌曲精选）

广东省教育厅教材编审室编

广州　广东教育出版社　1993年　212页

19cm（小32开）ISBN：7-5406-2493-0

定价：CNY3.20

J0148916

中央电视台春节联欢晚会十年金曲 100 首

洪民生主编；中央电视台研究室编

沈阳　沈阳出版社 1993 年 243 页 19cm（小 32 开）

ISBN：7-80556-987-8　定价：CNY4.10

　　　主编洪民生（1932—　），书法家、电视艺术家、编辑。浙江宁波人，历任中央电视台副台长兼总编辑、联合国教科文组织中国委员、中国书法家协会会员。代表作品有《全国电视书法大赛》。

J0148917

周忠全创作歌曲集　周忠全作曲

成都　西南交通大学出版社 1993 年 113 页

19cm（小 32 开）ISBN：7-81022-539-1

定价：CNY4.30

J0148918

壮志歌　（东江纵队、两广纵队创作歌曲选）

中共广东省委党史研究室,深圳市东江纵队老战士联谊会《壮志歌》编委会编

1993 年 180 页 20cm（32 开）

统一书号：CN44-1006　定价：CNY6.00

（广东党史资料丛刊）

J0148919

最受欢迎的歌曲　张前编

郑州　中原农民出版社 1993 年 182 页

19cm（小 32 开）ISBN：7-80538-494-0

定价：CNY3.20

J0148920

最新港台卡拉 OK 金曲大追踪　宸宸选编

南宁　广西民族出版社 1993 年 163 页 有照片

19cm（小 32 开）ISBN：7-5363-2232-1

定价：CNY3.80

J0148921

最新卡拉 OK　金禾编

昆明　云南少年儿童出版社 1993 年 132 页

19cm（小 32 开）ISBN：7-5414-0769-0

定价：CNY3.20

J0148922

最新卡拉 OK 金榜流行歌曲选粹

建平,兰雄选编

兰州　敦煌文艺出版社 1993 年 206 页

有彩照及乐谱 19cm（小 32 开）

ISBN：7-80587-162-0 定价：CNY3.95

J0148923

最新卡拉 OK 金曲　爱英等编

桂林　漓江出版社 1993 年 153 页 19cm（小 32 开）

ISBN：7-5407-1157-4 定价：CNY3.80

J0148924

最新上榜劲歌　胡望根编

武汉　湖北科学技术出版社 1993 年 128 页

19cm（小 32 开）ISBN：7-5352-1268-9

定价：CNY2.98

J0148925

100 歌颂中华歌曲集　（小学生版）

"百歌颂中华" 活动组委会编

广州　广东人民出版社 1994 年 90 页

19cm（小 32 开）ISBN：7-218-01433-X

定价：CNY1.80

J0148926

100 歌颂中华歌曲集　（职工·军人·青年版）

"百歌颂中华" 活动组委会编

广州　广东人民出版社 1994 年 119 页

19cm（小 32 开）ISBN：7-218-01436-4

定价：CNY2.20

J0148927

100 歌颂中华歌曲集　（中学生版）

"百歌颂中华" 活动组委会编

广州　广东人民出版社 1994 年 85 页

19cm（小 32 开）ISBN：7-218-01434-8

定价：CNY2.00

J0148928

爱祖国 爱湖南 爱家乡优秀歌曲 100 首

中共湖南省委宣传部文艺处,湖南省文化厅群众文化处编

长沙　湖南出版社 1994 年 236 页 19cm（小 32 开）

ISBN：7-5438-0773-4 定价：CNY4.80

　　本书收《中华人民共和国国歌》《祖国赞美诗》《父老乡亲》《春之光》等歌曲。

J0148929

宝丽金卡拉 OK 金曲 （5）如云选编

海口 海南摄影美术出版社 1994 年 181 页

19cm（小 32 开）ISBN：7-80571-559-9

定价：CNY4.98

J0148930

超霸九四卡拉 OK 大歌厅　刘昌捷,黄诗游选编

北京 华龄出版社 1994 年 211 页 有彩图

19cm（小 32 开）ISBN：7-80082-524-8

定价：CNY12.00

J0148931

陈田鹤先生作品曲集　台湾教育厅监制

台中 台湾交响乐团 1994 年 183 页

有照片 30cm（10 开）

J0148932

叱咤九四卡拉 OK 大歌厅　刘昌捷,黄诗游选编

北京 华龄出版社 1994 年 212 页 有彩图

20cm（32 开）ISBN：7-80082-525-6

定价：CNY9.80

J0148933

大学生歌曲　（第一集）《大学生歌曲》编写组编

北京 人民音乐出版社 1994 年 188 页

19cm（小 32 开）ISBN：7-103-01064-1

定价：CNY3.50

J0148934

对唱 OK 金曲精选　华夏编

上海 上海远东出版社 1994 年 137 页

19cm（小 32 开）ISBN：7-80514-407-9

定价：CNY5.50

J0148935

飞图宝丽金　人人选编

广州 广东高等教育出版社 1994 年 277 页

19cm（小 32 开）ISBN：7-5361-1356-0

定价：CNY7.80

（卡拉 OK 新歌库 第三辑）

J0148936

歌迷大世界　（卡拉 OK 新歌精选）洪音,艺力编

北京 中国文联出版公司 1994 年 140 页

18cm（小 32 开）ISBN：7-5059-2038-3

定价：CNY3.80

J0148937

故乡的旋律　（周治国音乐作品集）

周治国作词

昆明 云南美术出版社 1994 年 92 页

19cm（小 32 开）ISBN：7-80586-092-0

定价：CNY4.70

J0148938

管桦与著名作曲家合作歌曲选　管桦等曲;

王勇军,冯世全选编

北京 中国国际广播出版社 1994 年 131 页

20cm（32 开）ISBN：7-5078-1028-3

定价：CNY4.90

　　本书收管桦与劫夫、郑律成、谷建芬等音乐家合作的歌曲。

J0148939

海菜花　（石屏县创作歌曲精选）高春林主编;

石屏县文联编

昆明 云南民族出版社 1994 年 10+186 页 有彩照

19cm（小 32 开）ISBN：7-5367-0983-8

定价：CNY8.00

　　主编高春林(1968—　　),诗人。云南省石屏县文联副主席,省作家协会会员。主要有诗集《时间的外遇》《夜的狐步舞》《自然书》等。

J0148940

黄虹的歌　黄虹编著

北京 中国文联出版公司 1994 年 173 页

19cm（小 32 开）ISBN：7-5059-1981-4

定价：CNY5.35

　　本书收集编者演唱和创作的歌曲近百首。

J0148941

节日庆典歌曲选萃　周甫,翟虹编

上海 上海音乐出版社 1994 年 386 页

20cm（32 开）ISBN：7-80553-453-5

定价：CNY10.90

　　本书按我国的传统节日,分类编辑节日庆典

歌曲。附生日、婚礼等歌典。

J0148942
金峰之歌 （屈干臣作词歌曲选）屈干臣著
广州　广东旅游出版社　1994 年　154 页
19cm（小 32 开）ISBN：7-80521-539-1
定价：CNY7.00
　　作者屈干臣（1949—　），作家、诗人、教授、研究员。河南新密人。历任广东省企业歌曲艺术研究会会长、音乐协会理事。

J0148943
卡拉 OK 金曲　彭琳选编
贵阳　贵州民族出版社　1994 年　152 页
19cm（小 32 开）ISBN：7-5412-0429-3
定价：CNY3.80

J0148944
卡拉 OK 金曲　（珍藏本）庆生编
郑州　中原农民出版社　1994 年　重印本
2 册（368+366）19cm（32 开）
ISBN：7-80538-563-7　定价：CNY13.60

J0148945
卡拉 OK 金曲大全　（3）江南编
海口　海南摄影美术出版社　1994 年　495 页
有照片　19cm（小 32 开）ISBN：7-80571-711-7
定价：CNY10.00

J0148946
卡拉 OK 金曲大全　（5）江南编
海口　海南摄影美术出版社　1995 年　14+495 页
有照片　19cm（小 32 开）ISBN：7-80571-199-2
定价：CNY13.80

J0148947
卡拉 OK 金曲精选　嘉明编
广州　花城出版社　1994 年　184 页　有乐谱
19cm（32 开）ISBN：7-5360-1803-7
定价：CNY4.98

J0148948
蓝天曲库　孟繁锦主编
北京　蓝天出版社　1994 年　658 页 20cm（32 开）
ISBN：7-80081-547-1　定价：CNY12.50

本书收 400 多首歌曲，内容分为空军歌曲、军旅歌曲、群众歌曲、通俗歌曲、传统歌曲等。作者孟繁锦（1939—2014　），中国当代著名楹联家、书法家。吉林梨树县人。毕业于空军导弹学院。曾任空军政治部文化部部长、中国书法学会会员、空军老干部书画研究会副会长、中国楹联学会常务理事等。代表作品《中国空军进行曲》歌词。著作有《孟繁锦书法集》《蓝天翰墨大观》《百家联稿》等。

J0148949
雷锋颂歌　（歌曲专辑）丁明堂编
青岛　青岛出版社　1994 年　178 页 20cm（32 开）
ISBN：7-5436-1069-8　定价：CNY5.20
　　作者丁明堂，江苏泰兴人。历任部队文化教员、宣传干事、科长、师级单位政委等，中国音乐家协会会员。

J0148950
凉山的月亮　（杨明歌曲选）杨明著
南宁　广西民族出版社　1994 年　148 页
有彩照　19cm（32 开）ISBN：7-5363-2821-4
定价：CNY7.00
（中国乐海歌丛　第一辑）

J0148951
林枢创作歌曲选　林枢曲
北京　中国文联出版公司　1994 年　142 页
19cm（小 32 开）ISBN：7-5059-1926-1
定价：CNY3.30
　　作者林枢，辽宁电视台文艺部导演与音乐编辑。

J0148952
流行金曲大荟萃　（珍藏本续集　卡拉 OK 大家唱）曹铭等选编
长沙　湖南师范大学出版社　1994 年　168 页
有彩照　19cm（小 32 开）ISBN：7-81031-264-2
定价：CNY3.98
　　本书内容为 1994 年一季度流行歌曲至尊、流行金曲大荟萃、电视电视金曲榜等节目。

J0148953
毛泽东诗词歌曲选集　韦行,韩音编
北京　中国广播电视出版社　1994 年　226 页

26cm（16 开）ISBN：7-5043-0283-X

定价：CNY9.80

J0148954

美丽的青海　闪光的柴达木　（王生璞创作歌

曲选）王生璞著

西宁　青海人民出版社　1994 年　175 页

19cm（小 32 开）ISBN：7-225-00849-8

定价：CNY4.50

　　本书收作者谱曲的歌曲近百首。

J0148955

名人名歌 200 首　王白石编著

成都　成都科技大学出版社　1994 年　重印本

264 页　19cm（32 开）ISBN：7-5616-1420-9

定价：CNY5.80

J0148956

纳文慕仁——我心中的江　（乌嫩齐歌曲选）

乌嫩齐著

海拉尔　内蒙古文化出版社　1994 年　194 页

20cm（32 开）定价：CNY18.00

J0148957

青春节拍　（校园歌咏活动推荐歌曲）中共广

西壮族自治区高等学校工作委员会宣传部，广

西壮族自治区教育委员会思想政治教育处选编

桂林　广西师范大学出版社　1994 年　306 页

19cm（小 32 开）ISBN：7-5633-1948-4

定价：CNY5.95

J0148958

人人唱好歌　（金曲珍藏本）陈志东编

北京　中国国际广播出版社　1994 年　136 页

19cm（小 32 开）ISBN：7-80035-546-2

定价：CNY2.50

J0148959

生日的祝贺　新疆生产建设兵团音乐家协会编

乌鲁木齐　新疆人民出版社　1994 年　170 页

20cm（32 开）ISBN：7-228-03152-0

定价：CNY4.00

　　本书收《生日祝贺》《大漠风》《萨拉姆，古

尔邦节》等 76 首歌曲。

J0148960

太阳河恋歌　（陈光洲抒情歌曲选）

陈光洲［作曲］

南宁　广西民族出版社　1994 年　183 页　有彩照

19cm（32 开）ISBN：7-5363-2821-4

定价：CNY8.60

（中国乐海歌丛　第一辑）

　　作者陈光洲，作曲家。海南省艺术研究所所

长，海南省音乐家协会主要负责人。

J0148961

弯弯的小河　（歌曲集）郑胜著

天津　百花文艺出版社　1994 年　142 页

19cm（小 32 开）ISBN：7-5306-1571-8

定价：CNY5.30

J0148962

夏宝森创作歌曲选　（附钢琴伴奏谱）

夏宝森作曲

北京　中国金融出版社　1994 年　110 页

28cm（大 16 开）ISBN：7-5049-1302-2

定价：CNY15.00

J0148963

校歌集锦　刘明璋主编

济南　山东大学出版社　1994 年　44 页

有彩照 26cm（16 开）ISBN：7-5607-1434-X

定价：CNY7.00

J0148964

新歌·歌迷　（2）

海口　海南摄影美术出版社　1994 年　59 页

19cm（小 32 开）ISBN：7-80571-716-8

定价：CNY1.98

J0148965

椰子树轻轻摇　（周南捷歌曲集）周南捷著

海口　南海出版公司　1994 年　194 页　有乐谱

19cm（小 32 开）ISBN：7-80570-811-8

定价：CNY5.00

　　本书内容包括：艺术歌曲、通俗歌曲、

少儿歌曲、行业歌曲及评论文摘。　周南捷

（1937—　），海南琼海人，海南省音乐家协会副主

席，中国音乐家协会会员。

J0148966

一串葡萄一串笑　乌布力·托乎提著

乌鲁木齐　新疆人民出版社　1994 年　219 页

19cm（小 32 开）ISBN：7-228-02919-4

定价：CNY5.00

　　本书收歌曲 50 余首。

J0148967

怎么偏偏爱上你　（任丹生创作歌曲集）

任丹生著

北京　中国文联出版公司　1994 年　141 页

19cm（小 32 开）ISBN：7-5059-1519-3

定价：CNY4.20

J0148968

赵功义歌曲自选集　赵功义著

北京　华龄出版社　1994 年　176 页 19cm（小 32 开）

ISBN：7-80082-546-9　定价：CNY9.60

J0148969

赵功义歌曲自选集　赵功义著

北京　华龄出版社　1994 年　280 页 19cm（小 32 开）

ISBN：7-80082-546-9　定价：CNY8.00

J0148970

真情流露　（'94 抒情歌曲极品）陈德东选编

成都　成都科技大学出版社　1994 年　154 页

19cm（小 32 开）ISBN：7-5616-2766-1

定价：CNY3.60

J0148971

中国歌星成名金曲　（包括香港、台湾地区）

黄新华等编著

南昌　百花洲文艺出版社　1994 年　14+565 页

20cm（32 开）ISBN：7-80579-567-3

定价：CNY16.50

J0148972

中国歌星成名金曲　（2）黄新华编著

南昌　百花洲文艺出版社　1999 年　17+548 页

20cm（32 开）ISBN：7-80647-105-7

定价：CNY24.50

J0148973

中国青年优秀歌曲奖候选歌曲集

共青团中央宣传部编

北京　中国铁道出版社　1994 年　192 页

19cm（小 32 开）ISBN：7-113-01800-9

定价：CNY4.50

　　本书收 1949 年至 1989 年的歌曲 90 首，收

有港台歌曲 10 首。

J0148974

中国现代优秀歌曲精粹集成　（抒情歌曲·通

俗歌曲·影视歌曲 1990-1994）刘烈恒主编

沈阳　春风文艺出版社　1994 年　12+24+837 页

20cm（32 开）精装　ISBN：7-5313-1321-9

定价：CNY30.00

J0148975

中国运动员之歌　（"营多杯"中国运动队队

歌征集）大赛组委会办公室编

北京　人民体育出版社　1994 年　107 页　有彩照

19cm（小 32 开）ISBN：7-5009-0961-6

定价：CNY4.00

　　外文书名：Songs for Chinese Sportsmen.

J0148976

庄奴歌曲集　庄奴著

重庆　重庆出版社　1994 年　180 页

19cm（小 32 开）ISBN：7-5366-2936-2

定价：CNY3.15

J0148977

爱国主义歌曲 100 首　李东,高玉清主编；山

东省委宣传部,山东省教育委员会编

济南　明天出版社　1995 年　211 页 19cm（小 32 开）

ISBN：7-5332-2267-9　定价：CNY5.50

　　本书为中国现代歌曲。

J0148978

爱国主义歌曲 100 首　刘蓉慧主编

北京　首都师范大学出版社　1995 年　277 页

19cm（小 32 开）ISBN：7-81039-418-5

定价：CNY6.90

　　主编刘蓉慧,硕士、声乐教师。

J0148979

爱国主义歌曲百首　张幼文主编

济南　山东文艺出版社　1995 年　177 页

19cm（小 32 开）ISBN：7–5329–1225–6
定价：CNY4.80

J0148980
爱国主义歌曲集　（小学版）华萍编
上海　上海教育出版社　1995 年　111 页
20cm（32 开）ISBN：7–5320–4387–8
定价：CNY3.25
　　本书为中国现代歌曲作品。

J0148981
爱国主义歌曲集　（中学版）方维编
上海　上海音乐出版社　1995 年　199 页
19cm（小 32 开）ISBN：7–80553–577–9
定价：CNY4.00
　　本书为中国现代歌曲。

J0148982
爱国主义歌曲精选
（纪念中国抗日战争、世界反法西斯战争胜利 50
周年）浙江人民出版社编
杭州　浙江人民出版社　1995 年　2 版（修订本）
97 页　19cm（小 32 开）ISBN：7–213–01227–4
定价：CNY3.00
　　本书为中国现代歌曲。

J0148983
爱国主义教育歌曲 100 首
新疆维吾尔自治区教育委员会《爱国主义教育
歌曲 100 首》编辑组编
乌鲁木齐　新疆青少年出版社　1995 年
2 册（104；128 页）19cm（小 32 开）
ISBN：7–5371–2058–7　定价：CNY5.00（合计）

J0148984
爱我中华演唱金曲 100 首　陕西省总工会，
陕西省文化厅编
西安　陕西人民出版社　1995 年　244 页
19cm（小 32 开）ISBN：7–224–03781–8
定价：CNY4.95
　　本书精选 20 世纪 20–90 年代国内各个时期
在群众中广为传唱、经久不衰的百首优秀合唱和
独唱歌曲。

J0148985
百首爱国主义歌曲　（小学）
《百首爱国主义歌曲》编委会选编
南宁　广西民族出版社　1995 年　87 页
19cm（小 32 开）ISBN：7–5363–3001–4
定价：CNY2.95

J0148986
大家唱　阿青编
南昌　百花洲文艺出版社　1995 年　182 页
19cm（小 32 开）ISBN：7–80579–606–8
定价：CNY4.90
　　本书分：最新国、粤语金曲，最新影视歌曲，
九五·春节晚会获奖金曲等 5 个部分。

J0148987
大家唱　阿青编
南昌　百花洲文艺出版社　1995 年　修订本
182 页　19cm（小 32 开）ISBN：7–80579–606–8
定价：CNY5.98
　　本书系中国现代歌曲。

J0148988
大家唱　（Ⅱ）阿青编
南昌　百花洲文艺出版社　1996 年　246 页
19cm（小 32 开）ISBN：7–80579–747–1
定价：CNY9.80

J0148989
大连之恋　（杨道立词作歌曲选）杨道立著
沈阳　春风文艺出版社　1995 年　146 页　有照片
20cm（32 开）ISBN：7–5313–1474–6
定价：CNY14.80
　　作者杨道立，女，作家、导演。

J0148990
歌与诗二重唱　张元锦著
厦门　鹭江出版社　1995 年　158 页　19cm（小 32 开）
ISBN：7–80533–752–7　定价：CNY5.00

J0148991
好歌
重庆　重庆出版社　1995 年　64 页　19cm（小 32 开）
ISBN：7–5366–3086–7　定价：CNY2.60
（好歌音乐丛书）

J0148992
好歌唱不完 （卡拉 OK 金曲精选）嘉明编
广州 广东高等教育出版社 1995 年 246 页
有照片 19cm（小 32 开）ISBN：7-5361-1595-4
定价：CNY8.60

J0148993
冀洲歌曲选 冀洲词；贵州省音乐家协会编
贵阳 贵州人民出版社 1995 年 213 页 有照片
20cm（32 开）ISBN：7-221-03948-8
定价：CNY13.00
　　作者冀洲（1929—　　），贵州省文联顾问、音
乐家协会名誉主席、中国音乐家协会常务理事。

J0148994
教我如何不想他 （中国近现代歌曲选）
陈一萍编选
南京 江苏人民出版社 1995 年 138 页
26cm（16 开）ISBN：7-214-01446-7
定价：CNY8.80
　　作者陈一萍（1930—　　），女，武汉人，广播电
台音乐编辑。

J0148995
金韵奖创作经典乐谱 （3 为何梦见他 钢琴
弹唱谱、简谱、吉他六弦表）张秀贞主编
台北 滚石文化事业公司 1995 年 87 页
29cm（12 开）ISBN：957-99961-7-2
定价：TWD240.00
（魔岩经典乐谱系列）
　　外文书名：Golden Rhythm Award Classics, He
Came into My Dream.

J0148996
金韵奖创作经典乐谱 （4 拜访春天 钢琴弹
唱谱、简谱、吉他六弦琴表）张秀贞主编
台北 滚石文化事业公司 1995 年 87 页
29cm（12 开）ISBN：957-99961-8-0
定价：TWD240.00
（魔岩经典乐谱系列）
　　外文书名：Golden Rhythm Award Classics,
Visiting the Spring.

J0148997
劲歌新天地 （7）

海口 海南摄影美术出版社 1995 年 57 页
19cm（小 32 开）ISBN：7-80571-344-8
定价：CNY2.30
　　中国现代歌曲。

J0148998
军旅之恋 （薛清海军旅歌曲选）薛清海著
北京 中国国际广播出版社 1995 年 174 页
有彩照 20cm（32 开）ISBN：7-5078-1211-1
定价：CNY7.50
　　作者薛清海（1955—　　），解放军某部文化干
事、演出队队长，中国音乐家协会江苏分会会员。

J0148999
卡拉 OK 金曲精品 （2）高亮选编
南宁 广西民族出版社 1995 年 2 版 166 页
19cm（小 32 开）ISBN：7-5363-2337-9
定价：CNY4.98

J0149000
卡拉 OK 金曲精品选 高亮选编
南宁 广西民族出版社 1995 年 2 版 308 页
19cm（小 32 开）ISBN：7-5363-2576-2
定价：CNY9.90

J0149001
孔繁森之歌 《孔繁森之歌》创作组织委员会编
北京 中国文联出版公司 1995 年 58 页
20cm（32 开）ISBN：7-5059-2277-7
定价：CNY4.00
　　本书为中国现代歌曲。

J0149002
流行歌王 （第 1 辑）红云编
大连 大连出版社 1995 年 182 页 19cm（小 32 开）
ISBN：7-80612-065-3 定价：CNY4.98
　　本书为中国现代歌曲。

J0149003
麻辣情歌
重庆 重庆出版社 1995 年 111 页 有乐谱
19cm（小 32 开）ISBN：7-5366-3174-X
定价：CNY3.80
（好歌音乐丛书）

J0149004

马思聪歌曲选　马思聪曲；钟立民，金帆编
北京　人民音乐出版社　1995 年　119 页　有照片
19cm（小 32 开）ISBN：7-103-01271-7　定价：
CNY6.10

　　马思聪（1912—1987），作曲家、小提琴演奏家。广东海丰人。曾任中央音乐学院首任院长，并兼任中国音乐家协会副主席，《音乐创作》主编等职。代表作有小提琴曲《内蒙组曲》《西藏音诗》《第一回旋曲》，交响音乐《山林之歌》《第二交响曲》，大合唱《祖国》《春天》，歌剧《热碧亚》等。

J0149005

莽原歌　（黄荣恩创作歌曲选）黄荣恩作
西宁　青海人民出版社　1995 年　209 页　有照片
19cm（小 32 开）ISBN：7-225-01190-1
定价：CNY7.80

　　黄荣恩（1931—　），四川万源人。青海省文化厅文化处副处长、省少儿文艺委员会秘书长、中国音乐家协会会员、中国社会音乐研究会理事。

J0149006

梅璧音乐作品选　红河哈尼族彝族自治州文化局艺术创作研究室编
昆明　云南人民出版社　1995 年　193 页
20cm（32 开）ISBN：7-222-01768-2
定价：CNY5.40

　　梅璧（1932—　），红河州艺术创作研究室作曲、中国音乐家协会会员、中国少数民族音乐协会理事等。

J0149007

民族之声　钟悦编
北京　中国妇女出版社　1995 年　128 页
19cm（小 32 开）ISBN：7-80016-936-7
定价：CNY66.00（全套）
（民族史诗～壮哉，中国人丛书 爱国主义教育丛书）

J0149008

平原的太阳　（姚运才创作歌曲选）姚运才著
武汉　长江文艺出版社　1995 年　152 页
26cm（16 开）ISBN：7-5354-1245-9
定价：CNY12.50

J0149009

青春卡拉 OK　（'95 青年喜爱的歌）万溶江编
长沙　湖南师范大学出版社　1995 年　10+213 页
19cm（小 32 开）ISBN：7-81031-403-3
定价：CNY4.98

J0149010

情从山野来　黄永发等著
重庆　重庆出版社　1995 年　112 页　有照片
19cm（小 32 开）ISBN：7-5366-2931-1
定价：CNY2.50

　　作者黄永发（1944—　），重庆市市中区有线电视中心总编辑。

J0149011

让地雷活起来　（张非歌曲歌剧选集）张非著
广州　广东高等教育出版社　1995 年　381 页
有照片　20cm（32 开）ISBN：7-5361-1676-4
定价：CNY20.00
（中国著名音乐家丛书）

　　作者张非（1918—2011），作曲家。原名金成钧，曾用名张明如，河南开封人。北京军区政治部文化部艺术顾问委员会主任，中国音协理论委员会副主任。参与创作歌剧《不要杀他》《雷锋》等。著有《张非歌曲歌剧选集——让地雷活起来》《偏套集——张非诗文辑录》。

J0149012

时代的旋律　（爱国主义教育歌曲 100 首）
上海市教育局，上海市艺术教育委员会编
上海　上海音乐出版社　1995 年　重印本　177 页
26cm（16 开）ISBN：7-80553-536-1
定价：CNY10.50

J0149013

吴凡歌曲九十九首　吴凡［作］
北京　中国戏剧出版社　1995 年　230 页
20cm（32 开）ISBN：7-104-00599-4
定价：CNY10.80

　　吴凡（1941—　），作曲家。原名吴超凡，山东济南人。历任山东省潍坊市文艺创作室创作员、中国音乐家协会会员、中国戏剧家协会会员、中国轻音乐学会会员。专著有《吴凡歌曲九十九首》《吴凡器乐曲选集》等。

J0149014

优秀歌曲选 （黑龙江省建设家乡振兴龙江歌曲征集）黑龙江省"建设家乡振兴龙江"主题文艺系列活动组委会办公室编

哈尔滨　黑龙江教育出版社　1995 年　78 页

26cm（16 开）ISBN：7-5316-2845-7

定价：CNY3.80

J0149015

在祖国的怀抱里 （校园爱国主义歌曲 100 首）

苏英博等主编

海口　南海出版公司　1995 年　227 页

19cm（小 32 开）ISBN：7-5442-0553-3

定价：CNY8.20

J0149016

长城雄风 （爱国主义教育歌曲集）

江西省教委普教处编

南昌　百花洲文艺出版社　1995 年　124 页

19cm（小 32 开）ISBN：7-80579-665-3

定价：CNY2.95

J0149017

中国口岸之歌　珠海市人民政府口岸办公室编

珠海　珠海出版社　1995 年　104 页　21cm（32 开）

ISBN：7-80607-001-7　定价：CNY11.00

　　中国现代歌曲。

J0149018

中国名歌大全　李保彤主编

太原　山西教育出版社　1995 年　38+1870 页

20cm（32 开）精装　ISBN：7-5440-0519-4

定价：CNY60.00

（世界好歌名曲丛书 2）

　　作者李保彤（1940—　　），山西电视台文艺部主任、中国音乐家协会会员、中国电视艺术家协会会员、山西电视艺术家协会副主席、山西音乐家协会常务理事。

J0149019

中国名歌大全　李保彤主编

太原　山西教育出版社　1999 年　38+1870 页

21cm（32 开）精装　ISBN：7-5440-1145-3

定价：CNY60.00

（世界好歌名曲丛书 2）

J0149020

中国声乐作品选　吴慰云编著

北京　中国国际广播出版社　1995 年　141 页

有照片 26cm（16 开）ISBN：7-5078-1149-2

定价：CNY18.00

　　作者吴慰云（1939—　　），中央音乐学院声乐歌剧系副教授、艺术指导、中国音乐家协会会员。

J0149021

中小学校园歌曲集　姚承嵘［编］

哈尔滨　哈尔滨工程大学出版社　1995 年　121 页

19cm（小 32 开）ISBN：7-81007-539-X

定价：CNY4.60

J0149022

中学爱国歌曲　张幼文主编

济南　山东文艺出版社　1995 年　133 页

19cm（小 32 开）ISBN：7-5329-1288-4

定价：CNY4.60

J0149023

珠海潮声 （歌曲集）珠海市文化局等编

郑州　河南人民出版社　1995 年　245 页

20cm（32 开）ISBN：7-215-03459-3

定价：CNY9.00

J0149024

祝愿 （杨士菊歌曲选）杨士菊作曲

长春　吉林大学出版社　1995 年　217 页

19cm（小 32 开）ISBN：7-5601-1679-5

定价：CNY6.50

　　本书收作者创作的歌曲约百首，有《祝愿》《湖上民谣》《我的歌唱给妈妈》等。作者杨士菊（1947—　　），教师。吉林省吉林市人，毕业于吉林艺术学院音乐系理论作曲专业。东北师大音乐系任教。著有《歌曲写作初阶》。

J0149025

走出故乡的月亮 （焦燧东歌集）焦燧东［词］

济南　黄河出版社　1995 年　196 页 19cm（小 32 开）

ISBN：7-80558-573-3　定价：CNY6.80

　　作者焦燧东（1952—　　），河南唐河人。济南军区某部政治部主任、中国曲艺家协会会员、中国音乐家协会湖北分会会员。

J0149026

"七一"金曲 中共宁波市委宣传部,宁波市教育委员会编
宁波 宁波出版社 1996年 115页 19cm(小32开)
ISBN:7-80602-075-6 定价:CNY2.90
(金曲系列丛书)

J0149027

'95 中国 MTV 大奖赛精品集 宋世文编著
长沙 湖南出版社 1996年 198页 19cm(小32开)
ISBN:7-5438-1154-5 定价:CNY7.80

J0149028

啊!红星 (傅庚辰歌曲集) 傅庚辰曲
北京 解放军文艺出版社 1996年 10+459页
有照片 20cm(32开) ISBN:7-5033-0732-3
定价:CNY26.00,CNY29.50(精装)

J0149029

爱国歌曲 100 首 何群茂,史宗毅编著
福州 福建少年儿童出版社 1996年 224页
19cm(小32开) ISBN:7-5395-1258-X
定价:CNY6.80
(爱国主义教育丛书)

　　作者何群茂(1937—),钢琴教师。毕业于四川音乐学院。福建人民广播电台党委委员、主任编辑。代表作品《爱在心窝里》《畲歌越唱越开心》《读唐诗》《台湾小阿霞》等。

J0149030

爱国主义歌曲 100 首 崔光祖主编;李国藏,杨大明编辑
太原 北岳文艺出版社 1996年 222页
19cm(小32开) ISBN:7-5378-1547-X
定价:CNY7.60

J0149031

八一军旗迎风飘 (李明池歌曲选)李兰主编
天津 百花文艺出版社 1996年 148页 有照片
19cm(小32开) ISBN:7-5306-2308-7
定价:CNY12.50

J0149032

百唱不厌军歌珍藏本 陈川编
成都 四川文艺出版社 1996年 268页

20cm(32开) ISBN:7-5411-1464-2
定价:CNY9.80

　　作者陈川(1945—),作曲家。毕业于中央音乐学院。历任四川文艺出版社副社长、四川电子音像出版社总编辑、四川通俗音乐协会会长、中国音乐家协会会员。创作歌曲有《峨眉山》《九寨沟·黄龙》《青城山·都江堰》《稻城亚丁·香格里拉》等。音乐专著有《琴弦上的梦》《中国少数民族乐器大观》《藏族人民庆丰收》等。

J0149033

百首爱国主义歌曲集 车冠光,李汝松编选
北京 中国文联出版公司 1996年 354页
有乐谱 20cm(32开) ISBN:7-5059-2360-9
定价:CNY15.00

J0149034

百首爱国主义歌曲选 (小学本)河南省教育委员会普教处编
郑州 海燕出版社 1996年 72页 20cm(32开)
ISBN:7-5350-1302-3 定价:CNY2.60

J0149035

百首爱国主义歌曲选 (中学本)河南省教育委员会普教处编
郑州 海燕出版社 1996年 155页 20cm(32开)
ISBN:7-5350-1401-1 定价:CNY4.80

J0149036

迟德顺作词歌曲选 迟德顺著
大连 大连出版社 1996年 242页 有照片
20cm(32开) ISBN:7-80612-224-9
定价:CNY9.80

J0149037

春雨 (苏国红歌曲选集)苏国红[著]
昆明 云南民族出版社 1996年 235页
19cm(小32开) ISBN:7-5367-1234-0
定价:CNY10.80

J0149038

傅晶歌曲选 (浩歌依旧属于你)傅晶著
北京 国际文化出版公司 1996年 10+16+402页
有照片 19cm(小32开) ISBN:7-80105-159-9
定价:CNY80.00(全套)

（中国当代音乐家书系）

J0149039

歌满三峡 （周友金演唱歌曲集）秦新民,吉人编
北京 中国三峡出版社 1996年 205页 有彩照
20cm（32开）ISBN：7-80099-094-X
定价：CNY14.80

J0149040

金曲颂中华 （爱国主义歌曲精选）葛纪谦主编
郑州 河南人民出版社 1996年 10+393页
20cm（32开）ISBN：7-215-03541-7
定价：CNY14.50

J0149041

进梦歌曲选 进梦著
石家庄 花山文艺出版社 1996年 224页
有乐谱及彩照 20cm（32开）
ISBN：7-80611-484-X 定价：CNY11.60
　　作者进梦（1939— ），原名罗进梦,河北昌黎人。中共秦皇岛市文化局党委书记、中国音乐家协会会员、河北省音乐家协会常务理事。

J0149042

军旅进行曲 （李殿卿歌曲选）李殿卿著
北京 国际文化出版公司 1996年 121页 有照片
19cm（小32开）ISBN：7-80105-159-9
定价：CNY80.00（全套）
（中国当代音乐家书系）

J0149043

老歌·金曲 开元编
沈阳 辽宁民族出版社 1996年 13+559页
20cm（32开）ISBN：7-80527-568-8
定价：CNY22.80

J0149044

李焕之声乐作品选集 李焕之曲
北京 大众文艺出版社 1996年 468页 有照片
26cm（16开）ISBN：7-80094-069-1
定价：CNY58.00
（中国文联晚霞文库）
　　李焕之（1919—2000），作曲家、指挥家、音乐理论家。出生于香港,原籍福建晋江市,毕业于延安鲁迅艺术学院。历任中央音乐学院音乐

团团长、中央歌舞团艺术指导、中央民族乐团团长。代表作品有《民主建国进行曲》《新中国青年进行曲》《春节组曲》等。

J0149045

林泉歌曲选 林泉作曲
南宁 广西民族出版社 1996年 78页 有彩照
19cm（小32开）ISBN：7-5363-3136-3
定价：CNY5.40
（中国乐海歌丛 第三辑）

J0149046

南海渔光曲 （黄琛音乐作品选）黄琛编
北京 华乐出版社 1996年 167页 20cm（32开）
ISBN：7-80129-007-0 定价：CNY10.40
　　黄琛（1937— ），广东汕尾人。汕尾市音协主席、中国音乐家协会会员、广东省剧协会员。

J0149047

倪承为声屏歌选 倪承为著
海口 南海出版公司 1996年 242页 有照片
20cm（32开）ISBN：7-5442-0686-6
定价：CNY12.00

J0149048

秦西炫艺术歌曲集 秦西炫作曲
北京 华乐出版社 1996年 35页 有彩照
26cm（16开）ISBN：7-80129-009-7
定价：CNY8.00
　　外文书名：Qin Xixuan Collection of Art Songs.

J0149049

沁园春 （赵洪滔音乐作品选）赵洪滔著
北京 国际文化出版公司 1996年 144页 有照片
19cm（小32开）ISBN：7-80105-159-9
定价：CNY80.00（全套）
（中国当代音乐家书系）

J0149050

山茶花 （闽西音乐家优秀歌曲专集）
陈华杰主编；龙岩地区音乐家协会,龙岩市文化局,文化馆编
福州 海峡文艺出版社 1996年 185页
20cm（32开）ISBN：7-80534-862-6
定价：CNY9.00

J0149051

为古人传心声 （阿镗古诗词歌创作、唱录、评论集）黄辅棠编撰

台北 摇篮文化事业有限公司［1996 年］158 页 21cm（32 开）

J0149052

夏俊发歌曲选 夏俊发著

北京 国际文化出版公司 1996 年 190 页 有照片 19cm（小 32 开）ISBN：7–80105–159–9

定价：CNY80.00（全套）

（中国当代音乐家书系）

J0149053

校园歌曲 王效恭主编

北京 中国电影出版社 1996 年 238 页 19cm（小 32 开）ISBN：7–106–01169–X

定价：CNY9.90

J0149054

校园歌曲 （中学分册）王效恭主编

北京 中国电影出版社 1997 年 73 页 19cm（小 32 开）ISBN：7–106–01221–1

定价：CNY4.00

　　本书为中华首届校园歌曲电视大赛获奖作品集。

J0149055

校园歌曲 100 首 李刚,丁燕苇编

北京 中国三峡出版社 1996 年 114 页 19cm（小 32 开）ISBN：7–80099–181–4

定价：CNY33.60（全 7 册）

（七星瓢虫 中学生应知应会丛书）

J0149056

校园歌曲荟萃 蒋振声编著

北京 光明日报出版社 1996 年 122 页 19cm（小 32 开）ISBN：7–80091–754–1

定价：CNY4.50

J0149057

雄达歌曲选 （海的风韵 海的浪漫 海的旋律）雄达著

北京 国际文化出版公司 1996 年 231 页 有照片 19cm（小 32 开）ISBN：7–80105–159–9

定价：CNY80.00（全套）

（中国当代音乐家书系）

J0149058

依依握别在深秋 （王淳琰歌曲选）王淳琰著

北京 国际文化出版公司 1996 年 165 页 有照片 19cm（小 32 开）ISBN：7–80105–159–9

定价：CNY80.00（全套）

（中国当代音乐家书系）

J0149059

永恒好歌 陈立编

广州 广州出版社 1996 年 14+367 页 19cm（小 32 开）ISBN：7–80592–447–3

定价：CNY14.80

J0149060

中国当代优秀校园歌曲 高占全主编

郑州 河南人民出版社 1996 年 284 页 19cm（小 32 开）ISBN：7–215–03718–5

定价：CNY12.00

J0149061

中华民族魂歌曲总汇 赵铭德主编；黑龙江省教育科学研究所编

哈尔滨 黑龙江人民出版社 1996 年 24+1085 页 26cm（16 开）ISBN：7–207–03276–5

定价：CNY88.00

J0149062

中学生歌曲选 北京市教委艺术教育委员会,北京金帆艺术团［编］

北京 知识出版社 1996 年 207 页 20cm（32 开）

ISBN：7–5015–1386–4 定价：CNY4.95

J0149063

祖国的笑容多么美 （徐光荣词作歌曲选）［徐光荣著］

南宁 广西民族出版社 1996 年 144 页 有彩照 18cm（小 32 开）ISBN：7–5363–3136–3

定价：CNY9.50

（中国乐海歌丛）

J0149064

20 世纪难忘名歌 300 首 周民中,高文艺编

海口　海南出版社　1997 年　12+400 页
20cm（32 开）ISBN：7-80617-913-5
定价：CNY17.80

J0149065
爱国主义歌曲集　北京市教育委员会德育处编
北京　首都师范大学出版社　1997 年　237 页
19cm（小 32 开）ISBN：7-81039-814-8
定价：CNY7.80

J0149066
爱祖国迎香港回归
天津　天津教育出版社　1997 年　33 页　26cm（16 开）
ISBN：7-5309-2712-4　定价：CNY2.00

J0149067
百年梦圆　（迎接'97 香港回归获奖歌曲集）
北京　文化艺术出版社　1997 年　101 页
20cm（32 开）ISBN：7-5039-1580-3
定价：CNY10.00

J0149068
百首爱情经典歌曲集　李汝松，车冠光编选
北京　中国文联出版公司　1997 年　272 页
20cm（32 开）ISBN：7-5059-2710-8
定价：CNY14.60

J0149069
当兵的人　（建军七十周年歌曲集）
上海音乐出版社编
上海　上海音乐出版社　1997 年　488 页
20cm（32 开）ISBN：7-80553-596-5
定价：CNY20.00

J0149070
当兵的人　（建军七十周年歌曲集）
上海音乐出版社编
上海　上海音乐出版社　1997 年　488 页
20cm（32 开）精装　ISBN：7-80553-679-1
定价：CNY26.00

J0149071
光的情和爱　（冯健乐诗歌、歌曲集）冯健乐著
海口　南海出版公司　1997 年　120 页
19cm（小 32 开）ISBN：7-5442-0284-4

定价：CNY7.00
　　作者冯健乐（1944—　），海南文昌人。海口火电公司工会副主席、中国音乐家协会海南分会会员、海南诗社常务理事。

J0149072
好歌 1000 首　卜源等编
呼和浩特　远方出版社　1997 年　28+733 页
20cm（32 开）ISBN：7-80595-295-7
定价：CNY28.80

J0149073
贺绿汀全集　（第一卷　声乐作品）
［贺绿汀著］；《贺绿汀全集》编委会编
上海　上海音乐出版社　1997 年　11+410 页
26cm（16 开）精装　ISBN：7-80553-582-5
定价：CNY46.50
　　贺绿汀（1903—1999），音乐家、教育家。湖南邵东仙槎桥人，毕业于上海国立音乐专科学校。历任武昌艺术专科学校教员、明星影片公司音乐科科长、陕甘宁晋绥联防军政治部宣传队音乐教员、延安中央管弦乐团团长、华北文工团团长。代表作品《牧童短笛》《摇篮曲》《游击队歌》等，著有《贺绿汀音乐论文选集》。

J0149074
黄自遗作集　（声乐作品册）上海音乐学院
《黄自遗作集》编辑小组编
合肥　安徽文艺出版社　1997 年　217 页　有图
26cm（16 开）ISBN：7-5396-1590-7
定价：CNY25.00

J0149075
金色的太阳　（歌曲选集）孙朝成主编
哈尔滨　哈尔滨出版社　1997 年　126 页
20cm（32 开）ISBN：7-80639-041-3
定价：CNY8.80

J0149076
军旅曲库　亚沙主编
北京　解放军文艺出版社　1997 年　247 页
19cm（小 32 开）ISBN：7-5033-0877-X
定价：CNY10.00

J0149077

历史长河九十九道湾 （洪明良歌曲选）

洪明良曲

福州 海峡文艺出版社 1997年 142页

20cm（32开） ISBN：7-80640-001-X

定价：CNY8.80

J0149078

抹不掉的记忆 （于坤歌曲选）于坤著

福州 海峡文艺出版社 1997年 192页

19cm（小32开） ISBN：7-80534-826-X

定价：CNY8.00

J0149079

钱利生创作歌曲选 钱利生作曲

南京 江苏人民出版社 1997年 99页

19cm（小32开） ISBN：7-214-01748-2

定价：CNY5.00

J0149080

青少年优秀歌曲精选 （1）乔力平主编

长沙 湖南少年儿童出版社 1997年 233页

20cm（32开） ISBN：7-5358-1377-1

定价：CNY7.20

J0149081

青少年优秀歌曲精选 （2）乔力平主编

长沙 湖南少年儿童出版社 1997年 236页

20cm（32开） ISBN：7-5358-1378-X

定价：CNY7.30

J0149082

轻轻地走近你 （邓伟民歌曲集）邓伟民著

南昌 百花洲文艺出版社 1997年 145页

有彩照 20cm（32开） ISBN：7-80579-926-1

定价：CNY16.00

J0149083

求是颂 （浙江大学歌曲选）浙江大学党委宣

传部,浙江大学文化艺术委员会编

杭州 浙江大学出版社 1997年 98页

19cm（小32开） ISBN：7-308-01900-4

定价：CNY4.00

J0149084

人民的儿子 （献给小平的歌 歌曲集）

辽宁音像出版社编

沈阳 辽宁人民出版社 1997年 27页

19cm（小32开） ISBN：7-205-04117-1

定价：CNY1.80

J0149085

萨尔浒我心上的明珠 （常氏父女音乐作品

集）常葆恕等作

沈阳 春风文艺出版社 1997年 200页

20cm（32开） ISBN：7-5313-1760-5

定价：CNY15.00

J0149086

三峡旋律 施兆淮,石玉泉主编;

湖北省宜昌市音乐家协会编

北京 中国三峡出版社 1997年 261页

20cm（32开） ISBN：7-80099-252-7

定价：CNY188.00（全套）

（三峡文学艺术丛书）

J0149087

神州同唱回归曲 （庆祝香港回归歌曲集）

中国合唱协会编

北京 中国电影出版社 1997年 125页

20cm（32开） ISBN：7-106-01234-3

定价：CNY5.80

J0149088

生命的放飞 （优秀体育歌曲选）

中华人民共和国第八届运动会征歌办公室编

上海 上海音乐出版社 1997年 74页

19cm（小32开） ISBN：7-80553-691-0

定价：CNY3.00

J0149089

王洛宾歌曲选 王洛宾著;王海成主编

北京 解放军出版社 1997年 158页 有彩照

20cm（32开） ISBN：7-5065-3337-5

定价：CNY11.80

　　王洛宾（1913—1996）,作曲家。名荣庭,字
洛宾,曾用名艾依尼丁。北京人,毕业于国立北
平师范大学（北京师范大学）音乐系。主要作品
有《在那遥远的地方》《半个月亮爬上来》《达坂

城的姑娘》《掀起你的盖头来》《阿拉木汉》《在
银色的月光下》等。

J0149090
校园歌曲　（小学用）李钺主编
长沙 湖南师范大学出版社 1997 年 119 页
19cm（小 32 开）ISBN：7-81031-536-6
定价：CNY3.00

J0149091
校园歌曲　（中学用）李钺主编
长沙 湖南师范大学出版社 1997 年 118 页
19cm（小 32 开）ISBN：7-81031-537-4
定价：CNY3.00

J0149092
校园歌曲　（初中版）《校园歌曲》编委会编
北京 中国青年出版社 1997 年 32 页
26cm（16 开）ISBN：7-5006-2551-0
定价：CNY2.90

J0149093
校园歌曲　（高中版）《校园歌曲》编委会编
北京 中国青年出版社 1997 年 32 页
26cm（16 开）ISBN：7-5006-2552-9
定价：CNY2.90

J0149094
校园歌曲　（首届中华校园歌曲电视大赛参赛
歌曲精选）李苏民主编
北京 中国少年儿童出版社 1997 年 205 页
19cm（小 32 开）ISBN：7-5007-3767-X
定价：CNY9.90

J0149095
校园歌曲　（小学 1-2 年级版）《校园歌曲》编
委会编
北京 中国少年儿童出版社 1997 年 32 页
26cm（16 开）ISBN：7-5007-3537-5
定价：CNY2.90

J0149096
校园歌曲　（小学 3-6 年级版）《校园歌曲》编
委会编
北京 中国少年儿童出版社 1997 年 32 页

26cm（16 开）ISBN：7-5007-3538-3
定价：CNY2.90

J0149097
校园歌曲　（1998 年 初中版 上册）《校园歌
曲》编委会编
北京 中国青年出版社 1998 年 32 页 20cm（32 开）
ISBN：7-5006-2847-1 定价：CNY1.60

J0149098
校园歌曲　（1998 年 初中版 下册）《校园歌
曲》编委会编
北京 中国青年出版社 1998 年 32 页 20cm（32 开）
ISBN：7-5006-3073-5 定价：CNY1.60

J0149099
校园歌曲　（1998 年 高中版 上册）《校园歌
曲》编委会编
北京 中国青年出版社 1998 年 32 页 20cm（32 开）
ISBN：7-5006-2846-3 定价：CNY1.60

J0149100
校园歌曲　（1998 年 高中版 下册）《校园歌
曲》编委会编
北京 中国青年出版社 1998 年 32 页 20cm（32 开）
ISBN：7-5006-3072-7 定价：CNY1.60

J0149101
校园歌曲　（小学 1-2 年级 上册）《校园歌曲》
编写组编
北京 中国少年儿童出版社 1998 年 32 页 有图
20cm（32 开）ISBN：7-5007-3470-0
定价：CNY1.60

J0149102
校园歌曲　（小学 1-2 年级）《校园歌曲》编写
组编
北京 中国少年儿童出版社 1998 年 32 页
有图 20cm（32 开）ISBN：7-5007-4215-0
定价：CNY1.60

J0149103
校园歌曲　（小学 3-6 年级 上册）《校园歌曲》
编写组编
北京 中国少年儿童出版社 1998 年 32 页

有图　20cm（32 开）ISBN：7-5007-3521-9
定价：CNY1.60

J0149104
校园歌曲　（小学 3-6 年级）《校园歌曲》编写
组编
北京　中国少年儿童出版社　1998 年　32 页
有图　20cm（32 开）ISBN：7-5007-4216-9
定价：CNY1.60

J0149105
校园歌曲　（初中版 下册）《校园歌曲》编委会编
北京　中国青年出版社　1999 年　31 页
20cm（32 开）ISBN：7-5006-3520-6
定价：CNY1.60

J0149106
校园歌曲　（高中版 下册）《校园歌曲》编委会编
北京　中国青年出版社　1999 年　31 页　20cm（32 开）
ISBN：7-5006-3521-4　定价：CNY1.60

J0149107
校园歌曲　（初中版）霄鹏主编
北京　中国青年出版社　1999 年　32 页　20cm（32 开）
ISBN：7-5006-3363-7　定价：CNY1.60

J0149108
校园歌曲　（高中版）《校园歌曲》编委会编
北京　中国青年出版社　1999 年　32 页　20cm（32 开）
ISBN：7-5006-3364-5　定价：CNY1.60

J0149109
校园歌曲　（小学 1-2 年级版）《校园歌曲》编
委会编
北京　中国少年儿童出版社　1999 年　32 页
20cm（32 开）ISBN：7-5007-4626-1
定价：CNY1.60

J0149110
校园歌曲　（小学 1-2 年级版）《校园歌曲》编
委会编
北京　中国少年儿童出版社　1999 年　32 页
20cm（32 开）ISBN：7-5007-4876-0
定价：CNY1.60

J0149111
校园歌曲　（小学 3-6 年级版）《校园歌曲》编
委会编
北京　中国少年儿童出版社　1999 年　32 页
20cm（32 开）ISBN：7-5007-4627-X
定价：CNY1.60

J0149112
校园歌曲　（小学 3-6 年级版）《校园歌曲》编
委会编
北京　中国少年儿童出版社　1999 年　32 页
20cm（32 开）ISBN：7-5007-4877-9
定价：CNY1.60

J0149113
寻找太阳升起的地方　（陈勇艺术歌曲选）
陈勇作曲
昆明　云南美术出版社　1997 年　114 页
29cm（16 开）ISBN：7-80586-347-4
定价：CNY18.00
　　作者陈勇（1955—　），作曲家，教授。毕业
于云南艺术学院理论作曲专业。云南艺术学院
音乐教育系主任、副教授，中国音乐家协会、中
国少数民族音乐学会会员。创作艺术歌曲有《火
把节的火把》《月光恋》《布依人家》，交响组曲
《铜鼓魂》。

J0149114
遥远的女儿国　（刘丽英 郭鲁川歌曲选）
刘丽英,郭鲁川作曲
昆明　云南民族出版社　1997 年　93 页
19cm（小 32 开）ISBN：7-5367-1532-3
定价：CNY7.00

J0149115
月亮湾情歌　（钟兵词作歌曲集）钟兵主编
广州　广东教育出版社　1997 年　132 页
有照片　20cm（32 开）ISBN：7-5406-3846-X
定价：CNY9.50

J0149116
中国军歌　铁流主编
成都　四川人民出版社　1997 年　11+512 页
19cm（小 32 开）ISBN：7-220-03472-5
定价：CNY18.50

J0149117
中国抒情歌曲 文杏编
北京 中国青年出版社 1997 年 483 页
20cm（32 开）ISBN：7-5006-2088-8
定价：CNY22.30, CNY25.80（精装）
（歌曲精品系列）

J0149118
中国盐城名歌金曲 100 首 熊存良主编
南京 江苏教育出版社 1997 年 215 页
19cm（小 32 开）ISBN：7-5343-3053-X
定价：CNY8.20

J0149119
98 好歌新曲 500 首 卜源,伟光编
海拉尔 内蒙古文化出版社 1998 年 16+396 页
20cm（32 开）ISBN：7-80506-656-6
定价：CNY16.80

J0149120
百年来中国名歌 冰河,王玄迈主编
武汉 武汉出版社 1998 年 10+426+54 页
28cm（大 16 开）精装 ISBN：7-5430-1760-1
定价：CNY78.00
（世纪之声 系列歌曲集 1）

J0149121
春天的旋律 中共山东省委宣传部,山东省文
学艺术界联合会编
济南 山东文艺出版社 1998 年 608 页
20cm（32 开）ISBN：7-5329-1664-2
定价：CNY24.00

J0149122
广西民族歌曲精选 （1958—1998）傅馨主编
南宁 广西人民出版社 1998 年 350 页
20cm（32 开）ISBN：7-219-03713-9
定价：CNY18.00
　　外文书名：Selected Songs of Guangxi's
Nationalities.

J0149123
好歌唱起来 （名歌名曲精品）葛峰编
延吉 延边人民出版社 1998 年 312 页 有彩图
26cm（16 开）ISBN：7-80599-885-X

定价：CNY19.80

J0149124
好歌大全 卜源,伟光编
北京 经济日报出版社 1998 年 34+775 页
20cm（32 开）ISBN：7-80127-415-6
定价：CNY29.80

J0149125
红烛颂·绿叶情 （献给教师的歌）雷维模编
成都 四川教育出版社 1998 年 284 页
21cm（32 开）ISBN：7-5408-3241-X
定价：CNY15.80
　　作者雷维模,教授、作曲家、音乐学者。历
任中国音乐家协会会员、中国音乐著作权协会会
员、中国社会音乐研究会理事、四川省社会音乐
研究会副会长兼秘书长。

J0149126
军营的旋律 （张小平歌曲集）张小平作曲
济南 黄河出版社 1998 年 197 页 19cm（小 32 开）
ISBN：7-80558-964-X 定价：CNY13.00

J0149127
老年自娱歌曲精选 范钦濂等选编
武汉 华中理工大学出版社 1998 年 365 页
19cm（小 32 开）ISBN：7-5609-1770-4
定价：CNY14.00

J0149128
乐海涛声 （薛涛歌曲选）薛涛著
大连 大连出版社 1998 年 264 页 有照片
20cm（32 开）ISBN：7-80612-576-0
定价：CNY20.00

J0149129
男子汉之歌 刘传编配
北京 蓝天出版社 1998 年 320 页 20cm（32 开）
ISBN：7-80081-814-4 定价：CNY14.00
　　本书为演唱、吉他、电子琴及小乐队演奏的
流行歌曲集。作者刘传,吉他演奏家、教育家。
北京风华艺校校长兼吉他教员,青年吉他协会
理事。

J0149130
普烈作品选 普烈著
沈阳 春风文艺出版社 1998 年 190 页
19cm（小 32 开）ISBN：7-5313-1716-8
定价：CNY10.00
　　本书为中国现代歌曲与其创作方法选集。

J0149131
青春咏叹 （知青喜爱的歌）孙伟编著
昆明 云南民族出版社 1998 年 270 页
19cm（小 32 开）ISBN：7-5367-1681-8
定价：CNY16.00

J0149132
情系蓝天 李永金著
北京 解放军文艺出版社 1998 年 159 页
20cm（32 开）ISBN：7-5033-1036-7
定价：CNY12.00

J0149133
山高水长 （熊永歌词及词作歌曲选）熊永著
武汉 长江文艺出版社 1998 年 12+377 页
有彩照 20cm（32 开）ISBN：7-5354-1668-3
定价：CNY19.00

J0149134
台湾福佬系民谣 （老祖先的台湾歌）简上仁著
台北 汉光文化事业公司 1998 年 128 页 有照片
17cm（40 开）ISBN：957-629-307-3
定价：TWD180.00
（传统艺术丛书 1）

J0149135
王健作词歌曲选集 （用文字唱歌的女人）
王健作词
北京 中国文联出版公司 1998 年 410 页
20cm（32 开）ISBN：7-5059-3202-0
定价：CNY21.80

J0149136
王千声乐作品选集 王千著
昆明 云南人民出版社 1999 年 265 页
20cm（32 开）ISBN：7-222-02505-7
定价：CNY24.00

J0149137
我们的心愿 范盈庄［编］
宁波 宁波出版社 1998 年 98 页 19cm（小 32 开）
ISBN：7-80602-241-4 定价：CNY5.00

J0149138
香港声乐作品集
（Ⅰ 合唱曲：中国古典诗词 1）罗炳良主编
香港 基督教文艺出版社 1998 年 167 页
29cm（16 开）ISBN：962-294-647-X
　　外文书名：Hong Kong Vocal Music Collection,
Choral：Classical Chinese Poetry.

J0149139
香港声乐作品集
（Ⅱ 合唱曲：中国古典诗词 2）罗炳良主编
香港 基督教文艺出版社 1998 年 139 页
29cm（16 开）ISBN：962-294-648-8
　　外文书名：Hong Kong Vocal Music Collection,
Choral：Classical Chinese Poetry.

J0149140
香港声乐作品集
（Ⅲ 合唱曲：中国现代诗词 1）罗炳良主编
香港 基督教文艺出版社 1998 年 138 页
29cm（16 开）ISBN：962-294-649-6
　　外文书名：Hong Kong Vocal Music Collection,
Choral: Modern Chinese Poetry.

J0149141
香港声乐作品集
（Ⅳ 合唱曲：中国现代诗词 2）罗炳良主编
香港 基督教文艺出版社 1998 年 144 页
29cm（16 开）ISBN：962-294-650-X
　　外文书名：Hong Kong Vocal Music Collection,
Choral: Modern Chinese Poetry.

J0149142
香港声乐作品集 （Ⅴ 合唱曲：民歌）
罗炳良主编
香港 基督教文艺出版社 1999 年 126 页
29cm（16 开）ISBN：962-294-651-8
　　外文书名：Hong Kong Vocal Music Collection,
Choral: Folksong.

J0149143
香港声乐作品集 （Ⅵ 艺术歌曲）罗炳良主编
香港 基督教文艺出版社 1999 年 227 页
29cm（16 开）ISBN：962-294-652-6
外文书名：Hong Kong Vocal Music Collection,
Solo Art Songs.

J0149144
香港声乐作品集 （Ⅶ 宗教歌曲）罗炳良主编
香港 基督教文艺出版社 1999 年 170 页
29cm（16 开）ISBN：962-294-653-4
外文书名：Hong Kong Vocal Music Collection,
Religious Songs.

J0149145
香港声乐作品集 （Ⅷ 外语歌曲）罗炳良主编
香港 基督教文艺出版社 1999 年 239 页
29cm（16 开）ISBN：962-294-654-2
外文书名：Hong Kong Vocal Music Collection,
Songs in Foreign Languages.

J0149146
校园歌曲 （'98 春季 小学 1-2 年级）《校园
歌曲》编委会编
杭州 杭州出版社 1998 年 32 页 19cm（小 32 开）
ISBN：7-80633-076-3 定价：CNY1.50

J0149147
校园歌曲 （'98 春季 小学 3-6 年级）
《校园歌曲》编委会编
杭州 杭州出版社 1998 年 32 页 19cm（小 32 开）
ISBN：7-80633-077-1 定价：CNY1.50

J0149148
校园歌曲 （'98 春季 初中年级）《校园歌曲》
编委会编
杭州 杭州出版社 1998 年 32 页 19cm（小 32 开）
ISBN：7-80633-078-X 定价：CNY1.50

J0149149
校园歌曲 （'98 春季 高中、中专音乐欣赏）
《校园歌曲》编委会编
杭州 杭州出版社 1998 年 32 页 19cm（小 32 开）
ISBN：7-80633-079-8 定价：CNY1.50

J0149150
校园金曲 200 首 姚莉,晓眉选编
西安 西安出版社 1998 年 重印 11+476 页
18cm（小 32 开）ISBN：7-80594-222-6
定价：CNY14.00
（20 世纪优秀歌库）

J0149151
新编中国声乐作品选续集 （移调钢琴伴奏
谱尚未发表的作品）霍立等主编
沈阳 春风文艺出版社 1998 年 222 页
26cm（16 开）ISBN：7-5313-1905-5
定价：CNY28.00
作者霍立(1949—)，教授。沈阳人。沈阳
音乐学院声乐系钢琴艺术指导、教授。主编有《新
编中国声乐作品选》。

J0149152
新时代的歌声 （江苏创作歌曲集）江苏省群
众艺术馆编；陈蜜,张胜主编
南京 江苏文艺出版社 1998 年 281 页
20cm（32 开）ISBN：7-5399-1359-2
定价：CNY16.80

J0149153
杨子坚歌曲选 杨明,马荣升主编
昆明 云南美术出版社 1998 年 122 页
19cm（小 32 开）ISBN：7-80586-527-2
定价：CNY12.00

J0149154
中国创作歌曲集 曹成章主编
石家庄 花山文艺出版社 1998 年
3 册（27+1290 页）20cm（32 开）
ISBN：7-80611-606-0 定价：CNY40.00
（20 世纪中国歌曲集萃）

J0149155
中国校园歌曲 （精品）江小韵编
郑州 河南文艺出版社 1998 年 186 页
20cm（32 开）ISBN：7-80623-068-8
定价：CNY9.60
（中外歌曲精品库）

J0149156
20 世纪中国著名歌曲 1000 首
冯光钰,薛良主编
郑州 海燕出版社 1999 年 10+43+1617 页
20cm(32 开) 精装 ISBN:7-5350-1494-1
定价:CNY75.00
　　作者冯光钰(1935—2011),教授。重庆市人。毕业于四川音乐学院,留校任教。历任中国音协书记处书记、中国民族器乐学会会长。代表作品有《中国曲牌考》《中国同宗民歌》。作者薛良,主要作品有《音乐知识手册》《歌唱的方法》《歌唱的艺术》等。

J0149157
20 世纪中华之歌精选　刘寿臣,王宝德主编
徐州 中国矿业大学出版社 1999 年 571 页
26cm(16 开) ISBN:7-81070-072-3
定价:CNY38.00

J0149158
99 苹果店　(好歌天天唱)刘溪,王莘编
海口 南海出版公司 1999 年 378 页 有照片
20cm(32 开) ISBN:7-5442-0815-X
定价:CNY22.80

J0149159
百唱不厌难忘的歌　(珍藏版)秦川编
北京 蓝天出版社 1999 年 17+498 页 20cm(32 开)
ISBN:7-80081-986-8 定价:CNY19.80

J0149160
二十世纪中国名歌　雷维模编著
奎屯 伊犁人民出版社 1999 年 15+569 页
20cm(32 开) ISBN:7-5425-0479-7
定价:CNY19.00
　　本书收录《歌唱祖国》《党啊,亲爱的妈妈》《祖国啊! 我永远热爱你》《今天是你的生日,中国》《祖国生日快乐》等近四百首二十世纪中国名歌。

J0149161
飞驰之歌　(武汉铁路分局创作歌曲选集)
程复德主编
武汉 长江文艺出版社 1999 年 135 页 有彩照
20cm(32 开) ISBN:7-5354-1932-1

定价:CNY6.80

J0149162
福建优秀歌曲选　(1949—1999)福建省文学艺术界联合会,福建省音乐家协会编
福州 海峡文艺出版社 1999 年 418 页
20cm(32 开) ISBN:7-80640-317-5
定价:CNY20.00

J0149163
歌满荒原　李继顺主编
北京 石油工业出版社 1999 年 227 页
20cm(32 开) ISBN:7-5021-2623-6
定价:CNY12.80
(胜利油田文学艺术精品库 歌曲集)

J0149164
歌声中的 20 世纪　(百年中国歌曲精选)
刘习良主编
北京 中国国际广播出版社 1999 年 16+754 页
20cm(32 开) ISBN:7-5078-1697-4
定价:CNY39.00

J0149165
歌声中的祖国　王平编著
西安 陕西人民出版社 1999 年 442 页
20cm(32 开) ISBN:7-224-05194-2
定价:CNY19.80

J0149166
歌坛旋风　(激情跨越 2000 年)肖汉华主编
海拉尔 内蒙古文化出版社 1999 年 5 册
20cm(32 开) ISBN:7-80506-829-1
定价:CNY34.90
　　本套歌曲集分为玫瑰诗情、爱心倾诉、新歌旋风、流金岁月、阳春白雪五册。内容包括:温馨情侣对唱、通俗吉他弹唱、激情摇滚劲曲、影视金曲和优秀老歌。

J0149167
好歌经典
奎屯 伊犁人民出版社 1999 年 3 册
19cm(小 32 开) ISBN:7-5425-0267-0
定价:CNY42.90

J0149168

好歌新曲 300 首　卜源,伟光编
延吉 延边人民出版社 1999 年 252 页
20cm（32 开）ISBN：7-80648-095-1
定价：CNY11.80

J0149169

红歌集 （新中国 50 年优秀歌曲集粹）孙慎主编
北京 九州图书出版社 1999 年 402 页
20cm（32 开）ISBN：7-80114-380-9
定价：CNY20.00

J0149170

荒原心旅 （尹震华音乐作品选）尹震华［作曲］
北京 华文出版社 1999 年 149 页 有照片
20cm（32 开）ISBN：7-5075-0843-9
定价：CNY12.00
（精神文明建设系列丛书 文化系列 5）

J0149171

黄岩歌曲精选　金泉生编
北京 中国电影出版社 1999 年 175 页
20cm（32 开）ISBN：7-106-01430-3
定价：CNY12.80

J0149172

建国 50 年精典荐歌 68 首　王建卫,林蔚人编
北京 中国广播电视出版社 1999 年 126 页
26cm（16 开）ISBN：7-5043-3290-9
定价：CNY12.00
　　本书与中国世界语出版社合作出版。

J0149173

金泉生歌曲选　金泉生著
北京 中国文联出版公司 1999 年 139 页
19cm（小 32 开）ISBN：7-5059-3165-2
定价：CNY9.80

J0149174

经典歌曲集 （上卷 老歌经典）田源主编
延吉 延边大学出版社 1999 年 14+623 页
20cm（32 开）ISBN：7-5634-1278-6
定价：CNY19.80
（中华金曲库 5）

J0149175

卡拉 OK 名歌 200 首　林溪漫编
福州 福建科学技术出版社 1999 年 10+409 页
19cm（小 32 开）ISBN：7-5335-1387-8
定价：CNY18.50

J0149176

可爱的中华歌曲集　谭胜功等著
北京 中国文联出版公司 1999 年 220 页 有彩照
20cm（32 开）ISBN：7-5059-3383-3
定价：CNY18.00

J0149177

克拉玛依之歌　吕艺主编
北京 人民音乐出版社 1999 年 21+366 页
有彩照 20cm（32 开）ISBN：7-80129-033-X
定价：CNY25.00
　　本书与华乐出版社合作出版。

J0149178

老歌　田青编著
太原 山西教育出版社 1999 年 358 页
20cm（32 开）ISBN：7-5440-1494-0
定价：CNY13.00
　　作者田青（1948—　），音乐学家、非物质文化遗产保护专家。出生于河北唐山，天津音乐学院毕业。曾任中国艺术研究院音乐研究所所长、宗教艺术研究中心主任、研究员、博士生导师，兼任中国昆剧古琴研究会会长。著有《中国宗教音乐》《净土天音》《捡起金叶》《佛教音乐的华化》等。

J0149179

老歌经典 （纪念建国五十周年歌曲经典）
彭约智编
呼和浩特 内蒙古人民出版社 1999 年
24+578 页 20cm（32 开）ISBN：7-204-04765-6
定价：CNY19.80

J0149180

老歌曲 （百年歌曲经典）《老歌曲》编写组编
北京 九州图书出版社 1999 年 3 册（37+2144 页）
有照片 光盘 3 盒（11 片）26cm（16 开）
精装 ISBN：7-80114-414-7 定价：CNY1580.00

J0149181

乐海艺踪　（陈镇光音乐作品选）陈镇光［作曲］

北京　国际文化出版公司　1999 年　10+358 页

有彩照　20cm（32 开）ISBN：7-80105-542-X

定价：CNY26.00

J0149182

毛泽东诗词歌曲集　李伟谱曲

北京　解放军文艺出版社　1999 年　106 页

20cm（32 开）ISBN：7-5033-1040-5

定价：CNY9.00

J0149183

孟庆云创作歌曲精选　孟庆云作曲

上海　上海音乐出版社　1999 年　167 页

有照片　30cm（10 开）ISBN：7-80553-821-2

定价：CNY36.00

J0149184

名歌金曲　（如烟的往事）

奎屯　伊犁人民出版社　1999 年　10+307 页

19cm（小 32 开）ISBN：7-5425-0267-0

定价：CNY14.30

（好歌经典）

J0149185

难忘的音乐之旅　（夏宝林歌文集）夏宝林著

北京　中国文联出版社　1999 年　149 页

有照片　20cm（32 开）ISBN：7-5059-3392-2

定价：CNY148.00（全套）

（中国当代音乐家丛书）

　　本书主要包括：《歌唱祖国歌唱党》《哥哥明天要下乡》《山城春城花的城》《世纪伟人的一句话》等歌曲，以及文艺评介应当实事求是、听交响音乐会随感等评论文章。作者夏宝林（1935—　），歌唱家、作曲家。曾用名夏宝琳、夏乐、林音，生于贵州贵阳。历任中国音乐家协会会员、贵州省音协理事、理论委员会副主任等。著有《难忘的音乐之旅》。

J0149186

聂春吾声乐作品选　聂春吾著

北京　中国文联出版社　1999 年　288 页

有照片　20cm（32 开）ISBN：7-5059-3392-2

定价：CNY148.00（全套）

（中国当代音乐家丛书）

　　本书主要包括：《和祖国在一起》《和妈妈在一起》《祖国领着我们走》《迎接海洋世纪》《冰山上飘来家乡的歌》《愿你做个迎春人》等歌曲 70 余首。作者聂春吾（1938—　），生于湖南，祖籍江西丰城，国家一级作曲，中国音乐家协会会员，湖南省音乐家协会理事等。著有《祁剧声腔浅析》等。

J0149187

庆祝中华人民共和国成立 50 周年暨澳门回归歌曲 50 首　小学版《歌曲 50 首》编委会编

乌鲁木齐　新疆青少年文艺出版社　1999 年　109 页　20cm（32 开）ISBN：7-5371-3378-6

定价：CNY3.50

J0149188

三明音乐　伍林发，刘景屏主编；中共三明市委宣传部，三明市文学艺术界联合会编

呼和浩特　内蒙古人民出版社　1999 年　231 页

20cm（32 开）ISBN：7-204-04898-9

定价：CNY92.00（全套）

（三明文化大观）

　　本书包括三明市的民间音乐、解放初期的三明音乐、党的十一届三中全会以来的三明音乐，有《金溪女将》《红土地的摇篮》《三明之歌》等作品。主编伍林发（1957—　），生于福建清流，三明市文联秘书长、市音乐家协会主席、福建省音协常务理事、中国社会音乐研究会研究员。合编《三明音乐》。主编刘景屏（1946—　），福建福州市人，三明市文化局副局长、福建省音协理事、三明市音协副主席。合编有《三明音乐》。

J0149189

诗画草原金曲 50 首　李晓桦选编

呼和浩特　远方出版社　1999 年　147 页　有照片

19cm（小 32 开）ISBN：7-80595-555-7

定价：CNY8.50

J0149190

校园歌曲　（小学版）吴瑾，谷秀编

北京　中国戏剧出版社　1999 年　91 页

19cm（小 32 开）ISBN：7-104-00968-X

定价：CNY4.50

J0149191
校园歌曲 （中学版）谷秀，吴瑾编
北京　中国戏剧出版社　1999 年　90 页
19cm（小 32 开）ISBN：7-104-00968-X
定价：CNY4.50

J0149192
新歌老曲大回旋　秦川编
北京　蓝天出版社　1999 年　14+463 页
20cm（32 开）ISBN：7-80081-873-X
定价：CNY19.80

J0149193
新疆好歌精选　陈永莉主编
乌鲁木齐　新疆人民出版社　1999 年　108 页
18cm（小 32 开）ISBN：7-228-05155-6
定价：CNY9.80
　　本书精选 46 首广为流传且脍炙人口的优秀
歌曲，包括《达坂城的姑娘》《塔里木》《吐鲁番
的葡萄熟了》《草原之夜》《新疆好》等。

J0149194
一支难忘的歌　（黄准创作歌曲选）黄准作曲
上海　上海音乐出版社　1999 年　288 页　有彩照
19cm（小 32 开）ISBN：7-80553-781-X
定价：CNY11.50

J0149195
音乐作品集　杨秀昭主编
南宁　接力出版社　1999 年　353 页　28cm（大 16 开）
ISBN：7-80631-444-X　定价：CNY38.00

J0149196
优秀歌曲 3000 首　肖云翔主编
天津　百花文艺出版社　1999 年　476 页
20cm（32 开）ISBN：7-5306-2793-7
定价：CNY28.00

J0149197
育才歌声　陈贻鑫，杜鸣心主编；成都重庆育
才社大校史研究会选编
1999 年　11+325 页　19cm（小 32 开）

J0149198
再见吧妈妈　（陈克正词作歌曲选集）

陈克正著；中国音协《歌曲》编辑部，中国广播
电视出版社编
北京　中国广播电视出版社　1999 年　350 页
有照片　20cm（32 开）ISBN：7-5043-3284-4
定价：CNY21.80

J0149199
知青爱唱的歌　杨扬主编
长沙　湖南文艺出版社　1999 年　217 页
29cm（16 开）ISBN：7-5404-1993-8
定价：CNY20.50
（"跟我学"系列丛书）

J0149200
中国百唱不厌歌曲精华版　肖雪儿选编
成都　四川文艺出版社　1999 年　19+599 页
20cm（32 开）ISBN：7-5411-1792-7
定价：CNY29.00

J0149201
中国歌曲成名金曲　（1）黄新华等编著
南昌　百花洲文艺出版社　1999 年　14+565 页
20cm（32 开）ISBN：7-80647-093-X
定价：CNY20.00

J0149202
中国名歌金曲 200 首　陈建华编
南京　南京大学出版社　1999 年　11+404 页
20cm（32 开）ISBN：7-305-03435-5
定价：CNY16.80
　　作者陈建华，南京艺术学院任教。

J0149203
中华颂歌百首　（纪念中华人民共和国成立 50
周年优秀歌曲精选）中共宁波市委宣传部，宁波
市教育委员会编
宁波　宁波出版社　1999 年　126 页　26cm（16 开）
ISBN：7-80602-273-2　定价：CNY8.00

J0149204
祝福你　祖国　（国庆 50 周年音乐珍藏集）
首都国庆联欢晚会总指挥部·文艺部编
北京　北京出版社　1999 年　291 页　20cm（32 开）
ISBN：7-200-03842-3　定价：CNY20.009

中华人民共和国国歌

J0149205

中华人民共和国国歌　聂耳作曲；姚锦新编
曲；中央人民政府人民革命军事委员会总参谋
部军乐团编辑
北京　中央人民政府人民革命军事委员会总参
谋部军乐团　1953 年　影印本　4 页　26cm（16 开）
　　作者聂耳（1912—1935），音乐家、作曲家。
云南玉溪人，出生于昆明。原名守信，字子义，亦
作子仪，号紫艺，一名紫观，笔名黑天使、王达平，
人称辈子（也叫耳朵先生，不久改名聂耳）。就读
于云南省立第一师范学校高级部外国语组。积
极参加左翼音乐、电影、戏剧等工作。中华人民
共和国代国歌作曲者。作品有《义勇军进行曲》
《前进歌》《矿工歌》《风云儿女》等。

J0149206

中华人民共和国国歌　（管乐总谱）聂耳作曲
北京　音乐出版社　1959 年　5 页　30cm（10 开）
统一书号：8026.1277　定价：CNY0.30

J0149207

中华人民共和国国歌　（管乐总谱）聂耳作曲
北京　音乐出版社　1959 年
定价：CNY0.30（甲种纸本）

J0149208

中华人民共和国国歌　（管乐总谱）聂耳作曲
北京　音乐出版社　1959 年
定价：CNY0.20（乙种纸本）

J0149209

中华人民共和国国歌　（管弦乐总谱）聂耳作曲
北京　音乐出版社　1959 年　5 页　有乐谱
31cm（10 开）统一书号：8026.1260
定价：CNY0.20

J0149210

中华人民共和国国歌　（管弦乐总谱）聂耳作曲
北京　音乐出版社　1959 年
定价：CNY0.30（甲种纸本）

J0149211

中华人民共和国国歌　（管弦乐总谱）聂耳作曲
北京　音乐出版社　1959 年
定价：CNY0.20（乙种纸本）

J0149212

中华人民共和国国歌　（管乐总谱）
北京　人民音乐出版社　1974 年　2 版　5 页
30cm（10 开）统一书号：8026.3006
定价：CNY0.20

J0149213

中华人民共和国国歌　聂耳曲；集体填词
北京　人民音乐出版社　1978 年　1 页
26cm（16 开）统一书号：8026.3404
定价：CNY0.09
　　中华人民共和国第五届全国人民代表大会
第一次会议通过。

J0149214

中华人民共和国国歌　（钢琴伴奏谱）
聂耳曲；集体填词
北京　人民音乐出版社　1978 年　2 页　附唱片一张
38cm（6 开）统一书号：8026.3403
定价：CNY1.10
　　《中华人民共和国国歌》原名《义勇军进行
曲》，于中华人民共和国第五届全国人民代表大
会第一次会议通过。

J0149215

中华人民共和国国歌　（管乐总谱）
北京　人民音乐出版社　1978 年　5 页
33cm（10 开）统一书号：8026.3418
定价：CNY0.64

J0149216

中华人民共和国国歌　（管乐总谱　五线谱）
聂耳曲；集体填词
北京　人民音乐出版社　1978 年　2 页　26cm（16 开）
统一书号：8026.3401　定价：CNY0.09
　　中华人民共和国第五届全国人民代表大会
第一次会议通过。

J0149217

中华人民共和国国歌　（管弦乐总谱）

人民音乐出版社编
北京　人民音乐出版社　1978 年　5 页
38cm（6 开）定价：CNY1.20

J0149218
中华人民共和国国歌 （管乐总谱）聂耳作曲
北京　人民音乐出版社　1983 年　2 版　5 页
［28cm］（16 开）定价：CNY0.70
　　本歌谱由作曲家李焕之编配钢琴伴奏，并附
有英、法、俄、西班牙、阿拉伯 5 种文字的译词。

J0149219
中华人民共和国国歌 （义勇军进行曲）
田汉作词；聂耳作曲
北京　人民音乐出版社　1983 年　19cm（32 开）
统一书号：8026.4112　定价：CNY0.04

J0149220
中华人民共和国国歌
（义勇军进行曲钢琴伴奏谱）田汉词；聂耳曲
北京　人民音乐出版社　1983 年　正谱本　8 页
26cm（16 开）统一书号：8026.4115
定价：CNY0.40
　　《中华人民共和国国歌》原名《义勇军进行
曲》，于中华人民共和国第五届全国人民代表大
会第一次会议获得通过。

J0149221
中华人民共和国国歌 （义勇军进行曲管弦
乐总谱）聂耳作曲
北京　音乐出版社　1983 年　2 版　5 页
31cm（10 开）定价：CNY0.70

J0151761
中华人民共和国国歌,国际歌
（哈萨克文）（新疆人民出版社）翻译
乌鲁木齐　新疆人民出版社　1963 年　9 页
19cm（32 开）统一书号：MT8098.4
定价：CNY0.07

J0149222
中华人民共和国国歌　聂耳曲
合肥　安徽人民出版社　1978 年　107cm（全开）
定价：CNY0.23

J0149223
中华人民共和国国歌　聂耳曲
长沙　湖南人民出版社　1978 年　107cm（全开）
定价：CNY0.23

J0149224
中华人民共和国国歌　聂耳曲
长沙　湖南人民出版社　1978 年　76cm（2 开）
定价：CNY0.08

J0149225
中华人民共和国国歌　聂耳曲
长沙　湖南人民出版社　1978 年　107cm（全开）
定价：CNY0.04

J0149226
中华人民共和国国歌　聂耳曲
南京　江苏人民出版社　1978 年　107cm（全开）
定价：CNY0.18

J0149227
中华人民共和国国歌　聂耳曲
西宁　青海人民出版社　1978 年　107cm（全开）
定价：CNY0.24

J0149228
中华人民共和国国歌　聂耳曲
太原　山西人民美术出版社　1978 年
76cm（2 开）定价：CNY0.14

J0149229
中华人民共和国国歌　聂耳曲
上海　上海文艺出版社　1978 年　108cm（全开）
定价：CNY0.23

J0149230
中华人民共和国国歌　聂耳曲
天津　天津人民美术出版社　1978 年
107cm（全开）定价：CNY0.22

J0149231
中华人民共和国国歌　聂耳曲
昆明　云南人民出版社　1978 年　26cm（16 开）
定价：CNY0.02

J0149232

中华人民共和国国歌　聂耳曲

杭州　浙江人民出版社　1978 年　107cm（全开）

定价：CNY0.16

J0149233

中华人民共和国国歌　田汉词；聂耳曲

上海　上海文艺出版社　1982 年　[1 张]

107cm（全开）定价：CNY0.27

　　作词者田汉（1898—1968），剧作家、戏曲作家、电影编剧、小说家、词作家。本名田寿昌，笔名：田汉、陈瑜、伯鸿等。湖南长沙人。创作歌词的歌曲《万里长城》的第一段，成为中华人民共和国国歌《义勇军进行曲》的歌词。代表作《义勇军进行曲》《名优之死》《关汉卿》等。

中国通俗歌曲

（含群众歌曲、革命歌曲等）

J0149234

战士歌曲　（第三集）中国人民解放军渤海军区政治部宣传部编

中国人民解放军渤海军区政治部宣传部

[1900—1949 年] 36 页 17cm（40 开）

　　本书内收《国际歌》《毛主席》《朱德之歌》《子弟兵进行曲》《我们是人民的武装》等 23 首。

J0149235

歌本子　（第 1 册）华中一分区文化协会编

[射阳]华中新华书店一分店 [民国] 23 页

13cm（60 开）

　　本书收入《东方红》《工农兵》《自由花》等8 首。

J0151776

工人歌声　（第 1 辑）鲁迅文艺工作团编

吉林　吉林书店 [民国] 17 页 26cm（16 开）

　　本书收入《铁路工人歌》《工人之歌》《发电工人歌》等 20 首歌曲，作曲者有吕骥、马可、瞿维、刘炽等人。

J0149236

工人歌选　太行职工总会编

[山西]太行职工总会（翻印）[民国] 30 页

21cm（32 开）

　　本书内收《工人进行曲》《铁路工人歌》《咱们工人有力量》等 17 首。

J0149237

解放歌声　（第二集）冀东军区文工团编

冀东新华书店 [民国] 11 页 17×25cm

J0149238

解放之歌

上海　浩气社 [民国] 33 页 19cm（32 开）

　　本书内收《红旗歌》《我们的队伍来了》《全国都解放》《延安颂》《人民解放军你来了》《抗大校歌》《前进》《新中国的主人》《我爱祖国的河山》等 31 首歌曲。其中有三四首为苏联歌曲。

J0149239

卡通流行歌选　许飞玉编选

上海　海光出版社 [民国] 99 页 15cm（40 开）

　　本书内收《我住长江头》《恭喜大家今年好》《苏堤春晓》《青春舞曲》《怀念》《三人行》《游子吟》《湖上吟》等 70 余首。

J0149240

民众歌集　中央广播事业管理处编

中央广播事业管理处 [民国]

[28] 页 [19×26cm]

　　本书内收《国民党党歌》《国旗歌》《新生活运动歌》《出发》《满江红》《中华建设歌》《自卫》等 14 首。五线谱，附钢琴伴奏谱。

J0149241

青年歌集　南京市青年音乐研究会编

南京　新国民书局 [民国] 26cm（16 开）

　　本书内收《花非花》《江水》《快乐歌》《采莲谣》等歌曲 22 首，采用五线谱。

J0149242

人民歌声　（第 1 辑）冀南书店编辑部编

威县　冀南书店 [民国] 29 页 [13×19cm]

　　本书内收《走，跟着毛泽东走》《人民解放军》《我们胜利的向前》等 26 首。

J0149243
人民歌声 （第一辑）冀南书店编辑部编
[威县] 冀南书店 [1949年] 29页 20cm（32开）

J0149244
守紧前线 （歌曲集）夏文焕选辑
战时出版社 [民国] [16]页 19cm（32开）
定价：五分
　　本书内收《守紧前线》《炮口下没有和平》
《杀敌歌》《战歌》《游击队进行曲》《全面抗战》
《全民抗战歌》《当兵去》等16首抗战歌曲。

J0149245
特别快车 （名歌新曲）
[民国] 16页 26cm（16开）
　　本书内收《特别快车》《教我如何不想他》
《爱的花》《可爱的春天》《义勇军进行曲》《蝶恋
花》《天明了》等16首。

J0149246
薇薇歌选
上海 广艺书局 [民国] 99页 15cm（40开）

J0149247
西北歌声 王洛宾编
[甘肃] 甘肃民众抗敌后援会 [民国] 14页
20cm（32开）
　　作者王洛宾（1913—1996），作曲家。名荣
庭，字洛宾，曾用名艾依尼丁。北京人，毕业于国
立北平师范大学（北京师范大学）音乐系。主要
作品有《在那遥远的地方》《半个月亮爬上来》
《达坂城的姑娘》《掀起你的盖头来》《阿拉木汉》
《在银色的月光下》等。

J0149248
新女性 （时代新歌）聂耳等作
[民国] [15]页 26cm（16开）
　　本书内收《新女性》《黄浦江》《新婚燕尔》
《天明了》《春宵曲》《农村情歌》等16首。作者
聂耳（1912—1935），音乐家、作曲家。云南玉溪
人，出生于昆明。原名守信，字子义，亦作子仪，
号紫艺，一名紫观，笔名黑天使、王达平，人称孽
子（也叫耳朵先生，不久改名聂耳）。就读于云南
省立第一师范学校高级部外国语组。积极参加
左翼音乐、电影、戏剧等工作。中华人民共和国

代国歌作曲者。作品有《义勇军进行曲》《前进
歌》《矿工歌》《风云儿女》等。

J0149249
月下花前 （一九三四年最新歌曲集）
[民国] [16]页 27cm（16开）
　　本书内收《毛毛雨》《月下花前》等17首。

J0149250
中华颂 郑律成曲
[民国] 油印本 1张 17×19cm

J0149251
国民拒毒歌歌词
华北国民拒毒运动实施委员会
[1921—1949年] 2页 25cm（15开）

J0149252
黎锦晖歌曲集 （第2册）黎锦晖编著
上海 中华书局 1927年 16页 19cm（32开）
　　本书内收歌舞剧《月明之夜》中歌曲的词，
《因为你》中4首歌曲的词。作者黎锦晖（1891—
1967），儿童歌舞音乐作家，中国流行音乐的奠基
人。生于湖南湘潭，毕业于长沙高等师范学校。
代表作品《麻雀与小孩》《葡萄仙子》《小小画
家》等。

J0149253
黎锦晖歌曲集 （第2册）黎锦晖编著
上海 中华书局 1928年 3版 16页 19cm（32开）
　　本书内收歌舞剧《月明之夜》中歌曲的词，
《因为你》中4首歌曲的词。

J0149254
黎锦晖歌曲集 （第4册）黎锦晖编
上海 中华书局 1931年 15页 19cm（32开）
　　本书包括《春天的快乐》《蝴蝶姑娘》《努
力》3首歌舞表演曲歌词。

J0149255
革命歌 （第一集）
[北平] [中国国民党北平特别指导委员会宣传部]
[1928年] 62页 12×19cm
　　本书收《早起歌》《奋斗歌》《猛进歌》等54
首歌曲。

J0149256
爱的花   黎锦晖作
上海 心弦会 1929 年 2 页 27cm（20 开）
定价: 银二角
（家庭爱情歌曲 6）
　　本书为民国时期抒情歌曲,家庭爱情歌曲
《爱的花》。

J0149257
爱情大减价   黎锦晖作
上海 心弦会 1929 年 2 页 27cm（16 开）
（家庭爱情歌曲 21）
　　民国时期爱情歌曲,内附五线谱、简谱对照。

J0149258
爱神的箭   黎锦晖作
上海 心弦会 1929 年 2 页 27cm（16 开）
（家庭爱情歌曲 17）
　　民国时期爱情歌曲,内收有五线谱、简谱
对照。

J0149259
春朝曲   黎锦晖作
上海 心弦会 1929 年 2 页 27cm（16 开）
定价: 银二角
（家庭爱情歌曲 8）
　　本书为民国时期抒情歌曲。

J0149260
等一等吧   黎锦晖作
上海 心弦会 1929 年 2 页 27cm（16 开）
（家庭爱情歌曲 20）
　　本书为民国时期抒情歌曲,五线谱、简谱对
照本。

J0149261
娥媚月   黎锦晖作
上海 文明书局 1929 年 2 页 27cm（16 开）
（爱情歌曲 2）
　　本书为民国时期抒情歌曲。

J0149262
浮云掩月   黎锦晖作
上海 文明书局 1929 年 3 页 27cm（16 开）
（爱情歌曲 14）

　　本书为民国时期抒情歌曲。

J0149263
哥哥爱我吗   黎锦晖作
上海 文明书局 1929 年 3 页 27cm（16 开）
（爱情歌曲 10）
　　本书为民国时期抒情歌曲。

J0149264
关不住了   黎锦晖作
上海 心弦会 1929 年 2 页 27cm（16 开）
定价: 银二角
（爱情歌曲）
　　本书为民国时期抒情歌曲。

J0149265
归程   黎锦晖作
上海 文明书局 1929 年 2 页 27cm（16 开）
（爱情歌曲 13）
　　本书为民国时期抒情歌曲。

J0149266
黄昏   黎锦晖作
上海 文明书局 1929 年 2 页 27cm（16 开）
（爱情歌曲 4）
　　本书为民国时期抒情歌曲。

J0149267
江南好   黎锦晖作
上海 文明书局 1929 年 3 页 27cm（16 开）
（爱情歌曲 15）
　　本书为民国时期抒情歌曲。

J0149268
拒绝   黎锦晖作
上海 文明书局 1929 年 3 页 27cm（16 开）
（爱情歌曲 9）
　　本书为民国时期抒情歌曲。

J0149269
落花流水   黎锦晖作
上海 心弦会 1929 年 2 页 27cm（16 开）
（家庭爱情歌曲 3）
　　本书为民国时期抒情歌曲。

J0149270

落花流水　黎锦晖作

上海　心弦会　1930 年　5 版　2 页　27cm（16 开）

（家庭爱情歌曲 3）

　　本书为中国抒情歌曲专著。

J0149271

卖花词　黎锦晖作

上海　心弦会　1929 年　再版　2 页　27cm（16 开）

（家庭爱情歌曲 5）

　　本书系民国时期抒情歌曲。

J0149272

妹妹！我爱你　黎锦晖谱；黎明晖词

上海　心弦会　1929 年　5 版　2 页　27cm（16 开）

（家庭爱情歌曲 2）

　　本书系民国时期抒情歌曲。

J0149273

蜜月　黎锦晖作

上海　心弦会　1929 年　2 页　27cm（16 开）

（家庭爱情歌曲 19）

　　本书为民国时期抒情歌曲。

J0149274

人面桃花　黎锦晖作

上海　心弦会　1929 年　4 页　27cm（16 开）

（家庭爱情歌曲 4）

　　本书为民国时期抒情歌曲。

J0149275

十里长亭十杯酒　黎锦晖作

上海　文明书局　1929 年　4 页　27cm（16 开）

（爱情歌曲 8）

　　本书为民国时期抒情歌曲。

J0149276

桃李争春　（表演歌曲）黎锦晖作

上海　心弦会　1929 年　2 页　27cm（16 开）

　　本书为中国抒情歌曲。

J0149277

特别快车　黎锦晖作

上海　心弦会　1929 年　2 页　27cm（16 开）

（家庭爱情歌曲 23）

本书为民国时期抒情歌曲,五线谱、简谱
对照。

J0149278

天明了　黎锦晖作

上海　文明书局　1929 年　3 页　27cm（16 开）

（爱情歌曲 11）

　　本书为民国时期抒情歌曲。

J0149279

我要你的一切　黎锦晖作

上海　文明书局　1929 年　3 页　27cm（16 开）

（爱情歌曲 7）

　　本书为民国时期抒情歌曲。

J0149280

我愿意　黎锦晖作

上海　文明书局　1929 年　3 页　27cm（16 开）

（爱情歌曲 3）

　　本书为民国时期抒情歌曲。

J0149281

我怎么舍得你　黎锦晖作

上海　文明书局　1929 年　3 页　27cm（16 开）

（爱情歌曲 6）

　　本书为民国时期抒情歌曲。

J0149282

舞伴之歌　黎锦晖作

上海　心弦会　1929 年　4 页　27cm（16 开）

（家庭爱情歌曲 12）

　　本书为民国时期抒情歌曲。

J0149283

小妹妹的心　黎锦晖作

上海　心弦会　1929 年　2 页　27cm（16 开）

（家庭爱情歌曲 25）

　　本书为民国时期抒情歌曲。

J0149284

心琴曲　黎锦晖作

上海　心弦会　1929 年　3 页　27cm（16 开）

（家庭爱情歌曲 24）

　　本书为民国时期抒情歌曲。作者黎锦晖

（1891—1967）,儿童歌舞音乐作家,中国流行音乐的奠基人。生于湖南湘潭,毕业于长沙高等师范学校。代表作品《麻雀与小孩》《葡萄仙子》《小小画家》等。

J0149285
休息五分钟　黎锦晖作
上海　心弦会 1929 年 2 页 27cm（16 开）
（家庭爱情歌曲 15）
　　本书为民国时期抒情歌曲。

J0149286
夜深深　黎锦晖作
上海　文明书局 1929 年 2 页 27cm（16 开）
（爱情歌曲 1）
　　本书为民国时期抒情歌曲。

J0149287
一身都是爱　黎锦晖作
上海　心弦会 1929 年 2 页 27cm（16 开）
（家庭爱情歌曲 16）
　　本书为民国时期抒情歌曲。

J0149288
月下花前　黎锦晖作
上海　心弦会 1929 年 2 页 27cm（16 开）
（家庭爱情歌曲 13）
　　本书为民国时期抒情歌曲。

J0149289
长记得　黎锦晖作
上海　心弦会 1929 年 2 页 27cm（16 开）定价:
银二角
（家庭爱情歌曲 7）
　　本书为民国时期抒情歌曲。

J0149290
舟中曲　黎锦晖作
上海　心弦会 1929 年 2 页 27cm（16 开）
（家庭爱情歌曲 14）
　　本书为民国时期抒情歌曲。

J0149291
祝你晚安　黎锦晖作
上海　文明书局 1929 年 2 页 27cm（16 开）
（爱情歌曲 16）

本书为民国时期抒情歌曲。

J0149292
追回春来　黎锦晖作
上海　文明书局 1929 年 4 页 27cm（16 开）
（爱情歌曲 12）
　　本书为民国时期抒情歌曲。

J0149293
走近前来　黎锦晖作
上海　文明书局 1929 年 3 页 27cm（16 开）
（爱情歌曲 5）
　　本书为民国时期抒情歌曲。

J0149294
剑锋之下　黎锦晖作
上海　心弦会 1930 年 4 页 27cm（16 开）
（家庭爱情歌曲 22）
　　本书为民国时期抒情歌曲。

J0149295
金梦　邱望湘,钱君匋编
上海　开明书店 1930 年 36 页 25cm（小 16 开）
　　本书收《金梦》《一生》《月下》等 16 首歌曲,五线谱,附钢琴伴奏谱。作者钱君匋(1907—1998),书画家。浙江桐乡人。现通用名为钱君陶。名玉堂、锦堂,字君匋,号豫堂、禹堂。毕业于上海艺术师范学校。曾任西泠印社副社长、上海文艺出版社编审、上海市政协委员等职。代表作品《长征印谱》《君匋跋巨卯选》《鲁迅印谱》《钱君陶印存》。

J0149296
桃花江　黎锦晖作
上海　心弦会 1930 年 3 页 27cm（16 开）
（家庭爱情歌曲 18）
　　本书为民国时期抒情歌曲,有五线谱、简谱对照。

J0149297
文明结婚　黎锦晖作
上海　心弦会 1930 年 再版 2 页 27cm（16 开）
（家庭爱情歌曲 10）
　　本书收《文明结婚》《瞎子算命》两首歌。

J0149298
大家唱 （二集 战时歌曲）伊兰编
重庆 上海书店［1931—1949 年］96 页
14cm（64 开）

　　本书内收《救中国》《抗敌歌》《自卫歌》《打回老家去》《大路歌》《打长江》《中国妇女抗敌歌》《救亡进行曲》《青年歌》《长期抵抗》《保卫祖国》《上战场》等 75 首。

J0149299
歌八百壮士　夏之秋作曲
上海 商务印书馆［1931—1949 年］22 页
30cm（15 开）

　　本书为抗战歌曲集，收《歌八百壮士》《女青年战歌》《最后的胜利是我们的》3 首。作曲者均为夏之秋，作词者为光未然、桂涛声。

J0149300
解放歌声　（第 3 集）
辽东建国书社［1931—1949 年］24 页
［13×19cm］

　　本书内收《打垮进犯的顽军》《多打粮食送前方》《送军粮》《天下有颗北斗星》《青春进行曲》《解放区的天》等 24 首歌曲。

J0149301
解放歌声　（第三集）
安东 辽东建国书社［1950—1959 年］
24 页 19cm（32 开）

J0149302
抗战歌曲　姜存松编
［杭州］浙江省教育厅［1931—1949 年］22 页
13×18cm
（战时民众教育丛书 2）

　　本书内收《我要当兵去》《壮丁队歌》《杀敌歌》等 10 首。书前有张彭年的发刊旨趣，编者的《怎样看简谱的记号》。

J0149303
抗战歌曲集
［1931—1949 年］88 页 19cm（32 开）

　　本书内收《旗正飘飘》《战歌》《怒吼》《我们的使命》《九一八》《慰劳歌》《自由神》《救国歌》《公仇》等 74 首。

J0149304
抗战歌选　（第二集）萧而化，丰子恺编
成都 大路书店［1931—1949 年］70 页 19cm
（32 开）定价：三角五分

　　本书内收《五一歌》《新女性》《妇女文化歌》《儿童先锋》《青年战歌》等 70 余首歌曲。作者丰子恺（1898—1975），画家、文学家、艺术教育家。原名丰润，又名仁、仍，字子觊，后改为子恺，笔名 TK，浙江嘉兴人。作品有《缘缘堂随笔》、画集《子恺漫画》等。

J0149305
抗战歌选　（第一集）萧而化，丰子恺编
汉口 大路书店 1938 年 65 页 17cm（40 开）
定价：国币一角五分

　　本书为民国时期歌曲选集，内收《新的中国》《中华男儿》《青年歌》《大刀进行曲》《军民抗战》《船夫曲》《工人歌》《义勇军进行曲》等 63 首歌曲。书前有《怎样唱歌》。

J0149306
抗战歌选　（第一册）萧而化，丰子恺编
成都 越新书局 1942 年 再版 65 页 19cm（32 开）
定价：五元六角

　　本书为民国时期歌曲选集，内收《新的中国》《中华男儿》《青年歌》《大刀进行曲》《军民抗战》《船夫曲》《工人歌》《义勇军进行曲》等 63 首歌曲。书前有《怎样唱歌》一文。

J0149307
抗战活叶歌曲　（合订本 第二集）乐群编
成都 大路书店［1931—1949 年］60 页
18cm（15 开）定价：二角五分

　　本歌曲集内收《长城月》《工友奋斗歌》《出征歌》《新中国》《儿童进行曲》等 114 首。

J0149308
爱国歌曲　（第 1 集）黎锦晖著
上海 文明书局 1932 年 12 页 16cm（25 开）

　　本书内收有《勇健的青年》《准备起来》《齐上战场》《向前进攻》《奋勇杀敌》《义勇军进行曲》《预祝胜利》等 10 首歌曲。

J0149309
抗日救国歌曲集　（反日宣传歌曲集之一）

中国国民党浙江省党部编
浙江　中国国民党浙江省党部　1932 年　56 页
26cm（16 开）

　　本书内分 3 编，收《抗日救国歌》《对日作战歌》《反日歌》《铁血歌》《向前进攻》《勇健的青年》等 75 首歌曲，其中 40 首有歌谱，35 首不带歌谱。

J0149310
小小茉莉
凤凰音乐研究社　1933 年　15 页　26cm（16 开）
　　本书收入抒情歌曲 15 首。

J0149311
新歌　（第三集　明月夜曲）张簧编
上海　大众书局　1933 年　28 页　27cm（16 开）
定价：银三角

J0149312
新歌　（第 6 集　玫瑰室曲谱）黎锦晖等著；
王人美编，张弦绘谱
上海　大众书局　1933 年　26 页　27cm（16 开）
　　本书内收《爱情如玫瑰》《我们的皇后》《战地之花》《快乐家庭》《夜来香》《紫罗兰》等 12 首歌曲，五线谱。

J0149313
新歌　（第八集　甜歌一打）黎锦晖，黎明晖，黎莉莉，张弦著
上海　大众书局　1933 年　28 页　26×19cm

J0149314
情伴　（回来罢　摩登歌选）星月歌舞社编
银月音乐会　1934 年　16 页　27cm（16 开）
　　本书内收《回来罢》《花生米》《情伴》等 15 首中国现代歌曲。

J0149315
老百姓歌曲集　（1）鄞县民众俱乐部编
宁波　鄞县民众俱乐部　1935 年　28 页　18cm（15 开）
　　本书为民国时期群众歌曲选集，内收《贺新年暨民国成立纪念歌》《地方纪念歌》《总理逝世纪念歌》等 22 首歌曲，简谱、工尺谱对照

J0149316
现代名歌三百选　王丽娜编
上海　现代歌舞研究社　1935 年　107 页
27cm（16 开）

　　本书为民国时期流行歌曲选集，内收《渔光曲》《空谷兰》《塞外村女》《光明之路》《世界和平歌》《教我如何不想她》《孔雀东南飞》等 120 余首歌曲。

J0149317
爱国歌集四十集　陈能方编
［1936 年］49 页　20cm（32 开）

　　本书内收《从军歌》《新中国的主人》《杀敌歌》《提倡国货》《认清敌人》《我们要夺回失去的地》《军歌》《爱我中华民国》《中华先圣》等歌曲，还有五线谱、简谱对照。

J0149318
中国呼声集　（壮歌选）周巍峙编；李公朴主选
上海　读书生活出版社　1936 年　160 页
17cm（40 开）定价：二角

　　本书内分民族之声、工农之声、青年之声、军人之声、妇女之声、儿童之声、时代之声等七部分，收 145 首歌曲。书末附中、美、英、法、德、意、日、苏等国国歌，以及聂耳挽歌。

J0149319
中国呼声集　（壮歌选）周巍峙编；李公朴主选
上海　李公朴［发行者］1936 年　再版　增订本
142 页　19cm（32 开）

　　本书为民国时期歌曲选集。作者周巍峙（1916—2014），音乐家。原名良骥，江苏东台人，曾任文化部代部长，中国文联主席。代表作品有《黄河大合唱》《中国人民志愿军战歌》《中国革命之歌》《九一八纪念歌》《十里长街送总理》。

J0149320
抗敌的歌声　浙江省绍兴县战时政治工作队第十九次队员大会编
［绍兴］浙江省绍兴县战时政治工作队第十九次队员大会［1937—1945 年］油印本　2 叶
13×17cm　环筒页装

J0149321
抗战歌曲　田牧编

苍梧书店　1937 年　36 页［13×19cm］

　　本书为民国时期歌曲选集。

J0149322

抗战歌声　救亡出版社编

上海　救亡出版社　1937 年　60 页［13×19cm］

　　本书收录抗战救亡歌曲 54 首。包括：《八一三纪念歌》《今年是收复失地年》《保卫大上海》《大家一条心》《中国人不打中国人》《救国军歌》《义勇军进行曲》《救亡进行曲》《五月的鲜花》《我们不怕流血》《打回老家去》等。书前有单青 1937 年 9 月 18 日作"抗战歌声的前言"。

J0149323

抗战歌声　单青编

上海　救亡出版社　1937 年　60 页　19cm（32 开）

定价：一角

J0149324

大众唱　马烈编

上海　时代出版社　1938 年　124 页　18cm（15 开）

定价：国币二角五分

　　本书分 7 部分：军士歌曲、一般歌曲、民众歌曲、纪念歌曲、翻译歌曲、妇女歌曲、儿童歌曲；收录《民族解放进行曲》《国防军歌》《抗战》《军民抗战进行曲》《大刀进行曲》《赴战曲》《我们需要战争》《上前线》《全国总动员》《胜利的飞将》《最后的胜利是我们的》《长城谣》《送出征》《游击队》《九一八》《团结歌》《战时妇女歌》《快挖防空壕》《谁来跟我玩》等 107 首歌曲。

J0149325

红军歌声集　映雪选编

上海　热血出版社　1938 年　80 页　17cm（40 开）

定价：一角五分

　　本书收《中央红军远征歌》《三大纪律八项注意》《陕北公学校歌》《义勇军进行曲》等 76 首歌曲。书前有作者序和《怎样读简谱？怎样唱——一些最普通的法则》一文。

J0149326

解放歌声　（1）

上海八一三歌咏队内地宣传队编

汉口　新知书店　1938 年　46 页　19cm（32 开）

定价：国币五分

　　本书为民国时期歌曲集。内收《义勇军进行曲》《全国总动员》《迎春曲(迎 1938 春)》《大刀进行曲》《打杀汉奸》《救亡进行曲》《战歌》《保卫祖国》《长城谣》《慰劳伤兵歌》《游击军》《新中国》等 27 首歌曲。书前有上海八一三歌咏队内地宣传队作的"代序"。

J0149327

抗战歌集　王昕涛编

永康　新力周刊社　1938 年　22 页　19cm（32 开）

定价：国币七分

（新力丛书 4）

　　本书内收《新中华进行曲》《大刀进行曲》《保卫我们的祖国》等 21 首歌曲。

J0149328

抗战歌曲集　（二集）受铭编

汉口　生活书店　民国二十七年［1938］174 页　18cm（15 开）定价：国币四角

J0149329

抗战歌曲集　冼星海等编

上海　生活书店　1938 年　再版 11+115 页　19cm（32 开）定价：国币二角

　　本书包括纪念歌、救亡及普通歌曲、儿童歌、翻译歌 4 编，收《五一歌》《义勇军进行曲》《儿童先锋》《青年航空员》《快乐的人们》等 91 首。书前有《怎样教大众产生自己的歌曲》（林石），《什么是大众歌曲》（陶行知），《唱歌的声音与感情》（张曙）等 3 篇文章以及罗赛蒂的前记。

J0149330

抗战歌曲集　冼星海等编

上海　生活书店　1948 年　11+115 页　19cm（32 开）

　　作者冼星海（1905—1945），音乐家、作曲家、钢琴家。曾用名黄训、孔宇。出生于澳门，祖籍广州府番禺。代表作品《黄河大合唱》《在太行山上》《到敌人后方去》等。

J0149331

抗战歌声　（第 1 集）朱绛编

丽水　丽水会文图书社　1939 年　修正 4 版　180 页　19cm（32 开）

　　本书包括一般歌声、军人歌声、工人歌声、

青年歌声、妇女歌声、儿童歌声、通俗歌声、纪
念歌声、追悼歌声、国外歌声等十部分，收《新中
国》《今年是收复失地年》《胜利的开始》《游击
队歌》《游击战歌》《卖报歌》等 151 首。书前有
朱绛的《写在前面》《推进歌咏的通俗化运动》、
张曙的《唱歌的声音与情感》、林石的《怎样教大
众产生自己的歌曲》。后附《怎样打拍子》《怎样
发音》《怎样呼吸》等。

J0149332
抗战歌声　（第 2 集）朱绛编
丽水　丽水会文图书社 1938 年　127 页
20cm（32 开）
　　本书为民国时期歌曲选集。

J0149333
抗战歌声　（第 2 集）朱绛编
丽水　丽水会文图书社 民国二十八年［1939］
再版 136 页 20cm（32 开）

J0149334
抗战歌声　（第 3 集）朱绛编
丽水　丽水会文图书社 1939 年　116 页
19×13cm
　　本书为民国时期歌曲选集，分为一般歌声、
军人歌声、工农歌声、青年歌声、妇女歌声、儿
童歌声、通俗歌声、纪念歌声、国外歌声 9 个部
分，共收入歌曲 97 首。

J0149335
抗战歌声　（第 4 集）胡今虚，邹伯宗合编
丽水　丽水会文图书社 1939 年　121 页
19×13cm
　　本书为民国时期歌曲选集，分为一般歌声、
军人歌声、工农歌声、青年歌声、妇女歌声、儿
童歌声、通俗歌声、纪念歌声、国外歌声 9 个部
分，附录"最后增页"，共收入歌曲 102 首。

J0149336
抗战歌声　（第 4 集）胡今虚，邹伯宗编
丽水　丽水会文图书社 1940 年 修正再版
116 页 20cm（32 开）
　　本书包括一般歌声、军人歌声、工农歌声、
青年歌声、妇女歌声、儿童歌声、通俗歌声、纪
念歌声、外国歌声等部分，收 95 首歌曲。

J0149337
抗战歌选集　第五路军政治部编
第五路军政治部［1938—1939 年］22 页
19cm（32 开）
（民众战时常识丛书 11）
　　本书内收《军民抗战歌》《保卫祖国》《广西
战士》《义勇军进行曲》《全面抗战》《起来！农
工商学兵》等 20 首歌曲。

J0149338
民众抗敌歌谣活叶集　（第四种）国民政府军
事委员会政治部编
国民政府军事委员会政治部
［1938—1945 年］19cm（32 开）
　　本书收《新儿童》《小英雄》《大麦黄》3 首
歌曲。

J0149339
民众抗敌歌谣活叶集　（第七种）
国民政府军事委员会政治部编
国民政府军事委员会政治部［1938—1945 年］
19cm（32 开）
　　本书收录《小朋友救国》《军民之歌》《好宝
宝》3 首歌曲。

J0149340
解放歌声　何尚澄编
1939 年　32 页　18cm（15 开）定价：国币五分
　　本书为民国时期歌曲选集。

J0149341
抗战歌曲选　阙仲瑶编
抗建出版社 1939 年　180 页［13×19cm］
　　本书内收独唱歌曲 98 首，合唱歌曲 32 首。
卷首有郭沫若的《来他个"四面倭歌"》、编者序
及简谱读法。

J0149342
抗战歌曲选　阙仲瑶编
抗建出版社 1939 年 增订再版 202 页
［13×19cm］
　　本书内收独唱歌曲 98 首，合唱歌曲 32 首。
卷首有郭沫若的《来他个"四面倭歌"》、编者序
及简谱读法。

J0149343

［解放战争歌选］

［1940—1949 年］［100］页 17cm（30 开）

　　本书收《抗战八年胜利到》《胜利赞》《胜利是人民的》《胜利带来了一切》《我们和他拼》《停止反人民大战》《歌手吧！不要自打自》等 26 首歌曲。

J0149344

［群众歌曲选］

［1940—1949 年］18 页 18cm（15 开）

　　本书收《聂耳挽歌》《民族解放进行曲》《不做亡国奴》《谁说我们年纪小》《中华民族不会亡》《中国你还不怒吼》等 14 首歌曲。

J0149345

大时代歌曲集　（第一辑）浙江省战时教育文化事业委员会,浙江省战时音乐工作者协会编辑

浙江省战时教育文化事业委员会书刊发行部

民国二十九年［1940］116 页 26cm（16 开）

定价：国币一元

J0149346

抗战歌集　舒模编著

舒模［自刊］1940 年（12+37）页 19cm（32 开）

定价：国币四角

　　本书内收《热血歌》《武装上前线》《学生进行曲》《我们是游击队》《齐动枪》《黄河船夫曲》《持久战》《军民合作》等 34 首中国现代歌曲。书前有《怎样读简谱》《怎样发声》《怎样指挥》。

J0149347

抗战歌曲新集　（第 2 辑）张定和等主编

重庆 教育部第二社会教育工作团 1940 年

手写石印本 48 页 18cm（15 开）

　　本书包括一般歌曲、合唱歌曲两部分,收 20 首歌曲。

J0149348

胜利歌集　时敏编

重庆 中国自强学社 1940 年 手写石印本

19cm（32 开）定价：国币三角

　　本书内收《我的中华》《对日作战》《九一八八周年歌》《我们怎么样》《国民使命》《庆祝抗战胜利》等 12 首中国现代歌曲。

J0149349

战地新歌　孙慎编

桂林 南方出版社 1940 年 113 页 18cm（15 开）

定价：国币六角

（战地工作丛书 2）

　　本书分 7 个部分：一般歌曲、纪念歌曲、儿童歌曲、创作民歌、民歌配词、附录一、附录二。卷首有张发奎所作序以及《歌曲的抗战化、中国化、通俗化》（孙慎）、《救亡音乐的接受遗产问题》（联抗）、《一年来战地音乐工作的经验与教训》（麦新）、《歌咏工作的新方式——游击演唱》（黄凌）4 篇文章。

J0149350

工人歌集　（第一辑）鲁迅文艺工作团编

长春 吉林书店 1941 年 17 页 26cm（16 开）

　　本书为民国时期群众歌曲选集。

J0149351

抗战歌曲选　（第 3 集）阙仲瑶,俞绂棠编

唯生书局出版部 1941 年 170 页［13×19cm］

　　本书为民国时期歌曲选集,内收独唱歌曲 44 首,合唱歌曲 33 首。附口琴吹奏法。

J0149352

抗战歌选

1941 年 手写石印本 39 页［13×19cm］

　　本书为民国时期歌曲选集,内收《壮丁上前线》《妇女节歌》《洪波曲》《自卫歌》《青年航空员》《送出征将士》《合作歌》《青年歌》《为自由和平而战》《出征别母》等 33 首歌曲。

J0149353

青年歌声　青年歌声社编

青年歌声社 1941 年 124 页 20cm（32 开）

　　本书为民国时期歌曲选集,内收《抗战建国纪念歌》《国共合作进行曲》《我爱祖国的河山》《救亡对口曲》《祖国的孩子们》《胜利的开始》《保家乡》《送郎出征歌》《毕业上前线》等 111 首歌曲。

J0149354

中国抗战歌选　亚克编

［1942 年］16 页 26cm（16 开）

　　本书为歌曲选。内收《救国军歌》《义勇军

进行曲》《军民合作》《慰劳伤兵歌》《在太行山上》《哥哥上战场》《长城谣》《日落西山》8 首。五线曲谱，附钢琴伴奏谱。中英对译本。

J0149355
抗战歌曲 （第一集）
东晋县宣委会翻印 1944 年 油印本 翻印本
13 叶 20cm（32 开）

J0149356
新声 鲁不敏编著
新会 鲁不敏 1944 年 28 页 18cm（32 开）
定价：国币十元
　　本书收抗战救亡歌曲 16 首：《银海之光》《一齐奋起》《凯旋》《难忘的"三·二八"》《慰劳歌》《雁来红》等。封面有题赠。

J0149357
解放歌声 （1）
通化新华书店［1945—1949 年］石印本 19 页
［13×19cm］
　　本书内收抗战胜利后的解放区歌曲 7 首，并有《国际歌》和苏联歌曲 2 首。

J0149358
解放歌声 （第二集）中华全国音乐界抗敌协会晋察冀分会编
张家口 新华书店晋察冀分店 1945 年 20 页
17cm（40 开）
　　本书为歌曲集，收录了《八路军纪律歌》《拥军爱民公约歌》《跟着共产党》《歌唱东北解放》《自从来了八路军》《争取和平》《黑暗与光明》等 20 首歌曲。

J0149359
胜利进行曲 杨荫浏填词；杨宪益译词；江定仙作曲
［重庆］国立礼乐馆 1945 年 油印本 3 页
27cm（16 开）
　　本书所收为民国时期中国歌曲。作者杨荫浏（1899—1984），音乐教育家。字亮卿，号二壮，又号清如。出生于江苏无锡，曾就读于上海圣约翰大学文学系、光华大学经济系（今华东师范大学）。曾在重庆、南京任国立音乐学院教授兼国乐组主任，国立礼乐馆编纂和乐曲组主任，金陵

女子大学音乐系教授。代表作品有《中国音乐史纲》《中国古代音乐史稿》。

J0149360
保卫和平 程远昭词；黄河作曲
［热河］1946 年 油印本 1 张 23×17cm
　　本作品系民国时期中国歌曲歌谱，与《新年秧歌》印在同一张纸上。作者黄河（1954—　　），扬琴演奏家、教育家。毕业于中央音乐学院。中央音乐学院教授、硕士生导师，中国艺术教育大系总编委会委员，中国音乐家协会会员，中国扬琴学会副会长，中央音乐学院附中副校长。著名作曲曲目有《黄土情》《古道行》《川江韵》等。

J0149361
解放歌选 劳舟编
［山西］中华全国音乐界救国协会太行区分会
1946 年 石印本 56 页 18cm（15 开）
定价：二十元
　　本书选取抗战期间创作的以及太行山区最流行的歌曲共 46 首，包括《毛泽东之歌》《黄河颂》《欢送咱八路军》《黄河怨》《在太行山上》《铁的子弟兵》《参军歌》《缝棉衣》《破除迷信》等。

J0149362
群众歌集 太岳新华书店编
太岳新华书店 1946 年 33 页 19cm（32 开）
　　本书内收《七月里来七月一》《万岁！中国共产党》《庆祝胜利》《八路好》等 20 首歌曲。

J0149363
群众歌集
［沁源］太岳新华书店 1946 年 33 页 20cm（32 开）
　　本书为民国时期中国群众歌曲选集。

J0149364
群众歌集 （第二集）晋察冀音乐社编辑
新华书店晋察冀分店 1946 年 33 页 19cm（32 开）
　　本书为解放区群众歌曲作品集。

J0149365
保卫毛主席 （歌选）太岳军区政治部编
太岳军区政治部 1947 年 23 页 横 19cm（20 开）
　　本书内收《保卫毛主席》《埋地雷》《一枝枪

三个手榴弹》等 16 首革命歌曲。

J0149366
保卫毛主席歌选　太岳军区政治部编
[山西] 太岳军区政治部 1947 年 23 页
20cm（32 开）

J0149367
参军去（小演唱）滨海宣工队集体合编；
井岫改编
滨海 滨海县委宣传部 1947 年 20 页 20cm（32 开）
（滨海文娱材料）
　　本书所收为民国时期中国革命歌曲。收于
《滨海文娱材料》之一。

J0149368
参军支前歌集　冀南书店编辑部编
威县 冀南书店 1947 年 18 页 19cm（32 开）
　　本书内收《咱们是为谁当兵的》（田耕词,洪
韵曲）、《青年参战歌》（弓言词,马驰曲）等 14 首
歌曲。

J0149369
大反攻歌曲集　战友剧社编
朝城 冀鲁豫书店 1947 年 33 页 19cm（32 开）
　　本书内收歌曲《大踏步进军》等 10 首；小调
《解放军大反攻》等 8 首；快板《说反攻》等 4 篇。

J0149370
歌选（第一集）
新四军兼山东军区政治部文工第三团编
惠民 渤海新华书店 1947 年 11 页 20cm（32 开）
　　本书内收《前方又打了个大胜利》（朱践耳
词、曲）等 7 首歌曲。

J0149371
歌选（第三集）渤海军区政治部耀南剧团编
惠民 渤海新华书店 1947 年 35 页 18cm（15 开）
　　本书内收《解放区永远是晴天》（血星词；血
明曲）、《要地歌》（伟龄词；光宗曲）、《苦菜谣》
（冯斌词；方非曲）、《你说这理对不对》（孙洪词
曲）等 32 首歌曲。

J0149372
攻协歌曲集　战友剧社编

[菏泽] 冀鲁豫书店 1947 年 83 页 21cm（32 开）
　　本书系战友剧社所编的中国现代音乐作品。

J0149373
解放歌选（第一集）周沛然编
[四明山] 韬奋书店 1947 年 66 页 18cm（15 开）
　　本书内收《解放区进行曲》（富强、晋德）、
《反内战之歌》（陈志昂）、《拥政爱民公约歌》（麦
新）、《朱德歌》（贺敬之、焕之）、《进军歌》（公
木、聿尹）、《一支枪》（安波）、《反对卖国贼》（左
江）、《生产进行曲》（李伟）等 96 首歌曲。

J0149374
解放歌选（第二集）周沛然编
[四明山] 韬奋书店 1948 年 81 页 18cm（15 开）
　　本书内收《解放区进行曲》（富强、晋德）、
《反内战之歌》（陈志昂）、《拥政爱民公约歌》（麦
新）、《朱德歌》（贺敬之、焕之）、《进军歌》（公
木、聿尹）、《一支枪》（安波）、《反对卖国贼》（左
江）、《生产进行曲》（李伟）等 96 首歌曲。

J0149375
民主歌声（第二集）关东社会教育工作团编辑
大连 关东社会教育工作团 1947 年 30 页
19cm（32 开）
　　本书为民国时期中国革命歌曲选集。

J0149376
民主歌声（第三集 大力生产专集）
关东社会教育工作团编
大连 大连大众书店 1948 年 38 页 21cm（32 开）
　　本书包括：转载之部、创作之部两部分,收
歌曲 30 首,作曲者有志昂、星海、章枚、绿汀、
王杰、路曼等。

J0149377
青年文娱手册（第 1 辑）东大学生会编
佳木斯 东北书店 民国三十六年 [1947] 139 页
18cm（32 开）定价: 560 元
　　本书包括纪念歌曲、青年歌曲、群众歌曲、
军歌等四部分,收 89 首。作词、作曲者有吕骥、
星海、崔嵬、光未然、田汉、马可、少波、聂耳、
贺敬之、劫夫等人。书末附《怎样指挥唱歌》及
贺绿汀、郑律成的《简谱的基础知识》《发声的方
法》等 3 篇。

J0149378
青年文娱手册 （第1辑）东大学生会编
哈尔滨 东北书店 1948年 再版 146页
18cm（32开）
　　本书包括纪念歌曲、青年歌曲、群众歌曲、军歌等四部分，收89首歌曲。作词、作曲者有吕骥、星海、崔嵬、光未然、田汉、马可、少波、聂耳、贺敬之、劫夫等人。书末附《怎样指挥唱歌》及贺绿汀、郑律成的《简谱的基础知识》《发声的方法》等3篇文章。

J0149379
群众歌声 边区群众剧社编
［阜平］晋察冀新华书店 1947年 46页
20cm（32开）
　　本书为民国时期农村革命根据地群众歌曲选集。

J0149380
群众歌声 （大反攻、土改专辑）
边区群众剧社编
晋察冀新华书店 1947年 46页 19cm（32开）
　　本书包括大反攻、土改两部分，收《反攻忙》《大反攻》《团结起来把账算》《团结起来吧庄稼汉》《你拿出土地房屋还有大洋钱》等23首歌曲。

J0149381
人民歌集 （第1辑）人民音乐社编
佳木斯 东北书店 1947年 26页 19cm（32开）
定价：70元
　　本书内收《毛泽东之歌》《朱德之歌》《自卫进行曲》《子弟兵进行曲》《青年进行曲》《反攻进军曲》《解放军打胜仗》《人民的炮兵上战场》《神炮手》《坦克手之歌》等39首歌曲。附《对于写部队歌曲的几点意见》（固敏）、《部队歌咏座谈会纪要》（彦克）两文。

J0149382
人民歌集 （第一辑）人民音乐社编
［佳木斯］东北书店 1947—1948年 1册26页
20cm（32开）

J0149383
人民歌集 （第二辑）人民音乐社编
［佳木斯］东北书店 1947—1948年 34页

20cm（32开）
　　本书为民国时期中国革命歌曲选集。

J0149384
人民歌集 （第一辑）人民音乐社编
佳木斯 东北书店 1948年 再版 26页
18cm（15开）定价：120元
　　本书内收《毛泽东之歌》《朱德之歌》《自卫进行曲》《子弟兵进行曲》《青年进行曲》《反攻进军曲》等18首歌曲。

J0149385
人民歌集 （第一辑）人民音乐社编
佳木斯 东北书店 1948年 4版 25页
18cm（15开）定价：300元
　　本书内收《毛泽东之歌》《朱德之歌》《自卫进行曲》《子弟兵进行曲》《青年进行曲》《反攻进军曲》等18首歌曲。

J0149386
人民歌集 （第2辑）人民音乐社编
佳木斯 东北书店 1948年 34页 17cm（40开）
定价：800元
　　本书内收《毛泽东之歌》《朱德之歌》《自卫进行曲》《子弟兵进行曲》《青年进行曲》《反攻进军曲》《解放军打胜仗》《人民的炮兵上战场》《神炮手》《坦克手之歌》等39首歌曲。附《对于写部队歌曲的几点意见》（固敏）、《部队歌咏座谈会纪要》（彦克）两文。

J0149387
我们的歌 （歌曲）
［河北］晋察冀边区冀东区第十四分区 1947年
石印本 翻印本 42页 20cm（32开）
　　本书为民国时期中国农村革命根据地群众歌曲选集。

J0149388
我们的歌
晋察冀边区冀东区第十四分区大众印刷厂
1947年 42页 20cm（32开）环筒页装
　　本书包括小唱、小调、花鼓、歌剧等部分，收《庆祝胜利过新年》《我们是八路军》《白包袱》等23首歌曲。

J0149389

自卫歌声　（新歌曲）任虹,罗正编

佳木斯　东北书店　1947年　再版　29页

18cm（15开）定价：140元

　　本书为民国时期的中国革命歌曲选集。

J0149390

大家唱　（第六集）华中二分区人民画报社编

[高邮]华中二分区新华书店　1948年　41页

13cm（60开）

　　本书为民国时期解放区中国革命歌曲选集。

J0149391

大家唱　（第三、四、六集）华中二分区人民画报社编

[高邮]华中二分区新华书店　1948年　13cm（60开）

　　本书为民国时期解放区中国革命歌曲选集,分三册。

J0149392

歌选　（第一集）辽北文化协会编

辽北书店　1948年　34页　18cm（15开）

（文艺丛书）

　　本书内收《咱们跟随共产党》《解放大军齐出动》等23首革命歌曲。

J0149393

歌选　辽南群众书店编

辽南群众书店　1948年　35页　18cm（15开）

　　本书内收《解放区永远是晴天》《你说这理对不对》《穷人坐天下》《我们要选个好领导》《翻身的日子》《翻身不忘共产党》等33首革命歌曲。

J0149394

工人大合唱　（献给第六次全国劳动大会　歌谱）

井岩盾等作词；刘炽作曲；东北音乐工作团编

东北音乐工作团　1948年　油印本　16叶

26cm（16开）线装

　　本书为民国时期工人阶级群众合唱歌曲选集。作者刘炽（1921—1998）,电影作曲和歌家。原名刘德荫,曾用名笑山,陕西西安人。历任抗战剧团舞蹈演员、延安鲁迅艺术文学院音乐系教员、东北文工团作曲兼指挥、东北鲁艺音工团作曲兼指挥等职。代表作歌剧《阿诗玛》、歌曲《我

的祖国》《英雄赞歌》《让我们荡起双桨》等。

J0149395

工人歌集　（第一集）东北文协文工团编

佳木斯　东北书店　1948年　30页　18cm（32开）

定价：旧币700元

（音乐丛书）

　　本书内收《工人进行曲》《生产歌》《修路工人歌》《前后方一齐干》《咱们工人有力量》等19首歌曲,作曲者有秋里、马可、沙青等。

J0149396

工人歌集　（第一集）宋军,马可等作词；沙青,马可等作曲,东北文联文工团编

佳木斯　东北书店　1948年　30页　20cm（32开）

（音乐丛书）

　　本书为民国时期中国工人阶级群众合唱歌曲选集。收于《音乐丛书》中。作者宋军（1918—1993）,作曲家。原名宋文焕,出生于广东鹤山。曾任《人民音乐》《儿童音乐》编辑、中国音乐家协会会员、中国儿童音乐学会会员、广东省音乐家协会理事、鹤山县(今广东省鹤山市)政协副主席和县文联名誉主席。主要作品有《乘着长风前进》《胜利唱奏曲》《微笑吧妈妈》《红少年的歌》《红菱送给解放军》等。

J0149397

工人歌集　（第一辑）马可作

哈尔滨　东北书店　1949年　30页　18cm（15开）

定价：九十元

　　本书为民国时期工人阶级群众歌曲选集。作者马可（1918—1976）,作曲家、音乐教育家。江苏徐州人,就读于河南大学化学系。创作歌曲有《南泥湾》《咱们工人有力量》《吕梁山大合唱》,秧歌剧《夫妻识字》,歌剧《周子山》《白毛女》《小二黑结婚》等,著有《中国民间音乐讲话》《时代歌声漫议》《冼星海传》等。

J0149398

工人歌曲　荆令编

1948年　46页　18cm（15开）

　　本书为民国时期中国工人阶级群众歌曲选集。

J0149399

解放歌声 （第一期）华东军区政治部编

华东军区政治部 1948 年 9 页 19cm（32 开）

　　本书内收《进攻的号声响》《胜利呀前进》《金星笔》《人民坐江山》《歌唱华野东线兵团》《飞机,你要不要收条》等 8 首歌曲。

J0149400

解放军歌集 冀察热辽联大鲁迅艺术文学院编

赤峰 东北书店 1948 年 23 页 19cm（32 开）

J0149401

连队歌唱 （第四集）晋察冀军区政治部编

晋察冀军区政治部 1948 年 29 页 13×18cm

　　本书为民国时期解放区中国革命歌曲选集。

J0149402

民主歌声 （第一集）章枚辑

上海 华东新华书店总店 1948 年 45 页 18cm（15 开）定价: 2.00

　　本书为民国时期革命歌曲选集。

J0149403

民主歌声 （第一集）章枚编

北京 新华书店 1949 年 40 页 19cm（32 开）定价: 1.10

　　本书为民国时期革命歌曲选集。

J0149404

民主歌声 （第二集）章枚编

上海 新华书店 1950 年 30 页 18cm（15 开）定价: 1.30

　　本书为民国时期革命歌曲选集。

J0149405

民主歌声 （第三集）章枚编

北京 新华书店 1950 年 50 页 18cm（15 开）定价: 1.90

　　本书为民国时期革命歌曲选集。

J0149406

民主歌声 （第四集）章枚编

上海 新华书店华东总分店 1950 年 50 页 18cm（15 开）定价: 2.20

　　本书为民国时期革命歌曲选集。

J0149407

民主歌声 （第五集）章枚编

上海 新华书店华东总分店 1950 年 45 页 18cm（15 开）定价: 2.00

　　本书为民国时期革命歌曲选集。

J0149408

平原歌声 （第一集）冀中文协编

邯郸 华北新华书店冀中总分店 1948 年 18cm（15 开）

　　本套书 6 集,收有《毛泽东青年团进行曲》《贺龙投弹组》《青年团员歌》《新中国在前进》《向前进,毛泽东的青年团员》《我们是人民解放军》《整党展开了》《土地证》《青年团员支前》等 45 首歌曲。

J0149409

平原歌声 （第二集）冀中文协编

邯郸 华北新华书店冀中总分店 1948 年 18 页 18cm（15 开）

J0149410

平原歌声 （第三集）冀中文协编

邯郸 华北新华书店冀中总分店 1948 年 37 页 18cm（15 开）

J0149411

平原歌声 （第四集）冀中文协编

邯郸 华北新华书店冀中总分店 1948 年 28 页 18cm（15 开）

J0149412

平原歌声 （第五集）冀中文协编

邯郸 华北新华书店冀中总分店 1948 年 18cm（15 开）

J0149413

平原歌声 （第六集）冀中文协辑

［保定］华北新华书店冀中总分店 1949 年 22 页 19cm（32 开）

　　本集内收《红色的太阳》《欢迎领袖毛泽东》《生产连唱》等 9 首歌曲。

J0149414

前线歌声 梅滨编

[济南] 山东新华书店 1948年 60页 16cm（25开）

本书内收《我们的旗帜飘扬》《再上沙场》《人民军队》《前进歌》《哀悼伟大的战士》等38首歌曲。

J0149415

青年歌声 （第二辑）东北民主青年联盟总部编

佳木斯 东北书店 1948年 36页 20cm（32开）（民青丛书）

本书为民国时期中国革命歌曲选集。

J0149416

青年歌声　东北民主青年联盟总部编

佳木斯 东北书店 1948年 34页 20cm（32开）（民青丛书）

本书为民国时期中国革命歌曲选集。收于《民青丛书》第一辑。

J0149417

青年歌声　东北民主青年联盟总部编

佳木斯 东北书店 1948年 3版 34页 20cm（32开）（民青丛书）

本书为民国时期中国革命歌曲选集。收于《民青丛书》第一辑。

J0149418

庆祝胜利过新春　劫夫曲；黄河，管桦配词

冀热辽军区政治部文艺工作团 1948年 油印本 1张 21×17cm

本书为民国时期中国革命歌曲选集。作者劫夫（1913—1976），作曲家、音乐教育家。吉林农安人。原名李劫夫，笔名劫夫、劳歌。曾任延安人民剧社教员，西北战地服务团团员，东北野战军第九纵队文工团团长，东北音乐专科学校校长，沈阳音乐学院教授、院长等。中国音协第一、二届理事和辽宁分会主席。有《战地歌声》《歌唱二小放牛郎》《毛主席诗词歌曲集》《劫夫歌曲选》《劫夫歌曲百首》等。作者黄河（1954— ），扬琴演奏家、教育家。毕业于中央音乐学院。中央音乐学院教授、硕士生导师，中国艺术教育大系总编委会委员，中国音乐家协会会员，中国扬琴学会副会长，中央音乐学院附中副校长。著名作曲曲目有《黄土情》《古道行》《川江韵》等。

J0149419

群众歌曲选　吕骥编

哈尔滨 光华书店 1948年 34页 25cm（16开）

本书内收《义勇军进行曲》《民主建国进行曲》《大刀进行曲》《游击队歌》《在太行山上》《保卫马德里》等25首歌曲。作者吕骥（1909—2002），音乐家、作曲家。出生于湖南湘潭，就读于上海音乐专科学校。历任中央音乐学院副院长、中国音协主席。创作的《抗日军政大学校歌》等歌曲广为传唱。出版有《吕骥文选》。

J0149420

群众歌声　边区群众剧社编

[唐山] 冀东新华书店 1948年 46页 19cm（32开）

J0149421

群众歌声 （大反攻、土改专辑）

边区群众剧社编

晋东新华书店 1948年 石印本 46页 19cm（32开）

本书包括大反攻、土改两部分，收《反攻忙》《大反攻》《团结起来把账算》《团结起来吧庄稼汉》《你拿出土地房屋还有大洋钱》等23首歌曲。

J0149422

群众歌声　太岳新华书店编

[沁源] 太岳新华书店 1948年 52页 18cm（32开）

本书内收《咱们的领袖毛泽东》《朱德歌》《大反攻》《进军歌》《一枝枪》《打埋伏》等32首歌曲。

J0149423

群众歌声　太岳新华书店编

太岳新华书店 1948年 52页 18cm（32开）

本书内收《咱们的领袖毛泽东》《朱德歌》《大反攻》《进军歌》《一枝枪》《打埋伏》等32首歌曲。

J0149424

人民的太阳　符公望等著

香港 海洋书屋 1948年 38页 16cm（25开）

定价：HKD0.60

（万人丛书）

本书内收《参加解放军歌》《生产歌》《人民的太阳》等33首歌曲。书末附《莫斯科颂》《国际歌》。

J0149425

人民歌曲 （1）哈尔滨大学戏剧音乐系编
哈尔滨 光华书店 1948年 再版 36页
19cm（32开）
（哈尔滨大学戏剧音乐系戏剧音乐丛书）
　　本书内收《斗争五更》《青年参军》《大团
结》《为什么》等24首歌曲。

J0149426

人民歌曲 （第二集）东北文教工作队编
哈尔滨 光华书店 1948年 53页 19cm（32开）
　　本书内收《生产立功歌》《红旗是我们的》
《翻废铁歌》《快把它做完送前线》等16首歌曲。

J0149427

人民解放军歌集 （第一集）东北书店编
佳木斯 东北书店 1948年 再版 70页
18cm（32开）定价：旧币 1,400 元
　　本书内收《三大纪律八项注意歌》《荣军誓
歌》《人民解放军大反攻》《反攻进行曲》《我是
一个兵》等36首歌曲。

J0149428

人民解放军歌集 （第一集）宁森等作词；
一鸣等作曲
佳木斯 东北书店 1948年 70页 20cm（32开）

J0149429

人民解放军歌集 （第一集）宁森等作词；一
鸣等作曲；部队文艺社编
佳木斯 东北书店 1948年 74页 20cm（32开）

J0149430

人民解放军歌集 （第一集）部队文艺社编
佳木斯 东北书店 1948年 75页 19cm（32开）
定价：400元
　　本书内收《人民解放军大反攻》《反攻战歌》
《三猛歌》《炮兵之歌》《我们胜利了》《我是一个
兵》等36首歌曲。

J0149431

生产歌声 冀察热辽联大鲁迅艺术文学院编
赤峰 东北书店 1948年 12页 19cm（32开）
　　本书为民国时期中国革命歌曲选集。

J0149432

胜利歌集 （第一集）冀南文艺工作团编
［威县］冀南新华书店 1948年 27页 18cm（32开）
　　本书内收《歌唱毛泽东》《东方红》《庆祝胜
利》等15首歌曲。

J0149433

胜利歌集 （第二集）冀南文艺工作团编
［威县］冀南新华书店 1949年 28页 19cm（32开）
　　本书内收《跟着毛泽东》《胜利进行曲》《打
到底》等14首歌曲。

J0149434

为民主自由而战 荒草词；贺绿汀，刘炽曲
哈尔滨 光华书店 1948年 63页 19cm（32开）
　　本书包括：为民主自由而战、歌唱人民解放
军、生活小唱、演唱等四部分，收《唱毛主席朱总
司令》《人们的铁骑兵》《夜半磨刀杀敌人》《扫
除法西斯》等24首歌曲。

J0149435

新歌曲选集 （第1辑）
陕甘宁边区新华书店 1948年 42页
横19cm（横32开）环筒页装
　　本书内收《毛主席万岁》《东方红》《自卫
战争进行曲》《西北人民解放军进行曲》等19首
歌曲。

J0149436

新歌曲选集 （第一辑）
［延安］陕甘宁边区新华书店 1948年 42叶
［19cm］（32开）
　　本书为民国时期中国革命歌曲选集。

J0149437

鸭绿江歌声 （第三、四集）辽北文化协会编
东北书店辽北分店 1948年 ［63］页 18cm（32开）
　　本书为合订本。第3集收《歌唱党的二十七
周年》《井冈山》《全面抗战》《八路军军歌》《迎
接八路军》等19首歌曲。第4集包括小调部、歌
曲部两部分，收《四季歌》《大生产歌》《春耕小
调》《大反攻进行曲》《解放区十唱》《真理只有
一个》等22首歌曲。书前有《秧歌剧的音乐、歌
曲、唱词》一文。

J0149438

鸭绿江歌声 （第一集）辽宁文化协会编

东北书店辽宁分店［1948 年］18cm（15 开）

J0149439

鸭绿江歌声 （第二集）辽宁文化协会编

东北书店辽宁分店［1948 年］20 页 18cm（32 开）

J0149440

中国人民联合起来 郭杰等著

香港 海洋书屋 1948 年 28 页 16cm（25 开）

（万人丛书）

　　本书内收《中国人民联合起来》（求青）、《跟他去算账》（沈亚威）、《狮子》（郭杰）等 23 首歌曲。

J0149441

部队歌声 （1）三野文艺科编辑

华东军区第三野战军政治部 1949 年 10 页 19cm（32 开）

J0149442

部队歌声 （2）三野文艺科编辑

华东军区第三野战军政治部 1949 年 8 页 19cm（32 开）

J0151985

部队歌声 （3）三野政宣文艺科编辑

华东军区第三野战军政治部 1950 年 7 页 19cm（32 开）

　　本书包含《争取渡海第一功》《三封信》《打仗练兵都立功》《太阳一出满天红》等六首歌曲。

J0149443

部队歌声 （4）三野政宣文艺科编辑

华东军区第三野战军政治部 1950 年 8 页 19cm（32 开）

J0149444

部队歌选 东北军区政治部编

沈阳 东北军区政治部 1949 年 82 页 18cm（15 开）

　　本书内收《毛泽东之歌》《朱德之歌》《三大纪律八项注意》《我是一个兵》《子弟兵进行曲》《战士之歌》《谁养活谁》等 47 首歌曲。

J0149445

大众歌曲 察哈尔省文联筹委会辑

张家口 察哈尔省文联筹委会 1949 年 17 页 18cm（15 开）

（春节文艺丛书 2）

J0149446

大众歌曲 （第二集）察哈尔省文联筹委会辑

张家口 察哈尔省文联筹委会 1950 年 16 页 19cm（32 开）定价：0.82

（春节文艺丛书 9）

J0149447

大众歌曲选 章枚辑

南通 苏北新华书店南通分店 1949 年 71 页 18cm（15 开）

　　本书内收《八路军军歌》《新四军军歌》《国际歌》《解放军进行曲》等 57 首歌曲。书前有章枚的《我们为什么要唱歌》。

J0149448

大众呼声 （第 1 集）大众呼声出版社编

上海 大众呼声出版社 1949 年 62 页 20cm（32 开）

　　本书内收《新时代进行曲》《反内战进行曲》《年青的中国人民军》《唱出一个春天来》《胜利进行曲》《半个月亮爬上来》《向胜利挺进》《解放军歌》《毛主席》《解放军进了上海市》等 100 余首歌曲。

J0149449

大众呼声 （第 2 集）大众呼声出版社编

上海 大众呼声出版社 1949 年 62 页 20cm（32 开）

J0149450

大众呼声 （第 3 集）大众呼声出版社编

上海 大众呼声出版社 1949 年 20cm（32 开）

J0149451

大众呼声 （第 4 集）大众呼声出版社编

上海 大众呼声出版社 1949 年 45 页 20cm（32 开）

J0149452

大众呼声 （第 5 集）大众呼声出版社编

上海 大众呼声出版社 1949 年 20cm（32 开）

　　本书内收《新时代进行曲》《反内战进行曲》

《年青的中国人民军》《唱出一个春天来》《胜利进行曲》《半个月亮爬上来》《向胜利挺进》《解放军歌》《毛主席》《解放军进了上海市》等 100 余首歌曲。

J0149453
大众呼声　（第 6 集）大众呼声出版社编

J0149454
大众呼声　（1 合订本 1–6）大众呼声出版社编选
上海 大众呼声出版社 1949 年 19×13cm

J0149455
东北群众歌曲选　人民音乐社编
沈阳 东北新华书店 1949 年 104 页 26cm（16 开）
定价：500 元

J0149456
东方红　南开大学南星合唱团编
天津 读者书店 1949 年 30 页 25cm（15 开）
定价：人民券二十五元
　　本书内收《我们是民主青年》《年青的海燕》《走向胜利》《咱们是一家人》《放牛郎王小二》《美丽的祖国》《青蛙》《建设人民的华北》《江水东流》等 31 首歌曲。

J0149457
东方红　（国立）南开大学南星合唱团编辑
天津 国立南开大学 1949 年［19cm］（32 开）
　　本书为中国现代革命歌曲。

J0149458
东方红　华中大学文艺研究会编选
华中新华书店五分店［1949 年］44 页
19cm（32 开）
　　本书内容包括歌颂、战斗、生产、学习等四部分，收《跟着共产党走》《东方红》《勇猛向南大进军》《修铁路歌》《这儿是学习的好地方》等 34 首歌曲。

J0149459
东方红　（歌曲集）武汉人民艺术出版社编辑
上海 上海杂志公司 1949 年 37 页
18cm（15 开）定价：2.00

（人民艺术丛刊 1）
　　本书收有《东方红》《歌唱毛泽东》《拥护共产党》等 37 首歌曲。

J0149460
歌唱胜利　（歌曲集）冀鲁豫文艺工作团编
菏泽 冀鲁豫新华书店 1949 年 10 页 19cm（32 开）
　　本书内收《革命无不胜》《上冬学》等 8 首歌曲。

J0149461
革命歌曲　福安专属文教局选印
［福安］福安专署文教局［1949—1966 年］
23 页 19cm（32 开）
　　本书选曲包括：《我们是共产主义接班人》《酸枣刺》《东方红》《听妈妈讲那过去的故事》等。

J0149462
工人大合唱　侯唯动等作词；刘炽作曲
北京 新中国书局 1949 年 27 页 26cm（16 开）
　　本书内收《一切为胜利》《铁路工人歌》《煤矿工人歌》《女工歌》等 7 首歌曲。

J0149463
工人的歌声　旅大文艺工作团辑
大连 大连新华书店 1949 年 16 页 21cm（32 开）
（旅大文协音乐丛书 3）
　　本书内收《干的欢》《支援前线大生产》《四季生产》《码头工人装卸号子》《放红光》等 20 首歌曲。书前有吕骥的代序《写自己唱自己》。

J0149464
工人歌曲　荆令辑
哈尔滨 光华书店 1949 年 19cm（32 开）
　　本书内收《国际歌》《工人歌》《没有共产党就没有新中国》《英雄赞》《毛泽东之歌》《工人进行曲》《打到南京去》《纺织工人歌》等 45 首歌曲。

J0149465
工人歌曲　荆令编
哈尔滨 光华书店 1949 年 再版 46 页
19cm（32 开）

J0149466

工人歌声　合江鲁艺创作组辑

沈阳 东北新华书店 1949 年 25 页

18cm（15 开）定价：90 元

　　本书内收《职工会会歌》《劳动保了险》《挑战歌》《夺红旗》等 23 首歌曲。

J0149467

华南进行曲　蒂克等著

香港 中国音乐出版公司 1949 年 44 页

19cm（32 开）定价：HKD0.70

（解放歌选 3）

　　本书收入《解放军，向南开》《向前进》《天顶一点红》《红旗迎风飘》《鲜红的灯》等 35 首歌曲。

J0149468

江南进行曲　（解放歌选之一）

九龙 中国音乐出版公司 1949 年 石印本 41 页

18cm（15 开）定价：HKD0.70

　　本书内收《奋勇前进》《红旗曲》《解放江南进行曲》《亮了天》《庆祝胜利》《胜利秧歌》《太阳照着大上海》《北平城》《斗得黄莲蜜蜜甜》《努力建设》等 33 首歌曲。

J0149469

解放歌声　（第一集）海曙编

［淮阴］华中新华书店 1949 年 39 页 20cm（32 开）

　　本书内收《东方红》《进军曲》《生产歌》《庆祝胜利》《民主进行曲》《在民主的阳光下》《花喜鹊》《英雄赞》《人人都爱他》《解放全中国》等60 首歌曲。

J0149470

解放歌声　（第二集）海曙编

［淮阴］华中新华书店 1949 年 39 页 20cm（32 开）

　　本书内收《东方红》《进军曲》《生产歌》《庆祝胜利》《民主进行曲》《在民主的阳光下》《花喜鹊》《英雄赞》《人人都爱他》《解放全中国》等60 首歌曲。

J0149471

解放歌声　（第三集）苏北新华书店编

苏北新华书店 1949 年 29 页 19cm（32 开）

　　本书内收《团结就是力量》《军队向前进》

《将革命进行到底》《保卫世界和平》《胜利的旗帜》《前进！新中国的青年们》等 20 首歌曲。

J0149472

解放歌声　（第一集）唐山市委文艺工作团编辑

唐山 唐山市委文艺工作团 1949 年 17 页

25cm（小 16 开）

　　本书内收《毛泽东之歌》《解放军进行曲》《我们是民主青年》等 20 首歌曲。

J0149473

解放歌声　（1）

通化 通化新华书店 ［1949 年］石印本 19 页

20cm（32 开）

J0149474

解放歌声　（第一期）解放歌声社编

北京 新华书店 1949 年 21 页 20cm（32 开）

　　本书共有 5 期，内收《革命要进行到底》《万众一条心》《解放工人歌》《铁路工人歌》《工人进行曲》《解放区的天》《北平解放了》《人民的城市好风光》《新中国青年进行曲》《国际青年进行曲》《年青的海燕》《妇女解放歌》《前进吧！姊妹们》《妇女解放进行曲》《歌唱妇女解放》《妇女解放小唱》《胜利歌》《野战军进行曲》《百万大军过长江》《革命无不胜》《再加一拳》《向前进歌》等 100 首歌曲。

J0149475

解放歌声　（第二期）解放歌声社编印

北京 新华书店 1949 年 17 页 19cm（32 开）

J0149476

解放歌声　（第三期）解放歌声社辑

北京 新华书店 1949 年 22 页 19cm（32 开）

J0149477

解放歌声　（第四期）解放歌声社辑

北京 新华书店 1949 年 28 页 19cm（32 开）

J0149478

解放歌声　（第五期）解放歌声社辑

北京 新华书店 1949 年 23 页 19cm（32 开）

J0149479

解放歌声 （第一辑）中国新民主主义青年团
华北大学校团委员会编
北京　中国新民主主义青年团华北大学校团委
员会　1949 年　25 页　19cm（32 开）

　　本书收入《人民解放军进行曲》《没有共产
党就没有中国》《祖国进行曲》《解放军力量大》
《国际歌》等 16 首歌曲。

J0149480

解放歌声 （特辑　歌唱红五月）中国新民主主
义青年团华北大学校团委员会编
北京　中国新民主主义青年团华北大学校团委
员会　1949 年　9 页　19cm（32 开）

　　本书收入《歌唱红五月》《五一纪念歌》
《五一工人歌》《五四纪念歌》《工人进行曲》
《百万大军过长江》等 6 首歌曲。

J0149481

解放歌声　新怀编
北京　新华书店　1950 年　99 页　19cm（32 开）
定价：HKD1.30

J0149482

解放歌选 （第 1 集）天津人民音乐社编选
天津　新华书店　1949 年　20 页　18cm（15 开）

　　本书内收《东方红》《庆祝平津解放》《庆祝
华北解放》等 16 首歌曲。

J0149483

解放歌选 （第 2 集　儿童歌曲专号）天津人民
音乐社编选
天津　新华书店　1949 年　20 页　18cm（15 开）

　　本书内收《儿童节歌》《小英豪》《新中国的
小主人》《学校就是我们的家》《小木枪》《别说
我们年纪小》《儿童支前歌》《儿童进行曲》等 47
首歌曲。

J0149484

解放歌选 （第 3 集　红五月专号）天津人民音
乐社编选
天津　新华书店　1949 年　23 页　20cm（32 开）

　　本书内收《红五月》《纪念五一节》《新青年
歌》《下江南》等 22 首歌曲。

J0149485

解放歌选　天津人民音乐社编
天津　新华书店　1949 年　14 页　18cm（小 32 开）

J0149486

解放新歌 （第 1 集）上海新音乐总社辑
上海　文光书店　1949 年　15 页　19cm（32 开）
定价：国币七角五分

J0149487

解放新歌 （第 1 集）上海新音乐总社编
上海　文光书店　1949 年　石印本　16 页
20cm（32 开）

　　本书内收《解放军打到大上海》《我们的队
伍来了》《解放军什么样》《人民的太阳》《新工
人》等 10 首歌曲。

J0149488

进军大西南大合唱 （献给第二野战军）
陈大荧等著
上海　群益出版社　1949 年　20 页　26cm（16 开）
定价：三元六角

J0149489

军大歌选　华北军政大学政治部编
华北军政大学政治部　1949 年　85 页　12×18cm

J0152033

千万人站起来　歌曲创作社编
南京　歌曲创作社　1949 年　21 页　18cm（15 开）
（歌曲创作丛刊　第一期）

　　本书内收《要活命争生存》《"四一"悼歌》
《新中国已经来临》等 27 首歌曲。书前有《歌曲
创作与音乐工作者的新方向》《新歌曲漫谈》。

J0149490

青年歌声　周翔编
大连　大连新华书店　1949 年　30 页　21cm（32 开）
（旅大文协音乐丛书 2）

　　本书内收《世界民主青年联盟盟歌》《青年
联合起来》《新民主主义青年团进行曲》《毛泽东
时代的青年》等 26 首歌曲。

J0149491

青年歌声 （第二集）牟英编校

济南 青年文化社 1949 年 38 页 18cm（32 开）
《青年文化》文艺丛书 2）

　　本书内收《唱红五月》《工会歌》《军队向前进》等 26 首歌曲。

J0149492

全国胜利在面前　冀鲁豫文艺工作团编

［菏泽］冀鲁豫新华书店 1949 年 29 页 18cm（32 开）

　　本书内收《欢唱南京解放》《全国胜利在前进》《英勇渡长江》《咱们工人有力量》等 21 首歌曲。

J0149493

群众歌声　安东省文工团辑

沈阳 东北书店辽东总分店 1949 年 22 页 18cm（32 开）定价：105 元
（工农文艺丛书 歌曲类 1）

　　本书内收《愉快的"五一"》（毕庶勤），《打铁歌》（郑秋枫）等 14 首歌曲。

J0149494

群众歌声　安东省文工团编

［沈阳］东北书店辽东总分店 1949 年 22 页 20cm（32 开）
（工农文艺丛书）

J0149495

群众之歌　新音乐社编

广州 前进书局 1949 年 18 页 19cm（32 开）定价：CNY0.40

J0149496

人民歌声　（第一集 儿童歌选）

天津 读者书店 1949 年 16 页 18cm（15 开）

　　本书内收《东方红》《庆祝平津解放》《庆祝胜利》等 22 首歌曲。

J0149497

人民歌声　（3 渡江专号）中原大学文艺研究室编

开封 山河书店 1949 年 再版 17 页 19cm（32 开）

　　本书内收《欢送人民战士过长江》《向胜利前进》《革命要进行到底》《解放全国》等 13 首歌曲。

J0149498

人民歌声　（4 五月专号）中原大学文艺研究室编

开封 山河书店 1949 年 23 页 19cm（32 开）

　　本书内收《咱们工人有力量》《铁路工人歌》《发电工人歌》《生产歌》《立功歌》《人民城市的风光》等 21 首歌曲。

J0149499

人民歌声　（2 月号）中原大学文艺研究室编

中原新华书店 1949 年 22 页 19cm（32 开）

　　本书内收《咱们的领袖毛泽东》《揭穿假和平》《今年是胜利年》《一年左右就胜利》等 21 首歌曲。

J0149500

人民呼声　（第 1 集）新中国音乐研究会编

上海 长江出版社 1949 年 46 页 18cm（32 开）

　　本书内收《光荣属于人民》《欢呼人民的队伍》《上海青年进行曲》《胜利的旗帜》《毛主席》《东方红》《百姓做了主人》等 50 余首歌曲。

J0149501

胜利歌声　（第 1 辑）

［江苏］华中新华书店盐阜分店 1949 年 25 页 13cm（60 开）

　　本书内收《跟着毛泽东》《东方红》《新三大纪律、八项注意歌》等 10 首歌曲。

J0149502

新民主歌集　贺绿汀等作曲

天津 知识书店 1949 年 16 页 19cm（32 开）

　　本书内收《新民主进行曲》《歌唱中国共产党》《毛泽东之歌》《朱德歌》《英雄赞》等 11 首歌曲。作者贺绿汀（1903—1999），音乐家、教育家。湖南邵东仙槎桥人，毕业于上海国立音乐专科学校。历任武昌艺术专科学校教员、明星影片公司音乐科长、陕甘宁晋绥联防军政治部宣传队音乐教员、延安中央管弦乐团团长、华北文工团团长。代表作品《牧童短笛》《摇篮曲》《游击队歌》等，著有《贺绿汀音乐论文选集》。

J0149503

新民主歌声　余挺编选

广州 华英书局 1949 年 60 页 19cm（32 开）

J0149504
新民主进行曲
香港 中国音乐出版公司 1949 年 28 页
19cm（32 开）定价：HKD0.60
（解放歌选 2）

J0149505
中原歌声 （1）中原大学文艺研究室辑
开封 山河书店 1949 年 再版 19 页 19cm（32 开）
　　本书内收《没有共产党就没有新中国》《走！
跟着毛泽东走！》《团结就是力量》《到前线上
去！》《庆祝胜利》等 18 首歌曲。

J0149506
中原歌声 （1）中原大学文艺研究室编
开封 山河书店 1949 年 20 页 19cm（32 开）
　　本书内收《没有共产党就没有新中国》《走！
跟着毛泽东走！》《团结就是力量》《到前线上
去！》《庆祝胜利》等 18 首歌曲。

J0149507
"打击侵略者" 歌曲选 沈亚威等作曲
［1950—1959 年］29 页 19cm（32 开）
　　本书系中国抗美援朝革命歌曲选集。

J0149508
保卫和平歌 工农的书编委会辑
北京 新华书店 1950 年 34 页 15cm（40 开）
定价：CNY0.80
（工农的书）

J0149509
保卫世界和平 中华全国音乐工作者协会辑
北京 新华书店 1950 年 影印本 16 页
26cm（16 开）定价：CNY2.70
　　本书内容为中国现代歌曲。

J0149510
保卫世界和平 （组歌）南京文联音乐社编
上海 正风出版社 1950 年 8 页 19cm（32 开）
定价：CNY0.50
　　本书为中国革命歌曲。

J0149511
部队歌曲 东北军区政治部宣传部编
东北军区政治部宣传部 1950 年 17 页
18cm（15 开）
　　本书内容为抗美援朝时期革命歌曲。

J0149512
部队歌选 维西编选
济南 新华书店山东总分店 1950 年 34 页
13×18cm 定价：1.70

J0149513
部队歌选 部队文艺丛书编委会编辑
重庆 中国人民解放军西南军区政治部 1950 年
54 页 18cm（15 开）
（部队文艺丛书）

J0149514
唱功劳 晓河撰
北京 新华书店 1950 年 25 页 19cm（32 开）
定价：旧币 1.40

J0149515
唱功劳 晓河作；中国人民解放军华东军区第
三野战军政治部编
中国人民解放军华东军区第三野战军政治部
1950 年 13 页 18cm（15 开）

J0149516
春节歌唱材料 天津市文联编
天津 天津市文联 1950—1959 年 27cm（16 开）

J0149517
打起锣鼓通街唱 佛西词；沙梅曲
上海 上海出版公司 1950 年 12 页
26cm（16 开）定价：旧币二元五角

J0149518
大众歌声
八一出版社［1950—1955 年］35 页 21cm（32 开）

J0149519
大众歌声 音乐工作者协会天津分会辑
北京 大众书店 1950 年 19cm（32 开）

J0149520
大众歌声　（第一集）维西编辑
济南　新华书店山东总分店　1950 年　37 页
13×18cm　定价：旧币 1.80

J0149521
大众歌声　（第二集）维西编
［济南］山东新华书店　1950 年　19cm（32 开）
定价：CNY1.80

J0149522
大众歌选　（第一集）音乐工作者协会天津分
会编
天津　大众书店　1950 年　48 页　19cm（32 开）

J0149523
大众歌选　（第二集）中华全国音乐工作者协
会天津分会编
北京　大众书店　1950 年　157 页　18cm（15 开）
定价：旧币 6.50

J0149524
大众歌选　（第四集）中华全国音乐工作者协
会天津分会编
北京　大众书店　1951 年　34 页　18cm（15 开）
定价：旧币 2,600 元

J0152069
东方红　贺绿汀编
上海　上海音乐出版社　1950 年［16cm］（26 开）
定价：CNY0.10
　　本作品系中国现代革命歌曲集。

J0149525
冬学歌本　（第一集）西北文化部艺术处音乐
科辑
西安　新华书店西北总分店　1950 年　29 页
17×19cm　定价：CNY0.13
　　本书系中国现代群众歌曲选集。

J0149526
翻身唱　（供各地减租工作团采用）川北文联
筹委会编
［成都］川北文联筹委会　1950 年　石印本　8 页
13×19cm

　　本书共收入《农民协会歌》《问问你》《翻身
歌》《减租推压歌》《减租小唱》5 首歌曲。

J0149527
工人歌集　天津市工人文化俱乐部,音乐工作
团编
北京　知识书店　1950 年　19 页　19cm（32 开）
定价：CNY1.40

J0149528
工人歌曲　（第一集）向隅编
上海　群育出版社　1950 年　37 页　19cm（32 开）
定价：一元八角

J0149529
工人歌曲集　中南文工团编
汉口　中南新华书局　1950 年　110 页
21cm（32 开）定价：CNY6.10
（人民歌丛　第一集）

J0149530
工人歌声　牡丹江日报社编
［牡丹江.］牡丹江日报社［1950—1999 年］
19 页　18cm（32 开）
　　本书收入《工人进行曲》《工人们的歌》《工
厂就是我们的家》《红五月工人歌》《咱们工人有
力量》《生产立功歌》等 17 首歌曲。

J0149531
工人歌选　牟英编选
济南　山东新华书店　1950 年　64 页　13×18cm
定价：CNY3.00

J0149532
工人阶级万岁　（联唱）桑夫撰词；张鲁作曲；
解放歌声社辑
北京　解放歌声社　1950 年　25 页　19cm（32 开）

J0149533
光明　（解放新歌）黄觉编选
上海　正气书局　1950 年　48 页　14cm（64 开）

J0149534
广播歌集　（第七集）南京人民广播电台编辑
部文艺组编辑

南京 南京人民广播电台 1950 年 12 页
18cm（15 开）定价：CNY1.00
（南京人民广播电台丛书）

J0149535
和平的愤怒　柯蓝作词；章枚作曲
上海 新华书店华东总分店 1950 年 15 页
21cm（32 开）定价：CNY1.30
　　本书系中国现代革命歌曲。

J0149536
河北新歌　（第一集）
河北省文学艺术界联合会编
保定 河北省联合出版社 1950 年 22 页
19cm（32 开）
（河北文艺丛书 11）

J0149537
河北新歌　（第二集）
河北省文学艺术界联合会编
保定 河北省联合出版社 1950 年 26 页
19cm（32 开）
（河北文艺丛书 27）

J0149538
红五月联唱　张学新等撰词；王莘作曲
北京 大众书店 1950 年 11 页 18cm（15 开）
定价：0.90
　　本书包含《迎接红五月》《五月之歌》《生产
建设忙》《石榴花儿红似火》《争红旗》共 5 首歌
曲。作曲王莘（1939—1981），作曲家。原名王莘耕，
江苏无锡荡口镇人。历任天津音乐团团长、天津
人民艺术剧院副院长、天津歌舞剧院院长、中国
音协常务理事、天津市音协主席等职。代表作品
《歌唱祖国》。

J0149539
欢呼中苏会谈公报　（歌选）广州群众艺术馆编
广州 广州群众艺术馆［1950—1959 年］4 页
24cm（26 开）

J0149540
解放军歌集　中国人民解放军西北军区政治
部文工团编
西安 西北新华书店 1950 年 41 页 19cm（32 开）

定价：CNY2.40

J0149541
解放新歌　草右编
民主文化公司［1950—1959 年］120 页
定价：HKD3.00
（大众文化丛书）

J0149542
解放新歌　（大合唱 1）尧心厂编选
上海 正气书局 1950 年 70 页 14cm（64 开）

J0149543
解放新歌　（大合唱）
上海 正气书局［1950—1959 年］97 页 有乐谱
15cm（40 开）

J0149544
解放新歌　（大合唱 2）尧心厂编选
上海 正气书局 1951 年 71 页 14cm（64 开）
定价：旧币 1,600 元

J0149545
解放新歌集　南京文艺青年工作团，南京文艺
青年工作协会编
南京 编者刊［1950—1954 年］80 页 17cm（35 开）
定价：旧币 100 元

J0149546
解放之歌　中国人民解放军十三兵团政治部
宣传队编
中国人民解放军十三兵团政治部宣传队
［1950 年］107 页 18cm（15 开）
　　本书内收《毛泽东之歌》《人民解放军进行
曲》《东方红》等 33 首歌曲。

J0149547
井冈山歌声　井冈山地区革命歌曲征集小组编
井冈山 井冈山地区革命歌曲征集小组
［1950—1959 年］77 页 19cm（32 开）

J0149548
抗美歌集　旅大文艺工作团编
大连 新华书店 1950 年 36 页 18cm（15 开）

J0149549
抗美援朝保家卫国歌选　山东军区政治部文
艺工作团,新华书店山东总分店编辑部辑
济南　新华书店山东总分店　1950 年　37 页
13×19cm　定价：CNY1.80

J0149550
抗美援朝歌集　（第一集）中央音乐学院上海
分院抗美援朝工作委员会编
上海　新华书店华东分店　1950 年　27 页
18cm（15 开）统一书号：沪 301（21–99）
定价：CNY1.40
（创作歌曲）

J0149551
抗美援朝歌集　（第四集）中华全国音乐工作
者协会上海分会编
上海　新华书店华东总分店　1950 年　29 页
19cm（32 开）定价：CNY1.70
（创作歌选）

J0149552
抗美援朝歌集　李广才辑
广州　中华乐学社　1950 年　40 页　18cm（15 开）
定价：二元五角

J0149553
抗美援朝歌曲集　亚军编
上海　万叶书店　1950 年　69 页　18cm（15 开）
定价：4.00
（万叶乐谱丛刊）

J0149554
抗美援朝歌选　中华全国音乐工作者协会辑
北京　人民出版社　1950 年　30 页　18cm（15 开）
定价：旧币一元
　　本书为人民音乐月刊歌曲增刊。

J0149555
抗美援朝歌选　（第二集）中华全国文联抗美
援朝宣传委员会编
北京　人民出版社　1951 年　34 页　19cm（32 开）
定价：旧币 1,400 元

J0149556
连队歌选　（第二期）河南军区政治部编
河南军区政治部　1950 年　24 页　13×18cm

J0149557
燎原歌集　（第三期）中国人民解放军第四兵
团云南军区政治部编
中国人民解放军第四兵团云南军区政治部
1950 年　26 页　18cm（15 开）

J0149558
毛泽东的战士最光荣　中国人民解放军华北
军区政治部编印
中国人民解放军华北军区政治部　1950 年
（部队歌集之二）
　　本书为中国人民解放军革命歌曲选集。

J0149559
农民翻身组歌　中国人民解放军十二兵团湖
南军区政治部编
长沙　中国人民解放军十二兵团湖南军区政治部
1950 年　23 页　19cm（32 开）
（部队文艺丛书 3）

J0149560
青年战士之歌　陈东编辑
济南　新华书店山东总分店　1950 年　27 页
13×18cm　定价：CNY1.50

J0149561
全世界人民心一条！　中央音乐学院研究部编
北京　大众书店　1950 年　35 页　26cm（16 开）
定价：CNY6.00
（工农兵歌曲集 1）
　　本书系中国现代歌曲选集。

J0149562
群众歌集　热河省文学艺术界联合会辑
承德　热河省文学艺术界联合会　1950 年　24 页
18cm（32 开）

J0149563
群众歌曲选　（第二集）束鹿县文联编
河北　束鹿县文联［1950—1959 年］油印本
12 页　19cm（32 开）

J0149564
人民歌声 （第四集）北京人民广播电台第二、三台编
北京 北京人民广播电台第二、三台 1950 年
50 页 13cm（60 开）

J0149565
人民歌声 （第一集）北京市人民广播电台经济台辑
北京 北京市人民广播电台经济台 1950 年 3 版
40 页 14cm（64 开）

J0149566
人民歌声 （第二集）北京市人民广播电台经济台辑
北京 北京市人民广播电台经济台 1950 年
46 页 14cm（64 开）

J0149567
人民歌声 效海编
北京 大众乐谱社［1950—1959 年］［36］页
15cm（40 开）

J0149568
人民歌声 （第四集）北京人民广播电台第二、三台编
北京 北京人民广播电台第二、三台 1951 年
3 版 50 页 13cm（60 开）定价：旧币 1,000 元

J0149569
人民歌声 （第十集）北京人民广播电台第二、三台编
北京 北京人民广播电台第二、三台 1952 年
39 页 17cm（40 开）定价：旧币 1,500 元

J0149570
生产小唱 宋军,高浪主编
香港 新星出版社 1950 年 28 页 19cm（32 开）
定价：港币二元六角
（创作新歌选 第一辑）
　　　主编宋军（1918—1993），作曲家。原名宋文焕,出生于广东鹤山。曾任《人民音乐》《儿童音乐》编辑、中国音乐家协会会员、中国儿童音乐学会会员、广东省音乐家协会理事、鹤山县（今广东省鹤山市）政协副主席和县文联名誉主席。主

要作品有《乘着长风前进》《胜利唱奏曲》《微笑吧妈妈》《红少年的歌》《红菱送给解放军》等。

J0149571
十月礼赞 中央音乐学院研究部编辑
北京 大众书店 1950 年 45 页 26cm（16 开）
（工农兵歌曲集 2）
　　　本书系中国现代歌曲选集。

J0149572
土地改革到了每个村 琪树辑；工农的书编委会编辑
北京 新华书店 1950 年 36 页 15cm（40 开）
定价：0.90
（工农的书）
　　　本书系中国现代革命歌曲选集。

J0149573
我们是人民的解放军 丁毅撰词；若曾作曲
武汉 中南新华书店 1950 年 42 页
26cm（16 开）定价：3.60
　　　本书系中国现代革命歌曲选集。

J0149574
新天地 （解放新歌）黄觉编选
上海 正气书局 1950 年 48 页 15cm（40 开）

J0149575
战士歌选 （第三集）苏南军区政治部［编］
苏南军区政治部 1950 年 12 页 14cm（64 开）

J0149576
保卫和平歌 （歌集）周巍峙辑；武汉人民艺术出版社编辑
上海 上海杂志公司 1951 年 72 页
19cm（32 开）定价：旧币 4,500 元
（人民艺术丛刊）

J0149577
部队歌曲选集 （合订本 第 1 到 11 集）
军委总政治部文化部编印
军委总政治部文化部 1951—1954 年 26cm（16 开）

J0152126
部队歌选 （抗美援朝特辑）中国人民解放军

西南军区政治部编辑
重庆 西南军区政治部文化部 1951 年 22 页
19cm（32 开）
（文艺工作丛刊音乐 2）

J0149578
歌唱华东战斗英雄　三野政治部剧院编撰
上海 教育书店 1951 年 25 页 19cm（32 开）
定价：CNY2.20
（新音乐创作丛刊 4）

J0149579
歌唱祖国　王莘词曲
天津 天津中华全国音乐工作者协会 1951 年
影印本 3 页 30cm（15 开）定价：旧币 1,500 元

J0149580
革命歌曲　（2）河北人民广播电台编
保定 河北人民广播电台 1951 年 31 页
13cm（60 开）

J0149581
革命歌曲　（2）河北人民广播电台编
保定 河北人民广播电台［1951—1968 年］
31 页 9×12cm

J0149582
革命歌曲　（3）河北人民广播电台编
保定 河北人民广播电台［1951—1968 年］
34 页 9×12cm

J0149583
革命歌曲　（3）河北人民广播电台编
保定 河北人民广播电台 1951 年 34 页
13cm（60 开）

J0149584
革命歌曲
石家庄 河北人民出版社 1970 年 13cm（60 开）
定价：CNY0.03

J0149585
工农兵唱歌手册　金鑫选辑
上海 大明书局 1951 年 66 页 15cm（40 开）
定价：旧币 2,000 元

J0149586
工人歌曲集　天津市音乐工作团编辑
上海 晨光出版公司 1951 年 58 页
17cm（40 开）定价：旧币 5,500 元
（工厂文艺习作丛书）

J0149587
工人歌选　（第一期）上海总工会文教部，全国
音乐工作者协会上海分会辑
上海 劳动出版社 1951 年 14 页 19cm（32 开）
定价：旧币 1,000 元

J0149588
工人歌选　（第二期）全国音乐工作者协会上
海分会，上海总工会文教部辑
上海 劳动出版社 1951 年 14 页 19cm（32 开）
定价：旧币 800 元

J0149589
工人歌选　（第三期）全国音乐工作者协会上
海分会，上海总工会文教部辑
上海 劳动出版社 1951 年 18 页 19cm（32 开）
定价：旧币 800 元

J0149590
工人歌选　（第四期）全国音乐工作者协会上
海分会，上海总工会文教部辑
上海 劳动出版社 1951 年 29 页 19cm（32 开）
定价：旧币 1,400 元

J0149591
光荣花　（歌曲）毕碧等撰；武汉市文学艺术界
联合会编辑
汉口 武汉工人出版社 1951 年 31 页 19cm（32 开）
定价：旧币 2,200 元
（红五月群众文艺创作竞赛优胜作品 3）

J0149592
河北新歌　（第四集 抗美援朝歌选）河北省文
联音乐工作者协会编
保定 河北人民出版社 1951 年 27 页 19cm（32 开）
　本书选编了建国初期流行的 105 首歌曲。

J0149593
河北新歌　（第三集 抗美援朝歌选）

河北文艺社编
保定 河北省人民出版社 1954年 22页
19cm（32开）

J0149594
婚姻自由歌 河北人民出版社编
［石家庄］河北人民出版社 1951年
定价：CNY0.07

J0149595
坚决战斗到底 中国人民志愿军第十九兵团
政治部编辑
北京 中国人民志愿军第十九兵团政治部
1951年 28页 19cm（32开）
（抗美前线音乐选集 1）

J0149596
抗美援朝保家卫国歌集 程云编
汉口 武汉通俗图书出版社 1951年 24页
19cm（32开）定价：旧币 1,800元

J0149597
抗美援朝保家卫国歌曲集 北京人民艺术剧
院编辑
北京 天下出版社 1951年 2版 影印本 20页
21cm（32开）定价：旧币 3,200元
（北京人民艺术剧院音乐丛刊）

J0149598
抗美援朝歌集 （1）东北文联编
沈阳 东北文联 1951年 38页 19cm（32开）
定价：旧币 15,000元

J0149599
抗美援朝歌集 （2）东北文联编
沈阳 东北文联 1951年 32页 19cm（32开）
定价：旧币 13,000元

J0149600
抗美援朝歌集 （第三集）
中央音乐学院上海分院抗美援朝工作委员会编
上海 华东人民出版社 1951年 54页
19cm（32开）定价：旧币 2,900元
（创作歌曲）

J0149601
抗美援朝歌集 （一）中国人民解放军山东军
区政治部编
［济南］解放军山东军区政治部 1951年 49页
18cm（30开）

J0149602
抗美援朝歌集 （第一集）山东省音乐工作者
协会筹委会编
［济南］山东人民出版社 1951年 18cm（15开）
定价：CNY0.145

J0149603
抗美援朝歌集 （第二集）山东省音乐工作者
协会筹委会编
济南 山东人民出版社 1951年 20页 18cm（15开）
定价：旧币 1,200元

J0149604
抗美援朝歌集 （第三集）山东省音乐工作者
协会筹委会编
［济南］山东人民出版社 1951年 18cm（15开）
定价：CNY0.07

J0149605
抗美援朝歌集 （第一集）中央音乐学院上海
分院抗美援朝工作委员会编
上海 新华书店华东总分店 1951年 再版 27页
18cm（15开）定价：旧币 1,400元
（创作歌曲）

J0149606
抗美援朝歌集 （第二集）中央音乐学院上海
分院抗美援朝工作委员会编
上海 新华书店华东总分店 1951年 41页
19cm（32开）定价：旧币 1,600元
（创作歌曲）

J0149607
抗美援朝歌曲集 （1）中南文艺界抗美援朝
宣传委员会辑
汉口 武汉通俗图书出版社 1951年 24页
19cm（32开）定价：旧币 1,600元

J0149608

抗美援朝歌曲集　（一）中国人民解放军山东军区政治部编

[济南] 中国人民解放军山东军区政治部 [1951年] 49页 18cm(15开)

J0152159

抗美援朝歌曲集　（第一辑）

中南文艺界抗美援朝宣传委员会编

汉口 中南人民出版社 1951年 46页

19cm(32开) 定价：旧币 2,000 元

J0149609

毛泽东颂歌　中央音乐学院研究部编辑

上海 万叶书店 1951年 42页 26cm(16开)

定价：旧币 7,000 元

（工农兵歌曲 5）

　　本书系中国现代歌曲选集。

J0149610

毛泽东之歌　庄枫编辑

上海 真理书店 1951年 31页 19cm(32开)

定价：旧币 2,000 元

　　本书系中国现代歌曲选集。

J0149611

拿起胜利的铁锤

中南文艺界抗美援朝宣传委员会编

汉口 武汉通俗图书出版社 1951年 28页

19cm(32开) 定价：旧币 1,800 元

　　本书为中国现代革命歌曲。

J0149612

拿去给咱毛主席看　时乐濛编

重庆 西南人民出版社 1951年 40页

19cm(32开) 定价：旧币 2,000 元

　　本书为中国现代群众歌曲选集。

J0149613

农村新歌选　（第一辑）中华全国音乐工作者协会成都分会编辑

成都 川西文联说唱报社 1951年

21页 10×14cm 定价：旧币 500 元

（说唱报社小丛刊 20）

J0149614

农村新歌选　（第二辑）中华全国音乐工作者协会成都分会编辑

成都 川西文联说唱报社 1951年 21页

10×14cm 定价：旧币 500 元

（说唱报社小丛刊 20）

J0152166

农村新歌选　（第三辑）中华全国音乐工作者协会成都分会编辑

成都 川西文联说唱报社 1951年 19页

11×15cm 定价：旧币 500 元

（说唱报社小丛刊 54）

J0149615

农村新歌选　（第四辑）中华全国音乐工作者协会成都分会编辑

成都 川西文联说唱报社 1951年 10页

10×14cm 定价：旧币 300 元

（说唱报社小丛刊 55）

J0149616

农村新歌选　（第五辑）中华全国音乐工作者协会成都分会编辑

成都 川西文联说唱报社 1951年 21页

10×14cm 定价：旧币 500 元

（说唱报社小丛刊 56）

J0149617

前进歌声　（5）

上海 爵士书局 1951年 352–399页

15cm(40开) 定价：旧币 2,500 元

J0149618

前进歌声　（1-4）朱婴编辑

上海 爵士书局 1951年

J0149619

前进歌声　（1-6）自立书店辑

上海 自立书店 1951年 299页 15cm(40开)

定价：旧币 9,000 元

J0149620

前进歌声　自立书店辑

上海 自立书店 1951年 49页 15cm(40开)

定价：旧币 2,500 元

J0149621
前进歌声集锦　朱婴编辑
上海　爵士书局 1951 年 350 页 15cm（40 开）
定价：旧币 12,000 元

J0149622
群众歌选　（第一集）董源，宗群编
上海　群众图书公司 1951 年 44 页
19cm（32 开）定价：旧币 2,800 元
　　中国现代群众歌曲选集。

J0149623
群众歌选　（第三期）群众歌选编委会编辑
沈阳　沈阳市文联 1951 年 27 页 19cm（32 开）

J0149624
人民歌声　山东人民出版社编
［济南］山东人民出版社 1951 年
定价：CNY0.05

J0149625
人民歌声　云尉编
上海　天下书报社 1951 年 2 版 50 页
15cm（40 开）定价：旧币 1,500 元

J0149626
生产支前歌曲集　王云阶作
上海　万叶书店 1951 年 49 页 26cm（16 开）
定价：旧币 9,000 元
（万叶乐谱丛刊）

J0149627
土地改革歌集　（创作歌曲）
中央音乐学院上海分院创作委员会编
上海　华东人民出版社 1951 年 28 页
19cm（32 开）定价：旧币 1,500 元

J0149628
土地改革歌曲选
中华全国音乐工作者协会重庆分会编
重庆　西南人民出版社 1951 年 21 页
19cm（32 开）定价：旧币 1,000 元

J0149629
土改歌曲选集　江西省音乐工作者协会选编
南昌　江西人民通俗出版社 1951 年 36 页
18cm（32 开）定价：旧币 1,600 元
　　本书辑入歌唱土地改革的歌曲 32 首。

J0149630
挖去千年老穷根　（土改歌曲）刘雪厂撰
上海　教育书店 1951 年 44 页 18cm（32 开）
定价：旧币 2,800 元
（新音乐创作丛刊 7）

J0149631
鸭绿江之歌　西南人民文艺工作团编
重庆　西南人民出版社 1951 年 43 页
18cm（32 开）定价：旧币 2,100 元

J0149632
战士歌集　陈东编
济南　山东人民出版社 1951 年 15 页
18cm（15 开）定价：旧币 900 元

J0149633
战士歌集　（第一册）
中南军区兼第四野战军政治部选辑
汉口　中南军区兼第四野战军政治部文化部
1951 年 17 页 19cm（32 开）

J0149634
镇压反革命歌集　山东人民出版社编辑部辑
济南　山东人民出版社 1951 年 18 页
18cm（15 开）定价：旧币 900 元

J0149635
镇压反革命歌曲集　金村田等编
上海　华东人民出版社 1951 年 26 页
19cm（32 开）定价：旧币 1,400 元

J0149636
祖国颂　中央音乐学院研究部编辑
北京　大众书店 1951 年 37 页 26cm（16 开）
（工农兵歌曲集 4）
　　中国现代歌曲选集。

J0149637

"五反"歌曲

青年团广州市工作委员会青年文工团编

[广州] 在毛泽东旗帜下刊社 1952年 20页

19cm（32开）

J0149638

部队歌曲选集

（第五集）《部队歌曲选集》编辑委员会编辑

北京　中央人民政府人民革命军事委员会总政

治部文化部 1952年 24页 26cm（16开）

定价：旧币 1,500元

J0149639

翻身花儿开 （歌曲）湖北文联编

汉口　武汉通俗出版社 1952年 37页

18cm（15开）定价：旧币 1,800元

J0149640

歌集 （新婚姻歌曲专集）察哈尔人民出版社辑

张家口　察哈尔人民出版社 1952年 21页

19cm（32开）定价：旧币 1,100元

J0149641

工农兵新歌　沙梅著

上海　教育书店 1952年 30页 有图

18cm（15开）定价：旧币 2,200元

　　作者沙梅（1909—1993），作曲家。原名郑志，

又名郑导声。四川广安人，毕业于北平大学音乐

系。历任上海艺专、国立女子师院、国立湖北师

院等校音乐教授及上海剧专歌剧系主任，上海戏

剧专科学校歌舞团名誉团长，上海歌剧院顾问。

创作歌曲有《打柴歌》《打回东北去》《五卅纪念

歌》《祖国之恋》《打起锣鼓遍街唱》《嘉陵江船

夫曲》《沙梅歌曲集》等，著有《论川剧高腔音乐》。

J0149642

和平歌声 （1）陈铣辑

上海　天下书报社 1952年 48页 15cm（40开）

定价：旧币 1,500元

J0149643

和平歌声 （2）陈铣辑

上海　天下书报社 1952年 48页 15cm（40开）

定价：旧币 1,500元

J0149644

和平歌声 （3）陈铣辑

上海　天下书报社 1952年 49页 15cm（40开）

定价：旧币 1,500元

J0149645

和平歌声 （4）丁心辑

上海　天下书报社 1953年 50页 15cm（40开）

定价：旧币 1,500元

J0149646

和平歌声 （5）丁心辑

上海　天下书报社 1953年 50页 15cm（40开）

定价：旧币 1,500元

J0149647

红五月歌曲选　天津市文学艺术界联合会编

辑部编辑

天津　知识书店 1952年 24页 18cm（15开）

定价：旧币 1,400元

J0149648

活叶歌选　福建省文联编

[福州] 福建省文联 1952年 4页 19cm（32开）

J0149649

解放军歌曲选集 （第一集）中央人民政府人

民革命军事委员会总政治部文化部编辑

北京　中央人民政府人民革命军事委员会总政

治部文化部 1952年 26cm（16开）

定价：CNY0.15

J0149650

解放军歌曲选集 （第二集）中央人民政府人

民革命军事委员会总政治部文化部编辑

北京　中央人民政府人民革命军事委员会总政

治部文化部 1952年 26cm（16开）

定价：CNY0.15

J0149651

解放军歌曲选集 （第三集）中央人民政府人

民革命军事委员会总政治部文化部编辑

北京　中央人民政府人民革命军事委员会总政

治部文化部 1952年 26cm（16开）

定价：CNY0.15

J0149652
解放军歌曲选集 （第四集）中央人民政府人
民革命军事委员会总政治部文化部编辑
北京　中央人民政府人民革命军事委员会
1952 年　26cm（16 开）定价：CNY0.15

J0149653
解放军歌曲选集 （第五集）中央人民政府人
民革命军事委员会总政治部文化部编辑
北京 中央人民政府人民革命军事委员会
1952 年　26cm（16 开）定价：CNY0.15

J0149654
解放军歌曲选集 （第六集）中央人民政府人
民革命军事委员会总政治部文化部编辑
北京　中央人民政府人民革命军事委员会总政
治部文化部 1953 年　22 页　26cm（16 开）

J0149655
解放军歌曲选集 （第七集）中央人民政府人
民革命军事委员会总政治部文化部编辑
北京　中央人民政府人民革命军事委员会总政
治部文化部 1953 年　22 页　26cm（16 开）
定价：旧币 1,500 元

J0149656
解放军歌曲选集 （第八集）中央人民政府人
民革命军事委员会总政治部文化部编辑
北京　中央人民政府人民革命军事委员会总政
治部文化部 1952 年　26cm（16 开）
定价：CNY0.15

J0149657
解放军歌曲选集 （第八集）中央人民政府人
民革命军事委员会总政治部文化部编辑
北京　中央人民政府人民革命军事委员会总政
治部文化部 1953 年　22 页　26cm（16 开）
定价：旧币 1,800 元

J0149658
解放军歌曲选集 （第九集）中央人民政府人
民革命军事委员会总政治部文化部编辑
北京　中央人民政府人民革命军事委员会总政
治部文化部 1953 年　26 页　26cm（16 开）
定价：旧币 1,800 元

J0149659
解放军歌曲选集 （第十集）中央人民政府人
民革命军事委员会总政治部文化部编辑
北京　中央人民政府人民革命军事委员会总政
治部文化部 1954 年　28 页　26cm（16 开）

J0149660
解放军歌曲选集 （第十一集）中央人民政府
人民革命军事委员会总政治部文化部编辑
北京　中央人民政府人民革命军事委员会总政
治部文化部 1954 年　26 页　26cm（16 开）
定价：旧币 1,800 元

J0149661
解放军歌曲选集 （第十二集）中央人民政府
人民革命军事委员会总政治部文化部编辑
北京 中央人民政府人民革命军事委员会
1954 年　24 页　26cm（16 开）

J0149662
解放军歌曲选集 （第十三集）中央人民政府
人民革命军事委员会总政治部文化部编辑
北京 中央人民政府人民革命军事委员会总政
治部文化部 1952 年　26cm（16 开）
定价：CNY0.18

J0149663
井冈山的歌声　井冈山报社编
［南昌］江西通俗读物出版社 1952 年
定价：CNY0.10

J0149664
抗美援朝　中央音乐学院研究部编辑
天津　大众书店 1952 年　再版 28 页
26cm（16 开）定价：旧币 4,000 元
（工农兵歌曲集 3）

J0149665
亲爱的军队亲爱的人　中央音乐学院研究部编
上海 万叶书店 1952 年 38 页 19cm（32 开）
定价：旧币 3,000 元
（工农兵歌曲集 6）

J0149666
群众歌曲选　中华全国音乐工作者协会辑

北京　中华全国音乐工作者协会　1952 年　影印本
64 页　26cm（16 开）定价：旧币 12,000 元

J0149667
人民歌唱手册　（第一集）印翀选辑
上海　工农兵读物出版社　1952 年　14cm（56 开）

J0149668
人民歌唱手册　（第三集）印翀选辑
上海　工农兵读物出版社　1952 年　14cm（56 开）

J0149669
人民歌唱手册　（第四集）印翀选辑
上海　工农兵读物出版社　1952 年　14cm（56 开）

J0149670
人民歌唱手册　（第五集）印翀选辑
上海　工农兵读物出版社　1952 年　100 页
定价：旧币 3,000 元

J0149671
人民歌唱手册　（第六集）印翀选辑
上海　工农兵读物出版社　1952 年　100 页
14cm（64 开）定价：旧币 3,000 元

J0149672
人民歌唱手册　（第七集）印翀选辑
上海　工农兵读物出版社　1953 年　100 页
14cm（64 开）定价：旧币 3,000 元

J0149673
人民歌唱手册　（第八集）印翀选辑
上海　工农兵读物出版社　1953 年　50 页
14cm（64 开）定价：旧币 1,500 元

J0149674
人民歌唱手册　（第九集）印翀选辑
上海　工农兵读物出版社　1953 年　100 页
14cm（64 开）定价：旧币 3,000 元

J0149675
人民歌唱手册　（第十集）印翀选辑
上海　工农兵读物出版社　1953 年　100 页
14cm（64 开）定价：旧币 3,000 元

J0149676
人民歌唱手册　（第十一集）印翀选辑
上海　工农兵读物出版社　1953 年　100 页
14cm（64 开）定价：旧币 3,000 元

J0149677
人民歌唱手册　（第十二集）印翀选辑
上海　工农兵读物出版社　1953 年　74 页
14cm（64 开）定价：旧币 2,000 元

J0149678
人民歌唱手册　（1-4 合订本）印翀编辑
上海　工农兵读物出版社　1953 年　9 版　334 页
15cm（40 开）定价：旧币 10,000 元，
旧币 12,000 元（精装）

J0149679
人民歌唱手册　（5-8 合订本）印翀编选
上海　工农兵读物出版社　1953 年　再版　340 页
14cm（64 开）定价：旧币 10,000，
旧币 12,000（精装）

J0149680
人民歌唱手册　（5-8 合订本）印翀选辑
上海　工农兵读物出版社　1953 年　340 页
15cm（40 开）精装　定价：旧币 12,000 元

J0149681
十月礼赞　中央音乐学院研究所编
天津　大众书店　1952 年　再版　45 页
26cm（16 开）统一书号：340　定价：旧币 5,000
（工农兵歌曲集 2）

J0149682
战斗歌声　黑龙江省音乐工作者协会筹备会编
［哈尔滨］黑龙江省音乐工作者协会筹备会
［1952 年］12 页　18cm（15 开）

J0149683
中国革命民歌选　（正谱本）中央音乐学院编
上海　新音乐出版社　1952 年　定价：CNY0.50

J0149684
大众歌舞曲选　（一集）萧茂选辑
北京　宝文堂书店　1953 年　48 页　15cm（40 开）

定价：旧币 1,500 元

J0149685
大众歌舞曲选 （二集）萧茂选辑
北京 宝文堂书店 1954 年 50 页 15cm（40 开）
定价：旧币 1,500 元

J0149686
东北群众歌曲集　东北人民出版社辑
沈阳 东北人民出版社 1953 年 201 页
14cm（64 开）定价：旧币 4,400 元

J0149687
东北群众歌曲集 （第一集）东北人民出版社辑
沈阳 东北人民出版社 1954 年 2 版 154 页
15cm（40 开）定价：旧币 3,400 元

J0149688
东北群众歌曲集 （第一集）辽宁人民出版社编
沈阳 辽宁人民出版社 1953 年 14cm（64 开）
定价：CNY0.33

J0149689
东北群众歌曲集 （第一集）辽宁人民出版社编
沈阳 辽宁人民出版社 1955 年 2 版 155 页
14cm（64 开）定价：旧币 3,300 元

J0149690
东北群众歌曲集 （第二集）辽宁人民出版社编
沈阳 辽宁人民出版社 1956 年 192 页
14cm（64 开）定价：CNY0.33

J0149691
工农兵歌唱手册　江敏编辑
上海 陆开记书店 1953 年 修正版

J0149692
工人歌曲创作选　西南音乐社辑
重庆 重庆市人民出版社 1953 年 13 页
18cm（15 开）定价：旧币 700 元

J0149693
工人新歌选 （歌曲）兰冷选辑
北京 北京宝文堂书店 1953 年 82 页
19cm（32 开）定价：旧币 2,900 元

J0152246
河北新歌选 （第二集）河北省人民政府文化事业管理局音乐工作组，河北省人民广播电台文艺组辑
保定 河北人民出版社 1953 年 16 页
19cm（32 开）定价：旧币 700 元

J0149694
河北新歌选 （第三集）河北省人民政府文化事业管理局音乐工作组，河北省人民广播电台文艺组辑
保定 河北人民出版社 1954 年 14 页
19cm（32 开）定价：旧币 700 元

J0149695
河北新歌选 （第四集）河北省人民政府文化事业管理局音乐工作组，河北省人民广播电台文艺组辑
保定 河北人民出版社 1954 年 16 页
19cm（32 开）定价：旧币 700 元

J0149696
河北新歌选 （第五集）河北省人民政府文化事业管理局音乐工作组编
保定 河北人民出版社 1954 年 17 页
19cm（32 开）定价：旧币 700 元

J0149697
河北新歌选 （第六集）河北省人民政府文化事业管理局音乐工作组，河北省人民广播电台文艺组辑
保定 河北人民出版社 1954 年 16 页
19cm（32 开）定价：旧币 700 元

J0149698
河北新歌选 （第七集）
河北省文化局音乐工作组辑
保定 河北人民出版社 1955 年 16 页
19cm（32 开）定价：CNY0.07

J0149699
河北新歌选 （第八集）
河北省文化局音乐工作组辑
保定 河北人民出版社 1955 年 16 页
19cm（32 开）定价：旧币 700 元

J0152253

河北新歌选 （第九集）
河北省文化局音乐工作组辑
保定 河北人民出版社 1956 年 16 页
19cm（32 开）定价：CNY0.07

J0149700

河北新歌选 （第十集）河北省文化局音乐工
作组辑
保定 河北人民出版社 1956 年 16 页
19cm（32 开）统一书号：8086.2 定价：CNY0.07

J0149701

活叶歌选 （1）四川省人民政府文化事业管
理局音乐工作组辑
成都 四川人民出版社 1953 年 23 页
19cm（32 开）定价：旧币 700 元

J0149702

活叶歌选 （2 春节特辑）四川省人民政府文
化事业管理局音乐工作组辑
成都 四川人民出版社 1954 年 25 页
19cm（32 开）定价：旧币 700 元

J0149703

活叶歌选 （3）四川省音乐工作组编
成都 四川人民出版社 1954 年 25 页
19cm（32 开）定价：旧币 1,000 元

J0149704

活叶歌选 （4）四川省音乐工作组编
成都 四川人民出版社 1954 年 17 页
19cm（32 开）定价：旧币 600 元

J0149705

活叶歌选 （6）四川省音乐工作组编
成都 四川人民出版社 1954 年 14 页
19cm（32 开）定价：旧币 600 元

J0149706

普选歌曲 湖北人民广播电台,武汉人民广播
电台辑
汉口 中南人民文学艺术出版社 1953 年 14 页
19cm（32 开）定价：旧币 600 元

J0149707

普选运动歌曲集 谷岭辑
北京 新中国书店 1953 年 33 页 19cm（32 开）
定价：旧币 1,800 元

J0149708

前进歌唱手册 振超辑
上海 天下书报社 1953 年 300 页 15cm（40 开）
定价：旧币 10,000 元

J0149709

青年歌曲 征帆编辑
上海 会文堂书局 1953 年 94 页 15cm（40 开）
定价：旧币 2,300 元

J0149710

青年侦察兵 时乐濛编
重庆 重庆市人民出版社 1953 年 21 页
26cm（16 开）定价：旧币 1,800 元
　中国现代歌曲选集。

J0149711

人民歌唱手册 （9–12 合订本）印羽中 辑
上海 工农兵读物出版社 1953 年 364 页
15cm（40 开）精装 定价：旧币 12,000 元

J0149712

胜利进行曲 欧阳枫作曲；中央人民政府人民
革命军事委员会总参谋部军乐团编辑
北京 中央人民政府人民革命军事委员会总参
谋部军乐团 1953 年 影印本 11 页 26cm（16 开）
（军乐总谱 第 4 号）

J0149713

中国群众歌曲选 （第一辑 救亡运动时期）
毛丹编选
上海 工农兵读物出版社 1953 年 77 页
18cm（30 开）定价：旧币 3,000 元

J0149714

中国群众歌曲选 （第三辑 解放战争时期）
毛丹辑
上海 工农兵读物出版社 1954 年 157 页
19cm（32 开）定价：旧币 6,000 元

J0149715
中央苏区时期的歌曲 民族音乐研究所编
北京 中央音乐学院 1953 年 油印本 线装

J0149716
得奖歌曲集 （三年来全国群众歌曲评奖）
中央文化部艺术管理局,中国音乐家协会合编
北京 艺术出版社 1954 年 236 页 20cm（32 开）
定价: 旧币 7,500 元

J0149717
防汛战斗之歌 （歌曲）武汉市人民政府文化
事业管理局,武汉市文学艺术工作者联合会辑
武汉 武汉市文学艺术工作者联合会 1954 年
32 页 19cm（32 开）

J0149718
歌唱总路线 （第一辑）西南音乐社辑
重庆 重庆市人民出版社 1954 年 23 页
18cm（15 开）统一书号: 3010
定价: 旧币 600.00

J0149719
歌唱总路线 （第二辑）西南音乐社辑
重庆 重庆市人民出版社 1954 年 20 页
18cm（15 开）定价: 旧币 700 元

J0149720
工人歌曲选 四川省音乐工作组编
成都 四川人民出版社 1954 年 36 页
19cm（32 开）定价: 旧币 1,300 元

J0149721
工人歌选 四川省音乐工作组编辑
成都 四川人民出版社 1954 年 16cm（32 开）

J0149722
河南歌曲选 （1）河南省文化事业管理局,河
南省人民广播电台编辑
开封 河南人民出版社 1954 年 20 页
19cm（32 开）定价: 旧币 900 元

J0149723
河南歌曲选 （2）河南省文化事业管理局,河
南省人民广播电台编辑

开封 河南人民出版社 1954 年 21 页
19cm（32 开）定价: 旧币 900 元

J0149724
河南歌曲选 （3）河南省文化事业管理局,河
南省人民广播电台编辑
开封 河南人民出版社 1954 年 21 页
19cm（32 开）定价: 旧币 900 元

J0149725
河南歌曲选 （4）河南省文化事业管理局,河
南省人民广播电台编辑
开封 河南人民出版社 1954 年 [21 页]
19cm（32 开）定价: 旧币 900 元

J0149726
河南歌曲选 （5）河南省文化事业管理局,河
南省人民广播电台编辑
开封 河南人民出版社 1954 年 21 页
19cm（32 开）定价: 旧币 900 元

J0149727
河南歌曲选 （6）河南省文化事业管理局,河
南省人民广播电台编辑
开封 河南人民出版社 1954 年 21 页
19cm（32 开）定价: 旧币 900 元

J0149728
活叶歌选 （1954 年 1 月第 5 期）
鞍山市文工团音乐组编
鞍山 鞍山市文工团音乐组 1954 年 5 页
19cm（32 开）

J0149729
全国群众歌曲评奖西南区获奖歌曲集
西南音乐工作者协会编辑
成都 四川人民出版社 1954 年 36 页
18cm（32 开）定价: 旧币 1,300 元

J0149730
人民唱片歌曲选 人民唱片厂编辑
上海 人民唱片厂 1954 年 355 页 有图
18×21cm 定价: 旧币 15,000 元

J0149731

人民歌唱手册 （第一辑）
人民歌唱手册编辑部编选
上海 工农兵读物出版社 1954 年 99 页
14cm（64 开）定价：旧币 3,000 元

J0149732

人民歌唱手册 （第一辑）
人民歌唱手册编辑部编选
上海 工农兵读物出版社 1954 年 350 页
14cm（64 开）精装 定价：旧币 12,000 元

J0149733

人民歌唱手册 （第三辑）人民歌唱手册编辑
部编选
上海 工农兵读物出版社 1954 年 100 页
14cm（64 开）定价：旧币 3,000 元

J0149734

人民歌唱手册 （第三辑）人民歌唱手册编辑
部编选
上海 工农兵读物出版社 1954 年 350 页
14cm（60 开）精装 定价：旧币 12,000 元

J0149735

人民歌唱手册 （第四辑）
人民歌唱手册编辑部编选
上海 工农兵读物出版社 1954 年 100 页
14cm（64 开）定价：旧币 3,000 元

J0149736

人民歌唱手册 （第四辑）
人民歌唱手册编辑部编选
上海 工农兵读物出版社 1954 年 350 页
14cm（64 开）精装 定价：旧币 12,000 元

J0149737

人民歌唱手册 （第十三集）印翀选辑
上海 工农兵读物出版社 1954 年 100 页
14cm（64 开）定价：旧币 3,000 元

J0149738

中国工农红军歌曲选
《解放军歌曲选集》编辑部编辑
北京 解放军歌曲选集编辑部 1954 年 136 页

26cm（16 开）

J0149739

中国工农红军歌曲选
《解放军歌曲选集》编辑部编
北京 中国青年出版社 1956 年 163 页
25cm（小 16 开）统一书号：8009.1
定价：CNY0.80

J0149740

**中华人民共和国文化部、中国文学艺术界联
合会举办三年来全国群众歌曲评奖得奖歌
曲集** （第一集）中华人民共和国文化部艺术事
业管理局,中国音乐家协会编辑
北京 音乐出版社 1954 年 26cm（16 开）

J0149741

**中华人民共和国文化部、中国文学艺术界联
合会举办三年来全国群众歌曲评奖得奖歌
曲集** （第二集）中央文化部艺术事业管理局,
中国音乐家协会编
北京 音乐出版社 1955 年 54 页 26cm（16 开）
定价：CNY0.56

J0149742

**中华人民共和国文化部、中国文学艺术界联
合会举办三年来全国群众歌曲评奖得奖歌
曲集** （第三集）中央人民政府文化部艺术事业
管理局,中国音乐家协会编辑
北京 音乐出版社 1955 年 54 页 26cm（16 开）
定价：CNY0.62

J0149743

**中华人民共和国文化部、中国文学艺术界联
合会举办三年来全国群众歌曲评奖得奖歌
曲集** （第四集）中央人民政府文化部艺术事业
管理局,中国音乐家协会编辑
北京 音乐出版社 1955 年 38 页 26cm（16 开）
定价：CNY0.47

J0149744

**中华人民共和国文化部、中国文学艺术界联
合会举办三年来全国群众歌曲评奖得奖歌
曲集** （普及版）中华人民共和国文化部艺术事
业管理局,中国音乐家协会编辑

北京 音乐出版社 1955 年 影印本 239 页
15cm（40 开）定价：CNY0.40

J0149745

中华人民共和国文化部、中国文学艺术界联合会举办三年来全国群众歌曲评奖得奖歌曲集 （第五集）中华人民共和国文化部艺术事业管理局，中国音乐家协会编辑
北京 音乐出版社 1956 年 影印本 49 页
26cm（16 开）统一书号：8026.397
定价：CNY0.59

J0149746

中华人民共和国文化部、中国文学艺术界联合会举办三年来全国群众歌曲评奖得奖歌曲集 （第六集）中华人民共和国文化部艺术事业管理局，中国音乐家协会编辑
北京 音乐出版社 1957 年 影印本 45 页
26cm（16 开）统一书号：8026.549
定价：CNY0.60

J0149747

中华人民共和国文化部、中国文学艺术界联合会联合举办三年来全国群众歌曲评奖得奖歌曲集 （第一集）中央文化部艺术事业管理局，中国音乐家协会编辑
北京 音乐出版社 1954 年 33 页 26cm（16 开）
定价：CNY0.42

J0149748

中央人民政府文化部、中国文学艺术界联合会举办三年来全国群众歌曲评奖得奖歌曲集 （第一集）中央文化部艺术事业管理局，中国音乐家协会编辑
北京 音乐出版社 1954 年 33 页 26cm（16 开）
定价：旧币 4,200 元

J0149749

中央人民政府文化部、中国文学艺术界联合会举办三年来全国群众歌曲评奖得奖歌曲集 中央人民政府文化部艺术事业管理局，中国音乐家协会编辑
北京 音乐出版社 1954 年 236 页 21cm（32 开）
定价：旧币 7,500 元

J0149750

中央人民政府文化部、中国文学艺术界联合会举办三年来全国群众歌曲评奖得奖歌曲集 （第二集）中央人民政府文化部艺术事业管理局，中国音乐家协会编辑
北京 音乐出版社 1955 年 57 页 26cm（16 开）
定价：旧币 5,600 元

J0149751

中央人民政府文化部、中国文学艺术界联合会举办三年来全国群众歌曲评奖得奖歌曲集 （第三集）中华人民共和国文化部艺术事业管理局，中国音乐家协会编辑
北京 音乐出版社 1955 年 54 页 26cm（16 开）
定价：旧币 6,200 元

J0149752

中央人民政府文化部、中国文学艺术界联合会举办三年来全国群众歌曲评奖得奖歌曲集 （第四集）中华人民共和国文化部艺术事业管理局，中国音乐家协会编辑
北京 音乐出版社 1955 年 38 页 26cm（16 开）
定价：旧币 4,700 元

J0149753

得奖歌曲集 （福建省一九五五年群众歌曲创作评选）福建省音乐工作者辑
福州 福建人民出版社 1955 年 52 页 19cm（32 开）
定价：CNY0.25

J0149754

得奖歌曲集
（三年来全国群众歌曲评奖 普及版）中央文化部艺术管理局，中国音乐家协会合编
北京 音乐出版社 1955 年 239 页 15cm（40 开）
定价：CNY0.40，CNY1.30（精装）

J0149755

福建老根据地革命歌曲 刘春曙等整理；福建省音乐工作组编辑
福州 福建人民出版社 1955 年 27 页
19cm（32 开）定价：CNY0.16

J0149756

歌唱五年计划 《解放军歌曲选集》编辑部辑

北京　中国青年出版社　1955 年　30 页
19cm（32 开）定价：CNY0.13

J0149757
歌唱五年计划专刊
《解放军歌曲选集》编辑部辑
北京　中国青年出版社　1955 年　30 页　19cm（32 开）

J0149758
坚决肃清反革命分子　北京群众艺术馆筹备
处编辑
北京　大众出版社　1955 年　12 页　19cm（32 开）
定价：CNY0.06
　　中国现代歌曲选集。

J0149759
解放军歌曲选集　（第十四集）
《解放军歌曲选集》编辑部编辑
北京　中国人民解放军总政治部　1955 年　26 页
26cm（16 开）定价：CNY0.18

J0149760
解放军歌曲选集　（第十五集）
《解放军歌曲选集》编辑部编
北京　中国人民解放军总政治部　1955 年
26cm（16 开）定价：CNY0.18

J0149761
解放军歌曲选集　（第十六集）
《解放军歌曲选集》编辑部编辑
北京　中国人民解放军总政治部　1955 年　26 页
26cm（16 开）定价：CNY0.18

J0149762
解放军歌曲选集　（第十七集）
《解放军歌曲选集》编辑部辑
北京　中国人民解放军总政治部　1955 年　22 页
26cm（16 开）定价：CNY0.18

J0149763
解放军歌曲选集　（第十八集）
《解放军歌曲选集》编辑部编辑
北京　中国人民解放军总政治部　1956 年　14 页
26cm（16 开）定价：CNY0.16

J0149764
解放军歌曲选集　（第十九集）
《解放军歌曲选集》编辑部编辑
北京　中国人民解放军总政治部　1956 年
26cm（16 开）定价：CNY0.07

J0149765
解放军之歌　（第一集）《解放军歌曲选集》编
辑部辑
北京　中国青年出版社　1955 年　77 页
19cm（32 开）定价：CNY0.29

J0149766
解放军之歌　（第二集）《解放军歌曲选集》编
辑部辑
北京　中国青年出版社　1955 年　90 页
19cm（32 开）定价：CNY0.33

J0149767
解放军之歌　（第三集）《解放军歌曲选集》编
辑部辑
北京　中国青年出版社　1956 年　71 页　19cm（32 开）
统一书号：8009.4　定价：CNY0.22

J0149768
解放军之歌　（第四集）《解放军歌曲选集》编
辑部辑
北京　中国青年出版社　1956 年　73 页　19cm（32 开）
统一书号：8009.5　定价：CNY0.22

J0149769
聂耳歌曲选
聂耳作；云南省文化局音乐工作组辑
昆明　云南人民出版社　1955 年　16 页
18cm（15 开）定价：CNY0.08
　　本书包括《义勇军进行曲》（后被定为中华
人民共和国国歌）、《开矿歌》、《码头工人歌》、
《前进歌》、《毕业歌》、《大陆歌》等 16 首。

J0149770
农村合作化的歌声　（第二辑）湖南省文化局编
长沙　湖南人民出版社　1955 年

J0149771
农村合作化的歌声　（第三辑）湖南省文化局

音乐工作组编辑
长沙 湖南人民出版社 1956年 12页

J0149772
农村青年歌集
中国新民主主义青年团辽宁省委宣传部编
沈阳 辽宁人民出版社 1955年 18页
19cm（32开）定价：CNY0.07

J0149773
农村青年歌集
中国新民主主义青年团中央宣传部辑
北京 中国青年出版社 1955年 34页
15cm（40开）定价：CNY0.12

J0149774
农业合作化的歌声 （第一辑）湖南省文化局编
长沙 湖南人民出版社 1955年 10页
19cm（32开）定价：CNY0.09

J0149775
农业合作化的歌声 （第二辑）湖南省文化局编
长沙 湖南人民出版社 1955年 10页
19cm（32开）定价：CNY0.09

J0149776
农业合作化的歌声 （第三辑）
湖南省文化局工作组编
长沙 湖南人民出版社 1956年 12页 19cm（32开）
统一书号：8109.1 定价：CNY0.06

J0149777
群众歌声 （第一辑）北京群众艺术馆筹备处编
北京 大众出版社 1955年 20页 19cm（32开）
定价：CNY0.09

J0149778
群众歌声 （第二辑）北京群众艺术馆筹备处编
北京 大众出版社 1955年 16页 19cm（32开）
定价：CNY0.08

J0149779
群众歌声 （第三辑）北京群众艺术馆筹备处编
北京 大众出版社 1955年 16页 有图
19cm（32开）定价：CNY0.08

J0152334
群众歌声 （第四辑 农业合作化专号）
北京群众艺术馆筹备处编辑
北京 大众出版社 1955年 16页 有图
19cm（32开）定价：CNY0.08

J0149780
群众歌声 （第五辑）
北京群众艺术馆筹备处编辑
北京 大众出版社 1956年 16页 19cm（32开）
定价：CNY0.08

J0149781
群众歌声 （第六辑）北京群众艺术馆编
北京 大众出版社 1956年 16页 19cm（32开）
统一书号：8071.2 定价：CNY0.08

J0149782
为了幸福生活 沙梅作
［北京］音乐出版社 1955年 定价：CNY0.20
　　中国现代歌曲作品。

J0149783
治淮歌曲选集 佛子岭水库工程政治部辑
合肥 安徽人民出版社 1955年 124页
17cm（40开）定价：CNY0.40

J0149784
部队歌曲选 （第一集）音乐出版社编辑部辑
北京 音乐出版社 1956年 37页 15cm（40开）
定价：CNY0.09

J0149785
部队歌曲选 （第二集）音乐出版社编辑部编辑
北京 音乐出版社 1956年 34页 15cm（40开）
统一书号：8026.514 定价：CNY0.09

J0149786
歌唱农业合作化 广西省文化局音工室编
南宁 广西人民出版社 1956年 11页 19cm（32开）
定价：CNY0.05
　　中国现代歌曲选集。

J0149787
歌唱农业合作化 中国音乐家协会成都分会编

成都 四川人民出版社 1956年 18页 19cm（32开）
定价：CNY0.07
　　中国现代歌曲选集。

J0149788
歌曲选集 （第二集）中央群众艺术馆编辑
北京 音乐出版社 1956年 43页 19cm（32开）
统一书号：T8026.583 定价：CNY0.21
　　本书系群众演唱材料。

J0149789
工人歌曲集 辽宁人民出版社辑
沈阳 辽宁人民出版社 1956年 12页 19cm（32开）
统一书号：T8090.17 定价：CNY0.06

J0149790
工人歌曲选 马剑华编辑
上海 上海文化出版社 1956年 206页
15cm（40开）定价：CNY0.45

J0149791
工人歌曲选 （第一集）音乐出版社编辑部编辑
北京 音乐出版社 1956年 30页 15cm（40开）
定价：CNY0.08

J0149792
工人歌曲选 （第二集）音乐出版社编辑部编辑
北京 音乐出版社 1956年 26页 15cm（40开）
统一书号：T8026.513 定价：CNY0.08

J0149793
合作化喜讯传开来 （歌曲选集）
云南省文化局音乐工作组编辑
昆明 云南人民出版社 1956年 26页
19cm（32开）定价：CNY0.18

J0149794
江西新歌 江西省音乐工作组编辑
南昌 江西人民出版社 1956年 26页
19cm（32开）定价：CNY0.11

J0149795
江西新歌 江西省群众艺术馆编
南昌 江西人民出版社 1957年 20页 19cm（32开）
统一书号：T8110.53 定价：CNY0.08

J0152351
满山遍野歌声响 （农业合作化联唱）
王健等作词；王华作曲；天津群众艺术馆编辑
天津 天津人民出版社 1956年 8页 19cm（32开）
统一书号：T8072.18 定价：CNY0.05

J0149796
满山遍野歌声响 王莘作曲；王健等作词
北京 音乐出版社 1956年 13页 19cm（32开）
统一书号：T8026.515 定价：CNY0.07
　　中国现代歌曲作品。

J0149797
农村青年歌选 中国新民主主义青年团广东
省委员会宣传部，广东人民出版社辑
广州 广东人民出版社 1956年 22页 19cm（32开）
统一书号：T8111.16 定价：CNY0.09

J0149798
农民歌本 （第一辑）
中国音乐家协会西安分会编辑
西安 陕西人民出版社 1956年 24页 19cm（32开）
统一书号：8094.12 定价：CNY0.13

J0149799
农民歌本 （第二辑）中国音乐家协会西安分
会编辑
西安 陕西人民出版社 1957年 18页 19cm（32开）
统一书号：T8094.93 定价：CNY0.08

J0149800
农民歌本 （第三辑）
中国音乐家协会成都分会编
西安 东风文艺出版社 1959年 22页 19cm（32开）
统一书号：T8147.4 定价：CNY0.09

J0149801
农民歌曲选 （第一集）音乐出版社编辑部编
北京 音乐出版社 1956年 38页 15cm（64开）
定价：CNY0.09

J0149802
农民歌曲选 （第二集）音乐出版社编辑部编
北京 音乐出版社 1956年 28页 15cm（64开）
统一书号：T8026.444 定价：CNY0.08

J0152359

农民歌曲选　（第三集）音乐出版社编辑部编
北京　音乐出版社　1956年　26页　19cm（32开）
统一书号：T8026.535　定价：CNY0.11

J0149803

农民歌曲选　（第四集）音乐出版社编辑部编
北京　音乐出版社　1956年　28页　15cm（64开）
统一书号：T8426.444　定价：CNY0.05

J0149804

农民歌曲选　（第四集）音乐出版社编辑部编
北京　音乐出版社　1957年　22页　19cm（32开）
统一书号：8026.743　定价：CNY0.09

J0149805

农民歌曲选　（第五集）音乐出版社编辑部编
北京　音乐出版社　1958年　30页　15cm（64开）
统一书号：8026.1053　定价：CNY0.08

J0149806

农民歌曲专辑　辽宁人民出版社辑
沈阳　辽宁人民出版社　1956年　24页　19cm（32开）
统一书号：8090.10　定价：CNY0.08

J0149807

农民歌选　（第一集）上海文化出版社辑
上海　上海文化出版社　1956年　30页　15cm（40开）
统一书号：T8077.42　定价：CNY0.10

J0149808

农业合作化歌曲集　音乐出版社编辑部编辑
北京　音乐出版社　1956年　24页　15cm（40开）
定价：CNY0.07

J0149809

农业合作化歌选　河南人民出版社编辑
郑州　河南人民出版社　1956年　12页　19cm（32开）
统一书号：8105.2　定价：CNY0.07

J0149810

群众歌曲　文化部艺术事业管理局,中国音乐
家协会合编
北京　通俗读物出版社　1956年　40页　19cm（32开）
定价：CNY0.10

J0152368

群众歌曲　中华人民共和国文化部艺术事业
管理局,中国音乐家协会编辑
北京　音乐出版社　1956年　40页　19cm（32开）
定价：CNY0.10

J0149811

群众歌曲选集　上海市文学艺术界联合会辑
上海　上海文化出版社　1956年　65页　19cm（32开）
定价：CNY0.21

J0149812

群众歌声　（1）天津群众艺术馆编
天津　天津人民出版社　1956年　16页
19cm（小32开）定价：CNY0.08

J0149813

群众歌声　（2）天津群众艺术馆编
天津　天津人民出版社　1956年　16页
19cm（小32开）定价：CNY0.08

J0149814

群众歌声　（3）天津群众艺术馆编
天津　天津人民出版社　1956年　16页
19cm（小32开）定价：CNY0.08

J0149815

群众歌声　（4）天津群众艺术馆编
天津　天津人民出版社　1956年　16页
19cm（小32开）定价：CNY0.08

J0149816

四川老根据地革命歌选
四川省文化局音乐工作组编辑
成都　四川人民出版社　1956年　23页　19cm（32开）
统一书号：8118.106　定价：CNY0.10

J0149817

新农村歌声　（1）湖南省群众艺术馆编辑
长沙　湖南人民出版社　1956年　14页　19cm（32开）
定价：CNY0.07

J0149818

1956年四川省群众歌曲创作得奖歌曲选集
中国音乐家协会成都分会理论创作委员会编

成都 四川人民出版社 1957年 70页 19cm（32开）
统一书号：8118.145 定价：CNY0.22

J0149819
边防战士之歌　中国人民解放军公安军政治
部文化部编
北京 音乐出版社 1957年 26页 19cm（32开）
统一书号：8026.671 定价：CNY0.10
　　中国现代革命歌曲选集。

J0149820
茶山新歌　（群众歌曲）江西人民出版社编
南昌 江西人民出版社 1957年 48页 19cm（32开）
统一书号：T8110.82 定价：CNY0.17

J0149821
稻禾青青麦穗黄　（群众歌曲）江西人民出版
社编辑
南昌 江西人民出版社 1957年 24页 19cm（32开）
统一书号：T8110.62 定价：CNY0.12

J0149822
得奖歌曲集　广西省文化局音乐工作室编
南宁 广西人民出版社 1957年 60页 19cm（32开）
统一书号：8113.18 定价：CNY0.20
　　广西省文化局、广西省文联举办第一次音乐
作品征奖。

J0149823
反右派斗争歌曲选　顾翌等作词；朱驹等作
曲；上海音乐出版社编辑
上海 上海音乐出版社 1957年 20页 19cm（32开）
统一书号：8127.122 定价：CNY0.08

J0149824
歌唱农业合作化　辽宁人民出版社编
沈阳 辽宁人民出版社 1957年 31页 19cm（32开）
统一书号：T8090.41 定价：CNY0.11

J0149825
革命歌曲选
中国共产主义青年团福建省委宣传部编
福州 福建人民出版社 1957年 44页 18cm（15开）
统一书号：T8104.106 定价：CNY0.16

J0149826
革命歌曲选　福建省团委会编
［福州］福建人民出版社 1957年
定价：CNY0.16

J0149827
红军歌曲选
中国新民主主义青年团贵州省委宣传部编
贵阳 贵州人民出版社 1957年 23页
18cm（15开）统一书号：8115.102

J0149828
建设大西北　赵行道作曲；管桦作词
北京 音乐出版社 1957年 23页 26cm（16开）
统一书号：8026.683 定价：CNY0.34
　　中国现代革命歌曲。

J0149829
解放军参加全国第一届音乐周歌曲选
《解放军歌曲选集》编辑部辑
北京 中国青年出版社 1957年 147页
19cm（32开）统一书号：8009.8 定价：CNY0.44

J0149830
抗日战争歌曲选集　（第一集）
《解放军歌曲选集》编辑部编
北京 中国青年出版社 1957年 201页
25cm（15开）统一书号：8009.13
定价：CNY1.10

J0149831
抗日战争歌曲选集　（第二集）
《解放军歌曲选集》编辑部编
北京 中国青年出版社 1957年 256页
25cm（15开）统一书号：8009.14
定价：CNY1.40

J0149832
抗日战争歌曲选集　（第三集）
《解放军歌曲选集》编辑部编
北京 中国青年出版社 1957年 183页
25cm（15开）统一书号：8009.15
定价：CNY1.00

J0149833
抗日战争歌曲选集 （第四集）
《解放军歌曲选集》编辑部编
北京 中国青年出版社 1957 年 258 页
25cm（15 开）统一书号：8009.16
定价：CNY1.40

J0149834
满树荔枝红 （部队歌曲选集）
广州部队文艺编辑组编
广州 广东人民出版社 1957 年 86 页 19cm（32 开）
统一书号：8111.35 定价：CNY0.26
（战士文艺丛书）

J0149835
聂耳歌曲集 音乐出版社编辑部编
北京 音乐出版社 1957 年 42 页 19cm（32 开）
统一书号：8026.660 定价：CNY0.14
　　本书收入《大路歌》《开路先锋》《铁蹄下的
歌女》《毕业歌》等 19 首歌曲。

J0149836
聂耳歌曲集 人民音乐出版社编辑部编
北京 人民音乐出版社 1985 年 2 版 修订本 56 页
19cm（32 开）统一书号：8026.660
定价：CNY0.42
　　收入歌曲共 19 首。有《大路歌》《开路先锋》
《铁蹄下的歌女》《毕业歌》等。

J0149837
农村新唱 北京群众艺术馆编辑
北京 北京出版社 1957 年 16 页 19cm（32 开）
统一书号：8071.13 定价：CNY0.08

J0149838
青年学生歌选 中国共产党青年团广东省委
员会宣传部,广州群众艺术馆编辑
广州 广东人民出版社 1957 年 36 页 19cm（32 开）
统一书号：T8111.28 定价：CNY0.13

J0149839
山茶逢春把花开 （群众歌曲选）
中国音乐家协会成都分会编
重庆 重庆人民出版社 1957 年 112 页
18cm（32 开）统一书号：8114.66

定价：CNY0.36

J0149840
袖珍歌选 河北省群众艺术馆编
[保定] 河北人民出版社 1957 年 15cm（64 开）
定价：CNY0.23

J0149841
袖珍歌选 （第二集）河北省群众艺术馆编
保定 河北人民出版社 1958 年 118 页
17cm（30 开）统一书号：T8086.25
定价：CNY0.25

J0149842
祖国颂 （大合唱总谱）王巍,倪瑞霖作词;
刘施任作曲
上海 上海音乐出版社 1957 年 影印本 52 页
26cm（16 开）统一书号：127.042
定价：CNY1.00
（上海音乐学院创作丛刊）

J0149843
阿拉伯兄弟,我们支援你!
北京群众艺术馆编
北京 北京出版社 1958 年 定价：CNY0.01
　　中国现代歌曲。

J0149844
把总路线的红旗插遍全国 北京群众艺术馆编
北京 音乐出版社 1958 年 定价：CNY0.02
　　本书系中国现代歌曲。

J0149845
保卫祖国之歌 （部队歌曲）
中国人民解放军公安部队政治部宣传部编
北京 音乐出版社 1958 年 35 页 19cm（32 开）
统一书号：8026.935 定价：CNY0.13

J0149846
北京歌片 （1）北京群众艺术馆编
北京 北京出版社 1958 年 定价：CNY0.03
　　本歌片包括《唱起建设的歌》《常饶的夏季
牧场》《四十条纲要真正好》等 4 首歌曲。

J0149847
唱歌要唱"跃进"歌　山东省群众艺术馆编
济南 山东人民出版社 1958年 24页 19cm（32开）
统一书号：T8099.199 定价：CNY0.09

J0149848
唱起建设的歌　（歌曲选）河南人民出版社编辑
郑州 河南人民出版社 1958年 28页 11×19cm
统一书号：T8105.111 定价：CNY0.09

J0149849
大家唱　（1 人民的太阳、毛主席的光辉永远亮）
长沙 湖南人民出版社 1958年 ［20cm］（32开）
定价：CNY0.02

J0149850
大家唱　（2 赶上英国！超过英国！社会主义好）
长沙 湖南人民出版社 1958年 定价：CNY0.02

J0149851
大家唱　（3 农村歌咏队、我们的耕作队出动了）
长沙 湖南人民出版社 1958年 定价：CNY0.02

J0149852
大家唱　（4 秋后丰收喝喜酒）
长沙 湖南人民出版社 1958年 定价：CNY0.02

J0149853
大家唱　（5 布谷鸟你叫迟了！）
长沙 湖南人民出版社 1958年 定价：CNY0.02

J0149854
大家唱　（6 送郎当红军、当兵就要当红军、工农红军打胜仗）
长沙 湖南人民出版社 1958年 定价：CNY0.02

J0149855
大家唱　（7 双送粮）
长沙 湖南人民出版社 1958年 定价：CNY0.02

J0149856
大家唱　（8 太阳出来晒山坡、月亮出来亮堂堂、花大姐、叫我唱歌就唱歌）
长沙 湖南人民出版社 1958年 定价：CNY0.02

J0149857
大家唱　（9 一块黑板四四方）
长沙 湖南人民出版社 1958年 定价：CNY0.02

J0149858
大家唱　（10 刘海砍樵、比古调）
长沙 湖南人民出版社 1958年 定价：CNY0.02

J0149859
大家唱　（11 歌唱建设总路线、湖南在"跃进"、工人之歌、农民好）
长沙 湖南人民出版社 1958年 定价：CNY0.01

J0149860
大家唱　（12 丰收、十月的鲜花遍地红）
长沙 湖南人民出版社 1958年 定价：CNY0.01

J0149861
大家唱　（13 全民动手炼钢铁、号召飞出北京城、高炉平炉遍山岗）
长沙 湖南人民出版社 1958年 定价：CNY0.01

J0149862
大家唱　（14 共产主义好）湖南省音乐工作者协会，湖南省群众艺术馆编
长沙 湖南人民出版社 1959年 19cm（32开）
定价：CNY0.01

J0149863
大家唱　（15 八字宪法是八宝，肥料堆得比山高，农村处处春耕忙）湖南省音乐工作者协会，湖南省群众艺术馆编
长沙 湖南人民出版社 1959年 19cm（32开）
定价：CNY0.01

J0149864
大家唱　（16 红旗插在心坎上，越比越有劲，民兵歌）湖南省音乐工作者协会，湖南省群众艺术馆编
长沙 湖南人民出版社 1959年 19cm（32开）
定价：CNY0.01

J0149865
大家唱　（18 欢唱国庆十周年，祖国好）湖南省音乐工作者协会，湖南省群众艺术馆编

长沙　湖南人民出版社　1959 年　19cm（32 开）
定价：CNY0.01

J0149866
大家唱 （19 比赛歌,六亿人民的志气,快快跑）
湖南省音乐工作者协会,湖南省群众艺术馆编
长沙　湖南人民出版社　1959 年　19cm（32 开）
定价：CNY0.01

J0149867
大家唱 （20 胜利歌,毛泽东时代英雄多）
湖南省音乐工作者协会,湖南省群众艺术馆编
长沙　湖南人民出版社　1959 年　19cm（32 开）
定价：CNY0.01

J0149868
大家唱 （22 增产节约红旗处处飘,短途运输
小唱,把战鼓擂的更响）湖南省音乐工作者协
会,湖南省群众艺术馆编
长沙　湖南人民出版社　1959 年　19cm（32 开）
定价：CNY0.01

J0149869
大家唱 （23 "跃进" 再 "跃进",战鼓三通,竞
赛红旗遍地飘）湖南省音乐工作者协会,湖南省
群众艺术馆编
长沙　湖南人民出版社　1959 年　定价：CNY0.01

J0149870
大家唱 （24 "跃进" 进行曲,干劲真正大,飞!
跃! 干!）湖南省音乐工作者协会,湖南省群众
艺术馆编
长沙　湖南人民出版社　1959 年　定价：CNY0.01

J0149871
大家唱 （25 修水利小唱,"跃进" 的号角多么
嘹亮,治水龙王是社员）湖南省音乐工作者协
会,湖南省群众艺术馆编
长沙　湖南人民出版社　1959 年　定价：CNY0.01

J0149872
大家唱选集 （第一集）音乐出版社编辑部编
北京　音乐出版社　1958 年　199 页　17cm（40 开）
统一书号：8026.888　定价：CNY0.38

J0149873
大家唱选集 （第二集）音乐出版社编辑部编
北京　音乐出版社　1958 年　180 页　17cm（40 开）
统一书号：8026.889　定价：CNY0.36

J0149874
大家唱选集 （第三集）音乐出版社编辑部编
北京　音乐出版社　1958 年　211 页　17cm（40 开）
统一书号：8026.890　定价：CNY0.40

J0149875
大家歌唱总路线 （歌曲选）
河南人民出版社编辑
郑州　河南人民出版社　1958 年　10 页　19cm（32 开）
统一书号：T8105.110　定价：CNY0.06

J0149876
大力开展社会主义群众性的歌咏运动
（东方红、社会主义好、乘风破浪向前进）
南昌　江西人民出版社　1958 年　定价：CNY0.03

J0149877
大众歌片 （1《社会主义好》等三首）
上海音乐出版社编
上海　上海音乐出版社　1958 年　11×11cm
定价：CNY0.02
　　本歌集收有歌曲:《社会主义好》《歌唱农业
纲要四十条》《东风压倒西风》。

J0149878
大众歌片 （2《鼓足全民大干劲》等四首）
上海音乐出版社编
上海　上海音乐出版社　1958 年　11×11cm
定价：CNY0.02
　　本歌集收有歌曲:《鼓足全民大干劲》《青年
工人进行曲》《我们比一比》《青年们鼓足干劲》。

J0149879
大众歌片 （3《全世界人民心一条》等三首）
上海音乐出版社编
上海　上海音乐出版社　1958 年　11×11cm
定价：CNY0.02
　　本歌集收有歌曲:《全世界人民心一条》《歌
唱祖国》《莫斯科——北京》。

J0149880

大众歌片 （4《我骑着马儿过草原》等三首）
上海音乐出版社编
上海　上海音乐出版社　1958年　11×11cm
定价：CNY0.02
　　本歌集收有歌曲：《我骑着马儿过草原》《生产建设新国家》《草原上升起不落的太阳》。

J0149881

大众歌片 （5《歌唱毛泽东》等三首）
上海音乐出版社编
上海　上海音乐出版社　1958年　11×11cm
定价：CNY0.02
　　本歌集收有歌曲：《歌唱毛泽东》《玛依拉》《我的花儿》。

J0149882

大众歌片 （6《采茶灯》等三首）
上海音乐出版社编
上海　上海音乐出版社　1958年　11×11cm
定价：CNY0.02
　　本歌集收有歌曲：《采茶灯》《十大姐》《采茶歌》。

J0149883

大众歌片 （7《我们是春天的鲜花》等三首）
上海音乐出版社编
上海　上海音乐出版社　1958年　11×11cm
定价：CNY0.02
　　本歌集收有歌曲：《我们是春天的鲜花》《小燕子》《哩哩哩》。

J0149884

大众歌片 （8《星星》等四首）
上海音乐出版社编
上海　上海音乐出版社　1958年　11×11cm
定价：CNY0.02
　　本歌集收有歌曲：《星星》《小小英雄》《我们的田野》《红领巾之歌》。

J0149885

大众歌片 （9《歌唱总路线》等三首）
上海音乐出版社编
上海　上海音乐出版社　1958年　11×11cm
定价：CNY0.02
　　本歌集收有歌曲：《歌唱总路线》《总路线掀起新高潮》《贯彻总路线打先锋》。

J0149886

大众歌片 （10《欢呼我们的指路明灯》等三首）上海音乐出版社编
上海　上海音乐出版社　1958年　11×11cm
定价：CNY0.02
　　本歌集收有歌曲：《欢呼我们的指路明灯》《人人歌唱总路线》《总路线的光芒照四方》。

J0149887

大众歌片 （11《总路线的光芒金灿灿》等三首）上海音乐出版社编
上海　上海音乐出版社　1958年　11×11cm
定价：CNY0.02
　　本歌集收有歌曲：《总路线的光芒金灿灿》《总路线象太阳》《总路线的光辉高万丈》。

J0149888

大众歌片 （12《干！干！干！》等三首）
上海音乐出版社编
上海　上海音乐出版社　1958年　11×11cm
定价：CNY0.02
　　本歌集收有歌曲：《干！干！干！》《总路线掀起新高潮》《总路线的光芒金灿灿》。

J0149889

大众歌片 （13《感谢毛主席他老人家》等三首）上海音乐出版社编
上海　上海音乐出版社　1958年　11×11cm
定价：CNY0.02
　　本歌集收有歌曲：《感谢毛主席他老人家》《工人欢唱国庆节》《工农商学兵"跃进"再"跃进"》。

J0149890

大众歌片 （14《歌唱欢乐的国庆节》等三首）
上海音乐出版社编
上海　上海音乐出版社　1958年　11×11cm
定价：CNY0.02
　　本歌集收有歌曲：《歌唱欢乐的国庆节》《从小爱劳动》《十月一日国庆节》。

J0149891

大众歌片 （15《农具大改革》等三首）

上海音乐出版社编

上海 上海音乐出版社 1958年 11×11cm

定价：CNY0.02

　　本歌集收有歌曲：《农具大改革》《唱只上海"跃进"歌》《十月的歌》。

J0149892

大众歌片 （16《我们歌唱国庆节》等三首）

上海音乐出版社编

上海 上海音乐出版社 1958年 11×11cm

定价：CNY0.02

　　本歌集收有歌曲：《我们歌唱国庆节》《"跃进"再"跃进"》《水兵永远满怀激情》。

J0149893

得奖广播歌曲集 （第一集）中央人民广播电台音乐广播编辑部编

北京 音乐出版社 1958年 68页 19cm（32开）

统一书号：8026.884 定价：CNY0.22

（中央人民广播电台音乐广播丛刊）

J0149894

得奖广播歌曲集 （第二集）

中央人民广播电台音乐广播编辑部编

上海 上海文艺出版社 1959年 76页 19cm（32开）

统一书号：8078.0915 定价：CNY0.20

J0149895

东风第一枝 江西人民出版社辑

南昌 江西人民出版社 1958年 28页 19cm（32开）

统一书号：T8110.86 定价：CNY0.13

　　本书系中国现代群众歌曲。

J0149896

翻天覆地十五年 济南市群众艺术馆编

济南 山东人民出版社 1958年 24页 19cm（32开）

统一书号：T8099.198 定价：CNY0.10

　　中国现代歌曲选集。

J0149897

丰产卫星组歌 章明等作词；毕庶勤作曲

广州 广东人民出版社 1958年 12页 19cm（32开）

统一书号：8111.84 定价：CNY0.06

中国现代歌曲选集。

J0149898

赶路 （创作歌曲集）郑律成等作曲

昆明 云南人民出版社 1958年 34页 19cm（32开）

统一书号：8116.119 定价：CNY0.12

J0149899

钢铁卫星飞上天 山东人民出版社编辑

济南 山东人民出版社 1958年 22页 19cm（32开）

统一书号：T8099.229 定价：CNY0.09

　　中国现代歌曲选集。

J0149900

钢铁之歌 山东省群众艺术馆编

济南 山东人民出版社 1958年 14页 19cm（32开）

统一书号：T8099.223 定价：CNY0.07

　　本书系中国现代歌曲。

J0149901

歌唱社会主义建设总路线 （1）

浙江群众艺术馆，浙江音协筹委会编

杭州 东海文艺出版社 1958年 定价：CNY0.02

J0149902

歌唱社会主义建设总路线 （2）

浙江群众艺术馆，浙江音协筹委会编

杭州 东海文艺出版社 1958年 定价：CNY0.02

J0149903

歌唱社会主义建设总路线 （3）

浙江群众艺术馆，浙江音协筹委会编

杭州 东海文艺出版社 1958年 定价：CNY0.02

J0149904

歌唱新农村 （简谱歌曲集）中央音乐学院编

北京 音乐出版社 1958年 35页 19cm（32开）

统一书号：8026.980 定价：CNY0.13

（中央音乐学院创作丛刊）

J0149905

歌唱中国共产党歌选 上海音乐出版社辑

上海 上海音乐出版社 1958年 9页 17cm（40开）定价：CNY0.02

J0149906

歌唱总路线 （群众歌曲集）湖北省群众艺术馆编

武汉 湖北人民出版社 1958年 16页 19cm（32开）

统一书号：T8106.219 定价：CNY0.07

J0149907

歌唱总路线 长春市群众艺术馆，音协长春分会筹委会编

长春 吉林人民出版社 1958年 16页 19cm（32开）

统一书号：8091.41 定价：CNY0.08

J0149908

歌唱总路线 （歌曲 第一集）中国音乐家协会南京分会筹委会编辑

南京 江苏文艺出版社 1958年 20页 19cm（32开）

统一书号：8141.434 定价：CNY0.09

J0149909

歌唱总路线 （2）顾翌等词曲

西宁 青海人民出版社 1958年 定价：CNY0.03

J0149910

歌唱总路线 山东省群众艺术馆编

济南 山东人民出版社 1958年 定价：CNY0.04

J0149911

歌唱总路线 （歌曲集）

上海音乐学院创作委员会编辑

上海 上海音乐出版社 1958年 19页 19cm（32开）

统一书号：8127.222 定价：CNY0.08

J0149912

歌唱总路线 （简谱歌曲集）宋宁等作词；胡慧明等作曲

北京 音乐出版社 1958年 30页 19cm（32开）

统一书号：8026.1018 定价：CNY0.12

（中央音乐学院创作丛刊）

J0149913

歌唱总路线 （1）

［西宁］青海人民出版社 1959年

定价：CNY0.03

中国现代歌曲选集。

J0149914

歌唱总路线 （2）

［西宁］青海人民出版社 1959年

定价：CNY0.03

中国现代歌曲选集。

J0149915

歌片 （1 歌唱祖国、我的祖国）

沈阳 辽宁人民出版社 1958年 定价：CNY0.04

J0149916

革命传统歌曲选集 中国共产主义青年团黑龙江省委员会宣传部编

哈尔滨 黑龙江人民出版社 1958年 32页

19cm（32开）统一书号：T8093.32

定价：CNY0.11

J0149917

革命歌曲集 （1）

延边朝鲜族自治州文化处等选编

延吉 延边人民出版社 1958年 6页

13cm（60开）定价：CNY0.03

J0149918

工人新歌 （第一集）上海工人文化宫编

上海 上海音乐出版社 1958年 19页 19cm（32开）

统一书号：8127.226 定价：CNY0.08

J0149919

工人新歌 （第二集）上海工人文化宫编

上海 上海音乐出版社 1958年 21页 19cm（32开）

统一书号：8127.272 定价：CNY0.09

J0149920

鼓足全民大干劲

（领唱和齐唱）孙雪吟词；刘福安曲

上海 上海音乐出版社 1958年 3页 26cm（16开）

统一书号：8127.2005 定价：CNY0.10

（群众歌曲丛刊 5）

J0149921

红旗歌选 广东省群众艺术馆编

广州 广东省群众艺术馆 1958年

定价：CNY0.05

J0149922

红色的歌 （第一辑）天津群众艺术馆编

天津 百花文艺出版社 1958年 56页 17cm（40开）

统一书号：8151.1 定价：CNY0.13

J0149923

红色的歌 （第二辑）天津群众艺术馆编

天津 百花文艺出版社 1958年 55页 15cm（40开）

统一书号：8151.2 定价：CNY0.13

J0149924

红色的歌 （第二辑）天津市工会联合会宣传
部等编

天津 天津市工会联合会宣传部 1958年

油印本 38+16页 25cm（15开）

J0149925

红色的歌 （第三辑）天津群众艺术馆编

天津 百花文艺出版社 1960年 简谱本 118

15cm（40开）统一书号：8151.13

定价：CNY0.22

J0149926

红色的歌 （第四辑）河北群众艺术馆,天津群
众艺术馆编

天津 百花文艺出版社 1961年 简谱本 118页

15cm（40开）统一书号：8151.16

定价：CNY0.23

J0149927

红色的歌 （第五辑）天津群众艺术馆编

天津 百花文艺出版社 1963年 简谱本 107页

17cm（40开）统一书号：8151.29

定价：CNY0.26

J0149928

红色的歌 （第六辑）天津群众艺术馆编

天津 百花文艺出版社 1964年 简谱本 116页

17cm（40开）统一书号：8151.31

定价：CNY0.26

J0149929

红色的歌 （第七辑）天津群众艺术馆编

天津 百花文艺出版社 1966年 简谱本 106页

19cm（32开）统一书号：8151.65

定价：CNY0.24

J0149930

红色歌片 （1《敲响"跃进"的战鼓》等三首）

成都 四川人民出版社 1958年 定价：CNY0.02

J0149931

红色歌片 （2 新盘歌）

成都 四川人民出版社 1958年 定价：CNY0.02

J0149932

红色歌片 （3 社会主义好、我的祖国）

成都 四川人民出版社 1958年 定价：CNY0.02

J0149933

红色歌片 （4 好久没到这方来）

成都 四川人民出版社 1958年 定价：CNY0.02

J0149934

红色歌片 （5 增产忙、手风琴之歌）

成都 四川人民出版社 1958年 定价：CNY0.02

J0149935

红色歌片 （6《扁担歌》等三首）

成都 四川人民出版社 1958年 定价：CNY0.02

　　本歌集收有歌曲：《扁担歌》《九九艳阳天》
《问大姐》。

J0149936

红色歌片 （7 叫我们怎么不歌唱）

成都 四川人民出版社 1958年 定价：CNY0.02

J0149937

红色歌片 （8《太阳出山》等歌曲）

成都 四川人民出版社 1958年 定价：CNY0.02

　　本歌集收有歌曲：《太阳出山》《望一眼都要
心醉》。

J0149938

红色歌片 （9《歌唱农业纲要四十条》等三首）

成都 四川人民出版社 1958年 定价：CNY0.02

J0149939

红色歌片 （10 唱只山歌来积肥）

成都 四川人民出版社 1958年 定价：CNY0.01

J0149940

红色歌片 （11 人间牛郎邀织女）

成都 四川人民出版社 1958 年 定价：CNY0.01

J0149941

红色歌片 （12《东风压倒西风》等两首）

成都 四川人民出版社 1958 年 定价：CNY0.02

　　本歌集收有歌曲：《东风压倒西风》《干！干！干！》

J0149942

红色歌片 （13 赶上英国、革命人）

成都 四川人民出版社 1958 年 定价：CNY0.02

J0149943

红色歌片 （14 欢呼总路线）

成都 四川人民出版社 1958 年 定价：CNY0.01

J0149944

红色歌片 （15 总路线是灯塔）

成都 四川人民出版社 1958 年 定价：CNY0.01

J0149945

红色歌片 （16 技术大革命）

成都 四川人民出版社 1958 年 定价：CNY0.01

J0149946

红色歌片 （17 我们是东方的巨龙）

成都 四川人民出版社 1958 年 定价：CNY0.01

J0149947

红色歌片 （18）

成都 四川人民出版社 1958 年 定价：CNY0.01

J0149948

红色歌片 （19 总路线的红旗）

成都 四川人民出版社 1958 年 定价：CNY0.01

J0149949

红色歌片 （20 开路先锋）

成都 四川人民出版社 1958 年 定价：CNY0.01

J0149950

红色歌片 （21 总路线振奋人心）

成都 四川人民出版社 1958 年 定价：CNY0.01

J0149951

红色歌片 （23 实现总路线）

成都 四川人民出版社 1958 年 定价：CNY0.01

J0149952

红色歌片 （24 七月的农村好风光）

成都 四川人民出版社 1958 年 定价：CNY0.01

J0149953

红色歌片 （25 白鸽展翅飞北京）

成都 四川人民出版社 1958 年 定价：CNY0.01

J0149954

红色歌片 （26 小高炉遍地开花）

成都 四川人民出版社 1958 年 定价：CNY0.01

J0149955

红色歌片 （28《创造新技术》等两首）

成都 四川人民出版社 1958 年 定价：CNY0.02

　　本歌集收有歌曲：《创造新技术》《二郎担山赶太阳》。

J0149956

红色歌片 （29《红旗歌》等两首）

成都 四川人民出版社 1958 年 定价：CNY0.02

　　本歌集收有歌曲：《红旗歌》《起来！保卫阿拉伯的母亲和孩子们》。

J0149957

红色歌片 （30《东方的巨龙》等两首）

成都 四川人民出版社 1958 年 定价：CNY0.02

　　本歌集收有歌曲：《东方的巨龙》《把心交给党》。

J0149958

红色歌片 （31）

成都 四川人民出版社 1958 年 定价：CNY0.01

J0149959

红色歌片 （32）

成都 四川人民出版社 1958 年 定价：CNY0.01

J0149960

红色歌片 （33）

成都 四川人民出版社 1958 年 定价：CNY0.01

J0149961
红色歌片 （东风万里红旗飘）陆棨；夏宝琳
［成都］四川人民出版社 1959 年
定价：CNY0.02

J0149962
红色歌曲 广西壮族自治区文化局编
南宁 广西壮族自治区人民出版社 1958 年 8 页
19cm（32 开）定价：CNY0.02

J0149963
红艳艳的钢花
［1958—1960 年］油印本 7 页 41cm（8 开）

J0149964
欢呼总路线 （歌曲集 第二集）中国音乐家协
会上海分会编
上海 上海音乐出版社 1958 年 23 页 19cm（32 开）
统一书号：8127.227 定价：CNY0.09

J0149965
欢呼总路线 （歌曲集）中国音乐家协会上海
分会编
上海 上海音乐出版社 1958 年 15 页 19cm（32 开）
统一书号：8127.221 定价：CNY0.07

J0149966
欢呼总路线歌曲集 （第一集）中国音乐家协
会上海分会编
上海 上海音乐出版社 1958 年 定价：CNY0.07

J0149967
欢呼总路线歌曲集 （第二集）中国音乐家协
会上海分会编
上海 上海音乐出版社 1958 年 定价：CNY0.09

J0149968
活叶歌片 （1《千军万马奔赴钢铁战线》等三
首）云南省群众艺术馆编
昆明 云南人民出版社 1958 年 定价：CNY0.02
　　本歌集收有歌曲：《千军万马奔赴钢铁战线》
《小小高炉开红花》《奔向钢铁战线的最前线》。

J0149969
活叶歌选 （1）

中国音乐家协会上海分会编
上海 上海文化出版社 1958 年 定价：CNY0.01
　　本书与上海音乐出版社合作出版。

J0149970
活叶歌选 （3，37-38）
中国音乐家协会上海分会编
上海 音乐出版社 1958 年 18cm（15 开）

J0149971
活叶歌选 （第五辑 宣传总路线歌曲特辑）
云南省群众艺术馆编
昆明 云南人民出版社 1958 年 定价：CNY0.01

J0149972
活叶歌选 （第七辑 歌唱"七一"特辑）
云南省群众艺术馆编
昆明 云南人民出版社 1958 年 定价：CNY0.01

J0149973
活叶歌选 （第八辑 歌唱"八一"特辑）
云南省群众艺术馆编
昆明 云南人民出版社 1958 年 定价：CNY0.01

J0149974
活叶歌选 （第九辑 歌唱"八一"特辑）
云南省群众艺术馆，昆明军区政治部宣传部编
昆明 云南人民出版社 1958 年 定价：CNY0.01

J0149975
活叶歌选 （第十辑）云南省群众艺术馆编
昆明 云南人民出版社 1958 年 定价：CNY0.01

J0149976
活叶歌选 （第八辑～第十四辑）
云南省群众艺术馆编
昆明 云南人民出版社 1958 年 19cm（32 开）

J0149977
活叶歌选 （第一辑～第二辑）
云南省群众艺术馆编
昆明 云南人民出版社 1958 年 19cm（32 开）
定价：CNY0.02

J0149978

活页歌选 （1《二月里来》等四首）

湖南省音协,湖南群众艺术馆编

长沙 湖南人民出版社 1958年 定价: CNY0.02

　　本歌集收有歌曲:《二月里来》《统购统销实在好》《开荒》《歌唱农业纲要四十条》。

J0149979

活页歌选 （2《春耕曲》等四首）湖南省音协,湖南群众艺术馆编

长沙 湖南人民出版社 1958年 定价: CNY0.02

　　本歌集收有歌曲:《春耕曲》《歌唱合作化》《锄头歌》《我社作活人手多》。

J0149980

活页歌选 （3《春天来到了故乡》等四首）

湖南省音协,湖南群众艺术馆编

长沙 湖南人民出版社 1958年 定价: CNY0.02

　　本歌集收有歌曲:《春天来到了故乡》《春耕谣》《我们美丽的农庄》《有党才有好生活》。

J0149981

活页歌选 （4《三八妇女节歌》等五首）

湖南省音协,湖南群众艺术馆编

长沙 湖南人民出版社 1958年 定价: CNY0.02

　　本歌集收有歌曲:《三八妇女节歌》《杜鹃花》《送出征》《日落西山》《送复员军人回家》。

J0149982

活页歌选 （5《江南三月》等四首）

湖南省音协,湖南群众艺术馆编

长沙 湖南人民出版社 1958年 定价: CNY0.02

　　本歌集收有歌曲:《江南三月》《你听祖国在召唤》《延水谣》《走社会主义的路》。

J0149983

活页歌选 （6《大路歌》等三首）湖南省音协,湖南群众艺术馆编

长沙 湖南人民出版社 1958年 定价: CNY0.02

　　本歌集收有歌曲:《大路歌》《为啥这样快活》《五四纪念歌》。

J0149984

活页歌选 （7《明灯照路亮堂堂》等三首）

湖南省音协,湖南群众艺术馆编

长沙 湖南人民出版社 1958年 定价: CNY0.02

J0149985

活页歌选 （8《办好合作社》等四首）

湖南省音协,湖南群众艺术馆编

长沙 湖南人民出版社 1958年 定价: CNY0.02

　　本歌集收有歌曲:《办好合作社》《合作化的道路宽又广》《农业社四季小唱》《农业社三大纪律十项注意歌》。

J0149986

活页歌选 （10 宣传总路线新歌）

湖南省音协,湖南群众艺术馆编

长沙 湖南人民出版社 1958年 定价: CNY0.01

J0149987

活页歌选 （11 宣传总路线新歌）

湖南省音协,湖南群众艺术馆编

长沙 湖南人民出版社 1958年 定价: CNY0.01

J0149988

活页歌选 （12 宣传总路线新歌）

湖南省音协,湖南群众艺术馆编

长沙 湖南人民出版社 1958年 定价: CNY0.01

J0149989

活页歌选 （15《双抢声浪比天高》等四首）

湖南省音协,湖南群众艺术馆编

长沙 湖南人民出版社 1958年 定价: CNY0.01

　　本歌集收有歌曲:《双抢声浪比天高》《双抢战》《夏收小唱》《沉沉的果子碰你的头》。

J0149990

活页歌选 （16《"双抢"将》等四首）

湖南省音协,湖南群众艺术馆编

长沙 湖南人民出版社 1958年 定价: CNY0.01

　　本歌集收有歌曲:《"双抢"将》《双抢之歌》《道谷黄》《丰收小唱》。

J0149991

活页歌选 （17 丰收新歌）湖南省音协,湖南群众艺术馆编

长沙 湖南人民出版社 1958年 定价: CNY0.01

J0149992
活页歌选 （18）
湖南省音协,湖南群众艺术馆编
长沙 湖南人民出版社 1958 年 定价: CNY0.01

J0149993
活页歌选
中国音乐家协会上海分会
上海 上海文化出版社 1958 年 4+4 页
18cm（32 开）

J0149994
坚决回击侵略者的挑衅 北京群众艺术馆编
北京 北京出版社 1958 年 定价: CNY0.02
中国现代歌曲。

J0149995
解放军歌曲选集 （第一集）《解放军歌曲》编辑部编
北京 音乐出版社 1958 年 65 页 19cm（32 开）
统一书号: 8026.978 定价: CNY0.22

J0149996
解放军歌曲选集 （第二集）《解放军歌曲》编辑部编
北京 音乐出版社 1958 年 54 页 19cm（32 开）
统一书号: 8026.1026 定价: CNY0.18

J0149997
解放军歌曲选集 （第三集）《解放军歌曲》编辑部编
北京 音乐出版社 1958 年 54 页 19cm（32 开）
统一书号: 8026.1026 定价: CNY0.18

J0149998
解放军歌曲选集 （第四集）《解放军歌曲》编辑部编
北京 音乐出版社 1958 年 54 页 19cm（32 开）
统一书号: 8026.1026 定价: CNY0.18

J0149999
看谁的社会主义劲头大 （歌曲选）
河南省群众艺术馆 "群众艺术" 编辑部编辑
郑州 河南人民出版社 1958 年 32 页 19cm（32 开）
统一书号: T8105.68 定价: CNY0.14

（群众艺术丛书）

J0150000
抗战歌曲选 （第一集 从 "九一八" 到 "七七"）
音乐出版社编辑部编
北京 音乐出版社 1958 年 71 页 19cm（32 开）
统一书号: 8026.886 定价: CNY0.22

J0150001
抗战歌曲选 （第二集）音乐出版社编辑部编
北京 音乐出版社 1958 年 60 页 19cm（32 开）
统一书号: 8026.932 定价: CNY0.20

J0150002
抗战歌曲选 （第三集）音乐出版社编辑部编
北京 音乐出版社 1958 年 64 页 19cm（32 开）
统一书号: 8026.1025 定价: CNY0.22

J0150003
抗战歌曲选 （七七事变五十周年纪念）
人民音乐出版社编辑部编
北京 人民音乐出版社 1987 年 237 页
19cm（32 开）统一书号: 8026.4621
定价: CNY1.50
本书选收抗战歌曲 155 首。分为 "'九一八' 到 '七七'" 和 "抗战时期" 两大部分,以创作时间为序编排。

J0150004
岭南歌选 （2 总路线、力争上游、歌唱总路线、总路线照耀着我）《岭南音乐》编辑部编
广州 广东人民出版社 1958 年 定价: CNY0.02

J0150005
岭南歌选 （3 天翻地覆样样新、甜酒加糖甜又甜、截住天河把水藏、毛主席来过五指山）
《岭南音乐》编辑部编
广州 广东人民出版社 1958 年 定价: CNY0.02

J0150006
岭南歌选 （4 欢呼伊拉克人民的胜利、前进!阿拉伯人民、六亿双铁拳支持你）《岭南音乐》编辑部编
广州 广东人民出版社 1958 年 定价: CNY0.02

J0150007

岭南歌选 （5）《岭南音乐》编辑部编

广州　广东人民出版社　1958年　定价：CNY0.02

J0150008

民兵歌曲集　音乐出版社编辑部编

北京　音乐出版社　1958年　21页　13cm（60开）

统一书号：8026.1101　定价：CNY0.06

J0150009

民校歌曲选集　福建人民出版社编

福州　福建人民出版社　1958年　28页　14cm（64开）

统一书号：T8104.121　定价：CNY0.07

J0150010

内蒙古创作歌选 （1）内蒙古群众艺术馆编

呼和浩特　内蒙古人民出版社　1958年　22页

19cm（32开）统一书号：8089.14

定价：CNY0.09

J0150011

内蒙古创作歌选 （2）内蒙古群众艺术馆编

呼和浩特　内蒙古人民出版社　1958年　58页

19cm（32开）统一书号：8089.24

定价：CNY0.19

J0150012

内蒙古创作歌选 （2）内蒙古群众艺术馆编

呼和浩特　内蒙古人民出版社　1958年　18页

19cm（32开）统一书号：8089.18

定价：CNY0.08

J0150013

内蒙古创作歌选 （1）内蒙古群众艺术馆编

呼和浩特　内蒙古人民出版社　1959年　19页

19cm（32开）统一书号：8089.22

定价：CNY0.08

J0150014

内蒙古创作歌选 （2）内蒙古群众艺术馆编

呼和浩特　内蒙古人民出版社　1960年　58页

19cm（32开）统一书号：8089.24

定价：CNY0.19

J0150015

内蒙古创作歌选 （3 开展社会主义歌咏运动）

内蒙古群众艺术馆编

[呼和浩特] 内蒙古人民出版社　1959年

20cm（32开）定价：CNY0.13

J0150016

农村歌曲 （第一集）江苏音乐编辑部编辑

南京　江苏文艺出版社　1958年　54页　19cm（32开）

统一书号：8141.352　定价：CNY0.17

J0150017

千人万人唱起来 （农村歌曲专集）

中国音乐家协会成都分会，重庆群众艺术馆编

重庆　重庆人民出版社　1958年　28页　19cm（32开）

统一书号：8114.82　定价：CNY0.11

J0150018

青年突击队员之歌 （简谱歌曲集）

中央音乐学院编

北京　音乐出版社　1958年　37页　19cm（32开）

统一书号：8026.1020　定价：CNY0.13

（中央音乐学院创作丛刊）

J0150019

群众创作歌曲选 （第一辑）陈维新等词；

培琪等曲；陕西省群众艺术馆编

西安　东风文艺出版社　1958年　定价：CNY0.01

J0150020

群众创作歌曲选集　门头沟文化馆编

北京　门头沟文化馆　1958年　油印本　16页

19cm（32开）

J0150021

群众创作歌曲选集

中国音乐家协会上海分会编

上海　上海文艺出版社　1958年　50页　19cm（32开）

统一书号：8078.278　定价：CNY0.16

　　上海市 1958年歌咏比赛选集。

J0150022

群众歌曲丛刊　李焕之等作曲；希扬等作词

上海　音乐出版社　1958年　影印本　12册

　　作者李焕之(1919—2000)，作曲家、指挥家、

音乐理论家。出生于香港,原籍福建晋江市,毕业于延安鲁迅艺术学院。历任中央音乐学院音乐团团长、中央歌舞团艺术指导、中央民族乐团团长。代表作品有《民主建国进行曲》《新中国青年进行曲》《春节组曲》等。

J0150023

群众歌曲选

中国音乐家协会长春分会筹委会编

长春　吉林人民出版社　1958 年　186 页

18cm(32 开)统一书号:T8091.30

定价:CNY0.38

J0150024

群众歌曲选 (第一集)滦平县"跃进"与写作指导委员会编

滦平　滦平县"跃进"与写作指导委员会　1958 年

油印本　20cm(32 开)

J0150025

群众歌曲选　山西省群众艺术馆编

太原　山西人民出版社　1958 年　48 页　15cm(40 开)

统一书号:10088.150　定价:CNY0.10

山西省 1958 年音乐会演选集。

J0150026

山南山北好风光 (群众歌曲选)

湖南群众艺术馆编

长沙　湖南人民出版社　1958 年　26 页　19cm(32 开)

统一书号:8109.77　定价:CNY0.10

J0150027

社会主义歌咏活动推荐歌曲集 (第一辑)

哈尔滨市群众艺术馆编

哈尔滨　黑龙江人民出版社　1958 年　47 页

11×15cm　统一书号:T8098.29　定价:CNY0.09

J0150028

社会主义好 (齐唱及轮唱)希扬词;李焕之曲

上海　上海音乐出版社　1958 年　3 页　26cm(16 开)

统一书号:8127.2001　定价:CNY0.14

(群众歌曲丛刊 1)

J0150029

社会主义好　新野县人民文化馆编

新野县　新野县人民文化馆　1958 年　12 页

19cm(32 开)

中国现代革命歌曲。

J0150030

社会主义好 (齐唱及轮唱)希扬作词;李焕之作曲

北京　音乐出版社　1964 年[3 页]26cm(16 开)

统一书号:8026.2015　定价:CNY0.09

J0150031

社会主义建设的总路线歌曲集

南昌市文化局编辑

南昌　江西人民出版社　1958 年　20 页　19cm(32 开)

统一书号:T8110.114　定价:CNY0.08

J0150032

十月红旗迎风飘　山东省群众艺术馆编

济南　山东人民出版社　1958 年　定价:CNY0.02

中国现代歌曲。

J0150033

时事歌片 (1《前进! 阿拉伯人民》等三首)

重庆群众艺术馆编

重庆　重庆人民出版社　1958 年　定价:CNY0.02

J0150034

时事歌片 (2《红星飞上天》等两首)

重庆群众艺术馆编

重庆　重庆人民出版社　1958 年　定价:CNY0.02

本歌集收有歌曲:《红星飞上天》《两个赛跑都跌倒》。

J0150035

时事歌片 (3《多一分仇恨加十倍干劲》等两首)

重庆群众艺术馆编

重庆　重庆人民出版社　1958 年　定价:CNY0.02

本歌集收有歌曲:《多一分仇恨加十倍干劲》《我的心飞向阿拉伯》。

J0150036

时事歌片 (4《周总理说句话》等三首)

重庆群众艺术馆编

重庆　重庆人民出版社　1958 年　定价:CNY0.02

本歌集收有歌曲:《周总理说句话》《把愤怒

化为力量》《民兵进行曲》。

J0150037
时事歌片 （5《六万万人民怒火燃烧》等三首）
重庆群众艺术馆编
重庆　重庆人民出版社　1958年　定价：CNY0.02
　　　本歌集收有歌曲：《六万万人民怒火燃烧》
《今年产钢千万吨》《全国人民拿起枪》。

J0150038
推广歌曲　浙江群众艺术馆编
杭州　东海文艺出版社　1958年　10页　15cm（40开）
统一书号：8125.28　定价：CNY0.04

J0150039
为钢铁而战　（"跃进"歌曲集　第三集）中
国音乐家协会贵阳分会筹委会,贵州人民出版
社编
贵阳　贵州人民出版社　1958年　20页　19cm（32开）
统一书号：T8115.138　定价：CNY0.09

J0150040
我是忠于祖国的士兵　（歌曲集）
中国人民解放军前线歌舞团编
上海　上海文艺出版社　1958年　33页　19cm（32开）
统一书号：8178.128　定价：CNY0.14

J0150041
五一推广歌曲　天津市工会联合会宣传部等编
天津　天津人民出版社　1958年　定价：CNY0.02

J0150042
掀起革命大竞赛　武一等作词；罗宗贤作曲
北京　音乐出版社　1958年　37页　19cm（32开）
统一书号：8026.991　定价：CNY0.14
（中央音乐学院创作丛刊）
　　　中国现代革命歌曲选集。

J0150043
掀起革命大竞赛　（歌曲集）中南音乐专科学
校艺术生产办公室创作组编
武汉　长江文艺出版社　1958年　20页　19cm（32开）
统一书号：8107.293　定价：CNY0.08

J0150044
小高炉放卫星　济南市群众艺术馆编
济南　山东人民出版社　1958年　14页　19cm（32开）
统一书号：T8099.228　定价：CNY0.07
　　　中国现代歌曲选集。

J0150045
小歌片　（庆祝"八一"建军节31周年
11《高高举着八一军旗》等两首）
长春　吉林人民出版社　1958年　定价：CNY0.03
　　　本歌集收有歌曲：《高高举着八一军旗》《战
士之歌》。

J0150046
小歌片　（庆祝"八一"建军节31周年
12《红军团长方和明》等两首）
长春　吉林人民出版社　1958年　定价：CNY0.03
　　　本歌集收有歌曲：《红军团长方和明》《我们
来到阳野上》。

J0150047
小歌片　（庆祝"八一"建军节31周年
13《真是乐死人》等两首）
长春　吉林人民出版社　1958年　定价：CNY0.03
　　　本歌集收有歌曲：《真是乐死人》《送哥去
参军》。

J0150048
小歌片　（庆祝"八一"建军节31周年
14《边防军之歌》等两首）
长春　吉林人民出版社　1958年　定价：CNY0.03
　　　本歌集收有歌曲：《边防军之歌》《故乡变
了样》。

J0150049
小歌片　（庆祝"八一"建军节31周年
15《长白山上的边防哨兵》等两首）
长春　吉林人民出版社　1958年　定价：CNY0.03
　　　本歌集收有歌曲：《长白山上的边防哨兵》
《青年五好歌》。

J0150050
新歌　（1）河南省群众艺术馆编
郑州　河南人民出版社　1958年　8页
19cm（32开）定价：CNY0.02

J0150051
新歌 （2）河南省群众艺术馆编
郑州 河南人民出版社 1958年 8页
19cm（32开）定价：CNY0.02

J0150052
新歌 （3）河南省群众艺术馆编
郑州 河南人民出版社 1959年 11页
13×19cm 定价：CNY0.03
　　本歌集包括:《欢庆新年》《钢铁英雄意志
坚》《钢铁喜报送给毛主席》《民兵歌》《四季小
唱》《吃饭不要钱》等十首歌曲。

J0150053
英雄的五月 （群众歌曲）皮作玖词；贺绿汀曲
上海 上海音乐出版社 1958年 正谱本 3页
26cm（16开）统一书号：8127.2009
定价：CNY0.10
（群众歌曲丛刊 9）

J0150054
英雄的五月 （群众歌曲）皮作玖词；贺绿汀
曲；孙亦林配伴奏
北京 音乐出版社 1962年 正谱本 3页
26cm（16开）统一书号：8026.1593
定价：CNY0.09
　　本书为中国现代群众歌曲正谱本。

J0150055
"跃进" 歌　　河南省群众艺术馆编
郑州 河南人民出版社 1958年 20页 19cm（32开）
统一书号：T8105.100 定价：CNY0.09
（群众艺术丛书）

J0150056
"跃进" 歌集 （第1集）湖北省群众艺术馆编辑
武汉 湖北人民出版社 1958年 18页 19cm（32开）
统一书号：T8108.213 定价：CNY0.08

J0150057
"跃进" 歌片 （1《毛主席来到四川》等两首）
重庆 重庆人民出版社 1958年 定价：CNY0.02
　　本歌集收有歌曲:《毛主席来到四川》《总路
线的光芒万丈》。

J0150058
"跃进" 歌片 （2《听少奇同志的报告》等两首）
重庆 重庆人民出版社 1958年 定价：CNY0.02
　　本歌集收有歌曲:《听少奇同志的报告》《歌
唱社会主义总路线》。

J0150059
"跃进" 歌片 （3《四件宝》等两首）
重庆 重庆人民出版社 1958年 定价：CNY0.02
　　本歌集收有歌曲:《四件宝》《赶条大肥猪》。

J0150060
"跃进" 歌片 （4《自从传来了总路线》等两首）
重庆 重庆人民出版社 1958年 定价：CNY0.02
　　本歌集收有歌曲:《自从传来了总路线》《三
过黄泥坡》。

J0150061
"跃进" 歌片 （5《奇迹没有今年多》等两首）
重庆 重庆人民出版社 1958年 定价：CNY0.02
　　本歌集收有歌曲:《奇迹没有今年多》《黑夜
变成大白天》。

J0150062
"跃进" 歌片 （6《实现总路线》等歌曲）
重庆 重庆人民出版社 1958年 定价：CNY0.02

J0150063
"跃进" 歌片 （7《长寿湖呀好地方》等三首）
重庆 重庆人民出版社 1958年 定价：CNY0.02
　　本歌集收有歌曲:《长寿湖呀好地方》《取渔
网》《建设红色水库》。

J0150064
"跃进" 歌片 （8《下放干部张淑瑶》等两首）
重庆 重庆人民出版社 1958年 定价：CNY0.02
　　本歌集收有歌曲:《下放干部张淑瑶》《哪里
飞来一座山》。

J0150065
"跃进" 歌片 （9 蝶恋花、西江月）
重庆 重庆人民出版社 1958年 定价：CNY0.02

J0150066
"跃进" 歌片 （10《技术革新开了花》等三首）

重庆　重庆人民出版社　1958年　定价：CNY0.02
　　本歌集收有歌曲：《技术革新开了花》《技术大革新》《技术革新打头阵》。

J0150067
"跃进"歌片　（11　红军不怕远征难、赤卫队之歌）
重庆　重庆人民出版社　1958年　定价：CNY0.02

J0150068
"跃进"歌片　（12　骑马挂枪走天下、热爱手中枪）
重庆　重庆人民出版社　1958年　定价：CNY0.02

J0150069
"跃进"歌片　（13《边防哨兵之歌》等两首）
重庆　重庆人民出版社　1958年　定价：CNY0.02
　　本歌集收有歌曲：《边防哨兵之歌》《英雄的阵地战士的家》。

J0150070
"跃进"歌片　（14《士兵夜歌》等两首）
重庆　重庆人民出版社　1958年　定价：CNY0.02
　　本歌集收有歌曲：《士兵夜歌》《哨兵的心》。

J0150071
"跃进"歌片　（15《劳动最光荣》等三首）
重庆　重庆人民出版社　1958年　定价：CNY0.02
　　本歌集收有歌曲：《劳动最光荣》《绣花》《小茶碗》。

J0150072
"跃进"歌片　（16《朵朵心花向阳开》等三首）
重庆　重庆人民出版社　1958年　定价：CNY0.02

J0150073
"跃进"歌片　（17　红旗歌、工人志气高）
重庆　重庆人民出版社　1958年　定价：CNY0.02

J0150074
"跃进"歌片　（18　老俩口逛大阳沟）
重庆　重庆人民出版社　1958年　定价：CNY0.02

J0150075
"跃进"歌曲　番禺县文化馆编
广州　番禺县文化馆　1958年　定价：CNY0.06

J0150076
"跃进"歌曲集　（第二集）中国音乐家协会贵阳分会筹委会，贵州人民出版社编
贵阳　贵州人民出版社　1958年　23页　19cm（32开）
统一书号：T8115.135　定价：CNY0.10

J0150077
"跃进"歌曲集　（第三集　为钢铁而战）中国音乐家协会贵阳分会筹委会，贵州人民出版社编
贵阳　贵州人民出版社　1958年　20页　19cm（32开）
统一书号：T8115.138　定价：CNY0.09

J0150078
"跃进"歌曲集　中国音乐家协会贵阳分会筹委会，贵州人民出版社编
贵阳　贵州人民出版社　1958年　30页　19cm（32开）
统一书号：T10115.107　定价：CNY0.11

J0150079
"跃进"歌曲集　（千人教万人学，男女老少齐唱歌）陕县文教局编
陕县　陕县文教局　1958年　16页　19cm（32开）

J0150080
"跃进"歌声　（2）昌黎县文化馆编
昌黎　昌黎县文化馆　1958年　9页

J0150081
"跃进"歌声　中国音乐家协会武汉分会，长江歌声编辑部编
武汉　湖北人民出版社　1958年　20页　19cm（32开）
统一书号：T8106.210　定价：CNY0.08

J0150082
"跃进"歌声　耒阳县文化，耒阳县文化馆编
[衡阳]耒阳县文化科　1958年　定价：CNY0.07
　　本书与耒阳县文化馆合作出版。

J0150083
"跃进"歌声　（第二集）中国音乐家协会辽宁分会编辑
沈阳　辽宁人民出版社　1958年　24页　19cm（32开）
统一书号：8090.53　定价：CNY0.09

J0150084

"跃进"歌声 中国音乐家协会辽宁分会编辑
沈阳 辽宁人民出版社 1958年 22页 19cm(32开)
统一书号:8090.47 定价:CNY0.09

J0150085

"跃进"歌声 上海合唱团编
上海 上海文化出版社 1958年 68页 19cm(32开)
统一书号:8077.154 定价:CNY0.22

J0150086

"跃进"新歌选 (第一集)中华人民共和国文
化部艺术事业管理局,中国音乐家协会编
北京 音乐出版社 1958年 24页 19cm(32开)
统一书号:8026.949 定价:CNY0.10

J0150087

"跃进"新歌选 (第二集)文化部艺术事业管
理局,中国音乐家协会编
北京 音乐出版社 1958年 35页 19cm(32开)
统一书号:8026.1003 定价:CNY0.13

J0150088

"跃进"之歌 (2)昌黎县文化馆编
昌黎 昌黎县文化馆 1958年 油印本 7页

J0150089

"跃进"之歌 (歌曲集)中央歌舞团编
北京 音乐出版社 1958年 38页 19cm(32开)
统一书号:8026.1068 定价:CNY0.13

J0150090

"跃进"之歌 (歌曲集 第一集)云南省群众
艺术馆编辑
昆明 云南人民出版社 1958年 14页 19cm(32开)
统一书号:8116.118 定价:CNY0.08

J0150091

"跃进"之歌 (第二集 歌曲集)云南省群众
艺术馆编辑
昆明 云南人民出版社 1958年 14页 19cm(32开)
统一书号:8116.126 定价:CNY0.07

J0150092

"跃进"之歌 (第三集 歌曲集)云南省群众

艺术馆编辑
昆明 云南人民出版社 1958年 16页 19cm(32开)
统一书号:8116.177 定价:CNY0.08

J0150093

"跃进"之歌 (第四集 歌曲集)云南省群众
艺术馆编辑
昆明 云南人民出版社 1958年 12页 19cm(32开)
统一书号:8116.190 定价:CNY0.07

J0150094

在英雄墓旁 韩乐群作词;黎英海作曲
上海 音乐出版社 1958年 8页 26cm(16开)
统一书号:8127.250 定价:CNY0.18

J0150095

张曙歌曲选集 (附钢琴伴奏)张曙作曲;
田汉等作词
北京 音乐出版社 1958年 37页 26cm(16开)
统一书号:8026.1080 定价:CNY0.50

  本歌集收有作者的作品《筑堤歌》《保卫祖
国》《洪波曲》《壮丁上前线》《赶豺狼》《日落西
山》《丈夫去当兵》等11首。作曲张曙(1908—
1938),作曲家。安徽歙县人,毕业于上海国立音
乐学院。代表作品有《保卫国土》《丈夫去当兵》
《日落西山》等。作者田汉(1898—1968),剧作家、
戏曲作家、电影编剧、小说家、词作家。本名田
寿昌,笔名田汉、陈瑜、伯鸿等。湖南长沙人。
创作歌曲《万里长城》的歌词第一段,以及中华人
民共和国国歌《义勇军进行曲》的歌词。代表作
《义勇军进行曲》《名优之死》《关汉卿》等。

J0150096

支持阿拉伯人民反帝斗争创作歌曲集
中国音乐家协会上海分会编辑
上海 上海音乐出版社 1958年 16页 19cm(32开)
统一书号:8127.241 定价:CNY0.07

J0150097

注音"跃进"歌选 文字改革出版社编
北京 文字改革出版社 1958年 82页 19cm(32开)
统一书号:9060.189 定价:CNY0.19

J0150098

总路线歌片 (1《总路线光芒万丈》等三首)

南昌　江西人民出版社　1958 年　定价：CNY0.03

　　本歌集收有歌曲：《总路线光芒万丈》《嘿！丰收在望》《东风压倒西风》。

J0150099

总路线歌片　（2《亲爱的祖国像旭日东升》等三首）

南昌　江西人民出版社　1958 年　定价：CNY0.03

　　本歌集收有歌曲：《亲爱的祖国像旭日东升》《总路线颂歌》《月光圆舞曲》。

J0150100

总路线歌片　（3《中国人民是英雄》等两首）

南昌　江西人民出版社　1958 年　定价：CNY0.03

　　本歌集收有歌曲：《中国人民是英雄》《合作社是个快乐窝》。

J0150101

总路线歌片　（4 建设祖国赛天堂、歌唱总路线）

南昌　江西人民出版社　1958 年　定价：CNY0.03

J0150102

总路线歌片　（5《祖国的建设似火箭》等三首）

南昌　江西人民出版社　1958 年　定价：CNY0.03

　　本歌集收有歌曲：《祖国的建设似火箭》《顺风船儿跑得快》《革命人》。

J0150103

总路线歌片　（6《总路线引着幸福来》等三首）

南昌　江西人民出版社　1958 年　定价：CNY0.03

　　本歌集收有歌曲：《总路线引着幸福来》《一定要实现总路线》《多快好省比先进》。

J0150104

总路线歌片　（7《群众办学好》等三首）

南昌　江西人民出版社　1958 年　定价：CNY0.03

　　本歌集收有歌曲：《群众办学好》《总路线光芒到处照》《技术革命开了花》。

J0150105

总路线歌片　（8《几年没有走亲家》等两首）

南昌　江西人民出版社　1958 年　定价：CNY0.03

　　本歌集收有歌曲：《几年没有走亲家》《我们的心向着共产主义》。

J0150106

总路线像明灯　（歌曲专集）

河北省群众艺术馆辑

保定　河北人民出版社　1958 年　21 页　19cm（32 开）

统一书号：T8086.24　定价：CNY0.08

J0150107

总路线新歌选　　上海文化出版社编辑

上海　上海文化出版社　1958 年　28 页　19cm（32 开）

统一书号：T8077.144　定价：CNY0.08

J0150108

总路线呀真正好　（歌曲）福建省群众艺术馆编

福州　福建人民出版社　1958 年　10 页　15cm（40 开）

统一书号：T8104.149　定价：CNY0.04

J0150109

祖国到处传捷报　（歌曲）重庆群众艺术馆编

重庆　重庆人民出版社　1958 年　34 页　19cm（32 开）

统一书号：8114.114　定价：CNY0.13

（群众文艺创作丛书）

J0150110

祖国的早晨　（歌曲集）蒋云威等词；丁辛等曲

北京　音乐出版社　1958 年　35 页　19cm（32 开）

统一书号：8026.1019　定价：CNY0.13

（中央音乐学院创作丛刊）

J0150111

"卫星"歌选　（迎接国庆十周年　1）

河北省群众艺术馆编

［石家庄］保定人民出版社　1959 年

定价：CNY0.12

J0150112

"五一"推荐歌曲　　中国音乐家协会天津分会编

北京　百花文艺出版社　1959 年　定价：CNY0.01

J0150113

八中全会发公报　（歌曲选集）

上海文艺出版社编

上海　上海文艺出版社　1959 年　定价：CNY0.05

J0150114

奔向幸福前程　（歌曲集·正谱本）萧山岷等

作词；王莘等作曲；中央音乐学院编
北京 音乐出版社 1959 年 24 页 26cm（16 开）
统一书号：8026.1206 定价：CNY0.31
（中央音乐学院创作丛刊）

J0150115
部队歌曲集 重庆人民出版社编辑
重庆 重庆人民出版社 1959 年 33 页 19cm（32 开）
统一书号：8114.154 定价：CNY0.12

J0150116
唱歌要唱"跃进"歌 （陕西十年优秀歌曲选）
中国音乐家协会西安分会编
西安 东风文艺出版社 1959 年 71 页 19cm（32 开）
统一书号：8147.8 定价：CNY0.26
　　本歌集为陕西1949年至1959年优秀歌曲选集。

J0150117
唱起歌儿迎新年 （歌曲集）
贵州省群众艺术馆，贵州人民出版社编
贵阳 贵州人民出版社 1959 年 36 页 11×15cm
统一书号：T8115.181 定价：CNY0.09

J0150118
唱新春 （新年春节群众演唱材料）
中国音乐家协会辽宁分会编
沈阳 春风文艺出版社 1959 年 简谱本 16 页
19cm（32 开）统一书号：T8158.23 定价：CNY0.07

J0150119
丰收年唱丰收歌 山东省群众艺术馆编
济南 山东人民出版社 1959 年 3 页 19cm（32 开）
统一书号：T8099.232 定价：CNY0.02
　　中国现代歌曲选集。

J0150120
妇女爱唱幸福歌 （歌曲选集）上海文艺出版
社编
上海 上海文艺出版社 1959 年 21 页 14cm（64 开）
统一书号：8075.0553 定价：CNY0.05

J0150121
高唱凯歌迎春天 山东省群众艺术馆编
［济南］山东人民出版社 1959 年
定价：CNY0.02

J0150122
高唱"跃进"歌 黑龙江省文化艺术 "跃进"
展览会，中国音乐家协会黑龙江分会编
哈尔滨 黑龙江人民出版社 1959 年 47 页
19cm（32 开）
（文艺"跃进"丛书 5）

J0150123
歌唱水利化 （歌曲）河北群众艺术馆编
天津 河北群众艺术馆 1959 年 11 页 19cm（32 开）
（群众文艺宣传材料 6）

J0150124
歌唱新农村 （钢琴独奏曲）戴谱生作曲
上海 上海文艺出版社 1959 年 影印本 7 页
有乐谱 35cm（18 开）统一书号：8078.454
定价：CNY0.20
（上海音乐学院钢琴教材丛刊）

J0150125
歌唱新农村 （对唱、钢琴伴奏）张根兴词；
牛畅曲；桑桐作伴奏
上海 上海文艺出版社 1959 年 6 页 26cm（16 开）
统一书号：8078.0413 定价：CNY0.12
（群众歌曲丛刊 7）

J0150126
歌唱英雄麻俊坤 曹佩如词；恒中权曲
［成都］四川人民出版社 1959 年
定价：CNY0.07
　　中国现代歌曲作品。

J0150127
歌唱祖国 盐城专署文教局编
盐城 盐城专区人民出版社 1959 年 12 页
15cm（40 开）统一书号：10100（盐）13
定价：CNY0.04
　　中国现代革命歌曲选集。

J0150128
歌唱祖国 中国音乐家协会编
北京 音乐出版社 1959 年 简谱版 275 页
21cm（32 开）统一书号：8026.1237
定价：CNY1.00
　　本书收有《歌唱祖国》《社会主义好》《清粼

邻的水来蓝莹莹的天》《牧歌》《远方的客人请你
留下来》等 94 首歌曲作品。

J0150129

歌唱祖国　中国音乐家协会编
北京 音乐出版社 1959 年 线谱版 355 页 有曲谱
30cm（10 开）统一书号：8026.1234
定价：CNY5.00，CNY12.00（精装）
　　本书收有《歌唱祖国》《社会主义好》《清邻
邻的水来蓝莹莹的天》《牧歌》《远方的客人请你
留下来》等 94 首歌曲作品。大部分歌曲都配有
钢琴伴奏。

J0150130

歌曲集　（湖北省群众艺术巡回辅导演出团演
出节目选集）湖北省群众艺术馆编
［武汉］湖北人民出版社 1959 年 19cm（32 开）
定价：CNY0.06

J0150131

更大的干劲鼓起来　金波等词；郑律成等曲
［昆明］云南人民出版社 1959 年
定价：CNY0.06
　　中国现代歌曲作品。作词金波（1935—　 ），
诗人、儿童文学家。原名王金波，河北冀县（今
河北省冀州市）人，毕业于北京师范学院中文系。
历任北京师范学院教授、中国作家协会儿童文学
创作委员会主任、北京市作家协会理事、中国音
乐家协会理事、儿童音乐学会副会长。代表作品
《我们去看海》《回声》《眼睛树》《感谢往事》等。

J0150132

工农创作歌曲集　中国音乐家协会辽宁分会编
北京 音乐出版社 1959 年 29 页 19cm（32 开）
统一书号：8026.1201 定价：CNY0.11

J0150133

工人创作歌曲选　贵州省群众艺术馆，贵州人
民出版社主编
贵阳 贵州人民出版社 1959 年 简谱本 29 页
19cm（32 开）统一书号：T8115.176
定价：CNY0.14

J0150134

光荣啊！伟大的共产党　罗宗贤曲；任萍词

北京 音乐出版社 1959 年 11 页 26cm（16 开）
统一书号：8026.1130 定价：CNY0.24
　　中国现代群众歌曲选集。

J0150135

海防战士进行曲　济南部队政治部宣传部编
济南 山东人民出版社 1959 年 40 页 19cm（32 开）
统一书号：T8099.279 定价：CNY0.14
（济南部队文艺丛书）
　　中国现代歌曲选集。

J0150136

河南"跃进"歌选　（1 宣传党的八中全会决
议歌曲专辑简谱本）河南省群众艺术馆编
郑州 河南人民出版社 1959 年 15 页 19cm（32 开）
统一书号：T8105.223 定价：CNY0.07

J0150137

河南"跃进"歌选　（2）河南省群众艺术馆编
郑州 河南人民出版社 1959 年 简谱本 21 页
19cm（32 开）统一书号：T8105.239
定价：CNY0.08

J0150138

河南"跃进"歌选　（1）河南省群众艺术馆编
郑州 河南人民出版社 1960 年 简谱本 36 页
19cm（32 开）统一书号：T8105.328
定价：CNY0.15

J0150139

河南"跃进"歌选　（3）河南省群众艺术馆编
郑州 河南人民出版社 1960 年 简谱本 26 页
19cm（32 开）统一书号：T8105.249
定价：CNY0.10

J0150140

红色歌曲　江西人民出版社编辑
南昌 江西人民出版社 1959 年 76 页 25cm（15 开）
统一书号：8110.225 定价：CNY0.04

J0150141

红色英雄歌　（献给全国社会主义建设先进集
体和先进生产者）北京市文联编
北京 音乐出版社 1959 年 20 页 19cm（32 开）
统一书号：8026.1282 定价：CNY0.09

中国现代群众歌曲选集。

J0150142
红五月歌单　中国音乐家协会成都分会编；
四川省群众歌咏运动委员会供稿
[成都] 四川人民出版社 1959 年
定价：CNY0.02

J0150143
红五月歌曲　上海文艺出版社编辑
上海 上海文艺出版社 1959 年 32 页 19cm（32 开）
统一书号：8078.0743 定价：CNY0.10

J0150144
红五月歌曲选　中国音乐家协会山西分会筹
委会等编
太原 山西人民出版社 1959 年 7 页 19cm（32 开）
定价：CNY0.03

J0150145
红五月推荐歌曲　重庆群众艺术馆编
重庆 重庆人民出版社 1959 年 定价：CNY0.01

J0150146
欢唱火车通贵阳　贵州省群众艺术馆编
贵阳 贵州人民出版社 1959 年 29 页 13×19cm
统一书号：T8115.143 定价：CNY0.11
　　中国现代歌曲选集。

J0150147
欢唱建国十周年　中国音乐家协会上海分会编
上海 上海文艺出版社 1959 年 33 页 19cm（32 开）
统一书号：8078.1047 定价：CNY0.12
　　中国现代歌曲选集。

J0150148
欢呼六中全会　中国音乐家协会天津分会编
北京 百花文艺出版社 1959 年 定价：CNY0.02
　　中国现代歌曲选集。

J0150149
欢呼十周年国庆　沙梅,廖晓帆词；沙梅曲
上海 上海文艺出版社 1959 年 7 页 27cm（16 开）
统一书号：8078.1028 定价：CNY0.17
　　中国现代歌曲选集。

J0150150
活页歌选 39 首　（庆祝解放十周年）
中国音乐协会上海分会编
上海 上海文艺出版社 1959 年 定价：CNY0.01

J0150151
鸡公仔　（歌曲选）番顺县文化馆编
[番顺县] 番顺人民出版社 1959 年 29 页
19cm（32 开）定价：CNY0.08
　　本书系番顺县参加佛山专区一九五九年群
众文艺会演获奖节目专辑。

J0150152
积肥歌　（歌曲选集）上海文艺出版社编
上海 上海文艺出版社 1959 年 20 页 14cm（64 开）
定价：CNY0.04

J0150153
积肥歌曲集　云南人民出版社编
[昆明] 云南人民出版社 1959 年
定价：CNY0.07

J0150154
解放战争时期歌曲选集　（第一集）
解放军歌曲编辑部编
北京 音乐出版社 1959 年 170 页 21cm（32 开）
统一书号：8026.1213 定价：CNY0.65
　　全套选集共有四册,选收解放战争时期流行
较广、较优秀的歌曲 484 首。

J0150155
解放战争时期歌曲选集　（第二集）
解放军歌曲编辑部编
北京 音乐出版社 1959 年 147 页 21cm（32 开）
统一书号：8026.1214 定价：CNY0.57

J0150156
解放战争时期歌曲选集　（第三集）
解放军歌曲编辑部编
北京 音乐出版社 1959 年 142 页 21cm（32 开）
统一书号：8026.1229 定价：CNY0.53

J0150157
解放战争时期歌曲选集　（第四集）
解放军歌曲编辑部编

北京 音乐出版社 1959 年 203 页 21cm（32 开）
统一号号：8026.1230 定价：CNY0.75
　　全套选集共有四册,选收解放战争时期流行较广、较优秀的歌曲 484 首。

J0150158
今年定要胜往年 （歌曲选集）
上海文艺出版社编辑
上海 上海文艺出版社 1959 年 20 页 14cm（64 开）
统一号号：8078.0595 定价：CNY0.04

J0150159
炼钢炼铁人人夸 （歌曲集 演唱材料）
重庆人民出版社编
重庆 重庆人民出版社 1959 年 定价：CNY0.06

J0150160
凌河歌声 （1）锦州市文联编
［沈阳］锦州人民出版社 1959 年
定价：CNY0.10

J0150161
六亿人民一盘棋 （群众歌曲）郑州市文联编
郑州 河南人民出版社 1959 年 32 页 11×19cm
统一号号：T8105.166 定价：CNY0.12

J0150162
毛主席来到我们连 （歌曲选）广州部队文艺
编辑组编
广州 广东人民出版社 1959 年 88 页 19cm（32 开）
统一号号：8111.336 定价：CNY0.27
（战士文艺丛书）

J0150163
毛主席诗词歌曲选 春风文艺出版社编辑
沈阳 春风文艺出版社 1959 年 75 页 17cm（40 开）
统一号号：8158.6 定价：CNY0.26

J0150164
毛主席像红太阳 （歌曲）中国音乐家协会江
苏分会筹委会编
南京 江苏文艺出版社 1959 年 49 页 18cm（15 开）
统一号号：8141.723 定价：CNY0.12

J0150165
民兵战歌 （歌曲）贵州军区政治部编
［贵阳］贵州人民出版社 1959 年
定价：CNY0.08

J0150166
哪儿开来一队兵 昆明军区国防文工团歌舞
剧队编
昆明 云南人民出版社 1959 年 22 页 19cm（32 开）
统一书号：8116.337 定价：CNY0.10
（部队创作歌曲 第 4 辑）
　　中国现代革命歌曲选集。

J0150167
南充市群众歌曲创作选 南充市文联编
南充 南充市文联 1959 年 油印本 26cm（16 开）

J0150168
内蒙古歌曲选集 （1957—1959）
内蒙古群众艺术馆编
呼和浩特 内蒙古人民出版社 1959 年 136 页
20cm（32 开）统一书号：8089.23
定价：CNY0.60

J0150169
内蒙古群众歌曲选集 内蒙古自治区百万民
歌展览歌唱运动月委员会编
呼和浩特 内蒙古人民出版社 1959 年 36 页
19cm（32 开）统一书号：1809.21
定价：CNY0.12

J0150170
宁夏歌声 （第五册）宁夏回族自治区文联筹
委会编
银川 宁夏回族自治区人民出版社 1959 年
11 页 14cm（64 开）统一书号：8157.8
定价：CNY0.04

J0150171
宁夏歌声 （1）宁夏回族自治区文教厅,文联
筹委会编
［银川］宁夏人民出版社 1959 年 19cm（32 开）
定价：CNY0.02

J0150172
宁夏歌声 （2）宁夏回族自治区文教厅，文联
筹委会编
［银川］宁夏人民出版社 1959 年 19cm（32 开）
定价：CNY0.02

J0150173
宁夏歌声 （3）宁夏回族自治区文教厅，文联
筹委会编
［银川］宁夏人民出版社 1959 年 19cm（32 开）
定价：CNY0.02

J0150174
宁夏歌声 （4）宁夏回族自治区文教厅，文联
筹委会编
［银川］宁夏人民出版社 1959 年 19cm（32 开）
定价：CNY0.02

J0150175
宁夏歌声 （5）宁夏回族自治区文教厅，文联
筹委会编
［银川］宁夏人民出版社 1959 年 19cm（32 开）
定价：CNY0.02

J0150176
骑上红骏马 （歌曲选集）广州群众艺术馆编
广州 广州文化出版社 1959 年 26 页
19cm（32 开）定价：CNY0.10

J0150177
青年歌选 （第 1 期）金波等词；郑律成等曲
［苏州］常熟人民出版社 1959 年

J0150178
庆祝五一国际劳动节推荐歌曲
北京歌声社编
北京 北京出版社 1959 年 定价：CNY0.01

J0150179
群众歌曲 （黄冈专区民间优秀歌曲选集之一）
黄冈专区人民出版社编
［武汉］黄冈人民出版社 1959 年 19cm（32 开）
定价：CNY0.20

J0150180
群众歌曲 黄冈专区人民出版社编辑
黄冈 黄冈专区人民出版社 1959 年 22 页
19cm（32 开）统一书号：800.1 定价：CNY0.20
（黄冈专区民间优秀歌曲选集 之一）

J0150181
群众歌曲选 （1959）陕西省群众艺术馆编选
西安 长安书店 1959 年 22 页 19cm（32 开）
统一书号：T10095.682 定价：CNY0.08

J0150182
群众歌曲选 （第二集）陕西省群众艺术馆编选
西安 长安书店 1960 年 简谱本 22 页
19cm（32 开）统一书号：T10095.824
定价：CNY0.08

J0150183
群众歌声 （第一辑）唐县写作运动委员会编
唐县 唐县写作运动委员会 1959 年 油印本
20 页 19cm（32 开）

J0150184
人人上擂台 （歌曲集）扬歌等作
武汉 湖北人民出版社 1959 年 17 页 14cm（64 开）
统一书号：T8106.401 定价：CNY0.04

J0150185
山南海北都照红 山东省群众艺术馆编
济南 山东人民出版社 1959 年 8 页 19cm（32 开）
中国现代歌曲选集。

J0150186
十年赞 （1 欢度十年国庆、迎接国庆十周年）
［西宁］青海人民出版社 1959 年
定价：CNY0.03
中国现代歌曲选集。

J0150187
十年赞 （2 万岁！我们的祖国、夏夜圆舞曲）
［西宁］青海人民出版社 1959 年
定价：CNY0.03
中国现代歌曲选集。

J0150188

十年赞 （3 欢唱国庆十周年、三杯酒）

［西宁］青海人民出版社 1959 年

定价：CNY0.03

中国现代歌曲选集。

J0150189

十年赞 （4 青春的祖国万万岁、七月葵花向太阳、牧歌）

［西宁］青海人民出版社 1959 年

定价：CNY0.03

中国现代歌曲选集。

J0150190

十月赞 （庆祝国庆群众歌曲选）

河南省群众艺术馆编选

郑州 河南人民出版社 1959 年 28 页 26cm（16 开）

统一书号：8105.221 定价：CNY0.22

J0150191

万里江山放红光 （歌曲） 贵州省群众艺术馆,贵州人民出版社编

贵阳 贵州人民出版社 1959 年 24 页 18cm（32 开）

统一书号：T8115.150 定价：CNY0.11

J0150192

卫星歌选 （1）河北省群众艺术馆编

保定 保定地区人民出版社 1959 年 26 页

11×15cm 定价：CNY0.12

迎接国庆十周年歌曲选集。

J0150193

我们是保卫和平的战士 （成都部队歌曲选）

成都部队政治部宣传部编

成都 四川人民出版社 1959 年 32 页 18cm（32 开）

统一书号：T8118.266 定价：CNY0.12

J0150194

献上边疆人民一片心

云南音乐舞蹈家协会筹委会编

昆明 云南人民出版社 1959 年 50 页 19cm（32 开）

统一书号：8116.368 定价：CNY0.19

中国现代群众歌曲选集。

J0150195

小伙伴活页歌选 （2《"三面红旗"万万岁》等两首）中国福利会少年宫编

上海 上海文艺出版社 1959 年 定价：CNY0.01

本歌集收有歌曲:《"三面红旗"万万岁》《歌唱"三面红旗"万万岁》。

J0150196

忻定县群众创作歌曲选 （第 2 集）

忻定县文艺"跃进"办公室编

忻定县文艺"跃进"办公室 1959 年 1 册

19cm（32 开）

J0150197

新年锣鼓咚咚敲 （歌曲集）

云南省群众艺术馆,云南人民出版社编

昆明 云南人民出版社 1959 年 17 页

10×15cm 统一书号：8116.373

定价：CNY0.06

J0150198

新年新歌震山河 （文娱演唱材料）

四川省群众歌咏运动委员会编

［成都］四川人民出版社 1959 年

定价：CNY0.04

J0150199

养猪歌 上海文艺出版社编

上海 上海文艺出版社 1959 年 定价：CNY0.02

J0150200

优秀歌曲选 （第一集）抚顺市群众艺术馆编

抚顺 抚顺人民出版社 1959 年 33 页 19cm（32 开）

统一书号：7130 定价：CNY0.10

J0150201

"跃进"歌曲 青海省群众艺术馆,青海省音乐工作者协会编

西宁 青海人民出版社 1959 年 36 页 15cm（40 开）

统一书号：10097.202 定价：CNY0.10

（文娱演唱材料）

J0150202

"跃进"歌声 （昌潍区"跃进"歌舞会演选曲）

昌潍人民出版社编

［潍坊］昌潍人民出版社 1959 年 10 页
19cm（32 开）

J0150203
"跃进" 歌声 （1 英雄哥、群英会上英雄多）
中国音乐协会上海分会编
上海 上海文艺出版社 1959 年 定价：CNY0.01

J0150204
"跃进" 歌声 （2 好得很好得很、红色英雄歌、
什么阶级说什么话）中国音乐协会上海分会编
上海 上海文艺出版社 1959 年 定价：CNY0.01

J0150205
"跃进" 歌声 （3 四员小唱、掀起养猪高潮）
中国音乐协会上海分会编
上海 上海文艺出版社 1959 年 定价：CNY0.01

J0150206
"跃进" 歌声 （4）
中国音乐协会上海分会编
上海 上海文艺出版社 1959 年 定价：CNY0.01

J0150207
"跃进" 歌声 （5 过新年耍龙灯、我们挂上了
光荣的团徽）中国音乐协会上海分会编
上海 上海文艺出版社 1959 年 定价：CNY0.01

J0150208
"跃进" 年开 "跃进" 花 中国音乐家协会贵
阳分会筹员会，贵州人民出版社编
贵阳 贵州人民出版社 1959 年 18 页 19cm（32 开）
统一书号：T8115.1449 定价：CNY0.08
　　中国现代群众歌曲选集。

J0150209
"跃进" 新歌选 中国音乐家协会上海分会编
上海 上海文艺出版社 1959 年 26 页 19cm（32 开）
统一书号：8078.1272 定价：CNY0.07

J0150210
"跃进" 再 "跃进" （歌曲）中国音乐家协会
江苏分会筹委会编
南京 江苏文艺出版社 1959 年 51 页 18cm（15 开）
统一书号：T8141.724 定价：CNY0.12

J0150211
"跃进" 之歌 （简谱）上海广播乐团编
上海 上海文艺出版社 1959 年 26 页 19cm（32 开）
统一书号：8078.276 定价：CNY0.10

J0150212
增产节约大开展 （歌曲选集）上海文艺出版
社编辑
上海 上海文艺出版社 1959 年 27 页 19cm（32 开）
统一书号：8078.0876 定价：CNY0.05

J0150213
战士的歌 中国人民解放军 0058 部队政治部编
［昆明］云南人民出版社 1959 年
定价：CNY0.05

J0150214
只因为今年喜事多 四川省群众艺术馆编
成都 四川人民出版社 1959 年 14 页 19cm（32 开）
统一书号：T10118.414 定价：CNY0.06
　　中国现代歌曲选集。

J0150215
总路线的威力大 （歌曲集）
湖北人民出版社编辑
武汉 湖北人民出版社 1959 年 22 页 14cm（64 开）
统一书号：T8106.433 定价：CNY0.06

J0150216
祖国颂 乔羽词；刘炽曲
昆明 云南人民出版社 1959 年 简谱本 52 页
19cm（32 开）统一书号：8116.351
定价：CNY0.18

J0150217
祖国颂 （合唱 五线谱本）乔羽词；刘炽曲
上海 上海文艺出版社 1982 年 27 页
25cm（小 16 开）统一书号：8078.3356
定价：CNY0.34

J0150218
祖国万岁 （歌曲集）歌曲编辑部编
北京 音乐出版社 1959 年 21 页 13cm（60 开）
统一书号：8026.1268 定价：CNY0.05

J0150219

党的话儿记在心　山东省文化局,中国音乐家
协会山东分会编
济南　山东人民出版社　1960 年　简谱本　84 页
19cm（32 开）统一书号：T8099.356
定价：CNY0.26

J0150220

干革命 干到底 （歌曲集）
音乐出版社编辑部编
北京　音乐出版社　1960 年　简谱本　14 页
14cm（64 开）统一书号：8026.1426
定价：CNY0.05

J0150221

干革命 干到底 （齐唱）希扬词；李焕之曲
北京　音乐出版社　1964 年　[4]页　26cm（16 开）
统一书号：8026.2177　定价：CNY0.08
　　中国现代歌曲作品。作者李焕之（1919—
2000），作曲家、指挥家、音乐理论家。出生于香
港，原籍福建晋江市，毕业于延安鲁迅艺术学院。
历任中央音乐学院音乐团团长、中央歌舞团艺术
指导、中央民族乐团团长。代表作品有《民主建
国进行曲》《新中国青年进行曲》《春节组曲》等。

J0150222

干革命干到底 （歌曲集）音乐出版社编辑部编
北京　音乐出版社　1960 年　定价：CNY0.05

J0150223

高唱"跃进"歌 （歌曲）徐州市文联编
徐州　江苏徐州人民出版社　1960 年　13 页
19cm（32 开）统一书号：10100（徐）.14
定价：CNY0.07

J0150224

歌唱"三面红旗" （歌曲）盐城专区人民出版
社编
盐城　盐城专区人民出版社　1960 年　简谱本　16 页
18cm（15 开）统一书号：10100（盐）18
定价：CNY0.07

J0150225

歌唱伟大的祖国　河南省群众艺术馆编
郑州　河南人民出版社　1960 年　18 页　19cm（32 开）

中国现代歌曲选集。

J0150226

歌唱总路线歌曲选　中国音乐家协会西安分
会编
西安　东风文艺出版社　1960 年　简谱本　35 页
18cm（15 开）统一书号：10147.175
定价：CNY0.16

J0150227

歌曲创作选 （1949—1959）中国音乐家协会
福建分会筹委会,福建省群众艺术馆编
福州　福建人民出版社　1960 年　简谱本　86 页
20cm（32 开）统一书号：8104.250
定价：CNY0.26

J0150228

歌颂领袖毛泽东　江西人民出版社编辑
南昌　江西人民出版社　1960 年　18 页　19cm（32 开）
统一书号：T8110.266　定价：CNY0.08
　　中国现代群众歌曲选集。

J0150229

革命歌曲六十首　贵州省群众艺术馆编
贵阳　贵州省群众艺术馆　[1960—1969 年]70 页
19cm（32 开）

J0150230

革新红旗舞东风 （昆明技术革命赛歌会歌曲选
集）云南音乐舞蹈家协会,云南省群众艺术馆编
昆明　云南人民出版社　1960 年　30 页　19cm（32 开）
统一书号：8116.398　定价：CNY0.12

J0150231

欢唱技术革命好　上海广播乐团编
上海　上海文艺出版社　1960 年　22 页　19cm（32 开）
统一书号：8078.1492　定价：CNY0.08
　　中国群众歌曲作品。

J0150232

节日的歌声　沈蛟虹著
合肥　安徽人民出版社　1960 年　47 页　19cm（32 开）
统一书号：8102.123　定价：CNY0.15

J0150233
井冈山歌声　中共井冈山委员会宣传部编著
井冈山 中共井冈山委员会宣传部 1960 年
95 页 19cm（32 开）

J0150234
辽宁工人歌曲选　中国音乐家协会辽宁分会编
沈阳 春风文艺出版社 1960 年 简谱本 131 页
20cm（32 开）统一书号：T8158.30
定价：CNY0.50

J0150235
辽宁农民歌曲选　中国音乐家协会辽宁分会编
沈阳 春风文艺出版社 1960 年 52 页 21cm（32 开）
统一书号：T8158.32 定价：CNY0.28

J0150236
民兵歌曲选
中国人民解放军山西军区政治部编
太原 山西人民出版社 1960 年 26 页 19cm（32 开）
统一书号：10088.382 定价：CNY0.10

J0150237
聂耳歌曲选集　（附钢琴伴奏）
音乐出版社编辑部编
北京 音乐出版社 1960 年 55 页 26cm（16 开）
统一书号：8026.1236 定价：CNY1.30

J0150238
聂耳歌曲选集　音乐出版社编辑部编
北京 音乐出版社 1965 年 2 版 修订本 33 页
19cm（32 开）统一书号：8026.660
定价：CNY0.12

J0150239
聂耳歌曲选集　人民音乐出版社编辑部编
北京 人民音乐出版社 1981 年 2 版 正谱本
61 页 25cm（小 16 开）统一书号：8026.1236
定价：CNY0.58

J0150240
农业"跃进"跨骏马　（歌曲集）
湖北省群众艺术馆编
武汉 湖北人民出版社 1960 年 26 页 19cm（32 开）
统一书号：T8106.485 定价：CNY0.13

J0150241
农中好　（歌曲集）
中国音乐家协会江苏分会筹委会编
南京 江苏文艺出版社 1960 年 28 页 18cm（15 开）
统一书号：8141.743 定价：CNY0.10

J0150242
千军万马奔下乡　（支持农业歌曲集）
音乐出版社编辑部编
北京 音乐出版社 1960 年 简谱本 24 页
19cm（32 开）统一书号：8026.1458
定价：CNY0.09

J0150243
全军一齐唱　解放军歌曲编辑部编
北京 音乐出版社 1960 年 简谱本 15 页
19cm（32 开）统一书号：8026.1449
定价：CNY0.07

J0150244
全民皆兵力量大　（歌曲选简谱本）
郑州市文联编
郑州 河南人民出版社 1960 年 26 页 19cm（32 开）
统一书号：T8105.292 定价：CNY0.10

J0150245
"三面红旗"万万岁　（歌曲选）内蒙古群众艺
术馆编
呼和浩特 内蒙古人民出版社 1960 年 33 页
19cm（32 开）统一书号：10089.196
定价：CNY0.14

J0150246
"三面红旗"万万岁赛歌会
中国音乐家协会上海分会编
上海 上海文艺出版社 1960 年 19 页 26cm（16 开）
统一书号：8078.1567 定价：CNY0.28

J0150247
"三面红旗"万万岁赛歌会
（群众创作歌曲选集）中国音乐家协会上海分会编
上海 上海文艺出版社 1960 年 24 页 19cm（32 开）
统一书号：8078.1410 定价：CNY0.11

J0150248

山东十年歌曲选　中国音乐家协会山东分会，
山东省群众艺术馆编
济南 山东人民出版社 1960年 简谱本 127页
20cm（32开）统一书号：T8099.376
定价：CNY0.46
　　本书搜集山东 1949—1959 年 10 年间群众
创作的歌曲 95 首。

J0150249

闪耀着共产主义光辉的史诗
（马口英雄赞歌）中国音乐家协会广州分会编
广州 广东人民出版社 1960年 定价：CNY0.20

J0150250

万人高唱"跃进"歌　西安音乐专科学校编
北京 音乐出版社 1960年 43页 19cm（32开）
统一书号：8026.1284 定价：CNY0.15

J0150251

万岁共产党　（歌曲）江苏南通人民出版社编
南通 江苏南通人民出版社 1960年 18页
19cm（32开）统一书号：10100（通）.13
定价：CNY0.07

J0150252

我们"公社"五枝花　邓新等著
南通 南通人民出版社 1960年 9页 19cm（32开）
统一书号：T10100.12 定价：CNY0.05
　　中国现代群众歌曲选集。

J0150253

我们在毛主席身边歌唱　北京市文学艺术工
作者联合会编
北京 北京出版社 1960年 35页 19cm（32开）
统一书号：8071.129 定价：CNY0.14
　　北京市职工歌曲创作选集。

J0150254

英雄的时代英雄的人　（歌曲集）
石青等作词；马惠文等作曲
北京 音乐出版社 1960年 37页 27cm（16开）
统一书号：8026.1210 定价：CNY0.43
（中央音乐学院创作丛刊）

J0150255

"跃进"的时代"跃进"的歌
中国音乐家协会辽宁分会编
沈阳 春风文艺出版社 1960年 简谱本 48页
19cm（32开）统一书号：8158.34
定价：CNY0.16
　　本书系群众歌曲专辑。

J0150256

"跃进"歌声　（第三集）中国音乐家协会沈阳
分会编
沈阳 春风文艺出版社 1960年 49页 19cm（32开）
统一书号：T8158.31 定价：CNY0.16

J0150257

"跃进"歌声　（第四集）
中国音乐家协会沈阳分会编
沈阳 春风文艺出版社 1961年 65页 19cm（32开）
统一书号：T8158.36 定价：CNY0.20

J0150258

长春歌曲选　长春市群众艺术馆编
长春 吉林人民出版社 1960年 64页 19cm（32开）
统一书号：8091.71 定价：CNY0.26

J0150259

祖国多美好　（小合唱曲集）
上海音乐学院创作委员会编辑
上海 上海文艺出版社 1960年 31页 19cm（32开）
统一书号：8078.1505 定价：CNY0.11

J0150260

革命歌曲　中国音乐家协会江西分会，江西省
群众艺术馆编
南昌 江西人民出版社 1961年 简谱本 34页
17cm（40开）统一书号：T8110.308
定价：CNY0.16

J0150261

革命歌曲　中国音乐家协会江西分会编
南昌 江西人民出版社 1964年 简谱本 增订本
66页 11×15cm 统一书号：8110.376
定价：CNY0.14

J0150262
革命歌曲 （增订本）
中国音乐家协会江西分会编
南昌 江西人民出版社 1964年 增订本
15cm（64开）定价：CNY0.14

J0150263
革命歌曲（14首） 浙江音协筹委会等编
杭州 浙江人民出版社 1961年 22页 18cm（15开）
统一书号：8103.76 定价：CNY0.09

J0150264
革命歌曲十三首
中国音乐家协会山西分会筹委会编
太原 山西人民出版社 1961年 15页 19cm（32开）
统一书号：10088.426 定价：CNY0.07

J0150265
革命歌曲选 中国音乐家协会安徽分会,安徽省群众艺术馆编
合肥 安徽人民出版社 1961年 简谱本
48页 19cm（32开）统一书号：10102.451
定价：CNY0.16

J0150266
跟着毛主席跟着共产党 中国音乐家协会山东分会,山东省群众艺术馆编
济南 山东人民出版社 1961年 简谱本 18页
19cm（32开）统一书号：T8099.418
定价：CNY0.08
　　本书系群众歌曲。

J0150267
毛主席诗词谱曲 春风文艺出版社编辑;
劫夫等作曲
沈阳 春风文艺出版社 1961年 2版 修订本
84页 16×13cm 统一书号：8158.6
定价：CNY0.28
　　本书系中国现代革命歌曲选集。作者劫夫（1913—1976),作曲家、音乐教育家。吉林农安人。原名李劫夫,笔名劫夫、劳歌。曾任延安人民剧社教员,西北战地服务团团员,东北野战军第九纵队文工团团长,东北音乐专科学校校长,沈阳音乐学院教授、院长等。中国音协第一、二届理事和辽宁分会主席。有《战地歌声》《歌唱二小放牛郎》《毛主席诗词歌曲集》《劫夫歌曲选》《劫夫歌曲百首》等。

J0150268
人人高唱"跃进"歌 中国音乐家协会辽宁分会编
沈阳 春风文艺出版社 1961年 42页 19cm（32开）
统一书号：8158.35 定价：CNY0.11
　　本书为群众演唱材料。

J0150269
绣手巾 （歌曲）梁上泉等作词;甲秀作曲
成都 四川人民出版社 1961年 8页 有乐谱
14cm（64开）统一书号：T10118.585
定价：CNY0.03

J0150270
一颗红心忠于党 中国人民解放军0973部队政治部编
太原 山西人民出版社 1961年 简谱本 22页
19cm（32开）统一书号：10088.416
定价：CNY0.09
　　中国人民解放军歌曲选辑。

J0150271
中国早期反帝歌曲选辑 黄祥朋,张悦编
北京 中央音乐学院附设中国音乐研究所
1961年 104页 有曲谱 19cm（32开）
定价：CNY1.00

J0150272
百花朝阳开 （创作歌曲选）中国音乐家协会山东分会,山东省群众艺术馆编
济南 山东人民出版社 1962年 38页 有曲谱
19cm（32开）统一书号：T8099.475
定价：CNY0.16

J0150273
唱不完的幸福歌 （文娱演唱材料）
云南省群众艺术馆编
昆明 云南人民出版社 1962年 15cm（64开）
定价：CNY0.13
（歌曲集）

J0150274
唱得幸福落满坡　史掌元作曲；黄晓飞配伴奏
北京 音乐出版社 1962 年 正谱本 5 页
26cm（16 开）统一书号：8026.1597
定价：CNY0.16
　　中国群众歌曲选集。

J0150275
唱得幸福落满坡 （史掌元创作歌曲选）
史掌元著
上海 上海音乐出版社 1997 年 132 页
19cm（小 32 开）ISBN：7-80553-657-0
定价：CNY6.00

J0150276
打靶归来 （群众歌曲）牛宝源，王永泉词；
王永泉曲；戴宏威配伴奏
北京 音乐出版社 1962 年 2 页 26cm（16 开）
统一书号：8026.1632 定价：CNY0.11

J0150277
打靶归来 （齐唱）牛宝源，王永泉词；王永泉
曲；戴宏威配伴奏
北京 音乐出版社 1964 年［4］页 26cm（16 开）
统一书号：8026.1632 定价：CNY0.08
　　本书系中国现代群众歌曲。

J0150278
冬青树 （创作歌曲）
中国音乐家协会江苏分会编
南京 江苏人民出版社 1962 年 27 页
18cm（小 32 开）统一书号：T10100.1142
定价：CNY0.08

J0150279
革命歌曲　甘肃省文联选编
兰州 甘肃人民出版社 1962 年 24 页 有曲谱
19cm（32 开）统一书号：T8096.30
定价：CNY0.11

J0150280
革命歌曲　中国音乐家协会编
贵阳 贵州人民出版社 1962 年 简谱本 21 页
19cm（32 开）定价：CNY0.10

J0150281
革命歌曲　中国音乐家协会编
北京 音乐出版社 1962 年 简谱本 21 页
19cm（32 开）统一书号：8026.1556
定价：CNY0.09

J0150282
革命歌曲 （六首）甘肃人民出版社编辑
兰州 甘肃人民出版社 1966 年 38 页 9×13cm
统一书号：T8096.56 定价：CNY0.06

J0150283
革命歌曲 （第一集）贵州人民出版社编
贵阳 贵州人民出版社 1967 年 62 页
14cm（64 开）定价：CNY0.06

J0150284
革命歌曲 （第二集）甘肃人民出版社编辑
兰州 甘肃人民出版社 1971 年 41 页 9×13cm
统一书号：8096.209 定价：CNY0.06

J0150285
革命歌曲 （六首）甘肃人民出版社编辑
兰州 甘肃人民出版社 1971 年 19 页 9×13cm
统一书号：8096.204 定价：CNY0.03

J0150286
革命歌曲
贵阳 贵州人民出版社 1972 年 62 页 14cm（64 开）
统一书号：8115.544 定价：CNY0.07

J0150287
革命歌曲　贵州人民出版社编辑
贵阳 贵州人民出版社 1973 年 83 页 19cm（32 开）
统一书号：8115.564 定价：CNY0.20

J0150288
革命歌曲集　中国音乐家协会编
西宁 青海人民出版社 1962 年 简谱本 21 页
19cm（32 开）统一书号：8097.105
定价：CNY0.11

J0150289
革命歌曲选　中国音乐家协会成都分会编
成都 四川人民出版社 1962 年 简谱本

21 页　19cm（32 开）统一书号：T8118.405
定价：CNY0.05

J0150290
革命歌曲选　重庆群众艺术馆编
重庆　重庆人民出版社 1962 年　25 页　19cm（32 开）
统一书号：8114.217　定价：CNY0.10

J0150291
革命历史歌曲表演唱　解放军空军政治部文
工团集体创作
北京　解放军文艺社 1962 年　123 页　有图
21cm（32 开）统一书号：10137.82
定价：CNY0.55

J0150292
坚决打他不留情　（群众歌曲 10 首）中国音
乐家协会浙江分会，浙江群众艺术馆编
杭州　浙江人民出版社 1962 年　18 页　15cm（40 开）
统一书号：8103.79　定价：CNY0.05

J0150293
辽宁创作歌曲选　（第 1 辑）中国音乐家协会
辽宁分会编
沈阳　春风文艺出版社 1962 年　简谱本　76 页
20cm（32 开）统一书号：T8158.41
定价：CNY0.30

J0150294
辽宁创作歌曲选　（第 2 辑）中国音乐家协会
辽宁分会编
沈阳　春风文艺出版社 1962 年　21cm（32 开）
定价：CNY0.34

J0150295
六亿人民的声音　广西僮族自治区人民出版
社编辑
南宁　广西僮族自治区人民出版社 1962 年
简谱本 24 页　19cm（32 开）统一书号：8113.97
定价：CNY0.10
　　中国现代群众歌曲选集。

J0150296
努力生产　支援前线　肃清敌特　巩固后方
歌曲　中国音乐家协会山西分会筹委会编

太原　山西人民出版社 1962 年　简谱本 40 页
19cm（32 开）统一书号：8088.119
定价：CNY0.13
　　中国现代歌曲选集。

J0150297
请茶歌　（四明山革命歌谣）马骧编曲；杨鸿年
配伴奏
北京　音乐出版社 1962 年　正谱本　3 页
26cm（16 开）统一书号：8026.1598
定价：CNY0.11

J0150298
群众文艺演唱材料　（歌曲）天津群众艺术馆编
天津　百花文艺出版社 1962 年　简谱本 32 页
19cm（32 开）统一书号：T8151.17
定价：CNY0.10

J0150299
群众演唱材料　（歌曲）天津群众艺术馆编
天津　百花文艺出版社 1962 年　简谱本 61 页
19cm（32 开）统一书号：8151.24
定价：CNY0.20

J0150300
人民军队忠于党　张永枚词；肖民曲；孙亦林
配伴奏
北京　音乐出版社 1962 年　正谱本　3 页
27cm（16 开）统一书号：8026.1594
定价：CNY0.09
　　中国现代群众歌曲。

J0150301
人民军队忠于党　（齐唱）张永枚词；肖民曲；
孙亦林配伴奏
北京　音乐出版社 1964 年　[4]页 27cm（16 开）
统一书号：8026.1594　定价：CNY0.08

J0150302
时刻准备立战功　（歌曲集）
湖北人民出版社编辑
武汉　湖北人民出版社 1962 年 26 页 19cm（32 开）
统一书号：8106.569　定价：CNY0.13

J0150303

团结就是力量 （革命歌曲十首）
中国音乐家协会浙江分会,浙江群众艺术馆编
杭州 浙江人民出版社 1962 年 简谱本 13 页
19cm（32 开）统一书号：8103.78
定价：CNY0.06

J0150304

推荐革命歌曲十首　共青团北京市委宣传部编
北京 北京出版社 1962 年 简谱本 14 页
19cm（32 开）统一书号：8071.148
定价：CNY0.19

J0150305

新春歌曲选　中国音乐家协会山西分会筹委会,
山西歌声编辑部编
太原 山西人民出版社 1962 年 影印本 12 页
19cm（32 开）统一书号：10088.441
定价：CNY0.05

J0150306

长征　张绍玺作曲；于苏贤配伴奏
北京 音乐出版社 1962 年 正谱本 3 页
27cm（16 开）统一书号：8026.1592
定价：CNY0.09
　　中国现代群众歌曲。

J0150307

争取一个丰收年　德崇,洪源作词；
唐诃作曲；施万春配伴奏
北京 音乐出版社 1962 年 正谱本 3 页
27cm（16 开）统一书号：8026.1599
定价：CNY0.11
　　中国现代群众歌曲。

J0150308

准备好 （革命歌曲十八首）河南人民出版社编辑
郑州 河南人民出版社 1962 年 简谱本 30 页
19cm（32 开）统一书号：T8105.395
定价：CNY0.12

J0150309

1959—1961 上海歌声选　《上海歌声》编辑
部编辑
上海 上海文艺出版社 1963 年 91 页 19cm（32 开）

统一书号：8078.2164 定价：CNY0.32

J0150310

把列宁主义的大旗高高举起
音乐出版社编辑部编
北京 音乐出版社 1963 年 58 页 14cm（64 开）
统一书号：8026.1815 定价：CNY0.13
　　本书系中国现代群众歌曲选。

J0150311

把列宁主义的大旗高高举起 （混声合唱）
张士燮作词；朱正本作曲
北京 音乐出版社 1965 年 5 页 26cm（16 开）
统一书号：8026.2423 定价：CNY0.10

J0150312

唱支山歌给党听 （独唱）践耳作曲
上海 上海文艺出版社 1963 年 6 页 26cm（16 开）
统一书号：8078.2200 定价：CNY0.14

J0150313

唱支山歌给党听 （独唱）蕉萍词；践耳曲
上海 上海文艺出版社 1963 年 [8]页
26cm（16 开）统一书号：8026.1830
定价：CNY0.13

J0150314

唱支山歌给党听 （混声四部合唱）践耳作曲
北京 音乐出版社 1963 年 影印本 6 页
26cm（16 开）统一书号：8026.1830
定价：CNY0.16
　　中国现代合唱歌曲,《音乐创作》活页之八。

J0150315

唱支山歌给党听 （高音用）蕉萍词；践耳曲
北京 音乐出版社 1964 年 5 页 26cm（16 开）
统一书号：8026.1830 定价：CNY0.10

J0150316

唱支山歌给党听 （合唱歌曲 男高音独唱、
混声合唱）蕉萍作词；践耳作曲
北京 音乐出版社 1965 年 5 页 26cm（16 开）
统一书号：8026.2316 定价：CNY0.12

J0150317

唱支山歌给党听 （钢琴伴奏谱）焦萍词；践耳曲
上海 上海人民出版社 1974 年 4 页 26cm（16 开）
统一书号：8171.870 定价：CNY0.07

J0150318

大家来唱革命歌 （向少年儿童推荐革命歌曲
十七首）共青团中央少年儿童部选编
北京 中国少年儿童出版社 1963 年 简谱本 33 页
19cm（32 开）统一书号：R8056.153
定价：CNY0.12

J0150319

大家来唱革命歌 （第 2 册）
中国少年儿童出版社编辑
北京 中国少年儿童出版社 1965 年 45 页
19cm（32 开）统一书号：R8056.219
定价：CNY0.11

J0150320

大家来唱革命歌曲 （第一集）福建人民出版
社编辑
福州 福建人民出版社 1963 年 11 页
11cm（100 开）统一书号：8104.383
定价：CNY0.04

J0150321

大家来唱革命歌曲 （第二集）
福建人民出版社编辑
福州 福建人民出版社 1964 年 16 页 10×15cm
统一书号：8104.400 定价：CNY0.05
　　本书系红五月推荐歌曲。

J0150322

大家来唱革命歌曲 （第三集 近两年优秀群
众歌曲）福建人民广播电台文艺部编
福州 福建人民出版社 1964 年 简谱本 51 页
10×15cm 统一书号：8104.416 定价：CNY0.09

J0150323

大家来唱革命歌曲 （第四集 红旗杂志选载
的十三首革命歌曲）
福州 福建人民出版社 1965 年 简谱本 21 页
11×15cm 统一书号：8104.422 定价：CNY0.05

J0150324

大家来唱革命歌曲 （第五集）
福建人民出版社编辑
福州 福建人民出版社 1966 年 24 页 10×14cm
统一书号：T8104.462 定价：CNY0.05

J0150325

大家来唱革命歌曲 （第六集）福建人民广播
电台文艺部编
福州 福建人民出版社 1966 年 13cm（64 开）
定价：CNY0.05

J0150326

干革命干到底 （革命歌曲 23 首）中国音乐
家协会浙江分会等编
杭州 浙江人民出版社 1963 年 27 页 有曲谱
18cm（15 开）统一书号：8103.89
定价：CNY0.11

J0150327

歌唱雷锋　江西人民出版社编辑
南昌 江西人民出版社 1963 年 34 页 18cm（15 开）
统一书号：T8110.268 定价：CNY0.08

J0150328

歌唱雷锋 （独唱）程光锐作词；秦西炫作曲
上海 上海文艺出版社 1963 年 5 页 26cm（16 开）
统一书号：8078.2199 定价：CNY0.11

J0150329

歌曲　周化岭等作词；龙飞等作曲
长春 吉林人民出版社 1963 年 简谱本 12 页
13cm（60 开）经折装 统一书号：T8091.159
定价：CNY0.08

J0150330

革命歌曲　中国音乐家协会西安分会编
西安 东风文艺出版社 1963 年 简谱本 9 页
18cm（15 开）定价：CNY0.03

J0150331

革命歌曲　福建人民广播电台文艺部编
福州 福建人民出版社 1963 年 简谱本 98 页
10×14cm 统一书号：8104.384 定价：CNY0.18

J0150332

革命歌曲　湖北省社会主义歌咏活动指导委员会,湖北省武汉市群众歌咏活动指导委员会编

武汉　湖北人民出版社　1963 年　简谱本　27 页　14cm（64 开）统一书号：T10106.504

定价：CNY0.08

J0150333

革命歌曲　湖北人民广播电台文艺编辑部,武汉人民广播电台文艺编辑部编

武汉　湖北人民出版社　1963 年　简谱本　52 页　14cm（64 开）统一书号：T8106.584

定价：CNY0.11

J0150334

革命歌曲　吉林人民出版社编辑

长春　吉林人民出版社　1963 年　简谱本　35 页　15cm（40 开）统一书号：8091.166

定价：CNY0.10

J0150335

革命歌曲　山西群众艺术馆编

太原　山西群众艺术馆　1963 年　39 页　19cm（32 开）

J0150336

革命歌曲　（第一集）湖北人民出版社编辑

武汉　湖北人民出版社　1964 年　16 页　14cm（64 开）

统一书号：T8106.643　定价：CNY0.05

J0150337

革命歌曲　（一）中国音乐家协会吉林分会编

长春　吉林人民出版社　1964 年　简谱本　25 页　13cm（60 开）统一书号：8091.219

定价：CNY0.06

J0150338

革命歌曲　（二）中国音乐家协会吉林分会编

长春　吉林人民出版社　1964 年　简谱本　26 页　13cm（60 开）统一书号：8091.220

定价：CNY0.06

J0150339

革命歌曲　（三）中国音乐家协会吉林分会编

长春　吉林人民出版社　1965 年　简谱本　23 页　13cm（60 开）统一书号：8091.221

定价：CNY0.05

J0150340

革命歌曲　（四）中国音乐家协会吉林分会编

长春　吉林人民出版社　1965 年　简谱本　34 页　13cm（60 开）统一书号：8091.222

定价：CNY0.07

J0150341

革命歌曲　（简谱本）福建人民广播电台文艺部编

福州　福建人民出版社　1965 年 2 版　修订本 86 页　11cm（100 开）统一书号：8104.384

定价：CNY0.16

J0150342

革命歌曲　（第二集）

福州　福建人民出版社　1971 年　21 页　13×13cm

定价：CNY0.04

J0150343

革命歌曲　（第一集）

武汉　湖北人民出版社　1972 年　17 页　19cm（32 开）

统一书号：8106.1342　定价：CNY0.07

J0150344

革命歌曲　（第二集）

武汉　湖北人民出版社　1972 年　17 页　19cm（32 开）

统一书号：8106.1342　定价：CNY0.07

J0150345

革命歌曲　（第三集）湖北省群众文化处编

武汉　湖北人民出版社　1972 年　52 页　19cm（32 开）

统一书号：8106.1343　定价：CNY0.12

J0150346

革命歌曲　（第四集）武汉市"革命委员会"文教局编

武汉　湖北人民出版社　1972 年　28 页　19cm（32 开）

统一书号：8106.1354　定价：CNY0.09

J0150347

革命歌曲八首

济南　山东人民出版社　1963 年　16 页　19cm（32 开）

统一书号：8099.466　定价：CNY0.04

本书由中国音乐家协会推荐。

J0150348
革命歌曲八首　新疆人民出版社辑
乌鲁木齐　新疆人民出版社 1963 年　简谱本
20 页　11×15cm　统一书号：T8098.7
定价：CNY0.06

J0150349
革命歌曲二十首　共青团中央宣传部编
北京　中国青年出版社 1963 年　简谱本　31 页
19cm（32 开）统一书号：8009.17
定价：CNY0.12

J0150350
革命歌曲集　（第一辑）安徽人民出版社编辑
合肥　安徽人民出版社 1963 年 84 页 19cm（32 开）
统一书号：8102.190 定价：CNY0.27

J0150351
革命歌曲集　（第二辑）安徽人民出版社编辑
合肥　安徽人民出版社 1963 年 33 页 19cm（32 开）
统一书号：8102.191 定价：CNY0.13

J0150352
革命歌曲集　中国音乐家协会湖南分会编
长沙　湖南人民出版社 1963 年　简谱本　76 页
19cm（32 开）统一书号：8109.620
定价：CNY0.22

J0150353
革命歌曲集　中国音乐家协会湖南分会编
长沙　湖南人民出版社 1964 年 2 版　简谱增订本
192 页　11×15cm　统一书号：8109.620
定价：CNY0.32

J0150354
革命歌曲十首
南宁　广西壮族自治区人民出版社 1963 年
简谱本 19 页 11×15cm 统一书号：8113.141
定价：CNY0.06

J0150355
革命歌曲十首　（第一、二辑）
南宁　广西壮族自治区人民出版社 1964 年

41 页　11×15cm 统一书号：8113.167
定价：CNY0.08

J0150356
革命歌曲十首　（第三、四辑）
南宁　广西壮族自治区人民出版社 1964 年
36 页　11×15cm 统一书号：8113.166
定价：CNY0.08

J0150357
革命歌曲十首　（第五、六辑　合订本）
中国音乐家协会广西壮族自治区分会编
南宁　广西壮族自治区人民出版社 1964 年
简谱本 39 页 11×15cm 统一书号：8113.187
定价：CNY0.08

J0150358
革命歌曲选　中国音乐家协会黑龙江分会编
哈尔滨　北方文艺出版社 1963 年 30 页
19cm（32 开）统一书号：8.11 定价：CNY0.11

J0150359
革命歌曲选　（第一集）
中国音乐家协会江苏分会编
南京　江苏人民出版社 1963 年 64 页 17cm（40 开）
统一书号：8100.1118 定价：CNY0.19

J0150360
革命歌曲选　（第一辑）
中国音乐家协会山西分会筹委会编
太原　山西人民出版社 1963 年　16 页　11×15cm
统一书号：8088.127 定价：CNY0.05

J0150361
革命歌曲选　（第二辑）
中国音乐家协会山西分会筹委会编
太原　山西人民出版社 1963 年 20 页 11×15cm
统一书号：8088.128 定价：CNY0.06

J0150362
革命歌曲选　（第三辑）
中国音乐家协会山西分会筹委会编
太原　山西人民出版社 1963 年 20 页 11×15cm
统一书号：8088.129 定价：CNY0.06

J0150363

革命歌曲选 （第四辑）

中国音乐家协会山西分会筹委会编

太原　山西人民出版社　1963 年　21 页　11×15cm

统一书号：8088.130　定价：CNY0.06

J0150364

革命歌曲选　北方文艺出版社编辑

哈尔滨　北方文艺出版社　1965 年　32 页　9×13cm

统一书号：78.16　定价：CNY0.06

J0150365

革命歌曲选　北方文艺出版社编

［哈尔滨］北方文艺出版社　1965 年

13cm（64 开）定价：CNY0.06

J0150366

革命歌曲选 （第一集）

山西《革命文艺》编辑组编

［太原］山西人民出版社　1972 年

19cm（小 32 开）定价：CNY0.16

J0150367

革命歌曲选 （二）

太原　山西人民出版社　1973 年　66 页　19cm（32 开）

统一书号：10088.444　定价：CNY0.20

J0150368

革命歌选　中国音乐家协会广东分会，共青团

广州市委宣传部编

广州　广东人民出版社　1963 年　简谱本　26 页

19cm（32 开）统一书号：8111.481

定价：CNY0.10

J0150369

革命群众歌曲选　上海人民广播电台音乐组编

上海　上海文艺出版社　1963 年　232 页

14cm（64 开）统一书号：8078.2222

定价：CNY0.30

J0150370

革命群众歌曲选　上海人民广播电台音乐组编

上海　上海文艺出版社　1963 年　232 页

19cm（小 32 开）统一书号：8078.2195

定价：CNY0.50

J0150371

革命群众歌曲选 （第 1 集）上海人民广播电

台音乐组编

上海　上海文化出版社　1964 年 2 版　10cm（60 开）

精装　定价：CNY0.54

J0150372

革命群众歌曲选 （第一册）上海人民广播电

台音乐组编

上海　上海文化出版社　1964 年　新 1 版　简谱本

232 页　14cm（64 开）统一书号：8077.192

定价：CNY0.30

J0150373

革命群众歌曲选 （第一集）上海人民广播电

台音乐组编

上海　上海文化出版社　1965 年　新 2 版　简谱本

234 页　14cm（64 开）统一书号：8077.192

定价：CNY0.30

J0150374

革命群众歌曲选 （第 2 集）上海人民广播电

台音乐组编

上海　上海文化出版社　1965 年　10cm（64 开）

精装　定价：CNY0.50

J0150375

革命群众歌曲选 （第二集）

上海人民广播电台音乐组编

上海　上海文化出版社　1965 年　简谱本　210 页

14cm（64 开）统一书号：8077.233

定价：CNY0.28

J0150376

海角天涯心一条　韩少华作词；戴于吾作曲

北京　音乐出版社　1963 年 ［3］页　26cm（16 开）

统一书号：8026.1797　定价：CNY0.11

　　本书系现代中国群众歌曲。

J0150377

活叶歌选 （1963.6）贵州省群众艺术馆编

［贵阳］贵州省群众艺术馆　1963 年　8 页

19cm（32 开）

J0150378
活叶歌选 （1963.7）贵州省群众艺术馆编
［贵阳］贵州省群众艺术馆 1963 年 8 页
19cm（32 开）

J0150379
活页歌选 （歌唱雷锋）中国音乐家协会西安
分会编
西安 东风文艺出版社［1963 年］［5］页
18cm（15 开）定价：CNY0.02

J0150380
雷锋颂歌 中国音乐家协会天津分会,天津人
民广播电台,天津群众艺术馆等编
天津 百花文艺出版社 1963 年［3］页 19cm（32 开）
统一书号：8151.25 定价：CNY0.02

J0150381
雷锋颂歌 广东省曲艺工作者协会,广东音乐
曲艺团编
广州 广东人民出版社 1963 年 22 页 19cm（32 开）
统一书号：T10111.597 定价：CNY0.08
（演唱作品丛书）

J0150382
毛泽东诗词谱曲选 春风文艺出版社编辑
沈阳 春风文艺出版社 1963 年 45 页
30cm（10 开）统一书号：8158.44
定价：CNY1.20,CNY3.00（精装本）

J0150383
毛主席是咱社里人 春风文艺出版社编辑
沈阳 春风文艺出版社 1963 年 简谱本 90 页
15cm（40 开）统一书号：T8158.54
定价：CNY0.18
　　本书系中国群众歌曲专著。

J0150384
农村妇女歌曲集 音乐出版社编辑部编
北京 音乐出版社 1963 年 简谱本 59 页
14cm（64 开）统一书号：8026.1874
定价：CNY0.15

J0150385
农村歌曲 中国音乐家协会武汉分会编

武汉 湖北人民出版社 1963 年 51 页 13cm（60 开）
统一书号：T8106.641 定价：CNY0.11

J0150386
农村歌选 （第一集）中国音乐家协会广东分
会,广东省群众艺术馆编
广州 广东人民出版社 1963 年 简谱本 22 页
19cm（32 开）统一书号：8111.526
定价：CNY0.09

J0150387
农村青年歌曲集 音乐出版社编辑部编
北京 音乐出版社 1963 年 82 页 14cm（64 开）
统一书号：8026.1820 定价：CNY0.17

J0150388
农村青年歌曲集 （第一集）
音乐出版社编辑部编
北京 音乐出版社 1964 年 重印本 82 页
14cm（64 开）统一书号：8026.1820
定价：CNY0.17

J0150389
农村新歌 （第一辑）
中国音乐家协会成都分会编选
成都 四川人民出版社 1963 年 简谱本 8 页
17cm（40 开）统一书号：T8118.424
定价：CNY0.06

J0150390
农村演唱歌曲 （第一辑）上海群众艺术馆编
上海 上海文艺出版社 1963 年 简谱本 52 页
14cm（64 开）统一书号：8078.2214
定价：CNY0.09

J0150391
农村演唱歌曲 （第二辑）上海群众艺术馆编
上海 上海文艺出版社 1964 年 简谱本 63 页
14cm（64 开）统一书号：8078.2264
定价：CNY0.10

J0150392
农村演唱歌曲 （第三辑）上海群众艺术馆编
上海 上海文化出版社 1964 年 简谱本 56 页
14cm（64 开）统一书号：8077.200

定价：CNY0.09

J0150393
农村演唱歌曲　（第四辑）上海群众艺术馆编
上海　上海文化出版社　1965 年　简谱本　45 页
13cm（60 开）统一书号：8077.281
定价：CNY0.08

J0150394
全世界无产者联合起来　音乐出版社编辑部编
北京　音乐出版社　1963 年　简谱本　45 页
14cm（64 开）统一书号：8026.1843
定价：CNY0.10

J0150395
全世界无产者联合起来　光未然作词；瞿希
贤作曲
北京　音乐出版社　1963 年　［4］页　有曲谱
26cm（16 开）统一书号：8026.1894
定价：CNY0.11
　　作者光未然（1913—2002），作家、诗人。原
名张光年。湖北光化人。代表作品有《戏剧的现
实主义问题》《风雨文谈》《文艺辩论集》《保卫
黄河》。作者瞿希贤（1919—2008），女，作曲家。
上海人，毕业于上海国立音专作曲系。曾就职于
中央音乐学院音工团和中央乐团创作组。代表
作品《听妈妈讲那过去的事情》《新的长征，新的
战斗》《乌苏里船歌》。

J0150396
全世界无产者联合起来　（革命歌曲 8 首）
中国音乐家协会浙江分会,浙江群众艺术馆编
杭州　浙江人民出版社　1963 年　简谱本　13 页
18cm（32 开）统一书号：8103.90
定价：CNY0.09

J0150397
全世界无产者联合起来　光未然作词；
瞿希贤作曲
北京　音乐出版社　1964 年　5 页　有曲谱
26cm（16 开）统一书号：8026.1894
定价：CNY0.10

J0150398
全世界无产者联合起来　（齐唱）

光未然作词；瞿希贤作曲
北京　音乐出版社　1964 年　5 页　26cm（16 开）
统一书号：8026.2230 定价：CNY0.12

J0150399
群众歌曲四十五首　云南音乐舞蹈家协会,
云南人民出版社编
昆明　云南人民出版社　1963 年　114 页
15cm（40 开）统一书号：10116.428
定价：CNY0.25

J0150400
群众歌曲应征作品选集　上海文艺出版社编
上海　上海文艺出版社　1963 年　109 页
19cm（32 开）统一书号：8078.2231
定价：CNY0.30

J0150401
群众演唱歌曲集　《歌曲》编辑部编
北京　音乐出版社　1963 年　简谱本　53 页
19cm（32 开）统一书号：8026.1792
定价：CNY0.17

J0150402
人人歌唱好八连　西彤,柴本尧作词；
柴本尧作曲
上海　上海文艺出版社　1963 年　［2］页　27cm（16 开）
统一书号：8078.2196 定价：CNY0.09
　　本作品系群众歌曲,后附钢琴伴奏。

J0150403
社员新歌选　王玉西编选
石家庄　河北人民出版社　1963 年　40 页
19cm（32 开）统一书号：8086.28
定价：CNY0.15
（农村演唱小丛书）

J0150404
十送红军　（表演唱）朱正本,张士燮整理；
杨鸿年配伴奏
北京　音乐出版社　1963 年　5 页　26cm（16 开）
统一书号：8026.1831 定价：CNY0.16

J0150405
天津市群众歌咏活动推荐歌曲　中国音乐

家协会天津分会,天津人民广播电台,天津群众
艺术馆合编
天津 百花文艺出版社 1963 年 8 页 19cm(32 开)
统一书号: 8152.27 定价: CNY0.02

J0150406
伟大的战士雷锋 (歌曲) 中国音乐家协会山
东分会,山东省群众艺术馆编
济南 山东人民出版社 1963 年 18 页 19cm(32 开)
统一书号: T8099.434 定价: CNY0.08

J0150407
我们走在大路上
中国音乐家协会辽宁分会编
沈阳 春风文艺出版社 1963 年 简谱本 80 页
21cm(32 开)统一书号: T8158.52
定价: CNY0.34
(辽宁创作歌曲选 第四辑)

J0150408
喜洋洋 中国音乐家协会黑龙江分会编
哈尔滨 北方文艺出版社 1963 年 70 页
17cm(32 开)统一书号: 8.10 定价: CNY0.20

J0150409
保卫古巴 程光锐词;时乐濛曲
北京 音乐出版社 1964 年 [6]页 26cm(16 开)
统一书号: 8026.2284 定价: CNY0.08

J0150410
比学赶帮争上游 中国音乐家协会浙江分会,
浙江省群众艺术馆编
杭州 浙江人民出版社 1964 年 23 页 11×15cm
统一书号: 8103.92 定价: CNY0.05

J0150411
擦亮眼睛 (曲谱部分)肖自平配曲
贵阳 贵州省群众艺术馆 1964 年 影印本 16 页
19cm(32 开)

J0150412
采茶舞曲 周大风编曲;俞人悦配伴奏
北京 音乐出版社 1964 年 5 页 26cm(16 开)
统一书号: 8026.1963 定价: CNY0.12
    本书系中国现代群众歌曲。作者周大风

(1923—2015),音乐理论家、作曲家。浙江宁波
人。历任浙江省文工团、浙江省歌剧团、浙江省
越剧团作曲,浙江省艺术研究所研究员等。作品
有《采茶舞曲》等,著有《越剧唱法研究》《小学
音乐欣赏》等。

J0150413
冲击之歌 (齐唱)何定志词;朱南溪等曲;
王世光配伴奏
北京 音乐出版社 1964 年 4 页 26cm(16 开)
统一书号: 8026.2295 定价: CNY0.08

J0150414
得奖歌曲集 (二十城市职工革命歌曲演唱广
播比赛)音乐出版社编辑部编
北京 音乐出版社 1964 年 51 页 18cm(32 开)

J0150415
**二十城市职工革命歌曲演唱广播比赛得奖
歌曲集** 音乐出版社编辑部编
北京 音乐出版社 1964 年 简谱本 51 页
19cm(32 开)统一书号: 8026.2216
定价: CNY0.17

J0150416
风雷之歌 (齐唱)程光锐词;晓河曲;
王世光配伴奏
北京 音乐出版社 1964 年 [4]页 有曲谱
26cm(16 开)统一书号: 8026.2283
定价: CNY0.08

J0150417
高唱革命歌 中国音乐家协会广东分会编
广州 广东人民出版社 1964 年 简谱本 88 页
19cm(32 开)统一书号: 8111.530
定价: CNY0.23

J0150418
高唱革命歌 中国音乐家协会广东分会编
广州 广东人民出版社 1964 年 简谱本 148 页
15cm(64 开)统一书号: 8111.561
定价: CNY0.22

J0150419
高唱革命歌 音乐出版社编辑部编

北京 音乐出版社 1964 年 简谱本 60 页
14cm（64 开）统一书号：8026.1969
定价：CNY0.13

J0150420
高唱革命歌 （简谱本）
中国音乐家协会广东分会编
广州 广东人民出版社 1965 年 2 版 增订本
188 页 19cm（32 开）统一书号：8111.561
定价：CNY0.25

J0150421
高举革命大旗　芦芒,洪源作词；生茂作曲；
杨鸿年配伴奏
北京 音乐出版社 1964 年 ［4］页 26cm（16 开）
统一书号：8026.1962 定价：CNY0.09

J0150422
高举革命大旗　芦芒作词；孟波作曲；杨鸿年
配伴奏
北京 音乐出版社 1964 年 ［4］页 26cm（16 开）
统一书号：8026.2176 定价：CNY0.08

J0150423
歌唱二郎山 （独唱）洛水词；时乐濛曲；赵行
道配伴奏
北京 音乐出版社 1964 年 ［4］页 26cm（16 开）
统一书号：8026.2002 定价：CNY0.08

J0150424
歌唱二郎山 （群众歌曲）洛水词；时乐濛曲
北京 音乐出版社 1964 年 4 页 26cm（16 开）
统一书号：8026.2002 定价：CNY0.09

J0150425
歌唱祖国　王莘作词曲；王莘,赵行道配伴奏
北京 音乐出版社 1964 年 影印本 3 页
26cm（16 开）统一书号：8026.2007
定价：CNY0.09

J0150426
歌唱祖国 （齐唱、二部合唱）王莘词曲；
王莘,赵行道配伴奏
北京 音乐出版社 1964 年 ［4］页 26cm（16 开）
统一书号：8026.2007 定价：CNY0.08

J0150427
革命歌曲 （活页）中国音乐家协会广西壮族
自治区分会,广西壮族自治区人民出版社编
南宁 广西壮族自治区人民出版社 1964 年
15 页 11×16cm 统一书号：8113.188
定价：CNY0.03

J0150428
革命歌曲 （第一辑）广西壮族自治区人民出
版社编辑
南宁 广西壮族自治区人民出版社 1965 年
简谱本 67 页 11×15cm 统一书号：8113.196
定价：CNY0.15

J0150429
革命歌曲 （第二辑）广西壮族自治区人民出
版社编辑
南宁 广西壮族自治区人民出版社 1965 年
简谱本 重印本 36 页 11×15cm
统一书号：8113.195 定价：CNY0.10

J0150430
革命歌曲 （第二辑）广西壮族自治区人民出
版社编辑
南宁 广西壮族自治区人民出版社 1965 年
简谱本 37 页 11×15cm 统一书号：8113.195
定价：CNY0.10

J0150431
革命歌曲 （第三辑）广西壮族自治区人民出
版社编辑
南宁 广西壮族自治区人民出版社 1965 年
简谱本 28 页 11×15cm 统一书号：8113.219
定价：CNY0.09

J0150432
革命歌曲
南宁 广西壮族自治区人民出版社 1966 年
19cm（32 开）定价：CNY0.03

J0150433
革命歌曲
［南宁］广西壮族自治区人民出版社 1966 年
19cm（小 32 开）定价：CNY0.03

J0150434

革命歌曲大家唱 （第1集 革命歌曲选集）

音乐出版社编辑部编

北京 音乐出版社 1964 年 简谱本 322 页

15cm（25 开）统一书号：8026.2026

定价：CNY0.55

　　本集收录 197 首歌曲。

J0150435

革命歌曲大家唱 （第二册 革命歌曲选集）

音乐出版社编辑部编

北京 音乐出版社 1964 年 简谱本 322 页

19cm（32 开）统一书号：8026.2025

定价：CNY0.75

J0150436

革命歌曲大家唱 （农村版）

音乐出版社编辑部编

北京 音乐出版社 1964 年 简谱本 237 页

9×13cm 统一书号：8026.2091 定价：CNY0.27

J0150437

革命歌曲大家唱 （2）音乐出版社编辑部编

北京 音乐出版社 1965 年 简谱本 258 页

15cm（40 开）统一书号：8026.2336

定价：CNY0.44

J0150438

革命歌曲大家唱 （第2集 革命歌曲选集）

音乐出版社编辑部编

北京 音乐出版社 1965 年 19cm（32 开）

定价：CNY0.60

　　本集收录 162 首歌曲。

J0150439

革命歌曲大家唱 　音乐出版社编辑部编

北京 音乐出版社 1965 年 简谱本 134 页

13cm（60 开）统一书号：8026.2415

定价：CNY0.16

J0150440

革命歌曲大家唱 （革命歌曲选集）

音乐出版社编辑部编

北京 音乐出版社 1965 年 简谱本 322 页

17cm（30 开）统一书号：8026.2026

定价：CNY0.55

J0150441

革命歌曲大家唱 （农村版）

音乐出版社编辑部编

北京 音乐出版社 1965 年 10cm（60 开）

定价：CNY0.16

J0150442

革命歌曲集 　中国音乐家协会天津分会，天津

群众艺术馆编

天津 百花文艺出版社 1964 年 简谱本 263 页

19cm（32 开）统一书号：8151.28

定价：CNY0.78

J0150443

革命歌曲十三首 （第二辑）

南宁 广西壮族自治区人民出版社 1964 年

简谱本 21 页 11×15cm 统一书号：8113.151

定价：CNY0.06

J0150444

革命歌曲选 （二）北方文艺出版社编辑

哈尔滨 北方文艺出版社 1964 年 简谱本 26 页

19cm（32 开）统一书号：8.12 定价：CNY0.10

J0150445

革命歌曲选 　宁夏回族自治区人民出版社编辑

银川 宁夏回族自治区人民出版社 1964 年

简谱本 276 页 19cm（32 开）

统一书号：8157.61 定价：CNY0.80

J0150446

革命歌曲选 　宁夏回族自治区人民出版社编辑

银川 宁夏回族自治区人民出版社 1964 年

简谱本 244 页 14cm（64 开）

统一书号：8157.68 定价：CNY0.35

J0150447

革命歌曲选 （第一册）河南省文联编

郑州 河南人民出版社 1964 年 简谱本 42 页

19cm（32 开）统一书号：T8105.435

定价：CNY0.17

J0150448
革命歌曲选 （第二册）河南省文联编
郑州　河南人民出版社　1965 年　简谱本　157 页
9×13cm　统一书号：8105.462　定价：CNY0.24

J0150449
革命歌曲选 （第二集）宁夏回族自治区人民
出版社编辑
银川　宁夏回族自治区人民出版社　1965 年
简谱本　113 页　13cm（60 开）
统一书号：8157.70　定价：CNY0.18

J0150450
革命歌曲选 （一）河南省文联编
郑州　河南人民出版社　1965 年　2 版　108 页
9×13cm　统一书号：8105.481　定价：CNY0.18

J0150451
革命歌曲选　河南省文联编
郑州　河南人民出版社　1965 年　19cm（32 开）
定价：CNY0.17

J0150452
革命歌曲选　湖北人民出版社编辑
武汉　湖北人民出版社　1965 年　简谱本　32 页
14cm（64 开）统一书号：T8106.695
定价：CNY0.06

J0150453
革命歌曲选 （第二集）中国音乐家协会江苏
分会编
南京　江苏人民出版社　1965 年　简谱本　65 页
13cm（60 开）统一书号：8100.1211
定价：CNY0.13

J0150454
革命歌曲选　内蒙古人民广播电台编
呼和浩特　内蒙古人民出版社　1964 年　简谱本
99 页　9×13cm　统一书号：8089.38
定价：CNY0.14

J0150455
革命歌曲选 （二）内蒙古人民广播电台编
呼和浩特　内蒙古人民出版社　1965 年　简谱本
58 页　19cm（32 开）统一书号：8089.40

定价：CNY0.17

J0150456
革命歌曲选 （三）内蒙古人民出版社编辑
呼和浩特　内蒙古人民出版社　1965 年　简谱本
31 页　19cm（32 开）统一书号：8089.41
定价：CNY0.13

J0150457
革命歌曲选 （四）内蒙古人民广播电台编
呼和浩特　内蒙古人民出版社　1965 年　简谱本
68 页　13cm（60 开）统一书号：8089.42
定价：CNY0.20

J0150458
革命歌曲选 （1《我们的祖国在前进》等五首）
河南人民出版社编
郑州　河南人民出版社　1974 年　19cm（小 32 开）
定价：CNY0.01

J0150459
革命歌曲选 （2　故事影片《闪闪的红星》主
题歌和插曲）河南人民出版社编
郑州　河南人民出版社　1974 年　19cm（小 32 开）
定价：CNY0.01

J0150460
革命歌曲选 （3《热烈欢呼四届人大胜利召
开》等五首）河南人民出版社编
郑州　河南人民出版社　1974 年　19cm（小 32 开）
定价：CNY0.02

J0150461
革命歌曲选集 （第一集）西藏人民出版社编
拉萨　西藏人民出版社　1964 年　简谱本　48 页
19cm（32 开）统一书号：8170.1　定价：CNY0.10

J0150462
革命歌曲选辑　上海音乐学院编
上海　上海文化出版社　1964 年　简谱本　155 页
19cm（32 开）统一书号：8077.201
定价：CNY0.42

J0150463
工人力量大　倪维德，王莘作词；王莘作曲；

郭汀石配伴奏

北京 音乐出版社 1964年 3页 26cm（16开）

统一书号：8026.1966 定价：CNY0.09

J0150464

工人力量大 （齐唱、二部合唱）倪维德,王莘
作词；王莘作曲；郭汀石配伴奏

北京 音乐出版社 1964年 ［4］页 26cm（16开）

统一书号：8026.1966 定价：CNY0.08

J0150465

广阔大地是我们的课堂 徐海等集体创作；
孙亦林配伴奏

北京 音乐出版社 1964年 正谱本 ［4］页
26cm（16开）统一书号：8026.1959

定价：CNY0.09

　　本书系中国现代群众歌曲。孙亦林（1935—
2015），女，作曲家。出生于北京，中央音乐学院毕
业。曾在中央广播合唱团从事钢琴伴奏和音乐
创作。创作有《青年钢琴协奏曲》《陕北民歌主
题变奏曲——献给青少年》《美丽的阿吾勒》《哈
萨克组曲》等。

J0150466

逛新城 （表演唱）邓先恺等词；李才生曲；
刘文金配伴奏

北京 音乐出版社 1964年 ［4］页 26cm（16开）

统一书号：8026.2235 定价：CNY0.08

J0150467

红歌一百首 中国音乐家协会广西壮族自治
区分会编

南宁 广西壮族自治区人民出版社 1964年

简谱本 232页 11×15cm 统一书号：8113.143

定价：CNY0.50

J0150468

红歌一百首 （第二集）
广西壮族自治区分会编辑

南宁 广西壮族自治区人民出版社 1965年

简谱本 238页 15cm（40开）

统一书号：8113.220 定价：CNY0.42

J0150469

教唱歌谱 （一·三八作风歌、唱支山歌给党听）

［北京］音乐出版社 1964年 ［1张］

153×214cm 定价：CNY0.30

J0150470

节日的晚上 安娥作词；李金声作曲；
崔昌奎配伴奏

北京 音乐出版社 1964年 5页 26cm（16开）

统一书号：8026.2018 定价：CNY0.12

　　作者安娥（1905—1976），中国近代著名剧作
家、作词家、诗人、记者、翻译家，中共地下情报
人员。出生在河北省获鹿县（今河北省鹿泉市）。
致力于歌词写作，成绩斐然，歌曲词作品有《卖报
歌》《打回老家去》；报告文学有《五月榴花照眼
明》；诗集有《燕赵儿女》；戏曲剧本有《山河恋》
《追鱼》《情探》。

J0150471

六样机 （表演唱）上海群众艺术馆编；陈树忠
填词；许起根编曲；珊瑚动作设计

上海 上海文化出版社 1964年 28页 有图
14cm（64开）统一书号：T8077.209

定价：CNY0.07

J0150472

绿色的丛林·绿色的海洋 （高音独唱）
程光锐作词；李焕之作曲

北京 音乐出版社 1964年 ［8］页 26cm（16开）

统一书号：8026.2167 定价：CNY0.10

　　本书系中国群众歌曲专著。作者李焕之
（1919—2000），作曲家、指挥家、音乐理论家。出
生于香港，原籍福建晋江市，毕业于延安鲁迅艺
术学院。历任中央音乐学院音乐团团长、中央歌
舞团艺术指导、中央民族乐团团长。代表作品有
《民主建国进行曲》《新中国青年进行曲》《春节
组曲》等。

J0150473

毛主席是咱社里人 张永枚词；王丹改词；
程恺作曲

北京 音乐出版社 1964年 3页 27cm（16开）

统一书号：8026.1961 定价：CNY0.09

J0150474

毛主席是咱社里人 中国音乐家协会浙江分
会,浙江群众艺术馆编

杭州　浙江人民出版社　1964年　32页　11×15cm
统一书号：8103.91　定价：CNY0.08
　　本作品系俱乐部歌咏活动材料之一，群众
歌曲。

J0150475

毛主席像红太阳　（创作歌曲）中国音乐家协
会浙江分会，浙江群众艺术馆编
杭州　浙江人民出版社　1964年　35页　18cm（15开）
统一书号：8103.94　定价：CNY0.10

J0150476

纳鞋底　（女声表演唱）毛迅作词作曲；王熙动
作设计；金国华记录
上海　上海文化出版社　1964年　25页　有图
14cm（64开）统一书号：T8077.220
定价：CNY0.07

J0150477

南京路上好八连　（齐唱）西彤词；柴本尧曲；
李遇秋配伴奏
北京　音乐出版社　1964年　4页　26cm（16开）
统一书号：8026.2242　定价：CNY0.08

J0150478

青年之歌　王莘作词并曲；杨振雄配伴奏
北京　音乐出版社　1964年　2页　26cm（16开）
统一书号：8026.2014　定价：CNY0.09

J0150479

青年之歌　（齐唱、二部合唱）王莘词曲；
杨振雄配伴奏
北京　音乐出版社　1964年　［4］页　26cm（16开）
统一书号：8026.2014　定价：CNY0.08

J0150480

**全国少数民族群众业余艺术观摩演出歌曲
选**　全国少数民族群众业余艺术观摩演出会，
音乐出版社编辑部编
北京　音乐出版社　1964年　简谱本　146页
20cm（32开）统一书号：8026.2309
定价：CNY0.66
　　本书是1964年北京举行全国少数民族群众
业余艺术观摩演出节目中的歌曲和新民歌部分，
共选收40个民族的94首歌曲。

J0150481

全国少数民族群众业余艺术观摩演出歌曲选
（简谱本）全国少数民族群众业余艺术观摩演出
会，音乐出版社编辑部编
北京　音乐出版社　1965年　2版　增订本　196页
有图　21cm（32开）统一书号：8026.2309
定价：CNY0.86

J0150482

全军一齐唱　（革命歌曲二十四首）
《解放军歌曲》编辑部编
北京　音乐出版社　1964年　2版　简谱本　26页
19cm（32开）统一书号：8026.1449
定价：CNY0.11

J0150483

群众歌曲　音乐出版社编辑
北京　音乐出版社　1964年　42册　26cm（16开）

J0150484

群众歌曲二十首　山东人民出版社编辑
济南　山东人民出版社　1964年　简谱本　66页
14cm（64开）统一书号：T8099.531
定价：CNY0.13

J0150485

群众歌曲二十首　山东人民出版社编辑
济南　山东人民出版社　1965年　重印本　64页
13cm（60开）统一书号：8099.531
定价：CNY0.13

J0150486

群众革命歌曲选　中国音乐家协会西安分会，
陕西省群众艺术馆编
西安　长安书店　1964年　简谱本　54页
19cm（32开）统一书号：8095.5　定价：CNY0.17

J0150487

群众演唱　（歌曲集）黑龙江省群众艺术馆编
哈尔滨　黑龙江省群众艺术馆　1964年　54页
19cm（32开）
　　新年春节文艺演唱材料。

J0150488

群众演唱材料选辑　（十五　歌曲）

群众演唱材料选辑编委会编
南宁 广西壮族自治区人民出版社 1964 年 51 页
19cm（32 开）统一书号：T10113.286
定价：CNY0.16

J0150489
啥人养活啥人　叶至诚词；叶林曲；陈平配伴奏
北京 音乐出版社 1964 年 [4]页 26cm（16 开）
统一书号：8026.2237 定价：CNY0.08

J0150490
山区前途宽又广　（文艺演唱材料）
福建人民出版社编辑
[福州] 福建人民出版社 1964 年 19cm（小 32 开）
定价：CNY0.07

J0150491
社员都是向阳花　张士燮作词；王玉西作曲
北京 音乐出版社 1964 年 3 页 27cm（16 开）
统一书号：8026.1964 定价：CNY0.09

J0150492
石油小唱　李季作词；马可作曲
北京 音乐出版社 1964 年 5 页 26cm（16 开）
统一书号：8026.2105 定价：CNY0.12

J0150493
说说唱唱　山西省群众艺术馆编
太原 山西省群众艺术馆 1964 年 22 页
19cm（小 32 开）

J0150494
说说唱唱　（一九六四年第四辑 歌曲专辑）
山西省群众艺术馆编
太原 山西省群众艺术馆 1964 年 22 页
19cm（32 开）

J0150495
团结就是力量　（中国群众歌曲）
中国音乐家协会编
[北京] 外文出版社 1964 年 26cm（16 开）

J0150496
团结战斗　（齐唱）时乐濛词曲；李遇秋配伴奏
北京 音乐出版社 1964 年 [4]页 26cm（16 开）

统一书号：8026.2241 定价：CNY0.08

J0150497
我的算盘好伙计　（男声表演唱）
苏广誉作词；蜀川作曲；杨鸿年配伴奏
北京 音乐出版社 1964 年 [4]页 26cm（16 开）
统一书号：8026.1960 定价：CNY0.09

J0150498
我和班长　（男声用）郑南词；晨耕曲；
刘文金配伴奏
北京 音乐出版社 1964 年 5 页 26cm（16 开）
统一书号：8026.2170 定价：CNY0.10

J0150499
我们见到了毛主席　（歌曲选集之一）
福建人民出版社编辑
福州 福建人民出版社 1964 年 简谱本 43 页
有图 19cm（32 开）统一书号：8104.410
定价：CNY0.13
　　本书为福建省第五届农村业余文艺会演节
目选。

J0150500
我们是革命的后一代　（齐唱）尼维德词；
关鹤岩曲；虞予配伴奏
北京 音乐出版社 1964 年 [4]页 26cm（16 开）
统一书号：8026.2238 定价：CNY0.08

J0150501
我们走在大路上　李劫夫作词曲；郭汀石配
伴奏
北京 音乐出版社 1964 年 3 页 26cm（16 开）
统一书号：8026.1965 定价：CNY0.09

J0150502
我们走在大路上　中国音乐家协会浙江分会，
浙江群众艺术馆编
杭州 浙江人民出版社 1964 年 简谱本 21 页
11×15cm 统一书号：8103.93
定价：CNY0.05
（俱乐部歌咏活动材料 三）

J0150503
下乡上山大联唱　福州市学校系统下乡上山

创作集体创作

福州 福建人民教育出版社 1964 年 16 页

19cm（32 开）统一书号：7159.397

定价：CNY0.07

J0150504

新时代唱新歌 中国音乐家协会山东分会，山东省群众艺术馆编

济南 山东人民出版社 1964 年 简谱本 66 页

19cm（32 开）统一书号：8099.530

定价：CNY0.22

　　本书为 1964 年山东省群众歌舞会演歌曲选。

J0150505

学习雷锋好榜样 （齐唱）洪源作词；

生茂作曲；杨鸿年配伴奏

北京 音乐出版社 1964 年 ［4］页 26cm（16 开）

统一书号：8026.2282 定价：CNY0.08

　　本书与王森词，陈锡元曲，刘福安配伴奏的《听话要听党的话》合订。

J0150506

应征歌曲选 （1963）中国音乐家协会山西分会，山西群众艺术馆编

北京 中国音乐家协会山西分会 1964 年 66 页

19cm（32 开）

J0150507

永远跟着毛主席 （武汉部队业余文艺会演歌曲选）叶英等作词；李墨林等作曲

武汉 湖北人民出版社 1964 年 简谱本 26 页

14cm（64 开）统一书号：T8106.691

定价：CNY0.08

J0150508

永远站在社会主义建设最前线

（工人歌曲集）北京市总工会宣传部等编

北京 北京出版社 1964 年 简谱本 46 页

19cm（32 开）统一书号：T8071.172

定价：CNY0.16

（群众演唱丛刊）

J0150509

越走越亮堂 （男高音用）王书怀等词曲；

作凡配伴奏

北京 音乐出版社 1964 年 ［6］页 26cm（16 开）

统一书号：8026.2165 定价：CNY0.10

J0150510

战斗吧，觉醒的非洲！ 音乐出版社编辑部编

北京 音乐出版社 1964 年 29 页 19cm（32 开）

统一书号：8026.2067 定价：CNY0.20

J0150511

中国革命歌曲选 （上册）北京市总工会宣传部编

北京 北京出版社 1964 年 186 页 14cm（64 开）

统一书号：8071.157 定价：CNY0.34

　　本册选有第一次国内革命战争时期工农红军歌曲 6 首，抗日战争时期歌曲 70 多首，第三次国内革命战争时期歌曲 30 多首。

J0150512

中国革命歌曲选 （上册）

北京市总工会宣传部等编

北京 北京出版社 1964 年 262 页 14cm（64 开）

统一书号：8071.171 定价：CNY0.46

　　本册选有第一次国内革命战争时期工农红军歌曲 6 首，抗日战争时期歌曲 70 多首，第三次国内革命战争时期歌曲 30 多首。

J0150513

中国革命歌曲选 （下册）

北京市总工会宣传部等编

北京 北京出版社 1964 年 262 页 14cm（64 开）

定价：CNY0.46

　　本册选有反映新中国成立以来中国社会主义革命和建设的优秀歌曲 112 首。

J0150514

中国革命歌曲选 （上册）

北京市总工会宣传部等编

北京 北京出版社 1964 年 简谱本 186 页

21cm（32 开）统一书号：8071.157

定价：CNY0.70

J0150515

中国革命歌曲选 （下册）

北京市总工会宣传部等编

北京 北京出版社 1964 年 262 页 简谱本

21cm（32 开）统一书号：8071.171
定价：CNY0.95

J0150516
中国群众歌曲选　中国音乐家协会编辑
北京 音乐出版社 1964 年 正谱本 25 页
26cm（16 开）

J0150517
中国人民志愿军战歌　麻扶摇作词；
周巍峙作曲；张定和配伴奏
北京 音乐出版社 1964 年 3 页 26cm（16 开）
统一书号：8026.2016 定价：CNY0.09

J0150518
中尼友谊之路　刘岚山词；鸣亚曲；
施光南配伴奏
北京 音乐出版社 1964 年［4］页 26cm（16 开）
统一书号：8026.2274 定价：CNY0.08

J0150519
中越人民肩并肩　（支援越南歌曲集）
南宁 广西壮族自治区人民出版社 1964 年
简谱本 28 页 19cm（32 开）
统一书号：8113.191 定价：CNY0.11

J0150520
1965 五一国际劳动节推荐革命歌曲
天津市文化局等选辑
天津 百花文艺出版社 1965 年 19 页 19cm（32 开）
统一书号：T8151.61 定价：CNY0.05

J0150521
唱雷锋 学雷锋　（歌曲专辑）
上海文化出版社编
上海 上海文化出版社 1965 年 70 页 14cm（64 开）
统一书号：8077.246 定价：CNY0.11

J0150522
打得对，打得好
（齐唱）郁庆五作词；罗忠镕作曲
北京 音乐出版社 1965 年 3 页 26cm（16 开）
统一书号：8026.2427 定价：CNY0.08
　　作者罗忠镕（1924—　），作曲家、理论家、
教授。生于四川省三台县，就读于成都四川省

立艺术专科学校和国立上海音乐专科学校。代
表作品《罗忠镕后期现代风格的音乐创作研究》
《山那边哟好地方》《庆祝十三陵水库落成典礼序
曲》等。

J0150523
大比大学大竞赛　夏白作词作曲；
关乃忠配伴奏
北京 音乐出版社 1965 年 3 页 26cm（16 开）
统一书号：8026.2327 定价：CNY0.09
　　作者夏白（1919—　），作曲家。四川渠县人。
毕业于四川省立戏剧音乐学校。后从事音乐编
辑工作。新中国成立后任音协上海分会秘书长。
曾为中国音协理事、上海文联委员。作有歌曲《迎
着战斗的春天》，撰有评论集《在新音乐运动的行
进中》。

J0150524
大海航行靠舵手　（歌曲）天津群众艺术馆编
天津 百花文艺出版社 1965 年 简谱本 30 页
15cm（40 开）统一书号：T8151.63
定价：CNY0.06
（百花唱本 26）

J0150525
大海航行靠舵手　（革命歌曲选编）中国音乐
家协会浙江分会，浙江省群众艺术馆编
杭州 浙江人民出版社 1965 年 简谱本 42 页
11×15cm 统一书号：T8103.95 定价：CNY0.07

J0150526
大型音乐舞蹈史诗《东方红》歌曲
湖北人民出版社编辑
武汉 湖北人民出版社 1965 年 80 页 19cm（32 开）
统一书号：T8106.717 定价：CNY0.28

J0150527
歌唱雷锋　（歌本）春风文艺出版社编辑
沈阳 春风文艺出版社 1965 年 87 页 10×14cm
统一书号：T8158.77 定价：CNY0.17

J0150528
歌唱王杰　安徽人民出版社编辑
合肥 安徽人民出版社 1965 年 简谱本 18 页
10×13cm 统一书号：8102.354 定价：CNY0.04

J0150529

歌唱王杰 （歌本）春风文艺出版社编辑
沈阳 春风文艺出版社 1965 年 39 页 10×14cm
统一书号：T8158.85 定价：CNY0.07

J0150530

歌唱王杰　　江西人民出版社编辑
南昌 江西人民出版社 1965 年 简谱本 26 页
13cm（60 开）统一书号：T8110.449
定价：CNY0.04

J0150531

歌选 （歌唱王杰）
哈尔滨 北方文艺出版社 1965 年
19cm（小 32 开）定价：CNY0.02
　　本书系中国现代革命歌曲作品选集。

J0150532

革命歌曲　　青海省群众艺术馆编
西宁 青海省群众艺术馆 1965 年 49 页
13cm（60 开）

J0150533

革命歌曲 （抗日战争歌曲选）青海省群众艺
术馆编
西宁 青海省群众艺术馆 1965 年 43 页
13cm（60 开）

J0150534

革命歌曲歌词一百首　　上海文化出版社编
上海 上海文化出版社 1965 年 10cm（64 开）
定价：CNY0.10

J0150535

革命歌曲集 （一）河北群众艺术馆音乐室编
石家庄 河北人民出版社 1965 年 简谱本 117 页
19cm（32 开）统一书号：8086.29
定价：CNY0.28

J0150536

革命歌曲十三首
合肥 安徽人民出版社 1965 年 简谱本 32 页
13cm（60 开）统一书号：8102.286
定价：CNY0.06

J0150537

革命歌曲十三首
兰州 甘肃人民出版社 1965 年 简谱本 36 页
9×13cm 统一书号：T8096.51 定价：CNY0.06

J0150538

革命歌曲十三首　　贵州人民出版社编辑
贵阳 贵州人民出版社 1965 年 简谱本 37 页
10×14cm 统一书号：T8115.405 定价：CNY0.06

J0150539

革命歌曲十三首　　河北人民出版社编
石家庄 河北人民出版社 1965 年 31 页
13cm（60 开）统一书号：8036.30
定价：CNY0.05

J0150540

革命歌曲十三首　　湖南人民出版社编
长沙 湖南人民出版社 1965 年 18 页 15cm（40 开）
统一书号：8109.687 定价：CNY0.04

J0150541

革命歌曲十三首　　中国音乐家协会江苏分
会编
南京 江苏人民出版社 1965 年 简谱本 32 页
13cm（60 开）统一书号：8100.1213
定价：CNY0.06

J0150542

革命歌曲十三首
银川 宁夏回族自治区人民出版社 1965 年
简谱本 18 页 13cm（60 开）统一书号：8157.69
定价：CNY0.05

J0150543

革命歌曲十三首　　山西人民出版社辑
太原 山西人民出版社 1965 年 17 页
19cm（32 开）定价：CNY0.04

J0150544

革命歌曲五十首　　中国青年出版社编辑
北京 中国青年出版社 1965 年 简谱本 140 页
14cm（64 开）统一书号：8009.33
定价：CNY0.20

J0150545
革命歌曲选 （十三首）郁文等作词
北京 北京出版社 1965 年 21 页 19cm（32 开）
统一书号：8071.178 定价：CNY0.05

J0150546
革命歌曲选 （十三首）
北京 北京出版社 1965 年 2 版 简谱本 24 页
13cm（60 开）统一书号：8071.178
定价：CNY0.05

J0150547
革命歌曲选 （《红旗》杂志向全国推荐的 13
首革命歌曲）郁文等作词；王双印等作曲
沈阳 春风文艺出版社 1965 年 简谱本 38 页
10×14cm 统一书号：T8158.71 定价：CNY0.06

J0150548
革命歌曲选 广东人民出版社编辑
广州 广东人民出版社 1965 年 简谱本 24 页
13cm（60 开）统一书号：8111.578
定价：CNY0.05

J0150549
革命歌曲选 青海人民出版社编
西宁 青海人民出版社 1965 年 36 页 9×13cm
统一书号：8097.123 定价：CNY0.06

J0150550
革命歌曲选 上海文化出版社编
上海 上海文化出版社 1965 年 31 页 14cm（64 开）
统一书号：8077.242 定价：CNY0.07

J0150551
革命歌曲选 上海文化出版社编
上海 上海文化出版社 1965 年 10cm（64 开）
简装 定价：CNY0.03

J0150552
革命歌曲选 （《红旗》杂志向全国推荐的
13 首革命歌曲）
成都 四川人民出版社 1965 年 简谱本 32 页
13cm（60 开）统一书号：T8118.506
定价：CNY0.04

J0150553
革命歌曲选
乌鲁木齐 新疆青年出版社 1965 年 简谱本
［36］页 7×11cm 统一书号：8124.76
定价：CNY0.06

J0150554
革命歌曲选
乌鲁木齐 新疆青年出版社 1965 年 简谱本
63 页 11×15cm 统一书号：T8098.1
定价：CNY0.14

J0150555
革命歌曲选 （简谱版）
乌鲁木齐 新疆青年出版社 1965 年 2 版
［36］页 7×11cm 统一书号：10124.87
定价：CNY0.06

J0150556
革命歌曲选 （《红旗》一九六五年第三期选载
的革命歌曲）
昆明 云南人民出版社 1965 年 2 版 简谱修订本
31 页 13cm（60 开）统一书号：8116.504
定价：CNY0.06

J0150557
革命歌曲选 （《红旗》一九六五年第三期选载
的革命歌曲）
昆明 云南人民出版社 1965 年 31 页 15cm（64 开）
统一书号：8116.504 定价：CNY0.08

J0150558
革命歌曲选 长安书店编辑
西安 长安书店 1965 年 30 页 11×15cm
统一书号：8095.6 定价：CNY0.08

J0150559
革命歌曲选 广东人民出版社编
广州 广东人民出版社 1971 年 94 页 14cm（64 开）
定价：CNY0.11

J0150560
革命歌曲选
［广州］广东人民出版社 1971 年 25 册
19cm（小 32 开）

J0150561
革命歌曲选 （1972年第 1–25 号）
[广州] 广东人民出版社 1971 年 10cm（64 开）
定价：CNY0.11

J0150562
革命歌曲选 （一）青海人民广播电台编
[西宁] 青海人民出版社 1972 年 19cm（小 32 开）
定价：CNY0.21

J0150563
革命歌曲选 （二）青海人民广播电台编
[西宁] 青海人民出版社 1972 年 19cm（小 32 开）
定价：CNY0.08

J0150564
革命歌曲选 （三）青海人民广播电台编
[西宁] 青海人民出版社 1972 年 19cm（小 32 开）
定价：CNY0.11

J0150565
革命歌曲选 （第一集）云南人民广播电台编
昆明 云南人民出版社 1972 年 83 页 14cm（64 开）
统一书号：8116.564 定价：CNY0.10

J0150566
革命歌曲选 （第二集）云南人民广播电台编
昆明 云南人民出版社 1972 年 63 页 14cm（64 开）
统一书号：8116.574 定价：CNY0.08

J0150567
革命歌曲选 （一）
西宁 青海人民出版社 1973 年 19cm（32 开）
定价：CNY0.17

J0150568
革命歌曲一百首　　中国音乐家协会江西分会，
江西省群众艺术馆编
南昌 江西人民出版社 1965 年 简谱本 183 页
17cm（40 开）统一书号：T8110.423
定价：CNY0.33

J0150569
革命歌声 （1）音乐出版社编辑部编
北京 音乐出版社 1965 年 简谱本 62 页

14cm（64 开）统一书号：8026.2324
定价：CNY0.13

J0150570
革命歌声 （2）音乐出版社编辑部编
北京 音乐出版社 1965 年 简谱本 64 页
13cm（60 开）统一书号：8026.2355
定价：CNY0.13

J0150571
革命歌声 （3）音乐出版社编辑部编
北京 音乐出版社 1965 年 简谱本 64 页
13cm（60 开）统一书号：8026.2391
定价：CNY0.13

J0150572
革命歌声 （4）音乐出版社编辑部编
北京 音乐出版社 1965 年 简谱本 61 页
14cm（64 开）统一书号：8026.2462
定价：CNY0.13

J0150573
革命歌声 （1966 1）音乐出版社编辑部编
北京 音乐出版社 1966 年 简谱本 62 页
14cm（64 开）统一书号：8026.2508
定价：CNY0.11

J0150574
革命歌声 （1965 年合订本）
音乐出版社编辑部编
北京 音乐出版社 1966 年 简谱本 247 页
14cm（64 开）统一书号：8026.2495
定价：CNY0.37

J0150575
革命历史歌曲表演唱 （九场十六景歌舞）
中国人民解放军政治部文艺工作团集体创作
上海 上海文化出版社 1965 年 新 1 版 简谱本
192 页 有图 21cm（32 开）统一书号：8077.236
定价：CNY0.72

J0150576
革命人要听毛主席的话 （表演唱）
中国音乐家协会山西分会编
太原 山西人民出版社 1965 年 83 页 13cm（60 开）

统一书号：10088.561 定价：CNY0.10

J0150577
革命新歌　湖北省文化局等编
武汉　湖北人民出版社 1965 年 简谱本 70 页
14cm（64 开）统一书号：T8106.692
定价：CNY0.14

J0150578
工人阶级硬骨头　（齐唱）希扬作词；瞿维作曲
北京　音乐出版社 1965 年 3 页 26cm（16 开）
统一书号：8026.2421 定价：CNY0.08
　　作者瞿维（1917—2002），中国现代作曲家。
生于江苏常州，毕业于上海新华艺专师范系。曾
任中国音乐家协会常务理事、副主席，音协上海
分会副主席，上海交通大学音乐研究室主任，中
国高等学校音乐教育学学会会长等职。代表作
钢琴曲《花鼓》《蒙古夜曲》，歌剧《白女》等。

J0150579
河北省革命歌曲演唱会优秀歌曲选
中国音乐家协会河北省分会编
石家庄　河北人民出版社 1965 年 简谱本 147 页
13cm（60 开）统一书号：8086.36
定价：CNY0.19

J0150580
江西创作歌曲选　中国音乐家协会江西分会，
江西省群众艺术馆编
南昌　江西人民出版社 1965 年 简谱本 63 页
11×15cm 统一书号：T8110.407 定价：CNY0.10

J0150581
紧握手中枪　湖南人民出版社编
长沙　湖南人民出版社 1965 年 15cm（64 开）
定价：CNY0.10
（农村文娱活动小丛书）
　　中国现代革命歌曲作品选集。

J0150582
抗日战争歌曲选　北方文艺出版社编
哈尔滨　北方文艺出版社 1965 年 简谱本 33 页
9×13cm 统一书号：8.19 定价：CNY0.07

J0150583
抗日战争歌曲选　贵州省群众艺术馆编
贵阳　贵州省群众艺术馆 1965 年 46 页
19cm（32 开）

J0150584
抗日战争歌曲选　中国音乐家协会江苏分会编
南京　江苏人民出版社 1965 年 简谱本 64 页
19cm（32 开）统一书号：8100.1243
定价：CNY0.20

J0150585
抗日战争时期歌曲选　河北人民出版社选编
石家庄　河北人民出版社 1965 年 简谱本 59 页
14cm（64 开）统一书号：8086.32
定价：CNY0.09

J0150586
抗日战争时期革命歌曲选
中国音乐家协会四川分会编
成都　四川人民出版社 1965 年 简谱本 34 页
13cm（60 开）统一书号：T8118.515
定价：CNY0.05

J0150587
抗日战争时期革命歌曲选　（活页专辑）
音乐出版社编辑部编
北京　音乐出版社 1965 年 简谱本 15 页
19cm（32 开）统一书号：8026.2387
定价：CNY0.04

J0150588
抗日战争时期革命歌曲选
云南音乐舞蹈家协会编
昆明　云南人民出版社 1965 年 简谱本 28 页
15cm（40 开）统一书号：T8116.518
定价：CNY0.05

J0150589
抗战歌曲三十首　（纪念抗日战争胜利 20 周
年）中国音乐家协会吉林分会编
长春　吉林人民出版社 1965 年 简谱本 66 页
13cm（60 开）统一书号：8091.229
定价：CNY0.11

J0150590

毛主席的教导记在心

中国音乐家协会浙江分会,浙江群众艺术馆编

杭州 浙江人民出版社 1965 年 简谱本 52 页

11×15cm 统一书号: T8103.97 定价: CNY0.08

J0150591

毛主席的战士最听党的话 （男声表演唱）

李之金作词并曲；张自强配伴奏

北京 音乐出版社 1965 年 3 页 26cm（16 开）

统一书号: 8026.2315 定价: CNY0.09

J0150592

毛主席是咱社里人 （歌曲）天津群众艺术馆编

天津 百花文艺出版社 1965 年 简谱本 30 页

有乐谱 15cm（40 开）统一书号: T10151.64

定价: CNY0.06

（百花唱本 27）

J0150593

民兵歌曲二十首　山东人民出版社编辑

济南 山东人民出版社 1965 年 简谱本 47 页

13cm（60 开）统一书号: 8099.550

定价: CNY0.11

J0150594

民兵之歌 （歌曲集）北京出版社编辑

北京 北京出版社 1965 年 简谱本 27 页 有乐谱

13cm（60 开）统一书号: T8071.180

定价: CNY0.06

（群众演唱丛刊）

J0150595

农村歌本　上海文化出版社编

上海 上海文化出版社 1965 年 134 页

14cm（64 开）统一书号: 8077.289

定价: CNY0.15

J0150596

农村歌曲选　中国音乐家协会贵州分会编

贵阳 贵州人民出版社 1965 年 简谱本 50 页

13cm（60 开）统一书号: T8115.493

定价: CNY0.08

J0150597

农村活页歌选 （11）

中国音乐家协会上海分会等编

上海 上海文化出版社 1965 年 9 页 13cm（60 开）

定价: CNY0.01

J0150598

贫农下中农是顶梁柱 （歌曲）

河北群众艺术馆编

天津 百花文艺出版社 1965 年 简谱本 42 页

有乐谱 15cm（40 开）统一书号: T8151.62

定价: CNY0.08

（百花唱本 21）

J0150599

贫农下中农一条心　涂心江作词；

沈亚威作曲；张自强配伴奏

北京 音乐出版社 1965 年 3 页 26cm（16 开）

统一书号: 8026.2326 定价: CNY0.09

J0150600

全世界人民行动起来 （歌曲）河南省文联编

郑州 河南人民出版社 1965 年 27 页 有乐谱

13cm（60 开）统一书号: 8105.480

定价: CNY0.06

J0150601

群众歌曲选 （新歌曲）山西人民广播电台文

艺部编

太原 山西人民出版社 1965 年 简谱本 47 页

13cm（60 开）统一书号: 10088.544

定价: CNY0.06

J0150602

社会主义教育大展开 （表演唱）

河北省群众艺术馆编

石家庄 河北人民出版社 1965 年 10cm（64 开）

定价: CNY0.09

（农村演唱小丛书）

J0150603

社会主义教育运动好 （革命歌曲选辑）

上海文化出版社编

上海 上海文化出版社 1965 年 简谱本 28 页

14cm（64 开）统一书号: 8077.271

定价：CNY0.03

J0150604
社员心向共产党 （歌曲集）北京出版社编辑
北京 北京出版社 1965年 简谱本 29页 有乐谱
13cm（60开）统一书号：T8071.179
定价：CNY0.06
（群众演唱丛刊）

J0150605
送瘟神 （防治血吸虫病歌曲集）
上海文化出版社编
上海 上海文化出版社 1965年 53页 19cm（32开）
统一书号：8077.244 定价：CNY0.14

J0150606
听话要听党的话 （革命歌曲二十六首）
云南人民出版社编
昆明 云南人民出版社 1965年 简谱本 55页
15cm（40开）统一书号：T10116.487
定价：CNY0.09

J0150607
学王杰，一心为革命 （歌曲专辑）
上海文化出版社编
上海 上海文化出版社 1965年 简谱本 21页
14cm（64开）统一书号：8077.294
定价：CNY0.02

J0150608
学王杰英雄 （歌曲专集）
哈尔滨市群众艺术馆编
哈尔滨 哈尔滨市群众艺术馆 1965年 20页
13cm（60开）定价：CNY0.03

J0150609
学习王杰好榜样 （歌曲选）中国音乐家协会
河北分会编
石家庄 河北人民出版社 1965年 简谱本 30页
13cm（60开）统一书号：8086.35
定价：CNY0.05

J0150610
援越抗美歌曲选 天津群众艺术馆编
天津 百花文艺出版社 1965年 简谱本 16页

17cm（40开）统一书号：8151.60
定价：CNY0.05

J0150611
援越抗美歌曲选 广东人民出版社编辑
广州 广东人民出版社 1965年 38页 有乐谱
19cm（32开）统一书号：8111.610
定价：CNY0.12

J0150612
援越抗美歌曲选 广东人民出版社编辑
广州 广东人民出版社 1965年 42页 有乐谱
14cm（64开）统一书号：8111.579
定价：CNY0.08

J0150613
援越抗美歌曲选 中国音乐家协会湖南分会编
长沙 湖南人民出版社 1965年 简谱本 16页
15cm（40开）统一书号：8109.686
定价：CNY0.04

J0150614
援越抗美歌曲选 中国音乐家协会江西分会；
江西省群众艺术馆编
南昌 江西人民出版社 1965年 简谱本 45页
15cm（40开）统一书号：8110.421
定价：CNY0.07

J0150615
援越抗美歌曲选 中国音乐家协会山西分会编
太原 山西人民出版社 1965年 简谱本 30页
10×13cm 统一书号：10088.568 定价：CNY0.05

J0150616
援越抗美歌曲选 中国音乐家协会四川分会编
成都 四川人民出版社 1965年 简谱本 23页
13cm（60开）统一书号：T8118.538
定价：CNY0.04

J0150617
越南儿女英雄多 春风文艺出版社编辑
沈阳 春风文艺出版社 1965年 简谱本 42页
10×14cm 统一书号：T8158.76 定价：CNY0.07

J0150618

越南人民打得好　福建人民出版社编辑
福州　福建人民出版社　1965 年　简谱本　19 页
10 × 14cm　统一书号：8104.433　定价：CNY0.05

J0150619

越南人民一定胜利　（支援越南抗美救国斗争
歌曲集）春风文艺出版社编辑
沈阳　春风文艺出版社　1965 年　简谱本　32 页
10 × 14cm　统一书号：T3158.73　定价：CNY0.06

J0150620

战斗吧, 英雄的越南！　音乐出版社编辑部编
北京　音乐出版社　1965 年　48 页　18cm（15 开）
统一书号：8026.2052　定价：CNY0.21

J0150621

战士爱唱革命歌　中国人民解放军沈阳部队
政治部文化部编
沈阳　春风文艺出版社　1965 年　简谱本　120 页
19cm（32 开）统一书号：T8158.82
定价：CNY0.30

J0150622

支持越南人民抗美斗争歌曲选
北京　音乐出版社　1965 年　正谱本　9 册
26cm（16 开）统一书号：8026.2136
定价：CNY1.10

J0150623

支持越南人民抗美救国斗争歌曲
中国音乐家协会吉林分会编
长春　吉林人民出版社　1965 年　19 页　13cm（60 开）
统一书号：8091.223　定价：CNY0.05

J0150624

支援越南人民抗美救国斗争歌曲
中国音乐家协会吉林分会编
长春　吉林人民出版社　1965 年　简谱本　19 页
13cm（60 开）统一书号：8091.223
定价：CNY0.05

J0150625

中越人民共同战斗　（歌曲专辑）
上海文化出版社编
上海　上海文化出版社　1965 年　简谱本　40 页
14cm（64 开）统一书号：8077.257
定价：CNY0.07

J0150626

中越人民共同战斗　郭小川作词；
田歌作曲；孙亦林配伴奏
北京　音乐出版社　1965 年　3 页　26cm（16 开）
统一书号：8026.2346　定价：CNY0.09

J0150627

中越人民共同战斗——援越抗美歌曲选
内蒙古人民出版社编辑
呼和浩特　内蒙古人民出版社　1965 年　16 页
19cm（32 开）统一书号：8089.44
定价：CNY0.06

J0150628

中越人民肩并肩　（援越抗美歌曲选）
贵州人民出版社编辑
贵阳　贵州人民出版社　1965 年　简谱本　51 页
10 × 14cm　统一书号：T8115.479　定价：CNY0.09

J0150629

（亿万人民齐欢唱）毛泽东思想永放光芒
（毛主席语录曲）
武汉　湖北人民出版社　1966 年　20 页　14cm（64 开）
统一书号：T8106.799　定价：CNY0.03

J0150630

（亿万人民齐欢唱）毛泽东思想永放光芒
湖南人民出版社编辑
长沙　湖南人民出版社　1966 年　28 页　14cm（64 开）
统一书号：8109.803　定价：CNY0.05

J0150631

（亿万人民齐欢唱）毛泽东思想永放光芒
（毛主席语录曲）
武汉　湖北人民出版社［1967 年］15 页
14cm（64 开）定价：CNY0.01

J0150632

（亿万人民齐欢唱）毛泽东思想永远放光芒
（为毛主席语录谱曲）
合肥　安徽人民出版社　1966 年　25 页　13cm（60 开）

统一书号：8102.370 定价：CNY0.05

J0150633
（亿万人民齐欢唱）毛泽东思想永远放光芒
（毛主席语录曲选）陕西人民出版社编辑
西安 陕西人民出版社 1966年 18页 13cm（60开）
统一书号：8094.336 定价：CNY0.04

J0150634
（亿万人民齐欢唱）毛泽东思想永远放光芒
（毛主席语录曲十首）
昆明 云南人民出版社 1966年 15页 10×13cm
统一书号：8116.533 定价：CNY0.03

J0150635
（亿万人民齐欢唱）毛主席语录谱曲
甘肃人民出版社编辑
兰州 甘肃人民出版社 1966年 16页 9×13cm
统一书号：T8096.59 定价：CNY0.03

J0150636
1965年"哈尔滨之夏"创作歌曲选
中国音乐家协会黑龙江分会编
［北京］北方文艺出版社 1966年
19cm（小32开）定价：CNY0.39

J0150637
把"老三篇"作为座右铭来学
（为毛主席语录谱曲）
合肥 安徽人民出版社 1966年 11页 13cm（60开）
统一书号：8102.371 定价：CNY0.04

J0150638
把"老三篇"作为座右铭来学　（革命歌曲）
福建人民出版社编辑
福州 福建人民出版社 1966年 21页 13cm（60开）
统一书号：8104.497 定价：CNY0.03

J0150639
把"老三篇"作为座右铭来学
（毛主席语录歌曲集）天津市革命文化馆编
天津 天津人民出版社 1966年 17页 13cm（60开）
统一书号：T8072.44 定价：CNY0.03

J0150640
把"老三篇"作为座右铭来学
（毛主席语录曲十二首）云南人民出版社编辑
［昆明］云南人民出版社 1966年 13cm（64开）
定价：CNY0.04

J0150641
唱王杰学王杰　（创作歌曲选）上海音乐学院编
上海 上海文化出版社 1966年 44页 19cm（32开）
统一书号：8077.305 定价：CNY0.14

J0150642
唱新歌　（革命歌曲选辑 2）上海文化出版社编
上海 上海文化出版社 1966年 29页 14cm（64开）
统一书号：8077.309 定价：CNY0.03

J0150643
唱新歌　（革命歌曲选辑 3）上海文化出版社编
上海 上海文化出版社 1966年 29页 14cm（64开）
统一书号：8077.313 定价：CNY0.03

J0150644
唱新歌　（革命歌曲选辑）上海文化出版社编
上海 上海文化出版社 1966年 29页 14cm（64开）
统一书号：8077.304 定价：CNY0.03

J0150645
大海航行靠舵手　（革命歌曲选）
山东人民出版社编
济南 山东人民出版社 1966年 33页 13cm（60开）
统一书号：T8099.583 定价：CNY0.05

J0150646
大海航行靠舵手　（革命歌曲十首）
上海文化出版社编
上海 上海文化出版社 1966年 17页 14cm（64开）
统一书号：8077.317 定价：CNY0.02

J0150647
大立毛泽东思想 大唱毛主席语录歌
（为毛主席语录谱曲）
合肥 安徽人民出版社 1966年 12页 13cm（60开）
统一书号：8102.373 定价：CNY0.02

J0150648

大寨红花遍地开 （革命歌曲选编）

中国音乐家协会浙江分会,浙江群众艺术馆编

杭州　浙江人民出版社　1966 年　30 页　10×14cm

统一书号：T8103.99　定价：CNY0.05

J0150649

东方红 （革命歌曲十九首）

音乐出版社编辑部编

北京　音乐出版社　1966 年　29 页　13cm（60 开）

统一书号：8026.2613　定价：CNY0.03

J0150650

东方红 （革命歌曲十九首）

音乐出版社编辑部编

［北京］音乐出版社　1966 年　13cm（64 开）

定价：CNY0.03

J0150651

放声歌唱毛泽东思想 （学习"老三篇"歌曲

十首）上海文化出版社编

上海　上海文化出版社　1966 年　13 页　13cm（64 开）

统一书号：8077.318　定价：CNY0.02

J0150652

放声歌唱毛泽东思想 （毛主席语录歌曲集

第三集）中国"红卫兵"长征队等编

长沙　湖南人民出版社　1966 年　28 页　13cm（64 开）

统一书号：8109.806　定价：CNY0.03

J0150653

放声歌唱毛泽东思想 （毛主席语录歌曲集

第三集）湖南人民出版社编辑

长沙　湖南人民出版社　1967 年　13 页　13cm（64 开）

统一书号：8109.808　定价：CNY0.01

J0150654

放声歌唱毛泽东思想 （毛主席语录歌曲

第四集）湖南人民出版社编辑

［长沙］湖南人民出版社　1967 年　13cm（64 开）

定价：CNY0.02

J0150655

放声歌唱毛泽东思想 （毛主席语录歌曲集

第五集）湖南人民出版社编辑

长沙　湖南人民出版社　1967 年　17 页　13cm（64 开）

统一书号：8109.810　定价：CNY0.02

J0150656

放声歌唱毛泽东思想 （毛主席语录歌曲集

第六集）湖南人民出版社编辑

长沙　湖南人民出版社　1967 年　21 页　13cm（60 开）

统一书号：8109.811　定价：CNY0.03

J0150657

放声歌唱毛泽东思想 （为毛主席语录谱曲

第一辑）

［杭州］浙江人民出版社　1966 年　13cm（64 开）

定价：CNY0.03

J0150658

放声歌唱毛泽东思想 （为毛主席语录谱曲

第二辑）

［杭州］浙江人民出版社　1967 年　13cm（64 开）

定价：CNY0.02

J0150659

放声歌唱毛泽东思想

（为毛主席语录谱曲　第六辑）

［杭州］浙江人民出版社　1967 年　13cm（64 开）

定价：CNY0.04

J0150660

放声齐唱东方红 （革命歌曲选）

青海人民出版社,青海省总工会宣教部编

西宁　青海人民出版社　1966 年　24 页　13cm（60 开）

统一书号：T8097.148　定价：CNY0.06

J0150661

敢教日月换新天 （革命歌曲选编）中国音乐

家协会浙江分会,浙江群众艺术馆编

杭州　浙江人民出版社　1966 年　48 页　10×14cm

统一书号：T8103.98　定价：CNY0.08

J0150662

歌唱焦裕禄 （歌本）

沈阳　春风文艺出版社　1966 年　36 页　10×14cm

统一书号：T8158.90　定价：CNY0.07

J0150663
歌唱焦裕禄　湖南人民出版社编辑
长沙 湖南人民出版社 1966年 15页 15cm（40开）
统一书号：8109.785 定价：CNY0.04

J0150664
歌唱王杰 （歌曲选）中国音乐家协会广西壮
族自治区分会,广西壮族自治区人民出版社编
南宁 广西壮族自治区人民出版社 1966年 42页
15cm（40开）统一书号：8113.229
定价：CNY0.10

J0150665
歌唱王杰　湖南人民出版社编辑
长沙 湖南人民出版社 1966年 11页 15cm（40开）
统一书号：8109.771 定价：CNY0.03

J0150666
歌唱伟大的毛泽东思想
（毛主席语录歌曲十三首）上海文化出版社［编］
上海 上海文化出版社 1966年 17页 14cm（64开）
统一书号：8077.319 定价：CNY0.02

J0150667
歌唱伟大的毛泽东思想
（毛主席语录歌曲 第一辑）上海文化出版社编
上海 上海文化出版社 1967年 22页 14cm（64开）
统一书号：8077.323 定价：CNY0.02

J0150668
歌唱伟大的毛泽东思想
（毛主席语录歌曲 第二辑）上海文化出版社编
上海 上海文化出版社 1967年 12页 14cm（64开）
统一书号：8077.324 定价：CNY0.02

J0150669
**歌唱伟大的毛泽东思想　歌唱伟大的人民
群众** （为毛主席语录谱曲）
合肥 安徽人民出版社 1966年 14页 13cm（60开）
统一书号：8102.372 定价：CNY0.03

J0150670
**歌唱伟大的毛泽东思想　歌唱伟大的人民
群众** （毛主席语录歌曲集）天津人民出版社
编辑

天津 天津人民出版社 1966年 13页 13cm（60开）
统一书号：3072.45

J0150671
**歌唱伟大的毛泽东思想　歌唱伟大的人民
群众** （毛主席语录曲九首）
云南人民出版社编辑
昆明 云南人民出版社 1966年 14页 10×13cm
统一书号：8116.536 定价：CNY0.03

J0150672
**歌唱伟大的毛泽东思想　歌唱伟大的人民
群众** （为毛主席语录谱曲）
合肥 安徽人民出版社 1967年 22页 13cm（60开）
统一书号：8102.375 定价：CNY0.03

J0150673
歌唱伟大的毛泽东思想歌唱伟大的人民群众
（为毛主席语录谱曲）
［合肥］安徽人民出版社 1966年 13cm（64开）
定价：CNY0.03

J0150674
歌唱伟大的毛泽东思想歌唱伟大的人民群众
（毛主席语录歌曲集）天津人民出版社编
天津 天津人民出版社 1966年 13cm（64开）
定价：CNY0.04
（毛主席语录歌曲集）

J0150675
歌唱伟大的毛泽东思想歌唱伟大的人民群众
（毛主席语录曲九首）云南人民出版社编
［昆明］云南人民出版社 1966年 13cm（64开）
定价：CNY0.03

J0150676
歌唱伟大的毛泽东思想歌唱伟大的人民群众
（为毛主席语录谱曲）
［合肥］安徽人民出版社 1967年 13cm（64开）
定价：CNY0.03

J0150677
革命歌曲二十首　甘肃人民出版社编辑
兰州 甘肃人民出版社 1966年 38页 9×13cm
统一书号：T8096.56 定价：CNY0.06

J0150678
革命歌曲选　吉林省群众艺术馆编
［长春］吉林省群众艺术馆 1966 年 22 页
19cm（32 开）

J0150679
红梅赞　（独唱、齐唱）阎肃词；羊鸣，姜春阳曲
［北京］音乐出版社 1966 年 26cm（16 开）
定价：CNY0.08

J0150680
井冈山的道路
［北京］［北京 31 中长缨］［1966—1969 年］
油印本 30 页 27cm（16 开）

J0150681
开路先锋　（革命历史歌曲 齐唱）孙师毅词；
聂耳曲；张鸣剑配伴奏
北京 音乐出版社 1966 年 5 页 26cm（16 开）
统一书号：8026.2456 定价：CNY0.10

J0150682
抗旱战歌　中国音乐家协会河北分会编
石家庄 河北人民出版社 1966 年 30 页
14cm（64 开）统一书号：8086.37
定价：CNY0.06
（河北音乐丛刊）

J0150683
毛泽东思想闪金光　湖南人民出版社编辑
长沙 湖南人民出版社 1966 年 8 页 15cm（40 开）
统一书号：8109.795 定价：CNY0.02

J0150684
毛泽东思想永放光芒　（毛主席语录歌曲集
一）河北省群众歌咏运动指导委员会，中国音协
河北分会编
［石家庄］河北人民出版社 1966 年 13cm（64 开）
统一书号：8086.41 定价：CNY0.03

J0150685
毛泽东思想永放光芒　（毛主席语录歌曲集
二）河北省群众歌咏运动指导委员会，中国音协
河北分会编
保定 河北人民出版社 1967 年 28 页 13cm（60 开）

统一书号：8086.45 定价：CNY0.04

J0150686
毛泽东思想永放光芒　（毛主席语录歌曲集
三）河北省群众歌咏运动指导委员会，中国音协
河北分会编
保定 河北人民出版社 1967 年 58 页 14cm（64 开）
统一书号：8086.44 定价：CNY0.07

J0150687
毛泽东思想永放光芒　（毛主席语录歌曲集
四）河北省群众歌咏运动指导委员会，中国音协
河北分会编
保定 河北人民出版社 1966 年 23 页 13cm（60 开）
统一书号：8086.41 定价：CNY0.03

J0150688
毛泽东思想永放光芒　（毛主席语录歌曲集
五）河北省群众歌咏运动指导委员会，中国音协
河北分会编
保定 河北人民出版社 1967 年 42 页 13cm（60 开）
统一书号：8086.46 定价：CNY0.05

J0150689
毛泽东思想永远放光芒　（亿万人民齐欢唱）
湖南人民出版社编辑
长沙 湖南人民出版社 1966 年 28 页 13cm（60 开）
统一书号：8109.803 定价：CNY0.05

J0150690
毛泽东思想永远放光芒
（毛主席语录歌曲十首）上海文化出版社编
上海 上海文化出版社 1966 年 17 页 14cm（64 开）
统一书号：8077.316 定价：CNY0.02

J0150691
毛泽东思想照全球　广州部队政治部文化部编
［广州］广东人民出版社 1966 年 19cm（小 32 开）
定价：CNY0.12
（群众、队列歌曲选）

J0150692
毛主席的书我最爱读
（学习毛主席著作歌曲选辑）
杭州 浙江人民出版社 1966 年 24 页 14cm（64 开）

统一书号: T8103.100 定价: CNY0.03

J0150693
毛主席和我们在一起 （革命歌曲十首）
上海文化出版社编
上海 上海文化出版社 1966年 21页 14cm（64开）
统一书号: 8077.315 定价: CNY0.02

J0150694
毛主席和我们在一起 （革命歌曲五首）
昆明 云南人民出版社 1966年 14页 10×13cm
统一书号: 8116.532 定价: CNY0.03

J0150695
毛主席是我们心中的红太阳 （革命歌曲）
福建人民出版社编辑
福州 福建人民出版社 1966年 10页 10×14cm
统一书号: T8104.493 定价: CNY0.02

J0150696
毛主席是我们心中红太阳
北方文艺出版社编辑
哈尔滨 北方文艺出版社 1966年 12页
9×13cm 统一书号: 8.21 定价: CNY0.03

J0150697
毛主席语录歌 （第二集）福建人民出版社编辑
福州 福建人民出版社 1966年 16页 9×13cm
统一书号: 8104.498 定价: CNY0.03

J0150698
毛主席语录歌 福建人民出版社编辑
福州 福建人民出版社 1966年 13页 14cm（64开）
统一书号: T8104.494 定价: CNY0.03

J0150699
毛主席语录歌 （第一辑）新疆人民出版社编辑
乌鲁木齐 新疆人民出版社 1966年 53页
14cm（64开）统一书号: T10098.18
定价: CNY0.08

J0150700
毛主席语录歌曲 （歌唱毛泽东思想 第一辑）
广州 广东人民出版社 1966年 30页 13cm（60开）
统一书号: T8111.692 定价: CNY0.04

J0150701
毛主席语录歌曲 （把"老三篇"作为座右铭
来学）广西壮族自治区人民出版社编辑
南宁 广西壮族自治区人民出版社 1966年
16页 9×13cm 统一书号: 8113.243
定价: CNY0.04

J0150702
毛主席语录歌曲 （歌唱伟大的毛泽东思想
歌唱伟大的人民群众）
广西壮族自治区人民出版社编辑
南宁 广西壮族自治区人民出版社 1966年
16页 9×13cm 统一书号: 8113.244
定价: CNY0.04

J0150703
毛主席语录歌曲 （毛泽东思想永远放光芒）
广西壮族自治区人民出版社编辑
南宁 广西壮族自治区人民出版社 1966年
16页 9×13cm 统一书号: 8113.242
定价: CNY0.04

J0150704
毛主席语录歌曲 黑龙江人民出版社编
哈尔滨 黑龙江人民出版社 1966年 36页
9×13cm 统一书号: 8093.46 定价: CNY0.05

J0150705
毛主席语录歌曲 （工作就是斗争）
山东人民出版社编
济南 山东人民出版社 1966年 38页 13cm（60开）
统一书号: 8099.584 定价: CNY0.06

J0150706
毛主席语录歌曲 延边人民出版社编辑
延吉 延边人民出版社 1966年 34页 14cm（64开）
统一书号: 8136.128 定价: CNY0.05

J0150707
毛主席语录歌曲 （歌唱毛泽东思想 第二辑）
广州 广东人民出版社 1967年 45页 13cm（60开）
统一书号: T8111.693 定价: CNY0.05

J0150708
毛主席语录歌曲 （歌唱毛泽东思想 第三辑）

广州　广东人民出版社 1967 年 29 页 13cm（60 开）
统一书号：T8111.694　定价：CNY0.04

J0150709
毛主席语录歌曲　（第一辑）广西壮族自治区
人民出版社编辑
南宁　广西壮族自治区人民出版社 1967 年
181 页 9×13cm 统一书号：8113.245
定价：CNY0.20

J0150710
毛主席语录歌曲　（第二集）黑龙江人民出版
社接管委员会编辑
哈尔滨　黑龙江人民出版社 1967 年 49 页
9×13cm 统一书号：8093.74 定价：CNY0.06

J0150711
毛主席语录歌曲　（第三集）
黑龙江人民出版社编
哈尔滨　黑龙江人民出版社 1967 年 27 页
9×13cm 统一书号：8093.87 定价：CNY0.04

J0150712
毛主席语录歌曲选　（1）宁夏回族自治区人
民出版社编辑
银川　宁夏回族自治区人民出版社 1966 年
33 页 13cm（60 开）统一书号：8157.93
定价：CNY0.07

J0150713
毛主席语录歌曲选　（一）中国音乐出版社编
北京　中国音乐出版社 1966 年 14 页 19cm（32 开）
统一书号：8026.2614 定价：CNY0.03

J0150714
毛主席语录歌曲选　（2）
宁夏回族自治区人民出版社编辑
银川　宁夏回族自治区人民出版社 1967 年 34 页
13cm（60 开）统一书号：8157.107
定价：CNY0.07

J0150715
毛主席语录歌曲选　（3）
宁夏回族自治区人民出版社编辑
银川　宁夏回族自治区人民出版社 1967 年 30 页

13cm（60 开）统一书号：8157.108
定价：CNY0.06

J0150716
毛主席著作闪金光　湖南人民出版社编辑
［长沙］湖南人民出版社 1966 年 13cm（64 开）
定价：CNY0.02

J0150717
毛主席著作闪金光　江苏人民出版社编辑
［南京］江苏人民出版社 1966 年 13cm（64 开）
定价：CNY0.03

J0150718
毛主席著作闪金光　山东人民出版社编辑
济南　山东人民出版社 1966 年 21 页 13cm（60 开）
统一书号：8099.564 定价：CNY0.04

J0150719
毛主席著作闪金光　（革命歌曲十首）
上海文化出版社编
上海　上海文化出版社 1966 年 13 页 14cm（64 开）
统一书号：8077.314 定价：CNY0.02

J0150720
毛主席著作闪金光　（革命歌曲十首）
上海文化出版社编
上海　上海文化出版社 1966 年 2 版 修订本 14 页
14cm（64 开）统一书号：8077.314
定价：CNY0.02

J0150721
农村新歌　（革命歌曲选）
中国音乐家协会西安分会编
西安　长安书店 1966 年 24 页 15cm（40 开）
统一书号：8095.7 定价：CNY0.07

J0150722
贫农下中农心最红
中国音乐家协会河北分会编
石家庄　河北人民出版社 1966 年 26 页
14cm（64 开）统一书号：8086.39
定价：CNY0.05
（河北音乐丛刊）

J0150723

贫农下中农之歌 （农村新歌选）达县专区农村文工团等编

成都 四川人民出版社 1966年 简谱本 56 页 有乐谱 14cm（64 开）统一书号：T10118.700

定价：CNY0.06

J0150724

贫农下中农之歌 （献给四川省贫农下中农第一次代表会议）中国音乐家协会四川分会编

[成都] 中国音乐家协会四川分会 1966年

13 页 14cm（64 开）

J0150725

全世界人民团结起来 乔羽词；时乐濛曲

北京 人民音乐出版社 1966年 5 页 26cm（16 开）

统一书号：8026.2457 定价：CNY0.10

J0150726

上前线 《解放军歌曲》编辑部编

北京 北京音乐出版社 1966年 58 页 26cm（16 开）

定价：CNY0.43

J0150727

社会主义教育运动歌曲选 广西壮族自治区红歌运动指导委员会，中国音乐家协会广西壮族自治区分会编

南宁 广西壮族自治区人民出版社 1966年 简谱本 80 页 15cm（40 开）

统一书号：8113.225 定价：CNY0.16

J0150728

社员心向共产党 中国音乐家协会编

北京 音乐出版社 1966年 正谱本 113 页 19cm（小 32 开）统一书号：8026.2444

定价：CNY0.33

J0150729

社员心向共产党 （群众歌曲）谷枫词；刘森民曲；孙亦林配伴奏

北京 音乐出版社 1966年 3 页 26cm（16 开）

统一书号：8026.2442 定价：CNY0.08

J0150730

挑起"公社"半边天 （群众歌曲）葛玄词；代

霖曲

北京 音乐出版社 1966年 3 页 26cm（16 开）

统一书号：8026.2459 定价：CNY0.08

J0150731

王杰的枪我们扛 中国音乐学院作曲系词曲

北京 音乐出版社 1966年 4 页 26cm（16 开）

统一书号：8026.2511 定价：CNY0.08

本书由《王杰的枪我们扛》与《歌唱王杰学王杰》合订。

J0150732

为了革命来种田 （农村创作歌选）

中国音乐家协会江苏分会编

南京 江苏人民出版社 1966年 36 页 19cm（32 开）

统一书号：8100.1269 定价：CNY0.13

J0150733

伟大的领袖毛泽东 （革命歌曲三十首）

宁夏回族自治区人民出版社编辑

银川 宁夏回族自治区人民出版社 1966年 59 页 13cm（60 开）统一书号：8157.92

定价：CNY0.10

J0150734

伟大的领袖毛泽东 （革命歌曲选）

陕西人民出版社编辑

西安 陕西人民出版社 1966年 20 页 13cm（60 开）

统一书号：8094.335 定价：CNY0.04

J0150735

我们是社里的年青人 （群众歌曲 齐唱）

李志男词；卢亮辉曲；王燕樵配伴奏

北京 音乐出版社 1966年 3 页 26cm（16 开）

统一书号：8026.2443 定价：CNY0.08

J0150736

握紧手中枪 （选自表演唱《劳武结合》女声表演唱）金光出，方竹松词；郑镇玉曲

北京 音乐出版社 1966年 [2]页 26cm（16 开）

统一书号：8026.2454 定价：CNY0.08

J0150737

洗衣歌 （女声领唱、齐唱）李俊琛词；罗念一曲；李遇秋配伴奏

[北京] 音乐出版社 1966 年 26cm（16 开）
定价：CNY0.08

J0150738
洗衣歌 （罗念一创作歌曲集）罗念一作曲
拉萨 西藏人民出版社 1998 年 27+421 页
有彩照 20cm（32 开）ISBN：7-223-00999-3
定价：CNY25.00

J0150739
幸福的会见 （表演唱）徐继新等著
广州 广东人民出版社 1966 年 50 页 有乐谱
14cm（64 开）统一书号：T10111.777
定价：CNY0.07

J0150740
学习麦贤得 （歌曲专辑）上海文化出版社编
上海 上海文化出版社 1966 年 29 页 19cm（32 开）
统一书号：8077.307 定价：CNY0.03

J0150741
学习王杰一心为革命 （群众歌曲）践耳词曲
北京 音乐出版社 1966 年 3 页 26cm（16 开）
统一书号：8026.2510 定价：CNY0.08
　　作者践耳（1922—2017），作曲家、音乐家。
原名朱践耳，别名朱荣实，字朴臣，安徽泾县人，
生于天津。中国音乐家协会第四届常务理事，曾
在上海、北京等电影制片厂、上海实验歌剧院、
上海交响乐团任作曲。代表作品有《第四交响曲》
《百年沧桑》《唱支山歌给党听》等。

J0150742
亚非拉人民要解放 （独唱歌曲）胡松华词；
乌斯满江曲；牟洪配伴奏
[北京] 音乐出版社 1966 年 26cm（16 开）
定价：CNY0.10

J0150743
一心为革命 （歌唱王杰歌曲集）
中国音乐家学会吉林分会编
长春 吉林人民出版社 1966 年 35 页 13cm（60 开）
统一书号：8091.241 定价：CNY0.06

J0150744
亿万人民高声唱 毛主席是我们心中红太阳

沈阳 春风文艺出版社 1966 年 9 页 19cm（32 开）
统一书号：8158.92 定价：CNY0.03

J0150745
亿万人民高声唱 毛主席是我们心中红太阳
（革命歌曲九首）云南人民出版社编
昆明 云南人民出版社 1966 年 21 页 10×13cm
统一书号：8116.529 定价：CNY0.04

J0150746
亿万人民高声唱毛主席是我们心中红太阳
[沈阳] 春风文艺出版社 1966 年 19cm（小 32 开）
定价：CNY0.03

J0150747
亿万人民高声唱毛主席是我们心中红太阳
（革命歌曲九首）云南人民出版社编辑
[昆明] 云南人民出版社 1966 年 13cm（64 开）
定价：CNY0.04

J0150748
亿万人民齐欢唱 毛泽东思想永远放光芒
（毛主席语录歌曲专集 二）青海省群众艺术馆编
西宁 青海人民出版社 1966 年 13 页 13cm（60 开）

J0150749
亿万人民齐欢唱 毛泽东思想永远放光芒
（毛主席语录歌曲专集）青海省群众艺术馆编
西宁 青海人民出版社 1966 年 18 页 13cm（60 开）

J0150750
亿万人民齐欢唱 毛泽东思想永远放光芒
（为毛主席语录谱曲）青海人民出版社编辑
西宁 青海人民出版社 1966 年 16 页 13cm（60 开）
统一书号：T8097.136 定价：CNY0.07

J0150751
亿万人民齐欢唱 毛泽东思想永远放光芒
（毛主席语录歌曲集）天津市革命文化馆编
天津 天津人民出版社 1966 年 23 页 13cm（60 开）
统一书号：T8072.43 定价：CNY0.04

J0150752
亿万人民齐欢唱 毛泽东思想永远放光芒
（为毛主席语录谱曲 2）青海人民出版社编辑

西宁 青海人民出版社 1966年 11页 13cm（60开）
统一书号：T8097.142 定价：CNY0.07

J0150753

亿万人民齐欢唱 毛泽东思想永远放光芒
（为毛主席语录谱曲 3）青海人民出版社编辑
西宁 青海人民出版社 1966年 12页 13cm（60开）
统一书号：T8097.165 定价：CNY0.07

J0150754

亿万人民齐欢唱 毛泽东思想永远放光芒
（为毛主席语录谱曲 4）青海人民出版社编辑
西宁 青海人民出版社 1967年 23页 13cm（60开）
统一书号：T8097.167 定价：CNY0.08

J0150755

亿万人民齐欢唱 毛泽东思想永远放光芒
（为毛主席语录谱曲 5）青海人民出版社编辑
西宁 青海人民出版社 1967年 28页 13cm（60开）
统一书号：T8097.175 定价：CNY0.09

J0150756

亿万人民齐欢唱 毛泽东思想永远放光芒
（为毛主席语录谱曲 6）青海人民出版社编辑
西宁 青海人民出版社 1967年 35页 13cm（60开）
统一书号：T8097.193 定价：CNY0.08

J0150757

亿万人民齐欢唱 毛泽东思想永远放光芒
（毛主席语录歌曲专集 三）青海省群众艺术馆编
西宁 青海人民出版社 1967年 12页 13cm（60开）

J0150758

亿万人民齐欢唱 毛泽东思想永远放光芒
（毛主席语录歌曲专集 四）青海省群众艺术馆编
西宁 青海人民出版社 1967年 42页 13cm（60开）

J0150759

亿万人民齐欢唱 毛泽东思想永远放光芒
（毛主席语录歌曲专集 五）青海省群众艺术馆编
西宁 青海人民出版社 1967年 11页 13cm（60开）

J0150760

亿万人民齐欢唱 毛泽东思想永远放光芒
（毛主席语录歌曲专集 六）青海省群众艺术馆编

西宁 青海人民出版社 1967年 12页 13cm（60开）

J0153387

永远学习"老三篇"（毛主席语录曲选）
西安 陕西人民出版社 1966年 12页 13cm（60开）
统一书号：8094.341 定价：CNY0.03

J0150761

游击队歌（革命历史歌曲 混声四部合唱）
贺绿汀词曲
北京 音乐出版社 1966年 4页 26cm（16开）
统一书号：8026.2451 定价：CNY0.08

J0150762

在太行山上（二部合唱）桂涛声作词；
冼星海作曲
北京 音乐出版社 1966年 3页 26cm（16开）
统一书号：8026.2455 定价：CNY0.08

J0150763

（亿万人民齐欢唱）毛泽东思想永远放光芒
（6）青海省群众艺术馆编
西宁 青海人民出版社 1967年 12页 13cm（60开）

J0150764

把"老三篇"作为座右铭来学
（为毛主席语录谱写的歌曲）
武汉 湖北人民出版社 ［1967年］12页
13cm（60开）定价：CNY0.01

J0150765

必须正确地对待干部（为毛主席语录谱曲）
合肥 安徽人民出版社 1967年 10页 13cm（60开）
统一书号：8102.377 定价：CNY0.02

J0150766

大立毛泽东思想（毛主席语录歌曲十首）
上海文化出版社编
上海 上海文化出版社 1967年 11页 13cm（60开）
统一书号：8077.320 定价：CNY0.02

J0150767

放声歌唱毛泽东思想
玉门石油管理局工人文化宫编
玉门 玉门石油管理局工人文化宫 1967年

186 页　13cm（60 开）

J0150768

放声歌唱毛主席革命文艺路线的伟大胜利

（纪念《在延安文艺座谈会上的讲话》发表二十五
周年　为毛主席语录谱曲）

合肥　安徽人民出版社 1967年 14 页 13cm（60 开）

统一书号：8102.380 定价：CNY0.02

J0150769

放声歌唱毛主席凯歌阵阵迎国庆

（一九六七年国庆节推荐歌曲）一九六七年国庆
节推荐歌曲编选小组编

［北京］音乐出版社 1967年 19cm（小 32 开）

定价：CNY0.03

J0150770

**歌唱伟大的毛泽东思想　歌唱伟大的人民
群众**　（为毛主席语录谱写的歌曲）

武汉　湖北人民出版社［1967年］14 页
13cm（60 开）定价：CNY0.01

J0150771

**歌唱伟大的毛泽东思想　歌唱伟大的人民
群众**　（毛主席语录曲选）

西安　陕西人民出版社 1967年 25 页 13cm（60 开）

统一书号：8094.348 定价：CNY0.05

J0150772

歌唱伟大的毛泽东思想歌唱伟大的人民群众

［西安］陕西人民出版社 1967年 13cm（64 开）

定价：CNY0.05

（毛主席语录曲选）

J0150773

歌唱我们心中的红太阳　音乐出版社编

北京　音乐出版社 1967年 30 页 19cm（32 开）

统一书号：8026.2027 定价：CNY0.08

J0150774

革命歌选　（1967 1）

哈尔滨　黑龙江人民出版社接管委员会 1967年
16 页 19cm（32 开）定价：CNY0.03

J0150775

更高地举起毛泽东思想伟大红旗

（毛主席语录歌曲十首）上海文化出版社编

上海　上海文化出版社 1967年 13 页 14cm（64 开）

统一书号：8077.321 定价：CNY0.02

J0150776

工农兵革命歌声　（第一辑）

工农兵革命歌声编辑部编

上海　上海文化出版社 1967年 60 页 13cm（60 开）

统一书号：8077.333 定价：CNY0.07

J0150777

工农兵革命歌声　（第二辑）

工农兵革命歌声编辑部编

上海　上海文化出版社 1967年 62 页 13cm（60 开）

统一书号：8077.335 定价：CNY0.07

J0150778

工农兵革命歌声　（第三辑）

工农兵革命歌声编辑部编

上海　上海文化出版社 1967年 62 页 13cm（60 开）

统一书号：8077.336 定价：CNY0.07

J0150779

工农兵革命歌声　（第四辑）

工农兵革命歌声编辑部编

上海　上海文化出版社 1968年 60 页 13cm（60 开）

统一书号：8077.339 定价：CNY0.07

J0150780

毛泽东思想颂歌　（革命歌曲二十五首）

云南人民出版社编辑

昆明　云南人民出版社 1967年 59 页 13cm（60 开）

统一书号：8116.538 定价：CNY0.07

J0150781

毛泽东思想永放光芒　（亿万人民齐欢唱）

衡阳　衡阳市工人文化宫 1967年 192 页
13cm（60 开）

J0150782

毛主席和我们在一起

广州部队政治部文化部编

广州　广东人民出版社 1967年 61 页 19cm（32 开）

统一书号：T10111.795 定价：CNY0.16
（广州部队海上文化工作队创作选 4）

J0150783
毛主席诗词歌曲集　劫夫谱曲
北京 北京出版社 1967年 96页 14cm（64开）
统一书号：8071.225 定价：CNY0.13（平装），
CNY0.33（精装）

J0150784
毛主席诗词歌曲集　中国音协河北分会编
[石家庄] 河北人民出版社 1967年 13cm（60开）
定价：CNY0.30（简精装），CNY0.13（平装）

J0150785
毛主席诗词歌曲集　劫夫谱曲
[沈阳] 辽宁人民出版社 1967年 13cm（64开）
定价：CNY0.10

J0150786
毛主席诗词歌曲选　广东省文化馆编
广州 广东省文化馆 1967年 94页 14cm（64开）

J0150787
毛主席诗词歌曲选　广州市群众文化馆编
广州 广州市群众文化馆 1967年 84页
14cm（64开）定价：CNY0.10

J0150788
毛主席诗词歌曲选
齐齐哈尔市工农兵艺术馆编
哈尔滨 黑龙江人民出版社 1967年 123页
14cm（64开）统一书号：8093.92
定价：CNY0.15

J0150789
毛主席诗词歌曲选
山西省文化馆群众文化编辑部编
太原 山西省文化馆群众文化编辑部 1967年
油印本 37页 13cm（60开）

J0150790
毛主席诗词歌曲选
上海 上海文化出版社 1967年 2版 89页
14cm（64开）统一书号：8077325

定价：CNY0.32（塑料本）

J0150791
毛主席诗词歌曲选
上海 上海文化出版社 1967年 47页 13cm（60开）
统一书号：8077.325 定价：CNY0.12（甲），
CNY0.08（乙）

J0150792
毛主席诗词歌曲选集
山东省革命群众艺术馆选编
济南 山东人民出版社 1967年 211页
13cm（60开）统一书号：T8099.692
定价：CNY0.23

J0150793
毛主席诗词歌曲选集
山东省革命群众艺术馆选编
济南 山东人民出版社 1968年 211页
14cm（64开）统一书号：T8099.722
定价：CNY0.35

J0150794
毛主席诗词谱曲选
南京工学院东方红战斗"公社"编
南京 南京工学院东方红战斗"公社" 1967年
101页 19cm（32开）定价：CNY0.25

J0150795
毛主席语录歌曲　（第一辑）北京出版社编辑
北京 北京出版社 1967年 22页 13cm（60开）
统一书号：8071.224 定价：CNY0.04

J0150796
毛主席语录歌曲　甘肃省教育厅编
兰州 甘肃人民出版社 1967年 75页 19cm（32开）
统一书号：K7096.295 定价：CNY0.14

J0150797
毛主席语录歌曲　（第一集）
贵州人民出版社编辑
贵阳 贵州人民出版社 1967年 60页 14cm（64开）
统一书号：8115.509 定价：CNY0.07

J0150798

毛主席语录歌曲 （第二集）

贵州人民出版社编辑

贵阳 贵州人民出版社 1967年 63页 14cm（64开）

统一书号：8115.512 定价：CNY0.07

J0150799

毛主席语录歌曲 （第三集）

贵州人民出版社编辑

贵阳 贵州人民出版社 1967年 44页 14cm（64开）

统一书号：8115.513 定价：CNY0.05

J0150800

毛主席语录歌曲 （第一集）江苏人民出版社编

南京 江苏人民出版社 1967年 86页 14cm（64开）

统一书号：T8100.1299 定价：CNY0.11

　　本书系中国革命歌曲选集。

J0150801

毛主席语录歌曲 （第二集）江苏人民出版社编

南京 江苏人民出版社 1967年 132页

14cm（64开）统一书号：T8100.1363

定价：CNY0.16

J0150802

毛主席语录歌曲 （第一辑）内蒙古自治区群

众文化馆，内蒙古人民出版社编

呼和浩特 内蒙古教育出版社 1967年 55页

14cm（64开）统一书号：8089.51

定价：CNY0.09

　　本书系中国现代歌曲创作选集。

J0150803

毛主席语录歌曲 （第一集）

中国人民解放军总政治部文化部编

北京 战士出版社 1967年 115页 14cm（64开）

　　本书系中国现代革命歌曲。

J0150804

毛主席语录歌曲集 （第二辑）

安徽人民出版社编辑

合肥 安徽人民出版社 1967年 60页 14cm（64开）

统一书号：8102.378 定价：CNY0.07

J0150805

毛主席语录歌曲集

［合肥］安徽人民出版社 1967年 13cm（64开）

定价：CNY0.07

J0150806

毛主席语录歌曲集 河北省文化局，中国音

协河北分会编

石家庄 河北人民出版社 1967年 222页

14cm（64开）统一书号：1086.12

定价：CNY0.24，CNY0.40（精装）

J0150807

毛主席语录歌曲集 （第一集）

武汉 湖北人民出版社 1967年 16页 13cm（60开）

统一书号：T8106.845 定价：CNY0.03

J0150808

毛主席语录歌曲集 （第二集）

武汉 湖北人民出版社 1967年 25页 13cm（60开）

统一书号：T8106.846 定价：CNY0.04

J0150809

毛主席语录歌曲集 （第三集）

武汉 湖北人民出版社 1967年 29页 13cm（60开）

统一书号：T8106.847 定价：CNY0.04

J0150810

毛主席语录歌曲集 （第四集）

武汉 湖北人民出版社 1967年 21页 13cm（60开）

统一书号：T8106.848 定价：CNY0.04

J0150811

毛主席语录歌曲集 （第五集）

武汉 湖北人民出版社 1967年 21页 13cm（60开）

统一书号：T8106.849 定价：CNY0.03

J0150812

毛主席语录歌曲集 （第二集）

江西人民出版社编辑

南昌 江西人民出版社 1967年 67页 14cm（64开）

统一书号：8110.466 定价：CNY0.10

J0150813

毛主席语录歌曲集 上海文化出版社编

上海　上海文化出版社　1967 年　211 页　有肖像
14cm（64 开）统一书号：8077.329
定价：CNY0.24，CNY0.44（塑料本）

J0150814
毛主席语录歌曲集　安徽人民出版社编辑
合肥　安徽人民出版社　1969 年　466 页　有肖像
14cm（64 开）统一书号：8102.401
定价：CNY0.65

J0150815
毛主席语录歌曲九首　（纪念《在延安文艺座
谈会上的讲话》发表廿五周年）上海文化出版
社编
上海　上海文化出版社　1967 年　12 页　13cm（60 开）
统一书号：8077.327　定价：CNY0.03

J0150816
毛主席语录歌曲选
济南　山东人民出版社　1967 年　193 页
14cm（64 开）统一书号：T8099.688
定价：CNY0.22

J0150817
毛主席语录歌曲选　云南人民出版社编辑
昆明　云南人民出版社　1967 年　54 页　13cm（60 开）
统一书号：8116.537　定价：CNY0.06

J0150818
毛主席语录诗词谱曲选　辽宁人民出版社编
沈阳　辽宁人民出版社　1967 年　218 页
14cm（64 开）统一书号：8090.87
定价：CNY0.19

J0150819
万岁毛主席　（革命歌曲选）
上海文化出版社编辑
上海　上海文化出版社　1967 年　59 页　14cm（64 开）
统一书号：8077.328　定价：CNY0.07

J0150820
伟大的领袖毛泽东　（革命歌曲 17 首）
［杭州］浙江人民出版社　1967 年　13cm（64 开）
定价：CNY0.03

J0150821
沿着毛主席的革命文艺路线胜利前进
（毛主席语录曲选）
［西安］陕西人民出版社　1967 年　13cm（64 开）
定价：CNY0.03

J0150822
一九六七年国庆推荐歌曲
合肥　安徽人民出版社　1967 年　28 页　14cm（64 开）
统一书号：8102.381　定价：CNY0.04

J0150823
亿万人民齐欢唱毛泽东思想永远放光芒
衡阳市工人文化宫编辑
衡阳　衡阳市工人文化宫　1967 年　192 页
14cm（64 开）

J0150824
在毛泽东思想伟大红旗的指引下前进
（毛主席语录曲选）
［西安］陕西人民出版社　1967 年　13cm（64 开）
定价：CNY0.05

J0150825
**中国的红军是一个执行革命的政治任务的
武装集团**　（为毛主席语录谱曲）
合肥　安徽人民出版社　1967 年　12 页　13cm（60 开）
统一书号：8102.379　定价：CNY0.02

J0150826
大海航行靠舵手　干革命靠毛泽东思想
（为毛主席最新指示谱曲）
合肥　安徽人民出版社　1968 年　75 页　14cm（64 开）
定价：CNY0.08

J0150827
歌唱我们心中的红太阳　（革命歌曲）
青海省群众艺术馆编
西宁　青海省群众艺术馆　1968 年　40 页
13cm（60 开）

J0150828
敬祝毛主席万寿无疆　（歌颂伟大领袖歌曲
专辑）中国音乐研究所无产阶级革命派编
上海　上海文化出版社　1968 年　124 页

14cm（64 开）统一书号：8077.337
定价：CNY0.12

J0150829
毛泽东思想的颂歌 （歌曲集）
保定 河北人民出版社 1968 年 28 页 14cm（64 开）
统一书号：8086.53 定价：CNY0.04

J0150830
毛主席啊,我们永远忠于您 （歌曲集）
沈阳 辽宁人民出版社 1968 年 29 页 13cm（60 开）
定价：CNY0.03

J0150831
毛主席啊,我们永远忠于您 辽宁省"革命
委员会"毛主席著作出版办公室［编］
［沈阳］辽宁省"革命委员会"毛主席著作出版办
公室 1968 年 13cm（64 开）定价：CNY0.03

J0150832
毛主席诗词歌曲集 安徽人民出版社编辑
合肥 安徽人民出版社 1968 年 174 页
14cm（64 开）统一书号：8102.398
定价：CNY0.45

J0150833
毛主席诗词歌曲选
合肥 安徽人民出版社 1968 年 68 页 14cm（64 开）
统一书号：8102.382 定价：CNY0.09

J0150834
毛主席诗词歌曲选
成都 四川人民出版社 1968 年 201 页
14cm（64 开）统一书号：68045 定价：CNY0.20

J0150835
毛主席诗词歌曲选 西南师范学院音乐系编
成都 西南师范学院音乐系 1968 年 236 页
19cm（32 开）定价：CNY0.60

J0150836
毛主席语录歌曲 四川人民出版社编
成都 四川人民出版社 1968 年 352 页
14cm（64 开）定价：CNY0.50

J0150837
毛主席语录歌曲集
西安 陕西人民出版社 1968 年 261 页
14cm（64 开）统一书号：8094.16
定价：CNY0.45（塑精装）,CNY0.25（平装）

J0150838
毛主席语录歌曲选集
济南 山东人民出版社 1968 年 2 版 234 页
14cm（64 开）统一书号：T8099.688
定价：CNY0.26

J0150839
毛主席语录诗词歌曲选编
武汉 湖北人民出版社 1968 年 291 页
14cm（64 开）定价：CNY0.34

J0150840
毛主席指示我照办 毛主席挥手我前进
（为毛主席语录谱曲 二）
合肥 安徽人民出版社 1968 年 12 页 13cm（60 开）
统一书号：8102.385 定价：CNY0.02

J0150841
毛主席指示我照办 毛主席挥手我前进
（为毛主席语录谱曲）
合肥 安徽人民出版社 1968 年 14 页 13cm（60 开）
统一书号：8102.383 定价：CNY0.02

J0150842
毛主席最新指示歌曲选
山东省革命群众艺术馆,山东人民出版社编
［济南］山东人民出版社 1968 年 13cm（64 开）
定价：CNY0.06

J0150843
毛主席最新指示语录歌曲
（一）成都市群众艺术馆编
成都 东方红出版社 1968 年 36 页
13cm（60 开）定价：CNY0.03

J0150844
毛主席最新指示语录歌曲
（二）成都市群众艺术馆编
成都 四川人民出版社 1969 年 62 页 14cm（64 开）

统一书号: 68039　定价: CNY0.06

J0150845
颂歌献给毛主席　（歌本）安徽人民出版社编
合肥　安徽人民出版社 1968 年 92 页 9×13cm
统一书号: 8102.386　定价: CNY0.09

J0150846
中原歌声　（1）中原歌声编辑部编
开封　中原歌声编辑部 1968 年 19 页 19cm（32 开）

J0150847
祝福毛主席万寿无疆　（革命歌曲选）山东省
革命群众艺术馆, 山东人民出版社编
[济南] 山东人民出版社 1968 年 13cm（64 开）
定价: CNY0.08

J0150848
祝福毛主席万寿无疆　（革命歌曲集）
济南　山东人民出版社 1971 年 25 页 13cm（64 开）
统一书号: 8099.55　定价: CNY0.03

J0150849
大海航行靠舵手　（革命歌曲选）
[郑州] 河南人民出版社 1969 年 19cm（小 32 开）
定价: CNY0.15

J0150850
大海航行靠舵手　（革命歌曲选）
西安　陕西人民出版社 1969 年 46 页 13cm（60 开）
统一书号: 8094.6　定价: CNY0.06

J0150851
歌唱老三篇　（女声弹唱　广州部队海上文化
工作队创作选 2）广州部队政治部文化部编
[广州] 毛主席著作广东省出版发行站 1969 年
19cm（小 32 开）定价: CNY0.03

J0150852
歌唱毛泽东思想的新时代　（革命歌曲选）
西宁 青海省毛主席著作出版发行管理处 1969 年
56 页 13cm（60 开）统一书号: M3097.654
定价: CNY0.06

J0150853
**歌唱伟大的领袖毛主席　歌唱伟大的中国
共产党**　劫夫谱曲
沈阳 辽宁省"革委会"毛主席著作出版办公室
1969 年 26 页 13cm（60 开）定价: CNY0.05

J0150854
歌唱伟大的毛泽东思想　（革命歌曲选）
福建人民出版社编辑
福州 福建人民出版社 1969 年 114 页
13cm（60 开）统一书号: T8104.646
定价: CNY0.14
（革命歌曲选 1）

J0150855
革命歌曲　（一）陕西人民出版社编辑
西安 陕西人民出版社 1969 年 52 页 10×13cm
定价: CNY0.07

J0150856
革命歌曲
西安 陕西人民出版社 1972 年 20 页 19cm（32 开）
统一书号: 8094.174　定价: CNY0.07

J0150857
革命歌曲
[西安] 陕西人民出版社 1972 年 19cm（小 32 开）
定价: CNY0.04

J0150858
各族人民歌唱红太阳　中央民族学院"革命
委员会"政工组选编
1969 年 359 页+[1]叶图版 有图 19cm（32 开）

J0150859
红色歌选　（1）四川省歌舞团"革命委员会"编
[成都] 四川人民出版社 1969 年 19cm（小 32 开）
定价: CNY0.03

J0150860
红太阳颂　（革命歌曲选集）驻川音工人, 解放
军毛泽东思想宣传队, 四川音乐学院"革命委员
会"编辑
成都 驻川音工人、解放军毛泽东思想宣传队
1969 年 265 页 19cm（32 开）

J0150861

红太阳照亮安源山 （组歌　广州部队海上文化工作队创作选 3）广州部队政治部文化部编

[广州] 毛主席著作广东省出版发行站　1969 年

19cm（小 32 开）定价：CNY0.04

（广州部队海上文化工作队创作选　3）

J0150862

见到毛主席最幸福 （革命歌曲）广州部队政治部文化部编

[广州] 毛主席著作广东省出版发行站　1969 年

19cm（小 32 开）定价：CNY0.03

（广州部队海上文化工作队创作选　5）

J0150863

毛主席诗词歌曲　福建人民出版社编辑

福州　福建人民出版社　1969 年　166 页　有肖像

14cm（64 开）统一书号：T8104.645

定价：CNY0.20，CNY0.35（精装）

J0150864

毛主席诗词歌曲选　成都市群众艺术馆"无产阶级革命派"编

[成都] 四川东方红出版社 1969 年 13cm（64 开）

定价：CNY0.20

J0150865

毛主席语录歌 （第二辑）山西省文化馆《革命文艺》编辑部编

太原　山西省文化馆革命文艺编辑部　1969 年

244 页　14cm（64 开）

J0150866

毛主席语录歌曲　河北人民出版社编

石家庄　河北人民出版社　1969 年　108 页

14cm（64 开）统一书号：1086.13

定价：CNY0.14

J0150867

毛主席语录歌曲　辽宁省"革委会"毛主席著作出版办公室

沈阳　辽宁省"革委会"毛主席著作出版办公室

1969 年　58 页　14cm（64 开）定价：CNY0.09

J0150868

万岁！伟大、光荣、正确的中国共产党

[银川] 宁夏回族自治区人民出版社 [1969 年]

34 页　13cm（60 开）统一书号：T8157.150

定价：CNY0.05

J0150869

为毛主席最新指示谱曲 （广州部队海上文化工作队创作选）广州部队政治部文化部编

[广州] 毛主席著作广东省出版发行站　1969 年

19cm（小 32 开）定价：CNY0.04

（广州部队海上文化工作队创作选　1）

J0150870

五洲齐唱毛泽东 （独唱、重唱、合唱、表演唱）广州部队政治部文化部编

[广州] 毛主席著作广东省出版发行站　1969 年

19cm（小 32 开）定价：CNY0.05

（广州部队海上文化工作队创作选　4）

J0150871

一轮红日从韶山升起 （革命歌曲十三首）

辽宁省"革命委员会"毛主席著作出版办公室编辑

[沈阳] 辽宁省"革命委员会"毛主席著作出版

办公室编辑　1969 年　13cm（64 开）

定价：CNY0.08

J0150872

赞歌献给毛主席　山西省文化馆《革命文艺》编辑部编

太原　山西省文化馆《革命文艺》编辑部

1969 年　201 页　14cm（64 开）

J0150873

祝福毛主席万寿无疆 （革命歌曲选）

湖北人民出版社编辑

武汉　湖北人民出版社　1969 年　244 页

14cm（64 开）定价：CNY0.28

J0150874

东方红 （革命歌曲集 汉、朝文对照本）

延边人民广播电台编

延吉　延边人民出版社　1970 年　13cm（60 开）

定价：CNY0.06

J0150875
东方红 （革命歌曲八首）
昆明 云南人民出版社 1970 年 23 页 10×13cm
统一书号：8116.540 定价：CNY0.03

J0150876
高唱革命战歌胜利前进 （赞十首革命历史
歌曲）上海市出版"革命组"编辑
上海 上海市出版"革命组" 1970 年 127 页
19cm（32 开）定价：CNY0.22

J0150877
革命歌曲 （八首）安徽人民出版社编辑
合肥 安徽人民出版社 1970 年 20 页 9×13cm
统一书号：8102.423 定价：CNY0.03

J0150878
革命歌曲 （八首）
广州 广东人民出版社 1970 年 19cm（32 开）
定价：CNY0.05

J0150879
革命歌曲 （八首）
杭州 浙江人民出版社 1970 年 13cm（60 开）
定价：CNY0.03

J0150880
革命歌曲十八首
杭州 浙江人民出版社 1970 年 13cm（60 开）
定价：CNY0.05
　　本书包括革命歌曲 8 首和革命历史歌曲
10 首。

J0150881
革命歌曲选 甘肃人民出版社编辑
兰州 甘肃人民出版社 1970 年 64 页 9×13cm
统一书号：8096.71 定价：CNY0.07

J0150882
革命歌曲选 甘肃人民出版社编辑
兰州 甘肃人民出版社 1970 年 2 版
13cm（60 开）定价：CNY0.07

J0150883
革命歌曲选

长春 吉林人民出版社 1970 年 13cm（60 开）
定价：CNY0.07

J0150884
革命歌曲选
江苏省"革命委员会"出版发行局编辑
南京 江苏省"革命委员会"出版发行局
1970 年 13cm（60 开）定价：CNY0.06

J0150885
革命歌曲选
银川 宁夏人民出版社 1970 年 13cm（60 开）
定价：CNY0.06

J0150886
革命歌曲选
西宁 青海人民出版社 1970 年 13cm（60 开）
定价：CNY0.09

J0150887
革命歌曲选 宁夏回族自治区群众艺术馆编
银川 宁夏人民出版社 1974 年 69 页 18cm（15 开）
统一书号：8157.221 定价：CNY0.17

J0150888
革命历史歌曲 （第一辑）
合肥 安徽人民出版社 1970 年 13cm（60 开）
定价：CNY0.02

J0150889
革命历史歌曲 （一）
合肥 安徽人民出版社 1970 年 13cm（60 开）
定价：CNY0.03

J0150890
革命历史歌曲 （二）
合肥 安徽人民出版社 1970 年 13cm（60 开）
定价：CNY0.03

J0150891
革命历史歌曲 （十首）
合肥 安徽人民出版社 1970 年 13cm（60 开）
定价：CNY0.04

J0150892
革命历史歌曲 （十首）
北京 北京市新华书店 1970 年 13cm（60 开）
定价：CNY0.04

J0150893
革命历史歌曲 （大路歌）
兰州 甘肃人民出版社 1970 年 1 张
76cm（2 开）定价：CNY0.08

J0150894
革命历史歌曲 （到敌人后方去）
兰州 甘肃人民出版社 1970 年 1 张
76cm（2 开）定价：CNY0.08

J0150895
革命历史歌曲 （工农革命歌）
兰州 甘肃人民出版社 1970 年 1 张
76cm（2 开）定价：CNY0.08

J0150896
革命历史歌曲 （工农一家人）聂耳曲；
集体重新填词
［兰州］甘肃人民出版社 1970 年
76cm（2 开）定价：CNY0.08

J0150897
革命历史歌曲 （前进歌）
兰州 甘肃人民出版社 1970 年 1 张
76cm（2 开）定价：CNY0.08

J0150898
革命历史歌曲 （新的女性）
兰州 甘肃人民出版社 1970 年 1 张
76cm（2 开）定价：CNY0.08

J0150899
革命历史歌曲 （十首）
广州 广东人民出版社 1970 年 13cm（60 开）
定价：CNY0.06

J0150900
革命历史歌曲 （五首）
广州 广东人民出版社 1970 年 19cm（32 开）
定价：CNY0.02

J0150901
革命历史歌曲 （第一辑）
南宁 广西人民出版社 1970 年 13cm（60 开）
定价：CNY0.03

J0150902
革命历史歌曲 （第二辑）
南宁 广西人民出版社 1970 年 13cm（60 开）
定价：CNY0.03

J0150903
革命历史歌曲 （十首）贵州人民出版社编
贵阳 贵州人民出版社 1970 年 25 页
13cm（60 开）统一书号：8115.529
定价：CNY0.05

J0150904
革命历史歌曲 （十首）
石家庄 河北人民出版社 1970 年 32 页
13cm（60 开）统一书号：8086.58
定价：CNY0.04

J0150905
革命历史歌曲 （五首）
石家庄 河北人民出版社 1970 年 13cm（60 开）
定价：CNY0.03
　　本书收录《毕业歌》《工农一家人》《抗日战
歌》《大刀进行曲》《战斗进行曲》歌曲。

J0150906
革命历史歌曲 （十首）
郑州 河南人民出版社 1970 年 13cm（60 开）
定价：CNY0.06

J0150907
革命历史歌曲 （五首）
郑州 河南人民出版社 1970 年 13cm（60 开）
定价：CNY0.04

J0150908
革命历史歌曲 （十首）黑龙江人民出版社编辑
哈尔滨 黑龙江人民出版社 1970 年
13cm（60 开）定价：CNY0.05

J0150909
革命历史歌曲 （五首）黑龙江人民出版社编辑
哈尔滨 黑龙江人民出版社 1970 年
13cm（60 开）定价：CNY0.04
　　本册收有前五首《毕业歌》《工农一家人》
《抗日战歌》《大刀进行曲》《战斗进行曲》歌曲。

J0150910
革命历史歌曲 （五首）
哈尔滨 黑龙江人民出版社 1970 年
13cm（60 开）定价：CNY0.04
　　本册收有后五首《前进歌》《大路歌》《工农
革命歌》《新的女性》《到敌人后方去》歌曲。

J0150911
革命历史歌曲 （十首）
武汉 湖北人民出版社 1970 年 13cm（60 开）
定价：CNY0.04

J0150912
革命历史歌曲 （五首）
武汉 湖北人民出版社 1970 年 13cm（60 开）
定价：CNY0.01

J0150913
革命历史歌曲 （1）
长沙 湖南人民出版社 1970 年 13cm（60 开）
定价：CNY0.03

J0150914
革命历史歌曲 （2）
长沙 湖南人民出版社 1970 年 13cm（60 开）
定价：CNY0.03

J0150915
革命历史歌曲 （十首）
长春 吉林人民出版社 1970 年 19cm（32 开）
定价：CNY0.03

J0150916
革命历史歌曲 （十首）
南京 江苏省"革命委员会"出版发行局 1970 年
13cm（60 开）定价：CNY0.05

J0150917
革命历史歌曲 （十首）
南昌 江西省新华书店 1970 年 13cm（60 开）
定价：CNY0.04

J0150918
革命历史歌曲 （五首）
南昌 江西省新华书店 1970 年 13cm（60 开）
定价：CNY0.03

J0150919
革命历史歌曲
沈阳 辽宁省新华书店 1970 年 13cm（60 开）
定价：CNY0.04

J0150920
革命历史歌曲 （十首）
沈阳 辽宁省新华书店 1970 年 13cm（60 开）
定价：CNY0.05

J0150921
革命历史歌曲 （十首）
呼和浩特 内蒙古自治区"革命委员会"毛主席
著作出版办公室 1970 年 13cm（60 开）
定价：CNY0.08

J0150922
革命历史歌曲 （五首）
银川 宁夏人民出版社 1970 年 13cm（60 开）
定价：CNY0.03

J0150923
革命历史歌曲 （五首）
西宁 青海省毛主席著作出版发行管理处
1970 年 13cm（60 开）定价：CNY0.03

J0150924
革命历史歌曲 （十首）
济南 山东人民出版社 1970 年 13cm（60 开）
定价：CNY0.06

J0150925
革命历史歌曲 （十首）陕西人民出版社编辑
西安 陕西人民出版社 1970 年 13cm（60 开）
定价：CNY0.05

J0150926

革命历史歌曲 （五首）

西安　陕西人民出版社 1970 年 19cm（32 开）

定价：CNY0.01

J0150927

革命历史歌曲　上海市出版"革命组"编辑

上海　上海市出版"革命组" 1970 年 14 页

13cm（60 开）定价：CNY0.03

J0150928

革命历史歌曲 （十首）上海市出版"革命组"

编辑

上海　上海市出版"革命组" 1970 年 28 页

13cm（60 开）定价：CNY0.05

J0150929

革命历史歌曲 （五首）上海市出版"革命组"

编辑

上海　上海市出版"革命组" 1970 年

13cm（60 开）定价：CNY0.05

　　本书为中国革命歌曲集,后五首为《前进歌》

《大路歌》《工农革命歌》《新的女性》《到敌人后

方去》。

J0150930

革命历史歌曲 （五首）上海市出版"革命组"

编辑

上海　上海市出版"革命组" 1970 年

13cm（60 开）定价：CNY0.03

　　本书收有前五首歌曲《毕业歌》《工农一家

人》《抗日战歌》《大刀进行曲》《战斗进行曲》。

J0150931

革命历史歌曲 （十首）四川人民出版社编

成都　四川人民出版社 1970 年 31 页 9×13cm

定价：CNY0.04

J0150932

革命历史歌曲

天津　天津人民出版社 1970 年 13cm（64 开）

定价：CNY0.02

J0150933

革命历史歌曲 （十首　汉朝文对照）

延边人民出版社编辑

［延吉］延边人民出版社 1970 年 13cm（64 开）

定价：CNY0.09

J0150934

革命历史歌曲 （十首）

昆明　云南人民出版社 1970 年 13cm（60 开）

定价：CNY0.06

J0150935

革命历史歌曲 （五首）

杭州　浙江人民出版社 1970 年 13cm（60 开）

定价：CNY0.02

J0150936

革命历史歌曲选 （1）

福州　福建省新华书店 1970 年 13cm（60 开）

定价：CNY0.03

J0150937

革命历史歌曲选 （2）

福州　福建省新华书店 1970 年 13cm（60 开）

定价：CNY0.03

J0150938

革命历史歌曲选 （一　五首）

呼和浩特　内蒙古自治区"革命委员会"毛主席

著作出版办公室 1970 年 13cm（60 开）

定价：CNY0.06

J0150939

革命历史歌曲选 （二　五首）

呼和浩特　内蒙古自治区"革命委员会"毛主席

著作出版办公室 1970 年 13cm（60 开）

定价：CNY0.04

J0150940

前进歌 （革命历史歌曲五首）

昆明　云南人民出版社 1970 年 13cm（60 开）

定价：CNY0.03

J0150941

颂歌献给毛主席　上海人民出版社编辑

上海　上海人民出版社 1970 年 149 页

19cm（32 开）定价：CNY0.28

J0150942
战斗进行曲 （革命历史歌曲五首）
昆明 云南人民出版社 1970 年 13cm（60 开）
定价：CNY0.04

J0150943
毕业歌 （革命历史歌曲）聂耳曲；人民文学出
版社集体重新填词
北京 人民文学出版社 1971 年 26cm（16 开）
定价：CNY0.08

J0150944
大刀进行曲 （革命历史歌曲）麦新曲；
人民文学出版社集体改词
北京 人民文学出版社 1971 年 26cm（16 开）
定价：CNY0.08

J0150945
到敌人后方去 （革命历史歌曲）冼星海曲；
人民文学出版社集体重新填词
北京 人民文学出版社 1971 年 26cm（16 开）
定价：CNY0.08

J0150946
革命歌曲
安徽省工农大学"革命委员会"政工组编
［合肥］安徽省工农大学"革命委员会" 1971 年
105 页 10×15cm

J0150947
革命歌曲 （第一集）
福州 福建新华书店 1971 年 31 页 13×13cm
定价：CNY0.06

J0150948
革命歌曲 （第二集）
［福州］福建省新华书店 1971 年 13cm（64 开）
定价：CNY0.06

J0150949
革命歌曲 （1）
长沙 湖南人民出版社 1971 年 10 页 18cm（15 开）
统一书号：8109.841 定价：CNY0.04

J0150950
革命歌曲 （八首）
［长春］吉林人民出版社 1971 年 13cm（64 开）
定价：CNY0.03

J0150951
革命歌曲 （六首）
［长春］吉林人民出版社 1971 年 13cm（64 开）
定价：CNY0.03

J0150952
革命歌曲
南京 江苏人民出版社 1971 年 19 页 9×13cm
统一书号：10100.1292 定价：CNY0.03

J0150953
革命歌曲
昆明 云南人民出版社 1971 年 20 页 10×13cm
统一书号：8116.545 定价：CNY0.03

J0150954
革命歌曲 （六首）
杭州 浙江人民出版社 1971 年 18 页 13cm（60 开）
统一书号：71–2.4 定价：CNY0.02

J0150955
革命歌曲集 黑龙江人民出版社编辑
哈尔滨 黑龙江人民出版社 1971 年 34 页
13cm（60 开）统一书号：8093.100
定价：CNY0.05

J0150956
革命歌曲集 黑龙江人民出版社编辑
哈尔滨 黑龙江人民出版社 1972 年 2 版 53 页
14cm（64 开）统一书号：8093.100
定价：CNY0.07

J0150957
革命歌曲选
南宁 广西人民出版社 1971 年 153 页
13cm（60 开）统一书号：8113.34
定价：CNY0.16

J0150958
革命歌曲选

南昌 江西人民出版社 1971 年 111 页
13cm（60 开）统一书号：8110.185
定价：CNY0.13

J0150959
革命歌曲选
［南昌］江西省新华书店 1971 年 13cm（64 开）
定价：CNY0.13

J0150960
革命歌曲选 （第一集）
北京 人民文学出版社 1971 年 19cm（小 32 开）
定价：CNY0.09

J0150961
革命歌曲选 （第二集）人民文学出版社编辑
北京 人民文学出版社 1971 年 61 页 14cm（64 开）
统一书号：10019.1863 定价：CNY0.08

J0150962
革命歌曲选 （第三集）人民文学出版社编辑
北京 人民文学出版社 1971 年 60 页 14cm（64 开）
统一书号：10019.1868 定价：CNY0.08

J0150963
革命歌曲选
上海 上海人民出版社 1971 年 179 页
14cm（64 开）定价：CNY0.20

J0150964
革命歌曲选 （一）
［成都］四川人民出版社重庆办事处 1971 年
19cm（小 32 开）定价：CNY0.01

J0150965
革命歌曲选 （二）
［成都］四川人民出版社重庆办事处 1971 年
19cm（小 32 开）定价：CNY0.01

J0150966
革命歌曲选 广西人民出版社编
南宁 广西人民出版社 1972 年 144 页
14cm（64 开）统一书号：8113.55
定价：CNY0.14

J0150967
革命歌曲选 （第一集）人民文学出版社编辑
北京 人民文学出版社 1972 年 59 页 14cm（64 开）
统一书号：10019.1872 定价：CNY0.08

J0150968
革命歌曲选 （第二集）
北京 人民文学出版社 1972 年 61 页 14cm（64 开）
统一书号：10019.1885 定价：CNY0.08

J0150969
革命歌曲选 （第三集）
北京 人民文学出版社 1972 年 37 页 19cm（32 开）
统一书号：10019.1903 定价：CNY0.10

J0150970
革命歌曲选 （第四集）人民文学出版社编辑
北京 人民文学出版社 1972 年 59 页 19cm（32 开）
统一书号：10019.1953 定价：CNY0.14

J0150971
革命歌曲选 广西人民出版社编
南宁 广西人民出版社 1973 年 79 页 19cm（32 开）
统一书号：8113.122 定价：CNY0.16

J0150972
革命歌曲选 （第一集）
北京 人民文学出版社 1973 年 60 页 19cm（32 开）
统一书号：10019.1977 定价：CNY0.15

J0150973
革命歌曲选 （第二集）
北京 人民文学出版社 1973 年 60 页 19cm（32 开）
统一书号：10019.2033 定价：CNY0.15

J0150974
革命歌曲选 （第三集）
北京 人民文学出版社 1973 年 59 页
19cm（32 开）定价：CNY0.15

J0150975
革命歌曲选 （第五集）
北京 人民文学出版社 1973 年 44 页
19cm（32 开）统一书号：10019.2125
定价：CNY0.12

J0150976
革命歌曲选　（第六集）
北京　人民文学出版社 1973 年 44 页 19cm（32 开）
统一书号：10019.2129 定价：CNY0.12

J0150977
革命歌曲选　（1973 3）人民文学出版社编辑
北京　人民文学出版社 1973 年 59 页 19cm（32 开）
统一书号：10019.2046 定价：CNY0.15

J0150978
革命歌曲选　（1973 4）人民文学出版社编辑
北京　人民文学出版社 1973 年 44 页 19cm（32 开）
统一书号：10019.2105 定价：CNY0.12

J0150979
革命歌曲选　（汉俄对照）尚怀晓等译配
上海　上海人民出版社 1973 年 66 页 19cm（32 开）
统一书号：8171.595 定价：CNY0.15

J0150980
革命歌曲选　（汉英对照）尚怀晓等译配
上海　上海人民出版社 1973 年 82 页
19cm（小 32 开）统一书号：8171.599
定价：CNY0.19

J0150981
革命歌曲选　（第一集）
北京　人民文学出版社 1974 年 44 页 19cm（32 开）
统一书号：10019.2195 定价：CNY0.12

J0150982
革命歌曲选　（汉俄对照　第二集）
上海人民出版社编辑
上海　上海人民出版社 1976 年 61 页 19cm（32 开）
统一书号：9171.116 定价：CNY0.14

J0150983
工农兵歌曲选　（1）
上海　上海人民出版社 1971 年 28 页 14cm（64 开）
定价：CNY0.05

J0150984
工农兵歌曲选　（2）
上海　上海人民出版社 1971 年 28 页 14cm（64 开）

定价：CNY0.05

J0150985
工农兵歌曲选　（3）
上海　上海人民出版社 1971 年 28 页 14cm（64 开）
定价：CNY0.05

J0150986
工农兵歌曲选　（4）
上海　上海人民出版社 1971 年 42 页 14cm（64 开）
定价：CNY0.07

J0150987
工农革命歌　（革命历史歌曲）聂耳曲；
人民文学出版社集体重新填词
北京　人民文学出版社 1971 年 26cm（16 开）
定价：CNY0.08
　　　作者聂耳（1912—1935），音乐家、作曲家。
云南玉溪人，出生于昆明。原名守信，字子义，亦
作子仪，号紫艺，一名紫观，笔名黑天使、王达平，
人称孪子（也叫耳朵先生，不久改名聂耳）。就读
于云南省立第一师范学校高级部外国语组。积
极参加左翼音乐、电影、戏剧等工作。中华人民
共和国代国歌作曲者。作品有《义勇军进行曲》
《前进歌》《矿工歌》《风云儿女》等。

J0150988
工农一家人　（革命历史歌曲）聂耳曲；
人民文学出版社集体重新填词
北京　人民文学出版社 1971 年 26cm（16 开）
定价：CNY0.08

J0150989
抗日战歌　（革命历史歌曲）冼星海曲；
人民文学出版社集体重新填词
北京　人民文学出版社 1971 年 26cm（16 开）
定价：CNY0.08

J0150990
路歌　（革命历史歌曲）聂耳曲；人民文学出版
社集体重新填词
北京　人民文学出版社 1971 年 26cm（16 开）
定价：CNY0.08

J0150991

前进歌　（革命历史歌曲）聂耳曲；人民文学出版社集体重新填词

北京　人民文学出版社　1971 年　26cm（16 开）

定价：CNY0.08

J0150992

全世界人民一定胜利　（革命歌曲六首）

［郑州］河南人民出版社　1971 年　15cm（25 开）

定价：CNY0.04

J0150993

全世界人民一定胜利　（革命歌曲六首）

［沈阳］辽宁人民出版社　1971 年　13cm（60 开）

定价：CNY0.02

J0150994

全世界人民一定胜利　（革命歌曲六首）

沈阳　辽宁省新华书店　1971 年　14 页　13cm（60 开）

统一书号：8090.109　定价：CNY0.02

J0150995

全世界人民一定胜利　（革命歌曲六首）

北京　人民出版社　1971 年　13cm（60 开）

定价：CNY0.03

J0150996

全世界人民一定胜利　（革命歌曲集）

济南　山东人民出版社　1971 年　20 页　13cm（60 开）

统一书号：8099.45　定价：CNY0.03

J0150997

全世界人民一定胜利　（革命歌曲）

西安　陕西人民出版社　1971 年　10 页　19cm（32 开）

统一书号：8094.112　定价：CNY0.04

J0150998

三大纪律八项注意

［合肥］安徽省"革命委员会"出版发行局

1971 年　107cm（全开）定价：CNY0.16

J0150999

三大纪律八项注意　（红军歌曲）

［兰州］甘肃人民出版社　1971 年　107cm（全开）

定价：CNY0.16

J0151000

三大纪律八项注意

［南宁］广西人民出版社　1971 年　107cm（全开）

定价：CNY0.15

J0151001

三大纪律八项注意　（红军歌曲）

［郑州］河南人民出版社　1971 年　107cm（全开）

定价：CNY0.15

J0151002

三大纪律八项注意　（红军歌曲）

［哈尔滨］黑龙江人民出版社　1971 年

107cm（全开）定价：CNY0.28

J0151003

三大纪律八项注意　（红军歌曲）

［长沙］湖南人民出版社　1971 年　107cm（全开）

定价：CNY0.24

J0151004

三大纪律八项注意　（红军歌曲）

［南昌］江西省新华书店　1971 年　107cm（全开）

定价：CNY0.16

J0151005

三大纪律八项注意　（红军歌曲）

［西安］陕西人民出版社　1971 年　107cm（全开）

定价：CNY0.16

J0151006

三大纪律八项注意　（红军歌曲）

［成都］四川人民出版社　1971 年　107cm（全开）

定价：CNY0.16

J0151007

三大纪律八项注意　（红军歌曲）

天津　天津人民出版社　1971 年　107cm（全开）

定价：CNY0.15

J0151008

三大纪律八项注意　（红军歌曲）

［乌鲁木齐］新疆人民出版社　1971 年

107cm（全开）定价：CNY0.16

J0151009
三大纪律八项注意 （红军歌曲）
［昆明］云南人民出版社 1971 年 107cm（全开）
定价：CNY0.08

J0151010
三大纪律八项注意
［杭州］浙江人民出版社 1971 年 107cm（全开）
定价：CNY0.16

J0151011
三大纪律八项注意 （红军歌曲）
［长沙］湖南人民出版社 1972 年 76cm（2 开）
定价：CNY0.14

J0151012
三大纪律八项注意
南宁 广西人民出版社 1973 年 107cm（全开）
定价：CNY0.18

J0151013
三大纪律八项注意 （红军歌曲）
成都 四川人民出版社 1974 年 19cm（小 32 开）
定价：CNY0.02

J0151014
三大纪律八项注意
杭州 浙江人民出版社 1974 年 108cm（全开）
定价：CNY0.16

J0151015
三大纪律八项注意 （红军歌曲）
［南宁］广西人民出版社 1976 年 ［1 张］
107cm（全开）定价：CNY0.18

J0151016
三大纪律八项注意 （红军歌曲）
［杭州］浙江人民出版社 1976 年 ［1 张］
107cm（全开）定价：CNY0.16

J0151017
颂歌献给毛主席 （革命歌曲集）
辽宁省新华书店编辑
沈阳 辽宁省新华书店 1971 年 52 页 19cm（32 开）
统一书号：8090.117 定价：CNY0.11

J0151018
万岁！毛主席 （革命歌曲二十一首）
杭州 浙江人民出版社 1971 年 45 页 18cm（32 开）
定价：CNY0.10

J0151019
万岁！毛主席 （革命歌曲十二首）
人民文学出版社填词
［杭州］浙江人民文学出版社 1971 年
19cm（小 32 开）定价：CNY0.10

J0151020
新的女性 （革命历史歌曲）聂耳曲；
人民文学出版社集体重新填词
北京 人民文学出版社 1971 年 26cm（16 开）
定价：CNY0.08

J0151021
学好、唱好、用好两首革命歌曲
［太原］山西人民出版社 1971 年 1 张
19cm（小 32 开）定价：CNY0.05

J0151022
学好唱好两首革命歌曲
［西安］陕西人民出版社 1971 年
19cm（小 32 开）定价：CNY0.03

J0151023
战斗进行曲 佩之曲
北京 人民文学出版社 1971 年 3 页
26cm（16 开）定价：CNY0.08

J0151024
战斗进行曲 （革命历史歌曲）佩之曲；人民
文学出版社集体重新填词
北京 人民文学出版社 1971 年 26cm（16 开）
定价：CNY0.08

J0151025
祝福毛主席万寿无疆
沈阳 辽宁省新华书店 1971 年 51 页 19cm（32 开）
统一书号：8090.128 定价：CNY0.11

J0151026
草原上的"红卫兵"见到了毛主席 （革命歌曲

五线谱）李德全词；高士衡曲；石夫，廷禹配伴奏
[北京] 人民文学出版社 1972 年 26cm（16 开）
定价：CNY0.10

J0151027
大海航行靠舵手 （革命歌曲 五线谱）
[北京] 人民文学出版社 1972 年 26cm（16 开）
定价：CNY0.08

J0151028
党的旗帜高高飘扬 （革命歌曲选）
[郑州] 河南人民出版社 1972 年 13cm（64 开）
定价：CNY0.04

J0151029
洞庭新歌
（革命歌曲集）湖南革命歌曲征集小组编
长沙 湖南人民出版社 1972 年 129 页
19cm（32 开）统一书号：8109.895
定价：CNY0.29

J0151030
洞庭新歌 （续集）湖南革命歌曲征集小组编
长沙 湖南人民出版社 1975 年 143 页
19cm（32 开）统一书号：8109.981
定价：CNY0.30

J0151031
高举红旗大步走 （革命歌曲集）山东省纪念
毛主席《在延安文艺座谈会上的讲话》发表三十
周年办公室编辑
济南 山东人民出版社 1972 年 134 页
19cm（32 开）统一书号：8099.130
定价：CNY0.29

J0151032
歌唱伟大、光荣、正确的中国共产党
（革命歌曲）集体词；王莘曲；王进德配伴奏
北京 人民文学出版社 1972 年 5 页 26cm（16 开）
统一书号：10019.1927 定价：CNY0.10

J0151033
革命的号角 战斗的武器
（学好唱好两首革命歌曲）
北京 人民出版社 1972 年 44 页 19cm（32 开）

定价：CNY0.11

J0151034
革命歌曲 （三）内蒙古自治区人民出版社编辑
呼和浩特 内蒙古自治区人民出版社 1972 年
25 页 19cm（32 开）统一书号：8089.03
定价：CNY0.07

J0151035
革命歌曲 内蒙古自治区人民出版社编辑
[呼和浩特] 内蒙古自治区人民出版社 1972 年
[4 册] 19cm（小 32 开）定价：CNY0.07（每册）

J0151036
革命歌曲 陕西文艺工作者集体改词
北京 人民文学出版社 1972 年 26cm（16 开）
　　本歌曲集选入歌曲包括：《咱们的领袖毛泽
东》《山丹丹开花红艳艳》《军民大生产》《工农
齐武装》《翻身道情》等。

J0151037
革命歌曲
[成都] 四川人民出版社 1972 年
19cm（小 32 开）定价：CNY0.01

J0151038
革命歌曲 （2）
[成都] 四川人民出版社重庆办事处 1972 年
19cm（小 32 开）定价：CNY0.02

J0151039
革命歌曲 （朝、汉文歌曲集）延边朝鲜族自
治州毛主席思想宣传站编
延吉 延边人民出版社 1972 年 19cm（小 32 开）
定价：CNY0.07

J0151040
革命歌曲 （朝、汉文歌曲集）延边朝鲜族自
治州毛主席思想宣传站编
延吉 延边人民出版社 1972 年 19cm（小 32 开）
定价：CNY0.08

J0151041
革命歌曲 （7）延边人民出版社编辑
延吉 延边人民出版社 1974 年 52 页 19cm（32 开）

统一书号：8136.307　定价：CNY0.10

J0151042
革命歌曲　（16）延边人民出版社编辑
延吉　延边人民出版社　1977 年　56 页　19cm（32 开）
统一书号：8136.397　定价：CNY0.12

J0151043
革命歌曲　（20）延边人民出版社编辑
延吉　延边人民出版社　1978 年　55 页　19cm（32 开）
统一书号：M8136.425　定价：CNY0.14

J0151044
革命歌曲二十首
合肥　安徽人民出版社　1972 年　43 页　19cm（32 开）
统一书号：8102.559　定价：CNY0.10

J0151045
革命歌曲三首
[长沙] 湖南人民出版社　1972 年　19cm（小 32 开）
定价：CNY0.01

J0151046
革命歌曲选　福建省"革命委员会"政治部文
化组革命歌曲征集小组编
福州　福建省"革命委员会"政治部文化组革命
歌曲征集小组　1972 年　60 页　19cm（32 开）

J0151047
革命歌曲选　（第一集）
石家庄　河北人民出版社　1972 年　245 页
14cm（64 开）统一书号：10086.295
定价：CNY0.22

J0151048
革命歌曲选　（第二集）
石家庄　河北人民出版社　1972 年　264 页
13cm（60 开）统一书号：10086.299
定价：CNY0.23

J0151049
革命歌曲选　（第三集）河北省群众艺术馆,河
北人民出版社编
石家庄　河北人民出版社　1973 年　195 页
14cm（64 开）统一书号：8086.299

定价：CNY0.20

J0151050
革命歌曲选　（第四集）
石家庄　河北人民出版社　1973 年　246 页
14cm（64 开）统一书号：8086.336
定价：CNY0.23

J0151051
革命歌曲选
石家庄　河北人民出版社　1975 年　161 页
19cm（32 开）统一书号：8086.483
定价：CNY0.28
（农村文艺丛书）

J0151052
革命歌曲选
河北省群众艺术馆,河北人民出版社编
石家庄　河北人民出版社　1978 年　267 页
19cm（32 开）统一书号：8086.932
定价：CNY0.54

J0151053
革命歌曲选汇编　（第一集）人民文学出版社编
北京　人民文学出版社　1972 年　223 页
14cm（64 开）统一书号：10019.1893
定价：CNY0.24

J0151054
革命歌曲选汇编　（第二集）人民文学出版社编
北京　人民文学出版社　1973 年　143 页
14cm（64 开）统一书号：10019.2051
定价：CNY0.30

J0151055
革命歌曲选汇编　（第三集　1973 年《革命歌
曲选》合订本）
北京　人民音乐出版社　1974 年　208 页
19cm（32 开）统一书号：8026.3004
定价：CNY0.41

J0151056
革命青年进行曲　（革命歌曲　五线谱）
集体题；田歌曲；牟洪配伴奏
[北京] 人民文学出版社　1972 年　26cm（16 开）

定价：CNY0.08

J0151057
革命青年进行曲 （革命歌曲）田歌曲；
牟洪配伴奏
北京　人民音乐出版社 1972 年 3 页 26cm（16 开）
定价：CNY0.09

J0151058
革命青年进行曲 （革命歌曲）集体词；
田歌曲；牟洪配伴奏
北京　人民音乐出版社 1975 年　正谱本 [2]页
26cm（16 开）统一书号：8026.3114
定价：CNY0.09

J0151059
工农兵歌曲 （第一辑）《工农兵歌曲》编辑小
组编
上海　上海人民出版社 1972 年 30 页 14cm（64 开）
定价：CNY0.05

J0151060
工农兵歌曲 （第二辑）《工农兵歌曲》编辑小
组编
上海　上海人民出版社 1972 年 27 页 14cm（64 开）
定价：CNY0.05

J0151061
工农兵歌曲 （第三辑）《工农兵歌曲》编辑小
组编
上海　上海人民出版社 1972 年 45 页 14cm（64 开）
定价：CNY0.06

J0151062
工农兵歌曲 （第四辑）《工农兵歌曲》编辑小
组编
上海　上海人民出版社 1972 年 67 页 14cm（64 开）
定价：CNY0.08

J0151063
工农兵歌曲 （1973 年第一辑）《工农兵歌曲》
编辑小组编
上海　上海人民出版社 1973 年 34 页 19cm（32 开）
统一书号：8171.479 定价：CNY0.09

J0151064
工农兵歌曲 （1973 年第二辑）《工农兵歌曲》
编辑小组编
上海　上海人民出版社 1973 年 24 页 19cm（32 开）
统一书号：8171.669 定价：CNY0.07

J0151065
工农兵歌曲 （1973 年第三辑）《工农兵歌曲》
编辑小组编
上海　上海人民出版社 1973 年 34 页 19cm（32 开）
统一书号：8171.776 定价：CNY0.09

J0151066
工农兵歌曲 （1973 年第四辑）《工农兵歌曲》
编辑小组编
上海　上海人民出版社 1974 年 31 页 19cm（32 开）
统一书号：8171.831 定价：CNY0.08

J0151067
工农兵歌曲 （1974 年第 1 期）《工农兵歌曲》
编辑小组编
上海　上海人民出版社 1974 年 32 页
19cm（32 开）定价：CNY0.09

J0151068
工农兵歌曲 （1974 年第 2 期）《工农兵歌曲》
编辑小组编
上海　上海人民出版社 1974 年 32 页
19cm（32 开）定价：CNY0.09

J0151069
工农兵歌曲 （1974 年第 3 期）《工农兵歌曲》
编辑小组编
上海　上海人民出版社 1974 年 31 页
19cm（32 开）定价：CNY0.09

J0151070
工农兵歌曲集
黑龙江省"革命委员会"文化局供稿
哈尔滨　黑龙江人民出版社 1972 年 145 页
19cm（32 开）统一书号：8093.089
定价：CNY0.32

J0151071
广东革命歌曲选 （第一集）广东省文艺创作

室编
广州 广东人民出版社 1972 年 40 页 19cm（32 开）
统一书号：10111.56 定价：CNY0.10

J0151072
广东革命歌曲选 （第二辑）广东省文艺创作
室编
广州 广东人民出版社 1973 年 51 页 19cm（32 开）
统一书号：10111.928 定价：CNY0.12

J0151073
广东革命歌曲选 （第三辑）广东省文艺创作
室编
广州 广东人民出版社 1975 年 65 页 19cm（32 开）
统一书号：8111.1462 定价：CNY0.15

J0151074
广东革命歌曲选 （第四集）中国音乐家协会
广东分会编
广州 广东人民出版社 1978 年 68 页 19cm（32 开）
统一书号：8111.1881 定价：CNY0.15

J0151075
红日高照汽车城 长春第一汽车制造厂编
长春 吉林人民出版社 1972 年 95 页
19cm（32 开）定价：CNY0.22

J0151076
红太阳照边疆 （吉林歌曲）吉林省"革委会"
文化局编
长春 吉林人民出版社 1972 年 67 页 19cm（32 开）
统一书号：10091.571 定价：CNY0.17

J0151077
湖南革命歌曲五首
［长沙］湖南人民出版社 1972 年 19cm（小 32 开）
定价：CNY0.04

J0151078
化工新歌 吉林化学工业公司职工业余文艺
创作组编
长春 吉林人民出版社 1972 年 71 页 19cm（32 开）
定价：CNY0.17

J0151079
江西群众歌曲选 江西人民出版社编辑
南昌 江西人民出版社 1972 年 47 页 14cm（64 开）
定价：CNY0.07

J0151080
联络站 （工农兵演唱）江西人民出版社选编
南昌 江西人民出版社 1972 年 75 页 有乐谱
19cm（32 开）统一书号：8110.269
定价：CNY0.15

J0151081
辽宁革命歌曲选 辽宁人民出版社编辑
沈阳 辽宁人民出版社 1972 年 98 页
19cm（32 开）定价：CNY0.27

J0151082
辽宁革命歌曲选 辽宁人民出版社编辑
沈阳 辽宁人民出版社 1972 年 78 页 21cm（32 开）
统一书号：8090.230 定价：CNY0.30

J0151083
辽宁革命歌曲选 （第二集）辽宁人民出版社
编辑
沈阳 辽宁人民出版社 1974 年 153 页
19cm（32 开）统一书号：8090.484
定价：CNY0.31

J0151084
毛主席领导我们胜利前进 （革命歌曲选）
［郑州］河南人民出版社 1972 年 13cm（64 开）
定价：CNY0.05

J0151085
毛主席您是我们心中的红太阳 （革命歌曲选）
［郑州］河南人民出版社 1972 年 15cm（64 开）
定价：CNY0.04

J0151086
毛主席走遍祖国大地 （革命歌曲 五线谱）
辽宁省革命样板戏学习班词曲
［北京］人民文学出版社 1972 年 26cm（16 开）
定价：CNY0.08

J0151087

千锤百炼　（演唱作品）天津市纪念毛主席《在延安文艺座谈会上的讲话》发表三十周年办公室编

天津　天津人民出版社　1972 年　120 页

19cm（32 开）定价：CNY0.22

J0151088

全世界人民一定胜利　（革命歌曲　五线谱）

中央乐团词曲

［北京］人民文学出版社　1972 年　26cm（16 开）

定价：CNY0.08

J0151089

群众演唱选　（一）人民文学出版社编

北京　人民文学出版社　1972 年　151 页

19cm（32 开）统一书号：10019.1922

定价：CNY0.32

J0151090

群众演唱选　（二）人民文学出版社编

北京　人民文学出版社　1972 年　160 页

19cm（32 开）统一书号：10019.1958

定价：CNY0.32

J0151091

三大纪律八项注意　（红军歌曲）

［贵阳］贵州人民出版社　1972 年　107cm（全开）

定价：CNY0.15

J0151092

三大纪律八项注意　（红军歌曲）

［南京］江苏人民出版社　1972 年　107cm（全开）

定价：CNY0.15

J0151093

三大纪律八项注意　（革命歌曲　五线谱

红军歌曲）吴祖强配伴奏

［北京］人民文学出版社　1972 年　27cm（大 16 开）

定价：CNY0.08

　　吴祖强（1927—　），作曲家。出生于北京，原籍江苏武进，毕业于中央音乐学院。作品有弦乐合奏《二泉映月》《春江花月夜》等。

J0151094

三大纪律八项注意　（红军歌曲）

上海　上海人民出版社　1972 年　107cm（全开）

定价：CNY0.16

J0151095

三大纪律八项注意

北京　人民文学出版社　1974 年　19cm（小 32 开）

定价：CNY0.02

J0151096

三大纪律八项注意　（红军歌曲）

［南京］江苏人民出版社　1976 年　［1 张］

107cm（全开）定价：CNY0.15

J0151097

社会主义祖国欣欣向荣　安徽人民出版社编辑

合肥　安徽人民出版社　1972 年　160 页

19cm（32 开）统一书号：3102.315

定价：CNY0.28

J0151098

团结起来，争取更大的胜利　（革命歌曲　五线谱）南京部队宣传队词；何仿曲；郑瑛配伴奏

［北京］人民文学出版社　1972 年　26cm（16 开）

定价：CNY0.08

　　作者何仿（1928—2013），作曲家。原名何孝元，安徽天长人。历任中国音乐家协会江苏分会副主席、南京市文学艺术界联合会副主席、国家一级作曲、曾任解放军南京军区前线歌舞团团长。出版有《何仿歌曲选集》《何仿音乐作品选》《民兵之歌》等。

J0151099

万岁！毛主席　（革命歌曲）勤耕词曲

北京　人民文学出版社　1972 年　3 页 26cm（16 开）

统一书号：10019.1928　定价：CNY0.08

J0151100

万岁！毛主席　（革命歌曲　五线谱）

勤耕词曲；朱践耳配伴奏

［北京］人民文学出版社　1972 年　26cm（16 开）

定价：CNY0.08

　　朱践耳（1922—2017），作曲家。本名朱荣实，安徽泾县人。曾在上海实验歌剧院、北京电影制

片厂、上海交响乐团作曲。代表作品有《第四交响曲》《百年沧桑》等。

J0151101
万岁毛主席 （革命歌曲集）
辽宁人民出版社编辑
沈阳 辽宁人民出版社 1972年 59页 19cm（32开）
统一书号：8090.265 定价：CNY0.17

J0151102
伟大的社会主义祖国在前进 （革命歌曲选）
[郑州] 河南人民出版社 1972年 13cm（64开）
定价：CNY0.04

J0151103
伟大的社会主义祖国在前进 （革命歌曲合订本）天津市革命歌曲创作学习班词曲；
于苏贤配伴奏
北京 人民文学出版社 1972年 26cm（16开）
　　本歌曲集包括：《定叫山河换新装》《延边人民热爱毛主席》《全世界人民一定胜利》《团结起来，争取更大的胜利》《毛主席走遍祖国大地》《我爱北京天安门》《革命青年进行曲》《草原上的红卫兵见到了毛主席》《我们的朋友遍天下》。

J0151104
伟大的社会主义祖国在前进 （正谱本革命歌曲）天津市革命歌曲创作学习班词曲；
于苏贤配伴奏
北京 人民音乐出版社 1975年 2版 [3]页
26cm（16开）统一书号：8026.3102
定价：CNY0.09

J0151105
我爱北京天安门 （革命歌曲 五线谱）
金果临词；金月苓曲；于苏贤配伴奏
[北京] 人民文学出版社 1972年 26cm（16开）
定价：CNY0.08

J0151106
我爱北京天安门 （革命歌曲）
济南 山东人民出版社 1972年 44页
13cm（60开）统一书号：8099.116
定价：CNY0.05

J0151107
我们的朋友遍天下 （革命歌曲 五线谱）
辽宁省革命样板戏学习班词曲
[北京] 人民文学出版社 1972年 26cm（16开）
定价：CNY0.08

J0151108
西藏革命歌曲选 西藏人民出版社编辑
拉萨 西藏人民出版社 1972年 87页
19cm（32开）统一书号：8170.1 定价：CNY0.25

J0151109
延安儿女心向毛主席 （创作歌曲选）陕西省"革命委员会"文化局革命歌曲征集办公室编
西安 陕西人民出版社 1972年 42页 19cm（32开）
统一书号：8094.220 定价：CNY0.12

J0151110
咱们的领袖毛泽东 （革命歌曲）
济南 山东人民出版社 1972年 35页 13cm（60开）
统一书号：8099.81 定价：CNY0.04

J0151111
战地新歌 国务院文化组革命歌曲征集小组编
北京 人民文学出版社 1972年 173页
21cm（32开）定价：CNY0.65
　　本歌集选入歌曲作品100余首。

J0151112
战地新歌 国务院文化组革命歌曲征集小组编
北京 人民文学出版社 1972年 176页
19cm（32开）统一书号：10019.1895
定价：CNY0.35

J0151113
战地新歌 国务院文化组革命歌曲征集小组编
[北京] 人民文学出版社 1972年 21cm（32开）
定价：CNY0.45，CNY0.65 元（压膜封面）

J0151114
战地新歌 国务院文化组革命歌曲征集小组编
上海 上海人民出版社 1972年 重印本 248页
14cm（64开）统一书号：10019.1895

定价：CNY0.25

J0151115
战地新歌 （续集）国务院文化组革命歌曲征
集小组编
北京　人民文学出版社　1973 年　214 页
19cm（32 开）统一书号：10019.2001
定价：CNY0.45

J0151116
战地新歌 （第三集）
国务院文化组革命歌曲征集小组编
北京　人民文学出版社　1974 年　227 页
20cm（32 开）统一书号：10019.2136
定价：CNY0.47，CNY0.73（压膜封面）

J0151117
浙江革命歌曲选　浙江省纪念毛主席《在延
安文艺座谈会上的讲话》发表三十周年征文办
公室编
杭州　浙江人民出版社　1972 年　52 页
19cm（32 开）定价：CNY0.12

J0151118
祝福毛主席万寿无疆　马骏英词曲；吴祖强
配伴奏
北京　人民文学出版社　1972 年　5 页　26cm（16 开）
统一书号：10019.1929　定价：CNY0.10

J0151119
祝福毛主席万寿无疆　（革命歌曲　五线谱）
马俊英词曲；吴祖强配伴奏
［北京］人民文学出版社　1972 年　26cm（16 开）
定价：CNY0.10

J0151120
壮族人民歌唱毛主席
广西壮族自治区征文办公室编
南宁　广西人民出版社　1972 年　163 页
19cm（32 开）统一书号：8113.71
定价：CNY0.33

J0151121
壮族人民歌唱毛主席　（革命歌曲选）
广西壮族自治区文化局创作组词曲

［南宁］广西人民出版社　1972 年
19cm（小 32 开）定价：CNY0.01

J0151122
创作歌曲选　黑龙江省文化局"征集优秀革命
歌曲"组选编
哈尔滨　黑龙江省文化局　1973 年　58 页
26cm（16 开）

J0151123
创作歌曲选　（第一集）天津群众艺术馆编
天津　天津人民出版社　1973 年　133 页
14cm（64 开）统一书号：8072.3　定价：CNY0.14

J0151124
创作歌曲选　（第二集）天津群众艺术馆编
天津　天津人民出版社　1974 年　52 页　19cm（32 开）
统一书号：8072.5　定价：CNY0.12

J0151125
创作歌曲选　（第三集）天津群众艺术馆编
天津　天津人民出版社　1975 年　64 页　19cm（32 开）
统一书号：8072.11　定价：CNY0.14

J0151126
创作歌曲选　（第四集）天津群众艺术馆编
天津　天津人民出版社　1976 年　36 页　19cm（32 开）
统一书号：8072.18　定价：CNY0.10

J0151127
大寨花开遍地红　（湖北创作歌曲选）
湖北省群众文化馆编
武汉　湖北人民出版社　1973 年　121 页
14cm（64 开）定价：CNY0.11

J0151128
大寨花开遍地红　（湖北创作歌曲选）
湖北省群众文化馆编
武汉　湖北人民出版社　1974 年　121 页
14cm（64 开）定价：CNY0.11

J0151129
到农村去,到边疆去　（知识青年上山下乡歌
曲集）广东人民出版社编
广州　广东人民出版社　1973 年　67 页　13cm（60 开）

统一书号：10111.944 定价：CNY0.08

J0151130
高山松 （演唱作品）广东人民出版社编辑
广州 广东人民出版社 1973 年 50 页 有乐谱
19cm（32 开）统一书号：10111.934
定价：CNY0.13

J0151131
革命歌曲 （热烈欢呼党的"十大"胜利召开）
辽宁人民出版社编辑
沈阳 辽宁人民出版社 1973 年 43 页 9×13cm
统一书号：8090.409 定价：CNY0.05

J0151132
革命歌曲 （2）江苏省人民广播电视台［编］
1973 年 214 页 有乐谱 19cm（小 32 开）

J0151133
革命歌曲集 （第一集）人民文学出版社编
北京 人民文学出版社 1973 年 52 页 19cm（32 开）
定价：CNY0.15

J0151134
革命歌曲三十首 共青团北京市委宣传部编
北京 人民出版社 1973 年 79 页 14cm（64 开）
统一书号：8071.110 定价：CNY0.10

J0151135
革命歌曲选 成都市劳动人民文化宫编辑
成都 成都市劳动人民文化宫 1973 年 112 页
19cm（32 开）

J0151136
革命歌曲选 盐城县工农兵文化宫编
盐城 盐城县工农兵文化宫 1973 年 42 页
19cm（32 开）

J0151137
工农兵歌曲 南昌市工农兵文艺工作站编
南昌 南昌市工农兵文艺工作站 1973 年 30 页
13cm（60 开）

J0151138
工人歌曲 辽宁人民出版社编辑

沈阳 辽宁人民出版社 1973 年 62 页 19cm（32 开）
统一书号：8090.336 定价：CNY0.16

J0151139
海河战歌 （歌曲集）河北省"革命委员会"文
化局编
石家庄 河北人民出版社 1973 年 116 页
19cm（32 开）统一书号：10086.318
定价：CNY0.28
（根治海河文艺丛书）

J0151140
河南创作歌曲选 河南人民出版社编辑
郑州 河南人民出版社 1973 年 19cm（32 开）
定价：CNY0.20

J0151141
河南创作歌曲选 （2）河南省文化局革命歌
曲征集办公室编
郑州 河南人民出版社 1975 年 94 页 19cm（32 开）
统一书号：8105.539 定价：CNY0.20

J0151142
河南创作歌曲选 （3）
河南省文化局革命歌曲征集办公室编
郑州 河南人民出版社 1976 年 115 页
19cm（32 开）统一书号：8105.621
定价：CNY0.24

J0151143
红日照山河 （演唱作品集）广东省文艺创作
室,广东人民出版社编辑部编
广州 广东省文艺创作室 1973 年 56 页
19cm（32 开）统一书号：10111.955
定价：CNY0.13
　　本书与广东人民出版社合作出版。

J0151144
红水河畔歌声扬 广西壮族自治区文化局革
命歌曲征集小组编
南宁 广西人民出版社 1973 年 112 页
19cm（32 开）统一书号：8113.125
定价：CNY0.23

J0151145

湖北革命歌曲选　湖北省"革命委员会"文化
局革命歌曲征集小组编
武汉 湖北人民出版社 1973 年 174 页
19cm（32 开）统一书号：8106.1382
定价：CNY0.31

J0151146

湖北革命歌曲选　（第一集）湖北省文艺创作
室音乐组编
武汉 湖北人民出版社 1974 年 30 页 18cm（15 开）
统一书号：8106.1499 定价：CNY0.09

J0151147

湖北革命歌曲选　（第二集）湖北省文艺创作
室音乐组编
武汉 湖北人民出版社 1974 年 35 页 18cm（15 开）
统一书号：8106.1504 定价：CNY0.10

J0151148

湖北革命歌曲选　（第 3 集）
湖北省文艺创作室音乐组编
武汉 湖北人民出版社 1975 年 35 页 19cm（32 开）
统一书号：8106.1519 定价：CNY0.10

J0151149

湖北革命歌曲选　（1975 年 第 1 集）
湖北省文艺创作室音乐组编
武汉 湖北人民出版社 1975 年 37 页 19cm（32 开）
统一书号：8106.1567 定价：CNY0.10

J0151150

湖北革命歌曲选　（1975 年 第 2 集）
湖北省文艺创作室音乐组编
武汉 湖北人民出版社 1975 年 60 页 19cm（32 开）
统一书号：8106.1586 定价：CNY0.14

J0151151

湖北革命歌曲选　（1975 年 第 3 集 总第 6 集
少年儿童歌曲）湖北省文艺创作室音乐组编
武汉 湖北人民出版社 1975 年 43 页 19cm（32 开）
统一书号：8106.1587 定价：CNY0.12

J0151152

湖北革命歌曲选　（1975 年 第 4 集）湖北省

文艺创作室音乐组编
武汉 湖北人民出版社 1976 年 44 页 19cm（32 开）
统一书号：8106.1712 定价：CNY0.11

J0151153

湖北革命歌曲选　（1976 年 第 1 集）湖北省
文化局革命歌曲征集小组，湖北省文艺创作室
音乐组编
武汉 湖北人民出版社 1976 年 31 页 19cm（32 开）
统一书号：8106.1761 定价：CNY0.09

J0151154

湖北革命歌曲选　（1976 年 第 2 集）湖北省
文化局歌曲征集小组，湖北省文艺创作室音乐
组编
武汉 湖北人民出版社 1976 年 30 页 19cm（32 开）
统一书号：8106.1800 定价：CNY0.09

J0151155

湖北革命歌曲选　（总第 12 集 1977 第 2 集）
湖北省文艺创作室音乐组编
武汉 湖北人民出版社 1977 年 86 页 19cm（32 开）
定价：CNY0.18

J0151156

湖北革命歌曲选　（1977 第 1 集）湖北省革
命歌曲编辑创作小组，湖北省文艺创作室音乐
组编
武汉 湖北人民出版社 1977 年 67 页 19cm（32 开）
定价：CNY0.18

J0151157

湖北革命歌曲选　（华主席挥手我前进 1976 年
第 3 集）湖北省革命歌曲编辑创作小组，湖北省
文艺创作室音乐组编
武汉 湖北人民出版社 1977 年 30 页 19cm（32 开）
统一书号：8106.1813 定价：CNY0.08

J0151158

吉林革命歌曲选
吉林省革命歌曲征集小组编辑
长春 吉林人民出版社 1973 年 184 页
19cm（32 开）统一书号：8091.627
定价：CNY0.54

J0151159
江淮新歌 （1）安徽省"革命委员会"文化局创作组编
合肥 安徽人民出版社 1973年 90页 19cm（32开）
统一书号：8102.620 定价：CNY0.18

J0151160
江淮新歌 （2）安徽省"革命委员会"文化局创作研究室编
合肥 安徽人民出版社 1974年 123页
19cm（32开）统一书号：8102.683
定价：CNY0.26

J0151161
江淮新歌 （3）安徽省文艺创作研究室编
合肥 安徽人民出版社 1975年 155页
19cm（32开）统一书号：8102.824
定价：CNY0.31

J0151162
江淮新歌 （4）安徽省文艺创作研究室编
合肥 安徽人民出版社 1976年 130页
19cm（32开）统一书号：8102.870
定价：CNY0.27

J0151163
江淮新歌 （5）[安徽省文艺创作研究室]编
合肥 安徽人民出版社 1978年 129页
19cm（32开）统一书号：8102.931
定价：CNY0.27

J0151164
江苏革命歌曲集
南京 江苏人民出版社 1973年 95页 19cm（32开）
统一书号：10100.046 定价：CNY0.22

J0151165
江苏革命歌曲集 （第二集）江苏省"革命委员会"文化局革命歌曲征集小组编
南京 江苏人民出版社 1974年 122页 19cm（32开）
统一书号：10100.088 定价：CNY0.26

J0151166
江苏革命歌曲集 （第三集）江苏省"革命委员会"文化局革命歌曲征集小组编

南京 江苏人民出版社 1975年 146页
19cm（32开）统一书号：8100.004
定价：CNY0.29

J0151167
江西革命歌曲选 （第一集）
江西省文教办公室文化组编
南昌 江西人民出版社 1973年 30页 19cm（32开）
统一书号：8110.25 定价：CNY0.10

J0151168
军号嘹亮战旗扬 （歌曲集）广州部队政治部宣传部编
广州 广东人民出版社 1973年 91页 19cm（32开）
统一书号：10111.937 定价：CNY0.20

J0151169
颗颗红心庆十大 （革命歌曲选）
济南 山东人民出版社 1973年 19cm（32开）
定价：CNY0.03

J0151170
雷锋 （歌曲集）广东省文艺创作室,广东人民出版社编辑部编
广州 广东省文艺创作室 1973年 52页
19cm（32开）定价：CNY0.13

J0151171
雷锋赞歌 广东省文艺创作室,广东人民出版社编辑部编
广州 广东人民出版社 1973年 52页 19cm（32开）
统一书号：10111.932 定价：CNY0.13

J0151172
毛主席的恩情唱不完 （新疆革命歌曲选）
乌鲁木齐 新疆人民出版社 1973年 重印本
28页 13×18cm 统一书号：8098.15
定价：CNY0.12

J0151173
毛主席的恩情唱不完 （新疆革命歌曲选）
乌鲁木齐 新疆人民出版社 1973年 19cm（32开）
定价：CNY0.12

J0151174

毛主席登上庐山 （革命歌曲集）
辽宁人民出版社编
沈阳 辽宁人民出版社 1973年 80页 19cm（32开）
统一书号：8090.351 定价：CNY0.25

J0151175

宁夏革命歌曲选 宁夏回族自治区文教局选编
银川 宁夏人民出版社 1973年 51页 19cm（32开）
统一书号：8157.209 定价：CNY0.19

J0151176

千万颗红心献给党 （歌曲集）广东省文艺创
作室,广东人民出版社编辑部编
广州 广东人民出版社 1973年 50页 19cm（32开）
统一书号：10111.957 定价：CNY0.11

J0151177

青春战歌 （歌曲选集）人民文学出版社编辑
北京 人民文学出版社 1973年 90页 19cm（32开）
统一书号：10019.2074 定价：CNY0.21

J0151178

青少年歌曲选 陕西省工农兵艺术馆编
西安 陕西人民出版社 1973年 42页 18cm（32开）
统一书号：8094.244 定价：CNY0.10

J0151179

三大纪律八项注意 （红军歌曲）
济南 山东人民出版社 1973年 76cm（2开）
定价：CNY0.08

J0151180

颂歌一曲唱韶山 （革命歌曲选）
河南人民出版社编辑
郑州 河南人民出版社 1973年 19cm（32开）
定价：CNY0.11

J0151181

向着太阳歌唱 （歌曲选）《工农兵歌曲》编辑
小组编
上海 上海人民出版社 1973年 28页 19cm（32开）
统一书号：8171.803 定价：CNY0.08

J0151182

新疆革命歌曲选 （第二集）新疆人民出版社
编辑
乌鲁木齐 新疆人民出版社 1973年 40页
19cm（32开）统一书号：8098.16
定价：CNY0.10

J0151183

新疆革命歌曲选 （第二集）新疆人民出版社编
乌鲁木齐 新疆人民出版社 1974年
19cm（小32开）定价：CNY0.10

J0151184

新疆革命歌曲选 （3 少年儿童歌曲专辑）
新疆人民出版社编辑
乌鲁木齐 新疆人民出版社 1975年 38页
19cm（32开）统一书号：8098.50
定价：CNY0.11

J0151185

雄伟的天安门 （革命歌曲集）
沈阳 辽宁人民出版社 1973年 105页
19cm（32开）统一书号：8090.403
定价：CNY0.26

J0151186

迎着太阳把歌唱 （革命歌曲集）
辽宁人民出版社编辑
沈阳 辽宁人民出版社 1973年 79页 19cm（32开）
统一书号：8090.318 定价：CNY0.20

J0151187

赞歌献给党 （歌曲选）
广州 广东人民出版社 1973年 16页 19cm（32开）
统一书号：10111.953 定价：CNY0.03

J0151188

祖国,我为您歌唱 （歌曲集）广东省文艺创
作室,广东人民出版社编辑部编
广州 广东人民出版社 1973年 50页 19cm（32开）
统一书号：10111.962 定价：CNY0.12

J0151189

阿佤人民唱新歌 （革命歌曲 五线谱）
杨正仁词曲；戴于吾配伴奏

北京 人民文学出版社 1974 年 3 页 26cm（16 开）
统一书号：10019.2188 定价：CNY0.07

J0151190

北京颂歌 （革命歌曲 五线谱）洪源词；
田光，傅晶曲；赵晓生，娄有辙配伴奏
北京 人民文学出版社 1974 年 4 页 26cm（16 开）
统一书号：10019.2180 定价：CNY0.07

J0151191

苍山歌声永不落 （革命歌曲）张文曲；王建
中配伴奏
北京 人民文学出版社 1974 年 3 页 26cm（16 开）
统一书号：100119.2189 定价：CNY0.07
　　王建中（1933—2016），教授、作曲家。生于
上海，祖籍江苏江阴。就读于上海音乐学院，留
校任教，曾任教授、副院长。代表作品《山丹丹
开花红艳艳》《浏阳河》《诙谐曲》《变奏曲》《小
奏鸣曲》等。

J0151192

苍山歌声永不落 （革命歌曲）集体词；张文曲
北京 人民音乐出版社 1975 年 4 页 26cm（16 开）
统一书号：8026.3084 定价：CNY0.09

J0151193

创作歌曲 河北省群众艺术馆编
石家庄 河北人民出版社 1974 年 99 页
13cm（60 开）统一书号：8086.477
定价：CNY0.11

J0151194

创作歌曲 河北省群众艺术馆编
石家庄 河北人民出版社 1975 年 126 页
14cm（64 开）统一书号：8086.592
定价：CNY0.13

J0151195

创作歌曲选 （第二集）黑龙江省群众艺术馆编
哈尔滨 黑龙江人民出版社 1974 年 138 页
19cm（32 开）统一书号：8093.201
定价：CNY0.28

J0151196

创作歌曲选 （第三集）黑龙江省群众艺术馆编

哈尔滨 黑龙江人民出版社 1975 年 120 页
19cm（32 开）统一书号：8093.271
定价：CNY0.25

J0151197

创作歌曲选 （第四集）黑龙江省群众艺术馆编
哈尔滨 黑龙江人民出版社 1976 年 123 页
19cm（32 开）统一书号：8093.339
定价：CNY0.25

J0151198

创作歌曲选 （第五集）黑龙江省群众艺术馆编
哈尔滨 黑龙江人民出版社 1978 年 133 页
19cm（32 开）统一书号：8093.454
定价：CNY0.27

J0151199

大庆道路宽又广 （革命歌曲 五线谱）
葛工词；王春恒曲；黎英海配伴奏
北京 人民文学出版社 1974 年 3 页 26cm（16 开）
统一书号：10019.2175 定价：CNY0.07

J0151200

大庆红旗飘万代 （歌曲选集）黑龙江省文化
局编
北京 人民音乐出版社 1974 年 96 页 19cm（32 开）
统一书号：8026.3023 定价：CNY0.22

J0151201

大寨红花遍地开 （革命歌曲 五线谱）天津
市革命歌曲创作学习班词曲；茅沅配伴奏
北京 人民文学出版社 1974 年 4 页 26cm（16 开）
统一书号：10019.2173 定价：CNY0.07
　　茅沅（1926—　　），作曲家。生于北京，原籍
山东济南，毕业于清华大学土木工程系。代表作
品有《瑶族舞曲》《刘胡兰》《南海长城》《王昭
君》《宁死不屈》《敦煌的故事》《新春乐》。

J0151202

大寨人心向红太阳 （革命歌曲 五线谱）
大寨宣传队词曲；杨儒怀配伴奏
北京 人民文学出版社 1974 年 4 页 26cm（16 开）
统一书号：10019.2167 定价：CNY0.07
　　杨儒怀（1925—2012），教授。毕业于燕京大
学音乐系，中央音乐学院作曲系任教。

J0151203
党的阳光照耀着祖国　高枫词；杨志忠曲
北京　人民文学出版社　1974 年　4 页　26cm（16 开）
统一书号：10019.2186　定价：CNY0.07

J0151204
党的阳光照耀着祖国　（革命歌曲）高枫词；
杨志忠曲；赵雪锦配伴奏
北京　人民音乐出版社　1975 年　4 页　26cm（16 开）
统一书号：8026.3094　定价：CNY0.09

J0151205
到农村去　到边疆去　（钢琴伴奏谱）
上海　上海人民出版社　1974 年　3 页　26cm（16 开）
统一书号：8171.869　定价：CNY0.07

J0151206
伐木工人歌　（革命歌曲）纪创词；亢杰曲；樊
祖荫配伴奏
北京　人民文学出版社　1974 年　5 页　26cm（16 开）
统一书号：10019.2172　定价：CNY0.10

J0151207
革命歌曲　广东省文艺创作室编
广州　广东人民出版社　1974 年　19cm（小 32 开）
定价：CNY0.04

J0151208
革命歌曲　（民歌、独唱歌曲选）
西宁　青海人民出版社　1974 年　19cm（小 32 开）
定价：CNY0.13

J0151209
革命歌曲选　（一）湖南省文化局革命歌曲征
集小组编
长沙　湖南人民出版社　1974 年　19cm（小 32 开）
定价：CNY0.01

J0151210
革命歌曲选　（二）湖南省文化局革命歌曲征
集小组编
长沙　湖南人民出版社　1974 年　19cm（小 32 开）
定价：CNY0.01

J0151211
革命歌曲选　（三《毛主席率领我们反潮流》
等四首）湖南省文化局革命歌曲征集小组编
长沙　湖南人民出版社　1974 年　19cm（小 32 开）
定价：CNY0.01

J0151212
革命歌曲选　（四《我们的祖国在前进》等五
首）湖南省文化局革命歌曲征集小组编
长沙　湖南人民出版社　1974 年　19cm（小 32 开）
定价：CNY0.01

J0151213
革命歌曲选
南平　南平市"革命委员会"政工组　1974 年　24 页
19cm（32 开）

J0151214
革命歌曲选　（第二集）
北京　人民音乐出版社　1974 年　44 页　19cm（32 开）
统一书号：8026.3012　定价：CNY0.12

J0151215
革命歌曲选　（第三集）
北京　人民音乐出版社　1974 年　44 页　18cm（15 开）
统一书号：8026.3028　定价：CNY0.12

J0151216
革命歌曲选　（1）
济南　山东人民出版社　1974 年　66 页　18cm（15 开）
统一书号：8099.222　定价：CNY0.15

J0151217
革命歌曲选　（2）
济南　山东人民出版社　1974 年　48 页　18cm（15 开）
统一书号：8099.310　定价：CNY0.12

J0151218
革命歌曲选　（3）
济南　山东人民出版社　1975 年　58 页　19cm（32 开）
统一书号：8099.358　定价：CNY0.14

J0151219
革命歌曲选　（4）
济南　山东人民出版社　1975 年　53 页　19cm（32 开）

统一书号: 8099.359 定价: CNY0.12

J0151220
革命歌曲选 （5）淄博市革委文化局编
济南 山东人民出版社 1975年 73页 19cm（32开）
统一书号: 8099.379 定价: CNY0.17

J0151221
革命歌曲选 （6 少年儿童歌曲）
济南市文化馆编
济南 山东人民出版社 1975年 55页 19cm（32开）
统一书号: 8099.389 定价: CNY0.13

J0151222
革命歌曲选 （7）
济南 山东人民出版社 1976年 72页 19cm（32开）
统一书号: 8099.466 定价: CNY0.16

J0151223
革命歌曲选 （8）
济南 山东人民出版社 1976年 61页 19cm（32开）
统一书号: 8099.487 定价: CNY0.14

J0151224
革命歌曲选 （9）
济南 山东人民出版社 1976年 63页 19cm（32开）
统一书号: 8099.510 定价: CNY0.15

J0151225
革命歌曲选 （10）
济南 山东人民出版社 1977年 44页 19cm（32开）
统一书号: 8099.523 定价: CNY0.11

J0151226
革命歌曲选 （11）山东省"革委"文化局革
命歌曲征集办公室编
济南 山东人民出版社 1977年 62页 19cm（32开）
统一书号: 8099.524 定价: CNY0.14

J0151227
革命歌曲选 （12）济南部队政治部文化部编
济南 山东人民出版社 1977年 44页 19cm（32开）
统一书号: 8099.571 定价: CNY0.11

J0151228
革命歌曲选 （13）淄博市"革委"文化局编
济南 山东人民出版社 1977年 66页 19cm（32开）
统一书号: 8099.580 定价: CNY0.15

J0151229
革命歌曲选 （15）山东省艺术馆编
济南 山东人民出版社 1977年 76页 19cm（32开）
统一书号: 8099.595 定价: CNY0.17

J0151230
革命歌曲选 （16）烟台"地革委"文化局编
济南 山东人民出版社 1978年 87页 19cm（32开）
统一书号: 8099.1674 定价: CNY0.19

J0151231
革命歌曲选 （17）青岛出版办公室编
济南 山东人民出版社 1978年 62页 19cm（32开）
统一书号: 8099.1712 定价: CNY0.14

J0151232
跟着毛主席向前进 （革命儿童歌曲）
郑州 河南人民出版社 1974年 25页 18cm（15开）
统一书号: 8105.542 定价: CNY0.09

J0151233
工农兵歌曲选 （《伟大祖国赞歌》等十六首 1）
广州 广东人民出版社 1974年 30页 19cm（32开）
统一书号: 8111.1221 定价: CNY0.09

J0151234
工农兵歌曲选 （《红旗下站起一代女英雄》等
十四首 2）
广州 广东人民出版社 1974年 32页 19cm（32开）
统一书号: 8111.1292 定价: CNY0.09

J0151235
工农兵歌曲选 （《毛主席又到俫黎家来》等
十七首 3）
广州 广东人民出版社 1974年 40页 19cm（32开）
统一书号: 8111.1373 定价: CNY0.10

J0151236
工农兵歌曲选 （《毛主席光辉照黎寨》等十五
首 4）

广州 广东人民出版社 1974年 36页 19cm（32开）
统一书号：8111.1377 定价：CNY0.10

J0151237
工农兵歌曲选 （1975年 第1集）
广州 广东人民出版社 1975年 30页 19cm（32开）
统一书号：8111.1463 定价：CNY0.10

J0151238
工农兵歌曲选 （1975年 第2集）
广州 广东人民出版社 1975年 29页 19cm（32开）
统一书号：8111.1489 定价：CNY0.10

J0151239
工农兵歌曲选 （1975年 第3集）
广州 广东人民出版社 1975年 35页 19cm（32开）
统一书号：8111.1490 定价：CNY0.11

J0151240
工农兵歌曲选 （1975年 第4集）
广州 广东人民出版社 1976年 28页 19cm（32开）
统一书号：8111.1557 定价：CNY0.10

J0151241
工农兵新歌　陕西省"革命委员会"文化局革
命歌曲征集办公室编
西安 陕西人民出版社 1974年 76页 19cm（32开）
ISBN：8094.283 定价：CNY0.17

J0151242
工人歌曲选　河北人民出版社编
石家庄 河北人民出版社 1974年 128页
13cm（60开）统一书号：8086.474
定价：CNY0.13

J0151243
海上女民兵 （革命歌曲）巍石词；魏群，傅晶
曲；杜鸣心配伴奏
北京 人民文学出版社 1974年 6页 26cm（16开）
统一书号：10019.2169 定价：CNY0.10

J0151244
欢庆四届人大歌曲选　辽宁人民出版社编辑
沈阳 辽宁人民出版社 1974年 45页 19cm（32开）
统一书号：8090.588 定价：CNY0.11

J0151245
活页歌选 （毛主席率领我们反潮流）
《工农兵歌曲》编辑小组编
上海 上海人民出版社 1974年 19cm（小32开）
定价：CNY0.01

J0151246
活页歌选 （二）
《工农兵歌曲》《"红小兵"歌曲》编辑小组编
上海 上海人民出版社 1976年 19cm（小32开）
定价：CNY0.01

J0151247
活页歌选 （华主席领导我们学大寨）
《工农兵歌曲》编辑小组编
上海 上海人民出版社 1976年 19cm（小32开）
定价：CNY0.01

J0151248
活页歌选 （毛主席永远活在我们心中）
《工农兵歌曲》《"红小兵"歌曲》编辑小组编
上海 上海人民出版社 1976年 19cm（小32开）
定价：CNY0.01

J0151249
火车向着韶山跑 （革命歌曲）张秋生词；
薄兰谷,程金元曲；王建中配伴奏
北京 人民文学出版社 1974年 6页 26cm（16开）
统一书号：10019.2178 定价：CNY0.10

J0151250
接过雷锋的枪 （钢琴伴奏谱）践耳词曲
上海 上海人民出版社 1974年 7页 有乐谱
26cm（16开）统一书号：8171.867
定价：CNY0.11

J0151251
井冈山上太阳红 （革命歌曲）井冈山地区革
命歌曲创作组词曲；瞿维配伴奏
北京 人民文学出版社 1974年 3页 26cm（16开）
统一书号：10019.2183 定价：CNY0.07
　瞿维（1917—2002），中国现代作曲家。生于
江苏常州,毕业于上海新华艺专师范系。曾任中
国音乐家协会常务理事、副主席,音协上海分会
副主席,上海交通大学音乐研究室主任,中国高

等学校音乐教育学学会会长等职。代表作钢琴
曲《花鼓》《蒙古夜曲》,歌剧《白女》等。

J0151252
敬祝毛主席万寿无疆 （选自记录影片《毛主
席是我们心中的红太阳》解说词 革命歌曲）
阿拉腾奥勒曲; 瞿维配伴奏
北京 人民文学出版社 1974年 43页 26cm(16开)
统一书号: 10019.2182 定价: CNY0.07
　　　作者阿拉腾奥勒(1942—2011),蒙古族。内
蒙古广播电视艺术团一级作曲家。生于内蒙古
哲里木盟科左后旗(今内蒙古通辽市科左后旗)。
主要作品有《美丽的草原我的家》《敬祝毛主席
万寿无疆》《乌力格尔主题随想曲》等。

J0151253
看彩霞 （工农兵演唱）
南京 江苏人民出版社 1974年 106页
19cm(32开) 统一书号: 10100.099
定价: CNY0.22

J0151254
连队生活歌曲六首 （手风琴伴奏谱）
北京 人民音乐出版社 1974年 13页 有乐谱
26cm(16开) 统一书号: 8026.3008
定价: CNY0.13

J0151255
毛主席关怀我们成长 （革命歌曲选）中国共
产主义青年团辽宁省委员会,辽宁省知识青年
上山下乡工作办公室编
沈阳 辽宁人民出版社 1974年 46页
18cm(15开) 统一书号: 8090.515

J0151256
农业学大寨歌曲选 山西省晋中地区"革命
委员会"文教办公室编
太原 山西人民出版社 1974年 81页
19cm(32开) 定价: CNY0.23

J0151257
千年的铁树开了花 （革命歌曲）
王倬词; 尚德义曲
北京 人民文学出版社 1974年 7页 26cm(16开)
统一书号: 10019.2165 定价: CNY0.13

J0151258
青春战歌 （革命歌曲集）共青团辽宁省委编
沈阳 辽宁人民出版社 1974年 77页 19cm(32开)
统一书号: 8090.423 定价: CNY0.18

J0151259
青春战歌 共青团江苏省委宣传部编
南京 江苏人民出版社 1975年 121页
14cm(64开) 统一书号: 8100.002
定价: CNY0.15

J0151260
三大纪律八项注意 （红军歌曲）
合肥 安徽人民出版社 1974年 13cm(64开)
定价: CNY0.02

J0151261
三大纪律八项注意 （红军歌曲）蔡嘉抄
广州 广东人民出版社 1974年 108cm(全开)
定价: CNY0.24

J0151262
三大纪律八项注意 （红军歌曲）
延吉 延边人民出版社 1974年 76cm(2开)
定价: CNY0.12

J0151263
十大光辉照前程 （革命歌曲集）
河南省群众文艺工作室编
郑州 河南人民出版社 1974年 19cm(小32开)
定价: CNY0.07

J0151264
踏着"铁人"脚步走 （革命歌曲）薛柱国词;
刘巩祥曲; 孙亦林配伴奏
北京 人民文学出版社 1974年 3页 26cm(16开)
统一书号: 10019.2174 定价: CNY0.07

J0151265
台湾同胞我的骨肉兄弟 （革命歌曲 五线谱）
于宗信词; 钊邦曲; 周勤龄配伴奏
北京 人民文学出版社 1974年 4页 26cm(16开)
统一书号: 10019.2170 定价: CNY0.07

J0151266

万里河山万里歌 （欢庆第四届全国人民代表
大会胜利召开歌曲选）

广州 广东人民出版社 1974年 59页 13cm（60开）
统一书号：8111.1372 定价：CNY0.08

J0151267

万岁！伟大的中国共产党 （革命歌曲）
北京部队政治部宣传队词曲

北京 人民文学出版社 1974年 3页 26cm（16开）
统一书号：10019.2184 定价：CNY0.07

J0151268

伟大的北京 （革命歌曲）买买提塔提力克词；
奴尔买买提曲；牟洪配伴奏

北京 人民文学出版社 1974年 4页 26cm（16开）
统一书号：10019.2187 定价：CNY0.07

J0151269

伟大祖国欣欣向荣 （湖北革命歌曲选）湖北
省"革命委员会"文化局革命歌曲征集办公室编

武汉 湖北人民出版社 1974年 113页
18cm（32开）统一书号：8106.1498
定价：CNY0.23

J0151270

文艺革命 （2）龙岩地区群众艺术馆编

龙岩 龙岩地区群众艺术馆 1974年 53页
19cm（32开）

J0151271

我爱这蓝色的海洋 （革命歌曲）胡宝善，王
传流词；胡宝善曲；刘诗召配伴奏

北京 人民文学出版社 1974年 4页 26cm（16开）
统一书号：10019.2166 定价：CNY0.07

J0151272

我是"公社"小社员 （革命歌曲）江声词；
播谷曲；蔡克翔配伴奏

北京 人民文学出版社 1974年 3页 26cm（16开）
统一书号：10019.2176 定价：CNY0.07

J0151273

我心中的歌献给解放军 （革命歌曲）
常留柱，庄涛词；常留柱曲；徐源配伴奏

北京 人民文学出版社 1974年 4页 26cm（16开）
统一书号：10019.2171 定价：CNY0.07

J0151274

向阳花开千万代 （湖北创作歌曲选）
湖北省群众文化馆编

武汉 湖北人民出版社 1974年 89页 19cm（32开）
统一书号：8106.1450 定价：CNY0.19

J0151275

向阳山上金凤花 （表演唱）云南人民出版社编

昆明 云南人民出版社 1974年 28页 13cm（60开）
统一书号：10116.613 定价：CNY0.05
（群众演唱 12）

J0151276

雄伟的天安门 （革命歌曲）乔羽词；梁克祥
曲；周勤龄配伴奏

北京 人民文学出版社 1974年 2页 26cm（16开）
统一书号：10019.2185 定价：CNY0.07

J0151277

延安儿女心向毛主席 （革命歌曲）陕西省艺
术学校词；孙韶，员恩凤曲；石夫，廷禹配伴奏

北京 人民文学出版社 1974年 5页 26cm（16开）
统一书号：10019.2181 定价：CNY0.10

J0151278

瑶家歌颂毛主席 （革命歌曲）湖南江华民族
歌舞团词曲；王建中配伴奏

北京 人民文学出版社 1974年 6页 26cm（16开）
统一书号：10019.2191 定价：CNY0.10

　　王建中（1933—2016），教授、作曲家。生于
上海，祖籍江苏江阴。就读于上海音乐学院，留
校任教，曾任教授、副院长。代表作品《山丹丹
开花红艳艳》《浏阳河》《诙谐曲》《变奏曲》《小
奏鸣曲》等。

J0151279

远航 （革命歌曲）陈除词；践耳曲
北京 人民文学出版社 1974年 6页 26cm（16开）
统一书号：10019.2179 定价：CNY0.10

J0151280

战地新歌 国务院文化组革命歌曲征集小组编

武汉 湖北人民出版社 1974 年 重印本 248 页
13cm（60 开）统一书号：10019.1895
定价：CNY0.25

J0151281
战斗歌声 （上海市群众歌咏大会歌曲选）
上海市群众歌咏大会筹备小组编
上海 上海人民出版社 1974 年 70 页 19cm（32 开）
统一书号：8171.919 定价：CNY0.17

J0151282
知识青年上山下乡歌曲集
上海人民出版社编辑
上海 上海人民出版社 1974 年 259 页
14cm（64 开）统一书号：8171.1011
定价：CNY0.31

J0151283
知识青年上山下乡歌曲集 （续集）上海人民
出版社《知识青年上山下乡歌曲集》编辑小组编
上海 上海人民出版社 1976 年 287 页
13cm（60 开）统一书号：8171.1514
定价：CNY0.33

J0151284
壮族人民歌唱毛主席 （革命歌曲）广西壮族
自治区文化局创作组词曲；黄晓飞配伴奏
北京 人民文学出版社 1974 年 5 页 26cm（16 开）
统一书号：10019.2190 定价：CNY0.10

J0151285
祖国盛开大寨花 （歌曲选集）《祖国盛开大
寨花》编选小组编
北京 人民音乐出版社 1974 年 93 页 19cm（32 开）
统一书号：8026.3010 定价：CNY0.22

J0151286
保卫祖国紧握枪 （部队歌曲集）
《解放军歌曲集》编辑部编
北京 人民音乐出版社 1975 年 88 页 19cm（32 开）
统一书号：8026.3139 定价：CNY0.21

J0151287
草原牧民学大寨 （革命歌曲 正谱本）
印洗尘词；义德日曲；尚德义配伴奏

北京 人民音乐出版社 1975 年 [3 页] 26cm（16 开）
统一书号：8026.3106 定价：CNY0.09

J0151288
赤脚医生心向党 （革命歌曲）王世兰词；
熊志成曲；吴小燕配伴奏
北京 人民音乐出版社 1975 年 正谱本 [3] 页
26cm（16 开）统一书号：8026.3112
定价：CNY0.09

J0151289
大寨花开红万里 （歌曲集）
人民音乐出版社编辑
北京 人民音乐出版社 1975 年 28 页 19cm（32 开）
统一书号：8026.3180 定价：CNY0.09

J0151290
多嘴妹 （小演唱）梁泓词；张难曲
昆明 云南人民出版社 1975 年 29 页 14cm（64 开）
统一书号：10116.634 定价：CNY0.05

J0151291
歌唱妇女新面貌 （上海市群众歌咏大会歌曲
选）上海人民出版社编辑
上海 上海人民出版社 1975 年 50 页 19cm（32 开）
统一书号：8171.1318 定价：CNY0.14

J0151292
歌唱普及大寨县 （农业学大寨活页歌曲）
辽宁省文艺创作办公室，辽宁省群众艺术馆编
[沈阳] 辽宁人民出版社 1975 年 23 页
19cm（32 开）统一书号：8090.747
定价：CNY0.03

J0151293
歌唱四届人大 （歌曲）
南京 江苏人民出版社 1975 年 35 页 19cm（32 开）
统一书号：10100.110 定价：CNY0.09

J0151294
歌唱我们的新西藏 （革命歌曲）王受远词；
夏康曲；黎英海配伴奏
北京 人民音乐出版社 1975 年 正谱本 [5] 页
26cm（16 开）统一书号：8026.3113
定价：CNY0.12

J0151295
歌唱咱们解放军 （革命歌曲）易萱词；廷禹，
石夫曲
北京 人民音乐出版社 1975年 正谱本［3］页
26cm（16开）定价：CNY0.09

　　作者石夫（1929—2007），作曲家。原名郭石
夫，湖南湘潭人，就读于湖南华中高级艺术专科
学校、中央音乐学院。曾任西安音乐学院作曲系
教师，中国音乐家协会理事、创作委员会副主任。
作品有《阿依古丽》《热土》《帕米尔之歌》《娃哈
哈》《牧马之歌》等。

J0151296
革命歌曲 （第一集）
北京 人民音乐出版社 1975年 46页 19cm（32开）
统一书号：8026.3045 定价：CNY0.12

J0151297
革命歌曲 （第二集）
北京 人民音乐出版社 1975年 46页 19cm（32开）
统一书号：8026.3127 定价：CNY0.12

J0151298
革命歌曲 （第三集）
北京 人民音乐出版社 1975年 44页 19cm（32开）
定价：CNY0.12

J0151299
革命歌曲 （第四集）
北京 人民音乐出版社 1975年 44页 19cm（32开）
统一书号：8026.3162 定价：CNY0.12

J0151300
革命歌曲 （1977年 第一集）
北京 人民音乐出版社 1977年 60页 19cm（32开）
统一书号：8026.3245 定价：CNY0.15

J0151301
革命歌曲 （1977年 第二集）
北京 人民音乐出版社 1977年 60页 19cm（32开）
统一书号：8026.3285 定价：CNY0.15

J0151302
革命歌曲 （1977年 第三集）
北京 人民音乐出版社 1977年 60页 19cm（32开）

统一书号：8026.3309 定价：CNY0.15

J0151303
革命歌曲 （1977年 第四集）
北京 人民音乐出版社 1977年 56页 19cm（32开）
定价：CNY0.15

J0151304
革命歌曲 （1978年 第一集）
北京 人民音乐出版社 1978年 42页 19cm（32开）
统一书号：8026.3361 定价：CNY0.12

J0151305
革命歌曲 （1978年 第二集）
北京 人民音乐出版社 1978年 44页 19cm（32开）
统一书号：8026.3398 定价：CNY0.12

J0151306
革命歌曲 （1978 第三集）
北京 人民音乐出版社 1978年 43页 19cm（32开）
统一书号：8026.3438 定价：CNY0.12

J0151307
革命歌曲 （1978 第四集）
北京 人民音乐出版社 1978年 44页 19cm（32开）
统一书号：8026.3458 定价：CNY0.12

J0151308
革命歌曲 （1978 第五集）
北京 人民音乐出版社 1978年 44页 19cm（32开）
统一书号：8026.3474 定价：CNY0.12

J0151309
革命歌曲 （1978 第六集）
北京 人民音乐出版社 1978年 43页 19cm（32开）
统一书号：8026.3535 定价：CNY0.12

J0151310
各族人民欢庆四届人大 （歌曲集）
上海 上海人民出版社 1975年 33页 19cm（32开）
统一书号：8171.1149 定价：CNY0.10

J0151311
跟着毛主席高唱团结歌 北京市工人歌咏大
会筹备小组等编

北京 人民出版社 1975 年 43 页 19cm（32 开）
统一书号：8071.150 定价：CNY0.11

J0151312
跟着毛主席阔步前进 （群众歌曲集）三结合
编选小组编
长春 吉林人民出版社 1975 年 95 页 19cm（32 开）
统一书号：8091.759 定价：CNY0.21

J0151313
跟着毛主席向前走 （革命歌曲）骆佩林词；
廖家骅曲；莫若伟配伴奏
北京 人民音乐出版社 1975 年 正谱本 ［2］页
26cm（16 开）统一书号：8026.3097
定价：CNY0.09
　　作者廖家骅(1936—　)，满族，教授。祖籍
安徽金寨，毕业于广州师范学校。历任安徽师范
大学艺术学院音乐系硕士生导师、福建师范大学
客座教授、中国音乐教育学会副理事长、中国音
乐家协会会员。著有《音乐审美教育》《乐思集：
廖家骅音乐文集》。

J0151314
工农兵学员之歌 （革命歌曲 正谱本）
吴越词；黄祖禧曲
北京 人民音乐出版社 1975 年 ［2］页
26cm（16 开）统一书号：8026.3103
定价：CNY0.09

J0151315
工农兵演唱 （歌曲专辑）山东省艺术馆编辑
济南 山东省艺术馆 1975 年 60 页 19cm（32 开）

J0151316
工人爱唱大庆歌 《湘江歌声》编辑小组编
长沙 湖南人民出版社 1975 年 45 页 19cm（32 开）
统一书号：10109.1007 定价：CNY0.12

J0151317
工人歌曲选 广西人民出版社编辑
南宁 广西人民出版社 1975 年 116 页
19cm（32 开）统一书号：8113.223
定价：CNY0.23

J0151318
广阔天地唱凯歌 （知识青年上山下乡歌曲专
辑）共青团郑州市委宣传部，郑州市文化馆编辑
郑州 共青团郑州市委宣传部，郑州市文化馆
1975 年 74 页 19cm（32 开）

J0151319
广阔天地大有作为 （革命歌曲 正谱本）
晓星词；戴于吾曲
北京 人民音乐出版社 1975 年 ［3］页 26cm（16 开）
统一书号：8026.3110 定价：CNY0.09

J0151320
活页歌选 （农业学大寨）
北京 人民出版社 1975 年 15 页 19cm（32 开）
统一书号：8026.3148 定价：CNY0.04

J0151321
纪念毛主席号召《农业学大寨》十周年
（歌曲专辑）山西省文化局音乐工作组《山西群
众文艺》编辑组编
太原 ［1975 年］48 页 19cm（32 开）

J0151322
凯歌向着北京唱 （歌曲集）浙江省文化局群
众文化组编
杭州 浙江人民出版社 1975 年 86 页 19cm（32 开）
统一书号：10103.39 定价：CNY0.19

J0151323
扛起革命枪 （革命歌曲）吴庆生词曲；
陈国权配伴奏
北京 人民音乐出版社 1975 年 正谱本 ［3］页
26cm（16 开）统一书号：8026.3109
定价：CNY0.09

J0151324
老方探亲 （表演唱）云南人民出版社编辑
昆明 云南人民出版社 1975 年 42 页 19cm（32 开）
统一书号：10116.632 定价：CNY0.06

J0151325
毛主席号召我们学理论 （歌曲集）
南京市 "革委会" 文化局创作组编
南京 江苏人民出版社 1975 年 72 页 19cm（32 开）

统一书号: 8100.001 定价: CNY0.15

J0151326
毛主席率领我们反潮流 （革命歌曲）上海市
群众歌曲歌咏大会筹备小组词曲; 桑桐配伴奏
北京 人民音乐出版社 1975 年 正谱本［2］页
26cm（16 开）统一书号: 8026.3096
定价: CNY0.09

J0151327
毛主席率领我们反潮流 （钢琴伴奏谱）上
海市群众歌咏大会筹备小组词曲; 田梅配伴奏
上海 上海人民出版社 1975 年 3 页 26cm（16 开）
统一书号: 8171.1212 定价: CNY0.07

J0151328
聂耳冼星海歌曲选 聂耳, 冼星海编作
北京 人民音乐出版社 1975 年 30 页 19cm（32 开）
统一书号: 8026.3158 定价: CNY0.09
　　作者聂耳（1912—1935）, 音乐家、作曲家。
云南玉溪人, 出生于昆明。原名守信, 字子义, 亦
作子仪, 号紫艺, 一名紫观, 笔名黑天使、王达平,
人称聋子（也叫耳朵先生, 不久改名聂耳）。就读
于云南省立第一师范学校高级部外国语组。积
极参加左翼音乐、电影、戏剧等工作。中华人民
共和国代国歌作曲者。作品有《义勇军进行曲》
《前进歌》《矿工歌》《风云儿女》等。

J0151329
农场战歌 （上海市国营农场歌曲集）上海市
农业局《农场战歌》三结合创作组编
上海 上海人民出版社 1975 年 214 页
19cm（32 开）统一书号: 8171.1281
定价: CNY0.42

J0151330
农业学大寨歌曲 云南人民出版社编辑
昆明 云南人民出版社 1975 年 17 页 19cm（32 开）
统一书号: 10116.640 定价: CNY0.07

J0151331
农业学大寨歌曲选 （1）广东省文艺创作室编
广州 广东人民出版社 1975 年 8 页
19cm（32 开）定价: CNY0.01

J0151332
农业学大寨歌曲选 （2）广东省文艺创作室编
广州 广东人民出版社 1975 年 8 页
19cm（32 开）定价: CNY0.01

J0151333
农业学大寨歌曲选 （3）广东省文艺创作室编
广州 广东人民出版社 1976 年 8 页
19cm（小 32 开）定价: CNY0.04

J0151334
农业学大寨歌曲选 （4）广东省文艺创作室编
广州 广东人民出版社 1976 年 8 页
19cm（小 32 开）定价: CNY0.04

J0151335
女钻工之歌 （革命歌曲 正谱本）王亮词; 张
朋弟曲; 徐新圃配伴奏
北京 人民音乐出版社 1975 年［5］页 26cm（16 开）
统一书号: 8026.3104 定价: CNY0.12

J0151336
青春献给伟大的党 （歌曲选集）
北京 人民音乐出版社 1975 年 58 页 19cm（32 开）
统一书号: 8026.3131 定价: CNY0.15

J0151337
全党齐动员普及大寨县 （歌曲集）黑龙江
省戏剧音乐工作室供稿
哈尔滨 黑龙江人民出版社 1975 年 41 页
14cm（64 开）统一书号: 8093.333
定价: CNY0.07

J0151338
全世界人民团结战斗 （革命歌曲 正谱本）
鲁泉词; 蔡建光曲
北京 人民音乐出版社 1975 年［4］页 26cm（16 开）
统一书号: 8026.3115 定价: CNY0.09

J0151339
韶山灌区春常在 （歌曲集）湖南省文艺馆编
长沙 湖南人民出版社 1975 年 82 页 19cm（32 开）
统一书号: 8109.968 定价: CNY0.18

J0151340

社会主义祖国欣欣向荣 （上海市财贸系统群众歌咏大会创作歌曲选）上海市财贸系统群众歌咏大会筹备小组编

上海 上海人民出版社 1975年 73页 19cm（32开）

统一书号：8171.1208 定价：CNY0.17

J0151341

时刻准备打 （革命歌曲）陈克正词；晓河曲；余华盛配伴奏

北京 人民音乐出版社 1975年 正谱本 ［2］页 26cm（16开）统一书号：8026.3108

定价：CNY0.09

J0151342

颂歌献给毛主席 （革命歌曲 正谱本）瞿琮词；郑秋枫曲；孙亦林配伴奏

北京 人民音乐出版社 1975年 ［3］页 26cm（16开）

统一书号：8026.3098 定价：CNY0.09

J0151343

天地新春我们开 （小靳庄社员诗歌谱曲选）天津市群众歌咏活动办公室,天津市群众艺术馆编

天津 天津人民出版社 1975年 133页

19cm（32开）统一书号：8072.16

定价：CNY0.28

J0151344

铁心建设大寨县 （歌曲集）黑龙江省戏剧音乐工作室供稿

哈尔滨 黑龙江人民出版社 1975年 50页

19cm（32开）统一书号：8093.402

定价：CNY0.14

J0151345

铁心建设大寨县 （歌曲集）黑龙江省戏剧音乐工作室供稿

哈尔滨 黑龙江人民出版社 1976年

19cm（小32开）定价：CNY0.14

J0151346

万丈河山万里歌 （欢庆第四届全国人民代表大会胜利召开歌曲选）广东人民出版社编

广州 广东人民出版社 1975年 59页

14cm（64开）定价：CNY0.08

J0151347

为祖国而锻炼 （革命歌曲）易萱词；李群曲

北京 人民音乐出版社 1975年 正谱本

［3］页 26cm（16开）统一书号：8026.3121

定价：CNY0.09

J0151348

伟大祖国到处都在胜利前进 （革命歌曲选）湖北省群众文化馆编

武汉 湖北人民出版社 1975年 51页 19cm（32开）

统一书号：8106.1577 定价：CNY0.13

J0151349

我们是革命新一代 （革命儿童歌曲）河南人民出版社编辑

郑州 河南人民出版社 1975年 46页 26cm（16开）

统一书号：8105.544 定价：CNY0.12

J0151350

我们是光荣的人民教师 （革命歌曲）郭凡词；张棣昌曲；姚思源配伴奏

北京 人民音乐出版社 1975年 正谱本 ［3］页 26cm（16开）统一书号：8026.3111

定价：CNY0.09

J0151351

我们是"红小兵" （革命歌曲）广东省歌舞团创作组词；司徒抗,李淇曲；桑桐配伴奏

北京 人民音乐出版社 1975年 正谱本 ［2］页 26cm（16开）统一书号：8026.3122

定价：CNY0.09

J0151352

无产阶级专政胜利万岁 《湘江歌声》编辑小组编

长沙 湖南人民出版社 1975年 65页

19cm（32开）统一书号：8109.996

定价：CNY0.16

J0151353

向着太阳歌唱 （革命歌曲）王森,刘鸿毅词；瞿维曲

北京 人民音乐出版社 1975年 正谱本 ［2］页

26cm（16 开）统一书号：8026.3100
定价：CNY0.09

　　作者瞿维（1917—2002），中国现代作曲家。生于江苏常州，毕业于上海新华艺专师范系。曾任中国音乐家协会常务理事、副主席，音协上海分会副主席，上海交通大学音乐研究室主任，中国高等学校音乐教育学学会会长等职。代表作钢琴曲《花鼓》《蒙古夜曲》，歌剧《白女》等。

J0151354
延安儿女学大寨　（工农兵新歌选）陕西省
"革命委员会" 文化局革命歌曲征集办公室编
西安　陕西人民出版社　1975 年　55 页　19cm（32 开）
统一书号：8094.372　定价：CNY0.13

J0151355
战地新歌　（第四集）《战地新歌》编选小组编
北京　人民音乐出版社　1975 年　215 页
19cm（32 开）统一书号：8026.3054
定价：CNY0.45

J0151356
战地新歌　（第五集）《战地新歌》编选小组编
北京　人民音乐出版社　1976 年　247 页
19cm（32 开）统一书号：8026.3199
定价：CNY0.50，CNY0.43（农村版），
CNY0.73 元（塑料压膜面）

　　本书是纪念毛主席《在延安文艺座谈会上的讲话》发表 34 周年，群众歌曲选集。

J0151357
战士的歌　（歌曲选）中国人民解放军广州政治部宣传部编
广州　广东人民出版社　1975 年　47 页　19cm（32 开）
统一书号：8111.1479　定价：CNY0.12

J0151358
战士歌曲　中国人民解放军沈阳军区政治部宣传部编
沈阳　辽宁人民出版社　1975 年　73 页　19cm（32 开）
统一书号：8090.614　定价：CNY0.17

J0151359
长征歌曲选　（纪念中国工农红军长征胜利四十周年）

石家庄　河北人民出版社　1975 年　78 页
13cm（60 开）统一书号：10086.374
定价：CNY0.11

J0151360
织网歌　（革命歌曲）兰怀昌，刘光杰词；
杨庶正曲
北京　人民音乐出版社　1975 年　正谱本 [5] 页
26cm（16 开）统一书号：8026.3105
定价：CNY0.12

J0151361
钟山战歌　南京市工人歌咏大会筹备组编
南京　江苏人民出版社　1975 年　43 页　19cm（32 开）
统一书号：10100.104　定价：CNY0.11

J0151362
壮家少年热爱毛主席　（革命歌曲　正谱本）
曾宪瑞词；钟庆民曲；朱诵邠配伴奏
北京　人民音乐出版社　1975 年　[3] 页　26cm（16 开）
统一书号：3026.3099　定价：CNY0.09

　　作者曾宪瑞（1936—　　），编辑，作家。江西吉安人。任《南方文艺》杂志社主编、社长、编审。歌诗集有《心中的歌》《美丽的白莲》《山水情》，主编《2005 年中国歌词精选》。

J0151363
遵义会议颂　（纪念 "遵义会议" 四十周年歌曲专辑）贵州人民出版社编辑
贵阳　贵州人民出版社　1975 年　121 页
19cm（32 开）统一书号：8115.590
定价：CNY0.26

J0151364
八亿人民心向党　（歌曲）四川音乐学院供稿
成都　四川人民出版社　1976 年　29 页　19cm（32 开）
统一书号：8118.333　定价：CNY0.08

J0151365
东方红　国际歌　三大纪律八项注意
济南　山东人民出版社　1976 年　4 页　19cm（32 开）
统一书号：8099.501　定价：CNY0.01

J0151366
钢铁工人心向党　（夺钢会战歌曲专辑）

天津人民出版社编辑

天津 天津人民出版社 1976 年 38 页 19cm（32 开）

统一书号：8072.20 定价：CNY0.11

J0151367

歌唱我们的新西藏 （小提琴独奏曲）盛中华编曲；郁天恩配伴奏

上海 上海人民出版社 1976 年 7 页 26cm（16 开）

统一书号：8171.1722 定价：CNY0.15

J0151368

广阔天地新一代 （歌曲选集）黑龙江省文化局编

北京 人民音乐出版社 1976 年 90 页 19cm（32 开）

统一书号：8026.3159 定价：CNY0.21

J0151369

红军四渡赤水河 （组歌）中国人民解放军工程兵政治部文工团创作

天津 天津人民出版社 1976 年 51 页 19cm（32 开）

统一书号：8072.22 定价：CNY0.13

J0151370

华国锋主席为首的党中央率领我们奔向前方

（歌曲专辑）辽宁省文艺创作办公室编

沈阳 辽宁人民出版社 1976 年 21 页 19cm（32 开）

统一书号：8090.928 定价：CNY0.06

J0151371

欢呼伟大的胜利 （歌曲集）

北京 人民音乐出版社 1976 年 29 页 19cm（32 开）

定价：CNY0.09

J0151372

活页歌曲

辽宁省文艺创作办公室编

［沈阳］辽宁人民出版社 1976 年 19cm（小 32 开）

定价：CNY0.01

J0151373

活页歌曲 （天安门广场更壮丽）辽宁省文艺创作办公室编

［沈阳］辽宁人民出版社 1976 年 19cm（小 32 开）

定价：CNY0.02

J0151374

活页歌曲

［北京］人民音乐出版社 1976 年 19cm（小 32 开）

定价：CNY0.04

J0151375

活页歌曲 （大庆红旗高高举）

沈阳 辽宁人民出版社 1977 年 32 页

19cm（小 32 开）定价：CNY0.05

J0151376

活页歌曲 （歌唱党的“十一大”）辽宁省文化局创作评论室编

沈阳 辽宁人民出版社 1977 年 26 页

19cm（小 32 开）定价：CNY0.05

J0151377

活页歌曲 （金色的五卷 革命的书）

辽宁省文艺创作办公室编

［沈阳］辽宁人民出版社 1977 年 30 页

19cm（32 开）统一书号：8090.1006

定价：CNY0.05

J0151378

活页歌曲选 （歌颂华主席痛斥“四人帮”）

江西省文化工作室音乐组编

［南昌］江西人民出版社 1976 年 19cm（小 32 开）

定价：CNY0.03

J0151379

活页歌曲选 （毛主席永远活在我们心中）

江西省文化工作室音乐组编

［南昌］江西人民出版社 1976 年 19cm（小 32 开）

定价：CNY0.03

J0151380

活页歌选 （《热烈欢呼华国锋同志为我党领袖》等两首）

［广州］广东人民出版社 1976 年 19cm（小 32 开）

定价：CNY0.03

　　本歌集收录《热烈欢呼华国锋同志为我党领袖》《热烈欢呼粉碎王张江姚反党集团》。

J0151381

活页歌选 （农业学大寨 普及大寨县）

天津市群众歌咏活动办公室编
天津 天津人民出版社 1976年 25页 18cm（15开）
统一书号：8072.21 定价：CNY0.05

J0151382
活页歌选 （批判"四人帮" 咱们要大干）天津
市群众歌咏活动办公室，《天津歌声》编辑部编
天津 天津人民出版社 1977年 28页 18cm（15开）
统一书号：10072.592 定价：CNY0.05

J0151383
敬爱的毛主席永远活在我们心中 （歌曲专辑）
广州 广东人民出版社 1976年 48页 19cm（32开）
统一书号：8111.1659 定价：CNY0.12

J0151384
举国欢腾庆胜利 （歌曲选）
甘肃人民出版社编辑
兰州 甘肃人民出版社 1976年 49页 19cm（32开）
统一书号：8096.546 定价：CNY0.12

J0151385
举国欢腾应胜利 （歌曲选）甘肃人民出版社
编辑
兰州 甘肃人民出版社 1976年 49页 19cm（32开）
统一书号：8096.546 定价：CNY0.12

J0151386
快马加鞭学大寨 《湘江歌声》编辑组编
长沙 湖南人民出版社 1976年 32页 19cm（32开）
统一书号：10109.1019 定价：CNY0.09

J0151387
矿山盛开大庆花 （创作歌曲集）河南省平顶
山市革命歌曲征集办公室编
郑州 河南人民出版社 1976年 86页 19cm（32开）
统一书号：8105.618 定价：CNY0.18

J0151388
毛泽东同志主办农民运动讲习所颂歌
广东省《农讲所颂歌》创作组集体创作
广州 广东人民出版社 1976年 38页 26cm（16开）
统一书号：8111.1616 定价：CNY0.32

J0151389
毛泽东同志主办农民运动讲习所颂歌
广东省《农讲所颂歌》创作组集体创作
北京 人民音乐出版社 1976年 38页 26cm（16开）
统一书号：8026.3203 定价：CNY0.37

J0151390
毛泽东同志主办农民运动讲习所颂歌
广东省《农讲所颂歌》创作组集体创作
北京 人民音乐出版社 1979年 65页 26cm（16开）
统一书号：8026.3648 定价：CNY0.67
　　本书系中国现代革命歌曲合唱专著,附钢琴
伴奏,五线谱。

J0151391
毛主席词二首 （歌曲）河南人民出版社编辑
［郑州］河南人民出版社 1976年 54cm（4开）
定价：CNY0.02

J0151392
毛主席词二首谱曲
长春 吉林人民出版社 1976年 10页 19cm（32开）
统一书号：8091.771 定价：CNY0.05

J0151393
毛主席恩情万代颂 （歌曲集）
上海人民出版社编辑
上海 上海人民出版社 1976年 76页 19cm（32开）
统一书号：8171.1923 定价：CNY0.17

J0151394
毛主席号召农业学大寨 （歌曲集）
长春 吉林人民出版社 1976年 100页
19cm（32开）统一书号：8091.825
定价：CNY0.21
（农业学大寨文艺丛书）

J0151395
毛主席率领我们继续革命 （歌曲集）
北京 人民音乐出版社 1976年 26页 19cm（32开）
统一书号：8026.3198 定价：CNY0.09

J0151396
毛主席派来慰问团 （文艺演唱材料）河北省
群众艺术馆编

石家庄 河北人民出版社 1976年 54页
13cm（60开）统一书号：8086.744
定价：CNY0.07

J0151397
毛主席送我上讲台 （领唱、合唱）殷光兰作
词；朱宝强,汪士淮作曲
合肥 安徽人民出版社 1976年 34页 19cm（32开）
统一书号：8102.868 定价：CNY0.12

J0151398
农村歌曲选 旅大市文学艺术馆编
沈阳 辽宁人民出版社 1976年 86页 19cm（32开）
统一书号：8090.752 定价：CNY0.20

J0151399
农业学大寨歌曲集 甘肃人民出版社编辑
兰州 甘肃人民出版社 1976年 56页 19cm（32开）
统一书号：8096.480 定价：CNY0.14

J0151400
农业学大寨歌曲选 福建省文化局音乐工作
室编
福州 福建人民出版社 1976年 35页 19cm（32开）
定价：CNY0.09

J0151401
农业学大寨歌曲选
石家庄 河北人民出版社 1976年 193页
14cm（64开）统一书号：8086.692
定价：CNY0.22

J0151402
人定胜天 （抗震救灾活页歌曲选）
[北京]人民音乐出版社 1976年 19cm（小32开）
定价：CNY0.04

J0151403
三大纪律八项注意 （红军歌曲）
[西安]陕西人民出版社 1976年 [1张]
76cm（2开）定价：CNY0.08
　　中国现代革命歌曲。

J0151404
三首革命歌曲

[哈尔滨]黑龙江人民出版社 1976年 13cm（64开）
定价：CNY0.02

J0151405
社会主义新生事物赞 （歌曲选集）人民音乐
出版社编
北京 人民音乐出版社 1976年 106页
19cm（32开）统一书号：8026.3143
定价：CNY0.23

J0151406
为毛主席词二首谱曲 毛泽东词；王莘作曲
石家庄 河北人民出版社 1976年 44页
19cm（32开）统一书号：10086.390
定价：CNY0.11

J0151407
为毛主席词二首谱曲 （水调歌头·重上井冈
山 念奴娇·鸟儿问答）中央乐团集体谱曲
[长沙]湖南人民出版社 1976年
19cm（小32开）定价：CNY0.02

J0151408
为毛主席词二首谱曲 毛泽东词；中央乐团
集体创作
北京 人民音乐出版社 1976年 12页 26cm（16开）
统一书号：8026.3185 定价：CNY0.22

J0151409
为毛主席词二首谱曲 [毛泽东词]；中央乐
团集体创作
上海 上海人民出版社 1976年 19cm（小32开）
定价：CNY0.01

J0151410
我们工人志气高 天津市群众歌咏活动办公
室,天津市群众艺术馆编
天津 天津人民出版社 1976年 37页 19cm（32开）
统一书号：8072.17 定价：CNY0.10

J0151411
昔阳群众歌曲选 昔阳县文化馆编
太原 山西人民出版社 1976年 121页
19cm（32开）统一书号：10088.534
定价：CNY0.29

（大寨、昔阳丛书）

J0151412
新生事物好 （革命歌曲专辑）
辽宁省文艺创作办公室编
沈阳 辽宁人民出版社 1976年 67页 19cm（32开）
统一书号：8090.794 定价：CNY0.14

J0151413
新生事物花万朵 （革命歌曲集）开封市文化
馆编
郑州 河南人民出版社 1976年 60页 19cm（32开）
统一书号：8105.659 定价：CNY0.14

J0151414
学大寨 谱新歌
石家庄 河北人民出版社 1976年 104页
19cm（32开）统一书号：10086.377
定价：CNY0.21
（文艺宣传丛书）

J0151415
学大寨 要大干 （农业学大寨歌曲专辑）
广西人民出版社编
南宁 广西人民出版社 1976年 66页 19cm（32开）
定价：CNY0.15

J0151416
学大寨歌曲　安徽省文艺创作研究室编
合肥 安徽人民出版社 1976年 55页 19cm（32开）
统一书号：8102.865 定价：CNY0.14

J0151417
学大寨歌曲 （第二集）安徽省文艺创作研究
室编
合肥 安徽人民出版社 1978年 92页 19cm（32开）
统一书号：8102.936 定价：CNY0.20

J0151418
英雄的人民不可战胜 （抗震救灾歌曲专辑）
《工农兵歌曲》《“红小兵”歌曲》编辑小组编
上海 上海人民出版社 1976年 19cm（小32开）
定价：CNY0.01

J0151419
粤海新歌 （第一集）
广州 广东人民出版社 1976年 47页 19cm（32开）
统一书号：8111.1657 定价：CNY0.13

J0151420
粤海新歌 （第二集）
广州 广东人民出版社 1977年 58页 19cm（32开）
统一书号：8111.1725 定价：CNY0.15

J0151421
粤海新歌 （第三集）
广州 广东人民出版社 1977年 60页 19cm（32开）
统一书号：8111.1799 定价：CNY0.15

J0151422
粤海新歌 （第四集）
广州 广东人民出版社 1977年 60页 19cm（32开）
统一书号：8111.1844 定价：CNY0.15

J0151423
八一战红旗 （革命歌曲集）甘肃人民出版社
编辑
兰州 甘肃人民出版社 1977年 38页 19cm（32开）
统一书号：8096.589 定价：CNY0.10

J0151424
大庆红旗更鲜艳 （歌曲选集）
北京 人民音乐出版社 1977年 88页
19cm（32开）统一书号：8026.3258
定价：CNY0.20

J0151425
大庆职工、家属创作歌曲选　大庆文化局编
北京 人民音乐出版社 1977年 106页
19cm（32开）统一书号：8026.3292
定价：CNY0.23

J0154087
大寨红花迎着风雨开 （歌曲集）辽宁省文艺
创作办公室编
沈阳 辽宁人民出版社 1977年 82页 19cm（32开）
统一书号：8090.991 定价：CNY0.17

J0151426
大寨精神放光彩　（歌曲、曲艺）南通地区"革委会"文化局编
南京　江苏人民出版社　1977 年　116 页
19cm（32 开）统一书号：10100.199
定价：CNY0.24

J0151427
大寨路　（组歌）马可,吕远曲
北京　人民音乐出版社　1977 年　62 页　19cm（32 开）
统一书号：8026.3262　定价：CNY0.15

J0151428
党的十一大光辉灿烂　（歌曲集）
武汉　湖北人民出版社　1977 年　34 页　19cm（32 开）
统一书号：8106.1872　定价：CNY0.09

J0151429
放声歌唱华主席　（歌曲集）山西省文化局音乐工作组编
太原　山西人民出版社　1977 年　124 页
19cm（32 开）统一书号：10088.579
定价：CNY0.29

J0151430
高歌颂党庆胜利　（献给中国共产党第十一次代表大会歌曲选集）
北京　人民音乐出版社　1977 年　30 页　19cm（32 开）
统一书号：8026.3305　定价：CNY0.09

J0151431
高举毛主席伟大旗帜前进　（歌曲选）
北京　人民音乐出版社　1977 年　42 页　19cm（32 开）
统一书号：8026.3263　定价：CNY0.12

J0151432
歌唱敬爱的周总理　（歌曲集）贵州人民出版社编辑
贵阳　贵州人民出版社　1977 年　94 页　19cm（32 开）
统一书号：8115.678　定价：CNY0.21

J0151433
歌唱敬爱的周总理
石家庄　河北人民出版社　1977 年　60 页
20cm（32 开）统一书号：8086.760

定价：CNY0.20
　　本书共刊载了 28 首歌唱周恩来总理的歌曲。

J0151434
歌唱敬爱的周总理　（歌曲选）
武汉　湖北人民出版社　1977 年　24 页　19cm（32 开）
统一书号：8106.1801　定价：CNY0.12

J0151435
歌唱英明领袖华主席　（歌曲集）辽宁省文艺创作办公室编
沈阳　辽宁人民出版社　1977 年　42 页　19cm（32 开）
统一书号：8090.951　定价：CNY0.11

J0151436
歌飞大寨路　（昔阳群众歌曲选）昔阳县文化馆编
太原　山西人民出版社　1977 年　238 页
19cm（32 开）统一书号：10088.581
定价：CNY0.56

J0151437
革命歌曲选　辽宁省群众艺术馆编辑
沈阳　辽宁省群众艺术馆　1977 年　281 页
19cm（32 开）定价：CNY0.50

J0151438
革命歌选　（1977　1）
长沙　湖南人民出版社　1977 年　31 页　19cm（32 开）
定价：CNY0.04

J0151439
革命歌选　（1977　2）
长沙　湖南人民出版社　1977 年　16 页　19cm（32 开）
定价：CNY0.03

J0151440
革命歌选　（1977　3）
长沙　湖南人民出版社　1977 年　12 页　19cm（32 开）
定价：CNY0.02

J0151441
各族人民心向华主席　（歌曲选）
广州　广东人民出版社　1977 年　38 页　26cm（16 开）
统一书号：8111.1718　定价：CNY0.22

J0151442

跟着华主席胜利向前方 （歌曲）云南人民
出版社编辑

昆明 云南人民出版社 1977年 80页 14cm（64开）
统一书号：10116.700 定价：CNY0.09

J0151443

跟着华主席胜利向前进 （歌曲）

成都 四川人民出版社 1977年 76页 19cm（32开）
统一书号：8118.360 定价：CNY0.17

J0151444

跟着领袖华主席 （歌曲集）

长春 吉林人民出版社 1977年 66页 19cm（32开）
统一书号：8091.841 定价：CNY0.15

J0151445

红太阳光辉照草原 （歌曲选集）内蒙古自治
区文化局编

北京 人民音乐出版社 1977年 150页
19cm（32开）统一书号：8026.3240
定价：CNY0.32

J0151446

华主席登上天安门 （歌曲集）江苏人民出版
社,南京市文化局创作组编

南京 江苏人民出版社 1977年 88页 19cm（32开）
统一书号：8100.013 定价：CNY0.20

J0151447

华主席挥手我前进

武汉 湖北人民出版社 1977年 30页
19cm（32开）定价：CNY0.08
（湖北革命歌曲选 第10集）

J0151448

华主席领导我们胜利前进 （革命歌曲集）
河南省群众文艺工作室编

郑州 河南人民出版社 1977年 42页 19cm（32开）
统一书号：8105.690 定价：CNY0.11

J0151449

华主席率领我们继续前进 （歌曲集）上海
人民出版社编辑

上海 上海人民出版社 1977年 52页

19cm（32开）统一书号：8171.1946
定价：CNY0.13

J0151450

华主席率领我们胜利前进 （歌曲集）

北京 人民音乐出版社 1977年 90页 19cm（32开）
统一书号：8026.3244 定价：CNY0.21

J0151451

华主席率领我们胜利前进 （歌曲集）

北京 人民音乐出版社 1978年 2版 修订本
115页 19cm（32开）统一书号：8026.3244
定价：CNY0.25

J0151452

华主席视察辽宁 （歌曲集）辽宁省文化局创
作评论室编

沈阳 辽宁人民出版社 1977年 46页 19cm（32开）
统一书号：8090.1039 定价：CNY0.12

J0151453

华主席送来红宝书 （歌曲选集）河南省文艺
工作室编

郑州 河南人民出版社 1977年 56页 19cm（32开）
统一书号：10105.159 定价：CNY0.13

J0151454

怀念敬爱的周总理 （革命歌曲）辽宁人民出
版社编辑

沈阳 辽宁人民出版社 1977年 34页 19cm（32开）
统一书号：8090.942 定价：CNY0.08

J0151455

怀念您啊！敬爱的周总理 （歌曲集）

南京 江苏人民出版社 1977年 84页 19cm（32开）
统一书号：8100.008 定价：CNY0.17

J0154118

怀念您啊！敬爱的周总理 （歌曲选）
甘肃人民出版社编辑

兰州 甘肃人民出版社 1977年 104页
19cm（32开）统一书号：8096.556
定价：CNY0.21

J0151456

怀念您啊！敬爱的周总理 （歌曲集）

南京 江苏人民出版社 1977 年 104 页

19cm（小 32 开）定价：CNY0.17

J0151457

活页歌曲 （华主席领导我们学大庆）《工农兵歌曲》编辑小组编

上海 上海人民出版社 1977 年 8 页

19cm（小 32 开）定价：CNY0.01

J0151458

纪念毛主席《在延安文艺座谈会上的讲话》发表三十五周年歌曲 福安县文化馆编

福安 福安县文化馆 1977 年 90 页 19cm（32 开）

J0151459

建军五十周年歌曲集 （上集 1927–1977）

上海人民出版社编辑

上海 上海人民出版社 1977 年 438 页

20cm（32 开）统一书号：8171.2092

定价：CNY0.98，CNY1.20（精装）

　　本书分上下两集。上集所选歌曲从八一南昌起义至中华人民共和国成立前夕，共分 3 部分：第二次国内革命战争时期、抗日战争时期和第三次国内革命战争时期；下集所选歌曲从中华人民共和国成立至 1977 年建军节，为本套歌曲的第四部分，即社会主义革命和社会主义建设时期。

J0151460

建军五十周年歌曲集 （下集 1927–1977）

上海文艺出版社编辑

上海 上海文艺出版社 1978 年 530 页

19cm（32 开）统一书号：8078.3005

定价：CNY1.15

J0151461

井冈山歌声 （纪念毛主席创建井冈山革命根据地五十周年）井冈山地区文化教育局编

井冈山 井冈山地区文化教育局 1977 年 144 页

19cm（32 开）

J0151462

井冈山颂歌 （歌曲集）江西省《井冈山颂歌》编选小组编

北京 人民音乐出版社 1977 年 158 页

19cm（32 开）统一书号：8026.3314

定价：CNY0.33

J0151463

敬爱的毛主席永远活在我们心中

（歌曲专辑）贵州人民出版社编辑

贵阳 贵州人民出版社 1977 年 88 页 19cm（32 开）

统一书号：8115.682 定价：CNY0.20

J0151464

敬爱的周总理 我们永远把您怀念 （歌曲集）

黑龙江人民出版社编辑

哈尔滨 黑龙江人民出版社 1977 年 60 页

19cm（32 开）统一书号：8093.445

定价：CNY0.14

J0151465

敬爱的周总理我们永远怀念您 （歌曲选）

北京 人民音乐出版社 1977 年 2 版 增订本

78 页 19cm（32 开）定价：CNY0.21

J0151466

敬爱的周总理我们永远怀念您 （歌曲选）

北京 人民音乐出版社 1977 年 增订本

123 页 19cm（32 开）统一书号：8026.3230

定价：CNY0.28

J0151467

敬爱的周总理我们永远怀念您 （歌曲选）

北京 人民音乐出版社 1977 年 44 页

20cm（32 开）定价：CNY0.17

　　本书选收悼念周恩来总理的歌曲 45 首。包括《歌唱敬爱的周总理》《敬爱的周总理，人民的好总理》《十里长街送总理》《周总理，您在哪里》等。

J0151468

举国欢庆十一大 （歌曲集）

河南省群众文艺工作室编

郑州 河南人民出版社 1977 年 44 页 19cm（32 开）

统一书号：10105.166 定价：CNY0.11

J0151469

满怀深情歌唱周总理 （歌曲选）

上海人民出版社编辑
上海 上海人民出版社 1977年 60页 19cm（32开）
统一书号：8171.1961 定价：CNY0.14

J0151470
满田红旗满田歌　和县文化局编
合肥 安徽人民出版社 1977年 30页 19cm（32开）
统一书号：8102.933 定价：CNY0.10

J0151471
毛泽东思想光辉照前程
《湘江歌声》编辑组编
长沙 湖南人民出版社 1977年 54页 19cm（32开）
统一书号：10109.1034 定价：CNY0.12

J0151472
毛主席您是我们心中不落的红太阳
（歌曲集）
北京 人民音乐出版社 1977年 326页
19cm（32开）统一书号：8026.3218
定价：CNY0.82

J0151473
毛主席您是我们心中不落的红太阳　（歌曲集）
北京 人民音乐出版社 1977年 326页
19cm（32开）统一书号：8026.2316
定价：CNY0.67
　　本书共收《咱们的领袖毛主席》《草原上升
起不落的太阳》《乌苏里船歌》《世世代代铭记毛
主席的恩情》《颂歌一曲唱韶山》《歌唱井冈山》
《遵义会议放光辉》《翻身道情》《歌唱祖国》等
165首作品。

J0151474
毛主席是不落的红太阳　（歌曲集 第一集
湖北革命歌曲选）湖北省革命歌曲编辑创作小
组,湖北省文艺创作室音乐组编
武汉 湖北人民出版社 1977年 68页 19cm（32开）
统一书号：8106.1847 定价：CNY0.18

J0151475
毛主席我们永远歌唱您　（颂扬伟大领袖和
导师毛主席歌曲选）辽宁人民出版社编辑
沈阳 辽宁人民出版社 1977年 294页
20cm（32开）统一书号：8090.920

定价：CNY0.68

J0151476
毛主席永远活在我们心中　（歌曲集）
济南 山东人民出版社 1977年 108页
19cm（32开）统一书号：8099.590
定价：CNY0.22
（革命歌曲选 14）

J0151477
缅怀敬爱的周总理　（歌曲专辑）
广州 广东人民出版社 1977年 24页 19cm（32开）
统一书号：8111.1699 定价：CNY0.06

J0151478
南岭欢歌　（喜迎党的十一大 歌曲专辑）
广州 广东人民出版社 1977年 60页 19cm（32开）
统一书号：8111.1779 定价：CNY0.15

J0151479
南岭欢歌——喜迎党的十一大　（歌曲专辑）
广州 广东人民出版社 1977年 60页 19cm（32开）
统一书号：8111.1779 定价：CNY0.15

J0151480
农业学大寨 普及大寨县　（歌曲集）
北京 人民音乐出版社 1977年 58页 19cm（32开）
统一书号：8026.3299 定价：CNY0.15
（农村文艺演唱丛书）

J0151481
千歌万曲歌唱毛主席　（广西创作歌曲选）
广西人民出版社编辑
南宁 广西人民出版社 1977年 132页
19cm（32开）统一书号：8113.319
定价：CNY0.26

J0151482
**热烈欢呼《毛泽东选集》第五卷正式出版歌
曲专集**　江苏人民出版社,南京市文化局编
南京 江苏人民出版社 1977年 20页
19cm（32开）统一书号：10100.201
定价：CNY0.03

J0151483
热烈欢呼党的十一大胜利召开 （歌曲集）
湖南省文艺工作室音乐组编
长沙 湖南人民出版社 1977 年 28 页 19cm（32开）
统一书号：8109.1082 定价：CNY0.08

J0151484
热烈欢呼党的十一大胜利召开 （歌曲专集）
南京 江苏人民出版社 1977 年 36 页
19cm（小32开）定价：CNY0.06

J0151485
热烈欢呼党的十一胜利召开 （歌曲专集）
南京 江苏人民出版社 1977 年 36 页
19cm（32开）定价：CNY0.06

J0151486
热烈欢呼纵情歌唱《毛泽东选集》第五卷的出版 （活页歌选）《工农兵歌曲》编辑小组编
上海 上海人民出版社 1977 年 8 页
19cm（小32开）定价：CNY0.01

J0151487
韶山红日颂 （歌曲集）湖南省"革命委员会"文化局编
北京 人民音乐出版社 1977 年 114 页
19cm（32开）统一书号：8026.3308
定价：CNY0.25

J0151488
深切怀念周总理 （歌曲集）四川人民出版社编辑
成都 四川人民出版社 1977 年 42 页 19cm（32开）
统一书号：8118.358 定价：CNY0.11

J0151489
深切怀念朱德委员长 （歌曲集）
南京 江苏人民出版社 1977 年 56 页
19cm（32开）统一书号：8100.010
定价：CNY0.15

J0151490
胜利的歌声 山西省文化局音工组编
太原 山西人民出版社 1977 年 58 页 19cm（32开）
统一书号：10088.559 定价：CNY0.16

J0151491
十月战歌 （全国征歌选集）征歌编选小组编
北京 人民音乐出版社 1977 年 314 页
19cm（32开）统一书号：8026.3260
定价：CNY0.60

J0151492
太阳最红毛主席最亲 （歌曲集）
南京 江苏人民出版社 1977 年 88 页
20cm（32开）统一书号：8100.011
定价：CNY0.24

J0151493
天山赞歌 （新疆革命歌曲选）
新疆人民出版社编辑
北京 人民音乐出版社 1977 年 164 页
19cm（32开）统一书号：8026.3209
定价：CNY0.34

J0151494
伟大领袖毛主席永远活在我们心中 （歌曲集）
哈尔滨 黑龙江人民出版社 1977 年 58 页
19cm（32开）统一书号：8093.447
定价：CNY0.14

J0151495
我为大庆唱赞歌 （歌曲集）
上海 上海人民出版社 1977 年 92 页
19cm（32开）定价：CNY0.20

J0151496
西藏新歌 （第一集）
拉萨 西藏人民出版社 1977 年 63 页 19cm（32开）
统一书号：8170.38 定价：CNY0.15

J0154161
西藏新歌 （第二集）
拉萨 西藏人民出版社 1977 年 142 页
19cm（32开）统一书号：8170.42
定价：CNY0.32

J0151497
县县高唱大寨歌 （歌曲集）
上海人民出版社编辑

上海　上海人民出版社　1977 年　140 页
19cm（32 开）统一书号：8171.2047
定价：CNY0.31

J0151498
献给敬爱的周总理　（歌曲专辑）
合肥　安徽人民出版社　1977 年　52 页
19cm（32 开）统一书号：8102.929
定价：CNY0.13

J0151499
献给敬爱的周总理　（歌曲选）
北京　人民出版社　1977 年　18 页　19cm（32 开）
统一书号：8071.247　定价：CNY0.06

J0151500
献给周总理的歌　天津人民出版社编辑
天津　天津人民出版社　1977 年　72 页　20cm（32 开）
统一书号：8072.24　定价：CNY0.27

J0151501
心中的歌　（革命歌曲选）
银川　宁夏人民出版社　1977 年　46 页　19cm（32 开）
统一书号：10157.90　定价：CNY0.11

J0151502
绣金匾　（革命歌曲集）
郑州　河南人民出版社　1977 年　34 页　19cm（32 开）
统一书号：8105.698　定价：CNY0.10

J0151503
一米之差　（演唱）
北京　人民出版社　1977 年　53 页　19cm（32 开）
统一书号：8071.203　定价：CNY0.13

J0151504
永远怀念敬爱的周总理　（歌曲选）
广西人民出版社编辑
南宁　广西人民出版社　1977 年　40 页　19cm（32 开）
统一书号：8113.345　定价：CNY0.10

J0151505
渔鼓声声献给党　（庆祝党的十一大演唱集）
武汉　湖北人民出版社　1977 年　31 页　19cm（32 开）
统一书号：10106.767　定价：CNY0.09

J0151506
载歌载舞迎五卷　云南人民出版社编辑
昆明　云南人民出版社　1977 年　20 页　14cm（64 开）
统一书号：10116.680　定价：CNY0.04
（群众演唱 5）

J0151507
战士高唱革命歌　（歌曲选）中国人民解放军
51114 部队，人民音乐出版社编辑部三结合编创
小组编
北京　人民音乐出版社　1977 年　98 页
19cm（32 开）统一书号：8026.3293
定价：CNY0.22

J0151508
珍贵的礼物　（演唱）汉沽区文化站编
天津　天津人民出版社　1977 年　44 页　19cm（32 开）
统一书号：10072.615　定价：CNY0.11

J0151509
支农赞歌　赵永生著
呼和浩特　内蒙古人民出版社　1977 年　46 页
14cm（64 开）统一书号：10089.110
定价：CNY0.05
（演唱丛书）

J0151510
纵情歌唱毛主席　（创作歌曲选）
广州部队歌舞团编
广州　广东人民出版社　1977 年　252 页
19cm（32 开）统一书号：8111.1772
定价：CNY0.49

J0151511
祖国充满党的阳光　（庆祝中华人民共和国成
立二十八周年推荐歌曲）天津市群众歌咏活动
办公室《天津歌声》编辑部编
天津　天津人民出版社　1977 年　30 页　19cm（32 开）
统一书号：8072.27　定价：CNY0.05

J0151512
祖国盛开大寨花　（组歌）贺嘉，韩静霆词；戴
于吾曲
天津　天津人民出版社　1977 年　26 页　19cm（32 开）
统一书号：8072.26　定价：CNY0.09

J0151513

《毛泽东颂》歌曲集　上海文艺出版社编辑

上海　上海文艺出版社　1978年　500页

19cm（32开）统一书号：8078.3006

定价：CNY1.40

　　本书汇集了《浏阳河》《井冈山上太阳红》《毛委员和我们在一起》《咱们的领袖毛泽东》《毛主席领导得好》《太阳一出满天红》《毛泽东颂歌》《草原上升起不落的太阳》《赞歌》《北京的金山上》《毛主席派来访问团》《毛主席来过五指山》等180首歌颂毛主席的歌曲。

J0151514

八一战旗火样红　（歌曲集）

贵州人民出版社编辑

贵阳　贵州人民出版社　1978年　120页

19cm（32开）统一书号：8115.685

定价：CNY0.26

　　本书为纪念中国人民解放军建军五十周年歌曲选集。

J0151515

大庆红旗飘心头　（歌曲集）安徽省文艺创作研究室编

合肥　安徽人民出版社　1978年　87页　19cm（32开）

统一书号：8102.944　定价：CNY0.20

J0151516

大庆红旗永飘扬　（歌曲集）黑龙江省戏剧音乐工作室编

哈尔滨　黑龙江人民出版社　1978年　92页

19cm（32开）统一书号：8093.476

定价：CNY0.20

J0151517

大庆红旗永飘扬　（云南创作歌曲集）云南省文化局艺术处音乐组编

昆明　云南人民出版社　1978年　68页　19cm（32开）

统一书号：8116.777　定价：CNY0.15

J0151518

风展红旗如画　（工人创作歌曲选）北京市劳动人民文化宫编

北京　北京出版社　1978年　111页　19cm（32开）

统一书号：8071.291　定价：CNY0.23

J0151519

高歌欢庆五届人大　（歌曲专集）南京市文化局，江苏人民出版社编

南京　江苏人民出版社　1978年　29页　26cm（16开）

统一书号：8100.017　定价：CNY0.10

J0151520

歌唱敬爱的周总理　（女声独唱　钢琴伴奏）

王晓岭词；晓藕，魏群曲

北京　人民音乐出版社　1978年　3页　26cm（16开）

统一书号：8026.3373　定价：CNY0.09

J0151521

歌唱新时期总任务　（歌曲选）陕西省工农兵艺术馆编

西安　陕西人民出版社　1978年　23页　19cm（32开）

统一书号：8094.616　定价：CNY0.05

J0151522

各族人民歌唱华主席　（歌曲集）云南省文化局艺术处音乐组编

昆明　云南人民出版社　1978年　75页　13cm（60开）

统一书号：10116.728　定价：CNY0.10

（群众演唱　12）

J0151523

华主席和我们心连心　（歌曲集）

哈尔滨　黑龙江人民出版社　1978年　69页

19cm（32开）统一书号：8093.444

定价：CNY0.17

J0151524

华主席率领我们继续长征　（歌曲集）

中国音乐家协会湖南分会编

长沙　湖南人民出版社　1978年　30页　19cm（32开）

统一书号：8109.1066　定价：CNY0.08

J0151525

华主席率领我们继续长征　（歌曲）《工农兵歌曲》编辑小组编

上海　上海文艺出版社　1978年　28页　19cm（32开）

统一书号：8078.3044　定价：CNY0.08

（新时期总任务文艺宣传小丛书）

J0151526

怀念敬爱的周总理 （歌曲选）

杭州　浙江人民出版社　1978年　146页

20cm（32开）统一书号：10103.51

定价：CNY0.35

J0151527

活页歌选 （热烈欢呼五届人大胜利召开）《工农兵歌曲》《"红小兵"歌曲》编辑小组

上海　上海文艺出版社　1978年　6页

19cm（32开）定价：CNY0.02

J0151528

继续长征迈阔步 （歌曲选）

合肥　安徽人民出版社　1978年　26页　19cm（32开）

统一书号：8102.1033　定价：CNY0.09

J0151529

交城山 （女声独唱　钢琴伴奏　五线谱）山西省文化局革命歌曲征集小组填词；杜鸣心配伴奏

北京　人民音乐出版社　1978年　3页　26cm（16开）

统一书号：8026.3383　定价：CNY0.09

J0151530

骄杨曲 （组歌）株洲市歌舞剧团创作演出；夏劲风作词；魏景舒等作曲

长沙　湖南人民出版社　1978年　61页　26cm（16开）

统一书号：8109.1069　定价：CNY0.37

J0151531

井冈沙田组歌 （纪念毛主席颁布三大纪律，八项注意五十周年）郭兆甄，瞿琮编词；郑秋枫，毕庶勤作曲

广州　广东人民出版社　1978年　25页　26cm（16开）

统一书号：8111.1842　定价：CNY0.19

J0151532

敬爱的周总理在梅园新村 （组歌）江广玉等词；徐正华等曲

南京　江苏人民出版社　1978年　28页　26cm（16开）

统一书号：8100.019　定价：CNY0.18

J0151533

麦新歌曲选　麦新作

北京　人民音乐出版社　1978年　24页　19cm（32开）

统一书号：8026.3340　定价：CNY0.09

J0151534

毛泽东颂 （歌曲集）上海文艺出版社编辑

上海　上海文艺出版社　1978年　500页

20cm（32开）定价：CNY1.40

J0151535

毛主席啊，我们怀念您 （歌曲集）

合肥　安徽人民出版社　1978年　98页　19cm（32开）

统一书号：8102.941　定价：CNY0.22

J0151536

毛主席永远活在我们心中 （歌曲集）

杭州　浙江人民出版社　1978年　147页

20cm（32开）统一书号：10103.60

定价：CNY0.36

J0151537

梅岭三章 （男中音独唱　钢琴伴奏　五线谱）施万春曲

北京　人民出版社　1978年　4页　26cm（16开）

定价：CNY0.12

J0151538

聂耳、冼星海歌曲选

北京　人民音乐出版社　1978年　2版　58页

有照片　19cm（32开）统一书号：8026.3158

定价：CNY0.15

J0151539

前进！伟大的祖国 （歌曲集）北京市歌曲征集小组选编

北京　北京出版社　1978年　92页　19cm（32开）

统一书号：8071.295　定价：CNY0.19

J0151540

庆祝中国人民解放军建军五十周年全军第四届文艺会演歌曲选　解放军文艺社编

北京　人民音乐出版社　1978年　221页

20cm（32开）定价：CNY0.53

J0151541

胜利颂 （云南广播歌曲选）

云南人民广播电台编

昆明　云南人民出版社　1978 年　162 页
19cm（ 32 开）统一书号：8116.776
定价：CNY0.32

J0151542
颂歌献给毛主席 （歌曲集）
兰州　甘肃人民出版社　1978 年　126 页
19cm（ 32 开）统一书号：8096.597
定价：CNY0.28

J0151543
太阳最红毛主席最亲　河北人民出版社，河
北省河北梆子音乐唱腔研究室编
石家庄　河北人民出版社　1978 年　165 页
20cm（ 32 开）统一书号：8086.889
定价：CNY0.40

J0151544
献给草原的歌　祝恒谦作曲
乌鲁木齐　新疆人民出版社　1978 年　90 页
19cm（ 32 开）统一书号：8098.102
定价：CNY0.19

J0151545
湘江歌声 （一）《湘江歌声》编辑组编
长沙　湖南人民出版社　1978 年　63 页
19cm（ 32 开）定价：CNY0.14

J0151546
向科学现代化进军 （歌曲集）辽宁人民出版
社编辑
沈阳　辽宁人民出版社　1978 年　42 页　19cm（ 32 开）
统一书号：8090.1170　定价：CNY0.11

J0151547
学习雷锋好榜样 （歌曲集）沈阳军区工程兵
政治部编
沈阳　辽宁人民出版社　1978 年　80 页　19cm（ 32 开）
统一书号：8090.1136　定价：CNY0.19

J0151548
岳北农工会组歌　湖南省衡阳地区文化局创
作组集体创作；银汉光等作词；聂春吾等作曲
长沙　湖南人民出版社　1978 年　26 页　26cm（ 16 开）
统一书号：10109.1094　定价：CNY0.17

作者聂春吾（1938—　　　），作曲家。生于湖南，
祖籍江西丰城。毕业于中央民族学院艺术系作
曲专业。中国音乐家协会会员，湖南省音乐家协
会理事等。著有《祁剧声腔浅析》等。

J0151549
战士心中的歌 （歌曲集）武汉部队后勤部征
歌小组编
武汉　湖北人民出版社　1978 年　67 页　19cm（ 32 开）
统一书号：8106.1879　定价：CNY0.16

J0151550
哲里木歌曲选　哲里木盟文化局革命歌曲编
选小组编
长春　吉林人民出版社　1978 年　71 页　19cm（ 32 开）
统一书号：8091.924　定价：CNY0.19

J0151551
总任务指出光明道 （歌曲集）江苏人民出版
社编辑
南京　江苏人民出版社　1978 年　59 页　19cm（ 32 开）
统一书号：10100.258　定价：CNY0.14

J0151552
祖国颂 （歌曲集）
兰州　甘肃人民出版社　1978 年　70 页　19cm（ 32 开）
定价：CNY0.17

J0151553
祖国颂歌　中华人民共和国国歌征集小组办
公室编
北京　人民音乐出版社　1978 年　26 页　19cm（ 32 开）
统一书号：8026.3457　定价：CNY0.09

J0151554
祖国永远是春天
广州　广东人民出版社　1978 年　76 页　19cm（ 32 开）
统一书号：8111.1828　定价：CNY0.18

J0151555
把青春献给新长征 （献给共青团员们的歌）
共青团中央宣传部编
北京　中国青年出版社　1979 年　49 页　19cm（ 32 开）
统一书号：8009.35　定价：CNY0.15

J0151556
歌唱新一代最可爱的人　（歌曲集）任后文编
武汉 长江文艺出版社 1979 年 49 页 19cm（32 开）
统一书号：8107.339 定价：CNY0.13

J0151557
歌唱中朝友谊　刘白羽词；朝鲜国立交响乐
团集体曲
北京 人民音乐出版社 1979 年 2 页 26cm（16 开）
统一书号：8026.3573 定价：CNY0.09

J0151558
工人歌曲选　太原市总工会编辑
太原 太原市总工会 1979 年 228 页 19cm（32 开）
（向国庆三十周年献礼丛书）

J0151559
流行歌曲
哈尔滨 黑龙江人民出版社 1979 年 182 页
19cm（32 开）定价：CNY0.50

J0151560
流行歌曲　（续集）
哈尔滨 黑龙江人民出版社 1981 年 126 页
19cm（32 开）统一书号：8093.752
定价：CNY0.36

J0151561
流行歌曲　（三集）
哈尔滨 黑龙江人民出版社 1983 年 106 页
19cm（32 开）统一书号：8093.845
定价：CNY0.31

J0151562
流行歌曲
哈尔滨 黑龙江人民出版社 1983 年 3 册
19cm（32 开）统一书号：8093.845
定价：CNY0.31

J0151563
冼星海歌曲选
北京 人民音乐出版社 1979 年 120 页
19cm（32 开）统一书号：8026.3620
定价：CNY0.26
　　本书收有冼星海 1935—1944 年创作的歌曲

62 首。包括《救国军歌》《到敌人后方去》《做棉
衣》《在太行山上》《莫提起》《拉犁歌》《只怕不
抵抗》等。附有《冼星海年谱纪略》。

J0151564
献给祖国的歌　湖南省文化馆编
长沙 湖南人民出版社 1979 年 126 页
19cm（32 开）统一书号：10109.1206
定价：CNY0.26

J0151565
延安颂　（歌曲集）中国音乐家协会西安分会编
北京 人民音乐出版社 1979 年 114 页
19cm（32 开）统一书号：8026.3541
定价：CNY0.24

J0151566
扬眉剑出鞘　（《天安门诗抄》歌曲选）
北京 人民音乐出版社 1979 年 42 页 19cm（32 开）
统一书号：8026.3575 定价：CNY0.12

J0151567
张曙歌曲选　张曙作曲
北京 人民音乐出版社 1979 年 73 页 有照片
19cm（32 开）统一书号：8026.3622
定价：CNY0.17
　　作者张曙（1908—1938），作曲家。安徽歙县
人，毕业于上海国立音乐学院。代表作品有《保
卫国土》《丈夫去当兵》《日落西山》等。

J0151568
边疆处处赛江南　田歌作曲；新疆人民出版
社编辑
乌鲁木齐 新疆人民出版社 1980 年 148 页
19cm（小 32 开）定价：CNY0.32

J0151569
福建广播歌曲　福建人民广播电台文艺部编
福州 福建人民出版社 1980 年 7 页 13cm（64 开）
定价：CNY0.05

J0151570
歌唱你啊，祖国　（音协、团中央等推荐的十二
首歌曲）
昆明 云南人民出版社 1980 年 14 页 19cm（32 开）

统一书号：8116.905 定价：CNY0.07

J0151571
黄自歌曲选集 （附钢琴伴奏）黄自作曲；人
民音乐出版社编辑部编
北京 人民音乐出版社 1980年 46页 25cm（15开）
统一书号：8026.3675 定价：CNY0.40
　　本书选收作品共16首。包括《玫瑰三愿》
《花非花》《抗敌歌》《旗正飘飘》等。作者黄自
（1904—1938），作曲家、音乐教育家。字今吾，江
苏川沙（今属上海市）人。毕业于美国欧柏林学
院耶鲁大学音乐学校。主要作品有《怀旧》《长
恨歌》《抗敌歌》《南乡子》《玫瑰三愿》等。

J0151572
节日新歌 （文化部、中国音协征集歌曲选）
北京 人民音乐出版社 1980年 48页 17cm（40开）
定价：CNY0.10

J0151573
流行歌曲 河北省群众艺术馆编
石家庄 河北人民出版社 1980年 52页
19cm（32开）定价：CNY0.15

J0151574
流行歌曲 （3 电子琴乐谱）铃木等作曲，林敏
聪等作词
香港 金日乐谱制作公司［1980—1989年］
35页 有照片 29cm（16开）定价：HKD20.00

J0151575
流行歌曲 100 首
成都 四川人民出版社 1980年 186页
19cm（32开）统一书号：8118.711
定价：CNY0.39

J0151576
全国推荐优秀歌曲集 陕西人民出版社编辑
西安 陕西人民出版社 1980年 41页 19cm（32开）
统一书号：8094.668 定价：CNY0.13

J0151577
泉水叮咚响 （群众喜爱的广播歌曲十五首）
昆明 云南人民出版社 1980年 28页 19cm（32开）
统一书号：8116.881 定价：CNY0.10

J0151578
燃烧吧！我的青春 （青年歌曲选）张藜译；
张立昆等曲
北京 人民音乐出版社 1980年 60页 19cm（32开）
统一书号：8026.3735 定价：CNY0.17

J0151579
让生活充满欢乐的歌声 （1980年5月全国
推荐歌曲12首）中国音乐家协会山东分会编
济南 山东人民出版社 1980年 12页 17cm（32开）
定价：CNY0.10

J0151580
听众喜爱的广播歌曲 映莺编
福州 福建人民出版社 1980年 34页 15cm（40开）
统一书号：8173.324 定价：CNY0.10

J0151581
听众喜爱的广播歌曲
湖南人民广播电台文艺组编
长沙 湖南人民出版社 1980年 36页 19cm（32开）
统一书号：8109.1176 定价：CNY0.15

J0151582
听众喜爱的广播歌曲（十五首）
湖南人民广播电台文艺组编
长沙 湖南人民出版社 1980年 36页
19cm（小32开）定价：CNY0.15

J0151583
团结就是力量 （革命歌曲选）中国音乐家协
会四川分会编
成都 四川人民出版社 1980年 28页 19cm（32开）
统一书号：8118.754 定价：CNY0.10

J0151584
我们的生活充满阳光 （群众喜爱的十五首
歌曲）山东人民出版社，《山东歌曲》编辑部
编辑
济南 山东人民出版社 1980年 1册 17cm（32开）
定价：CNY0.10

J0151585
五四时期歌曲选集 人民音乐出版社编辑部编
北京 人民音乐出版社 1980年 正谱本 48页

25cm（16开）统一书号：8026.3712

定价：CNY0.50

　　本书收入五四时期音乐界有代表性的作曲家肖友梅、赵元任、黎锦晖、青主、周淑安、陈啸空等人的歌曲作品共19首。

J0151586

新的长征新的战斗 （歌曲集）

湖南人民出版社编

长沙 湖南人民出版社 1980年 39页 19cm（32开）

统一书号：8109.1177 定价：CNY0.12

　　本歌曲集是中国音乐家协会、文化部、教育部、中华全国总工会、共青团中央、中央广播事业局向全国青年推荐的十二首歌曲,也是总政文化部向全军推荐的十二首歌曲。

J0151587

银幕上的歌 （2 祖国啊 春常在）山东人民出版社编辑

济南 山东人民出版社 1980年 13cm（60开）

定价：CNY0.10

J0151588

银幕上的歌 （3 爱情啊 你姓什么）山东人民出版社编辑

济南 山东人民出版社 1980年 13cm（60开）

定价：CNY0.10

J0151589

祖国的春天 （歌曲集）

北京 人民音乐出版社 1980年 60页 19cm（32开）

统一书号：8026.3688 定价：CNY0.17

J0151590

表演唱歌曲选 （农村版）人民音乐出版社编辑部编

北京 人民音乐出版社 1981年 84页 19cm（32开）

统一书号：8026.3785 定价：CNY0.26

J0151591

唱支"五讲""四美"歌 （歌曲集）

长沙 湖南人民出版社 1982年 2版 增订本 37页

19cm（32开）统一书号：8109.1186

定价：CNY0.13

J0151592

唱支"五讲""四美"歌 （歌曲集）

长沙 湖南人民出版社 1981年 30页 19cm（32开）

统一书号：8109.1186 定价：CNY0.10

J0151593

唱支"五讲""四美"歌 （歌曲集）

长沙 湖南人民出版社 1982年 2版 30页

19cm（小32开）定价：CNY0.13

J0151594

大江颂 （组歌及其它）

南京 江苏人民出版社 1981年 86页 25cm（15开）

统一书号：8100.025 定价：CNY0.52

J0151595

党最关心咱庄稼人 （农村歌曲专集）河北省群众艺术馆编

石家庄 河北人民出版社 1981年 94页

19cm（32开）统一书号：8086.1364

定价：CNY0.25

J0151596

地下的星光 （煤矿工人歌曲集）刘炽主编

北京 煤炭工业出版社 1981年 174页

19cm（32开）统一书号：15035.2390

定价：CNY0.52

J0151597

贺绿汀歌曲选 贺绿汀作

长沙 湖南人民出版社 1981年 79页 19cm（32开）

统一书号：8109.1312 定价：CNY0.26

J0151598

雷锋之歌 山东人民出版社编

济南 山东人民出版社 1981年 13cm（64开）

定价：CNY0.10

J0151599

雷锋之歌 山东文艺出版社编辑

济南 山东文艺出版社 1990年 19cm（32开）

ISBN：7-5329-0392-3 定价：CNY0.28

J0151600

美丽的心灵 （《歌曲》月刊1980年评奖歌曲）

《歌曲》编辑部编
北京 宝文堂书店 1981年 19cm（小32开）
定价：CNY0.10

J0151601
农民靠党幸福来 （农村歌曲专集）
山东省艺术馆编
济南 山东人民出版社 1981年 52页 19cm（32开）
统一书号：8099.2289 定价：CNY0.17

J0151602
全国获奖优秀群众歌曲
成都 四川人民出版社 1981年 51页 19cm（32开）
统一书号：8118.1013 定价：CNY0.15

J0151603
我们战斗在云南 （原中国人民解放军滇桂黔
边区纵队战斗歌曲选集）陈少纯等编
昆明 云南人民出版社 1981年 87页 19cm（32开）
统一书号：8116.980 定价：CNY0.26

J0151604
盐阜区新四军抗战歌曲选 盐城新四军军部
原址纪念馆筹备处编
1981年 190页 26cm（16开）

J0151605
"五讲四美"歌曲选
湖北人民广播电台文艺部编
武汉 长江文艺出版社 1982年 104页
19cm（32开）统一书号：8107.373
定价：CNY0.32

J0151606
《八十年代新一辈》得奖歌曲三十首 中央
人民广播电台文艺部,共青团中央文体部编
北京 广播出版社 1982年 60页 19cm（32开）
统一书号：8236.053 定价：CNY0.19

J0151607
安波歌曲选 安波作词
北京 人民音乐出版社 1982年 80页 19cm（32开）
统一书号：8026.3936 定价：CNY0.29
　　本书选收歌曲47首,分抗日战争、解放战
争、社会主义时期三个部分。其中有《兄妹开荒》

《拥护八路军》《攻坚战》《就义歌》等。作者安
波（1915—1965）,中国现代著名作曲家、民族音
乐学家。生于山东牟平县宁海镇（今山东省烟台
市牟平区）。曾任鲁迅艺术学院院长、东北人民
中国音乐学院首任院长。作歌曲300余首及秧
歌剧、歌剧等多部。代表作：《八路军开荒歌》《七
月里在边区》《因为有了共产党》。

J0151608
八十年代新一辈 （青年歌曲评奖获奖歌曲）
湖南人民出版社著
长沙 湖南人民出版社 1982年 65页 19cm（32开）
统一书号：8109.1333 定价：CNY0.20

J0151609
飞向明天的新生活 《歌曲》编辑部编辑
北京 文化艺术出版社 ［1982年］［53］cm（4开）
定价：CNY0.18

J0151610
湖畔静悄悄 云山,石泉选编
北京 文化艺术出版社 1982年 ［53］cm（4开）
定价：CNY0.12

J0151611
欢庆十二大歌曲选
哈尔滨 黑龙江人民出版社 1982年 24页
19cm（32开）统一书号：8093.872
定价：CNY0.10
　　本书共收14首歌曲,包括《跟党迈向新里程》
《九月风吹红旗飘》《十二大光辉映中华》等。

J0151612
节日的祝愿 《歌曲》编辑部编辑
北京 文化艺术出版社 ［1982年］［53］cm（4开）
定价：CNY0.18

J0151613
可爱的中华 云山,石泉选编
北京 文化艺术出版社 1982年 ［53］cm（4开）
定价：CNY0.12

J0151614
空军歌曲选 中国人民解放军空军政治部文
化部编

北京　人民音乐出版社　1982年　121页
21cm（32开）统一书号：8026.3971
定价：CNY0.48
　　本书是一部反映空军部队生活的歌曲集。
有队列歌曲、合唱歌曲、二重唱、三重唱、四重
唱等。

J0151615
林中的小路　　云山,石泉选编
北京　文化艺术出版社　1982年　[53]cm（4开）
定价：CNY0.12

J0151616
流行歌曲选　（李谷一朱逢博关牧村等演唱）
河南省群众艺术馆编
郑州　河南人民出版社　1982年　171页
19cm（32开）统一书号：8105.1109
定价：CNY0.44
　　本书收编了叶佩英、罗天禅、朱逢博、李谷
一、关牧村、苏小明、李双江、蒋大为等10位歌
唱家的中外名曲、电影电视歌曲等72首。

J0151617
美好的赞歌　　云山,石泉选编
北京　文化艺术出版社　1982年　[53]cm（4开）
定价：CNY0.12

J0151618
美丽的风帆　　云山,石泉选编
北京　文化艺术出版社　1982年　[53]cm（4开）
定价：CNY0.12

J0151619
年青的朋友来相会　《歌曲》编辑部编辑
北京　文化艺术出版社　[1982年][53]cm（4开）
定价：CNY0.18

J0151620
农村新歌　人民音乐出版社编辑部编
北京　人民音乐出版社　1982年　74页
19cm（小32开）定价：CNY0.23
（农村音乐丛书）

J0151621
农村新歌　（一）人民音乐出版社编辑部编

北京　人民音乐出版社　1983年　19cm（32开）
统一书号：8026.4048　（2）定价：CNY0.25
（农村音乐丛书）

J0151622
农村新歌　（二）人民音乐出版社编辑部编
北京　人民音乐出版社　1983年　74页　19cm（32开）
统一书号：8026.4048　定价：CNY0.25
（农村音乐丛书）

J0151623
农村新歌　（三）人民音乐出版社编辑部编
北京　人民音乐出版社　1984年　90页　19cm（32开）
统一书号：8026.4248　定价：CNY0.37
（农村音乐丛书）

J0151624
农村新歌　（四）人民音乐出版社编辑部编
北京　人民音乐出版社　1985年　128页　有照片
19cm（32开）统一书号：8026.4382
定价：CNY0.68
（农村音乐丛书）
　　本书内容包括男女声独唱、男女声二重唱、
女声小合唱、群众点播的歌曲、传统民歌、台湾
歌曲、电影电视歌曲和少年儿童歌曲。

J0151625
闪光的团徽　（庆祝共青团第十一次全国代表
大会　青年歌曲集）共青团十一大宣传处编
北京　中国青年出版社　1982年　25页　19cm（32开）
统一书号：8009.38　定价：CNY0.10
　　本歌集共收14首革命歌曲。

J0151626
生活越美歌越多　（农村歌曲选）
兰州　甘肃人民出版社　1982年　94页　19cm（32开）
统一书号：8096.886　定价：CNY0.25

J0151627
踏着夕阳归去　　云山,石泉选编
北京　文化艺术出版社　1982年　[53]cm（4开）
定价：CNY0.12

J0151628
田园新歌　　河北省群众艺术馆编

石家庄 花山文艺出版社 1982年 简谱本 104页 19cm（32开）统一书号：8286.2 定价：CNY0.32

　　本书反映农村生活题材的歌曲专集，共编选 360首歌曲。

J0151629
五彩的河 （工人歌曲集）中华全国总工会宣传部，工人出版社编
北京 工人出版社 1982年 75页 19cm（32开）
统一书号：8907.2 定价：CNY0.23

J0151630
彝山歌声 （1982年 第一期）楚雄彝族自治州群众艺术馆编
楚雄 楚雄彝族自治州群众艺术馆 1982年 78页 19cm（32开）

J0151631
在希望的田野上　郭吉臣编
合肥 安徽人民出版社 1982年 94页 19cm（32开）
统一书号：8102.1272 定价：CNY0.30

J0151632
摘一束玫瑰送与你　《歌曲》编辑部编辑
北京 文化艺术出版社［1982年］［53］cm（4开）
定价：CNY0.18

J0151633
祖国，我为您歌唱 （乌斯满江歌曲选）
乌斯满江曲
北京 人民音乐出版社 1982年 49页 19cm（32开）
统一书号：8026.3966 定价：CNY0.23

　　本歌集选收《祖国，我为您歌唱》《飞跃吧，新疆》等24首歌曲。

J0151634
安波音乐作品选　安波作曲；春风文艺出版社编辑
沈阳 春风文艺出版社 1983年 238页 有照片 21cm（32开）统一书号：8158.107
定价：CNY0.88

　　本书收入作曲家安波创作的128首声乐作品。作者安波（1915—1965），中国现代著名作曲家、民族音乐学家。生于山东牟平县宁海镇（今山东省烟台市牟平区）。曾任鲁迅艺术学院院长、

东北人民中国音乐学院首任院长。作歌曲300余首及秧歌剧、歌剧等多部。代表作：《八路军开荒歌》《七月里在边区》《因为有了共产党》。

J0151635
白兰鸽 （歌曲选）云山，石泉选编
北京 文化艺术出版社 1983年 13cm（64开）
定价：CNY0.12

J0151636
唱支山歌给党听 （歌曲选）广西人民出版社编
南宁 广西人民出版社 1983年 57页 19cm（32开）
统一书号：8113.832 定价：CNY0.18

J0151637
风光歌曲集　中国音乐学院作曲音乐文学专业编
成都 四川人民出版社 1983年 245页 19cm（32开）统一书号：8118.1480
定价：CNY0.62

J0151638
耕耘者之歌 （农村歌曲征歌选）中国音乐家协会歌曲编辑部编辑
北京 人民音乐出版社 1983年 103页 19cm（32开）统一书号：8026.4081
定价：CNY0.34

J0151639
海军歌曲选　海军政治部文化部编
北京 人民音乐出版社 1983年 168页 19cm（32开）统一书号：9026.4119
定价：CNY0.63

J0151640
煤乡之歌　《煤乡之歌》编辑组编辑
《煤乡之歌》编辑组 1983年 103页 20cm（32开）定价：CNY0.45

J0151641
美好的赞歌 （田光歌曲选）田光作曲
北京 人民音乐出版社 1983年 91页 19cm（32开）
统一书号：8026.4118 定价：CNY0.32

　　本书选收作曲家田光创作的《美好的赞歌》《北京颂歌》《我们的队伍团结如钢》《月夜》等

歌曲共 50 首。作者田光（1925—2009），作曲家。原名田银山。解放军文艺出版社副社长兼《解放军歌曲》主编。代表作品《美好的赞歌》《献给你的旋律》。

J0151642
民兵歌曲　吉林省民兵歌曲征集小组编
长春 吉林人民出版社 1983 年 75 页 19cm（32 开）
统一书号：8091.1430 定价：CNY0.20

J0151643
青春的旋律　中国音乐家协会福建分会选编
福州 福建教育出版社 1983 年 15 页 13cm（折叠）［64 开（折叠）］定价：CNY0.10
（大学生歌曲选）

J0151644
群众点播歌曲 100 首
石家庄 花山文艺出版社 1983 年 204 页 19cm（32 开）统一书号：8286.10
定价：CNY0.55

J0151645
群众点播歌曲 100 首　（2）
石家庄 花山文艺出版社 1984 年 207 页 19cm（32 开）统一书号：8286.19
定价：CNY0.62

J0151646
台湾校园歌曲　湖南人民出版社编
长沙 湖南人民出版社 1983 年 2 版 37 页 19cm（32 开）定价：CNY0.16

J0151647
台湾校园歌曲　湖南人民出版社编
长沙 湖南人民出版社 1985 年 3 版 增订本 41 页 19cm（32 开）统一书号：8109.1332
定价：CNY0.23

J0151648
听众点播的歌曲集锦　（1）山东人民广播电台文艺部编
济南 山东人民出版社 1983 年 19cm（小 32 开）
统一书号：8099.2675 定价：CNY0.43

J0151649
听众点播的歌曲集锦　（2）山东人民广播电台文艺部编
济南 山东人民出版社 1983 年 19cm（小 32 开）
统一书号：8331.27 定价：CNY0.80

J0151650
《大刀进行曲》及其他　（麦新歌文集）中国音乐家协会理论委员会,中国音乐家协会内蒙古分会编
北京 人民音乐出版社 1984 年 221 页 有照片 20cm（32 开）统一书号：8026.4209
定价：CNY1.30
　本书包括麦新创作的歌词、歌曲 55 首,理论、评论文章及其 1945 年离开延安至 1946 年在开鲁牺牲时期的部分日记摘选。

J0151651
八十年代新一辈　（青年歌曲一百首）中央人民广播电台文艺部著
北京 中央人民广播电台文艺部编 1984 年 223 页 19cm（32 开）统一书号：8236.035
定价：CNY0.57

J0151652
放开青春的歌喉　（青年歌曲选）共青团中央宣传部编
成都 四川人民出版社 1984 年 29 页 19cm（32 开）
统一书号：8118.1760 定价：CNY0.14

J0151653
革命群众歌曲选　（选编"五四"以来部分歌曲）大庆石油化工总厂工会编制
［大庆石油化工总厂工会］［1984—1989 年］
301 页 19cm（32 开）

J0151654
民族团结获奖歌曲集　民族团结编辑部著
北京 民族出版社 1984 年 112 页 19cm（32 开）
统一书号：8049.32 定价：CNY0.32
　本书共收以民族团结为主题的少数民族获奖歌曲 60 首。

J0151655
青春歌曲集　杨春,刘士贤编

长春 吉林人民出版社 1984 年 509 页
19cm（32 开）统一书号：10091.930
定价：CNY1.50

J0151656
青春歌选 （获奖歌曲十五首）陈咏华编辑
南京 江苏人民出版社 1984 年 29 页 18cm（32 开）
统一书号：8100.054 定价：CNY0.10

J0151657
无名花 （第一集 歌曲业余作者之友）
人民音乐出版社编辑部编
北京 人民音乐出版社 1984 年 52 页 19cm（32 开）
统一书号：8026.4249 定价：CNY0.21

J0151658
无名花 人民音乐出版社编
北京 人民音乐出版社 1987 年 52 页
统一书号：8026.4417 定价：CNY0.35
（歌曲业余作者之友 第二集）

J0151659
新时代的歌 （歌曲选）王嘉辰编
北京 新华出版社 1984 年 51 页 19cm（32 开）
统一书号：10203.110 定价：CNY0.25
（文艺小丛书）
　　本书选辑了深受群众喜爱的 39 首不同题材
和风格的歌曲。

J0151660
在希望的田野上 （1949—1984 歌曲选）
北京十月文艺出版社编
北京 北京十月文艺出版社 1984 年 120 页
19cm（32 开）统一书号：8326.5 定价：CNY0.40

J0151661
张明敏程琳演唱歌曲选
成都 四川人民出版社 1984 年 60 页 19cm（32 开）
统一书号：8118.1913 定价：CNY0.26

J0151662
张明敏最新歌曲选 音乐生活月刊社编
沈阳 春风文艺出版社 1984 年 24 页 17cm（40 开）
定价：CNY0.25

J0151663
祖国之爱 中央人民广播电台文艺部编
北京 中国广播电视出版社 1984 年 59 页
19cm（32 开）统一书号：8236.140
定价：CNY0.22

J0151664
最新流行歌曲 莫索编
西安 陕西人民出版社 1984 年 32 页 19cm（32 开）
统一书号：8094.706 定价：CNY0.18
　　本书共收录 15 首流行歌曲。

J0151665
迟到 （歌曲选）陈一萍选编
武汉 长江文艺出版社 1985 年 38 页 19cm（32 开）
统一书号：8107.619 定价：CNY0.30

J0151666
当代中外流行歌曲集锦 辽宁华夏影业开发
公司编
沈阳 辽宁人民出版社 1985 年 207 页
18cm（28 开）统一书号：8090.1222
定价：CNY1.00

J0151667
邓丽君演唱歌曲选 刘浪编
郑州 黄河文艺出版社 1985 年 82 页 19cm（32 开）
定价：CNY0.52

J0151668
妇女心中的歌 北京市妇女联合会宣传部，
《中外妇女》杂志社编
北京 人民音乐出版社 1985 年 40 页 19cm（32 开）
统一书号：8026.4406 定价：CNY0.29
　　本书精选了反映我国各条战线上的妇女努
力创业，为"四化"建设奉献青春和智慧的歌曲
25 首。

J0151669
港台流行歌曲 灭炎等编
郑州 黄河文艺出版社 1985 年 112 页 有彩照
19cm（32 开）统一书号：8385.2 定价：CNY0.68

J0151670
港台流行歌曲精选 四川文艺出版社编

成都 四川文艺出版社 1985 年 144 页
19cm（32 开）统一书号：8374.10
定价：CNY0.79

J0151671
港台流行歌曲精选 （续集）四川文艺出版社编
成都 四川文艺出版社 1986 年 120 页
19cm（32 开）统一书号：8374.13
定价：CNY0.74

J0151672
港台流行歌曲精选 （3）马肖编
成都 四川文艺出版社 1988 年 509 页
19cm（32 开）定价：CNY3.53

J0151673
港台星歌 湖北人民广播电台文艺部，《长江歌声》编辑部编辑
武汉 群益堂 1985 年 62 页 19cm（32 开）
统一书号：8108.66 定价：CNY0.48

J0151674
广播歌曲 （1985 年第一辑）浙江人民广播电台文艺部编
杭州 浙江文艺出版社 1985 年 16 页 20cm（32 开）
定价：CNY0.14

J0151675
抗日战争优秀歌曲选 申保山编
合肥 安徽文艺出版社 1985 年 78 页 26cm（16 开）
统一书号：8378.5 定价：CNY0.52

J0151676
流行歌曲 （第一辑）安徽文艺出版社编
合肥 安徽文艺出版社 1985 年 30 页 19cm（32 开）
统一书号：8378.2 定价：CNY0.25

J0151677
流行歌曲 （第二辑）安徽文艺出版社编
合肥 安徽文艺出版社 1985 年 34 页 19cm（32 开）
统一书号：8378.3 定价：CNY0.30

J0151678
流行歌曲 （第三辑）理奇编
合肥 安徽文艺出版社 1986 年 51 页 19cm（32 开）

统一书号：8378.9 定价：CNY0.45

J0151679
流行歌曲 （第一集）广东人民出版社编
广州 广东人民出版社 1985 年 76 页 12cm（60 开）
统一书号：8111.2502 定价：CNY0.27

J0151680
流行歌曲 （第二集）雷松根选编
广州 广东人民出版社 1986 年 68 页 13cm（60 开）
统一书号：8111.2503 定价：CNY0.27

J0151681
流行歌曲 （第三集）广东人民出版社编辑
广州 广东人民出版社 1986 年 75 页 13cm（60 开）
统一书号：8111.2560 定价：CNY0.32

J0151682
流行歌曲 （第四集）雷松根选编
广州 广东人民出版社 1987 年 83 页 13cm（60 开）
统一书号：8111.2569 定价：CNY0.38

J0151683
流行歌曲精选 陈一萍编
武汉 湖北科学技术出版社 1985 年 131 页
19cm（32 开）统一书号：17304.67
定价：CNY0.73

J0151684
妈妈教我一支歌 （唱片磁带歌曲选）
南宁 漓江出版社 1985 年 152 页 19cm（32 开）
统一书号：8256.184 定价：CNY0.72
　　本书包括刘虹作曲的歌曲 10 首；马骏英作曲的歌曲 9 首；黄田作曲的歌曲 9 首；羊鸣作曲的歌曲 8 首；毕庶勤作曲的歌曲 8 首；曹俊山作曲的歌曲 8 首；颂今作曲的歌曲 8 首。

J0151685
青年歌声 《青年歌声》编辑部编
郑州《青年歌声》编辑部 1985 年 19cm（32 开）
定价：CNY0.45

J0151686
群众歌曲 中国音乐家协会编
北京 人民音乐出版社 1985 年 311 页

21cm（32 开）统一书号：8026.4356
定价：CNY1.60
（1949—1979 建国三十年声乐作品选 1）
　　本书收录少年儿童歌曲，合唱歌曲，电影、歌剧选曲等。

J0151687
苏小明演唱歌曲选　云石编
北京 文化艺术出版社 1985 年 111 页
19cm（32 开）统一书号：8228.074
定价：CNY0.45

J0151688
台港歌曲　庄春江编
北京 中国文联出版公司 1985 年 198 页
13cm（60 开）统一书号：8355.348
定价：CNY0.72

J0151689
台港流行歌曲选　云山编选
南宁 广西人民出版社 1985 年 125 页
19cm（32 开）统一书号：8113.1063
定价：CNY0.69

J0151690
台港流行歌曲选　中华全国青年联合会文体
部编
北京 中国青年出版社 1985 年 88 页
20cm（32 开）定价：CNY0.50

J0151691
台港流行抒情歌曲集　晨星编
哈尔滨 北方文艺出版社 1985 年 175 页
20cm（32 开）定价：CNY1.00

J0151692
万水千山总是情　（流行抒情歌曲 100 首）
洪音编
北京 中国文联出版公司 1985 年 165 页
19cm（32 开）统一书号：8355.443
定价：CNY1.10

J0151693
中国革命之歌　（歌曲集）文化部《中国革命
之歌》创作演出办公室编

北京 人民音乐出版社 1985 年 82 页
26cm（16 开）定价：CNY1.10

J0151694
最新流行歌曲 100 首　浙江文艺出版社编
杭州 浙江文艺出版社 1985 年 142 页
19cm（32 开）统一书号：10317.254
定价：CNY0.64

J0151695
最新台港流行歌曲
北京 宝文堂书店 1985 年 46 页
19cm（小 32 开）定价：CNY0.45

J0151696
成方圆程琳演唱歌曲　臧兴合编
郑州 黄河文艺出版社 1986 年 97 页 19cm（32 开）
统一书号：8385.11 定价：CNY0.59

J0151697
当代流行歌曲精选　柳伟玲编
郑州 黄河文艺出版社 1986 年 112 页
19cm（32 开）统一书号：8385.13
定价：CNY0.68

J0151698
当代流行歌曲精选　（二）柳伟玲编
郑州 黄河文艺出版社 1989 年 106 页
19cm（32 开）ISBN：7-5400-0139-9
定价：CNY1.25

J0151699
港台歌星演唱歌曲集　湖南文艺出版社编
长沙 湖南文艺出版社 1986 年 80 页 19cm（32 开）
统一书号：8456.5 定价：CNY0.48

J0151700
港台歌星演唱歌曲集　湖南文艺出版社编
长沙 湖南文艺出版社 1986 年 80 页 19cm（32 开）
定价：CNY0.52

J0151701
吉他弹唱流行歌曲集　张剑秋，刘景民编
南昌 江西人民出版社 1986 年 144 页
10cm（64 开）统一书号：10110.474

定价：CNY2.00

J0151702
建设者之歌　（全国职工征歌获奖歌曲集）
中华全国总工会宣教部文艺处编
北京　人民音乐出版社　1986年　218页
19cm（32开）统一书号：8026.4420
定价：CNY1.15

J0151703
流行歌曲　（第一辑）共青团长沙市委员会编
长沙　湖南文艺出版社　1986年　新1版　49页
20cm（32开）定价：CNY0.36

J0151704
流行歌曲　（一）中国广播电视出版社编
北京　中国广播电视出版社　1986年　新1版
25cm（小16开）定价：CNY0.10

J0151705
流行歌曲　（二）中国广播电视出版社编
北京　中国广播电视出版社　1986年　新1版
25cm（小16开）定价：CNY0.10

J0151706
流行歌曲　（三）中国广播电视出版社编
北京　中国广播电视出版社　1986年　新1版
25cm（小16开）定价：CNY0.10

J0151707
流行歌曲　（四）中国广播电视出版社编
北京　中国广播电视出版社［1987年］折叠装
定价：CNY0.10

J0151708
青年点唱歌曲120首　辽宁青年杂志社编
沈阳　辽宁人民出版社　1986年　229页
19cm（32开）统一书号：8090.1221
定价：CNY1.05

J0151709
上海工人之歌　（厂歌、行业歌、职业歌）
上海市总工会编
上海　上海文艺出版社　1986年　233页　有图
19cm（32开）统一书号：8078.3633

定价：CNY1.00

J0151710
十五的月亮　（流行抒情歌曲100首）洪音编
北京　中国文联出版公司　1986年　178页
19cm（32开）统一书号：8355.702
定价：CNY1.15

J0151711
听众点播歌曲100首　（第一辑）黄平编
南宁　广西人民出版社　1986年　180页
19cm（32开）统一书号：8113.1193
定价：CNY0.90

J0151712
听众点播歌曲100首　（第二辑）付炳崇，麦
展穗编
南宁　广西人民出版社　1988年　155页
19cm（32开）ISBN：7-219-00705-1
定价：CNY1.15

J0151713
听众点播歌曲100首　（第三辑）麦展穗编
南宁　广西人民出版社　1990年　175页
19cm（32开）ISBN：7-219-01407-4
定价：CNY2.25

J0151714
我送你一首小诗　（流行抒情歌曲100首）
洪音编
北京　中国文联出版公司　1986年　162页
19cm（32开）统一书号：8355.96
定价：CNY1.05

J0151715
月亮代表我的心　（邓丽君演唱歌曲选）
石山选编
南宁　广西人民出版社　1986年　147页
19cm（32开）统一书号：8113.1076
定价：CNY0.85

J0151716
大学生喜爱的歌　丁一编
广州　花城出版社　1987年　200页　19cm（32开）
ISBN：7-5360-0005-7　定价：CNY1.70

J0151717

大学生喜爱的歌　（费翔盒带歌曲）
上海　上海音乐出版社　1987 年　19cm（小 32 开）
折叠装　定价：CNY0.25

J0151718

电子琴吉他弹唱流行歌曲集　张剑秋编
南昌　江西人民出版社　1987 年　106 页
26cm（16 开）ISBN：7-210-00081-X
定价：CNY1.80

J0151719

电子琴吉他弹唱流行歌曲集　张剑秋编
南昌　百花洲文艺出版社　1992 年　106 页
26cm（16 开）ISBN：7-80579-276-3
定价：CNY4.00

J0151720

冬天里的一把火　（青年喜爱的歌曲选）
慕容丽丽选编
福州　海峡文艺出版社　1987 年　122 页
19cm（32 开）统一书号：10368.301
ISBN：7-80534-040-4　定价：CNY0.85

J0151721

飞莺 OK　（流行歌曲 30 首）
南京　江苏人民出版社　1987 年　19cm（小 32 开）
折叠装　定价：CNY0.40

J0151722

共青团之歌 50 首
长春　吉林人民出版社　1987 年　140 页
19cm（32 开）统一书号：8091.1827
定价：CNY1.00

J0151723

吉他弹唱流行歌曲集　朱中庆编
成都　四川文艺出版社　1987 年　61 页
定价：CNY0.90

J0151724

吉他伴奏流行歌曲 50 首　陈信昌，严学万编
哈尔滨　北方文艺出版社　1987 年　106 页
26cm（16 开）ISBN：7-5317-0055-7
定价：CNY1.85

J0151725

浪漫的吉他　（现代流行歌曲及伴奏）叶莱,陈
默编著
北京　北京体育学院出版社　1987 年　92 页
26cm（16 开）统一书号：8451.25
ISBN：7-81003-006-X　定价：CNY1.60

J0151726

老战士之歌　老战士合唱团编
北京　高等教育出版社　1987 年　222 页
20cm（32 开）统一书号：8010.027
ISBN：7-04-000053-9　定价：CNY1.65

J0151727

流行歌曲 150 首　李幼容等作词；瞿希贤等
作曲
石家庄　花山文艺出版社　1987 年　276 页
19cm（32 开）定价：CNY1.65
　　作者瞿希贤(1919—2008)，女，作曲家。上
海人，毕业于上海国立音专作曲系。曾就职于中
央音乐学院音工团和中央乐团创作组。代表作
品《听妈妈讲那过去的事情》《新的长征，新的战
斗》《乌苏里船歌》。

J0151728

年轻的朋友来相会　（谷建芬创作歌曲选）
王健等词；谷建芬曲
济南　山东文艺出版社　1987 年　279 页
19cm（32 开）统一书号：8331.19
ISBN：7-5329-0103-3　定价：CNY1.80

J0151729

青春的旋律　（流行抒情歌曲 100 首）洪音编
北京　中国文联出版公司　1987 年　168 页
19cm（32 开）统一书号：8355.847
定价：CNY1.15

J0151730

青春的旋律　（流行抒情歌曲 100 首）洪音编
北京　中国文联出版公司　1987 年　168 页
19cm（32 开）统一书号：8355.847
ISBN：7-5059-0175-3　定价：CNY1.15

J0151731

让世界充满爱　（最新流行歌曲选）

哈尔滨 北方文艺出版社 1987 年 151 页
19cm（小 32 开）定价：CNY1.20

J0151732
让世界充满爱（青年喜爱的歌曲选）祖强，
红光编选
福州 海峡文艺出版社 1987 年 46 页 19cm（32 开）
统一书号：10368.294 ISBN：7-80534-033-1
定价：CNY0.36

J0151733
让世界充满爱（流行抒情歌曲 100 首）洪音编
北京 中国文联出版公司 1987 年 155 页
19cm（32 开）统一书号：8355.933
定价：CNY1.20

J0151734
我送你一首小诗（校园歌曲荟萃）
广州 花城出版社 1987 年 60 页 19cm（32 开）
统一书号：CN8261.294 定价：CNY0.55

J0151735
云海里面走小船（泰山风光歌曲集）泰安市
"泰州风光歌曲"征集办公室编
北京 中国广播电视出版社 1987 年 112 页
19cm（小 32 开）定价：CNY0.80

J0151736
1949—1984 年优秀群众歌曲 200 首　中国
唱片社编
长沙 湖南文艺出版社 1988 年 468 页
18cm（小 32 开）定价：CNY3.10

J0151737
八八劲歌新偶像（港台猛歌金曲 138 首）
荣均编
深圳 海天出版社 1988 年 221 页 19cm（32 开）
ISBN：7-80542-141-2 定价：CNY2.60

J0151738
唱出一个春天来　中央工校校友会重庆分会
编辑整理
重庆 重庆大学出版社 1988 年 影印本 90 页
19cm（32 开）ISBN：7-5624-0088-1
定价：CNY0.85

本书为 1949 年重庆四·二一学生运动中的
一本歌集。

J0151739
痴情小子（最新流行歌曲精选）远利编
武汉 中国地质大学出版社 1988 年 76 页
19cm（32 开）ISBN：7-5625-0175-0
定价：CNY1.05

J0151740
大约在冬季（最新流行歌曲精选）陈琦编
武汉 中国地质大学出版社 1988 年 60 页
19cm（32 开）ISBN：7-5625-0133-5
定价：CNY0.85

J0151741
当代歌星好歌荟萃（一 最新中外流行歌曲
180 首）李其人，岂凡编
济南 山东文艺出版社 1988 年 309 页
19cm（32 开）ISBN：7-5329-0142-4
定价：CNY2.25

J0151742
当代歌星好歌荟萃（二 大陆港台流行金曲
220 首）虞献忠编
济南 山东文艺出版社 1989 年 371 页
19cm（32 开）ISBN：7-5329-0292-7
定价：CNY4.40

J0151743
邓丽君歌辑　史绍芹记谱整理
济南 山东文艺出版社 1988 年 340 页
19cm（32 开）ISBN：7-5329-0261-7
定价：CNY3.15

J0151744
电影、电视、盒带最新流行歌曲
银力康，金月苓编
长沙 湖南文艺出版社 1988 年 51 页 19cm（32 开）
ISBN：7-5404-0371-3 定价：CNY1.00

J0151745
费翔演唱的歌
南宁 广西人民出版社 1988 年 54 页 19cm（32 开）
ISBN：7-219-00763-9 定价：CNY0.65

J0151746
风靡金曲"巨星"演唱会 缪道真编
西安 华岳文艺出版社 1988年 33页 18cm(15开)
ISBN：7-80549-050-3 定价：CNY0.36

J0151747
港台歌星金曲荟萃 王素石,陈流编
沈阳 辽宁人民出版社 1988年 186页
19cm(32开) ISBN：7-205-00562-0
定价：CNY1.90

J0151748
港台歌星流行歌曲精选 洪虹编
厦门 鹭江出版社 1988年 45页 19cm(32开)
统一书号：8422.40 ISBN：7-80533-067-0
定价：CNY0.40

J0151749
港台歌星流行歌曲精选 洪虹编
厦门 鹭江出版社 1988年 2版 45页
19cm(小32开) 定价：CNY0.40

J0151750
歌迷自选最新金曲 程也逊主编
沈阳 沈阳出版社 1988年 198页 19cm(32开)
定价：CNY2.50

J0151751
孤女的命运 (今日台湾流行歌曲100首)
程太,张古编
福州 海峡文艺出版社 1988年 159页
13×19cm ISBN：7-80534-057-9
定价：CNY1.15

J0151752
故乡的云 (费翔演唱歌曲精选)中国广播电
视出版社编
北京 中国广播电视出版社 [1988年]
13cm(64开) 折装 定价：CNY0.24

J0151753
故乡的云 (流行抒情歌曲100首)洪音编
北京 中国文联出版公司 1988年 186页
19cm(32开) ISBN：7-5059-0148-6
定价：CNY1.35

J0151754
广播新歌集锦100首 浙江人民广播电台音
乐组编
杭州 浙江文艺出版社 1988年 121页
19cm(32开) ISBN：7-5339-0122-3
定价：CNY1.10

J0151755
广播新歌选粹 河北人民广播电台文艺部编
北京 中国广播电视出版社 1988年 215页
19cm(32开) ISBN：7-5043-0126-4
定价：CNY1.80

J0151756
红高粱(中国西部歌曲大荟萃) 艾荣编
武汉 中国地质大学出版社 1988年 52页
19cm(32开) ISBN：7-5625-0087-8
定价：CNY0.68

J0151757
黄河的歌 (李守纲创作歌曲选 独唱部分)
李守纲谱曲
北京 中国广播电视出版社 [1988年] 44页
18cm(小32开) 定价：CNY0.45

J0151758
悔恨的泪 (最新热门歌曲100首)云惠编
沈阳 沈阳出版社 1988年 128页 19cm(32开)
定价：CNY1.45

J0151759
悔恨的泪 (续集)楚江编
武汉 中国地质大学出版社 1988年 60页
19cm(32开) ISBN：7-5625-0173-4
定价：CNY0.80

J0151760
悔恨的泪 (迟志强等演唱歌曲选)艾荣编
武汉 中国地质大学出版社 1988年 44页
19cm(32开) ISBN：7-5625-0132-7
定价：CNY0.68

J0151761
冀中平原战歌集 晋察冀文艺研究会冀中分
会编

晋察冀文艺研究会冀中分会 1988年 282页
20cm（32开）

J0151762
江骛之歌 悼念江骛同志筹备组编
昆明 云南民族出版社 1988年 96页 有照片
19cm（32开）ISBN：7-5367-0161-6
定价：CNY1.90

J0151763
金碟之声 （海内外歌星盒带唱片歌曲选）
夏鸣编
西安 华岳文艺出版社 1988年 188页
19cm（32开）ISBN：7-80549-161-5
定价：CNY2.20

J0151764
金曲劲歌转辑 张中,黄毛编
武汉 中国地质大学出版社 1988年 112页
19cm（32开）ISBN：7-5625-0144-0
定价：CNY1.20

J0151765
金曲旋律 （最新港台流行劲歌精选）朱玲飞
选编
广州 新世纪出版社 1988年 201页 19cm（32开）
ISBN：7-5405-0325-4 定价：CNY2.50

J0151766
劲歌金曲115首 余万凯,朱发雄编选
兰州 甘肃人民出版社 1988年 211页
19cm（32开）ISBN：7-226-00395-3
定价：CNY2.50

J0151767
流行歌曲精华 岳增光编
石家庄 河北美术出版社 1988年 183页
19cm（32开）ISBN：7-5310-0201-9
定价：CNY1.80

J0151768
流行歌曲精选 （一 心中的太阳）孟广征编
青岛 青岛出版社 1988年 24页 13cm（60开）
定价：CNY0.35

J0151769
流行歌曲精选 （二 飞翔的青春）孟广征编
青岛 青岛出版社 1988年 20页 13cm（60开）
定价：CNY0.35

J0151770
流行歌曲选 （包娜娜 费翔 毛阿敏 张学友
盒带金曲）
昆明 云南人民出版社 1988年 45页 29cm（16开）
ISBN：7-222-00250-2 定价：CNY0.45

J0151771
流行金曲 （1984—1988）草菁编
北京 中国文联出版公司 1988年 154页
19cm（32开）ISBN：7-5059-0226-1
定价：CNY1.25

J0151772
龙年劲歌 檀明山选编
福州 福建教育出版社 1988年 74页 19cm（32开）
ISBN：7-5334-0344-4 定价：CNY0.85
　　本书包括中央电视台1988年春节晚会歌选、
最新流行歌曲精选和最新影视歌选3部分。

J0151773
你最爱唱的歌 （1988年最新流行歌曲精选）
霍靖生等选编
昆明 云南少年儿童出版社 1988年 183页
19cm（32开）ISBN：7-5414-0303-2
定价：CNY1.85

J0151774
青春迪斯科 （新潮流行歌曲精粹）毅娟编
沈阳 沈阳出版社 1988年 122页 19cm（32开）
定价：CNY1.70

J0151775
群众剧社歌曲选
［中国解放区文学研究会天津分会］1988年
144页 20cm（32开）
　　本书由天津市文化局和天津市文联联合
出版。

J0151776
让世界充满爱 郭峰作曲;谭明选编

成都　四川文艺出版社　1988 年　172 页
19cm（32 开）ISBN：7-5411-0229-6
定价：CNY1.30

J0151777
三百六十五里路　（港台歌星流行歌曲选）
洪虹编
厦门　鹭江出版社　1988 年　108 页　19cm（32 开）
ISBN：7-80533-113-8　定价：CNY0.95

J0151778
通俗歌曲大全　（1）《云岭歌声》编
昆明　云南民族出版社　1988 年　170 页
19cm（32 开）ISBN：7-5367-0121-7
定价：CNY2.00

J0151779
通俗歌曲精选
北京　中国广播电视出版社　1988 年　122 页
19cm（32 开）ISBN：7-5043-0150-7
定价：CNY1.75

J0151780
通俗歌曲精选　（第二集）
北京　中国广播电视出版社　1989 年　153 页
19cm（32 开）ISBN：7-5043-0211-2
定价：CNY2.50

J0151781
通俗歌曲精选　（第三集）晓帆编
北京　中国广播电视出版社　1990 年　158 页
19cm（32 开）ISBN：7-5043-0247-3
定价：CNY2.50

J0151782
通俗歌曲精选　（第四集）尧井编
北京　中国广播电视出版社　1990 年　153 页
19cm（32 开）ISBN：7-5043-0450-6
定价：CNY2.30

J0151783
通俗歌曲精选　（第五集）尧井编
北京　中国广播电视出版社　1991 年　156 页
19cm（32 开）ISBN：7-5043-0632-0
定价：CNY2.50

J0151784
通俗歌曲精选　（第六集　为您倾诉的柔情）
尧井编
北京　中国广播电视出版社　1991 年　160 页
19cm（32 开）ISBN：7-5043-1365-3
定价：CNY3.20

J0151785
外面的世界　（最新流行金曲）孔令召,唐奇选编
郑州　黄河文艺出版社　1988 年　122 页
19cm（32 开）ISBN：7-5400-0181-X
定价：CNY1.50

J0151786
为了寻求美　杨爱伦编
北京　昆仑出版社　1988 年　32 页　19cm（32 开）
ISBN：7-80040-096-4　定价：CNY0.50
（歌迷之友丛书　3）
　　作者杨爱伦,主要编制的歌曲作品有《说句
心里话》《十五的月亮十六圆》《我的未来不是
梦》等。

J0151787
西北风流行歌曲　张友婕,孙萌编
西安　华岳文艺出版社　1988 年　59 页　19cm（32 开）
ISBN：7-80549-162-3　定价：CNY0.80

J0151788
西部大回响　（最新流行歌曲精选）干贞编选
武汉　武汉出版社　1988 年　59 页　19cm（32 开）
ISBN：7-5430-0064-4　定价：CNY0.70

J0151789
校园歌声　崔晓光等编
长春　吉林大学出版社　1988 年　312 页
19cm（32 开）ISBN：7-5601-0137-2
定价：CNY2.85

J0151790
一九四九——一九八四优秀群众歌曲选 200 首
中国唱片社编
长沙　湖南文艺出版社　1988 年　468 页
19cm（32 开）ISBN：7-5404-0250-4
定价：CNY3.10

J0151791

中华·迪斯科 （最新流行歌曲选）海明选辑
哈尔滨 黑龙江人民出版社 1988 年 152 页
19cm（32 开）ISBN：7-5317-0145-6
定价：CNY1.48
　　本书由黑龙江人民出版社和北方文艺出版社联合出版。

J0151792

中学生喜爱的流行歌曲 上海人民广播电台
文艺台音乐部编
上海 华东师范大学出版社 1988 年 69 页
19cm（32 开）ISBN：7-5617-0285-X
定价：CNY1.00

J0151793

朱德荣歌曲集 朱德荣编选
贵阳 贵州人民出版社 1988 年 67 页 19cm（32 开）
ISBN：7-221-00363-7 定价：CNY0.55

J0151794

最新流行歌曲 100 首 云君编
沈阳 辽宁大学出版社 1988 年 156 页
19cm（32 开）ISBN：7-5610-0328-5
定价：CNY1.80

J0151795

最新流行歌曲 17 首 上海音乐出版社编
上海 上海音乐出版社 1988 年 29 页 19cm（32 开）
ISBN：7-80553-074-2 定价：CNY0.23

J0151796

昨夜星辰 （台湾著名歌星大会唱）楚江编
北京 民族出版社 1988 年 90 页 19cm（32 开）
ISBN：7-105-00776-1 定价：CNY1.15

J0151797

昨夜星辰 （最新流行歌曲精选）凌芳编
武汉 中国地质大学出版社 1988 年 64 页
19cm（32 开）ISBN：7-5625-0199-8
定价：CNY0.85

J0151798

89'中国歌坛新潮 （流行歌曲精华本）
方曙东，王健选编

武汉 长江文艺出版社 1989 年 74 页 19cm（32 开）
ISBN：7-5354-0222-4 定价：CNY1.30

J0151799

90 港台劲歌金曲 红影选编
深圳 海天出版社 1989 年 152 页 有彩照
19cm（32 开）ISBN：7-80542-215-X
定价：CNY3.20

J0151800

爱的金曲 （现代流行歌曲 350 首）浙江人民
出版社编辑
杭州 浙江人民出版社 1989 年 388 页
19cm（32 开）ISBN：7-213-00451-4
定价：CNY3.60

J0151801

爱的路上我和你 （流行抒情歌曲 100 首）
洪音编
北京 中国文联出版公司 1989 年 156 页
19cm（32 开）ISBN：7-5059-1127-9
定价：CNY2.50

J0151802

爱的迷惘 大桩编
北京 文化艺术出版社 1989 年 32 页 19cm（32 开）
ISBN：7-5039-0328-7 定价：CNY0.60
（中外当代名歌丛书）

J0151803

半梦半醒之间 （港台歌星流行歌曲）洪虹编
厦门 鹭江出版社 1989 年 62 页 19cm（32 开）
ISBN：7-80533-174-X 定价：CNY0.80

J0151804

北方的狼 （齐秦歌集）林蔡冰等编
福州 福建教育出版社 1989 年 60 页 19cm（32 开）
ISBN：7-5334-0440-8 定价：CNY0.80

J0151805

北方的狼 （齐秦歌曲专集）齐秦作曲；方远，
启忆编
武汉 中国地质大学出版社 1989 年 53 页
19cm（32 开）ISBN：7-5625-0196-3
定价：CNY0.75

J0151806

唱给知音的歌 （流行抒情歌曲 100 首）

洪音主编

北京 中国文联出版公司 1989 年 168 页

19cm（32 开）ISBN：7-5059-0607-0

定价：CNY1.80

J0151807

当我想你的时候 （台湾歌星千百惠演唱的歌）

北京 中国广播电视出版社 1989 年 37 页

19cm（32 开）ISBN：7-5043-0234-1

定价：CNY0.80

J0151808

电子琴弹唱 （流行歌曲 111 首）雪演编

北京 中国华侨出版公司 1989 年 简谱本 207 页

19cm（32 开）ISBN：7-80074-012-9

定价：CNY2.45

J0151809

鄂豫皖红军歌曲选 董洪国,丁干贞收集整理

武汉 中国地质大学出版社 1989 年 102 页

19cm（32 开）ISBN：7-5625-0305-2

定价：CNY2.50

J0151810

奉献 （港台歌星流行歌曲选）洪虹编

厦门 鹭江出版社 1989 年 46 页 19cm（32 开）

ISBN：7-80533-186-3 定价：CNY0.80

J0151811

改革之声 （淄博市厂歌专集）张文主编

济南 山东文艺出版社 1989 年 95 页 19cm（32 开）

ISBN：7-5329-0316-8 定价：CNY1.30

J0151812

港台歌星劲曲 100 首 李静编

沈阳 春风文艺出版社 1989 年 164 页

19cm（32 开）ISBN：7-5313-0241-1

定价：CNY2.10

J0151813

歌唱祖国 （五四以来优秀歌曲精选）

福建教育出版社编

福州 福建教育出版社 1989 年 122 页

19cm（32 开）ISBN：7-5334-0586-2

定价：CNY1.40

J0151814

歌唱祖国 （歌曲集）长江文艺出版社编

武汉 长江文艺出版社 1989 年 59 页 19cm（32 开）

ISBN：7-5354-0283-6 定价：CNY1.00

J0151815

歌潮 （1 最新流行歌曲精华）方之光主编

南京 江苏人民出版社 1989 年 98 页 19cm（32 开）

ISBN：7-214-00261-2 定价：CNY1.60

　　　主编方之光，作曲家。上海人，毕业于解放
军艺术学院和南京艺术学院。历任江苏省音协
社会音乐活动委员会副主任、中国音乐家协会会
员。创作歌曲有《生命永不言败》《平凡的好人》
《无名英雄》等。

J0151816

革命传统歌曲 100 首 浙江文艺出版社编

杭州 浙江文艺出版社 1989 年 146 页

19cm（32 开）ISBN：7-5339-0223-8

定价：CNY2.00

J0151817

革命歌曲大家唱 四川人民出版社编

成都 四川人民出版社 1989 年 32 页 19cm（32 开）

ISBN：7-220-00798-1 定价：CNY0.50

J0151818

跟着感觉走 （当代流行歌曲集萃）李正,贤邦编

石家庄 河北教育出版社 1989 年 151 页

19cm（32 开）ISBN：7-5434-0501-6

定价：CNY1.80

J0151819

跟着感觉走 （1989 新潮流行金曲大荟萃）

原元编

武汉 群益堂 1989 年 60 页 19cm（32 开）

ISBN：7-80540-036-9 定价：CNY1.10

J0151820

跟着感觉走 （最新流行歌曲精选）凌芳编

武汉 中国地质大学出版社 1989 年 48 页

19cm（32 开）ISBN：7-5625-0248-X

定价：CNY0.82

J0151821
跟着感觉走 （台湾著名歌星苏芮演唱的歌）
中国广播电视出版社编
北京　中国广播电视出版社　1989 年　40 页
19cm（32 开）ISBN：7-5043-0230-9
定价：CNY0.75

J0151822
还我一个幻想 （中国校园歌曲创作大奖赛获
奖歌曲五十首）中央人民广播电台《少年时代》
节目组编
北京　中国广播电视出版社　1989 年　92 页　有照片
19cm（32 开）ISBN：7-5043-0210-4
定价：CNY1.80

J0151823
海外红歌星演唱金曲 103 首　马丁编选
北京　中国国际广播出版社　1989 年　172 页
19cm（32 开）ISBN：7-80035-254-4
定价：CNY1.95

J0151824
盒带流行歌曲集 （第二集）
太原　北岳文艺出版社　1989 年　105 页
19cm（32 开）ISBN：7-5378-0162-2
定价：CNY1.20

J0151825
红绣鞋与白萝卜腿 （热门金曲荟萃）世杰编
武汉　长江文艺出版社　1989 年　60 页　19cm（32开）
ISBN：7-5354-0267-4　定价：CNY1.20

J0151826
几度夕阳红 （迷你歌曲选萃）金辉编
沈阳　辽宁教育出版社　1989 年　122 页
19cm（32 开）ISBN：7-5382-0891-7
定价：CNY1.80

J0151827
几度夕阳红 （最新流行歌曲精选）康庄编
武汉　中国地质大学出版社　1989 年　48 页
19cm（32 开）ISBN：7-5625-0354-0
定价：CNY0.85

J0151828
金榜流行曲 （89 年春节港台巨星金曲总汇）
清明，曹慧莉编
深圳　海天出版社　1989 年　96 页　19cm（32 开）
ISBN：7-80542-069-6　定价：CNY1.20

J0151829
金蛇狂舞明星劲曲 100 首　李静编
沈阳　沈阳出版社　1989 年　146 页　19cm（32 开）
ISBN：7-80556-022-6　定价：CNY1.80

J0151830
绝震大流行 80 首　音峰，小林编
北京　中国广播电视出版社　1989 年　122 页
19cm（小 32 开）定价：CNY1.60

J0151831
卡拉 OK 歌曲　主月编
合肥　安徽文艺出版社　1989 年　60 页　19cm（32 开）
ISBN：7-5396-0261-9　定价：CNY1.00

J0151832
流彩的旋律　袁珈玲编
南宁　广西民族出版社　1989 年　132 页
19cm（32 开）ISBN：7-5363-0393-9
定价：CNY1.55
　　本书由《流彩的旋律》和《新潮歌曲选》合订。

J0151833
流行歌曲精萃　方旌编
杭州　浙江大学出版社　1989 年　126 页
19cm（32 开）ISBN：7-308-00335-3
定价：CNY1.75

J0151834
流行歌曲精粹 （2）方旌编
杭州　浙江大学出版社　1990 年　123 页
19cm（32 开）ISBN：7-308-00533-X
定价：CNY1.90

J0151835
流行歌曲精选　陆霞选编
太原　北岳文艺出版社　1989 年　85 页
18cm（小 32 开）定价：CNY0.97

J0151836
流行歌曲新编 100 首　沈晓虹等编
合肥　安徽文艺出版社　1989 年　219 页
19cm（32 开）ISBN：7-5396-0236-8
定价：CNY2.90
（现代生活百题丛书）

J0151837
流行歌王　（八九大趋势）张冠宇主编
长春　吉林人民出版社　1989 年　160 页
19cm（32 开）ISBN：7-206-00412-1
定价：CNY1.90

J0151838
流行金曲集　（第一集）丰丰选编
广州　广东旅游出版社　1989 年　197 页　有照片
18cm（15 开）ISBN：7-80521-146-9
定价：CNY3.45

J0151839
流行金曲集　（第二集）丰丰选编
广州　广东旅游出版社　1989 年　191 页
19cm（32 开）ISBN：7-80521-146-9
定价：CNY3.40

J0151840
流氓大亨　（最新流行歌曲精选）凌芳编
武汉　中国地质大学出版社　1989 年　55 页
19cm（32 开）ISBN：7-5625-0295-1
定价：CNY0.92

J0151841
龙的旋律　（1989 最新流行歌曲选）
北京　中国华侨出版公司　1989 年　80 页
19cm（32 开）ISBN：7-80074-030-7
定价：CNY1.00

J0151842
美好的回忆　（优秀革命歌曲 100 首）湖南文
艺出版社编
长沙　湖南文艺出版社　1989 年　168 页
19cm（32 开）ISBN：7-5404-0497-3
定价：CNY2.05

J0151843
美之歌　游有方等编
福州　海峡文艺出版社　1989 年　27 页　19cm（32 开）
ISBN：7-80534-132-X　定价：CNY0.70
（百家厂歌　1）

J0151844
民主革命时期云南创作歌曲选
昆明“一二·一”老同志合唱团编
昆明　云南人民出版社　1989 年　491 页
20cm（32 开）ISBN：7-222-00480-7
定价：CNY5.80
　　本书选编 20 世纪 20 年代至 40 年代云南省
内外音乐工作者在云南创作、谱写的歌曲和搜
集、改编、整理的歌曲（包括民歌和外国歌曲），及
云南城乡广泛流传的、对民主革命有较大影响的
歌曲 230 多首。

J0151845
潘安邦徐小凤特辑　香宾,祖卿编
厦门　厦门大学出版社　1989 年　122 页
19cm（32 开）ISBN：7-5615-0168-4
定价：CNY1.60

J0151846
燃烧爱情　（台湾著名歌星齐秦演唱的歌）
北京　中国广播电视出版社　1989 年　40 页
19cm（32 开）ISBN：7-5043-0250-3
定价：CNY0.90

J0151847
三十岁以后　（1989 年最新流行歌曲选）
王珏选编
郑州　黄河文艺出版社　1989 年　44 页　19cm（32 开）
ISBN：7-5400-0250-6　定价：CNY0.80

J0151848
时代劲歌　（第一辑）王文可主编
杭州　浙江大学出版社　1989 年　89 页　有照片
19cm（32 开）ISBN：7-308-00375-2
定价：CNY1.80

J0151849
时代劲歌　（第二辑）王文可主编
杭州　浙江大学出版社　1989 年　90 页　19cm（32 开）

ISBN：7-308-00470-8 定价：CNY1.75

J0151850

水电职工歌曲选　　中国水利电力文学艺术协会音乐研究会编
北京 水利电力出版社 1989年 89页 19cm（32开）
ISBN：7-120-00208-2 定价：CNY0.98

J0151851

台湾最新流行歌曲 200 首　　万捷,王涓编
北京 中国广播电视出版社 1989年 284页
18cm（32开）ISBN：7-5043-0305-4
定价：CNY3.20

J0151852

谭咏麟演唱歌曲　　四川省通俗音乐学会编
成都 四川人民出版社 1989年 80页 19cm（32开）
ISBN：7-220-00855-4 定价：CNY1.20

J0151853

伟大的国家,伟大的党　（革命歌曲选）
广西艺术创作中心编
南宁 广西人民出版社 1989年 50页 19cm（32开）
ISBN：7-219-01318-3 定价：CNY0.70

J0151854

我爱祖国,我爱党　（大家唱的歌曲）
人民音乐出版社编辑部编
北京 人民音乐出版社 1989年 60页 19cm（32开）
ISBN：7-103-00502-8 定价：CNY0.76

J0151855

我爱祖国,我爱党　（大家唱的歌曲 续集）
人民音乐出版社编辑部编
北京 人民音乐出版社 1990年 122页
18cm（32开）ISBN：7-103-00574-5
定价：CNY1.80

J0151856

现代流行歌曲集锦　　小舟编
武汉 中国地质大学出版社 1989年 223页
19cm（32开）ISBN：7-5625-0378-8
定价：CNY2.65

J0151857

现在什么最流行　　莘梓选编
武汉 中国地质大学出版社 1989年 44页
19cm（32开）ISBN：7-5625-0346-X
定价：CNY0.78

J0151858

献给你的旋律　（田光歌曲选）田光曲
北京 解放军文艺出版社 1989年 229页 有照片
20cm（32开）ISBN：7-5033-0076-0
定价：CNY2.90
　　本书为乐谱。精选作者不同时期代表作歌曲 164首,有《北京颂歌》《伟大的领袖毛泽东》《美好的赞歌》等。作者田光（1925—2009）,作曲家。原名田银山。解放军文艺出版社副社长兼《解放军歌曲》主编。代表作品《美好的赞歌》《献给你的旋律》。

J0151859

香港流行金曲珍本　　安徽文艺出版社编
合肥 安徽文艺出版社 1989年 274页
19cm（32开）ISBN：7-5396-0260-0
定价：CNY3.60

J0151860

星星知我心　（通俗歌曲精选）
太原 北岳文艺出版社 1989年 71页 19cm（32开）
ISBN：7-5378-0130-4 定价：CNY0.95

J0151861

摇滚的歌坛　　高国君,凌波选编
杭州 浙江文艺出版社 1989年 226页
19cm（32开）定价：CNY2.75

J0151862

野草歌曲集　　王恒安曲；王士爱,王恒安词
南京 南京出版社 1989年 32页 19cm（32开）
ISBN：7-80560-128-3 定价：CNY1.50

J0151863

一剪梅　（最新流行歌曲）陆霞选编
太原 北岳文艺出版社 1989年 85页 19cm（32开）
ISBN：7-5378-0250-5 定价：CNY0.97

J0151864
永恒的谭咏麟 朱发雄,曾宝生编
长沙 湖南大学出版社 1989年 209页 有照片
19cm(32开) ISBN:7-314-00352-1
定价:CNY2.60
　　外文书名:Forever Alan Tam.

J0151865
优秀群众歌曲选 (上海市"五月歌会"推荐
歌曲:活页歌选)中共上海市委宣传部文艺处,
上海音乐出版社编
上海 上海音乐出版社 1989年 60页
19cm(小32开)定价:CNY0.55

J0151866
再爱我一次 (张行最新盒带歌曲集)张行曲;
肖苑编
郑州 黄河文艺出版社 1989年 60页 19cm(32开)
ISBN:7-5400-0179-8 定价:CNY0.70

J0151867
执着的爱 (陈培檀歌曲101首)陈培檀曲
北京 中国华侨出版公司 1989年 144页 有照片
19cm(小32开)定价:CNY1.95

J0151868
中国流行金曲100首 李维平,苏达编
郑州 黄河文艺出版社 1989年 132页
19cm(32开) ISBN:7-5400-0188-7
定价:CNY1.79

J0151869
中外通俗歌曲250首 (精选本)郑向群编
北京 北京十月文艺出版社 1989年 330页
20cm(32开) ISBN:7-5302-0096-8
定价:CNY4.95

J0151870
最新潮劲歌荟萃 严学万编
哈尔滨 北方文艺出版社 1989年 356页
13cm(60开) ISBN:7-5317-0222-3
定价:CNY2.05

J0151871
最新流行歌曲100首 (1)洪音编

北京 中国文联出版公司 1989年 193页
19cm(32开) ISBN:7-5059-0886-3
定价:CNY2.60

J0151872
90跳动 (最新流行歌曲精选)晓玉编
北京 中国广播电视出版社 1990年 122页
19cm(32开) ISBN:7-5043-0621-5
定价:CNY1.96

J0151873
爱的风 (最新流行歌曲100首)洪音编
北京 中国文联出版公司 1990年 168页
19cm(32开) ISBN:7-5059-1258-5
定价:CNY2.65

J0151874
百灵鸟飞来了 (广州市流行艺术歌曲选)
广州市文艺创作研究所音乐创作研究室编
广州 花城出版社 1990年 159页 19cm(32开)
ISBN:7-5360-0751-5 定价:CNY2.15

J0151875
爆棚热门金曲选 雷维模,革霖编
成都 四川人民出版社 1990年 126页
19cm(32开) ISBN:7-220-01093-1
定价:CNY1.50

J0151876
畅销盒带歌曲精选 丁干贞,许楚才编
武汉 武汉出版社 1990年 122页 19cm(32开)
ISBN:7-5430-0313-9 定价:CNY1.85

J0151877
春歌恋曲醉神州 中国广播电视出版社编辑
北京 中国广播电视出版社 1990年 120页
19cm(32开) ISBN:7-5043-0507-3
定价:CNY1.95

J0151878
当代劲歌 (恋曲1990)蓝天编
北京 华夏出版社 1990年 122页 19cm(32开)
ISBN:7-80053-792-7 定价:CNY2.00

J0151879

当代流行歌曲 200 首　李秋海,原付萍编
北京　中国青年出版社　1990 年　296 页
19cm（32 开）ISBN：7-5006-0712-1
定价：CNY4.75

J0151880

当代流行歌曲 200 首　（续编）李秋海,原付
萍编
北京　中国青年出版社　1992 年　320 页
19cm（小 32 开）ISBN：7-5006-1122-6
定价：CNY5.70
（青年文化娱乐丛书）

J0151881

当代流行歌曲 200 首　（第三集）原付萍,李
秋海编
北京　中国青年出版社　1994 年　307 页
19cm（小 32 开）ISBN：7-5006-1545-0
定价：CNY7.70

J0151882

党祖国军队英雄颂歌　（优秀歌曲精萃）
盛凤麟编
南昌　百花洲文艺出版社　1990 年　292 页
19cm（32 开）ISBN：7-80579-020-5
定价：CNY3.90

J0151883

党祖国军队英雄颂歌　（优秀歌曲精萃）盛凤
麟编
南昌　百花洲文艺出版社　1992 年　292 页
19cm（小 32 开）ISBN：7-80579-020-5
定价：CNY3.90

J0151884

港台金曲 100 首　汪玲等选编
合肥　安徽文艺出版社　1990 年　231 页
19cm（32 开）ISBN：7-5396-0237-6
定价：CNY2.60
（现代生活百题丛书）

J0151885

港台原版磁带金曲精选　亚子,晓匀编
北京　中国广播电视出版社　1990 年　112 页
19cm（32 开）ISBN：7-5043-0478-6
定价：CNY1.80

J0151886

港台最新流行歌曲精萃　（吉他弹唱）
邹宏权编
哈尔滨　哈尔滨出版社　1990 年　162 页
19cm（32 开）ISBN：7-80557-273-9
定价：CNY2.30

J0151887

歌迷点歌 100 首　湖南文艺出版社编
长沙　湖南文艺出版社　1990 年　178 页
19cm（32 开）ISBN：7-5404-0529-5
定价：CNY2.10

J0151888

歌迷点歌 100 首　（第二集）湖南文艺出版社编
长沙　湖南文艺出版社　1990 年　246 页
19cm（32 开）ISBN：7-5404-0618-6
定价：CNY2.60

J0151889

歌迷点歌 100 首　（第三集）湖南文艺出版社编
长沙　湖南文艺出版社　1991 年　194 页
19cm（小 32 开）ISBN：7-5404-0721-2
定价：CNY2.30

J0151890

歌迷天地　（系列之一）陈川主编
成都　四川人民出版社　1990 年　80 页　19cm（32 开）
ISBN：7-220-00961-5　定价：CNY1.00
（音乐欣赏丛书）
　　主编陈川（1945— ），作曲家。毕业于中央
音乐学院。历任四川文艺出版社副社长、四川电
子音像出版社总编辑、四川通俗音乐协会会长、
中国音乐家协会会员。创作歌曲有《峨眉山》《九
寨沟·黄龙》《青城山·都江堰》《稻城亚丁·香格
里拉》等。音乐专著有《琴弦上的梦》《中国少数
民族乐器大观》《藏族人民庆丰收》等。

J0151891

歌迷天地　（系列之二）陈川主编
成都　四川人民出版社　1990 年　80 页　26cm（16 开）
ISBN：7-220-01062-1　定价：CNY1.00

（音乐欣赏丛书）

J0151892
歌迷天地　（系列之三）陈川主编
成都　四川人民出版社　1991年　26cm（16开）
（音乐欣赏丛书）

J0151893
歌迷天地　（系列之四）陈川主编
成都　四川人民出版社　1992年　307页
26cm（16开）ISBN：7–220–01596–8
定价：CNY3.95

J0151894
歌迷天地　（系列之五）陈川主编
成都　四川人民出版社　1992年　26cm（16开）
ISBN：7–220–01596–8　定价：CNY3.95

J0151895
歌星成名曲选萃　福生编
北京　中国广播电视出版社　1990年　154页
19cm（32开）ISBN：7–5043–0729–7
定价：CNY2.45
　　本书内附吉他、电子琴和弦伴奏。

J0151896
共和国不会忘记　（精选歌曲百首）
刘荔，魏霞编
长春　吉林人民出版社　1990年　178页
19cm（32开）ISBN：7–206–00695–7
定价：CNY2.50

J0151897
怪女孩杨君子　杨君子编
沈阳　春风文艺出版社　1990年　76页　有彩照
26cm（16开）ISBN：7–5313–0318–3
定价：CNY2.90

J0151898
观众点播歌曲荟萃　李维义等编
海口　南海出版公司　1990年　307页　19cm（32开）
ISBN：7–80570–171–7　定价：CNY4.00

J0151899
还我一个幻想　杨爱伦编

北京　解放军文艺出版社　1990年　32页
19cm（32开）ISBN：7–5033–0160–0
定价：CNY0.60
（歌迷之友丛书）
　　本书收入25首流行歌曲。

J0151900
吉他伴奏流行歌曲新编　庄少陵编著
北京　中国广播电视出版社　1990年　161页
26cm（16开）ISBN：7–5043–0577–4
定价：CNY4.50
（庄氏吉他系列丛书 7）
　　本书收辑了76首深受人们喜爱的磁带歌曲、
名曲、民歌。作者庄少陵（1934—　），吉他音乐
家、演奏家。广东善宁人。中国音乐家协会吉他
研究会副理事长、中国音乐家协会表演艺术委员
会吉他研究会副理事长、天津大学吉他爱好者协
会顾问。

J0151901
吉他伴奏流行歌曲新编　（8）庄少陵编著
北京　北京师范学院出版社　1993年　178页
26cm（16开）ISBN：7–81014–747–1
定价：CNY8.10
（庄氏吉他系列丛书）

J0151902
吉他伴奏通俗唱法歌曲集　庄少陵编著
北京　北京出版社　1990年　260页　26cm（16开）
ISBN：7–200–01027–8　定价：CNY7.90

J0151903
吉他弹唱流行歌曲精选　四川省通俗音乐学
会编
成都　四川人民出版社　1990年　174页
26cm（16开）ISBN：7–220–01126–1
定价：CNY2.50

J0151904
姜育恒潘美辰演唱歌曲
四川省通俗音乐学会编
成都　四川人民出版社　1990年　124页
19cm（32开）ISBN：7–220–01001–X
定价：CNY1.60

J0151905
金牌老歌
[1990—1999 年] 影印本　288 页　19cm（32 开）
　　本歌曲集收有周璇、吴莺音、白光、顾媚、姚莉、姚苏蓉、青山、尤雅、邓丽君等老牌歌星怀旧金曲 300 首。

J0151906
金曲精选 （上集）戈文编
太原　北岳文艺出版社　1990 年　189 页　有彩照
19cm（32 开）ISBN：7-5378-0364-1
定价：CNY3.40

J0151907
金曲精选 （下集）戈文编
太原　北岳文艺出版社　1990 年　173 页　有彩照
19cm（32 开）ISBN：7-5378-0364-1
定价：CNY3.35

J0151908
金曲世界　阿舟，橙子编稿
杭州　浙江文艺出版社　1990 年　91 页　有彩照
19cm（32 开）ISBN：7-5339-0302-1
定价：CNY2.00

J0151909
劲歌金曲　（香港十大劲歌）南咏选编
广州　花城出版社　1990 年　175 页
19cm（小 32 开）定价：CNY3.30

J0151910
爵士摇滚乐歌曲三百首　（精选本）郑向群编
北京　北京十月文艺出版社　1990 年　400 页
20cm（32 开）ISBN：7-5302-0168-9
定价：CNY6.90

J0151911
跨入九十年代的流行歌曲　王志杰编
长沙　湖南文艺出版社　1990 年　98 页　19cm（32 开）
ISBN：7-5404-0537-6　定价：CNY1.25

J0151912
来自台湾的歌　李苍松编配
长春　吉林人民出版社　1990 年　120 页
19cm（32 开）ISBN：7-206-00710-4

定价：CNY1.98

J0151913
来自台湾的歌　（最新上榜金曲精选）
李苍松编配
沈阳　春风文艺出版社　1991 年　166 页
19cm（小 32 开）ISBN：7-5313-0619-0
定价：CNY2.80
　　本书汇编了台湾著名歌星的成名曲、代表作及最新金曲。

J0151914
雷锋歌曲新选　共青团上海市委宣传部编
上海　上海交通大学出版社　1990 年　28 页
19cm（32 开）ISBN：7-313-00658-6
定价：CNY0.50

J0151915
雷锋之歌 100 首　张季良，杨美丽编
海口　三环出版社　1990 年　183 页　19cm（32 开）
ISBN：7-80564-108-0　定价：CNY2.25

J0151916
流行金曲 100 首　（第一辑）
[1990—1999 年] 影印本　188 页　有图
21cm（32 开）

J0151917
排行榜金曲　（上）《排行榜金曲》编选组编
呼和浩特　内蒙古人民出版社　1990 年　159 页
19cm（32 开）ISBN：7-204-01215-1
定价：CNY2.60
　　本书又名《台港 1990—1991 年排行榜金曲》。

J0151918
排行榜金曲一百首　欧阳诚等选编
上海　学林出版社　1990 年　210 页　19cm（32 开）
ISBN：7-80510-573-1　定价：CNY2.60

J0151919
七十年优秀流行歌曲选　（1919—1989）
刘玉书编
哈尔滨　黑龙江人民出版社　1990 年　346 页
19cm（32 开）ISBN：7-207-01413-9
定价：CNY4.00

J0151920

企业恋歌　徐建成,陈川编

成都　四川人民出版社　1990年　130页

19cm(32开)　ISBN:7-220-00951-8

定价:CNY2.20

　　中国现代群众歌曲选集。

J0151921

亲心唤我心　节仪,影斋编

武汉　武汉出版社　1990年　60页　19cm(32开)

ISBN:7-5430-0387-2　定价:CNY0.95

J0151922

热门1001流行歌曲大全

全音乐谱出版社编选

台北　全音乐谱出版社［1990—1999年］

影印本　558页　30cm(15开)

J0151923

圣火点燃的歌　(《亚运之声》歌诗精选)

第十一届亚运会《亚运之声》群众歌曲征集演唱

大奖赛组织委员会编

北京　中国经济出版社　1990年　133页

19cm(32开)　ISBN:7-5017-0864-9

定价:CNY1.80

J0151924

苏芮演唱金曲　谢必忠编

成都　四川人民出版社　1990年　93页　19cm(32开)

ISBN:7-220-00784-1　定价:CNY1.30

　　作者谢必忠(1929—　　),四川资中人。《抒情歌曲》主编、中国音乐家协会会员、四川省通俗音乐学会会长。

J0151925

台港1990—1991年排行榜金曲　(上)《排行榜金曲》编选组编

呼和浩特　内蒙古人民出版社　1990年　156页

19cm(小32开)　定价:CNY2.55

J0151926

台港1990—1991年排行榜金曲　(中)《排行榜金曲》编选组编

呼和浩特　内蒙古人民出版社　1990年　144页

19cm(32开)　ISBN:7-204-01216-X

定价:CNY2.40

J0151927

台港1990—1991年排行榜金曲　(下)《排行榜金曲》编选组编

呼和浩特　内蒙古人民出版社　1990年　156页

19cm(32开)　ISBN:7-204-01217-8

定价:CNY2.55

J0151928

台湾歌星金曲　林蔡冰编

合肥　安徽文艺出版社　1990年　151页

19cm(32开)　ISBN:7-5396-0250-3

定价:CNY1.80

J0151929

甜蜜的韵律　(最新流行甜歌74首)郁明编

广州　广东科技出版社　1990年　143页

19cm(32开)　ISBN:7-5359-0542-0

定价:CNY1.60

J0151930

王杰张雨生演唱歌曲　四川省群众艺术馆编

成都　四川人民出版社　1990年　89页

19cm(32开)　ISBN:7-220-00897-X

定价:CNY1.30

J0151931

我爱吉林歌曲集　韩巍编

长春　长春出版社　1990年　90页　19cm(32开)

ISBN:7-80573-092-X　定价:CNY1.90

J0151932

我的未来不是梦　杨爱伦编

北京　解放军文艺出版社　1990年　32页

19cm(32开)　ISBN:7-5033-0159-7

定价:CNY0.60

(歌迷之友丛书 8)

　　本集收入24首歌迷们喜爱的歌。由张雨生、张清芳、姜育恒等演唱。作者杨爱伦,主要编制的歌曲作品有《说句心里话》《十五的月亮十六圆》《我的未来不是梦》等。

J0151933

我最爱唱的歌　(磁带流行歌曲精选 一)

云南人民出版社编
昆明　云南人民出版社　1990 年　92 页
19cm（小 32 开）定价：CNY1.35

J0151934
我最爱唱的歌 （磁带流行歌曲精选　二）
云南人民出版社编
昆明　云南人民出版社　1990 年　92 页
19cm（小 32 开）

J0151935
我最爱唱的歌 （磁带流行歌曲精选　三）
云南人民出版社编
昆明　云南人民出版社　1990 年　91 页
19cm（小 32 开）定价：CNY1.57

J0151936
香港十大中文（85–89 年）获奖金曲珍藏本
红影选编
南宁　广西人民出版社　1990 年　121 页　有照片
19cm（小 32 开）定价：CNY3.80

J0151937
逍遥游 （最新流行歌曲精选）尹元君，王辉编
哈尔滨　北方文艺出版社　1990 年　190 页
19cm（32 开）ISBN：7–5317–0335–1
定价：CNY2.30

J0151938
逍遥游 （港台流行歌曲选）宋立中编
太原　北岳文艺出版社　1990 年　106 页
19cm（32 开）ISBN：7–5378–0314–5
定价：CNY1.40

J0151939
小虎队 耕耘记谱整理
北京　中国广播电视出版社　1990 年　30 页
19cm（32 开）ISBN：7–5043–0462–X
定价：CNY0.65
（盒带歌曲系列）

J0151940
小虎队歌曲 湖南文艺出版社编
长沙　湖南文艺出版社　1990 年　13cm（64 开）
折叠装　定价：CNY0.80

J0151941
小虎队精曲 （1）江帆记谱并选编
杭州　浙江文艺出版社　1990 年　14 页
13cm（64 开）定价：CNY0.50

J0151942
小学校园革命歌曲 20 首 杨华选编
福州　福建少年儿童出版社　1990 年　31 页
19cm（32 开）ISBN：7–5395–0389–2
定价：CNY0.48
（小火炬丛书）

J0151943
校园歌声 湖南省第四届学生音乐节办公室编
长沙　湖南教育出版社　1990 年　32 页　19cm（32 开）
ISBN：7–5355–1134–1　定价：CNY0.35

J0151944
雄歌劲曲 100 首 洪音编
北京　中国文联出版公司　1990 年　177 页
19cm（32 开）ISBN：7–5059–1317–4
定价：CNY2.65

J0151945
学雷锋歌曲集 中山大学出版社编
广州　中山大学出版社　1990 年　30 页　19cm（32 开）
ISBN：7–306–00299–6　定价：CNY0.45

J0151946
学雷锋歌曲选 沈阳军区政治部组织部编
沈阳　白山出版社　1990 年　234 页　19cm（32 开）
ISBN：7–80566–117–0　定价：CNY3.00

J0151947
学雷锋歌曲选 常葆恕，王朝君编
沈阳　春风文艺出版社　1990 年　43 页　19cm（32 开）
ISBN：7–5313–0359–0　定价：CNY0.70

J0151948
学生爱唱的歌 共青团广东省委学校部，广东省学生联合会编
广州　中山大学出版社　1990 年　155 页
19cm（32 开）ISBN：7–306–00300–3
定价：CNY1.80
（校园文化丛书）

J0151949

学习雷锋歌曲集 敦煌文艺出版社编
兰州 敦煌文艺出版社 1990 年 22 页 19cm（32 开）
ISBN：7-80587-009-8 定价：CNY0.34

J0151950

学习雷锋歌曲集 河北省群众艺术馆编
石家庄 花山文艺出版社 1990 年 68 页
19cm（32 开）ISBN：7-80505-261-1
定价：CNY0.90

J0151951

学习雷锋好榜样 （歌曲集）济南军区政治部
文化部编
济南 黄河出版社 1990 年 64 页 19cm（32 开）
ISBN：7-80558-117-7 定价：CNY0.60

J0151952

学习雷锋好榜样歌曲选 湖南文艺出版社编
长沙 湖南文艺出版社 1990 年 62 页 19cm（32 开）
ISBN：7-5404-0505-8 定价：CNY0.88

J0151953

亚洲雄风 （流行歌曲 90 首）赵随意选编
太原 北岳文艺出版社 1990 年 137 页
19cm（小 32 开）定价：CNY1.90

J0151954

永恒卡拉 OK 金曲大全 （珍藏版 No.1）
Richard·杜编
深圳 海天出版社 1990 年 275 页 19cm（32 开）
ISBN：7-80542-297-4 定价：CNY4.80

J0151955

永恒卡拉 OK 金曲大全 （珍藏版 No.2）
Richard·杜编
深圳 海天出版社 1992 年 274 页 19cm（32 开）
ISBN：7-80542-422-5 定价：CNY4.80

J0151956

再回首 （姜育恒演唱专辑）
北京 中国广播电视出版社 1990 年 38 页
19cm（32 开）ISBN：7-5043-0631-2
定价：CNY0.65
（盒带歌曲系列）

J0151957

中国当代著名歌星大会唱 （歌曲精选 300 首）
刘洪、李晓虹编
北京 北京出版社 1990 年 367 页 19cm（32 开）
ISBN：7-200-00907-5 定价：CNY5.80

J0151958

中国歌星歌曲录 （上）杨文勇主编
北京 东方出版社 1990 年 260 页 有照片
20cm（32 开）ISBN：7-5060-0106-3
定价：CNY4.00

J0151959

中国歌星歌曲录 （下）杨文勇主编
北京 东方出版社 1990 年 255 页 有照片
20cm（32 开）ISBN：7-5060-0107-1
定价：CNY4.00

J0151960

中学校园革命歌曲 20 首 黄纳选编
福州 福建少年儿童出版社 1990 年 33 页
19cm（32 开）ISBN：7-5395-0397-1
定价：CNY0.50
（"小火炬"丛书）

J0151961

祖国在我心中 （"三热爱"推荐歌曲 1）
共青团中央宣传部，《多来咪》编辑部编
上海 上海音乐出版社 1990 年 26 页 19cm（32 开）
ISBN：7-80553-232-X 定价：CNY0.50

J0151962

祖国在我心中 （"三热爱"推荐歌曲 2）共青
团中央宣传部，《多来咪》编辑部编
上海 上海音乐出版社 1990 年 56 页 19cm（32 开）
ISBN：7-80553-233-8 定价：CNY0.85

J0151963

祖国在我心中 （"三热爱"推荐歌曲 3）
共青团中央宣传部，"多来咪"编辑部编
上海 上海音乐出版社 1990 年 74 页 19cm（32 开）
ISBN：7-80553-234-6 定价：CNY1.00

J0151964

最新港台大陆金曲精粹 汪里选编

南京　江苏人民出版社　1990 年　432 页
19cm（ 32 开) ISBN：7-214-00547-6
定价：CNY6.30

J0151965
最新流行歌曲吉他弹唱 100 首　黄文清编
北京　中国国际广播出版社　1990 年　137 页
26cm（ 16 开) ISBN：7-80035-613-2
定价：CNY3.50

J0151966
最新流行盒带歌曲 100 首　丁千贞编选
兰州　敦煌文艺出版社　1990 年　123 页
19cm（ 32 开) ISBN：7-80587-022-5
定价：CNY1.40

J0151967
《渴望》《六个梦》1991 最新流行歌曲精选
凌芳编
武汉　中国地质大学出版社　1991 年　80 页
19cm(小 32 开) ISBN：7-5625-0496-2
定价：CNY1.40

J0151968
1991,百首流行金曲　符显积编
南宁　广西民族出版社　1991 年　179 页
19cm(小 32 开) ISBN：7-5363-1116-8
定价：CNY2.95

J0151969
**1991 台港 "卡拉 OK" 与 "排行榜" 金曲 200
首**　（一）申晓主编
北京　中国广播电视出版社　1991 年　197 页
19cm（ 32 开) ISBN：7-5043-1152-9
定价：CNY7.50

J0151970
91 港台金曲　虎秀福选编
北京　中国卓越出版公司 1991 年　155 页
19cm(小 32 开) ISBN：7-80071-410-1
定价：CNY2.80

J0151971
91 金曲　明强编
北京　中国广播电视出版社　1991 年　72 页

19cm（ 32 开) ISBN：7-5043-0747-5
定价：CNY1.30

J0151972
百唱不厌卡拉 OK 金曲　李杨编
成都　四川人民出版社　1991 年　286 页
19cm（小 32 开) ISBN：7-220-01341-8
定价：CNY3.70

J0151973
百唱不厌卡拉 OK 金曲
成都　四川人民出版社　1994 年　2 版　449 页
19cm（小 32 开) ISBN：7-220-02114-3
定价：CNY9.90
（百唱不厌歌曲系列）
　　本书收入《长城长》《小芳》《喀秋莎》《是
否我真的一无所有》等歌曲。

J0151974
百万畅销金曲　（精选本）
成都　四川人民出版社　1991 年　156 页
19cm（小 32 开) ISBN：7-220-01329-9
定价：CNY2.00

J0151975
唱支山歌给党听　（纪念建党七十周年歌曲
选）边友臣,志红编
济南　山东文艺出版社　1991 年　181 页
19cm（小 32 开) ISBN：7-5329-0662-2
定价：CNY2.60

J0151976
初恋的滋味　（最新流行金曲精品集）洪音编
北京　中国文联出版公司 1991 年　170 页
19cm（小 32 开) ISBN：7-5059-1393-X
定价：CNY2.30

J0151977
当代流行歌曲精选　（五）百花洲文艺出版社编
南昌　百花洲文艺出版社　1991 年　193 页
19cm（小 32 开) ISBN：7-80579-083-3
定价：CNY3.00

J0151978
党啊,亲爱的妈妈　（歌曲精选）四川人民出

版社编
成都 四川人民出版社 1991年 174页
19cm(小32开) ISBN：7-220-01269-1
定价：CNY2.80

J0151979
党啊，亲爱的妈妈 共青团浙江省委宣传部选编
杭州 浙江文艺出版社 1991年 29页 19cm(32开)
ISBN：7-5339-0344-7 定价：CNY0.60

J0151980
党的颂歌 （献给中国共产党建党七十周年）
人民音乐出版社编辑部编
北京 人民音乐出版社 1991年 122页
20cm(32开) ISBN：7-103-00791-8
定价：CNY2.40
　　本书共选出社会主义建设各个时期的歌曲
作品近百首。

J0151981
党颂歌曲选 农村读物出版社编选
北京 农村读物出版社 1991年 91页
19cm(小32开) ISBN：7-5048-1614-0
定价：CNY2.50

J0151982
东北抗联歌曲选 韩玉成编
长春 北方妇女儿童出版社 1991年 391页
19cm(小32开) ISBN：7-5385-0647-0
定价：CNY4.30
　　本书搜集东北抗战歌曲217首，大多系抗联
将领、战士和人民群众的口传作品。

J0151983
东北抗日联军流行歌曲选 李敏选编
哈尔滨 哈尔滨出版社 1991年 361页
27cm(16开) ISBN：7-80557-291-7
定价：CNY12.00
　　本书收录了反映东北抗日联军坚强意志和
雄壮军威的军歌、战歌；其中有抗联将士在极端
艰苦的战争环境中满怀革命乐观主义，抒发豪情
壮志的歌曲，以及纪念烈士们的挽歌；还有反映
东北沦陷后人民深陷苦难和奋起抗争的歌曲，以
及当时从关内传来的流行全国的著名抗敌救亡
歌曲。

J0151984
奉献者之歌 （全国企业歌曲选）卢咏椿主编；
全国工人歌曲征歌办公室编
南京 江苏人民出版社 1991年 304页
19cm(小32开) ISBN：7-214-00722-3
定价：CNY5.50

J0151985
港台国语名曲 达成编
武汉 中国地质大学出版社 1991年 179页 有图
19cm(32开) ISBN：7-5625-0491-1
定价：CNY3.28

J0151986
港台流行歌曲101首 陈立新，钟鸣编
上海 上海翻译出版公司 1991年 301页
19cm(小32开) ISBN：7-80514-651-9
定价：CNY2.70

J0151987
港台流行歌曲101首 （第二辑）华夏编
上海 上海翻译出版公司 1991年 317页
19cm(小32开) ISBN：7-80514-780-9
定价：CNY3.20

J0151988
港台流行歌曲101首 （第三辑）华夏编
上海 上海远东出版社 1993年 270页
19cm(小32开) ISBN：7-80514-896-1
定价：CNY4.80

J0151989
港台流行歌曲101首 （第四辑）华夏编
上海 上海远东出版社 1993年 293页
19cm(小32开) ISBN：7-80514-952-6
定价：CNY6.40

J0151990
港台流行歌曲101首 （第五辑）华夏编
上海 上海远东出版社 1994年 220页
19cm(小32开) ISBN：7-80514-037-5
定价：CNY7.40
（流行歌曲101丛书）
　　本书收《今天不回家》《否认》《相思风雨
中》等歌曲。

J0151991

歌迷之友新歌精选 127 首　杨爱伦编
北京 解放军文艺出版社 1991 年 151 页
19cm（32 开）ISBN：7-5033-0217-8
定价：CNY3.00

J0151992

歌颂伟大的祖国伟大的党　人民教育出版社
音乐室编
北京 人民教育出版社 1991 年 152 页
26cm（16 开）ISBN：7-107-10835-2
定价：CNY4.10
　　本书选编创作歌曲、民歌等优秀作品 105
首。题材广泛，包括对祖国、对党、对英雄人物
的歌颂等。演唱形式有齐唱、独唱、对唱、重唱、
合唱等。

J0151993

歌王世界　（港台排行榜系列上榜金曲精选）
洪臣编
沈阳 沈阳出版社 1991 年 168 页 19cm（小 32 开）
ISBN：7-80556-559-7 定价：CNY2.80

J0151994

革命歌曲精选 212 首　薛明编
成都 成都出版社 1991 年 322 页 19cm（小 32 开）
ISBN：7-80575-151-X 定价：CNY4.30
　　本书内容包括独唱、齐唱、合唱、重唱歌曲、
少儿歌曲、影视歌曲、革命历史歌曲、外国革命
歌曲等。

J0151995

革命歌曲精选 212 首　（续集）薛明编
成都 成都出版社 1992 年 339 页 19cm（小 32 开）
ISBN：7-80575-296-6 定价：CNY4.80
　　本书是 1991 年出版的同名书的续集。内容
包括独唱、齐唱、合唱、重唱歌曲、少儿歌曲、影
视歌曲、革命历史歌曲、外国革命歌曲。

J0151996

含羞草　（最新影视流行歌曲精选）凌芳编
武汉 中国地质大学出版社 1991 年 80 页
19cm（小 32 开）ISBN：7-5625-0528-4
定价：CNY1.40

J0151997

号角·清泉　刘宗文编
西安 陕西人民出版社 1991 年 59 页
19cm（小 32 开）ISBN：7-224-02095-8
定价：CNY0.85
　　中国现代群众歌曲选。

J0151998

建设者之歌　（全国企业歌曲选）全国工人歌
曲征歌办公室编
南京 江苏人民出版社 1991 年 301 页
20cm（32 开）ISBN：7-214-00778-9
定价：CNY5.50

J0151999

江苏工人歌曲集　王鸿主编
南京 南京出版社 1991 年 230 页 19cm（小 32 开）
ISBN：7-80560-586-6 定价：CNY3.60

J0152000

金榜歌王　（最新流行金曲精选）红云编
沈阳 春风文艺出版社 1991 年 152 页
19cm（32 开）ISBN：7-5313-0497-X
定价：CNY2.50
（当代港台歌坛巨星排行榜系列 第一辑）

J0152001

金榜歌王　（当代歌坛巨星最新流行金曲精典）
红云编
大连 大连出版社 1999 年 12+336 页 20cm（32 开）
ISBN：7-80612-601-5 定价：CNY15.00

J0152002

金歌妙韵　（港台最新流行金曲）春玲编著
南宁 广西民族出版社 1991 年 211 页
19cm（小 32 开）ISBN：7-5363-1376-4
定价：CNY3.30

J0152003

金歌纸　（最新港台流行歌曲集）
南宁 广西民族出版社 1991 年 153 页 有彩照
19cm（小 32 开）ISBN：7-5363-1099-4
定价：CNY2.50

J0152004
金曲劲歌专辑　章中编
北京　中国广播电视出版社　1991 年　184 页
19cm（32 开）ISBN：7-5043-0773-4
定价：CNY2.60
　　本书选编了最为流行的歌曲。特别是收集了香港电视台每年度评选的"十大中文金曲奖"获奖歌曲。

J0152005
金曲新旋律　林洋选编
南宁　广西民族出版社　1991 年　179 页　有彩照
19cm（小 32 开）ISBN：7-5363-1296-2
定价：CNY3.60
　　本书精选港台流行最新歌曲,包括"香港第二季度十大劲歌金曲",以及香港为华东赈灾大义演的金曲新歌等。

J0152006
卡拉 OK 大家唱　洪音编
北京　中国文联出版公司　1991 年　182 页
19cm（小 32 开）ISBN：7-5059-1404-9
定价：CNY2.65

J0152007
卡拉 OK 歌曲精华　（一）刘佳编
长沙　湖南文艺出版社　1991 年　228 页
19cm（小 32 开）ISBN：7-5404-0665-8
定价：CNY2.60

J0152008
卡拉 OK 歌曲精华　（二）彭慧编
长沙　湖南文艺出版社　1991 年　213 页
19cm（小 32 开）ISBN：7-5404-0813-8
定价：CNY2.80

J0152009
卡拉 OK 歌曲精华　（三）杨毅红编
长沙　湖南文艺出版社　1992 年　173 页
19cm（小 32 开）ISBN：7-5404-0991-6
定价：CNY2.80

J0152010
卡拉 OK 金曲大全　（飞图牒）林林编
南宁　广西民族出版社　1991 年　242 页
19cm（小 32 开）ISBN：7-5363-1263-6
定价：CNY4.80
　　本书选自香港"飞图牒"唱片公司的名曲。

J0152011
卡拉 OK 金曲特辑　（时代劲歌　珍藏版）
东成选编
太原　北岳文艺出版社　1991 年　197 页　有照片
19cm（32 开）ISBN：7-5378-0642-X
定价：CNY3.85

J0152012
卡拉 OK 热门歌曲　谭大伟,贺捷编
石家庄　花山文艺出版社　1991 年　297 页
19cm（小 32 开）ISBN：7-80505-505-X
定价：CNY3.80

J0152013
卡拉 OK 演唱指南　余万凯编
南宁　广西民族出版社　1991 年　276 页
19cm（小 32 开）ISBN：7-5363-1436-1
定价：CNY3.90
　　本书介绍了通俗歌曲唱法并附歌曲。

J0152014
抗日歌曲选　（陈田鹤音乐作品选）陈田鹤著
［1991 年］59 页　有图 29cm（15 开）

J0152015
抗战歌曲选　王瑞璞主编
天津　百花文艺出版社　1991 年　567 页
19cm（小 32 开）ISBN：7-5306-0563-1
定价：CNY5.50

J0152016
老一辈无产阶级革命家诗词歌曲集
（献给中国共产党成立七十周年）林光璇编
济南　山东文艺出版社　1991 年　252 页
20cm（32 开）ISBN：7-5329-0655-8
定价：CNY3.95

J0152017
老战士的歌　（久鸣歌选）久鸣著
郑州　河南人民出版社　1991 年　148 页
19cm（小 32 开）ISBN：7-215-01426-6

定价：CNY2.00

　　本书汇集了作者的 55 首音乐作品,包括《晋东南进行曲》《抗日军进行曲》《文工团团歌》《跟着共产党走》《胜利之歌》《难忘的友谊》等。

J0152018

黎明　刘德华　谭咏麟　草蜢再续超级港星浪潮　（永恒卡拉 OK 金曲精选本）星星编
海口　海南摄影美术出版社 1991 年 279 页
有彩照　19cm（小 32 开）ISBN：7-80571-152-6
定价：CNY4.80

　　本书记述 4 位香港歌星的事业和生活,并附有他们的走红歌曲。

J0152019

辽宁省首届行业歌曲电视展播大赛行业歌曲集　张恩华主编
沈阳　春风文艺出版社 1991 年 344 页 有彩照
20cm（32 开）ISBN：7-5313-0485-6
定价：CNY5.60

J0152020

流传的恋歌　（最新流行歌曲 100 首）洪音编著
北京　中国文联出版公司 1991 年 187 页
19cm（小 32 开）ISBN：7-5059-1431-6
定价：CNY2.40

J0152021

流行歌曲大全　世胜编
北京　中国国际广播出版社 1991 年 382 页
19cm（32 开）ISBN：7-5078-0252-3
定价：CNY5.85

　　本书收集彭丽媛、毛阿敏、童安格、姜育恒、谭咏麟、赵传等著名歌星演唱的歌曲近 300 首。

J0152022

流行歌曲歌词精选　正平,男孩编
合肥　安徽文艺出版社 1991 年 214 页
19cm（32 开）ISBN：7-5396-0570-7
定价：CNY3.40

　　本书精选流行歌曲 140 余首。

J0152023

流行卡拉 OK 金曲　（珍藏本）薇薇编
深圳　海天出版社 1991 年 345 页 19cm（小 32 开）

ISBN：7-80542-332-6 定价：CNY4.80

J0152024

没有共产党就没有新中国　（歌曲集）
湖南文艺出版社编
长沙　湖南文艺出版社 1991 年 248 页
19cm（小 32 开）ISBN：7-5404-0668-2
定价：CNY2.80

J0152025

名歌金曲卡拉 OK　（冠军龙虎榜劲歌集）
苍松,长春编著
长春　长春出版社 1991 年 149 页 19cm（小 32 开）
ISBN：7-80573-612-X 定价：CNY2.90

J0152026

明天不是梦　小虎队新歌
（最新流行歌曲精选）凌芳编
武汉　中国地质大学出版社 1991 年 80 页
19cm（小 32 开）ISBN：7-5625-0579-9
定价：CNY1.40

　　本歌集包括潘美辰的歌、影视歌曲、热门歌曲等。

J0152027

南泥湾　（革命历史歌曲精选）文音编
成都　四川人民出版社 1991 年 196 页
19cm（小 32 开）ISBN：7-220-01288-8
定价：CNY2.50

J0152028

排行榜金曲九十九首　（91 版）欧阳诚等选编
上海　上海音乐出版社 1991 年 281 页
19cm（小 32 开）ISBN：7-80553-332-6
定价：CNY4.15

J0152029

七一颂　（优秀群众歌曲选）中共上海市委宣传部文艺处,上海音乐出版社编
上海　上海音乐出版社 1991 年 59 页 19cm（32 开）
ISBN：7-80553-328-8 定价：CNY1.00

　　本书为热烈庆祝中国共产党建党七十周年（1921—1991 年）歌曲选。

J0152030
青年卡拉 OK 精选 庞国权,冯明洋选编
广州 华南理工大学出版社 1991 年 378 页
19cm(小 32 开) ISBN:7-5623-0286-3
定价:CNY6.30

J0152031
热门卡拉 OK 金曲 (第二辑)展宏选编
海口 海南摄影美术出版社 1991 年 186 页
19cm(小 32 开) ISBN:7-80571-133-X
定价:CNY3.80

J0152032
热门卡拉 OK 金曲 展宏选编
海口 南海出版公司 1991 年 182 页 有照片
19cm(小 32 开) ISBN:7-80570-624-7
定价:CNY3.80

J0152033
少女情 (最新流行歌曲选)柳岸,傅蓉编
北京 中国广播电视出版社 1991 年 104 页
19cm(32 开) ISBN:7-5043-1163-4
定价:CNY2.00

J0152034
生命的诗篇 (谭咏麟演唱专辑)中国广播电
视出版社编
北京 中国广播电视出版社 1991 年 38 页
19cm(小 32 开) ISBN:7-5043-0628-2
定价:CNY0.80
(盒带歌曲系列)

J0152035
时代的旋律 (歌曲选)浙江教育出版社编
杭州 浙江教育出版社 1991 年 246 页
19cm(32 开) ISBN:7-5338-0726-X
定价:CNY2.95
(党在我心中丛书)

J0152036
时代劲歌 (台湾最新排行榜金曲特辑)
王文可撰
太原 北岳文艺出版社 1991 年 112 页 有彩照
19cm(32 开) ISBN:7-5378-0548-2
定价:CNY2.20

J0152037
时代劲歌 (第三辑)《时代劲歌》编辑部编
北京 中国广播电视出版社 1991 年 91 页
19cm(32 开) ISBN:7-5043-1082-X
定价:CNY1.90

J0152038
时代劲歌 (第四辑)《时代劲歌》编辑部编
北京 中国广播电视出版社 1991 年 91 页
19cm(32 开) ISBN:7-5043-1082-X
定价:CNY1.90

J0152039
时代劲歌 (第五辑)《时代劲歌》编辑部编
北京 中国广播电视出版社 1991 年 91 页
19cm(32 开) ISBN:7-5043-1082-X
定价:CNY1.90

J0152040
时代劲歌 (第六辑)《时代劲歌》编辑组编
北京 中国广播电视出版社 1991 年 89 页 有彩照
19cm(32 开) ISBN:7-5043-1303-3
定价:CNY1.90

J0152041
世上只有妈妈好 (卡拉 OK 金曲精选)青青编
石家庄 花山文艺出版社 1991 年 288 页
19cm(小 32 开) ISBN:7-80505-479-7
定价:CNY4.50

J0152042
颂歌 300 首 (献给中国共产党创建 70 周年)
杭州 浙江人民出版社 1991 年 119 页
19cm(32 开) ISBN:7-213-00633-9
定价:CNY5.00

J0152043
苏芮 徐小凤 刘德华三大歌星金曲精选
寂风编
长春 时代文艺出版社 1991 年 155 页
20cm(32 开) ISBN:7-5387-0206-7
定价:CNY2.50

J0152044
台港金榜新歌名曲 香宾,望月编

长沙 湖南文艺出版社 1991年 147页
19cm(小32开) ISBN：7-5404-0815-4
定价：CNY2.20

J0152045
台港最新百名歌星演唱歌曲选　香滨等编
北京 文化艺术出版社 1991年 173页
19cm(小32开) ISBN：7-5039-0905-6
定价：CNY2.95

J0152046
台湾榜首卡拉 OK 金曲　王晓筑编
广州 花城出版社 1991年 335页 有彩照
19cm(小32开) ISBN：7-5360-0953-4
定价：CNY4.65

J0152047
太阳的摇篮　崔凤远主编
济南 山东大学出版社 1991年 181页
19cm(小32开) ISBN：7-5607-0498-0
定价：CNY3.00

J0152048
太阳雨和观众：《太阳雨》开播1周年通信集
林治宽主编
大连 大连出版社 1991年 368页 19cm(小32开)
ISBN：7-80555-339-4 定价：CNY5.00
　　本书是大连电视台《太阳雨》专栏开播一周年编辑的回信、观众的反应、评价、建议和意见以及观众点播的歌曲选。

J0152049
谭咏麟 林忆莲 邝美云三大歌星金曲精选
寂风编
长春 时代文艺出版社 1991年 139页 有照片
20cm(32开) ISBN：7-5387-0205-9
定价：CNY2.50

J0152050
特别的爱给特别的你　(畅销金曲集萃)
吴乃心，周福东编
福州 海峡文艺出版社 1991年 51页
19cm(小32开) ISBN：7-80534-379-9
定价：CNY1.40

J0152051
香港情爱金曲　晨晖编
海口 海南摄影美术出版社 1991年 216页
19cm(小32开) ISBN：7-80571-051-1
定价：CNY4.00

J0152052
校外歌声　《校外歌声》编写组编
北京 团结出版社 1991年 105页 26cm(16开)
ISBN：7-80061-546-4 定价：CNY3.40

J0152053
心系党魂新歌创作选　河北师范学院编
石家庄 花山文艺出版社 1991年 104页
19cm(32开) ISBN：7-80505-480-0
定价：CNY1.65

J0152054
新编吉他弹唱金曲100首　方之光编著
南京 江苏人民出版社 1991年 158页
26cm(16开) ISBN：7-214-00584-0
定价：CNY6.50
　　作者方之光,作曲家。上海人,毕业于解放军艺术学院和南京艺术学院。历任江苏省音协社会音乐活动委员会副主任、中国音乐家协会会员。创作歌曲有《生命永不言败》《平凡的好人》《无名英雄》等。

J0152055
摇滚芭蕾　林洁编
武汉 长江文艺出版社 1991年 106页
19cm(小32开) ISBN：7-5354-0444-8
定价：CNY1.80

J0152056
赞歌献给亲爱的党　(纪念中国共产党诞生70周年歌曲集)广东省教育厅编
广州 广东教育出版社 1991年 245页
19cm(32开) ISBN：7-5406-1337-8
定价：CNY2.00

J0152057
知音约会　(第一辑)王文可编
北京 中国国际广播出版社 1991年 96页
有照片 18cm(小32开) ISBN：7-5078-0237-X

定价：CNY1.80

J0152058

中国抒情通俗歌曲精选　李凌主编

北京　中国广播电视出版社　1991年　404页

19cm（小32开）ISBN：7-5043-1469-2

定价：CNY6.50

（中外音乐系列丛书 3）

　　作者李凌（1913—2003），音乐家。原名李树连，曾用名李绿永，广东台山县人。曾任中国音乐学院院长，兼《中国音乐》主编。著有《音乐浅谈》《音乐美学漫笔》《音乐流花新集》等。

J0152059

中华大家唱（卡拉OK）曲库　（第一集）

赵沨；中华大家唱（卡拉OK）曲库编委会编

北京　人民音乐出版社　1991年　571页

19cm（32开）ISBN：7-103-00804-3

定价：CNY6.00

　　全书共4册。收作品1000首。所收曲目以中国优秀的传统歌曲、艺术歌曲、民歌、通俗歌曲、歌剧选曲、戏曲唱段为主，也兼收一些港台歌曲和外国名歌。《中华大家唱（卡拉OK）曲库》以录音带、录像带、激光视盘、歌本4种形式出版。本书是《曲库》的曲谱集，每集收作品250首。

J0152060

中华大家唱（卡拉OK）曲库　（第二集）赵沨主编；中华大家唱（卡拉OK）曲库编委会编

北京　人民音乐出版社　1991年　623页

19cm（32开）ISBN：7-103-00831-0

定价：CNY6.50

　　作者赵沨（1916—2001），音乐教育家。曾用名吴福田、赵天民等，出生于河南开封，原籍河南项城。历任国家教育部艺术教育委员会主任，中国音乐家协会顾问、《人民音乐》主编，原中央音乐学院党委书记、院长、名誉院长，国务院学位委员会艺术学科评议组召集人。译配苏联歌曲有《喀秋莎》《人不犯我，我不犯人》《夜莺曲》《假如明天战争》等。

J0152061

中华大家唱（卡拉OK）曲库　（第三集）赵沨主编；中华大家唱（卡拉OK）曲库编委会编

北京　人民音乐出版社　1992年　687页

19cm（32开）ISBN：7-103-00931-7

定价：CNY8.70

J0152062

中华大家唱（卡拉OK）曲库　（第四集）赵沨主编；中华大家唱（卡拉OK）曲库编委会编

北京　人民音乐出版社　1992年　655页

19cm（32开）ISBN：7-103-00940-6

定价：CNY8.35

J0152063

最新歌集　（流行榜金曲）夏枫编

南宁　广西民族出版社　1991年　131页

19cm（小32开）ISBN：7-5363-1187-7

定价：CNY2.40

J0152064

最新歌曲集　（二 草蜢限时专送）桑梅等编

哈尔滨　哈尔滨出版社　1991年　156页

19cm（小32开）ISBN：7-80557-308-5

定价：CNY2.55

　　本书为港台新流行歌曲的吉他伴奏曲。

J0152065

最新卡拉OK演唱歌曲集　海岚编

沈阳　春风文艺出版社　1991年　215页

19cm（小32开）ISBN：7-5313-0542-9

定价：CNY5.00

　　本书选编了著名歌星演唱的流行金曲，以及影视歌曲、民歌和外国歌曲。

J0152066

最新镭射金曲选萃　（港台歌曲演唱精品）智强，陆士选编

北京　中国华侨出版公司　1991年　198页

19cm（小32开）ISBN：7-80074-429-9

定价：CNY2.80

J0152067

最新流行歌曲吉他弹唱　黄文清等编

北京　中国广播电视出版社　1991年　92页

26cm（16开）ISBN：7-5043-0873-0

定价：CNY2.90

J0152068

最新流行歌曲专辑 （时代劲歌）吕成龙主编
太原 北岳文艺出版社 1991 年 107 页 有彩照
19cm（32 开）ISBN：7-5378-0529-6
定价：CNY2.20

J0152069

'92 卡拉 OK 抒情名曲精选 晓征编
广州 新世纪出版社 1992 年 200 页
18cm（小 32 开）ISBN：7-5405-0589-3
定价：CNY3.80

J0152070

92 流行歌曲精华 肖腾编
北京 中国国际广播出版社 1992 年 重印本
184 页 19cm（32 开）ISBN：7-5078-0382-1
定价：CNY2.80

　　本书荟萃了流行歌曲 158 首，包括童安格、
林忆莲、谭咏麟、潘美辰等 40 余位著名歌星演
唱的歌曲。

J0152071

爱的心声 （全国职工"三热爱"歌曲专辑）
工人音乐报编
长沙 中南工业大学出版社 1992 年 370 页
19cm（小 32 开）ISBN：7-81020-511-0
定价：CNY6.50

J0152072

唱出一个春天来 （难忘的岁月 难忘的歌）
李少云等主编
武汉 武汉出版社 1992 年 454 页 19cm（小 32 开）
ISBN：7-5430-0760-6 定价：CNY5.40

J0152073

超级卡拉 OK 金曲大全 （最新金牌榜首金曲
珍藏本）献伟选编
海口 海南摄影美术出版社 1992 年 184 页
19cm（小 32 开）ISBN：7-80571-314-6
定价：CNY3.80

J0152074

陈百强金曲珍藏本 小美选编
南宁 广西民族出版社 1992 年 204 页 有照片
19cm（小 32 开）ISBN：7-5363-1755-7

定价：CNY4.80

J0152075

大陆·港台红歌星
北京 中国电影出版社 1992 年 56 页 26cm（16 开）
ISBN：7-106-00689-0 定价：CNY3.95

J0152076

放声歌唱毛主席 （老歌新曲）周友华编
南昌 百花洲文艺出版社 1992 年 165 页
19cm（小 32 开）ISBN：7-80579-227-5
定价：CNY2.95

　　本书精选毛泽东颂歌 54 首；党的颂歌 26 首，
共 80 首。作者周友华（1939— ），湖南人。毕
业于江西师范大学艺术系，留校任声乐教师。

J0152077

港台歌王狂歌劲曲 100 首 李静，云君编
沈阳 春风文艺出版社 1992 年 185 页
18cm（小 32 开）ISBN：7-5313-0691-3
定价：CNY3.90

J0152078

歌曲精品全集 乐峰编
海口 海南摄影美术出版社 1992 年 354 页
18cm（小 32 开）ISBN：7-80571-242-5
定价：CNY5.95

J0152079

歌星名曲精选 邱伟选编
武汉 长江文艺出版社 1992 年 184 页
19cm（小 32 开）ISBN：7-5354-0683-1
定价：CNY3.65

J0152080

歌星手册 （百首难忘的金曲）洪音编
北京 中国文联出版公司 1992 年 153 页
19cm（小 32 开）ISBN：7-5059-1574-6
定价：CNY2.80

J0152081

歌星手册 （百首难忘的金曲）洪音编
北京 中国文联出版公司 1997 年 重印本
153 页 19cm（32 开）ISBN：7-5059-1574-6
定价：CNY6.80

J0152082

革命民歌唱千秋　施樱编

南昌　百花洲文艺出版社　1992 年　177 页

19cm（小 32 开）ISBN：7-80579-228-3

定价：CNY2.95

　　本书精选了从延安时期至 20 世纪 90 年代的 80 首革命民歌。

J0152083

红太阳　（毛泽东颂歌）纪满友选编

成都　成都出版社　1992 年　151 页　19cm（小 32 开）

ISBN：7-80575-327-X　定价：CNY2.60

　　本书为盒带《红太阳·毛泽东颂歌》的歌曲集。

J0152084

红太阳：毛泽东颂歌歌曲选　杨建中编

南宁　广西民族出版社　1992 年　205 页

19cm（小 32 开）ISBN：7-5363-1626-7

定价：CNY3.00

J0152085

红太阳歌曲精萃　江英编

武汉　长江文艺出版社　1992 年　202 页

19cm（32 开）ISBN：7-5354-5084-3

定价：CNY3.30

J0152086

红太阳金曲 100 首　王学诗主编

西宁　青海人民出版社　1992 年　224 页

19cm（小 32 开）ISBN：7-225-00525-1

定价：CNY3.60

J0152087

红太阳颂　（毛泽东颂歌 60 首）罗灿煦编

成都　四川民族出版社　1992 年　92 页

19cm（小 32 开）ISBN：7-5409-0822-X

定价：CNY1.70

J0152088

红太阳颂　（毛泽东颂歌 60 首）罗灿煦选编

成都　四川民族出版社　1997 年　2 版　重印　105 页

19cm（32 开）ISBN：7-5409-1728-8

定价：CNY2.50

（中国农村文库）

J0152089

灰网　（最新流行歌曲精选）凌芳编

武汉　中国地质大学出版社　1992 年　80 页

19cm（小 32 开）ISBN：7-5625-0188-2

定价：CNY1.60

J0152090

激光旋律金曲精选　（一）天天编

海口　海南摄影美术出版社　1992 年　227 页

有照片　19cm（小 32 开）ISBN：7-80571-315-4

定价：CNY4.50

　　外文书名：Laser Melody Golden Song Album.

J0152091

吉他伴奏流行歌曲精粹　（第 1 集）庄少陵编著

北京　北京出版社　1992 年　223 页　有彩照

26cm（16 开）ISBN：7-200-01600-4

定价：CNY7.70

（庄氏吉他系列丛书）

　　作者庄少陵（1934—　　），吉他音乐家、演奏家。广东善宁人。中国音乐家协会吉他研究会副理事长、中国音乐家协会表演艺术委员会吉他研究会副理事长、天津大学吉他爱好者协会顾问。

J0152092

吉他伴奏流行歌曲精粹　（第 2 集）庄少陵编著

北京　北京出版社　1993 年　220 页　有彩照

26cm（16 开）ISBN：7-200-01831-7

定价：CNY8.90

（庄氏吉他系列丛书）

J0152093

吉他弹唱劲歌金曲　光珍编

海口　海南摄影美术出版社　1992 年　168 页

19cm（小 32 开）ISBN：7-80571-298-0

定价：CNY2.95

J0152094

家庭卡拉 OK 222 曲　王以卓编

上海　上海音乐出版社　1992 年　479 页

19cm（小 32 开）ISBN：7-80553-334-2

定价：CNY7.00

J0152095

卡拉 OK 大歌厅 （港台辑）雨林编
北京　旅游教育出版社　1992 年　222 页　有彩照
19cm（小 32 开）ISBN：7-5637-0272-5
定价：CNY7.20

J0152096

卡拉 OK 金曲选萃　云惠晶编
沈阳　春风文艺出版社　1992 年　227 页
19cm（小 32 开）ISBN：7-5313-0673-5
定价：CNY4.10

J0152097

开拓之歌　曾铿然主编
南宁　广西民族出版社　1992 年　175 页
19cm（小 32 开）ISBN：7-5363-1665-8
定价：CNY3.00

J0152098

黎明、郭富城金曲珍藏本　（乐坛四大天王争
霸战　二）小美选编
南宁　广西民族出版社　1992 年　217 页　有照片
19cm（小 32 开）ISBN：7-5363-1099-4
定价：CNY4.80

J0152099

刘德华、张学友金曲珍藏本　（乐坛四大天
王争霸战　一）小美选编
南宁　广西民族出版社　1992 年　217 页　有照片
19cm（小 32 开）ISBN：7-5363-1139-7
定价：CNY4.80

J0152100

流行歌曲精粹　清泉编
广州　花城出版社　1992 年　有照片　19cm（32 开）

J0152101

毛泽东颂歌 200 首　方之光选编
南京　江苏人民出版社　1992 年　421 页　有彩照
20cm（32 开）ISBN：7-214-00978-1
定价：CNY9.80
　　本书收集各民族、各阶层人民歌唱伟大领袖
毛主席的优秀歌曲 200 首，具有实用传唱和资料
收藏的双重价值。作者方之光，作曲家。上海人，
毕业于解放军艺术学院和南京艺术学院。历任

江苏省音协社会音乐活动委员会副主任、中国音
乐家协会会员。创作歌曲有《生命永不言败》《平
凡的好人》《无名英雄》等。

J0152102

毛泽东颂歌金曲 100 首　（1）梅雪编
保定　河北大学出版社　1992 年　239 页
19cm（小 32 开）ISBN：7-81028-065-1
定价：CNY3.80

J0152103

毛泽东颂歌五十首　李祖德,陈韶编
广州　广东高等教育出版社　1992 年　99 页
19cm（小 32 开）ISBN：7-5361-0800-1
定价：CNY2.00

J0152104

毛泽东之歌　（红太阳歌曲集）陈登和编
成都　四川文艺出版社　1992 年　304 页
19cm（小 32 开）ISBN：7-5411-0874-X
定价：CNY4.30
　　本书收集各时期各族人民歌颂毛主席的流
行歌曲及 13 首诗词歌曲。

J0152105

名星·名曲·卡拉 OK　（舞厅、歌厅常用歌曲
集）张振国编
长春　北方妇女儿童出版社　1992 年　173 页
19cm（小 32 开）ISBN：7-5385-0648-9
定价：CNY3.00

J0152106

难忘的歌 100 首　王效恭选编
北京　大众文艺出版社　1992 年　228 页
19cm（小 32 开）ISBN：7-80094-007-1
定价：CNY4.80
（大众喜爱的歌丛书）

J0152107

难忘的歌声　（革命历史歌曲精粹）上海音乐
出版社编
上海　上海音乐出版社　1992 年　679 页
19cm（小 32 开）ISBN：7-80553-389-X
定价：CNY7.85
　　本书为简谱。包括 5 个时期的歌曲。五四

运动和第一次国内革命战争、第二次国内革命
战争、抗日战争、第三次国内革命战争及中华人
民共和国成立后社会主义革命和社会主义建设
时期。

J0152108
难忘的歌声 （革命历史歌曲精萃）
上海音乐出版社编
北京　中国少年儿童出版社　1996 年
2 册（16+679 页）19cm（小 32 开）
ISBN：7-5007-3008-X　定价：非卖品
（希望书库）
　　本书由中国少年儿童出版社和中国青年出
版社联合出版。

J0152109
热门流行金曲 100 首　崔洪斌编选
郑州　河南人民出版社　1992 年　146 页
19cm（小 32 开）ISBN：7-215-01761-3
定价：CNY2.35

J0152110
抒情金曲　陈德东选编
成都　成都科技大学出版社　1992 年　148 页
有照片　19cm（小 32 开）ISBN：7-5616-1253-2
定价：CNY2.60

J0152111
四大天王金曲特辑　乐峰编
海口　海南摄影美术出版社　1992 年　183 页
19cm（小 32 开）ISBN：7-80571-346-4
定价：CNY3.50
　　本书收入刘德华、张学友、黎明、郭富城演
唱的歌曲及简介。

J0152112
天上太阳红彤彤 （中国歌潮）乐峰编
海口　三环出版社　1992 年　168 页　19cm（小 32 开）
ISBN：7-80564-680-7　定价：CNY2.85

J0152113
通俗唱法金曲集萃　张妮娜选编
南宁　广西民族出版社　1992 年　232 页
19cm（小 32 开）ISBN：7-5363-2032-9
定价：CNY4.20

J0152114
音乐节拍 （亚视金曲大家唱）纪满友编
成都　四川文艺出版社　1992 年　152 页
19cm（32 开）ISBN：7-5411-0878-2
定价：CNY2.80

J0152115
中国革命历史歌曲精选　单学力选编
西安　西安交通大学出版社　1992 年　246 页
20cm（32 开）ISBN：7-5605-0465-5
定价：CNY3.90

J0152116
中华大家唱卡拉 OK 金曲　晓辉编
哈尔滨　哈尔滨出版社　1992 年　168 页
19cm（小 32 开）ISBN：7-80557-534-7
定价：CNY2.95

J0152117
祖国的春天 （肖纪歌曲选）肖纪曲
南昌　百花洲文艺出版社　1992 年　187 页
19cm（小 32 开）ISBN：7-80579-186-4
定价：CNY3.70
　　作者肖纪（1927—　　），军旅作曲家。

J0152118
最新家庭卡拉 OK 歌集 （一）显积,春寒主编
南宁　广西人民出版社　1992 年　140 页
19cm（小 32 开）ISBN：7-219-02096-1
定价：CNY2.60

J0152119
最新家庭卡拉 OK 歌集 （二）显积,春寒主编
桂林　漓江出版社　1993 年　129 页 19cm（小 32 开）
ISBN：7-5407-1079-9　定价：CNY2.80

J0152120
最新台港排行榜名歌新曲　香滨,舜天编
北京　中国广播电视出版社　1992 年　230 页
19cm（小 32 开）ISBN：7-5043-1437-4
定价：CNY4.20
　　本书共精选了台港"金曲龙虎榜""叱咤乐
坛流行榜"的部分上榜流行歌曲百余首。

J0152121
'93 爱心献歌迷　朋林编
郑州　中原农民出版社 1993 年　163 页
19cm（小 32 开）ISBN：7-80538-335-9
定价：CNY3.80

J0152122
'93 金曲　宋世文编
北京　军事谊文出版社 1993 年　152 页　有彩照
19cm（小 32 开）ISBN：7-80027-476-4
定价：CNY3.80

J0152123
'93 劲曲　（港台金歌名曲集萃）肖雾,木娄编
海口　南海出版公司 1993 年　244 页
19cm（小 32 开）ISBN：7-80570-882-7
定价：CNY6.20

J0152124
93 最新流行歌曲荟萃　晶晶选编
海口　海南摄影美术出版社 1993 年　182 页
19cm（32 开）ISBN：7-80571-365-0
定价：CNY3.88

J0152125
爱你没商量　（1993 最新流行歌曲）凌芳编
武汉　中国地质大学出版社 1993 年　128 页
19cm（小 32 开）ISBN：7-5625-0705-8
定价：CNY2.40

J0152126
八大"天王"金曲荟萃　张前编
郑州　中原农民出版社 1993 年　重印本 152 页
19cm（32 开）ISBN：7-80538-335-9
定价：CNY3.20

J0152127
百唱不厌卡拉 OK 金曲　（港台卷 一）
萧萍主编
长沙　湖南出版社 1993 年 219 页 19cm（小 32 开）
ISBN：7-5438-0516-2 定价：CNY4.10

J0152128
百名歌星成名曲 400 首　庆生编
北京　今日中国出版社 1993 年　464 页

19cm（小 32 开）ISBN：7-5072-0508-8
定价：CNY6.85

J0152129
超级卡拉 OK 金曲大全　（最新金牌榜首金曲
珍藏本）唐辉选编
乌鲁木齐　新疆青少年出版社 1993 年　184 页
19cm（32 开）ISBN：7-5371-1422-6
定价：CNY3.98

J0152130
成名金曲　（当代红歌星珍藏本）萧茜编
成都　四川大学出版社 1993 年　178 页　有照片
19cm（小 32 开）ISBN：7-5614-0806-4
定价：CNY3.85

J0152131
春天的旋律　书悦编
武汉　中国地质大学出版社 1993 年　182 页
19cm（小 32 开）ISBN：7-5625-0791-0
定价：CNY3.95
　　本书系 1993 年流行金曲荟萃。

J0152132
港台霸中霸全新冠军榜极品金曲　俊美编选
南宁　广西民族出版社 1993 年　182 页
19cm（小 32 开）ISBN：7-5363-2297-6
定价：CNY3.60

J0152133
港台金榜名曲　由甲主编
郑州　中原农民出版社 1993 年　287 页
19cm（32 开）ISBN：7-80538-605-6
定价：CNY5.80

J0152134
港台金曲精选　远峰编
海口　海南摄影美术出版社 1993 年　128 页
19cm（32 开）ISBN：7-80571-346-4
定价：CNY2.88

J0152135
港台流行金曲　（1993）刘泓编
北京　人民中国出版社 1993 年　137 页
19cm（32 开）ISBN：7-80065-371-4

定价：CNY2.95

J0152136
港台热门歌曲
北京　中国电影出版社　1993 年　165 页
19cm（小 32 开）ISBN：7-106-00803-6
定价：CNY3.80

J0152137
歌霸　欧拉选编
成都　成都出版社　1993 年　2 册（90；90 页）
19cm（小 32 开）ISBN：7-80575-542-6
定价：CNY4.80

J0152138
关益全歌曲选　关益全著
呼和浩特　内蒙古人民出版社　1993 年　305 页
20cm（32 开）ISBN：7-204-01831-1
定价：CNY6.15
　　本书精选了作者创作的声乐作品 104 首。

J0152139
好歌伴金曲　（歌星最新金曲荟萃）德明编
武汉　长江文艺出版社　1993 年　198 页
19cm（小 32 开）ISBN：7-5354-1002-2
定价：CNY3.90

J0152140
好歌伴金曲——198 首　迷歌编
北京　华艺出版社　1993 年　182 页　19cm（32 开）
ISBN：7-80039-831-5　定价：CNY3.80

J0152141
好歌大家唱　（海内外巨星卡拉 OK 金曲成名
集）曾帆编
广州　广东高等教育出版社　1993 年　338 页
19cm（小 32 开）ISBN：7-5361-0943-1
定价：CNY6.60

J0152142
好歌大家唱
成都　四川民族出版社　1993 年　167 页　有乐谱
19cm（32 开）ISBN：7-5409-1292-8
定价：CNY3.60
（歌迷大世界系列 14）

J0152143
好歌大家唱　（2）文涛编
广州　广东高等教育出版社　1995 年　367 页
19cm（小 32 开）ISBN：7-5361-1418-4
定价：CNY9.95

J0152144
好歌大家唱　（3）文涛编
广州　广东高等教育出版社　1996 年　14+367 页
19cm（小 32 开）ISBN：7-5361-1729-9
定价：CNY14.60

J0152145
好歌大家唱　（4）飞雪编
广州　广东高等教育出版社　1996 年　369 页
19cm（小 32 开）ISBN：7-5361-1991-7
定价：CNY14.90

J0152146
好歌大家唱　（珍藏系列　二）文涛编
广州　广东高等教育出版社　1998 年　2 版
14+367 页　19cm（小 32 开）
ISBN：7-5361-1418-4　定价：CNY17.90

J0152147
好歌大家唱　（珍藏系列　三）文涛编
广州　广东高等教育出版社　1998 年　3 版
14+367 页　19cm（小 32 开）
ISBN：7-5361-1729-9　定价：CNY17.90

J0152148
好歌大家唱　（珍藏系列　四）飞雪编
广州　广东高等教育出版社　1998 年　2 版
12+369 页　19cm（小 32 开）
ISBN：7-5361-1991-7　定价：CNY17.90

J0152149
好歌金曲霸天下　（最新流行、影视歌曲精选）
任奇编
武汉　湖北美术出版社　1993 年　184 页
19cm（小 32 开）ISBN：7-5394-0467-1
定价：CNY3.80

J0152150
好歌人人唱　（精选第二辑）宋世文编著

海口 海南出版社 1993 年 182 页 19cm（小 32 开）
ISBN：7-80590-721-8 定价：CNY3.98

J0152151
好歌人人唱　（国粤语对照版 精选第一辑）
宋世文编著
北京 军事谊文出版社 1993 年 179 页
19cm（小 32 开）ISBN：7-80027-433-0
定价：CNY3.80
　　本歌集收 1992 年港台十大获奖金曲及最
受欢迎的卡拉 OK 流行金曲、浪漫情侣对唱金
曲等。

J0152152
好歌人人唱　（精选第五辑）宋世文编著
海口 海南国际新闻出版中心 1994 年 10+196 页
19cm（小 32 开）ISBN：7-80609-054-1
定价：CNY4.98

J0152153
好歌人人唱　海南出版社编
海口 海南出版社 1998 年 2 版 372 页
20cm（32 开）ISBN：7-80590-721-8
定价：CNY12.00

J0152154
红太阳　（毛泽东颂歌集）张芳等编
沈阳 春风文艺出版社 1993 年 186 页
19cm（32 开）ISBN：7-5313-0868-1
定价：CNY3.80

J0152155
红太阳颂　（卡拉永远 OK）王勤编
北京 旅游教育出版社 1993 年 76 页
19cm（小 32 开）ISBN：7-5637-0352-7
定价：CNY2.00

J0152156
金歌伴金曲　（最新流行歌曲珍藏版）裴春艳编
武汉 湖北少年儿童出版社 1993 年 222 页
19cm（小 32 开）ISBN：7-5353-1123-7
定价：CNY3.80

J0152157
金奖卡拉 OK 热唱　奈绪子编

桂林 漓江出版社 1993 年 242 页 19cm（小 32 开）
ISBN：7-5407-1116-7 定价：CNY4.80

J0152158
"巨星"金曲　柳辛编
石家庄 花山文艺出版社 1993 年 246 页
19cm（32 开）ISBN：7-80505-958-6
定价：CNY4.80

J0152159
"巨星"金曲龙虎榜　（最新演唱歌曲）方正编
兰州 甘肃民族出版社 1993 年 185 页 有彩照
19cm（小 32 开）ISBN：7-5421-0255-9
定价：CNY3.80
　　本书收选当今歌坛最流行的歌曲百余首。

J0152160
卡拉 OK 精品手册
石家庄 花山文艺出版社 1993 年 200 页 有照片
19cm（32 开）ISBN：7-80505-802-4
定价：CNY3.90

J0152161
浪漫情侣对唱金曲　小彬选编
南宁 广西民族出版社 1993 年 194 页
19cm（小 32 开）ISBN：7-5363-2530-4
定价：CNY4.98

J0152162
流行歌曲大全（续）　世胜编
北京 人民体育出版社 1993 年 364 页
19cm（小 32 开）ISBN：7-5009-1004-5
定价：CNY5.85

J0152163
流行歌曲新辑　（1）邱伟编
武汉 湖北辞书出版社 1993 年 135 页
19cm（32 开）ISBN：7-5403-0083-3
定价：CNY2.98

J0152164
流行金曲　黄成坤编
成都 成都科技大学出版社 1993 年 183 页
19cm（小 32 开）ISBN：7-5616-2478-6
定价：CNY3.60

J0152165
毛泽东诗词歌曲　涂伟编
广州 广东高等教育出版社 1993 年 206 页
19cm（小 32 开）ISBN：7-5361-0880-X
定价：CNY3.50

J0152166
毛泽东时代的歌　张景生编
郑州 河南人民出版社 1993 年 379 页
19cm（小 32 开）ISBN：7-215-02370-2
定价：CNY6.60

J0152167
毛泽东赞歌　（百首赞歌献给毛主席百年诞辰）
墨香编
北京 中国广播电视出版社 1993 年 212 页
19cm（小 32 开）ISBN：7-5043-2024-2
定价：CNY4.50

J0152168
毛主席　我们心中的太阳
（大型优秀歌曲精选）中国发展出版社编
北京 中国发展出版社 1993 年 374 页
19cm（小 32 开）ISBN：7-80087-026-X
定价：CNY5.40
　　本书选所歌曲分为：音乐舞蹈诗《东方
红》、毛泽东颂歌杰作精选、毛主席诗词歌曲选 3
部分。

J0152169
女人不是月亮　（'93 最新流行歌曲精选）
戈峰编
武汉 中国地质大学出版社 1993 年 80 页
19cm（小 32 开）ISBN：7-5625-0749-X
定价：CNY1.65

J0152170
偶像金曲榜　（最新流行歌曲·影视歌曲精选）
任奇编
武汉 长江文艺出版社 1993 年 198 页
19cm（小 32 开）ISBN：7-5354-0859-1
定价：CNY3.80

J0152171
排行榜金曲 100 首　（'92 版）欧阳诚等选编

上海 上海音乐出版社 1993 年 271 页
19cm（小 32 开）ISBN：7-80553-401-2
定价：CNY4.20
　　外文书名：The 100 Popular Songs of Billboard.

J0152172
排行榜金曲 118 首　（'93 版）创世纪工作室
选编
上海 上海音乐出版社 1993 年 356 页
19cm（小 32 开）ISBN：7-80553-459-4
定价：CNY7.80

J0152173
情深谊长　（臧东升歌曲选 钢琴伴奏谱）
臧东升作
北京 人民音乐出版社 1993 年 40 页 26cm（16 开）
ISBN：7-103-01000-5 定价：CNY1.90

J0152174
群星劲歌　（最新流行金曲精选）远峰编
海口 海南摄影美术出版社 1993 年 128 页
19cm（小 32 开）ISBN：7-80571-265-4
定价：CNY2.88

J0152175
深情的怀念　（颂歌献给毛泽东歌曲集）
世界图书出版公司编辑
上海 世界图书出版公司 1993 年 287 页
19cm（小 32 开）ISBN：7-5062-2286-8
定价：CNY5.90

J0152176
十大"巨星"百首金曲　爱英等编
桂林 漓江出版社 1993 年 175 页 19cm（小 32 开）
ISBN：7-5407-1045-4 定价：CNY3.80

J0152177
时代劲歌　（第八辑）秀杭主编；《时代劲歌》
编辑部编
杭州 浙江美术学院出版社 1993 年 168 页
有彩照 19cm（32 开）ISBN：7-81019-215-9
定价：CNY3.80

J0152178
时代劲歌　（第九辑）海平主编

杭州　浙江美术学院出版社 1993 年 166 页
有彩照 19cm（32 开）ISBN：7-81019-235-3
定价：CNY3.80

J0152179
时代劲歌 （第十辑）海平主编;《时代劲歌》
编辑部编
杭州　浙江美术学院出版社 1993 年 168 页
有照片 19cm（32 开）ISBN：7-81019-256-6
定价：CNY3.80

J0152180
世纪风金曲集 史路选编
沈阳　辽宁大学出版社 1993 年 184 页
19cm（32 开）ISBN：7-5610-1584-4
定价：CNY3.90

J0152181
通俗键盘和声与钢琴即兴伴奏 毕秉森著
济南　山东文艺出版社 1993 年 175 页
26cm（16 开）ISBN：7-5329-0898-4
定价：CNY6.80
　　本书包括通俗键盘和声、键盘和声和弦音型
练习、歌曲即兴伴奏和群众歌曲 4 部分内容。

J0152182
为你倾情 （国语·粤语情歌特辑）余欣编
广州　广东高等教育出版社 1993 年 208 页
有乐谱 19cm（小 32 开）ISBN：7-5361-1230-0
定价：CNY4.96

J0152183
舞厅歌厅常用歌曲集 （2）张振国编
长春　北方妇女儿童出版社 1993 年 180 页
19cm（小 32 开）ISBN：7-5385-0648-9
定价：CNY3.20

J0152184
心有灵犀 包相洁编
延吉　东北朝鲜民族教育出版社 1993 年 183 页
19cm（小 32 开）ISBN：7-5437-1693-3
定价：CNY4.20
（情人小语丛书）
　　本歌曲集包括爱河浪花、梦幻情人、心有灵
犀、青绿吟唱 4 辑。

J0152185
新歌速递 （1）婉莹选编
海口　海南摄影美术出版社 1993 年 56 页 有照片
19cm（小 32 开）ISBN：7-80571-431-2
定价：CNY1.98

J0152186
新歌速递 （2）婉莹选编
海口　海南摄影美术出版社 1993 年 60 页 有照片
19cm（小 32 开）ISBN：7-80571-432-0
定价：CNY1.98

J0152187
新歌速递 （A）凌莉编
海口　海南摄影美术出版社 1994 年 152 页
19cm（小 32 开）ISBN：7-80571-697-8
定价：CNY3.80

J0152188
新歌速递 凌莉编
海口　海南摄影美术出版社 1994 年 152 页
19cm（小 32 开）ISBN：7-80571-697-8
定价：CNY4.20

J0152189
新疆藏北的黎明 （王震大军西进组歌）
王洛宾曲；李甲群词
乌鲁木齐　新疆人民出版社 1993 年 32 页 有照片
19cm（小 32 开）ISBN：7-228-02766-3
定价：CNY1.80
　　作者王洛宾(1913—1996)，作曲家。名荣
庭，字洛宾，曾用名艾依尼丁。北京人，毕业于国
立北平师范大学（北京师范大学）音乐系。主要
作品有《在那遥远的地方》《半个月亮爬上来》
《达坂城的姑娘》《掀起你的盖头来》《阿拉木汉》
《在银色的月光下》等。作者李甲群，湖南人，任
职于新疆军区后勤部。

J0152190
拥抱九三经典金曲 晓洁编
广州　广东人民出版社 1993 年 182 页
19cm（小 32 开）ISBN：7-218-01099-7
定价：CNY4.20

J0152191
这样爱你对不对 （歌迷手册）洪音编
北京 中国文联出版公司 1993 年 160 页
19cm（小 32 开）ISBN：7-5059-1509-6
定价：CNY4.00

J0152192
珍藏浪漫 （至尊金曲·精美散文）
"独行狼" 音乐沙龙编撰
重庆 西南师范大学出版社 1993 年 220 页
19cm（小 32 开）ISBN：7-5621-0767-X
定价：CNY4.95

J0152193
至尊金曲耀亚洲　王芳编
北京 中国大地出版社 1993 年 135 页 有彩照
19cm（小 32 开）ISBN：7-80097-093-0
定价：CNY3.95

J0152194
中华大家唱卡拉 OK 曲库精选　中华大家唱
卡拉 OK 曲库编委会编
北京 人民音乐出版社 1993 年 230 页
19cm（小 32 开）ISBN：7-103-01111-7
定价：CNY5.50

J0152195
中华红歌星压台金曲大全　施月等编选
南宁 广西人民出版社 1993 年 202 页
19cm（小 32 开）ISBN：7-219-02240-9
定价：CNY3.30

J0152196
追星族 （港台巨星耀亚洲）王晓萌编著
成都 成都科技大学出版社 1993 年 183 页
19cm（小 32 开）ISBN：7-5616-2533-2
定价：CNY3.60

J0152197
最受欢迎金曲荟萃　周宝玲编
郑州 河南人民出版社 1993 年 165 页
19cm（ 32 开）ISBN：7-215-02498-9
定价：CNY3.50
　　作者周宝玲,女,《流行歌曲》编辑部编辑。

J0152198
最新滚石金曲　张锡瑞选编
沈阳 辽宁教育出版社 1993 年 198 页 有照片
19cm（小 32 开）ISBN：7-5382-2321-5
定价：CNY4.60

J0152199
最新吉它弹唱金曲　王育苏,徐之彤编
长春 北方妇女儿童出版社 1993 年 197 页
19cm（小 32 开）ISBN：7-5385-0889-9
定价：CNY3.80

J0152200
最新流行金曲专辑　小艺选编
海口 海南摄影美术出版社 1993 年 186 页
19cm（小 32 开）ISBN：7-80571-154-2
定价：CNY3.60

J0152201
最新上榜超级劲歌　小溪等编
南昌 百花洲文艺出版社 1993 年 185 页
19cm（小 32 开）ISBN：7-80579-350-6
定价：CNY3.80

J0152202
最新上榜新歌速递 （最新流行歌曲精选）
任奇编
武汉 湖北美术出版社 1993 年 83 页
19cm（小 32 开）ISBN：7-5394-0465-5
定价：CNY2.00

J0152203
最最新流行歌曲极品 188 首　田英编
北京 中国文联出版公司 1993 年 253 页
19cm（小 32 开）ISBN：7-5059-1516-9
定价：CNY5.30

J0152204
'94 宝丽金碟圣卡拉 OK 金曲　金笛选编
广州 广东高等教育出版社 1994 年 182 页
19cm（小 32 开）ISBN：7-5361-1333-1
定价：CNY4.98

J0152205
'94 新歌榜 （华纳·宝丽金·飞图·金曲）

回音选编
广州　广东高等教育出版社　1994 年　185 页
19cm（小 32 开）ISBN：7-5361-1276-9
定价：CNY4.95

J0152206
999 朵玫瑰花　（歌迷手册）洪音等编
北京　中国文联出版公司　1994 年　172 页
19cm（小 32 开）ISBN：7-5059-2091-X
定价：CNY5.50

J0152207
爱我中华　（群众歌咏活动推荐曲目）广西壮
族自治区精神文明建设委员会办公室选编
南宁　广西人民出版社　1994 年　101 页
19cm（小 32 开）ISBN：7-219-02836-9
定价：CNY2.00

J0152208
点播金曲 200 首　黎丹琳编
沈阳　春风文艺出版社　1994 年　264 页
19cm（小 32 开）ISBN：7-5313-1076-7
定价：CNY5.80

J0152209
港台百唱不厌歌曲
成都　四川人民出版社　1994 年　2 版　431 页
19cm（小 32 开）ISBN：7-220-02114-3
定价：CNY9.90
（百唱不厌歌曲系列）
　　本书收入《九百九十九朵玫瑰》《龙的传人》
《最后的温柔》《远走高飞》等歌曲。

J0152210
港台百唱不厌歌曲　陈川编
成都　四川文艺出版社　1996 年　15+431 页
19cm（小 32 开）ISBN：7-5411-1535-5
定价：CNY15.00
（百唱不厌歌曲系列）
　　作者陈川（1945—　　），作曲家。毕业于中央
音乐学院。历任四川文艺出版社副社长、四川电
子音像出版社总编辑、四川通俗音乐协会会长、
中国音乐家协会会员。创作歌曲有《峨眉山》《九
寨沟·黄龙》《青城山·都江堰》《稻城亚丁·香格
里拉》等。音乐专著有《琴弦上的梦》《中国少数

民族乐器大观》《藏族人民庆丰收》等。

J0152211
港台金曲大流行　（国粤对照）周奇，汪果选编
成都　四川人民出版社　1994 年　182 页
19cm（小 32 开）ISBN：7-220-02398-7
定价：CNY3.80

J0152212
港台猛碟金曲精品曲目　阿亮选编
成都　四川人民出版社　1994 年　183 页
19cm（小 32 开）ISBN：7-220-02416-9
定价：CNY3.80

J0152213
歌霸极品金曲　周玲选编
成都　成都科技大学出版社　1994 年　152 页
19cm（小 32 开）ISBN：7-5616-1444-6
定价：CNY3.50

J0152214
歌霸金碟　周玲，天兵选编
海口　海南摄影美术出版社　1994 年　166 页
19cm（小 32 开）ISBN：7-80571-718-4
定价：CNY3.80

J0152215
歌曲精选　（珍藏版）旭东编
长春　吉林人民出版社　1994 年　350 页
19cm（小 32 开）ISBN：7-206-02199-5
定价：CNY6.80

J0152216
好歌伴你度一生　（卡通 OK 金曲精选 1）
曹铭等选编
贵阳　贵州人民出版社　1994 年　277 页
19cm（小 32 开）ISBN：7-221-03495-8
定价：CNY5.80

J0152217
好歌伴你度一生　（非常流行歌曲大全　二）
曹铭等编
北京　蓝天出版社　1999 年　12+384 页　有照片
20cm（32 开）ISBN：7-80081-885-3
定价：CNY16.80

J0152218

好歌大全 298 首 （最新流行歌曲精选）陈莉编

海口 海南摄影美术出版社 1994 年 244 页

19cm（小 32 开）ISBN：7-80571-722-2

定价：CNY5.60

J0152219

好歌家家唱 明章编

贵阳 贵州人民出版社 1994 年 152 页

19cm（小 32 开）ISBN：7-221-03416-8

定价：CNY3.95

　　本书收《除夕情》《小芳》《纤夫的爱》等 80 余首歌曲。

J0152220

好歌金曲霸天下 徐宝成编

延吉 延边人民出版社 1994 年 311 页

19cm（32 开）ISBN：7-80599-210-X

定价：CNY7.98

J0152221

好歌金曲独霸天下 （珍藏版）陈文涛编

海口 海南摄影美术出版社 1994 年 184 页

19cm（32 开）ISBN：7-80571-779-6

定价：CNY3.98

J0152222

好歌精品 203 首 （最新流行歌曲精选）王莉编

海口 海南摄影美术出版社 1994 年 158 页

19cm（小 32 开）ISBN：7-80571-667-6

定价：CNY3.80

J0152223

好歌人人唱 程风编

延吉 延边人民出版社 1994 年 10+244 页

19cm（小 32 开）ISBN：7-80599-203-7

定价：CNY6.50

J0152224

轰天绝唱 （'94 热门金曲——过把瘾 D ）
陈德东选编

成都 成都科技大学出版社 1994 年 154 页

19cm（小 32 开）ISBN：7-5616-2765-3

定价：CNY3.60

J0152225

侯永信的旋律 侯永信曲

大连 大连出版社 1994 年 128 页 20cm（32 开）

ISBN：7-80612-002-5 定价：CNY4.80

J0152226

华纳白金金曲流行卡拉 OK 极品 晓波选编

武汉 湖北美术出版社 1994 年 168 页

19cm（32 开）ISBN：7-5394-0444-2

定价：CNY3.98

J0152227

华纳天碟金曲 （5）卓坚选编

海口 海南摄影美术出版社 1994 年 180 页

19cm（小 32 开）ISBN：7-80571-713-3

定价：CNY4.98

J0152228

皇牌金曲 杨小年选编

贵阳 贵州人民出版社 1994 年 184 页

19cm（小 32 开）ISBN：7-221-03449-4

定价：CNY3.98

J0152229

火爆金曲大家唱 晓芳编

贵阳 贵州人民出版社 1994 年 168 页 有彩照

19cm（小 32 开）ISBN：7-221-03281-5

定价：CNY3.90

J0152230

吉他伴奏歌坛金曲大全 （一）庄少陵编著

北京 北京体育学院出版社 1994 年 200 页

26cm（16 开）ISBN：7-81003-757-9

定价：CNY8.50

（庄氏吉他系列丛书）

　　作者庄少陵（1934—　），吉他音乐家、演奏家。广东善宁人。中国音乐家协会吉他研究会副理事长、中国音乐家协会表演艺术委员会吉他研究会副理事长、天津大学吉他爱好者协会顾问。

J0152231

吉他伴奏歌坛金曲大全 （二）庄少陵编著

北京 北京体育学院出版社 1994 年 196 页

26cm（16 开）ISBN：7-81003-758-7

定价: CNY8.50
(庄氏吉他系列丛书)

J0152232
吉他伴奏歌坛金曲大全 （三）庄少陵编著
北京　北京体育学院出版社　1994 年　194 页
26cm（16 开）ISBN: 7-81003-759-5
定价: CNY8.50
(庄氏吉他系列丛书)

J0152233
江鹜纪念文集　陈良俊,孔祥芬主编
［玉溪］［中共玉溪地委党史征研室］1994 年
323 页　有照片 20cm（32 开）定价: CNY7.00

J0152234
金曲荟萃　（1）肖白编
武汉　长江文艺出版社　1994 年　194 页
19cm（32 开）ISBN: 7-5354-1060-X
定价: CNY4.50

J0152235
金曲旋风　（94 年度流行极品金曲龙虎榜）
陈玲编
成都　四川人民出版社　1994 年　159 页　有彩照
19cm（小 32 开）ISBN: 7-220-02447-9
定价: CNY3.80

J0152236
劲歌龙虎榜　（第七辑）海南摄影美术出版社编
海口　海南摄影美术出版社　1994 年　57 页　有照片
19cm（小 32 开）ISBN: 7-80571-715-X
定价: CNY1.98

J0152237
劲歌龙虎榜　（港台秋季新歌）
海口　海南摄影美术出版社　1996 年　60 页
有照片　19cm（32 开）ISBN: 7-80571-978-0
定价: CNY2.80

J0152238
九四歌坛热门金曲　王玲选编
昆明　云南美术出版社　1994 年　151 页
19cm（小 32 开）ISBN: 7-80586-062-9
定价: CNY3.80

本书收《梅花三弄》《纤夫的爱》《多爱你一
天》等 70 余首歌曲。

J0152239
九四金曲精选本　李武剑选编
南宁　广西民族出版社　1994 年　182 页
19cm（小 32 开）ISBN: 7-5363-2337-9
定价: CNY3.98
本书收李春波的《一封家书》《小芳》,张学
友的《祝福》,黄安的《新鸳鸯蝴蝶梦》等百余首
歌曲。

J0152240
卡拉 OK 金曲精选　（演唱技巧）余欣编
广州　广东高等教育出版社　1994 年　212 页
19cm（小 32 开）ISBN: 7-5361-1354-4
定价: CNY4.96

J0152241
浪漫情怀　（千万歌迷的 1994）江堤主编
长沙　湖南出版社　1994 年　181 页　有照片
19cm（小 32 开）精装　ISBN: 7-5438-0733-5
定价: CNY6.80

J0152242
流行金曲分类集锦　（唱遍华夏的歌）张颖,
刘新锋编
大连　大连理工大学出版社　1994 年　640 页
19cm（小 32 开）ISBN: 7-5611-0865-6
定价: CNY14.90, CNY20.00（精装）
本书收录了《祖国颂歌》《献给故乡》等 22
个主题类目的中外名曲近 500 首。

J0152243
流行金曲分类集锦　（唱遍华夏的歌）张颖等编
大连　大连理工大学出版社　1997 年　2 版
16+470 页　28cm（大 16 开）
ISBN: 7-5611-0865-6　定价: CNY30.00

J0152244
明星名曲　（112 首流行金曲集）雨辰,正文编著
上海　三联书店　1994 年　236 页　19cm（小 32 开）
ISBN: 7-5426-0772-3　定价: CNY7.90
本书收有《东方之珠》《难舍难分》《涛声依
旧》等歌曲。

J0152245
偶像金曲 （第一集）卢飞等选编
长沙 湖南文艺出版社 1994 年 106 页
26cm（16 开）ISBN：7-5404-1246-1
定价：CNY4.80

J0152246
群星精曲争霸 （最新流行歌曲）远峰编
海口 海南摄影美术出版社 1994 年 166 页
19cm（小 32 开）ISBN：7-80571-778-8
定价：CNY3.80

J0152247
通俗歌曲集锦　李天义选编
兰州 甘肃民族出版社 1994 年 245 页
19cm（32 开）ISBN：7-5421-0272-9
定价：CNY4.80

J0152248
王中王歌曲精选　林鸣选编
贵阳 贵州人民出版社 1994 年 151 页
19cm（小 32 开）ISBN：7-221-03336-6
定价：CNY3.90
　　本书收张学友、刘德华、黎明、毛宁等歌星
歌曲近百余首。

J0152249
我唱你唱大家唱 （'94 冬季卡拉 OK 金曲）
张小佩编
长沙 湖南出版社 1994 年 144 页 19cm（小 32 开）
ISBN：7-5438-0870-6 定价：CNY3.90

J0152250
校园金曲 （青少年喜爱的歌）上海音乐出版
社青少年读物编辑室编
上海 上海音乐出版社 1994 年 156 页
26cm（16 开）ISBN：7-80553-532-9
定价：CNY9.30
（多来咪丛书）

J0152251
新编卡拉 OK 金曲精华本 （怎样唱好一首歌）
艺龙等编
北京 中国文联出版公司 1994 年 184 页
19cm（小 32 开）ISBN：7-5059-1520-7

定价：CNY4.10

J0152252
新歌荟萃　易鸣,彭琳选编
贵阳 贵州民族出版社 1994 年 152 页
19cm（小 32 开）ISBN：7-5412-0460-9
定价：CNY3.80

J0152253
新歌金曲 （1）张尹选编
贵阳 贵州人民出版社 1994 年 167 页
19cm（小 32 开）ISBN：7-221-03619-5
定价：CNY3.98

J0152254
新歌快唱　岳菲秀编
长沙 湖南文艺出版社 1994 年 143 页 有彩图
19cm（小 32 开）ISBN：7-5404-1262-3
定价：CNY3.80

J0152255
新歌速递　凌莉选编
西安 三秦出版社 1994 年 152 页 19cm（小 32 开）
ISBN：7-80546-701-3 定价：CNY3.80

J0152256
影视歌坛最新流行榜　刘传编
北京 旅游教育出版社 1994 年 154 页
19cm（小 32 开）ISBN：7-5637-0428-0
定价：CNY3.80
　　作者刘传,吉他演奏家、教育家。北京风华
艺校校长兼吉他教员,青年吉他协会理事。

J0152257
早期流行歌曲集萃　吉文春编
沈阳 北方妇女儿童出版社 1994 年 172 页
19cm（小 32 开）ISBN：7-5385-0951-8
定价：CNY4.50

J0152258
中国企业之歌 （第一卷）余远荣主编
北京 中国文联出版社 1994 年 445 页 有彩图
26cm（16 开）精装 ISBN：7-5059-0512-0
定价：CNY40.00
　　本书收有数百首企业之歌,分为托起太阳、

龙波生辉、生命之神等9部分。

J0152259
中国企业之歌 （第二卷）余远荣主编
北京 中国文联出版公司 1996年 10+522页
有彩照 26cm（16开）精装
ISBN：7-5059-2430-3 定价：CNY58.00

J0152260
中国企业之歌 （第三卷）余远荣主编
北京 中国文联出版公司 1998年 12+604页
有彩照 26cm（16开）精装
ISBN：7-5059-2929-1 定价：CNY68.00

J0152261
MTV 中国风 （大陆新歌极品 挑战者辑）
丛艺选编
北京 华龄出版社 1995年 262页 19cm（小32开）
ISBN：7-80082-579-5 定价：CNY8.80

J0152262
爱要怎么说出口 （卡拉OK大家唱）洪音等编
北京 中国文联出版社 1995年 157页
19cm（小32开）ISBN：7-5059-1325-5
定价：CNY6.80

J0152263
百首爱国歌曲 河北省爱国主义教育普及读
物编委会编
石家庄 花山文艺出版社 1995年 207页
19cm（小32开）ISBN：7-80611-310-X
定价：CNY8.50
（河北省爱国主义教育普及读物丛书）

J0152264
北疆之声 （歌曲集）杨吉雷主编；中国人民
解放军51361部队编
北京 解放军文艺出版社 1995年 284页
20cm（32开）ISBN：7-5033-0232-0
定价：CNY8.00
　　本书收有《海之恋》《千枝梅赞》《带兵之
道》等近200首歌曲。

J0152265
奔流的音韵 李沛泉，计兆琪主编

天津 百花文艺出版社 1995年 324页
20cm（32开）ISBN：7-5306-2210-2
定价：CNY11.20
（宝钢文学艺术丛书 歌曲集）

J0152266
大陆港台新歌选 （卡拉OK流行极品）名章编
贵阳 贵州人民出版社 1995年 154页
19cm（小32开）ISBN：7-221-03663-2
定价：CNY4.20

J0152267
当代流行歌曲大全 张前编
郑州 河南人民出版社 1995年 22+824页
20cm（32开）ISBN：7-215-03458-5
定价：CNY19.80

J0152268
邓丽君经典名曲集锦 小雨,山君选编
沈阳 沈阳出版社 1995年 182页 19cm（小32开）
ISBN：7-5441-0404-4 定价：CNY5.80

J0152269
邓丽君演唱金曲 广华编
广州 广州出版社 1995年 397页 有彩照
19cm（小32开）ISBN：7-80592-271-3
定价：CNY15.00

J0152270
点歌台 （1）湘兰编
乌鲁木齐 新疆人民出版社 1995年 182页
19cm（小32开）ISBN：7-228-03507-0
定价：CNY4.98

J0152271
东方金曲 东方广播电台《东方风云榜》编
上海 百家出版社 1995年 136页 20cm（32开）
ISBN：7-80576-568-5 定价：CNY7.90

J0152272
东海涛声 （赞英雄、唱海岛歌曲汇编）
傅泉主编
［上海］中国人民解放军83351部队政治部
1995年 321页 有照片 20cm（32开）
定价：CNY7.80

J0152273

港台流行金曲 500 首 （珍藏版）华夏编

上海 上海远东出版社 1995 年 10+1278 页

19cm（小 32 开）精装 ISBN：7-80613-160-4

定价：CNY40.00

外文书名：Hongkong and Taiwan Pop Songs.

J0152274

滚石情歌经典乐谱 （1 爱如潮水）张秀贞主编

台北 滚石文化事业公司 1995 年 97 页

29cm（16 开）ISBN：957-9935-61-0

定价：TWD240.00

（魔岩经典乐谱系列）

本乐谱包括：钢琴弹唱谱、简谱、吉他和弦表。外文书名：Music Scores of Rock Classics.

J0152275

滚石情歌经典乐谱 （2 有一点动心）

张秀贞主编

台北 滚石文化事业公司 1995 年 97 页

29cm（16 开）ISBN：957-9935-62-9

定价：TWD240.00

（魔岩经典乐谱系列）

本乐谱包括：钢琴弹唱谱、简谱、吉他和弦表。外文书名：Music Scores of Rock Classics.

J0152276

好歌金曲大家唱 （港台十大男歌星金曲集 3）

曹铭编

太原 北岳文艺出版社 1995 年 244 页

18cm（小 32 开）ISBN：7-5378-1455-4

定价：CNY6.80

J0152277

好歌金曲大家唱 （最新流行 MTV 校园民歌荟萃）卢智编

延吉 延边人民出版社 1995 年 244 页

19cm（小 32 开）ISBN：7-80599-204-5

定价：CNY6.40

J0152278

好歌响中华 （经典爱国歌曲欣赏）蔡晓春,李济琛编著

成都 四川人民出版社 1995 年 260 页

26cm（16 开）ISBN：7-220-02854-7

定价：CNY23.60

J0152279

轰天金曲 晓木编

成都 四川人民出版社 1995 年 152 页

19cm（小 32 开）ISBN：7-220-02791-5

定价：CNY3.98

（金曲系列）

J0152280

家庭卡拉 OK （2 218 曲）马伟民,邹九巷编

上海 上海音乐出版社 1995 年 427 页

19cm（小 32 开）ISBN：7-80553-567-1

定价：CNY14.00

J0152281

金榜挑战歌 杨小年编

乌鲁木齐 新疆人民出版社 1995 年 170 页

有照片 19cm（小 32 开）ISBN：7-228-03519-4

定价：CNY4.98

J0152282

绝唱 （邓丽君演唱歌曲总集）

长沙 湖南文艺出版社 1995 年 12+331 页

19cm（32 开）ISBN：7-5404-1404-9

定价：CNY10.80

J0152283

抗战歌曲 100 首 吴军行选编

南昌 二十一世纪出版社 1995 年 157 页

19cm（小 32 开）ISBN：7-5391-0822-3

定价：CNY3.80

J0152284

抗战歌曲选 谷广编

长沙 湖南教育出版社 1995 年 122 页

20cm（32 开）ISBN：7-5355-2069-3

定价：CNY2.90

J0152285

抗战救亡歌曲集 庄福祥编

合肥 安徽教育出版社 1995 年 19+511 页

20cm（32 开）ISBN：7-5336-1800-9

定价：CNY12.00

J0152286
抗战名曲 100 首
杭州 浙江文艺出版社 1995 年 255 页
19cm(小 32 开)ISBN：7-5339-0829-5
定价：CNY6.50

J0152287
流行金曲大全　刘传选编
海口 南海出版公司 1995 年 336 页
19cm(小 32 开)ISBN：7-5442-0022-1
定价：CNY9.80
　　作者刘传,吉他演奏家、教育家。北京风华
艺校校长兼吉他教员,青年吉他协会理事。

J0152288
流行金曲大全　刘传选编
海口 南海出版公司 1996 年 2 版 336 页
19cm(小 32 开)ISBN：7-5442-0022-1
定价：CNY12.00

J0152289
流行金曲大全　(第二集)刘传选编
海口 南海出版公司 1998 年 320 页
19cm(小 32 开)ISBN：7-5442-0485-5
定价：CNY12.80

J0152290
流行热门金曲　舒宇编
成都 四川人民出版社 1995 年 152 页
19cm(小 32 开)ISBN：7-220-02827-X
定价：CNY3.98
(名歌金曲系列 1)

J0152291
流行抒情歌曲精品总汇　林琳编选
济南 山东文艺出版社 1995 年 16+427 页
20cm(32 开)ISBN：7-5329-1239-6
定价：CNY11.80

J0152292
胜利进行曲　(纪念抗日战争及世界反法西斯
战争胜利 50 周年歌曲集)中国音乐家协会编
北京 人民音乐出版社 1995 年 105 页
19cm(32 开)ISBN：7-103-01264-4
定价：CNY3.50

J0152293
十年流行歌曲经典　(大陆唱藏金版)元谋编
昆明 云南人民出版社 1995 年 250 页 有照片
20cm(32 开)ISBN：7-222-00387-8
定价：CNY10.80

J0152294
颂中华·唱贵州·赞家乡歌曲集　贵州省音
乐家协会,贵州省群众艺术馆编选
贵阳 贵州人民出版社 1995 年 159 页
26cm(16 开)ISBN：7-221-03766-3
定价：CNY7.80

J0152295
弦　(102 辑)一品编辑群主编
台北 一品文化事业公司 1995 年 223 页
10×15cm ISBN：957-771-032-8
定价：TWD80.00

J0152296
校园民谣　(中国校园民谣金曲榜)晓洁编
贵阳 贵州人民出版社 1995 年 168 页
19cm(小 32 开)ISBN：7-221-03717-5
定价：CNY4.80

J0152297
新歌大家唱　(精选本 A)黎义编
成都 四川文艺出版社 1995 年 152 页
19cm(小 32 开)ISBN：7-5411-1254-2
定价：CNY3.98

J0152298
新歌金曲　长乐编
太原 北岳文艺出版社 1995 年 120 页
19cm(小 32 开)ISBN：7-5378-1520-8
定价：CNY4.20
　　中国现代音乐作品。

J0152299
新歌快唱　(1)湘兰编
乌鲁木齐 新疆人民出版社 1995 年 182 页
19cm(小 32 开)ISBN：7-228-03508-9
定价：CNY4.98

J0152300
新歌快唱 （2）苏祥编
乌鲁木齐 新疆人民出版社 1996 年 182 页
19cm（小 32 开）ISBN：7-228-03711-1
定价：CNY6.98

J0152301
延边广播歌曲选 （1980—1995）王立业等编
延吉 延边人民出版社 1995 年 118 页
20cm（32 开）ISBN：7-80599-419-6
定价：CNY6.80

J0152302
迎着太阳走向世界 （青岛优秀厂企歌曲集）
徐家骅主编；青岛市工人文化宫编
北京 中国工人出版社 1995 年 202 页
19cm（小 32 开）ISBN：7-5008-1743-6
定价：CNY6.60

J0152303
中国通俗歌曲博览 （1979—1993）耕耘编
北京 人民音乐出版社 1995 年 2 册（542；455 页）
20cm（32 开）ISBN：7-103-01239-3
定价：CNY36.30

J0152304
中国新生代流行金曲 100 首 顾雪珍主编
南京 江苏文艺出版社 1995 年 185 页
19cm（小 32 开）ISBN：7-5399-0854-8
定价：CNY7.20
（音乐之友丛书）

J0152305
祖国啊，我永远热爱您 （爱国主义歌曲 100 首）
叶松荣选编
福州 海峡文艺出版社 1995 年 249 页
19cm（小 32 开）ISBN：7-80534-777-8
定价：CNY5.80

J0152306
最新劲歌金曲大放送 晓成编著
哈尔滨 哈尔滨出版社 1995 年 10+235 页
19cm（32 开）ISBN：7-80557-844-3
定价：CNY7.58

J0152307
最新上榜金曲 郭颖编
海口 南海出版公司 1995 年 176 页
19cm（小 32 开）ISBN：7-5442-0041-8
定价：CNY5.50

J0152308
'96 你最喜爱的歌 张前编
郑州 中原农民出版社 1996 年 184 页
19cm（小 32 开）ISBN：7-80538-858-X
定价：CNY5.80

J0152309
97 日历活页歌选 （流行歌曲集萃）中外群众
歌曲曲库编辑部编
北京 华艺出版社 1996 年 17cm（40 开）折装
ISBN：7-80039-313-5 定价：CNY12.00(全 6 册）

J0152310
97 日历活页歌选 （球迷之歌集萃）中外群众
歌曲曲库编辑部编
北京 华艺出版社 1996 年 6 页 17cm（40 开）
折装 ISBN：7-80039-313-5
定价：CNY12.00 （全 6 册）

J0152311
97 日历活页歌选 （校园民谣集萃）中外群众
歌曲曲库编辑部编
北京 华艺出版社 1996 年 17cm（40 开）折装
ISBN：7-80039-313-5 定价：CNY12.00(全 6 册）

J0152312
97 日历活页歌选 （影视歌曲集萃）中外群众
歌曲曲库编辑部编
北京 华艺出版社 1996 年 17cm（40 开）折装
ISBN：7-80039-313-5 定价：CNY12.00(全 6 册）

J0152313
97 日历活页歌选 （中外民歌集萃）中外群众
歌曲曲库编辑部编
北京 华艺出版社 1996 年 17cm（40 开）折装
ISBN：7-80039-313-5 定价：CNY12.00(全 6 册）

J0152314
百唱不厌卡拉 OK 金曲 陈川编

成都　四川文艺出版社　1996 年　13+449 页
19cm（小 32 开）ISBN：7-5411-1534-7
定价：CNY15.00
（百唱不厌歌曲系列）

　　作者陈川（1945—　　），作曲家。毕业于中央
音乐学院。历任四川文艺出版社副社长、四川电
子音像出版社总编辑、四川通俗音乐协会会长、
中国音乐家协会会员。创作歌曲有《峨眉山》《九
寨沟·黄龙》《青城山·都江堰》《稻城亚丁·香格
里拉》等。音乐专著有《琴弦上的梦》《中国少数
民族乐器大观》《藏族人民庆丰收》等。

J0152315
百名歌星成名曲　月光编
昆明　云南美术出版社　1996 年　260 页　有乐谱
19cm（小 32 开）ISBN：7-80586-193-5
定价：CNY9.80

J0152316
百首爱国歌曲　郑州市爱国主义教育丛书编
委会编
郑州　河南教育出版社　1996 年　199 页
20cm（32 开）ISBN：7-5347-1989-5
定价：CNY7.00
（爱国主义教育丛书）

J0152317
大地之歌　（歌唱长征）宋红征编
北京　中国妇女出版社　1996 年　170 页
19cm（小 32 开）ISBN：7-80131-086-1
定价：CNY78.40（全套）
（爱国主义教育与革命传统教育丛书　啊,长征　7）

J0152318
当代流行金曲大全　悦芳编
呼和浩特　内蒙古人民出版社　1996 年　308 页
26cm（16 开）ISBN：7-204-02881-3
定价：CNY19.98

J0152319
点歌台　（2）潘兆年编
乌鲁木齐　新疆人民出版社　1996 年　10+276 页
19cm（小 32 开）ISBN：7-228-03709-X
定价：CNY9.98

J0152320
歌霸·霸歌　周玲选编
成都　四川文艺出版社　1996 年　276 页
19cm（小 32 开）ISBN：7-5411-1542-8
定价：CNY9.80
（歌迷天地　25）

J0152321
歌霸·霸歌　周玲选编
西宁　青海人民出版社　1998 年　308 页
19cm（小 32 开）ISBN：7-225-01552-4
定价：CNY12.00

J0152322
歌曲精选与指导　（爱国主义教育歌曲 100 首）
李桂珠主编
哈尔滨　黑龙江教育出版社　1996 年　253 页
19cm（小 32 开）ISBN：7-5316-2866-X
定价：CNY7.80

　　本书收录了《长城谣》《盼红军》《中国,中
国,鲜红的太阳永不落》《我的祖国》《爱的奉献》
等 100 首歌曲。

J0152323
好歌 500 首　（珍藏版）马越,虹瑞编
延吉　延边人民出版社　1996 年　570 页
19cm（小 32 开）ISBN：7-80599-438-2
定价：CNY19.80

J0152324
回荡心曲　（易慧珠歌曲选）易慧珠著
南宁　广西民族出版社　1996 年　144 页　有彩照
19cm（小 32 开）ISBN：7-5363-3136-3
定价：CNY9.00
（中国乐海歌丛　第三辑）

J0152325
金歌金曲金旋律　（跨越九六精品荟萃）
裴春艳编
成都　成都出版社　1996 年　10+276 页
19cm（小 32 开）ISBN：7-80575-778-X
定价：CNY9.80

J0152326
金歌银曲荟萃　（3）华欣,周文选编

乌鲁木齐 新疆青少年出版社 1996年
12+274 页 19cm（小 32 开）
ISBN：7-5371-2191-5 定价：CNY10.80

J0152327
金歌银曲荟萃 华欣,周文选编
乌鲁木齐 新疆青少年出版社 1996年
2 册（182 ；242 页）19cm（小 32 开）
ISBN：7-5371-2191-5 定价：CNY17.40

J0152328
金曲荟萃 （劲歌龙虎榜 1）
海口 海南摄影美术出版社 1996年 57 页
有照片 19cm（32 开）ISBN：7-80571-866-0
定价：CNY2.30

J0152329
孔繁森颂歌 《孔繁森颂歌》编委会编
济南 山东文艺出版社 1996年 193 页
20cm（32 开）ISBN：7-5329-1323-6
定价：CNY7.20

J0152330
我是真的爱上了你 （歌迷手册）洪音等编
北京 中国文联出版公司 1996年 151 页
19cm（小 32 开）ISBN：7-5059-2359-5
定价：CNY7.80

J0152331
现代流行歌曲 （港台最新金曲速递）
海口 海南摄影美术出版社 1996年 60 页
有插图 19cm（32 开）ISBN：7-80571-866-0
定价：CNY2.80

J0152332
校园民谣 （首届中国校园民谣飞驰杯大赛歌
曲精选）石国雄主编
北京 奥林匹克出版社 1996年 124 页 有图
19cm（小 32 开）ISBN：7-80067-311-1
定价：CNY9.00

J0152333
永恒珍藏卡拉 OK 金曲大全 （1）江南编
海口 海南摄影美术出版社 1996年 14+494 页
有照片 19cm（小 32 开）ISBN：7-80571-865-2

定价：CNY20.00

J0152334
中国群众歌曲精选 李凌,朱亚荣主编
北京 中国广播电视出版社 1996年 10+379 页
有乐谱 21cm（32 开）ISBN：7-5043-2514-7
定价：CNY14.50
（中外音乐系列丛书 9）
　　本书选编了我国近现代各个时期的群众歌
曲二百余首。包括了《中华人民共和国国歌》《歌
唱祖国》《没有共产党就没有新中国》《中国中国
鲜红的太阳永不落》等曲目。

J0152335
中国抒情通俗歌曲精选 （2）
李凌,朱亚荣主编
太原 北岳文艺出版社 1996年 388 页
19cm（32 开）ISBN：7-5378-1668-9
定价：CNY15.60
（中外音乐系列丛书 3）

J0152336
中国抒情通俗歌曲精选 （2）
李凌,朱亚荣主编
太原 北岳文艺出版社 1996年 388 页
19cm（32 开）精装 ISBN：7-5378-1668-9
定价：CNY20.60
（中外音乐系列丛书 3）

J0152337
祖国颂 （屈干臣作词歌曲选）屈干臣著
广州 广东旅游出版社 1996年 10+159 页
19cm（小 32 开）ISBN：7-80521-686-X
定价：CNY10.00
　　作者屈干臣(1949—)，作家、诗人、教授、
研究员。河南新密人。历任广东省企业歌曲艺
术研究会会长、音乐协会理事。

J0152338
97 上榜金曲 （1 配有吉他和弦）刘传编配
北京 蓝天出版社 1997年 256 页 19cm（小 32 开）
ISBN：7-80081-687-7 定价：CNY9.80

J0152339
草原金曲 （流行歌）于智,赫佳音编

呼和浩特 远方出版社 1997 年 396 页
19cm（小 32 开）ISBN：7-80595-307-4
定价：CNY18.90

J0152340
唱来唱去 （七十五年优秀流行歌曲选）诺亚编
哈尔滨 黑龙江人民出版社 1997 年 2 版
修订版 591 页 19cm（小 32 开）
ISBN：7-207-01413-9 定价：CNY27.80

J0152341
晋察冀根据地歌曲选 晋察冀日报史研究会编
晋察冀日报史研究会［1997 年］116 页
19cm（小 32 开）

J0152342
抗战歌曲选集 （1）台湾地区行政管理机构
文化建设委员会编；郭毓琇编辑
台北 台湾地区行政管理机构文化建设委员会
1997 年 58+762 页 22cm（32 开）
ISBN：957-02-0671-3
定价：［TWD1000.00］（全 3 册）

J0152343
抗战歌曲选集 （2）台湾地区行政管理机构
文化建设委员会编；郭毓琇编辑
台北 台湾地区行政管理机构文化建设委员会
1997 年 58+761-1526 页 22cm（32 开）
ISBN：957-02-0671-3
定价：［TWD1000.00］（全 3 册）

J0152344
抗战歌曲选集 （3）台湾地区行政管理机构
文化建设委员会编；郭毓琇编辑
台北 台湾地区行政管理机构文化建设委员会
997 年 58+1525-2294 页 22cm（30 开）
ISBN：957-02-0671-3
定价：［TWD1000.00］（全 3 册）

J0152345
流行歌曲精萃 （九七新奉献 1）日月编
乌鲁木齐 新疆青少年出版社 1997 年 166 页
19cm（小 32 开）ISBN：7-5371-2222-9
定价：CNY8.30

J0152346
流行歌曲精萃 （九七新奉献 2）日月编
乌鲁木齐 新疆青少年出版社 1997 年 198 页
19cm（小 32 开）ISBN：7-5371-2222-9
定价：CNY9.80

J0152347
流行歌曲精萃 （九七新奉献 3）日月编
乌鲁木齐 新疆青少年出版社 1997 年 220 页
19cm（小 32 开）ISBN：7-5371-2222-9
定价：CNY10.80

J0152348
企业之歌 张连福等主编
石家庄 花山文艺出版社 1997 年 308 页
20cm（32 开）ISBN：7-80611-539-0
定价：CNY10.00

J0152349
群众歌会金曲 上海音乐出版社编
上海 上海音乐出版社 1997 年 255 页
20cm（32 开）
　　本歌曲及分为祖国壮丽、人民豪迈、前程辉
煌三部分。主要收录了《歌唱祖国》《我热恋的
故乡》《走进新时代》等 100 首歌曲。

J0152350
时代的旋律 （小乐队）陈传容,马里编著
济南 明天出版社 1997 年 270 页 有图
20cm（32 开）ISBN：7-5332-2643-7
定价：CNY96.00（全套）
（课外活动丛书）

J0152351
我们的队伍向太阳 （中国人民解放军歌曲大
博览）熊丹戈主编
南昌 江西人民出版社 1997 年 2 册（1610 页）
20cm（32 开）精装 ISBN：7-210-01777-1
定价：CNY80.00

J0152352
新皇牌金曲劲歌 玉香龙选编
广州 广东旅游出版社 1997 年 213 页 有插图
19cm（小 32 开）ISBN：7-80521-768-8
定价：CNY9.90

J0152353
新劲歌金曲　玉香龙选编
广州　广东旅游出版社　1997 年　2 版　211 页
19cm（小 32 开）ISBN：7-80521-767-X
定价：CNY9.90

J0152354
中国群众歌曲　聂茸编
北京　中国青年出版社　1997 年　327 页
20cm（32 开）ISBN：7-5006-2091-8
定价：CNY16.00, CNY19.50（精装）
（歌曲精品系列）

J0152355
主旋律　（群众喜爱的歌曲 100 首）中共湖北
省委宣传部主编
武汉　长江文艺出版社　1997 年　225 页
19cm（小 32 开）ISBN：7-5354-1428-1
定价：CNY8.60

J0152356
爱国主义金曲 100 首　刘慧芳，李宏选编
北京　大众文艺出版社　1998 年　238 页
19cm（小 32 开）ISBN：7-80094-457-3
定价：CNY9.80
（大众喜爱的歌丛书）

J0152357
爱情新曲 100 首　刘慧芳，李宏选编
北京　大众文艺出版社　1998 年　204 页
19cm（小 32 开）ISBN：7-80094-478-6
定价：CNY8.80
（大众喜爱的歌丛书）

J0152358
歌星成名金曲 100 首　刘慧芳，李宏选编
北京　大众文艺出版社　1998 年　236 页
19cm（小 32 开）ISBN：7-80094-459-X
定价：CNY9.80
（大众喜爱的歌丛书）

J0152359
好歌大家唱　殷景阳编
太原　北岳文艺出版社　1998 年　178 页
19cm（小 32 开）ISBN：7-5378-1456-2

定价：CNY10.00
（港台十大女歌星金曲集 4）

J0152360
好歌大家唱　刘传编配
延吉　延边人民出版社　1998 年　320 页
20cm（32 开）ISBN：7-80599-971-6
定价：CNY13.90

J0152361
火爆金曲　王莉，红叶编著
北京　蓝天出版社　1998 年　31+832 页　20cm（32 开）
ISBN：7-80081-796-2　定价：CNY29.80

J0152362
解语花　（中国三四十年代流行歌曲 续集一）
吴剑选编
哈尔滨　北方文艺出版社　1998 年　258 页
19cm（小 32 开）ISBN：7-5317-1084-6
定价：CNY14.80

J0152363
解语花　（中国三四十年代流行歌曲）吴剑选编
哈尔滨　北方文艺出版社　1998 年　重印本
10+312 页　19cm（小 32 开）
ISBN：7-5317-0952-X　定价：CNY16.80

J0152364
解语花　（周璇的歌二百首 续集二）吴剑选编
哈尔滨　北方文艺出版社　1999 年　10+317 页
19cm（小 32 开）ISBN：7-5317-1095-1
定价：CNY16.80

J0152365
卡拉 OK 金曲 100 首　刘慧芳，李宏选编
北京　大众文艺出版社　1998 年　214 页
19cm（小 32 开）ISBN：7-80094-458-1
定价：CNY9.00
（大众喜爱的歌丛书）

J0152366
群众歌曲　冯光钰编
武汉　武汉出版社　1998 年　213 页　19cm（小 32 开）
ISBN：7-5430-1673-7　定价：CNY9.00
（大众文娱休闲丛书）

作者冯光钰（1935—2011），教授。重庆市人。毕业于四川音乐学院，留校任教。历任中国音协书记处书记、中国民族器乐学会会长。代表作品有《中国曲牌考》《中国同宗民歌》。

J0152367
铜都颂 （黄石市纪念改革开放20周年歌曲集）
吴宏堂主编；黄石市文化局，黄石市新闻出版局编
武汉　长江文艺出版社　1998年　166页
20cm（32开）ISBN：7-5354-1794-9
定价：CNY15.00

J0152368
新歌快递　殷景阳编
太原　北岳文艺出版社　1998年　178页
19cm（小32开）ISBN：7-5378-1456-2
定价：CNY10.00
（港台十大女歌星金曲集　5）

J0152369
优秀民兵预备役部队歌曲 （获奖作品一百首）全国民兵预备役歌曲评奖委员会编
北京　长征出版社　1998年　194页　20cm（32开）
ISBN：7-80015-472-6　定价：CNY15.00

J0152370
真的好想你 （李汉颖创作歌曲精选）
李汉颖［作曲］
上海　上海音乐出版社　1998年　165页　有彩照
19cm（小32开）ISBN：7-80553-686-4
定价：CNY8.00

J0152371
中国革命传统歌曲 （精品）姜丽娜编
郑州　河南文艺出版社　1998年　328页
20cm（32开）ISBN：7-80623-066-1
定价：CNY15.00
（中外歌曲精品库）

J0152372
中国革命历史歌曲集　曹成章主编
石家庄　花山文艺出版社　1998年　11+371页
20cm（32开）ISBN：7-80611-605-2
定价：CNY13.00
（20世纪中国歌曲集萃）

J0152373
中国通俗歌曲 （精品）侯钧编
郑州　河南文艺出版社　1998年　11+409页
20cm（32开）ISBN：7-80623-078-5
定价：CNY18.20
（中外歌曲精品库）

J0152374
中国通俗歌曲　冰河，王玄迈主编
武汉　武汉出版社　1998年　343+54页
28cm（大16开）精装　ISBN：7-5430-1762-8
定价：CNY78.00
（世纪之声　系列歌曲集　5）

J0152375
走进新时代 （深圳市创作歌曲精品选）徐民奇，杨庶正总编；中共深圳市委宣传部编
深圳　海天出版社　1998年　286页　21cm（32开）
ISBN：7-80615-958-4　定价：CNY18.00

J0152376
99'上榜金曲 （配有和弦）刘传编配
北京　蓝天出版社　1999年　256页　19cm（小32开）
ISBN：7-80081-895-0　定价：CNY9.80

J0152377
BEYOND乐队金曲弹唱 （总谱·钢琴谱·吉他谱·贝斯谱·和弦谱）刘传编著
北京　蓝天出版社　1999年　216页　有照片
26cm（16开）ISBN：7-80081-949-3
定价：CNY18.00

J0152378
爱心倾诉　肖汉华主编
海拉尔　内蒙古文化出版社　1999年　128页
20cm（32开）
（歌坛旋风——激情跨越2000年）
　　本书收集《我是女生》《走了这么久你变了没有》《冰糖葫芦》《听海》《你是我的女人》《到处留情》《好日子》《健康歌》等130首歌曲。

J0152379
二十世纪群众喜爱的歌 （700首）蔡朝东编
昆明　云南人民出版社　1999年
2册（22+1347页）20cm（32开）

ISBN：7-222-02817-X 定价：CNY68.00

　　本书分传统歌曲和部队歌曲、优秀群众歌曲、影视歌曲、通俗歌曲、戏曲选段、外国歌曲六部分，收录了700首歌曲以及声乐讲座。

J0152380
歌唱祖国 （歌曲选编）
南宁 广西人民出版社 1999年 158页
19cm（小32开）ISBN：7-219-03948-4
定价：CNY6.50

J0152381
歌唱祖国 （中小学生歌咏比赛歌曲集）湖南文艺出版社编
长沙 湖南文艺出版社 1999年 142页
19cm（小32开）ISBN：7-5404-2133-9
定价：CNY5.00

J0152382
歌颂伟大祖国 迎接新世纪太阳
（'99全国大学生艺术节推荐歌曲）'99全国大学生艺术节组委会办公室编
长春 吉林教育出版社 1999年 85页 26cm（16开）
ISBN：7-5383-3795-4 定价：CNY9.00

J0152383
好歌天天唱 阿青选编
海拉尔 内蒙古文化出版社 1999年 226页
20cm（32开）ISBN：7-80506-656-6
定价：CNY13.60

　　本书分最新热门歌曲、好歌大家唱、好歌金曲精选以及最新影视歌曲四部分，收录了170多首当今流行歌曲。

J0152384
好歌天天唱 刘传编配
北京 中国林业出版社 1999年 384页
20cm（32开）ISBN：7-5038-2194-9
定价：CNY16.80

J0152385
好歌天天唱 刘传编配
北京 中国林业出版社 1999年 2版 384页
20cm（32开）ISBN：7-5038-2423-9
定价：CNY16.80

J0152386
好歌天天唱 鸿奇编
北京 中国戏剧出版社 1999年 12+395页
20cm（32开）ISBN：7-104-00974-4
定价：CNY18.00

J0152387
跨越2000 流行金曲 肖彤编
北京 蓝天出版社 1999年 12+273页
20cm（32开）ISBN：7-80081-985-X
定价：CNY13.80

J0152388
流行歌曲大全 （A）章钦等编
南昌 百花洲文艺出版社 1999年 11+422页
20cm（32开）ISBN：7-80647-074-3
定价：CNY19.00

J0152389
流行歌曲大全 （B）章钦等编
南昌 百花洲文艺出版社 1999年 11+399页
20cm（32开）ISBN：7-80647-074-3
定价：CNY19.00

J0152390
流行歌坛 莉娜编
北京 改革出版社 1999年 342页 19cm（小32开）
ISBN：7-80143-245-2 定价：CNY15.80

J0152391
流行金曲 （驿动的年华）
奎屯 伊犁人民出版社 1999年 10+308页
19cm（小32开）ISBN：7-5425-0267-0
定价：CNY14.30
（好歌经典）

J0152392
玫瑰诗情 肖汉华主编
海拉尔 内蒙古文化出版社 1999年 128页
20cm（32开）
（歌坛旋风——激情跨越2000年）
　　本书收集《水晶》《有一点动心》《故事里的树》《别说爱情苦》《高兴就好》《只要你肯对我说》《心雨》《东方之珠》《天长地久》等130首歌曲。

J0152393
我们的生活充满阳光　舒广袖主编；人民音乐出版社编辑部编
北京　人民音乐出版社　1999 年　318 页
22cm（30 开）ISBN：7-103-01811-1
定价：CNY30.50
（祖国万岁　建国 50 年歌曲选集　3）

J0152394
我们多么幸福　（少儿歌曲）舒广袖主编；
人民音乐出版社编辑部编
北京　人民音乐出版社　1999 年　272 页
22cm（30 开）ISBN：7-103-01812-X
定价：CNY27.40
（祖国万岁　建国 50 年歌曲选集　4）

J0152395
我们走在大路上　舒广袖主编；人民音乐出版社编辑部编
北京　人民音乐出版社　1999 年　10+423 页
22cm（30 开）ISBN：7-103-01810-3
定价：CNY38.10
（祖国万岁　建国 50 年歌曲选集　2）

J0152396
献给祖国的歌　（庆祝中华人民共和国成立五十周年优秀歌曲选编）中共北京市委宣传部，北京市文学艺术界联合会编
北京　同心出版社　1999 年　238 页　20cm（32 开）
ISBN：7-80593-385-5　定价：CNY12.50

J0152397
相思苹果树　（非常流行金曲）肖倩编
北京　兵器工业出版社　1999 年　245 页　有照片
20cm（32 开）ISBN：7-80132-445-5
定价：CNY16.80

J0152398
新歌快递·好歌精品　秦川编
西安　陕西旅游出版社　1999 年　12+306 页
20cm（32 开）ISBN：7-5418-1125-4
定价：CNY13.80

J0152399
新歌旋风　肖汉华主编

海拉尔　内蒙古文化出版社　1999 年　128 页
20cm（32 开）
（歌坛旋风——激情跨越 2000 年）
　　本书收集《想你的 365 天》《非走不可》《天地在我心》《真爱无敌》《这样也好》《了无牵挂》《给你们》《哭泣游戏》等 130 首歌曲。

J0152400
新四军歌曲　《新四军歌曲》编委会编
北京　中国广播电视出版社　1999 年　21+709 页
20cm（32 开）ISBN：7-5043-3401-4
定价：CNY30.00
（北京新四军研究会史料丛书）

J0152401
延吉——我为你歌唱　中共延吉市委宣传部，延吉市精神文明办公室编
延吉　东北朝鲜民族教育出版社　1999 年　42 页
20cm（32 开）ISBN：7-5437-3872-4
定价：CNY6.50

J0152402
阳春白雪　肖汉华主编
海拉尔　内蒙古文化出版社　1999 年　128 页
20cm（32 开）
（歌坛旋风——激情跨越 2000 年）
　　本书收集《干脆》《情人》《爱就一个字》《今天到永远》《从头再来》《新鲜》《雨一直在下》《渴望无限》《梦一场》《给我感觉》等 130 首歌曲。

J0152403
中国企业之歌　（精选全国企业之歌大赛佳作100 首）雷鸣雏主编
北京　中国工人出版社　1999 年　232 页　有照片
26cm（16 开）精装　ISBN：7-5008-2233-2
定价：CNY120.00

J0152404
走进新时代　（歌曲集）于忠正主编
兰州　甘肃文化出版社　1999 年　252 页
20cm（32 开）ISBN：7-80608-490-8
定价：CNY12.50

J0152405
走进新时代

（建国五十周年演唱歌曲集 1949–1999）
长沙 湖南文艺出版社 1999 年 421 页
20cm（32 开）ISBN：7–5404–2028–6
定价：CNY18.50

J0152406
走进新时代 （中华百年歌典）
中共上海市委宣传部编
上海 上海音乐出版社 1999 年 18+698 页
26cm（16 开）ISBN：7–80553–758–5
定价：CNY50.00

J0152407
祖国情 舒广袖主编；人民音乐出版社编辑部编
北京 人民音乐出版社 1999 年 396 页
22cm（30 开）ISBN：7–103–01809–X
定价：CNY36.00
（祖国万岁 建国 50 年歌曲选集 1）

J0152408
祖国颂 （校园歌本 大学版）齐文华,刘孟泽
主编
西安 陕西人民教育出版社 1999 年 75 页
25cm（小 16 开）ISBN：7–5419–7605–9
定价：CNY5.00

J0152409
祖国颂 （献给建国五十周年的歌）雷维模编
成都 四川教育出版社 1999 年 315 页
26cm（16 开）ISBN：7–5408–3358–0
定价：CNY25.00
　　作者雷维模,教授、作曲家、音乐学者。历
任中国音乐家协会会员、中国音乐著作权协会会
员、中国社会音乐研究会理事、四川省社会音乐
研究会副会长兼秘书长。

J0152410
祖国颂歌 （爱国主义歌曲 150 首）章杉编
成都 四川人民出版社 1999 年 336 页
19cm（小 32 开）ISBN：7–220–04601–4
定价：CNY16.00

J0152411
祖国万岁 （1949—1999 建国 50 年歌曲选集 1
祖国情）舒广袖执行主编；人民音乐出版社编

辑部编
北京 人民音乐出版社 1999 年 396 页
22cm（30 开）ISBN：7–103–01813–8
定价：CNY169.00（全 4 册）

J0152412
祖国万岁 （1949—1999 建国 50 年歌曲选集 2
我们走在大路上）舒广袖执行主编；人民音乐
出版社编辑部编
北京 人民音乐出版社 1999 年 10+423 页
22cm（30 开）ISBN：7–103–01813–8
定价：CNY169.00（全 4 册）

J0152413
祖国万岁 （1949—1999 建国 50 年歌曲选集 3
我们的生活充满阳光）舒广袖执行主编；人民
音乐出版社编辑部编
北京 人民音乐出版社 1999 年 318 页
22cm（30 开）ISBN：7–103–01813–8
定价：CNY169.00（全 4 册）

J0152414
祖国万岁 （1949—1999 建国 50 年歌曲选集 4
我们多么幸福 少儿歌曲）舒广袖执行主编；
人民音乐出版社编辑部编
北京 人民音乐出版社 1999 年 272 页
22cm（30 开）ISBN：7–103–01813–8
定价：CNY169.00（全 4 册）

J0152415
祖国万岁 （1949—1999 建国 50 年歌曲选集）
舒广袖主编；人民音乐出版社编辑部编
北京 人民音乐出版社 1999 年 4 册 22cm（30 开）
ISBN：7–103–01812–X 定价：CNY27.40

J0152416
祖国在我心中 （共和国五十周年华诞庆典合
唱歌曲总集）周跃峰,杨扬选编
长沙 湖南文艺出版社 1999 年 303 页
31cm（10 开）精装 ISBN：7–5404–2027–8
定价：CNY36.50
（新千年合唱人丛书 第一卷）

J0152417
最新流行歌曲排行榜 刘传编配

北京　蓝天出版社　1999 年　352 页　有照片
20cm（32 开）ISBN：7-80081-950-7
定价：CNY15.80

J0152418
最新流行金曲排行榜　刘传编配
呼和浩特　内蒙古人民出版社　1999 年　320 页
20cm（32 开）ISBN：7-204-04636-6
定价：CNY13.80

中国各族、各地方民歌

J0152419
成吉思汗军歌　应尚能等作曲；胡敬熙等作词
［1920—1949 年］油印本　23cm（10 开）

J0152420
民间十种曲　李夜星编
上海　光华书局　1928 年　66 页　24cm（26 开）
定价：五角五分

J0152421
民间十种曲　李白英编
上海　光华书局　1931 年　再版 66 页 19cm（32 开）
　　本书选辑苏州、无锡一带的民间歌曲 10 种，
有《海上仙会》《湘江郎》《童媳纺纱》等。

J0152422
民间音乐　顾子仁编
顾子仁［自刊］1928 年　影印本 32 页 26cm（16 开）
　　本书内收《梅花三弄》《孔庙大成乐音》《中
秋闰怨》《天下为公》等 21 首歌曲。书前有"民
众诗歌集引言"及英文说明。

J0152423
［中国民歌］
［1930—1937 年］12 叶 28cm（16 开）
　　本书辑入《锄头歌》《花鼓歌》《三民主义》
《紫竹调》《孟姜女》《峨嵋山歌》《苏武牧羊》
《渔翁乐》《小白菜》等 10 首民歌。

J0152424
在野底歌曲　李白英编
上海　光华书局　1931 年　67 页　25cm（小 16 开）

定价：大洋六角
　　本书内收《四季相思（删尾本）》《十二月想
郎》《女相思》《姐送》等 10 首民间歌谣。

J0152425
农歌十曲　知非编
如皋　如皋县农业改良场　1932 年　20 页
26cm（16 开）

J0152426
民间情歌　乐艺社编
上海　中央书店　1935 年　96 页 21cm（32 开）
定价：大洋一元
　　本书为中国情歌选集，内收《八仙会》《童媳
纺纱》《紫竹调》《孟姜女》等 27 首歌曲。

J0152427
中国民歌集　（简谱时调）金世惠编；缪天瑞
校阅
上海　三民图书公司　1935 年　3 版 ［66］页
26cm（16 开）定价：大洋三角
　　本书为中国民歌选集，内分上、下两编。上
编"歌之部"，收《四季相歌》《上山》《十杯酒》
《凤阳花鼓》《小白菜》等 34 首歌曲；下编"曲
之歌"，收《三六》《北正官》《夜深沉》《花鼓调》
《小扬州》等 67 首曲谱。

J0152428
布谷　（民歌创作集）刘雪厂作曲
上海　商务印书馆　1936 年　影印本 17 页
31cm（10 开）定价：国币五角
　　本书为中国现代民歌选集，内收《莨眉豆》
《枫桥夜泊》《布谷》《春游》《淮南民歌》《春夜
洛城闻笛》《飘零的落花》《新婚的甜蜜》等 8 首
民歌。五线谱，附钢琴伴奏谱。

J0152429
卫我中华　（民族新歌）刘雪厂作曲
上海　中华书局　1936 年　18 页 26cm（16 开）
定价：国币一角
　　本书为中国现代民歌选集，收录了《为我中
华》《提倡国货》《干干干》《上前》《我是军人》
《出征别母》《先锋歌》《前线去》《杀敌歌》《前
进》《战歌》11 首歌曲。

J0152430

现代民族歌曲集　徐征吉编校

上海　狮吼歌咏社　1937年　再版　石印本　107页
有照片　19cm（32开）定价：三角

　　本书为中国现代歌曲选集，包括祖国、准备、
冲锋、凯旋四部分，收121首歌曲。

J0152431

民间情歌谱　（中西对照）国风社编

上海　新声出版公司　1939年　再版　61页
有图　15×21cm

　　本书内收《四季相思》《侉侉调》《和尚采
花》《跳槽》等17首歌曲，工尺谱、简谱对照，每
首后附唱词。书前有《学习胡琴法》《学习风琴
法》《读谱法》等10篇说明短文。附学习风琴、
胡琴法。

J0152432

时调工尺谱　丝竹研究社编

上海　沈鹤记书局　1939年　58页　18cm（32开）
定价：一角六分

　　本书为民间音乐工尺谱选集，包括孟姜女
调、小方卿调、无锡景调、湘江浪调、相思曲调、
东乡调等47首小调。书前有胡琴使用法、胡琴
七调工尺谱。

J0152433

小调工尺谱　（最新标准）国风社编辑

上海　国光书店　1939年　再版　72页　19cm（32开）

　　本书为中国民间音乐工尺谱选集，包括孟姜
女调、蒋老五调、唱道情调、历史调等48首地方
小调。

J0152434

新民歌曲集　（第一集）新民会中央指导部宣
传科编辑

北京　新民会中央指导部　1939年　3版　9页
25cm（16开）定价：国币一角

J0152435

蒙古歌曲集　陶今也译

西安　新中国文化出版社　1940年　38页
19cm（32开）定价：国币四角
（新中国文化丛刊　第10组）

　　本书为蒙古族民歌选集，内收《行军歌》

《十五的月亮》《月落》《儿歌》《中华民族抗战进
行曲》等50首歌曲。

J0152436

民教歌选　四川省立南充民教馆编

南充　四川省立南充民教馆　1941年　油印本
8页　18cm（30开）环简页装

J0152437

西北民歌集　（1）王洛宾编译

重庆　大公书店　1942年　12页　20cm（32开）
定价：法币一元

J0152438

绥远民歌集　李凌编

桂林　立体出版社　1943年　64页　有图
19cm（32开）定价：国币六元

　　本书内收《绣荷包》《情歌》《十里冻》等65
首歌曲。附天风的《绥远民歌研究》一文。作者
李凌（1913—2003），音乐家。原名李树连，曾用
名李绿永，广东台山县人。曾任中国音乐学院院
长，兼《中国音乐》主编。著有《音乐浅谈》《音
乐美学漫笔》《音乐流花新集》等。

J0152439

小曲子　（第1本）胡季委，柯蓝作；笑俗，刘迅画

新华书店　1944年　再版　77页　有图
横13cm（横60开）
（群众文艺丛书）

　　本书内分两辑，收秧歌调、放风筝等的歌词
及陕北秧歌调、开荒小调等。

J0152440

春风牧笛　（民歌新辑）夏白编著

上海　艺术出版社　1946年　40页　18cm（30开）
（民歌新丛）

　　本书内收《故乡的人》（美国）、《红莓草》
（芬兰）、《在森林和原野里》（丹麦）、《一颗星》
（比利时）、《莱茵河的晚唱》（德国）、《草原情歌》
（青海）、《苗山野唱》（西康）、《六月天》（山东）以
及四川民谣《柳妈》《我的所爱在山腰》《春风牧
笛》等27首中外民歌。书前有《走入人民音乐的
宝库》《怎样演唱民歌》两篇文章，书末收《关于
四川的民谣与民乐》一文。作者夏白（1919—　），
作曲家。四川渠县人。毕业于四川省立戏剧音

乐学校。后从事音乐编辑工作。中华人民共和国成立后任音协上海分会秘书长。曾为中国音协理事、上海文联委员。作有歌曲《迎着战斗的春天》，撰有评论集《在新音乐运动的行进中》。

J0152441

民歌选集　国立社会教育学院人间曲社编
璧山　国立社会教育学院人间曲社　1946年
手写石印本　28页　19cm（32开）

　　本书选收四川、绥远、新疆、内蒙古、青海、云南、广东等地方及朝鲜的民歌，有《山歌》《红彩妹妹》《青春舞曲》《蒙古牧歌》《半个月亮爬上来》《云南民歌》，并有刘雪厂等人创作的《柳条长》《淮南民谣》《炒米糖开水》等45首歌曲。

J0152442

中国民歌　（第1集）中国民歌研究社主编
重庆　中国民歌研究社　1946年　石印本　24页
26cm（16开）环筒页装

　　本书内收江苏、河北、广东、云南、贵州、山西、青海、绥远、江西、西藏、西康、新疆、内蒙古、陕西等地的民歌50余首。

J0152443

民歌二集　艾谣编
重庆　活路社　1947年　53页　21cm（32开）
（活路丛书）

　　本书内收四川、青海、云南、华北、广西、西康、河北、内蒙古、台湾、陕西、绥远等地的民歌54首。

J0152444

人民一定能战胜　（民歌联唱）安波词曲；冀察热辽文艺工作团第一团编辑
［哈尔滨］东北书店　1947年　16页　20cm（32开）
（音乐丛书）

　　本书所选为民国时期中国民歌套曲。收于《音乐丛书》之二。作者安波（1915—1965），中国现代著名作曲家、民族音乐学家。生于山东牟平县宁海镇(今山东省烟台市牟平区)。曾任鲁迅艺术学院院长、东北人民中国音乐学院首任院长。作歌曲300余首及秧歌剧、歌剧等多部。代表作：《八路军开荒歌》《七月里在边区》《因为有了共产党》。

J0152445

人民一定能战胜　（民歌联唱）安波词曲
佳木斯　东北书店　1948年　再版　16页
20cm（32开）定价：旧币100元
（音乐丛书 2）

　　本书内收《都因为有了共产党》《男女老少齐动员》《人民一定能战胜》等6首歌曲。

J0152446

陕北民歌选　鲁迅文艺学院编
［阜平］晋察冀新华书店　1947年　249页
20cm（32开）

J0152447

东北民歌选　中国音乐研究会编
［沈阳］东北书店　1948年　232页　20cm（32开）
（东北民间音乐丛刊）

J0152448

民歌选　房屏编选
上海　民歌研究社　1948年　98页　19cm（32开）

　　本书内收云南、新疆、内蒙古、陕西、绥远、青海、西藏、西康、四川、河北、贵州、江苏、广东、河南等地的民歌86首。附创作民谣、新疆舞曲、农村舞曲、西洋民间舞曲、民间舞曲等23首。

J0152449

民歌选　房屏编选
上海　民歌研究社　1949年　增订再版　98页
18cm（30开）

J0152450

民歌选辑　（第1辑）明敏编选
上海　中华乐学社　1948年　32页　19cm（32开）
定价：国币三元

　　本书共二辑，内收云南、贵州、四川、内蒙古、新疆、西藏、青海、绥远、陕西、河南等12省的民歌121首。

J0152451

民歌选辑　（第1、2辑）明敏编选
上海　中华乐学社　1949年　再版　手写影印本
2册（32；32）页　21cm（32开）

J0152452

陕北民歌选　鲁迅文艺学院编

［烟台］东北光华书店　1948 年　285 页

20cm（32 开）

J0152453

小调　（第 1 集）

［江苏］华中新华书店盐阜分店　1948 年　69 页

横 13cm（横 64 开）

　　本书内收《四季游春》《杨柳青》《小放牛》

《十恨调》等 45 首民间流行歌曲。

J0152454

中国民歌选　山歌社编

上海　中华乐学社　1948 年　石印本　22 页

26cm（16 开）

（中国民歌连丛 1）

　　本书内收《流浪者之歌》《我等你到天明》

《马车夫之歌》《半个月亮爬上来》《在那遥远的

地方》《贵州山歌》《康定情歌》等 14 首歌曲。

五线谱，附钢琴伴奏谱。

J0152455

中国民歌选　山歌社编辑

上海　中华乐学社　1949 年　2 版　22 页

26cm（16 开）定价：五元

J0152456

中国民歌选　苏夏编曲

上海　中华乐学社　1949 年　再版　22 页

26cm（16 开）

（中国民歌连丛 2）

J0152457

唱新年　（新年民歌联唱）十三兵团政治部文

艺工作团著

桂林　桂林文化供应社　1949 年　8 页 19cm（32 开）

J0152458

湖北民歌　杜利搜集；人民文艺工作团主编

北平　立生图书社　1949 年　66 页 19cm（32 开）

　　本书内收 78 首歌曲，每首附说白、唱词。

J0152459

蒙古歌集　陶今也译编

北京　大众书店　1949 年　38 页　17cm（40 开）

　　本书内收《行军歌》《十五的月亮》《月落》

《儿歌》《中华民族抗战进行曲》等 50 首歌曲。

J0152460

蒙古歌集　陶今也记谱、编著

北京　大众书店　1949 年　14 页　18cm（30 开）

J0152461

民歌　呼喊歌唱团选辑

宜兴　宜兴兄弟社　1949 年　64 页

18cm（30 开）定价：一元五角

（民间文丛　第一集）

　　本书内收台湾、云南、西藏、新疆、四川、江

苏、山东、山西、东北等地的民歌 118 首。书前

有《民间音乐研究提纲》。

J0152462

民歌集　（中国之部）陈曼鹤编

上海　美乐图书出版公司［发行者］1949 年

沪初版 167 页 19cm（32 开）

定价：CNY11.00

　　本书内收新疆、青海、甘肃、内蒙古、西藏、

西康、四川、云南、贵州等地的民歌 198 首。

J0152463

陕北民歌选　何其芳辑；鲁迅文艺学院编辑

北京　新华书店　1949 年　289 页　17cm（32 开）

J0152464

陕北民歌选　鲁迅文艺学院编

［北平］新华书店　1949 年　249 页 18cm（15 开）

定价：CNY5.50

　　本书分信天游、兰花花、揽工调、刘志丹、

骑白马 5 辑，收民歌 353 首。前 3 辑为旧民歌，后

2 辑为新民歌，每辑后附有曲调谱。书前有《关于

编辑〈陕北民歌选〉的几点说明》。

J0152465

中国民歌集　（第 1 辑）雪深编

苏州　青年书店［1949 年］手写石印本 32 页

21cm（32 开）

　　本套书共 3 辑，收 93 首民歌。

J0152466
中国民歌集 （第 2 辑）雪深编
苏州 青年书店 1949 年 手写石印本 再版
32 页 21cm（32 开）

J0152467
中国民歌集 （第 3 辑）雪深编
苏州 青年书店 1949 年 手写石印本 34 页
21cm（32 开）

J0152468
中国民歌集 （第二辑）雪深编辑
苏州 苏州青年书店 1949 年 再版 32 页
18cm（28 开）定价：三元

J0152469
民歌新唱 马思聪编
北京 开明书店 1950 年 2 版 26 页
26cm（16 开）定价：CNY3.00
　　本书为中国现代民歌歌曲选集。作者马思
聪（1912—1987），作曲家、小提琴演奏家。广东
海丰人。曾任中央音乐学院首任院长，并兼任中
国音乐家协会副主席、《音乐创作》主编等职。代
表作有小提琴曲《内蒙组曲》《西藏音诗》《第一
回旋曲》，交响音乐《山林之歌》《第二交响曲》，
大合唱《祖国》《春天》，歌剧《热碧亚》等。

J0152470
民歌新唱 马思聪著
上海 开明书店 1950 年 26 页 26cm（16 开）
定价：3.00

J0152471
南京山歌 （江苏民歌）兴化县文化艺术学校编
兴化 兴化县文化艺术学校 ［1950—1959 年］
油印本 25 页 20cm（32 开）环筒页装

J0152472
内蒙古民族之歌 乌兰巴特尔撰词；刘炽作曲
沈阳 东北新华书店 1950 年 23 页
21cm（32 开）定价：120 元

J0152473
绥远民歌合唱集 陆华柏编曲
九龙 前进书局 1950 年 简谱本 36 页

18cm（32 开）定价：2.40
　　作者陆华柏（1914—1994），作曲家、音乐教
育家。出生于湖北荆门，祖籍江苏武进。主要作
品有《故乡》《勇士骨》《汨罗江边》等。

J0152474
西南民歌 （四川之部 第一册）战斗文艺工作
团编
重庆 中国人民解放军西南军区政治部文化部
［1950—1959 年］70 页 19cm（32 开）
（文艺工作丛刊 1）

J0152475
西南民歌 （康藏之部 第一册）战斗文艺工作
团编
重庆 中国人民解放军西南军区政治部文化部
1951 年 234 页 20cm（32 开）
（文艺工作丛刊 4）

J0152476
西南民歌 （云南之部 第二册）战斗文艺工作
团编
昆明 中国人民解放军西南军区政治部文化部
1959 年 215 页 20cm（32 开）
（文艺工作丛刊 2）

J0152477
新疆民歌 陕甘宁边区文化协会音乐工作委
员会辑
西安 西安新华书店 1950 年 183 页
21cm（32 开）定价：CNY10.00
（西北民间音乐丛书 2）

J0152478
春雷响喜讯传 湖北文联编
武汉 武汉通俗出版社 1951 年 24 页
18cm（30 开）定价：旧币 1,600 元

J0152479
广西民歌 （初集）广西省文联筹委会编辑
南宁 广西省文联筹委会 1951 年 39 页
18cm（30 开）
　　本集辑入桂东、桂南、桂西、桂北及兄弟民
族的歌曲 60 首。

J0152480
河北民间歌曲选　中央音乐学院研究部整理,
中国民间文艺研究会编辑
上海　万叶书店　1951 年　220 页　20cm（32 开）
定价：旧币 22,000 元
（民间音乐丛书）

J0152481
河北民间歌曲选　中央音乐学院研究部搜集
整理,中国民间文艺研究会编辑
上海　万叶书店　1952 年　改订 2 版　175 页　有图
21cm（32 开）定价：旧币 15,000 元
（民间音乐丛书）

J0152482
河北民间歌曲选　中央音乐学院研究部搜集
整理；中国民间文艺研究会编辑
上海　万叶书店　1953 年　改订 3 版　28+175 页
有图　21cm（32 开）定价：旧币 15,000 元
（民间音乐丛书 甲种）

J0152483
湖北民歌　湖北省文化工作团编
武汉　湖北省文化工作团　1951 年　油印本
[65] 页　26cm（16 开）

J0152484
青海民歌　紫辰整理
兰州　甘肃人民出版社　1951 年　154 页
19cm（32 开）定价：旧币 7,000 元

J0152485
团结建设新新疆　宋肖等作词；张一旍等作曲
新疆军区政治部　1951 年　38 页　26cm（16 开）

J0152486
西北回族民歌选　（第一辑）唐剑虹等辑
兰州　甘肃人民出版社　1951 年　再版　22 页
18cm（32 开）定价：旧币 1,200 元
（甘肃民间文学丛书）

J0152487
新疆民间歌曲集　北京人民艺术剧院编辑
北京　天下出版社　1951 年　43 页　20cm（32 开）
定价：旧币 5,000 元

（音乐丛刊）

J0152488
云南民歌　（第一集）昆明音乐工作者协会辑；
昆明文联音协编辑
昆明　昆明文联音协　1951 年　90 页　19cm（32 开）
（云南文艺丛书 1）

J0152489
民间歌集　青菓编
[济南] 山东人民出版社　1952 年
定价：CNY0.11

J0152490
少数民族歌舞曲选　山西省音乐工作者协会编
[太原] 山西人民出版社　1952 年　18cm（30 开）
定价：CNY0.12

J0152491
云南民间音乐　（第二集 花灯）张一弓等记
录；昆明音乐工作者协会编
昆明　云南省文学艺术界联合会筹委会　1952 年
130 页　21cm（32 开）
（云南民间音乐丛书）

J0152492
中国民歌集　叶俊英辑
上海　三民图书公司　1952 年　65 页
19cm（32 开）定价：旧币 4,000 元

J0152493
中国民歌集　叶俊英编
上海　三民图书公司　1953 年　4 版　65 页
19cm（32 开）定价：旧币 3,600 元

J0152494
中国民歌选　中央音乐学院研究部编
上海　万叶书店　1952 年　影印本　45 页
26cm（16 开）定价：旧币 6,500 元
（中央音乐学院研究部资料丛刊）

J0152495
中国民歌选　中央音乐学院研究部编
上海　万叶书店　1953 年　49 页　19cm（32 开）
定价：旧币 2,500 元

（民间音乐丛书）

J0152496

苗族歌曲集　波浪辑
上海　自立书店　1953 年　47 页　18cm（30 开）
定价：旧币 3,000 元

J0152497

陕甘宁老根据地民歌选　中国民间文艺研究
会编；中央音乐学院民间音乐研究所整理
上海　新音乐出版社　1953 年　325 页
21cm（32 开）定价：旧币 22,000 元

J0152498

四川民歌　（第一集）成都艺术专科学校研究
室编
成都　成都艺术专科学校　1953 年　104 页
21cm（32 开）

J0152499

苏北民间歌曲集　华东军政委员会文化部艺
术事业管理处辑
上海　新音乐出版社　1953 年　160 页
21cm（32 开）定价：旧币 10,800 元

J0152500

太阳出来石榴红　（苗族民谣）严庆祥作曲；
中央音乐学院华东分院创作委员会编辑
上海　上海音乐出版社　1953 年　影印本　7 页
31cm（15 开）定价：旧币 2,500 元
（中央音乐学院华东分院创作丛刊）

J0152501

西北民族歌曲集　（第一集）西北民族学院文
艺工作队辑
兰州　西北民族学院文艺工作队　1953 年　122 页
20cm（32 开）

J0152502

新疆民间合唱选　老志诚编
上海　万叶书店　1953 年　34 页　26cm（16 开）
定价：旧币 5,500 元
（万叶乐谱丛刊）

J0152503

兄弟民族歌曲选集　波浪编选
上海　工农兵读物出版社　1953 年　60 页
19cm（32 开）定价：旧币 3,000 元

J0152504

中国革命民歌选　中央音乐学院研究部编
上海　万叶书店　1953 年　34 页　26cm（16 开）
定价：旧币 5,500 元
（中央音乐学院研究部资料丛刊）

J0152505

中国革命民歌选　中央音乐学院研究部编
上海　万叶书店　1953 年　43 页　19cm（32 开）
定价：旧币 2,400 元
（民间音乐丛书）

J0152506

中国民歌集　盛宗甲辑
上海　自立书店　1953 年　定价：旧币 3,000 元

J0152507

中国民歌新唱　（钢琴伴奏　第一辑）
马思聪编曲
上海　万叶书店　1953 年　影印本　23 页
31cm（10 开）定价：旧币 5,200 元
（万叶乐谱丛刊）

　　作者马思聪（1912—1987），作曲家、小提琴
演奏家。广东海丰人。曾任中央音乐学院首任
院长，并兼任中国音乐家协会副主席、《音乐创
作》主编等职。代表作有小提琴曲《内蒙组曲》
《西藏音诗》《第一回旋曲》，交响音乐《山林之歌》
《第二交响曲》，大合唱《祖国》《春天》，歌剧《热
碧亚》等。

J0152508

中国民歌新唱　（一）马思聪编
上海　新音乐出版社　1953 年　定价：CNY0.52

J0152509

中国民歌新唱　（二）马思聪编
上海　新音乐出版社　1953 年　定价：CNY0.52

J0152510

中国民歌新唱　（钢琴伴奏　第二集）

马思聪著
上海 新音乐出版社 1954 年 27 页
31cm（10 开）定价：旧币 5,200 元

J0152511
丰收 （陕北民歌联唱）贺绿汀作曲
上海 新音乐出版社 1954 年 影印本 7 页
30cm（10 开）定价：旧币 3,200 元

J0152512
湖北民歌选集 湖北省文联音乐部收集；
湖北省文化局音乐工作组整理编辑
汉口 中南人民文学艺术出版社 1954 年 142 页
21cm（32 开）定价：旧币 7,800 元

J0152513
湖北民歌选集 湖北省文联音乐部收集；
湖北省文化局音乐工作组整理编辑
汉口 湖北人民出版社 1955 年 142 页
20cm（32 开）定价：CNY0.78

J0152514
湖南民间歌曲集 湖南省人民政府文化事业
管理局音乐工作组整理
长沙 湖南人民出版社 1954 年 151 页
21cm（32 开）定价：旧币 5,300 元
　　本书分灯调和城市小调两部分，均注明流行
地区。共收民间歌曲 205 首。

J0152515
苗族民间歌曲集 冀洲编辑
上海 新音乐出版社 1954 年 83 页
18cm（30 开）定价：旧币 5,000 元
　　作者冀洲（1929— ），贵州省文联顾问，音
乐家协会名誉主席，中国音乐家协会常务理事。

J0152516
民间歌曲选集 （第一集）波浪辑
上海 工农兵读物出版社 1954 年 67 页
17cm（40 开）定价：旧币 3,000 元

J0152517
民间歌曲选集 （第二集）波浪辑
上海 工农兵读物出版社 1954 年 84 页
17cm（40 开）定价：旧币 3,000 元

J0152518
陕甘宁老根据地民歌选 中国民间文艺研究
会编；中央音乐学院民族音乐研究所整理
北京 音乐出版社 1954 年 325 页 20cm（32 开）
统一书号：008 定价：CNY1.90
（中央音乐学院民族音乐研究所丛刊）
　　本书共选收各类民歌 572 首，按内容分为生
活、爱情、传说故事、新词、杂类 5 部分。

J0152519
陕甘宁老根据地民歌选 中国民间文艺研究
会编；中央音乐学院民族音乐研究所整理
北京 音乐出版社 1957 年 18+325 页 21cm（32 开）
统一书号：8026.261 定价：CNY1.20
（中央音乐学院民族音乐研究所丛刊）

J0152520
四川工人哨子 （自贡市、成都市）刘文晋等
记录整理；西南音乐工作者协会编辑
重庆 西南音乐工作者协会 1954 年 84 页
21cm（32 开）
（西南民间音乐汇编 第一辑）

J0152521
我们的山歌唱不完 四川省音乐工作组编辑
成都 四川人民出版社 1954 年 34 页
21cm（32 开）定价：旧币 1,800 元

J0152522
云南民歌 波浪辑
上海 自立书店 1954 年 29 页 17cm（40 开）
定价：旧币 1,500 元

J0152523
东北民间歌曲选 中国民间文艺研究会编
上海 上海音乐出版社 1955 年 287 页
21cm（32 开）定价：旧币 7,200 元

J0152524
河曲民歌六首 中央音乐学院民族音乐研究所
编辑
北京 音乐出版社 1955 年 影印本 31 页
31cm（15 开）定价：CNY0.80
（中央音乐学院民族音乐研究所丛刊）

J0152525
民歌独唱曲 （钢琴伴奏）黎英海编
上海 新知识出版社 1955 年 影印本 38 页
26cm（16 开）定价：CNY0.33

J0152526
民歌九首　江定仙改编
北京 音乐出版社 1955 年 18 页 31cm（10 开）
定价：CNY0.60

J0152527
民歌选辑 （油印资料 47 号）中央音乐学院民
族音乐研究所编辑
北京 中央音乐学院民族音乐研究所 1955 年
343 页 26cm（16 开）

J0152528
山西民间歌曲选集　晓敏等整理；山西人民
歌剧团附设山西省音乐工作组编辑
太原 山西人民出版社 1955 年 183 页
21cm（32 开）定价：CNY0.95

J0152529
苏北民间歌曲集　华东文化部艺术事业管理
处编
北京 音乐出版社 1955 年 160 页 20cm（32 开）
定价：CNY1.00

J0152530
浙江民间小调　浙江省文化局音乐工作组编辑
杭州 浙江人民出版社 1955 年 28 页
15cm（40 开）定价：CNY0.08
　　本书介绍了浙江民间最为流行的小调，如杨
柳青调、马灯调、卖花线调、莲花落调、补缸调、
梨花糖调等共 40 首。

J0152531
中国民歌选 （第一集 简谱版）中央音乐学院
民族音乐研究所编辑
北京 音乐出版社 1955 年 49 页 19cm（32 开）
定价：CNY0.20
（中央音乐学院民族音乐研究所丛刊）

J0152532
中国民歌选 （第二集 简谱版）中央音乐学院

民族音乐研究所编辑
北京 音乐出版社 1957 年 56 页 19cm（32 开）
统一书号：8026.670 定价：CNY0.18
（中央音乐学院民族音乐研究所丛刊）

J0152533
中国民歌选 （第二集 正谱版）中央音乐学院
民族音乐研究所编辑
北京 音乐出版社 1957 年 38 页 26cm（16 开）
统一书号：8026.681 定价：CNY0.55
（中央音乐学院民族音乐研究所丛刊）

J0152534
中国民歌选 （第三集）中央音乐学院民族音
乐研究所编辑
北京 音乐出版社 1958 年 64 页 13cm（60 开）
统一书号：8026.1066 定价：CNY0.13
（中央音乐学院民族音乐研究所丛刊）

J0152535
常用小调曲谱　李凤风，方行编
［南京］江苏人民出版社 1956 年
定价：CNY0.10

J0152536
川南民歌 （第一集）朱风平等搜集
重庆 西南音乐专科学校 1956 年 油印本 47 页
26cm（16 开）

J0152537
大实话 （山东民歌演唱）山东人民出版社编辑
济南 山东人民出版社 1956 年 16 页 19cm（32 开）
统一书号：T8099.98 定价：CNY0.07

J0152538
儿童民间歌曲 （第一集）江苏省歌舞团编
南京 江苏人民出版社 1956 年 239 页
［19cm］（32 开）

J0152539
贵州歌声 （第二集）贵州省群众艺术馆编
贵阳 贵州人民出版社 1956 年 26 页 有插图
19cm（32 开）统一书号：8115.96
定价：CNY0.09

J0152540

贵州歌声 （第一集）贵州省文化局音乐工作
组编辑
贵阳 贵州省文化局音乐工作组 1956年 17页
有图 19cm（32开）统一书号：T8115.83
定价：CNY0.07

J0152541

贵州民间歌曲选集 （一）贵州省群众艺术馆
编辑
贵阳 贵州人民出版社 1956年 95页 19cm（32开）
统一书号：8115.94 定价：CNY0.31

J0152542

哈萨克民间歌曲集 徐辉才记谱
北京 音乐出版社 1956年 151页 21cm（32开）
统一书号：8026.289 定价：CNY0.67
　　本书共收哈萨克民间歌曲123首,根据实际
演唱记谱,并附插图8幅。

J0152543

海南民歌 解策厉等辑
汉口 长江文艺出版社 1956年 157页
21cm（32开）定价：CNY0.59

J0152544

河北民间歌曲选集 河北省文化局音乐工作
组辑
保定 河北人民出版社 1956年 142页
21cm（32开）定价：CNY0.60
　　本书共载205首通俗易懂的河北民间歌
曲,分新词类、生活类、爱情类、传说故事类、杂
类等。

J0152545

河曲民歌采访专集 中央音乐学院民族音乐
研究所编辑
北京 音乐出版社 1956年 245页 有图
21cm（32开）定价：CNY1.46
（中央音乐学院民族音乐研究所丛刊）

J0152546

河曲民间歌曲 （调查研究专辑）中央音乐学
院中国音乐研究所编
北京 音乐出版社 1956年 243页 有图

21cm（32开）统一书号：8026.291
定价：CNY1.60
（中央音乐学院中国音乐研究所丛刊）
　　本书原名《河曲民歌采访专集》。

J0152547

湖北民间歌曲集 湖北省文联编
汉口 湖北人民出版社 1956年 62页 21cm（32开）
统一书号：T8106.8 定价：CNY0.27
　　本书为湖北省1955年群众戏剧、音乐、舞
蹈会演节目选辑之一。

J0152548

江苏民间歌曲 （第一集）江苏省歌舞团编
南京 江苏人民出版社 1956年 239页
21cm（32开）统一书号：10100.293
定价：CNY0.09

J0152549

江西民间歌曲集 江西省音乐工作组辑
南昌 江西人民出版社 1956年 158页
21cm（32开）定价：CNY0.89

J0152550

林区吆号子 刘萤记录整理；黑龙江省文学艺
术界联合会编辑
哈尔滨 黑龙江人民出版社 1956年 33页
19cm（32开）统一书号：8093.6 定价：CNY0.12

J0152551

毛主席派来访问团
李伫民,晓星作词；李伫民作曲
北京 音乐出版社 1956年 影印本 11页
31cm（10开）定价：CNY0.30
（中央音乐学院民族音乐研究所丛刊）

J0152552

民歌选辑 江西省第二届民间艺术会演辑
南昌 江西人民出版社 1956年 18页 19cm（32开）
统一书号：T8110.32 定价：CNY0.08

J0152553

民间歌曲选 马剑华辑
上海 上海文化出版社 1956年 270页
15cm（40开）定价：CNY0.52

J0152554

民间歌曲选 （第 2 集）上海文艺出版社编

上海　上海文艺出版社　1959 年　207 页

15cm（40 开）统一书号：8078.0366

定价：CNY0.40

J0152555

爬山调三首　屠冶九编

北京　音乐出版社　1956 年　影印本　8 页

31cm（10 开）统一书号：8026.511

定价：CNY0.22

　　山西民歌。

J0152556

山歌小调集　福建省文学艺术工作者联合会，

福建人民出版社文艺编辑室编辑

福州　福建人民出版社　1956 年　17 页　18cm（32 开）

统一书号：T10104.44　定价：CNY0.08

J0152557

山西民歌 （音乐资料）山西人民歌舞团编

［太原］［山西人民歌舞团］［1956 年］油印本

103 页　26cm（16 开）

J0152558

陕南民歌　唐继德编词；润群选曲；西北通俗

读物编委会编辑

西安　长安书店　1956 年　28 页　19cm（32 开）

统一书号：T8095.136　定价：CNY0.10

J0152559

四季歌 （青海民歌）唐其竟编曲

北京　音乐出版社　1956 年　影印本　5 页

31cm（15 开）统一书号：8026.523

定价：CNY0.17

J0152560

云南民歌 （第一辑　耍山调）林之音等整理；

云南省歌舞团编辑

昆明　云南人民出版社　1956 年　32 页　19cm（32 开）

统一书号：8116.27　定价：CNY0.14

J0152561

云南民歌 （第二辑　西厢坝子一窝雀）中国人

民解放军〇九二三部队文工团，云南人民出版

社编辑；枕戈等收集

昆明　云南人民出版社　1957 年　22 页　19cm（32 开）

统一书号：8116.60　定价：CNY0.10

J0152562

云南民歌 （第三辑　金花献给毛主席　藏族民

歌集）禾雨整理

昆明　云南人民出版社　1957 年　43 页　19cm（32 开）

统一书号：8116.62　定价：CNY0.16

J0152563

云南民歌 （第四集　小小荷包）白鸟等整理

昆明　云南人民出版社　1957 年　29 页　19cm（32 开）

统一书号：8116.107　定价：CNY0.11

J0152564

云南民歌 （第五集　云南出来小马街）朱里千

等收集整理

昆明　云南人民出版社　1957 年　35 页　19cm（32 开）

统一书号：8116.106　定价：CNY0.13

J0152565

浙江民间歌曲选　浙江群众艺术馆辑

杭州　浙江人民出版社　1956 年　208 页

21cm（32 开）统一书号：T8103.1

定价：CNY0.90

　　本书选辑道情、杨柳青、莲花落、滩簧、金

华山歌、畲族情歌、嘉善田歌等浙江各地流行的

民间歌曲。

J0152566

中国革命民歌选 （简谱版）中央音乐学院民

族音乐研究所编辑

北京　音乐出版社　1956 年　2 版　51 页

19cm（32 开）定价：CNY0.18

（中央音乐学院民族音乐研究所丛刊）

J0152567

中国民歌五首 （独唱及钢琴伴奏）丁善德编曲

上海　上海文化出版社　1956 年　21 页　30cm（10 开）

统一书号：T8077.41　定价：CNY0.50

　　作者丁善德（1911—1995），江苏昆山人。

1928 年入上海国立音乐专科学校钢琴系，兼学作

曲。历任天津女子师范学校、上海国立音专教师，

上海音乐学院教授、作曲系主任、副院长，中国

音协副主席。创作钢琴曲《中国民歌主题变奏曲》《序曲三首》,交响乐《长征》等。撰有《单对位法》《复对位法》《赋格写作纲要》等。

J0152568

中国民歌主题小赋格曲集　汪培元编曲
北京 音乐出版社 1956年 影印本 17页 有乐谱
30cm（10开）统一书号：8026.464
定价：CNY0.38

J0152569

安徽民间音乐　（第一集）安徽省文化局音乐工作组编
合肥 安徽人民出版社 1957年 17+305页
21cm（32开）统一书号：8102.45
定价：CNY1.20。本书共3集。收集了流传于安徽省的民间音乐,按山歌、秧歌、小调、劳动号子、歌舞说唱、器乐曲等形式编排,另外还选编了部分传统民歌曲调。

J0152570

安徽民间音乐　（第二集）安徽省群众艺术馆编
合肥 安徽人民出版社 1960年 334页
21cm（32开）统一书号：8102.119
定价：CNY1.28

J0152571

安徽民间音乐　（第三集）安徽省群众艺术馆编
合肥 安徽文艺出版社 1988年 516页
20cm（32开）ISBN：7-5396-0138-8
定价：CNY4.50

J0152572

藏族民歌选　《解放军歌曲选集》编辑部编辑；黄庆和,程途整理
北京 音乐出版社 1957年 205页 19cm（32开）
统一书号：8026.585 定价：CNY0.95
本书选收藏族民歌共299首,歌词部分除注有汉语拼音外,并附汉文意译。

J0152573

第二届全国民间音乐舞蹈汇演优秀歌曲选集　中央群众艺术馆推荐
北京 音乐出版社 1957年 40页 19cm（32开）

统一书号：8026.760 定价：CNY0.14

J0152574

东北民歌　（第一集）程喜发唱；那炳晨记
长春 吉林人民出版社 1957年 101页
19cm（32开）统一书号：8091.19
定价：CNY0.32

J0152575

东北民歌　（第二集）吉林省文化局戏曲研究室编辑
长春 吉林人民出版社 1957年 56页 19cm（32开）
统一书号：8091.22 定价：CNY0.20

J0152576

独唱民歌三首　屠冶九编曲
上海 上海音乐出版社 1957年 9页 31cm（15开）
统一书号：8127.084 定价：CNY0.34

J0152577

福建民间歌曲选集　福建省群众艺术馆编辑
福州 福建人民出版社 1957年 63页 20cm（32开）
统一书号：8104.54 定价：CNY0.32

J0152578

桂西山歌曲集　广西省桂西僮族自治州歌舞团编辑
南宁 广西人民出版社 1957年 41页 19cm（32开）
统一书号：8113.19 定价：CNY0.15

J0152579

哈萨克民歌　石夫,勉行搜集整理；卡可泰口译；中国音乐家协会西安分会编
西安 陕西人民出版社 1957年 46页 19cm（32开）
统一书号：8094.61 定价：CNY0.16

J0152580

海棠花　（民歌、乐曲）湖南省群众艺术馆编辑
长沙 湖南人民出版社 1957年 51页 18cm（15开）
统一书号：8109.28 定价：CNY0.15
本书为湖南省1956年农村群众艺术观摩会演得奖节目汇编。

J0152581

号子合唱三首　（澧水船夫曲、嘉陵江号子、

森林号子联唱）曾水帆等编词
北京　音乐出版社　1957 年　36 页　19cm（32 开）
统一书号：8026.628　定价：CNY0.12

J0152582
河曲民歌　中央音乐学院民族音乐研究所编
北京　中央音乐学院民族音乐研究所　1957 年
油印本　2 册

J0152583
江西民歌合唱曲选集　张翼编
南昌　江西人民出版社　1957 年　40 页　26cm（16 开）
统一书号：T8110.74　定价：CNY0.13

J0152584
胶东民间歌曲选　于会泳，张仲樵编辑
上海　上海音乐出版社　1957 年　118 页
21cm（32 开）统一书号：8127.080
定价：CNY0.60

J0152585
苗岭歌声　苗岭歌声编委会，贵州省群众艺术
馆编辑
贵阳　贵州人民出版社　1957 年　24 页
18cm（30 开）定价：CNY0.08

J0152586
民歌独唱曲　（钢琴伴奏）黎英海改编
上海　上海文化出版社　1957 年　影印本　39 页
26cm（16 开）统一书号：T8077.78
定价：CNY0.26

J0152587
民歌合唱集　（第一集）北京群众艺术馆编辑
北京　北京出版社　1957 年　39 页　19cm（32 开）
统一书号：8071.11　定价：CNY0.14

J0152588
民歌合唱三首　刘炽编曲
北京　音乐出版社　1957 年　影印本　20 页
26cm（16 开）统一书号：8026.584
定价：CNY0.28
　　作者刘炽（1921—1998），电影作曲和歌曲
家。原名刘德荫，曾用名笑山，陕西西安人。历
任抗战剧团舞蹈演员、延安鲁迅艺术文学院音乐

系教员、东北文工团作曲兼指挥、东北鲁艺音工
团作曲兼指挥等职。代表作歌剧《阿诗玛》，歌曲
《我的祖国》《英雄赞歌》《让我们荡起双桨》等。

J0152589
民歌选集　（第一集）浙江群众艺术馆编辑
杭州　东海文艺出版社　1957 年　27 页　18cm（30 开）
统一书号：8125.16　定价：CNY0.10

J0152590
民歌选集　（第二集）浙江群众艺术馆编辑
杭州　东海文艺出版社　1957 年　26 页　18cm（30 开）
统一书号：8125.24　定价：CNY0.09

J0152591
民歌选集　（第三集）浙江群众艺术馆编辑
杭州　东海文艺出版社　1957 年　20 页　18cm（30 开）
统一书号：8125.25　定价：CNY0.08

J0152592
民歌选集　安徽省群众艺术馆编
［合肥］安徽人民出版社　1957 年
定价：CNY0.16

J0152593
民歌选集　福建省群众艺术馆编
［福州］福建人民出版社　1957 年
定价：CNY0.10

J0152594
内蒙古自治区歌曲选集　（1947—1957）
内蒙古自治区成立十周年纪念文艺作品选集编
辑委员会编
呼和浩特　内蒙古人民出版社　1957 年　76 页
20cm（32 开）统一书号：10089.14
定价：CNY0.32

J0152595
青海民间歌曲集　华恩编
西宁　青海人民出版社　1957 年　112 页
19cm（32 开）统一书号：10097.26
定价：CNY0.38
　　本书分别按山歌、秧歌社火、酒令家曲、藏
族舞曲 4 类排，每首歌曲配有曲谱。共收辑青
海民歌 140 首。

J0152596

青海民间歌曲集　青海省群众艺术馆,青海省音乐工作者协会编

西宁　青海人民出版社　1959 年　121 页　19cm（32 开）统一书号：10097.144

定价：CNY0.42

J0152597

山丹花　（青海民歌集）王云阶编辑

上海　上海音乐出版社　1957 年　23 页　19cm（32 开）

统一书号：8127.098　定价：CNY0.09

J0152598

山东民间歌曲选集　山东省音乐工作组编

济南　山东人民出版社　1957 年　186 页

26cm（16 开）统一书号：T8099.93

定价：CNY1.10

J0152599

山西民间歌曲选集　（第二集）山西省群众艺术馆编辑

太原　山西人民出版社　1957 年　210 页

19cm（32 开）统一书号：10088.94

定价：CNY0.80

J0152600

山西民间歌曲选集　山西省文化局音乐工作组编辑

北京　音乐出版社　1957 年　188 页　19cm（32 开）

统一书号：8026.630　定价：CNY0.70

J0152601

陕北民歌合唱选集　王方亮编曲

上海　上海文化出版社　1957 年　31 页　19cm（32 开）

统一书号：8077.99　定价：CNY0.12

J0152602

陕北民歌合唱选集　（第二集）王方亮编曲

上海　上海文艺出版社　1960 年　42 页　19cm（32 开）

统一书号：8078.1290　定价：CNY0.15

J0152603

四川民歌　王珂编

北京　中华全国总工会工人歌舞团　1957 年　油印本　102 页　26cm（16 开）

J0152604

四川民歌集　（第四集）曼西编

北京　中华全国总工会工人歌舞团　1957 年　油印本　108 页　26cm（16 开）

J0152605

四川民歌集　（第五集）曼西编

北京　中华全国总工会工人歌舞团　1957 年　油印本　108 页　26cm（16 开）

J0152606

四川民歌集　（第二集）曼西编

北京　中华全国总工会工人歌舞团　1959 年　油印本　137 页　26cm（16 开）

J0152607

四川民歌集　（第三集）曼西编

北京　中华全国总工会工人歌舞团　1959 年　油印本　146 页　26cm（16 开）

J0152608

太阳出来晒山坡　（民歌、乐曲）

湖南省群众艺术馆编辑

长沙　湖南人民出版社　1957 年　48 页　18cm（32 开）

统一书号：8109.27　定价：CNY0.14

J0152609

维吾尔民歌　中国音乐家协会西安分会编辑；石夫、勉行搜集整理

西安　陕西人民出版社　1957 年　72 页　19cm（32 开）

统一书号：T8094.71　定价：CNY0.24

J0152610

新疆民歌四首　（钢琴伴奏）音乐出版社编辑部编

北京　音乐出版社　1957 年　影印本　12 页　26cm（16 开）统一书号：8026.714

定价：CNY0.20

J0152611

云南民歌六首　罗忠镕作曲

北京　音乐出版社　1957 年　影印本　19 页　26cm（16 开）统一书号：8026.720

定价：CNY0.28

　　作者罗忠镕（1924—　），作曲家、理论家、

教授。生于四川省三台县，就读于四川省立艺术专科学校和国立上海音乐专科学校。代表作品《罗忠镕后期现代风格的音乐创作研究》《山那边哟好地方》《庆祝十三陵水库落成典礼序曲》等。

J0152612

云南民间歌曲选　黄庆和整理；解放军歌曲选集编辑部编

北京　音乐出版社　1957年　14+178页　19cm（32开）

统一书号：8026.586　定价：CNY0.70

J0152613

云南山歌　（第一集）云南省群众艺术馆编辑；杨放等记录

昆明　云南人民出版社　1957年　60页　19cm（32开）

统一书号：8116.55　定价：CNY0.21

J0152614

中国民歌独唱曲集　陆华柏编曲

北京　音乐出版社　1957年　影印本　59页　26cm（16开）统一书号：8026.536

定价：CNY0.80

　　作者陆华柏(1914—1994)，作曲家、音乐教育家。出生于湖北荆门，祖籍江苏武进。主要作品有《故乡》《勇士骨》《汨罗江边》等。

J0152615

中国民歌五首　丁善德编曲

上海　上海音乐出版社　1957年　影印本　15页　30cm（10开）统一书号：127.064

定价：CNY0.50

J0152616

重庆郊区民歌　重庆群众艺术馆编辑

重庆　重庆人民出版社　1957年　44页　19cm（32开）

统一书号：8114.38　定价：CNY0.16

J0152617

安徽"大跃进"民间歌曲集　安徽省群众艺术馆编

上海　上海文艺出版社　1958年　29页　19cm（32开）

统一书号：8078.301　定价：CNY0.11

J0152618

唱歌要唱"跃进"歌　中国宽甸县委宣传部编

沈阳　辽宁人民出版社　1958年　36页　17cm（40开）

统一书号：T10090.409　定价：CNY0.09

（辽宁民歌民谣选）

J0152619

春季到来遍地青　辽宁人民出版社编辑

沈阳　辽宁人民出版社　1958年　30页　17cm（40开）

统一书号：T10090.388　定价：CNY0.08

（辽宁民歌民谣选）

J0152620

大家来唱新民歌　（1958年　第一辑　泰山之土谁敢动）上海文艺出版社编

上海　上海文艺出版社　1958年　15页　19cm（32开）

定价：CNY0.07

J0152621

大家来唱新民歌　（1959年　第一辑）上海文艺出版社编

上海　上海文艺出版社　1959年　51页　19cm（32开）

统一书号：8076.0734　定价：CNY0.15

J0152622

大家来唱新民歌　（1959年　第二辑）上海文艺出版社编

上海　上海文艺出版社　1959年　47页　19cm（32开）

统一书号：8078.0990　定价：CNY0.14

J0152623

大家来唱新民歌　（1959年　第三辑）上海文艺出版社编

上海　上海文艺出版社　1959年　51页　19cm（32开）

统一书号：8078.0734　定价：CNY0.15

J0152624

大家来唱新民歌　（1959年　第三辑　如今人间胜天堂）上海文艺出版社编

上海　上海文艺出版社　1959年　37页　19cm（32开）

统一书号：8078.495　定价：CNY0.13

J0152625

大家来唱新民歌　（1960年　第三辑）上海文艺出版社编

上海　上海文艺出版社　1960年　27页　19cm（32开）

统一书号：8078.1433　定价：CNY0.11

J0152626

侗族大歌 （嘎老）贵州省文联编

贵阳 贵州人民出版社 1958 年 268 页

26cm（16 开）统一书号：T8115.1

定价：CNY1.62

　　本书包括大歌、声音歌、叙事大歌等，附录中有拦路歌、开路歌、踩堂歌、戏歌等，共 50 多首侗族大歌。

J0152627

独唱民歌三首 音乐出版社编辑部编

北京 音乐出版社 1958 年 7 页 26cm（16 开）

统一书号：8026.869 定价：CNY0.17

J0152628

歌唱总路线 （歌曲 第二集）中国音乐家协会南京分会筹委会编

南京 江苏文艺出版社 1958 年 15 页 19cm（32 开）

统一书号：8141.486 定价：CNY0.08

J0152629

广东民间歌曲 （第一集 "七一" 民歌演唱晚会民歌选）中国音乐家协会广州分会编

广州 广东人民出版社 1958 年 78 页 20cm（32 开）

统一书号：T8111.81 定价：CNY0.28

J0152630

贵州民间歌曲三十首 贵州省歌舞团编

贵阳 贵州人民出版社 1958 年 76 页 19cm（32 开）

统一书号：T10115.135 定价：CNY0.24

J0152631

河北歌片 （1《我的祖国》等两首）

石家庄 河北人民出版社 1958 年

定价：CNY0.03

　　本歌集收录《我的祖国》《姑娘过去树满山》。

J0152632

河北歌片 （2 咱们这山区有奔头、新社员之歌）

石家庄 河北人民出版社 1958 年

定价：CNY0.03

J0152633

河北歌片 （3《拿出革命干劲来》等两首）

石家庄 河北人民出版社 1958 年

定价：CNY0.03

　　本歌集收录《拿出革命干劲来》《月里嫦娥想家乡》。

J0152634

河北歌片 （4 老两口子对唱）

石家庄 河北人民出版社 1958 年

定价：CNY0.03

J0152635

河北歌片 （5 对花、杜鹃花）

石家庄 河北人民出版社 1958 年

定价：CNY0.03

J0152636

河南民歌选 河南省群众艺术馆编

郑州 河南人民出版社 1958 年 220 页

19cm（32 开）统一书号：8105.65

定价：CNY0.60

J0152637

湖南山歌曲调选 （第一集）湖南群众艺术馆编

长沙 湖南人民出版社 1958 年 73 页 21cm（32 开）

统一书号：8109.127 定价：CNY0.30

J0152638

花儿集 马思聪作曲

北京 音乐出版社 1958 年 51 页 19cm（32 开）

统一书号：8026.1010 定价：CNY0.22

J0152639

建设美丽的煤铁城 中共本溪市委宣传部，本溪市人委文化局编

沈阳 辽宁人民出版社 1958 年 72 页

18cm（小 32 开）统一书号：T10090.497

定价：CNY0.13

（辽宁民歌民谣选）

J0152640

江西民间歌曲集 （第二集）江西省群众艺术馆编

南昌 江西人民出版社 1958 年 67 页 21cm（32 开）

统一书号：8110.128 定价：CNY0.27

J0152641
开天辟地靠两手　中共旅大市委宣传部编；
王秋插图
沈阳 辽宁人民出版社 1958年 29页 17cm（40开）
统一书号：T10090.469 定价：CNY0.07
（辽宁民歌民谣选）

J0152642
兰河湾里幸福长　中共辽阳地委宣传部编
沈阳 辽宁人民出版社 1958年 33页
18cm（小32开）统一书号：T10090.563
定价：CNY0.08
（辽宁民歌民谣选）

J0152643
劳动歌声满山岗　辽宁人民出版社编辑
沈阳 辽宁人民出版社 1958年 30页 17cm（40开）
统一书号：T10090.390 定价：CNY0.08
（辽宁民歌民谣选）

J0152644
炼钢炉前似战场　上海文艺出版社编
上海 上海文艺出版社 1958年 26页 19cm（32开）
统一书号：8078.275 定价：CNY0.11

J0152645
辽北一片米粮川　中共铁岭地委宣传部编
沈阳 辽宁人民出版社 1958年 100页
17cm（40开）统一书号：T10090.400
定价：CNY0.17
（辽宁民歌民谣选）

J0152646
辽河两岸好风光　中共辽阳地委宣传部编
沈阳 辽宁人民出版社 1958年 56页 17cm（40开）
统一书号：T10090.401 定价：CNY0.11
（辽宁民歌民谣选）

J0152647
凌河两岸起歌声　中共锦州市委宣传部,锦州
市人民委员会文化科编
沈阳 辽宁人民出版社 1958年 46页
18cm（小32开）统一书号：T10090.987
定价：CNY0.10
（辽宁民歌民谣选）

J0152648
泸州民间歌曲选　（第一集）泸州专区文艺卫
星办公室编
泸州 泸州人民出版社 1958年 22页 20cm（32开）
统一书号：T10.2 定价：CNY0.20

J0152649
泸州民间歌曲选　（第二集）泸州专区文艺卫
星办公室编
泸州 泸州人民出版社 1958年 41页 20cm（32开）
统一书号：T10.2 定价：CNY0.20

J0152650
泸州民间歌曲选　（第三集）泸州专区文艺卫
星办公室编
泸州 泸州人民出版社 1958年 50页 20cm（32开）
统一书号：T10.3 定价：CNY0.23

J0152651
泸州民间歌曲选　（第四集）泸州专区文艺卫
星办公室编
泸州 泸州人民出版社 1958年 34页 20cm（32开）
统一书号：T10.4 定价：CNY0.12

J0152652
满山遍野鲜花开　中共铁岭县委宣传部编
沈阳 辽宁人民出版社 1958年 41页 17cm（40开）
统一书号：T10090.530 定价：CNY0.09
（辽宁民歌民谣选）

J0152653
民歌　河南省群众艺术馆编
郑州 河南人民出版社 1958年 16页 19cm（32开）
统一书号：8105.69 定价：CNY0.08

J0152654
民歌独唱曲集　黎英海改编
上海 上海音乐出版社 1958年 32页 26cm（16开）
统一书号：8127.211 定价：CNY0.36

J0152655
民歌合唱曲选　音乐出版社编辑部编
北京 音乐出版社 1958年 88页 19cm（32开）
统一书号：8026.744 定价：CNY0.34

J0152656
民歌合唱选　北京群众艺术馆编辑
上海 上海音乐出版社 1958 年 72 页 19cm（32 开）
统一书号：8127.162 定价：CNY0.22

J0152657
民歌三十首　陈德义编曲
上海 上海音乐出版社 1958 年 影印本 16 页
26cm（16 开）统一书号：8127.216
定价：CNY0.20

J0152658
民歌选集　（第一集）唐山专署文教局汇编
唐山 唐山专署文教局 1958 年 油印本 117 页
26cm（16 开）

J0152659
茉莉花　（河北民歌选）河北群众艺术馆编
保定 河北人民出版社 1958 年 34 页 19cm（32 开）
统一书号：8086.12 定价：CNY0.13

J0152660
蒲河水弯又弯　中共新民县委宣传部编
沈阳 辽宁人民出版社 1958 年 28 页 17cm（40 开）
统一书号：T10090.562 定价：CNY0.06
（辽宁民歌民谣选）

J0152661
千山万岭换新装　中共朝阳县委宣传部编
沈阳 辽宁人民出版社 1958 年 54 页 17cm（40 开）
统一书号：T10090.403 定价：CNY0.11
（辽宁民歌民谣选）

J0152662
山西民歌主题二首　李秉衡编曲
北京 音乐出版社 1958 年 21 页 26cm（16 开）
统一书号：8026.871 定价：CNY0.32

J0152663
山西民间歌曲选集　（第一集）山西人民歌剧
团附设山西音乐工作组编
太原 山西人民出版社 1958 年 165 页
19cm（32 开）统一书号：10088.94
定价：CNY0.60

J0152664
山西民间歌曲选集　（第二集）山西省群众艺
术馆编
太原 山西人民出版社 1958 年 定价：CNY0.08

J0152665
陕北民歌独唱曲集　白秉权编
北京 音乐出版社 1958 年 23 页 19cm（32 开）
统一书号：8026.786 定价：CNY0.10

J0152666
陕西民歌演唱集　陕西省群众艺术馆辑
西安 长安书店 1958 年 27 页 19cm（32 开）
统一书号：T10095.298 定价：CNY0.11

J0152667
上海新民歌创作选集　（第一集）中国音乐家
协会上海分会编辑
上海 上海音乐出版社 1958 年 16 页 19cm（32 开）
统一书号：8127.229 定价：CNY0.07

J0152668
少年儿童民歌改编集　李伡民等编曲
北京 中国少年儿童出版社 1958 年 32 页
19cm（32 开）统一书号：R8056.41
定价：CNY0.13

J0152669
十里火龙闹天地　中共桓仁县委宣传部编
沈阳 辽宁人民出版社 1958 年 42 页
18cm（小 32 开）统一书号：T10090.510
定价：CNY0.09
（辽宁民歌民谣选）

J0152670
水坝弯弯十里长　中共盖平县委宣传部编
沈阳 辽宁人民出版社 1958 年 47 页 17cm（35 开）
统一书号：T10090.415 定价：CNY0.10
（辽宁民歌民谣选）

J0152671
四川民歌歌曲十首　宋大能编曲
成都 四川人民出版社 1958 年 8 页 19cm（32 开）
统一书号：T8118.250 定价：CNY0.05

J0152672
苏水龙山变乐园　中共新宾县委宣传部编
沈阳　辽宁人民出版社 1958 年 38 页 有图
17cm（35 开）统一书号：T10090.466
定价：CNY0.09
（辽宁民歌民谣选）

J0152673
新疆民歌三首　刘炽改编
北京 音乐出版社 1958 年 20 页 26cm（16 开）
统一书号：8026.919 定价：CNY0.28
　　作者刘炽（1921—1998），电影作曲和歌曲
家。原名刘德荫，曾用名笑山，陕西西安人。历
任抗战剧团舞蹈演员、延安鲁迅艺术文学院音乐
系教员、东北文工团作曲兼指挥、东北鲁艺音工
团作曲兼指挥等职。代表作歌剧《阿诗玛》，歌曲
《我的祖国》《英雄赞歌》《让我们荡起双桨》等。

J0152674
一棵果树万朵花　中共金县县委宣传部编
沈阳　辽宁人民出版社 1958 年 44 页 18m（32 开）
统一书号：T10090.564 定价：CNY0.09
（辽宁民歌民谣选）

J0152675
宜阳农民歌选　中共宜阳县委宣传部汇编
宜阳 中共宜阳县委宣传部 1958 年 油印本
16 页 19cm（32 开）

J0152676
英雄不怕万重山　中共锦州地委宣传部编
沈阳　辽宁人民出版社 1958 年 64 页 17cm（40 开）
统一书号：T10090.402 定价：CNY0.13
（辽宁民歌民谣选）

J0152677
英雄创业美名扬　中共复县委员会宣传部编
沈阳 辽宁人民出版社 1958 年 66 页 17cm（35 开）
统一书号：T10090.395 定价：CNY0.13
（辽宁民歌民谣选）

J0152678
英雄花开靠东风　中共宽甸县委宣传部编
沈阳 辽宁人民出版社 1958 年 38 页 18m（26 开）
统一书号：T10090.486 定价：CNY0.09
（辽宁民歌民谣选）

J0152679
"跃进"歌声象海潮　中共安东地委宣传部编；
赫凤插图
沈阳 辽宁人民出版社 1958 年 52 页 18cm（32 开）
统一书号：T10090.404 定价：CNY0.10
（辽宁民歌民谣选）

J0152680
云南贵州少数民族民歌选
中央民族歌舞团创作研究室编
北京 音乐出版社 1958 年 51 页 19cm（32 开）
统一书号：8026.767 定价：CNY0.24

J0152681
云南民歌卅首　云南省群众艺术馆编
昆明 云南人民出版社 1958 年 20 页 19cm（32 开）
统一书号：8116.189 定价：CNY0.10

J0152682
咱们农民爱唱歌　（内蒙古新民歌）王世一编
呼和浩特 内蒙古人民出版社 1958 年 22 页
19cm（32 开）统一书号：8089.17
定价：CNY0.09

J0152683
摘葡萄　（四川民间歌曲）重庆市文工团歌舞
团编
重庆 重庆人民出版社 1958 年 47 页 21cm（32 开）
统一书号：8114.77 定价：CNY0.22

J0152684
中国民歌选　音乐出版社编辑部编
北京 音乐出版社 1958 年 44 页 19cm（32 开）
（农村通俗文库 音乐知识 第一辑）

J0152685
中国民歌选　（五线谱）人民音乐出版社编辑
部编
北京 人民音乐出版社 1980 年 正谱本 307 页
25cm（15 开）统一书号：8026.3740
定价：CNY5.90（精装），CNY4.15（平装）
　　本书选收中国 25 个省区及各兄弟民族地区
的民歌共 331 首。包括《于七抗清十二月》《洪

秀全起义》《宋景诗造反》《甲午战争》等。

J0152686

壮族民歌集　广西壮族自治区歌舞团编

北京　音乐出版社　1958 年　32 页　19cm（32 开）

统一书号：8026.864　定价：CNY0.15

　　本书选收的壮族民歌分为革命民歌、劳动民歌及爱情民歌 3 类，共 44 首。

J0152687

总路线放红光　辽宁人民出版社编辑

沈阳　辽宁人民出版社　1958 年　54 页　17cm（40 开）

统一书号：T10090.413　定价：CNY0.11

（辽宁民歌民谣选）

J0152688

安徽第一届音乐周选集　安徽省群众艺术馆编

合肥　安徽人民出版社　1959 年　164 页

21cm（32 开）统一书号：T8102.959

定价：CNY0.70

J0152689

搬来泰山筑长城　中共法库县委宣传部编

沈阳　辽宁人民出版社　1959 年　32 页　17cm（40 开）

统一书号：T10090.581　定价：CNY0.08

（辽宁民歌民谣选）

J0152690

宝应民间常用小调集　（第一辑）宝应县文化馆编

扬州　扬州宝应出版社　1959 年　25 页　19cm（32 开）

定价：CNY0.11

J0152691

宝应民间歌曲选　（第一辑）宝应县文化馆编

宝应县　宝应县文化馆　1959 年　12 页　19cm（32 开）

定价：CNY0.06

J0152692

北京新歌　（第一册）北京市文联编

北京　北京出版社　1959 年　23 页　19cm（32 开）

统一书号：8071.84　定价：CNY0.10

J0152693

唱春耕　中国音乐家协会成都分会编

成都　四川人民出版社　1959 年　12 页　19cm（32 开）

统一书号：T8118.276　定价：CNY0.05

J0152694

川江船夫号子　杜宇等整理

成都　四川人民出版社　1959 年　28 页　21cm（32 开）

统一书号：8118.268　定价：CNY0.14

J0152695

创作歌曲　湘西土家族苗族自治州文化馆编

吉首［湖南］湘西土家族苗族自治州人民出版社

1959 年　39 页　19cm（32 开）统一书号：8-1

定价：CNY0.30

J0152696

大家一齐来唱歌　（民歌新唱）山西实验剧院歌舞剧团编

太原　山西人民出版社　1959 年　45 页　19cm（32 开）

统一书号：10088.354　定价：CNY0.16

J0152697

党的好女儿——向秀丽　南师院化学系集体创作

南师院化学系　1959 年　油印本　27cm（16 开）

J0152698

妇女捕鱼队组歌　潘琳作词；施明新编曲

广州　广东人民出版社　1959 年　12 页　26cm（16 开）

统一书号：T8111.341　定价：CNY0.01

J0152699

甘肃新民歌选　（第一集）甘肃省群众艺术馆编

兰州　甘肃省群众艺术馆　1959 年　25 页

19cm（32 开）

J0152700

干劲大得很　（山歌联唱　演唱材料）

重庆群众艺术馆编

重庆　重庆人民出版社　1959 年　定价：CNY0.09

J0152701

歌唱养猪模范祝瑞香　（浙江民间常用曲调）

浙江群众艺术馆,浙江音协筹委会编

杭州　东海文艺出版社　1959 年　25 页　15cm（40 开）

统一书号：10125.298　定价：CNY0.06

J0152702

歌曲 （1）乐平县文艺创作办公室,乐平县文化馆编

乐平　乐平县文艺创作办公室 1959 年　油印本 12 页 26cm（16 开）

（乐平县群众创作选集 7）

　　　本书由乐平县文艺创作办公室和乐平县文化馆联合出版。

J0152703

共产主义是天堂 （民歌联唱）夏白作曲；

上海纺织工人等词

上海　上海文艺出版社 1959 年 24 页 19cm（32 开）

统一书号: 8078.528 定价: CNY0.10

J0152704

共产主义万年青 中共阜新市委宣传部,阜新市人民委员会文化科编

沈阳　辽宁人民出版社 1959 年 42 页 17cm（40 开）

统一书号: T10090.590 定价: CNY0.49

（辽宁民歌民谣选）

J0152705

谷城民歌选 （第一辑）中共谷城县委宣传部编辑

谷城　中共谷城县委宣传部 1959 年　18 页 19cm（32 开）定价: CNY0.09

J0152706

桂林区民歌曲集 桂林专区人民出版社编辑

［南宁］桂林人民出版社 1959 年

定价: CNY0.39

J0152707

哈达献给毛主席 （藏族民歌选集）中国音乐研究所等编

北京　音乐出版社 1959 年 40 页　有照片 19cm（32 开）统一书号: 8026.1215

定价: CNY0.17

J0152708

贺江山歌 （第一辑 初稿）徐炎记谱

贺县　广西壮族自治区贺县邮电局工会 1959 年 油印本 15 页 20cm（32 开）环筒页装

J0152709

湖南民间歌曲集 （第二册）湖南群众艺术馆编

长沙　湖南人民出版社 1959 年 88 页 21cm（32 开）

统一书号: 8109.376 定价: CNY0.34

　　　本书分为民间灯调、小调两部分，共收 146 首。

J0152710

江汉民歌集 荆州专署文教局编

荆州　荆州专署文教局 1959 年 68 页 19cm（32 开）

J0152711

江苏民间歌曲选 （第一集）中国音乐家协会江苏分会编

南京　江苏文艺出版社 1959 年 44 页 19cm（32 开）

统一书号: 8100.621 定价: CNY0.15

　　　本书收江苏民歌《十个新郎》《扬子丰收号子》《太湖渔歌》等 25 首。

J0152712

江苏民间歌曲集 南京市工人业余艺术学校［编印］

南京　南京市工人业余艺术学校 1963 年

油印本 18 页 25cm（15 开）

J0152713

江苏民间歌曲集 （目录及勘误表 苏南部分）中国音乐家协会江苏分会编印

南京　中国音乐家协会江苏分会 1964 年

油印本 36 页　有乐谱 26cm（16 开）

J0152714

江苏民间歌曲集 （苏南部分）中国音乐家协会江苏分会编印

南京　中国音乐家协会江苏分会 1964 年

油印本 36 页　有乐谱 27cm（16 开）

J0152715

江苏民间歌曲集 （苏北及南京部分）中国音乐家协会江苏分会编印

南京　中国音乐家协会江苏分会 1965 年

油印本 272 页 27cm（16 开）

J0152716

江苏民间歌曲集 （第二集）江苏省文化局,

南京艺术学院音乐系编
［南京］［江苏省文化局］1978 年　油印本　32 页
26cm（16 开）

J0152717

江苏民间歌曲集　江苏省文化局,南京艺术学
院音乐系编选
［南京］［江苏省文化局］1978 年　油印本　82 页
有乐谱　26cm（16 开）

J0152718

江苏民间歌曲集　中国音乐家协会江苏分会编
［南京］［中国音乐家协会江苏分会］1986 年
油印本　217 页　有乐谱　26cm（16 开）

J0152719

江苏民歌选　华东六省一市民歌会演江苏筹备
组［编］
南京　华东六省一市民歌会演江苏筹备组
1986 年　51 页　26cm（16 开）

J0152720

江苏民歌十五首　音协江苏分会编
［南京］1980 年　油印本　71 页　27cm（大 16 开）

J0152721

江苏民歌十五首　（附风琴伴奏）中国音乐家
协会江苏分会编
［南京］1980 年　油印本　41 页　27cm（大 16 开）

J0152722

连云港市民歌集　连云港市文化馆编
1980 年　油印本　77 页　有乐谱　26cm（16 开）

J0152723

南通地区民歌集　南通地区文化局编
1980 年　油印本　491 页　26cm（16 开）

J0152724

徐州市民间歌曲选　（一）徐州市文化局,徐
州市文联编
［徐州］［徐州市文化局］1979 年　78 页
26cm（16 开）

J0152725

徐州市民间歌曲选　（二）徐州市文化局,徐
州市文联编
1980 年　油印本　57 页　26cm（16 开）

J0152726

无锡市民间歌曲集　无锡市文学艺术工作者
联合会编
无锡　无锡市文学艺术工作者联合会　1980 年
油印本　20 页　有乐谱　25cm（小 16 开）

J0152727

常州民歌　（第一辑）常州市音乐工作者协会
编印
1980 年　油印本　40 页　26cm（16 开）

J0152728

淮阴民歌集　江苏省淮阴地区行政公署文化
局编印
淮阴　江苏省淮阴地区行政公署文化局　1980 年
油印本　172 页　有乐谱　26cm（16 开）

J0152729

江苏民间音乐选集　中国音乐家协会江苏分
会筹委会编
南京　江苏文艺出版社　1959 年　768 页
26cm（16 开）统一书号：8141.637
定价：CNY4.80
　　本书分民歌、说唱音乐、戏曲音乐、民乐四
个部分。

J0152730

乐平民间音乐　（选集）邓志成,王清玉整理
乐平　乐平县文化馆　1959 年　油印本　39 页
26cm（16 开）

J0152731

澧水船夫号子　湖南省民间歌舞团集体改编
长沙　湖南人民出版社　1959 年　5 页　26cm（16 开）
统一书号：8109.433 定价：CNY0.14

J0152732

毛主席来到珞珈山　（表演唱）孙世强等著
武汉　湖北人民出版社　1959 年　14 页　14cm（64 开）
统一书号：T8106.448 定价：CNY0.05

本演唱材料还包括女声小合唱《丰收不忘共产党》,为春节文娱演唱材料。

J0152733
苗族民歌　中国音乐研究所编
北京　音乐出版社　1959 年　143 页　有地图及插图
20cm（32 开）统一书号：8026.1142
定价：CNY1.10
（中国音乐研究所丛刊）
　　本书主要介绍黔东南地区苗族民歌分布情况、歌曲种类,并对其民歌的内容与形式作了初步的分析与研究,全书采用国际音标记录苗语的发音,并附以汉文的直译与意译。

J0152734
民歌　（7 回娘家等　群众演唱）
湖南省群众艺术馆编
［长沙］湖南人民出版社 1959 年
定价：CNY0.10
　　本民歌集收有《回娘家》《绣荷包》《蓝山嘉禾结成亲》《三根丝线三尺长》《马桑树儿搭台灯》等。

J0152735
民歌　（8 溜溜歌　群众演唱）湖南省群众艺术馆编
［长沙］湖南人民出版社 1959 年
定价：CNY0.10

J0152736
民歌风独唱曲十首　四川音乐学院作曲系编
北京　音乐出版社 1959 年　17 页　26cm（16 开）
统一书号：8026.1196　定价：CNY0.24
（四川音乐学院创作丛刊）

J0152737
民歌集　（广西、云南、湖南、江西、安徽部分）
中华全国总工会工人歌舞团编
北京　中华全国部工会工人歌舞团 1959 年
油印本　29 页　26cm（16 开）

J0152738
民歌新唱　（第 1 集）北京市文联编
北京　人民出版社 1959 年　定价：CNY0.09

J0152739
民歌新唱　（第一册）北京市文联编
北京　北京出版社 1959 年　简谱本　20 页
19cm（32 开）统一书号：8071.82
定价：CNY0.09

J0152740
民歌新唱　（第二册）北京市文联编
北京　北京出版社 1960 年　简谱本　26 页
19cm（32 开）统一书号：8071.104
定价：CNY0.10

J0152741
白局曲调选　南京市工人白局实验曲剧团编印
南京　南京市工人白局实验曲剧团 1961 年
油印本　35 页　有乐谱　26cm（16 开）
　　白局是南京地区的古老曲种,元曲曲牌中的"南京调"是白局的古腔本调,已有七百多年的历史,形成于元朝末期的云锦织机房,盛衰随着南京织锦业的发展变化而起落,是一种极具浓郁地方特色的说唱艺术,说的是最正宗的城南老南京话,唱的是明清俗曲和江南民调,揉进了南京秦淮歌妓弹唱的曲调,因其曲种收调众多,唱腔丰富多彩,所以又有"百曲"之称。

J0152742
南京民间歌曲集　南京市文联编
南京　南京人民出版社 1959 年　69 页 18cm（30 开）
统一书号：8100（宁）.3　定价：CNY0.25

J0152743
南通民间曲调选　江苏南通人民出版社编
南通　南通人民出版社 1959 年　24 页 18cm（30 开）
统一书号：100（通）.10　定价：CNY0.07

J0152744
巧女绣花　山东省群众艺术馆编
济南　山东人民出版社 1959 年　96 页 21cm（32 开）
统一书号：T8099.243　定价：CNY0.36

J0152745
巧女绣花　山东省群众艺术馆编
济南　山东人民出版社 1959 年　96 页 21cm（32 开）
精装　统一书号：T8099.243　定价：CNY1.10

J0152746

青海民间歌曲百首　青海省群众艺术馆,青
海省音乐工作者协会编

西宁　青海人民出版社　1959 年　121 页

19cm（32 开）统一书号：10097.144

定价：CNY0.42

　　本书收辑青海地区汉、回、土、撒拉族的民
歌 89 首,配有曲谱。

J0152747

山东省"跃进"歌舞会演歌曲选集

山东省文化局,山东省文联编

济南　山东人民出版社　1959 年　49 页　19cm（32 开）

统一书号：T8099.234　定价：CNY0.17

J0152748

山歌唱得遍地春　（会理民间歌曲选）四川省
歌舞团搜集整理

成都　四川人民出版社　1959 年　24 页　19cm（32 开）

统一书号：8118.263　定价：CNY0.11

J0152749

山歌联唱　解策励等著

南昌　江西人民出版社　1959 年　44 页　15cm（40 开）

统一书号：T8110.247　定价：CNY0.11

（演唱材料）

J0152750

山西民歌四十首　中国音乐家协会山西分会
筹委会编

太原　山西人民出版社　1959 年　41 页　19cm（32 开）

统一书号：10088.326　定价：CNY0.16

　　本书是从山西民歌资料中选编而成。按照
民歌的不同体裁和歌种,结合山西民歌的实际状
况,将山西民歌分类展现给大家。

J0152751

陕南民间歌曲选　陕西省群众艺术馆编

西安　陕西人民出版社　1959 年　200 页

21cm（32 开）统一书号：T8094.110

定价：CNY0.80

　　本书分 3 辑。第一辑是号子、山歌、山歌调
子；第二辑是民歌、花鼓子；第三辑是凤县民歌。
共收流行于汉中、安康、商洛地区的民间歌曲
573 首。

J0152752

四川藏族民歌集　邓传信编

北京　中华全国总工会工人歌舞团　1959 年

油印本　96 页　26cm（16 开）

J0152753

四川新民歌歌曲选　中国音乐家协会成都分
会编

成都　四川人民出版社　1959 年　22 页　有曲谱

21cm（32 开）统一书号：8118.278

定价：CNY0.12

J0152754

四个新水兵　（四川民歌）席特曼作词；
冰河编曲

海军业余演出队　1959 年　26cm（16 开）

J0152755

四季花开暖洋洋　河南省群众艺术馆编

郑州　河南人民出版社　1959 年　32 页　11×19cm

统一书号：T8105.154　定价：CNY0.10

（新民歌选集　第三集）

J0152756

四季花开暖洋洋　（新民歌选取第 3 集）

河南省群众艺术馆编

［郑州］河南人民出版社　1959 年

定价：CNY0.10

J0152757

西北民歌选集　中国音乐家协会西安分会编

西安　陕西人民出版社　1959 年　63 页　21cm（32 开）

统一书号：T10094.176　定价：CNY0.31

　　本书选编《兰花花》《走西口》《绣荷包》《美
丽的姑娘》《我的花儿》《玛依拉》《娃哈哈》等
90 多首优秀民歌。

J0152758

新疆创作歌曲集　（第一集）中国音乐家协会
新疆维吾尔自治区分会筹委会编

北京　音乐出版社　1959 年　88 页　19cm（32 开）

统一书号：8026.1199　定价：CNY0.26

J0152759

新疆创作歌曲集　（第二集）中国音乐家协会

新疆维吾尔自治区分会编
北京　音乐出版社　1960年　74页　19cm（32开）
统一书号：8026.1352　定价：CNY0.23

J0152760
新民歌选集　"歌曲"编辑部编
北京　音乐出版社　1959年　30页　19cm（32开）
统一书号：8026.1089　定价：CNY0.11

J0152761
云南贵州兄弟民族民歌集　李凝记谱
北京　音乐出版社　1959年　77页　19cm（32开）
统一书号：8026.1009　定价：CNY0.36

J0152762
正月二月燕子来　（侗族歌曲）贵州省群众艺
术馆编
贵阳　贵州人民出版社　1959年　64页　19cm（32开）
统一书号：8115.157　定价：CNY0.22

J0152763
中国民歌　中国音乐研究所编
北京　音乐出版社　1959年　329页　25cm（15开）
统一书号：8026.1240　定价：CNY3.40，CNY6.90
（精装）

J0152764
中国民歌　中国音乐研究所编
北京　音乐出版社　1960年　简谱本　356页
20cm（32开）统一书号：8026.1269
定价：CNY1.25

J0152765
左权民间歌曲选集　（第一集）左权民歌编委
会编
左权县　左权民歌编委会　1959年　232页
19cm（32开）定价：CNY0.77

J0152766
安徽民间歌曲集　安徽人民出版社编辑
合肥　安徽人民出版社　1960年　29页　19cm（32开）
统一书号：8102.120　定价：CNY0.10

J0152767
藏族民间歌曲选　（藏、汉文对照）中国音乐

家协会成都分会编
成都　四川民族出版社　1960年　简谱本　119页
20cm（32开）统一书号：M8140.49
定价：CNY0.22

J0152768
藏族民间歌曲选　（藏汉文对照）中国音乐家
协会四川分会编
成都　四川民族出版社　1962年　修订本　139页
21cm（32开）统一书号：M8140.76
定价：CNY0.65

J0152769
春耕歌　上海文艺出版社编辑
上海　上海文艺出版社　1960年　25页　14cm（64开）
统一书号：8078.1467　定价：CNY0.05
本书系瑶族盘瑶支系习俗歌。

J0152770
广西新歌　中国音乐家协会广西壮族自治区
分会，广西壮族自治区群众艺术馆编
南宁　广西壮族自治区人民出版社　1960年
简谱本　40页　19cm（32开）统一书号：8113.44
定价：CNY0.14

J0152771
广西新歌　中国音乐家协会广西僮族自治区
分会，广西僮族自治区群众艺术馆编
南宁　广西僮族自治区人民出版社　1961年
简谱本　增订本　60页　19cm（32开）
统一书号：8113.79　定价：CNY0.20

J0152772
河网赞　安徽省文化局业余文工团编词；
韩永昌作曲
合肥　安徽人民出版社　1960年　14页　26cm（16开）
统一书号：8102.125　定价：CNY0.13

J0152773
茉莉花　（山东民间歌曲演唱集）山东省群众
艺术馆编
济南　山东人民出版社　1960年　简谱本　56页
19cm（32开）统一书号：T8099.367
定价：CNY0.22

J0152774
宁夏歌声 （1960年 1）宁夏回族自治区文联
筹委会编
青海 宁夏人民出版社 1960年 19cm（32开）
定价：CNY0.04

J0152775
湘西民间歌曲选 湘西土家族苗族自治州文
化馆编
长沙 湖南人民出版社 1960年 52页 19cm（32开）
统一书号：8109.458 定价：CNY0.16

J0152776
新疆民歌集 （第一册）中国音乐家协会新疆
维吾尔自治区分会编
北京 音乐出版社 1960年 46页 19cm（32开）
统一书号：8026.1357 定价：CNY0.16

J0152777
新疆民歌集 （第一卷）石夫编著
北京 中国青年出版社 1999年 91页 29cm（16开）
ISBN：7-5006-3524-9 定价：CNY18.00
　　本书包括石夫编曲的22首民歌。作者石夫
（1929—2007），作曲家。原名郭石夫，湖南湘潭人，
就读于湖南华中高级艺术专科学校、中央音乐
学院。曾任西安音乐学院作曲系教师、中国音乐
家协会理事、创作委员会副主任。作品有《阿依
古丽》《热土》《帕米尔之歌》《娃哈哈》《牧马之
歌》等。

J0152778
新疆维吾尔民歌集 （第一集）中国音乐家协
会新疆维吾尔自治区分会编
北京 音乐出版社 1960年 简谱本 46页
19cm（32开）统一书号：8062.1357
定价：CNY0.17

J0152779
大队人马哪里来 河南省业余歌曲创作比赛
评奖委员会编
郑州 河南人民出版社 1961年 60页 19cm（32开）
统一书号：T8105.365 定价：CNY0.19

J0152780
侗族民歌 贵州大学艺术系编辑

贵阳 贵州人民出版社 1961年 简谱本 137页
26cm（16开）统一书号：8115.188
定价：CNY0.85，CNY1.40（精装）

J0152781
鄂伦春民歌集 程延庆，隋书金等记；黑龙江
省群众艺术馆编
哈尔滨 黑龙江省群众艺术馆 1961年 70页
18cm（30开）
　　本书为黑龙江省少数民族文学艺术调查资
料汇编之一。

J0152782
民歌小曲五十首 黎英海编曲
上海 上海文艺出版社 1961年 新1版 重印
31页 有曲谱 26cm（16开）
统一书号：8078.0659 定价：CNY0.36

J0152783
山南海北都照红 安徽人民出版社编辑
合肥 安徽人民出版社 1961年 简谱本
36页 19cm（32开）统一书号：8102.139
定价：CNY0.12

J0152784
云南创作歌曲集 （第一册）云南音乐舞蹈家
协会编
北京 音乐出版社 1961年 简谱本 70页
19cm（32开）统一书号：8026.1456
定价：CNY0.22

J0152785
云南民歌二首 黄虹配词；贺绿汀编曲
北京 音乐出版社 1961年 正谱本 5页
26cm（16开）统一书号：8026.1444
定价：CNY0.13

J0152786
鞍山地区民间歌曲选集 鞍山市群众艺术馆编
鞍山 鞍山市群众艺术馆 1962年 油印本
170页 26cm（16开）

J0152787
草原晨曲 （群众歌曲）玛拉沁夫词；通福曲；
辛沪光配伴奏

北京 音乐出版社 1962 年 3 页 26cm（16 开）
统一书号：8026.1630 定价：CNY0.11

J0152788
草原晨曲　（高音用）玛拉沁夫词；通福曲；
辛沪光配伴奏
北京 音乐出版社 1964 年 3 页 26cm（16 开）
统一书号：8026.1630 定价：CNY0.08

J0152789
放马山歌　屠冶九配伴奏
北京 音乐出版社 1962 年 正谱本 3 页
26cm（16 开）统一书号：8026.1566
定价：CNY0.09

J0152790
丰收之歌　（男高音用）胡松华作词编曲；
李西安配伴奏
北京 音乐出版社 1962 年 正谱本 4 页
26cm（16 开）统一书号：8026.1565
定价：CNY0.09
（中国民歌独唱曲）

J0152791
嘎达梅林　（内蒙古民歌）桑桐配伴奏
北京 音乐出版社 1962 年 简谱本［4］页
26cm（16 开）统一书号：8026.1654
定价：CNY0.11
　　中国民歌独唱曲，男中音、男低音用。桑桐
（1923—2011），音乐教育家、作曲家、音乐理论家。
原名朱镜清，生于中国上海，毕业于国立音乐专
科学校作曲系。历任上海音乐学院作曲系和声
教研室主任、教授、副院长、院长，中国音乐家
协会常务理事，上海音乐家协会副主席。代表作
品有《内蒙古民歌主题钢琴小曲七首》《和声学
教程》。

J0152792
赶大车　陈良编曲
北京 音乐出版社 1962 年 正谱本 3 页
26cm（16 开）统一书号：8026.1547
定价：CNY0.09

J0152793
赶马调　屠冶九配伴奏

北京 音乐出版社 1962 年 正谱本 2 页
26cm（16 开）统一书号：8026.1560
定价：CNY0.09

J0152794
广西二重唱民歌二十九首　李志曙记谱译词
上海 上海文艺出版社 1962 年 正谱本 48 页
26cm（16 开）统一书号：8078.2061
定价：CNY0.64
　　作者李志曙（1916—1994），壮族，歌唱家、音
乐教育家、教授。广西贵港人，毕业于广西大学
社会学系。历任上海军管大中华唱片厂文艺组
副组长（今中国唱片公司）、上海音专教授，先后
任教于上海音乐学院、广西艺术学院、中国音乐
学院。

J0152795
广西民间歌曲集　中国音乐家协会广西壮族
自治区分会编
南宁 广西壮族自治区人民出版社 1962 年 231 页
21cm（32 开）统一书号：8113.98
定价：CNY1.10

J0152796
广西僮族民歌十一首　（独唱曲）广西艺术学
院声乐系教研组编
北京 音乐出版社 1962 年 正谱本 31 页
26cm（16 开）统一书号：8026.1575
定价：CNY0.35

J0152797
湖北民歌 20 首　湖北人民出版社编辑
武汉 湖北人民出版社 1962 年 19cm（小 32 开）
定价：CNY0.13

J0152798
湖南省业余歌曲创作比赛得奖歌曲集（1960）
湖南省业余歌曲创作比赛评委会，湖南省音乐
工作者协会编
长沙 湖南人民出版社 1962 年 15 页 19cm（32 开）
统一书号：8109.550 定价：CNY0.07

J0152799
槐花几时开　（四川民歌）丁善德配伴奏
北京 音乐出版社 1962 年 正谱本 3 页

26cm（16 开）统一书号：8026.1661

定价：CNY0.11

（中国民歌独唱曲　高音用）

J0152800

脚夫调 （男高音用）黄晓飞改编

北京　音乐出版社　1962 年　正谱本　4 页

26cm（16 开）统一书号：8026.1579

定价：CNY0.11

J0152801

毛主席的光辉 （男中音用）温可铮配伴奏

北京　音乐出版社　1962 年　简谱本　3 页

26cm（16 开）统一书号：8026.1542

定价：CNY0.09

（中国民歌独唱曲）

J0152802

茉莉花 （女高音用）沈武钧配伴奏

北京　音乐出版社　1962 年　3 页　有曲谱

26cm（16 开）统一书号：8026.1623

定价：CNY0.11

（中国民歌独唱曲）

J0152803

牧歌 　瞿希贤配伴奏

北京　音乐出版社　1962 年　正谱本　3 页

26cm（16 开）统一书号：8026.1545

定价：CNY0.09

　　中国现代民歌独唱歌曲，男高音用。瞿希贤(1919—2008)，女，作曲家。上海人，毕业于上海国立音专作曲系。曾就职于中央音乐学院音工团和中央乐团创作组。代表作品《听妈妈讲那过去的事情》《新的长征，新的战斗》《乌苏里船歌》。

J0152804

闹元宵 （山西民歌）屠冶九编曲

北京　音乐出版社　1962 年　正谱本　3 页

26cm（16 开）统一书号：8026.1653

定价：CNY0.11

J0152805

宁夏民间歌曲资料 （第一集）宁夏回族自治区文学艺术工作者联合会编

银川　宁夏回族自治区人民出版社　1962 年　196 页

19cm（32 开）统一书号：8157.32

定价：CNY0.60

J0152806

宁夏民间歌曲资料 （第二集）宁夏回族自治区文学艺术工作者联合会编

银川　宁夏回族自治区人民出版社　1963 年　267 页

19cm（32 开）统一书号：8157.43

定价：CNY0.80

J0152807

暖小猪 （山东民歌）宋庆云等填词

北京　音乐出版社　1962 年　3 页　26cm（16 开）

统一书号：8026.1637　定价：CNY0.11

J0152808

刨洋芋 （山西民歌）杜鸣心编曲

北京　音乐出版社　1962 年　正谱本　3 页

26cm（16 开）统一书号：8026.1657

定价：CNY0.11

　　中国民歌独唱曲，男高音或男中音用。作者杜鸣心(1928—)，作曲家。湖北潜江人。曾考入重庆育才学校音乐组学习，后被派往莫斯科柴可夫斯基音乐院理论作曲系学习。中国音协理事、创作委员会常务委员。任教于中央音乐学院。主要作品有舞剧《鱼美人》《红色娘子军》（均与吴祖强合作）的音乐，交响诗《飘扬吧，军旗》等。

J0152809

羌族民间歌曲选 （简谱本）中国音乐家协会四川分会编

成都　四川民族出版社　1962 年　94 页　21cm（32 开）

统一书号：M8140.81　定价：CNY0.48

J0152810

三十里铺 　施万春配伴奏

北京　音乐出版社　1962 年　简谱本　4 页

26cm（16 开）统一书号：8026.1544

定价：CNY0.09

（中国民歌独唱曲）

J0152811

森吉德玛 　辛沪光配伴奏

北京　音乐出版社　1962 年　正谱本　5 页

26cm（16 开）统一书号：8026.1546
定价：CNY0.13
（中国民歌独唱曲）

J0152812
山东民间歌曲选集 （第一集）山东省群众艺
术馆编
济南 山东省群众艺术馆 1962 年 229 页
26cm（16 开）

J0152813
山东民间歌曲选集 （第二集）山东省群众艺
术馆编
济南 山东省群众艺术馆 1962 年 648 页
26cm（16 开）

J0152814
天上星星伴月亮 柯大谐配伴奏
北京 音乐出版社 1962 年 正谱本 3 页
27cm（16 开）统一书号：8026.1543
定价：CNY0.09

J0152815
我的花儿 黎英海编曲
北京 音乐出版社 1962 年 正谱本 3 页
26cm（16 开）统一书号：8026.1656
定价：CNY0.11
　　新疆哈萨克族民歌。

J0152816
小河淌水 （云南弥渡山歌）陈培勋编曲
北京 音乐出版社 1962 年 正谱本 3 页
26cm（16 开）统一书号：8026.1660
定价：CNY0.11
　　中国民歌独唱曲，高音用。

J0152817
信天游 （女高音用）熊克炎配伴奏
北京 音乐出版社 1962 年 2 页 有曲谱
26cm（16 开）统一书号：8026.1624
定价：CNY0.11
　　中国陕北民歌独唱曲。

J0152818
绣荷包 （中国民歌独唱曲）高为杰编曲

北京 音乐出版社 1962 年 简谱本［4］页
26cm（16 开）统一书号：8026.1602
定价：CNY0.11

J0152819
燕子 （高音用）艾图瓦尔夫译词；吴祖强编曲
北京 音乐出版社 1962 年 正谱本 3 页
26cm（16 开）统一书号：8026.1655
定价：CNY0.11
（中国民歌独唱曲）
　　新疆哈萨克民歌。作者吴祖强（1927— ），
作曲家。出生于北京，原籍江苏武进，毕业于中
央音乐学院。作品有弦乐合奏《二泉映月》《春
江花月夜》等。

J0152820
在那遥远的地方 陈田鹤配伴奏；江定仙编曲
北京 音乐出版社 1962 年 正谱本 3 页
26cm（16 开）统一书号：8026.1658
定价：CNY0.11
　　本书由《在那遥远的地方》《上去高山望平川》
合订。

J0152821
在一起 （彝族民歌 女声小合唱）曹美韵曲；
杨鸿年配伴奏
北京 音乐出版社 1962 年 正谱本［3 页］
26cm（16 开）统一书号：8026.1601
定价：CNY0.11

J0152822
在一起 （彝族民歌 女声小合唱）曹美韵曲；
杨鸿年配伴奏
北京 音乐出版社 1964 年 ［4］页 26cm（16 开）
统一书号：8026.1601 定价：CNY0.09

J0152823
中国民歌五首 丁善德编曲
上海 上海文艺出版社 1962 年 新 1 版 15 页
30cm（10 开）统一书号：8078.2039
定价：CNY0.32
　　作者丁善德（1911—1995），江苏昆山人。
1928 年入上海国立音乐专科学校钢琴系，兼学作
曲。历任天津女子师范学校、上海国立音专教师，
上海音乐学院教授、作曲系主任、副院长，中国

音协副主席。创作钢琴曲《中国民歌主题变奏曲》《序曲三首》,交响乐《长征》等。撰有《单对位法》《复对位法》《赋格写作纲要》等。

J0152824
瓜果树移到山顶上 （青海回族花儿）张谷密编曲
北京 音乐出版社 1963 年 [4]页 26cm（16 开）
统一书号：8026.1934 定价：CNY0.11

J0152825
广西歌片 中国音乐家协会广西壮族自治区分会编
南宁 广西壮族自治区人民出版社 1963 年
10×16cm 统一书号：8113.99 定价：CNY0.10

J0152826
吉林小调集 吉林省群众艺术馆编
长春 吉林人民出版社 1963 年 60 页 10×15cm
统一书号：T10091.507 定价：CNY0.10

J0152827
毛主席颂歌 杨青编词曲；黄虎威配伴奏
北京 音乐出版社 1963 年 [6]页 26cm（16 开）
统一书号：8026.1832 定价：CNY0.16
　　本书系中国民歌高音独唱歌曲选集。黄虎威（1932—2019）,作曲家、教授。四川内江人。毕业于西南音乐专科学校作曲系,后入中央音乐学院师从苏联作曲专家鲍里斯·阿拉波夫教授进修。历任四川音乐学院教授、作曲系主任,中国音乐家协会创作委员会委员,中国音乐著作权协会理事,四川省音乐家协会理论创作委员会副主任。

J0152828
民间歌曲 中央音乐学院中国音乐研究所民族音乐研究班编辑
北京 中央音乐学院中国音乐研究所民族音乐研究班 1963 年 444 页 21cm（32 开）
定价：CNY3.30
　　本书为《民族音乐》参考资料之三。

J0152829
山东解放战争歌曲选集 中国音乐家协会山东分会编
济南 山东人民出版社 1963 年 简谱本 280 页
21cm（32 开）统一书号：T8099.408
定价：CNY1.00

J0152830
陕西民间歌曲资料 （陕北地区 传统民歌 一）
中国民间歌曲集成陕西卷编委会编
西安 中国民间歌曲集成陕西卷编委会 1963 年
油印本 114 页 26cm（16 开）

J0152831
陕西民间歌曲资料 （陕北地区 新民歌 一）
中国民间歌曲集成陕西卷编委会编
西安 中国民间歌曲集成陕西卷编委会 1963 年
油印本 94 页 26cm（16 开）

J0152832
陕西民间歌曲资料 （陕北地区 传统民歌 二）
中国民间歌曲集成陕西卷编委会编
西安 中国民间歌曲集成陕西卷编委会 1963 年
油印本 124 页 26cm（16 开）

J0152833
陕西民间歌曲资料 （陕北地区 新民歌 二）
中国民间歌曲集成陕西卷编委会编
西安 中国民间歌曲集成陕西卷编委会 1964 年
油印本 62 页 26cm（16 开）

J0152834
手扬鞭儿唱山歌 （山东民间歌曲）中国音乐家协会山东分会,山东省群众艺术馆编
济南 山东人民出版社 1963 年 25 页 19cm（32 开）
统一书号：T8099.471 定价：CNY0.13

J0152835
走西口 （女高音用）戴宏威配伴奏
北京 音乐出版社 1963 年 正谱本 [4]页
26cm（16 开）统一书号：8026.1712
定价：CNY0.11
（中国民歌独唱曲）

J0152836
扁担歌 （歌曲选集之二）福建人民出版社编辑
福州 福建人民出版社 1964 年 简谱本 43 页
有图 19cm（32 开）统一书号：8104.411

定价：CNY0.13

　　本书系福建省第五届农村业余文艺会演节目选。

J0152837

大顶子山哟高又高　吕聂编词曲；施万春配伴奏

北京　音乐出版社　1964 年　5 页　26cm（16 开）

统一书号：8026.1946 定价：CNY0.12

J0152838

多亏党的好领导　张树南词曲；屠冶九配伴奏

北京　音乐出版社　1964 年　6 页　27cm（16 开）

统一书号：8026.2057 定价：CNY0.12

J0152839

江西民间歌曲选　中国音乐家协会江西分会编

南昌　江西人民出版社　1964 年　简谱本　增订本

46 页　11×15cm　统一书号：T8110.380

定价：CNY0.11

J0152840

景颇山上丰收乐　（高音用）李晴海作词编曲；李汉杰配伴奏

北京　音乐出版社　1964 年　5 页　26cm（16 开）

统一书号：8026.2060 定价：CNY0.12

（中国民歌独唱曲）

J0152841

蓝花花　瞿布贤配伴奏

北京　音乐出版社　1964 年　影印本　2 页

26cm（16 开）统一书号：8026.2013

定价：CNY0.09

J0152842

新中国来新气象　（四川省第一届民歌、笛子比赛优秀民歌选）中国音乐家协会四川分会编

成都　四川人民出版社　1964 年　简谱本　21 页

10×15cm　统一书号：8118.460

定价：CNY0.09

J0152843

鄂尔多斯民间歌曲选　内蒙古伊克昭盟文教局文化队，中央音乐学院中国音乐研究所合译；晓星等编

北京　音乐出版社　1965 年　144 页　19cm（32 开）

统一书号：8026.N2 定价：CNY0.84

（中国音乐研究所丛刊）

J0152844

歌唱毛主席　（维吾尔族民歌　独唱歌曲）

石夫配伴奏

北京　音乐出版社　1965 年　3 页　26cm（16 开）

统一书号：8026.2300 定价：CNY0.09

J0152845

广东民歌合唱曲六首　广州乐团编

上海　上海文化出版社　1965 年　正谱本　41 页

26cm（16 开）统一书号：8077.266

定价：CNY0.46

J0152846

果园里的歌声　（维吾尔族民歌）海尔尼莎编词编曲

北京　音乐出版社　1965 年　［3］页　26cm（16 开）

统一书号：8026.2380 定价：CNY0.08

J0152847

毛主席的思想放光芒　（藏族民歌）马兵配歌；王世光配伴奏

北京　音乐出版社　1965 年　3 页　26cm（16 开）

统一书号：8026.2417 定价：CNY0.08

J0152848

想念毛主席　（藏族新民歌选）四川民族出版社编辑

成都　四川民族出版社　1965 年　11 页　17cm（32 开）

统一书号：M8140.111 定价：CNY0.04

J0152849

想念毛主席　（藏族民歌）王世光配伴奏

北京　音乐出版社　1965 年　3 页　26cm（16 开）

统一书号：8026.2418 定价：CNY0.08

J0152850

一直唱到北京去见毛主席　（赫哲族民歌　独唱歌曲）张守渊编词编曲

北京　音乐出版社　1965 年　3 页　27cm（16 开）

统一书号：8026.2290 定价：CNY0.09

J0152851

在北京的金山上 （藏族民歌 独唱歌曲）

黎英海配伴奏

北京 音乐出版社 1965 年 3 页 26cm（16 开）

统一书号：8026.2267 定价：CNY0.09

J0152852

学大寨 （女声齐唱 蒙古族民歌）

北京 音乐出版社 1966 年 3 页 26cm（16 开）

统一书号：8026.2453 定价：CNY0.08

J0152853

漓江战歌 （桂林市工农兵业余文艺创作汇编第一集）桂林市"革命委员会"政治部

桂林 桂林市"革命委员会"政治部 1969 年

144 页 19cm（32 开）

J0152854

放声歌唱红太阳 （殷光兰民歌选集）安徽大学"革命委员会"编

合肥 安徽人民出版社 1972 年 146 页

19cm（32 开）定价：CNY0.30

J0152855

革命歌曲 （1 陕甘宁边区革命民歌选）

［成都］四川人民出版社重庆办事处 1972 年

19cm（小 32 开）定价：CNY0.02

J0152856

革命历史民歌 （五首）广东人民出版社编

广州 广东人民出版社 1972 年 12 页

19cm（32 开）定价：CNY0.02

　　本书收《咱们的领袖毛泽东》《山旦旦开花红艳艳》《军民大生产》《翻身道情》《工农齐武装》五首歌曲。

J0152857

革命历史民歌 （五首）黑龙江人民出版社编辑

［哈尔滨］黑龙江人民出版社 1972 年

13cm（64 开）定价：CNY0.05

J0152858

革命历史民歌 （五首）吉林人民出版社编

长春 吉林人民出版社 1972 年 24 页 14cm（64 开）

统一书号：8091.550 定价：CNY0.04

J0152859

革命历史民歌五首

南昌 江西人民出版社 1972 年 21 页 13cm（60 开）

统一书号：8110.194 定价：CNY0.05

J0152860

革命历史民歌五首 陕西文艺工作者编曲

沈阳 辽宁人民出版社 1972 年 12 页 13cm（60 开）

定价：CNY0.03

J0152861

革命民歌五首 甘肃人民出版社编辑；陕西文艺工作者改词、填词、编曲

［兰州］甘肃人民出版社 1972 年

19cm（小 32 开）定价：CNY0.04

J0152862

浏阳河 （湖南革命民歌选）湖南民歌整理小组编

长沙 湖南人民出版社 1972 年 32 页 19cm（32 开）

统一书号：8109.880 定价：CNY0.09

J0152863

浏阳河（2 版） （湖南革命民歌选）

湖南民歌整理小组编

长沙 湖南人民出版社 1972 年 2 版 39 页

19cm（32 开）统一书号：8109.880

定价：CNY0.10

J0152864

陕甘宁边区革命民歌选

陕西文艺工作者改词、填词、编曲

［合肥］安徽人民出版社 1972 年 13cm（60 开）

定价：CNY0.03

J0152865

陕甘宁边区革命民歌选

［郑州］河南人民出版社 1972 年 13cm（60 开）

定价：CNY0.04

J0152866

陕甘宁边区革命民歌选

［长沙］湖南人民出版社 1972 年 19cm（32 开）

定价：CNY0.05

J0152867
陕甘宁边区革命民歌选
南京　江苏人民出版社　1972 年　28 页　9×13cm
统一书号：10100.005　定价：CNY0.04

J0152868
陕甘宁边区革命民歌选
北京　人民出版社　1972 年　20 页　13cm（60 开）
定价：CNY0.03

J0152869
陕甘宁边区革命民歌选
北京　人民出版社　1972 年　10cm（64 开）
定价：CNY0.03

J0152870
陕甘宁边区革命民歌选
［太原］山西人民出版社　1972 年　13cm（60 开）
定价：CNY0.03

J0152871
陕甘宁边区革命民歌选　陕西人民出版社编辑
西安　陕西人民出版社　1972 年　11 页　有彩图
26cm（16 开）统一书号：8094.176
定价：CNY0.80

J0152872
陕甘宁边区革命民歌选　陕西人民出版社编
辑；陕西文艺工作者改词、填词、编曲
［西安］陕西人民出版社　1972 年　19cm（32 开）
定价：CNY0.07

J0152873
陕甘宁边区革命民歌选　陕西文艺工作者改
词填词编曲
上海　上海人民出版社　1972 年　19 页
14cm（64 开）定价：CNY0.05

J0152874
陕甘宁边区革命民歌选　陕西文艺工作者改
词、填词、编曲
上海　上海人民出版社　1972 年　10cm（64 开）
定价：CNY0.05

J0152875
陕甘宁边区革命民歌选
［成都］四川人民出版社　1972 年　19cm（32 开）
定价：CNY0.03

J0152876
陕甘宁边区革命民歌选
天津　天津人民出版社　1972 年　19cm（32 开）
定价：CNY0.03

J0152877
陕甘宁边区革命民歌选（五首）　陕西文艺工
作者改词、填词、编曲
［福州］福建人民出版社　1972 年　13cm（60 开）
定价：CNY0.04

J0152878
天津创作歌曲选　天津市纪念毛主席《在延安
文艺座谈会上的讲话》发表三十周年办公室编
天津　天津人民出版社　1972 年　65 页　19cm（32 开）
统一书号：8072.1　定价：CNY0.13

J0152879
云南各族颂歌一百首　云南人民出版社编辑
昆明　云南人民出版社　1972 年　160 页
19cm（32 开）统一书号：10116.545
定价：CNY0.30

J0152880
红日照遍太行山　（山东革命民歌组唱）山西
大学艺术系集体创作改编
太原　山西人民出版社　1973 年　29 页　19cm（32 开）
统一书号：10088.465　定价：CNY0.14

J0152881
上海民歌选　上海人民出版社编
上海　上海人民出版社　1973 年　145 页
19cm（32 开）统一书号：10171.229
定价：CNY0.31

J0152882
四川新歌　（一）四川省文化局编
成都　四川人民出版社　1973 年　86 页　18cm（32 开）
统一书号：8118.76　定价：CNY0.18

J0152883

四川新歌 （第二集）《四川新歌》编辑组编
成都 四川人民出版社 1975 年 47 页 19cm（32 开）
统一书号：8118.214 定价：CNY0.12

J0152884

四川新歌 （第三集）《四川新歌》编辑组编
成都 四川人民出版社 1976 年 52 页 19cm（32 开）
统一书号：8118.224 定价：CNY0.12

J0152885

四川新歌 （第四集）《四川新歌》编辑组编
成都 四川人民出版社 1976 年 57 页 19cm（32 开）
统一书号：8118.247 定价：CNY0.14

J0152886

西北民歌集 丑辉瑛编
台北 东方文化书局［1973 年］影印本 129 页
20cm（32 开）精装
　　外文书名：Folksongs from the North-west.

J0152887

云岭新歌 （云南创作歌曲选）云南省文化局
革命歌曲征集小组编
昆明 云南人民出版社 1973 年 152 页
19cm（32 开）统一书号：10116.577
定价：CNY0.32

J0152888

福建歌选 （10《毛主席给咱来了信》等三首）
福建省文化局革命歌曲征集小组编
福州 福建人民出版社 1974 年 19cm（小 32 开）
定价：CNY0.01

J0152889

福建歌选 （11 庐山颂歌）福建省文化局革命
歌曲征集小组编
福州 福建人民出版社 1974 年 19cm（小 32 开）
定价：CNY0.01

J0152890

福建歌选 （12）福建省文化局革命歌曲征集
小组编
福州 福建人民出版社 1974 年 19cm（小 32 开）
定价：CNY0.01

J0152891

福建歌选 （13）
福建省文化局革命歌曲征集小组编
福州 福建人民出版社 1974 年 19cm（小 32 开）
定价：CNY0.01

J0152892

革命民歌五首 江西省文化组整理改编
南昌 江西人民出版社 1974 年 27 页 13cm（60 开）
统一书号：8110.69 定价：CNY0.06

J0152893

山西新民歌选 《山西群众文艺》编辑组编
太原 山西人民出版社 1974 年 164 页
19cm（32 开）统一书号：10088.491
定价：CNY0.42

J0152894

太阳出山 （四川省革命歌曲选）四川省文化
局革命歌曲征集组编
成都 四川人民出版社 1974 年 158 页
19cm（32 开）统一书号：8118.59
定价：CNY0.31

J0152895

太阳一出满天红 （钢琴伴奏谱）
上海 上海人民出版社 1974 年 5 页 26cm（16 开）
统一书号：8171.1034 定价：CNY0.08

J0152896

迎春花开遍阿佤山 （佤族民歌集）刘允禔
收集整理
昆明 云南人民出版社 1974 年 73 页 19cm（32 开）
统一书号：10116.696 定价：CNY0.17

J0152897

福建新歌 福建省"革命委员会"文化局革命
歌曲征集小组编
福州 福建人民出版社 1975 年 148 页
19cm（32 开）统一书号：8173.119
定价：CNY0.30

J0152898

福建新歌 （第二集 一九七五年创作歌曲选集）
福建省文化局音乐工作室编

福州 福建人民出版社 1976 年 150 页
19cm（32 开）统一书号：8173.177
定价：CNY0.30

J0152899
福建新歌 （第三集 一九七六年创作歌曲选集）
福建省文化局音乐工作室编
福州 福建人民出版社 1977 年 88 页 19cm（32 开）
统一书号：8173.205 定价：CNY0.20

J0152900
湖南民歌联唱 （湖南省歌舞团 1974 年参加
部分省、市、自治区文艺调演节目）湖南省歌舞
团编
长沙 湖南人民出版社 1975 年 13 页 26cm（16 开）
统一书号：8109.967 定价：CNY0.13

J0152901
开创世界我工农 （湖北省参加部分省、自治
区文艺调演节目歌曲）湖北省歌舞剧团编
武汉 湖北人民出版社 1975 年 40 页 19cm（32 开）
统一书号：8106.1602 定价：CNY0.10

J0152902
东方红 （陕北民歌）李有源词
［南宁］广西人民出版社 1976 年 ［1 张］
107cm（全开）定价：CNY0.16

J0152903
东方红 （陕北民歌）李有源词
［南京］江苏人民出版社 1976 年 ［1 张］
107cm（全开）定价：CNY0.15

J0152904
东方红 （陕北民歌）李有源词
［西安］陕西人民出版社 1976 年 ［1 张］
76cm（2 开）定价：CNY0.08

J0152905
东方红 （陕北民歌）李有源词
上海 上海人民出版社 1976 年 ［1 张］
107cm（全开）定价：CNY0.16

J0152906
东方红 （陕北民歌）李有源词

［杭州］浙江人民出版社 1976 年 ［1 张］
107cm（全开）定价：CNY0.16

J0152907
哈尼族民歌学习移植革命现代京剧《红灯记》
第五场痛说革命家史 （唱段音乐）元庆等谱曲
昆明 云南人民出版社 1976 年 40 页 13cm（60 开）
统一书号：10116.660 定价：CNY0.05
（群众演唱 11）

J0152908
哈尼族音乐学习移植革命现代京剧《沙家浜》
第四场智斗 绿春县文艺宣传队移植
昆明 云南人民出版社 1976 年 70 页 13cm（60 开）
统一书号：10116.661 定价：CNY0.08
（群众演唱 12）
　　本书系红河州一九七五年文艺会演节目选。

J0152909
毛主席光辉照西藏 （歌曲集）西藏人民出版
社，人民音乐出版社编
北京 人民音乐出版社 1976 年 129 页
20cm（32 开）统一书号：8026.3168
定价：CNY0.33

J0152910
山丹丹开花红艳艳 （陕北民歌五首 五线谱）
北京 人民音乐出版社 1976 年 29 页 26cm（16 开）
统一书号：8026.3183 定价：CNY0.23

J0152911
痛说革命家史 （《红灯记》第五场 唱段音乐）
元庆等谱曲
［昆明］云南人民出版社 1976 年 13cm（64 开）
定价：CNY0.05
（群众演唱 11）

J0152912
学大寨民歌选 人民文学出版社编
北京 人民文学出版社 1976 年 406 页
19cm（32 开）统一书号：10019.2422
定价：CNY0.85

J0152913
中国民歌集 俞林编

香港 万叶出版社 1976 年 134 页 17cm（40 开）
定价：HKD3.40

J0152914
中国民谣精华　杨兆祯编
台北 文化图书公司 1976 年 再版 186 页
27cm（16 开）精装 定价：TWD80.00

J0152915
贵州创作歌曲选　贵州人民出版社编辑
贵阳 贵州人民出版社 1977 年 144 页
19cm（32 开）统一书号：10115.345
定价：CNY0.28

J0152916
红河大寨花盛开　（歌曲）云南人民出版社编辑
昆明 云南人民出版社 1977 年 43 页 19cm（32 开）
统一书号：10116.669 定价：CNY0.06
（群众演唱 18）

J0152917
浏阳河　（湖南民歌 钢琴伴奏 正谱本）湖南
省文工团歌舞队改词；李忠勇配伴奏
北京 人民音乐出版社 1977 年 4 页 26cm（16 开）
统一书号：8026.3281 定价：CNY0.09

J0152918
千秋万代战旗红　（云南创作歌曲选）云南人
民出版社编辑
昆明 云南人民出版社 1977 年 52 页 19cm（32 开）
统一书号：8116.764 定价：CNY0.13

J0152919
陕北传统民歌资料选
［1977 年］油印本 41 页 26cm（16 开）

J0152920
四川新歌　（1977 年 第 1 集）《四川新歌》编辑
部编
成都 四川人民出版社 1977 年 108 页
19cm（32 开）统一书号：8118.367
定价：CNY0.19

J0152921
一朵山茶一支影　（云南三十年创作歌曲选）

中国音乐家协会云南分会编
［昆明］［中国音乐家协会云南分会］
［1977—1978 年］231 页 18cm（32 开）

J0152922
永走毛主席的革命路　（湖北山歌民歌选）
湖北省曲艺团编
武汉 湖北人民出版社 1977 年 32 页 19cm（32 开）
统一书号：8106.1777 定价：CNY0.11

J0152923
壮乡新歌　（一）广西人民出版社编辑
南宁 广西人民出版社 1977 年 46 页 19cm（32 开）
统一书号：8113.347 定价：CNY0.11

J0152924
壮乡新歌　（二）广西人民出版社编辑
南宁 广西人民出版社 1977 年 55 页 19cm（32 开）
统一书号：8113.359 定价：CNY0.14

J0152925
壮乡新歌　（三）
南宁 广西人民出版社 1978 年 86 页 19cm（32 开）
定价：CNY0.19

J0152926
安徽民间歌曲资料选　安徽师范大学艺术系
音乐理论教研室编
合肥 安徽师范大学艺术系音乐理论教研室
1978 年 油印本 69 页 26cm（16 开）

J0152927
大寨花开红万代　（云南创作歌曲集）云南省
文化局艺术处音乐组编
昆明 云南人民出版社 1978 年 67 页 19cm（32 开）
统一书号：8116.773 定价：CNY0.15

J0152928
格桑啦　（歌曲选）
拉萨 西藏人民出版社 1978 年 48 页 19cm（32 开）
统一书号：8170.48 定价：CNY0.12

J0152929
广西各族民歌选　（1958—1978）广西艺术学
院《广西各族民歌选》编选组［编］

1978 年　11+306 页　19cm（32 开）

J0152930
吉林民歌　　吉林省文化局民歌征集小组，中国音乐家协会吉林分会民歌征集小组［编］
1978 年［油印本］25cm（小 16 开）

J0152931
金色的雪山献哈达　（藏族歌曲选）《金色的雪山献哈达》编辑组编
成都　四川人民出版社 1978 年 88 页 19cm（32 开）
统一书号：M8140.25 定价：CNY0.19

J0152932
羌笛声声颂太阳　（羌族歌曲选）《羌笛声声颂太阳》编辑组编
成都　四川人民出版社 1978 年 67 页 19cm（32 开）
统一书号：M8140.27 定价：CNY0.15

J0152933
青海民间小调　　青海省群众艺术馆编
西宁　青海省群众艺术馆 1978 年 192 页
19cm（32 开）定价：CNY0.80

J0152934
山东民间歌曲选　　山东省"革委"文化局民歌编选小组［编］
1978 年　2 册（222；143 页）26cm（16 开）

J0152935
陕北革命民歌选集　　文化部文学艺术研究所音乐舞蹈研究室，陕西省文化局《陕北革命民歌选集》编辑组编
北京　人民音乐出版社 1978 年 124 页
19cm（32 开）统一书号：8026.3435
定价：CNY0.27

J0152936
少数民族歌曲选　　中央民族学院编辑组编
成都　四川民族出版社 1978 年 386 页
19cm（32 开）统一书号：M8140.30
定价：CNY0.74

J0152937
四川民间歌曲选　（汉族部分）四川省文化局

音乐组，中国音乐家协会四川分会编
［成都］［四川省文化局音乐组］1978 年 11+221 页
26cm（16 开）

J0152938
苏州民间音乐选集　（下册）
［苏州］［1978 年］242 页 26cm（16 开）

J0152939
塔吉克人民怀念毛主席　（独唱　钢琴伴奏）
高守信词；夏中汤曲
北京　人民音乐出版社 1978 年 7 页 26cm（16 开）
统一书号：8026.3481 定价：CNY0.15

J0152940
新疆伊犁维吾尔民歌　　文化部文学艺术研究院音乐研究所编
北京　人民音乐出版社 1978 年 153 页　有照片
20cm（32 开）统一书号：8026.3523
定价：CNY0.59
　　这部伊犁民歌的题材比较广泛，其中有反映劳动人民在封建社会里为反抗剥削阶级而斗争的歌曲；也有反映维吾尔族人民的劳动生活和爱情等方面的歌曲。

J0152941
幸福江水流千里　　南宁市文化馆编
南宁　南宁市文化馆 1978 年 226 页
20cm（32 开）定价：CNY0.30
（庆祝广西壮族自治区成立二十周年文艺丛书 四）

J0152942
映山红花满山坡　（达斡尔族歌曲选）齐齐哈尔市群众艺术馆编
哈尔滨　黑龙江人民出版社 1978 年 95 页
19cm（32 开）统一书号：8093.501
定价：CNY0.24

J0152943
壮歌向着北京飞　（歌曲选集）广西壮族自治区文化局编
北京　人民音乐出版社 1978 年 160 页
19cm（32 开）统一书号：8026.3470
定价：CNY0.32

J0152944
安徽歌曲选 （1949—1979）中国音乐家协会安徽分会编
合肥 安徽人民出版社 1979 年 164 页
19cm（32 开）统一书号：8102.1040
定价：CNY0.35

J0152945
八月桂花遍地开 （江西民歌五首）
北京 人民音乐出版社 1979 年 19 页 26cm（16 开）
统一书号：8026.3475 定价：CNY0.20

J0152946
大别山民间歌曲选 信阳"地革委"文化局编
郑州 河南人民出版社 1979 年 84 页 19cm（32 开）
统一书号：10105.234 定价：CNY0.19

J0152947
大治之年下四川 （四川民歌创作歌曲选）
四川省民族民间唱法独唱、二重唱调演大会资料组编
成都 四川人民出版社 1979 年 73 页 19cm（32 开）
统一书号：8118.529 定价：CNY0.17

J0152948
鄂尔多斯民间歌曲 郭永明等采录译配
呼和浩特 内蒙古人民出版社 1979 年 282 页
20cm（32 开）统一书号：8089.83
定价：CNY0.88

J0152949
鄂西山歌初探 枫波著
武汉 长江文艺出版社 1979 年 149 页
19cm（32 开）统一书号：8107.335
定价：CNY0.31

J0152950
恩施地区民歌集 湖北省恩施行政专员公署文化局编
1979 年 2 册（226；259 页）27cm（16 开）

J0152951
福建革命民歌选集 福建省文化局编
北京 人民音乐出版社 1979 年 58 页
19cm（小 32 开）定价：CNY0.15

J0152952
歌唱浪花 （广西民歌改编曲选）广西壮族自治区文化局编
上海 上海文艺出版社 1979 年 204 页
19cm（小 32 开）定价：CNY0.55

J0152953
歌海浪花 （广西民歌改编曲选）广西壮族自治区文化局编
上海 上海文艺出版社 1979 年 204 页
19cm（32 开）统一书号：8078.3060
定价：CNY0.55

J0152954
歌曲作品选 四川省内江地区文化馆编
1979 年 272 页 20cm（32 开）定价：CNY0.60
（庆祝中华人民共和国成立三十周年）

J0152955
革命民歌选 湖南省文化局民间音乐资料编辑组编
长沙 湖南人民出版社 1979 年 43 页 19cm（32 开）
统一书号：10109.1133 定价：CNY0.12

J0152956
贵州民间歌曲选 中国音乐家协会贵州分会，贵州人民出版社编
贵阳 贵州人民出版社 1979 年 228 页
19cm（32 开）统一书号：8115.728
定价：CNY0.50

J0152957
河北民歌选 河北省文化局民歌编选小组编
石家庄 河北人民出版社 1979 年 284 页
20cm（32 开）统一书号：8086.1127
定价：CNY0.78

J0152958
黑龙江歌曲选 （1949—1979）中国音乐家协会黑龙江分会，黑龙江省群众艺术馆编
哈尔滨 黑龙江人民出版社 1979 年 224 页
19cm（小 32 开）定价：CNY0.95
　　本书是为纪念新中国建立 30 周年而选编的具有代表性的地方作品的结集。共收入黑龙江地区创作歌曲 80 首。有《草原和北京紧相连》

《我爱你呀松花江》《大顶山哟高又高》《新货郎》
《乌苏里船歌》等。

J0152959
闽西民间音乐资料
［龙岩地区群众艺术馆］1979 年　199+47 页
25cm（小 16 开）

J0152960
闽西山歌　福建省龙岩县文化局编
上海　上海文艺出版社 1979 年　131 页
19cm（32 开）统一书号：8078.3132
定价：CNY0.37

J0152961
青海花儿曲选　青海省群众艺术馆编辑
西宁　青海省群众艺术馆 1979 年　134 页
19cm（32 开）

J0152962
台湾民俗歌谣　林二,简上仁同编
台北　众文图书公司 1979 年　再版 249 页
有图及照片 21cm（32 开）定价：TWD60.00
　　台湾民歌选集。

J0152963
我的歌　（西藏自治区第四届专业文艺会演歌曲
选）西藏自治区群众艺术馆,西藏人民出版社编
拉萨　西藏人民出版社 1979 年　43 页 19cm（32 开）
统一书号：8170.58 定价：CNY0.12

J0152964
新疆少数民族歌曲选　（哈萨克族歌曲专辑）
新疆人民出版社编辑
乌鲁木齐　新疆人民出版社 1979 年　73 页
19cm（32 开）统一书号：8098.109
定价：CNY0.20

J0152965
新疆少数民族歌曲选　（维吾尔族歌曲专辑）
乌鲁木齐　新疆人民出版社 1980 年　156 页
19cm（32 开）统一书号：8098.14
定价：CNY0.38

J0152966
新疆少数民族歌曲选　（蒙古、柯尔克孜等民
族专辑）祝恒谦编
乌鲁木齐　新疆人民出版社 1982 年　86 页
19cm（32 开）统一书号：8098.161
定价：CNY0.32

J0152967
新疆少数民族歌曲选　（蒙古、柯尔克孜等民
族专辑）祝恒谦编
乌鲁木齐　新疆人民出版社 1983 年　86 页
19cm（小 32 开）定价：CNY0.32

J0152968
延边歌曲选集　（纪念中华人民共和国成立
三十周年）延边朝鲜族自治州文化局,中国音乐
家协会延边分会编辑
延吉　延边人民出版社 1979 年　247 页
19cm（32 开）统一书号：8136.474
定价：CNY0.48

J0152969
中国民歌选集　长春市文学艺术工作者联合
会编
1979 年　331 页　20cm（32 开）定价：CNY2.00

J0152970
壮乡歌声　（4）
南宁　广西人民出版社 1979 年 71 页 19cm（32 开）
统一书号：8113.486 定价：CNY0.16

J0152971
鞍山地区民歌集　鞍山市群众艺术馆编
1980 年　125 页　20cm（32 开）定价：CNY34.00

J0152972
邦锦花儿开了　（德钦藏族弦子、锅庄词曲选）
德钦县民歌搜集整理小组编
昆明　云南人民出版社 1980 年　222 页
19cm（32 开）统一书号：10116.806
定价：CNY0.58

J0152973
达斡尔族民歌选　杨士清编
呼和浩特　内蒙古人民出版社 1980 年

181 页 20cm（32 开）统一书号：8089.97
定价：CNY0.57

J0152974
达斡尔族民歌选 杨士清编
呼和浩特 内蒙古人民出版社 1981 年 181 页
20cm（32 开）定价：CNY0.57

J0152975
广西二重唱民歌三十首 李志曙记谱译词
上海 上海文艺出版社 1980 年 2 版 正谱本 43 页
26cm（16 开）统一书号：8078.2061
定价：CNY1.20
　　广西二重唱民歌选集。作者李志曙（1916—
1994），壮族、歌唱家、音乐教育家、教授。广西贵
港人，毕业于广西大学社会学系。历任上海军管
大中华唱片厂文艺组副组长（今中国唱片公司）、
上海音专教授，先后任教于上海音乐学院、广西
艺术学院、中国音乐学院。

J0152976
广西河池地区民间歌曲集成 周建明主编；
河池地区行署文化局编
［河池地区行署文化局］1980 年 油印本 406 页
26cm（16 开）

J0152977
广西民间歌曲选 广西人民出版社编
南宁 广西人民出版社 1980 年 372 页
19cm（32 开）统一书号：8113.607
定价：CNY1.05
　　本书选辑壮、汉、瑶、苗、侗、仫佬、毛南、
回、京、水、彝、仡佬等 12 个民族各具代表性的
民歌 243 首，二声部民歌 81 首。

J0152978
贵州三十年歌曲选 （1949—1979）中国音
乐家协会贵州分会，贵州人民出版社编
贵阳 贵州人民出版社 1980 年 354 页
19cm（32 开）统一书号：8115.740
定价：CNY0.92

J0152979
果谐 （西藏民间音乐）
拉萨 西藏人民出版社 1980 年 113 页

19cm（32 开）统一书号：8170.60
定价：CNY0.32

J0152980
湖北民间歌曲集成 （恩施地区分卷）湖北省
群众艺术馆［编］
［武汉］［湖北省群众艺术馆］1980 年 279 页
26cm（16 开）

J0152981
湖北省创作歌曲评比获奖歌曲集
（1980 年）湖北省文化局，中国音乐家协会武汉
分会编辑
武汉 湖北省文化局 1980 年 60 页 19cm（32 开）

J0152982
湖南民间歌曲集 （湘潭市分册）《中国民间
歌曲集成》湖南卷编辑委员会编
长沙 1980 年 144 页 18cm（15 开）

J0152983
湖畔 （壮乡歌声）中国音乐家协会广西分会，
广西人民出版社编
南宁 广西人民出版社 1980 年 82 页 19cm（32 开）
统一书号：8113.604 定价：CNY0.21

J0152984
民歌选 （一）南通市民歌搜集整理小组选编
南通 南通市民歌搜集整理小组 1980 年 油印本
118 页 有乐谱 26cm（16 开）

J0152985
民歌选 （二）南通市民歌搜集整理小组选编
南通 南通市民歌搜集整理小组 1980 年 油印本
71 页 有乐谱 26cm（16 开）

J0152986
民歌选 （三）南通市民歌搜集整理小组选编
南通 南通市民歌搜集整理小组 1980 年 油印本
79 页 有乐谱 26cm（16 开）

J0152987
民歌选 （四）南通市民歌搜集整理小组选编
南通 南通市民歌搜集整理小组 1980 年 油印本
38 页 有乐谱 26cm（16 开）

J0152988

山东民间歌曲选　山东省艺术馆编
济南　山东人民出版社　1980 年　430 页
26cm（16 开）统一书号：8099.1911
定价：CNY2.35

J0152989

手挽手　（各族民歌独唱重唱曲选）肖冷编
南宁　广西人民出版社　1980 年　282 页
19cm（32 开）统一书号：8113.617
定价：CNY0.63

J0152990

台湾民歌选　福建省文化局编
上海　上海文艺出版社　1980 年　184 页
19cm（32 开）统一书号：8078.3209
定价：CNY0.47

J0152991

台中县客语歌谣专辑　徐登志采词,翁喜真,
王尤君记谱
台中县　台中县立文化中心［1980—1989 年］
100 页　1 光盘　26cm（16 开）
定价：［TWD200.00］
（民间文学）

J0152992

王三姐赶集　（安徽民歌改编曲选）安徽省群
众艺术馆编
合肥　安徽人民出版社　1980 年　85 页　19cm（32 开）
统一书号：8102.1049　定价：CNY0.25

J0152993

延边民歌选　赵功义搜集整理
沈阳　春风文艺出版社　1980 年　198 页
19cm（32 开）统一书号：8158.110
定价：CNY0.38

J0152994

云岭千里飞颂歌　（歌曲选集）云南省文化
局艺术处音乐组编
昆明　云南省文化局艺术处音乐组
［1980—1989 年］158 页　19cm（32 开）

J0152995

云南民歌选　云南省文化局民歌编选小组,中
国音乐家协会云南分会编
昆明　云南人民出版社　1980 年　264 页
19cm（32 开）统一书号：8116.921
定价：CNY0.80

J0152996

中国民歌　（1）文化部文学艺术研究院音乐
研究所编
上海　上海文艺出版社　1980 年　21cm（32 开）
统一书号：8078.3190　定价：CNY1.85

J0152997

中国民歌　（第 1 卷）文化部文学艺术研究院
音乐研究所编
上海　上海文艺出版社　1980 年　578 页
21cm（大 32 开）统一书号：8078.3190
定价：CNY1.85

J0152998

中国民歌　（第 2 卷）文化部文学艺术研究院
音乐研究所编
上海　上海文艺出版社　1982 年 618 页 21cm（32 开）
统一书号：8078.3280　定价：CNY1.95

J0152999

中国民歌　（第 3 卷）文化部文学艺术研究院
音乐研究所编
上海　上海文艺出版社　1982 年　645 页
21cm（32 开）统一书号：8078.3290
定价：CNY2.05
　　本书按行政地区分 4 卷。本卷选编了黑、
吉、辽、鲁、皖、苏、浙等七省民歌 449 首和文字
简介。

J0153000

中国民歌　（第 4 卷）文化部文学艺术研究院
音乐研究所编
上海　上海文艺出版社　1985 年　646 页
20cm（32 开）统一书号：8078.3468
定价：CNY3.90
　　本书按行政地区分 4 卷。本集收编了河北、
河南、江西、内蒙古、新疆、台湾等地的民歌 450
余首,并附有各省民歌的文字介绍。

J0153001
中国民间歌曲集成 （河北省卷）河北省文化
局，中国音乐家协会河北分会编
石家庄 河北省文化局 1980年 油印本 4册
25cm（15开）定价：CNY10.00

J0153002
巴塘弦子 桑登却批搜集
成都 四川民族出版社 1981年 229页
19cm（32开）统一书号：M8140.44
定价：CNY0.54

J0153003
草原新歌
呼和浩特 内蒙古人民出版社 1981年 336页
19cm（32开）统一书号：8089.82
定价：CNY0.74

J0153004
船从远方来 中国音乐家协会广西分会，广西
人民出版社编
南宁 广西人民出版社 1981年 66页 19cm（32开）
统一书号：8113.581 定价：CNY0.17

J0153005
大兴安岭民歌、民间音乐资料汇编（1981）
黑龙江省大兴安岭地区群众艺术馆编
1981年 152页 20cm（32开）定价：CNY2.00

J0153006
贵州彝族民歌选 贵州省群众艺术馆编
贵阳 贵州省群众艺术馆 1981年 165页
19cm（32开）定价：CNY1.20

J0153007
贵州彝族民歌选 （下册）贵州省群众艺术馆编
1982年 121页 有图 18cm（15开）

J0153008
湖南民间歌曲集 （郴州地区分册）
中国民间歌曲集成湖南卷编辑委员会 1981年
511页 19cm（小32开）定价：CNY2.05

J0153009
湖南民间歌曲集 （益阳地区分册）中国民间
歌曲集成湖南卷编辑委员会编
长沙 中国民间歌曲集成湖南卷编辑委员会
1981年 628页 19cm（小32开）定价：CNY7.00

J0153010
湖南民间歌曲集 （零陵地区分册）中国民间
歌曲集成湖南卷编辑委员会编印
1981年 276页 19cm（小32开）定价：CNY0.92

J0153011
莫说山歌不是歌 （湖南省获奖创作歌曲集
1977-1981）中国音乐家协会湖南分会编
长沙 湖南人民出版社 1981年 55页 19cm（32开）
统一书号：8109.1327 定价：CNY0.16

J0153012
情牵天涯客 （壮乡歌声）中国音乐家协会广
西分会，广西人民出版社编
南宁 广西人民出版社 1981年 113页
19cm（32开）统一书号：8113.640
定价：CNY0.28

J0153013
少年儿童民歌150首 上海文艺出版社编
上海 上海文艺出版社 1981年 126页
19cm（32开）统一书号：8078.3255
定价：CNY0.31
　　本书收有反映孩子生活情趣的歌曲；有反
映旧社会悲惨生活的歌曲；也有传授知识的歌曲
等。选择童趣盎然并和孩子生活有联系的歌曲
的同时，也注意选择适合儿童演唱技巧和嗓音特
点及地区有代表性的民歌。

J0153014
抒情民间歌曲选 张仲樵编
南京 江苏人民出版社 1981年 281页
14cm（64开）统一书号：8100.031
定价：CNY0.38

J0153015
台湾歌曲选 （校园歌曲台湾民歌）中央人民
广播电台对台湾广播部编
北京 人民音乐出版社 1981年 55页 19cm（32开）
统一书号：8026.3822 定价：CNY0.21
　　本歌集编选《龙的传人》《乡间的小路》《橄

榄树》《天黑黑》《丢丢铜仔》等台湾歌曲 56 首。

J0153016

台湾歌曲选　中央人民广播电台对台湾广播
部编
北京 人民音乐出版社 1989 年 87 页 19cm（32 开）
ISBN：7-103-00454-0 定价：CNY1.20

J0153017

台湾校园民歌选　高鸣编
福州 福建人民出版社 1981 年 42 页 17cm（32 开）
统一书号：10173.214 定价：CNY0.10

J0153018

谈东北林区劳动号子音乐　赵希孟著
北京 人民音乐出版社 1981 年 183 页
21cm（32 开）统一书号：8026.3761
定价：CNY1.15
（民间音乐研究丛书）

J0153019

天山歌曲选　中国音乐家协会新疆维吾尔自
治区分会编
乌鲁木齐 新疆人民出版社 1981 年 176 页
21cm（32 开）统一书号：8098.136
定价：CNY0.43

J0153020

乌苏里船歌　（郭颂创作歌曲选）郭颂等词、曲
北京 人民音乐出版社 1981 年 48 页 19cm（32 开）
统一书号：8026.3798 定价：CNY0.19
　　本歌集选收《乌苏里船歌》《新货郎》等歌曲
共 24 首。

J0153021

婺源县民间歌曲集　江西省婺源县民间歌曲
编选小组［编］
1981 年 10+158 叶 有地图 27cm（16 开）

J0153022

渔港恋歌　（壮乡歌声）中国音乐家协会广西
分会，广西人民出版社编
南宁 广西人民出版社 1981 年 97 页 19cm（32 开）
统一书号：8113.646 定价：CNY0.25

J0153023

中国民歌二十首　（附钢琴伴奏）人民音乐出
版社编辑部编
北京 人民音乐出版社 1981 年 45 页
［19×26cm］定价：CNY0.57
　　本书是由作曲家丁善德、桑桐、江定仙、瞿
希贤、吴祖强、黎英海等编配的钢琴伴奏曲。主
要曲目有《嘎达梅林》《牧歌》《茉莉花》《小河淌
水》《四季歌》《阿拉木汗》等。

J0153024

中国民歌廿首　人民音乐出版社编辑部编
北京 人民音乐出版社 1981 年 45 页
25cm（小 16 开）统一书号：8026.3807
定价：CNY0.57

J0153025

中国民间歌曲集成　（湖南卷）《中国民间歌
曲集成·湖南卷》编辑委员会编
［长沙］［《中国民间歌曲集成·湖南卷》编辑委
员会］1981 年 5 册 有图 27cm（16 开）

J0153026

中国民间歌曲集成　（湖南卷）《中国民间歌
曲集成》全国编辑委员会，《中国民间歌曲集
成·湖南卷》编辑委员会编
北京《中国民间歌曲集成·湖南卷》编辑委员会
1994 年 2 册（1496 页）有图 26cm（16 开）
精装 ISBN：7-5076-0065-3 定价：CNY150.00
　　本卷选编湖南各地包括汉、土家、苗、侗、
瑶 5 个民族的各历史时期、各种题材的民歌
1433 首。

J0153027

中国民间歌曲集成　（江苏卷增补）《中国民
间歌曲集成·江苏卷》编辑委员会编
［南京］［《中国民间歌曲集成·江苏卷》编辑委
员会］1984 年 57 页 26cm（16 开）

J0153028

中国民间歌曲集成　（江西卷）《中国民间歌
曲集成·江西卷》编辑委员会编
［南昌］［《中国民间歌曲集成·江西卷》编辑委
员会］1986 年 4 册 有图 26cm（16 开）

J0153029
中国民间歌曲集成 （甘肃卷 陇南分卷）
甘肃省民歌集成办公室编
[兰州][甘肃省民歌集成办公室] 1981 年
2 册（28+724 页）26cm（16 开）

J0153030
中国民间歌曲集成 （甘肃卷）甘肃省民族音
乐集成编辑办公室编
[兰州][甘肃省民族音乐集成编辑办公室]
1983 年 2 册（214 ; 390 页）26cm（16 开）

J0153031
中国民间歌曲集成 （福建卷龙溪分卷）
陈松民主编；龙溪地区文化局编
1981 年 26cm（16 开）

J0153032
中国少数民族爱情歌曲集 田联韬编
成都 四川民族出版社 1981 年 164 页
21cm（32 开）统一书号：M8140.52
定价：CNY0.55

J0153033
啊，口弦 （凉山彝族自治州创作歌曲选）
凉山州文化局,四川人民出版社编
成都 四川人民出版社 1982 年 228 页
19cm（32 开）统一书号：8118.1225
定价：CNY0.54

J0153034
北曲史料 （第一期 胡景歧二人转演出作品选）
黑龙江省文化局,中国曲艺家协会黑龙江分会编
1982 年 349 页 有肖像 19cm（32 开）

J0153035
歌唱呼伦贝尔征歌选集 呼盟文联音协编辑
呼盟文联音协 1982 年 72 页 19cm（32 开）

J0153036
故乡的帆影 （壮乡歌声）中国音乐家协会广
西分会,广西人民出版社编
南宁 广西人民出版社 1982 年 92 页 19cm（32 开）
统一书号：8113.755 定价：CNY0.27

J0153037
哈萨克民歌 中国艺术研究院音乐研究所编
北京 文化艺术出版社 1982 年 241 页
21cm（32 开）统一书号：8228.011
定价：CNY0.85
　　本书选编155首反映哈萨克牧民生活的民歌。

J0153038
湖北民间歌曲集成 （荆州地区分卷）枫波主编
武汉 湖北省群众艺术馆 1982 年 633 页
26cm（16 开）

J0153039
湖北民间歌曲集成 （咸宁地区分卷）湖北省
群众艺术馆,湖北省咸宁地区行政公署文化局,
湖北省咸宁地区群众艺术馆编
1983 年 466 页 有图 26cm（16 开）

J0153040
湖北民间歌曲集成 （宜昌地区分卷）湖北省
群众艺术馆,宜昌地区群众艺术馆[编]
1987 年 17+824 页 26cm（16 开）

J0153041
荆州民间歌曲集 徐月波主编；湖北省荆州
地区群众艺术馆编
[荆州][荆州地区群众艺术馆][1982 年]
16+633 页 有图 26cm（16 开）

J0153042
民间文学资料 （第五十四集 侗族大歌）
中国民间文艺研究会贵州分会编印
中国民间文艺研究会贵州分会 1982 年 568 页
19cm（32 开）

J0153043
年轻的朋友最爱美 （云南创作歌曲集）云南
省民族音乐工作室,中国音乐家协会云南分会编
昆明 云南人民出版社 1982 年 121 页
19cm（32 开）统一书号：8116.1071
定价：CNY0.34
　　本书选自云南省专业和业余音乐工作者近
年来的作品,其中包括《美丽的边疆》《崩龙的欢
乐唱不完》《滇池美如画》等,共 56 首歌曲。

J0153044
青春的旋律　（云南省青年歌曲选）共青团云
南省委员会,云南人民广播电台编
昆明　云南人民出版社　1982 年　65 页　19cm（32 开）
统一书号：8116.1067　定价：CNY0.21

J0153045
全国少数民族文艺会演优秀歌曲选
田联韬等编
成都　四川民族出版社　1982 年　155 页
20cm（32 开）统一书号：M8140.51
定价：CNY0.52

J0153046
四川民间歌曲选　（汉族部分　第二集）中国
音乐家协会四川分会编
［成都］［中国音乐家协会四川分会］1982 年
13+225 页　26cm（16 开）定价：CNY3.65

J0153047
台湾校园歌曲乡土民谣　广西人民出版社编
南宁　广西人民出版社　1982 年　114 页
19cm（32 开）统一书号：8113.763
定价：CNY0.31
　　本书选编台湾民歌和校园歌曲 88 首。

J0153048
延边朝鲜族歌曲选　中国音乐家协会延边分
会编
上海　上海文艺出版社　1982 年　132 页
19cm（32 开）统一书号：8078.3359
定价：CNY0.31
　　本书共收 60 余首歌曲,都是朝鲜族词曲作
者的代表作。《放木排》《青春圆舞曲》等都为群
众广泛传唱。

J0153049
**一九八○年全国少数民族文艺汇演优秀歌
曲选**　田联韬等编
成都　四川民族出版社　1982 年　155 页
21cm（32 开）统一书号：M8140.51
定价：CNY0.52
　　本书选编 1980 年 10 月在北京举行的全国
少数民族文艺汇演中的优秀歌曲 92 首。

J0153050
一九八二年四川省民歌调演优秀作品选
四川省民歌调演大会编
成都　四川省民歌调演大会　1982 年　92 页
19cm（32 开）

J0153051
云南楚雄民族民间音乐　云南楚雄彝族自治
州文化局编
昆明　云南人民出版社　1982 年　151 页
19cm（32 开）统一书号：8116.1068
定价：CNY0.56
　　本书共包括三部分：一、民歌；二、歌舞曲；
三、器乐曲。

J0153052
中国民间歌曲集成　（福建卷）中国民歌集成
福建卷编委会［编］
［中国民歌集成福建卷编委会］1982 年　3 册
26cm（16 开）

J0153053
中国民间歌曲集成　（江苏卷　第二册）中国
民间歌曲集成《江苏卷》编辑委员会［编］
［南京］［中国民间歌曲集成《江苏卷》编辑委员会］
1982 年　14+392 页　26cm（16 开）

J0153054
中国民间歌曲集成　（江苏卷　第三册）中国
民间歌曲集成《江苏卷》编辑委员会［编］
［南京］［中国民间歌曲集成《江苏卷》编辑委员会］
1982 年　17+439 页　26cm（16 开）

J0153055
中国民间歌曲集成　（江苏卷　第四册）中国
民间歌曲集成《江苏卷》编辑委员会［编］
［南京］［中国民间歌曲集成《江苏卷》编辑委员会］
1982 年　263 页　26cm（16 开）

J0153056
中国民间歌曲集成　（江苏卷　第五册）中国
民间歌曲集成《江苏卷》编辑委员会［编］
［南京］［中国民间歌曲集成《江苏卷》编辑委员会］
1982 年　122 页　26cm（16 开）

J0153057

阿阳民歌　吕恒全采集；静宁县文化馆编印

静宁　静宁县文化馆　1983 年　101 页　有乐谱

19cm（小 32 开）定价：CNY1.06

J0153058

带露的花朵　安徽省文化厅著

合肥　安徽人民出版社　1983 年　180 页

21cm（32 开）统一书号：8102.1455

定价：CNY0.65

J0153059

歌海浪花　（第 2 期）广西戏剧研究室编

广西　1983 年　255 页　19cm（32 开）

J0153060

歌坛民族之花　（少数民族歌唱家歌手介绍）

殷海山，高守信编写

南宁　漓江出版社　1983 年　366 页　21cm（32 开）

统一书号：8256.86　定价：CNY1.24

　　本书介绍了 20 世纪 80 年代活跃在歌坛和
声乐教学岗位上的少数民族歌唱家和歌手 36 位，
其中包括蒙古族、回族、藏族、维吾尔族、苗族、
壮族、朝鲜族等 18 个民族，并收入演唱的歌曲
41 首。

J0153061

歌坛民族之花　（少数民族歌唱家歌手介绍
二集）殷海山，高守信编写

南宁　广西人民出版社　1986 年　342 页　有照片

20cm（32 开）统一书号：8113.1156

定价：CNY2.00

J0153062

呼伦贝尔美　（那日松歌曲选）那日松编词曲

北京　人民音乐出版社　1983 年　76 页　19cm（32 开）

统一书号：8026.4064　定价：CNY0.28

　　本书收入 34 首歌曲，这些歌曲反映了蒙古、
鄂温克、达斡尔、鄂伦春等民族，对党、对祖国、
对社会主义的无限热爱。

J0153063

蕉林曲　（壮乡歌声）中国音乐家协会广西分
会，广西人民出版社编

南宁　广西人民出版社　1983 年　116 页

19cm（32 开）统一书号：8113.801

定价：CNY0.33

J0153064

南昌民歌二百首　南昌市文化局，南昌市文
联，民歌收集小组编

［南昌］［南昌市文化局］1983 年　243 页　有地图

18cm（15 开）

J0153065

山东民间歌曲论述　苗晶编

济南　山东人民出版社　1983 年　346 页　有照片

21cm（32 开）统一书号：8099.2494

定价：CNY1.15

　　本书共分三部分：一、山东民间歌曲的分
布、流传和演变；二、从民歌的各种题材中看民
歌与人民生活的关系；三、山东民间歌曲在音乐
上的表现手法。作者苗晶（1925—　　），音乐研究
所研究员。原名宋学赛，生于江苏盐城，祖籍天
津。毕业于天津南开大学外国语言学系。曾任
中国传统音乐学会常务理事、国际音乐学会会员
等。著有《论汉族民歌近似色彩区的划分》《山
东民间歌曲论述》《黄河音乐万里寻根》等。

J0153066

山寨夜曲　（壮乡歌声）中国音乐家协会广西
分会，广西人民出版社编

南宁　广西人民出版社　1983 年　98 页　19cm（32 开）

统一书号：8113.881　定价：CNY0.29

J0153067

湘西土家族苗族民间歌曲乐曲选　湘西土
家族苗族自治州党委宣传部编

上海　上海文艺出版社　1983 年　285 页

19cm（32 开）统一书号：8078.3402

定价：CNY1.05

J0153068

新疆民间歌曲选　（1 维吾尔族专辑）新疆维
吾尔自治区文化厅，中国音乐家协会新疆分会编

乌鲁木齐　新疆人民出版社　1983 年　253 页

19cm（小 32 开）

（新疆民间歌曲选丛书）

　　本书选编有代表性的维吾尔族民间歌曲 100
首，概括了维吾尔族民间歌曲的全貌。

J0153069

新疆民间歌曲选 （2 哈萨克族专辑）新疆维
吾尔自治区文化厅,中国音乐家协会新疆分会编
乌鲁木齐 新疆人民出版社 1982 年 71 页
19cm(小 32 开) 统一书号：8098.155
定价：CNY0.21

J0153070

新疆民间歌曲选 （3 柯尔克孜族专辑）新疆
维吾尔自治区文化厅,中国音乐家协会新疆分
会编
乌鲁木齐 新疆人民出版社 1982 年 71 页
19cm(小 32 开) 统一书号：8098.141
定价：CNY0.20

J0153071

新疆民间歌曲选 （4）新疆维吾尔自治区文
化厅,中国音乐家协会新疆分会编
乌鲁木齐 新疆人民出版社 1982—1984 年
19cm(小 32 开) 统一书号：8098.171
定价：CNY0.31

J0153072

新疆民间歌曲选 （5）新疆维吾尔自治区文
化厅,中国音乐家协会新疆分会编
乌鲁木齐 新疆人民出版社 1982—1984 年
19cm(小 32 开) 统一书号：8098.172
定价：CNY0.30（5）

J0153073

新疆民间歌曲选 （6 塔吉克,达斡尔,回族专
辑）新疆维吾尔自治区文化厅,中国音乐家协会
新疆分会编
乌鲁木齐 新疆人民出版社 1984 年 63 页
19cm(32 开) 统一书号：8098.194
定价：CNY0.28

J0153074

粤北民间歌曲 200 首 广东省韶关地区群众
艺术馆编
韶关 广东省韶关地区群众艺术馆 1983 年 216 页
19cm(32 开)

J0153075

中国民歌选 （第一集 五线谱）山歌社编

北京 中国文艺联合出版公司 1983 年 25 页
26cm(16 开) 统一书号：8313.91
定价：CNY0.40
（中国音乐丛书）
　　本集收有各地优秀民歌,据原山歌社 1947
年版重版。

J0153076

中国民歌选 （第二集）黎英海选配
北京 中国文艺联合出版公司 1983 年 正谱本
影印本 50 页 26cm(16 开)
统一书号：8313.133 定价：CNY0.66
（中国音乐丛书）
　　本集收有江苏、浙江、新疆、云南、四川、山
西、陕西、内蒙古、宁夏、湖南、海南等地优秀民
歌 21 首。

J0153077

中国民歌选 （五线谱 第三集）陈良编
北京 中国文艺联合出版公司 1983 年 31 页
26cm(16 开) 统一书号：8355.77
定价：CNY0.61
（中国音乐丛书）

J0153078

中国民歌选 （第三集）陈良编
北京 中国文联出版公司 1984 年 31 页
26cm(16 开) 定价：CNY0.61
（中国音乐丛书）

J0153079

中国民歌选 （第四集 五线谱）文英编
北京 中国文联出版公司 1983 年 46 页
26cm(16 开) 统一书号：8355.78
定价：CNY0.75
（中国音乐丛书）
　　本集收有各地优秀民歌。

J0153080

中国民歌选 （第四集）文英编
北京 中国文联出版公司 1984 年 46 页
26cm(16 开) 定价：CNY0.75
（中国音乐丛书）

J0153081
中国民间歌曲集成 （江苏卷 第一册）
石林主编
［南京］［中国民间歌曲集成《江苏卷》编辑委员会］
1983 年 128 页 有地图 26cm（16 开）

J0153082
中国民间歌曲集成 （湖北卷）中国民间歌曲
集成编辑委员会编
北京 人民音乐出版社 1983 年 有图 26cm（16 开）
精装

J0153083
中国民间歌曲集成 （河南卷）中国民间歌曲
集成河南省编辑委员会编
［郑州］中国民间歌曲集成河南省编辑委员会
1983 年 油印本 3 册 有地图 26cm（16 开）

J0153084
中国民间歌曲集成 （云南卷初选稿汇编 白
族部分）中国民间歌曲集成云南卷编委会办公
室编
［昆明］［中国民间歌曲集成云南卷编委会办公室］
［1981 年］177 页 26cm（16 开）

J0153085
代俄勾兔汝演唱的彝族民间歌曲集
宋树秀［著］
［贵州省艺术学校］1984 年 103 页 27cm（16 开）

J0153086
儋县调声及其他 广东省民间音乐研究室,儋
县文化馆编
［广东省民间音乐研究室］1984 年［油印本］
304 页 有地图 25cm（小 16 开）

J0153087
德宏傣族民歌 44 种 （傣文）龚茂春收集整
理记译
潞西 德宏民族出版社 1984 年 180 页
19cm（小 32 开）统一书号：M10258.11
定价：CNY0.70

J0153088
凤阳花鼓歌曲选 凤阳县文化局编

凤阳 凤阳县文化局［1984 年］42 页
19cm（32 开）定价：CNY0.20

J0153089
广西各民族歌曲 广西壮族自治区文化局编
1984 年 278 页 18cm（15 开）

J0153090
纪念遵义会议五十周年歌曲集
（1935.1.15—1985.1.15）遵义市文化局编
遵义 遵义市文化局 1984 年 60 页 19cm（32 开）

J0153091
民间小曲选编 赵毅编
杭州 浙江人民出版社 1984 年 142 页
19cm（32 开）统一书号：8103.540
定价：CNY0.40
（农村文化丛书）

J0153092
塞上飘歌稻谷香 宁夏人民出版社编
银川 宁夏人民出版社 1984 年 127 页
19cm（32 开）统一书号：10157.193
定价：CNY0.33
　　本书分两部分：第一部分收具有西北地方音
乐特色的群众喜爱的歌曲 30 余首；第二部分是
歌词。

J0153093
台湾高山族民歌合唱集锦 陈伯白等词；骆
季超编曲
福州 福建人民出版社 1984 年 92 页 26cm（16 开）
统一书号：10173.651 定价：CNY0.75
　　作者骆季超（1941— ），国家一级作曲家。
湖北枣阳县（今湖北省枣阳市）人。福建省歌舞
剧院专业音乐创作员。主要作品有《鼓浪屿小夜
曲》《古田颂歌》《请到我们"公社"来》《虎门长
啸》等。

J0153094
云南白族民歌选 大理白族自治州文化局民
族文化研究室
昆明 云南人民出版社 1984 年 161 页
19cm（32 开）统一书号：8116.1191
定价：CNY0.57

J0153095

中国民歌集成 （江西卷 萍乡分卷 萍乡民间音乐）萍乡市文化局,萍乡市群众艺术馆,萍乡市文联音协编

［萍乡］［萍乡市文化局］1984 年 206 页 有地图 26cm（16 开）

J0153096

中国民歌精选　杜亚雄编

成都 四川人民出版社 1984 年 424 页

21cm（32 开）统一书号: 8118.1482

定价: CNY1.68

J0153097

中国民歌选　人民音乐出版社编辑部编

北京 人民音乐出版社 1984 年 618 页

13cm（60 开）统一书号: 8026.4281

定价: CNY1.60

J0153098

中国民歌选 （民歌专集 汉英文对照）人民音乐出版社编辑部编

北京 人民音乐出版社 1984 年 46 页

26cm（16 开）定价: CNY0.93

J0153099

中国民间歌曲集成 （江西卷 宜春地区分卷）《宜春地区民歌选》编委会编

［宜春］［《宜春地区民歌选》编委会］1984 年

10+312 页 26cm（16 开）

J0153100

中国民间歌曲集成 （云南卷初选稿汇编 临沧部分）临沧行政公署文化局,临沧地区民委,中国民间歌曲集成云南卷编委会办公室合编

［临沧］［中国民间歌曲集成云南卷编委会办公室］1984 年［油印本］23+589 叶 有地图 26cm（16 开）

J0153101

中国民间歌曲集成 （江西卷 吉安地区分卷）朱艾南主编

［吉安］江西省吉安地区文化广播电视局 1984 年

13+337 页 26cm（16 开）

J0153102

草原上有一个美妙的传说　张藜编

北京 文化艺术出版社 1985 年 116 页

20cm（32 开）定价: CNY0.74

　　本书系中国现代民歌歌曲集。

J0153103

甘薯庄浪民间歌曲选　庄浪县文化馆编

1985 年 211 页 有乐谱 19cm（小 32 开）

J0153104

科尔沁民歌　哲里木盟文化处,内蒙古民族师院中文系编

呼和浩特 内蒙古人民出版社 1985 年 538 页

19cm（小 32 开）统一书号: 10089.285

定价: CNY2.10

　　本书收《劳工歌》《国兵之歌》《小龙哥哥》《破产的农夫》《乌诺格河》《海龙》《天虎》《六十三之歌》等歌曲。

J0153105

图里古尔歌曲集　内蒙古人民出版社编

呼和浩特 内蒙古人民出版社 1985 年 229 页

19cm（32 开）统一书号: 8089.212

定价: CNY1.05

J0153106

西藏创作歌曲选 （1965—1985）

拉萨 西藏人民出版社 1985 年 399 页

20cm（32 开）统一书号: 8170.110

定价: CNY2.10

（庆祝西藏自治区成立二十周年丛书）

J0153107

西盟佤族民歌　《佤山》编辑部编

昆明 云南民族出版社 1985 年 134 页

19cm（32 开）统一书号: M10184.136

定价: CNY0.86

J0153108

云南纳西族普米族民间音乐　云南省丽江地区文教局编

昆明 云南人民出版社 1985 年 238 页

19cm（32 开）统一书号: 10116.1008

定价: CNY1.20

　　本书是以丽江地区民歌集成编选小组选编的《纳西族民歌集成》和《普米族民歌集成》为基础，进一步汇集了中华人民共和国成立以来，20世纪五六十年代所收集保存下来的民间音乐资料编选而成的。

J0153109
黄梅歌　时白林编
合肥　安徽人民出版社　1986年　91页　19cm（32开）
统一书号：8378.11　定价：CNY0.68

J0153110
江城县哈尼族彝族自治县民歌集　（第一集）
江城县哈尼族彝族自治县音舞集成办公室［编］
1986年　187页　26cm（16开）

J0153111
山花吟　贵阳市音乐家协会编
贵阳　贵州人民出版社　1986年　151页
19cm（32开）统一书号：10115.633
定价：CNY0.80

J0153112
粤语歌曲精选　王满编
南宁　广西人民出版社　1986年　106页
19cm（32开）统一书号：8113.1179
定价：CNY0.55

J0153113
云南保山民族民间音乐　保山地区文化局，
保山地区民委编
昆明　云南人民出版社　1986年　263页
19cm（32开）统一书号：8116.1578
定价：CNY1.40

J0153114
云南各族情歌 100 首　杨放编
上海　上海文艺出版社　1986年　165页　有照片
19cm（32开）统一书号：8078.3565
定价：CNY1.00

J0153115
在那遥远的地方　（汉英对照　五线谱）洛宾
编词曲
乌鲁木齐　新疆人民出版社　1986年　59页

有画像　26cm（16开）统一书号：8098.230
定价：CNY2.50
　　本书选入《在那遥远的地方》《牡丹汗》《高高的白杨》《阿拉木汗》《哪里来的骆驼队》《玛依拉》等 16 首新疆民歌。外文书名：In a Faraway Region.

J0153116
中国民间歌曲集成　（江西卷　抚州地区分卷）
江西省抚州地区民间歌曲编辑委员会编
［抚州］［江西省抚州地区民间歌曲编辑委员会］
［1986年］316页　有地图　26cm（16开）

J0153117
中国民间歌曲集成　（江西卷　上饶地区分卷）
江西省上饶地区民间歌曲编辑委员会主编
［上饶］［江西省上饶地区民间歌曲编辑委员会］
1988年　349页　有地图　27cm（16开）

J0153118
中国少数民族歌曲集　文化部《少数民族歌曲集》编辑组［编］
北京　人民音乐出版社　1986年　287页
19cm（32开）统一书号：8026.4494
定价：CNY1.50

J0153119
布利亚特蒙古民歌选集　特·巴图德力格尔收集记录；钢·单力克、贾玉昆翻译
呼和浩特　内蒙古人民出版社　1987年　199页
21cm（32开）定价：CNY1.30

J0153120
纳西民歌选　（歌曲　纳西文、汉文对照）赵兴文等编译
昆明　云南民族出版社　1987年　88页　19cm（32开）
统一书号：MR8184.118　ISBN：7-5367-0050-4
定价：CNY0.40

J0153121
青海回族宴席曲　马正元编
西宁　青海人民出版社　1987年　204页
19cm（32开）统一书号：8097.613
ISBN：7-225-00020-9　定价：CNY1.15
（青海民族民间文学丛书）

回族宴席曲是流行于甘肃、青海等省一些回族聚居区的歌唱艺术，回族人民举行婚礼时邀请民间歌手前来演唱，并因此得名。本书收入的 81 首是具有一定代表性的作品。

J0153122

人们向往的地方 （德宏州民族歌舞团建团三十周年创作歌曲选 第一集）德宏州民族歌舞团编
芒市 德宏民族出版社 1987 年 83 页 19cm（32 开）
统一书号：8258.3 ISBN：7-80525-013-8
定价：CNY0.45

J0153123

山西民歌 300 首 山西省音乐舞蹈研究所编
太原 北岳文艺出版社 1987 年 377 页
20cm（32 开）ISBN：7-5378-0017-0
定价：CNY3.30
　　本书是从山西民歌资料中选编而成。按照民歌的不同体裁和歌种，结合山西民歌的实际状况，将山西民歌分为 9 类：山歌、号子、小调、二人台、小花戏、秧歌、灯歌、凤秧歌、大腔。

J0153124

丝路情歌 （汉英对照）洛滨编词曲
乌鲁木齐 新疆人民出版社 1987 年 53 页
26cm（16 开）统一书号：8098.274
ISBN：7-228-00183-4 定价：CNY2.50
　　外文书名：Love Songs of Silk Road.

J0153125

台湾民谣 简上仁著
台北 众文图书公司 1987 年 2 版 245 页 有图
21cm（32 开）定价：TWD120.00

J0153126

瑶族民歌 何芸等编
北京 文化艺术出版社 1987 年 150 页
19cm（32 开）ISBN：7-5039-0005-9
定价：CNY1.10

J0153127

飘香的歌 （安溪乌龙茶"铁观音杯"征歌大奖赛作品集）安溪《铁观音杯》征歌大奖赛组委会编
福州 海峡文艺出版社 1988 年 74 页 21cm（32 开）

ISBN：7-80534-107-9 定价：CNY1.40

J0153128

青海传统民间歌曲精选 周娟姑，张更有编
西宁 青海人民出版社 1988 年 349 页
20cm（32 开）ISBN：7-225-00180-9
定价：CNY2.35
　　本书介绍了青海各类传统民间歌曲的原貌和演唱方法等。

J0153129

中国民间歌曲集成 （湖北卷）杨匡民主编；《中国民间歌曲集成》全国编辑委员会编
北京 人民音乐出版社 1988 年
2 册（59+1583 页 + ［20］页图版）27cm（16 开）
特精装 ISBN：7-103-00289-4 定价：CNY65.00

J0153130

巴蜀乡土歌曲 中国音乐家协会四川分会等编
成都 四川人民出版社 1989 年 93 页 19cm（32 开）
ISBN：7-220-00869-4 定价：CNY1.35

J0153131

达坂城的姑娘 （新疆抒情歌曲选）崔旋编
乌鲁木齐 新疆人民出版社 1989 年 181 页
19cm（32 开）ISBN：7-228-01043-4
定价：CNY2.35

J0153132

扬州民歌精选 扬州市文化艺术研究室，江苏省扬剧艺术研究会编
［扬州］1989 年 油印本 232 页 26cm（16 开）

J0153133

中国传统民歌 400 首 柳正明编
南宁 广西人民出版社 1989 年 491 页
20cm（32 开）ISBN：7-219-01139-3
定价：CNY6.70
　　本书包括中国 56 个民族的 100 余种方言、土语的 400 种民歌曲调，按不同的语系进行编排。

J0153134

中国渔歌选 上海音乐出版社编
上海 上海音乐出版社 1989 年 445 页
20cm（32 开）ISBN：7-80553-055-6

定价：CNY7.65

J0153135

河北民间歌曲研究　乔伦,江玉亭著
石家庄　花山文艺出版社　1990 年　491 页
20cm（32 开）ISBN：7-80505-284-0
定价：CNY6.90
（河北艺术研究丛书）
　　本书对河北民歌的产生、形成与发展作了相
关的研究,并从史学、社会学、美学、形态学等角
度,就其内容、形式、形象、风格等进行了阐述。

J0153136

花老虎民族艺术新歌集　（苗、土家、汉、蒙、
白、藏、哈萨克族歌曲 31 首　五线谱钢琴伴奏）
花老虎作
贵阳　贵州民族出版社　1990 年　136 页　有照片
26cm（16 开）ISBN：7-5412-0109-X
定价：CNY5.00
　　中国现代少数民族歌曲选集。作者花老虎
（1934—　　），苗族,作曲家、音乐理论家、电影剧
作家。原名吴荣发,湖南保靖县人,毕业于上海
音乐学院作曲系。历任中国少数民族音乐学会
副会长、国际苗族研究会主席、世界苗族文化经
贸协作促进会主席兼秘书长、贵州省苗学会顾
问、中国音乐家协会会员等。出版《花老虎民族
艺术新歌集》《中国少数民族艺术词典》等。

J0153137

花老虎民族艺术新歌集　（苗、土家、汉、蒙
古、白、藏、哈萨克族歌曲 35 首　简谱本）花老
虎作
贵阳　贵州民族出版社　1990 年　74 页　有照片
26cm（16 开）ISBN：7-5412-0108-1
定价：CNY4.00

J0153138

台闽少数民族的复音民歌　（台湾的阿美族
与福建的畲族）刘茜著
台北　中华民俗艺术基金会　1990 年　210+［2］页
有图　21cm（32 开）定价：TWD130.00

J0153139

乡音　（景颇歌曲选　景、汉文对照）赵恕心,尚
德强作曲

昆明　云南民族出版社　1990 年　167 页
19cm（32 开）ISBN：7-5367-0257-4
定价：CNY2.00

J0153140

新丰歌谣集成　曾逸之主编；新丰县民间文
学三套集成编委会编
1990 年　52 页　19cm（32 开）

J0153141

岫岩满族民间歌曲选　辽宁省民族古籍整理
办公室主编；岫岩满族自治县民族事务委员会,
岫岩满族自治县文化馆整理
沈阳　辽宁民族出版社　1990 年　145 页
20cm（32 开）ISBN：7-80527-176-3
定价：CNY4.80
（辽宁民族古籍　艺术类）

J0153142

粤语流行曲四十年　黄志华著
香港　三联书店（香港）公司　1990 年　174 页
19cm（32 开）ISBN：962-04-0876-4
定价：HKD33.00
（古今香港系列）

J0153143

中国音乐会民歌独唱曲精选　（英汉对照 1
正谱本）上海音乐出版社编；张永谟译
上海　上海音乐出版社　1990 年　72 页
30cm（10 开）ISBN：7-80553-239-7
定价：CNY5.50
　　本书选入中国各族的民歌金曲 25 首：新疆
哈萨克族民歌《玛依拉》《我的花儿》《嘎俄丽泰》
和《燕子》；新疆民歌《阿拉木汗》；新疆塔塔尔
族民歌《在银色的月光下》；内蒙古民歌《牧歌》
《嘎达梅林》和《蒙古夜曲》；青海民歌《草原情歌》
《四季歌》和《上高山望平川》；四川康定民歌《跑
马溜溜的山上》；云南民歌《小河淌水》《放马山
歌》和《想亲娘》；云南呈贡山歌《大河涨水沙浪
沙》；江苏民歌《茉莉花》及《杨柳青》。配有五
线谱和钢琴伴奏谱。

J0153144

中国优秀民歌选　陈华卓等编
广州　中山大学出版社　1990 年　113 页

19cm（小 32 开）定价：CNY1.90
（校园文化丛书）

J0153145
成都情思　（《蓉城歌声》专栏节目集锦）
王为相,顾美琴编
成都　四川人民出版社 1991 年 132 页
19cm（小 32 开）ISBN：7–220–01543–7
定价：CNY2.00
　　本书介绍了成都本地词曲作者的作品,通过
演唱作品介绍了一些歌唱家和歌坛新秀,讲解了
歌曲的艺术特色和创作背景。

J0153146
海南民歌选　邢德芸主编
海口　南海出版公司 1991 年 207 页　有照片
20cm（32 开）ISBN：7–80570–290–X
定价：CNY6.80
　　本歌集共分 3 个部分：革命历史民歌、少数
民族民歌和汉族民歌。

J0153147
美丽的花环　（全国《民族之声》歌曲征集活动
获奖作品）《音乐周报》编辑部编
北京　人民音乐出版社 1991 年 150 页
19cm（小 32 开）ISBN：7–103–00793–4
定价：CNY2.85

J0153148
山西民歌　于秀芳主编
太原　山西人民出版社 1991 年 588 页
26cm（16 开）ISBN：7–203–01896–2
定价：CNY100.00
　　本书汇编山西民间歌谣近 800 首,附有插图
和文艺评点。内容包括情歌、离别歌、劳动歌、
号子、生活歌、时政歌、风物歌、礼俗歌、节令
歌等。

J0153149
太原民歌选集　赵炳青主编；太原群众艺术
馆编
太原　北岳文艺出版社 1991 年 125 页
19cm（小 32 开）ISBN：7–5378–0527–X
定价：CNY2.50

J0153150
天翻身 地打滚　（如东革命歌谣 1911–1949）
如东县民间文学集成办公室编
[南通市民间文学集成办公室] 1991 年 96 页
20cm（32 开）定价：CNY2.50

J0153151
扎西达杰藏族女声独唱歌曲选　中国音乐
家协会青海分会编
西宁　青海人民出版社 1991 年 61 页 20cm（32 开）
ISBN：7–225–00324–0　定价：CNY0.85

J0153152
中国苗族歌曲选　（苗、汉对照）张元奇等选编
昆明　云南民族出版社 1991 年 225 页
19cm（小 32 开）ISBN：7–5367–0459–3
定价：CNY3.95
　　本书选编苗族居住较为集中的云南、贵州、
湖南、广西、海南等省区创作的有浓郁苗族风格
的歌曲和有代表性的苗族民歌 40 余首。

J0153153
中国民歌 108 首及演唱方法　斯琴毕利格编著
石家庄　河北教育出版社 1991 年 186 页
19cm（32 开）ISBN：7–5434–0898–8
定价：CNY2.15

J0153154
中国民歌八十首大联唱　中国唱片公司供稿
兰州　敦煌文艺出版社 1991 年 重印本 181 页
19cm（32 开）ISBN：7–80587–032–2
定价：CNY2.00
（中国民歌精选）
　　本书包括曹雪芹词,王立平曲的《电视连续
剧〈红楼梦〉歌曲》。

J0153155
中国民间歌曲集成　（四川省攀枝花市卷）
马维新主编
成都　四川民族出版社 1991 年 428 页　有彩照
20cm（32 开）ISBN：7–5409–0743–6
定价：CNY5.85
　　本书共收入四川省攀枝花市民间歌曲
281 首。

J0153156

卡拉 OK 歌曲精华　（四　中外民歌专辑）

吉子,木根编

长沙　湖南文艺出版社　1992 年　184 页

19cm（小 32 开）ISBN：7-5404-0985-1

定价：CNY2.80

J0153157

南涧民间音乐　袁登学搜集整理；南涧彝族

自治县民间音乐集成办公室编

昆明　云南民族出版社　1992 年　175 页

19cm（32 开）ISBN：7-5367-0507-7

定价：CNY2.50

本书收流行于南涧彝族自治县各民族之

中有代表性的民间歌曲 46 首,器乐曲 26 首,共

72 首。

J0153158

中国风俗民歌大观　朱传迪编

武汉　武汉测绘科技大学出版社　1992 年　616 页

有彩照　19cm（小 32 开）ISBN：7-81030-217-5

定价：CNY8.90

本书介绍了仪礼歌、生活歌、劳动歌、节

日歌。

J0153159

中国各民族民歌选集　《中国民间歌曲集成》

总编辑委员会主编

北京　人民音乐出版社　1992 年　429 页

26cm（16 开）精装　ISBN：7-103-00849-3

定价：CNY24.00

本书为线谱。全国 56 个民族都有代表性作

品收入,共有 505 首,按民族分类编排。外文书

名：The Anthology of Chinese Nationalities' Folk

Songs.

J0153160

中国民歌精选　李凌主编

北京　中国广播电视出版社　1992 年　重印本

17+504 页　20cm（32 开）精装

ISBN：7-5043-1367-X　定价：CNY9.50

（中外音乐系列丛书　1）

本书选编了我国 56 个民族的 300 余首民歌

及改编民歌。主编李凌(1913—2003),音乐家。

原名李树连,曾用名李绿永,广东台山县人。曾

任中国音乐学院院长,兼《中国音乐》主编。著

有《音乐浅谈》《音乐美学漫笔》《音乐流花新

集》等。

J0153161

中国民歌精选集　董世平,杨淑清编

北京　中国劳动出版社　1992 年　142 页

19cm（小 32 开）ISBN：7-5045-0915-9

定价：CNY2.00

J0153162

彩虹　（呼伦贝尔民歌、创作歌曲 60 首）

赵红柔编著

北京　民族出版社　1993 年　185 页　26cm（16 开）

ISBN：7-105-02095-4　定价：CNY16.50

作者赵红柔(1943—　　),女,满族,高级讲

师。吉林永吉人,呼盟民族艺术学校副校长。

J0153163

侗歌在巴黎　冀洲主编；贵州省文联,贵州省

音乐家协会编

贵阳　贵州民族出版社　1993 年　82 页　26cm（16 开）

ISBN：7-5412-0276-2　定价：CNY15.00

外文书名：Kam Minority Song's in Paris. 作

者冀洲(1929—　　),贵州省文联顾问、音乐家协

会名誉主席、中国音乐家协会常务理事。

J0153164

歌海情潮　（广西民族歌曲 100 首）广西国际

民歌节组委会文艺部编

南宁　广西人民出版社　1993 年　211 页

19cm（小 32 开）ISBN：7-219-02263-8

定价：CNY3.80

J0153165

广西国际民歌节重要文件汇编　文军主编；

广西国际民歌节执行委员会办公室编

南宁　广西民族出版社　1993 年　158 页　有彩照

20cm（32 开）精装　ISBN：7-5363-2258-5

定价：CNY14.00

J0153166

广西民歌十九首　李志曙编

南宁　广西人民出版社　1993 年　50 页　26cm（16 开）

ISBN：7-219-02262-X　定价：CNY3.50

作者李志曙(1916—1994),壮族,歌唱家、音乐教育家、教授。广西贵港人,毕业于广西大学社会学系。历任上海军管大中华唱片厂文艺组副组长(今中国唱片公司)、上海音专教授,先后任教于上海音乐学院、广西艺术学院、中国音乐学院。

J0153167

吉祥的颂歌　　阿金主编;甘孜藏族自治州文学艺术界联合会编
成都　四川民族出版社　1993 年　214 页
20cm(32 开)　ISBN:7–5409–0920–X
定价:CNY3.30
　　书脊题名《吉祥颂歌》。

J0153168

金茶花　(壮族民歌二十一首)　张筠青,黄文东改编
北京　人民音乐出版社　1993 年　57 页　26cm(16开)
ISBN:7–103–01106–0　定价:CNY3.45

J0153169

柳谦歌曲选　　柳谦著
呼和浩特　内蒙古人民出版社　1993 年　211 页
有照片　19cm(小 32 开)　ISBN:7–204–02307–2
定价:CNY4.30

J0153170

漫瀚调　　王世一等编著
北京　人民音乐出版社　1993 年　254 页
20cm(32 开)　ISBN:7–103–01017–X
定价:CNY5.85
　　本书介绍蒙古民歌漫瀚调概况、漫瀚调曲选、漫瀚调词选和民歌歌手等。

J0153171

南珠传友情　(北海市歌曲选集)　新时期广西文艺创作丛书编委会编
桂林　漓江出版社　1993 年　142 页　有图
20cm(32 开)　ISBN:7–5407–1428–X
定价:CNY6.80
(新时期广西文艺创作丛书　北海市卷 2)

J0153172

维吾尔十二木卡姆　　新疆维吾尔自治区十二

木卡姆研究学会,新疆维吾尔自治区文化厅编
乌鲁木齐　新疆人民出版社　1993 年　12 册
有彩照　20cm(32 开)　精装
ISBN:7–228–02955–0　定价:CNY144.00(合计)
　　本书内容包括:1.拉克、2.且比亚特、3.木夏吾莱克、4.恰尔尕、5.潘吉尕、6.乌孜哈勒、7.艾且、8.乌夏克、9.巴雅提、10.纳瓦、11.斯尕、12.依拉克。外文书名:Uighur Twelve Muqam.

J0153173

中国民歌　　周青青著
北京　人民音乐出版社　1993 年　358 页
20cm(32 开)　ISBN:7–103–01128–1
定价:CNY10.65
(音乐自学丛书　音乐学卷)

J0153174

茨乡歌志　　苏忠深编著
银川　宁夏人民出版社　1994 年　124 页　有图
19cm(小 32 开)　ISBN:7–227–01434–7
定价:CNY4.60
　　本书收录了中宁县地方民歌,分为歌曲和民谣两部分。歌曲有地方风物歌、民情民俗歌、史事人物歌、劳动号子;民歌有农事谣、史事谣、民情谣等。

J0153175

地方民歌　　隋稳掬编著
青岛　青岛海洋大学出版社　1994 年　330 页
26cm(16 开)　ISBN:7–81026–683–7
定价:CNY16.80
　　本书重点对所收录的山东民歌逐首作了介绍,从民歌和人民的生活关系、民歌在各历史时期的产生和作用及音乐结构、特点诸方面加以分析。

J0153176

哈密木卡姆　　哈德尔·阿不列孜主编;新疆维吾尔自治区哈密地区文化处编;郝关中汉文翻译
北京　人民音乐出版社　1994 年　743 页　有照片图
26cm(16 开)　精装　ISBN:7–103–01218–0
定价:CNY200.00

J0153177

民歌名曲珍品精选　(影碟卡拉 OK 金曲)

戴星选编

贵阳 贵州民族出版社 1994 年 310 页

19cm（小 32 开）ISBN：7-5412-0453-6

定价：CNY6.80

J0153178

中国百唱不厌民歌精选　陈川编

成都 四川人民出版社 1994 年 441 页

19cm（小 32 开）ISBN：7-220-02509-2

定价：CNY9.90

（百唱不厌歌曲系列）

　　本书共分3部分：汉族民歌、少数民族民歌、改编民歌。作者陈川（1945— ），作曲家。毕业于中央音乐学院。历任四川文艺出版社副社长、四川电子音像出版社总编辑、四川通俗音乐协会会长、中国音乐家协会会员。创作歌曲有《峨眉山》《九寨沟·黄龙》《青城山·都江堰》《稻城亚丁·香格里拉》等。音乐专著有《琴弦上的梦》《中国少数民族乐器大观》《藏族人民庆丰收》等。

J0153179

中国百唱不厌民歌精选　陈川编

成都 四川文艺出版社 1996 年 15+440 页

19cm（小 32 开）ISBN：7-5411-1533-9

定价：CNY15.00

（百唱不厌歌曲系列）

J0153180

中国百唱不厌民歌精选　陈川编

成都 四川人民出版社 1997 年 重印本

12+434 页 19cm（32 开）ISBN：7-220-03698-1

定价：CNY17.00

J0153181

中国民间歌曲集成　（广西卷 一 广西壮族单声部民歌 上）《中国民间歌曲集成》广西卷编辑委员会编

南宁［《中国民间歌曲集成》广西卷编辑委员会］

［1994 年］油印本 321 页 26cm（16 开）

J0153182

中国民间歌曲集成　（广西卷 一 广西壮族单声部民歌 下）《中国民间歌曲集成》广西卷编辑委员会编

南宁［《中国民间歌曲集成》广西卷编辑委员会］

［1994 年］油印本 322-630 页 26cm（16 开）

J0153183

中国民间歌曲集成　（广西卷 二 广西汉族单声部民歌 上）《中国民间歌曲集成》广西卷编辑委员会编

南宁［《中国民间歌曲集成》广西卷编辑委员会］

［1994 年］油印本 318 页 26cm（16 开）

J0153184

中国民间歌曲集成　（广西卷 二 广西汉族单声部民歌 下）《中国民间歌曲集成》广西卷编辑委员会编

南宁［《中国民间歌曲集成》广西卷编辑委员会］

［1994 年］油印本 319-621 页 26cm（16 开）

J0153185

中国民间歌曲集成　（广西卷 三 广西各族单声部民歌）《中国民间歌曲集成》广西卷编辑委员会编

南宁［《中国民间歌曲集成》广西卷编辑委员会］

［1994 年］油印本 450 页 26cm（16 开）

J0153186

中国民间歌曲集成　（广西卷 四 广西各族二声部民歌）《中国民间歌曲集成》广西卷编辑委员会编

南宁［《中国民间歌曲集成》广西卷编辑委员会］

［1994 年］油印本 309 页 26cm（16 开）

J0153187

中国民间歌曲集成　（广西卷 五 广西革命历史歌曲）《中国民间歌曲集成》广西卷编辑委员会编

南宁［《中国民间歌曲集成》广西卷编辑委员会］

［1994 年］油印本 273 页 26cm（16 开）

J0153188

中国民间歌曲集成　（广西卷 六 广西各族宗教音乐）《中国民间歌曲集成》广西卷编辑委员会编

南宁［《中国民间歌曲集成》广西卷编辑委员会］

［1994 年］油印本 300 页 26cm（16 开）

J0153189

中国民间歌曲集成 （北京卷）《中国民间歌曲集成》全国编辑委员会,《中国民间歌曲集成》北京卷编辑委员会［编］

北京　中国 ISBN 中心　1994 年　17+957 页　有图 26cm（16 开）精装　ISBN: 7-5076-0068-8

定价: CNY114.00

J0153190

中国民间歌曲集成 （北京卷）《中国民间歌曲集成》全国编辑委员会,《中国民间歌曲集成》北京卷编辑委员会［编］

北京　中国 ISBN 中心　1994 年　17+957 页　有图 26cm（16 开）精装　ISBN: 7-5076-0067-X

定价: CNY124.00

J0153191

中国民间歌曲集成 （福建卷）《中国民间歌曲集成》全国编辑委员会,《中国民间歌曲集成·福建卷》编辑委员会编

北京　中国 ISBN 中心　1996 年　2 册（10+47+1474 页）有图　26cm（16 开）精装　ISBN: 7-5076-0109-9

定价: CNY246.00

J0153192

中国民间歌曲集成 （广西卷）《中国民间歌曲集成》全国编辑委员会,《中国民间歌曲集成·广西卷》编辑委员会编

北京　中国 ISBN 中心　1995 年　1078 页　有图 26cm（16 开）精装　ISBN: 7-5076-0076-9

定价: CNY142.00

J0153193

中国民间歌曲集成 （河北卷）《中国民间歌曲集成》全国编辑委员会,《中国民间歌曲集成·河北卷》编辑委员会编

北京　中国 ISBN 中心　1995 年　2 册（1347 页）有图　26cm（16 开）精装　ISBN: 7-5076-0080-7

定价: CNY194.00

J0153194

中国民间歌曲集成 （河南卷）《中国民间歌曲集成》全国编辑委员会,《中国民间歌曲集成·河南卷》编辑委员会编

北京　中国 ISBN 中心　1997 年　10+17+1194 页

有照片及地图　26cm（16 开）精装

ISBN: 7-5076-0133-1　定价: CNY194.00

J0153195

中国民间歌曲集成 （黑龙江卷）《中国民间歌曲集成》全国编辑委员会,《中国民间歌曲集成·黑龙江卷》编辑委员会［编］

北京　中国 ISBN 中心 1997 年　2 册（10+39+1235 页）有图　26cm（16 开）精装　ISBN: 7-5076-0147-1

定价: CNY208.00

　　本卷共收入 1186 首民歌,包括各历史时期、各地区、各种体裁形式、各种题材内容和不同风格的民歌,反映了黑龙江各族民歌的全貌。

J0153196

中国民间歌曲集成 （湖南卷）《中国民间歌曲集成》全国编辑委员会,《中国民间歌曲集成·湖南卷》编辑委员会编

北京　中国 ISBN 中心 1994 年　2 册（14+46+1496 页）有图　26cm（16 开）精装　ISBN: 7-5076-0066-3

定价: CNY135.00

　　本卷选编湖南各地包括汉、土家、苗、侗、瑶 5 个民族的各历史时期、各种题材的民歌 1433 首。

J0153197

中国民间歌曲集成 （江苏卷）《中国民间歌曲集成》全国编辑委员会,《中国民间歌曲集成·江苏卷》编辑委员会［编］

北京　中国 ISBN 中心 1998 年　2 册（43+1325 页）有图　26cm（16 开）精装　ISBN: 7-5076-0146-3

定价: CNY229.00

　　本卷收入江苏省民歌 1399 首,按音乐体裁分为号子（502 首）、山歌（283 首）、小调（466 首）、风俗歌（44 首）、儿歌（34 首）5 类,并附生活音调（70 首）,同时在每个类别前均有文章介绍本类主要歌种的有关情况。

J0153198

中国民间歌曲集成 （江西卷）《中国民间歌曲集成》全国编辑委员会,《中国民间歌曲集成·江西卷》编辑委员会［编］

北京　中国 ISBN 中心 1996 年　2 册（1414 页）有图　26cm（16 开）精装　ISBN: 7-5076-0081-5

定价: CNY236.00

J0153199

中国民间歌曲集成 （辽宁卷）《中国民间歌曲集成》全国编辑委员会,《中国民间歌曲集成·辽宁卷》编辑委员会编
北京 中国ISBN中心 1995年 2册(1398页)
有图 26cm(16开) 精装 ISBN:7-5076-0077-7
定价:CNY201.00

J0153200

中国民间歌曲集成 （陕西卷）《中国民间歌曲集成》全国编辑委员会,《中国民间歌曲集成·陕西卷》编辑委员会编
北京 中国ISBN中心出版社 1994年 2册(1483页)
有图 26cm(16开) 精装 ISBN:7-5076-0056-4
定价:CNY140.00
　　本卷收民歌共1308首,依流行区划分为陕北、关中、陕南3部分,在每部分中,按音乐体裁形式分号子、山歌、小调、儿歌4大类。

J0153201

中国民间歌曲集成 （陕西卷）《中国民间歌曲集成》全国编辑委员会,《中国民间歌曲集成·陕西卷》编辑委员会编
北京 中国ISBN中心出版社 1994年 2册(1483页)
有图 26cm(16开) 特精装
ISBN:7-5076-0055-6 定价:CNY155.00

J0153202

中国民间歌曲集成 （上海卷）《中国民间歌曲集成》全国编辑委员会,《中国民间歌曲集成·上海卷》编辑委员会编
北京 中国ISBN中心 1998年 10+26+891页
有图 26cm(16开) 精装 ISBN:7-5076-0132-3
定价:CNY155.00

J0153203

中国民间歌曲集成 （四川卷）《中国民间歌曲集成》全国编辑委员会,《中国民间歌曲集成·四川卷》编辑委员会编
北京 中国ISBN中心 1997年 2册(11+45+1568页)
有图 26cm(16开) 精装 ISBN:7-5076-0122-6
定价:CNY265.00

J0153204

中国民间歌曲集成 （新疆卷）《中国民间歌曲集成》全国编辑委员会,《中国民间歌曲集成·新疆卷》编辑委员会[编]
北京 中国ISBN中心 1999年 2册(10+60+2073页)
有图 26cm(16开) 精装 ISBN:7-5076-0175-7
定价:CNY338.00
　　本卷共选民歌1898首,其中包括维吾尔族490首、汉族55首、哈萨克族310首、回族108首、柯尔克孜族273首、蒙古族329首、锡伯族88首、塔吉克族48首、乌孜别克族36首、塔塔尔族76首、达斡尔族52首、俄罗斯族33首。

J0153205

中国民间歌曲集成 （甘肃卷）吕骥主编;庄壮卷主编;《中国民间歌曲集成》全国编辑委员会主编
北京 人民音乐出版社 1994年 10+51+1009页
有图 26cm(16开) 精装 ISBN:7-103-01211-3
定价:CNY100.50
　　本卷是由1020首优秀民歌编辑而成,它代表了甘肃各地区、各民族、各时期的各种题材内容和体裁形式的民歌。

J0153206

中国民间歌曲集成 （甘肃卷）吕骥主编;庄壮卷主编;《中国民间歌曲集成》全国编辑委员会主编
北京 人民音乐出版社 1994年 10+51+1009页
有图 26cm(16开) 精装 ISBN:7-103-01212-1
定价:CNY110.50

J0153207

中国民族歌曲经典 李云柱主编
沈阳 春风文艺出版社 1994年 225页
19cm(小32开) ISBN:7-5313-1230-1
定价:CNY6.60
　　本书收歌曲百余首,有《月牙五更》《夫妻逗趣》《五哥放羊》《牧歌》等。

J0153208

露水地里穿红鞋 （信天游曲集）杨璀编
北京 人民音乐出版社 1995年 19+13+295页
有照片 20cm(32开) ISBN:7-103-01244-X
定价:CNY9.60

J0153209

民族声乐教学曲选 （上册　必唱曲目）丁雅
贤主编；沈阳音乐学院民族声乐系编
北京　人民音乐出版社　1995 年　291 页
26cm（16 开）ISBN：7-103-01305-5
定价：CNY21.10

　　作者丁雅贤,沈阳音乐学院任教。

J0153210

民族声乐教学曲选 （下册　自选曲目）丁雅
贤主编；沈阳音乐学院民族声乐系编
北京　人民音乐出版社　1995 年　380 页
26cm（16 开）ISBN：7-103-01306-3
定价：CNY25.60

J0153211

新编云南民歌声乐作品选　康建中主编
昆明　云南美术出版社　1995 年　172 页
26cm（16 开）ISBN：7-80586-227-3
定价：CNY24.00

　　作者康建中（1953—　　），男高音歌唱家、教
授。生于山西沁源。历任云南艺术学院研究生
导师、云南省艺术教育委员会委员、中国合唱学
会理事、云南省合唱学会副会长。

J0153212

中国各民族民歌选集　《中国民间歌曲集成》
总编辑委员会主编
北京　人民音乐出版社　1995 年　重印本　429 页
26cm（16 开）精装　ISBN：7-103-00849-3
定价：CNY61.00

　　外文书名：The Anthology of Chinese Nationalities'
Folk Songs.

J0153213

中国傈僳族歌曲选　张金云选编
昆明　云南民族出版社　1995 年　159 页
19cm（小 32 开）ISBN：7-5367-1012-7
定价：CNY3.50

　　作者张金云,回族,作曲家、音乐理论家。丽
江师范高等专科学校教授委员会主任。中国音
乐家协会会员、中国少数民族音乐学会会员、云
南省音乐家协会会员、中国儿童音乐学会会员、
丽江市音乐舞蹈家协会副主席。出版有《张金云
歌曲选》《张金云优秀少年儿童歌曲选》等。

J0153214

中国民间歌曲集成 （湖北卷）《中国民间歌
曲集成》全国编辑委员会编
北京　人民音乐出版社　1988 年　2 册（59+1583 页）
有图　26cm（16 开）ISBN：7-103-00289-4
定价：CNY65.00（特精装）,CNY44.00（普精装）

　　本书主要包括全国各省、自治区、直辖市
（含台湾）等各地方卷本,共 31 卷。《湖北卷》是
其中一个分卷。选收各民族、各历史时期、各种
内容形式的民间歌曲共 1380 首。

J0153215

中国民间歌曲集成 （山西卷）《中国民间歌
曲集成》全国编辑委员会编；《中国民间歌曲集
成·山西卷》编辑委员会编纂
北京　人民音乐出版社　1990 年　942 页　有图
26cm（16 开）精装　ISBN：7-103-00640-7
定价：CNY63.00

　　本卷共收 1374 首反映山西当地各个时期的
历史、社会风俗、人民生活、劳动与斗争的优秀
民歌。按体裁分为山歌、号子、小调、秧歌、套
曲五大类。

J0153216

中国民间歌曲集成 （山西卷）《中国民间歌
曲集成》全国编辑委员会编；《中国民间歌曲集
成·山西卷》编辑委员会编纂
北京　人民音乐出版社　1990 年　942 页　有图
26cm（16 开）特精装　ISBN：7-103-00639-3
定价：CNY68.00

J0153217

中国民间歌曲集成 （内蒙古卷）《中国民间
歌曲集成》全国编辑委员会主编；《中国民间歌
曲集成·内蒙古卷》编辑委员会编纂
北京　人民音乐出版社　1992 年　11 册　有图
26cm（16 开）精装　ISBN：7-103-00981-3
定价：CNY141.70

　　本卷共收 1262 首民歌,其中蒙古族民歌 625
首,汉族民歌 400 首,达斡尔族民歌 80 首,鄂温克
族民歌 116 首,鄂伦春族民歌 41 首,并介绍了内
蒙古自治区的历史风貌及各民族歌曲的体裁、题
材和艺术特点等。

J0153218

中国民间歌曲集成 （内蒙古卷）《中国民间歌曲集成》全国编辑委员会主编；《中国民间歌曲集成·内蒙古卷》编辑委员会编纂

北京 人民音乐出版社 1992年 2册(1675页)

有图 26cm(16开) 特精装

ISBN：7-103-00982-1 定价：CNY161.70

J0153219

中国民间歌曲集成 （宁夏卷）《中国民间歌曲集成》全国编辑委员会主编

北京 人民音乐出版社 1992年 720页 有彩照 26cm(16开) 特精装 ISBN：7-103-00932-5

定价：CNY56.95

　　本卷共选收769首民歌，同时还介绍了宁夏民歌的内容、体裁和艺术特点等。

J0153220

中国民间歌曲集成 （宁夏卷）《中国民间歌曲集成》全国编辑委员会主编

北京 人民音乐出版社 1992年 720页 有彩照 26cm(16开) 精装 ISBN：7-103-00930-9

定价：CNY49.65

J0153221

中国民间歌曲集成 （浙江卷）《中国民间歌曲集成》全国编辑委员会主编；《中国民间歌曲集成·浙江卷》编辑委员会编纂

北京 人民音乐出版社 1993年 749页 有彩图 26cm(16开) 特精装 ISBN：7-103-01138-9

定价：CNY72.40

　　本卷共收入民歌835首,其中汉族民歌710首,畲族民歌125首。

J0153222

中国民间歌曲集成 （浙江卷）《中国民间歌曲集成》全国编辑委员会主编；《中国民间歌曲集成·浙江卷》编辑委员会编纂

北京 人民音乐出版社 1993年 749页 有图 26cm(16开) 精装 ISBN：7-103-01137-0

定价：CNY62.40

J0153223

中国民间歌曲集成 （贵州卷）吕骥主编；冀洲卷主编；《中国民间歌曲集成》全国编辑委员会，

《中国民间歌曲集成·贵州卷》编辑委员会[编]

北京 中国ISBN中心 1995年 2册(10+54+1235页)

有图 26cm(16开) 精装 ISBN：7-5076-0094-7

定价：CNY357.00

　　本卷共辑选贵州各民族民歌1572首,分为汉族、苗族、布依族、侗族、土家族、彝族、水族、毛南族、瑶族等10个部分。

J0153224

中国云南红河哈尼族民歌 （哈尼文）

李元庆主编

昆明 云南民族出版社 1995年 931页 有彩照 26cm(16开) ISBN：7-5367-0813-1

定价：CNY95.00

J0153225

不爱天堂爱昌吉 （昌吉回族自治州歌曲集）《不爱天堂爱昌吉》编委会编

乌鲁木齐 新疆青少年出版社 1996年 138页 21cm(32开) ISBN：7-5371-2553-8

定价：CNY10.00

J0153226

鄂尔多斯蒙古族民歌视唱练习202首 （汉英对照）赵星编；呼和基夫绘谱；梁素英汉文配词

北京 民族出版社 1996年 45页 26cm(16开) ISBN：7-105-02406-2 定价：CNY10.90(全7册)

J0153227

排湾族传统歌谣 （来义乡古楼村古老歌谣）

廖秋吉采谱编著

南投县 台湾文献委员会 1996年 77页 26cm(16开) ISBN：957-00-8233-X

定价：[TWD205.00]

J0153228

西藏传统音乐精粹 （著名民间艺人穷布珍演唱集）田联韬主编

拉萨 西藏人民出版社 1996年 464页 有照片 19cm(32开) ISBN：7-223-00969-1

定价：CNY16.00

J0153229

中国民歌合唱曲选 上海音乐出版社编

上海 上海音乐出版社 1996年 108页 有乐谱

24×24cm ISBN：7-80553-589-2
定价：CNY9.00
（青少年合唱系列）

J0153230
阿旺创作演唱歌曲精选　阿旺著编
贵阳 贵州人民出版社 1997年 64页 有照片
20cm（32开）ISBN：7-221-04542-9
定价：CNY9.80

J0153231
边学边唱（汉语民歌二十八首）赵守辉,罗青
松编选注释
北京 北京语言文化大学出版社 1997年 129页
20cm（32开）ISBN：7-5619-0443-6
定价：CNY20.00
（汉语名歌名曲系列 1）
　　外文书名：Chinese through Singing: A Collection
of Twenty-eight Chinese Folksongs.

J0153232
歌声中的云南　周良沛主编
昆明 云南教育出版社 1997年 3册（338页）
19cm（小32开）ISBN：7-5415-1318-0
定价：CNY14.40
（美丽、丰饶、神奇的云南）

J0153233
歌声中的云南　周良沛主编
昆明 云南教育出版社 1999年 2版 384页
20cm（32开）ISBN：7-5415-1318-0
定价：CNY17.00
（美丽、丰饶、神奇的云南）

J0153234
哈尼族歌手阿英歌曲集　（三弦弹唱）龙阿
英创编；白学光,车金明采录翻译配歌；红河哈
尼族彝族自治州民政局,绿春县民政局编
昆明 云南民族出版社 1997年 11+179页 有图
19cm（小32开）ISBN：7-5367-1439-4
定价：CNY10.80

J0153235
赫哲族民歌、歌曲集　张志权编著
牡丹江 黑龙江朝鲜民族出版社 1997年 154页

20cm（32开）ISBN：7-5389-0692-4
定价：CNY12.00

J0153236
全国少数民族歌曲精选　（56个民族56首
歌）王保安编曲
北京 中国青年出版社 1997年 268页
28cm（大16开）ISBN：7-5006-2503-0
定价：CNY40.00

J0153237
维吾尔十二木卡姆　新疆维吾尔自治区十二
木卡姆研究学会,新疆维吾尔自治区古典文学
研究会编
北京 中国大百科全书出版社 1997年 13册
26cm（16开）精装 ISBN：7-5000-5817-9
定价：CNY2000.00

J0153238
乌蒙苗歌　（黔西北苗族民间歌曲集）胡家勋
主编；毕节地区苗学会编
贵阳 贵州民族出版社 1997年 12+169页 有彩照
26cm（16开）ISBN：7-5412-0720-9
定价：CNY24.50

J0153239
中国恋情民歌　刘德增整理编纂
北京 中国青年出版社 1997年 327页 有肖像
26cm（16开）ISBN：7-5006-2223-6
定价：CNY36.00
　　作者刘德增(1936—　)，作曲家、小提琴演
奏家。曾进修于天津中央音乐学院。任职于山
西省歌舞剧院，国家一级作曲,中国音乐家协会
会员、电视艺术家协会会员。著有《电声乐队配
器法》《中国小提琴典集》《作曲入门》《中国恋
情民歌》《钢琴即兴泛演教程》等。

J0153240
中国民歌　韦行编
北京 中国青年出版社 1997年 16+398页
20cm（32开）ISBN：7-5006-2087-X
定价：CNY19.20, CNY22.70（精装）
（歌曲精品系列）

J0153241

中国民间歌曲精选　刘玉书编
哈尔滨　北方文艺出版社　1997 年　21+472 页
19cm（小 32 开）ISBN：7-5317-0939-2
定价：CNY19.80

J0153242

最美的还是我们新疆　（新疆名歌选）新疆对
外文化交流协会编
乌鲁木齐　新疆美术摄影出版社　1997 年
13+282 页　19cm（32 开）ISBN：7-80547-620-9
定价：CNY9.80
　　本书收集了新疆各民族民间歌曲，以及新疆
及全国各地音乐工作者所创作的歌曲，分为民间
歌曲、创作歌曲和影视歌曲 3 部分。

J0153243

爱情民歌精选　（内蒙古西部　陕北　晋北　珍本）
张相文编
呼和浩特　内蒙古人民出版社　1998 年　234 页
13cm（64 开）ISBN：7-204-04128-3
定价：CNY8.00

J0153244

河源民间歌曲集　程建民，陈勋华编
河源　河源市经济文化交流中心　1998 年
11+219 页　有照片　19cm（小 32 开）
定价：CNY25.00

J0153245

客谣新调　赖庆智等编著
屏东县　屏东县立文化中心　1998 年　83 页
30cm（10 开）ISBN：957-02-1568-2
定价：TWD200.00
（屏东县文化资产丛书 121）

J0153246

畲族民间歌曲集　马骧编
北京　人民音乐出版社　1998 年［15+30]+307 页
20cm（32 开）ISBN：7-103-01547-3
定价：CNY15.70

J0153247

乌蒙放歌　（贵州省毕节地区少数民族歌曲选
第一集）贵州省毕节地区民族宗教事务局编

贵阳　贵州民族出版社　1998 年　177 页
20cm（32 开）ISBN：7-5412-0824-8
定价：CNY15.80

J0153248

中国民歌　冰河，王玄迈主编
武汉　武汉出版社　1998 年　15+402+54 页
28cm（16 开）精装　ISBN：7-5430-1761-X
定价：CNY78.00
（世纪之声　系列歌曲集 2）

J0153249

中国民间歌曲　（精品）赵为民编
郑州　河南文艺出版社　1998 年　12+300 页
20cm（32 开）ISBN：7-80623-064-5
定价：CNY14.00
（中外歌曲精品库）

J0153250

中国民间歌曲集　曹成章主编
石家庄　花山文艺出版社　1998 年　14+371 页
20cm（32 开）ISBN：7-80611-603-6
定价：CNY13.00
（20 世纪中国歌曲集萃）

J0153251

中国民间歌曲选　朱振山主编
北京　人民音乐出版社　1998 年　393 页
26cm（16 开）ISBN：7-103-01424-8
定价：CNY40.20
（声乐艺术教育丛书　声乐教学曲库 1）
　　本卷收《阿玛勒啲》《对鸟》《妇女自由歌》
《今年梅花开》《天下黄河九十九道弯》和《赞歌》
等民间歌曲。作者朱振山（1955—　），首都师范
大学音乐系声乐副教授、中国音协声乐教育协会
理事、北京市音乐家协会会员。

J0153252

布依族民歌　吴荣顺，张志诚著
高雄县　高雄县立文化中心　1999 年　132 页
有图及地图　23cm　ISBN：957-02-3653-1
定价：TWD1000.00（全 6 册）
（高雄县境内六大族群传统歌谣丛书 6）

J0153253

鄂西土家族传统情歌　田发刚编著
北京 中央民族大学出版社 1999 年 306 页
20cm（32 开）ISBN：7-81056-328-9
定价：CNY20.80
（土家族研究丛书）

J0153254

福佬民歌　吴荣顺，林珀姬著
高雄县 高雄县立文化中心 1999 年 219 页
有图 23cm（16 开）ISBN：957-02-3648-5
定价：TWD1000.00（全 6 册）
（高雄县境内六大族群传统歌谣丛书 1）
　　外文书名：Fulao Folksongs.

J0153255

格格歌曲选　关素镅著
北京 中国文联出版社 1999 年 173 页 有照片
20cm（32 开）ISBN：7-5059-3392-2
定价：CNY148.00（全套）
（中国当代音乐家丛书）
　　本书主要包括《八大姓氏如金刚》《添人进
口乐悠悠》《白山黑水，我祖先生长的地方》《这
条小路就剩下我自己》等 60 多首满族歌曲。作
者关素镅（1958— ），满族，作家。生于吉林通
化市，祖籍辽宁新宾满族自治县。历任中国少数
民族作家协会会员、吉林省通化市群众艺术馆音
乐创编辅导馆员等。著有《格格歌曲选》。

J0153256

会理民间歌曲集萃　叶含润主编
成都 四川文艺出版社 1999 年 100 页
20cm（32 开）ISBN：7-5411-1829-X
定价：CNY15.00

J0153257

客家山歌　吴荣顺，谢宜文著
高雄县 高雄县立文化中心 1999 年 158 页
有图及地图 23cm（16 开）
ISBN：957-02-3649-3 定价：TWD1000.00（全 6 册）
（高雄县境内六大族群传统歌谣丛书 2）
　　外文书名：Hakka Folksongs.

J0153258

鲁凯族民歌　郁德芳［等］著

高雄县 高雄县立文化中心 1999 年 168 页
有图 23cm（16 开）ISBN：957-02-3651-5
定价：TWD1000.00（全 6 册）
（高雄县境内六大族群传统歌谣丛书 4）
　　外文书名：Rukai Folksongs.

J0153259

满族民歌选集　黄礼仪，石光伟编
北京 人民音乐出版社 1999 年 13+437 页
20cm（32 开）ISBN：7-103-01639-9
定价：CNY20.10

J0153260

南邹族民歌　游仁贵［等］著
高雄县 高雄县立文化中心 1999 年 220 页
有图 23cm（16 开）ISBN：957-02-3652-3
定价：TWD1000.00（全 6 册）
（高雄县境内六大族群传统歌谣丛书 5）

J0153261

平埔族民歌　吴荣顺，颜美娟著
高雄县 高雄县立文化中心 1999 年 104 页
有图及地图 23cm（16 开）ISBN：957-02-3650-7
定价：TWD1000.00（全 6 册）
（高雄县境内六大族群传统歌谣丛书 3）
　　外文书名：Pinpo Folksongs.

J0153262

台湾歌谣乡土情　庄永明，孙德铭编
台北 孙德铭自刊 1999 年 重印本 415 页 有图
26cm（16 开）ISBN：957-97080-7-X
定价：TWD450.00

J0153263

中国民歌合唱曲集　丁思俭等选编
银川 宁夏人民出版社 1999 年 107 页
26cm（16 开）ISBN：7-227-01999-3
定价：CNY13.50

J0153264

中国民间歌曲集成　平措多布杰平谱
拉萨 西藏人民出版社 1999 年 471 页
20cm（32 开）精装 ISBN：7-223-01152-1
定价：CNY45.00

中国戏剧、电影歌曲

中国戏剧歌曲
（京剧、昆曲、中国地方剧唱段）

J0153265

曲律　（四卷）（明）王骥德撰

毛以燧　明天启四年［1624］刻本

　　分四册。十行二十字白口四周单边。

J0153266

南音三籁　（四卷）（清）袁志学辑；（明）凌濛
初评订

清康熙七年［1668］刻本

　　本书由《谭曲杂札一卷》（明）凌濛 初评订
和《南音三籁四卷》（清）袁志学辑；（明）凌濛
初评合订。九行二十二字无直格白口四周单边。

J0153267

谭曲杂札　（一卷）（明）凌濛初评订

清康熙七年［1668］刻本

　　本书由《谭曲杂札一卷》（明）凌濛 初评订
和《南音三籁四卷》（清）袁志学辑；（明）凌濛
初评合订。九行二十二字无直格白口四周单边。

J0153268

青石山

清末　抄本　毛装

（京戏唱本汇辑）

J0153269

清国俗乐集　（第一集）（日）近森出来治编

天津 中国新书局 清光绪三十四年［1908］60 页
有照片 22×30cm

　　本集收入《天水关》《洪洋洞》《砝砂志》《文
昭关》《三娘教子》《二进宫》《孝感天》《宇宙
疯》《卖马》《状元谱》《黑风怕》《战樊城》的京
剧唱腔，卷首为风琴弹法之说明。

J0153270

清国俗乐集　（第二集）（日）近森出来治编

天津 中国新书局 清光绪三十四年［1908］
71 页 有照片 22×30cm

本集收入《大保国》《法场换子》《断后》《除
三害》《控皇陵》《盗骨》《宝莲灯》《探寒窑》等
16 段京剧唱腔。

J0153271

法商百代公司戏片总目录　百代公司编

上海 百代公司 1917—1922 年 5 册 23cm（10 开）

　　本书为上海百代公司所出唱片（京剧以及各
地方戏）的总目录。

J0153272

戏曲指南　（第一册）戏学研究社编辑

上海 戏学研究社 1918 年 1 册 19cm（32 开）

定价：洋二角

　　本书收京剧《斩黄袍》《文昭关》《浣纱记》
《拾黄金》4 出。唱腔部分均附工尺谱。书末有"工
尺过门谱"。

J0153273

留声集　（第 1 册）陈厚庵译

重庆 音乐研究会 1925 年 39 页 27cm（16 开）

　　本书内收谭鑫培、江笑侬、梅兰芳、讷诏先、
陈得林、高庆奎、刘鸿声等人的京剧唱段 19 段。
所收唱段均已录成唱片，并有唱片号码。

J0153274

顾曲金针　（第一集）薛月楼著

天津 新天津报社 1928 年 96 页 有肖像
18cm（30 开）定价：大洋五角

　　本书系中国皮黄腔工尺谱选集。

J0153275

昆曲新导　刘振修编

上海 中华书局 1928 年 2 册（504 页）19cm（32 开）

定价：银一元八角

　　本书内收《浣纱记》《牧羊记》《红拂记》等
剧目中的曲谱 120 段。书前有"通论"，叙述昆曲
起源、派别及昆曲在文学、音乐上的价值等。

J0153276

昆曲新导　刘振修编

上海 中华书局 1931 年 再版 2 册（504 页）
19cm（32 开）定价：银一元八角

　　本书内收《浣纱记》《牧羊记》《红拂记》等
剧目中的曲谱 120 段。书前有"通论"，论述昆曲

起源、派别及昆曲在文学、音乐上的价值等。

本书为京剧剧本汇编,部分唱词附工尺谱。

J0153277
昆曲新导　刘振修编
上海 中华书局 1940 年 3 版 2 册(504 页)
20cm(32 开)定价:国币二元

J0153286
戏学指南 （第 9 册）文化开明社编辑
上海 文化开明社 1928 年 5 版 20cm(32 开)
　　本书为京剧剧本汇编,部分唱词附工尺谱。

J0153278
戏学指南 （第 1 册）文化开明社编辑
上海 文化开明社 1928 年 5 版 19cm(32 开)
　　本书为京剧剧本汇编,部分唱词附工尺谱。

J0153287
戏学指南 （第 10 册）文化开明社编辑
上海 文化开明社 1928 年 5 版 20cm(32 开)
　　本书为京剧剧本汇编,部分唱词附工尺谱。

J0153279
戏学指南 （第 2 册）文化开明社编辑
上海 文化开明社 1923 年 再版 19cm(32 开)
　　本书为京剧剧本汇编,部分唱词附工尺谱。

J0153288
戏学指南 （第 11 册）文化开明社编辑
上海 文化开明社 1928 年 5 版 20cm(32 开)
　　本书为京剧剧本汇编,部分唱词附工尺谱。

J0153280
戏学指南 （第 3 册）文化开明社编辑
上海 文化开明社 1928 年 5 版 20cm(32 开)
　　本书为京剧剧本汇编,部分唱词附工尺谱。

J0153289
戏学指南 （第 12 册）文化开明社编辑
上海 文化开明社 1928 年 5 版 20cm(32 开)
　　本书为京剧剧本汇编,部分唱词附工尺谱。

J0153281
戏学指南 （第 4 册）文化开明社编辑
上海 文化开明社 1928 年 5 版 20cm(32 开)
　　本书为京剧剧本汇编,部分唱词附工尺谱。

J0153290
戏学指南 （第 13 册）文化开明社编辑
上海 文化开明社 1925 年 3 版 19cm(32 开)
　　本书为京剧剧本汇编,部分唱词附工尺谱。

J0153282
戏学指南 （第 5 册）文化开明社编辑
上海 文化开明社 1928 年 5 版 20cm(32 开)
　　本书为京剧剧本汇编,部分唱词附工尺谱。

J0153291
戏学指南 （第 14 册）文化开明社编辑
上海 文化开明社 1928 年 5 版 [19cm](32 开)
　　本书为京剧剧本汇编,部分唱词附工尺谱。

J0153283
戏学指南 （第 6 册）文化开明社编辑
上海 文化开明社 1928 年 5 版 20cm(32 开)
　　本书为京剧剧本汇编,部分唱词附工尺谱。

J0155959
戏学指南 （第 15 册）文化开明社编辑
上海 文化开明社 1927 年 19cm(32 开)
　　本书为京剧剧本汇编,部分唱词附工尺谱。

J0153284
戏学指南 （第 7 册）文化开明社编辑
上海 文化开明社 1928 年 5 版 20cm(32 开)
　　本书为京剧剧本汇编,部分唱词附工尺谱。

J0153292
戏学指南 （第 16 册）文化开明社编辑
上海 文化开明社 1927 年 19cm(32 开)
　　本书为京剧剧本汇编,部分唱词附工尺谱。

J0153285
戏学指南 （第 8 册）文化开明社编辑
上海 文化开明社 1928 年 5 版 20cm(32 开)

J0153293
昆曲新谱　吕梦周,方琴父编
上海 华通书局 民国十九年 [1930] 240 页

19cm（32 开）

　　本书选编《琵琶记》《长生殿》《蝴蝶梦》等10 种传奇剧本，均附曲谱。书前有王廷扬等人的序 3 篇，以及编者的"例言""中西调名对照表""乐器指法""应用曲谱锣鼓"和"昆曲角色之名称"；书后有编者的"闲话"。

J0153294

昆曲新谱　吕梦周，方琴父编
上海 华通书局 1933 年 再版 240 页
19cm（32 开）定价：大洋六角

　　本书选编《琵琶记》《长生殿》《蝴蝶梦》等10 种传奇剧本，均附曲谱。书前有王廷扬等人的序 3 篇，以及编者的"例言""中西调名对照表""乐器指法""应用曲谱锣鼓"和"昆曲角色之名称"；书后有编者的"闲话"。

J0153295

精选名伶京剧谱　刘亦镤编
上海 华通书局 1931 年 233 页 26cm（16 开）
定价：大洋二元

　　本书分中国音乐之起源、中乐普通器具之音阶组织法、京剧概论、京胡概论、嗓音概论、京胡之过门、牌子谱、名伶剧谱等 8 章，前 7 章只占 28 页，第 8 章收名伶剧谱 50 种。

J0153296

精选名伶京剧谱　刘亦镤编
上海 华通书局 1933 年 再版 233 页 26cm（16 开）
活页装 定价：大洋二元

J0153297

皮簧唱片谱　柳尧章编著
上海 文明书局 1931 年 80 页 横 26cm（16 开）
　　本书内收《卖马》《洪羊洞》《孝感天》《哭皇天》等 10 张唱片的曲谱。

J0153298

皮簧唱片谱　柳尧章编著
上海 文明书局 1936 年 3 版 80 页 横 26cm（16 开）
　　本书内收《卖马》《洪羊洞》《孝感天》《哭皇天》等 10 张唱片的曲谱。

J0153299

京调工尺戏曲大观合刊　大兴居士选辑

北平 瑞文书局［发行者］民国二十一年［1932］再版 47 页 有图 18cm（30 开）定价：大洋二角

　　本书内收《朱砂痣》《天水关》《卖马》《四郎探母》等 8 出选段，工尺谱，每曲旁注唱词。书前介绍簧、西皮的原板、正版、倒板和散板的拉法。

J0153300

京调工尺戏曲大观合刊　大兴居士选辑
北平 瑞文书局 1935 年 再版 47 页 有图19cm（32 开）

　　本书为京剧唱腔选集，内收《朱砂痣》《天水关》《卖马》《四郎探母》等 8 出选段，工尺谱，每曲旁注唱词。书前介绍簧、西皮的原板、正版、倒板和散板的拉法。

J0153301

京剧秘笈　（第一集）中乐研究社编
中乐研究社 1933 年 90 页 15×26cm
定价：大洋四角

　　本书内收《捉放曹》《状元谱》《空城记》《四郎探母》《洪羊洞》《祭江》等 28 出京剧剧目中的选段 29 首。书前有编者的序言，胡琴、月琴部位的名称，胡琴各种材料的选择等。

J0153302

镤著正韵 京剧谱　（第一集）刘亦镤著
上海 晨光书局 1935 年 44 页 26cm（16 开）
定价：大洋四角

　　本书为中国京剧唱腔选集，内收《朱砂痣》《彩楼配》，每出前均有剧情简介。前有"自序""翁序""王序""父序"。附锣鼓说明、公尺谱、简谱。

J0153303

镤著正韵 京剧谱　（第二集）刘亦镤著
上海 晨光书局 1935 年 110 页 26cm（16 开）
定价：大洋八角

　　本书为中国京剧唱腔选集，内收《打鼓骂曹》《宇宙锋》《乌盆计》《武昭关》《春香闹学》，每出前均有剧情简介。附锣鼓说明、公尺谱、简谱。

J0153304

镤著正韵 京剧谱　（第三集）刘亦镤著
上海 晨光书局 1935 年 118 页 26cm（16 开）
定价：大洋八角

本书为中国京剧唱腔选集,每出前均有剧情
简介。附锣鼓说明、公尺谱、简谱。

J0153305

钱著正韵 京剧谱 （第四集）刘亦钱著
上海 晨光书局 1935年 44页 26cm（16开）
定价：大洋四角

　　本书为中国京剧唱腔选集,内收《二进宫》
《法门寺》《孝感天》《探阴山》《思凡》,每出前均
有剧情简介。附锣鼓说明、公尺谱、简谱。

J0153306

钱著正韵 京剧谱 （第五集）刘亦钱著
上海 晨光书局 1935年 138页 26cm（16开）

　　本书为中国京剧唱腔选集,内收《捉放曹》
《苏三起解》《打渔杀家》《战蒲关》《刺虎》,每出
前均有剧情简介。附锣鼓说明、公尺谱、简谱。

J0153307

怡志楼曲谱 （第一卷）怡志楼昆曲研究社编著
安国 怡志楼昆曲研究社［发行者］
民国二十四年［1935］影印本 138页 有图
21cm（32开）定价：二元(全4卷)

　　本书包括《开场赐福》《蝴蝶梦扇坟》《毁
扇》《吊奠》等剧目中的曲谱16段,有说白。

J0153308

怡志楼曲谱 （第二卷）怡志楼昆曲研究社编著
安国 怡志楼昆曲研究社［发行者］
民国二十四年［1935］影印本 160页
有图 21cm（32开）定价：二元(全4卷)

　　本书包括《牡丹江学堂》《游园》《惊梦》《训
子》等剧目中的曲谱16段,有说白。

J0153309

怡志楼曲谱 （续集 第1、2卷）怡志楼昆曲
研究社编著
安国 怡志楼昆曲研究社 1936年 石印本
2册(136；154页)21cm（32开）

　　本书为中国昆曲戏曲音乐选集,包括《棋盘
会败齐》《慈悲颜北钱》《安天会》等剧目中的曲
谱32段。

J0153310

怡志楼曲谱 （续集）怡志楼昆曲研究社编著

安国 怡志楼昆曲研究社 1936年 影印本
4册 有图 22cm（32开）

　　本书为中国昆曲戏曲音乐选集,包括《开场
赐福》《蝴蝶梦扇坟》《毁扇》《吊奠》《牡丹亭学
堂》《渔家乐藏舟》《三国志三闯》《长生殿》《西
厢记》《虎囊弹》《宝剑记》《绣襦记》《玉簪记》
《义侠记》《党人碑》等剧目中的曲谱70段,有
说白。

J0153311

新声平曲集 （第3集）曾可述编
无锡 曾可述自刊 1936年 增订本 52+8页
26cm（16开）

　　本书为中国京剧唱腔选集,选收《上天台》
《打棍出箱》《搜孤救孤》《法场换子》《朱砂痣》
《一棒雪》《萧何追韩信》《苏武牧羊》《受禅台》
《乌龙院》等116出京剧唱段。

J0153312

新声平曲集 （第4集）曾可述编
无锡 曾可述自刊 1936年 60页 27cm（16开）

　　本书为中国京剧唱腔选集,收《上天台》《打
棍出箱》《搜孤救孤》《法场换子》《朱砂痣》《一
棒雪》《萧何追韩信》《苏武牧羊》《受禅台》《乌
龙院》等116出京剧唱段。

J0153313

新声平曲集初集 （增订）曾可述编
无锡 曾可述自刊 1936年 74+16页 26cm（16开）
定价：一元二角

　　本书为中国京剧唱腔选集,选收《上天台》
《打棍出箱》《搜孤救孤》《法场换子》《朱砂痣》
《一棒雪》《萧何追韩信》《苏武牧羊》《受禅台》
《乌龙院》等116出京剧唱段。

J0153314

京剧歌谱三百首 张云鹤编
上海 中国出版社 1937年 再版 28+268页
20cm（32开）

　　本书为中国京剧唱腔选集,前半部分为曲
谱；后半部分为唱词。书前介绍平剧的来历、词
句、腔调、胡琴的价值、格式、弓法、板眼、乐器
把式,调式及过门的曲调等。

J0153315
京剧歌谱一千首 （中西对照）许志豪编
上海 国光书店 1938 年 8 册 15×21cm
定价：二角五分（每集）

J0153316
凤阳花鼓 （中国民歌 四部合唱曲）江文也编
北平 新民音乐书局 1939 年 15 页
27cm（16 开）定价：八角五分
　　本书为中国凤阳县民歌，五线谱，附钢琴伴
奏谱。作者江文也（1910—1983），作曲家。原名
江文彬，客家人，祖籍福建永定县，出生于台湾淡
水郡（今台北）。代表作品《绣花女》《台湾舞曲》
《中国名歌集》等。

J0153317
京剧歌谱 乐艺社编
上海 中央书店 1939 年 6 版 245 页
21cm（32 开）定价：四角
　　本书包括生、旦、净三部分，收曲谱 96 段。
书前介绍京剧的历史、材料、修辞、念字，胡琴的
制法、形式、把式、指法，各种乐器的把式，普通
应用的过门等。

J0153318
旧剧集成 （头二本连环套）潘侠风主编；
王望云制谱
天津 博雅书局 1939 年 57 页 26cm（16 开）
定价：国币四角
　　本书为中国京剧剧本，内容包括：剧情说明、
服装表、曲谱说明、分幕唱词（共 30 场）。书末
有"剧尾附谈"。作者潘侠风（1914—1993），戏曲
作家。原籍北京通县。自幼喜爱京剧，向京剧武
花脸名角骆连翔学习武花脸戏，1957 年调入戏曲
编导委员会工作，1957—1965 年编辑《京剧汇编》
109 集，个人编写有《一箭和》《青霞丹雪》《三侠
五义》《赵氏孤儿》等戏。代表戏剧作品有《溜须
老店》《鉴湖女侠》《侠骨柔情》等。

J0153319
荆轲插曲 顾一樵编剧；梁实秋作歌；
应尚能作曲
上海 ［咏葵乐谱刊印社］ 1940 年 41 页
26cm（16 开）
　　本书内收荆轲独唱及男声四部合唱、荆轲独

唱及女声三部合唱、荆轲与秋纹二部合唱、混声
四部合唱等 6 首插曲，五线谱、附钢琴伴奏谱。

J0153320
全部贩马记 （仙霓曲谱）怡社剧艺组主编
上海 怡社出版组 1940 年 石印本 ［50］页
18cm（32 开）
　　本书为中国昆曲的戏曲音乐选集，包括《哭
监》《写状》《团圆》三出曲词，工尺谱。

J0153321
全部红鬃烈马 刘菊禅著
上海 上海戏报社 1940 年 134 页 20cm（32 开）
　　本书为京戏剧本，唱词附工尺谱。

J0153322
现代名伶平剧歌谱 沈上达编
上海 国光书店 1940 年 再版 78 页
26cm（16 开）定价：八角
　　本书内收《萧何月下追韩信》《四郎探母》
《头本太真外传》等京剧歌谱 41 段。

J0153323
现代名伶平剧歌谱 沈上达编
上海 新声出版公司 1940 年 再版 78 页
［19×26cm］
　　本书内收《萧何月下追韩信》《四郎探母》
《头本太真外传》等京剧歌谱 41 段。

J0153324
薛平贵与王宝钏 （后部）王望云制谱
天津 华新书局 1940 年 45 页 有像 26cm（16 开）
（旧剧集成 第 7 集）
　　本书为中国京剧剧本，包括《武家坡》《大登
殿》两出戏，均有曲谱说明、服装表、分幕唱词
等。书前有编者"复刊前言"，书后有"剧尾附谈"。

J0153325
京调工尺大全 陈子虚编
上海 中央书局 1941 年 148 页 17cm（35 开）
定价：国币八角
　　本书为中国京剧唱腔选集，分上、下编。上
编收各种调门，有西皮快二六、西皮慢二六、西
皮原板、西皮快三眼、西皮倒板等 20 种；下编收
《卖马》《辕门斩子》《捉放曹》《法场换子》等 13

段京剧剧目中的唱词,工尺谱。

J0153326
全部龙凤呈祥　申捷制谱
天津　华新书局　1942年　52页　有像　26cm(16开)
(旧剧集成　第11集)
　　本书为中国京剧剧本,包括曲谱说明、剧情说明、服装表、分幕唱词(共21场)。书末有"剧尾附谈"。

J0153327
梅兰芳歌曲谱　(初集)刘天华著;剑影编译
重庆　国剧研究社　1943年　40页　25cm(15开)
　　作者刘天华(1895—1932),作曲家、演奏家、音乐教育家。原名刘寿椿,江苏江阴市人。曾任教于北京大学音乐研究会。代表作有《光明行》《良宵》《空山鸟语》《歌舞引》《飞花点翠》等。

J0153328
平剧歌谱精选　方成甫编著
桂林　群众图书公司　1943年　72页　19cm(32开)
　　本书选收《举鼎观画》《梅龙镇》《洪羊洞》《问樵》《乌龙院》《八义图》《武家坡》《贵妃醉酒》《空城计》等19出京剧中的曲谱29段。

J0153329
梅兰芳歌曲谱　(四集)刘天华著;剑影编译
重庆　国剧研究社　1944年　[31]页　[19×26cm]
　　本书内收《天女散花》《洛神》《游园》《贵妃醉酒》《红线盗盒》《千金一笑》等皮黄剧、昆剧曲谱。

J0153330
梅兰芳歌曲谱　(五集)刘天华著;剑影编译
重庆　国剧研究社　1944年　[34]页　[19×26cm]
　　本书内收《天女散花》《洛神》《游园》《贵妃醉酒》《红线盗盒》《千金一笑》等皮黄剧、昆剧曲谱。

J0153331
四郎探母　林如松编辑
桂林　飞声平剧研究社　[1944年]　58页
19cm(32开)
(飞声平剧丛刊　第1种)
　　本书为京剧词谱。书前有欧阳予倩、焦菊隐

的序各一篇。

J0153332
国剧曲谱选集　养晦盦主编
重庆　天下出版社　1945年　再版　134页
18cm(15开)
　　本书选收《珠帘寨》《南阳关》《打鼓骂曹》《梅龙镇》《平贵回窑》《贺后骂殿》《捉放曹》等34个京剧剧目中的曲调30余首。

J0153333
国剧曲谱选集　养晦盦主编
重庆　天下出版社　1946年　4版　133页　有图
18cm(15开)

J0153334
平剧歌谱精选　方成甫编著
重庆　瑞文书局　1945年　72页　22cm(25开)
　　本书选收《举鼎观画》《梅龙镇》《洪羊洞》《问樵》《乌龙院》《八义图》《武家坡》《贵妃醉酒》《空城计》等19出京剧中的曲谱29段。

J0153335
平剧精选工尺曲谱　吴俊敏编
重庆　川汉出版研究社　1945年　155页
[13×19cm]
　　本书内收梅兰芳、程砚秋、荀慧生、余叔岩等京剧名人的唱段,工尺谱、简谱对照。

J0153336
京剧琴谱　熊雨苍选编
赣县　复兴书社　1946年　152页　19cm(32开)
　　本书介绍京剧的来历、学京胡的技法、各种应用过门之曲谱。收录谭鑫培、余叔岩、马连良、言菊朋、梅兰芳、荀慧生、程砚秋、金少山等人演唱的京剧唱段68段,分为老生部、青衣部、黑头部。

J0153337
平剧歌谱　(第2集)程寅伯主编
上海　中央书店　1947年　172页　20cm(32开)
　　本书包括生部戏曲、旦部戏曲、净部戏曲三部分,收唱段92段。书前介绍平剧的历史、材料、念字,胡琴的基本演奏法以及各种普通应用过门曲谱。

J0153338
平剧歌谱 （第 1 集）颜显庭主编
上海 中央书店 1948 年 22 版 245 页 20cm（32 开）

J0153339
平剧歌谱 （第 3 集）颜显庭主编
上海 中央书店 1948 年 再版 136 页 20cm（32 开）

J0153340
平剧歌谱 （初集）颜显庭主编；上海大同平
剧研究会校勘
上海 中央书店 1949 年 21 版 245 页 21cm（32 开）
　　本书所收为中国现代京剧唱腔选段。

J0153341
京剧歌谱三百首 京剧研究社编
上海 自强书局 1948 年 7 版 120 页 20cm（32 开）
　　本书介绍平剧的来历、胡琴的价值、弓法、
京胡把式等,收录谭鑫培、余叔岩、言菊朋、马连
良、谭富英、王雨田、林树森、刘鸿声、金小楼、
梅兰芳等人演唱的京剧唱段。

J0153342
郿鄠曲选 任应凯编
西安 西安市文学艺术界联合会筹委会 1951 年
52 页 18cm（30 开）
（民间音乐丛书）
　　本书为民间音乐丛书中的现代郿鄠戏唱腔
选集专著。

J0153343
京剧歌选 陈作元编辑
上海 戏学书局 1953 年 37 页 18cm（15 开）
定价：旧币 2,000 元
（戏学丛书）

J0153344
河南梆子唱腔集 马紫晨纪录；河南省文化
局音乐工作组编
汉口 中南人民文学艺术出版社 1954 年 108 页
21cm（32 开）定价：旧币 5,500 元

J0153345
黑旋风李逵 （京剧唱谱）赵鹏万编选
上海 自立书店 1954 年 34 页 17cm（40 开）

定价：旧币 2,000 元

J0153346
荒山泪 （京剧唱谱）张笑侠编撰；赵鹏万整理
上海 自立书店 1954 年 44 页 17cm（40 开）
定价：旧币 2,000 元

J0153347
霸王别姬 （京剧 虞姬的独唱曲）
中国戏曲研究院编
北京 音乐出版社 1955 年 影印本 ［4］页
26cm（16 开）定价：CNY0.08

J0153348
白蛇传 （京剧 白素贞的独唱曲）中国戏曲研
究院编
北京 音乐出版社 1955 年 影印本 7 页
26cm（16 开）定价：CNY0.16

J0153349
黑旋风李逵 （京剧）中国戏曲研究院编
北京 音乐出版社 1955 年 影印本 3 页
26cm（16 开）定价：CNY0.12

J0153350
梁山伯与祝英台 （越剧）浙江越剧团编
杭州 浙江人民出版社 1955 年 142 页
15cm（40 开）定价：CNY0.31

J0153351
梁山伯与祝英台 浙江越剧团编
杭州 浙江人民出版社 1955 年

J0153352
秋江 （陈妙常的独唱曲 京剧）
中国戏曲研究院编
北京 音乐出版社 1955 年 影印本 3 页
26cm（16 开）定价：CNY0.08

J0153353
戏剧集成——凤还巢 吕中等编著
北京 宝文堂书店 1955 年 重印本 58 页
25cm（15 开）定价：CNY0.36

J0153354
玉堂春 （苏三的独唱曲 京剧）
中国戏曲研究院编
北京 音乐出版社 1955年 影印本 9页
26cm（16开） 定价：CNY0.20

J0153355
辕门斩子 （杨延昭的独唱曲 京剧）中国戏曲
研究院编
北京 音乐出版社 1955年 影印本 7页
26cm（16开） 定价：CNY0.16

J0153356
志愿军的未婚妻 中国戏曲研究院编
北京 音乐出版社 1955年 15页 26cm（16开）
定价：CNY0.25

J0153357
中国唱片戏曲选 （第一辑）中国唱片厂编
上海 文化生活出版社 1955年 418页

J0153358
中国唱片戏曲选 （第二辑）中国唱片厂编
上海 上海文化出版社 1955年

J0153359
中国唱片戏曲选 中国唱片厂编辑
上海 文化生活出版社 1955年 431页
18×21cm 定价：CNY2.00

J0153360
二堂舍子 潘仲甫记谱
上海 上海文化出版社 1956年 44页 25cm（15开）
统一书号：T8077.57 定价：CNY0.26
　　本书与《宝莲灯》合订，据梅兰芳、周信芳演
出录音记录整理。

J0153361
贵妃醉酒 中国戏曲研究院编
上海 上海文化出版社 1956年 新1版 47页
25cm（15开） 统一书号：T8077.58
定价：CNY0.26
　　京剧唱腔选段。

J0153362
贵妃醉酒 （总谱）中国戏曲研究院编辑
北京 音乐出版社 1956年 136页 26cm（16开）
统一书号：8026.429 定价：CNY0.82
（梅兰芳唱腔选集 之一）
　　京剧戏曲音乐。

J0153363
梁山伯与祝英台 （电影越剧）
徐进,桑弧编词；刘如曾编曲整理
北京 音乐出版社 1956年 83页 15cm（40开）
定价：CNY0.19
　　电影越剧唱腔选段。

J0153364
评剧唱腔选集 章辉记录整理；北京群众艺
术馆编辑
北京 宝文堂书店 1956年 119页 21cm（32开）
统一书号：T8023.1 定价：CNY0.45
（北京民间音乐研究资料 2）

J0153365
评剧唱腔选集 （第一集）中国戏曲研究院编辑
北京 音乐出版社 1956年 242页 19cm（32开）
统一书号：8026.465 定价：CNY0.68
　　本书共3集。本集选入花莲舫、李金顺、芙
蓉花、筱桂花、刘翠霞、白玉霜等演唱的25首
唱段。

J0153366
评剧唱腔选集 （第二集）中国戏曲研究院编
北京 音乐出版社 1958年 86页 19cm（32开）
统一书号：8026.982 定价：CNY0.36
　　本书共3集。本集收入席宝昆、魏荣元、新
凤霞、赵丽蓉等演唱的15首唱段。

J0153367
评剧唱腔选集 （第三集）中国戏曲研究院编
北京 音乐出版社 1959年 120页 19cm（32开）
统一书号：8026.1054 定价：CNY0.40
　　本书共3集。本集收入喜彩苓、李忆兰、韩
少云、筱俊亭、王曼苓等演唱24首唱段。

J0153368
岳家庄 （戏曲故事）史果改编；董天野绘图

上海　上海文化出版社　1956年　新 2 版
13cm（60 开）定价：旧币 1,500 元

J0153369
中国唱片戏曲选　（第一辑）中国唱片厂编
上海　上海文化出版社　1956年　新 1 版　418 页
18×21cm　统一书号：T8077.54　定价：CNY2.00

J0153370
中国唱片戏曲选　（第二辑）中国唱片厂编
上海　上海文化出版社　1956年　262 页
18×19cm　统一书号：T8077.40　定价：CNY0.95

J0153371
潮剧音乐　（2 伴乐部分 二）广东省戏曲改革
委员会汕头专区分会编
广州　广东人民出版社　1957年　87 页 26cm（16 开）
统一书号：T8111.34　定价：CNY0.55

J0153372
潮剧音乐　（1 伴奏部分 一）广东省戏曲改革
委员会汕头专区分会编
广州　广东人民出版社　1958年　75 页 26cm（16 开）
统一书号：T8111.51　定价：CNY0.46

J0153373
潮剧音乐　（3 唱腔部分）
广东省戏曲改革委员会汕头专区分会编
广州　广东人民出版社　1958年　126 页
26cm（16 开）统一书号：T8111.79
定价：CNY0.67

J0153374
贵妃醉酒　梅兰芳等演唱；翁同孚记谱
上海　上海音乐出版社　1957年　40 页 19cm（32 开）
统一书号：8127.119　定价：CNY0.16
　　中国京剧唱腔选集。

J0153375
贵妃醉酒　（梅兰芳唱片曲谱）中国唱片厂编
上海　上海音乐出版社　1957年　定价：CNY0.13

J0153376
梁山伯与祝英台　（越剧唱片曲谱）顾振遐，
薛岩音乐整理；中国唱片厂编

上海　上海音乐出版社　1957年　67 页 19cm（32 开）
统一书号：127.036　定价：CNY0.20
（戏曲音乐丛刊）

J0153377
秦腔唱腔选　孙茂生等记录整理
西安　陕西人民出版社　1957年　126 页

J0153378
秦腔唱腔选　陕西省戏曲剧院艺术委员会音
乐组编；孙茂生等记录整理
西安　陕西人民出版社　1958年　126 页
21cm（32 开）统一书号：T8094.106
定价：CNY0.50

J0153379
小女婿　（评剧 附曲谱）曹克英编剧；安波编曲
沈阳　辽宁人民出版社　1957年　141 页
19cm（32 开）统一书号：T10090.179
定价：CNY0.40
　　作者安波（1915—1965），中国现代著名作曲
家、民族音乐学家。生于山东牟平县宁海镇（今
山东省烟台市牟平区）。曾任鲁迅艺术学院院长、
东北人民中国音乐学院首任院长。作歌曲 300
余首及秧歌剧、歌剧等多部。代表作：《八路军
开荒歌》《七月里在边区》《因为有了共产党》。

J0153380
云南花灯音乐　（第一集 玉溪花灯音乐）
云南省群众艺术馆，云南省花灯剧团编辑
昆明　云南人民出版社　1957年　86 页 19cm（32 开）
统一书号：8116.54　定价：CNY0.26

J0153381
云南花灯音乐　（第二集 昆明花灯音乐）
云南省群众艺术馆，云南省花灯剧团编辑
昆明　云南人民出版社　1957年　75 页 19cm（32 开）
统一书号：8116.57　定价：CNY0.25

J0153382
云南花灯音乐　（第三集 姚安花灯音乐）
云南省群众艺术馆，云南省花灯剧团编辑
昆明　云南人民出版社　1957年　48 页 18cm（32 开）
统一书号：8116.59　定价：CNY0.17

J0153383

云南花灯音乐 （第四集　呈贡花灯音乐）

尹钊记录；云南省花灯剧团编

昆明　云南人民出版社　1957年　93页　19cm（32开）

统一书号：8116.100　定价：CNY0.28

J0153384

云南花灯音乐 （第五集　楚雄花灯音乐）

徐德贵等演唱；尹剑等记录；云南省群众艺术
馆,云南省花灯剧团编

昆明　云南人民出版社　1957年　48页　19cm（32开）

统一书号：8116.102　定价：CNY0.19

J0153385

"辽河在奔腾" 插歌　辽宁人民出版社编辑

沈阳　辽宁人民出版社　1958年　12页　19cm（32开）

统一书号：8090.62　定价：CNY0.05

中国现代戏剧歌曲。

J0153386

《情探》选曲　（越剧唱腔曲谱）田汉,安娥作
词; 杜春阳音乐整理

北京　中国电影出版社　1958年　38页　15cm（40开）

统一书号：8061.442　定价：CNY0.10

作者田汉(1898—1968),剧作家、戏曲作
家、电影编剧、小说家、词作家。本名田寿昌,笔
名：田汉、陈瑜、伯鸿等。湖南长沙人。创作歌
词的歌曲《万里长城》的第一段,成为中华人民共
和国国歌《义勇军进行曲》的歌词。代表作《义
勇军进行曲》《名优之死》《关汉卿》等。作者安
娥(1905—1976),中国近代著名剧作家、作词家、
诗人、记者、翻译家,中共地下情报人员。出生
在河北省获鹿县(今河北省鹿泉市)。致力于歌
词写作,成绩斐然,歌曲词作品有《卖报歌》《打
回老家去》；报告文学有《五月榴花照眼明》；诗
集有《燕赵儿女》；戏曲剧本有《山河恋》《追鱼》
《情探》。

J0153387

安徽地方戏选曲　安徽省群众艺术馆编

合肥　安徽人民出版社　1958年　定价：CNY0.19

J0153388

常香玉唱腔集　（第一集）河南豫剧院艺术室
编; 王基笑等记谱

北京　音乐出版社　1958年　151页　19cm（32开）

统一书号：8026.785　定价：CNY0.60

本书收有《拷红》《贩马记》《抱琵琶》《白
蛇传》《游龟山》等剧目中的唱腔36段。常香玉
(1923—2004),豫剧艺术家。原名张妙玲,河南巩
县(今巩义市)人。曾任中国戏剧家协会副主席、
河南省戏剧家协会主席、河南豫剧院院长、河南
省戏曲学校校长、沈阳音乐学院教授等职。代表
作有《花木兰》《拷红》《断桥》《大祭桩》《人欢
马叫》等。作者王基笑(1930—2006),豫剧作曲
家。出生于辽宁丹东市,祖籍山东青岛市。历任
中国音乐家协会常务理事、中国戏曲音乐学会副
会长、中国戏曲学院客座教授、河南省音乐家协
会名誉主席。著有《豫剧唱腔音乐概论》《朝阳
沟》等。

J0153389

常香玉唱腔集　（第二集）河南豫剧院艺术室
汇编

北京　音乐出版社　1958年　111页　19cm（32开）

统一书号：8026.983　定价：CNY0.44

本书收有《花木兰》《秦雪梅观文》《柳蝉》
《桃花庵》《大祭桩》等剧目中的唱腔29段。

J0153390

东路迷胡唱腔及伴奏　张长兴编

西安　长安书店　1958年　130页　19cm（32开）

统一书号：T10095.268（新）定价：CNY0.39

（陕西戏曲音乐丛书）

J0153391

关大王单刀会　（昆曲 "训子、刀会" 乐谱）

上海市戏曲学校编

上海　上海音乐出版社　1958年　40页　19cm（32开）

统一书号：8127.224　定价：CNY0.13

（关汉卿戏曲 之一）

中国现代昆曲唱腔选段。

J0153392

荒山泪　中国戏曲研究院编

北京　音乐出版社　1958年　122页　19cm（32开）

统一书号：8026.981　定价：CNY0.46

（程砚秋唱腔选集 1）

J0153393
击鼓骂曹 （京剧曲谱）程君谋整理记谱
上海　上海文化出版社 1958 年　34 页
25cm（小 16 开） 统一书号：8077.167
定价：CNY0.22

J0153394
京剧唱腔选集 （第一集）中国京剧院总导演
室音乐组编
北京　音乐出版社 1958 年　59 页　19cm（32 开）
统一书号：8026.827 定价：CNY0.26

J0153395
京剧唱腔选集 （第二集）北京市戏曲编导委
员会编
北京　音乐出版社 1958 年　83 页　19cm（32 开）
统一书号：8026.865 定价：CNY0.34

J0153396
三换肩 （戏曲）湖北军区文工团作；武汉楚剧
团改编
北京　中国戏剧出版社 1958 年　32 页　19cm（32 开）
统一书号：10069.156 定价：CNY1.00（共十册）
（农村通俗文库 戏曲演唱材料 第一辑）
　　中国现代戏曲唱腔。

J0153397
四川花灯歌曲 （酉阳、秀山部分）林祖炎等
搜集
重庆　重庆人民出版社 1958 年　62 页　20cm（32 开）
统一书号：8114.75 定价：CNY0.26

J0153398
戏曲电影唱腔曲谱选集 （第二辑）
中国电影出版社编辑
北京　中国电影出版社 1959 年　185 页
19cm（32 开） 统一书号：8061.812
定价：CNY0.46

J0153399
戏曲电影唱腔曲谱选辑 （第一辑）
中国电影出版社编辑
北京　中国电影出版社 1958 年　136 页　有图
19cm（32 开） 统一书号：8061.368
定价：CNY0.42

J0153400
萧何月下追韩信 （京剧琴唱合谱）倪秋平，
朱紫云记谱
上海　上海文化出版社 1958 年 42 页 25cm（16 开）
统一书号：8077.159 定价：CNY0.26

J0153401
"跃进" 之家 （影剧）于文朴等编
沈阳　辽宁人民出版社 1958 年 20 页 19cm（32 开）
统一书号：T10090.577 定价：CNY0.08

J0153402
中国戏曲唱腔选 （第一集）中国戏曲研究院编
北京　音乐出版社 1958 年 126 页 15cm（40 开）
统一书号：8026.944 定价：CNY0.26

J0153403
中国戏曲唱腔选 （第二集）中国戏曲研究院编
北京　音乐出版社 1958 年 107 页 15cm（40 开）
统一书号：8026.1011 定价：CNY0.22

J0153404
中国戏曲唱腔选 （第三集）中国戏曲研究院编
北京　音乐出版社 1960 年 133 页 15cm（40 开）
统一书号：8026.1289 定价：CNY0.30

J0153405
中国戏曲唱腔选 （第四集）中国戏曲学院中
国戏曲研究所编；潘仲甫，叶枫选辑
北京　音乐出版社 1963 年 193 页 13cm（60 开）
统一书号：8026.1835 定价：CNY0.41

J0153406
《借年》选曲 （吕剧唱腔）山东省吕剧团整理；
中国电影出版社编辑
北京　中国电影出版社 1959 年 58 页 15cm（40 开）
统一书号：8061.554 定价：CNY0.14
　　戏曲艺术片,《借年》吕剧唱腔选曲。

J0153407
《蝴蝶杯》选曲 （河北梆子唱腔）陈其芬整理
北京　中国电影出版社 1959 年 61 页 15cm（50 开）
统一书号：8061.547 定价：CNY0.14

J0153408

《火焰驹》选曲 （秦腔）峥嵘,生彦整理
北京 中国电影出版社 1959 年 48 页 有照片
15cm（40 开）统一书号：8061.548
定价：CNY0.11

J0153409

百花赠剑 （昆剧曲谱）俞振飞,言慧珠整理；
昆曲音乐组记谱
上海 上海文艺出版社 1959 年 10 页 26cm（16 开）
统一书号：8078.1060 定价：CNY0.18

J0153410

大家跟着唱 （第一册）中央人民广播电台戏
曲组编
北京 北京宝文堂书店 1959 年 56 页 有曲谱
19cm（32 开）统一书号：10070.345
定价：CNY0.18
　　本书系广播戏曲教唱材料。

J0153411

滇剧音乐 （唱腔部分）云南省文化局戏剧工
作室,云南人民出版社编
昆明 云南人民出版社 1959 年 101 页
19cm（小 32 开）统一书号：8116.314
定价：CNY0.30
　　本书包括丝弦腔、胡琴腔、襄阳腔和其他 4
个方面的滇剧传统唱腔。

J0153412

滇剧音乐 （吹牌、曲牌部分）云南省文化艺
术干部学校,云南省文化局戏剧工作室编
昆明 云南人民出版社 1959 年 60 页 19cm（32 开）
统一书号：8116.332 定价：CNY0.24
　　本书按滇剧节拍、曲调结构和用法的不同,
分为 3 类。吹牌第一类大部分为散板和一拍子,
第二类多为四拍子和二拍子,第三类叫作吹腔;
曲牌第一类为浪子,第二类为牌子,第三类为专
用于抚琴和舞蹈的唱腔。

J0153413

二人台音乐 （传统唱曲部分）吕烈编
呼和浩特 内蒙古人民出版社 1959 年 210 页
19cm（32 开）统一书号：8089.16
定价：CNY0.55

J0153414

河曲二人台 沂县行署文化局,河曲县文化局,
山西省群众艺术馆合编
山西 1981 年 362 页 21cm（32 开）

J0153415

二人台 陈克秀,王元著
1983 年 391 页 有乐谱 19cm（小 32 开）

J0153416

二人台音乐 李世斌等搜集整理；榆林地区文
化局编
西安 陕西人民出版社 1983 年 450 页
21cm（32 开）统一书号：8094.684
定价：CNY2.40
（陕西地方音乐丛书）
　　本书共收录唱腔 300 首,牌曲 103 首,后附
二人台传统《走西口》剧本。

J0153417

风雪摆渡 （男女合演）周大风编曲
北京 音乐出版社 1959 年 34 页 有曲谱
18cm（30 开）统一书号：8026.1146
定价：CNY0.15
　　本书系越剧唱腔选段曲谱。

J0153418

海上渔歌 （昆剧曲谱）华傅浩改编；吴歌配
曲；苏荣宗锣鼓
上海 上海文艺出版社 1959 年 27 页 有照片
26cm（16 开）统一书号：8078.0955
定价：CNY0.22

J0153419

河南豫剧院现代戏唱腔选集 （第 2 集）
河南豫剧院艺术室音乐组汇编
［郑州］河南人民出版社 1959 年
定价：CNY0.24

J0153420

河南豫剧院现代戏唱腔选集 （第 3 集）
河南豫剧院艺术室音乐组汇编
［郑州］河南人民出版社 1959 年
定价：CNY0.24

J0153421

华剧唱腔选 （第一集）杨世科等整理；陕西省戏曲剧院艺术委员会音乐组编
西安 东风文艺出版社 1959 年 44 页 有曲谱
19cm（32 开）统一书号：10147.98
定价：CNY0.16

J0153422

京剧唱腔 （第一集 上编 老生）中国戏曲研究院编；张宇慈，吴春礼选辑
北京 音乐出版社 1959 年 103 页 19cm（32 开）
统一书号：8026.1144 定价：CNY0.30
　　作者张宇慈(1913—1981)，张伯英三子，供职于中国戏曲研究院。作者吴春礼(1927—   )，京剧音乐研究家。北京人，毕业于北京文法学院。曾在北京同德戏剧研习社学京剧。参加过国剧学会。他对京剧器乐的兴趣浓厚。在中国戏曲研究院，从事戏曲音乐的整理、研究工作。后入中国艺术研究院戏研所。出版了京剧《雁荡山总谱及舞蹈说明》《杨宝忠京胡演奏经验谈》《京剧唱腔》《鼓点板声话节奏》，合著《京剧曲牌简编》《京剧锣鼓》《京剧著名唱腔选》。主编《余叔岩艺术评论集》。

J0153423

京剧唱腔 （第一集 上编 老生）张宇慈，吴春礼选辑
北京 音乐出版社 1959 年 103 页 19cm（32 开）
统一书号：8026.1144 定价：CNY0.36

J0153424

京剧唱腔 （第一集 下编 老生小生）中国戏曲研究院编；张宇慈，吴春礼选辑
北京 音乐出版社 1959 年 166 页 19cm（32 开）
统一书号：8026.1145 定价：CNY0.56

J0153425

京剧唱腔 （第二集 上编 青衣）中国戏曲学院研究所编；张宇慈，吴春礼选辑
北京 音乐出版社 1962 年 106 页 19cm（32 开）
统一书号：8026.1522 定价：CNY0.30

J0153426

京剧唱腔 （第二集 下编 青衣老旦）中国戏曲研究院编；张宇慈，吴春礼选辑

北京 音乐出版社 1962 年 123 页 19cm（32 开）
统一书号：8026.1531 定价：CNY0.41

J0153427

京剧唱腔 （第二集 上编 青衣）张宇慈，吴春礼选辑
北京 音乐出版社 1963 年 重印本 106 页
19cm（32 开）统一书号：8026.1522
定价：CNY0.36

J0153428

京剧唱腔 （第二集 下编 青衣老旦）张宇慈，吴春礼选辑
北京 音乐出版社 1963 年 重印本 114 页
19cm（32 开）统一书号：8026.1531
定价：CNY0.39

J0153429

京剧唱腔 （第一集 下编 老生小生）中国戏曲研究院编；张宇慈，吴春礼选辑
北京 人民音乐出版社 1980 年 重印本 166 页
19cm（32 开）统一书号：8026.1145
定价：CNY0.45

J0153430

京剧唱腔 （第二集 下编 青衣老旦）中国戏曲学院研究所编；张宇慈，吴春礼选辑
北京 人民音乐出版社 1980 年 重印本 114 页
19cm（32 开）统一书号：8026.1531
定价：CNY0.32

J0153431

京剧唱腔选 中国京剧院总导演室音乐组编
北京 中国京剧院总导演室音乐组 [1959 年]
油印本 71 页 26cm（16 开）
　　本书收入梅兰芳、杜近芳、叶盛兰、马连良、李少春等人演唱的京剧唱腔曲谱 7 段。

J0153432

谭鑫培唱腔集 （第一辑）陈彦衡订谱；郑隐飞，陈富年整理；中国戏曲研究院编
北京 音乐出版社 1959 年 130 页 19cm（32 开）
统一书号：8026.1198 定价：CNY0.43

J0153433
谭鑫培唱腔集 （第二辑）陈彦衡订谱；郑隐飞,陈富年整理；中国戏曲研究院编
北京 音乐出版社 1960 年 110 页 19cm（32 开）
统一书号：8026.1336 定价：CNY0.37

J0153434
谭鑫培唱腔集 （第三辑）陈彦衡订谱；郑隐飞,陈富年整理；中国戏曲研究院编
北京 音乐出版社 1962 年 156 页 19cm（32 开）
统一书号：8026.1520 定价：CNY0.52
　　本书共 3 辑。选收谭鑫培演出的《空城计》《武家坡》《击鼓骂曹》《桑园寄子》《汾河湾》《宝莲灯》等 10 个代表性传统剧目的全部唱腔谱。本集包括《群英会》《李陵碑》《琼林宴》《清风亭》四个剧目。谭鑫培（1847—1917），京剧演员。本名金福,字望重,艺名小叫天。京剧谭派艺术的创始人。代表剧目有《定军山》《四郎探母》和《战太平》等。

J0153435
现代戏唱腔选集 （第一册）河南豫剧院艺术室音乐组汇编
郑州 河南人民出版社 1959 年 1 册 19cm（32 开）

J0153436
现代戏唱腔选集 （第二集）河南豫剧院艺术室音乐组汇编
郑州 河南人民出版社 1959 年 75 页 19cm（32 开）
统一书号：8105.148 定价：CNY0.24

J0153437
现代戏唱腔选集 （第三集）河南豫剧院艺术室音乐组汇编
郑州 河南人民出版社 1959 年 75 页 19cm（32 开）
统一书号：8105.149 定价：CNY0.24

J0153438
一个平凡的母亲 （越剧）上海文艺出版社编辑
上海 上海文艺出版社 1959 年 23 页 15cm（40 开）
统一书号：8078.0869 定价：CNY0.07
（戏曲选曲 3）

J0153439
"跃进"之家 （影剧）于文补等编剧
沈阳 春风文艺出版社 1959 年 20 页 有曲谱 19cm（32 开）统一书号：T10158.125
定价：CNY0.08

J0153440
《百岁挂帅》选曲 （扬剧）吴白陶等作词；陈大琦等编曲
北京 中国电影出版社 1960 年 34 页 有剧照及乐谱 15cm（40 开）统一书号：8061.855
定价：CNY0.11
　　戏曲音乐,杨剧传统剧目乐曲选。

J0153441
《下乡》《赶脚》曲谱 （戏曲艺术片、河南曲剧唱腔）郑州市曲剧团整理演出；王培英记谱整理
北京 中国电影出版社 1960 年 81 页 15cm（40开）
统一书号：8061.811 定价：CNY0.15

J0153442
挡马 （昆剧曲谱）上海市戏曲学校整理；昆曲音乐组记谱
上海 上海文艺出版社 1960 年 11 页 有照片 25cm（15 开）统一书号：8078.1496
定价：CNY0.16
　　本书系中国昆曲唱腔选段乐谱。

J0153443
断臂说书 （京剧琴唱合谱）刘叔诒整理；王祖鸿记谱
上海 上海文艺出版社 1960 年 42 页 25cm（15 开）
统一书号：8078.1375 定价：CNY0.28
　　本书是京剧《杨家将》的琴唱合谱。

J0153444
断臂说书 刘叔诒整理；王祖鸿记谱
上海 上海文艺出版社 1982 年 重印本 37 页 26cm（16 开）统一书号：8078.1375
定价：CNY0.26

J0153445
贵州花灯资料 （1）贵州省花灯剧团,贵州省群众艺术馆编
1960 年 油印本 189 页 有乐谱 21cm（32 开）

J0153446

贵州花灯资料 （2）贵州省花灯剧团,贵州省
群众艺术馆编
1960年 油印本 107页 有乐谱 21cm（32开）

J0153447

贵州花灯资料 （3）贵州省花灯剧团,贵州省
群众艺术馆编
1960年 油印本 165页 有乐谱 21cm（32开）

J0153448

贵州花灯资料 （4）贵州省花灯剧团,贵州省
群众艺术馆编
1960年 油印本 184页 有乐谱 21cm（32开）

J0153449

贵州花灯资料 （第七集）贵州省花灯剧团,
贵州省群众艺术馆编
1960年 油印本 99页 有乐谱 21cm（32开）

J0153450

红娘 （京剧 附曲谱和表演说明）荀慧生［编著］
［北京］宝文堂 1960年 55页 定价：CNY0.28
　　作者荀慧生(1900—1968),著名京剧表演艺
术家、京剧旦角。原名秉超,号留香,曾用艺名白
牡丹。荀派艺术的创始人。祖籍河北阜城(现河
北东光县)。代表剧目有《红娘》《红楼二尤》《玉
堂春》《棋盘山》等,出版有《荀慧生演剧散论》
《荀慧生演出剧本选集》《荀慧生舞台艺术》等。

J0153451

黄梅戏锣鼓 王文龙,潘汉明编著
合肥 安徽省黄梅戏剧团 1958年 149页
19cm（小32开）

J0153452

黄梅戏新腔选集 （第一册）安徽省黄梅戏剧
团音乐组编
合肥 安徽人民出版社 1960年 214页 有曲谱
21cm（32开）统一书号：8102.118
定价：CNY0.80
　　本书是在原有黄梅戏唱腔或曲牌的基础上
重新进行整理设计,吸收一些与本剧种原有的唱
腔有关的曲调,及与本剧唱腔糅合在一起重新加
工而成的新腔;再根据一些特定的情节、场面和

人物,进行了一些尝试性的创作。

J0153453

陇剧唱腔选 甘肃省戏曲剧院艺术室音乐组编
兰州 敦煌文艺出版社 1960年 115页 有曲谱
19cm（32开）统一书号：T8148.92
定价：CNY0.38

J0153454

评剧唱腔选 张学明等记录整理;天津市评剧
院艺术室编
天津 百花文艺出版社 1960年 213页 有图
21cm（32开）统一书号：8151.14
定价：CNY0.75
　　本书收入优秀评剧唱段选。配以简谱,适合
评剧爱好者吟唱。

J0153455

三滴血主要唱腔及曲牌 （秦腔曲谱）薛增
禄,荆生彦音乐设计;王振记谱
西安 长安书店 1960年 24页 有表 19cm（32开）
统一书号：T10095.666 定价：CNY0.09

J0153456

星星之火 （沪剧）宗华,刘宗贻作词;刘如曾
编曲整理
上海 上海文艺出版社 1960年 82页 15cm（40开）
统一书号：10078.1269 定价：CNY0.18
（戏曲选曲 7）

J0153457

昭君出塞 （昆剧曲谱）北方昆曲剧院创作研
究室编
北京 音乐出版社 1960年 42页 有照片
19cm（32开）统一书号：8026.1280
定价：CNY0.18
　　本书由《昭君出塞》和《胖姑学舌》合订。

J0153458

昭君出塞 （祁剧高腔曲谱）湖南省戏曲工作
室编
长沙 湖南人民出版社 1960年 28页 19cm（32开）
统一书号：8109.469 定价：CNY0.19

J0153459

川剧弹戏曲牌　重庆市戏曲工作委员会编；
萧君甫念腔；陈安业，吴平记谱
重庆　重庆人民出版社 1961 年 63 页 21cm（32 开）
统一书号：8114.156 定价：CNY0.27

J0153460

川剧胡琴曲牌　重庆市戏曲工作委员会编；
萧君甫念腔；陈安业记谱
重庆　重庆人民出版社 1961 年 91 页 21cm（32 开）
统一书号：8114.155 定价：CNY0.38

J0153461

桂剧音乐　满谦子等收集整理
南宁　广西壮族自治区人民出版社 1961 年 418 页
20cm（32 开）统一书号：8113.90
定价：CNY2.44

J0153462

击鼓骂曹　程君谋整理记谱
上海　上海文艺出版社 1961 年 新 1 版 34 页
25cm（小 16 开）统一书号：8078.1793
定价：CNY0.22

J0153463

举鼎观画　（京剧琴唱合谱）程君谋,何时希整
理；程之记谱
上海　上海文艺出版社 1961 年 39 页
25cm（小 16 开）统一书号：8078.1528
定价：CNY0.26

J0153464

南昌采茶戏新腔选集　江西省采茶剧团艺术
室编；黄国强等整理
南昌　江西人民出版社 1961 年 238 页
21cm（32 开）统一书号：T8110.309
定价：CNY0.84
（江西地方戏曲音乐集 7）

J0153465

岳母刺字　（京剧琴唱合谱）李盛泉整理；
范石人记谱
上海　上海文艺出版社 1961 年 41 页
25cm（小 16 开）统一书号：8078.1757
定价：CNY0.32

范石人（1913—2012），上海人。上海市文
史馆原馆员，当代著名京剧余派艺术研究家、教
育家。

J0153466

云南花灯选曲一百首　云南省群众艺术馆,
云南人民艺术剧院花灯剧团编
昆明　云南人民出版社 1961 年 简谱本 142 页
19cm（32 开）统一书号：8116.412
定价：CNY0.42

J0153467

云南花灯选曲一百首　云南省群众艺术馆,
云南人民艺术剧院花灯剧团编
昆明　云南人民出版社 1979 年 142 页
19cm（32 开）定价：CNY0.80

J0153468

战太平　（京剧琴唱合谱）陈大濩整理；范石人
记谱
上海　上海文艺出版社 1961 年 51 页
25cm（小 16 开）统一书号：8078.1845
定价：CNY0.32

J0153469

郝寿臣铜锤唱腔集　李庆森记谱；北京市戏
曲学校编
北京　北京出版社 1962 年 87 页 有图
26cm（16 开）统一书号：8071.147
定价：CNY0.72
　　本书系京剧戏曲音乐乐曲。

J0153470

秦腔唱腔选　陕西省戏曲剧院艺术委员会音
乐组编；孙茂生等记录整理
西安　长安书店 1962 年 126 页 20cm（32 开）
统一书号：8095.3 定价：CNY0.50

J0153471

青霜剑　中国戏曲学院研究所编；吴春礼记谱
整理
北京　音乐出版社 1962 年 69 页 19cm（32 开）
统一书号：8026.1403 定价：CNY0.32
（程砚秋唱腔选集 3）
　　吴春礼（1927—　　），京剧音乐研究家。北京

人,毕业于北京文法学院。曾在北京同德戏剧研习社学京剧。参加过国剧学会。他对京剧器乐的兴趣浓厚。在中国戏曲研究院从事戏曲音乐的整理、研究工作。后入中国艺术研究院戏研所。出版了《雁荡山总谱及舞蹈说明》《杨宝忠京胡演奏经验谈》《京剧唱腔》《鼓点板声话节奏》,合著《京剧曲牌简编》《京剧锣鼓》《京剧著名唱腔选》。主编《余叔岩艺术评论集》。

J0153472

耍孩儿音乐 一非记录整理

太原 山西人民出版社 1962 年 376 页 21cm(32 开)统一书号:10088.456

定价:CNY1.50

　　耍孩儿又称咳咳腔,是山西大同地区观众所喜爱的传统戏曲剧种之一。是以曲牌名命名的一个戏曲声腔剧种,它源于桑干河中游,曾活跃于大同、朔州及晋西北神池、五寨,内蒙古的呼和浩特、包头等地,深受观众喜爱。

J0153473

长生殿 (川剧胡琴)薛义安念唱腔;饶秉钧记谱整理;刘全三校正胡琴

成都 四川人民出版社 1962 年 37 页 13cm(60 开)

统一书号:8118.241 定价:CNY0.09

J0153474

唱腔选辑 (第一辑)中国戏曲学校编

北京 中国戏剧出版社 1963 年 47 页 19cm(32 开)

统一书号:10069.636 定价:CNY0.18

　　本书系京剧表演专业剧目辅助教材。

J0153475

唱腔选辑 (第二辑)中国戏曲学校编

北京 中国戏剧出版社 1963 年 95 页 19cm(32 开)

统一书号:10069.645 定价:CNY0.32

　　本书系京剧表演专业剧目辅助教材。

J0153476

丹心照红岩 广东省曲艺工作者协会,广东音乐曲艺团编

广州 广东人民出版社 1963 年 26 页 19cm(32 开)

统一书号:T10111.598 定价:CNY0.09

(演唱作品丛书)

J0153477

红楼梦题词 许宝驯作曲;俞平伯润词并注

北京 北京昆曲研习社 1963 年 26cm(16 开)

J0153478

南音三籁 (四卷)(明)即空观主人评订

上海 古籍书店 1963 年 影印本 有图 29cm(16 开)

线装 定价:CNY24.00

　　本书系中国明代南词唱腔选集。分一函四册。半叶九行二十二字白口无竖栏,有朱墨眉批圈点。即空观主人(1580—1644),本名凌濛初,字玄房,号初成,亦名凌波,别号即空观主人。代表作品《初刻拍案惊奇》《二刻拍案惊奇》等。

J0153479

评剧唱腔选 (第一册)吉林省戏曲研究室编

长春 吉林人民出版社 1963 年 137 页 21cm(32 开)统一书号:10091.496

定价:CNY0.52

J0153480

少卿与广生 (潮州歌山)广东人民出版社编辑

广州 广东人民出版社 1963 年 38 页 19cm(32 开)

统一书号:T10111.603 定价:CNY0.11

(演唱作品丛书)

J0153481

新编唱片粤曲选 广东人民出版社编辑

广州 广东人民出版社 1963 年 87 页 19cm(32 开)

统一书号:T10111.612 定价:CNY0.24

J0153482

云南花灯音乐 (呈贡部分)云南省花灯剧团编

昆明 云南人民出版社 1963 年 2 版 120 页 19cm(32 开)统一书号:8116.100

定价:CNY0.36

J0153483

云南花灯音乐 (楚雄部分)云南省群众艺术馆,云南省花灯剧团编

昆明 云南人民出版社 1963 年 2 版 61 页 19cm(32 开)统一书号:8116.102

定价:CNY0.20

J0153484

云南花灯音乐 （昆明部分）云南省群众艺术馆,云南省花灯剧团编

昆明 云南人民出版社 1963 年 2 版 89 页

18cm（30 开）统一书号：8116.57

定价：CNY0.28

J0153485

云南花灯音乐 （姚安、大姚部分）云南省群众艺术馆,云南省花灯剧团编

昆明 云南人民出版社 1963 年 110 页

19cm（32 开）统一书号：8116.454

定价：CNY0.34

J0153486

云南花灯音乐 （玉溪部分）云南省群众艺术馆,云南省花灯剧团编

昆明 云南人民出版社 1963 年 2 版 89 页

19cm（32 开）统一书号：8116.54

定价：CNY0.28

J0153487

1964 年京剧现代戏观摩演出唱腔选集
（第一集）中国戏曲研究院编

北京 音乐出版社 1964 年 99 页 19cm（32 开）

统一书号：8026.2131 定价：CNY0.34

J0153488

1964 年京剧现代戏观摩演出唱腔选集
（第二集）中国戏曲研究院编

北京 音乐出版社 1965 年 105 页 19cm（32 开）

统一书号：8026.2258 定价：CNY0.36

J0153489

1964 年京剧现代戏观摩演出唱腔选集
（第三集）中国戏曲研究院编

北京 音乐出版社 1965 年 99 页 19cm（32 开）

统一书号：8026.2310 定价：CNY0.34

J0153490

庐剧唱腔选 安徽省庐剧团编

合肥 安徽人民出版社 1964 年 142 页

15cm（40 开）统一书号：8102.196

定价：CNY0.27

J0153491

评剧现代剧目唱腔选 北京群众艺术馆,
中国评剧院编

北京 北京出版社 1964 年 74 页 19cm（32 开）

统一书号：10071.718 定价：CNY0.24

J0153492

评剧现代剧目唱腔选 （第二集）北京群众艺术馆,中国评剧院编

北京 北京出版社 1965 年 98 页 19cm（32 开）

统一书号：10071.742 定价：CNY0.30

J0153493

戏曲艺术片《朝阳沟》唱腔集 （豫剧）杨兰春作词；王基笑,姜宏轩唱腔设计

北京 中国电影出版社 1964 年 114 页

15cm（40 开）统一书号：8061.1154

定价：CNY0.24

J0153494

现代戏唱腔音乐会节目选辑 河南豫剧院艺术室编

郑州 河南人民出版社 1964 年 147 页

21cm（32 开）统一书号：8105.463

定价：CNY0.56

J0153495

唱大寨 （粤曲集）广东人民出版社编辑部编；
丁枫等执笔

广州 广东人民出版社 1965 年 70 页 有曲谱

19cm（32 开）统一书号：T10111.692

定价：CNY0.17

（演唱作品丛书）

本书系中国粤语歌曲作品选集。

J0153496

革命现代戏曲选段 （一）天津人民广播电台编

石家庄 河北人民出版社 1965 年 66 页

19cm（32 开）统一书号：T10086.229

定价：CNY0.16

J0153497

京剧现代戏《红管家》演唱集 林曾信编剧；
河南省京剧团改编整理；河南省京剧团乐队音乐设计

北京 中国电影出版社 1965 年 68 页 15cm（40 开）
统一书号：8061.1205 定价：CNY0.16

J0153498
评剧革命现代戏唱腔选　沈阳市文联戏曲音
乐研究组编
沈阳 春风文艺出版社 1965 年 100 页
19cm（32 开）统一书号：T8158.63
定价：CNY0.30

J0153499
现代戏曲唱腔选　（第一册）音乐出版社编辑
部编
北京 音乐出版社 1965 年 简谱本 175 页
14cm（64 开）统一书号：8026.2299
定价：CNY0.37

J0153500
现代戏曲唱腔选　（第二集）音乐出版社编辑
部编
北京 音乐出版社 1965 年 147 页 13cm（60 开）
统一书号：8026.2373 定价：CNY0.25

J0153501
云南花灯常用曲调选　禾雨编选
昆明 云南人民出版社 1965 年 67 页 15cm（40 开）
统一书号：T10116.496 定价：CNY0.10

J0153502
云南花灯常用曲调选　禾雨编选
昆明 云南人民出版社 1978 年 2 版 127 页
13cm（60 开）统一书号：10116.713
定价：CNY0.15

J0153503
怎么谈不拢　（赣南采茶戏）《怎么谈不拢》创
作组编剧
上海 上海文化出版社 1965 年 36 页 有剧照
19cm（32 开）统一书号：8077.253
定价：CNY0.14
　　中国现代赣南采茶戏戏曲音乐作品。

J0153504
革命现代戏唱腔选　（黄梅戏）安徽人民出版
社编

合肥 安徽人民出版社 1966 年 64 页 13cm（60 开）
统一书号：8102.357 定价：CNY0.10

J0153505
革命现代戏唱腔选　（庐剧）安徽省庐剧团编
合肥 安徽人民出版社 1966 年 49 页 9×13cm
统一书号：8102.358 定价：CNY0.08

J0153506
革命现代戏广播教唱戏曲选段介绍
（第 1 集）中央人民广播电台文艺广播部编
北京 音乐出版社 1966 年 26 页 19cm（32 开）
统一书号：8026.2504 定价：CNY0.08

J0153507
革命现代戏曲选段　（3）河北人民广播电台
文艺部编
保定 河北人民出版社 1966 年 67 页 10cm（64 开）
统一书号：8086.40 定价：CNY0.10

J0153508
戏曲选段介绍　（第一集 革命现代戏广播教
唱）中央人民广播电台文艺广播部编
［北京］音乐出版社 1966 年 19cm（小 32 开）
定价：CNY0.08

J0153509
革命现代京剧《红灯记》选曲
中国京剧团编选
上海 上海文化出版社 1967 年 73 页 19cm（32 开）
统一书号：8077.330 定价：CNY0.18

J0153510
革命现代京剧《红灯记》选曲　中国京剧团
编选
上海 上海文化出版社 1968 年 2 版 75 页
19cm（32 开）统一书号：8077.330
定价：CNY0.18

J0153511
革命现代京剧《沙家浜》选曲
上海 上海文化出版社 1967 年 91 页 19cm（32 开）
统一书号：8077.331 定价：CNY0.20

J0153512
革命现代京剧《智取威虎山》选曲
上海 上海文化出版社 1967 年 69 页
有剧照 19cm（32 开）统一书号：8077.332
定价：CNY0.18

J0153513
革命现代样板戏唱腔选段　音乐出版社编
［北京］音乐出版社 1967 年 19cm（小 32 开）
定价：CNY0.29

J0153514
革命样板戏选曲　（1）河北音协选编
［保定］河北人民出版社 1967 年 13cm（64 开）
定价：CNY0.16

J0153515
革命样板戏选曲　（2）河北音协选编
［保定］河北人民出版社 1967 年 13cm（64 开）
定价：CNY0.19

J0153516
革命样板戏选曲　（3）
保定 河北人民出版社 1968 年 114 页
19cm（32 开）统一书号：8086.52
定价：CNY0.11

J0153517
毛主席语录京剧唱腔专辑　上海文化出版社编
上海 上海文化出版社 1967 年 38 页 14cm（64 开）
统一书号：8077.326 定价：CNY0.05

J0153518
毛主席语录戏曲唱腔集　中国音协河北分会编
石家庄 河北人民出版社 1967 年 68 页
14cm（64 开）统一书号：8086.47
定价：CNY0.07

J0153519
革命现代京剧《海港》选曲
上海 上海文化出版社 1968 年 80 页
有剧照 19cm（32 开）统一书号：8077.334
定价：CNY0.19

J0153520
革命现代京剧《奇袭白虎团》选曲　山东省
京剧团编选
上海 上海文化出版社 1968 年 19cm（小 32 开）
定价：CNY0.15

J0153521
革命现代京剧样板戏选曲
天津 百花文艺出版社 1968 年 62 页
19cm（小 32 开）定价：CNY0.14

J0153522
毛主席的革命文艺路线胜利万岁　（革命现
代样板戏唱腔选段）音乐出版社编
北京 音乐出版社 1968 年 128 页 19cm（32 开）
统一书号：8026.2623 定价：CNY0.29

J0153523
毛主席语录、诗词、戏曲唱腔选　山东人民
出版社编
济南 山东人民出版社 1968 年 197 页
14cm（64 开）统一书号：T8099.712
定价：CNY0.22
　　本书系中国革命现代京剧唱腔选集。

J0153524
革命现代京剧样板戏《海港》选段
安徽人民出版社编
［合肥］安徽人民出版社 1969 年
19cm（小 32 开）定价：CNY0.05
（毛泽东思想宣传材料〈文艺专辑〉4）

J0153525
革命现代京剧样板戏《红灯记》选段
安徽人民出版社编
［合肥］安徽人民出版社 1969 年
19cm（小 32 开）定价：CNY0.04
（毛泽东思想宣传材料〈文艺专辑〉2）

J0153526
革命现代京剧样板戏《智取威虎山》选段
安徽人民出版社编
［合肥］安徽人民出版社 1969 年 19cm（小 32 开）
定价：CNY0.05
（毛泽东思想宣传材料〈文艺专辑〉3）

J0153527

智取威虎山　上海京剧团《智取威虎山》剧组
集体改编
［广州］广东人民出版社 1969 年
19cm（小 32 开）定价：CNY0.12
（一九六九年十月演出本主要唱段选辑）

J0153528

智取威虎山　上海京剧团《智取威虎山》剧组
集体改编
［沈阳］辽宁省新华书店 1969 年
19cm（小 32 开）定价：CNY0.10
（一九六九年十月演出本主要唱段选辑）

J0153529

智取威虎山　（一九六九年十月演出本　主要
唱段选辑）上海京剧团《智取威虎山》剧组改编
广州 广东人民出版社 1970 年 82 页 26cm（16 开）
定价：CNY0.08

J0153530

智取威虎山　（一九七〇年七月演出本）上海
京剧团《智取威虎山》剧组集体改编
郑州 河南人民出版社 1970 年 13cm（60 开）
塑膜封面 定价：CNY0.29

J0153531

智取威虎山　（主要唱段选辑）上海京剧团
《智取威虎山》剧组集体改编；呼和浩特市"革
命委员会"文教局翻印
呼和浩特 呼和浩特市"革命委员会"文教局
1970 年 52 页 19cm（32 开）

J0153532

《红灯记》主要唱段选辑　（一九七〇年五月
演出本）中国京剧团集体改编
南京 江苏省"革命委员会"出版发行局 1970 年
13cm（60 开）定价：CNY0.10

J0153533

**《沙家浜》一九七〇年五月演出本主要唱段
选辑**　北京京剧团集体改编
沈阳 辽宁省新华书店 1970 年 87 页
14cm（64 开）定价：CNY0.08

J0153534

《智取威虎山》唱词选段行书字帖
上海 上海东方红书画社 1970 年 19cm（32 开）
定价：CNY0.09

J0153535

《智取威虎山》主要唱段选辑　（一九六九年
十月演出本）上海京剧团《智取威虎山》剧组集
体改编
贵阳 贵州人民出版社 1970 年 13cm（60 开）
统一书号：10115.309 定价：CNY0.10

J0153536

《智取威虎山》主要唱段选辑　（一九六九年
十月演出本）上海京剧团《智取威虎山》剧组集
体改编
南京 江苏省"革命委员会"出版发行局 1970 年
13cm（60 开）统一书号：10100.1275
定价：CNY0.08

J0153537

革命现代京剧《红灯记》　（一九七〇年五月
演出本）中国京剧团集体改编
合肥 安徽省"革命委员会"出版发行局 1970 年
13cm（60 开）定价：CNY0.28

J0153538

革命现代京剧《红灯记》　（一九七〇年五月
演出本）中国京剧团集体改编
福州 福建省新华书店 1970 年 19cm（32 开）
定价：CNY0.30

J0153539

革命现代京剧《红灯记》　（一九七〇年五月
演出本）中国京剧团集体改编
兰州 甘肃人民出版社 1970 年 13cm（60 开）
定价：CNY0.12

J0153540

革命现代京剧《红灯记》　（一九七〇年五月
演出本）中国京剧团集体改编
兰州 甘肃人民出版社 1970 年 13cm（60 开）
定价：CNY0.28
　　本书包括剧本、主要唱段选辑等。

J0153541
革命现代京剧《红灯记》（一九七○年五月
演出本）中国京剧团集体改编
广州 广东人民出版社 1970 年 13cm（60 开）
定价：CNY0.20

J0153542
革命现代京剧《红灯记》（一九七○年五月
演出本）中国京剧团集体改编
南宁 广西人民出版社 1970 年 13cm（60 开）
定价：CNY0.34

J0153543
革命现代京剧《红灯记》（一九七○年五月
演出本）中国京剧团集体改编
贵阳 贵州人民出版社 1970 年 13cm（60 开）
精装 定价：CNY0.54

J0153544
革命现代京剧《红灯记》（一九七○年五月
演出本）中国京剧团集体改编
石家庄 河北人民出版社 1970 年 19cm（32 开）
定价：CNY0.26

J0153545
革命现代京剧《红灯记》（一九七○年五月
演出本）
武汉 湖北人民出版社 1970 年 19cm（32 开）
定价：CNY0.38

J0153546
革命现代京剧《红灯记》（一九七○年五月
演出本）中国京剧团集体改编
长春 吉林人民出版社 1970 年 19cm（32 开）
定价：CNY0.12

J0153547
革命现代京剧《红灯记》（一九七○年五月
演出本）中国京剧团集体改编
长春 吉林人民出版社 1970 年 19cm（32 开）
定价：CNY0.30
　　本书包括剧本、主要唱段选辑和主要唱段学
习札记选辑。

J0153548
革命现代京剧《红灯记》（一九七○年五月
演出本）内蒙古自治区"革命委员会"政治部
编辑
呼和浩特 内蒙古自治区"革命委员会"政治部
1970 年 19cm（32 开）定价：CNY0.25

J0153549
革命现代京剧《红灯记》（一九七○年五月
演出本）中国京剧团集体改编
银川 宁夏人民出版社 1970 年 19cm（32 开）
定价：CNY0.35

J0153550
革命现代京剧《红灯记》（一九七○年五月
演出本）中国京剧团集体改编
西宁 青海人民出版社 1970 年 19cm（32 开）
定价：CNY0.38

J0153551
革命现代京剧《红灯记》（一九七○年五月
演出本）中国京剧院集体改编
北京 人民出版社 1970 年 21cm（32 开）
甲种本 定价：CNY0.55

J0153552
革命现代京剧《红灯记》（一九七○年五月
演出本）中国京剧院集体改编
北京 人民出版社 1970 年 21cm（32 开）
乙种本 定价：CNY0.25

J0153553
革命现代京剧《红灯记》（主旋律乐谱
一九七○年五月演出本）中国京剧集体改编
北京 人民出版社 1970 年 21cm（32 开）
定价：CNY0.25

J0153554
革命现代京剧《红灯记》（一九七○年五月
演出本）
济南 山东人民出版社 1970 年 19cm（32 开）
定价：CNY0.29

J0153555
革命现代京剧《红灯记》（一九七○年五月

演出本）中国京剧团集体改编
太原 山西人民出版社 1970 年 19cm（32 开）
定价：CNY0.25

J0153556
革命现代京剧《红灯记》（一九七〇年五月
演出本）中国京剧团集体改编
西安 陕西人民出版社 1970 年 19cm（32 开）
定价：CNY0.23

J0153557
革命现代京剧《红灯记》（一九七〇年五月
演出本）中国京剧团集体改编
西安 陕西人民出版社 1970 年 13cm（60 开）
定价：CNY0.09

J0153558
革命现代京剧《红灯记》（一九七〇年五月
演出本）中国京剧团集体改编
西安 陕西人民出版社 1970 年 13cm（60 开）
定价：CNY0.22
　　本书包括剧本和主要唱段选辑。

J0153559
革命现代京剧《红灯记》（一九七〇年五月
演出本）中国京剧团集体改编
上海 上海市出版“革命组” 1970 年
19cm（32 开）定价：CNY0.21

J0153560
革命现代京剧《红灯记》（一九七〇年五月
演出本）中国京剧团集体改编
成都 四川人民出版社 1970 年 13cm（60 开）
定价：CNY0.20

J0153561
革命现代京剧《红灯记》（一九七〇年五月
演出本）新疆维吾尔自治区“革命委员会”文化
局编
乌鲁木齐 新疆人民出版社 1970 年 19cm（32 开）
定价：CNY0.31

J0153562
革命现代京剧《红灯记》（一九七〇年五月
演出本）中国京剧团集体改编

昆明 云南人民出版社 1970 年 19cm（32 开）
定价：CNY0.45

J0153563
革命现代京剧《红灯记》（一九七〇年五月
演出本）中国京剧团集体改编
杭州 浙江人民出版社 1970 年 13cm（60 开）
定价：CNY0.17

J0153564
革命现代京剧《红灯记》选曲　（一九七〇年
五月演出本）中国京剧团集体改编
杭州 浙江人民出版社 1970 年 13cm（60 开）
定价：CNY0.16

J0153565
革命现代京剧《红灯记》主要唱段
（一九七〇年五月演出本）中国京剧团集体改编
福州 福建省新华书店 1970 年 13cm（60 开）
定价：CNY0.08

J0153566
革命现代京剧《红灯记》主要唱段
（一九七〇年五月演出本）中国京剧团集体改编
南宁 广西人民出版社 1970 年 13cm（60 开）
定价：CNY0.10

J0153567
革命现代京剧《红灯记》主要唱段选
（一九七〇年五月演出本）中国京剧团集体改编
西宁 青海人民出版社 1970 年 13cm（60 开）
定价：CNY0.10

J0153568
革命现代京剧《红灯记》主要唱段选辑
中国京剧团集体改编
广州 广东人民出版社 1970 年 13cm（60 开）
定价：CNY0.08

J0153569
革命现代京剧《红灯记》主要唱段选辑
（一九七〇年五月演出本）中国京剧团集体改编
贵阳 贵州人民出版社 1970 年 13cm（60 开）
定价：CNY0.10

J0153570

革命现代京剧《红灯记》主要的唱段

（一九七〇年五月演出本）中国京剧团集体改编

［南宁］广西人民出版社 1971 年 13cm（64 开）

定价：CNY0.10

J0153571

革命现代京剧《沙家浜》（一九七〇年五月

修订本）北京京剧团集体改编

合肥 安徽省"革命委员会"出版发行局 1970 年

13cm（60 开）定价：CNY0.26

J0153572

革命现代京剧《沙家浜》（一九七〇年五月

修订本）北京京剧团集体改编

福州 福建省新华书店 1970 年 95 页

13cm（60 开）定价：CNY0.12

J0153573

革命现代京剧《沙家浜》（一九七〇年五月

修订本主要唱段）北京京剧团集体改编

兰州 甘肃人民出版社 1970 年 94 页 13cm（60 开）

统一书号：10096.156 定价：CNY0.12

　　本书系中国革命现代京剧唱腔选集。

J0153574

革命现代京剧《沙家浜》（一九七〇年五月

演出本）北京京剧团集体改编

广州 广东人民出版社 1970 年 239 页

13cm（60 开）定价：CNY0.23

J0153575

革命现代京剧《沙家浜》（一九七〇年五月

修订本）北京京剧团集体改编

石家庄 河北人民出版社 1970 年 19cm（32 开）

定价：CNY0.20

J0153576

革命现代京剧《沙家浜》（一九七〇年五月

修订本）

武汉 湖北人民出版社 1970 年 13cm（60 开）

定价：CNY0.11

J0153577

革命现代京剧《沙家浜》（一九七〇年五月

修订本）北京京剧团集体改编

长沙 湖南人民出版社 1970 年 53 页

13cm（60 开）定价：CNY0.14

J0153578

革命现代京剧《沙家浜》（一九七〇年五月

修订本）北京京剧团集体改编

长春 吉林人民出版社 1970 年 19cm（32 开）

定价：CNY0.15

J0153579

革命现代京剧《沙家浜》（一九七〇年五月

修订本）北京京剧团集体改编

西宁 青海人民出版社 1970 年 19cm（32 开）

定价：CNY0.32

J0153580

革命现代京剧《沙家浜》（一九七〇年五月

演出本）北京京剧团集体改编

北京 人民出版社 1970 年 93 页 21cm（32 开）

甲种本 定价：CNY0.55

　　本书为中国革命现代京剧戏曲音乐专著。

J0153581

革命现代京剧《沙家浜》（一九七〇年五月

演出本）北京京剧团集体改编

北京 人民出版社 1970 年 93 页 21cm（32 开）

乙种本 定价：CNY0.25

　　本书为中国革命现代京剧戏曲音乐专著。

J0153582

革命现代京剧《沙家浜》（一九七〇年五月

修订本）北京京剧团集体改编

西安 陕西人民出版社 1970 年 13cm（60 开）

定价：CNY0.11

J0153583

革命现代京剧《沙家浜》（一九七〇年五月

演出本）北京京剧团集体改编

成都 四川人民出版社 1970 年 13cm（60 开）

定价：CNY0.20

　　本书系中国现代革命京剧《沙家浜》剧本。

J0153584

革命现代京剧《沙家浜》（一九七〇年五月

修订本）北京京剧团集体改编
杭州　浙江人民出版社　1970 年　294 页　13cm
（60 开）定价：CNY0.09

J0153585
革命现代京剧《沙家浜》（一九七〇年五月
演出本）北京京剧团集体改编
杭州　浙江人民出版社　1970 年　13cm（60 开）
定价：CNY0.20

J0153586
革命现代京剧《沙家浜》主要唱段选
（一九七〇年五月演出本）北京京剧团集体改编
福州　福建省新华书店　1970 年　13cm（60 开）
定价：CNY0.09

J0153587
革命现代京剧《沙家浜》主要唱段选　天津
人民出版社编辑
天津　天津人民出版社　1970 年　19cm（32 开）
定价：CNY0.11

J0153588
革命现代京剧《沙家浜》主要唱段选辑　北
京京剧团集体改编
广州　广东人民出版社　1970 年　13cm（60 开）
定价：CNY0.09

J0153589
革命现代京剧《沙家浜》主要唱段选辑
（一九七〇年五月）北京京剧团集体改编
贵阳　贵州人民出版社　1970 年　修订本　109 页
14cm（64 开）统一书号：10115.311
定价：CNY0.12

J0153590
革命现代京剧《沙家浜》主要唱段选辑
（一九七〇年五月演出本）北京京剧团集体改编
［长沙］湖南人民出版社　1971 年　13cm（64 开）
定价：CNY0.06

J0153591
革命现代京剧《智取威虎山》（一九六九年
十月演出本）上海京剧团《智取威虎山》剧组集
体改编

合肥　安徽省“革命委员会”出版发行局　1970 年
19cm（32 开）定价：CNY0.30

J0153592
革命现代京剧《智取威虎山》（一九六九年
十月演出本）上海京剧团《智取威虎山》剧组集
体改编
福州　福建省新华书店　1970 年　19cm（32 开）
定价：CNY0.30

J0153593
革命现代京剧《智取威虎山》（一九六九年
十月演出本）上海京剧团《智取威虎山》剧组集
体改编
兰州　甘肃人民出版社　1970 年　19cm（32 开）
定价：CNY0.29

J0153594
革命现代京剧《智取威虎山》（一九六九年
十月演出本）上海京剧团《智取威虎山》剧组集
体改编
兰州　甘肃人民出版社　1970 年　13cm（60 开）
定价：CNY0.30

J0153595
革命现代京剧《智取威虎山》（一九六九年
十月演出本主要唱段选辑）中国京剧团集体改编
兰州　甘肃人民出版社　1970 年　13cm（60 开）
定价：CNY0.10

J0153596
革命现代京剧《智取威虎山》（一九六九年
十月演出本）上海京剧团《智取威虎山》剧组集
体改编
广州　广东人民出版社　1970 年　13cm（60 开）
定价：CNY0.25

J0153597
革命现代京剧《智取威虎山》（一九六九年
十月演出本主要唱段选辑）上海京剧团《智取
威虎山》剧组集体改编
广州　广东人民出版社　1970 年　13cm（60 开）
定价：CNY0.08

J0153598

革命现代京剧《智取威虎山》（一九六九年
十月演出本）上海京剧团《智取威虎山》剧组集
体改编

贵阳　贵州人民出版社　1970 年　13cm（60 开）

精装　定价：CNY0.57

J0153599

革命现代京剧《智取威虎山》（一九六九年
十月演出本）上海京剧团《智取威虎山》剧组集
体改编

石家庄　河北人民出版社　1970 年　19cm（32 开）

定价：CNY0.25

　　本书系中国革命现代京剧剧本，是一九六九
年十月演出本。

J0153600

革命现代京剧《智取威虎山》（一九六九年
十月演出本）上海京剧团《智取威虎山》剧组集
体改编

哈尔滨　黑龙江人民出版社　1970 年　19cm（32 开）

定价：CNY0.19

　　本书系中国革命现代京剧《智取威虎山》剧
本，为一九六九年十月上海京剧团演出本。

J0153601

革命现代京剧《智取威虎山》（一九六九年
十月演出本）上海京剧团《智取威虎山》剧组集
体改编

长沙　湖南人民出版社　1970 年　19cm（32 开）

定价：CNY0.40（甲种本），CNY0.36（乙种本）

J0153602

革命现代京剧《智取威虎山》（一九六九年
十月演出本）上海京剧团《智取威虎山》剧组集
体改编

沈阳　辽宁省新华书店　1970 年　19cm（32 开）

定价：CNY0.32

J0153603

革命现代京剧《智取威虎山》（一九七〇年
七月演出本）上海京剧团《智取威虎山》剧组集
体改编及演出

北京　人民出版社　1970 年　425 页　21cm（32 开）

定价：CNY0.55（甲种本），CNY0.25（乙种本）

J0153604

革命现代京剧《智取威虎山》（总谱
一九七〇年七月演出本）上海京剧团《智取威
虎山》剧组集体改编及演出

北京　人民出版社　1970 年　26cm（16 开）

定价：CNY4.00

J0153605

革命现代京剧《智取威虎山》（总谱
一九七〇年七月演出本）上海京剧团《智取威
虎山》剧组集体改编及演出

北京　人民出版社　1970 年　425 页　39cm（4 开）

精装　定价：CNY15.00

J0153606

革命现代京剧《智取威虎山》（一九六九年
十月演出本）

济南　山东人民出版社　1970 年　19cm（32 开）

定价：CNY0.30

J0153607

革命现代京剧《智取威虎山》（一九六九年
十月演出本）上海市出版"革命组"编辑

上海　上海市出版"革命组"　1970 年
19cm（32 开）定价：CNY0.23

J0153608

革命现代京剧《智取威虎山》（附曲谱
一九六九年十月演出本）上海京剧团《智取威
虎山》剧组集体改编

成都　四川人民出版社　1970 年　19cm（32 开）

定价：CNY0.38

J0153609

革命现代京剧《智取威虎山》（一九六九年
十月演出本）上海京剧团《智取威虎山》剧组集
体改编

成都　四川人民出版社　1970 年　19cm（32 开）

定价：CNY0.30

J0153610

革命现代京剧《智取威虎山》（一九六九年
十月演出本）上海京剧团《智取威虎山》剧组集
体改编

成都　四川人民出版社　1970 年　13cm（60 开）

定价：CNY0.20

J0153611
革命现代京剧《智取威虎山》（一九六九年十月演出本）上海京剧团《智取威虎山》剧组集体改编
成都 四川人民出版社 1970 年 13cm（60 开）
精装 定价：CNY0.35

J0153612
革命现代京剧《智取威虎山》（一九六九年七月演出本）上海京剧团《智取威虎山》剧组集体改编
天津 天津人民出版社 1970 年 2 版
19cm（32 开）定价：CNY0.25

J0153613
革命现代京剧《智取威虎山》（一九六九年十月演出本）新疆维吾尔自治区"革命委员会"文化局编
乌鲁木齐 新疆人民出版社 1970 年
19cm（32 开）定价：CNY0.39

J0153614
革命现代京剧《智取威虎山》选曲
（一九六九年十月演出本）上海京剧团《智取威虎山》剧组集体改编
杭州 浙江人民出版社 1970 年 13cm（60 开）
定价：CNY0.18

J0153615
革命现代京剧《智取威虎山》主要唱段
（一九六九年十月演出本）上海京剧团《智取威虎山》剧组集体改编
福州 福建省新华书店 1970 年 13cm（60 开）
定价：CNY0.08

J0153616
革命现代京剧《智取威虎山》主要唱段
（一九七〇年七月演出本）上海京剧团《智取威虎山》剧组集体改编
南宁 广西人民出版社 1970 年 13cm（60 开）
定价：CNY0.10

J0153617
革命现代京剧《智取威虎山》主要唱段选
（一九六九年十月演出本）上海京剧团《智取威虎山》剧组集体改编
西宁 青海人民出版社 1970 年 13cm（60 开）
定价：CNY0.10

J0153618
革命现代京剧《红灯记》（一九七〇年五月演出本主要唱段选辑）中国京剧团集体改编
长沙 湖南人民出版社 1970 年 40 页 19cm（32 开）
统一书号：10109.912 定价：CNY0.10

J0153619
革命现代京剧《红灯记》（一九七〇五月演出本主要唱段选辑）中国京剧团集体改编
长沙 湖南人民出版社 1970 年 46 页 19cm（32 开）
统一书号：10109.912 定价：CNY0.10

J0153620
革命现代京剧《红灯记》主要唱段选 天津人民出版社编辑
天津 天津人民出版社 1970 年 44 页 20cm（32 开）
统一书号：10072.318 定价：CNY0.10

J0153621
革命现代京剧《沙家浜》（一九七〇年五月修订本主要唱段选辑）北京京剧团集体改编
长沙 湖南人民出版社 1970 年 52 页 19cm（32 开）
统一书号：10109.917 定价：CNY0.12

J0153622
革命现代京剧《沙家浜》主要唱段选辑
（一九七〇年五月演出本）北京京剧团集体改编
福州 福建省新华书店 1970 年 95 页 13cm（60 开）
统一书号：8104.701 定价：CNY0.09

J0153623
革命现代京剧样板戏《智取威虎山》
（一九六九年十月演出本）上海京剧团《智取威虎山》剧组集体改编
长沙 湖南人民出版社 1970 年 13cm（60 开）
定价：CNY0.38

J0153624
革命现代京剧样板戏《红灯记》
（一九七〇年五月演出本）中国京剧团集体改编
长沙　湖南人民出版社　1970年　19cm（32开）
定价：CNY0.32，CNY0.44（塑膜封面）

J0153625
革命现代京剧样板戏《智取威虎山》
（一九六九年十月演出本）上海京剧团《智取威
虎山》剧组集体改编
郑州　河南人民出版社　1970年　19cm（32开）
定价：CNY0.31

J0153626
革命现代京剧《智取威虎山》（一九六九年
十月演出本主要唱段选辑）上海京剧团《智取
威虎山》剧组集体改编
长沙　湖南人民出版社　1970年　43页　19cm（32开）
统一书号：10109.908　定价：CNY0.11

J0153627
革命现代京剧《智取威虎山》主要唱段选
天津人民出版社编辑
天津　天津人民出版社　1970年　46页　20cm（32开）
统一书号：10072.319　定价：CNY0.10

J0153628
革命现代京剧《智取威虎山》主要唱段选学
辽宁省中小学教材编写组编辑
沈阳　辽宁省中小学教材编写组　1970年　116页
19cm（32开）定价：CNY0.22

J0153629
革命现代样板戏选曲　云南人民出版社编
昆明　云南人民出版社　1970年　498页　有肖像
13cm（60开）塑精装　定价：CNY0.95

J0153630
红灯记　（革命现代京剧　一九七〇年五月演出
本主要唱段选辑）中国京剧团集体改编
兰州　甘肃人民出版社　1970年　88页　13cm（60开）
统一书号：10096.158　定价：CNY0.10

J0153631
红灯记　（一九七〇年五月演出本）中国京剧
团集体改编
郑州　河南人民出版社　1970年　13cm（60开）
定价：CNY0.33，CNY0.35（塑膜封面）

J0153632
红灯记　（一九七〇年五月演出本）中国京剧
团集体改编
南京　江苏省"革命委员会"出版发行局　1970年
13cm（60开）定价：CNY0.26

J0153633
红灯记　（一九七〇年五月演出本）
中国京剧团集体改编
南昌　江西省新华书店　1970年　19cm（32开）
定价：CNY0.23

J0153634
红灯记　（一九六九年十月演出本主要唱段选辑）
中国京剧团集体改编
沈阳　辽宁省新华书店　1970年　19cm（32开）
定价：CNY0.09

J0153635
红灯记　（一九七〇年五月演出本）
中国京剧团集体改编
沈阳　辽宁省新华书店　1970年　19cm（32开）
定价：CNY0.12

J0153636
红灯记　（一九七〇年五月演出本）
中国京剧团集体改编
沈阳　辽宁省新华书店　1970年　19cm（32开）
定价：CNY0.29

J0153637
红灯记　（一九七〇年五月演出本　普及版）
上海市出版"革命组"编辑
上海　上海市出版"革命组"　1970年
19cm（32开）定价：CNY0.09

J0153638
红灯记一九七〇年五月演出本主要唱段选辑
中国京剧团改编
沈阳　辽宁省新华书店　1970年　77页　13cm（60开）
定价：CNY0.11

J0153639

《红灯记》主要唱段 （1970 年 5 月演出本）
中国京剧团改编
福州 福建省新华书店 1970 年 78 页 14cm（64 开）
统一书号：8104.689 定价：CNY0.08
　　革命现代京剧《红灯记》唱腔选集。

J0153640

《红灯记》主要唱段选辑 （1970 年 5 月演出
本）中国京剧团集体改编
贵阳 贵州人民出版社 1970 年 89 页 13cm（60 开）
统一书号：10115.310 定价：CNY0.10
　　中国革命现代京剧《红灯记》唱腔选集。

J0153641

沙家浜 （主要唱段 1970 年 5 月修订本）北京
京剧团集体改编
兰州 甘肃人民出版社 1970 年 94 页 14cm（64 开）

J0153642

沙家浜 （主要唱段选辑 一九七〇年五月修订
本）北京京剧团集体改编
贵阳 贵州人民出版社 1970 年 109 页
14cm（64 开）

J0153643

沙家浜 （一九七〇年五月修订本）
北京京剧团集体改编
郑州 河南人民出版社 1970 年 113 页
13cm（60 开）定价：CNY0.15
　　本书为中国现代革命京剧《沙家浜》文学
评论。

J0153644

沙家浜 （一九七〇年五月修订本）北京京剧
团集体改编
南京 江苏省"革命委员会"出版发行局 1970 年
28 页 13cm（60 开）定价：CNY0.16

J0153645

沙家浜 （主要唱段选辑 1970 年 5 月演出本）
北京京剧团集体改编
南京 江苏省"革命委员会"出版发行局 1970 年
94 页 14cm（64 开）统一书号：10100.1287
定价：CNY0.10

　　本书系中国革命现代京剧唱腔选集，为 1970
年 5 月演出本。

J0153646

沙家浜 （一九七〇年五月修订本）北京京剧
团集体改编
沈阳 辽宁省新华书店 1970 年 19cm（32 开）
定价：CNY0.16
　　本书系中国现代京剧专著，为一九七〇年五
月修订本。

J0153647

沙家浜 （一九七〇年五月修订本）北京京剧
团集体改编
上海 上海市出版"革命组" 1970 年 28 页
19cm（32 开）定价：CNY0.12
　　本书为中国革命现代京剧摄影集，是
一九七〇年五月修订本。

J0153648

沙家浜 （主要唱腔选 革命现代京剧）天津人
民出版社编辑
天津 天津人民出版社 1970 年 54 页 19cm（32 开）
统一书号：10072.317 定价：CNY0.11
　　革命现代京剧《沙家浜》唱腔选。

J0153649

沙家浜 （秦腔）
银川 宁夏人民出版社 1970 年 19cm（32 开）
定价：CNY0.22
　　本书系中国现代京剧《沙家浜》秦腔剧本，
是宁夏秦剧团根据北京京剧团一九七〇年五月
演出本改编。

J0153650

《沙家浜》主要唱段选辑 （1970 年 5 月演出
本）北京京剧团集体改编
福州 福建省新华书店 1970 年 95 页 14cm（64 开）

J0153651

智取威虎山 （主要唱段学习体会）
武汉 湖北人民出版社 1970 年 78 页 19cm（32 开）
统一书号：10106.611 定价：CNY0.17

J0153652
智取威虎山 （一九六九年十月演出本）
上海京剧团《智取威虎山》剧组集体改编
南京 江苏省"革命委员会"出版发行局 1970 年
13cm（60 开）定价：CNY0.20
　　本书为中国革命现代京剧演出本。

J0153653
智取威虎山 （一九六九年十月演出本）上海
京剧团《智取威虎山》剧组集体改编
南昌 江西省新华书店 1970 年 13cm（60 开）
定价：CNY0.17

J0153654
智取威虎山 （一九六九年十月演出本主要唱段
选辑）上海京剧团《智取威虎山》剧组集体改编
沈阳 辽宁省新华书店 1970 年 13cm（60 开）
定价：CNY0.09

J0153655
智取威虎山 （一九六九年十月演出本 普及版）
上海市出版"革命组"编辑
上海 上海市出版"革命组" 1970 年
19cm（32 开）定价：CNY0.11

J0153656
智取威虎山 （一九六九年十月演出本主要唱
段选辑）上海市出版"革命组"编辑
上海 上海市出版"革命组" 1970 年
19cm（32 开）定价：CNY0.08

J0153657
智取威虎山 上海京剧团《智取威虎山》剧组
集体改编
昆明 云南人民出版社 1970 年 19cm（32 开）
定价：CNY0.75

J0153658
智取威虎山 上海京剧团《智取威虎山》剧组
集体改编
昆明 云南人民出版社 1970 年 2 版 19cm（32 开）
定价：CNY0.58

J0153659
《**智取威虎山**》主要唱段选辑 （1969 年 10

月演出本）上海京剧团剧组改编
福州 福建省新华书店 1970 年 84 页 14cm（64 开）
统一书号：8104.688 定价：CNY0.08

J0153660
《**沙家浜**》唱段选
［长沙］湖南人民出版社 1971 年 13cm（60 开）
定价：CNY0.05

J0153661
《**智取威虎山**》《**红灯记**》《**沙家浜**》**主要唱
段选** 黑龙江人民出版社编辑
哈尔滨 黑龙江人民出版社 1971 年 267 页
14cm（64 开）统一书号：8093.056
定价：CNY0.26
　　本文系中国革命现代京剧《智取威虎山》
《红灯记》《沙家浜》唱腔选集。

J0153662
《**智取威虎山**》唱段选
［长沙］湖南人民出版社 1971 年 13cm（64 开）
定价：CNY0.05

J0153663
革命现代京剧《红灯记》 （总谱 一九七〇年
五月演出本）中国京剧团集体创作
北京 人民出版社 1971 年 26cm（16 开）
定价：CNY3.50

J0153664
革命现代京剧《红灯记》 （总谱 一九七〇年
五月演出本）中国京剧团集体创作
北京 人民出版社 1971 年 20cm（32 开）
定价：CNY1.00

J0153665
革命现代京剧《红灯记》 （一九七〇年五月
演出本）中国京剧团集体改编
北京 人民出版社 1972 年 19cm（小 32 开）
精装 定价：CNY2.70
　　本书包括剧本、剧照、主旋律乐谱、舞蹈、
舞蹈动作、舞台美术六个部分。

J0153666
革命现代京剧《红灯记》唱段

（第八场　李玉和唱）

［石家庄］河北人民出版社 1971 年
13cm（64 开）折叠装　定价: CNY0.05

J0153667

革命现代京剧《红灯记》唱段

（第二场　李玉和唱）

［石家庄］河北人民出版社 1971 年 13cm（64 开）
折叠装　定价: CNY0.03

J0153668

革命现代京剧《红灯记》唱段

（第二场　铁梅唱）

［石家庄］河北人民出版社 1971 年 13cm（64 开）
折叠装　定价: CNY0.02

J0153669

革命现代京剧《红灯记》唱段

（第五场　李奶奶唱）

［石家庄］河北人民出版社 1971 年 13cm（64 开）
折叠装　定价: CNY0.04

J0153670

革命现代京剧《红灯记》唱段

（第五场　李玉和唱）

［石家庄］河北人民出版社 1971 年 13cm（64 开）
折叠装　定价: CNY0.03

J0153671

革命现代京剧《红灯记》唱段选词

上海　上海人民出版社 1971 年 9cm（128 开）
定价: CNY0.03

J0153672

革命现代京剧《红灯记》主要唱段选集

［长沙］湖南人民出版社 1971 年 13cm（64 开）
定价: CNY0.06

J0153673

革命现代京剧《沙家浜》（秦腔移植本　主旋
律乐谱）陕西省秦腔音乐改革学习班移植；陕
西省工农兵艺术馆印

［西安］陕西省工农兵艺术馆 1971 年 26cm（16 开）

J0153674

革命现代京剧《沙家浜》唱词选段

上海　上海人民出版社 1971 年 9×9cm
定价: CNY0.04

J0153675

革命现代京剧《沙家浜》唱段选

（第二场　郭建光唱）

［石家庄］河北人民出版社 1971 年
13cm（64 开）折叠装　定价: CNY0.03

J0153676

革命现代京剧《沙家浜》唱段选

（第二场　沙奶奶唱）

［石家庄］河北人民出版社 1971 年
13cm（64 开）折叠装　定价: CNY0.03

J0153677

革命现代京剧《沙家浜》唱段选

（第六场　阿庆嫂唱）

［石家庄］河北人民出版社 1971 年
13cm（64 开）折叠装　定价: CNY0.03

J0153678

革命现代京剧《沙家浜》唱段选

（第七场　沙奶奶唱）

［石家庄］河北人民出版社 1971 年
13cm（64 开）折叠装　定价: CNY0.02

J0153679

革命现代京剧《沙家浜》唱段选

（第四场　阿庆嫂唱）

［石家庄］河北人民出版社 1971 年
13cm（64 开）定价: CNY0.02

J0153680

革命现代京剧《沙家浜》唱段选

（第五场　郭建光、众战士合唱）

［石家庄］河北人民出版社 1971 年
13cm（64 开）折叠装　定价: CNY0.03

J0153681

革命现代京剧《沙家浜》唱段选

（第五场　郭建光唱）

［石家庄］河北人民出版社 1971 年

13cm（64 开）折叠装 定价：CNY0.05

J0153682
革命现代京剧《沙家浜》唱段选
（郭建光、沙奶奶对唱）
［石家庄］河北人民出版社 1971 年
13cm（64 开）折叠装 定价：CNY0.04

J0153683
革命现代京剧《沙家浜》主要唱段
（一九七〇年五月演出本）北京京剧团集体改编
南宁 广西人民出版社 1971 年 重印本 112 页
14cm（64 开）统一书号：8113.11
定价：CNY0.10
　　本书系中国现代京剧唱腔选集。

J0153684
革命现代京剧《沙家浜》主要唱段选辑
《普及革命样板戏小丛书》编选组编
上海 上海人民出版社 1971 年 10cm（64 开）
定价：CNY0.09
（普及革命样板戏小丛书）

J0153685
革命现代京剧《智取威虎山》
（总谱 一九七〇年七月演出本）上海京剧团《智取威虎山》剧组集体改编及演出
上海 上海人民出版社 1971 年 21cm（32 开）
定价：CNY1.10

J0153686
革命现代京剧《智取威虎山》《红灯记》《沙家浜》主要唱段
南宁 广西人民出版社 1971 年 362 页
13cm（60 开）统一书号：8113.15
定价：CNY0.26

J0153687
革命现代京剧《智取威虎山》《红灯记》《沙家浜》主要唱段选　黑龙江人民出版社编
［哈尔滨］黑龙江人民出版社 1971 年
13cm（64 开）定价：CNY0.26

J0153688
革命现代京剧《智取威虎山》《红灯记》《沙家浜》主要唱段选编
［石家庄］河北人民出版社 1971 年
21cm（32 开）定价：CNY0.29

J0153689
革命现代京剧《智取威虎山》《红灯记》《沙家浜》主要唱段选辑
杭州 浙江人民出版社 1971 年 294 页
13cm（60 开）统一书号：71-2.5
定价：CNY0.40，CNY0.56（精装）

J0153690
革命现代京剧《智取威虎山》唱词选段
上海 上海人民出版社 1971 年 9cm（128 开）
定价：CNY0.03

J0153691
革命现代京剧《智取威虎山》唱段选
（第八场 杨子荣唱）
［石家庄］河北人民出版社 1971 年
13cm（64 开）折叠装 定价：CNY0.05

J0153692
革命现代京剧《智取威虎山》唱段选
（第九场 常宝唱）
［石家庄］河北人民出版社 1971 年
13cm（64 开）折叠装 定价：CNY0.03

J0153693
革命现代京剧《智取威虎山》唱段选
（第七场 参谋长唱）
［石家庄］河北人民出版社 1971 年
13cm（64 开）折叠装 定价：CNY0.03

J0153694
革命现代京剧《智取威虎山》唱段选
（第七场 李勇奇唱）
［石家庄］河北人民出版社 1971 年
13cm（64 开）折叠装 定价：CNY0.04

J0153695
革命现代京剧《智取威虎山》唱段选
（第三场 常宝唱）
［石家庄］河北人民出版社 1971 年 13cm（64 开）
折叠装 定价：CNY0.04

J0153696

革命现代京剧《智取威虎山》唱段选
（第三场 杨子荣唱）
[石家庄] 河北人民出版社 1971 年 13cm（64 开）
折叠装 定价：CNY0.02

J0153697

革命现代京剧《智取威虎山》唱段选
（第四场 杨子荣唱）
[石家庄] 河北人民出版社 1971 年 13cm（64 开）
折叠装 定价：CNY0.02

J0153698

革命现代京剧《智取威虎山》主要唱段选辑
《普及革命样板戏小丛书》编选组稿
上海 上海人民出版社 1971 年 21cm（32 开）
定价：CNY0.10
（普及革命样板戏小丛书）

J0153699

革命现代京剧唱词选段 《普及革命样板戏
小丛书》编选组编
上海 上海人民出版社 1971 年
10cm（64 开）定价：CNY0.09
（普及革命样板戏小丛书）

J0153700

革命现代京剧《红灯记》（总谱）
北京 人民出版社 1971 年 38cm（6 开）精装
定价：CNY14.00

J0153701

革命现代京剧《红灯记》主要唱段选辑
《普及革命样板戏小丛书》编选组编
上海 上海人民出版社 1971 年 72 页
14cm（64 开）定价：CNY0.10
（普及革命样板戏小丛书）

J0153702

革命样板戏 （唱段选曲）内蒙古自治区人民
出版社编
呼和浩特 内蒙古自治区人民出版社 1971 年
290 页 14cm（64 开）
　本书系中国革命样板戏戏曲音乐专著。

J0153703

革命样板戏唱段选曲 内蒙古自治区人民出
版社编辑
[呼和浩特] 内蒙古自治区人民出版社 1971 年
13cm（64 开）定价：CNY0.25

J0153704

红灯记 （唱段学习札记）
长沙 湖南人民出版社 1971 年 93 页 14cm（64 开）
　本书系中国革命现代京剧《红灯记》唱腔学
习札记。

J0153705

红灯记 （主要唱段学习札记）《普及革命样板
戏小丛书》编选组编
上海 上海人民出版社 1971 年 73 页
14cm（64 开）定价：CNY0.10
（普及革命样板戏小丛书）
　本书系中国现代京剧《红灯记》主要唱段学
习札记。

J0153706

红灯记 （革命现代秦腔唱腔选段）陕西省移
植样板戏《红灯记》秦腔音乐学习班移植
西安 陕西人民出版社 1971 年 19cm（小 32 开）

J0153707

红灯记 （秦腔试验演出本主要唱段）陕西
省移植革命样板戏《红灯记》秦腔音乐学习班
移植
西安 陕西人民出版社 1972 年 49 页 19cm（32 开）
统一书号：T10094.33 定价：CNY0.14

J0153708

《红灯记》唱段选曲歌片 （1）
[合肥] 安徽省"革命委员会"出版发行局
1971 年 13cm（64 开）定价：CNY0.01

J0153709

《红灯记》唱段选曲歌片 （2）
[合肥] 安徽省"革命委员会"出版发行局
1971 年 13cm（64 开）定价：CNY0.01

J0153710

《红灯记》唱段选曲歌片 （3）

[合肥]安徽省"革命委员会"出版发行局
1971年 13cm（64开）定价：CNY0.02

J0153711
《红灯记》唱段选曲歌片 （4）
[合肥]安徽省"革命委员会"出版发行局
1971年 13cm（64开）定价：CNY0.02

J0153712
《红灯记》唱段选曲歌片 （5）
[合肥]安徽省"革命委员会"出版发行局
1971年 13cm（64开）定价：CNY0.01

J0153713
《红灯记》唱段选曲歌片 （6）
[合肥]安徽省"革命委员会"出版发行局
1971年 13cm（64开）定价：CNY0.02

J0153714
《红灯记》唱段选曲歌片 （7）
[合肥]安徽省"革命委员会"出版发行局
1971年 13cm（64开）定价：CNY0.02

J0153715
《红灯记》唱段选曲歌片 （8）
[合肥]安徽省"革命委员会"出版发行局
1971年 13cm（64开）定价：CNY0.02

J0153716
《红灯记》唱段选曲歌片 （9）
[合肥]安徽省"革命委员会"出版发行局
1971年 13cm（64开）定价：CNY0.01

J0153717
《红灯记》唱段选曲歌片 （10）
[合肥]安徽省"革命委员会"出版发行局
1971年 13cm（64开）定价：CNY0.03

J0153718
《红灯记》唱段选曲歌片 （11）
[合肥]安徽省"革命委员会"出版发行局
1971年 13cm（64开）定价：CNY0.02

J0153719
《红灯记》唱段选曲歌片 （12）

[合肥]安徽省"革命委员会"出版发行局
1971年 13cm（64开）定价：CNY0.01

J0153720
《红灯记》唱段选曲歌片 （13）
[合肥]安徽省"革命委员会"出版发行局
1971年 13cm（64开）定价：CNY0.02

J0153721
《红灯记》唱段选曲歌片 （14）
[合肥]安徽省"革命委员会"出版发行局
1971年 13cm（64开）定价：CNY0.02

J0153722
沙家浜 （主要唱段 一九七〇年五月演出本）
北京京剧团集体改编
南宁 广西人民出版社 1971年 112页
14cm（64开）

J0153723
沙家浜 （主要唱段选辑）《普及革命样板戏小丛书》编选组编
上海 上海人民出版社 1971年 70页
14cm（64开）定价：CNY0.09
（普及革命样板戏小丛书）
　　本书为中国革命现代京剧《沙家浜》主要唱段选辑。

J0153724
无产者一生奋战求解放 （《红灯记》唱段选）
[长沙]湖南人民出版社 1971年 107cm（全开）
定价：CNY0.24

J0153725
智取威虎山 （主要唱段）
南宁 广西人民出版社 1971年 362页
14cm（64开）
　　本书还包括现代京剧主要唱段《红灯记》《沙家浜》。

J0153726
智取威虎山 （主要唱段学习札记）
石家庄 河北人民出版社 1971年 49页
19cm（32开）

J0153727
智取威虎山 （唱段学习札记）
长沙 湖南人民出版社 1971年 78页 14cm（64开）

J0153728
智取威虎山 （一九七〇年演出本主要唱段选辑）
上海京剧团《智取威虎山》剧组集体改编及演出
［长沙］湖南人民出版社 1971年 13cm（64开）
定价：CNY0.07

J0153729
智取威虎山 （主要唱段选辑）《普及革命样板
戏小丛书》编选组编
上海 上海人民出版社 1971年 80页 14cm（64开）
定价：CNY0.10
（普及革命样板戏小丛书）

J0153730
智取威虎山 （主要唱段学习札记）《普及革命
样板戏小丛书》编选组编
上海 上海人民出版社 1971年 75页 14cm（64开）

J0153731
智取威虎山 （主要唱段选辑）
杭州 浙江人民出版社 1971年 294页
14cm（64开）
　　本书还包括现代京剧主要唱段《红灯记》
《沙家浜》。

J0153732
智取威虎山 （婺剧曲谱）金华地区婺剧团音
乐创作组编
金华 金华地区婺剧团音乐创作组 1971年
136页 19cm（32开）
　　本书为《智取威虎山》婺剧曲谱。

J0153733
智取威虎山、红灯记、沙家浜 （主要唱段）
河南省焦作市文化馆工宣队，"革委会" 翻印
焦作 河南省焦作市文化馆工宣队 1971年
164页 19cm（32开）

J0153734
《智取威虎山》主要唱段选 （晋剧移植试演
革命样板戏）山西省 "革命委员会" 政工组文教

办公室编
［太原］山西省 "革命委员会" 政工组文教办公室
1971年 44页 20cm（32开）

J0153735
《沙家浜》唱段选辑 （湖南花鼓戏学习移植
革命样板戏 一九七一年十二月演出本）湖南省
文工团花鼓戏剧队谱曲
［长沙］湖南人民出版社 1972年 19cm（32开）
定价：CNY0.13

J0153736
《沙家浜》花灯剧唱腔选段 云南省花灯剧团
谱曲
［昆明］云南人民出版社 1972年
19cm（小32开）定价：CNY0.10

J0153737
钢琴伴唱《红灯记》 中央乐团，中国京剧团
集体创作
北京 人民文学出版社 1972年 63页
36cm（6开）精装 统一书号：10019.1917
定价：CNY6.50
　　此为钢琴演奏与京剧唱腔、京剧打击乐有机
结合而创造出来的新表现形式。

J0153738
革命现代京剧《海港》 （一九七二年一月演
出本）上海京剧团《海港》剧组集体改编
［合肥］安徽人民出版社 1972年 13cm（64开）
定价：CNY0.26
　　本书系中国现代革命样板戏剧本及唱段。

J0153739
革命现代京剧《海港》 （一九七二年一月演
出本）上海京剧团《海港》剧组集体改编
［贵阳］贵州人民出版社 1972年 13cm（64开）
定价：CNY0.28
　　本书系中国现代革命样板戏剧本及唱段。

J0153740
革命现代京剧《海港》 （剧本·主旋律乐
谱·打击乐）
［武汉］湖北人民出版社 1972年 26cm（16开）
定价：CNY0.36

本书系中国现代革命样板戏剧本及唱段。

J0153741

革命现代京剧《海港》（一九七二年一月演出本）上海京剧团《海港》剧组集体改编

［北京］人民文学出版社 1972 年 21cm（32 开）

定价：CNY0.25

　　本书系中国现代革命样板戏剧本及唱段。

J0153742

革命现代京剧《海港》（主旋律乐谱 一九七二年一月演出本）上海京剧团《海港》剧组集体改编

［北京］人民文学出版社 1972 年 135 页

21cm（32 开）统一书号：10019.1879

定价：CNY0.30

J0153743

革命现代京剧《海港》（一九七二年一月演出本）上海京剧团《海港》剧组集体改编

［昆明］云南人民出版社 1972 年

19cm（小 32 开）定价：CNY0.30

　　本书系中国现代革命样板戏剧本及唱段。

J0153744

革命现代京剧《海港》（一九七二年一月演出本）上海京剧团《海港》剧组集体改编

［杭州］浙江人民出版社 1972 年 13cm（64 开）

定价：CNY0.22

　　本书系中国现代革命样板戏剧本及唱段。

J0153745

革命现代京剧《海港》主要唱段选辑

（一九七二年一月演出本）上海京剧团《海港》剧组集体改编

［贵阳］贵州人民出版社 1972 年 13cm（64 开）

定价：CNY0.13

　　本书系中国现代革命样板戏剧本及唱段。

J0153746

革命现代京剧《红灯记》

（剧本·主旋律乐谱·打击乐）

［昆明］云南人民出版社 1972 年 26cm（16 开）

定价：CNY0.40

　　本作品根据中国京剧团一九七〇年五月演出本编印。

J0153747

革命现代京剧《红色娘子军》

（一九七二年一月演出本）

［合肥］安徽人民出版社 1972 年 21cm（32 开）

定价：CNY0.23

　　本书系中国京剧团根据同名舞剧集体移植创作而成。

J0153748

革命现代京剧《红色娘子军》

（一九七二年一月演出本）

［北京］人民文学出版社 1972 年 21cm（32 开）

定价：CNY0.25

　　本书系中国京剧团根据同名舞剧集体移植创作而成。

J0153749

革命现代京剧《红色娘子军》

（一九七二年一月演出本）

［北京］人民文学出版社 1972 年 21cm（32 开）

定价：CNY0.30

　　本书系中国京剧团根据同名舞剧集体移植创作而成。

J0153750

革命现代京剧《龙江颂》（一九七二年一月演出本）上海市《龙江颂》剧组集体改编

［合肥］安徽人民出版社 1972 年 13cm（64 开）

定价：CNY0.25

　　本书系中国现代革命样板戏剧本及唱段。

J0153751

革命现代京剧《龙江颂》

（剧本·主旋律乐谱·打击乐）

［武汉］湖北人民出版社 1972 年 26cm（16 开）

定价：CNY0.31

　　本书系中国现代革命样板戏剧本及唱段。

J0153752

革命现代京剧《龙江颂》（一九七二年一月演出本）上海市《龙江颂》剧组集体改编

［北京］人民文学出版社 1972 年 ［124］页

19cm（小 32 开）定价：CNY0.25

　　本书系中国现代革命样板戏剧本及唱段。

J0153753

革命现代京剧《龙江颂》（一九七二年一月演出本）上海市《龙江颂》剧组集体改编

［昆明］云南人民出版社 1972 年

19cm（小 32 开）定价：CNY0.29

　　本书系中国现代革命样板戏剧本及唱段。

J0153754

革命现代京剧《龙江颂》（一九七二年一月演出本）上海市《龙江颂》剧组集体改编

［杭州］浙江人民出版社 1972 年 13cm（64 开）

定价：CNY0.20

　　本书系中国现代革命样板戏剧本及唱段。

J0153755

革命现代京剧《沙家浜》

（剧本·主旋律乐谱·打击乐）

［昆明］云南人民出版社 1972 年 38cm（6 开）

定价：CNY0.40

J0153756

革命现代京剧《沙家浜》唱段选

［石家庄］河北人民出版社 1972 年

13cm（64 开）定价：CNY0.03

J0153757

革命现代剧《红灯记》秦腔试验演出本主要唱段选　陕西省戏曲剧院演出

［西安］陕西人民出版社 1972 年

19cm（小 32 开）定价：CNY0.14

　　中国现代革命样板戏唱段。

J0153758

工农兵戏剧演唱选

武汉市"革命委员会"文教局编辑

武汉 湖北人民出版社 1972 年 94 页 有乐谱

19cm（32 开）定价：CNY0.17

J0153759

红灯记　（试验移植革命现代秦剧）

甘肃人民出版社编辑

［兰州］甘肃人民出版社 1972 年

19cm（小 32 开）定价：CNY0.60

　　中国现代革命样板戏唱段。

J0153760

红灯记（唱段选）（做人要做这样的人）

［长沙］湖南人民出版社 1972 年

153cm（2 全开）定价：CNY0.48

J0153761

湖南花鼓戏学习移植革命样板戏《沙家浜》（主旋律曲谱 一九七一年十二月演出本）

湖南省文工团花鼓戏剧队谱曲

［长沙］湖南人民出版社 1972 年 26cm（16 开）

定价：CNY0.30

J0153762

沙家浜　（唱腔选辑）湖南省文工团花鼓剧队谱曲

长沙 湖南人民出版社 1972 年 54 页 19cm（32 开）

统一书号：10109.934 定价：CNY0.13

J0153763

沙家浜　（花灯剧唱腔选段）云南省花灯剧团谱曲

昆明 云南人民出版社 1972 年 39 页

19cm（小 32 开）统一书号：10116.533

定价：CNY0.10

J0153764

沙家浜（唱段选）（要学那泰山顶上一青松）

［长沙］湖南人民出版社 1972 年 107cm（全开）

定价：CNY0.24

J0153765

深山问苦　发动群众

（滇剧《智取威虎山》选场）云南省滇剧团谱曲

［昆明］云南人民出版社 1972 年

19cm（小 32 开）定价：CNY0.10

　　中国现代革命样板戏唱段。

J0153766

学习移植革命现代京剧《沙家浜》（桂剧）

广西文艺工作团桂剧队编

［南宁］广西人民出版社 1972 年 27cm（大 16 开）

定价：CNY0.33

J0153767

智取威虎山　（滇剧唱腔选段）云南省滇剧团

谱曲
昆明　云南人民出版社　1972年　62页
19cm（小32开）统一书号：10116.534
定价：CNY0.15

J0153768
智取威虎山　（滇剧唱腔选段）云南省滇剧团
谱曲
［昆明］云南人民出版社　1972年
19cm（小32开）定价：CNY0.15
　　中国现代革命样板戏唱段。

J0153769
智取威虎山（唱段选）　（管叫山河换新装）
［长沙］湖南人民出版社　1972年　78cm（2全开）
定价：CNY0.48

J0153770
转移、坚持、奔袭　（花灯剧《沙家浜》选场）
云南省花灯剧团谱曲
［昆明］云南人民出版社　1972年
19cm（小32开）定价：CNY0.11
　　中国现代革命样板戏唱段。

J0153771
海港　（主要唱段选辑）
上海　上海人民出版社　1973年　120页
14cm（64开）统一书号：8171.369
定价：CNY0.15

J0153772
川剧移植革命样板戏唱腔选段　（乐谱
一九七〇年演出本）成都市群众文化组编
成都　成都市群众文化组　1973年　54页
19cm（32开）
　　本书乐谱由成都市川剧团移植。

J0153773
革命现代京剧《海港》主要唱段选辑
上海　上海人民出版社　1973年　121页
14cm（64开）统一书号：8171.369
定价：CNY0.15

J0153774
革命现代京剧《平原作战》主要唱段选集

贵阳　贵州人民出版社　1973年　13cm（60开）
定价：CNY0.08

J0153775
革命现代京剧选场分析　江西省赣南教育学
校中文科编辑
江西省赣南教育学校中文科　1973年　122页
19cm（32开）

J0153776
革命现代京剧主要唱段选
北京　人民文学出版社　1973年　260页
19cm（32开）统一书号：10019.1899
定价：CNY0.59

J0153777
**河南豫剧移植革命现代京剧《龙江颂》主要
唱段选编**　河南省文化局地方戏曲唱腔改革
办公室编
郑州　河南人民出版社　1973年　19cm（32开）
定价：CNY0.24

J0153778
红灯记　（晋剧移植革命现代京剧主要唱段）
山西省晋剧院唱腔设计
太原　山西人民出版社　1973年　49页　19cm（32开）
统一书号：1088.466　定价：CNY0.15

J0153779
红色娘子军　（主要唱段选辑　革命现代京剧）
上海　上海人民出版社　1973年　132页
14cm（64开）统一书号：8171.370
定价：CNY0.16

J0153780
龙江颂　（晋剧移植革命现代京剧主要唱段）
山西省晋剧院唱腔设计
太原　山西人民出版社　1973年　57页　19cm（32开）
统一书号：10088.467　定价：CNY0.17

J0153781
龙江颂　（主要唱段选辑）
上海　上海人民出版社　1973年　156页
14cm（64开）定价：CNY0.17

J0153782
龙江颂 （河北梆子主要唱段、唱腔设计）
河北省河北梆子"跃进"剧团编
石家庄　河北人民出版社　1973 年　49 页
19cm（32 开）统一书号：8086.300
定价：CNY0.13

J0153783
《龙江颂》主要唱段选辑 （附学唱体会）上
海人民出版社编辑
上海　上海人民出版社　1973 年　156 页
14cm（64 开）统一书号：8171.410
定价：CNY0.17

J0153784
杜鹃山 （主旋律乐谱　一九七三年九月北京京
剧团演出本）王树元等编剧
北京　人民文学出版社　1974 年　160 页
19cm（32 开）统一书号：10019.2111
定价：CNY0.41

J0153785
杜鹃山 （主旋律乐谱　革命现代京剧）
王树元等编剧
北京　人民文学出版社　1974 年　160 页
19cm（32 开）统一书号：10019.2111
定价：CNY0.41
　　本书包括序曲、幕间曲、上场音乐、各人物
唱段、闭幕曲等,附有剧情说明、锣鼓字谱说明、
乐谱符号说明。

J0153786
**革命现代京剧《杜鹃山》《平原作战》唱段
选辑** 广西人民出版社编
南宁　广西人民出版社　1974 年　[53]页
19cm（32 开）定价：CNY0.24

J0153787
革命现代京剧《杜鹃山》主要唱段
（1　三起三落几经风浪）
上海　上海人民出版社　1974 年　19cm（小 32 开）
定价：CNY0.02

J0153788
革命现代京剧《杜鹃山》主要唱段

（2　无产者）
上海　上海人民出版社　1974 年　19cm（小 32 开）
定价：CNY0.02

J0153789
革命现代京剧《杜鹃山》主要唱段
（3　家住安源）
上海　上海人民出版社　1974 年　19cm（小 32 开）
定价：CNY0.02

J0153790
革命现代京剧《杜鹃山》主要唱段
（4　黄连苦胆味难分）
上海　上海人民出版社　1974 年　19cm（小 32 开）
定价：CNY0.02

J0153791
革命现代京剧《杜鹃山》主要唱段
（5　大火熊熊）
上海　上海人民出版社　1974 年　19cm（小 32 开）
定价：CNY0.01

J0153792
革命现代京剧《杜鹃山》主要唱段
（6　乱飞云）
上海　上海人民出版社　1974 年　19cm（小 32 开）
定价：CNY0.02

J0153793
革命现代京剧《杜鹃山》主要唱段
（7　杜鹃山举义旗三起三落）
上海　上海人民出版社　1974 年　19cm（小 32 开）
定价：CNY0.01

J0153794
革命现代京剧《杜鹃山》主要唱段
（8　怒火烧）
上海　上海人民出版社　1974 年　19cm（小 32 开）
定价：CNY0.01

J0153795
革命现代京剧《杜鹃山》主要唱段
（9　血的教训）
上海　上海人民出版社　1974 年　19cm（小 32 开）
定价：CNY0.02

J0153796

革命现代京剧《平原作战》主要唱段

（1 披星戴月下太行）

上海　上海人民出版社　1974 年　19cm（小 32 开）

定价：CNY0.01

J0153797

革命现代京剧《平原作战》主要唱段

（2 枪林弹雨军民隔不断）

上海　上海人民出版社　1974 年　19cm（小 32 开）

定价：CNY0.01

J0153798

革命现代京剧《平原作战》主要唱段

（3 人民的安危冷暖要时刻挂心上）

上海　上海人民出版社　1974 年　19cm（小 32 开）

定价：CNY0.01

J0153799

革命现代京剧《平原作战》主要唱段

（4 好妈妈疼爱咱象亲娘一样）

上海　上海人民出版社　1974 年　19cm（小 32 开）

定价：CNY0.01

J0153800

革命现代京剧《平原作战》主要唱段

（5 哪里有人民哪里就有赵勇刚）

上海　上海人民出版社　1974 年　19cm（小 32 开）

定价：CNY0.01

J0153801

革命现代京剧《平原作战》主要唱段

（6 以血还血以牙还牙）

上海　上海人民出版社　1974 年　19cm（小 32 开）

定价：CNY0.01

J0153802

革命现代京剧《平原作战》主要唱段

（7 做一个中华好儿女）

上海　上海人民出版社　1974 年　19cm（小 32 开）

定价：CNY0.01

J0153803

革命现代京剧《平原作战》主要唱段

（8 毛主席的革命路线指引我永不迷航）

上海　上海人民出版社　1974 年　19cm（小 32 开）

定价：CNY0.02

J0153804

革命现代京剧《平原作战》 （主要唱段选）

昆明　云南人民出版社　1974 年　45 页　18cm（30 开）

统一书号：10116.597　定价：CNY0.12

J0153805

革命现代京剧主要唱段选集　国务院文化组
文艺创作领导小组编辑

北京　人民音乐出版社　1974 年　461 页

19cm（32 开）统一书号：8026.3002

定价：CNY0.86

J0153806

女队长　（曲谱本二人转）辽宁人民出版社编辑

沈阳　辽宁人民出版社　1974 年　48 页　18cm（30 开）

统一书号：10090.93　定价：CNY0.12

J0153807

**北路梆子移植革命现代京剧《海港》主要唱
段选**　山西省忻县地区北路梆子剧团编

太原　山西人民出版社　1975 年　51 页　19cm（32 开）

统一书号：10088.507　定价：CNY0.13

J0153808

杜鹃山　（主旋律谱）甘肃省代表团陇剧队［编］

［甘肃省代表团陇剧队］1975 年　油印本　46 页

26cm（16 开）

J0153809

革命现代京剧《杜鹃山》主要唱段

沈阳　辽宁人民出版社　1975 年　92 页　19cm（32 开）

统一书号：10090.139　定价：CNY0.20

J0153810

**革命现代京剧《杜鹃山》《平原作战》唱段
选辑**

沈阳　辽宁人民出版社　1975 年　53 页　19cm（32 开）

统一书号：8113.205　定价：CNY0.24

J0153811

革命现代京剧短小唱段选　云南人民出版社
编辑

昆明 云南人民出版社 1975 年 101 页
13cm（60 开）统一书号：10116.617
定价：CNY0.11

J0153812
革命现代京剧《海港》主要唱段
沈阳 辽宁人民出版社 1975 年 69 页 19cm（32 开）
统一书号：10090.140 定价：CNY0.16

J0153813
革命现代京剧《红灯记》主要唱段
沈阳 辽宁人民出版社 1975 年 46 页 19cm（32 开）
统一书号：10090.144 定价：CNY0.12

J0153814
革命现代京剧《红色娘子军》主要唱段
沈阳 辽宁人民出版社 1975 年 47 页 19cm（32
开）统一书号：10090.147 定价：CNY0.13

J0153815
革命现代京剧《龙江颂》主要唱段
沈阳 辽宁人民出版社 1975 年 48 页 19cm（32 开）
统一书号：10090.141 定价：CNY0.12

J0153816
革命现代京剧《平原作战》主要唱段
沈阳 辽宁人民出版社 1975 年 48 页 19cm（32 开）
统一书号：10090.145 定价：CNY0.10

J0153817
革命现代京剧《奇袭白虎团》主要唱段
沈阳 辽宁人民出版社 1975 年 26 页 19cm（32 开）
统一书号：10090.138 定价：CNY0.07

J0153818
革命现代京剧《沙家浜》主要唱段
沈阳 辽宁人民出版社 1975 年 43 页 19cm（32 开）
统一书号：10090.146 定价：CNY0.12

J0153819
革命现代京剧《智取威虎山》主要唱段
沈阳 辽宁人民出版社 1975 年 53 页 19cm（32 开）
统一书号：10090.137 定价：CNY0.13

J0153820
革命现代京剧主要唱段选
云南人民出版社编辑
昆明 云南人民出版社 1975 年 166 页
13cm（60 开）统一书号：10116.637
定价：CNY0.16

J0153821
沪剧《沙家浜》主要唱段选辑
（移植革命现代京剧）上海沪剧团移植创作
上海 上海人民出版社 1975 年 60 页
19cm（32 开）定价：CNY0.15

J0153822
家住安源　（莆仙戏移植革命样板戏唱腔选段）
福建省"革命委员会"文化局编
福州 福建人民出版社 1975 年 43 页
19cm（32 开）统一书号：8173.139
定价：CNY0.11

J0153823
蒲剧移植革命现代京剧《杜鹃山》主要
唱段选　山西省运城地区蒲剧团唱腔设计
太原 山西人民出版社 1975 年 54 页 19cm（32 开）
统一书号：10088.496 定价：CNY0.13

J0153824
秦腔移植《龙江颂》主要唱段选
宝鸡市秦腔剧团《龙江颂》移植演出组编
西安 陕西人民出版社 1975 年 66 页 19cm（32 开）
统一书号：10094.101 定价：CNY0.15

J0153825
移植革命现代京剧沪剧《红灯记》主要唱段
选辑　上海沪剧团移植创作
上海 上海人民出版社 1975 年 54 页 19cm（32 开）
统一书号：8171.1389 定价：CNY0.14

J0153826
移植革命现代京剧沪剧《沙家浜》主要唱段
选辑　上海沪剧团移植创作
上海 上海人民出版社 1975 年 60 页 19cm（32 开）
统一书号：8171.1380 定价：CNY0.15

J0153827

永远冲锋向前方　（闽剧移植革命样板戏唱腔
选段）福建省"革命委员会"文化局编
福州　福建人民出版社　1975年　66页　19cm（32开）
统一书号：8173.141　定价：CNY0.15

J0153828

**豫剧移植革命现代京剧《龙江颂》主要唱段
选编**　河南省"革委"文化局地方戏曲唱腔改
革办公室编
郑州　河南人民出版社　1975年　2版　114页
19cm（32开）统一书号：8105.446
定价：CNY0.22

J0153829

杜鹃山　（革命现代京剧）王树元等编剧
北京　人民文学出版社　1976年
160页＋[15]页图版　有图　20cm（32开）
统一书号：10019.2236　定价：CNY0.25
　　本书系1973年9月北京京剧团演出本。

J0153830

革命现代京剧唱段选集
长春　吉林人民出版社　1976年　552页
13cm（60开）精装　统一书号：8091.795
定价：CNY0.65

J0153831

河北梆子移植革命现代京剧杜鹃山主要唱段
河北省河北梆子音乐唱腔研究室编
石家庄　河北人民出版社　1976年　55页
20cm（32开）统一书号：10086.379
定价：CNY0.14
　　河北梆子唱腔选集。

J0153832

河北梆子传统音乐汇编
石家庄　河北省戏曲研究室　1976年　油印本
226+451+155页　有图

J0153833

湖南地方戏曲移植革命样板戏唱腔选
（第一集　花鼓戏、阳戏、花灯戏、苗歌剧）湖南
人民出版社编辑
长沙　湖南人民出版社　1976年　69页　26cm（16开）

统一书号：8109.998　定价：CNY0.30

J0153834

湖南地方戏曲移植革命样板戏唱腔选
（第二集　湘剧、祁剧、汉剧、荆河戏、巴陵戏的
弹腔）湖南人民出版社编辑
长沙　湖南人民出版社　1976年　46页　26cm（16开）
统一书号：8109.1030　定价：CNY0.22

J0153835

湖南地方戏曲移植革命样板戏唱腔选
（第三集　湘剧、祁剧、辰河戏的高腔及湘昆）
湖南人民出版社编辑
长沙　湖南人民出版社　1976年　42页　26cm（16开）
统一书号：8109.1031　定价：CNY0.21

J0153836

淮剧《海港》主要唱段选辑　（移植革命现代
京剧）上海人民淮剧团移植创作
上海　上海人民出版社　1976年　80页　19cm（32开）
统一书号：8171.1553　定价：CNY0.18

J0153837

越剧《龙江颂》主要唱段选辑　（移植革命现
代京剧）上海越剧团移植创作
上海　上海人民出版社　1976年　19cm（小32开）
定价：CNY0.14

J0153838

革命现代豫剧《朝阳沟》唱腔选集　（河南省
豫剧一团1977年1月演出本）杨兰春编剧；王
基笑编曲
北京　人民音乐出版社　1977年　134页
19cm（32开）统一书号：8026.3329
定价：CNY0.28
　　作者王基笑（1930—2006），豫剧作曲家。出
生于辽宁丹东市，祖籍山东青岛市。历任中国音
乐家协会常务理事、中国戏曲音乐学会副会长、
中国戏曲学院客座教授、河南省音乐家协会名誉
主席。著有《豫剧唱腔音乐概论》《朝阳沟》等。

J0153839

河北梆子《洪湖赤卫队》主要唱段　河北省
河北梆子一团移植
石家庄　河北人民出版社　1977年　56页

19cm（32开）统一书号：8086.875
定价：CNY0.15

J0153840
河北梆子移植革命现代京剧《红色娘子军》
主要唱段　河北省河北梆子音乐唱腔研究室编
石家庄　河北人民出版社　1977年　74页
19cm（32开）统一书号：8086.786
定价：CNY0.18

J0153841
彝族音乐学习移植革命现代京剧选段
（《管叫山河换新装》剧曲唱段）云南人民出版
社编辑
昆明　云南人民出版社　1977年　30页　14cm（64开）
统一书号：10116.668　定价：CNY0.05

J0153842
地方戏唱腔选集
北京　人民音乐出版社　1978年　124页
19cm（32开）统一书号：8026.3349
定价：CNY0.26

J0153843
河北梆子音乐研究资料　（四　河北梆子传统
曲牌集）河北省戏曲研究室，天津市河北梆子剧
院，天津音乐学院作曲系编
北京　北京市河北梆子剧团　1978年　油印本
138页　有乐谱　26cm（16开）

J0153844
贵州民族民间音乐资料刊　（贵州灯词）
刘振南执笔
贵阳　贵州省艺术学校　1979年　油印本
26cm（16开）

J0153845
贵州民族民间音乐资料刊　（贵州花灯）
潘名挥，张秉雄编
贵阳　贵州省艺术学校　1979年　油印本　93页
26cm（16开）

J0153846
京剧《杨门女将》唱腔集　范钧宏，吕瑞明编剧
北京　人民音乐出版社　1979年　44页　19cm（32开）

统一书号：8026.3623　定价：CNY0.13
中国京剧唱腔选集。

J0153847
京剧传统唱腔选集
北京　人民音乐出版社　1979年　267页
19cm（32开）统一书号：8026.3655
定价：CNY0.60
中国京剧唱腔选集。

J0153848
陇剧音乐　（第三集　陇剧演出剧目唱腔选）
史光武，史英杰，贾忠国编写
［甘肃省陇剧团］1979年［油印本］265页
26cm（16开）
本书由甘肃省陇剧团和甘肃省艺术学校合
作编印。

J0153849
评剧向阳商店唱腔选集　胡沙，安西执笔
北京　人民音乐出版社　1979年　55页　19cm（32开）
统一书号：8026.3645　定价：CNY0.19
中国评剧唱腔选集。

J0153850
徐丽仙唱腔选　（苏州弹词）上海评弹团编
上海　上海文艺出版社　1979年　228页　有照片
19cm（32开）统一书号：8078.3149
定价：CNY0.62
苏州弹词唱腔选集。

J0153851
豫剧清唱选集
北京　人民音乐出版社　1979年　94页　19cm（32开）
统一书号：8026.3606　定价：CNY0.20
现代豫剧唱腔选集。

J0153852
粤剧选曲　（第一集）
广州　广东人民出版社　1979年　100页
19cm（32开）统一书号：10111.1136
定价：CNY0.23
中国现代粤剧戏曲音乐选集。

J0153853
周信芳唱腔选　（京剧）许锦文编
上海　上海文艺出版社　1979 年　95 页　有照片
19cm（32 开）统一书号：8078.3141
定价：CNY0.35
　　　周信芳（1895—1975），京剧表演艺术家，"麒
派"艺术创始人。名士楚，字信芳，艺名麒麟童，
浙江慈溪市人。历任中国戏曲研究院副院长、上
海京剧院院长、中国戏剧家协会上海分会主席等
职位。代表剧目有《徐策跑城》《乌龙院》《萧何
月下追韩信》《香妃》《董小宛》等。

J0153854
宝莲灯　（河北梆子·唱腔音乐）河北省青年
"跃进"剧团集体讨论；王昌言执笔；李志男作曲
石家庄　河北人民出版社　1980 年　72 页
19cm（32 开）统一书号：10086.493
定价：CNY0.30

J0153855
川剧胡琴、弹戏、唱腔　（附剧本　第一集）
四川省川剧艺术研究所编
1980 年　168 页　26cm（16 开）

J0153856
川剧胡琴、弹戏、唱腔　（附剧本　第二集）
四川省川剧艺术研究所编
［四川省川剧艺术研究所］1981 年　212 页
26cm（16 开）

J0153857
滇戏唱腔选　云南省群众艺术馆编
［昆明］［云南省群众艺术馆］1980 年　81 叶
20×27cm

J0153858
滇戏唱腔选　云南省群众艺术馆编
昆明　云南省群众艺术馆　1980 年　189 页
19cm（32 开）

J0153859
赣剧唱念教材之《唱腔部分》　江西省文艺
学校上饶分校编
［上饶］［江西省文艺学校上饶分校］
［1980—1989 年］27cm（16 开）

J0153860
柜中缘　李玉茹等执笔；许锦佑记谱
上海　上海文艺出版社　1980 年　重印本　28 页
26cm（16 开）统一书号：8078.1425
定价：CNY0.23
　　　本作品系中国京剧唱腔，根据汉剧演出本
移植。

J0153861
京剧《红灯照》唱腔选集　吕瑞明，阎肃编剧；
张建民等编曲
北京　人民音乐出版社　1980 年　43 页　19cm（32 开）
统一书号：8026.3649　定价：CNY0.15

J0153862
秋枫唱腔选　（之一　川剧胡琴《访白袍》）
卢莺史编
［泸州市川剧团］1980 年　17 页　26cm（16 开）

J0153863
秋枫唱腔选（之二川剧胡琴《曲江打子》）
卢莺史编
［泸州市川剧团］1980 年　22 页　26cm（16 开）

J0153864
秋枫唱腔选　（之三　川剧胡琴《樊馆借头》）
卢莺史编
［泸州市川剧团］1980 年　10 页　26cm（16 开）

J0153865
秋枫唱腔选　（之四　川剧胡琴《马房放奎》）
卢莺史编
［泸州市川剧团］1980 年　26cm（16 开）

J0153866
秋枫唱腔选　（之六　川剧胡琴《马嵬逼妃》）
卢莺史编
［泸州市川剧团］1980 年　14 页　26cm（16 开）

J0153867
越剧唱段选　上海文艺出版社编
上海　上海文艺出版社　1980 年　299 页
19cm（32 开）统一书号：8078.3145
定价：CNY0.67

J0153868

粤剧选曲 （第二集）广东人民广播电台文艺部编

广州 广东人民出版社 1980 年 203 页

19cm（32 开）统一书号：10111.1211

定价：CNY0.50

J0153869

张君秋唱腔选集 张建民编

北京 人民音乐出版社 1980 年

222 页 +［7］叶图版 有图及肖像 21cm（32 开）

统一书号：8026.3766 定价：CNY0.89

　　本书选编京剧表演艺术家张君秋在《望江亭》《西厢记》《状元媒》等 16 个代表剧目中演唱的 37 段唱腔。

J0153870

张君秋唱腔选集 张建民编

北京 人民音乐出版社 1985 年 2 版 283 页

有肖像及照片 21cm（32 开）定价：CNY2.65

　　本书将张君秋京剧剧目中有代表性、有特点的长短剧汇总起来，其中包括《望江亭》《西厢记》《状元媒》《秦香莲》等 16 个唱段。

J0153871

著名京剧表演艺术家张君秋唱腔选集

王志怡记谱

银川 宁夏人民出版社 1980 年 97 页

25cm（小 16 开）统一书号：8157.338

定价：CNY0.80

J0153872

《三滴血》主要唱腔选 （秦腔电影戏曲艺术片）薛增禄唱腔设计；郝振易整理

西安 陕西人民出版社 1981 年 50 页 19cm（32 开）

统一书号：8094.675 定价：CNY0.16

J0153873

陈伯华唱腔选 （汉剧）武汉汉剧院编

上海 上海文艺出版社 1981 年 177 页 有剧照

19cm（32 开）统一书号：8078.3300

定价：CNY0.47

J0153874

滇剧传统剧目唱腔 （第一集）黄铁驰,孔祥和编

昆明 云南人民出版社 1981 年 306 页

19cm（32 开）统一书号：8116.978

定价：CNY0.72（1）

　　本书选编 6 个滇剧传统剧目：《铡美案》（襄阳腔）、《江油关》（胡琴腔）、《荷花配》（襄阳腔）、《雷神洞》（丝弦腔）、《花子骂相》（胡琴腔）、《三击掌》（丝弦腔）。在丝弦、胡琴、襄阳三大类腔调上，以及生、旦、净、丑各行当的唱腔方面都有所涉及。

J0153875

滇剧传统剧目唱腔 （第二集）黄铁驰,孔祥和编

昆明 云南人民出版社 1983 年 252 页

19cm（32 开）统一书号：8116.1173

定价：CNY0.62（2）

J0153876

滇剧传统剧目唱腔 （第三集）黄铁驰,孔祥和编

昆明 云南人民出版社 ［1985 年］466 页

19cm（32 开）统一书号：10116.1010

定价：CNY2.10（3）

J0153877

荒山泪 程砚秋原著；张宇慈整理

北京 人民音乐出版社 1981 年 122 页

19cm（32 开）统一书号：8026.981

定价：CNY0.46

　　张宇慈（1913—1981），张伯英三子，供职于中国戏曲研究院。

J0153878

女驸马 （黄梅戏）

合肥 安徽人民出版社 1981 年 137 页

附主旋律谱 19cm（小 32 开）定价：CNY0.38

（安徽戏剧丛书）

J0153879

潘杨讼 （老调·唱腔音乐）刘谷,方峥编

石家庄 河北人民出版社 1981 年 124 页

21cm（32 开）统一书号：8086.1444

定价：CNY0.38

　　河北老调唱腔设计和音乐作曲选集。

J0153880

秦腔现代剧《祝福》主要唱腔选　李继祖,肖炳著

西安 陕西人民出版社 1981年 71页

19cm(32开)统一书号:8094.674

定价:CNY0.20

J0153881

裘盛戎唱腔选集　方荣翔编选;田富正记谱

北京 中国戏剧出版社 1981年 184页 有照片

21cm(32开)统一书号:8069.103

定价:CNY0.80

J0153882

裘盛戎唱腔选集　方荣翔编选;田富正记谱

北京 中国戏剧出版社 1998年 184页 有照片

21cm(32开)ISBN:7-104-00904-3

定价:CNY9.60

(戏曲名家唱腔丛书)

J0153883

群芳谱　(河南著名老艺人唱腔选)河南人民出版社编

郑州 河南人民出版社 1981年 714页

21cm(32开)统一书号:10105.299

定价:CNY2.25

　　本书编入豫剧、曲剧、越调三个剧种的著名表演艺术家常香玉、马金凤、崔兰田、陈素真、申凤梅、张新芳等13位演员的代表唱段及本人的传略。

J0153884

袁留安花灯唱腔选　黄仲勋,黎方编

昆明 云南人民出版社 1981年 88页 有剧照

19cm(32开)统一书号:10116.835

定价:CNY0.27

　　本书选编花灯表演艺术家袁留安有代表性的唱腔曲调30首。

J0153885

越剧流派唱腔　周大风编著

杭州 浙江人民出版社 1981年 300页

19cm(32开)统一书号:10103.233

定价:CNY0.70

　　作者周大风(1923—2015),音乐理论家、作曲家。浙江宁波人。历任浙江省文工团、浙江省歌剧团、浙江省越剧团作曲,浙江省艺术研究所研究员等。作品有《采茶舞曲》等,著有《越剧唱法研究》《小学音乐欣赏》等。

J0153886

云南花灯音乐　(嵩明部分)云南省灯剧团;嵩明县文化馆编

昆明 云南人民出版社 1981年 182页

19cm(32开)统一书号:8116.932

定价:CNY0.44

J0153887

祝福主要唱腔选　(秦腔现代剧)

李继祖移植;肖柄等配曲

西安 陕西人民出版社 1981年 70页 19cm(32开)

统一书号:8094.674 定价:CNY0.20

J0153888

常香玉唱腔集　(第一集 豫剧曲谱)河南踽踽院艺术室编;王基笑,赵再生,张北方记谱整理

北京 人民音乐出版社 1982年 151页

20cm(32开)统一书号:8026.787

定价:CNY0.48

J0153889

常香玉唱腔集　(第二集 豫剧曲谱)河南踽踽院艺术室编;王基笑,赵再生,张北方记谱整理

北京 人民音乐出版社 1982年 111页

20cm(32开)统一书号:8026.788

定价:CNY0.37

J0153890

广播戏曲唱腔选　(第一集)中央人民广播电台文艺部戏曲组,人民音乐出版社编

北京 人民音乐出版社 1982年 137页

19cm(小32开)定价:CNY0.41

(农村音乐丛书)

　　本书收入著名越剧演员王文娟、徐玉兰、袁雪芬等唱的《红楼梦》《山河恋》《血手印》《穆桂英挂帅》等,锡剧著名演员梅兰珍、王彬彬等唱的《珍珠塔》《红色的种子》,以及著名沪剧演员丁是娥、王盘声等唱的《芦荡火种》《黄浦怒潮》等精彩唱段。

J0153891
广播戏曲唱腔选 （第二集）中央人民广播电台文艺部戏曲组,人民音乐出版社编辑部编
北京 人民音乐出版社 1983年 19cm（小32开）
统一书号：8026.4043（2）定价：CNY0.41
（农村音乐丛书）

J0153892
广播戏曲唱腔选 （第三集）中央人民广播电台文艺部戏曲组,人民音乐出版社编辑部编
北京 人民音乐出版社 1983年 19cm（小32开）
统一书号：8026.4062（3）定价：CNY0.39
（农村音乐丛书）

J0153893
广播戏曲唱腔选 （第四集）中央人民广播电台文艺部戏曲组,人民音乐出版社编辑部编
北京 人民音乐出版社 1984年 19cm（小32开）
统一书号：8026.4225（4）定价：CNY0.53
（农村音乐丛书）
　　本书包括豫剧《三上轿》《春秋配》《花木兰》《拷红》等,还包括秦腔、郿鄠剧等。

J0153894
广播戏曲唱腔选 （第五集）中央人民广播电台文艺部戏曲组,人民音乐出版社编辑部编
北京 人民音乐出版社 1986年 127页
19cm（32开）统一书号：8026.4469
定价：CNY0.79
（农村音乐丛书）

J0153895
贵妃醉酒 李玉茹,卢文勤整理
上海 上海文艺出版社 1982年 46页 有剧照
25cm（15开）统一书号：8078.3371
定价：CNY0.31
（梅兰芳艺术集）
　　本书的《贵妃醉酒》是梅兰芳先生的代表剧目之一,是一出唱做并重的传统旦角戏。

J0153896
吉剧唱腔选 （第一辑）先程,申文凯编；吉林省地方戏曲研究室［编］
［吉林省地方戏曲研究室］1982年 252页
21cm（32开）

（吉剧艺术丛书）

J0153897
京剧唱腔 （第三集 花脸）中国艺术研究院戏曲研究所编；屠楚材,吴春礼选辑
北京 人民音乐出版社 1982年 97页 19cm（32开）
统一书号：8026.4012 定价：CNY0.32
　　本书是京剧花脸唱腔集。

J0153898
荀慧生唱腔选集 荀令香选辑；万如泉,万凤姝记谱
北京 中国戏剧出版社 1982年 263页 有剧照
21cm（32开）统一书号：8069.154
定价：CNY1.10
　　本选集记录整理了荀慧生的《红娘》《钗头凤》《金玉奴》《杜十娘》《荀灌娘》等17个剧目的100多个唱段。

J0153899
荀慧生唱腔选集 荀令香编；万如泉,万凤姝记谱
北京 中国戏剧出版社 1998年 263页 有剧照
20cm（32开）ISBN：7-104-00905-1
定价：CNY11.50
（戏曲名家唱腔丛书）

J0153900
杨宝森唱腔选 （京剧）许锦文选编并记谱
上海 上海文艺出版社 1982年 397页 有剧照
19cm（32开）统一书号：8078.3276
定价：CNY0.97
　　本书选编京剧老生杨宝森的代表唱腔,共有《失街亭、空城计、斩马谡》《杨家将》《伍子胥》《击鼓骂曹》《洪羊洞》《大保国、探皇陵、二进宫》《朱痕记》《桑园会》《捉放曹》《黑水国》等唱段。

J0153901
断桥 李炳淑整理；沈雁西,顾永湘记谱
上海 上海文艺出版社 1983年 26页 有剧照
25cm（15开）统一书号：8078.3413
定价：CNY0.25
　　本书是中国京剧曲谱选集。

J0153902

范瑞娟唱腔选集　连波编著

北京　中国戏剧出版社　1983 年　261 页　有照片

20cm（32 开）统一书号：8069.172

定价：CNY1.05，CNY1.70（精装）

本书记录整理了范瑞娟的《梁山伯与祝英台》《西厢记》《孔雀东南飞》《祥林嫂》等 26 个剧目中的 70 多个唱段。

J0153903

梅兰芳唱腔集　卢文勤，吴迎整理记谱

上海　上海文艺出版社　1983 年　309 页　有剧照

25cm（15 开）统一书号：8078.3396

定价：CNY3.90，CNY6.60（精装）

本书是京剧艺术家梅兰芳的唱腔集，共分五个部分：一、二部分是传统剧目；三、四部分是梅兰芳自己创作的剧目；第五部分是吹腔和昆曲，大都是主要唱段，也有全剧唱段。卢文勤（1928—2000），戏曲声乐专家。江苏泰州人。历任上海市戏剧学校教授、中国戏曲学院客座教授、中国音乐家协会戏曲声乐研究会会长等职。著有《戏曲声乐教学谈》《京剧声乐研究》《中国戏曲声乐美学》等。

J0153904

谭鑫培唱腔集　（第一辑）中国戏曲研究院编；郑隐飞，陈富年整理

北京　人民音乐出版社　1983 年　重印本　130 页

19cm（32 开）统一书号：8026.1198

定价：CNY0.45

本书共 3 辑。选收谭鑫培演出的《空城计》《武家坡》《击鼓骂曹》《桑园寄子》《汾河湾》《宝莲灯》等 10 个代表性传统剧目的全部唱腔谱。谭鑫培（1847—1917），京剧演员。本名金福，字望重，艺名小叫天。京剧谭派艺术的创始人。代表剧目有《定军山》《四郎探母》和《战太平》等。

J0153905

谭鑫培唱腔集　（第二辑）中国戏曲研究院编；郑隐飞，陈富年整理

北京　人民音乐出版社　1983 年　重印本　111 页

19cm（32 开）统一书号：8026.1336

定价：CNY0.39

J0153906

谭鑫培唱腔集　（第三辑）中国戏曲研究院编；郑隐飞，陈富年整理

北京　人民音乐出版社　1983 年　重印本　130 页

19cm（32 开）统一书号：8026.1198

定价：CNY0.45

J0153907

婺源徽剧唱腔选编　（吹腔、高拨子部分）

宁华［著］

南昌　江西省戏曲研究所　1983 年　37 页

26cm（16 开）

J0153908

越剧"十姐妹"唱腔集锦　浙江人民出版社编

杭州　浙江人民出版社　1983 年　272 页

19cm（32 开）统一书号：8013.527

定价：CNY0.63

本书选编袁雪芬、范瑞娟、傅全香、徐玉兰、尹桂芳、徐天红、筱丹桂、竺水招、张桂凤、吴小楼等 10 位越剧"姐妹"的具有代表性的唱腔曲谱四十段。

J0153909

云南花灯音乐　（弥渡部分）弥渡县花灯剧团弥渡县文化馆云南省花灯剧团合编

昆明　云南人民出版社　1983 年　221 页

19cm（32 开）统一书号：10116.963

定价：CNY0.78

本书共分城郊地区、密祉地区、牛街地区 3 个部分。

J0153910

智收姜维　（越调唱腔音乐集）河南省戏曲工作室［编］

1983 年　123 页　19cm（32 开）

J0153911

著名评剧演员筱俊亭唱腔选　沈阳市评剧音乐研究组编

沈阳　春风文艺出版社　1983 年　475 页　有照片

21cm（32 开）统一书号：10158.623

定价：CNY1.60

本书是根据著名评剧演员筱俊亭唱段编著。

J0153912

贵妃醉酒　曹耀春传唱；程烈清记谱

南昌　江西省赣剧团　1984 年　22 页　26cm（16 开）

　　本书系江西地方戏赣剧青阳腔传统单折戏唱腔作品集。

J0153913

河南省地方剧种现代戏唱腔选集

河南省戏剧研究所［编］

1984 年　376 页　19cm（32 开）

　　本书系河南地方戏唱腔作品集。

J0153914

吉剧唱腔选　（第二辑　吉林省第一届吉剧汇演获奖唱腔专辑）那炳晨编；吉林省艺术研究所［编辑］

［吉林省艺术研究所］1984 年　440 页　21cm（32 开）（吉剧艺术丛书）

J0153915

金开芳唱腔选　孙康编

沈阳　春风文艺出版社　1984 年　307 页　有剧照　20cm（32 开）统一书号：10158.788

定价：CNY1.50

　　本书共收金开芳 11 个代表剧目中的 50 余个唱段，并附有学术论文数篇。金开芳，著名戏曲表演艺术家、戏曲教育家。出生于河北滦县。评剧奠基人之一。历任唐山评剧院副院长，辽宁省评剧团艺委会主任，辽宁省戏曲学校副校长，沈阳市评剧院名誉院长，辽宁省戏剧学校副校长、名誉校长，中国戏剧家协会辽宁分会副主席等。

J0153916

金运贵唱腔选集　张欣木记谱；宗震名整理；汪秋逸校订

镇江　镇江市文化局　1984 年　68 页　有乐谱　19cm（小 32 开）

　　本书由镇江市文化局和镇江市文联联合出版。金运贵（1907—1971），女，现代扬剧表演艺术家。本名刘秀卿，又名王继芳，曾用艺名新善贞，祖籍湖北黄陂，出生于上海。幼年学艺，初学京剧，后改学扬剧，先工丑，后专工生。1925 年在上海正式登台演出，成为扬剧第一代女演员。常演剧目有《珍珠塔》《二度梅》《梁山伯与祝英台》

《孟丽君》等。

J0153917

京剧《锁麟囊》唱腔选　程砚秋演唱；钟世章伴奏；李德宁记谱整理

北京　人民音乐出版社　1984 年　92 页　19cm（32 开）统一书号：8026.4207　定价：CNY0.38

　　本书是中国现代京剧唱腔选集。程砚秋（1904—1958），满族，京剧表演艺术家。原名承麟，初名程菊侬，后改艳秋，字玉霜，更名砚秋，改字御霜。著名京剧旦角，四大名旦之一，程派艺术的创始人。代表作品有《程砚秋文集》《锁麟囊》《荒山泪》等。

J0153918

京剧著名唱腔选　（上集）吴春礼等编

北京　人民音乐出版社　1984 年　461 页　19cm（32 开）统一书号：8026.4178

定价：CNY1.55

　　本书介绍了我国具有代表性的京剧唱段。内容涵盖了老生、花脸部分共 32 位演员的 82 段唱腔。同时兼论流派、演员、剧目等问题。作者吴春礼（1927—　　），京剧音乐研究家。北京人，毕业于北京文法学院。曾在北京同德戏剧研习社学京剧。参加过国剧学会。他对京剧器乐的兴趣浓厚。在中国戏曲研究院从事戏曲音乐的整理、研究工作。后入中国艺术研究院戏研所。出版了《雁荡山总谱及舞蹈说明》《杨宝忠京胡演奏经验谈》《京剧唱腔》《鼓点板声话节奏》，合著《京剧曲牌简编》《京剧锣鼓》《京剧著名唱腔选》。主编《余叔岩艺术评论集》。

J0153919

京剧著名唱腔选　（中集）张建民等编

北京　人民音乐出版社　1985 年　425 页　19cm（32 开）统一书号：8026.4365　定价：CNY2.60

　　本书介绍了我国具有代表性的京剧唱段。内容涵盖了旦角、小生部分共 34 位演员的 68 段唱腔。同时兼论流派、演员、剧目等问题。

J0153920

京剧著名唱腔选　（下集）孙以森编

北京　人民音乐出版社　1985 年　443 页　19cm（32 开）统一书号：8026.4389

定价：CNY2.70

本集介绍了我国具有代表性的京剧唱段。内容包括旦角、老旦部分,共35位演员的70段唱腔。

J0153921
现代戏优秀唱腔选　中国戏曲现代戏研究会编
郑州　河南人民出版社　1984年　191页
19cm(32开)统一书号:8105.1277
定价:CNY0.54
本书收集了包括有秦腔、平剧、川剧、越剧、沪剧、淮剧、吕剧、眉户剧、湖南花鼓戏、豫剧在内的全国9个现代戏表演团体,多年来在反映现代题材的艺术实践中所产生的优秀唱段。

J0153922
现代豫剧《朝阳沟内传》唱腔选集　杨兰春编;王基笑等曲
北京　人民音乐出版社　1984年　91页　19cm(32开)
统一书号:8026.4242　定价:CNY0.38
作者王基笑(1930—2006),豫剧作曲家。出生于辽宁丹东市,祖籍山东青岛市。历任中国音乐家协会常务理事、中国戏曲音乐学会副会长、中国戏曲学院客座教授、河南省音乐家协会名誉主席。著有《豫剧唱腔音乐概论》《朝阳沟》等。

J0153923
战长沙　潘康泉述;乘舟记;江西省赣剧院编
1984年　重印本　12页　26cm(16开)
江西赣剧青阳腔。

J0153924
诸葛亮吊孝　(越调唱腔音乐主旋律曲谱)
河南省戏剧研究所[编]
1984年　122页　19cm(32开)

J0153925
常香玉唱腔选　(豫剧)尔东,王豫生编
上海　上海文艺出版社　1985年　385页　有照片
19cm(32开)统一书号:8078.3512
定价:CNY2.20
本书系中国现代豫剧唱腔集。

J0153926
广播京剧唱腔选　(第一辑)北京人民广播电台文艺部主编;王瑞年,张胤德整理编辑

北京　中国戏剧出版社　1985年　256页
13cm(60开)统一书号:8069.566
定价:CNY0.62
中国京剧唱腔选集第一辑。

J0153927
广播京剧唱腔选　(第二辑　学唱·欣赏·讲解·介绍)北京人民广播电台文艺部主编
北京　中国戏剧出版社　1988年　127页
13cm(64开)定价:CNY0.72

J0153928
广播京剧唱腔选　(第三辑)北京人民广播电台文艺部主编
北京　中国戏剧出版社　1990年　428页
13cm(64开)ISBN:7-104-00137-9
定价:CNY2.20

J0153929
程砚秋唱腔集　郑大同编
上海　上海文艺出版社　1986年　437页
26cm(16开)统一书号:10078.3551
定价:CNY6.40
本书为纪念程砚秋逝世25周年而整理出版。记录了程砚秋从早年到晚年,从继承传统剧目到创编新戏的从艺历程,收其30出戏的主要唱段。

J0153930
江西地方戏曲新腔选　中国音乐家协会江西分会等编
南昌　江西人民出版社　1986年　307页
26cm(16开)统一书号:8110.1556
定价:CNY3.50

J0153931
蒋月泉唱腔选　(苏州弹词)蒋月泉作;上海评弹团编
上海　上海文艺出版社　1986年　230页
19cm(32开)统一书号:8078.3528
定价:CNY1.25
作者蒋月泉(1917—2001),评弹表演艺术家。生于上海,祖籍江苏苏州。代表作品有《王孝和》《林冲》《刘胡兰》《王佐断臂》《厅堂夺子》等。

J0153932

尹桂芳唱腔选集　连波编

福州　海峡文艺出版社　1986 年　225 页　有肖像
及剧照　20cm（32 开）统一书号：10368.201
定价：CNY1.70

　　尹桂芳（1919—2000），越剧表演艺术家。

J0153933

周信芳演出剧本唱腔集　许锦文编选记谱

上海　上海文艺出版社　1986 年　454 页
有照片及剧照　26cm（16 开）精装
统一书号：8078.3559　定价：CNY11.55

　　周信芳（1895—1975），京剧表演艺术家，京
剧"麒派"艺术创始人。

J0153934

晋剧名家唱段集萃　刘和仁等编

太原　北岳文艺出版社　1987 年　552 页
20cm（32 开）统一书号：10397.38
定价：CNY3.90

J0153935

京剧《太真外传》唱腔选　夏桢臣记谱整理

北京　人民音乐出版社　1987 年　91 页　20cm（32 开）
统一书号：8026.4535　定价：CNY0.82

J0153936

乐府南音　（明）洞庭萧士选辑

台北　学生书局　1987 年　影印本　168 页
21cm（32 开）精装
（善本戏曲丛刊 45）

J0153937

刘银威二人台唱腔集　吕宏久记谱整理

呼和浩特　内蒙古人民出版社　1987 年　302 页
有肖像　19cm（32 开）统一书号：CN8089.242
定价：CNY1.25

J0153938

南音三籁　（一）（明）凌濛初编辑

台北　学生书局　1987 年　31+458 页　有图
21cm（32 开）精装
（善本戏曲丛刊 52）

　　本书为中国明代南词（曲艺）唱腔选集。

J0153939

南音三籁　（二）（明）凌濛初编辑

台北　学生书局　1987 年　影印本
459-913 页　21cm（32 开）精装
（善本戏曲丛刊 53）

　　本书为中国明代南词（曲艺）唱腔选集。

J0153940

赛征歌集　（一）（明）无名氏编辑

台北　学生书局　1987 年　304 页　有图
21cm（32 开）精装
（善本戏曲丛刊 46）

J0153941

赛征歌集　（二）（明）无名氏编辑

台北　学生书局　1987 年　影印本
305-583 页　有图　21cm（32 开）精装
（善本戏曲丛刊 47）

J0153942

袁雪芬唱腔选集　袁雪芬作；李梅云编著

北京　中国戏剧出版社　1987 年　192 页　有照片
20cm（32 开）统一书号：8069.1048
定价：CNY1.45

　　袁雪芬（1922—2011），越剧表演艺术家。作
者李梅云（1943—　），女，萨克斯管演奏员、副
研究员。生于上海，祖籍江苏吴县（今江苏省苏
州市吴中区）。上海管乐团学习，毕业后留团任
萨克斯管演奏员。出版有《袁雪芬唱腔选集》《越
剧艺术》《萨克斯管教程》等。

J0153943

醉怡情　（一）（明）青溪菰芦钓叟编

台北　学生书局　1987 年　14+384 页　有图
21cm（32 开）精装
（善本戏曲丛刊 54）

J0153944

醉怡情　（二）（明）青溪菰芦钓叟编

台北　学生书局　1987 年　影印本
385-771 页　21cm（32 开）精装
（善本戏曲丛刊 55）

J0153945

程砚秋唱腔选集　萧晴记谱整理

北京　人民音乐出版社　1988 年　432 页　有肖像
及剧照　20cm（32 开）ISBN：7-103-00235-5
定价：CNY4.00
　　本书精选京剧艺术大师程砚秋在《玉堂春》
《青霜剑》《荒山泪》等 20 个代表剧目中演唱的
56 段著名唱腔。所选唱腔的全部曲谱，均根据录
音资料记录整理。

J0153946
河北梆子名家唱腔选集　　景玉光,李金泉编著
北京　中国戏剧出版社　1988 年　248 页
20cm（32 开）ISBN：7-104-00112-3
定价：CNY4.70

J0153947
评剧唱腔讲座　　张士魁著
北京　中国戏剧出版社　1988 年　254 页
19cm（32 开）ISBN：7-104-00061-5
定价：CNY2.50
（戏剧知识丛书）

J0153948
18 位著名越剧演员唱腔选　（越剧）项管森编
上海　上海音乐出版社　1989 年　378 页　有彩照
20cm（32 开）ISBN：7-80553-101-3
定价：CNY9.85

J0153949
梆子戏传统唱腔选　　潘仲甫,张慧著
北京　人民音乐出版社　1989 年　421 页
19cm（32 开）ISBN：7-103-00117-0
定价：CNY4.85

J0153950
陈三两　（河北梆子）河北艺术学校编
北京　宝文堂书店　1989 年　68 页　有照片
19cm（32 开）ISBN：7-80030-075-7
定价：CNY0.90
（宝文堂戏曲唱本丛书）

J0153951
赣剧新秀涂玲惠唱段专辑　（录音本）
程烈清选编
［江西人民广播电台文艺部］1989 年　160 页
26cm（16 开）

J0153952
沪剧新剧目唱腔选　　上海音乐出版社编
上海　上海音乐出版社　1989 年　272 页　有剧照
19cm（32 开）ISBN：7-80553-133-1
定价：CNY3.95

J0153953
临川四梦　（江西地方戏　唱腔选）陈汝陶编
北京　人民音乐出版社　1989 年　273 页
19cm（32 开）ISBN：7-103-00358-0
定价：CNY3.00

J0153954
马连良唱腔选　　许锦文编著记谱
上海　上海音乐出版社　1989 年　469 页　有照片
19cm（32 开）ISBN：7-80553-046-7
定价：CNY6.30

J0153955
名剧·名人·名唱　（中国传统戏流行唱腔选）
张慧等编
北京　人民音乐出版社　1989 年　381 页
19cm（32 开）ISBN：7-103-00390-4
定价：CNY4.15
　　本书为简谱。综合性剧种唱腔精选本。共
选编京剧、评剧、豫剧、越剧、黄梅戏、吕剧 6 个
剧种的 30 余位著名演员所演唱的优秀传统剧目
著名唱腔 60 段。按剧种分 6 部分编排，其中选
编京剧唱腔 23 段,评剧和越剧唱腔各 9 段,豫剧
唱腔 8 段,黄梅戏唱腔 6 段,吕剧唱腔 5 段。

J0153956
越剧唱腔精选　　钱福生编
南京　南京出版社　1989 年　196 页　19cm（32 开）
ISBN：7-80560-156-9　定价：CNY3.50
　　作者钱福生,南京市越剧团任职。

J0153957
京剧失传剧目唱腔选集　　李庆森主编
北京　中国戏剧出版社　1990 年　209 页
20cm（32 开）ISBN：7-104-00170-0
定价：CNY3.80
（中国戏曲音乐集成　北京卷）

J0153958

秦腔著名演员唱腔精选　李田绿编
西安　陕西人民出版社　1990年　265页
20cm（32开）ISBN：7-224-00184-8
定价：CNY3.85
　　本书编选陕西省41位秦腔著名演员的拿手
唱腔，秦腔是中国戏曲中的一个重要戏种，有着
悠久的历史和传统，秦腔唱腔音乐的整理是保护
和发展中国传统戏曲艺术的一个重要工作。本
书所选曲目均为各流派的代表性作品，大部分是
脍炙人口的唱段和风格迥异的不同流派的典范。
另有秦腔演员的艺术经历介绍和评论。

J0153959

尚小云唱腔选集　尚小云艺术编辑整理委员
会主编，许俊德编选记谱；安志强撰文
北京　中国戏剧出版社　1990年　183页　有肖像
20cm（32开）ISBN：7-104-00231-6
定价：CNY3.55
（戏曲名家唱腔丛书）

J0153960

严凤英唱腔选　（黄梅戏）王小亚编著
上海　上海音乐出版社　1990年　171页　有照片
19cm（32开）ISBN：7-80553-166-8
定价：CNY3.55

J0153961

叶盛兰叶少兰父子唱腔选　万如泉，万凤姝
编选
北京　中国戏剧出版社　1990年　231页　有照片
20cm（32开）ISBN：7-104-00041-0
定价：CNY3.20
（戏曲名家唱腔丛书）
　　叶盛兰、叶少兰父子(首届戏剧梅花奖获得
者)是著名京剧小生表演艺术家。本书选辑了
《辕门射戟》《罗成叫关》《吕布与貂蝉》等10余
出叶派名剧的优秀唱腔90段，详细记谱，并加以
解说。

J0153962

红楼二尤　（荀慧生演出本　曲谱剧本）
张伟君，吴乾浩编；万如泉，万凤姝记谱
北京　中国戏剧出版社　1991年　223页
19cm（小32开）ISBN：7-104-00166-2

定价：CNY4.30
（宝文堂戏曲唱本丛书）

J0153963

粤曲精集·金装集　陈仲琰编
广州　广东高等教育出版社　1991年　264页
有剧照　19cm（小32开）ISBN：7-5361-0667-X
定价：CNY3.65
　　本书不但保留了《粤曲精选》部分精华唱段，
还新增了10多首流行的名剧选段及单独演唱的
名曲和填词小调，并请行家邝宏基为本书每一唱
段都加上雅萃的释文。作者陈仲琰，广东省粤剧
学校音乐讲师，中国音乐家协会广东分会会员。

J0153964

中国京剧名段荟萃　黄建军，谢叶编
海口　南海出版公司　1991年　376页
19cm（小32开）ISBN：7-80570-216-6
定价：CNY5.95
　　本书收集了中国京剧名段50首。古典戏曲
名段有《空城计》《借东风》《甘露寺》等，现代戏
曲名段有《红灯记》《海港》等。

J0153965

都有一颗红亮的心　（现代京剧著名唱段精萃）
李伦编
成都　四川人民出版社　1992年　365页
19cm（小32开）ISBN：7-220-01927-0
定价：CNY5.80

J0153966

京剧流派唱段荟萃　（程砚秋）中国戏剧出版
社编
北京　中国戏剧出版社　1992年　67页　19cm（32开）
ISBN：7-104-00444-0　定价：CNY1.75

J0153967

京剧流派唱段荟萃　（高庆奎　李和曾　李宗义）
中国戏剧出版社编
北京　中国戏剧出版社　1992年　74页　19cm（32开）
ISBN：7-104-00431-9　定价：CNY1.85

J0153968

京剧流派唱段荟萃　（金少山　裘盛戎　袁世海）
中国戏剧出版社编

北京　中国戏剧出版社 1992 年 96 页
19cm（小 32 开）ISBN：7–104–00438–6
定价：CNY2.25

J0153969

京剧流派唱段荟萃　（老旦）中国戏剧出版社编
北京　中国戏剧出版社 1992 年 63 页
19cm（小 32 开）ISBN：7–104–00445–9
定价：CNY1.75

J0153970

京剧流派唱段荟萃　（马连良）
中国戏剧出版社编
北京　中国戏剧出版社 1992 年 55 页 19cm（32 开）
ISBN：7–104–00429–7 定价：CNY1.60

J0153971

京剧流派唱段荟萃　（梅兰芳）中国戏剧出版
社编
北京　中国戏剧出版社 1992 年 51 页
19cm（小 32 开）ISBN：7–104–00440–8
定价：CNY1.60

J0153972

京剧流派唱段荟萃　（小生）中国戏剧出版社编
北京　中国戏剧出版社 1992 年 57 页
19cm（小 32 开）ISBN：7–104–00439–4
定价：CNY1.60

J0153973

京剧流派唱段荟萃　（荀慧生）中国戏剧出版
社编
北京　中国戏剧出版社 1992 年 53 页 19cm（32 开）
ISBN：7–104–00443–0 定价：CNY1.60
　　本书编选了荀慧生代表作《红娘》《红楼二
尤》《钗头凤》等剧目中的 13 个唱段。

J0153974

京剧流派唱段荟萃　（言菊朋 奚啸伯）
中国戏剧出版社编
北京　中国戏剧出版社 1992 年 76 页
19cm（小 32 开）ISBN：7–104–00446–7
定价：CNY1.95

J0153975

京剧流派唱段荟萃　（杨宝森）中国戏剧出版
社编
北京　中国戏剧出版社 1992 年 51 页
19cm（小 32 开）ISBN：7–104–00428–9
定价：CNY1.60

J0153976

京剧流派唱段荟萃　（余叔岩 孟小冬 李少
春）中国戏剧出版社编
北京　中国戏剧出版社 1992 年 100 页
19cm（小 32 开）ISBN：7–104–00430–0
定价：CNY2.25

J0153977

京剧流派唱段荟萃　（周信芳,谭富英）
中国戏剧出版社编
北京　中国戏剧出版社 1992 年 65 页
19cm（小 32 开）ISBN：7–104–00432–7
定价：CNY1.75

J0153978

京剧流派唱段荟萃　（张君秋）中国戏剧出版
社编
北京　中国戏剧出版社 1994 年 44 页
19cm（小 32 开）ISBN：7–104–00442–4
定价：CNY1.90

J0153979

山东地方戏曲唱段欣赏　张大经,高鼎铸编
济南　山东文艺出版社 1992 年 762 页
20cm（32 开）ISBN：7–5329–0769–4
定价：CNY12.60
　　本书介绍了各剧种的源流、演变、演出团
体、剧目、唱腔音乐及伴奏乐器,同时在入选唱
段后面还加了释文。

J0153980

陈派唱腔选　（淮剧）赵震方,卢小杰编著
南京　南京出版社 1993 年 73 页 有彩照
19cm（小 32 开）ISBN：7–80560–756–7
定价：CNY4.10
　　本书编纂了著名淮剧中年演员陈德林的精
华唱段。

J0153981

寸心书屋曲谱 （甲编）周秦主编；王正来，毛伟志研校

苏州 苏州大学出版社 1993年 492页
26cm（16开） ISBN：7-81037-006-5
定价：CNY59.50
（昆剧艺术丛书）

本书为昆剧艺术班使用的教材。

J0153982

寸心书屋曲谱 （乙编）周秦主编；石冰，朱振明译谱

苏州 苏州大学出版社 1993年 742页
26cm（16开） ISBN：7-81037-006-5
定价：CNY65.00
（昆剧艺术丛书）

J0153983

毛泽东诗词唱段精选 晓东，陶然编

北京 人民音乐出版社 1993年 230页 有照片
19cm（小32开） ISBN：7-103-01045-5
定价：CNY5.80

本书为关于毛主席《卜算子·咏梅》的京剧曲调唱段。

J0153984

史林评剧音乐创作集 史林著

北京 中国戏剧出版社 1993年 956页 有彩照
20cm（32开） 定价：CNY17.00

本书汇辑了作者的120多段评剧唱段和500多支乐曲。作者史林（1942—　），原名史中林，沈阳市人。吉林省戏曲音乐学会理事、长春评剧院国家二级作曲、中国戏剧家协会会员、中国戏曲音乐学会会员、中国评剧发展促进会理事。

J0153985

新编粤曲精选 （卡拉OK大全）生风选编

广州 广东高等教育出版社 1993年 320页
19cm（小32开） ISBN：7-5361-1189-4
定价：CNY8.80

J0153986

京剧现代戏唱段荟萃 中国戏剧出版社编

北京 中国戏剧出版社 1994年 重印本
163页 19cm（32开） ISBN：7-104-00447-5

定价：CNY4.50

本集内收有《智取威虎山》《红灯记》《沙家浜》《杜鹃山》等剧目的27个唱段。

J0153987

梅兰芳唱腔选集 储晓梅记谱整理；泰州市梅兰芳史料陈列馆编

北京 人民音乐出版社 1994年 400页 有照片
20cm（32开） ISBN：7-103-01216-4
定价：CNY15.60

本书为纪念梅兰芳诞辰一百周年（1894—1994），从《梅兰芳唱腔选集》的唱片（磁带）中选出27出戏的64精彩唱段。作者储晓梅，梅兰芳研究会任职。

J0153988

浙江越剧小百花十姐妹金曲 （珍藏版）陈静芳，顾达昌编

杭州 浙江少年儿童出版社 1994年 63页
19cm（小32开） ISBN：7-5342-1172-7
定价：CNY1.50

J0153989

郝彩凤演唱集锦 鲁安澍编

西安 三秦出版社 1995年 145页 有照片
19cm（小32开） ISBN：7-80546-752-8
定价：CNY6.50

作者鲁安澍（1931—　），陕西合阳人，毕业于西安师范学院中国语言文学系。曾任陕西人民广播电台主任编辑，中国广播电视出版社、陕西人民出版社、三秦出版社特约编辑。著作有《前进中的通惠》《知识分子在社会主义精神文明建设中的重要作用》等。

J0153990

秦腔优秀折子戏·小戏·唱段选编（二）赵梦姣编

西安 三秦出版社 1995年 312页 19cm（小32开）
ISBN：7-80546-949-0 定价：CNY9.00
（陕西振兴秦腔艺术系列丛书）

J0153991

王玉磬唱腔选萃 王玉磬唱；景玉光等编

天津 百花文艺出版社 1995年 176页 有照片及肖像 20cm（32开） ISBN：7-5306-1966-7

定价: CNY8.40

王玉磬(1923—　　),女,表演艺术家。原名陈国贤,河北安新同口镇人。河北梆子表演艺术家,中国戏剧家协会常务理事、天津分会副主席。

J0153992

杨宝森唱腔选集　杨宝森演唱;许锦文编著记谱

北京　人民音乐出版社　1995 年　335 页　有照片20cm(32 开) ISBN: 7–103–01278–4

定价: CNY20.50

中国京剧唱腔选集。杨宝森(1909—1958),京剧表演艺术家。原籍安徽合肥,祖居北京。四大须生之一,杨派京剧艺术创始人。主要作品有《失街亭·空城计·斩马谡》《定军山》《四郎探母》等。

J0153993

白玉霜　小白玉霜母女唱腔选　张慧著

北京　中国戏剧出版社　1996 年　354 页　有照片20cm(32 开) ISBN: 7–104–00555–2

定价: CNY15.50

本书系中国评剧唱腔艺术研究。

J0153994

陈鹏潮剧唱腔作品选　陈鹏著

北京　中国戏剧出版社　1996 年　162 页　有照片26cm(16 开) ISBN: 7–104–00797–0

定价: CNY25.00

J0153995

京剧流行唱段集粹　蔡宛柳,纪钧能编选

济南　山东文艺出版社　1996 年　248 页26cm(16 开) ISBN: 7–5329–1281–7

定价: CNY18.00

J0153996

京剧流行唱段集粹　(续集)蔡宛柳,纪钧能编选

济南　山东文艺出版社　1999 年　234 页26cm(16 开) ISBN: 7–5329–1661–8

定价: CNY17.60

J0153997

马连良唱腔选集　马连良演唱;张慧等编

北京　人民音乐出版社　1996 年　302 页　有照片20cm(32 开) ISBN: 7–103–01328–4

定价: CNY18.10

J0153998

秦腔荟萃　(剧本、板壳子、唱腔选段)

鲁安澍,张森伶编选

西安　三秦出版社　1996 年　458 页　19cm(小 32 开) ISBN: 7–80546–956–3　定价: CNY15.80

作者鲁安澍(1931—　　),陕西合阳人,毕业于西安师范学院中国语言文学系。曾任陕西人民广播电台主任编辑,中国广播电视出版社、陕西人民出版社、三秦出版社特约编辑。著作有《前进中的通惠》《知识分子在社会主义精神文明建设中的重要作用》等。作者张森伶(1939—　　),二级作曲。陕西富平人。历任中国音协、中国剧协会员,陕西秦腔艺术研究会常务理事,陕西书画艺术研究院名誉院长。

J0153999

中国戏曲唱腔精选　李凌,朱亚荣主编

北京　中国广播电视出版社　1996 年　重印本374 页　19cm(32 开) ISBN: 7–5043–2515–5

定价: CNY14.50, CNY19.50(精装)

(中外音乐系列丛书 10)

本书选编了我国近、现代各个时期的戏曲200 余首。包括了《娘子不必太烈性》《我正在城楼观山景》《劝千岁杀休出口》《包龙图打坐在开封府》等曲目。

J0154000

中华京剧名段集粹　崔长武,洪伟主编

北京　农村读物出版社　1996 年　254 页19cm(小 32 开) ISBN: 7–5048–2520–4

定价: CNY13.80

J0154001

姜妙香唱腔选集　黄定编订;张正治记谱

北京　人民音乐出版社　1997 年　158 页　有照片20cm(32 开) ISBN: 7–103–01484–1

定价: CNY9.70

中国京剧唱腔艺术研究。

J0154002

京剧传统唱段荟萃　张秀章,稽茵编

大连　大连出版社　1997年　262页　20cm（32开）
ISBN：7-80612-357-1　定价：CNY28.40

J0154003

京剧名唱118　李心等编
北京　人民音乐出版社　1997年　653页
19cm（小32开）ISBN：7-103-01473-6
定价：CNY25.70

J0154004

传统京剧名段选　刘慧芳，李宏选编
北京　大众文艺出版社　1998年　215页
19cm（小32开）ISBN：7-80094-482-4
定价：CNY9.00
（大众喜爱的歌丛书）

J0154005

蒲剧优秀唱腔选　杜运佳，畅元发编著
北京　中国戏剧出版社　1998年　10+642页
20cm（32开）ISBN：7-104-00911-6
定价：CNY29.80
　　编者杜运佳，山西运城人。中国戏剧家协会
会员、山西省戏曲音乐家协会会员等。著有《蒲
剧曲牌音乐精选》。作者畅元发，山西万荣人，山
西省戏曲音乐学会会员、山西省音乐家协会会员
等，现任运城地区蒲剧团首席小提琴兼作曲。合
编著有《蒲剧优秀唱腔选》。

J0154006

现代京剧名段选　刘慧芳，李宏选编
北京　大众文艺出版社　1998年　186页
19cm（小32开）ISBN：7-80094-481-6
定价：CNY8.60
（大众喜爱的歌丛书）

J0154007

新编越剧戏考　谢中，文凝编
杭州　浙江人民出版社　1998年　10+413页　有彩照
20cm（32开）ISBN：7-213-01724-1
定价：CNY14.00

J0154008

韩少云　王其珩评剧唱腔选　（戏曲名家唱腔）
韩少云，王其珩［作］
沈阳　沈阳出版社　1999年　11+594页　有彩照

20cm（32开）ISBN：7-5441-1263-2
定价：CNY39.80

J0154009

吕剧流行唱段集粹　蔡宛柳，刘起钊编选
济南　山东文艺出版社　1999年　121页
26cm（16开）ISBN：7-5329-1667-7
定价：CNY10.80

J0154010

孙毓敏伴奏曲谱集　孙毓敏著
台北　传统艺术中心筹备处　1999年　222页
有照片　26cm（16开）ISBN：957-02-4330-9
定价：TWD200.00
　　作者孙毓敏（1940—　），女，京剧表演艺术
家。历任国家一级演员、北京市戏曲学校校长、
中国剧协理事、北京作协会员。代表作品《红娘》
《荀灌娘》《杜十娘》《红楼二尤》《金玉奴》等。

J0154011

孙毓敏唱腔伴奏曲谱集　周志强编撰
北京　中国戏剧出版社　1999年　202页　有照片
26cm（16开）ISBN：7-104-01172-2
定价：CNY22.00
　　本书内容包括：我的自白、难忘的合作与唱
腔浅谈以及曲谱10篇。其中有《红娘》《红楼二尤》
《金玉奴》《杜十娘》《荀灌娘》等。

J0154012

中国越剧小百花名剧名段集萃　顾定青编
杭州　浙江人民出版社　1999年　145页　有彩照
20cm（32开）ISBN：7-213-01842-6
定价：CNY10.00

中国歌舞剧歌曲

J0154013

天鹅歌剧　赵景深歌；邱文藻曲
上海　商务印书馆　1928年　84页　23cm（10开）
定价：大洋四角五分
（文学研究会丛书）
　　本书为六幕歌剧，五线谱，附钢琴伴奏谱。

J0154014

天鹅歌剧　赵景深歌；邱文藻曲

上海　商务印书馆　1932 年　国难后 1 版　84 页
23cm（10 开）定价：大洋四角五分
（文学研究会丛书）
　　本书为六幕歌剧，五线谱，附钢琴伴奏谱。

J0154015
天鹅歌剧　赵景深歌；邱文藻曲
长沙　商务印书馆　1938 年　国难后 5 版　84 页
22cm（16 开）定价：国币四角五分
（文学研究会丛书）

J0154016
面包　（教育的小歌剧）沈醉了编著
上海　晓林乐室　1935 年　29 版　53 页　有图
19cm（32 开）
　　本书为儿童歌剧。书前有《歌剧与儿童教育》《鉴别剧本的好坏》《"面包"的内容》《"面包"的故事》等文章。

J0154017
黄花曲　光未然，田冲编
生活书店　1939 年　17 页　有图　20cm（32 开）
　　本歌剧为一幕三场剧。

J0154018
歌剧集　向隅等集体创作
上海　辰光书店　1940 年　再版　163 页
19cm（32 开）定价：国币一元
（鲁迅艺术学院丛书）
　　本书包括：三幕歌剧《农村曲》（伯钊词，向隅曲）、两幕歌剧《军民进行曲》（王震之词，冼星海曲）。

J0154019
新歌剧插曲　韩悠韩，李嘉合编
西安　新中国文化出版社　1940 年　74 页
19cm（32 开）定价：国币四角五分
（新中国文化丛书 10）
　　本书为中国现代歌剧歌曲选集。

J0154020
白毛女　（歌谱）马可作曲；延安鲁艺工作团集体创作
［沁源］太岳新华书店　1946 年　石印本　165 页
20cm（32 开）

本书系中国现代舞剧《白毛女》乐谱，由上海市舞蹈学校剧组改编。作者马可（1918—1976），作曲家、音乐教育家。江苏徐州人，就读于河南大学化学系。创作歌曲有《南泥湾》《咱们工人有力量》《吕梁山大合唱》，秧歌剧《夫妻识字》，歌剧《周子山》《白毛女》《小二黑结婚》等，著有《中国民间音乐讲话》《时代歌声漫议》《冼星海传》等。

J0154021
河梁话别　（清唱剧）卢前词；陈田鹤曲
［上海］咏葵乐谱刊印社　1946 年　41 页
31cm（10 开）定价：国币 1,500 元
　　中国现代歌剧歌曲选集。

J0154022
白毛女歌集　贺敬之，丁毅作词；马可作曲
北京　华北大学第一文艺工作团［1949 年］
校正版　30 页　19cm（32 开）
　　本书为歌剧《白毛女》选曲集。书前有编者的《关于〈白毛女〉的音乐》，书末有编者的"几点声明"。

J0154023
白毛女歌集
中原野战军第一文艺工作团［1949 年］52 页
18cm（15 开）

J0154024
面包　（教育的小歌剧）沈醉了编著
上海　开明书店　1949 年　8 版　48 页　有图
18cm（15 开）
　　本书为儿童歌剧。书前有《歌剧与儿童教育》《鉴别剧本的好坏》《"面包"的内容》《"面包"的故事》等。

J0154025
星星之火歌选　（四幕七场新歌剧）东北鲁迅文艺学院抗美援朝"鲁迅号"飞机捐献委员会编
沈阳　东北鲁迅文艺学院抗美援朝"鲁迅号"飞机捐献委员会［1951 年］94 页　19cm（32 开）

J0154026
长征　（歌剧选曲集）李伯钊作词；梁寒光等作曲
北京　天下出版社　1951 年　23 页　21cm（32 开）

定价: 旧币 3,500 元
(北京人民艺术剧院音乐丛刊)

J0154027
对花 (歌舞剧《打猪草》曲选) 海鹏改编
上海　上海音乐出版社　1958 年　影印本　16 页
26cm (16 开) 统一书号: 8127.134
定价: CNY0.36
　　本书是根据黄梅戏《打猪草》改编的歌舞剧。

J0154028
什景汤 (歌舞演唱) 王春元, 王金陵作
[扬州] 宝应出版社　1958 年　定价: CNY0.10

J0154029
钢花怒放 (活报歌舞) 中华全国总工会工人
歌舞团编
北京　中华全国总工会工人歌舞团　1959 年
16 页　26cm (16 开)
　　本书系中国现代民歌选集。

J0154030
小二黑结婚 (五场歌剧) 田川, 杨兰春执笔;
马可等作曲
北京　音乐出版社　1959 年　定价: CNY1.30
(现代音乐创作丛书)

J0154031
歌剧《洪湖赤卫队》选曲　湖北省实验歌剧
团集体编剧; 张敬安, 欧阳谦叔作曲
武汉　湖北人民出版社　1960 年　简谱本　58 页
19cm (32 开) 统一书号: T8061.522
定价: CNY0.18
　　作者张敬安, 作曲家。湖北麻城人, 毕业于
湖北师范学院音乐系。曾在省文联文工团担任
编导及合唱、乐队指挥, 湖北省歌剧团专事音乐
创作人员, 中国音协湖北分会副主席, 湖北省文
联文工团指挥兼作曲, 湖北省歌剧团创作组组
长、团长。歌剧音乐作品有《洪湖赤卫队》《罗汉
钱》《泪血樱花》等。出版有《湖北楚剧花鼓戏曲
集》。作者欧阳谦叔 (1926—2003), 作曲家。湖
南湘乡人, 中央音乐学院华东分院进修作曲。历
任湖北省歌剧团一级作曲、中国音乐家协会会
员、中国歌剧研究会会员。创作独唱歌曲《祖国
大地任我走》《扬子江圆舞曲》《崖畔花正红》等。

J0154032
歌剧《洪湖赤卫队》选曲　湖北省实验歌剧
团集体编剧; 张敬安, 欧阳谦叔作曲
武汉　群益堂　1962 年　简谱本　58 页　19cm (32 开)
统一书号: T8108.10　定价: CNY0.20

J0154033
歌剧《洪湖赤卫队》选曲　湖北省实验歌剧
团集体作词; 张敬安, 欧阳谦叔作曲
北京　音乐出版社　1964 年　44 页　26cm (16 开)
统一书号: 8026.2126　定价: CNY0.54

J0154034
歌剧选曲 (第一册) 音乐出版社编辑部编
北京　音乐出版社　1961 年　简谱本　17 页
19cm (32 开) 统一书号: 8026.1481
定价: CNY0.07

J0154035
海河之歌 (清唱剧) 天津音乐学院理论作曲
系师生集体词曲
北京　音乐出版社　1961 年　正谱本　74 页
26cm (16 开) 统一书号: 8026.1442
定价: CNY0.80

J0154036
北风吹 (歌剧《白毛女》选曲) 贺敬之, 丁毅
作词; 张鲁, 马可作曲
北京　音乐出版社　1962 年　正谱本 [3] 页
26cm (16 开) 统一书号: 8026.1603
定价: CNY0.11
　　本书系女高音独唱歌曲。

J0154037
北风吹 (歌剧选曲　女高音独唱) 贺敬之, 丁
毅词; 张鲁, 马可曲
北京　音乐出版社　1964 年　3 页　26cm (16 开)
统一书号: 8026.2050　定价: CNY0.09
　　本书歌曲选自歌剧《白毛女》。

J0154038
我们为你高声歌唱 (独唱歌曲) 普烈作词;
雷雨声作曲
北京　音乐出版社　1962 年　正谱本　6 页
26cm (16 开) 统一书号: 8026.1561

定价：CNY0.16

J0154039
我们为你高声歌唱　雷雨声曲
北京　人民音乐出版社　1985年　49页
附钢琴伴奏谱　20cm（32开）
（雷雨声歌曲选）
　　本书选收《我们为你高声歌唱》《雨中岚
山——日本京都》《迎宾曲》等歌曲共10首，其
中以歌剧选曲为主。配有钢琴伴奏谱。

J0154040
清粼粼的水来蓝莹莹的天　（歌剧《小二黑结
婚》选曲）田川，杨兰春作词；马可作曲
北京　音乐出版社　1963年　7页　26cm（16开）
统一书号：8026.1749　定价：CNY0.21

J0154041
清粼粼的水来蓝莹莹的天　（女高音独唱）
田川，杨兰春作词；马可作曲
北京　音乐出版社　1964年　影印本　7页
26cm（16开）统一书号：8026.2049
定价：CNY0.13
　　本作品为歌剧《小二黑结婚》选曲。

J0154042
大雁南飞　（男中音独唱）湖北省实验歌剧团
集体作词；张敬安，欧阳谦叔作曲；王树配伴奏
北京　音乐出版社　1964年　影印本　5页
26cm（16开）统一书号：8026.2044
定价：CNY0.12
　　本书选自《洪湖赤卫队》歌剧选曲。

J0154043
单等着阿布扎来到我身旁　（女高音独唱）
任萍作词；罗宗贤作曲
北京　音乐出版社　1964年　影印本　5页
26cm（16开）统一书号：8026.2037
定价：CNY0.12
　　本书选自《草原之歌》歌剧选曲。

J0154044
对歌　广西柳州市《刘三姐》剧本创作组编；
广西壮族自治区《刘三姐》会演大会改编
北京　音乐出版社　1964年　3页　26cm（16开）

统一书号：8026.2041　定价：CNY0.09
　　本作品为歌剧选曲。

J0154045
翻身牧歌　（男高音独唱）李季，于村作词；
梁寒光作曲
北京　音乐出版社　1964年　3页　26cm（16开）
统一书号：8026.2045　定价：CNY0.09
　　选自歌剧《王贵与李香香》歌剧选曲。

J0154046
放下三棒鼓，扛起红缨枪　（混声合唱）湖北
省实验歌剧团集体作词；张敬安，欧阳谦叔作
曲；严良堃改编
北京　音乐出版社　1964年　影印本　9页
26cm（16开）统一书号：8026.2034
定价：CNY0.16
　　本书选自《洪湖赤卫队》歌剧选曲。

J0154047
凤凰岭上祝红军　（女高音独唱）石汉作词；
张锐作曲
北京　音乐出版社　1964年　影印本　5页
26cm（16开）统一书号：8026.2030
定价：CNY0.12
　　本书选自《红霞》歌剧选曲。作者张锐
（1920—2016），二胡演奏家、作曲家。生于云南
昆明，刘天华先生再传弟子。中国音乐家协会理
事，江苏音乐家协会表演艺术委员会主任委员。
代表作有歌剧音乐《红霞》，二胡曲《大河涨水沙
浪沙》《苍山十八涧山歌》《沂蒙山》《山林中》
等，出版《雨花拾谱》《张锐二胡练习曲集》《琴
弦雨丝》。

J0154048
歌剧《白毛女》选曲　贺敬之等作词；马可等
作曲
北京　音乐出版社　1964年　22页　26cm（16开）
统一书号：8026.2122　定价：CNY0.31
　　本书选辑了歌剧的《北风吹》《十里风雪》
《打过了三更》《刀杀我，斧砍我》《我要活》《太
阳出来了》《太阳底下把冤伸》7个唱段。

J0154049
歌剧《草原之歌》序曲　（混声合唱）任萍作

词；罗宗贤作曲

北京 音乐出版社 1964 年 影印本 9 页

26cm（16 开）统一书号：8026.2038

定价：CNY0.19

　　本书系歌剧选曲。

J0154050

红灯颂 （混声合唱）赵忠等编剧；王锡仁，胡士平作曲

北京 音乐出版社 1964 年 影印本 3 页

26cm（16 开）统一书号：8026.2029

定价：CNY0.09

　　本书系中国现代歌舞剧歌曲。作者王锡仁（1929—2010），作曲家。历任海政歌舞团、歌剧团创作员，从事专职音乐创作。代表作有《红珊瑚》《父老乡亲》《中国的月亮》《太阳最红毛主席最亲》《白发亲娘》等。

J0154051

洪湖水，浪打浪 （歌剧《洪湖赤卫队》选曲女声独唱）湖北省实验歌剧团作词；张敬安，欧阳谦叔作曲；戴宏威配伴奏

北京 音乐出版社 1964 年 3 页 26cm（16 开）

统一书号：8026.2103 定价：CNY0.09

　　本书为中国现代歌剧歌曲选集。

J0154052

洪湖水，浪打浪 （女高音独唱）湖北省实验歌剧团集体作词；张敬安，欧阳谦叔作曲；杜鸣心配伴奏

北京 音乐出版社 1964 年 影印本 3 页

26cm（16 开）统一书号：8026.2046

定价：CNY0.09

　　本书为中国现代歌舞剧歌曲，选自歌剧《洪湖赤卫队》。

J0154053

看天下劳苦人民都解放 （女高音独唱）

湖北省实验歌剧团集体作词；张敬安，欧阳谦叔作曲；王震亚配伴奏

北京 音乐出版社 1964 年 影印本 11 页

26cm（16 开）统一书号：8026.2047

定价：CNY0.19

　　选自《洪湖赤卫队》歌剧选曲。

J0154054

柯山的奴隶盼解放 （女高音独唱）陈其通作词；庄映，陆明作曲

北京 音乐出版社 1964 年 影印本 3 页

26cm（16 开）统一书号：8026.2028

定价：CNY0.09

　　选自《柯山红日》歌剧选曲。

J0154055

没有眼泪，没有悲伤 （女高音独唱）湖北省实验歌剧团集体作词；张敬安，欧阳谦叔作曲；刘庄配伴奏

北京 音乐出版社 1964 年 影印本 6 页

26cm（16 开）统一书号：8026.2048

定价：CNY0.13

　　作者张敬安，作曲家。湖北麻城人，毕业于湖北师范学院音乐系。曾在省文联文工团担任编导及合唱、乐队指挥，湖北省歌剧团专事音乐创作人员，中国音协湖北分会副主席，湖北省文联文工团指挥兼作曲，湖北省歌剧团创作组组长、团长。歌剧音乐作品有《洪湖赤卫队》《罗汉钱》《泪血樱花》等。出版有《湖北楚剧花鼓戏曲集》。选自歌剧《洪湖赤卫队》歌剧选曲。作者欧阳谦叔（1926—2003），作曲家。湖南湘乡人，中央音乐学院华东分院进修作曲。历任湖北省歌剧团一级作曲、中国音乐家协会会员、中国歌剧研究会会员。创作独唱歌曲《祖国大地任我走》《扬子江圆舞曲》《崖畔花正红》等。

J0154056

千重仇，万重恨 （男中音独唱）任萍作词；罗宗贤作曲

北京 音乐出版社 1964 年 影印本 5 页

26cm（16 开）统一书号：8026.2031

定价：CNY0.12

　　本作品选自歌剧《草原之歌》歌剧选曲。

J0154057

十里风雪 （男中音独唱）贺敬之作词；马可等作曲；杜鸣心配伴奏

北京 音乐出版社 1964 年 5 页 26cm（16 开）

统一书号：8026.2043 定价：CNY0.12

　　选自歌剧《白毛女》歌剧选曲。

J0154058

手拿碟儿敲起来 （女高音独唱）湖北省实验
歌剧团集体作词；张敬安，欧阳谦叔作曲；杜鸣
心配伴奏
北京 音乐出版社 1964 年 影印本 3 页
26cm（16 开）统一书号：8026.2042
定价：CNY0.09
      选自歌剧《洪湖赤卫队》歌剧选曲。

J0154059

受苦人一心闹革命 （齐唱）李季，于村作词；
梁寒光作曲
北京 音乐出版社 1964 年 影印本 3 页
26cm（16 开）统一书号：8026.2040
定价：CNY0.09
      选自歌剧《王贵与李香香》歌剧选曲。

J0154060

数九寒天下大雪 （女高音独唱）罗宗贤等集
体创作；瞿希贤配伴奏
北京 音乐出版社 1964 年 影印本 3 页
26cm（16 开）统一书号：8026.2036
定价：CNY0.09
      选自歌剧《刘胡兰》歌剧选曲。瞿希贤(1919—
2008)，女，作曲家。上海人，毕业于上海国立音专
作曲系。曾就职于中央音乐学院音工团和中央乐
团创作组。代表作品《听妈妈讲那过去的事情》
《新的长征，新的战斗》《乌苏里船歌》。

J0154061

谁是仇人我看的真 （女中音与女高音对唱）
海啸作词；陈紫作曲；茅沅配伴奏
北京 音乐出版社 1964 年 影印本 7 页
26cm（16 开）统一书号：8026.2033
定价：CNY0.13
      选自歌剧《刘胡兰》歌剧选曲。

J0154062

新媳妇 宋郡编剧；陈振虞，刘建德作曲
［南宁］广西壮族自治区人民出版社 1964 年
19cm（小 32 开）定价：CNY0.16
（农村剧本 之一）

J0154063

燕燕下河洗衣裳 （女高音独唱）阮章竞作词；

梁寒光作曲
北京 音乐出版社 1964 年 3 页 26cm（16 开）
统一号号：8026.2065 定价：CNY0.09
      选自《赤叶河》歌剧选曲。

J0154064

一道道水来一道道山 （女高音独唱）海啸作
词；陈紫作曲；茅沅配伴奏
北京 音乐出版社 1964 年 影印本 5 页
26cm（16 开）统一号号：8026.2032
定价：CNY0.12
      选自《刘胡兰》歌剧选曲。作者茅沅
（1926—   ），作曲家。生于北京，原籍山东济南，
毕业于清华大学土木工程系。代表作品有《瑶族
舞曲》《刘胡兰》《南海长城》《王昭君》《宁死不
屈》《敦煌的故事》《新春乐》。

J0154065

渔家女要作好儿男 （女高音独唱）赵忠等编
剧；王锡仁，胡士平作曲
北京 音乐出版社 1964 年 9 页 26cm（16 开）
统一书号：8026.2035 定价：CNY0.16
      选自《红珊瑚》歌剧选曲。作者王锡仁
（1929—2010），作曲家。历任海政歌舞团、歌剧
团创作员，从事专职音乐创作。代表作有《红珊
瑚》《父老乡亲》《中国的月亮》《太阳最红毛主
席最亲》《白发亲娘》等。

J0154066

《东方红》歌曲 （大型音乐舞蹈史诗）湖北人
民出版社编辑
武汉 湖北人民出版社 1965 年 80 页 19cm（32 开）
统一书号：T8106.717 定价：CNY0.28

J0154067

大家唱 （4《东方红》歌曲选）湖南人民出版
社编辑
长沙 湖南人民出版社 1965 年 20 页 15cm（40 开）
定价：CNY0.04

J0154068

《东方红》电影歌曲集 （音乐舞蹈史诗）音
乐舞蹈史诗《东方红》导演团编
北京 中国电影出版社 1965 年 简谱本 117 页
15cm（40 开）统一书号：8061.1204

定价: CNY0.22

J0154069

《东方红》歌曲集　（音乐舞蹈史诗）音乐舞蹈
史诗《东方红》导演团编
北京 音乐出版社 1965 年 简谱本 47 页 有图
26cm（16 开）统一书号: 8026.2297
定价: CNY0.60

J0154070

《东方红》歌曲集　（音乐舞蹈史诗）音乐舞蹈
史诗《东方红》导演团编
北京 音乐出版社 1965 年 简谱本 64 页
19cm（小 32 开）统一书号: 8026.2298
定价: CNY0.22

J0154071

端阳喜　（歌剧）三八八三部队业余演出队原
作；北京军区空军政治部创作组改写；张佩衡，
姜春阳作曲
济南 山东人民出版社 1965 年 33 页 19cm（32 开）
统一书号: T10099.927 定价: CNY0.12

J0154072

胜利属于英雄的越南人民　音乐出版社编辑
部编
北京 音乐出版社 1965 年 正谱本 65 页
19cm（32 开）统一书号: 8026.2350
定价: CNY0.30

J0154073

《刚果河在怒吼》歌曲集　（六场舞剧）音乐
舞蹈史诗《东方红》导演团编
北京 音乐出版社 1966 年 60 页 有图
19cm（32 开）统一书号: 8026.2437
定价: CNY0.26
　　本书为中国歌舞剧歌曲集。

J0154074

《洪湖赤卫队》歌剧选曲　湖北省实验歌剧团
集体作词；张敬安,欧阳谦叔作曲
北京 音乐出版社 1966 年 35 页 19cm（32 开）
统一书号: 8026.2405 定价: CNY0.12
　　作者张敬安,作曲家。湖北麻城人,毕业于
湖北师范学院音乐系。曾在省文联文工团担任

编导及合唱、乐队指挥,湖北省歌剧团专事音乐
创作人员,中国音协湖北分会副主席,湖北省文
联文工团指挥兼作曲,湖北省歌剧团创作组组
长、团长。歌剧音乐作品有《洪湖赤卫队》《罗汉
钱》《泪血樱花》等。出版有《湖北楚剧花鼓戏曲
集》。作者欧阳谦叔(1926—2003),作曲家。湖
南湘乡人,中央音乐学院华东分院进修作曲。历
任湖北省歌剧团一级作曲、中国音乐家协会会
员、中国歌剧研究会会员。创作独唱歌曲《祖国
大地任我走》《扬子江圆舞曲》《崖畔花正红》等。

J0154075

《洪湖赤卫队》歌剧选曲　湖北省歌舞剧团
《洪湖赤卫队》创作组词；张敬安,欧阳谦叔曲
北京 人民音乐出版社 1977 年 2 版 32 页
17×18cm 统一书号: 8026.3228
定价: CNY0.11

J0154076

风雷颂
湖南省民间歌舞团编
北京 音乐出版社 1966 年 简谱本 60 页
19cm（32 开）定价: CNY0.22

J0154077

**全国少数民族群众业余艺术观摩演出歌舞
器乐曲选**　全国少数民族群众业余艺术观摩
演出会,音乐出版社编辑部编
北京 音乐出版社 1966 年 241 页 有图
20cm（32 开）统一书号: 8026.2351
定价: CNY1.05
　　本书选录了 1964 年在北京举行的全国少数
民族业余艺术观摩演出中的 35 个民族的 50 多
个歌舞节目和 10 余首器乐曲。

J0154078

革命现代芭蕾舞剧《白毛女》伴唱歌曲
上海市舞蹈学校集体创作
上海 上海文化出版社 1968 年 42 页 16cm（25 开）
统一书号: 8077.338 定价: CNY0.15

J0154079

白毛女选曲
兰州 甘肃人民出版社 1970 年 52 页 13cm（60 开）
统一书号: 10096.159 定价: CNY0.07

中国现代歌舞剧歌曲选集。

J0154080
革命现代舞剧《白毛女》
[南宁] 广西人民出版社 1971年 26cm（16开）
定价：CNY0.23

J0154081
革命现代舞剧《白毛女》伴唱歌曲
[南宁] 广西人民出版社 1971年 61页
14cm（64开）统一书号：8113.40
定价：CNY0.08

J0154082
革命现代舞剧《白毛女》伴唱歌曲 （伴唱歌曲）
广州 广东人民出版社 1971年 61页 14cm（64开）
统一书号：8113.40 定价：CNY0.08
　　本书系中国现代芭蕾舞剧《白毛女》伴唱歌曲。

J0154083
白毛女 （歌曲选）上海人民出版社编辑
上海 上海人民出版社 1972年 42页 19cm（32开）
　　本书为革命现代歌舞剧音乐作品，包括《红色娘子军》歌曲选。

J0154084
革命现代舞剧《白毛女》《红色娘子军》歌曲选
上海 上海人民出版社 1972年 19cm（小32开）

J0154085
革命现代舞剧《白毛女》歌曲选
上海 上海人民出版社 1973年 31页 18cm（32开）
定价：CNY0.08

J0154086
革命现代舞剧《草原儿女》《沂蒙颂》选曲
广西人民出版社编辑
南宁 广西人民出版社 1976年 24页 19cm（32开）
统一书号：8113.247 定价：CNY0.07

J0154087
《洪湖赤卫队》选曲
武汉 湖北人民出版社 1977年 32页 19cm（32开）

定价：CNY0.05
　　中国现代歌剧歌曲选集。

J0154088
东方红 （歌曲选）广西人民出版社编辑
南宁 广西人民出版社 1977年 75页 19cm（32开）
统一书号：8113.338 定价：CNY0.17

J0154089
歌剧《洪湖赤卫队》选曲
兰州 甘肃人民出版社 1977年 86页 19cm（32开）
统一书号：8096.550 定价：CNY0.18

J0154090
歌剧《洪湖赤卫队》选曲 四川人民出版社编辑
成都 四川人民出版社 1977年 16页 19cm（32开）
统一书号：8118.356 定价：CNY0.03

J0154091
歌剧《江姐》选曲 阎肃编剧；羊鸣，姜春阳作曲；广西人民出版社编辑
南宁 广西人民出版社 1977年 64页 19cm（32开）
定价：CNY0.16

J0154092
歌剧《江姐》选曲
上海 上海人民出版社 1977年 6页
19cm（小32开）定价：CNY0.01

J0154093
活页歌选 （2 音乐舞蹈史诗《东方红》选曲）
上海人民出版社编辑
上海 上海人民出版社 1977年 30页
19cm（小32开）定价：CNY0.05

J0154094
音乐舞蹈史诗《东方红》 （歌曲选）
南宁 广西人民出版社 1977年 76页
19cm（32开）定价：CNY0.17

J0154095
音乐舞蹈史诗东方红 （歌曲集）音乐舞蹈史诗《东方红》导演团编
北京 人民音乐出版社 1977年 新1版 70页

26cm（16开）统一书号：8026.3236
定价：CNY0.39
　　本书收入《东方红》中演唱的全部歌曲作品45首。如《工农兵联合起来》《救亡进行曲》《游击队歌》《边区十唱》《解放区的天》《歌唱祖国》等。

J0154096

歌剧《江姐》选曲　阎肃编剧；羊鸣等作曲
北京　人民音乐出版社　1978年　64页　19cm（32开）
统一书号：8026.3338　定价：CNY0.17

J0154097

歌剧《洪湖赤卫队》选曲　（附钢琴伴奏）湖北省歌舞剧团《洪湖赤卫队》创作组编剧；张敬安，欧阳谦叔作曲
北京　人民音乐出版社　1978年　47页　26cm（16开）
统一书号：8026.3391　定价：CNY0.39
　　本书编选了《洪湖水，浪打浪》《手拿碟儿敲起来》《看天下劳苦人民都解放》《放下三棒鼓》等歌剧中最富演唱效果和有代表性的8个唱段。

J0154098

歌剧《江姐》选曲　阎肃编剧；羊鸣等曲
北京　人民音乐出版社　1978年　27页　26cm（16开）
统一书号：8026.3392　定价：CNY0.25
　　本作品为中国现代歌剧歌曲选集，附钢琴伴奏。

J0154099

歌舞剧《刘三姐》唱腔集　（1978年5月演出本）柳州《刘三姐》剧本创作组创编；广西壮族自治区《刘三姐》会演大会改编
北京　人民音乐出版社　1978年　102页　有照片　19cm（32开）统一书号：8026.3489
定价：CNY0.24
　　本书选收歌舞剧《刘三姐》的主要唱腔60段，依剧中顺序编排。

J0154100

歌舞剧《刘三姐》选曲
上海　上海文艺出版社　1978年　28页　19cm（32开）
定价：CNY0.11
　　本书选自广西壮族自治区《刘三姐》会演大会改编本。

J0154101

红梅赞　（歌剧《刘三姐》选曲　女高音独唱　钢琴伴奏）阎肃编剧；羊鸣等曲；黎英海配伴奏
北京　人民音乐出版社　1978年　4页　26cm（16开）
统一书号：8026.3350　定价：CNY0.09

J0154102

《刘三姐》选曲　（歌舞剧）
上海　上海文艺出版社　1978年　28页　19cm（32开）
统一书号：8078.3022　定价：CNY0.11

J0154103

《刘三姐》选曲　（歌舞剧）上海文艺出版社编
上海　上海文艺出版社　1983年　2版　33页
19cm（32开）统一书号：8078.3022
定价：CNY0.12

J0154104

歌剧《阿依古丽》选曲　海啸词；石夫，乌斯满江曲
北京　人民音乐出版社　1979年　41页　19cm（32开）
统一书号：8026.3545　定价：CNY0.12
　　本曲集选曲共17首。有《我从前是个小奴隶》《啊，草原》《难道我忘了根本》《暴风雪》《丰收歌》等。

J0154105

歌剧《阿依古丽》选曲　（附钢琴伴奏）
海啸编剧；石夫，乌斯满江曲
北京　人民音乐出版社　1980年　30页　26cm（16开）
统一书号：8026.3545　定价：CNY0.30

J0154106

《窦娥冤》歌剧选曲　侣明词；陈紫，杜宇作曲
北京　人民音乐出版社　1981年　42页　19cm（32开）
统一书号：8026.3797　定价：CNY0.20

J0154107

天来知音　（音乐剧）赖孙德芳著
台北　联经出版事业公司　1982年　118页
30cm（15开）精装　定价：TWD300.00
　　外文书名：Friends From Heaven.

J0154108

珊瑚颂　（歌剧选曲）单文词；胡士平，王锡仁曲

北京 人民音乐出版社 1984 年 正谱本 3 页
26cm（16 开）统一书号：8026.4146
定价：CNY0.10

J0154109
音乐舞蹈史诗《中国革命之歌》歌曲选
北京 人民音乐出版社 1984 年
13cm（折叠）（60 开）定价：CNY0.22

J0154110
音乐舞蹈史诗《中国革命之歌》歌曲集
文化部《中国革命之歌》创作演出办公室编
北京 人民音乐出版社 1985 年 82 页 26cm（16 开）
统一书号：8026.4363 定价：CNY1.10
　　本歌集辑录《中国革命之歌》中的全部声乐
作品，包括独唱、领唱与伴唱、齐唱、混声合唱歌
曲等共 21 首。

J0154111
中国革命之歌　（音乐舞蹈史诗）人民音乐出
版社编
北京 人民音乐出版社 1986 年 29 页 10cm（64 开）
统一书号：8026.4497 定价：CNY0.78

J0154112
中国歌剧选曲集　中国人民解放军总政治部
歌剧团选编
北京 华艺出版社 1990 年 534 页 有剧照
26cm（16 开）ISBN：7-80039-358-5
定价：CNY23.00
　　本书是我国一部比较齐全的大型歌剧选曲
集。收入自 1920 年到 1989 年不同时期、不同地
区具有代表性的 139 部歌剧中的 374 首歌段。

J0154113
中国歌剧选曲　人民音乐出版社编辑部编
北京 人民音乐出版社 1992 年 223 页
26cm（16 开）ISBN：7-103-00853-1
定价：CNY8.70
　　本书选入了 60 余部歌剧中的 160 余段唱腔
（主要是独唱）。

J0154114
歌剧《伤逝》选曲　（钢琴伴奏谱）王泉，韩伟
词；施光南曲

北京 人民音乐出版社 1993 年 61 页 26cm（16 开）
ISBN：7-103-01110-9 定价：CNY3.85

J0154115
中国歌剧选曲　文杏编
北京 中国青年出版社 1997 年 334 页
20cm（32 开）ISBN：7-5006-2089-6
定价：CNY16.40，CNY19.90（精装）
（歌曲精品系列）

J0154116
中国歌剧选曲集　曹成章主编
石家庄 花山文艺出版社 1998 年 288 页
20cm（32 开）ISBN：7-80611-602-8
定价：CNY10.00
（20 世纪中国歌曲集萃）

中国电影、电视剧、广播剧歌曲

J0154117
忆江南　国泰电影公司编
［1900—1949 年］［8］页 26cm（16 开）
（国泰新片特刊 12）
　　本书为《忆江南》电影插曲集。收《人人都
说江南好》《哀江南》《罗大嫂和王二姐》《采茶
歌》等 4 首。

J0154118
电影新歌曲　影艺出版公司编
上海 电影新闻社［民国］49 页 15cm（40 开）
　　本书收 49 首电影新歌曲。

J0154119
黄浦江　（最新编选电影名歌）星光歌舞社编
上海 星光歌舞社［民国］15 页 26cm（16 开）
　　本书收《黄浦江》《春宵曲》《牧羊女》《小
画家》《珍珠米》《苏三不要哭》《渔光曲》《归
乡》《快跑》等 15 首电影名歌。

J0154120
金星新歌选
［民国］150 页 15cm（40 开）
　　本书收 150 余首电影插曲。

J0154121
爵士歌选 （第 32、37 期）
上海 爵士乐谱公司［民国］［190］页 15cm（40 开）
　　本书收 200 余首电影歌曲。

J0154122
《柳浪闻莺》歌谱全集 大同电影企业公司编
上海 影艺出版公司［民国］［18］页 有图
17cm（40 开）
　　本书收《初阳》《湖上吟》《宵之咏》《小花》
《柳浪闻莺》等 15 首电影插曲。

J0154123
逃亡曲 （时代新歌）上海星月歌舞社编
上海 上海星月歌舞社［民国］16 页 26cm（16 开）
　　本书收《逃亡曲》《村女歌》《春到人间》《大
地进行曲》《农村影》等 15 首电影名歌。

J0154124
桃花江 （中国有声电影名歌集）黎锦晖等作
上海 良友学社［民国］16 页 26cm（16 开）
　　本书收《桃花江》《归程》《特别快车》《教
我如何不想他》《义勇军进行曲》《节俭歌》等
12 首。

J0154125
银星袖珍歌选 （1、2 集）许仪编选
上海 现象乐曲社［民国］2 册（199；198 页）
13cm（60 开）
　　本书收歌曲 300 余首。

J0154126
影国新歌集 （百代公司最新歌曲唱片、最近
流行电影新歌）
吼声书局［民国］148 页 15cm（40 开）
　　本书为中国现代电影歌曲选集。

J0154127
影星新歌选 （第 2 期）奚峥编选
上海 丹凤音乐社［民国］150 页 15cm（40 开）
　　本书收 130 余首电影歌曲。

J0154128
渔光曲 （银幕名歌）
［民国］16 页［19×26cm］

本书收《渔光曲》《苏三不要哭》《慈母摇篮
曲》《丁香山》《舟中曲》《三六板》等 14 首电影
歌曲。

J0154129
电影民歌五百曲 莺莺编辑
上海 星月歌舞研究社 1935 年 171 页
26cm（16 开）
　　本书为中国现代电影歌曲选集，内收 93 首
电影歌曲。

J0154130
电影名歌一千曲 殷梦醒编
上海 星月歌舞研究社 1936 年 增订版 249 页
26cm（16 开）

J0154131
电影新歌集 （1939 年最新版）褚保延编辑
上海 新声出版公司 1936 年 52 页 27cm（16 开）
　　本书收 73 首电影歌曲。

J0154132
古今中外电影名歌选 沈上达编
上海 新声出版公司 1936 年 217 页 27cm（16 开）
　　本书为现代电影歌曲选集，内收 320 余首
歌曲。

J0154133
电影丽歌五百首 丽歌社编
上海 大方出版社 1939 年 再版 318 页
19cm（32 开）

J0154134
电影名歌集 （1939 年标准本）明星社编
上海 大国出版社 1939 年 70 页 26cm（16 开）
　　本书收 98 首电影插曲。

J0154135
电影新歌集 （1940）上海歌剧社编
上海 国光书店 1940 年 38 页 26cm（16 开）
定价：四角
　　本书收有《问燕归》《难女吟》等 64 首中国
现代电影歌曲。

J0154136

电影新歌曲 （1940）（星光歌舞研究社）编
上海 星光歌舞研究社 1940年 新3版 增订本
46页 26cm（16开）

本书收54首中国现代电影歌曲。

J0154137

电影新歌五百首 （现代流行）褚保延编辑
上海 国光书店 1940年 14+252页 20cm（32开）
定价：国币一元六角

本书收286首中国现代电影歌曲。

J0154138

歌曲精华银花集合刊 （第6期）银花出版社，
文氏音乐社编辑
上海 银花图书出版公司 1940年 80页
26cm（16开）

本书收74首中国现代电影歌曲。

J0154139

好友歌曲专刊 好友广播电台编
上海 好友广播电台 1940年 再版 103页
20cm（32开）

本书收中国现代电影歌曲的歌词,其中有4
首歌附简谱。

J0154140

今日新歌 （第二期 三笑歌曲十二支）
上海 国光书店 1940年 15页 26cm（16开）
定价：二角

本书收《三笑》插曲12首,并有其他电影插
曲14首。

J0154141

电影名歌集 桂林影星出版社编选
桂林 桂林影星出版社 民国三十年［1941］
196页 26cm（16开）

J0154142

歌曲大王 （新旧电影歌曲大全集）张立文编
奉天 艺声书店 1941年 18+504页 有照片
18cm（30开）定价：国币三元

本书收电影歌曲一千首左右。

J0154143

现代袖珍歌选 （第1集）吴翠编
上海 国光书店 1941年 97页［16cm］（50开）

本书收130首中国电影歌曲,附外国电影插
曲18首。

J0154144

貂蝉 （最新电影新歌名选）朱楠秋编辑
奉天 东方书店 1943年 再版 92页
25cm（15开）定价：一元六角

本书收121首民国时期电影歌曲。

J0154145

名歌选集 （第一 1943）丁俊庭,田一民编选
重庆 中国漫画出版社 1943年 80页 21cm（32开）

本书收46首电影插曲,另有外国名歌《渔夫》
《梅花》《女怜》等3首。

J0154146

瑶山组歌 许秉铎作词；吴应炬编曲
［1950—1959年］6页 26cm（16开）

J0154147

电影歌选 （创刊集）北京人民广播电台第二、
三台编
北京 北京人民广播电台第二、三台 1951年 24页

J0154148

人民电影歌集 （1）何士德编；新电影杂志社
编辑
北京 新电影杂志社 1951年 77页 19cm（32开）
定价：旧币4,000元
（新电影小丛书 3）

J0154149

白毛女 （电影歌声）
上海 倡明书局 1953年 47页 15cm（40开）
定价：旧币1,500元

本书系中国电影《白毛女》的歌曲22首。

J0154150

白毛女 （电影歌声）凯雄,鹤龄选辑
上海 汇文书店 1953年 增订版 48页
15cm（40开）定价：旧币1,500元

J0154151
中国电影插曲集 （第一集）阿慈选辑
北京 新中国书店 1953 年 48 页 15cm（40 开）
定价：旧币 1,500 元
（新中国歌曲小丛书）

J0154152
电影歌选 （第一集）人杰编选
上海 武陆书屋 1954 年［26cm］（16 开）

J0154153
电影新歌选 （第一集）中华人民共和国文化
部电影事业管理局编辑
北京 音乐出版社 1956 年 16 页 19cm（32 开）
统一书号：T8026.447 定价：CNY0.08

J0154154
电影新歌选 （1）中华人民共和国文化部电
影事业管理局音乐处编辑
北京 中国电影出版社 1956 年 13 页 20cm（32 开）
统一书号：8061.16 定价：CNY0.10

J0154155
电影新歌选 （2）中华人民共和国文化部电
影事业管理局音乐处编辑
北京 中国电影出版社 1956 年 17 页 19cm（32 开）
统一书号：8061.41 定价：CNY0.12

J0154156
电影新歌选 （3）中华人民共和国文化部电影
事业管理局音乐处编辑
北京 中国电影出版社 1957 年 16 页 19cm（32 开）
统一书号：8061.85 定价：CNY0.08

J0154157
电影新歌选 （4）中华人民共和国文化部电影
事业管理局编辑
北京 中国电影出版社 1957 年 16 页 19cm（32 开）
统一书号：8061.103 定价：CNY0.08

J0154158
电影新歌选 （5）电影事业管理局,中国电影
出版社编
北京 中国电影出版社 1957 年 定价：CNY0.08

J0154159
电影新歌选 （6）中华人民共和国文化部电影
事业管理局音乐处编辑
北京 中国电影出版社 1957 年 22 页 19cm（32 开）
统一书号：8061.165 定价：CNY0.10

J0154160
电影新歌选 （7）中国电影出版社编辑
北京 中国电影出版社 1957 年 13 页 19cm（32 开）
统一书号：8061.165 定价：CNY0.08

J0154161
电影新歌选 （8）中华人民共和国文化部电
影事业管理局音乐处编辑
北京 中国电影出版社 1957 年 18 页 19cm（32 开）
统一书号：8061.206 定价：CNY0.09

J0154162
电影新歌选 （9）中国电影出版社编
北京 中国电影出版社 1958 年 19cm（32 开）
定价：CNY0.08

J0154163
电影新歌选 （10）中国电影出版社编辑
北京 中国电影出版社 1958 年 24 页 19cm（32 开）
统一书号：8061.245 定价：CNY0.10

J0154164
电影新歌选 （11）中华人民共和国文化部电
影事业管理局音乐处编辑
北京 中国电影出版社 1958 年 30 页 19cm（32 开）
统一书号：8061.298 定价：CNY0.11

J0154165
电影新歌选 （12）中国电影出版社编
北京 中国电影出版社 1958 年 19cm（32 开）
定价：CNY0.10

J0154166
电影新歌选 （13）中国电影出版社编
北京 中国电影出版社 1958 年 19cm（32 开）
定价：CNY0.08

J0154167
电影新歌选 （14）中国电影出版社编辑

北京 中国电影出版社 1958 年 24 页
19cm（32 开）定价：CNY0.09

J0154168
电影新歌选 （15）中国电影出版社编辑
北京 中国电影出版社 1958 年 24 页 19cm（32 开）
统一书号：8061.481 定价：CNY0.10

J0154169
电影新歌选 （16）中国电影出版社编
北京 中国电影出版社 1958 年 19cm（32 开）
定价：CNY0.09

J0154170
电影新歌选 （1959 第 1 期）中国电影出版社
编辑
北京 中国电影出版社 1959 年 20 页 19cm（32 开）
统一书号：8061.636 定价：CNY0.09

J0154171
电影新歌选 （1959 第 2 期）中国电影出版社
编辑
北京 中国电影出版社 1959 年 24 页 19cm（32 开）
统一书号：8061.398 定价：CNY0.10

J0154172
电影新歌选 （1959 第 3 期）中国电影出版社
编辑
北京 中国电影出版社 1959 年 24 页 19cm（32 开）
统一书号：8061.658 定价：CNY0.10

J0154173
电影新歌选 （1959 第 4 期）中国电影出版社
编辑
北京 中国电影出版社 1959 年 17 页 19cm（32 开）
统一书号：8061.668 定价：CNY0.08

J0154174
电影新歌选 （1959 第 5 期）中国电影出版社
编辑
北京 中国电影出版社 1959 年 24 页 19cm（32 开）
统一书号：8061.690 定价：CNY0.10

J0154175
电影新歌选 （1959 第 6 期）中国电影出版

社编辑
北京 中国电影出版社 1959 年 24 页 19cm（32 开）
统一书号：8061.743 定价：CNY0.10

J0154176
电影新歌选 （1959 第 7 期）中国电影出版社
编辑
北京 中国电影出版社 1959 年 16 页 19cm（32 开）
统一书号：8061.761 定价：CNY0.08

J0154177
电影新歌选 （1959 第 8 期）中国电影出版社
编辑
北京 中国电影出版社 1959 年 22 页 19cm（32 开）
统一书号：8061.813 定价：CNY0.10

J0154178
电影新歌选 （17）中国电影出版社编辑
北京 中国电影出版社 1959 年 28 页 19cm（32 开）
统一书号：8061.597 定价：CNY0.10

J0154179
电影新歌选 （第 18 期）中国电影出版社编辑
北京 中国电影出版社 1959 年 24 页 19cm（32 开）
统一书号：8061.628 定价：CNY0.10

J0154180
电影新歌选 （合订本 1959 6–10）中国电影出
版社编辑
北京 中国电影出版社 1959 年 82 页 19cm（32 开）
统一书号：8061.565 定价：CNY0.26

J0154181
电影新歌选 （合订本 1959 11–15）中国电影
出版社编辑
北京 中国电影出版社 1959 年 130 页
19cm（32 开）统一书号：8061.565
定价：CNY0.38

J0154182
电影新歌选 （1959 年 1–7）中国电影出版社
编辑
北京 中国电影出版社 1959 年 19cm（32 开）

J0154183
电影新歌选 （合订本 1959 年 1–5）中国电影
出版社编辑
北京 中国电影出版社 1959 年 78 页 19cm（32 开）
统一书号：8061.204 定价：CNY0.25

J0154184
电影新歌选 （1959 第 9 期）中国电影出版社
编辑
北京 中国电影出版社 1960 年 19 页 19cm（32 开）
统一书号：8061.829 定价：CNY0.08

J0154185
电影新歌选 （1959 第 10 期）中国电影出版社
编辑
北京 中国电影出版社 1960 年 19 页 19cm（32 开）
统一书号：8061.845 定价：CNY0.08

J0154186
电影新歌选 （1960.1）中国电影出版社编辑
北京 中国电影出版社 1960 年 16 页 19cm（32 开）
统一书号：8061.850 定价：CNY0.08

J0154187
电影新歌选 （1960.2）中国电影出版社编辑
北京 中国电影出版社 1960 年 17 页 19cm（32 开）
统一书号：8061.854 定价：CNY0.08

J0154188
电影新歌选 （1960.3）中国电影出版社编辑
北京 中国电影出版社 1960 年 简谱本 16 页
19cm（32 开）统一书号：8061.862
定价：CNY0.08

J0154189
电影新歌选 （1960.4）中国电影出版社编辑
北京 中国电影出版社 1960 年 简谱本 16 页
19cm（32 开）统一书号：8061.868
定价：CNY0.08

J0154190
电影新歌选 （1960.5）中国电影出版社编辑
北京 中国电影出版社 1960 年 16 页 19cm（32 开）
统一书号：8061.893 定价：CNY0.08

J0154191
电影新歌选 （1960.6）中国电影出版社编辑
北京 中国电影出版社 1960 年 16 页 19cm（32 开）
统一书号：8061.897 定价：CNY0.08

J0154192
电影新歌选 （1960.7）中国电影出版社编辑
北京 中国电影出版社 1960 年 简谱本 16 页
19cm（32 开）统一书号：8061.913
定价：CNY0.08

J0154193
电影新歌选 （1960.8）中国电影出版社编辑
北京 中国电影出版社 1960 年 简谱本 16 页
19cm（32 开）统一书号：8061.927
定价：CNY0.08

J0154194
电影新歌选 （1960 年 2–8）中国电影出版社
编辑
北京 中国电影出版社 1960 年 19cm（32 开）

J0154195
电影新歌选 （合订本 1961 4）中国电影出版
社编辑
北京 中国电影出版社 1961 年 112 页 有曲谱
19cm（32 开）统一书号：8061.863
定价：CNY0.34

J0154196
电影新歌选 （1963 第 5 辑）中国电影出版社
编辑
北京 中国电影出版社 1963 年 简谱本 16 页
17cm（40 开）统一书号：8061.1106
定价：CNY0.08

J0154197
电影新歌选 （1965 第 4 辑）中国电影出版社
编辑
北京 中国电影出版社 1965 年 简谱本 23 页
17cm（40 开）统一书号：8061.1203
定价：CNY0.08

J0154198
电影新歌选 （1965 第 5 辑）中国电影出版社

编辑
北京 中国电影出版社 1965 年 简谱本 22 页
17cm（40 开）统一书号：8061.1211
定价：CNY0.08

J0154199
电影新歌选 （1965 第 6 辑）中国电影出版社
编辑
北京 中国电影出版社 1965 年 简谱本 16 页
17cm（40 开）统一书号：8061.1220
定价：CNY0.07

J0154200
电影新歌选 （1965 第 7 辑）中国电影出版
社编辑
北京 中国电影出版社 1965 年 简谱本 17 页
17cm（40 开）统一书号：8061.1221
定价：CNY0.07

J0154201
电影新歌选 （1965 第 8 辑）中国电影出版
社编辑
北京 中国电影出版社 1966 年 简谱本 18 页
17cm（40 开）统一书号：8061.1259
定价：CNY0.07

J0154202
"五四"以来电影歌曲选 （上集）陈寿楠,韩
渊编
北京 中国电影出版社 1957 年 48 页 18cm（30 开）
统一书号：8061.129 定价：CNY0.17

J0154203
"五四"以来电影歌曲选 （下集）陈寿楠,韩
渊编选
[北京] 中国电影出版社 1957 年 修订版
18cm（30 开）定价：CNY0.20

J0154204
"五四"以来电影歌曲选 （下集）陈寿楠,韩
渊编
北京 中国电影出版社 1957 年 18cm（30 开）
统一书号：8061.138 定价：CNY0.22

J0154205
电影《凤凰之歌》插曲 寄明作曲；鲁彦周作词
北京 中国电影出版社 1957 年 8 页 19cm（32 开）
统一书号：8061.136 定价：CNY0.05
　　作者寄明（1917—1997），女，作曲家、钢琴
演奏家。原名吴亚贞，江苏淮安人，毕业于上海
国立音乐专科学校。历任东北鲁迅艺术学院音
乐系主任、教授，东北音乐专科学校副校长等职。
作曲作品有《英雄小八路》《我们是共产主义接
班人》《给解放军叔叔洗衣裳》。

J0154206
上影 1956 年电影歌曲集 上海电影制片厂
音乐创作室编
上海 上海音乐出版社 1957 年 64 页 19cm（32 开）
统一书号：8127.066 定价：CNY0.10

J0154207
上影 1956 年电影歌曲集 上海电影制片厂编
上海 上海音乐出版社 1957 年 定价：CNY0.19

J0154208
武术 （影片《杂技艺术表演》插曲）何彬作曲
上海 上海音乐出版社 1957 年 影印本 11 页
26cm（16 开）统一书号：8127.075
定价：CNY0.28

J0154209
影片《凤凰之歌》和《女蓝五号》插曲
上海电影制片厂编辑
上海 上海音乐出版社 1957 年 12 页 19cm（32 开）
统一书号：8127.074 定价：CNY0.06
　　中国电影歌曲选集。

J0154210
影片《护士日记》插曲 王云阶作曲；芦芒作词
上海 上海音乐出版社 1957 年 影印本 12 页
19cm（32 开）统一书号：8127.111
定价：CNY0.06
　　中国现代电影歌曲作品。

J0154211
《杜十娘》选曲 徐文耀等著
北京 中国电影出版社 1958 年 35 页 16cm（25 开）
统一书号：8061.379 定价：CNY0.10

中国现代电影歌曲选集。

J0154212
电影《布谷鸟又叫了》插曲　杨履方作词；
胡登跳作曲
北京　中国电影出版社　1958年　15页　19cm（32开）
统一书号：8061.441　定价：CNY0.08

J0154213
电影《画中人》歌曲集　贺敬之词；马可曲
北京　中国电影出版社　1958年　49页　19cm（32开）
统一书号：8061.380　定价：CNY0.16

J0154214
电影《红霞》歌曲选集　石汉作词；张锐作曲
北京　中国电影出版社　1958年　21页　19cm（32开）
统一书号：8061.400　定价：CNY0.09
　　作者张锐（1920—2016），二胡演奏家、作曲
家。生于云南昆明，刘天华先生再传弟子。中国
音乐家协会理事、江苏音乐家协会表演艺术委员
会主任委员。代表作有歌剧音乐《红霞》，二胡曲
《大河涨水沙浪沙》《苍山十八涧山歌》《沂蒙山》
《山林中》等，出版《雨花拾谱》《张锐二胡练习曲
集》《琴弦雨丝》。

J0154215
电影歌片　（1958年版　1）
北京　中国电影出版社　1958年　10×8cm
定价：CNY0.03
　　本歌集收有歌曲《九九艳阳天》《美丽的家乡》。

J0154216
电影歌片　（1958年版　2）
北京　中国电影出版社　1958年　10×8cm
定价：CNY0.03
　　本歌集收有歌曲《金凤姑娘就是金凤凰》。

J0154217
电影歌片　（1958年版　3）
北京　中国电影出版社　1958年　10×8cm
定价：CNY0.03
　　本歌集收有歌曲《时代的列车隆隆的响》。

J0154218
电影歌片　（1958年版　4）

北京　中国电影出版社　1958年　10×8cm
定价：CNY0.03
　　本歌集收有歌曲《青春闪光》。

J0154219
电影歌片　（1958年版　5）
北京　中国电影出版社　1958年　10×8cm
定价：CNY0.03
　　本歌集收有歌曲《红灯下结成亲密的友谊》。

J0154220
电影歌片　（1958年版　6）
北京　中国电影出版社　1958年　10×8cm
定价：CNY0.03
　　本歌集收有歌曲《山中的凤凰为何不飞翔》
《童养媳也要活得象人样》《银河》。

J0154221
电影歌片　（1958年版　7）
北京　中国电影出版社　1958年　10×8cm
定价：CNY0.03
　　本歌集收有歌曲《太阳出来红一点》《姑娘
的心》。

J0154222
电影歌片　（1958年版　8）
北京　中国电影出版社　1958年　10×8cm
定价：CNY0.03
　　本歌集收有歌曲《我的祖国》《建设进
行曲》。

J0154223
电影歌片　（1958年版　9）
北京　中国电影出版社　1958年　10×8cm
定价：CNY0.03
　　本歌集收有歌曲《把青春献给祖国》《山间
铃响马帮来》。

J0154224
电影歌片　（1958年版　10）
北京　中国电影出版社　1958年　10×8cm
定价：CNY0.03
　　本歌集收有歌曲《我们在大地上栽种鲜花》
《让我们荡起双桨》。

J0154225
电影歌片 （1958 年版 11）
北京 中国电影出版社 1958 年 10×8cm
定价：CNY0.03
　　本歌集收有歌曲《路遇》。

J0154226
电影歌片 （1958 年版 12）
北京 中国电影出版社 1958 年 10×8cm
定价：CNY0.03
　　本歌集收有歌曲《织绢》《还家》。

J0154227
电影歌片 （1958 年版 13）
北京 中国电影出版社 1958 年 10×8cm
定价：CNY0.03
　　本歌集收有歌曲《一个战斗青年的故事》
《我们的火车头》。

J0154228
电影歌片 （1958 年版 14）
北京 中国电影出版社 1958 年 10×8cm
定价：CNY0.03
　　本歌集收有歌曲《歌唱可爱的人儿》《小海
军之歌》。

J0154229
电影歌片 （1958 年版 15）
北京 中国电影出版社 1958 年 10×8cm
定价：CNY0.03
　　本歌集收有歌曲《友谊之歌》《巴库之歌》。

J0154230
电影歌片 （1958 年版 16）
北京 中国电影出版社 1958 年 10×8cm
定价：CNY0.03
　　本歌集收有歌曲《搬运工人歌》。

J0154231
电影歌片 （1958 年版 17）
北京 中国电影出版社 1958 年 10×8cm
定价：CNY0.03
　　本歌集收有歌曲《提高警惕》《边防军
之歌》。

J0154232
电影歌片 （1958 年版 18）
北京 中国电影出版社 1958 年 10×8cm
定价：CNY0.03
　　本歌集收有歌曲《船歌》《营火之歌》。

J0154233
电影歌片 （1958 年版 19）
北京 中国电影出版社 1958 年 10×8cm
定价：CNY0.03
　　本歌集收有歌曲《丰收之歌》《弹起我心爱
的土琵琶》。

J0154234
电影歌片 （1958 年版 20）
北京 中国电影出版社 1958 年 10×8cm
定价：CNY0.03
　　本歌集收有歌曲《自由之鸟》《卓玛》《朵布
龙对唱》。

J0154235
电影歌片 （1958 年版 21）
北京 中国电影出版社 1958 年 10×8cm
定价：CNY0.03
　　本歌集收有歌曲《划船曲》《姑娘就会爱
上你》。

J0154236
电影歌片 （1958 年版 22）
北京 中国电影出版社 1958 年 10×8cm
定价：CNY0.03
　　本歌集收有歌曲《快乐的人们》《雁群歌》。

J0154237
电影歌片 （1958 年版 23）
北京 中国电影出版社 1958 年 10×8cm
定价：CNY0.03
　　本歌集收有歌曲《新时代的青春》《采花
姑娘》。

J0154238
电影歌片 （1958 年版 24）
北京 中国电影出版社 1958 年 10×8cm
定价：CNY0.03
　　本歌集收有歌曲《长征颂歌》。

J0154239
电影歌片 （1958 年版 25）
北京 中国电影出版社 1958 年 10×8cm
定价：CNY0.03
　　本歌集收有歌曲《红都瑞金》《和平万岁》。

J0154240
电影歌片 （1958 年版 26）
北京 中国电影出版社 1958 年 10×8cm
定价：CNY0.03
　　本歌集收有歌曲《在祖国和平的土地上》
《乘务员歌》。

J0154241
电影歌片 （1958 年版 27）
北京 中国电影出版社 1958 年 10×8cm
定价：CNY0.03
　　本歌集收有歌曲《骏马飞奔》。

J0154242
电影歌片 （1958 年版 28）
北京 中国电影出版社 1958 年 10×8cm
定价：CNY0.03
　　本歌集收有歌曲《雀儿山》。

J0154243
电影歌片 （1958 年版 29）
北京 中国电影出版社 1958 年 10×8cm
定价：CNY0.03
　　本歌集收有歌曲《共产儿童团歌》《五龙河》
《民兵的儿子》。

J0154244
电影歌片 （1958 年版 30）
北京 中国电影出版社 1958 年 10×8cm
定价：CNY0.03
　　本歌集收有歌曲《夏令营旅行歌》《我们的
理想》。

J0154245
电影歌片 （1958 年版 31）
北京 中国电影出版社 1958 年 10×8cm
定价：CNY0.03
　　本歌集收有歌曲《栏羊娃娃的牧歌》《草原
牧歌》。

J0154246
电影歌片 （1958 年版 32）
北京 中国电影出版社 1958 年 10×8cm
定价：CNY0.03
　　本歌集收有歌曲《敖包相会》《河边独唱》
《剪羊毛歌》。

J0154247
电影歌片 （1958 年版 33）
北京 中国电影出版社 1958 年 10×8cm
定价：CNY0.03
　　本歌集收有歌曲《领棉花》。

J0154248
电影歌片 （1958 年版 34）
北京 中国电影出版社 1958 年 10×8cm
定价：CNY0.03
　　本歌集收有歌曲《我们走向生活》《在库班
的草原上》。

J0154249
电影歌片 （1958 年版 35）
北京 中国电影出版社 1958 年 10×8cm
定价：CNY0.03
　　本歌集收有歌曲《劳动最光荣》《小小
英雄》。

J0154250
电影歌片 （1958 年版 36）
北京 中国电影出版社 1958 年 10×8cm
定价：CNY0.03
　　本歌集收有歌曲《社会主义放光芒》《欢乐
歌舞》《新农村的接班人》。

J0154251
电影歌片 （1958 年版 37）
北京 中国电影出版社 1958 年 10×8cm
定价：CNY0.03
　　本歌集收有歌曲《幸福的源泉》《巡逻兵
之歌》。

J0154252
电影歌片 （1958 年版 38）
北京 中国电影出版社 1958 年 10×8cm
定价：CNY0.03

本歌集收有歌曲《海员之歌》。

J0154253
电影歌片 （1958 年版 39 ）
北京 中国电影出版社 1958 年 10×8cm
定价：CNY0.03
　　本歌集收有歌曲《走向新中国》。

J0154254
电影歌片 （1958 年版 40 ）
北京 中国电影出版社 1958 年 10×8cm
定价：CNY0.03
　　本歌集收有歌曲《我不是不爱你》《江南农村》。

J0154255
电影歌片 （1958 年版 41 ）
北京 中国电影出版社 1958 年 10×8cm
定价：CNY0.03
　　本歌集收有歌曲《莫斯科你灯光照四方》《青年之歌》。

J0154256
电影歌片 （1958 年版 42 ）
北京 中国电影出版社 1958 年 10×8cm
定价：CNY0.03
　　本歌集收有歌曲《红海军进行曲》《伏尔加之歌》《草原的路上》。

J0154257
电影歌片 （1958 年版 43 ）
北京 中国电影出版社 1958 年 10×8cm
定价：CNY0.03
　　本歌集收有歌曲《英雄赞》《歌唱十三陵修水库》。

J0154258
电影歌片 （1958 年版 44 ）
北京 中国电影出版社 1958 年 10×8cm
定价：CNY0.03
　　本歌集收有歌曲《三门峡开工歌》《山歌好唱口好开》。

J0154259
电影歌片 （1958 年版 45 ）

北京 中国电影出版社 1958 年 10×8cm
定价：CNY0.03
　　本歌集收有歌曲《新人新事出在新国家》。

J0154260
电影歌片 （1958 年版 46 ）
北京 中国电影出版社 1958 年 10×8cm
定价：CNY0.03
　　本歌集收有歌曲《布谷鸟的歌》。

J0154261
电影歌片 （1958 年版 47 ）
北京 中国电影出版社 1958 年 10×8cm
定价：CNY0.03
　　本歌集收有歌曲《延安颂》《丰收之歌》。

J0154262
电影歌片 （1958 年版 48 ）
北京 中国电影出版社 1958 年 10×8cm
定价：CNY0.03
　　本歌集收有歌曲《清津浦船歌》《百灵鸟》。

J0154263
电影歌片 （1958 年版 50 ）
北京 中国电影出版社 1958 年 10×8cm
定价：CNY0.03
　　本歌集收有歌曲《叫高山低头海水让路》《把那英国甩后边》。

J0154264
电影歌片 （1958 年版 51 ）
北京 中国电影出版社 1958 年 10×8cm
定价：CNY0.03
　　本歌集收有歌曲《月亮出来明晃晃》《括地风》。

J0154265
电影歌片 （1958 年版 52 ）
北京 中国电影出版社 1958 年 10×8cm
定价：CNY0.03
　　本歌集收有歌曲《"红霞"序曲》《我把青春迎光明》。

J0154266
电影歌片 （1958 年版 53 ）

北京 中国电影出版社 1958 年 10×8cm

定价：CNY0.03

　　本歌集收有歌曲《春来歌》《我等着》《胜利再相逢》。

J0154267

电影歌片 （1958 年版 54）

北京 中国电影出版社 1958 年 10×8cm

定价：CNY0.03

　　本歌集收有歌曲《太阳啊你再照照我》《一朵好花攀上墙》。

J0154268

电影歌片 （1958 年版 55）

北京 中国电影出版社 1958 年 10×8cm

定价：CNY0.03

　　本歌集收有歌曲《祝红军》《颂歌》。

J0154269

电影歌片 （1958 年版 56）

北京 中国电影出版社 1958 年 10×8cm

定价：CNY0.03

　　本歌集收有歌曲《溪水清清溪水长》《织朵菊花送牛郎》《十五的月亮望不》《幸福的金桥》。

J0154270

电影歌片 （1958 年版 57）

北京 中国电影出版社 1958 年 10×8cm

定价：CNY0.03

　　本歌集收有歌曲《劳动万岁》。

J0154271

电影歌片 （1958 年版 60）

北京 中国电影出版社 1958 年 10×8cm

定价：CNY0.03

　　本歌集收有歌曲《一天等于二十年》《插红旗》。

J0154272

电影歌片 （1958 年版 61）

北京 中国电影出版社 1958 年 10×8cm

定价：CNY0.03

　　本歌集收有歌曲《为啥天上红旗飘》《红旗飘》。

J0154273

电影歌片 （1958 年版 62）

北京 中国电影出版社 1958 年 10×8cm

定价：CNY0.03

　　本歌集收有歌曲《战斗在海上》《生产归来》。

J0154274

电影歌片 （1958 年版 63）

北京 中国电影出版社 1958 年 10×8cm

定价：CNY0.03

　　本歌集收有歌曲《看到了红旗看到了你》《黄竹搭桥节节空》。

J0154275

电影歌片 （1958 年版 64）

北京 中国电影出版社 1958 年 10×8cm

定价：CNY0.03

　　本歌集收有歌曲《猛听说红军在前面》《我要救出心上人》。

J0154276

电影歌片 （1958 年版 65）

北京 中国电影出版社 1958 年 10×8cm

定价：CNY0.03

　　本歌集收有歌曲《六亿人民的怒吼》《不准侵略阿拉伯》《不准侵略者破坏和平》。

J0154277

电影歌曲选 （第 1 集）音乐出版社编辑部编

北京 音乐出版社 1958 年 61 页 14cm（64 开）

统一书号：8026.839 定价：CNY0.13

J0154278

电影歌曲选 （第 2 集）音乐出版社编辑部编

北京 音乐出版社 1959 年 45 页 14cm（64 开）

统一书号：8026.1156 定价：CNY0.10

J0154279

电影歌曲选 （第 3 集）音乐出版社编辑部编

北京 音乐出版社 1960 年 定价：CNY0.11

J0154280

海员之歌 吕其明等作曲；孙瑜等作词

上海 上海音乐出版社 1958 年 影印本 16 页

19cm（32 开）统一书号：8127.131
定价：CNY0.07
（电影歌曲专刊 3）
　　中国现代电影歌曲作品集。

J0154281
日出东方一片红
北京 中国电影出版社 1958年 48页 19cm（32 开）
统一书号：8061.502 定价：CNY0.15
　　长影故事片《边寨烽火》插曲。

J0154282
上影 1958 年电影歌曲 （第一集）
上海电影乐团资料室编
上海 上海文艺出版社 1958年 37页 19cm（32 开）
统一书号：8078.300 定价：CNY0.12

J0154283
电影《江山多娇》歌曲集　王云，黄宗江作词；
高如星作曲
北京 中国电影出版社 1959年 简谱本 12页
有图 19cm（32 开）统一书号：8061.762
定价：CNY0.08

J0154284
电影《绿色的原野》歌曲集　张加毅等作词曲
北京 中国电影出版社 1959年 13页 19cm（32 开）
统一书号：8061.775 定价：CNY0.08

J0154285
电影《苗家儿女》组歌　周民震词；黄准曲
北京 中国电影出版社 1959年 16页 19cm（32 开）
统一书号：8061.609 定价：CNY0.08

J0154286
电影《南方之舞》歌曲选集　中国电影出版社
编辑
北京 中国电影出版社 1959年 30页 有照片
19cm（32 开）统一书号：8061.742
定价：CNY0.11

J0154287
电影《十三陵水库畅想曲》歌曲集　田汉，金
山词；姚牧等曲
北京 中国电影出版社 1959年 24页 19cm（32 开）

统一书号：8061.608 定价：CNY0.10

J0154288
电影儿童歌曲集 （上影 1958 年美术片插曲）
上海电影乐团资料室编
上海 上海文艺出版社 1959年 24页 19cm（32 开）
统一书号：8078.0748 定价：CNY0.09

J0154289
电影歌片 （1959 年版 1）
北京 中国电影出版社 1959年 10×8cm
定价：CNY0.03
　　本歌集收有歌曲《一年赛过二十年》《辽宁
九月好风光》。

J0154290
电影歌片 （1959 年版 2）
北京 中国电影出版社 1959年 10×8cm
定价：CNY0.03
　　本歌集收有歌曲《汗水烧开幸福花》《幸福
不会从天降》。

J0154291
电影歌片 （1959 年版 3）
北京 中国电影出版社 1959年 10×8cm
定价：CNY0.03
　　本歌集收有歌曲《社会主义是天堂》《高高
山上挂明灯》《前进！青年们！》。

J0154292
电影歌片 （1959 年版 4）
北京 中国电影出版社 1959年 10×8cm
定价：CNY0.03
　　本歌集收有歌曲《要和时间来赛跑》《快马
加鞭莫停留》。

J0154293
电影歌片 （1959 年版 5）
北京 中国电影出版社 1959年 10×8cm
定价：CNY0.03
　　本歌集收有歌曲《少先队之歌》《幼儿园里
多快乐》《歌唱幸福新生活》。

J0154294
电影歌片 （1959 年版 6）

北京 中国电影出版社 1959 年 10×8cm

定价: CNY0.03

　　本歌集收有歌曲《如今织女在人间》。

J0154295

电影歌片 （1959 年版 7）

北京 中国电影出版社 1959 年 10×8cm

定价: CNY0.03

　　本歌集收有歌曲《秋收》《赞歌》《收租》《烈火》。

J0154296

电影歌片 （1959 年版 8）

北京 中国电影出版社 1959 年 10×8cm

定价: CNY0.03

　　本歌集收有歌曲《剪喜字》《自尽》《哭爹》《相思》《出走》。

J0154297

电影歌片 （1959 年版 9）

北京 中国电影出版社 1959 年 10×8cm

定价: CNY0.03

　　本歌集收有歌曲《斗争会》。

J0154298

电影歌片 （1959 年版 10）

北京 中国电影出版社 1959 年 10×8cm

定价: CNY0.03

　　本歌集收有歌曲《工农联盟万年长》《打开矿山钢花放》。

J0154299

电影歌片 （1959 年版 11）

北京 中国电影出版社 1959 年 10×8cm

定价: CNY0.03

　　本歌集收有歌曲《万杆红旗遍地插》《一道清溪山下流》。

J0154300

电影歌片 （1959 年版 12）

北京 中国电影出版社 1959 年 10×8cm

定价: CNY0.03

　　本歌集收有歌曲《满山葡萄红艳艳》《采蘑菇》。

J0154301

电影歌片 （1959 年版 13）

北京 中国电影出版社 1959 年 10×8cm

定价: CNY0.03

　　本歌集收有歌曲《要报喜讯报北京》《棉田之歌》。

J0154302

电影歌片 （1959 年版 14）

北京 中国电影出版社 1959 年 10×8cm

定价: CNY0.03

　　本歌集收有歌曲《你追我赶》《直到你点头答应了》。

J0154303

电影歌片 （1959 年版 15）

北京 中国电影出版社 1959 年 10×8cm

定价: CNY0.03

　　本歌集收有歌曲《"跃进"的花朵在海洋上开》。

J0154304

电影歌片 （1959 年版 16）

北京 中国电影出版社 1959 年 10×8cm

定价: CNY0.03

　　本歌集收有歌曲《鲁班颂》。

J0154305

电影歌片 （1959 年版 17）

北京 中国电影出版社 1959 年 10×8cm

定价: CNY0.03

　　本歌集收有歌曲《要在地上建天堂》《共产主义曙光照前程》。

J0154306

电影歌片 （1959 年版 18）

北京 中国电影出版社 1959 年 10×8cm

定价: CNY0.03

　　本歌集收有歌曲《恋歌》《记住》。

J0154307

电影歌片 （1959 年版 19）

北京 中国电影出版社 1959 年 10×8cm

定价: CNY0.03

　　本歌集收有歌曲《采棉歌》《东风吹》。

J0154308
电影歌片　（1959 年版 20）
北京 中国电影出版社 1959 年 10×8cm
定价：CNY0.03
　　本歌集收有歌曲《钢铁开花》。

J0154309
电影歌片　（1959 年版 21）
北京 中国电影出版社 1959 年 10×8cm
定价：CNY0.03
　　本歌集收有歌曲《神鹰要展翅飞翔》《丰
收曲》。

J0154310
电影歌片　（1959 年版 22）
北京 中国电影出版社 1959 年 10×8cm
定价：CNY0.03
　　本歌集收有歌曲《飞向共产主义的明天》
《砍柴山歌》。

J0154311
电影歌片　（1959 年版 23）
北京 中国电影出版社 1959 年 10×8cm
定价：CNY0.03
　　本歌集收有歌曲《我们是小小的发明家》。

J0154312
电影歌片　（1959 年版 24）
北京 中国电影出版社 1959 年 10×8cm
定价：CNY0.03
　　本歌集收有歌曲《苗山呵换上了新装》。

J0154313
电影歌片　（1959 年版 25）
北京 中国电影出版社 1959 年 10×8cm
定价：CNY0.03
　　本歌集收有歌曲《我的心不在画上住》《撒
糊子撩在外》。

J0154314
电影歌片　（1959 年版 26）
北京 中国电影出版社 1959 年 10×8cm
定价：CNY0.03
　　本歌集收有歌曲《难忘的童年》。

J0154315
电影歌片　（1959 年版 27）
北京 中国电影出版社 1959 年 10×8cm
定价：CNY0.03
　　本歌集收有歌曲《欢呼国庆十周年》《友谊
的长城万岁》。

J0154316
电影歌片　（1959 年版 28）
北京 中国电影出版社 1959 年 10×8cm
定价：CNY0.03
　　本歌集收有歌曲《牧人之歌》《祖国颂歌》。

J0154317
电影歌片　（1959 年版 29）
北京 中国电影出版社 1959 年 10×8cm
定价：CNY0.03
　　本歌集收有歌曲《草原之夜》《节日来到了》。

J0154318
电影歌片　（1959 年版 30）
北京 中国电影出版社 1959 年 10×8cm
定价：CNY0.03
　　本歌集收有歌曲《举杯》《舀杯河水给你喝》。

J0154319
电影歌片　（1959 年版 31）
北京 中国电影出版社 1959 年 10×8cm
定价：CNY0.03
　　本歌集收有歌曲《摇篮曲》《迎着阳光齐步
前进》。

J0154320
电影歌片　（1959 年版 32）
北京 中国电影出版社 1959 年 10×8cm
定价：CNY0.03
　　本歌集收有歌曲《庆丰收》《大家来唱丰
收歌》。

J0154321
电影歌片　（1959 年版 33）
北京 中国电影出版社 1959 年 10×8cm
定价：CNY0.03
　　本歌集收有歌曲《有心结亲不怕风》《一朵
红花红彩彩》。

J0154322
电影歌片 （1959 年版 34）
北京 中国电影出版社 1959 年 10×8cm
定价：CNY0.03
　　本歌集收有歌曲《绿色的平原一望无边》
《我望着辽阔的田野》。

J0154323
电影歌片 （1959 年版 66）
北京 中国电影出版社 1959 年 10×8cm
定价：CNY0.03
　　本歌集收有歌曲《跃进花开麦浪高》。

J0154324
电影歌片 （1959 年版 67）
北京 中国电影出版社 1959 年 10×8cm
定价：CNY0.03
　　本歌集收有歌曲《劳动竞赛之歌》《静静的
顿河》。

J0154325
电影歌片 （1959 年版 68）
北京 中国电影出版社 1959 年 10×8cm
定价：CNY0.03
　　本歌集收有歌曲《社会主义高楼高万丈》。

J0154326
电影歌片 （1959 年版 69）
北京 中国电影出版社 1959 年 10×8cm
定价：CNY0.03
　　本歌集收有歌曲《兴国山歌》。

J0154327
电影歌片 （1959 年版 70）
北京 中国电影出版社 1959 年 10×8cm
定价：CNY0.03
　　本歌集收有歌曲《思想解放红花开》《大家
往前夯》《要把旱田变水田》。

J0154328
电影歌片 （1959 年版 71）
北京 中国电影出版社 1959 年 10×8cm
定价：CNY0.03
　　本歌集收有歌曲《超过英国在今朝》《赤沙
变金沙》。

J0154329
电影歌片 （1959 年版 72）
北京 中国电影出版社 1959 年 10×8cm
定价：CNY0.03
　　本歌集收有歌曲《天高那有志气高》

J0154330
电影歌片 （1959 年版 73）
北京 中国电影出版社 1959 年 10×8cm
定价：CNY0.03

J0154331
电影歌片 （1959 年版 74）
北京 中国电影出版社 1959 年 10×8cm
定价：CNY0.03
　　本歌集收有歌曲《水利化灌醒了全社农田》
《赶车谣》。

J0154332
电影歌片 （1959 年版 75）
北京 中国电影出版社 1959 年 10×8cm
定价：CNY0.03
　　本歌集收有歌曲《淮北平原好风光》。

J0154333
电影歌片 （1959 年版 76）
北京 中国电影出版社 1959 年 10×8cm
定价：CNY0.03
　　本歌集收有歌曲《欢迎新来的小朋友》《看
我们小朋友生活多么好》《唱阿姨》。

J0154334
电影歌片 （1959 年版 77）
北京 中国电影出版社 1959 年 10×8cm
定价：CNY0.03
　　本歌集收有歌曲《我们是绿化长江的小尖
兵》《火车火车快快跑》《太阳一出满天红》。

J0154335
电影歌片 （1959 年版 78）
北京 中国电影出版社 1959 年 10×8cm
定价：CNY0.03
　　本歌集收有歌曲《更鼓阵阵催》《画儿好》。

J0154336
电影歌片 （1959 年版 79）
北京 中国电影出版社 1959 年 10×8cm
定价：CNY0.03
　　本歌集收有歌曲《风雪千里心似火》《金针
刺透千层云》。

J0154337
电影歌片 （1959 年版 80）
北京 中国电影出版社 1959 年 10×8cm
定价：CNY0.03
　　本歌集收有歌曲《再求巧姐把口开》《不怕
它青天塌下来》。

J0154338
电影歌片 （1959 年版 81）
北京 中国电影出版社 1959 年 10×8cm
定价：CNY0.03
　　本歌集收有歌曲《聪明的女儿爱绣花》。

J0154339
电影歌片 （1959 年版 82）
北京 中国电影出版社 1959 年 10×8cm
定价：CNY0.03
　　本歌集收有歌曲《生活的凯歌》《歌唱英
雄城》。

J0154340
电影歌片 （1959 年版 83）
北京 中国电影出版社 1959 年 10×8cm
定价：CNY0.03
　　本歌集收有歌曲《革命干劲似烈火》。

J0154341
电影歌片 （1959 年版 84）
北京 中国电影出版社 1959 年 10×8cm
定价：CNY0.03
　　本歌集收有歌曲《革命英雄不畏难》《龙门
那有决心高》《五千吨上红旗飘》。

J0154342
电影歌片 （1959 年版 85）
北京 中国电影出版社 1959 年 10×8cm
定价：CNY0.03
　　本歌集收有歌曲《街道上百花开》。

J0154343
电影歌片 （1959 年版 86）
北京 中国电影出版社 1959 年 10×8cm
定价：CNY0.03
　　本歌集收有歌曲《丰收》。

J0154344
电影歌片 （1959 年版 87）
北京 中国电影出版社 1959 年 10×8cm
定价：CNY0.03
　　本歌集收有歌曲《在祖国的天空飞翔》《莫
斯科之歌》。

J0154345
电影歌片 （1959 年版 88）
北京 中国电影出版社 1959 年 10×8cm
定价：CNY0.03
　　本歌集收有歌曲《莫斯科你好》《和平颂》。

J0154346
电影歌片 （1959 年版 89）
北京 中国电影出版社 1959 年 10×8cm
定价：CNY0.03
　　本歌集收有歌曲《神圣的列宁旗帜》《水兵
进行曲》。

J0154347
电影歌片 （1959 年版 90）
北京 中国电影出版社 1959 年 10×8cm
定价：CNY0.03
　　本歌集收有歌曲《出征之歌》《行军歌》。

J0154348
电影歌片 （1959 年版 91）
北京 中国电影出版社 1959 年 10×8cm
定价：CNY0.03
　　本歌集收有歌曲《丰收之歌》。

J0154349
苗岭的春天 （剧作歌曲集）中国音乐家协会
贵阳分会筹委会，贵州人民出版社编
贵阳 贵州人民出版社 1959 年 33 页 19cm（32 开）
统一书号：8115.154 定价：CNY0.15

J0154350

上影 1958 年电影歌曲 （第二集）上海电影乐
团资料室编

上海 上海文艺出版社 1959 年 35 页 19cm（32 开）
统一书号：8078.557 定价：CNY0.11

J0154351

中国电影歌曲选集 （1949—1959）中国电影
出版社编辑

北京 中国电影出版社 1959 年 343 页
20cm（32 开）统一书号：8061.716
定价：CNY1.00

J0154352

中国电影歌曲选集 （1949—1964）中国电影
出版社编辑

北京 中国电影出版社 1965 年 简谱本 377 页
19cm（32 开）统一书号：8061.1156
定价：CNY0.83

J0154353

电影《五朵红云》歌曲集 张永枚作词；彦克
等作曲

北京 中国电影出版社 1960 年 10 页 19cm（32 开）
统一书号：8061.852 定价：CNY0.08

J0154354

电影《五朵金花》歌曲集 季康作词；雷振邦
作曲

北京 中国电影出版社 1960 年 12 页 19cm（32 开）
统一书号：8061.826 定价：CNY0.08

　　本电影歌曲集包括歌曲：《蝴蝶泉边》《绕
山林》《采药山歌》《乡围裙》《唱个山歌扔过墙》
《太阳一出云雾散》《三月街》。

J0154355

电影《一幅僮锦》歌曲集 钱家骏作词；吴应
炬作曲

北京 中国电影出版社 1960 年 21 页 26cm（16 开）
统一书号：8061.840 定价：CNY0.11

J0154356

木偶片《三只蝴蝶》歌曲集 西彤词；杨继
陶曲

北京 中国电影出版社 1960 年 17 页 15cm（40 开）

统一书号：8061.888 定价：CNY0.09

J0154357

五四以来电影歌曲选集 中国电影出版社编辑

北京 中国电影出版社 1960 年 120 页
19cm（32 开）统一书号：8061.859
定价：CNY0.38

J0154358

长影歌曲选 中国音乐家协会吉林分会编

长春 吉林人民出版社 1960 年 简谱本 166 页
20cm（32 开）统一书号：8091.89
定价：CNY0.50

J0154359

电影《洪湖赤卫队》歌曲选 湖北省实验歌
剧团集体作词；张敬安，欧阳谦叔作曲

北京 北京出版社 1961 年 16 页 19cm（32 开）
统一书号：8071.138 定价：CNY0.06

J0154360

电影歌曲选 （1961 年第 1 辑）中国电影出版
社编辑

北京 中国电影出版社 1961 年 28 页 15cm（40 开）
统一书号：8061.958 定价：CNY0.10

J0154361

电影歌曲选 （1961 年第 2 辑）中国电影出版社
编辑

北京 中国电影出版社 1961 年 28 页 15cm（40 开）
统一书号：8061.962 定价：CNY0.10

J0154362

电影歌曲选 （1961 年第 3 辑）中国电影出版社
编辑

北京 中国电影出版社 1961 年 48 页 15cm（40 开）
统一书号：8061.964 定价：CNY0.12

J0154363

电影歌曲选 （1961 年第 4 辑）中国电影出版社
编辑

北京 中国电影出版社 1961 年 28 页 15cm（40 开）
统一书号：8061.965 定价：CNY0.10

J0154364

电影歌曲选 （1961 年第 5 辑）中国电影出版社
编辑

北京 中国电影出版社 1961 年 30 页 15cm（40 开）
统一书号：8061.966 定价：CNY0.09

J0154365

电影歌曲选 （1961 年第 6 辑）中国电影出版社
编辑

北京 中国电影出版社 1961 年 28 页 15cm（40 开）
统一书号：8061.967 定价：CNY0.09

J0154366

电影歌曲选 （1961 年第 7 辑）中国电影出版社
编辑

北京 中国电影出版社 1961 年 30 页 15cm（40 开）
统一书号：8061.886 定价：CNY0.09

J0154367

电影歌曲选 （1961 年第 8 辑）中国电影出版社
编辑

北京 中国电影出版社 1961 年 28 页 15cm（40 开）
统一书号：8061.866 定价：CNY0.09

J0154368

电影歌曲选 （1962 年第 1 辑）中国电影出版社
编辑

北京 中国电影出版社 1962 年 简谱本 30 页
15cm（40 开）统一书号：8061.988
定价：CNY0.09

J0154369

电影歌曲选 （1962 年第 2 辑）中国电影出版
社编辑

北京 中国电影出版社 1962 年 简谱本 28 页
15cm（40 开）统一书号：8061.993
定价：CNY0.09

J0154370

电影歌曲选 （1962 年第 3 辑）中国电影出版社
编辑

北京 中国电影出版社 1962 年 简谱本 24 页
15cm（40 开）统一书号：8061.1008
定价：CNY0.09

J0154371

电影歌曲选 （1962 年第 4 辑）中国电影出版
社编辑

北京 中国电影出版社 1962 年 简谱本 20 页
15cm（40 开）统一书号：8061.1033
定价：CNY0.09

J0154372

电影歌曲选 （1961—1962 年）中国电影出版社
编辑

北京 中国电影出版社 1963 年 简谱本 319 页
15cm（40 开）统一书号：8061.1083
定价：CNY0.56

J0154373

电影歌曲选 （1962 年第 5 辑）中国电影出版社
编辑

北京 中国电影出版社 1963 年 简谱本 33 页
15cm（40 开）统一书号：8061.1052
定价：CNY0.10

J0154374

电影歌曲选 （1963 年第 1 辑）中国电影出版社
编辑

北京 中国电影出版社 1963 年 简谱本 21 页
15cm（40 开）统一书号：8061.1061
定价：CNY0.08

J0154375

电影歌曲选 （1963 年第 2 辑）中国电影出版社
编辑

北京 中国电影出版社 1963 年 简谱本 20 页
15cm（40 开）统一书号：8061.1072
定价：CNY0.08

J0154376

电影歌曲选 （1963 年第 3 辑）中国电影出版
社编辑

北京 中国电影出版社 1963 年 简谱本 12 页
15cm（40 开）统一书号：8061.1088
定价：CNY0.07

J0154377

电影歌曲选 （1963 年第 4 辑）中国电影出版社
编辑

北京 中国电影出版社 1963 年 简谱本 16 页
15cm（40 开）统一书号：8061.1093
定价：CNY0.08

J0154378
电影歌曲选 （1963 年第 5 辑）中国电影出版
社编
北京 中国电影出版社 1963 年 16 页 15cm（40 开）
统一书号：8061.1106 定价：CNY0.08

J0154379
电影歌曲选 （1963 年第 6 辑）中国电影出版
社编辑
北京 中国电影出版社 1963 年 简谱本 20 页
15cm（40 开）统一书号：8061.1120
定价：CNY0.08

J0154380
电影歌曲选 （1963 年第 7 辑）中国电影出版
社编辑
北京 中国电影出版社 1963 年 简谱本 18 页
15cm（40 开）统一书号：8061.1125
定价：CNY0.08

J0154381
电影歌曲选 （1963 年第 8 辑）中国电影出版社
编辑
北京 中国电影出版社 1963 年 简谱本 18 页
15cm（40 开）统一书号：8061.1134
定价：CNY0.08

J0154382
电影歌曲选 （1964 年第 1 辑）中国电影出版社
编辑
北京 中国电影出版社 1964 年 简谱本 20 页
15cm（40 开）统一书号：8061.1106
定价：CNY0.08

J0154383
电影歌曲选 （1964 年第 2 辑）中国电影出版社
编辑
北京 中国电影出版社 1964 年 简谱本 17 页
15cm（40 开）统一书号：8061.1148
定价：CNY0.08

J0154384
电影歌曲选 （1964 年第 3 辑）中国电影出版
社编辑
北京 中国电影出版社 1964 年 简谱本 24 页
15cm（40 开）统一书号：8061.1153
定价：CNY0.08

J0154385
电影歌曲选 （1964 年第 4 辑）中国电影出版
社编辑
北京 中国电影出版社 1964 年 简谱本 16 页
15cm（40 开）统一书号：8061.1157
定价：CNY0.07

J0154386
电影歌曲选 （1964 年第 5 辑）中国电影出版
社编辑
北京 中国电影出版社 1964 年 简谱本 28 页
15cm（40 开）统一书号：8061.1164
定价：CNY0.09

J0154387
电影歌曲选 （1964 年第 6 辑）中国电影出版
社编辑
北京 中国电影出版社 1964 年 简谱本 18 页
15cm（40 开）统一书号：8061.1120
定价：CNY0.08

J0154388
电影歌曲选 （1964 年第 7–8 辑）中国电影出
版社编辑
北京 中国电影出版社 1964 年 简谱本 33 页
15cm（40 开）统一书号：8061.1196
定价：CNY0.10

J0154389
电影歌曲选 （1965 年第 1 辑）中国电影出版
社编辑
北京 中国电影出版社 1965 年 简谱本 19 页
15cm（40 开）统一书号：8061.1185
定价：CNY0.07

J0154390
电影歌曲选 （1965 年第 2 辑）中国电影出版
社编辑

北京　中国电影出版社　1965 年　简谱本　26 页
15cm（40 开）统一书号：8061.1187
定价：CNY0.08

J0154391
电影歌曲选　（1965 年第 3 辑）中国电影出版
社编辑
北京　中国电影出版社　1965 年　简谱本　20 页
15cm（40 开）统一书号：8061.1173
定价：CNY0.07

J0154392
电影歌曲选　（1965 年第 4 辑）中国电影出版
社编辑
北京　中国电影出版社　1965 年　简谱本　23 页
15cm（40 开）统一书号：8061.1203
定价：CNY0.08

J0154393
电影歌曲选　（1965 年第 5 辑）中国电影出版
社编辑
北京　中国电影出版社　1965 年　简谱本　22 页
15cm（40 开）统一书号：8061.1211
定价：CNY0.08

J0154394
电影歌曲选　（1965 年第 6 辑）中国电影出版
社编辑
北京　中国电影出版社　1965 年　简谱本　16 页
15cm（40 开）统一书号：8061.1220
定价：CNY0.07

J0154395
电影歌曲选　（1965 年第 7 辑）中国电影出版
社编辑
北京　中国电影出版社　1965 年　简谱本　17 页
15cm（40 开）统一书号：8061.1221
定价：CNY0.08

J0154396
电影歌曲选　（1965 年第 8 辑）中国电影出版
社编辑
北京　中国电影出版社　1966 年　简谱本　18 页
17cm（40 开）统一书号：8061.1259
定价：CNY0.07

J0154397
影片《刘三姐》歌曲集　　乔羽词；雷振邦曲
北京　中国电影出版社　1961 年　简谱本　63 页
15cm（40 开）统一书号：8061.941
定价：CNY0.15
　　本书为中国现代电影歌曲集。

J0154398
影片《刘三姐》歌曲集　　乔羽词；雷振邦曲
北京　中国电影出版社　1963 年　简谱本　63 页
15cm（40 开）统一书号：8061.941
定价：CNY0.15
　　中国现代电影歌曲集。作者雷振邦（1916—
1997），满族，著名电影音乐作曲家、国家一级作
曲家。北京人，毕业于东京日本高等音乐学校作
曲科。历任中国音乐家协会理事、中国电影家协
会理事、中国电影音乐协会副会长，创作歌曲有
《刘三姐》《五朵金花》《冰山上的来客》《芦笙恋
歌》《达吉和她的父亲》等。

J0154399
电影《红珊瑚》歌曲集　　赵忠等作词；王锡仁，
胡士平作曲
北京　中国电影出版社　1962 年　简谱本　70 页
15cm（40 开）统一书号：8016.996
定价：CNY0.18

J0154400
电影歌曲选　（第 4 集）音乐出版社编辑部编
北京　音乐出版社　1962 年　简谱本　43 页
14cm（64 开）统一书号：8026.1526
定价：CNY0.10

J0154401
电影中的革命歌曲选辑　　中国电影出版社编辑
北京　中国电影出版社　1962 年　简谱本　47 页
15cm（40 开）统一书号：8061.1032
定价：CNY0.13

J0154402
《洪湖赤卫队》选曲　　成都市群众艺术馆编选
成都　四川人民出版社　1963 年　简谱本　48 页
15cm（40 开）统一书号：T8118.428
定价：CNY0.11
　　中国现代电影歌曲简谱。

J0154403

《刘三姐》选曲　成都市群众艺术馆编选
成都　四川人民出版社　1963 年　简谱本　20 页
15cm（40 开）统一书号：T8118.427
定价：CNY0.06

J0154404

采茶姐妹上茶山　（电影《刘三姐》插曲）福
建人民出版社编辑
福州　福建人民出版社　1963 年　12 页　11×15cm
统一书号：8104.388　定价：CNY0.04

J0154405

电影《洪湖赤卫队》歌曲集　梅少山等作词；
张敬安,欧阳谦作曲
北京　中国电影出版社　1963 年　简谱本　78 页
15cm（40 开）统一书号：8061.1059
定价：CNY0.17

J0154406

电影《洪湖赤卫队》歌曲选　梅少山等作词；
张敬安,欧阳谦叔曲
南宁　广西人民出版社　1977 年　50 页　19cm（32 开）
统一书号：8113.344　定价：CNY0.13

J0154407

电影歌曲　福建人民出版社选编
福州　福建人民出版社　1963 年　简谱本　87 页
11×15cm　统一书号：8104.381　定价：CNY0.18

J0154408

电影歌曲　福建人民出版社选编
福州　福建人民出版社　1964 年　2 版　简谱本　94 页
11cm（100 开）统一书号：8104.381
定价：CNY0.18

J0154409

洪湖水,浪打浪　（电影《洪湖赤卫队》插曲）
福建人民出版社编辑
福州　福建人民出版社　1963 年　10 页　11×15cm
统一书号：8104.389　定价：CNY0.04

J0154410

花儿朵朵向太阳　中国电影出版社编辑
北京　中国电影出版社　1963 年　简谱本　31 页

15cm（40 开）统一书号：8061.1065
定价：CNY0.12
　　电影歌曲选辑。

J0154411

珊瑚颂　（电影《红珊瑚》插曲）福建人民出版
社编辑
福州　福建人民出版社　1963 年　11 页　11×15cm
统一书号：8104.387　定价：CNY0.04

J0154412

幸福不会从天降　中国电影出版社编辑
北京　中国电影出版社　1963 年　简谱本　40 页
15cm（40 开）统一书号：8061.1036
定价：CNY0.12

J0154413

电影歌曲集《革命历史歌曲表演唱》　中国
电影出版社编辑
北京　中国电影出版社　1964 年　简谱本　94 页
15cm（40 开）统一书号：8061.1155
定价：CNY0.20

J0154414

电影歌曲　江西人民出版社编
南昌　江西人民出版社　1964 年　简谱本　73 页
11×15cm　统一书号：8110.383　定价：CNY0.18

J0154415

电影新歌选　（1）四川人民出版社编选
成都　四川人民出版社　1964 年　简谱本　19 页
15cm（40 开）统一书号：10118.644
定价：CNY0.09

J0154416

学习解放军　中国电影出版社编辑
北京　中国电影出版社　1964 年　简谱本　31 页
17cm（32 开）统一书号：8061.1183
定价：CNY0.10
　　电影歌曲选辑。

J0154417

知心的话儿对党说　四川人民出版社编选
成都　四川人民出版社　1964 年　34 页　10×15cm
统一书号：T8118.489　定价：CNY0.10

电影新歌选之二。

J0154418
电影歌曲选　中国音乐家协会贵州分会，贵州人民出版社合编
贵阳　贵州人民出版社　1965 年　简谱本　32 页
13cm（60 开）统一书号：8115.499
定价：CNY0.06

J0154419
西藏好　（纪录影片《山高水长》插曲　独唱歌曲　高音用）杨星火作词；罗念一作曲
北京　音乐出版社　1965 年　9 页　26cm（16 开）
统一书号：8026.2142　定价：CNY0.16

J0154420
《闪闪的红星》电影歌曲
上海　上海人民出版社　1974 年　19cm（小 32 开）
定价：CNY0.01

J0154421
电影歌曲选　辽宁人民出版社编
沈阳　辽宁人民出版社　1974 年　13cm（64 开）
定价：CNY0.05

J0154422
电影歌曲选　北京市文化局《工农兵文艺演唱》编辑组编
北京　人民出版社　1974 年　26 页　19cm（32 开）
统一书号：8071.126　定价：CNY0.08

J0154423
电影故事片《闪闪的红星》歌曲选
成都　四川人民出版社　1974 年　19cm（小 32 开）
定价：CNY0.01

J0154424
红星歌　（故事片《闪闪的红星》主题歌）
北京　人民出版社　1974 年　19cm（小 32 开）
定价：CNY0.02

J0154425
电影歌曲集　吉林人民出版社编辑
长春　吉林人民出版社　1975 年　46 页　19cm（32 开）
统一书号：8091.757　定价：CNY0.13

J0154426
电影歌曲选
合肥　安徽人民出版社　1975 年　69 页　19cm（32 开）
统一书号：8102.761　定价：CNY0.17

J0154427
电影歌曲选
广州　广东人民出版社　1975 年　80 页　19cm（32 开）
统一书号：8111.1378　定价：CNY0.17

J0154428
电影歌曲选　（1）
南宁　广西人民出版社　1975 年　57 页　19cm（32 开）
统一书号：8113.245　定价：CNY0.13

J0154429
电影歌曲选
石家庄　河北人民出版社　1975 年　129 页
19cm（32 开）统一书号：8086.552
定价：CNY0.27
　　本书有《红星歌》《英雄赞歌》《毛主席的话儿记心上》《沿着社会主义大道奔向前》等。

J0154430
钢铁洪流永向前　（革命歌曲）史俊词；
吕其明曲
北京　人民音乐出版社　1975 年［2］页　26cm（16 开）
统一书号：8026.3118　定价：CNY0.09
　　本书系电影《火红的年代》主题歌。

J0154431
红星歌　（少年儿童电影歌曲选）天津人民出版社编辑
天津　天津人民出版社　1975 年　41 页　13cm（60 开）
统一书号：8072.14　定价：CNY0.06

J0154432
誓做革命接班人　（电影歌曲选）湖北人民出版社编辑
武汉　湖北人民出版社　1975 年　53 页　19cm（32 开）
统一书号：8106.1576　定价：CNY0.14

J0154433
万众一心奔向前　（电影歌曲选）湖北人民出版社编辑

武汉　湖北人民出版社 1975 年 42 页 19cm（32 开）
统一书号：8106.1569　定价：CNY0.11

J0154434
万众一心奔向前　（革命歌曲）王倬词；全如
玢曲
北京　人民音乐出版社 1975 年　正谱本［4］页
26cm（16 开）统一书号：8026.3117
定价：CNY0.12

J0154435
沿着社会主义大道奔前方　（革命歌曲　正谱
本）张仲朋词；施万春曲
北京　人民音乐出版社 1975 年［3］页 26cm（16 开）
统一书号：8026.3116　定价：CNY0.09
　　影片《青松岭》插曲。

J0154436
春苗出土迎朝阳　（电影歌曲选）
武汉　湖北人民出版社 1976 年 84 页 19cm（32 开）
统一书号：8106.1778　定价：CNY0.19

J0154437
电影歌曲　（部分优秀故事片歌曲）云南省电
影公司选编
昆明　云南人民出版社 1976 年 91 页 13cm（60 开）
统一书号：8116.707　定价：CNY0.11
　　本书为中国现代电影歌曲选集。

J0154438
电影歌曲选　（2）
南宁　广西人民出版社 1976 年 126 页
19cm（32 开）统一书号：8113.302
定价：CNY0.25

J0154439
电影歌曲选　（2）北京市文化局《工农兵文艺
演唱》编辑组编
北京　人民出版社 1976 年 37 页 19cm（32 开）
统一书号：8071.183　定价：CNY0.10

J0154440
电影歌曲选　（3）北京市文化局《工农兵文艺
演唱》编辑组，北京市电影发行放映公司编
北京　人民出版社 1976 年 38 页 19cm（32 开）

统一书号：8071.202　定价：CNY0.10

J0154441
电影歌曲选　（4）北京市文化局《工农兵文艺
演唱》编辑组，北京市电影发行放映公司编
北京　人民出版社 1977 年 27 页 19cm（32 开）
统一书号：8071.223　定价：CNY0.09

J0154442
电影歌曲选　（5）北京市文化局《工农兵文艺
演唱》编辑组，北京市电影发行放映公司编
北京　人民出版社 1977 年 44 页 19cm（32 开）
统一书号：8071.224　定价：CNY0.11

J0154443
春天　（电影歌曲选）武汉市电影发行放映公
司编
武汉　湖北人民出版社 1978 年 114 页
19cm（32 开）统一书号：8106.1886
定价：CNY0.24

J0154444
电影歌曲集　上海文艺出版社编辑
上海　上海文艺出版社 1978 年 231 页
13cm（60 开）统一书号：8078.3002
定价：CNY0.34

J0154445
电影歌曲选　（3）
南宁　广西人民出版社 1978 年 101 页
19cm（32 开）统一书号：8113.453
定价：CNY0.23

J0154446
电影歌曲选　（2）
石家庄　河北人民出版社 1978 年 110 页
19cm（32 开）统一书号：8086.931
定价：CNY0.25

J0154447
电影歌曲选　（1978.1）湖南省电影发行放映
公司编
长沙　湖南人民出版社 1978 年 3 页
19cm（32 开）定价：CNY0.01

J0154448

电影歌曲选 （1978.2）湖南省电影发行放映
公司编
长沙　湖南人民出版社　1978 年　3 页
19cm（32 开）定价：CNY0.01

J0154449

电影歌曲选 （1978.3）湖南省电影发行放映
公司编
长沙　湖南人民出版社　1978 年　7 页
19cm（32 开）定价：CNY0.01

J0154450

电影歌曲选 （6）北京市文化局《工农兵文艺
演唱》编辑组,北京市电影公司编
北京　人民出版社　1978 年　44 页　19cm（32 开）
统一书号：8071.281　定价：CNY0.11

J0154451

电影歌曲选 （1）上海文艺出版社编
上海　上海文艺出版社　1978 年　28 页　13cm（60开）
统一书号：8078.3039　定价：CNY0.06

J0154452

电影歌曲选 （2）上海文艺出版社编
上海　上海文艺出版社　1978 年　25 页　13cm（60开）
统一书号：8078.3046　定价：CNY0.06

J0154453

电影歌曲选 （3）上海文艺出版社编
上海　上海文艺出版社　1978 年　37 页　13cm（60开）
统一书号：8078.3056　定价：CNY0.07

J0154454

电影歌曲选 （4）上海文艺出版社编
上海　上海文艺出版社　1978 年　30 页　13cm（60开）
统一书号：8078.3089　定价：CNY0.06

J0154455

满怀深情望北京 （女声独唱　钢琴伴奏）张
天民词；秦咏诚曲
北京　人民音乐出版社　1978 年　3 页　26cm（16开）
统一书号：8026.3368　定价：CNY0.09
　　本书系中国现代女声独唱电影歌曲专著。

J0154456

影片《刘三姐》选曲　山西省电影公司编
太原　山西人民出版社　1978 年　69 页　19cm（32 开）
统一书号：10088.587　定价：CNY0.18
　　本书为中国现代电影歌曲选集。

J0154457

30 年代优秀电影歌曲选
成都　四川人民出版社　1979 年　30 页　19cm（32 开）
统一书号：8118.650　定价：CNY0.10
　　民国时期电影歌曲选集。

J0154458

电影·歌剧选曲　中国音乐家协会编
北京　人民音乐出版社　1979 年　192 页
20cm（32 开）定价：CNY0.46
　　本书为建国三十年声乐作品选第三分册《电
影·歌剧选曲》。

J0154459

电影歌曲选
广州　广东人民出版社　1979 年　97 页
19cm（小 32 开）统一书号：8111.1950
定价：CNY0.23

J0154460

电影歌曲选 （4）
南宁　广西人民出版社　1979 年　66 页　19cm（32 开）
统一书号：8113.502　定价：CNY0.15
　　中国现代电影歌曲选集。

J0154461

电影歌曲选 （5）
南宁　广西人民出版社　1979 年　92 页　19cm（32 开）
统一书号：8113.541　定价：CNY0.20
　　中国现代电影歌曲选集。

J0154462

电影歌曲选 （3）
石家庄　河北人民出版社　1979 年　158 页
19cm（32 开）统一书号：8086.1006
定价：CNY0.36
　　世界现代电影歌曲选集。

J0154463

电影歌曲选 （4）

石家庄 河北人民出版社 1979 年 171 页

19cm（32 开）统一书号：8086.1149

定价：CNY0.42

J0154464

电影歌曲选 （5）上海文艺出版社编

上海 上海文艺出版社 1979 年 40 页 13cm（60 开）

统一书号：8078.3093 定价：CNY0.08

　　中国现代电影歌曲选集。

J0154465

电影歌曲选 （6）上海文艺出版社编

上海 上海文艺出版社 1979 年 37 页 13cm（60 开）

统一书号：8078.3119 定价：CNY0.08

　　中国现代电影歌曲选集。

J0154466

电影歌曲选 （7）上海文艺出版社编

上海 上海文艺出版社 1979 年 52 页 13cm（60 开）

统一书号：8078.3140 定价：CNY0.09

　　中国现代电影歌曲选集。

J0154467

电影歌曲选 （1979 年第 1 辑 少年儿童歌曲

专辑）

北京 中国电影出版社 1979 年 30 页 19cm（32 开）

统一书号：8061.1330 定价：CNY0.10

　　中国现代少年儿童电影歌曲选集。

J0154468

电影新片歌曲选 四川省电影公司供稿

成都 四川人民出版社 1979 年 59 页 19cm（32 开）

统一书号：8118.667 定价：CNY0.19

　　中国现代电影歌曲选集。

J0154469

银幕歌声 （第一集）人民音乐出版社编辑部编

北京 人民音乐出版社 1979 年 60 页 有剧照

19cm（小 32 开）统一书号：8026.3654

定价：CNY0.18

　　本书为中国现代电影歌曲选集。本套书从

1979 至 1988 年共编辑出版了 21 集。每集均收

有新上映的中外电影中的优秀歌曲约 40 首，同

时也适量选收了部分历史上优秀的电影歌曲。

J0154470

银幕歌声 （第二集）人民音乐出版社编辑部编

北京 人民音乐出版社 1980 年 76 页 19cm（32 开）

统一书号：8026.3674 定价：CNY0.21

J0154471

银幕歌声 （第三集）人民音乐出版社编辑部编

北京 人民音乐出版社 1980 年 76 页 有照片

19cm（32 开）统一书号：8026.3738

定价：CNY0.23

J0154472

银幕歌声 （第四集）人民音乐出版社编辑部编

北京 人民音乐出版社 1980 年 91 页 19cm（32 开）

统一书号：8026.3776 定价：CNY0.26

J0154473

银幕歌声 （第五集）人民音乐出版社编辑部编

北京 人民音乐出版社 1981 年 75 页 有剧照

19cm（32 开）统一书号：8026.3837

定价：CNY0.23

J0154474

银幕歌声 （第六集）人民音乐出版社编辑部编

北京 人民音乐出版社 1981 年 76 页 19cm（32 开）

统一书号：8026.3892 定价：CNY0.23

J0154475

银幕歌声 （第七集）人民音乐出版社编辑部编

北京 人民音乐出版社 1981 年 75 页 19cm（32 开）

统一书号：8026.3919 定价：CNY0.23

J0154476

银幕歌声 （第八集）人民音乐出版社编辑部编

北京 人民音乐出版社 1982 年 60 页 19cm（32 开）

统一书号：8026.3959 定价：CNY0.21

J0154477

银幕歌声 （第九集）人民音乐出版社编辑部编

北京 人民音乐出版社 1982 年 75 页 19cm（32 开）

统一书号：8026.3999 定价：CNY0.23

J0154478
银幕歌声 （第十集）人民音乐出版社编辑部编
北京 人民音乐出版社 1982年 75页 19cm（32开）
统一书号：8026.4019 定价：CNY0.23

J0154479
银幕歌声 （第十一集）人民音乐出版社编辑
部编
北京 人民音乐出版社 1982年 75页 19cm（32开）
统一书号：8026.4056 定价：CNY0.23

J0154480
银幕歌声 （第十二集）人民音乐出版社编辑
部编
北京 人民音乐出版社 1983年 76页 19cm（32开）
统一书号：8026.4101 定价：CNY0.23

J0154481
银幕歌声 （第十三集）人民音乐出版社编辑
部编
北京 人民音乐出版社 1983年 76页 19cm（32开）
统一书号：8026.4141 定价：CNY0.24

J0154482
银幕歌声 （第十四集）人民音乐出版社编辑
部编
北京 人民音乐出版社 1983年 75页 19cm（32开）
统一书号：8026.4193 定价：CNY0.25

J0154483
银幕歌声 （第十五集）人民音乐出版社编辑
部编
北京 人民音乐出版社 1984年 75页 有剧照
19cm（32开）统一书号：8026.4250
定价：CNY0.25

J0154484
银幕歌声 （第十六集）人民音乐出版社编辑
部编
北京 人民音乐出版社 1985年 91页 有剧照
19cm（32开）统一书号：8026.4384
定价：CNY0.38

J0154485
银幕歌声 （第十七集）人民音乐出版社编辑

部编
北京 人民音乐出版社 1985年 73页 有剧照
19cm（32开）统一书号：8026.4408
定价：CNY0.40

J0154486
银幕歌声 （第十八集）人民音乐出版社编辑
部编
北京 人民音乐出版社 1986年 90页 19cm（32开）
统一书号：8026.4511 定价：CNY0.47

J0154487
银幕歌声 （第十九集）人民音乐出版社编辑
部编
北京 人民音乐出版社 1987年 75页 有图
19cm（32开）统一书号：8026.4533
定价：CNY0.49

J0154488
银幕歌声 （第二十集）人民音乐出版社编辑
部编
北京 人民音乐出版社 1987年 75页 有图
19cm（32开）统一书号：8026.4557
定价：CNY0.46

J0154489
银幕歌声 （第二十一集）人民音乐出版社编
辑部编
北京 人民音乐出版社 1988年 75页 19cm（32开）
ISBN：7-103-00075-1 定价：CNY0.57

J0154490
爱情啊　你姓什么 （银幕上的歌3）山东人
民出版社编辑
济南 山东人民出版社 1980年 17cm（40开）
定价：CNY0.10
　　本书是中国现代电影歌曲选集。

J0154491
电影歌曲选 春风文艺出版社著
沈阳 春风文艺出版社 1980年 188页
19cm（32开）统一书号：8158.104
定价：CNY0.38

J0154492
电影歌曲选 （6）
南宁 广西人民出版社 1980年 92页 19cm（32开）
统一书号：8113.552 定价：CNY0.20

J0154493
电影歌曲选 （7）
南宁 广西人民出版社 1980年 99页 19cm（32开）
统一书号：8113.582 定价：CNY0.23

J0154494
电影歌曲选 （5）
石家庄 河北人民出版社 1980年 82页
19cm（32开）统一书号：8086.1313
定价：CNY0.22

J0154495
电影歌曲选 （6）
石家庄 河北人民出版社 1980年 108页
19cm（32开）统一书号：8086.1338
定价：CNY0.30

J0154496
电影歌曲选 （第一集）江西人民出版社编
南昌 江西人民出版社 1980年 272页
19cm（32开）统一书号：8110.339
定价：CNY0.60

J0154497
电影歌曲选 （8）上海文艺出版社编
上海 上海文艺出版社 1980年 68页 13cm（60开）
统一书号：8078.3201 定价：CNY0.11

J0154498
电影歌曲选 （9）上海文艺出版社编
上海 上海文艺出版社 1980年 181页
13cm（60开）统一书号：8078.3241
定价：CNY0.23

J0154499
电影歌曲选 云南省电影发行放映公司著
昆明 云南人民出版社 1980年 264页
19cm（32开）统一书号：8116.879
定价：CNY0.64

J0154500
花儿为什么这样红 （雷振邦电影歌曲选）
雷振邦曲
北京 人民音乐出版社 1980年 44页 19cm（32开）
统一书号：8026.3726 定价：CNY0.16
　　本书选收作曲家雷振邦创作的《花儿为什么这样红》《蝴蝶泉边》《青春多美好》等电影歌曲共24首。雷振邦（1916—1997），满族，著名电影音乐作曲家、国家一级作曲家。北京人，毕业于东京日本高等音乐学校作曲科。历任中国音乐家协会理事、中国电影家协会理事、中国电影音乐协会副会长，创作歌曲有《刘三姐》《五朵金花》《冰山上的来客》《芦笙恋歌》《达吉和她的父亲》等。

J0154501
"五四"以来电影歌曲选集
北京 中国电影出版社 1980年 161页
19cm（32开）统一书号：8061.1406
定价：CNY0.45

J0154502
银幕上的歌 （1）
南宁 广西人民出版社 1980年 99页 19cm（32开）
统一书号：8113.587 定价：CNY0.24
　　本书为中国现代电影歌曲选集。

J0154503
银幕上的歌 （2）
南宁 广西人民出版社 1980年 63页 19cm（32开）
统一书号：8113.616 定价：CNY0.17

J0154504
银幕上的歌 （3）广西人民出版社编
南宁 广西人民出版社 1981年 91页 19cm（32开）
统一书号：8113.663 定价：CNY0.23

J0154505
银幕上的歌 （4）广西人民出版社编
南宁 广西人民出版社 1981年 84页 19cm（32开）
统一书号：8113.694 定价：CNY0.23

J0154506
银幕上的歌 （5）广西人民出版社编
南宁 广西人民出版社 1982年 108页

19cm（32 开）统一书号：8113.749
定价：CNY0.31

J0154507
银幕上的歌 （6）广西人民出版社编
南宁 广西人民出版社 1982年 68页 19cm（32 开）
统一书号：8113.766 定价：CNY0.20

J0154508
银幕上的歌 （7）广西人民出版社编
南宁 广西人民出版社 1982年 90页 19cm（32 开）
统一书号：8113.772 定价：CNY0.26

J0154509
银幕上的歌 （8）广西人民出版社编
南宁 广西人民出版社 1983年 80页 19cm（32 开）
统一书号：8113.705 定价：CNY0.24

J0154510
银幕上的歌 （9）广西人民出版社编
南宁 广西人民出版社 1983年 85页 19cm（32 开）
统一书号：8113.878 定价：CNY0.26

J0154511
银幕上的歌 （10）广西人民出版社编
南宁 广西人民出版社 1984年 96页 19cm（32 开）
统一书号：8113.949 定价：CNY0.28

J0154512
银幕上的歌 （11）广西人民出版社编
南宁 广西人民出版社 1984年 94页 19cm（32 开）
统一书号：8113.984 定价：CNY0.35

J0154513
银幕上的歌 （12）广西人民出版社编
南宁 广西人民出版社 1985年 98页 19cm（32 开）
统一书号：8113.1058 定价：CNY0.51

J0154514
银幕上的歌 （13）广西人民出版社编
南宁 广西人民出版社 1986年 98页 19cm（32 开）
统一书号：8113.1135 定价：CNY0.51

J0154515
银幕上的歌 （14）广西人民出版社编

南宁 广西人民出版社 1986年 90页 19cm（32 开）
统一书号：8113.1181 定价：CNY0.50

J0154516
银幕上的歌 （15）广西人民出版社编
南宁 广西人民出版社 1987年 97页 19cm（32 开）
统一书号：8113.1199 ISBN：7–219–00005–7
定价：CNY0.55

J0154517
银幕上的歌 （16）广西人民出版社编
南宁 广西人民出版社 1988年 75页 19cm（32 开）
ISBN：7–219–00580–6 定价：CNY0.75

J0154518
银幕上的歌 （17）
南宁 广西人民出版社 1989 年 101 页
19cm（32 开）ISBN：7–219–01059–1
定价：CNY1.30

J0154519
银幕上的歌 （1 青春多美好）山东人民出版
社编辑
济南 山东人民出版社 1980 年 13cm（60 开）
定价：CNY0.10

J0154520
银幕上的歌 （4 怎能忘怀）山东人民出版社编
济南 山东人民出版社 1981 年 39cm（8 开）
定价：CNY0.10

J0154521
银幕上的歌 （5 摘一束玫瑰送与你）山东人
民出版社编
济南 山东人民出版社 1981 年 39cm（8 开）
定价：CNY0.10

J0154522
银幕上的歌 （6 啊,亲人）山东人民出版社编
济南 山东人民出版社 1981 年 39cm（8 开）
定价：CNY0.10

J0154523
银幕上的歌 （7 霞染胭脂映湖心）山东人民
出版社编

济南 山东人民出版社 1981年 39cm（8开）
定价: CNY0.10

J0154524
银幕上的歌 （8 祖国之爱）山东人民出版社编
济南 山东人民出版社 1981年 39cm（8开）
定价: CNY0.10

J0154525
银幕上的歌 （9 欢欢笑笑）山东人民出版社编
济南 山东人民出版社 1982年 13cm(折叠)（60开）
定价: CNY0.10

J0154526
银幕上的歌 （10 妈妈留给我一首歌）山东人民出版社编
济南 山东人民出版社 1982年 13cm(折叠)（60开）
定价: CNY0.10

J0154527
银幕上的歌 （11 世界需要热心肠）山东人民出版社编
济南 山东人民出版社 1982年 13cm(折叠)（60开）
定价: CNY0.10

J0154528
银幕上的歌 （12 心中的云）山东人民出版社编
济南 山东人民出版社 1982年 13cm(折叠)（60开）
定价: CNY0.10

J0154529
银幕上的歌 （13 金色的小船）山东人民出版社编
济南 山东人民出版社 1982年 13cm(折叠)（60开）
定价: CNY0.10

J0154530
银幕上的歌 （14 有我阿哥一路走）[山东人民出版社编]
济南 山东人民出版社 1983年 39cm（8开）
定价: CNY0.10

J0154531
银幕上的歌 （15 爱之梦）山东人民出版社编

济南 山东人民出版社 1983年 39cm（8开）
定价: CNY0.10

J0154532
银幕上的歌 （16 纱巾啊纱巾）山东人民出版社编
济南 山东人民出版社 1983年 39cm（8开）
定价: CNY0.10

J0154533
银幕上的歌 （17 牡丹舍命不舍花）山东人民出版社编
济南 山东人民出版社 1983年 39cm（8开）
定价: CNY0.10

J0154534
银幕上的歌 （18 问声祖国好）山东人民出版社编
济南 山东人民出版社 1984年 13cm(折叠)（60开）
定价: CNY0.10

J0154535
银幕上的歌 （19 青春常在）山东人民出版社编
济南 山东人民出版社 1984年 13cm(折叠)（60开）
定价: CNY0.15

J0154536
银幕上的歌声 福建人民广播电台文艺部编
福州 福建人民出版社 1980年 38页 17cm（32开）
统一书号: 8173.315 定价: CNY0.10
　　中国现代电影歌曲选集。

J0154537
影坛新歌 （第一集）宁夏回族自治区电影公司编
银川 宁夏人民出版社 1980年 74页 19cm（32开）
定价: CNY0.19

J0154538
影坛新歌 （第二集）宁夏回族自治区电影公司编
银川 宁夏人民出版社 1981年 62页 19cm（32开）
统一书号: 8157.345 定价: CNY0.17

J0154539
影坛新歌 （第三集）宁夏回族自治区电影公司编
银川 宁夏人民出版社 1982年 66页 19cm（32开）
统一书号：8157.383 定价：CNY0.21

J0154540
优秀电影歌曲选 （第一辑）
成都 四川人民出版社 1980年 35页 19cm（32开）
统一书号：8118.786 定价：CNY0.12

J0154541
优秀电影歌曲选 （第二辑）
成都 四川人民出版社 1980年 29页 19cm（32开）
统一书号：8118.910 定价：CNY0.10

J0154542
优秀电影歌曲选 （第三辑）
成都 四川人民出版社 1981年 31页 19cm（32开）
统一书号：8118.1003 定价：CNY0.11

J0154543
优秀电影歌曲选 （第四辑）
成都 四川人民出版社［1981年］19cm（32开）
统一书号：8118.1065 定价：CNY0.68

J0154544
优秀电影歌曲选 （第五辑）
成都 四川人民出版社 1982年 291页
19cm（32开）统一书号：8118.1228
定价：CNY0.68
　　本辑选编《被爱情遗忘的角落》《小街》《草原枪声》《少林寺》等电影的主题歌和插曲,共136首。

J0154545
优秀电影歌曲选 （第六辑）
成都 四川人民出版社 1983年 229页
19cm（32开）统一书号：8118.1479
定价：CNY0.76

J0154546
电影电视歌曲选 （一）
石家庄 河北人民出版社 1981年 93页
19cm（32开）统一书号：8086.1490

定价：CNY0.27

J0154547
电影电视歌曲选 （二）
石家庄 河北人民出版社 1982年 116页
19cm（32开）统一书号：8286.1 定价：CNY0.35

J0154548
电影电视歌曲选 （三）
石家庄 河北人民出版社［1983年］［116］页
19cm（32开）统一书号：8286.4 定价：CNY0.32

J0154549
电影电视歌曲选 （四）
石家庄 河北人民出版社 1983年［116］页
19cm（32开）统一书号：8286.8 定价：CNY0.35

J0154550
电影电视歌曲选 （五）
石家庄 河北人民出版社 1983年［116］页
19cm（32开）统一书号：8286.9 定价：CNY0.35

J0154551
电影电视歌曲选 （六）
石家庄 河北人民出版社 1984年 119页
19cm（32开）统一书号：8286.16
定价：CNY0.35

J0154552
电影歌曲集 （1981年第2集）
北京 中国电影出版社 1981年 20cm（32开）
定价：CNY0.15

J0154553
电影歌曲集 （1981年第3集）
北京 中国电影出版社 1981年 20cm（32开）
定价：CNY0.15

J0154554
电影歌曲集 （1981年第4集）
北京 中国电影出版社 1981年 20cm（32开）
定价：CNY0.15

J0154555
电影歌曲选 （10）上海文艺出版社编

上海 上海文艺出版社 1981 年 58 页 13cm（60 开）
统一书号：8078.3268 定价：CNY0.10

J0154556

电影歌曲选 （11）上海文艺出版社编
上海 上海文艺出版社 1981 年 60 页 13cm（60 开）
统一书号：8078.3296 定价：CNY0.10

J0154557

电影歌曲选 （12）上海文艺出版社编
上海 上海文艺出版社 1981 年 60 页 13cm（60 开）
统一书号：8078.3306 定价：CNY0.10

J0154558

广播电视歌曲集 （第一集）广播出版社编
北京 广播出版社 1981 年 76 页 19cm（32 开）
统一书号：8236.001 定价：CNY0.26

J0154559

广播电视歌曲集 （第二集）广播出版社编
北京 广播出版社 1981 年 92 页 19cm（32 开）
统一书号：8236.002 定价：CNY0.30

J0154560

广播电视歌曲集 （3）广播出版社编辑
北京 广播出版社 1981—1987 年 19cm（小 32 开）
统一书号：8236.008 定价：CNY0.44

J0154561

广播电视歌曲集 （4）广播出版社编辑
北京 广播出版社 1981—1987 年 19cm（小 32 开）
统一书号：8236.034 定价：CNY0.40

J0154562

广播电视歌曲集 （5）广播出版社编辑
北京 广播出版社 1981—1987 年 19cm（小 32 开）
统一书号：8236.065 定价：CNY0.32

J0154563

广播电视歌曲集 （6）广播出版社编辑
北京 广播出版社 1981—1987 年 19cm（小 32 开）
统一书号：8236.087 定价：CNY0.32

J0154564

广播电视歌曲集 （7）广播出版社编辑

北京 广播出版社 1981—1987 年 19cm（小 32 开）
统一书号：8236.091 定价：CNY0.35

J0154565

广播电视歌曲集 （8）广播出版社编辑
北京 广播出版社 1981—1987 年 19cm（小 32 开）
统一书号：8236.111 定价：CNY0.38

J0154566

广播电视歌曲集 （9）广播出版社编辑
北京 广播出版社 1981—1987 年 19cm（小 32 开）
统一书号：8236.115 定价：CNY0.30

J0154567

广播电视歌曲集 （10）广播出版社编辑
北京 广播出版社 1981—1987 年 19cm（小 32 开）
统一书号：8236.122 定价：CNY0.31

J0154568

广播电视歌曲集 （11）广播出版社编辑
北京 广播出版社 1981—1987 年 19cm（小 32 开）
统一书号：8236.146 定价：CNY0.41

J0154569

广播电视歌曲集 （12）广播出版社编辑
北京 广播出版社 1981—1987 年 19cm（32 开）
统一书号：8236.164 定价：CNY0.65

J0154570

广播电视歌曲集 （15）广播出版社编辑
北京 广播出版社 1981—1987 年 19cm（小 32 开）
统一书号：8236.235 定价：CNY0.80

J0154571

广播电视歌曲集 （第三集）广播出版社编
北京 广播出版社 1982 年 170 页 19cm（32 开）
统一书号：8236.008 定价：CNY0.44

J0154572

广播电视歌曲集 （第四集）广播出版社编
北京 广播出版社 1982 年 154 页 19cm（32 开）
统一书号：8236.034 定价：CNY0.40

J0154573

广播电视歌曲集 （第五集）广播出版社编

北京　广播出版社　1983 年　122 页　19cm（32 开）
统一书号：8236.065　定价：CNY0.32

J0154574
广播电视歌曲集　（第六集）广播出版社编
北京　广播出版社　1984 年　121 页　19cm（32 开）
统一书号：8236.087　定价：CNY0.32

J0154575
广播电视歌曲集　（第七集）广播出版社编
北京　广播出版社　1984 年　108 页　19cm（32 开）
定价：CNY0.35

J0154576
广播电视歌曲集　（第八集）广播出版社编
北京　广播出版社　1984 年　74 页　19cm（32 开）
统一书号：8236.111　定价：CNY0.28

J0154577
广播电视歌曲集　（第九集）广播出版社编
北京　广播出版社　1984 年　81 页　19cm（32 开）
统一书号：8236.115　定价：CNY0.30

J0154578
广播电视歌曲集　（第十集）广播出版社编
北京　广播出版社　1984 年　90 页　19cm（32 开）
定价：CNY0.31

J0154579
广播电视歌曲集　（第十一集）中国广播电视
出版社编
北京　中国广播电视出版社　1985 年　101 页
有照片　19cm（32 开）统一书号：8236.146
定价：CNY0.41

J0154580
广播电视歌曲集　（第十二集）中国广播电视
出版社编
北京　中国广播电视出版社　1985 年　144 页
有照片　19cm（32 开）统一书号：8236.164
定价：CNY0.65

J0154581
广播电视歌曲集　（第十三集）中国广播电视
出版社编

北京　中国广播电视出版社　1985 年　147 页
有照片　19cm（32 开）统一书号：8236.173
定价：CNY0.73

J0154582
广播电视歌曲集　（第十四集）中国广播电视
出版社编
北京　中国广播电视出版社　1985 年　145 页
有照片　19cm（32 开）统一书号：8236.176
定价：CNY0.70

J0154583
广播电视歌曲集　（第十五集）中国广播电视
出版社编
北京　中国广播电视出版社　1987 年　130 页
19cm（32 开）统一书号：8236.235
定价：CNY0.80

J0154584
雷振邦创作电影歌曲选　雷振邦曲
昆明　云南人民出版社　1981 年　2 册　19cm（32 开）
统一书号：CNY1.63
　　　　本书选入作者为 13 部电影故事片创作的
主题歌和插曲共 35 首。作者雷振邦（1916—
1997），满族，著名电影音乐作曲家、国家一级作
曲家。北京人，毕业于东京日本高等音乐学校作
曲科。历任中国音乐家协会理事、中国电影家协
会理事、中国电影音乐协会副会长，创作歌曲有
《刘三姐》《五朵金花》《冰山上的来客》《芦笙恋
歌》《达吉和她的父亲》等。

J0154585
雷振邦创作电影歌曲选
昆明　云南人民出版社　1981 年　79 页　19cm（32 开）
统一书号：10116.836　定价：CNY0.22

J0154586
李谷一演唱新歌选　（电影电视歌曲）安徽人
民出版社编
合肥　安徽人民出版社　1981 年　60 页　19cm（32 开）
统一书号：8102.1147　定价：CNY0.20

J0154587
流行电影歌曲　吉林省电影发行放映公司选编
长春　吉林人民出版社　1981 年　重印本　91 页

19cm（32开）统一书号：8019.1045
定价：CNY0.25

J0154588
电视歌曲　眹莺编
福州　福建人民出版社　1982年　104页
17cm（40开）统一书号：10173.381
定价：CNY0.20
　　本书选编电视歌曲80首，其中有《胜利在前头》《欢乐的心》《祖国大地美又新》等。

J0154589
电视歌曲　（一）人民音乐出版社编辑部编
北京　人民音乐出版社　1982年　59页　19cm（32开）
统一书号：8026.4067　定价：CNY0.19
　　本书主要选编中央和各省、市电视台录制和播映的电视剧、电视片中较优秀的歌曲，其中包括《新岸》《大地的深情》《水乡一家人》《矿工新曲》《最后一个军礼》《虾球传》《泉城》等的主题歌和插曲。

J0154590
电视歌曲　（二）人民音乐出版社编辑部编
北京　人民音乐出版社　1983年　76页　19cm（32开）
统一书号：8026.4099　定价：CNY0.23
　　本书系中国现代电视歌曲选集。

J0154591
电视歌曲　（三）人民音乐出版社编辑部编
北京　人民音乐出版社　1983年　74页　19cm（32开）
定价：CNY0.24

J0154592
电视歌曲　（四）人民音乐出版社编辑部编
北京　人民音乐出版社　1984年　82页　19cm（32开）
统一书号：8026.4232　定价：CNY0.28

J0154593
电视歌曲　（五）人民音乐出版社编辑部编
北京　人民音乐出版社　1984年　74页　19cm（32开）
定价：CNY0.30

J0154594
电视歌曲　（六）人民音乐出版社编辑部编
北京　人民音乐出版社　1985年　74页　19cm（32开）

统一书号：8026.4383　定价：CNY0.33
　　本书系中国现代电视歌曲选集。

J0154595
电视歌曲　（七）人民音乐出版社编辑部编
北京　人民音乐出版社　1985年　73页　19cm（32开）
统一书号：8026.4396　定价：CNY0.40
　　本书系中国现代电视歌曲选集。

J0154596
电视歌曲　（八）人民音乐出版社编辑部编
北京　人民音乐出版社　1985年　74页　19cm（32开）
统一书号：8026.4452　定价：CNY0.40
　　本书系中国现代电视歌曲选集。

J0154597
电视歌曲　（九）人民音乐出版社编辑部编
北京　人民音乐出版社　1986年　74页　19cm（32开）
统一书号：8026　定价：CNY0.40

J0154598
电视歌曲　（十）人民音乐出版社编辑部编
北京　人民音乐出版社　1986年　82页　19cm（32开）
统一书号：8026.4513　定价：CNY0.43

J0154599
电视歌曲　（十一）人民音乐出版社编辑部编
北京　人民音乐出版社　1987年　89页　19cm（32开）
统一书号：8026.4520　定价：CNY0.57

J0154600
电视歌曲　（十二）人民音乐出版社编辑部编
北京　人民音乐出版社　1987年　33页　19cm（32开）
统一书号：8026.4547　定价：CNY0.53

J0154601
电视歌曲　（十三）人民音乐出版社编辑部编
北京　人民音乐出版社　1987年　75页　19cm（32开）
定价：CNY0.46

J0154602
电视歌曲　（十四）人民音乐出版社编辑部编
北京　人民音乐出版社　1987年　82页　有剧照
19cm（32开）统一书号：CN8026.4617
定价：CNY0.47

J0154603
电视歌曲 （十五）人民音乐出版社编辑部编
北京 人民音乐出版社 1988 年 89 页 19cm（32 开）
ISBN：7-103-00079-4 定价：CNY0.66

J0154604
电视歌曲 （十六）人民音乐出版社编辑部编
北京 人民音乐出版社 1988 年 89 页 有剧照
19cm（32 开）定价：CNY0.72

J0154605
电影·电视歌曲选 河南人民出版社编
郑州 河南人民出版社 1982 年 99 页 19cm（32 开）
统一书号：8105.1108 定价：CNY0.27

J0154606
电影歌曲选 （第二集）江西人民出版社编
南昌 江西人民出版社 1982 年 215 页
19cm（32 开）统一书号：8110.465
定价：CNY0.52

J0154607
电影歌曲选 （14）上海文艺出版社编
上海 上海文艺出版社 1982 年 56 页 13cm（60 开）
统一书号：8078.3346 定价：CNY0.10

J0154608
电影歌曲选 （15）上海文艺出版社编
上海 上海文艺出版社 1982 年 60 页 13cm（60 开）
统一书号：8078.3368 定价：CNY0.10

J0154609
电影歌曲选 （16）上海文艺出版社编
上海 上海文艺出版社 1982 年 60 页 13cm（60 开）
统一书号：8078.3374 定价：CNY0.10

J0154610
电影歌曲选 （17）上海文艺出版社编
上海 上海文艺出版社 1982 年 59 页 13cm（60 开）
统一书号：8078.3390 定价：CNY0.10

J0154611
电影歌曲选 （18）上海文艺出版社编
上海 上海文艺出版社 1982 年 60 页 13cm（60 开）
统一书号：8078.3407 定价：CNY0.10

J0154612
电影歌曲选 （19）上海文艺出版社编
上海 上海文艺出版社 1983 年 60 页 13cm（60 开）
统一书号：8078.3420 定价：CNY0.10

J0154613
电影歌曲选 （20）上海文艺出版社编
上海 上海文艺出版社 1983 年 60 页 13cm（60 开）
统一书号：8078.3430 定价：CNY0.10

J0154614
电影歌曲选 （21）上海文艺出版社编
上海 上海文艺出版社 1983 年 60 页 13cm（60 开）
统一书号：8078.3452 定价：CNY0.10

J0154615
电影歌曲选 （22）上海文艺出版社编
上海 上海文艺出版社 1983 年 60 页 13cm（60 开）
统一书号：8078.3471 定价：CNY0.10

J0154616
电影歌曲选 （23）上海文艺出版社编
上海 上海文艺出版社 1983 年 60 页 13cm（60 开）
统一书号：8078.3482 定价：CNY0.10

J0154617
电影歌曲选 （24）上海文艺出版社编
上海 上海文艺出版社 1984 年 58 页 13cm（60 开）
统一书号：8078.3496 定价：CNY0.10

J0154618
电影歌曲选 （25）上海文艺出版社编
上海 上海文艺出版社 1984 年 56 页 13cm（60 开）
统一书号：8078.3508 定价：CNY0.10

J0154619
电影歌曲选 （26）上海文艺出版社编
上海 上海文艺出版社 1984 年 60 页 13cm（60 开）
统一书号：8078.3525 定价：CNY0.12

J0154620
电影歌曲选 （27）上海文艺出版社编
上海 上海文艺出版社 1984 年 56 页 13cm（60 开）
统一书号：8078.3532 定价：CNY0.12

J0154621
电影歌曲选 （28）上海文艺出版社编
上海 上海文艺出版社 1985 年 60 页 13cm（60 开）
统一书号：8078.3552 定价：CNY0.14

J0154622
电影歌曲选 （29）上海文艺出版社编
上海 上海文艺出版社 1985 年 60 页 13cm（60 开）
统一书号：8078.3564 定价：CNY0.16

J0154623
电影歌曲选 （30）上海文艺出版社编
上海 上海文艺出版社 1986 年 57 页 13cm（60 开）
统一书号：8078.3578 定价：CNY0.16

J0154624
电影歌曲选 （31）上海文艺出版社编
上海 上海文艺出版社 1986 年 60 页 13cm（60 开）
统一书号：8078.3590 定价：CNY0.16

J0154625
电影歌曲选 （32）上海文艺出版社编
上海 上海文艺出版社 1986 年 60 页 13cm（60 开）
统一书号：8078.3601 定价：CNY0.16

J0154626
电影歌曲选 （33）上海文艺出版社编
上海 上海文艺出版社 1986 年 60 页 13cm（60 开）
统一书号：8078.3610 定价：CNY0.16

J0154627
电影歌曲选 （34）上海文艺出版社编
上海 上海文艺出版社 1987 年 60 页 13cm（60 开）
定价：CNY0.16

J0154628
电影广播歌片 （1）贵州人民出版社编
贵阳 贵州人民出版社 1982 年 13cm（60 开）
定价：CNY0.15

J0154629
电影广播歌片 （2）贵州人民出版社编
贵阳 贵州人民出版社 1982 年 13cm（60 开）
定价：CNY0.15

J0154630
电影广播歌片 （3）贵州人民出版社编
贵阳 贵州人民出版社 1982 年 13cm（60 开）
定价：CNY0.10

J0154631
电影广播歌片 （4）贵州人民出版社编
贵阳 贵州人民出版社 1982 年 13cm（60 开）
定价：CNY0.10

J0154632
电影新歌 河南人民出版社编
郑州 河南人民出版社 1982 年 127 页
19cm（32 开）统一书号：8105.1105
定价：CNY0.35
　　本书选编了《山城雪》《巴山夜雨》《喜盈门》《北斗》等 48 部电影插曲和几部群众喜爱的电视片插曲，共 62 首。

J0154633
李谷一演唱歌曲集 （电影、电视插曲五十八首）北京出版社编
北京 北京出版社 1982 年 107 页 19cm（32 开）
统一书号：8071.386 定价：CNY0.34

J0154634
美呀，生活 （五线谱本 黄准歌曲选）黄准曲
北京 人民音乐出版社 1982 年 34 页
25cm（小 16 开）统一书号：8026.4001
定价：CNY0.49
　　本书选收了黄准创作的可供独唱的电影歌曲 10 首。

J0154635
银幕歌声 云南人民出版社编
昆明 云南人民出版社 1982 年 178 页
19cm（32 开）统一书号：8116.1074
定价：CNY0.45
　　本书选编了 1979 年以来上映的故事片及电视片的主题歌和插曲共 86 首，分为：我怎能把您遗忘、我们的生活充满阳光、山茶花、莫叹息、满山红叶似彩霞共五个部分。

J0154636
银幕歌声选集 人民音乐出版社编辑部编

北京 人民音乐出版社 1982 年 277 页
19cm（32 开）统一书号：8026.3969
定价：CNY0.52

　　本书选编国产故事片、美术片、纪录片、电
视片的插曲 100 余首。另有电影作曲家介绍和
电影乐团介绍等 7 篇短文。

J0154637
银幕歌声选集 （第二集）人民音乐出版社编
辑部编
北京 人民音乐出版社 1984 年 338 页
13cm（60 开）定价：CNY0.73

　　本书为中国现代电影歌曲选集。本套书从
1979 至 1988 年共编辑出版了 21 集。每集均收
有新上映的中外电影中的优秀歌曲约 40 首，同
时也适量选收一些历史上优秀的电影歌曲。

J0154638
银幕歌声选集 （第三集）人民音乐出版社编
辑部编
北京 人民音乐出版社 1987 年 292 页 有剧照
14cm（64 开）统一书号：8026.4608
定价：CNY1.25

J0154639
《群星璀璨电视歌会》歌曲集 （下）《上海电
视》编辑部编
上海 上海电视台 1983 年 80 页 有照片
19cm（32 开）定价：CNY0.30

J0154640
常苏民、陶嘉舟电影歌曲选 音琤编
成都 四川人民出版社 1983 年 74 页 19cm（32 开）
统一书号：8118.1481 定价：CNY0.29

J0154641
电影《喜鹊岭茶歌》歌曲集 金帆著；傅庚
辰曲
北京 人民音乐出版社 1983 年 28 页 19cm（32 开）
统一书号：8026.4122 定价：CNY0.14

J0154642
电影广播歌片 （1）贵州人民出版社编
贵阳 贵州人民出版社 1983 年 30cm（16 开）
定价：CNY0.15

J0154643
电影广播歌片 （2）贵州人民出版社编
贵阳 贵州人民出版社 1983 年 30cm（16 开）
定价：CNY0.15

J0154644
每周一歌一百首 （第二集）山西人民广播电
台文艺部编
太原 山西人民广播电台文艺部 1983 年 152 页
19cm（32 开）

　　本书系中国现代歌曲选集专著。

J0154645
每周一歌一百首 （第三集）山西人民广播电
台文艺部编
太原 山西人民出版社 1985 年 151 页 有图
19cm（32 开）统一书号：10089.923
定价：CNY0.60

　　本书系中国现代歌曲选集专著。

J0154646
每周一歌一百首 （第四集）山西人民广播电
台文艺部编
北京 中央广播电视出版社 1987 年 152 页
有图 19cm（小 32 开）定价：CNY0.90

J0154647
每周一歌一百首 （第五集）山西人民广播电
台文艺部编
北京 中央广播电视出版社 1988 年 152 页
有图 19cm（32 开）ISBN：7-5043-0070-5
定价：CNY1.20

J0154648
少林寺 （电影歌片）
北京 中国电影出版社 1983 年 12cm（96 开）
定价：CNY0.10

J0154649
银屏新歌
南昌 江西人民出版社 1983 年 102 页
19cm（32 开）统一书号：8110.750
定价：CNY0.31

　　本书为中国现代电视歌曲选集。

J0154650
电影歌曲 （1 香港影片插曲）
北京 中国电影出版社［1984 年］
13cm（折叠）（60 开）定价：CNY0.28

J0154651
电影广播歌片 （1）贵州人民出版社编
贵阳 贵州人民出版社 1984 年
13cm（折叠）（60 开）定价：CNY0.20

J0154652
电影广播歌片 （2）贵州人民出版社编
贵阳 贵州人民出版社 1984 年
13cm（折叠）（60 开）定价：CNY0.20

J0154653
流行电影电视歌曲 河南《豫苑》编辑部编
郑州 河南人民出版社 1984 年 100 页
19cm（32 开）统一书号：81085.1081
定价：CNY0.30
　　本书选收中外流行电影、电视、广播歌曲 50 余首。

J0154654
陇上行 山东文艺出版社编
济南 山东文艺出版社 1984 年
13cm（折叠）（60 开）定价：CNY0.15
（电影电视歌曲集锦 2）

J0154655
十三人演唱电影歌曲集锦
北京 中国电影出版社 1984 年 195 页 有照片
19cm（32 开）统一书号：8061.2467
定价：CNY0.80

J0154656
小鸟小鸟 （童声合唱）金波词；刘庄曲
北京 人民音乐出版社 1984 年 正谱本 3 页
26cm（16 开）统一书号：8026.4145
定价：CNY0.10
　　作者金波（1935— ），诗人、儿童文学家。原名王金波，河北冀县（今河北省冀州市）人，毕业于北京师范学院中文系。历任北京师范学院教授、中国作家协会儿童文学创作委员会主任、北京市作家协会理事、中国音乐家协会理事、儿

童音乐学会副会长。代表作品《我们去看海》《回声》《眼睛树》《感谢往事》等。

J0154657
音乐故事片《海上生明月》歌曲集 倪维德等词；施光南曲
北京 人民音乐出版社 1984 年 84 页 有照片
19cm（32 开）统一书号：8026.4216
定价：CNY0.30
　　本书为中国现代电影的歌曲选集。

J0154658
银幕新歌 云南人民出版社编
昆明 云南人民出版社 1984 年 124 页
19cm（32 开）统一书号：8116.1219
定价：CNY0.34
　　本书为中国现代电影歌曲选集。

J0154659
白衣之恋 山东文艺出版社编
济南 山东文艺出版社 1985 年 13cm（60 开）
定价：CNY0.15
（电影电视歌曲集锦 6）

J0154660
电视歌曲精选 （第一集）中央电视台文艺部编
北京 印刷工业出版社 1985 年 12 页
19cm（32 开）定价：CNY0.18

J0154661
电视歌曲精选 （第二集）中央电视台文艺部编
北京 印刷工业出版社［1987 年］16 页
19cm（小 32 开）定价：CNY0.18

J0154662
电视歌曲精选 （第三集）中央电视台文艺部编
南宁 广西人民出版社 1986 年 32 页 19cm（32 开）
统一书号：8113.1077 定价：CNY0.22

J0154663
电视歌曲精选 （第四集）中央电视台文艺部编
南宁 广西人民出版社 1986 年 32 页 19cm（32 开）
统一书号：8113.1078 定价：CNY0.22

J0154664
电视歌曲精选 （第五集）中央电视台文艺部编
南宁 广西人民出版社 1986年 32页 19cm（32开）
统一书号：8113.1079 定价：CNY0.22

J0154665
电视歌曲精选 （第六集）中央电视台文艺部编
南宁 广西人民出版社 1986年 46页 19cm（32开）
统一书号：8113.1194 定价：CNY0.35

J0154666
电视歌曲精选 （第七集）中央电视台文艺部编
南宁 广西人民出版社 1986年 46页 19cm（32开）
统一书号：8113.1195 定价：CNY0.35

J0154667
电视歌曲精选 （第八集）中央电视台文艺部编
南宁 广西人民出版社 1987年 46页 19cm（32开）
统一书号：8113.1315 ISBN：7–219–00433–8
定价：CNY0.50

J0154668
电视歌曲精选 （第九集）中央电视台文艺部编
南宁 广西人民出版社 1987年 48页 19cm（32开）
ISBN：7–219–00434–6 定价：CNY0.50

J0154669
电视歌曲精选 （第十集）中央电视台文艺部编
南宁 广西人民出版社 1989年 57页 19cm（32开）
定价：CNY0.85

J0154670
合家欢歌声 （中国电视歌曲选专集之二）
北京 人民音乐出版社 1985年 13cm（60开）
折叠装 定价：CNY0.19
（中国电视歌曲选专集 之二）

J0154671
酒干倘卖无 （电影电视歌曲集锦 3）山东文
艺出版社编
济南 山东文艺出版社 1985年 折叠装
13cm（60开）定价：CNY0.15
（电影电视歌曲集锦 3）

J0154672
那是谁的眼睛 （电影歌曲集锦 4）山东文艺
出版社编辑
济南 山东文艺出版社 1985年 折叠装
13cm（60开）折叠装 定价：CNY0.15
（电影歌曲集锦 4）

J0154673
人家的船儿桨成双 （电影选曲）余阳词；常
苏民, 陶嘉舟曲
北京 人民音乐出版社 1985年 3页 26cm（16开）
统一书号：8026.4322 定价：CNY0.16

J0154674
我的中国心 （电影电视歌曲选）云南人民出
版社编
昆明 云南人民出版社 1985年 125 页
19cm（32开）统一书号：8116.1431
定价：CNY0.67

J0154675
我们正是好年华 （电影电视歌曲集锦 5）
山东文艺出版社编
济南 山东文艺出版社 1985年 1册 折叠装
13cm（60开）定价：CNY0.15
（电影电视歌曲集锦 5）

J0154676
磁带、影视歌曲一百首 （付林歌曲专集）
付林作
合肥 安徽文艺出版社 1986年 134 页
20cm（32开）定价：CNY1.00
　　作者付林（1946—　　），艺术指导。生于黑龙
江富锦，毕业于解放军艺术学院音乐系。曾任海
政歌舞团演奏员、副团长、艺术指导等职，兼任
中国音乐家协会理事、音协发展委员会副主任、
中国轻音乐学会副主席等职。

J0154677
付林磁带影视歌曲一百首 （付林歌曲专集）
合肥 安徽文艺出版社 1986年 134 页
19cm（32开）统一书号：8378.8 定价：CNY1.00

J0154678
每周一歌集锦 北京人民广播电台编

北京 人民音乐出版社 1986 年 157 页
19cm（32 开）统一书号：8026.4484
定价：CNY0.92

J0154679
琼瑶的歌 （台湾电影歌曲十四首）
哈尔滨 黑龙江人民出版社 1986 年 20 页
20cm（32 开）定价：CNY0.30

J0154680
相伴到天边 （电影电视歌曲集锦 7）山东文
艺出版社编
济南 山东文艺出版社 1986 年 13cm（64 开）
定价：CNY0.15

J0154681
港台电影·电视歌曲选 胡林冰编
成都 四川文艺出版社 1987 年 257 页
19cm（32 开）统一书号：8374.30
ISBN：7-5411-0152-4 定价：CNY1.47

J0154682
全国青年歌手电视大奖赛歌曲精选
（一）中国广播电视出版社编
北京 中国广播电视出版社［1987 年］
13cm（50 开）折叠装 定价：CNY0.20

J0154683
全国青年歌手电视大奖赛歌曲精选
（二）中国广播电视出版社编
北京 中国广播电视出版社［1987 年］
13cm（50 开）折叠装 定价：CNY0.20

J0154684
我的祖国 （五六十年代电影歌曲选）
花城出版社编
广州 花城出版社 1987 年 52 页 19cm（32 开）
统一书号：10261.295 定价：CNY0.65

J0154685
影视歌声 （第一集）山西电视台文艺部编
北京 中国广播电视出版社 1987 年 186 页
19cm（32 开 ）定价：CNY1.30

J0154686
电视剧《红楼梦》歌曲集 （清）曹雪芹词；
王立平曲
长沙 湖南文艺出版社 1988 年 29 页
19cm（32 开）定价：CNY0.40

J0154687
杜凝眉 （电视连续剧《红楼梦》插曲十二首）
（清）曹雪芹词；王立平曲
北京 中国广播电视出版社［1988 年］15 页
13cm（64 开）折叠装 定价：CNY0.30

J0154688
警花出更 （影视歌曲之二）美美,葭香编
长沙 湖南文艺出版社 1988 年 53 页 19cm（32 开）
ISBN：7-5404-0370-5 定价：CNY1.00

J0154689
影视歌曲 （二）人民音乐出版社编辑部编
北京 人民音乐出版社 1988 年 58 页 19cm（32 开）
ISBN：7-103-00307-6 定价：CNY0.72

J0154690
89'电影、电视最新流行歌曲选 朱里,琴
声编
长沙 湖南文艺出版社 1989 年 72 页 19cm（32 开）
ISBN：7-5404-0456-6 定价：CNY1.05

J0154691
我们告诉世界——程太广播电视盒带歌曲选
程太曲
西安 华岳文艺出版社 1989 年 185 页
20cm（32 开）ISBN：7-80549-109-7
定价：CNY2.90

J0154692
影视风 （台湾影视歌曲精选）刘小杭编
北京 台声出版社 1989 年 90 页 19cm（32 开）
ISBN：7-80062-028-X 定价：CNY1.50

J0154693
影视歌曲 （八）人民音乐出版社编辑部编
北京 人民音乐出版社 1989 年 74 页 19cm（32 开）
ISBN：7-103-00704-7 定价：CNY1.20

J0154694

琼瑶的歌　（琼瑶作品影视插曲）琼瑶著；陈玉立等曲

北京　作家出版社　1990年　136页　26cm（16开）

ISBN：7-5063-0360-4　定价：CNY3.60

J0154695

琼瑶影视歌曲总集　索力编

长沙　湖南文艺出版社　1990年　99页　19cm（32开）

ISBN：7-5404-0523-6　定价：CNY1.35

J0154696

琼瑶影视金曲集　中国广播电视出版社编

北京　中国广播电视出版社　1990年　46页　有照片

19cm（32开）ISBN：7-5043-0357-7

定价：CNY1.50

J0154697

寻找回来的世界　（张丕基歌曲选　钢琴伴奏谱）张丕基作曲

北京　人民音乐出版社　1990年　28页　26cm（16开）

ISBN：7-103-00590-7　定价：CNY1.55

　　本书为五线谱。中国作曲家歌曲专集。选收《寻找回来的世界》等抒情歌曲共10首，配有钢琴伴奏谱。

J0154698

影视金曲 100 首　上海音乐出版社编

上海　上海音乐出版社　1994年　173页

19cm（32开）ISBN：7-80553-476-4

定价：CNY5.10

J0154699

影视金曲 188 首　上海音乐出版社编

上海　上海音乐出版社　1992年　328页

19cm（小32开）ISBN：7-80553-376-8

定价：CNY5.30

J0154700

影视新歌 142 首　上海音乐出版社编

上海　上海音乐出版社　1990年　282页

19cm（32开）ISBN：7-80553-228-1

定价：CNY3.75

　　本书为中国现代影视歌曲选集。

J0154701

中国流行影视歌曲精华　张前，肖岚编

石家庄　花山文艺出版社　1990年　184页

19cm（32开）ISBN：7-80505-289-1

定价：CNY2.30

　　本歌集收入了自中华人民共和国成立以来，深受广大群众喜爱并在各个历史时期产生过很大影响的电影、电视歌曲139首。

J0154702

周璇歌曲 100 首　周伟整理编选

太原　山西教育出版社　1990年　248页

19cm（32开）ISBN：7-80578-215-6

定价：CNY2.80

J0154703

迷你歌王　李亚威编

海口　南海出版公司　1991年　253页

19cm（小32开）ISBN：7-80570-458-9

定价：CNY4.10

　　本歌集包括一批新近影视作品中的插曲和主题歌。作者李亚威（1956—　），女，导演。深圳市文联文艺创作室主任，深圳市电影电视家协会常务副主席、秘书长，国家一级编导，纪录片导演。编导作品有《火之舞》《眼睛》《升》《妈妈飘着长头发》等。

J0154704

三毛琼瑶影视歌曲集锦　于山编

北京　中国国际广播出版社　1991年　118页

19cm（小32开）ISBN：7-80035-060-6

定价：CNY2.00

J0154705

神的传说　（张名河作词影视歌曲集）张名河编著

沈阳　春风文艺出版社　1991年　235页　有彩照及剧照　19cm（小32开）ISBN：7-5313-0512-7

定价：CNY3.50

　　作者张名河（1941—　），诗人、词作家。湖南沅陵人。辽宁音乐文学学会副会长。

J0154706

中国影视歌剧歌曲精选　李凌主编

北京　中国广播电视出版社　1991年　447页

19cm（32 开）ISBN：7-5043-1368-8

定价：CNY9.85

　　本书选编了我国自"五四"以来电影、电视、歌剧以及艺术片等创作产生的优秀歌曲 200 余首。

J0154707

中国影视歌剧歌曲精选　（二）李凌，朱亚荣主编

太原　北岳文艺出版社　1997 年　重印本　380 页

19cm（32 开）ISBN：7-5378-1667-0

定价：CNY15.60，CNY20.60（精装）

（中外音乐系列丛书 2）

J0154708

中国影视歌曲　肖力编

太原　北岳文艺出版社　1991 年　317 页

19cm（小 32 开）ISBN：7-5378-0528-8

定价：CNY6.00

J0154709

最新影视盒带歌曲 150 首　丁干贞编

兰州　敦煌文艺出版社　1991 年　312 页

19cm（小 32 开）ISBN：7-80587-055-1

定价：CNY3.55

J0154710

最新影视盒带流行歌曲　丁干贞编

北京　中央广播电视出版社　1991 年　112 页

19cm（小 32 开）ISBN：7-5043-1507-9

定价：CNY1.80

J0154711

广播影视歌曲精选　（1）舰蔚，韩音编

北京　中国广播电视出版社　1992 年　305 页

19cm（小 32 开）ISBN：7-5043-1350-5

定价：CNY5.30

J0154712

孙善耕广播电视歌曲选　孙善耕曲；厚桢选编

北京　北京广播学院出版社　1992 年　69 页

19cm（小 32 开）ISBN：7-81004-401-X

定价：CNY1.80

　　作者孙善耕，从事歌曲创作，曾任中央电视

台文艺部负责人。

J0154713

新歌声　（A 篇）银中主编

桂林　漓江出版社　1992 年　110 页　19cm（小 32 开）

ISBN：7-5407-0978-4　定价：CNY2.00

　　本篇收入港台影视插曲及歌坛新作。

J0154714

风雪莽昆仑　（薛锡祥电视广播作品集）薛锡祥著

济南　黄河出版社　1993 年　325 页　19cm（小 32 开）

ISBN：7-80558-457-5　定价：CNY4.80

　　作者薛锡祥（1944—　　），词作家、教授。安徽桐城人。空军政治学院副教授、中国作家协会上海分会会员、中国音乐文学学会会员。作词作品有《大地之魂》《生命的放飞》《花满人间》，出版有《心灵广场》《风雪莽昆仑》《青春嫁接》等。

J0154715

影视风靡曲 101 首　（第一辑）潘义编

上海　上海远东出版社　1993 年　183 页

19cm（小 32 开）定价：CNY4.20

J0154716

中国电视歌曲 500 首　中央电视台，中国广播电视学会电视音乐研究委员会编

北京　中国国际广播出版社　1993 年　809 页

20cm（32 开）ISBN：7-5078-0672-3

定价：CNY18.00

　　本书按电视节目的体裁分类编辑，顺序为专题片歌曲、电视剧歌曲、文艺晚会歌曲、栏目歌曲、广告歌曲。

J0154717

祖国之爱　（百部优秀影视片歌曲精选）《祖国之爱》编辑委员会编

长沙　湖南少年儿童出版社　1993 年　85 页

19cm（小 32 开）ISBN：7-5358-0872-7

定价：CNY1.60

J0154718

100 部爱国主义教育优秀影视片歌曲精选　严速编

成都　成都科技大学出版社　1994 年　165 页

19cm（小 32 开）ISBN：7-5616-1549-3

定价：CNY3.80（覆膜本）

J0154719

爱国主义影视歌曲选　内蒙古教育学会秘书处编

呼和浩特 内蒙古教育出版社 1994 年 127 页

20cm（32 开）ISBN：7-5311-2369-X

定价：CNY1.80

J0154720

爱国主义影视歌曲选　内蒙古教育学会秘书处编

呼和浩特 内蒙古教育出版社 1994 年 107 页

20cm（32 开）ISBN：7-5311-2370-3

定价：CNY1.60

J0154721

百部爱国主义影视歌曲选　浙江人民出版社编

杭州 浙江人民出版社 1994 年 81 页

19cm（小 32 开）ISBN：7-213-01071-9

定价：CNY2.20

J0154722

歌曲选　国家教委基础教育司编

长春 长春出版社 1994 年 117 页 19cm（小 32 开）

ISBN：7-80604-137-0 定价：CNY2.00

J0154723

滚滚长江东逝水　（电视连续剧《三国演义》歌曲集）谷建芬曲；王健等词

北京 中国国际广播出版社 1994 年 32 页 有照片

19cm（小 32 开）ISBN：7-5078-1180-8

定价：CNY2.90

J0154724

黄河恋　（河南电视台建台25周年电视歌曲选）王南方主编

郑州 河南人民出版社 1994 年 240 页

20cm（32 开）ISBN：7-215-03415-1

定价：CNY9.60

J0154725

我的祖国　（优秀爱国主义影视歌曲选）钟起煌主编

南昌 21 世纪出版社 1994 年 重印本 122 页

19cm（32 开）ISBN：7-5391-0781-2

定价：CNY2.20

J0154726

潇洒走一回　（港台影视歌曲集锦）肖力编

太原 北岳文艺出版社 1994 年 323 页

19cm（小 32 开）ISBN：7-5378-1306-X

定价：CNY7.80

J0154727

优秀爱国主义影视歌曲集锦　陈本玮,尹高发主编

南昌 百花洲文艺出版社 1994 年 134 页

19cm（小 32 开）ISBN：7-80579-487-1

定价：CNY3.30

J0154728

优秀歌曲大家唱　（爱国主义影视教育片歌曲集锦）浙江省教育委员会普通教育处选编

北京 首都师范大学出版社 1994 年 76 页

19cm（小 32 开）ISBN：7-81039-336-7

定价：CNY1.00

J0154729

中小学爱国主义教育影视片歌曲集　人民音乐出版社编辑部编

北京 人民音乐出版社 1994 年 167 页

19cm（小 32 开）ISBN：7-103-01186-9

定价：CNY3.55

J0154730

100 部优秀爱国主义影视片主题歌选编

靳凤兰主编；中国电影音乐协会编

海口 海南出版社 1995 年 200 页 19cm（小 32 开）

ISBN：7-80617-150-9 定价：CNY4.50

J0154731

电影《乱世佳人》主题曲　朱庆虹编曲

[1995—1998 年] 5 页 25cm（15 开）

　　本册与电影《时光倒流七十年》主题曲,电影《烈火战车》主题曲合订,正谱本。

J0154732

少儿影视歌曲 100 首　宗介华选编

合肥 安徽少年儿童出版社 1996 年 172 页
19cm（小 32 开）ISBN：7-5397-1216-3
定价：CNY4.50
（小学生精品书库）

J0154733
中国影视歌曲　聂茸编
北京 中国青年出版社 1997 年 14+428 页
20cm（32 开）ISBN：7-5006-2090-X
定价：CNY20.10, CNY23.60（精装）
（歌曲精品系列）

J0154734
中外影视剧歌曲大观　贾涛编
哈尔滨 北方文艺出版社 1997 年 16+715 页
19cm（小 32 开）ISBN：7-5317-0941-4
定价：CNY29.80

J0154735
影视金曲 100 首　刘慧芳,李宏选编
北京 大众文艺出版社 1998 年 188 页
19cm（小 32 开）ISBN：7-80094-479-4
定价：CNY8.60
（大众喜爱的歌丛书）

J0154736
中国电影电视歌曲集　曹成章主编
石家庄 花山文艺出版社 1998 年 15+516 页
20cm（32 开）ISBN：7-80611-604-4
定价：CNY17.00
（20 世纪中国歌曲集萃）

J0154737
中国影视歌曲　（精品）侯钧编
郑州 河南文艺出版社 1998 年 18+341 页
20cm（32 开）ISBN：7-80623-093-9
定价：CNY15.90
（中外歌曲精品库）

J0154738
中国影视歌曲·歌剧选曲　冰河,王玄迈主编
武汉 武汉出版社 1998 年 13+551+54 页
28cm（大 16 开）精装 ISBN：7-5430-1763-6
定价：CNY78.00
（世纪之声 系列歌曲集 3）

J0154739
二十世纪中国影视歌曲　雷维模编著
奎屯 伊犁人民出版社 1999 年 22+522 页
20cm（32 开）ISBN：7-5425-0477-0
定价：CNY18.00
　　本书选收了自 20 世纪 30 年代以来的电影歌曲；40 年代以来的歌剧歌曲；80 年代以来的电视歌曲，共计 330 多首。作者雷维模，教授、作曲家、音乐学者。历任中国音乐家协会会员、中国音乐著作权协会会员、中国社会音乐研究会理事、四川省社会音乐研究会副会长兼秘书长。

中国艺术歌曲

J0154740
巾帼英雄　（独唱曲）刘雪厂作曲
重庆 中国音乐印书馆 [1900—1949 年] [9] 页
26cm（16 开）
（战歌社丛刊 3）
　　本书收《巾帼英雄》《伤兵慰劳歌》《慕寒衣》《长城谣》4 首歌曲。

J0154741
中国的战士　（合唱曲）刘雪厂作曲
重庆 中国音乐印书馆 [1900—1949 年] [13] 页
26cm（16 开）
（战歌社丛刊 2）
　　本书收《满江红》《大家一条心》《中国的战士》《上前线》4 首歌。

J0154742
星海歌曲集　冼星海著
桂林 新光书店 [民国] 86 页 20cm（32 开）
　　本书内收 38 首，其中 23 首为合唱歌曲。作者冼星海（1905—1945），音乐家、作曲家、钢琴家。曾用名黄训、孔宇。出生于澳门，祖籍广州府番禺。代表作品《黄河大合唱》《在太行山上》《到敌人后方去》等。

J0154743
摘花　（五线谱）钱君匋编
上海 开明书店 1928 年 31 页 19cm（32 开）
定价：三角
（春蜂乐会丛刊）

本书内收《摘花》《你是离我而去了》《在这夜里》等14首。作者钱君陶(1907—1998),书画家。浙江桐乡人。名玉堂、锦堂,字君陶,号豫堂、禹堂。毕业于上海艺术师范学校。曾任西泠印社副社长、上海文艺出版社编审、上海市政协委员等职。代表作品《长征印谱》《君长跋巨印选》《鲁迅印谱》《钱君匋印存》。

J0154744
摘花　(五线谱)钱君匋编
上海　开明书店　1929年　3版　31页　26cm(16开)
定价:大洋五角
(春蜂乐会丛刊 1)
　　本书内收《摘花》《你是离我而去了》《在这夜里》等14首。

J0154745
混声合唱曲集　(第一集)李抱忱编
北平　中华乐社　1932年　61页　26cm(16开)
定价:一元
　　本书内收《闲游》《潺潺溪水》《五月光阴》《荣耀颂》《船夫歌》《荣耀无穷尽》《锄头歌》《唱歌的哲学》《你在那里?》等16首歌曲。

J0154746
混声合唱曲集　(第二集)李抱忱编
北平　中华乐社　1933年　63页　26cm(16开)
定价:一元
　　本书内收《闲游》《潺潺溪水》《五月光阴》《荣耀颂》《船夫歌》《荣耀无穷尽》《锄头歌》《唱歌的哲学》《你在那里?》等16首歌曲。

J0154747
爱国合唱歌集　黄自作曲
上海　商务印书馆　1934年　33页　26cm(16开)
定价:大洋六角
(国立音乐专科学校丛书)
　　本书内收有《抗敌歌》《军歌》《旗正飘飘》等5首歌曲。

J0154748
黎明之声　黎明晖作
上海　同声书局　1934年　29页　26cm(16开)
定价:洋五角
(同声歌曲 2)

本书收《御街行》《鹧鸪天》《夜行船》等26首合唱歌曲。

J0154749
美人的心弦　黄宝山著
上海　同声书局　1934年　29页　26cm(16开)
定价:洋五角
(同声歌曲 12)
　　本书收《爱的普通》《归来》《两颗星》《新春》等25首合唱歌曲。

J0154750
农村的唱和　梁季虎作
上海　同声书局　1934年　29页　26cm(16开)
定价:洋五角
(同声歌曲 13)
　　本书收《野玫瑰》《好睡》《梦》《无尽的爱》《莫愁》等24首合唱歌曲。

J0154751
少女低吟曲　秦淮碧著
上海　同声书局　1934年　29页　26cm(16开)
定价:大洋五角
(同声歌曲 14)
　　本书收《寄情书》《我的心》《出了坑》《新春》等31首合唱歌曲。

J0154752
松风　(混合四部合唱曲)冯戢斋作词;陈厚庵作曲
上海　商务印书馆　1934年　7页　31cm(15开)
定价:大洋四角
　　本书为中国现代合唱歌曲选集,国立四川大学音乐教本,五线谱,附钢琴伴奏谱。

J0154753
随便哼哼集　黎明美作
上海　同声书局　1934年　29页　26cm(16开)
定价:洋五角
(同声歌曲 4)
　　本书收《广州小姐》《寄夜莺》《回文夜曲》等40首歌曲。

J0154754
小黄莺　李太黑著;黎锦晖编校

上海 同声书局 1934 年 29 页 26cm（16 开）
定价：洋五角
（同声歌曲 15）

　　本书收《天明》《活神仙》《五月天山雪》《生查子》等 33 首合唱歌曲。

J0154755
勇士豪歌　黎明健作
上海 同声书局 1934 年 29 页 26cm（16 开）
定价：洋五角
（同声歌曲 7）

　　本书收《从军行》《豪士歌》《塞下曲》等 26 首合唱歌曲。

J0154756
恋歌集　胡周淑安作曲
上海 商务印书馆 1935 年 12 页 30cm（15 开）
定价：大洋六角
（国立音乐专科学校丛书）

　　本书为中国现代抒情歌曲选集，内收《爱》《爱高一度》《日落西山》《小诗》等 6 首歌曲。作词者有刘大白、胡适、胡思永等。

J0154757
抒情歌曲集　胡周淑安作曲
上海 商务印书馆 1935 年 12 页 30cm（16 开）
定价：大洋六角
（国立音乐专科学校丛书）

　　本书为中国现代抒情歌曲选集，内收《乐观》《哀辞》《心安身自安》等 6 首歌曲。

J0154758
抒情歌曲集　邱望湘，白蕊仙编
上海 中华书局 1935 年 30 页 26cm（16 开）
定价：银三角

　　本书为中国现代抒情歌曲选集，收《青春曲》《寄相思》《别》《歌》等 14 首歌曲。

J0154759
和声曲　（第 1 集）时金寿著
奉天 美术专科学校 1936 年 26 页
26cm（16 开）定价：国币六角

　　本书为中国现代合唱歌曲选集，内收《柳絮》《春游》《万泉河畔》《雪中行猎》等 10 首合唱与轮唱歌曲。五线谱、简谱对照。

J0154760
和声曲　（第 1 集）时金寿著
奉天 美术专科学校 1936 年 再版 26 页
27cm（16 开）

J0154761
恋歌集　胡周淑安作曲
上海 商务印书馆 1936 年 再版 12 页
30cm（15 开）定价：国币六角
（国立音乐专科学校丛书）

　　本书为中国现代抒情歌曲选集，内收《爱》《爱高一度》《日落西山》《小诗》等 6 首歌曲。作词者有刘大白、胡适、胡思永等。

J0154762
轮唱歌曲　胡敬熙，许观光编
上海 中华书局有限公司 1936 年 2 版 36 页
19cm（32 开）定价：银一角

　　本书为中国现代轮唱歌曲选集。

J0154763
清凉歌集　弘一法师词；刘质平等作曲
上海 开明书店 1936 年 46 页 26cm（16 开）
定价：国币三角

　　本书为中国现代抒情歌曲选集，内收《清凉歌》《山色歌》等 5 首歌曲。五线谱，附钢琴伴奏谱。作者弘一（1880—1942），音乐家、美术教育家、书法家、戏剧活动家。俗名李叔同，我国近代佛教律宗的高僧，曾任浙江省立第一师范学校音乐、图画教师。代表作品有《送别》《南京大学校歌》《三宝歌》等。

J0154764
抒情歌曲　邱望湘编
上海 中华书局 1936 年 38 页 19cm（32 开）
（初中学生文库）

　　本书收《梅花》《梨花》《山中》《渔父》等 20 首歌曲，作词者有陆游、杜牧等人，五线谱，附钢琴伴奏谱。

J0154765
小夜曲　陈啸空编译
上海 开明书店 1936 年 24 页 19cm（32 开）
定价：大洋二角

　　本书为中国现代抒情歌曲选集，内收《别时》

《你在那里》《可爱的花儿哟》等 18 首歌曲。五线谱,附钢琴伴奏谱。

J0154766

独唱歌集 （第一集）李惟宁著
上海　商务印书馆　1937 年　20 页　30cm（15 开）
定价：国币九角
（国立音乐专科学校丛书）

　　本书为中国现代独唱歌曲选集,内收《渔父》《渔歌》《春花秋月》《偶然》等 7 首。五线谱,附钢琴伴奏谱。

J0154767

抒情合唱曲　李惟宁著
上海　商务印书馆　1937 年　13 页　30cm（15 开）
定价：国币六角五分
（国立音乐专科学校丛书）

　　本书内收《夜思》（李白）、《渔父词》（朱敦儒）、《池上寓兴》（白居易）、《竹枝》（无名氏）、《夜半乐》（柳永）等 5 首混声合唱曲。五线谱,附钢琴伴奏谱。

J0154768

最新唱歌集　（男声四部合唱）鲁荡平编
［河南］河南省政府教育厅　1937 年　11 页
［19cm］（32 开）

　　本书为中国现代男声合唱歌曲,内收《孔子歌》《鸡既鸣分歌》《收复失地歌》等 6 首,五线谱。

J0154769

最新唱歌集　（女声三部合唱）鲁荡平编
［河南］河南省政府教育厅　1937 年　13 页
［19×26cm］

　　本书为中国现代女声合唱歌曲选集,内收《孔子歌》《鸡既鸣分歌》《收复失地歌》等 6 首,五线谱。

J0154770

最新歌曲集　（男声四部合唱）鲁荡平编
［郑州］河南省政府教育厅　1937 年　11 页
27cm（16 开）

　　本书为中国合唱歌曲选集。

J0154771

九一八民众大合唱　星海曲；天兰词
［延安］鲁艺出版社　1939 年　32 页
38cm（18 开）

　　本书为中国现代音乐作品。

J0154772

反攻　（星海歌曲集）冼星海作
重庆　读者生活出版社　1940 年　86 页
19cm（32 开）
（新音乐丛刊 4）

　　本书内收 38 首中国现代歌曲,其中 23 首为合唱歌曲。

J0154773

反攻　（星海歌曲集）冼星海作
重庆　读者生活出版社　1941 年　再版　86 页
19cm（32 开）
（新音乐丛刊 4）

　　本书内收 38 首中国现代歌曲,其中 23 首为合唱歌曲。

J0154774

黄河　（新型大合唱）冼星海制谱；光未然作歌
［重庆］生活书店　1940 年　61 页　16cm（25 开）
定价：国币四角

　　本书收《黄河大合唱》（四部合唱）、《黄河颂》（男生独唱）、《黄河之水天上来》（朗诵歌唱）、《黄水谣》（民歌齐唱）、《河边对口曲》（二重对唱）、《黄河怨》（女生独唱）、《保卫黄河》（三部轮唱）、《怒吼吧黄河》（四部合唱）8 首合唱歌曲。

J0154775

黄河　（新型大合唱）冼星海作曲；光未然作歌
重庆　生活书店　1941 年　3 版　61 页
18cm（15 开）定价：国币五角

　　本书为中国现代歌曲选集,收《黄河大合唱》（四部合唱）、《黄河颂》（男生独唱）、《黄河之水天上来》（朗诵歌唱）、《黄水谣》（民歌齐唱）、《河边对口曲》（二重对唱）、《黄河怨》（女生独唱）、《保卫黄河》（三部轮唱）、《怒吼吧黄河》（四部合唱）8 首合唱歌曲。

J0154776

清华歌咏团合唱歌曲选　（第一集）清华音

乐室选辑
北京 清华音乐室 [1940—1949 年] 油印本
26 页 25cm (15 开)

J0154777
合唱歌曲第一集　福建省立音乐专科学校编
译室编
永安 福建省立音乐专科学校编译室 1941 年
95 页 26cm (16 开)
（福建省立音乐专科学校丛书）
　　本书为中国现代合唱歌曲选集,内收《全面
抗战》《战斗的妇女》《家乡》《抗敌歌》《军歌》
《旗正飘飘》《玉门出塞歌》等 17 首,五线谱,附
钢琴伴奏谱。

J0154778
合唱新歌选集　（第二辑）广东省立战时艺术
学院出版委员会编
梅县 中华大书局 民国三十年 [1941] 53 页
18cm (30 开) 定价: 国币一元
（广东省立战时艺术学院丛书）

J0154779
齐唱曲集　教育部音乐教育委员会编
重庆 教育部音乐教育委员会 1941 年 18 页
19cm (32 开) 定价: 国币三角
（民众乐库）
　　本书为中国现代合唱歌曲选集,内收《军民
联欢》《募寒衣》《出力插秧歌》《长城谣》《热血
歌》《大家一条心》《出发》《中国空军歌》《凯旋
歌》等 18 首歌曲。

J0154780
齐唱曲集　教育部音乐教育委员会编
重庆 教育部音乐教育委员会 1941 年 16 页
18cm (小 32 开) 定价: 国币三角
（民众乐库）
　　本书为中国现代合唱歌曲选集,收录《党
歌》《精神总动员》《我愿》《巩固统一》《出征
歌》《军民联歌(一、二)》《募寒衣》《出力插秧
歌》《长城谣》《热血歌》《大家一条心》《出发》
《中国空军歌》《军歌》《凯旋歌》16 首歌曲。

J0154781
现代合唱曲集　教育部音乐教育委员会编

重庆 教育部音乐教育委员会 1941 年 46 页
26cm (16 开) 定价: 国币五元
　　本书为中国现代合唱歌曲选集,收入 10 首
抗战歌曲。

J0154782
招魂　（合唱曲集）许可经作曲
1942 年 31 页 26cm (16 开)
　　本书为中国现代合唱歌曲集,收《招魂》《射
击手之歌》《轰,轰开国难》《抗战到底》《保卫我
们的天空》《中华男儿血》6 首歌曲。

J0154783
抗战二部合唱歌曲集　林路主编; 安俄之编
桂林 抗战歌曲刊行社 1943 年 [224]页
18cm (30 开) 定价: 国币二十六元
　　本书内收《收获》(何士德)、《打回东北去》
(沙梅)、《保家乡》(贺绿汀)、《新中国》(冼星海)
等 93 首,并有安俄之《简谱读法》、林路《演唱与
指挥》两文。

J0154784
抒情新歌集　姚牧编
桂林 河山出版社 1944 年 111 页 18cm (32 开)
　　本书内收延赦的《故乡祭》、星海的《迎春
曲》、张蓂的《轻帆朝渡》、赵元任的《他是个中国
人》、非克的《长江春月》、任光的《采菱歌》、贺
绿汀的《保家乡》、姚牧的《春潮》等 65 首歌曲。

J0154785
湛露集　刘雪厂作曲
璧山 社教学院音乐组乐谱丛刊社 1944 年
13 页 [19×26cm]
　　本书为民国时期中国歌曲选集。

J0154786
勉从军　（混声四部合唱）洪波作词并作曲
国立礼乐馆 1945 年 油印本 4 页 28cm (大 16 开)
　　本书为中国现代歌曲专著,从军曲选之五。

J0154787
破阵乐　（四部合唱曲）卢前词; 杨荫浏曲
[重庆] 国立礼乐馆 1945 年 油印本 4 页
27cm (16 开)
　　本书所收为民国时期中国艺术歌曲。作者

杨荫浏(1899—1984),音乐教育家。字亮卿,号二壮,又号清如。出生于江苏无锡,曾就读于上海圣约翰大学文学系、光华大学经济系(今华东师范大学)。曾在重庆、南京任国立音乐学院教授兼国乐组主任,国立礼乐馆编纂和乐曲组主任,金陵女子大学音乐系教授。代表作品有《中国音乐史纲》《中国古代音乐史稿》。

J0154788

胜利之花 (上高音独唱)杨白华填词; 梁定佳作曲

[重庆] 国立礼乐馆 1945年 油印本 4页
27cm(16开)

本书所收为民国时期中国独唱艺术歌曲。

J0154789

战士还京曲 (上高音独唱曲)杨荫浏编配; 汪东填词

[重庆] 国立礼乐馆 1945年 油印本 4页
27cm(16开)

本书收汪东填词,杨荫浏配曲的《凯歌声声》、杨荫浏词曲的《国际和平感谢歌》等歌曲。

J0154790

黄河大合唱 冼星海曲;光未然词
上海 中国音乐社 1946年 43页 20cm(32开)
本书为中国合唱艺术歌曲选集。

J0154791

黄河大合唱 冼星海作曲;光未然作词
上海 读书出版社 1947年 72页 有照片
25cm(15开)

本书所收为民国时期中国合唱艺术歌曲选集。

J0154792

黄河大合唱 (冼星海遗作)冼星海作曲;
光未然作词
上海 读书出版社 1947年 69页 25cm(18开)
定价: 国币九元

本书所收为民国时期中国合唱艺术歌曲。

J0154793

黄河大合唱 冼星海作曲;光未然作词
上海 三联书店 1950年 54页 25cm(15开)

定价: 5.00

本书系为冼星海作曲,光未然作词的中国现代合唱艺术歌曲套曲。

J0154794

黄河大合唱 冼星海作曲;光未然作词
上海 三联书店 1950年 3版 简谱本 47页
18cm(30开)定价: 3.00

本书系为冼星海作曲,光未然作词的中国现代合唱艺术歌曲套曲。

J0154795

黄河大合唱 冼星海作曲;光未然作词
北京 天下出版社 1951年 38页 21cm(32开)
定价: 旧币 5,800元

J0154796

民主大合唱 马思聪曲;端木蕻良词
上海 生活书店 1946年 29页 26cm(16开)

本书收入包括《民主的浪潮》《农村的感伤》
《都市的控诉》《两个人类》《我们是人民》《真正的胜利》等7首歌曲。

J0154797

合唱歌曲选 (第二集)国立清华大学音乐室选
北京 国立清华大学音乐室 1947年 油印本
25cm(15开)

本书为国立清华大学音乐室编选的中国合唱歌曲选集第二集。

J0154798

合唱选 南开歌咏团辑
天津 南开歌咏团 1947年 75页 26cm(16开)

本书为民国时期中国合唱艺术歌曲选集。

J0154799

沈思岩合唱曲集 (第1集)筹印沈师作品委员会编
杭州 筹印沈师作品委员会 1947年 55页
27cm(16开)

本书内收《战歌》《民主胜利颂》《真理的控诉》《贵州谣》等4首合唱曲。五线谱,附钢琴伴奏谱。

J0154800

受苦人翻身大联唱　骆文词；程云曲；冀察热
辽文艺工作团第一团编
佳木斯　东北书店　1947 年　26 页　19cm（32 开）
（音乐丛书）

　　本书内收《盼望共产党》《穷根在那里？》
《告状的人》《清算大斗争》《强盛的自卫队》等 7
首歌曲。

J0154801

受苦人翻身大联唱　骆文词；程云曲
佳木斯　东北书店　1948 年　3 版　24 页
19cm（32 开）定价：90 元
（音乐丛书）

　　本书内收《盼望共产党》《穷根在那里？》
《告状的人》《清算大斗争》《强盛的自卫队》等 7
首歌曲。

J0154802

抒情曲　姚牧编著
广州　美乐图书出版公司　1947 年　98 页
［19cm］（32 开）

　　本书内收《迎春曲》《思乡》《拦羊人儿暗悲
伤》《玫瑰三愿》《枫桥夜泊》《月光曲》《我在街
头卖唱》《秋天的梦》《短歌》《采菱歌》等 59 首
歌曲。

J0154803

原野咏　曹亚琪作曲；舒塞词
南泉　南林合唱团　1948 年　石印本　44 页
［19 × 26cm］

　　本书又名《南泉大合唱》，收入 7 首合唱艺术
歌曲。书前有刘志清的序，书后有舒塞的后记。

J0154804

中国共产党颂　（大合唱）联政宣传队集体作
词；李鹰航作曲
哈尔滨　新华书店［1948 年］修改版　29 页
18cm（30 开）
（音乐戏剧丛书 6）

J0154805

中国共产党颂　联政宣传队撰词；李鹰航作曲
沈阳　东北新华书店　1949 年　修改本
（音乐戏剧丛书 6）

　　本书所收为中国现代合唱艺术歌曲。

J0154806

祖国大合唱　马思聪作曲；金帆作词
香港　前进书局　1948 年　简谱本　42 页
27cm（16 开）定价：四元

　　本书由《美丽的祖国》《忍辱》《奋斗》《乐
园》4 首歌曲组成。

J0154807

祖国大合唱　马思聪作曲；金帆作词
香港　前进书局　1948 年　简谱本　30 页
19cm（小 32 开）定价：二元

　　本书由《美丽的祖国》《忍辱》《奋斗》《乐
园》4 首歌曲组成。

J0154808

祖国大合唱　马思聪作曲；金帆作词
上海　上海音乐出版社　1949 年　26cm（16 开）

　　本书是大型合唱作品，包括《美丽的祖国》
《忍辱》《奋斗》《乐园》4 首。

J0154809

祖国大合唱　马思聪作曲；金帆作词
北平　中国新音乐出版公司　1949 年　再版
简谱本　30 页　18cm（15 开）
（新音乐歌丛 1）

　　本书由《美丽的祖国》《忍辱》《奋斗》《乐
园》4 首歌曲组成。

J0154810

祖国大合唱　马思聪作曲；金帆作词
上海　上海音乐出版社　1952 年　32 页
26cm（16 开）定价：旧币 8,000 元

　　本书是大型合唱作品，包括《美丽的祖国》
《忍辱》《奋斗》《乐园》4 首。

J0154811

淮海战役歌集　中国人民解放军第三野战军
政治部编
北京　中国青年出版社　1949 年　21 页
26cm（16 开）

　　本书所收为中国现代革命歌曲。

J0154812

淮海战役歌集　中国人民解放军第三野战军政治部文艺工作团编

中国人民解放军第三野战军政治部文艺工作团 [1949 年] 石印本 21 页 26cm（16 开）

本书内收 20 首歌曲。

J0154813

淮海战役歌集　中国人民解放军第三野战军政治部文艺工作团编

1949 年 影印本 21 页 26cm（16 开）

本书所收为中国现代革命歌曲。

J0154814

淮海战役组歌　中国人民解放军第三野战军政治部编

[济南] 山东新华书店 1949 年 定价：CNY1.10

J0154815

淮海战役组歌　中国人民解放军第三野战军政治部文艺工作团集体创作

上海 新华书店 1949 年 14 页 26cm（16 开）定价：CNY2.00

本书所收为中国现代革命歌曲。

J0154816

沙梅曲集　（独唱曲 第一集）沙梅作

上海 新群众音乐出版社 1949 年 石印本 23 页 29cm（16 开）定价：大洋五角

本书内收《打柴歌》《岂有这样的人我不爱》《悠远》《车水歌》《湖上悲歌》等 25 首歌曲。五线谱、简谱对照,附钢琴伴奏谱。

J0154817

胜利大合唱　骆文,莎蕻作词;程云,莎莱作曲

天津 知识书店 1949 年 12 页 26cm（16 开）

本书由《胜利的歌》《胜利怎样来》《建设人民的华北》《全国人民就要解放》等歌曲组成。

J0154818

胜利联唱　马可著

哈尔滨 东北书店 1949 年 25 页 18cm（32 开）定价：90 元

本书内收《咱们的军队回来了》《帮助军队打胜仗》《修铁路歌》《一个解放战士的歌》《跟着英雄走》《出征歌》等 6 首歌曲。作者马可（1918—1976）,作曲家、音乐教育家。江苏徐州人,就读于河南大学化学系。创作歌曲有《南泥湾》《咱们工人有力量》《吕梁山大合唱》,秧歌剧《夫妻识字》,歌剧《周子山》《白毛女》《小二黑结婚》等,著有《中国民间音乐讲话》《时代歌声漫议》《冼星海传》等。

J0154819

新青年大合唱　解放歌声社辑

北京 解放歌声社 1949 年 14 页 26cm（16 开）

本书内收《起来了,祖国的儿女》《礼赞曲》《黑暗的日子》《坚持斗争》《新青年大进军》等 7 首歌曲。严辰、吕剑、唐因作词,元庆、劳舟、李群、焕之作曲。

J0154820

保家卫国　（合唱）孙芋撰词;秋里、张颂作曲;东北文艺工作团编辑

沈阳 新华书店东北总分店 1950 年 34 页 26cm（16 开）

本书主要收录抗美援朝时期的革命歌曲,包含独唱、齐唱、合唱等唱法。

J0154821

泗渡怒江破天险　（合唱）任大卫等词;枕戈曲

昆明 [中国人民解放军昆明军区政治部] [1950—1959 年] 油印本 26cm（16 开）

J0154822

人民解放大合唱　夏白作词;刘雪厂作曲

上海 教育书店 1950 年 74 页 19cm（32 开）定价：四元

（新音乐创作丛刊 3）

中国现代合唱歌曲选集。作者夏白（1919—　）,作曲家。四川渠县人。毕业于四川省立戏剧音乐学校。后从事音乐编辑工作。中华人民共和国成立后任音协上海分会秘书长。曾为中国音协理事、上海文联委员。作有歌曲《迎着战斗的春天》,撰有评论集《在新音乐运动的行进中》。

J0154823

生产大合唱　（完整本）冼星海作曲;塞克作词;紫光改词;星海大合唱团编

北京 工人出版社 1950 年 88 页 18cm（32 开）
定价：CNY4.30

J0154824

中国人民翻身大合唱 （广东方言大合唱）
符公望作词；胡均，郭杰作曲
广州 前进书局 1950 年 40 页 18cm（30 开）
定价：CNY2.40

J0154825

爱国大合唱 中华全国音乐工作者协会上海
分会编
上海 华东人民出版社 1951 年 66 页
18cm（15 开）定价：旧币 3,000 元
（音乐创作丛刊）

J0154826

爱国增产 （轮唱·合唱）刘雪厂著
上海 教育书店 1951 年 42 页 18cm（15 开）
定价：旧币 2,600 元
（新音乐创作丛刊 10）
　　本书内容为中国现代歌曲，方式是轮唱和
合唱。

J0154827

春天大合唱 马思聪作曲
北京 开明书店 1951 年 71 页 26cm（16 开）
定价：旧币 6,500 元
　　作者马思聪（1912—1987），作曲家、小提琴
演奏家。广东海丰人。曾任中央音乐学院首任
院长，并兼任中国音乐家协会副主席，《音乐创作》
主编等职。代表作有小提琴曲《内蒙组曲》《西
藏音诗》《第一回旋曲》，交响音乐《山林之歌》
《第二交响曲》，大合唱《祖国》《春天》，歌剧《热
碧亚》等。

J0154828

东北的好地方 （大合唱）胥树人词；王卓曲；
东北鲁迅文艺学院音乐部编
沈阳 东北人民出版社 1951 年 115 页
26cm（16 开）定价：旧币 56,000 元
　　本书为中国现代合唱歌曲，附关于演奏方面
的几点说明。

J0154829

独唱歌曲集 （第一集）喻宜萱辑
上海 万叶书店 1951 年 影印本 43 页
30cm（15 开）
（中央音乐学院教材丛刊 1）

J0154830

独唱歌曲集 （第二集）喻宜萱辑
上海 万叶书店 1952 年 影印本 51 页
26cm（16 开）定价：旧币 8,500 元
（中央音乐学院教材丛刊 2）

J0154831

飞虎山 （故事大合唱）管桦作词；张文纲作
曲；袁歌辛制谱
北京 中华全国音乐工作者协会 1951 年 影印本
32 页 35cm（18 开）定价：旧币 10,000 元
（中央音乐学院创作丛刊）

J0154832

嘉陵江船夫 （大合唱）沙梅词曲
上海 教育书店 1951 年 简谱本 17 页
26cm（16 开）定价：旧币 3,200 元
　　作者沙梅（1909—1993），作曲家。原名郑
志，又名郑导乐。四川广安人，毕业于北平大学
音乐系。历任上海艺专、国立女子师院、国立湖
北师院等校音乐教授及上海戏剧专科学校歌剧
系主任、歌舞团名誉团长，上海歌剧院顾问。创
作歌曲有《打柴歌》《打回东北去》《五卅纪念歌》
《祖国之恋》《打起锣鼓遍街唱》《嘉陵江船夫曲》
《沙梅歌曲集》等，著有《论川剧高腔音乐》。

J0154833

千里跃进大别山 （大合唱）王知十撰词；时
乐濛作曲
上海 教育书店 1951 年 47 页 19cm（32 开）
定价：旧币 3,400 元
（新音乐创作丛刊 8）
　　作者时乐濛（1915—2008），音乐家、作曲家、
指挥家。原名时广涵，生于河南伊川。曾在鲁迅
艺术学院音乐系学习。曾任中国人民解放军总
政治部歌舞团团长、解放军艺术学院副院长等
职。编写《保卫莫斯科》歌曲、大合唱《祖国万岁》，
主持音乐舞蹈史诗《东方红》及《中国革命之歌》
的音乐创作。

J0154834

天安门红旗飘 （合唱）曾慧灵作曲；沙鸥作词；中央音乐学院编辑

上海 万叶书店 1951年 7页 30cm（16开）

定价：旧币 4,000元

（中央音乐学院研究部资料丛刊）

J0154835

天兰路大合唱 彦军作曲作词；刘福安和声

上海 华东人民出版社 1951年 28页

26cm（16开）定价：旧币 4,000元

J0154836

土改大合唱 冯玉才撰词；武俊达谱曲

上海 教育书店 1951年 40页 19cm（32开）

定价：旧币 2,600元

（新音乐创作丛刊 6）

J0154837

我们保卫祖国的天空 （四部合唱）段平泰作曲；振奋作词；中央音乐学院编辑

上海 万叶书店 1951年 影印本 7页 31cm（15开）

定价：旧币 4,000元

（中央音乐学院研究部资料丛刊）

　　作者段平泰，中央音乐学院作曲系任教。

J0154838

新中国独唱歌曲选 中央音乐学院上海分院声乐系辑

上海 万叶书店 1951年 油印本 39页

26cm（16开）定价：旧币 7,500元

J0154839

新中国独唱歌曲选 中央音乐学院上海分院声乐系辑

上海 万叶书店 1952年 2版 36页

26cm（16开）定价：旧币 6,500元

J0154840

飞到胜利的最前方 （混声四部合唱）石德声词；梁浚曲

上海 万叶书店 1952年 6页 31cm（60开）

定价：旧币 3,000元

J0154841

和平鸽飞翔在天空 沙梅作曲；丰一吟，饶汉桢写谱

上海 万叶书店 1952年 影印本 24页

26cm（16开）定价：旧币 4,200元

　　中国现代大众合唱歌曲选集。作者沙梅（1909—1993），作曲家。原名郑志，又名郑导乐。四川广安人，毕业于北平大学音乐系。历任上海艺专、国立女子师院、国立湖北师院等校音乐教授及上海戏剧专科学校歌剧系主任、歌舞团名誉团长，上海歌剧院顾问。创作歌曲有《打柴歌》《打回东北去》《五卅纪念歌》《祖国之恋》《打起锣鼓遍街唱》《嘉陵江船夫曲》《沙梅歌曲集》等，著有《论川剧高腔音乐》。作者丰一吟（1929—　），画家、翻译学家。浙江崇德县（今桐乡市石门镇）人。其父是著名画家丰子恺。毕业于中苏友协俄文学校。上海市文史研究馆馆员、丰子恺研究会顾问、上海翻译家协会会员。主要著作有《潇洒风神——我的父亲丰子恺》《丰子恺漫画全集》《爸爸的画》等。

J0154842

独唱歌选 音春，金涛编选

上海 陆开记书店 1953年 2版 45页 17cm（40开）

J0154843

独唱歌选 （校正本）音春，金涛编选

上海 陆开记书店 1953年 3版 45页 17cm（30开）

定价：旧币 2,500

J0154844

沙梅独唱歌曲 沙梅作曲

上海 新音乐出版社 1953年 影印本 31页

26cm（16开）定价：旧币 4,500元

J0154845

我爱我的祖国 长江文艺编辑部辑

汉口 中南人民文学艺术出版社 1953年 25页

19cm（32开）定价：旧币 1,400元

J0154846

受膏者 马革顺作曲

上海 中华浸会书局 1954年 60页 26cm（16开）

定价：旧币 6,000元

　　中国现代声乐协唱曲。

J0154847
1954 年西南区歌曲创作选集 中国音乐家
协会成都分会编
成都 四川人民出版社 1955 年 70 页 19cm（32 开）
定价：CNY0.24

J0154848
放风筝 （女声齐唱）侯相久，孙芊著；王卓作曲
北京 音乐出版社 1955 年 14 页 26cm（16 开）
定价：CNY0.25

J0154849
合唱曲集 李井然编曲
汉口 湖北人民出版社 1955 年 68 页 26cm（16 开）
定价：CNY0.43
　　中国现代合唱歌曲选集。

J0154850
幸福的日子越过越强 （生活合唱）曹汀，潘
芜作词；王卓作曲
上海 新知识出版社 1955 年 43 页
26cm（16 开）定价：CNY0.31

J0154851
祖国的东北 （大合唱）胥树人作词；王卓作曲
上海 新知识出版社 1955 年 38 页
21cm（32 开）定价：旧币 3,300 元

J0154852
1955 年创作歌曲选集 中华人民共和国文化
部艺术事业管理局，中国音乐家协会编
北京 音乐出版社 1956 年 233 页 21cm（32 开）
统一书号：T8026.443 定价：CNY0.85

J0154853
1956 年创作歌曲选集 中华人民共和国文化
部艺术事业管理局，中国音乐家协会合编
北京 音乐出版社 1957 年 278 页 15cm（40 开）
统一书号：8026.727 定价：CNY0.55

J0154854
1957 年创作歌曲选集 中华人民共和国文化
部艺术事业管理局，中国音乐家协会编
北京 音乐出版社 1958 年 169 页 15cm（40 开）
统一书号：8026.1002 定价：CNY0.30

J0154855
独唱歌曲集 （第一集）辽宁人民艺术剧院编
长春 吉林人民出版社 1956 年 23 页 26cm（16 开）
统一书号：8091.5 定价：CNY0.20

J0154856
独唱歌曲集 （第一集）辽宁人民艺术剧院编
［长春］吉林人民出版社 1957 年
定价：CNY0.20

J0154857
独唱曲集 （第一辑）丁善德，邓尔敬辑
北京 音乐出版社 1956 年 14 页 26cm（16 开）
定价：CNY0.21
（中央音乐学院华东分院创作丛刊）

J0154858
丰收组歌 （合唱）张藜作词；鸿明作曲
沈阳 辽宁人民出版社 1956 年 18 页 26cm（16 开）
统一书号：8.090.8 定价：CNY0.19

J0154859
合唱歌曲集 （第一集）辽宁人民艺术剧院编
沈阳 辽宁人民出版社 1956 年 32 页 26cm（16 开）
定价：CNY0.24

J0154860
合唱歌曲集 （第二集）辽宁人民艺术剧院编
长春 吉林人民出版社 1956 年 65 页 26cm（16 开）
统一书号：8091.6 定价：CNY0.42

J0154861
合唱曲集 （第一集）音乐出版社编辑部编辑
北京 音乐出版社 1956 年 139 页 26cm（16 开）
统一书号：8026.574 定价：CNY1.42

J0154862
合唱曲集 （第一辑）丁善德，邓尔敬辑
北京 音乐出版社 1956 年 影印本 38 页
26cm（16 开）定价：CNY0.44
（中央音乐学院华东分院创作丛刊）

J0154863
黄河大合唱 冼星海著；中国音乐家协会编辑
北京 音乐出版社 1956 年 58 页 19cm（32 开）

定价：CNY0.19

J0154864

胜利花开遍地红 （大合唱）希扬作词；劫夫
等作曲
沈阳 辽宁人民出版社 1956年 20页 26cm（16开）
统一书号：8090.9 定价：CNY0.17

J0154865

演唱歌曲集 （第一集）辽宁人民艺术剧院编
长春 吉林人民出版社 1956年 24页

J0154866

杨根思 （大合唱）张锐作曲；陈真，徐坤作词
上海 上海文化出版社 1956年 33页 19cm（32开）
统一书号：T8077.49 定价：CNY0.15
　　中国合唱歌曲选。

J0154867

1957年创作歌选 （第一集）中国音乐家协会
上海分会编
上海 上海音乐出版社 1957年 34页 19cm（32开）
统一书号：8127.081 定价：CNY0.12

J0154868

春天大合唱 金帆词；马思聪作曲
北京 音乐出版社 1957年 76页 26cm（16开）
统一书号：8026.666 定价：CNY1.00
　　本书表现了国统区人民及知识阶层渴望祖
国解放、迎接美好春天的心情。全曲分《冬天是
个残酷的暴君》《好消息》《春雷》《迎春曲》和
《快乐的春天》5个乐章，配有钢琴伴奏谱。

J0154869

独唱歌曲200首 上海音乐出版社编辑部编辑
上海 上海音乐出版社 1957年 256页
19cm（32开）统一书号：127.028
定价：CNY0.75

J0154870

独唱歌曲200首新编 上海文艺出版社编
上海 上海文艺出版社 1959年 305页
19cm（32开）统一书号：8078.1212
定价：CNY0.80

J0154871

独唱歌曲200首新编 上海文艺出版社编
上海 上海文艺出版社 1962年 305页
13cm（60开）统一书号：8078.1930
定价：CNY0.48

J0154872

歌曲四首 （独唱曲·钢琴伴奏）丁善德作曲
上海 上海音乐出版社 1957年 影印本 13页
30cm（15开）统一书号：127.015
定价：CNY0.46

J0154873

故乡 （混声四部合唱、钢琴伴奏）朱一立作
曲；管桦作词
北京 音乐出版社 1957年 影印本 8页
26cm（16开）统一书号：8026.753
定价：CNY0.15

J0154874

合唱曲集 （第二辑）音乐出版社编辑部编辑
北京 音乐出版社 1957年 影印本 105页
26cm（16开）统一书号：8026.575
定价：CNY1.30

J0154875

合唱曲集 （第一册）音乐出版社编辑部编
北京 音乐出版社 1960年 38页 26cm（16开）
统一书号：8026.1388 定价：CNY0.33
　　本书系中国现代合唱歌曲选集。

J0154876

贺绿汀合唱曲集 贺培真等作词；贺绿汀作曲
上海 上海音乐出版社 1957年 71页 26cm（16开）
统一书号：127.041 定价：CNY1.40

J0154877

黄自独唱歌曲选 黄自作曲；钱仁康编订
上海 上海音乐出版社 1957年 影印本 45页
统一书号：8127.100 定价：CNY0.95
　　作者钱仁康（1914—2013），音乐学家，音乐
理论家。生于江苏无锡，毕业于国立音乐专科学
校理论作曲组。历任北平师范学院、苏州国立社
教学院、江苏师范学院(苏州大学前身)、苏南文
教学院、华东师范大学音乐系教授，上海音乐学

院音乐学系系主任、博导。著有《外国音乐欣赏》
等，并译有《莫扎特书信选》等。

J0154878

嘉陵江船夫大合唱　沙梅作词；沙梅作曲；
陆严少绘图
上海　上海音乐出版社　1957年　影印本　44页
有插图　26cm（16开）统一书号：8127.061
定价：CNY0.90

J0154879

老社员的歌　（男低音独唱）丁善德曲；王木
弓，王肯词
北京　音乐出版社　1957年　11页　30cm（10开）
统一书号：8026.652　定价：CNY0.36

J0154880

男声合唱曲四首　音乐出版社编辑部编
北京　音乐出版社　1957年　影印本　16页
26cm（16开）统一书号：8026.651
定价：CNY0.26

J0154881

女声合唱曲四首　音乐出版社编辑部编
北京　音乐出版社　1957年　24页　26cm（16开）
统一书号：8026.616　定价：CNY0.34

J0154882

女声重唱曲四首　音乐出版社编辑部编
北京　音乐出版社　1957年　9页　26cm（16开）
统一书号：8026.615　定价：CNY0.22

J0154883

人民英雄永垂不朽　（合唱曲）李建庆作词；
张定和作曲
上海　上海音乐出版社　1957年　影印本　44页
27cm（16开）统一书号：127.053
定价：CNY0.90

J0154884

冼星海聂耳独唱曲选　黎英海编选；冼星海，
聂耳曲
上海　上海音乐出版社　1957年　影印本　36页
26cm（16开）统一书号：8127.108
定价：CNY0.75

J0154885

消息带给远方人　（独唱曲集）上海音乐学院
创作丛刊编辑委员会编辑
上海　上海音乐出版社　1957年　32页　28cm（16开）
统一书号：8127.107　定价：CNY0.42
（上海音乐学院创作丛刊）

J0154886

阿细跳乐　（女高音、男高音独唱与混声四部
合唱）杨非作曲；罗忠镕改编
北京　音乐出版社　1958年　影印本　10页
26cm（16开）统一书号：8026.794
定价：CNY0.22

　　阿细跳乐是彝族阿细人最具代表性的民族
民间舞蹈，阿细跳月以阿细语称"嘎斯比"，即"欢
乐跳"之意，因多在月光篝火旁起舞，故又名曰
"阿细跳月"。改编者罗忠镕（1924—　　），作曲
家、理论家、教授。生于四川省三台县，就读于
四川省立艺术专科学校和国立上海音乐专科学
校。代表作品《罗忠镕后期现代风格的音乐创作
研究》《山那边哟好地方》《庆祝十三陵水库落成
典礼序曲》等。

J0154887

草原人们心花开　吴世玙等作词；何振京作曲
上海　上海文艺出版社　1958年　13页　28cm（16开）
统一书号：8078.149　定价：CNY0.17
（中央音乐学院创作丛刊）
　　中国现代合唱歌曲选集。

J0154888

创作歌曲选　（第一集）上海音乐学院声乐系编
上海　上海音乐出版社　1958年　43页　26cm（16开）
统一书号：8127.253　定价：CNY0.55

J0154889

创作歌曲选　（第二集）上海音乐学院声乐系编
上海　上海文艺出版社　1959年　48页　26cm（16开）
统一书号：8078.386　定价：CNY0.60

J0154890

创作歌曲选　（第三集）上海音乐学院声乐系编
上海　上海文艺出版社　1959年　56页　26cm（16开）
统一书号：8078.0784　定价：CNY0.68

J0154891

东方升起了金黄色的太阳　张苛等作词；何振京作曲

上海　上海文艺出版社　1958　17 页　26cm（16 开）

统一书号：8078.0091　定价：CNY0.22

（中央音乐学院创作丛刊）

　　中国现代独唱歌曲选集。

J0154892

东风压倒西风　（齐唱）魏峨词；丁善德曲

上海　上海音乐出版社　1958　3 页　26cm（16 开）

统一书号：8127.2004　定价：CNY0.10

（群众歌曲丛刊 4）

J0154893

东海凯歌　（大合唱曲）中国人民解放军前线歌舞团编

上海　上海文艺出版社　1958　28 页　19cm（32 开）

统一书号：8078.127　定价：CNY0.11

J0154894

赶上英国　（齐唱及男女声二部轮唱）钟灵词；瞿希贤曲

上海　上海音乐出版社　1958　3 页　26cm（16 开）

统一书号：8127.2006　定价：CNY0.10

（群众歌曲丛刊 6）

　　作者瞿希贤（1919—2008），女，作曲家。上海人，毕业于上海国立音专作曲系。曾就职于中央音乐学院音工团和中央乐团创作组。代表作品《听妈妈讲那过去的事情》《新的长征，新的战斗》《乌苏里船歌》。

J0154895

歌唱农业纲要四十条　（齐唱 轮唱）顾翌词曲

上海　上海音乐出版社　1958　3 页　26cm（16 开）

统一书号：8127.2003　定价：CNY0.10

（群众歌曲丛刊 3）

J0154896

红军根据地大合唱　瞿希贤作曲；金帆作词

北京　音乐出版社　1958　影印本　71 页

26cm（16 开）统一书号：8026.811

定价：CNY0.85

　　本书包括：一、革命的风暴；二、送郎当红军；三、儿童团放哨歌；四、长征的队伍走了；五、怀念毛主席；六、红军回来了；七、亲爱的党、光荣的党。包括混声合唱、男女声独唱、童声合唱、无伴奏合唱等多种形式。全曲共 7 个乐章。本歌集附有全部歌曲的钢琴伴奏。

J0154897

淮河大合唱　金帆作词；马思聪作曲

北京　音乐出版社　1958　52 页　26cm（16 开）

统一书号：8026.997　定价：CNY0.65

J0154898

九一八大合唱　冼星海作曲

北京　音乐出版社　1958　138 页　26cm（16 开）

统一书号：8026.934　定价：CNY1.10

　　本书的伴奏运用了中国打击乐和中国管弦乐器，是民族形式和新的作曲技巧的融合。全曲由 6 个乐章组成，除合唱曲谱外，还刊印了乐队伴奏的总谱。作者冼星海（1905—1945），音乐家、作曲家、钢琴家。曾用名黄训、孔宇。出生于澳门，祖籍广州府番禺。代表作品《黄河大合唱》《在太行山上》《到敌人后方去》等。

J0154899

美丽的姑娘　（合唱曲集）上海音乐学院创作丛刊编辑委员会编辑

上海　上海音乐出版社　1958　影印本 51 页

28cm（大 16 开）统一书号：8127.116

定价：CNY0.65

（上海音乐学院创作丛刊）

J0154900

青年们！鼓足干劲！　（齐唱）韩乐群词；邓尔敬曲

上海　上海音乐出版社　1958　3 页　26cm（16 开）

统一书号：8127.2008　定价：CNY0.10

（群众歌曲丛刊 8）

J0154901

山窝里飞起幸福歌　（独唱歌曲集）伯和等词；惠文等曲

北京　音乐出版社　1958　27 页　19cm（32 开）

统一书号：8026.1007　定价：CNY0.11

（中央音乐学院创作丛刊）

J0154902

新安江之夜 俞慎词；贺绿汀曲
上海 上海文艺出版社 1958年 7页 26cm（16开）
统一书号：8078.0163 定价：CNY0.18
　　中国现代合唱歌曲。

J0154903

幸福的农庄 （大合唱）郑律成作曲；杨乃尊
作词
北京 音乐出版社 1958年 影印本 37页
26cm（16开）统一书号：8026.761
定价：CNY0.50

J0154904

演唱独唱歌曲集 辽宁人民出版社编辑
沈阳 辽宁人民出版社 1958年 36页 19cm（32开）
统一书号：T8090.65 定价：CNY0.12

J0154905

长征大合唱 时乐濛作曲；陈其通作词
北京 音乐出版社 1958年 影印本 48页
26cm（16开）统一书号：8026.810
定价：CNY0.65

J0154906

祖国赞 （齐唱）皮作玖词；贺绿汀曲
上海 上海音乐出版社 1958年 3页 26cm（16开）
统一书号：8127.2002 定价：CNY0.10
（群众歌曲丛刊 2）

J0154907

啊！亲爱的伊犁河 （男高音独唱）田歌曲；
贾力夫等词
北京 音乐出版社 1959年 2页 26cm（16开）
统一书号：8026.1168 定价：CNY0.09

J0154908

车水谣 （男高音独唱）罗忠熔曲；李宁词
北京 音乐出版社 1959年 5页 26cm（16开）
统一书号：8026.1163 定价：CNY0.13

J0154909

共产主义大合唱 陈冠军作
张矿 张矿共产主义办公室 1959年 油印本
26cm（16开）

J0154910

合唱曲四首 秦西炫作曲
上海 上海文艺出版社 1959年 22页 26cm（16开）
统一书号：8078.0909 定价：CNY0.28

J0154911

黄浦江之夜 （女声独唱、二重唱或二部合唱）
韩乐群词；萧黄作曲
上海 上海文艺出版社 1959年 正谱本 7页
26cm（16开）统一书号：8078.1199
定价：CNY0.13

J0154912

节日的晚上 （合唱,钢琴伴奏）李金声作曲；
安娥作词
上海 上海文艺出版社 1959年 影印本 8页
26cm（16开）统一书号：8078.444
定价：CNY0.16
（群众歌曲丛刊 之12）
　　作者安娥(1905—1976)，中国近代著名剧作
家、作词家、诗人、记者、翻译家，中共地下情报
人员。出生在河北省获鹿县(今河北省鹿泉市)。
致力于歌词写作，成绩斐然，歌曲词作品有《卖报
歌》《打回老家去》；报告文学有《五月榴花照眼
明》；诗集有《燕赵儿女》；戏曲剧本有《山河恋》
《追鱼》《情探》。

J0154913

昆仑山大合唱 方丹等作词；田歌等作曲
北京 新疆部队文工团 1959年 油印本
26cm（16开）

J0154914

民兵歌 （齐唱）光未然词；莎莱曲
上海 上海文艺出版社 1959年 3页 有曲谱
26cm（16开）统一书号：8078.0797
定价：CNY0.08
（群众歌曲丛刊）

J0154915

牧歌 （男高音独唱）罗忠熔曲；石青词
北京 音乐出版社 1959年 8页 26cm（16开）
统一书号：8026.1164 定价：CNY0.17

J0154916
男声小合唱曲集 （第一册）音乐出版社编辑部编
北京　音乐出版社　1959 年　34 页　19cm（32 开）
统一书号：8026.1132　定价：CNY0.14

J0154917
南海渔歌组唱 （合唱曲）华庶勤作曲；杨汝伟等作词
上海　上海文艺出版社　1959 年　16 页　19cm（32 开）
统一书号：8078.0705　定价：CNY0.08

J0154918
闹秋种 （女高音独唱）罗忠熔曲
北京　音乐出版社　1959 年　2 页　26cm（16 开）
统一书号：8026.1170　定价：CNY0.09

J0154919
女声小合唱曲集 （第一集）音乐出版社编辑部编
北京　音乐出版社　1959 年　29 页　19cm（32 开）
统一书号：8026.1133　定价：CNY0.13

J0154920
女声小合唱曲集 （第二集）音乐出版社编辑部编
北京　音乐出版社　1960 年　54 页　19cm（32 开）
统一书号：8026.1351　定价：CNY0.20

J0154921
人民英雄纪念碑 （大合唱）中国人民解放军总政治部文艺工作团歌舞团编
北京　中国人民解放军总政治部文艺工作团歌舞团　1959 年　油印本　26cm（16 开）

J0154922
森林之春　林予词；秦西炫曲
上海　上海文艺出版社　1959 年　正谱本　5 页　26cm（16 开）统一书号：8078.1270
定价：CNY0.11

J0154923
捎口信 （女高音独唱曲）广邦杰,刘涛作词；秦西炫作曲
上海　上海文艺出版社　1959 年　4 页　26cm（16 开）

统一书号：8078.1198　定价：CNY0.08

J0154924
社会主义放光芒 （高音独唱）时乐濛, 石夫曲；桑夫等词
北京　音乐出版社　1959 年　3 页　26cm（16 开）
统一书号：8026.1167　定价：CNY0.09
　　本书与《牧马之歌》合订。

J0154925
抒情歌曲集　司马林洋编
上海　上海文化出版社　1959 年　164 页
19cm（32 开）统一书号：8077.180
定价：CNY0.50

J0154926
抒情歌曲集　司马林洋编
上海　上海文艺出版社　1959 年　新 1 版　164 页
19cm（32 开）统一书号：8078.0720
定价：CNY0.50

J0154927
抒情歌曲集　司马林洋编
上海　上海文艺出版社　1960 年　新 1 版　重印本
164 页　19cm（32 开）统一书号：8078.0720
定价：CNY0.50

J0154928
我老汉七十九 （男低音独唱）韩乐群词；王耀华曲
北京　音乐出版社　1959 年　影印本　5 页
26cm（16 开）统一书号：8026.1186
定价：CNY0.13
　　作者王耀华（1942—　　），教授。福建长汀人, 毕业于福建师范大学。历任福建师大教授、副校长,国际传统音乐学会执委会委员、亚太地区民族音乐学会会长、中国音乐家协会理事、福建省音协主席等。出版有《琉球中国音乐比较研究》《三弦艺术论》《福建传统音乐》《客家艺能文化》《福建南音初探》等。

J0154929
我们来唱一只歌 （独唱歌曲集）中央音乐学院编辑
上海　上海文艺出版社　1959 年　21 页　19cm（32 开）

统一书号：8078.0715　定价：CNY0.10

（中央音乐学院创作丛书）

J0154930

无伴奏合唱曲五首　皮作玖词；陈铭志曲

上海　上海文艺出版社 1959 年 19 页 27cm（16 开）

统一书号：8078.0924　定价：CNY0.20

　　作者陈铭志（1925—2009　），河南西平人。毕业于上海音乐学院，并留校任教，历任讲师、副教授、教授、作曲指挥系主任，中国音协第四届理事。主要作品有《赋格曲写作》《复调音乐写作基础教程》等。

J0154931

幸福河大合唱　（合唱及管弦乐总谱）萧白等词曲

上海　上海文艺出版社 1959 年 89 页 31cm（10 开）

统一书号：8078.1036　定价：CNY1.70

J0154932

幸福河大合唱　（影印本　合唱及管弦乐总谱）肖白词；肖白等曲

上海　上海文艺出版社 1959 年　影印本 89 页 19cm（32 开）统一书号：8078.1817

定价：CNY0.64

J0154933

幸福之路　（合唱）林肖等作词；杜天文作曲

成都　四川人民出版社 1959 年 26 页　有曲谱 21cm（32 开）统一书号：818.277

定价：CNY0.12

J0154934

演唱独唱歌曲集　春风文艺出版社编辑

沈阳　春风文艺出版社 1959 年　新 1 版 36 页 19cm（32 开）统一书号：T8158.10

定价：CNY0.12

J0154935

最好的歌儿献给党　广州群众艺术馆编

广州　广州文化出版社 1959 年　简谱本 47 页 17cm（40 开）定价：CNY0.11

（庆祝建国十周年文艺演唱材料　抒情歌曲集）

J0154936

红花朵朵开不败　贵州人民出版社编

贵阳　贵州人民出版社 1960 年 28 页 26cm（16 开）

统一书号：8115.194　定价：CNY0.28

　　本书系中国现代合唱歌曲选集。

J0154937

快乐的百灵鸟　（花腔女高音独唱曲）金波原词；贺绿汀改词作曲

上海　上海文艺出版社 1960 年 7 页 26cm（16 开）

统一书号：8078.1680　定价：CNY0.17

J0154938

毛主席诗词大合唱　北京大学学生音乐创作组集体作曲

北京　北京出版社 1960 年　简谱本 38 页 26cm（16 开）统一书号：8071.128

定价：CNY0.32

J0154939

"人民公社"大合唱　向音等作词曲

北京　音乐出版社 1960 年　简谱本 30 页 19cm（32 开）统一书号：8026.1339

定价：CNY0.11

（中央音乐学院创作丛刊）

J0154940

"人民公社"大合唱　向音等作词曲

北京　音乐出版社 1960 年　正谱本 39 页 26cm（16 开）统一书号：8026.1362

定价：CNY0.43

（中央音乐学院创作丛书）

　　本作品内容包括《"人民公社"成立了》《我们是工农也是兵》《姑娘写信寄前方》《丰收》《向共产主义前进》。

J0154941

十三陵水库大合唱　王亚凡等作词；杜矢甲作曲

北京　音乐出版社 1960 年　正谱本 40 页 26cm（16 开）统一书号：8026.1392

定价：CNY0.46

J0154942

为了六十一个阶级弟兄　（大合唱简谱本）

中央音乐学院集体创作
北京 音乐出版社 1960 年 29 页 19cm（32 开）
统一书号：8026.1385 定价：CNY0.11
（中央音乐学院创作丛刊）

J0154943
我们是红色女英雄 （女声齐唱，合唱）
韩乐群作词；萧黄作曲
上海 上海文艺出版社 1960 年［2 页］
26cm（16 开）统一书号：8078.1417
定价：CNY0.08

J0154944
夏夜圆舞曲 （齐唱或独唱及合唱正谱本）
蒋雯作词；姚思源作曲
上海 上海文艺出版社 1960 年 5 页 26cm（16 开）
统一书号：8078.1338 定价：CNY0.11
（群众歌曲丛刊 17）

J0154945
冼星海合唱曲集 （附钢琴伴奏）冼星海作曲；
音乐出版社编辑部编
北京 音乐出版社 1960 年 正谱本 91 页
26cm（16 开）统一书号：8026.1448
定价：CNY1.00

J0154946
冼星海合唱曲选 （钢琴伴奏谱）冼星海作；
人民音乐出版社编辑部编
北京 人民音乐出版社 1991 年 79 页 26cm（16 开）
ISBN：7-103-00674-1 定价：CNY3.30
　　本书选收人民音乐家冼星海的合唱作品 14
首。作者冼星海（1905—1945），音乐家、作曲家、
钢琴家。曾用名黄训、孔宇。出生于澳门，祖籍
广州府番禺。代表作品《黄河大合唱》《在太行
山上》《到敌人后方去》等。

J0154947
幸福河大合唱 （电影《幸福河大合唱》歌曲）
肖白等作词作曲
北京 中国电影出版社 1960 年 16 页 19cm（32 开）
统一书号：8061.828 定价：CNY0.09

J0154948
幸福花开万年长 （大合唱）李国卿作词；

华庶勤等作曲
上海 上海文艺出版社 1960 年 71 页 19cm（32 开）
统一书号：8078.1650 定价：CNY0.24
　　第一届"上海之春"音乐会演出作品选。

J0154949
英雄少年刘文学 （大联唱）中央音乐学院编
北京 音乐出版社 1960 年 13cm（64 开）
定价：CNY0.02
（中央音乐学院创作丛刊）

J0154950
英雄战黄河 （大合唱）王之铎词；李伟曲
北京 音乐出版社 1960 年 30 页 19cm（32 开）
统一书号：8026.1358 定价：CNY0.13
　　本书为中国现代大合唱选集。

J0154951
中苏友谊之歌 （独唱、齐唱、合唱）西彤作
词；寄明作曲
上海 上海文艺出版社 1960 年 3 页 27cm（16 开）
统一书号：8078.1341 定价：CNY0.08
（群众歌曲丛刊 18）

J0154952
合唱曲三首 张字渊等作词
北京 音乐出版社 1961 年 简谱本 26 页
19cm（32 开）统一书号：8026.1451
定价：CNY0.11
　　本书系中国现代合唱乐曲。

J0154953
淮海战役组歌 向憎等词；俞频等曲
北京 音乐出版社 1961 年 28 页 19cm（32 开）
统一书号：8026.1450 定价：CNY0.13
　　本书是 1961 年经作者修改整理后出版的单
行本。由《乘胜追击》和《狠狠地打》等 8 首歌曲
组成。

J0154954
黄浦江颂 （合唱及管弦乐总谱大合唱）沙金
作词；丁善德作曲
上海 上海文艺出版社 1961 年 84 页 31cm（15 开）
统一书号：8078.1686 定价：CNY1.60

J0154955

聂耳冼星海独唱曲选　聂耳,冼星海曲;黎英海编选

上海　上海文艺出版社 1961 年　重印本　36 页
26cm(16 开) 统一书号: 8078.0939
定价: CNY0.38

J0154956

聂耳冼星海独唱选　黎英海编选

上海　上海文艺出版社 1961 年　新 1 版 36 页
有曲谱　26cm(16 开) 统一书号: 8078.0939
定价: CNY0.38

J0154957

三条石的春天　(大合唱简谱本)天津市红桥区三条石工人业余艺术集体创作;刘震中,王志刚执笔

北京　音乐出版社 1961 年　18 页 19cm(32 开)
统一书号: 8026.1479 定价: CNY0.12

J0154958

冼星海独唱曲集　冼星海作曲;音乐出版社编辑部编

北京　音乐出版社 1961 年　正谱本　102 页
26cm(16 开) 统一书号: 8026.1441
定价: CNY1.10

　　本书包括《二月里来好春光》《热血》《黄河之恋》《夜半歌声》《心疼恨》《船娘曲》《酷相思》等 38 首独创歌曲。作者冼星海(1905—1945),音乐家、作曲家、钢琴家。曾用名黄训、孔宇。出生于澳门,祖籍广州府番禺。代表作品《黄河大合唱》《在太行山上》《到敌人后方去》等。

J0154959

幸福河大合唱　(合唱及管弦乐总谱)
肖白作词;王久芳等作曲

上海　上海文艺出版社 1961 年　定价: CNY0.64

J0154960

祖国万岁　(大合唱 附钢琴伴奏正谱本)魏风词;时乐濛曲

北京　音乐出版社 1961 年　37 页 26cm(16 开)
统一书号: 8026.1453 定价: CNY0.45

J0154961

阿依莎　(正谱本)罗忠熔配伴奏

北京　音乐出版社 1962 年　4 页 26cm(16 开)
统一书号: 8026.1578 定价: CNY0.11

　　本书系中国现代女高音独唱歌曲《阿依莎》。

J0154962

八月桂花遍地开　(中国工农红军歌曲)希杨作词;李焕之作曲

北京　音乐出版社 1962 年　15 页 26cm(16 开)
统一书号: 8026.1621 定价: CNY0.20

　　本书为中国现代合唱歌曲选集。作者李焕之(1919—2000),作曲家、指挥家、音乐理论家。出生于香港,原籍福建晋江市,毕业于延安鲁迅艺术学院。历任中央音乐学院音乐团团长、中央歌舞团艺术指导、中央民族乐团团长。代表作品有《民主建国进行曲》《新中国青年进行曲》《春节组曲》等。

J0154963

大河涨水沙浪沙　陈培勋编曲

北京　音乐出版社 1962 年　正谱本　3 页
26cm(16 开) 统一书号: 8026.1659
定价: CNY0.11

　　本书系中国民歌独唱曲。

J0154964

独唱歌曲四首　(作品十七)王老九等作词;丁善德作曲

上海　上海文艺出版社 1962 年　正谱本　18 页
27cm(16 开) 统一书号: 8078.2079
定价: CNY0.24

J0154965

"公社"春来早　丁力作词;戴于吾作曲

北京　音乐出版社 1962 年　正谱本　4 页
27cm(16 开) 统一书号: 8026.1587
定价: CNY0.11

　　本书系中国现代独唱歌曲正谱本。

J0154966

黄杨扁担闪悠悠　(独唱歌曲 高音用)
梁上泉词;王燕樵曲

北京　音乐出版社 1962 年　2 页 26cm(16 开)
统一书号: 8026.1629 定价: CNY0.11

J0154967

克拉玛依之歌　吕远词曲；张家和配伴奏
北京　音乐出版社　1962 年　正谱本　7 页
26cm（16 开）统一书号：8026.1625
定价：CNY0.21
　　中国现代独唱歌曲选集。

J0154968

毛主席来到咱农庄　（合唱）夏之冰，王焚编词；马涤尘，周家雄编曲
北京　音乐出版社　1962 年　简谱本　19 页
19cm（32 开）统一书号：8026.1596
定价：CNY0.09
　　本书系中国现代合唱专著。

J0154969

毛主席永远和我在一起　（藏族民谣）
冰河曲；汪钟秀配伴奏
北京　音乐出版社　1962 年　3 页　26cm（16 开）
统一书号：8026.1563　定价：CNY0.09
　　本书系中国男高音独唱歌曲专著。

J0154970

牡丹花开放了　（合唱歌曲）雅文编曲
北京　音乐出版社　1962 年　9 页　26cm（16 开）
统一书号：8026.1622　定价：CNY0.25
　　本书为（混声无伴奏合唱）西藏民歌。

J0154971

牧羊姑娘　荻帆作词；金砂作曲；李西安配伴奏
北京　音乐出版社　1962 年　正谱本　［4］页
26cm（16 开）统一书号：8026.1702
定价：CNY0.11
　　中国现代独唱歌曲，高音用。

J0154972

延边牧歌　（女高音用）李黄勋词；安国敏曲；
何鸣雁译词
北京　音乐出版社　1962 年　正谱本　6 页
26cm（16 开）统一书号：8026.1626
定价：CNY0.16

J0154973

延河照样地流　（大合唱）戈壁舟作词；关鹤岩，王海天作曲

北京　音乐出版社　1962 年　17 页　26cm（16 开）
统一书号：8026.1693　定价：CNY0.22

J0154974

摇篮曲　（独唱歌曲）张加毅词；田歌曲；李西安配伴奏
北京　音乐出版社　1962 年　2 页　26cm（16 开）
统一书号：8026.1627　定价：CNY0.11

J0154975

一个黑人姑娘在歌唱　（独唱歌曲）艾青，黄开民词；杜鸣心，罗放曲
北京　音乐出版社　1962 年　5 页　26cm（16 开）
统一书号：8026.1628　定价：CNY0.16
　　本书由《一个黑人姑娘在歌唱》和《宝宝不要吵》合订。

J0154976

游仙　（蝶恋花）赵开生编曲；宋承宪配伴奏
北京　音乐出版社　1962 年　5 页　26cm（16 开）
统一书号：8026.1562　定价：CNY0.13

J0154977

"北大荒"凯歌　（大合唱）林予等词；秦西炫作曲
上海　上海文艺出版社　1963 年　72 页　26cm（16 开）
统一书号：8078.2120　定价：CNY0.86
　　本书系中国合唱歌曲选集。

J0154978

保育员,她在唱……　（女中音独唱　混声合唱）放平作词；谢功成作曲
北京　音乐出版社　1963 年　7 页　26cm（16 开）
统一书号：8026.1745　定价：CNY0.21
（《音乐创作》活页　之五）
　　作者谢功成,作曲家、教授。湖南永兴人,毕业于南京音乐学院作曲系。历任华南文艺学院音乐部副主任,中南音乐专科学校作曲系主任,湖北艺术学院作曲系主任、教授、副院长,武汉音乐学院教授。著有《贝多芬》《合唱写作技巧》。

J0154979

唱唱我这身新衣裳　马国光,洪源作词；马国光,明如作曲；戴宏威配伴奏
北京　音乐出版社　1963 年　［6］页　26cm（16 开）

统一书号：8026.1801 定价：CNY0.16

本书系独唱歌曲，男高音或男中音用。

J0154980

峨嵋山歌 （高音独唱曲）徐迟作词；罗宗贤
作曲
北京 音乐出版社 1963 年 5 页 26cm（16 开）
统一书号：8026.1778 定价：CNY0.16

J0154981

高举革命大旗 （混声二部合唱）芦芒作词；
孟波作曲；葛光锐配伴奏
上海 上海文艺出版社 1963 年［2］页 26cm（16 开）
统一书号：8078.2198 定价：CNY0.09

J0154982

革命烈士诗抄 （声乐套曲 男中音独唱）邓
中夏等作词；施光南作曲
北京 音乐出版社 1963 年 24 页 27cm（16 开）
统一书号：8026.1774 定价：CNY0.28

J0154983

姑娘生来爱唱歌 金重作词；朱里千作曲；施
万春配伴奏
北京 音乐出版社 1963 年 5 页 26cm（16 开）
统一书号：8026.1779 定价：CNY0.16

本书系花腔女高音独唱歌曲。作者金重
（1919—　），编剧。《中国戏曲志　云南卷》主编。
创作改编《依莱汗》《红葫芦》《孔雀公主》《老
海休妻》等花灯剧和花灯歌舞，出版有《鲁凝剧作
选》《云南花灯》《艺术论文集》等。

J0154984

红灯 张永枚作词；汪声裕作曲
北京 音乐出版社 1963 年 7 页 27cm（16 开）
统一书号：8026.1895 定价：CNY0.21

本书系中国现代男高音独唱歌曲。

J0154985

红军飞度娄山关 沙金作词；沙梅作曲
北京 音乐出版社 1963 年［4］页 26cm（16 开）
统一书号：8026.1833 定价：CNY0.11

本书系中国男高音独唱革命歌曲。

J0154986

黄河大合唱 光未然作词；冼星海作曲
北京 音乐出版社 1963 年 2 版 简谱本 36 页
19cm（32 开）统一书号：8026.308
定价：CNY0.18

J0154987

黄河大合唱 光未然词；冼星海曲
北京 音乐出版社 1965 年 3 版 37 页 19cm（32 开）
统一书号：8026.308 定价：CNY0.18

中国现代艺术歌曲作品。

J0154988

黄河大合唱 光未然词；冼星海曲
北京 人民音乐出版社 1975 年 新 1 版 42 页
19cm（32 开）统一书号：8026.3161
定价：CNY0.12

本书为纪念冼星海逝世三十周年合唱歌曲。

J0154989

黄河大合唱 光未然词；冼星海曲
北京 人民音乐出版社 1978 年 新 1 版 修订本
90 页 有照片 20cm（32 开）
统一书号：8026.3364 定价：CNY0.25

J0154990

黄河大合唱 光未然词；冼星海曲
北京 人民音乐出版社 1980 年 52 页
26cm（16 开）统一书号：8026.3605
定价：CNY1.40

全曲原由《序曲》《黄河船夫曲》《黄河颂》
《黄河之水天上来》《黄水谣》《河边对口曲》《黄
河怨》《保卫黄河》《怒吼吧！黄河》共 9 个乐章
组成。后经整理，省去了原曲中的《序曲》、第四
曲《黄河之水天上来》以及原稿总谱中诗朗诵的
伴奏音乐等。作者光未然（1913—2002），作家、
诗人。原名张光年。湖北光化人。代表作品有《戏
剧的现实主义问题》《风雨文谈》《文艺辩论集》
《保卫黄河》。作者冼星海（1905—1945），音乐家、
作曲家、钢琴家。曾用名黄训、孔宇。出生于澳
门，祖籍广州府番禺。代表作品《黄河大合唱》
《在太行山上》《到敌人后方去》等。

J0154991

接过雷锋的枪 （混声四部合唱）践耳作词作曲

上海　上海文艺出版社　1963年　7页　26cm（16开）
统一书号：8078.2197　定价：CNY0.14

本作品系中国现代合唱歌曲，附钢琴伴奏。作者践耳（1922—2017），作曲家、音乐家。原名朱践耳，别名朱荣实，字朴臣，安徽泾县人，生于天津。中国音乐家协会第四届常务理事，曾在上海、北京等电影制片厂、上海实验歌剧院、上海交响乐团任作曲。代表作品有《第四交响曲》《百年沧桑》《唱支山歌给党听》等。

J0154992

接过雷锋的枪　（合唱歌曲　混声合唱）践耳作词作曲
北京　音乐出版社　1965年　7页　26cm（16开）
统一书号：8026.2231　定价：CNY0.13

J0154993

金湖大合唱　张敦智词曲
北京　音乐出版社　1963年　57页　26cm（16开）
统一书号：8026.1838　定价：CNY0.61

J0154994

金门颂——胜利的前奏　（大合唱曲）黄友棣作曲；俞南屏等作词
香港　中外文化事业有限公司　1963年　32页　26cm（16开）定价：HKD2.00［旧港币］

作者黄友棣（1912—2010），中国著名音乐家、作曲家、音乐教育家。生于广东高要县（今广东省肇庆市高要区）。毕业于国立中山大学教育学系，后获英国皇家音乐学院小提琴教师与意大利满德艺术院作曲文凭。一生创作的乐曲超过二千多首。主要有《孔子纪念歌》《伟大的中华》等声乐作品及艺术歌曲，还作有管弦乐《春灯舞》、钢琴曲《台湾民歌组曲》《小提琴独奏六首》等器乐作品。

J0154995

井冈山大合唱　萧白，钱苑作词；萧白，曹四才作曲
上海　上海文艺出版社　1963年　84页　26cm（16开）
统一书号：8078.2218　定价：CNY1.05

J0154996

雷锋日记的一页　雷锋作词；瞿希贤作曲
北京　音乐出版社　1963年　［8］页　26cm（16开）

统一书号：8026.1890　定价：CNY0.21

本书系独唱歌曲。作者瞿希贤（1919—2008），女，作曲家。上海人，毕业于上海国立音专作曲系。曾就职于中央音乐学院音工团和中央乐团创作组。代表作品《听妈妈讲那过去的事情》《新的长征，新的战斗》《乌苏里船歌》。

J0154997

两个太阳　张克作词；雅文作曲
北京　音乐出版社　1963年　9页　27cm（16开）
统一书号：8026.1800　定价：CNY0.17

本歌曲集包括《柿子红了》，独唱歌曲，花腔女高音用。

J0154998

梦见毛主席　（《雷锋》组歌之三）践耳作词作曲
北京　音乐出版社　1963年　［6］页　26cm（16开）
统一书号：8026.1891　定价：CNY0.16

本作品为中国现代高音独唱歌曲。

J0154999

磨刀　于之作词；瞿希贤作曲
北京　音乐出版社　1963年　5页　26cm（16开）
统一书号：8026.1834　定价：CNY0.16

本书为中国男低音或男中音独唱歌曲专著。

J0155000

骑驴回山村　倪维德作词；戈丹作曲；齐岗配伴奏
北京　音乐出版社　1963年　［4］页　26cm（16开）
统一书号：8026.1893　定价：CNY0.11

独唱歌曲，男中音用。

J0155001

疏勒河　闻捷作词；瞿希贤作曲
北京　音乐出版社　1963年　［6］页　26cm（16开）
统一书号：8026.1932　定价：CNY0.16

中国现代独唱歌曲，高音用。

J0155002

我是连队的歌唱家　马田作词；周恒作曲
北京　音乐出版社　1963年　3页　26cm（16开）
统一书号：8026.1847　定价：CNY0.11

独唱歌曲，男高音用。

J0155003

雪 （沁园春）王元方谱曲；伍雍谊配伴奏

北京 音乐出版社 1963 年 5 页 26cm（16 开）

统一书号：8026.1743 定价：CNY0.16

　　独唱歌曲，男中音用。

J0155004

雪 （沁园春）王元方谱曲；任雍谊配伴奏

北京 音乐出版社 1963 年 13cm（64 开）

　　独唱歌曲，男中音用。

J0155005

雪 （沁园春 男中音用）王元方谱曲；伍雍谊配伴奏

北京 音乐出版社 1964 年 5 页 26cm（16 开）

统一书号：8026.1743 定价：CNY0.10

J0155006

亚、非、拉美人民反帝进行曲 （混声四部合唱）晓星作词；马思聪作曲

北京 音乐出版社 1963 年 3 页 26cm（16 开）

统一书号：8026.1846 定价：CNY0.11

J0155007

亚、非、拉美人民反帝进行曲 （混声合唱）晓星词；马思聪曲

北京 音乐出版社 1964 年 ［4］页 26cm（16 开）

统一书号：8026.2281 定价：CNY0.08

定价：CNY0.28

J0155008

亚、非、拉美人民团结起来 （混声四部合唱）肖三作词；定仙作曲

北京 音乐出版社 1963 年 13 页 26cm（16 开）

统一书号：8026.1937 定价：CNY0.28

J0155009

延水谣 熊复作词；郑律成作曲；屠冶九配伴奏

北京 音乐出版社 1963 年 正谱本 3 页

26cm（16 开）统一书号：8026.1711

定价：CNY0.11

　　独唱歌曲，女高音用。

J0155010

游仙 （蝶恋花）劫夫谱曲；雷雨声配伴奏

北京 音乐出版社 1963 年 ［4］页 26cm（16 开）

统一书号：8026.1802 定价：CNY0.11

　　独唱歌曲，高音用。

J0155011

渔歌 （男低音或男中音独唱曲）朱鹭原词；大怀改词；于会泳作曲

北京 音乐出版社 1963 年 ［4］页 27cm（16 开）

统一书号：8026.1777 定价：CNY0.11

J0155012

在也门的晚霞中 吕远作词作曲

北京 音乐出版社 1963 年 ［4］页 26cm（16 开）

统一书号：8026.1896 定价：CNY0.11

　　独唱歌曲，中音用。作者吕远（1929— ），著名作曲家。生于山东烟台，历任海政歌舞团艺术指导，中国文联全国委员，中国音乐家协会创作委员会、外事委员会顾问，北京国际人才交流协会常务理事，海军政治学院兼职教授等。代表作品有《克拉玛依之歌》《走上这高高的兴安岭》《俺的海岛好》等，出版有《吕远歌曲集》。

J0155013

在也门的晚霞中 （男高音独唱）吕远词曲

北京 音乐出版社 1964 年 ［4］页 26cm（16 开）

统一书号：8026.1896 定价：CNY0.08

J0155014

支援农业车马忙 （混声四部合唱）司马宇文作词；贵彬作曲

北京 音乐出版社 1963 年 9 页 26cm（16 开）

统一书号：8026.1849 定价：CNY0.25

J0155015

比学赶帮争上游 （齐唱、二部合唱）于之词；践耳曲；巫铭配伴奏

北京 音乐出版社 1964 年 ［4］页 26cm（16 开）

统一书号：8026.2243 定价：CNY0.08

J0155016

采油姑娘 （女声小合唱或二重唱）赵铭作词；劫夫作曲；咏诚配伴奏

北京 音乐出版社 1964 年 2 页 26cm（16 开）

统一书号：8026.2138 定价：CNY0.09

　　本书系中国现代群众歌曲。

J0155017

草原上升起不落的太阳 （独唱）美丽其格
词曲；马思聪配伴奏
北京 音乐出版社 1964年 [4]页 26cm（16开）
统一书号：8026.2004 定价：CNY0.08

J0155018

草原上升起不落的太阳 （独唱歌曲 高音用）
美丽其格词曲
北京 音乐出版社 1964年 2页 26cm（16开）
统一书号：8026.2004 定价：CNY0.09

J0155019

唱给"金珠玛米"的歌 冰夫作词；东升作曲
北京 音乐出版社 1964年 [8]页 26cm（16开）
统一书号：8026.1949 定价：CNY0.13
　　本作品为女声独唱歌曲。

J0155020

春到边疆 （花腔女高音用）陈克正词；杨平曲
北京 音乐出版社 1964年 [4]页 26cm（16开）
统一书号：8026.2180 定价：CNY0.08

J0155021

答李淑一 （蝶恋花 高音用 为毛主席诗词谱
曲）劫夫曲；雷雨声配伴奏
北京 音乐出版社 1964年 [4]页 26cm（16开）
统一书号：8026.1802 定价：CNY0.08
　　本书系独唱歌曲。

J0155022

答李淑一 （蝶恋花 女高音用 为毛主席诗词
谱曲）赵开生曲；宋承宪配伴奏
北京 音乐出版社 1964年 5页 26cm（16开）
统一书号：8026.1562 定价：CNY0.10

J0155023

答李淑一 （蝶恋花 为毛主席诗词谱曲）[毛
泽东词]；劫夫曲
北京 音乐出版社 1964年 4页 26cm（16开）
统一书号：8026.1802 定价：CNY0.09
　　本书系独唱歌曲，高音用。作者劫夫（1913—
1976），作曲家、音乐教育家。吉林农安人。原名
李劫夫，笔名劫夫、劳歌。曾任延安人民剧社教
员，西北战地服务团团员，东北野战军第九纵队

文工团团长，东北音乐专科学校校长，沈阳音乐
学院教授、院长等。中国音协第一、二届理事和
辽宁分会主席。有《战地歌声》《歌唱二小放牛
郎》《毛主席诗词歌曲集》《劫夫歌曲选》《劫夫
歌曲百首》等。

J0155024

独唱、重唱歌曲 中国人民解放军总政治部
文化部编
北京 音乐出版社 1964年 简谱本 104页
18cm（30开）统一书号：8026.2119
定价：CNY0.31
（中国人民解放军第三届文艺会演获奖歌曲 第
二集）

J0155025

独唱歌曲集 上海文化出版社编
上海 上海文化出版社 1964年 简谱本 244页
19cm（32开）统一书号：8077.194
定价：CNY0.54

J0155026

独唱歌曲选 音乐出版社编辑
北京 音乐出版社 1964年 43册 26cm（16开）

J0155027

非洲在怒吼 阎肃作词；寄明作曲
北京 音乐出版社 1964年 5页 26cm（16开）
统一书号：8026.1953 定价：CNY0.12
　　本作品为独唱歌曲，男中音用。作者寄明
（1917—1997），女，作曲家、钢琴演奏家。原名吴
亚贞，江苏淮安人，毕业于上海国立音乐专科学
校。历任东北鲁迅艺术学院音乐系主任、教授，
东北音乐专科学校副校长等职。作曲作品有《英
雄小八路》《我们是共产主义接班人》《给解放军
叔叔洗衣裳》。

J0155028

非洲之歌 陈克正作词；孟贵彬作曲
北京 音乐出版社 1964年 5页 26cm（16开）
统一书号：8026.1952 定价：CNY0.12
　　本作品为独唱歌曲，女中音用。

J0155029

伽倻琴，你多少弦 （高音独唱）程光锐作词；

马可作曲

北京 音乐出版社 1964 年［4］页 有曲谱

26cm（16 开）统一书号：8026.2147

定价：CNY0.08

J0155030

歌唱石油工人 （齐唱）徐志词；赵正林曲；

关殛忠配伴奏

北京 音乐出版社 1964 年［4］页 26cm（16 开）

统一书号：8026.2175 定价：CNY0.08

J0155031

歌唱石油工人 （齐唱曲）徐志良，晓星作词；

赵正林，王莘作曲；关乃忠，戴宏威配伴奏

北京 音乐出版社 1964 年 5 页 27cm（16 开）

统一书号：8026.2106 定价：CNY0.12

　　本书由《歌唱石油工人》和《石油地质尖兵

之歌》合订。

J0155032

"公社"姐妹忙插秧 （女声小合唱）张永枚作

词；汪声裕作曲

北京 音乐出版社 1964 年［4］页 27cm（16 开）

统一书号：8026.2058 定价：CNY0.09

　　本书系群众歌曲。

J0155033

"公社"素描 （女声二重唱）胡延仲等作词；

陈钢，陈铭志作曲

上海 上海文化出版社 1964 年 17 页 26cm（16 开）

统一书号：8077.202 定价：CNY0.24

　　作者陈钢（1935—　），作曲家。上海人。上

海音乐学院毕业后留校任教。中国音协理事。

代表作有小提琴协奏曲《梁山伯与祝英台》（与

何占豪合作）、小提琴曲《苗岭的早晨》《我爱祖

国的台湾》等。作者陈铭志（1925—2009　），河南

西平人。毕业于上海音乐学院，并留校任教，历

任讲师、副教授、教授、作曲指挥系主任，中国音

协第四届理事。主要作品有《赋格曲写作》《复

调音乐写作基础教程》等。

J0155034

光荣榜 （女声用）李爱华配伴奏

北京 音乐出版社 1964 年［6］页 26cm（16 开）

统一书号：8026.2288 定价：CNY0.10

　　本书系中国现代独唱歌曲。

J0155035

桂花开放幸福来 （女高音）崔永昌作词；罗

宗贤改编曲

北京 音乐出版社 1964 年 3 页 26cm（16 开）

统一书号：8026.2009 定价：CNY0.09

　　本书系中国现代独唱歌曲选集，女高音用。

J0155036

哈瓦那的孩子 （女高音用）安波等词；劫夫

曲；龚荣光配伴奏

北京 音乐出版社 1964 年［6］页 26cm（16 开）

统一书号：8026.2171 定价：CNY0.10

　　本书系中国现代独唱歌曲。作者安波

（1915—1965），中国现代著名作曲家、民族音乐

学家。生于山东牟平县宁海镇（今山东省烟台市

牟平区）。曾任鲁迅艺术学院院长、东北人民中

国音乐学院首任院长。作歌曲 300 余首及秧歌剧、

歌剧等多部。代表作《八路军开荒歌》《七月里

在边区》《因为有了共产党》。作者劫夫（1913—

1976），作曲家、音乐教育家。吉林农安人。原名

李劫夫，笔名劫夫、劳愿。曾任延安人民剧社教

员，西北战地服务团团员，东北野战军第九纵队

文工团团长，东北音乐专科学校校长，沈阳音乐

学院教授、院长等。中国音协第一、二届理事和

辽宁分会主席。有《战地歌声》《歌唱二小放牛

郎》《毛主席诗词歌曲集》《劫夫歌曲选》《劫夫

歌曲百首》等。

J0155037

合唱 中国人民解放军总政治部文化部编

上海 上海文化出版社 1964 年 简谱本 41 页

19cm（32 开）统一书号：8077.213

定价：CNY0.14

（中国人民解放军第三届文艺会演获奖歌曲 第

五集）

J0155038

黑姑娘的歌 （女高音用）袁鹰词；冰河曲；骏

骑配伴奏

北京 音乐出版社 1964 年 5 页 26cm（16 开）

统一书号：8026.2172 定价：CNY0.10

　　本书系中国现代独唱歌曲。

J0155039

红岩赞 （独唱歌曲　男中音用）邹雨林作词；黄虎威作曲

北京　音乐出版社　1964 年　7 页　26cm（16 开）

统一书号：8026.2085　定价：CNY0.13

　　本书为中国现代独唱歌曲。作者黄虎威（1932—2019），作曲家、教授。四川内江人。毕业于西南音乐专科学校作曲系，后入中央音乐学院师从苏联作曲专家鲍里斯·阿拉波夫教授进修。历任四川音乐学院教授、作曲系主任，中国音乐家协会创作委员会委员，中国音乐著作权协会理事，四川省音乐家协会理论创作委员会副主任。

J0155040

黄山苍松 （男中音独唱曲）丹辉作词；于兵作曲

北京　音乐出版社　1964 年　6 页　26cm（16 开）

统一书号：8026.2061　定价：CNY0.12

（音乐创作活页 13）

J0155041

火红的太阳定要照到台湾岛 （男高音用）刘霖配伴奏

北京　音乐出版社　1964 年　3 页　26cm（16 开）

统一书号：8026.2294　定价：CNY0.08

　　本书系独唱歌曲。

J0155042

集体化道路乐无疆 冷宣君作词；石夫作曲

北京　音乐出版社　1964 年　3 页　26cm（16 开）

统一书号：8026.2104　定价：CNY0.09

　　独唱歌曲，男高音用。作者石夫（1929—2007），作曲家。原名郭石夫，湖南湘潭人，就读于湖南华中高级艺术专科学校、中央音乐学院。曾任西安音乐学院作曲系教师，中国音乐家协会理事、创作委员会副主任。作品有《阿依古丽》《热土》《帕米尔之歌》《娃哈哈》《牧马之歌》等。

J0155043

接过雷锋的枪 （男高音用）践耳词曲

北京　音乐出版社　1964 年　3 页　26cm（16 开）

统一书号：8026.2145　定价：CNY0.08

　　本作品系中国现代独唱歌曲。作者践耳（1922—2017），作曲家、音乐家。原名朱践耳，别名朱荣实，字朴臣，安徽泾县人，生于天津。中国音乐家协会第四届常务理事，曾在上海、北京等电影制片厂、上海实验歌剧院、上海交响乐团任作曲。代表作品有《第四交响曲》《百年沧桑》《唱支山歌给党听》等。

J0155044

劫夫独唱歌曲选 （第一册）李劫夫作曲；沈阳音乐学院编

北京　音乐出版社　1964 年　86 页　26cm（16 开）

统一书号：8026.2120　定价：CNY0.90

　　本书选收《重阳》《第一次大"围剿"》《歌唱二小放牛郎》《忘不了》《如今唱歌用箩装》《哈瓦那的孩子》《我们走在大路上》等作者代表作品 25 首。

J0155045

今年梅花开 （女高音用）高虹编词曲；刘文金配伴奏

北京　音乐出版社　1964 年　［6］页　26cm（16 开）

统一书号：8026.2293　定价：CNY0.10

J0155046

勘探队之歌 佟志贤作词；晓河作曲

北京　音乐出版社　1964 年　影印本　3 页　26cm（16 开）统一书号：8026.2008

定价：CNY0.09

　　中国现代合唱歌曲。作者晓河（1918—　　），作曲家。原名何同鉴，江西上饶人。有歌曲《罗炳辉射击手》《三杯美酒敬亲人》《勘探队之歌》《伟大的国家伟大的党》等。

J0155047

克拉玛依赞 勇午等作词；肖友砚作曲；茅沅配伴奏

北京　音乐出版社　1964 年　影印本　3 页　26cm（16 开）统一书号：8026.2010

定价：CNY0.09

　　中国现代独唱歌曲，高音用。

J0155048

克拉玛依赞 （高音用）勇午等词；肖友砚曲；茅沅配伴奏

北京　音乐出版社　1964 年　3 页　26cm（16 开）

统一书号：8026.2010　定价：CNY0.08

J0155049
快乐的售货员 （独唱）竞波词曲；虞予配伴奏
北京 音乐出版社 1964 年 ［4］页 26cm（16 开）
统一书号：8026.2174 定价：CNY0.08
　　中国现代歌曲。

J0155050
昆仑 （念奴娇）王元方作曲；伍雍谊配伴奏
北京 音乐出版社 1964 年 3 页 26cm（16 开）
统一书号：8026.1998 定价：CNY0.09
　　独唱歌曲，男中音用。

J0155051
拦羊人 （男中音独唱曲）金帆作词；何振京作曲
北京 音乐出版社 1964 年 3 页 26cm（16 开）
统一书号：8026.1943 定价：CNY0.09
　　（《音乐创作》活页 九）

J0155052
两个小伙儿一般高 （男中音用）杨元其，刘薇词；晨耕曲
北京 音乐出版社 1964 年 ［4］页 26cm（16 开）
统一书号：8026.2146 定价：CNY0.08
　　中国现代独唱歌曲。作者晨耕（1923—　），满族，河北完县（今河北省保定市顺平县）人。原名陈宝锷。曾入华北联大文艺学院音乐系学习。1949 年任开国大典军乐队总指挥。曾任战友文工团团长、艺术指导。作有歌曲《两个小伙一般高》《歌唱英雄的八大员》《我和班长》等。

J0155053
两个小伙一般高 （独唱歌曲）杨元其，刘薇词；晨耕曲
北京 音乐出版社 1964 年 4 页 20cm（32 开）
定价：CNY0.08

J0155054
毛主席来到咱农庄 （女高音用）张士燮词；金砂曲
北京 音乐出版社 1964 年 5 页 26cm（16 开）
统一书号：8026.2169 定价：CNY0.10
　　本书系中国现代女高音独唱歌曲。

J0155055
毛主席派来访问团 （混声合唱）李伾民，晓

星编词；李伾民改编
北京 音乐出版社 1964 年 影印本 7 页 26cm（16 开）统一书号：8026.2011
定价：CNY0.13
　　本书系中国现代混声合唱歌曲。

J0155056
毛主席派人来 （男高音）阎树田作词；科会作曲；姚雪华配伴奏
北京 音乐出版社 1964 年 ［4 页］26cm（16 开）
统一书号：8026.1999 定价：CNY0.09
　　本书系中国现代男高音独唱歌曲。

J0155057
毛主席派人来 （女低音、男高音二重唱）
阎树田词；科会曲
北京 音乐出版社 1964 年 ［4 页］26cm（16 开）
统一书号：8026.1999 定价：CNY0.08
　　本作品系中国现代女低音、男高音二重唱歌曲。

J0155058
毛主席是咱社里人 （独唱）张永枚词；王丹改词；程恺曲；王世光配伴奏
北京 音乐出版社 1964 年 ［4］页 26cm（16 开）
统一书号：8026.1961 定价：CNY0.08
　　中国现代群众歌曲。

J0155059
民兵进行曲 （齐唱）吴扬词；宋扬曲；虞予配伴奏
北京 音乐出版社 1964 年 ［4］页 26cm（16 开）
统一书号：8026.2240 定价：CNY0.08
　　本作品为中国现代歌曲。

J0155060
牧马之歌 石夫作词曲
北京 音乐出版社 1964 年 7 页 26cm（16 开）
统一书号：8026.1955 定价：CNY0.13
　　独唱歌曲，男声用。

J0155061
南越是座大火山 （男中音领唱、混声合唱）
袁鹰词；瞿希贤曲
北京 音乐出版社 1964 年 ［6］页 26cm（16 开）

统一书号：8026.2280 定价：CNY0.10

本书为中国群众歌曲。作者瞿希贤(1919—2008),女,作曲家。上海人,毕业于上海国立音专作曲系。曾就职于中央音乐学院音工团和中央乐团创作组。代表作品《听妈妈讲那过去的事情》《新的长征,新的战斗》《乌苏里船歌》。

J0155062

你见过雷公山的山顶吗 （男声用）晓生编词曲；黄晓飞配伴奏

北京 音乐出版社 1964 年 5 页 26cm（16 开）

统一书号：8026.2292 定价：CNY0.10

本书为中国现代独唱歌曲。

J0155063

盼红军 （女声用）张雄海配伴奏

北京 音乐出版社 1964 年 3 页 26cm（16 开）

统一书号：8026.2287 定价：CNY0.08

独唱歌曲。

J0155064

前进，亚非拉美人民 （大合唱）陈克正作词；孟贵彬作曲

北京 音乐出版社 1964 年 27 页 26cm（16 开）

统一书号：8026.2070 定价：CNY0.31

J0155065

勤俭是咱们的传家宝 （齐唱）金波词；刘兆江曲；陈平配伴奏

北京 音乐出版社 1964 年 4 页 26cm（16 开）

统一书号：8026.2246 定价：CNY0.08

群众歌曲。

J0155066

请到我们山庄来 （独唱）谢中一词；史掌元曲；蒋小风配伴奏

北京 音乐出版社 1964 年 [4]页 26cm（16 开）

统一书号：8026.2244 定价：CNY0.08

群众歌曲。

J0155067

请你们留一留 张丰玉作词；作凡作曲

北京 音乐出版社 1964 年 5 页 26cm（16 开）

统一书号：8026.1954 定价：CNY0.12

独唱歌曲,高音用。

J0155068

全世界无产者联合起来 （齐唱）光未然词；瞿希贤曲

北京 音乐出版社 1964 年 [6]页 26cm（16 开）

统一书号：8026.1894 定价：CNY0.10

群众歌曲。

J0155069

日夜想念毛主席 （男声小合唱）陈书斋,曹起作词；新疆军区文工团创作组作曲；李行编合唱；张自强配伴奏

北京 音乐出版社 1964 年 [4]页 26cm（16 开）

统一书号：8026.1945 定价：CNY0.09

J0155070

三八作风歌 （齐唱）夏冰词；徐俊原曲；《解放军歌曲》编辑部改编；张自强配伴奏

北京 音乐出版社 1964 年 [4]页 26cm（16 开）

统一书号：8026.2173 定价：CNY0.08

J0155071

社员都是向阳花 （女声用）张士燮词；王玉西曲；曾寻配伴奏

北京 音乐出版社 1964 年 [4]页 26cm（16 开）

统一书号：8026.1964 定价：CNY0.08

独唱歌曲。

J0155072

谁不说俺家乡好 （女高音用）吕其明,肖培珩词曲；刘庄配伴奏

北京 音乐出版社 1964 年 5 页 25cm（16 开）

统一书号：8026.2166 定价：CNY0.10

独唱歌曲。

J0155073

四姐五姐本是亲姐妹 姚玉卿作词曲；姚雪华配伴奏

北京 音乐出版社 1964 年 影印本 2 页 26cm（16 开）统一书号：8026.2005

定价：CNY0.09

独唱歌曲,女声用。

J0155074

太阳出来了 （混声合唱）贺敬之,丁毅作词；马可,瞿维作曲；吴祖强配伴奏

北京 音乐出版社 1964 年 影印本 5 页
26cm（16 开）统一书号：8026.2039
定价：CNY0.12

　　本作品为歌舞剧歌曲，选自《白毛女》歌剧
选曲。作者马可（1918—1976），作曲家、音乐教
育家。江苏徐州人，就读于河南大学化学系。创
作歌曲有《南泥湾》《咱们工人有力量》《吕梁山
大合唱》，秧歌剧《夫妻识字》，歌剧《周子山》《白
毛女》《小二黑结婚》等，著有《中国民间音乐讲
话》《时代歌声漫议》《冼星海传》等。作者瞿
维（1917—2002），中国现代作曲家。生于江苏
常州，毕业于上海新华艺专师范系。曾任中国音
乐家协会常务理事、副主席，音协上海分会副主
席，上海交通大学音乐研究室主任，中国高等学
校音乐教育学学会会长等职。代表作钢琴曲《花
鼓》《蒙古夜曲》，歌剧《白女》等。作者吴祖强
（1927—　　），作曲家。出生于北京，原籍江苏武进，
毕业于中央音乐学院。作品有弦乐合奏《二泉映
月》《春江花月夜》等。

J0155075
僮人永跟毛泽东 （男中音伙男低音用）粟仁
金编曲；戴宏威配伴奏
北京 音乐出版社 1964 年 3 页 26cm（16 开）
统一书号：8026.2291 定价：CNY0.08

J0155076
为女民兵题照 （七绝 女生小合唱）李劫夫
谱曲；王世光配伴奏
北京 音乐出版社 1964 年 [6]页 26cm（16 开）
统一书号：8026.2236 定价：CNY0.10

J0155077
我的"自白"书 陈然作词；作凡作曲
北京 音乐出版社 1964 年 5 页 26cm（16 开）
统一书号：8026.1947 定价：CNY0.12
　　独唱歌曲，男中音用。

J0155078
我的快骏马 （男声小合唱）德伯希夫，达仁亲
作词；札木苏荣札布作曲；俞人悦配伴奏
北京 音乐出版社 1964 年 影印本 3 页
26cm（16 开）统一书号：8026.2019
定价：CNY0.09

J0155079
我美丽的故乡 （独唱）崔静渊词；郑振玉曲；
崔昌奎配伴奏
北京 音乐出版社 1964 年 [4]页 26cm（16 开）
统一书号：8026.2245 定价：CNY0.08

J0155080
我们走在大路上 （齐唱、二部合唱）李劫夫
词曲；郭汀石配伴奏
北京 音乐出版社 1964 年 [4]页 26cm（16 开）
统一书号：8026.1965 定价：CNY0.08

J0155081
我们走在大路上 （齐唱、二部合唱）李劫夫
词曲；杜鸣心配伴奏
北京 音乐出版社 1964 年 [4]页 有曲谱
26cm（16 开）统一书号：8026.2268
定价：CNY0.08

　　作者杜鸣心（1928—　　），作曲家。湖北潜江
人。曾考入重庆育才学校音乐组学习，后被派往
莫斯科柴可夫斯基音乐院理论作曲系学习。中
国音协理事、创作委员会常务委员。任教于中央
音乐学院。主要作品有舞剧《鱼美人》《红色娘
子军》（均与吴祖强合作）的音乐，交响诗《飘扬
吧，军旗》等。

J0155082
我骑着马儿过草原 （男高音用）马寒冰词；
李巨川曲；盛礼洪配伴奏
北京 音乐出版社 1964 年 3 页 26cm（16 开）
统一书号：8026.2149 定价：CNY0.08

J0155083
我是一个兵 （齐唱，混声四部轮唱）陆原，岳
仑词；岳仑曲；箫淑娴配伴奏
北京 音乐出版社 1964 年 5 页 19cm（小 32 开）
统一书号：8026.2178 定价：CNY0.10
　　群众合唱歌曲。

J0155084
我为祖国献石油 蒋柱国作词；秦咏诚作曲
北京 音乐出版社 1964 年 3 页 26cm（16 开）
统一书号：8026.2139 定价：CNY0.09
　　独唱歌曲，高音用。

J0155085

我想再活七十三　邹鲁作曲
北京　音乐出版社　1964 年　5 页　26cm（16 开）
统一书号：8026.2086 定价：CNY0.12
　　四川歌谣,独唱歌曲,男中音或男低音用。

J0155086

我站在铁索桥上　（女高音用）顾工词；方韧曲
北京　音乐出版社　1964 年　[6]页　26cm（16 开）
统一书号：8026.2163 定价：CNY0.10

J0155087

我站在铁索桥上　（独唱歌曲）顾工词；方韧曲
北京　人民音乐出版社　1983年　6 页　25cm（16 开）
统一书号：8026.4054 定价：CNY0.14

J0155088

五个炊事兵　（男声小合唱）田兵作词；廖凯
作曲；何仿,秦新田改编；张自强配伴奏
北京　音乐出版社　1964 年　影印本　5 页
26cm（16 开）统一书号：8026.2000
定价：CNY0.12

J0155089

五好红花寄回家　（女生小合唱）赵羽词；施
光南曲；郭汀石配伴奏
北京　音乐出版社　1964 年　[4]页　26cm（16 开）
统一书号：8026.2239 定价：CNY0.08

J0155090

小合唱　中国人民解放军总政治部文化部编
上海　上海文化出版社　1964 年　简谱本　140 页
19cm（32 开）统一书号：8077.207
定价：CNY0.38
（中国人民解放军第三届文艺会演获奖歌曲　第
三集）

J0155091

小河淌水　（混声合唱）孟贵彬编词；孟贵彬,
时乐濛改编曲
北京　音乐出版社　1964 年　9 页　26cm（16 开）
统一书号：8026.2012 定价：CNY0.16

J0155092

新货郎　（男高音用）秀田,郭颂作词编曲；郭

颂配伴奏
北京　音乐出版社　1964 年　5 页　26cm（16 开）
统一书号：8026.2280 定价：CNY0.10

J0155093

信天游唱给毛主席听　（女高音用）王世光配
伴奏
北京　音乐出版社　1964 年　[4]页　26cm（16 开）
统一书号：8026.2286 定价：CNY0.08

J0155094

信天游唱给毛主席听　（独唱歌曲）王世光伴奏
北京　音乐出版社　1964 年　4 页　20cm（32 开）
定价：CNY0.08

J0155095

学大寨赶大寨　（齐唱）周振佳词；李群曲；
孙亦林配伴奏
北京　音乐出版社　1964 年　4 页　26cm（16 开）
统一书号：8026.2296 定价：CNY0.08
　　作者李群(1925—2003),女,作曲家。河北
磁县人,毕业于鲁迅艺术学院音乐系。历任中央
歌舞团、中央民族乐团创作员,人民音乐出版社
副总编,《儿童音乐》主编,中国音乐家协会理事,
中国儿童音乐学会会长。创作歌曲有《七月里,
七月一》《别看我们年纪小》《有一个人》等,出
版有《李群儿童歌曲选》。作者孙亦林(1935—
2015),女,作曲家。出生于北京,中央音乐学院毕
业。曾在中央广播合唱团从事钢琴伴奏和音乐
创作。创作有《青年钢琴协奏曲》《陕北民歌主
题变奏曲——献给青少年》《美丽的阿吾勒》《哈
萨克组曲》等。

J0155096

岩口滴水　（女高音用）任萍,田川词；罗宗贤曲
北京　音乐出版社　1964 年　[4]页　26cm（16 开）
统一书号：8026.2144 定价：CNY0.08
　　独唱歌曲。

J0155097

岩口滴水　（独唱歌曲）任萍,田川词；罗宗贤曲
北京　人民音乐出版社　1983 年　正谱本　4 页
25cm（16 开）统一书号：8026.4053
定价：CNY0.10

J0155098

一条大道在眼前　（齐唱）李准词；瞿希贤曲；
刘文金配伴奏

北京　音乐出版社　1964 年　4 页　26cm（16 开）
统一书号：8026.2179　定价：CNY0.08

　　作者李准（1928—2000），蒙古族，编剧、作
家。出生于河南孟津县。历任河南省文联副主席、
河南省作协分会主席、电影家协会河南省分会主
席、中国现代文学馆馆长、中国作家协会副主席
等。代表作品有《李双双》《大河奔流》《高山下
的花环》《黄河东流去》等。作者瞿希贤（1919—
2008），女，作曲家。上海人，毕业于上海国立音专
作曲系。曾就职于中央音乐学院音工团和中央
乐团创作组。代表作品《听妈妈讲那过去的事情》
《新的长征,新的战斗》《乌苏里船歌》。

J0155099

伊玛堪唱给毛主席　熏风作词；汪云才作曲；
作凡配伴奏

北京　音乐出版社　1964 年　7 页　26cm（16 开）
统一书号：8026.2059　定价：CNY0.13

　　独唱歌曲,女高音用。

J0155100

英雄们战胜了大渡河　（合唱歌曲）魏风词；
罗宗贤,时乐濛曲

北京　音乐出版社　1964 年　18 页　26cm（16 开）
统一书号：8026.1997　定价：CNY0.28

　　本书为中国现代合唱歌曲作品。

J0155101

在村外小河旁　（女声小合唱）白龙德,振佳
作词；唐诃作曲；杨鸿年配伴奏

北京　音乐出版社　1964 年　6 页　26cm（16 开）
统一书号：8026.2017　定价：CNY0.12

J0155102

战斗的友谊　（齐唱、二部合唱）林林词；李焕
之曲

北京　音乐出版社　1964 年　[4] 页　26cm（16 开）
统一书号：8026.2273　定价：CNY0.08

　　作者李焕之（1919—2000），作曲家、指挥家、
音乐理论家。出生于香港，原籍福建晋江市，毕
业于延安鲁迅艺术学院。历任中央音乐学院音
乐团团长、中央歌舞团艺术指导、中央民族乐团

团长。代表作品有《民主建国进行曲》《新中国
青年进行曲》《春节组曲》等。

J0155103

真是乐死人　林中作词；生茂作曲；闪源昌配
伴奏

北京　音乐出版社　1964 年　影印本　3 页
26cm（16 开）统一书号：8026.2006
定价：CNY0.09

J0155104

真是乐死人　（独唱）林中词；生茂曲；闪源昌
配伴奏

北京　音乐出版社　1964 年　影印本　[4] 页
26cm（16 开）统一书号：8026.2006
定价：CNY0.08

J0155105

真是乐死人　（男生用）林中词；生茂曲；闪源
昌配伴奏

北京　音乐出版社　1964 年　3 页　26cm（16 开）
统一书号：8026.2006　定价：CNY0.08

J0155106

中朝人民好比亲兄弟　（混声合唱）魏传统词；
贺绿汀曲

北京　音乐出版社　1964 年　[4] 页　26cm（16 开）
统一书号：8026.2277　定价：CNY0.08

J0155107

中国非洲友好歌　（混声合唱）司马文森词；
马思聪曲

北京　音乐出版社　1964 年　[8] 页　26cm（16 开）
统一书号：8026.2278　定价：CNY0.13

J0155108

中国印度尼西亚友谊之歌　（合唱）司马文
森词；马可曲

北京　音乐出版社　1964 年　[6] 页　26cm（16 开）
统一书号：8026.2275　定价：CNY0.10

J0155109

壮烈歌　（男中音用）刘绍南烈士诗；施光南曲
北京　人民音乐出版社　1964 年　[4] 页
25cm（小 16 开）统一书号：8026.2148

定价：CNY0.08

J0155110
答李淑一　（蝶恋花）赵开生谱曲；司徒汉改编合唱；辛上德配伴奏
北京　音乐出版社　1965　9 页　26cm（16 开）
统一书号：8026.2226　定价：CNY0.16
　　根据毛主席诗词《蝶恋花》改编的合唱歌曲作品。

J0155111
打靶归来　（合唱歌曲　男声合唱）牛宝源，王永泉作词；王永泉作曲；焕之编合唱
北京　音乐出版社　1965 年　3 页　26cm（16 开）
统一书号：8026.2228　定价：CNY0.09

J0155112
大海航行靠舵手　郁文作词；王双印作曲；刘克纪配伴奏
北京　音乐出版社　1965 年　3 页　26cm（16 开）
统一书号：8026.2318　定价：CNY0.09
　　本书系中国现代独唱歌曲。

J0155113
丰收歌　（合唱歌曲　女声二部合唱）黄素嘉作词；朱南溪，张慕鲁作曲
北京　音乐出版社　1965 年　7 页　26cm（16 开）
统一书号：8026.2349　定价：CNY0.13

J0155114
丰收歌　（女声合唱　民族管弦乐合奏曲　舞蹈音乐）黄素嘉词；朱南溪，张慕鲁曲
北京　音乐出版社　1966 年　29 页　26cm（16 开）
统一书号：8026.2385　定价：CNY0.35

J0155115
歌唱伟大的党　（合唱歌曲　混声合唱）老舍作词；贺绿汀作曲
北京　音乐出版社　1965 年　9 页　26cm（16 开）
统一书号：8026.2225　定价：CNY0.16

J0155116
红军不怕远征难　（长征组歌）萧华作词；晨耕等作曲
北京　音乐出版社　1965 年　简谱本　60 页

19cm（32 开）统一书号：8026.2392
定价：CNY0.19

J0155117
红军不怕远征难　（表演大合唱）萧华词；时乐濛等曲
［北京］解放军歌曲编辑部　1966 年　42 页
18cm（15 开）
　　本书系中国现代大合唱歌曲选集。作者时乐濛（1915—2008），音乐家、作曲家、指挥家。原名时广涵，生于河南伊川。曾在鲁迅艺术学院音乐系学习。曾任中国人民解放军总政治部歌舞团团长、解放军艺术学院副院长等职。编写《保卫莫斯科》歌曲、大合唱《祖国万岁》，主持音乐舞蹈史诗《东方红》及《中国革命之歌》的音乐创作。

J0155118
李双双小唱　（女声独唱）肖杰作词；王玉西作曲
北京　音乐出版社　1965 年　3 页　26cm（16 开）
统一书号：8026.2428　定价：CNY0.08

J0155119
南海风暴　（大合唱）许平作词；朱践耳作曲
上海　上海文化出版社　1965 年　50 页　19cm（32 开）
统一书号：8077.262　定价：CNY0.16
　　作者朱践耳（1922—2017），作曲家。本名朱荣实，安徽泾县人。曾在上海实验歌剧院、北京电影制片厂、上海交响乐团作曲。代表作品有《第四交响曲》《百年沧桑》等。

J0155120
全世界无产者联合起来　（合唱歌曲　混声合唱）光未然作词；瞿希贤作曲
北京　音乐出版社　1965 年　5 页　有曲谱
26cm（16 开）统一书号：8026.2230
定价：CNY0.12
　　作者光未然（1913—2002），作家、诗人。原名张光年。湖北光化人。代表作品有《戏剧的现实主义问题》《风雨文谈》《文艺辩论集》《保卫黄河》。作者瞿希贤（1919—2008），女，作曲家。上海人，毕业于上海国立音专作曲系。曾就职于中央音乐学院音工团和中央乐团创作组。代表作品《听妈妈讲那过去的事情》《新的长征，新的

战斗》《乌苏里船歌》。

J0155121
日本的怒火 （混声二部合唱）晓星作词；
李西安作曲
北京 音乐出版社 1965 年 5 页 26cm（16 开）
统一书号：8026.2422 定价：CNY0.10

J0155122
生活在祖国的大家庭 （合唱歌曲 混声二部、
四部合唱）放平作词；瞿希贤作曲
北京 音乐出版社 1965 年 5 页 26cm（16 开）
统一书号：8026.2227 定价：CNY0.12

J0155123
手拿枪，心向党 魏宝贵词；求伶曲
北京 音乐出版社 1965 年 4 页 26cm（16 开）
统一书号：8026.2378 定价：CNY0.08
　　中国男中音独唱歌曲作品。

J0155124
送肥 （女声小合唱）崔禹哲作词；金声民作曲
北京 音乐出版社 1965 年 3 页 26cm（16 开）
统一书号：8026.2425 定价：CNY0.08

J0155125
万岁毛主席，万岁共产党 （合唱歌曲 混声
合唱）王中，高守信作词；乌斯满江作曲
北京 音乐出版社 1965 年 7 页 26cm（16 开）
统一书号：8026.2416 定价：CNY0.13

J0155126
伟大的国家，伟大的党 （合唱歌曲 齐唱，混
声二部合唱）韩笑作词；晓河作曲
北京 音乐出版社 1965 年 3 页 26cm（16 开）
统一书号：8026.2352 定价：CNY0.09

J0155127
我爱我的车床 （合唱歌曲 男声小合唱）
金梁作词作曲；孙亦林配伴奏
北京 音乐出版社 1965 年 3 页 26cm（16 开）
统一书号：8026.2348 定价：CNY0.09

J0155128
我们是工人阶级 （合唱歌曲 混声合唱）芦

芒词；孟波曲；辛上德合唱及配伴奏
北京 音乐出版社 1965 年 5 页 26cm（16 开）
统一书号：8026.2232 定价：CNY0.12

J0155129
徐学惠 （合唱歌曲 混声合唱）张守渊等作
词；张云卿等改编
北京 音乐出版社 1965 年 9 页 27cm（16 开）
统一书号：8026.2204 定价：CNY0.16

J0155130
沂蒙山区好地方 小小针线包 李堂全等作
词；任世成等作曲
北京 音乐出版社 1965 年 5 页 26cm（16 开）
统一书号：8026.2381 定价：CNY0.10
　　中国现代女声独唱歌曲作品选集。

J0155131
咱社里的姑娘铁肩膀 （女声齐唱）李直心作
词；张风作曲
北京 音乐出版社 1965 年 3 页 26cm（16 开）
统一书号：8026.2426 定价：CNY0.08

J0155132
众手浇开幸福花 孔祥雨作词；唐河作曲
北京 音乐出版社 1965 年 3 页 26cm（16 开）
统一书号：8026.2379 定价：CNY0.08
　　中国现代女声独唱歌曲作品。

J0155133
大路歌 （齐唱）孙瑜词；聂耳曲；张文纲配伴奏
北京 音乐出版社 1966 年 3 页 26cm（16 开）
统一书号：8026.2450 定价：CNY0.08

J0155134
高歌赞靖港 （小演唱）湖南人民出版社编辑
长沙 湖南人民出版社 1966 年 62 页 有乐谱
14cm（64 开）统一书号：T10109.891
定价：CNY0.08
（农村文娱活动小丛书）

J0155135
决不忘记过去 （弦乐与合唱 男中音独唱、女中
音独唱、混声四部合唱）卢芒改词；何占豪作曲
北京 音乐出版社 1966 年 27 页 26cm（16 开）

统一书号：8026.2448 定价：CNY0.31

　　作者何占豪（1933—　），音乐家、作曲家。出生于浙江诸暨，毕业于上海音乐学院。创作中国第一部小提琴协奏曲《梁祝》。

J0155136
囚歌 （独唱歌曲 男高音）叶挺诗；作凡作曲
北京 音乐出版社 1966年 5页 26cm（16开）
统一书号：8026.2458 定价：CNY0.10

J0155137
团结反帝大合唱 倪维德作词；王莘曲
北京 音乐出版社 1966年 70页 26cm（16开）
统一书号：8026.2447 定价：CNY0.73

　　作者王莘（1939—1981），作曲家。原名王莘耕，江苏无锡荡口镇人。历任天津音乐团团长、天津人民艺术剧院副院长、天津歌舞剧院院长、中国音协常务理事、天津市音协主席等职。代表作品《歌唱祖国》。

J0155138
伟大的祖国 （合唱歌曲）贺敬之词；李焕之曲
北京 音乐出版社 1966年 10页 26cm（16开）
统一书号：8026.2441 定价：CNY0.16

　　作者李焕之（1919—2000），作曲家、指挥家、音乐理论家。出生于香港，原籍福建晋江市，毕业于延安鲁迅艺术学院。历任中央音乐学院音乐团团长、中央歌舞团艺术指导、中央民族乐团团长。代表作品有《民主建国进行曲》《新中国青年进行曲》《春节组曲》等。

J0155139
我们走在大路上 （混声合唱）劫夫作词曲
北京 音乐出版社 1966年 5页 26cm（16开）
统一书号：8026.2311 定价：CNY0.10

J0155140
我为人民走山川 （独唱歌曲 高音）申景旺作词；郭一作曲
北京 音乐出版社 1966年 7页 26cm（16开）
统一书号：8026.2481 定价：CNY0.13

J0155141
一代一代往下传 （齐唱、二部合唱 群众歌曲）劫夫词曲

北京 音乐出版社 1966年 5页 26cm（16开）
统一书号：8026.2460 定价：CNY0.10

J0155142
独唱歌曲集
北京 人民文学出版社 1972年 99页 19cm（32开）
定价：CNY0.20

J0155143
独唱歌曲选 （第一集）人民文学出版社编辑
北京 人民文学出版社 1972年 99页 19cm（32开）
统一书号：10019.1914 定价：CNY0.20

J0155144
独唱歌曲选 （第二集）人民文学出版社编辑
北京 人民文学出版社 1973年 76页 19cm（32开）
统一书号：10019.2097 定价：CNY0.18

J0155145
万山红遍 （女声合唱）广州部队宣传队歌舞剧队创作
广州 广东人民出版社 1972年 18页 19cm（32开）
统一书号：10111.35 定价：CNY0.05

J0155146
合唱歌曲选 （第一集）人民文学出版社编辑
北京 人民文学出版社 1973年 85页 26cm（16开）
统一书号：10019.1956 定价：CNY0.47

J0155147
天山战士 （合唱曲十一首）广东人民出版社编
广州 广东人民出版社 1973年 49页 26cm（16开）
统一书号：10111.945 定价：CNY0.26

J0155148
我家女子民兵班 （女声表演唱）上海市前进农场文艺宣传队编舞；上海市革命群众文艺小组编
上海 上海人民出版社 1973年 32页 有图 18cm（32开）统一书号：8171.637
定价：CNY0.12

J0155149
战"三秋" 上海市东风农场业余文艺宣传队创作；上海市革命群众文艺小组编

上海　上海人民出版社　1973年　43页　有图
18cm（30开）统一书号：8171.658
定价：CNY0.13

J0155150
独唱歌曲集　广东人民出版社编辑
广州　广东人民出版社　1974年　194页
19cm（32开）统一书号：8111.1227
定价：CNY0.37

J0155151
独唱歌曲选　北京市文化局《工农兵演唱》编
辑组编
北京　人民出版社　1974年　63页　19cm（32开）
统一书号：8071.128　定价：CNY0.14

J0155152
回延安　（钢琴伴奏谱）
上海　上海人民出版社　1974年　7页　26cm（16开）
统一书号：8171.1104　定价：CNY0.11
　　男声独唱。

J0155153
毛主席的革命路线指引咱永向前　（钢琴伴
奏谱）王森词；践耳曲
上海　上海人民出版社　1974年　7页　26cm（16开）
统一书号：8171.946　定价：CNY0.11
　　女声独唱。

J0155154
我为伟大祖国站岗　（男声独唱　革命歌曲）
魏宝贵词；钊邦，铁源曲；樊祖荫配伴奏
北京　人民文学出版社　1974年　5页　26cm（16开）
统一书号：10019.2168　定价：CNY0.10
　　作者樊祖荫（1940—　），教授。出生于浙
江余姚县（今浙江省余姚市），毕业于中国音乐学
院。先后任中国音乐学院音乐研究所副所长、教
务处处长、副院长、院长等职。出版《儿童歌曲
写作概论》《中国多声部民歌概论》《和声写作教
程》等。

J0155155
大庆战歌　（合唱）王德等作词；暴侠作曲
［哈尔滨］黑龙江省歌舞团　1975年　31页
26cm（16开）

J0155156
独唱、重唱歌曲选　广西人民出版社编辑
南宁　广西人民出版社　1975年　396页
14cm（64开）统一书号：8113.222
定价：CNY0.36

J0155157
独唱重唱歌曲选　（国庆文艺汇演）
北京　人民音乐出版社　1975年　60页
19cm（32开）定价：CNY0.15

J0155158
杜鹃山　第三场　情深如海　第五场　砥柱中流
（唱腔乐谱）山东省吕剧团［编］
山东省吕剧团　1975年　18页　26cm（16开）
　　本书系吕剧学习移植革命现代京剧唱腔
乐谱。

J0155159
二重唱歌曲选　马俊英等词曲
北京　人民音乐出版社　1975年　51页
19cm（32开）统一书号：8071.137
定价：CNY0.13

J0155160
红军不怕远征难　（长征组歌）肖华词；晨耕
等曲
北京　人民音乐出版社　1975年　65页　19cm（32开）
统一书号：8026.3160　定价：CNY0.16

J0155161
红军不怕远征难　（长征组歌）肖华词；晨耕
等曲
北京　人民出版社　1976年　12页　19cm（32开）
定价：CNY0.03
　　曲作者晨耕（1923—　），满族，河北完县（今
河北省保定市顺平县）人。原名陈宝锷。曾入华
北联大文艺学院音乐系学习。1949年任开国大
典军乐队总指挥。曾任战友文工团团长、艺术指
导。作有歌曲《两个小伙一般高》《歌唱英雄的
八大员》《我和班长》等。

J0155162
红军不怕远征难　（长征组歌）肖华词；晨耕
等曲；甘肃人民出版社编辑

兰州　甘肃人民出版社 1977 年 92 页 19cm（32 开）
统一书号：8096.548 定价：CNY0.20

J0155163

红军不怕远征难 （长征组歌　总谱）肖华词；
晨耕等曲
北京　人民音乐出版社 1978 年 185 页
20cm（32 开）统一书号：8026.3357
定价：CNY0.79
　　本套曲由《告别》《突破封锁线》《遵义会议
放光辉》《四渡赤水出奇兵》《飞跃大渡河》《过
雪山草地》《到吴起镇》《祝捷》《报喜》《大会
师》10 首歌曲组成，分别表现红军长征中 10 个不
同的战斗画面。

J0155164

台湾同胞我的骨肉兄弟 （独唱歌曲）
于宗信词；钊邦曲；周勤龄配伴奏
北京　人民音乐出版社 1975 年 5 页 26cm（16 开）
统一书号：8026.3095 定价：CNY0.12
　　中英文歌词对照。

J0155165

为毛主席诗词谱曲五首 （大合唱）中央乐
团集体创作；田丰执笔
北京　人民音乐出版社 1975 年 31 页 26cm（16 开）
统一书号：8026.3153 定价：CNY0.29

J0155166

为毛主席诗词谱曲五首 （大合唱　钢琴伴奏
谱 五线谱）中央乐团集体创作；田丰执笔
北京　人民音乐出版社 1977 年 64 页 26cm（16 开）
统一书号：8026.3241 定价：CNY0.54
　　本书包括《沁园春·雪》《渔家傲·反第一次
大“围剿”》《忆秦娥·娄山关》《清平乐·六盘山》
《七律·人民解放军占领南京》5 首大合唱钢琴伴
奏谱，五线谱。

J0155167

小合唱、表演唱歌曲选　广西人民出版社编辑
南宁　广西人民出版社 1975 年 194 页
19cm（32 开）统一书号：8113.211
定价：CNY0.37

J0155168

独唱歌曲集 （续编）
广州　广东人民出版社 1976 年 184 页
19cm（32 开）统一书号：8111.1600
定价：CNY0.36

J0155169

独唱歌曲选 （第三集）
北京　人民音乐出版社 1976 年 92 页 19cm（32 开）
统一书号：8026.3145 定价：CNY0.20

J0155170

独唱歌曲选 （第四集）
北京　人民音乐出版社 1978 年 123 页
19cm（32 开）统一书号：8026.3317
定价：CNY0.26

J0155171

独唱歌曲选 （第五集）
北京　人民音乐出版社 1978 年 92 页 19cm（32 开）
统一书号：8026.3524 定价：CNY0.20

J0155172

独唱歌曲选 （第六集）
北京　人民音乐出版社 1980 年 76 页 19cm（32 开）
统一书号：8026.3663 定价：CNY0.20

J0155173

侗歌向着北京唱 （女声小合唱　钢琴伴奏　正
谱本）龙燕怡原词；湖南民歌整理小组改词；
（侗族）吴忠泽编曲；李吉提配伴奏
北京　人民音乐出版社 1977 年 4 页 26cm（16 开）
统一书号：8026.3283 定价：CNY0.09

J0155174

合唱歌曲选 （第二集）
北京　人民音乐出版社 1977 年 60 页 26cm（16 开）
统一书号：8026.3181 定价：CNY0.38
　　中国现代合唱艺术歌曲选集。

J0155175

毛主席的光辉把炉台照亮 （独唱　钢琴伴奏
正谱本）上海冶金工业局歌曲创作学习班集体
词曲；陈钢配伴奏
北京　人民音乐出版社 1977 年 6 页 26cm（16 开）

统一书号：8026.3279 定价：CNY0.12

　　作者陈钢（1935— ），作曲家。上海人。上海音乐学院毕业后留校任教。中国音协理事。代表作有小提琴协奏曲《梁山伯与祝英台》（与何占豪合作）、小提琴曲《苗岭的早晨》《我爱祖国的台湾》等。

J0155176

毛主席关怀咱山里人 （女声独唱 钢琴伴奏 正谱本）郭兆甄词；郑秋枫曲
北京 人民音乐出版社 1977 年 6 页 26cm（16 开）
统一书号：8026.3278 定价：CNY0.12
　　本书系中国现代独唱歌曲钢琴谱。

J0155177

撒尼人民心向红太阳 （女声独唱 钢琴伴奏 正谱本）何少林词；高映华曲；黎英海配伴奏
北京 人民音乐出版社 1977 年 6 页 26cm（16 开）定价：CNY0.12

J0155178

萨丽哈最听毛主席的话 （独唱 钢琴伴奏 五线谱）张世荣词；祝恒谦曲；罗忠熔配伴奏
北京 人民音乐出版社 1977 年 4 页 26cm（16 开）
统一书号：8026.3280 定价：CNY0.09

J0155179

为普及大寨县而奋斗 （组歌）湖北省音乐创作学习班集体创作
武汉 湖北人民出版社 1977 年 52 页 19cm（32 开）
统一书号：8106.1799 定价：CNY0.13

J0155180

伟大祖国百花吐艳 （独唱 钢琴伴奏 五线谱）张藜词；金凤浩曲；尚德义配伴奏
北京 人民音乐出版社 1977 年 4 页 26cm（16 开）
统一书号：8026.3282 定价：CNY0.09

J0155181

啊，樱花 （钢琴伴奏谱 五线谱）金波词；唐晔曲；黄田配伴奏
上海 上海文艺出版社 1978 年 正谱本 4 页 26cm（16 开）统一书号：8078.3049
定价：CNY0.12
　　作者金波（1935— ），诗人、儿童文学家。

原名王金波，河北冀县（今河北省冀州市）人，毕业于北京师范学院中文系。历任北京师范学院教授、中国作家协会儿童文学创作委员会主任、北京市作家协会理事、中国音乐家协会理事、儿童音乐学会副会长。代表作品《我们去看海》《回声》《眼睛树》《感谢往事》等。

J0155182

打倒"四人帮"，江山万代红 （男女声二重唱 钢琴伴奏）刘薇词；李遇秋曲
北京 人民音乐出版社 1978 年 3 页 26cm（16 开）
统一书号：8026.3382 定价：CNY0.09

J0155183

大路歌 （男声四重唱 钢琴伴奏谱 正谱本）孙瑜词；聂耳原曲；桑桐，吴大昭改编曲
上海 上海文艺出版社 1978 年 7 页 26cm（16 开）
统一书号：8078.3023 定价：CNY0.12

J0155184

大庆油加快了我的车 （男声独唱 钢琴伴奏）吴春海，房德文词；冠钧等曲；叶聪配伴奏
北京 人民音乐出版社 1978 年 5 页 26cm（16 开）
统一书号：8026.3380 定价：CNY0.12
　　本书系中国现代男声独唱歌曲，五线谱。

J0155185

大寨红花更鲜艳 （女声齐唱 钢琴伴奏）朱文洲词；王建民曲；王建中配伴奏
北京 人民音乐出版社 1978 年 3 页 26cm（16 开）
统一书号：8026.3371 定价：CNY0.09
　　本书系中国现代女声合唱歌曲，五线谱。

J0155186

独唱歌曲集 （第三集）
广州 广东人民出版社 1978 年 256 页
19cm（32 开）统一书号：8111.1868
定价：CNY0.48

J0155187

独唱歌曲集 （第四集）
广州 广东人民出版社 1980 年 223 页
19cm（32 开）统一书号：8111.2222
定价：CNY0.54

J0155188

歌唱井冈山 （独唱　钢琴伴奏）魏宝贵，邬大
为作词；铁源曲；杨立青配伴奏
北京　人民音乐出版社　1978年　正谱本　5页
26cm（16开）统一书号：8026.3386
定价：CNY0.12

J0155189

工业学大庆 （齐唱　钢琴伴奏）易萱词；秋里
曲；王建中配伴奏
北京　人民音乐出版社　1978年　3页　26cm（16开）
统一书号：8026.3377　定价：CNY0.09
　　本书系中国现代合唱歌曲。作者王建中
（1933—2016），教授、作曲家。生于上海，祖籍
江苏江阴。就读于上海音乐学院，留校任教，曾
任教授、副院长。代表作品《山丹丹开花红艳艳》
《浏阳河》《诙谐曲》《变奏曲》《小奏鸣曲》等。

J0155190

古田颂歌 （独唱　钢琴伴奏）颜庭寿词；骆季
超曲；杨立青配伴奏
北京　人民音乐出版社　1978年　5页　26cm（16开）
统一书号：8026.3389　定价：CNY0.12
　　中国独唱歌曲。作者骆季超（1941—　），国
家一级作曲家。湖北枣阳县（今湖北省枣阳市）人。
福建省歌舞剧院专业音乐创作员。主要作品有
《鼓浪屿小夜曲》《古田颂歌》《请到我们"公社"
来》《虎门长啸》等。

J0155191

海上石油工 （独唱　钢琴伴奏）王广仁词；邓
超荣曲；洪必慈配伴奏
北京　人民音乐出版社　1978年　正谱本　5页
26cm（16开）统一书号：8026.3378
定价：CNY0.12
　　作者邓超荣（1948—　），编剧。广东电白县
人。曾任湛江地区文化局创作员，粤剧团、歌舞
团乐队指挥兼作曲，《深圳特区报》文艺记者，英
国伦敦学会乐团客座指挥，中国音协会员，广东
省音协理事等。出版长篇纪实文学《深圳歌舞厅
实录》《都市浪漫曲》。

J0155192

合唱歌曲选 （第三集）
北京　人民音乐出版社　1978年　63页　26cm（16开）

统一书号：8026.3306　定价：CNY0.39
　　本书系中国现代合唱歌曲选集第三集。

J0155193

华主席，最美的赞歌唱给您 （高音独唱　钢琴
伴奏）杨正昌词；阿不里克木曲；周勤龄配伴奏
北京　人民卫生出版社　1978年　3页　26cm（16开）
统一书号：8026.3459　定价：CNY0.09

J0155194

华主席给我青春的歌喉 （钢琴伴奏谱）
韩伟词；郑秋枫曲
上海　上海文艺出版社　1978年　4页　26cm（16开）
统一书号：8078.3037　定价：CNY0.08
　　本书系独唱歌曲。

J0155195

井冈杜鹃红 （女声小合唱　钢琴伴奏）
颂今词；胡松涛曲；孙亦林，张培基配伴奏
北京　人民音乐出版社　1978年　3页　26cm（16开）
统一书号：8026.3381　定价：CNY0.09

J0155196

敬爱的周总理，人民的好总理 （独唱　钢琴
伴奏）乔羽词；舒铁民曲；储望华配伴奏
北京　人民音乐出版社　1978年　6页　26cm（16开）
统一书号：8026.3370　定价：CNY0.12

J0155197

毛委员来到我家乡 （女声独唱　钢琴伴奏）
龙岩县山歌剧团改编；杨余燕配伴奏
北京　人民音乐出版社　1978年　6页　26cm（16开）
统一书号：8026.3388　定价：CNY0.12
　　本书系福建现代女声独唱民歌专著。

J0155198

毛主席，我永远为您站岗 （男声独唱　钢琴
伴奏）田青词；鲍元恺曲
北京　人民音乐出版社　1978年　8页　19cm（32开）
统一书号：8026.3529　定价：CNY0.15
　　作者田青（1948—　），音乐学家、非物质文
化遗产保护专家。出生于河北唐山，天津音乐学
院毕业。曾任中国艺术研究院音乐研究所所长，
宗教艺术研究中心主任、研究员、博士生导师，
兼任中国昆剧古琴研究会会长。著有《中国宗教

音乐》《净土天音》《捡起金叶》《佛教音乐的华化》等。

J0155199

毛主席永远活在我们心中 （女高音独唱　钢琴伴奏）白文词；沈亚威曲；杨儒怀配伴奏

北京　人民音乐出版社　1978年　9页　26cm（16开）

统一书号：8026.3480　定价：CNY0.19

　　本书系中国现代女高音独唱歌曲专著。作者杨儒怀（1925—2012），教授。毕业于燕京大学音乐系，中央音乐学院作曲系任教。

J0155200

梅岭三章 （男中音独唱　钢琴伴奏）陈毅词；施万春曲

北京　人民音乐出版社　1978年　5页　26cm（16开）

统一书号：8026.3384　定价：CNY0.12

　　本书系中国现代男中音独唱歌曲专著。

J0155201

缅怀敬爱的周总理 （女高音独唱　钢琴伴奏）程恺词；刘霖曲

北京　人民音乐出版社　1978年　5页　26cm（16开）

统一书号：8026.3482　定价：CNY0.12

　　本书为中国现代女高音独唱歌曲专著。

J0155202

秋收起义组歌 （女声独唱）瞿琮词；曹俊山等曲

长沙　湖南人民出版社　1978年　8页　26cm（16开）

统一书号：8109.1067　定价：CNY0.11

J0155203

世世代代铭记毛主席的恩情 （独唱　钢琴伴奏）金吐肯原词；新疆察布查尔锡伯族自治县文艺宣传队改词；祝恒评编曲；李延配伴奏

北京　人民音乐出版社　1978年　5页　26cm（16开）

统一书号：8026.3387　定价：CNY0.12

J0155204

颂歌献给敬爱的周总理 （女高音独唱　钢琴伴奏）竹笛，秉亚作词；于兵曲；于兵，叶聪配伴奏

北京　人民音乐出版社　1978年　正谱本　9页　26cm（16开）统一书号：8026.3372

定价：CNY0.19

J0155205

颂歌一曲唱韶山 （女声独唱　钢琴伴奏）瞿琮词；曹俊山曲；李延配伴奏

北京　人民音乐出版社　1978年　3页　26cm（16开）

统一书号：8026.3390　定价：CNY0.09

J0155206

太阳最红，毛主席最亲 （女声独唱　钢琴伴奏）付林词；王锡仁曲；储望华配伴奏

北京　人民音乐出版社　1978年　5页　26cm（16开）

统一书号：8026.3375　定价：CNY0.12

J0155207

我为共产主义把青春贡献 （女高音独唱　钢琴伴奏）阎肃词；羊鸣等曲；孙亦林，张培基配伴奏

北京　人民音乐出版社　1978年　7页　26cm（16开）

统一书号：8026.3483　定价：CNY0.15

J0155208

想念毛主席 （独唱　钢琴伴奏）王磊，子牛作词；韦虹曲；徐新圃配伴奏

北京　人民音乐出版社　1978年　5页　26cm（16开）

统一书号：8026.3369　定价：CNY0.12

J0155209

绣金匾 （女声独唱　钢琴伴奏）杜鸣心配伴奏

北京　人民音乐出版社　1978年　6页　26cm（16开）

统一书号：8026.3379　定价：CNY0.12

J0155210

咱要去瞻仰毛主席遗容 （男声小合唱　钢琴伴奏）王磊词；高守本曲；朴佑编合唱；王建中配伴奏

北京　人民音乐出版社　1978年　6页　26cm（16开）

统一书号：8026.3367　定价：CNY0.12

J0155211

重唱歌曲选

北京　人民音乐出版社　1978年　60页　19cm（32开）

统一书号：8026.3393　定价：CNY0.15

J0155212
百灵鸟在歌唱 （抒情歌曲集）
成都　四川人民出版社　1979 年　148 页
19cm（32 开）统一书号：8118.632
定价：CNY0.40
　　中国现代抒情歌曲选集。

J0155213
建国三十年声乐作品选 （第一分册　群众歌
曲）中国音乐家协会编
北京　人民音乐出版社　1979 年　311 页
26cm（16 开）统一书号：8026.4258
定价：CNY1.60
　　本书选收 1949—1979 年间所创作的群众歌
曲 145 首。主要曲目有：《歌唱祖国》《在祖国和
平的土地上》《中国,中国,鲜红的太阳永不落》
《伟大的国家伟大的党》《听话要听党的话》《唱
支山歌给党听》《解放的时代》《胜利的花儿开》
《红旗颂》《社会主义好》《北京颂歌》等。

J0155214
建国三十年声乐作品选 （第三分册　电影、
歌剧选曲）中国音乐家协会编
北京　人民音乐出版社　1979 年　192 页
19cm（32 开）统一书号：8026.3634
定价：CNY0.38
　　本书选收 30 年来创作的电影插曲和歌剧
选曲共 102 首。主要曲目有《我的祖国》《英雄
的赞歌》《娘子军连歌》《弹起我心爱的土琵琶》
《红星照我去战斗》《花儿为什么这样红》《九九
艳阳天》《我们的生活充满阳光》《洪湖水,浪打
浪》《一道道水来一道道山》《红梅赞》等。

J0155215
建国三十年声乐作品选 （第四分册　祖国颂
合唱歌曲）中国音乐家协会编
北京　人民音乐出版社　1979 年　206 页
26cm（16 开）统一书号：8026.3630
定价：CNY1.20
　　本书根据民歌改编的合唱曲共 46 首。主要
曲目有：《祖国颂》《十六字令三首》《七律·人民
解放军占领南京》《太阳最红毛主席最亲》《周总
理,您在哪里》《森林啊,绿色的海洋》《英雄战胜
大渡河》《山丹丹开花红艳艳》《牧歌》《远方的
客人请你留下来》《阳关三叠》等。

J0155216
建国三十年声乐作品选 （第二分册　少年儿
童歌曲）中国音乐家协会编
北京　人民音乐出版社　1980 年　138 页
21cm（32 开）统一书号：8026.3597
定价：CNY0.40
　　本册共收入少年儿童歌曲 90 余首。包括《中
国少年先锋队队歌》《我们多么幸福》《让我们荡
起双桨》《听妈妈讲那过去的故事》等。

J0155217
建国三十年声乐作品选 （第三分册　电影、
歌剧选曲）中国音乐家协会编
北京　人民音乐出版社　1980 年　增订本　215 页
19cm（32 开）定价：CNY0.50

J0155218
解放军同志请你停一停 （独唱歌曲集）
石夫曲
上海　上海文艺出版社　1979 年　45 页　26cm（16 开）
统一书号：8078.3104　定价：CNY0.64
　　中国现代独唱歌曲选集。

J0155219
井冈山颂 （组歌）石祥等词；田光等曲
北京　人民音乐出版社　1979 年　38 页　26cm（16 开）
统一书号：8026.3570　定价：CNY0.27
　　中国现代合唱歌曲选集。作者石祥
（1939— 　），军旅诗人、歌词作家。历任中国音
乐文学学会副主席、中国老年作家协会会长、北
京军区政治部文艺创作室主任等职。创作歌词
有《毛主席是各族人民心中的红太阳》《祖国一
片新面貌》《十五的月亮》《望星空》《中国人民
解放军驻香港部队军歌》等。作者田光(1925—
2009),作曲家。原名田银山。解放军文艺出版社
副社长兼《解放军歌曲》主编。代表作品《美好
的赞歌》《献给你的旋律》。

J0155220
朱逢博演唱歌曲选　上海文艺出版社编辑
上海　上海文艺出版社　1979 年　132 页
19cm（32 开）统一书号：8078.3129
定价：CNY0.38

J0155221

独唱歌曲 66 首　歌曲编辑部编
北京 北京出版社 1980 年 152 页 19cm（32 开）
统一书号：8071.343 定价：CNY0.33

J0155222

独唱歌曲选　上海音乐学院声乐系编选
上海 上海文艺出版社 1980 年 正谱本 169 页
25cm（15 开）统一书号：8078.3189
定价：CNY1.25

J0155223

独唱歌曲选　上海音乐学院声乐系编选
上海 上海文艺出版社 1981 年 2 版 正谱本
122 页 26cm（16 开）统一书号：8078.3189
定价：CNY0.92

J0155224

郭兰英演唱歌曲选　上海文艺出版社编
上海 上海文艺出版社 1980 年 228 页
19cm（32 开）统一书号：8078.3113
定价：CNY0.52
　　本书系中国现代独唱歌曲选集。

J0155225

合唱歌曲选　（第 4 集）人民音乐出版社编辑
部编
北京 人民音乐出版社 1980 年 60 页 26cm（16 开）
统一书号：8026.3673 定价：CNY0.39

J0155226

合唱歌曲选　（第 5 集）人民音乐出版社编辑
部编
北京 人民音乐出版社 1985 年 66 页 26cm（16 开）
统一书号：8026.4398 定价：CNY1.00
　　本书系人民音乐出版社编辑部编中国现代
合唱歌曲第五集。

J0155227

合唱歌曲选　（第 6 集）人民音乐出版社编辑
部编
北京 人民音乐出版社 1986 年 70 页 26cm（16 开）
统一书号：8026.4403 定价：CNY1.05

J0155228

合唱歌曲选　（第 7 集）人民音乐出版社编辑
部编
北京 人民音乐出版社 1988 年 91 页 26cm（16 开）
ISBN：7-103-00236-3 定价：CNY2.20

J0155229

李谷一演唱歌曲选
石家庄 河北人民出版社 1980 年 167 页
19cm（32 开）统一书号：8086.1344
定价：CNY0.40

J0155230

抒情歌曲选　彤之编选
南宁 广西人民出版社 1980 年 250 页
19cm（32 开）统一书号：8113.493
定价：CNY0.60

J0155231

抒情歌曲选　长江文艺出版社编
武汉 长江文艺出版社 1980 年 126 页
19cm（32 开）统一书号：8107.341
定价：CNY0.35

J0155232

小合唱歌曲选　（1）人民音乐出版社编辑部编
北京 人民音乐出版社 1980 年 19cm（32 开）
统一书号：8026.3642 定价：CNY0.22

J0155233

小合唱歌曲选　（2）人民音乐出版社编辑部编
北京 人民音乐出版社 1983 年 19cm（小 32 开）
统一书号：8026.4063 定价：CNY0.26

J0155234

大海一样的深情　（女声独唱）刘麟词；刘文
金曲
北京 人民音乐出版社 1981 年 正谱本 5 页
25cm（15 开）统一书号：8026.3796
定价：CNY0.14

J0155235

独唱歌曲选　福建人民广播电台文艺部编
福州 福建人民出版社 1981 年 87 页 15cm（40 开）
统一书号：8173.449 定价：CNY0.18

J0155236
独唱歌曲选 （第七集）
北京 人民音乐出版社 1981年 60页 19cm（32开）
统一书号：8026.3838 定价：CNY0.20

J0155237
红杉树 （独唱）史俊,茅晓峰词；沈传薪曲
北京 人民音乐出版社 1981年 正谱本 5页
25cm（15cm）统一书号：8026.3794
定价：CNY0.14
　　本书为中国现代歌曲独唱选集。

J0155238
黄虹演唱歌曲选
昆明 云南人民出版社 1981年 92页
19cm（32开）统一书号：10116.844
定价：CNY0.29

J0155239
李谷一唱片歌曲选　上海文艺出版社编
上海 上海文艺出版社 1981年 54页
19cm（32开）统一书号：8078.3294
定价：CNY0.16

J0155240
毛主席诗词合唱五首 （附钢琴伴奏）郑律成曲
北京 人民音乐出版社 1981年 正谱本 50页
25cm（小16开）统一书号：8026.3849
定价：CNY0.72
　　本书包括《十六字令三首》《忆秦娥·娄山
关》《七律·长征》《念奴娇·昆仑》《清平乐·六
盘山》。

J0155241
美丽的心灵 （广播抒情歌曲集）湖北人民广
播电台文艺部,长江文艺出版社编
武汉 长江文艺出版社 1981年 186页
19cm（32开）统一书号：8107.343
定价：CNY0.53
　　本书系中国抒情歌曲选集。

J0155242
施光南歌曲选 （独唱）施光南作曲；上海文
艺出版社编
上海 上海文艺出版社 1981年 303页 有照片

19cm（32开）统一书号：8078.3270
定价：CNY0.76

J0155243
抒情歌曲集 （合集）
广州 花城出版社 1981年 355页 20cm（32开）
统一书号：8261.2 定价：CNY1.20

J0155244
苏武 （古琴弦歌合唱 民族乐队伴奏）查阜西
打谱；李焕之记谱
北京 人民音乐出版社 1981年 18页
25cm（小16开）统一书号：8026.3856
定价：CNY0.38
　　本书是根据古琴弦歌《苏武思君》改编,是
一首以民族乐队伴奏的混声合唱曲。作者查阜
西（1895—1976）,古琴演奏家、音乐理论家、音乐
教育家。别名镇湖,又名夷平。江西修水人。代
表作《存见古琴曲谱缉览》《琴曲集成》。作者李
焕之（1919—2000）,作曲家、指挥家、音乐理论
家。出生于香港,原籍福建晋江市,毕业于延安
鲁迅艺术学院。历任中央音乐学院音乐团团长、
中央歌舞团艺术指导、中央民族乐团团长。代表
作品有《民主建国进行曲》《新中国青年进行曲》
《春节组曲》等。

J0155245
汀江红旗颂 （闽西革命根据地大合唱）张藜
词；王卓模曲
北京 人民音乐出版社 1981年 28页 25cm（16开）
统一书号：8026.3928 定价：CNY0.33

J0155246
魏群独唱歌曲选　魏群作词、曲
石家庄 河北人民出版社 1981年 80页
19cm（32开）统一书号：8086.1362
定价：CNY0.25

J0155247
我爱你,中国 （全国获奖歌曲三十一首）
昆明 云南人民出版社 1981年 51页 19cm（32开）
统一书号：8116.977 定价：CNY0.16

J0155248
吴雁泽演唱歌曲选　长江文艺出版社编辑

武汉 长江文艺出版社 1981年 77页 19cm（32开）
统一书号：8107.342 定价：CNY0.28

J0155249

优秀抒情歌曲集　西安市群众艺术馆编
西安 陕西人民出版社 1981年 102页
19cm（32开）统一书号：8094.670
定价：CNY0.24

J0155250

于淑珍关牧村演唱歌曲选
石家庄 河北人民出版社 1981年 94页
19cm（32开）统一书号：8086.1475
定价：CNY0.27

J0155251

白帆　（独唱歌曲 五线谱本）金波词；吴小燕曲
北京 人民音乐出版社 1982年 4页 26cm（16开）
统一书号：8026.3945 定价：CNY0.10

J0155252

春天来了　（五线谱本 郑秋枫歌曲选）郑秋枫曲
北京 人民音乐出版社 1982年 34页 25cm（15开）
统一书号：8026.3921 定价：CNY0.53
　　本书选自郑秋枫作的 10首独唱歌曲，其中
有《春天来了》《思乡曲》《我爱你，中国》《美丽
的孔雀河》等。附钢琴伴奏谱。

J0155253

春之歌　（抒情歌曲合集）广西人民出版社编辑
南宁 广西人民出版社 1982年 440页
19cm（32开）统一书号：8113.738
定价：CNY1.07
　　本书共选编中国抒情歌曲 151首。

J0155254

党的光辉照延边　（金凤浩歌曲选）金凤浩曲
北京 人民音乐出版社 1982年 68页 19cm（32开）
统一书号：8026.4027 定价：CNY0.25
　　本书选编朝鲜族作曲家金凤浩创作歌曲 36
首，所选歌曲分小合唱、独唱、重唱等形式。

J0155255

歌坛抒情音乐会　（歌曲选）云南人民广播电
台，云南人民出版社同编

昆明 云南人民出版社 1982年 79页 19cm（32开）
统一书号：10116.866 定价：CNY0.20

J0155256

耿莲凤张振富二重唱歌曲选　上海文艺出版
社编
上海 上海文艺出版社 1982年 66页 19cm（32开）
统一书号：8078.3387 定价：CNY0.21
　　书中所选二十余首歌曲均已灌制唱片，录成
磁带，其中《祖国一片新面貌》《歌唱亲人解放
军》《浪花》等，在群众中广为传唱。

J0155257

关牧村演唱歌曲集　北京出版社编
北京 北京出版社 1982年 82页 19cm（32开）
统一书号：10071.342 定价：CNY0.26
　　本歌曲集收辑了关牧村演唱的 36首中外优
秀独唱歌曲。

J0155258

理想的歌　（独唱歌曲）石祥词；刘虹曲
北京 人民音乐出版社 1982年 正谱本 4页
26cm（16开）统一书号：8026.3948
定价：CNY0.10
　　作者石祥（1939—　），军旅诗人、歌词作家。
历任中国音乐文学学会副主席、中国老年作家协
会会长、北京军区政治部文艺创作室主任等职。
创作歌词有《毛主席是各族人民心中的红太阳》
《祖国一片新面貌》《十五的月亮》《望星空》《中
国人民解放军驻香港部队军歌》等。

J0155259

罗天婵演唱歌曲集　北京出版社编
北京 北京出版社 1982年 43页 19cm（32开）
统一书号：10071.341 定价：CNY0.16
　　本歌曲集收入女中音歌唱家罗天婵演唱的
24首中外歌曲。

J0155260

美丽的草原我的家　（歌曲选集）中国音乐家
协会内蒙古分会编
北京 人民音乐出版社 1982年 60页 19cm（32开）
统一书号：8026.4016 定价：CNY0.21
　　本书选编 30余首具有内蒙古草原风格的抒
情歌曲，以独唱歌曲为主。

J0155261

年轻的朋友来相会 （独唱歌曲　五线谱本）
张枚同词；古建芬曲
北京　人民音乐出版社　1982年　3页　26cm（16开）
统一书号：8026.3918　定价：CNY0.10
　　本书为中国现代歌曲选集。

J0155262

青春的旋律 （合唱歌曲　五线谱本）王积福
词；万林，茅地曲；田联韬配伴奏
北京　人民音乐出版社　1982年　3页　26cm（16开）
统一书号：8026.3911　定价：CNY0.10

J0155263

请允许 （独唱　五线谱本）柯岩词；傅庚辰曲
北京　人民音乐出版社　1982年　10页　25cm（16开）
统一书号：8026.3879　定价：CNY0.22
　　本书是中国现代独唱歌曲，深刻地表达
了广大人民群众对敬爱的周总理的无比思念
之情。

J0155264

苏小明独唱歌曲选 　江苏人民出版社编
南京　江苏人民出版社　1982年　120页
14cm（64开）统一书号：8100.038 定价：CNY0.20
　　本书选编苏小明演唱的中外歌曲共41首。

J0155265

太湖美 （女声独唱　五线谱本）任红举词；龙
飞曲
北京　人民音乐出版社　1982年　3页　26cm（16开）
统一书号：8026.3916　定价：CNY0.10

J0155266

驼铃 （独唱歌曲　正谱本）任志萍词；马骏英曲
北京　人民音乐出版社　1982年　5页　26cm（16开）
统一书号：8026.3946　定价：CNY0.14

J0155267

王洁实　谢莉斯二重唱歌曲选
长沙　湖南人民出版社　1982年　2版　58页
19cm（32开）统一书号：8109.1334
定价：CNY0.21

J0155268

王洁实　谢莉斯男女声二重唱
长沙　湖南人民出版社　1982年　30页　19cm（32开）
统一书号：8109.1331　定价：CNY0.14

J0155269

王洁实　谢莉斯男女声二重唱 （续集）
长沙　湖南人民出版社　1982年　28页　19cm（32开）
　统一书号：8109.1334　定价：CNY0.14

J0155270

我爱你，中国 （歌曲十首　附钢琴伴奏谱　五
线谱本）
北京　人民音乐出版社　1982年　48页　25cm（16开）
统一书号：8026.4079　定价：CNY0.66

J0155271

叶佩英演唱歌曲集 　北京出版社编
北京　北京出版社　1982年　81页　19cm（32开）
统一书号：10071.343　定价：CNY0.26
　　本书收入35首歌曲，包括中国"五四"以来
的优秀歌曲、电影歌曲、外国创作歌曲、外国歌
剧选曲、外国民歌等。

J0155272

中国，中国鲜红的太阳永不落 （五线谱本）
北京　人民音乐出版社　1982年　4页　26cm（16开）
统一书号：8026.3947　定价：CNY0.10
　　本歌曲集还包括齐唱歌曲《歌唱你啊祖国》。

J0155273

中国音乐会独唱歌曲选 （汉英对照　1）上
海文艺出版社编辑
上海　上海文艺出版社　1982年　49页
25cm（小16开）统一书号：8078.3373
定价：CNY1.25
　　本书是五线谱、带钢琴伴奏、汉英对照的独
唱歌曲选，内有《我爱你，中国》《思乡曲》《祝酒
歌》《吐鲁番的葡萄熟了》等12首歌曲。

J0155274

重唱歌曲集 （1）人民音乐出版社编辑部编
北京　人民音乐出版社　1982—1986年　19cm（32开）
统一书号：8026.3942　定价：CNY0.22

J0155275

重唱歌曲集 （2）人民音乐出版社编辑部编
北京 人民音乐出版社 1982—1986 年 19cm（32 开）
统一书号：8026.4491 定价：CNY1.00

J0155276

蝶恋花游仙答李淑一 （独唱歌曲）毛泽东
词；赵开生编曲；宋承宪配伴奏
北京 人民音乐出版社 1983 年 正谱本 5 页
26cm（16 开）统一书号：8026.1562 定价：CNY0.14

J0155277

关牧村唱片、音带歌曲选 上海文艺出版社编
上海 上海文艺出版社 1983 年 108 页
19cm（32 开）统一书号：8078.3406
定价：CNY0.39
　　中国独唱歌曲选集。

J0155278

合唱歌曲 （附钢琴伴奏）人民音乐出版社编
辑部编
北京 人民音乐出版社 1983 年 正谱本 105 页
25cm（15 开）统一书号：8026.4107 定价：CNY1.35
　　本集包括混声合唱歌曲 6 首、女声合唱歌曲
3 首、男声合唱歌曲 3 首，混声无伴奏合唱歌曲
3 首。

J0155279

李双江演唱歌曲选 上海文艺出版社编
上海 上海文艺出版社 1983 年 292 页
19cm（32 开）统一书号：8078.3363
定价：CNY0.72

J0155280

刘秉义演唱歌曲集 何艺编
南宁 漓江出版社 1983 年 173 页 19cm（32 开）
统一书号：8256.79 定价：CNY0.52

J0155281

送上我心头的思念 （独唱歌曲）柯岩诗；施
万春曲
北京 人民音乐出版社 1983 年 正谱本 5 页
25cm（16 开）统一书号：8026.4009
定价：CNY0.14

J0155282

苏小明唱片、音带歌曲选 上海文艺出版社编
上海 上海文艺出版社 1983 年 87 页 19cm（32 开）
统一书号：8078.3440 定价：CNY0.33

J0155283

听我唱支抒情的歌 中国音乐家协会河北分
会编
石家庄 花山文艺出版社 1983 年 108 页
19cm（32 开）统一书号：8286.11
定价：CNY0.32
　　本书是一部歌曲集。收入独唱、二重唱、齐
唱、儿童歌曲等。

J0155284

中国艺术歌曲集 （第一辑）郝明义编辑
台北 狮谷出版公司 1983 年 191 页 有照片
21cm（32 开）定价：TWD90.00

J0155285

1984 年春节联欢晚会演唱歌曲集锦
北京 中国电影出版社 ［1984 年］
13cm（折叠）（60 开）定价：CNY0.28

J0155286

丁善德艺术歌曲集 丁善德著
上海 上海文艺出版社 1984 年 76 页 25cm（15 开）
统一书号：8078.3449 定价：CNY3.15
　　本书收编了中华人民共和国成立以来作者
所创作以及改编的独唱歌曲 21 首。作者丁善德
（1911—1995），江苏昆山人。1928 年入上海国立
音乐专科学校钢琴系，兼学作曲。历任天津女子
师范学校、上海国立音专教师，上海音乐学院教
授、作曲系主任、副院长，中国音协副主席。创
作钢琴曲《中国民歌主题变奏曲》《序曲三首》，
交响乐《长征》等。撰有《单对位法》《复对位法》
《赋格写作纲要》等。

J0155287

独唱歌曲选 （第八集）人民音乐出版社编辑
部编
北京 人民音乐出版社 1984 年 44 页 19cm（32 开）
统一书号：8026.4188 定价：CNY0.17

J0155288

海边的歌 （独唱歌曲）乔羽词；尚德义曲
北京 人民音乐出版社 1984 年 正谱本 6 页
26cm（16 开）统一书号：8026.4147
定价：CNY0.14
　　中国现代独唱歌曲。

J0155289

火把节的欢乐 （花腔女高音独唱八首 尚德义歌曲选）尚德义选
北京 人民音乐出版社 1984 年 38 页
25cm（小 16 开）统一书号：8026.4256
定价：CNY0.81
　　本书共收入《春天圆舞曲》《科学的春天来到了》《小鸟飞来了》《火把节的欢乐》等 8 首作品。

J0155290

火把节的欢乐 （尚德义歌曲选 花腔女高音独唱八首）尚德义曲
北京 人民音乐出版社 1985 年 38 页 26cm（16 开）
统一书号：8026.4256 定价：CNY0.81
　　本书收作者的歌曲《火把节的欢乐》《小鸟飞来了》等 8 首。

J0155291

假如你要认识我 （独唱歌曲）汤昭智词；施光南曲
北京 人民音乐出版社 1984 年 正谱本 3 页
26cm（16 开）统一书号：8026.4149
定价：CNY0.10

J0155292

蒋大为独唱歌曲选 海涛,卢深编
桂林 漓江出版社 1984 年 168 页 有照片
19cm（32 开）统一书号：8256.167
定价：CNY0.71

J0155293

兰花 （独唱歌曲）张红曙词；臧东升曲
北京 人民音乐出版社 1984 年 正谱本 4 页
26cm（16 开）统一书号：8026.4144
定价：CNY0.10

J0155294

李光羲演唱歌曲集 周昌壁编
南宁 漓江出版社 1984 年 186 页 19cm（32 开）
统一书号：8256.166 定价：CNY0.54

J0155295

妈妈一笑算通过 （独唱歌曲）毛撬词；尚德义曲
北京 人民音乐出版社 1984 年 正谱本 4 页
26cm（16 开）统一书号：8026.4143
定价：CNY0.10
　　本书系中国现代独唱歌曲专著。

J0155296

三月茶歌 （独唱歌曲）党永庵词；施光南曲
北京 人民音乐出版社 1984 年 正谱本 4 页
26cm（16 开）统一书号：8026.4148
定价：CNY0.10

J0155297

诗歌十首作品第十八号 冼星海手稿
广州 东莞县印刷厂 1984 年 38cm（8 开）
定价：CNY1.70

J0155298

抒情歌曲 （1984.2 群众演唱资料国庆专辑）
四川省群众艺术馆编
成都［四川省群众艺术馆］1984 年 18cm（32 开）

J0155299

抒情歌曲 （1985.1 群众演唱资料专辑）四川省群众艺术馆编
成都［四川省群众艺术馆］1985 年 18cm（32 开）
定价：CNY0.30（工本费）

J0155300

抒情歌曲 （1985.2 群众演唱资料专辑）四川省群众艺术馆编
成都［四川省群众艺术馆］1985 年 18cm（32 开）
定价：CNY0.35（工本费）

J0155301

抒情歌曲 （1985.3）四川省群众艺术馆编
成都 四川文艺出版社 1985 年 80 页 18cm（32 开）
统一书号：10374.108 定价：CNY0.38

J0155302
抒情歌曲 （1985.4）四川省群众艺术馆编
成都 四川文艺出版社 1985 年 18cm（32 开）
统一书号：8374.19 定价：CNY0.38

J0155303
抒情歌曲 （1986.1）四川省群众艺术馆编
成都 四川文艺出版社 1986 年 80 页 19cm（32 开）
统一书号：8374.20 定价：CNY0.38

J0155304
抒情歌曲 （1986.2）四川省群众艺术馆编
成都 四川文艺出版社 1986 年 19cm（32 开）
统一书号：8374.21 定价：CNY0.38

J0155305
抒情歌曲 （1986.3）四川省群众艺术馆编
成都 四川文艺出版社 1986 年 19cm（32 开）
统一书号：8374.22 定价：CNY0.38

J0155306
抒情歌曲 （1986.4）四川省群众艺术馆编
成都 四川文艺出版社 1986 年 80 页 19cm（32 开）
统一书号：8374.23 定价：CNY0.38

J0155307
抒情歌曲 （1987.1）四川省群众艺术馆编
成都 四川文艺出版社 1987 年 80 页 19cm（32 开）
统一书号：8374.24 定价：CNY0.40

J0155308
抒情歌曲 （1987.2）四川省群众艺术馆编
成都 四川文艺出版社 1987 年 80 页 19cm（32 开）
统一书号：8374.25 定价：CNY0.40

J0155309
抒情歌曲 （1987.3）四川省艺术馆《抒情歌曲》编辑部编
成都 四川文艺出版社 1987 年 80 页 19cm（32 开）
统一书号：8374.29 定价：CNY0.40

J0155310
抒情歌曲 （1987.4）四川省艺术馆《抒情歌曲》编辑部编
成都 四川文艺出版社 1987 年 80 页 19cm（32 开）
统一书号：8374.33 定价：CNY0.40

J0155311
抒情歌曲 （1987.5）四川省艺术馆《抒情歌曲》编辑部编
成都 四川文艺出版社 1987 年 80 页 19cm（32 开）
统一书号：8374.35 定价：CNY0.40

J0155312
抒情歌曲 （1988.1）四川省艺术馆《抒情歌曲》编辑部编；主编谢必忠
成都 四川文艺出版社 1988 年 80 页 19cm（32 开）
ISBN：7-5411-0228-1 定价：CNY0.50
　　作者谢必忠（1929—　　），四川资中人。《抒情歌曲》主编、中国音乐家协会会员、四川省通俗音乐学会会长。

J0155313
抒情歌曲 （1988.2）四川省艺术馆《抒情歌曲》编辑部编；主编谢必忠
成都 四川文艺出版社 1988 年 80 页 19cm（32 开）
ISBN：7-5411-0270-2 定价：CNY0.50

J0155314
抒情歌曲 （1988.3）四川省艺术馆《抒情歌曲》编辑部编；主编谢必忠
成都 四川文艺出版社 1988 年 80 页 19cm（32 开）
ISBN：7-5411-0314-4 定价：CNY0.50

J0155315
抒情歌曲 （1988.4）四川省艺术馆《抒情歌曲》编辑部编；主编谢必忠
成都 四川文艺出版社 1988 年 80 页 19cm（32 开）
ISBN：7-5411-0342-X 定价：CNY0.50

J0155316
抒情歌曲 （1989.3）四川省群众艺术馆编
成都 四川人民出版社 1989 年 80 页 19cm（32 开）
ISBN：7-220-00822-8 定价：CNY0.90

J0155317
抒情歌曲 （1989.2）四川省群众艺术馆《抒情歌曲》编辑部编；谢必忠主编
成都 四川文艺出版社 1989 年 80 页 19cm（32 开）
ISBN：7-5411-0448-5 定价：CNY0.80

J0155318

抒情歌曲 （1989.3）四川省群众艺术馆《抒情歌曲》编辑部编；谢必忠主编

成都 四川文艺出版社 1989年 80页 19cm（32开）

ISBN：7-5411-503-1 定价：CNY1.00

J0155319

抒情歌曲 （1990.2）四川文艺出版社编辑；谢必忠主编

成都 四川文艺出版社 1990年 88页 19cm（32开）

ISBN：7-5411-0544-X 定价：CNY1.00

J0155320

抒情歌曲 （1990.3）四川文艺出版社编辑；谢必忠主编

成都 四川文艺出版社 1990年 88页 19cm（32开）

ISBN：7-5411-0616-X 定价：CNY1.00

J0155321

抒情歌曲 （1990.5）四川文艺出版社编辑；谢必忠主编

成都 四川文艺出版社 1990年 88页 19cm（32开）

ISBN：7-5411-0677-1 定价：CNY1.20

J0155322

抒情歌曲 （1990.6）四川文艺出版社编辑；谢必忠主编

成都 四川文艺出版社 1990年 88页 19cm（32开）

ISBN：7-5411-0684-4 定价：CNY1.20

J0155323

抒情歌曲 （1991.3）四川文艺出版社编辑；谢必忠主编

成都 四川文艺出版社 1990年 88页 19cm（32开）

ISBN：7-5411-0729-8 定价：CNY1.20

J0155324

抒情歌曲 （1992.3）四川文艺出版社编辑；谢必忠主编

成都 四川文艺出版社 1992年 88页 19cm（32开）

ISBN：7-5411-0877-4 定价：CNY1.60

J0155325

抒情歌曲 （1992.6）谢必忠主编

成都 四川文艺出版社 1992年 112页

19cm（32开）ISBN：7-5411-0984-3

定价：CNY1.60

J0155326

抒情歌曲 （1993.1）谢必忠主编

成都 四川文艺出版社 1993年 154页

19cm（32开）ISBN：7-5411-1017-5

定价：CNY2.95

J0155327

抒情歌曲 （1994.1）四川文艺出版社编

成都 四川文艺出版社 1994年 154页

19cm（32开）ISBN：7-5411-1161-9

定价：CNY3.80

　　本书收《长城长》《骄傲的骆驼》《涛声依旧》等百余首歌曲。

J0155328

田歌歌曲选 （独唱）田歌曲；上海文艺出版社编

上海 上海文艺出版社 1984年 180页

19cm（32开）统一书号：8078.3486

定价：CNY0.60

J0155329

我爱你，中国 （歌曲集）长江文艺出版社编辑

武汉 长江文艺出版社 1984年 107页

19cm（32开）统一书号：8107.588

定价：CNY0.51

J0155330

牺盟大合唱，作品第九号 （手稿及译谱）冼星海作曲，傅东岱作词；中国艺术研究院音乐研究所，广州音乐学院编辑

广州 广州音乐学院 1984年 38cm（6开）

定价：CNY1.60

J0155331

冼星海《牺盟大合唱》，作品第九号 冼星海曲；傅东岱词

广州 广州音乐学院 1984年 影印本 正谱本

38cm（6开）定价：CNY1.60

J0155332

张明敏演唱歌曲集 湖南人民出版社编

长沙 湖南人民出版社 1984年 40页 19cm(32开)
统一书号: 8109.1369 定价: CNY0.25

J0155333
把我的奶名叫 (瞿希贤独唱歌曲选)瞿希贤曲
北京 人民音乐出版社 1985年 51页 26cm(16开)
统一书号: 8026.4336 定价: CNY0.94
　　本书选收瞿希贤创作的《蝶恋花・答李淑一》《听妈妈的话》《把我的奶名叫》等10首抒情艺术歌曲。作者瞿希贤(1919—2008),女,作曲家。上海人,毕业于上海国立音专作曲系。曾就职于中央音乐学院音工团和中央乐团创作组。代表作品《听妈妈讲那过去的事情》《新的长征,新的战斗》《乌苏里船歌》。

J0155334
北大荒抒情 (四首 声乐套曲)郭兆甄词;
瞿希贤曲
北京 人民音乐出版社 1985年 17页 38cm(6开)
统一书号: 8026.4286 定价: CNY0.63
　　本书附钢琴伴奏谱的声乐套曲。

J0155335
冰山下的春天 (独唱歌曲)宝向新词;吕绍恩曲
北京 人民音乐出版社 1985年 5页 26cm(16开)
统一书号: 8026.4323 定价: CNY0.24

J0155336
陈良抒情歌曲选 陈良作曲;力牧等作词
上海 上海文艺出版社 1985年 44页 35cm(15开)
统一书号: 8078.3477 定价: CNY1.90
　　本书系中国现代歌曲集。

J0155337
成方圆独唱歌曲选 莫索编
西安 陕西人民出版社 1985年 94页
20cm(32开)定价: CNY0.55
　　本书是介绍成方圆演唱艺术和演唱歌曲的专辑。其中有《旅途之歌》《土古曼的月亮》《游子吟》《童年》《大海啊故乡》等。

J0155338
程琳歌唱精选 音乐生活月刊社编
沈阳 辽宁教育出版社 1985年 36页 13cm(60开)

定价: CNY0.40

J0155339
共产党好 共产党亲 (齐唱、合唱)宋军词;
雷雨声曲;杨余燕配伴奏
北京 人民音乐出版社 1985年 5页 26cm(16开)
统一书号: 8026.4235 定价: CNY0.19
　　中国现代歌曲选集。

J0155340
合唱 陈万桢,陈弃疾编
上海 上海文艺出版社 1985年 241页
26cm(16开)统一书号: 8078.3557
定价: CNY7.65
　　本书内容为合唱歌曲和合唱知识两部分。

J0155341
金梭和银梭 (独唱)李幼容词;金凤浩曲;崔世光配伴奏
北京 人民音乐出版社 1985年 5页
26cm(16开)定价: CNY0.19

J0155342
喀拉喀什河呀静静地流 (独唱歌曲)陈克正词;臧东升曲
北京 人民音乐出版社 1985年 5页 26cm(16开)
统一书号: 8026.4323 定价: CNY0.24

J0155343
青春进行曲 (齐唱歌曲)郭兆甄词;孟宪斌曲
北京 人民音乐出版社 1985年 4页 26cm(16开)
统一书号: 8026.3419 定价: CNY0.16

J0155344
我爱你,塞北的雪 (独唱)王德词;刘锡津曲
北京 人民音乐出版社 1985年 5页 26cm(16开)
统一书号: 8026.4233 定价: CNY0.19

J0155345
我的中国心 (王洁实、谢莉斯男女声二重唱歌曲集)中国唱片社上海分社音乐编辑室编
上海 上海翻译出版公司 1985年 60页
19cm(32开)统一书号: 8311.4 定价: CNY0.48

J0155346

在那桃花盛开的地方 （独唱）邬大为，魏宝
贵词；铁源曲
北京 人民音乐出版社 1985 年 5 页 26cm（16 开）
统一书号：8026.4236 定价：CNY0.19

J0155347

中国唱片磁带歌曲 （三）湖南人民出版社编
长沙 湖南人民出版社 1985 年 68 页 20cm（32 开）
定价：CNY0.37

J0155348

邓丽君抒情歌曲影集 （有谁知我此时情）
关键编
广州 岭南美术出版社 1986 年 99 页 有照片
20cm（32 开）统一书号：8260.1769
定价：CNY4.80

J0155349

邓丽君抒情歌曲影集 凌楠编
广州 岭南美术出版社 1995 年 修订本 99 页
21×19cm ISBN：7–5362–1248–8
定价：CNY9.80
　　本书系中国现代歌曲。

J0155350

邓丽君自选演唱歌曲 225 首 关键编
北京 文化艺术出版社 1986 年 404 页
20cm（32 开）定价：CNY3.05

J0155351

送上我心头的思念 （纪念周总理逝世十周年
独唱作品专集 线谱本）柯岩等作词；施万春等
作曲
北京 人民音乐出版社 1986 年 36 页 26cm（16
开）统一书号：8026.4457 定价：CNY0.96

J0155352

汪明荃演唱歌曲选 雷松根编
广州 广东人民出版社 1986 年 13cm（64 开）
定价：CNY0.36

J0155353

奚秀兰演唱歌曲选 雷松根编
广州 广东人民出版社 1986 年 13cm（64 开）

定价：CNY0.36

J0155354

艺术歌曲 （第一辑）花城出版社编
广州 花城出版社 1986 年 59 页 19cm（32 开）
统一书号：8261.284 定价：CNY0.42

J0155355

艺术歌曲 （第二辑）
广州 花城出版社 1986 年 28 页 19cm（32 开）
统一书号：8261.286 定价：CNY0.30

J0155356

艺术歌曲 （第三辑）
广州 花城出版社 1986 年 32 页 19cm（32 开）
统一书号：8261.287 定价：CNY0.33

J0155357

艺术歌曲 （第四辑）
广州 花城出版社 1986 年 20 页 19cm（32 开）
统一书号：8261.288 定价：CNY0.25

J0155358

艺术歌曲 （第五辑）
广州 花城出版社 1986 年 20 页 19cm（32 开）
统一书号：8261.289 定价：CNY0.25

J0155359

艺术歌曲 （第六辑）
广州 花城出版社 1987 年 19 页 19cm（32 开）
统一书号：8261.290 定价：CNY0.25

J0155360

艺术歌曲 （第七辑）
广州 花城出版社 1987 年 28 页 19cm（32 开）
统一书号：8261.291 定价：CNY0.30

J0155361

艺术歌曲 （第八辑）
广州 花城出版社 1987 年 16 页 19cm（32 开）
定价：CNY0.28

J0155362

艺术歌曲 （第九辑）
广州 花城出版社 1987 年 16 页 19cm（32 开）

统一书号：8261.298 定价：CNY0.28

J0155363
艺术歌曲 （第十辑）
广州 花城出版社 1987 年 17 页 19cm（32 开）
统一书号：8261.299 定价：CNY0.28

J0155364
艺术歌曲 （第十一辑）
广州 花城出版社 1987 年 14 页 19cm（32 开）
统一书号：8261.231 定价：CNY0.25

J0155365
艺术歌曲 （第十二辑）
广州 花城出版社 1987 年 17 页 19cm（32 开）
统一书号：8261.232 定价：CNY0.28

J0155366
音乐舞蹈史诗《中国革命之歌》独唱曲六首
张士燮等词；施光南等曲
北京 人民音乐出版社 1986 年 29 页 26cm（16 开）
统一书号：8026.4497 定价：CNY0.78

J0155367
重唱歌曲选 （第 2 集）人民音乐出版社编辑
部编
北京 人民音乐出版社 1986 年 170 页
19cm（32 开）统一书号：8026.4491
定价：CNY1.00

J0155368
朱晓琳独唱歌曲选 王今中编
西安 陕西人民出版社 1986 年 17 页 19cm（32 开）
统一书号：8094.744 定价：CNY0.20

J0155369
陈美龄歌唱精华 音乐生活月刊社编
沈阳 辽宁教育出版社［1987 年］20 页
13cm（64 开）定价：CNY0.40

J0155370
春潮曲 （抒情歌曲合集）山岩编
南宁 广西人民出版社 1987 年 293 页
20cm（32 开）统一书号：10113.481
ISBN：7-219-00427-3 定价：CNY2.45

J0155371
春晓 （黎英海歌曲选）韩乐群等词；黎英海曲
北京 人民音乐出版社 1987 年 32 页 26cm（16 开）
统一书号：8026.4595 定价：CNY0.94
　　本书为中国作曲家歌曲专集之一。选收《孔
雀啊，百灵》《森林，蓝色的梦》等 10 首艺术歌曲，
均配有钢琴伴奏谱。其中《春晓》《枫桥夜泊》《登
鹳雀楼》3 首，为唐诗谱写的歌曲。

J0155372
当代抒情歌曲集 沉浮编
成都 四川文艺出版社 1987 年 437 页
19cm（32 开）统一书号：8374.29
ISBN：7-5411-0076-5 定价：CNY2.32
　　作者沉浮（1965— ），画家。安徽蒙城人，
原名陈夫。擅长画梅，历任中国美术院常务副院
长、中国美术家协会河山画会秘书长。代表作品
有《山魂》《庄子游》《黄山》《无欲》等。

J0155373
费翔跨越四海的歌声 （四海一心歌曲全集）
雷松根编
长沙 湖南文艺出版社 1987 年 51 页 19cm（32 开）
统一书号：8456.34 ISBN：7-5404-0124-9
定价：CNY0.50

J0155374
费翔演唱专辑 华岳文艺出版社编
西安 华岳文艺出版社 1987 年 32 页 19cm（32 开）
ISBN：7-80549-001-5 定价：CNY0.32

J0155375
黄英森抒情歌曲选 黄英森作
广州 广东高等教育出版社 1987 年 210 页
19cm（32 开）统一书号：8343.8
ISBN：7-5361-0050-7 定价：CNY1.40

J0155376
旧家乡 （声乐套曲）（美）李忠兴作曲
北京 中国友谊出版公司 1987 年 35 页
26cm（16 开）统一书号：8309.21
定价：CNY1.20

J0155377
琼瑶作品歌曲选

成都　四川文艺出版社　1987年　48页　19cm（32开）
统一书号：8374.24　定价：CNY0.35

J0155378
秋雨中的少女　（抒情歌曲选）田杨林词曲
郑州　中原农民出版社　1987年　56页　19cm（32开）
统一书号：8394.61　定价：CNY0.40

J0155379
抒情歌曲精选　张月英,谢龙忠编
延吉　延边大学出版社　1987年　96页　19cm（32开）
统一书号：8503.4　ISBN：7-5634-0018-4
定价：CNY0.60

J0155380
战士抒情歌曲155首　文杏编
上海　上海音乐出版社　1987年　271页
20cm（32开）统一书号：8127.3042
ISBN：7-80553-044-0　定价：CNY2.10

J0155381
著名歌星费翔歌曲集　西安市音乐家协会编
兰州　甘肃人民出版社　1987年　56页　19cm（32开）
ISBN：7-226-00165-9　定价：CNY0.52

J0155382
祖国四季　（声乐组曲　女高音独唱四首）瞿琮
词；郑秋枫曲
北京　人民音乐出版社　1987年　22页　26cm（16开）
统一书号：8026.4593　定价：CNY0.77

J0155383
晨风吹来一缕油香　（闫波歌曲七十首）
闫波谱曲
济南　山东文艺出版社　1988年　227页　有照片
19cm（32开）ISBN：7-5329-0148-3
定价：CNY2.30

J0155384
董文华演唱歌曲选　中国广播电视出版社编
北京　中国广播电视出版社　1988年　237页
19cm（32开）ISBN：7-5043-0082-9
定价：CNY2.90

J0155385
费翔《夺标》歌曲全集　琴音编
长沙　湖南文艺出版社　1988年　30页　19cm（32开）
ISBN：7-5404-0251-0　定价：CNY0.40

J0155386
台湾歌星包娜娜独唱歌曲选　于山编
北京　中国国际广播出版社　1988年　49页
19cm（32开）ISBN：7-80035-165-3
定价：CNY0.75

J0155387
文艺创作奖　（歌词、合唱曲本得奖作品专辑
1988）教育部编
台北［台湾教育机构］1988年　29cm（16开）

J0155388
文艺创作奖　（歌词、合唱曲本得奖作品专辑
1989）教育部编
台北［台湾教育机构］1989年　29cm（16开）

J0155389
张蔷歌唱选　陈秉福编
西安　华岳文艺出版社　1988年　126页
19cm（32开）ISBN：7-80549-160-7
定价：CNY1.60

J0155390
中国名歌201首　（独唱歌曲）人民音乐出版
社编辑部编
北京　人民音乐出版社　1988年　404页
19cm（32开）ISBN：7-103-00227-4
定价：CNY3.65
　　本书收录中国"五四"以来流传较广、为群
众所喜爱的独唱歌曲共201首。其中，有艺术歌
曲《问》（萧友梅曲）、《教我如何不想他》（赵元
任曲）；古诗词谱写的歌曲《我住长江头》（青主
曲）；毛主席诗词谱写的歌曲《沁园春·雪》（李
劫夫曲）；歌剧选曲《清粼粼的水来蓝莹莹的天》
（马可曲）、《看天下劳苦人民都解放》（张敬安、
欧阳谦叔曲）等。

J0155391
费翔演唱歌曲选　琴音编
长沙　湖南文艺出版社　1989年　81页　19cm（32开）

ISBN：7-5404-0495-7 定价：CNY1.10

J0155392

海燕 （声乐协奏曲）秦咏诚曲

北京 人民音乐出版社 1989年 83页 20cm（32开）

ISBN：7-103-00285-1 定价：CNY1.00

　　本书是声乐协奏曲。作于1963年,是中国作曲家创作的第一部声乐协奏曲。乐曲受高尔基的同名散文诗主题内容启发,试图通过描写海燕的象征手法,歌颂革命者不畏艰险、不畏强暴、搏击风云、勇于进取的高尚情怀。

J0155393

合唱歌曲选 胡增荣编著

长沙 湖南文艺出版社 1989年 78页 26cm（16开）

ISBN：7-5404-0400-0 定价：CNY2.50

J0155394

南疆飞来一朵云 （旋歌独唱歌曲选）旋歌曲

北京 中国文联出版公司 1989年 75页 19cm（32开） ISBN：7-5059-0991-6

定价：CNY0.94

J0155395

青少年抒情歌曲100首 四川音协社会工作部选编

成都 四川文艺出版社 1989年 192页 19cm（32开） ISBN：7-5411-0513-9

定价：CNY1.75

（火炬丛书）

J0155396

抒情歌曲精选大观 （7）四川省通俗音乐学会编

成都 四川人民出版社 1989年 112页 19cm（32开） ISBN：7-220-00765-5

定价：CNY1.20

J0155397

抒情歌曲精选大观 （8）四川省通俗音乐学会编

成都 四川人民出版社 1989年 95页 19cm（32开）

ISBN：7-220-00893-7 定价：CNY1.20

J0155398

抒情歌曲精选大观 （8）四川省通俗音乐学会编

成都 四川人民出版社 1989年 96页 19cm（32开）

ISBN：7-220-00883-X 定价：CNY1.20

J0155399

抒情歌曲精选大观 （9）四川省通俗音乐学会编

成都 四川人民出版社 1990年 90页 19cm（32开）

ISBN：7-220-00971-2 定价：CNY1.20

J0155400

抒情歌曲精选大观 （10）四川省通俗音乐学会编

成都 四川人民出版社 1990年 90页 19cm（32开）

ISBN：7-220-01042-7 定价：CNY1.20

J0155401

抒情歌曲精选大观 （11）四川省通俗音乐学会编

成都 四川人民出版社 1990年 90页 19cm（32开）

ISBN：7-220-01077-X 定价：CNY1.20

J0155402

抒情歌曲精选大观 （12）四川省通俗音乐学会编

成都 四川人民出版社 1990年 90页 19cm（32开）

ISBN：7-220-01133-4 定价：CNY1.20

中国历代图书总目

艺术卷 19

李致忠 主编

北京国图书店有限责任公司

北京广臻文化艺术有限公司 编纂

文物出版社

第十九分册目录

音　乐

中国音乐作品

中国歌曲

中国艺术歌曲

J0155403
抒情歌曲精选大观 （13　卡拉 OK 吉他弹唱金曲）《抒情歌曲精选大观》编辑部编
成都　四川人民出版社 1991 年 75 页 19cm（32 开）
ISBN：7-220-01265-9 定价：CNY2.50

J0155404
抒情歌曲精选大观 （16　中华大家唱毛泽东颂歌精选）
成都　四川人民出版社 1992 年 152 页 有彩照
19cm（32 开）ISBN：7-220-01697-2
定价：CNY2.60

J0155405
抒情歌曲精选大观 （17　卡拉 OK 金曲珍品）
李豫江编
成都　四川人民出版社 1992 年 181 页 有彩照
19cm（32 开）ISBN：7-220-01884-3
定价：CNY3.60

J0155406
抒情歌曲精选大观 （18　巨星金曲）李豫江

编；章勇配诗
成都　四川人民出版社 1993 年 151 页 有彩照
19cm（32 开）ISBN：7-220-02046-5
定价：CNY2.80

J0155407
抒情歌曲精选大观 （25　歌霸、霸歌）周玲
选编
成都　四川人民出版社 1994 年 166 页
19cm（32 开）ISBN：7-220-02418-5
定价：CNY3.80

J0155408
抒情歌曲精选大观 （26　名歌经典金曲）
毛宏军编
成都　四川人民出版社 1994 年 168 页
19cm（32 开）ISBN：7-220-02490-8
定价：CNY3.60

J0155409
抒情歌曲精选大观 （27　歌霸·歌谣）周玲
选编
成都　四川人民出版社 1994 年 182 页
19cm（32 开）ISBN：7-220-02219-0
定价：CNY4.50

J0155410
抒情歌曲选 （丛书　第 1 辑）四川省群众艺术馆编
成都　四川人民出版社 1989 年 80 页 19cm（32 开）
ISBN：7-220-00868-6 定价：CNY1.00

J0155411
抒情歌曲选　（丛书 第2辑）四川省群众艺术馆编
成都 四川人民出版社 1990年 80页 19cm（32开）
ISBN：7-220-00930-5 定价：CNY1.00

J0155412
抒情歌曲选　（丛书 第6辑）四川省群众艺术馆抒情歌曲编辑部编
成都 四川人民出版社 1990年 80页 19cm（32开）
ISBN：7-220-01179-2 定价：CNY1.00

J0155413
王杰歌集　（上集）李文贵,林蔡冰选编
昆明 云南人民出版社 1989年 62页
19cm（小32开）ISBN：7-222-00538-2
定价：CNY1.10

J0155414
中国十名红歌星演唱金曲100首　陈雷编选
北京 中国集邮出版社 1989年 191页 有照片
19cm（32开）ISBN：7-80048-025-9
定价：CNY2.65

J0155415
大学生合唱歌曲选　（第一集）清华大学音乐室编
北京 人民音乐出版社 1990年 229页
26cm（16开）ISBN：7-103-00576-1
定价：CNY6.35

J0155416
当代抒情歌曲　（续集）人民音乐出版社编辑部编
北京 人民音乐出版社 1990年 398页
19cm（32开）ISBN：7-103-00534-6
定价：CNY5.60

J0155417
电子琴伴奏民歌风抒情歌曲选　麦丁编著
北京 中国广播电视出版社 1990年 136页
26cm（16开）ISBN：7-5043-0228-7
定价：CNY3.65

J0155418
优秀合唱歌曲精选50首　高伟,邓九明主编
海口 南海出版公司 1990年 244页 有照片
19cm（32开）ISBN：7-80570-207-1
定价：CNY3.80

J0155419
卡拉OK齐齐唱　艺鸣编
厦门 鹭江出版社 1991年 188页 有彩照
19cm（小32开）ISBN：7-80533-446-3
定价：CNY3.80

J0155420
李慧演唱歌曲集　李慧演唱
石家庄 花山文艺出版社 1991年 158页
19cm（小32开）ISBN：7-80505-578-5
定价：CNY4.50

J0155421
我的摇篮　（黄田抒情歌曲选）
广州 花城出版社 1991年 222页 19cm（32开）
ISBN：7-5360-0752-3 定价：CNY3.50

J0155422
中小学合唱歌曲选萃　张一非,杨志刚主编;中国音乐家协会山西分会编
太原 北岳文艺出版社 1991年 171页
26cm（16开）ISBN：7-5378-0569-5
定价：CNY5.00
　　本书选编近90首适合中、小学生演唱的歌曲。作者张一非,中国音乐家协会山西分会任职。作者张一非(1929—),国家一级作曲家。山东威海人。历任山西省音乐家协会主席,省文联副主席。出版有《怎样指挥唱歌》《二部轮歌曲写作》。作者杨志刚,中国音乐家协会山西分会任职。

J0155423
独唱歌曲一百首　冀洲主编;中国音乐家协会贵州分会,苗岭之声编辑部编
贵阳 贵州民族出版社 1992年 186页
20cm（32开）ISBN：7-5412-0248-7
定价：CNY3.50
　　作者冀洲(1929—),贵州省文联顾问、音乐家协会名誉主席,中国音乐家协会常务理事。

J0155424
凤凰涅槃 （菲尼克斯的科美体 大合唱 总谱）
郭沫若诗；吕骥曲
北京 人民音乐出版社 1992 年 120 页
26cm（16 开）ISBN：7-103-00934-1
定价：CNY7.50
　　　　这部大合唱是吕骥于 1941 年根据郭沫若 1920 年早期诗作《凤凰涅槃》写成。郭沫若（1892—1978 年），文学家、历史学家。原名开贞，字鼎堂，号尚武，笔名沫若、麦克昂、郭鼎堂，四川乐山人，毕业于日本九州帝国大学。历任中国科学院首任院长、中国科学技术大学首任校长、苏联科学院外籍院士。代表作《郭沫若全集》《甲骨文字研究》《中国史稿》等。作曲吕骥（1909—2002），音乐家、作曲家。出生于湖南湘潭，就读于上海音乐专科学校。历任中央音乐学院副院长、中国音协主席。创作的《抗日军政大学校歌》等歌曲广为传唱。出版有《吕骥文选》。

J0155425
中国爱情歌曲集 郭辉,宜方编
合肥 安徽文艺出版社 1992 年 重印本 406 页
19cm（32 开）ISBN：7-5396-0377-1
定价：CNY5.90

J0155426
中国声乐作品选 （附钢琴伴奏谱）徐朗,颜蕙先编
上海 上海音乐出版社 1992 年 201 页
26cm（16 开）ISBN：7-80553-303-2
定价：CNY7.20

J0155427
中华大家唱(卡拉 OK)曲库 （独唱歌曲选）
行效,徐薇选编
成都 四川文艺出版社 1992 年 391 页
19cm（32 开）ISBN：7-5411-0877-4
定价：CNY4.90

J0155428
中华情歌 101 首 张雄编
上海 上海远东出版社 1992 年 211 页
19cm（32 开）ISBN：7-80514-803-1
定价：CNY4.20

J0155429
毛泽东诗词独唱歌曲集 叶枫作曲
北京 中国人民大学出版社 1993 年 68 页
20cm（32 开）ISBN：7-300-01688-X
定价：CNY2.90
　　　　作者叶枫,中国音乐家协会会员。

J0155430
毛泽东诗词吟赏 文怀沙等编
北京 中国文联出版公司 1993 年 98 页
26cm（16 开）ISBN：7-5059-1390-5
定价：CNY7.50

J0155431
毛泽东颂歌 （独唱对唱 重唱 齐唱 表演唱 合唱精选）中南工业大学工会编
长沙 中南工业大学出版社 1993 年 204 页
19cm（32 开）ISBN：7-81020-518-3
定价：CNY4.00

J0155432
生活恋歌 （王付正创作歌曲集）王付正作
南昌 百花洲文艺出版社 1993 年 275 页
19cm（小 32 开）ISBN：7-80579-188-0
定价：CNY8.00
　　　　作者王付正（1940—　），作曲家。江西萍乡人。中国音乐家协会会员、南昌市音乐家协会主席、南昌人民广播电台文艺部副主任等。作品有《花径四季春》《浪花之歌》《大海你可认识我》。

J0155433
抒情歌曲 1993 年精选 谢必忠主编
成都 四川文艺出版社 1993 年 176 页
19cm（32 开）ISBN：7-5411-0989-4
定价：CNY2.90
　　　　作者谢必忠（1929—　），四川资中人。《抒情歌曲》主编、中国音乐家协会会员、四川省通俗音乐学会会长。

J0155434
抒情歌曲精曲总汇 谢必忠主编
成都 四川文艺出版社 1993 年 440 页
20cm（32 开）ISBN：7-5411-1014-0
定价：CNY8.88

J0155435

音乐节拍 （抒情歌曲精选）贺武选编
重庆 重庆大学出版社 1994 年 152 页
19cm（32 开）ISBN：7-5624-0768-1
定价：CNY3.98

J0155436

中国合唱歌曲精选 李凌主编
北京 中国广播电视出版社 1993 年 501 页
19cm（小 32 开）ISBN：7-5043-2451-5
定价：CNY8.00,CNY11.00（精装）
（中外音乐系列丛书 5）
　　作者李凌（1913—2003），音乐家。原名李树连，曾用名李绿永，广东台山县人。曾任中国音乐学院院长，兼《中国音乐》主编。著有《音乐浅谈》《音乐美学漫笔》《音乐流花新集》等

J0155437

中国声乐作品选 满玉华编
沈阳 春风文艺出版社 1993 年 206 页
26cm（16 开）ISBN：7-5313-0968-8
定价：CNY7.90
　　作者满玉华（1944—　　），教授。生于辽宁，毕业于沈阳音乐学院声乐系。沈阳音乐学院声乐系教研室主任、副教授。

J0155438

中华魂 （混声合唱）李国箴词；方妙英曲
厦门 厦门大学出版社 1993 年 9 页 有照片
26cm（16 开）ISBN：7-5615-0607-4
定价：CNY4.00
　　外文书名：China Spirit. 作者李国箴，菲律宾籍华人。作者方妙英（1930—　　），教师。女，上海人，毕业于沈阳音乐学院。历任厦门大学教授、中国音乐家协会会员、中国高等学校音教会理事、福建省音教研究会副理事长等职。出版有《民族音乐概论》《大学生音乐修养》《门类艺术探索》等。

J0155439

合唱曲集 王克俭，陈国华编著
沈阳 辽宁教育出版社 1994 年 215 页
26cm（16 开）ISBN：7-5382-3451-9
定价：CNY9.80
　　作者王克俭，沈阳音乐学院副教授。作者陈

国华,哈尔滨师范大学教授。

J0155440

金曲冠天下 （抒情歌曲·最新 95 快递）杨随编
成都 四川文艺出版社 1994 年 152 页
19cm（32 开）ISBN：7-5411-1266-6
定价：CNY3.60

J0155441

静夜思艺术歌曲选集 祁光路作曲
上海 学林出版社 1994 年 63 页 28cm（16 开）
ISBN：7-80616-062-0
定价：CNY15.00,CNY25.00（精装）
　　外文书名：In the Quiet Night Selected Art Songs of Qi Guanglu.

J0155442

琴弦 （钱正钧独唱歌曲选）钱正钧作曲
广州 华南理工大学出版社 1994 年 50 页
25cm（小 16 开）ISBN：7-5623-0810-1
定价：CNY8.50
　　作者钱正钧,华南师范大学音乐系任教。

J0155443

情短藕丝长 （100 首相思歌）李鉴踪编选
成都 四川人民出版社 1994 年 152 页
19cm（小 32 开）ISBN：7-220-02374-X
定价：CNY4.50
（秋水伊人·情歌系列）

J0155444

人远天涯近 （100 首离别歌）李鉴踪编选
成都 四川人民出版社 1994 年 152 页
19cm（小 32 开）ISBN：7-220-02374-X
定价：CNY4.50
（秋水伊人·情歌系列）

J0155445

人约黄昏后 （100 首初恋歌）李鉴踪编选
成都 四川人民出版社 1994 年 152 页
19cm（小 32 开）ISBN：7-220-02374-X
定价：CNY4.50
（秋水伊人·情歌系列）

J0155446

上海市学生合唱比赛歌曲选 （一）上海市
艺术教育委员会秘书处编
上海 上海音乐出版社 1994年 26页 26cm（16开）
ISBN：7-80553-529-9 定价：CNY1.10

J0155447

誓为连理枝 （100首女性为男友点播的歌）
李鉴踪编选
成都 四川人民出版社 1994年 152页
19cm（小32开）ISBN：7-220-02374-X
定价：CNY4.50
（秋水伊人·情歌系列）

J0155448

抒情歌曲精选 （1994）谢必忠主编
成都 四川文艺出版社 1994年 207页
19cm（32开）ISBN：7-5411-1140-6
定价：CNY4.60
　　本书收录《涛声依旧》《爱有谁能说的清》
《多事的秋》等200余首歌曲。

J0155449

忘不了的歌 （中国抒情歌曲精选）灵大佛编
昆明 云南美术出版社 1994年 168页
19cm（小32开）ISBN：7-80586-059-9
定价：CNY4.18
　　本书收录《茉莉花》《天女散花》《万里长城
永不倒》《长沙》等约90首歌曲。

J0155450

音乐节拍 （抒情歌曲精选）贺武选编
重庆 重庆大学出版社 1994年 154页
19cm（32开）ISBN：7-5624-0768-1
定价：CNY3.98
　　本书收录《盛世擎天》《谁想轻轻偷走我的
吻》《红尘有你》等100余首歌曲。

J0155451

音乐节拍 （抒情歌曲精选 3）贺武选编
重庆 重庆大学出版社 1994年 165页
19cm（32开）ISBN：7-5624-0768-1
定价：CNY4.20

J0155452

愿作比翼鸟 （100首男人为女友点播的歌）
李鉴踪编选
成都 四川人民出版社 1994年 152页
18cm（32开）ISBN：7-220-02374-X
定价：CNY4.50
（秋水伊人·情歌系列）

J0155453

祖国三部曲 （交响大合唱 钢琴伴奏谱）刘炽曲
北京 人民音乐出版社 1994年 114页 有照片
26cm（16开）ISBN：7-103-01130-3
定价：CNY11.80
　　作者刘炽（1921—1998），电影作曲和歌曲
家。原名刘德荫，曾用名笑山，陕西西安人。历
任抗战剧团舞蹈演员、延安鲁迅艺术文学院音乐
系教员、东北文工团作曲兼指挥、东北鲁艺音工
团作曲兼指挥等职。代表作歌剧《阿诗玛》、歌曲
《我的祖国》《英雄赞歌》《让我们荡起双桨》等。

J0155454

94 季选极品金曲　毛宏军编
成都 四川人民出版社 1995年 199页
19cm（小32开）ISBN：7-220-02219-0
定价：CNY4.98
（抒情歌曲精选大观 27）

J0155455

大家唱 （抒情歌曲选 21 集）康笃熙编著
成都 四川人民出版社 1995年 461页
20cm（32开）ISBN：7-220-02991-8
定价：CNY16.80
　　作者康笃熙，女，国家二级演员，四川音乐学
院通俗音乐学院流行演唱系教授，美国国际文化
科学院院士，世界音乐家协会高级金卡会员，中
国音乐家协会会员，中国声乐学会会员。出版有
《大家唱》等。

J0155456

当代歌霸 （抒情歌曲大全）谢必忠，严速主编
成都 四川人民出版社 1995年 24+613页
20cm（32开）ISBN：7-220-02820-2
定价：CNY17.80
（当代歌坛系列丛书）
　　作者谢必忠（1929— ），四川资中人。《抒

情歌曲》主编、中国音乐家协会会员、四川省通俗音乐学会会长。作者严速(1969—),女,四川成都人,四川省文联音乐家协会《抒情歌曲》编辑部任职。

J0155457
当代歌霸 (抒情歌曲精选)谢必忠,严速编
成都 四川文艺出版社 1996年 214页
19cm(32开) ISBN:7-5411-1494-4
定价:CNY7.60
(大嘴鳄鱼系列丛书)

J0155458
邓丽君演唱金曲 天成选编
成都 四川人民出版社 1995年 12+445页
20cm(32开) ISBN:7-220-02794-X
定价:CNY12.80

J0155459
歌霸·霸歌 周玲选编
成都 四川人民出版社 1995年 416页
19cm(32开) ISBN:7-220-02418-5
定价:CNY9.80
(抒情歌曲精选大观 25)

J0155460
合唱曲选 (一)中等师范音乐教材编委会编
上海 上海音乐出版社 1995年 66页 26cm(16开)
ISBN:7-80553-584-1 定价:CNY4.60

J0155461
胜利之歌 (抗日战争时期合唱歌曲选)萧白编
上海 上海音乐出版社 1995年 57页 有乐谱
26cm(16开) ISBN:7-80553-575-2
定价:CNY2.90

J0155462
抒情歌曲 (至尊极品)昌言选编
成都 四川文艺出版社 1995年 243页
19cm(32开) ISBN:7-5411-1311-5
定价:CNY5.98

J0155463
云南风情 (合唱组曲 总谱)张东辉词;田丰曲
北京 人民音乐出版社 1995年 173页
26cm(16开) ISBN:7-103-01296-2
定价:CNY19.70
　　外文书名:The Local Customs in Yunnan Province.

J0155464
中华金曲宝典 李思苇编
成都 四川人民出版社 1995年 23+869页
19cm(32开) 精装 ISBN:7-220-02801-6
定价:CNY26.80

J0155465
最新爆榜金曲 李思苇编
成都 四川人民出版社 1995年 214页
19cm(32开) ISBN:7-220-02802-4
定价:CNY5.60
(抒情歌曲精选大观 31集)

J0155466
大山之子 (贵州广播小花合唱团合唱歌曲集)
朱昌徽,雷逸民主编;贵州人民广播电台,贵阳市云岩区少年宫编
贵阳 贵州人民出版社 1996年 114页
26cm(16开) ISBN:7-221-04169-5
定价:CNY10.80

J0155467
井冈山颂 (大型合唱)陈川作曲
成都 四川文艺出版社 1996年 108页
26cm(16开) 精装 ISBN:7-5411-1638-6
定价:CNY28.00
　　作者陈川(1945—),作曲家。毕业于中央音乐学院。历任四川文艺出版社副社长、四川电子音像出版社总编辑,四川通俗音乐协会会长,中国音乐家协会会员。创作歌曲有《峨眉山》《九寨沟·黄龙》《青城山·都江堰》《稻城亚丁·香格里拉》等。音乐专著有《琴弦上的梦》《中国少数民族乐器大观》《藏族人民庆丰收》等。

J0155468
抒情歌曲精选 雷维模编选
重庆 西南师范大学出版社 1996年 224页
19cm(32开) ISBN:7-5621-1456-0
定价:CNY6.60
　　作者雷维模,教授、作曲家、音乐学者。中

国音乐家协会会员,中国音乐著作权协会会员,中国社会音乐研究会理事,四川省社会音乐研究会副会长兼秘书长。

J0155469
新编中国声乐作品选 （附钢琴伴奏）霍立等主编
沈阳　春风文艺出版社 1996 年　250 页
26cm（16 开）ISBN：7-5313-1658-7
定价：CNY25.00
　　作者霍立(1949—   ),教授。沈阳人。沈阳音乐学院声乐系钢琴艺术指导、教授。主编有《新编中国声乐作品选》。

J0155470
新编中国声乐作品选 （第三集）霍立等主编
沈阳　春风文艺出版社 1999 年　252 页
26cm（16 开）ISBN：7-5313-2079-7
定价：CNY32.00

J0155471
中国农民之歌 （"我是农民"征歌优秀词曲集）
吴咏林主编
武汉　湖北人民出版社 1996 年　322 页
20cm（32 开）ISBN：7-216-01969-5
定价：CNY16.00

J0155472
航 （张肖虎艺术歌曲选）张肖虎编
北京　人民音乐出版社 1997 年 52 页 26cm（16 开）
ISBN：7-103-01456-6 定价：CNY7.10

J0155473
合唱金曲 100 首　姚莉选编
西安　西安出版社 1997 年 428 页 19cm（小 32 开）
ISBN：7-80594-353-2 定价：CNY16.50
（20 世纪优秀歌库）

J0155474
学生合唱歌曲集　北京市教委艺术教育委员会编
北京　知识出版社 1997 年 192 页 26cm（16 开）
ISBN：7-5015-1632-4 定价：CNY12.50
　　本书由知识出版社和奥林匹克出版社联合出版。

J0155475
中国艺术歌曲选 （1949—1965）胡钟刚主编
北京　人民音乐出版社 1997 年　352 页
26cm（16 开）ISBN：7-103-01465-5
定价：CNY41.10
（声乐艺术教育丛书 声乐教学曲库 5）

J0155476
重唱对唱歌曲经典　许民,陈福利主编
延吉　延边人民出版社 1997 年　237 页
20cm（32 开）ISBN：7-80599-794-2
定价：CNY15.50

J0155477
祖国万岁 （时乐濛合唱歌曲选）时乐濛曲;
胡德风,王利军编选
北京　大众文艺出版社 1997 年　186 页　有彩照
26cm（16 开）ISBN：7-80094-322-4
定价：CNY48.00
（中国文联晚霞文库）
　　作者时乐濛(1915—2008),音乐家、作曲家、指挥家。原名时广涵,生于河南伊川。曾在鲁迅艺术学院音乐系学习。曾任中国人民解放军总政治部歌舞团团长、解放军艺术学院副院长等职。编写《保卫莫斯科》歌曲、大合唱《祖国万岁》,主持音乐舞蹈史诗《东方红》及《中国革命之歌》的音乐创作。

J0155478
合唱教程　田晓宝等编著
武汉　华中理工大学出版社 1998 年　298 页
26cm（16 开）ISBN：7-5609-1561-2
定价：CNY18.00

J0155479
合唱教程　田晓宝等编著
武汉　华中理工大学出版社 1998 年 2 版 298 页
26cm（16 开）ISBN：7-5609-1561-2
定价：CNY19.80

J0155480
陆在易合唱作品选 （上册 大型合唱曲 钢琴伴奏谱）陆在易编
上海　上海音乐出版社 1998 年　196 页
30cm（10 开）ISBN：7-80553-592-2

定价：CNY39.00

外文书名：Chorus Selections of Lu Zaiyi.

J0155481

陆在易合唱作品选 （下册 大型合唱曲 钢琴伴奏谱）陆在易编

上海 上海音乐出版社 1998 年 111 页

30cm（10 开）ISBN：7-80553-593-0

定价：CNY25.00

外文书名：Chorus Selections of Lu Zaiyi.

J0155482

宁夏好地方 （合唱独唱歌曲集）刘阳生，张弛选编；宁夏文明办组编

银川 宁夏人民出版社 1998 年 10+536 页

20cm（32 开）ISBN：7-227-01853-9

定价：CNY31.80

J0155483

齐唱合唱歌曲经典 许民，陈福利主编

延吉 延边人民出版社 1998 年 380 页

20cm（32 开）ISBN：7-80599-958-9

定价：CNY20.50

J0155484

我爱祖国的蓝天 （羊鸣歌曲选）羊鸣作曲

北京 解放军文艺出版社 1998 年 554 页 有照片

20cm（32 开）ISBN：7-5033-0925-3

定价：CNY25.50

J0155485

中国艺术歌曲 （精品）江小韵编

郑州 河南文艺出版社 1998 年 251 页

20cm（32 开）ISBN：7-80623-065-3

定价：CNY12.00

（中外歌曲精品库）

J0155486

鼓浪屿小夜曲 （民族美声唱法艺术歌曲集钢琴伴奏谱）骆季超曲；林澍等词

北京 中国青年出版社 1999 年 138 页

26cm（16 开）ISBN：7-5006-3385-8

定价：CNY20.00

J0155487

合唱 （中国作品第一集 简谱）严良堃，秋里主编；中国合唱协会编

北京 人民教育出版社 1999 年 401 页

29cm（16 开）ISBN：7-107-13236-9

定价：CNY53.60

J0155488

刘智强艺术歌曲选集 刘智强［作曲］

徐州 中国矿业大学出版社 1999 年 119 页

有照片 30cm（10 开）ISBN：7-81040-779-1

定价：CNY36.00

J0155489

尚德义独唱歌曲选集 （钢琴伴奏谱）尚德义曲

北京 华乐出版社 1999 年 重印本 168 页

有照片 26cm（16 开）ISBN：7-80129-023-2

定价：CNY30.00

J0155490

我爱你，中国 （祖国颂优秀歌曲选）朱新华主编

南京 江苏文艺出版社 1999 年 11+516 页

20cm（32 开）ISBN：7-5399-1371-1

定价：CNY20.00

J0155491

香港声乐作品目录 罗炳良主编

香港 基督教文艺出版社 1999 年 73 页

29cm（16 开）

外文书名：Hong Kong Vocal Music A General Index.

J0155492

校园合唱歌曲 湖北省学校艺术教育中心编

武汉 湖北科学技术出版社 1999 年 75 页

26cm（16 开）ISBN：7-5352-2226-9

定价：CNY7.50

J0155493

一条河流的梦 （艺术歌曲集）席慕蓉诗；林育曲

北京 华乐出版社 1999 年 68 页 26cm（16 开）

ISBN：7-80129-034-8 定价：CNY15.00

作者席慕蓉（1943—　），女，蒙古族，画家、

诗人、散文家。祖籍内蒙古察哈尔部,毕业于台湾师范大学美术系和比利时布鲁塞尔皇家艺术学院。代表作品有《前尘·昨夜·此刻》《七里香》《有一首歌》《心灵的探索》《时光九篇》。

J0155494

远方的香格里拉　(陈述刘独唱歌曲选　钢琴伴奏谱)陈述刘[曲]

广州　广东高等教育出版社　1999年　65页

26cm(16开)　ISBN:7-5361-2395-7

定价:CNY18.00

J0155495

中国独唱歌曲选　(我和我的祖国)唐琳编

重庆　西南师范大学出版社　1999年　233页

29cm(16开)　ISBN:7-5621-2164-8

定价:CNY22.00

(21世纪音乐系列丛书　音乐教育丛书)

J0155496

中国合唱歌曲精选　陈家海等编著

郑州　河南文艺出版社　1999年　2册(356;314页)

26cm(16开)　ISBN:7-80623-155-2

定价:CNY62.80

J0155497

中国合唱歌曲选　(简谱版)胡德风主编;中国合唱协会,人民音乐出版社编辑部编

北京　人民音乐出版社　1999年　360页

28cm(大16开)　ISBN:7-103-01814-6

定价:CNY40.80

J0155498

中国合唱歌曲选　(五线谱版)胡德风,戴于吾主编;中国合唱协会,人民音乐出版社编辑部编

北京　人民音乐出版社　1999年　258页

28cm(大16开)　ISBN:7-103-01949-5

定价:CNY30.50

J0155499

中国经典合唱歌曲　(珍藏版)赵小毅选编

成都　四川文艺出版社　1999年　186页

29cm(16开)　ISBN:7-5411-1819-2

定价:CNY22.00

J0155500

祖国的颂歌　(群众合唱曲集)高伟等编

北京　中国青年出版社　1999年　223页　有照片

26cm(16开)　ISBN:7-5006-3358-0

定价:CNY20.00

J0155501

祖国颂合唱歌曲选　智玉莲,杨志刚主编

太原　北岳文艺出版社　1999年　297页

26cm(16开)　ISBN:7-5378-1939-4

定价:CNY26.00

作者杨志刚,中国音乐家协会山西分会任职。

中国儿童歌曲

J0155502

童谣唱歌集　李龙公编

上海　广益书局　1923年　再版　102页　13×19cm

定价:大洋四角

本书收录《醒醒吧》《嘲跳蚤》《合群》《希望》《望母亲》《幻语谣》等102首歌曲。

J0155503

表情歌曲　嵇宇经编纂

上海　商务印书馆　1926年　60页　19cm(32开)

本书收录22首歌曲,每首歌曲后附排列、预备、动作3部分,规定了简单舞蹈动作。

J0155504

表情歌曲　嵇宇经编纂

上海　商务印书馆　1933年　国难后1版　60页

19cm(32开)

J0155505

唱歌　陈鹤琴主编;屠哲梅作歌

上海　中华慈幼协济会　1929年　26页　有图

24cm(26开)定价:大洋二角

(幼稚教育丛刊3)

J0155506

名利网　(孩子们的歌剧)沈醉了作词;陈雪鹄谱曲

上海　开明书店　1929年　4版　86页　有图

19cm(32开)定价:三角

（春蜂乐会丛刊）

　　本书为五线谱、简谱对照。书前有《〈名利网〉的故事》，并介绍登场人物、地点、时间、布景、用具等。

J0155507
恶蜜蜂　　邱望湘，张守方著
上海　开明书店　1931 年　38 页　19cm（32 开）

J0155508
儿童唱歌游戏　　蒲爱德，梅甦善编
上海　广学书局 1931 年　再版 76 页 27cm（16 开）
　　本书为教会学校儿童歌曲集。收录《早晨诗与赞美诗》《圣诞诗》《指头玩耍法》《四季歌》《杂歌》《玩耍诗》《辞别诗》《音乐》等 99 首歌曲，五线谱。

J0155509
名利网　（孩子们的歌剧）沈醉了作词；陈雪鸪谱曲
上海　开明书店　1931 年　5 版　86 页　有图
19cm（32 开）定价：大洋三角五分
（春蜂乐会丛刊）

J0155510
傻田鸡　　邱望湘，张守方著
上海　开明书店　1931 年　34 页　19cm（32 开）
定价：大洋二角

J0155511
小朋友歌曲　　钱君陶，陈啸空编
上海　北新书局 1931 年　4 版 60 页　有图
19cm（32 开）定价：二角
（小朋友丛书）
　　本书收录《奏琴唱歌》《看书》《小白鸡》《前进》《我爱劳动》《影子》《月下人影》《渡船》等 30 首歌曲。

J0155512
表情儿歌　　任雁风编
上海　商务印书馆 1933 年　62 页　19cm（32 开）
定价：大洋一角八分
　　本书收录 32 首歌曲，每首歌曲附简单的表演动作，五线谱、简谱对照。

J0155513
小歌曲　　潘伯英编纂
上海　商务印书馆 1933 年　26 页　19cm（32 开）
定价：大洋一角

J0155514
表演歌曲　　胡敬熙编
上海　中华书局 1934 年　91 页　19cm（32 开）
定价：银二角五分
　　本书收录《种树》《春来了》《游泳》《雷雨》等 44 首中国现代儿童歌曲，五线谱、简谱对照，附表演说明。

J0155515
表演歌曲　　胡敬熙编
上海　中华书局 1936 年　再版 91 页 19cm（32 开）

J0155516
歌颂津梁　（第二年级音乐）V.Cox，李若兰编
上海　1934 年　67 页　23cm（10 开）
　　本书收录《小弦琴歌》《小音乐家歌》《学校歌》《木匠歌》等 67 首歌曲。

J0155517
算术儿歌　　孙杏叔编
上海　中华书局 1934 年　50 页 22cm（32 开）
定价：银三角
　　本书收录《三只鸡》《松鼠寻果果》等 40 首中国现代儿童歌曲，五线谱，有钢琴伴奏谱，并附简谱。

J0155518
童子军唱歌集　　胡昌编
上海　二二五童子军书报编译社　1934 年　74 页
27cm（16 开）

J0155519
小宝贝的歌　　白虹作；黎锦晖编校
上海　同声书局 1934 年　29 页 26cm（16 开）
定价：洋五角
（同声歌曲 6）

J0155520
儿童歌曲集　（第三册）胡周淑安曲
开明书店 1935 年 [22] 页 27cm（16 开）

本书为中国现代儿童歌曲选集,收录《运动歌》《野外》《天也宽》《笑》等14首歌曲,五线谱,附简谱。

J0155521

儿童节歌曲集 （和声谱）陶行知作词；赵元任作曲

上海　商务印书馆　1935年　再版　11页

26cm（16开）定价：大洋二角

（中华儿童教育社丛书）

本书为中国现代儿童歌曲选集,收录《儿童节歌》《儿童工歌》《小先生歌》等6首歌曲,五线谱。

J0155522

努力 （歌舞表演曲合订本）黎锦晖著

上海　中华书局　1935年　92页　26cm（16开）

作者黎锦晖（1891—1967）,儿童歌舞音乐作家,中国流行音乐的奠基人。生于湖南湘潭,毕业于长沙高等师范学校。代表作品《麻雀与小孩》《葡萄仙子》《小小画家》等。

J0155523

幼稚园甜歌50首　孙艳秋编

上海　商务印书馆　1935年　26页　21cm（32开）

定价：大洋二角五分

本书为中国现代儿童歌曲,收录《一步一步向前走》《树叶片片飞》《姐姐织绒线》《你划桨》《扫落叶》等50首歌曲,五线谱。

J0155524

儿童年新歌曲　董王瑞娴编

上海　商务印书馆　1936年　46页　27cm（16开）

定价：国币五角

（中华儿童教育社丛书）

本书为中国现代儿童歌曲选集,收录《帆船》《做年糕》《月亮儿》等50首歌曲,五线谱。

J0155525

儿童新歌　江定仙等编

长沙　商务印书馆　1938年　3版　41页　26cm（16开）

本书收录《国旗歌》《好国民》《黎明》《春天的歌》等14首歌曲,五线谱、简谱对照,附钢琴伴奏谱。

J0155526

晨钟之歌　卢冠六作词；徐希一,潘伯英作曲

上海　教育局国民教育处　1940年　20页

19cm（32开）

J0155527

儿童歌声　罗耀国,周希南编

丽水　浙东书局　1940年　101页　有图

18cm（15开）定价：国币四角

（写读丛书　歌曲选集）

本书为中国现代儿童歌曲选集,收录了94首歌曲,其中包括：低级歌声、中级歌声、高级歌声、击乐歌声。扉页有题赠。

J0155528

儿童卫生歌　陈果夫著

正中书局　1942年　29页　19cm（32开）

定价：国币五角

本书为中国现代儿童歌曲选集,收录《唱卫生歌》《太阳》《过路风》等44首歌曲。

J0155529

儿童卫生歌　陈果夫著

重庆　正中书局　1943年　6版　29页

18cm（15开）定价：国币五角（正中纸本）

本书收录《唱卫生歌》《太阳》《过路风》等44首儿童歌曲。

J0155530

儿童卫生歌　陈果夫著

上海　正中书局　民国三十六年［1947］沪4版

29页　19cm（32开）定价：国币五角

J0155531

新型儿童音乐表演　胡敬熙编著

重庆　正中书局　1942年　100页　19cm（32开）

定价：国币八角

本书为中国现代儿童歌曲选集,收录《感谢农夫》《我爱中华》《木人戏》《早上》《田家乐》《晨钟》《卫生信条》等10首歌曲,每个均有表演说明。

J0155532

新型儿童音乐表演　胡敬熙编著

上海　正中书局　1947年　沪1版　100页

19cm（32开）定价：国币二元三角

J0155533

儿童歌曲选集　社会部社会福利司编

社会部社会福利司 1943年 54页 18cm（15开）

　　本书收录《四月四儿童节歌》《早操歌》《小蚂蚁》《小小兵》等63首歌曲。

J0155534

少年新歌手册　歌曲研究社编

桂林 少年书店 1943年 43页 18cm（32开）

　　本书收录《少年进行曲》（塞克）、《九一八纪念歌》（黄自）、《慰劳将士歌》（舒模）、《我们向前走》（郭沫若）、《打东洋》（刘雪厂）、《中国父母心》（胡然）、《可爱的家乡》（贺绿汀）、《儿童抗战歌》（张曙）等45首儿童歌曲。

J0155535

童歌集　（初级）黄源洛作曲

重庆 青年书店 1943年 24页 18cm（32开）

J0155536

新儿童生活歌曲　陆静山编著

桂林 康健书局 1943年 86页［19cm］（32开）

　　本书包括健康生活歌、劳动生活歌、科学生活歌、团体生活歌等部分，收55首儿童歌曲，五线谱。

J0155537

儿童歌曲　钟昭华编

桂林 华华书店 1944年 54页 20cm（32开）

　　本书收录100首歌曲。书前有编者的"卷头语"及陈鹤琴的"介绍语"。

J0155538

儿童歌曲　华莺，章淑编

重庆 作家书屋 1944年 74页 17cm（40开）

定价：旧币三十五元

（儿童文库 4）

　　本书包括合唱曲、齐唱独唱曲两类，收录《少年军歌》《儿童节同乐歌》《小小白头翁》等56首歌曲。附《变声期与不入调儿童的处理》（张洪岛）、《我教孩子们唱歌的工作经验》（许化龙）两篇文章。

J0155539

儿童新歌曲集　孙慎编

重庆 歌曲研究社 1945年 116页 20cm（32开）

　　本书包括齐唱歌曲之部、轮唱合唱歌曲之部、舞蹈表现歌曲之部等，收录61首歌曲。附《儿童与唱歌》（缪天瑞）、《儿童怎样唱歌，怎样教儿童唱歌？》（张洪岛）、《怎样选择教材？》（孙慎）等。附儿童唱歌教学法。

J0155540

儿童歌曲　新儿童丛书出版社编

张家口 新儿童丛书出版社 1946年 19页 20cm（32开）

（新儿童丛书 3）

J0155541

儿童歌声　新儿童丛书出版社编辑

张家口 新儿童丛书出版社 1946年 19页 20cm（32开）

（新儿童丛书）

J0155542

小歌集　白石真，徐颖编

［吕梁］吕梁文化教育出版社［1946年］25页 13cm（60开）

　　本书收录《儿童队歌》《庆祝和平小调》《我是边区小英豪》《什么好》《好学校》《好儿童》等13首。

J0155543

洋娃娃病了　（儿童独幕歌剧）李平之编著

杭州 浙江省音乐协会 1946年 23页 有图［19cm］（32开）定价：旧币600元

J0155544

黄棉袄　（儿童新歌曲）陈啸空编

［1947年］61页 有图 20cm（32开）

　　本书收录《黄棉袄》《交通器具》《蜻蜓》等30首歌曲，五线谱，每首歌曲前有图。

J0155545

新儿童歌集　东北儿童社编

［哈尔滨］东北书店 1947年 24页 18cm（32开）

　　本书收录《儿童团团歌》《儿童进行曲》《儿童拥军歌》《儿童节歌》等24首歌曲。

J0155546

新儿童歌集　　东北儿童社编

[佳木斯] 东北书店 1947 年 3 版 24 页

18cm（32 开）定价：旧币 300 元

J0155547

中华少年新乐府　（上册）杨克敬作歌；杨明良制谱

南京 1947 年 简谱本 32 页 19cm（32 开）

　　本书收录《可爱的边疆》《爬山歌》《送别歌》《红叶》等 76 首儿童歌曲。

J0155548

中华少年新乐府　（中册）杨克敬作歌；杨明良制谱

南京 1948 年 简谱本 32 页 19cm（32 开）

J0155549

来哟朋友们　　陈啸空编

上海 中华书局 1948 年 再版 62 页 有图

18cm（15 开）定价：国币一元四角

（中华文库 小学第 1 集 高级音乐类）

　　本书收录《来哟朋友们》《好学生》《我的家》《爱好》等 30 首歌曲。

J0155550

小学生的甜歌四十四曲　　沈秉廉著

上海 儿童书局 1948 年 重订版 82 页

[19cm]（32 开）

J0155551

春姑娘和冬婆婆　（唱游新集）宋军,钟炫编

香港 自由音乐出版社 1949 年 40 页

21cm（32 开）定价：HKD1.50

J0155552

儿童歌集　（二）向隅辑

沈阳 东北新华书店 1949 年 25 页

15cm（40 开）定价：旧币 65 元

（儿童丛书）

J0155553

儿童歌集　　鲁艺文工团编

沈阳 东北新华书店 1949 年 21 页

15cm（64 开）定价：旧币 60 元

（儿童丛书）

　　本书收录《"四四"儿童节歌》《建设新中国》《我们是少年先锋》等 22 首。

J0155554

解放歌声　（第六期 儿童歌曲专号）解放歌声社编

北京 新华书店 1949 年 16 页 20cm（32 开）

　　本书收录《要当个好学生》《我是卖报的小报童》《迎春花》《送给英雄》《慰劳信》等 25 首儿童歌曲。

J0155555

少年之歌　　孙慎编著

上海 开明书店 1949 年 45 页 19cm（32 开）

定价：CNY0.25

　　本书包括齐唱歌曲之部、轮唱合唱歌曲之部。收录《民族小英雄》《做工》《少年兵》《种莲子》《少年之歌》等 22 首歌曲。

J0155556

儿童歌集　（第一集）松江鲁艺文工团辑

上海 新华书店 1950 年 42 页 15cm（40 开）

定价：CNY1.30

J0155557

儿童歌集　（第二集）向隅辑

北京 新华书店 1950 年 60 页 15cm（40 开）

定价：CNY2.20

J0155558

儿童歌集　　向隅编

武汉 中南新华书店 1950 年 26 页

15cm（40 开）定价：CNY0.90

J0155559

儿童歌曲集　　华东第一儿童保育院编

上海 上海新华书店 1950 年 48 页

19cm（32 开）定价：CNY1.90

J0155560

儿童歌曲选集　　新华书店东北总分店编审部辑

沈阳 新华书店东北总分店 1950 年 2 册

[20cm]（32 开）

J0155561
儿童歌选　石子选编
济南　山东新华书店　1950 年　31 页　13×18cm
定价：CNY1.60

J0155562
儿童歌选集　（上册）新华书店东北总分店编
审部辑
沈阳　新华书店东北总分店　1950 年　48 页
13×18cm　定价：125 元

J0155563
儿童歌选集　（下册）新华书店东北总分店编
审部编
沈阳　新华书店东北总分店　1950 年　50 页
13×18cm　定价：旧币 125 元

J0155564
少年儿童歌集　中国新民主主义青年团沈阳
市委会少年儿童部,东北文化教育工作队编
沈阳　东北新华书店　1950 年　23 页
14cm（64 开）定价：旧币 55 元

J0155565
少年新歌　夏白编
上海　光芒出版社　1950 年　51 页　有图
19cm（32 开）定价：二元八角
（新中国少年文库）

　　作者夏白（1919—　），作曲家。四川渠县人。
毕业于四川省立戏剧音乐学校。后从事音乐编
辑工作。新中国成立后任音协上海分会秘书长。
曾为中国音协理事、上海文联委员。作有歌曲《迎
着战斗的春天》,撰有评论集《在新音乐运动的行
进中》。

J0155566
新儿童歌唱　（第一集）莎莱编
汉口　中南新华书店　1950 年　33 页
18cm（32 开）定价：CNY1.70

J0155567
新儿童歌唱　（第二集）莎莱编
汉口　中南新华书店　1950 年　11 页
18cm（32 开）定价：CNY0.90

J0155568
儿童之歌　南京文联音乐工作委员会编辑
南京　南京文联　1951 年　9 页　21cm（32 开）
定价：旧币 800 元
（南京歌声丛书）

　　本书收录《少年队之歌》《好儿童》《我们的
志愿军》等儿童歌曲 18 首。

J0155569
红五月之歌　沈震亚编著
上海　文化供应社　1951 年　49 页　19cm（32 开）
定价：旧币 3,000 元
（新儿童丛书 6）

J0155570
快乐的小队　宋军主编
广州　广东十月书店　1951 年　72 页　有图
19cm（32 开）定价：四元二角
（儿童音乐丛书 1）

　　作者宋军（1918—1993）,作曲家。原名宋文
焕,出生于广东鹤山。曾任《人民音乐》《儿童音
乐》编辑,中国音乐家协会会员,中国儿童音乐学
会会员,广东省音乐家协会理事,鹤山县政协副
主席和县文联名誉主席。主要作品有《乘着长风
前进》《胜利唱奏曲》《微笑吧妈妈》《红少年的
歌》《红菱送给解放军》等。

J0155571
少年儿童抗美援朝歌曲选
济南　山东人民出版社　1951 年　24 页
15cm（40 开）定价：旧币 1,100 元

J0155572
新儿童歌集　方蒙撰
北京　大众书店　1951 年　25 页　13×19cm
定价：旧币 1,500 元

J0155573
少年儿童歌选　朱执绥编著
杭州　中国儿童书店　1952 年　62 页
18cm（32 开）定价：旧币 3,500 元

J0155574
少年之歌　令言等编；中央人民广播电台少年
儿童广播编辑部编辑

北京 青年出版社 1952 年 40 页 19cm（32 开）
定价：旧币 1,700 元

J0155575
幼儿园歌曲　华东局机关保育院编
上海 新儿童书店 1952 年 28 页 有图
15×19cm 定价：旧币 2,400 元

J0155576
儿歌选集　宋军编
上海 北新书局 1953 年 62 页 18cm（15 开）
定价：旧币 2,900 元

J0155577
儿童创作新歌　（低年级）朱执绥编辑
上海 自立书店 1953 年 18 页 17cm（40 开）
定价：旧币 1,000 元

J0155578
儿童创作新歌　（中高年级）朱执绥编辑
上海 自立书店 1953 年 18 页 17cm（40 开）
定价：旧币 1,000 元

J0155579
儿童卫生歌曲集　天琴辑
上海 自立书店 1953 年 17 页 17cm（40 开）
定价：旧币 1,000 元

J0155580
基本儿童新唱歌　（第一册）杨正午编
上海 基本书局 1953 年 18cm（小 32 开）

J0155581
基本儿童新唱歌　（第二册）杨正午编
上海 基本书局 1953 年 18cm（小 32 开）

J0155582
少年儿童歌曲　（第一集）凌风编辑
上海 自立书店 1953 年 4 版 18 页
17cm（40 开）定价：旧币 1,000 元

J0155583
少年儿童歌曲　（第二集）凌风,朱执绥编辑
上海 自立书店 1953 年 18 页 17cm（40 开）
定价：旧币 1,000 元

J0155584
少年儿童歌曲选　（第一集）宋军辑
上海 万叶书店 1953 年 59 页 19cm（32 开）
定价：旧币 3,200 元

J0155585
少年儿童歌曲选　（第二集）宋军辑
上海 万叶书店 1953 年 59 页 19cm（32 开）
定价：旧币 3,200 元

J0155586
少年儿童歌选　（第一集）波浪编选
上海 陆开记书店 1953 年 38 页 18cm（32 开）
定价：旧币 1,500 元

J0155587
少年儿童歌选　（第二集）波浪编选
上海 陆开记书店 1953 年 34 页 18cm（32 开）
定价：旧币 1,500 元

J0155588
少年儿童歌选　滕云编
上海 文化出版社 1953 年 100 页 18cm（32 开）
定价：旧币 4,500 元

J0155589
少年之歌　（第二集）中央人民广播电台少年
儿童广播编辑部编
北京 中国青年出版社 1953 年 42 页
18cm（32 开）定价：旧币 1,700 元

J0155590
少年之歌　（第三集）中央人民广播电台少年
儿童广播编辑部编辑
北京 中国青年出版社 1954 年 34 页
18cm（32 开）定价：旧币 1,400 元

J0155591
小学、幼儿园韵律活动及歌曲　许为通编
上海 春明出版社 1953 年 69 页 21cm（32 开）
定价：旧币 3,700 元

J0155592
幼儿歌曲　包恩珠编选
南京 民丰印书馆 1953 年 38 页 22cm（30 开）

定价：旧币 3,000 元

（幼儿音乐 1）

J0155593

幼儿歌曲集　陆静山等编著

上海 启明书局 1953 年 15 页 26cm（16 开）

定价：旧币 1,800 元

J0155594

幼儿歌曲集　黄永辑

上海 万叶书店 1953 年 58 页 18cm（15 开）

定价：旧币 3,200 元

J0155595

幼儿园歌曲　华东局机关保育院辑

上海 少年儿童出版社 1953 年 新 1 版 28 页

15×19cm 定价：旧币 1,900 元

J0155596

中国少年之歌　老志诚,宋军辑

上海 万叶书店 1953 年 41 页 26cm（16 开）

定价：旧币 6,500 元

（万叶乐谱丛刊）

J0155597

1954 年得奖儿童歌曲集　中国人民保卫儿童

全国委员会［编］

上海 儿童读物出版社 1954 年 22 页

26cm（16 开）定价：旧币 2,200 元

J0155598

初级小学及幼儿园歌曲集　李崇久等著

［武汉］湖北人民出版社 1956 年

定价：CNY0.16

J0155599

初级小学幼儿园歌曲集　李崇久等编

［汉口］中南人民出版社 1954 年

定价：CNY0.16

J0155600

儿童歌曲选集　中国音乐家协会普及工作部辑

北京 人民教育出版社 1954 年 114 页

21cm（32 开）定价：旧币 3,600 元

J0155601

儿童歌曲选集　中国音乐家协会普及工作部辑

北京 人民教育出版社 1955 年 2 版 118 页

21cm（32 开）定价：旧币 3,800 元

J0155602

儿童歌曲选集　中国音乐家协会普及工作部编

北京 人民教育出版社 1955 年 3 版 118 页

21cm（32 开）统一书号：参 0108

定价：CNY0.33

J0155603

儿童歌选　松江省音乐工作组,哈尔滨市文联

创委会音乐组辑

牡丹江 松江省音乐工作组 1954 年 12 页

19cm（32 开）

　　本书由松江省音乐工作组和哈尔滨市文联

创委会音乐组联合出版。

J0155604

儿童歌选　（第一辑）四川省人民政府文化事

业管理局音乐工作组辑

成都 四川人民出版社 1954 年 76 页

19cm（32 开）定价：旧币 2,500 元

J0155605

儿童歌选　（第二辑）四川省文化局音乐工作

组编辑

成都 四川人民出版社 1954 年 53 页

19cm（32 开）定价：旧币 1,800 元

J0155606

儿童歌选　（第三辑）四川省文化局音乐工作

组编辑

成都 四川人民出版社 1955 年 19cm（32 开）

J0155607

儿童歌选　（第四辑）四川省文化局音乐工作

组编辑

成都 四川人民出版社 1956 年 19cm（32 开）

J0155608

儿童歌选　（第五辑）四川省文化局音乐工作

组编辑

成都 四川人民出版社 1957 年 20 页 19cm（32 开）

统一书号：R8118.31 定价：CNY0.11

J0155609
火车开到北京去　（儿童歌曲集）牟晓明等
著；邱刚强作曲
汉口 中南人民文学艺术出版社 1954 年 2 版
14 页 26cm（16 开）定价：旧币 1,600 元

J0155610
骑马上北京　杨继陶编；斯明等绘图
上海 儿童读物出版社 1954 年 26 页 有图
15×19cm 定价：CNY0.11

J0155611
骑马上北京　杨继陶编；斯明等绘图
上海 儿童读物出版社 1956 年 26 页 有图
15×19cm 统一书号：R8024.3 定价：CNY0.11

J0155612
鲜艳的红领巾　东北人民艺术剧院编；赵蓝
天绘图
上海 儿童读物出版社 1954 年 33 页 有图
15×19cm 定价：CNY0.17.

J0155613
鲜艳的红领巾　辽宁人民艺术剧院编；赵蓝
天绘图
上海 儿童读物出版社 1956 年 重印本 33 页
有图 15×19cm 定价：CNY0.13

J0155614
新儿歌　胡江非编撰
上海 华光书局 1954 年 92 页 有图
21cm（32 开）定价：旧币 4,500 元

J0155615
新少年儿童歌集　（第一辑）陈弃疾编
上海 工农兵读物出版社 1954 年 23 页
17cm（40 开）定价：旧币 1,000 元

J0155616
新少年儿童歌集　（第二辑）朱执绥编辑
上海 工农兵读物出版社 1954 年 36 页
17cm（32 开）定价：旧币 1,500 元

J0155617
一九五四年得奖儿童歌曲集　中国人民保卫
儿童全国委员会评选
上海 儿童读物出版社 1954 年 22 页 26cm（16 开）

J0155618
幼儿新歌选　吴少山，朱执绥编
上海 国民书局 1954 年 27 页 15×19cm
定价：旧币 4,000 元

J0155619
幼儿园新歌曲　华东局机关保育院编；冯诚
绘图
上海 儿童读物出版社 1954 年 20 页 有图
15×19cm 定价：旧币 1,200 元

J0155620
儿童歌曲　（第八集）长沙市小学教唱材料编
委会编辑
长沙 湖南人民出版社 1955 年 24 页
18cm（15 开）定价：CNY0.06

J0155621
儿童歌曲　（第九集）长沙市小学音乐教材编
委会编辑
长沙 湖南人民出版社 1955 年 25 页
18cm（15 开）定价：CNY0.06

J0155622
儿童歌曲　（第十集）长沙市小学唱歌教材编
委会编
长沙 湖南人民出版社 1956 年 24 页
18cm（15 开）定价：CNY0.06

J0155623
儿童歌曲　（第十一集）长沙市小学唱歌教材
编委会编
长沙 湖南人民出版社 1956 年 24 页 18cm（15 开）
统一书号：R8109.7 定价：CNY0.06

J0155624
儿童歌曲　（第十二集 低年级用）长沙市小学
唱歌教材编委会编辑
长沙 湖南人民出版社 1957 年 16 页 18cm（15 开）
统一书号：8109.34 定价：CNY0.06

J0155625

儿童歌曲 （第十二集　高、中年级用）长沙市
小学唱歌教材编委会编辑
长沙　湖南人民出版社　1957年　24页　18cm（15开）
统一书号：8109.35　定价：CNY0.07

J0155626

儿童歌曲 （第十四集　二、三、四年级用）
长沙市小学唱歌教材编委会编辑
长沙　湖南人民出版社　1958年　16页　18cm（15开）
统一书号：R8109.80　定价：CNY0.05

J0155627

儿童歌曲 （第十四集　高年级用）长沙市小学
唱歌教材编委会编
长沙　湖南人民出版社　1958年　24页　18cm（15开）
统一书号：8109.81　定价：CNY0.06

J0155628

儿童歌曲 （第十五集　高年级用）长沙市小学
唱歌教材编委会编
长沙　湖南人民出版社　1958年　24页　18cm（15开）
统一书号：R8109.179　定价：CNY0.05

J0155629

儿童歌曲 （第十五集　中、低年组用）长沙市
小学唱歌教材编委会编
长沙　湖南人民出版社　1958年　17页　18cm（15开）
统一书号：R8109.178　定价：CNY0.04

J0155630

儿童歌曲 （第十七集　高年级用）长沙市"儿
童歌曲"编委会编
长沙　湖南人民出版社　1959年　25页　18cm（15开）
统一书号：R8109.374　定价：CNY0.05

J0155631

儿童歌曲 （第十七集　中低年组用）长沙市
"儿童歌曲"编委会编
长沙　湖南人民出版社　1959年　16页　18cm（15开）
统一书号：R8109.373　定价：CNY0.04

J0155632

儿童歌曲 （第十八集　高年级用）长沙市"儿
童歌曲"编委会编
长沙　湖南人民出版社　1960年　24页　18cm（15开）
统一书号：R8109.444　定价：CNY0.05

J0155633

儿童歌曲 （第十八集　中低年组用）长沙市
"儿童歌曲"编委会编
长沙　湖南人民出版社　1960年　16页　18cm（15开）
统一书号：R8109.443　定价：CNY0.04

J0155634

儿童歌曲 （第十九集　小学四、五、六年组用）
长沙市儿童歌曲编委会编
长沙　湖南人民出版社　1960年　41页　18cm（15开）
统一书号：R8109.494　定价：CNY0.08

J0155635

儿童歌曲 （第十九集　小学一、二、三年级用）
长沙市"儿童歌曲"编委会编
长沙　湖南人民出版社　1960年　29页　18cm（15开）
统一书号：R8109.493　定价：CNY0.07

J0155636

儿童歌曲 （1963年　第一集）长沙市儿童歌
曲编辑委员会编
长沙　湖南人民出版社　1963年　45页　19cm（32开）
统一书号：8109.600　定价：CNY0.10

J0155637

儿童歌曲 （1963年　第二集）长沙市儿童歌
曲编辑委员会编
长沙　湖南人民出版社　1963年　13页　19cm（32开）
统一书号：8109.611　定价：CNY0.06

J0155638

儿童歌曲 （1963年　第三集）长沙市儿童歌
曲编辑委员会编
长沙　湖南人民出版社　1963年　23页　19cm（32开）
统一书号：8109.612　定价：CNY0.08

J0155639

儿童歌曲选　江西省音乐工作组辑
南昌　江西人民出版社　1955年　74页　19cm（32开）
定价：CNY0.28

J0155640
歌唱祖国的春天　邱刚强,李贞华编
上海　儿童读物出版社　1955 年　43 页　15×19cm
定价: CNY0.22

J0155641
假如我是一朵花　宋军作曲
上海　儿童读物出版社　1955 年　27 页　15×19cm
定价: CNY0.14

J0155642
快乐的早晨　黎锦晖编
上海　儿童读物出版社　1955 年　20 页　15×19cm
定价: CNY0.13
　　作者黎锦晖(1891—1967),儿童歌舞音乐作家,中国流行音乐的奠基人。生于湖南湘潭,毕业于长沙高等师范学校。代表作品《麻雀与小孩》《葡萄仙子》《小小画家》等。

J0155643
三个小朋友　(儿童歌曲集)董葆原,李习人编辑
汉口　湖北人民出版社　1955 年　30 页　有图
19cm(32 开)定价: CNY0.15

J0155644
少年儿童歌曲集　张锡瑶等作词; 石根等作曲
北京　音乐出版社　1955 年　28 页　26cm(16 开)
定价: CNY0.35

J0155645
少年之歌　(第一集)中央人民广播电台少年儿童广播编辑部编
上海　少年儿童出版社　1955 年　新 1 版　38 页
18cm(32 开)定价: CNY0.15

J0155646
少年之歌　(第三集)中央人民广播电台少年儿童广播编辑部编
上海　少年儿童出版社　1955 年　新 1 版　25 页
18cm(32 开)定价: CNY0.12

J0155647
少年之歌　(第四集)中央人民广播电台少年儿童广播编辑部编
上海　少年儿童出版社　1955 年　36 页　18cm(32 开)
统一书号: R8024.41　定价: CNY0.16

J0155648
少年之歌　(第二集)中央人民广播电台少年儿童广播编辑部编
上海　少年儿童出版社　1956 年　新 1 版　27 页
18cm(32 开)定价: CNY0.12

J0155649
少年之歌　(第五集)中央人民广播电台少年儿童广播编辑部编
上海　少年儿童出版社　1957 年　32 页　有插图
18cm(32 开)统一书号: R8024.70
定价: CNY0.12

J0155650
我们的祖国　杨继陶编
上海　儿童读物出版社　1955 年　26 页
15×19cm(28 开)定价: CNY0.14

J0155651
小河的歌　宋军作曲
上海　儿童出版社　1955 年　20 页
15×19cm(28 开)定价: CNY0.12

J0155652
幼儿歌曲集　长沙市小学音乐教材编委会辑
长沙　湖南人民出版社　1955 年　16 页
18cm(15 开)定价: CNY0.05

J0155653
幼儿园歌曲　(第一集)儿童读物出版社辑
上海　儿童读物出版社　1955 年　26 页
15×19cm 定价: CNY0.14

J0155654
春天　(少年儿童组歌)管桦作词; 李群作曲
北京　音乐出版社　1956 年　影印本　19 页
31cm(10 开)定价: CNY0.50

J0155655
春天的歌声　(儿童歌曲集)邱刚强作曲
汉口　湖北人民出版社　1956 年　30 页　19cm(32 开)
统一书号: R8106.133　定价: CNY0.11

J0155656
儿童歌曲 （六一专辑）山西省文化局音乐工作组编辑
太原 山西人民出版社 1956年 41页 13×19cm
定价：CNY0.15

J0155657
儿童歌曲集 （第二集）辽宁人民艺术剧院编辑
长春 吉林人民出版社 1956年 28页 21cm（32开）
统一书号：8091.4 定价：CNY0.15

J0155658
儿童歌曲集 江西人民出版社辑
南昌 江西人民出版社 1956年 12页 19cm（32开）
统一书号：R8110.18 定价：CNY0.05

J0155659
儿童歌曲选 中国音乐家协会编辑部编辑
北京 音乐出版社 1956年 122页 19cm（32开）
统一书号：R8026.434 定价：CNY0.36

J0155660
儿童歌选 云南省文化局音乐工作组编辑
昆明 云南人民出版社 1956年 33页
19cm（32开）定价：CNY0.16

J0155661
儿童之歌 贵州省群众艺术馆辑
贵阳 贵州人民出版社 1956年 34页 19cm（32开）
统一书号：R8115.93 定价：CNY0.13

J0155662
歌唱二小放牛郎 （无伴奏合唱）劫夫，中云改编
沈阳 辽宁人民出版社 1956年 10页 26cm（16开）
统一书号：8090.1 定价：CNY0.11
　　作者劫夫（1913—1976），作曲家、音乐教育家。吉林农安人。原名李劫夫，笔名劫夫、劳歌。曾任延安人民剧社教员，西北战地服务团团员，东北野战军第九纵队文工团团长、东北音乐专科学校校长、沈阳音乐学院教授、院长等。中国音协第一、二届理事和辽宁分会主席。有《战地歌声》《歌唱二小放牛郎》《毛主席诗词歌曲集》《劫夫歌曲选》《劫夫歌曲百首》等。

J0155663
回来吧！小知了 儿童读物出版社编
上海 儿童读物出版社 1956年 32页 15×19cm
定价：CNY0.14

J0155664
可爱的学校 儿童读物出版社辑
上海 儿童读物出版社 1956年 20页 15×19cm
定价：CNY0.11

J0155665
少年儿童歌集 胡江非编
武汉 长江文艺出版社 1956年 151页
20cm（32开）统一书号：R8107.5
定价：CNY0.55

J0155666
少年儿童歌曲集 石瑛编
福州 福建人民出版社 1956年 21页
19cm（32开）统一书号：8104.30
定价：CNY0.09

J0155667
少年儿童歌曲集 辽宁人民出版社编辑
沈阳 辽宁人民出版社 1956年 72页
14cm（64开）定价：CNY0.15

J0155668
少年儿童歌曲集 （一）山东省音乐工作组编
济南 山东人民出版社 1956年 15页
19cm（32开）统一书号：R8099.77
定价：CNY0.07

J0155669
少年儿童歌曲集 （二）山东省音乐工作组编
济南 山东人民出版社 1956年 16页
19cm（32开）统一书号：R8099.89
定价：CNY0.07

J0155670
少年儿童歌曲集 （第一集）上海人民广播电台编辑
上海 少年儿童出版社 1956年 37页
19cm（32开）统一书号：R7024.102
定价：CNY0.16

J0155671

天津市小学唱歌课本 （三年级）天津市小学
教学研究室,天津群众艺术馆合编
天津 天津人民出版社 1956年 16 页
19cm（32 开）定价：CNY0.05

J0155672

天津市小学唱歌课本 （四年级）天津市小学
教学研究室,天津群众艺术馆合编
天津 天津人民出版社 1956年 16 页
19cm（32 开）定价：CNY0.05

J0155673

天津市小学唱歌课本 （五年级）天津市小学
教学研究室,天津群众艺术馆合编
天津 天津人民出版社 1956年 16 页
19cm（32 开）定价：CNY0.05

J0155674

天津市小学唱歌课本 （六年级）天津市小学
教学研究室,天津群众艺术馆合编
天津 天津人民出版社 1956年 16 页
19cm（32 开）定价：CNY0.06

J0155675

我们歌唱 （儿童歌集）甘肃省文化局音乐工
作组编辑
兰州 甘肃人民出版社 1956年 16 页 19cm（32 开）
统一书号：R8096.1 定价：CNY0.08

J0155676

我是小小歌唱家 （儿童歌曲集）江西省群众
艺术馆辑
南昌 江西人民出版社 1956年 15 页 19cm（32 开）
统一书号：R811045 定价：CNY0.07

J0155677

小海军 （儿童歌曲集）姜汝阑等著
南京 江苏人民出版社 1956年 12 页 有图
19cm（32 开）统一书号：R8100.109
定价：CNY0.12

J0155678

小松树 儿童读物出版社编辑
上海 儿童读物出版社 1956年 20 页

15×19cm（32 开）定价：CNY0.11

J0155679

小学生歌选 （1）上海文化出版社编
上海 上海文化出版社 1956年 定价：CNY0.01

J0155680

小学生歌选 （2）上海文化出版社编
上海 上海文化出版社 1956年 定价：CNY0.02

J0155681

小学生歌选 （3）上海文化出版社编
上海 上海文化出版社 1956年 定价：CNY0.02

J0155682

小学生歌选 （4）上海文化出版社编
上海 上海文化出版社 1956年 定价：CNY0.02

J0155683

小学生歌选 （5）上海文化出版社编
上海 上海文化出版社 1956年 定价：CNY0.02

J0155684

小学生歌选 （6）上海文化出版社编
上海 上海文化出版社 1956年 定价：CNY0.03

J0155685

一九五四年得奖儿童歌曲选 中国人民保卫
儿童全国委员会评选
上海 儿童读物出版社 1956年 22 页 26cm（16 开）

J0155686

营火会的歌 宋军作曲
武汉 湖北人民出版社 1956年 35 页 19cm（32 开）
统一书号：R8106.173 定价：CNY0.12

J0155687

幼儿歌曲集 辽宁人民出版社编辑
沈阳 辽宁人民出版社 1956年 52 页 19cm（32 开）
统一书号：T8090.18 定价：CNY0.16

J0155688

幼儿园歌曲 （第二集）上海市幼儿师范学校
编辑
上海 少年儿童出版社 1956年 22 页 15×19cm

统一书号：R8024.64　定价：CNY0.12

J0155689
幼儿园歌曲及音乐游戏　任致嵘编著
重庆　重庆人民出版社　1956年　21页
21cm（32开）定价：CNY0.12

J0155690
幼儿园有个小姑娘　（幼儿歌曲集）宋军作曲
汉口　湖北人民出版社　1956年　32页　15×19cm
统一书号：R8106.132　定价：CNY0.18

J0155691
初级小学歌曲集　胡腾骥主编
北京　人民教育出版社　1957年　16页　17cm（26开）
统一书号：K7012.20　定价：CNY0.04

J0155692
窗下一朵大红花　少年儿童出版社编辑；
斯明绘图
上海　少年儿童出版社　1957年　30页　有插图
18cm（15开）统一书号：R8024.75
定价：CNY0.12

J0155693
春天的歌　少年儿童出版社编；陈力萍绘图
上海　少年儿童出版社　1957年　30页　18cm（15开）
统一书号：R8024.73　定价：CNY0.12

J0155694
大西瓜　（歌曲集）少年儿童出版社编辑
上海　少年儿童出版社　1957年　42页　18cm（15开）
统一书号：R8024.74　定价：CNY0.19

J0155695
当太阳升起来的时候　宋军作曲
北京　中国少年儿童出版社　1957年　28页
有插图［21cm］（32开）

J0155696
儿童歌曲　浙江群众艺术馆编
杭州　东海文艺出版社　1957年　28页　18cm（15开）
统一书号：8125.17　定价：CNY0.10

J0155697
儿童歌曲七首　音乐出版社编辑部编辑
北京　音乐出版社　1957年　14页　26cm（16开）
统一书号：8026.754　定价：CNY0.24

J0155698
儿童歌选　（第一集）音乐出版社编辑部编辑
北京　音乐出版社　1957年　41页　13×19cm
统一书号：8026.741　定价：CNY0.15

J0155699
儿童歌选　（第二集）音乐出版社编辑部编辑
北京　音乐出版社　1958年　36页　13×19cm
统一书号：8026.883　定价：CNY0.13

J0155700
儿童新歌选　瞿希贤等著
南京　江苏人民出版社　1957年　30页　19cm（32开）
统一书号：R10100.398　定价：CNY0.11
　　　　作者瞿希贤(1919—2008)，女，作曲家。上
海人，毕业于上海国立音专作曲系。曾就职于中
央音乐学院音工团和中央乐团创作组。代表作
品《听妈妈讲那过去的事情》《新的长征，新的战
斗》《乌苏里船歌》。

J0155701
高级小学歌曲集　胡腾骥主编
北京　人民教育出版社　1957年　24页　18cm（15开）
统一书号：K7012.225　定价：CNY0.05

J0155702
高级小学歌曲集　胡腾骥主编
北京　人民教育出版社　1957年　15页　18cm（15开）
统一书号：K7012.224　定价：CNY0.04

J0155703
海滨夏令营　少年儿童出版社编
上海　少年儿童出版社　1957年　30页　18cm（15开）
统一书号：R8024.76　定价：CNY0.14

J0155704
红领巾歌曲集　辽宁人民出版社编辑
沈阳　辽宁人民出版社　1957年　57页　14cm（64开）
统一书号：R8090.39　定价：CNY0.14

J0155705

花蝴蝶　宋军作曲；刘饶民等作词

北京 中国少年儿童出版社 1957 年 20 页
19cm（32 开）统一书号：R8056.2

定价：CNY0.11

J0155706

欢乐的节日　（中年级儿童歌曲集）苏克等作曲

广州 广东人民出版社 1957 年 影印本 31 页
19cm（32 开）统一书号：TR8111.31

定价：CNY0.11

J0155707

拉起手来唱歌跳舞　（少年儿童歌曲）山东省
群众艺术馆编

济南 山东人民出版社 1957 年 21 页 有插图
19cm（32 开）统一书号：R8099.116

定价：CNY0.10

J0155708

旅行的歌　（儿童歌曲集）张肖虎等作曲

武汉 长江文艺出版社 1957 年 28 页 19cm（32 开）
统一书号：R8107.77 定价：CNY0.13

J0155709

秋天的音乐会　少年儿童出版社编

上海 少年儿童出版社 1957 年 32 页 18cm（32 开）
统一书号：R8024.77 定价：CNY0.15

J0155710

少年儿童歌曲 160 首　郑炜，张佐编辑

上海 上海音乐出版社 1957 年 156 页
19cm（32 开）统一书号：8127.079

定价：CNY0.50

J0155711

少年儿童歌曲十五首　张文纲作曲；沙鸥等
作词

北京 音乐出版社 1957 年 28 页 26cm（16 开）
统一书号：8026.682 定价：CNY0.38

J0155712

少年儿童歌曲选　（1955—1956）中国音乐家
协会西安分会编辑

西安 陕西人民出版社 1957 年 30 页 21cm（32 开）

统一书号：8094.81 定价：CNY0.16

J0155713

少先队员旅行歌　（高年级儿童歌曲集）潘振
声等作曲

广州 广东人民出版社 1957 年 42 页 19cm（32 开）
统一书号：TR8111.30 定价：CNY0.12

　　作者潘振声（1933—2009），蒙古族，作曲家，
从事儿童音乐创作。生于上海。曾任江苏省文
联党组成员、副主席，曾获得"全国优秀少年工
作工作者"等荣誉称号。创作的歌曲有《春天在
哪里》《小鸭子》《一分钱》《嘀哩嘀哩》等。

J0155714

叔叔，叔叔，你们好！（儿童歌曲集）李贞华
作曲

广州 广东人民出版社 1957 年 56 页 19cm（32 开）
统一书号：TR8111.25 定价：CNY0.15

J0155715

四季儿歌　宋军作曲

北京 中国少年儿童出版社 1957 年 27 页
有插图 19cm（32 开）统一书号：R8056.4

定价：CNY0.13

J0155716

童谣歌曲十五首　邱刚强作曲

北京 音乐出版社 1957 年 11 页 19cm（32 开）
统一书号：8026.614 定价：CNY0.06

J0155717

小白鹅　（儿童歌曲集）少年儿童出版社编辑；
朱延龄绘图

上海 少年儿童出版社 1957 年 24 页 有插图
15×19cm 统一书号：R8024.69

定价：CNY0.13

J0155718

小剪子　（儿童歌曲集）陈宗铭等编著

广州 广东人民出版社 1957 年 24 页 19cm（32 开）
统一书号：TR8111.24 定价：CNY0.07

J0155719

小朋友的歌　北京群众艺术馆辑

北京 北京出版社 1957 年 22 页 19cm（32 开）

统一书号：R8071.15 定价：CNY0.09

J0155720
小朋友的歌 （第二集）北京群众艺术馆编
北京 北京出版社 1958 年 24 页 19cm（32 开）
统一书号：8071.59 定价：CNY0.10

J0155721
小朋友的歌 （第三集）北京群众艺术馆编
北京 北京出版社 1958 年 16 页 19cm（32 开）
统一书号：8071.75 定价：CNY0.08

J0155722
小朋友的歌 （第四集）北京市文学艺术工作
者联合会编
北京 北京出版社 1960 年 简谱本 18 页
19cm（32 开）统一书号：8071.103
定价：CNY0.08

J0155723
小学生歌选 （第一至六号）
上海 上海文化出版社 1957 年 66 页 有插图
18cm（32 开）

J0155724
小学生之歌 胡江非作曲
南京 江苏人民出版社 1957 年 28 页 18cm（32 开）
统一书号：R10100.428 定价：CNY0.08

J0155725
小音乐家歌选 北京群众艺术馆编
上海 上海音乐出版社 1957 年 39 页 19cm（32 开）
统一书号：8127.124 定价：CNY0.13

J0155726
摇篮曲 （儿童歌曲）邱刚强等著
郑州 河南人民出版社 1957 年 18 页 19cm（32 开）
统一书号：k8105.53 定价：CNY0.08

J0155727
摇篮曲 （儿童歌曲）邱刚强等著
郑州 河南人民出版社 1959 年 重印本
18 页 19cm（32 开）统一书号：R8105.53
定价：CNY0.08

J0155728
萤火虫的梦 （低年级儿童歌曲集）杨石青等
作曲
广州 广东人民出版社 1957 年 23 页 19cm（32 开）
统一书号：TR8111.29 定价：CNY0.10

J0155729
幼儿歌曲集 音乐出版社编辑部编
北京 音乐出版社 1957 年 14 页 19cm（32 开）
统一书号：8026.690 定价：CNY0.07

J0155730
幼儿园的歌 刘天浪作曲；金近等作词
北京 音乐出版社 1957 年 影印本 20 页
14×21cm 统一书号：8026.659 定价：CNY0.19

J0155731
月光花出嫁 （儿童歌曲集）江西人民出版社编
南昌 江西人民出版社 1957 年 16 页 19cm（32 开）
统一书号：R8110.64 定价：CNY0.10

J0155732
布谷鸟之歌 中国福利会少年宫编辑
上海 上海音乐出版社 1958 年 影印本 11 页
26cm（16 开）统一书号：8127.197
定价：CNY0.32

J0155733
初级小学歌曲集 上海市教育局教学研究室编
上海 上海音乐出版社 1958 年 正谱本 12 页
20cm（32 开）统一书号：8127.144
定价：CNY0.06

J0155734
初级小学歌曲集 上海市教育局教学研究室编
上海 上海音乐出版社 1958 年 正谱本 12 页
20cm（32 开）统一书号：8127.145
定价：CNY0.06

J0155735
春姑娘 （少年儿童歌曲集）潘振声作曲；天河
等作词
上海 上海音乐出版社 1958 年 39 页 19cm（32 开）
统一书号：8127.142 定价：CNY0.13

J0155736

儿童歌唱总路线　共青团沈阳市委宣传部编
沈阳　辽宁人民出版社　1958 年　定价：CNY0.02

J0155737

儿童歌曲　激流之歌编辑部编
太原　山西人民出版社　1958 年　14 页　19cm（32 开）
统一书号：10088.165　定价：CNY0.07

J0155738

儿童歌曲　（第一集）江苏音乐编辑部编辑
南京　江苏文艺出版社　1958 年　18 页
19cm（32 开）定价：CNY0.08

J0155739

儿童歌曲二十首　彭一叶作曲
南昌　江西人民出版社　1958 年　28 页　13×18cm
统一书号：T8110.83　定价：CNY0.13

J0155740

儿童活叶歌选　共青团沈阳市委宣传部编
沈阳　辽宁人民出版社　1958 年　13cm（60 开）
统一书号：R8099.46　定价：CNY0.05

J0155741

儿童四季歌　少年儿童出版社编
上海　少年儿童出版社　1958 年　20 页　19cm（32 开）
统一书号：R8024.95　定价：CNY0.08

J0155742

儿童新歌选　（第一集）儿童音乐编辑部编辑
北京　音乐出版社　1958 年　62 页　19cm（32 开）
统一书号：8026.887　定价：CNY0.22
（儿童音乐丛书 2）

J0155743

儿童新歌选　（第二集）儿童音乐编辑部编
北京　音乐出版社　1959 年　40 页　19cm（32 开）
统一书号：8026.1091　定价：CNY0.15
（儿童音乐丛书 3）

J0155744

儿童新歌选　（第三集）儿童音乐编辑部编
北京　音乐出版社　1959 年　40 页　19cm（32 开）
统一书号：8026.1181　定价：CNY0.16

（儿童音乐丛书 4）

J0155745

儿童新歌选　（第四集）儿童音乐编辑部编
北京　音乐出版社　1960 年　简谱本　50 页
19cm（32 开）统一书号：8026.1378
定价：CNY0.18
（儿童音乐丛书 5）

J0155746

儿童新歌选集　（第一集）江苏教育社编辑
南京　江苏人民出版社　1958 年　54 页　19cm（32 开）
统一书号：7100.431　定价：CNY0.18

J0155747

高级小学歌曲集　（五线谱本）上海市教育局
教学研究室编
上海　上海音乐出版社　1958 年　15 页　20cm（32 开）
统一书号：8127.147　定价：CNY0.07

J0155748

高级小学歌曲集　（正谱）上海市教育局教学
研究室编
上海　上海音乐出版社　1958 年　12 页　20cm（32 开）
统一书号：8127.146　定价：CNY0.06

J0155749

歌唱我们的节日　中国音乐家协会上海分会编
上海　上海音乐出版社　1958 年　24 页　19cm（32 开）
统一书号：8127.194　定价：CNY0.09

J0155750

歌曲　西城区少年之家编
北京　西城区少年之家　1958 年　油印本　12 页
26cm（16 开）

J0155751

和平花　（儿童歌曲 24 首）陈啸空等作
上海　上海音乐出版社　1958 年　28 页　19cm（32 开）
统一书号：8127.205　定价：CNY0.09

J0155752

红色少年之歌　山东省群众艺术馆编
济南　山东人民出版社　1958 年　14 页　19cm（32 开）
统一书号：R8099.200　定价：CNY0.07

J0155753

牧童之歌　贵州人民出版社编

贵阳　贵州人民出版社　1958年　30页　19cm（32开）

统一书号：T10115.125　定价：CNY0.11

J0155754

瀑布之歌　少年儿童出版社编

上海　少年儿童出版社　1958年　30页　26cm（16开）

统一书号：8024.84　定价：CNY0.22

J0155755

秋虫音乐会　（儿童歌曲）邱刚强，樊祖荫作曲

成都　四川人民出版社　1958年　14页

定价：CNY0.11

　　作者樊祖荫（1940—　），教授。出生于浙江余姚县，毕业于中国音乐学院。先后任中国音乐学院音乐研究所副所长、教务处处长、副院长、院长等职。出版《儿童歌曲写作概论》《中国多声部民歌概论》《和声写作教程》等。

J0155756

三只小蜜蜂　（少年儿童歌曲）上海音乐学院创作委员会编辑

上海　上海音乐出版社　1958年　15页　19cm（32开）

统一书号：8127.193　定价：CNY0.07

J0155757

少年儿童唱片歌曲选　中国唱片厂编

上海　上海音乐出版社　1958年　31页　26cm（16开）

统一书号：8127.247　定价：CNY0.36

J0155758

少年儿童电影歌曲选　中国电影出版社编辑

北京　中国电影出版社　1958年　30页

19cm（32开）定价：CNY0.14

J0155759

少年儿童电影歌曲选　（第二辑）中国电影出版社编

北京　中国电影出版社　1959年　21页　19cm（32开）

统一书号：8061.489　定价：CNY0.10

J0155760

少年儿童电影歌曲选　（第三辑）中国电影出版社编

北京　中国电影出版社　1959年　20页　19cm（32开）

统一书号：8061.443　定价：CNY0.09

J0155761

少年儿童电影歌曲选　（第四辑）中国电影出版社编

北京　中国电影出版社　1961年　简谱本　16页

19cm（32开）统一书号：8061.928

定价：CNY0.09

J0155762

少年儿童歌唱总路线　（演唱歌曲辑）中央人民广播电台少年儿童广播部编

北京　中国少年儿童出版社　1958年　20页

15cm（40开）统一书号：R8056.35

定价：CNY0.05

J0155763

少年儿童歌曲　江西人民出版社编辑

南昌　江西人民出版社　1958年　20页　15cm（40开）

统一书号：R8110.113　定价：CNY0.07

J0155764

少年儿童歌曲集　（第一集）上海音乐学院创作委员会编辑

上海　上海音乐出版社　1958年　19页　19cm（32开）

统一书号：8127.192　定价：CNY0.08

J0155765

少年儿童歌曲集　（第二集）上海音乐学院创作委员会编辑

上海　上海音乐出版社　1958年　20页　19cm（32开）

统一书号：8127.257　定价：CNY0.08

J0155766

少年儿童演唱歌集　丘刚强作曲

北京　中国少年儿童出版社　1958年　36页

24cm（16开）统一书号：R8056.39

定价：CNY0.21

J0155767

少年儿童之歌　吴岫明作曲；孙龙父等作词

南京　江苏人民出版社　1958年　32页　15cm（40开）

统一书号：8100.258　定价：CNY0.08

J0155768

少年先锋队员之歌　潘振声,宋军作曲;潘振声等作词

北京　中国少年儿童出版社　1958 年　27 页　19cm（32 开）统一书号: R8056.29

定价: CNY0.12

　　作者潘振声(1933—2009),蒙古族,作曲家,从事儿童音乐创作。生于上海。曾任江苏省文联党组成员、副主席,曾获得"全国优秀少年工作工作者"等荣誉称号。创作的歌曲有《春天在哪里》《小鸭子》《一分钱》《嘀哩嘀哩》等。作者宋军(1918—1993),作曲家。原名宋文焕,出生于广东鹤山。曾任《人民音乐》《儿童音乐》编辑,中国音乐家协会会员,中国儿童音乐学会会员,广东省音乐家协会理事,鹤山县政协副主席和县文联名誉主席。主要作品有《乘着长风前进》《胜利唱奏曲》《微笑吧妈妈》《红少年的歌》《红菱送给解放军》等。

J0155769

我们比一比　（齐唱）郑成义词;莫尔吉夫曲

上海　上海音乐出版社　1958 年　3 页　26cm（16 开）

统一书号: 8127.2010　定价: CNY0.10

（群众歌曲丛刊 10）

J0155770

我们的节目　戴洪威,李文玉等作词;何振京作曲

上海　上海文艺出版社　1958 年　9 页　26cm（16 开）

统一书号: 8078.150　定价: CNY0.14

（中央音乐学院创作丛刊）

J0155771

我是小小歌唱家　（儿童歌曲 20 首）王健等编

上海　上海音乐出版社　1958 年　17 页　19cm（32 开）

统一书号: 8127.246　定价: CNY0.07

J0155772

我是小小音乐家　（幼儿园歌曲集）中国少年儿童出版社编辑

北京　中国少年儿童出版社　1958 年　30 页　有图 25cm（16 开）统一书号: R8056.28

定价: CNY0.19

J0155773

小伙伴的歌　（第一集）中国福利会少年宫编辑

上海　上海音乐出版社　1958 年　23 页　19cm（32 开）

统一书号: 8127.198　定价: CNY0.09

J0155774

小伙伴的歌　（第二集）中国福利会少年宫编辑

上海　上海音乐出版社　1958 年　24 页　19cm（32 开）

统一书号: 8127.225　定价: CNY0.09

J0155775

小伙伴的歌　（第三集）中国福利会少年宫编辑

上海　上海音乐出版社　1958 年　24 页　19cm（32 开）

统一书号: 8127.242　定价: CNY0.09

J0155776

小伙伴的歌　（第四集）中国福利会少年宫编辑

上海　上海音乐出版社　1958 年　18 页　19cm（32 开）

统一书号: 8127.245　定价: CNY0.08

J0155777

小伙伴的歌　（第五集）中国福利会少年宫编

上海　上海文艺出版社　1958 年　17 页　19cm（32 开）

统一书号: 8078.174　定价: CNY0.08

J0155778

小伙伴的歌　（第六集）中国福利会少年宫编

上海　上海文艺出版社　1958 年　16 页　19cm（32 开）

统一书号: 8078.346　定价: CNY0.08

J0155779

小伙伴的歌　（第七集）中国福利会少年宫编

上海　上海文艺出版社　1959 年　16 页　19cm（32 开）

统一书号: 8078.0652　定价: CNY0.08

J0155780

小伙伴的歌　（第八集）中国福利会少年宫编

上海　上海文艺出版社　1959 年　27 页　19cm（32 开）

统一书号: 8078.0833　定价: CNY0.08

J0155781

小伙伴的歌　（第十集）中国福利会少年宫编

上海　上海文艺出版社　1959 年　18 页　19cm（32 开）

统一书号: 8078.1214　定价: CNY0.08

J0155782

小伙伴的歌 （庆祝"六一"国际儿童节特辑）
中国福利会少年宫编
上海 上海文艺出版社 1959 年 29 页 15cm（64 开）
统一书号：8078.0735 定价：CNY0.06

J0155783

小伙伴的歌 （庆祝国庆十周年特辑）中国福
利会少年宫编
上海 上海文艺出版社 1959 年 32 页 15cm（64 开）
统一书号：8078.1014 定价：CNY0.07

J0155784

小伙伴的歌 （第一集）中国福利会少年宫编辑
上海 上海文艺出版社 1960 年 31 页 19cm（32 开）
统一书号：8078.1326 定价：CNY0.11

J0155785

小伙伴的歌 （第二集）中国福利会少年宫编辑
上海 上海文艺出版社 1960 年 简谱本 24 页
19cm（32 开）统一书号：8078.1475
定价：CNY0.09

J0155786

小伙伴的歌 （第三集）中国福利会少年宫编辑
上海 上海文艺出版社 1960 年 简谱本 12 页
19cm（32 开）统一书号：8078.1578
定价：CNY0.05

J0155787

小伙伴的歌 （庆祝建国十一周年）中国福利
会少年宫编
上海 上海文艺出版社 1960 年 20 页 15cm（64 开）
统一书号：8078.1660 定价：CNY0.05

J0155788

小拳底下不留情 （儿童歌曲集）中国音乐家
协会上海分会编
上海 上海文艺出版社 1958 年 21 页 19cm（32 开）
统一书号：10078.0037 定价：CNY0.08

J0155789

燕子的歌 （儿童歌曲集）倪维德等作词；彦
克等作曲
北京 音乐出版社 1958 年 52 页 19cm（32 开）

统一书号：8026.1021 定价：CNY0.17
（中央音乐学院创作丛刊）

J0155790

姨姨下放来我家 山东省群众艺术馆编辑
济南 山东人民出版社 1958 年 17 页 19cm（32 开）
统一书号：R8099.137 定价：CNY0.09

J0155791

幼儿园歌曲选集 方策等编
贵阳 贵州人民出版社 1958 年 38 页 13×19cm
统一书号：8115.115 定价：CNY0.13

J0155792

月儿弯弯象小船 （儿童歌曲选）贵州省群众
艺术馆辑
贵阳 贵州人民出版社 1958 年 37 页 19cm（32 开）
统一书号：8115.116 定价：CNY0.13

J0155793

月儿弯弯象小船 （儿童歌曲选）贵州省群众
艺术馆,贵州人民出版社编
贵阳 贵州人民出版社 1979 年 2 版 38 页
19cm（32 开）统一书号：8115.116 定价：CNY0.11

J0155794

1958 年儿童歌曲选 中国音乐家协会上海分
会编
上海 上海文艺出版社 1959 年 60 页 19cm（32 开）
统一书号：8078.1217 定价：CNY0.17

J0155795

北京市初中音乐使用刻本 （1959 年初中一
年级第二学期 第二册）北京教师进修学院音乐
教研室编辑
北京 音乐出版社 1959 年 10 页＋乐谱22 面
19cm（32 开）统一书号：K8026.1147
定价：CNY0.07

J0155796

别看我们年纪小 （幼儿歌曲集）贵州省群众
艺术馆,贵州人民出版社编
贵阳 贵州人民出版社 1959 年 35 页 13×19cm
统一书号：R8115.155 定价：CNY0.18

J0155797

别看我们年纪小 （幼儿歌曲集）贵州省群众
艺术馆,贵州人民出版社编
贵阳 贵州人民出版社 1979 年 2 版 34 页
19cm（32 开）统一书号：R8115.155
定价：CNY0.11

J0155798

队旗队旗我爱你 中国音乐家协会上海分会编
上海 上海文艺出版社 1959 年 20 页 19cm（32 开）
统一书号：8078.0762 定价：CNY0.07

J0155799

朵朵红花向太阳 北京市文学艺术联合会编
北京 北京出版社 1959 年 18 页 19cm（32 开）
统一书号：8071.81 定价：CNY0.09

J0155800

儿童歌曲 安徽人民出版社编
合肥 安徽人民出版社 1959 年 36 页
15cm（40 开）统一书号：R8102.936
定价：CNY0.09

J0155801

儿童歌曲 （第一集）山东省文联济南工作部编
济南 济南人民出版社 1959 年 19 页
17cm（40 开）定价：CNY0.08

J0155802

儿童歌曲集 长春市群众艺术馆编
长春 吉林人民出版社 1959 年 27 页
20cm（32 开）统一书号：8091.48
定价：CNY0.16

J0155803

儿童歌曲十首 （附钢琴伴奏）儿童音乐编辑
部编
北京 音乐出版社 1959 年 29 页 26cm（16 开）
统一书号：8026.1195 定价：CNY0.27
（儿童音乐丛书 5）

J0155804

儿童歌曲选 董佐等词；天浪等曲
南昌 江西人民出版社 1959 年 18 页
18cm（15 开）统一书号：T8110.234

定价：CNY0.07

J0155805

儿童歌选 兰州女子师范,工农文艺编
兰州 敦煌人民出版社 1959 年 简谱本 28 页
19cm（32 开）统一书号：R8148.1
定价：CNY0.14

J0155806

儿童歌选 山西歌声编辑部编
太原 山西人民出版社 1959 年 20 页
19cm（32 开）统一书号：10088.279
定价：CNY0.08

J0155807

儿童谜语歌曲集 李重光作曲
北京 音乐出版社 1959 年 20 页 13cm（60 开）
统一书号：8026.1159 定价：CNY0.08
（中央音乐学院创作丛刊）

J0155808

飞到月宫接嫦娥 （少年儿童歌曲集）中央音
乐学院编
上海 上海文艺出版社 1959 年 24 页
19cm（32 开）统一书号：8078.1136
定价：CNY0.09
（中央音乐学院创作丛刊）

J0155809

歌唱快乐的节日 （儿童歌曲集）上海文艺出
版社编
上海 上海文艺出版社 1959 年 36 页
19cm（32 开）统一书号：8078.0752
定价：CNY0.12

J0155810

歌唱快乐节日 （儿童歌曲集）上海文艺出版
社编
上海 上海文艺出版社 1959 年 36 页
19cm（32 开）统一书号：8078.0752
定价：CNY0.12

J0155811

给幼儿园小朋友唱的歌曲 （第二本）湖南
人民出版社编

长沙 湖南人民出版社 1959 年 26 页
19cm（32 开）统一书号：8109.423
定价：CNY0.07

J0155812

公鸡和太阳 （少年儿童神话故事大合唱）
邱刚强作曲；胡昭作诗
上海 上海文艺出版社 1959 年 23 页 有曲谱
19cm（32 开）统一书号：8078.0772
定价：CNY0.09

J0155813

红菱送给解放军　宋军作曲
北京 中国少年儿童出版社 1959 年 21 页
15cm（40 开）统一书号：R8056.80
定价：CNY0.07

J0155814

红色的少年 （儿童歌曲）郑州市文联编
郑州 河南人民出版社 1959 年 45 页 10×18cm
统一书号：T8105.205 定价：CNY0.14

J0155815

红色少年 （儿童歌曲）中国音乐家协会贵阳
分会筹委会，贵州人民出版社编
贵阳 贵州人民出版社 1959 年 简谱本 34 页
19cm（32 开）统一书号：R8115.158
定价：CNY0.11

J0155816

红少年的歌　宋军作曲
北京 中国少年儿童出版社 1959 年 38 页
18cm（15 开）统一书号：R8056.85
定价：CNY0.15

J0155817

花公鸡 （少年儿童歌曲）山东省群众艺术馆编
济南 山东人民出版社 1959 年 12 页
19cm（32 开）统一书号：T8099.244
定价：CNY0.08

J0155818

毛主席，您好！ （幼儿歌曲选）中国音乐协
会广州分会编
广州 广州文化出版社 1959 年 28 页 12×17cm

定价：CNY0.08

J0155819

少年儿童歌曲　中国音乐家协会西安分会编
西安 东风文艺出版社 1959 年 23 页
19cm（32 开）统一书号：10147.91
定价：CNY0.12

J0155820

什么花开红又红　陈凤祥等著
合肥 安徽人民出版社 1959 年 简谱本 15 页
19cm（32 开）统一书号：R10102.1005
定价：CNY0.10

J0155821

我们的节日 （童声合唱歌曲集）戴洪威，李文
玉等作词；何振京作曲
上海 上海文艺出版社 1959 年 定价：CNY0.14
（中央音乐学院创作丛刊）

J0155822

我们快乐地歌唱　中国音乐家协会成都分会编
北京 音乐出版社 1959 年 简谱本 129 页
20cm（32 开）精装 统一书号：8026.1255
定价：CNY1.60
　　本书收录《我们快乐的歌唱》《我们多么幸
福》《快乐的节日》《早操歌》《听妈妈讲过去的
事情》等 115 首少年儿童歌曲。

J0155823

我们快乐地歌唱　中国音乐家协会编
北京 音乐出版社 1959 年 129 页 21cm（32 开）
统一书号：8026.1241 定价：CNY0.57

J0155824

我们一起长大 （儿童歌曲选）河南人民出版
社编辑
郑州 河南人民出版社 1959 年 25 页 10×18cm
统一书号：T8105.113 定价：CNY0.06

J0155825

一把小锄头 （少年儿童歌曲集）萧黄作曲
上海 上海文艺出版社 1959 年 27 页
26cm（16 开）统一书号：8078.0879
定价：CNY0.32

J0155826
幼儿歌曲 （第一集）音乐出版社编辑部编
北京 音乐出版社 1959 年 28 页 19cm（32 开）
统一书号：8026.1182 定价：CNY0.10

J0155827
幼儿歌曲 四川省重庆幼儿师范学校音乐教
研组编
重庆 重庆人民出版社 1959 年 26 页
19cm（32 开）统一书号：8114.152
定价：CNY0.12

J0155828
幼儿歌曲集 辽宁人民出版社编辑
沈阳 辽宁人民出版社 1959 年 修订本 51 页
19cm（32 开）统一书号：T8090.18
定价：CNY0.16

J0155829
幼儿歌曲选 儿童音乐编辑部编
北京 音乐出版社 1959 年 31 页 14×20cm
统一书号：8026.1098 定价：CNY0.18

J0155830
愉快的节日 潘振声,宋军作
北京 中国少年儿童出版社 1959 年 53 页
19cm（32 开）统一书号：R1056.239
定价：CNY0.15

J0155831
唱吧 跳吧 少先队员 （少年儿童歌曲集）
潘振声,宋军曲
长春 吉林人民出版社 1960 年 41 页
19cm（32 开）统一书号：R8091.175
定价：CNY0.17

J0155832
队旗迎风飘 长春市群众艺术馆编
长春 吉林人民出版社 1960 年 简谱本 26 页
19cm（32 开）统一书号：R8091.87
定价：CNY0.13

J0155833
儿童歌曲 铜仁专区人民出版社编
铜仁 铜仁专区人民出版社 1960 年 12 页

19cm（32 开）统一书号：10 黔 01.17
定价：CNY0.08

J0155834
儿童歌曲选 江西人民出版社编
南昌 江西人民出版社 1960 年 16 页
17cm（40 开）统一书号：R8110.279
定价：CNY0.13

J0155835
儿童歌选 中国音乐家协会山西分会,山西歌
声编辑部编
太原 山西人民出版社 1960 年 20 页
19cm（32 开）统一书号：10088.393
定价：CNY0.08

J0155836
儿童歌选 中国音乐家协会山西分会筹委员,
山西歌声编辑部编
太原 山西人民出版社 1962 年 25 页
19cm（32 开）统一书号：R8088.108
定价：CNY0.09

J0155837
儿童民歌集 （第二集）宋军编
北京 中国少年儿童出版社 1960 年 简谱本
37 页 19cm（32 开）统一书号：R8056.96
定价：CNY0.12

J0155838
歌曲集 （试用本）上海市教育局教学研究室编
上海 上海市教育出版社 1960 年 25 页 有图
19cm（32 开）统一书号：K7150.843
定价：CNY0.07

J0155839
好朋友 （少年儿童歌曲集）贺宣等作词；（苏）
杜马舍夫作曲
上海 上海文艺出版社 1960 年 19 页
26cm（16 开）统一书号：8078.1303
定价：CNY0.28

J0155840
红领巾合唱 吴国钧,瞿永发作词；方定昊等
作曲

上海 上海文艺出版社 1960 年 简谱本 24 页
19cm（32 开）统一书号：8078.1641
定价：CNY0.10

J0155841
红领巾之歌 郑州市文联编
郑州 河南人民出版社 1960 年 29 页 13×19cm
统一书号：R8105.339 定价：CNY0.13

J0155842
红色少年之歌 中国音乐家协会天津分会编
北京 音乐出版社 1960 年 24 页 19cm（32 开）
统一书号：8026.1283 定价：CNY0.09

J0155843
毛主席来到我的家 （儿童歌曲）浙江音协筹
委会,浙江群众艺术馆编
杭州 东海文艺出版社 1960 年 9 页
15cm（40 开）统一书号：T8125.66
定价：CNY0.03

J0155844
毛主席来到我家 （歌曲简谱本）中国音乐家
协会江苏分会编
南京 江苏文艺出版社 1960 年 10 页
18cm（15 开）统一书号：8141.846
定价：CNY0.05

J0155845
少年儿童歌曲集 上海文艺出版社编
上海 上海文艺出版社 1960 年 36 页
19cm（32 开）统一书号：8078.1418
定价：CNY0.14

J0155846
我们参观长江大桥 （儿童歌集）邱刚强作曲
武汉 湖北人民出版社 1960 年 39 页
19cm（32 开）统一书号：R10106.405
定价：CNY0.16

J0155847
小伙伴爱唱的歌 （1949—1959）中国音乐家
协会上海分会编
上海 上海文艺出版社 1960 年 62 页
19cm（32 开）统一书号：8078.1332

定价：CNY0.28

J0155848
小学歌曲集 天津音乐学院附中附属音乐小
学编
天津 河北人民出版社 1960 年 129 页
19cm（32 开）统一书号：T7086.332
定价：CNY0.30

J0155849
幸福的儿童 （儿童歌曲）贵州省群众艺术馆,
贵州人民出版社编
贵阳 贵州人民出版社 1960 年 36 页 有曲谱
19cm（32 开）统一书号：8115.192
定价：CNY0.17

J0155850
学龄前儿童歌曲选 哈尔滨市教育局编
哈尔滨 黑龙江人民出版社 1960 年 简谱本
35 页 17cm（32 开）统一书号：8093.45
定价：CNY0.13

J0155851
幼儿园歌曲创作选 湘西土家族苗族自治州
教育局编
吉首［湖南］湘西土家族苗族自治州人民出版社
1960 年 18 页 有曲谱 19cm（32 开）
统一书号：7—16 定价：CNY0.25

J0155852
北京市小学歌选 （1961 年小学三年级第一
学期）北京市教育局中小学教材编审处,北京教
师进修学院编辑
北京 音乐出版社 1961 年 19cm（32 开）
统一书号：K8026.3608 定价：CNY0.07

J0155853
北京市小学歌选 （1962 年小学二年级第一
学期）北京市教育局中小学教材编审处,北京教
师进修学院编辑
北京 音乐出版社 1962 年 19cm（32 开）
统一书号：K8026.1643 定价：CNY0.06

J0155854
北京市小学歌选 （1962 年小学六年级第一

学期）北京市教育局中小学教材编审处,北京教师进修学院编辑

北京 音乐出版社 1962 年 17 页 19cm（32 开）

统一书号：K8026.1643 定价：CNY0.06

J0155855

北京市小学歌选 （1963 年小学一年级第一学期）北京市教育局中小学教材编审处,北京教师进修学院编辑

北京 音乐出版社 1963 年 19cm（32 开）

统一书号：K8026.3697 定价：CNY0.06

J0155856

北京市小学歌选 （1964 年小学四年级第二学期）北京市教育局中小学教材编审处,北京教师进修学院编辑

北京 音乐出版社 1964 年 19cm（32 开）

统一书号：K8026.1978 定价：CNY0.06

J0155857

北京市小学歌选 （1964 年小学四年级第二学期）北京市教育局中小学教材编审处,北京教师进修学院编辑

北京 音乐出版社 1964 年 19cm（32 开）

统一书号：K8026.1978 定价：CNY0.06

J0155858

北京市小学歌选 （1965 年六年级音乐教学参考书）北京市教育局中小学教材编审处,北京教师进修学院编辑

北京 音乐出版社 1965 年 29 页 19cm（32 开）

统一书号：K8026.2361 定价：CNY0.08

J0155859

北京市小学歌选 （1965 年小学二年级第一学期）北京市教育局中小学教材编审处,北京教师进修学院编辑

北京 音乐出版社 1965 年 19cm（32 开）

统一书号：K8026.3697 定价：CNY0.06

J0155860

北京市小学歌选 （1965 年小学六年级第二学期）北京市教育局中小学教材编审处,北京教师进修学院编辑

北京 音乐出版社 1965 年 21 页 19cm（32 开）

统一书号：K8026.2308 定价：CNY0.06

J0155861

北京市小学歌选 （1965 年小学四年级第一学期）北京市教育局中小学教材编审处,北京教师进修学院编辑

北京 音乐出版社 1965 年 19cm（32 开）

统一书号：K8026.3697 定价：CNY0.06

J0155862

北京市小学歌选 （1965 年小学五年级第二学期）北京市教育局中小学教材编审处,北京教师进修学院编辑

北京 音乐出版社 1965 年 19cm（32 开）

统一书号：K8026.3697 定价：CNY0.06

J0155863

北京市小学歌选 （1965 年小学五年级第一学期）北京市教育局中小学教材编审处,北京教师进修学院编辑

北京 音乐出版社 1965 年 27 页 19cm（32 开）

统一书号：K8026.2360 定价：CNY0.06

J0155864

北京市小学歌选 （1965 年小学一年级第一学期）北京市教育局中小学教材编审处,北京教师进修学院编辑

北京 音乐出版社 1965 年 19cm（32 开）

统一书号：K8026.3697 定价：CNY0.06

J0155865

北京市小学歌选 （1966 年小学二年级第二学期）北京市教育局中小学教材编审处,北京教师进修学院编辑

北京 音乐出版社 1966 年 20 页 19cm（32 开）

统一书号：K8026.2472 定价：CNY0.06

J0155866

北京市小学歌选 （1966 年小学六年级第二学期）北京市教育局中小学教材编审处,北京教师进修学院编辑

北京 音乐出版社 1966 年 21 页 18cm（15 开）

统一书号：K8026.2476 定价：CNY0.06

J0155867
北京市小学歌选（1966 年小学三年级第二学期）北京市教育局中小学教材编审处,北京教师进修学院编辑
北京 音乐出版社 1966 年 27 页 18cm（15 开）
统一书号：K8026.2473 定价：CNY0.08

J0155868
北京市小学歌选（1966 年小学四年级第二学期）北京市教育局中小学教材编审处,北京教师进修学院编辑
北京 音乐出版社 1966 年 27 页 19cm（32 开）
统一书号：K8026.2474 定价：CNY0.08

J0155869
北京市小学歌选（1966 年小学五年级第二学期）北京市教育局中小学教材编审处,北京教师进修学院编辑
北京 音乐出版社 1966 年 21 页 18cm（15 开）
统一书号：K8026.2475 定价：CNY0.06

J0155870
北京市小学歌选（1966 年小学一年级第二学期）北京市教育局中小学教材编审处,北京教师进修学院编辑
北京 音乐出版社 1966 年 21 页 19cm（32 开）
统一书号：K8026.2471 定价：CNY0.06

J0155871
北京市小学歌选（1968 年小学六年级第二学期）北京市教育局中小学教材编审处,北京教师进修学院编辑
北京 音乐出版社 1968 年 18cm（15 开）
统一书号：K8026.2476 定价：CNY0.06

J0155872
北京市中学歌选（1961 年初中二年级第一学期）北京市教育局中小学教材编审处,北京教师进修学院编辑
北京 音乐出版社 1961 年 24 页 + 乐谱 42 面 19cm（32 开）统一书号：K8026.2363
定价：CNY0.13

J0155873
北京市中学歌选（1963 年初中二年级全学年）北京市教育局中小学教材编审处,北京教师进修学院编辑
北京 音乐出版社 1963 年 24 页 + 乐谱 38 面 19cm（32 开）统一书号：K8026.2362
定价：CNY0.13

J0155874
北京市中学歌选（1963 年初中一年级第二学期）北京市教育局中小学教材编审处,北京教师进修学院编辑
北京 音乐出版社 1963 年 24 页 + 乐谱 38 面 19cm（32 开）统一书号：K8026.2362
定价：CNY0.13

J0155875
北京市中学歌选（1963 年初中一年级第二学期）北京市教育局中小学教材编审处,北京教师进修学院编辑
北京 音乐出版社 1963 年 24 页 + 乐谱 38 面 19cm（32 开）统一书号：K8026.2362
定价：CNY0.13

J0155876
北京市中学歌选（1963 年初中一年级全学年）北京市教育局中小学教材编审处,北京教师进修学院编辑
北京 音乐出版社 1963 年 24 页 + 乐谱 38 面 19cm（32 开）统一书号：K8026.2362
定价：CNY0.13

J0155877
北京市中学歌选（1964 年初中二年级全学年）北京市教育局中小学教材编审处,北京教师进修学院编辑
北京 音乐出版社 1964 年 24 页 + 乐谱 42 面 19cm（32 开）统一书号：K8026.2363
定价：CNY0.13

J0155878
北京市中学歌选（1965 年初中二年级全学年）北京市教育局中小学教材编审处,北京教师进修学院编辑
北京 音乐出版社 1965 年 21 页 + 乐谱 42 面 19cm（32 开）统一书号：K8026.2363
定价：CNY0.13

J0155879

北京市中学歌选 （1965 年初中一年级全学年）北京市教育局中小学教材编审处,北京教师进修学院编辑

北京 音乐出版社 1965 年 19cm（32 开）

统一书号：K8026.2363 定价：CNY0.13

J0155880

天天向上 （童声大合唱简谱本）钟灵词；刘炽曲

北京 音乐出版社 1961 年 35 页 19cm（32 开）

统一书号：8026.1424 定价：CNY0.13

　　作者刘炽（1921—1998），电影作曲和歌曲家。原名刘德荫，曾用名笑山，陕西西安人。历任抗战剧团舞蹈演员，延安鲁迅艺术文学院音乐系教员，东北文工团作曲兼指挥，东北鲁艺音工团作曲兼指挥等职。代表作歌剧《阿诗玛》、歌曲《我的祖国》《英雄赞歌》《让我们荡起双桨》等。

J0155881

幼儿新歌 （第一集）上海文艺出版社编

上海 上海文艺出版社 1961 年 重印本 48 页

19cm（32 开）统一书号：8078.0754

定价：CNY0.16

J0155882

朝霞 （童声二部合唱）潘振声,宋军作曲；韩乐群作词；黎波配伴奏

北京 音乐出版社 1962 年 正谱本 [4]页

26cm（16 开）统一书号：8026.1662

定价：CNY0.11

　　作者潘振声（1933—2009），蒙古族，作曲家，从事儿童音乐创作。生于上海。曾任江苏省文联党组成员、副主席，曾获得"全国优秀少年工作工作者"等荣誉称号。创作的歌曲有《春天在哪里》《小鸭子》《一分钱》《嘀哩嘀哩》等。作者宋军（1918—1993），作曲家。原名宋文焕，出生于广东鹤山。曾任《人民音乐》《儿童音乐》编辑，中国音乐家协会会员，中国儿童音乐学会会员，广东省音乐家协会理事，鹤山县政协副主席和县文联名誉主席。主要作品有《乘着长风前进》《胜利唱奏曲》《微笑吧妈妈》《红少年的歌》《红菱送给解放军》等。

J0155883

打草鞋 （少年儿童表演歌曲）金波词；潘振声,宋军作曲

北京 音乐出版社 1962 年 3 页 有曲谱

26cm（16 开）统一书号：8026.1663

定价：CNY0.11

J0155884

儿童歌曲选 （第一集）长沙市儿童歌曲编委会编

长沙 湖南人民出版社 1962 年 简谱本 44 页

19cm（32 开）统一书号：8109.557

定价：CNY0.11

J0155885

儿童歌曲选 （第二集）音乐出版社编辑部编

北京 音乐出版社 1962 年 简谱本 50 页

19cm（32 开）统一书号：8026.1539

定价：CNY0.17

J0155886

好姑姑 雷达作曲

北京 音乐出版社 1962 年 3 页 有曲谱

26cm（16 开）统一书号：8026.1635

定价：CNY0.11

J0155887

少年运动员进行曲 （童声二部合唱）李名方作词；张文纲作曲

北京 音乐出版社 1962 年 正谱本 4 页

26cm（16 开）统一书号：8026.1636

定价：CNY0.11

J0155888

喂得猪儿肥油油 张秋生词；樊祖荫曲

北京 音乐出版社 1962 年 3 页 有曲谱

26cm（16 开）统一书号：8026.1633

定价：CNY0.11

　　作者樊祖荫（1940— ），教授。出生于浙江余姚县，毕业于中国音乐学院。先后任中国音乐学院音乐研究所副所长、教务处处长、副院长、院长等职。出版《儿童歌曲写作概论》《中国多声部民歌概论》《和声写作教程》等。

J0155889
小黄莺的歌 种莲子 大白鹅　金波等作词
北京 音乐出版社 1962 年 4 页 有曲谱
26cm（16 开）统一书号：8026.1634
定价：CNY0.11
　　　作者金波（1935—　　），诗人、儿童文学家。原名王金波，河北冀县人，毕业于北京师范学院中文系。北京师范学院教授，中国作家协会儿童文学创作委员会主任，北京市作家协会理事，中国音乐家协会理事，儿童音乐学会副会长。代表作品《我们去看海》《回声》《眼睛树》《感谢往事》等。

J0155890
吹起金色的小喇叭　中央人民广播电台少儿部，歌曲编辑部编
北京 音乐出版社 1963 年 简谱本 32 页
19cm（32 开）统一书号：R8026.1735
定价：CNY0.15

J0155891
儿童歌曲　（第一集）中国音乐家协会广西壮族自治区分会编
南宁 广西壮族自治区人民出版社 1963 年
33 页 19cm（32 开）统一书号：8113.101
定价：CNY0.17

J0155892
儿童歌曲　（第二集）中国音乐家协会广西壮族自治区分会编
南宁 广西壮族自治区人民出版社 1963 年
50 页 19cm（32 开）统一书号：8113.102
定价：CNY0.22

J0155893
儿童歌曲选　中国音乐家协会山西分会筹委会编
太原 山西人民出版社 1963 年 71 页 11×15cm
统一书号：R8088.131 定价：CNY0.10

J0155894
歌唱二小放牛郎　方冰作词；劫夫作曲；姚思源配伴奏
北京 音乐出版社 1963 年 ［4］页 26cm（16 开）
统一书号：8026.1853 定价：CNY0.11

本书由《歌唱二小放牛郎》《边区儿童团之歌》合订。作者劫夫（1913—1976），作曲家、音乐教育家。吉林农安人。原名李劫夫，笔名劫夫、劳歌。曾任延安人民剧社教员，西北战地服务团团员，东北野战军第九纵队文工团团长，东北音乐专科学校校长，沈阳音乐学院教授、院长等。中国音协第一、二届理事和辽宁分会主席。有《战地歌声》《歌唱二小放牛郎》《毛主席诗词歌曲集》《劫夫歌曲选》《劫夫歌曲百首》等。

J0155895
红色少年进行曲　（齐唱及二部合唱）于之作词；萧黄作曲
上海 上海文艺出版社 1963 年 2 页
26cm（16 开）统一书号：8078.2176
定价：CNY0.09

J0155896
红色小歌手　（儿童歌曲集）中国音乐家协会贵阳分会筹委会，贵州人民出版社编
贵阳 贵州人民出版社 1963 年 简谱本 75 页
19cm（32 开）统一书号：8115.299
定价：CNY0.26

J0155897
雷锋叔叔请听我的回答　（独唱）潘振声，宋军作曲；金波作词
上海 上海文艺出版社 1963 年 ［3］页
26cm（16 开）统一书号：8078.2180
定价：CNY0.09

J0155898
农村少年儿童歌曲集　音乐出版社编辑部编
北京 音乐出版社 1963 年 简谱本 48 页
14cm（64 开）统一书号：8026.1842
定价：CNY0.13

J0155899
农村少年儿童歌曲集　（第二集）音乐出版社编辑部编
北京 音乐出版社 1964 年 简谱本 43 页
19cm（32 开）统一书号：8026.2071
定价：CNY0.18

J0155900

少年儿童歌曲应征作品选集　上海文艺出版社编

上海　上海文艺出版社　1963 年　简谱本　69 页
19cm（32 开）统一书号：8078.2206
定价：CNY0.24

J0155901

我和爷爷数第一　周逸枫等作曲；姚思源等配伴奏

北京　音乐出版社　1963 年 ［4］页　26cm（16 开）
统一书号：8026.1933　定价：CNY0.11
　　本书由《我和爷爷数第一》《拣豆豆》《推小车》合订。

J0155902

我们是共产主义接班人　（1963 年北京市少年儿童"红五月"歌咏比赛推荐歌曲）北京市少年宫编

北京　北京出版社　1963 年　简谱本　73 页
19cm（32 开）统一书号：R8071.154
定价：CNY0.23

J0155903

我们是共产主义接班人　（童声二部合唱）
周郁辉作词；寄明作曲

北京　音乐出版社　1963 年 ［4］页　26cm（16 开）
统一书号：8026.1828　定价：CNY0.11
　　作者周郁辉（1927—1987），出生于山东龙口。抗日军政大学牙山分校毕业。历任第三野战军九纵队教导团、九兵团教导团政治干事、指导员、宣传干事、文工队长等职。1959 年调到上海天马电影制片厂工作，期间担任故事片《英雄小八路》的编剧，为该片主题曲《我们是共产主义接班人》作词，此歌曲后来被选为中国少年先锋队队歌。作者寄明（1917—1997），女，作曲家、钢琴演奏家。原名吴亚贞，江苏淮安人，毕业于上海国立音乐专科学校。历任东北鲁迅艺术学院音乐系主任、教授，东北音乐专科学校副校长等职。作曲作品有《英雄小八路》《我们是共产主义接班人》《给解放军叔叔洗衣裳》。

J0155904

我们是共产主义接班人　（童声二部合唱）
周郁辉词；寄明曲

北京　音乐出版社　1964 年 ［4］页　26cm（16 开）
统一书号：8026.1828　定价：CNY0.08

J0155905

我们要做雷锋式的好少年　杨因作词；李群作曲

北京　音乐出版社　1963 年 ［4］页　26cm（16 开）
统一书号：8026.1892　定价：CNY0.11

J0155906

我们在队旗下成长　（齐唱及二部合唱）戴辉作词；慕寅作曲；张栋配伴奏

上海　上海文艺出版社　1963 年　3 页
26cm（16 开）统一书号：8078.2177
定价：CNY0.09

J0155907

小放驴　（童声独唱）倪维德作词；王大卫作曲；杨鸿年配伴奏

北京　音乐出版社　1963 年 ［4］页　26cm（16 开）
统一书号：8026.1829　定价：CNY0.11

J0155908

小号手的歌　（齐唱）陈维博作词；吴克辛作曲；黎英海配伴奏

上海　上海文艺出版社　1963 年　3 页
26cm（16 开）统一书号：8078.2178
定价：CNY0.09

J0155909

小红花　小鸡　雁　金波，金近作词；尚疾等作曲；韩德常配伴奏

北京　音乐出版社　1963 年 ［4］页　26cm（16 开）
统一书号：8026.1850　定价：CNY0.11

J0155910

小木枪新又新　咪咪咪　打电话　这是什么
鲁兵等作词；钟立民等作曲；韩德常配伴奏

北京　音乐出版社　1963 年　4 页　26cm（16 开）
统一书号：8026.1851　定价：CNY0.11

J0155911

小朋友来唱革命歌　共青团北京市委少年儿童部编

北京　北京出版社　1963 年　简谱本　21 页

19cm（32开）统一书号：R8071.150
定价：CNY0.09

J0155912
早晨的歌　中央人民广播电台少儿部,歌曲编辑部编
北京　音乐出版社　1963年　简谱本　78页
19cm（32开）统一书号：R8026.1736
定价：CNY0.29

J0155913
长大要把农民当　（领唱及二部合唱）黄准作曲；赵抱衡作词
上海　上海文艺出版社　1963年　[3页]
26cm（16开）统一书号：8078.2181
定价：CNY0.09

J0155914
儿童歌曲　中国音乐家协会广西壮族自治区分会编
南宁　广西壮族自治区人民出版社　1964年
简谱本　35页　19cm（32开）
统一书号：8113.165　定价：CNY0.11

J0155915
红色少年志气高　中国音乐家协会江苏分会编
南京　江苏人民出版社　1964年　19页
19cm（32开）统一书号：R10100.1182
定价：CNY0.10

J0155916
少年儿童歌曲　福建人民出版社编辑
福州　福建人民出版社　1964年　影印本　27页
10×15cm　统一书号：R8104.401
定价：CNY0.05

J0155917
少年儿童歌曲选　中国音乐家协会广东分会编
广州　广东人民出版社　1964年　35页
19cm（32开）统一书号：R8111.556
定价：CNY0.10

J0155918
少年儿童歌曲选　上海文化出版社编
上海　上海文化出版社　1964年　简谱本

242页　19cm（32开）统一书号：8077.205
定价：CNY0.56

J0155919
童年之歌　中央人民广播电台少年儿童部编
北京　音乐出版社　1964年　简谱本　30页
19cm（32开）统一书号：8026.2027
定价：CNY0.14

J0155920
小伙伴的歌　（1964）中国音乐家协会上海分会,中国福利会少年宫编
上海　上海文化出版社　1964年　22页
14cm（64开）统一书号：8077.226
定价：CNY0.05

J0155921
小伙伴的歌　中国音乐家协会上海分会,中国福利会少年宫编
上海　上海文化出版社　1965年　41页
13cm（60开）统一书号：8077.278
定价：CNY0.05

J0155922
小伙伴的歌　（革命儿歌选辑）中国音乐家协会上海分会,中国福利会少年宫编
上海　上海文化出版社　1965年　34页
14cm（64开）统一书号：8077.239
定价：CNY0.07

J0155923
小伙伴的歌　（1966）中国音乐家协会上海分会,中国福利会少年宫编
上海　上海文化出版社　1966年　37页
14cm（64开）统一书号：8077.299
定价：CNY0.07

J0155924
小学生歌曲　（供一年上期用）
福州　福建人民出版社　1964年　14页
18cm（15开）统一书号：7159.382
定价：CNY0.06

J0155925
小学生歌曲　（供二年上期用）

福州　福建人民出版社　1964 年　20 页
18cm（15 开）统一书号：7159.390
定价：CNY0.08

J0155926
小学生歌曲　（供三年上期用）
福州　福建人民出版社　1964 年　18 页
18cm（15 开）统一书号：7159.384
定价：CNY0.07

J0155927
小学生歌曲　（供四年上期用）
福州　福建人民出版社　1964 年　20 页
18cm（15 开）统一书号：7159.392
定价：CNY0.08

J0155928
小学生歌曲　（供五年上期用）
福州　福建人民出版社　1964 年　24 页
18cm（15 开）统一书号：7159.398
定价：CNY0.08

J0155929
小学生歌曲　（供六年上期用）
福州　福建人民出版社　1964 年　24 页
18cm（15 开）统一书号：7159.401
定价：CNY0.08

J0155930
一定要把胜利的旗帜插到台湾　（齐唱）
王军词；晓河曲；姚牧配伴奏
北京　音乐出版社　1964 年　［4］页 26cm（16 开）
统一书号：8026.2003　定价：CNY0.08
　　作者晓河（1918—2010），作曲家。原名何同
鉴，江西上饶人。有歌曲《罗炳辉射击手》《三杯
美酒敬亲人》《勘探队之歌》《伟大的国家伟大的
党》等。

J0155931
幼儿歌曲选集　韩德常，李晋瑗编
北京　音乐出版社　1964 年　简谱本　81 页
19cm（32 开）统一书号：8026.1968
定价：CNY0.28
　　本书收录《梦见毛主席》《七月一》《国旗
歌》《大红花》《我是一粒米》《打电话》《这是什

么》《开火车》等幼儿歌曲 120 首。

J0155932
中国少年先锋队队歌　郭沫若作词；马思聪
作曲
北京　音乐出版社　1964 年　3 页　26cm（16 开）
统一书号：8026.2102　定价：CNY0.09
　　作者郭沫若（1892—1978），文学家、历史学
家。原名开贞，字鼎堂，号尚武，笔名沫若、麦克
昂、郭鼎堂，四川乐山人，毕业于日本九州帝国大
学。历任中国科学院首任院长、中国科学技术大
学首任校长、苏联科学院外籍院士。代表作《郭
沫若全集》《甲骨文字研究》《中国史稿》等。作
者马思聪（1912—1987），作曲家、小提琴演奏家。
广东海丰人。曾任中央音乐学院首任院长，并兼
任中国音乐家协会副主席，《音乐创作》主编等职。
代表作有小提琴曲《内蒙组曲》《西藏音诗》《第
一回旋曲》，交响音乐《山林之歌》《第二交响曲》，
大合唱《祖国》《春天》，歌剧《热碧亚》等。

J0155933
第六届"上海之春"少年儿童歌曲选
第六届"上海之春"办公室编
上海　上海文化出版社　1965 年　简谱本 53 页
有图 19cm（32 开）统一书号：8077.284
定价：CNY0.17

J0155934
歌声飞遍亚非拉　杨因作词；钟维国作曲；李
重光配伴奏
北京　音乐出版社　1965 年　3 页　26cm（16 开）
统一书号：8026.2222　定价：CNY0.09

J0155935
少年儿童新歌选　音乐出版社编辑部编
北京　音乐出版社　1965 年　简谱本　51 页
19cm（32 开）统一书号：8026.2406
定价：CNY0.17

J0155936
少年歌曲选　百花文艺出版社编辑
天津　百花文艺出版社　1965 年　简谱本　120 页
19cm（32 开）统一书号：R8151.33
定价：CNY0.24

J0155937

少年歌声　中国音乐家协会上海分会,中国福
利会少年宫编
上海　上海文化出版社　1965 年　简谱本　36 页
13cm（60 开）统一书号：8077.277
定价：CNY0.04

J0155938

少年歌声　中国音乐家协会上海分会,中国福
利会少年宫编
上海　上海文化出版社　1966 年　32 页
13cm（60 开）统一书号：8077.298
定价：CNY0.06

J0155939

童年　望安作词；吴国钧作曲；何振京配伴奏
北京　音乐出版社　1965 年　5 页　26cm（16 开）
统一书号：8026.2224　定价：CNY0.12

J0155940

我们爱农村　顾工作词；吕骥,沈波作曲；李
重光配伴奏
北京　音乐出版社　1965 年　[4]页　26cm（16 开）
统一书号：8026.2223　定价：CNY0.09
　　本书由《我们爱农村》《山里的孩子心爱山》
合订。作者吕骥（1909—2002）,音乐家、作曲家。
出生于湖南湘潭,就读于上海音乐专科学校。历
任中央音乐学院副院长、中国音协主席。创作的
《抗日军政大学校歌》等歌曲广为传唱。出版有
《吕骥文选》。

J0155941

小学生歌曲　（供二年下期用）
福州　福建人民出版社　1965 年　16 页
18cm（15 开）统一书号：7159.412
定价：CNY0.07

J0155942

小学生歌曲　（供六年下期用）
福州　福建人民出版社　1965 年　26 页
18cm（15 开）统一书号：7159.416
定价：CNY0.09

J0155943

小学生歌曲　（供三年下期用）
福州　福建人民出版社　1965 年　22 页
18cm（15 开）统一书号：7159.413
定价：CNY0.08

J0155944

小学生歌曲　（供四年下期用）
福州　福建人民出版社　1965 年　22 页
18cm（15 开）统一书号：7159.414
定价：CNY0.08

J0155945

小学生歌曲　（供五年下期用）
福州　福建人民出版社　1965 年　22 页
18cm（15 开）统一书号：7159.415
定价：CNY0.08

J0155946

小学生歌曲　（供一年下期用）
福州　福建人民出版社　1965 年　16 页
18cm（15 开）统一书号：7159.411
定价：CNY0.08

J0155947

小学生歌曲　（供二年下期用）
福州　福建人民出版社　1965 年　修订本　16 页
18cm（15 开）统一书号：7159.412
定价：CNY0.07

J0155948

小学生歌曲　（供六年下期用）
福州　福建人民出版社　1965 年　修订本　26 页
18cm（15 开）统一书号：7159.416
定价：CNY0.09

J0155949

小学生歌曲　（供三年下期用）
福州　福建人民出版社　1965 年　修订本　22 页
18cm（15 开）统一书号：7159.413
定价：CNY0.08

J0155950

小学生歌曲　（供四年下期用）
福州　福建人民出版社　1965 年　修订本　22 页
18cm（15 开）统一书号：7159.414
定价：CNY0.08

J0155951

小学生歌曲 （供五年下期用）

福州　福建人民出版社　1965 年　修订本　22 页

18cm（15 开）统一书号：7159.415

定价：CNY0.08

J0155952

小学生歌曲 （供一年下期用）

福州　福建人民出版社　1965 年　修订本　16 页

18cm（32 开）统一书号：7159.411

定价：CNY0.07

J0155953

新中国少年进行曲　杨因作词；寄明作曲

北京　音乐出版社　1965 年　3 页　26cm（16 开）

统一书号：8026.2435 定价：CNY0.08

J0155954

沿着雷锋的道路前进 （少年儿童组歌）于之

作词；严金萱作曲

上海　上海文化出版社　1965 年　简谱本　21 页

14cm（64 开）统一书号：8077.252

定价：CNY0.05

J0155955

少年儿童歌曲选　山东省群众艺术馆编

济南　山东人民出版社　1966 年　37 页

14cm（64 开）统一书号：T8099.556

定价：CNY0.09

J0155956

我们一生的道路要象焦叔叔那样跟党走

（童声合唱）黎英海等词曲

北京　音乐出版社　1966 年　16 页　18cm（32 开）

统一书号：8026.2550 定价：CNY0.07

J0155957

儿童歌曲选 （第一集）

石家庄　河北人民出版社　1972 年　44 页

13cm（60 开）统一书号：10086.298

定价：CNY0.06

J0155958

儿童歌曲选　湖南革命歌曲征集小组编

长沙　湖南人民出版社　1972 年　18 页

18cm（15 开）统一书号：10109.943

定价：CNY0.06

J0155959

儿童歌曲选　山西《革命文艺》编辑组编

太原　山西人民出版社　1972 年　32 页

13cm（60 开）统一书号：8088.685

定价：CNY0.05

J0155960

金色太阳永不落 （红小兵歌曲集）

沈阳　辽宁人民出版社　1972 年　86 页

13cm（60 开）统一书号：8090.195

定价：CNY0.10

J0155961

少年儿童歌曲选 （第一集）人民文学出版社

编辑

北京　人民文学出版社　1972 年　74 页

19cm（32 开）统一书号：10019.1892

定价：CNY0.19

J0155962

少年儿童歌曲选 （第二集）人民文学出版社

编辑

北京　人民文学出版社　1972 年　60 页

19cm（32 开）统一书号：10019.1924

定价：CNY0.14

J0155963

誓做革命接班人 （儿童歌曲选）

昆明　云南人民出版社　1972 年　99 页

14cm（64 开）统一书号：R7116.313

定价：CNY0.12

J0155964

儿童歌曲选　《儿童歌曲集》编辑小组编

长沙　湖南人民出版社　1973 年　30 页

18cm（15 开）统一书号：8109.898

定价：CNY0.07

J0155965

儿童歌曲选

太原　山西人民出版社　1973 年　36 页

13cm（60 开）统一书号：8088.787

定价: CNY0.07

J0155966
少年儿童歌曲集 （天津市少年儿童歌曲征稿选）天津市群众艺术馆编
天津 天津人民出版社 1973 年 81 页
12cm（70 开）统一书号：8072.2 定价: CNY0.10

J0155967
少年儿童歌曲选 （第二集）
北京 人民文学出版社 1973 年 2 版 修订本 60 页
19cm（32 开）统一书号：10019.1924
定价: CNY0.14

J0155968
少年儿童歌曲选 （第三集）人民文学出版社
编辑
北京 人民文学出版社 1973 年 68 页 有图
19cm（32 开）统一书号：10019.2024
定价: CNY0.16

J0155969
我是幸福的新一代 （红小兵歌曲选）湖北人
民出版社编辑
武汉 湖北人民出版社 1973 年 30 页
13cm（60 开）统一书号：8106.1445
定价: CNY0.05

J0155970
幼儿歌曲选 上海市中小学教材编写组，幼儿
歌曲编选组编
上海 上海人民出版社 1973 年 51 页
19cm（32 开）统一书号：R8171.802
定价: CNY0.12

J0155971
党是阳光我是苗 （红小兵歌曲选）湖北人民
出版社编辑
武汉 湖北人民出版社 1974 年 37 页
13cm（60 开）统一书号：8106.1444
定价: CNY0.05

J0155972
儿童歌曲选
石家庄 河北人民出版社 1974 年 84 页

13cm（60 开）统一书号：8086.444
定价: CNY0.10

J0155973
革命儿童歌曲选
北京 人民出版社 1974 年 28 页 18cm（15 开）
统一书号：8071.139 定价: CNY0.08

J0155974
红色儿童团组歌 张秋生词；陆建华等曲
上海 上海人民出版社 1974 年 19 页
18cm（15 开）统一书号：8171.918
定价: CNY0.08

J0155975
少年儿童歌曲选 广州群众文化馆编
广州 广东人民出版社 1974 年 40 页
19cm（32 开）统一书号：R8111.1291
定价: CNY0.11

J0155976
少年儿童歌曲选 （第一集）辽宁人民出版社
编辑
沈阳 辽宁人民出版社 1974 年 106 页
19cm（32 开）统一书号：8090.516
定价: CNY0.24

J0155977
少年儿童歌曲选 （第四集）人民文学出版社
编辑
北京 人民文学出版社 1974 年 68 页
19cm（32 开）统一书号：10019.2116
定价: CNY0.16

J0155978
少年儿童歌曲选 （第五集）
北京 人民文学出版社 1974 年 44 页
19cm（32 开）统一书号：10019.2161
定价: CNY0.12

J0155979
少年儿童歌曲选 （第六集）
北京 人民音乐出版社 1974 年 44 页
18cm（32 开）统一书号：8026.3029
定价: CNY0.12

J0155980

我们最爱北京城 （少年儿童歌曲集）北京市少年宫编

北京 人民出版社 1974 年 50 页 19cm（32 开）

统一书号：8071.112 定价：CNY0.13

J0155981

党是太阳我是花 （少年儿童歌曲集）浙江省文化局群众文化组编

杭州 浙江人民出版社 1975 年 39 页

19cm（32 开）统一书号：10103.38

定价：CNY0.10

J0155982

儿童歌曲选

石家庄 河北人民出版社 1975 年 120 页

13cm（60 开）统一书号：8086.541

定价：CNY0.13

J0155983

红花朵朵向阳开 （少年儿童歌曲选）天津群众艺术馆编

天津 天津人民出版社 1975 年 70 页

14cm（64 开）统一书号：8072.15

定价：CNY0.09

J0155984

红缨枪 （少年儿童歌曲选）

广州 广东人民出版社 1975 年 33 页

19cm（32 开）统一书号：8111.1358

定价：CNY0.09

J0155985

红缨闪闪向前方 （南京市红小兵宣传队创作节目选辑）

南京 江苏人民出版社 1975 年 129 页

19cm（32 开）统一书号：3100.111

定价：CNY0.25

J0155986

少年儿童歌曲 （第二集）红星中朝友好"人民公社"文化站,人民音乐出版社编辑部编

北京 人民音乐出版社 1975 年 36 页

19cm（32 开）统一书号：8026.3140

定价：CNY0.11

J0155987

少年儿童歌曲 （1975 年 第一集）

北京 人民音乐出版社 1975 年 44 页

19cm（32 开）统一书号：8026.3053

定价：CNY0.13

J0155988

少年儿童歌曲 100 首 广东省文艺创作室编

广州 广东人民出版社 1975 年 127 页

19cm（32 开）统一书号：8111.1436

定价：CNY0.25

J0155989

少年儿童歌曲集 黑龙江人民出版社编辑

哈尔滨 黑龙江人民出版社 1975 年 48 页

19cm（32 开）统一书号：10093.73

定价：CNY0.13

J0155990

少年儿童歌曲集 黑龙江人民出版社编辑

哈尔滨 黑龙江人民出版社 1976 年 49 页

19cm（32 开）统一书号：8093.369

定价：CNY0.13

J0155991

少年儿童歌曲选 广西人民出版社编辑

南宁 广西人民出版社 1975 年 120 页

19cm（32 开）统一书号：8113.195

定价：CNY0.12

J0155992

少年儿童歌曲选 （第二集）辽宁省教育局编

沈阳 辽宁人民出版社 1975 年 48 页

19cm（32 开）统一书号：8090.615

定价：CNY0.14

J0155993

我是高原向阳花 （少年儿童歌曲集）

拉萨 西藏人民出版社 1975 年 53 页

19cm（32 开）统一书号：8170.17

定价：CNY0.14

　　本书是庆祝西藏自治区成立十周年儿童歌曲选集。

J0155994

要做共产主义接班人 （革命歌曲　正谱本）

喻成功，余远荣词曲；陈国权配伴奏

北京　人民音乐出版社　1975 年　[2] 页

26cm（16 开）统一书号：8026.3119

定价：CNY0.09

J0155995

幼儿歌曲选 （第一集）上海市中小学教材编

写组，幼儿歌曲编选组合合编

上海　上海人民出版社　1973 年　19cm（32 开）

统一书号：K8171.802　定价：CNY0.12

J0155996

幼儿歌曲选 （第二集）上海人民出版社编辑

上海　上海人民出版社　1975 年　19cm（32 开）

统一书号：K8171.1282　定价：CNY0.12

J0155997

幼儿歌曲选 （第三集）上海人民出版社编辑

上海　上海人民出版社　1977 年　74 页

19cm（32 开）统一书号：R8171.1810

定价：CNY0.19

J0155998

钢城儿歌赛银河 （歌曲集）内蒙古教育出版

社编辑

呼和浩特　内蒙古教育出版社　1976 年　36 页

19cm（32 开）统一书号：K7167.712

定价：CNY0.10

J0155999

金色太阳永不落 （少年儿童新歌选）四川人

民出版社编辑

成都　四川人民出版社　1976 年　86 页

19cm（32 开）统一书号：8118.241

定价：CNY0.19

J0156000

上海十年儿童歌曲选 （1966—1976）《"红

小兵" 歌曲》编辑小组编

上海　上海人民出版社　1976 年　248 页

19cm（32 开）统一书号：8171.1681

定价：CNY0.44

J0156001

少年儿童歌曲 （1976　1）

南京　江苏人民出版社　1976 年　43 页

19cm（32 开）统一书号：8100.003

定价：CNY0.11

J0156002

少年儿童歌曲 （1976　2）江苏省 "革委会"

文化局编

南京　江苏人民出版社　1976 年　40 页

19cm（32 开）统一书号：8100.005

定价：CNY0.10

J0156003

少年儿童歌曲 （第一集）江苏省 "革委会" 文

化局编

南京　江苏人民出版社　1977 年　34 页

19cm（32 开）统一书号：8100.006

定价：CNY0.10

J0156004

少年儿童歌曲 （1976 年　第一集）

北京　人民音乐出版社　1976 年　45 页

19cm（32 开）统一书号：8026.3182

定价：CNY0.13

J0156005

少年儿童歌曲 （1976 年　第二集）

北京　人民音乐出版社　1976 年　44 页

19cm（32 开）统一书号：8026.3213

定价：CNY0.13

J0156006

少年儿童歌曲 （一）山西省文化局音工组编

太原　山西人民出版社　1976 年　35 页

19cm（32 开）统一书号：8088.1030

定价：CNY0.11

J0156007

少年儿童合唱曲选 《少年儿童合唱曲选》编

辑小组编

上海　上海人民出版社　1976 年　49 页

26cm（16 开）统一书号：8171.1626

定价：CNY0.25

J0156008

声声歌颂毛主席 （少年儿童歌曲选）

合肥 安徽人民出版社 1976 年 51 页

19cm（32 开）统一书号：R8102.835

定价：CNY0.14

J0156009

党是阳光我是花 （少年儿童歌曲集）贵州人

民出版社编辑

贵阳 贵州人民出版社 1977 年 83 页

19cm（32 开）统一书号：10115.343

定价：CNY0.19

J0156010

少年儿童歌曲 （1977 年 第一集）

北京 人民音乐出版社 1977 年 44 页

19cm（32 开）统一书号：8026.3267

定价：CNY0.12

J0156011

少年儿童歌曲 （1977 年 第二集）

北京 人民音乐出版社 1977 年 60 页

19cm（32 开）统一书号：8026.3304

定价：CNY0.16

J0156012

小社员之歌 上海人民出版社编辑

上海 上海人民出版社 1977 年 61 页

19cm（32 开）统一书号：8171.1971

定价：CNY0.13

J0156013

幼儿歌曲集 广东省文艺创作室,广州市教育

局幼儿歌曲编选组编

北京 人民音乐出版社 1977 年 78 页

19cm（32 开）统一书号：8026.3259

定价：CNY0.19

J0156014

大家都来除"四害" （童声领唱、齐唱·钢琴

伴奏）冠钧,王宁一词曲；徐新圃配伴奏

北京 人民音乐出版社 1978 年 3 页

26cm（16 开）统一书号：8026.3374

定价：CNY0.09

J0156015

各族儿童心向华主席 （歌曲集）上海文艺出

版社编辑

上海 上海文艺出版社 1978 年 100 页

19cm（32 开）统一书号：8078.3016

定价：CNY0.23

J0156016

军号达达歌嘹亮 （建军五十周年儿童歌曲集）

上海文艺出版社编辑

上海 上海文艺出版社 1978 年 105 页

19cm（32 开）统一书号：R8078.3004

定价：CNY0.23

J0156017

毛主席 各族儿童怀念您 （歌曲选）

上海文艺出版社编辑

上海 上海文艺出版社 1978 年 68 页

19cm（32 开）统一书号：8078.3012

定价：CNY0.19

J0156018

少年儿童表演歌曲选 上海文艺出版社编辑

上海 上海文艺出版社 1978 年 142 页

19cm（32 开）统一书号：8078.3030

定价：CNY0.33

J0156019

少年儿童歌曲

南京 江苏人民出版社 1978 年 54 页

19cm（32 开）统一书号：8100.018

定价：CNY0.14

J0156020

少年儿童歌曲 （1978 年 第一集）

北京 人民音乐出版社 1978 年 28 页

19cm（32 开）统一书号：8026.3400

定价：CNY0.10

J0156021

少年儿童歌曲 （1978 年 第二集）

北京 人民音乐出版社 1978 年 28 页

19cm（32 开）统一书号：8026.3437

定价：CNY0.10

J0156022
少年儿童歌曲 （1978年 第三集）
北京 人民音乐出版社 1978年 28页
19cm（32开）统一书号：8026.3472
定价：CNY0.10

J0156023
少年儿童歌曲 （1978年 第四集）
北京 人民音乐出版社 1978年 29页
19cm（32开）统一书号：8026.3536
定价：CNY0.10

J0156024
少年儿童歌曲集 （1977）
哈尔滨 黑龙江人民出版社 1978年 63页
19cm（32开）统一书号：8093.420
定价：CNY0.18

J0156025
少年儿童歌曲选
合肥 安徽人民出版社 1978年 122页
19cm（32开）统一书号：8102.950
定价：CNY0.22

J0156026
少年儿童歌曲选
石家庄 河北人民出版社 1978年 100页
19cm（32开）统一书号：8086.1009
定价：CNY0.25

J0156027
少年儿童歌曲选 西安市文化馆,西安人民广
播电台编
西安 陕西人民出版社 1978年 45页
19cm（32开）统一书号：8094.584
定价：CNY0.12

J0156028
同声歌唱华主席 （少年儿童歌曲选）百花文
艺出版社编辑
天津 百花文艺出版社 1978年 83页
19cm（32开）统一书号：8151.1 定价：CNY0.19

J0156029
为革命勤奋学习 （童声合唱 钢琴伴奏）

陈胜利词；宝纲曲
北京 人民音乐出版社 1978年 3页
26cm（16开）统一书号：8026.3376
定价：CNY0.09

J0156030
我们爱科学 （少年儿童歌曲选）
长春 吉林人民出版社 1978年 47页
19cm（32开）统一书号：R8091.925
定价：CNY0.13

J0156031
我们是共产主义接班人 （少年儿童歌曲集）
《我们是共产主义接班人》编辑组选编
成都 四川人民出版社 1978年 148页
19cm（32开）统一书号：8118.440
定价：CNY0.30

J0156032
我们在华主席身边茁壮成长 （少年儿童歌
曲集）一九七七年北京市中小学红五月歌咏活
动办公室编
北京 人民出版社 1978年 91页 19cm（32开）
统一书号：8071.282 定价：CNY0.19

J0156033
幼儿歌曲 （4）上海文艺出版社编
上海 上海文艺出版社 1978年 103页
25cm（15开）统一书号：8078.3032
定价：CNY0.27

J0156034
幼儿歌曲 （5）上海文艺出版社编
上海 上海文艺出版社 1980年 25cm（15开）
统一书号：8078.3223 定价：CNY0.35

J0156035
幼儿歌曲 （6）上海文艺出版社编
上海 上海文艺出版社 1980年 92页 25cm（15开）
统一书号：8078.3354 定价：CNY0.50

J0156036
幼儿歌曲 （7）上海文艺出版社编
上海 上海文艺出版社 1980年 130页
25cm（15开）统一书号：8078.3491

定价: CNY1.20

J0156037
春风吹动红领巾 （儿童歌曲集）吉林人民出版社编辑
[长春] 吉林人民出版社 1979 年 57 页
19cm（32 开）统一书号: 10091.712
定价: CNY0.16

J0156038
哆叭咪发梭 （少年儿童歌曲集、怎样备课和创作少年儿童歌曲）邱刚强著
武汉 湖北人民出版社 1979 年 108 页
26cm（16 开）定价: CNY0.47

J0156039
哆叭咪发梭 （少年儿童歌曲集 怎样备课和创作少年儿童歌曲）邱刚强著
武汉 湖北人民出版社 1979 年 108 页
26cm（16 开）统一书号: 8106.1999
定价: CNY0.47

J0156040
儿童歌曲选 金波等词；潘振声作曲
银川 宁夏人民出版社 1979 年 125 页
19cm（32 开）统一书号: 8157.316
定价: CNY0.26

　　作者金波（1935— ），诗人、儿童文学家。原名王金波，河北冀县人，毕业于北京师范学院中文系。历任北京师范学院教授，中国作家协会儿童文学创作委员会主任，北京市作家协会理事，中国音乐家协会理事，儿童音乐学会副会长。代表作品《我们去看海》《回声》《眼睛树》《感谢往事》等。作者潘振声（1933—2009），蒙古族，作曲家，从事儿童音乐创作。生于上海。曾任江苏省文联党组成员、副主席，曾获得"全国优秀少年工作工作者"等荣誉称号。创作的歌曲有《春天在哪里》《小鸭子》《一分钱》《嘀哩嘀哩》等。

J0156041
歌儿飞向天安门 （少年儿童歌曲集）北京市少年宫选编
北京 北京出版社 1979 年 103 页 19cm（32 开）
统一书号: 8071.302 定价: CNY0.22

J0156042
红领巾歌声 （第一辑）四川人民出版社编
成都 四川人民出版社 1979 年 52 页
19cm（32 开）统一书号: R8118.680
定价: CNY0.18

J0156043
快乐的营火晚会 （儿童歌曲集）湖南人民出版社编辑
长沙 湖南人民出版社 1979 年 55 页
19cm（32 开）统一书号: 10109.1203
定价: CNY0.13

J0156044
少年儿童歌曲 （1979 第一集）
北京 人民音乐出版社 1979 年 30 页
19cm（32 开）统一书号: 8026.3552
定价: CNY0.09

J0156045
少年儿童歌曲 （1979 第二集）
北京 人民音乐出版社 1979 年 30 页
19cm（32 开）统一书号: 8026.3586
定价: CNY0.09

J0156046
少年儿童歌曲 （1979 第三集）
北京 人民音乐出版社 1979 年 44 页
19cm（32 开）统一书号: 8026.3598
定价: CNY0.12

J0156047
少年儿童歌曲 （1979 第四集）
北京 人民音乐出版社 1979 年 44 页
19cm（32 开）统一书号: 8026.3621
定价: CNY0.12

J0156048
少年儿童歌曲 （1979 第五集）
北京 人民音乐出版社 1979 年 44 页
19cm（32 开）统一书号: 8026.3652
定价: CNY0.12

J0156049
少年儿童歌曲 （1979 第六集）

北京 人民音乐出版社 1979 年 43 页
19cm（32 开）统一书号：8026.3650
定价：CNY0.12

J0156050
少年儿童歌曲集 （1）
济南 山东人民出版社 1979 年 58 页 有图
19cm（32 开）统一书号：R8099.1884
定价：CNY0.16

J0156051
我的理想多美好 （少年儿童歌曲集）贵州省
群众艺术馆编
贵阳 贵州人民出版社 1979 年 35 页
19cm（32 开）统一书号：8115.722
定价：CNY0.11

J0156052
我们多么幸福 （少年儿童歌曲选）广西人民
出版社编辑
南宁 广西人民出版社 1979 年 56 页
19cm（32 开）统一书号：8113.473
定价：CNY0.14

J0156053
我们是新长征的小红军 （献给少先队员们
的歌）共青团中央宣传部编
北京 中国少年儿童出版社 1979 年 44 页
19cm（32 开）统一书号：R8056.238
定价：CNY0.13

J0156054
我们是祖国的花朵 （少年儿童歌曲）
南宁 广西人民出版社 1979 年 62 页
19cm（32 开）统一书号：R8113.549
定价：CNY0.16

J0156055
我们在春天里歌唱 （儿童歌曲选）山西人民
出版社编辑
太原 山西人民出版社 1979 年 67 页
19cm（32 开）统一书号：10088.618
定价：CNY0.20

J0156056
我是祖国的一朵花 （儿童歌曲集）湖南人民
出版社编辑
长沙 湖南人民出版社 1979 年 100 页
19cm（32 开）统一书号：10109.1119
定价：CNY0.21

J0156057
幼儿园的歌 180 首　上海市中小学教材编写
组,上海文艺出版社音乐舞蹈编辑室编
上海 上海文艺出版社 1979 年 143 页
20cm（32 开）定价：CNY0.42

J0156058
在科学的春天里歌唱 （少年儿童歌曲集）上
海文艺出版社编辑
上海 上海文艺出版社 1979 年 50 页
19cm（32 开）统一书号：8078.3133
定价：CNY0.15

J0156059
中国少年先锋队队歌 （童声二部合唱）周郁
辉词；寄明曲
上海 上海文艺出版社 1979 年 3 页
26cm（16 开）统一书号：8078.3192
定价：CNY0.12

J0156060
春天呵 多美好　中国音乐家协会天津分会编
天津 新蕾出版社 1980 年 66 页 19cm（32 开）
统一书号：R8213.1 定价：CNY0.17

J0156061
**第二次全国少年儿童文艺创作评奖获奖歌
曲集**
北京 人民音乐出版社 1980 年 70 页
19cm（32 开）统一书号：8026.3734
定价：CNY0.25

J0156062
儿童歌曲选　广州市群众艺术馆编
广州 广东人民出版社 1980 年 63 页
19cm（32 开）统一书号：8111.2142
定价：CNY0.18

J0156063

歌唱吧　小海燕　中国音乐家协会广东分会创作委员会编

广州　广东人民出版社　1980 年　98 页

19cm（32 开）统一书号：8111.2238

定价：CNY0.25

J0156064

红领巾歌声　（第二辑）

成都　四川人民出版社　1980 年　46 页

19cm（32 开）统一书号：8118.796

定价：CNY0.14

J0156065

红领巾歌声　（第三辑）

成都　四川人民出版社　1980 年　40 页

19cm（32 开）统一书号：R8118.845

定价：CNY0.14

J0156066

看！队旗在飘　（儿童歌曲集）

南京　江苏人民出版社　1980 年　64 页

19cm（32 开）统一书号：8100.022

定价：CNY0.18

J0156067

李群儿童歌曲选　李群曲；新蕾出版社编辑

天津　新蕾出版社　1980 年　179 页　21cm（32 开）

统一书号：R8213.2　定价：CNY0.51

　　作者李群（1925—2003），女，作曲家。河北磁县人，毕业于鲁迅艺术学院音乐系。历任中央歌舞团、中央民族乐团创作员，人民音乐出版社副总编，《儿童音乐》主编，中国音乐家协会理事，中国儿童音乐学会会长。创作歌曲有《七月里，七月一》《别看我们年纪小》《有一个人》等，出版有《李群儿童歌曲选》。

J0156068

少年儿童歌曲选　何天明编

南昌　江西人民出版社　1980 年　118 页

19cm（32 开）统一书号：8110.396

定价：CNY0.28

J0156069

少年儿童歌曲一百首

郑州　河南人民出版社　1980 年　123 页

19cm（32 开）统一书号：7105.91

定价：CNY0.25

J0156070

听妈妈讲那过去的事情　（少年儿童歌曲集）瞿希贤曲

长沙　湖南人民出版社　1980 年　74 页

19cm（32 开）统一书号：8109.1177

定价：CNY0.22

　　作者瞿希贤（1919—2008），女，作曲家。上海人，毕业于上海国立音专作曲系。曾就职于中央音乐学院音工团和中央乐团创作组。代表作品《听妈妈讲那过去的事情》《新的长征，新的战斗》《乌苏里船歌》。

J0156071

我们快乐地歌唱　（少年儿童歌曲集）湖北人民广播电台文艺部编

武汉　湖北人民出版社　1980 年　182 页

19cm（32 开）统一书号：8106.2021

定价：CNY0.40

J0156072

我是园中一朵花　（儿童歌曲）昆明市文化馆编

昆明　云南人民出版社　1980 年　66 页

19cm（32 开）统一书号：R8116.878

定价：CNY0.18

J0156073

小朋友的歌　北京市少年宫儿童歌曲创作组选编

北京　北京出版社　1980 年　1 册　19cm（32 开）

统一书号：8071.334　定价：CNY0.10

J0156074

小朋友的歌　（幼儿歌曲集）北京市少年宫编

北京　人民音乐出版社　1980 年　46 页

19cm（32 开）统一书号：8026.3710

定价：CNY0.14

J0156075

祖国的早晨　（少儿歌曲 100 首）

广州　广东人民出版社　1980 年　141 页

19cm（32 开）统一书号：8111.2269

定价：CNY0.34

J0156076

春夏秋冬 （少年儿童歌曲集）上海文艺出版社编

上海 上海文艺出版社 1981 年 237 页 有图
25cm（小 16 开）统一书号：8078.3303
定价：CNY1.30

　　本歌集选编反映四季自然景色和四季中少年儿童各个生活侧面、多种心态愿望的歌曲 200 余首，以春、夏、秋、冬为程序编排。

J0156077

儿童歌曲 （1980 年 第 1–6 期 总第 32–37 期）儿童音乐编辑部编

北京 人民音乐出版社 1981 年
1 册（原订 6 册）19cm（32 开）
统一书号：8026.3862 定价：CNY0.68

J0156078

高举队旗向前进 全国少年儿童音乐表演评选委员会编

北京 人民音乐出版社 1981 年 80 页
19cm（32 开）统一书号：8026.3719
定价：CNY0.28

J0156079

高年级小学生歌曲

长沙 湖南人民出版社 1981 年 18 页
19cm（32 开）统一书号：8109.1313
定价：CNY0.06

J0156080

少年，少年，祖国的春天 （共青团中央、教育部、文化部、全国妇联、中国音协、中央人民广播电台、中央电视台向全国少年儿童推荐十二首儿童歌曲）云南人民出版社编

昆明 云南人民出版社 1981 年 19 页
19cm（32 开）统一书号：8116.982
定价：CNY0.09

J0156081

少年儿童歌曲集 山东人民出版社编

济南 山东人民出版社 1981 年 141 页
19cm（32 开）统一书号：R8099.2269

定价：CNY0.32

J0156082

少年少年祖国的春天 （1981 年全国少年儿童推荐歌舞作品）

北京 人民音乐出版社 1981 年 1 张
20cm（32 开）定价：CNY0.10

J0156083

少先队活动歌曲选 上海市少先队工作学会编，上海文艺出版社编

上海 上海文艺出版社 1981 年 99 页
19cm（32 开）统一书号：8078.3323
定价：CNY0.26

J0156084

小红花的歌——少年儿童创作歌曲选
天津市少年儿童文艺活动办公室等编

天津 新蕾出版社 1981 年 14 页 13cm（64 开）
定价：CNY0.05

J0156085

小学生歌曲 （高年级）湖南人民出版社编

长沙 湖南人民出版社 1981 年 16 页
19cm（32 开）统一书号：8109.1182
定价：CNY0.06

J0156086

小学生歌曲 （高年级）湖南人民出版社编

长沙 湖南人民出版社 1981 年 ［16 页］
19cm（小 32 开）定价：CNY0.07

J0156087

小学生歌曲 （中低年级）湖南人民出版社编

长沙 湖南人民出版社 1981 年 16 页
19cm（32 开）统一书号：8109.1314
定价：CNY0.06

J0156088

小学生歌曲 （中低年级）湖南人民出版社编

长沙 湖南人民出版社 1981 年 ［16 页］
19cm（小 32 开）定价：CNY0.07

J0156089

小燕子，我们的朋友 韩昌熙，全淑子译；扬

帆等配词

延吉　延边人民出版社　1981年　100页

19cm（32开）统一书号：8136.528

定价：CNY0.23

J0156090

校园里永远是春天　（少年儿童歌曲集）中国
音乐家协会新疆维吾尔自治区分会编

乌鲁木齐　新疆人民出版社　1981年　78页

19cm（32开）统一书号：8098.147

定价：CNY0.18

J0156091

星星火炬之歌　（少年儿童广播歌选100首）
中央人民广播电台著

北京　广播出版社　1981年　182页　19cm（32开）

统一书号：8236.007　定价：CNY0.45

J0156092

星星火炬之歌　（少年儿童广播歌选100首）
中央人民广播电台星星火炬节目组著

北京　广播出版社　1984年　157页　19cm（32开）

统一书号：8236.088　定价：CNY0.46

J0156093

幼儿园的音乐　（第一集）人民音乐出版社编
辑部编

北京　人民音乐出版社　1981年　71页

26cm（16开）定价：CNY0.72

J0156094

中国少年歌曲选　江苏人民出版社编

南京　江苏人民出版社　1981年　224页

19cm（32开）统一书号：8100.027

定价：CNY0.46

J0156095

春天来了　（少年儿童歌曲选　附钢琴伴奏谱）
李重光词曲

上海　上海文艺出版社　1982年　正谱本　44页

25cm（15开）统一书号：8078.3350

定价：CNY0.55

　　本书收录《听妈妈讲那过去的事情》（瞿希
贤）、《我们的田野》（张文刚）、《咱们从小讲礼
貌》（李群）、《一分钱》（潘振声）、《春天来了》

（李重光）等20首不同题材、风格的儿童歌曲，以
五线谱并附钢琴伴奏谱出版。

J0156096

欢乐的夏令营　新蕾出版社著

天津　新蕾出版社　1982年　72页　19cm（32开）

统一书号：R8213.4　定价：CNY0.18

J0156097

**让我们荡起双桨　我们在大地上栽种鲜
花**　（正谱本）乔羽词；刘炽曲；童道锦配伴奏

北京　人民音乐出版社　1982年　7页

26cm（16开）统一书号：8026.4008

定价：CNY0.18

　　作者刘炽（1921—1998），电影作曲和歌曲
家。原名刘德荫，曾用名笑山，陕西西安人。历
任抗战剧团舞蹈演员、延安鲁迅艺术文学院音乐
系教员、东北文工团作曲兼指挥、东北鲁艺音工
团作曲兼指挥等职。代表作歌剧《阿诗玛》、歌曲
《我的祖国》《英雄赞歌》《让我们荡起双桨》等。

J0156098

松树王　（儿童歌曲十首　附钢琴伴奏）刘天浪曲

北京　人民音乐出版社　1982年　正谱本　13页

25cm（16开）统一书号：8006.3981

定价：CNY0.25

J0156099

哇哈哈　（少年儿童歌曲选）石夫，钟立民著

北京　文化艺术出版社　1982年　58页

26cm（16开）统一书号：8228.041

定价：CNY0.20

　　作者石夫（1929—2007），作曲家。原名郭石
夫，湖南湘潭人，就读于湖南华中高级艺术专科
学校、中央音乐学院。曾任西安音乐学院作曲系
教师、中国音乐家协会理事、创作委员会副主任。
作品有《阿依古丽》《热土》《帕米尔之歌》《娃哈
哈》《牧马之歌》等。

J0156100

小喇叭歌曲100首　潘振声作曲

银川　宁夏人民出版社　1982年　109页

19cm（32开）统一书号：8157.387

定价：CNY0.32

　　本书收录100首歌曲，均是1961年至1966

年、1979 年至 1982 年由中央人民广播电台《小喇叭》节目选编过的。包括《小鸭子》《一分钱》《好妈妈》《红太阳照山河》等。作者潘振声（1933—2009），蒙古族，作曲家，从事儿童音乐创作。生于上海。曾任江苏省文联党组成员、副主席，曾获得"全国优秀少年工作工作者"等荣誉称号。创作的歌曲有《春天在哪里》《小鸭子》《一分钱》《嘀哩嘀哩》等。

J0156101

小学生歌曲 160 首   吉林人民出版社编
长春 吉林人民出版社 1982 年 288 页
19cm（32 开）统一书号：R10091.864
定价：CNY0.60

J0156102

祖国的花朵   （少年组歌十首）方立平词；薛川曲
成都 四川少年儿童出版社 1982 年 22 页
19cm（32 开）统一书号：8247.61
定价：CNY0.10

J0156103

春风吹来了   （少年儿童歌曲集）花城出版社编
广州 花城出版社 1983 年 268 页 19cm（32 开）
统一书号：8261.7 定价：CNY0.78

J0156104

蝴蝶和小鸟   （少年儿童歌曲选）人民音乐出版社编辑部编
北京 人民音乐出版社 1983 年 75 页
19cm（32 开）统一书号：8026.4117
定价：CNY0.27
（农村音乐丛书）

J0156105

少年儿童歌曲 100 首   禾雨选编
昆明 云南人民出版社 1983 年 175 页
19cm（32 开）统一书号：8116.1189
定价：CNY0.58
　　本书精选古今少年儿童歌曲 100 首，分"五四"以来创作歌曲、中华人民共和国成立以来创作歌曲、民间歌曲、外国歌曲 4 个部分。

J0156106

少年儿童合唱歌曲选   （第一集）人民音乐出版社编辑部编
北京 人民音乐出版社 1983 年 68 页
25cm（16 开）统一书号：8026.4109
定价：CNY0.47

J0156107

少年儿童合唱歌曲选   （第二集）人民音乐出版社编辑部编
北京 人民音乐出版社 1985 年 52 页
26cm（16 开）统一书号：8026.4409
定价：CNY0.76

J0156108

天上星星对我笑   （手风琴伴奏幼儿歌曲）
北京少年宫编
天津 新蕾出版社 1983 年 88 页 21cm（32 开）
统一书号：R8213.5 定价：CNY0.26

J0156109

小学生歌曲选   中国音乐家协会广西分会，广西人民出版社编
南宁 广西人民出版社 1983 年 93 页
19cm（32 开）统一书号：R8113.863
定价：CNY0.26

J0156110

优秀少年歌曲 100 首   陈川编
成都 四川少年儿童出版社 1983 年 147 页
19cm（32 开）统一书号：R8247.131
定价：CNY0.40
　　作者陈川（1945—　），作曲家。毕业于中央音乐学院。历任四川文艺出版社副社长、四川电子音像出版社总编辑，四川通俗音乐协会会长，中国音乐家协会会员。创作歌曲有《峨眉山》《九寨沟·黄龙》《青城山·都江堰》《稻城亚丁·香格里拉》等。音乐专著有《琴弦上的梦》《中国少数民族乐器大观》《藏族人民庆丰收》等。

J0156111

幼儿园"亚克西"   （歌曲集）人民音乐出版社编辑部编
北京 人民音乐出版社 1983 年 53 页
定价：CNY0.37

J0156112

云南民族民间儿童歌曲选　杨放编

昆明 云南人民出版社 1983 年 112 页

19cm（32 开）统一书号：8116.1188

定价：CNY0.36

　　本书选编了云南省 17 个少数民族的 100 首儿童歌曲。

J0156113

啊秋千　（少年儿童歌曲集）花城出版社编

广州 花城出版社 1984 年 327 页 19cm（32 开）

统一书号：8261.11 定价：CNY0.99

J0156114

儿童歌曲 100 首　河北人民出版社编

石家庄 河北人民出版社 1984 年 197 页

19cm（32 开）统一书号：R8086.1710

定价：CNY0.60

J0156115

禾雨少年儿童歌曲选　禾雨著

昆明 云南人民出版社 1984 年 105 页

19cm（32 开）统一书号：8116.1220

定价：CNY0.38

J0156116

少年儿童好歌十二首　四川少年儿童出版社编

成都 四川少年儿童出版社 1984 年 24 页

19cm（32 开）统一书号：R7247.191

定价：CNY0.15

J0156117

是谁吹起金唢呐　（潘振声、宋军少儿歌曲选）

潘振声,宋军曲

北京 人民音乐出版社 1984 年 110 页

19cm（32 开）统一书号：8026.4158

定价：CNY0.46

　　本书收录《是谁吹起金唢呐》《嘀哩嘀哩》《红太阳照山河》《海鸥》等少儿歌曲共 60 首。

J0156118

祖国的春天　（少年儿童歌曲选）广东省儿童福利会编

广州 广东人民出版社 1984 年 310 页

19cm（32 开）统一书号：R8111.2472

定价：CNY1.10

J0156119

快乐的少先队　（少年儿童歌曲集）北京市少年儿童歌曲创作组编

北京 北京少年儿童出版社 1985 年 164 页

19cm（32 开）统一书号：8325.1 定价：CNY0.75

J0156120

全国"小百灵"赛歌获奖歌曲选　全国少年儿童文化艺术委员会编

北京 人民音乐出版社 1985 年 65 页

19cm（32 开）统一书号：8026.4423

定价：CNY0.40

J0156121

少年儿童歌曲集　丁兆清作曲

兰州 甘肃人民出版社 1985 年 67 页

19cm（32 开）统一书号：8096.1165

定价：CNY0.34

J0156122

天地之间的歌　（中、小、幼获奖歌曲集）邵紫绶,刘英编

北京 中国妇女出版社 1985 年 105 页

20cm（32 开）定价：CNY0.64

J0156123

童年　石泉,小溪编

北京 文化艺术出版社 1985 年 1 册

14cm（64 开）定价：CNY0.16

J0156124

我家有个小阿哥　（童声独唱）陈官煊词；赵行道曲

北京 人民音乐出版社 1985 年 3 页

26cm（16 开）统一书号：8026.4324

定价：CNY0.16

J0156125

我们爱祖国　（幼儿歌曲集）广东省儿童福利会编

广州 广东人民出版社 1985 年 146 页

20cm（32 开）定价：CNY0.73

J0156126
我们来到美丽的山谷 （童声合唱）金本词；
龚耀年曲
北京 人民音乐出版社 1985 年 3 页
26cm（16 开）统一书号：8026.4218
定价：CNY0.16
　　作者龚耀年，上海人。《音乐创作》常务副主编，中国儿童音乐学会副会长。

J0156127
小白鹅 （儿童歌曲集）龚恒华编
北京 友谊出版社 1985 年 128 页 19cm（32 开）
定价：CNY1.00

J0156128
幼儿歌曲集 杨书明编舞；曼英绘图
北京 原子能出版社 1985 年 179 页 有图
19cm（32 开）统一书号：7175.659
定价：CNY0.98
　　作者杨书明，教师。河北涿州市人，河北师范学院数学系。历任中国舞蹈家协会儿童舞蹈艺术委员会副主任，北京市少年宫高级教师。

J0156129
雨花石 （童声独唱）肖仁，徐家察词；龚耀年曲
北京 人民音乐出版社 1985 年 3 页
26cm（16 开）统一书号：8026.4317
定价：CNY0.16

J0156130
长江大铁桥 （表演唱）新儿词；桑桐曲
北京 人民音乐出版社 1985 年 3 页
26cm（16 开）统一书号：8026.4234
定价：CNY0.13
　　作者桑桐（1923—2011），音乐教育家，作曲家，音乐理论家。原名朱镜清，生于中国上海，毕业于国立音乐专科学校作曲系。历任上海音乐学院作曲系和声教研室主任、教授、副院长、院长。中国音乐家协会常务理事，上海音乐家协会副主席。代表作品有《内蒙古民歌主题钢琴小曲七首》《和声学教程》。

J0156131
"百灵鸟" 歌曲集 兰州市文联编
兰州 甘肃人民出版社 1986 年 58 页
19cm（32 开）统一书号：8096.1164
定价：CNY0.32

J0156132
1982—1986 全国少年歌曲评选获奖歌曲集
全国少年歌曲评选办公室编
北京 人民音乐出版社 1986 年 88 页
19cm（24 开）

J0156133
唱在朝霞里 （成敦、晓丹儿童歌曲选）成敦，
晓丹作曲
沈阳 辽宁教育出版社 1986 年 126 页 有照片
19cm（32 开）统一书号：8371.7 定价：CNY0.65

J0158880
红领巾喜爱的歌 《红领巾喜爱的歌》评选活动办公室编
长沙 湖南文艺出版社 1986 年 107 页
19cm（32 开）统一书号：8456.16
定价：CNY0.66

J0156134
苗圃之歌 （赵行道歌曲选童声合唱十首）
赵行道编
北京 人民音乐出版社 1986 年 34 页
26cm（16 开）统一书号：8026.4498
定价：CNY0.94
　　本书收录《苗圃之歌》《烈士墓前》《绿水湖边来钓鱼》等童声合唱曲。

J0156135
亲亲我 （娃娃的歌）北京市少年宫儿童歌曲
创作组编
杭州 浙江少年儿童出版社 1986 年 101 页
有插图 19cm（32 开）统一书号：7318.86
定价：CNY0.54

J0156136
我们的田野 （张文纲少年儿童歌曲选）张文
纲著
上海 上海文艺出版社 1986 年 106 页
19cm（32 开）统一书号：8078.3580
定价：CNY0.53

J0156137

我们的田野 （张文纲少儿歌曲选 童声合唱十首）张文纲谱

北京 人民音乐出版社 1995 年 30 页

26cm（16 开）ISBN：7-103-01267-9

定价：CNY4.40

J0156138

小学校园歌曲 段炳云选

太原 希望出版社 1986 年 283 页 14cm（64 开）

统一书号：10398.32 定价：CNY1.25

J0156139

优秀少儿歌曲 （第一辑 1984 年）芮文元,费承铿编

南京 江苏教育出版社 1986 年 299 页

19cm（32 开）统一书号：8351.020

定价：CNY1.25

J0156140

优秀少儿歌曲 （第二辑 1985 年）芮文元,费承铿编选

南京 江苏教育出版社 1987 年 179 页

19cm（32 开）统一书号：7351.533

ISBN：7-5343-0150-5 定价：CNY1.05

J0156141

优秀少儿歌曲 （第三辑）芮文元,杨瑞庆编选

南京 江苏教育出版社 1990 年 187 页

19cm（32 开）ISBN：7-5343-1081-4

定价：CNY1.80

　　作者杨瑞庆（1948— ），江苏昆山人。昆山市文化馆副研究馆员,中国社会音乐研究会理事等。

J0156142

幼儿歌曲集 李嘉评等编

呼和浩特 内蒙古人民出版社 1986 年 107 页

20cm（32 开）定价：CNY0.50

（儿童生活丛书）

　　作者李嘉评（1939— ），国家一级作曲。青岛市北区政协副主席,青岛市文联副主席,青岛市音协副主席,省文联委员,中国儿童音乐学会理事等。作品有《海娃的歌》《野菊花》《山里的小姐姐》《我爱祖国大自然》《大海的故事》等。

J0156143

幼儿歌曲集 乌鲁木齐市音舞协会编

乌鲁木齐 新疆人民出版社 1986 年 50 页

20cm（32 开）定价：CNY0.23

J0156144

幼儿园一日生活歌曲五十首 周康明作词;杨春华作曲

西安 西北大学出版社 1986 年 50 页

18cm（15 开）统一书号：R8320.2

定价：CNY0.45

J0156145

长征路上小红军 （故事联唱）汪玲等编

上海 少年儿童出版社 1986 年 61 页

19cm（32 开）统一书号：R8024.58

定价：CNY0.34

（少先队活动丛书）

J0156146

儿童英汉对照歌 何天明编

南昌 江西少年儿童出版社 1987 年 34 页

17cm（40 开）统一书号：CN8426.4

定价：CNY0.40

J0156147

甘肃省少儿歌曲获奖作品集 甘肃省儿童少年工作协调委员会,甘肃省少年儿童文化艺术委员会编

兰州 甘肃少年儿童出版社 1987 年 77 页

19cm（32 开）统一书号：8465.17

ISBN：7-5422-0029-1 定价：CNY0.44

　　本书收录荣获甘肃省优秀少儿歌曲评选活动中的一、二等奖的作品 39 首。

J0156148

开发智力的小歌 55 首 （说说．唱唱．学学．做做．猜猜．画画．试试．跳跳．玩玩．拍拍）汪玲编

上海 上海翻译出版公司 1987 年 79 页

13×19cm ISBN：7-80514-174-6

定价：CNY0.70

J0156149

开放吧！ 鲜花 （李名方少儿歌曲选）李名方作曲

广州 花城出版社 1987 年 162 页 19cm（32 开）
统一书号：8261.285 定价：CNY1.20

J0156150

少儿优秀歌曲二百首　陶爱凤编著
杭州 浙江教育出版社 1987 年 299 页
19cm（32 开）统一书号：7346.410
定价：CNY1.50
（小学教师丛书）

J0156151

少年儿童歌曲选　（手风琴伴奏谱 50 首）
伍时旺编配
南宁 广西民族出版社 1987 年 78 页
26cm（16 开）定价：CNY0.80

J0156152

神奇的多来咪　（少年儿童歌曲 123 首）颂今曲
郑州 黄河文艺出版社 1987 年 159 页
19cm（32 开）统一书号：8430.162
定价：CNY1.00

J0156153

神奇的多来咪　（少年儿童歌曲 123 首）颂今编
广州 新世纪出版社 1987 年 159 页
19cm（32 开）定价：CNY1.00

J0156154

微笑的春姑娘　李名方作曲；李富棋等作词
广州 新世纪出版社 1987 年 152 页 有照片
19cm（32 开）统一书号：8430.125
定价：CNY1.30

J0156155

卫生常识儿歌集　张松龄选编
福州 福建少年儿童出版社 1987 年 34 页
19cm（32 开）统一书号：7367.164
ISBN：7-5395-0102-2 定价：CNY0.28

J0156156

小学生歌曲选　南京市教育局教研室主编
南京 江苏科学技术出版社 1987 年 33 页
19cm（32 开）ISBN：7-5345-0190-3
定价：CNY0.40

J0156157

小学思想品德教育歌曲选　上海市教育局政
治教育处编
上海 上海音乐出版社 1987 年 58 页
19cm（32 开）统一书号：8127.3005
ISBN：7-80553-004-1 定价：CNY0.30

J0156158

小学思想品德教育歌曲选　（2）上海音乐出
版社，上海市教育局政教处编
上海 上海音乐出版社 1988 年 44 页
19cm（32 开）ISBN：7-80553-125-0
定价：CNY0.45

J0156159

新疆获奖少儿歌曲集　新疆维吾尔自治区少
儿文化艺术委员会，新疆维吾尔自治区电视台
专题部编
乌鲁木齐 新疆人民出版社 1987 年 84 页
19cm（32 开）统一书号：R8098.270
定价：CNY0.35

J0156160

新疆获奖少年歌曲集　新疆维吾尔自治区少
年儿文化艺术委员会，新疆维吾尔自治区电视
专题部编
乌鲁木齐 新疆人民出版社 1987 年 84 页
19cm（32 开）定价：CNY0.35

J0156161

中学生歌曲集　（创作专辑）邢籁等编
哈尔滨 黑龙江教育出版社 1987 年
108 页（32 开）定价：CNY0.73

J0156162

唱好歌　（向中小学幼儿园推荐 24 首歌曲）山
东省儿童少年文化艺术委员会，山东省文化厅
文化处编
济南 山东人民出版社 1988 年 44 页
19cm（32 开）ISBN：7-209-00315-0
定价：CNY0.60

J0156163

春天的旋律　（少年儿童歌曲选）《春天的旋律》
编辑组编

北京 人民音乐出版社 1988年 44页
19cm（32开）ISBN：7-103-00161-8
定价：CNY0.35

J0156164
儿童影视新歌选　王光荣编
长春 东北师范大学出版社 1988年 10+140页
18cm（15开）ISBN：7-5602-0123-7
定价：CNY1.10

J0156165
花儿的梦 （少儿歌曲选）苏文进，晓洪编著
南宁 广西人民出版社 1988年 82页
19cm（32开）ISBN：7-219-00600-4
定价：CNY0.50

J0156166
金色的小船 （李嘉评少儿歌曲100首）李嘉
评曲
济南 山东文艺出版社 1988年 254页
19cm（32开）ISBN：7-5329-0120-3
定价：CNY2.10
　　作者李嘉评（1939— ），国家一级作曲。青
岛市北区政协副主席，青岛市文联副主席，青岛
市音协副主席，省文联委员，中国儿童音乐学会
理事等。作品有《海娃的歌》《野菊花》《山里的
小姐姐》《我爱祖国大自然》《大海的故事》等。

J0156167
全国推荐二十四首"唱好歌"歌曲集
江西省音乐家协会编
南昌 江西少年儿童出版社 1988年 57页
19cm（32开）ISBN：7-5391-0200-4
定价：CNY0.65

J0156168
少儿新歌一百首　韩淑玲编
西安 陕西人民出版社 1988年 152页
19cm（32开）ISBN：7-224-00074-4
定价：CNY1.30
（文化与生活丛书）

J0156169
我的梅花小鹿 （李群少儿歌曲选 钢琴伴奏
谱）李群曲

北京 人民音乐出版社 1988年 51页
26cm（16开）ISBN：7-103-00193-6
定价：CNY1.70
　　本书收录《我的梅花小鹿》《快乐的节日》
《我们要做雷锋式的好少年》等少儿歌曲13首。
作者李群（1925—2003），女，作曲家。河北磁县人，
毕业于鲁迅艺术学院音乐系。历任中央歌舞团、
中央民族乐团创作员，人民音乐出版社副总编，
《儿童音乐》主编，中国音乐家协会理事，中国儿
童音乐学会会长。创作歌曲有《七月里，七月一》
《别看我们年纪小》《有一个人》等，出版有《李群
儿童歌曲选》。

J0156170
宝宝爱唱的歌　李嘉评编
哈尔滨 黑龙江教育出版社 1989年 117页
19cm（小32开）定价：CNY1.20

J0156171
儿童古诗词歌曲42首　尚爱珍，杜志明曲
太原 山西科学教育出版社 1989年 64页
有肖像 19cm（32开）ISBN：7-5377-0214-4
定价：CNY1.25
　　作者尚爱珍（1943— ），山西省音乐家协会
会员。作者杜志明（1914— ），作曲家。中国戏
剧家协会会员。

J0156172
孩子们喜爱的歌　岳云，抗威编
长沙 湖南文艺出版社 1989年 30页
19cm（32开）ISBN：7-5404-0458-2
定价：CNY0.50

J0156173
好歌32首 （"唱好歌"活动推荐歌曲）
少年报社编
上海 百家出版社 1989年 60页 19cm（32开）
ISBN：7-900000-88-7 定价：CNY0.70

J0156174
瞿希贤歌曲选　瞿希贤曲；王健编
上海 上海音乐出版社 1989年 233页 有照片
19cm（32开）ISBN：7-80553-102-1
定价：CNY3.00
　　本书收录《幼儿歌曲》《少年儿童歌曲以

及电影》《电视插曲》等。作者瞿希贤(1919—2008),女,作曲家。上海人,毕业于上海国立音专作曲系。曾就职于中央音乐学院音工团和中央乐团创作组。代表作品《听妈妈讲那过去的事情》《新的长征,新的战斗》《乌苏里船歌》。

J0156175

少儿青年歌曲新作 156 首　秦北极词曲

北京　中国卓越出版公司　1989 年　216 页

有肖像　19cm(32 开)精装

ISBN: 7-80071-158-7　定价: CNY3.98

(企业文化系列)

J0156176

少年儿童政治思想品德教育歌曲集　王晓洪编

南宁　广西人民出版社　1989 年　45 页

26cm(16 开)ISBN: 7-219-01108-3

定价: CNY1.05

J0156177

小学校园歌曲　高惠君编

沈阳　春风文艺出版社　1989 年　145 页

19cm(32 开)ISBN: 7-5313-0295-0

定价: CNY1.90

J0156178

1949—1989 全国获奖少年儿童歌曲选　郭文林编

长沙　湖南教育出版社　1990 年　232 页

20cm(32 开)ISBN: 7-5355-1160-0

定价: CNY3.00

本书收录曲目按获奖年代先后次序编排,曲名后注明了该歌曲在何次评奖中获何等奖,书后附录全部获奖曲目 120 多首。

J0156179

彩色的小雨　(陈文馥少儿歌曲选)陈文馥曲

昆明　云南少年儿童出版社　1990 年　74 页

19cm(32 开)ISBN: 7-5414-0499-3

定价: CNY1.30

作者陈文馥(1942—　),中国音乐家协会云南分会会员。

J0156180

儿童谜语歌曲　秦克新编

济南　山东文艺出版社　1990 年　84 页

19cm(32 开)ISBN: 7-5329-0372-9

定价: CNY1.20

作者秦克新(1946—　),淄博市音乐家协会理事。

J0156181

孩子们爱唱的歌　肖岳云,抗威编

长沙　湖南文艺出版社　1990 年　32 页

19cm(32 开)ISBN: 7-5404-0520-1

定价: CNY0.50

J0156182

快乐的歌　(王芳宪歌曲选)王芳宪作曲

成都　成都科技大学出版社　1990 年　64 页

19cm(32 开)ISBN: 7-5616-0723-7

定价: CNY1.20

(音乐知识欣赏丛书)

本书收录《大海的声音》《会飞的花》《上学路上》等 45 首歌曲。

J0156183

七彩的歌　(少年儿童新歌之花专辑)广西儿童音乐学会编

南宁　广西人民出版社　1990 年　60 页

19cm(32 开)ISBN: 7-219-01748-0

定价: CNY1.00

J0156184

七彩的歌　(中国少年儿童歌舞会演获奖歌曲选)中国少年儿童歌舞会演办公室编

北京　人民音乐出版社　1990 年　71 页

19cm(32 开)ISBN: 7-103-00554-0

定价: CNY1.25

J0156185

少儿金曲 100 首　黄建军编

海口　南海出版公司　1990 年　207 页

19cm(32 开)ISBN: 7-80570-082-6

定价: CNY3.10

本书荟萃了中华人民共和国成立以来在历次儿童歌曲评奖中的获奖作品,以及在广大少年儿童中流传久远的歌曲。

J0156186
为你喝彩 （歌曲集）开宇,冬雨编
北京 中国少年儿童出版社 1990 年 57 页
19cm（32 开）ISBN：7-5007-1192-1
定价：CNY0.70
　　中国现代儿童歌曲选集。

J0156187
我给党来唱支歌 （少年儿童歌咏活动推荐歌
曲）国家教委基础教育司编
南宁 接力出版社 1990 年 77 页 26cm（16 开）
ISBN：7-80581-176-8 定价：CNY1.75

J0156188
小百灵 （幼儿歌曲选）吴彦琳选编
合肥 安徽少年儿童出版社 1990 年 183 页
有图 19cm（32 开）ISBN：7-5397-0296-6
定价：CNY2.00

J0156189
小学生的歌 广东省教育厅教材编审室编
广州 广东教育出版社 1990 年 184 页
19cm（32 开）ISBN：7-5406-1244-4
定价：CNY1.70

J0156190
小学生歌曲精选 维克主编
北京 中国卓越出版公司 1990 年 190 页
19cm（32 开）ISBN：7-80071-110-2
定价：CNY2.60

J0156191
学习赖宁歌曲集 王小民编
石家庄 花山文艺出版社 1990 年 72 页
19cm（32 开）ISBN：7-80505-262-X
定价：CNY1.00

J0156192
优秀少儿队列歌选 （1990 上海少年儿童队
列歌曲演唱活动资料专辑）上海文化发展基金
会编
上海 百家出版社 1990 年 57 页 19cm（32 开）
ISBN：7-80576-120-5 定价：CNY0.65

J0156193
幼儿歌曲 马成选编
合肥 安徽少年儿童出版社 1990 年 153 页
19cm（小 32 开）定价：CNY1.00
（幼儿益智小丛书）

J0156194
中国儿童民歌选集 何振京编
上海 上海音乐出版社 1990 年 107 页 有插图
23×19cm ISBN：7-80553-186-2
定价：CNY4.35
　　本书精选中国有代表性的优秀儿童民歌 200
余首,其中有《小白菜》《数鸭蛋》《天鸟鸟》等儿
童喜闻乐见的民歌；也有壮、苗、彝、维吾尔、高
山族等 25 个民族中鲜为人知的风格各异的民歌
精品。

J0156195
中国少儿民歌 200 首 吴岫明选编
南京 江苏教育出版社 1990 年 157 页
19cm（32 开）ISBN：7-5343-1154-3
定价：CNY1.50

J0156196
祖国的春天 （寄明少儿歌曲选 钢琴伴奏谱）
寄明曲
北京 人民音乐出版社 1990 年 26 页
26cm（16 开）ISBN：7-103-00471-4
定价：CNY1.50
　　本书收录独唱、齐唱、二部合唱等多种体裁
的作品 10 首。主要曲目有《中国少年先锋队队
歌》《新中国少年进行曲》《少年少年,祖国的春
天》等。作者寄明(1917—1997),女,作曲家、钢
琴演奏家。原名吴亚ților,江苏淮安人,毕业于上
海国立音乐专科学校。历任东北鲁迅艺术学院
音乐系主任、教授,东北音乐专科学校副校长等
职。作曲作品有《英雄小八路》《我们是共产主
义接班人》《给解放军叔叔洗衣裳》。

J0156197
当代中小学生喜爱的歌 山东省教委艺术教
育委员会编
济南 山东文艺出版社 1991 年 158 页
19cm（32 开）ISBN：7-5329-0623-X
定价：CNY2.50

（艺术教育丛书）

J0156198

贵州少数民族少儿歌曲　罗廷华等主编；贵
州省民委文教处,贵州民族音乐研究会编
贵阳　贵州民族出版社　1991年　122页
20cm（32开）ISBN：7-5412-0185-5
定价：CNY2.60

J0156199

海河校园歌声　（小学版）
天津　天津社会科学院出版社　1991年　49页
26cm（16开）ISBN：7-80563-103-4
定价：CNY1.00

J0156200

金色的童年　（冯少佳少年儿童歌曲选）冯少
佳编著
广州　广东高等教育出版社　1991年　182页
有照片　19cm（小32开）ISBN：7-5361-0745-5
定价：CNY3.80
　　本书收录表现少年儿童革命理想和精神情
操的《长大要当解放军》等齐唱、合唱、独唱、重
唱少儿歌曲。作者冯少佳,作曲家。广东南海人,
中国音乐家协会会员,广州音乐家协会理事,广
州市文艺创作研究所《音乐研究与创作》主编。

J0156201

少儿趣味歌曲60首　宋国华,夏桂馨编
西安　陕西人民出版社　1991年　80页
19cm（小32开）ISBN：7-224-01633-0
定价：CNY1.85
（家教丛书）

J0156202

少年儿童合唱曲精选　（1）上海音乐出版社编
上海　上海音乐出版社　1991年　72页
23×19cm　ISBN：7-80553-290-7
定价：CNY2.15
　　本书精选适合中小学生演唱的中外优秀儿
童合唱曲近百首,包括合唱曲、民歌改编合唱
曲及适合少年儿童演唱的外国著名合唱曲3大
部分。

J0156203

少年儿童合唱曲精选　（2）上海音乐出版社编
上海　上海音乐出版社　1991年　98页　23×19cm
ISBN：7-80553-291-5　定价：CNY2.80

J0156204

**首届全国中小学生歌咏比赛必唱歌曲与推
荐歌曲30首**
西安　陕西人民出版社　1991年　32页
19cm（小32开）ISBN：7-224-01742-6
定价：CNY0.60

J0156205

颂歌献给党　（少年儿童歌曲集）杨忱编
武汉　湖北少年儿童出版社　1991年　184页
19cm（小32开）ISBN：7-5353-0900-3
定价：CNY1.90

J0156206

我是中华好儿童　（少儿优秀歌曲精选）刁铁
民,方兴编
福州　福建教育出版社　1991年　92页
19cm（小32开）ISBN：7-5334-0837-3
定价：CNY1.00
（小学图书角丛书　第2辑）

J0156207

小伙伴的歌　（少年儿童歌曲60首）戴于吾作曲
北京　中国广播电视出版社　1991年　58页
19cm（小32开）ISBN：7-5043-0721-1
定价：CNY1.30

J0156208

小伙伴的歌　（少年儿童歌曲80首）戴于吾作曲
北京　中国青年出版社　1996年　70页
26cm（16开）ISBN：7-5006-2284-8
定价：CNY9.00

J0156209

小学生百唱不厌的歌曲　丁永安编
成都　四川人民出版社　1991年　336页
19cm（小32开）ISBN：7-220-01330-2
定价：CNY4.35

J0156210

幼儿歌曲 120 首 （河南省首届幼儿歌曲征集活动获奖歌曲）河南省首届幼儿歌曲征集活动组委会编

郑州 海燕出版社 1991 年 146 页

19cm（小 32 开）ISBN：7-5350-0653-1

定价：CNY1.50

J0156211

幼儿四季歌画 （春）李景忠编著

哈尔滨 黑龙江教育出版社 1991 年 29 页

19cm（小 32 开）ISBN：7-5316-1479-0

定价：CNY1.50

J0156212

幼儿四季歌画 （冬）李景忠编著

哈尔滨 黑龙江教育出版社 1991 年 29 页

19cm（小 32 开）ISBN：7-5316-1482-0

定价：CNY1.50

J0156213

幼儿四季歌画 （秋）李景忠编著

哈尔滨 黑龙江教育出版社 1991 年 29 页

19cm（小 32 开）ISBN：7-5316-1481-2

定价：CNY1.50

J0156214

幼儿四季歌画 （夏）李景忠编著

哈尔滨 黑龙江教育出版社 1991 年 29 页

19cm（小 32 开）ISBN：7-5316-1480-4

定价：CNY1.50

J0156215

中国民间儿童歌曲集 曾婉等编著

北京 人民音乐出版社 1991 年 307 页

20cm（32 开）ISBN：7-103-00790-X

定价：CNY7.40

　　本书辑录中国民间儿童歌曲 229 首，按内容编排分为游戏歌、数字歌、问答歌、劳动歌、舞歌等 10 类。

J0156216

中国少年儿童歌曲精选 李凌主编

北京 中国广播电视出版社 1991 年 512 页

20cm（32 开）ISBN：7-5043-1470-6

定价：CNY7.85，CNY11.00（精装）

（中外音乐系列丛书 4）

　　本书包括我国现代各个时期的优秀少年歌曲和中华人民共和国成立以来历次全国少年获奖歌曲。

　　作者李凌（1913—2003），音乐家。原名李树连，曾用名李绿永，广东台山县人。曾任中国音乐学院院长，兼《中国音乐》主编。著有《音乐浅谈》《音乐美学漫笔》《音乐流花新集》等

J0156217

中国雄立宇宙间 （学堂乐歌精选）白燕，艺莉选编

北京 中国文联出版公司 1991 年 60 页

26cm（16 开）ISBN：7-5059-1497-9

定价：CNY4.00

J0156218

中国优秀中小学生歌曲集 刘巍等编

武汉 湖北教育出版社 1991 年 338 页

20cm（32 开）精装 ISBN：7-5351-0672-3

定价：CNY7.95

J0156219

儿童作曲专集 朱则平等编

贵阳 贵州人民出版社 1992 年 117 页 有照片

18cm（小 32 开）ISBN：7-221-02519-3

定价：CNY2.50

J0156220

全仁歌曲集 王全仁作

香港 金陵书社出版公司 1992 年 233 页

有照片 19cm（小 32 开）ISBN：962-440-146-2

定价：HKD20.00

J0156221

少先队金曲百首 王惠琴编

沈阳 辽宁少年儿童出版社 1992 年 295 页

19cm（小 32 开）ISBN：7-5315-1304-8

定价：CNY3.20

（小学新书系 少先队系列）

J0156222

童声合唱选 郭春东主编

沈阳 辽宁少年儿童出版社 1992 年 75 页

26CM ISBN：7-5315-1422-7 定价：CNY5.50

J0156223
我要唱 （中小学生珍爱的歌）
成都 四川少年儿童出版社 1992 年 239 页
19cm（小 32 开）ISBN：7-5365-0871-9
定价：CNY2.60

J0156224
小儿模仿操 上海市地区托儿所协会编
上海 少年儿童出版社 1992 年 40 页
19cm（小 32 开）ISBN：7-5324-1848-0
定价：CNY0.60

J0156225
银屏小歌星 （少儿卡拉 OK 影视歌曲精选本）
《多来咪》编辑部编选
上海 上海音乐出版社 1992 年 184 页 有图
23×18cm ISBN：7-80553-392-X
定价：CNY6.75

J0156226
早晨的太阳 （中小学校园歌曲）周华作曲
乌鲁木齐 新疆人民出版社 1992 年 107 页
19cm（小 32 开）ISBN：7-228-02214-9
定价：CNY2.30

J0156227
当代小学生歌曲选 吕秀文,朱天纬主编
太原 山西教育出版社 1993 年 172 页
18cm（小 32 开）ISBN：7-80578-941-X
定价：CNY3.25
（好歌名曲大家唱系列）
　　作者吕秀文,人民音乐出版社编审。作者朱天纬,中国电影资料馆编目研究部副主任,中国电影音乐学会秘书长。

J0156228
儿童歌曲选粹 李桂兰,王荣坤选编
长春 长春出版社 1993 年 102 页
19cm（小 32 开）ISBN：7-80604-020-X
定价：CNY2.90
（小小图书角丛书）

J0156229
金波诗词歌曲集 金波著
北京 人民教育出版社 1993 年 240 页
有照片 21×17cm ISBN：7-107-01677-6
定价：CNY13.60
　　作者金波（1935— ）,诗人、儿童文学家。原名王金波,河北冀县人,毕业于北京师范学院中文系。北京师范学院教授,中国作家协会儿童文学创作委员会主任,北京市作家协会理事,中国音乐家协会理事,儿童音乐学会副会长。代表作品《我们去看海》《回声》《眼睛树》《感谢往事》等。

J0156230
金色的太阳 （潘裕礼少儿歌曲集）潘裕礼著
重庆 重庆出版社 1993 年 64 页
19cm（小 32 开）ISBN：7-5366-2664-9
定价：CNY1.50

J0156231
蓝天白云跟我来 （优秀少儿歌曲集 1919-1992）效恭等编
北京 文化艺术出版社 1993 年 190 页
19cm（小 32 开）ISBN：7-5039-1154-9
定价：CNY4.20
　　本书收录《中国少年先锋队队歌》《春天来了》《世上只有妈妈好》等 140 余首歌曲。

J0156232
七巧板新童谣竞唱歌曲集 中央电视台青少部编
北京 现代出版社 1993 年 67 页 有图
20×19cm ISBN：7-80028-185-X
定价：CNY12.80

J0156233
少儿歌曲 100 首 长兴等选编
太原 山西教育出版社 1993 年 172 页
19cm（小 32 开）ISBN：7-5440-0107-5
定价：CNY3.40

J0156234
少儿经典名曲 莫难选编
北京 国际文化出版公司 1993 年 142 页
19cm（小 32 开）ISBN：7-80049-428-4

定价: CNY3.20
（中小学音乐知识文库）

J0156235
少年儿童传统教育歌曲选　邵紫绶编
北京　人民音乐出版社　1993 年　134 页
19cm（32 开）ISBN: 7-103-01062-5
定价: CNY2.70

J0156236
少年儿童传统教育歌曲选　邵紫绶编
北京　中国少年儿童出版社　1996 年　134 页
19cm（32 开）ISBN: 7-5007-3008-X
（希望书库 4-62　总 281）
　　本书由中国少年儿童出版社和中国青年出版社联合出版。

J0156237
系上一束阳光　（少儿歌曲集）郑冷横著
长沙　湖南文艺出版社　1993 年　90 页
19cm（小 32 开）ISBN: 7-5404-1075-2
定价: CNY2.00
　　作者郑冷横（1956—　　），儿童曲作家。历任中国音协湖南分会会员,岳阳市音乐教育研究会理事长,岳阳市教科所音乐教研员。作曲代表作《我们都是小虎子》《金月亮》《我家有个泥小猪》《我们都是小虎子》,著有少儿歌曲集《系上一束阳光》。

J0156238
新编幼儿常识歌：动、植物集　黄淑子等编
南宁　广西教育出版社　1993 年　111 页
26cm（16 开）ISBN: 7-5453-1766-3
定价: CNY15.00

J0156239
爸爸妈妈小时候——唱过的歌　山中水主编
延吉　延边大学出版社　1994 年　156 页
19cm（小 32 开）ISBN: 7-5634-0699-9
定价: CNY3.30

J0156240
百唱不厌低幼歌曲　龙厚仁编
成都　四川人民出版社　1994 年　25+412 页
19cm（32 开）ISBN: 7-220-02648-X

定价: CNY8.90
（百唱不厌歌曲系列）

J0156241
百唱不厌低幼歌曲　龙厚仁编
成都　四川文艺出版社　1996 年　25+412 页
19cm（32 开）ISBN: 7-5411-1537-1
定价: CNY15.00
（百唱不厌歌曲系列）

J0156242
让我们荡起双桨　（中国少年先锋队歌曲舞蹈选）缪力选编
北京　大众文艺出版社　1994 年　144 页
19cm（小 32 开）ISBN: 7-80094-136-1
定价: CNY3.40
（中国少年先锋队文艺丛书）

J0156243
系红丝带的小鸽子　安徽省关心下一代工作委员会,安徽省陈鹤琴教育思想研究会选编
合肥　安徽少年儿童出版社　1994 年　106 页
19cm（32 开）ISBN: 7-5397-1125-6
定价: CNY2.40

J0156244
小海花　（陈年芳创作少儿歌曲 118 首）陈年芳作
北京　民族出版社　1994 年　94 页
19cm（小 32 开）ISBN: 7-105-01911-5
定价: CNY4.90

J0156245
小喇叭的歌　中央人民广播电台小喇叭组编
北京　人民音乐出版社　1994 年　190 页
19cm（小 32 开）ISBN: 7-103-01132-X
定价: CNY4.60

J0156246
雪域少儿新歌精选　（藏汉文对照）达瓦等选编
拉萨　西藏人民出版社　1994 年　121 页
19cm（小 32 开）ISBN: 7-223-00709-5
定价: CNY3.50

J0156247
中国校园歌曲　（全国校园歌曲征集获奖作品集）郭文林主编
武汉　长江文艺出版社　1994 年　64 页
20cm（32 开）ISBN：7-5354-1071-5
定价：CNY1.90
　　本书由长江文艺出版社和九通音像出版社联合出版。作者郭文林，全国校园歌曲征集办公室任职。

J0156248
爱我中华　（中小学生爱国主义教育歌曲选）
广西教育科学研究所编
桂林　广西师范大学出版社　1995 年　149 页
19cm（小 32 开）ISBN：7-5633-2015-6
定价：CNY3.50

J0156249
陈荣盛歌曲集　（儿童歌曲与合唱）陈荣盛著
新竹县　荣冠乐谱出版社　1995 年　3 版　139 页
30cm（10 开）精装　ISBN：957-99401-0-X
定价：TWD300.00

J0156250
当代少年儿童优秀歌曲 100 首　浙江少年儿童出版社编
杭州　浙江少年儿童出版社　1995 年　143 页
19cm（小 32 开）ISBN：7-5342-1321-5
定价：CNY5.50

J0156251
当我长大的时候　（少年幼儿歌曲集）宋歌主编
郑州　海燕出版社　1995 年　199 页
19cm（小 32 开）ISBN：7-5350-1236-1
定价：CNY4.00
　　作者宋歌，郑州市文联主席。

J0156252
歌声·春天·孩子　（首届中国少年儿童歌曲卡拉 OK 电视大赛歌曲 100 首）首届中国少年儿童歌曲卡拉 OK 电视大赛艺术委员会编选
北京　人民音乐出版社　1995 年　109 页
19cm（小 32 开）ISBN：7-103-01260-1
定价：CNY5.50

J0156253
全国中小学生百首爱国主义歌曲
（小学生必唱）《小学生天地》编辑部编
武汉　湖北科学技术出版社　1995 年　138 页
19cm（小 32 开）ISBN：7-5352-1691-9
定价：CNY3.95

J0156254
童歌金曲　尹连红编
大连　辽宁师范大学出版社　1995 年　180 页
18cm（小 32 开）ISBN：7-81042-055-0
定价：CNY5.00
（糖葫芦书架丛书系列）

J0156255
五爱之歌
北京　中国少年儿童出版社　1995 年　28 页
20cm（32 开）ISBN：7-5007-2987-1
定价：CNY2.80

J0156256
小鸟在前面带路　（李群歌曲创作选集）李群编著
北京　人民教育出版社　1995 年　245 页　有照片
26cm（16 开）ISBN：7-107-11228-7
定价：CNY13.60
　　作者李群（1925—2003），女，作曲家。河北磁县人，毕业于鲁迅艺术学院音乐系。历任中央歌舞团、中央民族乐团创作员，人民音乐出版社副总编，《儿童音乐》主编，中国音乐家协会理事，中国儿童音乐学会会长。创作歌曲有《七月里，七月一》《别看我们年纪小》《有一个人》等，出版有《李群儿童歌曲选》。

J0156257
小学爱国歌曲　李东主编
济南　山东文艺出版社　1995 年　105 页
19cm（小 32 开）ISBN：7-5329-1280-9
定价：CNY3.60

J0156258
小学生歌曲 108 首　广东省教育厅教材编审室编
广州　广东教育出版社　1995 年　重印本　224 页
19cm（32 开）ISBN：7-5406-2506-6

定价：CNY4.90

J0156259
晓丹歌曲选　晓丹著
北京 文化艺术出版社 1995 年 361 页
20cm（32 开）ISBN：7-5039-1381-9
定价：CNY13.80

J0156260
新编幼儿歌曲精选　李立青编著
北京 中国社会出版社 1995 年 89 页 有乐谱
26cm（16 开）ISBN：7-80088-525-9
定价：CNY9.80
　　作者李立青，幼儿园音乐教师。

J0156261
新三字经歌曲集　中共广东省委宣传部编
广州 新世纪出版社 1995 年 90 页
19cm（小 32 开）ISBN：7-5405-1196-6
定价：CNY2.80

J0156262
优秀幼儿歌曲集　汤世雄主编；北京市教育
局编写
北京 中国少年儿童出版社 1995 年 157 页
26cm（16 开）ISBN：7-5007-2319-9
定价：CNY12.20

J0156263
爸爸妈妈唱过的歌　中国大百科全书出版社
文艺文教部编
北京 中国大百科全书出版社 1996 年 183 页
20cm（32 开）ISBN：7-5000-5747-4
定价：CNY6.50
（小学图书馆百科文库）

J0156264
春天的花朵　（金泉生少儿歌曲选）金泉生编著
北京 华乐出版社 1996 年 77 页
19cm（小 32 开）ISBN：7-80129-003-8
定价：CNY4.00

J0156265
儿童歌曲 100 首　靳杰编
北京 中国三峡出版社 1996 年 114 页

19cm（小 32 开）ISBN：7-80099-180-6
定价：CNY33.60（全 7 册）
（七星瓢虫 中学生应知应会丛书）

J0156266
合唱新作精选　上海音乐出版社编
上海 上海音乐出版社 1996 年 97 页 有图
23×19cm ISBN：7-80553-601-5
定价：CNY8.30
（青少年合唱系列 2）

J0156267
李嘉评音乐作品选集　李嘉评著
青岛 青岛出版社 1996 年 10+263 页 有图
20cm（32 开）ISBN：7-5436-1347-6
定价：CNY12.00
　　作者李嘉评（1939—　），国家一级作曲。青
岛市北区政协副主席，青岛市文联副主席，青岛
市音协副主席，省文联委员，中国儿童音乐学会
理事等。作品有《海娃的歌》《野菊花》《山里的
小姐姐》《我爱祖国大自然》《大海的故事》等。

J0156268
手拉手　（歌曲集）阎肃等词；徐沛东等作曲
北京 中国少年儿童出版社 1996 年 35 页
20cm（32 开）ISBN：7-5007-3410-7
定价：CNY3.50

J0156269
王双有歌曲选　王双有编著
北京 中华工商联合出版社 1996 年 127 页
26cm（16 开）ISBN：7-80100-247-4
定价：CNY15.00
　　作者王双有（1946—　），天津宝坻人，历任
北京市教育教学研究部音乐教研员，中国音乐家
协会会员，中国儿童合唱研究会委员。

J0156270
小学生百唱不厌歌曲　丁永安编
成都 四川人民出版社 1996 年 重印本
12+338 页 19cm（32 开）ISBN：7-220-03270-6
定价：CNY14.80

J0156271
小学生百唱不厌歌曲　丁永安，陈川编

成都 四川文艺出版社 1996 年 15+440 页
19cm（小 32 开）ISBN：7-5411-1538-X
定价：CNY15.00
（百唱不厌歌曲系列）

　　作者陈川（1945— ），作曲家。毕业于中央
音乐学院。历任四川文艺出版社副社长、四川电
子音像出版社总编辑，四川通俗音乐协会会长，
中国音乐家协会会员。创作歌曲有《峨眉山》《九
寨沟·黄龙》《青城山·都江堰》《稻城亚丁·香格
里拉》等。音乐专著有《琴弦上的梦》《中国少数
民族乐器大观》《藏族人民庆丰收》等。

J0156272
小学生歌曲选　北京市教委艺术教育委员会，
北京金帆艺术团［编］
北京 知识出版社 1996 年 175 页
19cm（小 32 开）ISBN：7-5015-1387-2
定价：CNY4.30

J0156273
小学生喜爱的歌　（新编校园歌曲）陈若莲，
程其昌主编；广西壮族自治区教育委员会组织
选编
南宁 广西民族出版社 1996 年 92 页
26cm（16 开）ISBN：7-5363-3066-9
定价：CNY6.00

J0156274
校园歌曲集　何仲涛著
呼和浩特 内蒙古人民出版社 1996 年 205 页
有照片 20cm（32 开）ISBN：7-204-03446-5
定价：CNY9.50

J0156275
20 世纪中国儿童歌曲经典作品　潘振声，汪
玲主编
太原 希望出版社 1997 年 146 页 26cm（16 开）
精装 ISBN：7-5379-1764-7 定价：CNY50.00
　　外文书名：20th Century Classics of Chinese
Children's Song.

J0156276
爱国歌曲精选　（小学生演唱本）花山文艺出
版社编
石家庄 花山文艺出版社 1997 年 86 页

19cm（小 32 开）ISBN：7-80611-571-4
定价：CNY3.30

J0156277
爱国歌曲精选　（中学生演唱本）花山文艺出
版社编
石家庄 花山文艺出版社 1997 年 122 页
19cm（小 32 开）ISBN：7-80611-572-2
定价：CNY4.40

J0156278
歌声春天属于孩子　（第二届中国少年儿童歌
曲卡拉 OK 电视大赛歌曲 50 首）大赛艺术委员
会编选
北京 人民音乐出版社 1997 年 91 页
19cm（小 32 开）

J0156279
辉煌童年百首少儿动画卡拉 OK　刘俊改等
主编；中央电视台书画院,辽宁美术出版社小书
画家编辑部编
沈阳 辽宁美术出版社 1997 年 111 页
29cm（16 开）ISBN：7-5314-1778-2
定价：CNY21.00

J0156280
明天更美好　（歌曲集）
北京 中国少年儿童出版社 1997 年 42 页
20cm（32 开）ISBN：7-5007-3649-5
定价：CNY3.20

J0156281
让孩子唱孩子的歌　（儿童版）四川省"让孩
子唱孩子的歌"系列活动组委会编
成都 四川少年儿童出版社 1997 年 28 页
26cm（16 开）ISBN：7-5365-1940-0
定价：CNY2.60

J0156282
让孩子唱孩子的歌　（少年版）四川省"让孩
子唱孩子的歌"系列活动组委会编
成都 四川少年儿童出版社 1997 年 28 页
26cm（16 开）ISBN：7-5365-1941-9
定价：CNY2.60

J0156283

我爱银河 （中央电视台银河少年电视艺术团合唱歌曲集）中央电视台银河少年电视艺术团编

北京　中国广播电视出版社　1997 年　159 页

28cm（大 16 开）ISBN：7-5043-3091-4

定价：CNY22.00

J0156284

小百灵的歌　吴军主编；新疆生产建设兵团音乐家协会编

乌鲁木齐　新疆大学出版社　1997 年　199 页

20cm（32 开）ISBN：7-5631-0875-0

定价：CNY10.00

　　作者吴军（1958—　　），四川三台人，二级演奏员，新疆兵团杂技团乐队队长。

J0156285

寻找林则徐的足迹　（童声幻想合唱套曲）

北京　中国青年出版社　1997 年　141 页

26cm（16 开）ISBN：7-5006-2722-X

定价：CNY20.00

　　本书由《寻找林则徐的足迹》与陈侣白作词，骆季超作曲的交响大合唱《虎门悲欢》合订。

J0156286

拥抱明天的太阳　（全国中小学生文艺汇演必唱推荐歌曲）全国中小学生文艺汇演组委会编

北京　团结出版社　1997 年　152 页　20cm（32 开）

ISBN：7-80130-152-8　定价：CNY5.80

J0156287

优秀幼儿歌曲选　（配手风琴、风琴伴奏）吴兰亭，王卫东主编

北京　中国人事出版社　1997 年　142 页

26cm（16 开）ISBN：7-80076-965-8

定价：CNY11.80

J0156288

中国民歌童声合唱 42 首　（钢琴伴奏谱）

骆季超编曲

北京　中国青年出版社　1997 年　145 页

26cm（16 开）ISBN：7-5006-2508-1

定价：CNY20.00

　　作者骆季超（1941—　　），国家一级作曲家。湖北枣阳县人。福建省歌舞剧院专业音乐创作

员。主要作品有《鼓浪屿小夜曲》《古田颂歌》《请到我们公社来》《虎门长啸》等。

J0156289

儿童古诗词歌曲集　（1）李曼编著

北京　北京师范大学出版社　1998 年

26cm（16 开）ISBN：7-303-04510-4

定价：CNY10.50

（李曼少儿艺术教育系列丛书）

J0156290

儿童古诗词歌曲集　（2）李曼编著

北京　北京师范大学出版社　1998 年　59 页

26cm（16 开）ISBN：7-303-02417-4

定价：CNY8.50

（李曼少儿艺术教育系列丛书）

J0156291

佳木斯的夏夜多么美　（中小学校园歌曲集）

姚承嵘著

牡丹江　黑龙江朝鲜民族出版社　1998 年　66 页

19cm（小 32 开）ISBN：7-5389-0790-4

定价：CNY4.00

J0156292

老师，您好　（鲁颂校园歌曲精选）鲁颂作曲

北京　中国文联出版公司　1998 年　211 页

20cm（32 开）ISBN：7-5059-3099-0

定价：CNY8.80

　　作者鲁颂（1934—2012），作曲家。湖南南县人，出版有《鲁颂歌曲选》《音乐教育与音乐创作》《鲁颂校园歌曲选》等。

J0156293

献给孩子们的歌　严金萱［曲］

上海　上海教育出版社　1998 年　148 页

20cm（32 开）ISBN：7-5320-5631-7

定价：CNY8.00

（上海教育丛书）

J0156294

小朋友音乐选萃 252　（唱唱 听听 跳跳 玩玩 敲敲 打打）汪玲作曲；上海音乐出版社编

上海　上海音乐出版社　1998 年　12+377 页

有图　20cm（32 开）ISBN：7-80553-662-7

定价：CNY18.00

J0156295

月亮弯弯　（邱刚强民间童谣歌曲集）邱刚强编
浙江　华东出版社　1998 年　158 页
19cm（小 32 开）ISBN：7-80129-016-X
定价：CNY8.00

J0156296

中国少年儿童歌曲集　曹成章主编
石家庄　花山文艺出版社　1998 年　10+278 页
20cm（32 开）ISBN：7-80611-601-X
定价：CNY10.00
（20 世纪中国歌曲集萃）

J0156297

歌声春天属于孩子　（第三届中国少年儿童歌
曲卡拉 OK 电视大赛歌曲 53 首）第三届中国少
年儿童歌曲卡拉 OK 电视大赛创作委员会编选
北京　人民音乐出版社　1999 年　89 页
19cm（小 32 开）

J0156298

广西优秀少年儿童歌曲选　广西儿童音乐学
会编
南宁　接力出版社　1999 年　254 页　20cm（32 开）
ISBN：7-80631-462-8　定价：CNY18.00

J0156299

老师，听我们为您歌唱　（童声合唱 20 首　简
谱线谱对照附钢琴伴奏谱）骆季超曲；陆楣等词
北京　中国青年出版社　1999 年　102 页
26cm（16 开）ISBN：7-5006-3530-3
定价：CNY15.00

J0156300

少年合唱曲集　邵紫绶编著
太原　山西教育出版社　1999 年　121 页
26cm（16 开）ISBN：7-5440-1803-2
定价：CNY10.50
（少儿特长培养与训练系列）

J0156301

世界著名童话歌曲精选　李名方著
北京　中国文联出版社　1999 年　222 页　有照片

20cm（32 开）ISBN：7-5059-3392-2
定价：CNY148.00
（中国当代音乐家丛书）

　　本书是作者与著名诗人瞿琮合作创作的儿
童歌曲，包括《黄帝之歌》《神农氏之歌》《森林
之王和老鼠》《天鹅、梭子鱼和虾》《海的女儿》
《渔夫和金鱼的故事》等 50 多首。

J0156302

台湾水果歌　（精装典藏版）林心智著
台北　开拓出版公司　1999 年　87 页　有图
光盘 1 张　27cm（大 16 开）精装
ISBN：957-9322-54-6　定价：TWD550.00
（台语系列 14）

J0156303

幼儿音乐之声　（汪玲幼儿歌曲选）汪玲作曲
北京　教育科学出版社　1999 年　2 版　181 页
有图　26cm（16 开）ISBN：7-5041-0801-4
定价：CNY18.00

中国古代歌曲、宗教歌曲、练声曲等

J0156304

韶舞九成乐补　（一卷）（元）余载撰
清　抄本

J0156305

韶舞九成乐补　（一卷）（元）余载撰
内府　清乾隆　写本
（四库全书）

J0156306

韶舞九成乐补　（一卷）（元）余载撰
海虞张海鹏　清嘉庆十三年［1807］刻本　有图
线装
（墨海金壶）
　　收于《墨海金壶》经部中。

J0156307

韶舞九成乐补　（一卷）（元）余载撰
海虞张海鹏　清嘉庆十三至十六年［1808-1811］

刻本

（墨海金壶）

收于《墨海金壶》一百十四种七百十三卷中。

J0156308

韶舞九成乐补　（一卷）（元）余载撰

上海　博古斋　民国十年［1921］影印本

（墨海金壶）

据清嘉庆十三至十六年海虞张氏刻本影印。

J0156309

教育部颁行中华民国国歌

上海　中华书局　民国　［7］页［19×26cm］

本书收录《卿云歌》，五线谱、简谱、燕乐谱对照。书前有《国务总理呈请颁布国歌文》。另附音释。

J0156310

中华民国国歌　教育部编

北京　教育部［1921年］36cm（6开）

本书收录《卿云歌》，有五线谱、工尺谱及军乐谱。书前有《国务总理呈请颁布国歌文》及大总统指令。

J0156311

西方道琴十二首　周秉清著

［北京］［佛经流通处］［1924年］［10］页［19×26cm］（16开）定价：铜元三枚

本书为琵琶弹唱的佛法歌词，收录《叹色身》《叹六根》等12首，工尺谱。

J0156312

民众圣歌集　赵紫宸歌；范天祥谱

北平　1934年　再版　54页　26cm（16开）

定价：大洋五角

本书收录54首中国宗教歌曲，五线谱，附钢琴伴奏谱。

J0156313

进阶经

献县［河北］1943年　再版　279页　17cm（40开）

本书收录27首宗教歌曲，五线谱。

J0156314

圣诞诗歌　中国基督教联合书局编

上海　中国基督教联合书局　1957年　简谱本

12页　19cm（32开）定价：CNY0.10

J0156315

表演唱歌曲集　音乐出版社编辑部编

北京　音乐出版社　1962年　84页　19cm（32开）

统一书号：8026.1649　定价：CNY0.29

J0156316

表演唱歌曲集　音乐出版社编辑部编

北京　音乐出版社　1963年　简谱本　88页

19cm（32开）统一书号：8026.1649

定价：CNY0.30

J0156317

表演唱歌曲集　（第一集）音乐出版社编辑部编

北京　音乐出版社　1964年　2版　修订本　84页

19cm（32开）统一书号：8026.1649

定价：CNY0.29

J0156318

表演唱歌曲集　（第二集）音乐出版社编辑部编

北京　音乐出版社编辑部　1966年　简谱本　76页

19cm（32开）统一书号：8026.2404

定价：CNY0.27

J0156319

古代歌曲　（宫廷音乐、宗教音乐）中央音乐学院中国音乐研究所民族音乐研究班编

北京　中央音乐学院中国音乐研究所民族音乐研究班　1962年　114页　20cm（32开）

定价：CNY0.95

J0156320

定叫山河换新装　（革命歌曲　五线谱）

中央新闻纪录电影制片厂词曲

［北京］人民文学出版社　1972年　26cm（16开）

定价：CNY0.08

J0156321

东方红　（革命歌曲　陕北民歌　五线谱）李有源词；李焕之伴奏

［北京］人民文学出版社　1972年

27cm（大16开）定价：CNY0.08

J0156322

延边人民热爱毛主席　（革命歌曲　五线谱）
韩允浩原词；金凤浩曲；石夫配伴奏
［北京］人民文学出版社 1972 年 26cm（16 开）
定价：CNY0.08

　　作者石夫（1929—2007），作曲家。原名郭石夫，湖南湘潭人，就读于湖南华中高级艺术专科学校、中央音乐学院。曾任西安音乐学院作曲系教师，中国音乐家协会理事、创作委员会副主任。作品有《阿依古丽》《热土》《帕米尔之歌》《娃哈哈》《牧马之歌》等。

J0156323

汽车司机见到了毛主席　（男声表演唱）上海电机厂工人业余文艺宣传队创作；上海市革命群众文艺小组编
上海　上海人民出版社 1973 年 14 页
19cm（32 开）统一书号：8171.583
定价：CNY0.06
（工农兵歌舞）

J0156324

画美景　（表演唱）上海文艺出版社编辑
上海　上海文艺出版社 1978 年 30 页
19cm（32 开）统一书号：8078.3041
定价：CNY0.08
（新时期总任务文艺宣传小丛书）

J0156325

表演唱集　汤锦铭，茹银鹤编
上海　上海文艺出版社 1979 年 228 页
19cm（32 开）统一书号：8078.3055
定价：CNY0.53

J0156326

十三辙声乐练习曲　王品素编著
上海　上海文艺出版社 1980 年 43 页
19cm（32 开）统一书号：8078.3214
定价：CNY0.13

J0156327

十三辙声乐练习曲　王品素等作
上海　上海文艺出版社 1980 年 43 页
19cm（32 开）定价：CNY0.13

J0156328

沈远《北西厢弦索谱》简谱　张世彬译
香港　中文大学出版社 1981 年 138 页
23cm（10 开）精装 ISBN：962-201-218-3

J0156329

琴歌　（五线谱本）王迪编
北京　文化艺术出版社 1983 年 99 页
25cm（16 开）统一书号：8228.009
定价：CNY2.30

　　本书收录 50 多首。其中有以汉蔡文姬诗谱曲的《胡笳十八拍》，也有以宋岳飞词谱曲的《满江红》等等。

J0156330

中国古代歌曲五首　（附钢琴伴奏谱）王震亚编配
北京　人民音乐出版社 1983 年 正谱本 35 页
25cm（小 16 开）统一书号：8026.4155
定价：CNY0.61

　　本书收录《阳关三叠》《扊溪梅令》《杏花天影》《胡笳十八拍》《渔翁》。

J0156331

中国古代歌曲七十首　王迪等编
北京　中国文联出版公司 1985 年 132 页
19cm（小 32 开）定价：CNY0.95

J0156332

佛教歌曲集　吴居彻著
台北　慧炬出版社 1991 年 58 页 26cm（16 开）
ISBN：957-518-029-1 定价：TWD150.00
（人文丛刊 4011）

　　外文书名：The Buddhist Songs.

J0156333

长安古乐谱　雷家骁主编；西安音乐学院音乐研究所编
西安　三秦出版社 1991 年 223 页
27cm（大 16 开）精装 ISBN：7-80546-383-2
定价：CNY22.00

　　本书收集并翻译长安古乐曲谱 20 首，分为坐乐套曲和行乐散曲两大部分。介绍长安古乐社、长安古乐及其演奏形式、谱字、拍调标记、形式结构等。收有 17 幅插图。

J0156334
敦煌古乐 （敦煌乐谱新译）席臻贯著
兰州 敦煌文艺出版社 1992 年 142 页 有书影
20cm（32 开）精装 ISBN：7-80587-113-2
　　本书内容包括：独奏卷、敦煌古乐——民乐合奏卷、敦煌古乐——配词演唱卷。外文书名：Ancient Music of Dun Huang.

J0156335
最新发掘唐宋歌曲 李健正编著
成都 四川人民出版社 1992 年 154+43 页
28cm（大 16 开）精装 ISBN：7-220-01781-2
定价：CNY75.00
　　本书的唐宋歌曲是根据散落在西安民间的唐宋遗音、长安古乐中的若干曲牌,配以同名的唐宋诗词而成。书末附唐代半字谱。作者李健正（1940—　　）,陕西古代音乐文化研究院常务副院长,长安古乐首席研究员。出版有《长安古乐曲谱辑存》。

J0156336
满族萨满神歌译注 宁和平译注
北京 社会科学文献出版社 1993 年 396 页
20cm（32 开）ISBN：7-80050-428-X
定价：CNY11.20

J0156337
中国古典诗词歌曲集 林光旋编
北京 中国青年出版社 1994 年 284 页
19cm（32 开）ISBN：7-5006-1507-8
定价：CNY6.80, CNY10.80（精装）
　　本歌集收先秦汉唐、宋元明清的历代佳句,曲谱有古琴曲、近当代作曲家创作曲目及民间传统曲调等。

J0156338
古琴弦歌合唱套曲——胡笳吟 （钢琴伴奏谱）
（汉）蔡琰词；李焕之记谱整理
北京 人民音乐出版社 1996 年 42 页
26cm（16 开）ISBN：7-103-01406-X
定价：CNY6.60

J0156339
中国古典诗词曲谱选释 傅雪漪编著
北京 中国戏剧出版社 1996 年 308 页 有彩照
26cm（16 开）ISBN：7-104-00752-0
定价：CNY29.50, CNY29.50（精装）
　　作者傅雪漪（1922—　　）,满族,音乐教师、教授。原名傅鼎梅、雪籍,北京人。毕业于国立北平艺术专科学校。历任中国艺术研究院研究员,中国戏曲学院客座教授,中国戏曲学会理事,中国音乐家协会民族音乐委员会委员。出版有《中国传统戏曲声乐艺术》《九宫大成南北词宫谱选择》《昆曲音乐欣赏漫谈》等。

J0156340
来自中国的旋律 秋霞著
香港 天道书楼公司 1998 年 59 页
27cm（大 16 开）ISBN：962-208-334-X
（诗歌丛书）

J0156341
明清情歌九百首 何锐、范勇编著
成都 巴蜀书社 1999 年 2 版 394 页
20cm（32 开）精装 ISBN：7-80523-977-0
定价：CNY18.00

J0156342
嘤鸣集 （2）林平良（YoungLam）主编；江克满[等]作曲；江克满[等]作词
澳门 澳门岗顶前地圣奥斯定堂圣咏团 1999 年 42 页 有图 29cm（18 开）定价：MOP20.00

中国戏剧音乐、配乐音乐曲谱

J0156343
增定南九宫曲谱 （二十一卷 附录一卷）（明）沈璟撰
文治堂 明 刻本
　　分六册。七行十八字小字双行同白口四周单边。

J0156344
北雅 （三卷）（明）朱权撰
张萱黛玉轩 明万历三十年[1602]刻本
　　分三册。八行十九字白口左右双边。
　　作者朱权（1378—1448）,明太祖朱元璋第十七子,封宁王,号臞仙,又号涵虚子、丹丘先生。

J0156345
南九宫十三调曲谱 （四卷）（明）程允昌订
明末 刻本
　　分四册。九行二十字白口左右双边。

J0156346
北词谱 （十四卷）（明）徐于室撰
清 抄本
　　本书由《北词谱十四卷》《臆论一卷附一卷》（明）徐于室撰合订。七行二十字，小字双行同白口黄格四周单边。

J0156347
吵子本 （一卷）
升平署 清 抄本

J0156348
洞仙歌 （一卷）
升平署 清 抄本

J0156349
蜂蝶闹 （一卷）
升平署 清 抄本

J0156350
赴蟠桃 （一卷）
升平署 清 抄本

J0156351
海宇升平 （不分卷）
升平署 清 抄本

J0156352
好事近 （一卷）
升平署 清 抄本

J0156353
汇纂元谱南曲九宫正始 （不分卷）
（明）徐庆卿撰;（明）钮少雅订
清 抄本
　　分十册。九行二十字小字双行同白口四周双边。

J0156354
嘉兴锣鼓 （不分卷）

升平署 清 抄本

J0156355
九宫谱定 （十二卷 总论一卷）题东山钓史,鸳湖逸者辑
金阊绿荫堂 清初 刻本
　　分四册。七行十八字白口四周单边。

J0156356
旧谱新声 （一卷）
［清］抄本

J0156357
六么令 （一卷）
升平署 清 抄本

J0156358
落梅花 （一卷）
升平署 清 抄本

J0156359
南九宫谱大全 （明）沈自晋撰;（清）胡介祉增补
清 稿本
　　分六册。六行二十字绿格白口四周单边。

J0156360
南戏北词正谬 （一卷）（清）李玉撰
文靖书院 清 刻本
　　本书由《一笠庵北词广正谱十八卷》《南戏北词正谬一卷》（清）李玉撰合订。分八册。六行二十五字白口左右双边。

J0156361
七个小套 （一卷）
升平署 清 抄本

J0156362
前风韵 （一卷）
清 抄本

J0156363
清江引 （一卷）
升平署 清 抄本

J0156364
曲牌子谱总本 （不分卷）
升平署 清 抄本

J0156365
寿比南山 （一卷）
升平署 清 抄本

J0156366
四大套 （一卷）
升平署 清 抄本

J0156367
四喜四受 （一卷）
升平署 清 抄本

J0156368
太平歌舞 （一卷）
升平署 清 抄本

J0156369
太平令 （一卷）
升平署 清 抄本

J0156370
太平锣鼓 （一卷）
升平署 清 抄本

J0156371
万象清平 （不分卷）
升平署 清 抄本

J0156372
梧桐树 （一卷）
升平署 清 抄本

J0156373
五马江儿水 （一卷）
升平署 清 抄本

J0156374
西厢记谱 （五卷）（清）叶堂撰
叶氏纳书楹 清 刻本
　　　分四册。五行十六字白口左右双边。

J0156375
一江风 （一卷）
升平署 清 抄本

J0156376
一笠庵北词广正谱 （十八卷）（清）李玉撰
文靖书院 清 刻本
　　　本书由《一笠庵北词广正谱十八卷》《南戏
北词正谬一卷》（清）李玉撰合订。分八册。六
行二十五字白口左右双边。

J0156377
一枝花 （一卷）
升平署 清 抄本

J0156378
臆论 （一卷 附一卷）（明）徐于室撰
清 抄本
　　　本书由《北词谱十四卷》《臆论一卷附一卷》
（明）徐于室撰合订。

J0156379
御制清曲 （一卷）
升平署 清 抄本

J0156380
御制清曲 （不分卷）
清 抄本

J0156381
朱奴儿 （一卷）
升平署 清 抄本

J0156382
醉蝶 （一卷）
授臣 清 抄本

J0156383
广韵词隐先生增订南九宫词谱 （二十六卷）
（明）沈璟撰；（明）沈自晋复位
沈氏不殊堂 清顺治十二年［1655］刻本
　　　分十册。八行十八字白口四周单边。

J0156384
新定十二律京腔谱 （十六卷）（清）王正祥

撰;(清)卢鸣鸾,施铨订

停云室　清康熙二十三年[1684]刻本

　　分七册。八行二十字小字双行同白口四周双边。

J0156385

新定十二律京腔谱　（十六卷）(清)王正祥撰;(清)卢鸣鸾,(清)施铨订

停云室　清康熙二十三年[1684]刻本

　　分十册。八行二十字白口四周双边。

J0156386

新定重较问奇一览　（二卷)(清)王正祥撰;(清)卢鸣鸾,(清)施铨订

停云室　清康熙二十三年[1684]刻本

(新定十二律京腔谱)

J0156387

新定宗北归音　（六卷)(清)王正祥辑;(清)卢鸣鸾,(清)施铨订

停云室　清康熙二十五年[1686]刻本

　　分二册。八行二十字黑口四周双边。

J0156388

新定宗北归音　（六卷)(清)王正祥撰

停云室　清康熙二十五年[1686]刻本

　　分四册。八行二十字上下黑口四周双边。

J0156389

新定宗北归音　（六卷)(清)王正祥撰

停云室　清康熙二十五年[1686]刻本

　　分六册。八行二十字上下黑口四周双边。

J0156390

新定宗北归音　（五卷　次序一卷)(清)王正祥,(清)沈嗣连辑

停云室[自]清康熙二十五年[1686]刻本

　　分三册。八行二十字白口四周双边。

J0156391

新定九宫大成南北宫词谱　（八十一卷　闰一卷　总目三卷)(清)周祥钰,(清)邹金生等辑

允禄　清乾隆十一年[1746]刻本　套印

　　分五十册。七行十六字白口无直格四周双边。

J0156392

御制北调宫词乐谱　（四卷）

三保　清乾隆四十七年[1782]抄本

　　分二册。

J0156393

御制南调宫词乐谱　（四卷）

三保　清乾隆四十七年[1782]抄本

　　分二册。

J0156394

九宫大成南北词宫谱　（八十一卷　卷闰）

古书流通处(印)清末　影印本　21cm(32开)线装

　　本书是清乾隆初年修纂的一部记录用昆山腔歌唱的南北词曲谱总集,全书依宫、商、角、徵、羽次第分作5函,每函10册,凡82卷。半叶七行十六字大字旁有注音小字双行注音字数同白口双鱼尾四周双边。

J0156395

锣经摘要　（不分卷）

佩亨氏　清末　抄本

J0156396

曲谱辑抄　（不分卷)(清)辑

清末至民国初　抄本

J0156397

山坡羊　（不分卷）

升平署　清光绪二十五年[1899]抄本

J0156398

八小套　（一卷）

升平署　清光绪二十九年[1903]抄本

J0156399

玉殿云开　（一卷）

升平署　清光绪二十九年[1903]抄本

J0156400

月儿高　（一卷）

升平署　清光绪二十九年[1903]抄本

J0156401

一笠庵北词广正谱　（十卷）（清）李元玉手订；徐于室原编

［文靖书院］民国　影印本　20cm（32开）线装

分一函九册。半叶六行二十五字小字双行字同白口上双鱼尾四周双边。

J0156402

中山琴谱大观　（风琴箫笛通用合谱）泰山堂书庄编

北平　泰山堂书庄［民国］35页　18cm（15开）

本书收录《妓女告状》《大登殿》《三娘教子》《探亲家》《莲英惊梦》等37首。均由工尺谱翻译成简谱。

J0156403

朱奴儿

会友斋　民国　抄本　平装

J0156404

大正琴风琴箫谱戏曲合刊大全　大兴居士编

北京　瑞文书局　1927年　3版　18cm（15开）

环筒页装　定价：大洋三角

本书收录《春枝花》《梆子题调》《洪洋洞》等25首供大正琴、风琴、箫演奏的戏曲曲谱。

J0156405

大正琴戏曲谱　（新编第一册）

北京　瑞文书局　1929年　14页　13×19cm

J0156406

蒋孝旧编南九宫谱与沈璟南九宫十三调曲谱　王钟麟［著］

民国二十二年［1933］62页　27cm（16开）

（金陵学报　第三卷　2）

J0156407

国立北平图书馆戏曲音乐展览会目录

国立北平图书馆编

北平　国立北平图书馆　1934年　72页

26cm（16开）定价：大洋五分

本书内容分：戏曲撰者部、戏曲文献部、乐书部、乐器部等目录。

J0156408

古曲　马思聪作

［上海］万叶书店　1951年　定价：CNY0.35

作者马思聪（1912—1987），作曲家、小提琴演奏家。广东海丰人。曾任中央音乐学院首任院长，并兼任中国音乐家协会副主席，《音乐创作》主编等职。代表作有小提琴曲《内蒙组曲》《西藏音诗》《第一回旋曲》，交响音乐《山林之歌》《第二交响曲》，大合唱《祖国》《春天》，歌剧《热碧亚》等。

J0156409

牧童短笛　贺绿汀作

上海　上海音乐出版社　1951年　定价：CNY0.32

作者贺绿汀（1903—1999），音乐家、教育家。湖南邵东仙槎桥人，毕业于上海国立音乐专科学校。历任武昌艺术专科学校教员、明星影片公司音乐科科长、陕甘宁晋绥联防军政治部宣传队音乐教员、延安中央管弦乐团团长、华北文工团团长。代表作品《牧童短笛》《摇篮曲》《游击队歌》等，著有《贺绿汀音乐论文选集》。

J0156410

晚会　贺绿汀作

上海　上海音乐出版社　1951年　影印本

定价：CNY0.16

J0156411

农民小唱　陈铭志作

上海　上海音乐出版社　1952年　定价：CNY0.30

作者陈铭志（1925—2009），河南西平人。毕业于上海音乐学院，并留校任教，历任讲师、副教授、教授、作曲指挥系主任，中国音协第四届理事。主要作品有《赋格曲写作》《复调音乐写作基础教程》等。

J0156412

叙事曲　马思聪作

［上海］万叶书店　1954年　定价：CNY0.84

J0156413

音乐选集　福建省群众艺术馆编

福州　福建人民出版社　1959年　简谱本　68页

有曲谱　18cm（32开）统一书号：T8104.211

定价：CNY0.18

J0156414

西厢记四种乐谱选曲　中央音乐学院中国音乐研究所编；杨荫浏，曹安和译谱

北京　音乐出版社　1962 年　影印本　56 页

26cm（16 开）统一书号：8026.1518

定价：CNY0.61

　　作者杨荫浏（1899—1984），音乐教育家。字亮卿，号二壮，又号清如。出生于江苏无锡，曾就读于上海圣约翰大学文学系、光华大学经济系（今华东师范大学）。曾在重庆、南京任国立音乐学院教授兼国乐组主任、国立礼乐馆编纂和乐曲组主任、金陵女子大学音乐系教授。代表作品有《中国音乐史纲》《中国古代音乐史稿》。作者曹安和（1905—2004），女，音乐理论家。江苏无锡人。毕业于北平国立大学女子文理学院音乐系。曾任中国艺术研究院音乐研究所研究员。著有《时薰室琵琶指径》；合著《文板十二曲琵琶谱》《弦索十三套》《阿炳曲集》。

J0156415

中国戏曲音乐集成　（征求意见稿　河南卷）

中国民族音乐集成河南省编辑办公室编

［郑州］［中国民族音乐集成河南省编辑办公室］

1982 年　油印本　2 册（494 页）26cm（16 开）

J0156416

中国戏曲音乐集成　（河南卷　四平调音乐）

中国民族音乐集成河南省编辑办公室编

郑州　中国民族音乐集成河南省编辑办公室

1982 年　2 册（440 页）26cm（16 开）

定价：CNY6.45

J0156417

中国戏曲音乐集成　（河南卷　豫南花鼓戏音乐）中国民族音乐集成河南省编辑办公室编

郑州　中国民族音乐集成河南省编辑办公室

1982 年　242 页　26cm（16 开）定价：CNY4.30

J0156418

中国戏曲音乐集成　（征求意见稿　河南卷）

中国民族音乐集成河南省编辑办公室编

［郑州］［中国民族音乐集成河南省编辑办公室］

1982 年　油印本　2 册（440 页）26cm（16 开）

J0156419

中国戏曲音乐集成　（河南卷　大弦戏音乐）

中国民族音乐集成河南省编辑办公室编

郑州　中国民族音乐集成河南省编辑办公室

1982 年　油印本　2 册（494 页）26cm（16 开）

J0156420

中国戏曲音乐集成　（河南卷　怀梆音乐）

中国民族音乐集成河南省编辑办公室编

郑州　中国民族音乐集成河南省编辑办公室

1982 年　2 册（240 页）26cm（16 开）

定价：CNY4.30

J0156421

中国戏曲音乐集成　（河南卷　征求意见稿）

中国民族音乐集成河南省编辑办公室编

［郑州］［中国民族音乐集成河南省编辑办公室］

［1983 年］油印本　2 册（240 页）26cm（16 开）

J0156422

中国戏曲音乐集成　（河南卷　大平调音乐　征求意见稿）中国民族音乐集成河南省编辑办公室编

郑州　中国民族音乐集成河南省编辑办公室

1983 年　油印本　2 册（782 页）26cm（16 开）

定价：CNY7.45

J0156423

中国戏曲音乐集成　（河南卷　宛梆音乐）

中国民族音乐集成河南省编辑办公室编

郑州　中国民族音乐集成河南省编辑办公室

1983 年　油印本　2 册（704 页）26cm（16 开）

J0156424

中国戏曲音乐集成　（河南卷　豫南咳子戏音乐）中国民族音乐集成河南省编辑办公室编

郑州　中国民族音乐集成河南省编辑办公室

1983 年　2 册　26cm（16 开）定价：CNY5.30

J0156425

中国戏曲音乐集成　（河南卷　豫南皮影戏音乐　征求意见稿）中国民族音乐集成河南省编辑办公室编

郑州　中国民族音乐集成河南省编辑办公室

1983 年　油印本　2 册（389 页）26cm（16 开）

定价: CNY5.30

J0156426

中国戏曲音乐集成 （河南卷）中国民族音乐集成河南省编辑办公室
[南京] [中国民族音乐集成河南省编辑办公室]
[1987年] 油印本 200页 26cm（16开）

J0156427

九官大成南北词官谱 （一）（清）周祥钰,（清）
邹金生编辑;（清）徐兴华,（清）王文禄分纂
台北 学生书局 1987年 影印本
168+76+280页 21cm（32开）精装
（善本戏曲丛刊 87）
　　　本书是我国古典曲谱集。清乾隆六年（1741）和硕庄亲王允禄奉旨主持编纂,乐工周祥钰、邹金生、徐兴华、王文禄等人用了五年时间搜集资料和编写,共82卷。全书收入北套曲188套,南北合套曲36套,单体曲牌则有南曲1513曲,北曲581曲,连用南北曲变体在内,共4466曲。选用了唐、五代、宋词、金元诸宫调、元散曲、明散曲、南戏、北杂剧、明清昆腔、清宫承应戏等。南曲分为引曲、正曲、集曲,北曲分为只曲与套曲。当中涵盖了仙吕宫、南吕宫、中吕宫、黄钟宫、正宫、大石调、双调、商调和越调九个宫调,混称九宫或南北九宫。

J0156428

九官大成南北词官谱 （二）（清）周祥钰,（清）
邹金生编辑;（清）徐兴华,（清）王文禄分纂
台北 学生书局 1987年 影印本
281-748页 21cm（32开）精装
（善本戏曲丛刊 88）

J0156429

九官大成南北词官谱 （三）（清）周祥钰,（清）
邹金生编辑;（清）徐兴华,（清）王文禄分纂
台北 学生书局 1987年 影印本
749-1148页 21cm（32开）精装
（善本戏曲丛刊 89）

J0156430

九官大成南北词官谱 （四）（清）周祥钰,（清）
邹金生编辑;（清）徐兴华,（清）王文禄分纂
台北 学生书局 1987年 影印本
1149-1556页 21cm（32开）精装
（善本戏曲丛刊 90）

J0156431

九官大成南北词官谱 （五）（清）周祥钰,（清）
邹金生编辑;（清）徐兴华,（清）王文禄分纂
台北 学生书局 1987年 影印本
1557-1944页 21cm（32开）精装
（善本戏曲丛刊 91）

J0156432

九官大成南北词官谱 （六）（清）周祥钰,（清）
邹金生编辑;（清）徐兴华,（清）王文禄分纂
台北 学生书局 1987年 影印本
1945-2326页 21cm（32开）精装
（善本戏曲丛刊 92）

J0156433

九官大成南北词官谱 （七）（清）周祥钰,（清）
邹金生编辑;（清）徐兴华,（清）王文禄分纂
台北 学生书局 1987年 影印本
2327-2692页 21cm（32开）精装
（善本戏曲丛刊 93）

J0156434

九官大成南北词官谱 （八）（清）周祥钰,（清）
邹金生编辑;（清）徐兴华,（清）王文禄分纂
台北 学生书局 1987年 影印本
2693-3044页 21cm（32开）精装
（善本戏曲丛刊 94）

J0156435

九官大成南北词官谱 （九）（清）周祥钰,（清）
邹金生编辑;（清）徐兴华,（清）王文禄分纂
台北 学生书局 1987年 影印本
3045-3440页 21cm（32开）精装
（善本戏曲丛刊 95）

J0156436

九官大成南北词官谱 （一〇）（清）周祥钰,
（清）邹金生编辑;（清）徐兴华,（清）王文禄分纂
台北 学生书局 1987年 影印本
3441-3848页 21cm（32开）精装
（善本戏曲丛刊 96）

J0156437
九官大成南北词官谱　（一一）（清）周祥钰，
（清）邹金生编辑；（清）徐兴华，（清）王文禄分纂
台北　学生书局　1987年　影印本
3849-4270页　21cm（32开）精装
（善本戏曲丛刊 97）

J0156438
九官大成南北词官谱　（一二）（清）周祥钰，
（清）邹金生编辑；（清）徐兴华，（清）王文禄分纂
台北　学生书局　1987年　影印本
4271-4678页　21cm（32开）精装
（善本戏曲丛刊 98）

J0156439
九官大成南北词官谱　（一三）（清）周祥钰，
（清）邹金生编辑；（清）徐兴华，（清）王文禄分纂
台北　学生书局　1987年　影印本
4679-5096页　21cm（32开）精装
（善本戏曲丛刊 99）

J0156440
九官大成南北词官谱　（一四）（清）周祥钰，
（清）邹金生编辑；（清）徐兴华，（清）王文禄分纂
台北　学生书局　1987年　影印本
5097-5504页　21cm（32开）精装
（善本戏曲丛刊 100）

J0156441
九官大成南北词官谱　（一五）（清）周祥钰，
（清）邹金生编辑；（清）徐兴华，（清）王文禄分纂
台北　学生书局　1987年　影印本
5505-5884页　21cm（32开）精装
（善本戏曲丛刊 101）

J0156442
九官大成南北词官谱　（一六）（清）周祥钰，
（清）邹金生编辑；（清）徐兴华，（清）王文禄分纂
台北　学生书局　1987年　影印本
5885-6164页　21cm（32开）精装
（善本戏曲丛刊 102）

J0156443
九官大成南北词官谱　（一七）（清）周祥钰，
（清）邹金生编辑；（清）徐兴华，（清）王文禄分纂

台北　学生书局　1987年　影印本
6165-6534页　21cm（32开）精装
（善本戏曲丛刊 103）

J0156444
九官大成南北词官谱　（一八）（清）周祥钰，
（清）邹金生编辑；（清）徐兴华，（清）王文禄分纂
台北　学生书局　1987年　影印本
6535-6860页　21cm（32开）精装
（善本戏曲丛刊 104）

J0156445
中国戏曲音乐集成　（江苏卷　目录专著）
［南京］［1987年］油印本　41cm（7开）

J0156446
中国戏曲音乐集成　（送审稿　江苏卷）
江苏戏曲音乐集成江苏卷编辑部编
［南京］［江苏戏曲音乐集成江苏卷编辑部］
1990年　油印本　40页　41cm（7开）

J0156447
中国戏曲音乐集成　（送审稿　江苏卷）江苏
戏曲音乐集成江苏卷编辑部编
［南京］［江苏戏曲音乐集成江苏卷编辑部］
1990年　油印本　7册　41cm（7开）

J0156448
中国戏曲音乐集成　（送审稿　江苏卷）江苏
戏曲音乐集成江苏卷编辑部编
［南京］［江苏戏曲音乐集成江苏卷编辑部］
1990年　油印本　72页　41cm（7开）

J0156449
中国戏曲音乐集成　（送审稿　江苏卷）江苏
戏曲音乐集成江苏卷编辑部编
［南京］［江苏戏曲音乐集成江苏卷编辑部］
1990年　油印本　94页　41cm（7开）

J0156450
中国戏曲音乐集成　（送审稿　江苏卷）江苏
戏曲音乐集成江苏卷编辑部编
［南京］［江苏戏曲音乐集成江苏卷编辑部］
1990年　油印本　43页　41cm（7开）

J0156451
中国戏曲音乐集成 （送审稿　江苏卷）江苏
戏曲音乐集成江苏卷编辑部编
［南京］［江苏戏曲音乐集成江苏卷编辑部编］
1990年　油印本　88页　41cm（7开）

J0156452
现存元明清南北曲全折（出）乐谱目录
曹安和编
北京　人民音乐出版社　1989年　90页
26cm（16开）ISBN：7-103-00301-7
定价：CNY2.45
　　本书按作品种类及戏曲作家的年代先后排
列，并注明乐谱出处。书后编有南北曲剧名索引、
南北曲剧作者索引、南北曲折名（出名）索引。作
者曹安和（1905—2004），女，音乐理论家。江苏
无锡人。毕业于北平国立大学女子文理学院音
乐系。曾任中国艺术研究院音乐研究所研究员。
著有《时薰室琵琶指径》；合著《文板十二曲琵琶
谱》《弦索十三套》《阿炳曲集》。

J0156453
中国戏曲音乐集成 （送审稿　江苏卷）
江苏戏曲音乐集成江苏卷编辑部编
1990年　油印本　2册（196页）41cm（7开）

J0156454
中国戏曲音乐集成 （送审稿　江苏卷）江苏
戏曲音乐集成江苏卷编辑部编
1990年　油印本　91页　41cm（7开）

J0156455
中国戏曲音乐集成 （浙江卷　绍兴市卷　一
调腔卷）中国戏曲音乐集成浙江卷绍兴市卷编
写组［编］
［绍兴］［中国戏曲音乐集成浙江卷绍兴市卷编
写组］［1989年］油印本　18+233叶　有地图
26cm（16开）

J0156456
中国戏曲音乐集成 （浙江卷　绍兴市卷　二
调腔卷）中国戏曲音乐集成浙江卷绍兴市卷编
写组［编］
［绍兴］［中国戏曲音乐集成浙江卷绍兴市卷编
写组］［1989年］油印本　234-460+19叶

26cm（16开）

J0156457
中国戏曲音乐集成 （浙江卷　绍兴市卷　三
调腔卷）中国戏曲音乐集成浙江卷绍兴市卷编
写组［编］
［绍兴］［中国戏曲音乐集成浙江卷绍兴市卷编
写组］［1989年］油印本　245叶　26cm（16开）

J0156458
中国戏曲音乐集成 （浙江卷　绍兴市卷　四
调腔卷）中国戏曲音乐集成浙江卷绍兴市卷编
写组［编］
［绍兴］［中国戏曲音乐集成浙江卷绍兴市卷编
写组］［1989年］油印本　228叶　26cm（16开）

J0156459
中国戏曲音乐集成 （浙江卷　绍兴市卷　五
调腔卷）中国戏曲音乐集成浙江卷绍兴市卷编
写组［编］
［绍兴］［中国戏曲音乐集成浙江卷绍兴市卷编
写组］［1989年］油印本　203叶　26cm（16开）

J0156460
中国戏曲音乐集成 （浙江卷　绍兴市分卷　六
绍剧卷）中国戏曲音乐集成浙江卷绍兴市卷编
写组［编］

J0156461
中国戏曲音乐集成 （浙江卷　绍兴市卷　七
绍剧卷）中国戏曲音乐集成浙江卷绍兴市卷编
写组［编］
［绍兴］［中国戏曲音乐集成浙江卷绍兴市卷编
写组］［1989年］油印本　213-323叶
26cm（16开）

J0156462
中国戏曲音乐集成 （浙江卷　绍兴市分卷　八
绍剧卷）中国戏曲音乐集成浙江卷绍兴市卷编
写组［编］
［绍兴］［中国戏曲音乐集成浙江卷绍兴市卷编
写组］［1989年］油印本　138叶　26cm（16开）

J0156463
中国戏曲音乐集成 （浙江卷　绍兴市分卷　九

绍剧卷）中国戏曲音乐集成浙江卷绍兴市卷编
写组［编］

［绍兴］［中国戏曲音乐集成浙江卷绍兴市卷编
写组］［1989 年］油印本 178 叶 26cm（16 开）

　　本卷内容收录：西路、扬路、小戏唱腔、调
腔、俗曲小调等。

［绍兴］［中国戏曲音乐集成浙江卷绍兴市卷编
写组］［1989 年］油印本 212 叶 有地图
26cm（16 开）

J0156464

中国戏曲音乐集成 （浙江卷 绍兴市分卷 十
绍剧卷）中国戏曲音乐集成浙江卷绍兴市卷编
写组［编］

［绍兴］［中国戏曲音乐集成浙江卷绍兴市卷编
写组］［1989 年］油印本 159+50 叶
26cm（16 开）

J0156465

中国戏曲音乐集成 （浙江卷 绍兴市卷 十一
越剧卷）中国戏曲音乐集成浙江卷绍兴市卷编
写组［编］

［绍兴］［中国戏曲音乐集成浙江卷绍兴市卷编
写组］［1989 年］油印本 154 叶 有地图
26cm（16 开）

J0156466

中国戏曲音乐集成 （浙江卷 绍兴市卷 十二
越剧卷）中国戏曲音乐集成浙江卷绍兴市卷编
写组［编］

［绍兴］［中国戏曲音乐集成浙江卷绍兴市卷编
写组］［1989 年］油印本 155-492 叶
26cm（16 开）

J0156467

中国戏曲音乐集成 （浙江卷 绍兴市卷 十三
越剧卷）中国戏曲音乐集成浙江卷绍兴市卷编
写组［编］

［绍兴］［中国戏曲音乐集成浙江卷绍兴市卷编
写组］［1989 年］油印本 493-738 叶
26cm（16 开）

J0156468

中国戏曲音乐集成 （浙江卷 绍兴市卷 十四
越剧卷）中国戏曲音乐集成浙江卷绍兴市卷编

写组［编］

［绍兴］［中国戏曲音乐集成浙江卷绍兴市卷编
写组］［1989 年］油印本 739-918 叶
26cm（16 开）

J0156469

中国戏曲音乐集成 （北京卷）
北京 中国戏剧出版社 ［1990—1999 年］
20cm（32 开）

J0156470

中国戏曲音乐集成 （送审稿 综述 概述）
1990 年 135 页 27cm（16 开）

J0156471

九宫大成南北词宫谱选译 傅雪漪选译
北京 人民音乐出版社 1991 年 285 页 有书影
26cm（16 开）精装 ISBN：7-103-00810-8
定价：CNY19.80

　　《九宫大成南北词宫谱》是清代乾隆时期审
音订谱的曲谱集。本书同时用简谱、五线谱译
出，其中包括词调、诸宫调、散曲、昆曲等选译共
340 首乐曲，并附有详细说明文字。作者傅雪漪
（1922—　　），满族，音乐教师、教授。原名傅鼎梅、
雪蓁，北京人。毕业于国立北平艺术专科学校。
历任中国艺术研究院研究员，中国戏曲学院客座
教授，中国戏曲学会理事，中国音乐家协会民族
音乐委员会委员。出版有《中国传统戏曲声乐艺
术》《九宫大成南北词宫谱选择》《昆曲音乐欣赏
漫谈》等。

J0156472

玉溪花灯音乐 李鸿源主编；玉溪行署文化
局编
昆明 云南人民出版社 1991 年 577 页 有彩照
20cm（32 开）精装 ISBN：7-222-00826-8
定价：CNY10.45
（中国戏曲音乐集成 云南卷）

J0156473

中国戏曲音乐集成 （北京卷）《中国戏曲音
乐集成》编辑委员会，《中国戏曲音乐集成·北京
卷》编辑委员会编
北京 北京出版社 1992 年 2 册（1730 页）
有彩照 26cm（16 开）精装

ISBN：7-200-01762-0　定价：CNY150.00

　　本书以京剧、北方昆曲、河北梆子、评剧、北京曲剧的系统,分门别类、科学、全面地评介北京地区戏曲音乐、唱腔艺术的特点和演员流派的风格等。

J0156474

中国戏曲音乐集成　（湖南卷）《中国戏曲音乐集成》编辑委员会,《中国戏曲音乐集成·湖南卷》编辑委员会编

北京　文化艺术出版社　1992 年　2 册（2136 页）有照片　26cm（16 开）精装

ISBN：7-5039-1108-5　定价：CNY180.00

　　本书分上下两卷,先《地方大戏》后《民间小戏》,刊行湖南境内的 19 个剧种的音乐资料。入卷资料的下限,均至 1985 年底。

J0156475

中国戏曲音乐集成　（河南卷）《中国戏曲音乐集成》编辑委员会,《中国戏曲音乐集成·河南卷》编辑委员会编

北京　中国 ISBN 中心　1993 年　2 册（1889 页）有剧照　26cm（16 开）精装

ISBN：7-5076-0028-0　定价：CNY155.00

　　本卷按综述、图表、剧种音乐、人物介绍 4 个部类编排,共收录各剧种的唱腔 381 段、折子戏（或选场）6 个、器乐曲曲牌 298 支、锣鼓点 383 个、人物介绍 134 条。

J0156476

中国戏曲音乐集成　（河南卷）《中国戏曲音乐集成》编辑委员会,《中国戏曲音乐集成·河南卷》编辑委员会编

北京　中国 ISBN 中心　1993 年　2 册（1889 页）有照片　26cm（16 开）特精装

ISBN：7-5076-0027-0　定价：CNY170.00

J0156477

黔南州戏曲音乐　（花灯·傩戏·阳戏）李继昌主编；黔南州文化局,黔南州民委编

贵阳　贵州民族出版社　1994 年　349 页19cm（32 开）ISBN：7-5412-0477-3

定价：CNY12.00

（中国戏曲音乐集成　贵州卷丛书）

J0156478

思茅地区戏曲音乐　杨伟主编；云南思茅行署文化局编

昆明　云南民族出版社　1994 年　245 页20cm（32 开）ISBN：7-5367-0987-0

定价：CNY15.00

（中国戏曲音乐集成　云南卷丛书）

J0156479

中国戏曲音乐集成　（天津卷）《中国戏曲音乐集成》编辑委员会,《中国戏曲音乐集成·天津卷》编辑委员会编

北京　中国 ISBN 中心　1994 年　15+13+939 页有图　26cm（16 开）精装　ISBN：7-5076-0043-2

定价：CNY80.00

J0156480

中国戏曲音乐集成　（天津卷）《中国戏曲音乐集成》编辑委员会,《中国戏曲音乐集成·天津卷》编辑委员会编

北京　中国 ISBN 中心　1994 年　939 页　有图26cm（16 开）特精装　ISBN：7-5076-0045-9

定价：CNY95.00

　　本卷仅记述长期活动于天津舞台的昆曲、京剧、河北梆子、评剧、越剧和豫剧。

J0156481

中国戏曲音乐集成　（安徽卷）《中国戏曲音乐集成》编辑委员会,《中国戏曲音乐集成·安徽卷》编辑委员会编

北京　中国 ISBN 中心　1994 年　2 册（1995 页）有图　26cm（16 开）特精装

ISBN：7-5076-0043-2　定价：CNY185.00

　　本卷收录 23 个剧种的戏曲音乐资料近 800 万字。

J0156482

中国戏曲音乐集成　（安徽卷）《中国戏曲音乐集成》编辑委员会,《中国戏曲音乐集成·安徽卷》编辑委员会编

北京　中国 ISBN 中心　1994 年　2 册（1995 页）有图　26cm（16 开）精装　ISBN：7-5076-0044-0

定价：CNY170.00

J0156483

中国戏曲音乐集成 （黑龙江卷）《中国戏曲音乐集成》编辑委员会,《中国戏曲音乐集成·黑龙江卷》编辑委员会编

北京　中国 ISBN 中心　1994 年　16+15+996 页　有图　26cm（16 开）精装　ISBN：7-5076-0057-2

定价：CNY100.00

J0156484

遵义地区花灯音乐　遵义地区文化局编

贵阳　贵州民族出版社　1994 年　11+282 页　有图　20cm（32 开）ISBN：7-5412-0424-2

定价：CNY12.00

（中国戏曲音乐集成　贵州卷丛书）

J0156485

中国戏曲音乐　蒋菁著

北京　人民音乐出版社　1995 年　482 页　20cm（32 开）ISBN：7-103-01256-3

定价：CNY23.00

（音乐自学丛书　音乐学卷）

J0156486

中国戏曲音乐集成 （广东卷）周巍峙主编；倪路卷主编；《中国戏曲音乐集成》编辑委员会,《中国戏曲音乐集成·广东卷》编辑委员会［编］

北京　中国 ISBN 中心　1996 年

2 册（16+47+2300 页）有照片　26cm（16 开）

精装　ISBN：7-5076-0071-8　定价：CNY368.00

本卷收录广东省 13 个剧种,分上、下两卷,上卷包括《综述》《图表》和粤剧、潮剧 2 个剧种；下卷包括广东汉剧、正字戏、西秦戏、白字戏、粤北采茶戏、乐昌花鼓戏、雷剧、客家山歌剧、花朝戏、粤西白戏、贵儿戏等 11 个剧种和《人物介绍》《后记》。作者周巍峙（1916—2014）,音乐家。原名良骥,江苏东台人,曾任文化部代部长,中国文联主席。代表作品有《黄河大合唱》《打败美帝野心狼》《中国人民志愿军战歌》《中国革命之歌》《九一八纪念歌》《十里长街送总理》。

J0156487

中国戏曲音乐集成 （山东卷）《中国戏曲音乐集成》编辑委员会,《中国戏曲音乐集成·山东卷》编辑委员会［编］

北京　中国 ISBN 中心　1996 年　2 册（1953 页）

有图　26cm（16 开）精装　ISBN：7-5076-0108-0

定价：CNY315.00

J0156488

中国戏曲音乐集成 （新疆卷）《中国戏曲音乐集成》全国编辑委员会,《中国戏曲音乐集成·新疆卷》编辑委员会编

北京　中国 ISBN 中心　1996 年　16+18+1072 页　有彩照　26cm（16 开）精装

ISBN：7-5076-0113-7　定价：CNY176.00

J0156489

中国戏曲音乐集成 （内蒙古卷）孙慎主编；包玉林分主编

北京　中国 ISBN 中心　1997 年　683 页　有彩照　26cm（16 开）精装　ISBN：7-5076-0118-8

定价：CNY119.00

J0156490

中国戏曲音乐集成 （山西卷）周巍峙主编；郭士星分主编

北京　中国 ISBN 中心　1997 年　2 册（2001 页）　26cm（16 开）精装　ISBN：7-5076-0115-3

定价：CNY322.00

作者周巍峙（1916—2014）,音乐家。原名良骥,江苏东台人,曾任文化部代部长,中国文联主席。代表作品有《黄河大合唱》《打败美帝野心狼》《中国人民志愿军战歌》《中国革命之歌》《九一八纪念歌》《十里长街送总理》。

J0156491

新定九官大成南北词宫谱校译　刘崇德校译

天津　天津古籍出版社　1998 年　8 册　26cm（16 开）精装　ISBN：7-80504-596-8

定价：CNY8800.00

J0156492

中国戏曲音乐集成 （河北卷）《中国戏曲音乐集成》全国编辑委员会,《中国戏曲音乐集成·河北卷》编辑委员会［编］

北京　中国 ISBN 中心　1998 年

2 册（15+34+1820 页）有图　26cm（16 开）

精装　ISBN：7-5076-0153-6　定价：CNY291.00

本书内容包括：序言、河北戏曲音乐综述、图片、各剧种音乐概述、唱腔选段、器乐、人物

介绍等。共收录 26 个剧种音乐。

J0156493

中国戏曲音乐集成　（湖北卷）《中国戏曲音乐集成》全国编辑委员会,《中国戏曲音乐集成·湖北卷》编辑委员会编

北京　中国 ISBN 中心　1998 年　2 册（1738 页）

有剧照　26cm（16 开）精装

ISBN：7-5076-0140-4　定价：CNY288.00

J0156494

中国戏曲音乐集成　（内蒙古卷）《中国戏曲音乐集成》全国编辑委员会,《中国戏曲音乐集成·内蒙古卷》编辑委员会编

北京　中国 ISBN 中心　1998 年　16+32+940 页

有图　26cm（16 开）精装　ISBN：7-5076-0123-4

定价：CNY195.00

J0156495

中国戏曲音乐集成　（江西卷）《中国戏曲音乐集成》全国编辑委员会,《中国戏曲音乐集成·江西卷》编辑委员会 [编]

北京　中国 ISBN 中心　1999 年

2 册（15+54+2133 页）有图　26cm（16 开）

精装　ISBN：7-5076-0172-2　定价：CNY347.00

　　本书分上下两册。共收录江西省地方剧种 21 个。剧种排列以先地方大戏后民间小戏为序。其中有：赣剧、都湖高腔、东河戏、宜黄戏等。

J0156496

中国戏曲音乐集成　（宁夏卷）《中国戏曲音乐集成》全国编辑委员会,《中国戏曲音乐集成·宁夏卷》编辑委员会 [编]

北京　中国 ISBN 中心　1999 年　15+19+930 页

有图　26cm（16 开）精装

ISBN：7-5076-0173-0　定价：CNY155.00

　　本卷编入秦腔、夏剧、迷胡戏、曲子戏、二人台五个地方剧种音乐和京剧、越剧两个流入的剧种音乐；按综述、图表、剧种音乐、人物介绍四个部类依次；共选编各剧种唱腔 354 段,折子戏 10 个,器乐曲牌 104 支,锣鼓谱 52 个,人物介绍 68 条。

京剧、昆曲音乐

J0156497

自习昆曲津梁　（初集）孟昭升编

孟昭升 [自刊] [民国] 石印本　109 页

25cm（小 16 开）

　　本书收录《思凡》《功臣宴》《琴调》《刺虎》等唱段,曲谱中标明板眼。

J0156498

风琴胡琴京调曲谱大观　许志豪编

上海　大东书局　1931 年

4 册（106；120；113；108 页）18×25cm

精装　定价：大洋六角（每集）

　　本书收录《李陵碑》《三娘教子》《朱砂痣》《天水关》《法门寺》《二进宫》等 77 段供风琴、胡琴演奏的京剧曲谱,工尺谱、简谱对照。书前有学习胡琴法、学习风琴法、中西字音对照表、中西调名对照表等。

J0156499

风琴胡琴京调曲谱大观　（5、6、8 集）许志豪,许幼谦编

上海　大东书局　1933 年　3 册（94；80；96 页）

17×25cm　定价：大洋六角（每册）

　　本书收录《四郎探母》《虹霓关》《楚棉山》《女起解》《辕门斩子》等 36 段供风琴、胡琴演奏的京剧曲谱。工尺谱、简谱对照。

J0156500

风琴胡琴京调曲谱大观　（2、3、4、7 集）

许志豪编

上海　九州书局　1935 年

4 册（120；113；108；86 页）17×25cm

定价：大洋一元八角（每册）

　　本书收录《天水关》《法门寺》《贵妃醉酒》《捉放曹》《俊袭人》《苏武牧羊》《香罗带》《廉锦枫》等 74 段供风琴、胡琴演奏的京剧曲谱。工尺谱、简谱对照。

J0156501

锣鼓秘诀　许志豪,沈憬然著

上海　大华书局　1931 年　110 页　19cm（32 开）

　　本书论述锣鼓的作用、种类,附各种锣鼓谱。

J0156502

皮黄锣鼓秘诀　许志豪,沈惕然著

上海　大东书局　1931 年　110 页　19cm（32 开）

　　本书内容包括：锣鼓在皮黄剧中的地位及作用、练习锣鼓前的准备、皮黄剧中所用锣鼓的种类、各种锣鼓谱说明、皮黄剧开场锣鼓的打法。

J0156503

宝莲灯　李白水主编

上海　平剧汇刊社　1936 年　47 页

13 × 15cm

（平剧汇刊 11）

J0156504

闹院杀媳　李白水主编

上海　平剧汇刊社　1936 年　72 页　13 × 15cm

（平剧汇刊 4）

J0156505

状元谱　李白水主编

上海　平剧汇刊社　1936 年　47 页　13 × 15cm

（平剧汇刊 12）

J0156506

打渔杀家　李白水主编

上海　平剧汇刊社　1937 年　49 页　13 × 15cm

（平剧汇刊 15）

J0156507

赶三关　李白水主编

上海　平剧汇刊社　1937 年　38 页　13 × 15cm

（平剧汇刊 32）

J0156508

黄鹤楼　李白水主编

上海　平剧汇刊社　1937 年　35 页　13 × 15cm

（平剧汇刊 17）

J0156509

一棒雪　李白水主编

上海　平剧汇刊社　1937 年　162 页

13 × 15cm

（平剧汇刊 26）

J0156510

全部四郎探母　刘菊禅著

上海　上海戏报社　民国二十八年［1939］再版

63 页　有像　22cm（30 开）定价：大洋一元

　　本书是京剧剧本,13 场,唱词附工尺谱。书前有慕耘的《四郎探母的考》,梅兰芳、谭富英等人的题署和剧照。

J0156511

玉堂春　沈乃葵主编

上海　戏学书局［1941 年］74 页　13 × 15cm

（平剧汇刊 33）

　　本书包括剧情说明、登场人物、唱词道白等。简谱、工尺谱对照。

J0156512

京剧胡琴谱　（最新标准派）邹显仁编

天津　戏剧研究社　1942 年　58 页　21cm（32 开）

定价：洋八角

　　本书为京剧胡琴乐谱,前半部分为胡琴演奏法,后半部分录《四郎探母》《空城计》《武家坡》《打棍出箱》等 9 段京剧曲谱。

J0156513

京剧胡琴谱　（最新标准派）邹显仁编

天津　戏剧研究社　1943 年　2 版　58 页

21cm（32 开）

J0156514

龙凤呈祥　（第一集　全部　平剧曲本）黄滔天编著

［1942 年］石印本　45 页　26cm（16 开）

J0156515

平剧琴谱　（第 1 集）李书文编

桂林　李书文［自刊］［1942 年］石印本

［111］页［13 × 19cm］

　　本书为《四郎探母》剧本琴谱。

J0156516

生死恨词谱　（哀情名剧秘本新编）海风出版社编

成都　海风出版社［1942 年］53 页

横 26cm（横 16 开）

　　本书共 15 场京剧词谱。书前有《生死恨》

之考据。

J0156517

元音试译　褚民谊编著；许文译著

南京　中日文化协会出版组　1942 年　20 页

36cm（6 开）

　　本书为中国昆曲音乐选集，包括《训子》《刀会》《弹词》《访普》等昆曲谱，并将其译成五线谱，配有唱词。

J0156518

京剧歌谱　时代剧社选辑

成都　中华出版社　1943 年　183 页　19cm（32 开）

　　本书收录《托兆碰碑》《李陵碑》《一棒雪》《法场换子》《游龙戏凤》《捉放曹》《法门寺》《五花洞》《玉堂春》等 39 段唱腔，附简谱和唱词。

J0156519

京剧秘笈　（第一集）孙唯中著

北平　中华印书局　1943 年　再版　157 页

15×26cm　定价：一元二角

　　本书收录《法场换子》《古城会》《五丈原》《乌龙院》《空城计》等 21 首京剧唱谱，工尺谱、简谱对照。

J0156520

京调曲谱精选　（新编标准）刘作霖编

华兴书局　1943 年　再版　［87］页　［13×19cm］

　　本书包括京胡图解、西皮、二簧、反二簧过门、二簧、西皮、反二簧牌子等部分，以及《四郎探母》《武家坡》《捉放曹》《空城计》《打渔杀家》《苏三起解》《六月雪》《三娘教子》《二进宫》等 26 段唱段。附京胡图解及各调过门。本书由华兴书局和求知书社联合出版。

J0156521

平剧新谱　平剧研究社编

成都　平剧研究社　1943 年　242 页　19cm（32 开）

　　本书包括生、旦、净三部分，收录 95 段京剧选曲。

J0156522

最新京剧胡琴指南　孟醒著

［天津］北方出版社　1943 年　70 页

18cm（15 开）定价：一元五角

本书前半部分为胡琴的基本演奏法，后半部分收录《八大锤》《四郎探母》《鱼藏剑》《打渔杀家》《空城计》等 17 段京剧曲谱。部分为工尺谱、简谱对照。

J0156523

游园　张充和，叶方青译

［重庆］国立礼乐馆　1944 年　石印本　5+5 页

28cm（大 16 开）环筒页装

（昆曲选 5）

J0156524

刺虎　张充和，叶方青译

重庆　国立礼乐馆　1945 年　石印本　［13］页

28cm（大 16 开）环筒页装

（昆曲选 6）

J0156525

昭君　曹安和译

重庆　国立礼乐馆　1945 年　石印本　8+10 页

28cm（大 16 开）环筒页装

（昆曲选 3）

　　作者曹安和（1905—2004），女，音乐理论家。江苏无锡人。毕业于国立北平大学女子文理学院音乐系。曾任中国艺术研究院音乐研究所研究员。著有《时薰室琵琶指径》；合著《文板十二曲琵琶谱》《弦索十三套》《阿炳曲集》。

J0156526

与众曲谱　（1）王季烈编

上海　商务印书馆　［1947 年］126 页　19cm（32 开）

定价：国币三十元（全 8 册）

　　本书共 8 册，收百余折昆曲谱，附工尺谱。

J0156527

与众曲谱　（2）王季烈编

上海　商务印书馆　［1947 年］144 页　19cm（32 开）

定价：国币三十元（全 8 册）

J0156528

与众曲谱　（3）王季烈编

上海　商务印书馆　［1947 年］130 页　19cm（32 开）

定价：国币三十元（全 8 册）

J0156529
与众曲谱 （4）王季烈编
上海 商务印书馆 [1947 年] 138 页 19cm（32 开）
定价：国币三十元(全 8 册）

J0156530
与众曲谱 （5）王季烈编
上海 商务印书馆 [1947 年] 140 页 19cm（32 开）
定价：国币三十元(全 8 册）

J0156531
与众曲谱 （6）王季烈编
上海 商务印书馆 [1947 年] 148 页 19cm（32 开）
定价：国币三十元(全 8 册）

J0156532
与众曲谱 （7）王季烈编
上海 商务印书馆 [1947 年] 144 页 19cm（32 开）
定价：国币三十元(全 8 册）

J0156533
与众曲谱 （8）王季烈编
上海 商务印书馆 [1947 年] 140 页
19cm（32 开）定价：国币三十元(全 8 册）

J0159289
与众曲谱 王季烈编
上海 商务印书馆 1947 年 石印本 8 册
19cm（32 开）定价：国币三十元

J0156534
京剧歌谱 （续集）汪剑华编辑
上海 正气书局 1951 年 94 页 15cm（40 开）
定价：旧币 2,500 元

J0156535
各派京剧琴谱 陈福康撰
上海 汇文书店 1953 年 97 页 有图
15cm（40 开）定价：旧币 3,000 元

J0156536
将相和 王颉竹,翁偶虹撰；何异旭作谱
北京 宝文堂书店 1953 年 75 页 21cm（32 开）

J0156537
京剧唱谱 （第一集）苏行编辑
上海 工农兵读物出版社 1953 年 94 页
15cm（40 开）定价：旧币 3,000 元

J0156538
京剧唱谱 （第二集）苏行编辑
上海 工农兵读物出版社 1953 年 97 页
15cm（40 开）定价：旧币 3,000 元

J0156539
京剧唱谱 （第三集）苏行编辑
上海 工农兵读物出版社 1953 年 97 页
15cm（40 开）定价：旧币 3,000 元

J0156540
京剧唱谱 （第四集）苏行编辑
上海 工农兵读物出版社 1953 年 97 页
15cm（40 开）定价：旧币 3,000 元

J0156541
京剧唱谱 （第五集）苏行编辑
上海 工农兵读物出版社 1954 年 127 页
15cm（40 开）定价：旧币 3,500 元

J0156542
京剧歌谱 （第四集）江上行集稿；孔庆宗编辑
上海 中央书店 1953 年 121 页 21cm（32 开）
定价：旧币 10,000 元

J0156543
京剧新歌谱 （1）顾微时编
上海 武陵书屋 1953 年 71 页 有图
15cm（40 开）定价：旧币 2,500 元

J0156544
京剧新歌谱 （2）顾微时编
上海 武陵书屋 1953 年 70 页 有图
15cm（40 开）定价：旧币 2,500 元

J0156545
京剧新歌谱 （3）顾微时编
上海 武陵书屋 1953 年 71 页 有图
15cm（40 开）定价：旧币 2,500 元

J0156546

京剧新歌谱　（4）顾微时编
上海　武陵书屋　1953 年　72 页　15cm（40 开）
定价：旧币 2,500 元

J0156547

京调琴谱　（4）屠志云编辑
上海　武陵书屋　1953 年　73 页　有图
14cm（64 开）定价：旧币 2,500 元

J0156548

京戏词调　王沾编辑
北京　自强书局　1953 年　95 页　15cm（40 开）
定价：旧币 2,800 元

J0156549

打鼓骂曹　（京剧唱谱）赵鹏万编选
上海　自立书店　1954 年　42 页　17cm（40 开）
定价：旧币 2,000 元
（京剧唱谱）

J0156550

京剧锣鼓经谱　栾俊，张家相著
上海　戏学书局　1954 年　46 页　有图
26cm（16 开）定价：旧币 4,200 元

J0156551

京剧琴谱　屠志成编
上海　倡明书局　1954 年　98 页　14cm（64 开）
定价：旧币 3,000 元

J0156552

舞台实用锁呐曲牌谱　吕中，尚可编著
北京　宝文堂书店　1954 年　125 页　20cm（32 开）
定价：旧币 5,700 元
（京剧基本常识 1）

J0156553

打渔杀家　（京剧）中国戏曲研究院编
北京　音乐出版社　1955 年　3 页　26cm（16 开）
定价：CNY0.12

J0156554

二堂舍子　（京剧曲谱）潘仲甫记谱；何为，屠
楚材校阅

北京　宝文堂出版社　1955 年　定价：CNY0.28
　　本书由《二堂舍子》《宝莲灯》合订。根据梅
兰芳、周信芳演出记录整理。

J0156555

二堂舍子　（宝莲灯）潘仲甫记谱；中国戏曲
研究院编辑
北京　宝文堂书店　1955 年　影印本　44 页
25cm（15 开）定价：CNY0.28
　　本书为中国京剧戏曲音乐曲谱，据梅兰芳、
周信芳演出录音记录整理，潘仲甫记谱。

J0156556

贵妃醉酒　（京剧曲谱）中国戏曲研究院编
北京　宝文堂书店　1955 年　石印本　47 页
26cm（16 开）定价：CNY0.29

J0156557

京剧锣鼓谱简编　中国戏曲研究院编
北京　宝文堂书店　1955 年　56 页　有乐谱
26cm（16 开）定价：CNY0.36

J0156558

京剧锣鼓谱简编　中国戏曲研究院编
北京　宝文堂书店　1958 年　定价：CNY0.36

J0156559

京剧锣鼓谱简编　中国戏曲研究院编
上海　文化出版社　1956 年　新 1 版　56 页　有乐谱
26cm（16 开）统一书号：T8077.53
定价：CNY0.34

J0156560

柳荫记　（京剧曲谱）中国戏曲研究院编
北京　宝文堂书店　1955 年　86 页　26cm（16 开）
定价：CNY0.49

J0156561

柳荫记　（京剧）中国戏曲研究院编
北京　音乐出版社　1955 年　影印本　12 页
26cm（16 开）定价：CNY0.28

J0156562

柳荫记　（京剧选曲 简谱）中国戏曲研究院编
[北京]音乐出版社　1956 年　定价：CNY1.59

J0156563
柳荫记 （京剧曲谱）中国戏曲研究院编
上海 上海文化出版社 1956 年 新 1 版
86 页 26cm（16 开）统一书号：T8077.61
定价：CNY0.46
　　据中国京剧团演出实况录音整理。

J0156564
雁荡山 （京剧曲谱）中国戏曲研究院编
北京 宝文堂书店 1955 年 28 页 26cm（16 开）
定价：CNY0.22

J0156565
雁荡山 中国戏曲研究院编
上海 上海文化出版社 1956 年 28 页
定价：CNY0.67

J0156566
雁荡山 （京剧曲谱）中国戏曲研究院编
上海 上海文化出版社 1956 年 新 1 版 28 页
25cm（16 开）统一书号：T8077.60
定价：CNY0.20

J0156567
宇宙锋 （京剧曲谱）中国戏曲研究院编
北京 宝文堂书店 1955 年 石印本 29 页
25cm（小 16 开）定价：CNY0.20

J0156568
宇宙锋 （京剧曲谱）中国戏曲研究院编
上海 上海文化出版社 1956 年 新 1 版 29 页
25cm（小 16 开）统一书号：T8077.59
定价：CNY0.19
　　据梅兰芳剧团演出实况录音记录整理。

J0156569
玉堂春 （京剧曲谱）中国戏曲研究院戏曲音
乐研究组编
北京 宝文堂书店 1955 年 44 页 26cm（16 开）
定价：CNY0.28

J0156570
玉堂春 （京剧曲谱）中国戏曲研究院戏曲音
乐研究组编
北京 宝文堂书店 1957 年 2 版 42 页

26cm（16 开）统一书号：10070.40
定价：CNY0.14

J0156571
京剧柳荫记 （音乐研究及总谱）中国戏曲研
究院艺术处戏曲音乐组编辑
北京 音乐出版社 1956 年 271 页 21cm（32 开）
统一书号：8026.402 定价：CNY1.59

J0156572
京剧选曲 （简谱版）中国戏曲研究院编
北京 音乐出版社 1956 年 影印本 68 页
19cm（32 开）统一书号：8026.436
定价：CNY0.22

J0156573
京剧选曲 （正谱版）中国戏曲研究院编
北京 音乐出版社 1956 年 影印本 50 页
26cm（16 开）统一书号：8026.409
定价：CNY0.60

J0156574
京剧雁荡山总谱 中国戏曲研究院编
北京 音乐出版社 1956 年 63 页 26cm（16 开）
统一书号：8026.401 定价：CNY0.67

J0156575
牡丹亭 （学堂、游园、惊梦 简谱版）高步云，
蒋咏荷整理；中央音乐学院民族音乐研究所编辑
北京 音乐出版社 1956 年 40 页 26cm（16 开）
定价：CNY0.43
（中央音乐学院民族音乐研究丛刊）

J0156576
牡丹亭 （学堂、游园、惊梦正谱版）高步云，蒋
咏荷整理；中央音乐学院民族音乐研究所编辑
北京 音乐出版社 1956 年 45 页 26cm（16 开）
统一书号：8026.327 定价：CNY0.51
（中央音乐学院民族音乐研究丛刊）

J0156577
玉堂春 （京剧曲谱）中国戏曲研究院研究室
戏曲音乐研究组编
上海 上海文化出版社 1956 年 新 1 版 44 页
26cm（16 开）统一书号：T8077.69

定价：CNY0.26

　　据梅葆玖演出实况录音记录整理。

J0156578

打面缸　中国京剧院总导演室音乐组编
北京　音乐出版社　1957 年　109 页　有插图
21cm（32 开）统一书号：8026.693
定价：CNY0.60

J0156579

人面桃花　（京剧曲谱）中国京剧院总导演室
音乐组编
北京　音乐出版社　1957 年　65 页　21cm（32 开）
统一书号：8026.692　定价：CNY0.36

J0156580

苏三起解　（京剧曲谱）中国戏曲研究院编辑；
萧晴，关礼鸾记谱
上海　上海文化出版社　1957 年　26 页
26cm（16 开）统一书号：T8077.77
定价：CNY0.18

　　根据梅葆玖演出实况录音整理。

J0156581

苏三起解　（京剧曲谱）萧晴，关礼鸾记谱
上海　上海文艺出版社　1961 年　新 1 版　26 页
26cm（16 开）统一书号：8078.1796
定价：CNY0.18

　　据梅葆玖演出实况录音记录整理。

J0156582

白良关　（京剧曲谱）王玉田演出本；胡国寿记谱
上海　上海文化出版社　1958 年　22 页
26cm（16 开）统一书号：8077.150
定价：CNY0.16

J0156583

白门楼　（京剧曲谱）何时希整理记谱
上海　上海文化出版社　1958 年　32 页
25cm（15 开）统一书号：8077.125
定价：CNY0.20

　　据姜妙香演出本整理记谱。

J0156584

打渔杀家　周翁园等整理记谱

上海　上海文化出版社　1958 年　42 页
25cm（小 16 开）统一书号：8077.153
定价：CNY0.26

J0156585

打渔杀家　周翁园等整理
上海　上海文艺出版社　1959 年　新 1 版　42 页
25cm（小 16 开）统一书号：8078.0576
定价：CNY0.26

J0156586

打渔杀家　（京剧曲谱）周翁园等整理记谱
上海　上海文艺出版社　1980 年　重印本　39 页
26cm（16 开）统一书号：8078.0576
定价：CNY0.28

J0156587

窦娥冤　（京剧曲谱）程砚秋演出本；陈宝贤整
理记谱
上海　上海文艺出版社　1958 年　57 页
25cm（15 开）统一书号：8078.229
定价：CNY0.36

　　程砚秋(1904—1958)，满族，京剧表演艺术
家。原名承麟，初名程菊侬，后改艳秋，字玉霜，
更名砚秋，改字御霜。著名京剧旦角，四大名旦
之一，程派艺术的创始人。代表作品有《程砚秋
文集》《锁麟囊》《荒山泪》等。

J0156588

二堂舍子　（京剧曲谱）中国戏曲研究院编
上海　上海文化出版社　1956 年　44 页
25cm（15 开）统一书号：8077.57
定价：CNY0.26

J0156589

凤还巢　杨畹农，张志仁整理记谱
上海　上海文化出版社　1958 年　62 页
25cm（15 开）统一书号：8077.127
定价：CNY0.34

J0156590

凤还巢　（京剧曲谱梅兰芳演出剧目选）杨畹
农，舒昌玉整理；张志仁记谱
上海　上海文艺出版社　1984 年　84 页　有剧照
25cm（15 开）统一书号：8078.3454

定价: CNY0.73

J0156591
贺后骂殿　李家载,范石人整理记谱
上海　上海文化出版社　1958 年　22 页
25cm(15 开) 统一书号: 8077.142
定价: CNY0.17
　　李家载(1915—1986),京剧老生演员,言派传人。安徽合肥人,清朝官员李鸿章之弟李凤章之曾孙。毕业于上海沪江大学。师从言菊朋先生学习京剧言派艺术。代表作品有《卧龙吊孝》《让徐州》《二进宫》《白帝城》《朱痕记》等。记谱者范石人(1913—2012),上海人。上海市文史馆原馆员,当代著名京剧余派艺术研究家、教育家。

J0156592
贺后骂殿　李家载,范石人整理记谱
上海　上海文艺出版社　1963 年　新 1 版
22 页　24cm(26 开) 统一书号: 8078.2117
定价: CNY0.17

J0156593
贺后骂殿　李家载,范石人整理记谱
上海　上海文艺出版社　1963 年　新 1 版　22 页
24cm(26 开) 统一书号: 8078.2117
定价: CNY0.17

J0156594
祭塔　梅葆玖演出本; 卢文勤整理记谱
上海　上海文化出版社　1958 年　42 页
25cm(小 16 开) 统一书号: 8077.173
定价: CNY0.26
　　梅葆玖(1934—2016),京剧演员,国家一级演员。祖籍江苏泰州,出生于上海。他是京剧艺术大师梅兰芳的第九个孩子,梅派艺术传人,原北京京剧院梅兰芳京剧团团长。代表作有《霸王别姬》《贵妃醉酒》《穆桂英挂帅》《太真外传》《洛神》《西施》等。卢文勤(1928—2000),戏曲声乐专家。江苏泰州人。曾任上海市戏剧学校教授、中国戏曲学院客座教授、中国音乐家协会戏曲声乐研究会会长等职。著有《戏曲声乐教学谈》《京剧声乐研究》《中国戏曲声乐美学》等。

J0156595
借东风　马连良演唱; 范石人记谱
上海　上海文化出版社　1958 年　14 页

J0156596
借东风　(京剧琴唱合谱)马连良演唱; 李慕良操琴; 范石人记谱
上海　上海文艺出版社　1958 年　14 页
25cm(小 16 开) 统一书号: 8077.128
定价: CNY0.12
　　据北京市中国京剧团演出实况记录。

J0156597
借东风　范石人记谱
上海　上海文艺出版社　1959 年　20 页
　　记谱者范石人(1913—2012),上海人。上海市文史馆原馆员,当代著名京剧余派艺术研究家、教育家。

J0156598
借东风　(京剧琴唱合谱)马连良演唱; 李慕良操琴; 范石人记谱
上海　上海文艺出版社　1959 年　2 版　20 页
有曲谱　25cm(小 16 开) 统一书号: 8078.1201
定价: CNY0.15
　　据 1957 年北京京剧团在沪演出实况记录。

J0156599
借东风　(京剧曲谱)李慕良操琴; 范石人记谱
上海　上海文艺出版社　1981 年　重印本
16 页　26cm(16 开) 统一书号: 8078.1201
定价: CNY0.16
　　据 1957 年北京京剧团莅沪,马连良演出实况记录。

J0156600
金山寺　中国戏曲研究院编
北京　音乐出版社　1958 年　56 页　19cm(32 开)
统一书号: 8026.946　定价: CNY0.26

J0156601
京剧唱片曲谱选　(青衣)中国唱片厂编
上海　上海文化出版社　1958 年　148 页
19cm(32 开) 统一书号: 8077.163
定价: CNY0.44

J0156602

京剧打击乐汇编　中国戏曲研究院编

北京　音乐出版社　1958 年　362 页　有乐谱

18cm（15 开）统一书号：8026.769

定价：CNY2.20

J0156603

京剧打击乐汇编　（总谱及运用说明）中国戏

曲研究院编；张宇慈等编写

北京　音乐出版社　1958 年　362 页　21cm（32 开）

统一书号：8026.769　定价：CNY2.20

　　作者张宇慈（1913—1981），张伯英三子，供

职于中国戏曲研究院。

J0156604

空城计　（京剧曲谱）程君谋记谱

上海　上海文化出版社　1958 年　39 页

25cm（小 16 开）统一书号：8077.137

定价：CNY0.24

J0156605

空城计　（京剧曲谱）程君谋整理；程之记谱

上海　上海文艺出版社　1959 年　新 1 版　39 页

25cm（小 16 开）统一书号：8078.0650

定价：CNY0.24

J0156606

空城计　（京剧曲谱）程君谋整理；程之记谱

上海　上海文艺出版社　1980 年　重印本　39 页

26cm（16 开）统一书号：8078.0650

定价：CNY0.28

J0156607

林冲夜奔　华景德整理记谱

上海　上海文艺出版社　1958 年　24 页

25cm（15 开）统一书号：8078.231

定价：CNY0.17

J0156608

罗成叫关　（附"小显"京剧曲谱）姜妙香出

本；何时希整理记谱

上海　上海文化出版社　1958 年　28 页

25cm（小 16 开）统一书号：8077.112

定价：CNY0.19

　　作者姜妙香（1890—1972），京剧表演艺术

家、京剧小生演员。直隶献县（今属河北）人。长

期为梅兰芳配戏。爱好绘画，以擅画牡丹著称。

代表作品有《监酒令》《玉门关》《生死恨》等

J0156609

罗成叫关　（附《小显》京剧曲谱）何时希整理

记谱

上海　上海文艺出版社　1983 年　35 页

25cm（小 16 开）统一书号：8078.3394

定价：CNY0.30

J0156610

洛神　杨畹农，张志仁整理记谱

上海　上海文艺出版社　1958 年　43 页

25cm（小 16 开）统一书号：8078.158

定价：CNY0.26

J0156611

洛神　中国戏曲研究院编

北京　音乐出版社　1958 年　51 页　19cm（32 开）

统一书号：8026.945　定价：CNY0.22

J0156612

洛神　中国戏曲研究院编

北京　音乐出版社　1958 年　51 页　19cm（32 开）

统一书号：8026.945　定价：CNY0.22

J0156613

让徐州　（京剧曲谱）李家载，范石人整理记谱

上海　上海文化出版社　1958 年　16 页

25cm（16 开）统一书号：8077.126

定价：CNY0.14

　　作者李家载（1915—1986），京剧老生演员，

言派传人。安徽合肥人，清朝官员李鸿章之弟李

凤章之曾孙。毕业于上海沪江大学。师从言菊

朋先生学习京剧言派艺术。代表作品有《卧龙吊

孝》《让徐州》《二进宫》《白帝城》《朱痕记》等。

作者范石人（1913—2012），上海人。上海市文

史馆原馆员，当代著名京剧余派艺术研究家、教

育家。

J0156614

让徐州　李家载整理；范文硕记谱

上海　上海文艺出版社　1984 年　重印本　19 页

26cm（16 开）统一书号：8078.3457

定价: CNY0.25

J0156615
三击掌 （京剧曲谱）张复,李罡记谱整理
上海　上海文化出版社　1958 年　20 页
25cm（16 开）统一书号: 8077.129
定价: CNY0.15
　　据程砚秋演出实况录音记谱整理。

J0156616
上天台 （京剧曲谱）李家载,范石人整理记谱
上海　上海文化出版社　1958 年　18 页
25cm（16 开）统一书号: 8077.122
定价: CNY0.14

J0156617
生死恨　杨畹农,张志仁整理记谱
上海　上海文化出版社　1958 年　67 页
25cm（16 开）统一书号: 8077.140
定价: CNY0.36

J0156618
生死恨 （新 1 版　京剧曲谱）杨畹农,张志仁
整理记谱
上海　上海文艺出版社　1959 年　新 1 版　68 页
25cm（16 开）统一书号: 8078.1232
定价: CNY0.36

J0156619
生死恨 （京剧曲谱）杨畹农,张志仁整理记谱
上海　上海文艺出版社　1961 年　新 1 版　68 页
有曲谱 25cm（16 开）统一书号: 8078.1232
定价: CNY0.36

J0156620
生死恨 （京剧曲谱　梅兰芳演出剧目选）杨畹
农整理
上海　上海文艺出版社　1982 年　新 1 版　重印本
79 页　有剧照 26cm（16 开）
统一书号: 8078.1232　定价: CNY0.48

J0156621
拾玉镯 （京剧曲谱）陈宝贤,张志仁整理记谱
上海　上海文化出版社　1958 年　30 页
25cm（16 开）统一书号: 8077.174

定价: CNY0.20

J0156622
拾玉镯 （京剧曲谱）张志仁整理
上海　上海文艺出版社　1959 年　新 1 版　30 页
25cm（16 开）统一书号: 8078.0577
定价: CNY0.20

J0156623
搜孤救孤　陈大濩整理; 范石人记谱
上海　上海文艺出版社　1958 年　40 页
26cm（16 开）统一书号: 8078.0093
定价: CNY0.24

J0156624
搜孤救孤 （京剧曲谱）陈大濩演出本; 范石
人记谱
上海　文艺出版社　1958 年　40 页　25cm（16 开）
统一书号: 10078.0093　定价: CNY0.24
　　陈大濩（1910—1988）,京剧老生演员。原籍
福建闽侯,生于山东济南。师从陈福奎学余派戏。
1931 年曾与梅兰芳同台演出《四郎探母》。1950
年在沪组织濩声剧社,后入上海京剧院,再调浙
江京剧团。曾先后编导了《窃符救赵》《铸剑》《黄
魏争功》等剧本。演出剧目有《搜孤救孤》《击鼓
骂曹》《定军山》《失空斩》等。

J0156625
搜孤救孤　陈大濩整理; 范文硕记谱
上海　上海文艺出版社　1980 年　重印本　38 页
26cm（16 开）统一书号: 8078.0093
定价: CNY0.28

J0156626
文昭关　杨宝森演唱; 范石人记谱
上海　上海文化出版社　1958 年　55 页
25cm（16 开）统一书号: 8077.132
定价: CNY0.32
　　杨宝森（1909—1958）,京剧表演艺术家。原
籍安徽合肥,祖居北京。四大须生之一,杨派京
剧艺术创始人。主要作品有《失街亭·空城计·斩
马谡》《定军山》《四郎探母》等。

J0156627
文昭关 （京剧曲谱）杨宝森演唱; 范石人记谱

上海　上海文化出版社　1985 年　49 页
26cm（16 开）

J0156628
五台山　王玉田演出本；金炼百记谱
上海　上海文艺出版社　1958 年　15 页
25cm（16 开）统一书号：10078.0039
定价：CNY0.13

J0156629
武家坡　（京剧曲谱）范石人整理记谱
上海　上海文化出版社　1958 年　32 页
26cm（16 开）统一书号：8077.165
定价：CNY0.22
　　据中央人民广播电台程砚秋宝森录音记录。

J0156630
武家坡　（京剧曲谱）范石人整理
上海　上海文艺出版社　1961 年　新 1 版　32 页
25cm（16 开）统一书号：8078.1795
定价：CNY0.22

J0156631
武家坡　（京剧曲谱）范石人整理记谱
上海　上海文艺出版社　1983 年　新 1 版　35 页
25cm（16 开）统一书号：8078.1795
定价：CNY0.30

J0159388
宇宙锋　中国唱片厂编；翁同孚记谱
上海　上海文艺出版社　1958 年　34 页
19cm（32 开）统一书号：8078.232
定价：CNY0.16

J0156632
辕门射戟　何时希整理记谱
上海　上海文化出版社　1958 年　22 页
25cm（小 16 开）统一书号：8077.123
定价：CNY0.16

J0156633
辕门射戟　（京剧曲谱）何时希整理记谱
上海　上海文艺出版社　1961 年　新 1 版　22 页
25cm（小 16 开）统一书号：8078.1794
定价：CNY0.16

J0156634
霸王别姬　杨畹农,张志仁整理
上海　上海文艺出版社　1959 年　46 页　有图
25cm（15 开）统一书号：8078.0649
定价：CNY0.32

J0156635
二进宫　中国戏曲学校编
北京　宝文堂书店　1959 年　47 页　19cm（32 开）
统一书号：10070.344　定价：CNY0.15

J0156636
法场换子　陈大整理；范石人记谱
上海　上海文艺出版社　1959 年　39 页
25cm（15 开）统一书号：8078.1208
定价：CNY0.26

J0156637
汾河湾　（中国戏曲学校编）
北京　北京宝文堂书店　1959 年　49 页　有照片
19cm（32 开）统一书号：10070.308
定价：CNY0.14

J0156638
汾河湾　周龠园,张志仁整理记谱
上海　上海文艺出版社　1959 年　51 页
25cm（15 开）统一书号：8078.1124
定价：CNY0.32

J0156639
汾河湾　（京剧曲谱）周龠园,张志仁整理记谱
上海　上海文艺出版社　1984 年　重印本　40 页
26cm（16 开）统一书号：8078.1124
定价：CNY0.36

J0156640
关汉卿戏剧乐谱　（昆曲北曲清唱谱）杨荫浏,曹安和编
北京　音乐出版社　1959 年　影印本　16 页
27cm（16 开）统一书号：8026.1150
定价：CNY0.24
（民族音乐研究所丛刊）
　　作者杨荫浏（1899—1984），音乐教育家。字亮卿，号二壮，又号清如。出生于江苏无锡，曾就读于上海圣约翰大学文学系、光华大学经济系

（今华东师范大学）。曾在重庆、南京任国立音乐学院教授兼国乐组主任、国立礼乐馆编纂和乐曲组主任、金陵女子大学音乐系教授。代表作品有《中国音乐史纲》《中国古代音乐史稿》。作者曹安和（1905—2004），女，音乐理论家。江苏无锡人。毕业于北平国立大学女子文理学院音乐系。曾任中国艺术研究院音乐研究所研究员。著有《时薰室琵琶指径》；合著《文板十二曲琵琶谱》《弦索十三套》《阿炳曲集》。

J0156641
洪羊洞　陈大濩整理；范石人记录
上海　上海文艺出版社　1959 年　44 页
25cm（小 16 开）统一书号：8078.558
定价：CNY0.30

J0156642
将相和　王颉竹，翁偶虹编剧；范石人记谱
上海　上海文艺出版社　1959 年　96 页
25cm（小 16 开）统一书号：8078.1000
定价：CNY0.58

J0156643
京剧白毛女选曲　中国京剧院导演室音乐组编
北京　音乐出版社　1959 年　51 页　14cm（64 开）
统一书号：8026.1158　定价：CNY0.13

J0156644
孔雀东南飞　中国戏曲学校编
北京　北京宝文堂书店　1959 年　76 页　有照片
19cm（32 开）统一书号：10070.339
定价：CNY0.21

J0156645
李陵碑　中国戏曲学校编
北京　北京宝文堂书店　1959 年　32 页　有照片
19cm（32 开）统一书号：10070.307
定价：CNY0.11

J0156646
洛神　（京剧曲谱）关鹤春整理
长春　吉林人民出版社　1959 年　42 页
25cm（小 16 开）统一书号：10091.302
定价：CNY0.28

J0156647
梅兰芳演出剧本选集曲谱　中国戏曲研究院编；熊有容记谱整理
北京　音乐出版社　1959 年　99 页　有剧照
27cm（16 开）统一书号：8026.1188
定价：CNY0.85
　　本书选编梅兰芳的《宇宙锋》《贵妃醉酒》《霸王别姬》等 10 个代表剧目中的 10 段著名唱腔。

J0156648
石秀探庄　（京剧曲谱）华景德整理记谱
上海　上海文艺出版社　1959 年　28 页
25cm（16 开）统一书号：8078.1249
定价：CNY0.19

J0156649
拾玉镯　（京剧曲谱）陈宝贤，张志仁整理
上海　上海文艺出版社　1959 年　新 1 版
30 页　25cm（16 开）统一书号：8078.0577
定价：CNY0.20

J0156650
挑滑车　中国戏曲学校编
北京　北京宝文堂书店　1959 年　36 页　有照片
19cm（32 开）统一书号：10070.263
定价：CNY0.11

J0156651
挑滑车　华景德整理记谱
上海　上海文艺出版社　1959 年　31 页
25cm（16 开）统一书号：8078.0893
定价：CNY0.22

J0156652
铁弓缘　史宝彝整理记谱
上海　上海文艺出版社　1959 年　42 页
25cm（16 开）统一书号：8078.1062
定价：CNY0.26

J0156653
徐母骂曹　中国戏曲学校编
北京　北京宝文堂书店　1959 年　34 页　有照片
19cm（32 开）统一书号：10070.275
定价：CNY0.11

J0156654

姚期　中国戏曲学校编

北京　北京宝文堂书店　1959 年　46 页　有照片

19cm（32 开）统一书号：10070.346

定价：CNY0.15

J0156655

英雄杨春增　（京剧）英年编剧；景德镇市京剧团音乐组记谱

北京　北京宝文堂书店　1959 年　40 页

19cm（32 开）统一书号：10070.350

定价：CNY0.13

J0156656

硃痕记　（京剧曲谱）李家载等整理记谱

上海　上海文艺出版社　1959 年　54 页

25cm（15 开）统一书号：8078.550

定价：CNY0.34

　　李家载（1915—1986），京剧老生演员，言派传人。安徽合肥人，清朝官员李鸿章之弟李凤章之曾孙。毕业于上海沪江大学。师从言菊朋先生学习京剧言派艺术。代表作品有《卧龙吊孝》《让徐州》《二进宫》《白帝城》《朱痕记》等。

J0156657

捉放曹　（京剧曲谱）程君谋整理；程之记谱

上海　上海文艺出版社　1959 年　54 页

26cm（16 开）统一书号：8078.494

定价：CNY0.34

J0156658

断太后、打龙袍　（京剧琴唱合谱）范绅人整理记录

上海　上海文艺出版社　1960 年　90 页　有图

25cm（15 开）统一书号：8078.1321

定价：CNY0.54

　　据北京京剧团李多奎、裘盛戎等到沪演出实况及上海人民广播电台录音整理。

J0156659

樊江关　魏莲芳整理；卢文勤记谱

上海　上海文艺出版社　1960 年　28 页

25cm（15 开）统一书号：8078.1320

定价：CNY0.22

　　魏莲芳（1910—1998），京剧表演艺术家。北

京人，其父魏永发为京剧琴师。初习老生，后随朱素云学旦角，后拜梅兰芳、王瑶卿为师。带艺搭班北京"斌庆社"坐科参加演出。新中国成立后进入上海戏曲学院当教授，传授"梅派"戏。演出剧目有《四郎探母》《天女散花》《嫦娥奔月》《红线盗盒》等。卢文勤（1928—2000），戏曲声乐专家。江苏泰州人。曾任上海市戏剧学校教授、中国戏曲学院客座教授、中国音乐家协会戏曲声乐研究会会长等职。著有《戏曲声乐教学谈》《京剧声乐研究》《中国戏曲声乐美学》等。

J0156660

樊江关　魏莲芳整理；卢文勤记谱

上海　上海文艺出版社　1982 年　重印本　24 页

26cm（16 开）统一书号：8078.1320

定价：CNY0.20

J0156661

柜中缘　上海京剧院集体整理；李玉茹执笔；许锦佑记谱

上海　上海文艺出版社　1960 年　28 页

25cm（15 开）统一书号：8078.1425

定价：CNY0.19

J0156662

金玉奴　（京剧曲谱）翟志馥等整理；李文魁记谱

上海　上海文艺出版社　1960 年　59 页

25cm（小 16 开）统一书号：8078.1367

定价：CNY0.36

J0156663

哭祖庙　（京剧琴唱曲谱）李韵声，彭安之整理记谱

上海　上海文艺出版社　1960 年　39 页

25cm（小 16 开）统一书号：8078.1262

定价：CNY0.26

J0156664

李陵碑　（京剧琴唱合谱）程君谋整理；程之记谱

上海　上海文艺出版社　1960 年　55 页

25cm（15 开）统一书号：8078.1337

定价：CNY0.34

J0156665

李陵碑　程君谋整理；程之记谱

上海 上海文艺出版社 1982 年 重印本 45 页
有照片 26cm（16 开）统一书号：8078.1337
定价：CNY0.30

J0156666
卖马 （京剧曲谱）许良臣整理；吴凌如,祝友
之记谱
上海 上海文艺出版社 1960 年 28 页
25cm（小 16 开）统一书号：8078.1276
定价：CNY0.19

J0156667
沙桥饯别 （京剧琴唱合谱）陈大濩整理；范
石人记谱
上海 上海文艺出版社 1960 年 37 页
25cm（16 开）统一书号：8078.1322
定价：CNY0.26

J0156668
挑滑车 （京剧 戏曲画册）陶德康编写
上海 上海人民美术出版社 1960 年
定价：CNY0.34

J0156669
余叔岩唱片曲谱集 中国唱片厂编；范石人
记谱
上海 上海文艺出版社 1960 年 152 页
19cm（32 开）统一书号：8078.1435
定价：CNY0.46

J0156670
玉堂春 （京剧曲谱）中国戏曲研究院编；潘仲
甫记谱
北京 音乐出版社 1960 年 52 页 19cm（32 开）
统一书号：8026.1314 定价：CNY0.22
（程砚秋唱腔选集 2）

J0156671
打面缸 胡石光整理记谱
上海 上海文艺出版社 1961 年 32 页
25cm（小 16 开）统一书号：8078.1500
定价：CNY0.22

J0156672
花木兰 言慧珠改编；卢文勤制谱

上海 上海文艺出版社 1961 年 56 页 有图
25cm（15 开）统一书号：8078.1870
定价：CNY0.38

　　言慧珠(1919—1966),京剧表演艺术家,京剧、昆曲旦角女演员。蒙族旗人,祖籍北京。原名义来,学名仲明。从姜顺仙、程玉菁等学艺,1943 年在上海拜梅兰芳为师。1957 年在上海戏曲学校执教。代表作品有《西施》《太真外传》《春香传》《凤还巢》等剧。卢文勤(1928—2000),戏曲声乐专家。江苏泰州人。曾任上海市戏剧学校教授、中国戏曲学院客座教授、中国音乐家协会戏曲声乐研究会会长等职。著有《戏曲声乐教学谈》《京剧声乐研究》《中国戏曲声乐美学》等。

J0156673
铁龙山 （京剧曲谱）华景德整理记谱
上海 上海文艺出版社 1961 年 32 页
25cm（16 开）统一书号：8078.1527
定价：CNY0.22

J0156674
宇宙锋 （京剧总谱）中国戏曲学校研究所编；
萧晴等记谱
北京 音乐出版社 1961 年 85 页 21cm（32 开）
统一书号：8026.1499 定价：CNY0.49

J0156675
辕门斩子 （京剧曲谱）陈秀华整理；蒋阿炳
记谱
上海 上海文艺出版社 1961 年 41 页
25cm（小 16 开）统一书号：8078.1779
定价：CNY0.30

J0156676
辕门斩子 陈秀华整理；蒋霭秉记谱
上海 上海文艺出版社 1984 年 重印本 48 页
26cm（16 开）统一书号：8078.1779
定价：CNY0.48

J0156677
白帝城 李家载整理；许锦文记谱
上海 上海文艺出版社 1962 年 21 页
25cm（15 开）统一书号：8078.2035
定价：CNY0.19

J0156678
女起解 （京剧曲谱）中国戏曲研究所编；林绿记谱整理
北京　音乐出版社　1962 年　40 页　19cm（32 开）
统一书号：8026.1695　定价：CNY0.20

J0156679
审头刺汤 （京剧曲谱）周翯园整理；倪秋平记谱
上海　上海文艺出版社　1962 年　40 页
25cm（16 开）统一书号：8078.2009
定价：CNY0.30

J0156680
审头刺汤 （京剧曲谱）周翯园整理；倪秋平记谱
上海　上海文艺出版社　1982 年　41 页
25cm（16 开）统一书号：8078.2009
定价：CNY0.29

J0156681
罢宴 李盛泉整理；范石人记谱
上海　上海文艺出版社　1963 年　24 页
25cm（15 开）统一书号：8078.2242
定价：CNY0.28

J0156682
黄鹤楼 杨小佩等整理记谱
上海　上海文艺出版社　1963 年　33 页　有图表
25cm（15 开）统一书号：8078.2136
定价：CNY0.36

J0156683
徐策跑城 （京剧曲谱）郝德泉等整理记谱
上海　上海文艺出版社　1963 年　80 页　有图
21cm（32 开）统一书号：8078.2158
定价：CNY0.46
　　本书详细记录了剧本、人物扮相及道具、唱腔谱、胡琴谱、锣鼓经、身段动作以及经周信芳总结表演经验的《谈〈徐策跑城〉》；附录将搬上银幕时主要改动之处刊表做了说明。

J0156684
徐策跑城 （京剧曲谱）郝德泉等整理记谱
上海　上海文艺出版社　1981 年　重印本　64 页

有剧照　26cm（16 开）统一书号：8078.2158
定价：CNY0.41

J0156685
杨门女将 （京剧曲谱）范钧宏，吕瑞明编剧；郑亦秋导演；张复音乐设计并曲谱整理
上海　上海文艺出版社　1963 年　132 页　有图
21cm（32 开）统一书号：8078.2183
定价：CNY0.68

J0156686
柜台 郭炎生移植；言少朋，吴歌音乐设计；吴歌记谱
上海　上海文化出版社　1964 年　35 页　有图
25cm（15 开）统一书号：8077.224
定价：CNY0.32
（京剧现代戏曲谱）

J0156687
审椅子 上海京剧院集体移植；高义龙执笔；陈立中等音乐设计；顾永湘记谱
上海　上海文化出版社　1964 年　简谱本　26 页
有图　25cm（16 开）统一书号：8077.222
定价：CNY0.28
（京剧现代戏曲谱）
　　作者高义龙（1941—2008），京剧编剧、戏曲研究者。山东济南人，毕业于华东师范大学。历任上海艺术研究所副研究员，上海市美学学会理事、上海越剧艺术研究中心总干事。专著《袁雪芬的艺术道路》《袁雪芬》《筱文艳舞台生活》《越剧史话》《越剧艺术》等。

J0156688
送肥记 金素移植；王燮元等音乐设计；马锦良记谱
上海　上海文化出版社　1964 年　简谱本　18 页
有图　25cm（16 开）统一书号：8077.223
定价：CNY0.24
（京剧现代戏曲谱）

J0156689
葬花 （昆剧曲谱）北方昆曲剧院编
北京　音乐出版社　1964 年　影印本　10 页
26cm（16 开）统一书号：8026.2088
定价：CNY0.28

本剧本选自清仲云涧著《红楼梦传奇》。

J0156690

战海浪　上海京剧院集体创作；卫明执笔；黄佑文，顾永湘音乐设计；顾永湘记谱
上海　上海文化出版社　1964年　15页　有图
25cm（小16开）统一书号：8077.227
定价：CNY0.22
（京剧现代戏曲谱）

J0156691

风雷渡　李经邦执笔；江金惠整理；花柏岭，熊家铭音乐设计
上海　上海文化出版社　1965年　24页　有图
25cm（15开）统一书号：8077.283
定价：CNY0.20
（京剧现代戏曲谱）

J0156692

红灯记　（京剧　总谱）中国京剧院文学艺术室编
北京　音乐出版社　1965年　21cm（32开）
定价：CNY0.86

J0156693

节振国　河北省唐山市京剧团集体创作
上海　上海文化出版社　1965年　174页　有图
19cm（32开）统一书号：8077.292
定价：CNY0.64
（京剧现代戏曲谱）

J0156694

京剧《红灯记》（选曲）中国京剧院编选
上海　上海文化出版社　1965年　92页　有图
17cm（40开）统一书号：8077.255
定价：CNY0.28

J0156695

京剧《沙家浜》（选曲）北京京剧团编选
上海　上海文化出版社　1965年　88页　有照片
17cm（40开）统一书号：8077.274
定价：CNY0.26

J0156696

京剧《红灯记》（总谱）中国京剧院文学艺术室编

北京　音乐出版社　1965年　简谱本　177页　有图
21cm（32开）统一书号：8026.2333
定价：CNY0.86

J0156697

京剧现代戏唱片曲谱选（第一集）上海文化出版社编
上海　上海文化出版社　1965年　160页
19cm（32开）统一书号：8077.259
定价：CNY0.42

J0156698

京剧现代戏唱片曲谱选（第二集）上海文化出版社编
上海　上海文化出版社　1965年　129页
19cm（32开）统一书号：8077.268
定价：CNY0.34

J0156699

就是他　江学东改编；殷强音乐设计
上海　上海文化出版社　1965年　29页　有图
25cm（小16开）统一书号：8077.287
定价：CNY0.24
（京剧现代戏曲谱）

J0156700

三少年　（京剧）杜萍等编剧；杜萍执笔
北京　中国戏剧出版社　1965年　19cm（小32开）
定价：CNY0.18

J0156701

上山　（京剧）济南市京剧团创作组改编，济南市京剧团音乐组音乐设计
济南　山东人民出版社　1965年　64页
14cm（64开）统一书号：T10099.976
定价：CNY0.13

J0156702

五盆口　江金惠改编；夏庆涛，胡珊五音乐设计
上海　上海文化出版社　1965年　26页　有图
25cm（小16开）统一书号：8077.285
定价：CNY0.22
（京剧现代戏曲谱）

J0156703
追蛋   谢乃才原著；浙江省文化局剧目创作室
改编，《追蛋》小组集体音乐设计
上海 上海文化出版社 1965 年 18 页 有图
25cm（小 16 开）统一书号：8077.290
定价：CNY0.18
（京剧现代戏曲谱）

J0156704
草原小姐妹   赵纪鑫编剧；张舜华等音乐设
计；张舜华记谱
上海 上海文化出版社 1966 年 108 页 有图
25cm（小 16 开）统一书号：8077.311
定价：CNY0.36
（京剧现代戏曲谱）

J0156705
传枪   高嘉麟改编
上海 上海文化出版社 1966 年 60 页 有图
25cm（小 16 开）统一书号：8077.297
定价：CNY0.38
（京剧现代戏曲谱）

J0156706
红灯记   （选曲）
上海 上海文化出版社 1967 年 73 页 有剧照
19cm（32 开）定价：CNY0.18

J0156707
沙家浜   （选曲）北京京剧一团选编
上海 上海文化出版社 1967 年 91 页 有剧照
19cm（32 开）统一书号：8077.331
定价：CNY0.20

J0156708
智取威虎山   （选曲）
上海 上海文化出版社 1967 年 69 页 有照片
19cm（32 开）定价：CNY0.18

J0156709
海港   （革命现代京剧样板戏）上海京剧院《海
港》创作组编剧，解放军文艺丛书编辑部编
北京 人民文学出版社 1968 年 126 页 有图
19cm（32 开）统一书号：10019.1833
定价：CNY0.35

J0156710
红灯记   （选曲）
上海 上海文化出版社 1968 年 2 版 75 页
有剧照 19cm（32 开）定价：CNY0.18

J0156711
奇袭白虎团   （选曲）山东省京剧团编选
上海 上海文化出版社 1968 年 50 页 有剧照
16cm（25 开）统一书号：8077.340
定价：CNY0.15

J0156712
革命现代京《智取威虎山》（总谱）上海京
剧团《智取威虎山》剧组集体改编
北京 人民出版社 1970 年 425 页 26cm（16 开）
定价：CNY4.00

J0156713
革命现代京剧《沙家浜》（主旋律乐谱和剧本）
厦门 厦门市"革命委员会""文化革命"办公室
1970 年 148 页 19cm（32 开）

J0156714
革命现代京剧《沙家浜》（主旋律乐谱
一九七〇年五月演出本）北京京剧团集体改编
北京 人民出版社 1970 年 93 页 20cm（32 开）
统一书号：8001.171 定价：CNY0.25

J0156715
革命现代京剧《智取威虎山》（主旋律乐谱
一九七〇年七月演出本）上海京剧团《智取威
虎山》剧组集体改编及演出
北京 人民出版社 1970 年 139 页 20cm（32 开）
统一书号：8001.162 定价：CNY0.30

J0156716
红灯记   （主旋律乐谱 一九七〇年五月演出本）
中国京剧院集体改编
北京 人民出版社 1970 年 101 页 21cm（32 开）
统一书号：8001.168 定价：CNY0.25

J0156717
红灯记   （剧本及主旋律乐谱）中国京剧团改编
厦门 厦门市"革命委员会"文化办公室 1970
年

108 页　19cm（32 开）

J0156718

沙家浜 （一九七〇年五月演出本）北京京剧团集体改编

北京 人民出版社 1970 年 124 页 有剧照
19cm（小 32 开）定价：CNY0.25

J0156719

沙家浜 （总谱）北京京剧团集体创作

北京 人民出版社 1970 年 293 页 33cm（5 开）

J0156720

沙家浜 （主旋律乐谱和剧本）北京京剧团集体改编

厦门 厦门市"革命委员会""文化革命"办公室
1970 年 148 页 19cm（32 开）

J0156721

沙家浜 （总谱 一九七〇年五月演出本）北京京剧团集体创作

北京 人民出版社 1972 年 293 页 38cm（6 开）
精装 统一书号：8001.169 定价：CNY12.50

J0156722

智取威虎山 （主旋律乐谱）上海京剧团《智取威虎山》剧组改编

北京 人民出版社 1970 年 139 页 19cm（32 开）
定价：CNY0.30

J0156723

智取威虎山 （总谱）上海京剧团《智取威虎山》剧组改编

北京 人民出版社 1970 年 425 页 26cm（16 开）
定价：CNY4.00

J0156724

智取威虎山 （总谱 一九七〇年七月演出本）
上海京剧团《智取威虎山》剧组改编

北京 人民出版社 1970 年 425 页 38cm（6 开）
精装 统一书号：8001.160 定价：CNY15.00

J0156725

智取威虎山 （总谱 一九七〇年七月演出本）
上海京剧团《智取威虎山》剧组改编

北京 人民出版社 1971 年 425 页 20cm（32 开）
定价：CNY1.10

J0156726

革命现代京剧《红灯记》 （总谱 一九七〇年五月演出本）中国京剧团集体创作

北京 人民出版社 1971 年 380 页 21cm（32 开）
统一书号：8001.176 定价：CNY1.00

J0156727

革命现代京剧《红灯记》 （总谱 一九七〇年五月演出本）中国京剧团集体创作

北京 人民出版社 1971 年 380 页 21cm（32 开）
统一书号：8001.167 定价：CNY3.50

J0159487

革命现代京剧《智取威虎山》 （总谱 一九七〇年七月演出本）上海京剧团《智取威虎山》剧组集体改编

北京 人民出版社 1971 年 425 页 21cm（32 开）
统一书号：8001.174 定价：CNY1.10

J0156728

红灯记 （总谱 1970 年 5 月演出本）中国京剧院集体创作

北京 人民出版社 1971 年 380 页 38cm（6 开）
精装 统一书号：8001.166 定价：CNY14.00

J0156729

革命现代京剧《龙江颂》 （主旋律乐谱 一九七二年一月演出本）上海市《龙江颂》剧组集体改编

[北京] 人民文学出版社 1972 年 [101] 页
19cm（小 32 开）定价：CNY0.25

J0156730

革命现代京剧《龙江颂》 总谱 上海京剧团《龙江颂》剧组集体创作

上海 上海人民出版社 1975 年 406 页
38cm（6 开）精装 统一书号：8171.1015
定价：CNY17.00

J0156731

革命现代京剧《智取威虎山》 （剧本·主旋律乐谱·打击乐）

［昆明］云南人民出版社 1972 年 26cm（16 开）
定价：CNY0.50

J0156732
革命现代京剧《红色娘子军》（主旋律乐谱
一九七二年一月演出本）中国京剧团创作
北京 人民文学出版社 1972 年 144 页
21cm（32 开）统一书号：10019.1894
定价：CNY0.30

J0156733
海港 （主旋律乐谱 1972 年 1 月演出本）上海
京剧团《海港》剧组集体改编
北京 人民文学出版社 1972 年 135 页
19cm（32 开）统一书号：10019.1879
定价：CNY0.30

J0156734
海港 （总谱 一九七二年一月）上海京剧团《海
港》剧组集体改编
北京 人民文学出版社 1974 年 481 页
33cm（5 开）定价：CNY6.55

J0156735
红色娘子军 （主旋律乐谱 1972 年 1 月演出
本）中国京剧团编
北京 人民文学出版社 1972 年 144 页
19cm（32 开）定价：CNY0.30

J0156736
沙家浜 （剧本·主旋律乐谱·打击乐）云南人
民出版社编辑
昆明 云南人民出版社 1972 年 86 页
26cm（16 开）统一书号：10116.532
定价：CNY0.40

J0156737
革命现代京剧《奇袭白虎团》（主要唱段京
胡伴奏谱）上海人民出版社编辑
上海 上海人民出版社 1973 年 41 页
26cm（16 开）统一书号：8171.743
定价：CNY0.21

J0156738
革命现代京剧《沙家浜》（总谱 一九七〇年

五月演出本）北京京剧团集体创作
北京 人民文学出版社 1973 年 295 页
26cm（16 开）统一书号：10019.1915
定价：CNY2.90

J0156739
革命现代京剧《沙家浜》（总谱 五线谱）
北京京剧团集体创作
北京 人民文学出版社 1974 年 293 页
26cm（16 开）定价：CNY1.25

J0156740
龙江颂 （总谱 一九七二年一月演出本）上海
京剧团《龙江颂》剧组集体创作
上海 上海人民出版社 1973 年 405 页
19cm（小 32 开）统一书号：8171.636
定价：CNY1.30

J0156741
奇袭白虎团 （主旋律乐谱 一九七二年九月
演出本）山东省京剧团《奇袭白虎团》剧组编
北京 人民文学出版社 1973 年 118 页
19cm（32 开）统一书号：10019.2028
定价：CNY0.32

J0156742
沙家浜 （总谱）北京京剧团集体创作
北京 人民文学出版社 1973 年 293 页
26cm（16 开）精装 定价：CNY2.90

J0156743
革命现代京剧《沙家浜》（总谱）（一九七〇
年五月演出本）北京京剧团创作
北京 人民文学出版社 1974 年 20cm（32 开）
定价：CNY1.25, CNY2.00（精装）

J0156744
革命现代京剧《海港》（总谱 一九七二年一
月演出本）上海京剧团《海港》剧组集体改编
北京 人民文学出版社 1974 年 481 页
36cm（6 开）统一书号：10019.2137
定价：CNY6.55

J0156745
革命现代京剧《龙江颂》（主要唱段京胡伴

奏谱）

上海人民出版社编辑

上海　上海人民出版社　1974 年　54 页

26cm（16 开）统一书号：8171.735

定价：CNY0.27

J0156746

龙江颂 （主要唱段京胡伴奏谱）上海人民出版社编辑

上海　上海人民出版社　1974 年　54 页

26cm（16 开）定价：CNY0.27

J0156747

平原作战 （主旋律乐谱）中国京剧团集体创作

北京　人民文学出版社　1974 年　102 页

19cm（32 开）统一书号：10019.2118

定价：CNY0.30

J0156748

革命现代京剧《红色娘子军》 （主要唱段京胡伴奏谱）上海人民出版社编辑

上海　上海人民出版社　1975 年　86 页

26cm（16 开）统一书号：8171.1207

定价：CNY0.37

J0156749

革命现代京剧《海港》 （旋律乐谱）上海京剧团《海港》剧组改编

北京　人民音乐出版社　1975 年　2 版　135 页

20cm（32 开）统一书号：8026.3036

定价：CNY0.30

J0156750

革命现代京剧《海港》 （主要唱段京胡伴奏谱）上海人民出版社编辑

上海　上海人民出版社　1975 年　78 页

26cm（16 开）统一书号：8171.1258

定价：CNY0.34

J0156751

革命现代京剧《红灯记》 （主要唱段京胡伴奏谱）上海人民出版社编辑

上海　上海人民出版社　1975 年　56 页

26cm（16 开）统一书号：8171.1204

定价：CNY0.27

J0156752

革命现代京剧《龙江颂》 （主旋律乐谱）上海市《龙江颂》剧组改编

北京　人民音乐出版社　1975 年　2 版　102 页

20cm（32 开）统一书号：8026.3034

定价：CNY0.25

J0156753

革命现代京剧《平原作战》 （主要唱段京胡伴奏谱）上海人民出版社编辑

上海　上海人民出版社　1975 年　61 页

26cm（16 开）统一书号：8171.1206

定价：CNY0.29

J0156754

革命现代京剧《沙家浜》 （主要唱段京胡伴奏谱）上海人民出版社编辑

上海　上海人民出版社　1975 年　64 页

26cm（16 开）统一书号：8171.1203

定价：CNY0.29

J0156755

革命现代京剧《智取威虎山》 （主要唱段京胡伴奏谱）上海人民出版社编辑

上海　上海人民出版社　1975 年　56 页

26cm（16 开）统一书号：8171.1050

定价：CNY0.27

J0156756

沙家浜 （主旋律乐谱）湖南省花鼓戏剧团音乐革命小组编曲；欧阳觉文执笔

长沙　湖南人民出版社　1975 年　58 页

26cm（16 开）统一书号：8109.966

定价：CNY0.30

J0156757

革命现代京剧《磐石湾》 （主旋律乐谱）阿坚编剧

上海　上海人民出版社　1976 年　106 页

20cm（32 开）统一书号：8171.1637

定价：CNY0.30

J0156758

革命现代京剧《海港》 （总谱　1972 年 1 月演出本）上海京剧团《海港》剧组改编

北京 人民音乐出版社 1977 年 482 页
20cm（32 开）统一书号：8026.3141
定价：CNY1.95

J0156759
革命现代京剧《奇袭白虎山》（总谱）
（1972 年 9 月演出本）山东省京剧团《奇袭白虎
山》剧组［改编］
北京 人民音乐出版社 1977 年 358 页
20cm（32 开）定价：CNY1.45

J0156760
革命现代京剧《奇袭白虎团》（总谱）山东
省京剧团《奇袭白虎团》剧组创作
北京 人民音乐出版社 1977 年 2 版 357 页
20cm（32 开）统一书号：8026.3231
定价：CNY1.45

J0156761
卧龙吊孝　（京剧曲谱）李家载整理；许锦文
记谱
上海 上海文艺出版社 1980 年 20 页
25cm（16 开）统一书号：8078.3072
定价：CNY0.18
　　李家载（1915—1986），京剧老生演员，言派
传人。安徽合肥人，清朝官员李鸿章之弟李凤章
之曾孙。毕业于上海沪江大学。师从言菊朋先
生学习京剧言派艺术。代表作品有《卧龙吊孝》
《让徐州》《二进宫》《白帝城》《朱痕记》等。

J0156762
赤桑镇　（京剧曲谱）李盛泉，王玉田整理；范
文硕记谱
上海 上海文艺出版社 1981 年 27 页
25cm（小 16 开）统一书号：8078.3284
定价：CNY0.22

J0156763
二进宫　（京剧曲谱）许锦文记谱整理
上海 上海文艺出版社 1981 年 64 页
26cm（16 开）统一书号：8078.3269
定价：CNY0.41

J0156764
穆桂英挂帅　（京剧梅兰芳演出曲谱本）姜凤

山口述；黄宝光，魏贵德记谱整理
北京 人民音乐出版社 1981 年 147 页 有照片
21cm（32 开）统一书号：8026.3813
定价：CNY0.78

J0156765
尤三姐　陈西汀改编；顾永湘记谱
上海 上海文艺出版社 1981 年 62 页 有剧照
25cm（小 16 开）统一书号：8078.3257
定价：CNY0.41

J0156766
罢宴　李盛泉整理；范文硕记谱
上海 上海文艺出版社 1982 年 重印本 25 页
有剧照 26cm（16 开）统一书号：8078.2242
定价：CNY0.22

J0156767
别宫祭江　（京剧曲谱）上海黄桂秋艺术研究
小组整理记谱著
上海 上海文艺出版社 1982 年 34 页
19cm（32 开）统一书号：8078.3375
定价：CNY0.25

J0156768
定军山　刘文涓整理；蒋霭秉记谱
上海 上海文艺出版社 1982 年 38 页 有照片
25cm（15 开）统一书号：8078.3309
定价：CNY0.28

J0156769
京剧传统曲牌选　马玉玺编；吴春礼校订
北京 人民音乐出版社 1982 年 353 页
19cm（32 开）统一书号：8026.4014
定价：CNY1.20
　　本书收录京剧传统曲牌 200 余首，包括纯属
器乐曲的"清牌子"及带唱词、配有锣鼓经的"混
牌子"，并按其演奏乐器的不同，又分为大唢呐
牌、海笛曲牌、膜笛曲牌、胡琴曲牌 4 个部分。

J0156770
姚期　（京剧曲谱）王祖鸿整理记谱
上海 上海文艺出版社 1982 年 54 页
25cm（16 开）统一书号：8078.3324
定价：CNY0.33

本书是中国京剧曲谱选集。《姚期》原名《草桥关》,以《姚期》为剧名,始自著名花脸演员裘盛戎。

J0156771

振飞曲谱 俞振飞编著

上海 上海文艺出版社 1982 年 476 页 有照片

25cm(小 16 开) 统一书号: 8078.3380

定价: CNY3.70

本书为昆剧艺术家俞振飞先生 70 余年演唱昆曲的实践,在其父《粟庐曲谱》的基础上,根据自己的经验亲自逐字逐腔订制曲谱编著而成。

J0156772

捉放曹 (京剧曲谱)张文涓,王玉田整理

上海 上海文艺出版社 1982 年 63 页

19cm(32 开) 统一书号: 8078.3328

定价: CNY0.39

本书是中国京剧曲谱选集。《捉放曹》是京剧老生、花脸并重的传统戏。

J0156773

群英会 (京剧曲谱)何时希整理记谱

上海 上海文艺出版社 1983 年 80 页

25cm(16 开) 统一书号: 8078.3426

定价: CNY0.60

J0156774

桑园寄子 (京剧曲谱)刘叔诒整理;王祖鸿记谱

上海 上海文艺出版社 1983 年 48 页

25cm(16 开) 统一书号: 8078.3392

定价: CNY0.36

J0156775

二堂舍子 舒昌玉,孙雄整理;杨旭涛记谱

上海 上海文艺出版社 1984 年 35 页 有剧照

25cm(15 开) 统一书号: 8078.3444

定价: CNY0.32

J0156776

贩马记 顾文芍整理记谱

上海 上海文艺出版社 1984 年 44 页

25cm(15 开) 统一书号: 8087.3473

定价: CNY0.44

J0156777

三堂会审 (京剧曲谱)郁钟馥整理;张志仁记谱

上海 上海文艺出版社 1984 年 69 页

25cm(16 开) 统一书号: 10078.3494

定价: CNY0.63

J0156778

锁麟囊 (京剧曲谱)翁偶虹编剧;王吟秋整理;顾永湘记谱

上海 上海文艺出版社 1984 年 89 页

19cm(32 开) 统一书号: 8078.3437

定价: CNY0.67

J0156779

望江亭 (京剧曲谱)张学华,赵麦璐整理记谱

上海 上海文艺出版社 1984 年 58 页 有照片

25cm(16 开) 统一书号: 8078.3474

定价: CNY0.62

J0156780

宇宙锋 (京剧曲谱)周翕园,舒昌玉整理;周振芳记谱

上海 上海文艺出版社 1984 年 30 页 有剧照

25cm(小 16 开) 统一书号: 8078.3469

定价: CNY0.35

J0156781

国剧唱腔谱集 张大龙著

台北 幼狮文化事业公司 1985 年 4 册

26cm(16 开) 定价: 旧台币 18.23

J0156782

龙凤呈祥 (京剧曲谱)戴趾仁,许锦文整理记谱

上海 上海文艺出版社 1985 年 67 页

26cm(16 开) 统一书号: 10078.3661

定价: CNY0.81

J0156783

龙凤呈祥 (京剧曲谱)戴趾仁,许锦文整理记谱

上海 上海文艺出版社 1986 年 67 页

26cm(16 开) 定价: CNY0.81

J0156784

女起解 (京剧曲谱)舒昌玉整理;张志仁记谱

上海 上海文艺出版社 1985 年 44 页
26cm（16 开）统一书号：10078.3491
定价：CNY0.42

J0156785
四进士 （京剧曲谱）孙鹏志,许思言整理；马锦良记谱
上海 上海文艺出版社 1985 年 81 页 有照片
26cm（16 开）统一书号：10078.3493
定价：CNY0.88
　　本剧目是周信芳代表作。本书内容包括剧本、角色扮相和道具、唱腔谱、胡琴谱、身段动作等。

J0156786
梅兰芳戏曲唱谱汇编 吴仁溥编著
台北 丹青图书公司 1986 年 台 1 版 658 页
有剧照 21cm（32 开）定价：TWD500.00

J0156787
清官册 （京剧曲谱）徐英耀编
上海 上海文艺出版社 1986 年 51 页
26cm（16 开）统一书号：10078.3662
定价：CNY0.59

J0156788
霸王别姬 魏莲芳整理；李君芳执笔；沈雁西,顾永湘记谱
上海 上海文艺出版社 1987 年 59 页 有照片
26cm（16 开）统一书号：10078.3560
定价：CNY0.84

J0156789
金山寺 朱尧文等整理记谱
上海 上海文艺出版社 1987 年 26 页 有剧照
26cm（16 开）统一书号：10078.3682
定价：CNY0.45

J0156790
金山寺 （烧香·水斗）朱尧文等整理记谱
上海 上海文艺出版社 1987 年 26 页 有剧照
26cm（16 开）统一书号：10078.3682
定价：CNY0.45

J0156791
金玉奴 童芷苓整理；范文硕记谱
上海 上海文艺出版社 1987 年 70 页
26cm（16 开）统一书号：10078.3684
定价：CNY0.98

J0156792
京剧对花枪 （奎生剧本重编）雅浓,韵清音乐设计
北京 人民音乐出版社 1989 年 98 页
21cm（32 开）定价：CNY1.60

J0156793
京剧集成 （第一集）潘侠风主编
北京 新世界出版社 1989 年 201 页
20cm（32 开）ISBN：7-80005-097-1
定价：CNY3.80
　　本集收录《秦香莲》《击鼓骂曹》《打严嵩》等剧本。作者潘侠风（1914—1993），戏曲作家。原籍北京通县。自幼喜爱京剧,向京剧武花脸名角骆连翔学习武花脸戏,1957 年调入戏曲编导委员会工作,1957—1965 年期间编辑《京剧汇编》109 集,个人编写有《一箭和》《青霞丹雪》《三侠五义》《赵氏孤儿》等戏。代表戏剧作品有《溜须老店》《鉴湖女侠》《侠骨柔情》等。

J0156794
京剧集成 （第二集）潘侠风主编
北京 新世界出版社 1991 年 432 页
20cm（32 开）ISBN：7-80005-136-6
定价：CNY6.80
　　本集收录《姚期》《洪洋洞》《法门寺》《红娘》等,每出戏都附有剧情说明、扮演行当、分场台词、服装道具、舞台调度、表演动作、武打设计、锣鼓经、曲牌谱、彩色脸谱、剧尾附谈等。

J0156795
京剧集成 （第三集）潘侠风主编
北京 新世界出版社 1991 年 449 页
有图及乐谱 20cm（32 开）
ISBN：7-80005-146-3 定价：CNY6.80
　　本集收录《四郎探母》《汉阳院》等,每个剧目均包括剧情简介、服装道具分场台词、剧尾附谈等内容。

J0156796

京剧集成 （第四集）潘侠风主编

北京　新世界出版社 1993 年　449 页

20cm（32 开）ISBN：7-80005-152-8

定价：CNY7.80

　　本集收录《玉堂春》《群英会》《一匹布》《白良关》，并介绍了剧情、服装道具、分场台词、曲牌谱等。

J0156797

京剧集成 （第五集）潘侠风主编

北京　新世界出版社 1993 年　472 页

20cm（32 开）ISBN：7-80005-164-1

定价：CNY12.60

　　本集收录《秦香莲》《击鼓骂曹》《打严嵩》等。

J0156798

京剧群曲汇编　沈玉斌编著；沈宝璐整理

上海　上海文艺出版社 1989 年　178 页　有肖像

19cm（32 开）ISBN：7-5321-0288-2

定价：CNY2.20

　　本书汇编了京剧群曲中的 94 支曲牌，这些曲牌可分为 3 种：1、改填适合京剧通用的群曲；2、京、昆部分剧目专用和补遗；3、昆曲传统原谱。作者沈玉斌（1908—1985），京剧琴师。北京市戏曲学校创始人之一，曾任北京市戏曲学校校长。

J0156799

京剧余派老生唱腔集　许锦文，范文硕整理

记谱；范石人校订

上海　上海文艺出版社 1989 年　470 页

26cm（16 开）定价：CNY19.00

J0156800

京剧选编 （1）钮骠主编；中国戏曲学院编

北京　中国戏剧出版社 1990 年　207 页

20cm（24 开）ISBN：7-104-00269-3

定价：CNY3.80

　　本书收录《挑滑车》《连升店》《卖水》等 5 部京剧。

J0156801

京剧选编 （2）钮骠主编；中国戏曲学院编

北京　中国戏剧出版社 1990 年　216 页

20cm（24 开）ISBN：7-104-00270-7

定价：CNY4.00

　　本书收录《战马超》《罢宴》《杨排风》等 6 部京剧。

J0156802

京剧选编 （3）钮骠主编；中国戏曲学院编

北京　中国戏剧出版社 1990 年　222 页

20cm（24 开）ISBN：7-104-00271-5

定价：CNY4.00

　　本书收录《截江夺斗》《取洛阳》《贺后骂殿》等 5 部京剧。

J0156803

京剧选编 （4）钮骠主编；中国戏曲学院编

北京　中国戏剧出版社 1990 年　267 页

20cm（24 开）ISBN：7-104-00272-3

定价：CNY4.60

　　本书收录《穆桂英》《甘露寺》两部京剧。

J0156804

京剧选编 （5）钮骠主编；中国戏曲学院编

北京　中国戏剧出版社 1990 年　208 页

20cm（24 开）ISBN：7-104-00273-1

定价：CNY3.80

　　本书收录《碧波潭》《白蛇传》两部京剧。

J0156805

京剧选编 （6）钮骠主编；中国戏曲学院编

北京　中国戏剧出版社 1990 年　236 页

20cm（24 开）ISBN：7-104-00274-4

定价：CNY4.30

　　本书收录《虹桥赠珠》《洪羊洞》《春秋配》等 5 部京剧。

J0156806

京剧选编 （7）钮骠主编；中国戏曲学院编

北京　中国戏剧出版社 1990 年　199 页

20cm（24 开）ISBN：7-104-00275-8

定价：CNY4.00

　　本书收录《棋盘山》等 5 部京剧。

J0156807

京剧选编 （8）钮骠主编；中国戏曲学院编

北京　中国戏剧出版社 1990 年　261 页

20cm（24 开）ISBN：7-104-00276-6

定价：CNY4.00

　　本书收录《四郎探母》等 4 部京剧。

J0156808

京剧选编 （9）钮骠主编；中国戏曲学院编

北京 中国戏剧出版社 1990 年 219 页

20cm（24 开）ISBN：7-104-00277-4

定价：CNY4.00

　　本书收录《大保国》《二进宫》《钟馗嫁妹》等 6 部京剧。

J0156809

京剧选编 （10）钮骠主编；中国戏曲学院编

北京 中国戏剧出版社 1990 年 273 页

20cm（24 开）ISBN：7-104-00278-8

定价：CNY4.20

　　本书收录《战樊城》等 8 部京剧。

J0156810

京剧《法场换子》（余派演出曲谱本）范石人，吴春礼记谱整理

北京 人民音乐出版社 1991 年 65 页

20cm（32 开）ISBN：7-103-00784-5

定价：CNY1.45

　　京剧《法场换子》是著名京剧艺术大师余叔岩先生的代表作之一。书中对人物扮相、服装及全剧的念白、唱腔、胡琴伴奏、锣鼓、曲牌等均作了细致准确的记录。记谱者范石人（1913—2012），上海人。上海市文史馆原馆员，当代著名京剧余派艺术研究家、教育家。记谱者吴春礼（1927— ），戏曲研究所研究员。北京人，毕业于北京文法学院。中国戏曲研究院从事戏曲音乐整理、研究工作，后入中国艺术研究院戏研所工作。出版有《雁荡山总谱及舞蹈说明》《杨宝忠京胡演奏经验谈》《京剧唱腔》等，主编《余叔岩艺术评论集》。

J0156811

京剧流派剧目荟萃 （第一辑）文化艺术出版社编

北京 文化艺术出版社 1991 年 20cm（32 开）

定价：CNY4.70

　　本辑包括《宇宙锋》《搜孤救孤》等剧目。

J0156812

京剧流派剧目荟萃 （第二辑）文化艺术出版社编

北京 文化艺术出版社 1991 年 20cm（32 开）

定价：CNY4.70

　　本辑包括《十三妹》《玉堂春》《奇双会》《洪羊洞》等剧目。

J0156813

京剧流派剧目荟萃 （第三辑）文化艺术出版社编

北京 文化艺术出版社 1991 年 20cm（32 开）

定价：CNY4.70

　　本辑包括《棋盘山》《卧龙吊孝》等剧目。

J0156814

京剧流派剧目荟萃 （第四辑）文化艺术出版社编

北京 文化艺术出版社 1991 年 20cm（32 开）

定价：CNY4.70

　　本辑包括《春秋配》《断臂说书》《车轮大战》《香罗带》等剧目。

J0156815

京剧流派剧目荟萃 （第五辑）文化艺术出版社编

北京 文化艺术出版社 1991 年 20cm（32 开）

ISBN：7-5039-0689-8 定价：CNY4.80

　　本辑包括《孔雀东南飞》《打渔杀家》《姚期》《祭塔》等剧目。

J0156816

京剧流派剧目荟萃 （第六辑）文化艺术出版社编

北京 文化艺术出版社 1991 年 20cm（32 开）

定价：CNY4.70

　　本辑包括《断密涧》《击鼓骂曹》《荒山泪》《打严嵩》等剧目。

J0156817

京剧流派剧目荟萃 （第七辑）文化艺术出版社编

北京 文化艺术出版社 1991 年 20cm（32 开）

定价：CNY4.70

　　本辑包括《凤还巢》《苏三起解》《霸王别

姬》《生死恨》等剧目。

J0156818

京剧流派剧目荟萃 （第八辑）文化艺术出版
社编
北京 文化艺术出版社 1996 年 233 页
20cm（32 开）ISBN：7-5039-1048-8
定价：CNY12.00
　　本辑包括《失空斩》《夜奔》《铡美案》《钓
金龟》等剧目。

J0156819

京剧流派剧目荟萃 （第九辑）文化艺术出版
社编
北京 文化艺术出版社 1996 年 280 页
20cm（32 开）ISBN：7-5039-1047-X
定价：CNY13.00
　　本辑包括《锁磷囊》《乾隆福寿镜》等剧目。

J0156820

京剧流派剧目荟萃 （第十辑）文化艺术出版
社编
北京 文化艺术出版社 1996 年 363 页
20cm（32 开）ISBN：7-5039-1090-9
定价：CNY16.00
　　本辑包括《汉明妃》《樊江关》《桑园会》《别
宫祭江》等剧目。

J0156821

京剧小生曲谱六种　　何时希整理
上海 三联书店上海分店 1994 年 167 页
有剧照 26cm（16 开）ISBN：7-5426-0832-0
定价：CNY38.80

J0156822

京剧曲谱精选　　何彬,厉不害编
上海 上海音乐出版社 1998 年 197 页
26cm（16 开）ISBN：7-80553-724-0
定价：CNY18.00
　　外文书名：Selected Music from Beijing Opera
of China.

J0156823

沈宠绥曲学探微　　蔡孟珍著
台北 五南图书出版公司 1999 年 212 页

23cm（20 开）ISBN：957-11-1755-2
定价：TWD7.00

中国歌剧、歌舞剧、舞剧音乐

和话剧配乐

J0156824

血泪仇曲集　　马健翎著
新华书店［民国］29 页 20cm（32 开）环筒页装
《血泪仇》三幕十七场剧,共 55 曲。

J0156825

天鹅 （歌舞剧）赵景深著
浙江 浙江第五中校小学部 民国十五年［1926］
36 页 19cm（32 开）

J0156826

月明之夜 （独幕歌舞剧）黎锦晖著
上海 中华书局 1926 年 60 页 19cm（32 开）
　　作者黎锦晖(1891—1967),儿童歌舞音乐作
家,中国流行音乐的奠基人。生于湖南湘潭,毕
业于长沙高等师范学校。代表作品《麻雀与小孩》
《葡萄仙子》《小小画家》等。

J0156827

月明之夜 （独幕歌舞剧）黎锦晖著
上海 中华书局 1931 年 22 版 60 页 19cm（32 开）

J0156828

春秋乐趣 （歌舞剧）佟振家著
北平 文化学社 1928 年 106 页 19cm（32 开）
定价：大洋一角五分
　　本剧是三场儿童歌舞剧。前有本剧剧情
介绍。

J0156829

春天的快乐　　黎锦晖著
上海 中华书局 1928 年 55 页 有图 19cm（32 开）
　　本剧是八场儿童歌舞剧。

J0156830

新生　　谢康编
上海 商务印书馆 1928 年 44 页 19cm（32 开）

J0156831
新生　谢康编
上海　商务印书馆　1933 年　国难后 1 版　44 页
19cm（32 开）

J0156832
海之神　（插哑剧）胡敬熙，王渐仁编
上海　新新儿童歌剧社　1929 年　12 页
18cm（小 32 开）定价：五分
（儿童歌剧　第 9 集）

J0156833
群鸡　（孩子们的歌剧）沈醉了，戈眉山著
上海　开明书店　1930 年　再版 56 页 19cm（32 开）
（春蜂乐会丛刊）
　　本书为五线谱，后附简谱。书前有《弱小者的故事》，并介绍登场人物、布景、舞步位置等。

J0156834
小朋友歌舞曲　赵景深著
上海　北新书局　1930 年　再版　78 页　有图
19cm（32 开）定价：银二角半
（小朋友丛书）

J0156835
广寒宫　沈秉廉，钱君匋编著
上海　开明书店　1932 年　66 页　19cm（32 开）
　　本剧据郭沫若同名童话剧改编，五线谱，后附简谱。

J0156836
小利达之死　黎锦晖著
上海　中华书局　1935 年　石印本　37+37 页
24cm（16 开）定价：银五角
　　本剧是五场歌舞剧。

J0156837
玲儿的生日　（教育的小歌剧）陈啸空，许静子著
上海　艺术书店　1936 年　31 页　19cm（32 开）
定价：一角五分
　　本剧是儿童歌剧，五线谱，后附简谱。书前有《“玲儿的生日”本事》。

J0156838
三只熊　（儿童歌剧）顾均正编剧；陈啸空作曲

上海　开明书店　1936 年　75 页　19cm（32 开）
定价：国币二角五分

J0156839
血泪花　王节和编
余姚　余姚县立周行民众教育馆［1939 年］
34 页［19cm］（32 开）
（战时民众丛书）

J0156840
"屈原" 插曲　（五幕史剧）郭沫若著；刘雪厂作曲
北京　中国戏剧出版社［1940—1949 年］8 页
18cm（小 32 开）

J0156841
《屈原》插曲　郭沫若，刘雪厂编著
重庆　中国书店［发行者］［1940—1949 年］
14 页　19cm（32 开）定价：旧币二元
　　本书收录郭沫若的五幕历史剧《屈原》，刘雪厂作曲的插曲《橘颂》《惜诵》《礼魂歌》3 首。附郭沫若文章的《我怎样写〈屈原〉》。

J0156842
白毛女　（歌谱）延安鲁艺工作团集体创作；马可等作曲
太岳新华书店［1946 年］165 页 21cm（32 开）
　　本书前言附作者的《关于〈白毛女〉的音乐》和《付印前的几句话》。作曲马可（1918—1976），作曲家、音乐教育家。江苏徐州人，就读于河南大学化学系。创作歌曲有《南泥湾》《咱们工人有力量》《吕梁山大合唱》，秧歌剧《夫妻识字》，歌剧《周子山》《白毛女》《小二黑结婚》等，著有《中国民间音乐讲话》《时代歌声漫议》《冼星海传》等。

J0156843
白毛女　（六幕歌剧　歌曲全谱）贺敬之，丁一作词；马可等作曲
1947 年　44 页　18cm（32 开）

J0156844
人民胜利万岁　（大歌舞）华北大学第三部编辑
北京　华北大学第三部　1949 年　19 页 26cm（16 开）

J0156845

西南人民胜利大歌舞　西南军政委员会文教部文艺工作团编

重庆　西南军政委员会文教部文艺工作团编
1950年　17页　26cm（16开）

　　本书原名《人民胜利万岁》，为了庆祝西南军政委员会成立而演出，内容方面在原有基础上又增加了些西南歌舞元素。

J0156846

鸭绿江边　（歌剧）丁毅编剧；建农作曲；黄歌编曲

中南军区兼第四野战军政治部文化部
［1951年］93页　20cm（32开）

J0156847

给新县长献礼去　（歌舞剧）葛敏等集体创作；鲁光执笔；激流作曲

贵阳　贵州人民出版社　1953年　230页
19cm（32开）定价：旧币1,600元

J0156848

英雄的高地　（清唱戏）费克作词，费克等作曲

上海　新音乐出版社　1954年　30页
26cm（16开）定价：旧币4,000元

J0156849

友谊之歌　（清唱剧）鸣戈作词；王卓作曲

上海　新知识出版社　1955年　16页
26cm（16开）定价：CNY0.17

　　作者王卓（1930—　　），中国音乐家协会理事。

J0156850

打误　（小歌剧）之明编剧；谭维友作曲

哈尔滨　黑龙江人民出版社　1956年　31页
19cm（32开）统一书号：T8033.7
定价：CNY0.12

J0156851

歌剧"星星之火"选曲　李劫夫等著

沈阳　辽宁人民出版社　1956年　110页
19cm（32开）统一书号：T8090.21
定价：CNY0.33

　　作者李劫夫（1913—1976），作曲家、音乐教育家。吉林农安人。笔名劫夫、劳歌。曾任延

安人民剧社教员，西北战地服务团团员，东北野战军第九纵队文工团团长，东北音乐专科学校校长，沈阳音乐学院教授、院长等。中国音协第一、二届理事和辽宁分会主席。有《战地歌声》《歌唱二小放牛郎》《毛主席诗词歌曲集》《劫夫歌曲选》《劫夫歌曲百首》等。

J0156852

中朝友谊之歌　（清唱剧）王卓作曲；鸣戈作词

上海　上海文化出版社　1956年　57页
26cm（16开）统一书号：T8077.62
定价：CNY0.36

J0156853

采树苗　任德耀编剧；郝士达编曲

南昌　江西人民出版社　1958年　20页
20cm（32开）统一书号：R10110.181
定价：CNY0.09

J0156854

打猪草　（歌舞剧）海鹏作曲

上海　上海音乐出版社　1958年　28页
19cm（32开）统一书号：8127.168
定价：CNY0.10

　　本剧是根据黄梅戏改编的歌舞剧。

J0156855

过年那一天　（独幕歌剧）梁上泉编剧；曾繁柯作曲

重庆　重庆人民出版社　1958年　53页
19cm（32开）统一书号：8114.138
定价：CNY0.17

J0156856

花衣衫　（小歌剧）梨园作曲

沈阳　辽宁人民出版社　1958年　28页
19cm（32开）统一书号：T10090.347
定价：CNY0.10
（戏剧小丛书）

J0156857

金凤树开花　（小歌剧）张永枚编剧；满瑞等作曲

沈阳　辽宁人民出版社　1958年　44页
19cm（32开）统一书号：T10090.513
定价：CNY0.14

（戏剧小丛书）

J0156858
李月娥还乡 （歌剧）田川,任萍编剧；黄庆和
作曲
北京 音乐出版社 1958 年 44 页 有图
19cm（32 开）统一书号：8026.879
定价：CNY0.20

J0156859
满院生辉 （独幕歌剧）张万一编剧；黄庆和
作曲
北京 音乐出版社 1958 年 48 页 19cm（32 开）
统一书号：8026.1082 定价：CNY0.16
（春节文娱小丛书）

J0156860
婆媳俩 （小歌剧）萧杰,德崇编剧；梁寒光作曲
上海 上海文化出版社 1958 年 34 页
19cm（32 开）统一书号：8077.149
定价：CNY0.12

J0156861
婆媳争锨 （小型歌剧）张学新编剧；高介云,
云翔作曲
北京 音乐出版社 1958 年 36 页 19cm（32 开）
统一书号：8026.1084 定价：CNY0.13
（春节文娱小丛书）

J0156862
山神土地大搬家 （小歌剧）任红举编剧；周
永昌编曲
上海 上海文艺出版社 1958 年 18 页
18cm（32 开）统一书号：8078.298
定价：CNY0.07

J0156863
双喜临门 （小歌剧）王树萍编剧；茅沅作曲
上海 上海文艺出版社 1958 年 33 页
19cm（32 开）统一书号：8078.0225
定价：CNY0.13
　　作者茅沅(1926—)，作曲家。生于北京,
原籍山东济南,毕业于清华大学土木工程系。代
表作品有《瑶族舞曲》《刘胡兰》《南海长城》《王
昭君》《宁死不屈》《敦煌的故事》《新春乐》。

J0156864
送石榴 （独幕小歌剧）丘自操,杨更生编剧；
孙博作曲
北京 音乐出版社 1958 年 33 页 19cm（32 开）
统一书号：8026.1083 定价：CNY0.12

J0156865
五十块钱 （四场喜歌剧）丁毅编剧；黄庆和
作曲
北京 音乐出版社 1958 年 73 页 有图
19cm（32 开）统一书号：8026.880
定价：CNY0.30

J0156866
织女穿花舞曲 （总谱）孙正作曲
北京 音乐出版社 1958 年 35 页 26cm（16 开）
统一书号：8026.985 定价：CNY0.32

J0156867
货郎与小姐 （中央实验歌剧院演出剧目选集）
[苏]乌杰尔·加吉别科夫作剧作曲；孙静云,希
扬译配；中央实验歌剧院编
北京 北京出版社 1959 年 定价：CNY0.51

J0156868
将军——列兵舞 （总谱）周潮,李骥编
福州 福州部队业余文艺演出队 1959 年 9 页
24×35cm

J0156869
空白鸟的枪声 （小歌剧）江深编剧；耀华作曲
上海 上海文艺出版社 1959 年 25 页
18cm（15 开）统一书号：8078.0554
定价：CNY0.09

J0156870
青年近卫军 （中央实验歌剧院演出剧目选集）
[苏]尤·梅依杜斯作曲；阿·玛里什柯编剧；
安娥,海啸译配；中央实验歌剧院编
北京 北京出版社 1959 年 20cm（32 开）
定价：CNY0.50
　　作者安娥(1905—1976)，中国近代著名剧作
家、作词家、诗人、记者、翻译家,中共地下情报
人员。出生在河北省获鹿县。致力于歌词写作,
成绩斐然,歌曲词作品有《卖报歌》《打回老家

去》；报告文学有《五月榴花照眼明》；诗集有《燕赵儿女》；戏曲剧本有《山河恋》《追鱼》《情探》。

J0156871
清唱剧《换天录》 田间词；陈田鹤作曲
[1959—1979 年] 75+16 页 29cm（16 开）
　　作者陈田鹤（1911—1955），作曲家。浙江温州人，就读于上海国立音乐专科学校、武昌艺术专科学校。曾在国立音乐院作曲系任教，北京人民艺术剧院、中央实验歌剧院专事音乐创作。代表作品有《采桑曲》《巷战歌》《燕子的歌》《和平友谊之歌》《秋天的梦》等。

J0156872
送石榴 （独幕小歌剧）丘自操，杨更生编剧；孙博，作凡作曲
北京 音乐出版社 1959 年 33 页 19cm（32 开）
统一书号：8026.1083 定价：CNY0.13

J0156873
一日千金 （独幕小歌剧）顾锡东编著；李向一作曲
北京 音乐出版社 1959 年 29 页 有曲谱
19cm（32 开）统一书号：8026.1097
定价：CNY0.12

J0156874
一日千里 （独幕小歌剧）顾锡东编剧；李向一作曲
北京 音乐出版社 1959 年 定价：CNY0.12

J0156875
宇宙的骏马 乔羽作剧；宋军作曲
北京 中国少年儿童出版社 1959 年 30 页
19cm（32 开）统一书号：R8056.64
定价：CNY0.14

J0156876
歌舞音乐选 中国舞蹈艺术研究会编
北京 音乐出版社 1960 年 简谱本 21 页
19cm（32 开）统一书号：8026.1327
定价：CNY0.09

J0156877
昂扬愉快的歌舞 湖南省总工会宣传部编
长沙 湖南人民出版社 1961 年 58 页 有曲谱
21cm（32 开）统一书号：8109.513
定价：CNY0.22
　　本书是湖南省职工文艺代表团参加全国职工文艺会演优秀节目汇编。

J0156878
海岛仲秋 任新田等编剧；智树春作曲
[济南] 山东人民出版社 1964 年 14cm（64 开）
定价：CNY0.14

J0156879
红围裙 （小歌剧）宋邵编剧；陆洋，陈振虞作曲
[南宁] 广西僮族自治区人民出版社 1964 年
19cm（小 32 开）定价：CNY0.23
（农村剧本 之四）

J0156880
换房 （小歌剧）任红举编剧；龙飞作曲
[北京] 中国戏剧出版社 1964 年
19cm（小 32 开）定价：CNY0.14

J0156881
犟媳妇 （三场歌剧）东娃作剧；赵舜才作曲
[北京] 中国戏剧出版社 1964 年
19cm（小 32 开）定价：CNY0.19

J0156882
老王卖瓜 （农村小歌剧）张棣华编剧；李向一作曲
[北京] 音乐出版社 1964 年 19cm（小 32 开）
定价：CNY0.13

J0156883
两个饲养员 田犁编剧；张斌作曲
[济南] 山东人民出版社 1964 年 14cm（64 开）
定价：CNY0.12

J0156884
两块六 （三场小型喜歌剧）东娃编剧；马惠文作曲
[成都] 四川人民出版社 1964 年 15cm（64 开）
定价：CNY0.11
（四川群众演唱丛书）

J0156885
三月三 （独幕歌剧）高力泽，于声编剧；刘大鸣作曲
上海 上海文艺出版社 1964 年 19cm（小 32 开）
定价：CNY0.28

J0156886
山寨新风 （歌剧）蒙光朝编剧；蓝寿生，陆炳兰编曲
[南宁] 广西僮族自治区人民出版社 1964 年
19cm（小 32 开）定价：CNY0.15
（农村剧本 之六）

J0156887
社员都是向阳花 （小歌舞）张士燮作词；王玉西作曲；李留奎编舞；野蜂绘图
上海 上海文化出版社 1964 年 14cm（64 开）
定价：CNY0.07

J0156888
数九春风 （歌剧曲谱）亚文编曲
贵阳 贵州省群众艺术馆 1964 年 影印本 28 页
19cm（32 开）

J0156889
四个守岛兵 章明编剧；王大卫作曲
[广州] 广东人民出版社 1964 年
19cm（小 32 开）定价：CNY0.14
（演唱作品丛书）

J0156890
送货下乡 （小歌舞剧）何全成编剧；方家连编曲
上海 上海文化出版社 1964 年 14cm（64 开）
定价：CNY0.07

J0156891
腾龙江上 （歌舞剧）荣羽编剧；龙平作曲
[长沙] 湖南人民出版社 1964 年 15cm（64 开）
定价：CNY0.13
（农村文娱活动小丛书）

J0156892
喜相逢 （独幕歌剧）陈宜编剧；李沛泉作曲
上海 上海文艺出版社 1964 年 19cm（小 32 开）

定价：CNY0.15

J0156893
新人老传统 （小歌剧）卢石华改编；胡绍武作曲
[太原] 山西人民出版社 1964 年 13cm（64 开）
定价：CNY0.09

J0156894
信江波 （独幕歌剧）高力泽编剧；黄振忠等作曲
上海 上海文艺出版社 1964 年 19cm（小 32 开）
定价：CNY0.20

J0156895
扁担忙 （小歌剧）陈正编剧；方芳编曲
北京 北京出版社 1965 年 10cm（64 开）
定价：CNY0.06
（群众演唱丛刊）

J0156896
彩礼 （小歌剧）杨炳郁编剧；苏菲整理；葛艺琳配曲
石家庄 河北人民出版社 1965 年
19cm（小 32 开）定价：CNY0.11
（农村戏剧小丛书）

J0156897
江姐 （歌剧选曲）阎肃词；羊鸣，姜春阳曲；中国人民解放军空军政治部文工团编
北京 音乐出版社 1965 年 19cm（小 32 开）
定价：CNY0.17

J0156898
江姐 （歌剧）阎肃编；羊鸣，姜春阳作曲；解放军文艺丛书编
北京 中国戏剧出版社 1965 年 19cm（小 32 开）
定价：CNY0.66

J0156899
老传统 （小歌剧）黄粲兮编剧；杨甫明配曲
长沙 湖南人民出版社 1965 年 15cm（64 开）
定价：CNY0.05
（农村文娱活动小丛书）

J0156900

路遇 （小歌剧）赵处明等编；苏殿雄等作曲
北京 北京出版社 1965 年 10cm（64 开）
定价：CNY0.06
（群众演唱丛刊）

J0156901

煤店新工人 （歌剧）张秀岭等执笔；天津人
民歌舞剧院整理；王莘作曲
天津 百花文艺出版社 1965 年 19cm（小 32 开）
定价：CNY0.25

　　作者王莘(1939—1981)，作曲家。原名王莘
耕，江苏无锡荡口镇人。历任天津音乐团团长、
天津人民艺术剧院副院长、天津歌舞剧院院长、
中国音协常务理事、天津市音协主席等职。代表
作品《歌唱祖国》。

J0156902

让地 （小歌剧）百花文艺出版社编
天津 百花文艺出版社 1965 年 19cm（小 32 开）
定价：CNY0.06
（百花唱本 23）

J0156903

桑园人家 （小歌剧 文娱小演唱）商县文艺创
作组原作；陕西省歌舞剧院创作组改编、配曲
西安 长安书店 1965 年 15cm（64 开）
定价：CNY0.09

J0156904

王杰之歌 （小歌剧）焦乃积编；胡俊成等作曲
北京 中国戏剧出版社 1965 年 19cm（小 32 开）
定价：CNY0.17

J0156905

喜临门 （歌剧）冯汉平原作；南京空军某部战
勤分队改编；唐洪云作曲
北京 北京出版社 1965 年 10cm（64 开）
定价：CNY0.09
（群众演唱丛刊）

J0156906

椰林怒火 （四场歌舞）音乐舞蹈史诗《东方
红》导演团编
北京 音乐出版社 1965 年 30 页 19cm（32 开）

统一书号：8026.2339 定价：CNY0.13

J0156907

椰林怒火 （四场歌舞）音乐舞蹈史诗《东方
红》导演团编
北京 音乐出版社 1966 年 49 页 19cm（32 开）
统一书号：8026.2339 定价：CNY0.22

J0156908

张明背锅 （小歌剧）胡富秋编剧；李鉴清编曲
长沙 湖南人民出版社 1965 年 15cm（64 开）
定价：CNY0.05
（农村文娱活动小丛书）

J0156909

争窑 （小歌剧）
石家庄 河北人民出版社 1965 年 10cm（64 开）
定价：CNY0.13
（农村戏剧小丛书）

J0156910

《白毛女》幻想序曲 （管弦乐总谱）瞿维曲
北京 音乐出版社 1966 年 67 页 35cm（8 开）
统一书号：8026.2395 定价：CNY0.70

　　作者瞿维(1917—2002)，中国现代作曲家。
生于江苏常州，毕业于上海新华艺专师范系。曾
任中国音乐家协会常务理事，副主席、音协上海
分会副主席，上海交通大学音乐研究室主任，中
国高等学校音乐教育学学会会长等职。代表作
钢琴曲《花鼓》《蒙古夜曲》，歌剧《白毛女》等。

J0156911

革命芭蕾舞剧《白毛女》伴唱歌曲 上海舞
蹈学校创作；北京芭蕾舞蹈学校，中央音乐学院
改编
［北京］中国音乐出版社 1967 年
19cm（小 32 开）定价：CNY0.06

J0156912

《白毛女》伴唱歌曲 （革命现代芭蕾舞剧）
上海市舞蹈学校集体创作
上海 上海文化出版社 1968 年 19cm（小 32 开）
定价：CNY0.15

J0156913

白毛女 （主旋律乐谱）上海市舞蹈学校《白毛女》剧组组编

南宁 广西人民出版社 1970 年

统一书号：8113.26 定价：CNY0.23

J0156914

白毛女 （主旋律乐谱 一九七〇年七月）上海市舞蹈学校《白毛女》剧组编

南宁 广西人民出版社 1971 年 68 页

26cm（16 开）统一书号：8113.26

定价：CNY0.23

J0156915

革命现代芭蕾舞剧《红色娘子军》 中央民族学院艺术系［编］

［1970—1979 年］99 页 26cm（16 开）

J0156916

革命现代舞剧《红色娘子军》（主旋律乐谱 一九七〇年五月演出本）中国舞剧团集体改编

北京 人民出版社 1970 年 21cm（32 开）

定价：CNY0.35

J0156917

革命现代舞剧《红色娘子军》

（总谱 一九七〇年五月演出本）中国舞剧团集体改编及演出

北京 人民出版社 1970 年 38cm（6 开）精装

定价：CNY19.00

J0156918

革命现代舞剧《红色娘子军》

（总谱 一九七〇年五月演出本）中国舞剧团集体改编及演出

北京 人民出版社 1970 年 27cm（16 开）平装

定价：CNY5.00

J0156919

革命现代舞剧《红色娘子军》

（总谱 一九七〇年五月演出本）中国舞剧团集体改编及演出

北京 人民出版社 1971 年 21cm（32 开）

定价：CNY1.30

J0156920

红色娘子军 （一九七〇年五月演出本）

中国舞剧团集体改编

北京 人民出版社 1970 年 534 页 35cm（15 开）

精装 统一书号：8001.163 定价：CNY19.00

J0156921

红色娘子军 （主旋律乐谱 一九七〇年五月演出本）中国舞剧团集体改编

北京 人民出版社 1970 年 173 页 21cm（32 开）

统一书号：8001.165 定价：CNY0.35

J0156922

红色娘子军 （总谱 1970 年 5 月演出本）

中国舞剧团集体改编

北京 人民出版社 1971 年 534 页 21cm（32 开）

统一书号：8001.175 定价：CNY1.30

J0156923

白毛女 （总谱）上海市舞蹈学校集体改编

上海 上海人民出版社 1972 年 413 页

36cm（15 开）精装 统一书号：8.2.177

定价：CNY17.00

J0156924

白毛女 （主旋律乐谱）上海市舞蹈学校集体改编

上海 上海人民出版社 1973 年 182 页

20cm（32 开）

J0156925

白毛女 （总谱）上海市舞蹈学校改编

上海 上海人民出版社 1973 年 413 页

19cm（小 32 开）统一书号：8171.338

定价：CNY1.30

J0156926

革命现代舞剧《白毛女》（总谱）上海市舞蹈学校集体改编

上海 上海人民出版社 1972 年 38cm（6 开）

精装 定价：CNY17.00

J0156927

革命现代舞剧《白毛女》 （主旋律乐谱）

上海市舞蹈学校集体改编

上海　上海人民出版社　1973年　21cm（32开）
定价：CNY0.43

J0156928
革命现代舞剧《白毛女》（总谱）
上海市舞蹈学校集体改编
上海　上海人民出版社　1973年　19cm（32开）
定价：CNY1.30

J0156929
白毛女　（歌曲选）
上海　上海人民出版社　1973年　31页
19cm（32开）统一书号：8171.581
定价：CNY0.08

J0156930
革命现代舞剧《红色娘子军》（钢琴谱）
中国舞剧团集体创作
北京　人民音乐出版社　1976年　148页
26cm（16开）定价：CNY2.30

J0156931
红色娘子军　（革命现代舞剧　钢琴谱）中国舞
剧团集体创作
北京　人民音乐出版社　1976年　148页
28cm（大16开）定价：CNY2.30

J0156932
**维吾尔歌剧学习移植革命现代京剧《红灯
记》**（主旋律乐谱）新疆维吾尔自治区歌剧团编
北京　人民音乐出版社　1976年　87页
26cm（16开）统一书号：8026.3221
定价：CNY0.49

J0156933
歌剧选曲　（国庆三十周年献礼演出）人民音
乐出版社编辑部编
北京　人民音乐出版社　1981年　124页
19cm（32开）统一书号：8026.3725
定价：CNY0.38

J0156934
国庆三十周年献礼演出歌剧选曲
人民音乐出版社编辑部编
北京　人民音乐出版社　1981年　124页

19cm（32开）统一书号：8026.3725
定价：CNY0.38

J0156935
会摇尾巴的狼　潘振声著
银川　宁夏人民出版社　1982年　73页
19cm（32开）统一书号：8157.392
定价：CNY0.22

J0156936
龙宫奇缘　（四幕舞剧　管弦乐总谱手稿）马思
聪著
台北　联经出版事业公司　1982年　3册（542页）
30cm（10开）定价：TWD1000.00
　　作者马思聪（1912—1987），作曲家、小提琴
演奏家。广东海丰人。曾任中央音乐学院首任
院长，并兼任中国音乐家协会副主席，《音乐创作》
主编等职。代表作有小提琴曲《内蒙组曲》《西
藏音诗》《第一回旋曲》，交响音乐《山林之歌》
《第二交响曲》，大合唱《祖国》《春天》，歌剧《热
碧亚》等。

J0156937
中国舞剧《鱼美人》选曲　（钢琴独奏曲）
吴祖强，杜鸣心作曲
北京　人民音乐出版社　1982年　58页
37cm（8开）统一书号：8026.3897
定价：CNY2.20
　　本书是根据同名舞剧音乐创作的14首钢
琴独奏曲。附有舞剧简介及英文目次。作曲吴
祖强（1927—　），作曲家。出生于北京，原籍江
苏武进，毕业于中央音乐学院。作品有弦乐合
奏《二泉映月》《春江花月夜》等。作曲杜鸣心
（1928—　），作曲家。湖北潜江人。曾考入重庆
育才学校音乐组学习，后被派往莫斯科柴可夫斯
基音乐院理论作曲系学习。中国音协理事、创作
委员会常务委员。任教于中央音乐学院。主要
作品有舞剧《鱼美人》《红色娘子军》（均与吴祖
强合作）的音乐，交响诗《飘扬吧，军旗》等。

J0156938
独贵龙的火炬　（清唱剧）马牧作词；李遇秋，
赵星作曲
呼和浩特　内蒙古人民出版社　1987年　55页
20cm（32开）统一书号：8089.278

ISBN：7-204-00096-X　定价：CNY0.60

J0156939

黄河儿女情　（山西民间歌舞　汉英对照歌曲集）山西省歌舞剧院《黄河儿女情》创作组编；邓映易译

太原　北岳文艺出版社　1989年　144页　有剧照　26cm（16开）ISBN：7-5378-0134-7

定价：CNY6.00

　　山西民间歌舞，由"杨柳青""想亲亲""闹元宵"3章，加"序歌""尾声"，共27段歌舞组成。

中国地方剧音乐

J0156940

音乐

［1910—1949年］油印本　43页　19cm（32开）

J0156941

曲调工尺大观　（新编曲调）个道人编

北京　新华聚乐社［民国］40页　19cm（32开）环筒页装

（昆曲工尺谱　第2编）

　　本书收录《剪发》《访普》《小晏》等9段曲谱，工尺谱。

J0156942

霸王别姬　（活页平剧曲谱选粹）平剧旬刊社编译

重庆　平剧旬刊社　民国三十二年［1943］9页　18cm（32开）

J0156943

郿鄠·道情曲选　中国民间音乐研究会编

新华书店　1945年　135页　21cm（32开）

（中国民间音乐研究会丛刊 2）

　　本书分"郿鄠"、"道情"两部分，收录《长城过门》《背弓》《满天星》《梅花调》等149首戏曲音乐。

J0156944

郿鄠调

太岳新华书店　1946年　手写石印本　30页　19cm（32开）

　　本书分"武场与起板""调子""牌曲"3部分，

介绍地方戏"郿鄠调"武场用的乐器、起板的运用及各种调、牌曲等。

J0156945

川剧晚会　（曲谱　代词）

成都　川剧演出团［1950—1959年］油印本　45页　26cm（16开）

J0156946

东北蹦蹦音乐　寄明编撰

北京　三联书店　1950年　138页　18cm（15开）

定价：CNY8.40

　　本书内容为东北地方戏曲"二人转"音乐曲谱。作者寄明（1917—1997），女，作曲家、钢琴演奏家。原名吴亚贞，江苏淮安人，毕业于上海国立音乐专科学校。历任东北鲁迅艺术学院音乐系主任、教授，东北音乐专科学校副校长等职。作曲作品有《英雄小八路》《我们是共产主义接班人》《给解放军叔叔洗衣裳》。

J0156947

秦腔音乐　安波记录整理；中国民间文艺研究会编辑

上海　海燕书店　1950年　228页　有图　21cm（大32开）定价：十三元二角

（民间音乐丛书）

　　作者安波（1915—1965），中国现代著名作曲家、民族音乐学家。生于山东牟平县宁海镇。曾任鲁迅艺术学院院长、东北人民中国音乐学院首任院长。作曲歌曲300余首及秧歌剧、歌剧等多部。代表作：《八路军开荒歌》《七月里在边区》《因为有了共产党》。

J0156948

秦腔音乐　陕甘宁边区文化协会戏剧工作委员会，陕甘宁地区文化协会音乐工作委员会编

西安　西北人民出版社　1951年　再版　244页　21cm（大32开）定价：旧币17,000元

（西北民间音乐丛书　）

J0156949

秦腔音乐　安波记录整理，中国民间文艺研究会

上海　新文艺出版社　1952年　228页　21cm（大32开）定价：旧币13,200元

J0156950
秦腔音乐 陕甘宁边区文化协会戏剧工作委员会,陕甘宁边区文化协会音乐工作委员会编
西安 陕西人民出版社 1954 年 2 版 有图
(西北民间音乐丛书)

J0156951
秦腔音乐 陕甘宁边区文化协会戏剧工作委员会,陕甘宁地区文化协会音乐工作委员会合编
[西安] 陕西人民出版社 1955 年 2 版 重印本
21cm(大 32 开)定价:八角五分

J0156952
河南曲子 (河南南阳曲子)
中国人民解放军西南军区政治部文化部
[1951 年] 119 页 21cm(32 开)
(文艺工作丛刊)

J0156953
河南曲子集 程云等辑
汉口 中南人民出版社 1951 年 124 页
18cm(15 开)定价:旧币 5,400 元

J0156954
湖南花鼓戏音乐 长沙市戏曲改进委员会整理;湖南省文学艺术界联合会筹委会编辑
长沙 湖南通俗读物出版社 1952 年 58 页
19cm(32 开)定价:旧币 3,200 元

J0156955
湖南花鼓戏音乐 长沙市戏曲改进委员会整理;湖南省文学艺术界联合会筹委会编辑
长沙 湖南通俗读物出版社 1956 年 修订本
重印本 64 页 19cm(32 开)定价:CNY0.32

J0156956
沪剧曲调 马剑华,朱介生编撰
上海 劳动出版社 1952 年 61 页 18cm(15 开)
定价:旧币 3,000 元
(工人文艺辅导丛书)

J0156957
山西梆子音乐 常苏民记录整理;中国民间文艺研究会编辑
上海 新文艺出版社 1952 年 205 页

21cm(32 开)定价:旧币 12,000 元
(民间音乐丛书)

J0156958
同州梆子音乐 杨君民编著
中国民族音乐集成陕西省编辑办公室 1985 年
2 册 有乐谱 26cm(16 开)

J0156959
越剧曲调 陈捷等编
上海 劳动出版社 1952 年 134 页 有图
18cm(15 开)定价:旧币 5,500 元
(工人文艺辅导丛书)

J0156960
独山花灯曲集 (研究本)熊作华,陈志伦整理;贵州省音乐工作组编辑
贵阳 贵州音乐工作组 1953 年 71 页
19cm(32 开)

J0156961
赣南采茶戏音乐 江西省音乐工作组编辑
南昌 江西人民出版社 1953 年 145 页
21cm(32 开)定价:旧币 10,000 元
(江西地方戏曲音乐集 1)

J0156962
各派越剧琴谱 (第二册)鲁福荣编辑
上海 汇文书店 1953 年 60 页 15cm(40 开)
定价:旧币 2,000 元

J0156963
各派越剧琴谱 鲁福荣撰
上海 汇文书店 1953 年 58 页 有图
15cm(40 开)定价:旧币 2,000 元

J0156964
河南梆子谱 河南省文联编辑部编
开封 河南人民出版社 1953 年 86 页 有图
19cm(32 开)定价:旧币 3,500 元

J0156965
河南梆子谱 河南省文联编辑部,河南豫剧院编
郑州 河南人民出版社 1958 年 2 版 重印本
82 页 19cm(32 开)统一书号:8105.29

定价: CNY0.28

J0159739

沪剧琴谱 （标准本）曹甫良编辑
上海 武陵书屋 1953 年 84 页 有图
14cm（64 开）定价: 旧币 3,000 元

J0156966

昆剧吹打曲 高步云编
北京 中央音乐学院民族音乐研究所 1953 年
油印本 86 页 有乐谱 20cm（32 开）

J0156967

郿鄠曲集 王依群著; 西北通俗读物编委会编辑
西安 长安书店 1953 年 39 页 19cm（32 开）
定价: 旧币 1,300 元

J0156968

评剧唱词乐谱 任人等编
北京 自强书局 1953 年 34 页 17cm（40 开）
定价: 旧币 1,500 元

J0156969

评剧曲谱 （第一集）韩絮辑
北京 宝文堂书店 1953 年 石印本 18 页
17cm（40 开）定价: 旧币 1,000 元

J0156970

评剧曲谱 峰艺记谱; 国声整理
上海 工农兵读物出版社 1953 年

J0156971

评剧曲谱 峰艺记谱
上海 工农兵读物出版社 1954 年 修正本
147 页 15cm（40 开）定价: 旧币 4,000 元

J0156972

粟庐曲谱 吴叔同著
1953 年 影印本 2 册 19cm（32 开）

J0156973

碗碗腔音乐 王依群记录整理
西安 西北人民出版社 1953 年 74 页
20cm（32 开）定价: 旧币 7,000 元
（西北民间音乐丛书 4）

J0156974

学拉学唱 王军编
北京 文达书局 1953 年 72 页 17cm（32 开）
定价: 旧币 3,000 元

J0156975

越剧曲谱 （第一集）孔庆宗编著
上海 中央书店 1953 年 94 页 19cm（32 开）
定价: 旧币 4,500 元

J0156976

越剧曲谱 （第二集）孔庆宗编著
上海 中央书店 1955 年

J0156977

越剧曲谱 （第三集）孔庆宗编著
上海 中央书店 1955 年 75 页 19cm（32 开）
定价: CNY0.35

J0156978

越剧曲调介绍 浙江越剧团音乐研究组编
杭州 浙江人民出版社 1953 年 129 页
18cm（15 开）定价: CNY0.47
　　本书介绍越剧历史演变过程及主要曲调。
内容包括: 第 1 部分是越剧各种唱调和插曲的运
用,着重说明各种唱调的用法,在何种环境和情
绪下适用于何种曲调。第 2 部分是曲调介绍,根
据越剧发展历史,分为萌芽时期、女子越剧初期、
女子越剧后期、新戏主要唱腔、新戏主要插曲等
5 个类别,着重介绍新戏《梁山伯与祝英台》的主
要唱调。第 3 部分是越剧音乐伴奏介绍,包括越
剧过门及其用法,鼓板的基本鼓点及其用法,音
乐的组合与运用等。

J0156979

蹦蹦调和洛子调 辽西文艺社编
[锦州] 辽西文艺社 1954 年 27 页 17 × 19cm

J0156980

地方戏曲唱片曲谱 黎锦光记录
上海 陆开记书店 1954 年 87 页 18cm（15 开）
定价: 旧币 4,000 元

J0156981

赣剧音乐 （弹腔）江西省音乐工作组,江西省

赣剧团编辑
南昌 江西人民出版社 1954 年 180 页
21cm（32 开）定价：旧币 12,000 元
（江西地方戏曲音乐集 4）

　　弹腔，又称乱弹，传统戏曲声腔，属于赣剧三
大声腔(高腔、昆腔、弹腔)之一。

J0156982
广西文场音乐　张悦记录整理
汉口 中南人民文学艺术出版社 1954 年 82 页
20cm（32 开）定价：旧币 4,500 元

J0156983
河南梆子音乐　路继贤，汪守欣编著
汉口 湖北人民出版社 1954 年 225 页
21cm（32 开）定价：旧币 8,800 元

J0156984
华东区戏曲音乐资料　（安徽省 倒七戏音乐）
安徽省倒七戏剧团，安徽省音乐工作组记谱整理
上海 华东区戏曲观摩演出大会 1954 年
油印本 有乐谱 25cm（15 开）

J0156985
华东区戏曲音乐资料　（安徽省 花鼓戏音乐）
安徽省音乐工作组记谱整理
上海 华东区戏曲观摩演出大会 1954 年
油印本 71 页 有乐谱 25cm（15 开）

J0156986
华东区戏曲音乐资料　（安徽省 黄梅戏音乐）
王兆乾记谱整理
上海 华东区戏曲观摩演出大会 1954 年
油印本 有乐谱 25cm（15 开）

J0156987
华东区戏曲音乐资料　（安徽省 泗州戏音乐）
安徽省音乐工作组记谱整理
上海 华东区戏曲观摩演出大会 1954 年
油印本 有乐谱 25cm（15 开）

J0156988
华东区戏曲音乐资料　（江苏省 上海市 淮剧
音乐）陈彭等记谱整理
上海 华东区戏曲观摩演出大会 1954 年
油印本 有乐谱 25cm（小 16 开）

J0156989
华东区戏曲音乐资料　（江苏省 锡剧音乐）
华东区戏曲观摩演出大会编
上海 华东区戏曲观摩演出大会 1954 年
油印本 22 页 有乐谱 25cm（小 16 开）

J0156990
华东区戏曲音乐资料　（江苏省 扬剧音乐）
陈大琦，陈彭年，武俊达［等］记谱整理
上海 华东区戏曲观摩演出大会 1954 年
油印本 113 页 有乐谱 25cm（小 16 开）

J0156991
华东区戏曲音乐资料　（山东省 吕戏音乐）
张斌，李渔整理
上海 华东区戏曲观摩演出大会 1954 年
油印本 82 页 有乐谱 25cm（小 16 开）

J0156992
华东区戏曲音乐资料　（山东省 茂腔音乐）
张澎记谱整理
上海 华东区戏曲观摩演出大会 1954 年
油印本 13 页 有乐谱 25cm（小 16 开）

J0156993
华东区戏曲音乐资料　（山东省 五音戏音乐）
高厚永，牟仁钧记谱整理
上海 华东区戏曲观摩演出大会 1954 年
油印本 41 页 有乐谱 25cm（小 16 开）

J0156994
华东区戏曲音乐资料　（上海市 沪剧音乐）
董源，朱介生整理
上海 华东区戏曲观摩演出大会 1954 年
油印本 有乐谱 25cm（小 16 开）

　　作者董源(934—约 962)，五代南唐画家。又
名董元，字叔达，江西钟陵（今江西省省进贤县）
人。代表作品《夏景山口待渡图》《潇湘图》《夏
山图》《龙宿郊民图》。

J0156995
华东区戏曲音乐资料　（浙江省 杭剧音乐）
周大风记谱整理

上海 华东区戏曲观摩演出大会 1954年 油印
本 有乐谱 25cm（小16开）

　　作者周大风（1923—2015），音乐理论家、作
曲家。浙江宁波人。历任浙江省文工团、浙江省
歌剧团、浙江省越剧团作曲，浙江省艺术研究所
研究员等。作品有《采茶舞曲》等，著有《越剧唱
法研究》《小学音乐欣赏》等。

J0156996

华东区戏曲音乐资料　（浙江省　睦剧音乐）
华东戏曲研究院艺术室音乐组收集整理
上海 华东区戏曲观摩演出大会 1954年
油印本 94页 有乐谱 25cm（小16开）

J0156997

华东区戏曲音乐资料　（浙江省　绍剧音乐）
周大风记谱整理
上海 华东区戏曲观摩演出大会 1954年
油印本 有乐谱 25cm（小16开）

J0156998

华东区戏曲音乐资料　（浙江省　鹦歌戏湖
滩、甬剧、杭剧音乐）周大风记谱整理
上海 华东区戏曲观摩演出大会 1954年
油印本 有乐谱 25cm（小16开）

J0156999

淮剧曲调介绍　王染野等编；吴岫明等记谱
南京 江苏人民出版社 1954年 75页
19cm（32开）定价：旧币2,500元

　　淮剧是江苏的地方剧种之一，流行于江苏北
部以及上海、安徽地区。起源于淮阴、盐城、阜
宁一带，有100多年的历史。本书内容包括：第
1部分介绍淮剧的起源、沿革、表演艺术特点，分
析淮剧的发展前景；第2部分收集淮剧的曲调
40多种，大部分是淮剧的基本曲调和常用曲调，
如老淮调、老拉调、下河调、靠把调和自由调等。

J0157000

梁秋燕曲谱　（郿鄠剧）米希等作曲；孙茂生
等整理；西北通俗读物编委会编辑
西安 长安书店 1954年 51页 有图
18cm（15开）定价：旧币2,000元

J0157001

罗汉钱　（七场湖北地方新歌剧）湖北省地方
歌剧团集体创作；喻洪斌等执笔
汉口 湖北人民出版社 1954年 113页
21cm（32开）定价：旧币4,500元

J0157002

南昌采茶戏音乐　江西省音乐工作组，江西省
采茶剧团编
南昌 江西人民出版社 1954年 116页
21cm（32开）定价：旧币10,000元
（江西地方戏曲音乐集 3）

J0157003

宁都地方戏音乐　龙书廊，黄国强整理；江西
省音乐工作组编辑
南昌 江西人民出版社 1954年 114页
21cm（32开）定价：旧币8,400元
（江西地方戏曲音乐集 2）

J0157004

秦腔音乐　陕甘宁边区文化协会戏剧，音乐工
作委员会编
西安 陕西人民出版社 1954年 2版 208页
21cm（32开）定价：旧币8,500元
（西北民间音乐丛书 1）

J0157005

秦腔音乐　陕甘宁边区文化协会戏剧工作委
员会，音乐工作委员会辑
西安 陕西人民出版社 1954年 有图
（西北民间音乐丛书 1）

J0157006

秦腔音乐　安波记录整理；中国民间文艺研究
会编辑
上海 新文艺出版社 1954年 新1版 228页
有图 21cm（32开）定价：旧币11,000元
（民间音乐丛书）

　　作者安波（1915—1965），中国现代著名作曲
家、民族音乐学家。生于山东牟平县宁海镇。曾
任鲁迅艺术学院院长、东北人民中国音乐学院首
任院长。作歌曲300余首及秧歌剧、歌剧等多部。
代表作：《八路军开荒歌》《七月里在边区》《因
为有了共产党》。

J0157007

青海平弦音乐　青海省民族歌舞剧团整理

西宁　青海人民出版社　1954年　72页

21cm（32开）定价：旧币 3,600 元

　　本书包括：牌曲、赋予(包括前岔后岔)、杂腔、珰韵、小调 5 种。

J0157008

调子曲集　江容安,冯琪编辑

汉口　中南人民文学艺术出版社　1954年　70页

21cm（32开）定价：旧币 4,000 元

J0157009

长沙湘剧低牌子音乐　（上集）周俊克记录整理

长沙　湖南通俗读物出版社　1954年　84页

19cm（32开）定价：旧币 3,400 元

J0157010

蹦蹦音乐　靳蕾整理；黑龙江省文学艺术界联合会编辑

哈尔滨　黑龙江人民出版社　1955年　174页

21cm（32开）定价：CNY0.70

J0157011

贵州花灯曲集　（研究本）贵州省人民政府文化事业管理局音乐工作组编

贵阳　贵州人民出版社　1955年　94页　19cm（32开）

J0157012

河南梆子音乐　路继贤,王守欣编著

汉口　长江文艺出版社　1955年　225页　有图

21cm（32开）定价：CNY0.88

J0157013

湖北楚剧花鼓戏曲调集　湖北省地方歌剧团编

汉口　湖北人民出版社　1955年　98页

21cm（32开）定价：CNY0.38

J0157014

沪剧音乐　马剑华,朱介生整理

北京　音乐出版社　1955年　138页　21cm（32开）

定价：CNY0.74

J0157015

晋剧音乐　（中路梆子）张沛,郭少先整理

太原　山西人民出版社　1955年　700页

20cm（32开）定价：CNY3.00

　　本书为晋剧乐曲集。晋剧是山西省传统戏剧,四大梆子剧种之一。因产生于山西中部,故又称中路梆子,外省称之为山西梆子,主要流布于山西中、北部及陕西、内蒙古和河北的部分地区。

J0157016

晋剧音乐　张沛,郭少仙搜集整理

太原　山西人民出版社　1979年 2 版　540页

20cm（32开）统一书号：10088.622

定价：CNY2.68

J0157017

晋剧音乐　张沛,郭少仙搜集整理

太原　山西人民出版社　1980年 2 版　540页

21cm（32开）定价：CNY2.68

J0157018

梁秋燕曲谱　（郿鄠剧）西北通俗读物编委会编辑

西安　长安书店　1955年　51页　17cm（40开）

定价：CNY0.20

J0159793

吕戏音乐　山东省吕剧团辑

济南　山东人民出版社　1955年　110页

18cm（15开）统一书号：8099.59

定价：CNY0.32

J0157019

吕戏音乐　山东省吕剧团辑

济南　山东人民出版社　1955年　171页

18cm（15开）定价：CNY0.60

J0157020

郿鄠音乐　西北戏曲研究院研究室音乐组编；姚伶等搜集整理

西安　陕西人民出版社　1955年　247页

20cm（32开）定价：CNY1.00

（西北民间音乐丛书 5）

J0157021

闽剧音乐　福建省文化局音乐工作组辑
福州　福建人民出版社　1955年　272页
21cm（32开）定价：CNY1.80
（福建地方戏曲音乐选集　1）

J0157022

庄浪县戏曲音乐选　庄浪县文化馆编
1985年　118页　有图　19cm（小32开）

J0157023

秦香莲　（评剧）中国评剧院编
北京　宝文堂书店　1955年　74页　有图
26cm（16开）定价：CNY0.46

J0157024

秦香莲　（评剧）中国戏曲研究院编
北京　音乐出版社　1955年　影印本　7页
26cm（16开）定价：CNY0.16

J0157025

苏剧曲调介绍　江苏省音乐工作组编
南京　江苏人民出版社　1955年　67页
19cm（32开）定价：CNY0.22

　　　本书分为苏剧和曲调介绍两部分。苏剧部
分，概述苏剧的起源、沿革和形成，分析苏剧的表
演艺术、音乐待点。曲调部分，收录太平调、孩
儿腔、快板、流水板、快板慢唱、费伽调、迷魂
调、弦索调、南方戏调、反平调、三环调、散板等
20余首常用曲调，还有几首一般曲调和苏剧演出
中时常插用的民歌、小调，如山歌调、采茶调、湘
江郎、金铃塔等。曲调末尾附有说明，介绍曲调
的性质、特点、唱法及适用场合。

J0157026

云南花灯"十大姐"　中华人民共和国文化部
艺术事业管理局，中国舞蹈艺术研究会编
北京　中国青年出版社　1955年　36页　有图
19cm（32开）定价：CNY0.16

J0157027

云南花灯曲调选集　云南省文化局音乐工作
组等合编
昆明　云南人民出版社　1955年　48页　18cm（15开）
定价：CNY0.25

J0157028

车� 灯　李耀等整理
南昌　江西人民出版社　1956年　28页
19cm（32开）统一书号：T8110.49
定价：CNY0.13

J0157029

川剧锣鼓牌子　四川省川剧院研究室音乐组
编辑
成都　四川人民出版社　1956年　110页　有乐谱
18cm（15开）统一书号：10118.57
定价：CNY0.32

J0157030

二人转曲谱选集　赵奎英记谱整理
沈阳　辽宁人民出版社　1956年　66页
18cm（15开）定价：CNY0.18

J0157031

二人转曲谱选集　赵奎英记谱整理
沈阳　春风文艺出版社　1960年　新1版
66页　19cm（32开）统一书号：T8158.17
定价：CNY0.18

J0157032

风雪夜里　（东北地方戏二人转）辽源煤矿文
工团集体创作
沈阳　辽宁人民出版社　1956年　16页
19cm（32开）统一书号：T10090.106
定价：CNY0.09

J0157033

葛麻选曲　（楚剧）上海电影制片厂编
上海　上海文化出版社　1956年　20页
15cm（40开）统一书号：T8077.70
定价：CNY0.06

J0157034

挂红灯　克明等整理
太原　山西人民出版社　1956年　32页
19cm（32开）统一书号：10088.39
定价：CNY0.11

J0157035

河南曲剧音乐　河南省群众艺术馆编

郑州 河南人民出版社 1956 年 340 页
21cm（32 开）定价：CNY1.50

J0157036
借髢髢 （河北武安落子音乐）曹成章记录
保定 河北人民出版社 1956 年 70 页
18cm（15 开）统一书号：10086.44
定价：CNY0.25

J0157037
昆剧吹打曲牌 （简谱版）中央音乐学院民族
音乐研究所编辑
北京 音乐出版社 1956 年 影印本 94 页
有乐谱 26cm（16 开）定价：CNY0.87
（中央音乐学院民族音乐研究所丛刊）

J0157038
罗汉钱 （评剧曲谱）中国戏曲研究院编
北京 宝文堂书店 1956 年 116 页 26cm（16 开）
统一书号：T10023.80 定价：CNY0.46
　　据中国评剧院小白霜等演出录音记谱整理。

J0157039
罗汉钱 （评剧曲谱）中国戏曲研究院编
［北京］通俗文艺出版社 1956 年
定价：CNY0.46

J0157040
卖杂货 （萍乡地方戏）萍乡地方戏剧团整理；
文莽彦执笔
南昌 江西人民出版社 1956 年 21 页
19cm（32 开）统一书号：T10110.46
定价：CNY0.12

J0157041
撒大泼 （临清时调）田霞光等记谱整理
济南 山东人民出版社 1956 年 25 页
19cm（32 开）统一书号：T8099.95
定价：CNY0.10

J0157042
三只鸡 李二，刘学智著；韩振，赵奎英改词配曲
沈阳 辽宁人民出版社 1956 年 16 页
19cm（32 开）定价：CNY0.06

J0157043
三只鸡 李二，刘学智原词；韩振，赵奎英改词
配曲
沈阳 春风文艺出版社 1964 年 新 1 版 22 页
19cm（32 开）统一书号：T10158.56
定价：CNY0.08
（配曲谱二人转选辑 11）

J0157044
睄妹子 （赣南采茶戏）丁敏，张衍任同整理
南昌 江西人民出版社 1956 年 14 页
19cm（32 开）统一书号：T10110.48
定价：CNY0.10

J0157045
拾棉花 （黄梅戏）江西省工会联合会宣传部编
南昌 江西人民出版社 1956 年 13 页
19cm（32 开）统一书号：T10110.47
定价：CNY0.10

J0157046
思凡·下山 （弦索调"时剧"）高步云，蒋咏荷
整理；中央音乐学院民族音乐研究所编辑
北京 音乐出版社 1956 年 34 页 26cm（16 开）
定价：CNY0.36
（中央音乐学院民族音乐研究丛刊）

J0157047
天仙配选曲 （黄梅戏）时白林等编曲整理
上海 上海文化出版社 1956 年 36 页
15cm（40 开）统一书号：T8077.52
定价：CNY0.09

J0157048
天仙配选曲 （黄梅戏）上海电影制片厂编；
桑弧改编；王文治，时白林等编曲整理
上海 上海文艺出版社 1957 年 2 版 75 页
15cm（40 开）统一书号：8077.52
定价：CNY0.18

J0157049
天仙配选曲 （黄梅戏）上海电影制片厂编；
桑弧改编；王文治，时白林等编曲整理
上海 上海文艺出版社 1959 年 新 1 版 增订本
75 页 15cm（40 开）统一书号：8078.0962

定价：CNY0.18

J0157050
越剧曲调　陈捷等编
上海　上海文化出版社 1956 年　187 页　有图
19cm（32 开）定价：CNY0.58

J0157051
越剧曲调　陈捷等编
上海　上海文艺出版社 1958 年　187 页
19cm（32 开）统一书号：8078.302
定价：CNY0.55

J0157052
浙江地方戏曲音乐选　周大风等整理
杭州　浙江人民出版社 1956 年　291 页
21cm（32 开）定价：CNY1.20
　　本书选辑浙江主要的地方戏，如：越剧、绍
剧、婺剧、甬剧、杭剧、睦剧等的代表曲调。作
者周大风（1923—2015），音乐理论家、作曲家。
浙江宁波人。历任浙江省文工团、浙江省歌剧
团、浙江省越剧团作曲、浙江省艺术研究所研究
员等。作品有《采茶舞曲》等，著有《越剧唱法研
究》《小学音乐欣赏》等。

J0157053
中国唱片粤曲选集　广东人民出版社编辑
广州　广东人民出版社 1956 年　32 页
18cm（15 开）统一书号：T8111.21
定价：CNY0.14

J0157054
祝庄访友　（川剧高腔　附曲谱）敖学祺，邱仲
彭记谱
成都　四川人民出版社 1956 年　38 页
12×12cm　统一书号：8118.54　定价：CNY0.10

J0157055
"刘巧儿"选曲　（电影评剧）杨培编
［北京］中国电影出版社 1957 年
定价：CNY0.08

J0157056
拜月记曲谱　（湘剧高腔）徐绍清配曲；湖南
湘剧团音乐组整理；李允恭记录

上海　上海文化出版社 1957 年　90 页
15cm（40 开）统一书号：8077.107
定价：CNY0.20

J0157057
春香传　（评剧曲谱）中国评剧院编；贺飞，杨
培作曲
北京　音乐出版社 1957 年　108 页 19cm（32 开）
统一书号：8026.604　定价：CNY0.42

J0157058
打金枝　（评剧曲谱）中国评剧院编
北京　音乐出版社 1957 年　62 页 19cm（32 开）
统一书号：8026.745　定价：CNY0.26

J0157059
大本曲音乐　云南人民出版社编；杨汉等弹
唱；禾雨记译
［昆明］云南人民出版社 1957 年
定价：CNY0.18

J0157060
大本曲音乐　杨汉等唱；禾雨记译
昆明　云南人民出版社 1958 年　46 页
19cm（32 开）统一书号：8116.104
定价：CNY0.18

J0157061
凤还巢　（评剧曲谱）韩震华，徐文华整理；中
国评剧院编辑
北京　音乐出版社 1957 年　88 页 19cm（32 开）
统一书号：8026.731　定价：CNY0.34

J0157062
福建省高甲戏音乐　陈建德等口述；陈枚等
记录整理
北京　音乐出版社 1957 年　46 页 19cm（32 开）
统一书号：8026.633　定价：CNY0.20

J0157063
赣南采茶戏音乐　龙书廊，黄国强整理；黄一
星等记谱
南昌　江南人民出版社 1957 年　146 页
（江西地方戏曲音乐集）

J0157064
贵州花灯曲词集　贵州省群众艺术馆编
贵阳　贵州人民出版社　1957年　56页

J0157065
贵州花灯曲调集　贵州省群众艺术馆编
贵阳　贵州人民出版社　1957年　56页
19cm（32开）统一书号：8115.98
定价：CNY0.18
　　本书收录贵州省安顺、独山和其它地区的花灯曲调78首。并附文章：《关于贵州花灯》《花灯的舞蹈动作》。

J0157066
湖南花鼓戏音乐　长沙市戏曲改进委员会整理；湖南省文学艺术工作者联合会主编
长沙　湖南人民出版社　1957年　2版　重印本
58页　19cm（32开）统一书号：8109.42
定价：CNY0.26

J0157067
沪剧曲调　上海市人民沪剧团编；何树柏等记谱整理
上海　上海文化出版社　1957年　120页
19cm（32开）统一书号：8077.106
定价：CNY0.36

J0157068
沪剧曲调　上海市人民沪剧团编
上海　上海文化出版社　1964年　2版　修订本
177页　19cm（32开）统一书号：8077.106
定价：CNY0.60

J0157069
花鼓　（吹腔　正谱版）中央音乐学院民族音乐研究所编辑；高步云整理
北京　音乐出版社　1957年　16页　26cm（16开）
统一书号：8026.716　定价：CNY0.24

J0157070
花木兰　（剧本与曲谱　豫剧）河南豫剧院整理
郑州　河南人民出版社　1957年　87页
19cm（32开）统一书号：8105.38
定价：CNY0.42

J0157071
淮剧曲调介绍　（续集）戴玉升，张铨等编
南京　江苏人民出版社　1957年　91页
19cm（32开）统一书号：10100.432
定价：CNY0.28

J0157072
黄梅戏音乐　王兆乾编著
［合肥］安徽人民出版社　1957年
定价：CNY1.30
　　本书搜集的唱腔多取自传统剧目。为保留传统唱腔，注重唱腔与语言、剧情的结合，仍沿用旧的唱词。

J0157073
拷红　（豫剧　剧本与曲谱）河南豫剧院整理；赵再生，张北方音乐整理
郑州　河南人民出版社　1957年　82页
19cm（32开）统一书号：8105.39
定价：CNY0.40

J0157074
昆剧"十五贯"曲谱　朱素臣原作；陶金，张定和等改编
上海　上海音乐出版社　1957年　定价：CNY0.15
（戏曲音乐丛刊）

J0157075
昆剧《十五贯》曲谱　（影片改编本中的曲谱）黄源等改编
上海　上海音乐出版社　1957年　45页
19cm（32开）统一书号：127.044
定价：CNY0.15
（戏曲音乐丛刊）

J0157076
林冲夜奔　（昆曲）白云生编著
北京　宝文堂书店　1957年　22页　19cm（32开）
统一书号：10070.28　定价：CNY0.09

J0157077
柳琴剧曲调介绍　相瑞先等演唱；朱瑞云等记谱整理
南京　江苏人民出版社　1957年　128页
19cm（32开）统一书号：8100.248

定价: CNY0.38

本书分 3 部分。内容包括: 第 1 部分介绍江苏省徐州地区地方戏的主要剧种——柳琴戏的起源、流传和发展, 介绍它在音乐、表演艺术上的特点。收入连板起、梳妆篇、长流水板、二六板等 18 种柳琴戏曲调。第 2 部分介绍流行于苏、鲁、豫、皖四省交界地区的戏曲剧种——四平调。概述它的源流、形成及音乐特色。选收这个剧种的平腔、散板、下韵压板等 10 多首曲调。第 3 部分介绍流行于苏北、鲁南一带的曲种——徐州琴书, 介绍它的基本唱腔及部分伴奏曲调, 如十女夸夫、偷石榴调等。曲调附有说明, 介绍曲调的特色及适应场合。

J0157078

闹严府 (评剧曲谱) 中国评剧院编; 唐建记谱
北京 音乐出版社 1957 年 111 页 19cm(32 开)
统一书号: 8026.746 定价: CNY0.42

J0157079

抢伞 (桂剧) 广西省戏曲改革委员会编; 黄健民, 莫玉莲记谱
南宁 广西人民出版社 1957 年 58 页
13cm(60 开) 定价: CNY0.11

J0157080

秦腔牌曲 (板胡独奏 民族管弦乐伴奏) 郭富团编曲
北京 音乐出版社 1957 年 28 页 26cm(16 开)
统一书号: 8026.732 定价: CNY0.28

J0157081

青海郿鄠 青海省民族歌舞剧团编; 旭明等集体搜集整理
西宁 青海人民出版社 1957 年 67 页
19cm(32 开) 统一书号: 10097.20
定价: CNY0.26

本书介绍青海郿鄠的曲牌柳叶青、双八谱等10 种; 配有曲谱的唱词《冯爷站店》《宋江杀楼》等若干段。

J0157082

情深 (川剧高腔) 丘仲彭记谱
成都 四川人民出版社 1957 年 40 页 附曲谱

J0157083

商雒花鼓戏音乐 陕西省群众艺术馆编
西安 陕西人民出版社 1957 年 74 页
19cm(32 开) 统一书号: T094.56
定价: CNY0.22

J0157084

搜书院选曲 (粤剧) 黄锦培记谱整理
上海 上海文化出版社 1957 年 46 页
15cm(40 开) 统一书号: 8077.94
定价: CNY0.11

J0157085

小拜年 刘新整理
沈阳 辽宁人民出版社 1957 年 38 页
19cm(32 开) 统一书号: T10090.191
定价: CNY0.13

J0157086

小姑不贤 (评剧) 陆正祥, 倪俊声编剧; 黑龙江省文化局戏曲编审工作室编
哈尔滨 黑龙江人民出版社 1957 年 104 页
19cm(32 开) 统一书号: T10093.107
定价: CNY0.34
(黑龙江戏曲丛书)

J0157087

越剧 "西厢记" 曲谱 苏雪安编词; 刘如会作曲
上海 上海音乐出版社 1957 年 87 页 有图
19cm(32 开) 统一书号: 127.052
定价: CNY0.30

J0157088

越剧男女合演基本曲调 浙江越剧团音乐研究组编
杭州 东海文艺出版社 1957 年 62 页
18cm(15 开) 统一书号: 8125.14
定价: CNY0.18

J0157089

越剧曲调新编 浙江越剧团音乐研究组编
杭州 东海文艺出版社 1957 年 100 页
18cm(15 开) 统一书号: 8125.15
定价: CNY0.26

J0157090
粤剧的唱和做 李雁编著
广州 广东人民出版社 1957年 95页
19cm(32开) 统一书号: T8111.38
定价: CNY0.28

J0157091
"穆桂英挂帅"选曲 (豫剧唱腔曲谱 戏剧电影)中国电影出版社编
北京 中国电影出版社 1958年 定价: CNY0.10

J0157092
潮剧音乐 广东省戏曲改革委员会潮汕专区分会编
广州 广东人民出版社 1958年 2册
26cm(16开) 统一书号: T8111.51
定价: CNY4.60

J0157093
打金枝 (全谱)张沛,郭少仙整理
太原 山西人民出版社 1958年 212页
19cm(32开) 统一书号: 10088.198
定价: CNY0.60

J0157094
姑嫂和 (吕剧)田犁编剧; 正上配曲
济南 山东人民出版社 1958年 21页
19cm(32开) 统一书号: T10099.618
定价: CNY0.09

J0157095
河北梆子唱片选曲 天津市河北梆子剧团编
北京 音乐出版社 1958年 74页 19cm(32开)
统一书号: 8026.828 定价: CNY0.30

J0157096
河北梆子唱腔选集 剑筝,关长辑录
保定 河北人民出版社 1958年 136页
21cm(32开) 统一书号: 10086.112
定价: CNY0.54

J0157097
淮剧唱片曲谱选 中国唱片厂编
上海 上海文化出版社 1958年 138页
19cm(32开) 统一书号: 8077.177
定价: CNY0.42

J0157098
欢唱总路线 ("汉寿亭侯"原谱)上海市戏曲学校编
上海 音乐出版社 1958年 31页 有乐谱
26cm(16开) 统一书号: 8127.223
定价: CNY0.22

J0157099
黄梅戏曲调 凌祖培编著
上海 上海文化出版社 1958年 210页
19cm(32开) 统一书号: 8077.133
定价: CNY0.60

J0157100
吉安采茶戏音乐 江西省吉安专区采茶剧团整理
南昌 江西人民出版社 1958年 118页
21cm(32开) 统一书号: 8110.140
定价: CNY0.44
(江西地方戏曲音乐集 5)

J0157101
昆剧唱片曲谱选 中国唱片厂编
上海 上海文化出版社 1958年 54页
19cm(32开) 统一书号: 8077.158
定价: CNY0.20

J0157102
昆剧曲调 上海昆曲研习社研究组编
上海 上海文化出版社 1958年 160页
19cm(32开) 统一书号: 80077.155
定价: CNY0.46

J0157103
罗汉钱曲谱 (沪剧)刘如曾作曲; 宗华等作词; 上海电影制片厂编辑
上海 上海文化出版社 1958年 129页
15cm(40开) 统一书号: 8077.118
定价: CNY0.26

J0157104
郿鄠常用曲选 陕西省戏曲剧院艺术委员会音乐组编; 任应凯整理

西安 陕西人民出版社 1958年 85页
19cm（32开）统一书号：8094.300
定价：CNY0.27

J0157105
郿鄠常用曲选　陕西省戏曲剧院艺术委员会
音乐组编；任应凯整理
西安 长安书店 1963年 修订本 74页
19cm（32开）统一书号：T8095.2
定价：CNY0.24

J0157106
穆桂英挂帅　（豫剧剧本与曲谱）马瑾凤，宋词
整理；刘青，鲁滨记谱
郑州 河南人民出版社 1958年 126页
19cm（32开）统一书号：8105.74
定价：CNY0.36

J0157107
评剧选曲　杨予野编
北京 音乐出版社 1958年 152页 19cm（32开）
统一书号：8026.789 定价：CNY0.60

J0157108
奇双会　（昆曲吹腔）民族音乐研究所编
北京 音乐出版社 1958年 56页 26cm（16开）
统一书号：8026.943 定价：CNY0.44
（民族音乐研究所丛刊）

J0157109
抢伞　（桂剧音乐总谱）朱锡华，程秀梅整理
上海 上海音乐出版社 1958年 28页 26cm（16开）
统一书号：8127.164 定价：CNY0.24
（戏曲音乐丛刊）

J0157110
秦腔板胡入门　王宴卿，韩群保编辑
西安 长安书店 1958年 58页 19cm（32开）
统一书号：T10095.301 定价：CNY0.20

J0157111
山门、夜奔　（昆曲曲谱 简谱版）高步云整理
北京 音乐出版社 1958年 40页 26cm（16开）
统一书号：8026.730 定价：CNY0.34
（中央音乐学院民族音乐研究所丛刊）

J0157112
小借年　（评剧曲谱）中国评剧院编
北京 音乐出版社 1958年 47页 19cm（32开）
统一书号：8026.1014 定价：CNY0.20

J0157113
小女婿　（评剧曲谱）曹克英编剧；中国评剧院
编曲整理
北京 音乐出版社 1958年 156页 19cm（32开）
统一书号：8026.947 定价：CNY0.60

J0157114
御河桥　（评剧曲谱）中国评剧院编
北京 音乐出版社 1958年 118页 19cm（32开）
统一书号：8026.948 定价：CNY0.44

J0157115
豫剧曲牌音乐　史大成等口述；河南豫剧院
艺术室音乐组记谱汇编
郑州 河南人民出版社 1958年 194页
21cm（32开）统一书号：8105.63
定价：CNY0.75

J0157116
粤剧唱片曲谱选　中国唱片厂编
上海 上海文化出版社 1958年 122页
19cm（32开）统一书号：8077.147
定价：CNY0.38

J0157117
粤剧音乐　（上集）林韵味等记谱整理
广州 广东人民出版社 1958年 89页
26cm（16开）统一书号：T8111.53
定价：CNY0.55

J0157118
长沙湘剧高腔曲牌　湖南省文化局戏曲工作
室编
长沙 湖南人民出版社 1958年 220页
21cm（32开）统一书号：8109.119
定价：CNY0.85
　　本书分为金莲子、黄莺儿、步步娇、山花子、
东瓯令、集贤宾、风入松、驻马听（以上微调式）、
北驻马听、山坡羊、油葫芦（以上羽调式）、汉腔、
四朝元、锁南枝（以上商调式）和交替调式曲牌

等类,并包括《马前泼水》之"九腔"和《昭君出塞》全剧曲牌。共收长沙湘剧高腔曲牌168支。书前有《长沙湘剧高腔音乐简介》。

J0157119
中国唱片粤曲选集　（第二集）广东人民出版社编辑
广州　广东人民出版社　1958年　50页
19cm（32开）统一书号：T10111.277
定价：CNY0.15

J0157120
"李二嫂改嫁"选曲　（吕剧唱腔）张斌,张禹田编曲
北京　中国电影出版社　1959年　48页
15cm（40开）统一书号：8061.610
定价：CNY0.12

J0157121
"女驸马"选曲　（黄梅戏）安庆专区剧目组,安徽省黄梅戏剧团编词；时白林编曲
合肥　安徽人民出版社　1959年　84页
15cm（40开）统一书号：8102.115
定价：CNY0.18

J0157122
"珍珠记"选曲　（赣剧唱腔）江西省赣剧团整理
北京　中国电影出版社　1959年　43页
15cm（40开）统一书号：8061.558
定价：CNY0.11

J0157123
川剧笛子曲谱　四川省川剧院研究室音乐组整理
成都　四川人民出版社　1959年　191页
21cm（32开）统一书号：8118.237
定价：CNY0.73

J0157124
电影"女驸马"选曲　（黄梅戏）安庆专区剧目组,安徽省黄梅戏剧团编词；时白林编曲
[合肥]　安徽人民出版社　1959年
定价：CNY0.18

J0157125
东风吹春　（甬剧）上海文艺出版社编
上海　上海文艺出版社　1959年　19页
15cm（40开）统一书号：8078.0867
定价：CNY0.06
（戏曲选曲 1）

J0157126
赣东北采茶戏音乐　王民安记录整理；上饶专区采茶剧团编
南昌　江西人民出版社　1959年　90页
21cm（32开）统一书号：8110.255
定价：CNY0.36
（江西地方戏曲音乐集 6）

J0157127
赣南采茶戏音乐　赣南采茶剧团编；张经高整理
[南昌]赣南人民出版社　1959年
定价：CNY0.78

J0157128
广播黄梅戏选曲　安徽人民广播电台编
[合肥]安徽人民出版社　1959年
定价：CNY0.12

J0157129
贵州独山花灯曲调　中华全国总工会工人歌舞团编
北京　中华全国总工会工人歌舞团　1959年
油印本　60页　26cm（16开）

J0157130
汉剧曲牌　（文场选集）湖北省戏曲工作室,武汉市文化局戏曲研究室编
北京　音乐出版社　1959年　152页　26cm（16开）
统一书号：8026.1189　定价：CNY1.40

J0157131
沪剧唱片曲谱选　中国唱片厂编辑
上海　上海文艺出版社　1959年　174页
19cm（32开）统一书号：8078.0964
定价：CNY0.58

J0157132

花灯曲调二十七首　云南省艺术节目会演大会编
昆明　云南人民出版社　1959年　46页　11×15cm
统一书号：8116.359　定价：CNY0.12

J0157133

淮剧音乐　靳蕾记谱整理
北京　音乐出版社　1959年　192页　有曲谱
19cm（32开）统一书号：8026.629
定价：CNY0.72

J0157134

黄浦江激流　（扬剧）上海文艺出版社编辑
上海　上海文艺出版社　1959年　23页
15cm（40开）统一书号：8078.1093
定价：CNY0.07
（戏曲选曲 5）

J0157135

乐曲　（川戏音乐第一曲）中国人民解放军成
都部队庆祝建国十周年活动筹备分会文艺办公
室编
成都　中国人民解放军成都部队庆祝建国十周
年活动筹备分会文艺办公室［1959年］油印本
26cm（16开）

J0157136

庐剧音乐　安徽省庐剧团编
合肥　安徽人民出版社　1959年　286页　有曲谱
21cm（32开）统一书号：8102.114
定价：CNY1.05
　　本书内容包括：主调；花腔；锣鼓；唢呐、笛
子曲牌；新腔5个部分。

J0157137

闽剧常用曲调　福建省群众艺术馆编
福州　福建人民出版社　1959年　87页
15cm（64开）统一书号：T8104.220
定价：CNY0.16

J0157138

闽剧音乐　（福建地方戏曲音乐选集之一）福
建省群众艺术馆编
［福州］福建人民出版社　1959年　精装

定价：CNY2.20
　　本书选收流行且能代表闽剧风格特点的《江
湖》《飑歌》《逗腔》《小调》《板歌》《介头》《哗
牌》和《琴串》等唱腔及伴奏曲谱298首。

J0157139

闹五更　（吕剧）韩英民著
济南　山东人民出版社　1959年　31页
19cm（32开）统一书号：T10099.751
定价：CNY0.12

J0157140

评剧锣鼓点　张正治编
北京　音乐出版社　1959年　81页　有乐谱
19cm（32开）统一书号：8026.1174
定价：CNY0.33

J0157141

黔东花灯曲调选　（第1集）铜仁专区人民出
版社编
［贵阳］铜仁人民出版社　1959年
定价：CNY0.11

J0157142

墙头马上　（昆曲）上海文艺出版社编辑
上海　上海文艺出版社　1959年　51页
15cm（40开）统一书号：8078.1092
定价：CNY0.12
（戏曲选曲 4）

J0157143

三更天　（郿鄠剧）刘民杰编剧；陈士英等配曲
北京　音乐出版社　1959年　16页　19cm（32开）
统一书号：8026.1096　定价：CNY0.09

J0157144

扫窗会　陈华记谱；张伯杰等整理；广东潮剧
团编
北京　音乐出版社　1959年　160页　26cm（16开）
统一书号：8026.1173　定价：CNY1.40

J0157145

上金山　（扬剧）张涛整理记录
上海　上海文艺出版社　1959年　40页　有曲谱
15cm（40开）统一书号：8078.1220

定价：CNY0.10

（戏曲选曲 8 ）

J0157146

收姜维 （越调、剧本与曲谱）项城越调剧团整理；赵抱衡整理

郑州 河南人民出版社 1959 年 99 页

21cm（32 开）统一书号：8105.230

定价：CNY0.30

J0157147

四姐妹夸夫 （评剧曲谱）中国评剧院编

北京 音乐出版社 1959 年 24 页 19cm（32 开）

统一书号：8026.1062 定价：CNY0.13

J0157148

芗曲选集 （第 1 集）漳州芗剧院编

[福州] 闽南人民出版社 1959 年

定价：CNY0.20

J0157149

芗曲选集 （第 2 集）漳州芗剧院编

[福州] 闽南人民出版社 1959 年

定价：CNY0.23

J0157150

新编赣南采茶戏音乐　赣南采茶剧团编；张经高整理

赣州 赣南人民出版社 1959 年 182 页

19cm（32 开）统一书号：8.17 定价：CNY0.78

J0157151

旭日东升 （沪剧）白沉等编剧；上海文艺出版社编辑

上海 上海文艺出版社 1959 年 14 页 有曲谱

15cm（40 开）统一书号：8078.1094

定价：CNY0.06

（戏曲选曲 6 ）

J0157152

摇钱树 （小型郿鄠剧）侯铮编剧；齐家全配曲

北京 音乐出版社 1959 年 22 页 19cm（32 开）

统一书号：8026.1095 定价：CNY0.09

J0157153

鹰山春雷曲谱 （郿鄠曲谱）马生采配曲

西安 长安书店 1959 年 40 页 19cm（32 开）

统一书号：T10095.496 定价：CNY0.11

J0157154

袁天成革命 （评剧曲谱）中国评剧院编；高琛，江风改编；唐建记谱

北京 音乐出版社 1959 年 66 页 19cm（32 开）

统一书号：8026.1061 定价：CNY0.26

J0157155

争上十三陵 （沪剧）上海文艺出版社编

上海 上海文艺出版社 1959 年 11 页

15cm（40 开）统一书号：8078.0868

定价：CNY0.05

（戏曲选曲 2 ）

J0157156

安徽民间常用曲调选　静岩编

合肥 安徽人民出版社 1960 年 47 页

15cm（40 开）统一书号：8102.124

定价：CNY0.12

J0157157

川剧唢呐曲牌 （第一集）四川省戏曲研究所音乐组编

成都 四川人民出版社 1960 年 97 页

21cm（32 开）统一书号：8118.272

定价：CNY0.42

J0157158

闯关认夫 （川剧高腔）四川省戏曲研究所编

成都 四川人民出版社 1960 年 定价：CNY0.13

J0157159

打鸟　贾古记录

长沙 湖南人民出版社 1960 年 22 页

26cm（16 开）统一书号：8109.446

定价：CNY0.16

　　本作品系邵阳花鼓戏曲谱，根据湖南省花鼓剧团演出实况录音记录。

J0157160

二人台牌子曲选集　内蒙古自治区文化局编

呼和浩特 内蒙古人民出版社 1960 年 87 页
有图 19cm（32 开）精装 统一书号：8089.35
定价：CNY0.80

J0157161
蝴蝶杯 （河北梆子曲谱）范钧宏，吕瑞明改
编；董维松记谱整理
北京 音乐出版社 1960 年 184 页 19cm（32 开）
统一书号：8026.1381 定价：CNY0.78

J0157162
黄梅戏常用曲调选 安徽省黄梅戏剧团编
合肥 安徽人民出版社 1960 年 51 页
19cm（32 开）统一书号：8102.132
定价：CNY0.17

J0157163
两颗铃曲谱 任应凯，赵北海配曲；赵北海，王
晏卿整理
西安 长安书店 1960 年 48 页 19cm（32 开）
统一书号：T10095.706 定价：CNY0.14

J0157164
刘海砍樵 （长沙花鼓戏曲谱）贾古记录；湖
南省戏曲工作室编
长沙 湖南人民出版社 1960 年 22 页 有曲谱
26cm（16 开）统一书号：8109.445
定价：CNY0.16
　　根据湖南省花鼓剧团演出实况录音记录。

J0157165
芦林会 （瑞河高腔戏）江西奉新县剧团［编］
［1960—1990 年］26cm（16 开）

J0157166
迷胡清曲剧选 曾刚编
北京 音乐出版社 1960 年 97 页 26cm（16 开）
统一书号：8026.1285 定价：CNY0.85
　　迷胡又称陕西曲子，陕西民间曲艺，是以曲
牌连缀形式为主体的座唱艺术。

J0157167
秦腔打击乐谱 荆永福传授；慕家璧，马凌元
记录整理
西安 长安书店 1960 年 248 页 有图

21cm（32 开）统一书号：T10095.621
定价：CNY0.84
（陕西地方戏曲音乐丛书）

J0157168
苏州更上一层楼 苏州专署文化局编
苏州 苏州人民出版社 1960 年 45 页 有曲谱
19cm（32 开）统一书号：10100.46
定价：CNY0.13

J0157169
碗碗腔选曲 （第一集）谢德龙演唱；孙超中
记谱
西安 长安书店 1960 年 48 页 19cm（32 开）
统一书号：T10095.655 定价：CNY0.15
　　"碗碗腔"是陕西省汉族戏曲剧种之一，又名
"灯碗腔"、"阮儿腔"。代表剧目有《金琬钗》《香
莲佩》《春秋配》《十五庙》等。

J0157170
戏曲艺术片《百岁挂帅》选曲 （扬剧）吴白
陶等作词；陈大琦等编曲
北京 中国电影出版社 1960 年 34 页 有图
15cm（40 开）统一书号：8061.855
定价：CNY0.11

J0157171
游西湖曲选 （秦腔曲谱）姚玲，荆生彦音乐设
计；马骥记谱
西安 长安书店 1960 年 44 页 有表
19cm（32 开）统一书号：T10095.665
定价：CNY0.14

J0157172
赵氏孤儿曲选 （秦腔曲谱）王依群音乐设
计；肖炳坤，王依群记谱
西安 长安书店 1960 年 34 页 有表
19cm（32 开）统一书号：T10095.667
定价：CNY0.11

J0157173
百花记曲谱 （赣剧青阳腔）曹梅卿等唱；张
愚记录；江西省赣剧院编
［南昌］［江西省赣剧院］1961 年 59 页
26cm（16 开）

作者曹梅卿(1916—1990),戏曲表演艺术家。江西湖口县人。曾就职于都昌县高腔剧团、江西省赣剧三团。演唱的主要剧目有《青梅会》《彩楼配》《桃园记》等。

J0157174
宝剑记曲谱 (赣剧青阳腔) 查士玉唱;乘舟记;江西省赣剧院编
[南昌][江西省赣剧院]1961年 57页
26cm(16开)

J0157175
逼嫁雕窗 (赣剧青阳腔) 查士玉口述;乘舟记谱整理;江西省赣剧院编
[南昌][江西省赣剧院]1961年 26页
27cm(16开)

J0157176
彩楼配曲谱 (赣剧青阳腔) 曹耀春唱;古草记;江西省赣剧院编
[南昌][江西省赣剧院]1961年 51页
26cm(16开)

J0157177
从"枫洛池"的音乐编配谈陇剧音乐改革的一些体会 甘肃省戏曲艺术研究会编
兰州 甘肃省戏曲艺术研究会 1961年 8页
26cm(16开)

J0157178
陇剧音乐简介 陈明山著
兰州 甘肃省戏曲艺术研究会 1961年 4页
26cm(16开)

陇剧原名陇东道情,是甘肃省独有传统戏曲艺术。起源于汉代的道情说唱,唐宋时期由宫廷走向民间。扎根于陇东的渔鼓道情,逐渐吸收了当地民间音乐营养,增加二股弦等乐器,衍化为皮影唱腔音乐。

J0157179
思凡 (常德汉剧高腔曲谱) 湖南省戏曲工作室编
长沙 湖南人民出版社 1961年 23页
26cm(16开)统一书号:8109.488
定价:CNY0.16

J0157180
雨夜送粮 (吉剧) 吉林省吉剧团编导室集体创作;王近朱执笔
长春 吉林人民出版社 1961年 31页
19cm(32开)统一书号:10091.437
定价:CNY0.14

J0157181
白兔记曲谱 (赣剧青阳腔) 骆硕仁唱;古帅,南师记;江西省赣剧院编
[南昌][江西省赣剧院]1962年 54页
26cm(16开)

J0157182
采桑荣归 查士玉口述;乘舟记谱整理;江西省赣剧院编
[南昌][江西省赣剧院]1962年 31页
26cm(16开)

J0157183
楚剧曲调简编 易佑庄编
武汉 湖北人民出版社 1962年 80页
19cm(32开)统一书号:T10106.490
定价:CNY0.26

J0157184
楚雄彝剧音乐资料
昆明 1962年 53页 19cm(32开)

J0157185
川剧胡琴曲谱 (二簧部分) 鞠子才口述;四川省戏曲研究所音乐组整理
成都 四川人民出版社 1962年 227页
21cm(32开)统一书号:8118.244
定价:CNY0.82
(川剧音乐丛书)

J0157186
大理吹吹腔音乐资料
昆明 1962年 78页 19cm(32开)

J0157187
德宏傣剧音乐资料
昆明 1962年 53页 19cm(32开)

J0157188

二人转曲调介绍　那炳晨编

长春　吉林人民出版社　1962 年　90 页

19cm（32 开）统一书号：10091.443

定价：CNY0.28

J0157189

寒江关　（龙江剧）刘文彤编剧；祁景芳编曲

哈尔滨　北方文艺出版社　1962 年　64 页

19cm（32 开）统一书号：10.93　定价：CNY0.25

J0157190

湖北楚剧花鼓戏曲调选　湖北省实验歌剧团编

武汉　群益堂　1962 年　79 页　18cm（15 开）

统一书号：T8108.19　定价：CNY0.24

J0157191

晋北道情音乐　山西省文化局戏剧工作研究

室主编；武艺民等搜集整理

太原　山西人民出版社　1962 年　259 页　有图

21cm（32 开）统一书号：8088.117

定价：CNY1.10

J0157192

昆曲津梁　谢也实，谢真福编著

南京　江苏人民出版社　1962 年　118 页　有图表

19cm（32 开）统一书号：10100.1026

定价：CNY0.37

　　　昆剧，也称昆腔，原为江苏昆山一带流行的
民间戏曲腔调，曲调舒徐宛转，优美动听。本书
对昆曲作全面介绍。分识谱、歌唱、填词、作曲
4 个部分。"识谱"、"歌唱"两章介绍昆剧度曲的
基本知识。后两章介绍填词的规格。附录《游园》
《琴挑》《寄子》等几出优秀昆剧。

J0157193

迷胡牌子音乐　曾刚编；曾刚等记谱

北京　音乐出版社　1962 年　104 页　26cm（16 开）

统一书号：8026.1524　定价：CNY1.20

J0157194

南曲选集　（第一集）福建省群众艺术馆等编

福州　福建人民出版社　1962 年　300 页

26cm（16 开）统一书号：8104.223

定价：CNY2.05

J0157195

蒲仙戏音乐　（第一部　旦角）福建省晋江专区
戏剧剧协会莆田县分会编

晋江　福建省晋江专区戏剧剧协会莆田县分会

1962 年　367 页　26cm（16 开）定价：CNY4.00

J0157196

苏剧曲调汇编　（第十六分册　散曲）苏州市
戏曲研究室编

南京　江苏人民出版社　1962 年　105 页

26cm（16 开）定价：CNY2.30

J0157197

婺剧音乐　中国戏剧家协会浙江分会编；浙江
婺剧团编辑

杭州　浙江人民出版社　1962 年　223 页

21cm（32 开）统一书号：10103.234

定价：CNY0.82

J0157198

西游记杂剧三折　（撇子　认子　借扇　昆曲曲
谱）中央音乐学院中国音乐研究所编

北京　音乐出版社　1962 年　简谱版　44 页

26cm（16 开）统一书号：8026.1353

定价：CNY0.38

（中央音乐学院中国音乐研究所丛刊）

J0157199

扬剧音乐　武俊达编；陈彭年等记录整理

北京　音乐出版社　1962 年　223 页　21cm（32 开）

统一书号：8026.1523　定价：CNY1.25

J0157200

打金枝　河北省戏曲学校编；高烨整理；曹鸿
昌记谱

北京　中国戏剧出版社　1963 年　97 页

19cm（32 开）统一书号：10069.733

定价：CNY0.32

J0157201

湖北地方小曲音乐资料集　（汉滩，天沔小曲
部分）湖北省文化局，中国曲艺工作者协会武汉
分会编

武汉　湖北省文化局　1963 年　357 页

21cm（32 开）定价：CNY3.00

J0157202
梁秋燕曲谱 （郿鄠剧）米晞等编选；黄育英，党昕光整理
西安 长安书店 1963 年 2 版 修订本 95 页
19cm（32 开）统一书号：8095.4 定价：CNY0.31

J0157203
夜宿花亭 （评剧附曲谱）刘艳霞，苏宁整理；孙国选记谱
长春 吉林人民出版社 1963 年 82 页
19cm（32 开）统一书号：10091.491
定价：CNY0.25

J0157204
彩调常用曲调集 广西壮族自治区戏剧研究室编
南宁 广西壮族自治区人民出版社 1964 年
69 页 19cm（32 开）统一书号：8113.147
定价：CNY0.25
（广西戏曲音乐小丛书）

J0157205
拆墙记 苗英涛改编；李国学，李湘彬演唱；然国廉编曲整理
沈阳 春风文艺出版社 1964 年 简谱本 34 页
19cm（32 开）统一书号：T8158.59
定价：CNY0.09
（配曲谱二人精选辑 7）
　　根据唱词《扒墙头》改编。

J0157206
朝阳沟 （豫剧）杨兰春著；王基笑等音乐设计
［北京］音乐出版社 1964 年 简谱本
54cm（4 开）定价：CNY0.82

J0157207
朝阳沟 （豫剧 五线谱 总谱本）杨兰春剧作；王基笑等音乐设计
北京 音乐出版社 1966 年 257 页 26cm（16 开）
统一书号：8026.2449 定价：CNY2.60

J0157208
大闹花灯赞宝山 颂刚等编剧
南昌 江西人民出版社 1964 年 24 页 有乐谱
15cm（40 开）统一书号：T8110.385
定价：CNY0.07
（农村演唱丛书）

J0157209
风雨河神庙 焦平作词；徐丽艳，陈国恒演唱
沈阳 春风文艺出版社 1964 年 54 页
19cm（32 开）统一书号：T8158.57
定价：CNY0.12
（配曲谱二人转选辑 1）

J0157210
广西文场音乐 （海逢贤先生唱腔专辑）广西僮族自治区文化局,中国音乐家协会广西分会,广西艺术学院音乐系编印
广西 广西僮族自治区文化局 1964 年 油印本
269 页 有乐谱 27cm（大 16 开）

J0157211
沪剧新戏考 中国唱片社,上海人民广播电台编
上海 上海文化出版社 1964 年 13cm（64 开）
定价：CNY0.20

J0157212
沪剧选曲 上海文化出版社编
上海 上海文化出版社 1964 年 150 页
15cm（40 开）统一书号：8077.206
定价：CNY0.26

J0157213
画家史 耿瑛作词；冯娴配曲
沈阳 春风文艺出版社 1964 年 简谱本 58 页
19cm（32 开）统一书号：T8158.60
定价：CNY0.12
（配曲谱二人转选辑 3）

J0157214
接姑娘 李廉作词；张桂兰，张怀忠演唱
沈阳 春风文艺出版社 1964 年 简谱本 44 页
19cm（32 开）统一书号：T8153.64
定价：CNY0.10
（配曲谱二人转选辑 2）

J0157215
金银花 （花灯曲谱）李华祖配曲
贵阳 贵州省群众艺术馆［1964 年］影印本

6 页　19cm（32 开）

J0157216
锦绣家乡　（单出头）赵博作；佟英伯改编；张桂兰演唱；董广生编曲
沈阳　春风文艺出版社　1964 年　36 页
19cm（32 开）统一书号：T8158.65
定价：CNY0.08
（配曲谱二人转选辑 10）

J0157217
九红出嫁　（小曲）徐国华编词；喻义和配曲
武汉　群益堂　1964 年　47 页　14cm（64 开）
统一书号：T10108.109 定价：CNY0.10

J0157218
开箱教子　温远作词；孔宾娣，王艳君演唱；文谟记谱
沈阳　春风文艺出版社　1964 年　36 页
19cm（32 开）统一书号：T8158.66
定价：CNY0.09
（配曲谱二人转选辑 9）

J0157219
柳春桃　奚青汶作词；马凤兰，黄起山演唱；杨予野记谱
沈阳　春风文艺出版社　1964 年　简谱本 52 页
19cm（32 开）统一书号：T8158.61
定价：CNY0.11
（配曲谱二人转选辑 5）

J0157220
绿叶红花　宫钦科作词；冯娴，文谟配曲
沈阳　春风文艺出版社　1964 年　简谱本 46 页
19cm（32 开）统一书号：T8158.62
定价：CNY0.11
（配曲谱二人转选辑 8）

J0157221
三丑会　（黔剧曲谱）秦枫配曲
贵阳　贵州省群众艺术馆［1964 年］影印本
16 页　19cm（32 开）

J0157222
审椅子　（黔剧曲谱部分）秦枫配曲

贵阳　贵州省群众艺术馆　1964 年　影印本　28 页
19cm（32 开）

J0157223
送鸡还鸡　王彻作词；关长荣，王越恒演唱；杨予野记谱
沈阳　春风文艺出版社　1964 年　简谱本 40 页
19cm（32 开）统一书号：T8158.67
定价：CNY0.09
（配曲谱二人转选辑 6）

J0157224
武宁采茶戏音乐　余隆禧，王庆华记录整理；九江专区采茶剧团编
南昌　江西人民出版社　1964 年　163 页
21cm（32 开）统一书号：T8110.382
定价：CNY0.70
（江西地方戏曲音乐集 8）

J0157225
新媳妇　肖自平，旷均配曲
贵阳　贵州省群众艺术馆　1964 年　影印本 9 页
19cm（32 开）

J0157226
秀女放鸭　孙树作词；赵素琪演唱；徐中一记谱
沈阳　春风文艺出版社　1964 年　32 页
19cm（32 开）统一书号：T8158.58
定价：CNY0.09
（配曲谱二人转选辑 4）

J0157227
摘棉记　（评剧）朱庆增改编；郑云亮配曲
沈阳　春风文艺出版社　1964 年　40 页
19cm（32 开）统一书号：T10158.432
定价：CNY0.11

J0157228
扒墙头　（二人转）祝十成改编；祝十成编曲
长春　吉林人民出版社　1965 年　45 页
18cm（15 开）统一书号：10091.534
定价：CNY0.10

J0157229
梆子戏常用曲调　中国音乐家协会江苏分会编

南京 江苏人民出版社 1965 年 72 页
14cm（64 开）统一书号：10100.1249
定价：CNY0.14

J0157230
比武之前 （评剧）战友文工团歌剧团创作组
编剧；龚占海音乐设计
北京 北京出版社 1965 年 10cm（64 开）
定价：CNY0.12
（群众演唱丛刊）

J0157231
不是小问题 （山东梆子 农村小剧本）侯云鹏
等编剧；张治本，王炳祥音乐整理
济南 山东人民出版社 1965 年 10cm（64 开）
定价：CNY0.24

J0157232
打铜锣 （湖南花鼓戏）唐胜河编曲
1965 年 油印本 28 页 有乐谱 27cm（大 16 开）

J0157233
补锅 ：湖南花鼓戏 （音乐）张国辉编曲
1965 年 油印本 21 页 27cm（大 16 开）

J0157234
丰收五不忘 （眉户小合唱 文娱小演唱）陕西
西安人民广播电台文艺部编
西安 长安书店 1965 年 15cm（64 开）
定价：CNY0.04
（广播戏曲选 2）

J0157235
红色联络站 （评剧）高力泽，于声原作；中国
评剧院二团整理；韩振华等评剧音乐设计
北京 北京出版社 1965 年 2 版 10cm（64 开）
定价：CNY0.15
（群众演唱丛刊）

J0157236
沪剧常用曲调 中国音乐家协会江苏分会编
南京 江苏人民出版社 1965 年 49 页
14cm（64 开）统一书号：10100.1236
定价：CNY0.10

J0157237
淮海戏常用曲调 中国音乐家协会江苏分会编
南京 江苏人民出版社 1965 年 33 页
14cm（64 开）统一书号：10100.1239
定价：CNY0.08

J0157238
淮剧常用曲调 中国音乐家协会江苏分会编
南京 江苏人民出版社 1965 年 41 页
14cm（64 开）统一书号：10100.1238
定价：CNY0.09

J0157239
生死怨 （淮海剧曲谱）
江苏省淮海剧团 1980 年 油印本 78 页
38cm（6 开）

J0157240
黄梅戏常用曲调 中国音乐家协会江苏分会编
南京 江苏人民出版社 1965 年 32 页
14cm（64 开）统一书号：10100.1246
定价：CNY0.08

J0157241
金沙江畔 （评剧）薛恩厚，安西编剧；贺飞等
音乐设计
北京 音乐出版社 1965 年 180 页 有图
19cm（32 开）统一书号：8026.2319
定价：CNY0.78

J0157242
两垄地 （吕剧 农村小剧本）田犁原作；王毓
祥改编；苏德音乐设计
济南 山东人民出版社 1965 年 2 版
14cm（64 开）定价：CNY0.20

J0157243
柳琴戏常用曲调 中国音乐家协会江苏分会编
南京 江苏人民出版社 1965 年 56 页
14cm（64 开）统一书号：10100.1250
定价：CNY0.11

J0157244
闹碾房 （拉场戏）苗中一编剧；崔广林编曲
长春 吉林人民出版社 1965 年 19cm（小 32 开）

定价：CNY0.11

　　作者崔广林（1925—　），戏曲及民间音乐家、演奏家。

J0157245
巧送钱 （评剧）韩振华音乐设计
北京　北京出版社　1965 年　10cm（64 开）
定价：CNY0.10
（群众演唱丛刊）

J0157246
全家红　沈阳市曲艺团创作组作词；董广生编曲
沈阳　春风文艺出版社　1965 年　37 页
19cm（32 开）统一书号：T8158.78
定价：CNY0.09
（配曲谱二人转选辑　13）

J0157247
人民的好车站　苗蕾作词；满瑞编曲
沈阳　春风文艺出版社　1965 年　29 页
19cm（32 开）统一书号：T8158.75
定价：CNY0.08
（配曲谱二人转选辑　12）

J0157248
三把镰 （四平调　农村小剧本）成武四平调剧团编导组编剧；菏泽专区戏曲编导室修改；菏泽专区戏曲编导室音乐组音乐设计
济南　山东人民出版社　1965 年　10cm（64 开）
定价：CNY0.16

J0157249
三朵小红花 （彩调）周民震编剧；戴海平等编曲
南宁　广西壮族自治区人民出版社　1965 年
15cm（64 开）定价：CNY0.15
（革命现代戏丛书）

J0157250
三回船 （吕剧　农村小剧本）胡沁编剧；张良弼，杨春林音乐设计
济南　山东人民出版社　1965 年　10cm（64 开）
定价：CNY0.20

J0157251
三连环 （吕剧　农村小剧本）济南市吕剧团创作组改编；赵怀刚，杨春林音乐设计
济南　山东人民出版社　1965 年　10cm（64 开）
定价：CNY0.20

J0157252
三张彩礼单 （拉场戏）陈竹音编剧；董广生编曲
沈阳　春风文艺出版社　1965 年　71 页
19cm（32 开）统一书号：T8158.81
定价：CNY0.14

J0157253
双比武 （二人转）王彻编剧；那炳晨编曲
长春　吉林人民出版社　1965 年　43 页
17cm（32 开）统一书号：10091.536
定价：CNY0.10

J0157254
送鸡还鸡 （二人转）王彻编剧；那炳晨，祝十成编曲
长春　吉林人民出版社　1965 年　19cm（小 32 开）
定价：CNY0.10

J0157255
送猪记 （吕剧　农村小剧本）李万荣编剧；杨春林，张良弼音乐设计
济南　山东人民出版社　1965 年　10cm（64 开）
定价：CNY0.13

J0157256
苏北小调常用曲调　张仲樵，袁飞编著
南京　江苏人民出版社　1965 年　83 页
14cm（64 开）统一书号：10100.1231
定价：CNY0.16

J0157257
苏南小调常用曲调　张仲樵，袁飞编著
南京　江苏人民出版社　1965 年　97 页
14cm（64 开）统一书号：10100.1230
定价：CNY0.18

J0157258
锡剧《红花曲》选曲　无锡市锡剧团编选；无

锡市文化局戏曲创作研究室集体创作
上海　上海文化出版社 1965 年 54 页
15cm（40 开）统一书号：8077.293
定价：CNY0.12

J0157259
锡剧常用曲调　中国音乐家协会江苏分会编
南京　江苏人民出版社 1965 年 80 页
14cm（64 开）统一书号：10100.1237
定价：CNY0.16

J0157260
向阳人家　（两夹弦 农村小剧本）曹县四平
调剧团编导组编剧；菏泽专区戏曲编导室修改；
菏泽专区戏曲编导室音乐组音乐设计
济南　山东人民出版社 1965 年　10cm（64 开）
定价：CNY0.22

J0157261
小保管上任　（高安采茶戏）《小保管上任》创
作组编剧
上海　上海文化出版社 1965 年 66 页 有图
19cm（32 开）统一书号：8077.256
定价：CNY0.22

J0157262
心事　（甬剧）宁波市甬剧团改编
上海　上海文化出版社 1965 年 72 页 有图
19cm（32 开）统一书号：8077.279
定价：CNY0.24

J0157263
新编闽剧唱本　（第一集）福建人民出版社编辑
福州　福建人民出版社 1965 年 78 页
15cm（40 开）统一书号：T10104.338
定价：CNY0.15
　　本书收录《南海长城》《芦荡火种》等 4 出新
编闽剧词谱。

J0157264
新风曲　（柳琴 农村小剧本）济宁专区剧目创
作组编剧；宋琦音乐整理
济南　山东人民出版社 1965 年　10cm（64 开）
定价：CNY0.19

J0157265
演出之前　（小潮剧）成粗,方潮编剧；秦昌林
等作曲
广州　广东人民出版社 1965 年 19cm（小 32 开）
定价：CNY0.10
（演唱作品丛书）

J0157266
秧　（抚州采茶戏 曲谱本）崇仁县采茶剧团集
体创作
上海　上海文化出版社 1965 年 38 页 有图
19cm（32 开）统一书号：8077.249
定价：CNY0.15

J0157267
扬剧常用曲调　中国音乐家协会江苏分会编
南京　江苏人民出版社 1965 年 84 页
14cm（64 开）统一书号：10100.1245
定价：CNY0.16

J0157268
一颗红心　（评剧）山西省临猗县眉户剧团创
作组编剧；魏荣元等评剧音乐设计
北京　北京出版社 1965 年　14cm（64 开）
定价：CNY0.22
（群众演唱丛刊）

J0157269
一颗红心　（眉户剧）山西临猗县眉户剧团创
作组编剧；山西临猗县眉户剧团音乐研究组音
乐设计
北京　音乐出版社 1965 年 82 页 19cm（32 开）
统一书号：8026.2221 定价：CNY0.33

J0157270
沂河两岸　（吕剧）《沂河两岸》创作组著；刘
奇英执笔；山东省吕剧团音乐组音乐设计
济南　山东人民出版社 1965 年 150 页
19cm（32 开）统一书号：T10099.990
定价：CNY0.44

J0157271
沂河两岸　（沂河春雷 吕剧）《沂河两岸》创作
组著；刘奇英执笔
济南　山东省文化局 1965 年 66 页 19cm（32 开）

J0157272

越剧常用曲调　中国音乐家协会江苏分会编
南京　江苏人民出版社　1965 年　74 页
14cm（64 开）统一书号：10100.1247
定价：CNY0.15

J0157273

越剧选曲　上海文化出版社编
上海　上海文化出版社　1965 年　206 页
15cm（40 开）统一书号：8077.264
定价：CNY0.36

J0157274

补锅　（湖南花鼓戏　曲谱本）唐周,徐叔华编
剧；张国辉编曲
北京　音乐出版社　1966 年　44 页　19cm（32 开）
统一书号：8026.2499　定价：CNY0.17

J0157275

打铜锣　（湖南花鼓　戏曲谱本）李果仕编剧；
唐盛河音乐设计
［长沙］音乐出版社　1966 年　19cm（小 32 开）
定价：CNY0.26

J0157276

花鼓戏常用曲调选　湖南省花鼓戏剧院音乐
组编
长沙　湖南人民出版社　1966 年　144 页
15cm（40 开）统一书号：8109.770
定价：CNY0.24

J0157277

淮剧选曲　上海文化出版社编
上海　上海文化出版社　1966 年　117 页
15cm（40 开）统一书号：8077.310
定价：CNY0.22

J0157278

一袋麦种　（广东汉剧　曲谱本）赖扬芬,陈允
庄原作；陈衍,徐清改编；管石銮,吴伟中音乐
设计
北京　音乐出版社　1966 年　50 页　19cm（32 开）
统一书号：8026.2500　定价：CNY0.20

J0157279

游乡　（河南曲剧　曲谱本）河南省周口专区项
城县剧目组编剧；吕现争,王泳声音乐设计
北京　音乐出版社　1966 年　57 页
19cm（小 32 开）统一书号：8026.2501
定价：CNY0.22

J0157280

沙家浜　（粤剧主旋律乐谱　广东省粤剧团
一九七一年一月试演本）广东省粤剧团移植
广州　广东人民出版社　1971 年　88 页
19cm（32 开）定价：CNY0.23
　　本书为广东省粤剧团 1971 年 1 月《沙家浜》
试演本主旋律乐谱。

J0157281

沙家浜　（主旋律曲谱　湖南花鼓戏 1971 年 12
月演出本）湖南省文工团花鼓戏剧队编
长沙　湖南人民出版社　1972 年　58 页
26cm（16 开）统一书号：10109.936
定价：CNY0.30

J0157282

海港　（主旋律乐谱）河南省豫剧院第一剧组编
郑州　河南省革委文化局地方戏曲唱腔改革办
公室　1973 年　117 页　19cm（32 开）

J0157283

椰林红旗　（曲谱本）辽宁人民出版社编
沈阳　辽宁人民出版社　1974 年　66 页
19cm（32 开）统一书号：10090.124
定价：CNY0.13

J0157284

龙江颂　（第八场　闸上风云唱腔乐谱）（唱腔
乐谱）山东省柳子剧团［编］
山东省柳子剧团　1975 年　10 页　26cm（16 开）

J0157285

杜鹃山　（秦腔　主旋律乐谱）宁夏回族自治区
代表团秦腔演出队［编］
北京［宁夏回族自治区代表团秦腔演出队］
1975 年　油印本　74 页　26cm（16 开）环筒页装

J0157286

赣剧南昌采茶戏高安采茶戏折子戏

（选曲）江西省赣剧团等［编］

南昌 江西省赣剧团 1975 年 油印本 26 页
26cm（16 开）

J0157287

河北梆子移植革命现代京剧《龙江颂》（主旋律乐谱）北京市河北梆子剧团改编

北京 人民出版社 1975 年 87 页 20cm（32 开）
统一书号：8071.151 定价：CNY0.24

J0157288

河南省地方戏移植革命样板戏折子戏

（主旋律乐谱）河南代表团［编］

郑州 河南代表团 1975 年 74 页 26cm（16 开）

　　本书内容包括：越调《龙江颂》第八场；豫剧《海港》第六场；豫剧《红灯记》第五场、第八场；曲剧《杜鹃山》第三场。

J0157289

红灯记 （第五场 痛说革命家史唱腔乐谱）

（唱腔乐谱）山东省山东梆子剧团，山东省曲阜县文工团［编］

山东省山东梆子剧团 1975 年 18 页 26cm（16 开）

　　本书由《红灯记第五场痛说革命家史》与唱腔乐谱《奇袭白虎团第六场插入敌后》合订。本书由山东省山东梆子剧团和山东省曲阜县文工团联合出版。

J0157290

红色娘子军 （滇剧学习移植革命现代京剧"常青指路"主旋律乐谱）云南省滇剧团［编］

昆明 云南省滇剧团 1975 年 油印本 15 页
19cm（32 开）

J0157291

湖南花鼓戏《沙家浜》（主旋律乐谱）（学习移植革命样板戏）湖南省花鼓戏剧团音乐革命小组编曲；欧阳觉文等执笔；湖南省花鼓戏剧团编

长沙 湖南人民出版社 1975 年 26cm（16 开）
统一书号：8109.966 定价：CNY0.30

J0157292

开锁记 （高山剧 主旋律乐谱）杨鸣键等编曲

兰州 甘肃省代表团小戏队 1975 年 11 页
有曲谱 27cm（16 开）

J0157293

庐剧学习移植革命现代京剧《杜鹃山》（第三场 情深如海 主旋律乐谱）合肥市庐剧团编曲；王柏龄等执笔

合肥 安徽人民出版社 1975 年 14 页
20cm（32 开）统一书号：8102.832
定价：CNY0.08

J0157294

人民的安危冷暖要时刻挂心上 （高甲戏、梨园戏移植革命样板戏唱腔选段）福建省"革命委员会"文化局编

福州 福建人民出版社 1975 年 46 页
19cm（32 开）统一书号：8173.142
定价：CNY0.12

J0157295

地方戏曲移植革命现代京剧唱腔选段

［石家庄］河北人民出版社 1976 年
19cm（小 32 开）定价：CNY0.38

J0157296

黄梅戏学习移植革命现代京剧《红灯记》

（第八场 刑场斗争 主旋律乐谱）安徽省黄梅剧团编曲

合肥 安徽人民出版社 1976 年 49 页
20cm（32 开）统一书号：8102.831
定价：CNY0.15

J0157297

庐剧学习移植革命现代京剧《杜鹃山》（第三场 情深似海 主旋律乐谱）（一九七五年参加部分省、市、自治区文艺调演演出本）合肥市庐剧团编曲；王柏龄等执笔

［合肥］安徽人民出版社 1976 年 19cm（32 开）
定价：CNY0.08

J0157298

秦腔移植《海港》选场 （壮志凌云 主旋律曲谱）西安市"革委会"文化局戏改组移植；陕西

人民广播电台文艺组编
西安 陕西人民出版社 1976 年 39 页
19cm（32 开）统一书号：8094.447
定价：CNY0.10

J0157299
秦腔移植《龙江颂》选场 （闸上风云　主旋
律曲谱）宝鸡市秦腔剧团移植；陕西人民广播
电台文艺组编
西安 陕西人民出版社 1976 年 26 页
18cm（32 开）统一书号：8094.445
定价：CNY0.08

J0157300
情深似海　山西省运城地区蒲剧团音乐设计
［太原］山西人民出版社 1976 年
19cm（小 32 开）定价：CNY0.10

J0157301
痛说革命家史　山西省晋剧院音乐设计
［太原］山西人民出版社 1976 年
19cm（小 32 开）定价：CNY0.11

J0157302
碗碗腔移植《红色娘子军》选场 （常青指路
主旋律曲谱）陕西省戏曲剧院眉碗团移植；陕
西人民广播电台文艺组编
西安 陕西人民出版社 1976 年 32 页
19cm（32 开）统一书号：8094.446
定价：CNY0.09

J0157303
为人类求解放奋斗终身 （芗剧移植革命样
板戏唱腔选段）福建省"革命委员会"文化局编
福州 福建人民出版社 1976 年 61 页
19cm（32 开）统一书号：8173.140
定价：CNY0.14

J0157304
学习移植革命现代京剧《杜鹃山》评剧
（主旋律乐谱）长春市评剧团编曲
长春 吉林人民出版社 1976 年 117 页
19cm（32 开）统一书号：10091.657
定价：CNY0.23

J0157305
豫剧移植革命现代京剧《红灯记》 （主旋律
乐谱）河南省郑州市豫剧团移植
郑州 河南人民出版社 1976 年 121 页
19cm（32 开）统一书号：8105.622
定价：CNY0.25

J0157306
闸上风云　山西省晋剧院音乐设计
［太原］山西人民出版社 1976 年
19cm（小 32 开）定价：CNY0.11
　　晋剧移植革命现代京剧《龙江颂》选场。

J0157307
智斗　（《沙家浜》第四场）绿春县文艺宣传队
移植
［昆明］云南人民出版社 1976 年 13cm（64 开）
定价：CNY0.08
（群众演唱 12）

J0157308
三看《创业》 （曲谱本二人转）辽宁人民出版
社编辑
沈阳 辽宁人民出版社 1977 年 62 页
19cm（32 开）统一书号：10090.207
定价：CNY0.15

J0157309
看戏路上 （曲谱本 黄梅戏）丁式平编剧；
方绍墀唱腔设计
北京 人民音乐出版社 1978 年 22 页
19cm（32 开）定价：CNY0.08

J0157310
小金花 （白族小歌剧）张苛编剧；乔谷,禾雨
编曲
昆明 云南人民出版社 1978 年 3 版 45 页
13cm（60 开）统一书号：10116.714
定价：CNY0.06

J0157311
沪剧唱段选　上海文艺出版社编辑
上海 上海文艺出版社 1979 年 305 页
19cm（32 开）统一书号：8078.3071
定价：CNY0.77

J0157312

吕剧音乐创作基础知识 栾胜利编

济南 山东人民出版社 1979 年 299 页

19cm（32 开）统一书号：8099.1856

定价：CNY0.77

J0157313

云南花灯选典一百首 云南省群众艺术馆，

云南人民艺术剧院花灯剧团编

［昆明］云南人民艺术剧院花灯剧团 1979 年

142 页 19cm（32 开）定价：CNY0.80

J0157314

指谱大全 （第 1 集）泉州市南音研究社整理

［1979 年］29 叶 26cm（16 开）

J0157315

指谱大全 （第 3 集）泉州市南音研究社整理

［1979 年］23 叶 26cm（16 开）

J0157316

指谱大全 （第 5 集）泉州市南音研究社整理

［1979 年］21 叶 26cm（16 开）

J0157317

指谱大全 （第 6 集）泉州市南音研究社整理

［1979 年］21 叶 26cm（16 开）

J0157318

指谱大全 （第 7 集）泉州市南音研究社整理

［1979 年］25 叶 26cm（16 开）

J0157319

指谱大全 （第 8 集）泉州市南音研究社整理

［1979 年］19 叶 26cm（16 开）

J0157320

川剧锣鼓牌子 黄一良，胡为孝整理

成都 四川人民出版社 1980 年 446 页

21cm（32 开）统一书号：10118.350

定价：CNY1.46

J0157321

贵州花灯三百首 贵州省群众艺术馆编

［贵阳］［贵州省群众艺术馆］1980 年

16+284 页 18cm（15 开）

（贵州民族民间音乐资料 二）

J0157322

湖南花鼓戏常用曲调 欧阳觉文编著

长沙 湖南人民出版社 1980 年 202 页

19cm（32 开）统一书号：8109.1179

定价：CNY0.53

J0157323

看春花 （曲谱本演唱集）春风文艺出版社编辑

沈阳 春风文艺出版社 1980 年 162 页

19cm（32 开）统一书号：10158.578

定价：CNY0.32

J0157324

老两口争灯 （二人转 曲谱本）徐宏魁，王肯

作词；那炳晨编曲

北京 人民音乐出版社 1980 年 23 页

19cm（小 32 开）定价：CNY0.12

J0157325

老俩口争灯 （二人转 曲谱本）徐宏魁等词

北京 人民音乐出版社 1980 年 23 页

19cm（32 开）统一书号：8026.3728

定价：CNY0.12

J0157326

李双双 （豫剧）李准等编剧；王基笑等曲

北京 人民音乐出版社 1980 年 189 页

19cm（32 开）统一书号：8026.3733

定价：CNY0.50

　　作者李准（1928—2000），蒙古族，编剧、作家。出生于河南孟津县。历任河南省文联副主席、河南省作协分会主席、电影家协会河南省分会主席、中国现代文学馆馆长、中国作家协会副主席等。代表作品有《李双双》《大河奔流》《高山下的花环》《黄河东流去》等。作曲王基笑（1930—2006），豫剧作曲家。出生于辽宁丹东市，祖籍山东青岛市。历任中国音乐家协会常务理事，中国戏曲音乐学会副会长，中国戏曲学院客座教授，河南省音乐家协会名誉主席。著有《豫剧唱腔音乐概论》《朝阳沟》等。

J0157327

买菜 （二人戏 曲谱本）王肯编剧；崔广林编曲
北京 人民音乐出版社 1980 年 21 页
19cm（32 开）统一书号：8026.3729
定价：CNY0.10

作者崔广林（1925— ），戏曲及民间音乐
家、演奏家。

J0157328

包公赔情 （吉剧·曲谱本）吉林省吉剧团集体
创作；王肯执笔
北京 人民音乐出版社 1981 年 34 页
19cm（32 开）统一书号：8026.3824
定价：CNY0.20

J0157329

潮剧音乐 （上册）广东省戏曲研究会汕头专
区分会编
广州 花城出版社 1981 年 176 页 26cm（16 开）

J0157330

潮剧音乐 （下册）广东省戏曲研究会汕头专
区分会编
广州 花城出版社 1983 年 363 页 26cm（16 开）
定价：CNY4.00

J0157331

潮剧音乐 广东省戏曲研究会汕头专区分会
编；广东潮剧院音乐编写组修订
广州 花城出版社 1983 年 2 版 2 册（363 页）
26cm（16 开）统一书号：8261.5 定价：CNY4.00

J0157332

昆曲传统曲牌选 高景池,樊步义记谱
北京 人民音乐出版社 1981 年 202 页
19cm（32 开）统一书号：8026.3878
定价：CNY0.94

J0157333

眉户音乐 西北戏曲研究院研究室音乐组编；
姚伶搜集整理
西安 陕西人民出版社 1981 年 306 页
21cm（32 开）统一书号：8094.665
定价：CNY1.00
（陕西地方音乐丛书）

本书包括：1、击乐器；2、弦乐器；3、起板；
4、唱腔：分中路、西路、东路唱腔，共收录 120 个
曲调,如《银纽丝》《西京》等；5、联唱,收录 3 个
大段联唱；6、曲牌。

J0157334

思凡 （娥眉演唱 川剧·高腔 第七辑）竞华演
唱记谱；四川人民出版社编
成都 四川人民出版社 1981 年 85 页
13cm（60 开）统一书号：10118.401
定价：CNY0.15

J0157335

苏剧曲调汇编 （第二分册 劝农）苏州市戏
曲研究室编
苏州 苏州市戏曲研究室 1981 年 9 页
26cm（16 开）定价：CNY0.28

J0157336

苏剧曲调汇编 （第三分册 打子）苏州市戏
曲研究室编
苏州 苏州市戏曲研究室 1981 年 20 页
26cm（16 开）定价：CNY0.28

J0157337

苏剧曲调汇编 （第四分册 芦林）苏州市戏
曲研究室编
苏州 苏州市戏曲研究室 1981 年 15 页
26cm（16 开）定价：CNY0.28

J0157338

苏剧曲调汇编 （第十一分册 看灯）苏州市
戏曲研究室编
苏州 苏州市戏曲研究室 1981 年 8 页
26cm（16 开）定价：CNY0.28

J0157339

苏剧曲调汇编 （第十二分册 卖草囤）苏州
市戏曲研究室编
苏州 苏州市戏曲研究室 1981 年 20 页
26cm（16 开）定价：CNY0.28

J0157340

苏剧曲调汇编 （第十三分册 嫖院）苏州市
戏曲研究室编

苏州 苏州市戏曲研究室 1981 年 14 页
26cm（16 开）定价：CNY0.28

J0157341

苏剧曲调汇编 （第十四分册 借靴）苏州市
戏曲研究室编
苏州 苏州市戏曲研究室 1981 年 17 页
26cm（16 开）定价：CNY0.28

J0157342

苏剧曲调汇编 （第十六分册 散曲）苏州市
戏曲研究室编
苏州 苏州市戏曲研究室 1981 年 105 页
26cm（16 开）

J0157343

弦板腔音乐 郝镇安等演唱演奏；刘均平，何
钧记录整理；陕西省群众艺术馆编
西安 陕西人民出版社 1981 年 126 页
21cm（32 开）统一书号：8094.671
定价：CNY0.38
（陕西地方音乐丛书）

J0157344

燕青卖线 （吉剧·曲谱本）吉林省吉剧团集体
创作；王肯，先程执笔
北京 人民音乐出版社 1981 年 44 页
19cm（32 开）统一书号：8026.3823
定价：CNY0.24

J0157345

潮州音乐曲集 汕头地区文化局编
广州 花城出版社 1982 年 121 页 25cm（15 开）
统一书号：8261.1 定价：CNY0.74
　　潮州音乐是我国古老的民间乐种之一。本
书主要介绍潮州音乐的传统乐曲。

J0157346

黄梅戏传统小戏选 （曲谱本）安徽人民出版
社编
合肥 安徽人民出版社 1982 年 116 页
19cm（32 开）统一书号：10102.893
定价：CNY0.32
（安徽戏剧丛书）

J0157347

吉剧音乐 先程,申文凯编著
长春 吉林省文化局艺术处 1982 年 338 页
19cm（32 开）

J0157348

评剧音乐大全 张引编著
沈阳 辽宁省文化厅 1982 年 19cm（32 开）
定价：CNY4.00

J0157349

青海灯影音乐 青海省群众艺术馆,中国音乐
家协会青海分会编
西宁 青海人民出版社 1982 年 103 页
19cm（32 开）统一书号：8097.452
定价：CNY0.25
　　本书收集了青海灯影音乐的各种唱腔曲牌,
介绍了这些唱腔曲牌的源流沿革、曲式结构和艺
术特色。

J0157350

释娘牌子 （从《驻云飞》及 驻腔的发展探辰
河高腔创腔规律）怀化地区戏剧工作室［编］
［怀化地区戏剧工作室］1982 年［油印本］
67 页 27cm（16 开）

J0157351

白帝托孤 （附谱川剧）四川人民出版社编
成都 四川人民出版社 1983 年 127 页 有剧照
19cm（32 开）统一书号：10118.791
定价：CNY0.42
（农村文化站文艺小丛书 第十九辑）

J0157352

杜十娘怒沉百宝箱 李海舟著
兰州 甘肃人民出版社 1983 年 123 页
19cm（32 开）统一书号：10096.302
定价：CNY0.15

J0157353

河南地方戏曲音乐汇编 （锣戏音乐资料 一）
中国民族音乐集成河南省编辑办公室编
郑州 中国民族音乐集成河南省编辑办公室
1983 年 油印本 147 页 26cm（16 开）

J0157354

黄梅戏新腔介绍　安徽省文学艺术研究所编

合肥 安徽人民出版社 1983 年 356 页

21cm（32 开）统一书号：10102.941

定价：CNY1.30

　　本书从 1959 年 10 月到 1966 年 6 月安徽省黄梅戏剧团上演的 60 多个戏中，选编了其中 38 个戏的 122 个唱段。

J0157355

拷红　四川人民出版社编

成都 四川人民出版社 1983 年 122 页 有剧照

19cm（32 开）统一书号：10118.627

定价：CNY0.34

（农村文化站文艺小丛书）

J0157356

说太后　（附谱川剧）四川人民出版社编

成都 四川人民出版社 1983 年 188 页

19cm（小 32 开）定价：CNY0.59

（农村文化站文艺小丛书 第二十辑）

J0157357

云南花灯常用曲调 101 首　禾雨

昆明 云南人民出版社 1983 年 127 页

19cm（32 开）统一书号：8116.1187

定价：CNY0.36

　　本书选编常用花灯曲调 101 首。从昆明、玉溪、呈贡、嵩明、楚雄、元谋、永胜等地区比较流行的花灯曲调中选出，大多数换上了新词。

J0157358

百花赠剑　（选自《百花记》）曹梅卿等传唱；张愚记谱

南昌 江西省赣剧团 1984 年 16 页 25cm（15 开）

　　作者曹梅卿（1916—1990），戏曲表演艺术家。江西湖口县人。曾就职于都昌县高腔剧团、江西省赣剧三团。演唱的主要剧目有《青梅会》《彩楼配》《桃园记》等。

J0157359

北路梆子音乐　王泽明编写

雁北 山西省雁北行政公署文化局戏研室

1984 年 2 册（493；605 页）19cm（小 32 开）

　　本书对山西北路梆子的打击乐、曲牌音乐、唱腔音乐等作了论述。

J0157360

逼宫　（三国"青梅会"中之一出）江西省赣剧院编

［南昌］［江西省赣剧院］1984 年 17 页

27cm（16 开）

J0157361

打猎、井边会　曹梅卿等传唱；程烈清记谱

南昌 江西省赣剧团 1984 年 36 页 26cm（16 开）

　　本书介绍了中国赣剧青阳腔传统折子戏，传唱还者有：曹耀春、黎炳振、梅正云。

J0157362

打掌覆水　（赣剧青阳腔）查士玉，骆硕仁口述；乘舟记；江西省赣剧院编

［南京］［江西省赣剧团］1984 年 重印本 24 页

26cm（16 开）

J0157363

掇盒拷寇　（赣剧青阳腔）曹梅卿，曹耀春口述；程烈清记；江西省赣剧院编

［南昌］江西省赣剧团 1984 年 29 页

26cm（16 开）

J0157364

夺秋魁曲谱　（岳飞本戏之一）曹梅卿唱；乘舟记；江西省赣剧院编

［南昌］［江西省赣剧院］1984 年 30 页

26cm（16 开）

J0157365

凤仪亭　（摘自《连环记》）曹梅卿等传唱；张愚记谱

南昌 江西省赣剧团 1984 年 16 页 26cm（16 开）

J0157366

傅荣逼债　（摘自"目连"《台城》）梅迪仁等传唱；南师记谱

南昌 江西省赣剧团 1984 年 18 页 26cm（16 开）

　　本书介绍了中国赣剧青阳腔传统折子戏，根据梅迪仁抄本抄录。

J0157367
红色宣传员 （赣剧青阳腔）（朝鲜）赵白岭原著；江西省赣剧院一团改编；乘舟，雁州，南师配曲
［南昌］江西省赣剧院 1984年 重印本 78页
26cm（16开）

J0157368
蝴蝶梦曲谱 （赣剧青阳腔）吴江龙唱；德舜，南师，乘舟记；江西省赣剧院编
［南昌］［江西省赣剧院］1984年 重印本 73页
26cm（16开）

J0157369
回书、磨房会 （摘自《白兔记》）曹梅卿，曹耀春，梅正云传唱；程烈清记谱
南昌 江西省赣剧团 1984年 32页 26cm（16开）

J0157370
激秦鞭铜 （赣剧青阳腔）吴江龙，吴厚德唱；乘舟整理记谱；江西省赣剧院编
［南昌］［江西省赣剧团］1984年 重印本 14页
26cm（16开）

J0157371
金牌诏曲谱 （岳飞本戏之二）曹耀春唱；乘舟记；江西省赣剧院编
［南昌］［江西省赣剧院］1984年 重印本 42页
26cm（16开）

J0157372
金印记曲谱 （赣剧青阳腔）骆硕仁唱；古草记；江西省赣剧院编
［南昌］［江西省赣剧院］1984年 重印本 66页
26cm（16开）

J0157373
景德镇采茶戏音乐 侯正云(等)记谱；景德镇市文化局剧目工作室校订
［江西省戏曲研究所］1984年 102页
26cm（16开）

J0157374
九江采茶戏音乐 张绪纲选编
［江西省戏曲研究所］1984年 26cm（16开）

J0157375
九老天官 （赣剧 传统昆曲）景德镇市赣剧团艺术室翻印
［景德镇］［景德镇市赣剧团艺术室］1984年
27cm（16开）

J0157376
龙凤剑曲谱 （赣剧青阳腔）曹梅卿等唱；江西省赣剧院编
［南昌］［江西省赣剧院］1984年 重印本 49页
26cm（16开）

J0157377
庐剧传统小戏选 （曲谱本）安徽文艺出版社编
合肥 安徽文艺出版社 1984年 284页
19cm（32开）统一书号：10378.1
定价：CNY1.18
（安徽戏剧丛书）

J0157378
描祭南山 （赣剧青阳腔）查士玉，吴江龙口述；程烈清记；江西省赣剧院编
［南昌］［江西省赣剧院］1984年 重印本 20页
26cm（16开）

J0157379
潘葛思妻 （摘自《鹦鹉盏》）黎炳振传唱；程烈清记谱
南昌 江西省赣剧团 1984年 10页 26cm（16开）

J0157380
琵琶记曲谱 查士玉唱；乘舟记；江西省赣剧院编
［南昌］［江西省赣剧院］1984年 重印本 84页
26cm（16开）

J0157381
青糅会曲谱 （赣剧青阳腔）曹梅卿，潘康泉等唱；张愚记谱；江西省赣剧院编
［南昌］［江西省赣剧院］1984年 重印本 48页
26cm（16开）

J0157382
三积德曲谱 （赣剧青阳腔）骆硕仁唱；秋松记；江西省赣剧院编

［南昌］［江西省赣剧院］1984 年 57 页
27cm(16 开)

J0157383
三请贤曲谱 曹梅卿,潘康泉等唱;张愚记录;
江西省赣剧院编
［南昌］江西省赣剧院 1984 年 重印本 34 页
26cm(16 开)

J0157384
三战吕布 (摘自《连环记》)唐兴初口述;
吴江龙,曹梅卿等传唱;张愚记谱
南昌 江西省赣剧团 1984 年 12 页 26cm(16 开)

J0157385
双拜相曲谱 (赣剧青阳腔)曹耀春,曹梅卿
唱;南师,德舜记;江西省赣剧院编
1984 年 重印本 45 页 26cm(16 开)

J0157386
思凡
南昌 江西省赣剧团 1984 年 15 页 26cm(16 开)

J0157387
送饭斩娥 (摘自传奇本戏《金锁记》)崔锦泰
抄本;曹梅卿,曹耀春唱;乘舟记谱
南昌 江西省赣剧团 1984 年 28 页
26cm(16 开)

J0157388
台城曲谱 (头本目莲 赣剧青阳腔)查士玉,
曹梅卿,潘康泉唱;乘舟记;江西省赣剧院编
［南昌］［江西省赣剧院］1984 年 重印本 99 页
26cm(16 开)

J0157389
桃园记曲谱 (三国之一)江西省赣剧院编
［南昌］江西省赣剧院 1984 年 重印本 28 页
26cm(16 开)

J0157390
王婆骂鸡 (赣剧青阳腔)潘康泉口述;程烈
清记;江西省赣剧院编
［南昌］［江西省赣剧院］1984 年 重印本 17 页
26cm(16 开)

J0157391
西厢记 (赣剧青阳腔下本)凌鹤改作;江西省
赣剧院编
1984 年 重印本 78 页 26cm(16 开)
　　根据董解元、王实甫与关汉卿同名原著改作。

J0157392
西厢记曲谱 (赣剧青阳腔上本)董解元,王实
甫著;江西省赣剧院编
1984 年 重印本 76 页 26cm(16 开)

J0157393
香裘记曲谱 (赣剧青阳腔)曹梅卿唱;李业
齐记;江西省赣剧院编
［南昌］［江西省赣剧院］1984 年 重印本 38 页
26cm(16 开)

J0157394
雪梅教子 (赣剧青阳腔)查士玉口述;程烈
清记;江西省赣剧院编
［江西省赣剧院］1984 年 重印本 21 页
26cm(16 开)

J0157395
雪夜访普 (赣剧皮黄)江西省文化艺术学校[编]
1984 年 22 页 26cm(16 开)

J0157396
寻亲记曲谱 (赣剧青阳腔)潘康泉等唱;南
师记谱;江西省赣剧院编
［南昌］［江西省赣剧院］1984 年 重印本 55 页
26cm(16 开)

J0157397
夜奔、磨斧 曹耀春口述;查士玉传唱;乘舟
记谱
南昌 江西省赣剧团 1984 年 16 页
26cm(16 开)

J0157398
夜等追舟 曹耀春,曹梅卿传唱;乘舟,南师记谱
南昌 江西省赣剧团 1984 年 36 页
26cm(16 开)

J0157399
阴阳界曲谱　（岳飞本戏之三）潘康泉唱；乘舟记；江西省赣剧院编
1984 年　重印本　33 页　26cm（16 开）

J0157400
袁河采茶戏音乐　黄国俊［著］；江西省文艺研究所,宜春地区戏剧创作研究室编
［宜春］［江西省文艺研究所］1984 年　63 页 27cm（16 开）

J0157401
东北二人转音乐　冯娴编著
沈阳　春风文艺出版社 1985 年　324 页 19cm（32 开）统一书号：10158.784
定价：CNY1.75

J0157402
戏曲新题　（长江中上游小戏声腔系统）刘正维编著
武汉　长江文艺出版社 1985 年　238 页 20cm（32 开）统一书号：10107.383
定价：CNY2.50
　　作者刘正维（1931—　　）,湖南湘阴人。时任中国戏曲音乐学会常务理事,中国戏曲音乐理论研究会副会长,中国传统音乐学会常务理事等。著有《戏曲新题》等。

J0157403
新凤霞唱腔选集　新凤霞作；徐文华记谱整理
北京　中国戏剧出版社 1985 年　235 页　有图 20cm（32 开）统一书号：8069.494
定价：CNY1.70
（戏曲名家唱腔丛书）
　　作者新凤霞（1927—1998）,评剧表演艺术家。原名杨淑敏,小名杨小凤。生于江苏苏州。历任北京实验评剧团团长、解放军总政治部文工团评剧团副团长、中国评剧院演员。代表剧目有《花为媒》《刘巧儿》《乾坤带》《杨三姐告状》《凤还巢》《金沙江畔》等。

J0157404
宇宙锋　（汉剧　陈伯华演出曲谱本）董维松记谱
北京　人民音乐出版社 1985 年　82 页 20cm（32 开）
统一书号：8026.4385　定价：CNY0.79

　　本书记录了根据武汉市汉剧团 1960 年春演出本编写的中国汉剧戏曲音乐乐谱。

J0157405
豫剧音乐征文选编　河南省戏剧研究所舞台艺术研究室编
1985 年　油印本　208 页 26cm（16 开）
　　本书记录了根据河南省戏剧研究所豫剧音乐征文编写的中国豫剧戏曲音乐乐谱。

J0157406
白族吹吹腔音乐概述　张绍奎著
［大理白族自治州文化局音乐集成办公室］1986 年［油印本］27 叶　27cm（16 开）

J0157407
湖南花鼓戏常用曲调　（续集）陈磊编
长沙　湖南文艺出版社 1986 年　204 页 19cm（32 开）统一书号：8456.24
定价：CNY1.20

J0157408
评剧音乐大全　（上、下卷）张引等编著
沈阳　春风文艺出版社 1986 年　804 页 19cm（32 开）统一书号：8158.1229
定价：CNY8.90

J0157409
悄悄话　（黄梅歌续集）陈国金,陶演编
合肥　安徽文艺出版社 1986 年　112 页 19cm（32 开）统一书号：8378.16
定价：CNY0.80

J0157410
芗剧传统曲调选　陈彬,陈松民编
北京　人民音乐出版社 1986 年　363 页 19cm（32 开）统一书号：8026.4473
定价：CNY2.55

J0157411
北词广正谱　（一）（明）李玉撰
台北　学生书局 1987 年　29+354 页 21cm（32 开）精装
（善本戏曲丛刊 80）

J0157412

北词广正谱 （二）（明）李玉撰
台北 学生书局 1987 年 影印本
355–748 页 21cm（32 开）精装
（善本戏曲丛刊 81）

J0157413

北路梆子音乐 续柯璜等编写
太原 北岳文艺出版社 1987 年 634 页
20cm（32 开）统一书号：10397.93
定价：CNY4.50

　　北路梆子是山西的地方剧种，又称雁剧，与
蒲州梆子(蒲剧)、中路梆子(晋剧)、上党梆子合
称为山西四大梆子。主要流布于山西北部、中部、
内蒙古中、西部，河北西北部及陕西北部等地。
本书分 7 章，内容包括：第 1 章绪论，概述剧种源
流沿革、剧目、表演艺术以及乐器性能、结构和
演奏法；第 2 章着重介绍打击乐；第 3–4 章详尽
介绍曲牌音乐和唱腔音乐；第 5–7 章分别为：流
派唱腔、杂腔和以主旋律谱介绍《金水桥》全剧
的总例。

J0157414

川剧音乐概述 四川省川剧艺术研究所，四川
省川剧学校编
成都 四川文艺出版社 1987 年 646 页
20cm（32 开）统一书号：8374.17
ISBN：7-5411-0091-9 定价：CNY4.19
（川剧音乐丛书）

　　本书分 7 章，分别介绍川剧昆腔音乐、川剧
高腔音乐、川剧胡琴音乐、川剧弹戏音乐、川剧
灯戏音乐、川剧锣鼓音乐、川剧唢呐笛谱音乐。
各章含探源溯流、介绍音乐结构形式、列举常见
曲牌板式 3 部分。曲谱采简谱、附声腔、杂有运
腔艺术的介绍。系统论述川剧博采苏昆、弋阳、
梆子诸腔之长，在"川化"中形成独特音乐艺术的
著述。录入乐谱，皆根据著名川剧表演艺术前辈
口授笔记整理。

J0157415

佛曲 （第一辑）蔡俊抄记录整理；中国南音学
会，泉州历史文化中心编
［泉州］［中国南音学会］1988 年
2 册（127；116 页）26cm（16 开）

J0157416

佛曲 （第二辑）蔡俊抄记录整理；中国南音学
会，泉州历史文化中心编
［泉州］［中国南音学会］［1987 年］
2 册（150；186 页）26cm（16 开）

J0157417

佛曲 （第三辑）蔡俊抄记录整理；中国南音学
会，泉州历史文化中心编
［泉州］［中国南音学会］［1987 年］2 册
26cm（16 开）

J0157418

纳书楹曲谱 （一）（清）叶堂编辑
台北 学生书局 1987 年 影印本 33+446 页
21cm（32 开）精装
（善本戏曲丛刊 82）

J0157419

纳书楹曲谱 （二）（清）叶堂编辑
台北 学生书局 1987 年 影印本
447–916 页 21cm（32 开）精装
（善本戏曲丛刊 83）

J0157420

纳书楹曲谱 （三）（清）叶堂编辑
台北 学生书局 1987 年 影印本
917–1386 页 21cm（32 开）精装
（善本戏曲丛刊 84）

J0157421

纳书楹曲谱 （四）（清）叶堂编辑
台北 学生书局 1987 年 影印本
1387–1850 页 21cm（32 开）精装
（善本戏曲丛刊 85）

J0157422

纳书楹曲谱 （五）（清）叶堂编辑
台北 学生书局 1987 年 影印本
1851–2330 页 21cm（32 开）精装
（善本戏曲丛刊 86）

J0157423

送饭斩娥 （赣剧青阳腔传统折戏）黄文锡整理
［江西省赣剧团］1987 年 7 叶 28cm（16 开）

J0157424

福建南音初探　王耀华,刘春曙著
福州　福建人民出版社　1989 年　441 页　有图
20cm（32 开）精装　ISBN：7-211-00823-7
定价：CNY10.25
（福建文化丛书）

J0157425

教子　（河北梆子）河北艺术学校编
北京　宝文堂书店　1989 年　37 页　有剧照
19cm（32 开）ISBN：7-80030-076-5
定价：CNY0.68
（宝文堂戏曲唱本丛书）

J0157426

粤曲精选　（一）陈仲琰编著
广州　广东高等教育出版社　1990 年　100 页
有剧照　19cm（32 开）ISBN：7-5361-0567-3
定价：CNY2.30
　　　作者陈仲琰,广东省粤剧学校音乐讲师,中
国音乐家协会广东分会会员。

J0157427

中国戏曲音乐集成云南卷丛书
北京　文化艺术出版社 [1990—1999 年]
20cm（32 开）
（云南地方艺术集成·志丛书）

J0157428

昆明花灯音乐　苏庆煌主编；昆明市文化局编
昆明　云南人民出版社　1991 年　635 页　有图
20cm（32 开）ISBN：7-222-00825-X
定价：CNY10.05
（中国戏曲音乐集成云南卷丛书）
　　　本书收编了传统花灯音乐,和一定数量中华
人民共和国成立后昆明地区专业花灯表演团体
新编的花灯音乐选段。

J0157429

湘剧低牌子音乐　欧寿廷,李允恭传谱；黎建明
增补整理；湖南省戏曲研究所,湖南省湘剧院编
北京　人民音乐出版社　1991 年　466 页
20cm（32 开）ISBN：7-103-00799-3
定价：CNY8.50
　　　本书收集曲牌 360 余例,词牌 120 多首,是

目前收集较全的一本低牌子资料。作者李允恭,
著名音乐家。作者欧寿廷,著名湘剧音乐家,曾
任中国音乐家协会湖南分会副主席。

J0157430

楚剧音乐概论　朱彬编著
武汉　长江文艺出版社　1993 年　472 页
19cm（小 32 开）ISBN：7-5354-0818-4
定价：CNY7.80
　　　本书论述了楚剧声腔的板式变化规律、文武
场音乐的伴奏手法等。

J0157431

连云港戏曲音乐集成　刘增国主编；连云港
市文化局编
北京　中国戏剧出版社　1993 年　220 页
19cm（小 32 开）ISBN：7-104-00518-3
定价：CNY3.50
　　　本书收录淮海戏、童子戏、京剧、吕剧 4 个
剧种的唱段 60 多首。

J0157432

秦腔音乐创作探微　阎可行著
西安　陕西人民出版社　1993 年　306 页
19cm（小 32 开）ISBN：7-224-02757-X
定价：CNY5.00
　　　本书主要针对秦腔音乐的创作问题进行分
析和研究,内容包括：秦腔两大声腔的音阶调式、
秦腔唱腔音调结构及其特征、器乐的旋律创作等
13 章。

J0157433

章哈剧音乐　杨力,冯晓飞主编；西双版纳傣
族自治州文化局编
北京　文化艺术出版社　1993 年　278 页　有图
20cm（32 开）ISBN：7-5039-1273-1
定价：CNY9.35
（中国戏曲音乐集成云南卷丛书）
　　　章哈剧又称"赞哈",是傣族传统的曲艺唱曲
形式,流传于云南省南部边陲的西双版纳傣族自
治州及思茅市江城、孟连、景谷等地傣族村寨,
与傣族毗邻而居的布朗族中也有传唱。章哈在
傣族社会生活中有着不可替代的作用,其演出极
为广泛,傣族新年、关门节、开门节、祭寨神、赕
佛及贺新房、婚嫁礼仪、孩子满月等多种喜庆场

合都要请艺人演唱章哈。章哈曲目保存了诸多傣族最原始古老的歌谣、神话和传说。作者杨力(1929—1991),白族,云南大理人,曾任《章哈剧音乐》主编,章哈剧音乐设计和演奏员。

J0157434

侯玉山昆曲谱　　侯玉山口传;关德权,侯菊记录整理
北京　中国戏剧出版社　1994 年　468 页　有照片
26cm(16 开)ISBN:7-104-00601-X
定价:CNY48.50

J0157435

浦江乱弹音乐　　黄吉士编著
北京　团结出版社　1994 年　重印本　133 页
26cm(16 开)ISBN:7-80061-658-4
定价:CNY16.80
　　本书分 4 部分,内容包括:浦江乱弹唱腔音乐介绍、浦江乱弹曲牌音乐介绍、浦江乱弹时调介绍、浦江乱弹锣鼓介绍。

J0157436

秦腔打击乐　　马凌元编著
西安　三秦出版社　1994 年　619 页　20cm(32 开)
ISBN:7-80546-688-2　定价:CNY16.80
　　本书汇集秦腔打击乐谱 418 首(套),按其用途及结构形式分为 5 类:动作锣鼓、板歌锣鼓、板头锣鼓、开场锣鼓和曲牌锣鼓。

J0157437

奚耿虎沪剧音乐作品选　　奚耿虎著;钱进选编
上海　上海音乐出版社　1994 年　128 页　有照片
20cm(32 开)ISBN:7-80553-477-2
定价:CNY4.70
　　作者奚耿虎,上海沪剧院一级作曲。

J0157438

晋剧文场艺术　　(兼论田九云牛巧珍师徒)张林雨著
北京　人民音乐出版社　1995 年　433 页　有照片
20cm(32 开)ISBN:7-103-01275-X
定价:CNY22.00
　　作者张林雨,山西省戏剧研究所任职。

J0157439

嵩明花灯音乐　　杨文平主编;昆明市文化局,嵩明县文化局编
昆明　云南民族出版社　1995 年　524 页　有图
20cm(32 开)定价:CNY25.00
(中国戏曲音乐集成　昆明卷丛书)

J0157440

千古绝唱　　(福建南音探究)孙星群著
福州　海峡文艺出版社　1996 年　286 页　有彩照
20cm(32 开)ISBN:7-80534-895-2
定价:CNY15.00,CNY18.00(精装)

J0157441

中国戏曲音乐集成　　(四川卷)《中国戏曲音乐集成》全国编辑委员会,《中国戏曲音乐集成·四川卷》编辑委员会编
北京　中国 ISBN 中心　1997 年
2 册(16+32+1744 页)有图　26cm(16 开)
精装　ISBN:7-5076-0131-5　定价:CNY288.00

J0157442

川剧唢呐曲牌　　刘泉著;李远松,蒋立芳整理
成都　四川文艺出版社　1998 年　783 页
20cm(32 开)ISBN:7-5411-1714-5
定价:CNY25.00

中国电影、广播、电视、杂剧、

杂技等配乐

J0157443

太和正音谱　　(三卷)(明)朱权撰
明　抄本
　　本书分四册。九行十七字蓝格白口四周单边。作者朱权(1378—1448),明太祖朱元璋第十七子,封宁王,号臞仙,又号涵虚子、丹丘先生。

J0157444

红梅记　　(明)周夷玉著;沙梅改编并制谱
重庆　中外出版社　[1940—1945 年]95 页
13×19cm
　　本书为四幕南曲曲谱。

J0157445

郃阳线偶戏音乐 王道明,惠增厚整理;陕西省群众艺术馆编辑

西安 陕西人民出版社 1957年 140页

20cm(32开)统一书号:T8094.60

定价:CNY0.55

本书整理了流传于陕西郃阳地区的线偶戏音乐。分概述、唱腔、曲牌和唱腔实例4部分。概述郃阳线偶戏主要流行地区、历史渊源和人民的生活关系。

J0157446

小借车 (影剧曲谱本)李寿山等整理

沈阳 辽宁人民出版社 1957年 48页

J0157447

小借年 (影剧曲谱本)李寿山等整理;马传亮等音乐设计;唐纪,柏瑞记谱

沈阳 辽宁人民出版社 1957年 48页

19cm(32开)统一书号:10090.131

定价:CNY0.16

J0157448

电影"陈三五娘"曲谱 吴瑞德,王爱群整理

福州 福建人民出版社 1958年 53页

15cm(40开)统一书号:8104.144

定价:CNY0.13

J0157449

双推磨 (辽宁影剧曲谱本)由世诚,律云音乐整理

沈阳 辽宁人民出版社 1958年 38页

19cm(32开)统一书号:T10090.480

定价:CNY0.13

(戏剧小丛书)

J0157450

杂技音乐曲集 (民乐合奏曲)季清泉编曲

上海 上海文艺出版社 1959年 50页

26cm(16开)统一书号:8078.0949

定价:CNY0.38

J0157451

皮影戏音乐 靳蕾记录整理

哈尔滨 北方文艺出版社 1961年 254页

20cm(32开)定价:CNY1.50

J0157452

皮影戏音乐 靳蕾记录整理

哈尔滨 北方文艺出版社 1962年 2版 修订本

286页 21cm(32开)定价:CNY1.70

J0157453

打倒美帝支援越南 (歌曲选)河北人民出版社编辑

石家庄 河北人民出版社 1965年 21页

19cm(32开)统一书号:8086.31

定价:CNY0.06

J0157454

电影音乐《青松岭》选段 (缩编谱)施万春作曲

北京 人民音乐出版社 1977年 20页

26cm(16开)统一书号:8026.3237

定价:CNY0.18

J0157455

电影音乐《闪闪的红星》选段 (缩编谱)傅庚辰曲

北京 人民音乐出版社 1977年 30页

26cm(16开)统一书号:8026.3238

定价:CNY0.22

J0157456

电影音乐《小八路》选段 (民族管弦乐曲 缩编谱)陆建华,吴应炬作曲并缩编

北京 人民音乐出版社 1977年 30页

26cm(16开)统一书号:8026.3246

定价:CNY0.22

J0157457

"海峡之声"电台广播歌曲选99首 海峡之声广播电台编

北京 昆仑出版社 1986年 121页 19cm(32开)

统一书号:10282.20 定价:CNY0.80

J0157458

八十首歌曲大联唱 中国唱片公司编;曹雪芹词;王立平曲

兰州 甘肃人民出版社 1988年 183页

19cm（32 开）ISBN：7-226-00201-9
定价：CNY1.42

J0157459
电视连续剧西游记歌曲集　许镜清作曲
北京 人民音乐出版社 1988 年 36 页
有剧照 19cm（32 开）ISBN：7-103-00264-9
定价：CNY0.55

J0157460
辽南皮影戏音乐　王信威编著
沈阳 春风文艺出版社 1989 年 454 页
19cm（32 开）ISBN：7-5313-0181-4
定价：CNY4.55
　　本书系统介绍流行于辽宁南部地区农村和
县镇的辽南皮影戏的音乐唱腔。内容包括：概述、
影挂、影调、曲牌和打击乐 5 部分。

J0157461
小月亮　（胎教音乐、孕妇保健操）优生优育优
教音乐系列编委会编
南京 江苏人民出版社 1989 年 40 页
18cm（32 开）ISBN：7-214-00246-9
定价：CNY0.62
（优生优育优教音乐系列 2）

中国曲艺音乐乐曲

J0157462
京韵大鼓　军委总政文化部文艺训练班编
北京 军委总政文化部文艺训练班 1953 年
油印本 184 页 26cm（16 开）

J0157463
陕北道情音乐　梁文达收集整理；西北行政
委员会文化局，中华全国音乐工作者协会西北
区分会编辑
西安 西北人民出版社 1953 年 110 页
21cm（32 开）定价：旧币 6,800 元
（西北民间音乐丛书 3）
　　本书分 3 部分：第 1 丝弦，包括曲牌类和大
小过门类；第 2 唱腔，包括平调类、十字调、耍猴
调类、滚白尖板类、一枝梅凉腔调类和高调、太

平调类；第 3 附录，通过《三回头》《土改翻了身》
两段联唱形式，介绍陕北道情音乐的运用、唱腔
的结构形式和起板、落板的规律。

J0157464
说唱音乐选集　中华全国音乐工作者协会辑
北京 中华全国音乐工作者协会 1953 年 52 页
26cm（16 开）定价：旧币 6,000 元

J0157465
四川清音　（研究资料）重庆市人民政府文化
局辑
重庆 重庆市人民政府文化局 1953 年 125 页
21cm（32 开）

J0157466
大刚与小兰　（山东琴书）东北人民艺术剧院编
沈阳 东北人民出版社 1954 年 28 页
18cm（15 开）定价：旧币 1,100 元

J0157467
河南坠子音乐　中南军区政治部文艺工作团
编；赵宗心等记谱整理
汉口 中南人民文学艺术出版社 1954 年 127 页
有图 21cm（32 开）定价：旧币 6,800 元

J0157468
普选唱本　江苏人民出版社辑
南京 江苏人民出版社 1954 年 31 页 有图
17cm（40 开）定价：旧币 1,000 元

J0157469
西河大鼓　雪江，张雨琴编撰
上海 新音乐出版社 1954 年 106 页 有图
26cm（16 开）定价：旧币 13,000 元

J0157470
湖南丝弦音乐　湖南省文化局音乐工作组整理
长沙 湖南人民出版社 1955 年 198 页
21cm（32 开）定价：CNY0.66
　　本书的丝弦曲调分丝弦杂调和牌子、板子丝
弦两部分。附录中介绍了 5 个短小、单人演唱的
牌子丝弦。共收 113 首。书首有朱之屏撰写的《湖
南丝弦音乐介绍》。

J0157471
江苏南部民间戏曲说唱音乐集　江苏省音乐工作组编辑
北京　音乐出版社　1955 年　306 页　21cm（32 开）
定价：CNY1.78

J0157472
说唱音乐选集　中国音乐家协会编
［北京］音乐出版社　1955 年　定价：CNY0.47

J0157473
英雄花　（说唱音乐）白衍，卡璟作词；高山，陆陵记谱
南宁　广西人民出版社　1955 年　25 页
19cm（32 开）定价：CNY0.08

J0157474
单弦牌子曲选集　杨荫浏等整理；中央音乐学院民族音乐研究所编辑
北京　音乐出版社　1956 年　76 页　26cm（16 开）
定价：CNY0.74
（中央音乐学院民族音乐研究所丛刊）
　　作者杨荫浏（1899—1984），音乐教育家。字亮卿，号二壮，又号清如。出生于江苏无锡，曾就读于上海圣约翰大学文学系、光华大学经济系（今华东师范大学）。曾在重庆、南京任国立音乐学院教授兼国乐组主任、国立礼乐馆编纂和乐曲组主任、金陵女子大学音乐系教授。代表作品有《中国音乐史纲》《中国古代音乐史稿》。

J0157475
单弦牌子曲资料集　杨荫浏等整理；中央音乐学院民族音乐研究所编辑
北京　音乐出版社　1956 年　251 页　26cm（16 开）
定价：CNY2.22
（中央音乐学院民族音乐研究所丛刊）

J0157476
梁祝下山　（山东琴书）邹环生编著
北京　音乐出版社　1956 年　51 页　26cm（16 开）
统一书号：8026.461　定价：CNY0.36

J0157477
梁祝下山　（山东琴书）邹环生编著
北京　音乐出版社　1956 年　51 页

J0157478
评弹曲调　周云瑞，杨德麟整理；上海市人民评弹工作团编辑
上海　上海文化出版社　1956 年　122 页　有图
19cm（32 开）定价：CNY0.41

J0157479
山东琴书音乐　山东省音乐工作组编
济南　山东人民出版社　1956 年　148 页
19cm（32 开）定价：CNY0.51

J0157480
说唱赣南　江西省工会联合会宣传部辑
南昌　江西人民出版社　1956 年　12 页
19cm（32 开）统一书号：T8110.19
定价：CNY0.07
（工人文娱材料　一）

J0157481
说唱歌曲集　东北音乐专科学校编
沈阳　辽宁人民出版社　1956 年　91 页
18cm（32 开）统一书号：8090.4　定价：CNY0.28

J0157482
桃园佳话　（山东琴书）张斌，苏智作曲；阿丁作词
济南　山东人民出版社　1956 年　16 页
18cm（32 开）统一书号：T10099.409
定价：CNY0.08

J0157483
河南大调曲子集　海晨等记录整理
武汉　长江文艺出版社　1957 年　182 页
21cm（32 开）统一书号：8107.163
定价：CNY0.65

J0157484
山东大鼓　（犁铧大鼓·胶东大鼓）于会泳编
北京　音乐出版社　1957 年　136 页　有乐谱
18cm（15 开）统一书号：8026.543
定价：CNY0.65
（中央音乐学院华东分院民族音乐丛刊）

J0157485
陕北榆林小曲　鞠秀等记谱；于会泳整理；中

央音乐学院华东分院民族音乐研究室编
北京 音乐出版社 1957 年 94 页 18cm（32 开）
统一书号：8026.565 定价：CNY0.38
（中央音乐学院华东分院民族音乐丛刊）

J0157486
四川清音　沙子铨，吴声整理
重庆 重庆人民出版社 1957 年 152 页
21cm（32 开）统一书号：8114.64
定价：CNY0.55

J0157487
单弦牌子曲分析　王秀卿等传谱；于会泳编著
上海 上海音乐出版社 1958 年 495 页
20cm（32 开）统一书号：8127.109
定价：CNY2.30

J0157488
弹词曲调介绍　中国音乐家协会南京分会筹
委会等记谱
南京 江苏文艺出版社 1958 年 233 页
19cm（32 开）统一书号：10100.444
定价：CNY0.65
　　弹词曲调是苏州弹词，它流行于江、浙、沪
长江三角洲，是一种说唱音乐艺术，已有 400 余
年历史。初始的曲调比较单调，仅有马如飞（马
调）、俞秀山（俞调）等几种。随着评弹艺术的发
展，出现了许多受广大听众欢迎的唱腔，并广泛
流传。本书辑马调、俞调，还有蒋调、薛调、徐调、
丽调、琴调、张调等广为流行的唱腔曲调。

J0157489
河南鼓子曲　曹东扶传谱；王寿庭记谱
郑州 河南人民出版社 1958 年 50 页
26cm（16 开）统一书号：8105.76
定价：CNY0.32

J0157490
洪湖人民爱革命　刘正维编曲
上海 上海音乐出版社 1958 年 24 页 有图
26cm（16 开）统一书号：8127.132
定价：CNY0.22
　　作者刘正维（1931—　），湖南湘阴人。时任
中国戏曲音乐学会常务理事,中国戏曲音乐理论
研究会副会长,中国传统音乐学会常务理事等。

著有《戏曲新题》等。

J0157491
铁证　（清音）马世荣作曲；四川人民广播电台
曲艺队记谱整理
成都 四川人民出版社 1958 年 14 页
13cm（60 开）统一书号：8118.151
定价：CNY0.05

J0157492
榆林小曲　丁喜才演唱；刘峰整理
西安 陕西人民出版社 1958 年 104 页
21cm（32 开）统一书号：T8094.164
定价：CNY0.42

J0157493
水漫金山　（山东琴书）李若亮，王其德整理；
山东省戏曲研究室编
济南 山东人民出版社 1959 年 26 页
有曲谱 19cm（32 开）统一书号：T10099.771
定价：CNY0.11

J0157494
小红军　（说唱）白诚仁等编写
长沙 湖南人民出版社 1959 年 34 页
15cm（40 开）统一书号：8109.381
定价：CNY0.07

J0157495
红色标兵夏更芳　（四川扬琴）重庆市曲艺团编
重庆 重庆人民出版社 1960 年 23 页
14cm（64 开）统一书号：8114.169
定价：CNY0.06

J0157496
夸食堂　（湖南丝弦）傅祥玲词；洪滔编曲
长沙 湖南人民出版社 1960 年 定价：CNY0.04

J0157497
向秀丽　（评弹表演唱）上海市人民评弹团集
体创作；顾炳泉，许关龙记谱
上海 上海文艺出版社 1960 年 43 页
19cm（32 开）统一书号：8078.1636
定价：CNY0.15
　　本书是第一届"上海之春"音乐会演作品选。

J0157498
苏州弹词曲调汇编　苏州市曲艺工作者联合
会,苏州市戏曲研究室编
苏州　苏州市曲艺工作者联合会　1963 年　170 页
19cm（32 开）定价：CNY1.60
（戏曲研究资料丛书）

J0157499
援越抗美歌选　山东人民出版社编辑
济南　山东人民出版社　1965 年　简谱本 21 页
有乐谱　19cm（32 开）统一书号：T8099.548
定价：CNY0.09

J0157500
处处有雷锋　（山东琴书）北京军区空军后勤
部业余创作组编
北京　人民出版社　1973 年　18 页　14cm（64 开）
统一书号：10071.64 定价：CNY0.03

J0157501
新事多　（常德丝弦）湖南人民出版社编辑
长沙　湖南人民出版社　1975 年　19 页
19cm（32 开）统一书号：10109.981
定价：CNY0.07

J0157502
雷锋颂　（女声弹唱）刘韵若,连波词曲
上海　上海人民出版社　1976 年　21 页
26cm（16 开）统一书号：8171.1292
定价：CNY0.16

J0157503
骨肉情深　（曲艺辑）
北京　人民文学出版社　1977 年　159 页
18cm（小 32 开）定价：CNY0.33

J0157504
弹词开篇集　上海文艺出版社编辑
上海　上海文艺出版社　1979 年　369 页
19cm（32 开）统一书号：8078.3051
定价：CNY0.91
（曲艺创作丛书）

J0157505
说唱常用曲调集　谈敬德等整理

上海　上海文艺出版社　1979 年　384 页
19cm（32 开）统一书号：8078.3100
定价：CNY1.10

J0157506
湖北说唱音乐集成　（第一集）湖北省群众艺
术馆编
武汉　湖北省群众艺术馆　1981 年　425 页
26cm（16 开）

J0157507
湖北说唱音乐集成　（第二集）湖北省群众艺
术馆编
武汉　湖北省群众艺术馆　1983 年　427 页
26cm（16 开）

J0157508
单弦岔曲　（1）吉林省地方戏曲研究室编辑
长春　吉林省地方戏曲研究室　1982 年　243 页
19cm（32 开）
（曲艺资料丛书 1）

J0157509
骆玉笙演唱京韵大鼓选　天津市曲艺团编
天津　百花文艺出版社　1983 年　229 页　有照片
21cm（32 开）统一书号：8151.75
定价：CNY0.90

J0157510
曲艺小段选　刘书方著
北京　人民音乐出版社　1983 年　137 页
19cm（32 开）统一书号：8026.415
定价：CNY0.51
（农村音乐丛书）

J0157511
真正的爱情　（山东琴书词曲集）刘金堂作词；
周建业唱腔设计
济南　山东人民出版社　1983 年　221 页
19cm（32 开）统一书号：10099.1615
定价：CNY0.54
　　本书收录 12 个山东琴书段子。

J0157512
白族大本曲音乐　大理市文联等编；马泽斌,

黄永亮整理

昆明　云南民族出版社　1986 年　144 页

19cm（32 开）统一书号：8184.110

定价：CNY0.86

J0157513

白族大本曲音乐　　大理白族自治州文化局编

昆明　云南人民出版社　1986 年　264 页

19cm（32 开）统一书号：8116.1570

定价：CNY1.25

　　本书分乐曲和论述两部分。乐曲部分包括南腔、北腔、海东腔三腔，每腔均收录三弦曲和唱腔两大类曲调。论述部分包括《大本曲概况》《大本曲的文学结构初探》《大本曲曲目初探》《大本曲的继承与发展》《知名艺人小传》等。

J0157514

中国曲艺音乐集成　　（湖北卷）孙慎，枫波主编

北京　新华出版社　1992 年　2 册（782；1501 页）

26cm（16 开）精装　ISBN：7-5011-1751-9

定价：CNY120.00，CNY130.00（特精装）

J0157515

中国曲艺音乐集成　　（江苏卷）《中国曲艺音乐集成》全国编辑委员会，《中国曲艺音乐集成·江苏卷》编辑委员会［编］

北京　中国 ISBN 中心　1992 年　2 册（2211 页）

有彩照 26cm（16 开）精装

ISBN：7-5076-0011-4 定价：CNY180.00

J0157516

中国曲艺音乐集成　　（江苏卷）《中国曲艺音乐集成》全国编辑委员会，《中国曲艺音乐集成·江苏卷》编辑委员会编

北京　中国 ISBN 中心　1994 年　2 册（34+1941 页）

有图 26cm（16 开）特精装

ISBN：7-5076-0031-9 定价：CNY165.00

　　本卷收录流行于江苏的音乐性曲种 27 种，分为：弹词滩簧类、琴书鼓书类、花鼓类等 8 类。

J0157517

中国曲艺音乐集成　　（天津卷）孙慎，刘瑞森主编；《中国曲艺音乐集成》全国编辑委员会，《中国曲艺音乐集成·天津卷》编辑委员会编

北京　中国 ISBN 中心　1993 年　1269 页　有图

26cm（16 开）精装　ISBN：7-5076-0030-0

定价：CNY100.00

　　本书介绍了清乾隆初年 1736 至 1989 年天津曲艺音乐的 9 个曲种：京韵大鼓、天津时调、西城板、京东大鼓等。

J0157518

中国曲艺音乐集成　　（天津卷）孙慎，刘瑞森主编；《中国曲艺音乐集成》全国编辑委员会，《中国曲艺音乐集成·天津卷》编辑委员会编

北京　中国 ISBN 中心　1993 年　1269 页　有图

26cm（16 开）特精装　ISBN：7-5076-0029-7

定价：CNY110.00

J0157519

中国曲艺音乐集成　　（四川卷）《中国曲艺音乐集成》全国编辑委员会，《中国曲艺集成·四川卷》编辑委员会编

北京　中国 ISBN 中心　1994 年　2 册（37+1805 页）

有图 26cm（16 开）精装

ISBN：7-5076-0034-5 定价：CNY145.00

　　本书收录四川省的 18 个曲种，其中汉族 11 个，藏族 7 个，各曲种含概述、基本唱腔、器乐曲牌、选段等项。

J0157520

中国曲艺音乐集成　　（四川卷）《中国曲艺音乐集成》全国编辑委员会，《中国曲艺音乐集成·四川卷》编辑委员会编

北京　中国 ISBN 中心　1994 年　2 册（1805 页）

有图 26cm（16 开）特精装

ISBN：7-5076-0033-5 定价：CNY165.00

J0157521

中国曲艺音乐集成　　（北京卷）《中国曲艺音乐集成》全国编辑委员会，《中国曲艺音乐集成·北京卷》编辑委员会编

北京　中国 ISBN 中心　1996 年　2 册（12+1731 页）

有图 26cm（16 开）精装

ISBN：7-5076-0116-1 定价：CNY279.00

J0157522

中国曲艺音乐集成　　（河南卷）《中国曲艺音乐集成》全国编辑委员会，《中国曲艺音乐集成·河南卷》编辑委员会编

北京 中国 ISBN 中心 1996 年 2 册（12+27+1861 页）
有图 26cm（16 开）精装
ISBN：7-5076-0097-1 定价：CNY301.00

J0157523
中国曲艺音乐集成 （宁夏卷）《中国曲艺音乐集成》全国编辑委员会，《中国曲艺音乐集成·宁夏卷》编辑委员会［编］
北京 中国 ISBN 中心 1996 年 11+16+916 页
有图 26cm（16 开）精装
ISBN：7-5076-0114-5 定价：CNY152.00

J0157524
中国曲艺音乐集成 （陕西卷）《中国曲艺音乐集成》全国编辑委员会，《中国曲艺音乐集成·陕西卷》编辑委员会［编］
北京 中国 ISBN 中心出版社 1996 年
2 册（1696 页）26cm（16 开）
ISBN：7-5076-0075-0 定价：CNY279.00

J0157525
中国曲艺音乐集成 （甘肃卷）《中国曲艺音乐集成》全国编辑委员会，《中国曲艺音乐集成·甘肃卷》编辑委员会［编］
北京 中国 ISBN 中心 1998 年 12+18+871 页
有图 26cm（16 开）精装
ISBN：7-5076-0163-3 定价：CNY146.00
　　本卷收录流传于甘肃境内的曲种 13 个，依其不同的音乐形态、唱腔与伴奏特征、演唱形式，分为汉族部分的弹唱、贤孝、道情、宝卷四大类曲种 11 个和少数民族的曲种 2 个。

J0157526
中国曲艺音乐集成 （青海卷）《中国曲艺音乐集成》全国编辑委员会，《中国曲艺音乐集成·青海卷》编辑委员会［编］
北京 中国 ISBN 中心 1998 年 13+22+1196 页
有图 26cm（16 开）精装
ISBN：7-5076-0149-8 定价：CNY196.00
　　本卷收录流传在青海境内汉、藏、蒙古、回、撒拉 5 个民族的 14 个曲种。其中汉族曲种 9 个，藏族曲种 3 个，蒙古族曲种 1 个，回族和撒拉族共有的曲种 1 个。

J0157527
中国曲艺音乐集成 （山东卷）《中国曲艺音乐集成》全国编辑委员会，《中国曲艺音乐集成·山东卷》编辑委员会［编］
北京 中国 ISBN 中心 1998 年
2 册（12+18+1333 页）有图 26cm（16 开）精装
ISBN：7-5076-0162-5 定价：CNY221.00
　　本卷共收录产生、流传于山东境内的曲种音乐 22 种。其中包括基本唱腔曲牌 272 支，选段 68 首，器乐曲牌 3 支。

J0157528
海州宫调牌子曲大成 刘增国主编；连云港市文化局编
北京 中国戏剧出版社 1993 年 244 页
19cm（小 32 开）ISBN：7-104-00534-X
定价：CNY3.50
　　本书分为曲牌（54 唱段）和曲目（16 个曲目）两部分。

J0157529
玉溪地区曲艺音乐 李安明主编；玉溪地区行政公署文化局，玉溪地区群众艺术馆编
昆明 云南大学出版社 1994 年 224 页 有图
20cm（32 开）ISBN：7-81025-350-6
定价：CNY15.00，CNY20.00（精装）
（中国曲艺音乐集成 云南卷丛书）
　　主编李安明，曾任玉溪市文化馆馆长，非物质文化遗产保护中心主任、研究馆员。

J0157530
李元庆说唱音乐作品选 李元庆著
昆明 云南民族出版社 1995 年 342 页 有彩照
19cm（小 32 开）ISBN：7-5367-1142-5
定价：CNY15.00

J0157531
蒙郭勒津乐曲选 阜新蒙古族自治县蒙古语文办公室，辽宁省民委古籍整理办公室编
沈阳 辽宁民族出版社 1995 年 658 页
19cm（小 32 开）ISBN：7-80527-425-8
定价：CNY15.90

J0157532
心韵 （何红玉曲艺音乐作品选）何红玉著

桂林　漓江出版社　1996 年　313 页　有照片
19cm（小 32 开）ISBN：7-5407-2016-6
定价：CNY11.50

J0157533
侗族曲艺音乐　　张勇，刘振国主编；普虹编
纂；贵州省民族事务委员会文教处编
贵阳　贵州民族出版社　1997 年　393 页　有地图
20cm（32 开）ISBN：7-5412-0706-3
定价：CNY12.00

J0157534
山东地方曲艺音乐　　辛力，安禄兴主编
济南　1987 年　199 页　有乐谱 27cm（大 16 开）
定价：CNY3.50

J0157535
骆玉笙演唱京韵大鼓选集　　宫辛编
北京　大众文艺出版社　1999 年　334 页　有彩照
20cm（32 开）精装　ISBN：7-80094-452-2
定价：CNY30.00
（中国文联晚霞文库）
　　本书收录《剑阁闻铃》《子期听琴》《七星
灯》《和氏璧》《风雨归舟》《长征》《怀念杨开
慧》《文人与酒》《金门潮》等 25 段京韵大鼓。

J0157536
芷兰雅韵　　（常德丝弦普及本）周用金，水运宪
主编
北京　中国戏剧出版社　1999 年　114 页
20cm（32 开）ISBN：7-104-01166-8
定价：CNY4.80
（戏剧作品丛书）
　　常德丝弦是富有常德特色的地方曲种。本
书所收作品包括"江总书记访农家"等新编曲目、
"江南"等古诗词曲目和"正越调"等传统曲目。

中国舞蹈乐曲

J0157537
儿童节奏乐曲　　黄学编
［民国］手抄本 27cm（16 开）

J0157538
新年儿童歌舞曲选　　杨大戈编
［民国］［11］页 20cm（32 开）
　　本书收录《儿童年献歌》《儿童舞曲》《龙灯
曲》《十二月莲簫曲》《贺新年》《向前走》等 16
首，前 8 首为歌舞曲，后 8 首为歌曲。陶行知、郭
沫若等作词，吕骥、赵启海等作曲。

J0157539
进行舞蹈曲萃　　索树白编
上海　商务印书馆　1919 年　27 页　有图
15×18cm
　　本书为舞蹈曲，收 21 首曲子。有钢琴伴奏谱。

J0157540
歌舞集　　谢绍雄，莫仲夔编
无锡　大同书局　1928 年　34 页　18cm（15 开）
定价：大洋二角五分
　　本书收录《自然界的使者》《夜来了》《赏春
曲》《话别东风》《慈母的心》《爱之花》6 个儿童
歌舞。

J0157541
吹泡泡　　黎锦晖作
上海　中华书局　1929 年　7 页　27cm（16 开）
（歌舞表演曲 13）
　　作者黎锦晖（1891—1967），儿童歌舞音乐作
家，中国流行音乐的奠基人。生于湖南湘潭，毕
业于长沙高等师范学校。代表作品《麻雀与小孩》
《葡萄仙子》《小小画家》等。

J0157542
春深了　　黎锦晖作
上海　中华书局　1929 年　9 页　27cm（16 开）
（歌舞表演曲 4）

J0157543
春深了　　黎锦晖作
上海　中华书局　1933 年　再版 9 页　27cm（16 开）
（歌舞表演曲 4）

J0157544
寒衣曲　　黎锦晖作
上海　中华书局　1929 年　8 页　27cm（16 开）
（歌舞表演曲 3）

J0157545
寒衣曲　黎锦晖作
上海 中华书局 1933 年 3 版 8 页 27cm（16 开）
（歌舞表演曲 3）

J0157546
好妹妹　黎锦晖作
上海 中华书局 1929 年 8 页 26cm（16 开）
定价：银三角
（歌舞表演曲 14）

J0157547
好朋友来了　黎锦晖作
上海 中华书局 1929 年 8 页 27cm（16 开）
（歌舞表演曲 5）

J0157548
蝴蝶姑娘　黎锦晖作
上海 中华书局 1929 年 7 页 26cm（16 开）
（歌舞表演曲 7）

J0157549
欢乐的歌　黎锦晖作
上海 中华书局 1929 年 6 页 27cm（16 开）
（歌舞表演曲 20）

J0157550
可怜的秋香　黎锦晖作
上海 中华书局 1929 年 8 页 27cm（16 开）
定价：银三角
（歌舞表演曲 1）

J0157551
空中音乐　黎锦晖作
上海 中华书局 1929 年 10 页 27cm（16 开）
（歌舞表演曲 6）

J0157552
你的花儿　黎锦晖作
上海 中华书局 1929 年 9 页 27cm（16 开）
（歌舞表演曲 15）

J0157553
努力　黎锦晖作
上海 中华书局 1929 年 7 页 26cm（16 开）

（歌舞表演曲 18）

J0157554
三个小宝贝　黎锦晖作
上海 中华书局 1929 年 8 页 27cm（16 开）
（歌舞表演曲 11）

J0157555
胜利　黎锦晖作
上海 中华书局 1929 年 8 页 27cm（16 开）
（歌舞表演曲 8）

J0157556
谁和我玩　黎锦晖作
上海 中华书局 1929 年 8 页 27cm（16 开）
（歌舞表演曲 10）

J0157557
问问鸡　黎锦晖作
上海 中华书局 1929 年 8 页 27cm（16 开）
（歌舞表演曲 12）

J0157558
小鹦哥　黎锦晖作
上海 中华书局 1929 年 10 页 27cm（16 开）
（歌舞表演曲 17）

J0157559
谢谢你们　黎锦晖作
上海 中华书局 1929 年 7 页 26cm（16 开）
定价：五分
（歌舞表演曲 19）

J0157560
新年之乐　黎锦晖作
上海 中华书局 1929 年 7 页 27cm（16 开）
（歌舞表演曲 9）

J0157561
因为你　黎锦晖作
上海 中华书局 1929 年 9 页 27cm（16 开）
（歌舞表演曲 2）

J0157562
因为你　黎锦晖作

上海　中华书局　1931年　3版　9页　27cm（16开）
（歌舞表演曲 2）

J0157563

钟声　黎锦晖作
上海　中华书局　1929年　8页　27cm（16开）
（歌舞表演曲 16）

J0157564

蝴蝶姑娘　黎锦晖作
上海　中华书局　1933年　再版　7页　26cm（16开）
（歌舞表演曲 7）

　　作者黎锦晖（1891—1967），儿童歌舞音乐作家，中国流行音乐的奠基人。生于湖南湘潭，毕业于长沙高等师范学校。代表作品《麻雀与小孩》《葡萄仙子》《小小画家》等。

J0157565

进行舞蹈曲萃　索树白编
上海　商务印书馆　1933年　国难后1版　27页
有图　15×18cm

J0157566

游戏舞曲集　张粹如编
上海　商务印书馆　1933年　92页　30cm（10开）
定价：大洋一元二角

　　本书包括优柔乐、进行曲、跑跳步等8项，收60首舞曲、钢琴谱。书末附音乐名词、外语对译表。

J0157567

红莓草　（新舞曲选 1）北平舞联编
北平　北平舞联　[1946—1949年]油印本　37页
18cm（15开）

　　本书收录20多支民族民间歌舞曲。

J0157568

秧歌曲选　关东社会教育工作团编
大连　大众书店　1948年　116页　20cm（32开）
环筒页装

　　本书内容分：东北、山东、河北、山西、陕西、华中6部分，选收秧歌曲调168首。"东北秧歌部"分附有罗正的《东北秧歌散记》一文。

J0157569

进军舞　吴晓邦等撰
上海　新华书店　1950年　57页　26cm（16开）
统一书号：4.50

　　作者吴晓邦（1906—1995），舞蹈家。生于江苏太仓。代表作有《丑表功》《思凡》《饥火》《罂粟花》《虎爷》等，著有《新舞蹈艺术概论》《舞蹈新论》《谈艺录》《舞蹈续集》。

J0157570

新舞曲选　（红莓草）北平舞联编
1950—1959年　油印本　线装

J0157571

舞曲　（提琴独奏）张洪岛作曲
上海　万叶书店　1951年　影印本　[6]页
31cm（15开）定价：旧币5,000元
（中央音乐学院创作丛刊 5）

　　作者张洪岛（1931—　　），教授，沙河人，毕业于朝阳大学法律系。历任河北女子师范学院副教授，重庆音乐院、北平师范大学教授，中央音乐学院音乐学系主任、教授。译有《小提琴演奏法》《实用和声学》《西洋音乐史》《欧洲音乐史》等。

J0157572

新疆舞曲　丁善德作
上海　上海音乐出版社　1951年　定价：CNY0.40

　　作者丁善德（1911—1995），江苏昆山人。1928年入上海国立音乐专科学校钢琴系，兼学作曲。历任天津女子师范学校、上海国立音专教师、上海音乐学院教授、作曲系主任、副院长，中国音协副主席。创作钢琴曲《中国民歌主题变奏曲》《序曲三首》，交响乐《长征》等。撰有《单对位法》《复对位法》《赋格写作纲要》等。

J0157573

新舞曲选　（第一集）张家口市总工会辑
张家口　察哈尔人民出版社　1952年　70页
10×15cm（50开）定价：旧币2,800元

J0157574

舞蹈曲谱　（1）朱婴选辑
上海　自立书店　1953年　49页　15cm（40开）
定价：旧币1,500元

J0157575
舞蹈曲谱 （3）朱婴,文达辑
上海 自立书店 1953 年 50 页 14cm（64 开）
定价：旧币 1,300 元

J0157576
舞蹈曲谱 （2）朱婴,文达辑
上海 自立书店 1954 年 50 页 14cm（64 开）
定价：旧币 1,300 元

J0157577
舞蹈曲选 效良编选
上海 陆开记书店 1953 年 99 页 有图
14cm（64 开）定价：旧币 2,500 元

J0157578
新疆舞曲集 （简易钢琴曲）陆华柏编曲
上海 新音乐出版社 1953 年 影印本 44 页
26cm（16 开）定价：旧币 7,000 元
　　作者陆华柏（1914—1994）,作曲家、音乐教育家。出生于湖北荆门,祖籍江苏武进。主要作品有《故乡》《勇士骨》《汨罗江边》等。

J0157579
新舞曲选 张家口市总工会选辑
保定 河北人民出版社 1953 年 新 1 版 76 页
10×15cm 定价：旧币 1,800 元

J0157580
河南民间音乐与舞蹈 （河南省第一届民间艺术会演选辑）河南省人民政府文化事业管理局编
开封 河南人民出版社 1954 年 136 页
21cm（32 开）定价：旧币 8,000 元

J0157581
舞蹈曲选 马剑华编校
上海 上海文化出版社 1955 年 157 页 有图
14cm（64 开）定价：CNY0.33

J0157582
第二新疆舞曲 丁善德作曲
北京 音乐出版社 1956 年 影印本 11 页
30cm（15 开）统一书号：8026.459
定价：CNY0.32

　　作者丁善德（1911—1995）,江苏昆山人。1928 年入上海国立音乐专科学校钢琴系,兼学作曲。历任天津女子师范学校、上海国立音专教师、上海音乐学院教授、作曲系主任、副院长,中国音协副主席。创作钢琴曲《中国民歌主题变奏曲》《序曲三首》,交响乐《长征》等。撰有《单对位法》《复对位法》《赋格写作纲要》等。

J0157583
民间舞蹈音乐选集 赵奎英记谱整理
沈阳 辽宁人民出版社 1956 年 48 页
18cm（15 开）统一书号：8090.22
定价：CNY0.17

J0157584
民间舞曲选集 中国舞蹈艺术研究会编
北京 音乐出版社 1956 年 144 页 26cm（16 开）
统一书号：8026.412 定价：CNY0.85

J0157585
舞曲集 辽宁人民出版社编辑
沈阳 辽宁人民出版社 1956 年 60 页
14cm（64 开）统一书号：T8090.19
定价：CNY0.14

J0157586
秧歌曲谱 张正治编辑
北京 音乐出版社 1956 年 13 页 19cm（32 开）
统一书号：T8026.440 定价：CNY0.08

J0157587
瑶族舞曲 （管弦乐总谱）刘铁山,茅沅作曲
北京 音乐出版社 1956 年 影印本 29 页
30cm（15 开）统一书号：8026.407
定价：CNY0.80

J0157588
瑶族舞曲 （民族管弦乐合奏）刘铁山,茅沅曲;彭修文配器
北京 音乐出版社 1962 年 简谱本 27 页
28cm（16 开）统一书号：8026.1291
定价：CNY0.41
　　彭修文（1931—1996）,作曲家。湖北武汉汉口人,毕业于商业专科学校。历任重庆人民广播电台工作人员,中央广播民族乐团指挥兼作曲。

创作改编作品有《步步高》《彩云追月》《花好月圆》《瑶族舞曲》。

J0157589
瑶族舞曲 （筝独奏曲）刘铁山,茅沅曲;尹其颖改编
北京 音乐出版社 1965 年 5 页 26cm（16 开）
统一书号：8026.2317 定价：CNY0.10
（民族器乐创作选）

J0157590
瑶族舞曲 （管弦乐总谱）刘铁山,茅沅曲
北京 人民音乐出版社 1978 年 重印本 29 页
20cm（32 开）统一书号：8026.407
定价：CNY0.20

J0157591
瑶族舞曲 （民族管弦乐总谱）刘铁山,茅源曲;彭修文编配
北京 人民音乐出版社 1980 年 31 页
25cm（16 开）统一书号：8026.3758
定价：CNY0.50

J0157592
藏族民歌舞曲选 彦克等收集记谱
武汉 长江文艺出版社 1957 年 107 页
20cm（32 开）统一书号：8107.189
定价：CNY0.40

J0157593
儿童舞曲 （民族管弦乐合奏）中央人民广播电台民族管弦乐团编;朴东生作曲
北京 音乐出版社 1957 年 17 页 26cm（16 开）
统一书号：8026.542 定价：CNY 0.24

J0157594
祁太秧歌音乐 祁县人民文化馆,薛贵菉等集体整理
太原 山西人民出版社 1957 年 重印本 210 页
20cm（32 开）统一书号：10088.58
定价：CNY1.10

J0157595
祁太秧歌音乐 薛贵菉等集体整理
[太原] 山西人民出版社 1957 年

定价：CNY1.10

J0157596
广灵秧歌音乐 任凤舞著
1985 年 525 页 有乐谱 19cm（小 32 开）

J0157597
简易舞曲集 陈元杰编
上海 上海音乐出版社 1958 年 12 页
26cm（16 开）统一书号：8127.262
定价：CNY0.16

J0157598
交谊舞合奏曲集 （第一集）音乐出版社编辑部编辑
北京 音乐出版社 1958 年 42 页 有图
26cm（16 开）统一书号：8026.838
定价：CNY0.40

J0157599
交谊舞合奏曲集 （第二集）音乐出版社编辑部编辑
北京 音乐出版社 1958 年 34 页 26cm（16 开）
统一书号：8026.878 定价：CNY0.30

J0157600
交谊舞曲集 （第一集 简谱版）音乐出版社编辑部编辑
北京 音乐出版社 1958 年 39 页 18cm（15 开）
统一书号：8026.790 定价：CNY0.14

J0157601
交谊舞曲集 （第二集）音乐出版社编辑部编辑
北京 音乐出版社 1958 年 26 页

J0157602
交谊舞曲集 （第二集 简谱版）音乐出版社编辑部编
北京 音乐出版社 1958 年 定价：CNY0.10

J0157603
交谊舞曲集 （第三集 简谱版）音乐出版社编辑部编辑
北京 音乐出版社 1958 年 24 页 19cm（32 开）
统一书号：8026.1016 定价：CNY0.10

J0157604
交谊舞曲集 （第一集）人民音乐出版社编辑
部编
北京 人民音乐出版社 1988 年 125 页
26cm（16 开）ISBN：7-103-00077-8
定价：CNY2.95

J0157605
交谊舞曲集 （第二集）人民音乐出版社编辑
部编
北京 人民音乐出版社 1993 年 116 页
26cm（16 开）ISBN：7-103-01059-5
定价：CNY6.50

J0157606
台湾高山族舞曲 张杰编
福州 福州部队业余文艺演出队 1959 年
油印本 17 页 24×34cm

J0157607
豌豆花 （集体舞曲）天戈主调；谢直心作曲
上海 上海文艺出版社 1959 年 11 页
26cm（16 开）统一书号：8078.1197
定价：CNY0.14
（民族器乐曲丛刊）

J0157608
舞蹈音乐创作集 （第一集）中华全国总工会
工人歌舞团编
北京 中华全国总工会工人歌舞团 1959 年
油印本 40 页 26cm（16 开）

J0157609
舞曲集 山东省群众艺术馆编
济南 山东人民出版社 1959 年 简谱本
34 页 19cm（32 开）统一书号：T8099.321
定价：CNY0.13

J0157610
西藏民间歌舞 （堆谢）中国音乐研究所编；
毛继增记谱整理；何良俊翻译对词
北京 音乐出版社 1959 年 169 页 有照片
21cm（32 开）统一书号：8026.1176
定价：CNY1.05
（中国音乐研究所丛刊）

本书记录整理了 39 首堆谢音乐，有歌谱、歌
词原文、直译、意译和伴奏谱等全部材料。

J0157611
西藏民间歌舞 （堆谢）中国音乐研究所编；
毛继增记谱整理；何良俊翻译对词
北京 人民音乐出版社 1980 年 重印本 169 页
有照片 21cm（32 开）统一书号：8026.1176
定价：CNY1.05
（中国音乐研究所丛刊）

J0157612
节日欢乐舞 安徽群众文化社，安徽人民出版
社编辑部编
合肥 安徽人民出版社 1960 年 23 页 有曲谱
18cm（15 开）统一书号：10102.404
定价：CNY0.09

J0157613
陕西民间秧歌曲选 陕西省群众艺术馆编；
杨瑾，张毓贤记谱
西安 长安书店 1960 年 56 页 19cm（32 开）
统一书号：T10095.645 定价：CNY0.17

J0157614
西藏古典歌舞 （囊玛）毛继增记谱整理；何
良俊，徐官珠译词
北京 音乐出版社 1960 年 187 页 有照片
21cm（32 开）统一书号：8036.1177
定价：CNY1.10
（中国音乐研究所丛刊）

本书记录整理了 40 首囊玛音乐，有曲谱、原
文歌词、译音和译意等材料。

J0157615
歌舞与舞蹈音乐 中央音乐学院中国音乐研
究所编
北京 中央音乐学院中国音乐研究所 1961 年
169 页 20cm（32 开）定价：CNY1.70
（《民族音乐》参考资料 6）

J0157616
快乐的罗嗦 （小型乐队合奏曲）阿克俭编曲
北京 音乐出版社 1962 年 正谱本 7 页
26cm（16 开）统一书号：8026.1620

定价: CNY0.21

J0157617
貔貅舞曲 （管弦乐总谱）王义平作曲
北京 音乐出版社 1962 年 正谱本 33 页
19cm（32 开）统一书号: 8026.715
定价: CNY0.23

J0157618
送我一枝玫瑰花 （探戈——波列娜舞曲）
黎锦光改编
北京 音乐出版社 1962 年 正谱本 12 页
26cm（16 开）统一书号: 8026.1619
定价: CNY0.19

J0157619
农村活页器乐曲 （三 陕北大秧歌）音乐出
版社编
北京 音乐出版社 1963 年 简谱本 4 页
19cm（32 开）统一书号: 8026.1898
定价: CNY0.03

J0157620
农村活页器乐曲 （五 采茶舞曲）音乐出版
社编
北京 音乐出版社 1963 年 简谱本 4 页
19cm（32 开）统一书号: 8026.1900
定价: CNY0.03

J0157621
农村活页器乐曲 （八 白毛女选曲 北风吹、
十里风雪、红头绳）音乐出版社编
北京 音乐出版社 1964 年 简谱本 4 页
19cm（32 开）统一书号: 8026.1995
定价: CNY0.03

J0157622
新疆舞曲集 （简易钢琴曲）陆华柏编曲
上海 新音乐出版社 1963 年 影印本 44 页
26cm（16 开）
　　作者陆华柏(1914—1994)，作曲家、音乐教
育家。出生于湖北荆门，祖籍江苏武进。主要作
品有《故乡》《勇士骨》《汨罗江边》等。

J0157623
红苗 （秧歌剧）沈阳市曲艺团创作组作词; 董
广生编曲
沈阳 春风文艺出版社 1965 年 19cm（小 32 开）
定价: CNY0.12

J0157624
红色娘子军 （总谱 一九七〇年五月演出本）
中国舞剧团改编
北京 人民出版社 1970 年 534 页 26cm（16 开）
统一书号: 8001.164 定价: CNY5.00

J0157625
彩虹 （舞蹈音乐）图力古尔, 达日玛曲; 莫尔
吉胡配器
北京 人民音乐出版社 1979 年 14 页
26cm（16 开）统一书号: 8026.3567
定价: CNY0.15

J0157626
青年圆舞曲 （管弦乐总谱）杜鸣心曲
北京 人民音乐出版社 1979 年 23 页
20cm（32 开）统一书号: 8026.3619
定价: CNY0.18
　　作曲杜鸣心(1928—　)，作曲家。湖北潜江
人。曾考入重庆育才学校音乐组学习，后被派往
莫斯科柴可夫斯基音乐院理论作曲系学习。中
国音协理事、创作委员会常务委员。任教于中央
音乐学院。主要作品有舞剧《鱼美人》《红色娘
子军》(均与吴祖强合作)的音乐，交响诗《飘扬
吧, 军旗》等。

J0157627
滥河之歌　东兰铜鼓舞 （钢琴独奏曲）陆华
柏曲
北京 人民音乐出版社 1981 年 正谱本
12 页 25cm（15 开）统一书号: 8026.3859
定价: CNY0.33

J0157628
赛乃姆 （新疆维吾尔歌舞）文化部文学艺术
研究院音乐研究所编
北京 人民音乐出版社 1981 年 44 页
18cm（32 开）定价: CNY0.27

J0157629

民间舞蹈音乐选　赵奎英记谱整理

沈阳　春风文艺出版社　1983 年　2 版　修订本

134 页　19cm（32 开）统一书号：8158.108

定价：CNY0.39

J0157630

中国古典舞基训钢琴伴奏曲选　（正谱本）

北京舞蹈学院钢琴教研室编

北京　人民音乐出版社　1984 年　127 页

37cm（8 开）统一书号：8026.4161

定价：CNY3.80

J0157631

中国民间舞教材伴奏曲选　北京舞蹈学院民

乐队编

北京　人民音乐出版社　1984 年　129 页

25cm（小 16 开）统一书号：8026.4224

定价：CNY1.20

J0157632

交谊舞名曲选　音乐生活编辑部编

沈阳　春风文艺出版社　1985 年　154 页

13cm（60 开）

J0157633

现代舞会音乐集锦　岳英编

成都　四川文艺出版社　1986 年　65 页

26cm（16 开）统一书号：8374.11

定价：CNY0.91

J0157634

实用舞厅名曲选　郑德仁编

上海　上海音乐出版社　1990 年　132 页

26cm（16 开）

　　本书汇集了四步、三步、吉特巴、伦巴、探

戈等各类舞曲共 121 首。

J0157635

舞厅电声乐队演奏系列　（1990 年第 1 集　全

国首次独家编印当代舞曲总谱）四川省通俗音

乐学会编

成都　四川人民出版社　1990 年　52 页

37cm（9 开）ISBN：7-220-00966-6

定价：CNY5.00

　　本集曲目包括：《一场游戏一场梦》《唯独

你撇不下》《我的未来不是梦》《再回首》《一

剪梅》。

J0157636

舞厅电声乐队演奏系列　（1991 年第 2 集　全

国首次独家编印当代舞曲总谱）四川省通俗音乐

学会编

成都　四川人民出版社　1991 年　50 页

37cm（9 开）ISBN：7-220-01453-8

定价：CNY6.50

　　本集曲目包括：《思念》《苦乐年华》《奉献》

《驿动的心》《我想要个家》《人在旅途》。

J0157637

舞厅电声乐队演奏系列　（1993 年第 3 集）

四川省通俗音乐学会编

成都　四川人民出版社　1993 年　78 页

37cm（8 开）ISBN：7-220-02194-1

定价：CNY10.00

J0157638

舞厅电声乐队演奏系列　（1993 年第 4 集）

四川省通俗音乐学会编

成都　四川人民出版社　1993 年　82 页

37cm（9 开）ISBN：7-220-02194-1

定价：CNY10.00

　　本集曲目包括：《东方之珠》《我悄悄蒙上你

的眼睛》《叶塞尼亚》《兰色的爱》等。

J0157639

舞厅电声乐队演奏系列　（1994 年第 5 集）

四川省通俗音乐学会编

成都　四川人民出版社　1994 年　88 页

37cm（9 开）ISBN：7-220-02194-1

定价：CNY13.00

　　本集包括：《小芳》《涛声依旧》《吻别》等

20 个曲目。

J0157640

舞厅电声乐队演奏系列　（1994 年第 6 集）

四川省通俗音乐学会编

成都　四川人民出版社　1994 年　86 页

37cm（9 开）ISBN：7-220-02194-1

定价：CNY13.00

J0157641

舞厅电声乐队演奏系列 （1995 年第 7 集）

四川省通俗音乐学会编

成都　四川人民出版社 1995 年　86 页

37cm（9 开）ISBN：7-220-02194-X

定价：CNY13.00

J0157642

舞厅电声乐队演奏系列 （1995 年第 8 集）

四川省通俗音乐学会编

成都　四川人民出版社 1995 年　71 页

37cm（9 开）ISBN：7-220-02194-1

定价：CNY15.00

J0157643

舞厅电声乐队演奏系列 （1995 年第 9 集）

四川省通俗音乐学会编

成都　四川人民出版社 1995 年　71 页

37cm（9 开）ISBN：7-220-02194-1

定价：CNY15.00

J0157644

舞厅电声乐队演奏系列 （1996 年第 10 集）

四川省通俗音乐学会编

成都　四川人民出版社 1996 年　71 页

37cm（9 开）ISBN：7-220-02194-1

定价：CNY15.00

J0157645

舞厅电声乐队演奏系列 （1996 年第 11 集）

四川省通俗音乐学会编

成都　四川人民出版社 1996 年　71 页

37cm（9 开）ISBN：7-220-02194-1

定价：CNY15.00

J0157646

舞厅电声乐队演奏系列 （1996 年第 12 集）

四川省通俗音乐学会编

成都　四川人民出版社 1996 年　71 页

37cm（9 开）ISBN：7-220-02194-1

定价：CNY15.00

J0157647

舞厅金曲　　许民编

长春　长春出版社 1991 年 124 页 26cm（16 开）

ISBN：7-80573-625-1 定价：CNY8.50

J0157648

现代舞厅交际舞曲大全　圪垯，天义，王珀编

兰州　敦煌文艺出版社 1991 年 156 页

26cm（16 开）ISBN：7-80587-061-6

定价：CNY4.20

J0157649

中国民间舞曲精选　裘柳钦主编；北京舞蹈

学院编委会选编

北京　中国文联出版公司 1993 年 157 页

26cm（16 开）ISBN：7-5059-1759-5

定价：CNY5.50

　　作者裘柳钦，北京舞蹈学院任教。

J0157650

东北秧歌音乐　王文汉，裘柳钦编著

杭州　中国美术学院社 1994 年 94 页

26cm（16 开）ISBN：7-81019-320-1

定价：CNY8.50

　　本书内容包括：东北秧歌音乐概述、打击乐、东北秧歌音乐欣赏等 6 个部分。

J0157651

交谊舞名曲 30 首　（套谱）钱钟海编

上海　上海音乐出版社 1999 年　5 册

26cm（16 开）ISBN：7-80553-222-2

定价：CNY18.00

中国器乐曲

J0157652

维新琴谱　（第一册）北京打磨厂学古堂编

北京　北京打磨厂学古堂 [1898—1911 年] 7 页

19cm（32 开）

　　本书收录《妓女告状》《莲英托梦》《逛花灯》《小上坟》《打新春》《胖娃娃》等 13 首。

J0157653

维新琴谱　（第二册）北京打磨厂学古堂编

北京　北京打磨厂学古堂 [1898—1911 年] 7 页

19cm（32 开）

本书收录《拾杯酒调》《孟姜女调》《苏武牧羊》《小放牛》《双官诰》等 13 首。

J0157654
维新琴谱 （第三册）北京打磨厂学古堂编
北京 北京打磨厂学古堂 [1898—1911 年] 7 页 19cm（32 开）

　　本书收录《拾杯酒调》《孟姜女调》《苏武牧羊》《小放牛》《双官诰》等 13 首。

J0157655
进行曲粹 （第一册 练习手指法）高连科谱
北京 京师五道庙售书处 清宣统元年 [1909]
19 页 19×26cm 定价：银元一角

J0157656
进行曲粹 （第二册）高连科谱
北京 京师五道庙售书处 清宣统元年 [1909]
22 页 19×26cm 定价：银元一角一分

J0157657
进行曲粹 （第三册）高连科谱
北京 京师五道庙售书处 清宣统二年 [1910]
19×26cm 定价：银元一角三分

J0157658
进行曲粹 （第四册）高连科谱
北京 京师五道庙售书处 清宣统二年 [1910]
19×26cm 定价：银元一角三分

J0157659
洋合全套 （一卷）
清宣统三年 [1911] 抄本

J0157660
风琴胡琴小调大观 沈鉴声编
上海 知音乐社 1928 年 3 版 137 页 20×27cm
（国乐丛书）

　　本书介绍胡琴、风琴、箫、笙、琵琶等的弹法，收曲谱 30 余首，工尺谱、简谱对照。

J0157661
二胡、三弦、钢琴三重奏曲集 陆华柏编
上海 新音乐出版社 1953 年 影印本
26cm（16 开）定价：旧币 14,000 元

作者陆华柏（1914—1994），作曲家、音乐教育家。出生于湖北荆门，祖籍江苏武进。主要作品有《故乡》《勇士骨》《汨罗江边》等。

J0157662
欢乐的草原 秦咏诚作曲
北京 音乐出版社 1957 年 30 页 26cm（16 开）
统一书号：8026.696 定价：CNY0.42

J0157663
优秀器乐曲选 中央群众艺术馆推荐
[北京] 音乐出版社 1957 年 定价：CNY0.22

J0157664
活页器乐曲 （口琴 1 凤阳花鼓）石人望改编
北京 音乐出版社 1958 年 19cm（小 32 开）
定价：CNY0.03

　　作者石人望（1906—1985），口琴家、作曲家。生于浙江瑾县。历任上海市文联委员、中国音乐家协会会员、中国音乐家协会上海分会理事及上海多家群众文艺团体口琴艺术指导、北京等地口琴会顾问。演奏代表作《杜鹃圆舞曲》《天鹅舞选曲》《凤阳花鼓》，著作有《口琴吹奏法》《口琴圆舞曲》《口琴名曲选》等。

J0157665
活页器乐曲 （口琴 2 打猪草 荷花舞）
石人望编配；刘炽曲
北京 音乐出版社 1960 年 定价：CNY0.03

　　作者刘炽（1921—1998），电影作曲和歌曲家。原名刘德荫，曾用名笑山，陕西西安人。历任抗战剧团舞蹈演员、延安鲁迅艺术文学院音乐系教员、东北文工团作曲兼指挥、东北鲁艺音工团作曲兼指挥等职。代表作歌剧《阿诗玛》、歌曲《我的祖国》《英雄赞歌》《让我们荡起双桨》等。

J0157666
活页器乐曲 （管弦乐 1 青年圆舞曲）黎国荃曲
北京 音乐出版社 1958 年 定价：CNY0.03

J0157667
活页器乐曲 （管弦乐 3 晚会·森吉德马）
贺绿汀曲
北京 音乐出版社 1958 年 19cm（32 开）
定价：CNY0.03

J0157668

春到田间　山东省文化局,中国音乐家协会山东分会编

济南　山东人民出版社　1960 年　22 页 26cm（16 开）统一书号：T8099.355

定价：CNY0.19

J0157669

活页器乐曲　（小提琴　1　新春乐）茅沅曲

北京　音乐出版社　1960 年　3 页　19cm（32 开）

统一书号：8026.1411　定价：CNY0.03

作者茅沅(1926—　　)，作曲家。生于北京，原籍山东济南，毕业于清华大学土木工程系。代表作品有《瑶族舞曲》《刘胡兰》《南海长城》《王昭君》《宁死不屈》《敦煌的故事》《新春乐》。

J0157670

活页器乐曲　（口琴　3　阿拉木汗·美丽的姑娘）石人望编配

北京　音乐出版社　1960 年　19cm（32 开）

定价：CNY0.03

J0157671

活页器乐曲　（小提琴　4　牧歌）马思聪作曲

北京　音乐出版社　1960 年　[3]页　19cm（32 开）

统一书号：8026.1410　定价：CNY0.03

作者马思聪(1912—1987)，作曲家、小提琴演奏家。广东海丰人。曾任中央音乐学院首任院长，并兼任中国音乐家协会副主席，《音乐创作》主编等职。代表作有小提琴曲《内蒙组曲》《西藏音诗》《第一回旋曲》，交响音乐《山林之歌》《第二交响曲》，大合唱《祖国》《春天》，歌剧《热碧亚》等。

J0157672

活页器乐曲　（小提琴）音乐出版社编

北京　音乐出版社　1965 年　19cm（32 开）

J0157673

农村活页器乐曲　（一）音乐出版社编

北京　音乐出版社编　1963 年　简谱本　4 页 19cm（32 开）统一书号：8026.1826

定价：CNY0.03

J0157674

农村活页器乐曲　（二）音乐出版社编

北京　音乐出版社编　1963 年　5 页　19cm（32 开）

统一书号：8026.1827　定价：CNY0.04

J0157675

农村活页器乐曲　（四　灯歌　河北民间乐曲）音乐出版社编

北京　音乐出版社　1963 年　简谱本　4 页 19cm（32 开）统一书号：8026.1899

定价：CNY0.03

J0157676

农村活页器乐曲　（六　翻身的日子）音乐出版社编

北京　音乐出版社　1964 年　简谱本　4 页 19cm（32 开）统一书号：8026.1993

定价：CNY0.03

J0157677

农村活页器乐曲　（七　喜洋洋）音乐出版社编

北京　音乐出版社　1964 年　简谱本　4 页 19cm（32 开）统一书号：8026.1994

定价：CNY0.03

J0157678

活页器乐曲　（手风琴　1）

北京　音乐出版社　1965 年　19cm（小 32 开）

定价：CNY0.04

J0157679

活页器乐曲　（合奏　1–3）朱践耳等曲

北京　音乐出版社　1965 年　3 册　19cm（32 开）

作者朱践耳(1922—2017)，作曲家、音乐家。别名朱荣实，字朴臣，安徽泾县人，生于天津。中国音乐家协会第四届常务理事，曾在上海、北京等电影制片厂、上海实验歌剧院、上海交响乐团任作曲。代表作品有《第四交响曲》《百年沧桑》《唱支山歌给党听》等。

J0157680

活页器乐曲　（合奏　4）陈萍佳曲

北京　音乐出版社　1966 年　4 页　19cm（32 开）

统一书号：8026.2507　定价：CNY0.02

J0157681
全国少数民族群众业余艺术观摩演出歌舞器乐曲选　全国少数民族群众业余艺术观摩演出会,音乐出版社编辑部编
[北京] 音乐出版社 1966 年 21cm(32 开)
定价: CNY1.05

J0157682
活页器乐曲　(小提琴 1)
北京 人民文学出版社 1972 年 19cm(小 32 开)
定价: CNY0.02

J0157683
活页器乐曲　(小提琴 2)
北京 人民文学出版社 1973 年 19cm(32 开)
定价: CNY0.02

J0157684
活页器乐曲　(小提琴 3)
北京 人民文学出版社 1973 年 19cm(32 开)
定价: CNY0.01

J0157685
活页器乐曲　(单簧管 1)
北京 人民文学出版社 1973 年 19cm(32 开)
定价: CNY0.03

J0157686
活页器乐曲　(小号 1)
北京 人民文学出版社 1973 年 19cm(32 开)
定价: CNY0.03

J0157687
器乐曲　(第一辑)广东人民出版社编
广州 广东人民出版社 1973 年 64 页
26cm(16 开)统一书号: 10111.960
定价: CNY0.33

J0157688
器乐曲　(第二辑)
广州 广东人民出版社 1975 年 53 页
26cm(16 开)统一书号: 8111.1505
定价: CNY0.27

J0157689
器乐曲　(第三辑)
广州 广东人民出版社 1977 年 56 页
26cm(16 开)统一书号: 8111.1827
定价: CNY0.29

J0157690
器乐曲　(第四辑)
广州 广东人民出版社 1979 年 98 页
26cm(16 开)统一书号: 8111.1970
定价: CNY0.51

J0157691
子弟兵和老百姓　(民族管弦乐曲)晨耕,唐诃编曲
北京 人民文学出版社 1973 年 26cm(16 开)
定价: CNY0.10
　　作者晨耕(1923—2001),满族,河北完县人。原名陈宝锷。曾入华北联大文艺学院音乐系学习。1949 年任开国大典军乐队总指挥。曾任战友文工团团长、艺术指导。作有歌曲《两个小伙一般高》《歌唱英雄的八大员》《我和班长》等。

J0157692
侗歌向着北京唱　(器乐曲选 1)音乐会作品编辑小组编
长沙 湖南人民出版社 1974 年 86 页
26cm(16 开)统一书号: 8109.929
定价: CNY0.45

J0157693
打谷机旁庆丰收　(器乐曲选 2)音乐会作品编辑小组编
长沙 湖南人民出版社 1974 年 93 页 26cm(16 开)
统一书号: 8109.953 定价: CNY0.46

J0157694
山区迎来幸福水　(器乐曲集)山东省新创作音乐、舞蹈、曲艺会演办公室编
济南 山东人民出版社 1974 年 51 页
26cm(16 开)统一书号: 10099.91
定价: CNY0.28

J0157695

文艺节目　（第七辑　器乐曲专辑）国务院文化
组文艺创作领导小组编
北京　人民文学出版社　1974 年　27cm（大 16 开）
定价：CNY0.74

J0157696

少年儿童器乐曲选　（第一集　我爱北京天安门）
北京　人民音乐出版社　1975 年　63 页
26cm（16 开）统一书号：8026.3037
定价：CNY0.35

J0157697

红心向着北京城　（器乐曲选）内蒙古人民广
播电台文艺组编
呼和浩特　内蒙古人民出版社　1976 年
18 页　26cm（16 开）统一书号：8089.28
定价：CNY0.17
　　本书是内蒙古人民广播电台文艺组编中国
现代器乐曲选集。

J0157698

农业学大寨器乐曲集
北京　人民音乐出版社　1977 年　62 页
26cm（16 开）统一书号：8026.3315
定价：CNY0.33
（农村文艺演唱丛书）

J0157699

器乐曲选
北京　人民音乐出版社　1977 年　180 页
26cm（16 开）统一书号：8026.3229
定价：CNY0.74

J0157700

器乐曲选　（第一集）人民音乐出版社编辑部编
北京　人民音乐出版社　1982 年　19cm（32 开）
统一书号：8026.4013　定价：CNY0.41
（农村音乐丛书）

J0157701

器乐曲选　（第二集）人民音乐出版社编辑部编
北京　人民音乐出版社　1983 年　123 页
19cm（32 开）统一书号：8026.4102
定价：CNY0.43

（农村音乐丛书）

J0157702

器乐曲选　（第三集）人民音乐出版社编辑部编
北京　人民音乐出版社　1984 年　100 页
19cm（32 开）统一书号：8026.4227
定价：CNY0.36
（农村音乐丛书）

J0157703

活页器乐曲　（手风琴 1 大庆石油运四方）朱
经白曲
北京　人民音乐出版社　1978 年　10 页
19cm（32 开）定价：CNY0.03

J0157704

活页器乐曲　（竖笛 1）人民音乐出版社编辑
北京　人民音乐出版社　1978 年　3 页
26cm（16 开）统一书号：8026.3463
定价：CNY0.08

J0157705

安徽器乐曲选　中国音乐家协会安徽分会编
合肥　安徽人民出版社　1979 年　67 页
20cm（32 开）统一书号：8102.1035
定价：CNY0.20

J0157706

祖国的花朵多可爱　（少年儿童器乐曲选　第
三集）人民音乐出版社编辑部编
北京　人民音乐出版社　1984 年　73 页
26cm（16 开）统一书号：8026.4199
定价：CNY0.76

J0157707

少年儿童节奏音乐　李民雄等编著
天津　新蕾出版社　1987 年　90 页　26cm（16 开）
统一书号：8213.12　定价：CNY1.05
　　本书介绍节奏音乐对少年儿童身心健康发
展所起的作用。并对节奏乐器的使用方法、节奏
乐器的编配方法、节奏乐器的教学方法等进行了
详尽的阐述。

J0157708

天山的春天　（乌斯满江器乐曲选）乌斯满江曲

北京 人民音乐出版社 1987 年 80 页
26cm（16 开）统一书号：8026.4628
定价：CNY1.20

J0157709
谭小麟室内乐作品选 谭小麟作曲
北京 人民音乐出版社 1990 年 37 页
20cm（32 开）ISBN：7-103-00598-8
定价：CNY1.05
　　本书选编《弦乐三重奏》《浪漫曲》（中提琴与竖琴）和《小提琴与中提琴二重奏》3 首室内乐作品。作曲谭小麟（1911—1948），作曲家、琵琶演奏家。原籍广东开平，生于上海，毕业于耶鲁大学音乐学院。作品有《子夜吟》《湖上春光》等。

J0157710
快乐的小乐队 （中小学常用教学乐器演奏曲精选）上海音乐出版社青少年读物编辑室编
上海 上海音乐出版社 1995 年 177 页
23×19cm ISBN：7-80553-534-5 定
价：CNY9.90
（多来咪丛书）

J0157711
太行山音画 （室内乐队组曲）王西麟曲
北京 人民音乐出版社 1996 年 52 页
20cm（32 开）ISBN：7-103-01342-X
定价：CNY4.40

J0157712
金色的秋天 （郭祖荣室内乐作品选）郭祖荣作曲
福州 海峡文艺出版社 1999 年 273 页
36cm（15 开）ISBN：7-80640-288-8
定价：CNY42.00

J0157713
中国音乐主题辞典 （器乐卷）庄永平主编
上海 上海音乐出版社 1999 年
2 册（136+2385 页）20cm（32 开）精装
ISBN：7-80553-669-4 定价：CNY150.00
　　本辞典为索引类性质的音乐辞典，以中国器乐作品主题为主要内容，收编的乐曲包括：中西乐器的各种独奏、重奏、协奏、合奏曲；舞剧及

舞蹈音乐，乃至宫廷与宗教音乐等。

中国管乐曲

J0157714
云南陆军号谱 陈遇春拟订
［1923 年］33 页 有图 17cm（40 开）环筒页装

J0157715
定县子位村管乐曲集 杨荫浏，曹安和编
上海 万叶书店 1952 年 93 页 有图及乐谱
26cm（16 开）定价：旧币 11,000 元
（中央音乐学院研究部资料丛刊）
　　编者杨荫浏（1899—1984），音乐教育家。字亮卿，号二壮，又号清如。出生于江苏无锡，曾就读于上海圣约翰大学文学系、光华大学经济系（今华东师范大学）。曾在重庆、南京任国立音乐学院教授兼国乐组主任、国立礼乐馆编纂和乐曲组主任、金陵女子大学音乐系教授。代表作品有《中国音乐史纲》《中国古代音乐史稿》。编者曹安和（1905—2004），女，音乐理论家。江苏无锡人。毕业于北平国立大学女子文理学院音乐系。曾任中国艺术研究院音乐研究所研究员。著有《时薰室琵琶指径》；合著《文板十二曲琵琶谱》《弦索十三套》《阿炳曲集》。

J0157716
小号独奏曲选 （第一集）朱起东编
北京 音乐出版社 1957 年 影印本 98 页
有乐谱 26cm（16 开）统一书号：8026.619
定价：CNY1.20
　　本书收录《英雄》等各国乐曲 16 首。附分谱及音乐术语。作者朱起东（1913—1991），音乐教育家、小号演奏家。浙江鄞县人。小号独奏曲有《山丹丹开花红艳艳》《阿拉木汗》《秋收》《送我一枝玫瑰花》，著有《小号表演艺术》《音乐声学基础》等。

J0157717
小小鱼儿粉红腮 （长笛独奏 钢琴伴奏）
张定和编曲
北京 音乐出版社 1957 年 影印本 5 页
有乐谱 35cm（10 开）统一书号：8026.664
定价：CNY0.30

J0157718

幸福的草原上 （管乐五重奏）刘奇作曲
北京 音乐出版社 1958 年 影印本 7 页
有乐谱 26cm（16 开）统一书号：8026.930
定价：CNY0.17

J0157719

**小号、长号、圆号及其他铜管乐器五声音
阶日常练习** 朱起东编著
上海 上海文艺出版社 1959 年 52 页 有乐谱
28cm（16 开）统一书号：8078.1257
定价：CNY0.64

J0157720

小号曲集 朱起东编
上海 上海文艺出版社 1960 年 67 页 有乐谱
30cm（15 开）统一书号：8078.1657
定价：CNY1.55

J0157721

毕业的前夕 （小号独奏）黄日照作曲；段平
泰配伴奏
北京 音乐出版社 1961 年 正谱本 7 页 有乐谱
26cm（16 开）统一书号：8026.1478
定价：CNY0.20
（中央音乐学院教材丛刊）
　　作者段平泰，中央音乐学院作曲系任教。

J0157722

嘎达梅林主题变奏 （小号独奏）黄日照改编
北京 音乐出版社 1961 年 正谱本 7 页 有乐谱
26cm（16 开）统一书号：8026.1452
定价：CNY0.20
（中央音乐学院教材丛刊）

J0157723

山歌 （小号独奏正谱本）黄日照作曲
北京 音乐出版社 1961 年 4 页 有乐谱
26cm（16 开）统一书号：8026.1477
定价：CNY0.13
（中央音乐学院教材丛刊）

J0157724

苏北调变奏曲 （单簧管独奏）张梧改编
北京 音乐出版社 1961 年 正谱本 5 页 有乐谱

26cm（16 开）统一书号：8026.1472
定价：CNY0.17
（中央音乐学院教材丛刊）

J0157725

小车 （长笛独奏曲正谱本）钱苑作曲
上海 上海文艺出版社 1961 年 7 页 有乐谱
30cm（15 开）统一书号：8078.1800
定价：CNY0.24
（器乐曲丛刊）

J0157726

燕子 （长笛独奏正谱本）段平泰改编
北京 音乐出版社 1961 年 5 页 有乐谱
26cm（16 开）统一书号：8026.1474
定价：CNY0.17
（中央音乐学院教材丛刊）

J0157727

嘎达梅林主题幻想曲 （长号独奏曲）马友道
作曲
上海 上海文艺出版社 1962 年 正谱本 14 页
有乐谱 30cm（15 开）统一书号：8078.1936
定价：CNY0.38
　　本书附长号独奏曲分谱 4 页。

J0157728

管子独奏曲三首 张计贵等编曲
北京 音乐出版社 1962 年 简谱本 14 页
有乐谱 19cm（32 开）统一书号：8026.1605
定价：CNY0.08

J0157729

长笛曲选 马思芸等编
北京 音乐出版社 1962 年 正谱本 84 页
有乐谱 29cm（16 开）统一书号：8026.1530
定价：CNY2.05

J0157730

中央音乐学院单簧管教学曲选 （第一集）
中央音乐学院编
北京 音乐出版社 1962 年 正谱本 35 页
有乐谱 26cm（16 开）统一书号：K8026.1685
定价：CNY0.58

J0157731

中央音乐学院双簧管教学曲选　（第一集）
中央音乐学院管弦系编选
北京　音乐出版社　1962年　正谱本　40页
有乐谱　26cm（16开）统一书号：K8026.1686
定价：CNY0.61
　　本书附双簧管分谱15页。

J0157732

牧童舞曲　（单簧管独奏）郑镇玉作曲
北京　音乐出版社　1963年　11页　有乐谱
26cm（16开）统一书号：8026.1744
定价：CNY0.19

J0157733

谐谑曲　（长笛独奏曲）高燕生作曲
北京　音乐出版社　1963年　9页　有乐谱
26cm（16开）统一书号：8026.1935
定价：CNY0.28

J0157734

中央音乐学院单簧管教学曲选　（第二集）
中央音乐学院编
北京　音乐出版社　1963年　34页　有乐谱
26cm（16开）统一书号：K8026.1807
定价：CNY0.58

J0157735

中央音乐学院长笛教学曲选　中央音乐学院
编选
北京　音乐出版社　1963年　54页　有乐谱
26cm（16开）统一书号：K8026.1809
定价：CNY0.90
　　本书附长笛独奏谱26页。

J0157736

草原上　（双簧管独奏曲）何占豪作曲
北京　音乐出版社　1964年　7页　有乐谱
26cm（16开）统一书号：8026.2095
定价：CNY0.19
　　作者何占豪（1933— ），音乐家、作曲家。
出生于浙江诸暨，毕业于上海音乐学院。创作中
国第一部小提琴协奏曲《梁祝》。

J0157737

大管教学曲选　（第一集）中央音乐学院编
北京　音乐出版社　1964年　53页　有乐谱
26cm（16开）统一书号：K8026.1920
定价：CNY0.90
　　本书收录中央音乐学院管弦系大管教学参
考曲目13首，另附大管独奏谱1册。

J0157738

喜送丰收粮　（单簧管独奏曲　小型管乐队伴
奏）郑路曲
北京　人民音乐出版社　1975年　30页
26cm（16开）统一书号：8026.3067
定价：CNY0.20
　　作者郑路（1933— ），作曲家。北京顺义人。
中国人民解放军军乐团创作室副主任、国家一级
作曲、中国音乐家协会会员、辽宁省管乐学会名
誉顾问、中国少年先锋队鼓乐团顾问。

J0157739

窗花舞　（木管五重奏　正谱本）林铭述等曲
北京　人民音乐出版社　1977年　20页
26cm（16开）定价：CNY0.37
　　本曲选自革命现代舞剧《白毛女》。

J0157740

大柳树下育新人　（圆号独奏曲　民族乐队伴
奏）孙大方，季福玉曲；栾仁杰，季福玉配伴奏
北京　人民音乐出版社　1977年　30页
26cm（16开）统一书号：8026.3233
定价：CNY0.24

J0157741

纺织工人学大庆　（木管五重奏）马洪业，张
丕基编曲
北京　人民音乐出版社　1978年　13页
26cm（16开）统一书号：8026.3495
定价：CNY0.37
　　本书收录木管五重奏《土家喜爱咚咚亏》等。

J0157742

纺织工人学大庆土家喜爱咚咚亏　（木管五
重奏　五线谱）
北京　人民音乐出版社　1978年　12页
26cm（16开）定价：CNY0.37

J0157743

海上女民兵 （圆号独奏曲）熊融礼编曲；
姚杉配伴奏
北京 人民音乐出版社 1978 年 11 页
26cm（16 开）统一书号：8026.3496
定价：CNY0.29

J0157744

红太阳照瑶寨 （单簧管独奏曲）郑路编曲；
姜杰配伴奏
北京 人民音乐出版社 1978 年 7 页
26cm（16 开）统一书号：8026.3476
定价：CNY0.20

J0157745

欢送进行曲 （管乐合奏）中国人民解放军军
乐团创作组创作；郑路执笔
北京 人民音乐出版社 1978 年 14 页
35cm（18 开）统一书号：8026.3511
定价：CNY0.46

J0157746

欢迎进行曲 （管乐合奏）中国人民解放军军
乐团创作组创作；魏群执笔
北京 人民音乐出版社 1978 年 15 页
35cm（18 开）统一书号：8026.3510
定价：CNY0.46

J0157747

检阅进行曲 （管乐合奏）郑路曲
北京 人民音乐出版社 1978 年 7 页
35cm（15 开）统一书号：8026.3513
定价：CNY0.23

J0157748

南海渔民唱丰收 （双簧管独奏曲 民族乐队
伴奏）季福玉等编曲
北京 人民音乐出版社 1978 年 16 页
26cm（16 开）统一书号：8026.3339
定价：CNY0.15

J0157749

塔吉克族人民心花放 （竖笛独奏）严铁明曲
北京 人民音乐出版社 1978 年 2 页
26cm（16 开）定价：CNY0.08

（活页器乐曲 竖笛 1）

J0157750

天山新歌 （小号独奏曲）陶嘉舟等曲
上海 上海文艺出版社 1978 年 15 页
26cm（16 开）统一书号：8078.3035
定价：CNY0.37

J0157751

天山新歌 （小号独奏曲 五线谱）陶喜舟等曲
上海 上海文艺出版社 1978 年 12 页
26cm（16 开）定价：CNY0.37

J0157752

团结友谊进行曲 （管乐合奏）魏群，傅晶曲
北京 人民音乐出版社 1978 年 12 页
35cm（6 开）统一书号：8026.3514
定价：CNY0.33

J0157753

我爱五指山，我爱万泉河 （圆号独奏曲）熊
融礼编曲
北京 人民音乐出版社 1978 年 9 页
26cm（16 开）统一书号：8026.3477
定价：CNY0.25

J0157754

阳光灿烂照天山 （长笛独奏曲 钢琴伴奏）
黄虎威曲
北京 人民音乐出版社 1978 年 16 页
26cm（16 开）统一书号：8026.3478
定价：CNY0.18
　　作者黄虎威(1932—2019)，作曲家、教授。
四川内江人。毕业于西南音乐专科学校作曲系，
后入中央音乐学院师从苏联作曲专家鲍里斯·阿
拉波夫教授进修。历任四川音乐学院教授、作曲
系主任，中国音乐家协会创作委员会委员，中国
音乐著作权协会理事，四川省音乐家协会理论创
作委员会副主任。

J0157755

吹起鹰笛唱北京 （管乐小合奏）若屏等编曲
北京 人民音乐出版社 1979 年 28 页
26cm（16 开）统一书号：8026.3525
定价：CNY0.30

J0157756

天山牧歌 （双簧管独奏曲 钢琴伴奏）杨少毅曲
北京 人民音乐出版社 1979年 11页 26cm（16开）
统一书号：8026.3592 定价：CNY0.29

J0157757

喜讯传到瑶山寨 （双簧管独奏曲 钢琴伴奏）
孙亦林编曲
北京 人民音乐出版社 1980年 16页
25cm（15开）统一书号：8026.3713
定价：CNY0.20

　　本书由《喜讯传到瑶山寨》《农村就是俺的
家》合订。作者孙亦林(1935—2015)，女，作曲家。
出生于北京，中央音乐学院毕业。曾在中央广播
合唱团从事钢琴伴奏和音乐创作。创作有《青年
钢琴协奏曲》《陕北民歌主题变奏曲－献给青少
年》《美丽的阿吾勒》《哈萨克组曲》等。

J0157758

喜讯传到瑶山寨 农村就是俺的家
（双簧管独奏曲 钢琴伴奏 五线谱）
北京 人民音乐出版社 1980年 16页
27cm（大16开）定价：CNY0.20

J0157759

纪念 （圆号协奏曲总谱）施咏康曲
北京 人民音乐出版社 1982年 68页
21cm（32开）统一书号：8026.3969
定价：CNY0.78

J0157760

双簧管独奏曲选集 人民音乐出版社编辑部编
北京 人民音乐出版社 1982年 正谱本 102页
25cm（16开）统一书号：8026.4003
定价：CNY1.35

　　本书选编了《金蛇狂舞》《欢乐的公社放牧
员》《天山牧歌》《春之恋》等13首作品。

J0157761

壮景小诗组曲 （管乐总谱）郑路曲
北京 人民音乐出版社 1982年 正谱本 53页
21cm（32开）统一书号：8026.4004
定价：CNY0.62

　　组曲《壮景小诗》是一首通俗的器乐中篇。
采用广西民间音调加工提炼，具有浓郁的民族

色彩。

J0157762

草原颂 走西口 （小号协奏曲 笛子协奏曲）
魏家稔，南维德作曲
呼和浩特 内蒙古人民出版社 1983年 163页
21×19cm 统一书号：8089.130 定价：CNY1.20

J0157763

管乐五重奏 王西麟，罗忠镕曲；刘庄改编
北京 人民音乐出版社 1983年 67页
19cm（32开）统一书号：8026.4133
定价：CNY0.43

　　作者罗忠镕(1924—　　)，作曲家、理论家、
教授。生于四川省三台县，就读于成都四川省
立艺术专科学校和国立上海音乐专科学校。代
表作品《罗忠镕后期现代风格的音乐创作研究》
《山那边哟好地方》《庆祝十三陵水库落成典礼序
曲》等。作者刘庄(1932—　　)，女作曲家。出生
于上海。1950年考入上海音乐学院作曲系学习，
师从丁善德、桑桐、邓尔敬教授。毕业后被派往
中央音乐学院读研究生，在苏联专家古洛夫作曲
班上学习。曾在上海音乐学院作曲系任助教，中
央音乐学院作曲系任教。后调入中央乐团从事
作曲专业。主要作品有《大提琴浪漫曲》《献给
青少年》《月之故乡》，电影音乐《小兵张嘎》《昆
仑山上一颗草》等。

J0157764

单簧管独奏曲选集 人民音乐出版社编辑部编
北京 人民音乐出版社 1984年 113页
19cm（32开）统一书号：8026.4189
定价：CNY1.70

J0157765

单簧管教学曲选集 （一）陶纯孝编
北京 人民音乐出版社 1991年 202页 附分谱
1册 31cm（10开）ISBN：7-103-00796-9
定价：CNY18.25
（中央音乐学院教材丛书）

J0157766

小号教学曲选集 （1 钢琴伴奏谱）柏林编
北京 人民音乐出版社 1991年 157页 附分谱
1册 31cm（10开）ISBN：7-103-00753-5

定价：CNY14.40
（中央音乐学院教材丛书）

J0157767
小号教学曲选集 （二）柏林编
北京　人民音乐出版社　1996 年
2 册（207+59 页）30cm（10 开）
ISBN：7–103–01405–1　定价：CNY44.30
（中央音乐学院教材丛书）

J0157768
春到田间 （双簧管独奏曲　钢琴伴奏）
杨林曲；莫若伟配伴奏
北京　人民音乐出版社　1992 年　6 页
31cm（10 开）ISBN：7–103–00918–X
定价：CNY1.20

J0157769
管乐合奏曲集（15 首）（青少年版）郑路创编
北京　北京师范学院出版社　1992 年　221 页
26cm（16 开）ISBN：7–81014–678–5
定价：CNY21.00
　　本书精选了 15 首适合青少年欣赏情趣的管
乐合奏曲，曲目有《亚洲雄风》《渴望》等。作者
郑路（1933—　），作曲家。北京顺义人。中国人
民解放军军乐团创作室副主任，国家一级作曲，
中国音乐家协会会员，辽宁省管乐学会名誉顾
问，中国少年先锋队鼓乐团顾问。

J0157770
陕南素描三首 （双簧管与小乐队　总谱）
赵季平曲
北京　人民音乐出版社　1992 年　43 页
19cm（小 32 开）ISBN：7–103–00863–9
定价：CNY1.00
　　本作品由《春光》《往事》《赶场》3 段音乐
组成。

J0157771
青少年活动礼仪曲集 （管乐总谱 19 首）郑
路,陈赜主编
北京　中国青年出版社　1994 年　230 页
28cm（大 16 开）ISBN：7–5006–1702–X
定价：CNY26.00
　　外文书名：Wind Instrument Score of Nineteen

Ceremony Songs for Youth Activities.

J0157772
长号教学曲选集 （一　钢琴伴奏谱）胡炳余编
北京　人民音乐出版社　1996 年　172 页
31cm（10 开）ISBN：7–103–01408–6
定价：CNY42.60
（中央音乐学院教材丛书）
　　本书附长号分谱。

J0157773
中小学八孔竖笛实用教程　朱则平编著
武汉　湖北科学技术出版社　1996 年　74 页
26cm（16 开）ISBN：7–5352–1911–X
定价：CNY5.70

J0157774
单簧管教学曲选　金光日选编
北京　中央民族大学出版社　1997 年　221 页
28cm（大 16 开）ISBN：7–81056–042–5
定价：CNY38.00

J0157775
单簧管中国曲集 19 首　倪耀池编
北京　中国青年出版社　1997 年　91 页
26cm（16 开）ISBN：7–5006–2725–4
定价：CNY12.00

J0157776
萨克斯管音阶练习曲集　尹志发著
北京　中国青年出版社　1997 年　125 页
29cm（16 开）ISBN：7–5006–2720–3
定价：CNY16.00

J0157777
圆号教学曲选集 （一　钢琴伴奏谱）陈根明编
北京　人民音乐出版社　1997 年　145 页
30cm（16 开）ISBN：7–103–01528–7
定价：CNY29.70
（中央音乐学院教材丛书）

J0157778
单簧管教学曲选　金光日,张宝年选编
天津　百花文艺出版社　1998 年　229 页
28cm（大 16 开）ISBN：7–5306–2650–7

定价: CNY46.00

　本书附单簧管教学曲选分谱 1 册。

J0157779

小号、长号、圆号及其他铜管乐器五声音阶日常练习　朱起东编著

上海　上海音乐出版社 1998 年 74 页 26cm(16 开)

ISBN: 7-80553-719-4 定价: CNY8.50

　作者朱起东(1913—1991),音乐教育家、小号演奏家。浙江鄞县人。小号独奏曲有《山丹丹开花红艳艳》《阿拉木汗》《秋收》《送我一枝玫瑰花》,著有《小号表演艺术》《音乐声学基础》等。

J0157780

程音章管乐曲集　程音章作曲

北京　中国青年出版社 1999 年 105 页

29cm(16 开) ISBN: 7-5006-3130-8

定价: CNY24.00

J0157781

萨克斯管练习曲集　(1)王清泉编著

北京　人民音乐出版社 1999 年 55 页

31cm(10 开) ISBN: 7-103-01901-0

定价: CNY18.00

　本书由人民音乐出版社和华乐出版社联合出版。

中国弓弦乐曲

J0157782

小提琴教科书　萧友梅著

上海　商务印书馆 1927 年 63 页 28cm(16 开)

　本书内容包括: 基本练习、音位、弓术练习、曲集等 5 章。

J0157783

弦歌中西合谱　沈允升编

广州　美华书店 1933 年 6 版 石印本 328 页

有照片 26cm(16 开) 定价: 大洋二元

　本书分 7 辑,收 200 余首乐曲,大部分是戏曲音乐,第 6 辑为梵调。附歌词,工尺谱简谱对照。

J0157784

弦歌中西合谱　沈允升编

广州　美华书店 1934 年 7 版 石印本 328 页

26cm(16 开) 定价: 大洋二元

J0157785

古曲　(提琴独奏)张洪岛作曲

上海　万叶书店 1951 年 影印本 [6]页

35cm(15 开) 定价: 旧币 5,000 元

(中央音乐学院创作丛刊 6)

　作者张洪岛(1931—　),教授,沙河人,毕业于朝阳大学法律系。历任河北女子师范学院副教授,重庆音乐院,北平师范大学教授,中央音乐学院音乐学系主任、教授。译有《小提琴演奏法》《实用和声学》《西洋音乐史》《欧洲音乐史》等。

J0157786

思乡曲　(小提琴独奏曲钢琴伴奏)马思聪作曲

上海　万叶书店 1951 年 影印本 5 页

38cm(6 开) 定价: 旧币 6,000 元

(中央音乐学院创作丛书)

　作者马思聪(1912—1987),作曲家、小提琴演奏家。广东海丰人。曾任中央音乐学院首任院长,并兼任中国音乐家协会副主席,《音乐创作》主编等职。代表作有小提琴曲《内蒙组曲》《西藏音诗》《第一回旋曲》,交响音乐《山林之歌》《第二交响曲》,大合唱《祖国》《春天》,歌剧《热碧亚》等。

J0157787

回旋曲　(小提琴独奏曲钢琴伴奏)马思聪作

上海　万叶书店 1952 年 15 页 31cm(10 开)

定价: 旧币 9,000 元

J0157788

塞外舞曲　(小提琴独奏曲钢琴伴奏)马思聪作

上海　万叶书店 1952 年 9 页 31cm(10 开)

定价: 旧币 6,000 元

　本作品是《绥远组曲》第三乐章。

J0157789

小提琴与大提琴的制造与修理

Rober Alton 著; 艾丁译

[北京] 中华书局 1952 年 定价: CNY1.30

J0157790
第二回旋曲 （小提琴独奏曲 钢琴伴奏）马思聪作
上海 新音乐出版社 1953 年 影印本 18+8 页
31cm（10 开）定价：旧币 9,800 元

J0157791
秋收舞曲 （小提琴独奏曲、钢琴伴奏） 马思聪作
上海 万叶书店 1953 年 11 页 31cm（10 开）
定价：旧币 5,600 元
（万叶乐谱丛刊）

J0157792
史诗 （小提琴独奏曲钢琴伴奏）马思聪作
上海 万叶书店 1953 年 9 页 31cm（10 开）
定价：旧币 4,900 元
（万叶乐谱丛刊）
　　本作品是《绥远组曲》第一乐章。

J0157793
跳元宵 （小提琴独奏曲钢琴伴奏）马思聪作
上海 新音乐出版社 1953 年 影印本 9 页
31cm（10 开）定价：旧币 5,000 元

J0157794
小提琴练习曲 韩里编曲
上海 万叶书店 1953 年 32 页 有图
31cm（10 开）定价：旧币 7,000 元
（万叶乐谱丛刊）

J0157795
小提琴练习曲 韩里作
上海 新音乐出版社 1953 年 定价：CNY0.70

J0157796
摇篮曲 （小提琴独奏曲 钢琴伴奏）马思聪作
上海 万叶书店 1953 年 7 页 31cm（10 开）
定价：旧币 3,500 元
（万叶乐谱丛刊）

J0157797
春天舞曲 （小提琴独奏曲 钢琴伴奏）马思聪作
上海 新音乐出版社 1954 年 影印本 11 页

31cm（10 开）定价：旧币 5,600 元

J0157798
慢诉 （小提琴独奏曲 钢琴伴奏）马思聪作
上海 新音乐出版社 1954 年 影印本 6 页
31cm（10 开）定价：旧币 4,200 元

J0157799
山歌 （小提琴独奏曲 钢琴伴奏）马思聪作
上海 新音乐出版社 1954 年 影印本 9 页
31cm（10 开）定价：旧币 4,900 元

J0157800
抒情曲 （小提琴独奏曲 钢琴伴奏）马思聪作
上海 新音乐出版社 1954 年 影印本 7 页
31cm（10 开）定价：旧币 4,200 元

J0157801
思乡曲 （小提琴独奏曲 钢琴伴奏）马思聪作曲
上海 音乐出版社 1954 年 影印本 5 页
38cm（6 开）

J0157802
思乡曲 （总谱）马思聪作
北京 音乐出版社 1955 年 影印本
19cm（32 开）定价：CNY0.60

J0157803
思乡曲 马思聪曲
北京 音乐出版社 1962 年 19cm（32 开）
定价：CNY0.03

J0157804
小提琴协奏曲，F 大调 马思聪作曲
上海 新音乐出版社 1954 年 影印本 51 页
31cm（10 开）定价：旧币 12,000 元

J0157805
叙事曲 （小提琴独奏曲 钢琴伴奏）老志诚作曲
上海 新音乐出版社 1954 年 影印本 17 页
31cm（10 开）

J0157806
红河山歌 （小提琴独奏曲 钢琴伴奏）廖胜京作

北京 音乐出版社 1955 年 影印本 8 页
31cm（10 开）定价：CNY0.35

J0157807
跳龙灯 （小提琴独奏 钢琴伴奏）马思聪作
北京 音乐出版社 1955 年 影印本 9 页
31cm（10 开）定价：旧币 5,100 元

J0157808
西藏音诗 （小提琴独奏曲 钢琴伴奏）马思聪作
北京 音乐出版社 1955 年 影印本 31 页
31cm（10 开）定价：旧币 15,600 元

J0157809
新疆狂想曲 （小提琴独奏曲琴伴奏）
马思聪作
北京 音乐出版社 1955 年 影印本 10+24 页
31cm（10 开）定价：CNY1.28

J0157810
F 大调小提琴协奏曲 （总谱）马思聪著
北京 音乐出版社 1957 年 影印本 104 页
31cm（10 开）统一书号：8026.551
定价：CNY2.10

J0157811
大提琴曲十二首 音乐出版社编辑部辑
北京 音乐出版社 1957 年 影印本 30 页
有乐谱 附分谱一册 31cm（10 开）
统一书号：8026.735 定价：CNY1.70

J0157812
高山苗歌 （小提琴独奏曲 钢琴伴奏）石应宽作曲
北京 音乐出版社 1957 年 影印本 7 页
31cm（10 开）统一书号：8026.699
定价：CNY0.30

J0157813
花儿 （小提琴独奏曲 钢琴伴奏）唐其竞编曲
北京 音乐出版社 1957 年 12 页 31cm（10 开）
统一书号：8026.621 定价：CNY0.48

J0157814
黎明 （大提琴独奏曲）罗惠南作曲
上海 上海音乐出版社 1957 年 8 页
31cm（10 开）统一书号：8127.125
定价：CNY0.34

J0157815
牧歌 （弦乐四重奏）祝恒谦作曲
北京 音乐出版社 1957 年 影印本 7 页
31cm（10 开）统一书号：8026.667
定价：CNY0.24

J0157816
小提琴曲集 （第一集）陈又新编
上海 上海音乐出版社 1957 年 影印本 [54] 页
26cm（16 开）统一书号：127.032
定价：CNY1.20
　　作者陈又新（1913—1968），小提琴演奏家。浙江吴兴人。原名陈尚谦。毕业于上海国立音乐专科学校，后赴英国伦敦皇家音乐学院深造，获硕士学位。任上海音乐学院管弦系教授兼主任。擅长演奏古典作品，编著有《小提琴曲集》《实用小提琴音阶练习》《小提琴教学随笔》等。

J0157817
小提琴曲集 （第二集）陈又新编
上海 上海音乐出版社 1957 年 影印本 51 页
26cm（16 开）统一书号：127.046
定价：CNY1.50

J0157818
小提琴曲集 （第一辑）丁善德等编；上海音乐创作委员会编
北京 音乐出版社 1957 年 影印本 45 页
26cm（16 开）统一书号：8026.552
定价：CNY0.80
（上海音乐学院创作丛刊）
　　作者丁善德（1911—1995），江苏昆山人。1928 年入上海国立音乐专科学校钢琴系，兼学作曲。历任天津女子师范学校，上海国立音专教师，上海音乐学院教授、作曲系主任、副院长，中国音协副主席。创作钢琴曲《中国民歌主题变奏曲》《序曲三首》，交响乐《长征》等。撰有《单对位法》《复对位法》《赋格写作纲要》等。

J0157819

业余小提琴曲集　音乐出版社编辑部编
北京　音乐出版社　1957 年　简谱本　27 页
19cm（32 开）统一书号：8026.729
定价：CNY0.11

J0157820

业余小提琴曲集　（第一集）音乐出版社编辑
部编；王观宾订谱
北京　音乐出版社　1963 年　简谱本　重印本
27 页　19cm（32 开）统一书号：8026.729
定价：CNY0.11

J0157821

业余小提琴曲集　（第二集）音乐出版社编辑
部编；司徒华城注弓法指法
北京　音乐出版社　1959 年　68 页　19cm（32 开）
统一书号：8026.1250　定价：CNY0.22

J0157822

二泉映月　丁芷诺,何占豪改编
上海　上海文艺出版社　1958 年　7 页
31cm（10 开）统一书号：8078.327
定价：CNY0.32
（器乐曲丛刊）
　　作者丁芷诺(1938—　)，女，教授。江苏昆
山人，生于上海。毕业于上海音乐学院，留校任
教。著有《小提琴基本功强化训练教材》。作者
何占豪(1933—　)，音乐家、作曲家。出生于浙
江诸暨，毕业于上海音乐学院。创作中国第一部
小提琴协奏曲《梁祝》。

J0157823

红麦子　（郭治尔·比戴）冼星海编曲
北京　音乐出版社　1958 年　4 页　31cm（15 开）
统一书号：8026.924　定价：CNY0.22
　　作者冼星海(1905—1945)，音乐家、作曲家、
钢琴家。曾用名黄训、孔宇。出生于澳门，祖籍
广州府番禺。代表作品《黄河大合唱》《在太行
山上》《到敌人后方去》等。

J0157824

幻想曲　傅庚辰作曲
北京　音乐出版社　1958 年　10 页　31cm（10 开）
统一书号：8026.927　定价：CNY0.42

J0157825

狂诗曲　靳延平作曲
北京　音乐出版社　1958 年　[16] 页
31cm（10 开）统一书号：8026.928
定价：CNY0.60
　　作者靳延平(1927—　)，教授。黑龙江绥化
市人，毕业于哈尔滨大学戏剧音乐系。沈阳音乐
学院教授，中国音乐家协会会员，中国音协辽宁
分会名誉理事。作品有小提琴协奏曲《我的祖
国》，管弦乐曲《愉快的劳动》。编著《小提琴基
础教程》《小提琴随想典 12 首》《如何自学小提
琴》等。

J0157826

蒙古族小调　辛沪光改编
北京　音乐出版社　1958 年　[7] 页　有乐谱
35cm（15 开）统一书号：8026.968
定价：CNY0.34

J0157827

小提琴曲集　（第一集）陈又新编
上海　上海音乐出版社　1958 年　影印本　15 页
31cm（10 开）统一书号：8127.264
定价：CNY0.55

J0157828

小提琴曲集　（第二集）陈又新编
上海　上海音乐出版社　1958 年　影印本　19 页
31cm（10 开）统一书号：8127.264
定价：CNY0.70

J0157829

小提琴曲集　（第三集）陈又新编
上海　上海音乐出版社　1958 年　影印本　16 页
31cm（10 开）统一书号：8127.266
定价：CNY0.55

J0157830

小提琴曲集　（第三集）陈又新编
上海　上海音乐出版社　1958 年　影印本　44 页
31cm（10 开）统一书号：8127.137

J0157831

小提琴曲集　（第四集）陈又新编
上海　上海音乐出版社　1958 年　影印本　20 页

31cm（10 开）统一书号：8127.267
定价：CNY0.70

J0157832
小提琴曲集 （第四集）陈又新编辑
上海 上海音乐出版社 1958 年 影印本 68 页
31cm（10 开）统一书号：8127.177
定价：CNY2.20

J0157833
小提琴协奏曲 （第一集）陈又新编
上海 上海音乐出版社 1958 年 56 页
31cm（10 开）统一书号：8127.219
定价：CNY2.50
　　本书附分谱 21 页。

J0157834
新春乐 （小提琴）茅沅曲
北京 音乐出版社 1958 年 7 页 31cm（10 开）
统一书号：8026.926 定价：CNY0.34
　　作者茅沅(1926—　)，作曲家。生于北京，
原籍山东济南，毕业于清华大学土木工程系。代
表作品有《瑶族舞曲》《刘胡兰》《南海长城》《王
昭君》《宁死不屈》《敦煌的故事》《新春乐》。

J0157835
新疆之春 耀中作曲
北京 音乐出版社 1958 年 12 页 31cm（10 开）
统一书号：8026.929 定价：CNY0.48
　　本书 3 部分，内容包括：第 1 部分用欢快、
优美的旋律，表现春和日丽的景象和人民欢乐的
情绪。第 2 部分，小提琴双音演奏舞曲节奏的音
乐，是人们打起手鼓尽情舞蹈的形象，在高潮中
引出华彩段。第 3 部分再现主题。整个乐曲具
有鲜明的维吾尔族民间音乐风格。

J0157836
新疆之春 耀中曲
北京 音乐出版社 1962 年 19cm（小 32 开）
定价：CNY0.03

J0157837
渔舟唱晚 黎国荃改编
北京 音乐出版社 1958 年 8 页 31cm（10 开）
统一书号：8026.925 定价：CNY0.34

J0157838
大提琴创作曲 上海音乐学院大提琴教研组编
上海 上海文艺出版社 1959 年 12 页
31cm（15 开）统一书号：8078.0420
定价：CNY0.44

J0157839
大提琴创作曲选 （第一集）上海音乐学院大
提琴教研组编
上海 上海文艺出版社 1959 年 32 页
31cm（15 开）统一书号：8078.0419
定价：CNY1.00

J0157840
大提琴创作曲选 （第二集）上海音乐学院大
提琴教研组编
上海 上海文艺出版社 1962 年 正谱本 12 页
31cm（15 开）统一书号：8078.2028
定价：CNY0.26

J0157841
大提琴创作曲选 （钢琴伴奏）上海音乐学院
大提琴教研组编
上海 上海文艺出版社 1962 年 36 页 有乐谱
30cm（10 开）统一书号：8078.2027
定价：CNY0.80
　　本书附分谱 1 册。

J0157842
二泉映月 （小提琴独奏 弦乐队伴奏）华彦钧
原曲；丁芷诺，何占豪改编
北京 人民出版社 1959 年 定价：CNY0.32
（器乐曲丛刊）

J0157843
翻身的牧童 （小提琴独奏曲）彭家楷曲
北京 音乐出版社 1959 年 6 页 26cm（16 开）
统一书号：8026.1180 定价：CNY0.18

J0157844
即兴回旋曲 （小提琴独奏曲）沙梅作
北京 音乐出版社 1959 年 17 页 26cm（16 开）
统一书号：8026.1208 定价：CNY0.32
　　作者沙梅(1909—1993)，作曲家。原名郑志，
又名郑导乐。四川广安人，毕业于北平大学音乐

系。历任上海艺专、国立女子师院、国立湖北师院等校音乐教授及上海剧专歌剧系主任,上海戏剧专科学校歌舞团名誉团长、上海歌剧院顾问。创作歌曲有《打柴歌》《五卅纪念歌》《祖国之恋》《嘉陵江船夫曲》《沙梅歌曲集》等,著有《论川剧高腔音乐》。

J0157845

闽南乡曲联奏 （总谱）严华国,周潮编
福州　福建部队业余文艺演出队　1959年
油印本　11页　26cm（16开）

J0157846

南岛夜会 （小提琴独奏曲）彭家煁编曲
北京　音乐出版社　1959年　7页　26cm（16开）
统一书号: 8026.1179　定价: CNY0.08

J0157847

农村小景　郭富团著
北京　中国人民解放军空军政治文工团　1959年
油印本　41页　37cm（8开）

J0157848

叙事曲 （大提琴独奏曲）施咏康作曲
上海　上海文艺出版社　1959年　7页　有乐谱
31cm（10开）统一书号: 8078.0738
定价: CNY0.34
（器乐曲丛刊）

J0157849

梁山伯与祝英台 （总谱　小提琴协奏曲）何占豪,陈钢作曲
上海　上海文艺出版社　1960年　97页
31cm（10开）统一书号: 8078.1560
定价: CNY1.70
　　作者何占豪(1933—　　),音乐家、作曲家。出生于浙江诸暨,毕业于上海音乐学院。创作中国第一部小提琴协奏曲《梁祝》。作者陈钢(1935—　　),作曲家。上海人。上海音乐学院毕业后留校任教。中国音协理事。代表作有: 小提琴协奏曲《梁山伯与祝英台》（与何占豪合作）、小提琴曲《苗岭的早晨》《我爱祖国的台湾》等。

J0157850

梁山伯与祝英台 （总谱　小提琴协奏曲）
何占豪,陈钢作曲
上海　上海文艺出版社　1960年　97页
31cm（10开）统一书号: 8078.1812
定价: CNY0.62

J0157851

小提琴曲集 （第三集　正谱本）陈又新编
上海　上海文艺出版社　1960年　44页
31cm（10开）统一书号: 8078.1146
定价: CNY0.82
　　作者陈又新(1913—1968),小提琴演奏家。浙江吴兴人。原名陈尚谦。毕业于上海国立音乐专科学校,后赴英国伦敦皇家音乐学院深造,获硕士学位。任上海音乐学院管弦系教授兼主任。擅长演奏古典作品,编著有《小提琴曲集》《实用小提琴音阶练习》《小提琴教学随笔》等。

J0157852

小提琴曲集 （第五集　总谱）陈又新编
上海　上海文艺出版社　1958年　影印本　39页
31cm（10开）统一书号: 10078.0114
定价: CNY1.30

J0157853

小提琴曲集 （第六集　正谱版）陈又新编
上海　上海文艺出版社　1959年　影印本　43页
31cm（10开）统一书号: 8078.0925
定价: CNY0.86

J0157854

小提琴曲集 （第六集　分谱）陈又新编
上海　上海文艺出版社　1958年　影印本　15页
31cm（10开）统一书号: 10078.0113
定价: CNY0.55

J0157855

小提琴曲集 （第六集　总谱）陈又新编
上海　上海文艺出版社　1959年　定价: CNY0.86

J0157856

小提琴曲集 （第七集　正谱本）陈又新编
上海　上海文艺出版社　1960年　46页
31cm（10开）统一书号: 8078.1287
定价: CNY0.90

J0157857
小提琴曲集 （第八集）陈又新编
上海　上海文艺出版社　1962 年　20 页
31cm（10 开）统一书号：8078.2084
定价：CNY0.42

J0157858
小提琴曲集 （第八集 钢琴伴奏）陈又新编
上海　上海文艺出版社　1962 年　51 页　分谱 1 册
31cm（10 开）统一书号：8078.2083
定价：CNY1.35

J0157859
小提琴曲集分谱 （第一集）陈又新编
上海　上海文艺出版社　1960 年　新 1 版　16 页
31cm（10 开）统一书号：8078.1143
定价：CNY0.36

J0157860
小提琴曲集分谱 （第二集）陈又新编
上海　上海文艺出版社　1960 年　新 1 版　20 页
31cm（10 开）统一书号：8078.1145
定价：CNY0.42

J0157861
小提琴曲集分谱 （第三集）陈又新编
上海　上海文艺出版社　1960 年　新 1 版　16 页
31cm（10 开）统一书号：8078.1147
定价：CNY0.36

J0157862
小提琴曲集分谱 （第四集）陈又新编
上海　上海文艺出版社　1960 年　新 1 版　20 页
31cm（10 开）统一书号：8078.1149
定价：CNY0.42

J0157863
小提琴曲集分谱 （第五集）陈又新编
上海　上海文艺出版社　1958 年　16 页
31cm（10 开）统一书号：8078.0113
定价：CNY0.36

J0157864
小提琴曲集分谱 （第六集）陈又新编
上海　上海文艺出版社　1959 年　16 页

31cm（10 开）统一书号：8078.0926
定价：CNY0.36

J0157865
小提琴曲集分谱 （第七集）陈又新编
上海　上海文艺出版社　1960 年　16 页
31cm（10 开）统一书号：8078.1288
定价：CNY0.36

J0157866
大提琴曲二首　陈铭志曲
上海　上海文艺出版社　1961 年　正谱本　22 页
29cm（12 开）统一书号：8078.1861
定价：CNY0.50
　　作者陈铭志(1925—2009)，河南西平人。毕
业于上海音乐学院，并留校任教，历任讲师、副教
授、教授、作曲指挥系主任，中国音协第四届理
事。主要作品有《赋格曲写作》《复调音乐写作
基础教程》等。

J0157867
喜酒 （小提琴独奏 正谱本）杨通六作曲
北京　音乐出版社　1961 年　11 页　26cm（16 开）
统一书号：8026.1476　定价：CNY0.24
（中央音乐学院教材丛刊）

J0157868
小提琴曲选　中国音乐家协会编
北京　音乐出版社　1961 年　155 页　31cm（10 开）
统一书号：8026.1299　定价：CNY3.60，CNY8.30
（精装）

J0157869
小提琴曲选　中国音乐家协会编
北京　音乐出版社　1961 年　正谱本　155 页
35cm（15 开）精装　统一书号：8026.1298
定价：CNY8.30

J0157870
小提琴协奏曲 （第一集 正谱本）陈又新编
上海　上海文艺出版社　1961 年　新 1 版
58 页　31cm（10 开）统一书号：8078.1848
定价：CNY1.35

J0157871

儿童假日组曲 （小提琴独奏曲）司徒华城曲
北京　音乐出版社　1962 年　9 页　26cm（16 开）
统一书号：8026.1589　定价：CNY0.18

J0157872

情人，拉西玛 （小提琴独奏曲　正谱本）莫尔
吉胡编曲
上海　上海文艺出版社　1962 年　3 页
30cm（15 开）统一书号：8078.1937
定价：CNY0.14
（器乐曲丛刊）

J0157873

五声音阶练习 （正谱本）上海音乐学院管弦
乐小提琴教研组编
上海　上海文艺出版社　1962 年　17 页
29cm（15 开）统一书号：8078.2068
定价：CNY0.38

J0157874

喜相逢 （正谱本）冯子存传谱；杨宝智改编
北京　音乐出版社　1962 年　7 页
26cm（16 开）统一书号：8026.1615
定价：CNY0.21
　　冯子存（1904—1987），笛子演奏家。生于河
北阳原县。代表作品《喜相逢》《放风筝》《五梆
子》《冯子存笛子曲选》等。

J0157875

小提琴练习曲　韩里编
北京　音乐出版社　1962 年　重印本　32 页
31cm（10 开）统一书号：8026·138
定价：CNY0.60

J0157876

小提琴齐奏曲集 （正谱本　手风琴伴奏）
上海音乐学院实验乐团小提琴齐奏组编
上海　上海文艺出版社　1962 年　48 页
26cm（16 开）统一书号：8078.1997
定价：CNY0.50

J0157877

海滨音诗 （小提琴独奏曲）秦咏诚作曲
北京　音乐出版社　1963 年［8 页］26cm（16 开）

统一书号：8026.1773　定价：CNY0.25

J0157878

马思聪小提琴曲集 （钢琴伴奏）马思聪作曲
上海　上海文艺出版社　1963 年　95 页
31cm（10 开）统一书号：8078.2154
定价：CNY2.20
　　作者马思聪（1912—1987），作曲家、小提琴
演奏家。广东海丰人。曾任中央音乐学院首任
院长，并兼任中国音乐家协会副主席《音乐创作》
主编等职。代表作有小提琴曲《内蒙组曲》《西
藏音诗》《第一回旋曲》，交响音乐《山林之歌》
《第二交响曲》，大合唱《祖国》《春天》，歌剧《热
碧亚》等。

J0157879

无言歌 （大提琴独奏曲）田保罗作曲
北京　音乐出版社　1963 年　4 页　31cm（15 开）
统一书号：8026.1776　定价：CNY0.22

J0157880

中央音乐学院小提琴教学曲选 （第一集）
中央音乐学院编选
北京　音乐出版社　1963 年　23 页　26cm（16 开）
统一书号：K8026.1810　定价：CNY0.43

J0157881

工地上 （小提琴合奏曲）韦戎图作曲
北京　音乐出版社　1964 年　8 页　26cm（16 开）
统一书号：8026.2062　定价：CNY0.13

J0157882

洪湖水，浪打浪 （小提琴独奏曲）张敬安，欧
阳谦叔作曲；杨宝智改编
北京　音乐出版社　1964 年　4 页　26cm（16 开）
统一书号：8026.2064　定价：CNY0.12
　　作者张敬安，作曲家。湖北麻城人，毕业于
湖北师范学院音乐系。曾在省文联文工团担任
编导及合唱、乐队指挥，湖北省歌剧团专事音乐
创作人员，中国音协湖北分会副主席，湖北省文
联文工团指挥兼作曲，湖北省歌剧团创作组组
长、团长。歌剧音乐作品有《洪湖赤卫队》《罗汉
钱》《泪血樱花》等。出版有《湖北楚剧花鼓戏曲
集》。作者欧阳谦叔（1926—2003），作曲家。湖
南湘乡人，中央音乐学院华东分院进修作曲。湖

北省歌剧团一级作曲、中国音乐家协会会员、中国歌剧研究会会员。创作独唱歌曲《祖国大地任我走》《扬子江圆舞曲》《崖畔花正红》等。

J0157883
民风舞曲　（小提琴独奏曲）张靖平作曲
北京 音乐出版社 1964 年 10 页 26cm（16 开）
统一书号：8026.2063 定价：CNY0.19

J0157884
那达慕盛会　（小提琴独奏曲）莫日格吉勒图作曲；辛沪光配伴奏
北京 音乐出版社 1964 年 13 页 26cm（16 开）
统一书号：8026.2084 定价：CNY0.19

J0157885
山区公路通车了　（小提琴齐奏及合奏曲）陈燮阳，王希立作曲
北京 音乐出版社 1964 年 8 页 26cm（16 开）
统一书号：8026.2082 定价：CNY0.13

J0157886
爷爷话当年　（叙事曲 大提琴独奏曲）史真荣作曲
北京 音乐出版社 1964 年 5 页 31cm（12 开）
统一书号：8026.2107 定价：CNY0.24
　　本书附大提琴独奏谱 2 页。

J0157887
渔乡曲　（大提琴独奏曲）施咏康作曲
北京 音乐出版社 1964 年 5 页 有乐谱
30cm（10 开）统一书号：8026.1950
定价：CNY0.29

J0157888
中央音乐学院小提琴教学曲选　（第二集）
中央音乐学院编选
北京 音乐出版社 1964 年 18 页 26cm（16 开）
统一书号：K8026.1921 定价：CNY0.28

J0157889
全世界无产者联合起来　瞿希贤作曲；司徒华城订指法
北京 音乐出版社 1965 年 3 页 19cm（32 开）
统一书号：8026.2401 定价：CNY0.03

作者瞿希贤（1919—2008），女，作曲家。上海人，毕业于上海国立音专作曲系。曾就职于中央音乐学院音工团和中央乐团创作组。代表作品《听妈妈讲那过去的事情》《新的长征，新的战斗》《乌苏里船歌》。

J0157890
我们走在大路上　三八作风歌　劫夫，徐俊作曲；司徒华城订指法
北京 音乐出版社 1965 年 3 页 19cm（32 开）
统一书号：8026.2411 定价：CNY0.03
　　作者劫夫（1913—1976），作曲家、音乐教育家。吉林农安人。原名李劫夫，笔名劫夫、劳歌。曾任延安人民剧社教员，西北战地服务团团员，东北野战军第九纵队文工团团长，东北音乐专科学校校长，沈阳音乐学院教授、院长等。中国音协第一、二届理事和辽宁分会主席。有《战地歌声》《歌唱二小放牛郎》《毛主席诗词歌曲集》《劫夫歌曲选》《劫夫歌曲百首》等。

J0157891
小提琴齐奏曲集　（正谱本　第二集）上海文化出版社编
上海 上海文化出版社 1965 年 60 页
26cm（16 开）统一书号：8077.251
定价：CNY0.66

J0157892
学习雷锋好榜样　唱支山歌给党听　生茂，践耳作曲；司徒华城订指法
北京 音乐出版社 1965 年 3 页 19cm（32 开）
统一书号：8026.2412 定价：CNY0.03

J0157893
一条大道在眼前　社员都是向阳花　瞿希贤，王玉西作曲；司徒华城订指法
北京 音乐出版社 1965 年 3 页 19cm（32 开）
统一书号：8026.2413 定价：CNY0.03

J0157894
丰收之歌　（小提琴独奏曲）韩民秀曲
［北京］音乐出版社 1966 年 26cm（16 开）
定价：CNY0.13

J0157895

秧田上水望丰收 （小提琴齐奏曲 手风琴伴
奏）朱钟堂曲
北京 音乐出版社 1966 年 9 页 26cm（16 开）
统一书号：8026.2479 定价：CNY0.16
　　本作品是"为农村服务的音乐作品征稿"获
选作品．

J0157896

运粮船上歌声扬 （小提琴齐奏曲）丁芷诺曲
［北京］音乐出版社 1969 年 26cm（16 开）
定价：CNY0.10
　　作者丁芷诺(1938—　)，女，教授。江苏昆
山人，生于上海。毕业于上海音乐学院，留校任
教。著有《小提琴基本功强化训练教材》。

J0157897

快乐的女战士 （小提琴齐奏曲）
上海 上海人民出版社 1974 年 7 页
26cm（16 开）统一书号：8171.1096
定价：CNY0.11
　　本作品选自革命现代舞剧《红色娘子军》。

J0157898

千年的铁树开了花 （小提琴独奏曲 钢琴伴
奏）尚德义曲；阿克俭改编
北京 人民文学出版社 1974 年 11 页
26cm（16 开）统一书号：10019.2198
定价：CNY0.30

J0157899

我爱北京天安门 （小提琴齐奏曲）
上海 上海人民出版社 1974 年 5 页
26cm（16 开）统一书号：8171.1033
定价：CNY0.08

J0157900

小骑兵 （小提琴独奏曲）
上海 上海人民出版社 1974 年 7 页
26cm（16 开）统一书号：8171.1087
定价：CNY0.11

J0157901

小提琴曲集 （第一册）广东人民艺术学院音
乐系管弦教研组编

广州 广东人民艺术学院音乐系管弦教研组
1974 年 油印本 46 页 35cm（8 开）

J0157902

小提琴曲集 （第二册）广东人民艺术学院音
乐系管弦教研组编
广州 广东人民艺术学院音乐系管弦教研组
1974 年 油印本 67 页 35cm（8 开）

J0157903

小提琴曲集 （第三册 齐奏、重奏）广东省人
民艺术学院音乐系管弦教研组编
广州 广东省人民艺术学院音乐系 1974 年
油印本 88 页 33cm（8 开）

J0157904

咱们的领袖毛泽东 （小提琴齐奏曲）
上海 上海人民出版社 1974 年 7 页
26cm（16 开）统一书号：8171.1089
定价：CNY0.11

J0157905

井冈山上太阳红 （小提琴齐奏曲三首 钢琴
伴奏）
北京 人民音乐出版社 1975 年 19 页
26cm（16 开）统一书号：8026.3123
定价：CNY0.17

J0157906

北风吹 （小提琴独奏曲）李克强编曲；
项信恩，李琏亮配伴奏
上海 上海人民出版社 1976 年 4 页
26cm（16 开）统一书号：8171.1758
定价：CNY0.09

J0157907

红太阳的光辉把炉台照亮 （小提琴独奏曲
分谱）陈钢编曲
上海 上海人民出版社 1976 年 15 页
26cm（16 开）统一书号：8171.1505
定价：CNY0.28
　　作者陈钢(1935—　)，作曲家。上海人。上
海音乐学院毕业后留校任教。中国音协理事。
代表作有：小提琴协奏曲《梁山伯与祝英台》（与
何占豪合作）、小提琴曲《苗岭的早晨》《我爱祖

国的台湾》等。

J0157908
毛主席的恩情唱不完 （小提琴独奏曲　分谱）
陈钢编曲
上海　上海人民出版社　1976 年　11 页
26cm（16 开）统一书号：8171.1661
定价：CNY0.23

J0157909
苗岭的早晨 （小提琴独奏曲　分谱）陈钢编曲
上海　上海人民出版社　1976 年　8 页
26cm（16 开）统一书号：8171.1660
定价：CNY0.17

J0157910
苗岭的早晨 （小提琴独奏曲　分谱　正谱本）
陈钢编曲
上海　上海人民出版社　1977 年　4 页
26cm（16 开）统一书号：8171.1892
定价：CNY0.05

J0157911
台湾同胞我的骨肉兄弟 （小提琴独奏曲
分谱）盛中国编曲
上海　上海人民出版社　1976 年　11 页
26cm（16 开）统一书号：8171.1757
定价：CNY0.20

J0157912
仇恨怒火燃胸怀 （小提琴独奏曲　五线谱
革命现代舞剧《白毛女》选段）胡君东编曲
上海　上海人民出版社　1977 年　12 页
26cm（16 开）统一书号：8171.1801
定价：CNY0.23

J0157913
虎头山上抗旱歌　走大寨之路 （小提琴齐奏
曲二首　正谱本）
北京　人民音乐出版社　1977 年　16 页
26cm（16 开）统一书号：8026.3294
定价：CNY0.25

J0157914
黎家代表上北京 （小提琴独奏曲三首　正谱本）

北京　人民音乐出版社　1977 年　30 页
26cm（16 开）统一书号：8026.3295
定价：CNY0.41

J0157915
毛主席关怀咱山里人 （小提琴独奏曲）郑秋
枫原曲；林涛编曲
上海　上海人民出版社　1977 年　8 页
26cm（16 开）统一书号：8171.1800
定价：CNY0.15

J0157916
萨丽哈最听毛主席的话 （大提琴独奏曲）
祝恒谦原曲；黄小龙改编；娄连广配伴奏
北京　人民音乐出版社　1977 年　12 页　30×23cm
统一书号：8026.3277　定价：CNY0.34

J0157917
迎来春色换人间 （小提琴独奏曲　五线谱　革
命现代京剧《智取威虎山》选段）陈钢等编曲
上海　上海人民出版社　1977 年　16 页
26cm（16 开）统一书号：8171.1806
定价：CNY0.28

J0157918
《洪湖赤卫队》随想曲 （小提琴协奏曲）
张敬安，欧阳谦叔原曲；阿克俭改编
上海　上海文艺出版社　1978 年　20 页
26cm（16 开）统一书号：8078.3058
定价：CNY0.48

J0157919
白毛女 （弦乐四重奏　分谱）朱践耳，施咏康
编曲
上海　上海文艺出版社　1978 年　[17] 页
26cm（16 开）统一书号：8078.3029
定价：CNY0.27

J0157920
白毛女 （弦乐四重奏　总谱）朱践耳，施咏康
编曲
上海　上海文艺出版社　1978 年　23 页
19cm（32 开）统一书号：8078.3028
定价：CNY0.09

J0157921

大庆人之歌 （小提琴独奏曲 钢琴伴奏）蒋颂
建编曲；张申，焦鹉配伴奏

北京 人民音乐出版社 1978 年 13 页

26cm（16 开）统一书号：8026.3490

定价：CNY0.33

J0157922

大寨花开满山红 （小提琴独奏曲 钢琴伴奏）
胡惟民曲；黄虎威配伴奏

北京 人民音乐出版社 1978 年 10 页

26cm（16 开）统一书号：8026.3491

定价：CNY0.25

J0157923

翻身道情 （弦乐四重奏 分谱）阿克俭,郑德
仁编曲

上海 上海文艺出版社 1978 年［16］页

26cm（16 开）统一书号：8078.3018

定价：CNY0.25

J0157924

翻身道情 （弦乐四重奏 总谱）阿克俭,郑德
仁编曲

上海 上海文艺出版社 1978 年 13 页

19cm（32 开）统一书号：8078.3019

定价：CNY0.13

J0157925

丰收渔歌 （小提琴独奏曲 钢琴伴奏）李自立
曲；洪必慈配伴奏

北京 人民音乐出版社 1978 年 11 页

26cm（16 开）统一书号：8026.3493

定价：CNY0.29

J0157926

淮北新歌 （小提琴独奏曲 钢琴伴奏）邱正旦
曲；英若伟配伴奏

北京 人民音乐出版社 1978 年 9 页

26cm（16 开）统一书号：8026.3494

定价：CNY0.25

J0157927

交城山 （弦乐四重奏）邵恩编曲

北京 人民音乐出版社 1978 年 5 页

26cm（16 开）统一书号：8026.3530

定价：CNY0.16

J0157928

节日的天山 （大提琴独奏曲）姜文涛,曹玲编曲

北京 人民音乐出版社 1978 年 11 页

26cm（16 开）统一书号：8026.3527

定价：CNY0.29

J0157929

梁山伯与祝英台 （小提琴协奏曲）何占豪,
陈钢编曲

上海 上海文艺出版社 1978 年 19 页

26cm（16 开）统一书号：8078.3088

定价：CNY0.43

　　作者何占豪(1933—)，音乐家、作曲家。
出生于浙江诸暨,毕业于上海音乐学院。创作
中国第一部小提琴协奏曲《梁祝》。作者陈钢
（1935— ），作曲家。上海人。上海音乐学院毕
业后留校任教。中国音协理事。代表作有：小提
琴协奏曲《梁山伯与祝英台》（与何占豪合作）、
小提琴曲《苗岭的早晨》《我爱祖国的台湾》等。

J0157930

梁山伯与祝英台 （小提琴协奏曲 总谱）何
占豪,陈钢编

上海 上海文艺出版社 1978 年 重印本 91 页

19cm（32 开）统一书号：8078.1560

定价：CNY0.72

J0157931

满怀深情望北京 （小提琴合奏曲）秦咏诚原
曲；沈传薪,唐康年编曲

上海 上海文艺出版社 1978 年 11 页

26cm（16 开）统一书号：8078.3045

定价：CNY0.25

J0157932

石油工人好气派 （大提琴独奏曲）张力科,
赵宋光曲

北京 人民音乐出版社 1978 年 13 页

26cm（16 开）统一书号：8026.3358

定价：CNY0.27

J0157933

送肥忙 （小提琴独奏曲 手风琴伴奏）何平曲；何平，李亮配伴奏

北京 人民音乐出版社 1978 年 9 页

26cm（16 开）统一书号：8026.3492

定价：CNY0.25

J0157934

伟大的北京 （小提琴独奏曲 钢琴伴奏）

刘自力编曲；林恩蓓配伴奏

北京 人民音乐出版社 1978 年 11 页

26cm（16 开）统一书号：8026.3520

定价：CNY0.29

J0157935

我们是学大寨的青年突击队 （小提琴曲 手风琴伴奏）

北京 人民音乐出版社 1978 年 18 页

26cm（16 开）统一书号：8026.3360

定价：CNY0.17

　　五线谱。由《我们是学大寨的青年突击队》《支农路上一路歌》合订。

J0157936

小提琴独奏曲选 （分谱）上海音乐学院小提琴教材组编

上海 上海文艺出版社 1978 年 21 页

26cm（16 开）统一书号：8078.3003

定价：CNY0.17

J0157937

心中的太阳红又红 （小提琴合奏曲）陈钢编曲

上海 上海文艺出版社 1978 年 12 页

26cm（16 开）统一书号：8078.3040

定价：CNY0.30

J0157938

沂蒙山之歌 （小提琴合奏曲）丁芷诺编曲

上海 上海文艺出版社 1978 年 11 页

26cm（16 开）统一书号：8078.3036

定价：CNY0.19

　　作者丁芷诺(1938—　)，女，教授。江苏昆山人，生于上海。毕业于上海音乐学院，留校任教。著有《小提琴基本功强化训练教材》。

J0157939

支农车队进山来 （大提琴独奏曲）陈铭志编曲

北京 人民音乐出版社 1978 年 7 页

26cm（16 开）统一书号：8026.3528

定价：CNY0.20

　　作者陈铭志(1925—2009)，河南西平人。毕业于上海音乐学院，并留校任教，历任讲师、副教授、教授、作曲指挥系主任，中国音协第四届理事。主要作品有《赋格曲写作》《复调音乐写作基础教程》等。

J0157940

北京颂 （大提琴独奏曲）屠冶九编曲

北京 人民音乐出版社 1979 年 9 页

26cm（16 开）统一书号：8026.3587

定价：CNY0.25

J0157941

大提琴曲四首 陈铭志编曲

上海 上海文艺出版社 1979 年 47 页

26cm（16 开）统一书号：8078.3099

定价：CNY1.10

J0157942

二泉映月 （总谱 弦乐合奏）华彦钧作曲；吴祖强改编

北京 人民音乐出版社 1979 年 7 页

26cm（16 开）统一书号：8026.3593

定价：CNY0.20

　　本书是根据同名二胡曲改编的弦乐合奏曲。改编者删去了原曲的第二变奏，并将第二变奏中的一段情绪激动的旋律插入原曲第三变奏中，为保持乐曲的民族风格，在旋律方面保留了富于特色的装饰音和回滑音，并发挥了提琴的音色变化和丰富细腻的表现力，着意模仿二胡的演奏风格，使改编曲仍然具有鲜明的民族特色。

J0160737

二泉映月 （弦乐四重奏 正谱本）华彦钧原曲；丁善德改编

北京 人民音乐出版社 1984 年 正谱本 5 页

21cm（32 开）统一书号：8026.4165

定价：CNY0.13

　　作者丁善德(1911—1995)，江苏昆山人。1928 年入上海国立音乐专科学校钢琴系，兼学作

曲。历任天津女子师范学校,上海国立音专教师,上海音乐学院教授、作曲系主任、副院长、中国音协副主席。创作钢琴曲《中国民歌主题变奏曲》《序曲三首》,交响乐《长征》等。撰有《单对位法》《复对位法》《赋格写作纲要》等。

J0157943
情深谊长 （弦乐四重奏）于芷诺编曲
北京　人民音乐出版社　1979 年　11 页
26cm（16 开）统一书号：8026.3546
定价：CNY0.29

J0157944
小提琴练习曲　上海音乐学院小提琴教材组编
上海　上海文艺出版社　1979 年　79 页
26cm（16 开）统一书号：8078.3130
定价：CNY1.95

J0157945
阳光照耀着塔什库尔干 （小提琴独奏曲 钢琴伴奏）陈钢编曲
北京　人民音乐出版社　1979 年　16 页
26cm（16 开）统一书号：8026.3539
定价：CNY0.30

J0157946
"横把位级进式" 指法练习 （低音提琴）
牛珉编著
北京　人民音乐出版社　1980 年　57 页
26cm（16 开）定价：CNY0.76

J0157947
草原音诗 （中提琴独奏曲 钢琴伴奏）
樊立三,张坚曲
北京　人民音乐出版社　1980 年　17 页
25cm（15 开）统一书号：8026.3746
定价：CNY0.26

J0157948
春到大凉山 （大提琴独奏曲 钢琴伴奏）
王培凡曲;郑大昕配伴奏
北京　人民音乐出版社　1980 年　133 页
25cm（小 16 开）统一书号：8026.3745
定价：CNY0.44

J0157949
怀念 （大提琴独奏曲 钢琴伴奏）夏家宝曲;郁树钰伴奏
北京　人民音乐出版社　1980 年　正谱本　9 页
16cm（25 开）统一书号：8026.3747
定价：CNY0.25

J0157950
我的家乡 （小提琴协奏曲 钢琴伴奏）
许元植作曲
沈阳　辽宁人民出版社　1980 年　60 页　15 × 54cm
统一书号：M8090.39　定价：CNY1.05

J0157951
小提琴曲集 （独奏曲 分谱 1）上海文艺出版社编
上海　上海文艺出版社　1980 年　23 页
30cm（10 开）统一书号：8078.3110
定价：CNY0.64

J0157952
小提琴曲集 （独奏曲 分谱 2）上海文艺出版社编
上海　上海文艺出版社　1980 年　16 页
30cm（10 开）统一书号：8078.3116
定价：CNY0.48

J0157953
小提琴曲集 （独奏曲 分谱 3）上海文艺出版社编
上海　上海文艺出版社　1980 年　20 页
30cm（10 开）统一书号：8078.3108
定价：CNY0.56

J0157954
小提琴曲集 （独奏曲 分谱 正谱本）上海文艺出版社编
上海　上海文艺出版社　1980 年　25cm（16 开）
统一书号：8087.3110　定价：CNY0.64

J0157955
小提琴曲集 （第一集 独奏曲 钢琴伴奏谱）
上海文艺出版社编
上海　上海文艺出版社　1981 年　70 页
28cm（16 开）定价：CNY1.55

J0157956
小提琴曲集 （第三集 独奏曲 钢琴伴奏谱）
上海文艺出版社编
上海 上海文艺出版社 1982 年 66 页
26cm（16 开）统一书号：8078.3314
定价：CNY1.50

J0157957
小提琴曲集 （第四集 独奏曲 钢琴伴奏谱）
上海文艺出版社编
上海 上海文艺出版社 1981 年 65 页
28cm（16 开）定价：CNY1.50

J0157958
小提琴曲集 （独奏曲 钢琴伴奏谱 正谱本）
上海文艺出版社编
上海 上海文艺出版社 1981 年 28cm（16 开）
统一书号：8078.3196 定价：CNY1.55

J0157959
小提琴曲集 （独奏曲 分谱 4）上海文艺出
版社编
上海 上海文艺出版社 1982 年 23 页
30cm（10 开）统一书号：8078.3317
定价：CNY0.60

J0157960
小提琴曲集 （第二集 独奏曲 分谱）上海文
艺出版社编
上海 上海文艺出版社 1983 年 16 页
26cm（16 开）定价：CNY0.48

J0157961
小提琴曲集 （第五集 独奏曲 分谱）上海文
艺出版社编
上海 上海文艺出版社 1986 年 25 页
26cm（16 开）统一书号：8078.3460
定价：CNY0.93

J0157962
小提琴曲集 （第五集 独奏曲 钢琴伴奏谱）
上海文艺出版社编
上海 上海文艺出版社 1986 年 70 页
26cm（16 开）统一书号：8078.3459
定价：CNY2.10

J0157963
小提琴曲集 （第六集 独奏曲 分谱）
上海文艺出版社编
上海 上海文艺出版社 1986 年 23 页
26cm（16 开）统一书号：8078.3584
定价：CNY0.90

J0157964
小提琴曲集 （第六集 独奏曲 钢琴伴奏谱）
上海文艺出版社编
上海 上海文艺出版社 1986 年 63 页
26cm（16 开）统一书号：8078.3583
定价：CNY2.25

J0157965
小提琴曲集 （第七集 独奏曲 分谱）
上海音乐出版社编
上海 上海音乐出版社 1990 年 39 页
31cm（10 开）ISBN：7-80553-244-3
定价：CNY2.90

J0157966
小提琴曲集 （第七集 独奏曲 钢琴伴奏谱）
上海音乐出版社编
上海 上海音乐出版社 1990 年 123 页
31cm（10 开）ISBN：7-80553-245-1
定价：CNY7.90

J0157967
小提琴曲选 （1949—1979 正谱本）中国音乐
家协会编
北京 人民音乐出版社 1980 年 176 页
37cm（8 开）统一书号：8026.3749
定价：CNY7.10
　　本书收录《新春乐》《夏夜》《新疆之春》《庆
丰收》《海滨音诗》《喜见光明》《黎家代表上北
京》《苗岭的早晨》《阳光照耀着塔什库尔干》等
21 首，其中独奏曲 16 首，齐奏曲 5 首。附分谱
75 页。

J0157968
小提琴曲选 （1949—1979 五线谱）中国音
乐家协会编
北京 人民音乐出版社 1980 年 251 页
38cm（6 开）定价：CNY7.10

J0157969

椰林迎春 （小提琴独奏曲 钢琴伴奏 正谱本）
黄英森,李自立曲；陈华逸配伴奏
北京 人民音乐出版社 1980 年 12 页
25cm（16 开）统一书号：8026.3686
定价：CNY0.37

J0157970

欢乐的草原 （小提琴齐奏曲 钢琴伴奏 正谱本）周恒泽改编
北京 人民音乐出版社 1981 年 11 页
26cm（16 开）统一书号：8026.3748
定价：CNY0.29

J0157971

回旋曲 （钢琴伴奏 大提琴独奏曲）鲍元恺曲
北京 人民音乐出版社 1981 年 13 页 25cm（15 开）统一书号：8026.3685 定价：CNY0.33

J0157972

抹去吧,眼角的泪 （小提琴协奏曲 总谱）
李耀东曲
北京 人民音乐出版社 1981 年 56 页
21cm（32 开）统一书号：8026.3864
定价：CNY0.58
　　根据影片《生活的颤音》音乐而作的以悼念周恩来为内容的小提琴协奏曲。

J0157973

那达慕盛会 （小提琴独奏曲 钢琴伴奏）
朝克曲；辛沪光配伴奏
北京 人民音乐出版社 1981 年 10 页
28cm（大 16 开）统一书号：8026.3757
定价：CNY0.25

J0157974

一月的哀思 （小提琴独奏曲 钢琴伴奏）李耀东曲
北京 人民音乐出版社 1981 年 6 页
25cm（16 开）统一书号：8026.3762
定价：CNY0.16

J0157975

嘎达梅林 （大提琴协奏曲总谱 五线谱本）
王强曲

北京 人民音乐出版社 1982 年 62 页
21cm（32 开）统一书号：8026.3857
定价：CNY0.65

J0157976

颂春 （小提琴奏鸣曲）江文也曲
北京 人民音乐出版社 1982 年 45 页
25cm（16 开）统一书号：8026.3980
定价：CNY0.72
　　作者江文也(1910—1983)，作曲家。原名江文彬，客家人，祖籍福建永定县，出生于台湾淡水郡（今台北）。代表作品《绣花女》《台湾舞曲》《中国名歌集》等。

J0157977

我心中的歌 （小提琴独奏曲）石夫曲
北京 人民音乐出版社 1982 年 10 页
26cm（16 开）统一书号：8026.3974
定价：CNY0.22
　　作者石夫(1929—2007)，作曲家。原名郭石夫，湖南湘潭人，就读于湖南华中高级艺术专科学校、中央音乐学院。曾任西安音乐学院作曲系教师，中国音乐家协会理事、创作委员会副主任。作品有《阿依古丽》《热土》《帕米尔之歌》《娃哈哈》《牧马之歌》等。

J0157978

红河的孩子 （大提琴与钢琴）田联韬曲；宋涛改编
北京 人民音乐出版社 1983 年 10 页
26cm（16 开）统一书号：8026.4066
定价：CNY0.28
　　作者宋涛，中央音乐学院任教。

J0157979

鹿回头传奇 （小提琴协奏 总谱）宗江,何东曲
北京 人民音乐出版社 1984 年 83 页
21cm（32 开）统一书号：8026.4229
定价：CNY0.66
　　本乐曲为单乐章回旋曲式结构，又揉合了变奏和奏鸣曲式原则，吸取黎族民歌中较具典型的音调为素材，着重于抒情写意，反映了黎族人民对家乡、生活、劳动的热爱和对爱情的忠贞。

J0157980
峨嵋山月歌 （小提琴独奏曲）黄虎威曲
北京 人民音乐出版社 1985年 8页
31cm（15开）统一书号：8026.4348
定价：CNY0.55
　　作者黄虎威（1932—2019），作曲家、教授。
四川内江人。毕业于西南音乐专科学校作曲系，
后入中央音乐学院师从苏联作曲专家鲍里斯·阿
拉波夫教授进修。历任四川音乐学院教授、作曲
系主任，中国音乐家协会创作委员会委员，中国
音乐著作权协会理事，四川省音乐家协会理论创
作委员会副主任。

J0157981
海恋 （小提琴独奏曲）赵玉枢曲
北京 人民音乐出版社 1985年 10页
31cm（8开）统一书号：8026.4297
定价：CNY0.44

J0157982
谷 （小提琴独奏曲 钢琴伴奏）瞿小松作曲
北京 人民音乐出版社 1986年 5页
26cm（16开）统一书号：8026.4516
定价：CNY0.45

J0157983
舞诗 （大提琴与钢琴）黄安伦曲
北京 人民音乐出版社 1986年 15页
30cm（15开）统一书号：8026.4454
定价：CNY1.00
　　本书附分谱5页。

J0157984
中国之诗 （大提琴与钢琴）叶小钢曲
北京 人民音乐出版社 1986年 21页
35cm（15开）统一书号：8026.4427
定价：CNY1.40

J0157985
大提琴曲四首 （钢琴伴奏谱）王连三曲
北京 人民音乐出版社 1987年 25页
31cm（10开）统一书号：8026.4580
定价：CNY1.80

J0157986
民族之音优秀小提琴曲集 （1）杨炳锐编
贵阳 贵州人民出版社 1988年 71页
20cm（32开）ISBN：7-221-00688-1
定价：CNY2.10

J0157987
初级小提琴协奏曲精选 （小提琴和钢琴）
上海音乐出版社编
上海 上海音乐出版社 1989年 112页
30cm（10开）ISBN：7-80553-199-4
定价：CNY12.85

J0157988
铃木小提琴教程 （日）铃木镇一著；郑晓宾译
太原 北岳文艺出版社 1989年 131页
26cm（16开）ISBN：7-5378-0228-9
定价：CNY4.45

J0157989
心潮 （大提琴独奏曲）王树曲
北京 人民音乐出版社 1989年 8页
30cm（10开）ISBN：7-103-00443-9
定价：CNY1.10

J0157990
西贝柳斯小提琴协奏曲 （d小调 作品47
小提琴与钢琴）（芬）西贝柳斯曲
北京 人民音乐出版社 1990年 54页
31cm（15开）ISBN：7-103-00655-5
定价：CNY4.00
　　本书附协奏曲分谱。作曲西贝柳斯（Jean
Sibelius，1865-1957），芬兰音乐家、作曲家。出生
于芬兰，毕业于赫尔辛基音乐学院。主要作品有
交响诗《芬兰颂》《萨加》《忧郁圆舞曲》等。

J0157991
初级小提琴练习曲选 （第一把位）（苏）加勒
里茨基等编著；赵惟俭译
北京 人民音乐出版社 1991年 影印本 55页
31cm（10开）ISBN：7-103-00812-4
定价：CNY3.40
　　本书收录开塞、加勒里茨基、巴克拉诺瓦、
罗基奥诺夫等人编写的初级练习曲15首。

J0157992

格里戈良小提琴音阶和琶音练习　（苏）格里
戈良著；张世祥注释
上海　上海音乐出版社　1991年　57页　22×31cm
ISBN：7-80553-304-0　定价：CNY4.20

J0157993

小提琴每日练习　赵惟俭编著
北京　人民音乐出版社　1991年　78页
30cm（10开）ISBN：7-103-00815-9
定价：CNY5.30
　　作者赵惟俭，教授。任中央音乐学院小提琴
教授。出版有《小提琴教学法》。

J0157994

小提琴协奏曲《梁山伯与祝英台》　何占豪，
陈钢曲
上海　上海音乐出版社　1991年　37页
31cm（10开）ISBN：7-80553-263-X
定价：CNY4.50
　　作者何占豪（1933—　　），音乐家、作曲家。
出生于浙江诸暨，毕业于上海音乐学院。创作
中国第一部小提琴协奏曲《梁祝》。作者陈钢
（1935—　　），作曲家。上海人。上海音乐学院毕
业后留校任教。中国音协理事。代表作有：小提
琴协奏曲《梁山伯与祝英台》（与何占豪合作）、
小提琴曲《苗岭的早晨》《我爱祖国的台湾》等。

J0157995

靳延平小提琴曲集　靳延平作
沈阳　春风文艺出版社　1992年　93页　有照片
31cm（10开）ISBN：7-5313-0866-5
定价：CNY7.80
　　作者靳延平（1927—　　），教授。黑龙江绥化
市人，毕业于哈尔滨大学戏剧音乐系。沈阳音乐
学院教授，中国音乐家协会会员，中国音协辽宁
分会名誉理事。作品有小提琴协奏曲《我的祖
国》，管弦乐曲《愉快的劳动》。编著《小提琴基
础教程》《小提琴随想典12首》《如何自学小提
琴》等。

J0157996

少儿小提琴曲选　（小提琴独奏与钢琴伴奏总
谱）靳延平编著
沈阳　辽宁教育出版社　1992年　70页　附小提琴

分谱1册　29cm（16开）ISBN：7-5382-1592-1
定价：CNY4.50

J0157997

双小提琴协奏曲　（钢琴伴奏谱）马思聪曲
北京　人民音乐出版社　1992年　58页
31cm（10开）ISBN：7-103-00835-3
定价：CNY6.30
　　本书附小提琴分谱1册。作者马思聪（1912—
1987），作曲家、小提琴演奏家。广东海丰人。曾
任中央音乐学院首任院长，并兼任中国音乐家协
会副主席，《音乐创作》主编等职。代表作有小
提琴曲《内蒙组曲》《西藏音诗》《第一回旋曲》，
交响音乐《山林之歌》《第二交响曲》，大合唱《祖
国》《春天》，歌剧《热碧亚》等。

J0157998

马思聪小提琴曲集　（钢琴伴奏谱　小提琴分
谱）马思聪研究会编
北京　人民音乐出版社　1995年　232+88页　有照片
31cm（10开）ISBN：7-103-01294-6
定价：CNY59.10
　　外文书名：A Collection of Violin Works by
Ma Sicong.

J0157999

通俗小提琴曲选　人民音乐出版社编辑部编
北京　人民音乐出版社　1995年　93页
30cm（10开）ISBN：7-103-01236-9
定价：CNY11.40

J0158000

小提琴民族作品教学曲选　（钢琴、小提琴二
重奏和小提琴谱）金在清创编
北京　中央民族大学出版社　1995年　93页
30cm（10开）ISBN：7-81001-993-7
定价：CNY21.60
　　外文书名：Selected Nationality Pieces for Violin
Instruction. 作者金在清，中央民族大学音乐教授。

J0158001

大提琴曲选　（钢琴伴奏）董金池改编
北京　人民音乐出版社　1996年　39页
30cm（10开）ISBN：7-103-01340-3
定价：CNY12.40

J0158002
梁山伯与祝英台 （小提琴协奏曲 总谱）
何占豪,陈钢著
上海 上海音乐出版社 1996年 91页
31cm（10开）ISBN：7-80553-636-8
定价：CNY24.00

J0158003
司徒华城小提琴曲集 钱沈英编
北京 中国青年出版社［1996年］91页 有照片
29cm（16开）ISBN：7-5006-2289-9
定价：CNY20.00

J0158004
小提琴作品十首 赵薇作曲编曲
北京 人民音乐出版社 1996年 36页
31cm（10开）ISBN：7-103-01375-6
定价：CNY28.90

J0158005
新疆之旅 （小提琴组曲 钢琴伴奏谱）杜鸣心曲
北京 人民音乐出版社 1996年 69页
30cm（10开）ISBN：7-103-01367-5
定价：CNY20.10
　　作曲杜鸣心（1928— ），作曲家。湖北潜江
人。曾考入重庆育才学校音乐组学习,后被派往
莫斯科柴可夫斯基音乐院理论作曲系学习。中
国音协理事、创作委员会常务委员。任教于中央
音乐学院。主要作品有舞剧《鱼美人》《红色娘
子军》(均与吴祖强合作)的音乐,交响诗《飘扬
吧,军旗》等。

J0158006
中国小提琴曲十二首 杨林等编著
北京 中国青年出版社 1996年 94页
28cm（大16开）ISBN：7-5006-2038-1
定价：CNY12.00

J0158007
儿童大提琴曲100首 （中国乐曲）刘正谈编
北京 人民音乐出版社 1997年 58页
31cm（10开）ISBN：7-103-01449-3
定价：CNY12.50

J0158008
论马思聪 马思聪研究会编
北京 人民音乐出版社 1997年 564页 有照片
20cm（32开）ISBN：7-103-01597-X
定价：CNY29.40

J0158009
低音提琴独奏曲选 侯俊侠编
北京 华乐出版社 1998年 33页 31cm（10开）
ISBN：7-80129-024-0 定价：CNY20.00
　　本书附低音提琴分谱。

J0158010
小提琴曲集 李民子编著
天津 天津教育出版社 1998年 52页
29cm（12开）ISBN：7-5309-3022-2
定价：CNY15.00

J0158011
中国小提琴名曲荟萃 （1）上海音乐出版社编
上海 上海音乐出版社 1998年 156页
30cm（12开）ISBN：7-80553-668-6
定价：CNY38.00
　　本书附分谱54页。外文书名：Chinese Music
for Violin.

J0158012
小提琴演奏抒情歌曲100首 （中国乐曲）
蒋雄达编曲
北京 人民音乐出版社 1999年 96页
31cm（10开）ISBN：7-103-01768-9
定价：CNY21.20
　　本书收中国小提琴演奏抒情歌曲100首,包
括创作歌曲、影视歌曲、历史歌曲和民歌等。

J0158013
小提琴演奏优秀少儿歌曲100首 （中国乐曲）
蒋雄达编曲;人民音乐出版社编辑部编
北京 人民音乐出版社 1999年 64页
31cm（10开）ISBN：7-103-01704-2
定价：CNY15.20

J0158014
中国风格小提琴二重奏 杨宝智,丁芷诺编
上海 上海世界图书出版公司 1999年 31页

30cm（10 开）ISBN：7-5062-4365-2

定价：CNY25.00

作者丁芷诺（1938—　），女，教授。江苏昆山人，生于上海。毕业于上海音乐学院，留校任教。著有《小提琴基本功强化训练教材》。

J0158015

中国少年儿童小提琴曲集 （钢琴伴奏谱 1）
李自立著

上海 上海音乐出版社 1999 年 164 页

30cm（10 开）ISBN：7-80553-412-8

定价：CNY42.00

本书附分谱68页。外文书名：A Collection of Violin Music for Chinese Children.

J0158016

中提琴独奏名曲集 许燕明，李巍编订
石家庄 花山文艺出版社 1999 年 46 页

28cm（大 16 开）ISBN：7-80611-785-7

定价：CNY15.00

中国弹拨乐曲

J0158017

好吉他 郭清界编著
台北 金手指出版社 ［1980—1989 年］109 页

有图 26cm（16 开）定价：TWD150.00

（金手指音乐丛书）

作者郭清界，台湾地区吉他演奏家。金手指乐器有限公司干事。

J0158018

浪漫的拨弦 叶进财改编
台北 金手指出版社 ［1980—1989 年］2 册 有图

26cm（16 开）ISBN：957-9655-01-4

定价：TWD200.00

（金手指音乐丛书）

外文书名：Romantic Guitar.

J0158019

温泉乡吉他歌集 郭伍关编著
台北 金手指出版社 ［1980—1989 年］79 页

有图 26cm（16 开）定价：TWD60.00

（金手指音乐丛书）

J0158020

夏威夷吉他曲集
北京 人民音乐出版社 1981 年 45 页

25cm（16 开）统一书号：8026.3779

定价：CNY0.38

J0158021

电贝士歌曲集锦 （电贝士奏法即兴与歌曲实例）张志亚编
台北 天同出版社 1982 年 156 页 有图

26cm（16 开）定价：TWD150.00

（《奔放的旋律》吉他系列丛书 6）

J0158022

吉他弹唱 金善国编著
沈阳 辽宁教育出版社 1986 年 122 页

26cm（16 开）统一书号：8371.8 定价：CNY1.80

J0158023

吉他独奏曲精选 余音耕编
武汉 湖北教育出版社 1986 年 63 页

26cm（16 开）统一书号：8306.17

定价：CNY1.50

J0158024

西班牙吉他独奏曲及练习曲 方贤编
上海 上海翻译出版公司 1986 年 114 页

26cm（16 开）统一书号：7311.30

定价：CNY1.85

J0158025

故乡的云 （最新编配吉它弹唱曲集）谭晓鹏编著
南宁 广西人民出版社 1987 年 121 页 有图

26cm（16 开）统一书号：8113.1317

ISBN：7-219-00444-3 定价：CNY2.50

J0158026

吉他弹唱通俗歌典集 史唯林编
兰州 甘肃人民出版社 1987 年 41 页

26cm（16 开）定价：CNY0.90

J0158027

吉它弹唱流行歌曲选 朱中庆编著
成都 四川文艺出版社 1987 年 61 页

26cm（16 开）统一书号：8374.28

定价：CNY0.90

J0158028

新潮吉他弹唱曲集　唐汉民编著

南宁　广西民族出版社 1987 年 143 页

26cm（16 开）ISBN：7-5363-0121-9

定价：CNY1.95

J0158029

吉他弹唱流行歌曲 111 首　（简谱法）雪演编

北京　旅游教育出版社 1988 年 185 页

19cm（32 开）ISBN：7-5637-0061-7

定价：CNY1.95

J0158030

民谣吉他初步　刘天礼编著

北京　旅游教育出版社 1989 年 77 页

26cm（16 开）ISBN：7-5637-0070-6

定价：CNY2.90

　　作者刘天礼,演奏家、作曲家。毕业于中国
音乐学院理论作曲系。北京青年吉他协会会长、
中法青年友好协会会员、中国民盟北京市代表、
中央电视台、北京电视台吉他讲座主讲人、中国
传媒大学教授。创作校歌《校园里有一排年轻的
白杨》。著有《吉他弹唱研究》《民谣吉他经典 1、
2、3》《通俗唱法歌唱要领》等。

J0158031

热门吉它曲集　姚晓强编著

南宁　广西人民出版社 1989 年 128 页

26cm（16 开）ISBN：7-219-01447-3

定价：CNY4.30

J0158032

夏威夷吉他名曲选　（1 蓝色的夏威夷）

吴子彪,吕律编

上海　上海音乐出版社 1989 年 43 页

31cm（15 开）ISBN：7-80553-178-1

定价：CNY4.15

J0158033

最新古典吉他艺术教本　方铭健著

台北　远志出版社 1989 年 132 页 29cm（16 开）

ISBN：957-9399-02-6 定价：TWD150.00

J0158034

吉他弹唱金曲　谢有略,宇空编著

桂林　广西师范大学出版社 1990 年 69 页

26cm（16 开）ISBN：7-5633-0860-1

定价：CNY3.20

　　作者谢有略,广西桂林市吉他歌手。

J0158035

吉他演奏歌谱　伍新编著

广州　广东高等教育出版社 1990 年 76 页

26cm（16 开）ISBN：7-5361-0535-5

定价：CNY3.50

J0158036

匹克民谣吉他精选　（90）刘天礼编

北京　旅游教育出版社 1990 年 76 页

26cm（16 开）ISBN：7-5637-0199-0

定价：CNY3.00

J0158037

现代民谣吉他弹唱入门　周小虎等编

北京　中国卓越出版公司 1990 年

2 册（148 页）26cm（16 开）

ISBN：7-80071-184-6 定价：CNY5.90

J0158038

刘天礼吉他电视讲座曲目精选

刘天礼,刘传编著

北京　北京十月文艺出版社 1991 年 70 页

26cm（16 开）ISBN：7-5302-0216-2

定价：CNY2.70

J0158039

刘天礼民谣吉他作品精选　（一）刘天礼编

太原　北岳文艺出版社 1991 年 84 页

26cm（16 开）ISBN：7-5378-0330-X

定价：CNY4.00

J0158040

民谣吉他弹唱精选　叶松编配

大连　大连出版社 1991 年 76 页 26cm（16 开）

ISBN：7-80555-452-8 定价：CNY2.98

J0158041

直观五线谱吉它弹奏　（六线谱古典吉它名

曲集）莫光文,骆远敏编著
北京　农村读物出版社　1991 年　101 页
26cm（16 开）ISBN：7-5048-1680-9
定价：CNY2.90

J0158042
最新吉他流行歌曲　刘天礼编著
北京　团结出版社　1991 年　99 页　26cm（16 开）
ISBN：7-80061-479-4　定价：CNY3.50

J0158043
电视吉他讲座经典弹唱曲集　刘传编
北京　旅游教育出版社　1992 年　84 页
26cm（16 开）ISBN：7-5637-0353-5
定价：CNY3.40
　　作者刘传,吉他演奏家、教育家。北京风华
艺校校长兼吉他教员,青年吉他协会理事。

J0158044
五线谱六线谱对照古典吉它曲　高军峰主
编;《五线谱六线谱对照古典吉它曲》编写组编
北京　农村读物出版社　1992 年　84 页
26cm（16 开）ISBN：7-5048-2060-1
定价：CNY5.45

J0158045
夏威夷吉他曲集　（第一集）黄东启编配;
人民音乐出版社编辑部编
北京　人民音乐出版社　1992 年　70 页
26cm（16 开）ISBN：7-103-01107-9
定价：CNY3.95
　　本书收录《美丽的村庄》《蓝天探戈》《拨动
琴弦》等 20 首歌谱。

J0158046
最新吉他弹唱曲目精选　刘天礼等编著
北京　中国广播电视出版社　1992 年　132 页
26cm（16 开）ISBN：7-5043-2248-2
定价：CNY7.20

J0158047
古典吉他独奏重奏曲精选　陈志编
上海　上海音乐出版社　1993 年　137 页　有图
30cm（10 开）ISBN：7-80553-324-5
定价：CNY15.30

作者陈志,中国广播青年吉他乐团任职。

J0158048
吉他弹唱　武子编
西安　西北大学出版社　1993 年　92 页
26cm（16 开）ISBN：7-5604-0579-7
定价：CNY4.80

J0158049
吉他弹唱金曲珍品　（实用六线谱珍藏本）
刘传编著
北京　知识出版社　1993 年　84 页　有图
26cm（16 开）ISBN：7-5015-0895-X
定价：CNY4.60

J0158050
吉他歌手　（第一集）谢有略,张革编著
北京　国际文化出版公司　1993 年　43 页
26cm（16 开）ISBN：7-80049-827-1
定价：CNY3.80
　　作者谢有略,广西桂林市吉他歌手。作者张
革,广西桂林市吉他歌手。

J0158051
吉他歌手　（第二集）谢有略编
桂林　漓江出版社　1993 年　51 页　26cm（16 开）
ISBN：7-5407-1374-7　定价：CNY3.80

J0158052
通俗吉他弹唱　（六线谱本 1）万溶江编配
乌鲁木齐　新疆人民出版社　1995 年　100 页
26cm（16 开）ISBN：7-228-03220-9
定价：CNY5.98

J0158053
通俗吉他弹唱　（2）俭歌编配
乌鲁木齐　新疆人民出版社　1995 年　92 页
26cm（16 开）ISBN：7-228-03506-2
定价：CNY6.80

J0158054
现代浪漫吉他曲集　（五线谱、六线谱对照吉
他曲十八首）秦川编著
上海　上海音乐出版社　1995 年　61 页
30cm（10 开）ISBN：7-80553-523-X

定价：CNY14.00

J0158055

古典吉他考级曲集　闵元禔等编
上海　上海音乐出版社　1996年　174页
26cm（16开）ISBN：7-80553-566-3
定价：CNY13.70

　　作者闵元禔（1953—　　），古典吉他演奏家、教育家。上海市吉他艺术协会常务副会长、上海音乐家协会会员。代表作品《简明吉他教程》《西班牙吉他教程》《吉他演奏外国古典名曲》。

J0158056

吉它金曲弹唱　（民谣、古典吉它校园劲歌专辑）吴惑编著
乌鲁木齐　新疆青少年出版社　1996年　194页
26cm（16开）ISBN：7-5371-2211-3
定价：CNY16.80

J0158057

浪漫吉它金曲　石灰选编
成都　四川人民出版社　1996年　110页
26cm（16开）ISBN：7-220-03311-7
定价：CNY8.80

J0158058

流行金曲吉他弹唱　（A）刘天礼等编著
北京　北京出版社　1996年　92页　26cm（16开）
ISBN：7-200-02464-3　定价：CNY9.00

J0158059

流行金曲吉他弹唱　（B）刘天礼等编著
北京　北京出版社　1996年　91页　26cm（16开）
ISBN：7-200-02544-5　定价：CNY9.00

J0158060

古典吉他考级标准曲目　邵春良,冯汝觉编著
成都　四川科学技术出版社　1997年　308页
31cm（10开）ISBN：7-5364-3626-2
定价：CNY42.00

J0158061

吉他弹唱　金善国编著
沈阳　辽宁教育出版社　1997年　重印本　122页
26cm（16开）

ISBN：7-5382-0016-9　定价：CNY1.80

J0158062

吉它伴奏抒情歌曲　马权安编著
北京　航空工业出版社　1997年　107页
26cm（16开）ISBN：7-80134-015-9
定价：CNY8.80

J0158063

吉它弹奏流行金曲　易弦编著
北京　航空工业出版社　1997年　154页
26cm（16开）ISBN：7-80134-195-3
定价：CNY12.80

J0158064

民谣吉他经典　（1）刘天礼等编著
北京　北京燕山出版社　1997年　108页　有图
26cm（16开）ISBN：7-5402-0546-6
定价：CNY8.80

J0158065

古典吉他考级曲全集　广东省吉他研究会编
广州　广东高等教育出版社　1999年　180页
26cm（16开）ISBN：7-5361-2366-3
定价：CNY30.00

J0158066

吉他弹唱流行金曲　邵春良编著
北京　蓝天出版社　1999年　156页　26cm（16开）
ISBN：7-80081-924-8　定价：CNY15.80

J0158067

民谣吉他原版弹唱精选　李廷著编
成都　四川人民出版社　1999年　146页
26cm（16开）ISBN：7-220-04599-9
定价：CNY14.50
（跨世纪乐器自学丛书）

J0158068

实用吉他重奏曲集　李质伟编著
上海　上海音乐出版社　1999年　146页
31cm（10开）ISBN：7-80553-830-1
定价：CNY27.50

中国键盘、簧乐曲和打击乐曲

J0158069

中国口琴界　鲍明珊编

南京　中国音乐出版公司 ［1910—1949 年］

144 页　17cm（40 开）

　　作者鲍明珊，著名口琴艺术家。长期从事和研究口琴演奏、教学、制作。著有《标准口琴学》《口琴速成》《世界口琴名曲集》《高级颤音奏法》《演奏中各种气息调节法》等。

J0158070

高级口琴独奏名曲集　（1）王庆隆编

上海　世界书局 ［民国］影印本 44 页　有乐谱

25cm（15 开）

J0158071

风琴戏曲谱　蒋恨编

上海　文汇图书局 1921 年　8 版　增订本

［74］页　18×25cm　定价：大洋六角

　　本书收录《虞舜薰风曲》《花六板》《苏合》《天水关》《洪洋洞》《朱砂痣》等 16 段京剧曲谱。附《爱国五更调》《抵制日货歌》2 首歌曲。

J0158072

风琴戏曲谱　蒋恨编

上海　文汇图书局 1922 年　6 版　18×25cm

定价：大洋六角

J0158073

弹琴教本　（师范讲习科　第 1 集）刘质平编

上海　泰东图书局 1923 年　6 页　27cm（16 开）

定价：大洋一角五分

J0158074

弹琴教本　（师范讲习科　第 2 集）刘质平编

上海　泰东图书局 1924 年　16 页　27cm（16 开）

J0158075

风琴小调指南　新民书社编

上海　新民书社 1926 年　152 页　有图　14×19cm

定价：洋六角

　　本书收录《老六板》《三六板》《四合》《苏州景致》《十把扇子》《五更调》等 23 首南北小调，工尺谱。

J0158076

京调风琴谱　吴调梅编译

上海　文明书局 1930 年　9 版　74 页　19×26cm

定价：洋五角

　　本书收录《李陵碑》《武家坡》《琼林宴》《洪洋洞》等 18 段京剧曲谱。

J0158077

新霓裳羽衣舞曲　（第三十九编）萧友梅著

上海　商务印书馆 1930 年　10 页　有图

31cm（10 开）定价：大洋七角

（国立音乐专科学校丛书）

　　本书为钢琴演奏曲。书前有彩色国画《广寒图》。

J0158078

儿童风琴谱　时希圣编

上海　广益书局 1933 年　续版 110 页　15×19cm

J0158079

新霓裳羽衣舞曲　（第三十九编）萧友梅著

上海　商务印书馆 1933 年　国难后 1 版　10 页

有图　31cm（10 开）定价：大洋七角

（国立音乐专科学校丛书）

J0158080

风琴练习曲集　周玲荪著

上海　商务印书馆 1935 年　42 页　26cm（16 开）

定价：大洋六角

　　本书内容包括：弹琴须知、基本练习、名曲选。五线谱。

J0158081

中华口琴界　（第 7、8、9 期合刊　四周纪念特刊）上海中华口琴会编

上海　上海中华口琴会 1935 年　［160］页　有像

21cm（32 开）定价：大洋三角

　　本书收录《四周纪念感言及今后之建设》（王庆勋）、《口琴与民众生活》（褚民谊）、《写写我的感想和希望》（谢扶雅）、《口琴的使命》（何安东）、《口琴简说》（王庆勋）等 15 篇有关口琴会的纪念文章。另有《本会四年来之会务概况》《本会组织大纲》等业务报告。书前有《灿烂舞》《比

翼鸟》《蝴蝶夫人》等 12 首独奏、二重奏曲。

J0158082

中华口琴界 （第 10、11、12 期合刊 五周纪念特刊）上海中华口琴会编
上海 中华口琴会 1935 年 再版 ［90］页 有图
21cm（32 开）

本书收录《中华口琴会五年来所努力的是什么？》（王庆勋）、《口琴简说(最新口琴法)》（王庆勋）、《庆祝本会五周纪念的几句话》（沈式琦）、《中华口琴会创立五周纪念词》（张宝石）等文章，以及《本会奋起救灾》《各地分会经过情形》《本会一年内之大事纪》等业务报告。书前有《匈牙利舞曲》《意大利之歌》《湖畔明月》等 8 首演奏曲。

J0158083

儿童节奏乐队 缪天瑞编
上海 万叶书店 1950 年 73 页 有乐谱
26cm（16 开）定价：十二元

本书内容包括：介绍用各种简易的节奏乐器打出器乐曲的节奏或节奏的变化；训练儿童的节奏感。作者缪天瑞(1908—2009)，音乐教育家、音乐学家。浙江瑞安人，毕业于上海艺术师范大学。历任中央音乐学院副院长、天津音乐学院院长，福建音乐专科学校教授、教务主任，中央音乐学院副院长，天津市文化局副局长，天津音乐学院教授、院长，中国艺术研究院音乐研究所研究员，著有《律学》，主编《中国音乐词典》等。

J0158084

高级口琴独奏名曲集 王庆龙编
上海 中华书局 1950 年 影印本 47 页
26cm（16 开）定价：七元

J0158085

口琴新曲集 裘梦痕,黄涵秋编
北京 开明书店 1950 年 56 页 18cm（15 开）
定价：二元五角

J0158086

杯舞 （钢琴独奏）马思聪作
上海 万叶书店 1951 年 定价：CNY0.45

作者马思聪(1912—1987)，作曲家、小提琴演奏家。广东海丰人。曾任中央音乐学院首任院长，并兼任中国音乐家协会副主席，《音乐创作》主编等职。代表作有小提琴曲《内蒙组曲》《西藏音诗》《第一回旋曲》，交响音乐《山林之歌》《第二交响曲》，大合唱《祖国》《春天》，歌剧《热碧亚》等。

J0158087

创意曲 （钢琴独奏）孙云鹰作；中央音乐学院编辑
上海 万叶书店 1951 年 4 页 30cm（10 开）
定价：旧币 2,000 元
（中央音乐学院研究部资料丛刊）

本作品系中央音乐学院研究部资料，内容为钢琴独奏曲谱。

J0158088

春之旅组曲,作品 1 丁善德作曲
上海 上海音乐出版社 1951 年 正谱本 10 页
35cm（15 开）定价：CNY0.50

本书内容包括："待曙"、"舟中"、"杨柳岸"、"晓风之舞" 4 个乐章。作者丁善德(1911—1995)，江苏昆山人。1928 年入上海国立音乐专科学校钢琴系，兼学作曲。历任天津女子师范学校，上海国立音专教师，上海音乐学院教授、作曲系主任、副院长，中国音协副主席。创作钢琴曲《中国民歌主题变奏曲》《序曲三首》，交响乐《长征》等。撰有《单对位法》《复对位法》《赋格写作纲要》等。

J0158089

纺车 （钢琴独奏）赵行道作；中央音乐学院编辑
上海 万叶书店 1951 年 11 页 31cm（10 开）
定价：旧币 6,000 元
（中央音乐学院研究部资料丛刊）

J0158090

鼓舞 （钢琴独奏）马思聪作
上海 万叶书店 1951 年 11 页 30cm（10 开）
定价：旧币 6,000 元

J0158091

巾舞 （钢琴独奏）马思聪作；中央音乐学院编辑
上海 万叶书店 1951 年 19 页 30cm（10 开）
定价：旧币 10,000 元
（中央音乐学院创作丛刊）

J0158092
团结胜利 （腰鼓）王志超撰
沈阳 东北人民出版社 1951 年 9 页
15cm（40 开）定价：旧币 3,000 元

J0158093
摇篮曲 （钢琴独奏曲）江定仙作
上海 万叶书店 1951 年 5 页 定价：CNY0.25
（中央音乐学院研究部资料丛刊）

J0158094
口琴选曲集 （第一集）上海市口琴界联谊会
筹委会编辑
上海 上海音乐出版社 1952 年 55 页
26cm（16 开）定价：旧币 6,000 元

J0158095
中国民歌钢琴小曲集 （风琴亦可弹奏）陆华
柏编曲
上海 万叶书店 1952 年 影印本 59 页
35cm（15 开）定价：旧币 9,000 元
　　作者陆华柏（1914—1994），作曲家、音乐教
育家。出生于湖北荆门，祖籍江苏武进。主要作
品有《故乡》《勇士骨》《汨罗江边》等。

J0158096
初级钢琴曲选 朱起东编
上海 上海音乐出版社 1953 年 影印本 15 页
26cm（16 开）定价：旧币 3,000 元
　　作者朱起东（1913—1991），音乐教育家、小
号演奏家。浙江鄞县人。小号独奏曲有《山丹丹
开花红艳艳》《阿拉木汗》《秋收》《送我一枝玫
瑰花》，著有《小号表演艺术》《音乐声学基础》等。

J0158097
东方红变奏曲 （钢琴独奏曲）钱仁康作
上海 万叶书店 1953 年 7 页 30cm（15 开）
定价：旧币 3,200 元
（万叶乐谱丛刊）
　　作者钱仁康（1914—2013），音乐学家，音乐
理论家。生于江苏无锡，毕业于国立音乐专科学
校理论作曲组。历任北平师范学院，苏州国立社
教学院，江苏师范学院（苏州大学前身），苏南文教
学院，华东师范大学音乐系教授，上海音乐学院
音乐学系系主任、博导。著有《外国音乐欣赏》等，

并译有《莫扎特书信选》等。

J0158098
钢琴短曲集 宋军编
上海 万叶书店 1953 年 30 页 26cm（16 开）
定价：旧币 5,000 元
（万叶乐谱丛刊）
　　作者宋军（1918—1993），作曲家。原名宋文
焕，出生于广东鹤山。曾任《人民音乐》《儿童音
乐》编辑，中国音乐家协会会员，中国儿童音乐学
会会员，广东省音乐家协会理事，鹤山县政协副
主席和县文联名誉主席。主要作品有《乘着长风
前进》《胜利唱奏曲》《微笑吧妈妈》《红少年的
歌》《红菱送给解放军》等。

J0158099
国光歌选 （第一集）国光口琴会编辑
上海 国光口琴厂 1953 年 2 版 50 页
14cm（64 开）定价：旧币 1,000 元

J0158100
键盘式手风琴曲集 （第一集）安绍石编曲
上海 新音乐出版社 1953 年 64 页
26cm（16 开）定价：旧币 6,400 元

J0158101
口琴歌曲集 （第二集）国光口琴厂辑
上海 新音乐出版社 1953 年 影印本 50 页
14cm（64 开）定价：旧币 1,300 元

J0158102
农作舞变奏曲 （钢琴独奏曲）陆华柏作曲
上海 万叶书店 1953 年 11 页 30cm（10 开）
定价：旧币 4,800 元
（万叶乐谱丛刊）
　　作者陆华柏（1914—1994），作曲家、音乐教
育家。出生于湖北荆门，祖籍江苏武进。主要作
品有《故乡》《勇士骨》《汨罗江边》等。

J0158103
群众歌曲钢琴小曲集 （风琴亦可弹奏）钱仁
康编曲
上海 万叶书店 1953 年 影印本 55 页
26cm（16 开）定价：旧币 9,000 元
（万叶乐谱丛刊）

作者钱仁康(1914—2013),音乐学家,音乐理论家。生于江苏无锡,毕业于国立音乐专科学校理论作曲组。历任北平师范学院,苏州国立社教学院,江苏师范学院(苏州大学前身),苏南文教学院,华东师范大学音乐系教授,上海音乐学院音乐学系主任、博导。著有《外国音乐欣赏》等,并译有《莫扎特书信选》等。

J0158104
群众歌曲钢琴小曲集 （一、二集）钱仁康作
上海 万叶书店 1953 年 2 册
定价: CNY0.90（单册）

J0158105
群众口琴曲集 严隽慧辑
上海 万叶书店 1953 年 45 页 18cm（15 开）
定价: 旧币 3,200 元
（中央音乐学院研究部资料丛刊）

J0158106
群众口琴曲集 严隽慧作
上海 新音乐出版社 1953 年 定价: CNY0.30

J0158107
手风琴曲集 （第一集）安绍石作
上海 新音乐出版社 1953 年 定价: CNY0.64

J0158108
浔阳古调 （钢琴独奏曲）陆华柏作曲
上海 万叶书店 1953 年 9cm 30cm（15 开）
定价: 旧币 4,000 元
（万叶乐谱丛刊）

J0158109
第一钢琴奏鸣曲,降 B 小调 马思聪作
上海 新音乐出版社 1954 年 影印本 33 页
30cm（15 开）定价: 旧币 12,500 元

J0158110
儿童组曲 （钢琴独奏曲）丁善德作曲
上海 新音乐出版社 1954 年 影印本 18 页
31cm（10 开）定价: 旧币 7,000 元

J0158111
钢琴奏鸣曲,降 D 小调 马思聪作

上海 新音乐出版社 1954 年 影印本 33 页
30cm（15 开）定价: 旧币 12,500 元

J0158112
口琴曲选 （第二集）上海市口琴团体联谊会筹备会编
上海 新音乐出版社 1954 年 影印本 64 页
26cm（16 开）定价: 旧币 6,000 元

J0158113
口琴曲选 （第三集）上海市口琴团体联谊会筹备会编
上海 新音乐出版社 1954 年 影印本 64 页
26cm（16 开）定价: 旧币 6,000 元

J0158114
群众歌曲钢琴小曲集 （第二集）钱仁康作曲
上海 新音乐出版社 1954 年 影印本
26cm（16 开）定价: 旧币 9,000 元

作者钱仁康(1914—2013),音乐学家,音乐理论家。生于江苏无锡,毕业于国立音乐专科学校理论作曲组。历任北平师范学院,苏州国立社教学院,江苏师范学院(苏州大学前身),苏南文教学院,华东师范大学音乐系教授,上海音乐学院音乐学系主任、博导。著有《外国音乐欣赏》等,并译有《莫扎特书信选》等。

J0158115
序曲 （钢琴独奏曲）朱工一作
上海 新音乐出版社 1954 年 影印本 10 页
30cm（15 开）定价: 旧币 4,400 元

J0158116
粤曲三首 （钢琴独奏曲）马思聪作
上海 新音乐出版社 1954 年 影印本 14 页
30cm（10 开）定价: 旧币 5,600 元

J0158117
中国民歌主题变奏曲 （钢琴独奏曲）丁善德作曲
上海 新音乐出版社 1954 年 影印本 7 页
30cm（10 开）定价: 旧币 3,200 元

J0158118
中国组曲 （钢琴独奏曲）刘雪庵作曲

上海　新音乐出版社　1954年　影印本　11页
30cm（10开）定价：旧币4,200元

J0158119
儿童钢琴第一课　丁善德编
北京　音乐出版社　1955年　影印本　71页
18×26cm　定价：CNY0.65

J0158120
钢琴伴奏谱　北京中小学教学参考资料编辑
委员会编
北京　音乐出版社　1955年　78页　26cm（16开）
定价：CNY0.78

J0158121
辽宁省师范学校风琴练习曲　（暂用）辽宁
省教育厅教研室编辑
沈阳　辽宁人民出版社　1955年　影印本　48页
26cm（16开）统一书号：K8090.28
定价：CNY0.40

J0158122
新编鼓号进行曲　李华萱编
济南　山东人民出版社　1955年　26页
26cm（16开）定价：CNY0.22

J0158123
东蒙民歌主题钢琴曲七首　（正谱）桑桐编曲
［北京］音乐出版社　1956年　定价：CNY0.19
　　作者桑桐（1923—2011），音乐教育家，作曲
家，音乐理论家。原名朱镜清，生于中国上海，毕
业于国立音乐专科学校作曲系。历任上海音乐
学院作曲系和声教研室主任、教授、副院长、院
长。中国音乐家协会常务理事，上海音乐家协会
副主席。代表作品有《内蒙古民歌主题钢琴小曲
七首》《和声学教程》。

J0158124
东蒙民歌主题钢琴小曲七首　桑桐作
北京　音乐出版社　1956年　影印本　12页
26cm（16开）统一书号：8026.512
定价：CNY0.19

J0158125
儿童钢琴曲集　（第一辑）丁善德，邓尔敬主编

北京　音乐出版社　1956年　17页　26cm（16开）
定价：CNY0.25
（中央音乐学院华东分院创作丛刊）

J0158126
儿童钢琴曲集　中南音专艺术生产委员会创
作组编
北京　音乐出版社　1959年　33页　26cm（16开）
统一书号：8026.1110　定价：CNY0.30
（中南音乐创作丛刊）

J0158127
儿童钢琴曲三首　李重光作曲
北京　音乐出版社　1956年　影印本　7页
30cm（15开）统一书号：8026.519
定价：CNY0.22

J0158128
钢琴曲集　（第一辑）丁善德，邓尔敬辑
北京　音乐出版社　1956年　30页　26cm（16开）
定价：CNY0.36
（中央音乐学院华东分院创作丛刊）

J0158129
钢琴曲集　（民间鼓吹音乐资料　辽宁省南部）
张正治收集整理
北京　音乐出版社　1956年　239页
（东北音乐专科学校音乐编译丛书10）

J0158130
贺绿汀钢琴曲集　贺绿汀作曲
北京　音乐出版社　1956年　影印本　12页
35cm（18开）定价：CNY0.42
　　本书选编贺绿汀创作的《牧童短笛》《摇篮
曲》《怀念》《小曲》《晚曲》钢琴曲5首。其中第
一首是将中国旋律和西洋复调音乐成功结合起
来的典范。

J0158131
贺绿汀钢琴曲集　贺绿汀作曲
北京　人民音乐出版社　1979年　重印本　11页
38cm（6开）统一书号：8026.305
定价：CNY0.46

J0158132

火把节之夜 （钢琴独奏）廖胜京作曲

北京 音乐出版社 1956 年 影印本 8 页

30cm（10 开）统一书号：8026.460

定价：CNY0.22

J0158133

口琴曲选 （独奏·重奏·合奏曲）石人望，邓
群编

上海 上海文化出版社 1956 年 30 页

26cm（16 开）定价：CNY0.25

　　作者石人望（1906—1985），口琴家、作曲家。
生于浙江瑾县。历任上海市文联委员、中国音乐
家协会会员、中国音乐家协会上海分会理事及上
海多家群众文艺团体口琴艺术指导、北京等地口
琴会顾问。演奏代表作《杜鹃圆舞曲》《天鹅舞
选曲》《凤阳花鼓》，著作有《口琴吹奏法》《口琴
圆舞曲》《口琴名曲选》等。

J0158134

口琴曲选 （简谱本）上海文化出版社编

上海 上海文化出版社 1964 年 新 1 版 修订本

97 页 19cm（32 开）统一书号：8077.193

定价：CNY0.30

J0158135

群众口琴曲选 （第一集 独奏、重奏乐曲）
上海市文学艺术界联合会辑

上海 上海文化出版社 1956 年 影印本 46 页

18cm（15 开）定价：CNY0.18

J0158136

群众口琴曲选 （第二集 合奏乐曲）上海市
文学艺术界联合会辑

上海 上海文化出版社 1956 年 影印本 66 页

18cm（15 开）统一书号：T8077.46

定价：CNY0.20

J0158137

手风琴曲选 （简谱）任克明编

上海 上海文化出版社 1956 年 44 页

26cm（16 开）统一书号：T8077.64

定价：CNY0.32

J0158138

手风琴曲选 （简谱）任克明编

上海 上海文化出版社 1956 年 44 页

26cm（16 开）统一书号：T8077.64

定价：CNY0.32

J0158139

业余钢琴练习曲 马思琚编

北京 音乐出版社 1956 年 影印本 75 页

26cm（16 开）定价：CNY0.81

J0158140

中国民歌主题钢琴小曲六首 （苏）阿拉波夫
（Б.Арапов）作曲

北京 音乐出版社 1956 年 影印本 20cm

30cm（10 开）统一书号：8026.435

定价：CNY0.72

J0158141

儿童钢琴曲四首 邓尔敬作曲

上海 上海音乐出版社 1957 年 影印本 11 页

30cm（15 开）统一书号：127.017

定价：CNY0.40

J0158142

钢琴 中央音乐学院编

北京 中央音乐学院 1957 年 油印本 25 页

［26cm］（16 开）

J0158143

钢琴独奏曲 （序曲 第二号流水）朱践耳作曲

北京 音乐出版社 1957 年 影印本 7 页

30cm（15 开）统一书号：8026.698

定价：CNY0.24

　　作者朱践耳（1922—2017），作曲家、音乐家。
别名朱荣实，字朴臣，安徽泾县人，生于天津。中
国音乐家协会第四届常务理事，曾在上海、北京
等电影制片厂、上海实验歌剧院、上海交响乐团
任作曲。代表作品有《第四交响曲》《百年沧桑》
《唱支山歌给党听》等。

J0158144

钢琴独奏曲集 中央音乐学院编

北京 音乐出版社 1957 年 影印本 32 页

30cm（15 开）定价：CNY0.70

本书收录中央音乐学院器乐曲创作比赛获奖作品。

J0158145
钢琴曲选 （1956–1957 学年交流教材　艺术专科用）陈怀菊编
南昌　江西师范学院［1957 年］油印本　112 页
26cm（16 开）

J0158146
钢琴奏鸣曲两首　唐学咏作曲
北京　音乐出版社　1957 年　影印本　19 页
30cm（15 开）统一书号：8026.706
定价：CNY0.60

J0158147
歌唱春天　（钢琴独奏曲）钱仁康作曲
北京　音乐出版社　1957 年　影印本　7 页
30cm（15 开）统一书号：8026.705
定价：CNY0.24
　　作者钱仁康（1914—2013），音乐学家，音乐理论家。生于江苏无锡，毕业于国立音乐专科学校理论作曲组。历任北平师范学院，苏州国立社教学院，江苏师范学院（苏州大学前身），苏南文教学院，华东师范大学音乐系教授，上海音乐学院音乐学系系主任、博导。著有《外国音乐欣赏》等，并译有《莫扎特书信选》等。

J0158148
键盘式手风琴曲集　（第一集　正谱版）绿克，程就父译
北京　音乐出版社　1957 年　影印本　134 页
26cm（16 开）统一书号：8026.573
定价：CNY1.30

J0158149
键盘式手风琴曲集　（第二集　简谱版）尹志超编
北京　音乐出版社　1957 年　影印本　44 页
26cm（16 开）统一书号：8026.649
定价：CNY0.40

J0158150
键盘式手风琴曲集　（第三集　正谱版）尹志超编

北京　音乐出版社　1957 年　影印本　62 页
26cm（16 开）统一书号：8026.704
定价：CNY0.65

J0158151
键盘式手风琴曲集　（第四集　简谱版）吉林艺专音乐系编
北京　音乐出版社　1959 年　34 页　26cm（16 开）
统一书号：8026.764　定价：CNY0.30

J0158152
口琴独奏曲集　（初编）王庆隆编曲
上海　上海音乐出版社　1957 年　定价：CNY0.30

J0158153
庙会　（钢琴组曲）蒋祖馨作曲
上海　上海音乐出版社　1957 年　17 页
30cm（10 开）统一书号：127.001
定价：CNY0.55

J0158154
庙会　（钢琴组曲）蒋祖馨作
上海　上海文艺出版社　1961 年　新 1 版　17 页
30cm（10 开）统一书号：8078.1749
定价：CNY0.50

J0158155
民歌小曲五十首　黎英海编曲
上海　上海音乐出版社　1957 年　32 页
26cm（16 开）统一书号：8127.070
定价：CNY0.65

J0158156
清晨　（钢琴曲集）上海音乐学院创作丛刊编辑委员会编辑
上海　上海音乐出版社　1957 年　影印本　32 页
30cm（15 开）统一书号：8127.106
定价：CNY0.42
（上海音乐学院创作丛刊）

J0158157
少年儿童口琴曲集　石人望编
上海　少年儿童出版社　1957 年　60 页
26cm（16 开）统一书号：R7024.128
定价：CNY0.40

J0158158

少年钢琴曲集 刘季林作曲

北京 音乐出版社 1957年 影印本 21页
26cm(16开)统一书号: 8026.665
定价: CNY0.28

J0158159

小奏鸣曲 罗忠镕作曲

北京 音乐出版社 1957年 7页 30cm(10开)
统一书号: 8026.600 定价: CNY0.24

　　作者罗忠镕(1924—),作曲家、理论家、
教授。生于四川省三台县,就读于成都四川省
立艺术专科学校和国立上海音乐专科学校。代
表作品《罗忠镕后期现代风格的音乐创作研究》
《山那边哟好地方》《庆祝十三陵水库落成典礼序
曲》等。

J0158160

序曲三首 丁善德作曲

上海 上海音乐出版社 1957年 影印本 5页
30cm(15开)统一书号: 127.018
定价: CNY0.22

　　作者丁善德(1911—1995),江苏昆山人。
1928年入上海国立音乐专科学校钢琴系,兼学作
曲。历任天津女子师范学校,上海国立音教师,
上海音乐学院教授、作曲系主任、副院长、中国
音协副主席。创作钢琴《中国民歌主题变奏曲》
《序曲三首》,交响乐《长征》等。撰有《单对位法》
《复对位法》《赋格写作纲要》等。

J0158161

运动会组曲 (钢琴独奏曲)刘庄作曲

北京 音乐出版社 1957年 影印本 17页
26cm(16开)统一书号: 8026.548
定价: CNY0.30

J0158162

中国民间音乐口琴独奏曲集 (第一集)
石人望编曲

上海 上海音乐出版社 1957年 影印本 60页
18cm(15开)统一书号: 127.011
定价: CNY0.19

J0158163

八首民歌短曲 (钢琴)杨儒怀编曲

北京 音乐出版社 1958年 11页 26cm(16开)
统一书号: 8026.998 定价: CNY0.19
(中央音乐学院创作丛刊)

　　作者杨儒怀(1925—2012),教授。毕业于燕
京大学音乐系,中央音乐学院作曲系任教。

J0158164

丁善德钢琴曲集 丁善德作曲

上海 上海音乐出版社 1958年 影印本 55页
30cm(10开)统一书号: 8127.166
定价: CNY1.80

J0158165

风琴练习曲 山东省教育厅编

济南 山东人民出版社 1958年 42页
26cm(16开)统一书号: K7099.174
定价: CNY0.18

J0158166

钢琴变奏曲 刘庄作曲

北京 音乐出版社 1958年 影印本 12页
26cm(16开)统一书号: 8026.792
定价: CNY0.20

　　作者刘庄(1932—),女作曲家。出生于上
海。1950年考入上海音乐学院作曲系学习,师从
丁善德、桑桐、邓尔敬教授。毕业后被派往中央
音乐学院读研究生,在苏联专家古洛夫作曲班上
学习。曾在上海音乐学院作曲系任助教、中央音
乐学院作曲系任教。后调入中央乐团从事作曲
专业。主要作品有《大提琴浪漫曲》《献给青少
年》《月之故乡》,电影音乐《小兵张嘎》《昆仑山
上一棵草》等。

J0158167

钢琴变奏曲 刘庄作曲

[北京]音乐出版社 1962年 28cm(大16开)
定价: CNY0.40

J0158168

花灯舞 (钢琴)章纯作曲

北京 音乐出版社 1958年 定价: CNY0.10

J0158169

花鼓 (乐谱)瞿维曲

上海 上海音乐出版社 1958年 11页

35cm（18 本）统一书号：8127.263
定价：CNY0.32
　　作者瞿维（1917—2002），中国现代作曲家。生于江苏常州，毕业于上海新华艺专师范系。曾任中国音乐家协会常务理事，副主席、音协上海分会副主席，上海交通大学音乐研究室主任，中国高等学校音乐教育学学会会长等职。代表作钢琴曲《花鼓》《蒙古夜曲》，歌剧《白女》等。

J0158170
剪剪花，对花　（钢琴）张翼编曲
北京　音乐出版社　1958 年　影印本　8 页
26cm（16 开）统一书号：8026.975
定价：CNY0.17

J0158171
口琴独奏曲集　石人望编曲
上海　上海文艺出版社　1958 年　新 1 版　60 页
19cm（32 开）统一书号：8078.305
定价：CNY0.19

J0158172
口琴独奏曲集　（第一集）陈剑晨编
北京　音乐出版社　1958 年　影印本　58 页
18cm（15 开）统一书号：8026.765
定价：CNY0.18
　　作者陈剑晨（1911—？），口琴演奏家。浙江嵊县人。创办上海口琴会，曾任会长。编著有《口琴吹奏法》《口琴曲集》等。

J0158173
口琴独奏曲集　（第二集）陈剑晨编
北京　音乐出版社　1958 年　影印本　60 页
18cm（15 开）统一书号：8026.766
定价：CNY0.20

J0158174
口琴独奏曲集　（第三集）陈剑晨编配
北京　音乐出版社　1959 年　81 页　19cm（32 开）
统一书号：8026.1138　定价：CNY0.24

J0158175
口琴独奏曲集　（第四集）石人望编配
北京　音乐出版社　1959 年　80 页　19cm（32 开）
统一书号：8026.1139　定价：CNY0.24

J0158176
牧童短笛　贺绿汀曲
北京　音乐出版社　1958 年　定价：CNY0.03
（活页器乐曲　钢琴　1）
　　作者贺绿汀（1903—1999），音乐家、教育家。湖南邵东仙槎桥人，毕业于上海国立音乐专科学校。历任武昌艺术专科学校教员、明星影片公司音乐科科长、陕甘宁晋绥联防军政治部宣传队音乐教员、延安中央管弦乐团团长、华北文工团团长。代表作品《牧童短笛》《摇篮曲》《游击队歌》等，著有《贺绿汀音乐论文选集》。

J0158177
手风琴重奏曲集　任克明编曲
上海　上海音乐出版社　1958 年　影印本　48 页
26cm（16 开）统一书号：8127.184
定价：CNY0.50

J0158178
思念　（钢琴独奏曲）杨碧海作曲
北京　音乐出版社　1958 年　影印本　4 页
26cm（16 开）统一书号：8026.762
定价：CNY0.10

J0158179
通俗钢琴曲集　音乐出版社编辑部编辑
北京　音乐出版社　1958 年　影印本　119 页
30cm（12 开）统一书号：8026.800
定价：CNY2.00

J0158180
童话　（钢琴曲集）上海音乐学院创作丛刊编辑委员会编辑
上海　上海音乐出版社　1958 年　影印本　40 页
30cm（12 开）统一书号：8127.115
定价：CNY0.50
（上海音乐学院创作丛刊）

J0158181
小奏鸣曲三首　马思聪作曲
北京　音乐出版社　1958 年　15 页　26cm（16 开）
统一书号：8026.894　定价：CNY0.32

J0158182
袖珍口琴歌曲集　（一）和平口琴会编

上海　上海文艺出版社　1958年　58页
15cm（40开）统一书号：8078.172
定价：CNY0.12

J0158183
袖珍口琴歌曲集 （二）和平口琴会编
上海　上海文艺出版社　1958年　51页
15cm（40开）统一书号：8078.173
定价：CNY0.11

J0158184
序曲（第一号）"告诉你……" （钢琴独奏曲）
朱践耳曲
北京　音乐出版社　1958年　2页　31cm（15开）
统一书号：8026.796　定价：CNY0.16
　　作者朱践耳（1922—2017），作曲家、音乐家。
别名朱荣实，字朴臣，安徽泾县人，生于天津。中
国音乐家协会第四届常务理事，曾在上海、北京
等电影制片厂、上海实验歌剧院、上海交响乐团
任作曲。代表作品有《第四交响曲》《百年沧桑》
《唱支山歌给党听》等。

J0158185
中国民歌手风琴独奏曲集 （键盘式）
杨鸿年编曲
上海　上海音乐出版社　1958年　27页
26cm（16开）统一书号：8127.215
定价：CNY0.32

J0158186
主题及变奏曲 （钢琴）朱践耳作曲
北京　音乐出版社　1958年　24页　26cm（16开）
统一书号：8026.893　定价：CNY0.32

J0158187
采茶舞 （钢琴独奏曲）李瑞星作曲
上海　上海文艺出版社　1959年　7页
30cm（10开）统一书号：8078.456
定价：CNY0.20
（上海音乐学院钢琴教材丛刊）

J0158188
第一小奏鸣曲 （钢琴独奏曲）罗忠熔作
上海　上海文艺出版社　1959年　11页
30cm（15开）统一书号：8078.455

定价：CNY0.32
（上海音乐学院钢琴教材丛刊）

J0158189
儿童钢琴曲七首 张洪谨曲
北京　音乐出版社　1959年　16页　26cm（16开）
统一书号：8026.1131　定价：CNY0.30

J0158190
儿童钢琴小曲集 陈凤祥编曲
北京　音乐出版社　1959年　9页　35cm（18开）
统一书号：8026.1127　定价：CNY0.22

J0158191
儿童小组曲 （钢琴独奏曲）桑桐作曲
上海　上海文艺出版社　1959年　7页
30cm（15开）统一书号：8078.450
定价：CNY0.20
　　本作品是根据东蒙民歌改编的变奏体。作
者桑桐（1923—2011），音乐教育家，作曲家，音乐
理论家。原名朱镜清，生于中国上海，毕业于国
立音乐专科学校作曲系。历任上海音乐学院作
曲系和声教研室主任、教授、副院长、院长。中
国音乐家协会常务理事，上海音乐家协会副主
席。代表作品有《内蒙古民歌主题钢琴小曲七首》
《和声学教程》。

J0158192
儿童小组曲 （钢琴独奏曲）桑桐作曲
上海　上海文艺出版社　1961年　重印本　9页
30cm（15开）统一书号：8078.0450
定价：CNY0.34

J0158193
钢琴曲集 上海音乐学院钢琴系编
上海　上海文艺出版社　1959年　32页
29cm（15开）统一书号：8078.457
定价：CNY1.00
（上海音乐学院钢琴教材丛刊）

J0158194
钢琴曲七首 中南音乐专科学校编
北京　音乐出版社　1959年　19页　26cm（16开）
统一书号：8026.1178　定价：CNY0.24
（中南音乐专科学校创作丛书）

J0158195
钢琴小组曲　吴式锴作曲；中央音乐学院编辑
北京　音乐出版社　1959 年　11 页　26cm（16 开）
统一书号：8026.1211　定价：CNY0.16
（中央音乐学院创作丛刊）

J0158196
广东音乐主题钢琴四首　陈培勋作曲
北京　音乐出版社　1959 年　17 页　35cm（18 开）
统一书号：8026.1105　定价：CNY0.42
（中央音乐学院创作丛书）
　　作者陈培勋（1922—2006），作曲家。广西合
浦人，出生于香港，毕业于上海国立音乐专科学
校。任中央音乐学院作曲系副教授、教授、兼配
器教研室主任。后在香港任教。主要作品有钢
琴曲《卖杂货》，交响诗《心潮逐浪高》，音画《流
水》，幻想序曲《王昭君》，交响乐《我的祖国》等。

J0158197
简易钢琴曲集　中南音乐专科学校艺术生产
办公室创作组编
北京　音乐出版社　1959 年　21 页　26cm（16 开）
统一书号：8026.1100　定价：CNY0.26
（中南音乐专科学校创作丛刊）

J0158198
口琴歌曲集　（第一集）音乐出版社编辑部编
北京　音乐出版社　1959 年　69 页　19cm（32 开）
统一书号：8026.1102　定价：CNY0.21

J0158199
刘海砍樵　（钢琴组曲）葛顺中作曲
上海　上海文艺出版社　1959 年　18 页
29cm（15 开）统一书号：8078.0825
定价：CNY0.36
（上海音乐学院钢琴教材丛刊）

J0158200
苗族民歌钢琴小曲三十二首　桑桐改编
北京　音乐出版社　1959 年　12 页　26cm（16 开）
统一书号：8026.1207　定价：CNY0.16

J0158201
民歌主题儿童钢琴小曲七首　陈铭志作曲
上海　上海文艺出版社　1959 年　7 页

31cm（10 开）统一书号：8078.0799
定价：CNY0.22
　　作者陈铭志（1925—2009），河南西平人。毕
业于上海音乐学院，并留校任教，历任讲师、副教
授、教授、作曲指挥系主任，中国音协第四届理
事。主要作品有《赋格曲写作》《复调音乐写作
基础教程》等。

J0158202
山歌　（钢琴独奏曲）戴赠生作曲
上海　上海文艺出版社　1959 年　3 页
30cm（16 开）统一书号：8078.453
定价：CNY0.14
（上海音乐学院钢琴教材丛刊）

J0158203
上海郊区风光好　（钢琴独奏曲）李瑞星作曲
上海　上海文艺出版社　1959 年　3 页
31cm（15 开）统一书号：8078.451
定价：CNY0.14
（上海音乐学院钢琴教材丛刊）

J0158204
少年儿童钢琴曲集　（1958 年中央音乐学院
钢琴曲比赛获奖作品）黄晓飞等作曲
北京　音乐出版社　1959 年　22 页　26cm（16 开）
统一书号：8026.1099　定价：CNY0.22
（中央音乐学院创作丛刊）

J0158205
手风琴伴奏歌曲集　（第一集）音乐出版社编
辑部编
北京　音乐出版社　1959 年　114 页　13×18cm
统一书号：8026.1136　定价：CNY0.37

J0158206
手风琴伴奏歌曲集　（第二集）音乐出版社编
辑部编
北京　音乐出版社　1961 年　114 页　13×18cm
统一书号：8026.1511　定价：CNY0.29

J0158207
手风琴伴奏歌曲集　（第三集）音乐出版社编
辑部编
北京　音乐出版社　1965 年　14 页　26cm（16 开）

统一书号: 8026.2394 定价: CNY0.15

J0158208
手风琴曲集 （第 4 集 键盘式,简谱版）吉林
艺专音乐系编
北京 音乐出版社 1959 年 定价: CNY0.30

J0158209
序曲 （钢琴独奏曲）翟维作曲
上海 上海文艺出版社 1959 年 定价: CNY0.14
（上海音乐学院钢琴教材丛刊）

J0158210
幼儿园的一天 （儿童钢琴组曲）周宗汉作
曲; 老志诚订指法
北京 音乐出版社 1959 年 9 页 26cm（16 开）
统一书号: 8026.1128 定价: CNY0.20

J0158211
翻身的日子 （钢琴独奏曲）朱践耳曲; 储望
华改编
北京 人民音乐出版社 1960 年 6 页
28cm（大 16 开）定价: CNY0.12

J0158212
翻身的日子 （钢琴独奏曲）朱践耳曲; 储望
华改编
北京 人民音乐出版社 1976 年 6 页
28cm（26 开）统一书号: 8026.3171
定价: CNY0.12

J0158213
钢琴变奏曲集 （正谱本）吴式错等作曲
北京 音乐出版社 1960 年 34 页 30cm（15 开）
统一书号: 8026.1355 定价: CNY0.66
（中央音乐学院创作丛刊）

J0158214
钢琴曲选 中国音乐家协会编
北京 音乐出版社 1960 年 137 页 31cm（10 开）
统一书号: 8026.1297
定价: CNY2.30, CNY5.80（精装）

J0158215
钢琴选曲 （正谱本）中国音乐作家协会编

北京 音乐出版社 1960 年 137 页 35cm（18 开）
统一书号: 8026.1297 定价: CNY2.30

J0158216
手风琴曲选 （简谱）任克明编著
上海 上海文艺出版社 1960 年 44 页
26cm（16 开）统一书号: 8078.1277
定价: CNY0.32

J0158217
五指山组曲 （钢琴独奏曲）张棟作曲
上海 上海文艺出版社 1960 年 19 页
29cm（15 开）统一书号: 8078.1451
定价: CNY0.40

J0158218
巴蜀之画 （四川民歌主题钢琴组曲 正谱本）
黄虎威曲
北京 音乐出版社 1961 年 9 页 31cm（10 开）
统一书号: 8026.1363 定价: CNY0.34
（四川音乐学院作曲系创作丛刊）
　　本书收录《晨歌》《空谷回声》《抒情小曲》
《弦子舞》《蓉城春郊》《阿坝夜会》等具有四川
汉、藏民歌风味的 6 首小曲组成。

J0158219
丁善德钢琴曲集 丁善德作曲
上海 上海文艺出版社 1961 年 新 1 版 55 页
26cm（16 开）统一书号: 8027.0560
定价: CNY1.10
　　作者丁善德(1911—1995), 江苏昆山人。
1928 年入上海国立音乐专科学校钢琴系, 兼学作
曲。历任天津女子师范学校、上海国立音专教师,
上海音乐学院教授、作曲系主任、副院长, 中国
音协副主席。创作钢琴曲《中国民歌主题变奏曲》
《序曲三首》,交响乐《长征》等。撰有《单对位法》
《复对位法》《赋格写作纲要》等。

J0158220
丁善德钢琴曲集 丁善德作曲
上海 上海文艺出版社 1978 年 55 页
26cm（16 开）统一书号: 8078.0560
定价: CNY1.40

J0158221
丁善德钢琴曲集　丁善德作曲
上海　上海文艺出版社　1983 年　2 版　66 页
26cm（16 开）统一书号：8078.0560
定价：CNY1.55

J0158222
儿童钢琴曲四首　邓尔敬作曲
上海　上海文艺出版社　1961 年　新 1 版　11 页
29cm（15 开）统一书号：8078.1750
定价：CNY0.36

J0158223
钢琴四手联弹曲集　（第一集　正谱本）音乐
出版社编辑部编
北京　音乐出版社　1961 年　93 页
29cm（15 开）统一书号：8026.1515
定价：CNY1.60

J0158224
花鼓　（正谱本）瞿维作曲
上海　上海文艺出版社　1961 年　新 1 版　11 页
35cm（15 开）统一书号：8078.1751
定价：CNY0.36
　　作者瞿维（1917—2002），中国现代作曲家。
生于江苏常州，毕业于上海新华艺专师范系。曾
任中国音乐家协会常务理事、副主席、音协上海
分会副主席，上海交通大学音乐研究室主任，中
国高等学校音乐教育学学会会长等职。代表作
钢琴曲《花鼓》《蒙古夜曲》，歌剧《白毛女》等。

J0158225
花鼓　（钢琴独奏曲）瞿维曲
上海　上海文艺出版社　1978 年　5 页
26cm（16 开）统一书号：8078.3091
定价：CNY0.24

J0158226
口琴曲 100 首　（简谱本）音乐出版社编辑部编
北京　音乐出版社　1961 年　187 页　18cm（30 开）
统一书号：8026.1454　定价：CNY0.53

J0158227
口琴曲选　上海文艺出版社编
上海　上海文艺出版社　1961 年　65 页
18cm（15 开）统一书号：8078.1615
定价：CNY0.20

J0158228
口琴曲选　上海文艺出版社编辑
上海　上海文艺出版社　1979 年　2 版　76 页
26cm（16 开）统一书号：8078.1675
定价：CNY0.44

J0158229
口琴重奏曲集　（简谱本）石人望编配
北京　音乐出版社　1961 年　103 页　26cm（16 开）
统一书号：8026.1359　定价：CNY0.81
　　作者石人望（1906—1985），口琴家、作曲家。
生于浙江瑾县。历任上海市文联委员、中国音乐
家协会会员、中国音乐家协会上海分会理事及上
海多家群众文艺团体口琴艺术指导、北京等地口
琴会顾问。演奏代表作《杜鹃圆舞曲》《天鹅舞
选曲》《凤阳花鼓》，著作有《口琴吹奏法》《口琴
圆舞曲》《口琴名曲选》等。

J0158230
青年钢琴协奏曲　（钢琴及民族管弦乐队
总谱　正谱本）刘诗昆等作曲
北京　音乐出版社　1961 年　73 页　30cm（15 开）
统一书号：8026.1397　定价：CNY1.60
（中央音乐学院创作丛刊）

J0158231
手风琴伴奏歌曲选　（第二集　简谱本）音乐
出版社编辑部编
北京　音乐出版社　1961 年　38 页　26cm（16 开）
统一书号：8026.1337　定价：CNY0.31

J0158232
手风琴独奏曲八首　（正谱本）郑铨等改编
北京　音乐出版社　1961 年　21 页　26cm（16 开）
统一书号：8026.1475　定价：CNY0.28

J0158233
手风琴重奏曲集　（正谱本）任克明编曲
上海　上海文艺出版社　1961 年　新 1 版　40 页
27cm（16 开）统一书号：8078.1815
定价：CNY0.42

J0158234

随想曲 （钢琴曲 正谱本）桑桐作曲

上海 上海文艺出版社 1961 年 9 页

29cm（12 开）统一书号：8078.1825

定价：CNY0.38

作者桑桐(1923—2011)，音乐教育家，作曲家，音乐理论家。原名朱镜清，生于中国上海，毕业于国立音乐专科学校作曲系。历任上海音乐学院作曲系和声教研室主任、教授、副院长、院长。中国音乐家协会常务理事，上海音乐家协会副主席。代表作品有《内蒙古民歌主题钢琴小曲七首》《和声学教程》。

J0158235

舞剧鱼美人选曲 （钢琴独奏曲 正谱本）

吴祖强，杜鸣心作曲

北京 音乐出版社 1961 年 21 页 30cm（15 开）

统一书号：8026.1500 定价：CNY0.46

作者吴祖强(1927—)，作曲家。出生于北京，原籍江苏武进，毕业于中央音乐学院。作品有弦乐合奏《二泉映月》《春江花月夜》等。作者杜鸣心(1928—)，作曲家。湖北潜江人。曾考入重庆育才学校音乐组学习，后被派往莫斯科柴可夫斯基音乐院理论作曲系学习。中国音协理事、创作委员会常务委员。任教于中央音乐学院。主要作品有舞剧《鱼美人》《红色娘子军》（均与吴祖强合作）的音乐，交响诗《飘扬吧，军旗》等。

J0158236

序曲与赋格二首 （正谱本）陈铭志作曲

上海 上海文艺出版社 1961 年 11 页

29cm（16 开）统一书号：8078.1852

定价：CNY0.42

作者陈铭志(1925—2009)，河南西平人。毕业于上海音乐学院，并留校任教，历任讲师、副教授、教授、作曲指挥系主任，中国音协第四届理事。主要作品有《赋格曲写作》《复调音乐写作基础教程》等。

J0158237

中国民间音乐口琴独奏曲集续编　石人望编曲

上海 上海文艺出版社 1961 年 74 页

19cm（32 开）统一书号：8078.1798

定价：CNY0.24

J0158238

春之旅组曲，作品 1 （正谱本）丁善德作曲

北京 音乐出版社 1962 年 2 版 10 页

35cm（15 开）统一书号：8026.346

定价：CNY0.24

本书内容包括：待曙、舟中、杨柳岸、晓风之舞 4 个乐章。

J0158239

第二小奏鸣曲 （钢琴独奏）罗忠镕作曲

北京 音乐出版社 1962 年 28cm（大 16 开）

定价：CNY0.28

作者罗忠镕(1924—)，作曲家、理论家、教授。生于四川省三台县，就读于成都四川省立艺术专科学校和国立上海音乐专科学校。代表作品《罗忠镕后期现代风格的音乐创作研究》《山那边哟好地方》《庆祝十三陵水库落成典礼序曲》等。

J0158240

高等音乐院校钢琴教学练习曲选 （第一集 勃拉姆斯五十一首钢琴练习 正谱本）（德）勃拉姆斯（J.Brahms）作曲

北京 音乐出版社 1962 年 54 页 35cm（18 开）

统一书号：K8026.1684 定价：CNY1.50

作者勃拉姆斯（Brahms, Johannes, 1833—1897）德国作曲家。生于汉堡。幼承家学，曾在汉堡、维也纳、苏黎世、巴登等地当过钢琴师、乐队指挥及音乐教师。创作了大量器乐重奏曲，歌曲等。重要作品有《德意志安魂曲》《第一交响曲》《摇篮曲》等。

J0158241

高等音乐院校钢琴教学曲选 （第一集 中国作品 正谱本）朱工一等编选

北京 音乐出版社 1962 年 171 页 35cm（18 开）

统一书号：K8026.1679 定价：CNY4.60

J0158242

民歌手风琴曲集 （正谱本）杜楚南编曲

上海 上海文艺出版社 1962 年 40 页

26cm（16 开）统一书号：8078.1938

定价：CNY0.34

J0158243
民歌主题创意曲 （钢琴独奏曲）谢直心编曲
北京 音乐出版社 1962 年 4 页 26cm（16 开）
统一书号：8026.1611 定价：CNY0.11

J0158244
前奏曲 （春 钢琴独奏曲）王仁樑曲
北京 音乐出版社 1962 年 2 页 26cm（16 开）
统一书号：8026.1610 定价：CNY0.11

J0158245
轻音乐手风琴独奏曲集 （正谱本）宋兴元，
孟升荣编曲
上海 上海文艺出版社 1962 年 71 页
27cm（16 开）统一书号：8078.1923
定价：CNY0.52

J0158246
狮舞 （钢琴独奏曲 正谱本）黄容赞曲
北京 音乐出版社 1962 年 13 页 26cm（16 开）
统一书号：8026.1613 定价：CNY0.20

J0158247
手风琴曲选 （第一集 正谱本）音乐出版社编
辑部编
北京 音乐出版社 1962 年 65 页 26cm（16 开）
统一书号：8026.1534 定价：CNY0.69

J0158248
托卡塔曲 （喜报 钢琴独奏 正谱本）丁善德
作曲
北京 音乐出版社 1962 年 11 页 30cm（15 开）
统一书号：8026.1574 定价：CNY0.40

J0158249
喜丰年 （钢琴独奏曲）尚德义编曲
北京 音乐出版社 1962 年 4 页 26cm（16 开）
统一书号：8026.1612 定价：CNY0.11

J0158250
乡村的节日 （钢琴独奏 正谱本）黄虎威曲
北京 音乐出版社 1962 年 重印本 8 页
31cm（12 开）统一书号：8026.1035
定价：CNY0.28
　　作者黄虎威（1932—2019），作曲家、教授。

四川内江人。毕业于西南音乐专科学校作曲系，
后入中央音乐学院师从苏联作曲专家鲍里斯·阿
拉波夫教授进修。历任四川音乐学院教授、作曲
系主任，中国音乐家协会创作委员会委员，中国
音乐著作权协会理事，四川省音乐家协会理论创
作委员会副主任。

J0158251
红旗板车队 （钢琴独奏）俞抒作曲
北京 音乐出版社 1963 年 5 页 26cm（16 开）
统一书号：8026.1710 定价：CNY0.16

J0158252
口琴曲 100 首 （简谱本）音乐出版社编辑部编
北京 音乐出版社 1963 年 重印本 185 页
19cm（32 开）统一书号：8026.1454
定价：CNY0.53

J0158253
叙事诗 （为独幕巴蕾舞短剧《思凡》而写
钢琴独奏曲）朱践耳作曲
上海 上海文艺出版社 1963 年 19 页
29cm（15 开）统一书号：8078.2159
定价：CNY0.38
　　作者朱践耳（1922—2017），作曲家、音乐家。
别名朱荣实，字朴臣，安徽泾县人，生于天津。中
国音乐家协会第四届常务理事，曾在上海、北京
等电影制片厂、上海实验歌剧院、上海交响乐团
任作曲。代表作品有《第四交响曲》《百年沧桑》
《唱支山歌给党听》等。

J0158254
第四小奏鸣曲 （钢琴独奏）马思聪作曲
北京 音乐出版社 1964 年 11 页 26cm（16 开）
统一书号：8026.1931 定价：CNY0.19

J0158255
对花 （闹龙灯 手风琴独奏曲）郭茂荣改编；
郭茂荣作曲
北京 音乐出版社 1964 年 9 页 26cm（16 开）
统一书号：8026.1967 定价：CNY0.16

J0158256
口琴曲选集 音乐出版社编辑部编
北京 音乐出版社 1964 年 74 页 19cm（32 开）

统一书号：8026.2162 定价：CNY0.23

（农村音乐小丛书）

J0158257

陕北民歌主题变奏曲　（献给青少年　钢琴独奏曲）孙亦林作曲

北京 音乐出版社 1964 年 12 页 26cm（16 开）

统一书号：8026.1841 定价：CNY0.19

　　作者孙亦林（1935—2015），女，作曲家。出生于北京，中央音乐学院毕业。曾在中央广播合唱团从事钢琴伴奏和音乐创作。创作有《青年钢琴协奏曲》《陕北民歌主题变奏曲－献给青少年》《美丽的阿吾勒》《哈萨克组曲》等。

J0158258

塔吉克鼓舞　（《新疆组曲》之四 钢琴独奏曲）石夫作曲

北京 音乐出版社 1964 年 9 页 26cm（16 开）

统一书号：8026.1951 定价：CNY0.16

（《音乐创作》活页 十二）

　　作者石夫（1929—2007），作曲家。原名郭石夫，湖南湘潭人，就读于湖南华中高级艺术专科学校、中央音乐学院。曾任西安音乐学院作曲系教师、中国音乐家协会理事、创作委员会副主任。作品有《阿依古丽》《热土》《帕米尔之歌》《娃哈哈》《牧马之歌》等。

J0158259

彝族民歌六首　（钢琴独奏曲）杨碧海编曲

北京 音乐出版社 1964 年 11 页 26cm（16 开）

统一书号：8026.1940 定价：CNY0.19

J0158260

《洪湖赤卫队》幻想曲　（钢琴独奏曲）

张敬安，欧阳谦叔作；瞿维改编

北京 音乐出版社 1965 年 20 页 26cm（16 开）

统一书号：8026.2233 定价：CNY0.24

　　作者张敬安，作曲家。湖北麻城人，毕业于湖北师范学院音乐系。曾在省文联文工团担任编导及合唱、乐队指挥，湖北省歌剧团专事音乐创作人员，中国音协湖北分会副主席，湖北省文联文工团指挥兼作曲，湖北省歌剧团创作组组长、团长。歌剧音乐作品有《洪湖赤卫队》《罗汉钱》《泪血樱花》等。出版有《湖北楚剧花鼓戏曲集》。作者欧阳谦叔（1926—2003），作曲家。湖

南湘乡人，中央音乐学院华东分院进修作曲。历任湖北省歌剧团一级作曲，中国音乐家协会会员、中国歌剧研究会会员。创作独唱歌曲《祖国大地任我走》《扬子江圆舞曲》《崖畔花正红》等。作者瞿维（1917—2002），中国现代作曲家。生于江苏常州，毕业于上海新华艺专师范系。曾任中国音乐家协会常务理事，副主席、音协上海分会副主席，上海交通大学音乐研究室主任，中国高等学校音乐教育学学会会长等职。代表作钢琴曲《花鼓》《蒙古夜曲》，歌剧《白毛女》等。

J0158261

解放区的天　（钢琴独奏曲）储望华改编

北京 音乐出版社 1965 年 5 页 26cm（16 开）

统一书号：8026.2431 定价：CNY0.10

J0158262

快乐的啰嗦　（钢琴独奏曲）殷承宗改编

［北京］音乐出版社 1965 年 26cm（16 开）

定价：CNY0.08

J0158263

快乐的啰嗦　（钢琴独奏曲）殷承宗改编

北京 音乐出版社 1965 年 3 页 26cm（16 开）

统一书号：8026.2429 定价：CNY0.08

J0158264

毛主席的战士最听党的话　（钢琴独奏曲）

李之金作曲；郭志鸿改编

北京 音乐出版社 1965 年 5 页 26cm（16 开）

统一书号：8026.2433 定价：CNY0.10

J0158265

中国人民解放军进行曲　（手风琴独奏）

北京 音乐出版社 1965 年 5 页 19cm（32 开）

统一书号：8026.2265 定价：CNY0.04

　　本书由手风琴独奏《中国人民解放军进行曲》《三八作风歌》合订。

J0158266

谷粒飞舞　（钢琴独奏谱）孙以强曲

北京 音乐出版社 1966 年 5 页 26cm（16 开）

统一书号：8026.2482 定价：CNY0.10

J0158267
毛主席的革命文艺路线胜利万岁
（第五集　赞钢琴协奏曲《黄河》）
西安　陕西人民出版社　1971 年　60 页
19cm（32 开）定价：CNY0.11
　　本书是钢琴协奏曲《黄河》的艺术评论专著

J0158268
钢琴伴唱《红灯记》　中央乐团,中国京剧团
集体创作
［北京］人民文学出版社　1972 年　38cm（8 开）
定价：CNY1.40, CNY6.50（精装）

J0158269
钢琴协奏曲—黄河　（总谱）中央乐团创作
北京　人民文学出版社　1972 年　36cm（6 开）
精装　统一书号：10019.1881 定价：CNY7.50
　　本书内容包括：黄河船夫曲、黄河颂、黄河
愤、保卫黄河 4 个乐章。

J0158270
钢琴协奏曲——黄河　（两架钢琴谱）中央乐
团创作
北京　人民文学出版社　1973 年　58 页
38cm（6 开）统一书号：10019.2031
定价：CNY1.05

J0158271
手风琴伴奏歌曲选　（第一集）人民文学出版
社编辑
北京　人民文学出版社　1972 年　16 页
26cm（16 开）统一书号：10019.1871
定价：CNY0.13

J0158272
手风琴伴奏歌曲选　（第二集）人民文学出版
社编辑
北京　人民文学出版社　1972 年　21 页
26cm（16 开）统一书号：10019.1889
定价：CNY0.16

J0158273
手风琴伴奏歌曲选　（第三集）人民文学出版
社编辑
北京　人民文学出版社　1972 年　30 页

26cm（16 开）统一书号：10019.1904
定价：CNY0.18

J0158274
手风琴伴奏歌曲选　（第四集）人民文学出版
社编辑
北京　人民文学出版社　1973 年　29 页
26cm（16 开）统一书号：10019.1983
定价：CNY0.18

J0158275
手风琴伴奏歌曲选　（第五集）人民文学出版
社编辑
北京　人民文学出版社　1973 年　26 页
26cm（16 开）统一书号：10019.2059
定价：CNY0.17

J0158276
手风琴伴奏歌曲选　（第六集）人民文学出版
社编辑
北京　人民文学出版社　1974 年　29 页
26cm（16 开）统一书号：10019.2113
定价：CNY0.18

J0158277
翻身的日子　（手风琴独奏曲）朱践耳作曲;
陈弃疾编曲
上海　上海人民出版社　1973 年　4 页
26cm（16 开）统一书号：8171.707
定价：CNY0.08

J0158278
钢琴协奏曲黄河　（总谱）中央乐团创作
北京　人民文学出版社　1973 年　102 页
21cm（32 开）统一书号：10019.1881
定价：CNY0.50

J0158279
钢琴协奏曲黄河　（总谱）
北京　人民音乐出版社　1973 年　102 页
20cm（32 开）定价：CNY0.87

J0158280
黄河　（钢琴协奏曲 两架钢琴谱）中央乐团创作
北京　人民文学出版社　1973 年　38cm（6 开）

定价: CNY1.05

定价: CNY0.14

J0158281
黄河 （钢琴协奏曲 总谱）中央乐团创作
北京 人民文学出版社 1973 年 21cm（32 开）
定价: CNY0.50

J0158288
手风琴曲选 （第一集）
北京 人民文学出版社 1974 年 40 页
26cm（16 开）统一书号: 10019.2157
定价: CNY0.22

J0158282
快乐的女战士 （手风琴独奏曲）上海人民出
版社编辑
上海 上海人民出版社 1973 年 3 页
26cm（16 开）统一书号: 8171.759
定价: CNY0.06

J0158289
手风琴曲选 （第二集）
北京 人民音乐出版社 1974 年 32 页
26cm（16 开）统一书号: 8026.3007
定价: CNY0.21

J0158283
排山倒海 乘胜追击 （手风琴独奏曲）曹子
平编曲
上海 上海人民出版社 1973 年 4 页
26cm（16 开）统一书号: 8171.761
定价: CNY0.06

J0158290
手风琴曲选 （第三集）
北京 人民音乐出版社 1975 年 32 页
26cm（16 开）统一书号: 8026.3046
定价: CNY0.18

J0158284
我爱北京天安门 （手风琴独奏曲）
金月苓曲; 曹子平编曲
上海 上海人民出版社 1973 年 3 页
26cm（16 开）统一书号: 8171.704
定价: CNY0.08

J0158291
手风琴曲选 （第四集）
北京 人民音乐出版社 1978 年 39 页
26cm（16 开）统一书号: 8026.3396
定价: CNY0.23

J0158285
学习雷锋好榜样 （手风琴独奏曲）生茂曲
上海 上海人民出版社 1973 年 5 页
26cm（16 开）统一书号: 8171.706
定价: CNY0.08

J0158292
手风琴曲选 （第五集）
北京 人民音乐出版社 1979 年 43 页
26cm（16 开）统一书号: 8026.3582
定价: CNY0.30

J0158286
运动员进行曲 （手风琴独奏曲）中国人民解
放军军乐团曲
上海 上海人民出版社 1973 年 5 页
26cm（16 开）统一书号: 8171.763
定价: CNY0.08

J0158293
手风琴曲选 （第六集）
北京 人民音乐出版社 1983 年 67 页
26cm（16 开）统一书号: 8026.4096
定价: CNY0.80

J0158287
保卫黄河 （手风琴独奏曲）曹子平编曲
上海 上海人民出版社 1974 年 11 页
26cm（16 开）统一书号: 8171.760

J0158294
手风琴曲选 （第七集）人民音乐出版社编辑
部编
北京 人民音乐出版社 1985 年 52 页
26cm（16 开）统一书号: 8026.4328
定价: CNY1.00

J0158295
手风琴曲选 （第八集）人民音乐出版社编辑
部编
北京　人民音乐出版社　1988 年　80 页
26cm（16 开）ISBN：7–103–00106–5
定价：CNY2.00

J0158296
手风琴曲选 （第九集）人民音乐出版社编辑
部编
北京　人民音乐出版社　1992 年　78 页
26cm（16 开）ISBN：7–103–00914–7
定价：CNY3.70

J0158297
手风琴曲选 （第十集）人民音乐出版社编辑
部编
北京　人民音乐出版社　1992 年　82 页
26cm（16 开）ISBN：7–103–00917–1
定价：CNY3.85

J0158298
远航 （钢琴伴奏谱）陈除词；践耳曲
上海　上海人民艺出版社　1974 年　7 页
26cm（16 开）统一书号：8171.925
定价：CNY0.11

J0158299
打不尽豺狼决不下战场 （手风琴独奏曲）
曹子平编曲
上海　上海人民出版社　1975 年　4 页
26cm（16 开）统一书号：8171.1114
定价：CNY0.11

J0158300
打虎上山 （手风琴独奏曲 正谱本）杨智华编曲
上海　上海人民出版社　1975 年　7 页
26cm（16 开）统一书号：8171.1342
定价：CNY0.10

J0158301
红缨枪舞 （手风琴独奏曲）方为民编曲
上海　上海人民出版社　1975 年　5 页
26cm（16 开）统一书号：8171.1192
定价：CNY0.08

J0158302
口琴曲选 上海人民出版社编辑
上海　上海人民出版社　1975 年　36 页
19cm（32 开）统一书号：8171.1267
定价：CNY0.10

J0158303
北风吹 （钢琴独奏曲）殷诚忠改编
北京　人民音乐出版社　1976 年　5 页
26cm（16 开）统一书号：8026.3170
定价：CNY0.12

J0158304
儿童钢琴曲选 （五线谱）上海人民出版社选编
上海　上海人民出版社　1976 年　121 页
26cm（16 开）统一书号：8171.1434
定价：CNY1.30

J0158305
革命现代京剧《红灯记》选段 （钢琴独奏曲）
中国京剧团集体创作；殷诚忠改编
北京　人民音乐出版社　1976 年　18 页
26cm（16 开）统一书号：8026.3169
定价：CNY0.23

J0158306
哈萨克人民永远跟着毛主席 （钢琴独奏曲）
林蔼玲编曲
上海　上海人民出版社　1976 年　4 页
26cm（16 开）统一书号：8171.1605
定价：CNY0.08

J0158307
加快步伐朝前走 （钢琴独奏曲）
张卓娅原曲；李名强编曲
上海　上海人民出版社　1976 年　7 页
26cm（16 开）统一书号：8171.1619
定价：CNY0.13

J0158308
家住安源 （钢琴独奏曲）赵晓生编曲
上海　上海人民出版社　1976 年　8 页
26cm（16 开）统一书号：8171.1658
定价：CNY0.13

J0158309

快乐的女战士 （钢琴四手联弹）王羽编曲
上海 上海人民出版社 1976年 11页
26cm（16开）统一书号：8171.1414
定价：CNY0.17

J0158310

手风琴曲集 刘寿绵编
沈阳 辽宁人民出版社 1976年 48页
26cm（16开）统一书号：8090.793
定价：CNY0.23

J0158311

我爱北京天安门 （钢琴四手联弹）
金月苓作曲；陶明兰，田梅编曲
上海 上海人民出版社 1976年 7页
26cm（16开）统一书号：8171.141
定价：CNY0.12

J0158312

我为祖国守大桥 （手风琴独奏曲）曾键改编
北京 人民音乐出版社 1976年 7页
26cm（16开）统一书号：8026.3201
定价：CNY0.15

J0158313

沿着社会主义大道奔前方 （钢琴独奏曲）
施万春原曲；赵晓生编曲
上海 上海人民出版社 1976年 11页
26cm（16开）统一书号：8171.1617
定价：CNY0.18

J0158314

扬鞭催马运粮忙 （钢琴独奏曲）
魏显忠原曲；李瑞星编曲
上海 上海人民出版社 1976年 8页
26cm（16开）统一书号：8171.1618
定价：CNY0.13

J0158315

飞速前进 （手风琴独奏曲 正谱本）曾键编曲
上海 上海人民出版社 1977年 8页
26cm（16开）统一书号：8171.1868
定价：CNY0.11

J0158316

革命现代舞剧《红色娘子军》组曲 （钢琴独奏曲）中国舞剧团集体创作；杜鸣心改编
北京 人民音乐出版社 1977年 38页
28cm（16开）统一书号：8026.3286
定价：CNY0.32

　　作者杜鸣心（1928— ），作曲家。湖北潜江人。曾考入重庆育才学校音乐组学习，后被派往莫斯科柴可夫斯基音乐院理论作曲系学习。中国音协理事、创作委员会常务委员。任教于中央音乐学院。主要作品有舞剧《鱼美人》《红色娘子军》（均与吴祖强合作）的音乐，交响诗《飘扬吧，军旗》等。

J0158317

革命现代舞剧《红色娘子军》组曲 （钢琴独奏曲）中国舞剧团集体创作；杜鸣心改编
北京 人民音乐出版社 1977年 148页
28cm（大16开）定价：CNY0.32

J0158318

火车向着韶山跑 （手风琴独奏曲 五线谱）
任士荣编曲
北京 人民音乐出版社 1977年 6页
26cm（16开）统一书号：8026.3289
定价：CNY0.12

　　作者任士荣（1935— ），国家一级演奏员。江苏扬州人，肄业于沈阳音乐学院。任解放军空政文工团艺术研究组组长，中国手风琴学会副会长。

J0158319

秋收起义歌 （钢琴独奏曲 五线谱 革命民歌）
张育青编曲
上海 上海人民出版社 1977年 6页
26cm（16开）统一书号：8171.1960
定价：CNY0.11

J0158320

萨丽哈最听毛主席的话 （手风琴独奏曲 正谱本）任士荣编曲
北京 人民音乐出版社 1977年 6页
26cm（16开）统一书号：8026.3290
定价：CNY0.12

J0158321

手风琴伴奏歌曲 12 首
北京 人民音乐出版社 1977 年 34 页
26cm（16 开）统一书号：8026.3225
定价：CNY0.24

J0158322

挑担茶叶上北京 （钢琴独奏曲 正谱本）
白诚仁原曲；赵晓生编曲
上海 上海人民出版社 1977 年 6 页
26cm（16 开）统一书号：8171.1802
定价：CNY0.11

J0158323

小松树 （钢琴四手联弹）傅晶,李伟才原曲；
林蔼玲,康却非编曲
上海 上海人民出版社 1977 年 10 页
26cm（16 开）统一书号：8171.739
定价：CNY0.18

J0158324

扬帆破浪渔歌亮 （钢琴独奏曲）赵晓生曲
上海 上海人民出版社 1977 年 12 页
26cm（16 开）统一书号：8171.1879
定价：CNY0.18

J0158325

阿妹上大学 （五线谱 手风琴独奏曲）
白诚仁,黄忠山编曲
上海 上海文艺出版社 1978 年 6 页
26cm（16 开）统一书号：8078.3009
定价：CNY0.11

J0158326

大路歌 （钢琴独奏）王建中曲
北京 人民音乐出版社 1978 年 5 页
26cm（16 开）统一书号：8026.3443
定价：CNY0.16

J0158327

大庆路上飞油龙 （手风琴独奏曲）王宁一,
宋志邦编曲
北京 人民音乐出版社 1978 年 8 页
26cm（16 开）统一书号：8026.3448
定价：CNY0.15

J0158328

钢城新歌 （钢琴独奏曲）朱珠曲
北京 人民音乐出版社 1978 年 5 页
26cm（16 开）统一书号：8026.3445
定价：CNY0.16

J0158329

红太阳照边疆 （手风琴独奏曲）
金凤浩原曲；朱兴存改编
上海 上海文艺出版社 1978 年 4 页
26cm（16 开）统一书号：8078.3026
定价：CNY0.08

J0158330

红星闪闪放光彩 （钢琴独奏曲）傅庚辰作
曲；储望华改编
北京 人民音乐出版社 1978 年 5 页
26cm（16 开）统一书号：8026.3446
定价：CNY0.16

J0158331

柯尔克孜人民歌唱毛主席 （手风琴独奏曲）
石夫作曲；常治国编曲
上海 上海文艺出版社 1978 年 5 页
26cm（16 开）统一书号：8087.3011
定价：CNY0.09

J0158332

浏阳河 （钢琴独奏曲）王建中编曲
上海 上海文艺出版社 1978 年 7 页
26cm（16 开）统一书号：8078.3047
定价：CNY0.19

J0158333

南海小哨兵 （钢琴独奏曲）储望华曲
北京 人民音乐出版社 1978 年 7 页
26cm（16 开）统一书号：8026.3444
定价：CNY0.20

J0158334

撒尼社员庆丰收 （手风琴独奏曲）杨铁刚曲
上海 上海文艺出版社 1978 年 7 页
26cm（16 开）统一书号：8078.3014
定价：CNY0.11

J0158335
陕北民歌四首 （钢琴独奏曲　五线谱）王建
中等改编
北京　人民音乐出版社　1978 年　2 版　22 页
26cm（16 开）统一书号：8026.3172
定价：CNY0.26

J0158336
松花江上 （钢琴独奏曲）崔四光改编
上海　上海文艺出版社　1978 年　7 页
35cm（15 开）统一书号：8078.3076
定价：CNY0.22

J0158337
台湾同胞我的骨肉兄弟 （钢琴独奏曲）
周广仁改编
北京　人民音乐出版社　1978 年　5 页
26cm（16 开）统一书号：8026.3497
定价：CNY0.16

J0158338
万众欢呼华主席 （手风琴独奏曲　五线谱）
宋志邦,王宁一编曲
北京　人民音乐出版社　1978 年　8 页
26cm（16 开）统一书号：8026.3449
定价：CNY0.15

J0158339
我爱祖国大油田 （儿童钢琴组曲）黄远瑜等曲
北京　人民音乐出版社　1978 年　26 页
26cm（16 开）统一书号：8026.3359
定价：CNY0.21

J0158340
赤胆忠心 （钢琴独奏曲）王建中改编
北京　人民音乐出版社　1979 年　5 页
26cm（16 开）统一书号：8026.3610
定价：CNY0.16

J0158341
春到帕米尔牧场 （手风琴独奏曲二首）
巴雅尔等编曲
北京　人民音乐出版社　1979 年　15 页
26cm（16 开）统一书号：8026.3636
定价：CNY0.18

J0158342
钢琴复调小曲十一首　陈铭志编曲
上海　上海文艺出版社　1979 年　31 页
26cm（16 开）统一书号：8078.3081
定价：CNY0.32
　　作者陈铭志(1925—2009),河南西平人。毕
业于上海音乐学院,并留校任教,历任讲师、副教
授、教授、作曲指挥系主任,中国音协第四届理
事。主要作品有《赋格曲写作》《复调音乐写作
基础教程》等。

J0158343
钢琴练习曲四首　倪洪进曲
北京　人民音乐出版社　1979 年　16 页
26cm（16 开）统一书号：8026.3553
定价：CNY0.22

J0158344
钢琴练习曲四首　倪洪进曲
北京　人民音乐出版社　1996 年　16 页
31cm（12 开）ISBN：7–103–01414–0
定价：CNY7.80

J0158345
吉普赛之歌 （手风琴独奏曲）萨拉萨帝曲;
曹子平改编
上海　上海文艺出版社　1979 年　7 页
26cm（16 开）统一书号：8078.3111
定价：CNY0.20

J0158346
口琴独奏曲选　石人望编曲
上海　上海文艺出版社　1979 年　74 页
26cm（16 开）统一书号：8078.3094
定价：CNY0.44
　　作者石人望(1906—1985),口琴家、作曲家。
生于浙江瑾县。历任上海市文联委员、中国音乐
家协会会员、中国音乐家协会上海分会理事及上
海多家群众文艺团体口琴艺术指导、北京等地口
琴会顾问。演奏代表作《杜鹃圆舞曲》《天鹅舞
选曲》《凤阳花鼓》,著作有《口琴吹奏法》《口琴
圆舞曲》《口琴名曲选》等。

J0158347
美丽的鲜花在开放 （儿童钢琴曲四首）

但昭义改编作曲

北京　人民音乐出版社　1979 年　26 页

26cm（16 开）统一书号：8026.3614

定价：CNY0.31

J0158348

台湾岛啊！我的故乡　（钢琴独奏曲）

郑大昕，高为杰改编

北京　人民音乐出版社　1979 年　9 页

26cm（16 开）统一书号：8026.3611

定价：CNY0.25

J0158349

五木摇篮曲　（钢琴曲独奏曲）王建中改编

北京　人民音乐出版社　1979 年　3 页

26cm（16 开）统一书号：8026.3609

定价：CNY0.12

　　作者王建中（1933—2016），教授、作曲家。生于上海，祖籍江苏江阴。就读于上海音乐学院，留校任教，曾任教授、副院长。代表作品《山丹丹开花红艳艳》《浏阳河》《诙谐曲》《变奏曲》《小奏鸣曲》等。

J0158350

序曲与舞曲　（钢琴独奏曲）黄安伦曲

北京　人民音乐出版社　1979 年　17 页

26cm（16 开）统一书号：8026.3615

定价：CNY0.21

J0158351

樱花　（钢琴独奏曲）王建中改编

北京　人民音乐出版社　1979 年　5 页

26cm（16 开）统一书号：8026.3608

定价：CNY0.16

J0158352

樱花赞　（手风琴独奏曲）曾键曲

上海　上海文艺出版社　1979 年　7 页

26cm（16 开）统一书号：8078.3166

定价：CNY0.20

J0158353

云雀　（钢琴独奏曲）崔世光改编

北京　人民音乐出版社　1979 年　9 页

26cm（16 开）统一书号：8026.3594

定价：CNY0.25

J0158354

吹起芦笙跳起舞　（五线谱）曾键著

北京　人民音乐出版社　1980 年　7 页

26cm（16 开）统一书号：8026.3677

定价：CNY0.15

J0158355

春江舟影　（钢琴独奏六首　正谱本）储望华曲

北京　人民音乐出版社　1980 年　39 页

25cm（15 开）统一书号：8026.3724

定价：CNY0.43

J0158356

春舞　（钢琴独奏曲　正谱本）孙似强曲

北京　人民音乐出版社　1980 年　9 页

25cm（小 16 开）统一书号：8026.3671

定价：CNY0.25

J0158357

口琴独奏曲选　人民音乐出版社编辑部编

北京　人民音乐出版社　1980 年　68 页

26cm（16 开）定价：CNY0.45

J0158358

乐韵飞扬　（钢琴演奏曲集）林敏怡等作曲

星艺音乐图书出版社［1980—1989 年］48 页

28cm（16 开）定价：HKD20.00

J0158359

流行钢琴独奏弹唱曲集精选　许经燕编

香港　声辉音乐出版社［1980—1989 年］64 页

29cm（16 开）定价：HKD25.00

　　外文书名：Popular Music for Piano.

J0158360

塔吉克舞曲　田联韬改编

北京　人民音乐出版社　1980 年　7 页

25cm（16 开）统一书号：8026.3670

定价：CNY0.20

J0158361

音乐会练习曲六首　（钢琴独奏曲　正谱本）

赵晓生曲

北京 人民音乐出版社 1980 年 40 页

25cm（16 开）统一书号：8026.3727

定价：CNY0.58

J0158362

中国五十六民族民谣歌曲改编钢琴曲集

丁東诺，张一骥编著

香港 香港唱片公司［1980—1989 年］80 页

28cm（10 开）

J0158363

春天 （罗马尼亚乐曲 手风琴改编曲 正谱本）

（罗）A. 格林齐篷曲；张国平改编

北京 人民音乐出版社 1981 年 5 页

25cm（小 16 开）统一书号：8026.3860

定价：CNY0.18

J0158364

钢琴曲五首 （正谱本）

北京 人民音乐出版社 1981 年 38 页

37cm（8 开）统一书号：8026.3850

定价：CNY1.40

　　本书收录根据中国古典乐曲改编的《二泉映
月》《百鸟朝凤》《梅花三弄》《夕阳箫鼓》《平湖
秋月》5 首钢琴独奏曲。

J0158365

钢琴曲选 （1949—1979）中国音乐家协会编

北京 人民音乐出版社 1981 年 98 页

31cm（10 开）

　　本歌集收录 1949 年至 1979 年创作、改编
的钢琴曲中表现少年儿童生活情趣的优秀作品。
包括：《儿童组曲》《东海小哨兵》《牧童的歌》
《欢乐的牧童》等 18 首。

J0158366

钢琴曲选 （1949—1979 正谱本）中国音乐家
协会编；中国音乐协会编

北京 人民音乐出版社 1981 年 179 页

39cm（4 开）统一书号：8026.3816

定价：CNY5.25

　　本歌集收录 1949 年至 1979 年创作、改编的
钢琴曲中有一定影响的中小型作品。包括：《晚
会》《花鼓》《内蒙古民歌主题小曲七首》《火把
节之夜》《蓝花花》等 28 首。

J0158367

钢琴曲选 （少年儿童）中国音乐家协会编

北京 人民音乐出版社 1981 年 98 页

39cm（8 开）定价：CNY3.05

J0158368

荷花舞 （钢琴独奏曲）瞿维曲

北京 人民音乐出版社 1981 年 9 页

19cm（32 开）统一书号：8026.3858

定价：CNY0.28

J0158369

少年儿童钢琴曲选 中国音乐家协会编

北京 人民音乐出版社 1981 年 98 页

39cm（8 开）统一书号：8026.3808

定价：CNY3.05

J0158370

少年儿童钢琴曲选 （第一集 正谱本）

人民音乐出版社编辑部编

北京 人民音乐出版社 1983 年 22 页

37cm（8 开）统一书号：8026.4035

定价：CNY0.70

J0158371

少年儿童钢琴曲选 （第二集 五声调式技术
练习专辑）李重光曲

北京 人民音乐出版社 1984 年 20 页

30cm（15 开）统一书号：8026.4222

定价：CNY0.76

J0158372

少年儿童钢琴曲选 （第三集）人民音乐出版
社编辑部编

北京 人民音乐出版社 1990 年 35 页

31cm（15 开）ISBN：7–103–00597–4

定价：CNY2.40

J0158373

手风琴曲集 尹志超编配

长春 吉林人民出版社 1981 年 74 页

25cm（15 开）统一书号：8091.1111

定价：CNY0.41

J0158374

小奏鸣曲 （钢琴独奏曲　正谱本）汪立三曲
北京　人民音乐出版社　1981 年　13 页
25cm（16 开）统一书号：8026.3772
定价：CNY0.38

J0158375

小奏鸣曲 （钢琴独奏曲　正谱本）王立平曲
北京　人民音乐出版社　1981 年　9 页
25cm（小 16 开）统一书号：8026.3771
定价：CNY0.28

J0158376

中国民歌手风琴独奏曲选　李志华编
香港　上海书局　1981 年　41 页　28cm（大 16 开）

J0158377

东山魁夷画意 （钢琴组曲）汪立三曲
北京　人民音乐出版社　1982 年　21 页
26cm（16 开）统一书号：8026.3983
定价：CNY0.47
　　本书的钢琴组曲是根据日本画家东山魁夷
先生来中国展出的四幅画《冬花》《森林秋装》
《湖》《涛声》而谱写的。五线谱本。

J0158378

刘三姐 （钢琴组曲　正谱本）金响曲
上海　上海文艺出版社　1983 年　24 页
25cm（15 开）统一书号：8078.3428
定价：CNY0.80

J0158379

山林 （钢琴协奏曲　总谱）刘敦南曲
上海　上海文艺出版社　1983 年　96 页
25cm（16 开）统一书号：8078.3439
定价：CNY1.30

J0158380

壮乡组曲滨海抒情 （钢琴组曲　正谱本）
倪洪进,张丕基曲；人民音乐出版社编辑部编
北京　人民音乐出版社　1983 年　31 页
25cm（小 16 开）统一书号：8026.4078
定价：CNY0.70

J0158381

阿里山土风舞 （手风琴曲集　正谱本）
李未明著
福州　福建人民出版社　1984 年　56 页
19cm（32 开）统一书号：10173.617
定价：CNY0.70

J0158382

山东风俗组曲　崔世光曲
北京　人民音乐出版社　1984 年　18 页
25cm（16 开）统一书号：8026.4220
定价：CNY0.48
　　本书收录《乡土小调》《对花》《南飞雁》《诙
谐曲》《细雨》《花鼓》等取材于山东民间的乐曲
及歌曲。

J0158383

山泉 （钢琴独奏曲　正谱本）崔世光曲
北京　人民音乐出版社　1984 年　9 页
25cm（16 开）统一书号：8026.4231
定价：CNY0.28

J0158384

《音乐创作》钢琴曲选 （1980—1983）
《音乐创作》编辑部编
北京　人民音乐出版社　1985 年　77 页
31cm（12 开）统一书号：8026.4380
定价：CNY3.40

J0158385

钢琴独奏曲选 （云南民歌主题）人民音乐出
版社编辑部编
北京　人民音乐出版社　1985 年　29 页
31cm（15 开）统一书号：8026.4276
定价：CNY1.50

J0158386

钢琴曲三首　江定仙曲
北京　人民音乐出版社　1985 年　14 页
31cm（15 开）统一书号：8026.4277
定价：CNY0.96

J0158387

假日组曲　小小行列 （少年钢琴曲）廖胜京曲
北京　人民音乐出版社　1985 年　13 页

38cm（6 开）定价：CNY0.71

J0158388
流行钢琴曲集 （5）许经燕编著
香港 声辉乐谱出版社 1985 年 64 页 有图
29cm（16 开）定价：HKD25.00
　　　外文书名：Popular Music for Piano.

J0158389
骑兵随想曲 （手风琴与钢琴）郑小提,耿蔚萍曲
北京 人民音乐出版社 1985 年 21 页
30cm（8 开）统一书号：8026.4370
定价：CNY1.20

J0158390
少年儿童口琴曲集 （一）北京口琴会编
北京 人民音乐出版社 1985 年 92 页 有图
19cm（32 开）统一书号：8026.4366
定价：CNY0.59

J0158391
少年儿童口琴曲集 （二）北京口琴会编
北京 人民音乐出版社 1989 年 49 页
19cm（32 开）ISBN：7-103-00376-9
定价：CNY0.69

J0158392
少年儿童手风琴曲集 李未明编著
福州 福建人民出版社 1985 年 123 页
26cm（16 开）统一书号：10173.699
定价：CNY1.30

J0158393
少年钢琴曲 （假日组曲 小小行列）廖胜京曲
北京 人民音乐出版社 1985 年 13 页
31cm（15 开）统一书号：8026.4255
定价：CNY0.71

J0158394
口琴曲集 （4）北京口琴会编
北京 人民音乐出版社 1986 年 97 页
19cm（32 开）统一书号：8026.4528
定价：CNY0.66

J0158395
口琴曲集 （5）北京口琴会编
北京 人民音乐出版社 1988 年 73 页
19cm（32 开）ISBN：7-103-00275-4
定价：CNY0.90

J0158396
手风琴技巧训练 （线谱本）杨文涛著
北京 人民音乐出版社 1986 年 224 页
26cm（16 开）统一书号：8026.4357
定价：CNY4.75

J0158397
手风琴技术训练与伴奏编配 李未明,李曦
微编著
福州 海峡文艺出版社 1986 年 新 1 版 修订本
210 页 26cm（16 开）统一书号：10368.162
定价：CNY1.95

J0158398
手风琴轻音乐曲选 刘明亮主编
开封 河南大学出版社 1986 年 153 页
26cm（16 开）统一书号：8435.004
定价：CNY3.50

J0158399
手风琴通俗名曲集 李志华编
北京 中国友谊出版公司 1986 年 74 页
26cm（16 开）统一书号：8309.17
定价：CNY1.40

J0158400
仙境 （钢琴独奏曲）陈健华曲
北京 人民音乐出版社 1986 年 7 页
34cm（8 开）统一书号：8026.4495
定价：CNY0.45

J0158401
儿童钢琴曲一百首 汤六一编著；汤如东整理
深圳 海天出版社 1987 年 100 页 37cm（8 开）
统一书号：8382.016 ISBN：7-80542-004-1
定价：CNY6.75
　　　本书是儿童钢琴基本演奏技巧入门书。编
者将钢琴的基本演奏技巧用中国传统音乐的曲
式曲调加以表现，部分吸收了国内外同类练习

曲、教程的精华。

J0158402

儿童钢琴曲一百首 （续集）汤六一著；汤如东编
深圳 海天出版社 1989 年 82 页 37cm（8 开）
ISBN：7-80542-112-9 定价：CNY7.80

J0158403

儿童手风琴曲选 杨国立编
北京 北京师范学院出版社 1987 年 44 页
26cm（16 开）统一书号：7427.166
ISBN：7-81014-018-3 定价：CNY0.90

J0158404

钢琴小曲集 郭任远曲
沈阳 辽宁教育出版社 1987 年 59 页
31cm（15 开）ISBN：7-5382-0223-4
定价：CNY2.95

J0158405

每日十二首钢琴技术练习 （第二册）
（美）伯楠编；樊建勤译
北京 人民音乐出版社 1987 年 影印本 34 页
31cm（10 开）统一书号：8026.4634
定价：CNY1.60
　　外文书名：A Dozen a Day Technical Exercises for the Piano.

J0158406

少年儿童手风琴独奏重奏曲集 张左之编
北京 中国和平出版社 1987 年 80 页
26cm（16 开）统一书号：8481.062
定价：CNY2.00

J0158407

五十六朵花钢琴曲 丁東诺,张一骥编曲；余立勋撰文
上海 上海文艺出版社 1987 年 72 页 有图
19×26cm（16 开）统一书号：8078.3619
定价：CNY3.35
　　本书选用中国 56 个民族中典型而又适合钢琴演奏的民歌主题,改编成钢琴小曲,并配有彩色插图和文字简介。

J0158408

儿童生活剪影 （手风琴组曲）李未明,阿土曲
北京 人民音乐出版社 1988 年 25 页
26cm（16 开）ISBN：7-103-00107-3
定价：CNY0.90

J0158409

钢琴基本练习曲 61 首 （德）鲁塔特
（Ruthardt，A.）编
北京 人民音乐出版社 1988 年 63 页
31cm（10 开）ISBN：7-103-00334-3
定价：CNY3.10

J0158410

通俗手风琴曲集 向万鏖编
重庆 西南师范大学出版社 1988 年 137 页
26cm（16 开）ISBN：7-5621-0008-9
定价：CNY2.05

J0158411

外国儿童钢琴曲选 （1）周荷君编
上海 上海音乐出版社 1988 年 71 页
30cm（15 开）ISBN：7-80553-003-3
定价：CNY3.45

J0158412

外国儿童钢琴曲选 （2）周荷君编
上海 上海音乐出版社 1989 年 50 页
31cm（15 开）ISBN：7-80553-167-6
定价：CNY4.65

J0158413

外国儿童钢琴曲选 （3 近现代乐曲）盛茵编
上海 上海音乐出版社 1989 年 57 页
31cm（15 开）ISBN：7-80553-163-3
定价：CNY5.80

J0158414

外国儿童钢琴曲选 （4）上海音乐出版社编
上海 上海音乐出版社 1993 年 35 页
31cm（10 开）ISBN：7-80553-309-1
定价：CNY5.10

J0158415

威尼斯狂欢节 （手风琴独奏曲选）胡国顺编

合肥 安徽文艺出版社 1988 年 72 页
26cm（16 开）ISBN：7-5396-0085-3
定价：CNY1.60

J0158416
陈铭志三首序曲与赋格　陈铭志曲
上海 上海翻译出版公司 1989 年 14 页
30cm（12 开）ISBN：7-80514-496-6
定价：CNY3.80
（上海音乐学院现代音乐学会创作丛书）
　　外文书名：Chen Mingzhi 3 Preludes and
Fugues. 作者陈铭志（1925—2009），河南西平
人。毕业于上海音乐学院，并留校任教，历任讲
师、副教授、教授、作曲指挥系主任，中国音协
第四届理事。主要作品有《赋格曲写作》《复调
音乐写作基础教程》等。

J0158417
初级钢琴曲集　（1）周广仁，应诗真编
北京 人民音乐出版社 1989 年 79 页
30cm（10 开）ISBN：7-103-00453-6
定价：CNY4.85
　　本书选自中央音乐学院及上海音乐学院附
中、附小的教材。有练习曲、乐曲、四手联弹曲
52 首，均为中国作品。作者应诗真（1937—　　），
女，钢琴家。浙江鄞县人，毕业于中央音乐学院
钢琴系，留校任教。著有《钢琴教学法》。

J0158418
初级钢琴曲集　（2 中国作品）应诗真编
北京 人民音乐出版社 1996 年 96 页
30cm（10 开）ISBN：7-103-01335-7
定价：CNY16.90

J0158419
丁善德钢琴小品集　丁善德作
上海 上海翻译出版公司 1989 年 56 页
30cm（10 开）ISBN：7-80514-494-X
定价：CNY5.50
（上海音乐学院现代音乐学会创作丛书）
　　作者丁善德（1911—1995），江苏昆山人。
1928 年入上海国立音乐专科学校钢琴系，兼学作
曲。历任天津女子师范学校，上海国立音专教师，
上海音乐学院教授、作曲系主任、副院长，中国
音协副主席。创作钢琴曲《中国民歌主题变奏曲》

《序曲三首》，交响乐《长征》等。撰有《单对位法》
《复对位法》《赋格写作纲要》等。

J0158420
钢琴八度技术练习教程　田春雨著
长春 时代文艺出版社 1989 年 38 页
31cm（10 开）ISBN：7-5387-0183-4
定价：CNY3.10
　　外文书名：A Course of Piano Octave Technique
Practice.

J0158421
钢琴小品八首　陈铭志著
上海 上海音乐出版社 1989 年 16 页
26cm（16 开）ISBN：7-80553-181-1
定价：CNY1.20

J0158422
桑桐钢琴曲选　桑桐作
上海 上海翻译出版公司 1989 年 26 页
30cm（15 开）ISBN：7-80514-495-8
定价：CNY5.00
（上海音乐学院现代音乐学会创作丛书）
　　外文书名：Sang Tong Selected Works for
Piano. 作者桑桐（1923—2011），音乐教育家，作
曲家，音乐理论家。原名朱镜清，生于中国上海，
毕业于国立音乐专科学校作曲系。历任上海音
乐学院作曲系和声教研室主任、教授、副院长、
院长。中国音乐家协会常务理事，上海音乐家协
会副主席。代表作品有《内蒙古民歌主题钢琴小
曲七首》《和声学教程》。

J0158423
上海国际音乐比赛 1987 中西杯中国风格
钢琴曲获奖作品集　上海音乐出版社编
上海 上海音乐出版社 1989 年 176 页
31cm（15 开）ISBN：7-80553-146-3
定价：CNY18.70

J0158424
通俗钢琴曲集　张玉林等编
沈阳 春风文艺出版社 1989 年 94 页
26cm（16 开）ISBN：7-5313-0255-1
定价：CNY5.50

J0158425
小钢琴家之路　（上　世界优秀钢琴小曲集）
顾嘉琳等编
北京　中国国际广播出版社　1989 年　238 页
26cm（16 开）ISBN：7-80035-210-2
定价：CNY8.40

J0158426
小学课堂歌曲钢琴伴奏谱　郑小维,葛顺中
编配
上海　上海音乐出版社　1989 年　105 页
26cm（16 开）定价：CNY4.95

J0158427
中国儿童钢琴曲　（一）上海音乐出版社编
上海　上海音乐出版社　1989 年　51 页
31cm（10 开）ISBN：7-80553-179-X
定价：CNY4.15

J0158428
儿童趣味钢琴曲 40 首　费承铿编曲
北京　人民体育出版社　1990 年　74 页　19×26cm
ISBN：7-107-10626-0　定价：CNY2.60

J0158429
钢琴协奏曲——献给青少年　（总谱）饶余燕曲
北京　人民音乐出版社　1990 年　104 页
31cm（15 开）ISBN：7-103-00480-3
定价：CNY7.90

J0158430
郭任远声乐钢琴作品选　郭任远著
沈阳　辽宁教育出版社　1990 年　175 页
29cm（15 开）ISBN：7-5382-1077-6
定价：CNY7.00

J0158431
李遇秋手风琴曲集　李遇秋编
北京　人民音乐出版社　1990 年　80 页
26cm（16 开）ISBN：7-103-00573-7
定价：CNY2.55

J0158432
流行金曲钢琴篇　（1）林德宝,李桦笙编著
香港　利德音乐出版社［1990—1999 年］64 页

29cm（16 开）定价：HKD45.00

J0158433
全国钢琴（业余）考级作品集
（试行　第一级～第三级）应诗真主编
北京　人民音乐出版社　1990 年　36 页
31cm（10 开）ISBN：7-103-00744-6
定价：CNY3.20
　　本套书是中国音乐家协会、全国乐器（业余）
考级委员会、钢琴专家委员会主编的考级作品统
一标准版。共 4 册,分 10 级：第一级～第三级；
第四级～第五级；第六级～第八级；第九级～第
十级。

J0158434
全国钢琴（业余）考级作品集
（试行　第四级～第五级）应诗真主编
北京　人民音乐出版社　1990 年　44 页
31cm（10 开）ISBN：7-103-00745-4
定价：CNY3.45

J0158435
全国钢琴（业余）考级作品集　（试行　第六
级～第八级）应诗真,凌远主编；中国音协全国
乐器演奏（业余）考级委员会,钢琴专家委员会编
北京　人民音乐出版社　1991 年　117 页
31cm（10 开）ISBN：7-103-00865-5
定价：CNY6.95

J0158436
全国钢琴（业余）考级作品集　（试行　第九
级～第十级）应诗真,凌远主编；中国音协全国
乐器演奏（业余）考级委员会,钢琴专家委员会编
北京　人民音乐出版社　1991 年　104 页
31cm（10 开）ISBN：7-103-00866-3
定价：CNY6.30

J0158437
成人钢琴之路　（钢琴名曲二十首）范元绩编著
沈阳　辽宁教育出版社　1991 年　78 页
31cm（10 开）ISBN：7-5382-1300-7
定价：CNY5.50
　　作者范元绩,沈阳音乐学院钢琴系教研室
主任。

J0158438

钢琴曲四首　刘庄等改编

北京　人民音乐出版社　1991 年　23 页

31cm（10 开）ISBN：7–103–00694–6

定价：CNY2.55

　　本书是根据我国古典及传统乐曲改编的优秀钢琴曲，收录《三六》（刘庄改编）、《彩云追月》（王建中改编）、《阳关三叠》（黎英海改编）、《霓裳羽衣曲》（谢耿改编）4 首。

J0158439

梁山伯与祝英台　（手风琴独奏）周培贤编曲

北京　人民音乐出版社　1991 年　25 页

31cm（10 开）ISBN：7–103–00742–X

定价：CNY2.50

　　外文书名：The Butterfly Lovers Accordion Solo Free Bass System.

J0158440

瞿维钢琴曲集　瞿维著

北京　人民音乐出版社　1991 年　62 页

30cm（10 开）ISBN：7–103–00673–3

定价：CNY4.70

　　本书收录作者 1941 至 1981 年来创作的优秀钢琴作品 7 首：花鼓、蒙古夜曲、序曲（第一号）、序曲（第二号）、主题及变奏曲、《洪湖赤卫队》幻想曲、荷花舞曲等。

J0158441

少年儿童钢琴四手联弹曲集　人民音乐出版社编辑部编

北京　人民音乐出版社　1991 年　91 页

38cm（6 开）ISBN：7–103–00817–5

定价：CNY5.55

J0158442

手风琴重奏曲集　余继清编

北京　人民教育出版社　1991 年　201 页

26cm（16 开）ISBN：7–107–10839–5

定价：CNY6.00

　　本书收录二重奏、三重奏、四重奏中外乐曲 30 首。

J0158443

乡土节令诗　（钢琴组曲）江文也曲

北京　人民音乐出版社　1991 年　23 页

31cm（10 开）ISBN：7–103–00819–1

定价：CNY2.30

　　作者江文也（1910—1983），作曲家。原名江文彬，客家人，祖籍福建永定县，出生于台湾淡水郡（今台北）。代表作品《绣花女》《台湾舞曲》《中国名歌集》等。

J0158444

敦煌曲子词　罗京京曲

北京　人民音乐出版社　1992 年　12 页

30cm（10 开）ISBN：7–103–00919–8

定价：CNY1.80

　　本作品是作者观看敦煌壁画后，根据《阿曹婆》《天仙天》《鹊踏枝》3 幅画所作。

J0158445

江定仙作品集　（声乐钢琴曲）中央音乐学院学报社［编］

1992 年　229 页　有照片　31cm（10 开）

J0158446

全国钢琴演奏（业余）考级基本练习合集

（第一级～第十级）周铭孙主编；中国音乐家协会全国乐器演奏（业余）考级委员会钢琴专家委员会编

北京　文化艺术出版社　1992 年　59 页

31cm（10 开）ISBN：7–5039–1157–3

定价：CNY5.80

　　作者周铭孙（1940—　　），钢琴家、钢琴教育家。生于上海。北京师范大学艺术系钢琴教研室主任，全国钢琴考级专家委员会委员，中国音乐家协会社会音乐委员会副主任。专著有《钢琴考级与钢琴教学》等。

J0158447

全国钢琴演奏（业余）考级基本练习合集

（第一级～第十级）周铭孙主编；中国音乐家协会全国乐器演奏（业余）考级委员会钢琴专家委员会编

北京　文化艺术出版社　1993 年　2 版　59 页

30cm（10 开）ISBN：7–5039–1157–3

定价：CNY5.80

J0158448
山花集　（钢琴组曲）蒋祖馨曲
北京　人民音乐出版社　1992 年　18 页
31cm（10 开）ISBN：7-103-00847-7
定价：CNY1.35

J0158449
手风琴通俗曲集　（第一分册）刘文林编
太原　北岳文艺出版社　1992 年　89 页
26cm（16 开）ISBN：7-5378-0927-5
定价：CNY5.20

J0158450
手风琴通俗曲集　（第二分册）刘文林编
太原　北岳文艺出版社　1992 年　116 页
26cm（16 开）ISBN：7-5378-0928-3
定价：CNY6.70

J0158451
新编通俗钢琴曲　李哲编曲
沈阳　辽宁大学出版社　1992 年　25 页
30cm（10 开）ISBN：7-5610-1683-2
定价：CNY4.00

J0158452
钢琴小奏鸣曲 30 首　任英编
北京　人民音乐出版社　1993 年　99 页
29cm（16 开）ISBN：7-103-01040-4
定价：CNY7.05

J0158453
李云鹤手风琴曲集　李云鹤著
牡丹江　黑龙江朝鲜民族出版社　1993 年　51 页
26cm（16 开）ISBN：7-5389-0490-5
定价：CNY8.20

J0158454
美丽的山村　（儿童钢琴曲组）萧黄作曲
上海　上海音乐出版社　1993 年　21 页
31cm（10 开）ISBN：7-80553-445-4
定价：CNY3.40
　　外文书名：The Beautiful Mountain Village.

J0158455
实用手风琴曲 100 首　李原,战丽萍编

北京　人民音乐出版社　1993 年　165 页
26cm（16 开）ISBN：7-103-01099-4
定价：CNY6.65

J0158456
儿童钢琴小品百首　纯青编
太原　北岳文艺出版社　1994 年　134 页
26cm（16 开）ISBN：7-5378-1423-6
定价：CNY9.80

J0158457
钢琴童谣　范元绩编曲
沈阳　辽宁人民出版社　1994 年　74 页
26cm（16 开）ISBN：7-205-03013-7
定价：CNY8.50
　　作者范元绩,沈阳音乐学院钢琴系教研室
主任。

J0158458
茉莉花　（民族音乐钢琴曲集）戴树屏编曲
哈尔滨　黑龙江科学技术出版社　1994 年　59 页
31cm（10 开）ISBN：7-5338-1119-4
定价：CNY4.50

J0158459
茉莉花　（民族音乐钢琴曲集）戴树屏编曲
杭州　浙江教育出版社　1994 年　59 页
29cm（16 开）ISBN：7-5338-1119-4
定价：CNY4.50

J0158460
任士荣手风琴演奏教学曲集　任士荣编著;
王加伦选编
北京　中国青年出版社　1994 年　重印本 353 页
有照片 28cm（16 开）ISBN：7-5006-1537-X
定价：CNY24.00
　　作者任士荣（1935—　　）,国家一级演奏员。
江苏扬州人,肄业于沈阳音乐学院。历任解放军
空政文工团艺术研究组组长,中国手风琴学会副
会长。作者王加伦（1933—　　）,吉林榆树县人,
吉林市音乐舞蹈家协会主席。

J0158461
抒情钢琴曲集　吴月燕编著
厦门　厦门大学出版社　1994 年　26 页

28cm（大 16 开）ISBN：7-5615-0915-4
定价：CNY2.50

J0158462
中国钢琴曲三首　（'94 中国国际钢琴比赛选用曲目）权吉浩等曲
北京 人民音乐出版社 1994 年 42 页
30cm（10 开）ISBN：7-103-01233-4
定价：CNY7.80
　　外文书名：Three Chinese Piano Pieces, Assigned for the 1994 China International Piano Competition.

J0158463
中国钢琴作品选　中央音乐学院钢琴系编
北京 人民音乐出版社 1994 年 189 页
30cm（10 开）ISBN：7-103-01214-8
定价：CNY20.90

J0158464
中国钢琴作品选　（二）任音童,巢志珏编
北京 人民音乐出版社 1999 年 161 页
31cm（10 开）ISBN：7-103-01705-0
定价：CNY34.00
　　本书收录《小奏鸣曲》（王立平）、《小奏鸣曲》（杨立青）、《F 小调小奏鸣曲》（黄虎威）、《第一钢琴奏鸣曲》（蒋祖馨）等 11 首钢琴曲。

J0158465
中国钢琴作品选　中央音乐学院钢琴系编
北京人民音乐出版社 1994 年 189 页
30cm（10 开）ISBN：7-103-01214-8
定价：CNY20.90

J0158466
中国民歌钢琴小曲 50 首　黎英海编曲
上海 上海音乐出版社 1994 年 31 页
26cm（16 开）ISBN：7-80553-511-6
定价：CNY3.10

J0158467
中外手风琴复调乐曲精选　陈一剑改编
太原 北岳文艺出版社 1994 年 122 页
26cm（16 开）ISBN：7-5378-1357-4
定价：CNY7.75

J0158468
百奏不厌中国钢琴名曲 33 首　郭幼容编
成都 四川人民出版社 1995 年 194 页
37cm（8 开）ISBN：7-220-03081-9
定价：CNY40.00
（百奏不厌系列）

J0158469
青少年手风琴曲集 100 首　张信政编著
北京 中国青年出版社 1995 年 119 页
28cm（大 16 开）ISBN：7-5006-1887-5
定价：CNY12.00
　　作者张信政,中国音乐家协会表演艺术委员会手风琴学会会员。

J0158470
全国钢琴演奏（业余）考级作品集　（第三套第一级～第十级）凌远主编；中国音乐家协会全国乐器演奏（业余）考级委员会钢琴专家委员会编
北京 文化艺术出版社 1995 年 修订版
164 页 30cm（10 开）ISBN：7-5039-1239-1
定价：CNY22.00

J0158471
全国钢琴演奏（业余）考级作品集　（第四套第一级～第十级）陈庆峰主编；中国音乐家协会全国乐器演奏（业余）考级委员会钢琴专家委员会编
北京 国际文化出版公司 1997 年 2 版 修订版
157 页 30cm（10 开）ISBN：7-80049-839-5
定价：CNY28.00

J0158472
全国手风琴演奏（业余）考级作品集　（第一级～第五级）李遇秋主编；中国音乐家协会全国乐器演奏（业余）考级委员会手风琴专家委员会编
北京 文化艺术出版社 1995 年 重印本
187 页 30cm（12 开）ISBN：7-5039-1217-0
定价：CNY25.00

J0158473
全国手风琴演奏（业余）考级作品集　（第六级～第八级）李遇秋主编；中国音乐家协会全

国乐器演奏(业余)考级委员会手风琴专家委员会编
北京 文化艺术出版社 1993 年 283 页
30cm(10 开) ISBN：7-5039-1237-5
定价：CNY28.00

J0158474
全国手风琴演奏(业余)考级作品集 （第九级~第十级）中国音乐家协会全国乐器演奏(业余)考级委员会手风琴专家委员会编；张自强，李遇秋主编
北京 文化艺术出版社 1997 年 修订本 145 页
31cm(10 开) ISBN：7-5039-1518-8
定价：CNY28.50

J0158475
少儿钢琴教程 （乐曲集 适用三、四、五级）尹松编
深圳 海天出版社 1995 年 150 页 30cm(16 开)
ISBN：7-80615-294-6 定价：CNY39.50

J0158476
少儿钢琴教程 （配合考级）肖玫,李倩编
深圳 海天出版社 1996 年 134 页 31cm(10 开)
ISBN：7-80165-350-0 定价：CNY35.90
　　作者肖玫,钢琴教师。作者李倩,钢琴教师。

J0158477
手风琴曲集 （曾健手风琴作品荟萃 上册 独奏部分）曾健编著
海口 海南出版社 1995 年 151 页
28cm(大 16 开) ISBN：7-80617-203-3
定价：CNY40.00（全 2 册)
　　作者曾健(1936—　),风琴演奏家、作曲家、教育家。别名：曾繁健。江西南康市人。广州军区战士歌舞团国家一级演员,中国音乐家协会会员,中国手风琴学会常务副会长。作品有《我为祖国守大桥》《吹起芦笙跳起舞》《飞速前进》《欢迎叔叔凯旋归》等。

J0158478
手风琴曲集 （曾健手风琴作品荟萃 下册 合奏、重奏部分）曾健编著
海口 海南出版社 1995 年 239 页
28cm(大 16 开) ISBN：7-80617-203-3

定价：CNY40.00（全 2 册)

J0158479
王建中钢琴作品集 王建中作
上海 上海音乐出版社 1995 年 126 页 有照片
30cm(10 开) ISBN：7-80553-323-7
定价：CNY17.00
　　作者王建中(1933—2016),教授、作曲家。生于上海,祖籍江苏江阴。就读于上海音乐学院,留校任教授、副院长。代表作品《山丹丹开花红艳艳》《浏阳河》《诙谐曲》《变奏曲》《小奏鸣曲》等。

J0158480
王建中钢琴作品集 王建中编著
上海 上海音乐出版社 1995 年 2 版 159 页
17×19cm ISBN：7-80553-323-7
定价：CNY28.00

J0158481
中国钢琴名曲曲库 魏廷格等主编
长春 时代文艺出版社 1995 年 4 册
30cm(10 开) ISBN：7-5387-0965-7
定价：CNY112.00
　　作者魏廷格(1942—　　),钢琴教师。中国艺术研究院音乐研究所音乐理论研究室主任、副研究员。出版有《钢琴音乐欣赏》《钢琴学习指南—答钢琴学习 388 问》《魏廷格音乐文选》等。

J0158482
儿童趣味钢琴曲集 郭瑶编著
长沙 湖南文艺出版社 1996 年 239 页
30cm(10 开) ISBN：7-5404-1531-2
定价：CNY24.50

J0158483
您喜爱的通俗钢琴小曲 14 首 人民音乐出版社编辑部编
北京 人民音乐出版社 1996 年 41 页
30cm(10 开) ISBN：7-103-01331-4
定价：CNY7.90

J0158484
五指位置手风琴小曲集 郝丕喜著
北京 人民音乐出版社 1996 年 47 页

30cm（10开）ISBN：7-103-01301-2
定价：CNY9.00

J0158485
中国百唱不厌民歌精选钢琴伴奏谱 （1）
陈川,周玲编
成都 四川文艺出版社 1996年 111页
31cm（10开）ISBN：7-5411-1629-7
定价：CNY28.00
（百唱不厌系列）
　　作者陈川（1945— ），作曲家。毕业于中央音乐学院。历任四川文艺出版社副社长,四川电子音像出版社总编辑,四川通俗音乐协会会长,中国音乐家协会会员。创作歌曲有《峨眉山》《九寨沟．黄龙》《青城山·都江堰》《稻城亚丁·香格里拉》等。音乐专著有《琴弦上的梦》《中国少数民族乐器大观》《藏族人民庆丰收》等。

J0158486
中国百唱不厌民歌精选钢琴伴奏谱 （2）
陈川,周玲编
成都 四川文艺出版社 1996年 112页
30cm（10开）ISBN：7-5411-1629-7
定价：CNY28.00
（百唱不厌系列）

J0158487
中国风格儿童钢琴曲集 人民音乐出版社编辑部编
北京 人民音乐出版社 1996年 224页
30cm（10开）ISBN：7-103-01409-4
定价：CNY42.60

J0158488
中国钢琴名曲30首 魏廷格编注
北京 人民音乐出版社 1996年 169页
30cm（10开）ISBN：7-103-01343-8
定价：CNY29.20
　　外文书名：30 Famous Chinese Piano Pieces.

J0158489
中国手风琴曲集 吴群编
北京 文化艺术出版社 1996年 122页
26cm（16开）ISBN：7-5039-1456-4

定价：CNY12.00
　　作者吴群,中国国际文化传播中心艺术培训学校副校长,中国音乐家协会表演艺术委员会手风琴学会理事,北京音乐家协会手风琴学会副会长。

J0158490
丁善德钢琴作品集 丁善德作；钱亦平编
上海 上海音乐出版社 1997年 165页
30cm（10开）ISBN：7-80553-664-3
定价：CNY35.00

J0158491
钢琴即兴演奏教程 （简谱本）刘德增编著
北京 中国青年出版社 1997年 302页
26cm（16开）ISBN：7-5006-2294-5
定价：CNY28.00
　　作者刘德增（1936— ），作曲家、小提琴演奏家。曾进修于天津中央音乐学院。任职于山西省歌舞剧院,国家一级作曲,中国音乐家协会会员,电视艺术家协会会员。著有《电声乐队配器法》《中国小提琴典集》《作曲入门》《中国恋情民歌》《钢琴即兴泛演教程》等。

J0158492
钢琴恋曲 （春日浪漫曲）林德宝,李锦华编著
深圳 海天出版社 1997年 71页 29cm（16开）
ISBN：7-80615-672-0 定价：CNY19.80

J0158493
钢琴恋曲 （冬日恋曲）林德宝,李锦华编著
深圳 海天出版社 1997年 71页 29cm（16开）
ISBN：7-80615-672-0 定价：CNY19.80

J0158494
钢琴恋曲 （秋日情怀）林德宝,李锦华编著
深圳 海天出版社 1997年 71页 29cm（16开）
ISBN：7-80615-672-0 定价：CNY19.80

J0158495
钢琴恋曲 （夏日情歌）林德宝,李锦华编著
深圳 海天出版社 1997年 71页 29cm（16开）
ISBN：7-80615-672-0 定价：CNY19.80

J0158496

钢琴圆舞曲集　（1）李苏眉编
上海　上海音乐出版社　1997 年　227 页
31cm（10 开）ISBN：7-80553-509-4
定价：CNY41.00

J0158497

口琴演奏中国民歌 80 首　徐成刚, 罗晓京编
北京　人民音乐出版社　1997 年　65 页
26cm（16 开）ISBN：7-103-01467-1
定价：CNY7.50

J0158498

青少年手风琴进行曲曲集　吴群编
北京　北京师范大学出版社　1997 年　125 页
26cm（16 开）ISBN：7-303-04532-5
定价：CNY15.00
　　作者吴群, 中国国际文化传播中心艺术培训学校副校长, 中国音乐家协会表演艺术委员会手风琴学会理事, 北京音乐家协会手风琴学会副会长。

J0158499

青少年手风琴圆舞曲曲集　吴群编
北京　北京师范大学出版社　1997 年　137 页
26cm（16 开）ISBN：7-303-04530-9
定价：CNY16.00
（手风琴系列教材）

J0158500

手风琴独奏曲 15 首　（中国作品）李建林编曲、作曲
北京　人民音乐出版社　1997 年　80 页
26cm（16 开）ISBN：7-103-01425-6
定价：CNY9.00

J0158501

手风琴曲选　吴群编
北京　人民教育出版社　1997 年　220 页
29cm（16 开）ISBN：7-107-11160-4
定价：CNY19.90

J0158502

阴山岩画印象——狩猎　（手风琴与乐队）王瑞林, 张新化曲

北京　人民音乐出版社　1997 年　45 页
26cm（16 开）ISBN：7-103-01567-8
定价：CNY7.00

J0158503

赵吉禄钢琴电子琴固定音型练习曲　（上）
赵吉禄［作曲］
沈阳　春风文艺出版社　1997 年　151 页
29cm（16 开）ISBN：7-5313-1720-6
定价：CNY26.00

J0158504

中国风格复调钢琴曲选　人民音乐出版社编辑部编
北京　人民音乐出版社　1997 年　92 页
31cm（10 开）ISBN：7-103-01598-8
定价：CNY20.20

J0158505

中国民歌儿童钢琴曲 30 首　谢功成编曲
北京　华乐出版社　1997 年　37 页　31cm（10 开）
ISBN：7-80129-015-1　定价：CNY15.00
　　作者谢功成, 作曲家、教授。湖南永兴人, 毕业于南京音乐院作曲系。历任华南文艺学院音乐部副主任, 中南音乐专科学校作曲系主任, 湖北艺术学院作曲系主任、教授、副院长, 武汉音乐学院教授。著有《贝多芬》《合唱写作技巧》。

J0158506

八首中国民歌钢琴小品　（作品六　汉英对照）
何少英编曲
北京　中国青年出版社　1998 年　17 页
29cm（16 开）ISBN：7-5006-2918-4
定价：CNY6.00

J0158507

常用钢琴小奏鸣曲 20 首　湖南文艺出版社编
长沙　湖南文艺出版社　1998 年　130 页
29cm（16 开）ISBN：7-5404-1908-3
定价：CNY15.90
（钢琴家之旅丛书）

J0158508

钢琴练习曲精选 80 首　叶佳亮选编

福州 海峡文艺出版社 1998 年 106 页
29cm（16 开）ISBN：7-80640-217-9
定价：CNY15.80

J0158509
塞北小曲 30 首 （钢琴 作品 13 号 1973）
黄安伦［著］
北京 人民音乐出版社 1998 年 71 页
30cm（10 开）ISBN：7-103-01648-8
定价：CNY17.40

J0158510
小奏鸣曲集　吕德玉编
重庆 西南师范大学出版社 1998 年 152 页
30cm（10 开）ISBN：7-5621-1598-2
定价：CNY16.00
（钢琴教学丛书）

J0158511
新编中国钢琴曲集 （教学版）周正健,黄伊娜主编
武汉 武汉出版社 1998 年 187 页 30cm（15 开）
　　本书精选 56 首作品,程度从初级到中级,主要以名家名曲为主,包括:《草原上的故事》《潜海姑娘》《兰花花》《让世界充满爱》等。

J0158512
幼儿钢琴电子琴音阶琶音练习　吴厉斌［编］
合肥 安徽文艺出版社 1998 年 60 页 21×29cm
ISBN：7-5396-1698-9 定价：CNY8.00

J0158513
淡彩五桢 （龚晓婷钢琴作品选）龚晓婷著
哈尔滨 黑龙江教育出版社 1999 年 89 页
30cm（10 开）ISBN：7-5316-3654-9
定价：CNY15.80

J0158514
钢琴前奏曲二十四首 （中国节令风情）廖胜京曲
北京 人民音乐出版社 1999 年 114 页
31cm（10 开）ISBN：7-103-01642-9
定价：CNY24.80

J0158515
钢琴小品集　张能斌编著
杭州 浙江文艺出版社 1999 年 58 页
29cm（16 开）ISBN：7-5339-1222-5
定价：CNY7.00

J0158516
高师钢琴即兴伴奏歌曲选　郭小苹编著
厦门 厦门大学出版社 1999 年 215 页
26cm（16 开）ISBN：7-5615-1474-3
定价：CNY22.00

J0158517
跨世纪新版全国钢琴演奏（业余）考级作品合集 （第一级~第五级）中国音乐家协会音乐考级委员会编
北京 新华出版社 1999 年 184 页 29cm（16 开）
ISBN：7-5011-4649-7 定价：CNY36.00

J0158518
跨世纪新版全国钢琴演奏（业余）考级作品合集 （第六级~第八级）周铭孙执行主编;中国音乐家协会音乐考级委员会编
北京 新华出版社 1999 年 217 页 30cm（10 开）
ISBN：7-5011-4677-2 定价：CNY42.00
　　本书所收作品是 2000 年钢琴业余考级指定作品。每级包括:基本练习、练习曲、复调·巴洛克、大型乐曲、中外乐曲 5 类。

J0158519
跨世纪新版全国钢琴演奏（业余）考级作品合集 （第九级~第十级）周铭孙执行主编;中国音乐家协会音乐考级委员会编
北京 新华出版社 1999 年 211 页 30cm（10 开）
ISBN：7-5011-4678-0 定价：CNY40.00
　　作者周铭孙(1940—　),钢琴家、钢琴教育家。生于上海。北京师范大学艺术系钢琴教研室主任,全国钢琴考级专家委员会委员,中国音乐家协会社会音乐委员会副主任。专著有《钢琴考级与钢琴教学》等。

J0158520
刘梅中国民歌少儿钢琴曲集　刘梅编
北京 同心出版社 1999 年 45 页 有图
30cm（10 开）ISBN：7-80593-398-7

定价: CNY19.00

J0158521

流行钢琴金曲 （一）歧鸣编作
上海　上海世界图书出版公司 1999年　重印本
96页　30cm（15开）ISBN：7-5062-2945-5
定价：CNY18.00

J0158522

山东钢琴演奏(业余)考级作品集 （第1套、
第2套）留钕铜主编；山东省教育委员会艺术
教育委员会编
济南　明天出版社 1999年　2册　29cm（16开）
ISBN：7-5332-3032-9 定价：CNY56.00

J0158523

手风琴实用练习曲50首 杨克勤改编
上海　上海音乐出版社 1999年　47页
30cm（10开）ISBN：7-80553-569-8
定价：CNY11.50

J0158524

手风琴左手练习曲36首 郝丕喜编
北京　人民音乐出版社 1999年　50页
30cm（10开）ISBN：7-103-01763-8
定价：CNY14.60

J0158525

苏夏钢琴曲选 苏夏曲
北京　华乐出版社 1999年　36页　30cm（10开）
ISBN：7-80129-040-2 定价：CNY12.00

J0158526

我心依旧 刘之编配
长沙　湖南文艺出版社 1999年　113页
30cm（10开）ISBN：7-5404-2046-4
定价：CNY12.00
（都市情调钢琴系列）

J0158527

云南民族钢琴曲集 马桂仙主编
昆明　云南科技出版社 1999年　108页
30cm（10开）ISBN：7-5416-1242-1
定价：CNY28.00

J0158528

中国民歌儿童钢琴曲选 （1）龚耀年编曲
长沙　湖南文艺出版社 1999年　94页　有图
29cm（16开）ISBN：7-5404-2093-6
定价：CNY10.50
　　作者龚耀年,上海人。《音乐创作》常务副主
编,中国儿童音乐学会副会长。

J0158529

中国民歌名曲手风琴曲集 冯德钢编著
上海　上海音乐出版社 1999年　91页
31cm（10开）ISBN：7-80553-763-1
定价：CNY20.00

J0158530

中国手风琴曲100首 （上册）李未明编辑；
人民音乐出版社编辑部编
北京　人民音乐出版社 1999年　289页
31cm（10开）ISBN：7-103-01929-0
定价：CNY48.10
　　本书收录《晚会》《欢乐》《草原牧歌》《快
乐的战士》《天女散花》《我们的明天比蜜甜》等。

J0158531

中国手风琴曲100首 （中册）李未明编辑；
人民音乐出版社编辑部编
北京　人民音乐出版社 1999年　354页
31cm（10开）ISBN：7-103-01930-4
定价：CNY57.30
　　本书收录《山村的节日》《草原上升起不落
的太阳》《江河水》《飞速前进》《归》等。

J0158532

中国手风琴曲100首 （下册）李未明编辑；
人民音乐出版社编辑部编
北京　人民音乐出版社 1999年　224页
31cm（10开）ISBN：7-103-01931-2
定价：CNY38.80
　　本书收录独奏曲、伴奏曲和重奏曲,包括:
《儿童组曲》《白毛女组曲》《抒情圆舞曲》《红星
歌》《采茶新曲》等。

中国器乐合奏曲

J0158533
新编军乐鼓谱 （第1集）蔡德丰编著
上海 二二五书店 ［民国］33页 有图
17×25cm（16开）

J0158534
骑兵进行曲 晨耕编曲；中国人民解放军华北
军区政治部军乐队编
华北军区政治部军乐队 1949年 19页
25cm（小16开）
　　作者晨耕(1923—　　)，满族，河北完县人。
原名陈宝锷。曾入华北联大文艺学院音乐系学
习。1949年任开国大典军乐队总指挥。曾任战
友文工团团长、艺术指导。作有歌曲《两个小伙
一般高》《歌唱英雄的八大员》《我和班长》等。

J0158535
苏武牧羊交响诗 张肖虎作曲
北平 清华园蕙风堂 1949年 油印本 68页
35cm（15开）
　　本书为总谱。书前有古普克、范天祥等人的
序及本曲的解说。

J0158536
新战士进行曲 王建中编谱
中国人民解放军华北军区政治部军乐队
1949年 8页 26cm（16开）
　　作者王建中(1933—2016)，教授、作曲家。
生于上海，祖籍江苏江阴。就读于上海音乐学院，
留校任教，曾任教授、副院长。代表作品《山丹丹
开花红艳艳》《浏阳河》《诙谐曲》《变奏曲》《小
奏鸣曲》等。

J0158537
钢琴五重奏 （第二小提琴）
［1950—1959年］12页 30cm（15开）

J0158538
钢琴五重奏 （第一小提琴）
［1950—1959年］17页 30cm（15开）

J0158539
钢琴五重奏 （中提琴）
［1950—1959年］17页 30cm（15开）

J0158540
管弦乐演奏曲选 （第一集）四野文工团编
武汉 武汉人民艺术出版社 1950年 14页
26cm（16开）定价：2.40

J0158541
晚会,森吉德马 （管弦乐曲）贺绿汀曲
天津 全国音乐工作者协会 1950年 22页
16cm（26开）
　　作者贺绿汀(1903—1999)，音乐家、教育家。
湖南邵东仙槎桥人，毕业于上海国立音乐专科学
校。历任武昌艺术专科学校教员，明星影片公司
音乐科科长、陕甘宁晋绥联防军政治部宣传队音
乐教员、延安中央管弦乐团团长、华北文工团团
长。代表作品《牧童短笛》《摇篮曲》《游击队歌》
等，著有《贺绿汀音乐论文选集》。

J0158542
牧歌 （小提琴独奏曲 钢琴伴奏）马思聪作
上海 万叶书店 1951年 定价：CNY0.30

J0158543
十样锦 （管弦乐合奏曲）余尚清改编；中南文
学艺术界联合会筹委会编辑
汉口 中南人民出版社 1951年 28页
26cm（16开）定价：旧币 3,400元
（中南音乐丛书）

J0158544
中国狂想曲 冼星海作；张平绘
北京 人民出版社 1951年 影印本 70页
30cm（10开）定价：旧币 25,000元

J0158545
晚会,森吉德马管弦乐曲 （总谱）贺绿汀撰
北京 中华全国音乐工作者协会 1952年 影印本
22页 19cm（32开）定价：旧币 4,000元

J0158546
步兵进行曲 岳嵛作曲；罗浪编曲；中央人民
政府人民革命军事委员会总参谋部军乐团编辑

北京 中央人民政府人民革命军事委员会总参谋部军乐团 1953年 影印本 13页 26cm（16开）
（军乐总谱 第3号）

J0158547

分列式进行曲　罗浪编曲；中央人民政府人民革命军事委员会总参谋部军乐团编辑
北京 中央人民政府军事委员会总政治部
1953年 影印本 8页 26cm（16开）
（军乐总谱 第2号）

J0158548

航空员进行曲　罗浪作曲；中央人民政府人民革命军事委员会总参谋部军乐团编辑
北京 中央人民政府军事委员会总政治部
1953年 影印本 5页 26cm（16开）
（军乐总谱 第5号）

J0158549

摇篮曲　（小提琴独奏曲 钢琴伴奏）马思聪作
上海 万叶书店 1953年 8页 定价：CNY0.35
　　作者马思聪（1912—1987），作曲家、小提琴演奏家。广东海丰人。曾任中央音乐学院首任院长，并兼任中国音乐家协会副主席，《音乐创作》主编等职。代表作有小提琴曲《内蒙组曲》《西藏音诗》《第一回旋曲》，交响音乐《山林之歌》《第二交响曲》，大合唱《祖国》《春天》，歌剧《热碧亚》等。

J0158550

军校之歌　吕骥作曲；罗浪编曲；中央人民政府人民革命军事委员会军事训练部编辑
北京 中央人民政府人民革命军事委员会军事训练部 1954年 影印本 11页 30cm（10开）
（军乐总谱 第14号）
　　作者吕骥（1909—2002），音乐家、作曲家。出生于湖南湘潭，就读于上海音乐专科学校。历任中央音乐学院副院长、中国音协主席。创作的《抗日军政大学校歌》等歌曲广为传唱。出版有《吕骥文选》。

J0158551

第一弦乐四重奏　马思聪作
北京 音乐出版社 1955年 影印本 53页
31cm（10开）定价：CNY1.50

J0158552

鄂伦春舞曲　王建中编曲
北京 中国人民解放军军乐编辑室 1955年
10页 30cm（15开）定价：CNY0.43
（军乐总谱 第24号）
　　作者王建中（1933—2016），教授、作曲家。生于上海，祖籍江苏江阴。就读于上海音乐学院，留校任教，曾任教授、副院长。代表作品《山丹丹开花红艳艳》《浏阳河》《诙谐曲》《变奏曲》《小奏鸣曲》等。

J0158553

国乐合奏曲谱　戴尧天编辑
上海 国光书店 1955年 影印本 30页
26cm（16开）定价：CNY0.26

J0158554

狂欢舞曲　王建中作曲
北京 中国人民解放军军乐编辑室 1955年
14页 30cm（10开）定价：CNY0.50
（军乐总谱 第25号）

J0158555

钢琴五重奏　马思聪作曲
北京 音乐出版社 1956年 影印本 5册
30cm（15开）统一书号：8026.323
定价：CNY3.85

J0158556

黄鹤的故事　（管弦乐 总谱）施咏康曲
上海 上海音乐出版社 1957年 影印本 80页
26cm（16开）统一书号：127.030
定价：CNY1.60（道林纸本），CNY0.80（报纸本）
（上海音乐学院创作丛刊）

J0158557

回旋曲　（管乐六重奏）李序作曲
北京 音乐出版社 1957年 影印本 18页
26cm（16开）统一书号：8026.663
定价：CNY0.28

J0158558

小奏鸣曲　吴祖强作曲
北京 音乐出版社 1957年 16页 31cm（10开）
统一书号：8026.534 定价：CNY0.80

作者吴祖强(1927—　　)，作曲家。出生于北京，原籍江苏武进，毕业于中央音乐学院。作品有弦乐合奏《二泉映月》《春江花月夜》等。

J0158559
第二新疆舞曲 （管弦乐 总谱）丁善德,迪里济叶夫作
上海 上海音乐出版社 1958 年 影印本 32 页
26cm（16 开）统一书号：8127.220
定价：CNY0.65
　　作者丁善德(1911—1995)，江苏昆山人。1928 年入上海国立音乐专科学校钢琴系，兼学作曲。历任天津女子师范学校,上海国立音专教师,上海音乐学院教授、作曲系主任、副院长，中国音协副主席。创作钢琴曲《中国民歌主题变奏曲》《序曲三首》，交响乐《长征》等。撰有《单对位法》《复对位法》《赋格写作纲要》等。

J0158560
怀旧曲 （管弦乐 总谱）黄自曲
上海 上海音乐出版社 1958 年 影印本 52 页
26cm（16 开）统一书号：8127.176
定价：CNY1.00
　　作者黄自(1904—1938)，作曲家、音乐教育家。字今吾，江苏川沙（今属上海市）人。毕业于美国欧柏林学院耶鲁大学音乐学校。主要作品有《怀旧》《长恨歌》《抗敌歌》《南乡子》《玫瑰三愿》等。

J0158561
良宵 （弦乐合奏曲）刘天华原曲；元之编曲
上海 上海文艺出版社 1958 年 影印本 5 页
35cm（18 开）
　　作曲刘天华(1895—1932)，作曲家、演奏家、音乐教育家。原名刘寿椿，江苏江阴市人。曾任教于北京大学音乐研究会。代表作有《光明行》《良宵》《空山鸟语》《歌舞引》《飞花点翠》等。

J0158562
马车 （管弦乐合奏曲）葛炎作曲
北京 音乐出版社 1958 年 影印本 26 页
26cm（16 开）统一书号：8026.812
定价：CNY0.36

J0158563
轻音乐曲集 （第 1 集）音乐出版社编辑部编
北京 音乐出版社 1958 年 25cm（15 开）
统一书号：8026.999 定价：CNY0.70

J0158564
我的祖国 刘永编曲
上海 上海文艺出版社 1958 年 12 页
31cm（15 开）统一书号：8078.0335
定价：CNY0.44
（器乐曲丛刊）

J0158565
第一新疆舞曲 （管弦乐 总谱）丁善德作曲
上海 上海文艺出版社 1959 年 25 页
26cm（16 开）统一书号：8078.388
定价：CNY0.58

J0158566
行进在草原上 （军乐曲）贾双作曲
北京 音乐出版社 1959 年 11 页 30cm（15 开）
统一书号：8026.1185 定价：CNY0.34

J0158567
口琴合奏曲集 （第一集）陈剑晨编配
北京 音乐出版社 1959 年 109 页 26cm（16 开）
统一书号：8026.1137 定价：CNY0.76
　　作者陈剑晨(1911–？)，口琴演奏家。浙江嵊县人。创办上海口琴会，曾任会长。编著有《口琴吹奏法》《口琴曲集》等。

J0158568
口琴合奏曲集 （第二集）音乐出版社编辑；陈剑晨编配
北京 音乐出版社 1962 年 141 页 26cm（16 开）
统一书号：8026.1455 定价：CNY1.15

J0158569
口琴重奏曲集 陈剑晨编曲
上海 上海文艺出版社 1959 年 92 页
19cm（32 开）统一书号：8078.0921
定价：CNY0.28

J0158570
陕北组曲 （管弦乐 总谱）马可作

北京 音乐出版社 1959 年 31 页 31cm（10 开）
统一书号：8026.1194 定价：CNY1.10

　　作曲马可（1918—1976），作曲家、音乐教育家。江苏徐州人，就读于河南大学化学系。创作歌曲有《南泥湾》《咱们工人有力量》《吕梁山大合唱》，秧歌剧《夫妻识字》，歌剧《周子山》《白毛女》《小二黑结婚》等，著有《中国民间音乐讲话》《时代歌声漫议》《冼星海传》等。

J0158571
游行的行列　（军乐曲）钟声作曲
北京 音乐出版社 1959 年 11 页 30cm（10 开）
统一书号：8026.1184 定价：CNY0.34

J0158572
回旋曲　（小提琴与钢琴 正谱本）吴祖强曲
北京 音乐出版社 1960 年 14 页 30cm（15 开）
统一书号：8026.1331 定价：CNY0.52

　　作者吴祖强（1927—　　　），作曲家。出生于北京，原籍江苏武进，毕业于中央音乐学院。作品有弦乐合奏《二泉映月》《春江花月夜》等。

J0158573
家乡之歌　（小提琴与钢琴 正谱本）王树作曲
北京 音乐出版社 1960 年 15 页 31cm（10 开）
统一书号：8026.1364 定价：CNY0.64
（中央音乐学院创作丛刊）

　　本作品附小提琴独奏曲谱。

J0158574
庆祝十三陵水库落成典礼序曲　罗忠镕曲
上海 上海文艺出版社 1960 年 47 页
31cm（10 开）统一书号：8078.1637
定价：CNY0.98

　　作者罗忠镕（1924—　　　），作曲家、理论家、教授。生于四川省三台县，就读于成都四川省立艺术专科学校和国立上海音乐专科学校。代表作品《罗忠镕后期现代风格的音乐创作研究》《山那边哟好地方》《庆祝十三陵水库落成典礼序曲》等。

J0158575
大地之歌　（叙事曲 大提琴与钢琴 正谱本）
俞抒曲
北京 音乐出版社 1961 年 ［17 页］

31cm（10 开）统一书号：8026.1332
定价：CNY0.52

J0158576
第二交响乐《抗日战争》（管弦乐总谱 正谱本）
王云阶曲
上海 上海文艺出版社 1961 年 280 页
31cm（12 开）统一书号：8078.1758
定价：CNY4.45，CNY9.20（精装）

J0158577
节日的欢喜　（大提琴与钢琴 正谱本）霍存慧曲；司徒志文订弓法指法
北京 音乐出版社 1961 年 ［6 页］31cm（10 开）
统一书号：8026.1484 定价：CNY0.28

J0158578
良宵　（管弦乐合奏曲）刘天华原曲；元之编曲
上海 上海文艺出版社 1961 年 5 页
31cm（10 开）定价：CNY0.17
（器乐曲丛刊）

J0158579
在田野上　（轻音乐 正谱本）李相范编曲
北京 音乐出版社 1961 年 3 页 26cm（16 开）
统一书号：8026.1483 定价：CNY0.09

J0158580
采茶谣　（大提琴与钢琴 正谱本）王连三曲
北京 音乐出版社 1962 年 9 页 31cm（15 开）
统一书号：8026.1616 定价：CNY0.31

J0158581
春天的歌　（双簧管与钢琴）朱践耳编曲
北京 音乐出版社 1962 年 9 页 30cm（10 开）
统一书号：8026.1618 定价：CNY0.28

J0158582
第一交响曲　（管弦乐 总谱 正谱本）马思聪作曲
北京 音乐出版社 1962 年 252 页 19cm（32 开）
统一书号：8026.1691
定价：CNY2.45（道林纸本），CNY1.50（报纸本）
　　本书是作者于 1941 年在香港创作的作品。全曲采用 4 乐章古典交响曲形式。

J0158583

龟兔赛跑 （大管、单簧管主奏管弦乐　总谱
正谱本）史真荣作曲编词
北京　音乐出版社　1962 年　44 页　26cm（16 开）
统一书号：8026.1538　定价：CNY0.50
　　本作品依据童话《龟兔赛跑》的故事情节，
采用模拟和描述性的手法，以管弦乐器特有的音
色和表现力，塑造了兔子和乌龟的形象，以及它
们各自的动态。

J0158584

幻想曲 （大提琴与钢琴　正谱本）桑桐曲
北京　音乐出版社　1962 年　9 页　31cm（10 开）
统一书号：8026.1617　定价：CNY0.31
　　作者桑桐（1923—2011），音乐教育家，作曲
家，音乐理论家。原名朱镜清，生于中国上海，毕
业于国立音乐专科学校作曲系。历任上海音乐
学院作曲系和声教研室主任、教授、副院长、院
长。中国音乐家协会常务理事，上海音乐家协会
副主席。代表作品有《内蒙古民歌主题钢琴小曲
七首》《和声学教程》。

J0158585

简易管乐合奏曲集 （简谱本）中国人民解放
军军乐团编
北京　音乐出版社　1962 年　160 页　26cm（16 开）
统一书号：8026.1558　定价：CNY1.30

J0158586

江南好 （小型管弦乐合奏曲　正谱本）谭蜜子
等作曲
上海　上海文艺出版社　1962 年　15 页
31cm（10 开）统一书号：8078.2071
定价：CNY0.26
（器乐曲丛刊）

J0158587

良宵 （小提琴与钢琴）刘天华原曲；王耀华改编
北京　音乐出版社　1962 年　4 页　26cm（16 开）
统一书号：8026.1614　定价：CNY0.16
　　作者王耀华（1942—　），教授。福建长汀人，
毕业于福建师范大学。历任福建师大教授、副校
长、国际传统音乐学会执委会委员、亚太地区民
族音乐学会会长、中国音乐家协会理事、福建省
音协主席等。出版有《琉球中国音乐比较研究》

《三弦艺术论》《福建传统音乐》《客家艺能文化》
《福建南音初探》等。

J0158588

山村晨歌 （小提琴与钢琴　正谱本）司徒华城曲
北京　音乐出版社　1962 年　11 页　26cm（16 开）
统一书号：8026.1586　定价：CNY0.20
（《音乐创作》活页　一）

J0158589

东北民歌主题变奏组曲 （弦乐四重奏）
魏作凡作曲
北京　音乐出版社　1963 年　22 页　19cm（32 开）
统一书号：8026.1837　定价：CNY0.14

J0158590

二泉映月 （民族拉弦乐器合奏曲）华彦钧传
谱；李群、李焕之改编
北京　音乐出版社　1963 年　8 页　26cm（16 开）
统一书号：8026.1876　定价：CNY0.11
　　本书原作为二胡曲，本次改编曲使用了高
胡、二胡、中胡、革胡、倍低音胡等乐器，使原
作在演奏乐器的音域上得到了扩展，既丰富了音
色，又不失民族拉弦乐器的表现特点。

J0158591

闺女之歌 （小型西洋乐队合奏曲）郑镇玉作
曲；方国庆编配
北京　音乐出版社　1963 年　[10]页
26cm（16 开）统一书号：8026.1771
定价：CNY0.25

J0158592

花儿与少年 （小型西洋乐队合奏曲　青海民
歌）朱友功编曲
北京　音乐出版社　1963 年　[10]页
26cm（16 开）统一书号：8026.1772
定价：CNY0.25

J0158593

节日序曲 （管弦乐　总谱）朱践耳作曲
上海　上海文艺出版社　1963 年　74 页
31cm（10 开）统一书号：8078.2141
定价：CNY1.30
　　作者朱践耳（1922—2017），作曲家、音乐家。

别名朱荣实,字朴臣,安徽泾县人,生于天津。中国音乐家协会第四届常务理事,曾在上海、北京等电影制片厂、上海实验歌剧院、上海交响乐团任作曲。代表作品有《第四交响曲》《百年沧桑》《唱支山歌给党听》等。

J0158594

金花与紫罗兰　（西洋管弦乐队合奏曲）茅于润作曲
北京　音乐出版社　1963 年　24 页　19cm（32 开）
统一书号：8026.1812　定价：CNY0.17

J0158595

烈士日记　（弦乐四重奏）何占豪作曲
北京　音乐出版社　1963 年　73 页　19cm（32 开）
统一书号：8026.1765　定价：CNY0.41
　　本作品根据方志敏等烈士的事迹而作,用 4 篇日记构成 4 个乐章,标题为"祖国,我的母亲!"、"游击队"、"狱中"、"红旗不倒"。

J0158596

茉莉花　（西洋管弦乐队合奏曲）茅于润作曲
北京　音乐出版社　1963 年　19 页　19cm（32 开）
统一书号：8026.1811　定价：CNY0.14

J0158597

人民英雄纪念碑　（交响诗）瞿维作曲
北京　音乐出版社　1963 年　72 页　31cm（10 开）
统一书号：8026.1761　定价：CNY1.55
　　作者瞿维（1917—2002）,中国现代作曲家。生于江苏常州,毕业于上海新华艺专师范系。曾任中国音乐家协会常务理事,副主席、音协上海分会副主席,上海交通大学音乐研究室主任,中国高等学校音乐教育学学会会长等职。代表作钢琴曲《花鼓》《蒙古夜曲》,歌剧《白毛女》等。

J0158598

人民英雄纪念碑　（交响诗）瞿维作曲
北京　音乐出版社　1963 年　袖珍本　72 页
19cm（32 开）统一书号：8026.1692
定价：CNY0.78

J0158599

三宝佛　（小型西洋乐队合奏）彭修文改编
北京　音乐出版社　1963 年　12 页　26cm（16 开）

统一书号：8026.1721　定价：CNY0.18
　　彭修文（1931—1996）,作曲家。湖北武汉汉口人,毕业于商业专科学校。历任重庆人民广播电台工作人员、中央广播民族乐团指挥兼作曲。创作改编作品有《步步高》《彩云追月》《花好月圆》《瑶族舞曲》。

J0158600

土族民歌主题随想曲　（管弦乐　总谱）
杨庶正作曲
上海　上海文艺出版社　1963 年　44 页
20cm（32 开）统一书号：8078.2235
定价：CNY0.30

J0158601

音诗　（大提琴与钢琴）黄虎威作曲
北京　音乐出版社　1963 年　7 页　31cm（12 开）
统一书号：8026.1936　定价：CNY0.34
　　作者黄虎威（1932—2019）,作曲家、教授。四川内江人。毕业于西南音乐专科学校作曲系,后入中央音乐学院师从苏联作曲专家鲍里斯·阿拉波夫教授进修。四川音乐学院教授、作曲系主任,中国音乐家协会创作委员会委员,中国音乐著作权协会理事,四川省音乐家协会理论创作委员会副主任。

J0158602

《长征》交响曲　（管弦乐　总谱　正谱本）
丁善德曲
北京　人民音乐出版社　1964 年　331 页
20cm（32 开）统一书号：8026.1924
定价：CNY2.35

J0158603

《长征》交响曲　（管弦乐　总谱）丁善德作曲
北京　音乐出版社　1964 年　影印本　330 页
19cm（32 开）统一书号：8026.1924
定价：CNY1.95
　　本书分 5 个乐章：路上征途；红军——各族人民的亲人；飞夺泸定桥；翻雪山,过草地；胜利会师。

J0158604

《长征》交响曲　（管弦乐　总谱）丁善德曲
北京　人民音乐出版社　1982 年　331 页

20cm（32 开）定价：CNY2.35

J0158605
第二交响曲 （管弦乐 总谱）马思聪作曲
北京 音乐出版社 1964 年 158 页 31cm（10 开）
统一书号：8026.1927 定价：CNY3.05
　　本作品采用不间断演奏的 3 个乐章形式，均
为奏鸣曲式。

J0158606
第二交响曲 （管弦乐 总谱）马思聪作曲
北京 音乐出版社 1964 年 158 页
19cm（小 32 开）统一书号：8026.1926
定价：CNY0.97

J0158607
小奏鸣曲 （双簧管与钢琴 山西民歌主题）
李延生作曲
北京 音乐出版社 1964 年 16 页 26cm（16 开）
统一书号：8026.1930 定价：CNY0.28
　　本书附双簧管独奏谱 7 页。

J0158608
长征交响曲，作品十六 （总谱）丁善德作曲
北京 音乐出版社 1964 年 313 页 31cm（12 开）
统一书号：8026.1925 定价：CNY6.10

J0158609
过节 （弦乐四重奏）何占豪作曲
北京 音乐出版社 1965 年 10 页 19cm（32 开）
统一书号：8026.2220 定价：CNY0.09

J0158610
快乐的邮递员 （小型管弦乐合奏）白杰作曲
北京 音乐出版社 1965 年 9 页 26cm（16 开）
统一书号：8026.2313 定价：CNY0.16

J0158611
愉快的劳动 （管弦乐 总谱）辛沪光作曲
北京 音乐出版社 1965 年 16 页 19cm（32 开）
统一书号：8026.2314 定价：CNY0.12

J0158612
延边人民热爱毛主席 （手风琴二重奏）
金凤浩曲；林凯利编曲

上海 上海人民出版社 1973 年 7 页
26cm（16 开）统一书号：8171.762
定价：CNY0.10

J0158613
上学去 （笛子合奏曲 小乐队伴奏）翁增鹏作
曲；刘伟昌，郁麦青配器
上海 上海人民出版社 1974 年 27 页
26cm（16 开）统一书号：8171.937
定价：CNY0.15

J0158614
丰收秧歌 （二胡齐奏曲选 乐队伴奏）陕西人
民广播电台编
西安 陕西人民出版社 1975 年 20 页
26cm（16 开）统一书号：8094.294
定价：CNY0.15

J0158615
革命交响音乐沙家浜 （总谱）中央乐团集体
创作
北京 人民音乐出版社 1975 年 270 页
30×23cm 统一书号：8026.3129 定价：CNY3.75
　　全作品分 9 段：序曲、军民鱼水情、敌寇入
侵、报警、坚持、授计、斥敌、奔袭、胜利。

J0158616
革命交响音乐智取威虎山 （总谱）上海乐
团创作
上海 上海人民出版社 1975 年 214 页
38cm（6 开）精装 统一书号：8171.1394
定价：CNY14.50

J0158617
革命交响音乐沙家浜总谱 中央乐团集体创作
北京 人民音乐出版社 1976 年 270 页
20cm（32 开）统一书号：8026.3130
定价：CNY1.15，CNY2.15（精装）

J0158618
革命交响音乐智取威虎山主旋律乐谱
上海乐团创作
上海 上海人民出版社 1976 年 125 页
20cm（32 开）统一书号：8171.1680
定价：CNY0.33

本书为 1973 年演出本。

J0158619

都有一颗红亮的心　（木管五重奏 选自革命现代京剧《红灯记》正谱本）中央乐团木管五重奏组集体改编

北京 人民音乐出版社 1977 年 16 页

26cm（16 开）统一书号：8026.3333

定价：CNY0.31

J0158620

交响组曲《白毛女》总谱　中央乐团集体改编

北京 人民音乐出版社 1977 年 106 页

20cm（32 开）统一书号：8026.3341

定价：CNY0.51

本作品分 6 段：压不住的怒火、北风吹、红头绳、深仇大恨、冲出虎口、欢庆胜利。

J0158621

快乐的女战士　（木管五重奏 正谱本）中央乐团木管五重奏组集体改编

北京 人民音乐出版社 1977 年 12 页

26cm（16 开）统一书号：8026.3332

定价：CNY0.41

J0158622

颂歌献给毛主席　（管弦乐 总谱）郑秋枫作曲；孙亦林编配

北京 人民音乐出版社 1977 年 18 页

26cm（16 开）统一书号：8026.3296

定价：CNY0.23

作者孙亦林(1935—2015)，女，作曲家。出生于北京，中央音乐学院毕业。曾在中央广播合唱团从事钢琴伴奏和音乐创作。创作有《青年钢琴协奏曲》《陕北民歌主题变奏曲－献给青少年》《美丽的阿吾勒》《哈萨克组曲》等。

J0158623

北京喜讯到边寨　（管弦乐曲 总谱）郑路，马洪业曲

北京 人民音乐出版社 1978 年 26 页

26cm（16 开）统一书号：8026.3516

定价：CNY0.40

J0158624

东方红　（陕北民歌 管乐合奏）郑路编曲

北京 人民音乐出版社 1978 年 12 页

35cm（18 开）统一书号：8026.3508

定价：CNY0.33

J0158625

歌唱华主席　（管乐合奏）徐锡宜，田光曲；贾双编曲

北京 人民音乐出版社 1978 年 7 页

35cm（18 开）统一书号：8026.3509

定价：CNY0.23

作者田光(1925—2009)，作曲家。原名田银山。解放军文艺出版社副社长兼《解放军歌曲》主编。代表作品《美好的赞歌》《献给你的旋律》。

J0158626

晚会森吉德马　（管弦乐曲 总谱）贺绿汀曲

北京 人民音乐出版社 1978 年 24 页

26cm（16 开）统一书号：8026.3366

定价：CNY0.32

本作品采用中国民间舞曲中常用的多段体曲式。全曲分 6 段，后 3 段是前 3 段的反复。

J0158627

运动员进行曲　（管乐合奏）中国人民解放军军乐团集体创作；吴光瑞等执笔

北京 人民音乐出版社 1978 年 16 页

35cm（15 开）统一书号：8026.3512

定价：CNY0.46

J0158628

红旗颂　（序曲 管弦乐 总谱）吕其明曲

上海 上海文艺出版社 1979 年 59 页

19cm（32 开）统一书号：8078.3138

定价：CNY0.46

J0158629

欢庆舞曲　（管弦乐 总谱）傅庚辰曲

北京 人民音乐出版社 1979 年 26 页

20cm（32 开）统一书号：8026.3618

定价：CNY0.18

J0158630

黄鹤的故事　（交响诗 总谱）施咏康作曲

上海 上海文艺出版社 1979 年 重印本 76 页
19cm（32 开）统一书号：8078.0574
定价：CNY0.56

J0158631
霍拉舞曲 （罗马尼亚民间舞曲 手风琴二重奏）
曹子平改编
上海 上海文艺出版社 1979 年 7 页
26cm（16 开）统一书号：8078.3170
定价：CNY0.20

J0158632
漓江音画 （管弦乐曲 总谱）郑路曲
北京 人民音乐出版社 1979 年 15 页
26cm（16 开）统一书号：8026.3547
定价：CNY0.28

　　作者郑路（1933— ），作曲家。北京顺义人。
历任中国人民解放军军乐团创作室副主任，国家
一级作曲，中国音乐家协会会员，辽宁省管乐学
会名誉顾问，中国少年先锋队鼓乐团顾问等。

J0158633
人民英雄纪念交响诗 （管弦乐 总谱）瞿维曲
北京 人民音乐出版社 1979 年 重印本 72 页
20cm（32 开）统一书号：8026.1692
定价：CNY0.44

　　作者瞿维（1917—2002），中国现代作曲家。
生于江苏常州，毕业于上海新华艺专师范系。曾
任中国音乐家协会常务理事，副主席、音协上海
分会副主席，上海交通大学音乐研究室主任，中
国高等学校音乐教育学学会会长等职。代表作
钢琴曲《花鼓》《蒙古夜曲》，歌剧《白毛女》等。

J0158634
学生协奏曲五首 （小提琴和钢琴）塞茨曲
上海 上海文艺出版社 1979 年 影印本 101 页
26cm（16 开）定价：CNY2.20

J0158635
陕北组曲 （管弦乐总谱 五线谱）马可曲
北京 人民音乐出版社 1980 年 33 页
31cm（10 开）统一书号：8026.3666
定价：CNY0.23

　　本书分两部分，第一部分描写美丽的陕北风
光及人民对故乡和土地的热爱。第二部分描写

陕北人民愉快地在自己的土地上生活、劳动，最
后以热烈欢腾的秧歌舞结束。

J0158636
白求恩交响诗 （管弦乐 总谱）吕其明曲
北京 人民音乐出版社 1981 年 90 页
21cm（32 开）统一书号：8026.3792
定价：CNY0.86

J0158637
海霞组曲 （管弦乐 总谱）王酩曲
北京 人民音乐出版社 1981 年 91 页
21cm（32 开）统一书号：8026.3867
定价：CNY0.70

　　本作品分 5 个乐章：童年、解放、织网、丰
收、胜利。

J0158638
交响曲主题 王沛纶编纂
台北 全音乐谱出版社 1981 年 274 页
18cm（小 32 开）定价：CNY1.80
（全音文库 1）

　　作者王沛纶（1909—1972），江苏吴县人，毕
业于七海音乐专科学校。曾担任过音乐教师，台
湾地区交响乐团特约指挥。著有《歌剧辞典》《乐
人字典》《音乐字典》等。

J0158639
飘扬吧，军旗 （交响诗 纪念"八一"建军节
五十周年 管弦乐 总谱）杜鸣心曲
北京 人民音乐出版社 1981 年 102 页
21cm（32 开）统一书号：8026.3774
定价：CNY0.81

　　作曲杜鸣心（1928— ），作曲家。湖北潜江
人。曾考入重庆育才学校音乐组学习，后被派往
莫斯科柴可夫斯基音乐院理论作曲系学习。中
国音协理事、创作委员会常务委员。任教于中央
音乐学院。主要作品有舞剧《鱼美人》《红色娘
子军》（均与吴祖强合作）的音乐，交响诗《飘扬
吧，军旗》等。

J0158640
轻音乐曲集 （1）
北京 人民音乐出版社 1981 年 25cm（15 开）
统一书号：8026.3863 定价：CNY0.59

J0158641

轻音乐曲集 （2）人民音乐出版社编辑部编
北京 人民音乐出版社 1982 年 88 页
26cm（16 开）统一书号：8026.4041
定价：CNY0.64

　　本集收录《西湖的清晨》《祝你快乐》《平静的海滨》等 12 首乐曲。

J0158642

思 （弦乐合奏曲）林德虹曲
北京 人民音乐出版社 1981 年 10 页
21cm（32 开）统一书号：8026.3866
定价：CNY0.20

J0158643

北方森林 （交响音画 总谱 五线谱本）
张千一曲
北京 人民音乐出版社 1982 年 83 页
21cm（32 开）统一书号：8026.4030
定价：CNY0.79

　　本作品是一部较大型的管弦乐作品,词曲获 1981 年我国第一届交响乐比赛优秀奖。乐曲由"引子"及 3 个部分组成：一、朝霞、山歌;二、大自然的动物、午后、晚霞;三、山歌的再现。

J0158644

第二交响乐《清明祭》 （献给为真理而英勇献身的勇士们 管弦乐总谱 正谱本 五线谱本）
陈培勋曲
北京 人民音乐出版社 1982 年 109 页
21cm（32 开）统一书号：8026.4029
定价：CNY1.00

J0158645

洪湖赤卫队幻想曲 （管弦乐 总谱 五线谱本）
张敬安,欧阳谦叔原作;瞿维改编
北京 人民音乐出版社 1982 年 67 页
19cm（32 开）统一书号：8026.4000
定价：CNY0.74

　　本作品是根据同名歌剧音乐创作的管弦乐曲。乐曲由战斗的号召、描写赤卫队的壮大、表现对洪湖的热爱和赞美等几部分组成。

J0158646

心潮逐浪高 （交响诗 管弦乐 总谱）陈培勋曲

北京 人民音乐出版社 1982 年 53 页
21cm（32 开）定价：CNY0.59

　　作者陈培勋(1922—2006),作曲家。广西合浦人,出生于香港,毕业于上海国立音乐专科学校。任中央音乐学院作曲系副教授、教授、兼配器教研室主任。后在香港任教。主要作品有钢琴曲《卖杂货》,交响诗《心潮逐浪高》,音画《流水》,幻想序曲《王昭君》,交响乐《我的祖国》等。

J0158647

云岭写生 （交响音画 总谱 五线谱本）
李忠勇曲
北京 人民音乐出版社 1982 年 161 页
26cm（16 开）统一书号：8026.3986
定价：CNY3.10

　　本书为交响音画总谱,以云岭一带少数民族的民间音乐为素材。本作品曾获 1981 年全国交响乐比赛优秀奖。

J0158648

春节组曲 （管弦乐 总谱）李焕之曲
北京 人民音乐出版社 1983 年 147 页
20cm（32 开）统一书号：8026.996
定价：CNY1.30

　　本作品分 4 个乐章：序曲——大秧歌、情歌、盘歌、终曲——灯会。作者李焕之(1919—2000),作曲家、指挥家、音乐理论家。出生于香港,原籍福建晋江市,毕业于延安鲁迅艺术学院。历任中央音乐学院音乐团团长、中央歌舞团艺术指导,中央民族乐团团长。代表作品有《民主建国进行曲》《新中国青年进行曲》《春节组曲》等。

J0158649

第一交响曲 （管弦乐 总谱 正谱本）罗忠镕曲
北京 人民音乐出版社 1983 年 266 页
21cm（32 开）统一书号：8026.4062
定价：CNY2.35

　　本作品根据毛主席《浣溪沙·和柳亚子先生》词意写成。作者罗忠镕(1924—　　　),作曲家、理论家、教授。生于四川省三台县,就读于成都四川省立艺术专科学校和国立上海音乐专科学校。代表作品《罗忠镕后期现代风格的音乐创作研究》《山那边哟好地方》《庆祝十三陵水库落成典礼序曲》等。

J0158650

第一交响曲 （总谱）罗忠镕曲

北京 人民音乐出版社 1983 年 266 页

21cm（32 开）统一书号：8026.4062

定价：CNY2.35

J0158651

第一交响曲 （总谱）朱践耳曲

北京 人民音乐出版社 1992 年 184 页

20cm（32 开）ISBN：7-103-00915-5

定价：CNY3.65

　　外文书名：Symphony No.1.

J0158652

交响幻想曲 （纪念为真理献身的勇士 总谱
正谱本）朱践耳曲

上海 上海文艺出版社 1983 年 43 页

19cm（32 开）统一书号：8078.3441

定价：CNY0.48

　　作者朱践耳(1922—2017)，作曲家、音乐家。
别名朱荣实，字朴臣，安徽泾县人，生于天津。中
国音乐家协会第四届常务理事，曾在上海、北京
等电影制片厂、上海实验歌剧院、上海交响乐团
任作曲。代表作品有《第四交响曲》《百年沧桑》
《唱支山歌给党听》等。

J0158653

小乐队合奏曲选 （一 管弦乐 总谱 正谱本）

北京 人民音乐出版社 1983 年 影印本 31 页

19cm（32 开）统一书号：8026.4044

定价：CNY0.24

J0158654

管弦乐总谱小乐队合奏曲选 （二 管弦乐
总谱）

北京 人民音乐出版社 1983 年 31 页

19cm（小 32 开）定价：CNY0.24

J0158655

小乐队合奏曲选 （二 管弦乐 总谱 正谱本）

北京 人民音乐出版社［1987 年］影印本 31 页

19cm（小 32 开）统一书号：8026.4591

定价：CNY0.95

J0158656

心潮逐浪高 （交响诗 管弦乐 总谱）陈培勋曲

北京 人民音乐出版社 1983 年 53 页

21cm（32 开）统一书号：8026.3955

定价：CNY0.59

J0158657

云南音诗 （交响套曲 总谱 正谱本）王西麟曲

北京 人民音乐出版社 1983 年 208 页

21cm（32 开）统一书号：8026.4082

定价：CNY1.85

J0158658

在台湾高山地带(小提琴、大提琴、钢琴)
（钢琴三重奏）江文也曲

北京 人民音乐出版社 1983 年 36 页

26cm（16 开）统一书号：8026.4069

定价：CNY0.60

　　作者江文也(1910—1983)，作曲家。原名江
文彬，客家人，祖籍福建永定县，出生于台湾淡水
郡(今台北)。代表作品《绣花女》《台湾舞曲》《中
国名歌集》等。

J0158659

幻想曲 （主题选自南斯拉夫电影〈桥〉手风琴
与钢琴 正谱本）林华曲

北京 人民音乐出版社 1984 年 21 页

26cm（16 开）统一书号：8026.4206

定价：CNY0.59

　　作者林华(1942—　　)，作曲家、音乐理论家。
毕业于上海音乐学院作曲系。历任上海歌剧院
创作员、上海音乐学院教授。著有《复调音乐教
程》《音乐审美心理学教程》。

J0158660

口琴重奏曲 24 首　程明德编

北京 人民音乐出版社 1984 年 83 页

25cm（小 16 开）统一书号：8026.4244

定价：CNY0.66

J0158661

阳关三叠 （给远行的朋友 钢琴三重奏）林华
改编

北京 人民音乐出版社 1984 年 21cm（32 开）

统一书号：8026.4166 定价：CNY0.19

J0158662

江南好 （钢琴弦乐四重奏）谭蜜子编曲；上海
音乐学院女子重奏组改编

北京 人民音乐出版社 1985 年 11 页

19cm（32 开）统一书号：8026.4298

定价：CNY0.29

　　本书取材于江南民间曲调，是具有柔婉抒情
风格和细腻高雅格调的室内乐作品。

J0158663

马车 （管弦乐 总谱）葛炎曲

北京 人民音乐出版社 1985 年 重印本 26 页

26cm（16 开）统一书号：8026.812

定价：CNY0.66

J0158664

山歌 （大提琴与钢琴）瞿小松曲

北京 人民音乐出版社 1985 年 24 页

31cm（16 开）统一书号：8026.4327

定价：CNY1.40

　　本书曲作者较好地将民间曲调与现代作曲
技巧相结合，音乐风格清新而又具民族特点。曾
获 1982 年"齐尔品作曲比赛"大提琴作品一等奖。

J0158665

长城恋 （献给海外漂泊的游子 手风琴与钢琴）
林华曲

北京 人民音乐出版社 1985 年 24 页

31cm（10 开）统一书号：8026.4339

定价：CNY1.20

J0158666

风雅颂 （第一弦乐四重奏）谭盾曲

北京 人民音乐出版社 1986 年 22 页

26cm（16 开）统一书号：8026.4499

定价：CNY0.69

J0158667

交响音诗《故乡》（管弦乐 总谱）努斯勒
提·瓦吉丁曲

北京 人民音乐出版社 1986 年 56 页

21cm（32 开）定价：CNY0.67

J0158668

交响音诗《三峡素描》（管弦乐 总谱）王义

平曲

北京 人民音乐出版社 1986 年 57 页

21cm（32 开）定价：CNY0.67

J0158669

三峡素描交响音诗 （管弦乐 总谱）王义平曲

北京 人民音乐出版社 1986 年 57 页

19cm（32 开）统一书号：8026.4435

定价：CNY0.67

　　本作品由 6 个乐章组成："朝辞白帝彩云
间"、"在峡中"、"身披白云轻纱的神女"、"王昭
君的故乡——宁静的香溪"、"悬崖上的柑桔园"、
"轻舟已过万重山"。

J0158670

桃花坞年画木刻图四幅 （钢琴弦乐五重奏
总谱）林华曲

北京 人民音乐出版社 1986 年 34 页

19cm（32 开）统一书号：8026.4426

定价：CNY0.46

　　本作品取《将军镇妖图》《牧童春雨图》《双
燕比翼图》《天官赐福图》4 幅年画画意，采用西
洋室内乐形式，把画中的意境和内容，生动地用
音乐语言表现出来。作者林华(1942—　)，作曲
家、音乐理论家。毕业于上海音乐学院作曲系。
历任上海歌剧院创作员、上海音乐学院教授。著
有《复调音乐教程》《音乐审美心理学教程》。

J0158671

弦乐四重奏小品三首 （第一小提琴 分谱）
杨之江改编

北京 人民音乐出版社 1986 年 26cm（16 开）

统一书号：8026.4463 定价：CNY0.73

J0158672

弦乐四重奏小品三首 （中提琴 分谱）杨之
江改编

北京 人民音乐出版社 1986 年 26cm（16 开）

统一书号：8026.4499 定价：CNY0.73

J0158673

小乐队合奏曲选 （二 管弦乐 总谱）人民音
乐出版社编辑部编

北京 人民音乐出版社 1987 年 112 页

19cm（小 32 开）定价：CNY0.95

J0158674

小乐队合奏曲选 （三　管弦乐　总谱）人民音

乐出版社编辑部编

北京　人民音乐出版社　1990 年　71 页

19cm（32 开）ISBN：7-103-00494-3

定价：CNY1.05

　　本书收录《夏夜星空》《我的歌声伴随着你》《白云姑娘》《白帆》《闪亮的雨滴》《当苹果花飘香的时候》6 首管弦乐。

J0158675

幻想曲 （小提琴与钢琴）夏良曲

北京　人民音乐出版社　1987 年　26 页

31cm（10 开）统一书号：8026.4579

定价：CNY1.80

J0158676

幻想曲 （小提琴与钢琴）夏良曲

北京　人民音乐出版社　1987 年　26 页

31cm（10 开）统一书号：8026.4579

定价：CNY1.80

J0158677

长笛　大提琴　竖琴三重奏七首　刘庄曲著

北京　人民音乐出版社　1987 年　47 页

19cm（32 开）统一书号：8026.4534

定价：CNY0.40

　　作者刘庄（1932—　），女作曲家。出生于上海。1950 年考入上海音乐学院作曲系学习，师从丁善德、桑桐、邓尔敬教授。毕业后被派往中央音乐学院读研究生，在苏联专家古洛夫作曲班上学习。曾在上海音乐学院作曲系任助教、中央音乐学院作曲系任教。后调入中央乐团从事作曲专业。主要作品有《大提琴浪漫曲》《献给青少年》《月之故乡》，电影音乐《小兵张嘎》《昆仑山上一颗草》等。

J0158678

第二交响曲 （管弦乐　总谱　线谱本）盛礼洪曲

北京　人民音乐出版社　1988 年　121 页

20cm（32 开）ISBN：7-103-00076-X

定价：CNY1.45

J0158679

烟波江上 （管弦乐　总谱）江定仙曲

北京　人民音乐出版社　1988 年　33 页

20cm（32 开）ISBN：7-103-00108-1

定价：CNY0.56

　　本书是首交响诗，又名《武汉随想曲》。作于 1958 年。采用单乐章的奏鸣曲式，以具有历史性和悲壮性的主题，运用交响化的手法加以戏剧性的展开，表现了作者面对浩瀚的长江，回忆起轰轰烈烈的第一次大革命时期的情景和缅怀先烈的思想感情。

J0158680

北京喜讯到边寨 （军乐　总谱）郑路曲

北京　人民音乐出版社　1989 年　41 页

31cm（10 开）ISBN：7-103-00306-8

定价：CNY16.50（全 11 册）

（军乐曲集）

　　作者郑路（1933—　），作曲家。北京顺义人。历任中国人民解放军军乐团创作室副主任，国家一级作曲，中国音乐家协会会员，辽宁省管乐学会名誉顾问，中国少年先锋队鼓乐团顾问等。

J0158681

春天的歌舞 （军乐　总谱　小号独奏）魏群，贾双曲

北京　人民音乐出版社　1989 年　57 页

31cm（10 开）ISBN：7-103-00306-8

定价：CNY16.50（全 11 册）

（军乐曲集）

J0158682

光荣的凯旋 （军乐　总谱）季承，晓藕曲

北京　人民音乐出版社　1989 年　22 页

31cm（10 开）ISBN：7-103-00306-8

定价：CNY16.50（全 11 册）

（军乐曲集）

J0158683

火红的青春 （军乐　总谱）吴光锐曲

北京　人民音乐出版社　1989 年　21 页

31cm（10 开）ISBN：7-103-00306-8

定价：CNY16.50（全 11 册）

（军乐曲集）

　　作者吴光锐（1931—　），作曲家。河北青县人，历任中国人民解放军军乐团创作员，中国音乐家协会会员等职。作品有《管乐合奏曲集(世

纪风版)》,合作作品有《摩托化部队进行曲》《运动员进行曲》等。

J0158684
火箭部队进行曲 （军乐　总谱）李延生曲
北京　人民音乐出版社　1989年　22页
31cm（10开）ISBN：7-103-00306-8
定价：CNY16.50（全11册）
（军乐曲集）

J0158685
军乐曲集 （总谱十一首）季承等曲
北京　人民音乐出版社　1989年　11册
31cm（10开）ISBN：7-103-00306-8
定价：CNY16.50

J0158686
军威进行曲 （军乐　总谱）魏群曲
北京　人民音乐出版社　1989年　23页
31cm（10开）ISBN：7-103-00306-8
定价：CNY16.50（全11册）
（军乐曲集）

J0158687
摩托化部队进行曲 （军乐　总谱）付晶,吴光锐曲
北京　人民音乐出版社　1989年　19页
31cm（10开）ISBN：7-103-00306-8
定价：CNY16.50（全11册）
（军乐曲集）

J0158688
前进在新长征的路上 （军乐　总谱）程音章曲
北京　人民音乐出版社　1989年　16页
31cm（10开）ISBN：7-103-00306-8
定价：CNY16.50（全11册）
（军乐曲集）

J0158689
人民军队永远向太阳 （军乐　总谱）李延生曲
北京　人民音乐出版社　1989年　19页
31cm（10开）ISBN：7-103-00306-8
定价：CNY16.50（全11册）
（军乐曲集）

J0158690
胜利在召唤 （军乐　总谱）季承,晓藕曲
北京　人民音乐出版社　1989年　43页
31cm（10开）ISBN：7-103-00306-8
定价：CNY16.50（全11册）
（军乐曲集）

J0158691
向国防现代化进军 （军乐　总谱）程音章曲
北京　人民音乐出版社　1989年　20页
31cm（15开）ISBN：7-103-00306-8
定价：CNY16.50（全11册）
（军乐曲集）

J0158692
成吉思汗陵祭随想曲,作品2 （民族音诗　总谱）赵星曲
北京　民族出版社　1990年　76页　有肖像
26cm（16开）ISBN：7-105-01190-4
定价：CNY8.00

J0158693
口琴重奏合奏曲集　陈剑晨编
合肥　安徽文艺出版社　1990年　80页
19cm（32开）ISBN：7-5396-0238-4
定价：CNY1.50
　　作者陈剑晨(1911—？)，口琴演奏家。浙江嵊县人。创办上海口琴会，曾任会长。编著有《口琴吹奏法》《口琴曲集》等。

J0158694
纳西一奇 （音诗　总谱）朱践耳曲
北京　人民音乐出版社　1990年　62页
20cm（32开）ISBN：7-103-00489-7
定价：CNY1.60
　　本作品为交响音诗。根据纳西族4首口弦曲标题所提示的意境而创作，包括"铜盆滴漏"、"蜜蜂过江"、"母女夜话"、"狗追马鹿"。

J0158695
叙事曲 （弦乐五重奏　主题选自　宋姜白石歌曲）邹辉明曲
北京　人民音乐出版社　1990年　9页
20cm（32开）ISBN：7-103-00577-X
定价：CNY0.50

J0158696

玉门散 （钢琴三重奏）张庆祥曲
北京 人民音乐出版社 1991 年 21 页
31cm（10 开）ISBN：7–103–00765–9
定价：CNY2.60
　　本作品以西安鼓乐的音乐素材为基础,运用现代作曲手法加以发展获得成功。在全国第四届音乐作品评奖中此曲获得二等奖。

J0158697

第一钢琴三重奏 黄安伦曲
北京 人民音乐出版社 1992 年 86 页
30cm（10 开）ISBN：7–103–00925–2
定价：CNY6.30
　　本作品是钢琴、小提琴、大提琴三重奏乐曲。

J0158698

小乐队合奏曲选 （四 管弦乐与钢琴 总谱 中国民歌改编选集）季承,晓耦改编
北京 人民音乐出版社 1992 年 137 页
19cm（小 32 开）ISBN：7–103–00938–4
定价：CNY2.50
　　本书编选 6 首民歌,包括:《牧歌》《玛依拉》《嘎哦丽泰》《大河涨水沙浪沙》《思乡》《庆丰年》。

J0158699

江定仙作品集 （管弦乐曲）
北京 中央音乐学院学报社 1992 年 198 页
31cm（10 开）

J0158700

手风琴重奏曲选 （一）李未明编
北京 人民音乐出版社 1992 年 79 页
26cm（16 开）ISBN：7–103–00924–4
定价：CNY3.75

J0158701

为四把大提琴而作的乐曲 张千一曲
北京 人民音乐出版社 1992 年 16 页
26cm（16 开）ISBN：7–103–00921–X
定价：CNY1.35

J0158702

弦乐四重奏曲选 （全国第四届音乐作品评奖获奖作品 总谱）
北京 人民音乐出版社 1992 年 100 页
20cm（32 开）ISBN：7–103–00916–3
定价：CNY2.10

J0158703

汨罗沉流 （交响音诗 总谱）江文也曲
北京 人民音乐出版社 1993 年 25 页
20cm（32 开）ISBN：7–103–01104–4
定价：CNY2.40

J0158704

通俗弦乐四重奏(小合奏)曲五首 黄晓芝编
北京 人民音乐出版社 1993 年 50 页
30cm（10 开）ISBN：7–103–01123–0
定价：CNY5.90
　　本书收录《歌唱新西藏》《心中的歌》《打虎上山》《欢庆丰收》《愿亲人早日养好伤》,根据中国歌曲、乐曲改编。

J0158705

音诗——骊山吟 （杜甫《自京赴奉先县咏怀五百字》读后 民族管弦乐 总谱）饶余燕曲
北京 人民音乐出版社 1993 年 68 页
26cm（16 开）ISBN：7–103–01098–6
定价：CNY4.75

J0158706

小提琴二重奏曲精选 （第一、第二小提琴和钢琴谱）丁芷诺编注
上海 上海音乐出版社 1994 年 102 页 分谱 2 册
30cm（10 开）ISBN：7–80553–479–9
定价：CNY30.00
　　外文书名：The Album of Selected Violin Duets.
作者丁芷诺(1938—　),女,教授。江苏昆山人,生于上海。毕业于上海音乐学院,留校任教。著有《小提琴基本功强化训练教材》。

J0158707

少年鼓号曲 李瀛寰编
北京 人民音乐出版社 1995 年 56 页 有图
19cm（小 32 开）ISBN：7–103–01286–5
定价：CNY3.10

J0158708

手风琴重奏、合奏曲选　余继清编曲
北京　中国青年出版社　1995 年　199 页　有照片
28cm（大 16 开）ISBN：7–5006–2037–3
定价：CNY26.00

　　本书收录《劳动最光荣》《西班牙女郎》《杜鹃圆舞曲》《溜冰圆舞曲》《北国之春》《二泉映月》《蓝色的多瑙河》等 20 首世界名曲。

J0158709

天风海涛　（第一交响曲）李焕之作
广州　广东高等教育出版社　1995 年　195 页
有照片　26cm（16 开）ISBN：7–5361–1682–9
定价：CNY20.00
（中国著名音乐家丛书）

　　作者李焕之（1919—2000），作曲家、指挥家、音乐理论家。出生于香港，原籍福建晋江市，毕业于延安鲁迅艺术学院。历任中央音乐学院音乐团团长、中央歌舞团艺术指导、中央民族乐团团长。代表作品有《民主建国进行曲》《新中国青年进行曲》《春节组曲》等。

J0158710

乡音寄怀　（民族管弦乐　总谱）李焕之作曲
北京　人民音乐出版社　1995 年　40 页
26cm（16 开）ISBN：7–103–01313–6
定价：CNY6.60

　　本书由民族弓弦乐合奏总谱《乡音寄怀》《二泉映月》合订。

J0158711

永儒布交响乐作品六首　永儒布［曲］
呼和浩特　内蒙古人民出版社　1995 年　有照片
26cm（16 开）ISBN：7–204–03046–X
定价：CNY38.00

J0158712

青少年小提琴重奏曲集　刘昭,刘德增编著
北京　中国青年出版社　1996 年　144 页
28cm（16 开）ISBN：7–5006–2293–7
定价：CNY18.00

J0158713

少先队鼓号队表演曲集　李瀛寰编著

北京　中国青年出版社　1996 年　60 页　有图
26cm（16 开）ISBN：7–5006–2219–8
定价：CNY8.00

J0158714

中国,我可爱的母亲　（音乐抒情诗　总谱）
陆在易作曲
上海　上海音乐出版社　1996 年　113 页
31cm（10 开）ISBN：7–80553–643–0
定价：CNY27.00

J0158715

红旗颂　（序曲　总谱）吕其明［曲］
上海　上海音乐出版社　1997 年　48 页
31cm（10 开）ISBN：7–80553–673–2
定价：CNY12.00

　　合唱。

J0158716

云岭交响曲　邵凯生著
北京　解放军文艺出版社　1997 年　375 页
19cm（小 32 开）ISBN：7–5033–09318–
定价：CNY22.00

J0158717

吹奏乐中国作品集　俞先明编著
上海　上海教育出版社　1998 年　88 页
29cm（16 开）ISBN：7–5320–5627–9
定价：CNY22.00

J0158718

"丫"彝歌　（重奏作品五首）陈述刘曲
广州　广东高等教育出版社　1999 年　94 页
26cm（16 开）ISBN：7–5361–2391–4
定价：CNY25.00

J0158719

管乐合奏曲集　（世纪风版）吴光锐著
北京　中国青年出版社　1999 年　181 页　有图
29cm（16 开）ISBN：7–5006–3619–9
定价：CNY26.00

　　作者吴光锐（1931—　　），作曲家。河北青县人,历任中国人民解放军军乐团创作员,中国音乐家协会会员等职。作品有《管乐合奏曲集(世纪风版)》,合作作品有《摩托化部队进行曲》《运

动员进行曲》等。

J0158720

管乐合奏曲总谱 10 首　马文编著
上海　上海音乐出版社 1999 年　143 页
31cm（10 开）ISBN：7-80553-733-X
定价：CNY29.50

J0158721

祁连山狂想曲　（钢琴与乐队 总谱）康建东曲
兰州　敦煌文艺出版社 1999 年　76 页
29cm（16 开）ISBN：7-80587-501-4
定价：CNY12.00

J0158722

我的祖国　（第一交响乐 作品 16）陈培勋曲
北京　人民音乐出版社 1999 年　197 页
26cm（16 开）ISBN：7-103-01948-7
定价：CNY40.00

　　外文书名：My Motherland. 作者陈培勋
（1922 — 2006），作曲家。广西合浦人，出生于香
港，毕业于上海国立音乐专科学校。任中央音乐
学院作曲系副教授、教授、兼配器教研室主任。
后在香港任教。主要作品有钢琴曲《卖杂货》，交
响诗《心潮逐浪高》，音画《流水》，幻想序曲《王
昭君》，交响乐《我的祖国》等。

中国电子乐曲

J0158723

世界电子琴名曲　（1）长江文艺出版社编
武汉　长江文艺出版社 1986 年　67 页
30cm（15 开）统一书号：8107.647
定价：CNY3.00

J0158724

世界电子琴名曲　（2）长江文艺出版社编
武汉　长江文艺出版社 1986 年　67 页
30cm（15 开）统一书号：8107.648
定价：CNY3.00

J0158725

世界电子琴名曲　（3）长江文艺出版社编
武汉　长江文艺出版社 1986 年　65 页

30cm（15 开）统一书号：8107.649
定价：CNY2.90

J0158726

跟我学电子琴选曲　浦琦璋编
上海　上海翻译出版公司 1987 年　139 页
26cm（16 开）ISBN：7-80514-110-X
定价：CNY1.00

J0158727

跟我学电子琴选曲 100 首　浦琦璋编
上海　上海翻译出版公司 1987 年　139 页
26cm（16 开）统一书号：8311.58
ISBN：7-80514-110-X 定价：CNY4.00

J0158728

简易儿童电子琴曲选　李未明编
厦门　鹭江出版社 1987 年　40 页 26cm（16 开）
统一书号：8422.32 定价：CNY0.90

J0158729

电子琴名曲六十首　张林编著
西安　陕西人民教育出版社 1988 年　67 页
26cm（16 开）定价：CNY2.55

J0158730

流行电子琴曲集　秦润明编
武汉　武汉出版社 1988 年　60 页
28cm（大 16 开）ISBN：7-5430-0157-8
定价：CNY3.65

J0158731

少儿电子琴曲精选　阿土,阿明编
福州　福建少年儿童出版社 1988 年　116 页
有图 25cm（16 开）ISBN：7-5395-0171-5
定价：CNY4.00

　　本书选收 72 首中外优秀电子琴曲,分"单指
弹奏的乐曲"和"复指弹奏的乐曲"两部分。

J0158732

实用电子琴曲 100 首　王世安改编
长春　东北师范大学出版社 1988 年　119 页
26cm（16 开）ISBN：7-5602-0133-4
定价：CNY2.40

J0158733

通俗电子琴曲集 （第一集）人民音乐出版社
编辑部编
北京 人民音乐出版社 1988 年 18 页
30cm（12 开）ISBN：7–103–00137–5
定价：CNY1.40

J0158734

著名电子琴练习曲精选　萧立,萧琰编写
长春 吉林科学技术出版社 1988 年 136 页
26cm（16 开）定价：CNY2.20

J0158735

电子琴练习曲 （1）王汝源编
上海 上海音乐出版社 1990 年 65 页
39cm（8 开）定价：CNY5.00

J0158736

霍拉舞曲 （电子琴曲集）张弓编著
南宁 广西人民出版社 1990 年 129 页
26cm（16 开）ISBN：7–219–01538–0
定价：CNY5.00

J0158737

美丽的小筒裙 （少儿电子琴独奏重奏曲选）
何薇
北京 人民音乐出版社 1990 年 43 页
31cm（10 开）ISBN：7–103–00537–0
定价：CNY3.45

J0158738

电子琴和弦集　周芸萍编译
台南 信宏出版社 1992 年 126 页 有图
21cm（32 开）ISBN：957–538–112–2
定价：TWD100.00
（音乐 10）

J0158739

儿童电子琴弹唱 （古诗词歌曲 81 首）李景
忠编著
哈尔滨 黑龙江少年儿童出版社 1993 年 81 页
19×26cm ISBN：7–5319–1031–4
定价：CNY2.80

J0158740

青少年电子琴独奏曲集　赖诚主编
西安 三秦出版社 1993 年 53 页 26cm（16 开）
ISBN：7–80546–654–8 定价：CNY7.60
　　作者赖诚,广东省韶关教育学院音乐系钢琴
讲师,中国音乐家协会广东分会会员。

J0158741

全国电子琴考级（比赛）曲目大全
（第一分册 1 级 ~ 3 级）刘祖培等编
成都 四川科学技术出版社 1993 年 77 页
36cm（15 开）ISBN：7–5364–2500–7
定价：CNY7.50

J0158742

全国电子琴比赛规定曲目
（考级辅助乐曲 第一册）王梅贞主编
北京 学苑出版社 1994 年 214 页 26cm（16 开）
ISBN：7–5077–0857–8 定价：CNY20.00
　　本书收录中国电子琴学会首次推出的比赛
曲目 30 余首。作者王梅贞,电子琴乐曲作者。

J0158743

少儿电子琴曲集 （1）阿满编
西安 陕西人民教育出版社 1994 年 27 页
26cm（16 开）ISBN：7–5419–5986–3
定价：CNY4.00

J0158744

电子琴中国作品创作获奖作品曲集
（考级辅导 第二册）王梅贞等编
北京 学苑出版社 1995 年 129 页 26cm（16 开）
ISBN：7–5077–0217–0 定价：CNY12.50
　　作者王梅贞,电子琴乐曲作者。

J0158745

最熟悉的歌曲 （电子琴伴奏乐谱集）
姚晓强,郭鸣编著
广州 广东教育出版社 1995 年 163 页
26cm（16 开）ISBN：7–5406–2860–X
定价：CNY8.60

J0158746

电贝司基础练习曲 100 首　钱凉编曲
北京 中国青年出版社 1996 年 44 页

26cm（16 开）ISBN：7-5006-1982-0
定价：CNY6.00

J0158747
跟我学电子琴选曲 100 首 （二 电子琴分级
实用教程 乐曲 1—7 级）吴嘉平，张美燕主编；
上海音乐家协会电子琴专业委员会编
上海 上海远东出版社 1998 年 185 页
29cm（16 开）ISBN：7-80613-782-3
定价：CNY24.00

J0158748
跟我学电子琴选曲 100 首 （四 电子琴分级
实用教程 续·练习曲 1—10 级）吴嘉平，张美
燕主编；上海音乐家协会电子琴专业委员会编
上海 上海远东出版社 1998 年 145 页
29cm（16 开）ISBN：7-80613-787-4
定价：CNY20.00

J0158749
新编电子琴独奏曲选　熊承敏，吴平编
上海 上海音乐出版社 1998 年 54 页
30cm（10 开）ISBN：7-80553-622-8
定价：CNY13.00

J0158750
电子琴定级考试指定曲目　广东省电子琴教
育考级定级委员会编
广州 花城出版社 1999 年 140 页
28cm（大 16 开）ISBN：7-5360-3034-7
定价：CNY20.00

J0158751
山东电子琴演奏（业余）考级作品集 （第 1
套、第 2 套）葛晓明主编；山东省教育委员会艺
术教育委员会编
济南 明天出版社 1999 年 2 册 29cm（16 开）
ISBN：7-5332-3033-7 定价：CNY88.00

中国民族器乐曲

J0158752
曲宴 （一卷）（明）天都逸史撰

明崇祯 刻本
（广快书）

J0158753
翠竹碧梧居摘录琴谱 （四卷）
清 抄本 线装
　　分四册。

J0158754
鼓吹格 （不分卷）
李际期宛委山堂 清初 刻本 续刻
（说郛）
　　明末刻清初李际期宛委山堂续刻汇印本。

J0158755
鼓吹格 （一卷）
清 刻本 重修 线装
（说郛）
　　九行二十字白口左右双边单鱼尾。收于《说
郛》卷第一百中。

J0158756
乐谱萃珍 （不分卷）辑
清 补抄本
　　明抄本清抄补。

J0158757
乐谱选粹 （不分卷）（清）撰
清 抄本

J0158758
礼器乐器全图
清 刻本 线装
　　分二册。行款不一。

J0158759
历代名人琴式 （一卷）佚名辑
清 抄本 有图 线装

J0158760
霓裳曲谱 （一卷）（清）蓉春氏辑
［清］稿本

J0158761
三百篇声谱 （一卷）（明）张蔚然撰

李际期宛委山堂 清初 刻本 重修 线装
（说郛续）

　　明末刻清初李际期宛委山堂重修汇印本。收于《说郛续》卷第三十二中。

J0158762
三百篇声谱 （一卷）（明）张蔚然撰
两浙督学周南李际期宛委山堂 清 刻本 重印本 线装
（说郛续）

　　九行二十字小字双行同白口左右双边单鱼尾。收于《说郛续》卷第三十二中。

J0158763
三百篇声谱 （一卷）（明）张蔚然撰
清 刻本 重修 线装
（说郛）

　　九行二十字白口左右双边单鱼尾。收于《说郛》卷第七十三中。

J0158764
三百篇声谱 （一卷）（明）张蔚然撰
清 刻本 重修 线装
（说郛续）

　　九行二十字白口左右双边单鱼尾。收于《说郛续》卷第三十二中。

J0158765
三百篇声谱 （一卷）（明）张蔚然撰
清顺治 刻本 线装
（说郛续）

　　收于《说郛续》卷第二十九中。

J0158766
唐乐府谱 （一卷）（宋）高似孙撰
李际期宛委山堂 清初 刻本 重修 线装
（说郛）

　　明末刻清初李际期宛委山堂重修汇印本。收于《说郛》卷第一百中。作者高似孙（1158—1231），宋代作家。鄞县（今浙江宁波）人。字续古，号疏寮，孝宗淳熙十一年（1184）进士，调会稽县主簿，历任校书郎，出知徽州，迁守处州。有《疏寮小集》《剡录》《子略》等。

J0158767
唐乐曲谱 （不分卷）（宋）高似孙撰
李际期宛委山堂 清初 刻本 续刻
（说郛）

　　明末刻清初李际期宛委山堂续刻汇印本。

J0158768
唐乐曲谱 （一卷）（宋）高似孙撰
清顺治 刻本 线装
（说郛）

　　收于《说郛》卷第一百中。

J0158769
唐乐曲谱 （一卷）（宋）高似孙撰
清 刻本 重修 线装
（说郛）

　　九行二十字白口左右双边单鱼尾。收于《说郛》卷第一百中。

J0158770
雅琴名录 （一卷）（南朝宋）谢希逸撰
李际期宛委山堂 清初 刻本 重修 线装
（说郛）

　　明末刻清初李际期宛委山堂重修汇印本。收于《说郛》卷第一百中。

J0158771
雅琴名录 （一卷）（南朝宋）谢庄撰
清 刻本 重修 线装
（说郛）

　　九行二十字白口左右双边单鱼尾。收于《说郛》卷第一百中。

J0158772
旧谱霓裳 （一卷）
百本张 清乾隆 抄本

J0158773
钦定各郊坛庙乐章
清乾隆十九年［1754］刻本 毛装
　　十行字数不等白口四周双边单鱼尾。

J0158774
梅花庵二香琴谱 （十卷）（清）蒋文勋撰
吴县蒋文勋梅花庵 清道光 刻本 有图 线装

（二香琴谱）

分八册。十五行十五字白口左右双边。

J0158775
霓裳韵雅 （一卷）（清）吾声远编；（清）曹端
揆重订
清道光 刻本

J0158776
曹穆嗣音
清末至民国初 抄本 朱丝栏 线装

J0158777
二进宫
清末 抄本 毛装

J0158778
音乐首集
清末至民国初 抄本 朱墨笔 线装

J0158779
玉函山房辑佚书 （经编 乐类）（清）马国翰辑
济南 皇华馆书局 清同治十年［1871］刻本
补刻 线装
（玉函山房辑佚书）

分二册。九行二十字小字双行同白口四周
双边单鱼尾。收于《玉函山房辑佚书》经编中。
作者马国翰（1794—1857），清代文献学家、藏书
家。山东济南人。字词溪，号竹吾。进士。志于
古书辑佚，所购之书达 5.7 万余卷。编著《玉函山
房辑佚书》，全书分经、史、诸子 3 编，700 多卷。
传世作品还有《竹如意》《玉函山房文集》《玉函
山房诗集》等。

J0158780
皇朝乐舞录辑要 （清）佚名辑
川东 清同治十三年［1874］刻本 线装

J0158781
钦定各郊坛庙乐章 （清）神乐署编
神乐署 清光绪二年［1876］刻本 线装
分二册。十行二十字白口四周双边单鱼尾。

J0158782
乐器演算法 （清）载武撰

清光绪二十四年［1898］抄本 线装

J0158783
诗经古谱 （二卷）
清学部图书局 清光绪三十四年［1908］石印本
线装

J0158784
五岳约 （一卷）（清）韩则愈撰
上海 国学扶轮社 清宣统二年［1910］线装
（古今说部丛书）

十三行三十字黑口四周单边。收于《古今说
部丛书》一集中。

J0158785
大正琴工尺谱
民国 平装
黄纸本。

J0158786
国乐新谱
［民国］113 页 19cm（32 开）

J0158787
国乐新谱 （中西对照）青龙居士编
上海 形象艺术社 1932 年 6 版 石印本
4 册（［442］页）有图 13×19cm 定价：大洋二元

本书内容包括曲牌、小调、苏滩、京调、昆
曲、粤乐等 6 类，收民间曲调曲谱多首，工尺谱、
简谱对照。书前有乐理知识，以及各种乐器的使
用演奏法等。

J0158788
音乐开篇
民国 油印本 线装

J0158789
琴话 （四卷）杨宗稷撰
甯远杨宗稷 民国二年［1913］刻本 线装
十行二十四字白口左右双边单鱼尾。

J0158790
国乐谱 政事堂礼制馆编
财政部印刷局 民国四年［1915］线装

J0158791

国乐谱　政事堂礼制馆编
教育部 民国四年［1915］线装

J0158792

国乐谱　政事堂礼制馆编
北京 政事堂礼制馆 民国四年［1915］石印本
线装

J0158793

国乐谱　政事堂礼制馆编
北平 政事堂礼制馆 民国四年［1915］刻本 线装
　　本书由《国乐谱》《祭祀冠服图》《相见礼》
《关岳合祀典礼》《忠烈祠祭礼》《祀天通礼》《祭
祀冠服制》《祀孔典礼》合订。分八册。

J0158794

瀛洲古调　沈肇州辑录
上海 江苏省教育会 1916年 石印本 ［82］页
14×20cm 环简页装
　　本书收录《苏堤春晓》《昭君怨》《平沙泼
浪》《三仙桥》《十里埋伏》《蜻蜓点水》《梅梢
月》《柳弄春晖》《美人思月》《小十面》《秋月穿
波》《玉如意》等45首民族器乐曲,工尺谱。

J0158795

国声集　周石僧编著
上海 梅溪学生营业所 1918年 ［96］页 有图像
21cm（32开）
　　本书包括甲、乙、丙3编,收流水板、一眼
板、三眼板等各种曲调33首,工尺谱。附《断桥》
（全剧）、《八阳》（全剧）两出戏及两首风琴谱。

J0158796

国声集　周石僧编著
上海 商务印书馆 1919年 ［96］页 有图
22cm（10开）定价：大洋五角

J0158797

工尺大观　沈易书店编辑
民国十一年［1922］石印本 有图
　　黄纸本。

J0158798

国乐集　江苏省立第三中学国乐科编

上海 中华图书馆 1922年 有图 19cm（32开）
定价：大洋三角
　　本书包括甲、乙、丙3编,分流水板、一眼
板、三眼板,收《虞舜薰风曲》《清音》《欢乐歌》
《游月宫》《花六板》《花花六板》等55首曲调,工
尺谱。

J0158799

雅声唱歌集　张觉民编著
上海 世界书局 1923年 171页 有图
13×19cm 定价：洋五角
　　本书收录古今著名雅乐119曲。书前有笛
之吹法、箫之指法、胡琴拉法等。

J0158800

雅音集　（第1集 普通音谱）杨荫浏,陈鼎钧编
无锡 乐群公司 1923年 28+90页 有图
27cm（16开）
　　作者杨荫浏（1899—1984）,音乐教育家。字
亮卿,号二壮,又号清如。出生于江苏无锡,曾就
读于上海圣约翰大学文学系、光华大学经济系
（今华东师范大学）。曾在重庆、南京任国立音乐
学院教授兼国乐组主任、国立礼乐馆编纂和乐曲
组主任、金陵女子大学音乐系教授。代表作品有
《中国音乐史纲》《中国古代音乐史稿》。

J0158801

雅音集　（第一集 普通乐谱）杨荫浏,陈鼎钧编
无锡 乐群公司 1924年 再版 28+90页
25cm（16开）定价：洋九角
　　本书分乐器浅说、乐谱两编。"乐器浅说"
包括笛、箫、笙、胡琴、月琴、三弦、琵琶等乐器
的考证及其演奏法。"乐谱"包括《梅花三弄》《洋
合》《老六板》《云庆》《五节锦》《八段锦》等84
段民间曲调。书末附《琵琶上宜添设柱位说》。

J0158802

中国雅乐集　严个凡编
上海 华胜制本所 1926年 164页 27cm（16开）
　　本书包括雅乐、曲牌、小曲3类,工尺谱、简
谱对照。并简述各种乐器的种类、构造法、保存
法、使用法等。

J0158803

中国音乐谱　（第1集）浦梦古编辑

上海 中国音乐函授学社 1926 年 40 页
27cm（16 开）

　　本书收录《老六板》《欢乐歌》《东流水》《鸳
鸯戏水》《流水高山》《孤飞雁》等 40 余首民间
曲调。工尺谱、简谱对照。

J0158804
雅乐曲选　张篪编
北平 中华儿童学社 1937 年 35 页 有图
26cm（16 开）定价：国币二角

　　本书为中国民族器乐曲选集，收录《一江风》
《寒鸦戏水》《汉宫秋月》《玉娥郎》《梅花调》等
24 首民间乐曲。书前有琵琶、笙、月琴、三弦、
二胡、扬琴等民乐的简单演奏法。

J0158805
国乐捷径　（改良乐谱增注符号）陈俊英编著
上海 国乐研究社 1939 年 168 页 有图
21cm（32 开）

　　本书包括乐谱、曲谱（工尺谱）两种，曲谱分
为小调、粤曲两部分，并收有扬琴竹法。

J0158806
国乐捷径　（第二集）陈俊英编著
上海 国乐研究社 1941 年 166 页 有图
20cm（32 开）

J0158807
中国音乐谱　国风音乐社编辑
上海 国光书店 1939 年 52 页 26cm（16 开）
定价：二角五分

　　本书收录曲谱 24 首，工尺谱、简谱对照。书
末附口琴名曲 6 种。书前有胡琴、笛、月琴、三
弦、琵琶等乐器的七调工尺表。

J0158808
古埙考释　（清）潘祖荫辑
上海 吴县潘承弼陟冈楼 民国三十二年［1943］
影印本 线装
（陟冈楼丛刊）

J0158809
国乐合奏曲集　教育部音乐教育委员会编
［重庆］教育部音乐教育委员会 1944 年 66 页
19cm（32 开）

（民众乐库）

　　本书收录《得胜令》《皆大欢喜》《花欢乐
歌》《梅花三弄》《寄生草》等 34 首合奏谱。

J0158810
塔峙圃藏琴录　徐桴辑
民国三十五年［1946］线装

J0158811
松风国乐社曲谱　（第一集）崔文治辑
松风国乐社 民国三十六年［1947］油印本 线装
十行二十四字白口左右双边单鱼尾。

J0158812
松风国乐社曲谱　（第一集 丝竹乐）白三立
选曲
松风国乐社 民国三十七年［1948］油印本 线装
十行二十四字白口左右双边单鱼尾。

J0158813
小调谱　华中新华书店编
华中新华书店 1948 年 64 页 横15cm（横50开）
环筒页装

J0158814
刘天华先生创作曲集　中央音乐学院研究部，
刘天华先生纪念委员会编
［北京］中央音乐学院研究部 1950 年 油印本
41 页 26cm（16 开）定价：旧币 2,500 元

　　本书是刘天华先生创作的民族器乐乐曲选
集。作者刘天华（1895—1932），作曲家、演奏家、
音乐教育家。原名刘寿椿，江苏江阴市人。曾任
教于北京大学音乐研究会。代表作有《光明行》
《良宵》《空山鸟语》《歌舞引》《飞花点翠》等。

J0158815
民间音乐选　（第一集）成都军管会文工第一
队音乐队编选
成都 成都军管会文工第一队音乐队 1950 年
49 页 24cm（26 开）

J0158816
刘天华创作曲集　刘育和编；中央音乐学院
编辑
上海 万叶书店 1951 年 影印本 80 页 有图

26cm（16 开）定价：旧币 1,1000 元
（中央音乐学院研究部资料丛刊）

J0158817
新年乐　（中国器乐演奏曲）刘乐夫作
济南　山东人民出版社　1951 年　38 页
26cm（16 开）定价：旧币 3,600 元

J0158818
瞎子阿炳曲集　杨荫浏等辑；中央音乐学院
研究部编辑
上海　万叶书店　1952 年　影印本　37 页
26cm（16 开）定价：旧币 6,000 元
（中央音乐学院研究部资料丛刊）
　　阿炳（1893—1950），民间音乐家、正一派道
士。江苏无锡人，原名华彦钧。25 岁时因眼疾失
明。一生共创作和演出了 270 多首民间乐曲。现
留存有二胡曲《二泉映月》《听松》《寒春风曲》；
琵琶曲《大浪淘沙》《龙船》《昭君出塞》等。

J0158819
吹打　杨荫浏，曹安和编
中央音乐学院民族音乐研究所　1953 年　油印本
线装
　　作者杨荫浏（1899—1984），音乐教育家。字
亮卿，号二壮，又号清如。出生于江苏无锡，曾就
读于上海圣约翰大学文学系、光华大学经济系
（今华东师范大学）。曾在重庆、南京任国立音乐
学院教授兼国乐组主任、国立礼乐馆编纂和乐曲
组主任、金陵女子大学音乐系教授。代表作品有
《中国音乐史纲》《中国古代音乐史稿》。作者曹
安和（1905—2004），女，音乐理论家。江苏无锡人。
毕业于北平国立大学女子文理学院音乐系。曾
任中国艺术研究院音乐研究所研究员。著有《时
薰室琵琶指径》；合著《文板十二曲琵琶谱》《弦
索十三套》《阿炳曲集》。

J0158820
儿童节奏乐曲　骆明仁编曲
上海　春秋书社　1953 年　16 页　26cm（16 开）
定价：旧币 2,500 元

J0158821
昆剧吹打曲　高步云编
中央音乐学院民族音乐研究所　1953 年　油印本

线装

J0158822
民间器乐曲二百首　巩志伟采集整理
北京　中央人民政府人民革命军事委员会总政
治部文化部　1953 年　100 页　26cm（16 开）

J0158823
阿炳曲集　中央音乐学院中国音乐研究所编
北京　音乐出版社　1954 年　影印本　修订版
35 页　26cm（16 开）统一书号：8026.207
定价：CNY0.33
（中央音乐学院中国音乐研究所丛刊）

J0158824
国乐演奏曲集　刘乐夫等编
济南　山东人民出版社　1955 年　59 页
26cm（16 开）定价：CNY0.47

J0158825
刘天华创作曲集　刘育和编
北京　音乐出版社　1955 年　影印本　80 页　有图
26cm（16 开）定价：CNY0.62
（中央音乐学院中国音乐研究所丛刊）

J0158826
民间器乐曲二百首　巩志伟辑；解放军歌曲
选集编辑部编辑
北京　中国青年出版社　1955 年　103 页
26cm（16 开）定价：旧币 7,700 元

J0158827
民族器乐曲选　上海市文化局等编辑
上海　上海文化出版社　1955 年　48 页
26cm（16 开）定价：CNY0.38

J0158828
民族器乐曲选　（第二集）上海市文学艺术界
联合会编
上海　上海文化出版社　1956 年　36 页
26cm（16 开）定价：CNY0.30

J0158829
民族器乐曲选　（第三集）上海市文学艺术界
联合会编

上海 上海文化出版社 1956 年 64 页
26cm（16 开）统一书号：T8077.44
定价：CNY0.38

J0158830
民族器乐曲选　上海文艺出版社编
上海 上海文艺出版社 1960 年 54 页
19cm（32 开）统一书号：8078.1391
定价：CNY0.12
（通俗文艺丛书）

J0158831
十面埋伏　中央音乐学院民族音乐研究所编
［北京］音乐出版社 1955 年　精装
定价：CNY1.60

J0158832
潇湘水云　（宋）郭楚望作曲；杨荫浏改编
［北京］音乐出版社 1955 年　定价：CNY0.35
（中央音乐学院民族音乐研究所丛刊）
　　本作品根据《五知斋琴谱》所收宋人郭沔（字楚望）的同名古琴曲改编。本书除总谱外，还有内容介绍和关于原谱的说明，以及乐器音域表，并附有著名古琴演奏家吴景略根据《五知斋琴谱》演奏的琴曲原谱（线谱、减字谱对照）。作曲郭楚望，南宋琴师。名沔，浙江永嘉（今温州平阳）人。创作有琴曲《潇湘水云》《秋鸿》《飞鸣吟》《泛沧浪》等。作者杨荫浏（1899—1984），音乐教育家。字亮卿，号二壮，又号清如。出生于江苏无锡，曾就读于上海圣约翰大学文学系、光华大学经济系（今华东师范大学）。曾在重庆、南京任国立音乐学院教授兼国乐组主任、国立礼乐馆编纂和乐曲组主任、金陵女子大学音乐系教授。代表作品有《中国音乐史纲》《中国古代音乐史稿》。

J0158833
中国器乐曲集　天津中国音乐研究会编
天津 通俗出版社 1955 年 50 页 26cm（16 开）
定价：CNY0.52

J0158834
春耕曲　（民族器乐曲）王兆宇作曲
沈阳 辽宁人民出版社 1956 年 20 页
26cm（16 开）统一书号：8090.3

定价：CNY0.15

J0158835
欢舞曲　（民族器乐曲）竹风编曲
沈阳 辽宁人民出版社 1956 年　影印本 28 页
26cm（16 开）统一书号：8090.2
定价：CNY0.19

J0158836
辽宁省获奖器乐曲　辽宁省文化局编
沈阳 辽宁人民出版社 1956 年 11 页
26cm（16 开）统一书号：8090.35
定价：CNY0.11

J0158837
民间器乐广播曲选　（第一集）中央人民广播电台民族管弦乐团编辑
北京 音乐出版社 1956 年 87 页 26cm（16 开）
统一书号：8026.322 定价：CNY0.55

J0158838
民间器乐广播曲选　（第二集）中央人民广播电台民族管弦乐团编
北京 音乐出版社 1957 年 88 页 26cm（16 开）
统一书号：8026.710 定价：CNY0.70

J0158839
民间器乐广播曲选　（第四集）中央人民广播电台民族管弦乐团编
北京 音乐出版社 1959 年 50 页 26cm（16 开）
统一书号：8026.1134 定价：CNY0.41

J0158840
民间器乐广播曲选　（第五集）中央人民广播电台民族管弦乐团编
北京 音乐出版社 1959 年 48 页 26cm（16 开）
统一书号：8026.1135 定价：CNY0.38

J0158841
民间器乐广播曲选　（第六集）中央人民广播电台民族管弦乐团编
北京 音乐出版社 1961 年 22 页 26cm（16 开）
统一书号：8026.1439 定价：CNY0.22

J0158842

民间器乐曲选　中央群众艺术馆编辑

北京　音乐出版社　1956 年　44 页　26cm（16 开）

统一书号：T8026.581　定价：CNY0.34

J0158843

民间器乐曲选　（农民部分　群众业余音乐舞蹈观摩演出会　简谱）中华人民共和国文化部艺术事业管理局等主编

北京　音乐出版社　1956 年　44 页　26cm（16 开）

定价：CNY0.15

J0158844

民间器乐选　（群众演奏材料　简谱）中央群众艺术馆推荐

北京　音乐出版社　1956 年　1 张　定价：CNY0.34

J0158845

群众业余音乐舞蹈观摩演出会民间器乐曲选

（农民部分）中华人民共和国文化部艺术事业管理局等编辑

北京　音乐出版社　1956 年　影印本　42 页　有图

18cm（15 开）定价：CNY0.15

J0158846

浔阳夜月　（民族器乐曲）李中艺改编

沈阳　辽宁人民出版社　1956 年　影印本　22 页

26cm（16 开）统一书号：8090.13

定价：CNY0.17

J0158847

中国唱片民间音乐选　中国唱片厂编

上海　上海文化出版社　1956 年　86 页　18×19cm

定价：CNY0.32

J0158848

中国唱片民间音乐选　（第二辑）中国唱片厂编

上海　上海文化出版社　1956 年　57 页　18×19cm

统一书号：T8077.65　定价：CNY0.26

J0158849

跑驴　欧阳利宝作曲

北京　音乐出版社　1957 年　影印本　21 页

19cm（32 开）统一书号：8026.625

定价：CNY0.17

J0158850

喜新婚　（民间乐曲）山东省音乐工作组编

济南　山东人民出版社　1957 年　22 页

26cm（16 开）统一书号：T8099.101

定价：CNY0.17

J0158851

丰收　（民族器乐曲四首）钟义良曲

上海　音乐出版社　1958 年　36 页　26cm（16 开）

统一书号：8127.210　定价：CNY0.30

J0158852

金蛇狂舞、彩云追月、步步高、娱乐升平

（民间器乐齐奏）聂耳整理

北京　音乐出版社　1958 年

（活页器乐曲）

　　　作者聂耳（1912—1935），音乐家、作曲家。云南玉溪人，出生于昆明。原名守信，字子义，亦作子仪，号紫艺，一名紫艺，笔名黑天使、王达平，人称辈子（也叫耳朵先生，后改名聂耳）。就读于云南省立第一师范学校高级部外国语组。积极参加左翼音乐、电影、戏剧等工作。中华人民共和国代国歌作曲者。作品有《义勇军进行曲》《前进歌》《矿工歌》《风云儿女》等。

J0158853

民间乐曲选　杨荫浏编

北京　音乐出版社　1958 年　67 页　19cm（32 开）

（农村通俗文库　音乐知识　第 1 辑）

　　　编者杨荫浏（1899—1984），音乐教育家。字亮卿，号二壮，又号清如。出生于江苏无锡，曾就读于上海圣约翰大学文学系、光华大学经济系（今华东师范大学）。曾在重庆、南京任国立音乐学院教授兼国乐组主任、国立礼乐馆编纂和乐曲组主任、金陵女子大学音乐系教授。代表作品有《中国音乐史纲》《中国古代音乐史稿》。

J0158854

民族器乐曲集　中国音乐家协会上海分会编

上海　上海音乐出版社　1958 年　影印本

60 页　26cm（16 开）统一书号：8127.163

定价：CNY0.46

J0158855

民族器乐曲集　（第一集）音乐出版社编辑部编

北京 音乐出版社 1958 年 46 页 26cm（16 开）
统一书号：8026.829 定价：CNY0.38

J0158856
三六
北京 音乐出版社 1958 年 定价：CNY0.03
（活页器乐曲 民间器乐曲 3）

J0158857
山林之歌 （总谱）马思聪作曲
北京 音乐出版社 1958 年 影印本 115 页
31cm（15 开）统一书号：8026.814
定价：CNY2.30
　　本书是标题性管弦乐组曲总谱。全曲分"山村的呼唤"、"过山"、"恋歌"、"舞曲"、"夜"5 个乐章。作者马思聪(1912—1987)，作曲家、小提琴演奏家。广东海丰人。曾任中央音乐学院首任院长，并兼任中国音乐家协会副主席、《音乐创作》主编等职。代表作有小提琴曲《内蒙组曲》《西藏音诗》《第一回旋曲》, 交响音乐《山林之歌》《第二交响曲》, 大合唱《祖国》《春天》, 歌剧《热碧亚》等。

J0158858
欢庆 （民族器乐曲）中国音乐家协会山东分会编
济南 山东人民出版社 1959 年 32 页
26cm（16 开）统一书号：T8099.318
定价：CNY0.24

J0158859
"跃进" 器乐曲集 （上册）曹安和等记谱整理
北京 音乐出版社 1959 年 77 页 19cm（32 开）
统一书号：8026.1092 定价：CNY0.22
（民族音乐研究所丛刊）
　　作者曹安和(1905—2004)，女，音乐理论家。江苏无锡人。毕业于北平国立大学女子文理学院音乐系。曾任中国艺术研究院音乐研究所研究员。著有《时薰室琵琶指径》; 合著《文板十二曲琵琶谱》《弦索十三套》《阿炳曲集》。

J0158860
"跃进" 器乐曲集 （中册）民族音乐研究所编
北京 音乐出版社 1959 年 76 页 18cm（15 开）
统一书号：8026.1107 定价：CNY0.21

（民族音乐研究所丛刊）

J0158861
"跃进" 器乐曲集 （下册）民族音乐研究所编
北京 音乐出版社 1959 年 63 页 19cm（32 开）
统一书号：8026.1108 定价：CNY0.18
（民族音乐研究所丛刊）

J0158862
中央歌舞团民族器乐创作曲选 （第一集 简谱本）中央歌舞团编
北京 音乐出版社 1959 年 120 页 26cm（16 开）
统一书号：8026.1197 定价：CNY0.92

J0158863
白鸽飞翔 （民族独奏曲）中国音乐家协会山东分会编
济南 山东人民出版社 1960 年 28 页
26cm（16 开）统一书号：8099.399
定价：CNY0.21

J0158864
活页器乐曲 （民间器乐曲 4）李焕之曲
北京 音乐出版社 1960 年 19cm（32 开）
定价：CNY0.03
　　作者李焕之(1919—2000)，作曲家、指挥家、音乐理论家。出生于香港，原籍福建晋江市，毕业于延安鲁迅艺术学院。历任中央音乐学院音乐团团长、中央歌舞团艺术指导、中央民族乐团团长。代表作品有《民主建国进行曲》《新中国青年进行曲》《春节组曲》等。

J0158865
活页器乐曲 （民间器乐曲 5）刘沛曲
北京 音乐出版社 1960 年 19cm（32 开）
定价：CNY0.03

J0158866
活页器乐曲 （唢呐 百鸟朝凤）任同祥演奏；山东省群众艺术馆记谱
北京 音乐出版社 1960 年 19cm（32 开）
定价：CNY0.03

J0158867
活页器乐曲 （唢呐 1）音乐出版社 [编]

北京 音乐出版社 1964 年 2 页 19cm（32 开）
统一书号：8026.1368 定价：CNY0.03

J0158868
活页器乐曲 （琵琶 1 原板三六）林石城改编
北京 音乐出版社 1960 年 19cm（32 开）
定价：CNY0.04
　　作者林石城(1922—2005)，琵琶演奏家、教授。江苏南汇（今属上海）人。中央音乐学院资深教授，中国音乐家协会表演艺术委员会委员，民族音乐委员会委员，琵琶研究会会长。编著有《琵琶演奏法》《琵琶曲谱》《工尺谱常识》等。

J0158869
活页器乐曲 （琵琶 2）音乐出版社［编］
北京 音乐出版社 1962 年 2 页 19cm（32 开）
统一书号：8026.1672 定价：CNY0.04

J0158870
活页器乐曲 （琵琶 2 高山流水 简谱本）
刘德海改编
北京 音乐出版社 1962 年 4 页 18cm（15 开）
统一书号：8026.1672 定价：CNY0.04
　　作者刘德海(1937—　)，琵琶演奏艺术家、教授。河北沧县人，毕业于中央美术学院。历任中国音乐学院教授，中国音乐家协会常务理事。代表作品有《十面埋伏》《草原小姐妹》等。

J0158871
活页器乐曲 （琵琶 3 月光变奏曲 简谱本）
（苏）安德列耶夫编曲；刘德海订指法
北京 音乐出版社 1962 年 4 页 18cm（15 开）
统一书号：8026.1671 定价：CNY0.04

J0158872
活页器乐曲 （琵琶 4）音乐出版社［编］
北京 音乐出版社 1963 年 2 页 19cm（32 开）
统一书号：8026.1709 定价：CNY0.04

J0158873
活页器乐曲 （笛子 5 布谷鸟来了 笛子曲
简谱本）胡结续编曲
北京 音乐出版社 1962 年 4 页 19cm（32 开）
统一书号：8026.1608 定价：CNY0.04

J0158874
活页器乐曲 （笛子 6 小八路勇闯封锁线
笛子曲 简谱本）陈大可编曲
北京 音乐出版社 1962 年［8］页 19cm（32 开）
统一书号：8026.1609 定价：CNY0.07

J0158875
活页器乐曲 （笛子 7 欢乐的节日 简谱本）
张宝庆编曲
北京 音乐出版社 1962 年［4］页 19cm（32 开）
统一书号：8026.1606 定价：CNY0.04

J0158876
活页器乐曲 （笛子 8 黄河边的故事 笛子曲
简谱本）王铁锤编曲
北京 音乐出版社 1962 年 4 页 19cm（32 开）
统一书号：8026.1607 定价：CNY0.04

J0158877
活页器乐曲 （笛子 9 我是一个兵 简谱本）
结续编曲
北京 音乐出版社 1964 年 5 页 19cm（32 开）
统一书号：8026.1996 定价：CNY0.04

J0158878
活页器乐曲 （笛子 10）
北京 音乐出版社 1965 年 19cm（小 32 开）
定价：CNY0.05

J0158879
活页器乐曲 （笛子 11）
北京 音乐出版社 1965 年 19cm（小 32 开）
定价：CNY0.04

J0158880
活页器乐曲 （笛子 12）
北京 音乐出版社 1965 年 19cm（小 32 开）
定价：CNY0.04

J0158881
活页器乐曲 （笛子 13）
北京 音乐出版社 1965 年 19cm（小 32 开）
定价：CNY0.04

J0158882
活页器乐曲 （笛子 14）
北京 音乐出版社 1965 年 19cm（小 32 开）
定价：CNY0.05

J0158883
活页器乐曲 （笛子 15）
北京 音乐出版社 1965 年 19cm（小 32 开）
定价：CNY0.04

J0158884
活页器乐曲 （笛子 16）
北京 音乐出版社 1965 年 19cm（小 32 开）
定价：CNY0.05

J0158885
活页器乐曲 （笛子 17）
北京 音乐出版社 1965 年 19cm（小 32 开）
定价：CNY0.03

J0158886
活页器乐曲 （笛子 18）
北京 音乐出版社 1965 年 19cm（小 32 开）
定价：CNY0.03

J0158887
活页器乐曲 （笛子 19）
北京 音乐出版社 1965 年 19cm（小 32 开）
定价：CNY0.03

J0158888
活页器乐曲 （笛子 23）音乐出版社［编］
北京 音乐出版社 1966 年 3 页 19cm（32 开）
统一书号：8026.2506 定价：CNY0.02

J0158889
活页器乐曲 （坠胡 1 庆丰收 坠胡器乐曲
简谱本）任一萍编曲
北京 音乐出版社 1962 年［4］页 19cm（32 开）
统一书号：8026.1604 定价：CNY0.04

J0158890
活页器乐曲 （板胡 2 红军哥哥回来了 板胡
独奏 简谱本）长城,原野作曲
北京 音乐出版社 1964 年 4 页 19cm（32 开）

统一书号：8026.2073 定价：CNY0.03

J0158891
活页器乐曲 （板胡 3 山东小曲 东北秧歌
板胡独奏 简谱本）原野,化均,长城编曲
北京 音乐出版社 1964 年 4 页 19cm（32 开）
统一书号：8026.2074 定价：CNY0.03

J0158892
活页器乐曲 （小磨坊）杨洁民编曲
北京 音乐出版社 1958 年 19cm（小 32 开）
定价：CNY0.03
（民间器乐曲 2）

J0158893
活页器乐曲 （二胡 1 空山鸟语、除夜小唱）
刘天华曲
北京 音乐出版社 1958 年 19cm（小 32 开）
定价：CNY0.03
　　作者刘天华（1895—1932）,作曲家、演奏家、
音乐教育家。原名刘寿椿,江苏江阴市人。曾任
教于北京大学音乐研究会。代表作有《光明行》
《良宵》《空山鸟语》《歌舞引》《飞花点翠》等。

J0158894
活页器乐曲 （二胡 3 二泉映月 胡琴独奏曲）
阿炳作曲
北京 音乐出版社 1964 年 4 页 19cm（32 开）
定价：CNY0.03
　　作者阿炳（1893—1950）,民间音乐家、正一
派道士。江苏无锡人,原名华彦钧。25 岁时因眼
疾失明。一生共创作和演出了 270 多首民间乐曲。
现留存有二胡曲《二泉映月》《听松》《寒春风
曲》；琵琶曲《大浪淘沙》《龙船》《昭君出塞》等。

J0158895
活页器乐曲 （二胡 4 农村之歌）陆修棠作曲
北京 音乐出版社 1964 年 影印本 3 页
19cm（32 开）统一书号：8026.987
定价：CNY0.03

J0158896
活页器乐曲 （二胡 5 闹元宵）周文谟曲
北京 音乐出版社 1958 年 19cm（小 32 开）
定价：CNY0.03

J0158897

活页器乐曲 （二胡 6）音乐出版社编辑
北京 音乐出版社 1965 年 6 页 19cm（32 开）
统一书号：8026.2368 定价：CNY0.04

J0158898

活页器乐曲 （扬琴 1）音乐出版社编
北京 音乐出版社 1966 年 7 页 19cm（小 32 开）
统一书号：8026.2464 定价：CNY0.04

J0158899

民族器乐曲集 （第一集）中国音乐家协会辽
宁分会编
沈阳 春风文艺出版社 1960 年 48 页
26cm（16 开）统一书号：8158.27
定价：CNY0.42

J0158900

民族器乐曲集 （第二集）中国音乐家协会辽
宁分会编
沈阳 春风文艺出版社 1960 年 45 页
26cm（16 开）统一书号：8158.28
定价：CNY0.38

J0158901

十枝花儿红 （简谱本）山东省群众艺术馆编
济南 山东人民出版社 1960 年 54 页
27cm（16 开）统一书号：T8099.377
定价：CNY0.34

J0158902

弦外音 夏莲居撰
［1960—1969 年］油印本 平装

J0158903

"跃进" 颂 （器乐曲集 简谱本）音乐出版社编
辑部编
北京 音乐出版社 1960 年 38 页 19cm（32 开）
统一书号：8026.1329 定价：CNY0.13

J0158904

1960 年全国职工文艺会演器乐曲选
音乐出版社编辑部编
北京 音乐出版社 1961 年 128 页 26cm（16 开）
统一书号：8026.1438 定价：CNY0.85

J0158905

刘天华创作曲集 刘育和编
北京 音乐出版社 1961 年 80 页 26cm（16 开）
统一书号：8026.204 定价：CNY0.48
（中央音乐学院中国音乐研究所丛刊）

J0158906

刘天华创作曲集 刘育和编
北京 音乐出版社 1963 年 影印本 重印本
80 页 有图 26cm（16 开）统一书号：8026.204
定价：CNY0.48
（中央音乐学院中国音乐研究所丛刊）
　　本书按乐器分为"二胡"、"琵琶"、"合乐"3
部分。收录二胡练习曲 47 首，二胡独奏曲 10 首，
琵琶练习曲 15 首，琵琶独奏曲 3 首。

J0158907

民族器乐曲集 中国音乐家协会辽宁分会编
沈阳 春风文艺出版社 1961 年 71 页
26cm（16 开）统一书号：8158.22
定价：CNY0.44

J0158908

不唱山歌心不爽 于会泳作曲；顾炳泉改编
上海 上海文艺出版社 1962 年 简谱本 31 页
26cm（16 开）统一书号：8078.1981
定价：CNY0.26
（民族器乐曲丛刊）

J0158909

布谷鸟叫了 （简谱本）包恒智作曲
上海 上海文艺出版社 1962 年 30 页
26cm（16 开）统一书号：8078.1934
定价：CNY0.26
（民族器乐曲丛刊）

J0158910

民族乐器独奏曲选 （第一集）中央音乐学院
中国音乐研究所编
北京 音乐出版社 1962 年 正谱本 164 页
有图 26cm（16 开）统一书号：8026.1516
定价：CNY1.70

J0158911

中国民族器乐创作选 音乐出版社编辑

北京 音乐出版社 1965 年 27 册 26cm（16 开）

J0158912
社员的欢乐　中国音乐家协会江苏分会编
南京 江苏人民出版社 1966 年 66 页
19cm（32 开）统一书号：8100.1268
定价：CNY0.21

J0158913
活页器乐曲 （板胡 1）
北京 人民文学出版社 1973 年 19cm（32 开）
定价：CNY0.03

J0158914
活页器乐曲 （板胡 2）
北京 人民文学出版社 1973 年 19cm（32 开）
定价：CNY0.02

J0158915
活页器乐曲 （笛子 1）
北京 人民文学出版社 1972 年 19cm（小 32 开）
定价：CNY0.03

J0158916
活页器乐曲 （笛子 2）
北京 人民文学出版社 1972 年 19cm（小 32 开）
定价：CNY0.03

J0158917
活页器乐曲 （笛子 3）
北京 人民文学出版社 1973 年 19cm（32 开）
定价：CNY0.03

J0158918
活页器乐曲 （笛子 4）
北京 人民文学出版社 1973 年 19cm（32 开）
定价：CNY0.02

J0158919
活页器乐曲 （笛子 5）
北京 人民文学出版社 1973 年 19cm（32 开）
定价：CNY0.02

J0158920
活页器乐曲 （笛子 6）

北京 人民文学出版社 1973 年 19cm（32 开）
定价：CNY0.01

J0158921
活页器乐曲 （笛子 7）
北京 人民文学出版社 1973 年 19cm（32 开）
定价：CNY0.02

J0158922
活页器乐曲 （笛子 8）
北京 人民文学出版社 1973 年 19cm（32 开）
定价：CNY0.02

J0158923
活页器乐曲 （笛子 9 革命青年运肥忙）
北京 人民文学出版社 1974 年 19cm（小 32 开）
定价：CNY0.01

J0158924
活页器乐曲 （笛子 10 你追我赶争上游）
北京 人民文学出版社 1974 年 19cm（小 32 开）
定价：CNY0.02

J0158925
活页器乐曲 （笛子 11 广阔天地炼红心）
北京 人民文学出版社 1974 年 19cm（小 32 开）
定价：CNY0.02

J0158926
活页器乐曲 （二胡 1）
北京 人民文学出版社 1972 年 19cm（小 32 开）
定价：CNY0.02

J0158927
活页器乐曲 （二胡 2）
北京 人民文学出版社 1972 年 19cm（小 32 开）
定价：CNY0.03

J0158928
活页器乐曲 （二胡 3）
北京 人民文学出版社 1972 年 19cm（小 32 开）
定价：CNY0.02

J0158929
活页器乐曲 （二胡 4）

北京 人民文学出版社 1973 年 19cm（32 开）
定价：CNY0.02

J0158930
活页器乐曲 （二胡 5）
北京 人民文学出版社 1973 年 19cm（32 开）
定价：CNY0.02

J0158931
活页器乐曲 （二胡 6）
北京 人民文学出版社 1973 年 19cm（32 开）
定价：CNY0.04

J0158932
活页器乐曲 （二胡 7）
北京 人民文学出版社 1973 年 19cm（32 开）
定价：CNY0.02

J0158933
活页器乐曲 （二胡 8）
北京 人民文学出版社 1973 年 19cm（32 开）
定价：CNY0.02

J0158934
活页器乐曲 （二胡 9 赞大寨）
北京 人民文学出版社 1974 年 19cm（小 32 开）
定价：CNY0.02

J0158935
活页器乐曲 （二胡 10 快乐的山区邮递员）
北京 人民文学出版社 1974 年 19cm（小 32 开）
定价：CNY0.01

J0158936
活页器乐曲 （二胡 11 庆丰会上话今昔）
北京 人民文学出版社 1974 年 6 页
19cm（32 开）统一书号：10019.2150
定价：CNY0.02

J0158937
活页器乐曲 （二胡 12 支农货担进山去）
北京 人民文学出版社 1974 年 8 页
19cm（32 开）统一书号：10019.2151
定价：CNY0.02

J0158938
活页器乐曲 （二胡 13）
北京 人民文学出版社 1974 年 9 页
18cm（15 开）统一书号：10019.2152
定价：CNY0.03

J0158939
活页器乐曲 （二胡 14）
北京 人民文学出版社 1974 年 6 页
18cm（15 开）统一书号：10019.2153
定价：CNY0.02

J0158940
活页器乐曲 （二胡练习曲五首）
北京 人民文学出版社 1974 年 19cm（小 32 开）
定价：CNY0.02

J0158941
活页器乐曲 （柳琴 1）
北京 人民文学出版社 1973 年 19cm（32 开）
定价：CNY0.02

J0158942
活页器乐曲 （笙 1）
北京 人民文学出版社 1972 年 19cm（小 32 开）
定价：CNY0.03

J0158943
活页器乐曲 （笙 2）
北京 人民文学出版社 1973 年 19cm（32 开）
定价：CNY0.02

J0158944
活页器乐曲 （唢呐 1）
北京 人民文学出版社 1972 年 19cm（小 32 开）
定价：CNY0.03

J0158945
活页器乐曲 （唢呐 2 山村来了售货员）
北京 人民文学出版社 1974 年 6 页
19cm（32 开）统一书号：10019.2153
定价：CNY0.02

J0158946
活页器乐曲 （板胡 3）

北京 人民音乐出版社 1976 年 19cm（小 32 开）
定价：CNY0.02

J0158947
活页器乐曲 （板胡 4）
北京 人民音乐出版社 1977 年 6 页
19cm（小 32 开）定价：CNY0.02

J0158948
活页器乐曲 （板胡 5）人民音乐出版社编辑
北京 人民音乐出版社 1978 年 3 页
26cm（16 开）统一书号：8026.3466
定价：CNY0.08

J0158949
活页器乐曲 （板胡 6 欢庆的日子 板胡独奏
曲）阎绍一, 石宝儒曲
北京 人民音乐出版社 1979 年 3 页
26cm（16 开）统一书号：8026.3561
定价：CNY0.08

J0158950
活页器乐曲 （板胡 7）
北京 人民音乐出版社 1981 年 4 页
26cm（16 开）定价：CNY0.10

J0158951
活页器乐曲 （笛子 15）
北京 人民音乐出版社 1977 年 6 页
19cm（小 32 开）定价：CNY0.02

J0158952
活页器乐曲 （笛子 16）
北京 人民音乐出版社 1977 年 12 页
19cm（小 32 开）定价：CNY0.03

J0158953
活页器乐曲 （笛子 17）
北京 人民音乐出版社 1977 年 8 页
19cm（小 32 开）定价：CNY0.03

J0158954
活页器乐曲 （笛子 18）
北京 人民音乐出版社 1977 年 8 页
19cm（小 32 开）定价：CNY0.03

J0158955
活页器乐曲 （笛子 19）
北京 人民音乐出版社 1977 年 8 页
19cm（小 32 开）定价：CNY0.03

J0158956
活页器乐曲 （笛子 20）人民音乐出版社编辑
北京 人民音乐出版社 1978 年 3 页
26cm（16 开）统一书号：8026.3455
定价：CNY0.08

J0158957
活页器乐曲 （笛子 21）人民音乐出版社编辑
北京 人民音乐出版社 1978 年 3 页
26cm（16 开）统一书号：8026.3467
定价：CNY0.08

J0158958
活页器乐曲 （笛子 22）人民音乐出版社编辑
北京 人民音乐出版社 1978 年 3 页
26cm（16 开）统一书号：8026.3468
定价：CNY0.08

J0158959
活页器乐曲 （笛子 23）人民音乐出版社编辑
北京 人民音乐出版社 1979 年 3 页
26cm（16 开）统一书号：8026.3557
定价：CNY0.08

J0158960
活页器乐曲 （笛子 29）人民音乐出版社编辑
北京 人民音乐出版社 1983 年 5 页
26cm（16 开）统一书号：8026.4089
定价：CNY0.14

J0158961
活页器乐曲 （笛子 30）人民音乐出版社编辑
北京 人民音乐出版社 1984 年 3 页
26cm（16 开）统一书号：8026.4183
定价：CNY0.10

J0158962
活页器乐曲 （二胡）
北京 人民音乐出版社 1980 年 3 页

19cm（小 32 开）定价：CNY0.08

J0158963
活页器乐曲 （二胡 16）人民音乐出版社编辑
北京 人民音乐出版社 1975 年 12 页
18cm（15 开）统一书号：8026.3018
定价：CNY0.03

J0158964
活页器乐曲 （二胡 24）
北京 人民音乐出版社 1976 年 19cm（小 32 开）
定价：CNY0.03

J0158965
活页器乐曲 （二胡 24）
北京 人民音乐出版社 1982 年 3 页
26cm（16 开）定价：CNY0.10

J0158966
活页器乐曲 （二胡 25）
北京 人民音乐出版社 1976 年 19cm（小 32 开）
定价：CNY0.01

J0158967
活页器乐曲 （二胡 26）
北京 人民音乐出版社 1976 年 19cm（小 32 开）
定价：CNY0.02

J0158968
活页器乐曲 （二胡 27）
北京 人民音乐出版社 1977 年 4 页 19cm（小 32 开）定价：CNY0.02

J0158969
活页器乐曲 （二胡 28）
北京 人民音乐出版社 1977 年 4 页
19cm（小 32 开）定价：CNY0.01

J0158970
活页器乐曲 （二胡 29）
北京 人民音乐出版社 1977 年 4 页
19cm（小 32 开）定价：CNY0.02

J0158971
活页器乐曲 （二胡 30）

北京 人民音乐出版社 1977 年 8 页
19cm（小 32 开）定价：CNY0.02

J0158972
活页器乐曲 （二胡 31）
北京 人民音乐出版社 1977 年 4 页
19cm（小 32 开）定价：CNY0.01

J0158973
活页器乐曲 （二胡 32）人民音乐出版社编辑
北京 人民音乐出版社 1978 年 6 页
26cm（16 开）统一书号：8026.3451
定价：CNY0.10

J0158974
活页器乐曲 （二胡 33）人民音乐出版社编辑
北京 人民音乐出版社 1978 年 3 页
26cm（16 开）统一书号：8026.3452
定价：CNY0.08

J0158975
活页器乐曲 （二胡 34）人民音乐出版社编辑
北京 人民音乐出版社 1979 年 3 页
26cm（16 开）统一书号：8026.3560
定价：CNY0.08

J0158976
活页器乐曲 （二胡 35）人民音乐出版社编辑
北京 人民音乐出版社 1979 年 3 页
26cm（16 开）统一书号：8026.3558
定价：CNY0.08

J0158977
活页器乐曲 （二胡 39）人民音乐出版社编辑
北京 人民音乐出版社 1981 年 7 页
26cm（16 开）统一书号：8026.3778
定价：CNY0.18

J0158978
活页器乐曲 （二胡 40）
北京 人民音乐出版社 1981 年 4 页
26cm（16 开）定价：CNY0.10

J0158979
活页器乐曲 （二胡 41）

北京 人民音乐出版社 1981 年 4 页
26cm（16 开）定价：CNY0.10

J0158980
活页器乐曲 （二胡 42）人民音乐出版社编辑
北京 人民音乐出版社 1982 年 3 页
26cm（16 开）统一书号：8026.3940
定价：CNY0.10

J0158981
活页器乐曲 （高胡 1）人民音乐出版社编辑
北京 人民音乐出版社 1979 年 3 页
26cm（16 开）统一书号：8026.3562
定价：CNY0.08

J0158982
活页器乐曲 （柳琴 2）人民音乐出版社编辑
北京 人民音乐出版社 1984 年 4 页
26cm（16 开）统一书号：8026.4195
定价：CNY0.10

J0158983
活页器乐曲 （芦笙 1）人民音乐出版社编辑
北京 人民音乐出版社 1979 年 4 页
26cm（16 开）统一书号：8026.3556
定价：CNY0.08

J0158984
活页器乐曲 （琵琶 1）
北京 人民音乐出版社 1977 年 8 页
19cm（小 32 开）定价：CNY0.02

J0158985
活页器乐曲 （琵琶 2）
北京 人民音乐出版社 1977 年 8 页
19cm（小 32 开）定价：CNY0.02

J0158986
活页器乐曲 （三弦 1）
北京 人民音乐出版社 1977 年 8 页
19cm（小 32 开）定价：CNY0.02

J0158987
活页器乐曲 （笙 5）
北京 人民音乐出版社 1977 年 4 页

19cm（小 32 开）定价：CNY0.01

J0158988
活页器乐曲 （唢呐 3）
北京 人民音乐出版社 1976 年 19cm（小 32 开）
定价：CNY0.03

J0158989
活页器乐曲 （唢呐 4）
北京 人民音乐出版社 1977 年 6 页
19cm（小 32 开）定价：CNY0.02

J0158990
活页器乐曲 （唢呐 5）人民音乐出版社编辑
北京 人民音乐出版社 1978 年 4 页
26cm（16 开）统一书号：8026.3453
定价：CNY0.08

J0158991
活页器乐曲 （唢呐 6）人民音乐出版社编辑
北京 人民音乐出版社 1978 年 4 页
26cm（16 开）统一书号：8026.3454
定价：CNY0.08

J0158992
活页器乐曲 （唢呐 7）人民音乐出版社编辑
北京 人民音乐出版社 1979 年 4 页
26cm（16 开）统一书号：8026.3559
定价：CNY0.08

J0158993
活页器乐曲 （扬琴 1）人民音乐出版社编辑
北京 人民音乐出版社 1975 年 7 页
19cm（32 开）统一书号：8026.3014
定价：CNY0.02

J0158994
活页器乐曲 （扬琴 10）人民音乐出版社编辑
北京 人民音乐出版社 1982 年 3 页
26cm（16 开）统一书号：8026.3939
定价：CNY0.10

J0158995
活页器乐曲 （扬琴 11）人民音乐出版社编辑
北京 人民音乐出版社 1981 年 4 页

26cm（16 开）统一书号：8026.3880
定价：CNY0.10

J0158996
活页器乐曲 （扬琴 12）人民音乐出版社编辑
北京　人民音乐出版社　1982 年　4 页
26cm（16 开）统一书号：8026.3982
定价：CNY0.10

J0158997
活页器乐曲 （扬琴 2）人民音乐出版社编辑
北京　人民音乐出版社　1975 年　9 页
19cm（32 开）统一书号：8026.3015
定价：CNY0.03

J0158998
活页器乐曲 （扬琴 3）
北京　人民音乐出版社　1977 年　8 页
19cm（小 32 开）定价：CNY0.02

J0158999
活页器乐曲 （扬琴 4）
北京　人民音乐出版社　1977 年　8 页
19cm（小 32 开）定价：CNY0.02

J0159000
活页器乐曲 （扬琴 6）
北京　人民音乐出版社　1977 年　4 页
19cm（小 32 开）定价：CNY0.01

J0159001
活页器乐曲 （扬琴 6）人民音乐出版社编辑
北京　人民音乐出版社　1978 年　3 页
26cm（16 开）统一书号：8026.3465
定价：CNY0.08

J0159002
活页器乐曲 （扬琴 7）人民音乐出版社编辑
北京　人民音乐出版社　1978 年　3 页　26cm（16
开）统一书号：8026.3464　定价：CNY0.08

J0159003
活页器乐曲 （扬琴 9）
北京　人民音乐出版社　1980 年　3 页
20cm（32 开）定价：CNY0.08

J0159004
活页器乐曲 （中阮 1）人民音乐出版社编辑
北京　人民音乐出版社　1983 年　6 页
26cm（16 开）统一书号：8026.4090
定价：CNY0.14

J0159005
煤海战歌 （民族器乐曲集）山东省"革命委
员会"文化局编
北京　人民音乐出版社　1977 年　90 页
26cm（16 开）统一书号：8026.3215
定价：CNY0.62

J0159006
巴山春早 （民族器乐独奏曲选）四川音乐学
院编
成都　四川人民出版社　1978 年　44 页
26cm（16 开）统一书号：8118.437
定价：CNY0.23

J0159007
春江花月夜 （古曲）
北京　人民音乐出版社　1978 年　5 页
26cm（16 开）统一书号：8026.3503
定价：CNY0.10

J0159008
民族乐器传统独奏曲选集 （笛子专辑）中
央音乐学院民族器乐系,中央音乐学院音乐理
论系编
北京　人民音乐出版社　1978 年　25 页
26cm（16 开）统一书号：8026.3440
定价：CNY0.21

J0159009
民族乐器传统独奏曲选集 （二胡、板胡专
辑）中央音乐学院民族器乐系,中央音乐学院音
乐理论系编
北京　人民音乐出版社　1978 年　32 页
26cm（16 开）统一书号：8026.3441
定价：CNY0.24

J0159010
民族乐器传统独奏曲选集 （唢呐专辑）中
央音乐学院民族器乐系,中央音乐学院音乐理

论系编
北京 人民音乐出版社 1978 年 39 页
26cm（16 开）统一书号：8026.3544
定价：CNY0.28

J0159011
民族乐器传统独奏曲选集 （扬琴专辑）
中央音乐学院民族器乐系, 中央音乐学院音乐
理论系编
北京 人民音乐出版社 1978 年 23 页
26cm（16 开）统一书号：8026.3486
定价：CNY0.21

J0159012
民族乐器传统独奏曲选集 （琵琶专辑）
中央音乐学院民族器乐系, 中央音乐学院音乐
理论系编
北京 人民音乐出版社 1980 年 138 页
19cm（32 开）统一书号：8026.3660
定价：CNY0.79

J0159013
民族乐器传统独奏曲选集 （管子专辑）中
央音乐学院民族器乐系, 中央音乐学院音乐理
论系编
北京 人民音乐出版社 1981 年 62 页
25cm（16 开）统一书号：8026.3732
定价：CNY0.64

J0159014
民族乐器传统独奏曲选集 （三弦专辑）
中央音乐学院民族器乐系, 中央音乐学院音乐
理论系编
北京 人民音乐出版社 1981 年 33 页
25cm（16 开）统一书号：8026.3803
定价：CNY0.46

J0159015
民族乐器传统独奏曲选集 （唢呐专辑 续集）
中央音乐学院民族器乐系, 中央音乐学院音乐
理论系编
北京 人民音乐出版社 1982 年 58 页
25cm（小 16 开）统一书号：8026.3972
定价：CNY0.54

J0159016
喜听原油滚滚流 （工业学大庆民族器乐曲选）
北京 人民音乐出版社 1978 年 64 页
26cm（16 开）统一书号：8026.3321
定价：CNY0.34

J0159017
战马奔腾 （民族器乐曲选集）
北京 人民音乐出版社 1978 年 35 页
26cm（16 开）统一书号：8026.3526
定价：CNY0.27

J0159018
阿炳曲集 文化部文学艺术研究院音乐研究
所编
北京 人民音乐出版社 1979 年 2 版 39 页
26cm（16 开）统一书号：8026.207
定价：CNY0.36
　　阿炳（1893—1950），民间音乐家、正一派道
士。江苏无锡人，原名华彦钧。25 岁时因眼疾失
明。一生共创作和演出了 270 多首民间乐曲。现
留存有二胡曲《二泉映月》《听松》《寒春风曲》；
琵琶曲《大浪淘沙》《龙船》《昭君出塞》等。

J0159019
民族乐器独奏曲选 文化部文学艺术研究院
音乐研究所编
北京 人民音乐出版社 1980 年 重印本 164 页
26cm（16 开）统一书号：8026.1516
定价：CNY2.95, CNY4.90（精装）

J0159020
少数民族乐器传统独奏曲选集 文化部文
学艺术研究院音乐研究所编
北京 人民音乐出版社 1981 年 85 页
19cm（32 开）统一书号：8026.3730
定价：CNY0.80

J0159021
彝族民间器乐曲选 凉山彝族自治州文化局编
成都 四川民族出版社 1982 年 135 页
25cm（16 开）统一书号：M8140.55
定价：CNY0.91
　　本书收录月琴、口弦、马布、竖笛、唢呐、胡
琴、葫芦笙 7 种民间器乐的曲谱 97 首。

J0159022
阿炳曲集 （线谱版）华彦钧曲；中国艺术研究院音乐研究所编
北京　人民音乐出版社　1983 年　49 页
25cm（12 开）统一书号：8426.4086
定价：CNY0.66
　　本书收录琵琶曲《大浪淘沙》《昭君出塞》《龙船》；二胡曲《二泉映月》《寒春风曲》《听松》。

J0159023
传统民族器乐曲欣赏　李民雄编著
北京　人民音乐出版社　1983 年　228 页
21cm（32 开）统一书号：8026.4039
定价：CNY0.97
　　本书对《喜相逢》《江河水》《二泉映月》《十面埋伏》《三六》《春江花月夜》《将军令》等40 首传统民族器乐合奏曲，做了通俗的分析和介绍。

J0159024
民族乐器传统独奏曲选集　（笛子专辑）
中国音乐学院,中央音乐学院著
北京　人民音乐出版社　1983 年　51 页
19cm（32 开）统一书号：8026.4175
定价：CNY0.80

J0159025
民族乐器传统独奏曲选集　（二胡、板胡专辑）
中国音乐学院,中央音乐学院著
北京　人民音乐出版社　1983 年　36 页
25cm（16 开）统一书号：8026.4098
定价：CNY0.58

J0159026
民族乐器传统独奏曲选集　（唢呐专辑）
中央音乐学院,中国音乐学院著
北京　人民音乐出版社　1984 年　140 页
25cm（16 开）统一书号：8076.4228
定价：CNY2.00

J0159027
民族乐器传统独奏曲选集　（扬琴专辑）
中国音乐学院,中央音乐学院著
北京　人民音乐出版社　1984 年　46 页
25cm（16 开）统一书号：8026.4191

定价：CNY0.82
　　本书收录广东音乐、江南丝竹、四川扬琴曲等 14 首乐曲。

J0159028
民族乐器传统独奏曲选集　（管子专辑）
中央音乐学院,中国音乐学院编
北京　人民音乐出版社　1985 年　76 页
26cm（16 开）定价：CNY2.15

J0159029
民族乐器传统独奏曲选集　（三弦专辑）
中央音乐学院,中国音乐学院编
北京　人民音乐出版社　1986 年　48 页
26cm（16 开）统一书号：8026.4481
定价：CNY1.35

J0159030
民族乐器传统独奏曲选集　（琵琶专辑）
中央音乐学院,中国音乐学院编
北京　人民音乐出版社　1987 年　135 页
26cm（16 开）统一书号：8026.4555
定价：CNY3.35

J0159031
民族乐器传统独奏曲选集　（琵琶专辑）
中央音乐学院,中国音乐学院编
北京　人民音乐出版社　1987 年　135 页
26cm（16 开）统一书号：8026.4555
定价：CNY3.35

J0159032
琴谱合璧　（十八卷）（明）杨抡撰；（清）和素译
台北　商务印书馆　1983 年　影印本
（景印文渊阁四库全书　子部　一四五　第 839 册）
　　作者杨抡（？—1634 年），白族,明朝政治人物、音乐家。号桐庵,又号鹤浦,云南鹤庆府（今鹤庆县等地）人。

J0159033
蔡邕琴操　（一卷）（汉）蔡邕撰
扬州　江苏广陵古籍刻印社　1984 年　刻本
重印本　线装
（黄氏逸书考）
　　据民国 23-26 年（1934—1937）江都朱氏补

刻清道光间甘泉黄氏刻版重印。收于《黄氏逸书考》之《子史钩沉》中。作者蔡邕(132—192),东汉辞赋家、散文家、书法家。字伯喈,陈留圉(今河南杞县)人。著有《蔡中郎文集》等。

J0159034

少数民族器乐曲选 (独奏曲 2)人民音乐出版社编辑部编
北京 人民音乐出版社 1984 年 88 页
26cm(16 开)统一书号:8026.4301
定价:CNY0.94

J0159035

刘天华创作曲集 刘天华曲;刘育和编
北京 人民音乐出版社 1985 年 85 页
26cm(16 开)统一书号:8026.4349
定价:CNY2.35
　　作者刘天华(1895—1932),作曲家、演奏家、音乐教育家。原名刘寿椿,江苏江阴市人。曾任教于北京大学音乐研究会。代表作有《光明行》《良宵》《空山鸟语》《歌舞引》《飞花点翠》等。

J0159036

山峡随想曲 (民族器乐独奏曲集)四川音乐学院民乐系编
成都 四川文艺出版社 1987 年 57 页
26cm(16 开)统一书号:8374.5
ISBN:7-5411-0113-3 定价:CNY0.76

J0159037

达勃河随想曲 (全国第三届音乐作品 民族器乐评奖获奖作品)何训田曲
北京 人民音乐出版社 1988 年 54 页
19cm(32 开)ISBN:7-103-00109-X
定价:CNY0.75

J0159038

小型器乐曲集 (第一集)人民音乐出版社编辑部编
北京 人民音乐出版社 1988 年 50 页
20cm(32 开)ISBN:7-103-00104-9
定价:CNY0.66
　　本书是全国第三届音乐作品(民族器乐)评奖获奖作品集。

J0159039

小型器乐曲集 (第二集)人民音乐出版社编辑部编
北京 人民音乐出版社 1993 年 68 页
20cm(32 开)ISBN:7-103-01029-3
定价:CNY1.80
　　外文书名:The Small Size Works.

J0159040

中国少数民族传统乐器独奏曲选 (上)
刘桂英编著
北京 人民音乐出版社 1990 年 283 页
26cm(16 开)ISBN:7-103-00562-1
定价:CNY14.60

J0159041

中国少数民族传统乐器独奏曲选 (中)
伍国栋编著
北京 人民音乐出版社 1994 年 173 页
26cm(16 开)ISBN:7-103-01066-8
定价:CNY10.30
　　作者伍国栋(1942—),教师。出生于四川成都,毕业于中国艺术研究院。历任南京艺术学院音乐学院院长,中国艺术研究院研究员、研究生部常务副主任、中国音乐家协会会员。代表作品有《民族音乐学概论》。

J0159042

中国少数民族传统乐器独奏曲选 (下)
伍国栋编著
北京 人民音乐出版社 1997 年 171 页
26cm(16 开)ISBN:7-103-01346-2
定价:CNY17.60

J0159043

禄劝彝族土司府礼仪乐 禄劝彝族苗族自治县民委,禄劝彝族苗族自治县文化局编
昆明 云南人民出版社 1993 年 222 页
有彩图 26cm(16 开)ISBN:7-222-01342-3
定价:CNY8.35
(云南民族民间器乐曲丛书)

J0159044

刘天华全集 刘天华曲;刘育和编
北京 人民音乐出版社 1997 年 240+123 页

有照片　29cm（16开）精装
ISBN：7-103-01458-2　定价：CNY88.00

J0159045
刘天华全集　刘天华曲；刘育和编
北京　人民音乐出版社　1998年　2版　240页
有照片　28cm（大16开）ISBN：7-103-01765-4
定价：CNY45.50

中国民族器乐曲——吹奏乐曲

J0159046
觱篥格　（不分卷）（唐）段成式撰
李际期宛委山堂　清初　刻本　续刻
（说郛）
　　明末刻清初李际期宛委山堂续刻汇印本。

J0159047
觱篥格　（一卷）（唐）段成式撰
李际期宛委山堂　清初　刻本　重修　线装
（说郛）
　　明末刻清初李际期宛委山堂重修汇印本。
收于《说郛》卷第一百中。

J0159048
笳吹　（一卷）
清　抄本　折子

J0159049
蒙古笳乐语　（一卷）
清　抄本　折子

J0159050
青钺鸭　（一卷）
荣卿　清　抄本

J0159051
箫谱　（一卷）（清）任兆麟撰
清乾隆五十四年［1789］刻本　有图　线装
（吴中女士诗钞）
　　九行十九字小字双行同白口左右双边单
鱼尾。

J0159052
箫谱　（一卷）（清）任兆麟撰
清乾隆五十四年［1789］刻本

J0159053
瓶笙馆修箫谱　（四卷）（清）舒位撰
汪氏振绮堂　清道光　刻本

J0159054
桐月修箫谱　（一卷）（清）王嘉禄撰
清道光　刻本

J0159055
二十四桥吹箫谱　（二卷　外卷一卷）
（清）孙宗礼撰
清道光十五年［1835］刻本

J0159056
冀中管乐谱　（不分卷）
清末　抄本

J0159057
喇叭吹法　（美国）金楷理口译；（清）蔡锡龄笔述
江南机器制造局　清光绪　刻本　线装
　　十行二十二字黑口左右双边双鱼尾。

J0159058
水云笛谱　（一卷）（清）潘奕隽撰
清光绪十三年［1887］刻本

J0159059
箫笛合谱
聚盛堂　民国　刻本　平装

J0159060
箫笛谱　（初集）鲁雅宣撰
民国　刻本　平装

J0159061
棠湖坝谱　（不分卷）（清）吴浔源撰
民国十年［1921］石印本

J0159062
棠湖坝谱　（一卷）（清）吴浔源纂述
退耕堂　民国十二年［1923］刻本　有图　线装

十行二十四字白口左右双边单鱼尾。

J0159063
箫谱大全 （第 1 册）刘文祥著
北京 中亚书局 1923 年 再版 18 叶
19cm（32 开）环筒页装 定价：大洋三角
　　本套书收录《秋塞吟》《沧海龙吟》《春枝花》《断桥小走》等 61 首曲子，工尺谱。

J0159064
箫谱大全 （第 2 册）刘天祥著
北京 中亚书局 1923 年 再版 1 册 19cm（32 开）

J0159065
笛子独奏曲选 刘管乐编曲
北京 音乐出版社 1956 年 16 页 26cm（16 开）
统一书号：8026.553 定价：CNY0.20
　　作者刘管乐（1918—1990），笛子演奏家。生于河北安国县。历任中国音乐家协会会员，中国音乐家协会天津分会名誉理事，天津歌舞剧院一级演员。代表作品《荫中鸟》《卖菜》。

J0159066
芦笙和马头琴 贵州关岭县福农小学，内蒙古呼和浩特土默特旗文庙街小学编著
上海 少年儿童出版社 1956 年 24 页 有图
18cm（15 开）统一书号：R7024.87
定价：CNY0.11

J0159067
唢呐曲集 （民间鼓吹音乐资料 辽宁省南部）
张正治整理
北京 音乐出版社 1956 年 239 页 21cm（32 开）
统一书号：8026.467 定价：CNY0.90
（东北音乐专科学校音乐编译丛书 10）

J0159068
唢呐曲选 （民间鼓吹音乐资料 辽宁省南部）
张正治整理
北京 音乐出版社 1956 年 239 页 21cm（32 开）
统一书号：8026.467 定价：CNY0.90
（东北音乐专科学校音乐编译丛书 10）

J0159069
喜相逢 （笛子独奏曲、小型民族管弦乐队伴

奏）中央人民广播电台民族管弦乐团编辑
北京 音乐出版社 1956 年 10 页 26cm（16 开）
统一书号：8026.411 定价：CNY0.14

J0159070
笛子独奏曲选集 （第一集）中央音乐学院民族音乐研究所编辑，蒋咏荷记谱整理
北京 音乐出版社 1957 年 影印本 45 页
26cm（16 开）统一书号：8026.572
定价：CNY0.48
（中央音乐学院民族音乐研究所丛刊）

J0159071
欢庆胜利 （唢呐独奏 管弦乐 总谱）刘守义，杨继武作曲
北京 音乐出版社 1957 年 影印本 44 页
26cm（16 开）统一书号：8026.755
定价：CNY0.55

J0159072
冯子存笛子曲选 中央歌舞团编
北京 音乐出版社 1958 年 30 页 26cm（16 开）
统一书号：8026.1015 定价：CNY0.22

J0159073
贵州苗族芦笛曲选 贵州省歌舞团编
贵阳 贵州人民出版社 1958 年 43 页
19cm（32 开）统一书号：T8115.120
定价：CNY0.14

J0159074
闹秧歌 （唢呐独奏 民族管弦乐伴奏）顾振明作曲
北京 音乐出版社 1958 年 27 页 有图
26cm（16 开）统一书号：8026.831
定价：CNY0.28

J0159075
草原牧歌 （笛子 4 活页器乐曲）王铁钟编曲
北京 音乐出版社 1960 年 定价：CNY0.03

J0159076
笛子独奏曲八首 王铁锤编
北京 音乐出版社 1960 年 18 页 26cm（16 开）
统一书号：8026.1419 定价：CNY0.17

J0159077
放风筝 （笛子独奏）
北京 音乐出版社［196-？年］3 页
19cm（32 开）定价：CNY0.03

J0159078
赶路　王铁钟编曲
北京 音乐出版社 1960 年 定价：CNY0.03
（活页器乐曲 笛子 3）

J0159079
今昔 （笛子独奏曲集）陆春龄作曲
上海 上海文艺出版社 1960 年 69 页
26cm（16 开）统一书号：8078.1590
定价：CNY0.52
　　作者陆春龄（1921—2018），笛子演奏家、作曲家。创作笛子曲目有《今昔》《喜报》《江南春》《工地一课》等。

J0159080
喜庆 （唢呐独奏曲 民族管弦乐队伴奏
简谱本）刘凤桐编曲；王寿，亚孚整理伴奏
北京 音乐出版社 1961 年 12 页 26cm（16 开）
统一书号：8026.1450 定价：CNY0.14

J0159081
赶路柳摇金 （笛子独奏曲，民族管弦乐队伴奏）
王铁锤，李焕之编曲；刘沛配伴奏；冯子存传谱
北京 音乐出版社 1962 年 简谱本 18 页
26cm（16 开）统一书号：8026.1425
定价：CNY0.20
　　冯子存（1904—1987），笛子演奏家。生于河北阳原县。代表作品《喜相逢》《放风筝》《五梆子》《冯子存笛子曲选》等。

J0159082
欢庆胜利 （唢呐协奏曲 民族管弦乐 总谱 简谱本）刘守义，杨继武作曲；朴东生配器
北京 音乐出版社 1962 年 41 页 26cm（16 开）
统一书号：8026.1333 定价：CNY0.52
　　本作品是采用东北地区民间曲调为主旋律的唢呐协奏曲，由 3 个乐章组成。

J0159083
脚踏水车唱丰收 （笛子独奏 正谱本）《音乐

创作》编辑部编；龙飞等作曲；张慕鲁配伴奏
北京 音乐出版社 1962 年 11 页 26cm（16 开）
统一书号：8026.1703 定价：CNY0.19
（民族器乐创作选）

J0159084
脚踏水车唱丰收 （笛子独奏曲）龙飞，朱南溪，江先渭曲；张慕鲁配伴奏
北京 音乐出版社 1964 年 11 页 26cm（16 开）
统一书号：8026.1703 定价：CNY0.19
（民族器乐创作选）

J0159085
脚踏水车唱丰收 （笛子独奏曲 简谱版）
龙飞等作曲；张慕鲁配伴奏
北京 音乐出版社 1964 年 14 页 26cm（16 开）
统一书号：8026.1978 定价：CNY0.17

J0159086
脚踏水车唱丰收 （笛子独奏）龙飞等编曲
北京 音乐出版社 1965 年 7 页 19cm（32 开）
统一书号：8026.2369 定价：CNY0.05

J0159087
牧笛 （笛子独奏 小型民族管弦乐队伴奏）
刘炽作曲；刘森改编
北京 音乐出版社 1963 年 14 页 26cm（16 开）
统一书号：8026.1742 定价：CNY0.17
　　作者刘炽（1921—1998），电影作曲和歌曲家。原名刘德荫，曾用名笑山，陕西西安人。历任抗战剧团舞蹈演员，延安鲁迅艺术文学院音乐系教员，东北文工团作曲兼指挥，东北鲁艺音工团作曲兼指挥等职。代表作歌剧《阿诗玛》、歌曲《我的祖国》《英雄赞歌》《让我们荡起双桨》等。

J0159088
奔驰在草原上 （笛子独奏曲 民族管弦乐队伴奏）陆春龄作曲；顾冠仁配伴奏
北京 音乐出版社 1964 年 简谱本 41 页
26cm（16 开）统一书号：8026.1872
定价：CNY0.41
　　作曲陆春龄（1921—2018），笛子演奏家、作曲家。创作笛子曲目有《今昔》《喜报》《江南春》《工地一课》等。配乐顾冠仁（1942—　 ），作曲家。生于江苏海门，肄业于上海音乐学院。历任上海

民族乐团团长、艺术总监,中国民族管弦乐学会副会长,中国音乐家协会理事等。代表作品有《花木兰》《王昭君》等。

J0159089

凤凰展翅 (笙独奏曲)胡天泉,董洪德作曲
北京 音乐出版社 1964 年 5 页 26cm(16 开)
统一书号:8026.2155 定价:CNY0.09
(民族器乐创作选)

J0159090

挂红灯 (笛子独奏曲)冯子存改编;霍伟记谱
北京 音乐出版社 1964 年 3 页 26cm(16 开)
统一书号:8026.2184 定价:CNY0.07
(民族器乐创作选)

J0159091

海岛晨曲 (笙独奏曲)刘凤锦等作曲
北京 音乐出版社 1964 年 5 页 26cm(16 开)
统一书号:8026.2151 定价:CNY0.09
(民族器乐创作选)

J0159092

红旗招展 (笙独奏曲)董洪德,胡天泉作曲
北京 音乐出版社 1964 年 5 页 26cm(16 开)
统一书号:8026.2150 定价:CNY0.09
(民族器乐创作选)

J0159093

江河水 (双管独奏曲 民族乐队伴奏)鲁丁编曲
北京 音乐出版社 1964 年 10 页 26cm(16 开)
统一书号:8026.2077 定价:CNY0.17
　　本作品于 50 年代初根据辽南鼓吹乐中的同名曲调改编创作。乐曲由引子和 3 个段落组成。

J0159094

孔雀开屏 (笙独奏曲)阎海登作曲
北京 音乐出版社 1964 年 3 页 26cm(16 开)
统一书号:8026.2182 定价:CNY0.07
(民族器乐创作选)

J0159095

快乐的社员 (笛子独奏曲 新疆维吾尔族民歌 简谱本)王铁锤改编;吴国梁配伴奏
北京 音乐出版社 1964 年 6 页 26cm(16 开)
统一书号:8026.2157 定价:CNY0.11

J0159096

老工人讲的故事 (忆苦思甜 笛子独奏曲民族管弦乐队伴奏)吴重华等作曲
北京 音乐出版社 1964 年 28 页 26cm(16 开)
统一书号:8026.2159 定价:CNY0.29
(民族器乐创作选)

J0159097

农村活页器乐曲 (九 啦呱 唢呐对吹曲)音乐出版社编
北京 音乐出版社 1964 年 4 页 19cm(32 开)
统一书号:8026.2072 定价:CNY0.03

J0159098

水库引来金凤凰 (笙独奏曲)高扬,庆琛作曲;霍存慎配伴奏
北京 音乐出版社 1964 年 7 页 26cm(16 开)
统一书号:8026.2156 定价:CNY0.12
(民族器乐创作选)

J0159099

万年红 (笛子独奏曲)冯子存改编;霍伟记谱
北京 音乐出版社 1964 年 3 页 26cm(16 开)
统一书号:8026.2185 定价:CNY0.07
(民族器乐创作选)

J0159100

我是一个兵 (笛子独奏曲)胡结续改编
北京 音乐出版社 1964 年 3 页 26cm(16 开)
统一书号:8026.2181 定价:CNY0.07
(民族器乐创作选)
　　岳仑曲。

J0159101

喜庆封收 (唢呐独奏曲)赵春亭改编
北京 音乐出版社 1964 年 2 页 26cm(16 开)
统一书号:8026.2202 定价:CNY0.07
(民族器乐创作选)
　　本书由《喜庆封收(唢呐独奏曲)》与李群改编的唢呐独奏曲《花池》合订。

J0159102

忆苦思甜 (管子独奏曲)王丽南,李国英作曲

北京 音乐出版社 1964 年 16 页 26cm（16 开）
统一书号：8026.2160 定价：CNY0.17
（民族器乐创作选）

J0159103
荫中鸟 （笛子独奏曲）刘管乐作曲
北京 音乐出版社 1964 年 3 页 26cm（16 开）
统一书号：8026.2183 定价：CNY0.07
（民族器乐创作选）
　　作者刘管乐（1918—1990），笛子演奏家。生
于河北安国县。历任中国音乐家协会会员，中国
音乐家协会天津分会名誉理事，天津歌舞剧院一
级演员。代表作品《荫中鸟》《卖菜》。

J0159104
荫中鸟 （笛子独奏）刘管乐编曲
北京 音乐出版社 1965 年 3 页 19cm（32 开）
统一书号：8026.2370 定价：CNY0.03

J0159105
赵春亭唢呐独奏曲选 （简谱本）中央民族乐
团编
北京 音乐出版社 1964 年 24 页 26cm（16 开）
统一书号：8026.1956 定价：CNY0.29

J0159106
草原骑兵 （笙独奏曲）原野等作曲；王惠然
配伴奏
北京 音乐出版社 1965 年 5 页 26cm（16 开）
统一书号：8026.2201 定价：CNY0.10
（民族器乐创作选）

J0159107
吹管乐曲 （笛、笙、唢呐、管子）音乐出版社
编辑
北京 音乐出版社 1965 年 18 册 26cm（16 开）

J0159108
打靶归来 （笛子独奏）胡结续编曲
北京 音乐出版社 1965 年 5 页 19cm（32 开）
统一书号：8026.2262 定价：CNY0.04

J0159109
笛子曲集 陆春龄作曲
上海 上海文化出版社 1965 年 40 页

26cm（16 开）统一书号：8077.263
定价：CNY0.32
　　作者陆春龄（1921—2018），笛子演奏家、作
曲家。创作笛子曲目有《今昔》《喜报》《江南春》
《工地一课》等。

J0159110
都柳江边 （中音芦笙独奏曲）王丽南改编
北京 音乐出版社 1965 年 12 页 27cm（16 开）
统一书号：8026.2190 定价：CNY0.19
（民族器乐创作选）

J0159111
丰收乐 （唢呐独奏曲）赵春峰编曲
北京 音乐出版社 1965 年 5 页 26cm（16 开）
统一书号：8026.2198 定价：CNY0.10
（民族器乐创作选）

J0159112
花梆子 （笛子独奏）胡结续编曲
北京 音乐出版社 1965 年 5 页 19cm（32 开）
统一书号：8026.2264 定价：CNY0.04

J0159113
今昔 （笛子独奏曲）陆春龄作曲
北京 音乐出版社 1965 年 8 页 26cm（16 开）
统一书号：8026.2188 定价：CNY0.19
（民族器乐创作选）

J0159114
军营晨曲 （笛子独奏）胡结续编曲
北京 音乐出版社 1965 年 5 页 19cm（32 开）
统一书号：8026.2261 定价：CNY0.04

J0159115
牧马战士之歌 （笛子独奏曲）李遇秋作曲
北京 音乐出版社 1965 年 11 页 26cm（16 开）
统一书号：8026.2200 定价：CNY0.19
（民族器乐创作选）

J0159116
赛马会上 （笛子独奏）胡结续编曲
北京 音乐出版社 1965 年 7 页 19cm（32 开）
统一书号：8026.2259 定价：CNY0.05

J0159117
胜利归来 （笛子独奏）胡结续编曲
北京 音乐出版社 1965 年 5 页 19cm（32 开）
统一书号：8026.2260 定价：CNY0.04

J0159118
塔塔尔族舞曲 （笛子独奏曲）李崇望曲
北京 音乐出版社 1965 年 5 页 26cm（16 开）
统一书号：8026.2203 定价：CNY0.10
（民族器乐创作选）

J0159119
忆南方 （笛子独奏曲）（越）阮文商，玉潘改编
北京 音乐出版社 1965 年 12 页 26cm（16 开）
统一书号：8026.2081 定价：CNY0.19

J0159120
赞家乡 （笛子独奏）胡结续编曲
北京 音乐出版社 1965 年 7 页 19cm（32 开）
统一书号：8026.2263 定价：CNY0.05

J0159121
我光荣地当上了铁道兵 （笛子独奏 手风琴
伴奏）陶嘉舟改编
北京 音乐出版社 1966 年 14 页 19cm（32 开）
统一书号：8026.2490 定价：CNY0.07

J0159122
大寨红花遍地开 （笙独奏曲）胡天泉，王会
义曲
北京 人民文学出版社 1973 年 14 页
26cm（16 开）统一书号：10019.2099
定价：CNY0.14

J0159123
广阔天地炼红心 （笛子曲选 第一集）
北京 人民文学出版社 1973 年 37 页
26cm（16 开）统一书号：10019.2103
定价：CNY0.23

J0159124
牧民新歌 （笛子独奏曲 民族乐队伴奏）简广
易，王志伟曲
北京 人民文学出版社 1973 年 17 页
26cm（16 开）统一书号：10019.2022

定价：CNY0.15

J0159125
山村来了售货员 （唢呐独奏曲）张晓峰曲
上海 上海人民出版社 1973 年 24 页
26cm（16 开）统一书号：8171.600
定价：CNY0.14

J0159126
陕北好 （笛子独奏曲）高明曲
上海 上海人民出版社 1973 年 12 页
26cm（16 开）统一书号：8171.610
定价：CNY0.90

J0159127
扬鞭催马运粮忙 （笛子独奏曲）魏显忠曲
沈阳 辽宁人民出版社 1973 年 28 页
26cm（16 开）统一书号：8090.330
定价：CNY0.20

J0159128
人民的邮递员 （笛子独奏曲）白洁作曲
沈阳 辽宁人民出版社 1974 年 26 页
26cm（16 开）统一书号：8090.513
定价：CNY0.18

J0159129
夺丰收喜开镰 麦收时节 （笛子独奏曲
小乐队伴奏）曾理中等曲
北京 人民音乐出版社 1975 年 26 页
26cm（16 开）统一书号：8026.3065
定价：CNY0.20

J0159130
人民列车向前进 （笛子曲选）魏显忠等编曲
北京 人民音乐出版社 1975 年 30 页
26cm（16 开）统一书号：8026.3066
定价：CNY0.20

J0159131
驭手之歌 （送我师傅上大学 笛子独奏曲
小乐队伴奏）但乐平等曲
北京 人民音乐出版社 1975 年 32 页
26cm（16 开）统一书号：8026.3152
定价：CNY0.20

J0159132
枣园春色 （笛子独奏曲选 乐队伴奏）陕西人
民广播电台编
西安 陕西人民出版社 1975 年 47 页
26cm（16 开）统一书号：8094.296
定价：CNY0.25

J0159133
枣园春色 （第三集 笛子曲选）
北京 人民音乐出版社 1977 年 50 页
26cm（16 开）统一书号：8026.3297
定价：CNY0.30

J0159134
" 铁牛 " 高唱迎丰收 （笛子独奏 小乐队伴奏）
卜锡文,张枭作曲
兰州 甘肃人民出版社 1976 年 15 页
26cm（16 开）统一书号：8096.530
定价：CNY0.12

J0159135
红旗渠凯歌 （唢呐独奏曲 小民乐队伴奏）
高金香改编
北京 人民音乐出版社 1976 年 22 页
26cm（16 开）统一书号：8026.3202
定价：CNY0.20

J0159136
塞上铁骑 （笛子独奏）杨惠林编曲
北京 人民出版社 1976 年 18 页 26cm（16 开）
统一书号：8071.169 定价：CNY0.13

J0159137
笛子独奏曲 胡结续编著
成都 四川人民出版社 1977 年 68 页
26cm（16 开）统一书号：8118.293
定价：CNY0.31

J0159138
工地一课 （笛子独奏曲）陆春龄等曲
上海 上海人民出版社 1977 年 56 页
26cm（16 开）统一书号：8171.1674
定价：CNY0.25
　　作曲陆春龄(1921—2018),笛子演奏家、作
曲家。创作笛子曲目有《今昔》《喜报》《江南春》
《工地一课》等。

J0159139
林业工人学大庆 （笙曲三首 民族小乐队伴奏）
北京 人民音乐出版社 1977 年 30 页
26cm（16 开）统一书号：8026.3242
定价：CNY0.20

J0159140
丰收花儿漫高原 （笛子独奏曲 民族乐队伴奏）
王汉华曲
北京 人民音乐出版社 1978 年 20 页
26cm（16 开）统一书号：8026.3533
定价：CNY0.18

J0159141
风雪高原汽车兵 （笛子独奏）胡结续曲
北京 人民音乐出版社 1978 年 4 页
26cm（16 开）定价：CNY0.08
（活页器乐曲 笛子 21）

J0159142
欢乐的茶乡 （唢呐独奏曲 ）贺爱群,吴安明曲
北京 人民音乐出版社 1978 年 4 页
26cm（16 开）定价：CNY0.08
（活页器乐曲 唢呐 5）

J0159143
山乡晨歌 （笛子独奏曲 钢琴伴奏）
郭鸿玉曲；赵屏固配伴奏
北京 人民音乐出版社 1978 年 11 页
26cm（16 开）统一书号：8026.3456
定价：CNY0.29

J0159144
山乡喜迎新一代 （唢呐独奏曲）陈庆彦曲
北京 人民音乐出版社 1978 年 4 页
26cm（16 开）定价：CNY0.08
（活页器乐曲 唢呐 6）

J0159145
水乡新歌 （笛子独奏曲 小乐队伴奏）顾冠仁曲
北京 人民音乐出版社 1978 年 13 页
26cm（16 开）统一书号：8026.3460
定价：CNY0.15

作者顾冠仁（1942—　　），作曲家。生于江苏海门，肄业于上海音乐学院。历任上海民族乐团团长、艺术总监，中国民族管弦乐学会副会长，中国音乐家协会理事等。代表作品有《花木兰》《王昭君》等。

J0159146
太行新歌　（笛子独奏）万林等曲
北京　人民音乐出版社　1978 年　4 页
26cm（16 开）定价：CNY0.08
（活页器乐曲　笛子　22）

J0159147
笛子曲选　（1949—1979）中国音乐家协会编
北京　人民音乐出版社　1979 年　110 页
26cm（16 开）统一书号：8026.3637
定价：CNY0.64
　　本书收录《今昔》《扬鞭催马运粮忙》《牧民新歌》《苘中鸟》《早晨》《油田的早晨》等笛子曲中小型作品 33 首。

J0159148
笛子曲选　（1949—1979　线谱本）中国音乐家协会编
北京　人民音乐出版社　1987 年　140 页
26cm（16 开）统一书号：8026.4399
定价：CNY3.50

J0159149
帕米尔的春天　（笛子独奏曲）刘富荣作曲
乌鲁木齐　新疆人民出版社　1979 年　50 页
26cm（16 开）统一书号：8098.99
定价：CNY0.33

J0159150
沂河欢歌　（笛子独奏曲八首）曲祥等曲
北京　人民音乐出版社　1979 年　26 页
26cm（16 开）统一书号：8026.3626
定价：CNY0.23

J0159151
百鸟音　（笛子独奏曲　安徽民间乐曲）尹明山编曲；黄锡麟整理
北京　人民音乐出版社　1980 年　3 页
25cm（15 开）统一书号：8026.3698

定价：CNY0.08

J0159152
春到草原　（巴乌独奏曲　小型民族乐队伴奏）
严铁明曲
北京　人民音乐出版社　1980 年　38 页
25cm（小 16 开）统一书号：8026.3672
定价：CNY0.30

J0159153
节日　（笛子独奏曲）宁保生曲
北京　人民音乐出版社　1980 年　4 页
26cm（16 开）统一书号：8026.2697
定价：CNY0.08

J0159154
阳光照耀着帕米尔　（笛子独奏曲）杜次文曲
北京　人民音乐出版社　1980 年　3 页
25cm（16 开）统一书号：8026.3691
定价：CNY0.08

J0159155
又是一个丰收年　（笛子独奏曲）徐宁祥曲
北京　人民音乐出版社　1980 年　3 页
25cm（小 16 开）统一书号：8026.3696
定价：CNY0.08

J0159156
雷山芦笙曲选集　黔东南苗族侗族自治州文学艺术研究室编；王承祖，崔玉英执笔
贵阳　贵州人民出版社　1981 年　103 页
25cm（15 开）统一书号：8115.797
定价：CNY0.53

J0159157
黔东南苗族侗族自治州雷山芦笙曲选集
黔东南苗族侗族自治州文学艺术研究室编；王承祖，崔玉英执笔
贵阳　贵州人民出版社　1981 年　105 页
26cm（16 开）

J0159158
笙曲选　（1949—1979）中国音乐家协会编
北京　人民音乐出版社　1981 年　57 页
25cm（15 开）统一书号：8026.3834

定价：CNY0.56

　　本书收录《凤凰展翅》《孔雀开屏》《草原骑兵》《欢乐的草原》等笙曲中小型作品 20 首。

J0159159

笙曲选 （1949—1979 线谱版）中国音乐家协会编

北京 人民音乐出版社 1987 年 68 页

26cm（16 开）统一书号：8026.4573

定价：CNY2.20

J0159160

唢呐曲选 （1949—1979）中国音乐家协会编

北京 人民音乐出版社 1981 年 76 页

25cm（16 开）统一书号：8026.3805

定价：CNY0.58

　　本书收录 1949 年至 1979 年创作、改编的唢呐曲中小型作品 25 首。包括《节日》《朝阳沟是个好地方》《庆丰收》《山村来了个售货员》《春风吹绿黄河岸》等。

J0159161

唢呐曲选 （1949—1979 线谱本）中国音乐家协会编

北京 人民音乐出版社 1987 年 105 页

26cm（16 开）统一书号：8026.4596

定价：CNY2.95

J0159162

蔡敬民笛曲选 蔡敬民著

北京 人民音乐出版社 1982 年 57 页

26cm（16 开）统一书号：8026.3896

定价：CNY0.44

　　本书选收笛曲 11 首，既有现代题材的《水乡赞》《江南好》《我们的生活充满阳光》，也有改编的民间乐曲《欢乐歌》《鹧鸪飞》等。

J0159163

简广易笛子曲选 人民音乐出版社编辑部编

北京 人民音乐出版社 1982 年 57 页

25cm（小 16 开）统一书号：8026.4057

定价：CNY0.46

　　本书选《天山民兵之歌》《家乡赞》《牧民新歌》等 9 首笛子曲。

J0159164

陆春龄笛子曲集 陆春龄曲

北京 人民音乐出版社 1982 年 93 页

25cm（15 开）统一书号：8026.3941

定价：CNY0.64

　　本书收录 33 首笛子曲。作者陆春龄（1921—2018），笛子演奏家、作曲家。创作笛子曲目有《今昔》《喜报》《江南春》《工地一课》等。

J0159165

清泉话喜讯 （笛子曲选 第四集）人民音乐出版社编辑部编

北京 人民音乐出版社 1982 年 44 页

25cm（16 开）统一书号：8026.4020

定价：CNY0.36

J0159166

笛子曲集 （第一集）上海文艺出版社编

上海 上海文艺出版社 1983 年 65 页

25cm（16 开）统一书号：8078.3378

定价：CNY0.44

　　本书周璐 20 首独奏曲，包括冯子存的《五梆子》、陆春玲的《鹧鸪飞》、尹明山的《百鸟引》等。

J0159167

笛子曲集 （第四集）上海文艺出版社编

上海 上海文艺出版社 1983 年 25cm（小 16 开）

定价：CNY2.20

J0159168

笛子曲集 （第五集）上海文艺出版社编

上海 上海文艺出版社 1983 年 25cm（小 16 开）

定价：CNY2.20

J0159169

笛子曲集 （第六集）上海文艺出版社编

上海 上海文艺出版社 1983 年 25cm（小 16 开）

定价：CNY1.95

J0159170

笛子曲集 （第二集）上海文艺出版社编

上海 上海文艺出版社 1985 年 73 页

25cm（小 16 开）统一书号：8078.3535

定价：CNY0.73

J0159171
笛子曲集 （第三集）上海文艺出版社编
上海　上海文艺出版社　1987 年　73 页
25cm（小 16 开）ISBN：7-80553-095-5
定价：CNY0.95

J0159172
笛子曲集 （第四集）上海音乐出版社编
上海　上海音乐出版社　1990 年　93 页
26cm（16 开）ISBN：7-80553-174-9
定价：CNY2.20

J0159173
笛子曲集 （第五集）上海音乐出版社编
上海　上海音乐出版社　1993 年　71 页
26cm（16 开）ISBN：7-80553-447-0
定价：CNY3.75

J0159174
冯子存笛子曲集　冯子存曲；霍伟编
北京　人民音乐出版社　1984 年　64 页
25cm（15 开）统一书号：8026.4243
定价：CNY0.52
　　本书选编冯子存整理、改编、创作的笛曲 31
首。其中包括《喜相逢》《放风筝》《五梆子》《黄
莺亮翅》等。作者冯子存（1904—1987），笛子演
奏家。生于河北阳原县。代表作品《喜相逢》《放
风筝》《五梆子》《冯子存笛子曲选》等。

J0159175
贵州苗族芦笙　贵州省群众艺术馆［编］
［贵阳］［贵州省群众艺术馆］［1984 年］263 页
有图　18cm（15 开）
（贵州民族民间音乐资料　一）

J0159176
王铁锤笛子曲集　王铁锤编
北京　人民音乐出版社　1984 年　46 页
25cm（16 开）统一书号：8026.4289
定价：CNY0.45

J0159177
笛子练习曲选　曲祥，曲广义编著
北京　人民音乐出版社　1985 年　122 页
26cm（16 开）统一书号：8026.4342

定价：CNY1.10

J0159178
笙曲集　（一）人民音乐出版社编辑部编
北京　人民音乐出版社　1985 年　72 页
26cm（16 开）统一书号：8026.4315
定价：CNY1.05

J0159179
笛子曲集　（第五集）人民音乐出版社编辑部编
北京　人民音乐出版社　1986 年　102 页
26cm（16 开）统一书号：8026.4453
定价：CNY1.40

J0159180
笛子曲集　（第六集）人民音乐出版社编辑部编
北京　人民音乐出版社　1990 年　60 页
26cm（16 开）ISBN：7-103-00582-6
定价：CNY1.95

J0159181
刘管乐笛子曲选　刘管乐曲；人民音乐出版
社编辑部编
北京　人民音乐出版社　1986 年　103 页
26cm（16 开）统一书号：8026.4507
定价：CNY1.50
　　本书收录《和平鸽》《荫中鸟》《打谷场上》
等 25 首笛子曲。作者刘管乐（1918—1990），笛
子演奏家。生于河北安国县。历任中国音乐家
协会会员，中国音乐家协会天津分会名誉理事，
天津歌舞剧院一级演员。代表作品《荫中鸟》
《卖菜》。

J0159182
唢呐管子曲 29 首及其演奏技法　殷二文，
高金香编
北京　人民音乐出版社　1986 年　135 页
26cm（16 开）统一书号：8206.4478
定价：CNY1.85

J0159183
高明笛子曲选　人民音乐出版社编辑部编
北京　人民音乐出版社　1987 年　72 页
26cm（16 开）统一书号：8026.4537
定价：CNY1.00

J0159184
唢呐曲集 （第一集）人民音乐出版社编辑部编
北京 人民音乐出版社 1987年 104页
25cm（16开）统一书号：8026.4541
定价：CNY1.45

J0159185
百鸟音 （笛子曲集）余占友，王兴奎编
合肥 安徽文艺出版社 1988年 100页
26cm（16开）ISBN：7-5396-0108-6
定价：CNY2.60

J0159186
曲祥笛子曲选 曲祥曲；人民音乐出版社编
辑部编
北京 人民音乐出版社 1988年 174页
26cm（16开）ISBN：7-103-00200-2
定价：CNY2.45
　　本书收录笛子曲32首,其中练习曲11首。

J0159187
蔡敬民笛曲选续集 蔡敬民曲；人民音乐出
版社编辑部编
北京 人民音乐出版社 1989年 107页
26cm（16开）ISBN：7-103-00139-1
定价：CNY2.10

J0159188
任同祥唢呐曲集 上海音乐出版社编
上海 上海音乐出版社 1989年 131页
26cm（16开）ISBN：7-80553-130-7
定价：CNY3.85

J0159189
唢呐传统乐曲选 陈家齐编
北京 人民音乐出版社 1989年 208页
26cm（16开）ISBN：7-103-00474-9
定价：CNY5.00

J0159190
唢呐练习曲选 仲冬和,范国忠编著
北京 人民音乐出版社 1989年 226页
26cm（16开）ISBN：7-103-00299-1
定价：CNY3.75

J0159191
笛子高级练习曲选 曲祥等编著
北京 人民音乐出版社 1990年 151页
26cm（16开）ISBN：7-103-00652-0
定价：CNY4.35

J0159192
崔广林唢呐作品集 崔广林著
长春 时代文艺出版社 1991年 384页 有彩照
20cm（32开）ISBN：7-5387-0396-9
定价：CNY6.00
　　本书汇集了作者几十年来创作、改编的唢
呐作品,以及演奏过的部分传统曲目,共168首。
作者崔广林(1925—　　),戏曲及民间音乐家、演
奏家。

J0159193
唢呐曲牌荟萃 张来阳,张锋著
石家庄 花山文艺出版社 1991年 252页
有照片 20cm（32开）ISBN：7-80505-584-X
定价：CNY4.20
（乐坛百花丛书）

J0159194
郝玉岐唢呐曲选 郝玉岐编
郑州 河南人民出版社 1992年 104页
26cm（16开）ISBN：7-215-02075-4
定价：CNY4.00
　　作者郝玉岐(1941—　　),唢呐表演艺术家。
河南安阳人,一级演奏员。河南省政协委员、河
南省音乐家协会副主席。

J0159195
陆金山笛子曲选 陆金山曲；人民音乐出版
社编辑部编
北京 人民音乐出版社 1992年 196页
26cm（16开）ISBN：7-103-00936-8
定价：CNY5.90

J0159196
凤庆唢呐曲选 李琼华主编；凤庆县民委等编
昆明 云南人民出版社 1993年 321页
26cm（16开）ISBN：7-222-01410-1
定价：CNY11.35
（云南民族民间器乐曲丛书）

J0159197
唢呐曲 36 首　（冀东唢呐曲选）郑庆魁编
北京 人民音乐出版社 1993 年 166 页
26cm（16 开）ISBN：7-103-01025-0
定价：CNY6.20

J0159198
笛子教学曲精选　（上）曲广义,树蓬编订
北京 人民音乐出版社 1994 年 156 页
26cm（16 开）ISBN：7-103-01180-X
定价：CNY7.60

J0159199
笛子教学曲精选　（下）曲广义,树蓬编订
北京 人民音乐出版社 1994 年 168 页
26cm（16 开）ISBN：7-103-01181-8
定价：CNY8.10
　　本书收录《朝元歌》《渔夫曲》《双合凤》等
50 首导曲。

J0159200
中国竹笛名曲荟萃　上海音乐出版社编
上海 上海音乐出版社 1994 年 510 页
26cm（16 开）ISBN：7-80553-383-0
定价：CNY22.50
　　本书收录 20 世纪 50-90 年代各个历史时期、
各地区的竹笛曲 167 首,并有 6 篇介绍竹笛名家
的文章。外文书名：Chinese Music for Ti-Tzu.

J0159201
蒋国基笛曲选　蒋国基曲；人民音乐出版社
编辑部编
北京 人民音乐出版社 1995 年 163 页
26cm（16 开）ISBN：7-103-01224-5
定价：CNY8.20
　　作者蒋国基（1950— ）,国家一级演奏员、
作曲家。生于上海,祖籍浙江杭州。浙江歌舞团
独奏演员,中国音乐家协会会员、中国民族管弦
乐学会理事。代表作有《水乡船歌》《采桑曲》《雁
荡秋色》《忆江南》《西子湖畔采茶忙》,著有《蒋
国基笛曲选》《笛子入门教材》。

J0159202
萧曲集　张维良编
北京 人民音乐出版社 1996 年 79 页

26cm（16 开）ISBN：7-103-01347-0
定价：CNY9.40

J0159203
宁保生笛子曲选集　宁保生编著
北京 人民音乐出版社 1997 年 378 页
26cm（16 开）ISBN：7-103-01478-7
定价：CNY26.60

J0159204
安宁苗族阿作芦笙曲话谱集　朱明科收集整理
昆明 云南民族出版社 1998 年 98 页
26cm（16 开）ISBN：7-5367-1713-X
定价：CNY18.50

J0159205
唢呐曲集　胡海泉编著
太原 北岳文艺出版社 1998 年 2 册（73；77 页）
29cm（16 开）ISBN：7-5378-1819-3
定价：CNY39.00
（全国民族乐器演奏（业余）考级系列丛书）

J0159206
笛子名曲集　杨凯编
海口 南方出版社 1999 年 250 页 26cm（16 开）
ISBN：7-80609-956-5 定价：CNY25.80
　　本书收录《早晨》《下乡》《冷月》《采莲》
《化蝶》《牧笛》《春潮》《欢乐歌》《姑苏行》等
80 多首笛子名曲。

中国民族器乐曲——弓弦乐曲

J0159207
二簧西皮胡琴谱　（一卷）（清）辑
清 抄本

J0159208
全本工尺字　宝文堂辑
北京宝文堂 民国 刻本 平装

J0159209
西皮二簧　许笑厂撰
民国 石印本 有图 线装

J0159210

京调工尺谱 （卷二）慨志生著
上海　天宝书局　1915 年　石印本　88 页　有图
21cm（32 开）定价：大洋五角

J0159211

京调工尺谱 （卷二）慨志生著
上海　天宝书局　1916 年　再版　石印本　88 页
有图 19cm（32 开）定价：大洋三角

J0159212

实验小曲工尺谱　江天一编
上海　世界书局　1921 年　手写石印本　[40]页
19cm（32 开）环筒页装　定价：三角
　　本书包括大套、时调、滩簧、开篇、歌调、杂
调 6 部分。书前有二胡式、工尺读音法等 10 节
乐理和二胡演奏知识。

J0159213

实验京曲工尺谱　江天一编
上海　世界书局　1923 年　10 版　[52]页
20cm（32 开）环筒页装　定价：三角
　　本书介绍京胡的拉弓手势、把胡、用弦、和
音等内容，收录《文昭关》《朱砂痣》《三娘教子》
《二进宫》《乌盆计》《李陵碑》等 57 出京剧选段，
详注板眼，附唱句，并分二簧、西皮及正、慢各板
练习法。

J0159214

胡琴韵谱　苑月楼著；顾曲主人编；陈彦衡校订
北京　菊贤社　1924 年　78 页　有图 18cm（15 开）
定价：大洋七角
　　本书收录二簧、西皮的练习曲谱多首，以及
《王佐断臂》《朱砂痣》《二进宫》《桑园寄子》等
11 段京剧曲谱。工尺谱。

J0159215

京调胡琴工尺秘诀　齐嘉笨辑
北京　中华印刷局　1924 年　3 版　62+8 页
19cm（32 开）定价：大洋三角
　　本书收二簧、西皮的各种练习曲 20 余段，及
《朱砂痣》《三娘教子》《捉放曹》《洪洋洞》《柳
青娘》等 10 余段京剧曲谱。

J0159216

京调工尺秘诀续编　齐嘉笨辑
北京　中华印刷局　1930 年　5 版　50 页
19cm（32 开）定价：大洋三角
　　本书介绍西皮正板、原板工尺的过门；二簧
原板、正板、平板工尺的过门；正板、原板、倒
板、摇板二簧的过门谱等。

J0159217

南胡曲选　（上编）陈振铎，刘天华等编订
天津　河北省立女子师范学院　1935 年　[37]页
28cm（大 16 开）
　　本书收录《四合如意》《蕉窗夜雨》《三宝
佛》《月夜》《苦中乐》《良宵》《空山鸟语》等 20
首器乐曲，工尺谱。

J0159218

京调胡琴秘本　陈星垣编著
上海　大通图书社　1936 年　56 页　27cm（16 开）
　　本书分上、下篇。上篇为胡琴的演奏法，包
括入手之准备、练习点板、审音、实习之要点等；
下篇包括二簧、反二簧详谱、西皮详谱等。工
尺谱。

J0159219

京调工尺谱　（最新标准）许幼谦编
上海　国光书店　1938 年　再版　238 页
19cm（32 开）定价：四角
　　本书为中国京剧伴奏选集，收录《独木关》
《打棍出箱》等 34 段京剧曲谱，工尺谱。

J0159220

京调工尺谱　（最新标准）许幼谦编
上海　国光书店　1948 年　238 页　19cm（小 32 开）

J0159221

京调胡琴秘本　陈星垣著；鲍子周编
奉天　东都石印局　1939 年　56 页　19cm（32 开）
定价：四角

J0159222

二胡曲选　（卷上　公尺谱）教育部音乐教育委
员会编
教育部音乐教育委员会　[1941 年]　26 页
26cm（16 开）

本书包括五线谱、工尺谱两部分,收录《花快乐》《旱天雷》《月夜》《光明行》等 12 首曲目。附"编辑例言"和"符号说略"。

J0159223
二胡曲选 （卷上 五线谱）教育部音乐教育委员会编
教育部音乐教育委员会 1941 年 25+26 页
26cm（16 开）

J0159224
京调胡琴秘谱大全 京剧研究社编
上海 自强书局 民国三十三年[1944] 99+18 页
20cm（32 开）

J0159225
二胡曲集 朱郁之编
沈阳 东北人民出版社 1951 年 27 页
26cm（16 开）定价：旧币 6,000 元
（鲁艺音乐编译丛书 1）

J0159226
二胡练习曲 王寿庭,张瑶琮编
开封 河南人民出版社 1953 年 53 页
26cm（16 开）定价：旧币 4,900 元

J0159227
二胡练习曲 王寿庭,张瑶琮编
郑州 河南人民出版社 1957 年 重印本 56 页
26cm（16 开）统一书号：8105.43
定价：CNY0.46

J0159228
二胡练习曲 王寿庭编著
郑州 河南人民出版社 1962 年 2 版 修订本
59 页 26cm（16 开）统一书号：8105.43
定价：CNY0.42

J0159229
京胡实习谱 （1 凤还巢）朱庆觥编
上海 上海戏学书局 1953 年 影印本 3 页
26cm（16 开）定价：旧币 1,500 元

J0159230
京胡实习谱 （2 生死恨）朱庆觥编

上海 上海戏学书局 1953 年 影印本 3 页
26cm（16 开）定价：旧币 1,500 元

J0159231
京胡实习谱 （3 霸王别姬）朱庆觥编
上海 上海戏学书局 1953 年 影印本 3 页
26cm（16 开）定价：旧币 1,500 元

J0159232
京胡实习谱 （4 女起解）朱庆觥编
上海 上海戏学书局 1955 年 影印本 7 页
26cm（16 开）定价：CNY0.16

J0159233
京胡实习谱 （5 打渔杀家）朱庆觥编
上海 上海戏学书局 1955 年 影印本 3 页
26cm（16 开）定价：CNY0.08

J0159234
京胡实习谱 （6 搜孤、救孤）朱庆觥编
上海 上海戏学书局 1955 年 3 页 26cm（16 开）
定价：CNY0.08

J0159235
京胡实习谱 （7 失街亭）朱庆觥编
上海 上海戏学书局 1955 年 影印本 3 页
26cm（16 开）定价：CNY0.08

J0159236
京调琴谱 （3）屠志云编选
上海 武陵书屋 1953 年 76 页 有图
15cm（40 开）定价：旧币 2,500 元

J0159237
二胡练习曲 王寿庭,张瑶琮编
[北京] 朝花出版社 1955 年 [1]张 39cm（8 开）
定价：CNY0.49

J0159238
赶路 （板胡独奏曲 乐队伴奏 简谱版）
钟义良作曲
北京 音乐出版社 1956 年 13 页 26cm（16 开）
统一书号：8026.561 定价：CNY0.22

J0159239
胡琴教材 （第四部分之二　老生唱腔）
中国戏曲学校教学研究室编
北京　中国戏曲学校教学研究室　1956 年
油印本　83 页　26cm（16 开）

J0159240
胡琴教材 （第四部分之三　老旦、小生、花脸
唱腔）中国戏曲学校教学研究室编
北京　中国戏曲学校教学研究室　1956 年
油印本　74 页　26cm（16 开）

J0159241
五台会兄 （川剧胡琴）文国栋整理
成都　四川人民出版社　1956 年　32 页
18cm（32 开）统一书号：8118.109
定价：CNY0.09

J0159242
大起板 （板胡独奏曲）何彬作曲
上海　上海音乐出版社　1957 年　影印本　12 页
26cm（16 开）统一书号：8127.069
定价：CNY0.28

J0159243
灯节 （板胡独奏民族管弦乐伴奏　总谱）
白浩，戚仁发作曲
北京　北京音乐出版社　1957 年　20 页
26cm（16 开）统一书号：8026.694
定价：CNY0.22

J0159244
二胡创作曲集　刘北茂作曲
北京　音乐出版社　1957 年　35 页　26cm（16 开）
统一书号：8026.728 定价：CNY0.34

J0159245
二胡独奏曲集　音乐出版社辑
北京　音乐出版社　1957 年　16 页　26cm（16 开）
统一书号：8026.603 定价：CNY0.15

J0159246
京胡曲集　朱紫云编著
北京　音乐出版社　1957 年　120 页　26cm（16 开）
统一书号：8026.518 定价：CNY0.70

本书选择有代表性的过门、曲牌作为练习曲
予以介绍。将京剧曲谱按种类排列，分 12 节讲授，
其中曲牌 12 首，过门 43 段，曲谱 23 段。

J0159247
刘天华二胡曲集　刘育和，陆华柏编辑
北京　音乐出版社　1957 年　59 页　26cm（16 开）
统一书号：8026.650 定价：CNY0.80

J0159248
内蒙古四弦独奏曲　苏玛演奏；李郁文记谱整理
北京　音乐出版社　1957 年　46 页　有图
26cm（16 开）统一书号：8026.588
定价：CNY0.40
（中央音乐学院民族音乐研究所丛刊）

J0159249
春天来了 （高胡、古筝随想曲）雷雨声作曲
北京　音乐出版社　1958 年　影印本　18 页
26cm（16 开）统一书号：8026.813
定价：CNY0.28
本作品是根据福建民歌《采茶灯》改编的民
族器乐曲。

J0159250
二胡独奏曲八首　陆修棠作曲
上海　上海音乐出版社　1958 年　24 页
26cm（16 开）统一书号：8127.208
定价：CNY0.22

J0159251
二胡曲八首　蒋风之改编
北京　音乐出版社　1958 年　14 页　26cm（16 开）
统一书号：8026.940 定价：CNY0.16

J0159252
京胡曲谱集成　赵喇嘛口述；范石人整理记录
上海　上海文艺出版社　1958 年　143 页
26cm（16 开）统一书号：8078.164
定价：CNY0.75
作者范石人（1913—2012），上海人。上海市
文史馆原馆员，当代著名京剧余派艺术研究家、
教育家。

J0159253
三祭江 （川剧胡琴）白玉琼演唱；李崇魁记谱整理
成都 四川人民出版社 1958年 78页 12×13cm
统一书号：8118.116 定价：CNY.016

J0159254
二胡独奏曲八首 陆修棠作曲
上海 上海文艺出版社 1959年 新1版
24页 26cm（16开）统一书号：8078.0740
定价：CNY0.22

J0159255
二胡独奏曲八首 陆修棠作曲
上海 上海文艺出版社 1961年 新1版 24页
26cm（16开）统一书号：8079.074
定价：CNY0.22
　　本书附扬琴伴奏谱。

J0159256
二胡曲集 （第一集）音乐出版社编辑部编
北京 音乐出版社 1959年 32页 26cm（16开）
统一书号：8026.1086 定价：CNY0.22

J0159257
二胡曲集 （第二集）音乐出版社编辑部编
北京 音乐出版社 1959年 24页 26cm（16开）
统一书号：8026.1202 定价：CNY0.19

J0159258
二胡曲集 （第三集）音乐出版社编辑部编
北京 音乐出版社 1960年 40页 26cm（16开）
统一书号：8026.1399 定价：CNY0.27

J0159259
二胡曲集 （第四集）音乐出版社编辑部编
北京 音乐出版社 1962年 34页 26cm（16开）
统一书号：8026.1576 定价：CNY0.23

J0159260
二胡曲集 （第五集）音乐出版社编辑部编
北京 音乐出版社 1965年 49页 26cm（16开）
统一书号：8026.2332 定价：CNY0.36

J0159261
沪剧二胡练习曲 朱介生编著
上海 上海文艺出版社 1959年 83页 有图
26cm（16开）统一书号：8078.1242
定价：CNY0.60

J0159262
对花 （板胡独奏 民族管弦乐队伴奏）董洪德，张长城编曲
北京 音乐出版社 1960年 24页 28cm（16开）
统一书号：8026.1337 定价：CNY0.31

J0159263
二胡乐曲选集 （第一集 上海民族乐团专辑）
上海文艺出版社编辑
上海 上海文艺出版社 1960年 28页
26cm（16开）统一书号：8078.1268
定价：CNY0.22

J0159264
美丽的包河 （二胡演奏曲四首）刘北茂作
合肥 安徽人民出版社 1960年 15页
26cm（16开）统一书号：8102.126
定价：CNY0.14

J0159265
花梆子 （板胡独奏 民族管弦乐队伴奏 简谱本）
北京 音乐出版社 1961年 42页 26cm（16开）
统一书号：8026.1457 定价：CNY0.35

J0159266
良宵 （弦乐合奏曲）刘天华原曲；元之编曲
上海 上海文艺出版社 1961年 重印本 5页
30cm（12开）定价：CNY0.17
（器乐曲丛刊）

J0159267
花山是个好地方 （简谱本）瞿春泉编曲
上海 上海文艺出版社 1962年 13页
27cm（16开）统一书号：8078.1969
定价：CNY0.13
（民族器乐曲丛刊）

J0159268
湘江乐 （二胡独奏 正谱本）时乐濛作曲；《音

《乐创作》编辑部编
北京 音乐出版社 1962 年 6 页 26cm（16 开）
统一书号：8026.1588 定价：CNY0.16
（《音乐创作》活页 二）
　　作者时乐濛（1915—2008），音乐家、作曲家、指挥家。原名时广涵，生于河南伊川。曾在鲁迅艺术学院音乐系学习。曾任中国人民解放军总政治部歌舞团团长、解放军艺术学院副院长等职。编写《保卫莫斯科》歌曲、大合唱《祖国万岁》，主持音乐舞蹈史诗《东方红》及《中国革命之歌》的音乐创作。

J0159269
湘江乐　（二胡独奏曲）时乐濛曲
北京 音乐出版社 1964 年 5 页 26cm（16 开）
统一书号：8026.1588 定价：CNY0.10
（民族器乐创作选）

J0159270
草原上　（中胡独奏曲）刘明沅作曲；叶语配伴奏
北京 音乐出版社 1963 年 7 页 26cm（16 开）
统一书号：8026.1914 定价：CNY0.11

J0159271
草原上　（中胡独奏曲）刘明沅曲
北京 音乐出版社 1965 年 9 页 26cm（16 开）
统一书号：8026.1914 定价：CNY0.16
（民族器乐创作选）

J0159272
二胡曲选　上海音乐学院民乐系民族器乐教研组编
上海 上海文艺出版社 1963 年 103 页
26cm（16 开）统一书号：8078.2148
定价：CNY2.15
　　本书附分谱 1 册。

J0159273
二胡自修教程　田光编著
北京 音乐出版社 1963 年 110 页 有图
19cm（32 开）统一书号：8026.1873
定价：CNY0.31
　　作者田光（1925—2009），作曲家。原名田银山。解放军文艺出版社副社长兼《解放军歌曲》主编。代表作品《美好的赞歌》《献给你的旋律》。

J0159274
二胡自修教程　田光编著
北京 音乐出版社 1965 年 增订本 143 页
有图 19cm（32 开）统一书号：8026.1873
定价：CNY0.41
（部队音乐小丛书）

J0159275
凯旋　（高胡独奏 民族管弦乐队伴奏 简谱本）陈俊英作曲；彭修文改编
北京 音乐出版社 1963 年 12 页 26cm（16 开）
统一书号：8026.1716 定价：CNY0.25
　　作者彭修文（1931—1996），作曲家。湖北武汉汉口人，毕业于商业专科学校。历任重庆人民广播电台工作人员，中央广播民族乐团指挥兼作曲。创作改编作品有《步步高》《彩云追月》《花好月圆》《瑶族舞曲》。

J0159276
牧民归来　（中胡独奏曲）刘明沅作曲
北京 音乐出版社 1963 年 5 页 26cm（16 开）
统一书号：8026.1913 定价：CNY0.14

J0159277
牧民归来　（中胡独奏曲）刘明沅曲
北京 音乐出版社 1964 年 5 页 26cm（16 开）
统一书号：8026.1913 定价：CNY0.09
（民族器乐创作选）

J0159278
南蒲之春　（板胡 简谱本）阎绍一作曲
北京 音乐出版社 1963 年 6 页 19cm（32 开）
统一书号：8026.1708 定价：CNY0.06

J0159279
三门峡畅想曲　（二胡独奏 简谱本）刘文金作曲
北京 音乐出版社 1963 年 6 页 26cm（16 开）
统一书号：8026.1845 定价：CNY0.11

J0159280
三门峡畅想曲　（二胡独奏曲）刘文金曲
北京 音乐出版社 1964 年 5 页 26cm（16 开）
统一书号：8026.1845 定价：CNY0.12
（民族器乐创作选）

J0159281
春到田间 （高胡独奏曲 小型民族乐队伴奏）
林韵作曲
北京 音乐出版社 1964 年 8 页 26cm（16 开）
统一书号：8026.2101 定价：CNY0.11

J0159282
春到田间 （高胡独奏曲）林韵曲
北京 音乐出版社 1965 年 3 页 26cm（16 开）
统一书号：8026.2215 定价：CNY0.08

J0159283
二胡曲十首 （高胡独奏曲 简谱本）中国音乐
家协会上海分会编
上海 上海文化出版社 1964 年 61 页
26cm（16 开）统一书号：8077.197
定价：CNY0.46
　　本书是第四届"上海之春"二胡独奏比赛新
作品选集。

J0159284
农村之歌 （二胡独奏曲）陆修棠曲
北京 音乐出版社 1964 年 2 页 26cm（16 开）
统一书号：8026.2206 定价：CNY0.07
（民族器乐创作选）

J0159285
山村新歌 （二胡独奏曲）魏景舒作曲；音乐
创作编辑部编
北京 音乐出版社 1964 年 6 页 26cm（16 开）
统一书号：8026.1944 定价：CNY0.12
（《音乐创作》活页 十）

J0159286
五好花 （板胡独奏曲）长城，原野作曲
北京 音乐出版社 1964 年 3 页 26cm（16 开）
统一书号：8026.2154 定价：CNY0.07
（民族器乐创作选）

J0159287
雨花拾谱 （二胡独奏曲集）张锐，俞频作曲
南京 江苏人民出版社 1964 年 24 页
26cm（16 开）统一书号：8100.978
定价：CNY0.74

J0159288
豫北叙事曲 （二胡独奏曲 洋琴伴奏）刘文金
作曲
北京 音乐出版社 1964 年 8 页 26cm（16 开）
统一书号：8026.2066 定价：CNY0.11

J0159289
春城节日 （板胡独奏）周其昌，丁永盛作曲
北京 音乐出版社 1965 年 11 页 26cm（16 开）
统一书号：8026.2335 定价：CNY0.19

J0159290
丰收歌 （二胡独奏曲）王竹林作曲
北京 音乐出版社 1965 年 5 页 26cm（16 开）
统一书号：8026.2196 定价：CNY0.10
（民族器乐创作选）

J0159291
赶着马车喜盈盈 （板胡独奏曲 民族乐队伴
奏）周其昌作曲
北京 音乐出版社 1965 年 12 页 26cm（16 开）
统一书号：8026.2334 定价：CNY0.14

J0159292
"公社"的阿斯尔 （三弦独奏曲）王振先改编
北京 音乐出版社 1965 年 20 页 26cm（16 开）
统一书号：8026.2212 定价：CNY0.43
（民族器乐创作选）

J0159293
过马帮 （二胡独奏曲）史生保作曲
北京 音乐出版社 1965 年 7 页 26cm（16 开）
统一书号：8026.2195 定价：CNY0.13
（民族器乐创作选）

J0159294
过马帮 （二胡独奏曲）林韵曲
北京 音乐出版社 1965 年 3 页 26cm（16 开）
统一书号：8026.2215 定价：CNY0.08
（民族器乐创作选）

J0159295
红军哥哥回来了 （板胡独奏曲）长城，原野
作曲
北京 音乐出版社 1965 年 3 页 26cm（16 开）

统一书号：8026.2194 定价：CNY0.08
（民族器乐创作选）

J0159296
清凉的泉水 （马头琴独奏曲）辛沪光改编
北京 音乐出版社 1965 年 5 页 26cm（16 开）
统一书号：8026.2207 定价：CNY0.10
（民族器乐创作选）

J0159297
山村变了样 （二胡独奏曲）曾加庆作曲
北京 音乐出版社 1965 年 5 页 26cm（16 开）
统一书号：8026.2197 定价：CNY0.10
（民族器乐创作选）

J0159298
快乐的驭手 （板胡独奏曲 民族管弦乐队伴
奏）李敏,陈玉中作曲
北京 音乐出版社 1966 年 30 页 26cm（16 开）
统一书号：8026.2503 定价：CNY0.27

J0159299
上前线 （高胡独奏小型民族乐队伴奏）柳朗
编曲
北京 音乐出版社 1966 年 14 页 26cm（16 开）
统一书号：8026.2488 定价：CNY0.07

J0159300
大清河畔话当年 （板胡独奏曲）张增光等曲
北京 人民文学出版社 1973 年 49 页
26cm（16 开）统一书号：10019.2052
定价：CNY0.28

J0159301
"公社"春来早 （板胡独奏曲 民族管弦乐队伴
奏）石露,学义作曲
北京 人民文学出版社 1973 年 20 页
26cm（16 开）统一书号：10019.2023
定价：CNY0.15

J0159302
练兵场上 （板胡独奏曲）阎绍一编曲
北京 人民文学出版社 1973 年 16 页
26cm（16 开）统一书号：10019.2104
定价：CNY0.15

J0159303
人勤春来早 （二胡独奏曲 民族乐队伴奏）
张高寮曲；张镜聪配伴奏
北京 人民文学出版社 1973 年 13 页
26cm（16 开）统一书号：10019.2025
定价：CNY0.14

J0159304
喜送公粮 （二胡独奏曲 小乐队伴奏）
顾武祥,孟津作曲
上海 上海人民出版社 1973 年 12 页
26cm（16 开）统一书号：8171.766
定价：CNY0.10

J0159305
红旗渠水绕太行 （二胡独奏曲 扬琴伴奏）
闵惠芬,沈利群编曲
上海 上海人民出版社 1974 年 3 页
26cm（16 开）统一书号：8171.913
定价：CNY0.08

J0159306
心向北京唱丰收 （二胡曲选 第一集）
甘柏林等曲
北京 人民文学出版社 1974 年 44 页
26cm（16 开）统一书号：10019.2114
定价：CNY0.27

J0159307
心向北京唱丰收 刘北茂
北京 人民文学出版社 1974 年 20cm（32 开）
统一书号：8026.3051 定价：CNY0.27

J0159308
宝塔山下新一代 （二胡曲选 第二集）
北京 人民音乐出版社 1975 年 63 页
26cm（16 开）统一书号：8026.3047
定价：CNY0.35

J0159309
草原新牧民 （二胡独奏曲）刘长福曲
呼和浩特 内蒙古人民出版社 1975 年
8 页 26cm（16 开）统一书号：8089.27
定价：CNY0.12
　　　　作者刘长福,二胡演奏家。历任中央音乐学

院教授,中国音协二胡学会副会长、中国民族管弦乐学会理事、北京民族乐器厂技术顾问。

J0159310
二胡练习曲选　王国潼,张韶编选
北京　人民音乐出版社　1975 年　75 页
26cm(16 开)统一书号:8026.3149
定价:CNY0.41

J0159311
二胡练习曲选　(续集)王国潼等编选
北京　人民音乐出版社　1980 年　96 页
25cm(15 开)统一书号:8026.3705
定价:CNY0.56

J0159312
革命现代京剧《杜鹃山》主要唱段京胡伴奏谱　上海人民出版社编辑
上海　上海人民出版社　1975 年　82 页
26cm(16 开)统一书号:8171.1205
定价:CNY0.36

J0159313
秦川新歌　(板胡独奏曲　乐队伴奏)陕西人民广播电台编
西安　陕西人民出版社　1975 年　23 页
26cm(16 开)统一书号:8094.295
定价:CNY0.15

J0159314
劈山引水歌声扬　(二胡独奏　齐奏　扬琴伴奏)
王兴华曲
兰州　甘肃人民出版社　1976 年　[8]页
26cm(16 开)统一书号:8096.452
定价:CNY0.20

J0159315
喜唱丰收　(二胡独奏、领奏)
北京　人民出版社　1976 年　20 页　26cm(16 开)
统一书号:8071.167　定价:CNY0.15

J0159316
海岛盛开大寨花　(板胡独奏曲　民族乐队伴奏)沈立良曲
北京　人民音乐出版社　1977 年　38 页

26cm(16 开)统一书号:8026.3189
定价:CNY0.26

J0159317
心向北京唱丰收　(二胡曲选　第一集)
北京　人民音乐出版社　1977 年　重印本 44 页
26cm(16 开)统一书号:8026.3051
定价:CNY0.27

J0159318
沿着社会主义大道奔前方　(板胡独奏曲　小乐队伴奏)朱良楷编曲
上海　上海人民出版社　1977 年　40 页
26cm(16 开)统一书号:8171.1843
定价:CNY0.20

J0159319
愿亲人早日养好伤　(二胡独奏　小乐队伴奏)
朱良楷编曲
上海　上海人民出版社　1977 年　16 页
26cm(16 开)统一书号:8171.1766
定价:CNY0.11

J0159320
二泉映月　(二胡独奏曲)华彦钧曲
北京　人民音乐出版社　1978 年　5 页
26cm(16 开)统一书号:8026.3498
定价:CNY0.10

J0159321
二泉映月　(民族管弦乐曲·二胡与乐队五线谱)华彦钧曲;彭修文编配
北京　人民音乐出版社　1980 年　13 页
21cm(32 开)统一书号:8026.3743
定价:CNY0.15
　　作者彭修文(1931—1996),作曲家。湖北武汉汉口人,毕业于商业专科学校。历任重庆人民广播电台工作人员、中央广播民族乐团指挥兼作曲。创作改编作品有《步步高》《彩云追月》《花好月圆》《瑶族舞曲》。

J0159322
光明行　(二胡独奏曲)刘天华曲
北京　人民音乐出版社　1978 年　4 页
26cm(16 开)统一书号:8026.3499

定价: CNY0.10

作者刘天华(1895—1932),作曲家、演奏家、音乐教育家。原名刘寿椿,江苏江阴市人。曾任教于北京大学音乐研究会。代表作有《光明行》《良宵》《空山鸟语》《歌舞引》《飞花点翠》等。

J0159323
千里渔场变新颜 （二胡独奏曲）林述泰,周耀锟曲
北京　人民音乐出版社　1978 年　6 页
26cm（16 开）定价: CNY0.10
（活页器乐曲　二胡　32）

J0159324
幸福的歌儿唱不完 （第三集　二胡曲选）
北京　人民音乐出版社　1978 年　52 页
26cm（16 开）统一书号: 8026.3427
定价: CNY0.30

J0159325
迎着朝阳去韶山 （二胡齐奏曲　小乐队伴奏）周敦戬等曲
北京　人民音乐出版社　1978 年　12 页
26cm（16 开）统一书号: 8026.3473
定价: CNY0.15

J0159326
二胡曲选 （1949—1979）中国音乐家协会编
北京　人民音乐出版社　1979 年　125 页
26cm（16 开）统一书号: 8026.3651
定价: CNY0.72

本书收录《山村变了样》《拉骆驼》《豫北叙事曲》《三门峡畅想曲》《战马奔腾》等32 首,是从 1949 年至 1979 年创作、改编的二胡曲中的小型作品。

J0159327
二胡曲选 （1949–1979线谱版）中国音乐家协会编
北京　人民音乐出版社　1987 年　182 页
26cm（16 开）统一书号: 8026.4574
定价: CNY4.40

J0159328
江苏二胡曲集 （一）陈耀星等编曲

南京　江苏人民出版社　1979 年　85 页
26cm（16 开）统一书号: 8100.021
定价: CNY0.48

J0159329
太湖渔歌 （高胡独奏曲　钢琴伴奏）何山曲
上海　上海文艺出版社　1979 年　[17 页]
26cm（16 开）统一书号: 8078.3082
定价: CNY0.44

J0159330
拖拉机手之歌 （二胡齐奏曲　小民乐队伴奏）王国潼编曲
北京　人民音乐出版社　1979 年　14 页
26cm（16 开）统一书号: 8026.3554
定价: CNY0.15

J0159331
二胡曲集 （第一集）上海文艺出版社编
上海　上海文艺出版社　1980 年　58 页
26cm（16 开）统一书号: 8078.3219
定价: CNY0.40

J0159332
二胡曲集 （第二集）上海文艺出版社编
上海　上海文艺出版社　1982 年　58 页
26cm（16 开）统一书号: 8078.3347
定价: CNY0.40

J0159333
二胡曲集 （第三集）上海文艺出版社编
上海　上海文艺出版社　1984 年　88 页
26cm（16 开）统一书号: 8078.3443
定价: CNY0.60

J0159334
二胡曲集 （第四集）上海文艺出版社编
上海　上海文艺出版社　1984 年　67 页
26cm（16 开）统一书号: 8078.3461
定价: CNY0.47

J0162146
二胡曲集 （第五集）上海文艺出版社编
上海　上海文艺出版社　1985 年　75 页
26cm（16 开）统一书号: 8078.3531

定价：CNY0.82

J0159335
二胡曲集 （第六集）上海文艺出版社编
上海　上海文艺出版社　1987 年　96 页
26cm（16 开）统一书号：8078.3593
定价：CNY1.25

J0159336
二胡曲集 （第七集）上海文艺出版社编
上海　上海文艺出版社　1987 年　89 页
26cm（16 开）统一书号：8078.3618
定价：CNY1.15

J0159337
二胡曲集 （第九集）上海音乐出版社编
上海　上海音乐出版社　1990 年　26cm（16 开）
ISBN：7-80553-213-3　定价：CNY2.35

J0159338
二胡曲集 （第十集）上海音乐出版社编
上海　上海音乐出版社　1992 年　26cm（16 开）
ISBN：7-80553-347-4　定价：CNY4.10

J0159339
欢乐的彝寨 （二胡独奏曲）蒋才如曲
北京　人民音乐出版社　1980 年　5 页
19cm（32 开）统一书号：8026.3707
定价：CNY0.10

J0159340
火红的山村 （二胡独奏曲）樊祖荫曲
北京　人民音乐出版社　1980 年　5 页
25cm（小 16 开）统一书号：8026.3708
定价：CNY0.10
　　作者樊祖荫（1940—　　），教授。出生于浙江
余姚县，毕业于中国音乐学院。先后任中国音乐
学院音乐研究所副所长、教务处处长、副院长、
院长等职。出版《儿童歌曲写作概论》《中国多
声部民歌概论》《和声写作教程》等。

J0159341
江河水 （二胡独奏曲　东北民间乐曲）黄海怀
移植亲订指法；张心抚伴奏
北京　人民音乐出版社　1980 年　4 页

25cm（小 16 开）统一书号：8026.3694
定价：CNY0.08

J0159342
板胡曲选 （1949—1979）中国音乐家协会编
北京　人民音乐出版社　1981 年　73 页
25cm（18 开）统一书号：8026.3877
定价：CNY0.59

J0159343
板胡曲选 （1949—1979）中国音乐家协会编
北京　人民音乐出版社　1981 年　97 页
25cm（18 开）定价：CNY2.65
　　本书收录从 1949 年至 1979 年创作、改编的
板胡曲中的小型作品 25 首。包括《秦腔牌子曲》
《灯节》《红军哥哥回来了》等。

J0159344
板胡曲选 （1949-1979 线谱版）中国音乐家
协会编
北京　人民音乐出版社　1986 年　97 页
25cm（18 开）定价：CNY2.65

J0159345
春绿满山坡 王国潼，王世哲曲
北京　人民音乐出版社　1981 年　3 页
25cm（15 开）统一书号：8026.3832
定价：CNY0.10

J0159346
二胡曲九首及其演奏艺术要求 王国潼曲
北京　人民音乐出版社　1981 年　44 页
25cm（15 开）统一书号：8026.3775
定价：CNY0.35

J0159347
今昔 吉吉，均平曲
北京　人民音乐出版社　1981 年　3 页
25cm（15 开）统一书号：8026.3833
定价：CNY0.10

J0159348
流波曲 （弹乐）孙文明曲；蒋小凤记谱
北京　人民音乐出版社　1981 年　7 页
25cm（小 16 开）统一书号：8026.3778

定价:CNY0.18

J0159349
苏武　(中胡协奏曲)刘洙曲
北京　人民音乐出版社　1981 年　53 页
25cm(16 开)统一书号:8026.3764
定价:CNY0.59

J0159350
潇湘水畔庆丰收　刘建勋曲
北京　人民音乐出版社　1981 年　3 页
25cm(16 开)统一书号:8026.3831
定价:CNY0.10

J0159351
丰收乐　唐镜前著
北京　人民音乐出版社　1982 年　3 页
25cm(15 开)统一书号:8026.3940
定价:CNY0.10

J0159352
张锐二胡练习曲　张锐编
上海　上海文艺出版社　1982 年　43 页
26cm(16 开)统一书号:8078.3301
定价:CNY0.34
　　这是一本综合性的练习曲集,包括 20 首练
习曲,其中有的着重练弓法,有的着重练习指法,
有的兼而练之。作者张锐(1920—2016),二胡演
奏家、作曲家。生于云南昆明,刘天华先生再传
弟子。中国音乐家协会理事,江苏音乐家协会表
演艺术委员会主任委员。代表作有歌剧音乐《红
霞》,二胡曲《大河涨水沙浪沙》《苍山十八涧山
歌》《沂蒙山》《山林中》等,出版《雨花拾谱》《张
锐二胡练习曲集》《琴弦雨丝》。

J0159353
二胡练习曲 60 首　(简谱)高耀华曲
上海　上海文艺出版社　1983 年　69 页
25cm(15 开)统一书号:8078.3386
定价:CNY0.49

J0159354
优秀二胡曲选　(第一集)人民音乐出版社编
辑部编
北京　人民音乐出版社　1983 年　54 页

25cm(15 开)统一书号:8026.4060
定价:CNY0.79
　　本集收录《汉宫秋月》《行街》《二泉映月》
《良宵》等。

J0159355
优秀二胡曲选　(第二集)人民音乐出版社编
辑部编
北京　人民音乐出版社　1983 年　59 页
25cm(15 开)统一书号:8026.4131
定价:CNY1.00
　　本集收录《薰风曲》《江河水》《中花六板》
《光明行》等。

J0159356
赵喇嘛京胡曲谱　赵喇嘛口述;范石人整理
上海　上海文艺出版社　1984 年　再版　132 页
26cm(16 开)统一书号:8078.0164
定价:CNY1.10
　　本书记录整理了赵喇嘛操琴的过门、曲牌及
琴腔合谱 3 个部分的曲谱,主要用于伴奏老生唱
腔之用;曲牌部分也酌选几种适用青衣戏的;对
曲牌及过门的入、技、转、收等方法举例做了说
明;琴腔合谱部分对琴与腔的关系以及拖腔和垫
字等方法作了解释。作者范石人(1913—2012),
上海人。上海市文史馆原馆员,当代著名京剧余
派艺术研究家、教育家。

J0159357
珠江之恋　(高胡独奏曲　钢琴伴奏　正谱本)
乔飞曲
北京　人民音乐出版社　1984 年　13 页
25cm(小 16 开)统一书号:8026.4197
定价:CNY0.42

J0159358
二胡技巧练习曲　张泽伦曲
郑州　河南人民出版社　1985 年　56 页
26cm(16 开)统一书号:8105.1125
定价:CNY0.61

J0159359
1949—1979 板胡曲选　(线谱版)中国音乐
家协会编
北京　人民音乐出版社　1986 年　97 页

26cm（16开）统一书号：8026.4379

定价：CNY2.65

　　为了展现建国30年来音乐创作方面的成就，中国音乐家协会编选了两套作品选集：《建国三十年声乐作品选》和《建国三十年器乐作品选》。器乐作品选分为笛、笙、唢呐、板胡、二胡、琵琶、扬琴、筝以及小提琴、钢琴等11个专辑。本集为板胡曲专辑。

J0159360

二胡名曲欣赏　段启城，肖前勇著

成都　四川文艺出版社　1986年　71页

26cm（16开）统一书号：8374.18

定价：CNY0.90

J0159361

二胡曲集　（第四集）人民音乐出版社编辑部编

北京　人民音乐出版社　1986年　116页

26cm（16开）统一书号：8026.4441

定价：CNY1.55

J0159362

二胡曲集　（第五集）人民音乐出版社编辑部编

北京　人民音乐出版社　1990年　105页

27cm（16开）定价：CNY2.40

J0159363

二胡曲集　（第六集）人民音乐出版社编辑部编

北京　人民音乐出版社　1993年　71页

26cm（16开）ISBN：7-103-01046-3

定价：CNY3.00

J0159364

二胡曲集　（第七集）人民音乐出版社编辑部编

北京　人民音乐出版社　1999年　83页

26cm（16开）ISBN：7-103-01855-3

定价：CNY8.50

　　本书收录《杏花天影》《姑苏春晓》《塞北遐思》《金秋情》《回乡路上》《家乡恋》《宝岛新歌》《船歌》《山村乐》《心》《吴歌》《山歌》《金樱花开》《塞北金秋》等14首二胡乐曲。

J0159365

甘尚时高胡演奏曲选　（广东音乐曲选　一）

甘尚时作；人民音乐出版社编辑部编

北京　人民音乐出版社　1986年　103页

26cm（16开）统一书号：8026.4465

定价：CNY2.50

J0159366

孙文明二胡曲集　吴赣伯，周皓编

香港　上海书局　1986年　48页　有照片

28cm（16开）ISBN：962-239-007-2

定价：HKD20.00

J0159367

不屈的苏武　（二胡协奏曲　民族管弦乐　总谱）

彭修文曲

北京　人民音乐出版社　1987年　94页

26cm（16开）统一书号：8026.4548

定价：CNY1.50

　　本书为二胡协奏曲，民族管弦乐总谱。描述公元前100年左右，汉朝苏武出使匈奴的故事。乐曲分3乐章：风雪孤忠、思汉怀乡、执节荣归。

J0159368

二胡创作曲集　王寿庭曲

开封　河南大学出版社　1987年　53页　有照片

26cm（16开）统一书号：8435.006

ISBN：7-81018-027-4　定价：CNY1.00

J0159369

二胡音阶练习　王国潼编著

北京　人民音乐出版社　1987年　135页

26cm（16开）统一书号：8026.4544

定价：CNY2.00

　　本书收录108条练习曲目。介绍了掌握各种不同调性、调式的不同音程的不同指距关系、训练音准、换把、不同指序的排列、不同把位的力度控制以及各种弓法技巧。

J0159370

欢乐的彝家山寨　（二胡独奏曲　小乐队伴奏）

顾春雨曲

北京　人民音乐出版社　1987年　22页

26cm（16开）统一书号：8026.4629

定价：CNY0.49

J0159371

二胡高胡曲集　人民音乐出版社编辑部编

北京 人民音乐出版社 1988 年 41 页
26cm（16 开）ISBN：7-103-00132-4
定价：CNY0.78

J0159372
正气歌 （京胡协奏曲 总谱）杨巨方曲
北京 人民音乐出版社 1988 年 102 页
26cm（16 开）ISBN：7-103-00166-9
定价：CNY1.55

J0159373
二胡曲集 （第八集）上海音乐出版社编
上海 上海音乐出版社 1989 年 177 页
26cm（16 开）ISBN：7-80553-085-8
定价：CNY2.10

J0159374
板胡曲集 （一）人民音乐出版社编辑部编
北京 人民音乐出版社 1990 年 70 页
26cm（16 开）ISBN：7-103-00599-0
定价：CNY2.35
　　本书收录《秦川行》《月夜》《还家》《乡情》
等 19 首板胡新作。

J0159375
二胡曲集 （第九集）上海音乐出版社编
上海 上海音乐出版社 1990 年 104 页
26cm（16 开）ISBN：7-80553-213-3
定价：CNY2.35
　　本书收录《江河水》《赛马》《河北梆子风》
等 16 首二胡器乐曲。

J0159376
二胡演奏抒情歌曲 100 首　赵寒阳选编
北京 人民音乐出版社 1990 年 70 页
26cm（16 开）ISBN：7-103-00602-4
定价：CNY2.30
　　作者赵寒阳(1954—)，生于江苏常州。中
央音乐学院民乐系毕业。中国二胡学会副会长、
中央音乐学院民乐系教授、中国音乐家协会会
员、全国二胡考级专家委员会委员。从事二胡的
演奏及教学工作。出版有《二胡中级教程》《二
胡经典名曲 50 首详解》《二胡速成演奏法》《全
国二胡考级作品示范与讲解》《二胡弓法技巧训
练》等。

J0159377
二胡曲集 （第十集）上海音乐出版社编
上海 上海音乐出版社 1992 年 146 页
26cm（16 开）ISBN：7-80553-347-4
定价：CNY4.10

J0159378
全国二胡(业余)考级作品集 （试行 第一
级～第六级）张韶等主编；中国音协全国乐器
演奏(业余)考级委员会二胡专家委员会编
北京 人民音乐出版社［1992 年］122 页
26cm（16 开）ISBN：7-103-01041-2
定价：CNY5.50
　　作者张韶，中央音乐学院教授。

J0159379
全国二胡(业余)考级作品集 （试行 第七
级～第十级）张韶等主编；中国音协全国乐器
演奏(业余)考级委员会二胡专家委员会编
北京 人民音乐出版社 1993 年 150 页
26cm（16 开）ISBN：7-103-01042-0
定价：CNY5.50

J0159380
燕守平操琴曲谱选　陈同仁编
北京 文化艺术出版社 1992 年 235 页 有照片
26cm（16 开）ISBN：7-5039-0958-7
定价：CNY9.00

J0159381
二胡基础练习三百首　王国潼，赵寒阳编著
北京 人民音乐出版社 1993 年 212 页
26cm（16 开）ISBN：7-103-01047-1
定价：CNY7.35

J0159382
二胡 （上海音乐学院音乐定级考试曲集）
上海音乐学院音乐定级考试委员会编
上海 上海音乐出版社 1994 年 65 页
26cm（16 开）ISBN：7-80553-543-4
定价：CNY8.50

J0159383
二胡风格练习曲 158 首　王国潼，赵寒阳编
北京 人民音乐出版社 1994 年 135 页

26cm（16 开）ISBN：7–103–01136–2
定价：CNY6.10

J0159384
二胡演奏中国民歌 200 首　赵寒阳选编
北京 人民音乐出版社 1994 年 126 页
26cm（16 开）ISBN：7–103–01189–3
定价：CNY5.70

J0159385
二胡演奏中国民歌 200 首　赵寒阳选编
北京人民音乐出版社 1994 年 126 页
26cm（16 开）ISBN：7–103–01189–3
定价：CNY5.70
　　作者赵寒阳(1954—　　)，生于江苏常州。中央音乐学院民乐系毕业。中国二胡学会副会长、中央音乐学院民乐系教授、中国音乐家协会会员、全国二胡考级专家委员会委员。从事二胡的演奏及教学工作。出版有《二胡中级教程》《二胡经典名曲 50 首详解》《二胡速成演奏法》《全国二胡考级作品示范与讲解》《二胡弓法技巧训练》等。

J0159386
通俗二胡小曲集　王志伟编
北京 人民音乐出版社 1994 年 83 页
26cm（16 开）ISBN：7–103–01190–7
定价：CNY3.90
　　本书收录《人说山西好风光》《山歌》《羊毛剪子咔嚓响》等 50 首二胡小曲。

J0159387
二胡独奏曲集　吕痴编著
北京 中国文联出版公司 1995 年 129 页
26cm（16 开）ISBN：7–5059–0968–1
定价：CNY8.90
　　作者吕痴(1955—　　)，二胡演奏员。大庆歌舞团二胡演奏兼作曲，中国音乐家协会黑龙江分会会员。有《吕痴民族器乐作品精选》。

J0159388
二胡演奏革命传统歌曲 100 首　赵寒阳编
北京 人民音乐出版社 1995 年 113 页
26cm（16 开）ISBN：7–103–01309–8
定价：CNY8.90

J0159389
中国二胡考级曲集　（演奏提示版）王永德主编
上海 上海音乐出版社 1995 年 210 页
26cm（16 开）ISBN：7–80553–506–X
定价：CNY8.90

J0159390
二胡演奏世界名曲 100 首　赵寒阳选编
北京 人民音乐出版社 1996 年 119 页
26cm（16 开）ISBN：7–103–01329–2
定价：CNY9.10

J0159391
蒋风之二胡演奏谱十五首　蒋青整理
北京 人民音乐出版社 1996 年 30 页
26cm（16 开）ISBN：7–103–01339–X
定价：CNY4.50

J0159392
全国二胡演奏（业余）考级作品集　（第二套 1 第一级～第四级）许讲德等主编；中国音协全国乐器演奏考级委员会二胡专家委员会编
北京 人民音乐出版社 1996 年 146 页
31cm（10 开）ISBN：7–103–01422–1
定价：CNY27.70

J0159393
全国二胡演奏（业余）考级作品集　（第二套 2 第五级～第六级）许讲德等主编；中国音协全国乐器演奏考级委员会，二胡专家委员会编
北京 人民音乐出版社 1996 年 144 页
31cm（10 开）ISBN：7–103–01426–4
定价：CNY26.60

J0159394
全国二胡演奏（业余）考级作品集　（第二套 3 第七级～第八级）许讲德等主编；中国音协全国乐器演奏考级委员会，二胡专家委员会编
北京 人民音乐出版社 1996 年 152 页
31cm（10 开）ISBN：7–103–01427–2
定价：CNY27.70

J0159395
全国二胡演奏（业余）考级作品集　（第二套 4 第九级～第十级）许讲德等主编；中国音协全

国乐器演奏考级委员会二胡专家委员会编
北京　人民音乐出版社　1996 年　125 页
31cm（10 开）ISBN：7-103-01468-X
定价：CNY23.80

J0159396
二胡曲集　（合订本　第一集至第五集）上海音乐出版社编
上海　上海音乐出版社　1997 年　352 页
26cm（16 开）

J0159397
二胡曲集　（合订本　第六集至第十集）上海音乐出版社编
上海　上海音乐出版社　1997 年　516 页
26cm（16 开）

J0159398
全国二胡演奏（业余）考级作品集　（第一套
1　第一级～第六级）张韶等主编；中国音协全国乐器演奏考级委员会二胡专家委员会编
北京　人民音乐出版社　1997 年　修订版
159 页　31cm（10 开）ISBN：7-103-01521-X
定价：CNY28.80
　　作者张韶，中央音乐学院教授。

J0159399
全国二胡演奏（业余）考级作品集　（第一套
2　第七级～第十级）张韶等主编；中国音协全国乐器演奏考级委员会二胡专家委员会编
北京　人民音乐出版社　1997 年　修订版　166 页
31cm（10 开）ISBN：7-103-01522-8
定价：CNY29.90

J0159400
乡音　（二胡曲集）骆季超著
北京　中国青年出版社　1997 年　重印本　134 页
28cm（16 开）ISBN：7-5006-1859-X
定价：CNY16.00
　　作者骆季超（1941—　），国家一级作曲家。湖北枣阳县人。福建省歌舞剧院专业音乐创作员。主要作品有《鼓浪屿小夜曲》《古田颂歌》《请到我们公社来》《虎门长啸》等。

J0159401
中国二胡名曲荟萃　（上）上海音乐出版社编
上海　上海音乐出版社　1997 年　535 页
26cm（16 开）ISBN：7-80553-650-3
定价：CNY34.60
　　　外文书名：Chinese Music for Erhu.

J0159402
二胡流畅练习曲 26 首　苏汉兴著
上海　上海音乐出版社　1998 年　80 页
26cm（16 开）ISBN：7-80553-692-9
定价：CNY8.50

J0159403
二胡演奏少儿歌曲 100 首　赵寒阳选编
北京　人民音乐出版社　1998 年　66 页
26cm（16 开）ISBN：7-103-01615-1
定价：CNY7.20
　　作者赵寒阳（1954—　），生于江苏常州。中央音乐学院民乐系毕业。中国二胡学会副会长、中央音乐学院民乐系教授、中国音乐家协会会员、全国二胡考级专家委员会委员。从事二胡的演奏及教学工作。出版有《二胡中级教程》《二胡经典名曲 50 首详解》《二胡速成演奏法》《全国二胡考级作品示范与讲解》《二胡弓法技巧训练》等。

J0159404
全国二胡演奏（业余）考级作品集　（第三套
1　第一级～第四级）许讲德等主编；中国音协全国乐器演奏考级委员会，二胡专家委员会编
北京　人民音乐出版社　1998 年　126 页
31cm（10 开）ISBN：7-103-01733-6
定价：CNY24.80

J0159405
全国二胡演奏（业余）考级作品集　（第三套
2　第五级～第六级）许讲德等主编；中国音协全国乐器演奏考级委员会，二胡专家委员会编
北京　人民音乐出版社　1998 年　180 页
31cm（10 开）ISBN：7-103-01734-4
定价：CNY32.30

J0159406
全国二胡演奏（业余）考级作品集　（第三套

3　第七级～第八级）许讲德等主编；中国音协全国乐器演奏考级委员会,二胡专家委员会编
北京　人民音乐出版社　1998 年　161 页
31cm（10 开）ISBN：7-103-01735-2
定价：CNY29.40

J0159407
全国二胡演奏(业余)考级作品集　（第三套 4　第九级～第十级）许讲德等主编；中国音协全国乐器演奏考级委员会,二胡专家委员会编
北京　人民音乐出版社　1998 年　163 页
31cm（10 开）ISBN：7-103-01736-0
定价：CNY30.00

J0159408
二胡独奏曲精选　（演奏提示版）杨长安编著
长沙　湖南文艺出版社　1999 年　207 页
30cm（10 开）ISBN：7-5404-2066-9　定价：CNY20.00

J0159409
二胡名曲集　杨凯编
海口　南方出版社　1999 年　316 页　26cm（16 开）
ISBN：7-80609-957-3　定价：CNY29.80
　　本书收录《良宵》《月夜》《悲歌》《光明行》《病中吟》《怀乡行》《信天游》《满江红》等近 60 首二胡名曲。

J0159410
二胡演奏京剧曲调 100 首　赵寒阳,汤宜退选编
北京　中国青年出版社　1999 年　217 页
26cm（16 开）

J0159411
二胡重奏练习　赵寒阳编著
北京　人民音乐出版社　1999 年　215 页
26cm（16 开）ISBN：7-103-01690-9
定价：CNY16.50

J0159412
全国二胡演奏(业余)考级作品(一套、二套、三套)选集　（混编　第一级～第十级）许讲德等主编；中国音协全国乐器演奏考级委员会,二胡专家委员会编

北京　中国青年出版社　1999 年
3 册（142；131；156 页）30cm（10 开）
ISBN：7-5006-3431-5　定价：CNY80.00

J0159413
许讲德二胡演奏曲选及艺术特色　王志伟,邬昀编著
北京　人民音乐出版社　1999 年　81 页　有照片
26cm（16 开）ISBN：7-103-01700-X
定价：CNY10.10

J0159414
优秀二胡曲选　（钢琴伴奏谱　线谱版）董锦汉编著
北京　中国广播电视出版社　1999 年　171 页
31cm（10 开）ISBN：7-5043-3320-4
定价：CNY38.00

中国民族器乐曲——弹拨乐曲

J0159415
步虚仙琴谱　（九卷）(明)顾挹江撰
明　刻本

J0159416
步虚仙琴谱　（九卷）(明)顾挹江撰
明嘉靖　刻本

J0159417
风宣玄品　（十卷）(明)张鲲撰
明　抄本

J0159418
风宣玄品　（十卷）(明)张鲲撰
徽藩　明嘉靖十八年［1539］刻本

J0159419
琵琶录　（宋)曾慥辑
明　抄本
（类说）

J0159420
琴谱正传　（六卷）(明)杨嘉森辑
一乐堂　明　刻本

J0159421
琴曲谱录 （宋释）居月撰
明　刻本　线装
（宋一百四十名家群贤小说）
　　　九行十九字白口左右双边单鱼尾。

J0159422
琴曲谱录 （宋释）居月撰
明　刻本　线装
（宋人百家小说）
　　　九行二十字白口左右双边单鱼尾。收于《宋人百家小说》之《琐记家》中。

J0159423
琴曲谱录 （宋释）居月撰
明末　刻本　线装
（正续太平广记）
　　　收于《正续太平广记》之《宋人百家小说》中。

J0159424
琴曲谱录 （一卷）（宋释）居月撰
李际期宛委山堂　清初　刻本　重修　线装
（说郛）
　　　明末刻清初李际期宛委山堂重修汇印本。收于《说郛》卷第一百中。

J0159425
琴曲谱录 （一卷）（宋释）居月撰
李际期宛委山堂　清初　刻本　续刻
（说郛）
　　　明末刻清初李际期宛委山堂续刻汇印本。

J0159426
琴曲谱录 （一卷）（宋释）居月撰
清顺治　刻本　线装
（说郛）
　　　收于《说郛》卷第一百中。

J0159427
琴曲谱录 （一卷）（宋释）居月撰
清　刻本　重修　线装
（说郛）
　　　九行二十字白口左右双边单鱼尾。收于《说郛》卷第一百中。

J0159428
琴曲谱录 （一卷）（宋释）居月撰
清　汇印本
（五朝小说）

J0159429
松弦馆琴谱 （二卷）（明）严澂撰
明　刻本
　　　清补印本。

J0159430
松弦馆琴谱 （二卷）（明）严澂撰
明万历　刻本

J0159431
松弦馆琴谱 （二卷）（明）严澂撰
内府　清乾隆　写本
（四库全书）

J0159432
太古遗音 （二卷）（明）袁均哲撰
明　刻本

J0159433
太古遗音 （二卷）辑
明　刻本　线装

J0159434
太古遗音 （六卷）（明）朱权辑
明　刻本
　　　作者朱权(1378—1448),明太祖朱元璋第十七子,封宁王,号臞仙,又号涵虚子、丹丘先生。

J0159435
太古遗音 （四卷）（明）黄士达辑
明　刻本

J0159436
太古遗音 （五卷）辑
明　彩绘本

J0159437
太古遗音 （三卷）（明）谢琳辑
明正德　刻本

J0159438
太古遗音 （不分卷）（明）杨抡辑
李嘉遇 明万历 刻本
（琴谱合璧）
　　　　收于《琴谱合璧》二种中。作者杨抡（？ —1634年），白族，明朝政治人物、音乐家。号桐庵，又号鹤浦，云南鹤庆府(今鹤庆县等地)人。

J0159439
太古遗音 （二卷）（明）杨抡辑
明万历三十七年［1609］刻本
（琴谱合璧）
　　　　作者杨抡（？ —1634），号桐庵，又号鹤浦，云南鹤庆府(今鹤庆县等地)人，白族。明朝政治人物、音乐家。

J0159440
太古遗音 （不分卷）（明）杨可传补辑
清初 抄本

J0159441
太古遗音 （二卷）（明）杨抡辑
湘农 清道光二十八年［1848］抄本

J0159442
五声琴谱 （一卷）（明）朱□□撰
明 抄本
　　　　八行无格。

J0159443
新刊村音大全集 （六卷）（明）朱权撰
书林金台汪氏 明 刻本

J0159444
义轩琴经 （二卷）（明）张一亨辑
明 刻本

J0159445
臞仙神奇秘谱 （三卷）（明）朱权辑
明洪熙元年［1425］刻本

J0159446
新刊发明琴谱 （二卷）（明）黄龙山撰
弋阳黄氏 明嘉靖九年［1530］刻本

J0159447
梧冈琴谱 （十卷）（明）黄献辑
明嘉靖二十五年［1546］刻本

J0159448
梧冈琴谱 （十卷）（明）黄献辑
清 抄本

J0159449
杏庄太音补遗 （三卷 续补一卷）（明）萧鸾撰
萧鸾 明嘉靖三十六年［1557］刻本

J0159450
瑟谱 （一卷）（明）朱厚烷撰
朱载堉 明嘉靖四十年［1561］刻本
　　　　八行十六字白口四周单边。

J0159451
瑟谱 （十卷）（明）朱载烷撰
毛氏汲古阁 清初 抄本
　　　　有清黄丕烈跋。作者朱载烷(1536—1611)，明代乐律学家。代表作品有《乐律全书》《律吕正论》《律吕质疑辨惑》《嘉量算经》《律吕精义》《律历融通》等。

J0159452
瑟谱 （六卷）（元）熊朋来撰
海虞张海鹏 清嘉庆十三至十六年［1808–1811］刻本
（墨海金壶）
　　　　收于《墨海金壶》一百十四种七百十三卷中。

J0159453
瑟谱 （一卷）（清）张锡九等撰
王泉之 清道光九年［1829］刻本

J0159454
瑟谱 （不分卷）（清）朱棠辑
三韩王鼎宜 清道光十二年［1832］抄本

J0159455
瑟谱 （不分卷）（清）朱棠辑
鄂氏叶汝舟 清末 抄本

J0159456
瑟谱 （六卷）（元）熊朋来撰
清咸丰二年［1852］刻本 有图 线装
（粤雅堂丛书）
　　九行二十一字小字双行同黑口左右双边。

J0159457
瑟谱 （十卷）（明）山阳酒狂仙客撰
民国 影印本 有图 线装
　　本书据毛氏汲古阁抄本影印。分二册。十
行二十四字白口左右双边单鱼尾。作者朱载堉，
号山阳酒狂仙客。

J0159458
瑟谱 （十卷）（明）朱载堉编
民国 影印本 有图 线装

J0159459
瑟谱 （六卷）（元）熊朋来撰
民国十年［1921］线装

J0159460
瑟谱 （十卷）（明）朱载堉撰
武进陶氏涉园 民国十九年［1930］抄本 影印本

J0159461
太音传习 （五卷）（明）李仁撰
周桂山 明嘉靖四十年［1561］刻本

J0159462
伯牙心法 （不分卷）（明）杨抡辑
李嘉遇 明万历 刻本
（琴谱合璧）
　　收于《琴谱合璧》二种中。

J0159463
伯牙心法 （不分卷）（明）杨抡辑
明万历 刻本

J0159464
伯牙心法 （一卷）（明）杨抡辑
明万历三十七年［1609］刻本
（琴谱合璧）

J0159465
伯牙心法 （不分卷）（明）杨抡辑
明末 刻本

J0159466
藏春坞琴谱 （六卷）（明）郝宁等辑
明万历 刻本

J0159467
操缦古乐谱 （一卷）（明）朱载堉撰
郑藩 明万历 刻本
（乐律全书）
　　收于《乐律全书》十五种四十八卷中。

J0159468
操缦古乐谱 （明）朱载堉编述
明万历 刻本 有图 线装
　　分二册。十二行字数不一黑口四周双边双
鱼尾。

J0159469
操缦古乐谱 （一卷）（明）朱载堉辑
明万历 刻本
（乐律全书）

J0159470
操缦古乐谱 （一卷）（明）朱载堉辑
明万历 刻本 增修
（乐律全书）

J0159471
琴谱 （六卷）（明）杨表正撰
明万历 刻本

J0159472
琴谱合璧二种 （明）杨抡辑
李嘉遇 明万历 刻本
　　分六册。八行十六字白口四周双边。

J0159473
青莲舫琴雅 （四卷）（明）林有麟辑
明万历 刻本

J0159474
太古正音琴经 （十四卷）（明）张大命辑

明万历　刻本

J0159475
太古正音琴谱　（四卷）（明）张大命辑
明万历　刻本

J0159476
新传理性元雅　（四卷）（明）张廷玉辑
明万历　刻本

J0159477
新传理性元雅　（四卷）（明）张廷玉辑
金阊朱行素　清　刻本

J0159478
新刊正文对音捷要琴谱真传　（六卷）（明）
杨表正撰
唐富春　明万历元年［1573］刻本

J0159479
新刻文会堂琴谱　（六卷）（明）胡文焕撰
胡氏文会堂　明万历　刻本
（格致丛书）

J0159480
新刻文会堂琴谱　（六卷）（明）胡文焕撰
明万历　刻本
（游艺四家）

J0159481
新刻文会堂琴谱　（六卷）（明）胡文焕撰
胡氏文会堂　明万历二十五年［1597］刻本
　　分六册。十行二十字白口左右双边。

J0159482
阳春堂琴谱　（四卷）（明）张大命辑
明万历　刻本

J0159483
阳春堂琴谱续集　（一卷）（明）张大命辑
明万历　刻本

J0159484
真传正宗琴谱　（不分卷）（明）杨抡辑
明万历　刻本

J0159485
五音琴谱　（二卷）（明）朱珵辑
沈藩　明万历七年［1579］刻本

J0159486
重修正文对音捷要真传琴谱大全　（十卷）
（明）杨表正撰
金陵　富春堂　明万历十三年［1585］刻本

J0159487
重修正文对音捷要真传琴谱大全　（十卷）
（明）杨表正撰
金陵　富春堂　明万历十三年［1585］刻本
　　积秀堂印本。

J0159488
重修正文对音捷要真传琴谱大全　（十卷）
（明）杨表正撰
金陵　富春堂　明万历十三年［1585］刻本
　　翼圣堂印本。

J0159489
重修正文对音捷要真传琴谱大全　（十卷）
（明）杨表正撰
明万历十三年［1585］刻本　有图　线装
　　分十册。十行字数不等白口四周双边单
鱼尾。

J0159490
太古释音琴谱　（六卷）（明）卢五臣等辑
明万历十五年［1587］刻本

J0159491
玉梧琴谱　（三卷）（明）张进朝辑
明万历十七年［1589］刻本

J0159492
三教同声　（三卷）（明）张德新辑
明万历二十年［1592］刻本

J0159493
绿绮新声　（二卷）（明）徐时琪撰
荆山书林　明万历二十五年［1597］刻本　有图
线装
（夷门广牍）

九行十八字白口四周单边单鱼尾。收于《夷门广牍》娱志中。

J0159494
绿绮新声　（三卷）（明）徐时琪撰
金陵　荆山书林　明万历二十五年［1597］刻本
（夷门广牍）

J0159495
绿绮新声　（三卷）（明）徐时琪撰
金陵　荆山书林　明万历二十五年［1597］刻本
（夷门广牍）
　　收于《夷门广牍》一百六种一百六十二卷中。

J0159496
绿绮新声　（三卷）（明）徐时琪撰
民国　影印本
（夷门广牍）

J0159497
绿绮新声　（明）徐时琪著
上海　商务印书馆　1936年　影印本　116页
18cm（15开）
（丛书集成初编 1674）

J0159498
绿绮新声　（明）徐时琪著
北京　中华书局　1985年　新1版　影印本　116页
18cm（15开）统一书号：17018.151
（丛书集成初编）

J0159499
琴谱合璧　（明）杨抡辑
杨抡［自刊］明万历三十七年［1609］刻本
　　本书包括：《太古遗音二卷》《伯牙心法一卷》。

J0159500
琴谱合璧　（十八卷）（明）杨抡辑；（清）和素译
内府　清乾隆　写本
（四库全书）

J0159501
琴适　（四卷）（明）孙丕显辑
明万历三十九年［1611］刻本

（燕闲四适）

J0159502
历苦衷言　（一卷）（明）崇昭王妃钟氏辑
明万历四十八年［1620］刻本

J0159503
思齐堂琴音谱　（不分卷）（明）崇昭王妃钟氏辑
明万历四十八年［1620］刻本

J0159504
乐仙琴谱正音　（六卷）（明）汪俊庆辑
明天启　刻本

J0159505
太音希声　（五卷）（明）陈大斌辑
明天启　刻本

J0159506
阳关三叠图谱　（一卷）（明）田艺蘅撰
明末　刻本
（广百川学海）

J0159507
阳关三叠图谱　（一卷）（明）田艺蘅撰
李际期宛委山堂　清初　刻本　续刻
（说郛）
　　明末刻清初李际期宛委山堂续刻汇印本。

J0159508
潞藩纂集古音正宗　（不分卷）（明）朱常淓辑
潞藩　明崇祯七年［1634］刻本

J0159509
［松风阁］指法　（一卷）（清）庄臻凤撰；（清）程雄订正
三槐堂　清　刻本
　　本书由《松风阁琴谱二卷》（清）程雄辑、《［松风阁］指法一卷》（清）庄臻凤撰；（清）程雄订正合订。作者程雄，清代音乐家。字云松。精通音律，著有《松风阁琴谱》。

J0159510
［松风阁］指法　（一卷）（清）庄臻凤撰；（清）程雄订正

程氏松风阁 清康熙 刻本
　　本书由《松风阁琴谱二卷》(清)程雄辑、《[松风阁]指法一卷》(清)庄臻凤撰;(清)程雄订正合订。

J0159511
皕琴琴谱　(八卷)(清)沈维裕撰
[清]稿本

J0159512
碧涧流泉　(不分卷)(清)□□辑
清 抄本

J0159513
博雅斋琴谱　□□辑
清 抄本

J0159514
抄本琴谱　(不分卷)(清)□□辑
清 抄本

J0159515
臣卉堂琴谱　(不分卷)(清)蔡璸撰,(清)陆轳撰
[清]稿本

J0159516
大还阁琴谱　(六卷 首二卷)(清)徐祺撰
清 抄本
　　作者徐祺,琴人。太仓人。原名上瀛,别号青山。编著有《大还阁琴谱》,创作琴论《溪山琴况》。

J0159517
大还阁琴谱　(六卷)(清)徐祺撰
清康熙 刻本
　　本书由《大还阁琴谱六卷》《万峰阁指法秘笺一卷》《溪山琴况一卷》《学琴说一卷》(清)徐祺撰合订。

J0159518
大还阁琴谱　(六卷)(清)徐祺撰
清康熙十二年[1673]刻本

J0159519
德音堂琴谱　(十卷)(清)汪天荣辑
邓瑶 清 抄本

J0159520
德音堂琴谱　(十卷)(清)汪天荣辑
清康熙三十年[1691]刻本

J0159521
德音堂琴谱　(十卷)(清)汪天荣辑
有文堂 清康熙六十年[1721]刻本

J0159522
东皋琴谱　(不分卷)(清)蒋兴畴辑
清 抄本

J0159523
东园琴谱　(不分卷)(清)朱士佐撰
[清]稿本

J0159524
遏云仙馆曲谱　(不分卷)(清)李瑞卿撰
清 抄本

J0159525
泛音准弦　(一卷)□□辑
清 抄本
(琴谱)

J0159526
范氏琴瑟合谱　(不分卷)(清)范承都辑
清 抄本

J0159527
风雷引　(一卷)(清)桂麟等录
清 抄本
(琴谱四种)

J0159528
峰抱楼琴谱　(不分卷)(清)沈浩辑
桐花馆 清 抄本

J0159529
峰抱楼琴谱　(不分卷)(清)沈浩辑
清道光六年[1826]刻本

J0159530
凤鸣丹山 （不分卷）（清）辑
清　抄本

J0159531
凤求凰 （一卷）（清）柱山辑
清　抄本
（琴谱七种）

J0159532
古琴曲谱 （不分卷）辑
清　抄本

J0159533
归去来辞 （一卷）辑
清　抄本
（琴谱）

J0159534
行有恒堂录存琴谱 （不分卷）（清）载铨辑
［清］稿本

J0159535
槐荫书屋琴谱 （一卷）（清）王蕃撰
［清］稿本

J0159536
槐荫书屋琴谱 （一卷）（清）王蕃撰
清末　抄本

J0159537
客窗夜话 （一卷）（清）柱山辑
清　抄本
（琴谱七种）

J0159538
愧庵琴谱 （二卷）（清）吴士亮辑
［清］稿本

J0159539
良宵引 （一卷）□□辑
清　抄本
（琴谱）

J0159540
蓼怀堂琴谱 （不分卷）（清）云志高辑
蓼怀堂　清　刻本

J0159541
蓼怀堂琴谱 （不分卷）（清）云志高辑
清康熙　刻本

J0159542
蓼怀堂琴谱 （不分卷）（清）云志高辑
清乾隆　刻本

J0159543
邻鹤斋琴谱 （不分卷）（清）陈幼慈辑
［清］稿本

J0159544
柳村琴谱 （一卷）（清）吴之联辑
［清］稿本

J0159545
龙吟阁秘本琴谱 （不分卷）（清）王封采辑
清　抄本

J0159546
洛神曲 （不分卷）（清）传谱
［清］抄本

J0159547
绿绮清韵 （一卷）（清）徐胪先辑
清　刻本

J0159548
绿榕山馆琴谱 （六卷）（清）释舟授；（清）李光埙订
清　抄本

J0159549
梅花仙馆琴谱 （二卷）（清）师妙霎订
［清］稿本

J0159550
梅华庵二香琴谱 （十卷　首一卷）（清）蒋文勋撰
清　抄本

J0159551
梅华庵二香琴谱 （十卷 首一卷）（清）蒋文
勋撰
蒋文勋梅花庵 清道光十三年［1833］刻本

J0159552
秘本琴谱 （不分卷）□□辑
清 抄本

J0159553
霓裳旧谱 （一卷）
［清］抄本

J0159554
鸥鹭忘机 （一卷）□□辑
清 抄本
（琴谱）

J0159555
琵琶谱 （不分卷）（清）一素子编
清 写本

J0159556
琵琶谱 （不分卷）（清）传谱
［清］抄本

J0159557
琵琶谱 （四卷）（清）传谱
［清］抄本

J0159558
浦东琵琶谱 （不分卷）（清）传谱
［清］抄本

J0159559
琴剑合谱 （不分卷）（清）索禄辑
清 抄本

J0159560
琴裔 （一卷）（清）黄文玉撰
［清］稿本

J0159561
琴律谱 （一卷）（清）陈澧撰
清 刻本

J0159562
琴律谱 （一卷）（清）陈澧撰
清道光 刻本

J0159563
琴谱 （清）佚名撰
清 抄本 有图 线装
　　　分二册。

J0159564
琴谱 （清）庄臻凤撰
清 抄本 线装

J0159565
琴谱 □□辑
清 抄本

J0159566
琴谱 （不分卷）（清）徐祺辑
清 抄本
　　　本书由《万峰阁指法不分卷》《琴谱不分卷》
（清）徐祺辑合订。作者徐祺，琴人。太仓人。原
名上瀛，别号青山。编著有《大还阁琴谱》,创作
琴论《溪山琴况》。

J0159567
琴谱 （一卷）（清）□□辑
清 抄本

J0159568
琴谱妙选 （一卷）□□辑
清 抄本

J0159569
琴谱七种 （清）柱山辑
清 抄本
　　　本丛书包括:《杏坛吟一卷》《思亲操一卷》
《湘妃怨一卷》《客窗夜话一卷》《凤求凰一卷》
《相思曲一卷》《释谈章一卷》。

J0159570
琴谱四种 （清）桂麟等录
清 抄本
　　　本丛书包括:《释谈章一卷》《圯桥进履一
卷》《塞上鸿一卷》《风雷引一卷》。

J0159571
琴谱五曲　（一卷）（清）华文柏辑
［清］手稿本

J0159572
琴谱谐声　（六卷）（清）周显祖撰
北京　松筠阁　清　刻本

J0159573
琴谱谐声　（六卷）（清）周显祖撰
听真轩　清嘉庆二十五年［1820］刻本

J0159574
琴谱谐声　（六卷）（清）周显祖撰
清道光元年［1821］刻本

J0159575
琴谱新声　（六卷）（清）曹尚䌹等撰
清　刻本
　　本书由《琴谱新声六卷》《指法琴说一卷》（清）曹尚䌹等撰合订。

J0159576
琴谱新声　（六卷）（清）曹尚䌹等撰
清乾隆九年［1744］刻本
　　本书由《琴谱新声六卷》《指法琴说一卷》（清）曹尚䌹等撰合订。

J0159577
琴谱新声　（六卷　卷首一卷）（清）曹尚䌹,（清）苏璟,（清）戴源订
清末　抄本　线装
　　分二册。

J0159578
琴谱新声　（六卷　首一卷）（清）曹尚䌹等撰；（清）祝凤喈评
双清馆　清同治五年［1866］刻本

J0159579
琴谱新声　（六卷）（清）曹尚䌹等撰
清同治五年［1866］刻本
　　本书由《琴谱新声六卷》《指法琴说一卷》（清）曹尚䌹等合订。

J0159580
琴清英　（不分卷）（汉）扬雄撰
清　抄本

J0159581
琴清英　（一卷）（汉）扬雄撰
金溪王氏　清嘉庆三年［1798］刻本
（汉魏遗书钞）

J0159582
琴清英　（一卷）（汉）扬雄撰；（清）王谟辑
金溪王氏　清嘉庆三年［1798］刻本
（汉魏遗书钞）
　　王谟（约 1731-1817），清代文学家、考据家。江西金溪县人，字仁圃，一字汝上，又作汝麋，晚称汝上老人。清乾隆四十三年（1778）进士。授建昌府学教授。以辑录古佚书闻名。撰辑有《读书引》《江西考古录》《豫章十代文献略》《汉魏丛书》等。

J0159583
琴学汇粹　（清）潘麟瑞辑
清初　抄本

J0159584
琴学汇粹　（不分卷）晚翠轩辑
［清］稿本

J0159585
琴学轫端　（不分卷）（清）鉴湖逸士辑
清　抄本

J0159586
青箱斋琴谱　（四卷）（清）王鹏高辑
清　抄本
　　本书由《青箱斋琴谱四卷》《琴学一卷》（清）王鹏高辑合订。

J0159587
塞上鸿　（一卷）（清）桂麟等录
清　抄本
（琴谱四种）

J0159588
三弦谱　（不分卷）

［清］稿本

J0159589
圣经 （一卷）□□辑
清 抄本
（琴谱）

J0159590
释谈章 （一卷）（清）桂麟等录
清 抄本
（琴谱四种）

J0159591
释谈章 （一卷）（清）柱山辑
清 抄本
（琴谱七种）

J0159592
释谈章 （一卷）□□辑
清 抄本
（琴谱）

J0159593
抒怀操 （一卷）（清）曹溶等填词；（清）程雄
谱曲
三槐堂 清 刻本
　　作者程雄,清代音乐家。字云松。精通音律,
著有《松风阁琴谱》。

J0159594
抒怀操 （一卷）（清）曹溶等填词；（清）程雄
谱曲
清初 刻本

J0159595
抒怀操 （一卷）（清）曹溶等填词；（清）程雄
谱曲
程氏松风阁 清康熙 刻本

J0159596
抒怀操 （一卷）（清）曹溶等填词；（清）程雄
谱曲
内府 清乾隆 写本
（四库全书）

J0159597
丝桐协奏琴谱 （一卷）（清）□□辑
清 抄本

J0159598
丝桐纂要 （不分卷）（清）戴嘉瑞辑
［清］稿本

J0159599
思亲操 （一卷）（清）柱山辑
清 抄本
（琴谱七种）

J0159600
松风阁琴谱 （二卷）（清）程雄辑
三槐堂 清 刻本
　　本书由《松风阁琴谱二卷》（清）程雄辑、
《［松风阁］指法一卷》（清）庄臻凤撰；（清）程雄
订正合订。作者程雄,清代音乐家。字云松。精
通音律,著有《松风阁琴谱》。

J0159601
松风阁琴谱 （二卷）（清）程雄辑
文粹堂 清 刻本

J0159602
松风阁琴谱 （二卷）（清）程雄辑
程氏松风阁 清康熙 刻本
　　本书由《松风阁琴谱二卷》（清）程雄辑、
《［松风阁］指法一卷》（清）庄臻凤撰；（清）程雄
订正合订。

J0159603
松风阁琴谱 （二卷）（清）程雄辑
清康熙十六年［1677］刻本

J0159604
松风阁琴谱 （二卷）（清）程雄辑
内府 清乾隆 写本
（四库全书）

J0159605
松风自合琴谱 （不分卷）□□辑
清 抄本

J0159606
陶氏琴谱 （一卷）（明）陶鸿逵辑
冯式莱　清　抄本

J0159607
天籁阁琴谱 （不分卷）（清）觉庵辑
清　抄本

J0159608
万年欢 （一卷）
清　抄本

J0159609
乌丝阑卷子琴谱 （不分卷）（唐）□□传
［清初］抄本

J0159610
无声落叶谱例 （一卷　后谱例一卷）□□辑
藕香居士　清　抄本

J0159611
五知斋琴谱 （八卷）（清）徐祺撰；（清）周鲁
封辑
红杏山房　清　刻本

J0159612
五知斋琴谱 （八卷）（清）徐祺撰；（清）周鲁
封辑
栖心琴社　清　刻本

J0159613
五知斋琴谱 （八卷）（清）徐祺撰；（清）周鲁
封辑
楹琴社　清　刻本

J0159614
五知斋琴谱 （八卷）（清）徐祺撰；（清）周鲁
封辑
苏州　忠信堂　清　刻本

J0159615
五知斋琴谱 （八卷）（清）徐祺撰；（清）周鲁
封辑
清康熙六十一年［1722］刻本

J0159616
五知斋琴谱 （八卷）（清）徐祺撰；（清）周鲁
封辑
清雍正二年［1724］刻本

J0159617
五知斋琴谱 （八卷）（清）徐祺撰；（清）周鲁
封辑
清雍正二年［1724］刻本
　　清乾隆十一年怀德堂印本。

J0159618
五知斋琴谱 （八卷）（清）徐祺撰；（清）周鲁
封辑
清乾隆二年［1737］刻本

J0159619
五知斋琴谱 （八卷）（清）周鲁封辑
清乾隆十一年［1746］刻本　有图　线装
　　分六册。七行字数不等小字双行不等白口
左右双边单鱼尾。

J0159620
五知斋琴谱 （六卷）（清）徐祺撰；（清）周鲁
封辑
校经山房成记书局　清末　石印本

J0159621
悟雪山房琴谱 （四卷）（清）黄景星辑
清　抄本

J0159622
悟雪山房琴谱 （四卷）（清）黄景星辑
清道光十六年［1836］刻本

J0159623
悟雪山房琴谱 （六卷）（清）黄景星撰
清光绪十年［1884］刻本　线装
　　分六册。六行字数不等小字双行字数不等
白口四周双边双鱼尾。

J0159624
仙翁操 （一卷）□□辑
清　抄本
（琴谱）

J0159625
闲叙幽音琵琶谱 （不分卷）（清）鞠士林编
清　抄本

J0159626
闲叙幽音琵琶谱 （不分卷）（清）鞠士林编
清嘉庆二十四年［1819］刻本

J0159627
相思曲 （一卷）（清）柱山辑
清　抄本
（琴谱七种）

J0159628
湘妃恕 （一卷）（清）柱山辑
清　抄本
（琴谱七种）

J0159629
响山堂琴谱 （不分卷）（清）徐常遇辑
［清］稿本

J0159630
小兰琴谱 （不分卷）（清）叶布辑
［清］稿本

J0159631
屑琼室手抄琴谱 （不分卷）（清）□□辑
慎余堂　清　抄本

J0159632
杏坛吟 （一卷）（清）柱山辑
清　抄本
（琴谱七种）

J0159633
徐青山琴学 （清）徐铗撰
清　汇印本
　　本书包括:《大还阁琴谱六卷溪山琴况一卷》
《万峰阁指法秘版笺一卷》《指法图一卷》。作者
徐铗,琴人。太仓人。原名上瀛,别号青山。编
著有《大还阁琴谱》,创作琴论《溪山琴况》。

J0159634
圮桥进履 （一卷）（清）桂麟等录

清　抄本
（琴谱四种）

J0159635
以六正五之斋琴谱 （六卷）（清）孙宝辑
清　刻本

J0159636
以六正五之斋琴谱 （六卷）（清）孙宝辑
清末　抄本

J0159637
挹爽轩琴谱 （不分卷）（清）□□辑
薄云　清　抄本

J0159638
裛露轩琴谱 （不分卷）（清）陈逢衡辑
清　抄本

J0159639
饮香书屋琴谱八曲 （一卷）
清　抄本

J0159640
友声社琴谱 （二卷）□□辑
清　抄本

J0159641
友石山房琴谱 （不分卷）（清）马元熙辑
［清］稿本

J0159642
渔樵问答 （一卷）□□辑
清　抄本
（琴谱）

J0159643
渔樵问答 （一卷）（清）刘良斋手授;（清）周
仁锡笔述
［清］稿本

J0159644
渔樵问答 （一卷）（清）刘良斋手授;（清）周
仁锡笔述
清　抄本

（琴谱）

J0159645
渔樵问答　（一卷）（清）刘良斋手授；（清）周仁锡笔述
清光绪二十三年［1897］抄本

J0159646
虞山李氏琴谱　（一卷）（清）李世则辑
李云桂　清　抄本

J0159647
玉梅弦歌集　（六卷）（清）胡之灿撰
［清］稿本

J0159648
张鞠田琴谱　（不分卷）（清）张椿辑撰
［清］稿本

J0159649
筝诗谱　（不分卷）□□辑
警梦草堂　清　抄本

J0159650
稚云琴谱　（不分卷）（清）曹锜撰
曹氏　清　抄本

J0159651
稚云琴谱　（不分卷）（清）曹锜撰
从吾所好山房　清　抄本

J0159652
中州琴谱　（二卷）任芗圃辑
清　抄本

J0159653
重订拟瑟谱　（一卷）（清）邵嗣尧撰；（清）段仔文,(清)张懋赏编
崇文书局　清光绪　刻本　线装
（正觉楼丛刻）
　　九行十八字小字双行同白口左右双边单鱼尾。

J0159654
重订拟瑟谱　（一卷）（清）邵嗣尧撰
清道光九年［1829］刻本　线装

（正觉楼丛书）
　　八行十八字白口左右双边单鱼尾。

J0159655
重订拟瑟谱　（一卷）（清）邵嗣尧撰
清道光九年［1829］刻本

J0159656
重订拟瑟谱　（一卷）（清）邵嗣尧撰
崇文书局　清光绪　刻本
（正觉楼丛刻）

J0159657
重订拟瑟谱　（一卷）（明）邵嗣光撰；（清）段仔文,(清)张懋赏辑
武昌书局　清光绪七年［1881］刻本　线装
（正觉楼丛书）
　　八行十五字小字双行字数不等白口左右双边单鱼尾。

J0159658
竛月楼琴谱　（不分卷）□□辑
清　抄本

J0159659
徽言秘旨　（不分卷）（清）尹晔辑
听月楼　清顺治九年［1652］刻本

J0159660
诚一堂琴谱　（六卷）（清）程允基辑
清康熙　刻本
　　本书由《诚一堂琴谱六卷》《诚一堂琴谈二卷》(清)程允基辑合订。

J0159661
诚一堂琴谱　（六卷）（清）程允基辑
程允基诚一堂　清康熙四十四年［1705］刻本
　　本书由《诚一堂琴谱六卷》《诚一堂琴谈二卷》(清)程允基辑合订。

J0159662
诚一堂琴谱　（六卷）（清）程允基辑
程允基诚一堂　清康熙四十四年［1705］刻本
聚锦堂印
　　本书由《诚一堂琴谱六卷》《诚一堂琴谈二

卷》(清)程允基辑合订。

J0159663
诚一堂琴谈 （二卷）(清)程允基辑
清康熙　刻本
　　本书由《诚一堂琴谱六卷》《诚一堂琴谈二卷》(清)程允基辑合订。

J0159664
澄鉴堂琴谱 （二卷）(清)徐常遇辑
清康熙　刻本
　　本书由《澄鉴堂琴谱二卷》《琴谱指法二卷》(清)徐常遇辑合订。

J0159665
澄鉴堂琴谱 （不分卷）(清)徐常遇辑
徐氏　清康熙二十五年[1686]刻本

J0159666
澄鉴堂琴谱 （不分卷）(清)徐常遇辑
徐氏澄鉴堂　清康熙五十七年[1718]刻本
　　本书由《澄鉴堂琴谱不分卷》《琴谱指法二卷》(清)徐常遇辑合订。

J0159667
澄鉴堂琴谱 （不分卷）(清)徐常遇辑
徐依采　清乾隆五十二年[1787]刻本
　　本书由《澄鉴堂琴谱不分卷》《琴谱指法二卷》(清)徐常遇辑合订。

J0159668
徽言秘旨 (清)尹晔辑
听月楼　清康熙　刻本　线装
　　分八册。六行字数不等白口四周单边单鱼尾。

J0159669
青山琴谱 （六卷）(清)徐谼撰
徐氏大还阁　清康熙　刻本
　　作者徐谼,琴人。太仓人。原名上瀛,别号青山。编著有《大还阁琴谱》,创作琴论《溪山琴况》。

J0159670
青山琴谱 （六卷）(清)徐谼撰

清康熙十二年[1673]刻本
　　本书由《青山琴谱六卷》《万峰阁指法秘笈》《溪山琴况一卷》(清)徐谼撰合订。分十二册。六行字不等。

J0159671
卧云楼琴谱 （八卷）(清)马兆辰撰
马兆辰　清康熙元年[1662]刻本
　　本书由《卧云楼琴谱八卷》《指法二卷》(清)马兆辰撰合订。

J0159672
卧云楼琴谱 （八卷）(清)马兆辰撰
清康熙六十一年[1722]刻本

J0159673
弦索调时剧新谱 （二卷）(清)朱廷镠,(清)朱廷璋参订
清康熙　刻本
　　分二册。

J0159674
弦索调时剧新谱 （二卷）(清)朱廷镠,(清)朱廷璋重订
允禄　清乾隆十四年[1749]刻本
　　本书由《弦索调时剧新谱二卷》《太古传宗琵琶调西厢记曲谱二卷》(清)朱廷镠,(清)朱廷璋重订合订。分六册。七行大小字不等白口四周双边。

J0159675
弦索调时剧新谱 （二卷）(清)朱廷镠,(清)朱廷璋参订
清乾隆十四年[1749]刻本
　　分二册。

J0159676
新编琴操 （一卷）(清)程作舟撰
夤园　清康熙　刻本
（程氏丛书）

J0159677
琴学心声谐谱 （二卷）(清)庄臻凤撰
清康熙五年[1666]刻本

J0159678
微言秘旨订 （不分卷）（清）孙洤订
清康熙三十一年［1692］刻本

J0159679
琴谱析微 （六卷）（清）鲁鼐撰
清康熙三十一年［1692］刻本

J0159680
光裕堂琴谱 （八卷）（清）吴文焕辑
清雍正四年［1726］刻本

J0159681
琴曲萃览 （一卷）（清）汪汲撰
古愚山房 清乾隆至嘉庆 刻本
（古愚老人消夏录）

J0159682
桐园草堂琴谱 （清）俞宗青辑
清乾隆 刻本

J0159683
阳关三叠 （一卷）（清）俞宗撰
桐园草堂 清乾隆 刻本

J0159684
阳关三叠 （一卷）（清）俞宗撰
桐园草堂 清乾隆 刻本
　　　六行二十一字白口。

J0159685
颍阳琴谱 （四卷）（清）李郊撰
漵川李氏 清乾隆 刻本

J0159686
颍阳琴谱 （四卷）（清）李郊撰
清乾隆十六年［1751］刻本

J0159687
颍阳琴谱 （四卷）（清）李郊撰
述德堂 清乾隆十八年［1753］刻本

J0159688
柱山琴谱 （不分卷）（清）柱山辑
清乾隆 抄本

J0159689
指法琴说 （一卷）（清）曹尚䌹等撰
清乾隆九年［1744］刻本
　　　本书由《琴谱新声六卷》《指法琴说一卷》
（清）曹尚䌹等撰合订。

J0159690
宫词曲谱 （二卷）（清）朱廷镠,（清）朱廷璋
重订
允禄 清乾隆十四年［1749］刻本
　　　本书由《宫词曲谱二卷》《太古传宗琵琶调
西厢记曲谱二卷》（清）朱廷镠,（清）朱廷璋重订
合订。分六册。七行大小字不等白口四周双边。

J0159691
太古传宗琵琶调西厢记曲谱 （清）朱廷镠,
（清）朱廷璋重订
允禄 清乾隆十四年［1749］刻本
　　　本书由《太古传宗琵琶调西厢记曲谱》《宫
词曲谱二卷》《弦索调时剧新谱二卷》（清）朱廷
镠,（清）朱廷璋重订合订。七行大小字不等白口
四周双边。

J0159692
太古传宗琵琶调西厢记曲谱 （二卷）（清）
朱廷镠,（清）朱廷璋重订
允禄 清乾隆十四年［1749］刻本
　　　本书由《太古传宗琵琶调西厢记曲谱》《宫
词曲谱二卷》《弦索调时剧新谱二卷》（清）朱廷
镠,（清）朱廷璋重订合订

J0159693
太古传宗琵琶调西厢记曲谱 （二卷）（清）
朱廷镠,（清）朱廷璋重订
允禄 清乾隆十四年［1749］刻本
　　　本书由《太古传宗琵琶调西厢记曲谱二卷》
《弦索调时剧新谱二卷》（清）朱廷镠,（清）朱廷
璋重订合订。分六册。七行大小字不等白口四
周双边。

J0159694
琴香堂琴谱 （不分卷）（清）马任,（清）马倩辑
清乾隆二十五年［1760］刻本

J0159695
研露楼琴谱 （四卷 首一卷）（清）崔应阶撰
张松孙 清乾隆三十一年［1766］刻本

J0159696
研露楼琴谱 （四卷 首一卷）（清）崔应阶撰
清同治三年［1864］刻本

J0159697
太平奏 （一卷）（清）俞宗青辑
清乾隆三十六年［1771］四色套印本

J0159698
酣古斋琴谱 （四卷）（清）裴奉俭撰
清乾隆五十年［1785］抄本

J0159699
存古堂琴谱 （八卷）（清）吴文焕辑
清嘉庆元年［1796］刻本

J0159700
平沙落雁 （一卷）（清）俞桐园撰
桐园草堂 清嘉庆 刻本 套印

J0159701
平沙落雁 （一卷）（清）沈绾撰
清末 抄本
（琴谱四种）

J0159702
自远堂琴谱 （十二卷）（清）吴灯辑
吴灯自远堂吴中 清嘉庆七年［1802］刻本

J0159703
自远堂琴谱 （十二卷）（清）吴灯辑
吴灯自远堂吴中 清嘉庆七年［1802］刻本
学海棠修
　　清嘉庆七年［1802］吴灯自远堂吴中刻学海
堂修本。

J0159704
自远堂琴谱 （十二卷）（清）吴灯辑
吴灯自远堂吴中 清嘉庆七年［1802］刻本 重修
　　清嘉庆七年［1802］吴灯自远堂吴中刻爱日
堂重修本。

J0159705
自远堂琴谱 （十二卷）（清）吴灯辑
上海 校经山房成记书局 清末 石印本

J0159706
嶅城陆生三弦谱记 （一卷）（清）毛奇龄撰
清嘉庆八年［1803］刻本
　　作者毛奇龄（1623—1716），清初经学家、文
学家。原名甡，又名初晴，字大可，又字于一、齐
于，号秋晴，又号初晴、晚晴等，绍兴府萧山县（今
浙江杭州市萧山区）人。著有《西河合集》。

J0159707
借云馆曲谱 （不分卷）（清）采苹人辑
姑苏王敬之 清嘉庆二十三年［1818］刻本

J0159708
琵琶谱 （三卷）（清）王君锡，（清）陈牧夫传谱；
（清）华文彬等辑
清嘉庆二十四年［1819］刻本

J0159709
琵琶谱 （三卷）（清）王君锡，（清）陈牧夫传谱；
（清）华文彬等辑
清嘉庆二十四年［1819］刻本
　　小绿天印。

J0159710
琵琶谱 （三卷）（清）王君锡，（清）陈牧夫传谱；
（清）华文彬等辑
文琳书屋 清光绪 刻本

J0159711
琵琶谱 （三卷）（清）王君锡，（清）陈牧夫传谱；
（清）华文彬等辑
清光绪三年［1877］刻本

J0159712
立雪斋琴谱 （二卷 首一卷）（清）汪绂撰
清道光至光绪 刻本
（汪双池先生丛书）
　　清光绪二十三年长安赵舒翘等汇印本。作
者汪绂（1692—1759），清代学者。初名烜，字燦人。
婺源（今属江西）人。著有《易经诠义》《尚书诠
义》《四书诠义》《春秋集传》《礼记章句》《乐经

或问》《读阴符经》《理学逢源》《山海经存》《策略》等。

J0159713
琴操水东游　（清）陈子升撰
清道光　刻本
（中州草堂遗集）

J0159714
琴谱　（不分卷）（清）郑道光辑
清道光　抄本

J0159715
弦索十三套琵琶谱　（四卷）□□辑
秀亭　清道光五年［1825］抄本

J0159716
弦索十三套琵琶谱　（四卷）
秀亭　清道光五年［1825］抄本
　　　分二册。

J0159717
琴旨申邱　（清）刘人熙撰
清道光十八年［1838］刻本　线装
　　　分四册。十行二十五字小字双行同白口四周双边单鱼尾。

J0159718
琴旨申邱　（一卷）（清）刘人熙撰
邱氏家　清光绪　刻本　补版

J0159719
琴旨申邱　（一卷）（清）刘人熙撰
清光绪十五年［1889］刻本
（蔚庐所著书）

J0159720
琴旨申邱　（一卷）（清）刘人熙撰
江南通州文庙　清光绪二十三年［1897］重刻本

J0159721
琴旨申邱　（一卷）（清）刘人熙撰
浏阳礼乐局　清宣统三年［1911］刻本

J0159722
琴谱正律　（不分卷）（清）豆锡炎辑
清道光十九年［1839］抄本

J0159723
霸王卸甲
清末至民国初　抄本　朱丝栏　线装

J0159724
海青挐鹤
清末至民国初　抄本　朱丝栏　线装

J0159725
历史歌　（不分卷）（明）杨慎撰；（清）张别麓注释；（清）陈邦镇谱
清末　木活字印本
　　　作者杨慎（1488—1559），明代文学家。字用修，号升庵，又号逸史氏、博南山人、洞天真逸等。四川新都（今成都市新都区）人，祖籍庐陵。主要作品有《升庵集》《江陵别内》《宝井篇》《滇池涸》等。

J0159726
绿绮清韵　（一卷）（清）徐胪先辑
清末　石印本

J0159727
梅花三弄　（一卷）（清）沈绾辑
清末　抄本
（琴谱四种）

J0159728
普唵咒
清末至民国初　抄本　朱丝栏　线装

J0159729
樵歌　（一卷）（清）沈绾撰
清末　抄本
（琴谱四种）

J0159730
琴谱　（不分卷）□□辑
清末　抄本

J0159731
琴谱 （一卷）（清）□□辑
清末 抄本

J0159732
琴谱四种 （清）沈绾辑
清末 抄本
　　本丛书包括:《平沙落雁一卷》《樵歌一卷》
《水仙操一卷》《梅花三弄一卷》。

J0159733
琴曲谱 （一卷）（清）祝凤喈辑
浦城祝氏 清末 刻本

J0159734
琴调谱 （一卷）（清）祝凤喈辑
浦城祝氏 清末 刻本

J0159735
清远堂选抄琴谱 （六卷）□□辑
清末 抄本

J0159736
水仙操 （一卷）（清）沈绾撰
清末 抄本
（琴谱四种）

J0159737
无声落叶谱 （一卷）□□辑
清末 抄本

J0159738
逊斋琴谱 （不分卷）（清）逊斋辑
清末 抄本

J0159739
雅轩琴谱丛集 （不分卷）（清）李光烈辑
清末 抄本

J0159740
译音便学琴谱 （不分卷）（清）□□辑
清末 抄本

J0159741
竹窝琴谱 （不分卷）（清）退思主人辑
清末 抄本

J0159742
蕉庵琴谱 （四卷）（清）秦维瀚等撰
清同治 刻本

J0159743
蕉庵琴谱 （四卷）（清）秦维瀚等撰
清光绪三年［1877］刻本

J0159744
写本曲谱琴谱 （不分卷）（清）查秀峰辑
清同治至光绪 抄本

J0159745
周少白先生法书琴谱 （不分卷）（清）周棠书
清同治五年［1866］抄本
　　作者周棠（1806—1876），清代画家。字名伯,
又字少白,号兰亭西客。浙江绍兴人。

J0159746
琴谱 （不分卷）（清）谢曜辑
清同治八年［1869］抄本

J0159747
简氏琴谱 （不分卷）（清）简润辑
清同治九年［1870］抄本

J0159748
琴瑟合谱 （二卷）（清）庆瑞辑
清同治九年［1870］刻本

J0159749
琴瑟合谱 （二卷）（清）庆瑞辑
清同治十二年［1873］刻本

J0159750
琴谱集解 （一卷）（隋）萧吉撰
济南 皇华馆书局 清同治十年［1871］刻本
补刻 线装
（玉函山房辑佚书）
　　九行二十字小字双行同白口四周双边单鱼
尾。收于《玉函山房辑佚书》经编乐类中。

J0159751
枯木禅琴谱 （八卷）（清）释空尘撰
清光绪　刻本

J0159752
妙吉羊室琴谱 （二卷）（清）伯春辑
清光绪　抄本

J0159753
昭君怨琴谱 （不分卷）□□辑
福州龚氏　清光绪　抄本

J0159754
如听万壑松 （不分卷）（清）南崖人辑
清光绪二年［1876］抄本

J0159755
天闻阁琴谱 （十六卷　首三卷）（清）唐彝铭辑
成都叶氏　清光绪二年［1876］刻本

J0159756
希韶阁琴瑟合谱 （二卷）（清）黄世芬辑
敦州　蝶栩山房　清光绪四年［1878］刻本

J0159757
乐府外集琴谱 （四卷　首一卷）（清）汪烜辑
清光绪九年［1883］刻本

J0159758
琴谱漫钞
星源　清光绪十一年［1885］抄本　有图　毛装

J0159759
枕经书屋琴谱 （不分卷）（清）秋农氏辑
清光绪十四年［1888］抄本

J0159760
琴谱 （一卷）（元）张仲寿撰
钱塘丁氏嘉惠堂
清光绪二十至二十六年［1894–1900］刻本
（武林往哲遗著）

J0159761
琴谱 （不分卷）（清）胡子鹤辑
清光绪二十年［1894］抄本

J0159762
南北派十三套大曲琵琶新谱 （二卷）
（清）李祖棻辑
清光绪二十一年［1895］石印本

J0159763
琵琶谱 （不分卷）（清）陈子敬编
邱氏　清光绪二十四年［1898］抄本

J0159764
鸣盛阁琴谱 （不分卷）（清）林薫辑
清光绪二十五年［1899］刻本

J0159765
二十四琴品 （一卷）（清）可垣撰
民国　抄本　有图　线装
　　本书由《二十四琴品一卷》（清）可垣撰、《琴学捷径一卷》（清）张汇滨授合订。分二册。

J0159766
二十四琴品 （一卷）（清）可垣撰
民国　抄本

J0159767
瀛洲古调 （三卷）沈绍周撰；徐卓编
民国　抄本　线装

J0159768
广陵散谱 （不分卷）（晋）嵇康撰
桐乡冯水　民国十六年［1927］刻本

J0159769
明郑世子瑟谱 （十卷）（明）朱载堉撰
涉园　民国十九年［1930］影印本
　　本书由《明郑世子瑟谱十卷》《明周端孝先生血疏贴黄附录不分卷》（明）朱载堉撰合订。作者朱载堉（1536—1611），明代乐律学家。代表作品有《乐律全书》《律吕正论》《律吕质疑辨惑》《嘉量算经》《律吕精义》《律历融通》等。

J0159770
五知斋梦蝶谱 （一卷）（清）徐祺鉴定
汪孟舒　民国二十一年［1932］刻本

J0159771

五知斋琴谱 （七卷）汪孟舒辑
古吴汪孟舒［自刊］民国二十一年［1932］刻本
线装

J0159772

琵琶乐谱 何柳堂,何与年著;钱广仁主编
广州 新月留声机唱片公司 1934 年
手写石印本 86 页 27cm（16 开）
　　本书收录 43 首琵琶曲,工尺谱。

J0159773

碣石调幽兰 （南朝陈）丘公明撰
上海 商务印书馆 1936 年 影印本 28+141 页
18cm（15 开）
（丛书集成初编 1673）
　　本书由《碣石调幽兰》（南朝陈）丘公明撰、
《瑟谱》（元）熊朋来撰合订。《碣石调幽兰一卷》
据古逸丛书本影印、《瑟谱六卷》据指海本影印。

J0159774

碣石调幽兰 （南朝陈）丘公明撰
北京 中华书局 1985 年 新 1 版 影印本
28+141 页 18cm（15 开）
统一书号：17018.151
（丛书集成初编）
　　本书由《碣石调幽兰》（南朝陈）丘公明撰、
《瑟谱》（元）熊朋来撰合订。

J0159775

文板十二曲线谱 （琵琶谱 第一集）曹安和,
杨荫浏编
教育部音乐教育委员会 1942 年 石印本
26cm（16 开）环筒页装
（研究丛书 3）
　　本书由琵琶谱《文板十二曲线谱 第一集》
《文板十二曲工尺谱 第一集》合订。收录《飞花
点翠》《美人思月》《梅花点脂》《月儿高》等 12
首琵琶曲。前部分为五线谱,后部分为工尺谱。
书前有版本述略、传派介绍、琵琶线谱符号系统
之设计原则、琵琶四弦音位、符号说明等。

J0159776

社庆 （三弦独奏曲）赵行道作曲
［1950—1959 年］油印本 25cm（16 开）

J0159777

霸王卸甲 （琵琶独奏曲）李廷松,曹安和合编
北京 中央音乐学院民族音乐研究所 1955 年
油印本 21 页 26cm（16 开）定价：CNY0.15

J0159778

初学入门琵琶谱 （清）李芳园撰
中央音乐学院民族音乐研究所 1955 年 影印本
线装

J0159779

南北派大麹琵琶新谱 （二卷）（清）李祖菜辑
北京音乐出版社 1955 年 影印本 线装
　　据清光绪间刻本影印。

J0159780

南北派大麹琵琶新谱 （二卷）（清）李芳园编
中央音乐学院民族音乐研究所 1955 年 影印本
线装

J0159781

南北派十三套大曲琵琶新谱 （二卷）（清）
李祖菜校正；中央音乐学院民族音乐研究所编
北京 中央音乐学院民族音乐研究所 1955 年
影印本 20cm（32 开）线装 定价：CNY1.43
　　本书收录《阳春古曲》《平沙落雁》等 13 套。
均为用工尺谱记写。行款不一。

J0159782

十面埋伏 （琵琶独奏曲）中央音乐学院民族
音乐研究所编辑
北京 音乐出版社 1955 年 影印本 30 页
26cm（16 开）定价：旧币 4,600 元
（中央音乐学院民族音乐研究所丛刊）

J0159783

霸王卸甲 （琵琶独奏曲 正谱版）李廷松,曹
安和整理；中央音乐学院民族音乐研究所编辑
北京 音乐出版社 1956 年 影印本 20 页
26cm（16 开）统一书号：8026.455
定价：CNY0.38
（中央音乐学院民族音乐研究所丛刊）

J0159784

霸王卸甲 （琵琶独奏曲 简谱版）李廷松,曹

安和整理；中央音乐学院民族音乐研究所编辑
北京 音乐出版社 1957 年 影印本 16 页
26cm（16 开）统一书号：8026.623
定价：CNY0.20
（中央音乐学院民族音乐研究所丛刊）

J0159785

古琴曲汇编 （第一集 正谱及减字谱版）杨荫
浏，侯作吾整理；中央音乐学院民族音乐研究所
编辑
北京 音乐出版社 1956 年 影印本 96 页
26cm（16 开）定价：CNY1.00
（中央音乐学院民族音乐研究所丛刊）

J0159786

青莲乐府 （琵琶独奏曲）李廷松整理；中央
音乐学院民族音乐研究所编
北京 音乐出版社 1956 年 影印本 16 页
26cm（16 开）统一书号：8026.503
定价：CNY0.31
（中央音乐学院民族音乐研究所丛刊）

J0159787

神奇秘谱 （三卷）（明）朱权辑；中央音乐学
院民族音乐研究所编选
北京 音乐出版社 1956 年 影印本 有表格
33cm（5 开）线装 定价：CNY12.00
（影印古典音乐图书）

　　明代古琴乐谱。分上中下卷，共收 63 曲。
其中上卷"太古神品" 15 曲，中下卷"霞外神品"，
收 27 曲和 21 曲。半叶十行十三字小字双行字
同大黑口上下双鱼尾四周双边。收于《影印古典
音乐图书》第二种中。

J0159788

十面埋伏 （琵琶独奏曲）曹安和整理；文彦
译；中央民族音乐研究所编辑
北京 音乐出版社 1956 年 影印本 24 页 有图
26cm（16 开）定价：CNY0.26
（中央音乐学院民族音乐研究所丛刊）

　　作者曹安和（1905—2004），女，音乐理论家。
江苏无锡人。毕业于北平国立大学女子文理学
院音乐系。曾任中国艺术研究院音乐研究所研
究员。著有《时薰室琵琶指径》；合著《文板十二
曲琵琶谱》《弦索十三套》《阿炳曲集》。

J0159789

罕传琴曲订稿选辑 （第一辑）汪孟舒，凌其
阵编
1957 年 油印本 27 页 26cm（16 开）

J0159790

夕阳箫鼓 （琵琶独奏曲）李廷松整理；中央
音乐学院民族音乐研究所编
北京 音乐出版社 1957 年 影印本 24 页
26cm（16 开）统一书号：8026.550
定价：CNY0.28
（中央音乐学院民族音乐研究所丛刊）

J0159791

存见古琴曲谱辑览 查阜西编纂
北京 音乐出版社 1958 年 1100 页
20cm（32 开）精装 统一书号：8026.862
定价：CNY10.00

　　本书系现存古琴传谱（包括历代曲谱、谱集
或谱本、琴曲解题和琴曲歌词）大型研究资料
总汇。附有《所据谱集谱本一览表》《未收不收
谱集一览表》《有谱琴曲曲名索引》《别名异名
琴曲检查表》等 4 种索引。作者查阜西（1895—
1976），古琴演奏家、音乐理论家和音乐教育家。
别名镇湖，又名夷平。江西修水人。代表作《存
见古琴曲谱缉览》《琴曲集成》。

J0159792

古筝独奏曲集 王省吾传谱；刘家贵记谱
郑州 河南人民出版社 1958 年 56 页
26cm（16 开）统一书号：8105.75
定价：CNY0.70

J0159793

广陵散 中央音乐学院民族音乐研究所编
北京 音乐出版社 1958 年 影印本 45 页
30cm（15 开）统一书号：8026.832
定价：CNY1.10
（中央音乐学院民族音乐研究所丛刊）

　　本书根据明代的谱本《神奇秘谱》打谱，将
它译成五线谱，并在下面注写古琴减字原谱。全
曲共 45 段，书后还附载有关的历史资料。

J0159794

琵琶曲集 程午嘉编

北京 音乐出版社 1958 年 影印本 73 页
26cm（16 开）统一书号：8026.986
定价：CNY0.55

J0159795
欢乐的日子 （琵琶独奏曲）马圣龙作曲
上海 上海文艺出版社 1959 年 3 页
26cm（16 开）统一书号：8078.446
定价：CNY0.08
（民族器乐曲丛刊）

J0159796
三弦独奏曲六首　　萧剑声改编
北京 音乐出版社 1959 年 22 页 26cm（16 开）
统一书号：8026.1217 定价：CNY0.22

J0159797
森吉德马 （琵琶独奏曲）贺绿汀作曲；叶绪
然改编
上海 上海文艺出版社 1959 年 3 页
26cm（16 开）统一书号：8078.1194
定价：CNY0.08
（民族器乐曲丛刊）

J0159798
月琴秦琴三弦　　程午加编著
上海 上海文艺出版社 1959 年 58 页
26cm（16 开）统一书号：8078.347
定价：CNY0.34

J0159799
春到拉萨 （琵琶独奏曲）王昭琪编曲；刘宝
珊改编
上海 上海文艺出版社 1960 年 5 页
26cm（16 开）统一书号：8078.1448
定价：CNY0.10
（民族器乐曲丛刊）

J0159800
筝曲选集　　赵玉斋编
北京 音乐出版社 1960 年 45 页 26cm（16 开）
统一书号：8026.1391 定价：CNY0.38
　　本书收录《高山流水》《凤翔歌》《飞花点
翠》《凤求凰》《古曲联弹》《庆丰年》《新春》
《真快活》等 32 首古筝曲。

J0159801
赶花会 （琵琶齐奏曲 简谱本）叶绪然曲
上海 上海文艺出版社 1962 年 [5] 页
27cm（16 开）统一书号：8078.1922
定价：CNY0.12
（民族器乐曲丛刊）

J0159802
歌唱毛泽东 （弹拨乐器合奏曲 简谱本）阿不
力克木作曲；顾炳泉改编
上海 上海文艺出版社 1962 年 16 页
26cm（16 开）统一书号：8078.1982
定价：CNY0.19
（民族器乐曲丛刊）

J0159803
古琴曲集 （第一集 正谱本）中央音乐学院中
国音乐研究所,北京古琴研究会编
北京 音乐出版社 1962 年 12+281 页
26cm（16 开）统一书号：8026.1567
定价：CNY3.45
（中央音乐学院中国音乐研究所丛刊）
　　本书收录《幽兰》《高山》《流水》《阳光三
叠》《渔樵问答》《潇湘水云》《平沙落雁》《捣
衣》《酒狂》等。

J0159804
古筝曲集　　赵玉斋编
上海 上海文艺出版社 1963 年 56 页
26cm（16 开）统一书号：8078.2217
定价：CNY0.40

J0159805
欢乐的苗家 （琵琶曲 简谱本）俞良模编曲
北京 音乐出版社 1963 年 4 页 18cm（15 开）
统一书号：8026.1709 定价：CNY0.04

J0159806
林冲夜奔 （古筝独奏曲 正谱本）陆修棠,王
巽之编曲
上海 上海文艺出版社 1963 年 7 页
26cm（16 开）统一书号：8078.2134
定价：CNY0.17

J0159807

三六 （民间乐曲）顾冠仁改编

北京 音乐出版社 1963 年 17 页 26cm（16 开）

统一书号：8026.1928 定价：CNY0.20

（民族弹拨乐器合奏曲）

　　作者顾冠仁(1942—)，作曲家。生于江苏海门，肄业于上海音乐学院。历任上海民族乐团团长、艺术总监，中国民族管弦乐学会副会长，中国音乐家协会理事等。代表作品有《花木兰》《王昭君》等。

J0159808

松花江渔歌 （月琴独奏 民族管弦乐队伴奏）冯少先，曹大沧作曲；冯少先配器

北京 音乐出版社 1963 年 22 页 26cm（16 开）

统一书号：8026.1912 定价：CNY0.26

　　本作品分为"江晨"、"出航"、"渔歌"、"捕鱼"、"返航" 5 个段落和一个尾声。

J0159809

不唱山歌心不爽 （大阮独奏曲 简谱本）王仲丙改编；丁国舜配伴奏

北京 音乐出版社 1964 年 5 页 26cm（16 开）

统一书号：8026.2168 定价：CNY0.09

（民族器乐创作选）

J0159810

不唱山歌心不爽 （女生用）大怀词；于会泳曲

北京 音乐出版社 1964 年 5 页 26cm（16 开）

统一书号：8026.2168 定价：CNY0.10

J0159811

大三弦曲选 （第一册）李乙编

上海 上海文化出版社 1964 年 64 页 26cm（16 开）统一书号：8077.195

定价：CNY0.66

J0159812

工人赞 （筝独奏曲）赵玉斋作曲

北京 音乐出版社 1964 年 5 页 26cm（16 开）

统一书号：8026.2153 定价：CNY0.09

（民族器乐创作选）

J0159813

庆丰年 （筝独奏曲）赵玉斋曲

北京 音乐出版社 1964 年 5 页 26cm（16 开）

统一书号：8026.2211 定价：CNY0.09

（民族器乐创作选）

J0159814

弹拨乐曲 （琵琶、阮、三弦、筝）音乐出版社编辑

北京 音乐出版社 1965 年 10 册 26cm（16 开）

J0159815

狼牙山五壮士 （琵琶独奏曲）吕绍恩作曲

北京 音乐出版社 1965 年 11 页 26cm（16 开）

统一书号：8026.2193 定价：CNY0.19

（民族器乐创作选）

J0159816

天山的春天 （热瓦甫独奏曲 民族管弦乐队伴奏）乌斯满江，俞礼纯作曲

北京 音乐出版社 1965 年 13 页 26cm（16 开）

统一书号：8026.2187 定价：CNY0.23

（民族器乐创作选）

J0159817

幸福渠 （筝独奏曲）任清志曲

北京 音乐出版社 1965 年 5 页 26cm（16 开）

统一书号：8026.2209 定价：CNY0.10

（民族器乐创作选）

J0159818

彝族舞曲 （琵琶独奏曲 正谱本）王惠然改编

北京 音乐出版社 1965 年 7 页 26cm（16 开）

统一书号：8026.2192 定价：CNY0.13

（民族器乐创作选）

J0159819

英雄们战胜大渡河 （筝独奏曲）罗宗贤，时乐濛曲；吕殿生改编

北京 音乐出版社 1965 年 5 页 26cm（16 开）

统一书号：8026.2210 定价：CNY0.10

（民族器乐创作选）

　　作者时乐濛(1915—2008)，音乐家、作曲家、指挥家。原名时广涵，生于河南伊川。曾在鲁迅艺术学院音乐系学习。曾任中国人民解放军总政治部歌舞团团长、解放军艺术学院副院长等职。编写《保卫莫斯科》歌曲、大合唱《祖国万岁》，

主持音乐舞蹈史诗《东方红》及《中国革命之歌》
的音乐创作。

J0159820
幸福渠 （柳琴独奏曲　弦乐伴奏）王惠然曲；
王会义配伴奏
北京　人民文学出版社　1973年　14页
26cm（16开）统一书号：10019.2101
定价：CNY0.14

J0159821
唱支山歌给党听 （琵琶曲三首）吴俊生等编曲
北京　人民文学出版社　1974年　14页
26cm（16开）统一书号：8026.3009
定价：CNY0.14

J0159822
浏阳河 （筝独奏曲三首）
北京　人民音乐出版社　1974年　16页
26cm（16开）统一书号：8026.3013
定价：CNY0.15

J0159823
春到沂河 （柳琴独奏曲　弦乐伴奏）王惠然曲
上海　上海人民出版社　1976年　20页
26cm（16开）统一书号：8171.1388
定价：CNY0.13

J0159824
英雄们战胜了大渡河 （筝独奏曲）焦金海编曲
上海　上海人民出版社　1976年　9页
26cm（16开）统一书号：8171.1588
定价：CNY0.09

J0159825
百万雄师过大江 （月琴独奏曲　民族乐队伴
奏）高扬，冯少先编曲；于传莹，冯少先配伴奏
北京　人民音乐出版社　1977年　14页
26cm（16开）统一书号：8026.3239
定价：CNY0.15

J0159826
东海渔歌 （筝曲八首）
北京　人民音乐出版社　1977年　50页
26cm（16开）统一书号：8026.3328

定价：CNY0.30

J0159827
你追我赶学大寨 （二人台牌子曲）赵鹏编曲
呼和浩特　内蒙古人民出版社　1977年　66页
26cm（16开）统一书号：8089.38
定价：CNY0.38

J0159828
战台风 （筝独奏曲）王昌元曲
上海　上海人民出版社　1977年　10页
26cm（16开）统一书号：8171.1435
定价：CNY0.09

J0159829
祖国一片新面貌 （筝独奏曲）焦金海编曲
上海　上海人民出版社　1977年　6页
26cm（16开）统一书号：8171.1765
定价：CNY0.09

J0159830
大浪淘沙 （琵琶独奏曲）华彦钧演奏；曹安
和记谱
北京　人民音乐出版社　1978年　10页
26cm（16开）统一书号：8026.3505
定价：CNY0.20
　　本书由琵琶独奏曲《大浪淘沙》《龙船》合
订。作者曹安和（1905—2004），女，音乐理论家。
江苏无锡人。毕业于北平国立大学女子文理学
院音乐系。曾任中国艺术研究院音乐研究所研
究员。著有《时薰室琵琶指径》；合著《文板十二
曲琵琶谱》《弦索十三套》《阿炳曲集》。

J0159831
华主席，各族人民爱戴的英明领袖
（弹拨乐合奏）顾冠仁编曲
北京　人民音乐出版社　1978年　9页
26cm（16开）统一书号：8026.3461
定价：CNY0.13
　　作者顾冠仁（1942—　），作曲家。生于江苏
海门，肄业于上海音乐学院。历任上海民族乐团
团长、艺术总监，中国民族管弦乐学会副会长，中
国音乐家协会理事等。代表作品有《花木兰》《王
昭君》等。

J0159832
十面埋伏 （琵琶独奏曲 古曲）
北京 人民音乐出版社 1978 年 10 页
26cm（16 开）统一书号：8026.3500
定价：CNY0.20

J0159833
水乡高歌 （琵琶、筝二重奏）周静梅,涂永梅曲
北京 人民音乐出版社 1978 年 8 页
26cm（16 开）统一书号：8026.3518
定价：CNY0.11

J0159834
琵琶独奏曲集 （1）上海文艺出版社编辑
上海 上海文艺出版社 1979 年 52 页
26cm（16 开）统一书号：8078.3067
定价：CNY0.35
　　全书共 3 册。收录传统古曲《十面埋伏》《塞
上曲》《陈隋》《海青拿天鹅》《霸王卸甲》等名
曲。现代乐曲中有《歌舞引》《大浪淘沙》《草原
小姐妹》《狼牙山五壮士》《江南三月》《彝族舞
曲》《天山之春》《澜沧春晓》等优秀乐曲。共计
28 首。

J0159835
琵琶独奏曲集 （2）上海文艺出版社编
上海 上海文艺出版社 1980 年 56 页
26cm（16 开）统一书号：8078.3220
定价：CNY0.39

J0159836
琵琶独奏曲集 （3）上海文艺出版社编
上海 上海文艺出版社 1986 年 80 页
26cm（16 开）统一书号：8078.3493
定价：CNY0.93

J0159837
冬布拉乐曲选 祝恒谦编
乌鲁木齐 新疆人民出版社 1980 年 65 页
25cm（15 开）统一书号：8098.134
定价：CNY1.60

J0159838
乐亭新歌 （三弦独奏曲）周润通曲
北京 人民音乐出版社 1980 年 4 页

25cm（15 开）统一书号：8026.3695
定价：CNY0.08

J0159839
热瓦甫独奏曲选 （五线谱）帕塔尔江编
乌鲁木齐 新疆人民出版社 1980 年 30 页
25cm（16 开）统一书号：8098.126
定价：CNY0.82

J0159840
曹东扶筝曲集 曹永安,李汴编
北京 人民音乐出版社 1981 年 56 页
25cm（15 开）统一书号：8026.3865
定价：CNY0.54
　　本书收录《闹元宵》《采茶灯》《倒推船》等
8 首创作、改编曲；《打雁》《高山流水》《苏武思
乡》《陈杏元落院》等 22 首河南板头曲。

J0159841
曹东扶筝曲集 曹永安,李汴编
北京 人民音乐出版社 1994 年 修订本 107 页
有照片 26cm（16 开）ISBN：7-103-01219-9
定价：CNY5.35

J0159842
草原小姐妹 （琵琶协奏曲 总谱 正谱本）
吴祖强等曲
北京 人民音乐出版社 1981 年 影印版 76 页
21cm（32 开）统一书号：8026.3809
定价：CNY0.67
　　全曲分"草原放牧"、"与暴风雪搏斗"、"在
寒夜中前进"、"党的关怀记心间"、"千万朵红花
遍地开" 5 部分。作者吴祖强(1927—　)，作曲
家。出生于北京，原籍江苏武进，毕业于中央音
乐学院。作品有弦乐合奏《二泉映月》《春江花
月夜》等。

J0159843
古琴曲集 （第一集 正谱本）中国艺术研究院
音乐研究所,北京古琴研究会编
北京 人民音乐出版社 1982 年 重印本 281 页
26cm（16 开）精装 统一书号：8026.3951
定价：CNY7.60
　　本书收录《幽兰》《高山》《流水》《阳光三
叠》《渔樵问答》《潇湘水云》《平沙落雁》《捣

衣》《酒狂》等 62 首。

J0159844

古琴曲集 （第二集 正谱本）中国艺术研究院
音乐研究所,北京古琴研究会编
北京 人民音乐出版社 1983 年 119 页
26cm（16 开）统一书号: 8026.4093
定价: CNY2.50

　　本书收录《高山》《流水》《阳春》《大胡茄》
《广寒秋》《春山听杜鹃》等琴曲。

J0159845

李廷松演奏谱 （琵琶古曲）李光祖整理
北京 人民音乐出版社 1982 年 72 页
26cm（16 开）统一书号: 1026.4023
定价: CNY0.59

J0159846

琵琶古曲李廷松演奏谱 李光祖整理
北京 人民音乐出版社 1982 年 72 页
25cm（小 16 开）统一书号: 8026.4023
定价: CNY0.59

　　本书包括武曲《霸王卸甲》等、文曲《浔阳
夜月》等 10 首。

J0159847

琵琶曲选 （1949—1979）中国音乐家协会编
北京 人民音乐出版社 1982 年 75 页
25cm（小 16 开）统一书号: 8026.3925
定价: CNY0.65

　　本书选编琵琶曲 18 首,包括《胜利锣鼓》《美
丽的青春》《草原小姐妹》等。

J0159848

琵琶曲选 （1949—1979 线谱版）中国音乐
家协会编
北京 人民音乐出版社 1987 年 116 页
26cm（16 开）统一书号: 8026.4449
定价: CNY3.10

J0159849

筝曲选 （1949—1979）中国音乐家协会编
北京 人民音乐出版社 1982 年 123 页
26cm（16 开）统一书号: 8026.3830
定价: CNY1.10

J0159850

筝曲选 （1949—1979）中国音乐家协会编
北京 人民音乐出版社 1987 年 线谱版 172 页
26cm（16 开）统一书号: 8026.4575
定价: CNY4.15

　　本书收录中小型筝曲 25 首。

J0159851

鞠士林琵琶谱 （简谱译本）（清）鞠士林整理;
林石城译谱
北京 人民音乐出版社 1983 年 25cm（小 16 开）
统一书号: 8026.4097 定价: CNY2.60

　　作者鞠士林（约 1793—1874）,清代南汇县惠
南人（今上海市浦东新区惠南镇）,擅长琵琶,有
"江南第一手"之誉。留有《闲叙幽音》手抄琵琶
谱。作者林石城（1922—2005）,琵琶演奏家、教
授。江苏南汇（今属上海）人。中央音乐学院资
深教授,中国音乐家协会表演艺术委员会委员,
民族音乐委员会委员,琵琶研究会会长。编著有
《琵琶演奏法》《琵琶曲谱》《工尺谱常识》等。

J0159852

松风阁琴谱 （二卷）（清）程雄撰
台北 商务印书馆 1983 年 影印本
（景印文渊阁四库全书 子部 一四五 第 839 册）

　　作者程雄,清代音乐家。字云松。精通音律,
著有《松风阁琴谱》。

J0159853

松弦馆琴谱 （二卷）（明）严澂撰
台北 商务印书馆 1983 年 影印本
（景印文渊阁四库全书 子部 一四五 第 839 册）

J0159854

项斯华演奏中国筝谱 吴赣伯,项斯华编著
香港 上海书局 1983 年 123 页 29cm（15 开）
ISBN: 962-239-005-6
定价: HKD40.00, HKD54.00（精装）

J0159855

养正轩琵琶谱 沈浩初编著; 林石城整理
北京 人民音乐出版社 1983 年 正谱本 159 页
25cm（16 开）统一书号: 8026.4132
定价: CNY2.40

　　本书收录《夕阳箫鼓》《月儿高》《霸王卸

甲》《阳春白雪》等 14 首琵琶名曲。

J0159856

银河碧波 （第一集　筝曲选）人民音乐出版社
编辑部编

北京　人民音乐出版社　1983 年　41 页

25cm（16 开）统一书号：8026.4091

定价：CNY0.41

J0159857

《瀛洲古调》选曲　樊少云传谱；陈恭则等整
理编写

北京　人民音乐出版社　1984 年　27 页

26cm（16 开）统一书号：8026.4223

定价：CNY0.57

J0159858

汉乐筝曲四十首　罗九香传谱；史兆元编

北京　人民音乐出版社　1985 年　26cm（16 开）

统一书号：8026.4290　定价：CNY2.00

　　本书根据广东客家筝演奏家罗九香、张其昌
实际演奏记谱整理而成。其中罗九香传谱为 34
首,张其昌传谱为 6 首。

J0159859

琵琶曲集　（第一集）人民音乐出版社编辑部编

北京　人民音乐出版社　1985 年　107 页

26cm（16 开）统一书号：8026.4390

定价：CNY1.50

J0159860

琵琶曲集　（第二集）人民音乐出版社编辑部编

北京　人民音乐出版社　1987 年　129 页

26cm（16 开）统一书号：8026.4536

定价：CNY1.80

J0159861

琵琶曲集　（第三集）人民音乐出版社编辑部编

北京　人民音乐出版社　1993 年　217 页

26cm（16 开）ISBN：7-103-00933-3

定价：CNY8.05

　　本集收录琵琶独奏、重奏曲《西部风情录》
《陇上歌》《雁》《堡子梦》等 25 首。

J0159862

琵琶曲集　（第四集）人民音乐出版社编辑部编

北京　人民音乐出版社　1996 年　197 页

26cm（16 开）ISBN：7-103-01396-9

定价：CNY14.10

J0159863

琴谱　（一卷）（元）张仲寿撰

扬州　江苏广陵古籍刻印社　1985 年　刻本
重印本　线装

（武林往哲遗著）

　　据清光绪间钱塘丁丙嘉惠堂刻版重印。收
于《武林往哲遗著》前编《畸斋二谱》中。

J0159864

北方民族生活素描　（月琴组曲·民族管弦乐
总谱）刘锡津曲

北京　人民音乐出版社　1986 年　106 页

19cm（32 开）统一书号：8026.4350

定价：CNY1.10

J0159865

琵琶音阶琶音练习曲　陈济略著

成都　四川文艺出版社　1986 年　22 页

26cm（16 开）统一书号：8374.4　定价：CNY0.58

J0159866

山东筝曲集　高自成编

北京　人民音乐出版社　1986 年　137 页

26cm（16 开）统一书号：8026.4447

定价：CNY1.95

J0159867

郭鹰演奏的潮州筝曲选　郭鹰作；范上娥编

北京　人民音乐出版社　1987 年　38 页

26cm（16 开）统一书号：8026.4539

定价：CNY0.74

　　本书收录《一点红》《平沙落雁》《过江龙》
等 15 首。

J0159868

阮曲集　（第一集）人民音乐出版社编辑部编

北京　人民音乐出版社　1987 年　100 页

26cm（16 开）统一书号：8026.4550

定价：CNY1.40

J0159869
阮曲集 （第二集）人民音乐出版社编辑部编
北京 人民音乐出版社 1988 年 77 页
26cm（16 开）ISBN：7-103-00142-1
定价：CNY1.25

J0159870
三弦曲集 （1）人民音乐出版社编辑部编
北京 人民音乐出版社 1987 年 41 页
26cm（16 开）统一书号：8026.4529
定价：CNY0.78

J0159871
三弦曲集 （2）人民音乐出版社编辑部编
北京 人民音乐出版社 1989 年 29 页
26cm（16 开）ISBN：7-103-00417-X
定价：CNY0.93

J0159872
清故恭王府音乐 （爱新觉罗·毓嶟三弦传谱）
谈龙建整理
北京 人民音乐出版社 1988 年 85 页 有照片
26cm（16 开）ISBN：7-103-00286-X
定价：CNY4.00

J0159873
筝曲集 （第二集）人民音乐出版社编辑部编
北京 人民音乐出版社 1988 年 63 页
26cm（16 开）ISBN：7-103-00105-7
定价：CNY1.05

J0159874
琵琶练习曲 李月华编著
北京 团结出版社 1990 年 91 页 26cm（16 开）
ISBN：7-80061-095-0 定价：CNY5.40

J0159875
平湖派琵琶曲十三首 朱荇菁,杨少彝传谱;
任鸿翔整理
北京 人民音乐出版社 1990 年 142 页
26cm（16 开）ISBN：7-103-00567-2
定价：CNY4.25
　　作者任鸿翔(1942—1999),教授、音乐家、
作曲家。陕西蒲城人。曾任西安音乐学院副院长,
中国音乐家协会会员,陕西省音乐家协会常务理

事,民族音乐艺术委员会主任,全国琵琶研究会
陕西组副组长。著有《琵琶曲论选》《柳青娘》《赶
牲灵》等。

J0159876
平湖遗韵 杨毓荪编著
北京 中国文联出版公司 1990 年 302 页
有照片 26cm（16 开）ISBN：7-5059-1339-5
定价：CNY15.10

J0159877
三弦传统乐曲集 （周润明演奏谱）白凤岩等
传谱;周润明整理
北京 人民音乐出版社 1990 年 52 页
26cm（16 开）ISBN：7-103-00479-X
定价：CNY2.65
　　本书收录 23 首乐曲,是中国清代宫廷与民
间、北方与南方三弦乐曲的曲目。

J0159878
闽南筝曲集 陈茂锦编选
北京 人民音乐出版社 1991 年 55 页
26cm（16 开）ISBN：7-103-00676-8
定价：CNY1.90
　　本书精选闽南筝曲 30 首,并有闽南筝曲发
展状况、风格特点及演奏特点等说明文字。

J0159879
琵琶练习曲选 林石城编著
北京 人民音乐出版社 1991 年 218 页
26cm（16 开）ISBN：7-103-00665-2
定价：CNY6.25
　　作者林石城(1922—2005),琵琶演奏家、教
授。江苏南汇(今属上海)人。中央音乐学院资
深教授,中国音乐家协会表演艺术委员会委员,
民族音乐委员会委员,琵琶研究会会长。编著有
《琵琶演奏法》《琵琶曲谱》《工尺谱常识》等。

J0159880
玉鹤轩琵琶谱选曲 王露编著;李荣声执笔
北京 人民音乐出版社 1991 年 110 页
26cm（16 开）ISBN：7-103-00841-8
定价：CNY3.80

J0159881

潮州民间筝曲四十首　林毛根演奏；李萌编
北京　人民音乐出版社　1992 年　90+49 页
26cm（16 开）ISBN：7-103-00941-4
定价：CNY5.85
　　本书收录潮州筝艺大师林毛根的演奏曲 40
首，包括潮州民间十大套曲，如：《寒鸦戏水》《月
儿高》《小桃花》等，还附录了潮乐固有的"二四
谱"和"工尺谱"的传统谱式。

J0159882

顾冠仁弹拨乐合奏曲选　人民音乐出版社编
辑部编
北京　人民音乐出版社　1992 年　114 页
26cm（16 开）ISBN：7-103-00922-8
定价：CNY5.85

J0159883

《十面埋伏》汇编　人民音乐出版社编辑部编
北京　人民音乐出版社　1993 年　127 页
26cm（16 开）ISBN：7-103-01024-2
定价：CNY5.05

J0159884

福建筝曲选　（诏安演奏谱）李萌编
北京　人民音乐出版社　1993 年　84 页
26cm（16 开）ISBN：7-103-01118-4
定价：CNY3.45
　　作者李萌，北京中央音乐学院任教。

J0159885

柳琴独奏曲四首　（小型弦乐队伴奏）沈传薪
等曲
北京　人民音乐出版社　1993 年　35 页
26cm（16 开）ISBN：7-103-01122-2
定价：CNY2.25

J0159886

中国古筝名曲荟萃　（上）上海音乐出版社编
上海　上海音乐出版社　1993 年　297 页
26cm（16 开）ISBN：7-80553-310-5
定价：CNY15.00
　　本书从山东筝曲、客家筝曲等 9 大流派中
汇选 130 余首优秀乐曲和 11 篇论述古筝艺术的
文章。

J0159887

中国古筝名曲荟萃　（上）上海音乐出版社编
上海　上海音乐出版社　1993 年　297 页
26cm（16 开）精装　ISBN：7-80553-367-9
定价：CNY24.80

J0159888

曹东扶筝曲集　曹永安，李汴编
北京人民音乐出版社　1994 年　修订本　107 页
有照片　26cm（16 开）ISBN：7-103-01219-9
定价：CNY5.35

J0159889

儿童筝曲集　赵淑屏编著
北京　人民音乐出版社　1994 年　100 页
26cm（16 开）定价：CNY4.60

J0159890

古筝新韵　（通俗筝曲 35 首）傅明鉴，王小平
编著
南京　江苏文艺出版社　1994 年　122 页
26cm（16 开）ISBN：7-5399-0731-2
定价：CNY10.00
　　作者傅明鉴，古筝演奏家、筝艺教育家。扬
州大学师范学院任教，扬大艺术工程研究院古筝
研究室主任，江苏省音乐家协会会员，南京市音
乐家协会古筝专业委员会副会长，北京古筝研究
会理事，香港古筝协会副主席。出版有《古筝教
材》《古筝教学讲义》《古筝新韵》等。

J0159891

刘德海琵琶练习曲　（每日必弹）刘德海著
北京　警官教育出版社　1994 年　53 页　有彩照
26cm（16 开）精装　ISBN：7-81027-581-X
定价：CNY18.00
　　作者刘德海（1937—　），琵琶演奏艺术家、
教授。河北沧县人，毕业于中央美术学院。历任
中国音乐学院教授，中国音乐家协会常务理事。
代表作品有《十面埋伏》《草原小姐妹》等。

J0159892

卫仲乐琵琶演奏曲集　中国管弦乐团《卫仲
乐琵琶演奏曲集》编辑小组编
上海　学林出版社　1994 年　177 页　有照片
26cm（16 开）ISBN：7-80510-875-7

定价: CNY25.00

　　本书收录《阳春曲》《平沙落雁》《汉宫秋月》等16谱。

J0159893

百花引 （中国古筝艺术第二次学术交流会演奏曲目选集）中国音乐家协会民族音乐委员会，扬州市人民政府文化局编

北京 人民音乐出版社 1995年 94页

26cm（16开）ISBN: 7-103-01257-1

定价: CNY6.70

J0159894

潮州筝曲选 （五家筝演奏谱）李萌编

北京 人民音乐出版社 1995年 159页

26cm（16开）ISBN: 7-103-01228-8

定价: CNY8.40

J0159895

古筝练习一百首 沙里晶, 傅华强编著

重庆 重庆出版社 1995年 168页 26cm（16开）

ISBN: 7-5366-3291-6 定价: CNY25.00

J0159896

上海音乐学院音乐定级考试曲集 （古筝）

上海音乐学院音乐定级考试委员会编

上海 上海音乐出版社 1995年 101页

26cm（16开）ISBN: 7-80553-551-5

定价: CNY12.10

J0159897

四库全书存目丛书 （子74 艺术类）四库全书存目丛书编纂委员会编

济南 齐鲁书社 1995年 影印本 753页

26cm（16开）精装 ISBN: 7-5333-0478-0

定价: CNY78300.00（子部）

　　本丛书包括:《新刻文会堂琴谱》《新传理性元雅》《指法》《青莲舫琴雅》《伯牙心法》《操缦录》《秀岩集》《溪山琴况》等。

J0159898

中国琵琶考级曲集 解金福等编

上海 上海音乐出版社 1995年 226页

26cm（16开）ISBN: 7-80553-568-X

定价: CNY13.30

作者解金福,从事琵琶教学与考级工作。

J0159899

刘德海传统琵琶曲集 刘德海编著

太原 山西教育出版社 1996年 73页 有照片

29cm（16开）ISBN: 7-5440-1021-X

定价: CNY17.50

　　作者刘德海(1937—),琵琶演奏艺术家、教授。河北沧县人,毕业于中央美术学院。历任中国音乐学院教授,中国音乐家协会常务理事。代表作品有《十面埋伏》《草原小姐妹》等。

J0159900

刘德海中外琵琶曲集 刘德海编著

北京 警官教育出版社 1996年 82页 有照片

26cm（16开）ISBN: 7-81027-619-0

定价: CNY17.00

J0159901

十一弦馆琴谱 （清）刘鹗辑刻

北京 中国书店 1996年 影印本 29cm（16开）

线装 ISBN: 7-80568-641-6 定价: CNY15.00

J0159902

维吾尔多郎木卡姆 （汉、维吾尔文对照）新疆麦盖提县多郎木卡姆研究会,新疆麦盖提县人民政府文化局编

乌鲁木齐 新疆美术摄影出版社 1996年 175页

26cm（16开）精装 ISBN: 7-80547-446-X

定价: CNY100.00

J0159903

中国古筝考级曲集 上海筝会编

上海 上海音乐出版社 1996年 258页

26cm（16开）ISBN: 7-80553-602-3

定价: CNY15.70

J0159904

全国琵琶演奏(业余)考级作品集 （第一级~第十级）中国音乐家协会全国乐器演奏(业余)考级委员会琵琶演奏专家委员会编

北京 新华出版社 1997年 2册(136;186页)

26cm（16开）ISBN: 7-5011-3624-6

定价: CNY48.00

J0159905
中国琵琶名曲荟萃　上海音乐出版社编
上海　上海音乐出版社　1997 年　348 页
26cm（16 开）ISBN：7-80553-607-4
定价：CNY30.00

J0159906
琵琶新曲与基础练习　林其美著
成都　四川人民出版社　1998 年　60 页
26cm（16 开）ISBN：7-220-04091-1
定价：CNY16.00

J0159907
琵琶曲集　李光华主编
太原　北岳文艺出版社　1998 年
2 册（101；116 页）29cm（16 开）
ISBN：7-5378-1850-9　定价：CNY56.00
（全国民族乐器演奏（业余）考级系列丛书）

J0159908
吴门琴谱　吴门琴社编
苏州　古吴轩出版社　1998 年　137 页　有照片
26cm（16 开）ISBN：7-80574-384-3
定价：CNY30.00

J0159909
五知斋琴谱　（清）周子安汇辑
北京　中国书店　1998 年　影印本　6 册
25cm（小 16 开）线装
ISBN：7-80568-864-8　定价：CNY300.00

J0159910
中国古筝流行金曲　刘小悦等编
北京　文化艺术出版社　1998 年　256 页
26cm（16 开）ISBN：7-5039-1771-7
定价：CNY28.00

J0159911
古筝曲集　（第一级～第七级）李婉芬主编；
中国民族管弦乐学会全国民族乐器演奏（业余）
考级委员会古筝专家委员会编
太原　北岳文艺出版社　1999 年　156 页
29cm（16 开）
（全国民族乐器演奏（业余）考级系列丛书）

J0159912
古筝曲集　（第八级～第十级）李婉芬主编；
中国民族管弦乐学会全国民族乐器演奏（业余）
考级委员会古筝专家委员会编
太原　北岳文艺出版社　1999 年　155 页
29cm（16 开）
（全国民族乐器演奏（业余）考级系列丛书）

J0159913
琵琶名曲选浅说　林石城著
北京　人民音乐出版社　1999 年　175 页
26cm（16 开）ISBN：7-103-01687-9
定价：CNY16.20
　　作者林石城（1922—2005），琵琶演奏家、教授。江苏南汇（今属上海）人。中央音乐学院资深教授，中国音乐家协会表演艺术委员会委员，民族音乐委员会委员，琵琶研究会会长。编著有《琵琶演奏法》《琵琶曲谱》《工尺谱常识》等。

J0159914
琵琶曲论选　任鸿翔编著
北京　人民音乐出版社　1999 年　148 页
26cm（16 开）ISBN：7-103-01797-2
定价：CNY12.80
　　本书收录琵琶曲独奏曲 10 首、重奏曲 13 首、练习曲 20 首，并有"琵琶教学谈"、"论琵琶弹挑"等琵琶论著。作者任鸿翔（1942—1999），教授、音乐家、作曲家。陕西蒲城人。曾任西安音乐学院副院长，中国音乐家协会会员，陕西省音乐家协会常务理事，民族音乐艺术委员会主任，全国琵琶研究会陕西组副组长。著有《琵琶曲论选》《柳青娘》《赶牲灵》等。

J0159915
琵琶演奏曲　陈致平［编］
贵阳　贵州人民出版社　1999 年　24 页
26cm（16 开）ISBN：7-221-04537-2
定价：CNY5.80

J0159916
全国古筝演奏（业余）考级作品集　（第一级～第九级）邱大成执行主编；中国音乐家协会音乐考级委员会编
北京　新华出版社　1999 年　224 页
28cm（大 16 开）ISBN：7-5011-4313-7

定价：CNY30.00

J0159917
陕西筝曲　曲云,李萌著
北京 人民音乐出版社 1999年 92页
26cm（16开）ISBN：7-103-01691-7
定价：CNY11.10

J0159918
周延甲筝曲选　[周延甲曲]；周望编
北京 人民音乐出版社 1999年 110页
26cm（16开）ISBN：7-103-01798-0
定价：CNY10.50
　　本书辑录了周延甲先生创编的筝曲50首。
包括：创作筝曲、根据迷胡音乐改编和订谱的筝
曲、记录整理的榆林筝曲、根据民歌和歌曲改编
的筝曲。

中国民族器乐曲——打击乐曲

J0159919
锣鼓谱　（一卷）
元音书屋 清 抄本

J0159920
锣鼓诗　（一卷）
清 抄本

J0159921
万花灯　（一卷）
余庆堂 清 抄本

J0159922
西安何家营乐器社鼓乐谱　（不分卷）
(唐)传谱
清 抄本

J0159923
嘉兴锣鼓　（一卷）
朱德昭 清乾隆五十五年[1790]抄本

J0159924
嘉兴锣鼓谱　（一卷）(清)传谱
刘兆奎 清道光二十九年[1849]抄本

J0159925
扬琴工尺谱
[民国] 石印本 278页 有图 21cm（32开）
　　本书介绍扬琴基本演奏法，附练习曲37首。

J0159926
琴学新编　（粤调）丘鹤俦著
香港 正昌隆号 1921年 石印本 292页
20cm（32开）

J0159927
琴学新编　（第二集）丘鹤俦著
香港 正昌隆号 1923年 石印本 290页
21cm（32开）定价：二元
　　本书收录《陈姑追舟》《桃花送药》《晴雯补
裘》等25首供扬琴演奏的粤曲，工尺谱。

J0159928
琴学新编　（粤调）丘鹤俦著
香港 时昌洋货铺 1930年 石印本 292页
21cm（32开）定价：二元

J0159929
民间锣鼓　陈振铎编
上海 新华书店华东总分店 1950年 30页
26cm（16开）定价：旧币 2.60

J0159930
民间锣鼓　陈振铎编
上海 新华书店华东总分店 1950年 再版 30页
26cm（16开）定价：旧币 2.60

J0159931
十番锣鼓　（中国打击音乐谱）程午嘉编
[上海] 华东军区第三野战军政治部 1951年
81页 18cm（32开）

J0159932
单鼓音乐　东北音乐专科学校共同课教学研
究室民间音乐组编辑
北京 音乐出版社 1957年 62页 有图
20cm（32开）统一书号：8026.612
定价：CNY0.34

J0159933
虎啸龙吟 （粗锣鼓曲）中央音乐学院民族音乐研究所编
北京 中央音乐学院民族音乐研究所 1957年
油印本 22页 有乐谱 24cm（26开）
定价：CNY0.18

J0159934
龙灯 （扬琴独奏曲）钟义良作曲；中央人民广播电台民族管弦乐团编
北京 音乐出版社 1957年 影印本 3页
26cm（16开）统一书号：8026.545
定价：CNY0.10

J0159935
粤剧锣鼓 黄锦培编著
广州 广东人民出版社 1957年 52页
18cm（15开）统一书号：T8111.36
定价：CNY0.17

J0159936
中国锣鼓曲 （十番锣鼓）程午加编著
上海 上海文化出版社 1957年 56页 有图
26cm（16开）统一书号：T8077.82
定价：CNY0.32

J0159937
扬琴曲选 （第一集）杨竞明编
北京 音乐出版社 1958年 38页 有图
26cm（16开）统一书号：8026.830
定价：CNY0.36

J0159938
民间锣鼓选集 陕西省农村音乐活动小丛书编委会编
西安 东风文艺出版社 1959年 17页
19cm（32开）统一书号：8147.1 定价：CNY0.08
（农村音乐活动小丛书 1）

J0159939
四川扬琴音乐 中国音乐家协会成都分会编；肖前林整理
成都 四川人民出版社 1959年 240页
18cm（32开）统一书号：8118.160
定价：CNY0.90

J0159940
扬琴独奏曲八首 宿英编曲
北京 音乐出版社 1959年 14页 26cm（16开）
统一书号：8026.1160 定价：CNY0.16
　　作者宿英(1929—1991)，扬琴演奏家、教育家、作曲家。出生于辽宁营口市，祖籍山东。出版有《扬琴演奏法》《宿英扬琴独奏曲选》《儿童扬琴入门》。

J0159941
舟山锣鼓 中国人民解放军前线歌舞团改编
上海 上海文艺出版社 1961年 26页
26cm（16开）统一书号：8078.1747
定价：CNY0.22
（民族器乐曲丛刊）

J0159942
边寨之歌 （扬琴独奏 民族管弦乐队伴奏 简谱本）张晓峰作曲
北京 音乐出版社 1962年 18页 26cm（16开）
统一书号：8026.1559 定价：CNY0.20

J0159943
边寨之歌 （扬琴独奏曲）张晓峰曲
北京 音乐出版社 1965年 18页 26cm（16开）
统一书号：8026.2214 定价：CNY0.43
（民族器乐创作选）

J0159944
欢乐的草原 （扬琴独奏曲）张晓峰编曲
上海 上海文艺出版社 1963年 21页
26cm（16开）统一书号：8078.2169
定价：CNY0.24

J0159945
延河畅想曲 （扬琴独奏曲 民族管弦乐队伴奏）吴豪业，于庆祝作曲
北京 音乐出版社 1964年 58页 26cm（16开）
统一书号：8026.2021 定价：CNY0.65

J0159946
扬琴独奏曲九首 （简谱本）音乐出版社编辑部编
北京 音乐出版社 1964年 25页 26cm（16开）
统一书号：8026.1958 定价：CNY0.29

J0159947
扬琴曲集 （简谱本）张晓峰编
上海 上海文化出版社 1965年 26页 有图
26cm（16开）统一书号：8077.245
定价：CNY0.22

J0159948
飞奔的小矿车 （扬琴独奏曲）王丽懿编曲
北京 人民音乐出版社 1978年 8页
19cm（32开）定价：CNY0.02
（活页器乐曲 扬琴 5）

J0159949
海岛大寨红旗飘 （扬琴独奏）李小刚曲
北京 人民音乐出版社 1978年 4页
26cm（16开）定价：CNY0.08
（活页器乐曲 扬琴 7）

J0159950
千里洪湖浪滔滔 （扬琴独奏）项祖华编曲
北京 人民音乐出版社 1978年 4页
26cm（16开）定价：CNY0.08
（活页器乐曲 扬琴 6）

J0159951
映山红 （扬琴曲六首）桂习礼等曲
北京 人民音乐出版社 1978年 22页
26cm（16开）统一书号：8026.3538
定价：CNY0.17

J0159952
鲁西南鼓吹乐曲集 山东省艺术馆，中央音
乐学院民族音乐教研室编
中央音乐学院 1979年 2册 26cm（16开）

J0159953
鲁西南鼓吹乐曲选 （唢呐,锡笛部分）
袁静芳选编
[北京] 中央音乐学院 1980年 油印本 85页
26cm（16开）

J0159954
粤剧锣鼓基础知识 广州市文化局戏曲工作
室编；苏文炳,吴国平执笔
广州 广东人民出版社 1979年 132页

19cm（32开）统一书号：10111.1167
定价：CNY0.35
（群众文艺辅导丛书）

J0159955
汨罗江上 （扬琴独奏曲）王沂甫改编
北京 人民音乐出版社 1980年 3页
25cm（小16开）统一书号：8026
定价：CNY0.08
（活页器乐曲 扬琴 9）

J0159956
十番锣鼓 杨荫浏编著
北京 人民音乐出版社 1980年 234页
26cm（16开）统一书号：8026.3770
定价：CNY2.25
　　本书收录《将军令》《下西风》《寿亭侯》《香
袋》等十番锣鼓乐谱14首。作者杨荫浏（1899—
1984），音乐教育家。字亮卿，号二壮，又号清如。
出生于江苏无锡，曾就读于上海圣约翰大学文学
系、光华大学经济系（今华东师范大学）。曾在重
庆、南京任国立音乐学院教授兼国乐组主任、国
立礼乐馆编纂和乐曲组主任、金陵女子大学音乐
系教授。代表作品有《中国音乐史纲》《中国古
代音乐史稿》。

J0159957
扬琴曲选 （1949—1979）中国音乐家协会编
北京 人民音乐出版社 1980年 105页
25cm（16开）统一书号：8026.3700
定价：CNY0.66
　　本书选编从1949—1979年创作、改编的扬
琴曲中的小型作品28首，包括《龙灯》《双手开
出幸福泉》《流水欢歌》《红河的春天》等。

J0159958
扬琴曲选 （1949-1979线谱本）中国音乐家
协会编
北京 人民音乐出版社 1987年 138页
26cm（16开）统一书号：8026.4337
定价：CNY3.50

J0159959
茶山的春天 刘维康曲
北京 人民音乐出版社 1981年 3页

26cm（16 开）统一书号：8026.3880
定价：CNY0.10

J0159960
数西调 （扬琴独奏曲云南民间乐曲）甘永康
编曲
北京 人民音乐出版社 1982 年 3 页
26cm（16 开）统一书号：8026.3939
定价：CNY0.10

J0159961
水乡春晓 （扬琴独奏）王丽懿曲
北京 人民音乐出版社 1982 年 4 页
26cm（16 开）定价：CNY0.10

J0159962
王沂甫扬琴独奏曲选 王沂甫作曲
西安 陕西人民出版社 1984 年 43 页
25cm（16 开）统一书号：8094.698
定价：CNY0.52
　　本书收录《旱天雷》《绣金匾》《苏武牧羊》
等 28 首。

J0159963
扬琴曲集 （一）人民音乐出版社编辑部编
北京 人民音乐出版社 1984 年 137 页
26cm（16 开）定价：CNY1.20

J0159964
扬琴曲集 （一）人民音乐出版社编辑部编
北京 人民音乐出版社 1984 年 67 页
26cm（16 开）统一书号：8026.4182
定价：CNY0.58

J0159965
扬琴曲集 （二）人民音乐出版社编辑部编
北京 人民音乐出版社 1994 年 68 页
26cm（16 开）ISBN：7-103-01144-3
定价：CNY3.25

J0159966
宿英扬琴作品选 宿英作曲
沈阳 春风文艺出版社 1985 年 146 页 有照片
26cm（16 开）统一书号：8158.1218
定价：CNY1.65

　　作者宿英（1929—1991），扬琴演奏家、教育
家、作曲家。出生于辽宁营口市，祖籍山东。出
版有《扬琴演奏法》《宿英扬琴独奏曲选》《儿童
扬琴入门》。

J0159967
潮州大锣鼓 陈天国编
北京 人民音乐出版社 1987 年 432 页
有图 26cm（16 开）统一书号：8026.4407
定价：CNY9.55
　　本书是潮州民间传统大锣鼓曲谱专集。收
录传统套曲 19 大套、改编创作的大锣鼓曲 5 套、
民间游行常用的锣鼓曲 2 套。全部曲谱系 1949
年后组织当地著名鼓师许裕兴、邱侯尚、陈松、
林顺泉、钟少庭等人研究定稿，由林云波组织记
录成"鼓经工尺谱"，以实际演奏为依据，并采用
新设计的较严密的记谱法详细记录而成。其中
将新创编的 5 套鼓曲、2 套短小精悍的传统鼓曲、
2 套有代表性的游行鼓曲，采用总谱记录，其他大
套锣鼓曲采用缩写谱记录。此外还收录了"科介"
（锣鼓点）总谱 41 首，曲牌总谱 20 首。

J0159968
扬琴独奏曲选 屈连江编著
北京 文津出版社 1990 年 62 页
27cm（大 16 开）定价：CNY2.45
　　作者屈连江（1939—　），著名扬琴家。河
北唐山人。历任中国音乐学院业余音乐学校校
长、中国音乐家协会会员。作品有《扬琴独奏曲
选》等。

J0159969
山西锣鼓 毋小红，王宝灿，薛麦喜主编
太原 山西人民出版社 1991 年
23+282 页 +［80 页］彩照 26cm（16 开）精装
ISBN：7-203-01972-1 定价：CNY120.00
（三晋文化研究丛书）
　　本书内容包括：威风锣鼓、绛州锣鼓、花敲
鼓、太原锣鼓、转身鼓、迓鼓、佛教锣鼓等。附
150 余首鼓谱。

J0159970
太原民间锣鼓 康宝堂搜集整理
太原 山西人民出版社 1991 年 203 页
26cm（16 开）

J0159971

芮伦宝扬琴作品选　芮伦宝著

南京 江苏文艺出版社 1992 年 138 页 有照片

26cm（16 开）ISBN：7-5399-0432-1

定价：CNY6.80

J0159972

新疆扬琴曲选　吴军编著

乌鲁木齐 新疆大学出版社 1993 年 123 页

有照片 26cm（16 开）ISBN：7-5631-0320-1

定价：CNY6.00

　　作者吴军（1958— ），四川三台人，二级演奏员，新疆兵团杂技团乐队队长。

J0159973

扬琴独奏曲选　屈连江编著

北京 中国广播电视出版社 1993 年 62 页

有照片 26cm（16 开）ISBN：7-5043-2251-2

定价：CNY2.90

J0159974

扬琴独奏曲选　屈连江编著

北京 中国广播电视出版社 1996 年 86 页

有照片 26cm（16 开）ISBN：7-5043-2845-6

定价：CNY9.00

J0159975

扬琴曲选　黄河编著

北京 北京广播学院出版社 1993 年

2 册（87；98 页）26cm（16 开）

ISBN：7-81004-402-8 定价：CNY15.00

　　作者黄河（1954— ），扬琴演奏家、教育家。毕业于中央音乐学院。中央音乐学院教授、硕士生导师，中国艺术教育大系总编委会委员，中国音乐家协会会员，中国扬琴学会副会长，中央音乐学院附中副校长。作曲曲目有《黄土情》《古道行》《川江韵》等。

J0159976

新疆扬琴曲　古丽加米拉·卡德尔作

乌鲁木齐 新疆大学出版社 1996 年 183 页

29cm（16 开）ISBN：7-5631-0784-3

定价：CNY21.20

J0159977

中国扬琴考级曲集　成海华编

合肥 安徽文艺出版社 1997 年 227 页

28cm（大 16 开）

　　本书按循序渐进的教学规律，选用了 60 首传统乐曲和现代新创作或改编的乐曲。分为初、中、高三个档次，共 10 个级别，每个级别由相应程度的不同风格的乐曲组成。

J0159978

黄河扬琴练习曲九十九首　黄河著

北京 中国广播电视出版社 1999 年

3 册（144；130；135 页）30cm（10 开）

ISBN：7-5043-3399-9 定价：CNY99.00

　　本套书包括：单竹练习、五声音阶练习、左竹法练习等。作者黄河，任中央音乐学院教授、中央音乐学院环球音像出版社社长等职。

J0159979

西安鼓乐曲选　（一）武文斌编著

西安 陕西旅游出版社 1999 年 103 页

有照片 26cm（16 开）ISBN：7-5418-1210-2

定价：CNY36.90

　　作者武文斌（1932— ），笛子演奏家、鼓乐研究专家。原名武彦亥，笔名戈丁，陕西淳化县润镇人。中国音乐家协会会员、陕西省音乐家协会会员、西安市音乐家协会会员、西安城隍庙鼓乐社名誉社长。编著有《西安鼓乐曲选》等。

J0159980

幸福泉　（扬琴独奏曲集）丁国舜，丁国立编著

北京 中国青年出版社 1999 年 122 页

29cm（16 开）ISBN：7-5006-3432-3

定价：CNY24.00

J0159981

扬琴曲集　项祖华主编

太原 北岳文艺出版社 1999 年

2 册（112；157 页）29cm（16 开）

ISBN：7-5378-1884-3 定价：CNY60.00

（全国民族乐器演奏（业余）考级系列丛书）

中国民族器乐合奏曲

J0159982
八佾舞虞庭 （一卷）
升平署 清 抄本

J0159983
翠点衣 （一卷）
清 抄本

J0159984
刮地风 （一卷）
百本张［清］抄本

J0159985
刮地风
民国 抄本 平装

J0159986
吉祥歌 （一卷）
升平署 清 抄本

J0159987
可知斋乐谱 （一卷）（清）杜毓林辑
清 抄本

J0159988
乐谱 （一卷）
清 抄本

J0159989
落梅花 （一卷）
清 抄本

J0159990
绿水青山 （不分卷）
升平署 清 抄本

J0159991
满洲曲 （不分卷）
清 抄本

J0159992
满洲偷诗 （一卷）
清 抄本

J0159993
南十番曲牌 （一卷）
清 抄本

J0159994
庆升平 （一卷）
清 抄本

J0159995
十番乐谱 （不分卷）
清 抄本

J0159996
十番谱 （一卷）
清 抄本

J0159997
双鸳鸯 （一卷）
清 抄本

J0159998
丝竹小谱 （一卷）（清）吴澄甫辑
清 刻本

J0159999
梧桐树 （一卷）
清 抄本

J0160000
弦索备考 （六卷）（清）荣斋辑
［清］稿本

J0160001
弦索备考 （六卷）（清）明谊编
清嘉庆 抄本

J0160002
弦索十三套三弦谱 （一卷）（清）□□传谱
［清］抄本

J0160003
歌录 （一卷）（清）王谟辑
金溪王氏 清嘉庆三年［1798］刻本
（汉魏遗书钞）
　　作者王谟(约1731-1817)，清代文学家、考据家。江西金溪县人，字仁圃，一字汝上，又作汝麋，晚称汝上老人。清乾隆四十三年(1778)进士。授建昌府学教授。以辑录古佚书闻名。撰辑有《读书引》《江西考古录》《豫章十代文献略》《汉魏丛书》等。

J0160004
凡八只 （一卷）
清末 抄本

J0160005
钧天清乐 （一卷）（清）杨梅亭辑
清末 抄本

J0160006
火树星桥 （一卷）
清光绪三十一年［1905］抄本

J0160007
喜春光谱 （一卷）
清光绪三十一年［1905］抄本

J0160008
凡调 （一卷）
清宣统元年［1909］抄本

J0160009
四合工册 （一卷）
清宣统元年［1909］抄本

J0160010
小调器乐谱 （一卷）
清宣统二年［1910］抄本

J0160011
大红花 （中国器乐及其合奏曲）刘天浪编撰；中南文学艺术联合会筹会编辑
汉口 中南人民出版社 1951年 44页
26cm（16开）定价：旧币4,200元
（中南音乐丛书）

J0160012
塞外舞曲 （管弦乐曲 总谱）马思聪作
北京 中华全国音乐工作者协会 1952年
影印本 25页 19cm（32开）
定价：旧币4,000元
　　作者马思聪(1912—1987)，作曲家、小提琴演奏家。广东海丰人。曾任中央音乐学院首任院长，并兼任中国音乐家协会副主席，《音乐创作》主编等职。代表作有小提琴曲《内蒙组曲》《西藏音诗》《第一回旋曲》，交响音乐《山林之歌》《第二交响曲》，大合唱《祖国》《春天》，歌剧《热碧亚》等。

J0160013
思乡曲 （管弦乐曲 总谱）马思聪作
北京 中华全国音乐工作者协会 1952年
影印本 16页 19cm（32开）
定价：旧币3,000元

J0160014
丝竹乐谱 （第一集）星光社编辑
上海 国光书店 1953年 定价：CNY0.26

J0160015
丝竹乐谱 （第二集）李国绥编
上海 上海国光书店 1953年 29页
26cm（16开）定价：旧币2,600元

J0160016
丝竹乐谱 （第一集）星光社编辑
上海 新音乐出版社 1953年 有图
26cm（16开）定价：旧币2,600元

J0160017
中国器乐合奏曲集 沈阳市管弦乐队编
上海 新音乐出版社 1953年 影印本 32页
有图 26cm（16开）定价：旧币4,600元

J0160018
弦索十三套 （第一集 简谱版）曹安和,文彦译谱；中央音乐学院民族研究所编辑
北京 音乐出版社 1955年 127页 26cm（16开）
定价：CNY0.96
（中央音乐学院民族音乐研究所丛刊）
　　本套书共3集。收有18世纪前中国民间器

乐合奏曲《合欢令》《将军令》《十六板》《琴音板》《清音串》《平韵串》《月儿高》《琴音月儿高》等 13 首。

J0160019
弦索十三套 （第一集 正谱版）曹安和，文彦译谱；中央音乐学院民族研究所编辑
北京 音乐出版社 1955 年 影印本 82 页
26cm（16 开）定价：CNY0.87
（中央音乐学院民族音乐研究所丛刊）

　　作者曹安和（1905—2004），女，音乐理论家。江苏无锡人。毕业于北平国立大学女子文理学院音乐系。曾任中国艺术研究院音乐研究所研究员。著有《时薰室琵琶指径》；合著《文板十二曲琵琶谱》《弦索十三套》《阿炳曲集》。

J0160020
弦索十三套 （第二集 正谱本）
（清）明谊（荣斋）传谱；曹安和，简其华译谱
北京 音乐出版社 1962 年 152 页 26cm（16 开）
统一书号：8026.1532 定价：CNY1.85
（中央音乐学院中国音乐研究所丛刊）

J0160021
弦索十三套 （第三集 正谱本）
（清）明谊（荣斋）传谱；曹安和，简其华译谱
北京 音乐出版社 1962 年 正谱本 105 页
26cm（16 开）统一书号：8026.1533
定价：CNY1.35
（中央音乐学院中国音乐研究所丛刊）

J0160022
萧湘水云 （器乐合奏曲）（宋）郭楚望作曲；杨荫浏改编
北京 音乐出版社 1955 年 影印本 26 页
26cm（16 开）定价：CNY0.35
（中央音乐学院民族音乐研究所丛刊）

　　作曲郭楚望，南宋琴师。名沔，浙江永嘉（今温州平阳）人。创作有琴曲《潇湘水云》《秋鸿》《飞鸣吟》《泛沧浪》等。作者杨荫浏（1899—1984），音乐教育家。字亮卿，号二壮，又号清如。出生于江苏无锡，曾就读于上海圣约翰大学文学系、光华大学经济系（今华东师范大学）。曾在重庆、南京任国立音乐学院教授兼国乐组主任、国立礼乐馆编纂和乐曲组主任、金陵女子大学音乐

系教授。代表作品有《中国音乐史纲》《中国古代音乐史稿》。

J0160023
中国民歌组曲 （管弦乐 总谱）李伟才作曲
北京 音乐出版社 1955 年 影印本 93 页
31cm（10 开）定价：CNY1.62

J0160024
春天鼓舞着新农村 （民族器乐曲）李中艺作曲
沈阳 辽宁人民出版社 1956 年 影印本 20 页
26cm（16 开）统一书号：8090.7 定价：CNY0.15

J0160025
儿童乐曲二首 林绿等作曲
北京 音乐出版社 1956 年 影印本 29 页
26cm（16 开）统一书号：T8026.466
定价：CNY0.23

J0160026
国乐合奏曲 胡江非编著
南京 江苏人民出版社 1956 年 88 页
19cm（32 开）统一书号：8100.108
定价：CNY0.30

J0160027
康藏组曲 （管弦乐 总谱）陆华柏作曲
北京 音乐出版社 1956 年 影印本 34 页
31cm（15 开）定价：CNY0.66

　　作者陆华柏（1914—1994），作曲家、音乐教育家。出生于湖北荆门，祖籍江苏武进。主要作品有《故乡》《勇士骨》《汨罗江边》等。

J0160028
民间器乐合奏曲集 （第一集）上海乐团编
北京 音乐出版社 1956 年 57 页 26cm（16 开）
统一书号：8026.396 定价：CNY0.39

J0160029
民间器乐合奏曲集 （第二集）朴东生等编曲
北京 音乐出版社 1957 年 定价：CNY0.90

J0160030
民族器乐广播曲选 （第一集）中央人民广播电台民族管弦乐团编

北京 音乐出版社 1956 年 66 页 26cm（16 开）
统一书号：8026.939 定价：CNY0.50

J0160031
民族器乐广播曲选 （第二集）中央人民广播
电台民族管弦乐团编
北京 音乐出版社 1958 年 66 页 26cm（16 开）
统一书号：8026.939 定价：CNY0.50

J0160032
民族器乐广播曲选 （第三集）中央人民广播
电台民族管弦乐团编
北京 音乐出版社 1958 年 66 页 26cm（16 开）
统一书号：8026.939 定价：CNY0.50

J0160033
民族器乐广播曲选 （第四集）中央人民广播
电台民族管弦乐团编
北京 音乐出版社 1959 年 50 页 26cm（16 开）
定价：CNY0.41

J0160034
民族器乐广播曲选 （第五集）中央人民广播
电台民族管弦乐团编
北京 音乐出版社 1959 年 48 页 26cm（16 开）
统一书号：8026.1135 定价：CNY0.38

J0160035
民族器乐广播曲选 （第六集）中央人民广播
电台民族管弦乐团编
北京 音乐出版社 1961 年 22 页 26cm（16 开）
定价：CNY0.22

J0160036
民族器乐合奏曲集 （第一集）上海乐团编
北京 音乐出版社 1956 年 57 页 26cm（16 开）
统一书号：8026.396 定价：CNY0.39

J0160037
民族器乐合奏曲集 （第二集）朴东生等编曲
北京 音乐出版社 1957 年 96 页 26cm（16 开）
统一书号：8026.476 定价：CNY0.90

J0160038
南泥湾 （古筝二胡重奏）马可原曲；赵德震编曲

沈阳 辽宁人民出版社 1956 年 8 页
26cm（16 开）统一书号：8090.14
定价：CNY0.09

J0160039
小黄莺 （民族乐器重奏合奏曲集）姚汉光编曲
汉口 湖北人民出版社 1956 年 影印本 38 页
有图 26cm（16 开）定价：CNY0.32

J0160040
第二届全国民间音乐舞蹈会演优秀器乐曲选
中央群众艺术馆推荐
北京 音乐出版社 1957 年 22 页 26cm（16 开）
统一书号：8026.759 定价：CNY0.22

J0160041
光明行 （民族管弦乐合奏曲）刘天华作曲；
谢直心改编
北京 音乐出版社 1957 年 影印本 27 页
26cm（16 开）统一书号：8026.697
定价：CNY0.42
　　作者刘天华（1895—1932），作曲家、演奏家、
音乐教育家。原名刘寿椿，江苏江阴市人。曾任
教于北京大学音乐研究会。代表作有《光明行》
《良宵》《空山鸟语》《歌舞引》《飞花点翠》等。

J0160042
十番音乐 福建省群众艺术馆编；刘春曙，郑
子良搜集整理
福州 福建人民出版社 1957 年 55 页 有图
26cm（16 开）定价：CNY0.43
　　本书介绍十番音乐的历史概况、曲牌来源、
风格特色以及乐队组织、乐器和乐器定调等。分
曲调和打击乐两部分，共 40 首。

J0160043
跳绳 （民族管弦乐曲）丁善德作曲；钟义良改编
北京 音乐出版社 1957 年 7 页 26cm（16 开）
统一书号：8026.687 定价：CNY0.13
　　作者丁善德（1911—1995），江苏昆山人。
1928 年入上海国立音乐专科学校钢琴系，兼学作
曲。历任天津女子师范学校、上海国立音专教师，
上海音乐学院教授、作曲系主任、副院长，中国
音协副主席。创作钢琴曲《中国民歌主题变奏曲》
《序曲三首》，交响乐《长征》等。撰有《单对位法》

《复对位法》《赋格写作纲要》等。

J0160044
喜庆乐 （民族器乐合奏曲集）重庆群众艺术馆编
重庆 重庆人民出版社 1957年 40页
26cm（16开）统一书号：8114.42
定价：CNY0.26

J0160045
春节序曲 李焕之曲
北京 音乐出版社 1958年 定价：CNY0.03
（活页器乐曲 管弦乐 2）
　　作者李焕之（1919—2000），作曲家、指挥家、音乐理论家。出生于香港，原籍福建晋江市，毕业于延安鲁迅艺术学院。历任中央音乐学院音乐团团长、中央歌舞团艺术指导、中央民族乐团团长。代表作品有《民主建国进行曲》《新中国青年进行曲》《春节组曲》等。

J0160046
春节序曲 （民族管弦乐队用谱）李焕之曲；张子锐，谢直心配器
北京 音乐出版社 1960年 33页 28cm（16开）
统一书号：8026.1334 定价：CNY0.45

J0160047
东北民歌组曲 （民族器乐合奏）赵义民编曲
北京 音乐出版社 1958年 37页 26cm（16开）
统一书号：8026.855 定价：CNY0.32

J0160048
陕北组曲 （简谱版）马可作曲；谢直心改编
北京 音乐出版社 1958年 45页 26cm（16开）
统一书号：8026.843 定价：CNY0.38

J0160049
春节 （第一组曲 正谱本）李焕之作曲
北京 音乐出版社 1959年 153页 31cm（12开）
统一书号：8026.996 定价：CNY3.00

J0160050
春节 （管弦乐 第一组曲 总谱 正谱本）李焕之作曲
北京 音乐出版社 1962年 袖珍本 153页

19cm（32开）统一书号：8026.1528
定价：CNY1.55

J0160051
丰收舞曲 （二胡 琵琶二重奏）张世瑞作曲
上海 上海文艺出版社 1959年 3页
26cm（16开）统一书号：8078.445
定价：CNY0.08
（民族器乐曲丛刊）

J0160052
简易器乐曲集 （第一册）音乐出版社编辑部编
北京 音乐出版社 1959年 60页 19cm（32开）
统一书号：8026.1203 定价：CNY0.19

J0160053
建设新农村 （合奏曲）周祖馥作曲
上海 上海文艺出版社 1959年 15页
27cm（16开）统一书号：8078.448
定价：CNY0.24
（民族器乐曲丛刊）

J0160054
快马加鞭 （合奏曲）马圣龙改编
上海 上海文艺出版社 1959年 11页
26cm（16开）统一书号：8078.447
定价：CNY0.18
（民族器乐曲丛刊）

J0160055
闹元宵 （民间吹打曲）李民雄改编
上海 上海文艺出版社 1959年 21页
26cm（16开）统一书号：8078.1256
定价：CNY0.18
（民族器乐曲丛刊）

J0160056
庆祝国庆喜洋洋 （民族器乐合奏曲）何天奇，曾加庆作曲
上海 上海文艺出版社 1959年 14页
26cm（16开）统一书号：8078.1042
定价：CNY0.13

J0160057
中学生合奏曲集 刘天浪编曲

南昌 江西人民出版社 1959 年 38 页
26cm（16 开）统一书号：T8110.222
定价：CNY0.26

J0160058
祖国之春 （轻音乐）曾加庆作曲
上海 上海文艺出版社 1959 年 10 页
26cm（16 开）统一书号：8078.1196
定价：CNY0.14
（民族器乐曲丛刊）

J0160059
安徽民歌主题随想曲 安福安作
上海 上海文艺出版社 1960 年 56 页
31cm（10 开）统一书号：8078.1368
定价：CNY1.05

J0160060
不见英雄花不开 汤重稀原曲；顾冠仁编曲
上海 上海文艺出版社 1960 年 17 页
26cm（16 开）统一书号：8078.1463
定价：CNY0.19
（民族器乐曲丛刊）
　　本乐曲是根据同名歌曲改编而成的民族器
乐合奏曲。作者顾冠仁(1942—　)，作曲家。生
于江苏海门，肄业于上海音乐学院。上海民族乐
团团长、艺术总监，中国民族管弦乐学会副会长，
中国音乐家协会理事。代表作品有《花木兰》《王
昭君》等。

J0160061
翻身的日子 （民族管弦乐曲）朱践耳编曲
北京 音乐出版社 1960 年 24 页 28cm（26 开）
统一书号：8026.1292 定价：CNY0.31
　　本书由 3 部分及引子、尾声组成。乐曲主要
从北方民间音乐中吸取素材，并借鉴了河北吹歌
的旋律发展手法。作者朱践耳(1922—2017)，作
曲家、音乐家。别名朱荣实，字朴臣，安徽泾县人，
生于天津。中国音乐家协会第四届常务理事，曾
在上海、北京等电影制片厂、上海实验歌剧院、
上海交响乐团任作曲。代表作品有《第四交响曲》
《百年沧桑》《唱支山歌给党听》等。

J0160062
嘎达梅林交响诗 辛沪光作曲

北京 音乐出版社 1960 年 82 页 31cm（12 开）
统一书号：8026.1034 定价：CNY2.80

J0160063
嘎达梅林交响诗 （管弦乐 总谱 正谱本）
辛沪光曲
北京 音乐出版社 1962 年 袖珍本 82 页
19cm（32 开）统一书号：8026.1529
定价：CNY0.86
　　本乐曲为单乐章的奏鸣曲式。取材于内蒙
古民间故事。

J0160064
嘎达梅林交响诗 （管弦乐 总谱）辛沪光曲
北京 人民音乐出版社 1979 年 82 页
20cm（32 开）统一书号：8026.1529
定价：CNY0.48

J0160065
赣江两岸好风光 （民族管弦乐曲）刘天浪曲
北京 音乐出版社 1960 年 16 页 26cm（16 开）
统一书号：8026.1338 定价：CNY0.29

J0160066
花好月圆 （民族管弦乐曲 简谱本）黄贻钧，
杨珉作曲；彭修文编曲
北京 音乐出版社 1960 年 18 页 28cm（16 开）
统一书号：8026.1335 定价：CNY0.28
　　本书由民族管弦乐曲《花好月圆》《玩具舞
曲》合订。作者彭修文(1931—1996)，作曲家。
湖北武汉汉口人，毕业于商业专科学校。历任重
庆人民广播电台工作人员，中央广播民族乐团指
挥兼作曲。创作改编作品有《步步高》《彩云追
月》《花好月圆》《瑶族舞曲》。

J0160067
器乐合奏曲集 中国音乐家协会辽宁分会编
沈阳 春风文艺出版社 1960 年 51 页
31cm（10 开）统一书号：8158.29
定价：CNY0.55

J0160068
新春乐 （民族管弦乐曲）马光陆编曲
北京 音乐出版社 1960 年 22 页
28cm（大 16 开）统一书号：8026.1293

定价: CNY0.31

J0160069
月光变奏曲 （苏）安德列也夫编曲；何天奇改编
上海　上海文艺出版社　1960 年　19 页
26cm（16 开）统一书号：8078.1455
定价: CNY0.18
（民族器乐曲丛刊）

J0160070
早稻卫星上了天　翟立三编曲
上海　上海文艺出版社　1960 年　13 页
27cm（16 开）统一书号：8078.1450
定价: CNY0.17
（民族器乐曲丛刊）

J0160071
东海渔歌　（民族器乐合奏曲）马圣龙,顾冠仁曲
上海　上海文艺出版社　1961 年　94 页
26cm（16 开）统一书号：8078.1764
定价: CNY0.70

J0160072
丝竹乐谱　黄力华编
香港　一元书屋　1961 年　59 页　26cm（16 开）
定价: HKD1.50

J0160073
英雄们战胜了大渡河　（民族器乐合奏曲
简谱本）罗宗贤,时乐濛曲；曾加庆改编
上海　上海文艺出版社　1961 年　29 页
26cm（16 开）统一书号：8078.1667
定价: CNY0.30
　　作者时乐濛(1915—2008),音乐家、作曲家、
指挥家。原名时广涵,生于河南伊川。曾在鲁迅
艺术学院音乐系学习。曾任中国人民解放军总
政治部歌舞团团长、解放军艺术学院副院长等
职。编写《保卫莫斯科》歌曲、大合唱《祖国万岁》,
主持音乐舞蹈史诗《东方红》及《中国革命之歌》
的音乐创作。

J0160074
春满江南百花娇　（合奏曲　简谱本）陈凤祥
作曲
上海　上海文艺出版社　1962 年　7 页

26cm（16 开）统一书号：8078.2055
定价: CNY0.14
（民族器乐曲丛刊）

J0160075
姑娘插秧在云间　（简谱本）吴之珉等作曲
上海　上海文艺出版社　1962 年　18 页
26cm（16 开）统一书号：8078.2016
定价: CNY0.19
（民族器乐曲丛刊）

J0160076
节日舞曲　（简谱本）顾冠仁曲
上海　上海文艺出版社　1962 年　9 页
26cm（16 开）统一书号：8078.1921
定价: CNY0.10
（民族器乐曲丛刊）
　　作者顾冠仁(1942—),作曲家。生于江苏
海门,肄业于上海音乐学院。历任上海民族乐团
团长、艺术总监,中国民族管弦乐学会副会长,中
国音乐家协会理事等。代表作品有《花木兰》《王
昭君》等。

J0160077
京调　（简谱本）顾冠仁编曲
上海　上海文艺出版社　1962 年　14 页
26cm（16 开）统一书号：8078.1799
定价: CNY0.17
（民族器乐曲丛刊）

J0160078
小磨坊　（民族管弦乐合奏 简谱本）杨洁明编曲
北京　音乐出版社　1962 年　23 页　28cm（16 开）
统一书号：8026.1294　定价: CNY0.33

J0160079
北将军令　（民族管弦乐合奏曲　简谱本）
古曲,刘洙改编
北京　音乐出版社　1963 年　69 页　28cm（16 开）
统一书号：8026.1875　定价: CNY0.78

J0160080
达姆　达姆　（民族管弦乐合奏曲　阿尔及利亚
乐曲　简谱本）彭修文改编
北京　音乐出版社　1963 年　18 页　29cm（12 开）

统一书号：8026.1738 定价：CNY0.29

J0160081

得胜岁月 （民族管弦乐合奏曲 福州民间乐曲
简谱本）黄翼昌等改编
北京 音乐出版社 1963 年 14 页 26cm（16 开）
统一书号：8026.1858 定价：CNY0.17

J0160082

好啊，新疆 （随想曲 笛子与钢琴二重奏）王
树作曲
北京 音乐出版社 1963 年 13 页 26cm（16 开）
统一书号：8026.1939 定价：CNY0.22
（民族器乐创作选）

J0160083

孔雀开屏 （民族管弦乐曲 广东音乐 简谱本）
彭家楗改编
北京 音乐出版社 1963 年 5 页 26cm（16 开）
统一书号：8026.1760 定价：CNY0.16

J0160084

美丽的梭罗河 （民族管弦乐合奏曲 印度尼
西亚民歌 简谱本）彭修文改编
北京 音乐出版社 1963 年 28 页 26cm（16 开）
统一书号：8026.1844 定价：CNY0.29

　　作者彭修文（1931—1996），作曲家。湖北武
汉汉口人，毕业于商业专科学校。历任重庆人民
广播电台工作人员，中央广播民族乐团指挥兼作
曲。创作改编作品有《步步高》《彩云追月》《花
好月圆》《瑶族舞曲》。

J0160085

民族乐器合奏曲集 （简谱本）中国音乐家协
会江苏分会编
南京 江苏人民出版社 1963 年 58 页
26cm（16 开）统一书号：8100.1047
定价：CNY0.37

J0160086

喜洋洋 （民族管弦乐合奏曲 简谱本）刘明沅
作曲
北京 音乐出版社 1963 年 5 页 29cm（16 开）
统一书号：8026.1717 定价：CNY0.18

J0160087

渔家组曲 （民族管弦乐合奏曲 简谱本）
王石路曲
北京 音乐出版社 1963 年 176 页
28cm（大 16 开）统一书号：8026.1647
定价：CNY1.85

J0160088

月儿高 （民族管弦乐曲）古曲，彭修文改编
北京 音乐出版社 1963 年 38 页 26cm（16 开）
统一书号：8026.1836 定价：CNY0.55
（中央人民广播电台民族管弦乐团创作选曲）

　　本作品是根据《华氏琵琶谱》中《月儿高》改
编的民族管弦乐曲。

J0160089

春天来了 （高胡、古筝三重奏）雷雨声改编
北京 音乐出版社 1964 年 17 页 26cm（16 开）
统一书号：8026.813 定价：CNY0.37
（民族器乐创作选）

J0160090

钢花四射 （管弦乐合奏曲）张竞成等作曲
北京 音乐出版社 1964 年 28 页 26cm（16 开）
统一书号：8026.2158 定价：CNY0.29
（民族器乐创作选）

J0160091

警报 （民族器乐合奏曲 简谱本）孟庆复作曲
上海 上海文化出版社 1964 年 18 页
26cm（16 开）统一书号：8077.219
定价：CNY0.16

J0160092

水库凯歌 （民族管弦乐合奏曲 云锣领奏）
赵行如等作曲
北京 音乐出版社 1964 年 22 页 有图
26cm（16 开）统一书号：8026.2076
定价：CNY0.23

J0160093

新农村 （民族管弦乐合奏曲）（越）苏武，谢福
作曲
北京 音乐出版社 1964 年 27 页 26cm（16 开）
统一书号：8026.2121 定价：CNY0.41

J0160094

迎亲人（民族管弦乐合奏曲　坠胡领奏）
臧东昇等编曲
北京　音乐出版社　1964 年　28 页　26cm（16 开）
统一书号：8062.2100　定价：CNY0.29

J0160095

在农村俱乐部里（民乐小合奏曲）饶小毛,
王恢南曲
上海　上海文化出版社　1964 年　8 页　有图
26cm（16 开）统一书号：8077.214
定价：CNY0.10

J0160096

翠湖春晓（民族管弦乐合奏曲　云南民间乐
曲）聂耳改编；秦鹏章和声配器
北京　音乐出版社　1965 年　18 页　26cm（16 开）
统一书号：8026.2080　定价：CNY0.28
　　作者聂耳（1912—1935），音乐家、作曲家。
云南玉溪人，出生于昆明。原名守信,字子义,亦
作子仪,号紫艺,一名紫观,笔名黑天使、王达平,
人称噪子（也叫耳朵先生,后名聂耳）。就读于云
南省立第一师范学校高级部外国语组。积极参
加左翼音乐、电影、戏剧等工作。中华人民共和
国代国歌作曲者。作品有《义勇军进行曲》《前
进歌》《矿工歌》《风云儿女》等。

J0160097

简易民族器乐曲集　上海文化出版社编
上海　上海文化出版社　1965 年　63 页
20cm（32 开）统一书号：8077.272
定价：CNY0.28

J0160098

来一个歼敌大竞赛（民族管弦乐合奏曲）
刘兆江曲；张式业改编
北京　音乐出版社　1965 年　22 页　26cm（16 开）
统一书号：8026.2191　定价：CNY0.23

J0160099

秋收忙（弹拨乐合奏曲）俞良模作曲
北京　音乐出版社　1965 年　14 页　26cm（16 开）
统一书号：8026.2186　定价：CNY0.17

J0160100

旭日东升（管弦乐合奏曲）赵行如,董洪德作曲
北京　音乐出版社　1965 年　29 页　26cm（16 开）
统一书号：8026.2189　定价：CNY0.41
（民族器乐创作选）

J0160101

欢度新春（民族管弦乐合奏曲）油达民作曲
北京　音乐出版社　1966 年　20 页　26cm（16 开）
统一书号：8026.2325　定价：CNY0.24

J0160102

欢乐的竞赛（民族器乐小合奏曲）唐诃,晨耕曲
北京　音乐出版社　1966 年　14 页　19cm（32 开）
统一书号：8026.2489　定价：CNY0.07
　　作者晨耕（1923—　），满族,河北完县人。
原名陈宝锷。曾入华北联大文艺学院音乐系学
习。1949 年任开国大典军乐队总指挥。曾任战
友文工团团长、艺术指导。作有歌曲《两个小伙
一般高》《歌唱英雄的八大员》《我和班长》等。

J0160103

敲起战鼓夺丰收（民族管弦乐合奏曲　吹打
乐曲）胡登跳,李民雄曲
北京　音乐出版社　1966 年　16 页　26cm（16 开）
统一书号：8026.2502　定价：CNY0.15

J0160104

社庆（民族管弦乐合奏曲）葛礼道,尹开先作曲
北京　音乐出版社　1966 年　46 页　26cm（16 开）
统一书号：8026.2530　定价：CNY0.38

J0160105

运粮路上唱丰收（民族管弦乐合奏曲）顾炳
泉曲
北京　音乐出版社　1966 年　43 页　26cm（16 开）
统一书号：8026.2484　定价：CNY0.38

J0160106

大寨红花遍地开（民族管弦乐曲）许镜清
曲；天津歌舞团民乐队改编
北京　人民文学出版社　1973 年　40 页
26cm（16 开）统一书号：10019.2053
定价：CNY0.27

J0160107
丰收锣鼓 （民族器乐合奏曲）彭修文,蔡惠泉
编曲
北京 人民文学出版社 1973 年 41 页
26cm（16 开）统一书号：10019.2021
定价：CNY0.25

J0160108
乱云飞 彭修文编曲
北京 人民音乐出版社 1974 年 46 页
26cm（16 开）统一书号：8026.3030
定价：CNY0.27
（民族管弦乐曲）
　　本作品是根据革命现代京剧《杜鹃山》同名
唱段改编的民族管弦乐曲。

J0160109
万岁！毛主席 张大森编曲
北京 人民音乐出版社 1974 年 22 页
26cm（16 开）统一书号：8026.3025
定价：CNY0.18
（民族管弦乐曲）

J0160110
野营路上 （器乐小合奏）郑立藻曲
广州 广东人民出版社 1974 年 11 页
26cm（16 开）统一书号：8111.1357
定价：CNY0.12

J0160111
拥军秧歌 油达民曲
北京 人民音乐出版社 1974 年 30 页
26cm（16 开）统一书号：8026.3027
定价：CNY0.20
（民族管弦乐曲）

J0160112
送粮路上 （民族器乐小合奏曲）刘平安,刘志
军曲
北京 人民音乐出版社 1975 年 29 页
26cm（16 开）统一书号：8026.3151
定价：CNY0.20

J0160113
打谷场上歌声扬 （民族管弦乐曲）王霖曲

上海 上海人民出版社 1976 年 63 页
26cm（16 开）统一书号：8171.1209
定价：CNY0.28

J0160114
千里海河夺丰收 （民族管弦乐曲）高金香曲
北京 人民音乐出版社 1976 年 51 页
26cm（16 开）统一书号：8026.3177
定价：CNY0.33

J0160115
撒尼社员送公粮 （民族管弦乐曲）黎炳成作
曲；金云作歌
上海 上海人民出版社 1976 年 31 页
26cm（16 开）统一书号：8171.1642
定价：CNY0.16

J0160116
喂鸡 （丝弦五重奏曲）胡登跳编曲
上海 上海人民出版社 1976 年 16 页
26cm（16 开）统一书号：8171.1437
定价：CNY0.11

J0160117
沿着社会主义大道奔前方 （民族管弦乐曲）
施万春曲；彭修文改编
北京 人民音乐出版社 1976 年 23 页
26cm（16 开）统一书号：8026.3178
定价：CNY0.24
　　作者彭修文(1931—1996),作曲家。湖北武
汉汉口人,毕业于商业专科学校。历任重庆人民
广播电台工作人员、中央广播民族乐团指挥兼作
曲。创作改编作品有《步步高》《彩云追月》《花
好月圆》《瑶族舞曲》。

J0160118
只盼着深山出太阳 （民族管弦乐曲）山东省
"五·七"艺术学校民乐教学组编；李钰执笔
北京 人民音乐出版社 1976 年 30 页
26cm（16 开）统一书号：8026.3224
定价：CNY0.22
　　本作品根据革命现代京剧《智取威虎山》同
名唱段改编。

J0160119

大寨红旗红万里 （民族管弦乐合奏曲集）
吉林省文化局编
北京　人民音乐出版社　1977 年　54 页
26cm（16 开）统一书号：8026.3298
定价：CNY0.33

J0160120

沸腾的码头 （民族管弦乐曲）潘允冲，朱晓谷曲
上海　上海人民出版社　1977 年　40 页
26cm（16 开）统一书号：8171.1683
定价：CNY0.19

J0160121

你追我赶学大寨 （民族管弦乐曲）隋长富，
刘锡津作曲
北京　人民音乐出版社　1977 年　48 页
26cm（16 开）统一书号：8026.3291
定价：CNY0.37

J0160122

藏族人民庆丰收 （民乐小合奏）陈川，肖前
勇曲；张镜聪配器
成都　四川人民出版社　1978 年　25 页
26cm（16 开）统一书号：M8140.26
定价：CNY0.16
　　作者陈川（1945—　　），作曲家。毕业于中央
音乐学院。历任四川文艺出版社副社长、四川电
子音像出版社总编辑、四川通俗音乐协会会长、
中国音乐家协会会员。创作歌曲有《峨眉山》《九
寨沟．黄龙》《青城山·都江堰》《稻城亚丁·香格
里拉》等。音乐专著有《琴弦上的梦》《中国少数
民族乐器大观》《藏族人民庆丰收》等。

J0160123

春节序曲 （管弦乐　总谱　正谱本）李焕之作曲
北京　人民音乐出版社　1978 年　37 页
26cm（16 开）统一书号：8026.3426
定价：CNY0.48
　　作者李焕之（1919—2000），作曲家、指挥家、
音乐理论家。出生于香港，原籍福建晋江市，毕
业于延安鲁迅艺术学院。历任中央音乐学院音
乐团团长、中央歌舞团艺术指导、中央民族乐团
团长。代表作品有《民主建国进行曲》《新中国
青年进行曲》《春节组曲》等。

J0160124

丰收 （民族管弦乐曲）冼星海曲；舒铁民，茅
源编配
北京　人民音乐出版社　1978 年　35 页
26cm（16 开）统一书号：8026.3462
定价：CNY0.38
　　作者冼星海（1905—1945），音乐家、作曲家、
钢琴家。曾用名黄训、孔宇。出生于澳门，祖籍
广州府番禺。代表作品《黄河大合唱》《在太行
山上》《到敌人后方去》等。

J0160125

钢水奔流 （民族管弦乐曲）徐景新等作曲
北京　人民音乐出版社　1978 年　38 页
26cm（16 开）统一书号：8026.3311
定价：CNY0.26

J0160126

欢庆伟大胜利 （民族管弦乐曲）彭修文，王
力南曲
北京　人民音乐出版社　1978 年　30 页
26cm（16 开）统一书号：8026.3319
定价：CNY0.26

J0160127

火车向着韶山跑 （丝弦五重奏）施武杰编曲
上海　上海文艺出版社　1978 年　14 页
26cm（16 开）统一书号：8078.3007
定价：CNY0.14

J0160128

金蛇狂舞 （民间乐曲）聂耳编曲
北京　人民音乐出版社　1978 年　3 页
26cm（16 开）统一书号：8026.3501
定价：CNY0.08
　　作者聂耳（1912—1935），音乐家、作曲家。
云南玉溪人，出生于昆明。原名守信，字子义，亦
作子仪，号紫艺，一名紫观，笔名黑天使、王达平，
人称耷子（也叫耳朵先生，后改名聂耳）。就读于
云南省立第一师范学校高级部外国语组。积极
参加左翼音乐、电影、戏剧等工作。中华人民共
和国代国歌作曲者。作品有《义勇军进行曲》《前
进歌》《矿工歌》《风云儿女》等。

J0160129
南粤之春　（民族器乐合奏）郑立藻曲
广州　广东人民出版社　1978 年　17 页
26cm（16 开）统一书号：8111.1912
定价：CNY0.14

J0160130
少数民族器乐曲选　（独奏曲）
北京　人民音乐出版社　1978 年　45 页
26cm（16 开）统一书号：8026.3313
定价：CNY0.30

J0160131
少数民族器乐曲选　（合奏曲）
北京　人民音乐出版社　1978 年　56 页
26cm（16 开）统一书号：8026.3312
定价：CNY0.33
　　本书收录壮族风格的《壮锦献给毛主席》、蒙古族风格的《金色的牧场》、朝鲜族风格的《第一次收获》、维吾尔族风格的《昆仑盛开大寨花》合奏曲 4 首。

J0160132
水乡盛开大寨花　（民族管弦乐曲）周仲康，詹自强曲
上海　上海文艺出版社　1978 年　27 页
26cm（16 开）统一书号：8078.3021
定价：CNY0.17

J0160133
下山虎　（民族管弦乐曲）冼星海曲
北京　人民音乐出版社　1978 年　21 页
26cm（16 开）统一书号：8026.3348
定价：CNY0.29

J0160134
彝家新歌　（民族管弦乐曲）张汉举，杨铁刚作曲
上海　上海文艺出版社　1978 年　35 页
26cm（16 开）统一书号：8078.3010
定价：CNY0.23

J0160135
映山红花开红军来　（丝弦五重奏曲）胡登跳编曲
上海　上海文艺出版社　1978 年　14 页

26cm（16 开）统一书号：8078.3020
定价：CNY0.11

J0160136
弦索十三套　（第一集）（清）荣斋等编；曹安和，简其华译谱
北京　人民音乐出版社　1979 年　重印本
84 页　26cm（16 开）统一书号：8026.222
定价：CNY0.65
　　本书共 3 集。收有 18 世纪前的中国民间器乐合奏曲《合欢令》《将军令》《十六板》《琴音板》《清音串》《平韵串》《月儿高》《琴音月儿高》等 13 首。

J0160137
弦索十三套　（第二集）（清）荣斋等编；曹安和，简其华译谱
北京　人民音乐出版社　1979 年　重印本
145 页　26cm（16 开）统一书号：8026.1532
定价：CNY1.05

J0160138
弦索十三套　（第三集）（清）荣斋等编；曹安和，简其华译谱
北京　人民音乐出版社　1979 年　重印本
106 页　26cm（16 开）统一书号：8026.1533
定价：CNY0.78
　　作者曹安和（1905—2004），女，音乐理论家。江苏无锡人。毕业于北平国立大学女子文理学院音系。曾任中国艺术研究院音乐研究所研究员。著有《时薰室琵琶指径》；合著《文板十二曲琵琶谱》《弦索十三套》《阿炳曲集》。

J0160139
伟大的北京　（民族管弦乐曲）彭修文改编
北京　人民音乐出版社　1980 年　30 页
26cm（16 开）统一书号：8026.3690
定价：CNY0.29

J0160140
蹦蹦组曲　霍存慧曲
北京　人民音乐出版社　1981 年　55 页
19cm（32 开）统一书号：8026.3868
定价：CNY0.49

J0160141

春江花月夜 （民族管弦乐曲　琵琶古曲　正谱本）秦鹏章,罗忠熔编配

北京　人民音乐出版社　1981 年　33 页

25cm（小 16 开）统一书号：8026.3851

定价：CNY0.44

　　本书根据原名为《夕阳箫鼓》的琵琶古曲编配而成。分 8 段,每段均有小标题。

J0160142

山丹丹开花红艳艳 （管弦乐　总谱）屠冶九编

北京　人民音乐出版社　1981 年　24 页

21cm（32 开）统一书号：8026.3773

定价：CNY0.29

J0160143

月儿高 （民族管弦乐曲）古曲,彭修文改编

北京　人民音乐出版社　1981 年　重印本　38 页

26cm（16 开）统一书号：8026.1836

定价：CNY0.71

　　本作品是根据《华氏琵琶谱》中《月儿高》改编的民族管弦乐曲。

J0160144

江南丝竹乐曲选　沈凤泉编

杭州　浙江人民出版社　1982 年　134 页

19cm（32 开）统一书号：8103.525

定价：CNY0.35

（农村文化活动丛书）

　　本书收录江南丝竹乐曲 39 首,分为三六系统、六板系统、四合系统和其他 4 部分。

J0160145

鲁西南鼓吹乐选集 （民族器乐　简谱本）山东省群众艺术馆,中央音乐系民族音乐教研室编

北京　人民音乐出版社　1982 年　180 页

25cm（小 16 开）统一书号：8026.3973

定价：CNY1.65

　　本书是一本以唢呐、锡笛、海笛为主奏乐器的民间器乐曲集,收鲁西南鼓吹乐 60 首。

J0160146

民乐小合奏曲四首　刘天浪作曲

南昌　江西人民出版社　1982 年　39 页

26cm（16 开）统一书号：8110.476

定价：CNY0.30

　　本书收录《赣江两岸好风光》《山歌声里采茶忙》《胜利舞曲》《风景这边独好》4 首民乐合奏曲。

J0160147

汨罗江幻想曲 （总谱　正谱本）李焕之作曲

北京　人民音乐出版社　1984 年　49 页

26cm（16 开）定价：CNY1.15

　　本作品取材于古琴曲《离骚》。作者李焕之（1919—2000）,作曲家、指挥家、音乐理论家。出生于香港,原籍福建晋江市,毕业于延安鲁迅艺术学院。历任中央音乐学院音乐团团长、中央歌舞团艺术指导、中央民族乐团团长。代表作品有《民主建国进行曲》《新中国青年进行曲》《春节组曲》等。

J0160148

汨罗江幻想曲 （古筝与民族乐队）李焕之作曲

北京　人民音乐出版社　1984 年　49 页

25cm（小 16 开）统一书号：8026.4285

定价：CNY1.15

J0160149

民族器乐小合奏曲集 （一）人民音乐出版社编辑部著

北京　人民音乐出版社　1984 年　137 页

25cm（15 开）统一书号：8026.4282

定价：CNY1.20

J0160150

风雪爬犁 （民族管弦乐曲　驷马铜铃）朱广庆编

北京　人民音乐出版社　1985 年　54 页

20cm（32 开）统一书号：8026.4400

定价：CNY0.56

J0160151

江南丝竹音乐　甘涛编

南京　江苏人民出版社　1985 年　770 页

26cm（16 开）统一书号：8100.052

定价：CNY16.50

　　本书分文字、乐曲、演奏记号 3 部分。"文字"部分,对乐器"江南丝竹"作了比较全面的介绍;"乐曲"部分,收集了流传较广的曲目,每个曲目之前有考证和解说,并附有乐谱;"演奏记号"部

分,对近代一些较好的乐谱,加注了详细的演奏记号。

J0160152
民乐小合奏曲选 （一）人民音乐出版社编辑部编
北京　人民音乐出版社　1985 年　38 页
20cm（32 开）定价：CNY0.35

J0160153
故乡交响音诗 （管弦乐　总谱）瓦吉丁曲
北京　人民音乐出版社　1986 年　56 页
20cm（32 开）统一书号：8026.4450
定价：CNY0.67
　　本作品是采用维吾尔族木卡姆音乐素材所创作的单乐章奏鸣曲式管弦乐曲的总谱。

J0160154
三重奏七首 （长笛、大提琴、竖琴　总谱）
刘庄曲
北京　人民音乐出版社　1987 年　47 页
19cm（32 开）统一书号：8026.4534
定价：CNY0.40
　　本书收录《春归去》《柳》《送别》《夜曲》《苗歌》《酒狂》《姑苏行》7 首民族特色的室内乐小品。作者刘庄(1932—　)，女，作曲家。出生于上海。1950 年考入上海音乐学院作曲系学习,师从丁善德、桑桐、邓尔敬教授。毕业后被派往中央音乐学院读研究生,在苏联专家古洛夫作曲班上学习。曾在上海音乐学院作曲系任助教、中央音乐学院作曲系任教。后调入中央乐团从事作曲专业。主要作品有《大提琴浪漫曲》《献给青少年》《月之故乡》,电影音乐《小兵张嘎》《昆仑山上一颗草》等。

J0160155
十面埋伏 （交响叙事曲管弦乐　总谱）王树曲
北京　人民音乐出版社　1990 年　135 页
20cm（32 开）ISBN：7-103-00483-8
定价：CNY2.20

J0160156
胡登跳丝弦五重奏曲选 胡登跳作曲；人民音乐出版社编辑部编
北京　人民音乐出版社　1991 年　124 页

26cm（16 开）ISBN：7-103-00735-7
定价：CNY5.40

J0160157
高原古刹 （民族管弦乐　总谱　作品 3）赵星作曲
北京　民族出版社　1993 年　90 页　26cm（16 开）
ISBN：7-105-02056-3　定价：CNY9.80

J0160158
土家吹打乐 陈洪著
武汉　长江文艺出版社　1994 年　411 页　有照片
20cm（32 开）ISBN：7-5354-1234-3
定价：CNY15.80

J0160159
乌江恨 （交响叙事曲　琵琶与交响乐队　总谱）
杨立青曲
北京　人民音乐出版社　1994 年　138 页
20cm（32 开）ISBN：7-103-01178-8
定价：CNY5.45
　　本作品分 6 段落,包括：引子、列营、鏖战、楚歌、别姬、尾声。

J0160160
浅易民族管弦乐合奏曲集 李恒编配
北京　人民音乐出版社　1995 年　178 页
26cm（16 开）ISBN：7-103-01308-X
定价：CNY17.10

J0160161
上海丝竹乐曲集 李民雄等编著
北京　人民音乐出版社　1997 年　10+438 页
26cm（16 开）ISBN：7-103-01428-0
定价：CNY30.80

J0160162
少儿民族管弦乐队训练 刘福全编著
太原　山西教育出版社　1999 年　142 页
26cm（16 开）ISBN：7-5440-1804-0
定价：CNY11.70
（少儿特长培养与训练系列）

J0160163
湘西风情 （总谱）杨乃林等曲

北京　人民音乐出版社　1999 年　66 页
20cm（32 开）ISBN：7-103-01741-7
定价：CNY7.00

中国地方性民族器乐曲

J0160164
弦歌必读　丘鹤俦撰
香港　香港天真石印局　民国十年［1921］
石印本　增刻　有表像　线装
　　本书收录《英台祭奠》《百花亭闹酒》《王姑
娘算命》等 55 首粤曲，工尺谱。有音乐字母、板
路握要、花指格式等。

J0160165
弦歌必读　丘鹤俦著
香港　正昌隆号刊 1921 年　再版　增刻本 335 页
20cm（32 开）定价：二元

J0160166
停云曲集　停云社编
［广州］停云社　1932 年　35 页 27cm（16 开）
定价：大洋五角
　　本书又名《粤曲集》，为广东民间音乐谱，收
录《昭君怨》《小桃红》《汉宫秋月》等 27 首乐曲。

J0160167
粤乐名曲集　（续编）曹天雷译著
上海　国光书店　1933 年　30 页 26cm（16 开）
　　本书收录《平湖秋月》（一名醉太平）《烛影
摇红》《寒江月》《白头吟》《双凤朝阳》等 23 首
器乐曲。

J0160168
粤乐名曲集　（续编）曹天雷译著
上海　国光书店　1934 年　修正改版　30 页
26cm（16 开）

J0160169
粤乐名曲集　（初编）曹天雷译著
上海　国光书店　1940 年　复兴 1 版　30 页
26cm（16 开）定价：国币六角
　　本书是中国广东音乐器乐曲选集，收录《小
桃红》《昭君怨》《连环扣》《三潭印月》《寄生

草》等曲谱。

J0160170
粤乐名曲集　（续编）曹天雷译著
上海　国光书店　1940 年　复兴 1 版　30 页
26cm（16 开）定价：国币六角
　　本书收录《平湖秋月，一名，醉太平》《烛影
摇红》《寒江月》《白头吟》《双凤朝阳》等曲谱。

J0160171
粤乐名曲集　（续编）曹天雷译著
上海　国光书店　1950 年　3 版　30 页
26cm（16 开）定价：［旧币］3.00

J0160172
粤乐名曲集　（续编）曹天雷译著
无锡　儿童音乐社　1934 年　30 页 26cm（16 开）
定价：大洋二角八分

J0160173
粤乐精华　萧剑青编述
上海　国光书店　1940 年　再版　59 页
26cm（16 开）定价：一元
　　本书收录《八板头》《玉美人》《卖杂货》《仙
花洞》《送情郎》《四大景》《九连环》《到春来》
《思春》等 86 首曲谱。书前有"关于粤乐的说明"。

J0160174
贵州苗、彝、僮族各种乐器曲谱　牛畅等编
重庆　西南人民出版社　1952 年　72 页
18cm（15 开）定价：旧币 3,300 元

J0160175
粤乐名曲集　（第一集）曹天雷编辑
上海　国光书店　1952 年　8 版　30 页
26cm（16 开）定价：旧币 3,000 元

J0160176
粤乐名曲集　（第二集）曹天雷编辑
上海　国光书店　1952 年　7 版　30 页
26cm（16 开）定价：旧币 3,000 元

J0160177
粤乐名曲集　（第三集）乐乐乐社编辑
上海　国光书店　1952 年　3 版　27 页

26cm（16开）定价：旧币 3,000 元

J0160178
粤乐名曲集 （第三集）乐乐乐社编辑
上海 国光书店 1952 年 4 版 27 页
26cm（16开）定价：旧币 3,000 元

J0160179
粤乐名曲集 （第四集）李笑天编辑
上海 国光书店 1952 年 30 页 26cm（16开）
定价：旧币 3,000 元

J0160180
粤乐名曲集 （第五集）星光社编辑
上海 国光书店 1952 年 2 版 30 页
26cm（16开）定价：旧币 3,000 元

J0160181
粤乐名曲集 （第五集）星光社编辑
上海 国光书店 1952 年 30 页 26cm（16开）
定价：旧币 3,000 元

J0160182
粤乐名曲集 （第六集）星光社编辑
上海 国光书店 1953 年 30 页 26cm（16开）
定价：旧币 2,600 元

J0160183
粤乐名曲集 （第七集）李笑天编辑
上海 国光书店 1953 年 30 页 26cm（16开）
定价：旧币 2,600 元

J0160184
粤乐名曲集 （第一集）曹天雷编辑
上海 国光书店 1954 年 修订本 30 页
26cm（16开）定价：旧币 2,600 元

J0160185
粤乐名曲集 （第二辑）曹天雷编辑
上海 国光书店 1954 年 修订本 30 页
26cm（16开）定价：旧币 2,600 元

J0160186
粤乐名曲集 （第三辑）乐乐乐社编辑
上海 国光书店 1954 年 30 页 26cm（16开）

定价：旧币 2,600 元

J0160187
粤乐名曲集 （第八集）李笑天，李元熹编辑
上海 国光书店 1954 年 30 页 26cm（16开）
定价：旧币 2,600 元

J0160188
粤乐名曲集 （第九集）陈德钜编辑
上海 国光书店 1955 年 30 页 26cm（16开）
定价：CNY0.26

J0160189
粤乐名曲集 （第十集）陈德钜编辑
上海 国光书店 1955 年 30 页 26cm（16开）
定价：CNY0.26

J0160190
广东音乐 （第一集）于长虹编辑
北京 自强书局 1953 年 62 页 26cm（16开）
定价：旧币 6,000 元

J0160191
粤曲选集 （一）金茄编
上海 自立书店 1953 年 影印本 54 页 有图
17cm（40开）定价：旧币 2,500 元

J0160192
粤曲选集 （二）金茄编
上海 自立书店 1953 年 54 页 有图
17cm（40开）定价：旧币 2,500 元

J0160193
广东音乐 （第一集 广东小曲）李凌编
北京 音乐出版社 1954 年 26cm（16开）
　　作者李凌(1913—2003)，音乐家。原名李树
连，曾用名李绿永，广东台山县人。曾任中国音
乐学院院长，兼《中国音乐》主编。著有《音乐浅
谈》《音乐美学漫笔》《音乐流花新集》等

J0160194
四川闹年锣鼓 （四川省金堂县）萧前林记录
整理；西南音乐工作者协会编辑
金堂县 西南音乐工作者协会 1954 年 50 页
20cm（32开）

（西南民间音乐汇编 2）

J0160195
广东音乐　广东省、广州市戏曲改革委员会广东音乐研究组编辑
广州　广东人民出版社 1955 年　21 页
26cm（16 开）定价：CNY0.20

J0160196
广东音乐　（第二集）广东省、广州市戏曲改革委员会广东音乐研究组编辑
广州　广东人民出版社 1957 年　20 页
26cm（16 开）统一书号：T8111.39
定价：CNY0.17

J0160197
广东音乐　（第一集）广东省、广州市戏曲改革委员会广东音乐研究组编辑
广州　广东人民出版社 1958 年　重印本　21 页
26cm（16 开）统一书号：T8111.11
定价：CNY0.18

J0160198
山东民间乐曲集　山东省音乐工作组编
济南　山东人民出版社 1955 年　83 页
26cm（16 开）定价：CNY0.60
　　本书内容包括：唢呐演奏曲、管子演奏曲、笛子演奏曲 3 部分。收 74 首乐曲。

J0160199
闹年锣鼓　萧前林记录整理
成都　四川人民出版社 1956 年　54 页
18cm（15 开）统一书号：8118.113
定价：CNY0.19
（农村俱乐部丛书）

J0160200
江西民间器乐合奏曲　江西省群众艺术馆编
南昌　江西人民出版社 1957 年　56 页
26cm（16 开）统一书号：T8110.73
定价：CNY0.12

J0160201
山西民间器乐曲选　山西省群众艺术馆编
太原　山西人民出版社 1957 年　40 页

19cm（32 开）统一书号：10088.122
定价：CNY0.13

J0160202
山西民间器乐曲选　（1 八大套）山西群众艺术馆编
太原　山西人民出版社 1959 年　重印本 143 页
19cm（32 开）统一书号：10088.122
定价：CNY0.45

J0160203
山西民间器乐曲选　（2 大得胜）山西群众艺术馆编
太原　山西人民出版社 1960 年　定价：CNY0.21

J0160204
苏南吹打曲　（大套器乐合奏曲）杨荫浏, 曹安和编
北京　音乐出版社 1957 年　影印本 291 页　有图
30cm（15 开）统一书号：8026.449
定价：CNY2.50
（中央音乐学院民族音乐研究所丛刊）
　　作者杨荫浏（1899—1984），音乐教育家。字亮卿，号二壮，又号清如。出生于江苏无锡，曾就读于上海圣约翰大学文学系、光华大学经济系（今华东师范大学）。曾在重庆、南京任国立音乐学院教授兼国乐组主任、国立礼乐馆编纂和乐曲组主任、金陵女子大学音乐系教授。代表作品有《中国音乐史纲》《中国古代音乐史稿》。作者曹安和（1905—2004），女，音乐理论家。江苏无锡人。毕业于北平国立大学女子文理学院音乐系。曾任中国艺术研究院音乐研究所研究员。著有《时薰室琵琶指径》；合著《文板十二曲琵琶谱》《弦索十三套》《阿炳曲集》。

J0160205
姚安莲花落　云南省群众艺术馆编辑
昆明　云南人民出版社 1957 年　28 页
19cm（32 开）统一书号：8116.99
定价：CNY0.14

J0160206
一九五七年福建省民间音乐舞蹈观摩会演乐曲选集　福建省群众艺术馆编
福州　福建人民出版社 1957 年　30 页

19cm（32开）统一书号：T8104.70
定价：CNY0.12

J0160207
潮州民间音乐选　张汉斋等编
广州 广东人民出版社 1958年 101页
26cm（16开）统一书号：T8111.78
定价：CNY0.59

J0160208
广东小曲集　邹轲编
北京 音乐出版社 1958年 21页 有图
26cm（16开）统一书号：8026.788
定价：CNY0.55

J0160209
广东音乐　（第二集）广东民间音乐团编辑
广州 广东人民出版社 1958年 20页 26cm（16开）

J0160210
贵州苗族芦笙曲选　贵州省歌舞团编
［贵阳］贵州人民出版社 1958年 43页
18cm（32开）定价：CNY0.14
　　本书是贵州歌舞团深入贵州各地学习兄弟
民族的芦笙舞曲时,在不同地区搜集的几十首芦
笙曲和整理出来的苗族芦笙舞曲。书前有《关于
贵州兄弟民族的芦笙及芦笙曲简介》和《部分地
区的芦笙简单说明》两篇文章。

J0160211
上海民间器乐曲选集　上海群众艺术馆编
上海 上海音乐出版社 1958年 99页
26cm（16开）统一书号：8127.187
定价：CNY0.75

J0160212
粤乐名曲选　陈俊英编
上海 上海文艺出版社 1958年 28页
26cm（16开）统一书号：8078.0038
定价：CNY0.22

J0160213
云南彝族民间乐曲集　（阿细、撒尼）中央民
族歌舞团收集整理
北京 音乐出版社 1958年 25页 26cm（16开）

统一书号：8026.857 定价：CNY0.28

J0160214
浙江民间器乐曲　浙江群众艺术馆编
杭州 东海文艺出版社 1958年 46页
26cm（16开）统一书号：8125.34
定价：CNY0.30

J0160215
安徽民间器乐合奏曲集　沈仁浪等编
［合肥］安徽人民出版社 1959年
定价：CNY0.22

J0160216
广东音乐曲集　（第一集）中国音乐家协会广
州分会编
北京 音乐出版社 1959年 25页 26cm（16开）
统一书号：8026.1157 定价：CNY0.22

J0160217
广东音乐曲集　（第二集）中国音乐家协会广
州分会编
北京 音乐出版社 1960年 25页 26cm（16开）
统一书号：8026.1387 定价：CNY0.20

J0160218
旱天雷　（广东音乐合奏曲）吴应炬编曲
上海 上海文艺出版社 1959年 19页
27cm（16开）统一书号：8078.1195
定价：CNY0.20
（民族器乐曲丛刊）

J0160219
将军令　（简谱本）周荣寿,周祖馥整理改编
上海 上海文艺出版社 1960年 19页
26cm（16开）统一书号：8078.1449
定价：CNY0.18
（民族器乐曲丛刊）

J0160220
凉山彝族民间器乐曲选集　中国音乐家协会
成都分会编
北京 音乐出版社 1960年 113页 18cm（15开）
统一书号：8026.1380 定价：CNY0.47

J0160221

凉山彝族民间器乐曲选集 （简谱本）中国音乐家协会成都分会编

北京 音乐出版社 1960 年 113 页 19cm（32 开）

统一书号：8026.1380 定价：CNY0.40

J0160222

山东民间乐曲选集 （简谱本）山东省群众艺术馆编

北京 音乐出版社 1960 年 66 页 26cm（16 开）

统一书号：8026.1418 定价：CNY0.48

（民间乐曲丛书）

J0160223

山西民间器乐选 （2 大得胜 简谱本）山西群众艺术馆编

太原 山西人民出版社 1960 年 55 页

19cm（32 开）统一书号：10088.375

定价：CNY0.21

J0160224

上海民间器乐曲选集 上海群众艺术馆编

上海 上海文艺出版社 1960 年 新 1 版 100 页

26cm（16 开）统一书号：8078.1207

定价：CNY0.75

J0160225

十二木卡姆 （上册 乐谱）新疆维吾尔自治区文化厅十二木卡姆整理工作组编谱整理

北京 音乐出版社 1960 年 341 页 有照片

27cm（16 开）精装 统一书号：8026.1231

定价：CNY8.70

　　本书分上下册，本册文字部分有赛福鼎写的序、《十二木卡姆》简介、吐尔地阿洪小传、记谱符号说明；乐谱部分收录了第 1 至第 6 木卡姆——拉克木卡姆、且比亚特木卡姆、木夏乌热克木卡姆、恰尔尕木卡姆、潘吉尕木卡姆、乌扎勒木卡姆。

J0160226

十二木卡姆 （下册 乐谱）新疆维吾尔自治区文化厅十二木卡姆整理工作组编谱整理

北京 音乐出版社 1960 年 345–558 页 有照片

27cm（16 开）精装 统一书号：8026.1300

定价：CNY5.50

　　本册收录第 7 至第 12 木卡姆——埃介姆卡姆、乌夏克木卡姆、巴雅特木卡姆、纳瓦木卡姆、西尕木卡姆、依拉克木卡姆。书末附有《十二木卡姆》曲牌名称、拍节、速度及基本鼓点节奏一览表。

J0160227

新疆器乐曲集 （第一集 简谱本）中国音乐家协会新疆维吾尔自治区分会编

北京 音乐出版社 1961 年 有图 18cm（32 开）

统一书号：8026.1468 定价：CNY0.22

J0160228

福建民间器乐曲选 （简谱本）福建省群众艺术馆编

上海 上海文艺出版社 1962 年 79 页

26cm（16 开）统一书号：8078.1971

定价：CNY0.56

J0160229

广东音乐 （第一集 广东小曲）李凌编

北京 音乐出版社 1963 年 2 版 66 页

26cm（16 开）统一书号：8026.203

定价：CNY0.55

　　作者李凌（1913—2003），音乐家。原名李树连，曾用名李绿永，广东台山县人。曾任中国音乐学院院长，兼《中国音乐》主编。著有《音乐浅谈》《音乐美学漫笔》《音乐流花新集》等。

J0160230

广东音乐 （第二集）李凌编

北京 音乐出版社 1958 年 138 页 26cm（16 开）

统一书号：8026.768 定价：CNY1.10

J0160231

南疆舞曲 （新疆维吾尔族民间乐曲 简谱本）

于庆祝编曲

北京 音乐出版社 1964 年 13 页 26cm（16 开）

统一书号：8026.2078 定价：CNY0.16

J0160232

云南怒江傈僳族民间音乐选 云南音乐舞蹈家协会等编

昆明 云南人民出版社 1965 年 74 页 有图

19cm（32 开）统一书号：MT8145.71

定价：CNY0.18

J0160233
喜开镰 （广东音乐）廖桂雄曲
广州 广东人民出版社 1974年 11页
26cm（16开）统一书号：8111.1347
定价：CNY0.12

J0160234
织出彩虹万里长 （广东音乐）杨绍斌曲
广州 广东人民出版社 1974年 35页
26cm（16开）统一书号：8111.1374
定价：CNY0.21

J0160235
昆仑盛开大寨花 大庆红旗映天山 （维吾
尔族民乐合奏曲二曲）阿不来提等曲
北京 人民音乐出版社 1975年 10页
26cm（16开）统一书号：8026.3126
定价：CNY0.15

J0160236
山乡春早 （广东音乐合奏）乔飞曲
广州 广东人民出版社 1975年 27页
26cm（16开）统一书号：8111.1499
定价：CNY0.18

J0160237
送粮车队山过山 （广西创作器乐曲选）广西
人民出版社编辑
南宁 广西人民出版社 1976年 70页
26cm（16开）统一书号：8113.258
定价：CNY0.34

J0160238
壮锦献给毛主席 （广西创作器乐曲选）广西
人民出版社编辑
南宁 广西人民出版社 1976年 85页
26cm（16开）统一书号：8113.257
定价：CNY0.38

J0160239
广东小曲集 邹轲编注
澳门 尔雅社 1977年 71页 26cm（16开）
定价：HKD9.00

J0160240
广东音乐曲选 广东省文艺创作室编
北京 人民音乐出版社 1977年 144页
26cm（16开）统一书号：8026.3320
定价：CNY0.77

J0160241
蕉林喜雨 （广东音乐重奏）潘永璋执笔
广州 广东人民出版社 1977年 8页
26cm（16开）统一书号：8111.1735
定价：CNY0.09

J0160242
贫农送女上大学 （广东音乐小组奏）吴国材曲
广州 广东人民出版社 1977年 14页
26cm（16开）统一书号：8111.1734
定价：CNY0.12

J0160243
湖南民间乐曲选 洪滔等搜集整理
长沙 湖南人民出版社 1978年 138页
19cm（32开）统一书号：8109.1139
定价：CNY0.30

J0160244
金色的牧场 （内蒙古器乐曲选）内蒙古人民
出版社编辑
呼和浩特 内蒙古人民出版社 1978年 95页
26cm（16开）统一书号：8089.44
定价：CNY0.44

J0160245
赛龙夺锦 （广东音乐小组奏）集体整理；刘
仲文执笔
广州 广东人民出版社 1978年 19页
26cm（16开）统一书号：8111.1913
定价：CNY0.15

J0160246
赛龙夺锦 （广东音乐）
北京 人民音乐出版社 1978年 3页
26cm（16开）统一书号：8026.3504
定价：CNY0.08
　　本书由《赛龙夺锦》《双声恨》合订。

J0160247
走马 （广东音乐）
北京 人民音乐出版社 1978 年 3 页
26cm（16 开）统一书号：8026.3502
定价：CNY0.08

J0160248
少数民族乐器传统独奏曲选集 （蒙古族）
文化部文学艺术研究院音乐研究所编
北京 人民音乐出版社 1979 年 24 页
26cm（16 开）统一书号：8026.3643
定价：CNY0.23

J0160249
雨打芭蕉 （广东音乐 高胡 扬琴 筝三重奏）
王国潼,丁国舜编曲
北京 人民音乐出版社 1979 年 11 页
26cm（16 开）统一书号：8026.3589
定价：CNY0.15

J0160250
走马 旱天雷 饿马摇玲 （广东音乐传统乐曲）
人民音乐出版社 1979 年 3 页 26cm（16 开）
定价：CNY0.08

J0160251
民族音乐资料集 （二）双柏县文化教育局［编］
1980 年 182 页 19cm（32 开）

J0160252
山西民间器乐曲集 （五台山寺庙音乐 第一
册）中国音乐家协会山西分会,山西省文化局音
乐工作室编；家滨,建昌记录整理
1980 年 6 页 20cm（32 开）定价：CNY1.60

J0160253
广东乐曲一百首 何士宾,韩剑云选编
长春 吉林人民出版社 1981 年 99 页
25cm（15 开）统一书号：8091.1093
定价：CNY0.52

J0160254
广东音乐曲集 广东省民间音乐研究室
北京 人民音乐出版社 1981 年 54 页
25cm（15 开）统一书号：8026.3812

定价：CNY0.47
　　本书收录广东音乐作品 47 首,其中传统曲
目大多为单旋律谱。

J0160255
欢乐的把乌 云南人民出版社著
昆明 云南人民出版社 1981 年 95 页
19cm（32 开）统一书号：8116.976
定价：CNY0.50

J0160256
广东汉乐三百首 罗青田等编辑；广东省大
埔县文化局广东汉乐研究组编
广州 广东省大埔县文化局广东汉乐研究组
1982 年 268 页 26cm（16 开）

J0160257
吉林鼓吹乐选编 吉林省群众艺术馆编辑
长春 吉林省群众艺术馆 1982 年 490 页
26cm（16 开）

J0160258
苏南十番鼓曲 （大套器乐合奏曲）杨荫浏,
曹安和编
北京 人民音乐出版社 1982 年 重印本 281 页
有图 26cm（16 开）定价：CNY5.35
　　本书分为 4 编。第 1 编"绪论",介绍十番鼓
曲的名称、历史渊源、性质以及演奏的方式方法
与乐曲结构形态等；第 2 编"套头十番鼓曲实际
演奏谱"；第 3 编"套头十番鼓曲翻译原始谱"；
第 4 编"十番散曲牌子及鼓段翻译原始谱"。全
书收录 93 首鼓谱及各种鼓段原始谱的译谱。书
末附有曲名、散曲旋律首句及常用民间术语 3 种
索引。

J0160259
赤峰雅乐 政协赤峰市红山区委员会,赤峰市
红山区文化局编辑
赤峰 政协赤峰市红山区委员会 1983 年 39 页
26cm（16 开）

J0160260
广东音乐 101 首 宁一选编
南宁 漓江出版社 1983 年 119 页 25cm（15 开）
统一书号：8256.96 定价：CNY0.71

J0160261

广东音乐曲集　广东省民间音乐研究室
广州　花城出版社　1983 年　106 页　25cm（15 开）
统一书号：8261.8　定价：CNY0.75
　　本书收录中华人民共和国成立前各个时期、各种流派具有代表性的广东传统乐曲 60 首，及中华人民共和国成立后新创作的广东乐曲 22 首。

J0160262

山东民间器乐曲选　山东省艺术馆编
济南　山东文艺出版社　1984 年　398 页
25cm（16 开）统一书号：8331.5　定价：CNY2.25
　　本书精选以简谱形式记谱印行的古筝曲、琵琶曲、三弦曲、埙曲、大合奏等 12 部分。都是流传于山东各地区的民间器乐曲，近 200 首。

J0160263

中国民族民间器乐曲集成　（辽宁卷　鞍山分卷第二册）鞍山市民族民间器乐曲集成编辑部［编］
1984 年　359 页　有图　26cm（16 开）精装

J0160264

中国民族民间器乐曲集成　（宁夏回族自治区卷 2 资料本）中国民族音乐集成宁夏卷编辑部编
［中国民族音乐集成宁夏卷编辑部］1985 年
［油印本］227 页　26cm（16 开）

J0160265

中国民族民间器乐曲集成　（辽宁卷　鞍山分卷　第一册　鼓乐卷）鞍山市民族民间器乐曲集成编辑部［编］
1987 年　550 页　有图　26cm（16 开）精装

J0160266

中国民族民间器乐曲集成　（凉山彝族自治州资料卷）中国民族民间器乐曲集成凉山彝族自治州资料卷编辑部编
1989 年　15+516 页　有地图　26cm（16 开）

J0160267

中国民族民间器乐曲集成　（四川省达县地区卷）李绍统主编；四川省达县地区文化局编
［四川省达县地区文化局］1991 年　14+708 页
有照片　26cm（16 开）

J0160268

中国民族民间器乐曲集成　（陕西卷）《中国民族民间器乐曲集成》全国编辑委员会主编；《中国民族民间器乐曲集成·陕西卷》编辑委员会编纂
北京　人民音乐出版社　1992 年　2 册（1823 页）
有图　26cm（16 开）普精装
ISBN：7-103-01034-X　定价：CNY151.10
　　本套书收编的乐曲分为民间乐曲和宗教乐曲两大类，民间器乐曲包括西安鼓乐、锣鼓乐、丝竹乐和鼓吹乐 4 个乐种。

J0160269

中国民族民间器乐曲集成　（陕西卷）《中国民族民间器乐曲集成》全国编辑委员会主编；《中国民族民间器乐曲集成·陕西卷》编辑委员会编纂
北京　人民音乐出版社　1992 年　2 册（1823 页）
有图　26cm（16 开）精装　ISBN：7-103-01035-8
定价：CNY161.10

J0160270

中国民族民间器乐曲集成　（内江市卷）杨时川主编；内江市文化局《中国民族民间器乐曲集成·内江市卷》编辑部编
成都　四川人民出版社　1992 年　533 页　有图
20cm（32 开）ISBN：7-220-01647-6
定价：CNY12.00

J0160271

中国民族民间器乐曲集成　（上海卷）《中国民族民间器乐曲集成》全国编辑委员会主编；《中国民族民间器乐曲集成·上海卷》编辑委员会编纂
北京　人民音乐出版社　1993 年　2 册（2097 页）
26cm（16 开）精装　ISBN：7-103-01182-6
定价：CNY199.00

J0160272

中国民族民间器乐曲集成　（湖北卷）《中国民族民间器乐曲集成》全国编辑委员会，《中国民族民间器乐曲集成·湖北卷》编辑委员会编
北京　中国 ISBN 中心出版社　1994 年
2 册（1758 页）有图　26cm（16 开）精装
ISBN：7-5076-0039-4　定价：CNY183.00

J0160273
中国民族民间器乐曲集成 （浙江卷）《中国
民族民间器乐曲集成》全国编辑委员会，《中国
民族民间器乐曲集成·浙江卷》编辑委员会编
北京 中国 ISBN 中心出版社 1994 年
2 册（1978 页）有图 26cm（16 开）精装
ISBN：7–5076–0069–6 定价：CNY195.00

J0160274
中国民族民间器乐曲集成 （山东卷）《中国
民族民间器乐曲集成》全国编辑委员会，《中国
民族民间器乐曲集成·山东卷》编辑委员会编
北京 中国 ISBN 中心出版社 1994 年
2 册（1958 页）有图 26cm（16 开）
特精装 ISBN：7–5076–0041–6
定价：CNY195.00
　　本卷收录流行或曾流行于山东境内的民族
民间器乐曲、宗教、祭祀、宫廷等器乐曲,包括:
民间乐曲、宗教音乐、乐人与班社、乐器形制图
等若干部分。

J0160275
中国民族民间器乐曲集成 （山东卷）《中国
民族民间器乐曲集成》全国编辑委员会，《中国
民族民间器乐曲集成·山东卷》编辑委员会编
北京 中国 ISBN 中心出版社 1994 年
2 册（1958 页）有图 26cm（16 开）精装
ISBN：7–5076–0042–4 定价：CNY180.00

J0160276
中国民族民间器乐曲集成 （浙江卷）《中国
民族民间器乐曲集成》全国编辑委员会，《中国
民族民间器乐曲集成·浙江卷》编辑委员会编
北京 中国 ISBN 中心出版社 1994 年
2 册（1978 页）有图 26cm（16 开）精装
ISBN：7–5076–0070–X 定价：CNY180.00

J0160277
中国民族民间器乐曲集成 （宁夏卷）《中国
民族民间器乐曲集成》全国编辑委员会，《中国
民族民间器乐曲集成·宁夏卷》编辑委员会编
北京 中国 ISBN 中心出版社 1995 年 13+1146 页
有图 26cm（16 开）精装 ISBN：7–5076–0087–4
定价：CNY158.00

J0160278
中国民族民间器乐曲集成 （湖南卷）《中国
民族民间器乐曲集成》全国编辑委员会，《中国
民族民间器乐曲集成·湖南卷》编辑委员会［编］
北京 中国 ISBN 中心出版社 1996 年
2 册（2221 页）有图 26cm（16 开）精装
ISBN：7–5076–0102–1 定价：CNY355.00

J0160279
中国民族民间器乐曲集成 （辽宁卷）《中国
民族民间器乐曲集成》全国编辑委员会，《中国
民族民间器乐曲集成·辽宁卷》编辑委员会［编］
北京 中国 ISBN 中心出版社 1996 年
2 册（15+10+1491 页）有图 26cm（16 开）
精装 ISBN：7–5076–0101–3 定价：CNY244.00

J0160280
中国民族民间器乐曲集成 （新疆卷）《中国
民族民间器乐曲集成》全国编辑委员会，《中国
民族民间器乐曲集成·新疆卷》编辑委员会［编］
北京 中国 ISBN 中心出版社 1996 年
2 册（19+29+2348 页）有图 26cm（16 开）
精装 ISBN：7–5076–0110–2 定价：CNY375.00

J0160281
中国民族民间器乐曲集成 （河南卷）《中国
民族民间器乐曲集成》全国编辑委员会，《中国
民族民间器乐曲集成·河南卷》编辑委员会编
北京 中国 ISBN 中心出版社 1997 年
2 册（12+10+1515 页）有图 26cm（16 开）
精装 ISBN：7–5076–0129–3 定价：CNY253.00

J0160282
中国民族民间器乐曲集成 （门头沟分卷）
董秀森［著］；门头沟区文化文物局编
［北京］［全国艺术科学规划领导小组办公室］
1998 年 138 页 有照片 26cm（16 开）
定价：CNY28.00

J0160283
中国民族民间器乐曲集成 （贵州省贵阳市
卷）王立志主编；贵阳市十大文艺集成志书领
导小组办公室民族民间器乐曲集成编辑部编
［贵阳］1998 年 516 页 有照片 26cm（16 开）
精装

J0160284

中国民族民间器乐曲集成 （四川卷）《中国
民族民间器乐曲集成》全国编辑委员会，《中国
民族民间器乐曲集成・四川卷》编辑委员会［编］
北京 中国 ISBN 中心出版社 1999年
2册（13+14+1485页）有图 26cm（16开）
精装 ISBN: 7-5076-0171-4 定价: CNY244.00

　　本卷收录乐曲 771首（套），其中民间器乐
曲 635首（套），洞经音乐 26首，宗教音乐 110首。
卷末附有《曲目汉字笔画索引》以备检索。

J0160285

滇西民族民间器乐曲选　张兴荣编
昆明 云南民族出版社 1986年 65页 有彩照
26cm（16开）统一书号: 8184.116
定价: CNY0.80

J0160286

广东音乐　（上册）李凌编
北京 中国文联出版社 1986年 149页
26cm（16开）统一书号: 8355.54
定价: CNY2.00

　　作者李凌（1913—2003），音乐家。原名李树
连，曾用名李绿永，广东台山县人。曾任中国音
乐学院院长，兼《中国音乐》主编。著有《音乐浅
谈》《音乐美学漫笔》《音乐流花新集》等

J0160287

江南丝竹传统八大曲　周惠等整理
上海 上海文艺出版社 1986年 163页
26cm（16开）统一书号: 8078.3553
定价: CNY1.95

J0160288

江南丝竹　（一 总谱）姜元禄，燕竹编
北京 人民音乐出版社 1987年 58页
31cm（10开）统一书号: 8026.4598
定价: CNY3.00
（中国丝竹乐）

　　本书收录江南丝竹8大名曲中的《中花六板》
《行街》和著名乐曲《老六板》《龙虎斗》《无锡景》
等 5首。

J0160289

江南丝竹　（二 总谱）姜元禄，燕竹编

北京 人民音乐出版社 1989年 93页
30cm（10开）ISBN: 7-103-00416-1
定价: CNY7.40
（中国丝竹乐）

　　本书收录《三六》《慢三六》《欢乐歌》《云
庆》及《小霓裳》《茉莉花》等6首，其中个别曲
目是原始谱。

J0160290

江南丝竹　（三 总谱）姜元禄，燕竹编
北京 人民音乐出版社 1995年 64页
30cm（10开）ISBN: 7-103-01276-8
定价: CNY11.40
（中国丝竹乐）

J0160291

江永县民族民间器乐曲资料本　江永县文
化馆收集整理
1987年 油印本 2册（198页）有地图
26cm（16开）

J0160292

上海市嘉定县民族民间器乐曲集成　李景
文主编；嘉定县民族民间器乐曲集成编辑组编
1988年 308页 有图 26cm（16开）

J0160293

天津十番　王莘主编；冯零，光军，永海编
［中国民族民间器乐曲集成・天津卷编辑委员会］
1988年 193页 26cm（16开）

　　作者王莘（1939—1981），作曲家。原名王莘
耕，江苏无锡荡口镇人。历任天津音乐团团长、
天津人民艺术剧院副院长、天津歌舞剧院院长、
中国音协常务理事、天津市音协主席等职。代表
作品《歌唱祖国》。

J0160294

中国民族民间器乐曲集成　（上海卷 宝山区
乡镇卷）冯海林主编；宝山区民族民间器乐曲
集成编辑组［编］
［上海］［宝山区民族民间器乐曲集成编辑组］
1989年 120页 有图 25cm（15开）

J0160295

吕文成广东音乐曲选　广东省民间音乐研究

室编
北京 人民音乐出版社 1990 年 91 页 有肖像
26cm（16 开）ISBN：7-103-00668-7
定价：CNY3.00

　　吕文成（1898—1981），作曲家、演奏家、粤
剧演唱家。生于广东香山。代表作品《步步高》
《平湖秋月》《蕉石鸣琴》等。

J0160296
云南民族器乐荟萃　张兴荣主编
昆明 云南人民出版社 1990 年 534 页 有彩照
26cm（16 开）精装 ISBN：7-222-00574-9
定价：CNY26.80

J0160297
云南民族器乐荟萃　张兴荣主编；云南艺术
学院编
昆明 云南人民出版社 1990 年 534 页
27cm（大 16 开）定价：CNY25.00

　　本书收集云南省 24 个少数民族的民间乐器、
乐曲、乐种。精选器乐曲 310 首、器乐及演奏的
彩色照片 280 幅。有总概述和各民族的器乐分
述论文 28 篇，部分艺人及乐曲的简介。

J0160298
天津十番全谱　刘楚青著
1992 年 14+409 页 有照片 26cm（16 开）

J0160299
玉溪市民间器乐曲集　黄金邦主编；玉溪市
文化局，玉溪市群众艺术馆编
昆明 云南民族出版社 1992 年 281 页
有彩图 26cm（16 开）ISBN：7-5367-0588-3
定价：CNY16.50
（中国民族民间器乐曲集成 云南卷）

　　本书包括：民间器乐曲、宗教音乐两部分。
其中曲调 233 首，释文 11 篇，并附有关地方史料。

J0160300
东乡县民间器乐曲集　东乡县文化馆编
[东乡县文化馆] 1993 年 138 页 有图
26cm（16 开）

J0160301
湘西民族器乐　唐方科编著

贵阳 贵州民族出版社 1993 年 119 页
19cm（小 32 开）ISBN：7-5412-0394-7
定价：CNY3.50

　　本书简要介绍湘西民族器乐的历史沿革、形
制、性能、演奏方法等，以及这些乐器的代表乐
曲。作者唐方科，从事器乐研究及乐器演奏工作。

J0160302
凤庆民族民间器乐曲集成　凤庆县民委等编
昆明 云南人民出版社 1994 年 440 页 有彩照
26cm（16 开）ISBN：7-222-01569-8
定价：CNY16.50，CNY20.00（精装）
（中国民族民间器乐曲集成云南卷丛书）

　　本书内容包括：民族民间器乐曲和宗教音乐
两部分。

J0160303
中国民族民间器乐曲集成　（湖北卷）《中国
民族民间器乐曲集成》全国编辑委员会，《中国
民族民间器乐曲集成·湖北卷》编辑委员会编
北京 中国 ISBN 中心出版社 1994 年
2 册（14+16+1758 页）有图 26cm（16 开）
精装 ISBN：7-5076-0040-8 定价：CNY168.00

J0160304
广东汉乐胡琴古筝曲选　居文郁编著
北京 人民音乐出版社 1995 年 210 页
26cm（16 开）ISBN：7-103-01288-1
定价：CNY15.20

J0160305
潮州乐曲三百首　蔡树航主编；汕头市艺术
研究室，汕头市潮州音乐研究室编
北京 中国戏剧出版社 1997 年 322 页
26cm（16 开）ISBN：7-104-00860-8
定价：CNY30.00

J0160306
广东音乐　（高胡曲选）黄日进编著
北京 人民音乐出版社 1997 年 140 页
26cm（16 开）ISBN：7-103-01523-6
定价：CNY12.90

J0160307
广东音乐荟萃　（甘尚时高胡演奏名曲）

甘尚时编著
广州　广东高等教育出版社　1999 年　212 页
有照片　29cm（16 开）ISBN：7-5361-2296-9
定价：CNY28.00

J0160308
景谷民族民间器乐曲集　邵金山主编；景谷
傣族彝族自治县文化局等编
昆明　云南美术出版社　1999 年　13+375 页
有图　26cm（16 开）ISBN：7-80586-640-6
定价：CNY45.00
（中国民族民间器乐曲集成　云南卷）

J0160309
苏州民间器乐曲集成　苏州市文化局编
苏州　古吴轩出版社　1999 年　1230 页　有图
26cm（16 开）精装　ISBN：7-80574-470-X
定价：CNY195.00
　　本书内容包括：江南丝竹、十番锣鼓、十番
吹打和锣鼓乐等。

中国其他音乐乐曲

（宗教音乐乐曲等）

J0160310
番僧音乐曲本　（不分卷）
清　抄本

J0160311
京音乐谱　（一卷）
［清］抄本

J0160312
智化寺古抄本乐谱　（不分卷）
清　抄本

J0160313
智化寺晚出音乐谱　（不分卷）
清　抄本

J0160314
智化寺音乐腔谱　（不分卷）

清　抄本

J0160315
西安道派乐器社乐谱　（不分卷）
清雍正九年［1731］抄本

J0160316
音乐谱　（不分卷）（清）辑
清乾隆二十四年［1759］抄本

J0160317
钧天妙乐　（一卷）
清乾隆四十六年［1781］抄本

J0160318
钧天妙乐　（一卷）（清）吾声远编；（清）曹端
撲重订
清道光　刻本

J0160319
北京某寺音乐谱　（一卷）辑
清咸丰三年［1853］抄本

J0160320
白莲寺音乐本　（一卷）
清咸丰七年［1857］抄本

J0160321
音乐偈子谱　（一卷）
升平署　清同治九年［1870］抄本

J0160322
杂意清亡唱念　（一卷）
清光绪三十一年［1905］抄本

J0160323
清法事　（一卷）
清光绪三十三年［1907］抄本

J0160324
召亡秦富贵　（不分卷）
清宣统元年［1909］抄本

J0160325
万寿寺音乐本　（不分卷）

清宣统二年［1910］抄本

J0160326
设孤书　（一卷）
清宣统三年［1911］抄本

J0160327
音乐全谱
双爱堂 1922 年 重版 134 页 21cm（32 开）
环筒页装
　　本书为宗教音乐工尺谱。

J0160328
智化寺京音乐　（三）杨荫浏采访
北京 中央音乐学院民族音乐研究所 1953 年
油印本 14 页［20×14cm］
　　作者杨荫浏（1899—1984），音乐教育家。字
亮卿，号二壮，又号清如。出生于江苏无锡，曾就
读于上海圣约翰大学文学系、光华大学经济系
（今华东师范大学）。曾在重庆、南京任国立音乐
学院教授兼国乐组主任、国立礼乐馆编纂和乐曲
组主任、金陵女子大学音乐系教授。代表作品有
《中国音乐史纲》《中国古代音乐史稿》。

J0160329
智化寺京音乐　中央音乐学院中国古代音乐
研究室
1953 年 油印本 线装
　　分二册。

J0160330
寺院音乐　（峨眉山、五台山）亚欣等搜集整
理；中国音乐协会成都分会编
成都 中国音乐协会成都分会 1955 年 508 页
21cm（32 开）

J0160331
沈阳小万寿寺梵乐的初步材料　章达祥传
谱；凌其阵整理
北京 中央音乐学院民族音乐研究所 1957 年
油印本 20 页

J0160332
礼仪乐曲　夏焕新，郁元英作曲编辑
台北 中国礼乐学会 1971 年 73 页

21cm（32 开）

J0160333
齐唱新歌合集　（1-3）
香港 香港基督徒音乐协会 1985 年 82 页 有图
21cm（32 开）ISBN：962-7119-11-3

J0160334
齐唱新歌　（第 6 集）
香港 香港基督徒音乐协会 1986 年 2 版 24 页
有图 21cm（32 开）ISBN：962-7119-12-1

J0160335
中国武当山道教音乐　史新民主编；《中国民
族民间器乐曲集成·湖北卷》编辑部编
北京 中国文联出版公司 1987 年 246 页
有彩照 19cm（32 开）统一书号：8355.1109
ISBN：7-5059-0109-5 定价：CNY3.30

J0160336
大理洞经古乐　大理市下关文化馆编
昆明 云南人民出版社 1990 年 616 页 有彩照
20cm（32 开）ISBN：7-222-00730-X
定价：CNY9.95，CNY11.80（精装）
　　本书序言介绍洞经古乐的特点和源流，附有
洞经古乐演奏彩照 8 幅和 28 种打击乐器和管弦
乐器的图示；洞经读演的情况简介、合奏谱、洞
经会简介。收录大理地区 9 个洞经会组织保存
的洞经乐谱 271 首，主要是唱诵音乐，兼有部分纯
器乐曲即雅曲。

J0160337
羔羊的歌圣诗集　藤树勋著
［香港］萧仁宗 1993 年 91 页 30cm（12 开）

J0160338
中国佛教音乐选萃　田青主编
上海 上海音乐出版社 1993 年 298 页 有彩照
20cm（32 开）精装 ISBN：7-80553-448-9
定价：CNY20.00
　　外文书名：The Selected Chinese Buddhist
Music. 作者田青（1948—　　），音乐学家、非物质
文化遗产保护专家。出生于河北唐山，天津音乐
学院毕业。曾任中国艺术研究院音乐研究所所
长，宗教艺术研究中心主任、研究员、博士生导

师,兼任中国昆剧古琴研究会会长。著有《中国宗教音乐》《净土天音》《捡起金叶》《佛教音乐的华化》等。

J0160339
中国龙虎山天师道音乐　武汉音乐学院道教音乐研究会编,江西龙虎山道教协会
北京　中国文联出版公司 1993 年 398 页
20cm(32 开) ISBN: 7-5059-1515-0
定价: CNY8.10

J0160340
旧约之歌圣诗集　滕树勋著
[香港] 萧仁宗 1994 年 73 页 29cm(12 开)

J0160341
圣经佳言短曲集　滕树勋著
[香港] 萧仁宗 1994 年 35 页 30cm(12 开)

J0160342
云南洞经文化　(儒道释三教的复合性文化)
张兴荣著
昆明　云南教育出版社 1998 年 12+476 页
有彩照 21cm(32 开) 精装
ISBN: 7-5415-1506-X 定价: CNY30.00

各国音乐作品

J0160343
苏联音乐　(第一辑)苏联文艺选丛编辑委员会编纂
上海　大东书店 1949 年 202 页 20cm(32 开)
定价: CNY14.00

J0160344
苏联音乐　(第一辑)苏联文艺选丛编辑委员会编纂
上海　大东书店 1950 年 再版 202 页
21cm(32 开) 定价: CNY14.00
(苏联文艺选丛)

J0160345
贝多芬哀格蒙序曲　罗傅开注义
上海　上海音乐出版社 1952 年 44 页
20cm(32 开)
　　贝多芬(Ludwig van Beethoven,1770-1827),
德国作曲家、钢琴家。维也纳古典乐派代表之一,
与海顿、莫扎特一起被后人称为"维也纳三杰"。
主要作品有《英雄》《命运》《田园》《合唱》等 9
部交响乐,《悲怆》《月光》《热情》等 32 首钢琴奏
鸣曲,还有小提琴协奏曲、弦乐四重奏、歌剧等
作品。

J0160346
贝多芬弦乐四重奏　(十八卷五号 A 大调)
罗傅开注义
上海　上海音乐出版社 1953 年 31 页 20cm(32 开)

J0160347
海登弦乐四重奏　罗傅开注义
上海　上海音乐出版社 1953 年 12 页 20cm(32 开)

J0160348
国外乐讯　(6 庆祝建国十周年特刊) 中央音乐学院编译室编辑
北京　中央音乐学院 1959 年 140 页 有图
19cm(32 开)

J0160349
朝鲜古代音乐家朴堧和朝鲜的音乐遗产
音乐出版社编辑部编
[北京] 音乐出版社 1960 年 定价: CNY0.28

J0160350
斯特拉文斯基一个士兵的故事　(袖珍总谱)
光华出版社 [1980 年] 68 页 19cm(小 32 开)

J0160351
中外著名抒情歌曲三百首　贵州人民广播电台等合编
贵阳 [贵州人民出版社] 1981 年 538 页
19cm(小 32 开) 定价: CNY1.40

J0160352
世界名歌百首　朱明珠编
高雄　大众书局 1982 年 256 页 有图

27cm（大16开）精装 定价：TWD170.00

J0160353
外国音乐曲名词典　郑显全编
上海 上海辞书出版社 1982年 24+403页
17cm（32开）精装 统一书号：17187.89
定价：CNY1.70
　　本词典收词目1546条，包括专称曲名和作
曲家词目1362条，通称曲名184条。

J0160354
外国近现代音乐作品选　（五线谱）《音乐创
作》编辑部编
成都 四川人民出版社 1984年 68页
21cm（32开）统一书号：8118.1765
定价：CNY0.30

J0160355
余光音乐杂志'84年鉴　余光编著
台北 同联文化事业公司 1984年 271页
有照片 30cm（10开）精装 定价：TWD550.00

J0160356
外国音乐曲名辞典　熊思音，萧宏欣主编
台北 名山出版社 1987年 280页 21cm（32开）
精装 定价：TWD350.00
　　外文书名：The Dictionary of Foreign Musical
Name.

J0160357
CD古典名曲100选　（日）藤井康男著；林凤
容译
台北 星光出版社 1991年 修订版 217页 有图
19cm（小32开）ISBN：957-9270-82-1
定价：TWD150.00
（生活知识 艺术系列 18）

J0160358
中外名曲旋律辞典　孙维权，姚方正主编
上海 上海音乐出版社 1992年 854页
20cm（32开）精装 ISBN：7-80553-325-3
定价：CNY22.90
　　本书收录中国作曲家创作的歌曲、歌剧选曲
旋律、器乐主题，以及中国民歌、传统器乐曲旋
律等300余首。

各国歌曲

J0160359
中美歌选　（中、英文对照）
上海 皇后图书公司 [民国] 199页 15cm（40开）

J0163188
中美歌选　（中、英文对照）
上海 中美图书出版公司 [民国] 200页
15cm（40开）

J0160360
新乐府　陈铁生编辑
上海 中央精武体育会 1923年 [280]页
20cm（32开）
　　本书包括古乐、今乐、大同乐3部分。"古乐"
收录《梅花三弄》《汉宫秋月》《苏堤春晓》《三
潭印月》《刺虎》等10余首乐曲；"今乐"收录《凤
凰台》《三级浪》《连环扣》《浪淘沙》《寄生草》
等40余首乐曲；"大同乐"收录《野玫瑰》《快乐
家庭》《思故乡》《友感》以及英、俄、德、法、日、
美等国歌曲30余首，均为工尺谱。

J0160361
中外学校唱歌集　（美）安德孙（E.J.Anderson）编
上海 商务印书馆 1923年 增订再版 83页
19cm（32开）
　　外文书名：The China College Song Book.

J0160362
中外学校唱歌集　Elam J.Anderson 编
上海 商务印书馆 1923年 再版 83页
23cm（10开）定价：大洋五角

J0160363
中外学校唱歌集　（美）安德孙（E.J.Anderson）编
上海 商务印书馆 1927年 3版 83页 19cm（32开）

J0160364
平民唱歌集　北京师大平民学校编；张永荣等
校订
北京 求知社 1924年 石印本 87+77页

26cm（16 开）定价：一元

本书收录美、日、英、法、德、奥、俄等国家的国歌及舞蹈曲 138 首。

J0160365

世界名歌选粹 （第 1 卷）中华乐社编译部编

北平 中华乐社 1930 年 26cm（16 开）

全书 5 卷，收录《倩花寄语》《爱的古歌》《海上静眠》《再会》《快乐的家庭》《我的母亲》《百灵枝头鸣》《夏日海上》《春天来到》《马萨在寒地》《晚星》《摇篮歌》《月下散步》《万航之歌》《红族男儿》《檀香山之月》《黑人歌》《我是流浪的情人》《青春的夏威夷》《爱情如波》等 50 首歌曲。五线谱，附钢琴伴奏谱。

J0160366

世界名歌选粹 （第 2 卷）中华乐社编译部编

北平 中华乐社 1930 年 51 页 26cm（16 开）

J0160367

世界名歌选粹 （第 3 卷）中华乐社编译部编

北平 中华乐社 1931 年 47 页 26cm（16 开）

J0160368

世界名歌选粹 （第 4 卷）中华乐社编译部编

北平 中华乐社 1931 年 32 页 26cm（16 开）

J0160369

世界名歌选粹 （第 5 卷）中华乐社编译部编

北平 中华乐社 1931 年 33 页 26cm（16 开）

J0160370

海外心声 （第一集）顾子仁编

上海 顾子仁［自刊］1931 年 26 页 27cm（16 开）

定价：大洋六角

本书收录《伤风歌》《西风徐徐吹》《游兴》《神在法相》等 12 首中外歌曲。

J0160371

音乐 （歌曲 第 1 集）储师竹编制

江苏 储师竹［自刊］1931 年 8 页 27cm（16 开）

本书收录《马塞曲》《国旗歌》《国耻歌》《壮志歌》4 首歌曲。五线谱，简谱，附钢琴伴奏谱。

J0160372

世界名歌选 钱歌川,凌丽茶编译

上海 中华书局 1932 年 59 页 26cm（16 开）

定价：银一元二角

本书收录《小夜曲》《梦幻曲》《悲歌》《西班牙小夜曲》等 14 首歌曲。五线谱。

J0160373

仁声歌集 杜庭修编

南京 仁声印书局 1933 年 3 版 118 页 有图 26cm（16 开）精装 定价：二元

本书收录《人与自然界》《全国运动大会会歌》《星空》等 60 首中外歌曲，五线谱，附钢琴伴奏谱。每首歌曲末均有歌曲介绍及歌曲在演唱过程中的处理。

J0160374

仁声歌集 杜庭修著

南京 仁声印书局 1934 年 5 版 118 页 有图 26cm（16 开）

J0160375

世界名歌集 （第 2 集）梁得所选译

上海 良友图书印刷公司 1933 年 85 页 18cm（32 开）

J0160376

中小学唱歌比赛会用歌曲 北平市社会局主办；中小学唱歌比赛会编

北平 音乐书店 1934 年 11 页 27cm（16 开）

定价：五分

本书收录《自励》《爱国》《为国争光》3 首歌曲。作曲者均为外国人，作词者有孤鸾、汤鹤逸、萍因。五线谱，附钢琴伴奏谱。

J0160377

古今中外名歌集 （现代最流行歌曲选）

天明社编

上海 中国出版社 1935 年 增广本 296 页 21cm（32 开）定价：三元

本书收录各国国歌，以及《伏尔加船夫曲》《开路先锋》《大路歌》《新女性》《铁蹄下的歌女》《义勇军进行曲》等歌曲，以及口琴吹奏曲和京剧片段《李陵碑》《三娘教子》等，共 288 首。书前有《读谱须知》。

J0160378

模范歌曲集 （英德文对照 第一集 舒伯脱 第二册）胡周淑安选编

上海 商务印书馆 1936 年 31 页 30cm（10 开）

定价：国币一元二角

（国立音乐专科学校丛书）

　　本书是奥地利歌曲选集，收录《我的安慰》《摇篮歌》《月下曲》《水上吟》《战士的凶兆》6 首歌曲，五线谱。

J0160379

青年歌集　刘良模编

上海 青年协会校会组 1936 年 7 版 76 页

18cm（32 开）定价：一角

　　本书收录《自强歌》《中华》《美哉中华》等中外歌曲 70 首。

J0160380

中外名歌一百曲　缪天瑞编

上海 三民图书公司 1936 年 3 版 18+23+28 页

26cm（16 开）定价：大洋三角

　　本书内容包括：创作集、翻译集、填歌集、附集 4 部分，共 144 首歌曲。编者缪天瑞（1908—2009），音乐教育家、音乐学家。浙江瑞安人，毕业于上海艺术师范大学。历任中央音乐学院副院长、天津音乐学院院长、福建音乐专科学校教授、教务主任，中央音乐学院副院长，天津市文化局副局长，天津音乐学院教授、院长，中国艺术研究院音乐研究所研究员，著有《律学》，主编《中国音乐词典》等。

J0160381

大家唱　（第 1、2 集）曾昭正,李行夫编选

汉口 教育书店 1937 年 2 册（96 ; 96）页

19cm（小 32 开）

　　本书内容包括：一般歌曲、工农歌曲、军人歌曲、妇女歌曲、儿童歌曲、纪念歌曲、国外歌曲、民歌小调部分，选收 100 余首歌曲。

J0160382

大家唱　（第 1、2 集）曾昭正,李行夫编选

汉口 教育书店 1938 年 再版 2 册（96 ; 96）页

19cm（小 32 开）

J0160383

大家唱　（第 1、2 集）曾昭正,李行夫编选

汉口 教育书店 1938 年 6 版 2 册（96 ; 96）页

19cm（小 32 开）

J0160384

青年歌声　啸枫编

重庆 文群出版社 [1937—1945 年] 81 页

18cm（32 开）

　　本书收录中外歌曲 65 首。

J0160385

最新中外名歌集　褚保延编辑

上海 国光书店 1938 年 324 页 20cm（32 开）

　　本书内容包括：社会娱乐歌曲、现代电影歌曲、世界著名歌曲、励志歌曲、儿童歌曲等部分，共 298 首歌曲。

J0160386

歌林　（第 1 集）铁铮,素心编

永安 歌林出版社 1941 年 129 页 18cm（15 开）

定价：国币一元五角

　　本书内容包括：国家至上、西北民歌、一般歌声、陆海空军歌、纪念和追悼、工农妇女青年儿童、通俗歌谣、异国歌音等部分。

J0160387

苏联名歌集　陈原编译

桂林 新歌出版社 1941 年 再版 237 页

19cm（32 开）定价：国币三元

　　本书内容包括：领袖颂、军歌（进行曲）、艺术歌（抒情曲）、民谣（民谣曲）4 部分。收录《歌领袖》《领袖大合唱》《飞、高飞，更高飞》《起伏的大草原》《莫斯科颂》《我的天才—我的天使—我的朋友》《红色的太阳，升起呵！》《船夫曲》等 42 首，另有"解曲"部分，介绍所收歌曲及音乐常识，包括《俄罗斯音乐的发展》《苏联的民族音乐》《苏联的歌唱艺术和它的歌唱家》《红军歌舞团的历史》等 8 篇文章。书后附《苏联音乐常识》。

J0160388

现代名歌三百首　（中外歌曲大集成）褚保延编

上海 国光书店 1941 年 226 页 20cm（32 开）

　　本书内容包括：特别新歌、最新电影歌曲、世界著名歌曲、现代电影歌曲 4 部分，收中外歌

曲 200 首。

J0160389

歌林 （第 2 集）铁铮,素心编

永安 歌林出版社 1942 年 139 页 18cm（15 开）

定价：国币三元二角

　　本书内容包括：国家至上、还我山河、黄河大合唱、通俗歌谣、异国歌音等 10 部分，收录《保卫祖国》《东北之歌》《黄河边的月》《山歌》等 200 首歌曲。

J0160390

歌林 （第 3 集）铁铮,素心编

永安 歌林出版社 1942 年 148 页 18cm（15 开）

　　本书收录《国旗歌》《新中国》《还我河山》《黄河谣》《反法西斯进行曲》《反侵略战争》《中国军人进行曲》《七七进行曲》《劳动服务歌》《八杯酒》《马赛曲》《保卫祖国》《东北之歌》等 86 首歌曲。另收王洛宾的《沙漠之歌》（两幕歌剧）。书后附录《音乐常识》《简谱和符号》。

J0160391

抗建新歌 （第 2 集）邹伯宗,李仁荪编

永嘉 增智书局 1942 年 92 页［13×19cm］（抗建丛书 9）

　　本书内容包括：大合唱的歌、儿童的歌、一般的歌、抒情的歌、通俗的歌、妇女的歌、劳动的歌、纪念的歌、外国的歌 9 部分，共 82 首歌曲。

J0160392

新歌三集 陈原,余荻编著

曲江 图腾出版社 1942 年 150 页 18cm（32 开）

定价：CNY7.00

　　本书是世界歌曲选集，收录中外歌曲 51 首。

J0160393

穿上了征衣的女郎 （苏联最新抗战歌曲）灵珠等译

桂林 河山出版社 1943 年 26 页 18cm（15 开）

J0160394

海之歌 赵沨编译

昆明 北门书屋 1943 年 36 页 22cm（32 开）（新音乐小连丛 世界名歌集）

　　本书收录《拉丁颂歌》《圣母颂》《欢乐颂》《幻影》《海之歌》等 20 首歌曲。作者赵沨（1916—2001），音乐教育家。曾用名吴福田、赵天民等，出生于河南开封，原籍河南项城。历任国家教育部艺术教育委员会主任，中国音乐家协会顾问，《人民音乐》主编，原中央音乐学院党委书记、院长、名誉院长，国务院学位委员会艺术学科评议组召集人，译配苏联歌曲有《喀秋莎》《人不犯我,我不犯人》《夜莺曲》《假如明天战争》等。

J0160395

世界名歌选集 （中国歌曲之部）薛良,甄伯蔚编

桂林 集艺出版社 1943 年 146 页 18cm（32 开）

　　本书收录《他们离开了美丽的故乡》《人人都爱他》《嘉陵江上》《我们纵情地自由地唱》《爱国歌》《五月太行山》《军队进行曲》《民族至上》《战斗颂》等 51 首歌曲。书前有编者的《我们的几句话》。

J0160396

世界名歌选集 （第一集）李凌,赵沨编

文汇书店 1943 年 134 页 19cm（32 开）

定价：10.00

　　本书收录《紫罗兰》《快乐颂》《天鹅的歌》《圣母颂》《念故乡》《凯旋歌》《晚安》《我们不能不歌唱》《雪花飘》等 16 首中外名歌。对莫扎特、贝多芬、门德尔松、古诺等外国作者均有简介。作者李凌（1913—2003），音乐家。原名李树连，曾用名李绿永，广东台山县人。曾任中国音乐学院院长，兼《中国音乐》主编。著有《音乐浅谈》《音乐美学漫笔》《音乐流花新集》等。作者赵沨（1916—2001），音乐教育家。曾用名吴福田、赵天民等，出生于河南开封，原籍河南项城。历任国家教育部艺术教育委员会主任，中国音乐家协会顾问，《人民音乐》主编，原中央音乐学院党委书记、院长、名誉院长，国务院学位委员会艺术学科评议组召集人，译配苏联歌曲有《喀秋莎》《人不犯我,我不犯人》《夜莺曲》《假如明天战争》等。

J0160397

最新苏联名曲选 歌曲研究社编

桂林 歌曲研究社 1943 年 125 页 18cm（15 开）

定价：国币十元

　　本书内容包括：齐唱、独唱、合唱 3 部分，收

录《水兵歌》《夏伯阳之死》《祖国进行曲》《光明赞》等 52 首。

J0160398
歌者之歌　李宝璇编著
桂林 建成书店 1944 年 112 页 20cm（32 开）
　　本书内容包括：纪念曲、民族战歌、各国民歌、民谣曲、艺术歌、电影歌曲等 9 类，收录《五四纪念歌》《民主颂》《向前》《卡德林》等 100 余首中外歌曲。

J0160399
名曲选粹　王岳编；罗联元校订
王岳［自刊］1944 年 108 页 23cm（10 开）
　　本书收录《仰望苍空》《我正在热烈的爱着你》《杜鹃啼血》《夜夜梦见你》《摇篮曲》《我不愿流浪》《追寻》《夜夜梦江南》《上山》《元夜曲》《青野》等 51 首中外歌曲。

J0160400
世界歌选　（第一集）魏序伦,陈纫秋编
成都 伟拉乐谱供应社 1944 年 40 页 25cm（16 开）

J0160401
歌者之歌　李宝璇编著
重庆 建成书店 1945 年 再版 112 页 20cm（32 开）
　　本书收录《五四纪念歌》《七七进行曲》《黄花岗纪念歌》《战斗的春天》《游击队行进》《当兵去》《民主颂》《向前》《卡德林》等 100 余首中外歌曲，包括纪念曲、民族战歌、各国民歌、民谣曲、艺术歌、抒情曲、电影、歌剧、舞台曲 7 类。

J0160402
凯旋歌　王秋萍编
龙潭［四川］1945 年 49 页 19cm（32 开）
　　本书收录《渡过这冷的冬天》《大麦黄》《喀秋莎》《月光曲》等 31 首中外歌曲。

J0160403
苏联新歌　（《时代》歌曲选）冀鲁豫书店［编］
［延安］冀鲁豫书店［编］［1945 年］20 页
19cm（32 开）
（《时代》文摘 12）
　　本书收录《苏联国歌》《列宁格勒歌》《渔人歌》《苏丽珂》等 13 首。

J0160404
苏联新歌
［延安］新华书店 1945 年 20 页 20cm（32 开）

J0160405
歌者之歌　李宝璇编著
重庆 万有书局 1947 年 112 页 20cm（32 开）
　　本书内容包括：纪念曲、民族战歌、各国民歌、民谣曲、艺术歌、电影歌曲等 9 类，收录《五四纪念歌》《民主颂》《向前》《卡德林》等 100 余首中外歌曲。

J0160406
世界名歌集　（音乐会名歌选集）陈曼鹤编
广州 美乐图书出版公司 1947 年 170 页
18cm（32 开）
　　本书收录《真情永在》《唐·奇奥伐尼》《听！听！那云雀》《摇篮曲》《小夜曲》《野外玫瑰》《菩提树》《蝴蝶夫人》《我的太阳》《跳蚤之歌》等 60 首歌曲。

J0160407
大众呼声　（第 3 集）华之祥编
上海 个人刊 1948 年 46 页 20cm（32 开）
（万象音乐丛书 2）
　　本书收录 51 首歌曲，其中翻译歌曲 5 首。

J0160408
喀秋莎　李凌编
上海 读书出版社 1948 年 再版 142 页
18cm（15 开）定价：国币五元五角
（苏联名歌集 1）
　　本书分两部分，前一部分为"论苏联音乐"，收录《关于苏联音乐》（哥亚摩夫作，赵沨译）、《苏联的音乐教育》（N. 布鲁索华作，曾葆译）、《苏联的儿童音乐》（安娥）、《苏联歌剧与舞剧》（葛一虹译）等 12 篇文章；后一部分为"喀秋莎"，收录《船夫曲》《喀秋莎》《夏伯阳之死》《贝加尔之歌》等 50 首歌曲。

J0160409
听听云雀　（英汉对照 世界名曲）王以良编译
广州 新星出版社 1948 年 32 页 16cm（25 开）
定价：二元
　　本书包括译歌、配歌两部分，收录《摇篮曲》

《听听云雀》《小夜曲》《菩提树》《春的信心》等
72 首歌曲。

J0160410
音乐会名歌选集 陈曼鹤编
上海 美乐图书出版公司 1948 年 [470]页
[19cm]（32 开）
　　本书内容包括：独唱之部、合唱之部、世界
之部，收中外名歌 150 余首。作者有黄自、应尚
能、赵元任、陈田鹤、萧友梅、贺绿汀、刘雪厂、
胡然、陆华柏、董兼济，以及贝多芬、舒伯特、普
西尼、比才、古诺等人。

J0160411
大家唱 （第一集）曾昭正辑
上海 教育书店 1949 年 136 页 18cm（15 开）
定价：四元五角
　　全书分 8 册。简谱 822 页。选收中华人民
共和国成立以来深受群众喜爱的齐唱、独唱、重
唱、小合唱等演唱形式的创作歌曲，以及优秀民
歌、电影插曲、歌剧选曲和外国歌曲等。

J0160412
大家唱 （第一集）曾昭正编校
上海 教育书店 1949 年 再版 136 页
18cm（15 开）定价：四元五角

J0160413
大家唱 （第一集）曾昭正辑
上海 教育书店 1949 年 3 版 136 页
18cm（15 开）定价：四元五角

J0160414
大家唱 （第二集）曾昭正编校；李行夫著
重庆 教育书店 1942 年 86 页 18cm（15 开）

J0160415
大家唱 （第二集）曾昭正辑
上海 教育书店 1949 年 沪再版 143 页
18cm（15 开）定价：四元五角

J0160416
大家唱 （第二集）曾昭正辑
上海 教育书店 1949 年 沪 3 版 143 页
18cm（15 开）定价：四元五角

J0160417
大家唱 （第三集）曾昭正辑
上海 教育书店 1949 年 188 页 18cm（15 开）
定价：四元五角

J0160418
大家唱 （第三集）曾昭正编校
上海 教育书店 1949 年 再版 138 页
18cm（15 开）定价：四元五角

J0160419
大家唱 （第一、二集）曾昭正编
上海 教育书店 1949 年 2 册（136；143）页
20cm（32 开）

J0160420
大家唱 （第一、二集）曾昭正编
上海 教育书店 1949 年 3 版
2 册（136；143）页 20cm（32 开）

J0160421
大家唱 （第一集）曾昭正编
上海 教育书店 1950 年 沪 4 版 136 页
18cm（15 开）定价：四元五角

J0160422
大家唱 （第三集）曾昭正编
上海 教育书店 1950 年 5 版 138 页
18cm（15 开）定价：五元

J0160423
大家唱 （第四集）曾昭正辑
上海 教育书店 1950 年 138 页 18cm（15 开）
定价：四元五角

J0160424
大家唱 （第六集）大家唱编辑部辑
上海 教育书店 1952 年 140 页 18cm（15 开）
定价：旧币 5,500 元

J0160425
国际青年歌集 （第一辑）中国新民主主义青
年团东北筹委会宣传部辑译
北京 中国新民主主义青年团东北筹委会
1949 年 17 页 26cm（16 开）

J0160426

国际青年歌集　（第二集）中国新民主主义青
年团东北筹委会宣传部辑译
北京　中国新民主主义青年团东北筹委会
［1949 年］17 页 26cm（16 开）

J0160427

斯大林之歌　中央人民广播电台编辑
北京　中央人民广播电台 1949 年 4 页
26cm（16 开）

J0160428

苏联歌集　翔平,凌燕编
大连　大连新华书店 1949 年 3 版 166 页
18cm（32 开）
　　本书收录《共产国际进行曲》《祖国进行曲》
《斯大林格勒之歌》《我们是红色的战士》《苏联
空军歌》等 117 首歌曲。

J0160429

苏联歌集　翔平,凌燕编
大连　大众书店 1949 年 166 页 19cm（32 开）

J0160430

苏联歌集　哈尔滨中苏友好协会编辑
哈尔滨　兆麟书店 1949 年

J0160431

苏联歌曲选　（第 1 集）朱子奇,李焕之编
北京　解放歌声社 1949 年 40 页［19cm］(32 开)
　　本书收录《苏联国歌》《勇敢上前线》《红色
射击手之歌》《青年战斗员》《斯大林之歌》《我
是劳动人民的儿子》《红军进行曲》等 20 首歌曲。

J0160432

苏联歌选　哈尔滨中苏友好协会编辑
哈尔滨　兆麟书店 1949 年 46 页 18cm（32 开）
　　本书收录《斯大林颂》《我的国家》《我们的
红军》《炮兵歌》《上战场》《歌唱祖国》《青年进
行曲》《世界民主青年歌》《青年联合起来》等 27
首歌曲。

J0160433

大家唱　（一至八集）大家唱编辑部辑
上海　新音乐出版社 1950—1954 年 8 册

18cm（15 开）定价：四元五角（每册）

J0160434

大家唱　（第一集）大家唱编辑部辑
上海　新音乐出版社 1953 年 新 1 版 134 页
18cm（15 开）定价：旧币 4,500 元

J0160435

大家唱　（第五集）大家唱编辑部辑
上海　新音乐出版社 1951 年 138 页
18cm（15 开）定价：旧币 5,000 元

J0160436

大家唱　（第七集）大家唱编辑部辑
上海　新音乐出版社 1953 年 136 页
18cm（15 开）定价：旧币 4,500 元

J0160437

大家唱　（第八集）大家唱编辑部辑
上海　新音乐出版社 1954 年 136 页
18cm（15 开）定价：旧币 4,500 元

J0160438

喀秋莎　李凌辑
北京　三联书店 1950 年 142 页 18cm（15 开）
定价：7.00
　　作者李凌(1913—2003),音乐家。原名李树
连,曾用名李绿永,广东台山县人。曾任中国音
乐学院院长,兼《中国音乐》主编。著有《音乐浅
谈》《音乐美学漫笔》《音乐流花新集》等。

J0160439

克里姆林的钟声　金路得编
广州　中华乐学社 1951 年 32 页 19cm（32 开）
定价：旧币 2,500 元
（苏联名歌集 2）

J0160440

苏联歌曲集　（第一集）廖辅叔编译
上海　万叶书店 1951 年 43 页 26cm（16 开）
定价：旧币 6,500 元
（中央音乐学院研究部资料丛刊）

J0160441

图门江　（朝）郑律成作曲;（朝）赵基天作词;

贾芝译

沈阳 东北人民出版社 1951年 19页

21cm（32开）统一书号：3157

定价：旧币1,700元

　　作者郑律成（1918—1976），作曲家。原籍朝鲜，生于朝鲜全罗南道光州（今属韩国）。原名郑富恩。在中国南京参加朝鲜革命组织义烈团，从事抗日工作，同时学习钢琴、小提琴和声乐。后定居中国并加入中国籍，致力于音乐创作。有《郑律成歌曲选》《兴安岭上雪花飘》《延水谣》《郑律成歌曲三十首》等。

J0160442

争取和平歌　（苏）阿扎罗夫词；（苏）高列什卡诺夫曲；郁文哉,盛家伦译

北京 天下出版社 1951年 3页 26cm（16开）

定价：旧币2,000元

（苏联活页歌选 2）

J0160443

俄华对照苏联歌集　（第一集）庄枫编辑

上海 真理书店 1952年 3版 26cm（16开）

J0160444

俄华对照苏联歌集　（第三集）庄枫编辑

上海 真理书店 1952年 24页 25cm（15开）

定价：旧币4,500元

J0160445

俄华对照苏联歌集　（第四集）庄枫编辑

上海 真理书店 1953年 32页 26cm（16开）

定价：旧币4,200元

J0160446

俄华对照苏联歌集　（第五集）庄枫编辑

上海 真理书店 1953年 32页 26cm（16开）

定价：旧币4,200元

J0160447

建设祖国——保卫和平　（捷克斯洛伐克波尔卡）（捷）多比亚斯（Vaclav Dobias）作曲；（捷）哈拉赛（Frantiska Halase）撰词；（捷）索尔斯（Karel Solc）钢琴编曲；赵沨译词

北京 中国全国音乐工作者协会 1952年

影印本 55页 26cm（16开）

定价：旧币11,000元

J0160448

莫斯科颂　金路得编

广州 中华乐学社 1952年 32页 19cm（32开）

定价：旧币2,500元

（苏联名歌集 4）

J0160449

斯大林歌集　（第一集）石年编译

中华书局 1952年 定价：CNY0.50

J0160450

中苏友好歌选　广东省、广州市中苏友好协会辑

广州 广州市中苏友好协会 1952年 26页

18cm（15开）定价：旧币800元

J0160451

朝鲜之歌　李激涛辑译

上海 教育书店 1953年 45页 18cm（15开）

定价：旧币2,300元

J0160452

斯大林之歌　（俄华对照）高嘉,李念村译

上海 真理书店 1953年 24页 26cm（16开）

定价：旧币3,500元

J0160453

苏联歌集　庄枫编

上海 真理书店 1953年 9版 62页

18cm（32开）定价：旧币3,200元

J0160454

苏联歌曲　（一集）陈歌辛辑

上海 自立书店 1953年 15cm（40开）

J0160455

苏联歌曲　（二集）陈歌辛辑

上海 自立书店 1953年 48页 15cm（40开）

定价：旧币1,300元

J0160456

苏联歌曲新编　阙仲瑶辑

上海 新音乐出版社 1953年 132页

19cm（32开）定价：旧币 7,500 元

J0160457
苏联名歌选 （俄华对照 第一集）石年编译
上海 真理书店 1953 年 40 页 26cm（16开）
定价：旧币 4,500 元

J0160458
苏联名歌选 （俄华对照 第二集）石年编译
上海 真理书店 1954 年 40 页 26cm（16开）
定价：旧币 4,500 元

J0160459
越南歌集
越南越侨联协会［发行］1953 年 29 页
19cm（32开）

J0160460
查哈罗夫歌曲选 （俄华对照）（苏）查哈罗夫
（В.Г.Захаров）著；田羽，鲁伟编译
上海 真理书店 1954 年 49 页 26cm（16开）
定价：旧币 5,000 元

J0160461
俄华对照苏联歌集火光 牧村，白蕊辑译
上海 真理书店 1954 年 36 页 26cm（16开）
定价：旧币 4,300 元

J0160462
柯良，你有支多么好的枪呵！ （保加利亚部
队幽默歌曲）（保）波耶杰夫词曲；张世钲译
北京 音乐出版社 1954 年 影印本 11 页
26cm（16开）定价：旧币 2,700 元

J0160463
苏联歌曲集 （中译注释）雷良菜译注
北京 中华书局［1954 年］227 页 19cm（32开）
定价：旧币 9,500 元

J0160464
苏联及各人民民主国家之歌 杨今豪辑
北京 新中国书店 1954 年 69 页 19cm（32开）
定价：旧币 3,500 元

J0160465
苏联歌曲集 （第二集）（苏）施洛夫等作词；
（苏）亚历山大罗夫等作曲；毛宇宽译
北京 音乐出版社 1955 年 影印本 56 页
26cm（16开）定价：CNY0.65

J0160466
苏联歌曲集 （第一集）（苏）鲁布廖夫等作词；
（苏）亚历山大罗夫作曲；薛范译
北京 音乐出版社 1956 年 26 页 19cm（32开）
统一书号：8026.430 定价：CNY0.11
　　译者薛范（1934— ），音乐学家、翻译家。
笔名嵇志默，祖籍浙江慈溪，生于上海。中国作
家协会、音乐家协会、翻译家协会会员。外国歌
曲翻译的代表作品有《莫斯科郊外的晚上》，编译
出版的外国歌曲集有《苏联歌曲汇编》《最新苏
联抒情歌曲 100 首》等。

J0160467
苏联歌曲集 （第一集）（苏）米哈尔科夫等作
词；（苏）穆拉杰里作曲；薛范译
北京 音乐出版社 1956 年 影印本 38 页
26cm（16开）定价：CNY0.46

J0160468
苏联歌曲集 （第二集 简谱版）（苏）施洛夫等
作词；（苏）亚历山大罗夫等作曲；毛宇宽译
北京 音乐出版社 1956 年 44 页 19cm（32开）
统一书号：8026.431 定价：CNY0.15

J0160469
苏联歌曲集 （第三集）（苏）达维陀维奇等作
词；（苏）卡茨等作曲；薛范译
北京 音乐出版社 1956 年 影印本 47 页
26cm（16开）统一书号：8026.332
定价：CNY0.55

J0160470
苏联歌曲集 （第三集 简谱版）（苏）卡茨等作
曲；（苏）达维陀维奇等作词；薛范译
北京 音乐出版社 1956 年 28 页 19cm（32开）
统一书号：8026.432 定价：CNY0.11

J0160471
苏联歌曲集 （第四集 简谱版）（苏）斯梅施洛

夫等作曲;(苏)列尼科夫等作词;石年等译
北京 音乐出版社 1957年 22页 18cm(32开)
统一书号:8026.688 定价:CNY0.09

J0160472
苏联歌曲集 (第四集 简谱版)(苏)苏斯列尼
科夫等词;(苏)斯梅施洛夫等曲;曹永声等译
[北京]音乐出版社 1957年 定价:CNY0.09

J0160473
苏联歌曲集 (第五集)
北京 音乐出版社 1958年 19cm(32开)
定价:CNY0.15

J0160474
苏联歌曲集 (第五集 简谱版)(苏)哈利托诺
夫等词;(苏)诺维科夫等曲
北京 音乐出版社 1958年 36页 19cm(32开)
统一书号:8026.1064 定价:CNY0.12

J0160475
苏联歌曲集 (第六集)音乐出版社编辑部编
北京 音乐出版社 1959年 40页 15cm(40开)
统一书号:8026.1161 定价:CNY0.09

J0160476
意大利歌曲集 尚家骧编译
北京 音乐出版社 1955年 影印本 134页
26cm(16开)定价:旧币 16,200元
　　本书收录意大利44首歌曲,分为17—18世
纪古咏叹调;近代歌曲;近代民歌3部分。

J0160477
意大利歌曲集 (简谱版)尚家骧译配
北京 音乐出版社 1958年 37页 14cm(64开)
统一书号:8026.937 定价:CNY0.11

J0160478
越南抗战歌曲选 柳成行,黄河辑
北京 音乐出版社 1955年 22页 19cm(32开)
定价:CNY0.11

J0160479
阿勃特声乐练习曲,作品474 (德)阿勃特
作曲

北京 音乐出版社 1956年 影印本 137页
26cm(16开)统一书号:8026.469
定价:CNY1.42

J0160480
阿勃特声学练声曲 (正谱本)(德)阿勃特作
[北京]音乐出版社 1956年 定价:CNY1.42

J0160481
大家唱 (第二集)音乐出版社编辑部编辑
北京 音乐出版社 1956年 修订本
19cm(小32开)定价:CNY0.22

J0160482
大家唱 (第三集)音乐出版社编辑部编辑
北京 音乐出版社 1956年 修订本
19cm(小32开)定价:CNY0.19

J0160483
大家唱 (第四集)音乐出版社编辑部编辑
北京 音乐出版社 1956年 修订本
19cm(小32开)定价:CNY0.18

J0160484
大家唱 (第五集)音乐出版社编辑部编辑
北京 音乐出版社 1956年 修订本
19cm(小32开)定价:CNY0.12

J0160485
大家唱 (第六集)音乐出版社编辑部编辑
北京 音乐出版社 1956年 修订本
19cm(小32开)定价:CNY0.29

J0160486
大家唱 (第九集)音乐出版社编辑部编辑
北京 音乐出版社 1955年 107页 19cm(32开)
定价:CNY0.34

J0160487
大家唱 (第十集)音乐出版社编辑部编辑
北京 音乐出版社 1956年 108页 19cm(32开)
统一书号:T8026.331 定价:CNY0.35

J0160488
大家唱 (第十一集)音乐出版社编辑部编辑

北京 音乐出版社 1957 年 66 页 19cm（32 开）
统一书号：8026.739 定价：CNY0.20

J0160489
大家唱 （第十二集）音乐出版社编辑部编辑
北京 音乐出版社 1958 年 46 页 19cm（32 开）
统一书号：8026.801 定价：CNY0.15

J0160490
大家唱 （第十三集）音乐出版社编辑部编辑
北京 音乐出版社 1958 年 50 页 19cm（32 开）
统一书号：8026.863 定价：CNY0.16

J0160491
大家唱 （第十四集）音乐出版社编辑部编辑
北京 音乐出版社 1958 年 38 页 19cm（32 开）
统一书号：8026.1004 定价：CNY0.13

J0160492
华俄对照苏联歌曲集 （第一集）音乐出版社
编辑部编辑；牧村,高嘉译配
北京 音乐出版社 1956 年 46 页 19cm（32 开）
统一书号：8026.438 定价：CNY0.25

J0160493
柯良,你有支多么好的枪呵 （保加利亚部队
幽默歌曲）（保）波耶杰夫作词曲
北京 音乐出版社 1956 年 15 页 26cm（16 开）
统一书号：8026.398 定价：CNY0.25

J0160494
咳,斯塔内,呵,斯塔内 （保加利亚部队生活
歌曲）（保）玛斯拉尔斯基作词；（保）卡拉斯托
扬诺夫作曲
北京 音乐出版社 1956 年 12 页 26cm（16 开）
统一书号：8026.400 定价：CNY0.25

J0160495
弥赛亚神曲 （德）韩德尔（G.F.Handel）作曲；
杨荣东等译
上海 上海广学会 1956 年 影印本 191 页
26cm（16 开）精装 定价：CNY2.00
　　外文书名：The Messian.

J0160496
莫扎特歌曲集 （奥）莫扎特曲；周枫译词
北京 音乐出版社 1956 年 54 页 26cm（16 开）
统一书号：8026.458 定价：CNY0.60
　　本书收录奥地利著名古典作曲家莫扎特抒
情歌曲 29 首。作者莫扎特（1756—1791），欧洲
古典主义音乐作曲家。出生于萨尔兹堡。留给
世人的作品达 600 多首,包括 63 首交响曲,16 首
嬉游曲,13 首小夜曲,15 首进行曲,105 首小步
舞曲,172 首舞曲等。代表作品有《奏鸣曲》《协
奏曲》《安魂曲》《唐璜》《费加罗的婚礼》《魔
笛》等。

J0160497
莫札特歌曲集 （奥）莫札特（W.A.Mozart）作
曲；巴姆堡等作词；周枫等译
北京 音乐出版社 1956 年 影印本 21cm（32 开）

J0160498
晚会唱歌游戏 （苏）波加特柯娃著；黄达译
上海 上海文化出版社 1956 年 68 页 有图
15cm（40 开）定价：CNY0.15

J0160499
阳光照耀的河湾 （苏）马卡罗夫作曲；毛宇
宽译
北京 音乐出版社 1956 年 影印本 5 页
26cm（16 开）统一书号：8026.524
定价：CNY0.13

J0160500
查哈罗夫歌曲集 （苏）查哈乐夫扎哈罗夫
（B.Захаров）作曲；（苏）伊萨科夫斯基等作词；
孙静云,希扬译
北京 音乐出版社 1957 年 80 页 19cm（32 开）
统一书号：8026.672 定价：CNY0.24

J0160501
朝鲜歌曲集 李冕相等作曲；赵灵出等作词
北京 音乐出版社 1957 年 43 页 19cm（32 开）
统一书号：8026.635 定价：CNY0.14

J0160502
朝鲜歌曲集 （简谱版）（朝）郑律成等曲；朴
世荣等词；田昌植等译配

[北京]音乐出版社 1957 年 定价: CNY0.14

作者郑律成(1918—1976),作曲家。原籍朝鲜,生于朝鲜全罗南道光州(今属韩国)。原名郑富恩。在中国南京参加朝鲜革命组织义烈团,从事抗日工作,同时学习钢琴、小提琴和声乐。后定居中国并加入中国籍,致力于音乐创作。有《郑律成歌曲选》《兴安岭上雪花飘》《延水谣》《郑律成歌曲三十首》等。

J0160503
朝鲜歌曲集 (正谱版)(朝)郑律成等作曲;(朝)朴世荣等作词;田昌植译
北京 音乐出版社 1957 年 影印本 41 页
26cm(16 开)统一书号: 8026.643
定价: CNY0.48

J0160504
朝鲜歌曲集 (第二集)音乐出版社编辑部编
北京 音乐出版社 1958 年 38 页 19cm(32 开)
统一书号: 8026.1094 定价: CNY0.13

J0160505
朝鲜歌曲集 (第三集)音乐出版社编辑部编
北京 音乐出版社 1960 年 42 页 19cm(32 开)
统一书号: 8026.1420 定价: CNY0.17

J0160506
朝鲜歌曲集 (第四集 简谱本)音乐出版社编辑部编;韩昌熙译配
北京 音乐出版社 1963 年 41 页 19cm(32 开)
统一书号: 8026.1794 定价: CNY0.15

J0160507
朝鲜歌曲集
北京 人民音乐出版社 1978 年 58 页
19cm(32 开)统一书号: 8026.3447
定价: CNY0.15

J0160508
格林卡歌曲选 (俄)格林卡(М.Глинка)作曲;(俄)普希金(А.С.Пушкин)等作词;周枫等译
北京 音乐出版社 1957 年 影印本 33 页
26cm(16 开)统一书号: 8026.644
定价: CNY0.70

J0160509
拉赫玛尼诺夫歌曲选 (俄)拉赫玛尼诺夫作曲;张秉慧译
上海 上海音乐出版社 1957 年 52 页
26cm(16 开)统一书号: 8127.103
定价: CNY 0.55

J0160510
马左夫舍歌曲集 (波兰人民共和国马左夫舍歌舞团演唱节目中的十六首歌曲)(波)塞格廷斯基(T.Sygiefynski)编;钱乐知译
上海 上海音乐出版社 1957 年 影印本 30 页
26cm(16 开)统一书号: 127.037
定价: CNY0.36

J0160511
帕帕杰诺的咏叹调二首 (奥)莫扎特(W.A.Mozart)作曲;希卡聂得尔作词;钱仁康译
上海 上海音乐出版社 1957 年 影印本 12 页
26cm(16 开)统一书号: 8127.059
定价: CNY0.28

作者莫扎特(1756—1791),欧洲古典主义音乐作曲家。出生于萨尔兹堡。留给世人的作品达 600 多首,包括 63 首交响曲,16 首嬉游曲,13 首小夜曲,15 首进行曲,105 首小步舞曲,172 首舞曲等。代表作品有《奏鸣曲》《协奏曲》《安魂曲》《唐璜》《费加罗的婚礼》《魔笛》等。作者钱仁康(1914—2013),音乐学家,音乐理论家。生于江苏无锡,毕业于国立音乐专科学校理论作曲组。历任北平师范学院、苏州国立社教学院、江苏师范学院(苏州大学前身)、苏南文教学院、华东师范大学音乐系教授,上海音乐学院音乐学系系主任、博导。著有《外国音乐欣赏》等,并译有《莫扎特书信选》等。

J0160512
人民民主国家歌曲集 (第一集)
(苏)库里乌申科(Ю.Криушенко)编;孟晋,杨文竞译
北京 音乐出版社 1957 年 54 页 18cm(32 开)
统一书号: 8026.634 定价: CNY0.17

J0160513
人民民主国家歌曲集 (第一集 正谱版)
(苏)库里乌申科(Ю.Криушенко)编;孟晋,杨

文竞译
北京 音乐出版社 1957 年 90 页 26cm（16 开）
统一书号：8026.717 定价：CNY0.90

J0160514
日本歌曲集 （日）种市藏一等作曲；（日）木谷健一等作词；张碧清译
北京 音乐出版社 1957 年 46 页 19cm（32 开）
统一书号：8026.642 定价：CNY0.15

J0160515
日本歌曲集 （第二集）音乐出版社编辑部编
北京 音乐出版社 1961 年 39 页 19cm（32 开）
统一书号：8026.1487 定价：CNY0.14
　　本书是日本中央合唱团来华访问演出歌曲特辑。

J0160516
日本歌曲集 （第三集 简谱本）音乐出版社编辑部编
北京 音乐出版社 1962 年 37 页 19cm（32 开）
统一书号：8026.1696 定价：CNY0.14

J0160517
世界人民歌曲集 （第一集）音乐出版社编辑部编
北京 音乐出版社 1957 年 67 页 19cm（32 开）
统一书号：8026.678 定价：CNY0.22

J0160518
世界人民歌曲集 （第二集）音乐出版社编辑部编
北京 音乐出版社 1958 年 76 页 19cm（32 开）
统一书号：8026.1063 定价：CNY0.30

J0160519
世界人民歌曲集 （第三集）音乐出版社编辑部编
北京 音乐出版社 1961 年 120 页 19cm（32 开）
统一书号：8026.1492 定价：CNY0.35

J0160520
苏联歌曲汇编 （第一集）薛范编
上海 上海音乐出版社 1957 年 198 页
19cm（32 开）统一书号：8127.095

定价：CNY0.60
　　作者薛范（1934—　　），音乐学家、翻译家。笔名禾志默，祖籍浙江慈溪，生于上海。中国作家协会、音乐家协会、翻译家协会会员。外国歌曲翻译的代表作品有《莫斯科郊外的晚上》，编译出版的外国歌曲集有《苏联歌曲汇编》《最新苏联抒情歌曲 100 首》等。

J0160521
索洛维约夫－谢多伊歌曲选 （苏）索洛维约夫－谢多伊作曲；邱尔金作词；曹永声译
北京 音乐出版社 1957 年 36 页 18cm（32 开）
统一书号：8026.560 定价：CNY0.12

J0160522
越南歌曲集 （越）文高等作曲；（越）杜友益等作词；詹景森等译
北京 音乐出版社 1957 年 30 页 19cm（32 开）
统一书号：8026.636 定价：CNY0.11

J0160523
越南歌曲集 （第二集 简谱本）（越）杜润等曲
北京 音乐出版社 1961 年 37 页 19cm（32 开）
统一书号：8026.1459 定价：CNY0.15

J0160524
中苏友好歌选 （纪念苏联十月社会主义革命四十周年）山东省群众艺术馆编
济南 山东人民出版社 1957 年 26 页
19cm（32 开）统一书号：T8099.122
定价：CNY0.10

J0160525
保罗·罗伯逊演唱歌曲集 朱笙均,林蔡冰编
上海 上海音乐出版社 1958 年 36 页
19cm（32 开）统一书号：8127.243
定价：CNY0.12

J0160526
茨冈歌曲集 （捷）海杜克作词；（捷）德沃夏克作曲；樊莘译词
上海 上海音乐出版社 1958 年 27 页
26cm（16 开）统一书号：8127.213
定价：CNY0.32
　　作者德沃夏克（Antonín Leopold Dvořák,

1841 — 1904），全名安东·利奥波德·德沃夏克。捷克作曲家,捷克民族乐派的主要代表人物。主要作品有《斯拉夫舞曲》《第九交响曲,又名,自新世界交响曲》《b 小调大提琴协奏曲》等,交响诗《水妖》《金纺车》,歌剧《魔鬼与卡嘉》《水仙女》等。

J0160527
冬之旅 （舒柏特歌曲集）（奥）舒柏特
（F.P.Schubert）曲;（德）缪勒（W.Muller）词;
邓映易译配
北京 人民音乐出版社 1958 年 78 页
26cm（16 开）统一书号: 8026.922
定价: CNY0.85

J0160528
杜那耶夫斯基歌曲集 曹永声,薛范编
上海 上海音乐出版社 1958 年 142 页
19cm（32 开）统一书号: 8127.185
定价: CNY0.42

J0160529
汉俄对照苏联歌曲集 上海文艺出版社编
上海 上海文艺出版社 1958 年 67 页
19cm（32 开）统一书号: 8078.243
定价: CNY0.22

J0160530
活页歌曲 （5–1《小夜曲》等四首）音乐出版社编
北京 音乐出版社 1958 年 定价: CNY0.03
　　本书收录《小夜曲》《少女的愿望》《灿烂鲜艳的五月里》《摇篮曲》。

J0160531
活页歌曲 （5–7《小夜曲》《我的太阳》）音乐出版社编
北京 音乐出版社 1958 年 定价: CNY0.03

J0160532
拉丁美洲歌曲集 （苏）史涅尔松编;薛范译
上海 音乐出版社 1958 年 影印本 28 页
27cm（16 开）统一书号: 8127.165
定价: CNY0.33
　　作者薛范(1934—),音乐学家、翻译家。笔名稀志默,祖籍浙江慈溪,生于上海。中国作家协会、音乐家协会、翻译家协会会员。外国歌曲翻译的代表作品有《莫斯科郊外的晚上》,编译出版的外国歌曲集有《苏联歌曲汇编》《最新苏联抒情歌曲 100 首》等。

J0160533
人民民主国家歌曲集 （第二集）音乐出版社编辑部编
北京 音乐出版社 1958 年 21 页 19cm（32 开）
统一书号: 8206.802 定价: CNY0.10

J0160534
舒柏特歌曲集 （第一册 美丽的磨坊姑娘）
（奥）舒柏特（Franz Peter Schubert）作曲;
（德）缪勒作词;廖晓帆译
北京 音乐出版社 1958 年 影印本 62 页
26cm（16 开）统一书号: 8026.774
定价: CNY0.65

J0160535
舒柏特歌曲集 （第二册 冬之旅）
（奥）舒柏特（Franz Peter Schubert）作曲;
（德）缪勒作词;邓映易译配
北京 音乐出版社 1958 年 影印本 78 页
26cm（16 开）统一书号: 8026.922
定价: CNY0.85

J0160536
舒柏特歌曲集 （第三册 天鹅之歌）
（奥）舒柏特（Franz Peter Schubert）作曲;
（德）海涅等作词;邓映易译
北京 音乐出版社 1958 年 影印本 56 页
26cm（16 开）统一书号: 8026.836
定价: CNY0.65

J0160537
舒柏特歌曲集 （简谱版）音乐出版社编辑部编
北京 音乐出版社 1959 年 57 页 14cm（64 开）
统一书号: 8026.1104 定价: CNY0.17

J0160538
舒曼歌曲集 （第三册 妇女的爱情与生活）
（德）舒曼（R.A.Schumann）作曲;夏米索作词;
邓映易译
北京 音乐出版社 1958 年 25 页 26cm（16 开）

统一书号：8026.835 定价：CNY0.32

J0160539
舒曼歌曲集 （第四册 诗人之恋）（德）舒曼
（R.A.Schumann）作曲；海涅作词；尚家骧译
北京 音乐出版社 1958 年 36 页 26cm（16 开）
统一书号：8026.904 定价：CNY0.42

J0160540
苏联歌曲汇编 （第二集）薛范编
上海 上海文艺出版社 1958 年 161 页
19cm（32 开）统一书号：8078.228
定价：CNY0.52

J0160541
苏联歌曲汇编 （第一集）薛范编
上海 上海文艺出版社 1959 年 新 1 版 198 页
19cm（32 开）统一书号：8078.0718
定价：CNY0.60

J0160542
苏联歌曲汇编 （第三集）薛范编
上海 上海文艺出版社 1960 年 210 页
19cm（32 开）统一书号：8078.1507
定价：CNY0.66

J0160543
苏联青年新歌集 （苏）穆拉杰里等作曲；（苏）
哈里托诺夫等作词；林蔡冰等译
上海 上海音乐出版社 1958 年 31 页
19cm（32 开）统一书号：8127.161
定价：CNY0.11

J0160544
外国名歌 200 首 音乐出版社编辑部编
北京 音乐出版社 1958 年 300 页 19cm（32 开）
统一书号：8026.1028 定价：CNY0.85
　　本书内容包括：现代创作歌曲、各国民歌、
欧洲著名古典艺术歌曲和歌剧选曲。

J0160545
外国名歌 200 首 音乐出版社编辑部编
北京 音乐出版社 1958 年 袖珍本 300 页
17cm（40 开）统一书号：826.1069
定价：CNY0.55

J0160546
外国名歌 200 首 音乐出版社编辑部编
北京 音乐出版社 1959 年 袖珍本
定价：CNY0.55

J0160547
小夜曲集 音乐出版社编辑部编
北京 音乐出版社 1958 年 定价：CNY0.08

J0160548
印第安人歌曲四首 （美）喀德曼作曲；
（美）艾伯哈特作词；张承谟译
上海 上海音乐出版社 1958 年 影印本 20 页
26cm（16 开）统一书号：8127.189
定价：CNY0.28

J0160549
1917—1957 苏联优秀歌曲选 （苏维埃俄罗
斯歌曲 第一册）（苏）别雷.B. 等编；薛范等译配
北京 音乐出版社 1959 年 72 页 26cm（16 开）
统一书号：8026.1212 定价：CNY0.90
　　本集包括 1917—1932 年，即革命初期、国内
战争时期和建设时期的歌曲 45 首。

J0160550
1917—1957 苏联优秀歌曲选 （苏维埃俄罗
斯歌曲 第一集 简谱本）（苏）别雷；薛范译配
北京 音乐出版社 1959 年 88 页 26cm（16 开）
统一书号：8026.1140 定价：CNY0.27

J0160551
阿拉伯歌曲集 （第一册）音乐出版社编辑部编
北京 音乐出版社 1959 年 27 页 19cm（32 开）
统一书号：8026.1093 定价：CNY0.10

J0160552
保加利亚歌曲集 （第一册 简谱版）音乐出版
社编辑部编
北京 音乐出版社 1959 年 50 页 19cm（32 开）
统一书号：8026.1216 定价：CNY0.20

J0160553
德意志歌曲集 （正谱本）廖乃雄编选译配
上海 上海文艺出版社 1959 年 83 页
26cm（16 开）统一书号：8078.1049

定价：CNY0.90

J0160554
俄汉对照苏联歌曲集　音乐出版社编辑部编
北京　音乐出版社　1959 年　103 页　19cm（32 开）
统一书号：8026.936　定价：CNY0.33

J0160555
俄汉对照苏联歌曲集　（第二册）音乐出版社
编辑部编
北京　音乐出版社　1961 年　88 页　19cm（32 开）
统一书号：8026.1509　定价：CNY0.36

J0160556
罗马尼亚歌曲集　（第一册）音乐出版社编辑
部编
北京　音乐出版社　1959 年　54 页　19cm（32 开）
统一书号：8026.1204　定价：CNY0.20

J0160557
蒙古歌曲集　（第一册）音乐出版社编辑部编
北京　音乐出版社　1959 年　30 页　19cm（32 开）
统一书号：8026.1254　定价：CNY0.13

J0160558
世界歌曲　（第一辑）薛范编辑
上海　上海文艺出版社　1959 年　59 页　有图
19cm（32 开）统一书号：8078.0730
定价：CNY0.22

J0160559
世界歌曲　（第二辑）薛范编辑
上海　上海文艺出版社　1959 年　71 页　有图
19cm（32 开）统一书号：8078.0897
定价：CNY0.24

J0160560
世界歌曲　（第三辑）薛范编辑
上海　上海文艺出版社　1959 年　59 页　有图
19cm（32 开）统一书号：8078.1160
定价：CNY0.20

J0160561
舒伯特歌曲集　（简谱版）音乐出版社编辑部编
北京　音乐出版社　1959 年　57 页　14cm（64 开）

统一书号：8026.1104　定价：CNY0.17

J0160562
印度尼西亚歌曲集　音乐出版社编辑部编
北京　音乐出版社　1959 年　重印本　21 页
19cm（32 开）统一书号：8026.803
定价：CNY0.11

J0160563
印度尼西亚歌曲集　（第一集）音乐出版社编
辑部编
北京　音乐出版社　1963 年　2 版　增订本　24 页
19cm（32 开）统一书号：8026.803
定价：CNY0.10

J0160564
波兰歌曲集　（第一册）音乐出版社编辑部编
北京　音乐出版社　1960 年　36 页　19cm（32 开）
统一书号：8026.1263　定价：CNY0.16

J0160565
德国歌曲集　（第一册）（德）贝希尔等作词；
（德）艾斯勒等作曲
北京　音乐出版社　1960 年　79 页　19cm（32 开）
统一书号：8029.1295　定价：CNY0.28

J0160566
反帝之歌　（翻译歌曲集）上海文艺出版社编
上海　上海文艺出版社　1960 年　37 页
19cm（32 开）统一书号：8078.1627
定价：CNY0.13

J0160567
世界名歌选　（俄汉对照）林蔡冰选
北京　商务印书馆　1960 年　34 页　19cm（32 开）
统一书号：9017.151　定价：CNY0.18

J0160568
舒曼歌曲选　（德）海涅等作词；（德）舒曼作曲；
中央音乐学院编
北京　音乐出版社　1960 年　180 页　有肖像
26cm（16 开）统一书号：8026.1373
定价：CNY1.90
　　本书是为纪念 1960 年世界文化名人德国伟
大作曲家舒曼诞生 150 周年而作。

J0160569

外国名歌 200 首续编　音乐出版社编辑部编
北京 音乐出版社 1960 年 定价：CNY0.87

J0160570

外国名歌 200 首续编　音乐出版社编辑部编
北京 音乐出版社 1961 年 袖珍本 311 页
13cm（60 开）统一书号：8026.1279
定价：CNY0.58

J0160571

外国名歌 200 首续编　音乐出版社编辑部编
北京 音乐出版社 1962 年 袖珍本 重印本
311 页 13cm（60 开）统一书号：8026.1279
定价：CNY0.58

J0160572

越南歌曲九首　中央音乐学院编
北京 音乐出版社 1960 年 31 页 26cm（16 开）
统一书号：8026.1415 定价：CNY0.35
（中央音乐学院创作丛刊）
　　本书收录《致香河》《第一次的丰收》《回家
乡》《打夯歌》《月下浇田》《乡村的早晨》《摇篮
曲》《捻线穿针》《蜘蛛牵丝》。

J0160573

阿尔巴尼亚歌曲集　（第一册 简谱本）音乐
出版社编辑部编
北京 音乐出版社 1961 年 42 页 18cm（15 开）
统一书号：8026.1286 定价：CNY0.14

J0160574

阿尔巴尼亚歌曲集　（第二册 简谱本）
音乐出版社编辑部编
北京 音乐出版社 1962 年 34 页 18cm（15 开）
统一书号：8026.1651 定价：CNY0.12

J0160575

苏联歌曲选集　（第一册 正谱本）音乐出版
社编辑部编
北京 音乐出版社 1961 年 108 页 26cm（16 开）
统一书号：8026.1447 定价：CNY0.98

J0160576

亚、非、拉丁美洲歌曲集　（第一集）音乐出

版社编辑部编
北京 音乐出版社 1961 年 53 页 19cm（32 开）
统一书号：8026.1480 定价：CNY0.17

J0160577

亚、非、拉丁美洲歌曲集　（第二集）音乐出
版社编辑部编
北京 音乐出版社 1963 年 53 页 19cm（32 开）
统一书号：8026.1763 定价：CNY0.18

J0160578

阿尔巴尼亚歌曲选　（第一册）音乐出版社编
辑部编
北京 音乐出版社 1962 年 40 页 26cm（16 开）
统一书号：8026.1650 定价：CNY0.51

J0160579

当黎基玛花开的时候　（越南民主共和国歌
曲 正谱本）（越）阮德全词曲；（越）廖宝生配译
北京 音乐出版社 1962 年 3 页 26cm（16 开）
统一书号：8026.1582 定价：CNY0.11

J0160580

古巴歌曲集　（第一集 简谱本）音乐出版社编
辑部编
北京 音乐出版社 1962 年 42 页 19cm（32 开）
统一书号：8026.1754 定价：CNY0.14

J0160581

欢乐吧！祖国　（阿尔巴尼亚歌曲 正谱本）（阿
尔巴）乔卡，M. 词；（阿尔巴）东古，P. 作曲；陈
绵译词；雪生配歌
北京 音乐出版社 1962 年 [4]页 26cm（16 开）
统一书号：8026.1583 定价：CNY0.11
　　外文书名：Gzo Atdhe.

J0160582

老人河　（美国黑人歌曲 正谱本）（美）克尔
恩，J.（Kern J.）作曲；邓映易译配
北京 音乐出版社 1962 年 5 页 26cm（16 开）
统一书号：8026.1585 定价：CNY0.16

J0160583

李斯特歌曲选　（正谱本）（德）歌德等作词；
（匈）李斯特作曲；中央音乐学院编

北京 音乐出版社 1962 年 180 页 有图
26cm（16 开）统一书号：8026.1510
定价：CNY1.85

　　作者歌德（Johann Wolfgang von Goethe,1749—
1832），出生于美因河畔法兰克福,德国著名思想
家、作家、科学家,他是魏玛的古典主义最著名的
代表,诗歌、戏剧和散文作品的创作者。全名约
翰·沃尔夫冈·冯·歌德。作品有《葛兹·冯·伯利欣
根》《少年维特之烦恼》《浮士德》等。作者弗朗
茨·李斯特（Franz Liszt,1811—1886）,匈牙利著名作
曲家、钢琴家、指挥家。出生于匈牙利雷汀。代表
作品交响曲《浮士德》《但丁》,钢琴曲《十九首匈
牙利狂想曲》等。

J0160584
罗累莱 （正谱本）（德）海涅原诗；（德）西歇
尔,P. 作曲
北京 音乐出版社 1962 年 3 页 26cm（16 开）
统一书号：8026.1666 定价：CNY0.11

J0160585
七·二六颂歌 （古巴歌曲 正谱本）
（古）卡尔塔亚词曲；赵金平译词；郭淑珍配歌
北京 音乐出版社 1962 年 3 页 26cm（16 开）
统一书号：8026.1581 定价：CNY0.11
　　外文书名：Himno Del 26 Julio.

J0160586
七·二六颂歌 （古巴歌曲 正谱本）
（古）阿古斯丁·迪亚斯（A.D.Cartaya）作词曲；赵
金平译词；郭淑珍配歌
北京 音乐出版社 1964 年 2 版 修订本 3 页
26cm（16 开）统一书号：8026.1581
定价：CNY0.09

J0160587
跳蚤之歌 （正谱本）（德）歌德,J.W.（Goethe,
J.W.）作词；（俄）穆索尔斯基,M. 作曲；若般,
戈宝权译词；若般,郑兴丽配歌
北京 音乐出版社 1962 年 ［6］页 26cm（16 开）
统一书号：8026.1669 定价：CNY0.16

J0160588
小号手 （德国歌曲 正谱本）（德）瓦尔罗词
曲；高年生译词；边宝驹配歌
北京 音乐出版社 1962 年 2 页 26cm（16 开）
统一书号：8026.1584 定价：CNY0.11
　　外文书名：Der Kleine Trompeter.

J0160589
匈牙利歌曲集 （第一册 简谱本）音乐出版
社编辑部编
北京 音乐出版社 1962 年 30 页 19cm（32 开）
统一书号：8026.1525 定价：CNY0.11

J0160590
夜莺 （正谱本）（俄）捷尔维格, A. 作词；（俄）
阿里亚比耶夫, A. 作曲；毛宇宽译配
北京 音乐出版社 1962 年 5 页 26cm（16 开）
统一书号：8026.1693 定价：CNY0.16

J0160591
越南歌曲选 （正谱本）（越）杜润等词曲
北京 音乐出版社 1962 年 161 页 26cm（16 开）
统一书号：8026.1527 定价：CNY1.45

J0160592
越南歌曲选 （第二集）（越）杜润等作词作曲
北京 音乐出版社 1965 年 60 页 26cm（16 开）
统一书号：8026.2376 定价：CNY0.65

J0160593
勃拉姆斯歌曲选 （德）勃拉姆斯（J.Brahms）
作曲；音乐出版社编辑部编；蒋英等译配
北京 音乐出版社 1963 年 92 页 26cm（16 开）
统一书号：8026.1737 定价：CNY1.00

　　作者勃拉姆斯（Brahms, Johannes,1833—1897）
德国作曲家。生于汉堡。幼承家学,曾在汉堡、
维也纳、苏黎世、巴登等地当过钢琴师、乐队指
挥及音乐教师。创作了大量器乐重奏曲,歌曲等。
重要作品有《德意志安魂曲》《第一交响曲》《摇
篮曲》等。

J0160594
步枪之歌 （匈）卡波伐利词；（匈）格拉波兹曲；
佚名译词；钟立民配歌
北京 音乐出版社 1963 年 3 页 26cm（16 开）
统一书号：8026.1755 定价：CNY0.11

J0160595
朝鲜歌曲选 （朝）朴世永等作词；（朝）李冕相等作曲；音乐出版社编辑部编
北京 音乐出版社 1963 年 101 页 26cm（16 开）
统一书号：8026.1886 定价：CNY1.10
　　本书是纪念朝鲜民主主义共和国成立十五周年的歌曲选集。

J0160596
朝鲜歌曲选 （简谱本）（朝）朴世永等作词；（朝）李冕相等作曲；音乐出版社编辑部编
北京 音乐出版社 1964 年 37 页 19cm（32 开）
统一书号：8026.1976 定价：CNY0.14

J0160597
金日成将军之歌 （朝）李灿作词；（朝）金元均作曲；袁水拍译词；孙良田配歌
北京 音乐出版社 1963 年 3 页 26cm（16 开）
统一书号：8026.1857 定价：CNY0.11

J0160598
蓝旗歌 （德）贝希尔，J.R. 作词（Becher,J.R.）；（德）艾斯勒，H.（Eisler,H.）作曲；严宝瑜译配
北京 音乐出版社 1963 年 3 页 26cm（16 开）
统一书号：8026.1759 定价：CNY0.11

J0160599
芒比 （古）拉维利亚，S.（Lavilla,S.）作词；（古）罗梅罗，L.C.（Romero,L.C.）作曲；赵金平译；黎信昌译配
北京 音乐出版社 1963 年 ［5］页 26cm（16 开）
统一书号：8026.1756 定价：CNY0.16

J0160600
台尔曼纵队 （德国歌曲）（德）恩斯特，K.（Ernst,K.）作词；（德）德骚，P.（Dessau,P.）作曲；严宝瑜译配
北京 音乐出版社 1963 年 3 页 26cm（16 开）
统一书号：8026.1798 定价：CNY0.11

J0160601
我的祖国 （朝）柳钟元作词；（朝）金赫作曲；韩昌熙译配
北京 音乐出版社 1963 年 3 页 26cm（16 开）
统一书号：8026.1762 定价：CNY0.11

J0160602
西波涅 （正谱本）（古）莱古渥那，E.（Lecuona,E.）词曲；赵金平译词；刘淑芳配歌
北京 音乐出版社 1963 年 4 页 26cm（16 开）
统一书号：8026.1707 定价：CNY0.11

J0160603
党的旗帜 （阿尔巴）西里奇，D.（Siliqi,D.）作词；（阿尔巴）乌奇，K.（Uci,K.）作曲；翟世雄译词；王健配歌
北京 音乐出版社 1964 年 3 页 26cm（16 开）
统一书号：8026.1983 定价：CNY0.09

J0160604
德意志民主共和国歌曲十首 音乐出版社编
北京 音乐出版社 1964 年 影印本 17 页 26cm（16 开）统一书号：8026.2117
定价：CNY0.43

J0160605
俄汉对照歌曲选 （简谱本）朱笙均选注
福州 福建人民出版社 1964 年 67 页 18cm（15 开）统一书号：7159.344
定价：CNY0.33

J0160606
古巴歌曲选 音乐出版社编辑部编
北京 音乐出版社 1964 年 60 页 26cm（16 开）
统一书号：8026.1980 定价：CNY0.65

J0160607
拉丁美洲进行曲 （古巴歌曲）（古）迪亚斯，A.（Diaz,A.）作词作曲；李云溪译配
北京 音乐出版社 1964 年 4 页 26cm（16 开）
统一书号：8026.1989 定价：CNY0.09

J0160608
起义者之歌 （法）鲍狄埃（E.Pottietr）词；（法）狄盖特（P.Degeyter）曲
北京 音乐出版社 1964 年 4 页 26cm（16 开）
统一书号：8026.1987 定价：CNY0.09

J0160609
日本的黎明 （组歌）（日）洼田亨,（日）门仓诀作词；（日）寺原伸夫作曲；禹昌夏等译词；关

天荣,竹漪配歌
北京 音乐出版社 1964 年 18 页 26cm（16 开）
统一书号：8026.1982 定价：CNY0.24

J0160610
日本歌曲选　音乐出版社编辑部编
北京 音乐出版社 1964 年 78 页 18cm（32 开）
统一书号：8026.1981 定价：CNY0.41

J0160611
我们跨上千里马向前飞驰　（朝）朴世永作词；（朝）金元均,（朝）赵吉锡作曲；韩昌熙译配
北京 音乐出版社 1964 年 3 页 26cm（16 开）
统一书号：8026.1988 定价：CNY0.09

J0160612
在军旗下　（越）杜润词曲；韩兰定译词；韩兰定,瞿自新配歌
北京 音乐出版社 1964 年 5 页 26cm（16 开）
统一书号：8026.1986 定价：CNY0.12

J0160613
在泉边　（朝鲜歌曲）（朝）崔露沙作词；（朝）尹升镇作曲
北京 音乐出版社 1964 年 4 页 26cm（16 开）
统一书号：8026.2055 定价：CNY0.09

J0160614
奋勇前进　（印尼）西曼村达（C.Simandjuntak）作词作曲；郑龙兴译配
北京 音乐出版社 1965 年 3 页 26cm（16 开）
统一书号：8026.2098 定价：CNY0.09

J0160615
红色友谊之歌 同志们,高歌猛进　（阿尔巴尼亚歌曲）（阿尔巴）西利奇, D.（Silqia, D.）作词；（阿尔巴）扎代亚, C.（Zadeja, C.）作曲；瞿世雄译词
北京 音乐出版社 1965 年 3 页 26cm（16 开）
统一书号：8026.2128 定价：CNY0.09

J0160616
解放南方　（越南南方民族解放阵线之歌 正谱本）（越）黄明勤作词；庆云,伟良译词；庆云,瞿自新配歌
北京 音乐出版社 1965 年 3 页 26cm（16 开）
统一书号：8026.1985 定价：CNY0.09

J0160617
誓死保卫祖国　（正谱本）（越）辉瑜词曲；瞿焕祥译词；仲达配歌
北京 音乐出版社 1965 年 4 页 26cm（16 开）
统一书号：8026.2092 定价：CNY0.09

J0160618
梭罗河　（印度尼西亚歌曲）
（印尼）格桑（Krontjong）词曲；关乃忠配伴奏；陈琪译词
北京 音乐出版社 1965 年 5 页 26cm（16 开）
统一书号：8026.2097 定价：CNY0.12

J0160619
一手拿镐,一手拿枪　（阿尔巴）塞库伊, P. 作词；（阿尔巴）雅科瓦, P. 作曲；季锡光等译词
北京 音乐出版社 1965 年 ［3］页 26cm（16 开）
统一书号：8026.2135 定价：CNY0.09

J0160620
越南南方青年解放之歌　（正谱本）
（越）海平,（越）山兰词曲；松梅译词；英海配歌
北京 音乐出版社 1965 年 4 页 26cm（16 开）
统一书号：8026.1992 定价：CNY0.09

J0160621
世界著名歌曲选　黄音编译
香港 进修出版社 1974 年 21cm（32 开）精装
定价：HKD16.00

J0160622
柬埔寨歌曲集　中央音乐学院理论系亚非拉音乐组编；中央人民广播电台柬埔寨语组译
上海 上海文艺出版社 1978 年 26 页
19cm（32 开）统一书号：8078.3079
定价：CNY0.11

J0160623
百花丛中的歌　（歌曲集）
广州 广东人民出版社 1979 年 187 页
19cm（32 开）统一书号：8111.1949
定价：CNY0.41

J0160624
大家唱 （一）
北京　人民音乐出版社　1979 年　60 页
19cm（32 开）统一书号：8026.3590
定价：CNY0.15

　　本套书分 12 册，主要选收电台经常广播、音乐会经常演出的歌曲，各地音乐刊物发表并推荐的优秀歌曲，以及电影插曲、歌剧选曲、少儿歌曲、民族民间歌曲、外国歌曲等，并以一定篇幅刊载音乐常识、音乐家简介和歌曲评介等短文。

J0160625
大家唱 （二）
北京　人民音乐出版社　1979 年　44 页
19cm（32 开）统一书号：8026.3603
定价：CNY0.12

J0160626
大家唱 （三）
北京　人民音乐出版社　1979 年　60 页
19cm（32 开）统一书号：8026.3653
定价：CNY0.15

J0160627
大家唱 （四）
北京　人民音乐出版社　1980 年　60 页
19cm（32 开）统一书号：8026.3662
定价：CNY0.15

J0160628
大家唱 （五）
北京　人民音乐出版社　1980 年　60 页
19cm（32 开）统一书号：8026.3744
定价：CNY0.17

J0160629
大家唱 （六）
北京　人民音乐出版社　1981 年　60 页
19cm（小 32 开）定价：CNY0.15

J0160630
大家唱 （七）
北京　人民音乐出版社　1981 年　60 页
19cm（32 开）统一书号：8026.3836
定价：CNY0.19

J0160631
大家唱 （八）人民音乐出版社编辑部编
北京　人民音乐出版社　1981 年　72 页
19cm（32 开）统一书号：8026.3927
定价：CNY0.22

J0160632
大家唱 （九）人民音乐出版社编辑部编
北京　人民音乐出版社　1982 年　76 页
19cm（32 开）统一书号：8026.3993
定价：CNY0.22

J0160633
大家唱 （十）人民音乐出版社编辑部编
北京　人民音乐出版社　1983 年　75 页
19cm（32 开）统一书号：8026.4070
定价：CNY0.23

J0160634
大家唱 （十一）人民音乐出版社编辑部编
北京　人民音乐出版社　1983 年　76 页
19cm（32 开）统一书号：8026.4108
定价：CNY0.23

J0160635
大家唱 （十二）人民音乐出版社编辑部编
北京　人民音乐出版社　1984 年　44 页
19cm（32 开）统一书号：8026.4217
定价：CNY0.19

J0160636
大家唱 （1984）人民音乐出版社编辑部编
北京　人民音乐出版社　1985 年　111 页
19cm（32 开）定价：CNY0.56

J0160637
大家唱 （1985）人民音乐出版社编辑部编
北京　人民音乐出版社　1986 年　91 页
19cm（32 开）统一书号：8026.4480
定价：CNY0.52

J0160638
大家唱 （1986—1987）人民音乐出版社编辑部编
北京　人民音乐出版社　1987 年　106 页

19cm（32开）统一书号：8026.4633
定价：CNY0.64

J0160639
活页歌曲选　（1979 第一期）
兰州 甘肃人民出版社 1979 年 32 页
13cm（60开）统一书号：8096.675
定价：CNY0.04

J0160640
美丽的磨坊姑娘　（舒柏特歌曲选集）（奥）舒
柏特（F.P.Schubert）曲；（德）缪勒（W.Muller）作
词；廖晓帆译配
北京 人民音乐出版社 1979 年 重印本 62 页
26cm（16开）统一书号：8026.774
定价：CNY0.55

J0160641
日本歌曲　中央音乐学院创作研究室编
济南 山东人民出版社 1979 年 108 页
19cm（32开）统一书号：8099.1912
定价：CNY0.28

J0160642
日本歌曲选　罗传开编
上海 上海文艺出版社 1979 年 83 页
19cm（32开）统一书号：8078.3156
定价：CNY0.24
　　作者罗传开（1932— ），教授、研究员。生
于广东省高明县，毕业于上海音乐学院理论作曲
系。历任上海音乐学院教授、华东师范大学兼职
教授。著有《外国通俗名曲欣赏词典》《世界著
名圆舞曲欣赏》《圆舞曲之王：约翰·施特劳斯和
他的主要作品》，主要译作《西洋乐器图说》《战
后日本文学史·年表》。

J0160643
日本歌曲选　罗传开编
上海 上海文艺出版社 1982 年 2 版 118 页
19cm（32开）统一书号：8087.3156
定价：CNY0.37

J0160644
天 鹅 之 歌　（舒柏特歌曲选）（奥）舒柏特
（F.P.Schubert 曲；（德）海涅（H.Heine）等词；

邓映易译配
北京 人民音乐出版社 1979 年 重印本 56 页
26cm（16开）统一书号：8026.836
定价：CNY0.49

J0160645
外国歌曲　（第一集）人民音乐出版社编辑部编
北京 人民音乐出版社 1979 年 182 页
19cm（32开）统一书号：8026.3542
定价：CNY0.37

J0160646
外国歌曲　（第二集）人民音乐出版社编辑部编
北京 人民音乐出版社 1979 年 245 页
19cm（32开）统一书号：8026.3616
定价：CNY0.56

J0160647
外国歌曲　（第三集）人民音乐出版社编辑部编
北京 人民音乐出版社 1980 年 260 页
19cm（32开）统一书号：8026.3767
定价：CNY0.68

J0160648
外国歌曲　（第四集）人民音乐出版社编辑部编
北京 人民音乐出版社 1985 年 230 页
19cm（32开）统一书号：8026.4273
定价：CNY1.05

J0160649
外国歌曲集
成都 四川人民出版社 1979 年 189 页
19cm（32开）统一书号：8188.597
定价：CNY0.52

J0160650
外国歌曲选　（第一集）
广州 广东人民出版社 1979 年 187 页
19cm（32开）统一书号：8111.2142
定价：CNY0.46

J0160651
外国名歌选　（1 英汉对照）上海译文出版社
编辑
上海 上海译文出版社 1979 年 188 页

19cm（32 开）统一书号：9188.50
定价：CNY0.43

J0160652
外国名歌选 （2 英汉、德汉对照）上海译文
出版社编辑
上海 上海译文出版社 1982 年 289 页
19cm（小 32 开）定价：CNY0.74

J0160653
中外歌曲 300 首　上海文艺出版社编
上海 上海文艺出版社 1979 年 626 页
19cm（32 开）统一书号：8078.3180
定价：CNY1.70

J0160654
中外歌曲 300 首　浙江人民出版社编辑
杭州 浙江人民出版社 1979 年 612 页
19cm（32 开）统一书号：10103.142
定价：CNY1.40

J0160655
勃拉姆斯学院节日序曲 （小总谱）
［台北］光华出版社 ［1980—1989 年］
21cm（32 开）

J0160656
美国歌曲选　上海文艺出版社编
上海 上海文艺出版社 1980 年 158 页
19cm（32 开）统一书号：8078.3237
定价：CNY0.38

J0160657
南斯拉夫歌曲选　上海文艺出版社编
上海 上海文艺出版社 1980 年 77 页
19cm（32 开）统一书号：8078.3206
定价：CNY0.23

J0160658
世界名歌 110 曲集 （1）
大陆书店 ［1980—1987 年］335 页 26cm（16 开）
　　　外文书名：Album of 110 Famous Songs.

J0160659
世界名歌 110 曲集 （2）

台北 全音乐谱出版社 ［1980—1989 年］影印本
356 页 有图 26cm（16 开）
　　　外文书名：Album of 110 Famous Songs.

J0160660
外国歌曲选　《歌曲》编辑部编
长沙 湖南人民出版社 1980 年 116 页
19cm（32 开）统一书号：8109.1180
定价：CNY0.30

J0160661
意大利歌曲集 （2）
台北 全音乐谱出版社 ［1980—1989 年］影印本
105 页 26cm（16 开）
　　　本书为意大利歌曲选集,书中附高音用中文
歌词。外文书名：Antologia Dei Cantid' Italiani.

J0160662
英汉对照歌曲集 （一 五线谱）人民音乐出
版社编辑部编
北京 人民音乐出版社 1980 年 73 页
19cm（32 开）ISBN：7-103-00176-6
定价：CNY0.24

J0160663
英汉对照歌曲集　人民音乐出版社编辑部编
北京 人民音乐出版社 1983 年 86 页
19cm（小 32 开）定价：CNY0.42
　　　本书收辑了英文歌曲 42 首,其中包括英、
美、加拿大歌曲 20 首,非英语国家的歌曲 22 首。

J0160664
英汉对照歌曲集 （简谱本）人民音乐出版社
编辑部编
北京 人民音乐出版社 1984 年 19cm（32 开）
统一书号：8026.4202 定价：CNY0.66
　　　本书收录欧美各国歌曲 80 余首,以英语国
家(英、美、加)的歌曲居多,也收有非英语国家
(德、法、奥、意等)的一些歌曲。

J0160665
英汉对照歌曲集 （二）人民音乐出版社编辑
部编
北京 人民音乐出版社 1992 年 86 页
19cm（32 开）ISBN：7-103-00177-4

定价：CNY1.75

J0160666
樱花 （日汉对照歌曲集）人民音乐出版社编辑部编
北京　人民音乐出版社　1980 年　80 页
19cm（32 开）统一书号：8026.3711
定价：CNY0.30
　　本书收录《樱花》《邮递马车》《拉网小调》等日本创作歌曲(包括儿童歌曲)及民歌 50 首。

J0160667
樱花 （日汉对照歌曲集 2）人民音乐出版社编辑部编
北京　人民音乐出版社　1983 年　107 页
19cm（32 开）统一书号：8026.4092
定价：CNY0.56

J0160668
船帆 （外国歌曲 正谱本）（罗）F. 布雷夫词；I. 克里斯蒂诺尤曲
北京　人民音乐出版社　1981 年　3 页
25cm（小 16 开）统一书号：8026.3840
定价：CNY0.10

J0160669
广播歌选 （1）中央人民广播电台文艺部编
北京　人民音乐出版社　1981 年　29 页
19cm（小 32 开）定价：CNY0.13
　　本书由人民音乐出版社和广播出版社联合出版。

J0160670
广播歌选 （2）中央人民广播电台文艺部编
北京　人民音乐出版社　1981 年　29 页
19cm（小 32 开）定价：CNY0.13
　　本书由人民音乐出版社和广播出版社联合出版。

J0160671
广播歌选 （3）中央人民广播电台文艺部编
北京　人民音乐出版社　1981 年　30 页
19cm（32 开）统一书号：8026.3956
定价：CNY0.14
　　本书由人民音乐出版社和广播出版社联合

出版。

J0160672
广播歌选 （81.1）中央人民广播电台文艺部编
北京　人民音乐出版社　1981 年　30 页
19cm（32 开）统一书号：8026.3848
定价：CNY0.13
　　本书由人民音乐出版社和广播出版社联合出版。

J0160673
家乡叙事曲 （外国歌曲 正谱本）（罗）F. 布雷夫词；L. 普罗菲塔曲
北京　人民音乐出版社　1981 年　3 页
25cm（小 16 开）统一书号：8026.3841
定价：CNY0.10

J0160674
罗马尼亚歌曲集　人民音乐出版社编辑部编
北京　人民音乐出版社　1981 年　67 页
19cm（32 开）统一书号：8026.3846
定价：CNY0.32

J0160675
美国歌曲集　人民音乐出版社编辑部编
北京　人民音乐出版社　1981 年　73 页
19cm（32 开）统一书号：8026.3786
定价：CNY0.24

J0160676
美国歌曲集　人民音乐出版社编辑部编
北京　人民音乐出版社　1982 年　84 页
19cm（32 开）统一书号：8026.3952
定价：CNY0.48
　　本书收录美国歌曲 60 首,包括历史歌曲、民歌、现代歌曲及古典歌曲。

J0160677
那时侯 （外国歌曲 正谱本）（罗）曼迪词；（罗）杨库曲
北京　人民音乐出版社　1981 年　3 页
26cm（16 开）统一书号：8026.3845
定价：CNY0.10

J0160678

年轻人是太阳的子孙 （外国歌曲　正谱本）
（罗）A.格里戈里乌,（罗）R.约尔古列斯库词;
（罗）N.戴梅特里亚特曲
北京　人民音乐出版社　1981年　5页
25cm（小16开）统一书号: 8026.3842
定价: CNY0.14

J0160679

世界名歌100首　春风文艺出版社著
沈阳　春风文艺出版社　1981年　202页
19cm（32开）统一书号: 8158.106
定价: CNY0.47

J0160680

外国名歌201首　人民音乐出版社编辑部编
北京　人民音乐出版社　1981年　292页
19cm（32开）统一书号: 8026.3828
定价: CNY0.97

J0160681

外国名歌201首　人民音乐出版社编辑部编
北京　人民音乐出版社　1981年　292页
19cm（32开）统一书号: 8026.3827
定价: CNY0.79

J0160682

外国名歌201首　人民音乐出版社编辑部编
北京　人民音乐出版社　1984年　袖珍本
292页　19cm（32开）统一书号: 8026.4212
定价: CNY1.10

J0160683

外国名歌201首　人民音乐出版社编辑部编
北京　人民音乐出版社　1987年　292页
19cm（32开）统一书号: 8026.4567
定价: CNY1.65

J0160684

新101世界名曲集　薛良等编译
北京　光华出版社　1981年　173页　19cm（32开）
统一书号: 8263B0002　定价: CNY0.55

J0160685

信简 （外国歌曲　正谱本）（罗）M.杜米特莱斯

库词;（罗）A.郭尔费斯库曲
北京　人民音乐出版社　1981年　5页
25cm（16开）统一书号: 8026.3843
定价: CNY0.14

J0160686

永远在你身旁 （外国歌曲　正谱本）（罗）P.安
德雷耶斯库词;（罗）杨库,M.曲
北京　人民音乐出版社　1981年　3页
25cm（小16开）统一书号: 8026.3844
定价: CNY0.10

J0160687

歌坛新秀歌曲选　欧阳柳编
南宁　漓江出版社　1982年　192页　19cm（32开）
统一书号: 8256.37　定价: CNY0.55

J0160688

广播歌选 （一九八二年第二期）中央人民广
播电台文艺部编
北京　北京广播出版社　1982年　30页
19cm（小32开）定价: CNY0.13

J0160689

广播歌选 （一九八二年第三期）中央人民广
播电台文艺部编
北京　北京广播出版社　1982年　32页
19cm（小32开）定价: CNY0.13

J0160690

广播歌选 （一九八二年第六期　总第10期）
中央人民广播电台文艺部编
北京　北京广播出版社　1982年　31页
19cm（小32开）定价: CNY0.13

J0160691

广播歌选 （一九八二年第九期）中央人民广
播电台文艺部编
北京　北京广播出版社　1982年　31页
19cm（小32开）定价: CNY0.13

J0160692

广播歌选 （一九八二年第十二期）中央人民
广播电台文艺部编
北京　北京广播出版社　1982年　31页

19cm（小 32 开）定价：CNY0.13

J0160693

拉丁美洲歌曲选　上海文艺出版社编
上海　上海文艺出版社 1982 年 147 页
19cm（32 开）统一书号：8078.3302
定价：CNY0.41
　　本书收录墨西哥、古巴、牙买加、波多黎各、哥伦比亚、巴西、秘鲁、智利等拉美国家歌曲 79 首。

J0160694

美国歌曲选　章珍芳编
北京　文化艺术出版社 1982 年 268 页
21cm（32 开）统一书号：8228.22
定价：CNY1.20
　　本书收录自美国独立战争以来各个时期有代表性的历史歌曲、古典民歌和在美国人民中广泛流传的歌曲 106 首。

J0160695

日本名歌一百首　（日汉文对照本）中央音乐学院创作研究室编
济南　山东人民出版社 1982 年 256 页
25cm（16 开）统一书号：8099.2209
定价：CNY0.83
　　本书收录群众歌曲、艺术歌曲、儿童歌曲和民歌共 100 首。

J0160696

舒柏特歌曲选　（奥）舒伯特曲
北京　人民音乐出版社 1982 年 181 页
26cm（16 开）
　　本书收录《菩提树》《小夜曲》《魔王》《摇篮曲》《普罗米修斯》《水上吟》等歌曲 37 首，均附德文歌词。作曲弗朗茨·舒伯特（Franz Schubert，1797–1828），作曲家。奥地利籍日耳曼人，出生于维也纳。是早期浪漫主义音乐的代表人物，被认为是古典主义音乐的最后一位巨匠，被称为"歌曲之王"。他的歌曲有抒情曲、叙事曲、爱国歌曲、民间歌曲。其中重要的有《魔王》《牧童的哀歌》《战士之歌》等，主要有 3 部歌曲集《美丽的磨坊少女》《冬之旅》《天鹅之歌》。舒伯特的交响曲中较重要有第四、第五、第八、第九交响曲。

J0160697

舒伯特歌曲选　（第一集）人民音乐出版社编辑部编
北京　人民音乐出版社 1982 年 181 页
26cm（16 开）ISBN：7-103-00244-4
定价：CNY17.40

J0160698

舒伯特歌曲选　（第一集　五线谱本）人民音乐出版社编辑部编
北京　人民音乐出版社 1982 年 26cm（16 开）
统一书号：8026.4018 定价：CNY2.05
　　本书收录奥地利舒伯特 37 首歌曲，包括：《菩提树》《小夜曲》《听，听，云雀》《魔王》等。

J0160699

外国名歌　张宁选编
成都　四川人民出版社 1982 年 145 页
20cm（32 开）统一书号：8118.1218
定价：CNY0.43
　　本书收录外国名歌 110 余首，包括近、现代创作歌曲、世界著名的民歌、少年儿童歌曲，以及古典管乐乐曲改编的歌曲和轻歌剧选曲等。作者张宁（1942—　），画家。上海市人，湖北省美术家协会会员，中国连环画研究会组建人之一。

J0160700

中外歌曲 250 首　浙江人民出版社编
杭州　浙江人民出版社 1982 年 466 页
19cm（32 开）统一书号：8103.523
定价：CNY1.02
　　本书收录 258 首歌曲，包括中国歌曲 143 首，外国歌曲 115 首。

J0160701

法国歌曲选　（外国歌曲）上海文艺出版社编
上海　上海文艺出版社 1983 年 176 页
19cm（32 开）统一书号：8078.3434
定价：CNY0.82

J0160702

歌坛新秀歌曲选　（二集）肖冷编
南宁　漓江出版社 1983 年 226 页 19cm（32 开）
统一书号：8256.95 定价：CNY0.63

J0160703
狂欢节的早晨 （西班牙语葡萄牙语歌舞曲集锦）西班牙语葡萄牙语教学研究会编
上海 上海外语教育出版社 1983年 157页
19cm（32开）统一书号：8218.001
定价：CNY0.55

J0160704
拉丁美洲歌曲集 （简谱本）人民音乐出版社编辑部编
北京 人民音乐出版社 1983年 119页
19cm（32开）统一书号：8026.4086
定价：CNY0.41

J0160705
拉丁美洲歌曲集　人民音乐出版社编辑部编
北京 人民音乐出版社 1983年 149页
18cm（15开）统一书号：8026.4058
定价：CNY0.70

J0160706
拉丁美洲名歌100首　张宁,赵金平选编
济南 山东人民出版社 1983年 256页
18cm（15开）统一书号：8099.2661
定价：CNY0.66

J0160707
年轻人的歌 （中外歌曲选）王盛昌编
太原 山西人民出版社 1983年 318页
19cm（32开）统一书号：10088.779
定价：CNY0.96
　　作者王盛昌（1926— ）,编辑。河北定州人。历任《黄河之声》编辑部主编、编审,中国音乐家协会会员,山西省文工团音乐创作组组长、乐队指挥,分会副主席兼秘书长。主要作品有《爱社歌》《俺队的队长人人夸》《小英雄与俘房兵》等。主编《中外名曲赏析》。

J0160708
世界名歌 （第一辑）郝明义编辑
台北 狮谷出版公司 1983年 230页
20cm（32开）

J0160709
亚太歌曲选集　中央人民广播电台文艺部编

北京 广播出版社 1983年 73页 19cm（32开）
统一书号：8236.074 定价：CNY0.26

J0160710
巴基斯坦歌曲选　上海文艺出版社编；王益友等译
上海 上海文艺出版社 1984年 112页
19cm（32开）统一书号：8078.3467
定价：CNY0.35
　　本书选录巴基斯坦有代表性、流传较广的创作歌曲、民间歌曲、电影歌曲30首。

J0160711
大学生之歌　李凌,薛良编辑
北京 中国文艺联合出版公司 1984年
361页 19cm（32开）统一书号：8313.144
定价：CNY2.10
　　本书收录中外歌曲240首,其中有中国创作歌曲、学生歌曲、校园歌曲、中国民间歌曲、中国电影歌曲、中国古代歌曲、外国创作歌曲、外国民间歌曲。

J0160712
俄汉对照歌曲集 （简谱本）人民音乐出版社编辑部编
北京 人民音乐出版社 1984年 157页
19cm（32开）统一书号：8026.4151
定价：CNY0.58

J0160713
海滨之歌 （日汉对照歌曲集）中国国际广播电台首都部编
北京 中国广播电视出版社 1984年 38页
19cm（32开）统一书号：8236.110
定价：CNY0.15

J0160714
日本名歌选 （日汉对照）罗传开编
上海 上海译文出版社 1984年 184页
19cm（32开）定价：CNY0.62
　　作者罗传开（1932— ）,教授、研究员。生于广东省高明县,毕业于上海音乐学院理论作曲系。上海音乐学院教授、华东师范大学兼职教授。著有《外国通俗名曲欣赏词典》《世界著名圆舞曲欣赏》《圆舞曲之王：约翰·施特劳斯和他的主

要作品》,主要译作《西洋乐器图说》《战后日本文学史·年表》。

J0160715

夏天最后一朵玫瑰 （英汉对照歌曲集）中国国际广播电台首都部编

北京 中国广播电视出版社 1984年 36页

19cm（32开）定价：CNY0.15

　　本书收录《红河谷》《老人河》等14首歌曲。

J0160716

新译外国名歌120首 薛范等编译

广州 花城出版社 1984年 142页 19cm（32开）

统一书号：8261.53 定价：CNY0.65

　　作者薛范(1934—),音乐学家、翻译家。笔名稽志嚣,祖籍浙江慈溪,生于上海。中国作家协会、音乐家协会、翻译家协会会员。外国歌曲翻译的代表作品有《莫斯科郊外的晚上》,编译出版的外国歌曲集有《苏联歌曲汇编》《最新苏联抒情歌曲100首》等。

J0160717

新译外国名歌120首 （续编）薛范等编译

广州 花城出版社 1985年 192页 19cm（32开）

定价：CNY1.05

J0160718

中日青年友好联欢歌曲集 中日青年友好联欢筹备办公室编

成都 四川人民出版社 1984年 48页

19cm（32开）精装 统一书号：8118.1843

定价：CNY0.28

J0160719

中日青年友好联欢歌曲集 中日青年友好联欢筹备办公室编

成都 四川人民出版社 1984年 69页

19cm（32开）定价：CNY0.28

J0160720

啊,莫愁莫愁 石泉,小溪编

北京 文化艺术出版社 1985年 14cm（64开）

统一书号：8228.103 定价：CNY0.16

J0160721

当代歌星演唱歌曲集 上海市群众艺术馆编

杭州 浙江教育出版社 1985年 64页

20cm（32开）定价：CNY0.35

J0160722

歌坛新秀歌曲选 （一集）欧阳柳编

[南宁] 漓江出版社 1985年 2版 192页

19cm（32开）统一书号：8256.37

定价：CNY0.98

J0160723

歌坛新秀歌曲选 （二集）肖冷编

[南宁] 漓江出版社 1985年 2版 226页

19cm（32开）统一书号：8256.95

定价：CNY1.15

J0160724

歌坛新秀歌曲选 （三集）肖冷编

南宁 广西人民出版社 1986年 247页

19cm（32开）统一书号：8113.1180

定价：CNY1.25

J0160725

朦胧月夜 （日本歌曲50首）陈一萍选编

武汉 群益堂 1985年 52页 19cm（32开）

统一书号：8108.118 定价：CNY0.39

　　作者陈一萍(1930—),女,湖北武汉人。曾任广播电台音乐编辑。

J0160726

日本歌曲160首 人民音乐出版社编辑部编

北京 人民音乐出版社 1985年 193页

19cm（32开）统一书号：8026.4381

定价：CNY1.15

J0160727

舒伯特联篇歌集 （美丽的磨坊少女 演唱、伴奏之诠释）陈明律著

台北 全音乐谱出版社 1985年 286页 有图

23cm（16开）精装 定价：TWD200.00

J0160728

舒伯特联篇歌集 （冬之旅 演唱、伴奏之诠释）陈明律著

台北 全音乐谱出版社 1986 年 333 页 有图
22cm（16 开）精装 定价：TWD300.00

　　作者弗朗茨·舒伯特（Franz　Schubert,1797-
1828），作曲家。奥地利籍日耳曼人，出生于维也
纳。是早期浪漫主义音乐的代表人物，被认为是
古典主义音乐的最后一位巨匠，被称为"歌曲之
王"。他的歌曲有抒情曲、叙事曲、爱国歌曲\民
间歌曲。其中重要的有《魔王》《牧童的哀歌》《战
士之歌》等，主要有 3 部歌曲集《美丽的磨坊少女》
《冬之旅》《天鹅之歌》。舒伯特的交响曲中较重
要有第四、第五、第八、第九交响曲。

J0160729
学生的歌　李英男译；戴咏絮配歌
北京 人民教育出版社 1985 年 104 页
19cm（32 开）统一书号：7012.0777
定价：CNY0.57
　　外文书名：ПОЮТ ШКОЪЛНИКИ.

J0160730
东方之声　尧光铠编
济南 山东文艺出版社 1986 年 205 页
有彩照 18cm（15 开）统一书号：8331.26
定价：CNY1.05

J0160731
汉英英汉对照歌曲 100 首　何天明编
南昌 江西人民出版社 1986 年 279 页
19cm（32 开）统一书号：8110.1255
定价：CNY1.46

J0160732
吉他弹唱曲集　（第一集）人民音乐出版社编
辑部编
北京 人民音乐出版社 1986 年 78 页
26cm（16 开）统一书号：8026.4455
定价：CNY1.70

J0160733
吉他弹唱曲集　（第二集）人民音乐出版社编
辑部编
北京 人民音乐出版社 1987 年 89 页
26cm（16 开）统一书号：8026.4604
定价：CNY2.30

J0160734
吉他弹唱曲集　（第三集）人民音乐出版社编
辑部编
北京 人民音乐出版社 1987 年 79 页
29cm（15 开）统一书号：8026.4619
定价：CNY1.90

J0160735
吉他弹唱曲集　（第四集）人民音乐出版社编
辑部编
北京 人民音乐出版社 1990 年 64 页
26cm（16 开）ISBN：7-103-00663-6
定价：CNY3.00

J0160736
吉他弹唱曲集　（第五集）人民音乐出版社编
辑部编
北京 人民音乐出版社 1991 年 99 页
26cm（16 开）ISBN：7-103-00772-1
定价：CNY4.45

J0160737
世界名歌精华　长江文艺出版社编
武汉 长江文艺出版社 1986 年 195 页
19cm（32 开）统一书号：8107.620
定价：CNY1.35

J0160738
世界名歌精华　（二）长江文艺出版社编
武汉 长江文艺出版社 1989 年 300 页
19cm（32 开）ISBN：7-5354-0239-9
定价：CNY4.60

J0160739
世界语歌曲集　（1）李士俊编
北京 中国世界语出版社 1986 年 160 页
19cm（32 开）统一书号：8278.22
定价：CNY1.20

J0160740
苏联歌曲选　华中师范大学俄语系《苏联歌曲
选》编选组编
武汉 华中师范大学出版社 1986 年 108 页
19cm（32 开）统一书号：8406.02
定价：CNY0.75

J0160741
意大利歌曲集　尚家骧编译
北京　人民音乐出版社　1986年　修订本　重印本
198页　26cm（16开）定价：CNY4.15

J0160742
中外诙谐歌曲一百二十首　朱圉仁等编
长春　吉林教育出版社　1986年　212页
20cm（32开）统一书号：8375.5　定价：CNY1.40

J0160743
俄汉对照歌曲集　（正、简谱本）人民音乐出
版社编辑部编
北京　人民音乐出版社　1987年　147页
19cm（32开）统一书号：8026.4378
定价：CNY1.10

J0160744
吉他弹唱歌曲集　王中国编；吴子彪主配
长春　时代文艺出版社　1987年　81页
定价：CNY1.30
　　作者王中国（1954—　　），年作曲家。吉林省
音乐舞蹈社会学研究会常务副秘书长，音乐编审
部总编。

J0160745
莫斯科郊外的晚上　（俄罗斯·苏联歌曲100
首）何天明编
南昌　江西人民出版社　1987年　203页
19cm（32开）统一书号：8110.1550
定价：CNY1.20

J0160746
苏联歌曲佳作选　（1917—1987）薛范编
上海　上海音乐出版社　1987年　634页
19cm（32开）统一书号：8127.3050
ISBN：7-80553-052-1　定价：CNY3.95
　　本书收录从1917—1987年间的苏联优秀创
作歌曲的代表作，按创作年代先后排列，曲谱后
附有文字介绍，歌曲产生、流传的背景材料和作
者小传；序言系统介绍苏联歌曲的发展道路。

J0160747
中外名歌精选　（上）李凌编
北京　北京日报出版社　1987年　282页

20cm（32开）统一书号：8265.002
定价：CNY2.50

J0160748
中外名歌精选　（下）李凌编
北京　北京日报出版社　1987年　296页
20cm（32开）统一书号：8265.005
定价：CNY2.50

J0160749
中外轻歌曲选　张铜柱编
长春　时代文艺出版社　1987年　342页
19cm（32开）统一书号：10389.123
ISBN：7-5387-0034-X　定价：CNY2.70

J0160750
朝鲜歌曲选　高岱编
上海　上海音乐出版社　1988年　230页
19cm（32开）ISBN：7-80553-103-X
定价：CNY2.25
（外国歌曲丛书）

J0160751
金星名曲　白雪编
长春　吉林大学出版社　1988年　184页
19cm（32开）ISBN：7-5601-0141-0
定价：CNY1.95

J0160752
美国歌曲选　张宏芳选编
北京　对外贸易教育出版社　1988年　32页
26cm（16开）ISBN：7-81000-169-8
定价：CNY1.20

J0160753
你潇洒我漂亮　杨爱伦编
北京　昆仑出版社　1988年　32页　19cm（32开）
ISBN：7-80040-097-2　定价：CNY0.50
（歌迷之友丛书　1）

J0160754
让世界充满爱　谭明编
成都　四川文艺出版社　1988年　172页
19cm（小32开）定价：CNY0.45

J0160755
让世界充满爱　石泉编
北京　文化艺术出版社　1988 年　32 页
19cm（小 32 开）定价：CNY0.45
（中外当代名歌丛书）

J0160756
外国名歌 201 首续编　唯民编
北京　人民音乐出版社　1988 年　339 页
19cm（32 开）ISBN：7–103–00304–1
定价：CNY2.70

J0160757
西班牙歌曲选　张宁,赵金平选编
上海　上海音乐出版社　1988 年　232 页
19cm（32 开）ISBN：7–80553–012–2
定价：CNY1.90
（外国歌曲丛书）

J0160758
心中的太阳　青焕编
北京　文化艺术出版社　1988 年　32 页
19cm（小 32 开）定价：CNY0.50
（中外当代名歌丛书）

J0160759
新编世界优秀爱情歌曲精选　马丁编选
北京　中国和平出版社　1988 年　280 页
19cm（32 开）ISBN：7–80037–142–5
定价：CNY2.60

J0160760
信天游　青焕编
北京　文化艺术出版社　1988 年　32 页
19cm（小 32 开）定价：CNY0.50
（中外当代名歌丛书）

J0160761
血染的风采　石泉编
北京　文化艺术出版社　1988 年　32 页
19cm（小 32 开）定价：CNY0.45
（中外当代名歌丛书）

J0160762
月光迪斯科　涯菱编

北京　文化艺术出版社　1988 年　32 页
19cm（小 32 开）定价：CNY0.50
（中外当代名歌丛书）

J0160763
中外电影·电视·抒情·流行歌曲集　曲崑等
编选
哈尔滨　黑龙江人民出版社　1988 年　527 页
26cm（16 开）ISBN：7–207–00204–1
定价：CNY8.10

J0160764
'88 全球华人歌星演唱会专辑　万沙浪等
演唱；琴音编
长沙　湖南文艺出版社　1989 年　52 页
19cm（32 开）ISBN：7–5404–0422–1
定价：CNY1.00

J0160765
365 首外国古今名曲欣赏　贺锡德编著
北京　人民音乐出版社　1989 年
2 册（673；624 页）20cm（32 开）
ISBN：7–103–00356–4　定价：CNY18.40
　　本书收录外国古今中小型管弦乐曲、室内乐
曲、钢琴独奏曲（包括管风琴曲）、提琴独奏曲、
小号协奏曲、吉他独奏曲和外国民歌、艺术歌
曲、歌剧选曲、通俗歌曲等共 365 首。

J0160766
365 首外国古今名曲欣赏　（续集）贺锡德编著
北京　人民音乐出版社　1996 年
2 册（501；679 页）19cm（小 32 开）
ISBN：7–103–01320–9　定价：CNY55.60
　　外文书名：A Guide to 365 Famous Pieces
of Foreign Music.

J0160767
爱的风帆　大桩编
北京　文化艺术出版社　1989 年　32 页
19cm（32 开）ISBN：7–5039–0329–5
定价：CNY0.60
（中外当代名歌丛书）

J0160768
爱的奉献　杨爱伦编

北京 昆仑出版社 1989 年 32 页 19cm（32 开）
ISBN：7-80040-164-2 定价：CNY0.60
（歌迷之友丛书 5）

J0160769
大学生歌曲 173 首　上海音乐出版社编
上海 上海音乐出版社 1989 年 300 页
20cm（32 开）ISBN：7-80553-113-7
定价：CNY4.05

J0160770
妹妹你大胆的往前走　小溪编
北京 文化艺术出版社 1989 年 32 页
19cm（32 开）ISBN：7-5039-0323-6
定价：CNY0.60
（中外当代名歌丛书）

J0160771
我热恋的故乡　小溪编
北京 文化艺术出版社 1989 年 32 页
19cm（32 开）ISBN：7-5039-0322-8
定价：CNY0.60
（中外当代名歌丛书）

J0160772
心愿　小溪编
北京 文化艺术出版社 1989 年 32 页
19cm（32 开）ISBN：7-5039-0324-4
定价：CNY0.60
（中外当代名歌丛书）

J0160773
中外国歌纵横谈　钱仁康著
上海 上海教育出版社 1989 年 208 页
19cm（32 开）
（中学生文库）
　　本书分 20 章，介绍了 30 多个国家产生国歌
的历史背景，创作国歌的珍闻逸事，国歌所反映
的政治、历史、民族、宗教、风俗生活和天文、地
理等各方面的情况，以及国歌和国旗的关系。

J0160774
中外金曲 120 首　王家媛编
西安 陕西人民出版社 1989 年 243 页
19cm（32 开）ISBN：7-224-00776-5

定价：CNY3.55

J0160775
中外优秀歌曲集锦　吴岫明编
南京 江苏文艺出版社 1989 年 449 页
19cm（32 开）ISBN：7-5399-0132-2
定价：CNY5.50

J0160776
百首金曲珍藏　（豪华本）《歌曲》编辑部编
北京 中国舞蹈出版社 1990 年 374 页
19cm（32 开）ISBN：7-80075-010-8
定价：CNY6.50

J0160777
当代大学生歌曲集　王凡主编
北京 中国林业出版社 1990 年 206 页
26cm（16 开）ISBN：7-5038-0764-4
定价：CNY4.90

J0160778
黑头发飘起来　舒涛编
北京 文化艺术出版社 1990 年 32 页
19cm（32 开）ISBN：7-5039-0696-0
定价：CNY0.60
（中外当代名歌丛书）

J0160779
今天是你的生日　大桩编
北京 文化艺术出版社 1990 年 32 页
19cm（32 开）ISBN：7-5039-0617-0
定价：CNY0.60
（中外当代名歌丛书）
　　本书收录二十世纪五六十年代优秀歌曲《唱
支山歌给党听》《红梅赞》；当代通俗歌曲《今天
是你的生日》《爱的星座》；港台影视歌曲《几度
夕阳红》；新加坡电视连续剧《调色板》插曲《城
市节奏》；外国名歌《青年团员之歌》《和我说一
说吧，妈妈》等 26 首。

J0160780
卡拉 OK 金曲荟萃　（镭射 100 首）骆水编
北京 新华出版社 1990 年 182 页 19cm（32 开）
ISBN：7-5011-0902-8 定价：CNY2.70

J0160781
**历史歌曲 抒情歌曲 影视歌曲 外国歌曲
精选 500 首**　北京军区政治部文化部编
沈阳 辽宁人民出版社 1990 年 764 页
19cm（32 开）ISBN：7-205-01323-2
定价：CNY10.00

J0160782
**历史歌曲 抒情歌曲 影视歌曲 外国歌曲
精选 500 首**　北京军区政治部文化部编
沈阳 辽宁人民出版社 1992 年 2 版修订本
824 页 19cm（小 32 开）ISBN：7-205-01323-2
定价：CNY12.00

J0160783
莫斯科郊外的晚上　（俄罗斯·苏联歌曲 100
首）何天明编
南昌 百花洲文艺出版社 1990 年 203 页
19cm（32 开）ISBN：7-80579-036-1
定价：CNY2.50

J0160784
墨西哥歌曲选　王雪编
上海 上海音乐出版社 1990 年 318 页
19cm（32 开）ISBN：7-80553-175-7
定价：CNY3.65
（外国歌曲丛书）

J0160785
青苹果的乐园　舒涛编
北京 文化艺术出版社 1990 年 32 页
19cm（32 开）ISBN：7-5039-0695-2
定价：CNY0.60
（中外当代名歌丛书）

J0160786
太阳与月亮的对话　大桩编
北京 文化艺术出版社 1990 年 32 页
19cm（32 开）ISBN：7-5039-0698-7
定价：CNY0.60
（中外当代名歌丛书）

J0160787
我很丑,可是我很温柔　杨爱伦编
北京 解放军文艺出版社 1990 年 32 页

19cm（32 开）ISBN：7-5033-0161-9
定价：CNY0.60
（歌迷之友丛书 10）

J0160788
我心中最美的歌　（中外优秀歌曲 200 首）
共青团中央宣传部编
北京 中国青年出版社 1990 年 343 页
19cm（32 开）ISBN：7-5006-0717-2
定价：CNY4.90

J0160789
亚洲雄风亚洲歌声　刘玉书编
哈尔滨 黑龙江人民出版社 1990 年 177 页
19cm（32 开）ISBN：7-207-01555-0
定价：CNY2.85

J0160790
中外歌曲选　达琴,汪波编
太原 希望出版社 1990 年 436 页 19cm（32 开）
ISBN：7-5379-0485-5 定价：CNY4.00

J0160791
中外名歌 666 首　山立编
北京 北京十月文艺出版社 1990 年
2 册（1150 页）19cm（32 开）
ISBN：7-5302-0156-5 定价：CNY16.45

J0160792
烛光里的妈妈　大桩编
北京 文化艺术出版社 1990 年 32 页
19cm（32 开）ISBN：7-5039-0699-5
定价：CNY0.60
（中外当代名歌丛书）
　　本书精选中外优秀歌曲、通俗歌曲、影视插
曲、优秀民歌及儿童歌曲共 24 首。

J0160793
'92 热门金曲大趋势　夏枫,春寒编
南宁 广西民族出版社 1991 年 122 页
19cm（小 32 开）ISBN：7-5363-1459-0
定价：CNY2.20

J0160794
爱的罗曼史　（外国爱情歌曲荟萃）上海音乐

出版社编
上海　上海音乐出版社　1991 年　360 页
19cm（小 32 开）ISBN：7-80553-270-2
定价：CNY4.90
　　本书收录外国著名的古典歌曲、歌剧选曲、现代歌曲和民间歌曲 140 余首,介绍了作品产生的有关背景资料。

J0160795
少女喜爱的歌　邢籁,季懋编
哈尔滨　黑龙江少年儿童出版社　1991 年　2 版
217 页　17cm（40 开）ISBN：7-5319-0311-3
定价：CNY2.20
（少女世界丛书　第 1 辑）

J0160796
世界金曲 200 首　何卓选编
上海　学林出版社　1991 年　484 页 21cm（32 开）
ISBN：7-80510-642-8 定价：CNY9.70

J0160797
苏联歌曲 101 首　人民音乐出版社编辑部编
北京　人民音乐出版社　1991 年　158 页
19cm（小 32 开）ISBN：7-103-00686-5
定价：CNY2.40

J0160798
无言的温柔：通俗歌曲 108 首　斯琴毕利格编
石家庄　河北教育出版社　1991 年　187 页
19cm（小 32 开）ISBN：7-5434-0899-6
定价：CNY2.15

J0160799
中外金曲　（第一辑　电影、电视、歌剧歌曲集锦）李瑛彬编
兰州　敦煌文艺出版社　1991 年　270 页
19cm（32 开）ISBN：7-80587-025-X
定价：CNY3.20

J0160800
中外金曲　（第二辑　抒情、通俗、民间歌曲集锦）李瑛彬编
兰州　敦煌文艺出版社　1991 年　255 页
19cm（32 开）ISBN：7-80587-026-8
定价：CNY3.05

J0160801
中外金曲　（第三辑　外国影视、抒情、通俗、民间歌曲集萃）李瑛彬编
兰州　敦煌文艺出版社　1991 年　213 页
19cm（32 开）ISBN：7-80587-027-6
定价：CNY2.65

J0160802
中外名歌大全　（1 中国歌曲）李凌,赵沨主编
桂林　漓江出版社　1991 年　349 页
19cm（小 32 开）ISBN：7-5407-0737-3
定价：CNY5.00
　　本套书收录中外古今比较优秀的歌篇,兼及各国各个时期的各种形式、风格、曲趣,有革命歌曲、歌剧选曲、艺术歌曲、通俗歌曲、电影电视歌曲,也有轻音乐和各国民歌,有短小精悍的小曲,也有合唱及大合唱套曲。

J0160803
中外名歌大全　（2 外国歌曲）李凌,赵沨主编
桂林　漓江出版社　1991 年　426 页
19cm（小 32 开）ISBN：7-5407-0738-1
定价：CNY5.80

J0160804
中外优秀歌曲 260 首　季伟等编
太原　北岳文艺出版社　1991 年　461 页
20cm（32 开）ISBN：7-5378-0370-6
定价：CNY6.50

J0160805
唱歌学日语　（日文金曲　日汉对照）苏蕾编译
北京　世界图书出版公司　1992 年　183 页
19cm（小 32 开）ISBN：7-5062-1425-3
定价：CNY3.80

J0160806
快乐歌唱　（中外青年歌曲集萃）杨春华主编
北京　开明出版社　1992 年　388 页 26cm（16 开）
ISBN：7-80077-321-3 定价：CNY20.50

J0160807
名歌大观　（中外歌曲精品选）里予编
福州　海峡文艺出版社　1992 年　320 页
20cm（32 开）ISBN：7-80534-456-6

定价：CNY5.00

J0160808
名曲填词歌曲　　陈一萍编
武汉　湖北教育出版社　1992 年　311 页
19cm（小 32 开）ISBN：7-5351-0817-2
定价：CNY4.10
　　本书内容包括中国名曲填词、外国名曲填
词、二三十年代填词歌曲、外国影视填词歌曲、
民歌填词和填词的流行歌曲。

J0160809
圣诞歌曲精选　　张宁编译
北京　中国文联出版公司　1992 年　174 页
19cm（32 开）ISBN：7-5059-1869-9
定价：CNY3.50

J0160810
英文新歌 100 首　　章立等选编
西安　西安交通大学出版社　1992 年　246 页
19cm（小 32 开）ISBN：7-5605-0454-X
定价：CNY4.20

J0160811
永不消逝的歌　　郝林云,刘长水编
太原　北岳文艺出版社　1992 年　958 页
26cm（16 开）ISBN：7-5378-0857-0
定价：CNY32.00
　　本书收录我国自民主主义革命至社会主义
革命各个历史时期的歌曲、影视歌曲、歌剧选
曲、戏曲、民歌和部分外国歌曲。

J0160812
中外名歌精选　　黄山选编
广州　花城出版社　1992 年　182 页　有照片
19cm（小 32 开）ISBN：7-5360-1297-7
定价：CNY4.20

J0160813
当代青年歌曲选　　（中外名曲 300 首）吕秀文,
朱天纬主编
太原　山西教育出版社　1993 年　572 页
19cm（小 32 开）ISBN：7-80578-944-4
定价：CNY8.95
（好歌名曲大家唱系列 4）

作者吕秀文,人民音乐出版社编审。作者朱
天纬,中国电影资料馆编目研究部副主任,电影
音乐学会秘书长。

J0160814
歌——跨海的金桥　　（日）龟田升著；王凌,乔
炎编译
沈阳　辽宁大学出版社　1993 年　183 页　有彩照
20cm（32 开）ISBN：7-5610-2220-4
定价：CNY9.50

J0160815
圣诞名歌赏析　　陶辛编注
上海　上海音乐出版社　1993 年　19cm（小 32 开）
ISBN：7-80553-475-6　定价：CNY4.20

J0160816
时代歌声精粹　　师敬学主编
长春　长春出版社　1993 年　982 页　20cm（32 开）
ISBN：7-80573-851-3　定价：CNY16.00
　　本书收录"五四"以来广为流传的抒情歌曲、
组曲、会唱、队列歌曲、民歌、影视戏剧歌曲、儿
童歌曲以及曾在我国流行的外国歌曲等。

J0160817
外语推广歌曲 30 首　　青岛市总工会外语推
广歌曲编辑组选编
青岛　青岛出版社　1993 年　86 页
19cm（小 32 开）ISBN：7-5436-1077-9
定价：CNY2.50

J0160818
舞会伴唱歌曲集锦　　杨修生编
长春　北方妇女儿童出版社　1993 年　2 册
26cm（16 开）ISBN：7-5385-0887-2
定价：CNY20.00

J0160819
舞会伴唱歌曲集锦　　（慢四步、探戈、慢三步）
杨修生编
长春　北方妇女儿童出版社　1993 年　245 页
26cm（16 开）ISBN：7-5385-0887-2
定价：CNY9.50

J0160820

中学生英文歌曲集　广东省教育厅教材编审室编

广州　广东教育出版社　1993 年　165 页

19cm(小 32 开) ISBN：7-5406-2483-3

定价：CNY3.00

J0160821

东南亚 5 国名歌选　白煤编

北京　人民音乐出版社　1994 年　171 页

19cm(小 32 开) ISBN：7-103-01193-1

定价：CNY5.00

J0160822

名歌赏析精编 100　周友华,杨鑫铭编著

南昌　江西高校出版社　1994 年　310 页

19cm(小 32 开) ISBN：7-81033-313-5

定价：CNY8.50

　　本书收录《过四川》《红河谷》《我们的田野》《莫斯科郊外的晚上》等 100 首中外歌曲。附声乐欣赏知识 50 题。

J0160823

中外优秀歌曲大全　(港台流行歌曲) 李云柱主编

沈阳　春风文艺出版社　1994 年　273 页

19cm(小 32 开) ISBN：7-5313-1230-1

定价：CNY7.40

J0160824

中外优秀歌曲大全　(港台影视歌曲) 李云柱主编

沈阳　春风文艺出版社　1994 年　10+269 页

19cm(小 32 开) ISBN：7-5313-1230-1

定价：CNY7.20

J0160825

中外优秀歌曲大全　(外国流行歌曲) 李云柱主编

沈阳　春风文艺出版社　1994 年　255 页

19cm(小 32 开) ISBN：7-5313-1230-1

定价：CNY6.80

　　本书收录《哦！苏珊娜》《小夜曲》《西班牙吉他》等 150 余首歌曲。

J0160826

中外优秀歌曲大全　(外国民间歌曲) 李云柱主编

沈阳　春风文艺出版社　1994 年　187 页

19cm(小 32 开) ISBN：7-5313-1230-1

定价：CNY5.60

　　本书收录《宝贝》《河上的月光》《小杜鹃》等 150 余首歌曲。

J0160827

中外优秀歌曲大全　(外国影视歌曲) 李云柱主编

沈阳　春风文艺出版社　1994 年　14+308 页

19cm(小 32 开) ISBN：7-5313-1230-1

定价：CNY8.40

J0160828

中外优秀歌曲大全　(中国电视歌曲) 李云柱主编

沈阳　春风文艺出版社　1994 年　11+264 页

19cm(小 32 开) ISBN：7-5313-1230-1

定价：CNY7.20

J0160829

中外优秀歌曲大全　(中国电影歌曲) 李云柱主编

沈阳　春风文艺出版社　1994 年　11+316 页

19cm(小 32 开) ISBN：7-5313-1230-1

定价：CNY8.40

J0160830

中外优秀歌曲大全　(中国流行歌曲) 李云柱主编

沈阳　春风文艺出版社　1994 年　281 页

19cm(小 32 开) ISBN：7-5313-1230-1

定价：CNY8.00

J0160831

中外优秀歌曲大全　(中国民间歌曲) 李云柱主编

沈阳　春风文艺出版社　1994 年　225 页

19cm(小 32 开) ISBN：7-5313-1230-1

定价：CNY6.00

J0160832

中外优秀歌曲大全　（中外儿童歌曲）李云柱
主编
沈阳　春风文艺出版社　1994 年　256 页
19cm（小 32 开）ISBN：7-5313-1230-1
定价：CNY6.80

　　本书收录《中国少年先锋队队歌》《让我们
荡起双桨》《小白桦树》等 150 余首歌曲。

J0160833

百唱不厌英文歌曲　杨周怀编著
北京　人民音乐出版社　1995 年　145 页
22cm（30 开）ISBN：7-103-01324-1
定价：CNY15.00

J0160834

百唱不厌英文歌曲　朱华明编
成都　四川人民出版社　1995 年　240 页
19cm（小 32 开）ISBN：7-220-02806-7
定价：CNY9.00

J0160835

冬旅之旅　（舒伯特联篇歌集）金庆云著
台北　万象图书公司　1995 年　243 页
21cm（32 开）ISBN：957-669-705-0
定价：TWD250.00
（音乐疯系列 12）

　　外文书名：Winterreise, Franz Schubert.

J0160836

二十世纪中外名歌名曲大回响　陈兴旺编
武汉　武汉出版社　1995 年　18+828 页
26cm（16 开）精装　ISBN：7-5430-1392-4
定价：CNY68.00

J0160837

劲歌精选　丛震选编
海口　海南摄影美术出版社　1995 年　4 册
13cm（64 开）ISBN：7-80571-941-1
定价：CNY12.00

J0160838

欧美流行音乐撷英　滕纪萌编注
北京　外语教学与研究出版社　1995 年　358 页
26cm（16 开）ISBN：7-5600-0719-8

定价：CNY19.80

J0160839

世界名歌 300 首　孔令华选编
大连　辽宁师范大学出版社　1995 年
20+550 页　20cm（32 开）ISBN：7-81042-069-0
定价：CNY19.50

　　作者孔令华（1937—　），教师。上海人，
中国音乐家协会会员，辽宁师范大学音乐系副
教授。

J0160840

外国名歌大全　李保彤主编
太原　山西教育出版社　1995 年　35+1971 页
20cm（32 开）精装　ISBN：7-5440-0661-1
定价：CNY64.00
（世界好歌名曲丛书 3）

　　作者李保彤（1940—　），山西电视台文艺部
主任，中国音乐家协会会员，中国电视艺术家协
会会员，山西电视艺术家协会副主席，山西音乐
家协会常务理事。

J0160841

音韵　（全球名歌精撷）伊人选编
成都　成都出版社　1995 年　14+431 页　有图
19cm（小 32 开）ISBN：7-80575-837-9
定价：CNY15.80

J0160842

中外歌坛名家明星名曲经典　付建忠选编
延吉　延边人民出版社　1995 年　543 页
有剧照　20cm（32 开）ISBN：7-80599-417-X
定价：CNY19.80

J0160843

中外好歌金曲精选　（流行金曲、影视金曲、
名曲荟萃 719 首）陈启东编
乌鲁木齐　新疆青少年出版社　1995 年
28+567 页　20cm（32 开）ISBN：7-5371-2082-X
定价：CNY23.80

J0160844

中外金曲旋转舞台　（百年珍藏本）宏宇选编
福州　海潮摄影艺术出版社　1995 年　19+572 页
19cm（小 32 开）ISBN：7-80562-334-1

定价：CNY19.90

J0160845
经典英文歌曲弹唱　宁建新编译
郑州　河南人民出版社　1996年　128页
26cm（16开）ISBN：7-215-03790-8
定价：CNY12.00

J0160846
世界名曲经典　昌言编
成都　四川文艺出版社　1996年　72页
26cm（16开）ISBN：7-5411-1507-X
定价：CNY7.80
　　外文书名：The Famouse Classic Music in the World.

J0160847
世界声乐艺术珍品博览　（中、外名曲赏析与演唱指南）殷梅编著
重庆　西南师范大学出版社　1996年
2册（263；233页）26cm（16开）
ISBN：7-5621-1465-X　定价：CNY69.00

J0160848
苏联歌曲珍品集　（1917—1991）薛范编
北京　中国电影出版社　1996年　重印本
16+655页　20cm（32开）ISBN：7-106-01109-6
定价：CNY21.80
　　作者薛范（1934—　），音乐学家、翻译家。笔名稽志默，祖籍浙江慈溪，生于上海。中国作家协会、音乐家协会、翻译家协会会员。外国歌曲翻译的代表作品有《莫斯科郊外的晚上》，编译出版的外国歌曲集有《苏联歌曲汇编》《最新苏联抒情歌曲100首》等。

J0160849
外国名歌精华　雷维模编
成都　四川人民出版社　1996年　489页
19cm（小32开）ISBN：7-220-02723-0
定价：CNY14.80
　　作者雷维模，教授、作曲家、音乐学者。历任中国音乐家协会会员，中国音乐著作权协会会员，中国社会音乐研究会理事，四川省社会音乐研究会副会长兼秘书长。

J0160850
中外名歌金曲大全　陈兴旺选编
武汉　武汉出版社　1996年　重印本　26+634页
20cm（32开）ISBN：7-5430-1321-5
定价：CNY24.80

J0160851
俄语名歌88首　（俄汉对照）薛范编
上海　上海译文出版社　1997年　150页
26cm（16开）ISBN：7-5327-1955-3
定价：CNY12.50

J0160852
浪漫风情　（英文流行金曲赏析）李沁园编著
天津　天津人民出版社　1997年　368页
20cm（32开）ISBN：7-201-02614-3
定价：CNY10.00
（世界经典音乐宝库）

J0160853
世界名歌选萃　（中英文对照）薛良等编译
北京　中国文联出版公司　1997年　190页
19cm（小32开）ISBN：7-5059-2504-0
定价：CNY9.80

J0160854
中华音乐会　（名歌名曲专册）葛峰编
延吉　延边人民出版社　1997年　16+301页
26cm（16开）ISBN：7-80599-756-X
定价：CNY26.00

J0160855
中外好歌精典大全　（珍藏本）朱林飞编
通辽　内蒙古少年儿童出版社　1997年
28+603页　20cm（32开）ISBN：7-5312-0794-X
定价：CNY25.80

J0160856
中外进行曲　聂茸编
北京　中国青年出版社　1997年　275页
20cm（32开）ISBN：7-5006-2092-6
定价：CNY13.90，CNY17.40（精装）
（歌曲精品系列）

J0160857
中外军旅名歌经典　聘如等主编
广州 广州出版社 1997 年 19+678 页
20cm（32 开）ISBN：7-80592-655-7
定价：CNY25.00

J0160858
中外著名歌曲宝典　（珍藏本）黄乐洋编
拉萨 西藏人民出版社 1997 年 16+404 页
20cm（32 开）ISBN：7-223-00988-8
定价：CNY19.80，CNY24.80（精装）

J0160859
名歌金曲 1000 首　席维中主编
乌鲁木齐 新疆青少年出版社 1998 年
2 册（476；474 页）20cm（32 开）
ISBN：7-5371-3044-2
定价：CNY39.80，CNY19.90（单册）

J0160860
世纪之声　（系列歌曲集）冰河,王玄迈主编
武汉 武汉出版社 1998 年 10 册
28cm（大 16 开）精装 ISBN：7-5430-1760-1
定价：CNY780.00

J0160861
世界英文歌曲经典　董蓉编
沈阳 辽宁民族出版社 1998 年
3 册（304；354；354 页）20cm（32 开）
精装 ISBN：7-80644-131-X 定价：CNY84.00

J0160862
外国歌曲　（精品 上）靳学东编
郑州 河南文艺出版社 1998 年 11+306 页
20cm（32 开）ISBN：7-80623-076-9
定价：CNY14.20
（中外歌曲精品库）

J0160863
外国歌曲　（精品 下）靳学东编
郑州 河南文艺出版社 1998 年 12+319 页
20cm（32 开）ISBN：7-80623-077-7
定价：CNY14.80
（中外歌曲精品库）

J0160864
英语歌曲精品　（英汉对照）封一函主编
北京 北京大学出版社 1998 年 582 页
19cm（小 32 开）ISBN：7-301-03199-8
定价：CNY22.00

J0160865
中华歌王　田源,徐敦广主编
长春 延边大学出版社 1998 年 11+542 页
26cm（16 开）ISBN：7-5634-1066-X
定价：CNY36.00

J0160866
中外名歌大全　文涛编
广州 广东高等教育出版社 1998 年 3 版
14+463 页 19cm（小 32 开）
ISBN：7-5361-1549-0 定价：CNY17.90

J0160867
中外名歌大全 1000 首　海南出版社编
海口 海南出版社 1998 年 604 页
26cm（16 开）ISBN：7-80617-911-9
定价：CNY29.80，CNY39.80（精装）
（中外名歌大全系列）

J0160868
20 世纪外国著名歌曲 1000 首　张泽伦,吴
山音主编
郑州 海燕出版社 1999 年 39+1536 页
20cm（32 开）精装 ISBN：7-5350-1808-4
定价：CNY75.00

J0160869
白金唱片　（世界经典名曲）何卓选编
上海 上海三联书店 1999 年 482 页
20cm（32 开）ISBN：7-5426-1270-0
定价：CNY28.00

J0160870
大家唱　晓青,飞飞编
北京 中国国际广播出版社 1999 年 226 页
20cm（32 开）ISBN：7-5078-1745-8
定价：CNY13.00

J0160871
二十世纪外国名歌　雷维模编著
奎屯　伊犁人民出版社　1999 年　16+469 页
20cm（32 开）ISBN：7-5425-0478-9
定价：CNY16.00
　　本书从世界各国歌曲宝库中选收创作歌曲、
电影电视歌曲、歌剧选段以及民歌等 350 首。作
者雷维模，教授、作曲家、音乐学者。历任中国
音乐家协会会员、中国音乐著作权协会会员、中
国社会音乐研究会理事、四川省社会音乐研究会
副会长兼秘书长。

J0160872
歌海　（中外歌曲 2000 首）王文，戴星主编
海口　海南出版社　1999 年　973+25 页
26cm（16 开）ISBN：7-80617-897-X
定价：CNY68.00

J0160873
古今中外名歌选粹　刘齐同编
哈尔滨　黑龙江人民出版社　1999 年
24+1086 页　26cm（16 开）
ISBN：7-207-04174-8　定价：CNY87.00
　　本书从古今中外歌曲中精选出近 2000 首名
歌名曲，包括：中华人民共和国成立前歌曲与电
影插曲；七十年代歌曲、歌剧选曲与电影插曲；
七十年代以来的歌曲与电影电视插曲；中国民间
歌曲；外国歌曲 5 部分。

J0160874
流金岁月　肖汉华主编
海拉尔　内蒙古文化出版社　1999 年　128 页
20cm（32 开）
（歌坛旋风——激情跨越 2000 年）
　　本书收录《草帽歌》《你是我的心》《灯光》
《海滨之歌》《卖花姑娘》《说句心里话》《今天是
你的生日》《万里江山万里情》等 130 首。

J0160875
难忘的旋律　欧美同学会留苏分会［编］
1999 年　160 页　26cm（16 开）

J0160876
少儿声乐考级作品集　何纪光主编
长沙　湖南文艺出版社　1999 年　95 页

30cm（10 开）ISBN：7-5404-2209-2
定价：CNY11.00

J0160877
声乐教学分级曲库　（3-7 级）张幼文主编
济南　山东文艺出版社　1999 年　420 页
26cm（16 开）ISBN：7-5329-1588-3
定价：CNY38.00

J0160878
声乐教学分级曲库　（8-10 级）张幼文主编
济南　山东文艺出版社　1999 年　351 页
26cm（16 开）ISBN：7-5329-1691-X
定价：CNY35.00

J0160879
外国名歌经典　刘广年主编
哈尔滨　北方文艺出版社　1999 年　15+541 页
20cm（32 开）ISBN：7-5317-1116-8
定价：CNY26.80

J0160880
意大利歌曲 108 首　（上册）周枫等编
上海　上海世界图书出版公司　1999 年
262+20 页　30cm（10 开）
ISBN：7-5062-4060-2　定价：CNY48.00

J0160881
中外歌曲精选　刘泽顺，林方植主编
大连　大连出版社　1999 年　457 页　29cm（16 开）
ISBN：7-80612-538-8　定价：CNY33.00

国际歌、各国国歌

J0160882
各国国歌评述　王光祈著
上海　中华书局　1926 年［128］页　20cm（32 开）
定价：银五角
（音乐丛刊）
　　本书内容包括：中国国歌之评述、西洋国
歌之历史、西洋国歌作品。作者王光祈（1892—
1936），音乐学家、社会活动家。字润玙，笔名若
愚，四川温江人。毕业于柏林大学，获波恩大学
博士。代表作《东方民族之音乐》《欧洲音乐进

化论》《论中国古典歌剧》等。

J0160883
日本国歌的由来　柯政和著
北平　北平近代科学图书馆［1937年］6页
23cm（10开）
（北平近代科学图书馆馆刊 第1号）
　　　作者柯政和（1890—1973），音乐教育家。台
湾嘉义人，原籍福建安溪。原名丁丑，字安士。
留学日本东京音乐学校师范科、东京音乐学校研
究科、上智大学文科。曾任北京师范大学教授。
著有《音乐通论》《何利马里音阶练习书》《简易
钢琴曲集》《音乐史》《拜耳钢琴教科书》等。

J0160884
联合国歌集　李士钊编译
上海　教育书店　1947年　50页　21cm（32开）
定价：二元四角
（音乐教育社丛书）
　　　本书收录中、美、英、苏、法5国国歌及国歌
来源的故事，每首歌曲均附简谱、五线谱及钢琴
伴奏谱。外文书名：National Anthems of United
Nations.

J0160885
波兰人民共和国国歌　（军乐谱）［中华全国
音乐工作者协会编辑］
北京　中华全国音乐工作者协会　1953年　再版
38cm（6开）定价：旧币2,500元

J0160886
波兰人民共和国国歌　（军乐谱）中华全国音
乐工作者协会编辑
北京　中华全国音乐工作者协会　1953年
影印本　38cm（6开）定价：旧币2,500元

J0160887
德意志民主共和国国歌　（军乐谱）（德）艾
斯勒作曲；（德）考夫曼编曲
北京　中华全国音乐工作者协会　1953年　5页
38cm（6开）定价：旧币3,200元

J0160888
捷克斯洛伐克共和国国歌　（管弦乐谱）
中国音乐家协会编辑

北京　中国音乐家协会　1953年　影印本
38cm（6开）定价：旧币3,700元

J0160889
苏维埃社会主义共和国联盟国歌　（军乐谱）
（苏）亚历山大洛夫作曲
北京　中华全国音乐工作者协会　1953年
影印本　5页　38cm（6开）定价：旧币3,500元

J0160890
国际歌　（军乐总谱第六号）（法）狄盖特
（P.Degeyter）作曲；（匈）约瑟夫编曲
北京　中央人民政府人民革命军事委员会军事
训练部　1954年　影印本　8页　31cm（15开）

J0160891
蒙古人民共和国国歌
北京　中国音乐家协会　1954年　影印本　5页
38cm（6开）定价：旧币3,700元

J0160892
国际歌　［法］鲍狄尔作词；［法］狄盖特作曲，
萧三译词
［银川］宁夏人民出版社　1959年
定价：CNY0.02

J0160893
国际歌　（正谱本）（法）鲍狄埃（E.Pottier）词；
（法）狄盖特（P.de Degeyter）曲
北京　音乐出版社　1962年　［4］页　26cm（16开）
统一书号：8026.1665　定价：CNY0.11

J0160894
阿尔巴尼亚人民共和国国歌　（管乐 总谱）
（阿尔巴）波罗梅斯基作曲
北京　音乐出版社　1963年　5页　26cm（16开）
统一书号：8026.1787　定价：CNY0.16

J0160895
阿富汗王国国歌　（管乐 总谱）
北京　音乐出版社　1963年　5页　26cm（16开）
统一书号：8026.1866　定价：CNY0.16

J0160896
阿拉伯联合共和国国歌　（管乐 总谱）

北京 音乐出版社 1963 年 6 页 26cm（16 开）
统一书号：8026.1870 定价：CNY0.16

J0160897
巴基斯坦国歌 （管乐 总谱）
北京 音乐出版社 1963 年 6 页 26cm（16 开）
统一书号：8026.1865 定价：CNY0.16

J0163728
保加利亚人民民主共和国国歌 （管弦乐 总谱）（保）季米特洛夫等作曲
北京 音乐出版社 1963 年 5 页 26cm（16 开）
统一书号：8026.1805 定价：CNY0.21

J0160898
波兰人民共和国国歌 （管乐 总谱）奥津斯基作曲
北京 音乐出版社 1963 年 3 页 26cm（16 开）
统一书号：8026.1860 定价：CNY0.11

J0160899
丹麦王国国歌 （管弦乐 总谱）（丹）哈尔特曼作曲
北京 音乐出版社 1963 年 5 页 26cm（16 开）
统一书号：8026.1786 定价：CNY0.16

J0160900
德意志民主共和国国歌 （管乐 总谱）
（德）艾斯勒作曲；（德）考夫曼编配
北京 音乐出版社 1963 年 5 页 26cm（16 开）
统一书号：8026.1784 定价：CNY0.16

J0160901
芬兰共和国国歌 （管乐 总谱）（芬）帕西乌斯作曲
北京 音乐出版社 1963 年 4 页 26cm（16 开）
统一书号：8026.1790 定价：CNY0.11

J0160902
几内亚共和国国歌 （管乐 总谱）
北京 音乐出版社 1963 年 7 页 26cm（16 开）
统一书号：8026.1862 定价：CNY0.21

J0160903
加纳共和国国歌 （管弦乐 总谱）（加纳）葛

培诺作曲
北京 音乐出版社 1963 年 5 页 26cm（16 开）
统一书号：8026.1785 定价：CNY0.16

J0160904
柬埔寨王国国歌 （管乐 总谱）（柬）佩鲁霍特，（柬）杰基尔作曲
北京 音乐出版社 1963 年 4 页 26cm（16 开）
统一书号：8026.1806 定价：CNY0.11

J0160905
捷克斯洛伐克社会主义共和国国歌
（管弦乐 总谱）（捷克）史克娄普作曲；（捷克）弗莱格尔配译
北京 音乐出版社 1963 年 6 页 26cm（16 开）
统一书号：8026.1864 定价：CNY0.16

J0160906
罗马尼亚人民共和国国歌 （管乐 总谱）
（罗）索高尔作曲
北京 音乐出版社 1963 年 5 页 26cm（16 开）
统一书号：8026.1781 定价：CNY0.21

J0160907
马里共和国国歌 （管乐 总谱）（马里）加姆贝塔作曲
北京 音乐出版社 1963 年 9 页 26cm（16 开）
统一书号：8026.1868 定价：CNY0.25

J0160908
缅甸联邦国歌 （管乐 总谱）
北京 音乐出版社 1963 年 3 页 26cm（16 开）
统一书号：8026.1788 定价：CNY0.16

J0160909
尼泊尔王国国歌 （管乐 总谱）
北京 音乐出版社 1963 年 4 页 26cm（16 开）
统一书号：8026.1861 定价：CNY0.11

J0160910
挪威王国国歌 （管乐 总谱）
北京 音乐出版社 1963 年 5 页 26cm（16 开）
统一书号：8026.1803 定价：CNY0.16

J0160911

瑞典王国国歌 （管弦乐 总谱）（瑞典）威士贝尔格编配

北京 音乐出版社 1963 年 9 页 26cm（16 开）

统一书号：8026.1780 定价：CNY0.28

J0160912

苏维埃社会主义共和国联盟国歌

（管乐 总谱）（苏）亚历山大罗夫作曲

北京 音乐出版社 1963 年 5 页 26cm（16 开）

统一书号：8026.1804 定价：CNY0.16

J0160913

索马里共和国国歌 （管乐 总谱）（索马里）布朗克作曲

北京 音乐出版社 1963 年 3 页 26cm（16 开）

统一书号：8026.1869 定价：CNY0.11

J0160914

匈牙利人民共和国国歌 （管乐 总谱）

（匈）埃克尔作曲

北京 音乐出版社 1963 年 5 页 26cm（16 开）

统一书号：8026.1782 定价：CNY0.21

J0160915

印度共和国国歌 （管乐 总谱）（印度）泰戈尔作曲；（印度）莫里尔，（印度）里查逊编配

北京 音乐出版社 1963 年 5 页 26cm（16 开）

统一书号：8026.1863 定价：CNY0.21

J0160916

印度尼西亚共和国国歌 （管乐 总谱）

北京 音乐出版社 1963 年 6 页 26cm（16 开）

统一书号：8026.1867 定价：CNY0.16

J0160917

越南民主共和国国歌 （管乐 总谱）（越）文高作曲

北京 音乐出版社 1963 年 6 页 26cm（16 开）

统一书号：8026.1789 定价：CNY0.16

J0160918

蒙古人民共和国国歌

北京 北京音乐出版社 1964 年 影印本 5 页

26cm（16 开）统一书号：8026.2130

定价：CNY0.12

J0160919

南斯拉夫社会主义联邦共和国国歌

北京 北京音乐出版社 1964 年 影印本 4 页

26cm（16 开）统一书号：8026.2129

定价：CNY0.09

J0160920

国际歌 ［法］欧仁·鲍狄埃词；［法］比尔·狄盖特曲

［合肥］安徽省"革命委员会"出版发行局

1971 年 107cm（全开）定价：CNY0.16

　　作词欧仁·鲍狄埃（Eugène Edine Pottier，1816—1887），法国的革命家、法国工人诗人，巴黎公社的主要领导人之一。是《国际歌》的词作者。代表作有《革命歌集》《鲍狄埃全集》。作曲比尔·狄盖特（Pierre Degeyter，1848–1932），法国工人作曲家。曾领导"工人里拉"等工人合唱团。为鲍狄埃的诗篇《国际歌》谱曲。作品还有《巴黎公社社员之歌》《武装起义者》等歌曲。

J0160921

国际歌 ［法］鲍狄埃词；［法］狄盖特曲

［兰州］甘肃人民出版社 1971 年 107cm（全开）

定价：CNY0.16

J0160922

国际歌 ［法］欧仁·鲍狄埃词；［法］比尔·狄盖特曲

［南宁］广西人民出版社 1971 年 107cm（全开）

定价：CNY0.18

J0160923

国际歌 ［法］欧仁·鲍狄埃词；［法］比尔·狄盖特曲

［郑州］河南人民出版社 1971 年 107cm（全开）

定价：CNY0.15

J0160924

国际歌 ［法］鲍狄埃词；［法］狄盖特曲

［哈尔滨］黑龙江人民出版社 1971 年

107cm（全开）定价：CNY0.28

J0160925
国际歌　[法]鲍狄埃词；[法]狄盖特曲
[长沙]湖南人民出版社　1971年　107cm（全开）
定价：CNY0.24

J0160926
国际歌　[法]欧仁·鲍狄埃词；[法]比尔·狄盖
特曲
[南昌]江西人民出版社　1971年　107cm（全开）
定价：CNY0.16

J0160927
国际歌　（纪念巴黎公社一百周年）
北京　人民文学出版社　1971年　19cm（小32开）
定价：CNY0.10

J0160928
国际歌　[法]鲍狄埃词；[法]狄盖特曲
[西安]陕西人民出版社　1971年　107cm（全开）
定价：CNY0.16

J0160929
国际歌　[法]欧仁·鲍狄埃词；[法]比尔·狄盖
特曲
[成都]四川人民出版社　1971年　107cm（全开）
定价：CNY0.16

J0160930
国际歌　[法]鲍狄埃词；[法]狄盖特曲
天津　天津人民出版社　1971年　107cm（全开）
定价：CNY0.15

J0160931
国际歌　[法]欧仁·鲍狄埃词；[法]比尔·狄盖
特曲
[乌鲁木齐]新疆人民出版社　1971年
107cm（全开）定价：CNY0.16

J0160932
国际歌　[法]鲍狄埃词；[法]狄盖特曲
[昆明]云南人民出版社　1971年　107cm（全开）
定价：CNY0.08

J0160933
国际歌　[法]欧仁·鲍狄埃词；[法]狄盖
特曲
[杭州]浙江人民出版社　1971年　107cm（全开）
定价：CNY0.16

J0160934
国际歌·三大纪律八项注意
长沙　湖南人民出版社　1971年　12页
19cm（32开）统一书号：8109.854
定价：CNY0.04

J0160935
国际歌·三大纪律八项注意
北京　人民出版社　1971年　16页　13cm（60开）
定价：CNY0.03

J0160936
国际歌·三大纪律八项注意
北京　人民文学出版社　1971年　11页
19cm（32开）统一书号：10019.1864
定价：CNY0.06

J0160937
国际歌·三大纪律八项注意　（革命歌曲选）
[广州]广东人民出版社　1971年
19cm（小32开）定价：CNY0.04

J0160938
国际歌·三大纪律八项注意
[贵阳]贵州人民出版社　1971年　13cm（64开）
定价：CNY0.03

J0160939
国际歌·三大纪律八项注意
[贵阳]贵州人民出版社　1971年　11cm（60开）
定价：CNY0.14（塑套装）

J0160940
国际歌·三大纪律八项注意
[长沙]湖南人民出版社　1971年
19cm（小32开）定价：CNY0.04

J0160941
国际歌·三大纪律八项注意
[南京]江苏人民出版社　1971年　13cm（64开）
定价：CNY0.02

J0160942
国际歌·三大纪律八项注意
［南昌］江西省新华书店 1971 年 11cm（60 开）
定价：CNY0.03

J0160943
国际歌·三大纪律八项注意
［南昌］江西省新华书店 1971 年 9cm（60 开）
定价：CNY0.02

J0160944
国际歌·三大纪律八项注意
［沈阳］辽宁省新华书店 1971 年 13cm（64 开）
定价：CNY0.02

J0160945
国际歌·三大纪律八项注意
［呼和浩特］内蒙古自治区人民出版社 1971 年
2 版 13cm（64 开）定价：CNY0.04

J0160946
国际歌·三大纪律八项注意
［呼和浩特］内蒙古自治区人民出版社 1971 年
13cm（64 开）定价：CNY0.03

J0160947
国际歌·三大纪律八项注意
北京 人民出版社 1971 年 2 版 13cm（64 开）
定价：CNY0.04

J0160948
国际歌·三大纪律八项注意
北京 人民文学出版社 1971 年 19cm（小 32 开）
定价：CNY0.06

J0160949
国际歌·三大纪律八项注意
［乌鲁木齐］新疆人民出版社 1971 年
19cm（小 32 开）定价：CNY0.06

J0160950
国际歌·三大纪律八项注意
北京 中国人民解放军战士出版社 1971 年
19cm（小 32 开）定价：CNY0.03

J0160951
活页歌片　（《国际歌》等两首 1）
［杭州］浙江人民出版社 1971 年 13cm（64 开）
定价：CNY0.01

J0160952
国际歌　（法）欧仁·鲍狄埃词；（法）比尔·狄盖
特曲
［贵阳］贵州人民出版社 1972 年 107cm（全开）
定价：CNY0.15

J0160953
国际歌　（法）欧仁·鲍狄埃词；（法）比尔·狄盖
特曲
［长沙］湖南人民出版社 1972 年 76cm（2 开）
定价：CNY0.14

J0160954
国际歌　（法）欧仁·鲍狄埃词；（法）比尔·狄盖
特曲
［南京］江苏人民出版社 1972 年 107cm（全开）
定价：CNY0.15

J0160955
国际歌　（法）欧仁·鲍狄埃词；（法）比尔·狄盖
特曲
北京 人民文学出版社 1972 年 26cm（16 开）
　本书由《国际歌》《东方红》《大海航行靠舵
手》《三大纪律八项注意》合订。

J0160956
国际歌　（革命歌曲　五线谱）（法）欧仁·鲍狄
埃词；（法）比尔·狄盖特曲
［北京］人民文学出版社 1972 年
27cm（大 16 开）定价：CNY0.08

J0160957
国际歌　（法）欧仁·鲍狄埃词；（法）比尔·狄盖
特曲
上海 上海人民出版社 1972 年 107cm（全开）
定价：CNY0.16

J0160958
国际歌·三大纪律八项注意　（革命歌曲 2）
长沙 湖南人民出版社 1973 年 19cm（32 开）

定价: CNY0.01

J0160959
国际歌 （法）欧仁·鲍狄埃词；（法）比尔·狄盖
特曲；蔡嘉抄
广州 广东人民出版社 1974 年 108cm（全开）
定价: CNY0.24

J0160960
国际歌 （法）欧仁·鲍狄埃词；（法）比尔·狄盖
特曲
延吉 延边人民出版社 1974 年 76cm（2 开）
定价: CNY0.12

J0160961
国际歌 （法）鲍狄埃词；（法）狄盖特曲
杭州 浙江人民出版社 1974 年 108cm（全开）
定价: CNY0.16

J0160962
国际歌·三大纪律八项注意 黑龙江人民出
版社编
哈尔滨 黑龙江人民出版社 1974 年
13cm（64 开）定价: CNY0.03

J0160963
国际歌·三大纪律八项注意
北京 人民出版社 1974 年 19cm（小 32 开）
定价: CNY0.01

J0160964
国际歌·三大纪律八项注意 天津人民出版
社编辑
天津 天津人民出版社 1974 年 13 页
13cm（60 开）统一书号: 8072.4 定价: CNY0.03

J0160965
国际歌 三大纪律八项注意 （汉、朝文对照）
延边人民出版社编
延吉 延边人民出版社 1974 年 13cm（64 开）
定价: CNY0.02

J0160966
国际歌 （汉、法、德、俄、英语）（法）E. 鲍狄
埃词；（法）P. 狄盖特曲；伍铁平注释

北京 商务印书馆 1975 年 40 页 19cm（32 开）
统一书号: 9017.738 定价: CNY0.13
　　本书汇集了汉、法、德、俄、西班牙语《国际
歌》，并对《国际歌》的思想内容和艺术形式、翻
译和诗律问题，《国际歌》与《马赛曲》的关系等，
进行了深入的研究。外文书名: L' internationle.

J0160967
《国际歌》《三大纪律 八项注意》《东方红》
昆明 云南人民出版社 1976 年 19cm（小 32 开）
定价: CNY0.04

J0160968
国际歌 （法）欧仁·鲍狄埃词；（法）比尔·狄盖
特曲
[南宁] 广西人民出版社 1976 年 [1 张]
107cm（全开）定价: CNY0.18

J0160969
国际歌 （法）欧仁·鲍狄埃词；（法）比尔·狄盖
特曲
[南京] 江苏人民出版社 1976 年 [1 张]
107cm（全开）定价: CNY0.15

J0160970
国际歌 （法）欧仁·鲍狄埃词；（法）比尔·狄盖
特曲
[西安] 陕西人民出版社 1976 年 [1 张]
76cm（2 开）定价: CNY0.08
　　作者欧仁·鲍狄埃（Eugène Edine Pottier,
1816—1887），法国的革命家、法国工人诗人，巴
黎公社的主要领导人之一。是《国际歌》的词作
者。代表作有《革命歌集》《鲍狄埃全集》。作曲
比尔·狄盖特（Pierre Degeyter, 1848-1932），法国
工人作曲家。曾领导"工人里拉"等工人合唱团。
为鲍狄埃的诗篇《国际歌》谱曲。作品还有《巴
黎公社社员之歌》《武装起义者》等歌曲。

J0160971
国际歌 （法）欧仁·鲍狄埃词；（法）比尔·狄盖
特曲
[杭州] 浙江人民出版社 1976 年 [1 张]
107cm（全开）定价: CNY0.16

J0160972

国际歌·三大纪律八项注意·东方红　河南
人民出版社编辑
郑州　河南人民出版社　1976 年　4 页
19cm（32 开）统一书号：10105.137
定价：CNY0.03

J0160973

国际歌·三大纪律八项注意·东方红
南昌　江西人民出版社　1976 年　12 页
30×23cm　定价：CNY0.02

J0160974

国际歌·三大纪律八项注意·东方红　辽宁
人民出版社编辑
沈阳　辽宁人民出版社　1976 年　7 页
19cm（32 开）统一书号：8090.923
定价：CNY0.03

J0160975

国际歌·三大纪律八项注意·东方红
太原　山西人民出版社　1976 年　7 页
19cm（32 开）统一书号：10088.553
定价：CNY0.04

J0160976

国际歌·三大纪律八项注意·东方红　天津
人民出版社编辑
天津　天津人民出版社　1976 年　12 页
14cm（64 开）统一书号：8072.25
定价：CNY0.03

J0160977

国际歌·三大纪律八项注意·东方红
昆明　云南人民出版社　1976 年　4 页
19cm（32 开）统一书号：8116.736
定价：CNY0.04

J0160978

活页歌曲　（《国际歌》等三首）
［北京］人民音乐出版社　1976 年
19cm（小 32 开）定价：CNY0.04
　　本书收录《国际歌》《三大纪律八项注意》
《东方红》。

J0160979

三首革命歌曲　（国际歌·三大纪律八项注意·东方红）
［成都］四川人民出版社　1976 年
19cm（小 32 开）定价：CNY0.01

J0160980

国际歌　（手风琴伴奏谱）
北京　人民音乐出版社　1977 年　8 页
26cm（16 开）定价：CNY0.15

J0160981

国际歌·三大纪律八项注意·东方红
（三首革命歌曲）
北京　人民音乐出版社　1977 年　22 页
19cm（小 32 开）统一书号：8026.3232
定价：CNY0.10

J0160982

国际歌·三大纪律八项注意·东方红
（手风琴伴奏谱）
北京　人民音乐出版社　1977 年　8 页
26cm（16 开）统一书号：8026.3310
定价：CNY0.15

J0160983

各国国歌汇编　钱仁康编
北京　人民音乐出版社　1981 年　243 页
21cm（32 开）统一书号：8026.3704
定价：CNY1.80
　　作者钱仁康（1914—2013），音乐学家，音乐
理论家。生于江苏无锡，毕业于国立音乐专科学
校理论作曲组。历任北平师范学院、苏州国立社
教学院、江苏师范学院（苏州大学前身）、苏南文教
学院、华东师范大学音乐系教授，上海音乐学院
音乐学系系主任、博导。著有《外国音乐欣赏》等，
并译有《莫扎特书信选》等。

J0160984

国际歌　（注释和研究）（法）鲍狄埃（Pottier, E.）
词；（法）狄盖特（Degeytr, P.）曲；伍铁平注释
北京　外语教学与研究出版社　1982 年
114 页　19cm（32 开）统一书号：9215.76
定价：CNY0.50
　　外文书名：L'internationle.

J0160985
世界各国国歌　伊梅尔编译
太原　北岳文艺出版社　1997 年　160 页　有彩图
26cm（16 开）ISBN：7-5378-1747-2
定价：CNY20.00

J0160986
世界国歌博览　钱仁康著
哈尔滨　北方文艺出版社　1998 年　14+480 页
20cm（32 开）ISBN：7-5317-0995-3
定价：CNY24.50

各国通俗歌曲

J0160987
大路歌　（最新编选、摩登名歌）上海星光歌舞
社编
上海　上海星光歌舞社　［民国］16 页
20cm（32 开）
　　本书收录《大路歌》《开路先锋》《白兰花》
《丁香山》《小小画家》《悲秋》等 14 首,并有《奇
异酒店》英文歌曲一首。

J0160988
歌曲一千种　（现代最流行）民众俱乐部编
上海　新声出版公司　1935 年　258 页
20cm（32 开）定价：二元五角

J0160989
中外名歌三百首　（现代最流行歌曲集）
天明社编
上海　中国出版社　1935 年　211 页　20cm（32 开）

J0160990
中外名歌三百首　（现代最流行歌曲集）
天明社编
上海　中国出版社　1936 年　312 页　20cm（32 开）
　　本书是世界现代流行歌曲选集,包括国家荣
誉歌曲、抒情文艺名曲、中西影片名曲、儿童歌
咏选曲、口琴吹奏曲、平剧选辑名曲等 8 部分,
共 310 首歌曲。

J0160991
大众歌声　麦新,孟波编选

上海　大众歌声社　1936 年　108 页　19cm（32 开）
　　本书内容包括：聂耳遗作、纪念歌曲、救亡
歌曲、工农歌曲、外国歌曲、中国民歌、妇女歌
曲、儿童歌曲 8 类,共 87 首歌曲。书末附《新音
乐的现阶段》（吕骥）、《救亡音乐的学习与教授》
（刘良模）、《什么是大众歌曲》（陶行知）、《怎样唱
歌》（殷木）4 篇文章。

J0160992
大众歌声　麦新,孟波编选
上海　大众歌声社　1936 年　121 页　19cm（32 开）

J0160993
大众歌声　（第二集）麦新,孟波编选
上海　大众歌声社　1937 年　112+11 页
19cm（32 开）定价：国币一角

J0160994
大众歌声　麦新,孟波编选
上海　大众歌声社　1937 年　3 版　108 页
18cm（15 开）定价：国币一角

J0160995
大众歌声　麦新,孟波编选
上海　大众歌声社　1937 年　再版　108 页
19cm（32 开）

J0160996
大众歌声　（第三集）麦新,孟波编选
桂林　新知书店　1939 年　104 页　18cm（15 开）
定价：国币四角
　　本书内容包括：一般歌曲、军人歌曲、民歌
配词、创作民歌、翻译歌曲、纪念歌曲、妇女歌
曲、儿童歌曲、对敌宣传 9 部分,共 103 首歌曲。
书前有编者的《写在第三集的前面》,书末附《论
大众歌曲》（杜那耶夫斯基著,铁弦译）。

J0160997
今日流行标准名歌三百首　（搜罗中外丽歌
大集本）丽歌社编
上海　大方出版社　1941 年　217 页　21cm（32 开）
　　本书为现代流行歌曲选集,内容包括：特别
新歌、英文歌、二字歌、三字歌等 7 部分。收录
《朝歌》《梅亭宴》《Flower Song》《警钟》《思母
曲》等 250 首歌曲。

J0160998

大众歌曲选 （第一集）歌曲研究社编
桂林 歌曲研究社 1942 年 再版 32 页
18cm（15 开）定价：国币一元五角
　　本书为世界歌曲选集，收录《民主颂》《军民曲》《夜莺曲》等中外歌曲 24 首。

J0160999

青年歌声 （第 1 集）东北民主青年联盟总部编
佳木斯 东北书店 1948 年 4 版 34 页 20cm（32 开）
（民青丛书 第 1 辑）
　　本书收录《青年进行曲》《五四纪念歌》《东北青年进行曲》《青年参军》《斯大林之歌》等 44 首中外歌曲。

J0161000

青年歌声 （第 2 集）东北民主青年联盟总部编
佳木斯 东北书店 1948 年 36 页 20cm（32 开）
（民青丛书 第 2 辑）

J0161001

现代流行曲 （第 1 辑）
大众出版社 ［1949—1959 年］90 页
26cm（16 开）
　　本书收录 28 首外国歌曲，五线谱，附钢琴伴奏谱、吉他和声。

J0161002

朝鲜人民歌曲集 北京人民艺术剧院编辑
北京 天下出版社 1951 年 2 版 38 页 有图
21cm（32 开）定价：旧币 4,500 元
（北京人民艺术剧院音乐丛刊）

J0161003

祖国进行曲 金路得编
广州 中华乐学社 1951 年 32 页 19cm（32 开）
定价：旧币 2,500 元
（苏联名歌集 1）

J0161004

祖国进行曲 （苏）杜那耶夫斯基作；姜椿芳译
上海 上海音乐出版社 1952 年 定价：CNY0.15

J0161005

保卫和平歌集 （俄华对照）石年编译
北京 中华书局 1954 年 57 页 26cm（16 开）
定价：旧币 4,700 元

J0161006

圆舞曲歌曲集 （正谱版）（苏）古巴尔科夫
（Н.Губарьков）编辑；俞荻，曹永声译
北京 音乐出版社 1956 年 影印本 48 页
25cm（小 16 开）定价：CNY0.55

J0161007

圆舞曲歌曲集 （苏联作曲家的群众歌曲集 简
谱版）（苏）古巴尔科夫（Н.Губарьков）编辑；俞
荻，曹永声译
北京 音乐出版社 1956 年 影印本 32 页
18cm（15 开）定价：CNY0.12

J0161008

爱斯勒尔群众歌曲七首
（德）爱斯勒尔（H.Eisler）作曲；廖乃雄译
北京 音乐出版社 1957 年 影印本 23 页
19cm（32 开）统一书号：8026.594
定价：CNY0.14
　　本书附简化钢琴伴奏谱。

J0161009

印度尼西亚歌曲选 群众歌声编辑室编
天津 天津人民出版社 1957 年 24 页
19cm（32 开）统一书号：8072.32
定价：CNY0.10

J0161010

我们是红色的战士 （苏联早期革命歌曲）
（苏）阿库连科，П.编曲；曹葆华译词；李焕之
配歌
北京 音乐出版社 1963 年 2 页 26cm（16 开）
统一书号：8026.1856 定价：CNY0.11
　　作者曹葆华（1906—1978），诗人、翻译家。
四川乐山人。原名宝华，别名伊人。毕业于清华
大学研究院。曾任中华文化基金董事会专职翻
译、延安鲁艺文学系教师、中共中央宣传部俄文
翻译室主任、中国科学院哲学社会科学部外国文
学研究所研究员等。著有《抒情十三章》《寄诗
魂》《落日颂》等，译有《现代诗论》《党的组织和
党的文学》《马克思恩格斯论艺术》等。

J0161011

要古巴 （歌曲专集　简谱本）中国音乐家协会福建分会,福建省群众艺术馆编

福州　福建人民出版社　1963 年　22 页

18cm（32 开）统一书号：T8104.365

定价：CNY0.09

J0161012

祖国进行曲 （苏）列别捷夫 – 库玛奇，B. 作词;（苏）杜那耶夫斯基，И. 作曲;椿芳译词;吕骥配歌

北京　音乐出版社　1963 年　4 页　26cm（16 开）

统一书号：8026.1758　定价：CNY0.16

　　作者吕骥（1909—2002），音乐家、作曲家。出生于湖南湘潭,就读于上海音乐专科学校。历任中央音乐学院副院长、中国音协主席。创作的《抗日军政大学校歌》等歌曲广为传唱。出版有《吕骥文选》。

J0161013

阿尔及利亚人民的宣誓 （阿尔及利亚歌曲）阿里译词;杜鸣心配伴奏

北京　音乐出版社　1964 年　3 页　26cm（16 开）

统一书号：8026.1991　定价：CNY0.09

　　杜鸣心（1928—　　），作曲家。湖北潜江人。曾考入重庆育才学校音乐组学习,后被派往莫斯科柴可夫斯基音乐院理论作曲系学习。中国音协理事、创作委员会常务委员。任教于中央音乐学院。主要作品有舞剧《鱼美人》《红色娘子军》（均与吴祖强合作）的音乐,交响诗《飘扬吧,军旗》等。

J0161014

前进,拉丁美洲人民！ （支持古巴和拉丁美洲人民革命斗争歌曲选集）音乐出版社编辑部编

北京　音乐出版社　1964 年　28 页　19cm（32 开）

统一书号：8026.2069　定价：CNY0.20

J0161015

乔·黑尔 （美）海伊斯，A.（Hays A.）作词;（美）罗宾逊，E.（Robinson E.）作曲;邓映易译配

北京　音乐出版社　1964 年　3 页　26cm（16 开）

统一书号：8026.1948　定价：CNY0.09

J0161016

流行曲 （第三集　1986 亚太流行曲创作大赛冠军歌曲）朱庆虹编曲

香港　乐星音乐出版社［1980—1989 年］32 页

29cm（16 开）定价：HKD19.00

J0161017

劲歌金曲奖

香港　华英图书公司［1984 年］224 页　有照片

21cm（32 开）ISBN：962-86847-3-6

定价：HKD40.00

J0161018

听众点播歌曲集锦　山东人民广播电台文艺部编

济南　山东文艺出版社　1984 年　19cm（32 开）

统一书号：8331.9　定价：CNY0.27

J0161019

听众点播歌曲集锦　（二）济南人民广播电台文艺部编

济南　山东文艺出版社　1986 年　162 页

19cm（32 开）统一书号：8331.27

定价：CNY0.80

J0161020

当代流行歌曲精选　江西人民出版社编

南昌　江西人民出版社　1985 年　166 页

19cm（32 开）统一书号：1011.403

定价：CNY0.91

J0161021

歌坛群星名曲　原流军等编

郑州　河南人民出版社　1985 年　160 页　有肖像

19cm（32 开）统一书号：8105.1126

定价：CNY0.58

J0161022

歌星的歌 （3）

杭州　浙江人民出版社［1985 年］13cm（60 开）

折装　定价：CNY0.15

J0161023

歌星的歌 （4）

杭州　浙江人民出版社［1985 年］13cm（60 开）

折装　定价：CNY0.15

J0161024
歌星的歌 （5）
杭州　浙江人民出版社［1985年］13cm（60开）
折装　定价：CNY0.15

J0161025
歌星的歌 （6）
杭州　浙江人民出版社［1985年］13cm（60开）
折装　定价：CNY0.15

J0161026
歌星的歌 （1985流行歌曲选）
杭州　浙江人民出版社 1986年 94页
19cm（32开）统一书号：8103.564
定价：CNY0.46

J0161027
歌星的歌 （1986年流行歌曲选）浙江人民出版社编
杭州　浙江人民出版社 1987年 126页
19cm（32开）统一书号：8103.578
定价：CNY0.90

J0161028
歌星的歌 （1987年流行歌曲选）
杭州　浙江人民出版社 1988年 129页
19cm（32开）统一书号：8103.600
ISBN：7-213-00143-4 定价：CNY1.20

J0161029
歌星的歌 （1988年流行歌曲选）浙江人民出版社编辑
杭州　浙江人民出版社 1989年 117页
19cm（32开）ISBN：7-213-00330-5
定价：CNY1.60

J0161030
歌星的歌 （1990年流行歌曲选）
杭州　浙江人民出版社 1990年 169页
18cm（15开）ISBN：7-213-00582-0
定价：CNY2.00

J0161031
歌星的歌 （流行歌曲选）
杭州　浙江人民出版社 1990年 128页
19cm（32开）ISBN：7-213-00473-5
定价：CNY1.80

J0161032
星星闪烁 （流行抒情歌曲选 1）白鲁编
广州　广东人民出版社 1985年 96页
19cm（32开）统一书号：8111.2478
定价：CNY0.50

J0161033
星星闪烁 （流行抒情歌曲选 2）白鲁编
广州　广东人民出版社 1986年 135页
19cm（32开）统一书号：8111.2559
定价：CNY0.80

J0161034
日本流行歌曲 莫索编
西安　陕西人民出版社 1986年 31页
26cm（16开）统一书号：8094.735
定价：CNY0.50

J0161035
世界歌星大会串 （歌曲选）上海人民广播电台音乐组,上海文艺出版社编
上海　上海文艺出版社 1986年 181页
19cm（32开）统一书号：8078.3594
定价：CNY0.99
　　本书收录世界著名歌星演唱的流行歌曲46首,歌词大部分为中外文对照。其中歌曲有《你是我的阳光》《真诚的爱》《答案在风中飘荡》《故乡的路》《谢谢你》等。

J0161036
现代中外流行歌曲 洪涛编
沈阳　辽宁教育出版社 1986年 171页
19cm（32开）统一书号：8371.10
定价：CNY1.00

J0161037
中外流行歌曲 100 首 主音,岂凡编
济南　山东文艺出版社 1986年 172页
18cm（15开）统一书号：8331.23

定价：CNY0.85

J0161038
当代流行歌曲精选 （2）江西人民出版社编
南昌 江西人民出版社 1987年 153页
19cm（32开）统一书号：8110.1549
ISBN：7-210-00014-3 定价：CNY1.10

J0161039
吉他伴奏中外通俗歌曲 300首 上海文艺
出版社编
上海 上海文艺出版社 1987年 691页
19cm（32开）定价：CNY3.85
　　本书收录中外著名通俗歌曲300首，包括《祖国，慈祥的母亲》《党啊，亲爱的妈妈》《那就是我》《采蘑菇的小姑娘》《爱情是蓝色的》《墨西哥草帽舞》等。

J0161040
吉他弹唱通俗歌曲集 史唯林编
兰州 甘肃人民出版社 1987年 增订本 89页
26cm（16开）ISBN：7-226-00158-6
定价：CNY2.15

J0161041
吉他弹唱通俗歌曲集 史唯林编
兰州 甘肃人民出版社 1987年 41页
26cm（16开）统一书号：8096.1237
定价：CNY0.90

J0161042
流行歌曲鉴赏 蒋超文，郑成伟主编
广州 广东高等教育出版社 1987年 297页
19cm（32开）统一书号：8343.7
ISBN：7-5361-0019-1 定价：CNY2.00

J0161043
美国流行歌曲 101首 严继华，李东风选编
上海 上海翻译出版公司 1987年 2版 218页
19cm（32开）ISBN：7-80514-210-6
定价：CNY1.55
　　本书附吉他伴奏。外文书名：The One Hundred and One American Pop Songs.

J0161044
世界流行音乐群星 吕金藻，郑何群编
贵阳 贵州人民出版社 1987年 149页
19cm（32开）定价：CNY0.88

J0161045
西洋流行摇滚 陈美月编
台北 学习出版公司 1987年 279页 有照片
21cm（32开）定价：TWD120.00

J0161046
中外流行歌曲 贵州人民出版社编
贵阳 贵州人民出版社 1987年 331页
19cm（32开）统一书号：10115.687
定价：CNY1.50

J0161047
巴基斯坦印度流行歌曲集 周启登译词；
李一丁记谱配歌
北京 中国广播电视出版社 1988年 82页
有照片 18cm（15开）ISBN：7-5043-0059-4
定价：CNY0.90

J0161048
当代流行歌曲精选 （3）江西人民出版社编
南昌 江西人民出版社 1988年 213页
19cm（32开）ISBN：7-210-00380-0
定价：CNY2.00

J0161049
吉他弹唱金曲 100首 方之光编
南京 江苏人民出版社 1988年 153页
26cm（16开）ISBN：7-214-00097-0
定价：CNY3.00
　　本书是吉他弹唱通俗歌集和教材，分简谱和六线谱两类，每首歌均标有和弦指法图和伴奏节奏型。作者方之光，作曲家。上海人，毕业于解放军艺术学院和南京艺术学院。历任江苏省音协社会音乐活动委员会副主任、中国音乐家协会会员。创作歌曲有《生命永不言败》《平凡的好人》《无名英雄》等。

J0161050
吉他弹唱金曲 100首 方之光编
南京 江苏人民出版社 1989年 2版 153页

26cm（16 开）定价：CNY3.50

J0161051
流行歌曲 （五）中国广播电视出版社编
北京 中国广播电视出版社［1988 年］
13cm（64 开）折装 定价：CNY0.12

J0161052
流行歌曲 （六）中国广播电视出版社编
北京 中国广播电视出版社［1988 年］
13cm（64 开）折装 定价：CNY0.24

J0161053
日本流行歌曲 范禹选编
贵阳 贵州人民出版社 1988 年 117 页
19cm（32 开）ISBN：7-221-00361-0
定价：CNY1.30

J0161054
日本流行歌曲选 （吉他伴奏）胡国伟译词；
张承谟配歌
上海 上海音乐出版社 1988 年 248 页
19cm（32 开）ISBN：7-80553-104-8
定价：CNY2.50

J0161055
十五的月亮十六圆 杨爱伦编
北京 昆仑出版社 1988 年 32 页 19cm（32 开）
ISBN：7-80040-098-0 定价：CNY0.50
（歌迷之友丛书 2）

J0161056
世界属于你 洪音编
北京 中国文联出版公司 1988 年 211 页
19cm（32 开）ISBN：7-5059-0482-5
定价：CNY1.90

J0161057
苏联流行歌曲 123 首 卢双等编译
长春 吉林人民出版社 1988 年 180 页
19cm（32 开）ISBN：7-206-00141-6
定价：CNY1.95

J0161058
现代流行抒情歌曲精选大观 （第四期）

政勋等编选
成都 四川人民出版社 1988 年 113 页
19cm（32 开）ISBN：7-220-00577-6
定价：CNY1.10

J0161059
现代流行抒情歌曲精选大观 （第五期）
元鸿等选编
成都 四川人民出版社 1989 年 128 页
19cm（32 开）ISBN：7-220-00627-6
定价：CNY1.30

J0161060
现代世界金奖金唱片通俗歌曲选
冯继先主编
成都 四川省社会科学院出版社 1988 年
2 册（188；171 页）19cm（32 开）
ISBN：7-80524-171-6 定价：CNY4.80

J0161061
一无所有 刘巍,世杰选编
武汉 长江文艺出版社 1988 年 89 页
19cm（32 开）ISBN：7-5354-0141-4
定价：CNY0.85

J0161062
在爱的世界里 （流行抒情歌曲 100 首）洪音编
北京 中国文联出版公司 1988 年 165 页
19cm（32 开）ISBN：7-5059-0358-6
定价：CNY1.60

J0161063
阿波罗之音 （1989 1 最新流行歌曲）《阿波
罗之音》编辑室编
峨眉山 西南交通大学出版社 1989 年 31 页
19cm（32 开）ISBN：7-81022-111-6
定价：CNY0.50

J0161064
阿波罗之音 （1989 2 新潮歌曲精选）《阿波
罗之音》编辑室编
峨眉 西南交通大学出版社 1989 年 80 页
19cm（32 开）ISBN：7-81022-090-X
定价：CNY1.05

J0161065
爱情是蓝色的 （世界流行歌曲 101 首）
吕东编译
沈阳 辽宁教育出版社 1989 年 217 页
19cm（32 开）ISBN：7-5382-0601-9
定价：CNY2.20

J0161066
吉它伴奏新编外国歌曲 100 首 张宁编；谭
晓鹏配伴奏
南宁 广西人民出版社 1989 年 176 页
19cm（32 开）ISBN：7-219-01065-6
定价：CNY2.15

J0161067
欧美革命历史歌曲选释 （1525—1945）
钱仁康等编
北京 文化艺术出版社 1989 年 602 页
20cm（32 开）ISBN：7-5039-0050-4
定价：CNY8.50
　　作者钱仁康（1914—2013），音乐学家，音乐
理论家。生于江苏无锡，毕业于国立音乐专科学
校理论作曲组。历任北平师范学院、苏州国立社
教学院、江苏师范学院（苏州大学前身）、苏南文教
学院、华东师范大学音乐系教授，上海音乐学院
音乐学系系主任、博导。著有《外国音乐欣赏》等，
并译有《莫扎特书信选》等。

J0161068
少女喜爱的歌 邢籁编
哈尔滨 黑龙江少年儿童出版社 1989 年
205 页 19cm（32 开）ISBN：7-5319-0311-3
定价：CNY2.20
（少女世界丛书 第一辑）

J0161069
手拉手 （最新流行歌曲选集）王雅萍编
西安 华岳文艺出版社 1989 年 59 页
19cm（32 开）ISBN：7-80549-249-2
定价：CNY0.85

J0161070
手拉手 杨爱伦编
北京 昆仑出版社 1989 年 32 页 19cm（32 开）
ISBN：7-80040-165-0 定价：CNY0.60

（歌迷之友丛书 6）

J0161071
中外交谊舞伴奏伴唱流行金曲 100 首
郭建宁编
长沙 湖南大学出版社 1989 年 133 页
19cm（32 开）ISBN：7-314-00266-5
定价：CNY1.78

J0161072
中外流行歌曲 200 首 陈兴荣等编
北京 中国广播电视出版社 1989 年 434 页
19cm（32 开）ISBN：7-5043-0239-2
定价：CNY5.80

J0161073
中外通俗歌曲大全 （金曲 301 首）歌耶选编
北京 中国曲艺出版社 1989 年 402 页
19cm（32 开）ISBN：7-80008-042-0
定价：CNY5.45

J0161074
爱神之箭 （中外流行情歌 100 首）沉舟等编
哈尔滨 北方文艺出版社 1990 年 178 页
19cm（小 32 开）定价：CNY2.80

J0161075
弹唱流行名曲 150 全音乐谱出版社选编
台北 全音乐谱出版社［1990—1999 年］
影印本 303 页 29cm（12 开）

J0161076
当代流行歌曲精选 （4）施樱编
南昌 江西人民出版社 1990 年 234 页
19cm（32 开）ISBN：7-210-00825-X
定价：CNY2.50

J0161077
当代中外流行歌曲大观 马丁等编
北京 中国国际广播出版社 1990 年 1426 页
19cm（小 32 开）精装 ISBN：7-80035-280-3
定价：CNY35.90

J0161078
黑色的眼眸 杨爱伦编

北京 解放军文艺出版社 1990 年 32 页
19cm（32 开）ISBN：7–5033–0158–9
定价：CNY0.60
（歌迷之友丛书）

J0161079
吉他伴奏中外通俗歌曲 300 首　（续编）
上海音乐出版社编
上海 上海音乐出版社 1990 年 781 页
19cm（32 开）ISBN：7–80553–162–5
定价：CNY9.55

J0161080
甲壳虫乐队演唱歌曲选　（英汉对照 吉他伴
奏）黄知真译
上海 上海音乐出版社 1990 年 227 页
19cm（32 开）ISBN：7–80553–248–6
定价：CNY4.50

J0161081
世界流行情歌　杨树亮记谱；陆明译配
长沙 湖南文艺出版社 1990 年 79 页
19cm（32 开）ISBN：7–5404–0514–7
定价：CNY1.35

J0161082
世界属于你　大桩编
北京 文化艺术出版社 1990 年 32 页
19cm（32 开）ISBN：7–5039–0700–2
定价：CNY0.60
（中外当代名歌丛书）
　　本书收录《世界属于你》《想象中的你》《等
下一次再见的时候》《乡下女人》《给边防军人写
封信》等 26 首。

J0161083
苏联流行歌曲选　江通,骆松澈译配
上海 上海音乐出版社 1990 年 150 页
19cm（小 32 开）定价：CNY1.75

J0161084
我是风　（90 金曲）宋立中,马卫东选编
太原 北岳文艺出版社 1990 年 84 页
19cm（32 开）ISBN：7–5378–0313–7
定价：CNY1.20

J0161085
想你的时候　舒涛编
北京 文化艺术出版社 1990 年 32 页
19cm（32 开）ISBN：7–5039–0697–9
定价：CNY0.60
（中外当代名歌丛书）

J0161086
跟着卡拉 OK 学唱　斯琴·毕利格编著
北京 知识出版社 1991 年 230 页
19cm（小 32 开）ISBN：7–5015–0547–0
定价：CNY3.50

J0161087
世界歌星大会串　（英语流行歌曲专辑）上海
人民广播电台"立体声之友"节目组编
上海 上海音乐出版社 1991 年 204 页
19cm（小 32 开）ISBN：7–80553–301–6
定价：CNY2.80

J0161088
外国百唱不厌歌曲　马秀云等编
成都 四川人民出版社 1991 年 494 页
19cm（小 32 开）ISBN：7–220–01134–2
定价：CNY5.35

J0161089
当代世界摇滚金曲集　陈立,蔡虹编配
上海 上海音乐出版社 1992 年 508 页
19cm（小 32 开）ISBN：7–80553–368–7
定价：CNY8.50

J0161090
流行曲风云录　梁宝耳著
香港 百姓文化事业公司 1992 年 232 页
19cm（小 32 开）ISBN：962–343–043–4
定价：HKD40.00

J0161091
欧美流行金曲 30 首　陆明,王奕贤编
上海 上海音乐出版社 1992 年 172 页
19cm（小 32 开）ISBN：7–80553–384–9
定价：CNY3.10
　　外文书名：30 Most Popular American &
European Song Hits.

J0161092
世界流行歌曲大全
合肥　安徽文艺出版社　1992 年　558 页
26cm（16 开）ISBN：7-5396-0817-X
定价：CNY24.50

J0161093
听众点播　（3 歌与诗）陆霞编
太原　北岳文艺出版社　1992 年　232 页
19cm（小 32 开）ISBN：7-5378-0684-5
定价：CNY4.50

J0161094
'93 欧美流行金曲　陆明，戚彦编
上海　上海音乐出版社　1993 年　215 页
19cm（小 32 开）ISBN：7-80553-443-8
定价：CNY4.60
　　外文书名：1993's Most Popular American &
European Song Hits.

J0161095
海内外金榜热歌 101 首　潘义记谱并选编
上海　上海远东出版社　1993 年　210 页
19cm（小 32 开）ISBN：7-80514-901-1
定价：CNY4.80

J0161096
好歌伴您唱遍天涯海角　（海内外流行、影视
歌曲珍品荟萃）金平编
武汉　华中理工大学出版社　1993 年　336 页
19cm（小 32 开）ISBN：7-5609-0823-3
定价：CNY5.98

J0161097
好歌唱遍天下　（海内外流行歌曲珍品）葛锋编
武汉　中国地质大学出版社　1993 年　338 页
19cm（小 32 开）ISBN：7-5625-0712-0
定价：CNY5.95

J0161098
美国流行歌曲 101 首　（第二辑）黄雪蝉，孟
立慧编
上海　上海远东出版社　1993 年　251 页
19cm（小 32 开）ISBN：7-80514-900-3
定价：CNY6.00

　　外文书名：The One Hundred and One
American Pop Songs.

J0161099
新时代校园歌曲博览　张清顺编
郑州　中原农民出版社　1993 年　198 页
19cm（小 32 开）ISBN：7-80538-612-9
定价：CNY3.80

J0161100
英语卡拉 OK 金曲 101 首　张雄编
上海　上海远东出版社　1993 年　333 页
19cm（小 32 开）ISBN：7-80514-828-7
定价：CNY4.80

J0161101
好歌天天唱　（海内外巨星卡拉 OK 金曲成名
集）曾帆编
海口　海南摄影美术出版社　1994 年　12+337 页
18cm（小 32 开）ISBN：7-80571-371-5
定价：CNY7.80

J0161102
老歌金曲大家唱　李思苇主编
成都　成都科技大学出版社　1994 年　217 页
20cm（32 开）ISBN：7-5616-2514-6
定价：CNY6.80
（流行极品　中外流行歌曲选　Ⅲ）

J0161103
情歌唱遍天下　李思苇主编
成都　成都科技大学出版社　1994 年　216 页
20cm（32 开）ISBN：7-5616-2514-6
定价：CNY6.80
（流行极品　中外流行歌曲选　Ⅳ）

J0161104
全国人民都爱唱　李思苇主编
成都　成都科技大学出版社　1994 年　153 页
19cm（小 32 开）ISBN：7-5616-2514-6
定价：CNY4.98

J0161105
外国名歌 100 首　王效恭选编
北京　大众文艺出版社　1994 年　172 页

19cm（小 32 开）ISBN：7-80094-091-8
定价：CNY4.80
（大众喜爱的歌丛书）
　　本书收录《樱花》《宝贝》《红河谷》《西班牙女郎》等歌曲。

J0161106
好歌精选 （最新流行歌曲集锦）陈丽编
海口 海南摄影美术出版社 1995 年 10+228 页
19cm（小 32 开）ISBN：7-80571-721-4
定价：CNY5.80

J0161107
中外流行名歌荟萃 德明选编
武汉 武汉出版社 1995 年 26+608 页
20cm（32 开）ISBN：7-5430-1381-9
定价：CNY21.80

J0161108
中外著名爱国流行歌曲选 赫振勇编
郑州 河南人民出版社 1995 年 10+305 页
20cm（32 开）ISBN：7-215-03455-0
定价：CNY13.00

J0161109
好歌精选 （中外流行歌曲珍品 最新珍藏版）
王卫东编
乌鲁木齐 新疆青少年出版社 1996 年
13+350 页 19cm（小 32 开）
ISBN：7-5371-2491-4 定价：CNY9.98

J0161110
外国百唱不厌歌曲 马秀云等编
成都 四川文艺出版社 1996 年 426 页
19cm（小 32 开）ISBN：7-5411-1536-3
定价：CNY15.00
（百唱不厌歌曲系列）

J0161111
外国百唱不厌歌曲 马秀云等编
成都 四川人民出版社 1999 年 17+506 页
19cm（小 32 开）ISBN：7-220-04635-9
定价：CNY20.00

J0161112
中外流行歌词精选 方舟,阿彦编
上海 上海教育出版社 1996 年 14+500 页
有彩照 19cm（小 32 开）ISBN：7-5320-4222-7
定价：CNY20.30

J0161113
中外流行歌曲 1000 首 莫索主编
西安 太白文艺出版社 1996 年 28+913 页
26cm（16 开）精装 ISBN：7-80605-320-4
定价：CNY66.00

J0161114
中外著名流行歌曲总库 伟光,惠元编
北京 北京燕山出版社 1996 年 26+642 页
20cm（32 开）ISBN：7-5402-0653-5
定价：CNY25.80

J0161115
好歌唱遍天下 （二十世纪名歌荟萃）李良编
呼和浩特 内蒙古人民出版社 1997 年
20+590 页 26cm（16 开）ISBN：7-204-03594-1
定价：CNY32.80

J0161116
好歌唱遍天下 （中外流行歌曲珍品）庄沐编
延吉 延边人民出版社 1997 年 338 页
19cm（小 32 开）ISBN：7-80599-757-8
定价：CNY13.50

J0161117
圣诞歌曲与文化背景 折鸿雁编著
西安 西安交通大学出版社 1997 年 168 页
20cm（32 开）ISBN：7-5605-0906-1
定价：CNY8.00

J0161118
中外流行歌曲 韦行编
北京 中国青年出版社 1997 年 11+490 页
20cm（32 开）ISBN：7-5006-2094-2
定价：CNY22.60，CNY26.10（精装）
（歌曲精品系列）

J0161119
中外流行歌曲精选 红叶编

呼和浩特 内蒙古人民出版社 1997 年
31+864 页 20cm（32 开）ISBN：7-204-03702-2
定价：CNY32.80

J0161120
好歌天天唱　范立芝编
乌鲁木齐 新疆青少年出版社 1998 年 340 页
19cm（小 32 开）ISBN：7-5371-2893-6
定价：CNY10.00

J0161121
世界金曲总库　（好歌 3000 首）海曼编
呼和浩特 内蒙古人民出版社 1998 年 重印本
3 册（697；726；770 页）20cm（32 开）
ISBN：7-204-04014-7 定价：CNY98.00

J0161122
好歌新曲 500 首　（A）卜源，伟光编
延吉 延边人民出版社 1999 年 412 页
20cm（32 开）ISBN：7-80648-094-3
定价：CNY15.80

J0161123
好歌新曲 500 首　（B）卜源，伟光编
延吉 延边人民出版社 1999 年 16+396 页
20cm（32 开）ISBN：7-80648-094-3
定价：CNY15.80

J0161124
中外名歌圣经　李泯等主编
长沙 湖南文艺出版社 1999 年 44+2079 页
20cm（32 开）ISBN：7-5404-2183-5
定价：CNY69.80

各国民歌曲

J0161125
世界民歌　（第一集）叶鲁编
广州 前进书局 1950 年 28 页 18cm（32 开）
定价：1.70

J0161126
波兰民歌十二首　钱仁康辑
上海 新音乐出版社 1953 年 42 页

19cm（32 开）定价：旧币 2,200 元

　　作者钱仁康（1914—2013），音乐学家，音乐
理论家。生于江苏无锡，毕业于国立音乐专科学
校理论作曲组。历任北平师范学院、苏州国立社
教学院、江苏师范学院（苏州大学前身）、苏南文教
学院，华东师范大学音乐系教授，上海音乐学院
音乐学系系主任、博导。著有《外国音乐欣赏》等，
并译有《莫扎特书信选》等。

J0161127
苏联民歌　（俄华对照）陈恒新译
上海 真理书店 1953 年 24 页 26cm（16 开）
定价：旧币 3,800 元

J0161128
苏联民歌　（俄华对照）陈恒新译
上海 真理书店 1953 年 再版 24 页
26cm（16 开）定价：旧币 3800

J0161129
鲁莽的小伙子　（保加利亚民歌）（保）卡拉斯
托扬诺夫作曲；王可菊等译
北京 音乐出版社 1954 年 13 页 26cm（16 开）
定价：旧币 3,200 元

J0161130
清津浦船歌　（朝鲜歌曲）
北京 中国音乐家协会 1954 年 2 页
26cm（16 开）定价：旧币 1,600 元

J0161131
苏联民间歌曲集　（第一集）（苏）斯特兰诺留
勃斯基（Б.Страннолюбский）著；孙静云译
北京 音乐出版社 1955 年 影印本 108 页
26cm（16 开）定价：CNY1.23
（东北音专音乐编译丛书 6）

J0161132
苏联民间歌曲集　（第一集 简谱版）（苏）斯
特兰诺留勃斯基（Б.Страннолюбский）编辑；孙
静云，希扬译
北京 音乐出版社 1956 年 123 页 18cm（32 开）
统一书号：8026.419 定价：CNY0.38
（东北音乐专科学校音乐编译丛书 6）

J0161133

歌唱红军 （苏联民歌13首）（苏）哈恰图良编；
钱君匋编，俞获译
上海 上海音乐出版社 1957年 影印本
32页 26cm（16开）统一书号：8127.071
定价：CNY0.36

J0161134

匈牙利民间歌曲选 （第一辑）（匈）柯达伊
（Z.Kodaly）编；李志曙译
上海 上海音乐出版社 1957年 影印本
23页 26cm（16开）统一书号：127.016
定价：CNY0.50
　　外文书名：Magyar Nepzene.

J0161135

匈牙利民间歌曲选 （第二辑）（匈）柯达伊
（Z.Kodaly）编曲；李志曙译
上海 上海音乐出版社 1957年 影印本
16页 26cm（16开）统一书号：127.057
定价：CNY0.36
　　外文书名：Magyar Nepzene.

J0161136

外国儿童民歌选 （第一集）宋军编
北京 中国少年儿童出版社 1958年 30页
19cm（32开）定价：CNY0.13
　　作者宋军（1918—1993），作曲家。原名宋文
焕，出生于广东鹤山。曾任《人民音乐》《儿童音
乐》编辑、中国音乐家协会会员、中国儿童音乐学
会会员、广东省音乐家协会理事、鹤山县政协副
主席和县文联名誉主席。主要作品有《乘着长风
前进》《胜利唱奏曲》《微笑吧妈妈》《红少年的
歌》《红菱送给解放军》等。

J0161137

俄汉对照苏联民歌集 音乐出版社编辑部编
北京 音乐出版社 1959年 42页 19cm（32开）
统一书号：8026.1141 定价：CNY0.18

J0161138

捷克斯洛伐克民歌集 （简谱本）（捷）雷曼编
选；杨乐云译配
北京 音乐出版社 1960年 38页 19cm（32开）
统一书号：8026.1376 定价：CNY0.17

J0161139

名歌200首续编 音乐出版社编辑部编
北京 音乐出版社 1960年 311页 19cm（32开）
统一书号：8026.1278 定价：CNY0.87

J0161140

匈牙利民歌十首 （正谱本）（匈）巴托克
（B.Bartok），（匈）柯达伊（Z.Kodaly）搜集，整理
及配伴奏；李孝风译词；宗伯配歌
北京 音乐出版社 1960年 10页 30cm（10开）
统一书号：8026.1383 定价：CNY0.48

J0161141

宝贝 （印度尼西亚民歌 正谱本）吴国森译词；
刘淑芳配歌
北京 音乐出版社 1962年 3页 26cm（16开）
统一书号：8026.1580 定价：CNY0.11

J0161142

诺多尔江边 （朝鲜民歌）崔东均译配
北京 音乐出版社 1962年 正谱本 4页
26cm（16开）统一书号：8026.1664
定价：CNY0.11

J0161143

三套车 （俄罗斯民歌 正谱本）高山译词；
宏扬配歌
北京 音乐出版社 1962年 3页 26cm（16开）
统一书号：8026.1600 定价：CNY0.11

J0161144

伏尔加船夫曲 （俄罗斯民歌）（苏）凯涅曼，
X.改编
北京 音乐出版社 1963年 5页 26cm（16开）
统一书号：8026.1775 定价：CNY0.16

J0161145

同志们，勇敢地前进 （俄罗斯民歌）（苏）拉
金，Л.作词；（苏）别雷，B.编曲；金中译配
北京 音乐出版社 1963年 2页 27cm（16开）
统一书号：8026.1799 定价：CNY0.11

J0161146

越南民歌选 安波，林荫编译并配歌
北京 音乐出版社 1963年 91页 26cm（16开）

统一书号：8026.1816 定价：CNY1.20

　　作者安波（1915—1965），中国现代著名作曲家、民族音乐学家。生于山东牟平县宁海镇。曾任鲁迅艺术学院院长、东北人民中国音乐学院首任院长。作歌曲 300 余首及秧歌剧、歌剧等多部。代表作：《八路军开荒歌》《七月里在边区》《因为有了共产党》。

J0161147
少年歌手 （爱尔兰民歌）（英）摩尔，（T.Moore）作词；林蔡冰译配
北京 音乐出版社 1964 年 3 页 26cm（16 开）
统一书号：8026.2056 定价：CNY0.09

J0161148
美国民间音乐 （美）内特尔（Nettl，B.）著；简而清译
香港 香港今日世界出版社 1974 年 119 页
19cm（32 开）定价：HKD3.00

J0161149
一、二、三——唱 （美国传统民歌）美国新闻处编；韦瀚章译
香港 今日世界出版社 1978 年 有照片
19cm（32 开）定价：HKD3.00
　　外文名：One，Two，Three-Sing.

J0161150
世界民歌 110 曲集 （第 1 集）
台北 大陆书店［1980—1989 年］335 页
26cm（16 开）

J0161151
外国民歌 100 首
成都 四川人民出版社 1981 年 107 页
21cm（32 开）统一书号：8118.1026
定价：CNY0.35

J0161152
美国民歌选集 （英汉对照）（美）麦科诺基（Mc Cochie，J.），奥斯曼（Osman，A.H.）合编；高履端译注，沈鹤霄配歌
北京 外语教学与研究出版社 1982 年 70 页
25cm（小 16 开）统一书号：9215.118
定价：CNY0.46

外文书名：American Folksongs.

J0161153
外国名歌 222 首 白燕编
北京 中国文联出版公司 1985 年 313 页
19cm（32 开）统一书号：8355.445
定价：CNY1.95

　　本书所选的歌曲出自德、奥、意、法、英、美、日、苏、波、匈、捷、罗、朝、泰、菲、印尼、巴基斯坦等国，品种包括歌剧、轻歌剧、音乐剧、电影插曲选曲，艺术歌曲、民间歌曲、生活歌曲、通俗歌曲等。

J0161154
保罗·罗伯逊演唱的黑人民歌 李士钊编译
北京 人民音乐出版社 1991 年 58 页
26cm（16 开）ISBN：7-103-00814-0
定价：CNY3.15

J0161155
苏联名歌 220 首 郭奇格等编
北京 北京出版社 1991 年 412 页
19cm（小 32 开）ISBN：7-200-00910-5
定价：CNY6.50

　　本书包括民歌、古典歌曲、革命歌曲及现代歌曲 4 部分，编选苏联著名歌曲 220 首，反映了苏联各个历史时期的人民生活、思想感情和社会风貌。

J0161156
民族唱法金曲集萃 张妮娜选编
南宁 广西民族出版社 1992 年 280 页
19cm（小 32 开）ISBN：7-5363-2040-X
定价：CNY4.20

J0161157
中外民歌 300 首 陈一萍，丁干贞编
武汉 长江文艺出版社 1992 年 327 页
19cm（小 32 开）ISBN：7-5354-0670-X
定价：CNY5.80

J0161158
中外著名民间歌曲集萃 志忠，实朴编
郑州 河南人民出版社 1992 年 245 页
19cm（小 32 开）ISBN：7-215-01679-X

定价：CNY3.45

J0161159
俄罗斯民歌珍品集　薛范编
北京　中国电影出版社　1997年　16+370页
有图 20cm（32开）ISBN：7-106-01256-4
定价：CNY20.80
　　作者薛范(1934—　)，音乐学家、翻译家。
笔名稽志峨，祖籍浙江慈溪，生于上海。中国作
家协会、音乐家协会、翻译家协会会员。外国歌
曲翻译的代表作品有《莫斯科郊外的晚上》，编译
出版的外国歌曲集有《苏联歌曲汇编》《最新苏
联抒情歌曲100首》等。

J0161160
外国民歌　吴瑾编
北京　中国青年出版社　1997年　10+283页
20cm（32开）ISBN：7-5006-2095-0
定价：CNY14.50，CNY18.00（精装）
（歌曲精品系列）

J0161161
外国民歌·近现代创作歌曲　廖国瑞，王玄迈
主编
武汉　武汉出版社　1998年　16+498+54页
28cm（大16开）精装　ISBN：7-5430-1767-9
定价：CNY78.00
（世纪之声　系列歌曲集　8）

J0161162
迎接新千年　（中外优秀民歌合唱歌曲总集）
周跃峰，杨扬选编
长沙　湖南文艺出版社　1999年　315页
30cm（10开）精装　ISBN：7-5404-2042-1
定价：CNY37.50
（新千年合唱人丛书　第二卷）

各国戏剧、电影歌曲

J0161163
歌曲精华
[民国]　78页　26cm（16开）
　　本书前半部分收录40余首中国电影插曲；
后半部分收录27首外国电影插曲，歌词均为

原文。

J0161164
雷电华歌选集　（3）华华书报社编
上海　华华书报社　[民国]　99页　15cm（40开）
　　本书收录75首电影插曲。

J0161165
壹佰廿伍曲　（中英文对照）
民国　98页　26cm（16开）
　　本书内收125首外国电影插曲。

J0161166
最新银坛名歌　（第4集）银歌音乐部编译
上海　银歌音乐部　[1936年]　42页
26cm（16开）定价：国币六角
　　本书收录32首，歌词均为英文，附中文。书
末有中文歌曲《迷途的羔羊》一首。

J0161167
中外流行电影名歌集　（1943年最新本）
陈伊克编
桂林　现代音乐研究社　1943年　再版　184页
[19cm]（32开）
　　本书收录100余首电影歌曲，后12首为外
国歌曲，歌词均为原文。

J0161168
电影新歌集　（中外流行）王珏选编
重庆　求知图书社　1945年　18cm（15开）
　　本书内容分国内、国外两部分，收《一夜皇
后》《丁香山》《人鱼公主》等200首歌曲。

J0161169
好莱坞影星新歌　（最新流行）王珏选编
重庆　求知图书社　1948年　渝再版　106页
18cm（15开）
　　本书收录好莱坞电影的插曲：America Love
You（《仙乐街》插曲）、Blue Danube Waltz（《翠
堤春晓》插曲）、But Where are You（《风流舰队》
插曲）等61首。

J0161170
西洋歌剧选曲　（女高音唱）
上海　上海音乐出版社　[1949—1959年]　208页

26cm（16 开）精装

J0161171
《幸福的生活》电影歌集 ［苏］穆·甫·伊藤
可夫斯基等词；［苏］伊·奥·杜纳耶夫斯基曲；
孟广钧译词
北京 新电影杂志社 1951 年 7 页 26cm（16 开）
定价：旧币 500 元
（新电影小丛书 5）
　　本书收录苏联电影《幸福的生活》的插曲 4
首：《幸福之歌》《你从前是这样现在还是这样》
《红莓花儿》《丰收之歌》。

J0161172
苏联电影插曲集 （第一集）阿慈选辑
北京 新中国书店 1953 年 48 页 15cm（40 开）
定价：旧币 1,500 元
（新中国歌曲小丛书）

J0161173
"多瑙河彼岸的萨坡罗什人"曲选 （乌克兰）
阿尔切莫夫斯基作曲；（苏）施波夫俄译；毛宇
宽中译
北京 音乐出版社 1956 年 影印本 42 页
26cm（16 开）统一书号：8026.408
定价：CNY0.76
　　本书是苏联歌剧选曲，内容包括：1、歌曲
《妈妈向我说过了啊》；2、浪漫曲《夜半的星星》；
3、安德烈和奥克山娜的二重唱《密密的森林黑
暗的树影》；4、奥达尔卡与卡拉斯的二重唱《你
从哪里滚回来了？》。五线谱本。

J0161174
电影歌曲集 （第二集）中华人民共和国文化
部电影事业管理局编辑
北京 音乐出版社 1956 年 93 页 19cm（32 开）
统一书号：T8026.450 定价：CNY0.30

J0161175
电影歌曲集 （第三集 外国电影歌曲）中华人
民共和国文化部电影事业管理局编辑
北京 音乐出版社 1956 年 60 页 19cm（32 开）
统一书号：T8026.520 定价：CNY0.19

J0161176
俄罗斯歌剧选曲 （第一集 女高音用）
（俄）柴可夫斯基（П.И.Чайковский）等作曲；（俄）
普希金等作词；周枫等译
北京 音乐出版社 1956 年 影印本 45 页
26cm（16 开）统一书号：8026.335
定价：CNY0.55
　　本书是俄罗斯歌剧曲目选集，共 5 集。作曲
柴可夫斯基（Чайковский，ПётрИльич，1840—
1893），俄罗斯作曲家、音乐剧作家，代表作有
芭蕾舞剧《天鹅湖》《睡美人》《胡桃夹子》，歌
剧《叶甫根尼·奥涅金》，交响曲《罗密欧与朱丽
叶》等。

J0161177
俄罗斯歌剧选曲 （第二集 男高音用）
（俄）柴可夫斯基（П.И.Чайковский）等作曲；（俄）
普希金等作词；周枫等译
北京 音乐出版社 1956 年 影印本 39 页
26cm（16 开）统一书号：8026.336
定价：CNY0.47

J0161178
俄罗斯歌剧选曲 （第三集 男中音，男低音
用）（俄）鲍罗丁等作；张国龄等译
北京 音乐出版社 1956 年 影印本 42 页
26cm（16 开）统一书号：8026.462
定价：CNY0.75

J0161179
俄罗斯歌剧选曲 （第四集 女中音，女低音
用）（俄）柴可夫斯基（П.И.Чайковский）作曲；
（俄）巴丘西科夫等作词；章枚等译
北京 音乐出版社 1956 年 影印本 22 页
26cm（16 开）统一书号：8026.463
定价：CNY0.50

J0161180
俄罗斯歌剧选曲 （第五集 男中音用）
（俄）格林卡（М.Глинка）等作曲；（俄）普希金等
作词；周枫等译
北京 音乐出版社 1958 年 影印本 29 页
26cm（16 开）统一书号：8026.852
定价：CNY0.36

J0161181

森林之歌

(清唱剧)(苏)多尔玛托夫斯基作词;(苏)萧斯塔科维奇(Д.Д.Шостакович)作曲;赵沨,王易今译

北京 音乐出版社 1956年 影印本 95页

19cm(32开)统一书号:8026.507

定价:CNY1.00

　　译者赵沨(1916—2001),音乐教育家。曾用名吴福田、赵天民等,出生于河南开封,原籍河南项城。历任国家教育部艺术教育委员会主任、中国音乐家协会顾问、《人民音乐》主编,原中央音乐学院党委书记、院长、名誉院长,国务院学位委员会艺术学科评议组召集人,译配苏联歌曲有《喀秋莎》《人不犯我,我不犯人》《夜莺曲》《假如明天战争》等。

J0161182

罗密欧与朱丽叶

(俄)柴科夫斯基(П.И.Чайковский)作曲;索科罗夫作词;汪蔼祥译

上海 上海音乐出版社 1957年 影印本

32页 26cm(16开)统一书号:8127.068

定价:CNY0.65

J0161183

印度电影歌曲选　上海人民广播电台广播歌选编辑室编辑

上海 上海音乐出版社 1957年 24页

19cm(32开)统一书号:127.051

定价:CNY0.12

J0161184

自卫战士和农民之歌　(选自歌剧"伊凡·苏萨宁")(俄)格林卡(М.Глинка)作曲;孙依群译

北京 音乐出版社 1957年 影印本 28页

26cm(16开)统一书号:8026.756

定价:CNY0.32

J0161185

西洋古典歌剧选曲　(俄罗斯古典歌剧 第一集简谱版)(俄)格林卡作曲;周枫等译

北京 音乐出版社 1958年 66页 13cm(60开)

统一书号:8026.896 定价:CNY0.18

J0161186

西洋古典歌剧选曲　(女中音用)(奥)莫扎特(W.A.Mozart)等曲;周枫译配

北京 音乐出版社 1958年 64页 26cm(16开)

统一书号:8026.874 定价:CNY0.70

　　作者莫扎特(1756—1791),欧洲古典主义音乐作曲家。出生于萨尔兹堡。留给世人的作品达600多首,包括63首交响曲,16首嬉游曲,13首小夜曲,15首进行曲,105首小步舞曲,172首舞曲等。代表作品有《奏鸣曲》《协奏曲》《安魂曲》《唐璜》《费加罗的婚礼》《魔笛》等。

J0161187

西洋古典歌剧选曲　(欧洲古典歌剧 第2册 简谱版)音乐出版社编辑部编

北京 音乐出版社 1959年 14cm(64开)

统一书号:8026.1205 定价:CNY0.20

J0161188

茶花女　(三幕歌剧)[意]皮阿威作词;威尔第作曲

北京 音乐出版社 1959年 定价:CNY3.00

　　本书收有全剧曲谱,包括序曲及所有剧中人的全部唱段,附钢琴伴奏谱。作者威尔第(Giusepe Verdi,1813—1901),意大利作曲家。出生于意大利北部布塞托,毕业于米兰音乐学院。代表作品《茶花女》《弄臣》《阿依达》《奥塞罗》等。

J0161189

友谊的长城　(电影《风从东方来》主题歌)

(苏)克留柯夫,李焕之曲;放平词

北京 音乐出版社 1959年 影印本 3页

26cm(16开)统一书号:8026.1259

定价:CNY0.10

J0161190

友谊的长城　(影片《风从东方来》主题歌)

放平作词;(苏)Н.克留柯夫,李焕之作曲

北京 音乐出版社 1959年 4页 26cm(16开)

统一书号:8026.1259 定价:CNY0.10

J0161191

安东尼达的浪漫曲　(歌剧《伊凡·苏萨宁》选曲 女高音用)(俄)戈罗捷茨基,С.作词;

（俄）格林卡，M. 作曲；张国龄,周枫译配

北京 音乐出版社 1963 年 5 页 26cm（16 开）

统一书号：8026.1855 定价：CNY0.16

J0161192

人不犯我，我不犯人 （苏联影片《战友》插曲）（苏）列别捷夫－库玛奇，B. 作曲；（苏）米柳汀 .ы. 作曲；曹葆华译词；李焕之配歌

北京 音乐出版社 1963 年 3 页 26cm（16 开）

统一书号：8026.1757 定价：CNY0.11

译者曹葆华(1906—1978)，诗人、翻译家。四川乐山人。原名宝华,别名伊人。毕业于清华大学研究院。曾任中华文化基金董事会专职翻译、延安鲁艺文学系教师、中共中央宣传部俄文翻译室主任、中国科学院哲学社会科学部外国文学研究所研究员等。著有《抒情十三章》《寄诗魂》《落日颂》等,译有《现代诗论》《党的组织和党的文学》《马克思恩格斯论艺术》等。

J0161193

苏萨宁的咏叹调 （歌剧《伊凡·苏萨宁》选曲男低音用）（俄）戈罗捷茨基，C. 作词；（俄）格林卡，M. 作曲；周枫译配

北京 音乐出版社 1963 年 5 页 26cm（16 开）

统一书号：8026.1854 定价：CNY0.16

J0161194

约赛兰摇篮曲 （法）拉马丁，A.（Lamartine, A.）作词；（法）戈达，B.（Godard, B.）作曲；邵承斌译词；瞿自新配歌

北京 音乐出版社 1963 年 ［4］页 26cm（16 开）

统一书号：8026.1748 定价：CNY0.11

J0161195

电影歌曲选

北京 人民音乐出版社 1975 年 122 页

19cm（32 开）统一书号：8026.3142

定价：CNY0.26

J0161196

电影歌曲选 （2）

北京 人民音乐出版社 1978 年 104 页

19cm（32 开）统一书号：8026.3346

定价：CNY0.23

J0161197

电影歌曲选 （3）

北京 人民音乐出版社 1978 年 58 页

19cm（32 开）统一书号：8026.3442

定价：CNY0.15

J0161198

电影歌曲选 （4）

北京 人民音乐出版社 1979 年 92 页

19cm（32 开）统一书号：8026.3581

定价：CNY0.20

J0161199

电影歌曲 100 首 四川省电影发行放映公司编

成都 四川人民出版社 1978 年 228 页

19cm（32 开）统一书号：8118.443

定价：CNY0.44

J0161200

电影歌曲选 （1979 年第 2 辑）

北京 中国电影出版社 1979 年 30 页

19cm（32 开）统一书号：8061.1331

定价：CNY0.10

J0161201

电影歌曲选 （1979 年第 4 辑）

北京 中国电影出版社 1979 年 19cm（32 开）

统一书号：8061.1464 定价：CNY0.10

J0161202

电影歌曲选 （1979 年第 3 辑）

北京 中国电影出版社 1980 年 62 页

19cm（32 开）统一书号：8061.1380

定价：CNY0.17

J0161203

电影歌曲选 （1980 年第 1 辑）

北京 中国电影出版社 1980 年 30 页

19cm（32 开）统一书号：8061.1439

定价：CNY0.10

J0161204

电影歌曲选 （1980 年第 2 辑）

北京 中国电影出版社 1980 年 19cm（32 开）

统一书号：8061.1472 定价：CNY0.10

J0161205
电影歌曲选 （1980 年第 3 辑）
北京 中国电影出版社 1980 年 30 页
19cm（32 开）统一书号：8061.1523
定价：CNY0.10

J0161206
电影歌曲选 （1980 年第 4 辑）
北京 中国电影出版社 1980 年 19cm（32 开）
统一书号：8061.1534 定价：CNY0.10

J0161207
电影歌曲选 （1980 年第 5 辑）
北京 中国电影出版社 1980 年 31 页
19cm（32 开）统一书号：8061.1548
定价：CNY0.10

J0161208
电影歌曲选 （1981 年第 1 辑）
北京 中国电影出版社 1981 年 32 页
19cm（32 开）统一书号：8061.1625
定价：CNY0.10

J0161209
电影歌曲选 （1981 年第 2 辑）
北京 中国电影出版社 1981 年 48 页
19cm（32 开）统一书号：8061.1651
定价：CNY0.15

J0161210
电影歌曲选 （1981 年第 3 辑）
北京 中国电影出版社 1981 年 48 页
19cm（32 开）统一书号：8061.1629
定价：CNY0.15

J0161211
电影歌曲选 （1981 年第 4 辑）
北京 中国电影出版社 1982 年 48 页
19cm（32 开）统一书号：8061.1732
定价：CNY0.15

J0161212
电影歌曲选 （15）
北京 中国电影出版社 1982 年 48 页
19cm（32 开）统一书号：8061.1806

定价：CNY0.15

J0161213
电影歌曲选 （16）
北京 中国电影出版社 1982 年 48 页
19cm（32 开）统一书号：8061.1882
定价：CNY0.15

J0161214
电影歌曲选 （17）
北京 中国电影出版社 1982 年 48 页
19cm（32 开）统一书号：8061.1944
定价：CNY0.15

J0161215
电影歌曲选 （18）
北京 中国电影出版社 1983 年 48 页
19cm（32 开）统一书号：8061.2109
定价：CNY0.15

J0161216
电影歌曲选 （19）
北京 中国电影出版社 1983 年 48 页
19cm（32 开）统一书号：8061.2210
定价：CNY0.15

J0161217
电影歌曲选 （20）
北京 中国电影出版社 1983 年 48 页
19cm（32 开）统一书号：8061.2266
定价：CNY0.15

J0161218
电影歌曲选 （21）
北京 中国电影出版社 1984 年 48 页
19cm（32 开）统一书号：8061.2266
定价：CNY0.15

J0161219
电影歌曲选 （22）
北京 中国电影出版社 1984 年 19cm（32 开）
统一书号：8061.2520 定价：CNY0.20

J0161220
电影歌曲选 （23-24）

北京 中国电影出版社 1984 年 64 页
19cm（32 开）统一书号：8061.2575
定价：CNY0.32

J0161221
电影歌曲选 （25）
北京 中国电影出版社 1985 年 48 页
19cm（32 开）统一书号：8061.2742
定价：CNY0.35

J0161222
电影歌曲选 （26）
北京 中国电影出版社 1985 年 48 页
19cm（32 开）统一书号：8061.2875
定价：CNY0.35

J0161223
电影歌曲选 （27-28 合刊 台湾电影劲歌）
中国电影出版社编
北京 中国电影出版社 1986 年 112 页
有照片 19cm（32 开）统一书号：8061.2900
定价：CNY1.10

J0161224
电影歌曲选 （29）中国电影出版社编
北京 中国电影出版社 1986 年 48 页
19cm（32 开）统一书号：8061.2940
定价：CNY0.35

J0161225
电影歌曲选 （41-42 合刊）中国电影出版社编
北京 中国电影出版社 1989 年 147 页
有照片 19cm（32 开）ISBN：7-106-00224-0
定价：CNY1.90

J0161226
电影歌曲选 （43-44 期合刊）
北京 中国电影出版社 1990 年 108 页
有照片 19cm（32 开）ISBN：7-106-00317-4
定价：CNY1.50

J0161227
电影歌曲选 （中外影视歌曲）
北京 中国电影出版社 1991 年 128 页 有照片
19cm（小 32 开）ISBN：7-106-00463-4

定价：CNY2.20

J0161228
朝鲜电影歌曲选　上海文艺出版社编辑
上海 上海文艺出版社 1980 年 92 页
19cm（32 开）统一书号：8078.3102
定价：CNY0.27

J0161229
电影歌曲 120 首 （第一集）甘肃人民出版社著
兰州 甘肃人民出版社 1980 年 246 页
19cm（32 开）统一书号：8096.762
定价：CNY0.60

J0161230
电影歌曲 120 首 （第二集 续编）甘肃人民
出版社著
兰州 甘肃人民出版社 1982 年 240 页
19cm（32 开）统一书号：8096.835
定价：CNY0.57

J0161231
电影歌曲 120 首 （第三集）甘肃人民出版社
编辑
兰州 甘肃人民出版社 1983 年 256 页
19cm（32 开）统一书号：8096.951
定价：CNY0.60

J0161232
电影歌曲 120 首 （第四集）甘肃人民出版社
编辑
兰州 甘肃人民出版社 1984 年 262 页
19cm（32 开）统一书号：8096.1037
定价：CNY0.67

J0161233
电影歌曲 120 首 （第五集）弦音编
兰州 甘肃人民出版社 1985 年 274 页
19cm（32 开）统一书号：8096.1139
定价：CNY1.15

J0161234
电影歌曲 120 首 （第六集）弦音编
兰州 甘肃人民出版社 1986 年 261 页
19cm（32 开）统一书号：8096.1222

定价：CNY1.20

J0161235
电影新歌 （1）湖南人民出版社编
长沙　湖南人民出版社　1980 年　44 页
19cm（32 开）统一书号：8109.1175
定价：CNY0.18

J0161236
电影新歌 （2）湖南电影公司编
长沙　湖南人民出版社　1980 年　63 页
19cm（32 开）统一书号：8109.1178
定价：CNY0.20

J0161237
电影新歌 （3）
长沙　湖南人民出版社　1980 年　69 页
19cm（32 开）统一书号：8109.1181
定价：CNY0.20

J0161238
电影新歌 （4）湖南人民出版社著
长沙　湖南人民出版社　1981 年　19cm（32 开）
统一书号：8109.1357（4）定价：CNY0.17

J0161239
电影新歌 （5）
长沙　湖南人民出版社　1981 年　55 页
19cm（32 开）统一书号：10109.1431
定价：CNY0.18

J0161240
电影新歌 （6）湖南人民出版社编
长沙　湖南人民出版社　1982 年　64 页
19cm（32 开）定价：CNY0.22
　　本辑收录《先驱者之歌》《鲁迅传》《年轻的
朋友》《知音》《英俊少年》等影片的主题歌和插
曲 36 首。

J0161241
电影新歌 （7）湖南人民出版社编
长沙　湖南人民出版社　1983 年　55 页
19cm（32 开）统一书号：8109.1503
定价：CNY0.21

J0161242
电影新歌 （8）湖南人民出版社编
长沙　湖南人民出版社　1983 年　58 页
19cm（32 开）统一书号：8109.1352
定价：CNY0.21

J0161243
电影新歌 （9）湖南人民出版社编
长沙　湖南人民出版社　1984 年　65 页
19cm（32 开）统一书号：8109.1362
定价：CNY0.25

J0161244
电影新歌 （10）湖南人民出版社编
长沙　湖南人民出版社　1986 年　76 页
19cm（32 开）统一书号：8456.3
定价：CNY0.52

J0161245
外国电影歌曲选 （一）
石家庄　河北人民出版社　1980 年　68 页
14cm（64 开）统一书号：8086.1210
定价：CNY0.12

J0161246
茶花女 人民音乐出版社编辑部著
北京　人民音乐出版社　1981 年　169 页
19cm（32 开）统一书号：8026.3821
定价：CNY0.66

J0161247
外国电影歌曲选 （第一集）人民音乐出版社
编辑部编
北京　人民音乐出版社　1981 年　106 页
19cm（32 开）统一书号：8026.3870
定价：CNY0.34

J0161248
外国电影歌曲选 （第二集）人民音乐出版社编
北京　人民音乐出版社　1985 年　123 页　有照片
19cm（32 开）统一书号：8026.4300
定价：CNY0.52

J0161249
外国电影歌曲选集 中国电影出版社编辑

北京 中国电影出版社 1981 年 174 页
19cm（32 开）统一书号：8061.1716
定价：CNY0.45

J0161250
中外流行电影歌曲二百首　贵州人民广播电
台等编
贵阳 贵州人民出版社 1981 年 342 页
19cm（32 开）统一书号：8115.772
定价：CNY0.90

J0161251
电影歌曲选 （13 外国电影歌曲专辑）上海
文艺出版社编
上海 上海文艺出版社 1982 年 60 页
14cm（64 开）统一书号：8078.3345
定价：CNY0.10

J0161252
世界电影主题曲 （1 钢琴、吉他）华木兰编译
台北 天同出版社 1982 年 48 页 30cm（15 开）
定价：TWD80.00
（《风行世界金曲系列》丛书）
　　外文书名：Motion Picture Thems.

J0161253
世界电影主题曲 （2 钢琴、吉他）华木兰编译
台北 天同出版社 1982 年 91 页 30cm（15 开）
定价：TWD120.00
（《风行世界金曲系列》丛书）
　　外文书名：Motion Picture Themes.

J0161254
电影歌曲 （2 外国影片插曲）
北京 中国电影出版社［1984 年］14cm（64 开）
定价：CNY0.28

J0161255
电影歌曲 （3 最新中外影视歌曲）
北京 中国电影出版社［1984 年］有照片
14cm（64 开）定价：CNY0.24

J0161256
中外电影电视新歌 200 首　贵州人民广播电
台等编

贵阳 贵州人民出版社 1984 年 373 页
19cm（32 开）统一书号：8115.953
定价：CNY1.00

J0161257
中外电影电视歌曲选　上海文艺出版社编
上海 上海文艺出版社 1985 年 550 页
19cm（32 开）精装 统一书号：8078.3513
定价：CNY5.60

J0161258
电影电视歌曲精选 133 首　肖云编
南宁 广西人民出版社 1986 年 245 页
19cm（32 开）统一书号：8113.1192
定价：CNY1.30

J0161259
海外影视歌曲精选
西安 陕西人民出版社 1986 年 14cm（64 开）
定价：CNY0.20
（太平洋之声 1）

J0161260
中外影视歌曲画册　［中国电影出版社编］
北京 中国电影出版社 1986 年 105 页 有图
19cm（32 开）统一书号：8061.3096
定价：CNY0.75

J0161261
最新影视歌曲 100 首　云君编
沈阳 春风文艺出版社 1986 年 145 页
19cm（32 开）统一书号：8158.1230
定价：CNY0.90

J0161262
最新影视歌曲 100 首 （第 2 集）云君编
沈阳 春风文艺出版社 1987 年 154 页
19cm（32 开）统一书号：8158.1236
ISBN：7-5313-0024-9 定价：CNY1.05

J0161263
最新影视歌曲 100 首 （第 3 集）云君编
沈阳 春风文艺出版社 1988 年 182 页
19cm（32 开）ISBN：7-5313-0119-9
定价：CNY1.50

J0161264
最新影视歌曲 100 首 （第 4 集）云君编
沈阳　春风文艺出版社　1989 年　184 页
19cm（32 开）ISBN：7-5313-0229-2
定价：CNY2.05

J0161265
最新影视歌曲 100 首 （第 5 集）云君编
沈阳　春风文艺出版社　1992 年　196 页
19cm（小 32 开）ISBN：7-5313-0649-2
定价：CNY4.00
　　本书内容包括：中国电影歌曲、中国电视剧
歌曲、港台电影电视歌曲、外国电影电视歌曲等
5 部分。

J0161266
环球银幕歌声 （1 美国电影歌曲精选）
《电影歌曲选》编辑部编
北京　中国电影出版社　1987 年　176 页　有图
19cm（32 开）统一书号：8061.3097
定价：CNY1.20

J0161267
环球银幕歌声 （3 孙佳星演唱中外影视儿童
歌曲 100 首）
北京　中国电影出版社　1987 年　148 页　有照片
19cm（32 开）统一书号：8061.3360
ISBN：7-106-00027-2 定价：CNY1.10
（电影歌曲选 36、37 期）

J0161268
环球银幕歌声 （4 日本影视流行歌曲）中国
电影出版社编辑
北京　中国电影出版社　1990 年　74 页　有照片
19cm（32 开）ISBN：7-106-00177-5
定价：CNY1.40

J0161269
影视新歌 （1）上海音乐出版社编
上海　上海音乐出版社　1987 年　29 页
19cm（32 开）统一书号：8127.3007
ISBN：7-80553-006-8 定价：CNY0.22

J0161270
影视新歌 （2）上海音乐出版社编

上海　上海音乐出版社　1988 年　35 页
19cm（32 开）ISBN：7-80553-071-8
定价：CNY0.28

J0161271
影视新歌 （3）上海音乐出版社编
上海　上海音乐出版社　1988 年　29 页
19cm（32 开）ISBN：7-80553-100-5
定价：CNY0.33

J0161272
影视新歌 （4）上海音乐出版社编
上海　上海音乐出版社　1989 年　29 页
19cm（32 开）定价：CNY0.43

J0161273
中外影视歌曲 200 首
北京　中国电影出版社　1987 年　308 页
19cm（32 开）ISBN：7-106-00052-3
定价：CNY2.50

J0161274
中外影视歌曲精粹　磊夫编
武汉　长江文艺出版社　1987 年　408 页
19cm（32 开）统一书号：8107.699
ISBN：7-5354-0007-8 定价：CNY2.80

J0161275
中外影视名曲选 （供钢琴、电子琴、风琴、
手风琴练习用）江通编配
上海　少年儿童出版社　1987 年　50 页
31cm（10 开）统一书号：R8024.183
定价：CNY2.90 ISBN：7-5324-0091-3

J0161276
流氓大亨 （海外影视歌曲精选　二）美美编
长沙　湖南文艺出版社　1988 年　27 页
19cm（32 开）ISBN：7-5404-0275-X
定价：CNY0.40

J0161277
热唱金曲 （最新影视磁带精选）张冠宇编
石家庄　河北人民出版社　1988 年　192 页
19cm（32 开）ISBN：7-202-00230-2
定价：CNY2.00

J0161278
外国影视歌曲选　人民音乐出版社编辑部编
北京　人民音乐出版社　1988 年　214 页
19cm（32 开）ISBN：7–103–00140–5
定价：CNY1.55
　　本书选收外国电影、电视歌曲共 115 首。其
中曲目有《我衷心的感谢你》《花仙子之歌》《寻
找》《我心里不能平静》《月亮颂》《雨点往我头
上掉》等。

J0161279
银幕上的歌　（16）
南宁　广西人民出版社　1988 年　90 页
19cm（32 开）ISBN：7–219–00580–6
定价：CNY0.75

J0161280
影视歌曲　（一）人民音乐出版社编辑部编
北京　人民音乐出版社　1988 年　58 页　有剧照
19cm（32 开）ISBN：7–103–00229–0
定价：CNY0.65

J0161281
影视歌曲　（三）人民音乐出版社编辑部编
北京　人民音乐出版社　1989 年　58 页　有图
19cm（32 开）ISBN：7–103–00295–9
定价：CNY0.92

J0161282
影视歌曲　（四）人民音乐出版社编辑部编
北京　人民音乐出版社　1989 年　58 页
19cm（32 开）ISBN：7–103–00294–0
定价：CNY0.92

J0161283
影视歌曲　（五）人民音乐出版社编辑部编
北京　人民音乐出版社　1989 年　58 页
19cm（32 开）ISBN：7–103–00449–8
定价：CNY0.92

J0161284
影视歌曲　（六）人民音乐出版社编辑部编
北京　人民音乐出版社　1989 年　58 页
19cm（32 开）ISBN：7–103–00458–7
定价：CNY0.92

J0161285
影视歌曲　（七）人民音乐出版社编辑部编
北京　人民音乐出版社　1990 年　60 页
19cm（32 开）ISBN：7–103–00535–4
定价：CNY1.05

J0161286
在爱的世界里
北京　中国电影出版社　1988 年　128 页
19cm（32 开）ISBN：7–106–00138–4
定价：CNY1.70
（磁带歌选 1）

J0161287
电影之魂　（美国奥斯卡金像，AA 大奖影片歌
曲欣赏与评论）孙雁书主编；杨正山等编译
沈阳　辽宁人民出版社　1989 年　342 页
19cm（32 开）ISBN：7–205–00929–4
定价：CNY3.59

J0161288
中外电视剧主题歌选　《声屏报》编辑部编
广州　花城出版社　1989 年　90 页　19cm（32 开）
ISBN：7–5360–0396–X　定价：CNY1.25

J0161289
奥斯卡金像奖电影之声　张宁编著
北京　高等教育出版社　1990 年　76 页
19cm（32 开）ISBN：7–04–002553–1
定价：CNY1.30
（音乐佳作欣赏丛书　第 3 分册）

J0161290
奥斯卡金像奖电影歌曲荟萃　（中英对照）
薛范编译
上海　上海音乐出版社　1992 年　239 页　有剧照
20cm（32 开）ISBN：7–80553–315–6
定价：CNY6.10
　　本书每首歌曲的谱上都标有吉他伴奏的
和弦记号，歌词附英汉两种文字，谱后附有歌曲
所属电影剧情概况和歌曲背景材料及歌曲演唱
者、作者的简况。外文书名：Oscar Award Best
Songs. 作者薛范(1934—　)，音乐学家、翻译家。
笔名嵇志默，祖籍浙江慈溪，生于上海。中国作
家协会、音乐家协会、翻译家协会会员。外国歌

曲翻译的代表作品有《莫斯科郊外的晚上》,编译出版的外国歌曲集有《苏联歌曲汇编》《最新苏联抒情歌曲 100 首》等。

J0161291
中外影视剧金曲大观　（《抒情歌曲选》总第 12 辑）雷维模选编
成都　四川人民出版社　1992 年　176 页
19cm（小 32 开）ISBN：7-220-01738-3
定价：CNY2.60
　　本书内容包括：中国电影歌曲、中国电视歌曲、中国歌剧选曲、外国影视剧选曲。编者雷维模,教授、作曲家、音乐学者。历任中国音乐家协会会员、中国音乐著作权协会会员、中国社会音乐研究会理事、四川省社会音乐研究会副会长兼秘书长。

J0161292
歌剧选曲　（女高音　上集）中央音乐学院歌剧系编；蒋英等译配
北京　人民音乐出版社　1993 年　146 页
26cm（16 开）ISBN：7-103-01051-X
定价：CNY6.00
　　外文书名：Music Opera, Coloratura Soprano.

J0161293
歌剧选曲　（女高音　下集）中央音乐学院歌剧系编；蒋英等译配
北京　人民音乐出版社　1994 年　156 页
26cm（16 开）ISBN：7-103-01187-7
定价：CNY11.50
　　本书收录《珠宝之歌》《人们叫我咪咪》《母亲被杀害》等 27 首歌曲。

J0161294
外国歌剧选曲集　（男高音咏叹调）周枫,朱小强译编
上海　上海音乐出版社　1994 年　193 页
30cm（10 开）ISBN：7-80553-429-2
定价：CNY29.00
　　外文书名：Opera Arias, Tenor.

J0161295
外国歌剧选曲集　（女高音咏叹调）周枫,朱小强译编

上海　上海音乐出版社　1996 年　2 册（420 页）
30cm（10 开）ISBN：7-80553-488-8
定价：CNY84.00
　　外文书名：Opera Arias, Soprano.

J0161296
外国歌剧选曲集　（女中低音咏叹调）周枫,朱小强译编
上海　上海音乐出版社　1996 年　203 页
31cm（10 开）ISBN：7-80553-441-1
定价：CNY35.80

J0161297
外国歌剧选曲集　（男中低音咏叹调）周枫,朱小强译编
上海　上海音乐出版社　1997 年　256 页
30cm（10 开）ISBN：7-80553-464-0
定价：CNY48.00

J0161298
中外影视歌曲 128 首　燕佳编
北京　中国文联出版公司　1995 年　205 页
19cm（小 32 开）ISBN：7-5059-2090-1
定价：CNY5.70

J0161299
世界电影经典歌曲 500 首　薛范编
北京　中国电影出版社　1996 年　18+861 页
20cm（32 开）ISBN：7-106-01158-4
定价：CNY33.80

J0161300
外国歌剧曲选　（上册）朱振山主编
北京　人民音乐出版社　1997 年　379 页
26cm（16 开）ISBN：7-103-01466-3
定价：CNY43.40
（声乐艺术教育丛书 声乐教学曲库 2）
　　本册收录格鲁克曲的《世上没有优丽狄茜我怎能活》、莫扎特曲的《我将爱她》、多尼采蒂曲的《像天使一样美丽》和瓦格纳的《晚星颂》等歌剧曲目。作者朱振山（1955—　），首都师范大学音乐系声乐副教授、中国音协声乐教育协会理事、北京市音乐家协会会员。

J0161301

外国歌剧曲选 （下册）朱振山主编

北京 人民音乐出版社 1999年 304页

26cm（16开）ISBN：7-103-01520-1

定价：CNY34.50

（声乐艺术教育丛书 声乐教学曲库 2）

　　本册收录普契尼曲的《奇妙的和谐》、古诺曲的《珠宝之歌》、彭基埃利曲的《天空，海洋》和柴科夫斯基的《青春，你在那里》等歌剧曲目。

J0161302

外国影视歌曲 韦行编

北京 中国青年出版社 1997年 16+385页

20cm（32开）ISBN：7-5006-2107-8

定价：CNY18.50，CNY22.00（精装）

（歌曲精品系列）

J0161303

西洋歌剧选曲 吴瑾，晓知编

北京 中国青年出版社 1997年 236页

20cm（32开）ISBN：7-5006-2106-X

定价：CNY12.30，CNY15.80（精装）

（歌曲精品系列）

J0161304

中外影视歌曲大观 张前编

郑州 河南文艺出版社 1997年 32+870页

20cm（32开）ISBN：7-80623-043-2

定价：CNY31.80

J0161305

外国影视歌曲 薛范主编

武汉 武汉出版社 1998年 10+582+54页

28cm（大16开）精装 ISBN：7-5430-1768-7

定价：CNY78.00

（世纪之声 系列歌曲集 9）

J0161306

影视金曲 （流金的岁月）

奎屯 伊犁人民出版社 1999年 10+308页

19cm（小32开）ISBN：7-5425-0267-0

定价：CNY14.30

（好歌经典）

各国艺术歌曲

J0161307

抒情歌选 黄文昭编

［厦门］正音乐社［1910—1949年］40页

19cm（32开）

　　本书收录《小夜曲》《悲歌》《马嘉月》等中外歌曲41首。

J0161308

独唱曲选 （第一集）李抱忱编

北平 中华乐社 1933年 37页 27cm（16开）

定价：国币六角

　　本书收录《我们〈伴奏〉》《都纳故乡》《不屈》《树》等10首歌曲，五线谱，附钢琴伴奏谱。

J0161309

女声合唱一百曲集 （第一集）柯政和编

北平 中华乐社 1933年 30页 26cm（16开）

定价：实价五角

　　本书收录《流浪民之歌》《你能忘记旧时的朋友么》《婚歌》《听！听！天鹅！》《"觉塞林"的催眠歌》等5首歌曲，五线谱，附钢琴伴奏谱。作者柯政和（1890—1973），音乐教育家。台湾嘉义人，原籍福建安溪。原名丁丑，字安士。留学日本东京音乐学校师范科、东京音乐学校研究科、上智大学文科。曾任北京师范大学教授。著有《音乐通论》《何利马里音阶练习书》《简易钢琴曲集》《音乐史》《拜耳钢琴教科书》等。

J0161310

混声合唱一百曲集 （第一集）柯政和编

北平 中华乐社 1934年 31页 26cm（16开）

定价：五角

　　本书收录《唉，唉，唉！》《摇篮歌》《无相忘花》《罗鲁孟》《阿门合唱》等5首世界歌曲，五线谱，附钢琴伴奏谱。

J0161311

同声二部合唱曲集 （第一册）柯政和编

北平 中华乐社 1935年 2版 32页

26cm（16开）定价：五角

　　本书收录《中秋》《佳节》《梅花》《故乡》等中外歌曲11首，五线谱，附钢琴伴奏谱。

J0161312
抒情名歌选　陈原,余荻编
成都　实学书局 1945 年 17cm(32 开)
　　本书收录《壮士骑马打仗去了》《旗正飘飘》
《永定河》《大丹河》《泰第安娜和奥里基二重唱》
《魔王》《摇篮歌》等 23 首中外歌曲。

J0161313
合唱名歌集　陈曼鹤编
上海　美乐图书出版公司 1948 年 157 页
20cm(32 开)
(音乐会名歌选集丛书 3)

J0161314
舒倍尔脱独唱曲集　(一)(奥)舒倍尔脱
(F.Schubert)作曲;廖晓帆译词
上海　上海音乐公司 1948 年 47 页 26cm(16 开)
　　本书内录《菩提树》《泪洪》《小夜曲》《野
玫瑰》《圣母颂》《少女之哀歌》《死神与少女》等
14 首歌曲,五线谱,附钢琴伴奏谱。

J0161315
世界合唱名歌　(苏)亚力山特罗夫等编曲;
陈原等译
实学书局[1950—1959 年]19cm(32 开)

J0161316
十月颂　(无伴奏混声合唱)(苏)N.李米扬诺
夫词;(苏)A.叶高罗夫曲;郁文哉,盛家伦译
北京　天下出版社 1951 年 5 页 26cm(16 开)
定价:旧币 2,500 元
(苏联活页歌选 4)

J0161317
斯大林万岁　(合唱曲钢琴伴奏)(苏)M.李沃
夫斯基词;(苏)Б.马伊齐尔曲;郁文哉,盛家
伦译
北京　天下出版社 1951 年 5 页 26cm(16 开)
定价:旧币 2,000 元
(苏联活页歌选 5)

J0161318
苏联合唱曲选　(第一集)赵勤英译;冯淳配歌
上海　上海音乐出版社 1951 年 43 页
26cm(16 开)定价:旧币 6,000 元

J0161319
消灭侵略战争　(苏)S.华西列耶夫词;(苏)
A.诺维科夫曲;郁文哉,盛家伦译
北京　天下出版社 1951 年 3 页 26cm(16 开)
定价:旧币 1,500 元
(苏联活页歌选 3)

J0161320
建设祖国——保卫和平　(捷克斯洛伐克波尔
卡 混声合唱及管弦乐队伴奏之大合唱)索尔斯
编曲;多比亚斯曲;哈拉赛词
中华全国音乐工作者协会 1952 年 55 页
20cm(32 开)定价:CNY0.20

J0161321
祖国大合唱
(苏)加雅莫夫(A.Гаямов)作词;(苏)阿鲁秋年
(А.Арутюнян)作曲;廖辅叔译词;中央音乐学
院编辑
上海　万叶书店 1952 年 56 页 26cm(16 开)
定价:旧币 8,500 元
(中央音乐学院研究部资料丛刊)

J0161322
苏联合唱歌曲集　喻宜萱,汤雪耕辑
上海　新音乐出版社 1954 年 影印本 71 页
26cm(16 开)定价:旧币 9,000 元

J0161323
苏联独唱歌曲集　(苏)阿雷莫夫等作词;(苏)
诺维科夫等作曲;李元庆等译
北京　音乐出版社 1955 年 影印本 63 页
26cm(16 开)定价:CNY0.69

J0161324
阳光照耀着我们的祖国
(大合唱 正谱本)(苏)多尔马托夫斯基(Е.Дол-
матовский)作词;(苏)萧斯塔科维奇(Д.Шоста-
кович)作曲;石年译
北京　音乐出版社 1955 年 影印本 41 页
26cm(16 开)定价:CNY0.46

J0161325
俄罗斯合唱歌曲集
(俄)柴科夫斯基(П.И.Чайковский)等作曲;(俄)

维斯科瓦托夫等作词；马稚甫等译
北京 音乐出版社 1956 年 影印本 50 页
26cm（16 开） 统一书号：T8026.538
定价：CNY0.60

J0161326
苏联校内与校外的合唱小组 （苏）巴诺玛利
科夫（И.П.Лономарьков）著；汪启璋译
北京 音乐出版社 1956 年 91 页 21cm（32 开）
统一书号：8026.325 定价：CNY0.59

J0161327
相逢在匈牙利 （保加利亚部队抒情歌曲）
（保）斯巴索夫作曲
北京 音乐出版社 1956 年 31 页 26cm（16 开）
统一书号：8026.399 定价：CNY0.50

J0161328
柴科夫斯基独唱歌曲选 （俄）柴科夫斯基
（П.И.Чайковский）作曲；（俄）托尔斯泰等作词；
钱仁康译
上海 上海音乐出版社 1957 年 影印本
80 页 26cm（16 开） 统一书号：8127.077
定价：CNY1.60
　　作者柴科夫斯基（Чайковский，ПётрИ-
льич，1840—1893），现通译为柴可夫斯基。俄罗
斯作曲家、音乐剧作家。代表作有芭蕾舞剧《天
鹅湖》《睡美人》《胡桃夹子》，歌剧《叶甫根尼·奥
涅金》，交响曲《罗密欧与朱丽叶》等。作者托尔
斯泰（Лев Николаевич Толстой，1828—1910），
俄国批判现实主义作家、思想家，哲学家。全名
列夫·尼古拉耶维奇·托尔斯泰。出生于亚斯纳
亚－博利尔纳，毕业于喀山大学。代表作有《战
争与和平》《安娜·卡列尼娜》《复活》等。作者
钱仁康（1914—2013），音乐学家，音乐理论家。
生于江苏无锡，毕业于国立音乐专科学校理论作
曲组。历任北平师范学院，苏州国立社教学院，
江苏师范学院，苏南文教学院，华东师范大学音
乐系教授，上海音乐学院音乐学系系主任、博导。
著有《外国音乐欣赏》等，并译有《莫扎特书信
选》等。

J0161329
柴科夫斯基抒情歌曲集
（第一集 高音用）（俄）彼·柴科夫斯基（П.И.

Чайковский）等作曲；（俄）阿·托尔斯泰等作词；
沈笠，周枫，张国龄等译
北京 音乐出版社 1957 年 54 页 26cm（16 开）
统一书号：8026.639 定价：CNY1.10

J0161330
柴科夫斯基抒情歌曲集 （第二集 中音用）
（俄）彼·柴科夫斯基（П.И.Чайковский）作曲；
（俄）耶·罗斯托勃契娜等作词；沈笠，周枫，张国
龄等译
北京 音乐出版社 1957 年 56 页 26cm（16 开）
统一书号：8026.640 定价：CNY1.10

J0161331
柴科夫斯基抒情歌曲集 （第三集 低音用）
（俄）彼·柴科夫斯基（П.И.Чайковский）作曲；
（俄）阿·普列西耶夫等作词；周枫，沈笠，张国龄
等译
北京 音乐出版社 1957 年 50 页 26cm（16 开）
统一书号：8026.641 定价：CNY1.00

J0161332
柴科夫斯基抒情歌曲集 （简谱版）（俄）柴
科夫斯基（П.И.Чайковский）等作曲；沈笠，周
枫等译
北京 音乐出版社 1958 年 39 页 19cm（32 开）
统一书号：8026.805 定价：CNY0.18

J0161333
格林卡合唱歌曲选 （俄）格林卡（М.Глинка）
作曲；（俄）普希金（А.С.Пушкин）等作词；周枫
等译
上海 上海音乐出版社 1957 年 影印本 55 页
26cm（16 开） 统一书号：8127.101
定价：CNY0.60

J0161334
古典抒情歌曲集 （简谱版）（德）J. S. 巴赫等
作曲；尚家骧等译
北京 音乐出版社 1957 年 23 页 19cm（32 开）
统一书号：8026.719 定价：CNY0.09
　　作者巴赫（Johann Sebastian Bach，1685—1750），
德国作曲家。毕生致力于音乐创作和演奏，对西
洋近代音乐发展深有影响，被誉为"音乐之父"。
作品风格讲求哲理与抒情、写景密切结合，声乐与

器乐综合统一。多为复调音乐。声乐作品以康塔塔最为丰富多彩，约230余部。器乐作品主要有《平均律钢琴曲集》两卷，以及大量古钢琴组曲、管风琴曲、管弦乐曲、无伴奏奏鸣曲等。

J0161335

古典抒情歌曲集　（德）巴赫（J.S.Bach）著；尚家骧等译

北京　音乐出版社　1957年　影印本　274页　26cm（16开）统一书号：8026.624

定价：CNY6.00

J0161336

俄罗斯抒情歌曲七首　（苏）瓦尔拉莫夫等作曲；（苏）莱蒙托夫等作词；严艺，沈笠译

北京　音乐出版社　1958年　20页　26cm（16开）

统一书号：8026.834　定价：CNY0.24

J0161337

哈萨克抒情歌曲集　阿巴依等词；柯伊西巴也夫等曲；洛宾·柯克台译配

北京　音乐出版社　1958年　27页　26cm（16开）

统一书号：8026.793　定价：CNY0.36

J0161338

西洋古典合唱曲集　（第一集）（奥）莫札特（W.A.Mozart）等作曲；薛范译配

北京　音乐出版社　1958年　影印本　83页

26cm（16开）统一书号：8026.851

定价：CNY0.90

　　本书收录世界著名的古典合唱曲11首：莫札特的《夏天的黄昏》、贝多芬的《春之召唤》、门德尔松的《森林》、亨德尔的《光明将来临》《打败桑松》《我们赞美刚强和英勇》、韦伯的《请你接受这一束花》、瓦格纳的《我们很高兴》、威尔第的《轻，轻》、莫纽什柯的《玛祖卡舞曲》、斯美塔那的《我们爱痛饮一杯酒》。均为五线谱。

J0161339

重唱歌曲十首　（奥）莫札特（W.A.Mozart）等作曲；（意）梅塔斯塔肖等作词；周枫等译

上海　音乐出版社　1958年　影印本　36页

26cm（16开）统一书号：8127.175

定价：CNY0.75

　　作者莫札特，即莫扎特（1756—1791），欧洲

古典主义音乐作曲家。出生于萨尔兹堡。留给世人的作品达600多首，包括63首交响曲，16首嬉游曲，13首小夜曲，15首进行曲，105首小步舞曲，172首舞曲等。代表作品有《奏鸣曲》《协奏曲》《安魂曲》《唐璜》《费加罗的婚礼》《魔笛》等。

J0161340

俄罗斯抒情歌曲集　（第一册）音乐出版社编辑部编

北京　音乐出版社　1959年　78页　26cm（16开）

统一书号：8026.1151　定价：CNY0.80

　　本书收录《夜莺》《铃铛》《夜莺与玫瑰》《红衣裳》《我记得那美妙的瞬间》等22首俄罗斯歌曲，均为线谱。

J0161341

拉丁美洲抒情歌曲集　刘淑芳等译配

北京　音乐出版社　1959年　29页　19cm（32开）

统一书号：8026.1045　定价：CNY0.14

J0161342

巴托克　柯达伊无伴奏合唱十首　（匈）巴托克.B.,（匈）柯达伊.Z.作；李斯特音乐乐院中国留学生小组译配

北京　音乐出版社　1960年　24页　30cm（15开）

统一书号：8026.1382　定价：CNY0.96

　　本书收录10首合唱曲，包括：歌颂和平的《和平之歌》、象征解放斗争的《孔雀飞起来了》、较风趣的爱情歌曲《不要留在这里》《求婚》、活泼欢快表现幸福生活的《尽情地跳吧》《当哪当哪》、儿歌《烤面包》，以及优美的《黄昏之歌》《牧羊人之歌》《彷徨》，均为五线谱。

J0161343

德沃扎克歌曲选　（捷）德沃扎克曲；中央音乐学院声乐系选编；蒋英等译配

北京　音乐出版社　1961年　59页　26cm（16开）

统一书号：8026.1519　定价：CNY0.65

　　作者德沃扎克（Antonín Leopold Dvorák, 1841—1904），现通译为德沃夏克，全名安东·利奥波德·德沃夏克。捷克作曲家，捷克民族乐派的主要代表人物。主要作品有《斯拉夫舞曲》《第九交响曲，又名，自新世界交响曲》《b小调大提琴协奏曲》等，交响诗《水妖》《金纺车》，歌剧《魔

鬼与卡嘉》《水仙女》等。

J0161344

悲歌 （正谱本）（法）迦列，E.（Gallet, E.）作词；（法）马斯涅，J.（Massenet, J.）作曲；尚家骧译配
北京 音乐出版社 1962 年 3 页 26cm（16 开）
统一书号：8026.1668 定价：CNY0.11

J0161345

友谊的旅客 （大合唱 正谱本）（缅）苏敏作词；李伟，胡德风作曲；计莲芳译词
北京 音乐出版社 1962 年 34 页 26cm（16 开）
统一书号：8026.1753 定价：CNY0.83

J0161346

春潮 （俄）丘特切夫，X.作词；（俄）拉赫玛尼诺夫，C.作曲；张秉慧译配
北京 音乐出版社 1963 年［6］页 26cm（16 开）
统一书号：8026.1852 定价：CNY0.16
　　作者拉赫玛尼诺夫（Сегей васильевс рах-маниов,1873—1943），全名：谢尔盖·瓦西里耶维奇·拉赫玛尼诺夫。俄国著名钢琴家。出生于俄罗斯谢苗诺沃，毕业于莫斯科音乐学院。主要作品有《第二、三钢琴协奏曲》《帕格尼尼主题狂想曲》《二十四首前奏曲》,歌剧《阿莱科》《利米尼的法兰契斯卡》等。

J0161347

穆索尔斯基歌曲选 （德）歌德等作词；（俄）穆索尔斯基 .M.作曲；戈宝权译词；郑兴丽配歌
北京 音乐出版社 1963 年 80 页 26cm（16 开）
统一书号：8026.1769 定价：CNY0.90

J0161348

听,听,云雀 （英）莎士比亚（W.Shakespeare）作词；（奥）舒伯特（Fr.Schubert）作曲；沙金译词；董源配歌
北京 音乐出版社 1963 年［4］页 26cm（16 开）
统一书号：8026.1747 定价：CNY0.11
　　本作品为奥地利艺术歌曲,附钢琴伴奏和英、德两种外文歌词。作者莎士比亚（William Shakespeare,1564—1616），英国伟大的戏剧家、诗人。全名威廉·莎士比亚,出生于英国中部斯特拉福特镇。著有《罗密欧与朱丽叶》《哈姆雷特》

《奥赛罗》《李尔王》《麦克白》等。作者弗朗茨·舒伯特（Franz Schubert,1797—1828），作曲家。奥地利籍日耳曼人,出生于维也纳。是早期浪漫主义音乐的代表人物,被认为是古典主义音乐的最后一位巨匠,被称为"歌曲之王"。他的歌曲有抒情曲、叙事曲、爱国歌曲、民间歌曲。其中重要的有《魔王》《牧童的哀歌》《战士之歌》等,主要有 3 部歌曲集《美丽的磨坊少女》《冬之旅》《天鹅之歌》。舒伯特的交响曲中较重要有第四、第五、第八、第九交响曲。

J0161349

亚历山大·涅夫斯基 （大合唱）（苏）鲁戈夫斯基,（苏）普罗科菲耶夫作词；（苏）普罗科菲耶夫，C.作曲；竹漪译配
北京 音乐出版社 1963 年 84 页 26cm（16 开）
统一书号：8026.1741 定价：CNY0.90

J0161350

重归苏莲托 （意）库尔蒂斯，G.（Curtis E.）作词；（意）库尔蒂斯，E.（Curtis E）作曲；尚家骧译配
北京 音乐出版社 1963 年［4］页 26cm（16 开）
统一书号：8026.1750 定价：CNY0.11

J0161351

南越人民战歌 （大合唱）（越）阮文苍,王世光等作词作曲
北京 音乐出版社 1965 年 32 页 27cm（16 开）
统一书号：8026.2347 定价：CNY0.37

J0161352

中外抒情歌曲 300 首 （第一集）上海文艺出版社编辑
上海 上海文艺出版社 1979 年 626 页
19cm（小 32 开）定价：CNY1.70

J0161353

中外抒情歌曲 300 首 （第二集）上海文艺出版社编
上海 上海文艺出版社 1981 年 574 页
19cm（32 开）统一书号：8078.3251
定价：CNY1.55

J0161354
中外抒情歌曲 300 首 （第三集）上海文艺出版社编
上海 上海文艺出版社 1983 年 712 页
19cm（32 开）统一书号：8078.3418
定价：CNY2.10

J0161355
外国抒情歌曲选 为中选编
南宁 广西人民出版社 1980 年 281 页
19cm（32 开）统一书号：8113.491
定价：CNY0.67

J0161356
郭淑珍演唱歌曲选 上海文艺出版社编
上海 上海文艺出版社 1981 年 129 页
19cm（32 开）统一书号：8078.3264
定价：CNY0.38

J0161357
抒情男高音独唱歌曲选 高然编
福州 福建人民出版社 1981 年 60 页
17cm（32 开）统一书号：10173.282
定价：CNY0.14

J0161358
外国抒情歌曲选 林向义,盛凤麟编
南昌 江西人民出版社 1981 年 338 页
19cm（32 开）统一书号：1810.483
定价：CNY0.93

J0161359
外国抒情名歌选 昳莺编
福州 福建人民出版社 1981 年 影印本 90 页
15cm（40 开）统一书号：8173.390
定价：CNY0.18

J0161360
中外抒情独唱名曲选 李凌,薛良编
北京 北京出版社 1981 年 392 页 19cm（32 开）
统一书号：8071.357 定价：CNY1.10

J0161361
中外抒情独唱名曲选 （续编）李凌,薛良编
北京 北京出版社 1984 年 320 页 19cm（32 开）
统一书号：8071.468 定价：CNY1.00

J0161362
吉他伴奏抒情歌曲集 庄少陵,刘新力编配
北京 人民音乐出版社 1982 年 43 页
25cm（小 16 开）统一书号：8026.3839
定价：CNY0.36

J0161363
中外爱情歌曲 100 首 新疆人民出版社编辑
乌鲁木齐 新疆人民出版社 1983 年 144 页
19cm（32 开）统一书号：8098.180
定价：CNY0.40

J0161364
贠恩凤演唱歌曲选 陕西省广播文工团编
西安 陕西人民出版社 1984 年 183 页
21cm（32 开）统一书号：8094.695
定价：CNY0.64
　　本书选编了贠恩凤演唱的优秀民歌、创作歌曲和部分外国歌曲 94 首。

J0161365
中外抒情歌曲选 莫索,贾允常编
西安 陕西人民出版社 1984 年 310 页
20cm（32 开）统一书号：8094.699
定价：CNY1.00

J0161366
茶座歌曲精选
广州 广东人民出版社 1985 年 94 页
20cm（32 开）定价：CNY0.50

J0161367
成方圆独唱歌曲选 莫索编
西安 陕西人民出版社 1985 年 94 页 有照片
19cm（32 开）统一书号：8094.707
定价：CNY0.55

J0161368
女高音独唱歌曲集 杨今豪编
天津 百花文艺出版社 1985 年 264 页 有照片
19cm（32 开）统一书号：8151.73
定价：CNY1.75
　　本书收录适合女高音、民族唱法女高音、花

腔女高音、戏剧女高音演唱的中外流行抒情独唱100首。附《女高音部的种类》《每日发声练习十条》等文章。

J0161369
山口百惠歌唱选　音乐生活月刊社编辑
沈阳 春风文艺出版社 1985 年［31］页
15cm（40 开）定价：CNY0.55

J0161370
世界独唱名曲选 （第1集）张权译配
北京 中国文联出版公司 1985 年 78 页
26cm（16 开）统一书号：8355.337
定价：CNY1.45

J0161371
中外男声四重唱曲 50 首　王世光编选
北京 人民音乐出版社 1985 年 194 页
20cm（32 开）统一书号：8026.4394
定价：CNY1.50

J0161372
中外优秀合唱歌曲 100 首　夏禹生编
南京 江苏教育出版社 1985 年 273 页
26cm（16 开）统一书号：8351.016
定价：CNY2.35

J0161373
蔡妙甜演唱歌曲选　石山编
南宁 广西人民出版社 1986 年 118 页
19cm（32 开）统一书号：8113.1191
定价：CNY0.70

J0161374
歌海集粹 （中外抒情歌曲 150 首）王家嫒,童景山编
西安 陕西人民出版社 1986 年 298 页
19cm（32 开）统一书号：8094.713
定价：CNY1.50
（文化与生活丛书）

J0161375
歌海集粹 （中外抒情歌曲 150 首）王家嫒,童景山编
西安 陕西人民出版社 1988 年 2 版 298 页

19cm（小 32 开）定价：CNY2.35
（文化与生活丛书）

J0161376
山口百惠演唱歌曲集　李世勇等译词；毕庶勤,毕晓笛配歌
广州 花城出版社 1986 年 358 页 有照片
19cm（32 开）统一书号：8261.242
定价：CNY1.95

J0161377
外国抒情歌曲 （一）
北京 宝文堂书店 1986 年 13cm（64 开）
折叠装 定价：CNY0.28

J0161378
外国抒情歌曲 （二）
北京 宝文堂书店 1986 年 13cm（64 开）
折叠装 定价：CNY0.28

J0161379
中外抒情歌曲集锦　石泉编
南宁 广西人民出版社 1987 年 367 页
19cm（32 开）统一书号：8113.1274
ISBN：7-219-00144-4 定价：CNY1.75

J0161380
新编中外优秀抒情歌曲 200 首　马丁编
北京 中国和平出版社 1988 年 350 页
19cm（32 开）统一书号：8481.105
ISBN：7-80037-053-4 定价：CNY2.60

J0161381
钟情者之歌 （苏联抒情歌曲选）郑兴丽等译配
福州 海峡文艺出版社 1988 年 86 页
20cm（24 开）ISBN：7-80534-054-4
定价：CNY1.20

J0161382
中外爱情歌曲 300 首　肖云编
南宁 广西人民出版社 1989 年 537 页
19cm（32 开）ISBN：7-219-01138-5
定价：CNY5.90
　　本书内容包括初恋、热恋、苦恋、失意、欢聚、分离等不同侧面、不同角度、不同情绪之爱

情歌曲。

J0161383
中外著名歌星歌曲精选
昆明　云南人民出版社　1989 年　151 页
19cm（32 开）ISBN：7-222-00406-8
定价：CNY1.85

J0161384
最新苏联抒情歌曲 100 首　薛范译配
北京　中国文联出版公司　1989 年　245 页
19cm（32 开）ISBN：7-5059-0606-2
定价：CNY2.05

J0161385
89 抒情歌曲精选　四川省群众艺术馆编
成都　四川人民出版社　1990 年　96 页
19cm（32 开）ISBN：7-220-00887-2
定价：CNY1.20

J0161386
抒情金曲 100 首　洪音编
北京　中国文联出版公司　1990 年　187 页
19cm（32 开）ISBN：7-5059-1328-X
定价：CNY2.75

J0161387
中外抒情歌曲 240 首　李晓明,邓映易编
太原　北岳文艺出版社　1990 年　550 页
19cm（32 开）ISBN：7-5378-0363-3
定价：CNY6.50

J0161388
抒情歌曲精选　（1990）四川省群众艺术馆编
成都　四川人民出版社　1991 年　128 页
19cm（小 32 开）ISBN：7-220-01202-0
定价：CNY1.50

J0161389
抒情歌曲选　（总第 10 集）四川省群众艺术馆编
成都　四川人民出版社　1991 年　128 页
19cm（小 32 开）ISBN：7-220-01558-5
定价：CNY1.60

J0161390
抒情歌曲选　（总第 11 辑）四川省群众艺术馆编
成都　四川人民出版社　1992 年　128 页
19cm（小 32 开）ISBN：7-220-01693-X
定价：CNY1.60

J0161391
抒情歌曲选　（总第 13 辑）四川省群众艺术馆编
成都　四川人民出版社　1993 年　144 页
19cm（小 32 开）ISBN：7-220-02084-8
定价：CNY2.00

J0161392
抒情歌曲选　（总第 14 辑）四川省群众艺术馆编
成都　四川人民出版社　1993 年　160 页
19cm（小 32 开）ISBN：7-220-02258-8
定价：CNY2.90

J0161393
欧洲古典抒情歌曲集　尚家骧编
北京　人民音乐出版社　1992 年　274 页
26cm（16 开）精装　ISBN：7-103-00773-X
定价：CNY16.00
　　本书选编了西方 18、19 世纪著名作曲家贝
多芬、舒伯特、勃拉姆斯、门德尔松等人的抒情
歌曲 60 余首。

J0161394
外国声乐作品选　徐朗,颜蕙先编
上海　上海音乐出版社　1992 年　271 页
26cm（16 开）ISBN：7-80553-296-6
定价：CNY9.55
　　本书附钢琴伴奏谱。

J0161395
中外合唱名曲　常文海编
兰州　敦煌文艺出版社　1992 年　447 页
26cm（16 开）ISBN：7-80587-103-5
定价：CNY12.85
（群众喜爱的歌）

J0161396
中外合唱名曲　常文海编
兰州　敦煌文艺出版社　1996 年　2 版　修订本
494 页　26cm（16 开）ISBN：7-80587-375-5

定价: CNY28.00
（群众喜爱的歌）

J0161397
中外轻歌曲选集　吴培文编著
厦门　厦门大学出版社　1993 年　148 页
26cm（16 开）ISBN: 7-5615-0715-1
定价: CNY10.80

J0161398
约翰·丹佛演唱歌曲选　（美）约翰·丹佛（John
Denver）等词曲；雪冬等译配
北京　人民音乐出版社　1995 年　94 页　有照片
26cm（16 开）ISBN: 7-103-01261-X
定价: CNY13.20
　　外文书名: John Denver Songbook.

J0161399
中外情歌精选　晓畅选编
北京　新华出版社　1996 年　168 页
19cm（小 32 开）ISBN: 7-5011-2962-2
定价: CNY11.80
（新婚礼品珍藏）

J0161400
外国抒情歌曲　吴瑾编
北京　中国青年出版社　1997 年　10+415 页
20cm（32 开）ISBN: 7-5006-2105-1
定价: CNY19.50, CNY23.00（精装）
（歌曲精品系列）

J0161401
往日情怀　（中外抒情歌曲选　上册　男声曲目）
人民音乐出版社编辑部,刘光编
北京　人民音乐出版社　1997 年　17+715 页
20cm（32 开）ISBN: 7-103-01429-9
定价: CNY34.90

J0161402
往日情怀　（中外抒情歌曲选　下册　女声曲目）
人民音乐出版社编辑部,刘光编
北京　人民音乐出版社　1997 年　17+597 页
20cm（32 开）ISBN: 7-103-01480-9
定价: CNY29.90

J0161403
中外合唱歌曲选　四川省合唱协会编
成都　四川大学出版社　1997 年　331 页
26cm（16 开）ISBN: 7-5614-1528-1
定价: CNY34.00

J0161404
中外合唱歌曲选　迟德顺编
大连　大连出版社　1999 年　420 页　29cm（16 开）
ISBN: 7-80612-624-4　定价: CNY33.00

J0161405
多声部视唱曲 80 首　蒋维民,周温玉编
上海　世界图书出版公司　1998 年　55 页
28cm（大 16 开）ISBN: 7-5062-3837-3
定价: CNY12.00

J0161406
世界合唱歌曲　薛范主编
武汉　武汉出版社　1998 年　579+54 页
28cm（大 16 开）精装　ISBN: 7-5430-1769-5
定价: CNY78.00
（世纪之声　系列歌曲集 10）
　　主编薛范（1934—　），音乐学家、翻译家。
笔名稽志默,祖籍浙江慈溪,生于上海。中国作
家协会、音乐家协会、翻译家协会会员。外国歌
曲翻译的代表作品有《莫斯科郊外的晚上》,编译
出版的外国歌曲集有《苏联歌曲汇编》《最新苏
联抒情歌曲 100 首》等。

J0161407
外国艺术歌曲·歌剧选曲　金华德,王玄迈
主编
武汉　武汉出版社　1998 年　10+420+54 页
28cm（大 16 开）精装　ISBN: 7-5430-1766-0
定价: CNY78.00
（世纪之声　系列歌曲集 7）

J0161408
英文抒情歌曲精选解析　（第三辑）常春藤
解析；英语杂志社编著
北京　清华大学出版社　1998 年　277 页
20cm（32 开）精装　ISBN: 7-302-03266-X
定价: CNY84.00

J0161409
百首中外合唱歌曲集 （简谱本）聂中明等编选
北京 中国文联出版社 1999 年 541 页
26cm（16 开）

　　本书收录中国歌曲 60%,外国歌曲 40%,分别
选取混声合唱、同声合唱、无伴奏合唱的一些代
表性曲目。

J0161410
俄罗斯和苏联合唱珍品集　薛范编
北京 中国电影出版社 1999 年 458 页 有照片
26cm（16 开）ISBN: 7-106-01421-4
定价: CNY46.80

各国儿童歌曲、古代歌曲、
宗教歌曲、练声曲等

J0161411
降福经歌摘要
［1900—1949 年］［17］页 19cm（32 开）

J0161412
增补圣教歌选
［1900—1949 年］23 页 18cm（15 开）

J0161413
圣诞歌集　中华浸会女传道联合会选辑
上海 中华浸会书局［1910—1949 年］40 页
23cm（10 开）定价: 二千五百元

　　本书收录《贺他为王》《天使来自荣光美地》
《古人喜乐歌》《耶稣降生》《圣婴孩子》等 40 首,
五线谱,附钢琴伴奏谱。

J0161414
赞美歌选集
泗县［1910—1949 年］油印本 34 页
18cm（15 开）

J0161415
普天颂赞
基督教联合出版社［民国］146 页 22cm（32 开）

　　本书收录 150 余首歌曲,五线谱,附钢琴伴
奏谱。

J0161416
圣歌 （土山湾慈母堂）编
上海 土山湾慈母堂［民国］石印本 105 页
15cm（40 开）

J0161417
圣歌 （土山湾慈母堂）编
上海［土山湾慈母堂］1926 年 6 版 石印本
144 页 19cm（32 开）

J0161418
圣歌
上海 徐家汇土山湾印书馆 1934 年 8 版
149 页 19cm（32 开）

J0161419
圣歌
1934 年 石印本 88 页 19cm（32 开）

J0161420
圣歌
上海 土山湾印书馆 1943 年 10 版 149 页
19cm（32 开）

J0161421
圣歌宝集
北京 救世堂 清宣统三年［1911］96 页
21cm（32 开）

　　本书内容包括: 耶稣复活歌,耶稣圣诞歌,天
主十戒歌等 31 首。其中个别歌带五线谱。

J0161422
圣歌宝集
北京 救世堂 1923 年 重印本 96 页
19cm（32 开）精装

J0161423
圣歌选集
［民国］23 页 19cm（32 开）

J0161424
诗歌 （增订暂编本）
［民国］342 页 18cm（32 开）

J0161425
团契圣歌集　赵紫宸译诗
燕大基督教团契［民国］11+33+124 页
29cm（18 开）定价：大洋一元
　　本书收录 150 首歌曲及启应经文、主祷文、
古今圣哲祷文、燕大团契礼文等。

J0161426
团契圣歌集　赵紫宸译诗；范天祥校乐
［北平］燕大基督教团契 民国二十二年［1933］
再版 18+34+［148］页 26cm（16 开）
定价：大洋一元二角

J0161427
团契诗歌
基督福音书局［民国］63 页［19cm］（32 开）

J0161428
复兴诗歌　余慈度编
上海 上海基督徒查经祈祷处 1914 年 210 页
19cm（32 开）精装
　　本书收录 100 余首世界基督教歌曲，五线谱。

J0161429
［**降福经文 弥撒经文**］
［1921—1949 年］226 页 22cm（30 开）

J0161430
经文
［1921—1949 年］19cm（32 开）精装
　　本书收录《平日弥撒经文》《圣体降福经文》
《圣母经文》《圣若瑟经文》等。

J0161431
静妙园甲、乙种琴歌　（甲、乙册）（美）亮乐
月授意；许耐庐述词
上海 广学书局 1921 年 再版 2 册（12+45 页）
27cm（16 开）
　　本书收录 57 首歌曲，五线谱，附钢琴伴奏谱。

J0161432
新增颂主诗歌
上海 美华书馆 1922 年 499–504 页
19cm（32 开）精装

J0161433
圣歌摘要　兖州府天主堂编
兖州 兖州府天主堂 1924 年 石印本 116 页
16cm（25 开）
　　本书收录 78 首世界天主教歌曲，五线谱。

J0161434
颂主诗编　（琴谱）广东中华基督教会大会编辑
上海 美华浸会书局 1925 年 459 页
18cm（32 开）精装
　　本书收录 370 首世界基督教歌曲，五线谱，
附钢琴伴奏谱。书末有"奋兴诗歌"14 首。

J0161435
公民诗歌　刘湛恩编
上海 青年协会书局 1926 年 51 页
19cm（32 开）定价：大洋一角五分
　　本书收录《太平洋》《满江红》《友谊》等 60
首歌曲。

J0161436
圣诞琴谱
上海 广学会 1926 年 45 页 23cm（10 开）
　　本书收录《赞美耶稣》《奇妙的主降生》《美
丽的圣诞树》等 41 首，五线谱，附钢琴伴奏谱。

J0161437
新公民诗歌　刘湛恩，顾子仁编
上海 青年协会书局 1927 年 41 页 19cm（32 开）
　　本书收录 46 首歌曲，五线谱，附钢琴伴奏谱。

J0161438
新公民诗歌　刘湛恩，顾子仁编
上海 青年协会书局 1928 年 43 页 19cm（32 开）

J0161439
青年诗歌　（有谱）顾子仁，谢乃壬编辑；胡贻
毂校订
青年协会书报部 1928 年 再版 增订本
201+43+51 页 21cm（32 开）精装
　　本书收录 192 首歌曲，五线谱，附钢琴伴
奏谱。

J0161440
青年诗歌节本　（赓歌集 公众颂祷礼文）

中华基督教青年会全国协会校会组编辑
上海 中华基督教青年会全国协会校会组
1928 年 137+51 页 22cm（25 开）精装

J0161441
有谱青年诗歌　顾子仁,谢乃壬编辑
［上海］青年协会书局 1928 年 再版 增订本
201+51 页 22cm（30 开）精装 定价：大洋二元

J0161442
青年诗歌　（四川美道会文字部）编
成都 华英书局 ［1929 年］68 页 16cm（25 开）
　　本书收录青年颂主诗歌 55 篇,书后附五线
谱 12 篇。

J0161443
颂主诗歌
上海 美华书馆 1929 年 525 页 19cm（32 开）
精装
　　本书收录 400 余首基督教歌曲,五线谱,附
钢琴伴奏谱。

J0161444
新赞美诗琴谱　美华浸会书局编
上海 美华浸会书局 1929 年 286 页
27cm（16 开）精装

J0161445
［天主教歌曲集］
［1930—1939 年］油印本 2 叶 22cm（32 开）
　　本书收录《吁：我等军旅天主》《赞美天主
圣名夕》《耶稣你到我心里》《圣母我们赞美你》
等歌曲。

J0161446
福音诗歌　龚赍译
上海 广协书局 1930 年 47 页 20cm（32 开）
　　本书收录 49 首基督教歌曲,五线谱,附钢琴
伴奏谱。

J0161447
福音诗歌　龚赍译
上海 广协书局 1932 年 再版 47页 20cm（32 开）

J0161448
青年诗歌　Claire Chapman 编
上海 广学会 ［1930 年］136 页 19cm（32 开）
精装

J0161449
民众圣歌集　赵紫宸歌；范天祥谱
北平 1931 年 54 页 26cm（16 开）定价：大洋
五角
　　本书收录 54 首基督教歌曲,五线谱,附钢琴
伴奏谱。

J0161450
颂主圣歌附篇
［1931—1939 年］19+52 页 19cm（32 开）

J0161451
歌曲汇钞　圣神会修女辑
兖州 兖州府天主堂印书馆 1932 年 64 页
19cm（32 开）
　　本书是世界宗教歌曲选集,为适用于 19 世
纪 30 年代的中小学校,收录 78 首歌曲。

J0161452
圣教歌选
献县 1932 年 6 次排印 174 页 19cm（32 开）
　　本书内容包括避静歌、耶稣瞻礼圣歌、圣
体歌、圣心歌、圣母歌等部分,收录 134 首歌曲,
五线谱。

J0161453
伯特利诗歌　音乐委办编
上海 1933 年 12+212 页 23cm（10 开）
　　本书是世界基督教歌曲选集,五线谱。

J0161454
圣歌汇集
兖州 兖州府天主堂印书馆 1933 年 22+512 页
17cm（32 开）
　　本书收录 248 首基督教歌曲,五线谱。

J0161455
圣歌汇集
兖州 兖州府天主堂印书馆 1935 年 2 版
384 页 17cm（32 开）

J0161456

颂主诗集 （琴谱）山东英浸礼会选辑

上海 美华浸会书局 1933 年 14+10+371 页

18cm（32 开）精装

　　本书收录 371 首基督教歌曲,五线谱,附钢琴伴奏谱。

J0161457

养心神诗 （琴谱）闽南圣教书局编;大会诗歌委办修正

[福建] 闽南圣教书局 1933 年 145 页

27cm（16 开）

　　本书收录 150 首基督教歌曲,五线谱,附钢琴伴奏谱。

J0161458

晨星短歌　伍恩兰编

上海 宣道会 1934 年 399 页 23cm（10 开）精装

　　本书内收 400 首世界宗教歌曲。外文书名:Morning Star Choruses.

J0161459

基督化家庭歌 （民歌）李冠芳作

上海 广学会 [1934 年] 2 页 25cm（12 开）

定价:大洋二分

J0161460

清音谱

献县[河北] 献县天主堂 1934 年 48 页

16cm（25 开）

　　本书收录 32 首世界宗教歌曲,工尺谱。

J0161461

颂主圣歌

上海 中华内地会 1934 年 442 页 18cm（32 开）精装

　　本书收录 400 首世界宗教歌曲,五线谱,附钢琴伴奏谱。

J0161462

分级福音诗歌 （第一集 分级诗歌）万尚洁编

上海 广协书局 [1935 年] 82 页 23cm（10 开）

　　本书内容包括:幼稚级、启蒙级、初级、中级,收录《施舍吧》《天父看见》《我这样小孩》

《救主复活》《万民归主》等 82 首,五线谱,附钢琴伴奏谱。

J0161463

分级福音诗歌 （第三集 赞美诗副歌）万尚洁编译

上海 广协书局 [1935 年] 34 页 25cmm（15 开）

　　本书收录《颂赞主名》《主领路》《主耶稣为门》《我真相信》《生命代价》《引人归主》《奇妙大爱》《比太阳还光》等。

J0161464

灵歌集　信义神学广益会音乐部编

汉口 汉口信义书局 1935 年 再版 40 页

14cm（64 开）定价:大洋七分

　　本书收录《人非重生难进天国》《上帝爱世人》《耶稣回来》等 45 首世界宗教歌曲。

J0161465

世界儿歌集　缪天瑞编译

上海 开明书店 1935 年 60 页 19cm（32 开）

定价:大洋三角

　　本书收录《花园》《黑羊》《小雨点》《小汤姆》《狐狸和母鹅》《划船》《催起歌》等 50 首歌曲,五线谱、简谱对照。作者缪天瑞（1908—2009）,音乐教育家、音乐学家。浙江瑞安人,毕业于上海艺术师范大学。历任中央音乐学院副院长、天津音乐学院院长、福建音乐专科学校教授、教务主任,中央音乐学院副院长,天津市文化局副局长,天津音乐学院教授、院长,中国艺术研究院音乐研究所研究员,著有《律学》,主编《中国音乐词典》等。

J0161466

世界童谣一百曲　李重者编著

上海 商务印书馆 1935 年 56 页 19cm（32 开）

定价:大洋三角

　　本书收录《晚钟》《小船》《小吉苔》《新年的早上》等歌曲,五线谱。

J0161467

信义会颂主圣诗简谱　中华信义会编

汉口 中华信义会书报部 [1935 年] 153 页

[19cm]（32 开）

J0161468

基督徒诗歌　　王明道编译

北平　灵食季刊社　1936 年　30 页　22cm（30 开）

定价：银一角五分

J0161469

经歌汇选　（中意文对照）

献县张家庄　河北献县张家庄天主堂印书馆

1936 年　39 页　18cm（15 开）

　　本书是世界宗教歌曲选集，包括：圣体歌、四季圣歌、圣母歌、降福歌等部分，收录 27 首，部分歌词为原文。

J0161470

普天颂赞　（数字谱本）中华基督教会等编

上海　广学会　1936 年　394 页　22cm（32 开）

J0161471

普天颂赞　（线谱本）联合圣歌委员会编

上海　广学会　1936 年　598 页　23cm（10 开）精装

J0161472

普天颂赞　（线谱本）联合圣歌委员会编订

上海　广学会　1941 年　5 版　550 页　23cm（10 开）精装

　　外文书名：Hymns of Universal Praise: Music Editon.

J0161473

普天颂赞　（数字谱本）联合圣歌委员会编

上海　广学会　1948 年　14 版　394 页　20cm（32 开）

J0161474

儿童诗歌　（数字谱本）杭州儿童礼拜事务所编

上海　广学会　1937 年　76 页　有图　23cm（10 开）

定价：大洋二角五分

　　本书是世界宗教音乐选集，版权页书名《国韵儿童诗歌》。收录《儿童礼拜宗旨》《行路》《开会》《散会》等 150 首。外文书名：Children's Hymnbook.

J0161475

请众颂主

济南　华洋印书局　1937 年　359 页　15cm（40 开）

　　本书为世界宗教歌曲选集，收录 229 首，五

线谱。

J0161476

耶稣圣诞歌曲　　和爱融编

北通　公理会　1937 年　[52] 页　26cm（16 开）

　　本书是世界宗教音乐选集，收录《大家要来》《忠心者来》《听阿天使》等 50 首歌曲，五线谱。

J0161477

福音圣诗　（琴谱）

上海　中华浸信会　1939 年　214 页　20cm（32 开）精装

J0161478

福音圣诗　（琴谱）冯活泉著

上海　中华浸信会印书局　1939 年　6 版　267 页　21cm（32 开）精装

　　本书是世界基督教歌曲选集，收录 214 首，五线谱，附钢琴伴奏谱。

J0161479

基督徒诗歌　（大本带谱）王明道编译

北平　灵食季刊社　1939 年　增订再版　60 页　20cm（32 开）

J0161480

教会周年颂神歌咏　　葛星丽，费佩德选编；杨荫浏译述

上海　广学会　1939 年　136 页　[19×26cm]

　　本书是世界基督教歌曲选集，收录 41 首，五线谱，附钢琴伴奏谱。作者杨荫浏（1899—1984），音乐教育家。字亮卿，号二壮，又号清如。出生于江苏无锡，曾就读于上海圣约翰大学文学系、光华大学经济系（今华东师范大学）。曾在重庆、南京任国立音乐学院教授兼国乐组主任、国立礼乐馆编纂和乐曲组主任、金陵女子大学音乐系教授。代表作品有《中国音乐史纲》《中国古代音乐史稿》。

J0161481

培灵诗歌　（简谱）周志禹编

1939 年　50 页　[13×19cm]

J0161482

喜乐于主

新乡 天升魁印刷部 1939 年 再版 石印本 36 页
13×18cm

　　本书是基督教世界歌曲选集,收录 68 首歌,
五线谱。

J0161483
中华圣教经歌
兖州 兖州府天主堂印书馆 1939 年 105 页
17cm(40 开)

　　本书是世界天主教歌曲选集,收录 48 首,五
线谱。

J0161484
经歌汇选
1940 年 39 页 18cm(15 开)

　　本书是世界基督教歌曲选集,内容包括:圣
体歌、四季圣歌、圣母歌、降福歌等部分,收录
27 首,部分歌词为原文。

J0161485
经歌摘要
1940 年 136 页 19cm(32 开)

　　本书是世界宗教歌曲选集,收录 50 首,歌词
均为原文,五线谱。

J0161486
耶稣崔庭诗歌
泰安 耶稣崔庭 1940 年 再版 273 页
[19cm](32 开)

　　本书是世界基督教歌曲选集,收录 302 首,
为赞耶稣基督及祷告等用的诗歌,并附简谱。

J0161487
赞神诗歌 丁立介等选辑
烟台 葡萄山会堂 1940 年 重印本 215 页
19cm(32 开) 精装

J0161488
山花　郝路义,杨荫浏作曲;冯玉祥作词
成都 华英书局 [1941 年] 12 页 18cm(32 开)
(民歌圣歌集)

　　本书收录《山花歌》《欢迎歌》《博爱歌》《荆
冠歌》《小兄弟歌》等。

J0161489
新颂主诗集　(琴谱)华北浸信议会选辑;万
应远补编
上海 中华浸会书局 1941 年 298 页
19cm(32 开) 精装

　　本书为世界基督教歌曲选集,收录 300 首,
五线谱,附钢琴伴奏谱。

J0161490
新颂主诗集　(简谱)华北浸信议会选辑;万
应远补编
上海 中华浸信书局 1941 年 314 页 20cm(32 开)

J0161491
新颂主诗集　(琴谱)华北浸信议会选辑;万
应远补编
上海 中华浸会书局 1947 年 再版 298 页
19cm(32 开) 精装

J0161492
新颂主诗集　(简谱)华北浸信议会选辑;
万应远补编
上海 中华浸信书局 1949 年 3 版 314 页
20cm(32 开)

J0161493
赞颂主荣大弥撒
献县 天主堂印书馆 1941 年 手写石印本
[30]页 有图 21cm(32 开)

　　本书是世界天主教歌曲选集,包括和音弥
撒、亡者弥撒两部分,五线谱,附风琴伴奏谱。

J0161494
[天主教弥撒圣歌]
[1942 年] 油印本 56 页 20cm(32 开) 线装

　　本书收录《主矜怜我等》《荣福经》《信经》
《圣圣圣》《除免世罪》《祭毕》等宗教歌曲。

J0161495
圣歌粹集
山东 兖州府保禄印书馆(代印) 1942 年 236 页
18cm(32 开)

　　本书是世界宗教音乐选集,收录 233 首歌曲,
五线谱。

J0161496

圣歌摘要

青岛 青岛天主堂印书局 1942 年 121 页
16cm（25 开）

　　本书是世界基督教歌曲选集，内容包括：弥
撒歌、圣诞节歌、苦难歌、复活节歌等部分，收录
118 首歌曲。

J0161497

"咏唱经文" 撮要

［上海］1943 年 3 版 191 页 16cm（25 开）

　　本书是世界宗教歌曲选集，收录 135 首，五
线谱。

J0161498

灵歌新集　中国基督教圣教书会灵歌新集编
辑委员会编

成都 中国基督教圣教书局 1943 年 90 页
20cm（32 开）环筒页装

　　本书收录《与主说心》《能救到底》《主爱怜
我》等 126 首基督教歌曲。

J0161499

圣徒心声　贾玉铭著

重庆 中国基督教灵修学院［1943 年］564 页
18cm（32 开）

　　本书内容包括：称颂、生命、生活、灵交、职
工、教会、来世、选修等部分，收录 578 首。

J0161500

诗歌　（暂编本 线谱版）赵静怀［编辑］

烟台 教会售书部 1943 年 241 页 19cm（32 开）
精装

　　本书是世界基督教歌曲选集。

J0161501

经歌译要　杨印溪译

献县［河北］1944 年 2 版 103 页 18cm（15 开）

　　本书收录 73 首世界基督教歌曲，五线谱。

J0161502

圣歌汇集　圣歌汇集编辑会编辑

兖州 保禄印书馆 1944 年 3 版 18+384 页
18cm（32 开）精装

　　本书收录 248 首世界基督教歌曲，五线谱。

J0161503

普天颂赞　联合圣歌委员会编

成都 基督教联合出版社 1945 年 3 版 134 页
19cm（32 开）

J0161504

伯特利新声诗歌　桑安柱，计马可编

上海 伯特利神学院 1946 年 3 版 155 页
20cm（32 开）

J0161505

复兴圣歌　（1946）

北平 协和印书局 1946 年 96 页 15cm（40 开）

J0161506

基督徒诗歌　王明道编译

北平 灵食季刊社［发行者］1947 年 3 版
增订本 101 页 23cm（10 开）

J0161507

经文歌选　石峻柱编

上海 广学会 1947 年 47 页 21cm（32 开）

　　本书收录 95 首世界基督教歌曲，书前有石
峻柱的"序言"。

J0161508

经文歌选　石峻柱编

上海 广学会 1948 年 再版 47 页 21cm（32 开）

J0161509

圣乐　（贡献于中华母皇）李山甫编

天津 崇德堂 1947 年 32 页 19cm（32 开）

J0161510

圣咏作曲集　（第一卷）江文也著

北平 方济堂圣经学会 1947 年 155 页
26cm（16 开）

　　作者江文也（1910—1983），作曲家。原名江
文彬，客家人，祖籍福建永定县，出生于台湾淡水
郡（今台北）。代表作品《绣花女》《台湾舞曲》《中
国名歌集》等。

J0161511

圣咏作曲集　（第一卷 缩印本）江文也著

北平 方济堂圣经学会 1947 年 58 页 13×19cm

J0161512
圣咏作曲集 （第二卷）江文也著
北平 方济堂圣经学会 1948 年 83 页
27cm（16 开）

J0161513
颂赞诗歌 时兆报馆编译部编集
上海 时兆报馆 1947 年 5 版 288 页
21cm（32 开）精装

J0161514
天人短歌 （1–3 集）苏佐扬主编
上海 天人报社 1947 年 重订 8 版 56 页
［19cm］（32 开）

J0161515
1948 年青年夏令会诗歌选 何慈洪辑
上海 何慈洪［自刊］1948 年 30 页 20cm（32 开）

J0161516
祷文歌唱本
1948 年 10 页 18cm（15 开）

J0161517
短歌集 邓余鸿编
青岛 青岛青年归主运动委员会［1948 年］
38 页 23cm（20 开）

J0161518
儿童圣咏歌集，作品四十七号 （第一卷）江
文也作曲
北平 方济堂思高圣经学会 1948 年 45 页
26cm（16 开）
　　外文书名：Melodies from the Book of Psalms
for Children, Op.47.

J0161519
福音短歌 李秀兰选编
上海 中华浸会女传道会联会 1948 年 45 页
20cm（32 开）

J0161520
金句短歌集 （第 1、2 集 一九四八年主日学
初级班春夏秋冬季金句）
上海 中国主日学会［1948 年］

2 册（11；11 页）［13×19cm］

J0161521
灵修圣歌 （第 1 集）泰东神学院圣乐系，中国
基督徒圣乐学会编
南京 泰东福音书报服务社 1948 年 16+32 页
20cm（32 开）
（泰东神学院圣乐系圣乐丛书）
　　本书收录 74 首世界基督教歌曲，前 16 首为
五线谱，附钢琴伴奏谱。

J0161522
普世诗歌 贝格儒编选
上海 广学会 1948 年 38 页 26cm（16 开）
定价：国币三千元
（金陵神学院音乐丛书）
　　本书收录《万有归主》《主是我的光》《天使
护我》等 8 首世界基督教歌曲，五线谱，附钢琴伴
奏谱。

J0161523
普天颂赞 （文字版）六公会联合圣歌委员会编
上海 广学会 民国三十七年［1948］20 版
27+352+29 页 19cm（32 开）线装
定价：国币四千元

J0161524
圣教歌选 杨若望修纂
天津 崇德堂 1948 年 7 版 订正本 132 页
18cm（32 开）

J0161525
大家唱 浸会书局音乐委员会选编
上海 中华浸会书局 1949 年 再版［84］页
19cm（32 开）

J0161526
圣歌选 沈斌仁编
上海 沈斌仁［自刊］1949 年 20cm（32 开）

J0161527
圣体降福歌
1949 年 25 页 19cm（32 开）
　　本书内容包括：圣体歌、圣母歌、普通歌 3
部分，收录 58 首，五线谱。

J0161528
诗歌 （暂编本 简谱版）福音书房编
上海 福音书房 1949 年 187 页 18cm（32 开）

J0161529
诗章颂词灵歌集 （简谱版）
上海 基督福音书局 1949 年 再版 535 页
18cm（32 开）精装

J0161530
母佑歌集 白德美纪念出版社编
澳门 进教之佑文化服务社 1950 年 重版 38 页
16cm（25 开）定价：MOP0.30

J0161531
母佑歌集 白德美纪念出版社编
澳门 进教之佑文化服务社 1950 年 38 页
16cm（25 开）定价：MOP0.20

J0161532
圣诗 闽南大会诗歌委办编集
［厦门］中华基督教会闽南大会 1950 年 8 版
412 页 19cm（32 开）线装

J0161533
十架受难圣曲 斯特那（John Stainer）配乐；
谢德真等译
上海 广学会 1950 年 64 页 27cm（16 开）
（金陵神学院音乐丛刊）
　　外文书名：The Crucifixion: A Meditation on
the Sacred Passion of the Holy Redeemer.

J0161534
天使之声 西什库耕华中学天使修院编
北京 西什库耕华中学天使修院 1950 年 油印
本 66 页 19cm（32 开）环筒页装

J0161535
孔空内 （第九卷 五十练声曲 中音用）（意）
孔空著
上海 音乐出版社 1951 年 影印本 87 页
26cm（16 开）定价：旧币 12,000 元

J0161536
弥撒歌集 （第二册）

1951 年 油印本 10 页 20cm（32 开）

J0161537
圣诗 中华基督徒布道会文字部辑
上海 中华基督徒布道会文字部 1952 年 310 页
22cm（16 开）

J0161538
苏联少先队歌集 庄枫，方文编译
上海 真理书店 1953 年 30 页 19cm（32 开）
定价：旧币 1,800 元

J0161539
低音练声曲 （孔科内 作品 9）（意）孔科内
（G.Concone）著；钱仁康解说
上海 音乐出版社 1954 年 影印本 87 页
26cm（16 开）定价：旧币 11,000 元
　　作者钱仁康（1914—2013），音乐学家，音乐
理论家。生于江苏无锡，毕业于国立音乐专科学
校理论作曲组。历任北平师范学院、苏州国立社
教学院、江苏师范学院（苏州大学前身）、苏南文教
学院、华东师范大学音乐系教授，上海音乐学院
音乐学系主任、博导。著有《外国音乐欣赏》等，
并译有《莫扎特书信选》等。

J0161540
高音练声曲，作品 9
（意）孔科内（G.Concone）著
上海 新音乐出版社 1954 年 26cm（16 开）
定价：CNY1.10

J0161541
孔空声乐练习曲 50 首，作品 9 （中音用）
（意）孔空（G.Concone）曲
北京 人民音乐出版社 1954 年 95 页
27cm（16 开）

J0161542
孔空声乐练习曲 50 首，作品 9 （低音用）
（意）孔空（G.Concone）曲
北京 人民音乐出版社 1979 年 87 页
26cm（16 开）统一书号：8026.62
定价：CNY0.75

J0161543
孔空声乐练习曲 50 首, 作品 9
(高音用 五线谱)(意)孔空(G.Concone)曲
北京 人民音乐出版社 1979 年 重印本
87 页 26cm(16 开)统一书号:8026.60
定价:CNY0.75

J0161544
声乐练习曲 (第一卷 单声部)
(苏)卡尔梅科夫(Б.Калмыков),(苏)弗里特金
(Г.Хридки)编;王毓麟解说
上海 新音乐出版社 1954 年 影印本 95 页
26cm(16 开)定价:旧币 12,000 元

J0161545
中音练声曲 (意)孔科内(G.Concone)著;
钱仁康解说
上海 新音乐出版社 1954 年 影印本 87 页
26cm(16 开)定价:旧币 11,000 元

J0161546
苏联小学歌曲集 (上册 简谱版)(苏)沙茨
卡娅(В.Н.Шацкая)等编;曹永声译
北京 音乐出版社 1955 年 52 页 19cm(32 开)
定价:CNY0.24

J0161547
苏联小学歌曲集
(苏)沙茨卡娅(В.Н.Шацкая)等编;钱君匋等译
北京 音乐出版社 1955—1956 年 影印本
2 册(52 ; 125 页)21cm(32 开)
统一书号:8026.509 定价:CNY0.61

J0161548
苏联小学歌曲集 (上册 正谱版)(苏)符·莎
茨卡娅主编;曹永声译
北京 音乐出版社 1956 年 92 页 26cm(16 开)
统一书号:8026.210 定价:CNY1.00

J0161549
苏联小学歌曲集 (下册 正谱版)(苏)沙茨
卡娅主编;钱君匋等译配
北京 音乐出版社 1956 年 135 页 26cm(16 开)
统一书号:8026.508 定价:CNY1.42

J0161550
苏联学前儿童歌曲集
(苏)施皮翠娜(Н.Шипицына)编辑;俞荻,陆静
山译
北京 音乐出版社 1955 年 68 页 26cm(16 开)
定价:CNY0.77

J0161551
苏联学前儿童歌曲集
(简谱版)(苏)施皮翠娜(Н.Шипицына)编辑;
俞荻,陆静山译
北京 音乐出版社 1955 年 34 页 19cm(32 开)
定价:CNY0.17

J0161552
西贝尔 36 首初步练声曲 (男低音用)
(法)西贝尔作曲
北京 音乐出版社 1955 年 18 页 26cm(16 开)
定价:CNY0.30

J0161553
傈僳文赞美诗 (傈僳文)云南碧江基督教三
自革新委员会编
上海 广学会 1956 年 590 页 19cm(32 开)
精装 统一书号:7004 定价:CNY4.40

J0161554
少先队营火旁
(苏)洛克切夫(С.В.Локтев)编;曹永声译
北京 音乐出版社 1956 年 27 页 19cm(32 开)
定价:CNY0.11

J0161555
少先队营火旁 (正谱版)
(苏)洛克切夫(С.В.Локтев)编;曹永声译
北京 音乐出版社 1956 年 49 页 26cm(16 开)
定价:CNY0.59

J0161556
苏联儿童歌曲选 苏鹏译词;宋军配歌
上海 儿童读物出版社 1956 年 20 页 15×19cm
定价:CNY0.09
　　作者宋军(1918—1993),作曲家。原名宋文
焕,出生于广东鹤山。曾任《人民音乐》《儿童音
乐》编辑、中国音乐家协会会员、中国儿童音乐学

会会员、广东省音乐家协会理事、鹤山县政协副主席和县文联名誉主席。主要作品有《乘着长风前进》《胜利唱奏曲》《微笑吧妈妈》《红少年的歌》《红菱送给解放军》等。

J0161557

苏联少先队歌曲集 （第一集）（苏）施皮翠娜（H.Шипицына）主编；杨今豪等译

北京 音乐出版社 1956年 21页 19cm（32开）

统一书号：8026.525 定价：CNY0.10

J0161558

苏联少先队歌曲集 （第二集）（苏）施皮翠娜（H.Шипицына）等编；杨今豪等译

北京 音乐出版社 1956年 21页 19cm（32开）

统一书号：8026.526 定价：CNY0.10

J0161559

幼儿园歌曲集

（苏）梅特洛夫（H.A.МеТлов）编；潘欢怀等译

北京 人民教育出版社 1956年 101页 有图

26cm（16开）统一书号：8012.2 定价：CNY0.60

J0161560

圣诞歌曲 （第一集）杨周怀编译；金陵协和神学院音乐组编

上海 中国基督教联合书局 1957年 19页

26cm（16开）定价:CNY0.50

J0161561

圣诞歌曲 （第二集）杨周怀编译;金陵协和神学院音乐组编

上海 中国基督教联合书局 1957年 16页

26cm（16开）定价：CNY0.35

J0161562

苏联幼儿歌曲集 （苏）阿弗古斯托夫斯卡娅（М.И.Августовская）编选；李辛译

长沙 湖南人民出版社 1957年 20页 有图

19cm（32开）统一书号：R8109.17

定价：CNY0.13

J0161563

西方古典歌曲集 （德）贝多芬（L.Beethoven）等作曲；茨冈诺夫等作词；薛范译

北京 音乐出版社 1957年 26页 26cm（16开）

统一书号：8026.700 定价：CNY0.32

　　作者贝多芬（Ludwig van Beethoven,1770–1827），德国作曲家、钢琴家。维也纳古典乐派代表之一，与海顿、莫扎特一起被后人称为"维也纳三杰"。主要作品有《英雄》《命运》《田园》《合唱》等9部交响乐，《悲怆》《月光》《热情》等32首钢琴奏鸣曲，还有小提琴协奏曲、弦乐四重奏、歌剧等作品。作者薛范（1934— ），音乐学家、翻译家。笔名秬志歌，祖籍浙江慈溪，生于上海。中国作家协会、音乐家协会、翻译家协会会员。外国歌曲翻译的代表作品有《莫斯科郊外的晚上》，编译出版的外国歌曲集有《苏联歌曲汇编》《最新苏联抒情歌曲100首》等。

J0161564

孔空声乐练习曲25首,作品10 （意）孔空著

北京 音乐出版社 1958年 影印本 63页

26cm（16开）统一书号：8026.873

定价：CNY0.60

J0161565

全世界儿童同声歌唱 （世界各国少年儿童歌曲集）（苏）洛克捷夫（B.Локтев）编辑；雍均译

上海 音乐出版社 1958年 32页 19cm（32开）

统一书号：8127.170 定价：CNY0.11

（苏联莫斯科少先队之家歌舞团演唱节目汇集 一）

J0161566

西洋古典歌曲选 （第一集）音乐出版社编辑部编

北京 音乐出版社 1958年 35页 19cm（32开）

统一书号：8026.804 定价：CNY0.17

J0161567

小小的礼品 （献给母亲 正谱本）（阿根廷）古阿拉尼，H.（Guarany, H.）作词作曲；汪德健译词；刘淑芳配歌

北京 音乐出版社 1962年 5页 26cm（16开）

统一书号：8026.1670 定价：CNY0.16

J0161568

朝霞满天地 镇江市文化馆编

南京 江苏人民出版社 1975年 78页

18cm（15 开）统一书号：10100.121
定价：CNY0.14

J0161569
少年儿童歌曲 280 首　上海文艺出版社编
上海　上海文艺出版社　1979 年　411 页
19cm（32 开）统一书号：8078.3164
定价：CNY1.15

J0161570
声乐练习曲 50 首，作品 9　（中音用）（意）孔
空（G.Concone）作曲
北京　人民音乐出版社　1979 年　重印本　95 页
26cm（16 开）统一书号：8026.61
定价：CNY0.79

J0161571
外国儿童歌曲选　人民音乐出版社编辑部编
北京　人民音乐出版社　1980 年　43 页
19cm（32 开）统一书号：8026.3699
定价：CNY0.13

J0161572
外国儿童歌曲 100 首　山东人民出版社编辑
济南　山东人民出版社　1981 年　97 页
19cm（32 开）统一书号：R8099.2084
定价：CNY0.25

J0161573
教给孩子的歌　乔伦，李江编
石家庄　河北人民出版社　1982 年　169 页
19cm（32 开）统一书号：R8086.1693
定价：CNY0.45
（学前教育丛书）

J0161574
听歌曲学　文翔图书股份有限公司编
台北　文翔图书股份有限公司［1982 年］129 页
20cm（32 开）定价：TWD60.00

J0161575
英语唱歌游戏　文翔图书股份有限公司编
台北　文翔图书股份有限公司［1982 年］107 页
20cm（32 开）定价：TWD55.00
（儿童听歌学英语系列 3）

J0161576
中外儿童歌曲选　上海市徐汇区少年宫编
合肥　安徽人民出版社　1982 年　204 页
19cm（32 开）统一书号：8102.1187
定价：CNY0.54

J0161577
外国少年儿童歌曲选　陈洪，夏禹生编
南京　江苏人民出版社　1983 年　193 页
19cm（32 开）统一书号：8100.049
定价：CNY0.48

J0161578
世界儿童歌曲集锦　上海文艺出版社编
上海　上海文艺出版社　1984 年　260 页
26cm（16 开）统一书号：8078.3495
定价：CNY1.95
　　本书汇编世界优秀儿童歌曲和流传世界各
地适合儿童演唱的各国民歌及电影、电视中的优
秀儿童歌曲共 300 余首。

J0161579
外国少年儿童歌曲 100 首　新蕾出版社编
天津　新蕾出版社　1984 年　269 页　14cm（64 开）
统一书号：R8213.8　定价：CNY0.68

J0161580
外国少年儿童歌曲集　张宁选编
成都　四川人民出版社　1984 年　272 页
21cm（32 开）统一书号：8118.1763
定价：CNY0.95

J0161581
幼儿歌曲 80 首　（歌曲、中英对照歌曲、音乐
游戏、歌表演歌舞、欣赏歌曲）汪玲曲
北京　教育科学出版社　1984 年　72 页　有图
25cm（小 16 开）统一书号：7232.172
定价：CNY0.78

J0161582
人生曲　（佳音使团主唱）
香港　佳音传播公司　1986 年　24 页　有照片
21cm（32 开）

J0161583
生命圣诗　香港圣诗出版委员会编
香港　宣道出版社　1986 年　再版　829 页
20cm（32 开）精装
　　外文书名：Hymns of Life.

J0161584
幼儿演唱歌曲集　朱康勤，杨东铭编
福州　福建少年儿童出版社　1986 年　56 页
26cm（16 开）统一书号：7367.79
定价：CNY0.74

J0161585
幼儿园歌曲　段炳云选
太原　希望出版社　1986 年　297 页　14cm（64 开）
统一书号：10398.33 定价：CNY1.30

J0161586
中外摇篮曲　胡震编
合肥　安徽文艺出版社　1986 年　110 页
19cm（32 开）统一书号：8378.10
定价：CNY0.88

J0161587
中外摇篮曲　李志高，李秋彦选编
长春　北方妇女儿童出版社　1986 年
209 页　19cm（32 开）统一书号：8377.33
定价：CNY1.00

J0161588
唱起 135　（儿童歌曲精选）常明等编
北京　中国文联出版公司　1987 年　174 页
19cm（32 开）统一书号：8355.1064
ISBN：7-5059-0064-1 定价：CNY1.10

J0161589
儿童英语歌曲　张一驰编译
上海　上海翻译出版公司　1987 年　61 页
19cm（32 开）统一书号：8311.35
定价：CNY0.55

J0161590
快乐儿童英语歌曲　文翔图书股份有限公司编
台北　文翔图书股份有限公司［1987 年］100 页
20cm（32 开）定价：TWD60.00

J0161591
龙的儿歌　（献给赵萌及中国的未来）（英）维
斯（Vyse, D.）著；赵四渝译
南京　南京大学出版社　1987 年　53 页　有图
19×26cm　统一书号：7336.036
ISBN：7-305-00090-6 定价：CNY1.30
　　外文书名：The Dragon Book of Alphabet
Rhymes.

J0161592
小学生优秀歌曲集　霍连文编
哈尔滨　黑龙江教育出版社　1987 年　150 页
19cm（32 开）统一书号：8357.1 定价：CNY0.90

J0161593
小学优秀歌曲选　任侠，李杰选编
兰州　甘肃人民出版社　1987 年　79 页
19cm（32 开）统一书号：7096.282
ISBN：7-226-00026-1 定价：CNY0.63

J0161594
中外少年儿童歌曲 200 首　陈一萍编
武汉　湖北少年儿童出版社　1987 年　262 页
19cm（32 开）统一书号：8305.202
ISBN：7-5353-0171-1 定价：CNY1.30
　　作者陈一萍（1930—　），女，湖北武汉人。
曾任广播电台音乐编辑。

J0161595
中外摇篮曲选　（妈妈的歌）张剑秋编
南昌　江西人民出版社　1987 年　69 页
19cm（32 开）定价：CNY0.80

J0161596
中外影视儿童歌曲 200 首　颂今，徐剑频编
上海　少年儿童出版社　1988 年　325 页
19cm（32 开）ISBN：7-5324-0094-8
定价：CNY3.00

J0161597
孩子们喜爱的歌　朱国梁编著
沈阳　辽宁人民出版社　1989 年　56 页
有照片　19cm（32 开）ISBN：7-205-00896-4
定价：CNY0.80

J0161598

小小音乐会　中央人民广播电台少儿部《星星火炬》组编
郑州　河南教育出版社　1989 年　204 页
19cm（32 开）ISBN：7-5347-0434-0
定价：CNY1.70
（少年儿童文娱活动丛书）

J0161599

小小音乐家　（中外儿童歌曲 360 首）郭丽敏，陆学杰编
沈阳　辽宁教育出版社　1989 年　560 页
19cm（32 开）ISBN：7-5382-0602-7
定价：CNY5.20

J0161600

中外幼儿歌曲精选 150 首　刘滨生编
哈尔滨　黑龙江少年儿童出版社　1989 年
116 页　19cm（32 开）ISBN：7-5319-0494-2
定价：CNY1.26

J0161601

中学生歌曲 100 首　广东省教育厅教材编审室编
广州　广东教育出版社　1989 年　218 页
19cm（32 开）ISBN：7-5406-1036-0
定价：CNY2.00

J0161602

中学生歌曲 200 首　维克主编
北京　中国卓越出版公司　1989 年　426 页
19cm（32 开）ISBN：7-80071-177-3
定价：CNY4.50

J0161603

金色的童年　（少儿歌曲 100 首）华夏文编
北京　新华出版社　1990 年　149 页　19cm（32 开）
ISBN：7-5011-1045-X　定价：CNY2.40

J0161604

中外幼儿歌舞集锦　《幼儿教育》编辑部编
杭州　浙江少年儿童出版社　1990 年　64 页
有图 26cm（16 开）ISBN：7-5342-0699-5
定价：CNY2.40

J0161605

中小学生合唱曲集　北京市教育局编
北京　人民音乐出版社　1990 年　94 页
26cm（16 开）ISBN：7-103-00696-2
定价：CNY3.10

J0161606

天元童声合唱歌曲集　（第一辑）钟维国改编创作
北京　中国国际广播出版社　1991 年　129 页
26cm（16 开）ISBN：7-5078-0095-4
定价：CNY4.50

J0161607

中外著名少年歌曲选　禾雨选编
昆明　云南少年儿童出版社　1991 年　227 页
19cm（小 32 开）ISBN：7-5414-0611-2
定价：CNY2.65
　　本书选编中外少年歌曲 100 首，内容包括：先辈留下的歌、新生活的赞歌、劳动人民的创作和海外飘来的歌 4 辑。

J0161608

快乐歌唱　（中外儿童歌曲集萃）杨春华主编
北京　开明出版社　1992 年　226 页　26cm（16 开）
ISBN：7-80077-319-1　定价：CNY12.50

J0161609

快乐歌唱　（中外少年歌曲集萃）杨春华主编
北京　开明出版社　1992 年　451 页　26cm（16 开）
ISBN：7-80077-320-5　定价：CNY23.50

J0161610

快乐歌唱　（中外幼儿歌曲集萃）杨春华主编
北京　开明出版社　1992 年　149 页　26cm（16 开）
ISBN：7-80077-318-3　定价：CNY8.50

J0161611

七色光　杨爱伦编
北京　解放军文艺出版社　1992 年　32 页
19cm（小 32 开）ISBN：7-5033-0624-6
定价：CNY0.85
（歌迷之友 15）
　　本书收录《七色光之歌》《妈妈好》《新年好》等 30 余首中外儿童歌曲。

J0161612

中外少儿优秀合唱歌曲精选　李凌,孙慎主编

北京　中国广播电视出版社 1992 年 502 页

19cm(小 32 开) ISBN：7-5043-1230-4

定价：CNY7.85

(中外音乐系列丛书 6)

J0161613

世界儿童唱和跳精选　陈音等编

北京　北京师范大学出版社 1993 年　重印本

322 页　26cm(16 开) ISBN：7-303-01260-5

定价：CNY9.80

J0161614

中外著名幼儿歌曲集　穆棉选编

北京　北京少年儿童出版社 1993 年

91 页　18×26cm ISBN：7-5301-0400-4

定价：CNY3.80

J0161615

童声合唱教材　钟维国编著

北京　中国少年儿童出版社 1994 年　491 页

19cm(32 开) ISBN：7-5007-1884-5

定价：CNY7.60

(少年宫和中小学兴趣小组活动丛书)

J0161616

燕子与夜莺　(英语歌曲和小诗　英汉对照)

罗义蕴编译

成都　四川大学出版社 1994 年　139 页

19cm(小 32 开) ISBN：7-5614-1058-1

定价：CNY4.20

J0161617

银铃　(蒙古人民共和国儿童歌曲)铁木尔,

达·桑宝选编

呼和浩特　内蒙古教育出版社 1994 年　306 页

20cm(32 开) ISBN：7-5311-2464-5

定价：CNY5.10

J0161618

中外儿童金曲 100 首　王效恭选编

北京　大众文艺出版社 1994 年　136 页

19cm(小 32 开) ISBN：7-80094-092-6

定价：CNY4.20

(大众喜爱的歌丛书)

　　本书收录《小白菜》《红领巾之歌》《丢手
绢》《圣诞快乐歌》等 100 余首歌曲。

J0161619

中外幼儿歌曲集锦　(配风琴伴奏)吴兰婷等
主编

济南　济南出版社 1994 年　189 页 26cm(16 开)

ISBN：7-80572-863-1 定价：CNY12.50

J0161620

少年儿童英语歌曲 101 首　(汉英对照)

张宁,张弦泽编

北京　同民出版社 1995 年　120 页 20cm(32 开)

ISBN：7-80593-072-4 定价：CNY4.20

J0161621

彩色图解儿童英语歌曲 68 首　(麦)麦尔考

柯(Malkoc, A.M.)选编

北京　北京师范大学出版社 1996 年　139 页

26cm(16 开) ISBN：7-303-04247-4

定价：CNY15.80

(时代儿童英语丛书)

J0161622

中外少年儿童歌曲 500 首　陈治海主编

武汉　武汉出版社 1996 年　24+484 页

20cm(32 开) ISBN：7-5430-1469-6

定价：CNY15.80

　　作者陈治海,教授。毕业于湖北艺术学院。
历任武汉教育学院艺术系主任、副教授,中国音
乐家协会武汉分会副主席。

J0161623

中外童声合唱歌曲精选　吕道义主编

大连　大连出版社 1996 年　138 页

28cm(大 16 开) ISBN：7-80612-299-0

定价：CNY12.00

　　作者吕道义,大连市青少年宫从教童声合唱
事业。

J0161624

儿童英语歌曲　沈长华主编；南京市第一幼
儿园编

南京　译林出版社 1997 年　118 页 26cm(16 开)

ISBN：7-80567-728-X 定价：CNY8.50

J0161625
中外儿童歌曲精选　刘玉书编
哈尔滨　北方文艺出版社 1997 年 469 页
19cm（小 32 开）ISBN：7-5317-0940-6
定价：CNY19.80

J0161626
中外少儿名歌经典　聘如等主编
广州　广州出版社 1997 年 23+671 页
20cm（32 开）ISBN：7-80592-715-4
定价：CNY28.00

J0161627
中外少年儿童歌曲　韦行编
北京　中国青年出版社 1997 年 12+397 页
20cm（32 开）ISBN：7-5006-2093-4
定价：CNY18.90，CNY22.40（精装）
（歌曲精品系列）

J0161628
中外童声合唱歌曲 50 首　中国合唱协会编
北京　人民音乐出版社 1997 年 311 页
28cm（大 16 开）ISBN：7-103-01475-2
定价：CNY36.30

J0161629
中外著名少年歌曲　禾雨选编
昆明　晨光出版社 1997 年 227 页
19cm（小 32 开）ISBN：7-5414-1259-7
定价：CNY6.80
（大森林书库）

J0161630
英汉对照世界儿童歌曲集　崔阵等编；俞志
富译配
北京　人民音乐出版社 1998 年 100 页
26cm（16 开）ISBN：7-103-01534-1
定价：CNY13.40

J0161631
中外经典儿童歌曲选　（1）吴文娟选编
长沙　湖南少年儿童出版社 1998 年 32 页
20cm（32 开）ISBN：7-5358-1446-8

定价：CNY1.00
（一元书库）

J0161632
中外经典儿童歌曲选　（2）马林楠选编
长沙　湖南少年儿童出版社 1999 年 32 页
20cm（32 开）ISBN：7-5358-1446-8
定价：CNY1.00
（一元书库）

J0161633
边弹边唱幼儿歌曲 51 首　吕丹丹，张艳红主编
徐州　中国矿业大学出版社 1999 年 68 页
30cm（10 开）ISBN：7-81070-015-4
定价：CNY15.00

J0161634
儿童英语歌曲集　（英汉对照）汪爱丽译编
南京　南京师范大学出版社 1999 年 168 页
26cm（16 开）ISBN：7-81047-373-5
定价：CNY18.00

J0161635
少年，你就是希望　（中外优秀少年儿童合唱
歌曲集）薛晖选编
长沙　湖南文艺出版社 1999 年 162 页
30cm（10 开）精装 ISBN：7-5404-2051-0
定价：CNY24.00
（新千年合唱人丛书 第三卷）

J0161636
中外少儿歌曲 1300 首　曲致政编
大连　大连出版社 1999 年 2 册（417；330 页）
26cm（16 开）ISBN：7-80612-667-8
定价：CNY58.00

J0161637
中外少年儿童歌曲大全　王惠琴主编
沈阳　辽宁少年儿童出版社 1999 年 19+1327 页
20cm（32 开）精装 ISBN：7-5315-2915-7
定价：CNY48.00

各国戏剧乐曲、配乐音乐乐曲

J0161638
世界音乐谱 （第一集）国风音乐社编
上海［国风音乐社］［1939年］85页
26cm（16开）定价：五元八角
　　本书收录中外曲谱54首，部分为工尺谱、简谱对照。附口琴吹奏曲23种。书前有胡琴、笛、月琴、三弦、琵琶等乐器的七调工尺表。

J0161639
现代流行世界音乐谱 （第一集）国风音乐社编辑
国风音乐社［1949—1979年］85页
26cm（16开）

J0161640
歌剧《费加罗的结婚》选曲 （奥）莫扎特作曲；（意）达·朋太作词；钱仁康译配
上海 上海音乐出版社 1957年 79页
26cm（16开）统一书号：127.010
定价：CNY0.80
　　作者莫扎特（1756—1791），欧洲古典主义音乐作曲家。出生于萨尔兹堡。留给世人的作品达600多首，包括63首交响曲，16首嬉游曲，13首小夜曲，15首进行曲，105首小步舞曲，172首舞曲等。代表作品有《奏鸣曲》《协奏曲》《安魂曲》《唐璜》《费加罗的婚礼》《魔笛》等。作者钱仁康（1914—2013），音乐学家，音乐理论家。生于江苏无锡，毕业于国立音乐专科学校理论作曲组。历任北平师范学院、苏州国立社教学院、江苏师范学院（苏州大学前身）、苏南文教学院、华东师范大学音乐系教授，上海音乐学院音乐学系系主任、博导。著有《外国音乐欣赏》等，并译有《莫扎特书信选》等。

J0161641
捷克斯洛伐克的歌剧 （捷）席普（Ladislav Sip）著；雪深译
北京 音乐出版社 1957年 32页 19cm（32开）
统一书号：8026.724 定价：CNY0.17
　　外文书名：Opera in Czechoslovakia.

J0161642
梅图斯的青年近卫军
（苏）波里雅科娃（Л.Полякова）著；戈兆鸿译
北京 音乐出版社 1958年 64页 19cm（32开）
统一书号：8026.822 定价：CNY0.32

J0161643
茶花女 ［意］G.威尔第作曲；音乐出版社编辑部编
北京 音乐出版社 1959年 定价：CNY0.46

J0161644
被出卖的新娘 （三幕喜歌剧 正谱本）（捷）B.斯美塔那（B.Smetana）作曲；萨比那作词；卡昂钢琴伴奏改编；周枫译
北京 音乐出版社 1962年 297页 26cm（16开）
统一书号：8026.1535 定价：CNY3.00
　　本书为世界著名歌剧。音乐具有强烈而鲜明的波希米亚风格，总谱于1872年首版于捷克，被译成26种文字，在世界各地出版；本钢琴伴奏谱的配词据捷克文和德文本译出，并附原文。

J0161645
柴可夫斯基《奥涅金》 中央歌剧舞剧院，音乐出版社编辑部编
［北京］音乐出版社 1962年 19cm（小32开）
定价：CNY0.47

J0161646
歌剧《费加罗的婚姻》序曲 （管弦乐 总谱 正谱本）（奥）莫扎特作曲
北京 人民音乐出版社 1962年 22页
19cm（32开）统一书号：8026.1698
定价：CNY0.19

J0161647
歌剧《费加罗的婚姻》序曲 （管弦乐 总谱）（奥）莫扎特（W.A.Mozart）作
北京 人民音乐出版社 1978年 22页
20cm（32开）统一书号：8026.3415
定价：CNY0.18

J0161648
歌剧《威廉·退尔》序曲 （管弦乐 总谱）（意）罗西尼作曲

北京 音乐出版社 1962 年 袖珍本 51 页
19cm（32 开）统一书号：8026.1697
定价：CNY0.35

J0161649

当晴朗的一天 （巧巧桑的咏叹调）（意）伊利
卡（L.Illica），（意）佳科萨（G.Giacosa）作词；（意）
普契尼（G.Puccini）作曲；戈宝权译词；郑兴丽
配歌
北京 音乐出版社 1963 年 6 页 26cm（16 开）
统一书号：8026.1770 定价：CNY0.16

J0161650

歌剧《塞维利亚的理发师》序曲 （管弦乐
总谱）（意）G. 罗西尼（Rossini, G.）作曲
北京 音乐出版社 1963 年 36 页 19cm（32 开）
统一书号：8026.1718 定价：CNY0.26

J0161651

我们的山 （选曲 歌舞诗剧）（日）芝野一郎编
剧；（日）冲春夫曲；（日）原由子词；蔡子民译
北京 音乐出版社 1966 年 99 页 26cm（16 开）
统一书号：8026.2584 定价：CNY1.75

J0161652

《爱格蒙特》序曲 （管弦乐 总谱 五线谱）
（德）贝多芬作曲
北京 人民音乐出版社 1978 年 2 版 38 页
20cm（32 开）统一书号：8026.3414
定价：CNY0.26
　　作者贝多芬（Ludwig van Beethoven,1770–
1827），德国作曲家、钢琴家。维也纳古典乐派代
表之一，与海顿、莫扎特一起被后人称为"维也
纳三杰"。主要作品有《英雄》《命运》《田园》《合
唱》等 9 部交响乐，《悲怆》《月光》《热情》等 32
首钢琴奏鸣曲，还有小提琴协奏曲、弦乐四重奏、
歌剧等作品。

J0161653

名歌剧主题　王沛纶编纂
台北 全音乐谱出版社 1979 年 257 页
19cm（小 32 开）
　　作者王沛纶（1909—1972），江苏吴县人，毕
业于七海音乐专科学校。曾担任音乐教师，台湾
地区交响乐团特约指挥。著有《歌剧辞典》《乐

人字典》《音乐字典》等。

J0161654

歌剧伊万·苏萨宁序曲　（总谱）梅林卡谱曲
北京 光华出版社 1981 年 64 页
19cm（小 32 开）定价：CNY0.35

J0161655

歌剧霍万希那前奏曲莫斯科河上的黎明
（小 总 谱 ）（苏）穆 索 尔 斯 基（M.Mycoprc
кий）曲
上海 光华出版社 1982 年 53 页 21cm（32 开）
定价：CNY0.40

J0161656

纽约堡名歌手歌剧序曲　（总谱）瓦格纳作曲
北京 光华出版社［1983 年］影印本 40 页
39cm（4 开）统一书号：8026.4075
定价：CNY0.70

J0161657

歌剧霍万希那前奏曲 莫斯科河上的黎明
（小总谱）（俄）穆索尔斯基作曲
［上海］光华出版社［1984 年］53 页
23cm（10 开）

J0161658

歌剧伊凡·苏萨宁序曲　（总谱）梅林卡作曲
上海 光华出版社 1984 年 64 页 19cm（32 开）
定价：CNY0.35

J0161659

歌剧选曲　（花腔女高音）蒋英等编选译配
北京 人民音乐出版社 1990 年 160 页
26cm（16 开）ISBN：7-103-00493-5
定价：CNY8.90
　　本书收录莫扎特、梅耶贝尔、罗西尼、唐
尼采蒂、贝里尼、威尔第等人的歌剧，如《魔笛》
《第拉诺》《塞维里亚的理发师》《清教徒》《米
娘》《弄臣》等 14 首选曲。

J0161660

浮士德　（音乐分析、脚本、选曲）（法）古诺作
曲；人民音乐出版社编辑部编
北京 人民音乐出版社 1991 年 181 页 有图

19cm（小 32 开）ISBN：7-103-00690-3
定价：CNY2.85
（外国歌剧小丛书）

各国舞蹈乐曲

J0161661
胡桃夹子组曲,作品 71a　（俄）柴可夫斯基
（П.И.Чайковский）作曲；罗传开注译
上海　上海音乐出版社　1952 年　影印本　146 页
19cm（32 开）定价：旧币 10,000 元
　　《胡桃夹子》是两幕三场梦幻芭蕾舞剧,由俄
罗斯著名作曲家柴可夫斯基作于 1892 年。剧本
是彼季帕根据恩斯特·霍夫曼的童话《胡桃夹子
和鼠王》及大仲马的改编本写成的。作者从舞剧
中选了六首曲子作为《胡桃夹子组曲》。

J0161662
圆舞曲集　（波）肖邦作
上海　新音乐出版社　1953 年　定价：CNY1.20

J0161663
圆舞曲集　（钢琴）（波）肖邦（F.F.Chopin）作曲
上海　上海音乐出版社　1954 年　影印本　58 页
30cm（10 开）定价：旧币 12,000 元

J0161664
圆舞曲集　（波兰）肖邦作
[北京] 音乐出版社　1955 年　定价：CNY0.97

J0161665
儿童舞曲十二首　（匈）柯达伊作曲
上海　上海音乐出版社　1957 年　影印本
26 页　26cm（16 开）统一书号：127.007
定价：CNY0.50

J0161666
儿童舞曲十二首　（匈）柯达伊作曲
上海　上海音乐出版社　1987 年　24 页
26cm（16 开）统一书号：8127.0007
定价：CNY0.51

J0161667
塞外舞曲　（管弦乐　总谱）马思聪作曲
北京　音乐出版社　1957 年　影印本　36 页
31cm（15 开）统一书号：8026.598
定价：CNY1.20
　　作者马思聪（1912—1987）,作曲家、小提琴
演奏家。广东海丰人。曾任中央音乐学院首任
院长,并兼任中国音乐家协会副主席,《音乐创作》
主编等职。代表作有小提琴曲《内蒙组曲》《西
藏音诗》《第一回旋曲》,交响音乐《山林之歌》
《第二交响曲》,大合唱《祖国》《春天》,歌剧《热
碧亚》等。

J0161668
青年圆舞曲　（管弦乐合奏曲）黎国荃作曲
北京　音乐出版社　1958 年　影印本　19 页
26cm（16 开）统一书号：8026.931
定价：CNY0.28

J0161669
苏联舞曲　刘金,律云整理
沈阳　春风文艺出版社　1959 年　80 页
26cm（16 开）统一书号：8158.5　定价：CNY0.50

J0161670
友谊舞曲 15 首
北京　人民音乐出版社　1979 年　118 页
26cm（16 开）统一书号：8026.3628
定价：CNY0.65

J0161671
天鹅湖　（总谱）（苏）柴可夫斯基作曲
[香港] 光华出版社　[1980—1989 年]
2 册（400；400 页）24cm（16 开）
　　作者柴可夫斯基（Чайковский，ПётрИ-
льич,1840—1893）,俄罗斯作曲家、音乐剧作家,
代表作有芭蕾舞剧《天鹅湖》《睡美人》《胡桃夹
子》,歌剧《叶甫根尼·奥涅金》,交响曲《罗密欧与
朱丽叶》等。

J0161672
西班牙斗牛舞　张国平
北京　人民音乐出版社　1981 年　5 页
25cm（16 开）统一书号：8026.3886
定价：CNY0.18

J0161673
浮士德天谴曲选三首
（法）柏辽兹（H.Berlioz）曲
上海 光华出版社 1982年 影印本 68页
19cm（32开）定价：CNY0.35

J0161674
浮士德天谴曲选三首　（袖珍 总谱）
（法）柏辽兹作曲
[上海] 光华出版社 [1984年] 68页
19cm（32开）

J0161675
拉威尔圆舞曲　（法）拉威尔（Ravel, M.）曲
上海 光华出版社 1982年 影印本 136页
25cm（小16开）定价：CNY1.60
　　莫里斯·拉威尔（Maurice Ravel,1875—1937），
法国著名作曲家、印象派作曲家。生于比利牛斯
西布恩小镇。代表作品《达芙妮与克罗埃》《鹅妈
妈》《茨冈》《波莱罗舞曲》《水的嬉戏》。

J0161676
台湾舞曲　（管弦乐 总谱）江文也曲
北京 人民音乐出版社 1982年 五线谱本 35页
21cm（32开）统一书号：8026.3985
定价：CNY0.40
　　本作品1934年作于日本。音乐素材来自台
湾。1936年，获柏林第11届奥林匹克运动会文
艺竞赛管弦乐作品银质奖。

J0161677
一个士兵的故事　（袖珍 总谱）（俄）斯特拉
夫斯基曲
上海 光华出版社 1982年 影印本 68页
19cm（32开）定价：CNY0.35

J0161678
邀舞　（总谱 作品第65号）韦伯,柏辽兹作曲
光华出版社 1983年 41页 39cm（4开）
定价：CNY0.85

J0161679
忧郁圆舞曲　（总谱）（芬）西贝柳斯作曲
上海 光华出版社 [1983年] 10页 37cm（8开）
定价：CNY0.30

　　作者西贝柳斯（Jean Sibelius,1865—1957），
芬兰音乐家、作曲家。出生于芬兰，毕业于赫尔
辛基音乐学院。主要作品有交响诗《芬兰颂》《萨
加》《忧郁圆舞曲》等。

J0161680
世界著名圆舞曲欣赏　　罗传开编著
上海 上海文艺出版社 1985年 294页 有照片
19cm（32开）统一书号：8078.3487
定价：CNY1.65
（音乐爱好者丛书）
　　本书介绍了世界著名的50首圆舞曲,如《蓝
色的多瑙河圆舞曲》《溜冰圆舞曲》《杜鹃圆舞
曲》等等。书中概述了它们的创作演出背景、思
想内容和艺术结构特点；同时还介绍了这些圆舞
曲的发展简史和圆舞曲大师兰纳和约翰·施特劳
斯等人的简单生平。

J0161681
当代交谊舞舞曲精选　（中外名曲百首）高鹤
立编著
济南 山东文艺出版社 1992年 263页
26cm（16开）ISBN：7-5329-0807-0
定价：CNY7.85

J0161682
舞厅名曲荟萃　（1）李建业,于智魁编
上海 上海音乐出版社 1994年 112页
26cm（16开）ISBN：7-80553-470-5
定价：CNY8.00

J0161683
舞厅名曲荟萃　（2）于智魁编
上海 上海音乐出版社 1995年 135页
26cm（16开）ISBN：7-80553-531-0
定价：CNY9.80

J0161684
施特劳斯圆舞曲集　（钢琴谱 Ⅰ）（奥）施特
劳斯（J.Strauss）曲
北京 人民音乐出版社 1997年 103页
31cm（10开）ISBN：7-103-01482-5
定价：CNY19.10

J0161685
施特劳斯圆舞曲集 （钢琴谱 Ⅱ）（奥）施特
劳斯（J.Strauss）曲
北京 人民音乐出版社 1997 年 79 页
31cm（10 开）ISBN：7-103-01483-3
定价：CNY15.20

各国器乐曲

J0161686
中西音乐集 孙时熙编辑
上海 著易堂书局 清宣统二年［1910］石印本
40 页 15×24cm 定价：大洋九角

J0161687
天鹅湖组曲
（苏）柴可夫斯基（П.И.Чайковский）作曲
北京 音乐出版社 1954 年 影印本 103 页
19cm（32 开）定价：旧币 4,600 元

J0161688
创意曲集 （德）J.S. 巴赫作曲
北京 人民音乐出版社 1977 年 影印本
64 页 26cm（16 开）统一书号：8026.3323
定价：CNY1.35
　　作者巴赫（Johann Sebastian Bach,1685—1750），
德国作曲家。毕生致力于音乐创作和演奏，对西
洋近代音乐发展深有影响，被尊为“音乐之父”。
作品风格讲求哲理与抒情、写景密切结合，声乐
与器乐综合统一。多为复调音乐。声乐作品以
康塔塔最为丰富多彩，约230余部。器乐作品主
要有《平均律钢琴曲集》两卷，以及大量古钢琴组
曲、管风琴曲、管弦乐曲、无伴奏奏鸣曲等。

J0161689
巴赫小前奏曲与赋格曲 （德）J.S. 巴赫作曲
北京 人民音乐出版社 1979 年 49 页
20cm（32 开）定价：CNY1.15

J0161690
巴赫小前奏曲与赋格曲
（德）巴赫（J.S.Bach）曲；［奥］车尔尼等编
北京 人民音乐出版社 1996 年 49 页

30cm（10 开）ISBN：7-103-01440-X
定价：CNY11.40
　　外文书名：J.S.Bach Kleine Praludien und
Fughetten. 作者车尔尼（Carl Czerny,1791—1857），
奥地利著名钢琴演奏家、教育家、作曲家。曾从
贝多芬以及克莱门蒂学习钢琴。在维也纳从事
教学、演出与创作。他的钢琴练习曲在许多国家
被广泛采用为钢琴教材。代表作品有《钢琴初步
教程》（作品 599 号）《钢琴流畅练习曲》（作品
849 号）《钢琴快速练习曲》（作品 299 号）等。

J0161691
巴赫奏鸣曲 （小提琴与钢琴 一）
（德）巴赫作曲；达维德编订
北京 人民音乐出版社 1980 年 51 页（8 开）

J0161692
莫斯科回忆
光华出版社［1980—1989 年］影印本 7 页
34cm（10 开）定价：CNY0.34

J0161693
巴赫奏鸣曲集 （小提琴与钢琴 二）
（德）巴赫作曲；达维德编订
北京 人民音乐出版社 1981 年 102 页
31cm（10 开）

J0161694
独奏曲浅释 邵义强编著
台北 全音乐谱出版社 1981 年
2 册（267；250 页）20cm（32 开）
　　作者邵义强，教授。台湾成功大学音乐
系教授。历任音乐美术教师，台南神学院音乐
系讲师，台南市亚洲唱片公司、台北市声美唱
片公司、高雄市松竹唱片公司等顾问与解说
作者。出版有《乐林啄木鸟》《璀璨的音乐世
界》等。

J0161695
器乐曲 （第五辑）
广州 广东人民出版社 1981 年 86 页
26cm（16 开）统一书号：8111.2223
定价：CNY0.53

J0161696

德步西管弦乐曲　考克斯（Cox, D）著；林胜仪译
台北　全音乐谱出版社　1984 年　98 页
20cm（32 开）定价：TWD80.00
（音乐欣赏丛书）
　　外文书名：Debussy Orchestral Music.

J0161697

巴赫英国组曲　（BWV806-811）（德）巴赫曲
上海　上海音乐出版社　1994 年　113 页
31cm（10 开）ISBN：7-80553-489-6
定价：CNY19.50

J0161698

古诗词新唱　叶至善编配
北京　开明出版社　1995 年　67 页　20cm（32 开）
ISBN：7-80077-963-7　定价：CNY3.50

J0161699

古诗词新唱　叶至善编配
北京　开明出版社　1998 年　增订本　13+200 页
20cm（32 开）ISBN：7-80133-173-7
定价：CNY10.00

各国管乐曲

J0161700

铜管乐器练习谱　（第一册）张肖虎编著
张肖虎［发行者］1941 年　油印本　27cm（16 开）
　　本书为世界铜管乐器练习曲选集，教学自修两用教本。

J0161701

管乐低音部基本练习曲　波爱斯（G.Pares）原著；霍斯特（S.Whistler）改编
北京　中央人民政府人民革命军事委员会总参谋部军乐团　1954 年　影印本　48 页　30cm（15 开）

J0161702

18 首长笛练习曲　（正谱本）（法）贝比圭埃，T. 作曲
上海　上海文艺出版社　1962 年　23 页
29cm（12 开）统一书号：8078.2001

定价：CNY0.44

J0161703

24 首长笛练习曲，作品 26 第 1 号　（正谱本）（德）波恩作曲
上海　上海文艺出版社　1962 年　37 页
29cm（18 开）统一书号：8078.2002
定价：CNY0.68

J0161704

40 首长笛练习曲，作品 75 号　（正谱本）（意）胡格斯，L. 作曲
上海　上海文艺出版社　1962 年　69 页
29cm（16 开）统一书号：8078.2003
定价：CNY1.20

J0161705

416 首日常练习　（第 1 册　正谱本）克洛浦许（Kroepsch）作曲
上海　上海文艺出版社　1962 年　正谱本　56 页
29cm（16 开）统一书号：8078.2007
定价：CNY0.96
　　本书系高等音乐院校单簧管教材，本册为416 首喷呐器乐曲。外文书名：416 Progressive Daily Studies for the Clarinet.

J0161706

416 首日常练习　（第 2 册　正谱本）克洛浦许（Kroepsch）作曲
上海　上海文艺出版社　1962 年　53 页
29cm（16 开）统一书号：8078.2008
定价：CNY0.92
　　外文书名：416 Progressive Daily Studies for the Clarinet.

J0161707

60 首圆号练习曲　（正谱本）（德）C. 柯普拉许（C.Kopprasch）作曲；（德）根贝尔改编
上海　上海文艺出版社　1962 年　48 页
30cm（15 开）统一书号：8078.2085
定价：CNY0.86

J0161708

G 大调协奏曲　（德）匡兹作曲
上海　上海文艺出版社　1962 年　28cm（大 16 开）

定价：CNY0.68

J0161709
嬉游曲　（正谱本）（德）C. 贝尔曼（C.Baermann）
作曲
上海　上海文艺出版社　1962 年　20 页
30cm（15 开）统一书号：8078.2034
定价：CNY0.50

J0161710
协奏曲，B 调单簧管　（正谱本）（波）库宾斯
基，K. 作曲
上海　上海文艺出版社　1962 年　24 页
29cm（12 开）统一书号：8078.2029
定价：CNY0.56

J0161711
协奏曲，B 调单簧管　（正谱本）（奥）莫扎特
（Mozart）作曲
上海　上海文艺出版社　1962 年　27 页
30cm（10 开）统一书号：8078.2051
定价：CNY0.68

J0161712
圆号练习曲　（正谱本）（德）牟勒，B.E. 作曲
上海　上海文艺出版社　1962 年　51 页
29cm（16 开）统一书号：8078.2086
定价：CNY0.90

J0161713
小号独奏曲选　（第二集）朱起东编
北京　音乐出版社　1963 年　111 页 26cm（16 开）
统一书号：8026.1694 定价：CNY1.60
　　作者朱起东（1913—1991），音乐教育家、小
号演奏家。浙江鄞县人。小号独奏曲有《山丹
丹开花红艳艳》《阿拉木汗》《秋收》《送我一
枝玫瑰花》，著有《小号表演艺术》《音乐声学基
础》等。

J0161714
莫扎特　（D 大调长笛协奏曲 .KV314 袖珍总谱）
台湾　光华出版社　1980 年　38 页　19cm（32 开）

J0161715
布尔姆小号练习曲选 62 首　（正谱本）

（德）布尔姆（Bypm, B.）作曲；塔巴科夫编
北京　人民音乐出版社　1981 年　73 页
19cm（32 开）统一书号：8026.3835
定价：CNY3.15

J0161716
小号独奏曲选　（第一集）朱起东编
北京　人民音乐出版社　1981 年　重印本　70 页
26cm（16 开）统一书号：8026.619
定价：CNY1.55

J0161717
小号独奏曲选　（第二集）朱起东编
北京　人民音乐出版社　1981 年　重印本
107 页　独奏分谱 1 册　26cm（16 开）
统一书号：8026.1694 定价：CNY2.20

J0161718
小号独奏曲选　（第三集）朱起东编
北京　人民音乐出版社　1987 年　118 页
26cm（16 开）统一书号：8026.4510
定价：CNY3.70

J0161719
小号练习曲选 62 首　（德）布尔姆（Bypm, B.）
作曲；塔巴科夫编
北京　人民音乐出版社　1981 年　73 页
38cm（6 开）统一书号：8026.3835
定价：CNY3.15

J0161720
长笛名曲集
台北　全音乐谱出版社　1981 年　222 页
39cm（8 开）

J0161721
D 大调长笛协奏曲 KV314　（袖珍 总谱）
（奥）莫扎特（Mozart, W.A.）曲
上海　光华出版社　1982 年　影印本　38 页
19cm（32 开）定价：CNY0.25
　　作者莫扎特（1756—1791），欧洲古典主义音
乐作曲家。出生于萨尔兹堡。留给世人的作品
达 600 多首，包括 63 首交响曲，16 首嬉游曲，13
首小夜曲，15 首进行曲，105 首小步舞曲，172 首
舞曲等。代表作品有《奏鸣曲》《协奏曲》《安魂

曲》《唐璜》《费加罗的婚礼》《魔笛》等。

J0161722
降 E 大调圆号第二协奏曲 KV417
(奥)莫扎特(Mozart, W.A)著
上海 光华出版社 1982 年 影印本 17 页
25cm(小 16 开) 定价: CNY0.40

J0161723
单簧管小协奏曲 (作品第 26 号 总谱)
威柏作曲
上海 光华出版社 1983 年 影印本 18 页
37cm(8 开) 定价: CNY0.40

J0161724
新萨克斯管练习曲 (上册)
(德)杰特尔(Jetter, R.)作曲
北京 人民音乐出版社 1989 年 43 页
31cm(10 开) ISBN: 7-103-00302-5
定价: CNY2.40
　　外文书名: Neue Saxophon-Studien.

J0161725
新萨克斯管练习曲 (下册)(德)杰特尔
(R.Jetter)作曲
北京 人民音乐出版社 1989 年 43 页
31cm(10 开) ISBN: 7-103-00303-3
定价: CNY2.60
　　外文书名: Neue Saxophon-Studien.

J0161726
萨克管演奏曲集 (加)博柔笛(Brodie, P.)作
曲;崔如峰,董克编译
北京 新世界出版社 1991 年 117 页
26cm(16 开) ISBN: 7-80005-168-4
定价: CNY7.60
　　本书收集了世界著名萨克管演奏家波尔·博
柔笛先生撰写的《萨克管入门》和根据世界名曲
改编的 30 首各种风格的萨克管独奏曲。附分谱。

J0161727
小号协奏曲 (bE 大调)
(奥)海顿(Haydn, F.J.)曲
北京 人民音乐出版社 1991 年 28 页
30cm(10 开) ISBN: 7-103-00806-X

定价: CNY2.40
　　作者海顿(Franz Joseph Haydn,1732—1809),
奥地利作曲家。全名弗朗茨·约瑟夫·海顿,维
也纳古典乐派代表人物之一。代表作品有《惊
愕交响曲》《告别交响曲》《小夜曲》《吉普赛回
旋曲》。

J0161728
小号协奏曲 (bE 大调)
(奥)胡梅尔(Hummel, J.N.)曲
北京 人民音乐出版社 1991 年 32 页
30cm(10 开) ISBN: 7-103-00805-1
定价: CNY3.00
　　作者胡梅尔(Johann Nepomnk Hummel,
1778—1837),奥地利钢琴家、作曲家、教师、指
挥家。全名约翰·内波姆克·胡梅尔。出生于波
西米亚的普雷斯堡。作品有《E 大调小号协奏
曲》等。

J0161729
第二长笛协奏曲 (D 大调 K.V.314)
(奥)莫扎特著
北京 人民音乐出版社 1992 年 21 页 30×22cm
ISBN: 7-103-01052-8 定价: CNY2.80

J0161730
人人喜爱的外国单簧管独奏曲选
(美)阿诺德(Arnold, Jay)编;陶旭光编选
北京 人民音乐出版社 1992 年 65 页
31cm(10 开) ISBN: 7-103-00937-6
定价: CNY6.40
　　本书附分谱 1 册。

J0161731
萨克斯管独奏曲选 (美)蒂尔选编
北京 人民音乐出版社 1992 年 69 页
31cm(10 开) ISBN: 7-103-00939-2
定价: CNY4.60

J0161732
双簧管基础教程 (德)希恩克编
北京 人民音乐出版社 1992 年 38 页
30cm(10 开) ISBN: 7-103-01050-1
定价: CNY3.15

J0161733
大管高级练习曲选　刘奇编选
北京 人民音乐出版社 1993 年 139 页
31cm（10 开）ISBN：7–103–01060–9
定价：CNY11.40

J0161734
外国长笛曲选（第一集）李学全编选
北京 人民音乐出版社 1994 年 255 页
30cm（10 开）ISBN：7–103–01208–3
定价：CNY26.50

J0161735
小号钢琴世界名曲经典　张伊编著
北京 中国青年出版社 1994 年 162 页
26cm（16 开）ISBN：7–5006–1575–2
定价：CNY14.60

J0161736
单簧管趣味练习曲集　霍守坤,高明道编著
北京 中国青年出版社 1995 年 122 页
26cm（16 开）

J0161737
韦伯第一单簧管协奏曲（OP.73 钢琴缩谱）
（德）韦伯编
北京 人民音乐出版社 1995 年 42 页
31cm（10 开）ISBN：7–103–01297–0
定价：CNY8.30

J0161738
长笛中外名曲集　邵伟民编著
北京 中国青年出版社 1995 年 132 页
26cm（16 开）ISBN：7–5006–1888–3
定价：CNY12.00

J0161739
长笛中外名曲集　邵伟民编著
北京 中国青年出版社 1997 年 重印本 132 页
26cm（16 开 ）ISBN：7–5006–1888–3
定价：CNY16.00

J0161740
大管音阶及和弦练习曲　吕作雄编著
北京 人民音乐出版社 1996 年 77 页

31cm（10 开）ISBN：7–103–01413–2
定价：CNY17.00

J0161741
萨克斯管中外名曲集　杜银蛟编
北京 中国青年出版社 1996 年 155 页
26cm（16 开）ISBN：7–5006–2216–3
定价：CNY18.00

J0161742
长号中外名曲集　张建编著
北京 中国青年出版社 1996 年 188 页
26cm（16 开）ISBN：7–5006–2287–2
定价：CNY24.00

J0161743
单簧管重奏教学曲集　霍守坤,高明道编著
北京 中国青年出版社 1997 年 重印本 127 页
26cm（16 开）ISBN：7–5006–2039–X
定价：CNY14.00
　　本书收录《柔和的阳光》《让我们荡起双桨》
《深深的海洋》《纺织姑娘》《红莓花儿开》《半个
月亮爬上来》等 73 首练习曲。

J0161744
管乐队指南　林东波编著
福州 福建人民出版社 1997 年 164 页
28cm（大 16 开）ISBN：7–211–02929–3
定价：CNY22.00

J0161745
萨克管外国流行曲 45 首（电声乐队伴奏谱）
王保安编曲
北京 中国青年出版社 1997 年 229 页
28cm（大 16 开）ISBN：7–5006–2504–9
定价：CNY30.00

J0161746
萨克管外国名曲 100 首　高启明编
北京 中国青年出版社 1997 年 122 页
26cm（16 开）ISBN：7–5006–2506–5
定价：CNY18.00

J0161747
双簧管教学曲选集（钢琴伴奏谱）白宇编

北京 人民音乐出版社 1997 年 184+43 页
31cm（10 开）ISBN：7-103-01461-2
定价：CNY38.70
（中央音乐学院教材丛书）

　　本书附分谱 1 册。作者白宇（1952—　　），画家。河南安阳人。安阳师专艺术系毕业。鹤壁市青年美术家协会副主席、鹤壁黄河书画院院长、河南省美术家协会会员。主要作品有《高山有情》《轻音图》等。

J0161748
双簧管中外名曲集　朴长天编著
北京 中国青年出版社 1997 年 123 页
26cm（16 开）ISBN：7-5006-2546-4
定价：CNY18.00

　　外文书名：Collection of World Classic Pieces of Oboen.

J0161749
中外萨克斯管独奏曲集　尹志发编曲
北京 人民音乐出版社 1997 年 87 页
30cm（10 开）ISBN：7-103-01455-8
定价：CNY19.00

J0161750
单簧管演奏风格　（第一单簧管谱）［德］莱斯利·希尔利编曲
北京 中国青年出版社 1998 年 24 页
30cm（10 开）ISBN：7-5006-2911-7
定价：CNY12.00

J0161751
萨克斯管（业余）考级教程　（第一级—第九级）张梧主编；中央音乐学院考级委员会编
北京 人民音乐出版社 1998 年 247 页
30cm（12 开）ISBN：7-103-01731-X
定价：CNY60.00
（中央音乐学院校外音乐水平考级丛书 国内版）

　　本书由人民音乐出版社和华乐出版社联合出版。

J0161752
萨克斯管协奏曲集　尹志发选编
北京 中国青年出版社 1998 年 2 册（432 页）
29cm（16 开）ISBN：7-5006-2921-4

定价：CNY68.00

J0161753
萨克斯管演奏风格　（bE 萨克斯管使用）
［德］莱斯利·希尔利编曲
北京 中国青年出版社 1998 年 24 页
30cm（10 开）ISBN：7-5006-2912-5
定价：CNY12.00

J0161754
萨克斯管音乐会曲集　尹志发选编
北京 中国青年出版社 1998 年 361 页
29cm（16 开）ISBN：7-5006-2915-X
定价：CNY46.00

J0161755
外国现代长笛曲集　［德］克里斯多夫·格里加［编曲］
北京 中国青年出版社 1998 年 83 页
30cm（10 开）ISBN：7-5006-2908-7
定价：CNY25.00
　　本书附分谱 1 册。

J0161756
现代萨克管独奏曲集　（bB 次中音 或高音萨克管与钢琴谱）［德］H. 博思编纂
北京 中国青年出版社 1998 年 68 页
30cm（10 开）ISBN：7-5006-2913-3
定价：CNY24.00
　　本书附分谱 1 册。

J0161757
长笛演奏风格　（第一长笛谱）［德］莱斯利·希尔利编曲
北京 中国青年出版社 1998 年 24 页
30cm（10 开）ISBN：7-5006-2910-9
定价：CNY12.00
　　本书附分谱 1 册。

J0161758
大管教学曲选集　（一 钢琴伴奏谱）戴云华编
北京 人民音乐出版社 1999 年 322 页
31cm（10 开）ISBN：7-103-01906-1
定价：CNY79.50
（中央音乐学院教材丛书）

本书收录意大利安东尼奥·维瓦尔第的《C大调协奏曲》、俄国柴可夫斯基的《夜曲》和德国V. 布隆斯的《第二协奏曲》等 20 多首乐曲。附分谱 1 册。

J0161759
单簧管教学曲选 （第二辑）金光日选编
北京 中央民族大学出版社 1999 年 217 页
28cm（大 16 开）ISBN：7-81056-220-7
定价：CNY42.00
　　本书附分谱 1 册。

J0161760
单簧管外国名曲 董德君选编
北京 中国青年出版社 1999 年 45 页
29cm（16 开）ISBN：7-5006-1437-3
定价：CNY10.00

J0161761
趣味萨克斯管小品 ［德］亨茨·博斯（Heinz Both）编曲；余丹红翻译
上海 上海教育出版社 1999 年 12+23 页
30cm（10 开）ISBN：7-5320-6551-0
定价：CNY9.70
　　本书收录《白色女郎》《乡村百合》《拉丁叙事曲》《乡村少年》《米切尔》《星期天聚会》等曲目。

J0161762
趣味长笛小品 ［德］亨茨·博斯（Heinz Both）编曲；余丹红翻译
上海 上海教育出版社 1999 年 12+23 页
30cm（10 开）ISBN：7-5320-6552-9
定价：CNY9.70

J0161763
萨克斯管进阶练习曲 50 首 （法）居伊·拉库尔（Guy Lacour）原著；李雨生译编
成都 四川科学技术出版社 1999 年 50 页
29cm（16 开）ISBN：7-5364-4335-8
定价：CNY20.00

J0161764
音乐会练习曲 15 首 （中音萨克斯管与钢琴）
（法）夏尔·凯什兰（Charles Koechlin）原著；

李雨生译编
成都 四川科学技术出版社 1999 年
29cm（16 开）ISBN：7-5364-4336-6
定价：CNY30.00

各国弓弦乐曲

J0161765
何里马利提琴音阶练习书 柯政和译
北平 中华乐社 1931 年 38 页 31cm（15 开）
定价：一元二角
　　作者柯政和（1890—1973），音乐教育家。台湾嘉义人，原籍福建安溪。原名丁丑，字安士。留学日本东京音乐学校师范科、东京音乐学校研究科、上智大学文科。曾任北京师范大学教授。著有《音乐通论》《何利马里音阶练习书》《简易钢琴曲集》《音乐史》《拜耳钢琴教科书》等。

J0161766
怀娥铃名曲选 丰子恺编选
上海 开明书店 1932 年 49 页 27cm（16 开）
定价：一元二角
　　本书是世界小提琴曲选集，收录《西班牙舞曲》《牧歌》等 12 首演奏曲，五线谱，附钢琴伴奏谱。作者丰子恺（1898—1975），画家、文学家、艺术教育家、音乐教育家、翻译家。浙江嘉兴人。原名丰润，又名仁、仍，字子颛，后改为子恺，笔名TK。作品有《缘缘堂随笔》、画集《子恺漫画》等。

J0161767
大提琴教科书 （苏）余甫磋夫（I.Shevtzoff）编
上海 商务印书馆 1933 年 54 页 有图
30cm（16 开）定价：大洋二元
（国立音乐专科学校丛书）
　　本书收录练习曲 24 首，五线谱。部分附钢琴伴奏谱。

J0161768
简易提琴曲集 柯政和编
北平 中华乐社 1933 年 60 页 31cm（10 开）
定价：实价一元八角
　　本书收录《安琪儿之声》《浪漫曲》《夜曲》《间奏曲》《摇篮歌》《咏叹调》《幻想曲》《海上静眠》等 18 首乐曲。五线谱，附钢琴伴奏谱。

J0161769

提琴名曲集　柯政和编

北平　中华乐社　1933 年　57 页　30cm（15 开）
定价：旧币一元八角

　　本书收录《春歌》《卡发第那》《夜曲》《波兰舞曲》《大洪水》《蜜蜂》《摇篮歌》《弦上之咏叹调》《圣母赞歌》等 15 首乐曲，五线谱，附钢琴伴奏谱。

J0161770

小品　（苏）余甫磋夫（I.Shevtzoff）作

上海　商务印书馆　1936 年　6 页　31cm（15 开）
定价：国币六角
（国立音乐专科学校丛书）

　　本书收录大提琴演奏曲，附钢琴伴奏谱，五线谱。

J0161771

郝曼小提琴练习曲　（郝曼小提琴教科书　第一册）（德）郝曼（Christian Heinrich Hohmann）编；新音乐书店编辑部改编

北京　新音乐书店［1949—1959 年］影印本
25cm（16 开）定价：五元（基价）

　　外文书名：Practical Violin Method. 著者现通译为：霍曼

J0161772

郝曼小提琴练习曲　（郝曼小提琴教科书　第二册）（德）郝曼（Christian Heinrich Hohmann）编；新音乐书店编辑部改编

北京　新音乐书店［1949—1959 年］影印本
66 页　26cm（16 开）定价：七元（基价）

　　著者现通译为：霍曼

J0161773

郝曼小提琴练习曲　（第三册）（德）郝曼（Christian Heinrich Hohmann）编

北京　新中国乐器工厂　1952 年　4 版
26cm（16 开）定价：旧币 12,000 元

　　著者现通译为：霍曼

J0161774

大提琴练习曲集　（斯得却夫斯基选编　第一册）斯得却夫斯基（J.Stutschewsky）作曲

上海　上海音乐出版社　1951 年　影印本　34 页
31cm（10 开）定价：旧币 12,000 元

J0161775

大提琴练习曲集　（斯得却夫斯基选编　第二册）斯得却夫斯基（J.Stutschewsky）作曲

上海　上海音乐出版社　1951 年　影印本　43 页
31cm（10 开）定价：旧币 15,000 元

J0161776

瓦尔法脱　（第四十五卷　六十小提琴练习曲 11）（德）瓦尔法脱（F.Wohlfahrt）著

上海　上海音乐出版社　1951 年　影印本　29 页
31cm（15 开）定价：旧币 9,000 元

　　外文书名：Franz Wohlfahrt Op.45：Sixty Studies for the Violin.

J0161777

开塞小提琴基本练习曲　（第二十卷）
（德）开塞作曲

上海　上海音乐出版社　1952 年　再版
统一书号：［旧币］10,000 元

　　本书所说"第二十卷"意指作者作品第 20 号。外文书名：H·E·Kayser：36 Elementary and Progressive Studies Complete For the Violin. 作者开塞（Heinrich Ernst Kayser，1815–1888），德国近代小提琴家、教育家。出生于德国阿尔唐纳。汉堡剧院管弦乐队小提琴手。有《开塞小提琴练习曲 36 首》。

J0161778

舒柏特弦乐四重奏

上海　新音乐出版社　1953 年　定价：CNY0.40

J0161779

大提琴练习曲　（第一册）（苏）鲍斯特列姆编辑

北京　音乐出版社　1955 年　影印本　23 页
31cm（10 开）定价：CNY0.54
（音乐技术学习丛刊）

J0161780

大提琴练习曲　（第二册）（苏）鲍斯特列姆编辑

北京　音乐出版社　1955 年　影印本　22 页
31cm（10 开）定价：CNY0.48
（音乐技术学习丛刊）

J0161781
大提琴练习曲 （第三册）（苏）鲍斯特列姆编辑
北京 音乐出版社 1955年 影印本 41页
31cm（10开）定价：CNY0.78
（音乐技术学习丛刊）

J0161782
大提琴练习曲 （第四册）（苏）鲍斯特列姆编辑
北京 音乐出版社 1955年 影印本 60页
31cm（10开）定价：CNY1.08
（音乐技术学习丛刊）

J0161783
大提琴练习曲 （第五册）（苏）鲍斯特列姆编辑
北京 音乐出版社 1955年 影印本 59页
31cm（10开）定价：CNY1.08
（音乐技术学习丛刊）

J0161784
开塞小提琴练习曲36首, 作品20
（德）亨利·厄恩斯特·开塞［作曲］；（美）本·卡特尔编
北京 音乐出版社 1956年 影印本 50页
31cm（10开）统一书号：8026.426
定价：CNY0.96
（音乐技术学习丛刊）
　　外文书名：Thirty-six Elementary and Progressive Studies for the Violin.

J0161785
马扎斯华丽练习曲, 作品36 （法）马扎斯作
北京 音乐出版社 1956年 47页 31cm（10开）
统一书号：8026.424 定价：CNY0.90
（音乐技术学习丛刊）

J0161786
马扎斯特殊练习曲, 作品36 （第一册）
（法）马扎斯作；（德）达维森编注
北京 音乐出版社 1956年 44页 31cm（10开）
统一书号：8026.423 定价：CNY0.78
（音乐技术学习丛刊）

J0161787
马扎斯为艺术家而作的练习曲 （正谱）
（法）马扎斯作

［北京］音乐出版社 1956年 定价：CNY0.90

J0161788
马扎斯为艺术家作的练习曲, 作品36
（法）马扎斯作
北京 音乐出版社 1956年 51页 31cm（10开）
统一书号：8026.425 定价：CNY0.90
（音乐技术学习丛刊）

J0161789
大提琴练习曲, 作品35
（法）弗朗肖姆（A.Franchomme）作曲
北京 人民音乐出版社 1957年 17页
38cm（6开）统一书号：8026.3422
定价：CNY0.46

J0161790
顿特小提琴练习曲, 作品37 （奥）顿特作曲
北京 音乐出版社 1957年 影印本 35页
［26cm］（16开）定价：CNY0.60
（音乐技术学习丛刊）
　　作者顿特（Jacob Dont,1815—1888），奥地利小提琴家、教育家。曾任维也纳音乐学院小提琴教授。创作小提琴曲《克莱采尔和罗德准备练习曲24首》最为著名。

J0161791
弗朗康墨大提琴练习曲, 作品35 （法）弗朗康墨作曲
北京 音乐出版社 1957年 影印本 17页
31cm（10开）统一书号：8026.541
定价：CNY0.52
（音乐技术学习丛刊）

J0161792
赫利美利小提琴音阶练习
北京 人民音乐出版社 1957年 36页
31cm（15开）

J0161793
赫利美利小提琴音阶练习
北京 人民音乐出版社 1978年 38页
26cm（16开）定价：CNY0.88

J0161794
小提琴练习曲六十首
(德)佛尔法特(Wohlfahrt)作曲
上海 上海音乐出版社 1957年 影印本 51页
27cm(16开)报纸本 统一书号:127.019
定价:CNY0.55

J0161795
小提琴练习曲六十首
(德)佛尔法特(Wohlfahrt)作曲
上海 上海音乐出版社 1957年 影印本 51页
27cm(16开)道林纸 统一书号:127.020
定价:CNY1.00

J0161796
两首民歌主题小提琴独奏曲 (管弦乐伴奏)
(蒙)古隆作曲
北京 音乐出版社 1958年 影印本 13页
26cm(16开)统一书号:8026.797
定价:CNY0.22

J0161797
开塞小提琴练习曲36首 (德)开塞作曲
北京 人民音乐出版社 1961年 47页
28cm(10开)统一书号:8026.426

J0161798
小提琴练习曲六十首 (德)佛尔法特
(Wohlfahrt)作曲
上海 上海文艺出版社 1961年 新1版 51页
26cm(16开)统一书号:8078.1727
定价:CNY0.34

J0161799
24首随想曲 (正谱本)(法)罗特(Rode)作曲
上海 上海文艺出版社 1962年 49页
31cm(10开)统一书号:8078.2030
定价:CNY0.86
　　作者罗特(Pierre Rode,1774–1830),现通译为罗德,法国小提琴家和作曲家。

J0161800
巴赫无伴奏奏鸣曲及组曲 (德)巴赫作曲;
(匈)奥厄编订
上海 上海文艺出版社 1962年 44页
31cm(15开)统一书号:8078.2033
定价:CNY0.80

J0161801
小提琴左手技巧练习 (作品第1号 第一集
正谱本)(捷)舍夫契克作曲
上海 上海文艺出版社 1962年 43页
31cm(10开)统一书号:8078.2004
定价:CNY0.74
　　作者舍夫契克(Sevcik,Ottokar,1852—1934),捷克小提琴教育家。代表作品有《小提琴技术教程》《小提琴弓法教程》《初级半音体系教程》《音阶与换把》《双音练习》等。

J0161802
小提琴左手技巧练习 (作品第1号 第二集
正谱本)(捷)舍夫契克作曲
上海 上海文艺出版社 1962年 49页
31cm(10开)统一书号:8078.2004
定价:CNY0.74

J0161803
小提琴左手技巧练习 (作品第1号 第三集
正谱本)(捷)舍夫契克作曲
上海 上海文艺出版社 1963年 29页
31cm(10开)统一书号:8078.2227
定价:CNY0.56

J0161804
小提琴左手技巧练习 (作品第1号 第四集
正谱本)(捷)舍夫契克作曲
上海 上海文艺出版社 1963年 43页
31cm(10开)统一书号:8078.2228
定价:CNY0.78

J0161805
小提琴左手技巧练习 (作品第1号 第一册)
(捷)舍夫契克作
上海 上海文艺出版社 1978年 重印本
43页 26cm(16开)统一书号:8078.2004
定价:CNY1.05
　　本书着重解决左手第一把位上的各种练习,各种琶音、半音音阶、双音、和弦以及弓法的练习。

J0161806
小提琴左手技巧练习 （作品第 1 号　第二册）
（捷）舍夫契克作
上海　上海文艺出版社　1978 年　重印本
49 页　26cm（16 开）统一书号：8078.2005
定价：CNY1.10
　　本册重点解决第二、三、四把位上的各种练习，以及各把位之间的转换练习。

J0161807
小提琴左手技巧练习 （作品第 1 号　第三册）
（捷）舍夫契克作
上海　上海文艺出版社　1978 年　重印本　29 页
26cm（16 开）统一书号：8078.2227
定价：CNY0.74
　　本册主要解决在一、二、三、四条弦上的各种换把练习。

J0161808
小提琴左手技巧练习 （作品第 1 号　第四册）
（捷）舍夫契克作
上海　上海文艺出版社　1978 年　重印本　44 页
26cm（16 开）统一书号：8078.2228
定价：CNY1.05
　　本册主要解决八、三、六、十各度的双音练习以及左手拨弦、泛音等练习。

J0161809
小提琴换把练习,作品第 8 号 （捷）O. 舍夫契克,（O.Sevcik）作曲
上海　上海文艺出版社　1963 年　影印本　21 页
31cm（10 开）统一书号：8078.2229
定价：CNY0.44

J0161810
小提琴曲三首 （钢琴伴奏）（越）杜润作曲
北京　音乐出版社　1964 年　7 页　26cm（16 开）
统一书号：8026.1888　定价：CNY0.19

J0161811
E 大调小提琴协奏曲 （总谱）（德）巴赫作曲
［香港］光华出版社　1972 年　33 页
30cm（15 开）

J0161812
E 大调小提琴协奏曲 （总谱）（德）巴赫作曲
光华出版社［1980—1989］33 页
26cm（16 开）定价：CNY0.65

J0161813
D 大调双重小提琴协奏曲 （总谱）（德）巴赫作曲
［香港］光华出版社　1973 年　31 页
30cm（15 开）

J0161814
降 B 大调大提琴协奏曲 （钢琴谱）
布凯里尼著
光华出版社　1977 年　影印本　21 页
26cm（16 开）
　　本书附大提琴分谱。

J0161815
降 B 大调大提琴协奏曲 （钢琴谱）布凯里尼作曲
光华出版社　1984 年　21 页　25cm（小 16 开）
定价：CNY0.60

J0161816
开塞小提琴练习曲 36 首,作品 20
（德）开塞著
北京　人民音乐出版社　1977 年　影印本　47 页
26cm（16 开）统一书号：8026.3327
定价：CNY0.98

J0161817
马扎斯小提琴练习曲 75 首,作品 36
（法）F. 马扎斯作
北京　人民音乐出版社　1977 年　影印本　136 页
26cm（16 开）统一书号：8026.3322
定价：CNY2.80

J0161818
顿特小提琴练习曲与随想曲,作品 35
（奥）顿特作曲；哈费曼（Havemann）校订
北京　人民音乐出版社　1978 年　45 页
38cm（8 开）统一书号：8026.3269
定价：CNY1.05

J0161819
天鹅 （大提琴独奏曲）（法）圣桑曲
上海 上海文艺出版社 1978 年 6 页
35cm（8 开）统一书号：8078.3087
定价：CNY0.22

J0161820
小提琴换把练习，作品第 8 号
（捷）舍夫契克（Se.Fucik）作
上海 上海文艺出版社 1978 年 23 页
26cm（16 开）统一书号：8078.2229
定价：CNY0.58

J0161821
大提琴高级练习曲 40 首，作品 73
（五线谱）（捷）波帕尔（D.Popper）作曲
北京 人民音乐出版社 1979 年 87 页
38cm（6 开）统一书号：8026.3531
定价：CNY1.70

J0161822
大提琴基础练习 170 首 （第一册）
施勒德尔（A.Schroder）编选
北京 人民音乐出版社 1979 年 105 页
38cm（6 开）统一书号：8026.3600
定价：CNY2.40

J0161823
大提琴基础练习 170 首 （第二册）
施勒德尔（A.Schroder）编选
北京 人民音乐出版社 1979 年 103 页
38cm（6 开）统一书号：8026.3601
定价：CNY2.35

J0161824
大提琴基础练习 170 首 （第三册）
施勒德尔（A.Schroder）编选
北京 人民音乐出版社 1979 年 105 页
38cm（6 开）统一书号：8026.3602
定价：CNY2.40

J0161825
外国小提琴曲选 （钢琴伴奏谱 五线谱 1）
人民音乐出版社编辑部编
北京 人民音乐出版社 1979 年 73 页

38cm（6 开）统一书号：8026.3633
定价：CNY1.75

J0161826
外国小提琴曲选 （钢琴伴奏谱 2）
人民音乐出版社编辑部编
北京 人民音乐出版社 1981 年 52 页
33cm（5 开）统一书号：8026.3715
定价：CNY1.80

J0161827
外国小提琴曲选 （钢琴伴奏谱 3）
人民音乐出版社编辑部编
北京 人民音乐出版社 1987 年 73 页
31cm（15 开）统一书号：8026.4556
定价：CNY5.05

J0161828
无伴奏奏鸣曲及组曲 （小提琴独奏曲）
（德）巴赫（J.S.Bach）曲；（美）加拉米安编订
上海 上海文艺出版社 1979 年 影印本
66 页 26cm（16 开）统一书号：8078.3186
定价：CNY1.60

J0161829
小提琴练习曲 42 首
（法）克莱采尔（R.Kreutzer）作
北京 人民音乐出版社 1979 年 83 页
38cm（6 开）统一书号：8026.3532
定价：CNY1.65

J0161830
学生协奏曲五首 （小提琴和钢琴）塞茨曲
上海 上海文艺出版社 1979 年 70 页
附分谱一册 26cm（16 开）统一书号：8078.3176
定价：CNY2.20
　　本书附分谱 1 册。

J0161831
24 首随想曲 （小提琴独奏曲 正谱本）
（意）帕格尼尼（Paganini, N.）曲
上海 上海文艺出版社 1980 年 45 页
25cm（15 开）统一书号：8078.3070
定价：CNY1.10
　　本书收录意大利小提琴随想曲,根据美国纽

约版影印。

J0161832
D 小调双重小提琴协奏曲　（总谱）
（德）巴赫作曲
光华出版社［1980—1989 年］31 页
26cm（16 开）定价：CNY0.60

J0161833
G 大调小提琴浪漫曲　（作品 40 号 总谱）
贝多芬作曲
北京 光华出版社［1980—1989 年］8 页
38cm（6 开）定价：CNY100.00
　　作者贝多芬（Ludwig van Beethoven，1770—
1827），德国作曲家、钢琴家。维也纳古典乐派代
表之一，与海顿、莫扎特一起被后人称为"维也
纳三杰"。主要作品有《英雄》《命运》《田园》《合
唱》等 9 部交响乐，《悲怆》《月光》《热情》等 32
首钢琴奏鸣曲，还有小提琴协奏曲、弦乐四重奏、
歌剧等作品。

J0161834
巴赫 A 小调小提琴协奏曲　（德）J. S. 巴赫
作曲
台湾 光华出版社 1980 年 29 页
19cm（小 32 开）

J0161835
大提琴协奏曲　（捷）德沃扎克（A. Dvorak）作曲
北京 人民音乐出版社 1980 年 59 页
19cm（32 开）统一书号：8026.3647
定价：CNY1.75
　　作者德沃扎克（Antonín Leopold Dvorák，
1841—1904），现通译为德沃夏克，全名安东·利
奥波德·德沃夏克。捷克作曲家，捷克民族乐派
的主要代表人物。主要作品有《斯拉夫舞曲》《第
九交响曲》（又名《自新世界交响曲》）、《b 小调
大提琴协奏曲》等，交响诗《水妖》《金纺车》，歌
剧《魔鬼与卡嘉》《水仙女》等。

J0161836
二十四首随想曲　（练习曲形式的小提琴独奏
用）（法）罗德（P.Rode）著；达维松编
北京 人民音乐出版社 1980 年 53 页
25cm（15 开）统一书号：8026.3720

定价：CNY1.25
　　作者雅克·皮埃尔·约瑟夫·罗德（Pierre
Rode，1774–1830），法国小提琴家、作曲家。作品
有《24 首随想曲—用小提琴练习曲形式，包括所
有 24 个调》。

J0161837
莫扎特第五协奏曲　（小提琴分谱）莫扎特著
上海 上海文艺出版社 1980 年 17 页
26cm（16 开）
　　作者莫扎特（1756—1791），欧洲古典主义音
乐作曲家。出生于萨尔兹堡。留给世人的作品
达 600 多首，包括 63 首交响曲，16 首嬉游曲，13
首小夜曲，15 首进行曲，105 首小步舞曲，172 首
舞曲等。代表作品有《奏鸣曲》《协奏曲》《安魂
曲》《唐璜》《费加罗的婚礼》《魔笛》等。

J0161838
帕格尼尼 24 首随想曲　（小提琴独奏曲 五
线谱）（意）帕格尼尼曲
上海 上海文艺出版社 1980 年 影印本 45 页
26cm（16 开）定价：CNY1.10

J0161839
小提琴协奏，e 小调 作品 64　（德）门德尔松
（F.Mendelssohn）作曲；弗莱什（C.Flesch）编订
北京 人民音乐出版社 1980 年 影印本
28+16 页 38cm（6 开）统一书号：8026.3646
定价：CNY1.15

J0161840
协奏曲　（E 小调 作品 64 号 小提琴和钢琴）
（德）门德尔松曲
上海 上海文艺出版社 1980 年 28 页
27cm（16 开）定价：CNY1.10
　　本书附分谱 1 册。

J0161841
协奏曲　（E 小调）（德）门德尔松曲；弗兰西
斯卡编订
上海 上海文艺出版社 1980 年 28 页
26cm（16 开）统一书号：8087.3114
定价：CNY1.10

J0161842
协奏曲 （D 大调 作品 61 号 小提琴和钢琴
正谱本）（德）贝多芬曲
上海 上海文艺出版社 1981 年 35 页
19cm（32 开）统一书号：8078.3207
定价：CNY1.30

J0161843
协奏曲 （D 大调 作品 77 号 小提琴和钢琴
正谱本）勃拉姆斯（J.Brahms）曲；弗兰西斯卡
蒂编订
上海 上海文艺出版社 1982 年 40 页
19cm（32 开）统一书号：8078.3319
定价：CNY1.40
　　作者勃拉姆斯（Brahms, Johannes, 1833—
1897）德国作曲家。生于汉堡。幼承家学，曾在
汉堡、维也纳、苏黎世、巴登等地当过钢琴师、
乐队指挥及音乐教师。创作了大量器乐重奏曲，
歌曲等。重要作品有《德意志安魂曲》《第一交
响曲》《摇篮曲》等。

J0161844
兴德米特中提琴协奏曲 （OP.48）兴德米
特著
北京 光华出版社［1980—1989 年］42 页
21cm（32 开）定价：CNY0.95

J0161845
贝多芬小提琴协奏曲，D 大调作品 61 （小
提琴与钢琴）（德）贝多芬（Beethoven L.V.）曲
北京 人民音乐出版社 1981 年 37 页
37cm（8 开）统一书号：8026.3787
定价：CNY1.50

J0161846
第二协奏曲，D 小调作品 22 号 （小提琴和
钢琴）（波）维尼亚夫斯基作曲；加拉米安编订
上海 上海文艺出版社 1981 年 31 页
25cm（15 开）统一书号：8078.3261
定价：CNY1.10

J0161847
菲奥里洛 36 首练习曲 （随想曲 小提琴独
奏）（意）菲奥里洛（Fiorillo, Fr）作曲
北京 人民音乐出版社 1981 年 51 页

37cm（8 开）统一书号：8026.3793
定价：CNY1.60

J0161848
小提琴曲集 （独奏曲 钢琴伴奏谱 2）上海
文艺出版社编
上海 上海文艺出版社 1981 年 46 页
31cm（10 开）统一书号：8078—3165
定价：CNY1.10

J0161849
小提琴曲集 （第四集 钢琴伴奏谱）上海文艺
出版社编
上海 上海文艺出版社 1982 年 65 页
26cm（16 开）统一书号：8078.3316
定价：CNY1.50
　　本书收录《引子与兰台拉舞曲》《流浪者之
歌》《中国花鼓》等。

J0161850
小提琴协奏曲 （D 大调 作品 61）
（德）贝多芬（Beethoven, L.V.）著
北京 人民音乐版社 1981 年 18+37 页
38cm（6 开）统一书号：8026.3787
定价：CNY1.50

J0161851
协奏曲 （D 大调 作品 35 号 小提琴和钢琴正
谱本）（俄）柴科夫斯基著；奥依斯特拉赫编订
上海 上海文艺出版社 1981 年 64 页
25cm（小 16 开）统一书号：8078.3216
定价：CNY2.05

J0161852
音阶体系 （匈）弗莱什（C.Flesch）著
北京 人民音乐出版社 1981 年 影印本
120 页 39cm（8 开）统一书号：8026.3881
定价：CNY3.50

J0161853
A 大调第五小提琴协奏曲 KV219
（奥）莫扎特（Mozart, W.A.）著
上海 光华出版社 1982 年 影印本 31+14 页
25cm（12 开）定价：CNY0.65
　　本书为奥地利小提琴协奏曲。

J0161854

第三协奏曲，B 调　作品 61 号

（小提琴和钢琴　正谱本）（法）圣－桑（C.Saint-
saens）曲；弗兰西斯卡蒂编

上海　上海文艺出版社　1982 年　39 页

25cm（15 开）统一书号：8087.3315

定价：CNY1.25

　　本书附分谱 1 册。

J0161855

大提琴独奏曲集　夏家宝编

上海　上海文艺出版社　1983 年　25cm（15 开）

统一书号：8079.3382　定价：CNY2.70

　　本集选编外国作曲家的大提琴曲 12 首，包
括：鲍尼的《广板与快板》、巴赫的《咏叹调》、库
泊兰的《牧歌》等。

J0161856

克莱采尔小提琴练习曲 42 首分课解析

梁诉编著

北京　人民音乐出版社　1983 年　96 页

21cm（32 开）统一书号：8026.4156

定价：CNY0.57

J0161857

流浪者之歌　（小提琴与钢琴谱作品第 20 号）

萨拉沙提作曲

北京　光华出版社　1983 年　影印本　11 页

25cm（小 16 开）定价：CNY0.35

J0161858

随想曲，作品第 1 号　帕加尼尼作曲

北京　光华出版社　1983 年　45 页

25cm（小 16 开）定价：CNY0.70

J0161859

随想曲，作品第 1 号　帕加尼尼作曲；弗莱什
校订

北京　光华出版社　1984 年　45 页　29cm（12 开）

J0161860

西班牙交响曲　拉罗著

上海　光华出版社　1983 年　影印本　79 页

39cm（8 开）定价：CNY1.10

J0161861

西班牙交响曲　（作品 21 总谱）（法）拉罗作曲

［上海］光华出版社［1984 年］79 页

38cm（6 开）

J0161862

A 小调大提琴协奏曲　（作品第 129 号　总谱）

（德）舒曼作曲

［上海］光华出版社［1984 年］40 页

37cm（8 开）

J0161863

A 小调小提琴协奏曲　（德）巴赫作曲

［上海］光华出版社［1984 年］29 页

19cm（32 开）

　　作者巴赫（Johann Sebastian Bach,1685—1750），
德国作曲家。毕生致力于音乐创作和演奏，对西
洋近代音乐发展深有影响，被尊为“音乐之父”。
作品风格讲求哲理与抒情、写景切合结合，声乐与
器乐综合统一。多为复调音乐。声乐作品以康塔
塔最为丰富多彩，约 230 余部。器乐作品主要有《平
均律钢琴曲集》两卷，以及大量古钢琴组曲、管风
琴曲、管弦乐曲、无伴奏奏鸣曲等。

J0161864

B 小调大提琴协奏曲　（捷）德沃夏克作曲

［上海］光华出版社［1984 年］47+16 页

29cm（6 开）

J0161865

B 小调大提琴协奏曲　（大提琴与钢琴　分谱）

（捷）德沃夏克作曲

［香港］光华出版社［1987 年］29cm（6 开）

J0161866

D 大调小提琴协奏曲，作品第 77 号

（袖珍总谱）（德）勃拉姆斯作曲

［上海］光华出版社［1984 年］155 页 19cm（32 开）

　　作者勃拉姆斯（Brahms, Johannes,1833—1897）
德国作曲家。生于汉堡。幼承家学，曾在汉堡、
维也纳、苏黎世、巴登等地当过钢琴师、乐队指
挥及音乐教师。创作了大量器乐重奏曲，歌曲等。
重要作品有《德意志安魂曲》《第一交响曲》《摇
篮曲》等。

J0161867

D 大调小提琴协奏曲 KV211 （小总谱）（奥）
莫札特作曲
［上海］光华出版社［1984 年］34 页
19cm（小 32 开）

　　作者莫札特，即莫扎特（1756—1791），欧洲
古典主义音乐作曲家。出生于萨尔兹堡。留给
世人的作品达 600 多首，包括 63 首交响曲，16 首
嬉游曲，13 首小夜曲，15 首进行曲，105 首小步
舞曲，172 首舞曲等。代表作品有《奏鸣曲》《协
奏曲》《安魂曲》《唐璜》《费加罗的婚礼》《魔
笛》等。

J0161868

D 小调小提琴协奏曲 （袖珍　总谱）（芬）西
贝柳斯作曲
［上海］光华出版社［1984 年］122 页
19cm（32 开）

　　作者西贝柳斯（Jean Sibelius，1865-1957），芬
兰音乐家、作曲家。出生于芬兰，毕业于赫尔辛
基音乐学院。主要作品有交响诗《芬兰颂》《萨
加》《忧郁圆舞曲》等。

J0161869

F 大调小提琴浪漫曲，作品 50 号
（总谱）（德）贝多芬作曲
［上海］光华出版社［1984 年］12 页
37cm（8 开）

　　作者贝多芬（Ludwig van Beethoven，1770-
1827），德国作曲家、钢琴家。维也纳古典乐派代
表之一，与海顿、莫扎特一起被后人称为"维也
纳三杰"。主要作品有《英雄》《命运》《田园》《合
唱》等 9 部交响乐，《悲怆》《月光》《热情》等 32
首钢琴奏鸣曲，还有小提琴协奏曲、弦乐四重奏、
歌剧等作品。

J0161870

巴赫大提琴无伴奏组曲六首 （德）巴赫等著
北京　人民音乐出版社　1984 年　53 页
37cm（8 开）统一书号：8026.4194
定价：CNY4.70

J0161871

世界小提琴名曲集 （巴赫等 21 位作曲家的
28 首著名的小提琴曲）

［上海］光华出版社［1984 年］288 页
29cm（15 开）

J0161872

四季协奏曲：春、夏、秋、冬
（小提琴和钢琴谱）（意）维瓦尔第作曲
［上海］光华出版社［1984 年］28cm（16 开）

　　作者维瓦尔第（Antonio Lucio Vivaldi，1678-
1741），全名安东尼奥·卢奇奥·维瓦尔第。意大
利著名作曲家、小提琴演奏家。生于威尼斯。代
表作品有小提琴协奏曲《海上风暴》《悦意》《四
季》等。

J0161873

维俄当第四协奏曲第五协奏曲 （D 小调·A
小调　小提琴和钢琴）（比）维俄当著
上海　上海文艺出版社　1984 年　52 页
26cm（16 开）统一书号：8078.3507
定价：CNY1.70

J0161874

小提琴协奏曲 （改编为小提琴和钢琴用谱）
（芬）西贝柳斯作曲
［上海］光华出版社［1984 年］36+15 页
26cm（16 开）

J0161875

音阶 （小提琴练习曲）卡尔费莱什作曲
［上海］光华出版社［1984 年］120 页
26cm（16 开）

J0161876

德沃扎克 b 小调大提琴协奏曲 （捷）德沃
扎克曲；（苏）拉兹柯（Лазько，А.）编；唐健译
北京　人民音乐出版社　1987 年　59 页　有图
19cm（32 开）统一书号：8026.4589
定价：CNY0.58

　　作者德沃扎克（Antonín Leopold Dvorák，
1841—1904），现通译为德沃夏克，全名安东·利奥
波德·德沃夏克。捷克作曲家，捷克民族乐派的
主要代表人物。主要作品有《斯拉夫舞曲》《第
九交响曲，又名，自新世界交响曲》《b 小调大提
琴协奏曲》等，交响诗《水妖》《金纺车》，歌剧《魔
鬼与卡嘉》《水仙女》等。

J0161877
铃木大提琴教材 （第1-6册）（日）铃木镇一
编著；张桂荣译
北京 人民音乐出版社 1987年 118页 有照片
31cm（10开）统一书号：8026.4613
定价：CNY5.80

J0161878
铃木大提琴教材 （钢琴伴奏谱 第1-6册）
（日）铃木镇一编著
北京 人民音乐出版社 1987年 146页
31cm（10开）统一书号：8026.4614
定价：CNY6.65

J0161879
小提琴外国乐曲新编 （第一集 总谱）
黄晓芝,杨大风编
西安 陕西人民出版社 1987年 127页
31cm（10开）统一书号：8094.750
定价：CNY5.25 ISBN：7-224-00040-X

J0161880
小提琴外国乐曲新编 （第二集 总谱）
黄晓芝,杨大风编
西安 陕西人民出版社 1987年 111页
31cm（10开）统一书号：8094.757
ISBN：7-224-00041-8 定价：CNY0.80

J0161881
小提琴外国乐曲新编 （第三集 总谱）
黄晓芝,杨大风编
西安 陕西人民出版社 1987年 123页
31cm（10开）统一书号：8094.758
ISBN：7-224-00042-6 定价：CNY5.20

J0161882
小提琴外国乐曲新编 （第四集 总谱）
黄晓芝,杨大风编
西安 陕西人民出版社 1987年 111页
31cm（10开）统一书号：8094.759
ISBN：7-224-00043-4 定价：CNY4.80

J0161883
小提琴外国乐曲新编 （第一集 小提琴独奏
谱 分谱）黄晓芝,杨大风编

西安 陕西人民出版社 1987年 51页
31cm（10开）统一书号：8094.750
ISBN：7-224-00040-X 定价：CNY2.40

J0161884
小提琴外国乐曲新编 （第二集 小提琴独奏
谱 分谱）黄晓芝,杨大风编
西安 陕西人民出版社 1987年 43页
31cm（10开）统一书号：8094.757
ISBN：7-224-00041-8 定价：CNY2.10

J0161885
小提琴外国乐曲新编 （第三集 小提琴独奏
谱 分谱）黄晓芝,杨大风编
西安 陕西人民出版社 1987年 51页
31cm（10开）统一书号：8094.758
ISBN：7-224-00042-6 定价：CNY2.40

J0161886
小提琴外国乐曲新编 （第四集 小提琴独奏
谱 分谱）黄晓芝,杨大风编
西安 陕西人民出版社 1987年 51页
31cm（10开）统一书号：8094.759
ISBN：7-224-00043-4 定价：CNY2.40

J0161887
小提琴名曲集 （1）（德）赫尔曼（Herrmann,
F.）编
北京 人民音乐出版社 1988年 30页
31cm（10开）ISBN：7-103-00324-6
定价：CNY2.75
　　外文书名：Klassischer Stucke Fur Violine.

J0161888
小提琴名曲集 （2）（德）赫尔曼（Herrmann,
F.）编
北京 人民音乐出版社 1988年 46页
31cm（10开）ISBN：7-103-00325-4
定价：CNY3.50
　　外文书名：Klassischer Stucke Fur Violine.

J0161889
小提琴名曲集 （3）（德）赫尔曼（Herrmann,
F.）编
北京 人民音乐出版社 1988年 43页

31cm（10 开）ISBN：7-103-00326-2

定价：CNY3.30

　　外文书名：Klassischer Stucke Fur Violine.

J0161890

小提琴名曲集 （4）（德）赫尔曼（Herrmann,
F.）编

北京 人民音乐出版社 1988 年 31 页

31cm（10 开）ISBN：7-103-00327-0

定价：CNY2.55

　　外文书名：Klassischer Stucke Fur Violine.

J0161891

克莱斯勒小提琴曲精选 （上）（美）克莱斯
勒（Kreisler, F.）作；林宜弩选编

上海 上海音乐出版社 1989 年 74 页

30cm（10 开）ISBN：7-80553-144-7

定价：CNY8.35

　　本书附小提琴分谱 1 册。作者弗里茨·克莱
斯勒（Fritz Kreisler,1875—1962），美籍奥地利小
提琴家、作曲家。出生于维也纳，毕业于维也纳
音乐院和巴黎音乐学院。代表作品《爱之欢乐》
《中国花鼓》。

J0161892

克莱斯勒小提琴曲精选 （下）（美）克莱斯
勒（Kreisler, F.）作；林宜弩选编

上海 上海音乐出版社 1989 年 69 页

有肖像 30cm（10 开）ISBN：7-80553-145-5

定价：CNY8.05

　　本书附钢琴伴奏谱 1 册。

J0161893

小提琴初级练习曲精选 （上册）（苏）福图
纳托夫编选；张世祥注释

上海 上海音乐出版社 1989 年 56 页

31cm（10 开）ISBN：7-80553-158-7

定价：CNY4.70

　　本书分两册。上册包括预备练习曲 19 首、
第一把位的练习曲 66 首、简单的双音练习曲 15
首。下册包括换把位的预备练习曲，以及换把的
练习曲 72 首。

J0161894

小提琴初级练习曲精选 （下册）（苏）福图

纳托夫编选；张世祥注释

上海 上海音乐出版社 1989 年 69 页

31cm（10 开）ISBN：7-80553-159-7

定价：CNY5.60

J0161895

大提琴独奏练习曲 （苏）斯托哥尔斯基
（Стогорский, А.П.）编

北京 人民音乐出版社 1990 年 134 页

26cm（16 开）ISBN：7-103-00654-7

定价：CNY7.25

J0161896

顿特小提琴练习曲, 作品 37 （奥）顿特作

北京 人民音乐出版社 1990 年 35 页

31cm（12 开）ISBN：7-103-00497-8

定价：CNY2.65

　　作者顿特（Jacob Dont,1815-1888），奥地利
小提琴家、教育家。曾任维也纳音乐学院小提琴
教授。创作小提琴曲《克莱采尔和罗德准备练习
曲 24 首》最为著名。

J0161897

哈恰图良小提琴协奏曲 （小提琴与钢琴 d 小
调）（苏）哈恰图良（А.Фачатурян）作

北京 人民音乐出版社 1990 年 79 页

30cm（10 开）ISBN：7-103-00656-3

定价：CNY6.00

J0161898

海菲兹小提琴曲精选 （小提琴和钢琴）（美）
海菲兹（Heifetz, J.）作曲；林宜弩选编

上海 上海音乐出版社 1990 年 84 页 有照片

31cm（10 开）ISBN：7-80553-269-9

定价：CNY7.90

　　作者海菲兹（Jascha·Heifetz,1901—1987），俄
裔美国小提琴家。全名亚莎·海菲兹，出生于立
陶宛维尔纽斯。经典作品有《贝多芬：小提琴协
奏曲》《弗兰克：小提琴奏鸣曲》《柴柯夫斯基／
门德尔松：小提琴协奏曲》等。

J0161899

帕格尼尼 24 首小提琴随想曲, 作品 1

（意）帕格尼尼（Paganini, N.）作；（美）加拉米安
（Galamian, I.）编订

北京　人民音乐出版社　1990 年　45 页
31cm（10 开）ISBN：7–103–00645–8
定价：CNY2.65

　　作者帕格尼尼（Paganini. N.，1782—1840），
意大利小提琴、吉他演奏家，作曲家，早期浪漫
乐派音乐家。历史上最著名的小提琴大师之一，
属于欧洲晚期古典乐派，对小提琴演奏技术进行
了很多创新。

J0161900
少儿小提琴曲集　张杰编著
长春　吉林教育出版社　1990 年　38 页
30cm（15 开）ISBN：7–5383–0920–9
定价：CNY3.00

J0161901
沃尔法特小提琴练习曲 60 首，作品 45
（德）沃尔法特作曲；（德）汉斯·西特编订
北京　人民音乐出版社　1990 年　51 页
31cm（15 开）ISBN：7–103–00486–2
定价：CNY3.90

　　作者沃尔法特（Franz Wohlfahrt，1833—1884），
德国近代小提琴家。

J0161902
小提琴入门练习曲　刘连生编著
长春　北方妇女儿童出版社　1990 年　128 页
26cm（16 开）ISBN：7–5385–0655–1
定价：CNY3.10

J0161903
顿特小提琴练习曲　（作品 38）（奥）顿特作曲
北京　人民音乐出版社　1991 年　62 页
31cm（10 开）ISBN：7–103–00771–3
定价：CNY3.60

J0161904
国际青少年小提琴比赛名曲集　（1）赵惟
俭编
北京　人民音乐出版社　1991 年　156 页
30cm（10 开）ISBN：7–103–00829–9
定价：CNY13.40

　　作者赵惟俭，教授。任中央音乐学院小提琴
教授。出版有《小提琴教学法》。

J0161905
国际青少年小提琴比赛名曲集　（2）赵惟
俭编
北京　人民音乐出版社　1992 年　153 页
30cm（10 开）ISBN：7–103–00861–2
定价：CNY13.40

J0161906
国际青少年小提琴比赛名曲集　（3）赵惟
俭编
北京　人民音乐出版社　1992 年　175 页
30cm（10 开）ISBN：7–103–00978–3
定价：CNY14.85

J0161907
国际青少年小提琴比赛名曲集　（4）赵惟
俭编
北京　人民音乐出版社　1992 年　147 页
30cm（10 开）ISBN：7–103–00979–1
定价：CNY12.85

J0161908
国际青少年小提琴比赛名曲集　（5）赵惟
俭编
北京　人民音乐出版社　1997 年　147+70 页
30cm（10 开）ISBN：7–103–01451–5
定价：CNY36.90

J0161909
国际青少年小提琴比赛名曲集
（6 无伴奏乐曲专集）赵惟俭编
北京　人民音乐出版社　1997 年　163 页
30cm（10 开）ISBN：7–103–01452–3
定价：CNY28.80

J0161910
国际青少年小提琴比赛名曲集
（7 无伴奏乐曲专集）赵惟俭编
北京　人民音乐出版社　1999 年　220 页
31cm（10 开）ISBN：7–103–01684–4
定价：CNY40.20

J0161911
克伦克小提琴把位练习曲选
（罗）克伦克曲；（罗）特奥多雷斯库编著

北京 人民音乐出版社 1991年 102页
30cm（10开）ISBN：7-103-00834-5
定价：CNY6.60

本书内容包括：第二把位至第七把位的固定
把位练习以及第一把位至第七把位各把位之间
的换把练习。

J0161912
青少年小提琴曲选 （钢琴伴奏谱）赵惟俭编
北京 人民音乐出版社 1991年 27页
31cm（10开）ISBN：7-103-00820-5
定价：CNY3.60

J0161913
外国抒情小提琴名曲选 （1）林宜弩选编
上海 上海音乐出版社 1991年 110页
26cm（16开）ISBN：7-80553-276-1
定价：CNY10.15

J0161914
外国抒情小提琴名曲选 （2）林宜弩选编
上海 上海音乐出版社 1992年 115页
30cm（12开）ISBN：7-80553-434-9
定价：CNY13.00

J0161915
西特小提琴练习曲 （作品32）（捷）西特曲；
（罗）特奥多雷斯库编著
北京 人民音乐出版社 1991年
2册（61；78页）31cm（10开）
ISBN：7-103-00802-7 定价：CNY8.20

本书收录100首练习曲。不仅有七个把位
的固定把练习及其换把练习，还有20首简易的
第一把位和第一至第三把位间换把的双音练习。

J0161916
埃尔曼小提琴曲精选 （小提琴和钢琴）（俄）
埃尔曼（Elman, Mischa）著；林宜弩选编
上海 上海音乐出版社 1992年 70页 有肖像
30cm（10开）ISBN：7-80553-346-6
定价：CNY5.00

本书收录埃尔曼创作改编并亲自制定弓
法指法的小提琴曲14首。作者埃尔曼（1891—
1967），著名的小提琴演奏家、音乐家。生于乌克
兰。演奏的著名曲目为柴科夫斯基的《小提琴协

奏曲》、舒伯特的《圣母颂》、巴赫的《G弦上的咏
叹调》。

J0161917
巴赫六首大提琴组曲
（新版）（德）巴赫（J.S.Bach）曲；（法）保罗·托特
里埃编订；全如·译
北京 人民音乐出版社 1992年 65页
31cm（10开）ISBN：7-103-01242-3
定价：CNY8.10

外文书名：Six Suites for Cello Solo. 作者
巴赫（Johann Sebastian Bach，1685—1750），德国
作曲家。毕生致力于音乐创作和演奏，对西洋近
代音乐发展深有影响，被尊为"音乐之父"。作品
风格讲求哲理与抒情、写景密切结合，声乐与器
乐综合统一。多为复调音乐。声乐作品以康塔
塔最为丰富多彩，约230余部。器乐作品主要有
《平均律钢琴曲集》两卷，以及大量古钢琴组曲、
管风琴曲、管弦乐曲、无伴奏奏鸣曲等。作者保
罗·托特里埃（paul tortelier，1914—1990），法国艺
术大师、教授。曾在巴黎音乐学院任大提琴教授，
德国埃森和法国尼斯音乐学院任教。1980年被
中国中央音乐学院聘为名誉教授。演奏的巴赫
的《第六组曲》、布拉姆斯的《第二奏鸣曲》和法
国作曲家卡普莱的《主显节》收到赞誉。著作有
《我如何演奏如何教学》《保罗·托特利埃自述》。
译者全如琍，中央音乐学院任教。

J0161918
初学小提琴100天 （小提琴和钢琴伴奏谱）
张世祥编著
上海 上海音乐出版社 1992年 107页
30cm（10开）ISBN：7-80533-421-7
定价：CNY10.00
（小提琴教材精选系列 一）

J0161919
大提琴每日练习
（法）斐雅尔（Feuillard, Louis R.）著；全如琍译
北京 人民音乐出版社 1992年 43页
31cm（10开）ISBN：7-103-01026-9
定价：CNY3.90

J0161920
克莱采尔小提琴练习曲42首 （二重奏本）

（法）克莱采尔（Kreutzer, Rodolphe）作
北京　人民音乐出版社　1992 年　149 页
26cm（16 开）ISBN：7-103-01027-7
定价：CNY11.55

J0161921
克莱斯勒小提琴曲选 （小提琴与钢琴谱）
（奥）克莱斯勒编
北京　人民音乐出版社　1992 年　207 页　有照片
30×22cm　ISBN：7-103-00986-4
定价：CNY15.40

J0161922
青少年小提琴协奏曲集 （1）赵惟俭编
北京　人民音乐出版社　1992 年　31 页
30cm（10 开）ISBN：7-103-00842-6
定价：CNY3.70
　　本书收录维瓦尔迪的 a 小调和 G 大调两首
协奏曲。附小提琴分谱 1 册。作者赵惟俭，教授。
任中央音乐学院小提琴教授。出版有《小提琴教
学法》。

J0161923
青少年小提琴协奏曲集 （2）赵惟俭编
北京　人民音乐出版社　1992 年　49 页　附小提琴
分谱　30cm（10 开）ISBN：7-103-00843-4
定价：CNY5.10
　　本书收录里丁的 Op.21（a 小调）、Op.25（D
大调）等 3 首小提琴协奏曲。

J0161924
青少年小提琴协奏曲集 （3）赵惟俭编
北京　人民音乐出版社　1992 年　67 页　附小提琴
分谱　30cm（10 开）ISBN：7-103-00844-2
定价：CNY6.65
　　本书收录维奥蒂的第 22、23 号作品。

J0161925
青少年小提琴协奏曲集 （4）赵惟俭编
北京　人民音乐出版社　1992 年　58 页　附小提琴
分谱 1 册　30cm（10 开）
ISBN：7-103-00845-0 定价：CNY6.20
　　本书收录海顿的第一、第二、第三小提琴协
奏曲。

J0161926
青少年小提琴协奏曲集 （6）赵惟俭,赵茜编
北京　人民音乐出版社　1998 年　240 页
分谱 1 册（89 页）30cm（10 开）
ISBN：7-103-01529-5 定价：CNY62.60
　　本书收录比利时作曲家亨·维厄唐的第一小
提琴协奏曲（E 大调）、第二小提琴协奏曲（f 小
调）、第四小提琴协奏曲（d 小调）、第五小提琴协
奏曲（a 小调),以及卡·戈德马克的小提琴协奏曲
（a 小调）。

J0161927
少儿小提琴教学曲集 （初级）徐多沁等编著
上海　上海教育出版社　1992 年　339 页
26cm（16 开）ISBN：7-5320-2708-2
定价：CNY15.00
　　作者徐多沁，小提琴教育家。上海音乐学院
附中任教。

J0161928
少儿小提琴教学曲集 （中级）徐多沁等编著
上海　上海教育出版社　1992 年　334 页
26cm（16 开）ISBN：7-5320-2751-1
定价：CNY14.00
（器乐教学丛书）
　　本书 3 部分,第 1 部分是演奏技术训练,第
2 部分是乐曲体裁及演奏形式的介绍,第 3 部分
介绍了室内乐和交响乐、我国各时期的小提琴
作品。

J0161929
少儿小提琴教学曲集 （初级）徐多沁等编著
上海　上海教育出版社　1995 年　2 版
3 册（339 页）26cm（16 开）
ISBN：7-5320-2708-2 定价：CNY26.00

J0161930
少儿小提琴教学曲集 （中级）徐多沁等编著
上海　上海教育出版社　1995 年　2 版
3 册（334 页）26cm（16 开）
ISBN：7-5320-2751-1 定价：CNY25.00

J0161931
世界通俗小提琴名曲集 （钢琴伴奏部分）
（美）费歇尔编

北京 人民音乐出版社 1992 年 79 页
31cm（10 开）ISBN：7-103-01195-8
定价：CNY9.40

J0161932
外国大提琴奏鸣曲选 （一）司徒志文编选
北京 人民音乐出版社 1992 年 163 页
30cm（10 开）ISBN：7-103-00869-8
定价：CNY14.20
　　本书附分谱 1 册。

J0161933
贝里奥 d 小调小提琴变奏曲 （小提琴分谱）
（比）贝里奥（Beriot, Charles）曲；张世祥注释
上海 上海音乐出版社 1993 年 16 页
30cm（10 开）ISBN：7-80553-438-1
定价：CNY5.20
（小提琴教材精选系列）
　　外文书名：Variations for Violin in d Minor by
Beriot. 作者贝里奥（Beriot, Charles, 1802—1870），比
利时小提琴家、教师、作曲家。出生于比利时鲁
汶。曾任布鲁塞尔音乐学院小提琴教授。他的音
乐作品以小提琴为主，共创作了 10 首协奏曲。有
《芭蕾舞场景》等。作者张世祥（1934—　　），小提
琴教授。生于北京，毕业于上海音乐学院。在上
海音乐学院任教。

J0161934
埃科莱 a 小调小提琴协奏曲　埃科莱作曲；
张世祥编订
北京 人民音乐出版社 1994 年 12 页
31cm（10 开）ISBN：7-103-01200-8
定价：CNY2.50
　　本书附小提琴分谱。

J0161935
小提琴考级四级曲集　徐多沁编
上海 百家出版社 1994 年 33 页 30cm（10 开）
ISBN：7-80576-461-1 定价：CNY4.00

J0161936
小提琴考级五级曲集　徐多沁编
上海 百家出版社 1994 年 50 页 有图
26cm（16 开）ISBN：7-80576-505-7
定价：CNY6.00

J0161937
小提琴协奏曲精选 （2 小提琴和钢琴）张世
祥选编
上海 上海音乐出版社 1994 年 40+84 页
30cm（10 开）ISBN：7-80553-465-9
定价：CNY27.00
（小提琴教材精选系列）
　　本书收录科玛洛夫斯基作曲的《D 大调第三
小提琴协奏曲》《A 大调第二小提琴协奏曲》《e
小调第一小提琴协奏曲》。

J0161938
百奏不厌中外小提琴名曲 77 首　胡惟民编
成都 四川人民出版社 1995 年 194 页
37cm（8 开）ISBN：7-220-02796-6
定价：CNY40.00
（百奏不厌系列）

J0161939
小提琴音乐三百年 （后期巴罗克作品选）
（匈）兹莱迪·古斯塔夫，（匈）沃尔梅斯·玛丽
亚编
北京 人民音乐出版社 1995 年 35 页
30cm（10 开）ISBN：7-103-01232-6
定价：CNY10.50
　　本书收录约·塞·巴赫的《行板》、亨德尔的
《快板》、纳尔迪尼的《柔板》等 8 篇作品。外文
书名：300 Years of Violin Music.

J0161940
小提琴音乐三百年 （前古典主义作品选）
（匈）兹莱迪·古斯塔夫，（匈）沃尔梅斯·玛丽
亚编
北京 人民音乐出版社 1995 年 39 页
30cm（10 开）ISBN：7-103-01230-X
定价：CNY10.90
　　本书收录勒克莱尔的《e 小调奏鸣曲》、本达
的《庄板》、博凯里尼的《回旋曲》等 7 篇作品。
外文书名：300 Years of Violin Music.

J0161941
小提琴音乐三百年 （早期古典主义作品选）
（匈）兹莱迪·古斯塔夫，（匈）沃尔梅斯·玛丽
亚编
北京 人民音乐出版社 1995 年 43 页

30cm（10 开）ISBN：7-103-01231-8

定价：CNY10.90

　　本书收录约·海顿的《柔板》、米·海顿的《古回旋曲》、莫扎特的《"浪漫"奏鸣曲》等 5 篇作品。

外文书名：300 Years of Violin Music.

J0161942

小提琴音乐三百年 （浪漫派大师杰作选）

（匈）兹莱迪·古斯塔夫，（匈）沃尔梅斯·玛丽亚编

北京 人民音乐出版社 1999 年 39 页

31cm（10 开）ISBN：7-103-01800-6

定价：CNY13.80

　　本书收录《无穷动》《变奏的曲调》《浪漫曲》《马拉盖那》等小提琴曲谱。附分谱 1 册。

外文书名：300 Years of Violin Music.

J0161943

小提琴音乐三百年 （浪漫主义作品选 Ⅰ）

（匈）兹莱迪·古斯塔夫，（匈）沃尔梅斯·玛丽亚编 人民音乐出版社 1999 年 48 页

31cm（10 开）ISBN：7-103-01802-2

定价：CNY14.40

　　本书收录《C 大调奏鸣曲》《有节制的快板和行板》《间奏曲》《小快板》等小提琴曲谱。附分谱 1 册。外文书名：300 Years of Violin Music.

J0161944

小提琴音乐三百年 （浪漫主义作品选 Ⅱ）

（匈）兹莱迪·古斯塔夫，（匈）沃尔梅斯·玛丽亚编

北京 人民音乐出版社 1999 年 45 页

31cm（10 开）ISBN：7-103-01803-0

定价：CNY14.40

　　本书收录《梦幻和随想》《大洪水》《小夜曲和终曲》《活泼的快板》《浪漫小品》等小提琴曲谱。附分谱 1 册。外文书名：300 Years of Violin Music.

J0161945

小提琴音乐三百年 （维也纳古典主义作品选）（匈）兹莱迪·古斯塔夫，（匈）沃尔梅斯·玛丽亚编

北京 人民音乐出版社 1999 年 44 页

31cm（10 开）ISBN：7-103-01804-9

定价：CNY13.80

　　本书收录《G 大调奏鸣曲》《变奏六则》《A 大调奏鸣曲》3 部小提琴曲谱。附分谱 1 册。外文书名：300 Years of Violin Music.

J0161946

小提琴音乐三百年 （意大利巴罗克作品选）

（匈）兹莱迪·古斯塔夫，（匈）沃尔梅斯·玛丽亚编

北京 人民音乐出版社 1999 年 38 页

31cm（10 开）ISBN：7-103-01801-4

定价：CNY13.20

　　本书收录《加沃特》《吉格》《广板和库朗特》《西西里舞曲》等小提琴曲谱。附分谱 1 册。外文书名：300 Years of Violin Music.

J0161947

音乐会小提琴独奏曲选 （上册）林宜弩编选

上海 上海音乐出版社 1995 年 103 页

31cm（10 开）ISBN：7-80553-557-4

定价：CNY19.80

J0161948

音乐会小提琴独奏曲选 （下册）林宜弩编选

上海 上海音乐出版社 1995 年 138 页

31cm（10 开）ISBN：7-80553-558-2

定价：CNY19.80

J0161949

顿特练习曲与随想曲 24 首 （作品第 35 号小提琴）（奥）顿特曲；（法）马克斯·罗斯塔尔修订及编辑

北京 人民音乐出版社 1996 年 44 页

31cm（10 开）ISBN：7-103-01388-8

定价：CNY13.80

　　本书附分谱。作者顿特（Jacob Dont,1815-1888），奥地利小提琴家、教育家。曾任维也纳音乐学院小提琴教授。创作小提琴曲《克莱采尔和罗德准备练习曲 24 首》最为著名。

J0161950

开塞 36 首小提琴练习曲 （作品第 20 号）

（德）开塞原著；伯恩哈德·哈曼编订

北京 人民音乐出版社 1996 年 55 页
31cm（10 开）ISBN：7-103-01389-6
定价：CNY13.30

　　作者开塞（Heinrich Ernst Kayser,1815—1888），德国近代小提琴家、教育家。

J0161951
马扎斯小提琴练习曲 50 首 （作品 36）
马扎斯（Mazas）作；张世祥选编
北京 人民音乐出版社 1996 年 86 页
31cm（10 开）ISBN：7-103-01333-0
定价：CNY17.10

J0161952
皮埃尔·罗德 24 首随想曲 （法）皮埃尔·罗德曲；（法）马克斯·罗斯塔尔编订
北京 人民音乐出版社 1996 年 55 页
31cm（10 开）ISBN：7-103-01387-X
定价：CNY14.90

　　本书附分谱。作者雅克·皮埃尔·约瑟夫·罗德（Pierre Rode,1774—1830），法国小提琴家、作曲家。作品有《24 首随想曲—用小提琴练习曲形式，包括所有 24 个调》。

J0161953
塞茨初级小提琴协奏曲 5 首
（小提琴和钢琴）张世祥编订
北京 人民音乐出版社 1996 年 70 页
30cm（10 开）ISBN：7-103-01330-6
定价：CNY18.90

　　作者张世祥（1934— ），小提琴教授。生于北京，毕业于上海音乐学院。在上海音乐学院任教。

J0161954
外国小提琴奏鸣曲荟萃 （1）郑石生,丁芷诺注释
上海 上海音乐出版社 1996 年 106 页
30cm（10 开）ISBN：7-80553-446-2
定价：CNY27.00

J0161955
沃尔法特小提琴练习曲选
沃尔法特（Wohlfahrt）作；张世祥选编
北京 人民音乐出版社 1996 年 70 页

31cm（10 开）ISBN：7-103-01332-2
定价：CNY15.50

J0161956
小提琴齐奏曲 12 首 蒋雄达编
北京 人民音乐出版社 1996 年 51 页
31cm（10 开）ISBN：7-103-01369-1
定价：CNY14.10

J0161957
中外抒情小提琴名曲精选
（一）人民音乐出版社编辑部编
北京 人民音乐出版社 1996 年 41 页
30cm（10 开）ISBN：7-103-01368-3
定价：CNY12.60

J0161958
贝多芬小提琴奏鸣曲集 （第一集）（德）贝多芬（L.V.Beethoven）作曲；（德）西格哈德·布兰登堡编订；严镝译
北京 人民音乐出版社 1997 年 120 页
31cm（10 开）ISBN：7-103-01503-1
定价：CNY30.00

　　本书附小提琴分谱。作者贝多芬（1770—1827），德国作曲家、钢琴家。维也纳古典乐派代表之一，与海顿、莫扎特一起被后人称为"维也纳三杰"。主要作品有《英雄》《命运》《田园》《合唱》等 9 部交响乐，《悲怆》《月光》《热情》等 32 首钢琴奏鸣曲,还有小提琴协奏曲、弦乐四重奏、歌剧等作品。

J0161959
贝多芬小提琴奏鸣曲集 （第二集）（德）贝多芬作曲；（德）西格哈德·布兰登堡编订；严镝译
北京 人民音乐出版社 1997 年 121-283 页
31cm（10 开）ISBN：7-103-01506-6
定价：CNY38.00

　　本书附小提琴分谱。

J0161960
莫扎特小提琴奏鸣曲集 （第一集）（奥）W.A. 莫扎特（Wolfgang Amadeus Mozart）著；埃内斯特·弗里茨·施密德编订；张诗正,严镝译
北京 人民音乐出版社 1997 年 167 页

31cm（10开）ISBN：7-103-01501-5

定价：CNY39.30

　　本书附小提琴分谱。作者莫扎特（1756—1791），欧洲古典主义音乐作曲家。出生于萨尔兹堡。留给世人的作品达600多首，包括63首交响曲，16首嬉游曲，13首小夜曲，15首进行曲，105首小步舞曲，172首舞曲等。代表作品有《奏鸣曲》《协奏曲》《安魂曲》《唐璜》《费加罗的婚礼》《魔笛》等。

J0161961

莫扎特小提琴奏鸣曲集　（第二集）（奥）

W.A. 莫扎特（W.A.Mozart）著；埃内斯特·弗里茨·施密德编订；张诗正，严镝译

北京　人民音乐出版社　1997年　168-279页

31cm（10开）ISBN：7-103-01502-3

定价：CNY28.70

　　本书附小提琴分谱。

J0161962

丹克拉小提琴练习曲20首　（法）丹克拉原作；刘昭编译

北京　中国青年出版社　1998年　44页

26cm（16开）ISBN：7-5006-2721-1

定价：CNY8.00

J0161963

儿童大提琴曲100首　（外国乐曲）刘正谈编

北京　人民音乐出版社　1998年　100页

31cm（10开）ISBN：7-103-01614-3

定价：CNY20.80

J0161964

韩德尔中提琴奏鸣曲4首　（中提琴伴奏谱）

韩德尔曲

北京　光华出版社影印［1998年］21页

34cm（10开）定价：CNY0.60

　　作者乔治·弗里德里希·亨德尔（George Friedrich Handel，1685—1759），英籍德国作曲家。

J0161965

青少年小提琴协奏曲集

（5 莫扎特小提琴协奏曲全集）赵惟俭，赵茜编

北京　人民音乐出版社　1998年　339页

30cm（10开）ISBN：7-103-01453-1

定价：CNY84.50

　　本书附分谱1册。

J0161966

天鹅转子中提琴协奏曲　（钢琴伴奏谱）

兴德米特曲

北京　光华出版社［1998年］32页　影印本

34cm（10开）定价：CNY0.80

J0161967

天鹅转子中提琴协奏曲　（中提琴 分谱）

兴德米特曲

北京　光华出版社影印［1998年］12页

34cm（12开）定价：CNY0.37

J0161968

中外少儿小提琴曲精选　　刘德增等选编

太原　北岳文艺出版社　1998年　138页

28cm（大16开）ISBN：7-5378-1702-2

定价：CNY19.80

（中外少儿器乐曲精选系列 2）

　　作者刘德增（1936— ），作曲家、小提琴演奏家。曾进修于天津中央音乐学院。任职于山西省歌舞剧院、国家一级作曲、中国音乐家协会会员、电视艺术家协会会员。著有《电声乐队配器法》《中国小提琴典集》《作曲入门》《中国恋情民歌》《钢琴即兴泛演教程》等。

J0161969

顿特小提琴练习曲24首　（作品37）（奥）雅各布·顿特（Jocob Dont）曲；王振山编订

北京　人民音乐出版社　1999年　39页

31cm（10开）ISBN：7-103-01739-5

定价：CNY9.30

　　本书按照科学的演奏方法，遵循旋律与乐句的原则，对顿特小提练习曲24首的作品37作了重新编订，既有训练价值又有应用价值。

J0161970

交响乐队小提琴演奏员必备曲目选集

（一）赵惟俭，赵茜编

北京　人民音乐出版社　1999年　304页

31cm（10开）ISBN：7-103-01699-2

定价：CNY53.60

　　本书收录贝多芬的《第三交响曲》和柴科夫

斯基的《第五交响曲》等曲目。

J0161971

开塞小提琴练习曲 36 首

(德)H.E. 开塞[作]；赵基阳编注

上海 世界图书出版公司 1999 年 重印本

57 页 30cm(16 开) ISBN: 7-5062-2925-0

定价: CNY12.00

J0161972

克莱采尔小提琴练习曲 42 首 （新版）

(法)克莱采尔(Kreutzer)作；赵基阳编注

上海 世界图书出版公司 1999 年 83 页

30cm(10 开) ISBN: 7-5062-4059-9

定价: CNY25.00

J0161973

沃尔法特小提琴练习曲 60 首 （作品 45）

(德)弗朗茨·沃尔法特(Franz Wohlfahrt)曲；王振山编订

北京 人民音乐出版社 1999 年 71 页

31cm(10 开) ISBN: 7-103-01737-9

定价: CNY13.80

　　本书按照科学的演奏方法,符合旋律与乐句的原则,对沃尔法特小提琴练习曲 60 首的作品 45 作了重新编订,既有训练价值又有应用价值。

J0161974

小提琴考级音阶与练习曲 （1-4 级）

徐多沁编

上海 上海音乐出版社 1999 年 56 页

31cm(10 开)

　　作者徐多沁,小提琴教育家。上海音乐学院附中任教。

各国弹拨乐曲

J0161975

幽克历历二十五名歌集　柯政和编

北平 中华乐社 1935 年 15 页 26cm(16 开)

定价: 四角

　　本书收录《家庭! 快乐的家庭!》《海滨底离别》《鸽子》《我的太阳》《梅花》等 25 首世界名歌。五线谱。作者柯政和(1890—1973),音乐

教育家。台湾嘉义人,原籍福建安溪。原名丁丑,字安士。留学日本东京音乐学校师范科、东京音乐学校研究科、上智大学文科。曾任北京师范大学教授。著有《音乐通论》《何利马里音阶练习书》《简易钢琴曲集》《音乐史》《拜耳钢琴教科书》等。

J0161976

120 首易唱古典吉他独奏曲　张少华编译

台北 天同出版社 [1980—1989 年] 影印本

71 页 29cm(12 开)

　　外文书名: 120 Easy Guitar Solos.

J0161977

古典吉他名曲集　林肇荣编

台北 天同出版社 [1980—1989 年] 影印本

174 页 29cm(12 开)

J0161978

最新版简易吉他名曲 100 首　阿部保夫编

美乐出版社 1980 年 95 页 26cm(16 开)

J0161979

吉他伴奏中外名曲集 （兼谈吉他伴奏技法）

庄少陵,刘新力编著

北京 北京出版社 1982 年 108 页

25cm(小 16 开) 统一书号: 8071.387

定价: CNY0.90

　　本书收录 50 首中外抒情名曲。

J0161980

吉他伴奏中外名曲集 （兼谈吉他伴奏技法续集）庄少陵编著

北京 北京出版社 1988 年 217 页 26cm(16 开)

ISBN: 7-200-00276-3 定价: CNY5.85

　　作者庄少陵(1934—),吉他音乐家、演奏家。广东善宁人。中国音乐家协会吉他研究会副理事长,中国音乐家协会表演艺术委员会吉他研究会副理事长,天津大学吉他爱好者协会顾问。

J0161981

卡尔卡西吉他教本　沟渊浩五郎编著

美术出版社 [1982 年] 改订本 166 页

26cm(16 开)

J0161982
古典吉他名曲 50 首　陈志编
北京 人民音乐出版社 1985 年 103 页
30cm（10 开）统一书号：8026.4299
定价：CNY3.65
　　本书 3 部分：1、著名吉他作曲家和演奏家；2、著名古典吉他曲简介；3、由民间乐曲、古典乐曲、古典吉他名曲、三重奏曲共 50 首组成的曲谱。

J0161983
古典吉他名曲 50 首　（续编）陈志编
北京 人民音乐出版社 1989 年 122 页
30cm（10 开）ISBN：7-103-00444-7
定价：CNY6.70

J0161984
古典吉他名曲 50 首　陈志编
北京 人民音乐出版社 1996 年 重印本
103 页 31cm（10 开）ISBN：7-103-00168-5
定价：CNY16.60
　　本书收录古典吉他名曲 50 首，包括民间乐曲 10 首、古典乐曲 15 首、古典吉他名曲 20 首、三重奏曲 5 首。

J0161985
古典吉他曲集　杨绍仁编
昆明 云南人民出版社 1985 年 122 页
25cm（15 开）统一书号：8116.1340
定价：CNY3.85
　　本书收录流行的世界各国古典吉他独奏曲 44 首，大部分乐曲都加以注释并对弹奏方法做了说明。

J0161986
伟大古典吉他独奏集　（古典吉他教本）
梅尔·贝著；林肇富译
台北 天同出版社印行［1985 年］32 页
26cm（16 开）

J0161987
西班牙吉他曲集　朱起东，邵兴方译注
上海 上海文艺出版社 1985 年 45 页
26cm（16 开）统一书号：8078.3585
定价：CNY0.64

J0161988
夏威夷吉他独奏曲　（西班牙吉他 由克利利伴奏 第一集）山东文艺出版社编
济南 山东文艺出版社 1985 年 88 页
26cm（16 开）统一书号：8331.18
定价：CNY1.20

J0161989
夏威夷吉他独奏曲集　人民音乐出版社编辑部编
北京 人民音乐出版社 1986 年 96 页
26cm（16 开）统一书号：8026.4462
定价：CNY2.00

J0161990
现代西班牙吉他　（中外名曲一百首 练习曲 独奏曲 重奏曲）高鹤立编著
济南 山东文艺出版社 1986 年 203 页
26cm（16 开）定价：CNY2.75

J0161991
中外名曲一百首　高鹤立编著
济南 山东文艺出版社 1986 年 203 页
26cm（16 开）统一书号：8331.28
定价：CNY2.75

J0161992
爱之旋律　（古典吉它曲选）孙勇编
合肥 安徽文艺出版社 1987 年 115 页
26cm（16 开）统一书号：8378.29
定价：CNY1.60

J0161993
国外吉他大师作品集锦　曹文选编
西安 三秦出版社 1987 年 125 页 32cm（10 开）
ISBN：7-80546-026-4 定价：CNY4.95

J0161994
吉他浪漫曲集　黄田编配
广州 花城出版社 1987 年 33 页 26cm（16 开）
ISBN：7-5360-0072-3 定价：CNY0.95

J0161995
浪漫的吉他　（古典吉他世界名曲）叶莱，陈默编著

北京 北京体育学院出版社 1987 年 61 页
26cm（16 开）统一书号：8451.24
ISBN：7-81003-005-1 定价：CNY1.60

J0161996
浪漫的吉他 （中外名曲改编的吉他曲之一）
陈默，叶莱编著
北京 北京体育学院出版社 1987 年 62 页
26cm（16 开）统一书号：8451.22
ISBN：7-81003-003-5 定价：CNY1.60

J0161997
浪漫的吉他 （中外名曲改编的吉他曲之二）
陈默，叶莱编著
北京 北京体育学院出版社 1987 年 61 页
26cm（16 开）统一书号：8451.23
ISBN：7-81003-004-3 定价：CNY1.60

J0161998
浪漫的吉他 （中外影视主题曲改编的吉他曲）
陈默，叶莱编著
北京 北京体育学院出版社 1987 年 60 页
26cm（16 开）统一书号：8451.21
ISBN：7-81003-002-7 定价：CNY1.60

J0161999
浪漫的吉他 （漫游名曲之河）叶莱，筱琳编著
北京 北京体育学校出版社 1991 年 188 页
20cm（32 开）ISBN：7-81003-356-5
定价：CNY3.25
　　全书精选中外名曲 64 首，包括：著名电影主体、音乐小品、轻音乐、中外歌曲改编的吉他曲 4 部分。

J0162000
浪漫的吉他 （不朽的电影主题）陈默，叶莱编著
北京 北京体育学院出版社 1991 年 102 页
26cm（16 开）ISBN：7-81003-195-3
定价：CNY4.70
　　本书收录的都是曾获奥斯卡奖或我国观众熟悉的电影主题，包括：《爱情的故事》《叶塞尼亚》《莫斯科郊外的晚上》等 30 余首，每首曲子附有欣赏和学习提要。

J0162001
浪漫的吉他 （弹唱流行金曲）叶莱，筱琳编著
北京 北京体育学院出版社 1991 年 263 页
20cm（32 开）ISBN：7-81003-357-3
定价：CNY4.50
　　本书精选了海内外流行的中英文金曲 60 余首。

J0162002
浪漫的吉他 （中外名曲吉他弹）叶莱，陈默编著
北京 北京体育学院出版社 1991 年 140 页
26cm（16 开）ISBN：7-81003-481-2
定价：CNY5.90

J0162003
古典吉他名曲新编 （第一集）庄少陵编
北京 人民日报出版社 1988 年 57 页
26cm（16 开）ISBN：7-80002-090-8
定价：CNY2.20
（OK 吉他系列丛书）

J0162004
古典吉他名曲新编 （第二集）庄少陵编
北京 人民日报出版社 1988 年 57 页 有图
26cm（16 开）ISBN：7-80002-091-6
定价：CNY2.20
（OK 吉他系列丛书）

J0162005
吉他伴奏流行歌曲新编 （1）庄少陵编
北京 人民日报出版社 1988 年 60 页
26cm（16 开）ISBN：7-80002-086-X
定价：CNY2.20
（OK 吉他系列丛书）

J0162006
吉他伴奏流行歌曲新编 （2）庄少陵编
北京 人民日报出版社 1988 年 60 页
26cm（16 开）ISBN：7-80002-0087-8
定价：CNY2.20
（OK 吉他系列丛书）

J0162007
吉他伴奏流行歌曲新编 （3）庄少陵编
北京 人民日报出版社 1988 年 60 页

26cm（16 开）ISBN：7-80002-0088-6
定价：CNY2.20
（OK 吉他系列丛书）

J0162008
吉他伴奏流行歌曲新编　（4）庄少陵编
北京　人民日报出版社　1988 年　60 页　有照片
26cm（16 开）ISBN：7-80002-0089-4
定价：CNY2.20
（OK 吉他系列丛书）

J0162009
吉他世界　（古典吉他初级独奏曲 50 首）
叶莱,陈默编
北京　北京体育学院出版社　1988 年　64 页
26cm（16 开）ISBN：7-81003-180-5
定价：CNY2.00

J0162010
吉他世界　（古典吉他世界名曲精萃）叶莱,陈
默编
北京　北京体育学院出版社　1988 年　80 页
26cm（16 开）ISBN：7-81003-176-7
定价：CNY2.50

J0162011
吉他世界　（古典吉他世界十大名曲）叶莱,陈
默编
北京　北京体育学院出版社　1988 年　80 页
26cm（16 开）ISBN：7-81003-175-9
定价：CNY2.50

J0162012
吉他世界　（古典吉他中级独奏曲　一）叶莱,
陈默编
北京　北京体育学院出版社　1993 年　85 页
31cm（10 开）ISBN：7-81003-705-6
定价：CNY7.50

J0162013
吉他世界　（古典吉他中级独奏曲　二）叶莱,
陈默编
北京　北京体育学院出版社　1993 年　83 页
26cm（16 开）ISBN：7-81003-706-4
定价：CNY7.50

J0162014
实用摇滚吉他弹唱　（欧美港台流行歌曲 100 首）
张本宁编著
哈尔滨　黑龙江人民出版社　1988 年　111 页
26cm（16 开）ISBN：7-207-00554-7
定价：CNY3.10

J0162015
世界著名摇滚乐吉他曲新编　庄少陵编
北京　国际文化出版公司　1988 年　4 册
26cm（16 开）ISBN：7-80049-074-2
定价：CNY7.60
（OK 吉他系列丛书）

J0162016
中外吉他名曲选　庄少陵,尹之编
长春　吉林教育出版社　1988 年　45 页
30cm（10 开）ISBN：7-5383-0404-5
定价：CNY2.20

J0162017
吉他名典曲选　（日）西野博编曲；罗传开解说
上海　上海音乐出版社　1989 年　51 页
27cm（大 16 开）定价：CNY3.20
　　　作者罗传开（1932—　　），教授、研究员。生
于广东省高明县，毕业于上海音乐学院理论作曲
系。历任上海音乐学院教授、华东师范大学兼职
教授。著有《外国通俗名曲欣赏词典》《世界著
名圆舞曲欣赏》《圆舞曲之王：约翰·施特劳斯和
他的主要作品》，主要译作《西洋乐器图说》《战
后日本文学史·年表》。

J0162018
吉他世界名曲精选　张路春,黄文清选编
北京　北京体育学院出版社　1989 年
2 册（60；72 页）26cm（16 开）
ISBN：7-81003-211-9　定价：CNY5.95

J0162019
简易吉他小品集　（日）西野博编曲；罗传开
注释
上海　上海音乐出版社　1989 年　83 页
31cm（10 开）ISBN：7-80553-161-7
定价：CNY6.85

J0162020
民谣吉他弹唱金曲 （一、二集　民谣吉他讲座精曲）谢有略等编
北京　北京体育学院出版社　1989 年　124 页
26cm（16 开）定价：CNY5.95
　　作者谢有略，广西桂林市吉他歌手。

J0162021
世界著名摇滚乐吉他曲新编
（简谱　第一集）庄少陵编
北京　人民日报出版社　1989 年　53 页
26cm（16 开）定价：CNY2.20
（OK 吉他系列丛书）

J0162022
世界著名摇滚乐吉他曲新编
（简谱　第二集）庄少陵编
北京　人民日报出版社　1989 年　60 页
26cm（16 开）定价：CNY2.20
（OK 吉他系列丛书）

J0162023
世界著名摇滚乐吉他曲新编
（简谱　第三集）庄少陵编
北京　人民日报出版社　1989 年　60 页
26cm（16 开）定价：CNY2.20
（OK 吉他系列丛书）

J0162024
世界著名摇滚乐吉他曲新编
（简谱　第四集）庄少陵编
北京　人民日报出版社　1989 年　59 页
26cm（16 开）ISBN：7-80002-097-5
定价：CNY2.20
（OK 吉他系列丛书）

J0162025
古典吉他名曲 50 首　王云译
南昌　百花洲文艺出版社　1990 年　30 页
26cm（16 开）ISBN：7-80579-063-9
定价：CNY1.30
　　本书收录匈牙利、俄罗斯等世界古典名曲。

J0162026
古典吉他名曲集　（4）庄少陵编著

北京　中国广播电视出版社　1990 年　141 页
26cm（16 开）ISBN：7-5043-0576-6
定价：CNY4.45
（庄氏吉他系列丛书）

J0162027
古典吉它世界名曲精选　陆良祖编
杭州　浙江人民出版社　1990 年　167 页
26cm（16 开）ISBN：7-213-00507-8
定价：CNY6.00

J0162028
吉他大师名曲精选　马志敏译注
上海　上海音乐出版社　1990 年　46 页
30cm（10 开）ISBN：7-80553-216-8
定价：CNY4.50
　　作者马志敏，吉他演奏家。

J0162029
吉他大师名曲精选　（2）马志敏译注
上海　上海音乐出版社　1993 年　59 页
30cm（10 开）ISBN：7-80553-439-X
定价：CNY7.10

J0162030
吉他大师名曲精选　（3）马志敏译注
上海　上海音乐出版社　1997 年　58 页
31cm（10 开）ISBN：7-80553-623-6
定价：CNY12.00

J0162031
吉他大师名曲精选　（4）马志敏译注
上海　上海音乐出版社　1998 年　61 页
31cm（10 开）ISBN：7-80553-676-7
定价：CNY10.80

J0162032
民谣吉他弹唱曲集　谭晓鹏编著
南宁　广西人民出版社　1990 年　119 页
26cm（16 开）ISBN：7-5363-0774-8
定价：CNY4.65

J0162033
世界著名摇滚乐吉他曲精萃　庄少陵编著
北京　中国广播电视出版社　1990 年　180 页

26cm（16 开）ISBN：7-5043-0575-8
定价：CNY4.90
（庄氏吉他系列丛书 2）

　　本书选编世界各国著名摇滚乐团演奏的著名吉他曲 47 首，其中包括近百首由电吉他、电子合成器（或电子琴），电贝司演奏的套谱，并附原英文歌词，和弦指法。

J0162034

五洲的歌　（吉它弹唱曲集）谭晓鹏编著
南宁 广西人民出版社 1990 年 121 页
26cm（16 开）ISBN：7-219-01537-2
定价：CNY5.00

J0162035

夏威夷吉他名曲集　庄少陵编著
北京 中国广播电视出版社 1990 年 135 页
26cm（16 开）ISBN：7-5043-0574-X
定价：CNY3.95
（庄氏吉他系列丛书 1）

　　本书收录 60 首富有夏威夷地方风土人情的优美民歌、歌曲和舞曲。

J0162036

现代摇滚吉他演奏曲集　周小虎等编
北京 中国卓越出版公司 1990 年 2 册（188 页）
有照片 26cm（16 开）ISBN：7-80071-186-2
定价：CNY6.00

J0162037

摇滚歌舞吉它金曲　翟强，庄景编
北京 中国舞蹈出版社 1990 年 108 页
26cm（16 开）ISBN：7-80075-012-4
定价：CNY4.00

　　本书收 1984 年至 1985 年美英两国流行的摇滚歌舞吉它乐曲 23 首。

J0162038

爵士吉它独奏曲 13 首　（日）大国舒光改编；朱映岚选编
西安 陕西人民出版社 1991 年 22 页
31cm（10 开）ISBN：7-224-01784-1
定价：CNY3.40

J0162039

中外吉他独奏曲集　人民音乐出版社编辑部编
北京 人民音乐出版社 1991 年 75 页
30cm（10 开）ISBN：7-103-00733-0
定价：CNY4.25

　　本书收录《怀旧》《忏悔—浪漫曲》《朱丽亚·佛洛里达船夫曲》等 24 首世界吉他曲中的佳作。

J0162040

魅力吉他　（现代优美轻音乐改编的吉他曲）
蒋殿春编著
北京 北京体育学院出版社 1992 年 102 页
26cm（16 开）ISBN：7-81003-578-9
定价：CNY5.70

J0162041

申氏吉他基本练习曲　（匈）申德瑞著；刘式编译
北京 中国文联出版公司 1992 年 45 页
26cm（16 开）ISBN：7-5059-1712-9
定价：CNY3.80

　　作者申德瑞·卡尔波尔，匈牙利杰出的吉他演奏家、教育家。

J0162042

现代情调吉他曲集　宫树清编著
天津 南开大学出版社 1992 年 60 页
26cm（16 开）ISBN：7-310-00480-9
定价：CNY3.20

　　本书是根据世界著名通俗钢琴演奏家理查得·克莱德曼的钢琴作品及一些情调小品改编的现代吉他作品。

J0162043

简易吉他小曲 120 首　宋晓燕编
北京 人民音乐出版社 1994 年 66 页
30cm（10 开）ISBN：7-103-01194-X
定价：CNY11.50

J0162044

梦幻吉他　（外国抒情音乐改编的吉他曲）
蒋殿春编著
北京 北京体育大学出版社 1994 年 113 页
26cm（16 开）ISBN：7-81003-631-9

定价: CNY8.00

　　本书收录《悲伤的西班牙》《流浪者之歌》《赫尔南多小酒馆》等 28 首乐曲。

J0162045
世界吉它名曲 （《音乐广场》秋季版）咏梅编著
成都 成都科技大学出版社 1994 年 110 页
26cm（16 开）ISBN: 7-5616-1796-8
定价: CNY7.80

J0162046
百奏不厌中外吉它弹唱金曲 161 首　兆雄编
成都 四川人民出版社 1995 年 196 页
37cm（8 开）ISBN: 7-220-02797-4
定价: CNY40.00
（百奏不厌系列）

J0162047
魅力吉他 （现代优美轻音乐改编的吉他曲）
蒋殿春编著
北京 北京体育学院出版社 1995 年 重印本
102 页 26cm（16 开）ISBN: 7-81003-578-9
定价: CNY7.50

J0162048
梦幻的民谣 （吉它经典弹唱曲集 中高级）
王爽,洪泉编著
北京 清华大学出版社 1995 年 81 页
26cm（16 开）ISBN: 7-302-01917-7
定价: CNY14.00

J0162049
浪漫吉他金曲　邵春良编著
成都 四川人民出版社 1998 年 2 版 150 页
26cm（16 开）ISBN: 7-220-03311-7
定价: CNY13.80

J0162050
罗德里戈吉他曲集 （西）华金·罗德里戈
（Joaquin Rodrigo）著; 晨曦译
北京 世界图书出版公司北京分公司 1998 年
94 页 28cm（大 16 开）ISBN: 7-5062-3296-0
定价: CNY12.00

J0162051
民谣吉他经典 （3）刘天礼,李凯主编
西安 世界图书出版西安公司 1999 年 179 页
26cm（16 开）ISBN: 7-5062-4030-0
定价: CNY15.80

各国键盘、簧乐曲

J0162052
风琴谱 （初阶）（美）狄丁编辑
上海 美华书馆[代印] 1913 年 36 页 30cm（15 开）

J0162053
风琴谱 （高等 Ⅱ）（美）狄丁编辑
上海 美华书馆[代印] 1920 年 25 页 30cm（15 开）
　　本书为风琴练习曲,收录《木兰出征辞》《宗教曲》《放脚歌》等 20 首,五线谱。

J0162054
进行曲　商务印书馆编
上海 商务印书馆 1918 年 65 页 27cm（16 开）
　　本书收录《华盛顿进行曲》《百年纪念进行曲》《速步进行曲》《卢斯村进行曲》《太子大进行曲》《俄国进行曲》《德国进行曲》《梦中进行曲》《游息进行曲》《扬鞭飞腾》等 36 首钢琴曲。五线谱。

J0162055
进行曲　商务印书馆编
上海 商务印书馆 1928 年 7 版 65 页 27cm（16 开）

J0162056
进行曲　商务印书馆编
上海 商务印书馆 1933 年 国难后 1 版 65 页
27cm（16 开）

J0162057
进行曲　商务印书馆编
上海 商务印书馆 1935 年 国难后 2 版 65 页
27cm（16 开）

J0162058
初等口琴练习曲集 （日）井奥敬一编
北平 中华乐社 1927 年 80 页 18cm（15 开）

定价：大洋三角

　　本书收录《迎春歌》《摇篮歌》《扬子江》《朋友》《雪歌》等 84 首练习曲。

J0162059

进行曲选 （上册）白蕊先编；钱君匋，邱望湘校订
上海 开明书店 1928 年 31 页 27cm（16 开）
定价：国币六角
（春蜂乐会丛刊）

J0162060

进行曲选 （下册）白蕊先编；钱君匋，邱望湘校订
上海 开明书店 1928 年 29 页 27cm（16 开）
定价：国币六角
（春蜂乐会丛刊）

J0162061

进行曲选 （上编）白蕊先编
上海 开明书店 1930 年 再版 31 页 26cm（16 开）
（春蜂乐会丛刊）

J0162062

进行曲选 （下编）白蕊先编；钱君匋，邱望湘校订
上海 开明书店 1930 年 再版 29 页
26cm（16 开）定价：大洋六四角
（春蜂乐会丛刊）

J0162063

进行曲选 （普及本 上编）白蕊先编；钱君匋，邱望湘校订
上海 开明书店 1932 年 4 版 31 页
26cm（16 开）定价：大洋四角
（春蜂乐会丛刊）

J0162064

简易钢琴曲集 柯政和编
北平 中华乐社 1930 年 58 页 26cm（16 开）
定价：大洋一元
　　本书收录《小粉红拖鞋》《美丽的玫瑰花蕊》《军队进行曲》《牧羊歌》《催眠歌》《儿童拜会》等 30 首钢琴曲。

J0162065

布格缪拉钢琴练习曲 中华乐社编译部编译
北平 中华乐社 1931 年 35 页 26cm（16 开）
定价：大洋八角

J0162066

钢琴独奏曲集 （上编）柯政和编
北平 中华乐社 1931 年 58 页 26cm（16 开）
定价：大洋一元
　　本书收录《为爱丽丝作》《美丽的五月》《纺纶曲》《爱情曲》《小鸟晚唱》《土耳其进行曲》《美奴爱诗》等 15 首乐曲,五线谱。

J0162067

钢琴独奏曲集 （下编）柯政和编
北平 中华乐社 1931 年 60 页 26cm（16 开）
定价：大洋一元

J0162068

风琴名曲选 （西洋名曲集）丰子恺编选
上海 开明书店 1932 年 55 页 26cm（16 开）
定价：一元二角
　　作者丰子恺(1898—1975)，画家、文学家、艺术教育家、音乐教育家、翻译家。浙江嘉兴人。原名丰润，又名仁、仍，字子觊，后改为子恺，笔名 TK。作品有《缘缘堂随笔》、画集《子恺漫画》等。

J0162069

钢琴联弹曲集 柯政和编
北平 中华乐社 1932 年 81 页 有乐谱
30cm（15 开）定价：一元八角
　　本书收录《我的肯特基故乡》《酒神万岁》《水仙花》《故乡老人》《砌砖匠与锁匠》《小跳舞家》等 21 首乐曲,五线谱。

J0162070

口琴名曲新集 钱君匋编
上海 神州国光社 1932 年 99 页 19cm（32 开）
　　本书内容包括：国歌、进行曲、舞蹈曲、歌剧拔革曲、序曲 5 部分,收中外演奏曲 34 首。

J0162071

口琴名曲选 钱君匋编
上海 开明书店 1933 年 139 页 19cm（32 开）
　　本书内容包括：歌谣曲、进行曲、小夜曲舞

蹈曲及其他、变想曲及圆舞曲、歌剧拔萃曲及序曲5部分,收43首中外演奏曲。书前有"乐语及记号"、"速度用语"、"曲想用语"。

J0162072
口琴名曲选　钱君匋编
上海　开明书店　1934年　再版　139页
19cm(32开)

J0162073
钢琴曲集　欧萨可夫(S.Aksakov)编
上海　商务印书馆　1934年　26页　26cm(16开)
定价:大洋一元
(国立音乐专科学校丛书)

J0162074
哈农六十钢琴练习曲集　(第一卷1-20)
柯政和译
北平　中华乐社　1934年　21页　31cm(10开)
定价:七角
　　作者柯政和(1890—1973),音乐教育家。台湾嘉义人,原籍福建安溪。原名丁丑,字安士。留学日本东京音乐学校师范科、东京音乐学校研究科、上智大学文科。曾任北京师范大学教授。著有《音乐通论》《何利马里音阶练习书》《简易钢琴曲集》《音乐史》《拜耳钢琴教科书》等。

J0162075
哈农六十钢琴练习曲集　(第二卷21-43)
柯政和译
北平　中华乐社　1934年　53页　31cm(10开)
定价:一元二角

J0162076
口琴合奏曲集　(第一册)柯政和编
北平　中华乐社　1935年　31页　27cm(16开)
定价:五角
　　本书收录《我的太阳》(二重奏)、《圣得路西亚》(二重奏)、《维廉退尔》(三重奏)、《巴塞罗纳》(四重奏)等10首练习曲。

J0162077
口琴合奏曲集　(第二册)柯政和编
北平　中华乐社　1935年　31页　27cm(16开)
定价:五角

J0162078
五声音阶的钢琴教本　亚历山大·车列浦您著
上海　商务印书馆　1935年　43页　30cm(15开)
定价:大洋一元二角
(国立音乐专科学校丛书)

J0162079
简易风琴钢琴合用谱　缪天瑞编
上海　三民图书公司　1936年　2版[54]页
26cm(16开)定价:大洋六角
　　本书收录《婚礼行进曲》《凯旋行进曲》《秋千歌》《米奴哀曲》《织歌》《快调》《丧礼进行曲》《马芝加松舞曲》《变奏曲》等18首乐曲,五线谱。附乐曲说明及作家略历。作者缪天瑞(1908—2009),音乐教育家、音乐学家。浙江瑞安人,毕业于上海艺术师范大学。历任中央音乐学院副院长、天津音乐学院院长、福建音乐专科学校教授、教务主任,中央音乐学院副院长、天津市文化局副局长、天津音乐学院教授、院长,中国艺术研究院音乐研究所研究员,著有《律学》,主编《中国音乐词典》等。

J0162080
标准口琴名曲选　(1)石人望编著
上海　大众口琴会出版部　1939年　石印本　68页
26cm(16开)
　　本书收录《和来序曲》《卡门进行曲》《我的太阳》《旧曲精华》《采莲谣》《梅花三弄》《牧童短笛》《忠义军行曲》等30首中外名曲。

J0162081
标准口琴名曲选　(1)石人望编著
上海　大众口琴会出版部　1948年　再版　石印本
68页　26cm(16开)
　　作者石人望(1906—1985),口琴家、作曲家。生于浙江瑾县。历任上海市文联委员、中国音乐家协会会员、中国音乐家协会上海分会理事及上海多家群众文艺团体口琴艺术指导、北京等地口琴会顾问。演奏代表作《杜鹃圆舞曲》《天鹅舞选曲》《凤阳花鼓》,著有作《口琴吹奏法》《口琴圆舞曲》《口琴名曲选》等。

J0162082
口琴流行名曲集　(第1集)陈剑晨编
上海　上海口琴会出版部　1939年　石印本　53页

20cm（32 开）

作者陈剑晨（1911-？），口琴演奏家。浙江嵊县人。创办上海口琴会，曾任会长。编著有《口琴吹奏法》《口琴曲集》等。

J0162083
口琴流行名曲集　陈剑晨编
上海　上海口琴会出版部　1939 年　53 页　有肖像
23cm（32 开）定价：一元（道林纸），六角（白报纸）

J0162084
口琴流行名曲集　（第 3 集）陈剑晨编
上海　上海口琴会出版部　1940 年　石印本　再版
58 页　20cm（32 开）

J0162085
口琴流行名曲集　（第 7 集）陈剑晨编
上海　上海口琴会出版部　1940 年　石印本　53 页
20cm（32 开）

J0162086
世界儿童节奏集　陈鹤琴等编选
上海　世界书局　1939 年　2 册（121 页）有图
26cm（16 开）定价：国币一元五角

本书为世界钢琴练习曲谱选集，包括进行曲、跑步、跑马步、跳跃、横滑步、优柔步、音乐队等 10 部分，收 122 首曲谱。

J0162087
口琴歌曲集　萧而化，丰子恺编著
成都　越新书局　1942 年　72 页　18cm（15 开）
定价：三元五角

本书收录 50 首口琴演奏歌曲，书前有口琴吹奏法说明。

J0162088
中华口琴界纪念特刊　王庆勋编
北京　中华口琴会　1943 年　79 页　有像
26cm（16 开）定价：大洋三角

J0162089
中级独奏口琴名曲集　陈剑晨编曲
上海　上海口琴会　1945 年　石印本　54 页
［11 × 38cm］

本书收录《牧童短笛》《梅花三弄》《太湖船》《回忆故乡》《小夜曲》《鸽声》《多诺河之波》《婆拉罗》《百花进行曲》《民族自由序曲》等 26 首中外演奏曲。

J0162090
钢琴教本　周玲荪，黄铸新编
上海　世界书局　1947 年　124 页　26cm（16 开）
定价：国币十元

J0162091
进行曲集　钱君匋编
上海　万叶书店　1949 年　26cm（16 开）
定价：一元五角
（万叶乐普丛书）

本书收录 86 首钢琴演奏曲，五线谱。书前有丰子恺的《前进的生气蓬勃的乐曲》。

J0162092
贝多芬第五钢琴协奏曲　（袖珍 总谱）（德）
贝多芬曲
［台北］光华出版社［1950—1959 年］影印本
184 页　20cm（32 开）

J0162093
贝多芬月光曲作品第二十七卷第二首
（钢琴独奏）（德）贝多芬（L.V.Beethoven）作曲
上海　上海音乐出版社　1951 年　18 页
35cm（12 开）定价：旧币 6,000 元

外文书名：Moonlight　Sonata op.27, No.2 for
Piano.

J0162094
六个简易变奏曲　（钢琴独奏）（德）贝多文
（L.V.Beethoven）作曲
上海　上海音乐出版社　1951 年　影印本　8 页
26cm（16 开）定价：旧币 3,000 元

J0162095
小奏鸣曲集　艾克斯坦（Maxwell Eckstein）作曲
上海　上海音乐出版社　1951 年　影印本　146 页
26cm（16 开）定价：旧币 20,000 元

J0162096
巴赫初步钢琴曲　（德）巴赫（J.S.Bach）作曲
上海　上海音乐出版社　1952 年　影印本　15 页

30cm（12 开）定价：旧币 7,000 元

J0162097
贝多芬钢琴奏鸣曲集　（上集）（德）贝多芬
（L.V.Beethoven）作曲
上海　上海音乐出版社 1952 年　影印本　341 页
35cm（12 开）定价：旧币 40,000 元
　　外文书名：Sonatas for the Piano.

J0162098
贝多芬钢琴奏鸣曲集　（下集）（德）贝多芬
（L.V.Beethoven）作曲
上海　上海音乐出版社 1952 年　影印本　683 页
35cm（12 开）定价：旧币 40,000 元
　　外文书名：Sonatas for the Piano.

J0162099
平均律钢琴曲集　（第一集）
（德）巴赫（J.S.Bach）作曲；（意）勃路诺・本德热
里尼编订；沈天真译注
上海　上海音乐出版社 1957 年　影印本　116 页
30cm（10 开）统一书号：127.048
定价：CNY3.60
　　本书又称《48 首前奏曲与赋格曲集》，分上
下两集。上集于 1722 年写成，下集于 1744 年完成。
每集都有 24 首套曲，每首套曲又各有 1 首前奏
和赋格曲，按半音阶顺序分别建立在 24 个不同
的大、小调上。

J0162100
平均律钢琴曲集　（第二集）
（德）巴赫（J.S.Bach）作曲
上海　上海音乐出版社 1952 年　影印本　140 页
有乐谱 30cm（10 开）统一书号：127.065
定价：CNY4.40

J0162101
布格缪勒钢琴进阶 25 曲，作品 100
（德）布格缪勒（Burgmuller）著
北京　音乐出版社 1953 年　35 页　35cm（5 开）
统一书号：8026.167 定价：CNY0.70
　　作者布格缪勒（Johann Friedrich Farnz Burgmuller,
1806—1874），全名"约翰・弗雷德里希・弗朗兹・布
格缪勒"，德国作曲家、钢琴家。出生于德国巴伐
利亚省的勒根斯堡。代表作品《钢琴进阶练习曲

25 首》。

J0162102
钢琴进阶 25 曲　部克谟勒作
上海　新音乐出版社 1953 年　定价：CNY0.80

J0162103
小奏鸣曲集　库劳编著；王允功译
上海　新音乐出版社 1953 年　影印本　133 页
26cm（16 开）定价：旧币 20,000 元
（音乐技术学习丛刊）

J0162104
初级钢琴曲集　（德）巴赫（J.S.Bach）作曲；
钱仁康解说
上海　新音乐出版社 1954 年　影印本（16 开）

J0162105
简易钢琴练习曲　（奥）彻尼（Karl Czerny）作
上海　上海音乐出版社 1954 年　影印本　69 页
30cm（10 开）定价：旧币 12,000 元
（音乐技术学习丛刊）

J0162106
快速练习曲　（钢琴）（奥）彻尼（Karl Czerny）
作曲
上海　上海音乐出版社 1954 年　影印本　80 页
30cm（10 开）定价：旧币 16,000 元
（音乐技术学习丛刊）
　　外文书名：Scbuie der gelaufigneit

J0162107
流畅练习曲　（钢琴）（奥）彻尼（Karl Czerny）
作曲
上海　新音乐出版社 1954 年　影印本　55 页
30cm（10 开）定价：旧币 10,000 元
（音乐技术学习丛刊）
　　外文书名：Etudes de Mecanisme.

J0162108
实用初级练习曲　（奥）撒尼（K.Czerny）作
上海　新音乐出版社 1954 年　影印本　56 页
30cm（15 开）定价：旧币 10,000 元
（音乐技术学习丛刊）
　　外文书名：Practical Method for Beginners

（op.599）

J0162109
小型序曲及赋格 （德）巴赫著；钱仁康等译
上海 新音乐出版社 1954 年 52 页（大 16 开）
定价：旧币 10,000 元

J0162110
巴赫创意曲集 （德）巴赫曲
北京 人民音乐出版社 1955 年 64 页 31cm（16 开）

J0162111
巴赫创意曲集 （德）巴赫曲
北京 人民音乐出版社 1977 年 64 页
31cm（15 开）统一书号：8026.3323
定价：CNY1.35

J0162112
巴赫创意曲集 （德）巴赫曲
北京 人民音乐出版社 1984 年 64 页
31cm（16 开）统一书号：8026.126
定价：CNY1.65

J0162113
巴赫创意曲集 （德）巴赫（J.S.Bach）曲；
（德）L. 兰茨霍夫编；金经言译
北京 人民音乐出版社 1997 年 63 页
31cm（12 开）ISBN：7-103-01514-7
定价：CNY13.30
　　外文书名：J.S.Bach Inventionen und Sinfonine.

J0162114
创意曲集 （钢琴）（德）巴赫（J.S.Bach）作曲
北京 音乐出版社 1955 年 影印本 64 页
30cm（10 开）定价：CNY1.06
（音乐技术学习丛刊）

J0162115
国际萧邦钢琴比赛会 对外文化联络局编
［北京］对外文化联络局 1955 年 19 页
19cm（32 开）
（文化交流资料丛刊 28）

J0162116
少年钢琴曲集

（俄）柴柯夫斯基（П.И.Чайковский）作曲
北京 音乐出版社 1955 年 33 页 30cm（15 开）
定价：CNY0.61
（音乐技术学习丛刊）

J0162117
五指练习曲 （法）什密特（F.Schmitt）著
北京 音乐出版社 1955 年 影印本 29 页
30cm（15 开）定价：旧币 5,700 元
（音乐技术学习丛刊）

J0162118
小奏鸣曲集 ［美］克勒编
北京 人民音乐出版社 1955 年 133 页
30cm（10 开）ISBN：7-103-00370-X
定价：CNY20.90
　　外文书名：Sonatina Album.

J0162119
小奏鸣曲集 （美）克勒编
北京 人民音乐出版社 1979 年 重印本 133 页
38cm（6 开）统一书号：8026.129
定价：CNY2.95
　　外文书名：Sonatina Album.

J0162120
中国曲调手风琴谱
（苏）马林（А.Марьин）改编；音乐出版社编辑部
编辑
北京 音乐出版社 1956 年 影印本 13 页
26cm（16 开）定价：CNY0.15

J0162121
C 大调小奏鸣曲 （苏）卡巴列夫斯基（Д.Ка-
балевский）作曲
上海 上海音乐出版社 1957 年 影印本 13 页
26cm（16 开）统一书号：127.035
定价：CNY0.30

J0162122
贝多芬钢琴奏鸣曲集 （第一册）（德）贝多芬
（L.V.Beethoven）作曲；（德）史那贝尔编订；
沈天真译注
上海 上海音乐出版社 1957 年 影印本 211 页
30cm（16 开）统一书号：8127.058

定价：CNY6.80

　　本书收录贝多芬1796年至1822年期间创作的32首钢琴奏鸣曲的曲谱。对每首奏鸣曲的创作背景、版本演变、指法、踏板、速度、力度、表情术语等均作了提示和注释。

J0162123

贝多芬钢琴奏鸣曲集 （第二册）（德）贝多芬（L.V.Beethoven）作曲；（德）史那贝尔编订；沈天真译注

上海　上海音乐出版社　1957年　影印本　200页 30cm（16开）统一书号：8127.073

定价：CNY6.30

J0162124

贝多芬钢琴奏鸣曲集 （第三册）（德）贝多芬（L.V.Beethoven）作曲；（德）史那贝尔编订；沈天真译注

上海　上海音乐出版社　1957年　影印本 638页　30cm（16开）统一书号：8127.105

定价：CNY7.00

J0162125

柴科夫斯基四季，作品37　（钢琴 曲集）（俄）柴科夫斯基作曲

北京　人民音乐出版社　1957年　54页 31cm（12开）ISBN：7-103-00731-4

定价：CNY11.60

J0162126

柴科夫斯基四季，作品 37　（钢琴）（俄）柴科夫斯基作曲

北京　人民音乐出版社　1999年　53页 31cm（10开）ISBN：978-7-103-00731-0

定价：CNY22.00

J0162127

柴可夫斯基四季，作品 37　（钢琴）（俄）柴可夫斯基作曲

北京　音乐出版社　1957年　影印本　54页 30cm（15开）统一书号：8026.531

定价：CNY0.95

J0162128

车尔尼24首钢琴左手练习，作品 718

（奥）车尔尼（Carl Czerny）作曲

北京　音乐出版社　1957年　影印本　31页 30cm（12开）统一书号：8026.736

定价：CNY0.55

　　作者车尔尼（Carl Czerny，1791—1857），奥地利著名钢琴演奏家、教育家、作曲家。曾从贝多芬以及克莱门蒂学习钢琴。在维也纳从事教学、演出与创作。他的钢琴练习曲在许多国家被广泛采用为钢琴教材。代表作品有《钢琴初步教程》（作品599号）《钢琴流畅练习曲》（作品849号）《钢琴快速练习曲》（作品299号）等。

J0162129

车尔尼钢琴练习曲50首，作品 740

（手指灵巧的技术练习）（奥）车尔尼作

北京　音乐出版社　1957年　影印本　177页 30cm（10开）统一书号：8026.701

定价：CNY2.70

J0162130

车尔尼钢琴练习曲选

（第一卷 82首练习曲）（苏）盖尔曼编

北京　音乐出版社　1957年　影印本　99页 30cm（10开）统一书号：8026.685

定价：CNY1.50

J0162131

儿童钢琴曲 10首　（苏）哈恰图良（А.Фачатурян）作曲；范智霞，费行方抄谱

上海　上海音乐出版社　1957年　影印本 31页　26cm（16开）统一书号：127.033

定价：CNY0.65

J0162132

儿童钢琴曲集　（苏）普罗科菲耶夫作曲

上海　上海音乐出版社　1957年　影印本 32页　26cm（16开）统一书号：127.006

定价：CNY0.65

J0162133

儿童园地　（法）德彪西（C.Debussy）作曲；上海音乐出版社编辑部译注

上海　上海音乐出版社　1957年　28页 35cm（18开）统一书号：8127.127

定价：CNY0.90

作者德彪西（Achille-Claude Debussy，1862—1918），法国作曲家。全名：阿希尔·克洛德·德彪西。毕业于巴黎音乐学院。代表作品《佩列阿斯和梅丽桑德》《牧神午后》《夜曲》《大海》等。

J0162134
法国组曲 （钢琴）（德）巴赫（J.S.Bach）作曲
上海　上海音乐出版社　1957 年　影印本　68 页
26cm（16 开）统一书号：127.009
定价：CNY1.30

J0162135
法国组曲 （BWV812-817 钢琴）（德）巴赫曲
上海　上海音乐出版社　1994 年　68 页
30cm（10 开）ISBN：7-80553-498-5
定价：CNY12.80

J0162136
简易变奏曲二首 （苏）卡巴列夫斯基
（Д.Кабалевский）作曲
上海　上海音乐出版社　1957 年　影印本
17 页　26cm（16 开）统一书号：127.008
定价：CNY0.38

J0162137
简易钢琴曲二十首
（德）巴赫（Jahann Sebastian Bach）作曲；钱仁
康译
上海　上海音乐出版社　1957 年　影印本
19 页　30cm（10 开）统一书号：8127.129
定价：CNY0.70
　　外文书名：20 Ieichte Klavierstucke.

J0162138
卡巴列夫斯基钢琴曲集，作品 27 （苏）卡巴
列夫斯基（Д.Кабалевский）作曲
上海　上海音乐出版社　1957 年　影印本
39 页　26cm（16 开）统一书号：127.034
定价：CNY0.80

J0162139
离别随想曲
（德）巴赫（Jahann Sebastian Bach）作曲；钱仁
康译
上海　上海音乐出版社　1957 年　影印本

9 页　30cm（15 开）统一书号：8127.128
定价：CNY0.32

J0162140
培尔·京特第一组曲 （挪）格里格（Grieg）
作曲；钱仁康译注
上海　上海音乐出版社　1957 年　15 页
35cm（15 开）统一书号：8127.130
定价：CNY0.55
　　作者格里格（Edvard Grieg，1843—1907），挪威作曲家。生于卑尔根。毕业于莱比锡音乐学院。与挪威民族音乐的倡导者音乐家 R. 诺拉克等人共创"尤特皮"音乐社，创作并介绍斯堪的纳维亚国家的民族音乐。主要作品有歌曲《来自祖国》，钢琴曲《祖国之歌》，合唱《水手之歌》等。

J0162141
无词歌 （钢琴）（德）门德尔逊 - 巴尔托迪
（Felix Mendelssohn-Bartholdy）作曲；晓敷译
北京　音乐出版社　1957 年　影印本　145 页
30cm（15 开）统一书号：8026.737
定价：CNY2.30
　　外文书名：Lieder Ohne Worte.

J0162142
西洋古典音乐及轻音乐口琴独奏曲集
（初编）王庆隆编曲
上海　上海音乐出版社　1957 年　影印本
47 页　26cm（16 开）统一书号：8127.110
定价：CNY0.30

J0162143
西洋古典音乐及轻音乐口琴独奏曲集
（续编）王庆隆编
上海　上海音乐出版社　1958 年　影印本
47 页　26cm（16 开）统一书号：8127.149
定价：CNY0.32

J0162144
西洋古典音乐及轻音乐口琴独奏曲集
（初编）王庆隆编曲
上海　上海文艺出版社　1959 年　新 1 版
46 页　26cm（16 开）统一书号：8078.0819
定价：CNY0.30

J0162145

献给孩子们 （第一集）（匈）巴托克（B.Bartok）
作曲

上海 上海音乐出版社 1957 年 影印本

42 页 26cm（16 开）统一书号：127.004

定价：CNY0.90

J0162146

献给孩子们 （第二集）（匈）巴托克（B.Bartok）
作曲

上海 上海音乐出版社 1957 年 影印本

40 页 26cm（16 开）统一书号：127.005

定价：CNY0.90

J0162147

小奏鸣曲集 （钢琴）

（德）贝多芬（Ludwing Van Beethoven）作曲

上海 上海音乐出版社 1957 年 影印本

40 页 26cm（16 开）统一书号：127.003

定价：CNY0.90

J0162148

小奏鸣曲六首 （钢琴）（奥）莫扎特作曲

上海 上海音乐出版社 1957 年 影印本

40 页 26cm（16 开）统一书号：127.002

定价：CNY0.80

　　作者莫扎特（1756—1791），欧洲古典主义音
乐作曲家。出生于萨尔兹堡。留给世人的作品
达 600 多首，包括 63 首交响曲，16 首嬉游曲，13
首小夜曲，15 首进行曲，105 首小步舞曲，172 首
舞曲等。代表作品有《奏鸣曲》《协奏曲》《安魂
曲》《唐璜》《费加罗的婚礼》《魔笛》等。

J0162149

旋律化练习曲四十首 （俄）该其开（A.Геди-
ке）作曲

上海 上海音乐出版社 1957 年 55 页

26cm（16 开）统一书号：127.043

定价：CNY0.60

J0162150

英国组曲 （钢琴 第一集）

（德）巴赫（J.S.Bach）作曲

上海 上海音乐出版社 1957 年 影印本

55 页 26cm（16 开）统一书号：127.022

定价：CNY1.10（道林纸本），CNY0.60（报纸本）

　　外文书名：English Suite. 作者巴赫（Johann
Sebastian Bach,1685—1750），德国作曲家。毕生
致力于音乐创作和演奏，对西洋近代音乐发展深
有影响，被尊为“音乐之父”。作品风格讲求哲理
与抒情、写景密切结合，声乐与器乐综合统一。
多为复调音乐。声乐作品以康塔塔最为丰富多
彩，约 230 余部。器乐作品主要有《平均律钢琴
曲集》两卷，以及大量古钢琴组曲、管风琴曲、管
弦乐曲、无伴奏奏鸣曲等。

J0162151

英国组曲 （钢琴 第二集）

（德）巴赫（J.S.Bach）作曲

上海 上海音乐出版社 1957 年 影印本 59 页

有乐谱 26cm（16 开）统一书号：127.024

定价：CNY1.20（道林纸本），CNY0.60（报纸本）

　　外文书名：English Suite.

J0162152

C 大调交响曲 （钢琴改编曲）（德）舒柏特
（Franz Peter Schubert）作曲

上海 上海音乐出版社 1958 年 影印本

51 页 31cm（10 开）统一书号：8127.135

定价：CNY1.70

J0162153

贝多芬钢琴奏鸣曲集 （第四册）（德）贝多芬
（L.V.Beethoven）作曲；史那贝尔编订；沈天真
译注

上海 上海音乐出版社 1958 年 ［639—862］页

30cm（16 开）统一书号：8127.190

定价：CNY7.00

　　本书收录贝多芬 1796—1822 年期间创作的
32 首钢琴奏鸣曲的曲谱。对每首奏鸣曲的创作
背景、版本演变、指法、踏板、速度、力度、表情
术语等均作了提示和注释。

J0162154

车尔尼钢琴八度练习，作品 553 （奥）车尔
尼作

北京 音乐出版社 1958 年 影印本 31 页

30cm（12 开）统一书号：8026.798

定价：CNY0.46

J0162155

车尔尼钢琴八度练习曲，作品 553　（奥）车
尔尼（C.Czerny）曲
北京　人民音乐出版社　1958 年　15 页
31cm（10 开）定价：CNY3.25

J0162156

车尔尼钢琴八度练习曲，作品 553　（奥）车
尔尼（C.Czerny）曲
北京　人民音乐出版社　1996 年　15 页
30cm（10 开）ISBN：7-103-01434-5
定价：CNY5.70
　　作者车尔尼（Carl Czerny,1791—1857），奥
地利著名钢琴演奏家、教育家、作曲家。曾从贝
多芬以及克莱门蒂学习钢琴。在维也纳从事教
学、演出与创作。他的钢琴练习曲在许多国家被
广泛采用为钢琴教材。代表作品有《钢琴初步教
程》（作品 599 号）《钢琴流畅练习曲》（作品 849
号）《钢琴快速练习曲》（作品 299 号）等。

J0162157

克列曼蒂钢琴练习曲选 29 首　（名手之道）
克列曼蒂原作；陶西克编注
北京　音乐出版社　1958 年　107 页　30cm（10 开）
统一书号：8026.906　定价：CNY1.60

J0162158

口琴圆舞曲选　（奥）斯特劳斯（J.Strauss）作
曲；石人望编曲
上海　上海音乐出版社　1958 年　影印本
73 页　19cm（32 开）统一书号：8127.183
定价：CNY0.22
　　作者石人望（1906—1985），口琴家、作曲家。
生于浙江瑾县。历任上海市文联委员、中国音乐
家协会会员、中国音乐家协会上海分会理事及上
海多家群众文艺团体口琴艺术指导、北京等地口
琴会顾问。演奏代表作《杜鹃圆舞曲》《天鹅舞
选曲》《凤阳花鼓》，著作有《口琴吹奏法》《口琴
圆舞曲》《口琴名曲选》等。

J0162159

拉赫曼尼诺夫 24 首钢琴前奏曲　（苏）拉赫
曼尼诺夫（C.B.Рахманинов）作曲
北京　音乐出版社　1958 年　影印本　108 页
30cm（10 开）统一书号：8026.799

定价：CNY1.60

J0162160

舒伯特即兴曲和音乐瞬间　（钢琴）（德）舒
伯特（F.P.Schubert）作曲
北京　音乐出版社　1958 年　影印本　91 页
30cm（15 开）统一书号：8026.775
定价：CNY1.40
　　作曲弗朗茨·舒伯特（Franz Schubert,1797—
1828），作曲家。奥地利籍日耳曼人，出生于维也
纳。是早期浪漫主义音乐的代表人物，被认为是
古典主义音乐的最后一位巨匠，被称为"歌曲之
王"。他的歌曲有抒情曲、叙事曲、爱国歌曲\民
间歌曲。其中重要的有《魔王》《牧童的哀歌》《战
士之歌》等，主要有 3 部歌曲集《美丽的磨坊少女》
《冬之旅》《天鹅之歌》。舒伯特的交响曲中较重
要有第四、第五、第八、第九交响曲。

J0162161

西洋古典音乐及轻音乐口琴独奏曲集三编
陈剑晨作曲
上海　上海音乐出版社　1958 年　影印本
63 页　26cm（16 开）统一书号：8127.249
定价：CNY0.38
　　作者陈剑晨（1911—？），口琴演奏家。浙江
嵊县人。创办上海口琴会，曾任会长。编著有《口
琴吹奏法》《口琴曲集》等。

J0162162

西洋手风琴独奏曲集　音乐出版社编辑部编
北京　音乐出版社　1958 年　影印本　89 页
26cm（16 开）统一书号：8026.854
定价：CNY0.95

J0162163

舒曼钢琴曲选　（德）舒曼作曲；中央音乐学
院编
北京　音乐出版社　1960 年　245 页　30cm（15 开）
精装　统一书号：8026.1372　定价：CNY5.40
　　本书为纪念 1960 年世界文化名人德国伟大
作曲家舒曼诞生 150 周年而作。

J0162164

肖邦钢琴曲选　（波）肖邦作；中央音乐学院编
北京　音乐出版社　1960 年　384 页　29cm（15 开）

精装 统一书号：8026.1361 定价：CNY13.50

　　作者肖邦（Fryderyk Franciszek Chopin，1810-1849），波兰钢琴家、作曲家。出生于波兰华沙热拉佐瓦沃拉。华沙音乐学院毕业。1830 年起出国深造并定居巴黎，从事创作、教学及演奏活动。他的创作由于受到波兰民族运动的影响，充满了爱国激情和对祖国的思念，是波兰民族乐派的代表。他首创了叙事曲体裁，将前奏曲、谐谑曲发展成独立的钢琴曲。主要作品包括：钢琴协奏曲两部、奏鸣曲三首、练习曲二十七首、玛祖卡五十九首、波兰舞曲十六首、圆舞曲二十首、夜曲二十一首、前奏曲二十五首、即兴曲三首、谐谑曲四首及艺术歌曲。

J0162165

肖邦圆舞曲集 （钢琴）（波）肖邦作曲
北京 音乐出版社 1960 年 重印本 58 页
31cm（12 开）统一书号：8026.131
定价：CNY0.97

J0162166

越南复调乐曲十首 中央音乐学院编
北京 音乐出版社 1960 年 23 页 26cm（16 开）
统一书号：8026.1414 定价：CNY0.28
（中央音乐学院创作丛刊）

J0162167

李斯特钢琴曲选 （正谱本）中央音乐学院编
北京 音乐出版社 1961 年 397 页 有图
31cm（10 开）精装 统一书号：8026.1494
定价：CNY13.80

　　本书为纪念 1961 年世界文化名人匈牙利伟大作家李斯特·费仑茨诞生 150 周年而作。作者李斯特（Liszt Franz，1811-1886），世界文化名人匈牙利伟大作家。

J0162168

德彪西钢琴曲选 （正谱本）（法）德彪西，C.A. 作曲；钱仁康编
上海 上海文艺出版社 1962 年 147 页
29cm（15 开）统一书号：8078.2038
定价：CNY2.45

J0162169

德彪西钢琴曲选 （法）C. 德彪西（C.Debussy）

作曲；上海音乐学院编
北京 音乐出版社 1962 年 245 页 有图
30cm（10 开）精装 统一书号：8026.1646
定价：CNY5.50，CNY9.35（道林纸）

　　本书收录 19-20 世纪法国作曲家德彪西的钢琴代表作 20 余首。

J0162170

高等音乐院校钢琴教学曲选 （正谱本）
（第二集 俄罗斯、苏联作品）朱工一等编选
北京 音乐出版社 1962 年 329 页 35cm（18 开）
统一书号：K8026.1680 定价：CNY8.50

J0162171

高等音乐院校钢琴教学曲选 （第三集 东欧社会主义国家作品 正谱本）朱工一等编选
北京 音乐出版社 1962 年 238 页 35cm（18 开）
统一书号：K8026.1681 定价：CNY6.20

J0162172

高等音乐院校钢琴教学曲选 （第四集 西欧国家作品 正谱本）朱工一等编选
北京 音乐出版社 1962 年 340 页 35cm（18 开）
统一书号：K8026.1682 定价：CNY8.70

J0162173

高等音乐院校钢琴教学曲选 （第五集 拉丁美洲国家作品 正谱本）朱工一等编选
北京 音乐出版社 1962 年 69 页 30cm（15 开）
统一书号：K8026.1683 定价：CNY2.00

J0162174

莫谢莱斯钢琴练习曲二十四首，作品七十号
（正谱本）（德）莫谢莱斯作曲；（奥）保厄编；
上海音乐学院附属中等音乐学校译注
上海 上海文艺出版社 1962 年 103 页
29cm（16 开）统一书号：8078.2014
定价：CNY1.25

　　外文书名：Ignaz Moscheles: 24 Studies for the Piano.

J0162175

苏尔维格之歌 （挪）易卜生作词；格里格作曲；邓映易译配
北京 音乐出版社 1962 年 5 页 26cm（16 开）

统一书号：8026.1631 定价：CNY0.16

J0162176
朝鲜钢琴曲三首 （朝）赵吉锡等作曲
北京 音乐出版社 1963 年 13 页 26cm（16 开）
统一书号：8026.1938 定价：CNY0.28

J0162177
车尔尼钢琴流畅练习曲，作品 849
（奥）C. 车尔尼（C.Czerny）著
北京 音乐出版社 1963 年 2 版 55 页
30cm（10 开）统一书号：8026.226
定价：CNY1.00
　　外文书名：Etudes de Mecanisme.

J0162178
钢琴流畅练习曲 （作品 849）（奥）车尔尼
（C.Czerny）作曲
北京 人民音乐出版社 1963 年 56 页
22cm（32 开）定价：CNY1.20

J0162179
全世界青年男女所喜爱的钢琴名曲集
（乐曲解说及弹奏指引）梁荣岭编
台北 中华音乐出版社［1970—1979 年］3 册
30cm（12 开）定价：TWD240.00

J0162180
车尔尼钢琴流畅练习曲集 （作品 849）车尔
尼作
上海 上海音乐出版社 1977 年 55 页 34cm（18 开）
ISBN：7-80553-226-5 定价：CNY1.85

J0162181
车尔尼钢琴流畅练习曲集
（作品 849 教学版）方百里注释
上海 上海音乐出版社 1990 年 55 页
31cm（10 开）ISBN：7-80553-226-5
定价：CNY4.25

J0162182
钢琴流畅练习曲，作品 299 （奥）C. 车尔尼作
北京 人民音乐出版社 1977 年 55 页
26cm（16 开）统一书号：8026.3325
定价：CNY1.20

J0162183
贝多芬钢琴奏鸣曲五首
北京 人民音乐出版社 1978 年 113 页
20cm（32 开）定价：CNY2.30

J0162184
车尔尼钢琴初步教程，作品 599 （奥）车尔
尼曲
北京 人民音乐出版社 1978 年 影印本 52 页
31cm（10 开）ISBN：7-103-00340-8
定价：CNY2.80

J0162185
车尔尼钢琴初步教程，作品 599 （五线谱）
北京 人民音乐出版社 1978 年 影印本 52 页
26cm（16 开）定价：CNY1.10

J0162186
车尔尼钢琴初步教程，作品 599 （奥）车尔
尼曲
北京 人民音乐出版社 1993 年 影印本 52 页
31cm（10 开）ISBN：7-103-00340-8
定价：CNY3.75

J0162187
车尔尼钢琴初步教程，作品 599 （奥）车尔
尼（Czerny）作；阿道夫·鲁特哈特编订
北京 人民音乐出版社 1998 年 重印本 56 页
31cm（10 开）ISBN：7-103-01444-2
定价：CNY12.10
　　本书内容包括：固定位置的五指联系、大指
移位练习、音域超过一个八度的练习、带有低音
谱号的练习、带有升降记号的练习、其他简易调
的练习等。

J0162188
钢琴初步教程，作品 599
（奥）车尔尼（C.Czerny）作
北京 人民音乐出版社 1978 年 影印本
52 页 31cm（10 开）统一书号：8026.3326
定价：CNY1.10

J0162189
钢琴快速练习曲，作品 299
（奥）车尔尼（C.Czerny）作

北京 人民音乐出版社 1978 年 101 页
26cm（16 开）统一书号：8026.3324
定价：CNY2.00

J0162190
钢琴快速练习曲 50 首, 作品 740（699）
（手指灵巧的技术练习 ）（奥）车尔尼（C.Czerny）作
北京 人民音乐出版社 1978 年 重印本
177 页 38cm（6 开）统一书号：8026.3329
定价：CNY2.40

J0162191
钢琴奏鸣曲五首
（德）贝多芬（L.V.Beethoven）曲
北京 人民音乐出版社 1978 年 115 页
26cm（16 开）统一书号：8026.3356
定价：CNY2.30

J0162192
肖邦钢琴曲选 （一）（波）肖邦（F.Chopin）作
曲；中央音乐学院编
北京 人民音乐出版社 1978 年 243 页
32cm（12 开）统一书号：8026.3436
定价：CNY3.30
　　本书内容包括：波洛涅兹 5 首, 玛祖卡 15 首,
叙事曲 2 首, 谐谑曲 2 首, 练习曲 7 首, 夜曲 6 首。

J0162193
肖邦钢琴曲选 （二）
（波）肖邦（F.Chopin）作曲；中央音乐学院编
北京 人民音乐出版社 1978 年 244–406 页
32cm（12 开）统一书号：8026.3471
定价：CNY2.20
　　本书内容包括：序曲 8 首, 即兴曲 8 首, 圆舞
曲 5 首, 幻想曲 1 首, 摇篮曲 1 首, 奏鸣曲 2 首。

J0162194
初级钢琴曲集 （德）巴赫（J.S.Bach）作曲
北京 人民音乐出版社 1979 年 30 页
32cm（10 开）统一书号：8026.170
定价：CNY0.79

J0162195
春潮 （钢琴伴奏谱）朱切夫著；（俄）拉赫玛尼
诺夫（C.B.Рахманинов）曲；张秉慧译

上海 上海文艺出版社 1979 年 6 页
26cm（16 开）统一书号：8078.3112
定价：CNY0.15

J0162196
钢琴伴奏曲
香港 中流出版社有限公司 1979 年 17 张
35cm（15 开）

J0162197
钢琴进阶 25 曲, 作品 100
（德）布格缪勒（F.Burgmuller）作曲
北京 人民音乐出版社 1979 年 35 页
38cm（6 开）统一书号：8026.167
定价：CNY0.86
　　作者布格缪勒（Johann Friedrich Farnz Burgmuller,
1806—1874）, 全名 "约翰·弗雷德里希·弗朗兹·布
格缪勒", 德国作曲家、钢琴家。出生于德国巴伐
利亚省的勒根斯堡。代表作品《钢琴进阶练习曲
25 首》。

J0162198
高等音乐院校钢琴教学曲选
香港 中外出版社 1979 年 340 页 20cm（32 开）

J0162199
高等音乐院校钢琴教学曲选
（西欧国家作品）中外出版社编
香港 中外出版社 1979 年 340 页 26cm（16 开）

J0162200
李斯特钢琴曲选 （匈）李斯特（F.Liszt）作曲；
中央音乐学院编
北京 人民音乐出版社 1979 年 2 版 354 页
32cm（10 开）统一书号：8026.1495
定价：CNY7.40
　　作者弗朗茨·李斯特（Franz Liszt,1811—1886）,
匈牙利著名作曲家、钢琴家、指挥家。出生于匈
牙利雷汀。代表作品交响曲《浮士德》《但丁》, 钢
琴曲《十九首匈牙利狂想曲》等。

J0162201
外国钢琴曲选 （一）人民音乐出版社编辑部编
北京 人民音乐出版社 1979 年 133 页
38cm（6 开）统一书号：8026.3617

定价: CNY2.95

　　本书收录37首中级程度的中、小型钢琴作品,以18、19世纪欧洲部分国家作品为主。

J0162202

外国钢琴曲选 (二)人民音乐出版社编辑部编

北京 人民音乐出版社 1981年 231页

38cm(6开)统一书号: 8026.3801

定价: CNY6.45

　　本书收录29首世界钢琴名曲,以19世纪作品为主,也选入一些欧洲古典作品及美、日近现代作品。

J0162203

外国钢琴曲选 (三)人民音乐出版社编辑部编

北京 人民音乐出版社 1984年 123页

38cm(6开)统一书号: 8026.4208

定价: CNY3.65

　　本书收录巴赫、莫扎特、贝多芬等32首作品。

J0162204

外国钢琴曲选 (四)人民音乐出版社编辑部编

北京 人民音乐出版社 1992年 229页

31cm(10开)ISBN: 7-103-00837-X

定价: CNY14.00

　　本书收录世界各地钢琴名曲30首。

J0162205

外国手风琴曲选 (一)人民音乐出版社编

北京 人民音乐出版社 1979年 48页

26cm(16开)统一书号: 8026.3624

定价: CNY0.52

　　本书以欧洲19世纪的古典名曲为主,包括进行曲、舞曲和抒情小品等12首、罗马尼亚民间乐曲2首。

J0162206

外国手风琴曲选 (二 名曲改编专辑)人民音乐出版社编辑部编

北京 人民音乐出版社 1982年 53页

26cm(16开)统一书号: 8026.3953

定价: CNY0.75

　　本书收录6首世界名曲,包括:贝多芬、肖邦、李斯特、萨拉萨蒂等人的作品。

J0162207

外国手风琴曲选 (三 圆舞曲专辑)人民音乐出版社编

北京 人民音乐出版社 1982年 126页

26cm(16开)统一书号: 8026.3910

定价: CNY0.79

J0162208

外国手风琴曲选 (四 波尔卡专辑 线谱本)孟升荣编

北京 人民音乐出版社 1986年 81页

26cm(16开)统一书号: 8026.4482

定价: CNY1.90

J0162209

外国手风琴曲选 (五 进行曲专辑)孟升荣编

北京 人民音乐出版社 1987年 118页

26cm(16开)统一书号: 8026.4540

定价: CNY2.80

J0162210

外国手风琴曲选 (四 波尔卡专辑)

北京 人民音乐出版社 1990年 重印本 81页

25cm(15开)ISBN: 7-103-00579-6

定价: CNY3.45

J0162211

小前奏曲与赋格曲 (德)巴赫(J.S.Bach)作曲;(奥)车尔尼等编

北京 人民音乐出版社 1979年 影印本

49页 38cm(6开)统一书号: 8026.3635

定价: CNY1.15

　　本书据德国莱比锡彼得斯版影印本。作者巴赫(Johann Sebastian Bach,1685—1750),德国作曲家。毕生致力于音乐创作和演奏,对西洋近代音乐发展深有影响,被尊为"音乐之父"。作品风格讲求哲理与抒情、写景密切结合,声乐与器乐综合统一。多为复调音乐。声乐作品以康塔塔最为丰富多彩,约230余部。器乐作品主要有《平均律钢琴曲集》两卷,以及大量古钢琴组曲、管风琴曲、管弦乐曲、无伴奏奏鸣曲等。作者车尔尼(Carl Czerny,1791—1857),奥地利著名钢琴演奏家、教育家、作曲家。曾从贝多芬以及克莱门蒂学习钢琴。在维也纳从事教学、演出与创作。他的钢琴练习曲在许多国家被广泛采用为钢琴教材。代表作品有《钢琴初步教程》(作品599号)《钢琴流畅练习曲》(作品849号)《钢琴快速练习曲》(作品299号)等。

J0162212
重归苏连托　(手风琴独奏曲)(意)柯蒂斯原曲;查尔斯·马格尔潘蒂改编
上海　上海文艺出版社　1979年　4页
26cm(16开)统一书号:8078.3092
定价:CNY0.12

J0162213
24首钢琴练习曲　约瑟芬·海费滋编;华妮娜译
台北　天同出版社　1980—1999年　32页
30cm(15开)定价:TWD80.00

J0162214
60首钢琴练习曲　(正谱本)(德)克拉莫(Cramer,J.B.)曲;(德)比洛(Bulow,H.V.编选
北京　人民音乐出版社　1980年　151页
39cm(4开)统一书号:8026.3174
定价:CNY3.90
　　作者J.B.克拉莫(1771—1858),德国钢琴家兼教师。作者H.V.比洛(1830—1884),德国指挥家兼音乐教育家。

J0162215
D小调第一钢琴协奏曲第一组曲　(小总谱)
勃拉姆斯(Brahms,J.)著
[香港]光华出版社[1980年]91页21cm(32开)
　　作者勃拉姆斯(Brahms,Johannes,1833—1897)德国作曲家。生于汉堡。幼承家学,曾在汉堡、维也纳、苏黎世、巴登等地当过钢琴师、乐队指挥及音乐教师。创作了大量器乐重奏曲,歌剧等。重要作品有《德意志安魂曲》《第一交响曲》《摇篮曲》等。

J0162216
保罗·毛利亚钢琴幻想曲　全音乐谱出版社编辑
台北　全音乐谱出版社[1980—1999年]127页
26cm(16开)

J0162217
保罗·毛利亚精选钢琴曲　全音乐谱出版社编辑
台北　全音乐谱出版社[1980—1999年]127页
26cm(16开)

J0162218
贝多芬,A大调　第七交响乐,作品第92号(袖珍 总谱)
台湾　光华出版社　1980年　176页　19cm(32开)

J0162219
贝多芬,降B大调　第二钢琴协奏曲(作品第19号　袖珍 总谱)
台湾　光华出版社　1980年　84页　19cm(32开)

J0162220
勃拉姆斯,E小调第四交响乐作品第98号　(袖珍 总谱)
台湾　光华出版社　1980年　170页
19cm(小32开)

J0162221
儿童的莫扎特　(奥)莫扎特作曲;(日)田村宏编
台北　全音乐谱出版社[1980—1999年]39页
34cm(12开)定价:TWD40.00

J0162222
儿童的小奏鸣曲　(日)田村宏编
台北　全音乐谱出版社[1980—1999年]62页
26cm(16开)

J0162223
钢琴电影名曲集
台北　全音乐谱出版社[1980—1989年]增订本
2册　30cm(15开)定价:TWD320.00
　　外文书名:Piano Screen Music.

J0162224
钢琴名曲大全　(古今钢琴名曲170首)
(匈)李斯特(Liszt.F.)等作曲
台北　全音乐谱出版社[1980—1989年]2册
30cm(15开)定价:TWD500.00

外文书名：The Encyclopedia for Piano Pieces. 作者弗朗茨·李斯特（Franz Liszt，1811—1886），匈牙利著名作曲家、钢琴家、指挥家。出生于匈牙利雷汀。代表作品交响曲《浮士德》《但丁》，钢琴曲《十九首匈牙利狂想曲》等。

J0162225
钢琴名曲集 （第三集）梁荣岭编
台北 天同出版社 1980—1999 年 81 页
26cm（16 开）

J0162226
钢琴奏鸣曲集 （一）
（奥）莫扎特（W.A.Mozart）作曲
北京 人民音乐出版社 1980 年 39cm（4 开）
统一书号：8026.3680（1）定价：CNY4.60

J0162227
钢琴奏鸣曲集 （二）
（奥）莫扎特（W.A.Mozart）作曲
北京 人民音乐出版社 1980 年 39cm（8 开）
统一书号：8026.3681（2）定价：CNY4.50

J0162228
格里格，霍尔赛组曲 作品第 40 号
（袖珍总谱）
台湾 光华出版社 1980 年 19 页
19cm（小 32 开）

J0162229
精选钢琴畅销曲集 （理查·克莱德曼）（法）
克莱德曼（Clayderman, R.）作曲
台北 全音乐谱出版社 ［1980—1989 年］10 册
有图［31cm］（10 开）定价：TWD1200.00

J0162230
克拉莫 60 首钢琴练习曲 （德）克拉莫著；
（德）比洛编选
北京 人民音乐出版社 1980 年 151 页
26cm（16 开）ISBN：7-103-00120-0
定价：CNY12.50
　　作者 H.V. 比洛（1830—1884），德国指挥家兼音乐教育家。

J0162231
克拉莫 60 首钢琴练习曲 （五线谱）（德）比洛选编
北京 人民音乐出版社 1980 年 144 页
38cm（6 开）定价：CNY3.90

J0162232
莫扎特钢琴奏鸣曲集 （1）（奥）莫扎特著
北京 人民音乐出版社 1980 年 165 页
34cm（12 开）定价：CNY4.60

J0162233
莫扎特钢琴奏鸣曲集 （2）（奥）莫扎特著
北京 人民音乐出版社 1980 年 166-321 页
34cm（12 开）定价：CNY4.50

J0162234
浦契后歌剧"蝴蝶夫人" （钢琴伴奏谱）
光华出版社 ［1980—1989 年］影印本 266 页
26cm（16 开）

J0162235
诠释萧邦练习曲，作品廿五 叶绿娜著
［1980—1989 年］影印本 238 页 23cm（10 开）

J0162236
贝多芬钢琴奏鸣曲集
（德）贝多芬（Beethoven, L.V.）曲；（匈）魏纳·莱奥注；张瑞译
北京 人民音乐出版社 1981 年 3 册
37cm（8 开）统一书号：8026.3791
定价：CNY18.10

J0162237
贝多芬钢琴奏鸣曲详释 王颖著
台北 全音乐谱出版社 1981 年 3 版 220 页
20cm（32 开）定价：CNY4.80
　　作者王颖（1928—　），中国音乐家协会会员，中国音乐家协会河南分会常务理事。

J0162238
柴科夫斯基四季，作品 37 （钢琴）（俄）柴科夫斯基作曲
北京 人民音乐出版社 1981 年 54 页
20cm（32 开）定价：CNY1.95

作者柴科夫斯基（Чайковский, ПётрИ- льич,1840—1893），现通译为柴可夫斯基。俄罗斯作曲家、音乐剧作家。代表作有芭蕾舞剧《天鹅湖》《睡美人》《胡桃夹子》，歌剧《叶甫根尼·奥涅金》，交响曲《罗密欧与朱丽叶》等。

J0162239

春之声 （外国手风琴独奏曲 正谱本）（奥）施特劳斯（Strauss, J.）曲；赫拉西改编
北京 人民音乐出版社 1981年 10页
25cm（小16开）统一书号：8026.3884
定价：CNY0.28

J0162240

德彪西 （夜曲 袖珍 总谱）
台湾 光华出版社 1981年 120页
19cm（小32开）

德彪西（Achille-Claude Debussy,1862-1918），法国作曲家。全名：阿希尔·克洛德·德彪西。毕业于巴黎音乐学院。代表作品《佩列阿斯和梅丽桑德》《牧神午后》《夜曲》《大海》等。

J0162241

钢琴巧技练习曲15首,作品72 （正谱本）（波）莫什科夫斯基（Moszkowski, M.）曲
北京 人民音乐出版社 1981年 68页
39cm（4开）统一书号：8026.3811
定价：CNY2.05

J0162242

格里格钢琴抒情小品选 （正谱本）（挪）格里格（Grieg, E.H.）作；人民音乐出版社编辑部编
北京 人民音乐出版社 1981年 77页
37cm（8开）统一书号：8020.3782
定价：CNY2.50

本书收录《民歌》《摇篮曲》《哈林舞》《蝴蝶》《侏儒进行曲》等。作者格里格（Edvard Grieg,1843—1907），挪威作曲家。生于卑尔根。毕业于莱比锡音乐学院。与挪威民族音乐的倡导者音乐家R.诺拉克等人共创"尤特皮"音乐社，创作并介绍斯堪的纳维亚国家的民族音乐。主要作品有歌曲《来自祖国》，钢琴曲《祖国之歌》，合唱《水手之歌》等。

J0162243

格里格钢琴抒情小品选 （挪）格里格（Edvard Hagerup Grieg）作曲；人民音乐出版社编辑部编
北京 人民音乐出版社 1981年 77页
31cm（12开）ISBN：7-103-00119-7
定价：CNY16.20

本书收录挪威民族乐派的奠基者格里格的钢琴曲28首，包括：《圆舞曲》《小精灵的舞蹈》《纪念册的一页》《摇篮曲》《斯普林舞》等。

J0162244

格里格钢琴协奏曲,a小调 作品16
（挪）格里格（Grieg, E.H.）曲
北京 人民音乐出版社 1981年 67页
37cm（8开）统一书号：8026.3781
定价：CNY2.30

J0162245

华丽圆舞曲 （外国手风琴独奏曲）（波）肖邦（F.F.Chopin）曲；皮耶特罗·迪罗改编
北京 人民音乐出版社 1981年 9页
25cm（15开）统一书号：8026.3883
定价：CNY0.28

作者肖邦（Fryderyk Franciszek Chopin,1810-1849），波兰钢琴家、作曲家。出生于波兰华沙热拉佐瓦沃拉。华沙音乐学院毕业。1830年起出国深造并定居巴黎，从事创作、教学及演奏活动。他的创作由于受到波兰民族运动的影响，充满了爱国激情和对祖国的思念，是波兰民族乐派的代表。他首创了叙事曲体裁，将前奏曲、谐谑曲发展成独立的钢琴曲。主要作品包括：钢琴协奏曲两部、奏鸣曲三首、练习曲二十七首、玛祖卡五十九首、波兰舞曲十六首、圆舞曲二十首、夜曲二十一首、前奏曲二十五首、即兴曲三首、谐谑曲四首及艺术歌曲。

J0162246

凯斯勒钢琴练习曲15首,作品20
（德）凯斯勒（J.C.Kessler）作；（日）永井进编
北京 人民音乐出版社 1981年 111页
33cm（5开）统一书号：8026.3788
定价：CNY3.10

J0162247

口琴独奏曲选 人民音乐出版社编辑部编

北京 人民音乐出版社 1981 年 68 页
26cm（16 开）统一书号：8026.3888
定价：CNY0.45

J0162248
口琴曲集 （1）北京口琴会编
北京 人民音乐出版社 1981 年 53 页
19cm（32 开）统一书号：8026.3903
定价：CNY0.21

J0162249
口琴曲集 （2）北京口琴会编
北京 人民音乐出版社 1983 年 94 页
19cm（32 开）统一书号：8026.4046（2）
定价：CNY0.30

J0162250
口琴曲集 （3）北京口琴会编
北京 人民音乐出版社 1985 年 19cm（小 32 开）
统一书号：8026.4361 定价：CNY0.60

J0162251
溜冰圆舞曲 （外国手风琴独奏曲 正谱本）
（法）瓦尔德退费尔曲
北京 人民音乐出版社 1981 年 6 页
26cm（16 开）统一书号：8026.3885
定价：CNY0.18

J0162252
实用爵士钢琴金曲 徐金康编
台北 天同出版社 1981 年 298 页 26cm（16 开）
定价：TWD280.00

J0162253
布格缪勒钢琴练习曲合集,作品 100,109,105
（正谱本）（德）布格缪勒（Burgmuller, E.）曲；
（日）田村宏,（日）千藏八郎编注；黄雅,于清溪译
北京 人民音乐出版社 1982 年 影印本
121 页 19cm（32 开）统一书号：8026.4034
定价：CNY2.90
　　作者布格缪勒（Johann Friedrich Farnz Burgmuller,
1806—1874），全名"约翰·弗雷德里希·弗朗兹·布
格缪勒"，德国作曲家、钢琴家。出生于德国巴伐
利亚省的勒根斯堡。代表作品《钢琴进阶练习曲
25 首》。

J0162254
车尔尼手风琴练习曲集 （Ⅰ）（波）维托尔
德·库尔波维奇编
北京 人民音乐出版社 1982 年 39 页
38cm（8 开）统一书号：8026.3975
定价：CNY1.10

J0162255
车尔尼手风琴练习曲集 （Ⅱ）（波）维托尔
德·库尔波维奇编
北京 人民音乐出版社 1982 年 58 页
38cm（8 开）统一书号：8026.3976
定价：CNY1.50

J0162256
车尔尼手风琴练习曲集 （Ⅲ）（波）维托尔
德·库尔波维奇编
北京 人民音乐出版社 1982 年 103 页
38cm（8 开）统一书号：8026.3977
定价：CNY2.40

J0162257
车尔尼手风琴练习曲集 （Ⅳ）（波）维托尔
德·库尔波维奇编
北京 人民音乐出版社 1982 年 97 页
38cm（8 开）统一书号：8026.3978
定价：CNY2.30

J0162258
霍尔赛组曲,作品第 40 号 （袖珍 总谱）
（挪）格里格（Grieg, E.）曲
上海 光华出版社 1982 年 影印本 19 页
19cm（32 开）统一书号：8026.3781
定价：CNY1.50
　　作者格里格（Edvard　Grieg, 1843—1907），挪
威作曲家。生于阜尔根。毕业于莱比锡音乐学院。
与挪威民族音乐的倡导者音乐家 R. 诺拉克等人
共创"尤特皮"音乐社，创作并介绍斯堪的纳维亚
国家的民族音乐。主要作品有歌曲《来自祖国》，
钢琴曲《祖国之歌》，合唱《水手之歌》等。

J0162259
降 B 大调第二钢琴协奏曲作品第 83 号
（袖珍 总谱）（德）勃拉姆斯（Brahms, J.）曲
上海 光华出版社 1982 年 影印本 205 页

19cm（32开）定价：CNY0.90

作者勃拉姆斯（Brahms, Johannes, 1833—1897）德国作曲家。生于汉堡。幼承家学，曾在汉堡、维也纳、苏黎世、巴登等地当过钢琴师、乐队指挥及音乐教师。创作了大量器乐重奏曲，歌曲等。重要作品有《德意志安魂曲》《第一交响曲》《摇篮曲》等。

J0162260
手风琴曲选 （外国乐曲）林凯利改编
上海 上海文艺出版社 1982年 56页
25cm（16开）统一书号：8078.3358
定价：CNY1.40
　　本书选入经改编后适于手风琴演奏的世界名曲《军队进行曲》《小步舞曲》《土耳其进行曲》《杜鹃圆舞曲》等14首。

J0162261
舒柏特钢琴奏鸣曲集
（奥）舒柏特（Schubert, F.）著
北京 人民音乐出版社 1982年 影印本
2册（303页）37cm（8开）统一书号：8026.4002
定价：CNY7.45

J0162262
舒伯特钢琴奏鸣曲集
北京 人民音乐出版社 1982年 2册
20cm（32开）定价：CNY7.45

J0162263
斯卡拉蒂四十五首钢琴奏鸣曲 （正谱本）
（意）斯卡拉蒂（Scarlatti, D.）曲；潘一鸣编
北京 人民音乐出版社 1982年 169页
39cm（6开）统一书号：8026.4005
定价：CNY4.20

J0162264
图画展览会 （钢琴谱）（俄）木索尔斯基著
上海 光华出版社 1982年 影印本 41页
25cm（小16开）定价：CNY0.65

J0162265
图画展览会 （钢琴谱）（苏）穆索尔斯基作曲
［上海］光华出版社［1984年］41页
29cm（16开）

J0162266
玩具盒子 （袖珍总谱）（法）德彪西（Debussy, C.）曲
上海 光华出版社 1982年 影印本 148页
19cm（32开）定价：CNY0.65

J0162267
匈牙利狂想曲第二号 （手风琴独奏曲）
（匈）李斯特（Lisgt, F.）曲；孟升荣改编
北京 人民音乐出版社 1982年 16页
26cm（16开）统一书号：8026.3920
定价：CNY0.39

J0162268
钢琴曲集 （1）（法）德彪西作曲
北京 光华出版社［1983年］影印本
25cm（15开）定价：CNY0.65
　　作者德彪西（Achille-Claude Debussy, 1862—1918），法国作曲家。全名：阿希尔·克洛德·德彪西。毕业于巴黎音乐学院。代表作品《佩列阿斯和梅丽桑德》《牧神午后》《夜曲》《大海》等。

J0162269
钢琴曲集 （2）（法）德彪西作曲
北京 光华出版社［1983年］影印本
25cm（小16开）定价：CNY0.60

J0162270
钢琴曲集 （3）（法）德彪西作曲
北京 光华出版社［1983年］影印本
25cm（15开）定价：CNY0.70

J0162271
钢琴协奏两首 （E调作品11 F小调作品21）
（波）肖邦（Chopin, F.）曲
北京 人民音乐出版社 1983年 187页
39cm（4开）统一书号：8026.4153
定价：CNY5.35

J0162272
肖邦钢琴协奏曲两首 （e小调 作品11·f小调 作品21）
北京 人民音乐出版社 1983年 187页
38cm（6开）定价：CNY5.35

J0162273
中外优秀口琴歌曲选 （第一集）上海东方口
琴会编
西安　陕西人民出版社 1983 年 72 页
19cm（32 开）统一书号：8094.696
定价：CNY0.22

J0162274
C 大调钢琴协奏曲 KV503 （小总谱）
（奥）莫扎特作曲
［上海］光华出版社［1984 年］98 页
19cm（32 开）

J0162275
第一罗马尼亚狂想曲 （外国手风琴独奏曲
正谱本）乔·埃奈斯库曲；查·马格南蒂改编
北京　人民音乐出版社 1984 年 11 页
25cm（15 开）统一书号：8026.4174
定价：CNY0.33

J0162276
降 B 大调第二钢琴协奏曲，作品第 19 号
（袖珍 总谱）（德）贝多芬作曲
［上海］光华出版社［1984 年］84 页
19cm（32 开）

J0162277
降 B 小调第一钢琴协奏曲 （钢琴和乐队谱）
（俄）柴可夫斯基作曲
［上海］光华出版社［1984 年］115 页
38cm（6 开）

J0162278
前奏曲与舞曲 （美）保·罗克里斯顿著
北京　人民音乐出版社 1984 年 8 页
26cm（16 开）统一书号：8026.4173
定价：CNY0.33

J0162279
世界钢琴名曲集
［上海］光华出版社［1984 年］448 页
26cm（16 开）

J0162280
抒情曲集 （钢琴）（挪）格里格作曲

［上海］光华出版社［1984 年］93 页 26cm（16 开）
　　作者格里格（Edvard Grieg, 1843—1907），挪威作曲家。生于卑尔根。毕业于莱比锡音乐学院。与挪威民族音乐的倡导者音乐家 R. 诺拉克等人共创"尤特皮"音乐社，创作并介绍斯堪的纳维亚国家的民族音乐。主要作品有歌曲《来自祖国》，钢琴曲《祖国之歌》，合唱《水手之歌》等。

J0162281
托卡塔与赋格 （d 小调外国手风琴独奏曲）
（德）约·塞·巴赫曲；弗·加维安尼改编
北京　人民音乐出版社 1984 年 16 页
25cm（16 开）统一书号：8026.4205
定价：CNY0.37

J0162282
玩具盒子 （袖珍 总谱）（法）德彪西作曲
［上海］光华出版社［1984 年］148 页
19cm（32 开）
　　本书包括以钢琴独奏形式发表的舞剧音乐《玩具盒子》在内的 92 首钢琴曲。作者德彪西（Achille-Claude Debussy, 1862—1918），法国作曲家。全名：阿希尔·克洛德·德彪西。毕业于巴黎音乐学院。代表作品《佩列阿斯和梅丽桑德》《牧神午后》《夜曲》《大海》等。

J0162283
夜曲 （袖珍总谱）（法）德彪西作曲
［上海］光华出版社［1984 年］120 页
18cm（32 开）

J0162284
陈剑晨编配中外口琴名曲 80 首　陈剑晨编
配；北京口琴会，人民音乐出版社编辑部编
北京　人民音乐出版社 1985 年 178 页
26cm（16 开）统一书号：8026.4226
定价：CNY2.00
　　作者陈剑晨（1911—？），口琴演奏家。浙江嵊县人。创办上海口琴会，曾任会长。编著有《口琴吹奏法》《口琴曲集》等。

J0162285
石人望编配中外口琴名曲 80 首　北京口琴
会，人民音乐出版社编辑部编
北京　人民音乐出版社 1985 年 174 页

26cm（16 开）统一书号：8026.4330

定价：CNY1.90

J0162286

世界进阶钢琴曲集　陈石嗣芬编订

台北　天同出版社 1985 年 4 册 29cm（15 开）

定价：TWD480.00

J0162287

外国钢琴四手联弹曲选　（一）人民音乐出

版社编

北京　人民音乐出版社 1985 年 141 页

38cm（6 开）统一书号：8026.4254

定价：CNY4.10

　　本书收录根据德、奥、俄、意、法、挪、英、

美等国歌剧、舞剧、交响曲、组曲、民间舞曲、艺

术歌曲等名曲改编的四手联弹钢琴曲 30 首。

J0162288

肖邦练习曲十二首,作品第 10 号

（波）肖邦作曲；（法）科托编；周薇译

上海　上海文艺出版社 1985 年 89 页

31cm（12 开）统一书号：8078.3540

定价：CNY3.15

　　本书内容包括：《黑键练习曲》（第 5 首）和

《革命练习曲》（第 12 首）。每首练习曲附一篇注

释文字,提出了合理的练习方法。

J0162289

鲍明珊编配中外口琴名曲 80 首　鲍明珊编

配；北京口琴会,人民音乐出版社编辑部编

北京　人民音乐出版社 1986 年 142 页

26cm（16 开）统一书号：8026.4504

定价：CNY2.05

　　本书收录名曲《梅花三弄》《雨打芭蕉》《小

放牛》《民主进行曲》《西班牙夜曲》《伏尔加船

夫曲》《威廉·退尔序曲》《可爱的家》《桑塔露琪

亚》等 80 首。作者鲍明珊,著名口琴艺术家。长

期从事和研究口琴演奏、教学、制作。著有《标

准口琴学》《口琴速成》《世界口琴名曲集》《高

级颤音奏法》《演奏中各种气息调节法》等。

J0162290

钢琴家　（二十三首世界钢琴名曲及注释）

（美）艾森伯格著；莫嘉平译

北京　人民音乐出版社 1986 年 107 页 有肖像

30cm（15 开）统一书号：8026.4434

定价：CNY5.00

　　本书收录 17 位欧洲著名音乐家的钢琴名曲

23 首。包括作品有《献给爱丽丝》《月光奏鸣曲》

《雨点前奏曲》《悲歌》《降 A 大调圆舞曲》《冥想

曲》等。外文书名：The Pianist.

J0162291

克莱德曼演奏的钢琴轻音乐曲选　王立编

北京　人民音乐出版社 1986 年 213 页

34cm（10 开）统一书号：8026.4472

定价：CNY7.35

J0162292

拉赫玛尼诺夫第二钢琴协奏曲作品,作品

18　（俄）拉赫玛尼诺夫作曲

北京　人民音乐出版社 1986 年 61 页

34cm（10 开）统一书号：8026.4414

定价：CNY2.40

J0162293

每日十二首钢琴技法练习　（预备册）

（美）伯楠编；樊建勤译

北京　人民音乐出版社 1986 年 27 页

34cm（10 开）统一书号：8026.4524

定价：CNY1.20

　　外文书名：A Dozen a Day: Technical Exercises

for the Piano.

J0162294

每日十二首钢琴技术练习　（入门）（美）伯

楠编；樊建勤译

北京　人民音乐出版社 1986 年 20 页

34cm（10 开）统一书号：8026.4523

定价：CNY1.05

　　外文书名：A Dozen a Day: Technical Exercises

for the Piano.

J0162295

每日十二首钢琴技术练习　（第一册）

（美）伯楠编；樊建勤译

北京　人民音乐出版社 1986 年 28 页 34cm（10 开）

统一书号：8026.4525 定价：CNY1.20

　　外文书名：A Dozen a Day: Technical Exercises

for the Piano.

J0162296

每日十二首钢琴技术练习 （第三册）

（美）伯楠编；樊建勤译

北京 人民音乐出版社 1987年 影印本

45页 31cm（10开）统一书号：8026.4635

定价：CNY2.15

外文书名：A Dozen a Day: Technical Exercises for the Piano.

J0162297

每日十二首钢琴技术练习 （第四册）

（美）伯楠编；樊建勤译

北京 人民音乐出版社 1987年 影印本

60页 31cm（10开）统一书号：8026.4636

定价：CNY2.60

外文书名：A Dozen a Day: Technical Exercises for the Piano.

J0162298

手风琴世界名曲选 刘明亮主编

开封 河南大学出版社 1986年 176页

26cm（16开）统一书号：8435.005

定价：CNY3.90

J0162299

王庆隆编配中外口琴名曲80首 王庆隆编配；北京口琴会、人民音乐出版社编辑部编

北京 人民音乐出版社 1986年 152页

26cm（16开）统一书号：8026.4464

定价：CNY1.90

本书收录《花好月圆》《我们的生活充满阳光》《乡间小路》《重归苏莲托》《春之声圆舞曲》等80首。

J0162300

肖邦的叙事曲 钱仁康著

北京 人民音乐出版社 1986年 155页

20cm（32开）统一书号：8026.4446

定价：CNY1.55

作者钱仁康（1914—2013），音乐学家，音乐理论家。生于江苏无锡，毕业于国立音乐专科学校理论作曲组。历任北平师范学院、苏州国立社教学院、江苏师范学院（苏州大学前身）、苏南文教

学院、华东师范大学音乐系教授，上海音乐学院音乐学系系主任、博导。著有《外国音乐欣赏》等，并译有《莫扎特书信选》等。

J0162301

肖邦练习曲十二，作品第25号 （教学版）

（波）肖邦著；周薇译

上海 上海文艺出版社 1986年 85页

34cm（12开）统一书号：8078.3599

定价：CNY3.50

J0162302

肖邦练习曲十二首，作品第25号 （教学版）

（波）肖邦（Chopin,F.F）作曲；（法）阿尔弗雷德·科托编；周薇译

上海 上海文艺出版社 1986年 85页

26cm（16开）定价：CNY3.15

J0162303

爱的协奏曲 （法国通俗钢琴之王克莱德曼演出曲目选）白燕编

北京 中国文联出版公司 1987年 46页

26cm（16开）统一书号：8355.1098

ISBN：7-5059-0098-6 定价：CNY1.35

J0162304

车尔尼160首八小节钢琴练习曲，作品821

（奥）车尔尼作曲

北京 人民音乐出版社 1987年 75页

30cm（10开）统一书号：8026.4577

定价：CNY3.25

作者车尔尼（Carl Czerny,1791—1857），奥地利著名钢琴演奏家、教育家、作曲家。曾从贝多芬以及克莱门蒂学习钢琴。在维也纳从事教学、演出与创作。他的钢琴练习曲在许多国家被广泛采用为钢琴教材。代表作品有《钢琴初步教程》（作品599号）《钢琴流畅练习曲》（作品849号）《钢琴快速练习曲》（作品299号）等。

J0162305

儿童钢琴曲集 （苏）卡巴列夫斯基作曲

上海 上海音乐出版社 1987年 37页

26cm（16开）统一书号：8127.0034

定价：CNY0.80

J0162306

理查德·克莱德曼钢琴独奏曲集 （第一集）
（法）克莱德曼作
北京 世界图书出版公司 1987 年 58 页 有照片
29cm（18 开）统一书号：8292.006
ISBN：7-5062-0010-4 定价：CNY2.15

J0162307

理查德·克莱德曼钢琴独奏曲集 （第二集）
（法）克莱德曼作
北京 世界图书出版公司 1987 年 60 页
有照片 29cm（16 开）统一书号：8292.007
定价：CNY2.25 ISBN：7-5062-0011-2

J0162308

理查德·克莱德曼钢琴独奏曲集 （第三集）
（法）克莱德曼作
北京 世界图书出版公司 1987 年 54 页
有照片 29cm（18 开）统一书号：8292.008
ISBN：7-5062-0012-0 定价：CNY2.10

J0162309

理查德·克莱德曼钢琴独奏曲集 （第四集）
（法）克莱德曼作
北京 世界图书出版公司 1987 年 61 页
有照片 29cm（18 开）统一书号：8292.009
ISBN：7-5062-0013-9 定价：CNY2.20

J0162310

理查德·克莱德曼钢琴独奏曲集 （第五集）
（法）克莱德曼作
北京 世界图书出版公司 1987 年 56 页
有照片 29cm（18 开）统一书号：8292.010
ISBN：7-5062-0014-7 定价：CNY2.10

J0162311

理查德·克莱德曼钢琴独奏曲集 （第六集）
（法）克莱德曼作
北京 世界图书出版公司 1987 年 50 页
有照片 29cm（18 开）统一书号：8292.011
ISBN：7-5062-0015-5 定价：CNY2.10

J0162312

理查德·克莱德曼钢琴独奏曲集 （第七集）
（法）克莱德曼作

北京 世界图书出版公司 1987 年 53 页
有照片 29cm（16 开）统一书号：8292.012
ISBN：7-5062-0016-3 定价：CNY2.10

J0162313

理查德·克莱德曼钢琴独奏曲集 （第八集）
（法）克莱德曼作
北京 世界图书出版公司 1987 年 51 页 有照片
29cm（18 开）统一书号：8292.013
ISBN：7-5062-0017-1 定价：CNY1.95

J0162314

理查德·克莱德曼钢琴独奏曲集 （第九集）
克莱德曼著
北京 世界图书出版公司 1987 年 有照片
28cm（16 开）

J0162315

理查德·克莱德曼钢琴独奏曲集 （第十集）
克莱德曼著
北京 世界图书出版公司 1987 年 有照片
28cm（16 开）

J0162316

理查德·克莱德曼钢琴独奏曲集
（第十一集）克莱德曼著
北京 世界图书出版公司 1987 年 有照片
28cm（16 开）

J0162317

难忘的旋律 人民音乐出版社编辑部编
北京 人民音乐出版社 1987 年 48 页
31cm（10 开）统一书号：8026.4530
定价：CNY2.05
　　本书收录根据外国影视音乐改编的钢琴曲。

J0162318

难忘的旋律 人民音乐出版社编辑部编
北京 人民音乐出版社 1988 年 重印本 48 页
31cm（10 开）统一书号：8026.4530
ISBN：7-103-00308-4 定价：CNY2.30

J0162319

世界手风琴名曲选 李未明编
福州 福建人民出版社 1987 年 101 页

26cm（16 开）统一书号：7173.884
ISBN：7-211-00025-2 定价：CNY1.20

J0162320
小朋友喜爱的歌 （根据外国影视音乐改编的
钢琴曲）人民音乐出版社编辑部编
北京　人民音乐出版社　1987 年　57 页
30cm（15 开）统一书号：8026.4592
定价：CNY2.60

J0162321
忆 （钢琴独奏曲）谭盾曲
北京　人民音乐出版社　1987 年　14 页
31cm（12 开）统一书号：8026.4572
定价：CNY0.85

J0162322
中外通俗口琴曲选 陈剑晨编著
合肥　安徽文艺出版社　1987 年　120 页
19cm（32 开）统一书号：8378.28
定价：CNY0.95
　　作者陈剑晨（1911—?），口琴演奏家。浙江
嵊县人。创办上海口琴会，曾任会长。编著有《口
琴吹奏法》《口琴曲集》等。

J0162323
钢琴名曲大全 （美）威尔（A.E.Wier）编
北京　人民音乐出版社　1988 年　2 册（528 页）
31cm（15 开）ISBN：7-103-00337-8
定价：CNY28.25
　　外文书名：Masterpieces of Piano Music.

J0165164
拉威尔钢琴曲选 （法）拉威尔（Ravel, M.）曲；
洪士銈编
北京　人民音乐出版社　1988 年　239 页
30cm（10 开）ISBN：7-103-00199-5
定价：CNY10.30
　　本书收录法国作曲家拉威尔最著名的钢琴
曲《帕凡舞曲》《水的嬉戏》《镜子》《夜之妖灵》
《库泊兰的坟墓》《G 大调钢琴协奏曲》等共 9 首。
莫里斯·拉威尔（Maurice Ravel, 1875-1937），法
国著名作曲家、印象派作曲家。生于比利牛斯西
布恩小镇。代表作品《达芙妮与克罗埃》《鹅妈
妈》《茨冈》《波莱罗舞曲》《水的嬉戏》。

J0162324
少儿手风琴曲精选 （外国名曲）李未明编
福州　福建少年儿童出版社　1988 年　128 页
25cm（16 开）统一书号：8367.101
ISBN：7-5395-0140-5 定价：CNY4.00
　　本书选编不同时期各种风格的外国著名作
曲家的独奏、重奏曲 52 首。

J0162325
世界儿童钢琴名曲集 （美）A.E.魏尔编；
简明等译
北京　中国盲文出版社　1988 年　253 页
26cm（16 开）ISBN：7-5002-0227-X
定价：CNY4.90

J0162326
现代影视旋律钢琴曲 （1）曾田力主编
北京　北京广播学院出版社　1988 年　76 页
26cm（16 开）ISBN：7-81004-083-9
定价：CNY4.20
　　作者曾田力（1946—　），教授。祖籍江西。
毕业于中央音乐学院乐学系。历任北京广播学
院（现为中国传媒大学）文艺编导系副教授、音
乐教研室主任，中国音乐家协会会员。专著有《音
乐. 生命的沉醉》《音乐小辞海》《旋律钢琴曲》。

J0162327
匈牙利舞曲 （上册 N01-10）
（德）勃拉姆斯（Brahms, J.）作曲
北京　人民音乐出版社　1988 年　35 页
31cm（10 开）ISBN：7-103-00335-1
定价：CNY2.00
　　外文书名：Ungarische Tanze. 作者勃拉姆斯
（Brahms, Johannes, 1833—1897）德国作曲家。生
于汉堡。幼承家学，曾在汉堡、维也纳、苏黎世、
巴登等地当过钢琴师、乐队指挥及音乐教师。创
作了大量器乐重奏曲，歌曲等。重要作品有《德
意志安魂曲》《第一交响曲》《摇篮曲》等。

J0162328
匈牙利舞曲 （下册 N011-21）（德）勃拉姆斯
（Brahms, J.）作曲
北京　人民音乐出版社　1988 年　35 页
31cm（10 开）ISBN：7-103-00336-X
定价：CNY2.20

外文书名：Ungarische Tanze.

J0162329
爱的秘密 （法国通俗钢琴之王理查德·克莱德曼演出曲目选 通俗钢琴抒情曲集 线谱本）
申内维尔等曲；白燕编
北京 中国文联出版公司 1989 年 46 页
26cm（16 开）ISBN：7-5059-0564-3
定价：CNY2.00

J0162330
巴赫初级钢琴曲集——原本 （赠给安娜·玛格达勒娜·巴赫）（德）巴赫（Bach，J. S.）曲；张承谟译配
上海 上海音乐出版社 1989 年 49 页
30cm（15 开）ISBN：7-80553-168-4
定价：CNY4.90
　　　作者巴赫（Johann Sebastian Bach，1685—1750），德国作曲家。毕生致力于音乐创作和演奏，对西洋近代音乐发展深有影响，被尊为"音乐之父"。作品风格讲求哲理与抒情、写景密切结合，声乐与器乐综合统一。多为复调音乐。声乐作品以康塔塔最为丰富多彩，约230余部。器乐作品主要有《平均律钢琴曲集》两卷，以及大量古钢琴组曲、管风琴曲、管弦乐曲、无伴奏鸣曲等。

J0162331
钢琴名曲选 （一）（美）简·斯米瑟·巴斯提安编
北京 人民音乐出版社 1989 年 32 页
30cm（10 开）ISBN：7-103-00462-5
定价：CNY2.10
（巴斯提安钢琴丛书）

J0162332
钢琴名曲选 （二）（美）简·斯米瑟·巴斯提安编
北京 人民音乐出版社 1989 年 24 页
30cm（10 开）ISBN：7-103-00463-3
定价：CNY1.75
（巴斯提安钢琴丛书）

J0162333
钢琴名曲选 （三）（美）简·斯米瑟·巴斯提安编

北京 人民音乐出版社 1989 年 72 页
30cm（15 开）ISBN：7-103-00464-1
定价：CNY3.85
（巴斯提安钢琴丛书）

J0162334
钢琴名曲选 （四）（美）简·斯米瑟·巴斯提安编
北京 人民音乐出版社 1989 年 127 页
30cm（15 开）ISBN：7-103-00465-X
定价：CNY6.50
（巴斯提安钢琴丛书）

J0162335
钢琴左手练习曲集
（苏）A．坎托尔（A.Кантор）等编订；买德颐译
北京 人民音乐出版社 1989 年 86 页
30cm（15 开）ISBN：7-103-00472-2
定价：CNY4.75

J0162336
理查德·克莱德曼通俗钢琴曲精选 葛蔚英选编
上海 上海音乐出版社 1989 年 99 页
30cm（10 开）ISBN：7-80553-185-4
定价：CNY8.75

J0162337
世界名曲 （1）（日）保田正编；李钟庆，李惕乾译
武汉 长江文艺出版社 1989 年 55 页
33cm（5 开）ISBN：7-5354-0233-X
定价：CNY6.50

J0162338
世界名曲 （2）（日）保田正编；李钟庆，李惕乾译
武汉 长江文艺出版社 1989 年 63 页
33cm（5 开）ISBN：7-5354-0234-8
定价：CNY7.30

J0162339
世界名曲 （3）（日）保田正编；李钟庆，李惕乾译
武汉 长江文艺出版社 1989 年 68 页

33cm（5 开）ISBN：7-5354-0235-6

定价：CNY7.70

J0162340

世界名曲 （4）（日）保田正编；李钟庆,李惕乾译

武汉 长江文艺出版社 1989 年 64 页

33cm（5 开）ISBN：7-5354-0236-4

定价：CNY7.30

J0162341

手风琴复调乐曲选 陈剑一改编

太原 北岳文艺出版社 1989 年 115 页

38cm（6 开）ISBN：7-5378-0175-4

定价：CNY6.90

　　本书从欧美各国大量音乐文献中选收包括世界复调大师巴赫、斯卡拉蒂、亨德尔、贝多芬等在内的一系列著名作曲家的部分钢琴、手风琴作品的改编曲以及德国作曲家威廉·扎克、费希尔、默塞克豪克和苏联作曲家朗多诺夫等专为手风琴创作的前奏曲、赋格等不同风格的优秀作品。

J0162342

手风琴世界名曲集 张国平选编

北京 中国广播电视出版社 1989 年 92 页

37cm（8 开）ISBN：7-5043-0262-7

定价：CNY15.00

J0162343

四季小奏鸣曲 （美）简·斯米瑟·巴斯提安编

北京 人民音乐出版社 1989 年 24 页

26cm（16 开）ISBN：7-103-00466-8

定价：CNY1.55

（巴斯提安钢琴丛书）

J0162344

通俗钢琴曲集 （一）（美）简·斯米瑟·巴斯提安,（美）詹姆斯·巴斯提安编

北京 人民音乐出版社 1989 年 23 页

30cm（12 开）ISBN：7-103-00467-6

定价：CNY1.55

（巴斯提安钢琴丛书）

J0162345

通俗钢琴曲集 （二）（美）简·斯米瑟·巴斯提安,（美）詹姆斯·巴斯提安编

北京 人民音乐出版社 1989 年 16 页

30cm（12 开）ISBN：7-103-00468-4

定价：CNY1.20

（巴斯提安钢琴丛书）

J0162346

通俗钢琴曲集 （三）（美）简·斯米瑟·巴斯提安,（美）詹姆斯·巴斯提安编

北京 人民音乐出版社 1989 年 16 页

30cm（12 开）ISBN：7-103-00469-2

定价：CNY1.20

（巴斯提安钢琴丛书）

J0162347

通俗钢琴曲集 （四）（美）简·斯米瑟·巴斯提安,（美）詹姆斯·巴斯提安编

北京 人民音乐出版社 1989 年 16 页

30cm（12 开）ISBN：7-103-00470-6

定价：CNY1.20

（巴斯提安钢琴丛书）

J0162348

小钢琴家之路 （世界优秀钢琴小曲集 下）蒲以穆,韩剑明编

北京 中国国际广播出版社 1989 年 240 页

26cm（16 开）ISBN：7-80035-211-0

定价：CNY8.40

　　编者蒲以穆,中央音乐学院任教。编者韩剑明,中央音乐学院任教。

J0162349

幸福就要到来 （法国通俗钢琴之王理查德克莱德曼演出曲目选）白燕编

北京 中国文联出版公司 1989 年 46 页

26cm（16 开）ISBN：7-5059-1056-6

定价：CNY3.10

（通俗钢琴抒情曲集）

J0162350

24 首钢琴练习曲 海费兹编；华妮娜译

台北 中华音乐出版社［1990—1999 年］32 页

35cm（6 开）

J0162351
车尔尼钢琴初级教程, 作品 599 （教学版）
方百里注释; 李名强审订
上海　上海音乐出版社　1990 年　64 页
39cm（8 开）定价: CNY4.30
　　本教程在各种不同的触键方法上、在准确地理解、熟练地运用乐谱中的各种表情记号上, 以及对调性变化的理解和对音色变化的辨别力上向学生提出了新的要求。

J0162352
车尔尼钢琴简易练习曲, 作品 139
北京　人民音乐出版社　1990 年　69 页
31cm（10 开）ISBN: 7-103-00496-X
定价: CNY4.90

J0162353
车尔尼钢琴简易练习曲, 作品 139 （奥）车尔尼（C.Czerny）曲
北京　人民音乐出版社　1996 年　69 页
30cm（10 开）ISBN: 7-103-01438-8
定价: CNY13.60
　　作者车尔尼（Carl Czerny, 1791–1857）, 奥地利著名钢琴演奏家、教育家、作曲家。曾从贝多芬以及克莱门蒂学习钢琴。在维也纳从事教学、演出与创作。他的钢琴练习曲在许多国家被广泛采用为钢琴教材。代表作品有《钢琴初步教程》（作品 599 号）《钢琴流畅练习曲》（作品 849 号）《钢琴快速练习曲》（作品 299 号）等。

J0162354
车尔尼钢琴手指灵巧初步练习曲, 作品 636
北京　人民音乐出版社　1990 年　47 页
31cm（10 开）ISBN: 7-103-00600-8
定价: CNY2.50

J0162355
车尔尼钢琴手指灵巧初步练习曲, 作品 636
（奥）车尔尼著;（德）阿道夫·鲁特哈特编订
北京　人民音乐出版社　1997 年　47 页
30cm（10 开）ISBN: 7-103-01499-X
定价: CNY9.50

J0162356
杜弗诺伊钢琴练习曲, 作品 120 （教学版）

方百里注释
上海　上海音乐出版社　1990 年　31 页
30cm（15 开）ISBN: 7-80553-268-0
定价: CNY2.60
　　本书是钢琴中级练习曲集, 共 15 首。训练内容包括左右手的音阶跑动、长短琶音、分解八度、同音换指以及手掌的伸缩等。

J0162357
哈农练习曲 （第一册）（美）汤普森
（Thompson, J.）改编; 陈学东译
北京　人民音乐出版社　1990 年　43 页
31cm（10 开）ISBN: 7-103-00648-2
定价: CNY2.50
　　本书是《汤普森现代钢琴教程》的补充教材, 收录钢琴练习曲。外文书名: The Hanon Studies Book 1. 作者约翰·汤普森（John Thompson）, 钢琴教育家。出生于美国宾夕法尼亚。在美国费城学习音乐。曾任教于费城和印第安纳波利斯, 堪萨斯市立音乐学院（现为密苏里大学堪萨斯分校音乐和舞蹈学院）。代表作品为约翰·汤普森钢琴教程系列, 其中《约翰·汤普森钢琴简易教程》是世界公认的初学钢琴者的权威性教材。还出版有《幼儿钢琴入门指导》《现代钢琴教程》《成人预备课程》等。

J0162358
哈农练习曲 （第二册）（美）汤普森
（Thompson, J.）改编; 陈学东译
北京　人民音乐出版社　1990 年　36 页
31cm（10 开）ISBN: 7-103-00649-0
定价: CNY2.15
　　外文书名: The Hanon Studies Book 2.

J0162359
近现代外国钢琴曲选 （上）李苏眉编
上海　上海音乐出版社　1990 年　94 页
31cm（10 开）ISBN: 7-80553-013-0
定价: CNY6.70

J0162360
近现代外国钢琴曲选 （下）李苏眉编
上海　上海音乐出版社　1990 年　90 页
31cm（10 开）ISBN: 7-80553-229-X
定价: CNY6.70

J0162361

莱蒙钢琴练习曲集,作品37 （教学版）方百
里注释
上海 上海音乐出版社 1990年 77页
37cm（8开） ISBN：7-80553-249-4
定价：CNY5.35
　　本书收录钢琴初中级练习曲50首。

J0162362

理查·克莱德曼 （12 爱之奏鸣曲）全音乐谱
出版社选编
台北 全音乐谱出版社［1990—1999年］影印本
63页 29cm（16开）

J0162363

理查·克莱德曼 （13 爱蕾亚娜的眼睛）
全音乐谱出版社选编
台北 全音乐谱出版社［1990—1999年］影印本
70页 29cm（16开）

J0162364

世界儿童钢琴曲选 （美）维尔著；顾连理译注
上海 上海音乐出版社 1990年 247页
26cm（16开） ISBN：7-80553-224-9
定价：CNY8.95

J0162365

手风琴独奏外国通俗名曲30首 李遇秋改编
北京 人民音乐出版社 1990年 64页
26cm（16开） ISBN：7-103-00555-9
定价：CNY3.35

J0162366

舒柏特即兴曲和音乐瞬间 （钢琴）
北京 人民音乐出版社 1990年 2版 91页
31cm（15开）

J0162367

苏联手风琴曲选 （1）上海音乐出版社编
上海 上海音乐出版社 1990年 67页
30cm（15开） ISBN：7-80553-200-1
定价：CNY6.30

J0162368

通俗钢琴曲选 上海音乐出版社选编
上海 上海音乐出版社 1990年 83页
31cm（12开） ISBN：7-80553-214-1
定价：CNY7.65

J0162369

外国浅易钢琴小奏鸣曲集 李素心编
北京 人民音乐出版社 1990年 50页
26cm（16开） ISBN：7-103-00490-0
定价：CNY3.05
　　本书选收外国浅易钢琴小奏鸣曲12首,其
中包括美国著名钢琴教育家(如巴斯蒂恩、乔治、
珀西彻蒂等)为儿童创作的小奏鸣曲,以及18、
19世纪德、奥、法、捷等国作曲家的作品。

J0162370

西方近现代通俗钢琴曲 （爵士、民歌、电影
插曲、舞曲）程娜编
北京 中国青年出版社 1990年 84页
26cm（16开） ISBN：7-5006-0738-5
定价：CNY5.50

J0162371

现代通俗钢琴曲选 （爵士、摇滚、勃鲁斯风
格）（英）赫勒韦尔曲
北京 人民音乐出版社 1990年 83页
29cm（16开） ISBN：7-103-00691-1
定价：CNY16.80
　　作者戴维·赫勒韦尔(1932—　),英国现代
作曲家、指挥家、钢琴家、音乐教育家。代表作
有《美丽爵士》《猫之步态舞》《斯拉夫之歌》等。

J0162372

肖邦圆舞曲集 （波）肖邦(Chopin, F.F.)曲；
（波）帕德雷夫斯基编
北京 人民音乐出版社 1990年 103页 有肖像
30cm（12开） ISBN：7-103-00564-8
定价：CNY7.40
　　作者肖邦(Fryderyk Franciszek Chopin,1810—
1849),波兰钢琴家、作曲家。出生于波兰华沙
热拉佐瓦沃拉。华沙音乐学院毕业。1830年起
出国深造并定居巴黎,从事创作、教学及演奏活
动。他的创作由于受到波兰民族运动的影响,
充满了爱国激情和对祖国的思念,是波兰民族
乐派的代表。他首创了叙事曲体裁,将前奏曲、
谐谑曲发展成独立的钢琴曲。主要作品包括:

钢琴协奏曲两部、奏鸣曲三首、练习曲二十七
首、玛祖卡五十九首、波兰舞曲十六首、圆舞曲
二十首、夜曲二十一首、前奏曲二十五首、即兴
曲三首、谐谑曲四首及艺术歌曲。

J0162373
中外名曲口琴曲集 黄毓千编曲
南昌 百花洲文艺出版社 1990 年 99 页
26cm（16 开）ISBN：7-80579-060-4
定价：CNY3.00

J0162374
中外通俗钢琴曲集 （1）人民音乐出版社编
辑部编
北京 人民音乐出版社 1990 年 157 页
31cm（10 开）ISBN：7-103-00482-X
定价：CNY10.15
　　外文书名：Popular Chinese and Foreign Piano
Pieces.

J0162375
中外通俗钢琴曲集 （2）人民音乐出版社编
辑部编
北京 人民音乐出版社 1991 年 165 页
31cm（10 开）ISBN：7-103-00807-8
定价：CNY10.25
　　本书选编中外 10 余个国家的钢琴作曲 30
余首，较全面地反映出包含古典、浪漫，以及现
代不同乐派的钢琴曲精品。外文书名：Popular
Chinese and Foreign Piano Pieces.

J0162376
中外通俗钢琴曲集 （3）人民音乐出版社编
辑部编
北京 人民音乐出版社 1996 年 190 页
31cm（10 开）ISBN：7-103-01344-6
定价：CNY32.10
　　外文书名：Popular Chinese and Foreign Piano
Pieces.

J0162377
中外通俗钢琴曲集 （A）翟继峰主编
延吉 延边人民出版社 1997 年 103 页
30cm（10 开）ISBN：7-80599-597-4
定价：CNY19.80

（中外流行钢琴曲系列）

J0162378
中外通俗钢琴曲集 （B）翟继峰主编
延吉 延边人民出版社 1997 年 102 页
30cm（10 开）ISBN：7-80599-597-4
定价：CNY19.80
（中外流行钢琴曲系列）

J0162379
中外通俗钢琴曲集 （C）齐欣主编
延吉 延边人民出版社 1997 年 105 页
30cm（10 开）ISBN：7-80599-597-4
定价：CNY19.80
（中外流行钢琴曲系列）

J0162380
中外通俗钢琴曲集 （D）齐欣主编
延吉 延边人民出版社 1997 年 105 页
30cm（10 开）ISBN：7-80599-597-4
定价：CNY19.80
（中外流行钢琴曲系列）

J0162381
中外影视口琴曲集 （一）陈剑晨编
上海 上海音乐出版社 1990 年 99 页
26cm（16 开）ISBN：7-80553-236-2
定价：CNY2.50

J0162382
中外优秀口琴独奏重奏曲集 黄毓千编
南昌 百花洲文艺出版社 1990 年 新 1 版
100 页 19cm（32 开）ISBN：7-80579-046-9
定价：CNY1.30
（群众文化娱乐小丛书）

J0162383
钢琴初步学习曲 （法）杜维诺伊（Duvernoy,
J.B.）著；叶拉尼克编订
北京 中国文联出版公司 1991 年 32 页
26cm（16 开）ISBN：7-5059-1413-8
定价：CNY2.20

J0162384
钢琴技法初步练习 （法）杜维诺伊

(Duvernoy, J.B.) 著；克劳色尔编订
北京 中国文联出版公司 1991 年 36 页
26cm（16 开）ISBN：7-5059-1414-6
定价：CNY2.45

J0162385
海顿钢琴奏鸣曲选 （奥）海顿作曲；樊建勤编
北京 人民音乐出版社 1991 年 236 页
31cm（10 开）ISBN：7-103-00752-7
定价：CNY14.40
　　作者海顿（Franz Joseph Haydn, 1732—1809 ），
奥地利作曲家。全名弗朗茨·约瑟夫·海顿，维
也纳古典乐派代表人物之一。代表作品有《惊
愕交响曲》《告别交响曲》《小夜曲》《吉普赛回
旋曲》。

J0162386
海顿钢琴奏鸣曲选 （奥）F.J. 海顿
（F.J.Haydn）［作］；［德］C.A. 玛廷森编订
北京 人民音乐出版社 1997 年 131 页
30cm（10 开）ISBN：7-103-01510-4
定价：CNY23.30

J0162387
克拉克钢琴教程 （第一册）麦克阿托作曲；
克拉克（Clark，F.）编选；胡其鼎译
北京 人民音乐出版社 1991 年 43 页
31cm（10 开）ISBN：7-103-00746-2
定价：CNY3.50
　　外文书名：Piano Technic Book.1, Frances Clark
Library for Piano Students.

J0162388
克拉克钢琴教程 （第二册）麦克阿托作曲；
克拉克（Clark，F.）编选；胡其鼎译
北京 人民音乐出版社 1991 年 34 页
31cm（10 开）ISBN：7-103-00747-0
定价：CNY3.05
　　外文书名：Piano Technic Book.2, Frances Clark
Library for Piano Students.

J0162389
克拉克钢琴教程 （第三册）麦克阿托作曲；
克拉克（Clark，F.）编选；胡其鼎译
北京 人民音乐出版社 1991 年 35 页

31cm（10 开）ISBN：7-103-00748-9
定价：CNY3.05
　　外文书名：Piano Technic Book.3, Frances Clark
Library for Piano Students.

J0162390
克拉克钢琴教程 （第四册）克雷比尔作曲；
克拉克（Clark，F.）编选；胡其鼎译
北京 人民音乐出版社 1991 年 35 页
31cm（10 开）ISBN：7-103-00749-7
定价：CNY3.05
　　外文书名：Piano Technic Book.4, Frances Clark
Library for Piano Students.

J0162391
克拉克钢琴教程 （第五册）克雷恩比尔作曲；
克拉克（Clark，F.）编选；胡其鼎译
北京 人民音乐出版社 1991 年 36 页
31cm（10 开）ISBN：7-103-00750-0
定价：CNY3.05
　　外文书名：Piano Technic Book.5, Frances Clark
Library for Piano Students.

J0162392
克拉克钢琴教程 （第六册）麦克阿托作曲；
克拉克（Clark，F.）编选；胡其鼎译
北京 人民音乐出版社 1991 年 35 页
31cm（10 开）ISBN：7-103-00751-9
定价：CNY3.05
　　外文书名：Piano Technic Book.6, Frances
Clark Library for Piano Students.

J0162393
趣味钢琴技巧 （预备册）（美）赫尔契伯格编；
凌思扬译
北京 世界图书出版公司北京分公司 1991 年
48 页 有图 28cm（16 开）
ISBN：7-5062-1549-7 定价：CNY2.80

J0162394
趣味钢琴技巧 （第一册）（美）赫尔契伯格编；
凌思扬译
北京 世界图书出版公司北京分公司 1991 年
48 页 有图 28cm（16 开）ISBN：7-5062-1550-0
定价：CNY2.80

J0162395

趣味钢琴技巧 （第二册）（美）赫尔契伯格编；
凌思扬译
北京 世界图书出版公司北京分公司 1991 年
48 页 有图 28cm（16 开）ISBN：7-5062-1551-9
定价：CNY2.80

J0162396

趣味钢琴技巧 （第三册）（美）赫尔契伯格编；
凌思扬译
北京 世界图书出版公司北京分公司 1991 年
48 页 有图 28cm（16 开）ISBN：7-5062-1552-7
定价：CNY2.80

J0162397

趣味钢琴技巧 （第四册）（美）赫尔契伯格编；
凌思扬译
北京 世界图书出版公司北京分公司 1991 年
48 页 28cm（16 开）ISBN：7-5062-1553-5
定价：CNY2.80

J0162398

趣味钢琴技巧 （第五册）（美）赫尔契伯格编；
凌思扬译
北京 世界图书出版公司北京分公司 1991 年
48 页 28cm（16 开）ISBN：7-5062-1554-3
定价：CNY2.80

J0162399

世界儿童钢琴名曲集 （美）A.E. 魏尔编；简
明译
合肥 安徽文艺出版社 1991 年 253 页
26cm（16 开）ISBN：7-5396-0537-5
定价：CNY10.00

J0162400

世界儿童钢琴名曲选 （美）威尔编
北京 人民音乐出版社 1991 年 253 页
30×22cm ISBN：7-103-00705-5
定价：CNY13.35
　　本集收录世界各国著名儿童钢琴名曲 150
余首。包括：古典作品、歌剧选曲改编作品、民
间歌舞改编作品、民间歌舞作品及部分俄罗斯近
现代作品。

J0162401

世界名曲选萃 （通俗钢琴抒情曲集 法国通
俗钢琴之王理查德·克莱德曼演出曲目选）
白燕编
北京 中国文联出版公司 1991 年 48 页
26cm（16 开）ISBN：7-5059-1415-4
定价：CNY3.10
　　本集选有钢琴十大名曲的简化谱，其中包
括：贝多芬的《月光曲》《赠爱丽斯》；肖邦的《夜
曲》；李斯特的《爱之梦》；格里格、柴可夫斯基
等大师的《协奏曲》等。

J0162402

世界轻音乐钢琴名曲选 （美）威尔编
北京 人民音乐出版社 1991 年 256 页
30×22cm ISBN：7-103-00706-3
定价：CNY13.55

J0162403

手风琴曲集 王树声，任丽宏编
保定 河北大学出版社 1991 年 64 页
26cm（16 开）ISBN：7-81028-024-5
定价：CNY2.75

J0162404

音乐会钢琴名曲选 （美）威尔编
北京 人民音乐出版社 1991 年 256 页
32cm（10 开）ISBN：7-103-00811-6
定价：CNY17.20

J0162405

有趣的音阶与和弦 （美）希尔施贝格编；熊
道儿译
北京 人民音乐出版社 1991 年 96 页
31cm（10 开）ISBN：7-103-00787-X
定价：CNY6.40
　　本书为 1、2 册合订本，把各个大小调的音阶
与和弦编写为形象鲜明、生动、悦耳的小乐曲，
使技巧练习与乐曲结合起来。译者熊道儿，广州
星海音乐学院钢琴系任教。

J0162406

中初级钢琴名曲选 （一）顾其华等编
西安 陕西人民出版社 1991 年 30 页
31cm（10 开）ISBN：7-224-01782-5

定价：CNY4.20

J0162407
中初级钢琴名曲选 （二）顾其华等编
西安　陕西人民出版社　1991 年　30 页
31cm（10 开）ISBN：7-224-01783-3
定价：CNY4.20

J0162408
巴赫平均律钢琴曲集 （一）（德）巴赫(Bach,
J.S.)曲；伊尔默编辑；泰奥波尔德指法；胡其鼎译
北京　人民音乐出版社　1992 年　123 页　有图
31cm（10 开）ISBN：7-103-00942-2
定价：CNY7.75
　　　外文书名：Das Wohltemperierte Klavier.

J0162409
巴赫平均律钢琴曲集 （二）（德）巴赫(Bach,
J.S.)曲；伊尔默编辑；泰奥波尔德指法；胡其鼎译
北京　人民音乐出版社　1992 年　136 页
31cm（10 开）ISBN：7-103-00943-0
定价：CNY8.40
　　　外文书名：Das Wohltemperierte Klavier.

J0162410
贝多芬钢琴小品集 （德）贝多芬作曲；
（苏）罗辛编
北京　人民音乐出版社　1992 年　62 页
31cm（10 开）ISBN：7-103-00994-5
定价：CNY4.80

J0162411
车尔尼钢琴快速练习曲集,作品 299 （教学
版）（奥）车尔尼（Czerny, Carl）作；方百里注释
上海　上海音乐出版社　1992 年　101 页
30cm（10 开）ISBN：7-80553-349-0
定价：CNY8.10

J0162412
车尔尼钢琴流畅练习曲,作品 849 （弹奏提
示）李茂林编译
北京　人民音乐出版社　1992 年　50 页
19cm（小 32 开）ISBN：7-103-00974-0
定价：CNY0.98

J0162413
车尔尼钢琴流畅练习曲,作品 849
（奥）车尔尼(Carl Czerny)著
北京　人民音乐出版社　1996 年　55 页
31cm（10 开）ISBN：7-103-01437-X
定价：CNY11.90

J0162414
成人钢琴曲选 （美）阿诺尔德编
北京　人民音乐出版社　1992 年　192 页
31cm（10 开）ISBN：7-103-00990-2
定价：CNY12.85

J0162415
初级钢琴曲选 （上下册）（德）格奥尔格
北京　人民音乐出版社　1992 年　59 页
26cm（16 开）定价：CNY9.80

J0162416
儿童钢琴进阶练习曲 50 首 （作品 37）
（法）勒穆瓦纳曲
北京　人民音乐出版社　1992 年　71 页
30cm（10 开）ISBN：7-103-00846-9
定价：CNY4.25

J0162417
儿童钢琴进阶练习曲 50 首 （作品 37）
（法）勒穆瓦纳（Lemoine）曲
北京　人民音乐出版社　1996 年　71 页
30cm（10 开）ISBN：7-103-01439-6
定价：CNY13.60

J0162418
钢琴·电子琴世界名曲精选 （简谱·五线谱
对照）刘品玲编
昆明　云南少年儿童出版社　1992 年　175 页
35cm（15 开）ISBN：7-5414-0668-6
定价：CNY15.40
　　　本书选入适于钢琴、电子琴演奏的中外名曲
40 首。由单指和弦、多指和弦到钢琴奏法编排,
既是通俗名曲的精选；又是一本由浅入深的教
材,可供多层次的音乐爱好者使用。

J0162419
古典与浪漫时期初级钢琴曲选 （德）格奥

尔格编
北京 人民音乐出版社 1992 年
2 册（52；59 页）30cm（10 开）
ISBN：7-103-00999-6 定价：CNY8.70

J0162420

古今通俗钢琴名曲
（美）阿盖伊（Agay，Denes）编
北京 人民音乐出版社 1992 年 160 页
30cm（10 开）ISBN：7-103-00998-8
定价：CNY11.70
　　外文书名：More Easy Classics to Moderns.

J0162421

海顿十二首交响曲　（钢琴独奏）（奥）海顿
（Joseph Haydn）作；
（德）豪恩（Horn，Von August）改编
北京 人民音乐出版社 1992 年 209 页
30cm（10 开）ISBN：7-103-00995-3
定价：CNY14.95

J0162422

流行初级钢琴曲集　（美）席尔默编
北京 人民音乐出版社 1992 年 183 页
30cm（10 开）ISBN：7-103-00991-0
定价：CNY12.35

J0162423

您喜爱的钢琴百曲集　（美）阿诺尔德编
北京 人民音乐出版社 1992 年 2 册（397 页）
30cm（10 开）ISBN：7-103-00997-X
定价：CNY28.65

J0162424

沙龙钢琴小曲 20 首　（法）威利等作曲
北京 人民音乐出版社 1992 年 87 页
30cm（10 开）ISBN：7-103-00993-7
定价：CNY6.90

J0162425

世界钢琴名曲 70 首
（美）威尔（Wier，Albert E.）编
北京 人民音乐出版社 1992 年 256 页
26cm（16 开）ISBN：7-103-00996-1
定价：CNY11.80

外文书名：Piano Pieces the Whole World Plays.

J0162426

世界钢琴王子理查德·克莱德曼最新情调钢琴金曲集锦　葛俭等选编
长沙 湖南文艺出版社 1992 年 178 页 有彩照
29cm（16 开）ISBN：7-5404-1033-7
定价：CNY9.50

J0162427

苏联儿童钢琴教材曲选 100 首　应诗真选编
北京 人民音乐出版社 1992 年 88 页 21×29cm
ISBN：7-103-00857-4 定价：CNY6.40
　　作者应诗真（1937—　　），女，钢琴家。浙江鄞县人，毕业于中央音乐学院钢琴系，留校任教。著有《钢琴教学法》。

J0162428

通俗四手联弹钢琴曲集　（苏）巴赫玛茨卡雅编
北京 人民音乐出版社 1992 年 62 页
30cm（10 开）ISBN：7-103-00992-9
定价：CNY5.75
　　本书收录由俄国和苏联外国作曲家的一些室内乐和交响乐作品片断改编成的简易入手联弹钢琴曲。

J0162429

现代钢琴曲 24 首　（美）普罗斯塔科夫
（Prostakov，Joseph）编
北京 人民音乐出版社 1992 年 105 页
30cm（10 开）ISBN：7-103-00987-2
定价：CNY8.25
　　外文书名：New Music for the Piano.

J0162430

肖邦夜曲集　（波）肖邦作曲；（波）帕德雷夫斯基编
北京 人民音乐出版社 1992 年 99 页 有肖像
30cm（10 开）ISBN：7-103-00833-7
定价：CNY7.30
　　作者肖邦（Fryderyk Franciszek Chopin，1810—1849），波兰钢琴家、作曲家。出生于波兰华沙热拉佐瓦沃拉。华沙音乐学院毕业。1830 年起出国深造并定居巴黎，从事创作、教学及演奏活动。

他的创作由于受到波兰民族运动的影响,充满了
爱国激情和对祖国的思念,是波兰民族乐派的代
表。他首创了叙事曲体裁,将前奏曲、谐谑曲发
展成独立的钢琴曲。主要作品包括:钢琴协奏
曲两部、奏鸣曲三首、练习曲二十七首、玛祖卡
五十九首、波兰舞曲十六首、圆舞曲二十首、夜
曲二十一首、前奏曲二十五首、即兴曲三首、谐
谑曲四首及艺术歌曲。

J0162431
新时代钢琴曲 （美）乔布森等作曲
北京 人民音乐出版社 1992 年 79 页
30cm（10 开）ISBN：7-103-00989-9
定价：CNY6.35

J0162432
爱的微笑 （外国手风琴独奏名曲精选）张信
政选编
北京 中国青年出版社 1993 年 57 页
28cm（大 16 开）ISBN：7-5006-1436-5
定价：CNY4.80
　　作者张信政,中国音乐家协会表演艺术委员
会手风琴学会会员。

J0162433
口琴演奏中外抒情歌曲 100 首 徐成刚,罗
晓京编
北京 人民音乐出版社 1993 年 180 页
20cm（32 开）ISBN：7-103-01016-1
定价：CNY3.95

J0162434
流行钢琴名曲 200 首 林林编著
长春 长春出版社 1993 年 242 页 26cm（16 开）
ISBN：7-80604-120-6 定价：CNY16.60

J0162435
美丽的少女 （最新通俗钢琴曲集）白燕编
北京 中国文联出版公司 1993 年 54 页
26cm（16 开）ISBN：7-5059-1825-7
定价：CNY5.80
（世界名曲选萃）

J0162436
欧美近现代钢琴小曲集 程娜编

北京 人民音乐出版社 1993 年 30cm（10 开）
ISBN：7-103-01058-7 定价：CNY7.00

J0162437
轻音乐手风琴曲集 吴群编
天津 天津大学出版社 1993 年 114 页
28cm（16 开）ISBN：7-5618-0459-8
定价：CNY11.00
　　本书选编探戈、伦巴、桑巴、华尔兹、哈巴
涅拉、爵士等旋律清新、风格各异的手风琴曲 35
首,并加以简要的注释。

J0162438
少年儿童外国钢琴曲选 （1）中央音乐学院
钢琴系编
北京 世界图书出版公司 北京分公司 1993 年
103 页 28cm（16 开）ISBN：7-5062-1542-X
定价：CNY4.70

J0162439
少年儿童外国钢琴曲选 （2）中央音乐学院
钢琴系编
北京 世界图书出版公司 北京分公司 1993 年
66 页 28cm（16 开）ISBN：7-5062-1543-8
定价：CNY3.40

J0162440
少年儿童外国钢琴曲选 （3）中央音乐学院
钢琴系编
北京 世界图书出版公司 北京分公司 1993 年
78 页 28cm（16 开）ISBN：7-5062-1544-6
定价：CNY3.80

J0162441
少年儿童外国钢琴曲选 （4）中央音乐学院
钢琴系编
北京 世界图书出版公司 北京分公司 1993 年
85 页 28cm（16 开）ISBN：7-5062-1545-4
定价：CNY4.50

J0162442
少年儿童外国钢琴曲选 （5）中央音乐学院
钢琴系编
北京 世界图书出版公司北京分公司 1993 年
193 页 29cm（15 开）ISBN：7-5062-1546-2

定价：CNY8.50

J0162443

少年儿童外国钢琴曲选 （6　上册）中央音
乐学院钢琴系编
北京　世界图书出版公司　1993 年　北京分公司
149 页　28cm（16 开）ISBN：7-5062-1547-0
定价：CNY6.80

J0162444

少年儿童外国钢琴曲选 （6　下册）中央音
乐学院钢琴系编
北京　世界图书出版公司　1993 年　北京分公司
299 页　28cm（16 开）ISBN：7-5062-1548-9
定价：CNY6.90

J0162445

什密特钢琴手指练习 （教学版）方百里注释
上海　上海音乐出版社　1993 年　74 页
30cm（10 开）ISBN：7-80553-440-3
定价：CNY10.60

J0162446

手风琴演奏中外儿童歌曲 150 首　李佐廷,
李兆坤编
北京　人民音乐出版社　1993 年　114 页
26cm（16 开）ISBN：7-103-01061-7
定价：CNY4.40
　　　作者李佐廷,北京少年儿童手风琴乐团任职。

J0162447

外国手风琴名曲选　李未明编
北京　人民音乐出版社　1993 年　161 页
32cm（10 开）ISBN：7-103-01057-9
定价：CNY13.40

J0162448

潇洒走一回 （现代钢琴轻音乐曲集）倪林编配
福州　海峡文艺出版社　1993 年　63 页
26cm（16 开）ISBN：7-80534-592-9
定价：CNY6.30

J0162449

钢琴名曲精选 （易学选本）白燕等选编
北京　中国文联出版公司　1994 年　46 页

26cm（16 开）ISBN：7-5059-1996-2
定价：CNY5.80
　　　本书收录《G 调小步舞曲》《匈牙利舞曲》
《兰色多瑙河》等 16 首。

J0162450

口琴演奏世界名曲 80 首　徐成刚,罗晓京编
北京　人民音乐出版社　1994 年　102 页
26cm（16 开）ISBN：7-103-01145-1
定价：CNY5.35
　　　本书收录《加沃特舞曲》《西班牙女郎》《红
莓花儿开》等曲目。

J0162451

口琴演奏世界名曲 80 首　徐成刚,罗晓京编
昆明　云南教育出版社　1994 年　102 页
26cm（16 开）ISBN：7-103-01145-1
定价：CNY5.35

J0162452

世界儿童钢琴名曲大全 （美）埃克斯坦编
北京　世界图书出版公司　1994 年　191 页
30cm（10 开）精装　ISBN：7-5062-1969-7
定价：CNY29.00

J0162453

世界钢琴名曲集　韦尔编著
合肥　安徽文艺出版社　1994 年　528 页
28cm（大 16 开）ISBN：7-5396-1043-3
定价：CNY32.80

J0162454

汤姆生现代钢琴教程精选　方百里选编
上海　百家出版社　1994 年　2 册（60；75 页）
28cm（大 16 开）ISBN：7-80576-418-2
定价：CNY11.80

J0162455

外国钢琴曲 100 首 （上册）葛蔚英等编
上海　上海音乐出版社　1994 年　141 页
31cm（10 开）ISBN：7-80553-449-7
定价：CNY18.40

J0162456

外国钢琴曲 100 首 （下册）葛蔚英等编

上海　上海音乐出版社 1996 年 226 页
31cm（10 开）ISBN：7–80553–508–6
定价：CNY36.00

J0162457
巴赫创意曲集 （教学版）（德）巴赫作；张曼
怡等编注
沈阳　辽宁人民出版社 1995 年 64 页
30cm（12 开）ISBN：7–205–03421–3
定价：CNY15.00

J0162458
白雪公主 （组曲）（日）矢野义明曲
北京　人民音乐出版社 1995 年 59 页
31cm（10 开）ISBN：7–103–01314–4
定价：CNY11.80

J0162459
百奏不厌外国钢琴名曲 31 首　郭幼容编
成都　四川人民出版社 1995 年 178 页
37cm（8 开）ISBN：7–220–02793–1
定价：CNY40.00
（百奏不厌系列）

J0162460
百奏不厌中外手风琴名曲 31 首　吴守智编
成都　四川人民出版社 1995 年 192 页
37cm（8 开）ISBN：7–220–02793–1
定价：CNY40.00
（百奏不厌系列）

J0162461
车尔尼钢琴练习曲集，作品 599 849 299
（奥）车尔尼著；葛俭编
长沙　湖南文艺出版社 1995 年 211 页
29cm（16 开）精装　ISBN：7–5404–1397–2
定价：CNY23.00

J0162462
德彪西钢琴曲选 （法）克洛德·德彪西作曲；
上海音乐学院编
北京　人民音乐出版社 1995 年 重印本 245 页
有照片 30cm（15 开）ISBN：7–103–00584–2
定价：CNY33.40

J0162463
钢琴音乐三百年 （地中海巴克音乐）
（匈）加伯尔·柯瓦茨编
北京　人民音乐出版社 1995 年 42 页
31cm（10 开）ISBN：7–103–01292–X
定价：CNY9.00

J0162464
钢琴音乐三百年 （法国巴罗克音乐）
（匈）加伯尔·柯瓦茨编
北京　人民音乐出版社 1995 年 47 页
31cm（10 开）ISBN：7–103–01290–3
定价：CNY10.10

J0162465
钢琴音乐三百年 （英国古钢琴音乐）
（匈）埃迪特·汉巴尔科编
北京　人民音乐出版社 1995 年 46 页
31cm（10 开）ISBN：7–103–01291–1
定价：CNY9.60

J0162466
钢琴音乐三百年 （早期德国钢琴音乐）
（匈）埃迪特·汉巴尔科编
北京　人民音乐出版社 1995 年 50 页
31cm（10 开）ISBN：7–103–01289–X
定价：CNY10.10

J0162467
钢琴音乐三百年 （巴赫后裔作品）（匈）伊斯
特万·玛利亚西,（匈）格奥尔基·米克罗斯编
北京　人民音乐出版社 1997 年 52 页
30cm（10 开）ISBN：7–103–01492–2
定价：CNY13.00

J0162468
钢琴音乐三百年 （德国后期巴罗克音乐）
（匈）加伯尔·柯瓦茨编
北京　人民音乐出版社 1997 年 42 页
30cm（10 开）ISBN：7–103–01490–6
定价：CNY11.30

J0162469
钢琴音乐三百年 （德国浪漫派音乐）
（匈）加伯尔·柯瓦茨编

北京 人民音乐出版社 1997 年 48 页
30cm（10 开）ISBN：7-103-01496-5
定价：CNY12.40

J0162470
钢琴音乐三百年 （进步浪漫派音乐）
（匈）加伯尔·柯瓦茨编
北京 人民音乐出版社 1997 年 43 页
30cm（10 开）ISBN：7-103-01497-3
定价：CNY11.90

J0162471
钢琴音乐三百年 （浪漫派以前时期音乐）
（匈）柯尔奈尔·柴姆普莱尼,（匈）加伯尔·柯瓦
茨编
北京 人民音乐出版社 1997 年 36 页
30cm（10 开）ISBN：7-103-01493-0
定价：CNY10.80

J0162472
钢琴音乐三百年 （洛可可音乐）（匈）加伯
尔·柯瓦茨编
北京 人民音乐出版社 1997 年 40 页
30cm（10 开）ISBN：7-103-01491-4
定价：CNY11.30

J0162473
钢琴音乐三百年 （斯拉夫浪漫派音乐）
（匈）加伯尔·柯瓦茨编
北京 人民音乐出版社 1997 年 49 页
30cm（10 开）ISBN：7-103-01495-7
定价：CNY12.40

J0162474
钢琴音乐三百年 （维也纳古典派作品）
（匈）柯尔奈尔·柴姆普莱尼编
北京 人民音乐出版社 1997 年 44 页
30cm（10 开）ISBN：7-103-01494-9
定价：CNY11.90

J0162475
钢琴音乐三百年 （印象派音乐）
（匈）焦尔吉·巴拉编
北京 人民音乐出版社 1997 年 44 页
30cm（10 开）ISBN：7-103-01494-9

定价：CNY11.90

J0162476
钢琴奏鸣曲集
合肥 安徽文艺出版社 1995 年 237 页
28cm（大 16 开）ISBN：7-5396-1305-X
定价：CNY21.00

J0162477
口琴演奏中外名曲 60 首 顾泉发编配
北京 人民音乐出版社 1995 年 208 页
20cm（32 开）ISBN：7-103-01249-0
定价：CNY9.00

J0162478
莫扎特钢琴奏鸣曲集 （奥）莫扎特作
合肥 安徽文艺出版社 1995 年 313 页
28cm（16 开）ISBN：7-5396-1333-5
定价：CNY26.00

J0162479
莫扎特小奏鸣曲六首 （奥）沃尔夫冈·阿马
德乌斯·莫扎特（Wolfgang Amadeus Mozart）著
上海 上海音乐出版社 1995 年 41 页
31cm（10 开）ISBN：7-80553-554-X
定价：CNY5.40

J0162480
肖邦练习曲集 （波）肖邦作曲;（波）帕德雷
夫斯基（Paderewski）编
北京 人民音乐出版社 1995 年 131 页 有图
30cm（10 开）ISBN：7-103-01226-1
定价：CNY13.40

J0162481
爱之梦 （钢琴夜曲三首）（匈）F. 李斯特（F.Liszt）
作曲;（德）奥古斯特·施密特 – 林德内（August
S.-L.）编订
北京 人民音乐出版社 1996 年 13 页
30cm（10 开）ISBN：7-103-01390-X
定价：CNY7.40

J0162482
巴赫二部创意曲集 （教学版）（德）巴赫曲;
冯丹,生鸣编注

重庆 西南师范大学出版社 1996 年 69 页
31cm（10 开）ISBN：7-5621-1564-8
定价：CNY16.00

J0162483
贝多芬钢琴奏鸣曲六首 （德）贝多芬著；阿
尔弗雷德·霍恩（Alfred Hoehn）编订
北京 人民音乐出版社 1996 年 137 页
31cm（10 开）ISBN：7-103-01370-5
定价：CNY21.20

J0162484
贝多芬小奏鸣曲六首 （德）贝多芬著
上海 上海音乐出版社 1996 年 55 页
31cm（10 开）

J0162485
彩图精解少儿钢琴名曲 王建中主编
上海 上海辞书出版社 1996 年 重印本 195 页
有彩图 26cm（16 开）精装
ISBN：7-5326-0330-X 定价：CNY40.00
　　作者王建中（1933—2016），教授、作曲家。
生于上海，祖籍江苏江阴。就读于上海音乐学院，
留校任教，曾任教授、副院长。代表作品《山丹丹
开花红艳艳》《浏阳河》《诙谐曲》《变奏曲》《小
奏鸣曲》等。

J0162486
车尔尼 160 首八小节钢琴练习曲，作品 821
（奥）C. 车尔尼（C.Czerny）曲
长沙 湖南文艺出版社 1996 年 75 页
30cm（10 开）ISBN：7-103-01433-7
定价：CNY14.20

J0162487
车尔尼钢琴快速练习曲，作品 299
（奥）车尔尼（C.Czerny）曲
北京 人民音乐出版社 1996 年 101 页
30cm（10 开）ISBN：7-103-01432-9
定价：CNY18.10

J0162488
车尔尼钢琴快速练习曲，作品 299
（弹奏提示）李弦，李茂林编著
北京 人民音乐出版社 1997 年 73 页

19cm（小 32 开）ISBN：7-103-01489-2
定价：CNY3.10

J0162489
车尔尼钢琴练习曲 50 首，作品 740
（手指灵巧的技术练习）（奥）车尔尼著
长沙 湖南文艺出版社 1996 年 177 页
30cm（10 开）精装 ISBN：7-5404-1605-X
定价：CNY27.00
　　作者车尔尼（Carl Czerny，1791—1857），奥
地利著名钢琴演奏家、教育家、作曲家。曾从贝
多芬以及克莱门蒂学习钢琴。在维也纳从事教
学、演出与创作。他的钢琴练习曲在许多国家被
广泛采用为钢琴教材。代表作品有《钢琴初步教
程》（作品 599 号）《钢琴流畅练习曲》（作品 849
号）《钢琴快速练习曲》（作品 299 号）等。

J0162490
车尔尼钢琴练习曲 50 首，作品 740（699）
（手指灵巧的技术练习）（奥）C. 车尔尼（C.Czerny）曲
北京 人民音乐出版社 1996 年 177 页
30cm（10 开）ISBN：7-103-01436-1
定价：CNY29.40

J0162491
从巴赫到贝多芬 （第一册）威利·雷伯格
（Willy Rehberg）编订；何少英译
北京 人民音乐出版社 1996 年 32 页
30cm（10 开）ISBN：7-103-01391-8
定价：CNY7.70

J0162492
从巴赫到贝多芬 （第二册）威利·雷伯格
（Willy Rehberg）编订；何少英译
北京 人民音乐出版社 1996 年 38 页
30cm（10 开）ISBN：7-103-01392-6
定价：CNY8.20

J0162493
杜维诺阿少儿钢琴练习曲 杜维诺阿作
合肥 安徽文艺出版社 1996 年 100 页
28cm（大 16 开）ISBN：7-5396-1417-X
定价：CNY12.00

J0162494

钢琴小奏鸣曲集　（足本）W. 劳赫［编］

合肥 安徽文艺出版社 1996年 重印 190页

28cm（16开） ISBN：7-5396-0954-0

定价：CNY16.80

J0162495

格里格钢琴抒情小品集　（Ⅰ 作品 12）

［挪］格里格（E.Grieg）作曲

北京 人民音乐出版社 1996年 16页

31cm（10开）ISBN：7-103-01410-8

定价：CNY6.90

　　外文书名：Grieg Iyrische Stucke Ⅰ：opus12.

J0162496

格里格钢琴抒情小品集　（Ⅰ 作品 12）

［挪］格里格（E.Grieg）作曲

北京 人民音乐出版社 1996年 重印本 16页

31cm（10开）ISBN：7-103-01410-8

定价：CNY7.90

　　外文书名：Grieg Iyrische Stucke Ⅰ：opus12.

J0162497

格里格钢琴抒情小品集　（Ⅱ 作品 38）

［挪］格里格（E.Grieg）作曲

北京 人民音乐出版社 1996年 23页

31cm（10开）ISBN：7-103-01411-6

定价：CNY7.50

　　外文书名：Grieg Iyrische Stucke Ⅱ：opus38.

J0162498

格里格钢琴抒情小品集　（Ⅱ 作品 38）

［挪］格里格（E.Grieg）作曲

北京 人民音乐出版社 1996年 重印本 23页

31cm（10开）ISBN：7-103-01411-6

定价：CNY8.50

　　外文书名：Grieg Iyrische Stucke Ⅱ：opus38.

J0162499

格里格钢琴抒情小品集　（Ⅲ 作品 43）

［挪］格里格（E.Grieg）作曲

北京 人民音乐出版社 1996年 17页

31cm（10开）ISBN：7-103-01412-4

定价：CNY6.90

　　外文书名：Grieg Iyrische Stucke Ⅲ：opus43.

J0162500

格里格钢琴抒情小品集　（Ⅲ 作品 43）

［挪］格里格（E.Grieg）作曲

北京 人民音乐出版社 1996年 重印本 17页

31cm（10开）ISBN：7-103-01412-4

定价：CNY7.90

　　外文书名：Grieg Iyrische Stucke Ⅲ：opus43.

作者格里格（Edvard Grieg，1843—1907），挪威作曲家。生于卑尔根。毕业于莱比锡音乐学院。与挪威民族音乐的倡导者音乐家 R. 诺拉克等人共创"尤特皮"音乐社，创作并介绍斯堪的纳维亚国家的民族音乐。主要作品有歌曲《来自祖国》，钢琴曲《祖国之歌》，合唱《水手之歌》等。

J0162501

爵士钢琴　陶辛编注

上海 世界图书出版公司 1996年 56页 有图

30cm（10开）ISBN：7-5062-2946-3

定价：CNY15.00

J0162502

爵士钢琴即兴弹奏曲　黄道亨［编］

上海 上海音乐出版社 1996年 111页

31cm（10开）ISBN：7-80553-590-6

定价：CNY22.50

　　作者黄道亨，爵士钢琴演奏家。

J0162503

爵士钢琴即兴弹奏曲　（2）黄道亨著

上海 上海音乐出版社 1998年 93页

30cm（10开）ISBN：7-80553-745-3

定价：CNY20.00

J0162504

门德尔松儿童小曲　（钢琴 作品 72 号）

（德）门德尔松（F.Mendelssohn）曲

北京 人民音乐出版社 1996年 16页

31cm（10开）ISBN：7-103-01441-8

定价：CNY6.30

J0162505

莫扎特钢琴奏鸣曲集　（一）

（奥）W.A. 莫扎特（W.A.Mozart）著

北京 人民音乐出版社 1996年 165页

31cm（10开）ISBN：7-103-01442-6

定价: CNY25.20

作者莫扎特(1756—1791),欧洲古典主义音乐作曲家。出生于萨尔兹堡。留给世人的作品达 600 多首,包括 63 首交响曲,16 首嬉游曲,13 首小夜曲,15 首进行曲,105 首小步舞曲,172 首舞曲等。代表作品有《奏鸣曲》《协奏曲》《安魂曲》《唐璜》《费加罗的婚礼》《魔笛》等。

J0162506

莫扎特钢琴奏鸣曲集 （二）

(奥)W.A.莫扎特(W.A.Mozart)著

北京 人民音乐出版社 1996 年 166—321 页

31cm(12 开) ISBN: 7-103-01443-4

定价: CNY24.60

J0162507

什密特钢琴五指练习曲 （作品 16）

[法]什密特作

合肥 安徽文艺出版社 1996 年 27 页

28cm(大 16 开) ISBN: 7-5396-1416-1

定价: CNY5.00

J0162508

施特劳斯钢琴圆舞曲集

合肥 安徽文艺出版社 1996 年 119 页

28cm(大 16 开) ISBN: 7-5396-1446-3

定价: CNY12.80

J0162509

世界钢琴名曲精选 （上）葛俭,黄因编

长沙 湖南文艺出版社 1996 年 339 页 有图

30cm(10 开) 精装 ISBN: 7-5404-1614-9

定价: CNY43.00

J0162510

世界钢琴名曲精选 （下）葛俭,黄因编

长沙 湖南文艺出版社 1996 年 337 页 有图

30cm(10 开) 精装 ISBN: 7-5404-1610-6

定价: CNY42.60

J0162511

世界著名音乐家钢琴奏鸣曲精选 吕德玉编著

重庆 西南师范大学出版社 1996 年 113 页

31cm(10 开) ISBN: 7-5621-1177-4

定价: CNY21.00

外文书名: Selection of Piano Sonata Composed by World Famous Musicians.

J0162512

手风琴爵士乐 宋立权编著

北京 文化艺术出版社 1996 年 52 页

26cm(16 开) ISBN: 7-5039-1463-7

定价: CNY14.80

本书收录《淡紫色的花束》《不要忘记我对你的爱》《恋歌》《猫之舞》《牛铃铛与咖啡豆》等 11 首手风琴演奏的爵士乐曲。作者宋立权(1961—),教授。历任中国音协手风琴学会常务理事,黑龙江青联委员,哈尔滨师范大学艺术学院附中校长、副教授。著有《手风琴爵士乐》。

J0162513

外国名歌改编的通俗钢琴曲 许民主编

长春 长春出版社 1996 年 重印本 106 页

29cm(16 开) ISBN: 7-80604-292-X

定价: CNY20.00

(通俗钢琴曲丛书)

J0162514

外国手风琴曲集 吴群编

北京 文化艺术出版社 1996 年 146 页

26cm(16 开) ISBN: 7-5039-1455-6

定价: CNY14.00

作者吴群,中国国际文化传播中心艺术培训学校副校长,中国音乐家协会表演艺术委员会手风琴学会理事,北京音乐家协会手风琴学会副会长。

J0162515

中外钢琴变奏曲选 （1）顾馨编

成都 天地出版社 1996 年 124 页 29cm(16 开)

ISBN: 7-80624-060-8 定价: CNY19.80

J0162516

中外钢琴曲选 朱慧琴编著

南京 南京师范大学出版社 1996 年 4 册

29cm(16 开) ISBN: 7-81047-069-8

定价: CNY50.00

J0162517
中外少儿流行歌曲钢琴伴奏曲谱　郑大昕
编著
成都　四川文艺出版社　1996年　119页
31cm（10开）ISBN：7-5411-1518-5
定价：CNY28.00

J0162518
18—20世纪钢琴奏鸣曲小奏鸣曲小曲集
[德]汉斯－乔治·史威特纳（Hans-Georg
Schwerdtner）编选；巢志珏译
上海　上海教育出版社　1997年　115页
31cm（10开）ISBN：7-5320-5262-1
定价：CNY21.00
（钢琴系列丛书　钢琴乐谱）
　　本书由上海教育出版社和德国朔特音乐出
版社联合出版。

J0162519
阿道夫·鲁特哈特钢琴练习曲10首　（作品
50）（德）阿道夫·鲁特哈特（Adolf Ruthardt）曲
北京　人民音乐出版社　1997年　32页
31cm（10开）ISBN：7-103-01524-4
定价：CNY7.00

J0162520
巴赫初级钢琴曲集　胡丽敏注释
长沙　湖南文艺出版社　1997年　30页
30cm（10开）ISBN：7-5404-1747-1
定价：CNY5.20
（钢琴家之旅丛书）

J0162521
巴赫创意曲集
（德）巴赫（Johann Sebastian Bach）作
长沙　湖南文艺出版社　1997年　61页
30cm（10开）ISBN：7-5404-1745-5
定价：CNY8.00
（钢琴家之旅丛书）
　　本书收录的创意曲相当于《车尔尼作品
299》的程度，是学习弹奏复调音乐的最好的中级
教材。

J0162522
巴赫创意曲集

（德）巴赫（Johann Sebastian Bach）作
长沙　湖南文艺出版社　1999年　60页
30cm（10开）ISBN：978-7-5404-1745-5
定价：CNY8.00
（钢琴家之旅丛书）

J0162523
巴赫钢琴曲集　（德）巴赫（Johann Sebastian
Bach）[作曲]；葛俭编辑
长沙　湖南文艺出版社　1997年　143页
30cm（10开）精装　ISBN：7-5404-1739-0
定价：CNY24.50

J0162524
巴赫钢琴小曲集　（德）巴赫（J.S.Bach）著；
（德）H.施托伊雷尔编；金经言译
北京　人民音乐出版社　1997年　23页　20×28cm
ISBN：7-103-01533-3　定价：CNY6.40
　　作者巴赫（Johann Sebastian Bach,1685—1750），
德国作曲家。毕生致力于音乐创作和演奏，对西
洋近代音乐发展深有影响，被尊为"音乐之父"。
作品风格讲求哲理与抒情、写景密切结合，声乐
与器乐综合统一。多为复调音乐。声乐作品以
康塔塔最为丰富多彩，约230余部。器乐作品主
要有《平均律钢琴曲集》两卷，以及大量古钢琴组
曲、管风琴曲、管弦乐曲、无伴奏奏鸣曲等。

J0162525
巴赫平均律钢琴曲集　（第一册）（德）J.S.巴
赫（J.S.Bach）曲；（德）奥托·冯·伊默尔编
北京　人民音乐出版社　1997年　123页　有图
30cm（10开）ISBN：7-103-01560-0
定价：CNY21.90

J0162526
巴赫平均律钢琴曲集　（第二册）（德）J.S.巴
赫（J.S.Bach）曲；（德）奥托·冯·伊默尔编；
（德）汉斯－马丁·特奥波尔德编订指法
北京　人民音乐出版社　1997年　136页
30cm（10开）ISBN：7-103-01561-9
定价：CNY23.60

J0162527
布格缪勒25首简易练习曲
（钢琴作品第100号）格尔迈尔（Germer, H）编；

葛蔚英译
上海　上海教育出版社　1997年　37页
31cm（10开）ISBN：7-5320-5264-8
定价：CNY9.00
　　　　本书由上海教育出版社和德国朔特音乐出版社联合出版。

J0162528
布格缪勒钢琴进阶 25 曲　（作品 100）（德）
布格缪勒（Friedrich Johann Franz Burgmuller）作曲
上海　世界图书出版公司上海分公司　1997年
54页　30cm（10开）ISBN：7-5062-3164-6
定价：CNY8.80
　　　　作者布格缪勒（Johann Friedrich Farnz Burgmuller，1806—1874），全名"约翰·弗雷德里希·弗朗兹·布格缪勒"，德国作曲家、钢琴家。出生于德国巴伐利亚省的勒根斯堡。代表作品《钢琴进阶练习曲 25 首》。

J0162529
车尔尼 24 首钢琴左手练习曲，作品 718
（奥）车尔尼（C.Czerny）曲；（德）阿道夫·鲁特哈特（A.Ruthart）编订
北京　人民音乐出版社　1997年　31页
30cm（10开）ISBN：7-103-01471-X
定价：CNY7.00
　　　　外文书名：Czerny 24 Etuden Fyr Die Linke Hand. 作者车尔尼（Carl Czerny，1791—1857），奥地利著名钢琴演奏家、教育家、作曲家。曾从贝多芬以及克莱门蒂学习钢琴。在维也纳从事教学、演出与创作。他的钢琴练习曲在许多国家被广泛采用为钢琴教材。代表作品有《钢琴初步教程》（作品 599 号）《钢琴流畅练习曲》（作品 849 号）《钢琴快速练习曲》（作品 299 号）等。

J0162530
车尔尼 25 首钢琴小手练习曲，作品 748
（奥）车尔尼著
合肥　安徽文艺出版社　1997年　重印本　49页
29cm（13开）ISBN：7-5396-0892-7
定价：CNY6.50

J0162531
车尔尼钢琴八度练习曲，作品 553　（奥）卡

尔·车尔尼（Carl Czerny）曲；姚世真注释
上海　上海音乐出版社　1997年　15页　有图
31cm（10开）ISBN：7-80553-697-X
定价：CNY8.00
（车尔尼钢琴教学系列）

J0162532
车尔尼钢琴八小节练习曲，作品 821　（奥）
卡尔·车尔尼（Carl Czerny）曲；姚世真注释
上海　上海音乐出版社　1997年　105页　有图
31cm（10开）ISBN：7-80553-706-2
定价：CNY24.80
（车尔尼钢琴教学系列）

J0162533
车尔尼钢琴初步教程，作品 599　（奥）C. 车尔尼（CarlCzerny）著
长沙　湖南文艺出版社　1997年　52页
30cm（10开）ISBN：7-5404-1772-2
定价：CNY8.00
（钢琴家之旅丛书）

J0162534
车尔尼钢琴简易练习曲，作品 139　（奥）车尔尼（Carl Czerny）曲；姚世真注释
上海　上海音乐出版社　1997年　101页
有照片　31cm（10开）ISBN：7-80553-703-8
定价：CNY23.00
（车尔尼钢琴教学系列）

J0162535
车尔尼钢琴练习曲选集　（第一册）（奥）车尔尼（C.Czerny）曲；卞善艺编注
北京　人民音乐出版社　1997年　116页
31cm（10开）ISBN：7-103-01469-8
定价：CNY23.00

J0162536
车尔尼钢琴练习曲选集　（第二册）（奥）车尔尼（C.Czerny）曲；卞善艺编注
北京　人民音乐出版社　1997年　153页
30cm（10开）ISBN：7-103-01470-1
定价：CNY29.30

J0162537
车尔尼钢琴手指灵巧初步练习曲,作品636
(奥)卡尔·车尔尼(Carl Czerny)曲;姚世真注释
上海 上海音乐出版社 1997年 51页 有图
31cm(10开) ISBN:7-80553-704-6
定价:CNY15.50
(车尔尼钢琴教学系列)

J0162538
车尔尼钢琴左手练习曲,作品718 (奥)卡
尔·车尔尼(Carl Czerny)曲;姚世真注释
上海 上海音乐出版社 1997年 33页 有图
31cm(10开) ISBN:7-80553-705-4
定价:CNY12.00
(车尔尼钢琴教学系列)

J0162539
车尔尼小钢琴家,作品823
(奥)车尔尼(Carl Czerny)曲;罗传开译注
上海 上海音乐出版社 1997年 99页
30cm(10开) ISBN:7-80553-564-7
定价:CNY18.00
(车尔尼钢琴教学系列)
　　作者罗传开(1932—),教授、研究员。生于广东省高明县,毕业于上海音乐学院理论作曲系。历任上海音乐学院教授、华东师范大学兼职教授。著有《外国通俗名曲欣赏词典》《世界著名圆舞曲欣赏》《圆舞曲之王:约翰·施特劳斯和他的主要作品》,主要译作《西洋乐器图说》《战后日本文学史·年表》。

J0162540
儿童名歌改编的通俗钢琴曲集 翟继峰主编
延吉 延边人民出版社 1997年 102页
有照片 30cm(10开) ISBN:7-80599-597-4
定价:CNY19.80
(中外流行钢琴曲系列 E)

J0162541
钢琴经典名曲 [英]菲利浦·霍索恩,[英]
卡罗琳·菲普斯[主编]
长春 吉林文史出版社 1997年 128页
有彩图 29cm(16开) ISBN:7-80626-081-1
定价:CNY48.00

J0162542
钢琴名曲 (乐曲解说及弹奏指引)蒋泓等编写
沈阳 辽宁人民出版社 1997年 144页
37cm(8开) ISBN:7-205-03947-9
定价:CNY39.00

J0162543
钢琴演奏中外抒情曲集 (一)任达敏编曲;
人民音乐出版社编辑部编
北京 人民音乐出版社 1997年 109页
31cm(10开) ISBN:7-103-01481-7
定价:CNY21.00

J0162544
钢琴演奏中外抒情曲集 (二)任达敏编曲;
人民音乐出版社编辑部编
北京 人民音乐出版社 1999年 128页
31cm(10开) ISBN:7-103-01805-7
定价:CNY25.60
　　本书是为钢琴独奏而作,曲目范围以流行音乐为主,有中国歌曲和欧美歌曲,包括:《南泥湾》《踏浪》《靠近你》等。

J0162545
钢琴圆舞曲集 (2)李苏眉编
上海 上海音乐出版社 1997年 269页
31cm(10开) ISBN:7-80553-491-8
定价:CNY48.00

J0162546
孩子们的车尔尼 (奥)C.车尔尼作曲;罗传
开编选并注释
上海 上海音乐出版社 1997年 57页 有图
31cm(10开) ISBN:7-80553-631-7
定价:CNY15.00
　　作者车尔尼(Carl Czerny,1791—1857),奥地利著名钢琴演奏家、教育家、作曲家。曾从贝多芬以及克莱门蒂学习钢琴。在维也纳从事教学、演出与创作。他的钢琴练习曲在许多国家被广泛采用为钢琴教材。代表作品有《钢琴初步教程》(作品599号)《钢琴流畅练习曲》(作品849号)《钢琴快速练习曲》(作品299号)等。

J0162547
海顿钢琴奏鸣曲全集 (第2册)

（奥）海顿（Joseph Haydn）作；［奥］克·兰敦（Christa Landon），［奥］约纳斯编注；周薇译

上海　上海教育出版社　1997 年　15+192 页

31cm（10 开）ISBN：7-5320-5344-X

定价：CNY43.00

（钢琴系列丛书　钢琴乐谱）

　　作者海顿（Franz Joseph Haydn，1732—1809），奥地利作曲家。全名弗朗茨·约瑟夫·海顿，维也纳古典乐派代表人物之一。代表作品有《惊愕交响曲》《告别交响曲》《小夜曲》《吉普赛回旋曲》。

J0162548

海顿钢琴奏鸣曲全集 （第 3 册）

（奥）海顿（Joseph Haydn）作；

［奥］克·兰敦（Christa Landon），

［奥］约纳斯编注；周薇译

上海　上海教育出版社　1997 年　15+124 页

31cm（10 开）ISBN：7-5320-5345-8

定价：CNY30.00

（钢琴系列丛书　钢琴乐谱）

J0162549

海顿钢琴奏鸣曲全集 （第 1a 册）

（奥）海顿（Joseph Haydn）作；

［奥］克·兰敦（Christa Landon），

［奥］约纳斯编注；周薇译

上海　上海教育出版社　1997 年　15+113 页

31cm（10 开）ISBN：7-5320-5342-3

定价：CNY29.50

（钢琴系列丛书　钢琴乐谱）

J0162550

海顿钢琴奏鸣曲全集 （第 1b 册）

（奥）海顿（Joseph Haydn）作；

［奥］克·兰敦（Christa Landon），

［奥］约纳斯编注；周薇译

上海　上海教育出版社　1997 年　15+114-233 页

31cm（10 开）ISBN：7-5320-5343-1

定价：CNY31.00

（钢琴系列丛书　钢琴乐谱）

J0162551

简易钢琴曲集 （浪漫主义时期　第一册）

埃蒙茨（Emonts，F）编；吴迎译

上海　上海教育出版社　1997 年　32 页

31cm（10 开）ISBN：7-5320-5248-6

定价：CNY7.50

（钢琴系列丛书）

　　本书由上海教育出版社和德国朔特音乐出版社联合出版。

J0162552

简易钢琴曲集 （浪漫主义时期　第二册）

埃蒙茨（Emonts，F）编；吴迎译

上海　上海教育出版社　1997 年　32 页

31cm（10 开）ISBN：7-5320-5249-4

定价：CNY7.50

（钢琴系列丛书）

　　本书由上海教育出版社和德国朔特音乐出版社联合出版。

J0162553

简易钢琴曲集 （巴洛克时期）

埃蒙茨（Fmonts，F）编；吴迎译

上海　上海教育出版社　1997 年　24 页

31cm（10 开）ISBN：7-5320-5246-X

定价：CNY6.50

（钢琴系列丛书）

　　本书由上海教育出版社和德国朔特音乐出版社联合出版。

J0162554

简易钢琴曲集 （前古典时期　从巴赫之子～贝多芬）埃蒙茨（Emonts，F）编；吴迎译

上海　上海教育出版社　1997 年　32 页

31cm（10 开）ISBN：7-5320-5247-8

定价：CNY7.50

（钢琴系列丛书）

　　本书由上海教育出版社和德国朔特音乐出版社联合出版。

J0162555

精典民歌改编的通俗钢琴曲集 翟继峰,陈志伟主编

延吉　延边人民出版社　1997 年　103 页　有照片

30cm（10 开）ISBN：7-80599-597-4

定价：CNY19.80

（中外流行钢琴曲系列　H）

J0162556
流行名歌改编的通俗钢琴曲集　翟继峰,陈志伟主编
延吉　延边人民出版社　1997 年　102 页
有照片　30cm（10 开）ISBN：7-80599-597-4
定价：CNY19.80
（中外流行钢琴曲系列　F）

J0162557
梅洛蒂斯钢琴名曲集　（上）李苏眉编
上海　上海音乐出版社　1997 年　230 页
31cm（10 开）ISBN：7-80553-562-0
定价：CNY40.00

J0162558
梅洛蒂斯钢琴名曲集　（下）李苏眉编
上海　上海音乐出版社　1998 年　264 页
31cm（10 开）ISBN：7-80553-656-2
定价：CNY46.00

J0162559
青少年手风琴波尔卡曲集　吴群编
北京　北京师范大学出版社　1997 年　122 页
26cm（16 开）ISBN：7-303-04531-7
定价：CNY15.00
　　作者吴群,中国国际文化传播中心艺术培训学校副校长,中国音乐家协会表演艺术委员会手风琴学会理事,北京音乐家协会手风琴学会副会长。

J0162560
斯卡拉蒂钢琴奏鸣曲集　（第一册）（意）D. 斯卡拉蒂（D.Scarlatti）曲；B. 约翰逊编；何少英译
北京　人民音乐出版社　1997 年　90 页
31cm（10 开）ISBN：7-103-01556-2
定价：CNY17.40

J0162561
斯卡拉蒂钢琴奏鸣曲集　（第二册）（意）斯卡拉蒂（D.Scarlatti）著；（德）B. 克卢思指法编订；何少英译
北京　人民音乐出版社　1997 年　95 页
31cm（10 开）ISBN：7-103-01557-0
定价：CNY18.50

J0162562
斯卡拉蒂钢琴奏鸣曲集　（第三册）（意）斯卡拉蒂（D.Scarlatti）著；（德）B. 克卢思指法编订；何少英译
北京　人民音乐出版社　1997 年　107 页
31cm（10 开）ISBN：7-103-01558-9
定价：CNY20.20

J0162563
泰勒曼小幻想曲 12 首　（钢琴）
[德] G.P. 泰勒曼（G.P.Telemann）作；埃里契·道夫兰（Erich Doflein）编；巢志珏译
上海　上海教育出版社　1997 年　27 页
31cm（10 开）ISBN：7-5320-5263-X
定价：CNY7.50
　　外文书名：Telemann,12 Little Fantasias：Piano.

J0162564
外国钢琴曲精萃　（俄罗斯卷）（匈）莱赫尔·波司编
北京　人民音乐出版社　1997 年　42 页
30cm（10 开）ISBN：7-103-01605-4
定价：CNY12.60

J0162565
外国钢琴曲精萃　（匈牙利卷　Ⅰ）（匈）艾迪特·汉巴尔科编
北京　人民音乐出版社　1997 年　46 页
30cm（10 开）ISBN：7-103-01609-7
定价：CNY12.70

J0162566
外国钢琴曲精萃　（匈牙利卷　Ⅱ）
（匈）艾迪特·汉巴尔科编
北京　人民音乐出版社　1997 年　47 页
30cm（10 开）ISBN：7-103-01610-0
定价：CNY12.70

J0162567
外国钢琴曲精萃　（德国卷）
（匈）安纳玛利亚·克洛塞编
北京　人民音乐出版社　1997 年　56 页
30cm（10 开）ISBN：7-103-01611-9
定价：CNY14.30

J0162568

外国钢琴曲精萃 （意大利卷）

（匈）伊斯特凡·玛利亚西编

北京 人民音乐出版社 1997年 46页

30cm（10开）ISBN：7-103-01604-6

定价：CNY13.10

J0162569

外国钢琴曲精萃 （西班牙卷）

（匈）乔吉·巴拉编

北京 人民音乐出版社 1997年 48页

30cm（10开）ISBN：7-103-01606-2

定价：CNY13.10

J0162570

外国钢琴曲精萃 （英国卷）

（匈）乔吉·巴拉编

北京 人民音乐出版社 1997年 41页

30cm（10开）ISBN：7-103-01608-9

定价：CNY12.60

J0162571

外国钢琴曲精萃 （法国卷）

（匈）彼得·索里摩斯编

北京 人民音乐出版社 1997年 45页

30cm（10开）ISBN：7-103-01607-0

定价：CNY13.10

J0162572

外国情调钢琴曲 许民主编

长春 时代文艺出版社 1997年 111页

29cm（16开）ISBN：7-5387-1121-X

定价：CNY20.00

　　本书由时代文艺出版社和吉利音像出版社联合出版。

J0162573

外国著名音乐主题改编儿童钢琴曲选

何少英编配

北京 人民音乐出版社 1997年 93页

30cm（10开）ISBN：7-103-01454-X

定价：CNY20.60

J0162574

新编钢琴小奏鸣曲集 （初级）［德］马丁·弗

瑞（Martin Frey）编；吴迎译

上海 上海教育出版社 1997年 48页

31cm（10开）ISBN：7-5320-5261-3

定价：CNY10.50

（钢琴系列丛书 钢琴乐谱）

　　外文书名：The New Sonatina Book.

J0162575

新编世界钢琴名曲 山燃主编

牡丹江 黑龙江朝鲜民族出版社 1997年

2册（622页）30cm（10开）

ISBN：7-5389-0697-5 定价：CNY128.00

J0162576

业余钢琴考级曲目集 （第一级）

广州 广东世界图书出版公司 1997年 38页

29cm（16开）ISBN：7-5062-2956-0

定价：CNY6.50

　　本书曲目包括：《圆舞曲》《小步舞曲》《跳芭蕾》《花灯》《军号与鼓》《对舞》《牧羊人的笛子》《钟》《香槟》等。

J0162577

业余钢琴考级曲目集 （第二级）

广州 广东世界图书出版公司 1997年 48页

29cm（16开）ISBN：7-5062-2957-9

定价：CNY8.00

　　本书曲目包括：《乌木之歌》《喜悦》《威廉皇帝进行曲》《小曲》《小音乐盒》《快活》《G大调小奏鸣曲》等。

J0162578

业余钢琴考级曲目集 （第三级）

广州 广东世界图书出版公司 1997年 61页

29cm（15开）ISBN：7-5062-2958-7

定价：CNY10.00

　　本书曲目包括：《伤逝》《风铃之歌》《进行曲》《圆舞曲》《变奏曲》《老巫之舞》《闪闪红星》《儿童民歌》等。

J0162579

业余钢琴考级曲目集 （第四级）

广州 广东世界图书出版公司 1997年 55页

29cm（16开）ISBN：7-5062-2959-5

定价：CNY9.00

本书曲目包括:《小步舞曲》《舞曲》《小圆舞曲》《布列舞曲》《进行曲》《卖汤圆》《仙女的舞蹈》等。

J0162580

业余钢琴考级曲目集 （第五级）
广州 广东世界图书出版公司 1997 年 73 页
29cm（16 开）ISBN：7-5062-2960-9
定价：CNY12.00

本书曲目包括:《听妈妈讲故事》《古老的小步舞曲》《摇篮曲》《儿童》《庆翻身》《云海》《D 小调小前奏曲》等。

J0162581

业余钢琴考级曲目集 （第六级）
广州 广东世界图书出版公司 1997 年 82 页
29cm（16 开）ISBN：7-5062-2961-7
定价：CNY13.00

本书曲目包括:《抒情圆舞曲》《快板》《回旋曲》《跳绳》《无词歌》《瑶寨风情》《威尼斯船歌》等。

J0162582

影视名歌改编的通俗钢琴曲集 翟继峰主编
延吉 延边人民出版社 1997 年 103 页 有照片
30cm（10 开）ISBN：7-80599-597-4
定价：CNY19.80
（中外流行钢琴曲系列 G）

J0162583

中外钢琴名曲 郭幼容,陈川编
成都 四川文艺出版社 1997 年
3 册（124；124；124 页）31cm（10 开）
ISBN：7-5411-1665-3
定价：CNY84.00,CNY28.00（单册）
（百奏不厌系列）

作者陈川（1945—　），作曲家。毕业于中央音乐学院。历任四川文艺出版社副社长、四川电子音像出版社总编辑、四川通俗音乐协会会长、中国音乐家协会会员。创作歌曲有《峨眉山》《九寨沟·黄龙》《青城山·都江堰》《稻城亚丁·香格里拉》等。音乐专著有《琴弦上的梦》《中国少数民族乐器大观》《藏族人民庆丰收》等。

J0162584

中外钢琴名曲精选 蒋振声选编
海口 海南国际新闻出版中心 1997 年
2 册（202；224 页）31cm（10 开）
ISBN：7-80609-118-1 定价：CNY78.00

J0162585

中外流行钢琴曲系列
延吉 延边人民出版社 1997 年 8 册
30cm（10 开）ISBN：7-80599-597-4
定价：CNY158.40

J0162586

62 首钢琴中高级乐曲集 李晓玲编
成都 四川人民出版社 1998 年 266 页
29cm（16 开）ISBN：7-220-04231-0
定价：CNY29.80

J0162587

巴赫初级钢琴练习曲 （新版）(德)巴赫编
北京 世界图书出版公司 1998 年 40 页
30cm（10 开）ISBN：7-5062-3835-7
定价：CNY8.00

J0162588

巴赫初级钢琴曲集 （新版）(德)巴赫曲
上海 世界图书出版公司 1998 年 40 页
26cm（16 开）ISBN：7-5062-3835-7
定价：CNY8.00

J0162589

巴赫初级钢琴曲集 （教学版）(德)约翰·塞巴斯蒂安·巴赫（Johann Sebastian Bach）曲;
冯丹编注
重庆 西南师范大学出版社 1998 年 57 页
30cm（10 开）ISBN：7-5621-1874-4
定价：CNY8.80
（钢琴教学丛书）

J0162590

巴赫创意曲集 (德)巴赫著
长春 时代文艺出版社 1998 年 63 页
30cm（12 开）ISBN：7-5387-1250-X
定价：CNY13.50
（外国钢琴教学曲库）

J0162591
巴赫钢琴组曲集　（德）巴赫（J.S.Bach）著；
葛俭编辑
长沙　湖南文艺出版社　1998年　261页
30cm（10开）精装　ISBN：7-5404-1870-2
定价：CNY33.30
　　本书内容包括：6首英国组曲、6首法国组
曲、6首古组曲。

J0162592
贝多芬钢琴小品集　勃兰德尔编注
上海　上海教育出版社　1998年　47页
30cm（16开）ISBN：7-5320-5546-9
定价：CNY15.00
（钢琴系列丛书）

J0162593
贝多芬钢琴奏鸣曲集
（德）贝多芬（Ludwig Van Beethoven）著
长春　时代文艺出版社　1998年
2册（283；329页）有图　30cm（16开）
ISBN：7-5387-1231-3　定价：CNY120.00
（外国钢琴教学曲库）

J0162594
布格缪勒钢琴进阶25曲　（作品100）
北京　人民音乐出版社　1998年　重印本　35页
30cm（10开）ISBN：7-103-01435-3
定价：CNY9.60

J0162595
布格缪勒钢琴练习曲合集　（作品100、109）
（德）布格缪勒著
长春　时代文艺出版社　1998年　79页
31cm（15开）ISBN：7-5387-1253-4
定价：CNY16.00
（外国钢琴教学曲库）

J0162596
车尔尼钢琴初步教程，作品599
（奥）车尔尼著
广州　花城出版社　1998年　52页　28cm（16开）
ISBN：7-5360-2573-4　定价：CNY10.00
（走进音乐世界系列）

J0162597
车尔尼钢琴初级教程，作品599
（奥）车尔尼曲
北京　世界图书出版公司　1998年　54页
29cm（16开）ISBN：7-5062-3661-3
定价：CNY10.80

J0162598
车尔尼钢琴初级教程，作品599
（新版）（奥）车尔尼曲
上海　世界图书出版公司　1998年　54页
29cm（16开）ISBN：7-5062-3661-3
定价：CNY10.80

J0162599
车尔尼钢琴短乐句练习曲，作品261　（奥）
卡尔·车尔尼（Carl Czerny）曲；姚世真注释
上海　上海音乐出版社　1998年　72页　有图
31cm（10开）ISBN：7-80553-737-2
定价：CNY16.40
（车尔尼钢琴教学系列）

J0162600
车尔尼钢琴快速练习曲，作品299
（奥）车尔尼（Carl Czerny）曲
长沙　湖南文艺出版社　1998年　101页
30cm（10开）ISBN：7-5404-1865-6
定价：CNY13.20
（钢琴家之旅丛书）

J0162601
车尔尼钢琴流畅练习曲，作品849
（奥）车尔尼（Carl Czerny）曲
长沙　湖南文艺出版社　1998年　55页
30cm（18开）ISBN：7-5404-1861-3
定价：CNY8.00
（钢琴家之旅丛书）

J0162602
车尔尼钢琴每日练习三十二首，作品848
（为小手而作）（奥）卡尔·车尔尼（Carl Czerny）
曲；熊道儿注释
广州　花城出版社　1998年　49页　29cm（16开）
ISBN：7-5360-2822-9　定价：CNY10.00
（走进音乐世界系列）

J0162603
车尔尼钢琴小手练习曲,作品 748 （奥）
卡尔·车尔尼（Carl Czerny）曲；巢志珏注释
上海　上海音乐出版社 1998 年　59 页　有图
31cm（10 开）ISBN：7-80553-710-0
定价：CNY18.00
（车尔尼钢琴教学系列）

J0162604
车尔尼少年钢琴家基训手册 （170 首"天天
练"）（奥）车尔尼（Czerny）曲；卞善艺编注
北京　人民音乐出版社 1998 年　164 页
31cm（10 开）ISBN：7-103-01447-7
定价：CNY28.90

J0162605
德彪西 12 首钢琴练习曲 ［法］德彪西作曲
北京　人民音乐出版社 1998 年　75 页
31cm（10 开）ISBN：7-103-01632-1
定价：CNY16.30

J0162606
蒂默钢琴技巧练习新教程 （初级　第一册）
［德］奥托·蒂默（Thumer）编；汤亚丁翻译
上海　上海教育出版社 1998 年　37 页
31cm（10 开）ISBN：7-5320-5639-2
定价：CNY10.50
（钢琴系列丛书　钢琴教程）

J0162607
蒂默钢琴技巧练习新教程 （初级　第二册）
［德］奥托·蒂默（Thumer）编；汤亚丁翻译
上海　上海教育出版社 1998 年　39 页
31cm（10 开）ISBN：7-5320-5640-6
定价：CNY10.50
（钢琴系列丛书　钢琴教程）

J0162608
蒂默钢琴技巧练习新教程 （初级　第三册）
［德］奥托·蒂默（Thumer）编；汤亚丁翻译
上海　上海教育出版社 1998 年　41 页
31cm（10 开）ISBN：7-5320-5641-4
定价：CNY11.00
（钢琴系列丛书　钢琴教程）

J0162609
蒂默钢琴技巧练习新教程 （预备级　第一
册）［德］奥托·蒂默（Thumer）编；汤亚丁翻译
上海　上海教育出版社 1998 年　32 页
31cm（10 开）ISBN：7-5320-5636-8
定价：CNY9.50
（钢琴系列丛书　钢琴教程）

J0162610
蒂默钢琴技巧练习新教程 （预备级　第二
册）［德］奥托·蒂默（Thumer）编；汤亚丁翻译
上海　上海教育出版社 1998 年　43 页
31cm（10 开）ISBN：7-5320-5637-6
定价：CNY12.00
（钢琴系列丛书　钢琴教程）

J0162611
蒂默钢琴技巧练习新教程 （预备级　第三
册）［德］奥托·蒂默（Thumer）编；汤亚丁翻译
上海　上海教育出版社 1998 年　33 页
31cm（10 开）ISBN：7-5320-5638-4
定价：CNY9.50
（钢琴系列丛书　钢琴教程）

J0162612
儿童钢琴四手联弹曲集　郭瑶编著
长沙　湖南文艺出版社 1998 年　138 页
30cm（10 开）ISBN：7-5404-1833-8
定价：CNY14.00

J0162613
钢琴小奏鸣曲大全　葛俭编
长沙　湖南文艺出版社 1998 年　352 页
30cm（10 开）精装　ISBN：7-5404-1917-2
定价：CNY39.50

J0162614
克拉莫 60 首钢琴练习曲 （新版）（德）J.B.克
拉莫（J.B.Cramer）作曲
上海　上海世界图书出版公司 1998 年　160 页
30cm（10 开）ISBN：7-5062-3834-9
定价：CNY25.00
　　J.B. 克拉莫（1771—1858），德国钢琴家兼教师。

J0162615

莫扎特钢琴变奏曲集 （第 1 册）（奥）莫扎特
（Mozart）曲；［德］缪勒，［德］齐曼编注；葛蔚英译
上海　上海教育出版社　1998 年　70 页
31cm（10 开）ISBN：7-5320-5823-9
定价：CNY20.00
（钢琴系列丛书　钢琴乐谱）

外文书名：Mozart Variations for Piano.

J0162616

莫扎特钢琴变奏曲集 （第 2 册）（奥）莫扎特
（Mozart）曲；［德］缪勒，［德］齐曼编注；葛蔚英译
上海　上海教育出版社　1998 年　87 页
31cm（10 开）ISBN：7-5320-5824-7
定价：CNY23.00
（钢琴系列丛书　钢琴乐谱）

外文书名：Mozart Variations for Piano.

J0162617

萨蒂钢琴作品集 （法）E.萨蒂（Erik Satie）著；
（德）威尔海姆·奥海姆（Wilhelm Ohmen）编；常
罡译注
北京　世界图书出版公司北京公司　1998 年
45 页 28cm（大 16 开）ISBN：7-5062-3297-9
定价：CNY8.00

J0162618

世界音乐大师钢琴作品选集 （爱德华·格
里格钢琴小品集）（挪）爱德华·格里格（Edvard
Grieg）作曲
北京　中国青年出版社　1998 年　55 页
30cm（10 开）ISBN：7-5006-2749-1
定价：CNY16.00
（朔特钢琴选集丛书）

J0162619

世界音乐大师钢琴作品选集 （安东尼·德
沃夏克钢琴小品集）（捷）安东尼·德沃夏克
（Antonin Dvorak）作曲
北京　中国青年出版社　1998 年　48 页
30cm（10 开）ISBN：7-5006-2758-0
定价：CNY12.00
（朔特钢琴选集丛书）

作曲德沃夏克（Antonín Leopold Dvorák，
1841—1904），全名安东·利奥波德·德沃夏克。捷
克作曲家，捷克民族乐派的主要代表人物。主
要作品有《斯拉夫舞曲》《第九交响曲，又名，自
新世界交响曲》《b 小调大提琴协奏曲》等，交响
诗《水妖》《金纺车》，歌剧《魔鬼与卡嘉》《水仙
女》等。

J0162620

世界音乐大师钢琴作品选集
（菲力克斯·门德尔松·巴托尔弟钢琴小品集）
（德）门德尔松（Felix Mendelssohn）作曲
北京　中国青年出版社　1998 年　66 页
30cm（10 开）ISBN：7-5006-2753-X
定价：CNY18.00
（朔特钢琴选集丛书）

J0162621

世界音乐大师钢琴作品选集
（路德维希·冯·贝多芬钢琴小品集）（德）贝多芬
（Ludwig Van Beethoven）作曲
北京　中国青年出版社　1998 年　63 页
30cm（10 开）ISBN：7-5006-2751-3
定价：CNY16.00
（朔特钢琴选集丛书）

J0162622

世界音乐大师钢琴作品选集
（罗伯特·舒曼钢琴小品集）（德）罗伯特·舒曼
（Robert Schumann）作曲
北京　中国青年出版社　1998 年　63 页
30cm（10 开）ISBN：7-5006-2756-4
定价：CNY16.00
（朔特钢琴选集丛书）

J0162623

世界音乐大师钢琴作品选集
（斯卡拉蒂 48 首钢琴奏鸣曲和小品）
（意）斯卡拉蒂（Domenico Scarlatti）作曲
北京　中国青年出版社　1998 年　127 页
30cm（10 开）ISBN：7-5006-2749-1
定价：CNY32.00
（朔特钢琴选集丛书）

J0162624

世界音乐大师钢琴作品选集
（沃尔夫冈·阿玛多伊斯·莫扎特钢琴小品集）

（奥）W.A.莫扎特（Wolfgang Amadeus Mozart）
作曲
北京 中国青年出版社 1998年 63页
30cm（10开） ISBN：7-5006-2757-2
定价：CNY16.00
（朔特钢琴选集丛书）

　　作者莫扎特（1756—1791），欧洲古典主义音乐作曲家。出生于萨尔兹堡。留给世人的作品达600多首，包括63首交响曲，16首嬉游曲，13首小夜曲，15首进行曲，105首小步舞曲，172首舞曲等。代表作品有《奏鸣曲》《协奏曲》《安魂曲》《唐璜》《费加罗的婚礼》《魔笛》等。

J0162625
世界音乐大师钢琴作品选集
（肖邦钢琴小品集）（波）肖邦（Frederic Chopin）
作曲
北京 中国青年出版社 1998年
2册（80；80页）30cm（10开）
ISBN：7-5006-2754-8 定价：CNY40.00
（朔特钢琴选集丛书）

　　作者肖邦（Fryderyk Franciszek Chopin,1810-1849），波兰钢琴家、作曲家。出生于波兰华沙热拉佐瓦沃拉。华沙音乐学院毕业。1830年起出国深造并定居巴黎，从事创作、教学及演奏活动。他的创作由于受到波兰民族运动的影响，充满了爱国激情和对祖国的思念，是波兰民族乐派的代表。他首创了叙事曲体裁，将前奏曲、谐谑曲发展成独立的钢琴曲。主要作品包括：钢琴协奏曲两部、奏鸣曲三首、练习曲二十七首、玛祖卡五十九首、波兰舞曲十六首、圆舞曲二十首、夜曲二十一首、前奏曲二十五首、即兴曲三首、谐谑曲四首及艺术歌曲。

J0162626
世界音乐大师钢琴作品选集 （约翰·塞巴斯蒂安·巴赫钢琴小品集）（德）约翰·塞巴斯蒂安·巴赫（Johann Sebastian Bach）作曲
北京 中国青年出版社 1998年 63页
30cm（10开） ISBN：7-5006-2759-9
定价：CNY16.00
（朔特钢琴选集丛书）

　　作者巴赫（Johann Sebastian Bach,1685—1750），德国作曲家。毕生致力于音乐创作和演奏，对西洋近代音乐发展深有影响，被尊为"音乐之父"。

作品风格讲求哲理与抒情、写景密切结合，声乐与器乐综合统一。多为复调音乐。声乐作品以康塔塔最为丰富多彩，约230余部。器乐作品主要有《平均律钢琴曲集》两卷，以及大量古钢琴组曲、管风琴曲、管弦乐曲、无伴奏奏鸣曲等。

J0162627
世界音乐大师钢琴作品选集 （约翰内斯·勃拉姆斯钢琴小品集）（德）约翰内斯·勃拉姆斯（Johannes Brahms）作曲
北京 中国青年出版社 1998年 61页
30cm（10开） ISBN：7-5006-2755-6
定价：CNY16.00
（朔特钢琴选集丛书）

　　作者勃拉姆斯（Brahms, Johannes,1833-1897）德国作曲家。生于汉堡。幼承家学，曾在汉堡、维也纳、苏黎世、巴登等地当过钢琴师、乐队指挥及音乐教师。创作了大量器乐重奏曲，歌曲等。重要作品有《德意志安魂曲》《第一交响曲》《摇篮曲》等。

J0162628
世界音乐大师钢琴作品选集
（约瑟夫·海顿钢琴小品集）（奥）约瑟夫·海顿（Joseph Haydn）作曲
北京 中国青年出版社 1998年 63页
30cm（10开） ISBN：7-5006-2752-1
定价：CNY16.00
（朔特钢琴选集丛书）

　　作者海顿（Franz Joseph Haydn,1732—1809），奥地利作曲家。全名弗朗茨·约瑟夫·海顿，维也纳古典乐派代表人物之一。代表作品有《惊愕交响曲》《告别交响曲》《小夜曲》《吉普赛回旋曲》。

J0162629
手风琴复调曲选 （一）吴守智编
北京 人民音乐出版社 1998年 58页
31cm（10开） ISBN：7-103-01507-4
定价：CNY15.00

J0162630
献给孩子们 （巴托克儿童钢琴曲集）
（匈）巴托克（Bartok Bela）曲；万小娟，杨九华编译

南昌　百花洲文艺出版社　1998 年　121 页
有图 31cm（10 开）ISBN：7-80579-996-2
定价：CNY22.00

J0162631
肖邦钢琴曲集　（谐谑曲）
（波）肖邦（Frederic Francois Chopin）[作曲]；
曲国彦译
长春　时代文艺出版社　1998 年　85 页
31cm（10 开）ISBN：7-5387-1255-0
定价：CNY288.00（全 14 册）
（外国钢琴教学曲库 5）

J0162632
肖邦钢琴曲集　（叙事曲）（波）肖邦（Frederic Francois Chopin）[作曲]；曲国彦译
长春　时代文艺出版社　1998 年　53 页
31cm（10 开 ）ISBN：7-5387-1255-0
定价：CNY288.00（全 14 册）
（外国钢琴教学曲库 3）

J0162633
肖邦钢琴曲集　（夜曲）（波）肖邦（Frederic Francois Chopin）[作曲]；曲国彦译
长春　时代文艺出版社　1998 年　99 页
31cm（12 开）ISBN：7-5387-1255-0
定价：CNY288.00（全 14 册）
（外国钢琴教学曲库 7）

J0162634
肖邦钢琴曲集　（回旋曲）（波）肖邦（Frederic Francois Chopin）[作曲]；曲国彦译
长春　时代文艺出版社　1998 年　110 页
31cm（10 开）ISBN：7-5387-1255-0
定价：CNY288.00（全 14 册）
（外国钢琴教学曲库 12）

J0162635
肖邦钢琴曲集　（协奏曲）（波）肖邦（Frederic Francois Chopin）[作曲]；曲国彦译
长春　时代文艺出版社　1998 年　187 页
31cm（10 开）ISBN：7-5387-1255-0
定价：CNY288.00（全 14 册）
（外国钢琴教学曲库 14）

J0162636
肖邦钢琴曲集　（幻想曲）（波）肖邦（Frederic Francois Chopin）[作曲]；曲国彦译
长春　时代文艺出版社　1998 年　37 页
31cm（10 开）ISBN：7-5387-1255-0
定价：CNY288.00（全 14 册）
（外国钢琴教学曲库 11）

J0162637
肖邦钢琴曲集　（奏鸣曲）（波）肖邦（Frederic Francois Chopin）[作曲]；曲国彦译
长春　时代文艺出版社　1998 年　110 页
31cm（10 开）ISBN：7-5387-1255-0
定价：CNY288.00（全 14 册）
（外国钢琴教学曲库 6）

J0162638
肖邦钢琴曲集　（前奏曲）（波）肖邦（Frederic Francois Chopin）[作曲]；曲国彦译
长春　时代文艺出版社　1998 年　53 页
31cm（10 开）ISBN：7-5387-1255-0
定价：CNY288.00（全 14 册）
（外国钢琴教学曲库 1）

J0162639
肖邦钢琴曲集　（波兰舞曲）（波）肖邦
（Frederic Francois Chopin）[作曲]；曲国彦译
长春　时代文艺出版社　1998 年　123 页
31cm（10 开）ISBN：7-5387-1255-0
定价：CNY288.00（全 14 册）
（外国钢琴教学曲库 8）

J0162640
肖邦钢琴曲集　（玛祖卡）（波）肖邦
（Frederic Francois Chopin）[作曲]；曲国彦译
长春　时代文艺出版社　1998 年　190 页
31cm（10 开）ISBN：7-5387-1255-0
定价：CNY288.00（全 14 册）
（外国钢琴教学曲库 10）

J0162641
肖邦钢琴曲集　（圆舞曲）（波）肖邦
（Frederic Francois Chopin）[作曲]；曲国彦译
长春　时代文艺出版社　1998 年　106 页
31cm（10 开）ISBN：7-5387-1255-0

定价：CNY288.00（全 14 册）
（外国钢琴教学曲库 9）

J0162642
肖邦夜曲集 （维也纳原始版本）（波）肖邦作
曲；（波）简·爱克尔编；杨儒怀译
北京 世界图书出版公司北京公司 1998 年
113 页 28cm（大 16 开）ISBN：7-5062-3315-0
定价：CNY17.00
　　作者杨儒怀（1925—2012），教授。毕业于燕
京大学音乐系，中央音乐学院作曲系任教。

J0162643
小钢琴家之路 （世界优秀钢琴小曲集）顾嘉
琳等编
北京 中国青年出版社 1998 年
2 册（220；226 页）30cm（10 开）
ISBN：7-5006-2513-8 定价：CNY68.00

J0162644
小奏鸣曲集 （新版）库劳等编
北京 世界图书出版公司 1998 年 202 页
30cm（10 开）ISBN：7-5062-3836-5
定价：CNY28.00

J0162645
小奏鸣曲集 （新版）上海元龙实业公司编
上海 世界图书出版公司上海分公司 1998 年
202 页 30cm（10 开）ISBN：7-5062-3836-5
定价：CNY28.00

J0162646
中外少儿钢琴曲精选 朱亚荣等选编
太原 北岳文艺出版社 1998 年 重印本 138 页
28cm（16 开）ISBN：7-5378-1705-7
定价：CNY19.80
（中外少儿器乐曲精选系列 1）

J0162647
中外少儿手风琴曲精选 朱亚荣等选编
太原 北岳文艺出版社 1998 年 138 页
28cm（大 16 开）ISBN：7-5378-1703-0
定价：CNY19.80
（中外少儿器乐曲精选系列 3）

J0162648
巴赫赋格的艺术 （德）巴赫曲；（德）达维特·莫
罗奈校订；杨儒怀译
北京 人民音乐出版社 1999 年 97 页
31cm（10 开）ISBN：7-103-01863-4
定价：CNY20.30
　　本书由德国达维特·莫罗奈根据原稿校订，
包括了巴赫的 14 首赋格曲。赋格曲是按复杂性
的增长而排列的羽管键作品。

J0162649
芭蕾舞基本训练钢琴曲选 孙希康主编；北
京舞蹈学院编
北京 人民音乐出版社 1999 年 70 页 31cm（10 开）
　　外文书名：Piano Accompaniments for Fun-
damental Ballet Exercise.

J0162650
布格缪勒钢琴练习曲 （作品 100 教学版）
吴晓娜，詹艺虹注释
重庆 西南师范大学出版社 1999 年 53 页
30cm（10 开）ISBN：7-5621-2296-2
定价：CNY12.00
（钢琴教学丛书）

J0162651
布格缪勒合集 （作品 109 105 新版）
（德）布格缪勒（F.Burgmuller）曲
上海 世界图书出版公司上海分公司 1999 年
77 页 30cm（10 开）ISBN：7-80553-307-5
定价：CNY15.50
　　作者布格缪勒（Johann Friedrich Farnz Burg-
muller，1806—1874），全名"约翰·弗雷德里希·弗
朗兹·布格缪勒"，德国作曲家、钢琴家。出生于
德国巴伐利亚省的勒根斯堡。代表作品《钢琴进
阶练习曲 25 首》。

J0162652
布格缪勒合集 （作品 109 105 新版）
（德）布格缪勒（F.Burgmuller）曲
北京 世界图书出版公司 1999 年 77 页
30cm（10 开）ISBN：7-5062-4058-0
定价：CNY18.00

J0162653
车尔尼钢琴练习曲选集 （初级本）
（奥）车尔尼（Carl Czerny）曲；熊道儿编选
广州 花城出版社 1999 年 105 页 29cm（16 开）
ISBN：7-5360-2901-2 定价：CNY15.00
（走进音乐世界系列）

　　作者车尔尼（Carl Czerny,1791—1857），奥
地利著名钢琴演奏家、教育家、作曲家。曾从贝
多芬以及克莱门蒂学习钢琴。在维也纳从事教
学、演出与创作。他的钢琴练习曲在许多国家被
广泛采用为钢琴教材。代表作品有《钢琴初步教
程》（作品 599 号）《钢琴流畅练习曲》（作品 849
号）《钢琴快速练习曲》（作品 299 号）等。编选
熊道儿，广州星海音乐学院钢琴系任教。

J0162654
车尔尼钢琴流畅练习曲, 作品 849
（奥）车尔尼曲；方百里注释
上海 上海音乐出版社 1999 年 55 页 光盘 1 片
30cm（10 开）
（车尔尼钢琴教学系列）

J0162655
车尔尼钢琴流畅练习曲, 作品 849
（奥）车尔尼（Carl Czerny）著
北京 世界图书出版公司 1999 年 55 页
31cm（18 开）ISBN：7-5062-3965-5
定价：CNY12.00

J0162656
车尔尼钢琴流畅练习曲家长辅导手册
（作品 849）罗艺刚著
长沙 湖南文艺出版社 1999 年 108 页
20cm（16 开）ISBN：7-5404-2044-8
定价：CNY8.50

J0162657
儿童钢琴四手联弹 （1）上海音乐出版社编
上海 上海音乐出版社 1999 年 73 页
30cm（10 开）ISBN：7-5404-1833-8
定价：CNY14.00

J0162658
钢琴简易小奏鸣曲选 沈艺选编
上海 上海音乐出版社 1999 年 104 页

31cm（10 开）ISBN：7-80553-782-8
定价：CNY23.00
（钢琴奏鸣曲系列）

J0162659
经典爵士钢琴曲 许民主编
延吉 延边人民出版社 1999 年
2 册（133；132 页）29cm（16 开）
ISBN：7-80648-312-8 定价：CNY45.00

　　本书收录《迷人的节奏》《亚拉巴马梦》《忧
郁的傻瓜雷格》《卷心菜叶雷格》《博士雷格》
《蒔萝叶》《美国南部各州首领》等 70 首经典爵
士钢琴曲。

J0162660
克拉莫钢琴练习曲 60 首 ［德］克拉莫作曲
长春 时代文艺出版社 1999 年 149 页
31cm（10 开）ISBN：7-5387-1341-7
定价：CNY29.00
（外国钢琴教学曲库）

J0162661
克莱门第钢琴练习曲 29 首 （名手之道 新
版）（意）克莱门第（M.Clementi）曲
上海 上海世界图书出版公司 1999 年 113 页
30cm（10 开）ISBN：7-5062-2583-2
定价：CNY23.00

J0162662
克列门蒂钢琴练习曲 29 首 （名手之道）
［意］克列门蒂著
长春 时代文艺出版社 1999 年 118 页
30cm（10 开）ISBN：7-5387-1340-9
定价：CNY23.00
（外国钢琴教学曲库）

J0162663
克列门蒂钢琴奏鸣曲选集 ［意］克列门蒂著
长春 时代文艺出版社 1999 年 157 页
30cm（10 开）ISBN：7-5387-1350-6
定价：CNY29.50
（外国钢琴教学曲库）

J0162664
拉赫玛尼诺夫钢琴音画练习曲 （俄）拉赫

玛尼诺夫曲；钱仁康编

上海 上海音乐出版社 1999年 93页 30cm（10开）

　　译者钱仁康（1914—2013），音乐学家，音乐理论家。生于江苏无锡，毕业于国立音乐专科学校理论作曲组。历任北平师范学院、苏州国立社教学院、江苏师范学院（苏州大学前身）、苏南文教学院、华东师范大学音乐系教授，上海音乐学院音乐学系系主任、博导。著有《外国音乐欣赏》等，并译有《莫扎特书信选》等。

J0162665

美国儿童流行钢琴曲 （美）杰伊·斯图尔特曲

上海 上海音乐出版社 1999年 64页 有图

30cm（10开）ISBN：7-80553-797-6

定价：CNY15.00

J0162666

美国爵士钢琴小曲 （美）威廉·吉洛克［编］

上海 上海音乐出版社 1999年 32页

30cm（10开）ISBN：7-80553-792-5

定价：CNY10.00

J0162667

门德尔松无词歌 ［德］门德尔松著

长春 时代文艺出版社 1999年 143页

30cm（10开）ISBN：7-5387-1351-4

定价：CNY28.50

（外国钢琴教学曲库）

J0162668

莫什科夫斯基钢琴技巧练习曲15首，作品72 （波）莫里兹·莫什科夫斯基（Moritz Moszkowski）曲

上海 上海世界图书出版公司 1999年 71页

30cm（10开）ISBN：7-5062-4299-0

定价：CNY15.00

　　作者莫里兹·莫什科夫斯基（Moritz Mosz-kowski，1854—1925），犹太血统的波兰裔德国作曲家，指挥家，钢琴家。

J0162669

莫什科夫斯基钢琴练习曲十五首 （波）莫什科夫斯基（Moritz Moszkowski）曲；林尔耀编注

上海 上海音乐出版社 1999年 86页

30cm（10开）ISBN：7-80553-747-X

定价：CNY19.00

J0162670

莫扎特钢琴奏鸣曲集 （第一、二卷）（奥）沃尔夫冈·阿玛多伊斯·莫扎特（Wolfgang Amadeus Mozart）曲

北京 中国青年出版社 1999年

2册（129；147页）30cm（12开）

ISBN：7-5006-3384-X 定价：CNY56.00

　　本书由维也纳原始乐谱出版社和中国青年出版社联合出版。

J0162671

浅易外国儿童钢琴曲集 凌思扬编译

长沙 湖南文艺出版社 1999年 253页

30cm（10开）精装 ISBN：7-5404-2020-0

定价：CNY32.00

J0162672

沙龙钢琴曲20首 万晓乐编

北京 北京体育大学出版社 1999年 64页

29cm（16开）ISBN：7-81051-374-5

定价：CNY11.80

J0162673

世界儿童钢琴曲集 威尔编

长春 时代文艺出版社 1999年 重印本

249页 31cm（12开）ISBN：7-5387-1256-9

定价：CNY45.00

（外国钢琴教学曲库）

J0162674

四季 （作品37 钢琴）（俄）柴科夫斯基曲

上海 上海世界图书出版公司 1999年 54页

30cm（10开）ISBN：7-5062-4044-0

定价：CNY12.00

J0162675

外国钢琴联弹曲集 刘萍编

长沙 湖南文艺出版社 1999年 143页

30cm（10开）精装 ISBN：7-5404-2094-4

定价：CNY22.00

J0162676

雅尼经典通俗钢琴曲 （希腊）雅尼作曲；

许民主编

延吉　延边人民出版社　1999 年　134 页

29cm（16 开）ISBN：7-80648-300-4

定价：CNY24.00

　　本书收录《乡愁》《雨必来临》《激情飞跃》《席卷》《真实》《私房话》《时光流速》《美人鱼》等 22 首雅尼的经典通俗钢琴曲。

各国器乐合奏曲

J0162677

军乐曲集　（合订）（俄）格林卡（M.Глинка）等作曲

[1950—1959 年] 19cm（32 开）

J0162678

命运交响曲　（德）贝多芬（Ludwig Van Bee-thoven）作曲

上海　上海音乐出版社　1951 年　影印本

定价：CNY1.00

　　作者贝多芬（Ludwig van Beethoven，1770—1827），德国作曲家、钢琴家。维也纳古典乐派代表之一，与海顿、莫扎特一起被后人称为"维也纳三杰"。主要作品有《英雄》《命运》《田园》《合唱》等 9 部交响乐，《悲怆》《月光》《热情》等 32 首钢琴奏鸣曲，还有小提琴协奏曲、弦乐四重奏、歌剧等作品。

J0162679

莫扎特弦乐小夜曲　（C 大调　总谱）

（奥）莫扎特（W.A.Mozart）作；罗传开注释

上海　上海音乐出版社　1952 年　24 页

20cm（32 开）定价：旧币 3,000 元

　　作者莫扎特（1756—1791），欧洲古典主义音乐作曲家。出生于萨尔兹堡。留给世人的作品达 600 多首，包括 63 首交响曲，16 首嬉游曲，13 首小夜曲，15 首进行曲，105 首小步舞曲，172 首舞曲等。代表作品有《奏鸣曲》《协奏曲》《安魂曲》《唐璜》《费加罗的婚礼》《魔笛》等。

J0162680

再会交响曲　（全部总谱）

（德）海登（F.J.Haydn）作曲；罗传开注释

上海　上海音乐出版社　1952 年　影印本　44 页

19cm（32 开）定价：旧币 5,000 元

J0162681

贝多芬弦乐三重奏，作品 8D 大调（小夜曲）

（德）贝多芬（L.V.Beethoven）作；罗传开注释

上海　上海音乐出版社　1953 年　影印本　22 页

20cm（32 开）定价：旧币 2,500 元

　　外文书名：Serenade.

J0162682

柴可夫斯基弦乐四重奏，作品 11D 大调

（俄）柴可夫斯基（П.И.Чайковский）作；罗传开注释

上海　上海音乐出版社　1953 年　影印本　30 页

20cm（32 开）定价：旧币 3,000 元

　　作者柴可夫斯基（Чайковский，ПётрИ-льич，1840—1893），俄罗斯作曲家、音乐剧作家，代表作有芭蕾舞剧《天鹅湖》《睡美人》《胡桃夹子》，歌剧《叶甫根尼·奥涅金》，交响曲《罗密欧与朱丽叶》等。

J0162683

朝鲜民主主义人民共和国国歌　（管弦乐谱）

（朝）金元均作曲

北京　中华全国音乐工作者协会　1953 年

影印本　5 页 38cm（8 开）定价：旧币 3,500 元

J0162684

得伏夏克新世界交响曲　（捷）得伏夏克（Antonin Dvorak）作曲；罗传开注释

上海　上海音乐出版社　1953 年　162 页　有肖像

20cm（32 开）定价：旧币 12,000 元

　　作者得伏夏克（Antonín Leopold Dvorák，1841—1904），现通译为德沃夏克，捷克作曲家，捷克民族乐派的主要代表人物。主要作品有《斯拉夫舞曲》《第九交响曲，又名，自新世界交响曲》《b 小调大提琴协奏曲》等、交响诗《水妖》《金纺车》、歌剧《魔鬼与卡嘉》《水仙女》等。

J0162685

第九交响曲总谱　（德）贝多芬（L.V.Beethoven）作

上海　新音乐出版社　1953 年　影印本　325 页

19cm（32 开）定价：旧币 17,000 元

　　外文书名：Symphonie No.9.

J0162686
舒贝尔特弦乐四重奏，作品 29a 小调
（奥）舒贝尔特（F.P.Schubert）作；罗传开注释
上海　上海音乐出版社　1953 年　影印本　40 页
19cm（32 开）定价：旧币 4,000 元

J0162687
田园交响曲 （全部总谱）
（德）贝多芬（L.V.Beethoven）撰；罗传开注释
上海　上海音乐出版社　1953 年　影印本　152 页
19cm（32 开）定价：旧币 12,000 元

J0162688
未完成交响曲总谱　舒伯特作曲
上海　上海音乐出版社　1953 年　定价：CNY0.45
　　作曲弗朗茨·舒伯特（Franz Schubert，1797—
1828），作曲家。奥地利籍日耳曼人，出生于维也
纳。是早期浪漫主义音乐的代表人物，被认为是
古典主义音乐的最后一位巨匠，被称为"歌曲之
王"。他的歌曲有抒情曲、叙事曲、爱国歌曲\民
间歌曲。其中重要的有《魔王》《牧童的哀歌》《战
士之歌》等，主要有 3 部歌曲集《美丽的磨坊少女》
《冬之旅》《天鹅之歌》。舒伯特的交响曲中较重
要有第四、第五、第八、第九交响曲。

J0162689
未完成交响曲总谱
（奥）舒伯特（F.P.Schubert）作曲
上海　新音乐出版社　1953 年　影印本　67 页
19cm（32 开）定价：旧币 4,500 元
　　外文书名：Symphonie Nr.8H Moll Vnvollendete.

J0162690
新世界交响曲 （捷）德沃夏克作
上海　上海音乐出版社　1953 年　定价：CNY1.20

J0162691
友谊　统一　和平 （德意志民主共和国）阿斯
里尔作曲；（德意志民主共和国）嘎茨卡编曲
北京　中国人民解放军军乐编辑室　1955 年
10 页　30cm（10 开）定价：CNY0.43
（军乐总谱　第 27 号）

J0162692
第二交响曲 （BE 英雄大调作品 55 正谱本）

（德）贝多芬作曲
北京　人民音乐出版社　1956 年　176 页
20cm（大 32 开）定价：CNY0.96

J0162693
第二交响曲 （D 大调作品 73）
（德）勃拉姆斯（J.Brahms）著
北京　人民音乐出版社　1979 年　138 页
20cm（32 开）统一书号：8026.3632
定价：CNY0.76
　　作者勃拉姆斯（Brahms, Johannes，1833—
1897）德国作曲家。生于汉堡。幼承家学，曾在
汉堡、维也纳、苏黎世、巴登等地当过钢琴师、
乐队指挥及音乐教师。创作了大量器乐重奏曲，
歌曲等。重要作品有《德意志安魂曲》《第一交
响曲》《摇篮曲》等。

J0162694
第六交响曲 （悲怆）（俄）柴科夫斯基
（П.И.Чайковский）著
北京　音乐出版社　1956 年　影印本　160 页
21cm（32 开）统一书号：8026.522
定价：CNY1.75

J0162695
第三交响曲 （英雄）（德）贝多芬（L.V.Beethoven）
作曲
北京　音乐出版社　1956 年　影印本　176 页
21cm（32 开）统一书号：8026.556
定价：CNY1.87

J0162696
第一组曲 （管弦乐总谱）巴托克著
[香港]光华出版社　1956 年　188 页
22cm（32 开）

J0162697
米亚斯科夫斯基的第 21、27 交响曲
（苏）贝尔查（И.Балза）著；曹洪译
北京　音乐出版社　1956 年　40 页　15cm（40 开）
统一书号：8026.394　定价：CNY0.14
（音乐欣赏丛书）

J0162698
命运交响曲总谱

（德）贝多芬（Ludwig Van Beethoven）作曲
北京　北京音乐出版社　1956 年　影印本
136 页　19cm（32 开）统一书号：8026.451
定价：CNY0.71

J0162699
手风琴合奏曲集　（苏）巴苏尔玛诺夫（A.Ба-
сурманов）编；音乐出版社编辑部编辑
北京　音乐出版社　1956 年　影印本　68 页
25cm（16 开）定价：CNY0.74

J0162700
苏联进行曲集　（俄）M. 格林卡等作曲；中国
人民解放军军乐编辑室编
北京　中国人民解放军军乐编辑室　1956 年
70 页　26cm（16 开）

J0162701
第八交响曲　（未完成交响曲 b 小调）
（奥地利）舒柏特（F.Schubert）作曲
北京　人民音乐出版社　1957 年
统一书号：8026.381 定价：CNY0.41

J0162702
第九弦乐四重奏　（C 大调）
（德）贝多芬（L.V.Beethoven）著
北京　音乐出版社　1957 年　影印本 44 页
19cm（32 开）统一书号：8026.703
定价：CNY0.24
（贝多芬作品 59 之 3）

J0162703
第十七弦乐四重奏　（F 大调）
（德）贝多芬（L.V.Beethoven）作曲
北京　音乐出版社　1957 年　影印本 26 页
18cm（15 开）统一书号：8026.702
定价：CNY0.17
（贝多芬作品 135）

J0162704
德沃夏克第九交响曲，e 小调　作品 95
（自然大陆）（捷）德沃夏克（Antonin Dvorak）作
曲；晓敷译
北京　音乐出版社　1958 年　影印本 204 页
19cm（32 开）统一书号：8026.382

定价：CNY1.10
　　作者德沃夏克（Antonín Leopold Dvorák，
1841—1904），全名安东·利奥波德·德沃夏克。捷
克作曲家，捷克民族乐派的主要代表人物。主要
作品有《斯拉夫舞曲》《第九交响曲，又名，自新世
界交响曲》《b 小调大提琴协奏曲》等，交响诗《水
妖》《金纺车》，歌剧《魔鬼与卡嘉》《水仙女》等。

J0162705
欢乐颂　（第九交响乐终曲合唱　钢琴伴奏）
（德）贝多芬（L.V.Beethoven）作曲；（德）席勒作
词；邓映易译
北京　音乐出版社　1958 年　影印本 60 页
26cm（16 开）统一书号：8026.776
定价：CNY0.65
　　本作品是著名德国作曲家贝多芬经典性作
品第九（合唱）交响曲第四乐章的合唱部分的钢
琴伴奏谱。该作品打破了传统格式，把器乐与人
声创造性地融为一体，在内容与形式臻于完美统
一方面，为交响乐的创作树立了典范。

J0162706
交响诗《序曲》　（匈）李斯特作曲；钱仁康译注
上海　上海音乐出版社　1958 年　影印本 26 页
31cm（10 开）统一书号：8127.136
定价：CNY0.90
　　作者钱仁康（1914—2013），音乐学家，音乐
理论家。生于江苏无锡，毕业于国立音乐专科学
校理论作曲组。历任北平师范学院、苏州国立社
教学院、江苏师范学院（苏州大学前身）、苏南文教
学院、华东师范大学音乐系教授，上海音乐学院
音乐学系系主任、博导。著有《外国音乐欣赏》等，
并译有《莫扎特书信选》等。

J0162707
轻音乐曲选　（第一集）音乐出版社编辑部编
北京　音乐出版社　1958 年　82 页 14cm（64 开）
统一书号：8026.941 定价：CNY0.22

J0162708
轻音乐选集　（第一集）音乐出版社编辑部编
北京　音乐出版社　1958 年　53 页 26cm（16 开）
统一书号：8026.999 定价：CNY0.70

J0162709

天鹅湖序曲·小天鹅舞曲 （俄）柴可夫斯基曲
北京 音乐出版社 1958年 定价：CNY0.03
（活页器乐曲 管弦乐 4）

　　作者柴可夫斯基（Чайковский, ПётрИ-
льич,1840—1893），俄罗斯作曲家、音乐剧作家，
代表作有芭蕾舞剧《天鹅湖》《睡美人》《胡桃夹
子》,歌剧《叶甫根尼·奥涅金》,交响曲《罗密欧与
朱丽叶》等。

J0162710

歌剧《爱格蒙特》序曲 （管弦乐 总谱 正谱本）
（德）L.V. 贝多芬（Beethoven, L.V.）作曲
北京 音乐出版社 1962年 38页 19cm（32开）
统一书号：8026.1590 定价：CNY0.28
　　外文书名：Ouverture zu Goethes Egmont

J0162711

卡玛林斯卡亚幻想曲 （管弦乐 总谱 正谱本）
（俄）格林卡, М.И.作曲
北京 音乐出版社 1962年 31页 19cm（32开）
统一书号：8026.1591 定价：CNY0.23

J0162712

蜻蜓之歌 （小型乐队合奏曲）（苏）秦查泽,
С.曲；阿克俭改配
北京 音乐出版社 1962年 正谱本 6页
26cm（16开）统一书号：8026.1595
定价：CNY0.16

J0162713

弦乐四重奏 （G大调 正谱本）瞿维作曲
上海 上海文艺出版社 1962年 80页
20cm（32开）统一书号：8078.2088
定价：CNY0.50

　　作者瞿维（1917—2002），中国现代作曲家。
生于江苏常州，毕业于上海新华艺专师范系。曾
任中国音乐家协会常务理事，副主席、音协上海
分会副主席，上海交通大学音乐研究室主任，中
国高等学校音乐教育学学会会长等职。代表作
钢琴曲《花鼓》《蒙古夜曲》,歌剧《白毛女》等。

J0162714

弦乐四重奏 （六首分谱）上海文艺出版社编
上海 上海文艺出版社 1983年 25cm（16开）

套装 统一书号：8078.3372 定价：CNY2.30

J0162715

《培尔·金特》第一组曲 （管弦乐 总谱）
（挪）E.H. 格里格（Grieg, E.H.）作曲
北京 音乐出版社 1963年 37页 19cm（32开）
统一书号：8026.1766 定价：CNY0.26

J0162716

彼佳与狼 （交响童话 管弦乐 总谱）
（苏）普罗科菲耶夫, С.作曲
北京 音乐出版社 1963年 77页 19cm（32开）
统一书号：8026.1889 定价：CNY0.53

J0162717

朝鲜民主主义人民共和国国歌
（管乐 总谱）（朝）金元均作曲
北京 音乐出版社 1963年 5页 26cm（16开）
统一书号：8026.1783 定价：CNY0.16

J0162718

幻想交响曲,作品14 （管弦乐 总谱）
（法）柏辽兹作曲
北京 音乐出版社 1963年 158页 26cm（16开）
统一书号：8026.1740 定价：CNY1.95

J0162719

小夜曲 （正谱本）（法）雨果（V.Hugo）词；（法）
古诺,（C.Gounod）曲；邵承斌词；邓映易配歌
北京 音乐出版社 1963年 [6]页 26cm（16开）
统一书号：8026.1706 定价：CNY0.16

J0162720

仲夏夜之梦序曲 （管弦乐 总谱）
（德）F. 门德尔松（Mendelssohn, F.）作曲
北京 音乐出版社 1963年 39页 19cm（32开）
统一书号：8026.1887 定价：CNY0.26

J0162721

"西原"主题弦乐四重奏 （越）杜润作曲
北京 音乐出版社 1964年 18页 19cm（32开）
统一书号：8026.2083 定价：CNY0.12

J0162722

青山里田野大丰收 （管弦乐与合唱）（朝）金

常午作词；金玉声作曲；韩昌熙译词；松采配歌
北京　音乐出版社　1964 年　45 页　26cm（16 开）
统一书号：8026.1916　定价：CNY0.59

J0162723
行军歌　（管弦乐曲）（越）杜润作曲；刘庄编配
北京　音乐出版社　1965 年　15 页　26cm（16 开）
统一书号：8026.2343　定价：CNY0.21
　　作者刘庄（1932—　），女作曲家。出生于上海。1950 年考入上海音乐学院作曲系学习，师从丁善德、桑桐、邓尔敬教授。毕业后被派往中央音乐学院读研究生，在苏联专家古洛夫作曲班上学习。曾在上海音乐学院作曲系任助教、中央音乐学院作曲系任教。后调入中央乐团从事作曲专业。主要作品有《大提琴浪漫曲》《献给青少年》《月之故乡》，电影音乐《小兵张嘎》《昆仑山上一颗草》等。

J0162724
解放南方　（军乐曲）（越）黄明勤作曲；李延生编配
北京　音乐出版社　1965 年　7 页　26cm（16 开）
统一书号：8026.2345　定价：CNY0.13

J0162725
誓死保卫祖国　（管弦乐曲）（越）阮辉瑜作曲；戴宏威编配
北京　音乐出版社　1965 年　13 页　26cm（16 开）
统一书号：8026.2342　定价：CNY0.21

J0162726
中越人民并肩前进　（管弦乐曲）
（越）阮辉瑜作曲；关乃忠编配
北京　音乐出版社　1965 年　23 页　26cm（16 开）
统一书号：8026.2344　定价：CNY0.30

J0162727
引子与快板　（七重奏　竖琴、长笛、单簧管与弦乐四重奏　总谱）拉威尔著
［香港］光华出版社　1974 年　47 页　26cm（16 开）

J0162728
《培尔·金特》第二组曲　（管弦乐　总谱）
（挪）格里格（E.Grieg）作曲
北京　人民音乐出版社　1978 年　55 页
20cm（32 开）统一书号：8026.3417
定价：CNY0.34
　　作者格里格（Edvard Grieg,1843—1907），挪威作曲家。生于卑尔根。毕业于莱比锡音乐学院。与挪威民族音乐的倡导者音乐家 R. 诺拉克等人共创“尤特皮”音乐社，创作并介绍斯堪的纳维亚国家的民族音乐。主要作品有歌曲《来自祖国》，钢琴曲《祖国之歌》，合唱《水手之歌》等。

J0162729
《培尔·金特》第一组曲　（管弦乐　总谱）
（挪）格里格（E.Grieg）作曲
北京　人民音乐出版社　1978 年　37 页
20cm（32 开）统一书号：8026.3416
定价：CNY0.26

J0162730
第五交响曲　（C 小调　作品 67）
（德）贝多芬（L.V.Beethoven）作曲
北京　人民音乐出版社　1978 年　136 页
20cm（32 开）统一书号：8026.3355
定价：CNY0.76
　　作者贝多芬（Ludwig van Beethoven,1770—1827），德国作曲家、钢琴家。维也纳古典乐派代表之一，与海顿、莫扎特一起被后人称为“维也纳三杰”。主要作品有《英雄》《命运》《田园》《合唱》等 9 部交响乐，《悲怆》《月光》《热情》等 32 首钢琴奏鸣曲，还有小提琴协奏曲、弦乐四重奏、歌剧等作品。

J0162731
钢琴五重奏　（鳟鱼五重奏　作品 114）
（奥）舒伯特（F.Schubert）曲
北京　人民音乐出版社　1978 年　87 页
20cm（32 开）统一书号：8026.3433
定价：CNY0.52
　　作者弗朗茨·舒伯特（Franz Schubert,1797—1828），作曲家。奥地利籍日耳曼人，出生于维也纳。是早期浪漫主义音乐的代表人物，被认为是古典主义音乐的最后一位巨匠，被称为“歌曲之王”。他的歌曲有抒情曲、叙事曲、爱国歌曲、民间歌曲。其中重要的有《魔王》《鳟鱼》《牧童的哀歌》《战士之歌》等，主要有 3 部歌曲集《美丽的磨坊少女》《冬之旅》《天鹅之歌》。舒伯特的交响曲中较重要有第四、第五、第八、第九交响曲。

J0162732

卡玛林斯卡亚幻想曲 （管弦乐 总谱）
（俄）格林卡（М.И.Глинка）作曲
北京 人民音乐出版社 1978 年 31 页
20cm（32 开）统一书号：8026.3413
定价：CNY0.22

J0162733

仲夏夜之梦序曲 （管弦乐 总谱）
（德）门德尔松（F.Mendelssohn）作曲
北京 人民音乐出版社 1978 年 54 页
20cm（32 开）统一书号：8026.3412
定价：CNY0.34

J0162734

第九交响曲 （自新大陆 e 小调 作品 95）
（捷）德沃扎克（A.Dvorak）曲
北京 人民音乐出版社 1979 年 204 页
20cm（32 开）统一书号：8026.382
定价：CNY1.10
　　作者德沃扎克（Antonín Leopold Dvorák，
1841—1904），现通译为德沃夏克，全名安东·利奥
波德·德沃夏克。捷克作曲家，捷克民族乐派的
主要代表人物。主要作品有《斯拉夫舞曲》《第
九交响曲，又名，自新世界交响曲》《b 小调大提
琴协奏曲》等，交响诗《水妖》《金纺车》，歌剧《魔
鬼与卡嘉》《水仙女》等。

J0162735

第六交响曲 （悲怆 b 小调 作品 74）（俄）柴
科夫斯基（П.И.Чайковский）曲
北京 人民音乐出版社 1979 年 160 页
20cm（32 开）统一书号：8026.522
定价：CNY0.88
　　作者柴科夫斯基（Чайковский, ПётрИ-
льич，1840—1893），现通译为柴可夫斯基。俄罗
斯作曲家、音乐剧作家。代表作有芭蕾舞剧《天
鹅湖》《睡美人》《胡桃夹子》，歌剧《叶甫根尼·奥
涅金》，交响曲《罗密欧与朱丽叶》等。

J0162736

第三交响曲 （bE 英雄大调 作品 55）
（德）贝多芬（L.V.Beethoven）曲
北京 人民音乐出版社 1979 年 176 页
20cm（32 开）统一书号：8026.556

定价：CNY0.96

J0162737

第五交响曲 （e 小调 作品 64）（俄）柴科夫
斯基（П.И.Чайковский）曲
北京 人民音乐出版社 1979 年 228 页
20cm（32 开）统一书号：8026.3607
定价：CNY1.25

J0162738

幻想交响曲，作品 14 （法）柏辽兹（H.Berlioz）作
北京 人民音乐出版社 1979 年 重印本
159 页 26cm（16 开）统一书号：8026.1740
定价：CNY1.80

J0162739

舍赫拉查达交响组曲，作品 35
（俄）里姆斯基－科萨科夫（Н.Римский-Корса-
ков）曲
北京 人民音乐出版社 1979 年 219 页
20cm（32 开）统一书号：8026.3571
定价：CNY1.15

J0162740

沃尔塔瓦河 （管弦乐 总谱）（捷）斯美塔那
（B.Smetana）作曲
北京 人民音乐出版社 1979 年 61 页
19cm（32 开）统一书号：8026.3572
定价：CNY0.38

J0162741

德彪西 （牧神舞后 袖珍 总谱）
台湾 光华出版社 1980 年 33 页
19cm（小 32 开）
　　德彪西（Achille−Claude Debussy，1862—1918），
法国作曲家。全名：阿希尔·克洛德·德彪西。毕
业于巴黎音乐学院。代表作品《佩列阿斯和梅丽
桑德》《牧神午后》《夜曲》《大海》等。

J0162742

第六交响曲 （田园 F 大调 作品 68）
（德）贝多芬（L.V.Beethoven）曲
北京 人民音乐出版社 1980 年 152 页
20cm（32 开）统一书号：8026.452
定价：CNY0.87

J0162743
第五协奏曲，A 大调　作品 219　（小提琴和钢琴）（奥）莫札特（W.A.Mozart）曲；约阿希姆编订
上海　上海文艺出版社 1980 年　31 页
26cm（16 开）统一书号：8078.3195
定价：CNY1.15
　　本书附分谱 1 册。作者莫札特，即莫扎特（1756—1791），欧洲古典主义音乐作曲家。出生于萨尔兹堡。留给世人的作品达 600 多首，包括 63 首交响曲，16 首嬉游曲，13 首小夜曲，15 首进行曲，105 首小步舞曲，172 首舞曲等。代表作品有《奏鸣曲》《协奏曲》《安魂曲》《唐璜》《费加罗的婚礼》《魔笛》等。

J0162744
伐木歌　（管弦乐 总谱）（日）小山清茂曲
北京　人民音乐出版社 1980 年　41 页
25cm（15 开）统一书号：8026.3751
定价：CNY0.65

J0162745
歌剧《鲁斯兰与柳德米拉》序曲
（管弦乐总谱）（俄）格林卡曲
北京　人民音乐出版社 1980 年　56 页
20cm（32 开）ISBN：7-103-02257-7
定价：CNY5.50

J0162746
歌剧《鲁斯兰与柳德米拉》序曲　（管弦乐总谱 五线谱）格林卡（М.Глинка）作曲
北京　人民音乐出版社 1980 年　56 页
21cm（32 开）统一书号：8026.3667
定价：CNY0.37

J0162747
莫扎特第三协奏曲，G 大调　作品编号 216
（小提琴和钢琴）（奥）莫扎特作曲；弗兰西斯卡蒂编订
上海　上海文艺出版社 1980 年　16+26 页
30cm（16 开）统一书号：8078.3069
定价：CNY1.00
　　本书收录《阿赛依》《弗兰科》《奥依斯特拉赫》等。

J0162748
帕格尼尼第一协奏曲　（D 大调作品第 6 号 小提琴和钢琴 五线谱）（意）卡尔·弗莱什编订
上海　上海文艺出版社 1980 年　68 页
26cm（16 开）统一书号：8078.3204
定价：CNY1.55

J0162749
奏鸣曲集　（小提琴与钢琴　一）
（德）巴赫（J.S.Bach）作；达维德（F.David）编订
北京　人民音乐出版社 1980 年　影印本 51+19 页
38cm（6 开）统一书号：8026.3669
定价：CNY1.65
　　作者巴赫（Johann Sebastian Bach,1685—1750），德国作曲家。毕生致力于音乐创作和演奏，对西洋近代音乐发展深有影响，被尊为"音乐之父"。作品风格讲求哲理与抒情、写景密切结合，声乐与器乐综合统一。多为复调音乐。声乐作品以康塔塔最为丰富多彩，约 230 余部。器乐作品主要有《平均律钢琴曲集》两卷，以及大量古钢琴组曲、管风琴曲、管弦乐曲、无伴奏奏鸣曲等。

J0162750
奏鸣曲集　（小提琴与钢琴　二）（德）巴赫（Bach,J.S.）作；达维德（F.David）编订
北京　人民音乐出版社 1980 年　102 页
38cm（6 开）定价：CNY1.85

J0162751
奏鸣曲集　（小提琴与钢琴　二 正谱本）（德）巴赫（Bach,J.S.）作；达维德（David,F.）编订
北京　人民音乐出版社 1981 年　影印本
102 页 38cm（6 开）统一书号：8026.3810
定价：CNY1.85

J0162752
D 小调交响乐　（小总谱）法朗克作曲
北京　光华出版社 1981 年　160 页
19cm（小 32 开）定价：CNY0.70

J0162753
D 小调交响乐　（小总谱）法朗克作曲
[上海] 光华出版社 [1984 年] 160 页
18cm（15 开）定价：CNY0.70

J0162754

波列罗舞曲 （管弦乐总谱 正谱本）（法）拉威
尔（M.Ravel）作曲
北京 人民音乐出版社 1981年 66页
30cm（15开）统一书号：8026.3876
定价：CNY2.80
　　作者莫里斯·拉威尔（Maurice Ravel,1875—
1937），法国著名作曲家、印象派作曲家。生于比
利牛斯西布恩小镇。代表作品《达芙妮与克罗埃》
《鹅妈妈》《茨冈》《波莱罗舞曲》《水的嬉戏》。

J0162755

第九交响曲 （D小调作品125 正谱本）（德）
贝多芬（L.V.Beethoven）曲
北京 人民音乐出版社 1981年 300页
21cm（32开）统一书号：8026.3802
定价：CNY2.60

J0162756

第一罗马尼亚狂想曲 （管弦乐总谱 A大调
作品11号之1）（罗）埃奈斯库（G.Enescu）作曲
北京 人民音乐出版社 1981年 89页
26cm（16开）统一书号：8026.3783
定价：CNY1.45

J0162757

第一协奏曲 （D大调 作品第6号 小提琴和
钢琴）（意）帕格尼尼著；弗莱什编订
上海 上海文艺出版社 1981年 68页
26cm（16开）统一书号：8078.3204
定价：CNY1.55

J0162758

第一协奏曲，A小调 （小提琴和钢琴 正谱
本）（德）巴赫作曲；加拉米安编订
上海 上海文艺出版社 1981年 37页
39cm（4开）统一书号：8078.3263
定价：CNY1.25
　　本书收录《第一协奏曲，A小调》《第二协奏
曲，E大调》两部协奏曲。附分谱1册。

J0162759

芬兰颂 （芬兰）西贝柳斯（J.Sibelius）曲
北京 人民音乐出版社 1981年 25页
19cm（32开）统一书号：8082.3818

定价：CNY0.31
　　作者西贝柳斯（Jean Sibelius,1865—1957），
芬兰音乐家、作曲家。出生于芬兰，毕业于赫尔
辛基音乐学院。主要作品有交响诗《芬兰颂》《萨
加》《忧郁圆舞曲》等。

J0162760

荒山之夜 （总谱）穆索尔斯基谱曲
香港 光华出版社 1981年 79页［19×26cm］
定价：CNY1.00

J0162761

荒山之夜 （总谱）（俄）穆索尔斯基作曲
［上海］光华出版社［1984年］79页
28cm（26开）定价：CNY1.00

J0162762

蓝色狂想曲 （钢琴及管弦乐队）
（美）格什文（G.Gershwin）著
北京 人民音乐出版社 1981年 41页
39cm（4开）统一书号：8026.3819
定价：CNY1.45

J0162763

前奏曲《牧神午后》 （法）德彪西（C.Debussy）曲
北京 人民音乐出版社 1981年 38页
21cm（32开）统一书号：8026.3784
定价：CNY0.45

J0162764

升华之夜 （小总谱 作品第4号）（奥地利）玄
堡作曲
北京 光华出版社 1981年 52页 19cm（32开）
定价：CNY0.30

J0162765

升华之夜 （小总谱）（奥）玄堡作曲
北京 光华出版社 1984年 51页 19cm（32开）
定价：CNY0.30

J0162766

西班牙交响曲，作品21号 （小提琴和钢琴曲）
拉罗；弗兰西斯卡蒂著
上海 上海文艺出版社 1981年 43页
21cm（32开）统一书号：8078.3215

定价: CNY1.50

J0162767

西班牙随想曲　里姆斯基－科萨科夫作曲
北京　人民音乐出版社　1981 年　90 页
21cm（32 开）统一书号: 8026.3789
定价: CNY0.85

J0162768

弦乐四重奏,作品 96　（正谱本）（捷）德沃扎
克（A.Dvorak）作曲
北京　人民音乐出版社　1981 年　29 页
21cm（32 开）统一书号: 8026.3755
定价: CNY0.26

J0162769

协奏曲 G 小调·作品 26 号　（小提琴和钢琴
正谱本）布鲁赫著
上海　上海文艺出版社　1981 年　31 页
19cm（32 开）统一书号: 8087.3252
定价: CNY1.10

J0162770

F 大调第八交响乐　（作品第 93 号袖珍总谱）
（德）贝多芬曲
上海　光华出版社　1982 年　影印本　108 页
19cm（32 开）定价: CNY0.50

J0162771

阿巴拉契亚山区的春天　（管弦乐总谱　五线
谱本）（美）艾伦·科普兰（Aaron Copland）曲
北京　人民音乐出版社　1982 年　82 页
19cm（32 开）统一书号: 8026.4028
定价: CNY1.70
　　本作品是作者的一部著名作品,原是舞剧音
乐,后改为独立的管弦乐组曲。其创作以具有鲜明
的美国民族特色和深刻的音乐刻画而引人入胜。

J0162772

贝多芬 C 大调第一交响乐
（作品第 21 号袖珍总谱）
[上海]光华出版社　1982 年　84 页
20cm（32 开）定价: CNY0.40

J0162773

柴可夫斯基意大利随想曲,作品第 45 号
（袖珍总谱）（俄）柴可夫斯基曲
上海　光华出版社　1982 年　110 页　19cm（32 开）
统一书号: 8026.4077　定价: CNY0.50

J0162774

柴可夫斯基意大利随想曲,作品第 45 号
（袖珍总谱）（俄）柴可夫斯基作曲
上海　光华出版社 [1984 年] 110 页
18cm（32 开）

J0162775

茨冈幻想曲　（苏）拉赫玛尼诺夫著
上海　光华出版社　1982 年　影印本 70 页
25cm（小 16 开）定价: CNY0.90

J0162776

大海　（袖珍总谱）（法）德彪西（Debussy, C.）曲
上海　光华出版社　1982 年　162 页　19cm（32 开）
定价: CNY0.70
　　作者德彪西（Achille−Claude Debussy,1862—
1918）,法国作曲家。全名: 阿希尔·克洛德·德彪
西。毕业于巴黎音乐学院。代表作品《佩列阿斯
和梅丽桑德》《牧神午后》《夜曲》《大海》等。

J0162777

大海　（袖珍总谱）（法）德彪西作曲
[上海]光华出版社 [1984 年] 162 页
19cm（32 开）

J0162778

第八交响乐,作品第 65 号　（袖珍总谱）
（苏）肖斯塔科维奇（Schostakowitsch, D.）著
上海　光华出版社　1982 年　影印本 147 页
19cm（32 开）定价: CNY0.90

J0162779

第八交响乐,作品第 65 号　（袖珍总谱）
（苏）肖斯塔科维奇作曲
[上海]光华出版社 [1984 年] 147 页
19cm（32 开）

J0162780

第二交响乐　（俄）拉赫玛尼诺夫曲

上海　光华出版社　1982 年　影印本　329 页
25cm（15 开）定价：CNY3.80

J0162781
第二交响乐　（苏）拉赫玛尼诺夫作曲
［上海］光华出版社［1984 年］329 页
28cm（16 开）

J0162782
第六交响乐　（袖珍总谱）
（奥）舒伯特（Schubert, F.）曲
上海　光华出版社　1982 年　102 页　19cm（32 开）
统一书号：8026.1889　定价：CNY0.50
　　作者弗朗茨·舒伯特（Franz　Schubert, 1797—
1828），作曲家。奥地利籍日耳曼人，出生于维也
纳。是早期浪漫主义音乐的代表人物，被认为是
古典主义音乐的最后一位巨匠，被称为"歌曲之
王"。他的歌曲有抒情曲、叙事曲、爱国歌曲、民
间歌曲。其中重要的有《魔王》《牧童的哀歌》《战
士之歌》等，主要有 3 部歌曲集《美丽的磨坊少女》
《冬之旅》《天鹅之歌》。舒伯特的交响曲中较重
要有第四、第五、第八、第九交响曲。

J0162783
第六交响乐　（袖珍总谱）（奥）舒伯特作曲
［上海］光华出版社［1984 年］102 页
19cm（32 开）

J0162784
动物狂欢节　（袖珍总谱）
（法）圣桑（Saens, C.S.）曲
上海　光华出版社　1982 年　影印本　68 页
19cm（32 开）统一书号：8026.3784
定价：CNY0.35

J0162785
降 E 大调第四交响乐　（袖珍总谱）
（奥）布鲁克纳（Bruckner, A.）曲
上海　光华出版社　1982 年　影印本　152 页
19cm（32 开）定价：CNY0.65

J0162786
降 E 大调第四交响乐　（袖珍总谱）
（奥）布鲁克纳作曲
［上海］光华出版社［1984 年］152 页

19cm（32 开）

J0162787
狂喜之诗, 作品第 54 号　（袖珍总谱）
（俄）斯克里亚宾曲
上海　光华出版社　1982 年　影印本　197 页
19cm（32 开）定价：CNY0.80

J0162788
狂喜之诗, 作品第 54 号　（袖珍总谱）
（苏）斯克里亚宾作曲
［上海］光华出版社［1984 年］197 页
19cm（32 开）

J0162789
牧神午后　（袖珍总谱）
（法）德彪西（Debussy, C.）曲
上海　光华出版社　1982 年　33 页　19cm（32 开）
定价：CNY0.65

J0162790
前奏曲　（交响诗第三）（匈）李斯特（F.Liszt）著
北京　人民音乐出版社　1982 年　85 页
21cm（32 开）统一书号：8026.3963
定价：CNY0.87
　　作者弗朗茨·李斯特（Franz Liszt, 1811—1886），
匈牙利著名作曲家、钢琴家、指挥家。出生于匈
牙利雷汀。代表作品交响曲《浮士德》《但丁》，钢
琴曲《十九首匈牙利狂想曲》等。

J0162791
图画展览会　（管弦乐总谱）（俄）М.П. 穆索
尔斯基作曲；（法）М. 拉威尔配器
北京　人民音乐出版社　1982 年　157 页
21cm（32 开）统一书号：8026.3949
定价：CNY1.45

J0162792
外国轻音乐曲集
广州　花城出版社　1982 年　132 页　25cm（16 开）
统一书号：8261.4　定价：CNY0.78
　　本集收录由世界名曲改编的轻音乐曲 40 多
首。用缩写谱记谱。

J0162793

夏日的田园、欢乐之歌

（瑞士）奥涅格（Honegger, A.）曲

上海 光华出版社 1982 年 影印本 62 页

25cm（16 开）定价：CNY0.80

J0162794

英雄的生活，作品第 40 号 （袖珍总谱）

（德）斯特劳斯（Strauss, R.）曲

上海 光华出版社 1982 年 影印本 220 页

19cm（32 开）定价：CNY0.90

J0162795

D 大调小夜曲 （小总谱）

（德）勃拉姆斯（Brahms, J.）作曲

［香港］光华出版社［1983 年］84 页

21cm（32 开）

　　作者勃拉姆斯（Brahms, Johannes, 1833—1897）
德国作曲家。生于汉堡。幼承家学，曾在汉堡、
维也纳、苏黎世、巴登等地当过钢琴师、乐队指
挥及音乐教师。创作了大量器乐重奏曲，歌曲等。
重要作品有《德意志安魂曲》《第一交响曲》《摇
篮曲》等。

J0162796

春之祭 （管弦乐总谱 正谱本）

（美）斯特拉文斯基（Stravinsky, I.）曲

北京 人民音乐出版社 1983 年 153 页

25cm（小 16 开）统一书号：8026.4154

定价：CNY3.10

J0162797

第二交响曲　普罗科菲耶夫作曲

广州 光华出版社 1983 年 影印本 221 页

25cm（15 开）定价：CNY2.80

J0162798

第四交响乐 （总谱）萧斯塔科维奇作曲

北京 光华出版社［1983 年］影印本 227 页

25cm（15 开）定价：CNY2.60

J0162799

钢琴和管乐协奏曲 （总谱）斯特拉文斯基作曲

北京 光华出版社［1983 年］影印本 87 页

25cm（15 开）定价：CNY1.10

J0162800

歌剧《纽伦堡的名歌手》序曲 （管弦乐总谱
正谱本）（德）瓦格纳（R.Wagner）曲

北京 人民音乐出版社 1983 年 60 页

21cm（32 开）统一书号：8026.4075

定价：CNY0.66

J0162801

欢乐颂 （第九交响曲终曲合唱 合唱·钢琴
正谱本）（德）贝多芬（L.V.Beethoven）作曲；
席勒作词；邓映易译配

北京 人民音乐出版社 1983 年 重印本 60 页

26cm（16 开）统一书号：8026.776

定价：CNY0.94

J0162802

拉科齐进行曲 （管弦乐总谱 正谱本）（法）
柏辽兹（H.Berlioz）改编

北京 人民音乐出版社 1983 年 31 页

21cm（32 开）统一书号：8026.4076

定价：CNY0.36

J0162803

外国轻音乐曲选　人民音乐出版社编辑部编

北京 人民音乐出版社 1983 年 57 页

25cm（16 开）统一书号：8026.4072

定价：CNY0.47

　　本书收录世界名曲 20 余首。采用简谱及多
用谱形式记写。

J0162804

小交响乐 （总谱）雅纳切克作曲

北京 光华出版社 1983 年 影印本 108 页

25cm（16 开）定价：CNY1.80

J0162805

一个美国人在巴黎 （交响诗 正谱本）

（美）格什文（G.Gershwin）曲

北京 人民音乐出版社 1983 年 94 页

25cm（16 开）统一书号：8026.4106

定价：CNY1.90

J0162806

意大利随想曲，作品 45 （袖珍总谱）（俄）柴
科夫斯基（П.Чайковский）著

北京　人民音乐出版社　1983 年　影印本
95 页　21cm（32 开）统一书号：8026.4077
定价：CNY0.94

J0162807
A 大调第七交响乐，作品第 92 号
（袖珍总谱）（德）贝多芬作曲
［上海］光华出版社［1984 年］176 页
19cm（32 开）

J0162808
A 小调第四交响乐，作品第 63 号　（小总谱）
（芬）西贝柳斯作曲
［上海］光华出版社［1984 年］68 页
22cm（22 开）定价：CNY0.50
　　作曲西贝柳斯（Jean Sibelius,1865-1957），芬
兰音乐家、作曲家。出生于芬兰，毕业于赫尔辛
基音乐学院。主要作品有交响诗《芬兰颂》《萨
加》《忧郁圆舞曲》等。

J0162809
**A 小调小提琴·钢琴双重协奏曲，作品第
102 号**　（德）勃拉姆斯作曲
［上海］光华出版社［1984 年］133 页
19cm（32 开）定价：CNY0.65

J0162810
C 大调第一交响乐，作品第 21 号　（袖珍总
谱）（德）贝多芬作曲
［上海］光华出版社［1984 年］84 页
19cm（32 开）

J0162811
C 大调弦乐小夜曲　（作品第 48 号总谱）
（俄）柴可夫斯基作曲
［上海］光华出版社［1984 年］35 页 38cm（6 开）

J0162812
C 大调长笛、竖琴二重协奏曲　（总谱）
（奥）莫扎特作曲
［上海］光华出版社［1984 年］52 页
38cm（6 开）
　　作者莫扎特（1756—1791），欧洲古典主义音
乐作曲家。出生于萨尔兹堡。留给世人的作品
达 600 多首，包括 63 首交响曲，16 首嬉游曲，13

首小夜曲，15 首进行曲，105 首小步舞曲，172 首
舞曲等。代表作品有《奏鸣曲》《协奏曲》《安魂
曲》《唐璜》《费加罗的婚礼》《魔笛》等。

J0162813
E 小调第四交响乐，作品第 98 号
（袖珍总谱）（德）勃拉姆斯作曲
［上海］光华出版社［1984 年］170 页
19cm（32 开）

J0162814
F 大调第八交响乐，作品第 93 号
（袖珍总谱）（德）贝多芬作曲
［上海］光华出版社［1984 年］108 页
19cm（32 开）
　　作者贝多芬（Ludwig van Beethoven,1770—
1827），德国作曲家、钢琴家。维也纳古典乐派代
表之一，与海顿、莫扎特一起被后人称为“维也
纳三杰”。主要作品有《英雄》《命运》《田园》《合
唱》等 9 部交响乐，《悲怆》《月光》《热情》等 32
首钢琴奏鸣曲，还有小提琴协奏曲、弦乐四重奏、
歌剧等作品。

J0162815
贝多芬交响曲　（英）辛普森（Sinpson, R.）著；
林胜仪译
台北　全音乐谱出版社　1984 年　92 页
21cm（32 开）定价：TWD80.00
　　外文书名：Beethoven Symphonies.

J0162816
布兰登堡协奏曲六首　（袖珍总谱）
（德）巴赫作曲
［上海］光华出版社［1984 年］18cm（15 开）
　　作者巴赫（Johann Sebastian Bach,1685—1750），
德国作曲家。毕生致力于音乐创作和演奏，对西
洋近代音乐发展深有影响，被尊为“音乐之父”。
作品风格讲求哲理与抒情、写景密切结合，声乐
与器乐综合统一。多为复调音乐。声乐作品以
康塔塔最为丰富多彩，约 230 余部。器乐作品主
要有《平均律钢琴曲集》两卷，以及大量古钢琴组
曲、管风琴曲、管弦乐曲、无伴奏奏鸣曲等。

J0162817
茨冈幻想曲　（苏）拉赫玛尼诺夫作曲

[上海]光华出版社[1984年]70页
28cm（大16开）

J0162818
第四交响曲 （意大利A大调 作品90）（德）
门德尔松－巴托尔第（Mendelssohn–Bartholdy,F.）
作曲
北京 人民音乐出版社 1984年 110页
21cm（32开）统一书号：8026.4198
定价：CNY1.10

J0162819
钢琴、小提琴、大提琴三重协奏曲,作品56号 （总谱）（德）贝多芬作曲
[上海]光华出版社[1984年]100页
38cm（6开）

J0162820
海顿主题变奏曲 （C小调第一交响乐
D大调第二交响乐 总谱）（德）勃拉姆斯作曲
[上海]光华出版社[1984年]382页
26×38cm

J0162821
交响乐五首 （总谱）（奥）莫扎特作曲
[上海]光华出版社[1984年]380页
26×38cm

J0162822
拉威尔管弦乐曲 戴维斯（Davies, D.）著；林胜仪译
台北 全音乐谱出版社 1984年 90页
20cm（32开）定价：TWD80.00
（音乐欣赏丛书）
　　外文书名：Ravel Orchestral Music.

J0162823
蓝色多瑙河圆舞曲 （袖珍总谱）（奥）约翰·斯特劳斯作曲
[上海]光华出版社[1984年]52页
18cm（15开）

J0162824
论贝多芬交响曲的演出
（奥）魏因迦特纳著；陈洪译

北京 人民音乐出版社 1984年 183页
19cm（32开）统一书号：8026.4192
定价：CNY1.15
　　本书作者对贝多芬九大交响曲的解释和演出的处理做了详尽论述，提出了许多精辟的见解。

J0162825
前奏曲 （袖珍总谱）（匈）李斯特作曲
[上海]光华出版社[1984年]76页
19cm（32开）
　　作者弗朗茨·李斯特（Franz Liszt,1811—1886），匈牙利著名作曲家、钢琴家、指挥家。出生于匈牙利雷汀。代表作品交响曲《浮士德》《但丁》,钢琴曲《十九首匈牙利狂想曲》等。

J0162826
升华之夜,作品第4号 （小总谱）（奥）玄堡作曲
[上海]光华出版社[1984年]51页
19cm（32开）

J0162827
夏日的田园、欢乐之歌 （瑞士）奥涅格作曲
[上海]光华出版社[1984年]62页
28cm（16开）

J0162828
弦乐小夜曲 （小总谱 KV525）（奥）莫扎特作曲
[上海]光华出版社[1984年]24页
19cm（32开）定价：CNY0.20

J0162829
小诙谐曲 （总谱）列格作曲
[上海]光华出版社[1984年]4页 38cm（6开）
定价：CNY0.20

J0162830
匈牙利舞曲 （第1,3,10）（德）勃拉姆斯作曲
[上海]光华出版社[1984年]24页
33cm（5开）

J0162831
匈牙利舞曲 （第5,6,7）（德）勃拉姆斯作曲
[上海]光华出版社[1984年]32页
33cm（5开）

J0162832

序曲集七首 （总谱）（德）贝多芬作曲

［上海］光华出版社［1984年］356页

26×38cm（8开）

J0162833

邀舞 （作品第65号总谱）（德）韦伯作曲；

（法）柏辽兹配器

［上海］光华出版社［1984年］41页

38cm（6开）

J0162834

英雄的生活,作品第40号 （袖珍总谱）

［德］斯特劳斯作曲

［上海］光华出版社［1984年］220页

19cm（32开）

J0162835

海 （三首交响素描 五线谱）（法）德彪西曲

北京 人民音乐出版社 1985年 171页

20cm（32开）统一书号：8026.4287

定价：CNY1.65

　　本作品由《从破晓到中午的海》《浪的嬉戏》《风与海的对话》三幅交响素描组成。

J0162836

孔雀飞 （匈牙利民歌主题变奏曲 管弦乐总谱

五线谱）（匈）佐尔丹（Zolatn, K.）著

北京 人民音乐出版社 1985年 86页

20cm（32开）统一书号：8026.4278

定价：CNY0.92

J0162837

德沃夏克协奏曲 （a小调 作品53号 小提

琴和钢琴）（捷）德沃夏克作曲

上海 上海文艺出版社 1986年 47页

26cm（16开）统一书号：8078.3534

定价：CNY1.95

　　作者德沃夏克（Antonín Leopold Dvořák, 1841—1904），全名安东·利奥波德·德沃夏克。捷克作曲家,捷克民族乐派的主要代表人物。主要作品有《斯拉夫舞曲》《第九交响曲,又名,自新世界交响曲》《b小调大提琴协奏曲》等,交响诗《水妖》《金纺车》,歌剧《魔鬼与卡嘉》《水仙女》等。

J0162838

莫扎特第四十交响曲 （G小调）

（奥）莫扎特（Mozart, W.A.）作曲

北京 人民音乐出版社 1986年 77页

19cm（32开）统一书号：8026.4521

定价：CNY0.83

　　作者莫扎特（1756—1791）,欧洲古典主义音乐作曲家。出生于萨尔兹堡。留给世人的作品达600多首,包括63首交响曲,16首嬉游曲,13首小夜曲,15首进行曲,105首小步舞曲,172首舞曲等。代表作品有《奏鸣曲》《协奏曲》《安魂曲》《唐璜》《费加罗的婚礼》《魔笛》等。

J0162839

莫扎特第四十一交响曲 （朱庇特 C大调）

（奥）莫扎特（Mozart, W.A.）作曲

北京 人民音乐出版社 1986年 87页

19cm（32开）统一书号：8026.4500

定价：CNY0.97

J0162840

贝多芬第九交响曲 （合唱d小调作品125）

（德）贝多芬作曲

北京 人民音乐出版社 1987年 300页

20cm（32开）统一书号：8026.3802

定价：CNY2.95

　　作曲贝多芬（Ludwig van Beethoven, 1770—1827）,德国作曲家、钢琴家。维也纳古典乐派代表之一,与海顿、莫扎特一起被后人称为“维也纳三杰”。主要作品有《英雄》《命运》《田园》《合唱》等9部交响乐,《悲怆》《月光》《热情》等32首钢琴奏鸣曲,还有小提琴协奏曲、弦乐四重奏、歌剧等作品。

J0162841

亨德尔六首奏鸣曲 （小提琴和钢琴）亨德尔曲

上海 上海文艺出版社 1987年 49页

31cm（10开）统一书号：CN8078.3541

定价：CNY2.50

　　本书附小提琴分谱1册。

J0162842

贝利奥特第七协奏曲第九协奏曲

（小提琴和钢琴）

上海 上海音乐出版社 1988年 67面 30×20cm

ISBN：7-80553-115-3 定价：CNY4.15

J0162843

罗特第七协奏曲 （小提琴和钢琴）
上海 上海音乐出版社 1988年 20页 30×20cm
ISBN：7-80553-083-1 定价：CNY1.85

J0162844

维瓦尔地协奏曲 （小提琴和钢琴）
上海 上海音乐出版社 1988年 30面
30×20cm（16开）IS
BN：7-80553-116-1
定价：CNY2.10

J0162845

世界著名交响诗欣赏　钱亦平编著
上海 上海音乐出版社 1989年 255页 有图
19cm（32开）ISBN：7-80553-090-4
定价：CNY4.00
（音乐爱好者丛书）
　　本书收录《塔索》《前奏曲》《玛捷帕》《沃尔塔瓦河》《荒山之夜》《在中亚细亚草原上》《可憎的猎人》《午时女巫》《死亡岛》《罗马的喷泉》等。

J0162846

布鲁赫小提琴协奏曲 （小提琴与钢琴）
（德）布鲁赫（Bruch, M.）作曲
北京 人民音乐出版社 1990年 35页
31cm（15开）ISBN：7-103-00653-9
定价：CNY2.80

J0162847

巴赫双小提琴协奏曲 （d小调 两个小提琴与钢琴）（美）斯皮林编订
北京 人民音乐出版社 1992年 19页
31cm（12开）ISBN：7-103-01001-3
定价：CNY3.10

J0162848

电声乐队歌舞厅金曲配器总谱20首
郑建国等编配
北京 中国青年出版社 1992年 114页
26cm（16开）ISBN：7-5006-1131-5
定价：CNY6.40

　　作者郑建国（1954—　），著名打击乐演奏家、教育家、国家一级演奏员。山东莱州人。历任中国音乐家协会会员、中国打击乐协会理事。著有《爵士鼓演奏实用教程》《小军鼓演奏教程》《管乐队中的打击乐训练教程》《爵士鼓演奏集成：演奏基础篇》等。

J0162849

弦乐四重奏曲集 （一）（德）西特编
北京 人民音乐出版社 1992年 4册
30cm（10开）ISBN：7-103-01105-2
定价：CNY6.00

J0162850

莫扎特弦乐小夜曲 （四重奏）（奥）莫扎特曲
北京 人民音乐出版社 1993年 28cm（大16开）
ISBN：7-103-01073-0 定价：CNY3.00
　　本书包括：第一小提琴、第二小提琴、中提琴、大提琴4个分谱。

J0162851

世界著名协奏曲欣赏　沈璇编著
上海 上海音乐出版社 1993年 282页 有彩照
19cm（小32开）ISBN：7-80553-410-0
定价：CNY5.70
（音乐爱好者丛书）
　　本书介绍巴赫、海顿、莫扎特、贝多芬、李斯特、柴可夫斯基等音乐大师在各个时期运用不同风格创作的名曲。

J0162852

管乐合奏曲集（14）首 （世界名曲辑）郑路创编
北京 中国青年出版社 1994年 218页 有肖像
28cm（大16开）ISBN：7-5006-1546-9
定价：CNY24.00
　　作者郑路（1933—　），作曲家。北京顺义人。历任中国人民解放军军乐团创作室副主任，国家一级作曲，中国音乐家协会会员，辽宁省管乐学会名誉顾问，中国少年先锋队鼓乐团顾问等。

J0162853

管乐合奏曲集（20首） （少儿专辑）郑路创编
北京 科学普及出版社 1994年 211页
28cm（大16开）ISBN：7-110-03725-8
定价：CNY21.00

J0162854
拉赫曼尼诺夫 （管弦乐）［皮戈特］Patrick
Piggott 著；王次炤，常罡译
台北 世界文物出版社 1995 年 103 页
19cm（小 32 开）ISBN：957-8996-68-3
定价：TWD150.00
（BBC 音乐导读 28）
　　外文书名：Rachmaninov Orchestral Music.

J0162855
管弦乐作品片断　何荣选编
北京 人民音乐出版社 1996 年 57 页
30cm（10 开）ISBN：7-103-01366-7
定价：CNY26.70
　　外文书名：The Standard Orchestral Audition
Excerpts. 作者何荣，教授。历任美国南卡罗莱州
查理斯顿大学艺术学院弦乐系主任、小提琴和中
提琴教授、中国少年室内乐团艺术总监、国际中
提琴学会理事、伊思顿弦乐音乐营艺术总监。

J0162856
萨克斯管二重奏曲集　尹志发编曲
北京 中国青年出版社 1996 年 58 页
26cm（16 开）ISBN：7-5006-2221-X
定价：CNY8.00

J0162857
小号二重奏曲集　姜艺一,尹志发编曲
北京 中国青年出版社 1996 年 54 页
26cm（16 开）ISBN：7-5006-2215-5
定价：CNY8.00

J0162858
德弗札克交响曲与协奏曲
（英）Robert Layton 著；孟庚译
台北 世界文物出版社 1997 年 119 页
19cm（小 32 开）ISBN：957-9551-21-9
定价：TWD180.00
（BBC 音乐导读 13）
　　外文书名：Dvorak Symphonies & Concertos.

J0162859
弦乐四重奏　丁芷诺编
上海 世界图书出版公司上海分公司 1997 年
2 册 30cm（10 开）ISBN：7-5062-2990-0

定价：CNY22.50
　　作者丁芷诺（1938— ），女，教授。江苏昆
山人，生于上海。毕业于上海音乐学院，留校任
教。著有《小提琴基本功强化训练教材》。

J0162860
长笛·单簧管·萨克斯世界名曲重奏曲集
徐瑾编曲
北京 中国青年出版社 1997 年 122 页
29cm（16 开）ISBN：7-5006-2511-1
定价：CNY20.00
　　作者徐瑾（1957— ），长笛演奏家、国家二
级演员。辽宁丹东人。历任中国音乐家协会会员，
中国人民解放军军乐团首席长笛演奏家。出版有
《长笛基础音阶练习》《长笛初级音阶练习》等。

J0162861
吹奏乐外国作品集　俞先明编著
上海 上海教育出版社 1998 年 118 页
29cm（16 开）ISBN：7-5320-5628-7
定价：CNY28.50

J0162862
德佛亚克（1841—1904）　音乐之友社编；林
胜仪译
台北 美乐出版社 1999 年 228 页 有图
21cm（32 开）精装 ISBN：957-8442-40-8
定价：TWD380.00
（作曲家别 名曲解说珍藏版 6）
　　外文书名：Antonin Dvorak.

J0162863
德沃夏克交响曲与协奏曲
（英）Robert Layton 著；孟庚译
石家庄 花山文艺出版社 1999 年 119 页
19cm（小 32 开）ISBN：7-80611-650-8
定价：CNY8.00
（BBC 音乐导读 13）

J0162864
欧洲古典重奏·合奏曲精选　杨九华编
南昌 百花洲文艺出版社 1999 年 154 页
31cm（10 开）ISBN：7-80647-096-4
定价：CNY28.00

J0162865

趣味竖笛小品 （20首经典乐曲三重奏）（德）
雷纳·布茨（Rainer Butz）编曲；余丹红翻译
上海　上海教育出版社　1999年　24页
31cm（10开）ISBN：7-5320-6549-9
定价：CNY7.30
　　本书的改编曲目是为10-11岁在校学生的
多声部竖笛重奏课而写的。包括亨德尔、巴赫、
海顿、贝多芬、德沃夏克等人的作品。

J0162866

萨克斯管二重奏曲集　施安同编
上海　世界图书出版公司　1999年　35页
30cm（10开）ISBN：7-5062-4064-5
定价：CNY12.00

各国电子乐曲

J0162867

外国通俗电子琴曲选 （第1集）人民音乐出
版社编辑部编
北京　人民音乐出版社　1985年　31cm（8开）
统一书号：8026.4418　定价：CNY1.20

J0162868

外国通俗电子琴曲选 （第2集）人民音乐出
版社编辑部编
北京　人民音乐出版社　1991年　14页
30cm（10开）ISBN：7-103-00692-X
定价：CNY1.40

J0162869

北国之春 （三用外国电子琴曲选）人民音乐
出版社编辑部编
北京　人民音乐出版社　1986年　36页
34cm（10开）统一书号：8026.4517
定价：CNY1.50

J0162870

三用外国电子琴曲选 （线谱本1）人民音乐
出版社编辑部编
北京　人民音乐出版社　1986年　48页
38cm（6开）统一书号：8026.4483
定价：CNY2.00

J0162871

世界电子琴曲选 （1）袁学浩改编
上海　上海翻译出版公司　1986年　26页
26cm（16开）统一书号：7311.35
定价：CNY1.30

J0162872

世界电子琴曲选 （2）袁学浩编
上海　上海翻译出版公司　1988年　33页
26cm（16开）ISBN：7-80514-109-6
定价：CNY1.55

J0162873

电子琴曲谱中外名曲精选100首　陈墨,叶
菜编
北京　北京体育学院出版社　1987年　58+60页
26cm（16开）统一书号：8451.48
ISBN：7-81003-056-6　定价：CNY3.40

J0162874

花 （外国电子琴曲选）人民音乐出版社编辑
部编
北京　人民音乐出版社　1987年　44页
31cm（10开）统一书号：8026.4618
定价：CNY2.10

J0162875

巴黎浪漫曲　肖乐编配
武汉　长江文艺出版社　1988年　31页
38cm（6开）ISBN：7-5354-0203-8
定价：CNY3.80
（中外通俗电子琴曲　3）

J0162876

冬天里的一把火　肖乐编配
武汉　长江文艺出版社　1988年　31页
38cm（6开）ISBN：7-5354-0204-6
定价：CNY3.80
（中外通俗电子琴曲　2）

J0162877

儿童电子琴练习曲 （世界名曲24首）世璋,
田夫编配
石家庄　河北少年儿童出版社　1988年　30页
26cm（16开）ISBN：7-5376-0001-5

定价：CNY1.00

J0162878
键盘上的歌声 （50首中外少年儿童歌曲琴谱简线谱）万宝柱编著
北京 北京体育学院出版社 1988年 61页
26cm（16开）ISBN：7-81003-108-2
定价：CNY1.90

J0162879
少儿电子琴弹唱曲集 尹承梁编写
昆明 云南人民出版社 1988年 105页
13×20cm ISBN：7-222-00218-9
定价：CNY1.30

J0162880
小型电子琴世界名曲集 （一）
王梅贞，芦小鸥编配
北京 文化艺术出版社 1988年 45页
20×26cm（16开）ISBN：7-5039-0296-5
定价：CNY2.65

J0162881
小型电子琴世界名曲集 （二）
王梅贞，芦小鸥编配
北京 文化艺术出版社 1988年 43页
20×26cm（16开）ISBN：7-5039-0297-3
定价：CNY2.65

J0162882
音乐在空中回荡 （中外通俗电子琴曲 1）
肖乐编配
武汉 长江文艺出版社 1988年 31页
38cm（6开）ISBN：7-5354-0119-8
定价：CNY2.70

J0162883
中外通俗电子琴曲 101 首 陶龙编
西安 华岳文艺出版社 1988年 110页
26cm（16开）ISBN：7-80549-108-9
定价：CNY2.90

J0162884
电子琴名曲精选 吴嘉平，吴春楚编著
杭州 浙江文艺出版社 1990年 70页
有照片 26cm（16开）ISBN：7-5339-0192-4
定价：CNY2.70

J0162885
电子琴外国轻音乐歌曲简谱曲集 笑曼编著
北京 海洋出版社 1990年 53页 26cm（16开）
ISBN：7-5027-0756-5 定价：CNY3.20

J0162886
电子琴金曲选萃 （全国少儿电子琴比赛规定曲目与自选曲目）王新贞，朱作英编
大连 大连出版社 1991年 132页 26cm（16开）
ISBN：7-80555-442-0 定价：CNY5.40

J0162887
电子琴曲谱 （中外名曲精选100首）陈默，叶莱编
北京 北京体育学院出版社 1991年 2版
118页 26cm（16开）ISBN：7-81003-056-6
定价：CNY4.50

J0162888
电子琴曲谱 （中外名曲精选100首）陈默，叶莱编
北京 北京体育学院出版社 1995年 2版
118页 26cm（16开）ISBN：7-81003-056-6
定价：CNY7.80

J0162889
中高级少儿电子琴曲 李未明编
福州 福建少年儿童出版社 1991年 重印本
114页 38cm（6开）ISBN：7-5395-0403-X
定价：CNY8.50
　　本书分两集。本书为第一集，选编《迪斯尼组曲》《俄罗斯波尔卡》《南泥湾随想曲》《白毛女》等中外优秀电子琴曲18首。

J0162890
中高级少儿电子琴曲 （第二集）李未明编
福州 福建少年儿童出版社 1992年 134页
38cm（6开）ISBN：7-5395-0681-4
定价：CNY12.00
　　本书选编《瑶族舞曲》《海峡的风》《解放区的天》《红星闪闪》等中外电子琴曲14首。

J0162891
电子琴独奏曲 20 首　陈和昭编著
重庆　重庆出版社 1992 年　79 页　26cm（16 开）
ISBN：7-5366-1930-8 定价：CNY4.00
　　本书收录《水草舞》《光明行》《翻身的日子》等 20 首中外名曲改编的独奏曲。

J0162892
电子琴世界名曲精选　（练习曲 乐曲 120 首）
丁泽馨，林捷编
成都　四川少年儿童出版社 1992 年　216 页
37cm（8 开）ISBN：7-5365-0861-1
定价：CNY16.50
　　作者丁泽馨（1923—1988），女，钢琴家、教授。重庆江北人，毕业于南京金陵女子大学音乐系。任教于西南师范学院音乐系，中国音乐家协会会员，中国音乐家协会重庆分会会员。著作有《钢琴艺术的发展及其演奏风格》《掌握教学规律，提高教学质量》《印象派作曲家德彪西的创作特点与演奏风格》等。作者林捷，四川音乐学院钢琴教师。

J0162893
电子琴大赛独奏金曲　苗实，王义来编著
沈阳　辽宁教育出版社 1993 年　82 页
29cm（16 开）ISBN：7-5382-2756-3
定价：CNY8.60

J0162894
电子琴曲选　（附和弦表等）范志辉,于海龙编著
呼和浩特　内蒙古人民出版社 1993 年
26cm（16 开）ISBN：7-204-02149-5
定价：CNY3.60

J0162895
电子琴中外名曲　张明元编曲
北京　农业出版社 1993 年 50 页 26cm（16 开）
ISBN：7-109-02960-3 定价：CNY3.80

J0162896
少儿电子琴曲精选　阿土,阿明编
福州　福建少年儿童出版社 1993 年　重印本
116 页　25×26cm ISBN：7-5395-0171-5
定价：CNY8.00
　　本书选收 72 首中外优秀电子琴曲，分《单指弹奏的乐曲》和《复指弹奏的乐曲》两部分。

J0162897
百奏不厌中外电子琴名曲 68 首　姚来彬编
成都　四川人民出版社 1995 年　194 页 37cm（8 开）
ISBN：7-220-02793-1 定价：CNY40.00
（百奏不厌系列）

J0162898
少年儿童电子琴晋级教程音乐会名曲 20 首
万宝柱,万晓乐编著
北京　中国和平出版社 1996 年　82 页
30cm（10 开）ISBN：7-80101-576-2
定价：CNY18.00

J0162899
中外少儿电子琴曲精选　朱亚荣等选编
太原　北岳文艺出版社 1998 年　重印本
138 页　28cm（16 开）ISBN：7-5378-1706-5
定价：CNY19.80
（中外少儿器乐曲精选系列 4）

J0162900
电子琴考级作品练习指南　覃式著
北京　人民音乐出版社 1999 年　91 页
26cm（16 开）ISBN：7-103-01372-1
定价：CNY13.90
　　作者覃式，教授。毕业于广西艺术学院，历任广西艺术学院教授、研究生导师，中国音协手风琴学会常务理事，广西手风琴学会会长，广西电子琴学会副会长。出版《手风琴、电子琴即兴伴奏法》。

J0162901
电子琴曲集　李未明曲
北京　人民音乐出版社 1999 年　174 页
31cm（10 开）ISBN：7-103-01508-2
定价：CNY34.40

J0162902
中外电子琴曲 100 首　（用现代爵士乐手法改编）任达敏编曲；人民音乐出版社编辑部编
北京　人民音乐出版社 1999 年　242 页
30cm（10 开）ISBN：7-103-01640-2
定价：CNY40.50

各国民族器乐曲及其他

J0162903
协和颂主圣诗琴谱
1922 年　718 页　19cm（32 开）精装
　　本书收录 560 首基督教歌曲，五线谱，附钢琴谱伴奏谱。

J0162904
第一弥撒曲，作品 45 号　江文也作曲
北平　方济堂思高圣经学会　1948 年　34 页
26cm（16 开）
　　作者江文也（1910—1983），作曲家。原名江文彬，客家人，祖籍福建永定县，出生于台湾淡水郡（今台北）。代表作品《绣花女》《台湾舞曲》《中国名歌集》等。

J0162905
乐家录　（卷九　琵琶）（日）安倍季尚著；潘怀素节译
北京　中央音乐学院民族音乐研究所　1957 年
41 页　有图　19cm（32 开）定价：CNY0.65
（中央音乐学院民族音乐研究所参考资料 61）

J0162906
外国民间乐曲选　（小型民族乐队合奏曲）
朴东生编配
成都　四川人民出版社　1979 年　80 页
26cm（16 开）统一书号：8118.616
定价：CNY0.45

J0162907
外国民间乐曲选　（小型民族乐队合奏曲
第二集）朴东生编配
成都　四川人民出版社　1980 年　93 页
26cm（16 开）统一书号：8118.795
定价：CNY0.46

音乐事业

J0162908
音乐新校　（中英文合刊）音乐新校编
上海　音乐新校　1912 年　19cm（32 开）

J0162909
德国国民学校与唱歌　王光祈著
上海　中华书局　1925 年　195 页　21cm（32 开）
定价：银六角
（音乐丛刊）
　　本书内容包括：国民学校唱歌教育概论、八学年中之教授程序、歌调十篇。作者王光祈（1892—1936），音乐学家、社会活动家。字润玙，笔名若愚，四川温江人。毕业于柏林大学，获波恩大学博士。代表作《东方民族之音乐》《欧洲音乐进化论》《论中国古典歌剧》等。

J0162910
参考资料　联大党委会编
联大党委会　1948 年　油印本　12 页
21cm（32 开）
　　本书收录《联共中央公布关于苏联音乐艺术决定》《联共中央的音乐决定全苏联人民热烈拥护》《关于"高唱战歌念星海"》3 篇文章。

J0162911
九台县戏剧工作者协会章程　（草案）九台县戏剧工作者协会编
九台　九台县戏剧工作者协会［1950—1959 年］
油印本　4 页　19cm（32 开）

J0162912
九台县音乐工作者协会章程　（草案）九台县音乐工作者协会编
九台　九台县音乐工作者协会［1950—1959 年］
油印本　4 页　20cm（32 开）

J0162913
庆祝伟大十月社会主义革命三十三周年音乐晚会　北京市中苏友好协会主办
北京　北京市中苏友好协会　1950 年　有图
26cm（16 开）

J0162914
上海市人民政府交响乐团音乐会节目汇编
（一至五次）上海市军管会文管会文艺处主办
上海　上海市军管会文管会文艺处　1950 年
20cm（32 开）

J0162915
**中央人民政府文化部第一届全国民间音乐
舞蹈会演大会演出节目说明**
北京　中央人民政府文化部　1953 年
26cm（16 开）

J0162916
"布拉格之春"国际音乐节　蒋宛编译；中华
人民共和国国务院对外文化联络局编辑
北京　中华人民共和国国务院对外文化联络局
1955 年　20 页　19cm（32 开）
（文化交流资料丛刊 7）
　　1946 年捷克斯洛伐克政府决定在每年的春
天在布拉格举行一次国际音乐节,人们称之为
"布拉格之春"。

J0162917
匈牙利音乐艺术现实问题　对外文化联络局
编译
北京　对外文化联络局　1955 年　16 页
19cm（32 开）
（文化交流资料丛刊 17）

J0162918
第一届全国音乐周音乐会　中华人民共和国
文化部,中国音乐家协会主办
北京〔第一届全国音乐周办公室〕〔1956 年〕
26cm（16 开）

J0162919
沈阳音乐学院歌曲选集　沈阳音乐学院编
沈阳　春风文艺出版社　1959 年　35 页
19cm（32 开）统一书号：T8158.3
定价：CNY0.13

J0162920
上海音乐学院声乐教学曲选
（中国民歌　第一集）上海音乐学院声乐系编
上海　上海文化出版社　1964 年　43 页

27cm（16 开）统一书号：8077.203
定价：CNY0.46

J0162921
三明地区参加福建省武夷之春音乐会
1978 年　油印本　26cm（16 开）

J0162922
国际音乐比赛简介　肖兵译编
1981 年　138 页　有图　19cm（小 32 开）

J0162923
长春音乐舞蹈记事　（1948 年 10 月—1981 年
12 月）韩玉洁编；吉林省艺术研究所,长春市艺
术研究所编
长春　吉林省艺术研究所　1987 年　258 页
有照片　18cm（15 开）
　　本书由吉林省艺术研究所和长春市艺术研
究所联合出版。

J0162924
首都老战士合唱团的十年　（1979—1989）
章洛主编；首都老战士合唱团编
1990 年　184 页　有照片　20cm（32 开）

J0162925
嗑乐·搞团　（台湾创作乐团纪事）小知堂编采
组著
台北　小知堂文化事业公司　1998 年　191 页
有照片　21cm（32 开）ISBN：957-9184-71-2
定价：TWD320.00
（创·纪世 1）

J0162926
音乐商业的秘密　宗晓军著
北京　人民音乐出版社　1999 年　11+156 页
有照片　19cm（小 32 开）ISBN：7-103-02057-4
定价：CNY9.60
（音乐商业产业管理丛书 1）
　　外文书名：The Secret of Music Business.

J0162927
中国电影乐团建团五十周年
1999 年　94 页　29cm（16 开）

舞　蹈

舞蹈理论

J0162928
行进法详解　汤琳编
上海　普及书局 [1910—1949 年] 128+21 页
有图　19cm（32 开）定价：大洋三角

　　本书内容包括：概论、姿势及排列、步法、行进法演习、练习列题 5 章，附"行进曲"20 首。

J0162929
舞蹈游戏　王季梁，孙揆编译
上海　商务印书馆 1913 年 6 版 82 页 有图
19cm（32 开）定价：大洋四角

　　本书包括上、下卷，上卷介绍舞蹈前的准备等内容，下卷介绍各种舞蹈的跳法。书前有舞蹈一般之注意、舞蹈术语一览表、舞蹈术语详解等。

J0162930
跳舞场　（一致训练游戏）王怀琪著
上海　中国健学社 1928 年 [33] 页 有肖像
17cm（32 开）定价：大洋三角

　　作者王怀琪，著名画家。北京人，毕业于中央美院，在石家庄河北美校任教，历任蒋兆和创作室的成员、河北美协主席、河北画院院长。

J0162931
舞蹈入门　沈明珍著

上海　勤奋书局 1931 年 96 页 有图
19cm（32 开）定价：大洋九角
（体育丛书）

　　本书介绍舞蹈的基本动作，如姿势、步颠趾、屈膝、滑步等，共 42 种。

J0162932
舞蹈入门　沈明珍著
上海　勤奋书局 1935 年 96 页 有图
19cm（32 开）定价：大洋九角
（体育丛书）

J0162933
舞蹈教材　冯柳溪编纂
上海　商务印书馆 1935 年 153 页 有图
19cm（32 开）定价：国币三角

　　本书包括上、下卷。上卷讲述队形的排列、方向、手臂的预备和姿势、步法和行进法等基本动作；下卷讲述方舞、对舞、圆舞。

J0162934
新舞蹈艺术概论　吴晓邦撰
上海　三联书店 1950 年 201 页 18cm（32 开）
定价：CNY7.00

　　本书分 4 章，内容包括：论新舞蹈的方法；舞蹈艺术的三大要素；论中国舞蹈艺术史上的变迁；新舞蹈艺术的初步技术教程。

J0162935
新舞蹈艺术概论　吴晓邦撰

上海 三联书店 1951 年 修正 3 版 269 页
18cm（32 开）定价：旧币 9,000 元

J0162936
大家来跳舞 江西人民通俗出版社辑
南昌 江西人民通俗出版社 1953 年 25 页 有图
18cm（15 开）定价：旧币 800 元

J0162937
苏联的舞蹈艺术 李士钊辑译
上海 文娱出版社 1953 年 86 页 有图
18cm（32 开）定价：旧币 4,400 元
（国际舞蹈丛书）

J0162938
舞蹈学习资料 （第一辑）中国舞蹈艺术研究
会筹委会编
北京 中国舞蹈艺术研究会筹委会 1954 年
44 页 19cm（32 开）

J0162939
舞蹈学习资料 （第二辑）中国舞蹈艺术研究
会筹委会编
北京 中国舞蹈艺术研究会筹委会 1954 年
53 页 19cm（32 开）

J0162940
舞蹈学习资料 （第三辑）中国舞蹈艺术研究
会筹委会编
北京 中国舞蹈艺术研究会筹委会 1954 年
84 页 19cm（32 开）

J0162941
舞蹈学习资料 （第五辑）中国舞蹈艺术研究
会筹委会编
北京 中国舞蹈艺术研究会筹委会 1954 年
84 页 19cm（32 开）

J0162942
舞蹈学习资料 （第六辑 苏联舞蹈艺术专辑）
中国舞蹈艺术研究会筹委会编
北京 中国舞蹈艺术研究会筹委会 1954 年
92 页 有照片 19cm（32 开）

J0162943
舞蹈学习资料 （第七辑 向苏联国立民间舞
蹈团学习专辑）中国舞蹈艺术研究会编
北京 中国舞蹈艺术研究会 1955 年 145 页
有照片 19cm（32 开）

J0162944
舞蹈学习资料 （第八辑）中国舞蹈艺术研究
会编
北京 中国舞蹈艺术研究会 1955 年 95 页 有图
19cm（32 开）

J0162945
舞蹈学习资料 （第四辑）中国舞蹈艺术研究
会编
北京 中国舞蹈艺术研究会 1956 年 有图
19cm（32 开）

J0162946
舞蹈学习资料 （第九辑）中国舞蹈艺术研究
会编
北京 中国舞蹈艺术研究会 1956 年 135 页
18cm（32 开）

J0162947
舞蹈学习资料 （第十辑）中国舞蹈艺术研究
会编
北京 中国舞蹈艺术研究会 1956 年 140 页
有图 19cm（32 开）

J0162948
舞蹈学习资料 （第十一辑）中国舞蹈艺术研
究会编
北京 中国舞蹈艺术研究会 1956 年
80 页 +32 叶图版 19cm（32 开）

J0162949
舞蹈学习资料 （第十二辑 印度西部民间舞）
中国舞蹈艺术研究会编
北京 中国舞蹈艺术研究会 1957 年 144 页
19cm（32 开）

J0162950
什么是舞剧 吴钧燮译
北京 音乐出版社 1957 年 25 页 18cm（32 开）

统一书号：8026.547 定价：CNY0.14
（苏联大百科全书选译）

J0162951
舞蹈丛刊 （第一辑）中国舞蹈艺术研究会编辑
上海 上海文化出版社 1957年 131页
有图 20cm（32开）统一书号：8077.86
定价：CNY0.65

本书收录《"三月三"的创作经过》《谈谈"半边裙子"的创作》《一个新的尝试》《杂谈基本训练》《关于创作反映现实生活舞蹈的点滴意见》《谈舞蹈的美术设计》《唐宋大曲的结构》等。

J0162952
舞蹈丛刊 （第二辑）中国舞蹈艺术研究会编
上海 上海文化出版社 1957年 130页
有图 20cm（32开）统一书号：8077.91
定价：CNY0.60

J0162953
舞蹈丛刊 （第三辑）中国舞蹈艺术研究会编辑
上海 上海文化出版社 1957年 118页 有图
20cm（32开）统一书号：8077.98
定价：CNY0.50

J0162954
舞蹈丛刊 （第四辑）中国舞蹈艺术研究会编辑
上海 上海文化出版社 1958年 108页 有图
20cm（32开）统一书号：8077.116
定价：CNY0.48

J0162955
舞蹈基础知识 吴晓邦著；野蜂绘图
北京 北京工人出版社 1957年 74页
18cm（32开）统一书号：8007.5 定价：0.22

本书是一本辅导开展舞蹈活动的书。书内谈到了中国舞蹈艺术的特点，中国舞蹈艺术上美的法则，舞蹈和其他艺术的关系，舞蹈的创作演出，职工业余舞蹈活动的开展等。

J0162956
舞蹈讲义 谈腾初编
南京 江苏师范学院 1958年 油印本 212页
有图 26cm（16开）

J0162957
舞蹈讲座 孙景琛著
北京 北京出版社 1958年 79页 有图
18cm（32开）统一书号：8071.36
定价：CNY0.30

作者孙景琛（1929—2008），研究员。出生于上海。毕业于华北大学三部。曾任中央戏剧学院、中央歌舞团、中国舞蹈家协会舞蹈演员、编导、编辑，中国舞协第三、四届常务理事和第五届主席团委员会委员。出版有《论民间舞蹈》《中国民间舞蹈选集》《古代乐舞论著选编》《马恩列斯毛论文化遗产的继承和变革》等。

J0162958
舞蹈论文选 中国舞蹈艺术研究会辑
上海 上海文化出版社 1958年 146页
22cm（27开）统一书号：8077.111
定价：CNY0.50

本书收录《谈秧歌舞的提高》《向第一届全国民间音乐舞蹈会演学习》《关于新舞蹈艺术》《文工团的舞蹈学习》《进军舞的创作及演出》《古典舞蹈整理问题》等。

J0162959
舞蹈基本知识 江西省群众艺术馆编写
南昌 江西人民出版社 1959年 47页 有图
18cm（32开）统一书号：T7110.211
定价：CNY0.14
（工农实用戏剧歌舞知识小丛书）

J0162960
舞蹈基本知识 河南省群众艺术馆编
郑州 河南人民出版社 1960年 47页 有图
19cm（32开）统一书号：T8105.260
定价：CNY0.16

本书内容包括：舞蹈的主要特点及常见的几种类型；怎样创作舞蹈；舞蹈的排演与表演；怎样记录舞蹈；舞蹈中常用的几种基本步法。

J0162961
舞蹈理论基本知识 山东省群众艺术馆编著
济南 山东人民出版社 1959年 22页
15cm（40开）统一书号：T8099.332
定价：CNY0.06

J0162962

谈谈舞蹈艺术 陕西省群众艺术馆编
西安 长安书店 1960 年 17 页 19cm（32 开）
统一书号：T10095.703 定价：CNY0.08
（业余舞蹈活动小丛书）

J0162963

舞蹈散论 叶林著
上海 上海文艺出版社 1961 年 106 页
21cm（32 开）统一书号：8078.1765
定价：CNY0.46
　　本书收录《蓬勃发展的新中国民间歌舞》
《有关少数民族艺术发展的几个问题》《民族歌舞
问题探索》《工人文工团的新风格》《群众歌舞艺
术发展的康庄大道》《来自伊洛瓦底江人民的友
谊的歌舞》等。

J0162964

舞蹈学习 （1）北京舞蹈学校研究室编
北京 北京舞蹈学校资料室 1963 年 油印本
70 页 有图 26cm（16 开）定价：CNY0.65

J0162965

舞蹈学习 （2）北京舞蹈学校研究室编
北京 北京舞蹈学校资料室 1963 年 油印本
76 页 有图 26cm（16 开）定价：CNY0.56

J0162966

舞剧与古典舞蹈 芦原英了著；李哲洋译
台北 全音乐谱出版社 1979 年 3 版 286 页
20cm（32 开）

J0162967

舞剧与古典舞蹈 （日）芦原英了著；李哲洋译
台北 全音乐谱出版社 1982 年 4 版 286 页
有图 21cm（32 开）定价：TWD120.00

J0162968

舞剧与古典舞蹈 （日）芦原英了著；李哲洋译
台北 全音乐谱出版社 1985 年 6 版 22+286 页
有图 21cm（32 开）定价：TWD32.00
　　本书以叙述古典舞蹈的技巧为主干，以古典
舞剧的形式为内容，分为"舞剧的历史"、"古典
舞蹈的原理"、"古典舞蹈的技法"、"舞系"、"舞
剧的结构"、"舞剧团的组织"6 篇记述。据原书

1957 年第 4 版译出。

J0162969

舞蹈论丛 （1980 年第 1 辑）《舞蹈论丛》编辑
部编辑
北京 中国戏剧出版社 1980 年 128 页
有图 26cm（16 开）统一书号：8069.65
定价：CNY0.80

J0162970

舞蹈论丛 （1980 年第 2 辑）《舞蹈论丛》编辑
部编辑
北京 中国戏剧出版社 1980 年 128 页
有图 26cm（16 开）统一书号：8069.77
定价：CNY0.80

J0162971

舞蹈论丛 （1980 年第 3 辑）《舞蹈论丛》编辑
部编辑
北京 中国戏剧出版社 1980 年 128 页
有图 26cm（16 开）统一书号：8069.111
定价：CNY0.80

J0162972

舞蹈论丛 （1981 年第 1 辑）《舞蹈论丛》编辑
部编辑
北京 中国戏剧出版社 1981 年 128 页 有图
26cm（16 开）统一书号：8069.133
定价：CNY0.80

J0162973

舞蹈论丛 （1981 年第 2 辑）《舞蹈论丛》编辑
部编辑
北京 中国戏剧出版社 1981 年 128 页 有图
26cm（16 开）定价：CNY0.80

J0162974

舞蹈解剖学初探 （谈舞蹈的科学训练）王维
刚编著
北京 人民音乐出版社 1981 年 77 页
21cm（32 开）统一书号：8026.3887
定价：CNY0.39
　　本书从人体解剖学和运动力学的角度探索
舞蹈的科学训练方法。

J0162975
舞蹈艺术（丛刊 1981 年 2 辑 总第 3 辑）
中国艺术研究院舞蹈研究所编辑
北京 文化艺术出版社 1981 年
178 页＋［2］叶图版 21cm（32 开）
统一书号：8228.21 定价：CNY0.70

J0162976
舞蹈艺术（丛刊 1982 年第 1 辑 总第 4 辑 "中
国古代舞蹈史" 资料专辑）中国艺术研究院舞
蹈研究所编辑
北京 文化艺术出版社 1982 年 282 页
21cm（32 开）统一书号：8228.26
定价：CNY0.95

J0162977
舞蹈艺术（丛刊 1983 年第 1 辑 总第 5 辑）
中国艺术研究院舞蹈研究所编辑
北京 文化艺术出版社 1983 年 231 页
20cm（32 开）统一书号：8228.47
定价：CNY0.85

J0162978
舞蹈艺术（丛刊 1983 年第 2 辑 总第 6 辑）
中国艺术研究院舞蹈研究所编辑
北京 文化艺术出版社 1984 年 271 页
20cm（32 开）统一书号：8228.077
定价：CNY1.00

J0162979
舞蹈艺术（丛刊 1984 年第 1 辑 总第 7 辑）
中国艺术研究院舞蹈研究所编辑
北京 文化艺术出版社 1984 年 200 页
20cm（32 开）统一书号：8228.080
定价：CNY0.70

J0162980
舞蹈艺术（丛刊 1984 年第 2 辑 总第 8 辑）
中国艺术研究院舞蹈研究所编辑
北京 文化艺术出版社 1984 年 188 页
20cm（32 开）统一书号：8228.080
定价：CNY0.70

J0162981
舞蹈艺术（丛刊 1984 年第 3 辑 总第 9 辑）
中国艺术研究院舞蹈研究所编辑
北京 文化艺术出版社 1984 年 190 页
有照片 20cm（32 开）统一书号：8228.091
定价：CNY0.70

J0162982
舞蹈艺术（丛刊 1985 年第 1 辑 总第 10 辑）
中国艺术研究院舞蹈研究所编辑
北京 文化艺术出版社 1985 年 188 页
20cm（32 开）统一书号：8228.099
定价：CNY0.85
（舞蹈艺术丛刊 10）
　　本书内容包括：评论深讨；创作经验；华东
舞蹈会演八人谈；研究·思考，舞蹈史；舞蹈家；
民族民间舞蹈等几部分。

J0162983
舞蹈艺术（丛刊 1985 年第 2 辑 总第 11 辑）
中国艺术研究院舞蹈研究所编辑
北京 文化艺术出版社 1985 年 188 页
20cm（32 开）定价：CNY0.85
　　本辑内容包括：毕业论文、评论、研究、思
考、舞蹈史、海外归来谈、民族民间舞蹈、人才
培养几个部分。

J0162984
舞蹈艺术（丛刊 1985 年第 3 辑 总第 12 辑）
中国艺术研究院舞蹈研究所编辑
北京 文化艺术出版社 1985 年 188 页
20cm（32 开）定价：CNY0.85

J0162985
舞蹈艺术（丛刊 1985 年第 4 辑 总第 13 辑）
中国艺术研究院舞蹈研究所编辑
北京 文化艺术出版社 1985 年 188 页
有图 20cm（32 开）统一书号：8228.125
定价：CNY0.85
　　本书设有研究·思考、评论·创作经验、舞蹈
史、民族民间舞蹈、舞蹈家、外国舞蹈、舞蹈教
学、各地舞刊文摘、参考资料等栏目。

J0162986
舞蹈艺术（丛刊 1986 年第 1 辑 总第 14 辑）
中国艺术研究院舞蹈研究所编
北京 文化艺术出版社 1986 年 220 页

21cm（32 开）定价：CNY1.05

J0162987
舞蹈艺术 （丛刊 1986 年第 2 辑 总第 15 辑）
中国艺术研究院舞蹈研究所编
北京 文化艺术出版社 1986 年 220 页
21cm（32 开）定价：CNY1.05

J0162988
舞蹈艺术 （丛刊 1986 年第 3 辑 总第 16 辑）
中国艺术研究院舞蹈研究所编
北京 文化艺术出版社 1986 年 220 页
21cm（32 开）定价：CNY1.05

J0162989
舞蹈艺术 （丛刊 1986 年第 4 辑 总第 17 辑）
中国艺术研究院舞蹈研究所编
北京 文化艺术出版社 1986 年 220 页
21cm（32 开）定价：CNY1.05

J0162990
舞蹈艺术 （丛刊 1987 年第 1 辑 总第 18 辑）
中国艺术研究院舞蹈研究所编辑
北京 文化艺术出版社 1987 年 220 页
20cm（32 开）定价：CNY1.15

J0162991
舞蹈艺术 （丛刊 1987 年第 2 辑 总第 19 辑）
中国艺术研究院舞蹈研究所编辑
北京 文化艺术出版社 1987 年 220 页
20cm（32 开）统一书号：8228.162
定价：CNY1.15

J0162992
舞蹈艺术 （丛刊 1987 年第 3 辑 总第 20 辑）
中国艺术研究院舞蹈研究所编辑
北京 文化艺术出版社 1987 年 220 页
20cm（32 开）统一书号：8228.174
定价：CNY1.15

J0162993
舞蹈艺术 （丛刊 1987 年第 4 辑 总第 21 辑）
中国艺术研究院舞蹈研究所编辑
北京 文化艺术出版社 1987 年 220 页
20cm（32 开）统一书号：8228.186

定价：CNY1.15

J0162994
舞蹈艺术 （丛刊 1988 年第 1 辑 总第 22 辑）
中国艺术研究院舞蹈研究所编
北京 文化艺术出版社 1988 年 218 页 有图
21cm（32 开）ISBN：7-5039-0134-9
定价：CNY1.50

J0162995
舞蹈艺术 （丛刊 1988 年第 2 辑 总第 23 辑）
中国艺术研究院舞蹈研究所编
北京 文化艺术出版社 1988 年 218 页
有图 21cm（32 开）ISBN：7-5039-0129-2
定价：CNY1.50

J0162996
舞蹈艺术 （丛刊 1988 年第 3 辑 总第 24 辑）
中国艺术研究院舞蹈研究所编
北京 文化艺术出版社 1988 年 218 页
20cm（32 开）ISBN：7-5039-0169-1
定价：CNY1.50

J0162997
舞蹈艺术 （丛刊 1988 年第 4 辑 总第 25 辑）
中国艺术研究院舞蹈研究所编辑
北京 文化艺术出版社 1988 年 218 页
20cm（32 开）ISBN：7-5039-0264-7
定价：CNY1.50

J0162998
舞蹈艺术 （丛刊 1989 年第 1 辑 总第 26 辑）
中国艺术研究院舞蹈研究所编辑
北京 文化艺术出版社 1989 年 218 页
20cm（32 开）ISBN：7-5039-0354-6
定价：CNY1.85

J0162999
舞蹈艺术 （丛刊 1989 年第 2 辑 总第 27 辑）
中国艺术研究院舞蹈研究所编
北京 文化艺术出版社 1989 年 218 页
有照片 20cm（32 开）ISBN：7-5039-0403-8
定价：CNY1.85

J0163000

舞蹈艺术 （丛刊 1989 年第 3 辑 总第 28 辑）
中国艺术研究院舞蹈研究所编辑
北京 文化艺术出版社 1989 年 218 页 有图
20cm（32 开）ISBN：7-5039-0465-8
定价：CNY1.85

J0163001

舞蹈艺术 （丛刊 1989 年第 4 辑 总第 29 辑）
中国艺术研究院舞蹈研究所编辑
北京 文化艺术出版社 1989 年 218 页 有图
20cm（32 开）ISBN：7-5039-0519-0
定价：CNY1.85

J0163002

舞蹈艺术 （丛刊 1990 年第 1 辑 总第 30 辑）
中国艺术研究院舞蹈研究所编
北京 文化艺术出版社 1990 年 240 页
20cm（32 开）ISBN：7-5039-0645-6
定价：CNY3.00

J0163003

舞蹈艺术 （丛刊 1990 年第 2 辑 总第 31 辑
民间舞蹈古今谈）中国艺术研究院舞蹈研究所
编辑
北京 文化艺术出版社 1990 年 218 页
20cm（32 开）ISBN：7-5039-0663-4
定价：CNY3.00

J0163004

舞蹈艺术 （丛刊 1990 年第 3 辑 总第 32 辑
外国舞蹈理论译文集）中国艺术研究院舞蹈研
究所编辑
北京 文化艺术出版社 1990 年 218 页
20cm（32 开）ISBN：7-5039-0703-7
定价：CNY3.00

J0163005

舞蹈艺术 （丛刊 1990 年第 4 辑 总第 33 辑
中国舞蹈四十年专集）中国艺术研究院舞蹈研
究所编辑
北京 文化艺术出版社 1990 年 218 页
20cm（32 开）ISBN：7-5039-0755-X
定价：CNY3.00

J0163006

舞蹈艺术 （丛刊 1991 年第 1 辑 总第 34 辑
中华舞蹈史比较研究）中国艺术研究院舞蹈研
究所编
北京 文化艺术出版社 1991 年 218 页 有图
20cm（32 开）ISBN：7-5039-0810-6
定价：CNY3.00

J0163007

舞蹈艺术 （丛刊 1991 年第 2 辑 总第 35 辑
外国舞蹈理论译文集）中国艺术研究院舞蹈研
究所编辑
北京 文化艺术出版社 1991 年 216 页
20cm（32 开）ISBN：7-5039-0903-X
定价：CNY3.00

J0163008

舞蹈艺术 （丛刊 1991 年第 3 辑 总第 36 辑
宗教舞蹈研究文集）中国艺术研究院舞蹈研究
所编
北京 文化艺术出版社 1991 年 218 页 有照片
20cm（32 开）ISBN：7-5039-0937-4
定价：CNY3.00

J0163009

舞蹈艺术 （丛刊 1991 年第 4 辑 总第 37 辑
舞蹈新学科研究）中国艺术研究院舞蹈研究所编
北京 文化艺术出版社 1991 年 218 页
20cm（32 开）ISBN：7-5039-0994-3
定价：CNY3.00
　　本辑为舞蹈新学科研究专辑，对中国古代舞
蹈史、中国民间舞、中国当代舞蹈艺术发展、舞
蹈美学等方面的课题进行全新的解释与论述。

J0163010

舞蹈艺术 （丛刊 1992 年第 1 辑 总第 38 辑
中国古典舞中国民间舞教育文集）中国艺术研
究院舞蹈研究所编
北京 文化艺术出版社 1992 年 218 页 有图
20cm（32 开）ISBN：7-5039-1062-3
定价：CNY3.35
　　本书分 3 部分：现代舞蹈史研究；古代舞蹈
史探索；敦煌舞谱专辑。

J0163011
舞蹈艺术　（丛刊 1992 年第 2 辑　总第 39 辑）
中国艺术研究院舞蹈研究所编
北京　文化艺术出版社 1992 年 218 页 有图
20cm（32 开）ISBN：7-5039-1097-6
定价：CNY3.35

J0163012
舞蹈艺术　（丛刊 1992 年第 3 辑　总第 40 辑）
中国艺术研究院舞蹈研究所编
北京　文化艺术出版社 1992 年 218 页 有图
20cm（32 开）定价：CNY3.35

J0163013
舞蹈艺术　（丛刊 1992 年第 4 辑　总第 41 辑）
中国艺术研究院舞蹈研究所编
北京　文化艺术出版社 1992 年 218 页 有图
20cm（32 开）定价：CNY3.35

J0163014
舞蹈艺术　（丛刊 1993 年第 1 辑　总第 42 辑）
中国艺术研究院舞蹈研究所编
北京　文化艺术出版社 1993 年 218 页
20cm（32 开）ISBN：7-5039-1176-X
定价：CNY3.35
　　本书内容包括：舞蹈史论研究、舞蹈批
评、港台舞蹈、舞蹈译文、民间舞研究及论文摘
要等。

J0163015
舞蹈艺术　（丛刊 1993 年第 2 辑　总第 43 辑
全国首届"舞蹈研究论文奖"文集）中国艺术研
究院舞蹈研究所编
北京　文化艺术出版社 1993 年 218 页
20cm（32 开）ISBN：7-5039-1184-0
定价：CNY3.35

J0163016
舞蹈艺术　（丛刊 1993 年第 3 辑　总第 44 辑）
中国艺术研究院舞蹈研究所编
北京　文化艺术出版社 1993 年 218 页
20cm（32 开）ISBN：7-5039-0308-2
定价：CNY3.35

J0163017
舞蹈艺术　（丛刊 1993 年第 4 辑　总第 45 辑
综合性专辑）中国艺术研究院舞蹈研究所编
北京　文化艺术出版社 1993 年 218 页
20cm（32 开）ISBN：7-5039-1242-1
定价：CNY3.35

J0163018
舞蹈艺术　（丛刊 1994 年第 1 辑　总第 46 辑
综合性专辑）中国艺术研究院舞蹈研究所编
北京　文化艺术出版社 1994 年 216 页
20cm（32 开）ISBN：7-5039-1269-3
定价：CNY4.05
　　本书包括：沈阳国际秧歌专栏、舞蹈理论与
批判、舞坛热点、世界舞蹈等 6 个栏目。

J0163019
舞蹈艺术　（丛刊 1994 年第 2 辑　总第 47 辑
中原民间舞蹈专辑）中国艺术研究院舞蹈研究
所编
北京　文化艺术出版社 1994 年 218 页
20cm（32 开）ISBN：7-5039-1276-6
定价：CNY4.05
　　本书收录《周口地区民间舞蹈概况》《汉画
与鼓乐》《豫南花鼓灯考》等 24 篇文章。

J0163020
舞蹈艺术　（丛刊 1994 年第 3 辑　总第 48 辑
社会舞蹈专辑）中国艺术研究院舞蹈研究所编
北京　文化艺术出版社 1994 年 217 页
20cm（32 开）ISBN：7-5039-1321-5
定价：CNY4.05
　　本书包括：南通民舞专论、社会舞蹈探微、
社会舞蹈新视野等 7 个栏目。

J0163021
舞蹈艺术　（丛刊 1994 年第 4 辑　总第 49 辑）
中国艺术研究院舞蹈研究所编
北京　文化艺术出版社 1994 年 218 页
20cm（32 开）ISBN：7-5039-1347-9
定价：CNY4.05

J0163022
云门舞话　姚一苇等著
台北　远流出版社 1981 年 307 页 有照片

19cm（32开）定价：TWD120.00

J0163023

舞蹈和舞剧书信集　（法）若望－乔治·诺维
尔（J.Noverre）；管震湖，李胥森译
上海　上海文艺出版社　1982年　184页
19cm（32开）统一书号：8078.3352
定价：CNY0.66

　　本书对17、18世纪的芭蕾舞剧曾产生过巨
大影响，直至今天仍被视为重要著作。

J0163024

舞蹈论文选　蓝凡编
［中国舞蹈家协会江苏·上海·湖北分会］
1982年　352页　26cm（16开）定价：CNY1.80

J0163025

新舞蹈艺术概论　吴晓邦著
北京　中国戏剧出版社　1982年　228页
21cm（32开）统一书号：8069.272
定价：CNY0.89，CNY1.85（精装）

　　本书内容包括：舞蹈和姊妹艺术的关系；舞
蹈的三大要素；舞蹈美和舞蹈思想；呼吸、动作、
想象等。

J0163026

中西舞蹈比较研究　高棪，李维著
台北　文物供应社　1983年　574页　有图
21cm（32开）精装
（中华文化丛书　艺术）

J0163027

东方歌舞话芳菲　蒋士枚，于海燕著
北京　知识出版社　1984年　199页　19cm（32开）
统一书号：8214.25　定价：CNY0.67

　　本书论述了日本、印度、巴基斯坦、墨西哥
等11个国家的歌舞艺术。

J0163028

舞蹈创作之研究　蔡丽华著；谢孟雄摄
台北　健行文化出版公司　1984年　再版　80页
有图　21cm（32开）定价：TWD100.00

J0163029

浙江省舞蹈创作讨论会专辑　中国舞协浙江

分会，浙江省群众艺术馆
1984年　114页＋［5］页图版　19cm（32开）

　　本会议讨论了舞蹈作品创作的特殊规律。

J0163030

邓肯论舞蹈艺术　（美）邓肯（I.Duncan）著；
（美）切民编；张本楠译
上海　上海文艺出版社　1985年　139页
有图　20cm（32开）统一书号：8078.3539
定价：CNY1.25，CNY1.45（软精装）

　　本书收集了著者的几乎全部有关舞蹈艺术
的信札、随笔及演说稿。前面附有原编者一篇
引言和邓肯的亲友写下的7篇纪念文章。书后
附有《邓肯小传》。作者伊莎多拉·邓肯（Isadora
Duncan，1878–1927），美国著名舞蹈家。原名安
琪拉·艾莎道拉·邓肯。出生于加利福尼亚州旧
金山，现代舞的创始人，著作有《邓肯自传》《论
舞蹈艺术》。

J0163031

舞蹈舞剧创作经验文集　文化部艺术局中国
艺术研究院舞蹈研究所编
北京　人民音乐出版社　1985年　599页
20cm（32开）统一书号：8026.4367
定价：CNY4.50

　　本书收集的是从1949年至1982年以来优秀
舞蹈作品的创作经验。

J0163032

舞蹈新论　吴晓邦著
上海　上海文艺出版社　1985年　167页　有照片
20cm（32开）统一书号：8078.3538
定价：CNY1.50

　　本书是作者继《新舞蹈艺术概论》之后又一
部具有新时期特点的新作。包括：我国古代的舞
蹈美学观；舞蹈的起源、发展和功能；中国舞蹈
艺术的种类；舞蹈艺术的方法；舞蹈学的对象和
范围；舞蹈艺术和美育；确立艺术观是舞蹈教育
中的头等大事；舞蹈想象力的培养；再谈舞蹈想
象力的培养；形体训练中几个有关的问题；论典
型的创造；舞蹈理论创作课的重要性12个方面
的内容。

J0163033

舞论集　吴晓邦著

成都 四川文艺出版社 1985年 226页
20cm（32开）统一书号：10374.51
定价：CNY1.48

　　本书选收了作者的22篇文章，内容涉及社会主义舞蹈的多样化问题；舞蹈家和人民生活相结合的问题；学习舞蹈理论的重要性问题等。

J0163034
全国舞蹈创作会议文集　文化部艺术局编
舞蹈杂志社 1986年 304页 有图 20cm（32开）

J0163035
吴晓邦舞蹈艺术思想研究论文集　中国舞蹈家协会［等编］
［北京］［中国舞蹈家协会］1986年 330页
20cm（32开）

　　本书编者还有：舞协浙江分会、舞协江苏分会、舞协福建分会、舞协广东分会、中国艺术研究院等。

J0163036
幼儿师范学校课本　（舞蹈 全一册）人民教育出版社幼儿教育室编
北京 人民教育出版社 1986年 199页
26cm（16开）

J0163037
幼儿师范学校课本　（舞蹈 全一册）人民教育出版社幼儿教育室编
北京 人民教育出版社 1987年 26cm（16开）

J0163038
胡果刚舞蹈论文集　胡果刚著
北京 解放军文艺出版社 1987年 352页
有肖像 19cm（32开）统一书号：8137.7
ISBN：7-5033-0006-X 定价：CNY1.75

J0163039
舞蹈女神　陆初著
上海 学林出版社 1987年 140页 19cm（32开）
ISBN：7-80510-017-9 定价：CNY0.81
（夜读丛书 第三辑）

　　本书内容包括：形影不离，难解难分——舞蹈与音乐；"弦诗三百，舞诗三百"——舞蹈与诗歌；人体艺术的交辉——舞蹈与雕望；平面和立体、静和动的相融——舞蹈与绘画；从无声到有声的人类交流足迹——舞蹈与语言等。

J0163040
舞蹈艺术浅谈　孙景琛著
北京 人民音乐出版社 1987年 130页
有图 20cm（32开）统一书号：8026.4551
定价：CNY1.05
（舞蹈知识丛书）

　　作者孙景琛（1929—2008），研究员。出生于上海。毕业于华北大学三部。曾任中央戏剧学院、中央歌舞团、中国舞蹈家协会舞蹈演员、编导、编辑，中国舞协第三、四届常务理事和第五届主席团委员会委员。出版有《论民间舞蹈》《中国民间舞蹈选集》《古代乐舞论著选编》《马恩列斯毛论文化遗产的继承和变革》等。

J0163041
舞蹈基础知识　夏雄，郑祥瑞编著
上海 上海音乐出版社 1988年 113页 有剧照
19cm（32开）ISBN：7-80553-096-3
定价：CNY1.10

　　本书分6章，内容包括：舞蹈的基本特征；舞蹈与生活；种类、体裁与风格；作品的内容与形式；舞蹈的表现手段；舞蹈的辅助性因素等。

J0163042
在美的旋律中健康成长　关槐秀编
北京 民族出版社 1988年 411页 19cm（32开）
ISBN：7-105-00434-T 定价：CNY3.15

　　本书内容包括：舞蹈理论、各民族集体舞、国外民间集体舞等。

J0163043
舞蹈教学心理　赵国纬著
北京 中国舞蹈出版社 1989年 217页
19cm（32开）ISBN：7-80075-004-3
定价：CNY3.50

　　本书阐明舞蹈技能训练应遵循的心理学原则、年龄特征、个性差异和因材施教、教师心理等一般规律等重要问题。

J0163044
舞蹈欣赏　雪天，心天编著
北京 人民音乐出版社 1989年 63页 有图

20cm（32 开）ISBN：7-103-00282-7
定价：CNY1.30
（舞蹈知识丛书）

J0163045
舞论续集　吴晓邦著
北京 中国舞蹈出版社 1989 年 236 页
20cm（32 开）ISBN：7-80075-003-5
定价：CNY4.00
　　作者吴晓邦（1906—1995），舞蹈家。生于江苏太仓。代表作有《丑表功》《思凡》《饥火》《罂粟花》《虎爷》等，著有《新舞蹈艺术概论》《舞蹈新论》《谈艺录》《舞蹈续集》。

J0163046
人体的诗——舞蹈美　方兴惠,杨璇著
贵阳 贵州人民出版社 1990 年 96 页
19cm（32 开）ISBN：7-221-02079-5
定价：CNY1.50
（青少年美育丛书）
　　本书介绍自然美和文学美、音乐美、绘画美、书法美、建筑美、影视美等美学知识，深入浅出地鉴赏分析艺术作品，以培养和提高青少年的审美趣味和审美能力。

J0163047
人体律动的诗篇——舞蹈　汪加千等编著
北京 高等教育出版社 1990 年 204 页
有照片 20cm（32 开）ISBN：7-04-002924-3
定价：CNY2.05
（艺术教育丛书）
　　本书分上、下两篇，上篇介绍了舞蹈的特性、种类及发展史略；下篇介绍了舞蹈美的构成，舞蹈美审美的共同性和差异性，舞蹈美的欣赏及评论等。

J0163048
社会舞蹈论文集　中国舞蹈研究会编
杭州 浙江文艺出版社 1990 年 322 页
20cm（32 开）ISBN：7-5339-0305-6
定价：CNY4.80

J0163049
舞蹈创作艺术　（美）多丽丝·韩芙莉著；郭明达,江东译

北京 中国舞蹈出版社 1990 年 164 页
19cm（32 开）ISBN：7-80075-006-X
定价：CNY4.50
　　外文书名：The Art of Making Dances.

J0163050
舞蹈基础　翟昌权著
成都 四川人民出版社 1990 年 155 页
19cm（32 开）ISBN：7-220-01106-7
定价：CNY2.00

J0163051
舞蹈论丛　（1990 年第 1 辑）《舞蹈论丛》编辑部编辑
北京 中国舞蹈出版社 1990 年 136 页
26cm（16 开）ISBN：7-80075-009-4
定价：CNY2.50

J0163052
舞蹈论丛　（1990 年第 2 辑）《舞蹈论丛》编辑部编辑
北京 中国舞蹈出版社 1990 年 136 页
27cm（16 开）定价：CNY2.50

J0163053
舞梦录　梁伦著
北京 中国舞蹈出版社 1990 年 341 页
有照片 20cm（32 开）ISBN：7-80075-019-1
定价：CNY6.80
　　本书为梁伦同志艺术生涯的写照。收集了作者各个时期的文章、创作的舞蹈作品，此外还收有其他同志评价梁伦同志作品的文章 6 篇。

J0163054
优秀舞蹈选集　刘国治,李则琴主编
南昌 江西教育出版社 1990 年 444 页
有剧照 20cm（32 开）ISBN：7-5392-0366-8
定价：CNY5.40
　　本书收录《洗衣歌》《花儿与少年》《金梭和银梭》《乡间小路》《观灯》《荷花舞》《红绸舞》《孔雀舞》等。均为国内外获奖作品。

J0163055
从罗丹艺术谈舞蹈创作理念　林贞吟著
台北 中国文化大学出版部 1991 年 95 页

有照片 26cm（16 开）ISBN：957-9538-59-X
定价：TWD150.00

J0163056
癫狂的秩序　（舞蹈艺术纵横谈）高友德主编；
沈蓓著
南宁 广西人民出版社 1991 年 176 页
有彩照 20cm（32 开）ISBN：7-219-01788-X
定价：CNY4.25
（青年艺术鉴赏丛书）
　　本书共 7 章。第 1 章从造型、节奏、线条、
空间、情感 5 个方面概括地介绍舞蹈艺术的审
美特点。第 2-3 章分别对著名古典芭蕾舞剧和
具有代表性的 5 种中国古典舞作了翔实的介绍。
第 4-5 章对东方民间舞和中国民间舞逐一作了
赏析。第 6-7 章分别对现代舞和流行舞作了介
绍。书前附有舞蹈剧剧照 35 幅，书中有各种舞
蹈形态图 11 幅。主编高友德，北京自修大学海
南分校校长，中华教育艺术家协会理事。作者沈
蓓（1938—　），中国舞蹈家协会会员，浙江歌舞
团编导。

J0163057
吴晓邦美学思想论稿　雨石著
北京 中国舞蹈出版社 1991 年 179 页
19cm（32 开）ISBN：7-80075-020-5
定价：CNY4.00
　　本书系统详尽地介绍了吴晓邦同志的舞蹈
美学思想体系，汇集了吴晓邦散见于其著作、文
章、讲稿中的美学观点，及其舞蹈艺术实践所体
现的美学思想。

J0163058
舞蹈生态学导论　资华筠等著
北京 文化艺术出版社 1991 年 160 页
19cm（小 32 开）ISBN：7-5039-0721-5
定价：CNY2.50
　　舞蹈生态学是一门崭新的艺术边缘学科，
它以舞蹈为核心，以舞蹈与环境之间的相互关
系、相互作用为研究对象。作者资华筠（1936—
2014），女，表演艺术家、国家一级演员、研究员、
学者。湖南耒阳人，中国社会舞蹈研究会会长。
著有《中国舞蹈》《舞蹈生态学导论》等。

J0163059
舞蹈美　张华主编
武汉 湖北教育出版社 1992 年 117 页 有彩图
19cm（小 32 开）ISBN：7-5351-0832-6
定价：CNY2.05
（中学生美学文库）
　　本书主要阐述了舞蹈审美、舞蹈如何审美地
把握人生以及如何对舞蹈艺术进行审美，内容包
括：年轻的老祖母、下海去试试、剧场曙光、舞
蹈她自己 4 章。作者张华（1956—　），《舞蹈》月
刊编辑。

J0163060
舞蹈资料文献集　李杰明等编著
[北京舞蹈学院图书馆] 1992 年 318 页
20cm（32 开）
（中外舞蹈文献丛书）

J0163061
创造性舞蹈　李宗芹著
台北 远流出版事业公司 1993 年 重印本
137 页 有图 21cm（32 开）
ISBN：957-32-1092-4 定价：TWD140.00
（大众心理学全集 145）

J0163062
飞姿流韵　（舞蹈美的欣赏）胡大德，于平著
太原 希望出版社 1993 年 124 页 有彩照
19cm（小 32 开）ISBN：7-5379-1176-2
定价：CNY4.20
（发现美的眼睛丛书）

J0163063
巫、舞、八卦　周冰著
北京 新华出版社 1993 年 144 页 有图
20cm（32 开）ISBN：7-5011-1362-9
定价：CNY2.90
（神州文化集成丛书）
　　本书是对中国早期文化中巫术八卦对舞蹈
影响的研究。

J0163064
舞蹈　张美荣主编
兰州 甘肃人民出版社 1993 年 298 页
20cm（32 开）ISBN：7-226-01226-X

定价：CNY5.95

　　作者张美荣，东北师范大学体育系任教。

J0163065

舞蹈ABC　杜安娜，何华编

海口　海南出版社　1993年　153页　有图

19cm（小32开）ISBN：7-80590-340-9

定价：CNY3.90

（少儿美育文库　美的世界）

　　本书内容包括：人体动作的艺术、舞蹈奇
葩、交谊舞3部分。

J0163066

舞蹈艺术论　冯碧华，崔世莹著

南京　江苏人民出版社　1993年　185页

20cm（32开）ISBN：7-214-01153-0

定价：CNY4.80

　　本书分"寻根"、"求索"、"探微"、"开拓"4
部分，收论文20篇，铺陈两位作者对舞蹈艺术的
理性思考。作者冯碧华（1945—　），山西原平人，
文化部民文司处级调研员，中国舞蹈家协会会员
等。作者崔世莹（1954—　），研究员。江苏海安
人，海安县文化馆副馆长，中国舞蹈家协会会员
等。作品有《舞蹈艺术论》《社会舞蹈概论》《艺
文经纬集》《九十年代流行交谊舞》。

J0163067

人体魔术——舞蹈　欧建平著

北京　中国美术学院出版社　1994年　183页

有彩照　19cm（小32开）ISBN：7-81019-349-X

定价：CNY12.00

（艺术迷宫指南丛书）

　　本书由中国美术学院出版社和蓝鲸艺术图
书发展公司联合出版。作者欧建平（1956—　），
舞蹈评论家、理论家、翻译家。湖南衡阳人，毕
业于中国艺术研究院。中国艺术研究院舞蹈研
究所外国舞蹈研究室副研究员兼室主任，中国舞
蹈家协会理论研究委员会常委等。代表著作有
《舞蹈概论》《舞蹈美学》《舞蹈鉴赏》《世界艺术
史.舞蹈卷》《外国舞蹈史》。

J0163068

舞蹈　吕艺生，朱清渊主编

北京　高等教育出版社　1994年　203页

20cm（32开）ISBN：7-04-004773-X

定价：CNY3.55

　　本书介绍中国古典舞的形体训练以及汉、
藏、蒙、维、朝等少数民族民间舞蹈及俄罗斯、
西班牙、波兰等国的代表性舞蹈。

J0163069

舞蹈创作心理学　胡尔岩著

北京　中国戏剧出版社　1994年　308页

20cm（32开）ISBN：7-104-00670-2

定价：CNY10.80

（舞学丛书）

J0163070

舞蹈大辞典　吕艺生主编

北京　中国戏剧出版社　1994年　396页

20cm（32开）ISBN：7-104-00669-9

定价：CNY15.00

（舞学丛书）

J0163071

舞蹈概论　（美）约翰·马丁著；欧建平译

北京　文化艺术出版社　1994年　323页

有照片　20cm（32开）ISBN：7-5039-1264-2

定价：CNY12.50

　　本书介绍了有关舞蹈的基本理论知识和娱
乐性舞蹈、芭蕾、表现派舞蹈的理论与特色、代
表人物等。

J0163072

舞蹈概论　（美）约翰·马丁（John　Martin）著；
欧建平译

北京　文化艺术出版社　1994年　323页　有照片

20cm（32开）ISBN：7-5039-1264-2

定价：CNY12.50

（西方舞蹈名著）

J0163073

舞蹈教程ABC　王倩编著

西安　陕西人民教育出版社　1994年　151页

有图及照片　20cm（32开）

ISBN：7-5419-6067-5　定价：CNY4.50

　　作者王倩，西安音乐学院师范系舞蹈课讲师。

J0163074

舞蹈教育学　吕艺生著

北京 中国戏剧出版社 1994 年 392 页
20cm（32 开）ISBN：7-104-00667-2
定价：CNY12.00
（舞学丛书）

J0163075
舞蹈评论教程　于平著
北京 中国戏剧出版社 1994 年 395 页
20cm（32 开）ISBN：7-104-00671-0
定价：CNY12.00
（舞学丛书）
　　本书分 15 章,内容包括：从“断想”、“随感”
入笔；选择评论对象的“锁口”；重视评论的基本
建设；“组台式”舞蹈评论；“大型舞剧”的评论；
舞蹈评论要有“自省意识”；舞蹈评论的“历史意
识”；舞蹈评论的“理论形态”；艺术形体、文艺
美学与舞蹈评论等。

J0163076
中国舞蹈意象论　袁禾著
北京 文化艺术出版社 1994 年 300 页 有图
20cm（32 开）精装 ISBN：7-5039-1292-8
定价：CNY19.00
（意象艺术研究系列论著）
　　本书从中国古典美学及意象角度对中国舞
蹈艺术作了探索,并从舞蹈意象的物质载体－动
作姿态入手,分 9 章对有关问题进行了逐一论述。
作者袁禾,北京舞蹈学院任教。

J0163077
中外舞蹈思想教程　于平著
北京 中国戏剧出版社 1994 年 484 页
20cm（32 开）ISBN：7-104-00666-4
定价：CNY15.00
（舞学丛书）
　　本书分 4 章,内容包括：中国古代的乐舞思
想、中国现当代的舞蹈思想、外国艺术史学家和
美学家的舞蹈思想、外国舞蹈家的舞蹈思想。

J0163078
当代西方舞蹈美学　（第一卷）（美）杰伊·弗
里曼（Jay Freeman）著；欧建平,宁玲译
北京 光明日报出版社 1995 年 402 页 有照片
20cm（32 开）精装 ISBN：7-80091-744-4
定价：CNY32.00

（城市当代舞蹈丛书）

J0163079
舞蹈欣赏　平珩主编；张中煖等著
台北 三民书局 1995 年 303 页 有照片
24cm（26 开）ISBN：957-14-2346-7

J0163080
生命的律动　（舞蹈概论）（美）约翰·马丁
（John Martin）著；欧建平译
北京 文化艺术出版社 1996 年 重印本 323 页
20cm（32 开）ISBN：7-5039-1264-2
定价：CNY15.50
（思想者书系）
　　本书介绍了有关舞蹈的基本理论知识和娱
乐性舞蹈、芭蕾、表现派舞蹈的理论与特色、代
表人物等。

J0163081
舞蹈艺术欣赏　（黛尔勃西荷拉遐想）资华筠著
太原 山西教育出版社 1996 年 142 页 有彩图
19cm（小 32 开）ISBN：7-5440-0799-5
定价：CNY5.70
（美育丛书 音乐舞蹈系列）
　　本书内容包括：叩击黛尔荷西勃拉世界的
大门；我们的祖先是怎样跳舞的；世上舞蹈知多
少；在历史的长河中荡舟溯源——中国古典舞的
发展；为什么观《天鹅湖》要买头排座位？等。

J0163082
西方舞蹈鉴赏　欧建平著
北京 光明日报出版社 1996 年 240 页 有彩照
19cm（小 32 开）ISBN：7-80091-809-2
定价：CNY17.00
　　外文书名：How To Appreciate the Western
Dance？作者欧建平,美国《舞蹈杂志》、英国《世
界芭蕾与舞蹈年鉴》的国际评论家。

J0163083
舞蹈解剖学教程　刘群杰,高云著
杭州 中国美术学院出版社 1997 年 174 页
26cm（16 开）ISBN：7-81019-551-4
定价：CNY30.00
　　本书是在一般人体解剖学的基础上,结合舞
蹈专业的特点,专门分析研究人体形态结构、生

长发育规律和人体运动规律的专著。通过对解剖学的学习,舞蹈者能在舞蹈活动中运用这一知识,更好地去支配肌肉骨骼等的工作。同时通过学习,舞蹈教师能合理安排舞蹈教学训练量,减少创伤事故,使舞蹈教学和训练更加科学化,并为开展舞蹈研究提供帮助。

J0163084

舞蹈美学　欧建平著

北京　东方出版社　1997年　288页

19cm(小32开)ISBN:7-5060-0875-0

定价:CNY13.20

(东方袖珍美学丛书)

本书分3章,内容包括:"舞蹈美学研究的准备阶段:认识芭蕾和现代舞"、"东西方舞蹈美学理论"、"舞蹈美的欣赏"。

J0163085

舞蹈名词　国立编译馆编订

台北　洪叶文化事业有限公司　1997年

10+536页　21cm(32开)ISBN:957-99206-1-3

定价:TWD400.00

(当代美学丛书 9)

J0163086

舞蹈艺术概论　隆荫培,徐尔充著

上海　上海音乐出版社　1997年　565页

有彩照　20cm(32开)ISBN:7-80553-625-2

定价:CNY28.50

作者徐尔充(1932—　),研究员。湖北武汉人。历任中国艺术研究院舞蹈所研究员、《舞蹈艺术》副主编,中国舞蹈家协会会员。编辑教材有《人体美与服装模特训练》《90年代流行交谊舞》《中老年健身健美迪斯科》等。

J0163087

舞台舞蹈头饰造型艺术　李晓兰著

兰州　敦煌文艺出版社　1997年　131页

26cm(16开)ISBN:7-80587-431-X

定价:CNY28.00

J0163088

香港舞蹈评论集　(1976—1996)杨裕平等编

香港　国际演义评论家协会(香港分会)　1997年

151页　有照片　21cm(32开)

ISBN:962-8321-01-3　定价:HKD65.00

J0163089

舞蹈　(流动的旋律)尤建伟,袁立书编著

北京　教育科学出版社　1998年　182页

20cm(32开)ISBN:7-5041-1792-7

定价:CNY7.00

(美育丛书)

J0163090

舞蹈入门　宇慧主编

沈阳　沈阳出版社　1998年　126页　有图

19cm(小32开)ISBN:7-5441-0987-9

定价:CNY98.00(全套)

(审美素质培养丛书 16)

J0163091

舞蹈形态学　于平著

[北京舞蹈学院]　1998年　480页　20cm(32开)

精装　定价:CNY58.00

作者于平(1954—　),教授。江西南昌人。毕业于中国艺术研究院。曾任文化部艺术司司长、南京艺术学院舞蹈学院院长等职。主要作品有《中国古典舞与雅士文化》《中外舞蹈思想概论》《高教舞蹈综论》等。

J0163092

中国舞蹈教学参考资料　于平选编

[北京][北京舞蹈学院]　1998年　626页

20cm(32开)精装　定价:CNY60.00

J0163093

宗教与舞蹈　刘建,孙龙奎著

北京　民族出版社　1998年　482页　有照片

20cm(32开)ISBN:7-105-03133-6

定价:CNY40.00

本书按原始宗教、后世宗教和现代宗教的发展时序分为上、中、下篇。上篇包括:自然崇拜舞蹈、图腾崇拜舞蹈、神话舞蹈、巫舞;中篇包括:非理性化向理性化的转型、从犹太教舞蹈到基督教舞蹈、伊斯兰教舞蹈、佛教舞蹈、亚舞蹈与俗舞蹈等;下篇包括:现代舞、舞蹈的圣灵等。

J0163094

风姿流韵　(舞蹈文化与舞蹈审美)于平著

北京 中国人民大学出版社 1999 年 325 页
有彩图 26cm（16 开）ISBN：7-300-03060-2
定价：CNY26.00
（高等学校美育教材系列）

J0163095
山东舞蹈分级考试教材　（5-10 级）刘桂芳
等主编
济南 明天出版社 1999 年 153 页 26cm（16 开）
ISBN：7-5332-2967-3 定价：CNY18.00

J0163096
舞蹈　（上）教育部体育卫生与艺术教育司组编
上海 上海教育出版社 1999 年 94 页 有图
26cm（16 开）
　　本书内容包括：舞蹈基本理论知识、舞蹈基
本功训练、中国民族民间舞、少儿舞蹈 4 个单元。

J0163097
舞蹈　金秋编著
北京 中国劳动出版社 1999 年 2 册（423 页）
有图 26cm（16 开）ISBN：7-5045-2785-8
定价：CNY38.00
　　本书是一本面向各级师范学校的教材，包括
舞蹈知识、舞蹈教育、舞蹈欣赏 3 部分内容。

J0163098
舞蹈　（气质与形体的塑造）金千秋编著
北京 中国纺织出版社 1999 年 204 页 有图
21cm（32 开）ISBN：7-5064-1584-4
定价：CNY17.00
（完全素质手册）
　　本书从舞蹈的历史及发展导入，阐明了舞蹈
与人类相生相伴的密切关系，强调了舞蹈对于人
类强身健体及美化形体，从而达到外形健美、气
质优雅的作用。同时，书中对如何用舞蹈锻炼人
体各部分肌肉、美化形体给予了指导，并对"减
肥"、"增胖"等许多人美心的问题进行了探讨。

J0163099
舞蹈基础　张琳仙，张娇编著
北京 中国妇女出版社 1999 年 212 页
26cm（16 开）ISBN：7-80131-324-0
定价：CNY25.80

J0163100
舞蹈应用生理解剖学　郭志辉著
台北 五南图书出版公司 1999 年 448 页 有图
23cm（20 开）ISBN：957-11-1927-X

J0163101
舞蹈知识手册　隆荫培等编著
上海 上海音乐出版社 1999 年 16+606 页
有照片 20cm（32 开）精装
ISBN：7-80553-751-8 定价：CNY40.00

舞蹈艺术史

J0163102
中国古代跳舞史　钱君匋著
上海 神州国光社 1934 年 63 页 18cm（15 开）
定价：三角
　　本书内容包括：叙述古代跳舞的起源、制
度、种类，以及古代妇女的跳舞等。作者钱君匋
（1907—1998），书画家。浙江桐乡人。名玉堂、
锦堂，字君陶，号豫堂、禹堂。毕业于上海艺术
师范学校。曾任西泠印社副社长、上海文艺出
版社编审、上海市政协委员等职。代表作品《长
征印谱》《君长跛巨卯选》《鲁迅印谱》《钱君陶
印存》。

J0163103
全唐诗中的乐舞资料　中国舞蹈艺术研究会
舞蹈史研究组编
北京 音乐出版社 1958 年 334 页 20cm（32 开）
统一书号：8026.868 定价：CNY1.90
　　本书从《全唐诗》中摘录有关音乐、舞蹈、
服饰等方面的资料编辑而成。

J0163104
全唐诗中的乐舞资料　中国舞蹈艺术研究会
舞蹈史研究组编
北京 音乐出版社 1981 年 重印本 334 页
20cm（32 开）统一书号：8026.868
定价：CNY2.00

J0163105
美国的舞蹈　（美）特里（Terry，W.）著；

田景遥译
香港 香港今日世界出版社 1974 年 212 页
有照片 21cm（32 开）定价：HKD4.00

J0163106
中国舞蹈史　何志浩著
台北 东方文化书局 1977 年 影印本
2 册（443 页）20cm（32 开）精装
（国立北京大学中国民俗学会民俗丛书
166–167）
　　外文书名：A History of Chinese Dance.

J0163107
唐代舞蹈　欧阳予倩主编
上海 上海文艺出版社 1980 年 182 页
有图 21cm（32 开）统一书号：8078.3184
定价：CNY0.83, CNY0.94（精装）
　　本书以大量的史料概括论述中国古代历史
上舞蹈艺术最为繁盛的唐代乐舞的全貌，包括渊
源、乐部结构、兴衰变迁情况，以及著名乐舞《霓
裳羽衣》《绿腰》《柘枝》《胡旋舞》等的起源，舞
容、服饰、流行情况，对研究中国舞蹈艺术的发
展和唐代对外文化交流的历史，都有重要的参考
价值。

J0163108
中国古代舞蹈史　孙景琛等著
北京 北京舞蹈学院［1980—1989 年］196 页
26cm（16 开）
　　作者孙景琛（1929—2008），研究员。出生于
上海。毕业于华北大学三部。曾任中央戏剧学院、
中央歌舞团、中国舞蹈家协会舞蹈演员、编导、
编辑，中国舞协第三、四届常务理事和第五届主
席团委员会委员。出版有《论民间舞蹈》《中国
民间舞蹈选集》《古代乐舞论著选编》《马恩列斯
毛论文化遗产的继承和变革》等。

J0163109
中国古代舞蹈史话　王克芬编著
北京 人民音乐出版社 1980 年 94 页
有图 21cm（32 开）统一书号：8026.3584
定价：CNY0.91
（舞蹈知识丛书）
　　本书由历史记载、文物、绘画、诗、词、歌、
赋中的舞蹈史料和民间传说等为依据，结合历史

社会状况和舞蹈在人民生活中的作用，阐述中国
自原始社会至明、清时期舞蹈发展的脉络和线
索，并以专章介绍各兄弟民族舞蹈发展的概况。

J0163110
中国历代舞姿　孙景琛，吴曼英编著
上海 上海文艺出版社 1982 年 156 页
19cm（32 开）统一书号：8078.3397
定价：CNY0.56
　　本书选编大量文物、岩画、洞窟、宫殿、寺
庙壁画中精美的舞蹈图像，按先秦、秦汉、魏晋
南北朝、隋唐五代、宋元明清五个时期，采集历
代舞蹈姿态汇集成册，简要阐述了我国古代舞蹈
的源流、演变和发展。

J0163111
中国古代舞蹈家的故事　王克芬等著
北京 人民音乐出版社 1983 年 139 页
有图 21cm（32 开）统一书号：8026.4114
定价：CNY0.54
（舞蹈知识丛书）
　　本书收集中国古代舞蹈家故事 23 篇，并收
录清代末年（1840 年后）的《清廷舞蹈家裕容令》
一文。

J0163112
中国舞蹈史（先秦部分）孙景琛著；中国艺
术研究院舞蹈研究所编
北京 文化艺术出版社 1983 年
158 页 +［8］页图版 21cm（32 开）
统一书号：8228.032 定价：CNY0.70
　　本套书共 5 部分，载述了历代舞蹈艺术的基
本状况与特点。诸如原始文化与舞蹈的起源，先
民、巫、乐舞奴隶的舞蹈活动，历代的民间舞蹈
活动，倡优和宫廷贵族生活中的舞蹈，宫廷乐舞
机构和舞蹈教育，各少数民族的舞蹈，宗教舞蹈，
礼仪、宴乐舞蹈，戏曲舞蹈，角牴百戏及其他艺术
对舞蹈的影响，中外民族文化交流对舞蹈艺术的
影响等。

J0163113
中国舞蹈史（明清部分）王克芬著
北京 文化艺术出版社 1984 年 203 页
有图 21cm（32 开）统一书号：822.8059
定价：CNY0.90

J0163114

中国舞蹈史 （秦汉魏晋南北朝部分）彭松著
北京 文化艺术出版社 1984 年 157 页
有图 21cm（32 开）统一书号：8228.053
定价：CNY0.70

J0163115

中国舞蹈史 （宋辽金西夏元部分）董锡玖著
北京 文化艺术出版社 1984 年 145 页
有图 21cm（32 开）统一书号：8228.054
定价：CNY0.68

J0163116

中国舞蹈史话 常任侠著
上海 上海文艺出版社 1983 年 115 页
有照片 21cm（32 开）统一书号：8078.3425
定价：CNY1.25, CNY1.35（软精装）

　　作者常任侠（1904—1996），著名艺术考古
学家、东方艺术史研究专家、诗人。别名季青，
生于安徽颍上县。毕业于南京中央大学文学院，
并留校任教。国立北平艺术专科学校特级教授，
中央美术学院教授，国家文物鉴定委员会委员。
代表作品有《毋亡草》《祝梁怨》《亚细亚之黎
明》等。

J0163117

丝绸之路乐舞艺术 《新疆艺术》编辑部编
乌鲁木齐 新疆人民出版社 1985 年 378 页
有图 20cm（32 开）统一书号：8098.222
定价：CNY2.60

　　本书内容包括：美索不达米亚乐舞艺术研
究、古埃及乐舞艺术研究、古希腊乐舞艺术研
究、古罗马乐舞艺术研究、波斯乐舞艺术研究、
古印度乐舞艺术研究等。

J0163118

中国舞蹈史 （二编）欧阳予倩主编
台北 兰亭书店 1985 年 333 页 21cm（32 开）
（文化丛书）

J0163119

中国舞蹈史 常任侠著
台北 兰亭书店 1985 年 161 页 有书影
21cm（32 开）定价：TWD250.00
（文化丛书）

J0163120

中国舞蹈史 （隋唐五代部分）王克芬著；
中国艺术研究院舞蹈研究所编
北京 文化艺术出版社 1987 年
307 页＋［8］页图版 21cm（32 开）
统一书号：8228.149 定价：CNY2.30

J0163121

美国的舞蹈 （美）特里（Terry, W.M.）著；田
景遥译
北京 三联书店 1989 年 242 页
19cm（32 开）ISBN：7-108-00293-0
定价：CNY5.60, CNY15.60（精装）
（美国文化丛书）

　　本书上卷讲述美国舞蹈概况，从古代舞到 19
世纪的美国舞蹈历史；中卷讲述美国舞蹈的改
革，介绍了邓肯等 9 位舞蹈家的贡献；下卷讲述
美国舞蹈的现状，介绍了现代舞、黑人舞蹈、地
区芭蕾舞等。外文书名：The Dance in America.

J0163122

世界舞蹈剪影 欧建平编著
北京 人民邮电出版社 1989 年 158 页 有图
18cm（小 32 开）ISBN：7-115-03877-5
定价：CNY1.65
（青年人看世界丛书）

　　本书介绍了舞蹈的起源及与物质生产、精神
文明间的关系，并详介了当今世界上主要舞种的
特点，以及一些舞团、舞星、名作及舞坛逸事等。

J0163123

中国舞蹈发展史 王克芬著
上海 上海人民出版社 1989 年 358 页 有图
20cm（32 开）ISBN：7-208-00472-2
定价：CNY10.70, CNY15.10（精装）
（中国文化史丛书）

　　本书共 7 章：原始舞蹈产生与发展的轨迹；
奴隶制时代舞蹈的发展；两周时期舞蹈的发展和
变革；舞蹈艺术取得重大发展的汉代；各族乐舞
纷呈交流——三国、两晋、南北朝时期舞蹈的发
展；辉煌唐舞；封建社会后期舞蹈发展的趋势。

J0163124

全宋词中的乐舞资料 金千秋编
北京 人民音乐出版社 1990 年 236 页

20cm（32开）精装 ISBN：7-103-00685-7
定价：CNY6.70
　　本书分为宋代的舞蹈、舞态、舞袖、乐器等
6部分。

J0163125
全宋词中的乐舞资料　金千秋编
北京 人民音乐出版社 1995年 重印本 236页
20cm（32开）精装 ISBN：7-103-00685-7
定价：CNY25.70

J0163126
舞过群山　曹成渊著
香港 集英馆 1990年 169页 有剧照
18cm（32开）ISBN：962-422-015-8
定价：HKD28.00
（集英丛书 15 城市当代舞蹈丛书）

J0163127
中国古代舞蹈史纲　彭松，于平主编
杭州 浙江美术学院出版社 1990年 200页
26cm（16开）ISBN：7-81019-084-9
定价：CNY3.40
　　本书内容包括：第1章，图腾崇拜与巫术仪
式舞蹈；第2章，帝王纪功与祭祀舞蹈；第3章，
女乐及其源流；第4章，角抵、百戏与舞蹈；第
5章，唐代宫廷舞及其源流；第6章，宋代宫廷队
舞；第7章，宋代民间舞队及其发展；第8章，历
代宫廷乐舞机构；第9章，戏曲舞蹈及其源流；
第10章，宗教舞蹈及其播迁；第11章，四类乐与
边疆民族舞蹈；第12章，孔、墨、庄、屈的乐舞
思想；第13章，秦、汉、魏晋的乐舞思想；第14
章，李、杜、白、元的乐舞思想；第15章，两宋、
明、清的乐舞思想。

J0163128
中国舞蹈史　（初编三种）常任侠（等）著
台北 业强出版社 1990年 再版 134+108+161页
有图 21cm（32开）定价：TWD300.00

J0163129
中国舞蹈史　（二编两种）欧阳予倩著
台北 业强出版社 1990年 再版 193+333页
有图 21cm（32开）定价：TWD300.00

J0163130
舞蹈艺术　徐小蛮编著
上海 上海三联书店 1991年 107页
有照片 20×19cm ISBN：7-5426-0107-5
定价：CNY2.90
（中华文明图库）

J0163131
中国古代舞蹈　刘芹编写
北京 商务印书馆 1991年 136页 有照片
19cm（小32开）ISBN：7-100-01351-8
定价：CNY2.50
（中国文化史知识丛书）
　　本书分7章，内容包括：中国古代舞蹈的诞
生与发展、秦汉和魏晋时期的舞蹈、唐代的舞
蹈、宋元时期的舞蹈、明清时期的舞蹈、我国古
代著名的舞蹈和舞蹈家、中国古代乐舞管理与各
族舞蹈。

J0163132
中国古代舞蹈　刘芹著
北京 商务印书馆 1997年 233页
19cm（小32开）ISBN：7-100-02169-3
定价：CNY14.00
（中国文化史知识丛书）

J0163133
中国舞蹈发展史　王克芬著
台北 南天书局 1991年 372页 有图
21cm（32开）精装 ISBN：957-638-070-7
定价：TWD300.00
（中国文化史丛书）
　　作者王克芬（1927—2018），女，重庆云阳人。
曾师从戴爱莲学习舞蹈，后转入舞蹈史研究。历
任中国艺术研究院舞蹈研究所研究员、博士生导
师、敦煌研究院兼职研究员。中国艺术研究院研
究员。著有《中国古代舞蹈史话》《清代舞蹈的
传承与变异》《敦煌石窟全集·舞蹈卷》。

J0163134
世界舞蹈史　（德）萨克斯（Sachs，C.）著；
郭明达译
上海 上海音乐出版社 1992年 458页 有图
20cm（32开）ISBN：7-80553-293-1
定价：CNY10.20

本书引用大量的第一手史料,从原始社会的舞蹈开始,一直叙述到今天在西方流行的一些很有影响的民间舞,以及人们熟悉的交谊舞,是我国第一部介绍世界舞蹈史的译著。作者库尔特·萨克斯(CurtSachs),德籍犹太学者,世界著名的音乐史家和舞蹈史家。

J0163135
中国舞蹈艺术 （1942—1992）刘峻骧主编;中国艺术研究院,中华舞史研究编辑部编
南京 江苏文艺出版社 1992年 200页 有照片
35cm（15开）精装 ISBN:7-5399-0336-8
定价:CNY198.00
　　本书选录珍贵精美的中国舞蹈艺术图片330余幅,以图论史,图文并茂。

J0163136
20世纪中国舞蹈 王克芬等著
青岛 青岛出版社 1993年 268页 19cm（32开）
ISBN:7-5436-0860-X 定价:CNY4.70
（中华20世纪丛书）

J0163137
当代中国舞蹈 吴晓邦主编;当代中国丛书编辑部编辑
北京 当代中国出版社 1993年 608页 有彩图
20cm（32开）ISBN:7-80092-094-1
定价:CNY57.00
（当代中国丛书）
　　本书分6编,内容包括:当代中国舞蹈的发展和成就、舞蹈创作、舞蹈教育、舞蹈理论、群众舞蹈、中外舞蹈交流等。

J0163138
雅乐舞的白话文 （以乐记为例,探看古乐的身体）陈玉秀著
台北 万卷楼图书公司 1994年 193页
21cm（32开）ISBN:957-739-124-9
定价:TWD220.00

J0163139
中国汉代画像舞姿 刘恩伯,孙景琛著
上海 上海音乐出版社 1994年 147页
20cm（32开）ISBN:7-80553-378-4
定价:CNY8.00

J0163140
佛教与中国舞蹈 王克芬等著
天津 天津人民出版社 1995年 142页 有图
19cm（小32开）ISBN:7-201-02190-7
定价:CNY12.00
（佛教艺术丛书）
　　本书分2部分,内容包括:"古代佛教舞蹈与舞形遗存",收录《佛教与中国古代舞蹈》《石窟、佛寺中遗存的舞蹈形象》等;"各民族民间的佛教舞蹈",收录《庄严神秘的藏传佛教舞蹈》《多姿多彩的南传佛教舞蹈》等。作者王克芬,女,中国艺术研究院研究员。

J0163141
优美动人的中国舞蹈 林叶青著
沈阳 辽宁古籍出版社 1995年 138页
19cm（小32开）ISBN:7-80507-280-9
定价:CNY43.00
（中华民族优秀传统文化丛书 艺术卷）

J0163142
全唐诗中的乐舞资料 中国舞蹈艺术研究会舞蹈史研究组编
北京 人民音乐出版社 1996年 334页
20cm（32开）精装 ISBN:7-103-01474-4
定价:CNY29.80

J0163143
西方舞蹈史
（法）保尔·布尔西埃（Paul Bourcier）著;邢晓瑜,耿长春译
成都 四川人民出版社 1996年 299页 有照片
19cm（小32开）ISBN:7-220-03391-5
定价:CNY14.00
　　外文书名:Histoire de La Danse En Occident.著者保尔·布尔西埃通译:P.布尔西耶,法新社文化信息部负责人,舞蹈史论专家。作者邢晓瑜（1955—),四川省舞蹈学校任教。

J0163144
西方舞蹈文化史
（美）瓦尔特·索雷尔（Walter Sorell）著;欧建平译
北京 中国人民大学出版社 1996年 704页
有图 20cm（32开）ISBN:7-300-02095-X

定价：CNY48.00

外文书名：Dance in Its Time. 作者欧建平（1956—　），舞蹈评论家、理论家、翻译家。湖南衡阳人，毕业于中国艺术研究院。中国艺术研究院舞蹈研究所外国舞蹈研究室副研究员兼室主任，中国舞蹈家协会理论研究委员会常委等。代表著作有《舞蹈概论》《舞蹈美学》《舞蹈鉴赏》《世界艺术史.舞蹈卷》《外国舞蹈史》。

J0163145
中国舞蹈史　苏祖谦,王克芬著
台北 文津出版社 1996年 397页 有图
21cm（32开）ISBN：957-668-359-9
定价：TWD350.00
（中国文化史丛书 33）

J0163146
解放军舞蹈史　高椿生编著
北京 解放军出版社 1997年 291页 有照片
20cm（32开）ISBN：7-5065-3468-1
定价：CNY25.00

J0163147
荆楚歌乐舞　杨匡民,李幼平著
武汉 湖北教育出版社 1997年 312页 有图
20cm（32开）精装 ISBN：7-5351-1848-8
定价：CNY22.00
（楚学文库）

本书内容包括：绪论、荆楚南音、《诗经》与楚声、楚歌和声、荆楚古韵、荆楚舞风、荆楚八音、荆楚乐律等。

J0163148
中国舞蹈艺术史图鉴　董锡玖,刘峻骧主编
长沙 湖南教育出版社 1997年 15+561页
29cm（16开）精装 ISBN：7-5355-2570-9
定价：CNY278.00

J0163149
葡萄牙舞蹈史　（葡）若泽·萨斯波尔特斯,（葡）安东尼奥·平托·里贝罗著；陈用仪译
北京 中国文联出版公司 1998年 203页
20cm（32开）ISBN：7-5059-3105-9
定价：CNY11.60
（葡萄牙文化丛书）

J0163150
舞人　（辽宁舞蹈五十年 1948-1998）明辉主编
[中国辽宁省舞蹈家协会] 1998年 174页
有照片 29cm（16开）

J0163151
中国古代舞蹈　刘芹著
台北 商务印书馆 1998年 167页 有图
19cm（小 32开）ISBN：957-05-0800-0
定价：TWD140.00
（中华文化史知识丛书 24）

J0163152
中国少数民族舞蹈史　纪兰慰,邱久荣主编
北京 中央民族大学出版社 1998年 13+497页
有图 20cm（32开）ISBN：7-81056-158-8
定价：CNY32.00

J0163153
中国舞蹈　吴露生著
上海 上海古籍出版社 1998年 125页 有图
19cm（小 32开）ISBN：7-5325-2409-4
定价：CNY8.90
（中华文明宝库）

J0163154
中国舞蹈史　王宁宁等著
北京 文化艺术出版社 1998年 164页 有图
20cm（32开）ISBN：7-5039-1613-3
定价：CNY11.80
（中国艺术简史丛书）

J0163155
宋辽金西夏舞蹈史　冯双白著
北京 北京燕山出版社 1999年 189页 有图
20cm（32开）ISBN：7-5402-1052-4
定价：CNY18.00

本书介绍了勾栏瓦舍与京瓦技艺,广袤天地习俗之舞,宋代宫廷乐舞,辽、金、西夏舞蹈等内容,详细追溯了这段在中国舞蹈历史上占有重要地位的历史。作者冯双白（1954—　）,舞蹈理论家和评论家、编剧。吉林长春人,祖籍浙江绍兴。历任中国艺术研究院舞蹈研究所所长,研究生部舞蹈系主任。著有《宋辽金西夏舞蹈史》《中国现当代舞蹈史纲》等。

J0163156
中国近现代当代舞蹈发展史　（1840—1996）
王克芬,隆荫培主编
北京　人民音乐出版社 1999 年 11+853 页
有图 20cm（32 开）ISBN: 7-103-01807-3
定价: CNY49.90
　　本书记述了 1840 年至 1996 年间中国舞蹈艺术发展的历程，是一部弥补舞蹈历史学科空白的重要学术著作。

J0163157
中国社会生活丛书　（舞蹈篇 舞低杨柳楼心月）
韩养民,齐相潼主编;费秉勋著
西安　三秦出版社 1999 年 249 页 有图
20cm（32 开）ISBN: 7-80628-265-3
定价: CNY9.50

J0163158
中国舞蹈　袁禾著
上海　上海外语教育出版社 1999 年 370 页
有彩图 20cm（32 开）精装
ISBN: 7-81046-643-7 定价: CNY25.00
（中华文明书库 第一辑）

J0163159
中国舞蹈　资华筠主编;孙景琛,罗雄岩等撰稿
北京 文化艺术出版社 1999 年 179 页 有图
21cm（32 开）ISBN: 7-5039-1829-2
定价: CNY28.00
（中国文化艺术丛书）

J0163160
中华舞蹈志　（浙江卷）《中华舞蹈志》编辑委员会编
上海　学林出版社 1999 年 238 页 有图
23cm（20 开）精装 ISBN: 7-80616-736-6
定价: CNY40.00

舞蹈技术和方法

J0163161
新舞蹈艺术初步教程　吴晓邦撰

华中新华书店 1949 年 74 页 18cm（32 开）
　　作者吴晓邦（1906—1995），舞蹈家。生于江苏太仓。代表作有《丑表功》《思凡》《饥火》《罂粟花》《虎爷》等,著有《新舞蹈艺术概论》《舞蹈新论》《谈艺录》《舞蹈续集》。

J0163162
舞蹈基本训练　王克伟编;刘路得绘图
上海　文娱出版社 1953 年 18cm（32 开）
定价: 旧币 2,000 元
（中国舞蹈丛书）
　　本书内容包括: 手的位置训练;手腕训练;肩的训练;腰部训练;单步前进、后退;跑跳步;秧歌自由步;秧歌十字步等。作者王克伟,教师。江苏人,上海国际标准舞代表队主任教师,中国舞蹈家协会会员,中华全国国际标准交际舞总会会员、国家级评委。

J0163163
怎样排练和记录舞蹈　山东省群众艺术馆编著
济南　山东人民出版社 1959 年 30 页
17cm（40 开）统一书号: T8099.331
定价: CNY0.08

J0163164
怎样排练舞蹈　河北群众艺术馆舞蹈室编
保定　河北人民出版社 1959 年 14 页
18cm（15 开）统一书号: 7086.301
定价: CNY0.05
（俱乐部小丛书）

J0163165
内蒙古歌舞团舞蹈服装集　内蒙古自治区文化局编
呼和浩特　内蒙古人民出版社 1960 年
24 幅（套）26cm（16 开）
统一书号: M8089.71 定价: CNY0.90

J0163166
舞蹈基本训练　舒青整理
兰州　甘肃群众艺术馆 1960 年 34 页 有图
19cm（32 开）

J0163167
舞蹈演员常识　（工具书）陕西省群众艺术馆编

西安 长安书店 1960 年 13 页 18cm（32 开）
统一书号：T10095.657 定价：CNY0.07
（业余舞蹈活动小丛书）

J0163168
业余舞蹈基本训练　中国舞蹈工作者协会编
上海 上海文艺出版社 1961 年 186 页 有图
21cm（32 开）统一书号：8078.1791
定价：CNY0.70

J0163169
舞剧编导艺术　（苏）扎哈洛夫，P.Б. 著；
虞承中等译
上海 上海文化出版社 1964 年 326 页
有图 20cm（32 开）统一书号：8077.198
定价：CNY1.70

J0163170
舞蹈基本功教材　（表导演基本知识）都安瑶
族自治县“革委会”文化馆翻印
都安［广西］都安瑶族自治县“革委会”文化馆
1973 年 83 页 26cm（16 开）

J0163171
赞革命样板戏舞蹈设计　上海人民出版社
编辑
上海 上海人民出版社 1974 年 62 页
19cm（32 开）统一书号：10171.339
定价：CNY0.15

J0163172
怎样记和看舞蹈场记　文化部文学艺术研究
所编
上海 上海人民出版社 1977 年 58 页
19cm（32 开）统一书号：8171.1885
定价：CNY0.14

J0163173
常用舞蹈动作选　孙光言等编写；吴曼茵绘图
北京 人民音乐出版社 1980 年 71 页
21cm（32 开）统一书号：8026.3742
定价：CNY0.29
（舞蹈知识丛书）
　　本书汇集舞蹈教学、创作和研究工作中经常
选用的民族舞蹈动作、舞姿及毯子功技巧等 120

余例，并用图文对照方式说明。

J0163174
常用舞蹈动作选　人民音乐出版社舞蹈组编
北京 人民音乐出版社 1982 年 2 版 增订本
77 页 21cm（32 开）统一书号：8026.3742
定价：CNY0.34
（舞蹈知识丛书）

J0163175
舞蹈基本训练　顾以庄等编
上海 上海文艺出版社 1980 年 214 页
19cm（32 开）统一书号：8078.3183
定价：CNY0.64

J0163176
编舞漫谈　李炽强编
杭州 浙江人民出版社 1981 年 110 页
有剧照 19cm（32 开）统一书号：8103.522
定价：CNY0.30
（群众文艺辅导丛书）

J0163177
舞蹈者的医疗　（英）邓恩著；李克平译
北京 北京舞蹈学院资料室 1981 年 79 页
有照片 26cm（16 开）

J0163178
舞蹈的排练与表演　李开方编
石家庄 花山文艺出版社 1982 年 52 页
19cm（32 开）统一书号：8286.3 定价：CNY0.18
（群众文艺辅导丛书）

J0163179
舞蹈动作选　《舞蹈动作选》编写组编
上海 上海文艺出版社 1982 年 103 页
19cm（32 开）统一书号：8078.3311
定价：CNY0.33
　　本书是学习舞蹈的入门书，讲解舞蹈的基本
知识、常用动作和舞姿造型，介绍基本动作组合、
常用道具动作组合和表演舞蹈组合。并有图文
对照示意图 200 余幅。

J0163180
舞蹈家陈爱莲　上海文艺出版社编

上海　上海文艺出版社　1982 年　12 页
有图　19cm（小 32 开）定价：CNY0.35
　　陈爱莲（1939—　　），著名舞蹈表演艺术家。出生于上海，祖籍广东番禺。毕业于北京舞蹈学院。历任北京市爱莲舞蹈学校校长，中国歌剧舞剧院舞蹈家兼编导、教员，中国舞蹈家协会副主席等职。代表作品有《春江花月夜》（独舞），《蛇舞》（双人舞）等。

J0163181
怎样记录舞蹈　刘海茹著
北京　文化艺术出版社　1983 年　71 页
19cm（32 开）统一书号：8228.061
定价：CNY0.35

J0163182
谈舞蹈编导创作　（全国第一次舞蹈编导进修班材料选编）中央文化部艺术局，中国舞蹈家协会编
北京　人民音乐出版社　1984 年　279 页
有图　21cm（32 开）统一书号：8026.4128
定价：CNY1.60
　　本书包括技术讲座和个人创作经验交流两部分。

J0163183
舞蹈编导知识　薛天等编著
北京　人民音乐出版社　1984 年　82 页
21cm（32 开）统一书号：8026.4247
定价：CNY0.38
（舞蹈知识丛书）
　　本书论述舞蹈编导的专业修养、舞蹈创作的特殊规律，以及舞蹈编导创作排练的方法步骤等。

J0163184
现代舞蹈动作基本原理的探讨与实例
林丽芬编著
台北　惊声文物供应公司　1984 年　117 页　有图
21cm（32 开）定价：TWD4.00

J0163185
中小学生舞蹈基本训练　王俭编
兰州　甘肃人民出版社　1984 年　105 页
19cm（32 开）统一书号：8096.980
定价：CNY0.30

　　本书根据中小学生的年龄和身体特点，比较系统而又循序渐进地编写了各种舞蹈的基本动作和组合训练。

J0163186
中国当代舞蹈家的故事　中国艺术研究院舞蹈研究所资料室编
北京　人民音乐出版社　1987 年　212 页
有彩照　20cm（32 开）统一书号：8026.4546
定价：CNY2.10
（舞蹈知识丛书）

J0163187
舞蹈的基本训练　人民音乐出版社舞蹈组编
北京　人民音乐出版社　1988 年　144 页
20cm（32 开）ISBN：7-103-00133-2
定价：CNY1.70
（舞蹈知识丛书）
　　本书由 4 个专题组成：舞蹈素质训练；中国古典舞教学大纲；解剖学知识在舞蹈基训中的应用，从人体生理学和运动医学的角度对中国古典舞基训主要内容进行扼要的分析，提出在训练时应遵循的科学方法；现代舞的准备动作等。

J0163188
中国舞蹈技巧　林长瑛编著
北京　北京大学出版社　1989 年　298 页
20cm（32 开）ISBN：7-301-00863-5
定价：CNY5.95

J0163189
形体教程　王文主编
南京　江苏教育出版社　1991 年　138 页
19cm（小 32 开）ISBN：7-5343-1317-1
定价：CNY1.20

J0163190
阿依吐拉艺术生涯　（摄影集）
北京　民族出版社　1992 年　116 页　25×25cm
ISBN：7-105-01662-0　定价：CNY45.00

J0163191
舞蹈基本训练　陕西省中师选修课教材编写组编
西安　陕西人民出版社　1993 年　189 页　有图

19cm（32开）ISBN：7-224-02616-6
定价：CNY3.95

J0163192
舞蹈基础训练　肖灵编著
南昌　江西高校出版社　1993年　175页　有图
26cm（16开）ISBN：7-81033-349-6
定价：CNY14.50
　　本书内容包括：舞蹈基本功训练要领、基本
功训练组合、集体舞、民族民间舞等9部分。作
者肖灵（1950—　），女，教授。出生于江西永新，
毕业于江西师范大学体育系。历任江西师范大
学音乐系讲师，中国舞蹈家协会会员，江西舞蹈
教学学会秘书长等。

J0163193
飙舞　（林怀民与云门传奇）杨孟瑜著
台北　天下远见出版公司　1998年　406页
有照片　21cm（32开）ISBN：957-621-497-1
定价：TWD360.00
（社会人文　107）

J0163194
舞蹈创编法　（法）卡琳娜·伐纳著；郑慧慧译
上海　上海音乐出版社　1998年　82页
有照片　20cm（32开）ISBN：7-80553-712-7
定价：CNY6.00
　　本书内容包括：编舞的步骤、编舞的主要因
素、空间运用的三种方法、编舞题材参考等。

J0163195
舞蹈基本技术训练课教学法　宋兆昆编著
北京　中国华侨出版社　1999年　202页
20cm（32开）ISBN：7-80120-310-0
定价：CNY15.00
（中国人民解放军艺术学院丛书　教材卷）

J0163196
舞蹈选材与训练科学　于景春著
昆明　云南大学出版社　1999年　331页
有图　20cm（32开）ISBN：7-81068-102-8
定价：CNY22.00

J0163197
校园舞蹈　（创编与实例）李美安编著；杨泓绘

长沙　湖南文艺出版社　1999年　180页
有图　26cm（16开）ISBN：7-5404-2192-4
定价：CNY19.00

J0163198
中国舞蹈武功教学　北京舞蹈学院附属中等
舞蹈学校编
北京　中国戏剧出版社　1999年　15+525页
有图　20cm（32开）ISBN：7-104-01040-8
定价：CNY38.00

中国舞蹈、舞剧

J0163199
二佾缀兆图　（一卷）（明）朱载堉撰
郑藩　明万历　刻本
（乐律全书）
　　收于《乐律全书》十五种四十八卷中。作者
朱载堉（1536—1611），明代乐律学家。代表作品
有《乐律全书》《律吕正论》《律吕质疑辨惑》《嘉
量算经》《律吕精义》《律历融通》等。

J0163200
灵星小舞谱　（一卷）（明）朱载堉撰
郑藩　明万历　刻本
（乐律全书）
　　收于《乐律全书》十五种四十八卷中。

J0163201
六代小舞谱　（一卷）（明）朱载堉撰
郑藩　明万历　刻本
（乐律全书）
　　收于《乐律全书》十五种四十八卷中。

J0163202
六代小舞谱　（一卷）（明）朱载堉撰
明万历　刻本　线装
　　黑口四周双边双鱼尾。

J0163203
小舞乡乐谱　（一卷）（明）朱载堉撰
郑藩　明万历　刻本

（乐律全书）

收于《乐律全书》十五种四十八卷中。

J0163204

柘枝谱 （一卷）（宋）乐史撰

李际期宛委山堂 清初 刻本 续刻

（说郛）

明末刻清初李际期宛委山堂续刻汇印本。

J0163205

霓裳羽衣 凌纯声,童之絃编著

上海 商务印书馆 1928年 有图 19cm（32开）

定价：大洋四角五分

本书内容包括：舞图、歌谱、唱法、舞谱、伴奏乐谱(附伴奏乐器说明)5章。所有歌谱、乐谱分正谱、简谱、工尺谱3种。伴奏乐谱分笙笛谱、琵琶谱、三弦谱等。书末附乐器使用法。

J0163206

霓裳羽衣 凌纯声,童之絃编著

上海 商务印书馆 1931年 再版 有图 19cm（32开）定价：大洋四角五分

J0163207

舞谱残 （一卷）

台湾大学 民国三十六年［1947］影印本

（敦煌秘籍留真新编）

J0163208

舞蹈选集 安徽省群众艺术馆编

［合肥］安徽人民出版社 1957年

定价：CNY0.80

本书是安徽省第一届民间音乐舞蹈会演选集。

J0163209

"跃进"舞蹈集 （舞蹈）河北省群众艺术馆编

保定 河北省群众艺术馆 1959年 40页

有图 19cm（32开）

（群众文艺宣传材料 之二）

J0163210

万年青 （舞蹈）太平县机关业余文工团创作；芜湖专区文工团整理改编

合肥 安徽人民出版社 1960年 25页

有图 19cm（32开）统一书号：8102.134

定价：CNY0.08

J0163211

行军路上（舞蹈） 文绾,小舟编舞；王竹林作曲；洪源作词

北京 人民文学出版社 1974年 27cm（大16开）

定价：CNY0.30

J0163212

送粮路上 （舞蹈）中央民族学院艺术系创作组创作

北京 人民文学出版社 1974年 38页 有图 26cm（16开）统一书号：10019.2131

定价：CNY0.23

J0163213

敦煌舞姿 吴曼英等编

上海 上海文艺出版社 1981年 163页

有图 21cm（32开）统一书号：8078.3238

定价：CNY0.55

J0163214

中国舞谱 （国舞的基本动作）李天民著

台北 编译馆 1982年 再版 599页

有图 19×27cm 精装 定价：TWD20.40

（艺术丛书）

J0163215

舞蹈概论 隆荫培,徐尔充编著

上海 上海文艺出版社 1984年 236页

19cm（32开）统一书号：8078.3466

定价：CNY1.70,CNY1.85（精装）

本书试图用马列主义的文艺观点,研究与分析舞蹈,总结建国30年的舞蹈创作经验和教训,探索舞蹈创作规律。

J0163216

舞剧论文集 戈兆鸿译；中国舞蹈家协会湖北江西新疆湖南浙江分会编

［武汉］［中国舞蹈家协会湖北分会］［1984年］

412页 有照片 18cm（32开）

J0163217

定位法舞谱 武季梅,高春林著

上海 上海文艺出版社 1987年 277页

有肖像 26cm（16 开）统一书号：8078.3671
精装 ISBN：7-5321-0069-3 定价：CNY10.00
　　本书是描述人体形体运动的工具，但它不限
于舞蹈还可以成为形体运动领域中诸学科的描
述工具。同时还作用于包含形体动作的艺术门
类和需要研究形体运动或形体静态的门类。作
者高春林（1968—　　），诗人。云南省石屏县文联
副主席，省作家协会会员。主要有诗集《时间的
外遇》《夜的狐步舞》《自然书》等。

J0163218
吴晓邦谈艺录　　吴晓邦著
北京 中国文联出版公司 1988 年 195 页
有照片 19cm（32 开）ISBN：7-5059-0371-3
定价：CNY1.65
　　作者吴晓邦（1906—1995），舞蹈家。生于江
苏太仓。代表作有《丑表功》《思凡》《饥火》《罂
粟花》《虎爷》等，著有《新舞蹈艺术概论》《舞蹈
新论》《谈艺录》《舞蹈续集》。

J0163219
中国舞蹈奇观　（交际舞·裸体舞·忠字舞·绝
命舞·恋爱舞·驯兽舞……）费秉勋著
西安 华岳文艺出版社 1988 年 296 页
19cm（32 开）ISBN：7-80549-082-1
定价：CNY3.05

J0163220
舞蹈学研究　　胡大德等选编
北京 中国文联出版公司 1991 年 432 页
有照片 19cm（小 32 开）ISBN：7-5059-1092-2
定价：CNY6.00

J0163221
东巴神系与东巴舞谱　　戈阿干著
昆明 云南人民出版社 1992 年 203 页 有彩图
19cm（小 32 开）ISBN：7-222-00547-1
定价：CNY4.05
（东巴文化丛书）
　　本书阐述了东巴舞的形貌、谱源，谱的现状
及保存前景等。东巴舞谱是居住滇川藏毗邻地
带的纳西族传存的一种象形文舞蹈动作谱。作
者戈阿干（1936—　　），纳西族，记者。原名和崇
仁，生于云南丽江。毕业于中央民族学院历史系。
历任中国作家协会会员、中国民间文艺家协会会

员，云南省文联副研究员。代表作品《化雪图》等。
出版有《滇川藏纳西东巴文化及源流考察》《古
纳西象形文舞谱谱渊探考》《东巴神系与东巴舞
谱》《纳西象形文"龙"》等。

J0163222
敦煌舞蹈　　马世长主编；董锡玖编
乌鲁木齐 新疆美术摄影出版社 1992 年
158+19 页 有图 20cm（32 开）
ISBN：7-80547-108-8 定价：CNY9.20
（敦煌吐鲁番艺术丛书）
　　本书内容包括：敦煌壁画和舞蹈、敦煌飞
天、敦煌壁画中的杂技、敦煌舞发展前途无量、
敦煌舞和敦煌学等。本书由新疆美术摄影出版
社和新西兰霍兰德出版有限公司联合出版。

J0163223
古丝路音乐暨敦煌舞谱研究　　席臻贯著
兰州 敦煌文艺出版社 1992 年 240 页
26cm（16 开）精装 ISBN：7-80587-090-X
定价：CNY19.25

J0163224
霹雳舞·柔姿舞·交谊舞·模特儿步
石忠伟，周庆翔编著
哈尔滨 黑龙江科学技术出版社 1992 年
重印本 236 页 有彩照 26cm（16 开）
ISBN：7-5388-1218-0 定价：CNY9.60
　　本书以文字、图法的形式，记录了霹雳舞、柔
姿舞、交谊舞等舞蹈的特征、舞步的规范动作等。

J0163225
敦煌舞蹈　　高金荣著
兰州 敦煌文艺出版社 1993 年 197 页 有彩图
26cm（16 开）精装 ISBN：7-80587-067-5
定价：CNY20.70
　　作者高金荣（1935—　　），女，舞蹈家、教育
家。甘肃省艺术学校名誉校长，中国舞蹈家协会
常务理事。舞蹈教学作品有《莫高女神》《香音
神礼赞》《妙音反弹》等。

J0163226
舞书　（陶馥兰话舞）陶馥兰著
台北 万象图书公司 1994 年 185 页
21cm（32 开）ISBN：957-669-530-9

定价: TWD200.00
（艺书房　1）

J0163227
在舞蹈的斜径上探寻　（王福玲舞蹈文集）
王福玲著
昆明　云南美术出版社　1995 年　164 页
20cm（32 开）ISBN: 7-80586-221-4
定价: CNY6.80
　　　作者王福玲（1936—　），女，教授。出生于
吉林省延吉市。历任吉林省歌舞剧院任教员，吉
林艺术学院舞蹈系副主任，云南艺术学院副院
长、副教授，中国舞蹈家协会会员，云南省舞蹈家
协会副主席。著有《王福玲舞蹈文集—在舞蹈的
斜径上探寻》。

J0163228
辽宁舞蹈 50 年纪念文集　王曼力主编
［沈阳］［辽宁省舞蹈家协会］1998 年　675 页
20cm（32 开）

J0163229
舞道　（刘绍炉的舞蹈路径与方法）钟明德著
台北　时报文化出版企业公司　1999 年　210 页
有照片　21cm（32 开）ISBN: 957-13-2986-X
定价: TWD250.00
（艺术大师　8）

J0163230
舞论　刘海茹著
北京　中国文联出版社　1999 年　324 页
20cm（32 开）ISBN: 7-5059-3427-9
定价: CNY15.60

J0163231
舞论集　叶宁著
北京　中国戏剧出版社　1999 年　10+329 页
有照片　20cm（32 开）精装
ISBN: 7-104-00934-5　定价: CNY20.20
（中国文联晚霞文库）

中国各种舞蹈

J0163232
舞蹈　沈明珍编
上海　爱国女学出版部　1928 年　4 版［90］页
有图　19cm（32 开）精装
　　　本书包括土风舞、优秀舞两编，讲述各种舞
的跳法。

J0163233
舞蹈　（第一集）刘以珍等编；新体育社编辑
北京　青年出版社　1951 年　90 页　18cm（32 开）
定价: 旧币 3,700 元
（新体育丛书）

J0163234
舞蹈集　（第一集）广州市文联舞协编辑
广州　华南人民出版社　1951 年　46 页　有图
22cm（27 开）定价: 旧币 2,600 元

J0163235
舞蹈集　（第二集）广州市文联舞协编辑
广州　华南人民出版社　1951 年　17 页　有图
22cm（27 开）定价: 旧币 1,400 元

J0163236
现代歌舞集　（1）丁景清作
上海　教育书店　1951 年　61 页　有图
18cm（32 开）定价: 旧币 3,300 元

J0163237
现代歌舞集　（1）丁景清作
上海　教育书店　1952 年　5 版 61 页　有图
18cm（32 开）定价: 旧币 3,300 元
（新歌舞创作丛刊　之一）

J0163238
莲湘　顾也文编撰
上海　文娱出版社　1952 年　84 页　有图
18cm（15 开）定价: 旧币 4,400 元
（中国舞蹈丛书）
　　　本书内容包括: 莲湘的来源、莲湘的考证、

莲湘的新生、莲湘的制作、莲湘的动作、莲湘的
歌词等。作者顾也文(1924—2014),舞蹈编辑。
历任上海文娱出版社舞蹈编辑,上海文化出版社
音舞组组长。著有《秧歌和腰鼓》。

J0163239
简明新舞蹈 (第一集)许快雪编译
上海 北新书局 1953 年 138 页 有图
18cm(15 开)定价:旧币 5,400 元

J0163240
简明新舞蹈 (第二集)许快雪编译
上海 北新书局 1953 年 133 页 18cm(15 开)
定价:旧币 5,200 元

J0163241
新舞蹈 (第一集)方新等著
上海 北新书局 1953 年 57 页 有图
15cm(40 开)定价:旧币 1,600 元
(新文娱小丛书)

J0163242
新舞蹈 (第二集)方新等著
上海 北新书局 1953 年 有图 15cm(40 开)
(新文娱小丛书)

J0163243
新舞蹈 (第三集)方新等编
上海 北新书局 1953 年 89 页 有图
13cm(60 开)定价:旧币 2,300 元
(新文娱丛书)

J0163244
舞蹈 (第二集)喜勋等编
北京 人民体育出版社 1954 年 57 页 有图
18cm(32 开)定价:旧币 2,000 元

　　本书内容包括:青年集体舞、欢乐舞、游戏
舞、铁匠舞、青年晚会舞、圆舞、快乐舞、三人
舞、磨盘舞、春天的花园花儿开得好、友好舞、
海军舞等。

J0163245
舞蹈 (第三集)喜勋等编
北京 人民体育出版社 1957 年 73 页
有图 18cm(32 开)统一书号:7015.490

定价:CNY0.22

　　本书内容包括:圆舞、伴侣集体舞、欢庆节
日舞、游戏舞、晚会舞、双人舞、三人舞、织布集
体舞、手帕舞、淮河两岸鲜花开、校园的一角等。

J0163246
放风筝舞　汤教敏,黎善鸣记录整理
南昌 江西人民出版社 1956 年 14 页
有图 18cm(15 开)统一书号:T8100.42
定价:CNY0.10

J0163247
挤奶员舞　高太编舞;施律作曲;郑剑华记录
上海 上海文化出版社 1956 年 18 页
有图 18cm(15 开)统一书号:T8077.71
定价:CNY0.10

J0163248
下乡访问　中央群众艺术馆编
上海 上海文化出版社 1956 年 定价:CNY0.10

J0163249
下乡访问 (群众演唱材料)天津公路运输工
会六号门业余文工团,天津人民艺术剧院歌舞
团编舞;陈苔蔚,潘家美绘图
上海 上海文化出版社 1956 年 20 页
18cm(32 开)统一书号:T8077.74
定价:CNY0.10

J0163250
军艇上的联欢 (舞蹈集)广州群众艺术馆编
广州 广东人民出版社 1957 年 50 页
18cm(15 开)统一书号:R10111.171
定价:CNY0.17

J0163251
音乐舞蹈选集　贵州人民出版社编
贵阳 贵州人民出版社 1957 年 66 页
18cm(32 开)统一书号:T8115.104
定价:CNY0.20

J0163252
友谊舞　李承祥编舞;野蜂绘图
上海 上海文化出版社 1957 年 46 页
18cm(15 开)统一书号:T8077.79

定价：CNY0.18

J0163253
云牌舞　石昭则，赵广文整理；赵蓝天绘图
上海　少年儿童出版社　1957 年　34 页
15cm（40 开）统一书号：R7024.129
定价：CNY0.07

J0163254
半边裙子　邢浪平，刘选亮编舞；陈元浦作曲；
野蜂绘图
上海　上海文化出版社　1958 年　52 页
有图　18cm（15 开）统一书号：8077.114
定价：CNY0.18

J0163255
踩姑娘　卯洛，阿略编；徐开作曲；陈昔蔚绘图
上海　上海文化出版社　1958 年　29 页
19cm（32 开）统一书号：8077.138
定价：CNY0.13

J0163256
革新之花　赵幼文编
梁平县　梁平县文化革命指挥部　1958 年
油印本　7 页
　　本书是中国舞蹈作品群众创作选集，另有书
名：《牛犁红苕》。

J0163257
欢唱四十条（莲萧舞蹈）　林肖词；林一曲；
荫生编舞
成都　四川人民出版社　1958 年　定价：CNY0.03
（活页文娱材料 9）

J0163258
欢呼总路线（舞蹈）　金芝等著
合肥　安徽人民出版社　1958 年　定价：CNY0.02

J0163259
火烧五气　（舞蹈）重庆群众艺术馆编
重庆　重庆人民出版社　1958 年　19 页　有图
19cm（32 开）统一书号：8114.121
定价：CNY0.09

J0163260
全民皆兵　（舞蹈）白水，高明杰编
上海　上海文艺出版社　1958 年　61 页
有图　19cm（32 开）统一书号：8078.343
定价：CNY0.14

J0163261
识字牌舞　于少平等编；张祖迪作曲
南昌　江西人民出版社　1958 年　13 页　有图
19cm（32 开）统一书号：T8110.194
定价：CNY0.06

J0163262
踢球舞　丽水县文化馆整理
上海　上海文艺出版社　1958 年　34 页
有图　19cm（32 开）统一书号：8078.236
定价：CNY0.16

J0163263
游击队员之歌　吴晓邦原作；邢志汶改编
重庆　重庆出版社　1958 年　定价：CNY0.08

J0163264
摘棉舞　束鹿县文联编
束鹿　束鹿县文联　1958 年　油印本　8 页
19cm（32 开）

J0163265
治山舞　河南省群众艺术馆编；于少兰编舞；
郑声编曲
郑州　河南人民出版社　1958 年　14 页　有图
19cm（32 开）统一书号：T8105.120
定价：CNY0.07

J0163266
出征　（舞蹈）福州军区政治部文工团编
福州　福州军区政治部文工团　1959 年　油印本
7 页　26cm（16 开）

J0163267
放风筝　（舞蹈）和政城关区业余剧团编
和政［甘肃］和政城关区业余剧团　1959 年
9 页　19cm（32 开）

J0163268
歌唱温水溪 （舞蹈）四川省群众艺术馆编
成都 四川人民出版社 1959年 12页
13cm（60开）统一书号：T8118.307
定价：CNY0.04
（文娱演唱材料）

J0163269
空战归来 段双林编
福州 福州军区政治部文工团 1959年 油印本
8页 26cm（16开）

J0163270
前沿的姑娘 （舞蹈）舞蹈分队编舞；周文尧
作曲
福州 福州军区政治部文工团 1959年 油印本
7页 19cm（32开）

J0163271
去民校的路上 （舞蹈）舒巧编舞；商易作曲
上海 上海文艺出版社 1959年 83页
有图 19cm（32开）统一书号：8078.0423
定价：CNY0.18

J0163272
缫丝五姐妹 （舞蹈）四川省群众艺术馆编
成都 四川人民出版社 1959年 33页 有图
13cm（60开）统一书号：T8118.306
定价：CNY0.06
（文娱演唱材料）

J0163273
踢毽子 天任编舞；熊倬插图
[南昌] 江西人民出版社 1959年
定价：CNY0.07

J0163274
五千吨海轮乘风破浪 （舞蹈）上海青年宫编
上海 上海文艺版社 1959年 22页
19cm（小32开）定价：CNY0.07

J0163275
舞蹈 （台本）中国人民解放军总政治部文艺
工作团歌舞团编
北京 中国人民解放军总政治部文艺工作团歌

舞团 1959年 油印本 42页 26cm（16开）

J0163276
小伙伴的舞 上海文艺出版社编
上海 上海文艺出版社 1959年 79页 有图
20cm（32开）统一书号：8078.0769
定价：CNY0.22
　　本书选辑了两个表演舞和4个集体舞。表
演舞包括：捉麻雀、课间休息舞；集体舞包括：
欢乐舞、从小爱劳动、儿童游戏舞、翻花花。

J0163277
一把锄头 （舞蹈）济南市群众艺术馆编
济南 济南人民出版社 1959年 32页 有图
19cm（32开）定价：CNY0.12

J0163278
运输线上的新兵 （舞蹈）华东政法学院1958
年级同学集体创作；上海青年宫编
上海 上海文艺出版社 1959年 44页 有图
19cm（32开）统一书号：10078.0777
定价：CNY0.18

J0163279
在公园里 （舞蹈）济南市群众艺术馆编
济南 济南人民出版社 1959年 29页 有图
19cm（32开）定价：CNY0.11

J0163280
摘杨桃 （舞蹈）何敏士编舞；黎民等选曲；
黎民作词；岑毅鸣插图
广州 广州文化出版社 1959年 27页
19cm（32开）定价：CNY0.11

J0163281
大谷穗 （舞蹈）广东省群众艺术馆编
广州 广东人民出版社 1960年 41页 有图
14cm（64开）统一书号：T10111.543
定价：CNY0.08
（群众演唱小丛书）

J0163282
渔民乐 （舞蹈）吕伦编辑；陈旧作曲
上海 上海文艺出版社 1960年 88页
有图 19cm（32开）统一书号：8078.1644

定价：CNY0.28

J0163283

1960年全国职工文艺会演舞蹈选　上海文
艺出版社编
上海　上海文艺出版社　1961 年　258 页
有图　19cm（32 开）统一书号：8078.1874
定价：CNY0.84

J0163284

下乡裁衣　（舞蹈）四川省文学艺术工作者联
合会等编
成都　四川人民出版社　1961 年　12 页　有图
17cm（32 开）统一书号：T10118.571
定价：CNY0.04

J0163285

舞蹈　（1963 年 7–12 月）中国人民大学附属
剪报资料图书卡片社编辑
北京　中国人民大学附属剪报资料图书卡片社
1963 年　影印本　26cm（16 开）

J0163286

舞蹈　（1964 年 1–6 月）中国人民大学附属剪
报资料图书卡片社编辑
北京　中国人民大学附属剪报资料图书卡片社
1964 年　影印本　26cm（16 开）

J0163287

舞蹈　（1964 年 7–12 月）中国人民大学附属
剪报资料图书卡片社编辑
北京　中国人民大学附属剪报资料图书卡片社
1964 年　影印本　26cm（16 开）

J0163288

舞蹈　（1965 年 10–12 月）中国人民大学附属
剪报资料图书卡片社编辑
北京　中国人民大学附属剪报资料图书卡片社
1965 年　影印本　26cm（16 开）

J0163289

舞蹈　（1965 年 1–3 月）中国人民大学附属剪
报资料图书卡片社编辑
北京　中国人民大学附属剪报资料图书卡片社
1965 年　影印本　26cm（16 开）

J0163290

舞蹈　（1965 年 4–6 月 .2）中国人民大学附属
剪报资料图书卡片社编辑
北京　中国人民大学附属剪报资料图书卡片社
1965 年　影印本　26cm（16 开）

J0163291

舞蹈　（1965 年 7–9 月）中国人民大学附属剪
报资料图书卡片社编辑
北京　中国人民大学附属剪报资料图书卡片社
1965 年　影印本　26cm（16 开）

J0163292

看庄稼　（舞蹈）丽隆英等编舞；郭岚作词；于
仲德作曲；祁本隆记录
济南　山东人民出版社　1964 年　54 页　有图
19cm（32 开）统一书号：T10099.958
定价：CNY0.17

J0163293

读报组老人们　（舞蹈）中国舞蹈工作者协会
编；马文浩整理；金声民编曲
上海　上海文艺出版社　1965 年　45 页　有图
19cm（32 开）统一书号：8077.286
定价：CNY0.20

J0163294

在果园里　（舞蹈）中国舞蹈工作者协会编；
董华，王英力编舞；王元记录；钟锵作词；白杰
作曲
上海　上海文化出版社　1965 年　50 页　有图
19cm（32 开）统一书号：8077.258
定价：CNY0.19

J0163295

草原女民兵　（舞蹈）伯寿等编舞
北京　人民文学出版社　1973 年　42 页　有图
26cm（16 开）统一书号：10019.2081
定价：CNY0.25

J0163296

雪里送炭　（舞蹈）王兆雄，张文华编舞
北京　人民文学出版社　1973 年　22 页
有图　26cm（16 开）统一书号：10019.2055
定价：CNY0.17

J0163297

抗旱歌 （小舞蹈）朝阳区业余文艺创作学习
班作词，编舞；刘瑞瀛作曲
北京　人民出版社　1974 年　60 页　有图
19cm（32 开）统一书号：8071.124
定价：CNY0.14

J0163298

舞蹈作品简介　云南代表团歌舞演出队［编］
昆明　云南代表团歌舞演出队　1975 年
10 页　26cm（16 开）

J0163299

台湾同胞我的骨肉兄弟　（双人舞）上海港驳
船运输公司业余文艺宣传队编舞；业余美术组
绘图
上海　上海人民出版社　1976 年　73 页
14cm（64 开）统一书号：8171.1632
定价：CNY0.11

J0163300

火车飞来大凉山　（三人舞）四川省歌舞团创
作演出；冷茂弘编导；张正平作曲；李刚夫作词
北京　人民音乐出版社　1977 年　37 页
26cm（16 开）统一书号：8026.3336
定价：CNY0.23

J0163301

老矿工登讲台　（独舞）山东省淄博市文艺工
作团创作；孙波等编舞
上海　上海人民出版社　1977 年　50 页
有图　19cm（32 开）统一书号：8171.1915
定价：CNY0.14

J0163302

聋哑妹上学了　（双人舞）贵州铜仁地区文艺
工作团集体创作；罗丽丽，刘芳芳编导；邓祖纯
词曲
北京　人民音乐出版社　1977 年　38 页
26cm（16 开）统一书号：8026.3303
定价：CNY0.23
　　　作者邓祖纯，作曲家。贵州师范大学艺术系
老师。

J0163303

台湾同胞我的骨肉兄弟　（独舞 看图学舞）
上海第二十五棉纺织厂编；郭子徽编舞；胡若
军绘图
上海　上海人民出版社　1977 年　57 页
14cm（64 开）统一书号：8171.2067
定价：CNY0.09
　　　作者郭子徽（1949—　），舞蹈家，上海人，毕
业于上海舞蹈学校。上海青年文化活动中心手
拉手艺术团团长、中国舞蹈家协会会员、中国儿
童歌舞学会常务理事兼副秘书长。从事儿童舞
蹈教学和创作三十余年，创作了近百部优秀的少
儿舞蹈作品。

J0163304

养猪姑娘　（独舞）吉林省延边朝鲜族自治州
歌舞团创作；崔玉珠编舞
上海　上海人民出版社　1977 年　56 页
19cm（32 开）统一书号：8171.1969
定价：CNY0.16

J0163305

永不下岗　（三人舞）兰州部队政治部歌舞团
创作；毕永钦等编舞
上海　上海人民出版社　1977 年　92 页
有图　19cm（32 开）统一书号：8171.1924
定价：CNY0.21

J0163306

风雪采油工　（双人舞）周明祖作词；郭一，蒋
衍作曲
北京　人民音乐出版社　1978 年　30 页
26cm（16 开）统一书号：8026.3363
定价：CNY0.20

J0163307

艰苦岁月　（舞蹈）中国人民解放军广州部队
歌舞团创作演出；彦克，周方作曲
北京　人民音乐出版社　1978 年　33 页
26cm（16 开）统一书号：8026.3337
定价：CNY0.22

J0163308

水乡送粮　（舞蹈）黄素嘉编导；黄素嘉，崔树
杨作词；陶思耀，张慕鲁作曲

北京　人民音乐出版社　1978 年　52 页
26cm（16 开）统一书号：8026.3522
定价：CNY0.30

J0163309
伟大战士　（双人舞）李秋汉等编导；石铁源，
宋正为作曲
北京　人民音乐出版社　1978 年　23 页
26cm（16 开）统一书号：8026.3517
定价：CNY0.18

J0163310
我为祖国采油忙　（独舞）天津市歌舞团创作；
郑磊，吴玉琴绘图
上海　上海文艺出版社　1978 年　62 页
有照片　19cm（32 开）统一书号：8078.3017
定价：CNY0.18

J0163311
喜送粮　（舞蹈）海南歌舞团创作演出；陈翘等
编舞；陈元浦编曲；陈德英作词
北京　人民音乐出版社　1978 年　54 页
26cm（16 开）统一书号：8026.3549
定价：CNY0.26

J0163312
济南三十年舞蹈选　（1949—1979）济南市
文学艺术界联合会编
济南　济南市文学艺术界联合会　1979 年　136 页
19cm（32 开）

J0163313
舞蹈　宋允清，许静辉主编
开封　河南大学出版社　1989 年　320 页
19cm（32 开）ISBN：7-81018-328-1
定价：CNY3.00
　　本书论述了我国常见和普及舞蹈的创编、教
学法、动作技术和舞蹈的记录等。

J0163314
当代国际标准交际舞教程　（第一集　现代舞）
杨威，袁水海编著
上海　上海译文出版社　1990 年　77 页　有彩照
26cm（16 开）ISBN：7-5327-0900-0
定价：CNY7.50

　　作者杨威（1932—　　），女，上海舞剧院创作
研究室编导。作者袁水海（1930—　　），上海舞蹈
学院教研室副主任。

J0163315
当代国际标准交际舞教程　（第二集
拉丁舞）杨威，袁水海编著
上海　上海译文出版社　1991 年　138 页　有彩图
26cm（16 开）ISBN：7-5327-1105-6
定价：CNY10.70

J0163316
黄河水长流　（大型舞蹈诗剧）侯伍杰主编；
山西省委宣传部编
太原　山西人民出版社　1997 年　49 页　有彩照
28×28cm　精装　ISBN：7-203-03582-4
定价：CNY120.00
　　本书以舞蹈语言，音乐形象和极富想象力的
艺术手法，描写了黄河岸边三代母亲的不同人生
经历，刻画出了黄河人刚毅坚韧的精神品格和积
极进取的人生态度，表现了中华民族自强不息、
质朴强劲的生命活力。

J0163317
大学生舞蹈教学指导　孙国荣，余美玉著
上海　上海音乐出版社　1998 年　288+19 页
有图　20cm（32 开）ISBN：7-80553-672-4
定价：CNY12.80

中国集体舞蹈

J0163318
八段锦舞　（中国舞蹈）王怀琪著
上海　商务印书馆　1929 年　42 页　有肖像
19cm（32 开）定价：大洋三角
　　作者王怀琪，著名画家。北京人，毕业于中
央美院，在石家庄河北美校任教，蒋兆和创作室
成员，河北美协主席、河北画院院长。

J0163319
实用最新集体舞　张伯清编撰
天津　天津人民书店　1951 年　50 页　有图
18cm（32 开）定价：旧币 3,000 元

J0163320
新集体舞　濮思温,管玉琳撰
北京　三联书店　1951 年　93 页　有图
16cm（25 开）定价：旧币 3,400 元

J0163321
欢唱中苏人民大团结　（文娱材料）上海中苏
友好协会等辑
上海　华东青年出版社　1952 年　44 页
18cm（15 开）定价：旧币 1,700 元

J0163322
集体舞　李鹿编辑
合肥　安徽人民出版社　1952 年　14 页
18cm（15 开）定价：旧币 800 元

J0163323
集体舞　苏南中苏友好协会辑
无锡　苏南中苏友好协会　1952 年　18 页　有图
18cm（15 开）定价：旧币 1,000 元

J0163324
集体舞蹈　杨熙会编；胡振祥绘图
上海　上海文化出版社　1952 年　63 页　有图
18cm（15 开）定价：旧币 3,500 元

J0163325
中国集体舞　（第一集）斐也编辑；倪常明绘图
上海　文娱出版社　1952 年　58 页　有图
18cm（15 开）定价：旧币 3,400 元
（中国舞蹈丛书）

J0163326
中国集体舞　（第二集）斐也编辑；倪常明绘图
上海　文娱出版社　1953 年　66 页　有图
18cm（15 开）定价：旧币 2,800 元
（中国舞蹈丛书）

J0163327
大家跳　（集体舞集之一）中央戏剧学院附属
歌舞剧院编
北京　首都出版社　1953 年　26 页　有图
26cm（16 开）
（中央戏剧学院附属歌舞剧院舞蹈丛书）

J0163328
集体舞　王克伟编
上海　陆开记书店　1953 年　54 页　有图
18cm（15 开）定价：旧币 2,600 元
　　　作者王克伟,教师。江苏人,上海国际标准
舞代表队主任教师,中国舞蹈家协会会员,中华
全国国际标准交际舞总会会员、国家级评委。

J0163329
集体舞　济南市总工会文艺辅导队编辑
济南　山东人民出版社　1953 年　22 页　有图
18cm（15 开）定价：旧币 800 元

J0163330
集体舞　王克伟编；刘路得绘图
上海　文娱出版社　1953 年　71 页　18cm（15 开）
定价：旧币 3,000 元
（中国舞蹈丛书）

J0163331
工人舞蹈选　广州市文学艺术界联合会辑
广州　南方通俗出版社　1954 年　45 页
18cm（15 开）定价：旧币 1,900 元

J0163332
节日晚会舞　田灵,林耀祖编；浩波夫,谷冶作曲
南昌　江西人民出版社　1954 年　7 页
13cm（60 开）定价：旧币 500 元

J0163333
青年集体舞　萧亮雄编；斐也整理
上海　文娱出版社　1954 年　143 页　有图
18cm（32 开）定价：旧币 6,300 元
（国际舞蹈丛书）

J0163334
少年集体舞　许快雪编译
上海　上海少年儿童出版社　1954 年　48 页
有图　18cm（32 开）定价：旧币 2,600 元

J0163335
大家跳　（第一本）大家跳编辑部编
上海　文娱出版社　1955 年　定价：CNY0.25

J0163336
大家跳 （第二本）大家跳编辑部辑
上海 文娱出版社 1955 年 39 页 有图
18cm（15 开）定价：CNY0.18

J0163337
大家跳 大家跳编辑部辑
上海 文娱出版社 1955 年 51 页 有图
18cm（15 开）定价：CNY0.25

J0163338
大家跳 王克伟编
上海 新知识出版社 1955 年 59 页 有图
18cm（15 开）定价：CNY0.22

J0163339
锻炼小组舞 上海电器制造学校集体创作；中
华人民共和国文化部艺术事业管理局,中国舞
蹈艺术研究会编辑
北京 中国青年出版社 1955 年 31 页 有图
18cm（15 开）定价：CNY0.14

J0163340
集体舞 王克伟编
上海 上海文化出版社 1955 年 47 页 有图
18cm（15 开）定价：CNY0.15

J0163341
集体舞蹈 陈次秋编著；斯明绘图
上海 儿童读物出版社 1955 年 56 页 有图
18cm（15 开）定价：CNY0.19

J0163342
集体舞集 北京群众艺术馆筹备处编
北京 大众出版社 1955 年 35 页 有图
18cm（15 开）定价：CNY0.14
（群众艺术丛书 一）

J0163343
小放牛 樊放撰文
上海 上海人民美术出版社 1955 年 有图
25cm（15 开）统一书号：8077.285
定价：CNY0.22

J0163344
**1956 年全国青年集体舞创作比赛得奖集体
舞选集** 北京群众艺术馆编辑
北京 中国青年出版社 1956 年 47 页 有图
18cm（15 开）统一书号：8009.7 定价：CNY0.15

J0163345
大家跳 陕西省群众艺术馆编
西安 陕西人民出版社 1956 年 9 页 有图
18cm（15 开）统一书号：T8094.54
定价：CNY0.06
（集体舞蹈选辑 1）

J0163346
大家跳 （集体舞）天津群众艺术馆编
天津 天津人民出版社 1956 年 18 页 有图
18cm（15 开）统一书号：T8072.20
定价：CNY0.08

J0163347
大家跳 （第一本）上海文化出版社编辑
上海 上海文化出版社 1956 年 42 页 有图
18cm（15 开）统一书号：T8077.43
定价：CNY0.14

J0163348
大家跳 （第二本）上海文化出版社编辑
上海 上海文化出版社 1956 年 23 页 有图
18cm（15 开）统一书号：T8077.48
定价：CNY0.10

J0163349
大家跳 （第三本）上海文化出版社编辑
上海 上海文化出版社 1956 年 33 页 有图
18cm（15 开）统一书号：8077.55
定价：CNY0.12

J0163350
大家跳 （第四本）上海文化出版社编辑
上海 上海文化出版社 1956 年 40 页 有图
18cm（15 开）统一书号：T8077.68
定价：CNY0.13

J0163351
大家跳 （第五本）上海文化出版社编辑

上海 上海文化出版社 1957 年 36 页 有图
18cm（15 开）统一书号：8077.89
定价：CNY0.13

J0163352
大家跳 （第六本）上海文化出版社编辑
上海 上海文化出版社 1958 年 46 页 有图
18cm（15 开）统一书号：8077.117
定价：CNY0.15

J0163353
大家跳 （第七本）上海文化出版社编辑
上海 上海文化出版社 1958 年 34 页 有图
18cm（15 开）统一书号：8077.141
定价：CNY0.12

J0163354
得奖集体舞选集 北京群众艺术馆编
［北京］中国青年出版社 1956 年
定价：CNY0.15

J0163355
集体舞集 北京群众艺术馆编
北京 北京出版社 1956 年 35 页 有图
18cm（15 开）统一书号：8071.5 定价：CNY0.13
（群众艺术丛书 一）

J0163356
青年集体舞 陕西省团委宣传部编
西安 陕西人民出版社 1956 年 30 页 有图
18cm（32 开）统一书号：8094.19
定价：CNY0.12

J0163357
群众舞蹈材料 浙江群众艺术馆编辑
杭州 浙江人民出版社 1956 年 52 页
15cm（40 开）统一书号：T8103.2
定价：CNY0.12

J0163358
小放牛 （彩色小画片）张春华等编
上海 上海人民美术出版社 1956 年 8 张(套)
10×13cm 统一书号：T8081.1919
定价：0.24

J0163359
大家跳 陕西省群众艺术馆编
［西安］陕西人民出版社 1957 年
定价：CNY0.06

J0163360
节日欢乐舞 上海文化出版社编
上海 上海文化出版社 1957 年 43 页 有图
18cm（15 开）统一书号：T8077.93
定价：旧币 0.15 元

J0163361
学生集体舞创作选 广州群众艺术馆编
广州 广东人民出版社 1957 年 31 页
18cm（32 开）统一书号：T8111.22
定价：CNY0.11

J0163362
大家跳 （第八本 国庆集体舞专辑）上海文艺
出版社编
上海 上海文艺出版社 1958 年 52 页 有图
19cm（32 开）统一书号：10078.0041
定价：CNY0.17

J0163363
集体舞 重庆群众艺术馆编
重庆 重庆人民出版社 1958 年 19 页 有图
19cm（32 开）统一书号：8114.124
定价：CNY0.09

J0163364
集体舞选集 （1958）河北省群众艺术馆编
保定 河北省群众艺术馆 1958 年 油印本 17 页
有图 26cm（16 开）
（群众骨干训练班创作 1）

J0163365
节日集体舞 中国舞蹈艺术研究会编
上海 上海文艺出版社 1958 年 35 页 有图
19cm（32 开）统一书号：10078.0065
定价：CNY0.13

J0163366
快马加鞭 （集体舞选）上海实验歌剧院编
上海 上海文化出版社 1958 年 40 页

有图　19cm（32 开）统一书号：8077.169
定价：CNY0.14

J0163367
群众创作选集　（炼钢　舞）梁平中学编
梁平　梁平县文化革命指挥部　1958 年　油印本
有图　26cm（16 开）

J0163368
献礼　（舞蹈）重庆群众艺术馆编
重庆　重庆人民出版社　1958 年　22 页　有图
19cm（32 开）统一书号：8114.120
定价：CNY0.09
（群众文艺创作丛书）

J0163369
大家跳　（1　广场邀请舞）霁云编舞；范乃孝
作曲；黄金华绘图
［长沙］湖南人民出版社　1959 年
定价：CNY0.01

J0163370
大家跳　（2　双人集体舞）傅泽淳编舞；罗忠
爱编曲；黄金华绘图
［长沙］湖南人民出版社　1959 年
定价：CNY0.01

J0163371
大家跳　（3　集体舞.快乐的农民）傅泽淳编
舞；怡明编曲；黄金华绘图
［长沙］湖南人民出版社　1959 年
定价：CNY0.01

J0163372
大家跳　（4　欢快集体舞）霁云编舞；张益华
作曲；黄金华绘图
［长沙］湖南人民出版社　1959 年
定价：CNY0.01

J0163373
大家跳　（5　圆圈集体舞）傅泽淳编舞；罗忠
爱编曲；黄金华绘图
［长沙］湖南人民出版社　1959 年
定价：CNY0.01

J0163374
大家跳　（6　青年集体舞）霁云编舞、曲；黄金
华绘图
［长沙］湖南人民出版社　1959 年
定价：CNY0.01

J0163375
大家跳　（7　田间集体舞）霁云编舞；张益华
编曲；黄金华绘图
［长沙］湖南人民出版社　1959 年
定价：CNY0.01

J0163376
大家跳　（8　儿童游戏舞.老鹰捉小鸡）傅泽
淳编舞；怡明编曲；黄金华绘图
［长沙］湖南人民出版社　1959 年
定价：CNY0.01

J0163377
大家跳　（9　集体舞.愉快的劳动）傅泽淳编
舞；怡明编曲；陈白一绘图
［长沙］湖南人民出版社　1959 年　76cm（2 开）
定价：CNY0.01

J0163378
国庆集体舞　（1959）上海文艺出版社编
上海　上海文艺出版社　1959 年　48 页　有图
19cm（32 开）统一书号：8078.1022
定价：CNY0.15

J0163379
红五月集体舞　上海文艺出版社编辑
上海　上海文艺出版社　1959 年　38 页
有图　18cm（15 开）统一书号：8078.0728
定价：CNY0.11

J0163380
欢乐的节日　（集体舞　庆祝建国十周年文艺
演唱材料）华南歌舞团编
广州　广州文化出版社　1959 年　定价：CNY0.07

J0163381
集体舞　北京市劳动人民文化宫编
北京　音乐出版社　1959 年　35 页　有图
19cm（32 开）统一书号：8026.1267

定价：CNY0.13

J0163382
集体舞　北京市劳动人民文化宫编
北京　音乐出版社　1959年　14页　有图
19cm（32开）统一书号：8026.1183
定价：CNY0.07

J0163383
集体舞选　长春市群众艺术馆编
长春　吉林人民出版社　1959年　22页
有图　19cm（32开）统一书号：10091.340
定价：CNY0.10

J0163384
集体舞选　（第一册）中国舞蹈艺术研究会等编
上海　上海文艺出版社　1959年　26页
有图　18cm（15开）统一书号：8078.336
定价：CNY0.08

J0163385
集体舞选　（第二册）北京群众艺术馆等编
上海　上海文艺出版社　1959年　20页
有图　18cm（15开）统一书号：8078.337
定价：CNY0.07

J0163386
建筑工人舞　（表演舞）上海青年宫编；上海
学生课余艺术团创作
上海　上海文艺出版社　1959年　27页
有图　19cm（32开）统一书号：8078.431
定价：CNY0.08

J0163387
老两口比干劲　中国舞蹈艺术研究会编
北京　音乐出版社　1959年　24页　19cm（32开）
统一书号：8026.1326　定价：CNY0.09

J0163388
社会主义好　（集体舞　庆祝建国十周年文艺
演唱材料）华南歌舞团编
广州　广州文化出版社　1959年　定价：CNY0.07

J0163389
食堂第一天　河北省昌黎县文工团集体创作；

何孝欣记录
北京　音乐出版社　1959年　23页　有图
19cm（32开）统一书号：8026.1322
定价：CNY0.09

J0163390
五千吨海轮乘风破浪　（舞蹈）上海学生课余
艺术团创作；上海青年宫编
上海　上海文艺出版社　1959年　22页
有图　19cm（32开）统一书号：8078.355
定价：CNY0.07

J0163391
织网舞　上海电机制造学校集体创作；上海青
年宫编；吕伦整理；顾也文记录
上海　上海文艺出版社　1959年　28页
有图　19cm（32开）统一书号：8078.353
定价：CNY0.08

J0163392
"公社"的早晨　上海群众艺术馆编
上海　上海文艺出版社　1960年　53页
有图　19cm（32开）统一书号：8078.1330
定价：CNY0.16

J0163393
红旗飘飘　（集体舞）上海工人文化宫等编
上海　上海文艺出版社　1960年　30页
有图　14cm（64开）统一书号：8078.1532
定价：CNY0.06

J0163394
集体舞选　上海文艺出版社编
上海　上海文艺出版社　1960年　52页
有图　18cm（15开）统一书号：8078.1395
定价：CNY0.11
（通俗文艺丛书）

J0163395
抢扁担　（舞蹈）重庆建筑工程学院学生歌舞
团创作
重庆　重庆人民出版社　1960年　22页
有图　19cm（32开）统一书号：8114.173
定价：CNY0.09
（群众文艺创作丛书）

J0163396
"跃进"集体舞　上海文艺出版社编辑
上海　上海文艺出版社　1960 年　36 页
有图　19cm（32 开）统一书号：8078.1513
定价：CNY0.13

J0163397
红色保钢宣传队　（舞蹈）重庆钢铁公司钢花
业余文工团编舞编曲；刘朝贵，桐峰记录
重庆　重庆人民出版社　1961 年　32 页
有图　19cm（32 开）统一书号：8114.198
定价：CNY0.12
（群众文艺创作丛书）

J0163398
洗衣舞　（舞蹈）温州市铜头"人民公社"元觉
大队业余文工团编；浙江群众艺术馆整理
上海　上海文艺出版社　1961 年　41 页
有图　19cm（32 开）统一书号：8078.1592
定价：CNY0.13

J0163399
打靶　王实编舞纪录；李良编曲；中国舞蹈艺
术研究会编
北京　音乐出版社　1962 年　24 页　有图
19cm（32 开）统一书号：8026.1325
定价：CNY0.09

J0163400
走雨　陈金标，孙培德编舞；宋英，仁川编曲；
孙培德记录；李天心，倪耀福绘图
上海　上海文艺出版社　1962 年　71 页
有图　19cm（32 开）统一书号：8078.1985
定价：CNY0.30

J0163401
洗衣舞　温州市洞头"人民公社"元觉大队业
余文工团编舞；浙江群众艺术馆整理；杨羽，宋
正谋绘图
上海　上海文化出版社　1964 年　新 1 版　41 页
有图　19cm（小 32 开）统一书号：T8077.210
定价：CNY0.13

J0163402
我们走在大路上　（集体舞）上海文化出版社编

上海　上海文化出版社　1965 年　15 页　有图
14cm（64 开）统一书号：T8077.237
定价：CNY0.05

J0163403
洗衣歌　中国舞蹈工作者协会编；西藏军区文
工团演出；李俊琛编舞记录；罗念一等作词；罗
念一作曲
上海　上海文化出版社　1965 年　68 页
有图　19cm（32 开）统一书号：8077.280
定价：CNY0.24

J0163404
向阳花　（舞蹈）邢志汶，吕佩芬编舞；郭凌生
编，吕佩芬整理
成都　四川人民出版社　1965 年　62 页　有图
15cm（40 开）统一书号：T8118.498
定价：CNY0.10

J0163405
集体舞选　中国舞蹈工作者协会编
北京　音乐出版社　1966 年　28 页　有图
19cm（32 开）统一书号：8026.2557
定价：CNY0.11

J0163406
毛主席的光辉　（集体舞　第一集）北京市劳
动人民文化宫编
北京　北京出版社　1966 年　44 页　有图
10cm（64 开）统一书号：T10071.783
定价：CNY0.08
（群众演唱丛刊）

J0163407
毛主席的战士最听党的话　（集体舞　第二集）
北京市劳动人民文化宫编
北京　北京出版社　1966 年　35 页　有图
10cm（64 开）统一书号：T10071.784
定价：CNY0.07
（群众演唱丛刊）

J0163408
纺织女工　（舞蹈）北京维尼纶厂业余宣传队
创作
北京　人民文学出版社　1973 年　22 页

26cm（16开）统一书号：10019.2082
定价：CNY0.17

J0163409
喜晒战备粮 （舞蹈）北京大兴县业余文艺宣
传队创作
北京 人民文学出版社 1973年 19页
26cm（16开）定价：CNY0.17

J0163410
妇女能顶半边天 （舞蹈）东台县文工团创作
南京 江苏人民出版社 1974年 32页
有图 18cm（15开）统一书号：10100.083
定价：CNY0.08

J0163411
胶林晨曲 （舞蹈）广东省歌舞团编
广州 广东人民出版社 1974年 69页
19cm（32开）定价：CNY0.20

J0163412
纺织女工 （舞蹈）北京维尼纶厂业余宣传队
创作
北京 人民音乐出版社 1976年 22页
26cm（16开）定价：CNY0.17

J0163413
鱼水情深 （舞蹈）河口瑶族自治县文艺宣传
队集体创作；李一萍等编舞；廖以信作曲
昆明 云南人民出版社 1976年 76页
14cm（64开）统一书号：10116.667
定价：CNY0.09

J0163414
纺织机旁炼红心 （舞蹈）上海第二十二棉纺
织厂业余文艺宣传队创作
上海 上海人民出版社 1977年 57页
19cm（32开）统一书号：8171.1721
定价：CNY0.14

J0163415
"公社"女民兵 （舞蹈）黑龙江省歌舞团创作
演出；古经南，张正豪编舞；高扬作曲；田维忠
作词
北京 人民音乐出版社 1977年 36页

26cm（16开）统一书号：8026.3300
定价：CNY0.23

J0163416
女锻工 （舞蹈）上海市群众业余文艺会演办
公室编；上海锅炉厂业余文艺宣传队创作
上海 上海人民出版社 1977年 36页
19cm（32开）统一书号：8171.1866
定价：CNY0.10

J0163417
交城山 （集体舞选）
上海 上海文艺出版社 1978年 46页
19cm（32开）统一书号：8078.3033
定价：CNY0.15

J0163418
抢扁担 （舞蹈）上海市新海农场业余文艺宣
传队创作
上海 上海文艺出版社 1978年 50页
19cm（32开）统一书号：8078.3008
定价：CNY0.13

J0163419
青年集体舞 显德编舞；宗凡作曲
成都 四川人民出版社 1979年 25页 有图
19cm（32开）统一书号：8118.564
定价：CNY0.09

J0163420
青少年集体舞选 南昌市文学艺术界联合会，
南昌市群众艺术馆，南昌市少年宫编
1979年 28页 20cm（32开）定价：CNY0.10

J0163421
葡萄架下 （舞蹈）中国人民解放军乌鲁木齐
歌舞团创作；段若玉等编舞；杨祖荃整理
上海 上海文艺出版社 1980年 85页
19cm（32开）统一书号：8078.3228
定价：CNY0.26

J0163422
战马嘶鸣 （舞蹈）中国人民解放军总政歌舞
团创作；蒋华轩等编舞
上海 上海文艺出版社 1980年 80页

有剧照　19cm（32 开）统一书号：8078.3152
定价：CNY0.38

J0163423
集体舞　关槐秀，张奇编舞；马骏英词曲
北京　人民体育出版社　1982 年　148 页
19cm（32 开）统一书号：7015.2007
定价：CNY0.34

J0163424
唱起来，跳起来　（1949–1984 集体舞选）
北京　北京十月文艺出版社　1984 年　161 页
有图　19cm（32 开）统一书号：8326.4
定价：CNY0.50

J0163425
青春的舞姿　（新编集体舞）共青团辽宁省委
宣传部，辽宁青年杂志社编
沈阳　辽宁人民出版社　1984 年　49 页
19cm（32 开）统一书号：8090.1214
定价：CNY0.20
　　本书收录《在希望的田野上》《金梭和银梭》
《垄上行》《阿里山的姑娘》《我的中国心》等 10
个集体舞姿。

J0163426
怎样跳集体舞　李振文编
上海　上海文艺出版社　1984 年　75 页
19cm（32 开）统一书号：8078.3548
定价：CNY0.29
　　本书阐述了跳集体舞的基本知识，详细地介
绍了 16 个优秀集体舞。

J0163427
青年集体舞　《中国青年报》团的生活部选辑
长春　吉林科学技术出版社　1985 年　145 页
有图　19cm（32 开）统一书号：8376.2
定价：CNY0.65
　　本书选入的 30 个集体舞，是从庆祝中华人
民共和国成立 35 周年晚会指挥部推荐的集体舞
和中国舞协、团中央文体部等 7 个单位举办的
"北京集体舞表演会"的优秀集体舞中选辑的。

J0163428
青年集体舞·交谊舞　韩淑玲编

西安　陕西人民出版社　1985 年　131 页
19cm（32 开）统一书号：7094.443
定价：CNY0.69
（文化与生活丛书）

J0163429
郑佩佩健康舞　郑佩佩著；冼丽芳主编
香港　博益出版集团　1985 年　110 页　有图
29cm（16 开）精装　定价：HKD80.00

J0163430
中华中老年健身舞　罗修善编
南京　江苏人民出版社　1987 年　83 页
19cm（小 32 开）ISBN：7–214–00058–X
定价：CNY1.10

J0163431
中老年迪斯科健身舞　杜素芳，陈群著
广州　广东人民出版社　1988 年　62 页　有图
19cm（32 开）ISBN：7–218–00182–3
定价：CNY1.60

J0163432
中老年健身迪斯科
上海　上海人民出版社　1988 年　63 页
26cm（16 开）定价：CNY1.80

J0163433
中老年迪斯科健身舞　朱瑚著
杭州　浙江人民出版社　1989 年　48 页
19cm（小 32 开）定价：CNY1.10

J0163434
中老年健身迪斯科　雷霆编写
南昌　江西科学技术出版社　1989 年　44 页
19cm（32 开）定价：CNY1.80

J0163435
大众健身舞　李金玲，黄立燊著
北京　科学普及出版社　1990 年　47 页　有图
26cm（16 开）ISBN：7–110–01653–6
定价：CNY2.50

J0163436
青春的呼唤　（中老年健身舞）王翠英编

长春 吉林大学出版社 1990 年 66 页
19cm（32 开）定价：CNY1.50

J0163437
中老年健身舞教学指导 李振文等编
上海 上海音乐出版社 1993 年 173 页
20cm（32 开）ISBN：7-80553-450-0
定价：CNY6.30

J0163438
国庆之夜 （庆祝建国四十五周年晚会集体舞、
推荐歌曲专辑）国庆晚会指挥部编
北京 京华出版社 1994 年 101 页 有图
19cm（小 32 开）ISBN：7-80600-036-4
定价：CNY2.20

J0163439
中老年舞蹈 芮淑敏主编；安徽省中老年舞蹈
委员会编写
合肥 安徽文艺出版社 1994 年 98 页
有图 26cm（16 开）ISBN：7-5396-1158-8
定价：CNY6.80

J0163440
国庆 50 周年联欢晚会集体舞专辑 首都国
庆 50 周年联欢晚会总指挥部编
北京 北京出版社 1999 年 64 页 有图
20cm（32 开）ISBN：7-200-03839-3
定价：CNY8.00

中国民族、民间舞蹈

J0163441
圣门乐志 （清）孔东塘纂；（清）孔令贻辑
清光绪十三年［1887］刻本 有图 线装
　　十行二十二字小字双行同白口四周单边单
鱼尾。

J0163442
论秧歌 周扬等著
［辽县］华北新华书店 1944 年 13cm（64 开）
　　分二册。

J0163443
秧歌舞 教育生活社编
明理书店 1945 年 59 页 19cm（32 开）
　　本书包括秧歌舞讲话、扭秧歌剧本两部分。
"秧歌舞讲话"包括：什么是秧歌舞、队形变化、
谈演出、怎样才跳得好等；"扭秧歌剧本"包括：
《扭秧歌》《新年团圆舞》《慰劳抗属》《永远跟着
毛泽东》《王大嫂翻身》等 10 个剧本。

J0163444
特刊 （发扬边疆文化 复兴中国舞蹈）
［重庆］［1946 年］16 页 有图 19cm（32 开）
　　本书收录《藏族歌舞介绍》（格希悦希）、《写
游边疆音乐舞蹈大会之前》（中央大学边疆研究
会）、《发展中国舞蹈的第一步》（戴爱莲）、《我的
意见》（隆征丘）等文章。

J0163445
秧歌舞
中国音乐社 1946 年 25 页［19cm］（32 开）
（音乐丛书 2）
　　本书内容包括：秧歌舞讲话、扭秧歌剧本、
秧歌舞剧等。

J0163446
秧歌舞 辽西文工团编
沈阳 中共辽西省委宣传部 1949 年 55 页 有图
18cm（32 开）
（群众文艺丛书 3）
　　本书介绍秧歌舞的简单队形、花样、打击
乐、化装、服装、道具等，并收《大力推展秧歌活
动》《充实秧歌舞的内容》两篇文章。附《农村生
活》（大型秧歌舞表演脚本）。

J0163447
秧歌舞初步 陈锦清著
大连 大众书店 1949 年 26 页 19cm（32 开）
　　本书内容包括：介绍几个地域的秧歌舞、怎
样学习和练习、提高和创造、服装和道具 4 章。

J0163448
秧歌与腰鼓 顾也文著
上海 文娱出版社 1949 年 再版 48 页
18cm（32 开）定价：CNY2.50
　　作者顾也文（1924—2014），舞蹈编辑。历任

上海文娱出版社舞蹈编辑,上海文化出版社音舞组组长。著有《秧歌和腰鼓》。

J0163449

秧歌与腰鼓　顾也文撰

上海　文娱出版社　1950 年　3 版　48 页
18cm（32 开）定价: CNY2.50

J0163450

桃杏熟了的时候　（东乡民族歌舞）甘肃省群众艺术馆编

兰州　甘肃省群众艺术馆［1950—1959 年］17 页
18cm（32 开）

J0163451

怎样打腰鼓　张思恺撰

上海　正风出版社　1950 年　89 页　18cm（15 开）
定价: 4.00
（江南文艺丛书 5）

J0163452

怎样扭秧歌　丁帆,于夫撰

北京　大众书店　1950 年　41 页　17cm（40 开）
定价: 2.25
（大众文娱丛书 1）

J0163453

秧歌杂谈　哈华编

［上海］华东人民出版社　1951 年
定价: CNY0.50

J0163454

进军腰鼓　上海青年文工团编著

上海　文娱出版社　1952 年　42 页　有图
18cm（15 开）定价: 旧币 3,400 元

J0163455

新疆舞　（第一集）斐也编著

上海　文娱出版社　1952 年　79 页　有图
18cm（32 开）统一书号: 52–030
定价: CNY0.42
（中国舞蹈丛书）

J0163456

新疆舞　（第一集）斐也编著

上海　文娱出版社　1952 年　3 版　79 页　有图
19cm（32 开）定价: 旧币 4200 元
（中国舞蹈丛书）

J0163457

新疆舞　（第一集）斐也编著

上海　文娱出版社　1953 年　5 版　79 页　有图
19cm（32 开）定价: 旧币 3200 元
（中国舞蹈丛书）

J0163458

红绸舞　王克伟整理;刘路得绘图

上海　陆开记书店　1953 年　50 页　有图
18cm（15 开）定价: 旧币 2,800 元

J0163459

红绸舞　史孟良整理

上海　文娱出版社　1953 年　64 页　有图
18cm（15 开）定价: 旧币 3,000 元
（中国舞蹈丛书）

J0163460

生产花棍舞　程茹辛等撰

南京　江苏人民出版社　1953 年　38 页　有图
18cm（32 开）定价: 旧币 1,600 元

J0163461

中国民间舞蹈选集　中国舞蹈艺术研究会筹委会编辑

北京　艺术出版社　1954 年　112 页　有图
18cm（15 开）定价: 旧币 4,500 元

J0163462

红绸舞　王克伟整理

上海　上海文化出版社　1955 年　51 页　有图
18cm（15 开）定价: CNY0.17

J0163463

红绸舞　中国舞蹈艺术研究会编;野蜂绘图

上海　上海文化出版社　1957 年　50 页
有图　18cm（15 开）统一书号: 8077.92
定价: CNY0.18

J0163464

红绸舞　金明编舞;刘海茹记录

上海　上海文化出版社　1957 年　定价：CNY0.18

J0163465
小车舞　黑龙江省歌舞团整理；茹辛绘图；中华人民共和国文化部艺术事业管理局,中国舞蹈艺术研究会编辑
北京　中国青年出版社　1955 年　27 页　有图
18cm（32 开）定价：CNY0.13

J0163466
彝族舞　周整鸿编
上海　文娱出版社　1955 年　89 页　有图
18cm（32 开）定价：CNY0.47

J0163467
打盅盘　邬美珍整理
上海　上海文化出版社　1956 年　31 页　有图
18cm（15 开）统一书号：T8077.38
定价：CNY0.12
　　本书是海南岛黎族民间舞蹈史料。

J0163468
丰富多彩的藏族歌舞　彦克著
汉口　长江文艺出版社　1956 年　68 页　有图
20cm（32 开）统一书号：8107.9　定价：CNY0.28

J0163469
湖北民间舞蹈集　湖北省文联辑
汉口　湖北人民出版社　1956 年　87 页　有图
18cm（15 开）统一书号：T8106.7
定价：CNY0.36

J0163470
剑舞　庄严编舞；关筑声作曲；胡炼龄绘图
北京　中国少年儿童出版社　1956 年　24 页
18cm（15 开）统一书号：R8056.1　定价：0.10

J0163471
锯缸　（河北地秧歌）李澄改编；韩起和音乐整理；陈昔蔚绘图
上海　上海文化出版社　1956 年　21 页
18cm（15 开）统一书号：T8077.73
定价：CNY0.10

J0163472
论民间舞蹈　中国舞蹈艺术研究会辑
北京　艺术出版社　1956 年　120 页　有肖像
20cm（32 开）统一书号：8022.36
定价：CNY0.65

J0163473
狮子舞　叶银章记录；戴中绘图
上海　上海文化出版社　1956 年　46 页
18cm（32 开）定价：CNY0.12

J0163474
十大姐　（云南花灯）田灵记录；以东绘图
南昌　江西人民出版社　1956 年　32 页
18cm（32 开）定价：CNY0.11

J0163475
耍龙灯　四川人民艺术剧院歌舞团舞蹈队整理
成都　四川人民出版社　1956 年　32 页　有图
18cm（32 开）统一书号：T8118.57
定价：CNY0.09
（农村俱乐部丛书）

J0163476
耍龙灯　（舞蹈类）何德柱,余国煜收集加工；何德柱记录整理
［成都］四川人民出版社　1956 年
定价：CNY0.09
（农村俱乐部丛书）

J0163477
耍狮灯　（舞蹈类）余国煜等搜集整理
成都　四川人民出版社　1956 年　63 页　有图
18cm（32 开）统一书号：T8118.120
定价：CNY0.16
（农村俱乐部丛书）

J0163478
阿细跳乐　中国人民解放军零九二四部队文工团编舞；周凯记录；王挥春绘图
昆明　云南人民出版社　1957 年　27 页　有图
18cm（15 开）统一书号：8116.56
定价：CNY0.17
（云南民族民间舞蹈 1）
　　阿细跳乐是彝族阿细人最具代表性的民族

民间舞蹈,阿细跳月以阿细语称"嘎斯比",即"欢乐跳"之意,因多在月光篝火旁起舞,故又名曰"阿细跳月"。

J0163479
阿细跳月 （月亮舞）梁伦改编；陆仲任编曲；陈碧娟记录；赵善富绘图
上海 上海文化出版社 1957 年 37 页
18cm（15 开）统一书号：8077.100
定价：CNY0.16

J0163480
安徽省第一届民间音乐舞蹈汇演舞蹈选集
安徽省群众艺术馆编
合肥 安徽人民出版社 1957 年 203 页 有图
21cm（32 开）统一书号：T8102.50
定价：CNY0.80

J0163481
伴嫁舞 （民间歌舞）湖南群众艺术馆编辑
长沙 湖南人民出版社 1957 年 34 页 有图
18cm（15 开）统一书号：8109.41
定价：CNY0.11

J0163482
捶布舞 杨万富,唐保义,冯秀昌等创作
保定 河北人民出版社 1957 年 24 页 有图
18cm（15 开）统一书号：T8086.10
定价：CNY0.09

J0163483
鄂尔多斯舞 中国舞蹈艺术研究会编
上海 上海文化出版社 1957 年 42 页 有图
18cm（15 开）统一书号：8077.90
定价：CNY0.14

J0163484
赶毡舞 那任格勒牧业生产合作社业余舞蹈队编舞；陈昔蔚绘图
上海 上海文化出版社 1957 年 21 页

J0163485
擀毡舞 （群众演唱材料）那仁格勒牧业生产合作社业余舞蹈队编舞；中央群众艺术馆编
上海 上海文化出版社 1957 年 21 页 有图

19cm（32 开）统一书号：T8077.81
定价：CNY0.12

J0163486
观花 （民间歌舞）湖南群众艺术馆编辑
长沙 湖南人民出版社 1957 年 37 页 有图
[26cm]（16 开）统一书号：8109.30
定价：CNY0.12

J0163487
接龙舞 （民间舞蹈）湖南群众艺术馆编辑
长沙 湖南人民出版社 1957 年 34 页 有图
18cm（15 开）统一书号：8109.33
定价：CNY0.11

J0163488
闹元宵 （东北民间歌舞）刘芳,杨伟改编
长春 吉林人民出版社 1957 年 29 页
20cm（32 开）统一书号：10091.79
定价：CNY0.16

J0163489
扑蝶舞 祁门县厉口区渚口业余剧团等整理
[合肥] 安徽人民出版社 1957 年
定价：CNY0.06

J0163490
扑蝶舞 （东北民间舞蹈）北京群众艺术馆编辑；赵宽仁作曲
北京 北京出版社 1957 年 46 页 有图
18cm（15 开）统一书号：T8071.17
定价：CNY0.15

J0163491
扑蝴蝶 （表演舞）王克伟整理；毛用坤绘图
上海 少年儿童出版社 1957 年 34 页
18cm（15 开）统一书号：7024.123
定价：CNY0.11
　　作者王克伟,教师。江苏人,上海国际标准舞代表队主任教师,中国舞蹈家协会会员,中华全国国际标准交际舞总会会员、国家级评委。作者毛用坤(1936—　),漫画家。浙江宁波人。创办上海少年报和《好儿童》画报,任美术组长、画报编辑部主任,副编审。作品有连环画《大扫除》《周总理在少年宫》《小灵通漫游未来》、连环画

漫画《海虹》等。

J0163492
抢手绢 （花鼓灯中小花场 双人舞）予屯改编；陈昔蔚绘图
上海 上海文化出版社 1957 年 49 页
18cm（32 开）统一书号：8077.96
定价：CNY0.16

J0163493
娶新娘 （民间风俗歌舞）陈韫仪，梁伦编舞；戈阳作词；胡均作曲
广州 广东人民出版社 1957 年 58 页
有图 18cm（32 开）统一书号：T8111.40
定价：CNY0.22

J0163494
三月三 中央群众艺术馆编
上海 上海文化出版社 1957 年 38 页 有图
18cm（15 开）统一书号：8077.109
定价：CNY0.15

J0163495
山西省第三次民间音乐舞蹈会演会刊 （1957）
山西省文化局编
太原 山西省文化局［1957 年］89 页
19cm（32 开）

J0163496
文茶灯 （民间歌舞）湖南群众艺术馆编辑
长沙 湖南人民出版社 1957 年 34 页 有图
18cm（32 开）统一书号：8109.29
定价：CNY0.11

J0163497
迎春 （民间歌舞）湖南群众艺术馆编辑
长沙 湖南人民出版社 1957 年 37 页 有图
18cm（15 开）统一书号：8019.32
定价：CNY0.12

J0163498
长绸舞 （飞天）中国舞蹈艺术研究会编
上海 上海文化出版社 1957 年 44 页 有图
18cm（15 开）统一书号：8077.95
定价：CNY0.16

J0163499
中国民间歌舞 中国舞蹈艺术研究会编
上海 上海文化出版社 1957 年 115 页 有图
20cm（32 开）统一书号：8077.97
定价：CNY0.48

J0163500
中国民间舞蹈图片选集 中国舞蹈艺术研究会编
上海 上海人民美术出版社 1957 年 影印本
35 页 有照片 20×26cm
统一书号：T8081.1877 定价：CNY0.36

J0163501
大茶山 （云南花灯歌舞）云南省花灯剧团改编
上海 上海文化出版社 1958 年 56 页 有图
18cm（15 开）统一书号：8077.124
定价：CNY0.20

J0163502
段龙 （江苏民间舞蹈）郑左文整理；石昭则记录；章士礼编曲
上海 上海文化出版社 1958 年 20 页 有图
18cm（15 开）统一书号：8077.139
定价：CNY0.10

J0163503
对花灯 板凳龙 河南省群众艺术馆编辑
郑州 河南人民出版社 1958 年 26 页 有图
20cm（32 开）统一书号：8105.71
定价：CNY0.10

J0163504
鼓子秧歌 （山东民间舞蹈）山东省群众艺术馆编
济南 山东人民出版社 1958 年 82 页 有图
18cm（15 开）统一书号：T10099.541
定价：CNY0.24

J0163505
广西民间舞蹈 广西壮族自治区群众艺术馆编
南宁 广西壮族人民出版社 1958 年 56 页
18cm（15 开）统一书号：8113.29
定价：CNY0.18

J0163506

花钹大鼓 （北京昌平区民间舞蹈）北京群众艺术馆编

上海　少年儿童出版社　1958 年　46 页

19cm（32 开）统一书号：R10024.1979

定价：CNY0.11

J0163507

花儿与少年　章民新编舞；吕冰编曲；朱仲禄作词；赵翔绘图

上海　上海文化出版社　1958 年　60 页

18cm（15 开）统一书号：8077.131

定价：CNY0.19

J0163508

花扇舞　何敏士编舞；胡均作曲；岑毅鸣绘图

上海　上海文化出版社　1958 年　24 页

18cm（15 开）统一书号：8077.146

定价：CNY0.10

J0163509

剑舞　汪传铃等编舞；管荫深作曲；舒巧记录；野蜂绘图

上海　上海文化出版社　1958 年　66 页

18cm（15 开）统一书号：8077.130

定价：CNY0.24

J0163510

胶州秧歌　张朝群整理；田霞光作曲

济南　山东人民出版社　1958 年　107 页　有图

19cm（32 开）统一书号：T8099.131

定价：CNY0.34

J0163511

腊花舞　北京群众艺术馆编

北京　北京出版社　1958 年　13 页　有图

19cm（32 开）统一书号：8071.55

定价：CNY0.07

J0163512

洛子舞　（江苏省民间舞蹈）中央群众艺术馆编

上海　少年儿童出版社　1958 年　27 页　有图

19cm（32 开）统一书号：R7024.59

定价：CNY0.08

J0163513

扇舞　杨相镐编舞；安国民编曲

上海　上海文艺出版社　1958 年　46 页

19cm（32 开）统一书号：8078.0052

定价：CNY0.18

J0163514

少数民族舞蹈画册　民族出版社编辑

北京　民族出版社　1958 年　40 页　24cm（16 开）

统一书号：8049.12　定价：CNY0.40

J0163515

石岩底下牡丹开　（云南花灯舞蹈）楚励勤等编；祖蒸绘图

昆明　云南人民出版社　1958 年　24 页　有图

18cm（32 开）统一书号：8116.117

定价：CNY0.10

J0163516

四季花儿开　（民间歌舞）湖南群众艺术馆编辑

长沙　湖南人民出版社　1958 年　26 页　有图

18cm（32 开）统一书号：8019.66

定价：CNY0.09

J0163517

围灯舞　莲花灯　（2）河南省群众艺术馆编

郑州　河南人民出版社　1958 年　36 页　有图

19cm（32 开）统一书号：8105.70

定价：CNY0.12

J0163518

新小车舞　唐山市第一文化馆编

唐山　唐山市第一文化馆　1958 年　油印本　有图

J0163519

绣荷包　（民间歌舞）湖南群众艺术馆编辑

长沙　湖南人民出版社　1958 年　26 页　有图

18cm（32 开）统一书号：8109.78

定价：CNY0.09

J0163520

绣花舞　梁伦编舞；胡均编曲；李祥芳记录；赵善富绘图

上海　上海文化出版社　1958 年　39 页

18cm（32 开）统一书号：8077.110

定价：CNY0.16

J0163521
彝族舞　周整鸿整理
上海　上海文艺出版社　1958年　89页　有图
19cm（32开）统一书号：8077.166
定价：CNY0.26
　　本书介绍了我国西南川康彝族舞蹈艺术的
特色，同时整理记录了表演舞"大凉山区彝族
舞"、"撒尼跳鼓"、"彝族庆翻身"的动作和舞蹈
作法。

J0163522
"跃进"舞　（舞蹈）重庆群众艺术馆编
重庆　重庆人民出版社　1958年　20页　有图
32cm（10开）统一书号：8114.119
定价：CNY0.09
（群众文艺创作丛书）

J0163523
赠金钗　（民间歌舞）湖南群众艺术馆编辑
长沙　湖南人民出版社　1958年　29页　有图
18cm（15开）统一书号：8109.79
定价：CNY0.10

J0163524
安徽民间舞蹈集　安徽人民出版社辑
合肥　安徽人民出版社　1959年　10页　10×15cm
统一书号：8102.943　定价：CNY0.35

J0163525
顶水姑娘　（朝鲜族舞蹈）吉林省群众艺术馆编
上海　上海文艺出版社　1959年　22页　有图
18cm（15开）统一书号：8078.0406
定价：CNY0.12

J0163526
花篮灯舞　薛肇南编舞；牟登岗改编
上海　上海文艺出版社　1959年　46页　有图
18cm（15开）统一书号：8078.1271
定价：CNY0.17

J0163527
花扇舞　（歌舞）刘霁云等编
长沙　湖南人民出版社　1959年　24页　有图

15cm（40开）统一书号：8109.400
定价：CNY0.06

J0163528
花扇舞　何敏士编舞；胡均作曲
上海　上海文艺出版社　1959年　新1版　24页
有图　19cm（32开）统一书号：8078.0970
定价：CNY0.10

J0163529
剑舞　汪传铃等编舞；管荫深作曲
上海　上海文艺出版社　1959年　新1版　100页
有图　19cm（24开）统一书号：8078.0744
定价：CNY0.58

J0163530
九莲灯　岳开铸整理记录；江文，杨扬改曲
上海　上海文艺出版社　1959年　34页　有图
19cm（32开）统一书号：8078.1069
定价：CNY0.15
　　本作品根据福建省民间舞蹈《穿九莲》改编。

J0163531
筷子舞　（蒙古舞）甘珠尔扎布，王宪忠改编；
明太作曲
上海　上海文艺出版社　1959年　33页　有图
18cm（15开）统一书号：8078.1221
定价：CNY0.15

J0163532
老少同欢　（舞蹈）黄建强，周金花编舞；周金
花编曲
广州　广东人民出版社　1959年　61页　有图
14cm（64开）统一书号：T10111.516
定价：CNY0.09
（群众演唱小丛书）

J0163533
群众创作选集　（革新之花　梁平民间舞蹈）
梁平县文化馆编
梁平　梁平县文化馆　1959年　油印本　14页
有照片　26cm（16开）

J0163534
三月三　（黎族舞）陈翅，刘选亮编舞；洪流等

作曲
上海　上海文艺出版社　1959 年　新 1 版　38 页
有图 18cm（15 开）统一书号：8078.0976
定价：CNY0.15

J0163535
踢毽子　天任编舞；熊伟插图
南昌　江西人民出版社　1959 年　20 页
20cm（32 开）统一书号：T8110.235
定价：CNY0.07

J0163536
湘西民间舞蹈选　湘西土家族苗族自治州歌
舞团编
长沙　湖南人民出版社　1959 年　48 页
有图 19cm（32 开）统一书号：8109.437
定价：CNY0.14
　　本书收录土家族舞蹈《战斗在断龙山》、苗
族舞蹈《团圆鼓舞》《接龙舞》，和以花灯为基础
改编的《采茶歌》。

J0163537
阿哥尕妹笑颜开　（回族歌舞）甘肃省群众艺
术馆编
兰州　甘肃省群众艺术馆　1960 年　11 页　有图
19cm（32 开）

J0163538
鼓会　（舞蹈）山东省群众艺术馆编
济南　山东人民出版社　1960 年　37 页　有图
19cm（32 开）统一书号：T8099.382
定价：CNY0.14

J0163539
孔雀舞　中央歌舞团编；金明编舞；罗忠熔编曲
上海　上海文艺出版社　1960 年　112 页　有图
19cm（32 开）统一书号：8078.1625
定价：CNY0.56

J0163540
孔雀舞　中央歌舞团编；金明编舞；罗忠熔编曲
上海　上海文艺出版社　1962 年　重印本　112 页
有图 19cm（32 开）统一书号：8078.1625
定价：CNY0.56

J0163541
孔雀舞　金明编舞
上海　上海文艺出版社　1982 年　50 页　有剧照
19cm（32 开）统一书号：8078.3298
定价：CNY0.24

J0163542
茉莉花　（河北民间歌舞）李澄,肖秀青改编
上海　上海文艺出版社　1960 年　49 页　有图
19cm（32 开）统一书号：8078.1376
定价：CNY0.24

J0163543
牵驴花鼓　（舞蹈）沈学志编舞；江阳编词；曹
声编曲；中国音乐家协会江苏分会编
南京　江苏人民出版社　1960 年　28 页　有图
18cm（15 开）统一书号：T8141.762
定价：CNY0.08

J0163544
绣花舞　安庆市艺术专科学校创作
合肥　安徽人民出版社　1960 年　21 页　有图
19cm（32 开）统一书号：8102.127
定价：CNY0.08

J0163545
绣球灯　（舞蹈）山东省群众艺术馆编
济南　山东人民出版社　1960 年　36 页　有图
19cm（32 开）统一书号：T8099.340
定价：CNY0.13

J0163546
苍山脚下红旗飘　（白族歌舞）云南省第四次
职工业余文艺会演大理州代表队创作
昆明　云南人民出版社　1961 年　28 页　有图
19cm（32 开）统一书号：10116.375
定价：CNY0.07

J0163547
闹元宵　（舞蹈）四川省文学艺术工作者联合
会等编
成都　四川人民出版社　1961 年　15 页　有图
17cm（40 开）统一书号：T10118.570
定价：CNY0.04

J0163548

云南花灯舞蹈基训教材　云南省文化艺术干
部学校编
昆明　云南人民出版社　1961 年　42 页　有图
19cm（32 开）统一书号：8116.413
定价：CNY0.15

J0163549

倒花篮　（民间舞蹈）李惠珍记录整理
南京　江苏人民出版社　1962 年　17 页
18cm（15 开）统一书号：T10100.1146
定价：CNY0.06

J0163550

花伞舞　中国舞蹈艺术研究会编；河南省民间
歌舞团舞蹈队收集改编
北京　音乐出版社　1962 年　15 页　有图
19cm（32 开）统一书号：8026.1321
定价：CNY0.07

J0163551

快乐的罗苏　中国舞蹈艺术研究会编；冷茂弘
编舞记录；杨玉生编曲
北京　音乐出版社　1962 年　20 页　有图
18cm（15 开）统一书号：8026.1324
定价：CNY0.08

J0163552

披毡献给毛主席　（舞蹈集）四川省歌舞团编
成都　四川民族出版社　1962 年　81 页　有图
20cm（32 开）统一书号：M8140.82
定价：CNY0.38

J0163553

走雨　（福建民间舞蹈）吴哲夫作
福州　福建人民出版社　1962 年［1 张］
76cm（2 开）定价：CNY0.18
　　作者吴哲夫，画家。擅长年画。师从杭稺英，
在上海"稺英画室"工作，长期共事，集体创作，被
称为"杭派"月份牌画家。作品有《节日的食堂》
《向解放军叔叔致敬》《老手带新手》等。

J0163554

剑舞　汪传铃等编舞；管荫深作曲
上海　上海文艺出版社　1963 年　新 1 版　重印

100 页　有图　19cm（32 开）
统一书号：8078.0744　定价：CNY0.58

J0163555

"跃进"舞　（舞蹈）叶祖润等编舞；陆志富，吴
京姞记录；郭蔓锄插图
重庆　四川人民出版社　1963 年　2 版　修订本
18 页　19cm（32 开）统一书号：8114.119
定价：CNY0.08
（群众文艺创作丛书）

J0163556

"跃进"舞　（舞蹈）叶祖润等编舞；重庆群众
艺术馆编
重庆　重庆人民出版社　1963 年　2 版　18 页　有图
19cm（32 开）统一书号：8114.119
定价：CNY0.08
（群众文艺创作丛书）

J0163557

草笠舞　广东民族歌舞团编；陈翘编舞记录；
李超然作曲
上海　上海文化出版社　1964 年　38 页
有图　19cm（32 开）统一书号：8077.188
定价：CNY0.18

J0163558

向山垅田进军　福建人民出版社编辑
福州　福建人民出版社　1964 年　90 页　有图
19cm（32 开）统一书号：T10104.325
定价：CNY0.21

J0163559

丰收舞　中国舞蹈工作者协会编；全国少数民
族业余艺术观摩演出会西藏代表团创作
上海　上海文化出版社　1965 年　42 页　有图
19cm（32 开）统一书号：8077.291
定价：CNY0.18

J0163560

内蒙古舞蹈选集　（一）内蒙古民间艺术研究
室编
呼和浩特　内蒙古人民出版社　1965 年　273 页
有图　20cm（32 开）统一书号：8089.39
定价：CNY0.90

J0163561

送咱队长上北京　姚绿野作词；那炳晨等编曲
长春 吉林人民出版社 1966 年 32 页
18cm（32 开）统一书号：10091.533
定价：CNY0.08

J0163562

阿妹上大学　（舞蹈）荣培羽,邹影焰编；湖南
省歌舞团改编
长沙 湖南人民出版社 1976 年 59 页
26cm（16 开）统一书号：8109.1035
定价：CNY0.33

J0163563

拉木歌　（舞蹈）广西壮族自治区歌舞团《拉木
歌》创作小组编舞；朱诵邠作曲；古笛作词
北京 人民音乐出版社 1976 年 30 页
26cm（16 开）统一书号：8026.3186
定价：CNY0.20

J0163564

蒙古族舞蹈基本训练　赵淑霞,斯琴高娃记
录整理；舒仁托娅绘图
呼和浩特 内蒙古人民出版社 1976 年 70 页
19cm（32 开）统一书号：8089.37
定价：CNY0.16

J0163565

广西舞蹈选　（1958—1978）广西壮族自治区
文化局编
上海 上海文艺出版社 1978 年 346 页 有剧照
19cm（32 开）统一书号：8078.3050
定价：CNY0.94

J0163566

万荣花鼓　王兵主编
［万荣］［山西省万荣县文化馆］［1978 年］
32 页 有照片 24cm（16 开）

J0163567

幸福光　（彝族双人舞）成都市歌舞剧团创作；
吴显德,李斌英编舞
上海 上海文艺出版社 1978 年 81 页 有照片
19cm（32 开）统一书号：8078.3001
定价：CNY0.22

J0163568

地花鼓　（湖南民间舞蹈）傅泽淳编著
上海 上海文艺出版社 1979 年 99 页
19cm（32 开）统一书号：8078.3085
定价：CNY0.27

　　湖南民间舞蹈地花鼓俗称花鼓子,是一种流
传在宜昌市域秭归、兴山、宜昌等县的古老的传
统舞蹈之一,是一种载歌载舞的演唱形式,至少
已有 200 多年的历史。

J0163569

湖南地花鼓　傅泽淳著
长沙 湖南人民出版社 1979 年 98 页
19cm（32 开）统一书号：10109.1139
定价：CNY0.21

J0163570

幸福水　（畲族歌舞）孙红木编导、作词；
葛顺中作曲
北京 人民音乐出版社 1979 年 54 页
26cm（16 开）统一书号：8026.3583
定价：CNY0.30

J0163571

朝鲜族舞蹈基本动作　朴容媛编著订；李延
存译
延吉 延边人民出版社 1980 年 52 页
25cm（15 开）统一书号：8136.410
定价：CNY0.42

J0163572

花鼓灯　（安徽民间舞蹈）安徽省文化局花鼓
灯研究班编；刘筱元,张林绘图
上海 上海文艺出版社 1980 年 304 页
19cm（32 开）统一书号：8078.3200
定价：CNY0.81

J0163573

山东民间舞选介　刘志军,周冰编；野峰,胡
建江绘图
上海 上海文艺出版社 1980 年 111 页 有照片
19cm（32 开）统一书号：8078.3191
定价：CNY0.40

J0163574

傣族舞蹈　刘金吾等整理

昆明　云南人民出版社　1981年　231页

21cm（32开）统一书号：10116.824

定价：CNY0.72

（云南民族民间舞蹈资料）

　　本书内容包括：傣族舞蹈概况和傣族舞蹈基训教材两部分。作者刘金吾（1935—　），女，舞蹈家。云南楚雄人。曾任职于云南省文联舞蹈家协会。著有《从舞蹈王国走来》《西南少数民族舞蹈文化》《中国民族舞蹈与稻作文化》等。

J0163575

傣族舞蹈　刘金吾等整理

昆明　云南人民出版社　1994年　234页　有图

20cm（32开）ISBN：7-222-01166-8

定价：CNY5.05

（云南民族民间舞蹈丛书）

J0163576

东北大秧歌　（辽宁民间舞蹈）李瑞林，战肃容编著

上海　上海文艺出版社　1981年　174页

19cm（32开）统一书号：8078.3260

定价：CNY0.47

J0163577

汉族民间舞蹈介绍　人民音乐出版社编辑部舞蹈组编；刘恩伯等编写

北京　人民音乐出版社　1981年　110页

21cm（32开）统一书号：8026.3814

定价：CNY0.56

（舞蹈知识丛书）

J0163578

红绸舞　金明编舞

上海　上海文艺出版社　1981年　72页　有照片

19cm（32开）统一书号：8078.3240

定价：CNY0.26

J0163579

神寿岁与东巴舞谱　（上）和云彩讲述；和发源翻译

[中国社会科学院世界研究所等]　1981年

油印本　23页　有图　28cm（16开）

　　本书是中国少数民族舞蹈史料。出版单位还有：云南省社会科学院东巴文化研究室、东巴文艺研究室。

J0163580

维吾尔族民间舞蹈　李才秀等编著

上海　上海文艺出版社　1981年　97页　有照片

19cm（32开）统一书号：8078.3299

定价：CNY0.31

J0163581

舞蹈来历　（下）和云彩讲述；和发源翻译

[中国社会科学院世界研究所等]　1981年

油印本　12页　有图　28cm（16开）

　　本书从中国少数民族原始宗教的角度探索舞蹈的科学训练方法。出版单位还有：云南省社会科学院东巴文化研究室、东巴文艺研究室。

J0163582

新疆维吾尔歌舞　（赛乃姆）文化部文学艺术研究院音乐研究所编

北京　人民音乐出版社　1981年　44页

19cm（32开）统一书号：8026.3754

定价：CNY0.27

J0163583

中国舞蹈艺术　刘恩伯撰文；中国舞蹈工作者协会编

上海　上海文艺出版社　1981年　114页

27cm（16开）统一书号：8078.3181

定价：CNY14.00

J0163584

冀东地秧歌　徐宝山等编写

北京　人民音乐出版社　1982年　103页

21cm（32开）统一书号：8026.4022

定价：CNY0.45

　　本书概述了冀东地秧歌的源、流、形式、特点，介绍了地秧歌队走街串巷和在广场表演的传统演出方式。

J0163585

吉林市民族民间舞蹈集成　张志存主编

[吉林]吉林市文化局[1983年]336页　有图

26cm（16开）

J0163586

黔南民间舞蹈选　沈复华,王思民,乐金芬搜
集整理;黔南文学艺术研究室编
［都匀］1983 年 399 页 有图 19cm（32 开）
（采风文艺丛书）

J0163587

山东鼓子秧歌　（中国传统秧歌舞蹈选）
张浔,刘志军编
北京 人民音乐出版社 1983 年 79 页
21cm（32 开）统一书号:8026.3995
定价:CNY0.44
　　本书介绍了"鼓子秧歌"的流传、演变、民
间传统的演出形式。

J0163588

二人台舞蹈　杜荣芳编著
北京 人民音乐出版社 1984 年 159 页
21cm（32 开）统一书号:8026.3996
　定价:CNY0.83
（中国传统民间舞蹈选）

J0163589

湖南民族民间舞蹈集成　（怀化地区资料卷）
《中国民族民间舞蹈集成》湖南省卷编辑部怀化
地区编写组［编］
1984 年 732 页 有图地图照片 26cm（16 开）

J0163590

湖南民族民间舞蹈集成　（零陵地区资料卷）
《中国民族民间舞蹈集成》湖南省卷编辑部零陵
地区编写组编
1984 年 373 页 有图及照片 26cm（16 开）

J0163591

土家族舞蹈学术讨论会专辑　《中国民族民
间舞蹈集成》编辑部,《中国民族民间舞蹈集成》
湖南省卷编辑部编
1984 年 67 页 26cm（16 开）
（中国民族民间舞蹈集成）

J0163592

彝族舞蹈　苏天祥等整理
昆明 云南人民出版社 1984 年 259 页
21cm（32 开）统一书号:10116.990

定价:CNY1.10
　　本书内容包括:烟盒舞、罗作舞、阿细跳月、
打歌、四弦舞、花鼓舞、铜鼓舞 7 类。

J0163593

安徽花鼓灯　（中国传统民间舞蹈选）高倩编著
北京 人民音乐出版社 1985 年 253 页 有图
20cm（32 开）统一书号:8026.430
定价:CNY1.90
　　本书分 9 章:引子、花鼓灯概述、花鼓灯艺
术的人民性、花鼓灯的艺术特色、历史沿革、花
鼓灯舞蹈伴奏锣鼓谱、传统"大场"的队形、"小
场"的传统节目、著名艺人的介绍。

J0163594

二人转舞蹈　（中国传统民间舞蹈选）马力编著
北京 人民音乐出版社 1985 年 157 页
20cm（32 开）统一书号:8026.4405
定价:CNY1.30
　　本书内容包括:1、概述;2、二人转的各种
舞蹈动作及其表现方法;3、二人转的舞蹈特技;
4、二人转传统舞蹈"三场舞";5、二人转的传统
歌舞;6、二人转著名艺人介绍。

J0163595

江西民族民间舞蹈集成　（抚州地区广昌县
资料分册）
1985 年［油印本］有图 27cm（16 开）

J0163596

蒙古族古代音乐舞蹈初探　乌兰杰著
呼和浩特 内蒙古人民出版社 1985 年
350 页 20cm（32 开）统一书号:8089.181
定价:CNY1.40

J0163597

民间表演灯彩选集　李则琴,刘国治主编
南昌 江西人民出版社 1985 年 265 页 有彩照
19cm（32 开）统一书号:7110.479
定价:CNY1.87

J0163598

内蒙古舞蹈基训　李淑英编著
呼和浩特 内蒙古人民出版社 1985 年
293 页 20cm（32 开）统一书号:8089.184

定价：CNY1.10

J0163599
舞蹈纪程 （1983年）中国民族民间舞蹈集成
编辑部编
北京　文化艺术出版社　1985年　398页
20cm（32开）统一书号：8228.123
定价：CNY2.60
　　本书分5个栏目：重要会议、会演及学术活
动；创作与评论；理论研究；基础教学；国际交
流。并收录舞蹈工作大事记及1983年舞蹈论文
索引。

J0163600
秀山花灯 （四川民间舞蹈）中国舞蹈家协会
四川分会编
成都　四川文艺出版社　1985年　176页
19cm（32开）统一书号：10374.42
定价：CNY0.67
　　本书汇集了200多个秀山花灯舞蹈动作和
地位，对秀山花灯舞蹈词汇作了分类排队，并着
重研究了其基本韵律。

J0163601
云南省民族民间舞蹈集成 （保山市资料卷）
闵承龙,郭钦主编
保山［云南］保山市文化局　1985年　113页
有图　26cm（16开）

J0163602
中国民族民间舞蹈集成 （江西省宜春市分册）
宜春市《民舞集成》编辑小组著
1985年　102页　有图　26cm（16开）

J0163603
中国民族民间舞蹈集成 （江西省宜春地区
高安县资料分册）
［高安县《民舞集成》编辑小组］1986年
［油印本］116叶　有图　26cm（16开）

J0163604
中国民族民间舞蹈集成 （四川卷　凉山彝族
自治州资料卷）凉山彝族自治州资料卷编写组编
1987年　252页　有图　26cm（16开）

J0163605
中国民族民间舞蹈集成 （江苏卷）
中国民族民间舞蹈集成编辑部编
北京　中国舞蹈出版社　1988年　2册（1753页）
有图　26cm（16开）精装　ISBN：7-80075-001-9
定价：CNY58.00,CNY65.00（特精装）

J0163606
中国民族民间舞蹈集成 （河北省石家庄地
区卷）刘国宏主编；河北省石家庄地区舞蹈集
成编辑小组编
1988年　309页　有图　18cm（15开）

J0163607
中国民族民间舞蹈集成 （上海市松江县分卷）
张保生主编
［松江县民间文学艺术集成编辑委员会］
1989年　211页　有图　19cm（32开）

J0163608
中国民族民间舞蹈集成 （河北卷）《中国民
族民间舞蹈集成》编辑部编
北京　中国舞蹈出版社　1989年　1163页　有照片
26cm（16开）精装　ISBN：7-80075-007-8
定价：CNY58.00,CNY68.00（特精装）

J0163609
中国民族民间舞蹈集成 （贵州省黔南自治
州惠水县卷）唐世林主编
［惠水县民族民间舞蹈集成办公室］1990年
184页　有图　26cm（16开）

J0163610
中国民族民间舞蹈集成 （天津卷）中国民
族民间舞蹈集成编辑部编
北京　中国舞蹈出版社　1990年　555页　有彩照
26cm（16开）精装　ISBN：7-80075-017-5
定价：CNY30.00

J0163611
中国民族民间舞蹈集成 （浙江卷）中国民
族民间舞蹈集成编辑部编
北京　中国舞蹈出版社　1990年　1119页　有彩照
26cm（16开）精装　ISBN：7-80075-014-0
定价：CNY58.00

J0163612

中国民族民间舞蹈集成 （浙江省宁波卷）
梁中，黄树炎主编；浙江省宁波市民族民间舞蹈
集成编委会编
1990 年 623 页 有图 19cm（32 开）

J0163613

中国民族民间舞蹈集成 （湖南卷）中国民
族民间舞蹈集成编辑部编
北京 中国舞蹈出版社 1991 年 2 册（2059 页）
有彩照 26cm（16 开）精装
ISBN：7-80075-023-X 定价：CNY106.00
　　本书详尽记述湖南省各市、县民间舞蹈 119
个。系统地介绍每个舞蹈的表现内容、动作、场
记、曲谱、服饰、道具等。

J0163614

中国民族民间舞蹈集成 （湖南卷）
中国民族民间舞蹈集成编辑部编
北京 中国舞蹈出版社 1991 年 2 册（2059 页）
有彩照 26cm（16 开）特精装
ISBN：7-80075-021-3 定价：CNY116.00

J0163615

中国民族民间舞蹈集成 （浙江省金华卷）
梁中，朱朝献主编；浙江省金华市民族民间舞蹈
集成编委会编
1991 年 11+675 页 有图 18cm（小 32 开）
定价：CNY13.00

J0163616

中国民族民间舞蹈集成 （北京卷）中国民
族民间舞蹈集成编辑部编
北京 中国 ISBN 中心出版社 1992 年 1023 页
有图 26cm（16 开）精装 ISBN：7-5076-0005-X
定价：CNY80.00

J0163617

中国民族民间舞蹈集成 （广西卷）中国民
族民间舞蹈集成编辑部编
北京 中国 ISBN 中心出版社 1992 年
2 册（1462 页）有图 26cm（16 开）精装
ISBN：7-5076-0009-2 定价：CNY120.00
　　本书记录了壮族、汉族、瑶族、苗族、侗族、
仫佬族、毛南族、京族、彝族、水族舞蹈。

J0163618

中国民族民间舞蹈集成 （江西卷）中国民
族民间舞蹈集成编辑部编
北京 中国 ISBN 中心出版社 1992 年
2 册（1505 页）有图 26cm（16 开）精装
ISBN：7-5076-0003-3 定价：CNY125.00
　　本书记叙了江西省汉族、畲族舞蹈(包括中
华苏维埃时期歌舞)的内容、形式、风格特点及
历史和现状等。

J0163619

中国民族民间舞蹈集成 （江西卷）中国民
族民间舞蹈集成编辑部编
北京 中国 ISBN 中心出版社 1992 年
2 册（1505 页）有图 26cm（16 开）精装
ISBN：7-5076-0004-1 定价：CNY115.00

J0163620

中国民族民间舞蹈集成 （贵州省贵阳市卷）
王立志主编；贵阳市十大文艺集成志书领导小
组办公室编
1992 年 16+523 页 有图 26cm（16 开）精装

J0163621

中国民族民间舞蹈集成 （江西省萍乡市资
料卷）李坚，周相姬主编；萍乡市文化局，萍乡
市志书集成领导小组，萍乡市民间舞蹈集成编
辑部合编
1992 年 242 页 有图 26cm（16 开）

J0163622

中国民族民间舞蹈集成 （浙江省绍兴卷）
梁中，张水安主编；浙江省绍兴市民族民间舞蹈
集成编委会编
浙江省新闻出版局 1993 年 12+669 页 有图
19cm（小 32 开）

J0163623

中国民族民间舞蹈集成 （河南卷）中国民
族民间舞蹈集成编辑部编
北京 中国 ISBN 中心出版社 1993 年 2 册（1322页）
有图 26cm（16 开）精装 ISBN：7-5076-0022-X
定价：CNY100.00

J0163624

中国民族民间舞蹈集成 （山西卷）中国民族民间舞蹈集成编辑部编

北京 中国 ISBN 中心出版社 1993 年

2 册（1465 页）有图 26cm（16 开）精装

ISBN：7-5076-0008-4 定价：CNY110.00

J0163625

中国民族民间舞蹈集成 （四川卷）吴晓邦主编；彭长登卷主编；中国民族民间舞蹈集成编辑部编

北京 中国 ISBN 中心出版社 1993 年

2 册（1595 页）有图 26cm（16 开）精装

ISBN：7-5076-0024-6 定价：CNY122.00

　　本卷介绍了四川省各民族民间舞蹈，分为汉族舞蹈、彝族舞蹈、藏族舞蹈、土家族舞蹈、蒙古族舞蹈等，力求完整地保存民族舞蹈遗产。

J0163626

中国民族民间舞蹈集成 （河南卷）中国民族民间舞蹈集成编辑部编

北京 中国 ISBN 中心出版社 1993 年

2 册（1322 页）有图 26cm（16 开）

特精装 ISBN：7-5076-0021-1

定价：CNY110.00

J0163627

中国民族民间舞蹈集成 （山西卷）中国民族民间舞蹈集成编辑部编

北京 中国 ISBN 中心出版社 1993 年

2 册（1465 页）有图 26cm（16 开）

特精装 ISBN：7-5076-0007-6

定价：CNY120.00

　　本书收集山西省传统舞蹈来龙去脉的资料，并对其进行全面科学的理论研究。

J0163628

中国民族民间舞蹈集成 （内蒙古卷）中国民族民间舞蹈集成编辑部编

北京 中国 ISBN 中心出版社 1994 年 872 页

有彩照 26cm（16 开）精装

ISBN：7-5076-0048-3 定价：CNY82.00

J0163629

中国民族民间舞蹈集成 （上海卷）吴晓邦，

张优主编；中国民族民间舞蹈集成编辑部编

北京 中国 ISBN 中心出版社 1994 年 716 页

有彩图 26cm（16 开）精装

ISBN：7-5076-0038-6 定价：CNY68.70

J0163630

中国民族民间舞蹈集成 （安徽卷）中国民族民间舞蹈集成编辑部编

北京 中国 ISBN 中心出版社 1995 年

2 册（1334 页）有图 26cm（16 开）精装

ISBN：7-5076-0074-2 定价：CNY212.80

J0163631

中国民族民间舞蹈集成 （湖北卷）中国民族民间舞蹈集成编辑部编

北京 中国 ISBN 中心出版社 1995 年

2 册（1309 页）有图 26cm（16 开）精装

ISBN：7-5076-0072-6 定价：CNY214.20

J0163632

中国民族民间舞蹈集成 （陕西卷）中国民族民间舞蹈集成编辑部编

北京 中国 ISBN 中心出版社 1995 年 1095 页

有图 26cm（16 开）精装

ISBN：7-5076-0073-4 定价：CNY176.20

J0163633

中国民族民间舞蹈集成 （浙江省温州卷）梁中，胡邦主编；浙江省温州市民族民间舞蹈集成编委会编

1995 年 344 页 有图 18cm（小 32 开）

J0163634

中国民族民间舞蹈集成 （黑龙江卷）中国民族民间舞蹈集成编辑部编

北京 中国 ISBN 中心出版社 1996 年 528 页

有图 26cm（16 开）精装 ISBN：7-5076-0098-X

定价：CNY91.00

J0163635

中国民族民间舞蹈集成 （福建卷）中国民族民间舞蹈集成编辑部编

北京 中国 ISBN 中心出版社 1996 年 928 页

有图 26cm（16 开）精装 ISBN：7-5076-0105-6

定价：CNY151.00

J0163636
中国民族民间舞蹈集成　（甘肃卷）中国民族民间舞蹈集成编辑部编
北京　中国 ISBN 中心出版社［1996 年］476 页
有图 26cm（16 开）精装　ISBN：7-5076-0096-3
定价：CNY83.20

J0163637
中国民族民间舞蹈集成　（广东卷）中国民族民间舞蹈集成编辑部编
北京　中国 ISBN 中心出版社 1996 年 653 页
有图 26cm（16 开）精装　ISBN：7-5076-0106-4
定价：CNY109.60

J0163638
中国民族民间舞蹈集成　（宁夏卷）吴晓邦主编；荆乃立卷主编；中国民族民间舞蹈集成编辑部编
北京　中国 ISBN 中心出版社 1996 年 614 页
有图 26cm（16 开）精装　ISBN：7-5076-0086-6
定价：CNY104.00
　　本卷概述了宁夏民族民间舞蹈的历史发展脉络,详细介绍了宁夏回族、汉族、满族各类形式的民间舞蹈。

J0163639
中国民族民间舞蹈集成　（湖北孝感卷）程云鹰主编；中国民族民间舞蹈集成·湖北孝感卷编辑部编
武汉　长江文艺出版社 1997 年 220 页 有图 26cm（16 开）ISBN：7-5354-1478-8
定价：CNY30.00

J0163640
中国民族民间舞蹈集成　（吉林卷）中国民族民间舞蹈集成编辑部编
北京　中国 ISBN 中心出版社 1997 年 620 页
有图 26cm（16 开）精装　ISBN：7-5076-0099-8
定价：CNY105.00

J0163641
中国民族民间舞蹈集成　（辽宁卷）中国民族民间舞蹈集成编辑部编
北京　中国 ISBN 中心出版社 1998 年 891 页
有图 26cm（16 开）精装　ISBN：7-5076-0128-5
定价：CNY146.00

J0163642
中国民族民间舞蹈集成　（山东卷）中国民族民间舞蹈集成编辑部编
北京　中国 ISBN 中心出版社 1998 年 1040 页
26cm（16 开）精装　ISBN：7-5076-0139-0
定价：CNY168.00

J0163643
中国民族民间舞蹈集成　（海南卷）中国民族民间舞蹈集成编辑部编
北京　中国 ISBN 中心出版社 1999 年 608 页
有图 26cm（16 开）精装　ISBN：7-5076-0154-4
定价：CNY103.00
　　本书介绍了海南省各民族民间舞蹈,分为黎族舞蹈、苗族舞蹈、汉族舞蹈等。

J0163644
中国民族民间舞蹈集成　（云南卷）聂乾先主编；中国民族民间舞蹈集成编辑部编
北京　中国 ISBN 中心出版社 1999 年
2 册（10+1954 页）有照片 26cm（16 开）
精装　ISBN：7-5076-0155-2 定价：CNY316.00
　　本书介绍了云南省各民族民间舞蹈,分为舞族舞蹈、白族舞蹈、汉族舞蹈、苗族舞蹈、藏族舞蹈等。

J0163645
北方秧歌学术讨论会论文专辑　中国民族民间舞蹈集成编辑部,辽宁民族民间舞蹈研究会,中国民族民间舞蹈集成辽宁卷编辑部编
［中国舞协民族民间舞蹈研究会］1986 年
174 页 有图 26cm（16 开）
　　本书为《民族民间舞蹈研究》1986 年(总第5-6 期)。

J0163646
济南民间舞蹈集　孙丽,杨夫英整理
［济南］［济南市舞蹈工作者协会］1986 年
259 页 有图 19cm（32 开）

J0163647
中国民族民间舞蹈　（江西省宜春地区万载县资料分册）万载县民舞编辑组［编］

1986 年　99 页　有图　27cm（16 开）

J0163648
中国少数民族舞蹈　薛天主编
北京　文化艺术出版社　1986 年　239 页　有照片
25cm（小 16 开）精装　统一书号：8228.088
定价：CNY82.00

J0163649
傣族嘎秧　马莲词曲；卫明礼舞蹈汇编
芒市　德宏民族出版社　1987 年　84 页
19cm（32 开）统一书号：8258.5
ISBN：7-80525-020-0　定价：CNY0.60

J0163650
广西民族民间舞蹈史料汇编　（1 祭祀舞蹈
部分）《中国民族民间舞蹈集成·广西卷》编辑
部编
1987 年　237 页　19cm（32 开）

J0163651
花灯舞蹈　方论裕等整理
昆明　云南人民出版社　1987 年　250 页　有图
20cm（32 开）统一书号：10116.1040
定价：CNY1.60
（云南民族民间舞蹈资料）

J0163652
昆明市官渡区民族民间舞蹈集成　昆明市
官渡区文化馆编
[昆明][昆明市官渡区文化馆] 1987 年　186 页
有图　26cm（16 开）

J0163653
民族舞蹈基本动作　战肃容等编著
上海　上海音乐出版社　1987 年　114 页
19cm（32 开）统一书号：8127.3029
定价：CNY0.60

J0163654
四川民族民间舞蹈集成　（阿坝藏族羌族自
治州资料卷）《四川民族民间舞蹈集成》阿坝藏
族羌族自治州文化局集成编写组编
[阿坝]《四川民族民间舞蹈集成》阿坝藏族羌
族自治州文化局集成编写组 [1987 年] 283 页

有图　26cm（16 开）

J0163655
四川民族民间舞蹈集成　（德阳市资料卷）《四
川民族民间舞蹈集成》德阳市资料卷编写组编
德阳[四川]《四川民族民间舞蹈集成》德阳市
资料卷编写组 [1987 年] 116 页　有图
26cm（16 开）
　　本书为德阳市四县一区民间流传的汉民族
舞蹈，共 4 类（龙舞类、狮舞类、祭祀类、其他类）、
32 种表演形式，内容分为概论、龙舞、狮舞、端
公舞、其他、艺人传略、民舞登记表、艺人登记
表等。

J0163656
云南省南涧彝族自治县民间舞蹈集成
（资料卷）南涧彝族自治县舞蹈集成办公室编
1987 年　87 页　有图　26cm（16 开）

J0163657
中国少数民族民间舞蹈选介　陈卫业等编
北京　人民音乐出版社　1987 年　246 页　有图
20cm（32 开）统一书号：8026.4600
定价：CNY2.15
　　本书以图文参照的形式对中国东北、西北、
西南、中南等地区的 27 个少数民族 100 多个种
类的民族民间舞蹈，及其历史源流、内容、表演
形式、特点等，作了比较全面的概略介绍。

J0163658
中国少数民族民间舞蹈选介　（续编）马薇编
北京　人民音乐出版社　1993 年　213 页　有图
20cm（32 开）ISBN：7-103-01172-9
定价：CNY5.30
　　本书与正编一起对我国西北、西南、中南、
东南地区 28 个少数民族较有代表性的民间舞蹈
作了概括性的介绍。

J0163659
青海舞蹈文集　王承喜，乔永福主编
[青海省文学艺术研究所舞蹈集成青海卷编辑
部] 1988 年　145 页　有图　18cm（32 开）

J0163660
西藏舞蹈概说　何永才著

拉萨 西藏人民出版社 1988年 106页 有图
19cm（32开）ISBN：7-223-00205-0
定价：CNY1.45

　　本书4部分，内容包括：藏舞史话、藏舞的
分类及其形态特征、典型性舞式舞种和散论。

J0163661
中国民间舞蹈文化　罗雄岩主讲
北京［北京舞蹈学院］1988年 273页 有图
20cm（32开）

J0163662
中国民间舞教材及教学法 （上册）马力学
主编
北京 国际文化出版公司 1988年 329页
20cm（24开）ISBN：7-80049-082-3
定价：CNY22.50

J0163663
中国民间舞教材及教学法　马力学主编
北京 国际文化出版公司 1988年
2册（706页）20cm（32开）
ISBN：7-80049-082-3 定价：CNY22.50

J0163664
中国民间舞教材及教学法 （附册）马力学
主编
北京 国际文化出版公司［1989年］473页
26cm（16开）ISBN：7-80049-082-3

J0163665
壮族舞蹈研究　金涛,岑云端选编
南宁 广西人民出版社 1988年 271页
19cm（32开）ISBN：7-219-00985-2
定价：CNY2.95

J0163666
奉贤县民间舞蹈集成　马贵民主编;《奉贤县
民间舞蹈集成》编写组编
上海 上海社会科学院出版社 1989年 133页
19cm（32开）ISBN：7-80515-476-7
定价：CNY3.00

J0163667
蒙古族青少年舞蹈　高守贤编

呼和浩特 内蒙古教育出版社 1989年 188页
19cm（32开）ISBN：7-5311-0395-8
定价：CNY1.55

　　作者高守贤,女,蒙古族,舞蹈艺术家。内蒙
古通辽市人,内蒙古舞蹈家协会会员,中国舞蹈
家协会少数民族学会会员,内蒙古大学艺术学院
舞蹈讲师。著有《舞蹈概论》《艺术家的真实故
事》等。

J0163668
蒙古族舞蹈基本训练教程　斯琴塔日哈主编
呼和浩特 内蒙古人民出版社 1989年 重印本
345+52页 有图 20cm（32开）
ISBN：7-204-00355-1 定价：CNY3.80

　　本书内容包括：形体基本训练、基本步法、
跳、转、马步、达斡尔族、鄂伦春族、鄂温克族民
间舞蹈等。论述三个民族民间舞蹈的来源,基本
训练,具体要求和舞蹈形式。

J0163669
青海民族民间舞蹈集成 （资料卷 循化 化
隆 湟源分册）
1989年 300页 有图 20cm（32开）

J0163670
上海民间舞蹈　《中国民族民间舞集成·上海
卷》编辑部主编
北京 中国城市经济社会出版社 1989年 278页
19cm（32开）ISBN：7-5074-0215-0
定价：CNY5.00
（艺术家丛书）

J0163671
云南蒙古族民间舞蹈　俞从福主编;宋佳良
等编辑
北京 国际文化出版公司 1989年 217页
有彩照 19cm（32开）定价：CNY4.00
（中国民族民间舞蹈集成 云南卷）

J0163672
蚌埠文史资料选辑 （总第十一辑 中国花鼓
灯艺术）蚌埠市政协文史资料研究委员会编;
谢克林著
合肥 安徽人民出版社 1990年 227页 有照片
19cm（32开）ISBN：7-212-00333-6

定价：CNY3.00

　　本书分为花鼓灯艺术史、花鼓灯艺术论、花鼓灯艺术家 3 部分。从史论和艺术论的角度，系统地对花鼓灯艺术的起源、发展以及内容和形式等诸方面，进行了新的探索，并从中西文化的对比中阐释了一些重要问题，还对许多著名的花鼓灯艺术家做了新的论述和评价。

J0163673
从舞蹈王国中走来 （云南少数民族舞蹈探奇）刘金吾著

昆明　云南民族出版社　1990 年　182 页　19cm（32 开）ISBN：7-5367-0253-1

定价：CNY2.50

　　作者刘金吾（1935—　　），女，舞蹈家。云南楚雄人。曾任职于云南省文联舞蹈家协会。著有《从舞蹈王国走来》《西南少数民族舞蹈文化》《中国民族舞蹈与稻作文化》等。

J0163674
绿野探踪 （岷山羌、藏族舞蹈采风录）蒋亚雄著

上海　上海音乐出版社　1990 年　230 页　有照片 20cm（32 开）ISBN：7-80553-078-5

定价：CNY3.95

　　本书以真情实感记叙岷山羌、藏族舞蹈文化。作者从民族学、民俗学、史学、舞蹈学等多种角度叙述了岷山羌、藏族的歌舞艺术、风土人情和宗教信仰。

J0163675
蒙古舞蹈文化　莫德格玛著

北京　中国妇女出版社　1990 年　213 页　有照片 26cm（16 开）ISBN：7-80016-320-2

定价：CNY25.00

　　作者莫德格玛（1941—　　）女，国家一级演员。出生于内蒙古原察哈尔盟正黄旗。入内蒙古歌舞团附属学员班。任东方歌舞团独舞演员四十多年。在重大国际舞蹈比赛中获得三枚金质奖。创编群舞并创造《蒙古舞蹈部位法》教学法。代表作有《盅碗舞》《单鼓舞》《蓝蓝的天》等。

J0163676
苗族舞蹈与巫文化 （苗族舞蹈的文化社会学考察）杨鹃国著

贵阳　贵州民族出版社　1990 年　190 页＋［4］页图版　19cm（32 开）ISBN：7-5412-0089-1　定价：CNY2.50

J0163677
新疆民族舞蹈　贾晓玲编著

武汉　湖北教育出版社　1990 年　84 页　19cm（32 开）ISBN：7-5351-0498-3

定价：CNY1.50

J0163678
云南民族舞蹈论集　云南省民族艺术研究所编

昆明　云南人民出版社　1990 年　312 页　有彩图 20cm（32 开）ISBN：7-222-00655-9

定价：CNY5.25

（云南地方艺术研究丛书）

J0163679
云南民族舞蹈论文集　云南省民族艺术研究所编

昆明　云南人民出版社　1990 年　312 页　有彩图 19cm（32 开）定价：CNY5.25

（云南地方艺术研究丛书）

J0163680
中国花鼓灯艺术　谢克林著

合肥　安徽人民出版社　1990 年　353 页　有照片 23cm（10 开）

　　本书在搜集和整理大量资料的基础上，力求取各家之长，在广阔的、发展的文化背景上，从史论和艺术论的角度，系统地对花鼓灯艺术的起源、发展以及内容和形式等诸方面，进行了新的探索和论述，并从中西文化的对比中提出和阐释了一些重要问题，还对许多著名的花鼓灯艺术家作了新的论述和评价。

J0163681
中国民间舞蹈　何健安著

杭州　浙江教育出版社　1990 年　175 页　有图 19cm（32 开）ISBN：7-5338-0714-6

定价：CNY2.20

（中国民间文化丛书）

　　本书介绍中国各民族的舞蹈种类、表现形式、表现内容、演出场所等。作者何健安（1932—　　），女，研究员。湖南桃江人。历任新疆

军区文工团、总政歌舞团独舞演员,艺术研究院研究员。著有《中国民间舞蹈》。

J0163682

红河州彝族民间舞蹈　红河哈尼族彝族自治州文化局,红河哈尼族彝族自治州民委编
[红河哈尼族彝族自治州文化局] 1991年
307页 有地图照片 26cm(16开)

J0163683

乌蒙欢歌　阿鲁舍峨主编;贵州省毕节地区民族事务委员会,贵州省毕节地区青年联合会编
成都 四川民族出版社 1991年 86页 有图
19cm(小32开) ISBN:7-5409-0775-4
定价:CNY1.50

　　本书内容包括:乌蒙民舞、乌蒙舞舞、常用队形图以及舞蹈动作各科名称等。

J0163684

中国西部歌舞论　马桂花著
西宁 青海人民出版社 1991年 242页
20cm(32开) ISBN:7-225-00455-7
定价:CNY3.70
(中国西部文艺研究丛书)

　　本书通过对西部舞蹈文化现象的研究,提出未来的舞蹈,将是利用舞蹈的"新疆式发展"的形式美因素和"藏化发展"的唤醒人潜能的因素而构成的一种崭新的新纪元舞蹈。作者马桂花(1947—),女,河北易县人。中国舞蹈家协会会员,西安市歌舞剧院二级编导。

J0163685

桂东瑶舞探秘　刘小春等主编
南宁 广西民族出版社 1992年 262页
19cm(小32开) ISBN:7-5363-1684-4
定价:CNY6.00

　　本书对桂东地区瑶族舞蹈文化遗产的历史背景、外观形态、思想内涵、审美特征、品位与价值,以及整体的风貌进行了研究。

J0163686

海城高跷秧歌　海城市文学艺术界联合会编
鞍山 海城市文学艺术界联合会 1992年 231页
有照片 19cm(小32开)定价:CNY8.00

J0163687

贾作光舞蹈艺术文集　贾作光著;闻章等编
北京 文化艺术出版社 1992年 461页 有照片
20cm(32开) ISBN:7-5039-0740-1
定价:CNY8.90

　　本书包括作者关于舞蹈艺术的文章61篇和6个舞蹈作品场记。

J0163688

辽宁民族民间舞蹈集成　(营口卷)辽宁民族民间舞蹈集成编委会主编;营口市民族民间舞蹈集成编辑部编辑
沈阳 春风文艺出版社 1992年 986页 有图
26cm(16开) ISBN:7-5313-0757-X
定价:CNY30.00

　　本书收录流传于营口市的民族民间舞蹈,内容包括营口市民族民间舞蹈综述、调查表、分布图、辽南高跷秧歌等。

J0163689

尧都鼓舞初探　王振湖,宋庆云编
太原 山西人民出版社 1992年 122页
18cm(32开) ISBN:7-203-02321-4
定价:CNY3.80

　　本书介绍《威风锣鼓漫谈》《翼城花鼓》《花腔鼓》《转身鼓》《扇鼓》等的源流,表演形式、音乐及其价值等。

J0163690

中国民间舞与农耕信仰　张华著
长春 吉林教育出版社 1992年 276页 有彩照
20cm(32开)精装 ISBN:7-5383-1686-8
定价:CNY9.10
(中华艺术文库)

　　本书探讨以各民族农民舞蹈为主的农耕文化圈中的民间舞与农耕信仰的种种关系。作者张华(1956—),《舞蹈》月刊编辑。

J0163691

左权小花戏　(山西民间舞蹈)李明珍,刘瑞琪编著
太原 北岳文艺出版社 1992年 184页 有彩照
18×17cm ISBN:7-5378-0304-8
定价:CNY15.00

　　作者李明珍(1942—),女,国家一级编导。

山西左权人。历任中国舞蹈家协会会员,山西省舞蹈家协会理事,晋中市舞蹈家协会主席。主演民间舞有《抢亲》《洗衣歌》《花篮灯》,歌舞剧《白毛女》等。

J0163692
安代舞　石小红,高娃编著;王忠等美术绘图设计
北京　中国文联出版公司　1993年　78页
19cm(小32开)　ISBN:7-5059-1429-4
定价:CNY2.30
　　蒙古族民间舞蹈形式。源于内蒙古哲里木盟的库伦旗,至今已沿袭相传300多年。跳安代舞时,舞者围在一起双手执绸巾,由一人领唱,众人相和,边唱边舞。旧时带有宗教色彩,有呼唤、诱导、询问、劝谕、安慰、祝颂等内容,但因人因时因地而异。近年来已发展成表现热烈欢快,喜悦活泼情绪的群众性集体舞蹈,常在节日表演。

J0163693
韩城秧歌　屈海浪等主编
西安　三秦出版社　1993年　261页　有照片
20cm(32开)　ISBN:7-80546-678-5
定价:CNY7.90
(陕西地方音乐丛书)
　　本书内容包括:论述、曲调、剧目、舞蹈和附录5部分。作者屈海浪(1952—　　),陕西韩城市人。渭南地区音乐家协会副主席,陕西摄影家协会会员。

J0163694
拉祜族民间舞蹈　云南省思茅地区行政公署文化局,中国民族民间舞蹈集成云南卷编辑部编
昆明　云南民族出版社　1993年　292页
有照片　20cm(32开)　ISBN:7-5367-0632-4
定价:CNY8.20
(云南地方艺术集成志　中国民族民间舞蹈集成云南卷丛书)
　　本书介绍了拉祜族的芦笙舞、摆舞、木筒鼓舞等10余种舞蹈和民间舞蹈传说故事、艺人小传、民族节日调查表等。

J0163695
辽宁民族民间舞蹈集成　(本溪卷)辽宁民族民间舞蹈集成编委会主编;本溪市民族民间

舞蹈集成编辑部编辑
沈阳　春风文艺出版社　1993年　301页　有彩照
26cm(16开)　ISBN:7-5313-0553-4
定价:CNY16.00

J0163696
舞龙80招　孙宽田著
长沙　湖南美术出版社　1993年　154页　有图
19cm(小32开)　ISBN:7-5356-0566-4
定价:CNY4.40
　　本书内容包括:舞龙的音乐;"龙"的制作、道具、服饰;舞龙的基本动作方法;套子及其舞法等部分,并附有98个场记图、60幅插图。

J0163697
安塞腰鼓　张新德主编
北京　中国和平出版社　1994年　180页　有彩图
20cm(32开)　ISBN:7-80101-206-2
定价:CNY8.80
　　本书内容包括:安塞腰鼓的艺术成因、腰鼓的基本知识、常用鼓点、谈腰鼓改革等18章。

J0163698
白族民间舞蹈　大理白族自治州文化局,中国民族民间舞蹈集成云南卷编辑部编
昆明　云南民族出版社　1994年　15+557页
有图　20cm(32开)　ISBN:7-5367-0797-4
定价:CNY26.00,CNY30.00(精装)
(中国民族民间舞蹈集成　云南卷)

J0163699
广西省环江县毛南族的"还愿"仪式　蒙国荣著
台北　施合郑民俗文化基金会　1994年　365页
有照片　21cm(32开)　ISBN:957-8892-35-7
定价:TWD300.00
(民俗曲艺丛书)

J0163700
湖北舞蹈论文集　吴健华主编;湖北省舞蹈家协会编
武汉　湖北美术出版社　1994年　317页
18cm(小32开)　ISBN:7-5394-0479-5
定价:CNY4.80
　　作者吴健华,湖北省舞蹈家协会任职。

J0163701

兰坪民间舞蹈　云南省怒江州兰坪白族普米族自治县文化局, 中国民族民间舞蹈集成云南卷编辑部编

昆明 云南民族出版社 1994 年 249 页 有图
20cm（32 开）ISBN：7-5367-0754-1
定价：CNY7.80
（中国民族民间舞蹈集成 云南卷丛书）

J0163702

辽宁民族民间舞蹈集成　（盘锦卷）《辽宁民族民间舞蹈集成》编辑部编

沈阳 春风文艺出版社 1994 年 284 页 有彩照
26cm（16 开）精装 ISBN：7-5313-1292-1
定价：CNY26.00

J0163703

社会舞蹈概论　冯碧华主编
北京 文化艺术出版社 1994 年 219 页 有照片
20cm（32 开）ISBN：7-5039-1274-X
定价：CNY7.50

　　作者冯碧华（1945—　），山西原平人, 文化部民文司处级调研员, 中国舞蹈家协会会员等。

J0163704

生命的律动　罗雄岩编著
石家庄 河北少年儿童出版社 1994 年 191 页
有彩照 20cm（32 开）精装
ISBN：7-5376-1262-5 定价：CNY11.50
（中国民间文化丛书 舞蹈）

　　本书论述舞蹈的基本概念, 阐明中国民间舞蹈的概况和文化特点。

J0163705

佤族景颇族舞蹈　张亚锦, 刘金吾编著
昆明 云南人民出版社 1994 年 337 页 有图
20cm（32 开）ISBN：7-222-01701-1
定价：CNY6.95
（云南民族民间舞蹈丛书）

　　本书介绍佤族和景颇族舞蹈的概况、民间原有的舞蹈及舞蹈基本训练教材等内容。

J0163706

中国民间舞蹈文化教程　罗雄岩著
北京 中国戏剧出版社 1994 年 528 页

20cm（32 开）ISBN：7-104-00672-9
定价：CNY16.50
（舞学丛书）

J0163707

楚雄市民族民间舞蹈　云南省楚雄市文化局, 云南省楚雄市民族事务委员会编

昆明 云南民族出版社 1995 年 173 页 有图
20cm（32 开）ISBN：7-5367-1054-2
定价：CNY8.50
（中国民族民间舞蹈集成 云南卷丛书）

J0163708

西藏舞蹈通史　阿旺克村编著
长沙 湖南文艺出版社 1995 年 174 页 有彩照
20cm（32 开）ISBN：7-5404-1435-9
定价：CNY9.80

　　本书分 3 章, 内容包括："西藏远古舞蹈的萌发与开创（公元前 20 世纪至公元 13 世纪）"、"西藏中古近代舞蹈的发展与繁荣（公元 7 世纪前后至 20 世纪中叶）"、"西藏当代舞蹈的兴旺、交流及走向世界（1950 年至 1994 年）"等。作者阿旺克村（1938—　），藏族, 舞蹈编导。历任西藏文联副主席、西藏舞协主席、中国舞协第四届常务理事等职。编导舞蹈作品《背水姑娘》《弦子舞》等。

J0163709

新疆舞蹈普及教程　马泰英编著
乌鲁木齐 新疆青少年出版社 1995 年 104 页
有照片 20cm（32 开）ISBN：7-5371-2060-9
定价：CNY5.80

J0163710

中国民间舞常用动作选萃　姬茅编著
开封 河南大学出版社 1995 年 274 页
20cm（32 开）ISBN：7-81041-265-5
定价：CNY14.00

　　作者姬茅（1943—　），女, 中国舞蹈家协会会员, 中国民间舞研究会副会长, 河南省舞蹈家协会理事, 河南省三舞研究会副会长。

J0163711

中国民间舞蹈　何健安著
杭州 浙江教育出版社 1995 年 2 版 10+204 页

有图 20cm（32开）精装 ISBN：7-5338-2170-X
定价：CNY9.85
（中国民间文化丛书）

　　作者何健安（1932—　　），女，研究员。湖南桃江人。历任新疆军区文工团、总政歌舞团独舞演员，艺术研究院研究员。著有《中国民间舞蹈》。

J0163712

民族大秧歌　（图集）刘翠玉，李久龄编；俞根泉摄
北京　金盾出版社 1996 年 88 页 26cm（16开）
ISBN：7-5082-0324-0 定价：CNY8.00

　　作者刘翠玉，女，解放军艺术学院副教授。作者李久龄，北京市艺术学校教师，中国舞蹈家协会、北京市舞蹈家协会会员。

J0163713

中国朝鲜族舞蹈论稿　崔凤锡著
延边　延边大学出版社 1996 年 267 页
20cm（32开）ISBN：7-5634-0891-6
定价：CNY10.20

　　作者崔凤锡（1939—　　），延边社会科学院文学艺术研究所副研究员。

J0163714

中国西南少数民族舞蹈文化　刘金吾著
昆明　云南人民出版社 1996 年 199 页
有照片 20cm（32开）ISBN：7-222-01963-4
定价：CNY9.00

　　作者刘金吾（1935—　　），女，舞蹈家。云南楚雄人。曾任职于云南省文联舞蹈家协会。著有《从舞蹈王国走来》《西南少数民族舞蹈文化》《中国民族舞蹈与稻作文化》等。

J0163715

伴你迷你　（秧歌舞速成）梁力生编著
北京　北京体育大学出版社 1997 年 152 页
有图 20cm（32开）ISBN：7-81051-121-1
定价：CNY8.00

J0163716

朝鲜族舞蹈史　朴永光著
北京　人民音乐出版社 1997 年 255 页 有照片
20cm（32开）ISBN：7-103-01511-2
定价：CNY22.50

（中国少数民族舞蹈研究丛书）

　　本书分 12 章，内容包括：三国前乐舞、高句丽乐舞、百济乐舞、新罗乐舞、高丽乐舞、朝鲜朝乐舞、新舞蹈运动时期、新中国成立前朝鲜族舞蹈、新中国成立后十七年朝鲜族舞蹈、"文革"时期朝鲜族舞蹈、新时期以来朝鲜族舞蹈的发展。

J0163717

论中国民间舞艺术　（中国民间舞教育专业毕业论文集）北京舞蹈学院中国民间舞系编
济南　山东友谊出版社 1997 年 405 页
20cm（32开）ISBN：7-80551-963-3
定价：CNY18.00

J0163718

民间舞蹈　张守镇著
郑州　海燕出版社 1997 年 324 页 有彩照
20cm（32开）精装 ISBN：7-5350-1327-9
定价：CNY17.00
（中原民俗丛书）

　　本书内容包括：舞蹈的起源、民间舞蹈概述、民间舞蹈文化、汉族民间舞蹈、少数民族民间舞蹈、民间舞蹈保护、民间舞蹈传承、现代媒介与民间舞蹈保护、田野案例：畲族仪式舞、项目保护案例：龙游硬头狮子舞等。外文书名：Folk Dances.

J0163719

天下第一鼓　（兰州太平鼓）杨玉兰编著
兰州　甘肃人民美术出版社 1997 年 52 页
29cm（16开）ISBN：7-80588-210-X
定价：CNY96.00

　　外文书名：The First Drum Under Heaven-Lanzhou Peace Drum.

J0163720

舞蹈与族群　（赫章民族舞蹈考察）黄泽桂著
贵阳　贵州人民出版社 1997 年 211 页 有图
20cm（32开）ISBN：7-221-04087-7
定价：CNY10.10
（贵州民间文化研究丛书 5）

　　本书分 4 章，内容包括：赫章县人文生境和族群生活概况、大花苗族舞蹈、小花苗族舞蹈、赫章彝族舞蹈等。

J0163721
舞狮技艺　曾庆国著
台北　书泉出版社　1997 年　14+211 页　有图
30cm（12 开）精装　ISBN：957-648-550-9
定价：TWD1000.00
（艺术现场 15）

J0163722
中国民族舞蹈与稻作文化　刘金吾著
昆明　云南人民出版社　1997 年　212 页　有照片
20cm（32 开）ISBN：7-222-02287-2
定价：CNY15.00
　　本书研究了民族舞蹈与稻作文化的问题,内
容包括：序言、稻作文化中的一枝奇葩、稻作舞
蹈与服饰、稻作舞蹈与建筑、稻作舞蹈与生殖、
稻作舞蹈与丧葬等。

J0163723
傣族舞蹈艺术　汤耶碧著
昆明　云南美术出版社　1998 年　196 页　有图
20cm（32 开）ISBN：7-80586-446-2
定价：CNY16.80

J0163724
舞艺·舞理　资华筠著
沈阳　春风文艺出版社　1998 年　383 页　有图
20cm（32 开）精装　ISBN：7-5313-1906-3
定价：CNY28.00
　　作者资华筠（1936—2014）,女,表演艺术家、
国家一级演员、研究员、学者。湖南耒阳人,中
国社会舞蹈研究会会长。著有《中国舞蹈》《舞
蹈生态学导论》等。

J0163725
灯彩与秧歌　祁本隆,孙丽编著
济南　济南出版社　1999 年　338 页
19cm（小 32 开）ISBN：7-80629-409-0
定价：CNY9.80
（农村文化娱乐丛书）
　　本书介绍了民间广泛流传的舞龙、竹马灯、
蝴蝶灯、王皮跑灯、手龙绣球、腰鼓舞、羊皮鼓、
花鼓锣子、打花棍、抬花扛、大秧歌等 16 个民间
舞蹈。

J0163726
哈尼族布朗族基诺族舞蹈　李金印,刘金吾
编著
昆明　云南民族出版社　1999 年　323 页　有图
20cm（32 开）ISBN：7-5367-1786-5
定价：CNY12.80
（云南民族民间舞蹈丛书）
　　本书介绍了哈尼族、布朗族、基诺族舞蹈的
概况,具有代表性的、流传较广的民间舞蹈,一些
地区特有的舞蹈,舞蹈的风格特征及其形成与变
异,舞蹈发展简况等。

J0163727
河北民间舞蹈概论　曹平,付德全著
石家庄　花山文艺出版社　1999 年　238 页
20cm（32 开）ISBN：7-80611-780-6
定价：CNY12.00

J0163728
教你扭秧歌　姜桂萍著
北京　人民体育出版社　1999 年　142 页　有图
20cm（32 开）ISBN：7-5009-1802-X
定价：CNY9.50

J0163729
龙狮表演与竞赛　黄益苏著
长沙　湖南文艺出版社　1999 年　210 页　有图
20cm（32 开）ISBN：7-5404-2146-0
定价：CNY12.00
（百姓实用文化丛书）

J0163730
神州舞韵　（1）巫允明著
重庆　重庆出版社　1999 年　202 页　有图
20cm（32 开）ISBN：7-5366-4197-4
定价：CNY9.60
（新世纪百科知识金典）
　　本书内容包括：神州大地早期舞蹈形象、源
远流长的华夏舞蹈、20 世纪的中国舞蹈、我国东
北地区的少数民族歌舞、我国西北地区的少数民
族歌舞等。

J0163731
神州舞韵　（2）巫允明著
重庆　重庆出版社　1999 年　153 页　有图

20cm（32 开）ISBN：7-5366-4198-2

定价：CNY7.50

（新世纪百科知识金典）

　　本书内容包括：我国西南地区的少数民族歌舞、我国中南地区的少数民族歌舞、我国东南地区的少数民族歌舞等。

J0163732

土里巴人　陈洪著

北京　中国文联出版社　1999 年　12+206 页

20cm（32 开）ISBN：7-5059-3472-4

定价：CNY180.00（全辑）

（三峡文学艺术丛书　第二辑）

　　本书是一本优秀的民族歌舞创作作品集。书中有荣膺第五届全国文华大奖及中宣部"五个一工程"奖的大型土家族婚俗系列舞蹈剧《土里巴人》及其姊妹篇《夷城巴风》两部舞剧剧本；13 个曾在全国及省级获奖的土家族风情舞蹈。作者陈洪（1941—　　），本名陈民洪，湖北长阳人。国家一级作曲家，著有《土里巴人》等。

J0163733

新宾满族民舞集锦　孙英著

新宾　新宾满族自治县文化局　1999 年　40 页

20cm（32 开）定价：CNY12.00

J0163734

秀山花灯　喻再华，杨艺华著；重庆市文化局编

1999 年　170 页　有照片　20cm（32 开）

定价：CNY10.00

　　本书分 13 章，内容包括："秀山，民族民间艺术的沃土"、"秀山花灯的起源"、"秀山花灯的表演形式"、"秀山花灯的机构和演山场地"、"秀山花灯音乐"、"秀山花灯舞蹈"、"秀山花灯的演出程序和习俗"、"秀山花灯的风格及流派"等。

J0163735

中国 100 种民间戏曲歌舞　董伟建，钟建波编著

南宁　广西人民出版社　1999 年　425 页

20cm（32 开）ISBN：7-219-03921-2

定价：CNY20.00

（中国民俗民情 100 系列丛书）

中国儿童舞蹈

J0163736

老鹰捉小鸡　李蟾桂，袁秀先作词；老志诚作曲

北京　新中国书店　1950 年　影印本　31 页

26cm（16 开）定价：CNY3.50

J0163737

生产歌舞　（儿童歌舞表演）刘薇作词；唐诃作曲

上海　大众书店　1950 年　17 页　17cm（32 开）

定价：CNY1.10

J0163738

保卫和平　（儿童歌舞）房凤敏作词；乔东君作曲；关敏聊编制

北京　新中国书店　1951 年　影印本　46 页

26cm（16 开）定价：旧币 5,500 元

J0163739

儿童新唱游　包恩珠编著

上海　童联书店　1951 年　影印本　30 页

26cm（16 开）定价：旧币 5,500 元

J0163740

少年舞蹈　（2）宋扬编写；刘易晏等绘

北京　青年民出版社　1951 年　31 页

13cm（60 开）定价：旧币 800 元

（少年夏季活动丛书）

J0163741

儿童新舞蹈　方新等撰

上海　北新书局　1953 年　90 页　有图

13cm（60 开）定价：旧币 2,400 元

（新文娱丛书）

J0163742

拍手舞　中华人民共和国文化部艺术事业管理局，中国舞蹈艺术研究会编辑；北京第八女子中学舞蹈团少年组编舞；荒夫作曲；顾穆绘画

上海　少年儿童出版社　1955 年　30 页

18cm（15 开）定价：CNY0.11

J0163743
少先队员游戏舞　赵明用编
南昌 江西人民出版社 1956 年 12 页 有图
18cm（32 开）统一书号：R8110.17
定价：CNY0.05

J0163744
五朵小红花　郑宝俭等编著
上海 少年儿童出版社 1956 年 24 页 有图
18cm（32 开）定价：CNY0.10

J0163745
小司令和她的伙伴　北京少年之家编；
斯明绘图
上海 少年儿童出版社 1956 年 48 页 有图
18cm（32 开）统一书号：R7024.92
定价：CNY0.13

J0163746
拔萝卜　王连城编舞记录；王泽南作曲；李克
瑜绘图
上海 上海文化出版社 1957 年 52 页
18cm（15 开）统一书号：T8077.75
定价：CNY0.22

J0163747
健身舞　少年儿童出版社编；斯明绘图
上海 上海少年儿童出版社 1957 年 51 页
18cm（15 开）统一书号：R7024.121
定价：CNY0.15

J0163748
太平鼓　（儿童舞蹈）李宗正作；梁雪冰整理记
录；潘江帆绘图
广州 广东人民出版社 1957 年
42 页 18cm（32 开）统一书号：R8111.43
定价：CNY0.17

J0163749
兔子和松鼠　邬美珍编著
上海 少年儿童出版社 1957 年 41 页 有图
18cm（32 开）统一书号：R7024.109
定价：CNY0.10

J0163750
向日葵舞　孙鞠娟编著；谷音,薛珠绘图
上海 少年儿童出版社 1957 年 26 页
18cm（32 开）统一书号：R7024.125
定价：CNY0.09

J0163751
小马灯舞　高益明编；陈芝仪绘图
上海 少年儿童出版社 1957 年 28 页
15cm（40 开）统一书号：7024.114
定价：CNY0.10

J0163752
采花舞　上海儿童出版社编；斯明,毛用坤绘图
上海 上海儿童出版社 1958 年 20 页
15cm（64 开）统一书号：R10024.1972
定价：CNY0.05

J0163753
手铃舞　少年儿童出版社编辑；斯明绘图
上海 少年儿童出版社 1958 年 36 页
15cm（40 开）统一书号：R7024.135
定价：CNY0.07

J0163754
小鸟和小兔　少年儿童出版社编辑；斯明绘图
上海 少年儿童出版社 1958 年 38 页
15cm（40 开）统一书号：R7024.138
定价：CNY0.07

J0163755
拔萝卜　王连城编舞记录；王泽南作曲；李克
喻绘图
上海 上海文艺出版社 1959 年 新 1 版
52 页 19cm（32 开）统一书号：8078.0972
定价：CNY0.22

J0163756
拔萝卜　（儿童舞蹈）中国舞蹈工作者协会编；
王连城编舞
上海 上海文艺出版社 1980 年 49 页
有图 18cm（15 开）统一书号：8078.0972
定价：CNY0.22

J0163757

飞奔吧，小火车 （集体舞）少年儿童出版社编
上海 少年儿童出版社 1959 年 16 页 有图
18cm（15 开）统一书号：R7024.146
定价：CNY0.05

J0163758

歌唱祖国万年强 少年儿童出版社编
上海 少年儿童出版社 1959 年 72 页 有图
19cm（32 开）统一书号：R7024.144
定价：CNY0.17

J0163759

吉庆有余 （儿童民间舞蹈）姚金石，傅廷敏编
舞；张鸿翔作曲
上海 上海文艺出版社 1959 年 36 页 有图
18cm（15 开）统一书号：8078.1095
定价：CNY0.18

J0163760

绿化 （儿童舞蹈）陈丽娟等编舞；张伟才作曲
上海 上海文艺出版社 1959 年 54 页 有图
19cm（32 开）统一书号：8078.0773
定价：CNY0.20

J0163761

炮火下的红领巾 （舞蹈）舞蹈分队编舞；尹
开先作曲
福州 福州军区政治部文工团 1959 年 油印本
6 页 24cm（26 开）

J0163762

我们的小军舰 （儿童表演舞）郭鞠娟编舞；
张洪瑾作曲
上海 上海文艺出版社 1959 年 39 页 有图
19cm（32 开）统一书号：8078.0965
定价：CNY0.14

J0163763

小舞会 天绣编舞
南昌 江西人民出版社 1959 年 12 页 有图
20cm（32 开）统一书号：T8110.239
定价：CNY0.07

J0163764

幼儿歌舞 郭昌琳，陈淑平编舞；贵州省群众
艺术馆编
贵阳 贵州人民出版社 1959 年 32 页
19cm（32 开）统一书号：T8115.174
定价：CNY0.14